L'édition **100**e anniversaire

LA GLORIEUSE HISTOIRE DES CANADIENS

Recherche et rédaction : Léandre Normand
Recherche et statistiques : Pierre Bruneau
Rédaction du texte *La naissance des Canadiens* :
    François Huot
Rédaction du texte *Quelques raisons de rêver* :
    Marc Robitaille
Révision générale et vérification des tableaux :
    Carole Lavergne-Kershaw
Coordination de la production : Diane Denoncourt
Conception graphique : Jean-François Lejeune et
    François Daxhelet
Infographie : Solange Laberge et Marie-Josée Lalonde
Traitement des images : Mélanie Sabourin
Technicien soutien technique : Mario Paquin

11/08

**Catalogage avant publication de Bibliothèque et Archives nationales
du Québec et Bibliothèque et Archives Canada**

Normand, Léandre
    La glorieuse histoire des Canadiens
    Nouv. éd.
    En tête de titre : L'édition 100ᵉ anniversaire.
        Comprend des réf. bibliogr. et un index.

    1. Canadiens de Montréal (Équipe de hockey) — Histoire.
    2. Hockey — Clubs — Québec (Province) — Montréal — Histoire.
    I. Bruneau, Pierre. II. Titre.

GV848.C3B777 2008   796.962'640971428   C2008-942178-7

Dépôt légal : 2008
Bibliothèque et Archives nationales du Québec

ISBN 978-2-7619-2332-3

DISTRIBUTEUR EXCLUSIF :

• Pour le Canada et les États-Unis :
MESSAGERIES ADP*
2315, rue de la Province
Longueuil, Québec J4G 1G4
Tél. : 450 640-1237
Télécopieur : 450 674-6237
Internet : www.messageries-adp.com
* filiale du Groupe Sogides inc.,
    filiale du Groupe Livre Quebecor Media inc.

Gouvernement du Québec — Programme de crédit d'impôt
pour l'édition de livres — Gestion SODEC — www.sodec.gouv.qc.ca

L'Éditeur bénéficie du soutien de la Société de développement des
entreprises culturelles du Québec pour son programme d'édition.

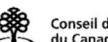 Conseil des Arts   Canada Council
du Canada   for the Arts

Nous remercions le Conseil des Arts du Canada de l'aide accordée à
notre programme de publication.

Nous reconnaissons l'aide financière du gouvernement du Canada par
l'entremise du Programme d'aide au développement de l'industrie de
l'édition (PADIÉ) pour nos activités d'édition.

Ce livre a nécessité des milliers d'heures de recherche,
mais malgré tout le soin apporté à sa rédaction, il est
possible que des erreurs ou des omissions aient échappé
à notre attention. Les lecteurs en mesure de fournir des
renseignements qui permettraient d'y remédier sont priés
de les communiquer aux auteurs, à l'adresse électronique
suivante :
Courriel : edhomme@sogides.com
Site Internet : www.edhomme.com

LÉANDRE NORMAND   PIERRE BRUNEAU

L'édition **100ᵉ** anniversaire

LA GLORIEUSE HISTOIRE DES CANADIENS

LES ÉDITIONS DE L'HOMME

Une compagnie de Quebecor Media

REMERCIEMENTS

La réalisation d'un livre de l'envergure de *La glorieuse histoire des Canadiens* s'avère une tâche impossible sans l'étroite collaboration et les encouragements d'un grand nombre de personnes. En ce qui a trait aux encouragements, ils sont venus de partout, de nos familles, de nos amis, mais d'abord d'un homme qui a cru à notre projet dès le départ et qui s'est chargé de le faire connaître avec beaucoup de conviction. L'enthousiasme de notre éditeur Pierre Bourdon nous a servi de motivation chaque fois que le travail nous semblait trop lourd. Il a été sans aucun doute notre meilleur vendeur à l'intérieur de la boîte comme à l'extérieur.

Parmi les collaborateurs de la première heure, il faut souligner également l'aide précieuse que Pierre Bruneau a spontanément reçue de Jean-Guy Maltais, de Jeannine Rivard et de Denise Paquet de la Bibliothèque nationale du Québec pour la recherche, ainsi que celle de Claude Nolet et d'André Daunais, pour la sélection de photos.

Pour l'entrée et la correction de données statistiques, Pierre Bruneau s'est formé une belle équipe, dont le travail est très méritoire : Marie-Line Bourgeois, Sabrina Saint-Denis, Jessica Saint-Denis et Danielle Bruneau.

À mon arrivée, je me suis tourné vers François Huot et Marc Robitaille. François Huot m'a permis d'utiliser les fruits de sa recherche et a accepté de rédiger une introduction à l'historique détaillé des Canadiens. Connaissant la belle plume de Marc Robitaille qui m'avait charmé par ses *Histoires d'hiver* et son *Enfance bleu-blanc-rouge,* je tenais à ce qu'il nous offre un texte qui nous rappelle l'atmosphère et l'enthousiasme qui entouraient les exploits de nos Glorieux, ce qu'il a réussi admirablement. De plus, il nous a énormément aidés à mettre en contexte les diverses époques de la merveilleuse histoire des Canadiens et à déterminer l'importance à accorder à chacun des grands noms qui l'ont bâtie. Et en prime, il nous a refilé quelques anecdotes savoureuses que nous nous sommes empressés d'intégrer au récit.

Pour la collecte des photos, nous avons pu compter sur Bob Fisher, un homme fort sympathique, photographe officiel des Canadiens, et de sa collaboratrice Marie-Christine Boucher, qui nous ont ouvert toutes grandes les portes de la photothèque des Canadiens. Imaginez un instant une pièce de quelque 60 x 100 pi, meublée de classeurs mur à mur que nous avons dépouillés un à un en un temps record, avec l'aide de Val Mitrofanow qu'on appelait à la rescousse chaque fois qu'on était à bout de ressources. Sans les trucs et l'aide de l'ami Bob, le défi de choisir des illustrations parmi les milliers de photos, de films et de diapositives aurait constitué une tâche insurmontable en si peu de temps. Puis il y a eu ce grand photographe, Denis Brodeur, qui nous a permis de consulter ses archives photos de grande valeur. Ensuite, la contribution d'Alain Brouillard, de Bernard Brault et de Erle Schneidman nous a aidés à compléter notre documentation photographique.

Soulignons également la contribution de mes amis collectionneurs, dont les pièces agrémentent nombre de textes. Erle Schneidman fut le premier à accepter spontanément de partager ses trésors, mais l'accord de Frédéric Morency et de Marc Juteau a été aussi empressé.

Il ne faut pas oublier la collaboration sporadique mais appréciée des Guy Montpetit (Service de toponymie de la Ville de Montréal), André Périard, Benoît Coutu et Bernard Dubé. Il y en a d'autres probablement qu'on oublie. Puissent-ils considérer nos remerciements comme s'ils leur étaient personnellement adressés. Je m'en voudrais de ne pas mentionner la précieuse collaboration outre-mer du plus québécois des Suisses, Mattia Cereghetti, qui, fidèlement depuis cinq ans, a compilé les fiches des anciens Glorieux qui font maintenant carrière en Europe.

Les derniers remerciements vont à Carole Lavergne-Kershaw et à Diane Denoncourt, coordonnatrice de la production aux Éditions de l'Homme. Je connaissais bien la première, une grande amie, ainsi qu'une collaboratrice et une conseillère indispensable depuis de longues années. Grâce à elle, tant Pierre Bruneau que moi-même avons pu corriger des erreurs importantes et en éviter d'autres. J'ai appris à connaître et à apprécier la seconde, dévouée à son travail, attentive et ouverte aux suggestions. Avec une patience d'ange, elle a su calmer les sautes d'humeur des deux auteurs. Un merci tout à fait spécial à ces deux précieuses complices.

Enfin, un merci chaleureux à la dynamique équipe des Éditions de l'Homme. Ils sont bien une vingtaine à avoir participé à l'une ou l'autre des étapes de la production de ce livre et, à défaut de mentionner tous leurs noms, je voudrais les saluer amicalement.

LÉANDRE NORMAND

TABLE DES MATIÈRES

Quand j'ai signé mon premier contrat avec le Tricolore, c'était le 3 octobre 1953. J'étais loin de me douter que cinquante ans plus tard j'aurais l'honneur de signer la préface d'un ouvrage consacré aux Canadiens de Montréal. Moi qui ai toujours été un joueur d'équipe avant tout, je considère cette tâche comme un privilège, compte tenu des grands noms qui ont jalonné le parcours de cette organisation devenue, depuis, ma seconde famille.

Bien que j'aie accroché mes patins en 1971, après une carrière de dix-huit années comme hockeyeur, j'ai eu la chance de continuer à œuvrer au sein de l'organisation pendant plus de vingt ans à titre d'administrateur et, maintenant, d'ambassadeur. J'ai donc été en mesure de saisir l'engouement que suscitaient, et suscitent encore, les Canadiens chez les amateurs de hockey partout au pays et même à l'étranger. C'est donc avec un regard averti et intéressé que j'ai lu cet ouvrage.

Que vous soyez un fervent supporter, un nostalgique de l'équipe de rêve de l'édition 1957-58 (que plusieurs n'hésitent pas à qualifier de meilleure équipe de l'histoire du hockey) ou encore un amateur friand de statistiques, vous prendrez plaisir, tout comme moi, à lire La glorieuse histoire des Canadiens, appelé à devenir l'ouvrage de référence incontournable sur les Canadiens.

De Newsy Lalonde, la première supervedette des Canadiens, à Guy Lafleur, en passant par Maurice Richard, des Flying Frenchmen aux premiers Européens, les auteurs passent en revue tous les joueurs ayant endossé le chandail tricolore depuis 1909 et qui ont fait des Canadiens l'équipe de sport professionnel qui a soulevé le plus d'enthousiasme chez les amateurs de hockey.

À l'aide d'anecdotes, de tractations diverses entre organisations, de statistiques complètes, de drames humains, d'exploits sportifs, d'exemples de courage et de dépassement de soi, les auteurs relatent dans ses moindres détails et avec des photos spectaculaires, la grande et la petite histoire de cette dynastie sportive.

Ils nous introduisent dans les coulisses du hockey et nous font partager les espoirs, les joies et les déceptions de tous ceux qui ont porté fièrement le chandail des Canadiens. Ils nous invitent à suivre, de saison en saison, le cheminement d'une organisation devenue, avec le temps et grâce à ses joueurs légendaires, une équipe mythique.

La lecture de cet ouvrage m'a rappelé des souvenirs heureux, mais des moments nostalgiques aussi, d'une équipe qui a marqué l'imagination de tout un peuple et produit des héros devenus plus grands que nature.

JEAN BÉLIVEAU

POUR AJOUTER À NOS SOUVENIRS

Par Léandre Normand

La rédaction d'un livre sur l'histoire des Canadiens de Montréal est une tâche colossale à entreprendre et plus encore à compléter. Ce n'est pas sans raison que j'ai refusé deux fois de collaborer avec Pierre Bruneau à cet exigeant projet. Cette idée, Pierre l'entretenait depuis une quinzaine d'années déjà et il y travaillait concrètement depuis cinq ou six ans, compilant une montagne de statistiques et de données sur les diverses époques de l'équipe. Tenace, il me tenait au courant de ses découvertes tout en sachant que je ne voulais rien entendre de son projet.

Il me racontait ce rêve ambitieux qu'il avait depuis la parution du livre de Claude Mouton sur les Canadiens, en se promettant qu'un jour il publierait une œuvre semblable. C'est ainsi que, de 1986 à 1993, patiemment, presque quotidiennement, mon collègue Pierre a visité les archives des journaux et de la Bibliothèque nationale du Québec. J'eus

beau le prévenir que les journaux se trompent aussi, parfois, et que les journalistes n'ont pas le monopole de la vérité (je suis bien placé pour le savoir), inlassablement il me répétait, preuves à l'appui, que tous les journaux ne peuvent pas se tromper en même temps. Il faut dire que plusieurs de ses découvertes contredisaient certaines affirmations qu'on véhicule encore aujourd'hui, notamment quant aux chandails du club.

Pierre me racontait aussi ses démarches tenaces pour intéresser les éditeurs, et les nombreux refus qu'il essuyait. De fait, Jacques Beauchamp, le grand bâtisseur des pages sportives du *Journal de Montréal* et partisan des Canadiens, fut le seul à l'écouter d'une oreille attentive. Hélas! son décès a ramené notre «rêveur» au point de départ. Personne d'autre ne semblait s'intéresser à une publication sur l'histoire de nos Glorieux. Néanmoins, sans se **9**

décourager, l'ami Bruneau continua à compiler ses statistiques, match par match, et à photocopier des milliers de pages de journaux. À ses frais, cela va sans dire.

Puis est arrivé François Huot. Ensemble, Pierre et lui ont trouvé un éditeur, les Éditions de l'Homme, et François a entrepris la rédaction du livre, sans se douter lui non plus de l'ampleur du projet. Quelques mois plus tard, François s'est trouvé un nouveau boulot et a dû abandonner le projet, me demandant de le poursuivre à sa place. C'était en février 2000.

Mais, encore une fois, j'ai hésité. Pendant que je réfléchissais à la proposition, des images se succédaient dans ma tête. Je me suis revu, ti-cul, allongé sur le plancher de la cuisine à Palmarolle, écoutant les matchs du Canadien à la radio. Pour faire plus vivant, j'avais toujours devant moi la revue *François* (certains lecteurs se rappellent sûrement cette revue destinée aux garçons de l'époque – celle des filles s'intitulait *Claire*) qui contenait, entre autres choses, des photos minuscules de tous les joueurs, illustrant des passes, des tirs ou des mises en échec. D'autres fois, je sortais mes photos de la collection Bee Hive héritée de mes frères, en prenant soin de mettre celles de Jacques Plante et de Doug Harvey, mes joueurs préférés, bien en évidence sur le plancher. On est à la fin des années 1950 et le Canadien vit l'une des périodes les plus fastes de son histoire.

Dans ma réflexion, je me revois quelques années plus tard. Les revenus modestes de mon père ne lui permettent pas d'acheter un téléviseur, c'est devant l'appareil du voisin que je suis les matchs du Canadien et les exploits de mes héros, en compagnie d'une dizaine de jeunes et d'adultes des environs, au milieu des discussions et des cris.

Entre les matchs, j'organisais une véritable ligue de hockey avec d'immenses boîtes de carton que j'avais transformées en patinoires aux couleurs de chaque club. Avec les figurines en caoutchouc que l'on trouvait dans les boîtes de céréales Post — ma mère était bien contente de voir que j'aimais beaucoup les céréales —, je pouvais disputer de véritables matchs de hockey. Les bonshommes rouges étaient les Canadiens; les bleus, les Maple Leafs; et les autres, les figurines blanches, beaucoup moins belles, formaient les autres clubs. En ma qualité de dirigeant unique de cette ligue maison, j'élaborais les stratégies, déterminais les compteurs, décidais des punitions et même du score des matchs. Comme dans la vraie vie, les Canadiens jouissaient d'un net avantage à ce jeu.

Finalement, j'ai cédé à la demande de François et Pierre, me remémorant les exploits de Guy Lafleur et sa bande de la fin des années 1970. Certainement l'époque la plus glorieuse du Tricolore, même si la précédente m'a davantage marqué, puisque j'étais plus jeune. À cette époque, devenu journaliste sportif dans mon Abitibi natale, j'avais développé un regard plus critique sur les performances du Tricolore, mais mon intérêt n'avait en rien diminué.

J'ai cédé, mais j'ai voulu récrire les textes à ma façon. J'ai donc tout repris, découvrant l'ampleur de la tâche à mesure que j'avançais. Souvent, j'ai voulu arrêter, mais chaque fois Pierre me répétait : « Le pire est fait, le reste sera facile. » Quel menteur ! Ou, plutôt, quel passionné ! Il ne voulait pas que tout son travail de recherche et son impressionnante banque d'informations tombent dans l'oubli, sans que personne ne puisse en profiter. En fait, il souhaitait surtout que cette grande histoire des Canadiens,

racontée de bien des façons précédemment, soit mise à jour à la lumière des nouvelles informations, et transmise au public.

Toutes ces recherches nous ont aussi permis d'apprécier l'excellent boulot accompli par Claude Mouton dont l'ouvrage, paru en 1981, fut réédité en 1986. Un homme extraordinaire que j'avais connu au cyclisme, bien avant, et que j'avais revu à de multiples occasions. Pierre s'en était d'abord inspiré pour entreprendre ses recherches, et, plus on avançait dans la rédaction du présent livre, plus on constatait la justesse et la pertinence des informations recueillies par Claude, contrairement à plusieurs guides dits « officiels ». Et Dieu sait que nous en avons consulté, des guides et des documents ! Avec les moyens de l'époque, cet homme-orchestre des Canadiens a réalisé une œuvre gigantesque. Nous n'avons que complété les années manquantes et détaillé davantage les récits, grâce au patient travail de Pierre, mais, toujours, le livre de Claude Mouton fut notre point de départ. Et nous en sommes tous les deux très fiers.

Près de quatre ans plus tard, plus de dix ans pour Pierre, nous revoici avec cet ouvrage historique sur les Canadiens de Montréal. Notre objectif premier est resté le même tout au long des années, soit de montrer la valeur de cette équipe dans notre histoire collective. Si le récit des anecdotes et des faits marquants ne suffit pas à démontrer la domination du club aux plus sceptiques, le texte sur les grandes dynasties du hockey tranche la question sans équivoque.

Le Canadien de Montréal est la plus grande dynastie du XXe siècle, nous en sommes à peu près tous convaincus, malgré les difficultés des dernières années. Il fallait quand même le dire avec des mots et des photos pour ajouter à nos souvenirs. Dans le monde actuel, nous avons souvent tendance à oublier les beaux moments qui ont marqué notre vie pour nous adapter au rythme trépidant du présent. En reliant les deux, le passé et le présent, souhaitons que nous redécouvrirons l'une des plus belles histoires populaires de notre pays, celle des Canadiens de Montréal.

Cinq ans plus tard et des centaines d'heures de recherche et de rédaction ajoutées au travail initial, voilà que nous célébrons le 100e anniversaire de cette glorieuse équipe. Cette mise à jour de la première édition comporte davantage de récits, d'anecdotes, de statistiques, et quelques chapitres inédits. On y ressent toujours la même passion que nous transmet cette équipe qui a habité nos rêves lorsque nous étions des gamins en mal de héros, ou des jeunes filles à la recherche du prince charmant. Une équipe qui nous a encore émerveillés par son histoire particulière à l'adolescence et qui continue de le faire maintenant que nous sommes devenus des adultes. Et, pour ceux qui ont atteint la retraite, les exploits de ces légendes au chandail tricolore sont des souvenirs à chérir et à raconter à ceux qui prendront la relève pour applaudir les prouesses et les conquêtes de demain. Ainsi, la glorieuse histoire des Canadiens se perpétue d'une génération à l'autre.

Une histoire qui, nous en sommes plus persuadés que jamais, demeure l'une des plus belles que l'on puisse raconter.

LA NAISSANCE DES CANADIENS

Par François Huot, journaliste

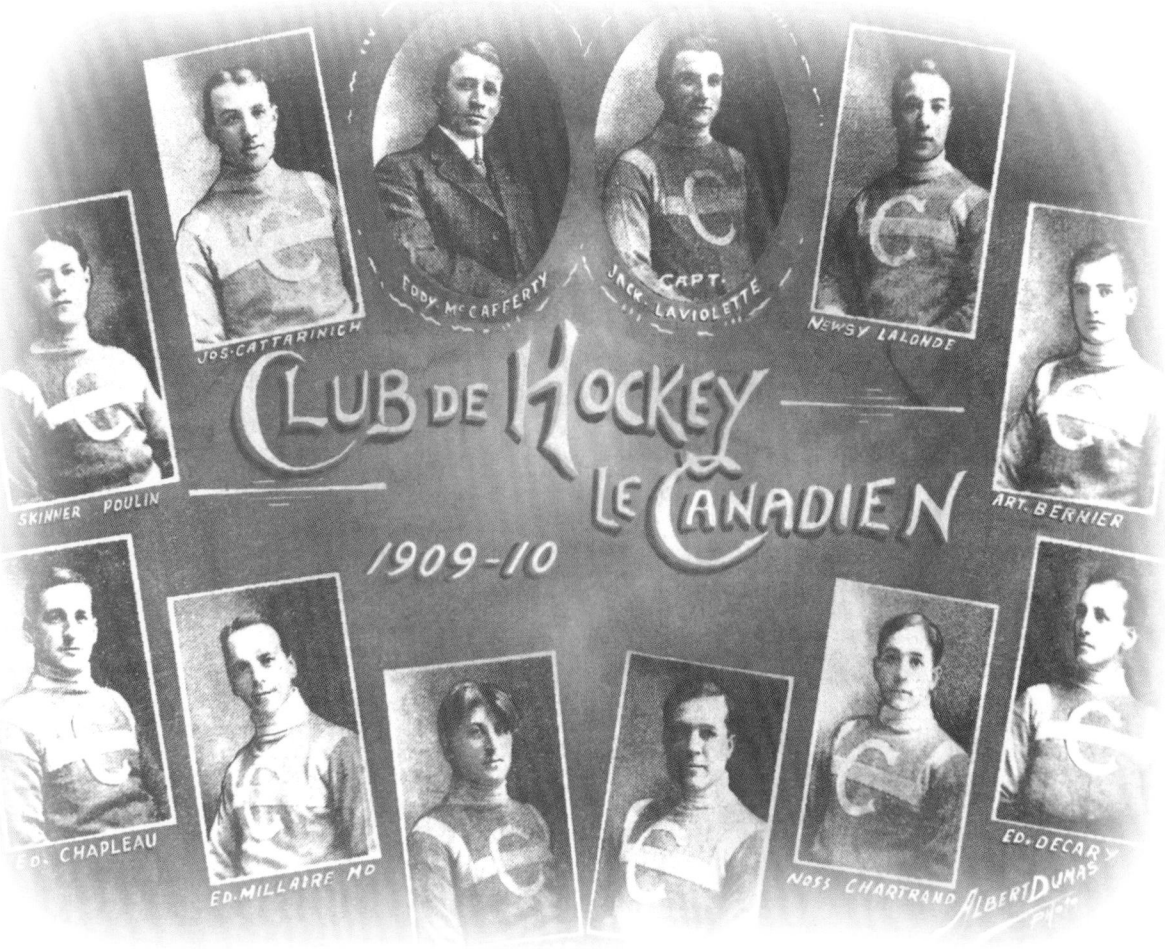

Le samedi 4 décembre 1909. C'est ce jour-là qu'on a décidé, dans une chambre de l'hôtel Windsor de Montréal, de fonder un club de hockey qui s'appellera « Le Canadien ». Entre ce club et celui d'aujourd'hui, il y a 100 ans d'histoire, un siècle fait de petits et grands événements, d'exploits, de bouleversements, de nombreuses déceptions et d'innombrables joies.

Le monde de 1909 était bien différent du nôtre. À cette époque, la plus haute construction est la tour Eiffel de Paris ; Terre-Neuve ne fait pas encore partie du Canada ; la confédération canadienne n'a que quarante-deux ans ; l'écrivaine manitobaine Gabrielle Roy naît le 22 mars 1909, quelques semaines après le décès du célèbre guerrier apache Geronimo ; les troupes américaines, qui occupaient Cuba depuis quelques années, quittent l'île, mais gardent la base de Guantánamo ; le paquebot *Titanic* est en construction...

« Tout se perfectionne en cette époque de progrès... », note le quotidien *La Patrie* au bas de sa première page, le samedi 4 décembre 1909. Des progrès, l'économie québécoise en fait, même si elle n'arrive pas à suivre tout à fait le rythme des naissances... L'un des moteurs de la « nouvelle économie » du Québec est le développement de l'hydro-électricité, qui constitue toujours l'un des atouts économiques de la province. L'électricité rend possible l'exploitation des richesses naturelles, par exemple les pâtes et papiers dont la valeur de la production passe de 5 millions de dollars en 1900 à presque 15 millions en 1910.

Le caractère industriel du Québec sera particulièrement illustré, au cours des années suivantes, par l'établissement des « shops Angus » dans le quartier Rosemont. Ces ateliers de construction de locomotives et de wagons de chemin de fer du Canadien Pacifique ont été le creuset de **13**

la vie ouvrière montréalaise pendant des décennies, avant de péricliter et de fermer.

Sur le plan sociopolitique et culturel, on peut noter la parution, le 10 janvier 1910, du premier numéro du quotidien *Le Devoir*. Créé par l'homme politique Henri Bourassa, qui avait quitté le Parti libéral du Canada pour marquer sa dissidence, *Le Devoir* adopte des positions nationalistes et défend les droits des Canadiens français. Même si le nouveau journal s'intéresse d'abord à la politique, il ne néglige aucunement les sports, dont, évidemment, celui qui constituera la seconde religion des Québécois au XXe siècle, le hockey.

EH OUI, LE HOCKEY !

Au Canada, on joue au hockey depuis le 3 mars 1875, date «officielle» non pas de la naissance de ce sport, mais de la publication d'un avis dans le journal *The Gazette*, où l'on pouvait lire qu'un «match de Hockey aura lieu ce soir au Victoria Skating Rink [...]¹. » Cette patinoire couverte, construite en 1862, était située dans la rue Drummond à Montréal.

Depuis les débuts du hockey, des ligues apparaissent et disparaissent à un rythme incroyable, mais c'est normal : il a fallu un certain temps pour que le sport se développe, que des amateurs s'y intéressent et que des athlètes deviennent d'excellents joueurs. Ne dit-on pas que Rome ne s'est pas construite en un jour ?

À cette époque, l'un des aspects les plus importants de la situation du hockey est la différence de participation entre les Canadiens anglais et français. Pour des raisons culturelles (le sport est d'origine britannique) et économiques

(les anglophones sont plus riches que les francophones), les Canadiens français sont moins bien intégrés à la pratique et à l'organisation du sport. Par exemple, on avait fondé le 8 décembre 1886 l'Amateur Hockey Association of Canada, mais, comme le remarque l'historien Donald Guay dans son *Introduction à l'histoire des sports au Québec*, «aucun Canadien français ne participait à cette assemblée».

Le sport pénètre néanmoins dans les mentalités et dans la culture des Canadiens français qui, par ailleurs, sont «titillés» par le fait que les Anglo-Saxons dominent dans les sports. De multiples articles de journaux témoignent de cet agacement.

Ainsi, on pouvait lire dans *Le Devoir* du 2 janvier 1915 un texte dont le titre, «Race supérieure ?», en disait long. Empruntant le style de la parabole, l'auteur racontait l'histoire de deux voisins qui avaient vécu en bons amis, jusqu'à ce qu'un orangiste convainquît l'anglophone qu'il était supérieur à son voisin francophone :

> Baptiste avait du sang-froid, de la bonne humeur, de l'estime pour son voisin, mais il était orgueilleux aussi de parler et d'être Français [*sic*]. Il aurait pu asséner un solide coup de poing à Tom, mais il ne le fit pas. Il l'amena chez lui, causa longuement avec lui, et, finalement, comme Tom était honnête et de bonne foi, Baptiste parvint à lui démontrer son erreur et à lui faire comprendre qu'un bon Canadien français est l'égal d'un bon Anglo-Canadien.

Un autre article, tiré du journal *La Presse* du 25 avril 1895, disait :

1. En anglais dans *The Gazette* : «A game of Hockey will be played at the Victoria Skating Rink this evening [...]. »

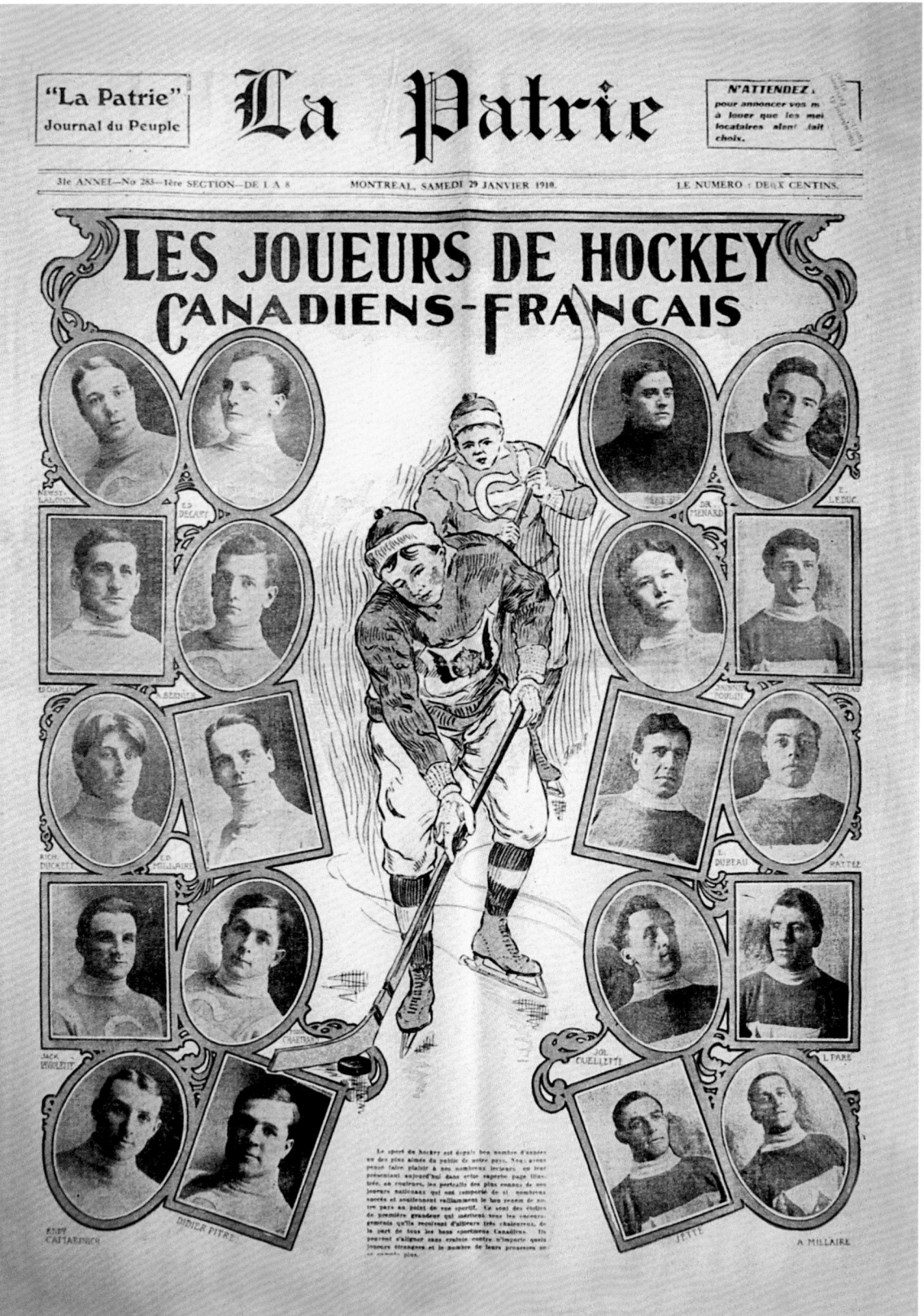

L'on verra par le résultat des différentes joutes que les canadiens-français [sic] peuvent, quand ils le veulent, réussir aussi bien que nos concitoyens anglais dans les choses du sport comme dans toutes les autres sphères de l'activité humaine...

ATTIRER LES CANADIENS FRANÇAIS

Au début de décembre 1909, les négociations en vue d'organiser le hockey professionnel vont bon train. Comme c'est déjà le cas sur la glace, «ça joue dur dans les coins» entre la CHA (Canadian Hockey Association) et la NHA (National Hockey Association), deux ligues qui n'ont que quelques jours d'existence et qui doivent leur naissance à des tractations et à des coups bas entre les organisateurs.

L'un des enjeux qui opposent ces deux ligues est la participation d'un club francophone susceptible d'attirer les spectateurs canadiens-français. Pour la NHA, qui peut compter sur la fortune de John Ambrose O'Brien (un Canadien d'origine irlandaise), la situation devient

John Ambrose O'Brien

critique, car le plus important club francophone de hockey, le National, vient d'être admis dans la CHA! Ce club appartient à l'Association athlétique d'amateurs nationale, un organisme créé en 1894 pour promouvoir le sport chez les Canadiens français. Mais les événements vont se précipiter le 4 décembre...

Dans la première édition de *La glorieuse histoire des Canadiens*, on raconte ainsi cette journée historique du 4 décembre 1909:

La NHA occupe la chambre 129, alors que la CHA a son quartier général à quelques pas, dans la chambre 135. Officiellement, chacune se réunit pour établir son calendrier de matchs de la saison suivante. En fait, on commence la journée par des négociations et des tractations, chaque ligue tentant de semer la zizanie au sein du groupe adverse en essayant d'attirer des équipes de la ligue concurrente. Sans surprise, les négociations échouent.

N'ayant pu séduire le National, les dirigeants de la NHA décident carrément de créer un club francophone pour faire opposition au National auprès du public francophone. Le journal *Le Canada* raconte ainsi comment fut créé le Canadien: «M. McCafferty, qui nous parut l'orateur de la séance, déclara que tous les magnats de la National Association avaient compté jusqu'à la dernière minute sur le National, qui n'avait pas cru bon d'abandonner la Canadian Association, et proposa en conséquence que la franchise d'un club canadien-français en opposition au National fût accordée à M. Hare, de Cobalt. Celui-ci se leva aussitôt pour déclarer qu'il acceptait de risquer une somme considérable pour former un club canadien-français, sans pareil au pays. M. Jack Laviolette, présent à l'assemblée, fut nommé gérant de la nouvelle équipe avec des pouvoirs très étendus. On s'occupa ensuite de baptiser le nouveau club. "Le Canadien" fut le nom préféré des délégués présents.»

Le fil des événements montre bien que la naissance du Canadien n'est pas survenue par hasard, qu'un scénario

On offre la possibilité d'acheter des actions du club aux partisans par l'intermédiaire des journaux.

avait été préparé au cas où le National ne quitterait pas la CHA. La création du Canadien, c'était en quelque sorte le « plan B » du duo O'Brien-Doran. Quant à l'apparente spontanéité de Tommy Hare pour mettre sur pied la nouvelle franchise, on en saisit mieux la nature quand on sait que Hare était un employé de la famille O'Brien! Par ailleurs, la « somme considérable » avancée pour garantir les salaires des joueurs est venue des poches de J. Ambrose O'Brien et non de T. C. Hare. Sur cette question, le journaliste Charles Mayer, qui a écrit l'histoire des Canadiens entre 1916 et 1955 dans son livre *L'Épopée des Canadiens*, écrit : « Au sujet de l'argent fourni, Jack Laviolette a déclaré qu'il avait toujours fait affaire avec J. Ambrose O'Brien. »

DES DOLLARS SUR LA GLACE

Dès la naissance du Canadien de Mont-réal (comme aussi pour les autres clubs), le salaire des athlètes est une question « délicate » et tient du rapport de force entre les équipes, mais aussi entre les joueurs d'un même club.

Le Canadien n'existe même pas depuis quarante-huit heures, mais déjà une première « affaire » éclate : Jack Laviolette veut embaucher un

excellent joueur, Didier Pitre, qui demeure à Sault Ste. Marie, en Ontario. Mais une autre équipe, le National, veut aussi mettre la main sur Pitre. Résultat : les deux clubs soumettent un contrat à Pitre..., qui accepte d'abord celui du National, d'une valeur de « onze cent piastres », avant de lui préférer le contrat de Laviolette qui lui propose 1700 $.

Pitre sait qu'il pourrait devoir payer des amendes, mais il s'en moque, car il est assuré de l'appui du Canadien. Le 19 décembre, il déclare d'ailleurs au rédacteur sportif de *La Presse* :

> Tout ce qu'on peut me faire est de me condamner à une amende de 50 $. Il est certain qu'une autre action sera prise le deuxième mois, et l'on me condamnera de nouveau à une amende de 50 $. Ce sera donc un montant de 100 $ en tout, puisque la saison de la ligue ne dure que sept semaines. Et n'allez pas croire que ce montant sortira de ma poche. Le Canadien savait ce qu'il faisait en m'engageant et c'est lui qui paiera l'amende.

UN FAUX VRAI DÉBUT

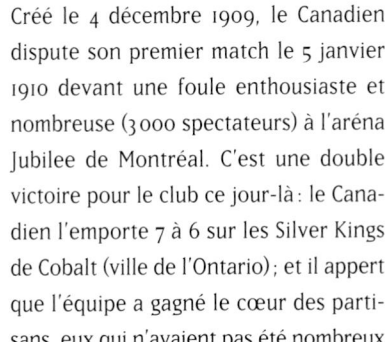

Créé le 4 décembre 1909, le Canadien dispute son premier match le 5 janvier 1910 devant une foule enthousiaste et nombreuse (3 000 spectateurs) à l'aréna Jubilee de Montréal. C'est une double victoire pour le club ce jour-là : le Canadien l'emporte 7 à 6 sur les Silver Kings de Cobalt (ville de l'Ontario); et il appert que l'équipe a gagné le cœur des partisans, eux qui n'avaient pas été nombreux lors du premier match disputé sept jours plus tôt par des clubs de la ligue concurrente.

D'ailleurs, la guerre entre les deux ligues rivales est loin d'être terminée. La preuve en est que les clubs de la NHA ouvrent leur portefeuille pour débaucher des joueurs de la CHA. C'est ainsi que Art Ross (un trophée porte son nom aujourd'hui) se voit offrir un contrat dont le *Montreal* **17**

Les deux ligues prennent forme dans le même hôtel, Le Windsor, à quelques chambres de distance.

Herald indique qu'il serait «contraire à la nature humaine de le refuser».

Le journaliste qui rapporte la nouvelle indique que d'autres joueurs de la CHA seront invités à joindre les rangs des équipes de la NHA... Avec tout cet argent offert aux joueurs, un effet inattendu se produit : tous les clubs des deux ligues doivent proposer de meilleurs salaires aux joueurs.

La situation du hockey n'est pas saine, surtout pas à Montréal où l'on retrouve cinq clubs professionnels (deux dans la NHA et trois dans la CHA). Trop d'équipes, trop de matchs ; le marché ne peut suivre la cadence et impose en quelque sorte une «fusion», ou plutôt le transfert de deux clubs de la CHA vers la NHA. Quant au club francophone de la CHA, le National, il ne bouge pas, hésitant devant cet énorme risque financier. Le Canadien reste donc le seul club francophone à Montréal. Le terrain est libre.

Un nouveau calendrier est rapidement élaboré et le Canadien entreprend son «second début de saison» le 19 janvier 1910. Le club perd ce match au score de 9 à 4 contre les Creamery Kings de Renfrew, mais l'un de ses joueurs, Édouard Charles «Newsy» Lalonde, marque trois buts.

AUTRES TEMPS, AUTRE FAÇON DE JOUER

Le hockey de 1909 et 1910 est très différent de celui d'aujourd'hui. Les parties comptent 2 périodes de 30 minutes, séparées par un intervalle de 10 minutes. En cas d'égalité après ces deux périodes, le jeu est prolongé jusqu'à ce qu'une équipe compte un but.

Chaque club dispose alors de sept joueurs sur la glace : le gardien de but, deux défenseurs et quatre attaquants – deux ailiers, le centre et le *rover*, un «second centre» jouant derrière le premier. Autre différence : les défenseurs ne jouent pas en parallèle (gauche/droite) ; l'un, appelé le point, se poste près du gardien de but, alors que l'autre, le *cover*, évolue devant le point. Quant à l'arbitre, il est désigné par les capitaines des équipes. Sa marge de manœuvre est grande ; il peut sanctionner une faute par l'expulsion du coupable ou par une punition d'une durée variable.

En octobre 1911, le poste de *rover* est aboli et les équipes jouent à six joueurs, jusqu'au 26 janvier 1913 où l'on revient au système de sept joueurs..., pour l'abandonner définitivement le 8 février, alors que le Canadien et Toronto disputent le dernier match opposant deux équipes de sept joueurs. Encore une fois, le Canadien participe à un événement historique...

Si l'usage des filets nous semble tout à fait normal aujourd'hui, il n'en a pas toujours été ainsi. Mis à l'essai en 1899, le filet est adopté en décembre 1900. À l'époque, cette décision ne faisait pas l'unanimité car, comme le rapporte *La Patrie* du 2 janvier 1900, cela modifiait le jeu :

Le travail du gardien des buts se trouve diminué en ce qu'il est réduit à se tenir à son poste et à parer les coups,

car il lui est impossible d'aller derrière les buts. Ceci forcera le Point et le Cover de déserter le leur, augmentant ainsi les chances des adversaires. Ceux-ci néanmoins ne pourront plus faire de passe à travers les buts; ils ne pourront plus, placés derrière les buts, glisser le puck [*sic*] à ceux de leurs coéquipiers qui se trouveraient devant; un détour est rendu nécessaire.

Les restrictions imposées au gardien de but étaient telles que le pointage des matchs était nettement supérieur à ce qu'on observe aujourd'hui. Ainsi, les gardiens de but devaient toujours rester debout et n'avaient pas le droit d'immobiliser la rondelle ni de la saisir de leur main libre. C'est pourquoi ils tenaient souvent leur bâton à deux mains, pour mieux contrôler les «retours» de lancers.

Si les Laviolette, Pitre, Lalonde et Malone revenaient au jeu et devaient affronter les joueurs d'aujourd'hui, ils seraient sans doute effrayés devant le

Didier Pitre

gigantisme de leurs adversaires. Dans son livre *L'histoire du hockey au Québec*, Donald Guay note que le poids moyen des joueurs seniors (les meilleurs de l'époque), au début du XXe siècle, est d'environ 150 livres! Face aux joueurs actuels, dont le poids moyen avoisine les 200 livres, les anciens seraient littéralement pulvérisés. À cela s'ajoute le fait que les méthodes d'entraînement modernes sont telles que les capacités athlétiques des joueurs d'aujourd'hui sont proportionnellement beaucoup plus développées.

Aussi est-il impossible de déterminer si Newsy Lalonde était meilleur ou non que Maurice Richard ou Guy Lafleur, au grand dam des amateurs qui se posent sans cesse ce genre de question...

Au fil des décennies suivantes et jusqu'à nos jours, les Canadiens et le hockey vont occuper une très grande place dans le cœur et la vie des Québécois. Il faut dire que les rapports entre le hockey et la société ont été exacerbés par différents facteurs, dont la religion catholique, la lutte entre francophones et anglophones, le combat des héros victimes d'injustices, etc. On pourrait écrire des pages et des pages sur le sujet, mais une courte histoire humoristique suffira.

Nous en sommes au septième et dernier match de la finale de la coupe Stanley. Un homme, qui se rend à sa place près du banc des joueurs des Canadiens, note que le siège adjacent au sien est libre. Il se penche vers son voisin et lui demande si quelqu'un viendra s'asseoir là.

«Non, lui répond le voisin.

— Le siège est libre, c'est incroyable! s'exclame l'homme. Qui est assez stupide pour avoir une place à la finale de la coupe Stanley et ne pas se présenter?»

Le voisin lui répond: «Ce siège m'appartient. Ma femme était censée m'accompagner, mais elle est décédée. C'est la première coupe Stanley à laquelle elle n'assistera pas depuis que nous nous sommes mariés en 1967.

— Oh! Je suis navré d'apprendre cela. C'est terrible. Mais vous n'auriez pas pu inviter quelqu'un d'autre, un ami, un parent, un membre de votre belle-famille?»

L'homme fait signe que non et répond: «Ils sont tous aux funérailles.»

Le Canadien a connu cinq domiciles officiels depuis sa fondation en 1909. D'abord, l'aréna Jubilee, rue Sainte-Catherine Est, entre les rues Malborough et Seaver (devenues Alphonse-D.-Roy et Omer-Ravary en 1984) dans le quartier Hochelaga. L'équipe y dispute ses matchs locaux à sa première saison, pour ensuite y revenir deux saisons, de 1917 à 1919, lorsque l'Arena de Westmount est détruit par le feu.

L'Arena de Westmount — situé à l'emplacement de l'actuelle Place Alexis-Nihon à l'angle de Sainte-Catherine et Wood — est le deuxième domicile officiel des Canadiens. Il abritait aussi les Wanderers au moment de l'incendie. Les Canadiens y restent huit saisons et c'est à cet endroit que l'équipe s'approprie sa première coupe Stanley, en 1916, contre Portland.

Après la destruction du Jubilee, les partisans montréalais apprennent avec soulagement la construction de l'aréna Mont-Royal, à l'angle de Mont-Royal et Saint-Urbain, qui servira aux parties locales du club de 1919 à 1926. Les Canadiens auraient pu y célébrer la conquête de leur deuxième coupe Stanley, en 1924, mais le match décisif (qui procure la précieuse coupe au Tricolore) doit être transféré à Ottawa, en raison de la température trop douce qui a fait fondre la glace naturelle. Au départ des Canadiens, le terrain de l'aréna Mont-Royal — troisième édifice lié à l'histoire de l'équipe — est vendu et transformé en immeuble commercial et résidentiel, lequel sera la proie d'un incendie en 2000.

Le Tricolore avait déjà disputé un match au Forum (Atwater et Sainte-Catherine), en raison du manque de glace à l'aréna Mont-Royal en décembre 1924. Il revient au Forum pour de bon en 1926, pour y demeurer jusqu'en 1996. Le Forum est l'édifice le plus identifié à l'histoire des **21**

Le Jubilee est inauguré en grande pompe en janvier 1909 avec une mascarade à laquelle participent 2 000 patineurs masqués et costumés.
L'aréna n'a pas été reconstruit après l'incendie de 1919, faisant place à un édifice lié à la construction.

Glorieux, avec ses fantômes qui ont meublé l'imaginaire de nombreuses générations. Le Tricolore y vit bon nombre de ses plus grands exploits qui le mènent à 22 conquêtes de la coupe Stanley. L'édifice a vécu deux transformations majeures, en 1949 et en 1968. Aujourd'hui converti en centre de divertissement, propriété de la firme Canderel, il renferme de multiples salles de cinéma, restaurants et ainsi que d'autres lieux et boutiques dédiés aux loisirs.

Le Centre Molson, devenu le Centre Bell en 2002-03, se situe au cœur du centre-ville. Il est situé à proximité de la gare Windsor, rue de la Gauchetière, et est accessible par deux stations de métro, Bonaventure et Lucien-L'Allier. Depuis l'ouverture de cet amphithéâtre — cinquième résidence officielle du CH — considéré comme l'un des plus prestigieux en Amérique du Nord, ses murs n'ont encore été témoins d'aucune grande conquête, mais ont tout de même connu quelques bons moments, dont cette longue ovation au Rocket lors de l'ouverture. Aucune conquête tricolore peut-être, mais les plus grandes vedettes internationales y ont présenté de multiples spectacles, à commencer par Céline Dion, la plus grande de toutes aux yeux de milliers de Québécois.

L'ARÉNA JUBILEE

Ce *patinoir* (c'est ainsi qu'on désigne les arénas à l'époque) est considéré comme l'un des plus beaux et des plus spacieux à Montréal. Il a des similitudes avec l'Arena de Westmount avec ses allures de théâtre et il peut accueillir 3 000 personnes assises mais n'est pas pourvu de glace artificielle. Il est cependant doté d'une salle de réunions, de deux pièces réservées aux joueurs, d'une salle à manger, de deux vestiaires, de plusieurs autres pièces de différentes dimensions et d'une estrade pour les musiciens. Plusieurs rangées de sièges en gradins permettent aux amateurs d'assister aux matchs de hockey. De plus, la glace est éclairée par 240 lampes à incandescence.

La construction de l'édifice — en acier pour les supports mais en brique et en bois pour le reste — est complétée le 12 décembre 1908. Une grande mascarade souligne l'inauguration officielle, le 11 janvier suivant, avec 2 000 patineurs masqués et costumés, le déploiement de drapeaux de tous les pays, les décorations et la musique de circonstance, des concours, des prix pour les plus beaux costumes et courses sur patins.

Le propriétaire du Jubilee, Patrick Doran, également propriétaire des Wanderers, joue un rôle important dans la naissance du Canadien, lui offrant au départ un domicile pour disputer ses matchs locaux. Avantage déterminant dans la guerre à finir que se livrent les deux nouvelles ligues, la Nationale et la Canadienne, en 1909.

Le Canadien perd son premier match officiel le 26 janvier au compte de 8 à 4 aux mains des Senators d'Ottawa, devant 3 000 personnes. Il avait cependant gagné 7-6 contre Cobalt, aussi devant une salle comble, le 5 janvier, lors du premier lancement des activités de la NHA. Ce résultat fut par la suite annulé lors du réaménagement de la Ligue. Les Wanderers aussi disputent leurs parties locales au Jubilee.

Les Canadiens reviennent au Jubilee en 1917-18. Didier Pitre compte en supplémentaire et procure une victoire de 6-5 aux Canadiens lors du premier match marquant le retour le 5 janvier 1918. Lors de son dernier affrontement au Jubilee, l'équipe remporte le championnat de l'Est du Canada. Elle battra aussi Ottawa en finale de la LNH pour remporter la

*L'aréna de Westmount, deuxième domicile officiel des Canadiens, a été occupé par un garage,
puis par une usine d'armement avant de devenir la Place Alexis-Nihon.*

coupe O'Brien, mais la série pour la coupe Stanley contre Seattle sera interrompue à cause de la grippe espagnole.

L'aréna est détruit par le feu l'après-midi du 23 avril 1919, ainsi que quelques hangars à foin et à grains du voisinage. Un fil électrique défectueux serait à l'origine du sinistre. Les pertes, estimées à 25 000 $, ne sont que partiellement couvertes par les assurances.

Aujourd'hui l'espace est occupé par des entreprises de construction, sans lien direct avec le hockey.

L'ARENA DE WESTMOUNT

Un groupe de sportifs dirigé par le président du MAAA, Ed Shepard, décide de former un syndicat en septembre 1898, sous le nom de Montreal Arena Company. Le groupe veut ériger une patinoire pouvant contenir 6 000 places assises et accueillir jusqu'à 8 000 spectateurs à temps pour la saison de hockey.

L'édifice, qui a coûté 75 000 $, est inauguré le 31 décembre de la même année. Près de 2 000 personnes se rassemblent par un froid sibérien pour assister à une rencontre non officielle.

Une clôture haute de 4 pi encercle la patinoire pour éviter que la rondelle ne s'égare trop souvent chez les spectateurs et on rembourre les colonnes à proximité de cette clôture pour protéger les joueurs. Une fanfare joue aussi d'office lors des arrêts de jeu.

L'aréna est rénové en 1908, mais ce n'est que deux ans plus tard que le Canadien y élit domicile. Il perd sa première rencontre, 5-3 face à Ottawa devant 5 000 spectateurs.

Première coupe Stanley contre les Rosebuds de Portland en mars 1916.

Le 2 janvier 1918, l'édifice est anéanti par le feu. La cause reste inconnue, mais le feu aurait pris naissance à proximité du vestiaire des Wanderers, qui perdent tout leur équipement et doivent se retirer de la Ligue. Le feu prive aussi le Canadien d'une partie de son équipement, mais le club parvient à se réorganiser. Il retourne au Jubilee. Une demi-douzaine d'autres clubs accusent aussi des pertes matérielles, ainsi que le surintendant de l'édifice qui y laisse ses meubles – il résidait dans l'annexe – et son automobile. Les pertes sont évaluées à 150 000 $. L'installation de la glace artificielle, réalisée trois ans plus tôt, avait nécessité un déboursé de plus de 50 000 $. Avec Toronto, Montréal était la seule ville canadienne à posséder pareil avantage.

On songe à reconstruire mais, finalement, les propriétaires y renoncent. Selon les recherches effectuées par Pierre Vennat, de *La Presse*, l'édifice est remplacé par un garage et recyclé en usine d'armement pendant la Deuxième Guerre mondiale, avant d'être vendu – ainsi que le terrain de stationnement adjacent – à la société Alexis-Nihon. Celle-ci y construit un centre commercial, une tour de bureaux, en plus d'aménager un nouveau stationnement.

L'ARÉNA MONT-ROYAL

Un nouvel édifice moderne réalisé en l'espace de trois mois, avec son toit cathédrale et ses 8 000 places, accueille les partisans du Canadien le 10 janvier 1920, tandis que les ouvriers effectuent encore quelques travaux de dernière minute. Le Canadien s'est engagé auprès de la Mount Royal Arena Co. à disputer pendant cinq ans tous ses matchs locaux dans cette bâtisse réaménagée sur le site réservé **23**

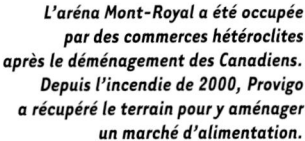

L'aréna Mont-Royal a été occupée par des commerces hétéroclites après le déménagement des Canadiens. Depuis l'incendie de 2000, Provigo a récupéré le terrain pour y aménager un marché d'alimentation.

depuis 1912 à la patinoire du All-Montreal Rink, entre les rues Saint-Urbain et Clark, mais avec façade dans la rue du Mont-Royal. Le club doit cependant se résigner à disputer son match inaugural, prévu pour le 27 décembre, à Ottawa. Les travaux, bien qu'exécutés rondement, ne sont pas achevés à cette date.

Qu'à cela ne tienne, les supporters du Bleu Blanc Rouge sont soulagés de constater que leurs favoris ont un nouveau domicile après les incendies qui ont ravagé le Westmount et le Jubilee. Glace artificielle ou pas, l'important, c'est d'avoir un toit, une bonne équipe et une fanfare pour l'ambiance. Les amateurs se chargeront bien du reste. Les joueurs aussi, puisque lors du match d'ouverture contre les St. Patricks de Toronto, Newsy Lalonde sème l'hystérie dans la foule avec une performance de six buts dans un gain de 14-7 des Canadiens. Le total de 21 filets de cette rencontre figure encore au chapitre des records de la Ligue nationale. La frénésie des Montréalais est telle qu'on doit refuser l'accès à plus de 1 000 personnes, selon l'évaluation du grand responsable de l'équipe, George Kennedy.

L'absence de glace artificielle prive les Canadiens des célébrations entourant la conquête d'une deuxième coupe Stanley avec leurs partisans en 1924. C'est à Ottawa que les joueurs triomphent des Tigers de Calgary, à l'occasion du dernier match de la finale. Plusieurs autres rencontres ont aussi été reportées précédemment, faute de glace appropriée. Les propriétaires, Tom Duggan, Hector Racine et Louis Gosselin, qui y étaient allés d'un investissement de 100 000 $ pour la construction, décident alors de doter la patinoire de glace artificielle, une facture de 40 000 $.

Manque de veine, la « nouvelle glace » n'est pas encore prête pour l'ouverture de la saison le 29 novembre. Le Tricolore réagit rapidement et choisit d'inaugurer le nouveau Forum, le domicile des Maroons, sis à proximité de l'ancien Arena de Westmount, lequel fait l'envie de bien du monde – les Canadiens y compris – avec ses 13 000 places. Cette fois, c'est au tour de Billy Boucher d'y jouer les héros devant 8 500 personnes, avec une performance de 3 buts, lors d'une autre dégelée servie aux St. Patricks de Toronto, cette fois au compte de 7 à 1.

Mais cette année-là, le Tricolore dispute ses autres matchs locaux sur Mont-Royal. Cependant, la direction de l'équipe met de la pression sur les actionnaires de la compagnie Mount, afin qu'ils augmentent la capacité de l'édifice. On acquiesce à cette demande et on annonce à l'été 1925 qu'une nouvelle bâtisse pouvant accueillir 12 000 personnes sera aménagée un peu au sud de l'ancienne. L'architecte Raoul Gariépy est mis à contribution et des obligations sont offertes aux gens d'affaires. Une opération de l'ordre de 650 000 $ au moins. Les Canadiens devront consentir à signer un bail de 15 ans.

Le projet n'aboutit pas et on propose plutôt d'ajouter 1500 sièges aux 8000 existants. L'offre est loin de satisfaire le club de hockey, qui propose plutôt de se défaire de son contrat en cours, moyennant un dédommagement de 50000$. L'aréna en demande plutôt 100000$ et entreprend une poursuite de 180000$ contre l'équipe. Pendant ce temps, le Tricolore, faisant fi de son entente, signe un bail avec le Forum, qui deviendra son quatrième domicile, et ce, pour longtemps.

Les Canadiens sont condamnés à verser une forte indemnisation à l'aréna Mont-Royal. Ils en appellent du montant, puis les propriétaires de l'édifice contestent le nouveau jugement à leur tour. C'est finalement la Cour suprême qui sera appelée à trancher en 1929, trois ans après le départ de l'équipe.

Après le déménagement du Canadien, l'aréna Mont-Royal demeure le domicile de diverses ligues locales et on essaie même d'en faire une école de hockey permanente. Les revenus n'étant plus les mêmes, il faudra se résigner à vendre l'édifice en 1938, pour le convertir en fabrique. Divers commerces, sans lien commun, s'établissent graduellement dans les espaces réaménagés, jusqu'à ce qu'un incendie – d'origine suspecte – vienne détruire cet autre lieu de l'histoire du Tricolore en février 2000. L'édifice abritait alors un organisme d'aide aux femmes violentées, le Chaînon, ainsi qu'un bar, un garage, un entrepôt et des commerces de métallurgie et d'extermination.

Depuis, on y a reconstruit une vaste épicerie. L'aréna Mont-Royal ne connut qu'un seul gérant (sauf pendant un bref intermède) tout au long du séjour des Canadiens, Oscar Benoît, un homme qui ne manquait pas

d'idées pour populariser son aréna. Il y présenta également de nombreux programmes de lutte et de boxe, qui attirèrent les plus grands, tels Yvon Robert et Jack Dempsey. Même l'unique Caruso y donna un spectacle qui fit salle comble.

LE FORUM

Le Forum, c'est l'histoire de 22 des 24 coupes Stanley des Canadiens. Ce sont les exploits légendaires du Rocket. Ceux de Howie Morenz, Aurèle Joliat, Jean Béliveau, Guy Lafleur et des autres. Les prouesses défensives des Hainsworth, Durnan, Plante, Dryden et Roy. Le cercueil de Morenz au centre de la patinoire en 1937 et celui du Rocket plus récemment en 2000. Chaque fois, des milliers de fans défilent en silence. La fameuse émeute de 1955. La réconciliation de Ronald Corey et de Guy Lafleur, lorsque celui-ci prend sa retraite. Les bras au ciel de Patrick Roy et ses derniers mots à l'oreille du président Corey, un soir de décembre 1995. C'est encore et surtout ces tours de patinoire des joueurs portant la coupe Stanley à bout de bras devant des milliers de partisans euphoriques. Bref, le Forum de Montréal, c'est le domicile des joies et des revers de tous ces Glorieux qui ont façonné la belle histoire du hockey pendant 70 ans, de 1926 à 1996.

La toute première version du Forum, alors surnommé «patinoir du Montagnard», se limite à une piste ovale recouverte pour le patin à roulettes, avec une surface glacée à ciel ouvert au centre. Inauguré en grande pompe devant 5000 personnes le 9 novembre 1908, l'édifice de 2 étages éclairé de 10 000 lumières est situé sur l'ancien terrain des Sulpiciens, entre les rues Atwater et Closse, à l'angle de Sainte-Catherine.

Le Forum a connu plusieurs transformations depuis l'arrivée des Canadiens en 1924, d'abord en 1949, puis en 1968 et finalement en 1996, lorsque l'équipe est déménagée au Centre Molson.

Quelques années plus tard, en 1923, William Northey reçoit du Canadian Arena le mandat de préparer un projet d'édifice de 12 000 sièges. L'organisation avait acquis le terrain formant le quadrilatère Sainte-Catherine, Lambert-Closse, Saint-Luc (maintenant de Maisonneuve) et Atwater. Jugé trop ambitieux, l'édifice est réduit à 9 300 places. John Archibald dessine les plans de cette bâtisse de deux étages destinée aux Maroons, aussi propriété du Canadian Arena. Mais, comme on le verra plus loin, ce sont les Canadiens qui inaugurent l'édifice, en 1924, avant de s'y établir à demeure en 1926.

Considéré à l'époque comme l'édifice le plus adéquat pour les matchs de hockey, sa construction est complétée, au coût de 1,25 million, en un peu plus de cinq mois. En avance sur l'horaire et à temps pour le match du 29 novembre entre le Canadien et les St. Pats de Toronto. Une partie remportée aisément par le Tricolore au compte de 7 à 1.

La Foundation Company est mandatée pour d'importantes rénovations, de l'ordre de 600 000 $ en 1949, alors que la Dominion Bridge du Canada fournit l'acier nécessaire à l'érection d'un second étage. La capacité des sièges est portée à 13 551, mais les colonnes qui obstruent la vue de bon nombre de spectateurs font jaser. Pourtant, les joueurs des Canadiens, déjà conquérants de quatre coupes Stanley de 1930 à 1946, trouvent moyen d'ajouter neuf autres bannières avant que la direction de l'équipe — propriété du Canadian Arena depuis 1935 — décide de procéder à une véritable cure de rajeunissement. On considère la possibilité d'une nouvelle construction sur un autre site pendant un certain temps, pour finalement opter pour une modernisation de l'édifice existant.

L'architecte Ken Sedleigh trace les plans du Forum rénové et on met la société Stone & Wesbster au défi de réaliser les travaux entre les deux saisons à l'été 1968. Les vapeurs du champagne d'une 15e coupe Stanley ne sont pas encore dissipées que les ouvriers envahissent déjà la place pour procéder aux travaux. De l'édifice original, on ne conserve que la structure, les gradins et les bancs. Encore qu'il faille soulever le toit et enlever les colonnes qui le soutenaient. La toiture repose désormais sur des poutres aux extrémités. On prévoit une dizaine de loges corporatives, on aménage une vaste galerie de presse, les guichets de vente des billets sont regroupés et les accès améliorés par l'ajout d'escaliers mobiles. L'élimination des colonnes donne aussi 2 400 sièges supplémentaires, ce qui porte la capacité totale à 18 200. On aménage une vingtaine de nouvelles salles de toilette, des boutiques et deux clubs privés. Évalués à 9,5 millions, les travaux nécessitent 3 600 tonnes d'acier, 2 500 verges cubes de béton, 16 000 kilomètres de tuyaux. Seul le système de réfrigération de la patinoire demeure inchangé.

Le 2 novembre 1968, le Canadien inaugure un Forum «rajeuni», en signant une victoire de 2-1 sur les Red Wings

de Detroit, 118 jours après le début des travaux de rénovation. Jean Béliveau se distingue avec le premier but inscrit à l'histoire du nouvel édifice.

Le Tricolore remportera neuf autres coupes dans ce lieu aux mille prouesses. Le 11 mars 1996, l'équipe y gagne un dernier match, 4 à 1 contre les Stars de Dallas. Andrei Kovalenko ferme le dernier chapitre de la maison, avec un but à 13 min 56 s de la deuxième période. Le lendemain, quelque 150 articles chargés de l'histoire de l'illustre Forum sont mis à l'encan, rapportant plus de 400 000 $ à Centraide et à l'Association des Anciens Canadiens. Trois jours plus tard, on déménage (du moins on essaie) les fantômes du Forum au Centre Molson.

Mais l'histoire du Forum de Montréal, ne se limite pas à celle des Canadiens et de leurs Légendes. On y a aussi vu se dérouler des combats mémorables de lutte et de boxe, des prestations inoubliables de Céline Dion et les Beatles, des spectacles rock, les ovations au Rocket, les Jeux olympiques avec Nadia Comaneci en 1976, les matchs du Canadien junior, ceux des ligues professionnelles de l'Est et senior, des matchs de soccer et de crosse, ainsi que, à une certaine époque, des tournois de quilles et de billard.

Après le départ du Canadien, la compagnie Paramount Pictures réservera l'édifice pour le tournage d'un film, reportant de quelques mois sa transformation. Depuis mai 2001, le Forum — propriété de la société Canderel qui l'a renommé Forum Pepsi — est devenu un centre de divertissement, avec ses 22 salles de cinéma, ses restaurants thématiques, ses boutiques spécialisées. L'histoire passée des Canadiens est soulignée par le cercle de mise en jeu central avec ses deux gros logos au sol, quelques bancs ainsi qu'un bronze de Maurice Richard.

LE CENTRE BELL

Le rapport commandé en 1989 à la firme Daniel Arbour et associés est sans équivoque pour le président des Canadiens et son équipe. Il faut oublier le Forum si on souhaite se mettre au diapason des amphithéâtres luxueux qui servent désormais de résidence aux concessions sportives. Le coût des rénovations serait exorbitant et, de toute façon, les améliorations qu'on pourrait y apporter seraient nettement insuffisantes pour atteindre les objectifs de l'organisation.

Finalement, la Brasserie Molson, propriétaire du club, porte son choix sur un terrain au centre-ville, près de la gare Windsor, offrant de multiples avantages, dont celui d'être situé à proximité de deux stations de métro (Bonaventure et Lucien-L'Allier), des gares de train de banlieue et des autoroutes, en plus d'être entouré d'un immense réseau de galeries souterraines avec magasins et restaurants.

C'est un consortium de firmes d'architectes — Lemay et associés, ainsi que LeMoyne Lapointe Magne — qui est chargé de préparer les plans de la prochaine résidence des Glorieux, au 1260, de la Gauchetière Ouest. Les ingénieurs de SNC-Lavalin entreprennent ensuite de donner forme au concept, une affaire de 270 millions. Première pelletée de terre le 22 juin 1993, à peine quelques jours après la conquête de la 24e coupe Stanley. Selon l'échéancier prévu, le nouveau Forum, qu'on nommera Centre Molson, avant de lui donner le nom de Centre Bell en septembre 2002, doit être prêt en moins de trois ans.

Ce qui est fait le 16 mars 1996, tout juste après que le capitaine Pierre Turgeon eut « allumé » la glace de mille feux avec le flambeau transmis de capitaine en capitaine, quatre jours plus tôt au Forum. Un geste qui provoque **27**

**Le Centre Bell,
domicile actuel des Glorieux.**

une explosion de couleurs pour marquer le passage de l'ancien temple au nouveau. Autre symbole de lien entre la légende et le temps présent, cette troisième ovation chaleureuse à l'endroit du Rocket à quelques jours d'intervalle. Les Canadiens disputent leur premier match de la Ligue nationale dans leur nouveau domicile, contre les Rangers de New York, le soir même. Vincent Damphousse donne le ton avec le premier but de l'histoire du Centre, et les Canadiens gagnent 4-2.

Considéré comme l'un des amphithéâtres de sport et divertissement les plus prestigieux en Amérique du Nord, le Centre Bell offre 21 273 sièges à différents niveaux et 135 loges corporatives, avec des «salons de grand luxe», devenus une source indispensable de financement pour les équipes de sport en raison de la hausse vertigineuse du coût des contrats d'athlètes. Les gradins tout en hauteur éloignent cependant les amateurs du jeu et on a dû installer des micros au niveau de la patinoire afin que les spectateurs entendent le bruit de la rondelle qui frappe la bande. De plus, l'étroitesse des corridors restreint un peu la circulation du public. Avec les 580 places de stationnement, plus 15 000 autres dans un rayon de 500 mètres, et ses 12 entrées sur les diverses façades de l'édifice, le Centre Bell est relativement facile d'accès. La passerelle de presse peut accommoder 300 journalistes et 30 dans la salle des médias. Cinq studios pour la télévision autant pour la radio, deux chambres noires, une salle de transmission de photos et une salle de conférence pour 75 personnes sont aussi à la disposition des médias lors des rencontres. Quelque 450 écrans de télévision sont aussi répartis à la grandeur de l'édifice, à l'intention du public et des spécialistes.

Pour le bénéfice des visiteurs et des partisans, le Centre dispose de 4 restaurants, 39 comptoirs alimentaires et 11 stands de souvenirs.

Comme au Forum, le Centre a été aménagé pour la présentation de spectacles musicaux et autres, pouvant accueillir de 2 000 à 23 000 spectateurs.

Mais il ne faut pas perdre de vue que le Centre Bell est d'abord le domicile de la glorieuse organisation des Canadiens de Montréal. Plusieurs murales thématiques, diverses statues de bronze et de multiples photos rappellent, à différents endroits, les grandes réalisations et les légendes des Canadiens.

Un temple du XXe siècle qui n'a pas encore beaucoup d'histoire, si ce n'est la première finale de la Coupe du Monde entre les États-Unis et le Canada en 1996, mais un temple déjà fort fréquenté par les amateurs de hockey. C'est aussi le meilleur de la Ligue depuis 2002-2003 avec 141 parties régulières à guichet fermé plus 15 en séries depuis le 13 janvier 2004. Un record de 156 parties consécutives qui se poursuivra tout au long de la saison 2008-09 et probablement les suivantes.

Cependant, pour que les fantômes du Forum s'y sentent aussi à l'aise, il faudra attendre un peu...

Le chandail bleu, blanc et rouge des Canadiens est à ce point relié à l'histoire de l'équipe qu'on a souvent l'impression qu'il existe depuis toujours. Ce n'est pas tout à fait le cas. On est même loin de la version originale, bien que les couleurs et la forme actuelles existent depuis maintenant plus de cent ans, à plusieurs variantes près.

1909-10

1910-11

1911-12

1912-13

1912-13

1913-1915

1909-10

Le premier chandail du nouveau club Canadien (1) est de couleur bleue, avec un bandeau blanc à la poitrine et aux épaules.

1910-11

Le club utilise un chandail rouge décoré d'une feuille d'érable verte (2) sur laquelle on a inscrit un « C » et un « A » stylisés, pour Canadien et Athlétique.

1911-12

Chandail blanc traversé en diagonale par deux bandes, une bleue et une rouge (3). Même logo stylisé. Les joueurs ne portent pas encore de numéro au dos mais en ont un au bras gauche.

1912-13

Le Canadien porte un chandail semblable à celui des Senators d'Ottawa, à rayures horizontales bleues, blanches et rouges. Une feuille d'érable marquée des lettres « CAC » pour Club Athlétique Canadien orne le devant (4). Ce chandail, surnommé « chandail de barbier », suscite une certaine confusion lors des matchs opposant les Canadiens et les Senators. Une plainte de ceux-ci oblige le club montréalais à redessiner un chandail rouge avec une large bande bleue à la poitrine, décorée d'un énorme « C » blanc (5). Ce modèle sera porté seulement lors des parties contre Ottawa.

1913 À 1916

Première version du chandail bleu blanc rouge tel que nous le connaissons encore aujourd'hui. On a ajouté un « A » à l'in-

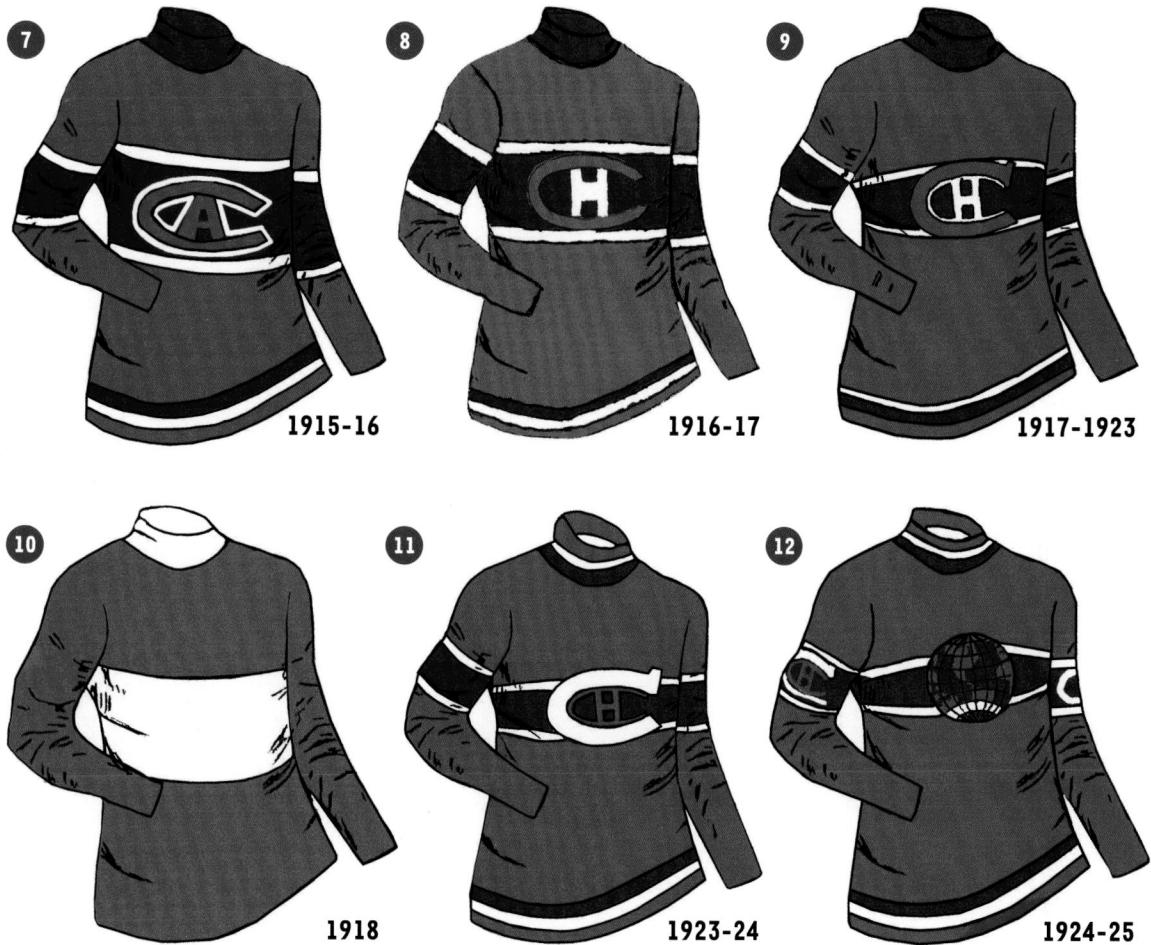

7   **1915-16**

8   **1916-17**

9   **1917-1923**

10   **1918**

11   **1923-24**

12   **1924-25**

térieur du « C » (6). Les manches sont entièrement rouges, mais avec une bande blanche aux poignets ; la même bande blanche, ainsi qu'une bleue ornent le bas du chandail.

Pour la version 1915-16, on a ajouté le bandeau bleu aux manches et le « C » est devenu rouge (7). Par contre, le col passe du blanc au bleu.

1916 À 1924

En 1916, un « H » pour Hockey remplace le « A » (8). La modification est liée à l'acquisition du club par le Canadien Hockey Club que dirige George Kennedy.

Les Canadiens font leur entrée dans la Ligue nationale en 1917-18 avec un chandail au logo mieux défini et aussi avec le numéro des joueurs inscrit au dos (9).

Le feu à l'Arena de Westmount oblige l'équipe à emprunter les chandails du club Hochelaga de la Ligue de la Cité, pour le match du 5 janvier 1918 contre Ottawa. Les maillots sont rouges avec une large bande blanche au milieu de la poitrine (10).

En 1923-24, le Canadien conserve ses couleurs, mais revient au « C » blanc (11), plus quelques changements mineurs.

1924-25

Le club s'affiche en « champion du monde » à la suite de sa première conquête de la coupe Stanley dans la Ligue nationale, remplaçant le CH par un gros globe terrestre au centre du chandail (12). Le logo officiel est plutôt apposé aux manches.

1925-1946　　　**1935-1938**　　　**1935-1938**

1938-1941　　　**1941-1945**　　　**1945-46**

1925 À 1941

On revient au logo rouge en 1925-26 et on ajoute un autre petit logo sur la manche, lequel disparaît en 1935-36. C'est une version qui se rapproche le plus du chandail actuel, du moins pour le rouge (13).

À compter de décembre 1935, on utilise un chandail blanc pour les parties au Forum contre Detroit, afin d'éviter toute confusion avec celui des Red Wings, également rouge. Il existe deux versions de ce chandail, qui ressemble étrangement à celui porté par les joueurs de l'équipe lors des matchs de crosse (14-15). Les photos de l'époque ne permettent pas de déterminer si les petites bandes rouges et bleues sur le dessus des épaules sont destinées aux joueurs d'avant ou aux défenseurs. Ce chandail blanc sera également porté lors des matchs contre Detroit en 1936-37 et **32** 1937-38.

Les petites bandes sont disparues en 1938-39 (16). Jusqu'en 1940-41, la version blanche du chandail montréalais ne portera d'autres «décorations» que celles que l'on retrouve aux poignets et au bas du chandail, plus le logo, bien sûr. Ce chandail sera aussi utilisé contre certaines équipes au Forum en 1940-41, mais le rouge demeure le chandail officiel.

1941 À 1946

Modification importante au chandail blanc pour la saison 1941-42 (17), alors que de son côté le modèle foncé reste inchangé. Une large bande rouge décore les épaules. Un lacet ferme le col. Cette version, qui se rapproche beaucoup du modèle blanc d'aujourd'hui, sera utilisée jusqu'en 1945.

En février 1945, on déplace la bande des épaules au milieu de la poitrine et on la tisse en bleu plutôt qu'en rouge (18). Une modification qui demeurera jusqu'en novembre 1946.

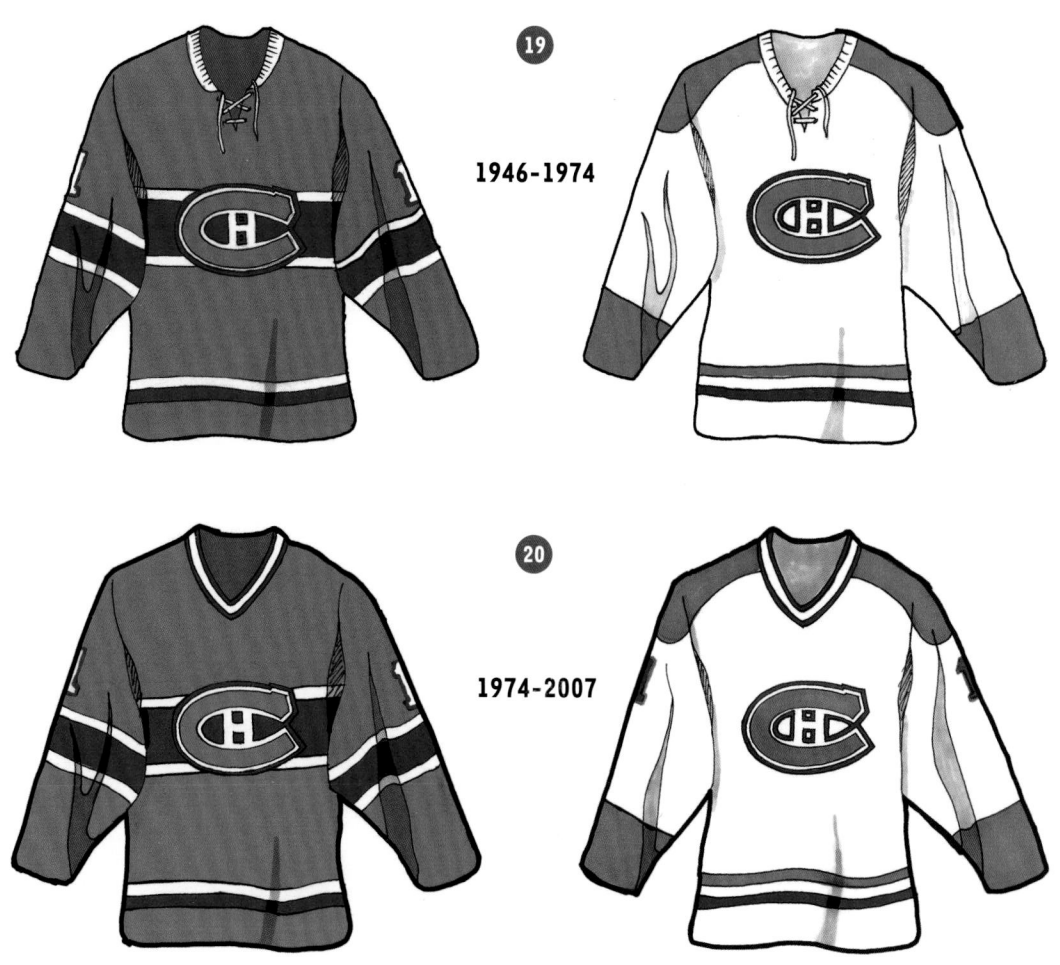

19

1946-1974

20

1974-2007

Le lacet disparaît du col pour un an. Les joueurs montréalais utilisent surtout la version rouge pour les parties locales, mais on les retrouve aussi vêtus de blanc lors de quelques matchs.

1946 À 1974

Les Canadiens optent en priorité pour le chandail blanc lors des matchs locaux, de novembre 1946 jusqu'à la campagne 1951-52, mais utilisent aussi l'autre version à l'occasion de certaines rencontres. On en profite pour ramener le lacet au col et la bande rouge aux épaules du chandail blanc (19). Certaines années, on remarque aussi une légère modification sur l'une des bandes blanches qui encerclent les manches du chandail rouge. À compter de 1952-53, le blanc sera utilisé pour tous les matchs locaux, et ce, jusqu'en décembre 1955. La Ligue suggérera alors l'emploi de la couleur foncée, donc le rouge au Forum, avant de ramener

définitivement le blanc en 1970-71. Retour des numéros sur les manches en 1958-59, parfois au-dessus de la bande blanche, parfois à l'intérieur, la LNH n'ayant pas retenu jusqu'alors cette habitude datant de l'époque de la NHA.

1974 À 2007

Le lacet au col disparaît pour de bon lors des séries de 1975, les chandails sont plus amples (20) pour dissimuler les pièces d'équipement devenues plus imposantes. On a ajouté les noms des joueurs en 1977-78. Mais les couleurs sont demeurées les mêmes. Le Tricolore a refusé de se doter d'un troisième chandail comme l'ont fait plusieurs autres équipes. À cause de la légende, mais aussi par respect pour tous ceux qui ont endossé ses couleurs et aussi pour les partisans. L'équipe se ravise quelque peu en 2003 pour faire revivre le modèle rouge de 1958-59 (21) lors du match en plein air **33**

2007 à aujourd'hui

contre les Oilers à Edmonton, ainsi que la version du chandail blanc de 1945-46 (22) qu'on utilise pour une demi-douzaine de rencontres, surtout avec les équipes d'origine de la Ligue. Ces deux anciennes versions, marquées d'un « V » (comme dans Vintage) seront encore utilisées occasionnelle-ment en 2005-06 après le lock-out. La version 1945-46 a aussi servi pour quatre parties en 2006-07.

2007 À AUJOURD'HUI

La Ligue nationale signe une entente avec Reebok qui devient le nouveau fournisseur officiel des chandails des équipes. Aucun changement pour les deux versions du chandail tricolore (23) si ce n'est du logo de la LNH à l'en-colure. Les modifications portent plutôt sur l'esthétisme (chandail plus profilé) et le choix du tissu, plus extensible et confortable que le précédent (technologie hydrofuge et gestion de l'humidité). On conserve cependant les anciennes versions de 1958-59 et 1945-46 pour certaines rencontres à caractère historique.

L'histoire des Canadiens de Montréal, c'est d'abord cette fabuleuse collection de 24 coupes Stanley, souvent remportées de haute lutte. Mais c'est aussi les autres grandes victoires sur l'adversaire et sur soi-même, les joies, les peines, les petites anecdotes, les misères également qui ont meublé le quotidien de l'équipe au fil des ans.

C'est un peu tout cela que nous avons cueilli pour vous à diverses sources afin de vous le raconter à notre façon, avec tout le respect que nous devons à l'histoire, sans en cacher les aspects les moins agréables ni tenter de minimiser les coups d'éclat de nos héros d'enfance et de nos idoles actuelles.

Nous rapportons les faits marquants pour chacune des années ; Pas toujours les plus importants mais sûrement les plus pertinents. Nous y ajoutons des anecdotes joyeuses ou tristes, mais aussi des faits cocasses et des records importants avec, en plus, les classements annuels, la composition de l'équipe et les récipiendaires des trophées annuels.

Et pour finir, nous avons placé tout cela dans le contexte de la Ligue nationale, avec un résumé des principaux points marquants de chacune des saisons.

Cet historique détaillé, malgré quelques oublis inévitables, c'est le cœur du présent livre. À vous d'y ajouter vos propres faits marquants et vos anecdotes personnelles. **35**

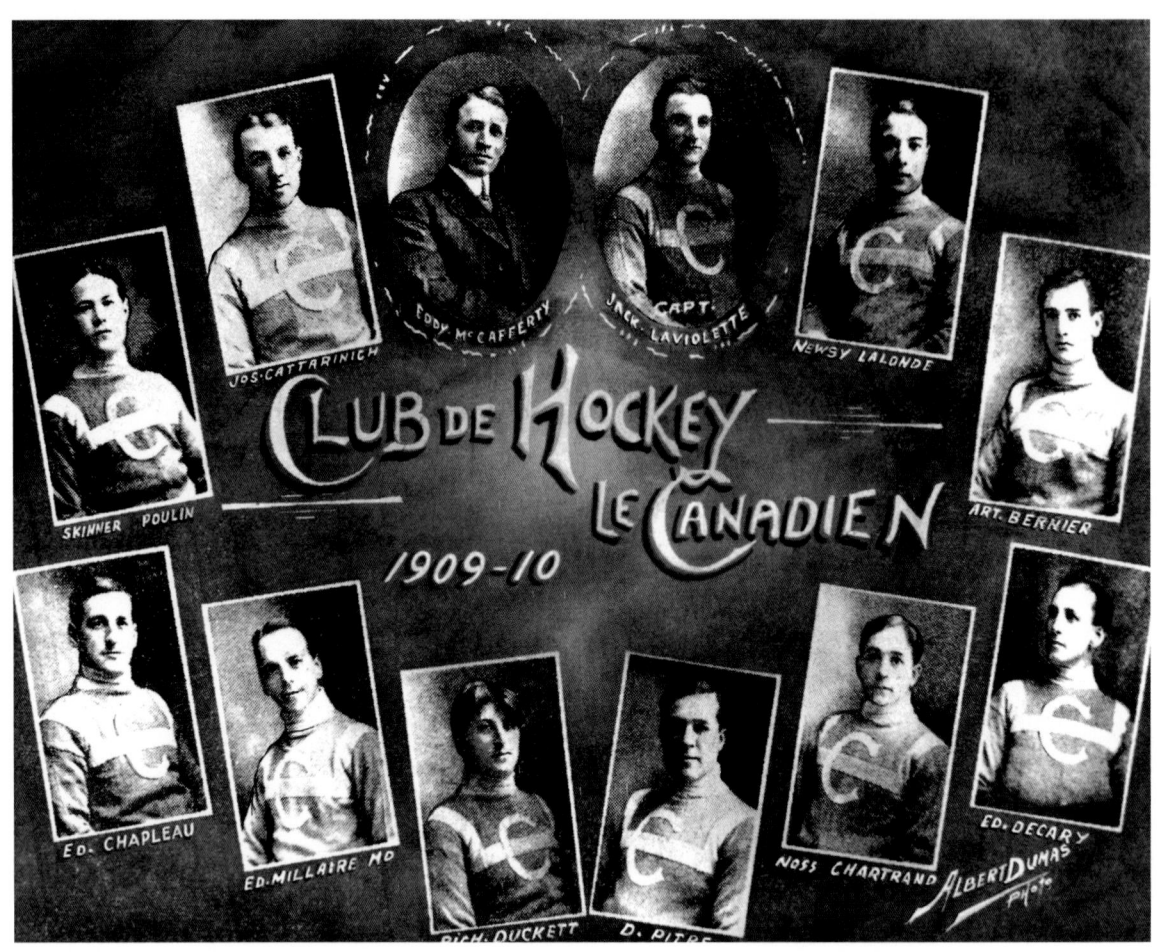

Première photo officielle de la formation initiale du Canadien lors de la création de l'équipe en 1909.
Jack Laviolette, homme à tout faire de l'organisation, est simplement présenté comme capitaine.

LES CANADIENS DE MONTRÉAL SONT AU NOMBRE DES CINQ CLUBS, AVEC RENFREW, COBALT, HAILEYBURY ET LES WANDERERS, UNE AUTRE ÉQUIPE DE MONTRÉAL, QUI FORMENT LA NOUVELLE LIGUE, LA NATIONAL HOCKEY ASSOCIATION (NHA). CELLE-CI ENTREPREND SES ACTIVITÉS EN JANVIER, APRÈS AVOIR ACCEPTÉ DEUX NOUVELLES ÉQUIPES, OTTAWA ET LES SHAMROCKS DE MONTRÉAL. LES CANADIENS NE GAGNENT QUE DEUX PARTIES, SUBISSANT, LE 26 FÉVRIER, CE QUI DEVIENDRA LA PIRE DÉGELÉE DE LEUR HISTOIRE, 15-3 CONTRE HAILEYBURY. LES WANDERERS REMPORTENT LA COUPE O'BRIEN POUR LE CHAMPIONNAT DE LA SAISON ET LA COUPE STANLEY CONTRE BERLIN (AUJOURD'HUI KITCHENER), DE LA LIGUE DE L'ONTARIO, TANDIS QUE LA PREMIÈRE VEDETTE DES CANADIENS, NEWSY LALONDE, PRÊTÉE À RENFREW EN COURS DE SAISON (LES DEUX CLUBS APPARTIENNENT À AMBROSE O'BRIEN), TERMINE AU PREMIER RANG DES COMPTEURS.

Newsy Lalonde, première supervedette

Après avoir entrepris la saison à Montréal, Newsy Lalonde termine celle-ci dans l'uniforme des Creamery Kings de Renfrew.

Édouard Lalonde, mieux connu sous le surnom de Newsy, peut être qualifié de première supervedette de l'histoire des Canadiens et du hockey. Né à Cornwall, en Ontario, le 31 octobre 1887, Lalonde a hérité de son surnom après un court séjour dans une usine de papier journal. Il totalise 38 buts en 11 parties à sa première saison dans la NHA, en 1909-10, et décroche facilement le championnat des compteurs. Il obtient 22 de ses 38 buts en 5 matchs avec les Creamery Kings de Renfrew, auxquels Ambrose O'Brien, propriétaire des deux équipes, plus celles

● Newsy Lalonde revendique le premier but et le premier tour du chapeau de l'histoire du club, obtenus au premier match de l'équipe, contre Renfrew, le 19 janvier.

● La première victoire du club — aussi la première à domicile — est célébrée le 7 février contre les Comets de Haileybury, au compte de 9-5. C'est Didier Pitre qui obtient le but gagnant, à la deuxième période. Le club avait perdu ses quatre premières rencontres, dont son premier match local le 26 janvier, 8-4 contre Ottawa.

● Les Canadiens disputent leurs matchs locaux à l'aréna Jubilee, angle Malborough et Sainte-Catherine.
● Didier Pitre, l'un des premiers joueurs à signer un contrat, est également le mieux payé de l'équipe, à 1 700 $.

● Pitre est aussi l'auteur du but gagnant lors des deux seules victoires de l'équipe au cours de la saison. Lors de la seconde, le 11 mars, contre les Shamrocks, il devient le premier défenseur montréalais à obtenir trois buts, le dernier en prolongation.

Jack Laviolette est à la fois joueur, entraîneur et gérant de la première édition du Canadien.

1909-1910

de Haileybury et de Cobalt, a prêté ses services, en raison du peu de chances des Canadiens d'aspirer aux honneurs.

Newsy laissera sa marque dans cette ligue, puis dans la Ligue nationale, par ses exploits mais aussi par ses nombreuses volte-face. Joueur controversé, il n'hésitera pas à passer à l'Ouest parce que le Canadien n'aura pas accepté de lui accorder le salaire demandé ; il reviendra à Montréal un an plus tard ; il refusera ensuite de se présenter à l'équipe de Vancouver à laquelle on l'aura échangé en 1913-14 ; et il fera tout bonnement la grève l'année suivante, n'ayant pu arriver à un accord pécuniaire avec le Canadien.

Ses démêlés ne l'empêcheront pas de remporter six titres de champion compteur (deux dans la NHA, autant dans la Ligue nationale, un dans l'Ouest et un dans la Ligue professionnelle de Toronto) au cours de sa carrière. L'enfant terrible des Canadiens sera échangé à Saskatoon une dernière fois en 1922-23, en retour d'Aurèle Joliat, qui deviendra une autre figure légendaire du Canadien.

N'ayant gagné qu'une seule de ses sept premières rencontres en 1909-10, les Canadiens sont vite relégués au rang des pires équipes du nouveau circuit, d'où la décision de O'Brien de renforcer Renfrew, qui bataille pour le championnat avec les Wanderers de Montréal et les Senators d'Ottawa. Le total de 38 buts de Lalonde ne sera dépassé que 3 ans plus tard par Joe Malone, avec les Bulldogs de Québec. Newsy obtient jusqu'à 9 buts en un seul match, contre les Silver Kings de Cobalt.

La venue de Lalonde à Renfrew ne permet toutefois pas à sa nouvelle équipe de décrocher la coupe O'Brien. Celle-ci, ainsi que la coupe Stanley, iront aux puissants Wanderers de Montréal, inspirés par leurs vedettes Ernie Russell, Harry Hyland et Riley Hearn.

LE SAVIEZ-VOUS...

Les dirigeants des équipes et les joueurs offrent leurs services bénévolement comme arbitres ou juges de but lors des rencontres dans lesquelles leurs clubs ne sont pas engagés. On relève notamment les noms de Frank Patrick, Art Ross, Ernie Russell et Jos Cattarinich à ce titre. Même le président de la Ligue, Emmett Quinn, est mis à contribution.

ÉQUIPE 1909-10

Entraîneur : Jack Laviolette (12-2-10-0)

POS	JOUEURS	PJ	B	PUN
Rover	**Newsy Lalonde**	6	16	40
AD	Art Bernier	12	12	25
Cover	Didier Pitre	12	11	5
AG	Georges Poulin	12	8	53
C	Ed Décarie	12	5	43
AD	Edgard Leduc	3	3	0
Point	Jack Laviolette	11	3	26
C	Patsy Séguin	2	1	12
C	Joseph Bougie	1	0	0
Rover	Ed Millaire	1	0	3
G	Pat Larochelle	1	0	5
A	Ed Chapleau	2	0	3
G	Jos Cattarinich	4	0	0
G	Teddy Groulx	7	0	0

GARDIENS	PJ	G	P	N	MIN	BC	BL	MOY
Jack Laviolette	1	1	0	0	5	0	0	0,00
Pat Larochelle	1	0	0	0	67	4	0	3,58
Teddy Groulx	7	1	6	0	420	62	0	8,86
Jos Cattarinich	4	0	4	0	240	34	0	8,50

● Le gardien Larochelle est expulsé de ce match du 11 mars en temps supplémentaire et c'est Laviolette lui-même qui le remplace, devenant le premier joueur à remporter une victoire à la fois comme gérant et comme gardien.

● Laviolette demande au gardien Jos Cattarinich de le remplacer au poste de gérant après seulement trois parties.

● Lors de la dégelée de 15-3 infligée par Haileybury, deux joueurs des Comets, Alex Currie et Nick Bawlf, obtiennent respectivement six et cinq buts. Évidemment, Currie est le premier à obtenir six buts contre les Canadiens. Deux autres accompliront pareil exploit : Gordon Roberts en 1911-12 et Frank Nighbor en 1916-17. En saison régulière, Bernie Morris a également réussi cet exploit en 1916-17.

● Première grève dans l'histoire des Canadiens, alors que les joueurs, n'ayant pas été payés pour leur match précédent, refusent d'affronter les Wanderers le 9 mars 1910.
● Le 9 mars 1910. Laviolette fait valoir aux joueurs qu'ils ne peuvent laisser tomber les partisans et, après discussions, les contestataires révisent leur position avec la promesse formelle de toucher leur plein salaire au prochain match.

TROPHÉES	
COUPE STANLEY	
Wanderers de Montréal	
COUPE O'BRIEN	
Wanderers de Montréal	
MEILLEUR COMPTEUR	
Newsy Lalonde	
Creamery Kings de Renfrew	
MEILLEUR GARDIEN	
Riley Hern	
Wanderers de Montréal	

Le gardien de l'équipe, Jos Cattarinich, remplace Laviolette à titre de gérant après quelques parties.

UN MOIS POUR FORMER LE CLUB

Jack Laviolette, avec l'aide du secrétaire-trésorier Eddy McCaffery, met moins d'un mois pour réunir les éléments de la première édition du Canadien. On l'a mandaté pour recruter les membres de la nouvelle équipe, en plus d'agir comme gérant d'équipe (entraîneur), défenseur et capitaine du club. Natif de Belleville, en Ontario, Jean-Baptiste, dit Jack, Laviolette avait suivi sa famille à Valley-field à l'âge de douze ans, où il avait acquis le goût du hockey en patinant sur la surface glacée des écluses que surveillait le père de Dider Pitre. Plus tard, il fera carrière avec le National de

Didier Pitre revendique le premier tour du chapeau réalisé par un défenseur des Canadiens.

Montréal en 1903-04, l'American Soo de Sault Ste. Marie (Michigan) de 1904 à 1907, puis avec le Shamrocks de Montréal en 1907-08, avant de devenir l'homme de confiance de O'Brien chez le Canadien.

Laviolette réussit à convaincre le défenseur Didier Pitre, son grand copain d'enfance, à joindre le club, en renchérissant sur l'offre du National. Il place Jos Cattarinich devant le filet et fait appel à Newsy Lalonde comme maraudeur. Ed Décarie est choisi au centre, avec Arthur Bernier et Georges Poulin comme ailiers.

Mais l'engagement de ces joueurs fait l'objet de plusieurs menaces de poursuites. Le National voudrait bien retenir les services de Pitre, Lalonde et Décarie, tandis que le All-Montreal voudrait garder Poulin. Ces chicanes suscitent beaucoup d'intérêt auprès des amateurs de hockey et le Canadien fait les manchettes des journaux avant même de disputer sa première partie.

Finalement, Laviolette a le dernier mot et le club gagne son premier match 7-6 en prolongation contre Cobalt, le 5 janvier. La dissolution de la ligue rivale, la Canadian Hockey Association (CHA), et l'intégration de deux nouveaux clubs, les Shamrocks et les Senators, forceront la NHA à tout reprendre, annulant du même coup les parties déjà jouées.

● La CHA, formée le 13 novembre 1909, regroupait les Senators d'Ottawa, les Bulldogs de Québec, les Shamrocks et le National de Montréal, ainsi que le All-Montreal. Frustrés d'être laissés de côté, les Wanderers de Montréal regroupent leurs forces avec Renfrew, Cobalt et Haileybury le 2 décembre suivant et décident de créer un club de francophones aux couleurs bleu et blanc (les Canadiens) pour faire concurrence au National. Peu après, les Senators et les Shamrocks désertent la CHA pour se joindre à la nouvelle NHA.

● Les matchs de l'époque sont constitués de deux périodes de 30 minutes.

● Chaque équipe est composée de sept joueurs : un gardien, un point et un *cover* (les défenseurs), un centre et ses deux ailiers, ainsi qu'un *rover*, sorte de maraudeur, libre de sa position.

● Le gardien de but n'est pas autorisé à se jeter sur la glace pour arrêter la rondelle, ni à s'agenouiller ou à s'asseoir. Il doit constamment rester debout.

● L'échelle des salaires varie de 5 000 $ pour les joueurs des Canadiens à 18 000 $ pour les « riches » comme Renfrew.

● Le gardien des Wanderers, Riley Hern, réussit le seul blanchissage de la saison, une victoire de 5-0 contre Renfrew.

● Haileybury et Cobalt totalisent 23 buts dans une victoire de 14-9 des Comets.

● Le trophée de championnat de la nouvelle ligue est offert par la famille O'Brien. Il changera de vocation à quelques reprises par la suite, avant d'être retiré définitivement en 1950.

● La partie du 22 janvier entre Renfrew et les Shamrocks de Montréal est à égalité 1 à 1 après le temps réglementaire.

Les Shamrocks veulent réintégrer Joe Hall dans leur alignement, lui qui avait été expulsé en cours de match. L'arbitre est d'accord, mais pas Renfrew ni l'arbitre adjoint. La rencontre est interrompue sans faire de vainqueur.

● *La Presse* fait état d'un déficit de 400 $ pour les Senators d'Ottawa dans son édition du 5 avril. Les parties pour la coupe Stanley présentées à Ottawa ont sauvé l'équipe d'un désastre financier, y lit-on.

1909-1910

LA COUPE STANLEY CHANGE DE VOCATION

Lord Stanley of Preston, gouverneur général du Canada depuis 1888, acquiesce de bon gré à la demande de deux de ses fils qui lui réclament un trophée pour récompenser la meilleure équipe de hockey sur glace au pays.

On est en 1892 et le hockey sur glace est devenu le sport d'hiver le plus populaire au pays. Arthur et Algernon Stanley sont au nombre des incondition-nels de ce sport et ils ont même formé une équipe, les Rebels, qui se produit sur la patinoire privée du paternel à Rideau Hall. Arthur a aussi collaboré étroitement à la naissance d'une nouvelle association de hockey en Ontario. Lord Stanley charge un membre de son personnel de lui dénicher un symbole pouvant servir aux besoins. Celui-ci trouve un grand bol en argent pour une dizaine de guinées (environ 50 $) chez un marchand londonien.

C'est ainsi que la coupe Dominion Challenge fut offerte pour la première fois à l'équipe de hockey de l'Association athlétique amateur de Montréal (Mont-réal AAA), championne de l'Amateur Hockey Association (AHA), la meilleure ligue de hockey de l'époque. Malheureusement, Lord Stanley ne peut remettre lui-même la nouvelle récompense aux champions. Il doit retourner en Angleterre pour s'oc-cuper de la succession de son frère, décédé avant la fin de la saison 1893.

Au milieu des années 1890, on prend vite l'habitude de désigner la Domi-nion Challenge Cup sous le nom de « coupe Stanley ». La nouvelle coupe demeu-rera l'emblème ultime du championnat du hockey amateur jusqu'en 1910, alors que les nouvelles ligues professionnelles (dont la NHA), mieux structurées, réus-sissent à se l'approprier au détri-ment des circuits amateurs qui ne font plus le poids.

Quant à la coupe Stanley, elle deviendra l'un des trophées sportifs les plus convoités en Amérique du Nord et l'un des symboles parmi les plus connus à travers le monde.

	PJ	G	P	BP	BC
Montréal (Wanderers)	12	11	1	91	41
Ottawa (Senators)	12	9	3	89	66
Renfrew (Creamery Kings)	*12	8	3	96	54
Cobalt (Silver Kings)	12	4	8	79	104
Haileybury (Comets)	12	4	8	77	83
Montréal (Shamrocks)	*12	3	8	52	95
Montréal (Canadiens)	12	2	10	59	100

* La partie du 22 janvier entre Renfrew et les Shamrocks est considérée nulle.

MEILLEURS COMPTEURS		PJ	B	PUN
Newsy Lalonde	Can./Ren.	11	38	56
Ernie Russell	Wanderers	12	32	51
Harry Smith	Hail./Cob.	13	28	26
Herb Clarke	Cobalt	11	23	27
Lester Patrick	Renfrew	11	23	25
Harry Hyland	Wanderers	10	20	23
Horace Gaul	Haileybury	12	20	53
Marty Walsh	Ottawa	11	19	44
Steve Vair	Cobalt	12	19	8
Bruce Ridpath	Ottawa	12	16	32

À cette époque, le quotidien Montreal Herald publie des caricatures des joueurs du Canadien pour illustrer ses textes.

SCRAPS FROM A SCRAPPY GAME AT THE JUBILEE

1910 $\bigcirc$ 1911

COBALT, HAILEYBURY ET LES SHAMROCKS DE MONTRÉAL INTERROMPENT LEURS ACTIVITÉS,
ET LES BULLDOGS DE QUÉBEC REPRENNENT LA CONCESSION DE COBALT. UN NOUVEAU GÉRANT
D'ÉQUIPE (ENTRAÎNEUR), ADOLPHE LECOURS, UN NOUVEAU GARDIEN, GEORGES VÉZINA,
LE RETOUR DE NEWSY LALONDE, PAR SUITE D'UNE DÉCISION DU PRÉSIDENT DE LA LIGUE, ET
LA TRANSFORMATION DU DÉFENSEUR DIDIER PITRE EN ATTAQUANT COMME ROVER PERMETTENT
AUX CANADIENS DE REMONTER AU CLASSEMENT ET DE TERMINER DEUXIÈMES. LES SENATORS
D'OTTAWA DOMINENT LA SAISON ET DÉCROCHENT LA COUPE O'BRIEN, AVANT DE S'APPROPRIER
LA COUPE STANLEY, BATTANT SUCCESSIVEMENT GALT ET PRINCE ARTHUR. MARTY WALSH,
DES SENATORS, EST CHAMPION COMPTEUR, TANDIS QUE GEORGES VÉZINA CONSERVE
LA MEILLEURE MOYENNE CHEZ LES GARDIENS.

Le Canadien remplace... le Canadien

Les nouveaux actionnaires de l'équipe offrent des actions au public par la voie des journaux.

L'équipe financée par Ambrose O'Brien en 1909 utilisait la dénomination des Canadiens, empruntée au Club athlétique Canadien inc., un organisme créé en 1905 et incorporé trois ans plus tard. Se consacrant à la promotion de plusieurs sports auprès des Canadiens français, comme la boxe, la lutte et la crosse, le Club athlétique souhaite, en 1910, ajouter le hockey à son éventail. Il fait des démarches pour acheter les Wanderers, mais les discussions achoppent. Il décide donc de régler le problème de nom en demandant une concession à la NHA pour la saison 1910-11. Sous la gouverne de son secrétaire-trésorier George Kendall, mieux connu sous son nom de lutteur, George Kennedy, l'organisation obtient la concession de Haileybury, qui vient de cesser ses activités. Celle que dirige O'Brien devient alors automatiquement inopérante.

Parmi les actionnaires du Club athlétique, on retrouve notamment le maire de Montréal et son prédécesseur,

41

● Newsy Lalonde est désigné capitaine de l'équipe en remplacement de Jack Laviolette, tandis qu'Adolphe Lecours est nommé entraîneur par la nouvelle direction.

● Transformé de défenseur en joueur d'avant, Didier Pitre devient le premier compteur de cinq buts dans un match, lors d'une victoire de 9-2 contre les Wanderers, le 7 février.

● Pitre et Lalonde obtiennent tous les deux 19 buts au cours de la saison.

● Le quotidien *La Presse*, proche de l'équipe montréalaise, prend souvent parti pour celle-ci, réclamant des arbitres francophones par respect pour les partisans. Il faut savoir que le gérant de *La Presse*, Arthur Berthiaume, est aussi président honoraire des Canadiens.

1910-1911

James John Guérin et Louis Payette, le directeur de *La Patrie*, Jos Tarte, le gérant du *Devoir*, P. Delongchamps, et le sénateur Laurent-Olivier David. Pour trouver le financement requis par la nouvelle organisation, on offre des actions au public.

Finalement, le Club athlétique embauche les joueurs de l'ancienne organisation, qui ne sont liés que par des contrats d'un an. Il conserve le nom de « Canadiens de Montréal », tandis que la couleur du chandail des joueurs passe du bleu au rouge et que des bandes blanches et bleues ornent les manches, le col et le bas. Une feuille d'érable, elle-même marquée d'un gros C et d'un A, apparaît au centre du chandail.

Kennedy, devenu grand manitou de l'équipe de hockey, réclame le retour de Newsy Lalonde. Le joueur étoile voudrait bien lui aussi regagner son équipe originale, nettement améliorée grâce à la conversion du défenseur Didier Pitre en *rover* et à l'arrivée de Georges Vézina. O'Brien, toujours propriétaire du

ÉQUIPE 1910-11			
Entraîneur : Adolphe Lecours (16-8-8-0)			
POS	JOUEURS	PJ	B	PUN
RO/C	Newsy Lalonde	16	19	63
CO/RO	Didier Pitre	16	19	22
AD	Eugène Payan	16	12	43
C	Hector Dallaire	13	11	30
AG	Georges Poulin	14	3	59
A	Art Bernier	3	1	0
PO	Rocket Power	8	1	9
AG	Lorenzo Bertrand	1	0	0
A	Évariste Payer	6	0	3
PO	Jack Laviolette	16	0	21
G	Georges Vézina	16	0	2

GARDIENS	PJ	G	P	N	MIN	BC	BL	MOY
Jack Laviolette	1	0	0	0	2	0	0	0,00
Georges Vézina	16	8	8	0	978	62	0	3,80

La Presse souligne la victoire des Canadiens lors de leur premier match contre Québec, le 7 janvier 1911.

BRILLANTE VICTOIRE DES CANADIENS A QUEBEC

Notre club Canadien-Français administre une écrasante défaite au club de Québec, considéré invincible sur son terrain. ---Score de 4 à 1.

PAYAN, PITRE, VEZINA LES HEROS DE LA JOURNEE.

Pour le Canadien

Voici les cadeaux promis aux joueurs du Canadien, s'ils triomphent, mercredi soir, des Wanderers:

La "Presse", $200.

Napoléon Hébert, manufacturier, 684 Parc Lafontaine, $10.

Ch. Laurin, entrepreneur-peintre, 536 Parc Lafontaine, $10.

O. David, carrossier, 7 Brébeuf, $10.

M. Théo. Bonin, de la Maison Bonin Frères, 669 rue Ste-Catherine-Est, un chapeau à chacun des joueurs.

D. Masson, jr., agent général, 1608 rue Ste-Catherine-Est, $10.

La Presse offre 200 $ aux joueurs pour une victoire contre les Wanderers.

● Les Canadiens alignent leur premier Rocket, James Power, libéré par les Bulldogs en février et aussitôt embauché par le club montréalais.

● Les Canadiens disputent maintenant leurs parties locales à l'Arena de Westmount, près de l'ancien Forum (à l'angle de Wood et Sainte-Catherine), conçu spécialement pour le hockey et pouvant accueillir 6 000 spectateurs assis, ce qui est beaucoup mieux que les 3 000 sièges du Jubilee.

● Le match prévu le 9 février à Renfrew est annulé, l'équipement des joueurs du Canadien étant resté à Ottawa.

On soupçonne un malin d'avoir détaché le wagon renfermant les bagages des joueurs du reste du convoi ferroviaire. L'équipe montréalaise devra assumer un dédommagement à l'équipe rivale.

● Un service télégraphique relie maintenant Montréal et les régions éloignées pour les résultats des parties des Canadiens. Ainsi, les sportifs de Chicoutimi, de Hull ou de Val-d'Or peuvent commenter les performances lors des entractes des matchs locaux.

TROPHÉES	
COUPE STANLEY	
Senators d'Ottawa	
COUPE O'BRIEN	
Senators d'Ottawa	
MEILLEUR COMPTEUR	
Marty Walsh	
Senators d'Ottawa	
MEILLEUR GARDIEN	
Georges Vézina	
Canadiens de Montréal	

1910-1911

Renfrew, s'y oppose et c'est finalement le président de la Ligue, Emmett Quinn, qui tranchera en autorisant Lalonde à jouer avec qui bon lui semble.

L'équipe connaît du succès sur la glace, ainsi qu'auprès des entreprises et des amateurs qui offrent diverses récompenses. De temps en temps, *La Presse* promet des sommes de 100 $ et 200 $ pour une victoire de l'équipe. La firme Bonin & Frère va jusqu'à s'engager à remettre un chapeau à chaque joueur si le club bat les Wanderers lors du match subséquent. Vaincus, les joueurs continueront à se promener nu-tête !

VÉZINA TIENT TÊTE AUX CANADIENS

Les Canadiens entreprennent la saison avec un nouveau gardien, découvert lors d'une partie amicale, à Chicoutimi. Et c'est parce qu'il a tenu tête à son équipe que Laviolette lui offre un contrat.

On accordait peu de chances aux quelques amateurs de la région de Chicoutimi recrutés pour affronter une équipe professionnelle comme celle du

Georges Vézina attire l'attention des Canadiens par son brio lors d'un match hors-concours disputé à Chicoutimi.

Canadien – avec les Didier Pitre, Jack Laviolette et compagnie – lors de ce match de bonne entente disputé dix mois plus tôt, le 20 février 1910.

Mais le gardien de Chicoutimi, Georges Vézina, un jeunot de 23 ans qu'on remarque à sa tuque rouge, résista aux puissants tirs des protégés de l'entraîneur-joueur Jack Laviolette, au grand plaisir des spectateurs venus des quatre coins de la région applaudir les succès de l'équipe locale.

Vézina fit tant et si bien que Chicoutimi l'emporta par 11 à 5 sur le club montréalais. Selon *Le Progrès du Saguenay*, Jack Laviolette déclara après la partie que, à la suite d'un

● Les matchs sont maintenant divisés en trois périodes de 20 minutes, séparées par des entractes de 10 minutes.

● Les équipes sont autorisées à effectuer des changements de joueurs lors des deux premières périodes.

● Chemin faisant, les Senators alignent 10 victoires consécutives et obtiennent un total de 122 buts en 16 parties, pour une incroyable moyenne de 7,63 buts par match.

● Le record de 23 buts dans une partie, établi l'année précédente, est porté à 24 le 24 janvier, dans un match remporté 19-5 par Ottawa contre Renfrew.

● Marty Walsh, champion compteur de la saison, marque 10 buts lors du premier match de la série de la coupe Stanley, gagné 13-4 par les Senators.

● Percy Lesueur obtient le seul jeu blanc de la saison, contre les Canadiens.

● Art Ross, un solide bagarreur des Wanderers, règle son compte à Eddie Oatman dans un match contre les Bulldogs, ce qui provoque une mêlée entre les deux formations. La police sera obligée d'intervenir pour ramener le calme.

1910-1911

court entraînement dirigé par Didier Pitre et lui-même, cette équipe pourrait triompher de n'importe quelle formation de la NHA.

C'est ainsi que Georges Vézina fut amené à signer un contrat avec le Canadien le 26 décembre 1910, en vue de la saison à venir.

EUGÈNE PAYAN, JOUEUR BÉNÉVOLE

L'enthousiasme suscité par le club Canadien est contagieux, malgré le plafond salarial de 5 000 $ imposé par la Ligue. Le fils du maire de Saint-Hyacinthe, Eugène Payan, tient tellement à endosser l'uniforme montréalais qu'il offre ses services gratuitement, l'amour du sport et de l'équipe constituant ses uniques motivations. Il veut faire sa part pour aider les francophones à remporter le championnat de la Ligue. Les partisans apprécient cette générosité. On lui offrira finalement un contrat « payant » et il inscrira 12 buts en 16 matchs.

Par contre, les autres joueurs semblent peu apprécier la limite salariale. Jack Laviolette refuse de signer une entente lui rapportant moins de 1 500 $ et Newsy Lalonde exige 1 600 $. On parle de syndicat et de grève pour faire fléchir les dirigeants. Finalement, les joueurs signeront l'un après l'autre, leur projet de nouvelle ligue ayant été tué dans l'œuf par les propriétaires d'arénas (dont certains étaient aussi propriétaires d'équipes) qui ont refusé de louer leurs amphithéâtres à tout nouveau club.

Les propriétaires du Canadien gagnent sur tous les tableaux : amélioration de l'équipe au classement, grosses assistances, réduction de salaires et même « un bénéfice net de 4 000 $ » en fin de saison, selon les dires du gérant, Adolphe Lecours.

Les joueurs raffineront leurs moyens de pression avec les années. Maintenant, les propriétaires n'ont plus la partie aussi facile depuis que les joueurs se sont regroupés au sein d'une association toute puissante.

Eugène Payan était prêt à jouer pour rien d'autre que le plaisir de porter l'uniforme montréalais.

	PJ	G	P	BP	BC
Ottawa (Senators)	16	13	3	122	69
Montréal (Canadiens)	**16**	**8**	**8**	**66**	**62**
Renfrew (Creamery Kings)	16	8	8	91	101
Montréal (Wanderers)	16	7	9	73	88
Québec (Bulldogs)	16	4	12	65	97

MEILLEURS COMPTEURS				
		PJ	B	PUN
Marty Walsh	Ottawa	16	35	51
Albert Kerr	Ottawa	16	33	45
Donald Smith	Renfrew	16	26	49
Bruce Ridpath	Ottawa	16	23	54
Odie Cleghorn	Renfrew	16	20	66
Newsy Lalonde	**Canadiens**	**16**	**19**	**63**
Didier Pitre	**Canadiens**	**16**	**19**	**22**
Ernie Russell	Wanderers	11	18	56
Jack Darragh	Ottawa	16	18	36
Frank Glass	Wanderers	16	17	31

1911 ⓒ 1912

Newsy Lalonde passe à la nouvelle Pacific Coast Hockey Association (PCHA) et les Canadiens terminent de nouveau derniers, mais à seulement deux parties des nouveaux champions, les Bulldogs de Québec. Ceux-ci ajouteront la coupe Stanley à leur fiche en dominant facilement l'équipe de Moncton par deux matchs à zéro. Skene Ronan, des Senators, est le champion compteur d'une ligue qui n'a plus que quatre formations depuis le retrait des Creamery Kings de Renfrew. Georges Vézina conserve de nouveau la meilleure moyenne chez les gardiens.

Lalonde passe à l'Ouest

La création d'une nouvelle ligue dans l'Ouest donne un dur coup à la NHA en début de saison. Pas moins de 11 joueurs, soit presque la moitié des effectifs des équipes de l'Association de la Côte du Pacifique (PCHA), proviennent des formations de la NHA. Newsy Lalonde, la grande vedette des Canadiens, son coéquipier Georges Poulin, ainsi que Jimmy Gardner et plusieurs membres des Wanderers sont du nombre.

Mis sur pied par les frères Frank et Lester Patrick, deux anciens joueurs des Creamery Kings de Renfrew, le nouveau circuit regroupe Vancouver, Victoria et New Westminster.

Recruté par les Millionaires de Vancouver, Lalonde devient vite le joueur vedette du nouveau circuit, inscrivant 27 buts en 15 rencontres et terminant au premier rang des compteurs.

Les Canadiens encaissent mal le départ de Lalonde, comme en témoigne leur dernier rang au classement, malgré les belles performances du gardien Vézina.

Les Canadiens perdent leur grande vedette, Newsy Lalonde, au profit des Millionaires de Vancouver.

45

● Jack Laviolette reprend son rôle de capitaine, à la suite du départ de Lalonde.

● Le 17 janvier 1912, les Canadiens remportent une première victoire en deux ans contre les Senators, et la direction de l'équipe invite les joueurs au restaurant Russel. Emballé par cette victoire, le président de la compagnie Prudential Realty, Georges Tessier, offre une somme d'argent (dont les journaux de l'époque ne mentionnent pas le montant exact)

à tirer parmi les joueurs. C'est Eugène Payan qui est l'heureux gagnant, tandis que les autres se partagent une prime de 50 $ offerte par l'avocat Maurice Ranger. Et Conn Jones, un magnat de Vancouver de passage à Montréal, de gratifier tous les joueurs d'un beau chapeau.

● Napoléon Dorval, actionnaire de l'équipe, devient gérant du club (entraîneur), mais il passe beaucoup de temps à réaliser

des croquis des joueurs, délaissant souvent son travail d'entraîneur. On fait appel à Billy Noseworthy pour le remplacer à quelques occasions. C'est lui qui est en fonction lors de la victoire de 5-4 contre Ottawa le 17 janvier.

● Alf Smith, ex-entraîneur à Renfrew, est aussi embauché à ce poste le 3 février. Montréal signe une deuxième victoire de suite contre Ottawa, par la marque décisive de 9-3.

Mais le nom de Smith disparaît du sommaire après cet unique match. On retrouvera son nom sur une liste avec Ottawa en 1918-19.

● Gordon Roberts, des Wanderers, devient le deuxième joueur à compter six fois dans un même match contre les Canadiens. Les Wanderers l'emportent 9 à 1.

● Le club accueille un nouveau venu, Louis Berlinguette, qui demeurera 12 ans avec l'équipe.

1911-1912

ON LES APPELLE LES *FLYING FRENCHMEN*

Jack Laviolette avait le flair pour dénicher des joueurs électrisants, comme les Lalonde, Pitre et autres, qui se sont vite acquis une réputation de hockeyeurs déterminés à cause de leur style de jeu.

Grâce à l'équipe spectaculaire qu'il avait formée à l'origine, chaque fois que celle-ci se présentait à l'extérieur pour disputer un match, on se passait le mot chez les spectateurs : « Les *Flying Frenchmen* sont en ville. » Certains croient que cette appellation est née lors d'une victoire contre Ottawa, en janvier 1911, mais d'autres l'imputent à un scribe américain. Chose certaine, les journalistes anglophones de la région d'Ottawa, impressionnés par le style de Laviolette et celui de Pitre, qui « volaient littéralement sur la glace » ce soir-là, reprirent ce surnom qui est resté collé à l'équipe à travers les décennies.

C'est donc à cause de ces joueurs qu'encore aujourd'hui on fait parfois référence aux *Flying Frenchmen* pour désigner les Canadiens à l'étranger.

Le puissant tir de Didier Pitre effraie ses rivaux.

DIDIER PITRE FAIT TREMBLER

Défenseur au gabarit imposant, Didier Pitre a été converti en ailier droit au milieu de la saison 1910-11. Son tir dévastateur terrorise les gardiens adverses. L'un d'eux, Percy Lesueur, des Senators d'Ottawa, demande à la Ligue l'autorisation de porter un masque pour se protéger des boulets de Pitre, qui effraient aussi les spectateurs situés dans sa ligne de mire. Certains vont jusqu'à plonger derrière le dossier des sièges devant eux pour se protéger.

On rapporte que Riley Hern, cerbère des Wanderers, aurait fait l'impasse sur la saison 1911-12 pour ne pas avoir à affronter les tirs du colosse.

Pitre termine la saison au deuxième rang des compteurs, avec 28 buts en 18 parties.

● Les numéros font leur apparition au dos du chandail des joueurs, ainsi que sur l'épaule gauche, alors que le nombre de joueurs de chaque équipe est fixé à neuf.

● Le poste de maraudeur (*rover*) est supprimé afin de rendre le hockey plus intéressant pour le public et aussi plus économique pour les promoteurs. Un joueur de moins à payer !

● L'unique blanchissage de la saison est de nouveau réalisé contre les Canadiens, cette fois par le gardien des Wanderers, George Broughton. C'est la toute première fois que les Canadiens ne parviennent pas à marquer au moins un but devant leurs partisans.

● Skene Ronan, champion compteur de la Ligue, obtient 8 buts dans une victoire de 17 à 5 des Senators contre les Wanderers.

● Toute infraction majeure ou un total de trois mineures sera dorénavant accompagnée d'une amende de 5 $. Le joueur le plus sanctionné sera Ernie Russell avec 110 $, comparativement à 55 $ pour Ernest Dubeau et à 40 $ pour Didier Pitre.

● On autorise maintenant les changements de joueurs à toutes les périodes.

● Les Bulldogs font installer un grand tableau noir pour inscrire les noms et les numéros des joueurs, près des spectateurs, lors des matchs locaux.

● Deux équipes de Toronto, les Torontos et les Tecumsehs, tentent d'obtenir des concessions dans la NHA pour combler la perte de Renfrew. En janvier, on doit reporter les demandes à plus tard devant l'impossibilité de préparer la glace de la patinoire à temps pour le début de la saison.

TROPHÉES

COUPE STANLEY
Bulldogs de Québec

COUPE O'BRIEN
Bulldogs de Québec

MEILLEUR COMPTEUR
Skene Ronan
Senators d'Ottawa

MEILLEUR GARDIEN
Georges Vézina
Canadiens de Montréal

	PJ	G	P	BP	BC
Québec (Bulldogs)	18	10	8	81	79
Ottawa (Senators)	18	9	9	99	93
Montréal (Wanderers)	18	9	9	95	96
Montréal (Canadiens)	18	8	10	59	66

MEILLEURS COMPTEURS

		PJ	B	AMENDES
Skene Ronan	Ottawa	18	35	5 $
Didier Pitre	**Canadiens**	18	28	40
Edrnie Russell	Wanderers	18	27	110
Albert Kerr	Ottawa	18	24	35
Odie Cleghorn	Wanderers	17	23	0
Joe Malone	Québec	18	21	0
Eddie Oatman	Québec	18	20	20
Jack McDonald	Québec	17	18	0
Art Ross	Wanderers	18	16	35
Gordon Roberts	Wanderers	18	16	0

QUEBEC A MIEUX JOUE SAMEDI QUE LES WANDERERS MERCREDI

Dessin des joueurs du Canadien publié dans La Presse.

UN ANGLO CHEZ LES FRANCOPHONES

L'organisation du Canadien avait obtenu de haute lutte l'exclusivité de l'embauche des joueurs francophones et mené quelques batailles épiques pour « récupérer » un Newsy Lalonde, par exemple. En contrepartie, le club n'était pas autorisé à avoir recours aux services d'anglophones parmi ses joueurs.

Il est pourtant le premier à transgresser l'entente en faisant appel à l'ex-capitaine des Wanderers, Frank Pud Glass, qui a participé à quatre séries de la coupe Stanley. C'est le tollé chez les autres équipes, notamment à Ottawa où les Senators portent plainte à la Ligue.

On se montre conciliant à la réunion de la NHA quelques jours plus tard et on autorise Glass à demeurer chez le Canadien. Le représentant d'Ottawa, M. Sparks, évite d'en rajouter lors de cette réunion, amusé de voir la formation montréalaise bafouer le règlement pour lequel elle s'était battue quelques années plus tôt.

Glass ne devient pas une menace avec son nouveau club, se contentant d'une fiche de 7 buts en 16 rencontres. Glass avait disputé sept saisons avec les Wanderers, mais il ne demeure qu'une saison avec le Canadien et disparaît ensuite du hockey professionnel.

Le Canadien transgresse une entente conclue entre les clubs en embauchant un premier joueur anglophone.

1912 Ⓒ 1913

La rivalité entre la NHA et la PCHA est très forte et on s'enlève les joueurs à coups de dollars. La NHA compte deux nouveaux clubs à Toronto, les Blueshirts et les Tecumsehs. Les Canadiens, qui peuvent maintenant embaucher des anglophones, terminent à l'avant-dernier rang. Le club gagne sept des dix premiers matchs, mais perd huit des dix derniers. Les Bulldogs de Québec sont les maîtres incontestés du hockey. Ils décrochent le championnat de la saison et la coupe Stanley, balayant Sydney 2-0, avant de refuser le défi de Victoria de mettre la coupe à l'enjeu. Ils acceptent cependant de disputer une série hors-concours, qu'ils perdent deux matchs à un. Cette série marque le début des affrontements Est-Ouest pour la coupe Stanley. Joe Malone, des Bulldogs, est champion compteur et Vézina est devancé par Paddy Moran, aussi de Québec, chez les cerbères.

La formation de 1912-13 dans son uniforme officiel.

Gros salaire pour l'enfant prodigue

Newsy Lalonde est accueilli avec beaucoup de joie et la meilleure offre salariale à ce jour, à son retour de Vancouver.

Le retour de Newsy Lalonde, en provenance des Millionaires de Vancouver, de la Ligue de la Côte du Pacifique, cause des remous chez le Canadien de plusieurs manières. Il signe un contrat qui l'assure du meilleur salaire accordé à un joueur jusqu'à ce jour, ce qui provoque beaucoup d'envie chez ses nouveaux coéquipiers, notamment Didier Pitre, alors vedette établie au sein de l'équipe. D'autant plus qu'avec Lalonde arrive Donald Smith, autre joueur étoile, arraché aux Aristocrats de Victoria. L'engagement de Smith est favorisé

● Newsy Lalonde, revenu dans les bonnes grâces de l'équipe, reprend son titre de capitaine.

● Les avis étant toujours partagés entre la formule à six ou à sept joueurs, George Kennedy propose de disputer une moitié de saison à six et l'autre à sept. Le public tranche la question en se faisant plus clairsemé lorsque les clubs délèguent 14 joueurs sur la glace. Les lecteurs de *La Presse* confirmeront la

tendance en se prononçant largement pour la nouvelle formule à six par un vote populaire.

● En raison des plaintes du public montréalais, la Ligue désigne un juge de but local (qu'on appelle *umpire*), qui sera Léo Dandurand. Ce dernier se poste derrière le filet pour juger les buts.

● Toujours aussi engagé dans le développement du jeu, le quotidien *La Presse* fait pression depuis longtemps pour accélérer l'engagement d'un arbitre francophone. C'est encore Léo Dandurand qui deviendra le premier francophone invité à arbitrer un match de la NHA, à titre expérimental, le 5 mars 1913.

● Les Canadiens sont forcés de changer de chandail en pleine saison, parce qu'il prête à confusion avec celui des Senators d'Ottawa. Ces derniers ont porté plainte à la Ligue à la suite du match du 18 janvier 1913, alors que leurs partisans encourageaient les joueurs du club Canadien, croyant appuyer leur propre équipe, semble-t-il. Finalement, les Canadiens optent pour un uniforme rouge, avec une

1912-1913

par le nouveau règlement du circuit qui autorise le Canadien à employer deux joueurs anglophones et les autres formations à embaucher deux francophones en contrepartie.

Pitre songe sérieusement à s'exiler dans l'Ouest. Il vend même l'auto que ses supporters viennent de lui offrir. Mais George Kennedy fait avorter le projet de Pitre en l'échangeant contre les droits sur Goldie Prodgers — passé lui aussi à l'Ouest —, avec une clause permettant de le récupérer en cours de saison. Faut dire qu'on est en pleine bataille Est-Ouest, les deux circuits s'arrachant les joueurs à gros prix. Le président de la NHA, Emmet Quinn, annule la transaction avant le début de la saison et Pitre est forcé de jouer aux côtés de Lalonde. Il est évident qu'il n'est pas des plus heureux de la situation. Le club le suspend même pour trois matchs en fin de saison, retranchant automatiquement 450 $ de son salaire de 3 000 $.

Finalement, Lalonde et Pitre terminent la saison avec 25 et 24 buts respectivement, tandis que Donald Smith, qui s'était mis en vedette dès la première rencontre avec 4 filets, en obtient 19.

Tout ce va-et-vient a obligé le Canadien à défoncer le plafond salarial de 8 000 $ fixé par la Ligue. L'un des journalistes affectés à la couverture d'un match hors-concours entre les Canadiens et les Wanderers, inaugurant le nouvel aréna de Toronto le 21 décembre 1912, établit même le total des salaires des deux clubs en présence à quelque 25 000 $.

ÉQUIPE 1912-13

Entraîneur : Napoléon Dorval (20-9-11-0)

N°	POS	JOUEURS	PJ	B	AMENDES
4	C	Newsy Lalonde	18	25	51 $
5	AD	Didier Pitre	17	24	75 $
6	AG	Donald Smith	20	19	54 $
3	CO	Jack Laviolette	20	8	83 $
8	A	Louis Berlinguette	18	4	5 $
7	C	Eugène Payan	6	3	10 $
11	A	Clayton Fréchette	1	0	---
9	C	Hector Dallaire	1	0	---
11	A	Hyacinth Guèvremont	2	0	---
10	A/CO	Alphonse Jetté	3	0	---
9	A/PO	Fred Povey	4	0	12 $
2	PO	Ernie Dubeau	19	0	42 $
1	G	Georges Vézina	20	0	10 $

GARDIEN	PJ	G	P	N	MIN	BC	BL	MOY
Georges Vézina	20	9	11	0	1217	81	1	3,99

		PJ	G	P	BP	BC
Québec (Bulldogs)		20	16	4	112	75
Montréal (Wanderers)		20	10	10	93	90
Ottawa (Senators)		20	9	11	87	81
Toronto (Blueshirts)		20	9	11	86	95
Montréal (Canadiens)		20	9	11	83	81
Toronto (Tecumsehs)		20	7	13	59	98

MEILLEURS COMPTEURS

		PJ	B	AMENDES
Joe Malone	Québec	20	43	25 $
Tommy Smith	Québec	18	39	36 $
Harry Hyland	Wanderers	20	27	23 $
Newsy Lalonde	**Canadiens**	18	25	51 $
Frank Nighbor	Blueshirts	19	25	15 $
Didier Pitre	**Canadiens**	17	24	75 $
Punch Broadbent	Ottawa	20	20	12 $
Allan Davidson	Blueshirts	20	19	61 $
Donald Smith	**Canadiens**	20	19	54 $
Skene Ronan	Ottawa	20	18	17 $
Odie Cleghorn	Wanderers	19	18	24 $

bande blanche au collet et un C sur fond bleu à l'avant, lors des matchs contre les Senators.

● Georges Vézina obtient le premier jeu blanc de sa carrière – le premier du club – contre Ottawa, lors d'une victoire de 6-0.

● De son côté, Donald Smith déjoue le gardien de Toronto, Harry Holmes, à quatre reprises lors de son premier match dans l'uniforme montréalais.

● Pour contrer les encouragements et les primes que le président des Wanderers, Sam Lichtenhein, distribue aux équipes rivales en vue de les inciter à battre les Canadiens, un autre homme d'affaires offre 250 $ aux joueurs montréalais s'ils remportent le championnat. *La Presse* renchérit avec un montant similaire et demande aux partisans de l'équipe d'y aller de leur contribution.

● C'est aussi *La Presse* qui a organisé un défilé de 200 raquetteurs, en provenance d'une trentaine de clubs, à l'ouverture de la saison locale. Une manifestation qu'elle maintiendra plusieurs années.

TROPHÉES	
COUPE STANLEY	
Bulldogs de Québec	
COUPE O'BRIEN	
Bulldogs de Québec	
MEILLEUR COMPTEUR	
Joe Malone	
Bulldogs de Québec	
MEILLEUR GARDIEN	
Paddy Moran	
Bulldogs de Québec	

Les Canadiens doivent porter un chandail différent contre Ottawa en raison de la similitude des couleurs, mais ils reviennent à leur uniforme de « poteau de barbier » lors des rencontres avec les autres équipes, comme Québec.

LALONDE, DE TOUS LES COMBATS

Lalonde n'est pas uniquement un bon compteur, il est capable de prendre les coups... et de les rendre.

Lors de la partie hors-concours du 21 décembre entre les Canadiens et les Wanderers, il fait montre de toute la détermination qu'on lui connaît en plaquant solidement Odie Cleghorn contre la bande, dans le feu de l'action. Sprague Cleghorn, le frère d'Odie, se porte aussitôt à la défense de celui-ci et assène un coup de bâton au visage de Lalonde, lui fendant le front et la joue. On l'expulse du match, mais les choses n'en resteront pas là.

À la fin de la rencontre, les spectateurs, davantage sympathiques aux Canadiens, s'en prennent aux Wanderers à leur retour au vestiaire. Lalonde en est quitte pour une visite à l'hôpital et 12 points de suture, tandis que Sprague Cleghorn, arrêté par la police, devra payer deux amendes de 50 $, l'une à la cour et l'autre à la Ligue.

● Les changements de joueurs sont désormais autorisés en tout temps et les équipes alternent de territoire à chaque période.
● On utilise pour la première fois des signaux pour indiquer les punitions et on oblige les arénas à installer un tableau d'affichage.

● Les Bulldogs de Québec se donnent une mascotte représentative de leur nom et susceptible de leur porter chance. Avec succès, semble-t-il, puisque l'équipe gagne une seconde coupe Stanley de suite. Et la mascotte trône à la place d'honneur sur la photo officielle de l'équipe.

● Mort de Patrick Doran, propriétaire du Jubilee, en décembre. Il s'affaisse, frappé de mort soudaine (crise cardiaque?) alors qu'il est occupé à préparer la glace de sa patinoire.

● Un total de quatre blanchissages au cours de la saison, lesquels vont au crédit de Clint Benedict (Ottawa), Paddy Moran (Québec), Harry Holmes (Blueshirts de Toronto) et Vézina.
● Neuf buts de Joe Malone lors du premier match de la finale de la coupe Stanley contre les Millionaires de Sydney, champions des Maritimes. Les Bulldogs l'emportent 14-3.

1912-1913

La lutte est vive entre les Canadiens et les Wanderers, l'autre équipe de Montréal, ainsi qu'avec Ottawa et Toronto pour l'exclusivité du deuxième rang de la Ligue. Il ne reste que trois matchs à disputer lorsque le Montreal Daily Star publie ce dessin plutôt original des joueurs du Tricolore pour annoncer une rencontre avec les Wanderers.

Deux mois plus tard, Lalonde est de nouveau aux prises avec un autre de ses «bons amis». Il s'agit cette fois de Joe Hall, des Bulldogs de Québec. Les deux n'en sont pas à leur premier accrochage, leurs formations entretenant une forte rivalité depuis l'arrivée de Québec dans la Ligue.

Lors de ce match du 22 février 1913, Lalonde bouscule son adversaire à quelques reprises, avant que Hall ne réplique par un double échec alors que Lalonde n'est pas en possession de la rondelle. Hall revient à la charge en deuxième période, frappant son rival au front avec son bâton. Il sera expulsé du jeu pour 20 minutes, pendant que Lalonde tente de reprendre ses esprits.

Les Canadiens entreprennent la saison en force, mais perdent 8 de leurs 10 dernières rencontres pour se contenter de l'avant-dernier rang.

1913 ⓒ 1914

La PCHA et la NHA s'étant entendues sur leur territoire respectif, les Canadiens terminent en première place de la NHA, à égalité avec les Blueshirts de Toronto. On décide de leur faire disputer deux parties pour déterminer le champion. Chaque équipe gagne son match local, mais Toronto l'emporte au total des buts (6 à 2). Newsy Lalonde est le premier marqueur des Canadiens avec 22 buts, mais Tommy Smith, des Bulldogs, est champion compteur de la Ligue avec 39. Georges Vézina est le meilleur gardien. Toronto ajoutera la coupe Stanley à la coupe O'Brien en disposant de Victoria, champion de l'Ouest, par trois parties à zéro. La Ligue continue de sanctionner les infractions de jeu des joueurs par des amendes. Celles-ci rapportent 1290 $ à la Ligue et les plus pénalisés sont les joueurs d'Ottawa, avec un total de 389 $.

Didier Pitre endosse maintenant l'uniforme des Millionaires de Vancouver.

Lalonde est échangé, c'est Pitre qui partira

George Kennedy accepte d'échanger Newsy Lalonde aux Millionaires de Vancouver, en retour de Jimmy Gardner, plus une somme de 500 $, avant le début de la saison. Devant le refus de son joueur étoile de se présenter à sa nouvelle équipe, Kennedy offre les services de Donald Smith comme solution de rechange, mais Vancouver ne l'entend pas ainsi et refuse la proposition.

Finalement, après une promesse écrite par Lalonde aux frères Patrick, les dirigeants de l'Ouest acceptent de

● Newsy Lalonde obtient six buts et une passe dans un match contre les Wanderers le 10 janvier, et cinq autres buts contre la même équipe, un mois plus tard.

● Sitôt arrivé à Montréal, à la suite de l'échange avorté de Newsy Lalonde, Jimmy Gardner est nommé gérant (entraîneur) de l'équipe, succédant à « l'artiste » Napoléon Dorval. Précédemment, Gardner avait aussi dirigé les Wanderers.

● Les journaux francophones se plaignent régulièrement du mauvais sort infligé aux Canadiens par les arbitres anglophones. Ce qui n'empêche pas George Kennedy de déverser sa colère sur Léo Dandurand, à la première partie de

Jimmy Gardner

1913-1914

se rallier à une autre proposition. Cette offre leur assurerait les services de Didier Pitre pour l'année à venir, un joueur plutôt difficile à diriger à Montréal, tandis que Lalonde se présenterait à Vancouver la saison suivante.

Lalonde est bien heureux. Il peut poursuivre sa carrière à Montréal et sans être obligé de côtoyer Pitre.

Par ailleurs, la « guerre » contre Joe Hall, des Bulldogs de Québec, se poursuit de plus belle. Dès la première rencontre entre les deux formations, Lalonde remet la monnaie de sa pièce à son rival en lui fendant la tête d'un coup de bâton. Deux coéquipiers de Hall, Malone et Smith, répliquent aussitôt à coups de poing.

Au match suivant, lors d'une montée à l'emporte-pièce dont il a le secret, Lalonde est intercepté par Hall, qui en profite pour lui glisser quelques mots doux à l'oreille. Le jeu se poursuit jusqu'à ce que Lalonde soit de nouveau arrêté par un coup de bâton qui le projette sur la glace. Il se retrouve à l'infirmerie, tandis que George Kennedy reproche son manque de fermeté au président de la Ligue, duquel il avait réclamé un avertissement sérieux deux jours plus tôt pour éviter que la rivalité entre les deux joueurs ne dégénère en combat sanglant.

N°	POS	JOUEURS	PJ	B	A	AMENDES
		ÉQUIPE 1913-14				
		Entraîneur : Jimmy Gardner (20-13-7-0)				
4	C	Newsy Lalonde	14	22	5	23 $
5	AG	Donald Smith	20	18	10	22 $
7	AG	Jimmy Gardner	15	10	9	12 $
10,14	AD	Harry Scott	11	9	2	45 $
2	CO	Jack Laviolette	20	7	9	28 $
3	PO	Ernie Dubeau	20	7	11	8 $
12	C	Eugène Payan	7	5	0	13 $
6	A	Louis Berlinguette	20	4	9	14 $
8	A	Hector Dallaire	5	2	2	4 $
9	A/CO	Alphonse Jetté	10	1	1	2 $
12	A	Clayton Fréchette	1	0	0	0 $
13	AG	Lorenzo Bertrand	1	0	0	0 $
12,13	A	Émile Marchildon	2	0	0	0 $
1	G	Georges Vézina	20	0	0	2 $

GARDIEN	PJ	G	P	N	MIN	BC	BL	MOY
Georges Vézina	20	13	7	0	1209	65	1	3,23

THE MONTREAL DAILY STAR—WEDNESDAY, FEBRUARY 18, 1914.

in Professional Lacrosse--New One I

A TRIO OF BRIGHT CANADIENS CAUGHT ON THE FLY. THE ONE ON THE LEFT WILL TAKE "NEWSY" LALONDE'S PLACE TO-NIGHT

Le 18 février, Harry Scott (à gauche sur la photo) remplace Lalonde sur le premier trio, pour le reste de la saison. Il comptera huit buts en cinq parties.

ce dernier comme arbitre, le 28 février. Dandurand se plaint au président de la NHA, Emmett Quinn, dans une lettre ouverte publiée dans le *Montreal Herald & Dailey* ; il accuse Kennedy de l'avoir saisi à la gorge et insulté publiquement. Sa missive demeurera lettre morte.

● Lalonde est mis K.-O. par Eddie Gérard le jour de la Saint-Valentin, au cours d'un match excessivement rude. Gérard lui sert un croc-en-jambe et Lalonde se casse la clavicule en tombant. Il est hors de combat pour le reste de

la saison, tout comme le joueur-entraîneur Jimmy Gardner, blessé au genou. Au total, cinq porte-couleurs du Canadien sortent de la patinoire sur une civière. Soixante-dix ans plus tard, jour pour jour, les joueurs des Canadiens connaîtront une autre soirée de la Saint-Valentin fort mouvementée.

● Le phénomène des revendeurs existe aussi à cette époque. Quelques spéculateurs achètent des liasses de billets qu'ils revendent avant le début des parties aux amateurs qui n'ont pu s'en procurer plus tôt. À 5 $ en après-midi, puis à 2 $ et à 1,50 $ à mesure qu'approche le début de la partie.

TROPHÉES	
COUPE STANLEY	
Blueshirts de Toronto	
COUPE O'BRIEN	
Blueshirts de Toronto	
MEILLEUR COMPTEUR	
Tommy Smith	
Bulldogs de Québec	
MEILLEUR GARDIEN	
Georges Vézina	
Canadiens de Montréal	

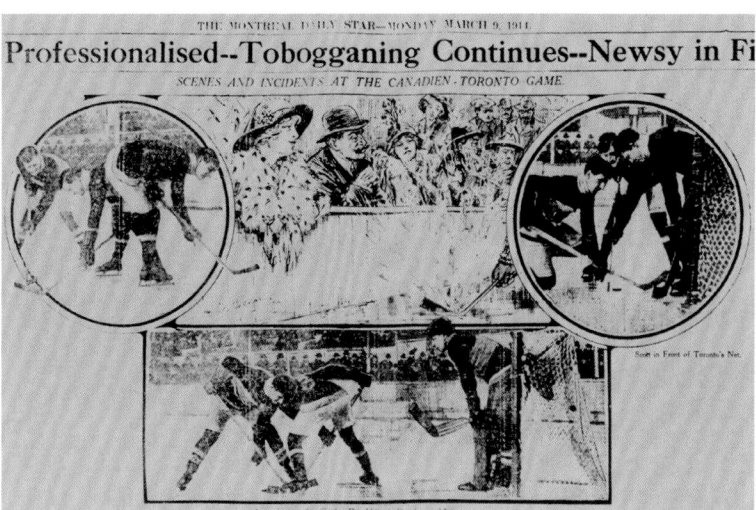

Professionalised--Tobogganing Continues--Newsy in Fi

SCENES AND INCIDENTS AT THE CANADIEN-TORONTO GAME

Le deuxième match qui avait pour but de briser l'égalité au premier rang entre les Blueshirts de Toronto et les Canadiens au terme de la saison est présenté à Toronto sur une glace artificielle pour la première fois de l'histoire. Les Blueshirts l'emportent sans difficulté, 6-0, après avoir été battus 2-0 lors de la première rencontre et se qualifient pour la série menant à la coupe Stanley.

Le Canadien offre les services de Donald Smith à Vancouver pour remplacer Lalonde, qui refuse d'aller jouer dans l'Ouest. L'offre sera cependant rejetée.

Pourtant, la Ligue continue d'imposer des punitions en argent plutôt qu'en temps pour essayer d'enrayer la violence. Elle récolte 1 290 $ d'amendes au cours de la saison, sur fond d'une rivalité déjà très forte entre Québec et Montréal.

NOUVELLE PAIX ENTRE LA NHA ET LA PCHA

La surenchère qui oppose les deux circuits professionnels de hockey depuis quelques années fait bien l'affaire des joueurs, mais elle nuit considérablement au développement des deux ligues et de leurs équipes respectives. On en vient à un compromis en septembre 1914, au cours d'une rencontre tenue à Montréal.

On divise le Canada en deux régions protégées : la Ligue de la Côte du Pacifique pourra recruter des joueurs de Port Arthur jusqu'au Pacifique, tandis que le bassin des joueurs de la section plus à l'Est demeurera la propriété de la NHA. Chacune des ligues aura cependant le privilège de recruter trois joueurs

● Les passes sur les buts comptés sont dorénavant inscrites à la fiche des joueurs. Elles ne figurent toutefois pas au classement officiel des marqueurs. Il faudra attendre jusqu'en 1918-19, à la deuxième saison de la Ligue nationale, pour que cette pratique soit définitivement adoptée.

● La Ligue oblige maintenant les arénas à fournir un local réservé aux arbitres, en retrait des vestiaires des joueurs.

● Les Tecumsehs de Toronto adoptent le nom d'Ontarios.

● Jack Marshall, des Blueshirts de Toronto, en est à sa cinquième coupe Stanley, un exploit réalisé avec quatre équipes différentes : Winnipeg en 1901, le AAA de Montréal en 1902, les Wanderers en 1907 et en 1910, ainsi que Toronto en 1914. Personne ne rééditera cette performance. Par contre, six joueurs ayant évolué dans la LNH ont remporté la coupe avec trois équipes différentes,

soit Gord Pettinger (Rangers de New York, Detroit 2 fois et Boston), Al Arbour (Detroit, Chicago et Toronto 2 fois), Claude Lemieux (Montréal, New Jersey 2 fois et Colorado), Joe Nieuwendyk (Calgary, Dallas et New Jersey), Mike Keane (Montréal, Colorado et Dallas), ainsi que Larry Hillman qui a touché à la coupe à Detroit, à Toronto (4 fois) et enfin à Montréal.

● Tommy Smith inscrit pas moins de neuf buts contre le gardien Billy Nicholson le 21 janvier, devant ses partisans, à Québec, dans une victoire de 12-6. Il répète ainsi le fait d'armes réussi par Newsy Lalonde en 1909-10.

● On inaugure un nouvel aréna à Québec lors du match d'ouverture, à la fin de décembre. Les Canadiens l'emportent 9-3 sur les Bulldogs devant 6 000 spectateurs, témoins d'une altercation Lalonde/Hall.

1913-1914

THE MONTREAL DAILY STAR—MONDAY, FEBRUARY 16, 1914.
May be Out in Two Weeks--World's Hockey Pre
AT THE ARENA SATURDAY NIGHT.

Les journaux, tel le Montreal Daily Star, allient photos et dessins comme en témoigne cette illustration des activités des Canadiens.
En mortaise à droite, Newsy Lalonde, la grande vedette de l'époque.

	PJ	G	P	BP	BC
Toronto (Blueshirts)	20	13	7	93	65
Montréal (Canadiens)	20	13	7	85	65
Québec (Bulldogs)	20	12	8	111	73
Ottawa (Senators)	20	11	9	65	71
Montréal (Wanderers)	20	7	13	102	125
Toronto (Ontarios)	20	4	16	61	118

MEILLEURS COMPTEURS				
		PJ	B	*A	AMENDES
Tommy Smith	Québec	20	39	6	27$
Gordon Roberts	Wanderers	20	31	13	13$
Harry Hyland	Wanderers	18	30	12	18$
Jack McDonald	Ontarios	20	27	8	14$
Joe Malone	Québec	17	24	4	17$
Jack Darragh	Ottawa	20	23	5	73$
Allan Davidson	Blueshirts	20	23	13	62$
Newsy Lalonde	**Canadiens**	14	22	5	23$
Jack Walker	Blueshirts	20	20	16	19$
Donald Smith	**Canadiens**	20	18	10	22$
Skene Ronan	Ottawa	19	18	5	65$

*De 1913-14 à 1916-17, les assistances, bien qu'ajoutées à la fiche des joueurs, ne comptent pas au classement officiel.

dans l'autre territoire. Les joueurs échangés qui refuseront de se présenter à leur nouvelle équipe seront automatiquement suspendus jusqu'à ce qu'ils obtiennent une libération de ladite équipe.

Autre point de l'entente, les vainqueurs des deux ligues s'affronteront désormais dans une série 3 de 5 pour déterminer le gagnant de la coupe Stanley.

1914 CH 1915

NEWSY LALONDE SUSPENDU ET DONALD SMITH VENDU AUX WANDERERS, LES CANADIENS
ONT PERDU LEURS DEUX MEILLEURS MARQUEURS, MALGRÉ LE RETOUR DE DIDIER PITRE.
LE CLUB ENCAISSE LA DÉFAITE À SES HUIT PREMIÈRES PARTIES ET TERMINE AU
DERNIER RANG, TANDIS QUE LES SENATORS D'OTTAWA DÉCROCHENT LE CHAMPIONNAT,
MAIS PERDENT CONTRE LES MILLIONAIRES DE VANCOUVER, TROIS MATCHS À ZÉRO,
EN SÉRIE DE LA COUPE STANLEY. TOMMY SMITH EST DE NOUVEAU CHAMPION COMPTEUR,
DEVANT PITRE, EN CE DÉBUT DE GUERRE MONDIALE.

Le Canadien réagit à la grève de Lalonde en le suspendant et en lui imposant une amende.

La grève de Newsy Lalonde

L e délai accordé par les Millionaires de Vancouver, au début de la saison 1913-14, pour que Lalonde se présente à l'équipe de l'Ouest, lui aura laissé le temps de changer d'idée et de refuser de se conformer à l'entente.

En novembre 1914, peu avant le début de la saison, le Canadien propose donc à Vancouver de garder Pitre une saison de plus. Ce dernier, appuyé par ses nombreux admirateurs qui veulent le revoir dans l'uniforme montréalais, refuse carrément. Vancouver n'a d'autre choix que de céder son contrat au Canadien, en retour d'une somme d'argent.

Mais Lalonde se laisse désirer à Montréal aussi, refusant l'offre du Canadien, laquelle s'apparente pourtant aux contrats signés par Pitre, Vézina, Laviolette et Smith. George Kennedy suspend son joueur étoile, lui imposant une amende de 100 $, plus 100 $ supplémentaires par semaine ratée, et il le remplace à titre de capitaine.

Trois jours plus tard, le Canadien vend le contrat de Donald Smith aux Wanderers. Décision risquée puisque le club, privé de ses deux meilleurs

● La grève de Lalonde provoque d'autres changements dans l'équipe. L'entraîneur Jimmy Gardner cumule la fonction de capitaine, en plus de disputer quelques matchs à l'aile gauche. L'année suivante, il exigera une augmentation pour toutes ses fonctions. Sa demande refusée, il rentrera chez lui.

● Vézina est expulsé d'un match contre les Bulldogs, au moment où les Canadiens mènent 3-2 en troisième. L'arbitre a jugé qu'il avait frappé Joe Hall – le « grand ami » de Lalonde – au passage, même si Vézina a plutôt heurté le poteau des buts. Laviolette le remplace, les Bulldogs égalisent, mais Vézina revient pour la période supplémentaire. Finalement Montréal perd 4-3 dans ce qui fut la plus longue prolongation de l'histoire de la NHA, soit 50 min 28 s.

● Didier Pitre marque cinq buts lors de la première victoire du Canadien, 7-2 contre les Wanderers, le 23 janvier.

● Les Canadiens ont aligné pas moins de six joueurs de langue anglaise au cours de la saison, malgré les restrictions imposées par la Ligue. Les joueurs concernés sont Donald Smith, Bert Hunt, Jimmy Gardner, Harry Scott, Eddie Lowrey et Nick Bawlf.

● Didier Pitre devient le premier joueur des Canadiens à atteindre le plateau des 100 buts en déjouant le gardien Percy Lesueur, des Ontarios de Toronto, à deux reprises, le 30 janvier. Il n'aura eu besoin que de 74 parties pour réussir son exploit.

● Un beau cadeau de Noël attend les partisans le 23 décembre, lorsqu'un nouveau défenseur, Albert Corbeau, se joint à l'équipe. Il endossera l'uniforme montréalais jusqu'en 1922.

● Les directeurs de l'Arena de Westmount annoncent en avril que l'édifice sera doté de glace artificielle pour la présentation des matchs locaux des Canadiens dès l'automne suivant.

● Des rumeurs font état que les joueurs des Canadiens et des Bulldogs se sont fait offrir des pots-de-vin. Le défenseur Harry Mummery confirme avoir été contacté par certains *gamblers* à cet effet.

1914-1915

Didier Pitre a maintenant compté 100 buts avec les Canadiens.

compteurs de l'année précédente, perd ses quatre premières parties, malgré le retour de Pitre. On revient sur la décision de suspendre Lalonde et Kennedy signe une entente secrète avec son joueur vedette, qui revient à la mi-janvier. Pas pour longtemps, puisque son jeu nonchalant incite Kennedy à le suspendre de nouveau, deux semaines plus tard, cette fois pour le reste de la saison. Au total, la grande vedette du hockey à l'époque n'aura disputé que six parties, obtenant seulement quatre buts, comparativement à Pitre, qui en totalise 30, au deuxième rang des compteurs.

Mauvaise saison sur toute la ligne pour le club montréalais, qui occupait le sommet de la Ligue un an plus tôt. Huit défaites de suite au départ et seulement 6 gains en 20 rencontres. Mince consolation, Georges Vézina parvient à conserver la deuxième moyenne chez les gardiens, malgré la piètre performance de l'équipe, et s'affirme comme le meilleur cerbère de l'époque.

MENACE DE NOUVELLE LIGUE

Art Ross, joueur et l'un des administrateurs des Wanderers de Montréal, sème l'émoi auprès des dirigeants de la NHA en faisant part, à l'automne 1914, de son intention de former un nouveau circuit. Il offre des salaires de 800 $ aux joueurs

ÉQUIPE 1914-15					
Entraîneur : Jimmy Gardner (20-6-14-0)					
N°	POS	JOUEURS	PJ	B	A	PUN
5	AD	Didier Pitre	20	30	4	15
8	AG	Harry Scott	16	9	0	35
6	C	Nick Bawlf	9	6	0	12
3	CO	Jack Laviolette	18	6	3	35
2	PO	Ernie Dubeau	19	6	3	36
4	C	Newsy Lalonde	6	4	3	17
6	AG	Donald Smith	11	2	5	18
7	A	Louis Berlinguette	20	2	1	40
11	CO	Albert Corbeau	18	1	1	35
12	C	Ed Lowrey	1	0	0	0
12	C	Marcel Béliveau	1	0	0	0
9	AG	Jimmy Gardner	2	0	0	0
10	A	Alphonse Jetté	3	0	0	0
8,10	C	Bert Hunt	4	0	0	0
10,12	AD	Jack Fournier	9	0	0	3
1	G	Georges Vézina	20	0	0	3

GARDIENS	PJ	G	P	N	MIN	BC	BL	MOY
Georges Vézina	20	6	14	0	1254	81	0	3,88
Jack Laviolette	1	0	0	0	3	1	0	20,00

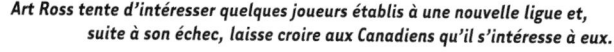

Art Ross tente d'intéresser quelques joueurs établis à une nouvelle ligue et, suite à son échec, laisse croire aux Canadiens qu'il s'intéresse à eux.

● Emmett Quinn est réélu président de la NHA.

● La Première Guerre mondiale est commencée depuis le 28 juillet et les équipes de hockey participent à l'effort de guerre, disputant quelques matchs d'exhibition au profit du fonds patriotique ou de différents hôpitaux.

● Tommy Smith — champion compteur de la Ligue la saison précédente — entreprend l'année avec les Ontarios de Toronto, pour lesquels il dispute 10 parties, obtenant 17 buts, puis il revient avec les Bulldogs à la mi-saison pour 9 autres matchs et 23 filets. Il termine de nouveau au premier rang des marqueurs, avec un total de 40 buts. Smith sera vendu au club Canadien le 7 janvier 1917.

● Tout un joueur, ce Tommy Smith ! Membre d'une famille de 13 enfants, il entreprit sa carrière avec les Vics d'Ottawa, de la Ligue fédérale amateur, en 1905-06, dont il fut le champion compteur. Ce petit joueur d'à peine 5 pi 6 po (certains guides parlent même de 5 pi 4 po) joua ensuite pour une dizaine d'équipes, dont Cobalt, Québec, Toronto et Montréal, dans la NHA.

● En plus de ses deux titres de champion marqueur avec Québec, Smith termine aussi au premier rang de la Ligue professionnelle de l'Ontario en 1908-09, avec les Indians de Brantford, obtenant 40 buts en 13 parties. Il jouera finalement 10 parties dans la LNH, en 1919-20, avec les Bulldogs, obtenant une seule passe.

● Joe Malone, la grande vedette des Bulldogs, s'inflige une sévère entorse à la cheville contre les Ontarios au début de janvier et il doit demeurer à l'écart du jeu pour un mois. Il ne pourra ajouter un cinquième championnat des marqueurs à sa fiche.

● La NHA perd son premier affrontement en coupe Stanley contre les représentants de la Ligue de la Côte du Pacifique, Ottawa s'inclinant 3 à 0 contre les Millionaires de Vancouver.

● Les Ontarios de Toronto changent de nouveau de nom pour adopter celui de Shamrocks en cours de saison.

TROPHÉES	
COUPE STANLEY	
Millionaires de Vancouver	
COUPE O'BRIEN	
Senators d'Ottawa	
MEILLEUR COMPTEUR	
Tommy Smith	
Bulldogs de Québec	
MEILLEUR GARDIEN	
Clint Benedict	
Senators d'Ottawa	

1914-1915

convoités, ce qui représente une augmentation substantielle de 33 % par rapport à ceux que verse la ligue rivale.

La réaction du président Quinn est immédiate. Ross est suspendu à la fin de novembre et son projet tombe à l'eau, mais il refuse de dévoiler le nom des quatre joueurs qui ont déjà signé des ententes avec lui et sa suspension sera finalement levée. Dans une lettre adressée à un ami, Ross dit vouloir jouer pour le Canadien. Il participe à un entraînement du club, mais signe finalement avec Ottawa, où il terminera la saison après avoir purgé sa suspension. Pourtant, Kennedy avait défendu sa cause auprès des autres clubs et de la Ligue pour que celle-ci passe outre au règlement qui limitait à deux le nombre d'anglophones avec le Canadien.

Albert Corbeau se joint au club, deux jours avant Noël.

	PJ	G	P	BP	BC
Ottawa (Senators)	20	14	6	74	65
Montréal (Wanderers)	20	14	6	127	82
Québec (Bulldogs)	20	11	9	86	86
Toronto (Blueshirts)	20	8	12	66	84
Toronto (Ont./Shamrocks)	20	7	13	76	96
Montréal (Canadiens)	20	6	14	66	82

Le 3 février 1914, les Wanderers gagnent un match par défaut contre les Ontarios de Toronto.

Déjà à cette époque, les joueurs étaient sollicités par les manufacturiers pour vanter leurs produits, comme ici le fabricant de lames Speed.

MEILLEURS COMPTEURS					
		PJ	B	*A	PUN
Tommy Smith	Ont./Qué.	19	40	4	43
Didier Pitre	**Canadiens**	20	30	4	15
Gordon Roberts	Wanderers	19	29	5	74
Punch Broadbent	Ottawa	20	24	3	115
Harry Hyland	Wanderers	19	23	6	49
Cully Wilson	Blueshirts	20	22	5	138
Odie Cleghorn	Wanderers	15	21	5	39
Skene Ronan	Shamrocks	18	21	4	55
Sprague Cleghorn	Wanderers	19	21	12	51
Rusty Crawford	Québec	20	18	8	30

* De 1913-14 à 1916-17, les assistances, bien qu'ajoutées à la fiche des joueurs, ne comptent pas au classement officiel.

1915  1916

PREMIÈRE COUPE STANLEY

PREMIER CHAMPIONNAT OFFICIEL POUR LES CANADIENS ET TITRE DE PREMIER MARQUEUR POUR NEWSY LALONDE, REVENU DANS LES BONNES GRÂCES DE L'ÉQUIPE, AVEC 28 BUTS. C'EST TOUTEFOIS DIDIER PITRE QUI RÉCOLTE LE PLUS DE POINTS (39) AU CLASSEMENT « NON OFFICIEL » DES COMPTEURS, AVEC 24 BUTS ET 15 PASSES. LES CANADIENS REMPORTENT AUSSI LEUR PREMIÈRE COUPE STANLEY, DISPOSANT DE PORTLAND PAR TROIS MATCHS À DEUX. IL NE RESTE QUE CINQ ÉQUIPES DANS LA NHA, PAR SUITE DU RETRAIT DES SHAMROCKS DE L'ONTARIO (EX-ONTARIOS ET EX-TECUMSEHS DE TORONTO). EN FIN DE SAISON, LE CLUB ATHLÉTIQUE, PROPRIÉTAIRE DES CANADIENS, VEND L'ÉQUIPE AUX SEPT ACTIONNAIRES DU CLUB DE HOCKEY CANADIEN, DONT LE PROMOTEUR EST GEORGE KENNEDY.

La vente de l'équipe en pleine saison ne perturbe pas trop les joueurs qui y vont d'une première conquête de la coupe Stanley à la septième année d'existence du club.

1915 1916

Une première coupe Stanley

Howard McNamara

Les Canadiens ont connu une saison de misère en 1914-15 et George Kennedy est déterminé à remédier au problème avant la reprise. Il offre des contrats aux défenseurs Goldie Prodgers et Howard McNamara — lequel sera nommé capitaine —, ainsi qu'à Georges Poulin, Amos Arbour et, plus tard en saison, à Skene Ronan, champion compteur de la Ligue en 1911-12. Dans ce dernier cas, le Tricolore, n'ayant droit qu'à deux joueurs anglophones, doit demander une autorisation spéciale à la Ligue, mais il aligne déjà Ronan le 20 janvier, contre les Bulldogs, et ceux-ci déposent une plainte. La Ligue donne raison à Québec et enlève le point de la nulle aux Canadiens, en plus de le condamner à une amende de 100 $.

Newsy Lalonde est de retour, satisfait de son nouveau contrat. Il est le pivot d'un trio complété par Jack Laviolette à gauche et Didier Pitre à droite. Ce dernier récolte 39 points (24 buts et 15 passes), mais officiellement, Lalonde est champion compteur avec 28 buts, les aides n'étant pas encore comptabilisées.

Kennedy nomme même Lalonde gérant de l'équipe (entraîneur), en remplacement de Jimmy Gardner, qui choisit de devenir officiel à défaut d'une entente pour le renouvellement de son contrat.

Les débuts d'entraîneur sont cependant difficiles pour Lalonde, seulement 6 victoires en 11 parties. Début février, Kennedy lui sert un ultimatum qui

● Grande première dans l'histoire du club en ce 4 mars, à quelques jours de la série pour la coupe Stanley, alors que quatre joueurs — Lalonde, Pitre, Ronan et le défenseur, McNamara — y vont d'une performance de trois buts chacun, lors d'une dégelée de 15-5 servie aux Wanderers.

● La rivalité Québec/Montréal atteint parfois des sommets incroyables lors de certains matchs. Ainsi, la police doit intervenir lors de la rencontre du 26 février, alors que la foule a envahi la patinoire pour faire un mauvais parti aux Bulldogs. Les joueurs des deux clubs s'étaient échangé plusieurs coups à tour de rôle au cours du match et la situation avait dégénéré en bagarre générale à la suite du but victorieux de Pitre, en supplémentaire.

● L'affaire Lalonde/Vancouver fait encore des soubresauts, les frères Patrick accusant les Canadiens de n'avoir jamais versé les 750 $ promis pour sa libération. Somme finalement acquittée un an plus tard.

● C'est au tour de Newsy Lalonde d'inscrire son 100e but pour les Canadiens, le 12 février contre Ottawa, à son 75e match avec ce club.

● Skene Ronan est arrêté par la police et accusé d'assaut sur Alf Skinner, des Blueshirts, au terme du match du 23 janvier. L'ancien joueur torontois avait peut-être des comptes à régler avec son ex-coéquipier qu'il étend sur la glace en l'atteignant au-dessus d'un œil avec son bâton, lors d'une montée au but. Les bagarres violentes ne manquent pas tout au long de la saison entre les divers clubs et la police est aux aguets.

● La popularité du hockey est à ce point grande que les amateurs se donnent rendez-vous à certains endroits publics, comme au magasin de cigares Catta-Léo, le 15 mars, pour suivre le déroulement d'un match à Ottawa via le télégraphe.

ÉQUIPE 1915-16

Entraîneur : Newsy Lalonde (24-16-7-1)

Nº	POS	JOUEURS	PJ	B	A	PUN
4	C	Newsy Lalonde	24	28	6	78
5	AD	Didier Pitre	24	24	15	42
2	D	Howard McNamara	24	10	7	119
7	AG	Jack Laviolette	18	8	3	62
8	D	Goldie Prodgers	24	8	3	86
3	D	Albert Corbeau	24	7	0	134
10,12	C	Skene Ronan	12	6	4	14
6	AG	George Poulin	16	5	1	43
11	AG	Amos Arbour	20	5	0	6
9	AG	Louis Berlinguette	19	2	2	19
10	AD	Jack Fournier	10	1	0	4
1	G	Georges Vézina	24	0	0	0

GARDIEN	PJ	G	P	N	MIN	BC	BL	MOY
Georges Vézina	24	16	7	1	1468	76	0	3,11

donne des résultats, puisque l'équipe remporte 10 des 11 matchs suivants et décroche le premier championnat de son histoire. Il mérite ainsi le droit d'affronter les Rosebuds de Portland pour l'obtention de la coupe Stanley, dans une série 3 de 5.

Cette série est disputée à Montréal. Portland remporte le premier match 2-0, les Montréalais arrachent les deux suivants 2-1 et 6-3, puis perdent le quatrième 6-5, avant de décrocher une victoire de 2 à 1 dans le match ultime, grâce à un but de Goldie Prodgers en milieu de troisième. Les deux gardiens en présence, Georges Vézina pour le Tricolore et Tom Murray devant le filet des Rosebuds, ont nettement dominé la série, multipliant les arrêts miraculeux à tour de rôle.

TROPHÉES

COUPE STANLEY
Canadiens de Montréal
COUPE O'BRIEN
Canadiens de Montréal
MEILLEUR COMPTEUR
Newsy Lalonde
Canadiens de Montréal
MEILLEUR GARDIEN
Clint Benedict
Senators d'Ottawa

LES CANADIENS SONT CHAMPIONS DU MONDE

Ils battent, hier soir, le club Portland par un score de 2 à 1 dans une joute furieusement contestée et extrêmement excitante. Prodgers compte le point décisif quatre minutes avant la fin de la joute.

VAINQUEURS ET VAINCUS FRATERNISENT

La manchette de La Presse qui rapporte le titre décroché par les Canadiens.

● La guerre oblige les équipes à réduire les salaires des joueurs en début de saison, incitant les frères Patrick et les équipes de l'Ouest, avec une quatrième équipe à l'horizon, à faire fi de leur entente avec la NHA et à se livrer à un maraudage sans précédent auprès des joueurs de l'Est. On fait notamment des offres à Didier Pitre, à Jack Laviolette et à Albert Corbeau, qui refusent tous trois de s'exiler.

● Les dirigeants de la NHA forcent Eddie Livingstone, déjà propriétaire des Blueshirts de Toronto, à se départir des Shamrocks, acquis la saison précédente, puisqu'il ne peut être propriétaire de deux équipes. Fort occupé par la guerre livrée aux équipes de l'Ouest pour la propriété de ses joueurs, il manque de temps pour vendre son club et décide simplement de le laisser tomber.

● L'augmentation du prix des billets pour la finale n'a pas entraîné de profits faramineux aux guichets. Les recettes des trois premières parties se chiffrent à 11 504 $, dont 3 834 $ vont à l'aréna et 2 500 $ aux visiteurs. La Ligue perçoit 555 $ et les officiels obtiennent 200 $, ce qui laisse 238 $ à chaque joueur des Canadiens et 208 $ à ceux de Portland. Les équipes et l'aréna se partagent aussi les profits des deux dernières rencontres, soit environ 1 500 $ chacun.

● Sprague Cleghorn, des Wanderers, est perdu pour la saison, à la suite d'une collision avec Ken Rendall, de Toronto.
● Clint Benedict est le premier gardien à réussir deux jeux blancs dans la même saison, les deux fois contre Québec.
● Selon les journaux de l'époque, le classement des clubs est désormais établi aux points, tenant compte des victoires (deux points) et des verdicts nuls (un point).

1915 1916

"NEWSY" LALONDE GIVEN AN
WHAT PART OF THE ARENA LOOKED LIKE AT ONE PERIOD SATURDAY DURING THE THIRD STANLEY CUP MATCH

Le Montreal Daily Star rend hommage aux Canadiens pour leur première coupe Stanley.

L'euphorie est à son comble. Les joueurs des deux équipes sont honorés au cours d'un banquet au Saint-Régis, Georges Vézina fait baptiser son dernier-né Stanley pour souligner l'événement et les membres de l'organisation sont traités en véritables héros.

C'est le début d'une longue série de conquêtes de la coupe Stanley.

LE CLUB ATHLÉTIQUE VEND L'ÉQUIPE

La première conquête de la coupe Stanley ne sera pas versée au crédit du Club athlétique puisque, peu avant la fin de la saison et une dizaine de jours avant le début de la série finale, celui-ci se départit de ses intérêts dans l'équipe en les cédant à un groupe de sept hommes d'affaires, dirigé par George Kennedy.

Les nouveaux propriétaires sont, outre Kennedy, identifié comme promoteur, Napoléon Dorval, marchand, U.-P. Boucher, ingénieur civil, Raphaël Ouimet, journaliste, F.-X. de Granpré, gérant, Hector Desloges, médecin, et Lorenzo Prince, gentilhomme, tous de Montréal. Certains d'entre eux, dont Kennedy, sont déjà associés à la direction de l'équipe, étant également membres du Club athlétique. La nouvelle corporation, The Canadian Hockey Club Inc., établit son capital social à 20 000 $, divisé en 2 000 actions de 10 $ chacune.

	PJ	G	P	N	BP	BC	PTS
Montréal (Canadiens)	24	16	7	1	104	76	*32
Ottawa (Senators)	24	13	11	0	78	72	26
Québec (Bulldogs)	24	10	12	2	91	98	*23
Montréal (Wanderers)	24	10	14	0	90	116	20
Toronto (Blueshirts)	24	9	14	1	97	98	19

*Le Canadien perd 1 point contre Québec (partie nulle du 20 janvier 1916) pour avoir aligné un joueur non autorisé (Skene Ronan).

MEILLEURS COMPTEURS

		PJ	B	*A	PUN
Newsy Lalonde	Canadiens	24	28	6	78
Joe Malone	Québec	24	25	10	21
Cy Denneny	Toronto	24	24	4	57
Didier Pitre	Canadiens	24	24	15	42
Gordon Keats	Toronto	24	22	7	112
Corb Denneny	Toronto	22	20	3	75
Frank Nighbor	Ottawa	23	19	5	26
Russell Crawford	Québec	22	18	5	54
Gordon Roberts	Wanderers	21	18	7	64
Jack Darragh	Ottawa	21	16	5	41
Tommy Smith	Québec	22	16	3	30

* De 1913-14 à 1916-17, les assistances, bien qu'ajoutées à la fiche des joueurs, ne comptent pas au classement officiel.

Publicité du match Portland-Canadiens parue dans les journaux de l'époque.

ARENA CE SOIR
A 8.15
Sur glace artificielle
SERIES POUR COUPE STANLEY
PORTLAND
vs.
CANADIEN
Admission (entrée de l'avenue Wood) 50c. Entrée principale, siège d'amphi-théâtre, $1.00. Sièges sur le promenoir, $1.50. Sièges de loges, $2.00. Billets en vente à l'Aréna. F.

1916 🅲 1917

La saison est divisée en deux segments de dix matchs pour donner une chance aux équipes plus faibles de se reprendre en deuxième demie. Les Canadiens remportent la première portion — Ottawa, la seconde —, et obtiennent la coupe O'Brien pour le championnat de la saison, au terme d'une série de deux parties au total des points. Le 228ᵉ bataillon de l'armée exploite une concession à Toronto mais se retire avant la fin, entraînant avec elle l'équipe des Blueshirts de Toronto, suspendue par la Ligue. Joe Malone, de Québec, et Frank Nighbor, arraché à la Ligue du Pacifique (PCHA) par Ottawa, partagent le championnat des compteurs, tandis que Clint Benedict, gardien d'Ottawa, conserve la meilleure moyenne pour une troisième saison. Le Canadien perd la coupe Stanley aux mains des Metropolitans de Seattle, 3 à 1.

Arrive l'armée
qui repart aussitôt

En temps de guerre, faut faire comme dans l'armée ! Le Tricolore a perdu plusieurs joueurs, appelés sous les drapeaux, notamment Howard McNamara, Goldie Prodgers, Amos Arbour et Skene Ronan. Les rumeurs veulent même que la Ligue suspende ses activités jusqu'à la fin du conflit. Elle accordera plutôt une concession à l'armée, celle des anciens Shamrocks de Toronto, sous le nom de 228ᵉ bataillon, poussant la courtoisie jusqu'à nommer un officier, le major Frank Robinson, à la présidence du circuit, en remplacement du président Emmet Quinn.

Troisième au classement de la première demi-saison, l'armée entreprend la deuxième moitié mais déclare forfait pour le match du 10 février à Québec. Et pour cause. Les joueurs, qui sont d'abord des soldats, sont déjà en route pour l'Europe. Lors d'une réunion plutôt orageuse, convoquée le lendemain pour sauver la saison, la Ligue se heurte au bouillant propriétaire de Toronto, Eddie Livingstone, qui veut qu'on organise des séries de deux parties entre les cinq équipes restantes, mais les autres propriétaires ne l'entendent pas ainsi. On décide finalement de compléter la saison à quatre clubs, suspendant la concession torontoise et redistribuant les joueurs des Blueshirts entre les équipes

● Deux nouveaux défenseurs s'ajoutent à la formation en début de saison pour remplacer les éléments recrutés par l'armée. Harry Mummery est un colosse de 220 livres, qui a gagné la coupe Stanley avec les Bulldogs en 1913. L'autre nouveau venu est William Couture (aussi connu sous le nom de Billy Coutu), qui sera le premier joueur banni de la LNH, en 1927, pour avoir agressé un athlète.

● L'acquisition de Tommy Smith, double champion compteur de la Ligue, ne donnera pas les résultats escomptés. Smith totalisera à peine 8 buts en 14 rencontres avec Montréal.

● La guerre oblige les équipes à resserrer leur budget. Les Canadiens sont contraints de réduire les salaires de vedettes comme Pitre, Corbeau, Laviolette et Lalonde, qui n'apprécient

Tommy Smith

pas l'offre et refusent les contrats présentés. Les négociations sont pénibles, mais on arrive finalement à un accord avant le début de saison.

● Pour la troisième et dernière fois de l'histoire des Canadiens, un joueur, Frank Nighbor, parvient à inscrire six buts en saison régulière contre eux, dans une victoire d'Ottawa au compte de 7 à 1.

● Les Canadiens obtiennent un but « gratis » contre les

Wanderers, lorsque James Roy, qui avait été mis à l'essai par le Tricolore avant de signer avec les Wanderers, lance son bâton à Corbeau, qui allait tirer au but. Cette pénalité, nommée *match foul*, accorde automatiquement un but à l'adversaire, selon les nouveaux règlements. Le quotidien *La Presse* fait état de la nouvelle règle en écrivant que « l'arbitre accordera un gaule... » (sic).

1916-1917

THE MONTREAL DAILY STAR: THURSDAY, JANUARY 11, 1917
ENS LOOK LIKE CHAMPS--SKI CLUB FOR ST. L
WHEN CANADIENS AND SOLDIERS (228TH BATTALION) MEET

L'armée prend beaucoup de place en temps de guerre, mais les joueurs du 228e bataillon ne pourront compléter le calendrier puisqu'on les appelle au front.

restantes. Les Canadiens, qui connaissent une deuxième demi-saison difficile, récupèrent ainsi Reg Noble et Arthur Brooks.

Mais l'effort de guerre ne s'arrête pas là. Chacune des équipes est tenue de contribuer financièrement au fonds patriotique en cours d'année, en versant 2,5 % des recettes des matchs. Ces sommes sont destinées à la Croix-Rouge et c'est le major Robinson qui veille lui-même à la perception des montants en envoyant des vérificateurs dans chaque ville.

LES CANADIENS COURTISÉS PAR DEUX ARÉNAS

La popularité des Canadiens s'étant agrandie à la suite de la conquête de la coupe Stanley en 1916, l'aréna Jubilee, situé dans l'est de la ville, tente de ramener l'équipe au bercail au moment d'entreprendre la nouvelle saison. Le club y avait disputé ses matchs locaux lors de la première saison de la NHA, avant de déménager à l'Arena de Westmount, plus spacieux, l'année suivante.

L'offre est tentante, bien que la capacité du Jubilee soit restreinte. On essaie de négocier une réduction des prix avec le Westmount. Finalement, on en vient à une entente et le Canadien décide de poursuivre ses activités au même endroit, jusqu'à ce qu'un incendie le force à revenir au Jubilee au cours de la saison suivante.

ÉQUIPE 1916-17

Entraîneur : Newsy Lalonde (20-10-10-0)

N°	POS	JOUEURS	PJ	B	A	PUN
4	C	Newsy Lalonde	18	28	7	61
5	AD	Didier Pitre	20	21	6	50
3	D	Albert Corbeau	19	9	5	103
8	AG	Louis Berlinguette	20	8	4	36
6	AG	Jack Laviolette	17	7	3	24
7	C	Tommy Smith	14	7	4	32
2	D	Harry Mummery	20	5	3	101
10,11	C	Reg Noble	6	4	0	15
10,11	C	Sarsfield Malone	12	1	0	0
9	D	Billy Coutu	18	0	0	9
11	C	Jules Rochon	1	0	0	0
11	AD	Joe Maltais	1	0	0	0
12	D	Arthur Brooks	1	0	0	0
11	D	Harold McNamara	2	0	0	0
12	A	Dave Major	2	0	0	0
7	AG	George Poulin	4	0	0	8
11	AG	Dave Creighton	4	0	0	0
1	G	Georges Vézina	20	0	0	0

GARDIEN	PJ	G	N	MIN	BC	BL	MOY
Georges Vézina	20	10	10	0	1218	80	0	3,94

1RE DEMIE	PJ	G	P	BP	BC	MOY
Montréal (Canadiens)	10	7	3	58	38	,604
Ottawa (Senators)	10	7	3	56	41	,577
Toronto (228e bataillon)	10	6	4	70	57	,551
Toronto (Blueshirts)	10	5	5	50	45	,526
Montréal (Wanderers)	10	3	7	56	72	,438
Québec (Bulldogs)	10	2	8	43	80	,350

2e DEMIE	PJ	G	P	BP	BC	MOY
Ottawa (Senators)	10	9	1	63	22	,712
Québec (Bulldogs)	10	8	2	54	47	,500
Montréal (Canadiens)	10	3	7	32	42	,439
Montréal (Wanderers)	10	2	8	38	65	,358
Toronto (Blueshirts)	4	2	2	14	16	-
Toronto (228e bataillon)	4	0	4	3	12	-

Les Bulldogs et les Wanderers gagnent une partie par défaut contre le 228e Bataillon.

● La NHA et les frères Patrick font la paix lors d'une rencontre à l'hôtel Windsor, le 28 octobre. Dernier point à résoudre, la somme de 750 $ à verser par les Canadiens en guise de dédommagement pour avoir conservé les services de Lalonde en 1914. La dette sera payée début novembre.

● Un représentant d'Ottawa aurait offert une prime de 500 $ aux joueurs des Canadiens à condition que ceux-ci parviennent à battre Québec lors du match du 24 février. Ottawa n'était alors qu'à un match des Bulldogs. Montréal mène 6-3 après deux périodes, mais perd 7-6 en prolongation. Pas de prime, mais Ottawa terminera tout de même premier pour la deuxième tranche du calendrier.

● Frank McGee, d'Ottawa, gagnant de quatre coupes Stanley avec les Silver Seven et les Senators, est tué à la guerre à l'âge de 24 ans. Il avait compté 14 buts dans un match de la finale en 1905. Il sera intronisé au Temple de la renommée en 1945.

● La présence d'une équipe de l'armée suscite quelques problèmes dans la Ligue. Ainsi, on reproche à Eddie Oatman d'avoir été embauché pour ses seuls talents de hockeyeur, sans réellement avoir été membre du 228e bataillon. D'autant plus qu'il a été réformé pour de drôles de raisons avant le départ de l'armée pour l'Europe. On aurait aussi promis un grade d'officier à Gordon Meeking s'il jouait au hockey, mais on lui retirera cette distinction par la suite, le jugeant non qualifié. Il sera aussi réformé.

TROPHÉES

COUPE STANLEY
Metropolitans de Seattle

COUPE O'BRIEN
Canadiens de Montréal

MEILLEUR COMPTEUR
Joe Malone
Bulldogs de Québec

Frank Nighbor
Senators d'Ottawa

MEILLEUR GARDIEN
Clint Benedict
Senators d'Ottawa

MEILLEURS COMPTEURS

		PJ	B	*A	PUN
Joe Malone	Québec	19	41	8	15
Frank Nighbor	Ottawa	19	41	10	24
Odie Cleghorn	Wanderers	18	28	4	49
Newsy Lalonde	**Canadiens**	18	28	7	61
Jack Darragh	Ottawa	20	24	4	17
Didier Pitre	**Canadiens**	20	21	6	50
Corb Denneny	Tor./Ott.	20	19	2	35
Eddie Gerard	Ottawa	19	18	16	48
Dave Ritchie	Québec	19	17	10	20
Eddie Oatman	228e bat.	12	17	7	12

*De 1913-14 à 1916-17, les assistances, bien qu'ajoutées à la fiche des joueurs, ne comptent pas au classement officiel.

BATTUS PAR LES AMÉRICAINS

Les Canadiens étaient les champions en titre de la coupe Stanley. Ils avaient remporté la première portion du calendrier, devançant les Senators d'Ottawa grâce au système de moyenne instauré par la Ligue. Plus récemment, ils avaient disposé des Senators – champions de la seconde demie – dans une série de deux matchs au total des points (victoire de 5-2 et revers de 4-2) pour déterminer le champion de la coupe O'Brien.

La confiance règne au moment d'entreprendre la défense de la coupe Stanley contre les Metropolitans de Seattle, nouvelle formation de la Ligue de la Côte du Pacifique. Sans compter qu'on a acquis, en cours de saison, les services de Tommy Smith, des Bulldogs, deux fois champion compteur de la Ligue.

La confiance monte d'un cran au terme d'une première victoire de 8-4, dans laquelle Didier Pitre s'illustre avec quatre filets. La suite est une tout autre histoire. Les Metropolitans limitent le Tricolore à un but par match lors de victoires de 6 à 1, 4 à 1 et 9 à 1, et deviennent la première formation américaine à remporter la coupe Stanley. Bernie Morris y va d'une prestation de 14 buts en 4 parties, dont 6 dans le dernier match.

1916-1917

Billy Coutu

LA PRESSE, MONTREAL, LUNDI 12 MARS 1917

LE CANADIEN EST CHAMPION DE LA N.H.A. POUR UNE AUTRE ANNEE

Il est sorti vainqueur de la série décisive avec le club Ottawa par un résultat de 7 à 6. Le score samedi à Ottawa a été de 4 à 2. Tommy Smith compte le point décisif. Ottawa a joué très brutalement. Les arbitres contre le Canadien.

EN ROUTE POUR SEATTLE

La puissante équipe du Canadien, qui a remporté cette année encore, le championnat de la N. H. A. en triomphant des Ottawas par 7 à 6 dans la série des joirs. De gauche à droite : Vézina, Lalonde, Pitre, Laviolette, Corbeau, Mummery, Berlinguette et Tommy Smith. — (Clichés E. L. Gilmin, 653 rue Sainte-Catherine Est).

Les Canadiens conservent leur titre de champions de la NHA.

1917 Ⓒ 1918

LA NATIONAL HOCKEY LEAGUE ENTREPREND SES ACTIVITÉS AVEC QUATRE ÉQUIPES, LES CANADIENS ET LES WANDERERS DE MONTRÉAL, LES SENATORS D'OTTAWA ET LES ARENAS DE TORONTO. CEUX-CI ONT ÉTÉ APPELÉS À REMPLACER LES BULLDOGS DE QUÉBEC À LA DERNIÈRE MINUTE, LESQUELS ONT DÛ SUSPENDRE LEURS ACTIVITÉS POUR DES RAISONS FINANCIÈRES. LES CANADIENS DOMINENT LA PREMIÈRE DEMI-SAISON ET TORONTO BALAIE LA SECONDE. LES WANDERERS ONT DÛ INTERROMPRE LEURS ACTIVITÉS EN PREMIÈRE MOITIÉ, PAR SUITE DE L'INCENDIE DE L'ARENA DE WESTMOUNT. TORONTO A LE MEILLEUR SUR LE TRICOLORE DANS UNE SÉRIE DE DEUX PARTIES ENTRE LES CHAMPIONS DE DEMI-SAISON ET DÉCROCHE AUSSI LA COUPE STANLEY, EN DISPOSANT DIFFICILEMENT DES MILLIONAIRES DE VANCOUVER PAR TROIS PARTIES À DEUX. JOE MALONE, ACQUIS DES BULLDOGS PAR LE CANADIEN, TERMINE AU PREMIER RANG DES COMPTEURS AVEC 44 BUTS, UN RECORD QUI TIENDRA PENDANT 27 ANS.

Le premier blanchissage dans la LNH est réussi par Georges Vézina.

Une saison incroyable pour Joe Malone

Le retrait des Bulldogs de Québec fait bien l'affaire des Canadiens, qui récupèrent l'excellent Joe Malone.

Le retrait temporaire des Bulldogs de Québec – bien que détenteurs d'une concession dans la toute nouvelle Ligue nationale de hockey (LNH) – ne pouvait mieux tomber pour le Canadien, qui héritait des services de Joe Malone, champion compteur de la saison précédente dans la NHA, en plus de ceux de l'ennemi juré de Lalonde, Joe Hall.

Malone devait connaître sa saison la plus extraordinaire avec 44 buts, un record qui ne sera battu par Maurice Richard que 27 ans plus tard lors de sa fameuse saison de 50 buts. Malone conserve l'incroyable moyenne de 2,20 buts par match, marque qu'aucun autre joueur n'est passé proche d'égaler depuis. Cette même année, deux autres joueurs, Cy Denneny (Ottawa) et Lalonde, obtiennent aussi des moyennes de buts qui figurent toujours au sommet dans la LNH, soit 1,80 et 1,64. À titre comparatif, la meilleure moyenne de Wayne Gretzky pour une saison – celle de 1983-84 – est de 1,18, lorsqu'il marqua 87 buts en 74 matchs.

69

● George Kennedy est maintenant le seul propriétaire du club, selon les informations obtenues par Claude Mouton, auteur du livre *Toute l'histoire illustre et merveilleuse des Canadiens*.

● Georges Vézina revendique le premier blanchissage de l'histoire de la LNH, un gain de 9-0 contre Toronto. Il domine la Ligue pour le nombre de victoires (13) et la moyenne de buts (3,93).

● Quatre jours avant le début de la saison, les Canadiens et les Wanderers disputent un match hors-concours au profit des victimes d'une explosion survenue à Halifax un peu plus tôt.

● La performance de sept tours du chapeau et de trois parties de cinq buts de Joe Malone est un fait unique dans l'histoire du club. Égalé à deux reprises dans la Ligue, le record de sept tours du chapeau sera finalement porté à neuf par Mike Bossy en 1980-81.

● Joe Hall, l'ex-dur à cuire des Bulldogs, désormais membre des Canadiens, et Alf Skinner, des Arenas, sont arrêtés par la police de Toronto pour en être violemment venus aux coups lors du match du 28 janvier. Ils sont accusés d'assaut et écopent de sentences suspendues.

George Kennedy

1917-1918

George Kennedy décide de former un trio avec Lalonde au centre, flanqué de Malone, converti de centre à ailier gauche, et Didier Pitre à droite. Ils obtiendront respectivement 44, 23 et 17 buts, formant le trio le plus explosif de la Ligue, tout en propulsant les Canadiens au sommet du classement de la première demi-saison.

La saison incroyable de Joe Malone ne s'arrête pas là. Il établit aussi les premières marques de la nouvelle ligue pour le nombre de points (48), de matchs de trois buts (7), le plus grand nombre de buts dans une rencontre (5 à 3 reprises) et le plus de points dans un match (6), ainsi que les meilleurs totaux de buts et de points pour un ailier gauche, sans compter une séquence de 14 matchs consécutifs avec au moins un but.

Natif de Sillery, dans la région de Québec, Malone a endossé les couleurs des Bulldogs pendant neuf saisons, dont sept dans la NHA, avant de devenir membre des Canadiens lors de la suspension des activités de la concession québécoise. Il retournera chez les Bulldogs pour une saison deux ans plus tard, jusqu'au transfert de l'équipe à Hamilton en 1920-21. Après deux autres années avec les Tigers, il refusera de se présenter au camp d'entraînement du club, qui le suspendra avant de le céder de nouveau aux Canadiens. Il disputera 20 parties avec Montréal en 1922-23, obtenant un seul but, et encore neuf matchs l'année suivante sans obtenir aucun point.

Mais quelle carrière ! Quatre championnats des compteurs, dont trois avec les Bulldogs, en 1912-13 et 1916-17 (NHA), puis 1919-20 (LNH), en plus de celui de cette année avec les Canadiens.

NAISSANCE DE LA LNH

La mise sur pied de la Ligue nationale de hockey est en partie le résultat de l'entêtement du Torontois Eddie Livingstone. Le propriétaire de la concession de Toronto s'est fait mettre à la porte de la NHA l'année précédente et, pour éviter de le reprendre, les dirigeants des autres équipes décident de former une nouvelle ligue. Initiative d'autant plus appropriée que Livingstone et son ami M. J. Quinn, propriétaire des Bulldogs de Québec, annoncent eux-mêmes la création d'une

ÉQUIPE 1917-18						
Entraîneur : Newsy Lalonde (22-13-9-0)						
N°	POS	JOUEURS	PJ	B	A	PTS	PUN
7	AG	Joe Malone	20	44	4	48	30
4	C	Newsy Lalonde	14	23	7	30	51
5	AD	Didier Pitre	20	17	6	23	29
2	D	Albert Corbeau	21	8	8	16	41
3	D	Joe Hall	21	8	7	15	100
11	AG	Jack McDonald	8	9	1	10	12
9	D	Billy Coutu	20	2	2	4	49
6	D	Jack Laviolette	18	2	1	3	6
8	AG	Louis Berlinguette	20	2	1	3	12
12	C	Évariste Payer	1	0	0	0	0
10	C	Billy Bell	6	0	0	0	6
1	G	Georges Vézina	21	0	0	0	0

GARDIEN	PJ	G	P	N	MIN	BC	BL	MOY
Georges Vézina	21	12	9	0	1282	84	1	3,93

● Frank Calder, ex-secrétaire de la NHA, est élu au double poste de président et de secrétaire-trésorier à la fondation de la Ligue nationale. Il demeurera en poste jusqu'à sa mort, le 4 février 1943.

● Les gardiens de but ont désormais le droit de se jeter sur la glace pour arrêter un lancer.

● Les rencontres de la finale de la coupe Stanley entre les Arenas de Toronto et les Millionaires de Vancouver sont jouées selon les règlements

Frank Calder

des deux ligues en alternance ; l'Ouest utilise encore le *rover* tout en interdisant la passe avant. Chacune des équipes gagne les parties disputées selon les règlements de sa ligue et c'est Toronto qui a le meilleur en cinq.

● Les Wanderers (10) et les Arenas (9) totalisent 19 buts dans une même rencontre lors du match inaugural à Montréal,

un record battu trois ans plus tard par les Canadiens (14) et les Leafs (7) avec 21 points.

● Fred Cyclone Taylor, le champion marqueur de la Ligue du Pacifique, utilise un bâton dont le manche est courbé, ce qui le rend plus maniable, prétend-il.

TROPHÉES

COUPE STANLEY
Arenas de Toronto
COUPE O'BRIEN
Arenas de Toronto
MEILLEUR MARQUEUR
Joe Malone
Canadiens de Montréal
MEILLEUR GARDIEN
Georges Vézina
Canadiens de Montréal

nouvelle ligue en octobre, la Canadian Hockey Association, pour concurrencer la NHA. Cette ligue n'existera que dans l'imagination d'Eddie Livingstone et de son allié.

Menaces, poursuites et intimidations entre Livingstone et les autres équipes de la NHA. La guerre aidant, on parle même de suspendre les activités du hockey professionnel pendant un an. Ce sera finalement la NHA qui se sabordera pour faciliter la création d'un nouveau circuit, sans l'équipe de Livingstone, mais avec des clubs à Montréal (les Canadiens et les Wanderers), Ottawa (les Senators) et Québec (les Bulldogs). Le retrait inattendu des Bulldogs force le nouveau circuit à se tourner vers l'équipe des Arenas de Toronto, dirigée par Charles Querrie. « Nous devrions faire un vote de remerciements à l'endroit d'Eddie Livingstone pour nous avoir permis de solidifier la Ligue », rapportent les journaux de l'époque au lendemain de la formation de la Ligue, en attribuant ces propos au président des Canadiens, George Kennedy.

Une demande d'injonction à l'endroit de la concession d'Ottawa et de quelques joueurs du duo Livingstone-Quinn n'y fait rien et la Ligue nationale de hockey est officiellement créée le 22 novembre à l'hôtel Windsor de Montréal.

AU FEU ! L'ARÉNA BRÛLE !

Les Wanderers et les Canadiens perdent leur domicile dans l'incendie de l'Arena de Westmount le 2 janvier. La cause de l'incendie, qui a pris naissance à proximité du vestiaire des Wanderers, est demeurée inconnue. Défectuosité électrique ou cigarette mal éteinte ? Impossible de le savoir puisque l'édifice, à la charpente et au toit en bois, ne mit qu'une vingtaine de minutes à s'écrouler, malgré les alarmes successives. La perte est estimée à environ 150 000 $.

Faute d'équipement et de fonds, les Wanderers doivent se résigner à déclarer forfait après seulement six matchs, tandis que les Canadiens, après avoir rescapé une demi-douzaine de paires de patins et emprunté les chandails de l'équipe d'Hochelaga pour le match suivant, survivent tant bien que mal en présentant leurs matchs locaux au Jubilee. Ancien joueur et dirigeant du club, Jos Cattarinich offre de vendre des billets du premier match à son magasin, rue Sainte-Catherine.

Les joueurs des Wanderers sont répartis entre les autres clubs et le Canadien récupère deux avants, Jack McDonald et Billy Bell.

1RE DEMIE	PJ	G	P	N	BP	BC	PTS
Montréal (Canadiens)	14	10	4	0	81	47	20
Toronto (Arenas)	14	8	6	0	71	75	16
Ottawa (Senators)	14	5	9	0	67	79	10
Montréal (Wanderers)	6	1	5	0	17	35	2

Les Canadiens et Toronto gagnent une partie par défaut contre les Wanderers.

2e DEMIE	PJ	G	P	N	BP	BC	PTS
Toronto (Arenas)	8	5	3	0	37	34	10
Ottawa (Senators)	8	4	4	0	35	35	8
Montréal (Canadiens)	8	3	5	0	34	37	6

MEILLEURS MARQUEURS		PJ	B	A	PTS	PUN
Joe Malone	Canadiens	20	44	4	48	30
Cy Denneny	Ottawa	20	36	10	46	80
Reg Noble	Toronto	20	30	10	40	35
Newsy Lalonde	Canadiens	14	23	7	30	51
Corb Denneny	Toronto	21	20	9	29	14
Harry Cameron	Toronto	21	17	10	27	28
Didier Pitre	Canadiens	20	17	6	23	29
Eddie Gerard	Ottawa	20	13	7	20	26
Frank Nighbor	Ottawa	10	11	8	19	6
Jack Darragh	Ottawa	18	14	5	19	26
Harry Meeking	Toronto	21	10	9	19	28

1918 Ⓗ 1919

Montréal et Ottawa dominent chacun une demi-saison, mais ce sont les Canadiens qui remportent la coupe O'Brien pour le championnat de la saison régulière. Ils triomphent des Senators en cinq parties (4-1), dans une série rallongée en raison du retrait prématuré de Toronto pour cause de difficultés financières, ce qui avait obligé la Ligue à écourter la deuxième moitié de saison. Malone est devenu joueur à mi-temps et c'est Lalonde qui remporte le titre de premier marqueur avec 32 points (on ajoute maintenant les passes aux buts). Tragédie en finale de la coupe Stanley entre les Canadiens et Seattle. Chaque club compte deux gains, mais le match décisif n'aura jamais lieu. La grippe espagnole frappe cinq joueurs du Tricolore, dont Joe Hall, qui succombera à l'épidémie quelques jours plus tard. C'est la seule fois que la coupe Stanley n'a pas été attribuée.

Une fin tragique pour Joe Hall, un joueur rude mais combien efficace. La grippe espagnole décime les Canadiens et la série est interrompue.

Lalonde redevient le meilleur

Newsy Lalonde récupère son titre de champion compteur et vole la vedette en séries.

Newsy Lalonde ne voyait pas d'un bon œil l'acquisition de Joe Malone par les Canadiens. Effectivement, il avait dû lui concéder le titre de première vedette de l'équipe lorsque l'ancien joueur des Bulldogs remporta le championnat des marqueurs, à la première année de la Ligue nationale.

La situation tourne à l'avantage de l'enfant terrible des Canadiens en 1918-19 lorsque Malone se trouve un emploi permanent à Québec et qu'il annonce à la direction qu'il ne sera disponible que pour

73

● Patsy Séguin, membre de l'édition initiale de 1909-10, meurt à la guerre durant l'été 1918.

● Comble de malheur, le 24 avril, les Canadiens perdent en plus leur domicile lorsque le feu rase cette fois l'aréna Jubilee.

● On raconte qu'avant son départ pour Seattle, George Kennedy aurait fait assurer ses joueurs pour 1 000 $ chacun. Sage précaution en raison des ravages causés par la grippe espagnole.

● Newsy Lalonde devient le premier joueur à marquer quatre fois dans une finale de la coupe Stanley, obtenant tous les buts des Canadiens lors de la deuxième rencontre de la série.

● Autre première le 29 mars : Jack McDonald est le premier joueur à compter en prolongation en finale de la coupe Stanley.

1918-1919

les matchs à domicile et, éventuellement, les séries. Il ne fera cependant pas le voyage à Seattle et son absence sera significative.

Stimulé par la situation, Lalonde, toujours entraîneur de l'équipe, connaît une saison de 22 buts et 10 assistances, devançant la nouvelle recrue de l'équipe, Odie Cleghorn, et Frank Nighbor, d'Ottawa, par quatre points. Ancien joueur des Wanderers, Cleghorn avait été exempté de l'armée en 1917-18, à la condition de ne pas jouer au hockey. George Kennedy a fait appel à ses services pour remplacer Malone durant la présente saison.

C'est vraiment l'année de Lalonde, qui se met également en vedette lors de la série éliminatoire contre Ottawa. Avec 11 buts en 5 parties et 6 autres en 5 rencontres face à Seattle, il établit les premiers records significatifs des éliminatoires de cette LNH encore toute jeune. Il est notamment le premier joueur à marquer quatre buts dans un match, lors du deuxième affrontement de la finale, gagné 4-2 par les Canadiens.

Lalonde inscrit son nom dans le livre des records pour le plus grand nombre de buts en séries (17), le plus de points (19) et le plus de matchs de trois buts (3). Il faut également ajouter son total de buts autres qu'en finale (11), son total de points autres qu'en finale (13), en plus de ses records de buts et de points dans une partie des séries (5), réalisés lors du premier affrontement contre Ottawa, ainsi que celui du nombre de matchs de trois buts dans une seule série (2). Note intéressante, son record de cinq buts dans un match, lequel tient toujours, sera égalé une première fois par Maurice Richard lors des séries de 1943-44 et par trois autres joueurs par la suite.

Mais Newsy Lalonde est demeuré un joueur imprévisible. Le 11 janvier, il est en voie d'éclipser le record de cinq buts dans un match régulier, établi par Joe Malone, lorsqu'il décide de quitter la rencontre. Il a marqué à trois reprises en première et deux fois en deuxième, puis il confie l'équipe à son adjoint Jack Laviolette et se retire.

UNE COUPE SANS CHAMPION

La grippe espagnole fait d'énormes ravages à l'automne 1918 et au printemps suivant. On dénombre jusqu'à 59 victimes en une seule journée à Montréal et près

ÉQUIPE 1918-19						
Entraîneur : Newsy Lalonde (18-10-8-0)						
N°	POS	JOUEURS	PJ	B	A	PTS	PUN
4	C	**Newsy Lalonde**	17	22	10	32	40
6	AD/C	**Odie Cleghorn**	17	22	6	28	22
5	AD	**Didier Pitre**	17	14	5	19	12
10	AG	**Jack McDonald**	18	8	4	12	9
7	AG	**Joe Malone**	8	7	2	9	3
3	D	**Joe Hall**	17	7	1	8	89
8	AG	**Louis Berlinguette**	18	5	3	8	9
2	D	**Albert Corbeau**	16	2	3	5	51
9	D	**Billy Coutu**	15	1	2	3	18
12	AG	**Amos Arbour**	1	0	0	0	0
11	C	**Billy Bell**	1	0	0	0	0
11	AD	**Fred Doherty**	1	0	0	0	0
1	G	**Georges Vézina**	18	0	0	0	0
GARDIEN			PJ	G	P	N	MIN	BC	BL	MOY
Georges Vézina			18	10	8	0	1117	78	1	4,19

74

● Clint Benedict, gardien d'Ottawa, établit un record avec son deuxième blanchissage dans une même saison, lors d'une victoire de 7-0 contre les Canadiens. Le premier avait aussi été réussi contre le Tricolore.

● La NHA est définitivement dissoute en début de saison, malgré une tentative d'Eddie Livingstone. Celui-ci essaie en vain de convaincre Ottawa de se ranger de son bord et cherche à relancer les Bulldogs de Québec, avec l'aide de Percy Quinn. Charlie Querrie, gérant de l'aréna de Toronto et propriétaire des Arenas, laisse Livingstone sans domicile, tandis que les propriétaires de Montréal,

Ottawa et Toronto signent une entente de cinq ans avec la Ligue nationale. Québec ne donne pas suite à son projet de retour et Livingstone se trouve isolé.

● La surface de la glace est maintenant divisée en trois zones avec l'introduction des lignes bleues. Des modifications de règlements relatifs aux punitions sont aussi apportées et les passes sont officiellement prises en compte.

TROPHÉES	
COUPE STANLEY	
Pas de vainqueur	
(grippe espagnole)	
COUPE O'BRIEN	
Canadiens de Montréal	
MEILLEUR MARQUEUR	
Newsy Lalonde	
Canadiens de Montréal	
MEILLEUR GARDIEN	
Clint Benedict	
Senators d'Ottawa	

CINQ JOUEURS DU CANADIEN SOUFFRENT DE L'INFLUENZA

La partie qui devait avoir lieu, hier soir, entre le Canadien et le Seattle, pour décider du championnat du monde, n'a pas eu lieu

CINQ JOUEURS DE MONTREAL SOUFFRENT DE L'INFLUENZA

Seattle 1er.—La partie de ce soir entre le Seattle et le Canadien, pour décider du championnat du monde n'aura pas lieu, et la série ne sera pas terminée, car cinq des joueurs des Canadiens souffrent de l'influenza. Les deux clubs étaient égaux, ayant chacun deux parties à leur crédit.

Newsy Lalonde, le capitaine du Canadien; Joe Hall; Bert Corbeau; Berlinguette et McDonald sont tous retenus à leur chambre au "Georgian Hotel", George Kennedy, le gérant du Canadien, souffre aussi de cette maladie.

La température des joueurs varie de 101 à 104 degrés de fièvre. On se prépare actuellement pour transporter les joueurs à l'hôpital.

Les joueurs du Canadien ne pourront pas être sur pied avant deux ou trois semaines, et par conséquent la joute de ce soir qui devait décider du championnat n'aura pas lieu, et la série mondiale ne sera pas continuée.

de 400 au total. On rapporte que le fléau, l'un des pires de l'histoire de l'humanité, a fauché plusieurs millions de personnes dans le monde.

Les Canadiens, parvenus en finale de la coupe Stanley contre les Metropolitans de Seattle, de la PCHA, n'y échapperont pas. Cinq joueurs doivent être hospitalisés ou alités, Newsy Lalonde, Louis Berlinguette, Billy Coutu, Jack McDonald et Joe Hall, ainsi que le propriétaire, George Kennedy. Affaibli par une forte fièvre lors du cinquième match, Hall doit être hospitalisé d'urgence et succombe à la maladie six jours plus tard. Les funérailles se déroulent à Vancouver et il est

● Cy Denneny dépasse Joe Malone à titre de meilleur compteur de l'histoire de la LNH avec 54 buts.

● Premiers au classement et champions de la coupe Stanley l'année précédente, les Arenas de Toronto connaissent une saison misérable et glissent au dernier rang, ne gagnant que 5 des 18 parties disputées, mais aucune sur les patinoires adverses. Le club inscrit une troisième marque négative avec seulement 10 points.

● Bernard Morris, membre du club de Seattle, dans la Ligue du Pacifique, est condamné par une cour martiale américaine pour avoir déserté l'armée américaine. Il est de citoyenneté canadienne.

● L'avion de Hobey Baker, devenu aviateur dans l'armée américaine, est abattu au-dessus de la France, en pleine guerre mondiale. Joueur universitaire réputé, Baker n'a jamais voulu se joindre aux professionnels. Il sera intronisé au Temple de la renommée de la Ligue en 1945 et, depuis 1981, le trophée attribué au meilleur joueur universitaire américain porte son nom.

1918-1919

enterré à Brandon, sa ville d'adoption. Les autres joueurs se remettent de la grippe, mais la série est interrompue et la coupe Stanley, pour l'unique fois de son histoire, demeure sur les tablettes.

La série était égale 2-2. Elle avait même fait l'objet d'un match nul de 0-0, le premier de l'histoire de la Ligue en séries. Le Canadien offre d'emprunter des joueurs aux Millionaires de Vancouver, mais devant l'objection de Seattle, on annule la série à quelques heures du match décisif.

Jack Laviolette

JACK LAVIOLETTE AMPUTÉ

Une année particulièrement éprouvante pour le Canadien, qui avait déjà perdu les services de l'un de ses joueurs vedettes – et de surcroît premier entraîneur de l'équipe –, Jack Laviolette, lors de l'intersaison. Laviolette a perdu le contrôle de sa voiture lors d'une promenade le 1er mai 1918 et celle-ci est allée percuter un poteau de fer. À l'hôpital, on a dû lui amputer le pied droit, qui était demeuré coincé sous la pédale de frein. Diverses activités organisées par ses amis ont permis de recueillir quelque 2 000 $ pour lui venir en aide.

Le Canadien lui fait remplir diverses tâches, mais il quittera l'équipe après quelques semaines. Au moment de partir pour Seattle en prévision de la finale, ses anciens coéquipiers lui remettent une autre bourse de 50 $ sur le quai de la gare.

LAVIOLETTE EST BLESSE GRAVEMENT

Son automobile de course dérape et frappe un poteau en fer.

A L'HOPITAL GENERAL

1RE DEMIE		PJ	G	P	N	BP	BC	PTS
Montréal (Canadiens)		10	7	3	0	57	50	14
Ottawa (Senators)		10	5	5	0	39	39	10
Toronto (Arenas)		10	3	7	0	42	49	6
2e DEMIE		PJ	G	P	N	BP	BC	PTS
Ottawa (Senators)		8	7	1	0	32	14	14
Montréal (Canadiens)		8	3	5	0	31	28	6
Toronto (Arenas)		8	2	6	0	22	43	4

MEILLEURS MARQUEURS		PJ	B	A	PTS	PUN
Newsy Lalonde	Canadiens	17	22	10	32	40
Odie Cleghorn	Canadiens	17	22	6	28	22
Frank Nighbor	Ottawa	18	19	9	28	27
Cy Denneny	Ottawa	18	18	4	22	58
Didier Pitre	Canadiens	17	14	5	19	12
Alf Skinner	Toronto	17	12	4	16	26
Reg Noble	Toronto	17	10	5	15	35
Harry Cameron	Tor./Ott.	14	11	3	14	35
Jack Darragh	Ottawa	14	11	3	14	33
Ken Randall	Toronto	15	8	6	14	27
Sprague Cleghorn	Ottawa	18	7	6	13	27

1919 🅲🅷 1920

Retour des Bulldogs de Québec, qui récupèrent Joe Malone et Jack McDonald. Malone remporte un second titre des marqueurs de la LNH en trois saisons, devançant Newsy Lalonde par 49 points à 46. Les Arenas deviennent les St. Patricks de Toronto. Les Senators dominent les deux portions du calendrier, alors que leur gardien Clint Benedict conserve la meilleure moyenne pour une deuxième année de suite. La double victoire d'Ottawa élimine la nécessité d'une série de championnat. En finale de la coupe Stanley, les Senators disposeront de Seattle par trois parties à deux. La série commence à Ottawa, mais les deux derniers matchs devront être présentés sur la glace artificielle de l'aréna de Toronto.

Lalonde contre Malone

La rivalité entre Lalonde (ci-bas) et Malone (à droite) permet aux deux joueurs de connaître une excellente saison.

L a rivalité entre Lalonde et Malone reprend de plus belle en 1919-20, avec le retour des Bulldogs de Québec au hockey professionnel. Ceux-ci récupèrent leurs joueurs, éparpillés dans les autres équipes, notamment Joe Malone, qui connaîtra l'une des meilleures saisons de sa carrière.

Lalonde et Malone ont alors respectivement 31 et 29 ans et ils sont tous deux au sommet de leur carrière. En fait, si l'on tient compte des chiffres de la NHA, pendant six ans ils se sont échangé les titres de champion marqueur : en 1915-16 (Lalonde), 1916-17 (Malone), 1917-18 (Malone) et 1918-19 (Lalonde). Malone remportera un troisième championnat des marqueurs en quatre saisons, en 1919-20, mais Lalonde reviendra à la charge l'année suivante.

Ces deux vedettes furent les seuls joueurs de l'histoire de la Ligue nationale à avoir obtenu 100 buts en conservant une moyenne

77

● L'enthousiasme des spectateurs fait céder le garde-fou du balcon du nouvel aréna lors du match du 17 janvier contre Ottawa. Heureusement, une clôture de fil de fer réussit à amortir la chute des spectateurs projetés dans le vide. On ne déplore aucun blessé et le match reprend son cours, une fois les émotions passées.

● Le Tricolore inscrit deux nouveaux records offensifs au cours de l'année. D'abord le plus grand total de buts en une saison, soit 129, mais aussi dans un match, lors d'une victoire de 16 à 3 contre Québec. Durant cette partie, quatre joueurs obtiennent au moins trois buts chacun, Newsy Lalonde, Didier Pitre, Odie Cleghorn et Harry Cameron, lequel devient le premier défenseur à obtenir, à deux reprises, quatre buts dans un match.

● Les Canadiens complètent le premier tronçon de la saison, à deux points seulement d'Ottawa, mais ils faiblissent en seconde partie, terminant derrière Ottawa et Toronto.

● Les partisans des Canadiens accueillent avec joie la construction d'un nouvel aréna, à l'angle des rues Mont-Royal et Saint-Urbain, à la suite de l'incendie du Jubilee en avril. Mais l'aréna Mont-Royal ne sera prêt que le 10 janvier et l'équipe devra entreprendre sa saison locale à Ottawa, avant de remettre une rencontre avec les Bulldogs à deux reprises, puisqu'il n'y avait pas d'eau pour la glace. Finalement, les ouvriers installent les derniers bancs à l'aréna Mont-Royal à quelques minutes du début, mais, faute de places, plus d'un millier de spectateurs ne peuvent assister à ce duel tout en offensive contre Toronto, marqué d'une performance de 21 buts par les deux formations.

1919-1920

supérieure à un but par match. À la fin de leur carrière, ils présenteront des moyennes similaires : 1,25 en cinq saisons dans la LNH et 1,36 en 15 saisons dans diverses autres ligues pour Lalonde, comparativement à 1,14 en sept saisons dans la LNH et 1,35 en neuf ans dans les autres circuits pour Malone.

Cette année-là, les deux joueurs font montre de leur talent offensif, s'échangeant aussi quelques records, comme celui du plus grand nombre de buts dans une partie. Ainsi, lors du premier match disputé par les Canadiens à leur nouveau domicile, l'aréna Mont-Royal, le 10 janvier 1920, Lalonde éclate pour six buts, battant sa propre marque, tandis que les deux équipes, Montréal et Toronto, établissent aussi un record pour le total des buts, avec respectivement 14 et 7. Trois semaines plus tard, le 31 janvier, Malone réplique avec sept filets, également contre Toronto. Une marque qui a résisté aux attaques des autres joueurs de la Ligue depuis ce temps et qu'il a presque répétée lui-même moins de deux mois plus tard, signant une autre performance de six buts contre Ottawa.

La course au titre entre Lalonde et Malone prend une telle ampleur que le président du Canadien, George Kennedy, reproche à son joueur, qui est aussi l'entraîneur du club, de jouer de façon trop individualiste.

Malone devancera finalement le joueur du Canadien par 39 buts à 37 et remportera le titre de champion marqueur par 49 points à 46. Un duel épique que revivront les amateurs de hockey de la fin des années 1980 et du début des années 1990, entre Wayne Gretzky et Mario Lemieux.

LE SAVIEZ-VOUS...

Le Canadien n'est pas la première équipe à jouer à l'aréna Mont-Royal. Cet honneur revient à des équipes de la Ligue de la Cité, soit McGill, Westmount, Victoria et MAAA, qui se sont affrontées le 7 janvier devant 1 800 personnes.

Goldie Prodgers refuse de jouer à Montréal.

ÉQUIPE 1919-20

Entraîneur : Newsy Lalonde (24-13-11-0)

N°	POS	JOUEURS	PJ	B	A	PTS	PUN
4	C	Newsy Lalonde	23	37	9	46	34
10	AG	Amos Arbour	22	21	5	26	13
5	AD	Didier Pitre	22	14	12	26	6
6	AD/C	Odie Cleghorn	21	20	4	24	30
11	D	Harry Cameron	16	12	5	17	36
2	D	Albert Corbeau	23	11	6	17	65
8	AG	Louis Berlinguette	24	8	9	17	36
9	D	Billy Coutu	20	4	0	4	67
7	AG/C	Donald Smith	12	1	0	1	6
3	D	Howard McNamara	10	1	0	1	4
12	D	Jack Coughlin	3	0	0	0	0
1	G	Georges Vézina	24	0	0	0	0

GARDIEN		PJ	G	P	N	MIN	BC	BL	MOY
Georges Vézina		24	13	11	0	1453	113	0	4,67

● Pour son retour au hockey professionnel, l'équipe de Québec adopte le nom d'Athlétiques, mais les partisans continuent à la désigner sous le surnom de « Bulldogs ». Le club ne connaît pas un grand succès (les vedettes de jadis, mis à part Malone, ont ralenti) et il ne gagne que 4 des 24 matchs disputés. La concession sera transférée à Hamilton l'année suivante.

● Les Arenas de Toronto appartiennent à de nouveaux intérêts et portent désormais le nom de « St. Patricks ».
● Cully Wilson, l'un des premiers mauvais garnements du circuit, avec 86 minutes de punition, a été embauché par Toronto à titre d'agent libre après avoir été banni de la Ligue de la Côte du Pacifique. Il s'assagira avec le temps, devenant même un adepte de l'horticulture à sa retraite.

● Malone reprend son titre de meilleur compteur de l'histoire de la Ligue, totalisant 90 buts en fin de saison.
● Première participation du Canada à un événement international, les Jeux olympiques de 1920 (les Jeux d'hiver ne débuteront officiellement qu'en 1924).

Les Falcons de Winnipeg, champions de la coupe Allan, n'accordent qu'un but en trois matchs contre 29 marqués, pour remporter l'or.
● La coupe Memorial est offerte pour récompenser la meilleure équipe junior. Le Canoe Club de Toronto est le premier club à y inscrire son nom.

TROPHÉES	
COUPE STANLEY	
Senators d'Ottawa	
COUPE O'BRIEN	
Senators d'Ottawa	
MEILLEUR MARQUEUR	
Joe Malone	
Bulldogs de Québec	
MEILLEUR GARDIEN	
Clint Benedict	
Senators d'Ottawa	

JOUEURS RÉCALCITRANTS

Le Canadien éprouve quelques difficultés avec deux de ses joueurs en début de saison. Goldie Prodgers, ancien joueur du Canadien et ensuite membre de l'équipe du 228e bataillon en 1916-17, refuse de jouer pour Québec qui a acquis ses droits. On le cède au Canadien, mais il refuse aussi de jouer à Montréal qui l'échangera finalement aux St. Pats de Toronto en retour du défenseur Harry Cameron.

Pour sa part, Odie Cleghorn, deuxième compteur du circuit l'année précédente, estime mériter plus d'argent et fera la grève pendant quelques parties avant de se présenter à l'équipe.

Prodgers ne comptera que 8 buts à Toronto, tandis que Cleghorn en obtiendra 20.

1RE DEMIE	PJ	G	P	N	BP	BC	PTS
Ottawa (Senators)	12	9	3	0	59	23	18
Montréal (Canadiens)	12	8	4	0	62	51	16
Toronto (St. Patricks)	12	5	7	0	52	62	10
Québec (Bulldogs)	12	2	10	0	44	81	4

2e DEMIE	PJ	G	P	N	BP	BC	PTS
Ottawa (Senators)	12	10	2	0	62	41	20
Toronto (St. Patricks)	12	7	5	0	67	44	14
Montréal (Canadiens)	12	5	7	0	67	62	10
Québec (Bulldogs)	12	2	10	0	47	96	4

MEILLEURS MARQUEURS		PJ	B	A	PTS	PUN
Joe Malone	Québec	24	39	10	49	12
Newsy Lalonde	Canadiens	23	37	9	46	34
Frank Nighbor	Ottawa	23	26	15	41	18
Corb Denneny	Toronto	24	24	12	36	20
Jack Darragh	Ottawa	23	22	14	36	22
Reg Noble	Toronto	24	24	9	33	52
Amos Arbour	Canadiens	22	21	5	26	13
Cully Wilson	Toronto	23	20	6	26	86
Didier Pitre	Canadiens	22	14	12	26	6
Punch Broadbent	Ottawa	21	19	6	25	40
Odie Cleghorn	Canadiens	21	20	4	24	30

Odie Cleghorn fait la grève pour obtenir plus d'argent, puis se ravise après quelques parties.

1920 Ⓗ 1921

La concession de Québec est vendue à Hamilton et les Bulldogs deviennent des tigres (Tigers). Ottawa domine de nouveau la première demie, puis Toronto s'impose dans la seconde avant de s'incliner 5-0 et 2-0 en série de championnat contre Ottawa. Lalonde reprend son titre de champion marqueur avec 43 points contre 40 pour Babe Dye, de Toronto. Les Senators conservent la coupe Stanley, à la faveur d'une victoire serrée de 2-1 dans le cinquième et décisif match disputé aux Millionaires de Vancouver. C'est, une fois de plus, Clint Benedict qui s'avère le meilleur gardien de la Ligue, conduisant de nouveau son équipe aux grands honneurs.

Lalonde encore le meilleur

Newsy Lalonde n'allait pas manquer une aussi belle occasion de reprendre du galon avec les difficultés de son « ami » Joe Malone à Québec. Cette fois, on assiste à une lutte à quatre avec Cecil Babe Dye et Cy Denneny.

Dye, prêté aux Tigers de Hamilton par les St. Pats de Toronto et aussitôt réclamé par ceux-ci après avoir marqué deux buts contre les Canadiens dans le match d'ouverture, s'avère le meilleur franc-tireur du groupe avec 35 buts, un de plus que Denneny et deux de plus que Lalonde, tandis que Malone termine avec 28. Le nombre de passes accumulées par le joueur montréalais

Lalonde l'emporte sur Joe Malone, Babe Dye et Cy Denneny, au terme d'une chaude lutte pour le premier rang des marqueurs.

● Harry Punch Broadbent et Sprague Cleghorn, deux joueurs d'Ottawa prêtés par la Ligue pour renforcer la nouvelle équipe de Hamilton (ex-Bulldogs), refusent de se présenter. Broadbent laisse même croire qu'il préférerait jouer pour les Canadiens, qui vont jusqu'à inscrire leur nom dans sa formation. Il ne se présentera jamais et ses droits seront finalement rendus aux Senators.

● La température clémente enregistrée en janvier 1921 force les Canadiens à reporter le match prévu contre Toronto le 21 du mois. La glace naturelle de l'aréna Mont-Royal laisse apercevoir la terre à maints endroits.

● Tom Duggan, l'un des propriétaires de l'aréna Mont-Royal, promet 1 000 $ aux joueurs (environ 100 $ chacun) s'ils permettent à l'équipe de terminer devant Toronto en deuxième partie de saison, alors qu'il reste six matchs à jouer et que les deux clubs sont à égalité. En début de campagne, la direction avait aussi promis une prime de 200 $ par joueur pour un championnat. Toronto devancera les Canadiens par deux points.

● Offusqués de la décision de l'arbitre d'accorder aux Canadiens un but qu'ils jugeaient hors-jeu, le président Ted Day et l'un des directeurs des Senators, Tommy Gorman, décident de retirer leur club de la glace lors du match du 26 janvier. Les joueurs sont condamnés par la Ligue à verser 500 $ au fonds Joe-Hall, créé pour venir en aide à la famille du joueur décédé de la grippe espagnole deux ans plus tôt. Le même Tommy Gorman deviendra gérant des Canadiens en 1940.

● Le Hockey News, dans un numéro spécial consacré à l'histoire de la Ligue nationale en 1999, mentionne que le gérant Léo Dandurand interdisait à ses joueurs de conduire une automobile, prétextant que le volant pouvait occasionner des crampes aux mains et aux jambes. Il faut dire que la moyenne d'âge de l'équipe, la plus élevée du circuit, approchait alors les 31 ans.

1920-1921

lui permet de battre Dye par trois points et ainsi de reprendre son titre de champion marqueur.

La lutte est vive jusqu'à la fin entre ces quatre joueurs. Lalonde signe notamment une performance de cinq buts contre Hamilton le 16 février. Au dernier match de la saison, Denneny réplique avec six buts, également contre Hamilton, tandis que les Canadiens perdent 6-4 contre Toronto. Dye et Lalonde n'obtiennent aucun but dans ce match décisif pour le championnat, mais Lalonde parvient à préserver son titre devant Babe Dye. Le joueur des Canadiens n'a obtenu aucun point non plus lors du match précédent, une défaite de 1-0 contre les Senators et leur brillant gardien, Clint Benedict. Celui-ci devenait alors le premier cerbère du circuit à inscrire 10 jeux blancs au cours d'une carrière.

La performance de Lalonde est encore plus captivante si on considère que le club a connu une première moitié de saison de seulement 4 victoires en 10 parties. La seconde moitié est plus intéressante avec une fiche de 9 en 14, ce qui lui octroie le deuxième rang, à seulement deux points des St. Pats, tandis que les Senators ont dégringolé au troisième rang. Ce sera une autre histoire en finale de la coupe O'Brien, alors que le gardien Benedict, des Senators, blanchit Toronto deux fois de suite pour mener son équipe à la finale de la coupe Stanley.

LA RIVALITÉ MONTRÉAL/TORONTO

La rivalité s'est vite installée entre les formations de Toronto et de Montréal. L'une des premières chicanes met en cause l'ailier droit Cully Wilson, prêté par les St. Patricks aux Canadiens au terme de la première demi-saison. Kennedy emploie ce rapide patineur pour remplacer Lalonde et Pitre à l'occasion. Wilson, qui n'a obtenu que 2 buts en 8 parties avec Toronto, ne tarde pas à s'affirmer, marquant 6 filets en 11 matchs, tout en contribuant à la remontée au classement du Tricolore devant Toronto.

Il ne reste plus que quatre parties au calendrier et les deux formations doivent disputer un match le 28 février lorsque Wilson,

ÉQUIPE 1920-21						
Entraîneur : Newsy Lalonde (24-13-11-0)						
N°	POS	JOUEURS	PJ	B	A	PTS PUN
4	C	Newsy Lalonde	24	33	10	43 36
6	AG	Louis Berlinguette	24	12	9	21 28
5	AD	Didier Pitre	23	15	5	20 25
2	D	Harry Mummery	24	15	5	20 69
7	AG	Amos Arbour	23	14	3	17 40
3	D	Albert Corbeau	24	12	2	14 86
8	AD/C	Odie Cleghorn	21	5	6	11 8
11	AD	Cully Wilson	11	6	1	7 29
10	D	Dave Campbell	2	0	0	0 0
9	AD	Billy Bell	4	0	0	0 2
9	D	Dave Ritchie	6	0	0	0 2
10	AG	Jack McDonald	6	0	1	1 0
1	G	Georges Vézina	24	0	0	0 0

GARDIEN	PJ	G	P	N	MIN	BC	BL	MOY
Georges Vézina	24	13	11	0	1441	99	1	4,12

Toronto regrette d'avoir prêté Cully Wilson aux Canadiens et lui ordonne de revenir à son équipe originale, en fin de saison. La cause est portée en appel, mais Wilson est contraint de terminer la saison dans les gradins, faute d'entente entre les deux formations.

● Malgré les efforts de la Ligue pour renforcer la nouvelle équipe des Tigers de Hamilton, devenue propriété de Percy Thompson, celle-ci termine les deux tranches de la saison avec des fiches peu enviables de 3-7 et 3-11.

● Le premier match de la finale de la coupe Stanley entre Ottawa et les Millionaires a attiré une foule fort respectable de plus de 10 000 personnes à Vancouver. Pour les cinq parties, toutes terminées avec un seul but d'écart, on rapporte la vente de quelque 51 000 billets.

● Sprague Cleghorn, l'un des deux joueurs d'Ottawa prêtés par la Ligue à Hamilton — l'autre était Broadbent —, joue finalement pour le St. Pats de Toronto durant une bonne partie de la saison, avant d'obtenir sa libération pour disputer la finale avec les Senators et remporter la coupe Stanley.

● Les Senators constituent la première équipe de la LNH et la deuxième depuis les Bulldogs de Québec en 1912-13 à remporter la coupe Stanley deux ans de suite.

● Doublé de six buts dans un match des frères Corb et Cy Denneny contre le cerbère Howie Lockart, de Hamilton. Le premier, le 26 janvier, pour le compte des St. Patricks de Toronto, dans une victoire de 10 à 3 ; le second, au dernier match de la saison, le 7 mars, gagné 12 à 6 par Ottawa.

TROPHÉES
COUPE STANLEY
Senators d'Ottawa
COUPE O'BRIEN
Senators d'Ottawa
MEILLEUR MARQUEUR
Newsy Lalonde
Canadiens de Montréal
MEILLEUR GARDIEN
Clint Benedict
Senators d'Ottawa

dont le contrat stipule que les St. Pats doivent lui signifier un préavis de quelques jours avant de le rappeler, se voit intimer l'ordre de changer d'uniforme et de jouer pour Toronto. Il refuse et la cause est portée devant le président de la Ligue, Frank Calder, lequel ordonne à Wilson de se présenter à son équipe originale.

Les Canadiens en appellent de cette décision, mais au jour de l'audience, avec deux matchs à disputer, Toronto brille par son absence et Wilson doit compléter la saison dans les estrades. L'absence de Wilson se fait sentir chez le Tricolore, qui perd ses deux dernières parties et termine un match derrière Toronto.

Wilson se retrouvera à Hamilton la saison suivante, par suite d'une transaction.

Punch Broadbent et Sprague Cleghorn sont prêtés à Hamilton, mais refusent de se présenter à la nouvelle équipe. Broadbent fait aussi faux bond aux Canadiens, après avoir pourtant affirmé qu'il préférait s'aligner avec l'équipe montréalaise.

1RE DEMIE	PJ	G	P	N	BP	BC	PTS
Ottawa (Senators)	10	8	2	0	49	23	16
Toronto (St. Patricks)	10	5	5	0	39	47	10
Montréal (Canadiens)	10	4	6	0	37	51	8
Hamilton (Tigers)	10	3	7	0	34	38	6
2E DEMIE	PJ	G	P	N	BP	BC	PTS
Toronto (St. Patricks)	14	10	4	0	66	53	20
Montréal (Canadiens)	14	9	5	0	75	48	18
Ottawa (Senators)	14	6	8	0	48	52	12
Hamilton (Tigers)	14	3	11	0	58	94	6

MEILLEURS MARQUEURS		PJ	B	A	PTS	PUN
Newsy Lalonde	**Canadiens**	24	33	10	43	36
Babe Dye	Ham./Tor.	24	35	5	40	32
Cy Denneny	Ottawa	24	34	5	39	10
Joe Malone	Hamilton	20	28	9	37	6
Frank Nighbor	Ottawa	24	19	10	29	10
Reg Noble	Toronto	24	19	8	27	54
Harry Cameron	Toronto	24	18	9	27	35
Goldie Prodgers	Hamilton	24	18	9	27	8
Corb Denneny	Toronto	20	19	7	26	29
Jack Darragh	Ottawa	24	11	15	26	20

1921 Ⓒ 1922

La Ligue nationale abandonne la formule des demi-saisons. Dorénavant, les deux premières équipes lutteront pour le droit de participer à la finale de la coupe Stanley contre les champions de l'Ouest. Ottawa conserve sa suprématie dans une lutte serrée contre Toronto et les Canadiens, maintenant propriété de Léo Dandurand, Jos Cattarinich et Louis Létourneau, suite au décès de George Kennedy. Hamilton termine au dernier rang. Punch Broadbent, des Senators, met fin à la domination Lalonde-Malone pour le championnat des marqueurs, devant son coéquipier Cy Denneny. Toronto surprend Ottawa 5-4 dans le premier match éliminatoire et annule 0-0 dans le second pour ensuite rééditer son triomphe de 1918 en disposant de Vancouver par trois parties à deux en finale de la coupe Stanley.

Le grand bâtisseur des Canadiens s'éteint

George Kendall, alias Kennedy, celui qui fut à la base de la concession accordée au Club athlétique Canadien en 1910 et qui devait ensuite se porter acquéreur de l'équipe en 1915 avec six autres hommes d'affaires avant d'en devenir l'unique propriétaire un peu plus tard, s'éteint à sa résidence au matin du 19 octobre 1921, à l'âge de 41 ans. Sa mort est attribuée aux séquelles de la grippe espagnole qui a décimé l'équipe au printemps 1919 et causé la mort du défenseur Joe Hall, bien que, officiellement, on ait diagnostiqué une cirrhose et une albuminurie (maladie des reins).

D'origine écossaise, cet ancien lutteur était considéré comme l'un des meilleurs promoteurs en Amérique, organisant avec autant de succès matchs de hockey et de crosse que combats de lutte. Il avait été aussi l'un des cinq fondateurs de la Ligue nationale de hockey, avec Frank Calder (secrétaire de la défunte NHA), S. E. Lichtenhein (Wanderers), Tommy Gorman (Senators), et M. J. Quinn (Bulldogs) en 1917.

Pour une raison difficile à expliquer, Kennedy n'a jamais été intronisé au Temple de la renommée, bien que les Canadiens et même la Ligue nationale

La Presse fait état de la mort du bâtisseur des Canadiens à pleine page, dans son édition du 19 octobre.

● Les choses ne vont plus aussi bien pour Newsy Lalonde avec les Canadiens. Le club perd cinq des sept premières parties, Dandurand critique ouvertement son joueur étoile et celui-ci abandonne l'équipe le 10 janvier. Il faudra l'intervention du président Calder pour réconcilier les deux parties. Lalonde est hué par le public à son retour au jeu et Dandurand doit le transformer en substitut. On rapporte que Lalonde aurait même livré quelques combats

aux frères Cleghorn dans le vestiaire de l'équipe.

● Lalonde obtient un dernier tour du chapeau avec l'équipe le 8 février.

● Premier joueur à obtenir 200 buts, Lalonde a eu besoin de seulement 184 parties pour y parvenir. Il termine sa carrière avec un total de 266 en 200 matchs.

● Le Tricolore, qui possède toujours les droits sur les joueurs francophones, tente d'acquérir Frank Boucher, d'Ottawa, « un Irlandais

unilingue anglophone », selon Tommy Gorman, gérant des Senators. Son frère Billy joue d'ailleurs à Montréal. Le président Calder tranchera en faveur des Senators, qui l'aligneront une saison avant qu'il ne s'en retourne dans l'Ouest pendant quatre ans. Il aura par la suite une brillante carrière avec les Rangers de New York, dont il

deviendra l'un des plus illustres entraîneurs et directeurs-gérants.

● Les frères Cleghorn établissent un record un peu particulier en obtenant chacun quatre buts dans un même match (une première pour deux frères) dans une victoire de 10-6 des Canadiens contre Hamilton en janvier.

Les Canadiens tentent en vain d'obtenir les services de l'excellent Frank Boucher, dont le frère Billy évolue déjà à Montréal.

À la mort de Kennedy, le trio Dandurand-Cattarinich-Létourneau fait une offre à la famille pour acheter l'équipe. Cecil Hart, qui leur avait servi d'intermédiaire, deviendra entraîneur du club, en 1926. Ce montage photos fut publié en 1928 par La Presse.

1921-1922

lui doivent une grande part de leur survie au terme de la Première Guerre.

À sa mort, à quelques semaines d'une nouvelle saison, il fallait bien lui trouver un successeur. Le frère de Kennedy, Frank, est chargé de la succession au nom de la famille. Quelques groupes se montrent intéressés, mais la première offre vient de Tom Duggan, directeur de l'aréna Mont-Royal, qui avance 10 000 $. Léo Dandurand, Louis Létourneau et Jos Cattarinich (ancien joueur et gérant de l'équipe) sont aussi preneurs. Le trio exploite déjà une piste de courses à Cleveland et ne peut être sur place. Cecil Hart est chargé de faire une offre. Il dépose 11 000 $ en leur nom et la vente est concrétisée le 4 novembre, soit deux semaines après le décès de Kennedy, l'un des grands bâtisseurs de la plus célèbre dynastie sportive du XXe siècle.

Léo Dandurand deviendra vite l'homme-orchestre des nouveaux propriétaires, cumulant les fonctions de gérant et d'entraîneur. Cecil Hart obtiendra un poste de directeur au sein de l'entreprise.

On dit que les nouveaux actionnaires récupérèrent leur mise dès la première année d'activité, grâce à un surplus de quelque 20 000 $.

LES FRÈRES CLEGHORN RÉUNIS

Le Canadien comptait déjà sur les services du cadet des deux frères Cleghorn, Odie, lequel avait complété sa première saison avec l'équipe, en 1918-19, au deuxième rang des marqueurs. Sprague, un robuste défenseur, avait aidé les Senators à remporter une seconde coupe Stanley d'affilée après avoir écoulé la saison régulière dans l'uniforme des St. Patricks de Toronto la saison précédente.

Mais voilà que ses droits sont de nouveau cédés aux Tigers de Hamilton auxquels il refuse encore de se présenter. Menacé de suspension par la Ligue, il sera finalement sauvé par Léo Dandurand, qui offre d'abord de racheter son contrat, pour ensuite proposer de l'acquérir des Tigers en

LE SAVIEZ-VOUS...

Premier match nul de l'histoire de la Ligue le 11 février, alors que la nouvelle limite de 20 minutes maximales de temps supplémentaire laisse Toronto et Ottawa à égalité 4 à 4.

N°	POS	JOUEURS	PJ	B	A	PTS	PUN
7	AD	Odie Cleghorn	24	21	3	24	26
2	D	Sprague Cleghorn	24	17	9	26	80
10,13	AD	Billy Boucher	24	17	5	22	18
6	AG	Louis Berlinguette	24	13	5	18	10
4	C	Newsy Lalonde	20	9	5	14	20
3	D	Albert Corbeau	22	3	7	10	26
9	D	Billy Coutu	24	4	3	7	8
13	AG	Edmond Bouchard	18	1	5	6	4
5	AD	Didier Pitre	23	2	4	6	12
8	C/AD	Billy Bell	6	1	0	1	0
11	AG	Jack McDonald	3	0	0	0	0
12	D	Phil Stevens	4	0	0	0	0
1	G	Georges Vézina	24	0	0	0	2

ÉQUIPE 1921-22

Entraîneur : Léo Dandurand (24-12-11-1)

GARDIENS	PJ	G	P	N	MIN	BC	BL	MOY
Sprague Cleghorn	1	0	0	0				0.00
Georges Vézina	24	12	11	1	1470	94	0	3,84

JOS. CATTARINICH,
Vice-président du Canadien.

CECIL HART,
Gérant du Canadien.

LEO DANDURAND,
Secrétaire-trésorier du Canadien.

LOUIS LETOURNEAU,
Directeur du Canadien.

LES PROPRIETAIRES ET LE GERANT DU CANADIEN

Jos. Cattarinich, Léo Dandurand et Louis Létourneau, trois sportsmen connus tant aux Etats-Unis qu'au Canada, sont les propriétaires du Canadien, l'ayant acheté en 1921 de la succession de feu George Kennedy. Ils en ont fait le club le plus populaire qui soit aujourd'hui. Léo Dandurand, le Napoléon du hockey, en a été le gérant jusqu'à il y a deux ans, alors que Cecil Hart lui a succédé.

● La Ligue nationale décide d'imiter la Ligue de la Côte du Pacifique en organisant une série qui opposera les deux premières équipes au classement pour déterminer son représentant à la finale de la coupe Stanley.

● Autres nouveautés dans les règlements : le temps supplémentaire est limité à 20 minutes, les gardiens peuvent désormais faire une passe avant à un coéquipier et les pénalités mineures sont réduites de trois à deux minutes. De son côté, la Ligue de la Côte du Pacifique adopte le tir de punition.

● Une nouvelle ligue est créée dans l'Ouest avec des concessions à Calgary, Edmonton, Regina et Saskatoon.

● Le champion marqueur du circuit, Punch Broadbent, est ce même joueur qui a laissé croire aux Canadiens qu'il souhaitait joindre leurs rangs après avoir refusé de se présenter à Hamilton. Il était finalement resté à Ottawa. L'année de son titre de champion marqueur, il établit un record de matchs consécutifs avec au moins un but, 16, record toujours valide.

● Le dernier match à sept joueurs est disputé le 25 mars. Toronto écrase alors Vancouver 6-0 dans la quatrième partie de la finale de la coupe Stanley, ce qui lui permet d'égaler la série avant de remporter le match ultime trois jours plus tard.

1921-1922

retour des services de son meilleur défenseur, Harry Mummery, et de ceux d'Amos Arbour.

Les deux Cleghorn font la pluie et le beau temps à Montréal cette saison-là, terminant premier et deuxième de l'équipe pour les points et les punitions, à tel point que le président Calder se sent obligé de donner un avertissement sévère à Sprague en janvier pour l'inciter à s'en tenir au jeu, sous peine d'être banni du hockey. Pourtant, quelques semaines plus tard, à la suite d'un match contre Ottawa, l'arbitre Lou Marsh qualifiera les frères Cleghorn de « disgrâce pour le hockey » dans son rapport à la Ligue. Ce soir-là, les joueurs de l'équipe devront être escortés par la police jusqu'à la gare.

Les frères Odie et Sprague Cleghorn sont finalement réunis, grâce à l'intervention de Léo Dandurand.

TROPHÉES
COUPE STANLEY
St. Patricks de Toronto
COUPE O'BRIEN
St. Patricks de Toronto
MEILLEUR MARQUEUR
Harry Broadbent
Senators d'Ottawa
MEILLEUR GARDIEN
Clint Benedict
Senators d'Ottawa

	PJ	G	P	N	BP	BC	PTS
Ottawa (Senators)	24	14	8	2	106	84	30
Toronto (St. Patricks)	24	13	10	1	98	97	27
Montréal (Canadiens)	24	12	11	1	88	94	25
Hamilton (Tigers)	24	7	17	0	88	105	14

MEILLEURS MARQUEURS

		PJ	B	A	PTS	PUN
Harry Broadbent	Ottawa	24	32	14	46	28
Cy Denneny	Ottawa	22	27	12	39	20
Babe Dye	Toronto	24	31	7	38	39
Harry Cameron	Toronto	24	18	17	35	22
Joe Malone	Hamilton	24	24	7	31	4
Corb Denneny	Toronto	24	19	9	28	28
Reg Noble	Toronto	24	17	11	28	19
Sprague Cleghorn	**Canadiens**	24	17	9	26	80
Georges Boucher	Ottawa	23	13	12	25	12
Odie Cleghorn	**Canadiens**	23	21	3	24	26

1922 C 1923

LA LUTTE ENTRE OTTAWA, MONTRÉAL ET TORONTO DEMEURE VIVE ET, CETTE FOIS, LES CANADIENS PERDENT LE CHAMPIONNAT PAR UN SEUL POINT AUX MAINS DES SENATORS, AINSI QUE LA SÉRIE ÉLIMINATOIRE CONTRE LES MÊMES SENATORS, 3 À 2 AU TOTAL DES BUTS, LES DEUX CLUBS AYANT GAGNÉ CHACUN UN MATCH. SÉRIE MARQUÉE PAR LA SUSPENSION DE DEUX DE SES JOUEURS. CLINT BENEDICT DOMINE LES GARDIENS DE LA LIGUE UNE CINQUIÈME ANNÉE D'AFFILÉE, TANDIS QUE BABE DYE, DES ST. PATS, DEVANCE CY DENNENY À SON TOUR POUR LE TITRE DES MARQUEURS. OTTAWA GAGNE LA COUPE STANLEY POUR LA TROISIÈME FOIS EN QUATRE ANS, DISPOSANT DES MAROONS (EX-MILLIONAIRES) DE VANCOUVER TROIS PARTIES À UNE ET DES ESKIMOS D'EDMONTON DEUX PARTIES À ZÉRO LORS DE SÉRIES CONSÉCUTIVES, TOUTES DISPUTÉES À VANCOUVER.

Newsy Lalonde échangé pour Aurèle Joliat

Aurèle Joliat, un illustre inconnu, est échangé aux Canadiens pour les services de la grande vedette, Newsy Lalonde, ce qui crée toute une commotion dans les milieux du hockey.

La nouvelle crée toute une commotion auprès des supporters de l'équipe et aussi dans les journaux. Le 3 novembre, Joe Cattarinich, vice-président des Canadiens, annonce que Newsy Lalonde vient d'être échangé aux Sharks de Saskatoon (devenus Crescents), de la Ligue de l'Ouest, en retour des droits sur un joueur amateur du nom d'Aurèle Joliat, plus 3 500 $.

La nouvelle surprend, car Joliat est un illustre inconnu qu'on dit sujet aux blessures. Pourtant, Lalonde n'est plus dans les bonnes grâces de Léo Dandurand depuis un certain temps et ses rapports avec les frères Cleghorn sont souvent houleux, rapporte-t-on. Qu'à cela ne tienne, le temps donnera raison aux Canadiens puisque Joliat deviendra l'un de ses plus illustres équipiers, procurant une coupe Stanley à l'équipe dès la saison suivante, et cela, même si Lalonde remportera un autre championnat des compteurs (son sixième et dernier) avec sa nouvelle formation.

● Dandurand effectue une autre transaction remarquée le 22 décembre en rapatriant Joe Malone, qui ne voulait plus jouer à Hamilton. Edmond Bouchard est le joueur cédé aux Tigers, qui ont déjà suspendu Malone devant son refus de jouer. Mais Malone est un joueur usé, il n'obtiendra qu'une passe en 20 rencontres. Il essaiera de nouveau en 1923-24, disputant neuf parties sans obtenir le moindre point.

● Un autre grand nom de l'histoire du Tricolore, Didier Pitre, dernier membre de l'édition originale de l'équipe, tire sa révérence au terme de la saison. Il a 39 ans et vient de disputer 13 saisons au cours desquelles il a marqué 220 buts en saisons régulières, soit le deuxième total du club.

● La renommée des Canadiens n'a pas encore fait son œuvre puisque le défenseur Albert Corbeau ne veut plus jouer à Montréal et demande à être envoyé à Hamilton pour se rapprocher de sa famille.

Dandurand acquiesce à sa demande en cédant ses droits aux Tigers au début d'octobre.

● Le titre de capitaine est offert au vétéran gardien Georges Vézina, qui juge son poste sur la glace trop statique pour remplir ce rôle. L'honneur échoira finalement à Sprague Cleghorn.

● Le Tricolore bat Hamilton 5-4 lors du premier match sans pénalités de la Ligue nationale le 31 janvier.

● Malgré leur deuxième position au classement,

les Canadiens présentent la plus faible fiche offensive avec 73 buts en 24 parties, pour une moyenne d'un peu plus de trois buts par match.

● Le camp d'entraînement du Tricolore se tient à Grimsby, petite localité ontarienne dotée d'une glace artificielle. Le club répétera l'expérience à quelques reprises. Chaque fois, la délégation montréalaise est reçue avec tous les honneurs, le conseil municipal offrant même une réception aux joueurs.

1922-1923

Les Canadiens échappent le championnat de la saison par un seul point, avec une formation qui comprenait Louis Berlinguette, Didier Pitre, Sprague Cleghorn, Léo Dandurand (entraîneur), Georges Vézina, Dave Béland (soigneur), Billy Coutu, Aurèle Joliat, Billy Boucher, Edmond Bouchard et Odie Cleghorn.

ÉQUIPE 1922-23

Entraîneur : Léo Dandurand (24-13-9-2)

N°	POS	JOUEURS	PJ	B	A	PTS	PUN
5	AD	Billy Boucher	24	24	7	31	55
7	C	Odie Cleghorn	24	19	6	25	18
4	AG	Aurèle Joliat	24	12	9	21	37
2	D	Sprague Cleghorn	24	9	8	17	34
3	D	Billy Coutu	24	5	2	7	37
6	AG	Louis Berlinguette	24	2	4	6	4
10	AD	Didier Pitre	22	1	2	3	0
11	C/AG	Joe Malone	20	1	0	1	2
8	AG	Edmond Bouchard	2	0	0	0	4
9	C	Billy Bell	19	0	0	0	2
1	G	Georges Vézina	24	0	0	0	0

GARDIEN		PJ	G	P	N	MIN	BC	BL	MOY
Georges Vézina		24	13	9	2	1488	61	2	2,46

Les Canadiens cèdent Edmond Bouchard aux Tigers de Hamilton, pour les services d'un Joe Malone en fin de carrière.

L'échange fait parler bien du monde également chez les autres équipes de la Ligue, qui auraient bien aimé, elles aussi, mettre la main sur le joueur le plus électrisant du circuit, lequel a grandement contribué à sa crédibilité. D'ailleurs, les rumeurs d'échange faisaient les délices des médias depuis déjà plusieurs mois, même si Lalonde répétait chaque fois qu'il préférait demeurer à Montréal.

Finalement, la transaction sera ratifiée par la Ligue, non sans l'adoption d'un nouveau règlement qui obligera désormais les équipes à offrir les services du joueur en cause aux autres formations du circuit avant de procéder à un échange avec un club d'une ligue concurrente.

Mécontent de l'entente, Lalonde accepte néanmoins son sort et demeure quatre ans à Saskatoon, avant de revenir dans la

● La saison est marquée par la première radiodiffusion d'un match de hockey, réalisée par Foster Hewitt. Celui qui allait devenir la voix légendaire des Maple Leafs un peu plus tard utilise le téléphone pour décrire un match de la Ligue de l'Ontario, disputé en mars à l'aréna de Toronto et opposant Parkdale et Kitchener. De son côté, le *Hockey News* attribue cette première à Pete Parker, qui aurait devancé Hewitt de quelques jours lors d'une rencontre éliminatoire de la Ligue de l'Ouest.

● Frank King Clancy est le seul joueur de l'histoire à avoir joué aux six positions au cours d'un même match. En plus de couvrir toutes les positions offensives et défensives, Clancy — il avait 18 ans à l'époque — remplaça le gardien Clint Benedict, puni pour avoir cinglé, pendant deux minutes lors de la partie assurant la coupe Stanley aux Senators.

● Autre première, la série Ottawa/Vancouver, en demi-finale de la coupe Stanley, oppose deux groupes de frères : Cy Denneny et George Boucher, des Senators, font face à Corbett Denneny et Frank Boucher, de Vancouver, lors de la première mise en jeu officielle.

● Cy Denneny dépasse de nouveau Joe Malone pour le total des buts avec son 143e but. Il demeurera au sommet pendant 11 ans avant d'être surpassé par Howie Morenz le 14 décembre 1933.

● Eddie Gerard a gagné la coupe Stanley trois fois de suite avec deux équipes différentes, Ottawa en 1921, Toronto en 1922 et de nouveau Ottawa en 1923.

● New York et Boston, par l'intermédiaire du responsable de l'aréna Mont-Royal, Tom Duggan, se montrent intéressés à joindre les rangs de la Ligue nationale lors de la réunion du 27 février.

Billy Boucher est le premier marqueur du club, le troisième de la Ligue, avec 24 buts et 31 points.

LNH pour diriger les Americans de New York en 1926-27, endossant l'uniforme pour une rencontre.

Aurèle Joliat, le joueur inconnu acquis en retour de Lalonde, mesure à peine 5 pieds 6 pouces et ne pèse que 135 livres, mais il connaîtra une carrière de 16 ans avec les Canadiens, où il remportera trois coupes Stanley et le trophée Hart du joueur le plus utile à son équipe en 1933-34. Célèbre par sa fameuse casquette noire, il dominera aussi les compteurs du Tricolore pendant quatre saisons d'affilée au milieu des années 1930.

SPRAGUE CLEGHORN ET BILLY COUTU SUSPENDUS PAR DANDURAND

Dandurand est un homme de principes qui rejette la violence inutile. Alors il n'hésite pas à suspendre deux de ses meilleurs défenseurs, Sprague Cleghorn — qui n'en est pas à ses premières frasques — et Billy Coutu, au terme du premier match des séries, perdu 2-0 contre Ottawa.

Coutu et Cleghorn ont délibérément frappé Cy Denneny et Lionel Hitchman et ont été chassés de la rencontre à tour de rôle. Indigné de la conduite de ses joueurs, Dandurand préfère risquer de perdre la série — ce qui arrivera effectivement — que de passer outre à des gestes aussi gratuits. En plus de la suspension, il leur impose une amende de 200 $ chacun.

TROPHÉES	
COUPE STANLEY	
Senators d'Ottawa	
COUPE O'BRIEN	
Senators d'Ottawa	
MEILLEUR MARQUEUR	
Babe Dye	
St. Patricks de Toronto	
MEILLEUR GARDIEN	
Clint Benedict	
Senators d'Ottawa	

	PJ	G	P	N	BP	BC	PTS
Ottawa (Senators)	24	14	9	1	77	54	29
Montréal (Canadiens)	24	13	9	2	73	61	28
Toronto (St. Patricks)	24	13	10	1	82	88	27
Hamilton (Tigers)	24	6	18	0	81	110	12

MEILLEURS MARQUEURS		PJ	B	A	PTS	PUN
Babe Dye	Toronto	22	26	11	37	19
Cy Denneny	Ottawa	24	23	11	34	28
Billy Boucher	**Canadiens**	24	24	7	31	55
Jack Adams	Toronto	23	19	9	28	42
Mickey Roach	Hamilton	23	17	10	27	8
Odie Cleghorn	**Canadiens**	24	19	6	25	18
Georges Boucher	Ottawa	24	14	9	23	58
Reg Noble	Toronto	24	1	11	23	47
Cully Wilson	Hamilton	23	16	5	21	46
Aurèle Joliat	**Canadiens**	24	12	9	21	37

Léo Dandurand n'aime pas que son capitaine Sprague Cleghorn se comporte en bagarreur et n'hésite pas à le suspendre, ce qui lui fait perdre la série contre Ottawa.

L'arrivée de Morenz stimule le Tricolore qui remportera la deuxième coupe Stanley de son histoire.

1923 1924

DEUXIÈME
COUPE
STANLEY

LES SENATORS D'OTTAWA INSCRIVENT UN TROISIÈME CHAMPIONNAT CONSÉCUTIF EN SAISON RÉGULIÈRE, MAIS CE SONT LES CANADIENS, DEUXIÈMES AU CLASSEMENT, QUI REMPORTENT LA COUPE O'BRIEN EN LES BATTANT 1-0 ET 4-2. ENSUITE, LE TRICOLORE OBTIENT LA DEUXIÈME COUPE STANLEY DE SON HISTOIRE EN SURCLASSANT LES MAROONS DE VANCOUVER ET LES TIGERS DE CALGARY, PAR DEUX PARTIES À ZÉRO CHAQUE FOIS. BILLY BOUCHER ET AURÈLE JOLIAT TERMINENT À DEUX ET QUATRE POINTS RESPECTIVEMENT DE CY DENNENY, CHAMPION MARQUEUR POUR L'UNIQUE FOIS DE SA CARRIÈRE. UN NOUVEAU TROPHÉE INDIVIDUEL, DESTINÉ AU JOUEUR LE PLUS UTILE, EST OFFERT PAR LE DOCTEUR DAVID HART EN L'HONNEUR DE SON FILS CECIL. FRANK NIGHBOR, DES SENATORS, EN EST LE PREMIER RÉCIPIENDAIRE.

LE CLUB CANADIEN, CHAMPION DU MONDE AU JEU DE HOCKEY POUR 1924.

OGILVIE CLEGHORN   LEO DANDURAND   WILFRID COUTU   SPRAGUE CLEGHORN   GEORGES VEZINA   HOWARD MORENZ   WILLIAM BOUCHER   AUREL JOLIAT   SYLVIO-J. MANTHA

LE CANADIEN BAT LE CALGARY PAR 3 A 0 DANS LA PARTIE FINALE POUR LE CHAMPIONNAT

LES GENS DE L'OUEST ONT JOUE D'UNE FAÇON TRES BRUTALE, ET MORENZ ET BOUCHER ONT ETE BLESSES

LA BAGUE RAPPORTE LE JOLI MONTANT DE $425

UN GERANT POPULAIRE

GRAND BANQUET AUX CHAMPIONS DU MONDE, MARDI, AU WINDSOR

Georges Vézina a été le héros de la soirée, jouant une partie phénoménale, surtout dans la deuxième période alors qu'il a subi un vrai bombardement

LA SERIE RAPPORTE $10,900

1923 1924

Howie Morenz,
l'éclair venu de Stratford

Les illustrateurs de La Presse ont trouvé une façon originale de rapporter le voyage victorieux du Bleu Blanc Rouge dans l'Ouest.

Léo Dandurand doit user de toute sa force de persuasion pour convaincre Howie Morenz et son père de respecter l'entente conclue avec Cecil Hart un mois plus tôt. Influencé par l'équipe senior locale — pour laquelle il jouait depuis deux ans — et par son entourage, le jeune Morenz n'est plus certain d'avoir l'étoffe d'un joueur de hockey professionnel. D'autant plus qu'il a déjà refusé des offres généreuses des St. Pats de Toronto, des Sheiks de Saskatoon et des Tigers de Hamilton avant d'accepter celle de 1 600 $ des Canadiens.

Rassuré, Morenz se présente à l'entraînement en novembre et se taille rapidement un poste au centre d'un trio complété par Aurèle Joliat à gauche et Billy Boucher à droite. Il marque son premier but dès son premier match, devant 8 300 personnes à Ottawa, contre les champions en titre, les Senators, et il terminera la saison avec 13 buts en 24 parties. Boucher et Joliat en obtiendront respectivement 16 et 15 pour terminer troisième et cinquième chez les meilleurs marqueurs.

Vite devenu le favori de la foule avec son coup de patin sec et puissant, Morenz contribue largement à l'obtention d'une deuxième coupe Stanley (la première dans la LNH) par les Canadiens avec sept buts en six parties, d'abord contre les puissants Senators d'Ottawa, champions de la saison régulière pour une troisième saison d'affilée, et ensuite contre Vancouver et Calgary.

Celui qu'on surnomme l'Éclair de Stratford (*Stratford Streak*) deviendra au fil de sa carrière l'une des supervedettes de l'histoire des Canadiens et de

● *La Presse* mentionne dans un article publié le 28 mars 1924 que les séries éliminatoires des Canadiens contre Vancouver et Calgary ont rapporté 23 119,77 $, ce qui laisse 603,92 $ à chaque joueur, une fois les frais et les bourses des autres joueurs déduits. Somme appréciable pour l'époque !

● Pénalisé plusieurs fois par une température clémente, le Tricolore est obligé de remettre ou de transférer quelques matchs prévus à l'aréna Mont-Royal au début de la saison. Faute de glace artificielle, c'est encore le cas lors de la dernière rencontre de la coupe Stanley, le 25 mars contre Calgary.

● Joe Malone, l'un des plus illustres joueurs de l'histoire du Tricolore, dispute son dernier match le 23 janvier contre Hamilton. On lui remet une montre en or lors d'une fête en son honneur. Le président des Canadiens, Athanase David, souligne que « Malone méritait un souvenir tout comme les champions du monde ».

● Didier Pitre, maintenant à la retraite, choisit de demeurer près du jeu en devenant arbitre.

● La victoire des Canadiens contre Ottawa, champion en titre, lors de la finale de la LNH incite Léo Dandurand à réclamer une série éliminatoire entre les deux équipes championnes de l'Ouest avant qu'elles ne viennent à Montréal, prétextant que son club constituait en quelque sorte le champion défendant. Il accepte finalement d'accueillir et de rencontrer les deux équipes, moyennant une meilleure part des profits.

● Sylvio Mantha, défenseur du National, de la Ligue senior, entreprend une carrière de 13 saisons avec les Canadiens. Il s'affirmera comme l'un des meilleurs arrières des années 1920 et 1930.

ÉQUIPE 1923-24							
Entraîneur : Léo Dandurand (24-13-11-0)							
N°	POS	JOUEURS	PJ	B	A	PTS	PUN
5	AD	Billy Boucher	23	16	6	22	48
4	AG	Aurèle Joliat	24	15	5	20	27
7	C	Howie Morenz	24	13	3	16	20
2	D	Sprague Cleghorn	23	8	4	12	45
6	AD/C	Odie Cleghorn	22	2	5	7	16
3	D	Billy Coutu	16	3	1	4	18
8	D	Sylvio Mantha	24	1	3	4	11
9	C/AG	Joe Malone	10	0	0	0	0
5,9,11	C	Billy Bell	11	0	1	1	0
10,11	C	Bobby Boucher	11	1	0	1	0
9,10,11	AD	Billy Cameron	18	0	1	1	2
1	G	Georges Vézina	24	0	0	0	0

GARDIEN	PJ	G	P	N	MIN	BC	BL	MOY
Georges Vézina	24	13	11	0	1459	48	3	1,97

Georges Vézina est incontestablement le meilleur cerbère du circuit avec une moyenne de 1,97 but par match. Il s'agit d'un nouveau record défensif pour lui et le Tricolore.

la Ligue, se hissant au premier rang des compteurs en 1933 avant d'être échangé aux Black Hawks de Chicago l'année suivante. Il terminera sa carrière à Montréal quelques années plus tard, après un bref séjour avec les Rangers. Morenz connaîtra une fin tragique, à la suite d'une fracture de la jambe gauche lors d'un match contre Chicago le 28 janvier 1937. Il décédera à l'hôpital peu après et sa dépouille sera exposée au Forum.

Morenz ne se contentera pas de remporter deux championnats des marqueurs (1927-28 et 1930-31) au cours de sa prodigieuse carrière. Il obtiendra trois fois le trophée Hart, attribué au joueur le plus utile, en plus d'être choisi deux ans de suite au centre de la première équipe d'étoiles — et une fois dans la deuxième — aux premières années de cette reconnaissance, créée en 1930-31. Contribution encore plus importante, il participera à trois conquêtes de la coupe Stanley avec les Canadiens.

FIN DE SAISON DE RÊVE

Le Tricolore connaît un début de saison ardu. À la mi-saison, le club se retrouve au dernier rang, avec seulement 4 victoires en 13 parties. Jos Cattarinich et Louis Létourneau décident de secouer les troupes et offrent chacun une prime de 1 000 $ à partager entre les joueurs si l'équipe parvient à se qualifier pour les séries en terminant au moins deuxième. La fin de saison est incroyable, 9 victoires sur 11 en seconde moitié. Le club termine deuxième, six points derrière Ottawa et six devant Toronto.

Plus rien n'arrêtera cette équipe. Victoires de 1-0 et 4-2 contre Ottawa en finale de la Ligue et victoires contre Vancouver et Calgary, sans une seule défaite. Première coupe Stanley dans la LNH, mais deuxième d'une riche histoire.

1923 1924

95

● De plus en plus sollicitée par les villes américaines, la LNH accepte d'accorder une concession à Boston pour la saison suivante.

● la Ligue réduit la largeur des jambières des gardiens à 12 pouces pour favoriser le jeu offensif. Le résultat est tout à l'opposé. Seul le champion marqueur, Cy Denneny, parvient à dépasser le cap des 20 buts, avec 22.

● On tente également d'enrayer le jeu rude « à la Sprague Cleghorn » en portant de 15 $ à 50 $ l'amende d'une inconduite de partie (alors nommée *match foul*). De plus, seul le président pourra réintégrer le joueur fautif, qui est automatiquement suspendu. Pourtant, Cleghorn finit deuxième au vote du joueur le plus utile.

● Le champion marqueur de la saison précédente, Cecil Dye, surnommé Babe en raison de son attrait pour le baseball, surprend ses coéquipiers en début de saison en annonçant qu'il quitte le hockey afin de poursuivre une carrière professionnelle à la balle. Il modifiera ses plans un peu plus tard durant la

saison et reviendra avec les St. Pats de Toronto juste à temps pour terminer au sixième rang des marqueurs.

● Les Senators d'Ottawa inaugurent leur nouvel Auditorium, doté de glace artificielle, le 30 novembre par un match hors-concours contre les Eskimos d'Edmonton.

1923 1924

L'édition de *La Presse* du 4 mars confirme que les deux propriétaires ont respecté leur promesse, à un match de la fin de la saison.

LA COUPE OUBLIÉE SUR LE TROTTOIR

Si l'épouse de Léo Dandurand n'avait pas prévu servir un punch de sa fabrication pour souligner la conquête de la coupe Stanley, lors d'une réception privée offerte aux joueurs, la coupe aurait pu disparaître à jamais.

Au terme d'une réception à l'Université de Montréal, les joueurs s'amènent chez les Dandurand en auto avec le précieux trophée. Mais voilà qu'une panne de moteur les oblige à mettre l'épaule à la roue. Le capitaine, Sprague Cleghorn, responsable de la coupe, dépose celle-ci sur le sol pour aider ses coéquipiers. L'ivresse de la victoire aidant, les joueurs repartent en oubliant le fameux saladier sur le bord du chemin. Une fois rendu à destination, on se rend compte qu'il manque un élément important pour la suite des festivités.

Heureusement pour tout le monde, le célèbre emblème était demeuré bien sagement sur le trottoir. Ce n'est que la première d'une longue série de mésaventures du célèbre bol d'argent offert par Lord Stanley à la demande de ses fils.

Sylvio Mantha entreprend une carrière
de treize saisons à titre de défenseur.

TROPHÉES
COUPE STANLEY
Canadiens de Montréal
COUPE O'BRIEN
Canadiens de Montréal
TROPHÉE PRINCE-DE-GALLES
Canadiens de Montréal
(attribué ultérieurement par la LNH)
TROPHÉE HART
Frank Nighbor
Senators d'Ottawa
MEILLEUR MARQUEUR
Cy Denneny
Senators d'Ottawa
MEILLEUR GARDIEN
Georges Vézina
Canadiens de Montréal

	PJ	G	P	N	BP	BC	PTS
Ottawa (Senators)	24	16	8	0	74	54	32
Montréal (Canadiens)	24	13	11	0	59	48	26
Toronto (St. Patricks)	24	10	14	0	59	85	20
Hamilton (Tigers)	24	9	15	0	63	68	18

MEILLEURS MARQUEURS		PJ	B	A	PTS	PUN
Cy Denneny	Ottawa	22	22	2	24	10
Georges Boucher	Ottawa	21	13	10	23	38
Billy Boucher	**Canadiens**	23	16	6	22	48
Billy Burch	Hamilton	24	16	6	22	6
Aurèle Joliat	**Canadiens**	24	15	5	20	27
Babe Dye	Toronto	19	16	3	19	23
Jack Adams	Toronto	22	14	4	18	51
Reg Noble	Toronto	23	12	5	17	79
Howie Morenz	**Canadiens**	24	13	3	16	20
King Clancy	Ottawa	24	8	8	16	26

1924 **C** 1925

Nombreux changements au hockey professionnel. La LNH accueille une première équipe américaine, les Bruins de Boston, et accorde une deuxième concession à Montréal, celle des Maroons, pendant que le retrait de Seattle de la PCHA force les clubs restants, Vancouver et Victoria, à joindre la Ligue de l'Ouest. Les Tigers de Hamilton, bons derniers au cours des quatre saisons précédentes, décrochent le championnat de la saison, mais les joueurs refusent de disputer la finale contre les Canadiens, vainqueurs de Toronto, pour une question de salaires. Le Tricolore est désigné champion mais perd la série de la coupe Stanley par trois parties à une contre les Cougars de Victoria, dernière équipe hors de la LNH à gagner ce trophée. Second titre de marqueur en trois ans pour Babe Dye et domination du gardien Georges Vézina.

Champions par défaut

L a lutte a été serrée tout au long de la saison entre les équipes établies de la Ligue, soit Hamilton, Toronto, les Canadiens et Ottawa. En fin de saison, seulement quatre points séparent le champion, Hamilton, et Ottawa, qui a remporté le titre au cours des trois saisons précédentes.

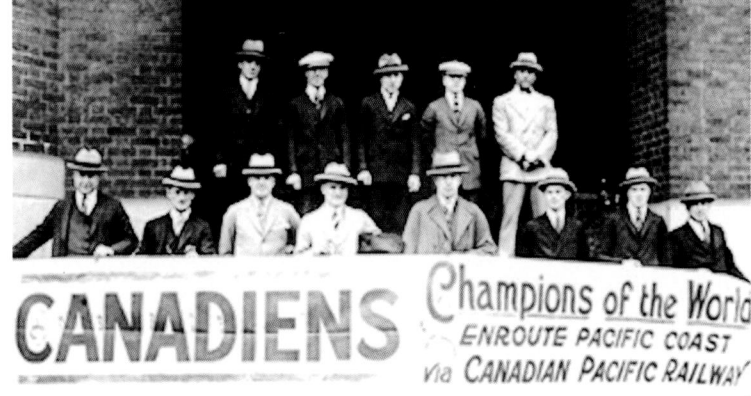

Les joueurs des Canadiens s'amènent confiants à Vancouver pour y défendre leur championnat, au point d'y laisser la coupe à Montréal. Ils en reviendront sans titre.

● La construction du Forum de Montréal — capable d'accueillir 13 000 spectateurs — intéresse beaucoup les Canadiens, mais les propriétaires de l'aréna Mont-Royal, où le club joue depuis la saison 1919-20, sont inquiets. Ils offrent 50 000 $ pour acheter l'équipe, mais la proposition est refusée. Finalement, le club amorce la saison au Forum, doté d'une glace artificielle, parce que celle de l'aréna Mont-Royal n'est pas prête. Toutes les autres parties seront jouées dans l'enceinte de la rue Mont-Royal. Ce sont les Maroons qui adopteront le Forum comme domicile.

● Aurèle Joliat, Howie Morenz et Billy Boucher terminent parmi les sept premiers compteurs de la Ligue, avec respectivement 41, 39 et 30 points. Joliat est deuxième pour les buts, avec 30.

Sprague Cleghorn

● Le gardien Georges Vézina est au sommet de son art, conservant une moyenne de 1,81 point par match. Les Canadiens dominent largement leurs rivaux en défensive.

● Une fois de plus, Sprague Cleghorn est impliqué dans une échauffourée, lors d'une partie contre Ottawa le 24 janvier. Georges Boucher et le bouillant défenseur du Canadien en viennent aux coups après une rude mise en échec du joueur des

1924-1925

Troisièmes au classement (un seul point devant les Senators), les joueurs des Canadiens doivent, selon la nouvelle formule, affronter Toronto, qui a réussi à se faufiler au deuxième rang, un point derrière Hamilton et deux devant eux. Les Canadiens l'emportent 3-2 à Montréal et 2-0 à Toronto, obtenant le droit de se mesurer au détenteur du premier rang, qualifié automatiquement pour la finale.

Mais les choses ne tournent pas rond chez les Tigers. Bons derniers au classement depuis leur transfert de Québec en 1920, les nouveaux champions estiment mériter une hausse de salaire, d'autant plus que la Ligue vient de porter le calendrier à 30 matchs plutôt que 24, à cause de l'arrivée des Maroons et de Boston. Les contrats n'ayant pas été adaptés à cette nouvelle réalité, les joueurs réclament 200 $ supplémentaires pour disputer la finale contre les Canadiens et font la grève. La Ligue réplique avec une amende équivalente et, comme les joueurs ne bronchent pas, décide de les suspendre tout simplement. Hamilton y perdra même sa concession et les joueurs seront transférés aux Americans de New York, qui feront leur entrée dans la Ligue la saison suivante. La prochaine grève surviendra 67 ans plus tard, en 1992.

Les Canadiens se voient attribuer le championnat des séries par défaut et le trophée O'Brien qui va avec. Évidemment, l'équipe est automatiquement qualifiée pour disputer la finale de la coupe Stanley contre les champions de l'Ouest.

Le club part confiant, au point de laisser à Montréal la coupe remportée la saison précédente. Mais les Cougars de Victoria renversent les calculs et gagnent les deux premières parties, 5-2 et 3-1. Howie Morenz, avec trois buts, permet au Tricolore d'avoir le dessus 4-2 lors du troisième match, mais Victoria revient en force avec une victoire décisive de 6-1 dans l'ultime affrontement.

Les Cougars en sont quittes pour une victoire symbolique. La coupe suivra quelques jours plus tard... par la poste.

CECIL HART, DES CANADIENS AUX MAROONS, PUIS AUX CANADIENS

Nouvelle acquisition de la Ligue, les Maroons décident d'offrir le poste de gérant à Cecil Hart, l'un des directeurs du Tricolore, celui-là même qui a obtenu la concession de l'équipe au profit du trio Dandurand-Cattarinich-Létourneau,

ÉQUIPE 1924-25

Entraîneur : Léo Dandurand (30-17-11-2)

N°	POS	JOUEURS	PJ	B	A	PTS	PUN
4	AG	Aurèle Joliat	25	30	11	41	85
7	C	Howie Morenz	30	28	11	39	46
5	AD	Billy Boucher	30	17	13	30	92
2	D	Sprague Cleghorn	27	8	10	18	89
6	AD/C	Odie Cleghorn	30	3	3	6	14
3	D	Billy Coutu	28	3	2	5	56
9	C	John Matz	30	2	3	5	0
8	D	Sylvio Mantha	30	2	3	5	18
10	D	Fern Headley	17	0	1	1	6
12	AD	René Joliat	1	0	0	0	0
11	AG	René Lafleur	1	0	0	0	0
11	D	Dave Ritchie	5	0	0	0	0
1	G	Georges Vézina	30	0	0	0	0

GARDIEN	PJ	G	P	N	MIN	BC	BL	MOY
Georges Vézina	30	17	11	2	1860	56	5	1,81

TROPHÉES

COUPE STANLEY

Cougars de Victoria

COUPE O'BRIEN

Canadiens de Montréal

TROPHÉE PRINCE-DE-GALLES

Canadiens de Montréal

(attribué ultérieurement par la LNH)

TROPHÉE HART

Billy Burch

Tigers de Hamilton

TROPHÉE LADY-BYNG

Frank Nighbor

Senators d'Ottawa

MEILLEUR MARQUEUR

Babe Dye

St. Patricks de Toronto

MEILLEUR GARDIEN

Georges Vézina

Canadiens de Montréal

Canadiens. Les joueurs des deux équipes s'en mêlent, ainsi que la foule qui envahit la glace. Cleghorn et Boucher sont suspendus, mais Cleghorn justifie son geste en prétextant qu'il a d'abord voulu aider son rival à se relever après la mise en échec, geste courtois auquel Boucher aurait répondu par un coup de poing en pleine figure.

● Pendant que son frère Sprague fait des siennes, Odie est appelé à remplacer le gérant Léo Dandurand pour quelques matchs au cours du mois de février, tout en continuant à jouer.

● Première diffusion en français à la radio de CKAC en janvier 1925.

● Montréal compte deux équipes professionnelles pour la première fois depuis la disparition des Wanderers en 1918. Dandurand n'est pas trop content de l'arrivée des Maroons, mais il se rallie lorsqu'on l'assure que la nouvelle concession sera composée uniquement de joueurs anglophones, ce qui donnera naissance à une rivalité « toute naturelle » (et fort lucrative en plus) entre les deux formations.

● Le premier affrontement entre les deux formations montréalaises se solde par une victoire de 5-0 des Canadiens, devant 5 000 spectateurs, à l'aréna Mont-Royal. Aurèle Joliat est l'auteur d'une performance de quatre buts. Deux semaines plus tard, ils seront 11 000 au Forum lors d'un verdict nul de 1-1.

1924-1925

lors du décès de George Kennedy. C'est également Hart qui a convaincu le jeune Howie Morenz de signer avec les Canadiens l'année précédente. Hart se voit contraint de quitter l'organisation des Canadiens, avec laquelle il espère cependant demeurer en bons termes.

Mais les choses ne fonctionnent pas à son goût avec les Maroons. Il aimerait bien avoir un contrôle complet sur les joueurs, ce que les propriétaires lui refusent. Hart est finalement renvoyé le 9 février et, quelques semaines plus tard, on le retrouve de nouveau dans l'organisation des Canadiens, chargé de dépister les nouveaux talents, avec Howie Morenz, du côté de l'Ontario.

Aurèle Joliat, Howie Morenz et Billy Boucher font la pluie et le beau temps dans la Ligue et terminent parmi les sept premiers marqueurs.

● Premier match de 0-0 en saison, entre les gardiens Jake Forbes, de Hamilton, et Alex Connell, d'Ottawa, le 17 décembre. En série, les Canadiens avaient disputé un match sans point contre Seattle en 1919.

● Le même Connell établit un nouveau record du circuit avec sept jeux blancs au cours de la saison.
● Le premier match de la LNH disputé aux États-Unis oppose les Bruins — victorieux 2-1 — aux Maroons, à Boston, le 1er décembre 1924.

● Les concessions accordées aux Maroons et aux Bruins rapportent 15 000 $ chacune à la Ligue. Le Canadien reçoit 15 000 $ en dédommagement pour la perte du territoire, ce qui soulève l'envie des autres formations.
● Un nouveau trophée est offert à la Ligue par l'épouse du gouverneur général du Canada, Lady Byng, pour récompenser les joueurs

alliant esprit sportif et bonne qualité de jeu. Frank Nighbor, des Senators — premier récipiendaire du trophée Hart, attribué au joueur le plus utile, la saison précédente — remportera ce titre de joueur le plus gentilhomme deux années de suite.

1924-1925

LA TERRE TREMBLE PENDANT QU'ON SE BAT

Toute la partie est du Québec connaît un violent tremblement de terre le 28 février 1925. La secousse, dont l'épicentre se situe dans la région de Charlevoix, à l'embouchure de la rivière Saguenay, se fait sentir jusqu'à Ottawa, où les Canadiens disputent un match important aux Senators. Alors qu'ils suivent le déroulement d'un furieux combat entre Ed Gorman et Billy Boucher, au banc de punition, les spectateurs attribuent à une explosion les secousses ressenties dans l'aréna. Même la galerie de presse est secouée et quelques journalistes doivent saisir leurs machines à écrire à deux bras pour que celles-ci ne se retrouvent pas parmi les spectateurs.

Pendant ce temps, au Forum de Montréal, les spectateurs désertent le match entre Hamilton et les Maroons. On n'apprendra que plus tard la nature de cette turbulence.

	PJ	G	P	N	BP	BC	PTS
Hamilton (Tigers)	30	19	10	1	90	60	39
Toronto (St. Patricks)	30	19	11	0	90	84	38
Montréal (Canadiens)	30	17	11	2	93	56	36
Ottawa (Senators)	30	17	12	1	83	66	35
Montréal (Maroons)	30	9	19	2	45	65	20
Boston (Bruins)	30	6	24	0	49	119	12

MEILLEURS MARQUEURS

		PJ	B	A	PTS	PUN
Babe Dye	Toronto	29	38	8	46	41
Cy Denneny	Ottawa	29	27	15	42	16
Aurèle Joliat	Canadiens	25	30	11	41	85
Howie Morenz	Canadiens	30	28	11	39	46
Red Green	Hamilton	30	19	15	34	81
Jack Adams	Toronto	27	21	10	31	67
Billy Boucher	Canadiens	30	17	13	30	92
Billy Burch	Hamilton	27	20	7	27	10
Jimmy Herbert	Boston	30	17	7	24	55
Hooley Smith	Ottawa	30	10	13	23	81

Cecil Hart est embauché par les Maroons, en début d'année. Mécontent de son sort, il revient avec son club original en fin de saison.

Pendant trois années consécutives, le Tricolore entreprend son camp d'entraînement dans la petite ville ontarienne de Grimsby.

16   LA PRESSE, MONTRÉAL, LUNDI 24 NOVEMBRE 1924

CE SOIR, LE COMBAT ENTRE ROY ET McADAM---RUPTURE ENTRE CLOVIS DURAND ET SON GÉRANT SAM GIBBS

Compliments

La Patrie

1924-1925

CECIL M. HART
Gérant --- Manager

(Photo No 15)
1927-1928

19

FEU GEORGES VEZINA

Le plus fameux gardien de buts que le hockey a jamais vu, est né à Chicoutimi le 21 janvier 1887 et est mort le 27 mars 1926, après avoir joué pendant 10 ans pour le Canadien. Il a fait ses débuts avec ce club en 1903 et a joué sa dernière partie à l'ouverture de la saison 1925-26. Il est resté l'idole du public.

LA CONCESSION DE HAMILTON EST TRANSFÉRÉE À NEW YORK ET ADOPTE LE NOM D'AMERICANS.
LA LNH ACCEPTE UNE TROISIÈME ÉQUIPE AMÉRICAINE, LES PIRATES DE PITTSBURGH. OTTAWA
REPREND SON TITRE DE CHAMPION, MAIS LES MAROONS GAGNENT LES SÉRIES ET LA DERNIÈRE
COUPE STANLEY DISPUTÉE AUX REPRÉSENTANTS DE L'OUEST, TROIS MATCHS À UN CONTRE VICTORIA.
NELS STEWARTS, LA GRANDE VEDETTE DES MAROONS, DÉCROCHE LES TITRES DE CHAMPION MARQUEUR
ET DE JOUEUR LE PLUS UTILE, ALORS QUE FRANK NIGHBOR EST JUGÉ LE PLUS GENTILHOMME POUR
UNE DEUXIÈME SAISON DE SUITE. LES CANADIENS, AFFECTÉS PAR LA PERTE DE GEORGES VÉZINA,
TERMINENT DERNIERS, MALGRÉ LES EFFORTS DE HOWIE MORENZ ET DE AURÈLE JOLIAT.

La Patrie *rapporte le décès du gardien du Tricolore avec émotion.*

La mort de Georges Vézina

Georges Vézina n'a manqué aucun match en quinze saisons avec les Canadiens. Six fois, il a conservé la meilleure moyenne chez les gardiens, trois fois à l'époque de la NHA et trois autres fois dans la nouvelle Ligue nationale. Il est devenu presque invincible depuis deux ans, conservant des moyennes inférieures à 2,00, ce qui en a fait le meilleur cerbère du hockey professionnel. Il a encore, à trente-huit ans, quelques bonnes années devant lui.

Mais Vézina n'est pas au mieux au camp de 1925. Il éprouve des ennuis de santé depuis quelque temps. Le 18 novembre, au terme d'un match contre Victoria, il se sent mal et son médecin le met au lit pour quelques jours, croyant qu'il souffre d'une bonne grippe. C'est avec une très forte fièvre qu'il

● Les Canadiens connaissent une saison misérable. La perte de Vézina est lourde et le club termine dernier, alignant 12 défaites consécutives en deuxième moitié de saison. L'arrivée des frères Alfred et Hector Lépine, de Wildor Larochelle et d'Albert Leduc ne peut sauver l'équipe du désastre.

● Les dirigeants des Canadiens font des pressions sur les propriétaires de l'aréna Mont-Royal pour qu'on augmente le nombre de sièges. Ceux-ci annoncent finalement d'importantes rénovations pour la saison suivante, en échange d'un bail de quinze ans.

● Furieux qu'on ait refusé un but à son équipe, lors d'un match contre Pittsburgh, Léo Dandurand saute sur la glace pour enguirlander l'arbitre. On lui donnera finalement raison.

● Le capitaine Billy Coutu est mis à l'amende pour avoir bousculé un arbitre lors d'un match. Léo Dandurand, l'un des propriétaires du club, se dit d'accord avec la sanction, en soulignant qu'un capitaine se doit de conserver son sang-froid en toute situation.

● Fini les camps d'entraînement et les réceptions à Grimsby. À la dernière minute, la direction décide de garder ses joueurs à Montréal.

Billy Coutu remplace Sprague Cleghorn à titre de capitaine et, à l'instar de son prédécesseur, essuie les critiques de Léo Dandurand pour son comportement trop intempestif.

1925-1926

se présente au match inaugural contre la nouvelle équipe de Pittsburgh, le 28 du même mois. À bout de force, il reste au vestiaire après la première période.

Le véritable diagnostic tombe comme un couperet. C'est la tuberculose et seul un long repos peut encore lui sauver la vie. Hospitalisé, celui que l'on surnommait le Concombre de Chicoutimi s'éteint petit à petit. Il fait mander ses coéquipiers et Léo Dandurand à son chevet, pendant que ses supporters suivent assidûment la diffusion de ses bulletins de santé à la radio et dans les journaux.

Vézina s'éteint le 27 mars, tandis que l'équipe qu'il a menée à la conquête de deux coupes Stanley continue d'en arracher en son absence. Les condoléances et les dons à la famille arrivent de partout. Les pièces de son équipement sont mises à l'enchère et on organise diverses activités pour venir en aide à sa femme.

De leur côté, les propriétaires du Canadien — Dandurand, Létourneau et Cattarinich — décident de perpétuer sa mémoire en offrant un trophée à son nom pour honorer le gardien qui conserve la meilleure moyenne.

Vézina a disputé 328 matchs réguliers et 39 éliminatoires avec les Canadiens en 15 saisons. Il est passé à l'histoire comme l'un des plus grands cerbères du hockey. Son souvenir s'est aussi perpétué par ce trophée qui porte son nom, même si sa vocation a été modifiée au cours des années. Il était d'abord destiné aux gardiens de l'équipe ayant conservé la meilleure moyenne, alors que depuis la saison 1981-82, il est octroyé par vote au meilleur portier du circuit.

LE TROPHÉE PRINCE-DE-GALLES ATTRIBUÉ DEUX FOIS

Le trophée Prince-de-Galles, ce mal-aimé dont on a changé la vocation une demi-douzaine de fois, fut attribué d'abord au gagnant du match inaugural du Madison Square Garden de New York, le 15 décembre 1925, entre les Americans et les Canadiens, selon les informations parues dans *La Presse* et *La Patrie* au début de décembre.

Les Canadiens gagnent le match 3-1, mais doivent attendre le 10 mars avant de recevoir le trophée. Les joueurs n'ont pas beaucoup de temps pour admirer cette magnifique pièce offerte par le représentant de la reine au Canada, puisque les Maroons en deviennent les nouveaux titulaires officiels en vertu de leur

ÉQUIPE 1925-26

Entraîneur : Léo Dandurand (36-11-24-1)

N°	POS	JOUEURS	PJ	B	A	PTS
6	C	Howie Morenz	31	23	3	26	39
4	AG	Aurèle Joliat	35	17	9	26	52
8	D	Albert Leduc	32	10	3	13	62
5	AD	Billy Boucher	34	8	5	13	112
11	C	Pit Lépine	27	9	1	10	18
7	C	Hector Lépine	33	5	2	7	2
3	D	Billy Coutu	33	2	4	6	95
10,11,14	AD	Wildor Larochelle	33	2	1	3	10
2	D	Sylvio Mantha	34	2	1	3	66
13	C	Bill Holmes	9	1	0	1	2
1	G	Georges Vézina	1	0	0	0	0
8,12	D	Dave Ritchie	2	0	0	0	0
12	D	John McKinnon	2	0	0	0	0
1,10,11	G	Alphonse Lacroix	5	0	0	0	0
3,8,12	D	Joe Matte	6	0	0	0	0
1	G	Herb Rheaume	31	0	0	0	0
9	D	Roland Paulhus	33	0	0	0	0

GARDIENS	PJ	G	P	N	MIN	BC	BL	MOY
Georges Vézina	1	0	0	0	20	0	0	0,00
Herb Rheaume	31	10	20	1	1889	92	0	2,92
Alphonse Lacroix	5	1	4	0	280	16	0	3,43

● Pittsburgh fait signer un contrat à Lionel Conacher, qui deviendra l'un des plus grands athlètes au Canada. Conacher, qui s'est aussi illustré au football et à la crosse, sera choisi l'athlète par excellence de la première moitié du xxe siècle.

● Cy Denneny termine au deuxième rang des marqueurs pour la quatrième fois en cinq ans, six points derrière la recrue des Maroons, Nels Stewart.

● Le record de 34 buts pour une recrue, établi par Stewart, tiendra le coup jusqu'à la saison 1970-71. Il deviendra aussi le premier joueur à compter 300 buts et c'est nul autre que Maurice Richard qui battra son record de 324 buts en 1952.

● On augmente le nombre de matchs à 36 et on introduit les punitions à retardement pour éviter qu'une équipe ait moins de quatre joueurs sur la glace, en plus du gardien.

● L'ajout de nouvelles équipes – dotées d'arénas spacieux, comme à New York – augmente les profits des propriétaires et la convoitise des joueurs. On fixe la limite salariale à 35 000 $ par équipe.

TROPHÉES	
COUPE STANLEY	
Maroons de Montréal	
COUPE O'BRIEN	
Maroons de Montréal	
TROPHÉE PRINCE-DE-GALLES	
Maroons de Montréal	
TROPHÉE HART	
Nels Stewart	
Maroons de Montréal	
TROPHÉE LADY-BYNG	
Frank Nighbor	
Senators d'Ottawa	
MEILLEUR MARQUEUR	
Nels Stewart	
Maroons de Montréal	
MEILLEUR GARDIEN	
Alex Connell	
Senators d'Ottawa	

Comme en témoigne cette page de journal, le trophée Prince-de-Galles était à l'enjeu lors du match d'ouverture du Madison Square Garden de New York, qui opposait les Canadiens et les Americans, le 15 décembre 1925.

● La finale entre les Cougars de Victoria et les Maroons marque la fin des séries entre les champions de la LNH et ceux de l'Ouest pour l'obtention de la coupe Stanley. À partir de l'année suivante, la Ligue nationale conservera le précieux trophée en exclusivité.

● Clint Benedict, acquis des Senators la saison précédente, n'accorde aucun but à Victoria lors des deux premiers matchs de la finale, ainsi qu'au quatrième. Le gardien des Maroons décroche quatre jeux blancs au total durant les séries.

● L'officiel Mike Rodden s'amène à Montréal pour arbitrer un match entre les Canadiens et New York le 13 février. Une petite surprise l'attend à son inscription à l'hôtel Windsor. La police procède à son arrestation, car il est accusé d'assaut sur un spectateur pour un incident survenu lors d'un match précédent. Le lendemain, le juge le condamne à une amende de 20 $.

1925-1926

championnat des séries, acquis moins de trois semaines plus tard, Pour leur part, les Canadiens établissent une nouvelle marque pour le nombre de parties perdues, soit 24, et terminent au dernier rang.

Seul trophée de la Ligue à avoir été attribué deux fois la même année — puisqu'il avait été entendu que celui-ci serait remis à l'enjeu pour les séries —, le Prince-de-Galles sera ensuite accordé au champion de la Division américaine à compter de 1927-28 jusqu'en 1937-38. L'année suivante, et jusqu'en 1966-67, il sera de nouveau offert au champion de la saison, la Ligue ne comprenant que six équipes. Lors de l'expansion de 1967-68 et jusqu'en 1973-74, il sera l'apanage du champion de la Division de l'Est. De 1974-75 jusqu'en 1980-81, les champions en saison de l'Association Prince-de-Galles y inscriront leur titre, puis de 1981-82 jusqu'en 1992-93, les gagnants de la finale de cette association feront de même. Depuis 1993-94 et jusqu'au prochain changement, il est attribué au gagnant de la finale dans l'Association de l'Est, regroupant actuellement les divisions Nord-est, Atlantique et Sud-est.

Pas étonnant que les divers guides de la LNH et autres ne s'entendent pas sur l'année de sa première remise. Certains font remonter celle-ci à la saison 1923-24, alors qu'il n'a été introduit qu'en 1925. La Ligue nationale elle-même l'attribue aux Canadiens pour les années 1924 et 1925.

LES FRÈRES CLEGHORN VENDUS

Dandurand se départit des deux frères Cleghorn avant le début de la saison. Il cède d'abord les droits du cadet, Odie, aux Americans de New York, l'une des nouvelles concessions de la Ligue. Celui-ci deviendra finalement joueur-entraîneur de l'autre nouvelle équipe, les Pirates de Pittsburgh. Puis à son tour, Sprague est cédé aux Bruins de Boston le 13 octobre. Les Cleghorn ont marqué le hockey à Montréal, à tel point qu'on leur organise une fête d'adieu le 7 novembre à l'hôtel Windsor.

Les deux frères ne seront plus réunis, si ce n'est dans la mort puisqu'ils décéderont à deux jours d'intervalle en juillet 1956.

	PJ	G	P	N	BP	BC	PTS
Ottawa (Senators)	36	24	8	4	77	42	52
Montréal (Maroons)	36	20	11	5	91	73	45
Pittsburgh (Pirates)	36	19	16	1	82	70	39
Boston (Bruins)	36	17	15	4	92	85	38
New York (Americans)	36	12	20	4	68	89	28
Toronto (St. Patricks)	36	12	21	3	92	114	27
Montréal (Canadiens)	36	11	24	1	79	108	23

MEILLEURS MARQUEURS					
	PJ	B	A	PTS	PUN
Nels Stewart	Maroons	36	34	8	42	119
Cy Denneny	Ottawa	36	24	12	36	18
Carson Cooper	Boston	36	28	3	31	10
Jimmy Herbert	Boston	36	26	5	31	47
Howie Morenz	Canadiens	31	23	3	26	39
Jack Adams	Toronto	36	21	5	26	52
Aurèle Joliat	Canadiens	35	17	9	26	52
Billy Burch	New York	36	22	3	25	33
Hooley Smith	Ottawa	28	16	9	25	53
Frank Nighbor	Ottawa	35	12	13	25	40

Les frères Sprague (à gauche) et Odie Cleghorn sont dorénavant des adversaires du Canadien, le premier à titre de joueur-entraîneur de la nouvelle concession de Pittsburgh et le second comme membre des Bruins de Boston.

1926 1927

La LNH connaît une nouvelle expansion, portant le nombre de ses équipes à 10, et elle obtient l'exclusivité de la coupe Stanley, tandis que la Ligue de l'Ouest est forcée d'interrompre ses activités. Deux des nouvelles concessions, celles des Black Hawks de Chicago et des Cougars de Detroit, récupèrent les joueurs des Rosebuds de Portland et des Cougars de Victoria. L'autre équipe est celle des Rangers de New York, qui remporteront le titre de la Division américaine, la Ligue ayant réparti ses équipes en deux divisions. Champions de la Division canadienne, les Senators d'Ottawa décrochent la coupe Stanley en quatre parties (2-0-2) contre Boston en finale. Les Canadiens, deuxièmes de leur division, battent les Maroons au total des buts, 2-1, avant de perdre contre Ottawa. Morenz termine troisième derrière Bill Cook (Rangers) et Dick Irvin (Chicago).

La disparition de la Ligue de l'Ouest permet aux Canadiens de mettre la main sur un gardien de talent, George Hainsworth, pour remplacer le regretté Georges Vézina.

George Hainsworth digne successeur de Vézina

La mort de Georges Vézina laisse les Canadiens dans une bien piètre situation. Derniers au classement, il leur faut au plus vite trouver un gardien pour enfiler les jambières du Concombre de Chicoutimi.

L'homme capable de sauver la situation est à Saskatoon, dans la moribonde Ligue de l'Ouest, et il se nomme George Hainsworth. Sentant leur fin proche, les dirigeants des Crescents de Saskatoon vendent les droits de leur gardien aux St. Pats de Toronto. La disparition de la Ligue remet tout en question et Hainsworth, se considérant libre de toute attache, signe un contrat avec l'équipe de Dandurand. Les Canadiens auront finalement gain de cause auprès du président Calder, malgré les prétentions de Toronto, et Hainsworth deviendra l'un des grands gardiens de l'histoire du Tricolore, avec Vézina, Durnan, Plante, Dryden et Roy.

Gardien au petit gabarit (5 pi 6 po), Hainsworth a disputé trois saisons avec les Crescents après avoir joué 11 ans dans les

● La réputation des Canadiens fait déjà courir les foules à l'étranger, les autres équipes, américaines surtout, misant sur la présence de Morenz et des autres *Flying Frenchmen* dans leur publicité. Les Canadiens et les Maroons sont aussi les deux équipes à accueillir le plus de spectateurs.

● Howie Morenz est l'auteur de l'unique but marqué au deuxième match de la série quart de finale contre les Maroons, propulsant les Canadiens en demi-finale contre les champions de la saison, Ottawa.

● Les Canadiens échangent leur capitaine, Billy Coutu, aux Bruins de Boston et désignent Sylvio Mantha à sa place. Coutu sera banni à vie de la LNH au cours des séries de la même année pour avoir frappé l'arbitre Jerry LaFlamme.

● Léo Dandurand, sur les conseils de son médecin, cède le poste de gérant à Cecil Hart, qui l'a déjà remplacé à quelques reprises au cours de la saison précédente.

● L'excellent défenseur Herb Gardiner, une recrue de 35 ans, acquis de Calgary, de la défunte Ligue de l'Ouest, mérite le trophée Hart à titre de joueur le plus utile.

● Le *Montreal Daily Star* organise des concours de vitesse autour de la patinoire pour divertir les spectateurs lors des matchs au Forum. Le petit jeu devient vite très payant pour Wilf Gizzy Hart, Howie Morenz, Babe Siebert – des Maroons – et quelques autres, qui se partagent des bourses de quelques centaines de dollars.

1926-1927

rangs des ligues seniors de l'Ontario, à Berlin et à Kitchener principalement. Il est déjà âgé de 31 ans lorsqu'il s'amène à Montréal, où il demeurera sept saisons, avant d'être échangé aux Maple Leafs de Toronto, en retour de Lorne Chabot en 1933. Il disputera trois saisons complètes avec les Leafs, avant que ceux-ci ne le congédient au début de la saison 1936-37. Hainsworth reviendra avec les Canadiens pour quatre matchs cette même année, remplaçant Wilf Cude blessé.

À sa première saison avec le Canadien, Hainsworth permet au club de remonter au deuxième rang de sa division, conservant la meilleure moyenne du circuit et devenant, du même coup, le premier gardien à inscrire son nom sur le nouveau trophée Vézina, offert par le CH pour honorer la mémoire de son célèbre portier. Il décrochera cette récompense à ses trois premières saisons à Montréal, se taillant une réputation de quasi-invincibilité. Hainsworth blanchit ses adversaires à 14 reprises, une de moins que le record établi par Alex Connell la saison précédente avec Ottawa. Par contre, il établit une nouvelle marque avec 11 gains consécutifs.

LES CANADIENS QUITTENT MONT-ROYAL POUR LE FORUM

Les travaux annoncés par la direction de l'aréna Mont-Royal ne sont pas exécutés à la satisfaction du Canadien, faute de financement. Ces derniers offrent un dédommagement de 50 000 $ pour quitter l'édifice de la rue Mont-Royal. On

Chemin de fer National du Canada

CANADIEN vs OTTAWA

— DERNIÈRE JOUTE DE HOCKEY —

Ottawa, lundi, 4 avril

·PRIX RÉDUITS
Aller et Retour
DE MONTRÉAL **$5.90**
TAXE COMPRISE

Les billets sont bons sur le train quittant la gare Bonaventure à 4.00 p.m., lundi, 4 avril. — Limite de retour 13 avril.

WAGON OBSERVATOIRE-CAFÉ-SALON ATTACHÉ À CE TRAIN
PRIX DU BILLET, 70c. UNE SEULE DIRECTION

Pour plus amples renseignements, réserve, etc. s'adresser au bureau des billets de la ville, 230, rue Saint-Jacques, Main 6731.

Publicité des compagnies de chemin de fer offrant aux partisans d'accompagner l'équipe pour le dernier match du championnat.

ÉQUIPE 1926-27						
Entraîneur : Cecil Hart (44-28-14-2)						
N°	POS	JOUEURS	PJ	B	A	PTS	PUN
7	C	Howie Morenz	44	25	7	32	49
4	AG	Aurèle Joliat	43	14	4	18	79
9	C	Pit Lépine	44	16	1	17	20
6	AD	Art Gagné	44	14	3	17	42
2	D	Sylvio Mantha	43	10	5	15	77
1	D	Herb Gardiner	44	6	6	12	26
3,8	D	Albert Leduc	43	5	2	7	62
11	AG	Harold Hart	34	3	3	6	8
5	AD	Billy Boucher	21	4	0	4	14
5	AD	Carson Cooper	6	2	0	2	2
10	AD	Wildor Larochelle	41	0	1	1	6
11	AG	Léo Lafrance	4	0	0	0	0
3,14	AG	Pete Palangio	6	0	0	0	0
3	D	Amby Moran	12	0	0	0	10
3,5	C	Art Gauthier	13	0	0	0	0
11,12,14	G	George Hainsworth	44	0	0	0	0

GARDIEN	PJ	G	P	N	MIN	BC	BL	MOY
George Hainsworth	44	28	14	2	2732	67	14	1,47

Les Canadiens délaissent l'aréna Mont-Royal pour le Forum, plus spacieux et plus moderne.

● La concession de Toronto est vendue à Conn Smythe au cours de la saison. Smythe a été engagé pour bâtir les Rangers, mais un différend avec les propriétaires a occasionné son renvoi de New York. Les St. Patricks s'appelleront désormais les Maple Leafs, passant du vert et blanc au bleu et blanc.

● La disparition de la Ligue de l'Ouest, en raison de l'expansion du hockey dans l'Est, favorise l'arrivée d'excellents joueurs dans la LNH, qui a racheté tous les contrats. Les Bruins récupèrent Eddie Shore, des Eskimos d'Edmonton, tandis que les Rangers mettent la main sur Frank Boucher, ainsi que sur les frères Bill et Bun Cook, lesquels formeront l'un des trios les plus spectaculaires de l'histoire de la Ligue.

De leur côté, Chicago et Detroit obtiennent la formation presque complète des clubs de Portland et de Victoria. Parmi les joueurs achetés par les Black Hawks, on trouve Dick Irvin, qui deviendra entraîneur des Canadiens 14 ans plus tard.

● Lester Patrick, qui a mis sur pied la Ligue de la Côte du Pacifique en 1911 avec son frère Frank, prend la relève de Conn Smythe à la tête

des Rangers et conduit l'équipe au championnat de la Division américaine.

● La Ligue porte la part des joueurs à 45 % des recettes nettes des trois premiers matchs de la finale de la coupe Stanley, à raison de 60-40 en faveur des champions.

● Avec une Ligue à 10 équipes, réparties en 2 divisions, les dirigeants de la LNH portent le nombre de matchs à 44, introduisant des séries à 6 clubs.

TROPHÉES

COUPE STANLEY
Senators d'Ottawa

COUPE O'BRIEN
Senators d'Ottawa

TROPHÉE PRINCE-DE-GALLES
Senators d'Ottawa

TROPHÉE HART
Herb Gardiner
Canadiens de Montréal

TROPHÉE LADY-BYNG
Billy Burch
Americans de New York

TROPHÉE GEORGES-VÉZINA
George Hainsworth
Canadiens de Montréal

MEILLEUR MARQUEUR
Bill Cook
Rangers de New York

DIVISION CANADIENNE	PJ	G	P	N	BP	BC	PTS
Ottawa (Senators)	44	30	10	4	86	69	64
Montréal (Canadiens)	44	28	14	2	99	67	58
Montréal (Maroons)	44	20	20	4	71	68	44
New York (Americans)	44	17	25	2	82	91	36
Toronto (St. Pats/Leafs)	44	15	24	5	79	94	35
DIVISION AMÉRICAINE	PJ	G	P	N	BP	BC	PTS
New York (Rangers)	44	25	13	6	95	72	56
Boston (Bruins)	44	21	20	3	97	89	45
Chicago (Black Hawks)	44	19	22	3	115	116	41
Pittsburgh (Pirates)	44	15	26	3	79	108	33
Detroit (Cougars)	44	12	28	4	76	105	28

MEILLEURS MARQUEURS

		PJ	B	A	PTS	PUN
Bill Cook	NY Rangers	44	33	4	37	58
Dick Irvin	Chicago	43	18	18	36	34
Howie Morenz	**Canadiens**	44	25	7	32	49
Frank Fredrickson	Det./Bos.	41	18	13	31	46
Babe Dye	Chicago	41	25	5	30	14
Ace Bailey	Toronto	42	15	13	28	82
Frank Boucher	NY Rangers	44	13	15	28	17
Billy Burch	Boston	42	18	6	24	17
Duke Keats	Bos./Det.	42	16	8	24	52

Herb Gardiner est le récipiendaire du trophée Hart, dès sa première saison à Montréal.

exige plutôt 100 000 $ et on intente une poursuite de 180 000 $ contre Dandurand et cie pour rupture de contrat.

Une décision de première instance, favorable à la direction de l'aréna, sera portée en appel par les Canadiens et la cause aboutira en Cour suprême quelques années plus tard.

Entre-temps, le club établit ses quartiers généraux au Forum, partageant le temps de glace avec les Maroons, qui y jouent depuis leur création, en 1924-25.

PREMIÈRES FILIALES

Prévoyant, Léo Dandurand pense à la relève de son équipe. Il trace les premiers jalons d'un système de filiales en concluant des ententes avec les Hornets de Windsor, de la Ligue professionnelle canadienne, et les Reds de Providence, de la Ligue Can-Am, qu'il a aidé à mettre sur pied. Les accords prévoient que le Canadien pourra réclamer les deux meilleurs joueurs des clubs concernés, tout en s'engageant à leur prêter quelques hockeyeurs qui ne peuvent encore jouer pour l'équipe ou dont le rendement a ralenti.

C'est le début d'un vaste réseau de filiales qui permettra graduellement aux Canadiens de devenir la plus grande dynastie du hockey au fil des années.

Sylvio Mantha est le nouveau capitaine du Tricolore, à la suite du départ de Billy Coutu pour Boston.

Léo Dandurand réplique à une offre de 50 000 $ des Americans de New York pour Howie Morenz, champion marqueur de la Ligue, en disant qu'il n'y a pas assez d'argent à Wall Street pour obtenir les joueurs du Canadien.

1927 Ⓒ 1928

Howie Morenz et Aurèle Joliat dominent les marqueurs de la Ligue et mènent les Canadiens au championnat de la Division canadienne. Premier joueur à obtenir 50 points en une saison, Morenz remporte aussi le trophée Hart, tandis que George Hainsworth conserve facilement le trophée Georges-Vézina. Les Maroons surprennent les Canadiens en demi-finale mais perdent par trois parties à deux face aux Rangers de New York en finale de la coupe Stanley. Ceux-ci avaient déjà éliminé les Bruins de Boston, champions de l'autre division.

Howie Morenz premier marqueur de 50 points

Arthur Gagné complète un trio explosif avec Morenz et Joliat, et les trois terminent parmi les six meilleurs marqueurs du circuit.

La Ligue nationale regroupe maintenant les meilleurs hockeyeurs professionnels disponibles. Frank Boucher et les frères Cook attirent les foules au Madison Square Garden de New York. Les Bruins de Boston misent sur Eddie Shore, Aubrey Dit Clapper, Cooney Weiland et Harry Oliver. Les Maroons récupèrent Hooley Smith et forment le puissant trio des « S » en l'associant à Nels Stewart et Babe Siebert. Mais à cette époque, qui marque le véritable début du hockey structuré, le plus illustre de tous joue pour les Canadiens de Montréal.

Howie Morenz sert de pivot à l'un des trios les plus explosifs de la Ligue, flanqué d'Aurèle Joliat à gauche et d'Arthur Gagné à droite. Il récolte 33 buts, tandis que Joliat et Gagné en inscrivent respectivement 28 et 20. Mieux encore, celui qui fut le meilleur joueur de l'époque est le premier à présenter une fiche de plus de 50 points. Son total de 51 constitue évidemment une nouvelle marque pour un joueur de centre. Il en profite pour égaler quatre autres records du circuit, dont ceux du nombre de passes (18), comme joueur et comme centre.

113

● Les Canadiens sont récipiendaires de la coupe O'Brien, désormais attribuée au champion de la Division canadienne, alors que le trophée Prince-de-Galles appartient à Boston, champion de la Division américaine. Depuis la création du Prince-de-Galles en 1925-26, les deux trophées récompensaient la même équipe.

● Pat Kennedy, l'un des adjoints de l'entraîneur Cecil Hart, est foudroyé par une crise cardiaque en se rendant à la messe de Noël le matin du

C'est le début des populaires chroniques signées par les athlètes dans les journaux, alors que Morenz et Joliat font part de leurs commentaires aux lecteurs de La Patrie chaque semaine.

25 décembre. Tous les joueurs assisteront aux funérailles de ce personnage légendaire du hockey, fort dévoué aux Canadiens dont il était devenu l'entraîneur adjoint en 1924.

● Le Tricolore est en demande partout au Québec pour des matchs d'exhibition et, chaque fois, c'est une fête grandiose à l'endroit de l'équipe, notamment à Chicoutimi et à Trois-Rivières.

● Les Canadiens se font blanchir quatre parties de suite en février et perdent les services de Pit Lépine pendant un mois, victime d'une fracture de la clavicule.

● Louis Berlinguette, ancien joueur des Canadiens de 1911 à 1923, troque le chandail tricolore pour le maillot rayé noir et blanc des arbitres.

1927-1928

Il ne faut pas se surprendre que Léo Dandurand clame haut et fort, dans *La Patrie* du 8 avril, « qu'il n'y a pas assez d'argent dans les coffres de Wall Street pour acheter les joueurs du Canadien ». C'était sa façon de répondre à une offre de 50 000 $ qu'auraient faite les Americans de New York pour les services de Morenz. C'est le double de la somme proposée un an plus tôt pour le même joueur.

Mais Dandurand reste intraitable, tant pour Morenz que pour ses coéquipiers Sylvio Mantha et Aurèle Joliat, dont la valeur marchande se situerait autour de 25 000 $, une somme très appréciable.

LE SAVIEZ-VOUS...

Les saisons sont désormais plus hâtives et, dès octobre, les joueurs des Canadiens entreprennent leur entraînement au gymnase de la Palestre nationale. Le premier match est prévu pour le 15 novembre.

Morenz et son trio, ainsi que George Hainsworth, dominant devant le filet, propulsent les Canadiens au premier rang de la Division canadienne, devant les Maroons. Le Tricolore domine sur tous les fronts ou presque. Morenz est champion marqueur et récipiendaire du trophée Hart, attribué au joueur le plus utile. Joliat termine au deuxième rang des marqueurs et Gagné au sixième, tandis qu'Hainsworth n'accorde que 48 buts en 44 parties, inscrivant 13 coups de pinceau contre ses adversaires, ce qui lui vaut un deuxième trophée Georges-Vézina de suite.

UNE COUPE POUR LA RIVALITÉ ANGLOS/FRANCOS

La famille de George Kendall (alias Kennedy) – propriétaire de l'équipe de 1917 à sa mort, en 1921 – offre, avec l'approbation de la Ligue, un nouveau trophée en son honneur en novembre 1927, à disputer entre les deux équipes montréalaises. On convient de décerner la coupe Kennedy à l'équipe qui aura conservé la meilleure fiche lors des matchs entre les Maroons et les Canadiens en saison régulière. Cette première année, la coupe sera départagée aux buts, les deux opposants ayant obtenu quatre victoires chacun.

La coupe Kennedy sera attribuée 11 fois, jusqu'à la disparition des Maroons en 1937-38, donnant lieu à d'intenses rivalités entre les joueurs des deux formations, mais aussi à des affrontements mémorables entre les partisans francophones des Canadiens et les supporters anglophones des Maroons.

ÉQUIPE 1927-28

Entraîneur : Cecil Hart (44-26-11-7)

N°	POS	JOUEURS	PJ	B	A	PTS	PUN
7	C	Howie Morenz	43	33	18	51	66
4	AG	Aurèle Joliat	44	28	11	39	105
6	AD	Art Gagné	44	20	10	30	75
2	D	Sylvio Mantha	43	4	11	15	61
8	D	Albert Leduc	42	8	5	13	73
14	AG	Léo Gaudreault	32	6	2	8	24
1	D	Herb Gardiner	44	4	3	7	26
9	C	Pit Lépine	20	4	1	5	6
11	AG	Harold Hart	44	3	2	5	4
10	AD	Wildor Larochelle	40	3	1	4	30
5	AD	George Patterson	16	1	1	2	0
3	D	Marty Burke	11	1	0	1	10
5	AG	Léo Lafrance	15	1	0	1	2
3	D	Charles Langlois	32	0	0	0	14
12	G	George Hainsworth	44	0	0	0	0

GARDIEN	PJ	G	P	N	MIN	BC	BL	MOY
George Hainsworth	44	26	11	7	2730	48	13	1,05

DIVISION CANADIENNE	PJ	G	P	N	BP	BC	PTS
Montréal (Canadiens)	44	26	11	7	116	48	59
Montréal (Maroons)	44	24	14	6	96	77	54
Ottawa (Senators)	44	20	14	10	78	57	50
Toronto (Maple Leafs)	44	18	18	8	89	88	44
New York (Americans)	44	11	27	6	63	128	28

DIVISION AMÉRICAINE	PJ	G	P	N	BP	BC	PTS
Boston (Bruins)	44	20	13	11	77	70	51
New York (Rangers)	44	19	16	9	94	79	47
Pittsburgh (Pirates)	44	19	17	8	67	76	46
Detroit (Cougars)	44	19	19	6	88	79	44
Chicago (Black Hawks)	44	7	34	3	68	134	17

MEILLEURS MARQUEURS

		PJ	B	A	PTS	PUN
Howie Morenz	Canadiens	43	33	18	51	66
Aurèle Joliat	Canadiens	44	28	11	39	105
Frank Boucher	NY Rangers	44	23	12	35	15
George Hay	Detroit	42	22	13	35	20
Nels Stewart	Maroons	41	27	7	34	104
Arthur Gagné	Canadiens	44	20	10	30	75
Bun Cook	NY Rangers	44	14	14	28	45
Bill Carson	Toronto	32	20	6	26	36
Frank Finnigan	Ottawa	38	20	5	25	34
Bill Cook	NY Rangers	43	18	6	24	42
Duke Keats	Det./Chi.	38	14	10	24	60

● L'entraîneur Lester Patrick, des Rangers de New York, décide d'enfiler lui-même les jambières du gardien Lorne Chabot, après que celui-ci eut été blessé à un œil lors du deuxième match de la finale contre les Maroons. Sans substitut, Patrick demande l'autorisation d'utiliser le gardien d'Ottawa, Alex Connell, présent au match, ce que les Maroons refusent. Menacé de perdre la rencontre par défaut, Patrick prend la relève de son gardien et mène l'équipe à une victoire de 2-1 en supplémentaire.

● Alex Connell établit une marque qui tient toujours avec six blanchissages consécutifs devant le filet des Senators. Il sera aussi le premier gardien à totaliser 50 jeux blancs au cours d'une carrière.

● Les Rangers n'en sont qu'à leur deuxième saison dans la Ligue et pourtant ils constituent la deuxième formation américaine (la première dans la LNH) à s'approprier la coupe Stanley.

● Jack Adams devient entraîneur et gérant à Detroit. Il sera la tête dirigeante des Cougars et, plus tard, des Red Wings pendant 35 ans.

● Les passes avant sont désormais acceptées en zones défensive et neutre, et la largeur des jambières des gardiens est réduite de 12 à 10 pouces.

● Les prolongations au terme des matchs nuls sont réduites à 10 minutes et les 2 équipes doivent changer de territoire après 5 minutes, comme on le fait déjà à la fin de chaque période.

● La présence du cirque Barnum & Bailey au Madison Square Garden de New York oblige la Ligue à présenter tous les matchs de la série finale au Forum, ce qui n'empêche pas les Rangers de disposer des Maroons en cinq parties.

● Les arbitres utilisent encore des clochettes pour signaler les buts et les infractions. Les sifflets viendront plus tard.

TROPHÉES	
COUPE STANLEY	
Rangers de New York	
COUPE O'BRIEN	
Canadiens de Montréal	
TROPHÉE PRINCE-DE-GALLES	
Bruins de Boston	
TROPHÉE HART	
Howie Morenz	
Canadiens de Montréal	
TROPHÉE LADY-BYNG	
Frank Boucher	
Rangers de New York	
TROPHÉE GEORGES-VÉZINA	
George Hainsworth	
Canadiens de Montréal	
MEILLEUR MARQUEUR	
Howie Morenz	
Canadiens de Montréal	

Au total, les Canadiens se l'approprieront six fois — la dernière dans la controverse — contre cinq pour les Maroons. Chaque triomphe du Tricolore est souligné par un défilé des « Millionnaires » — cette organisation de sympathisants du Bleu Blanc Rouge — dans les rues de la ville, avec bannières et klaxons, ce qui ne manque pas d'occasionner quelques frictions entre les deux clans. *La Patrie* rapporte qu'on y va même de récompenses en argent à l'occasion, comme ce fut le cas lors d'une victoire des francos le 15 décembre, alors qu'on remit 100 $ à chaque joueur, encore à l'initiative de Louis Létourneau.

UNE SOUSCRIPTION POPULAIRE POUR LE CANADIEN

L'enthousiasme des partisans du Tricolore est telle, en cette année de championnat, que le journal *La Patrie* fait appel à la population pour montrer aux joueurs jusqu'à quel point ils sont estimés. D'abord institué pour déterminer le joueur le plus populaire de l'équipe, le concours se transforme en souscription populaire à la suggestion de la direction du Canadien, qui souhaitait qu'on rende hommage globalement à toute l'équipe plutôt que de souligner les bonnes performances d'un seul joueur.

« Nos joueurs méritent cette marque d'appréciation », s'exclame l'un des propriétaires du club, Louis Létourneau, en y allant de son don de 200 $. Les chèques arrivent de partout et l'objectif visé est vite dépassé puisqu'on recueille la somme de 3 172,15 $, plus divers prix, à répartir entre les joueurs. La remise se termine par un banquet au Club Saint-Denis au cours duquel chaque joueur reçoit une montre et une bourse en argent.

Tandis que Morenz et Joliat signent des chroniques dans les journaux, Pit Lépine fait la publicité des cigarettes Buckingham.

Les Canadiens parviennent à conserver le titre de leur division en cette année qui marque le début de la Grande Dépression. L'équipe est cependant éliminée par les Bruins qui disputeront une première finale tout américaine aux Rangers.

LES CANADIENS ET LES BRUINS DE BOSTON DOMINENT LEUR DIVISION RESPECTIVE, ALORS QUE LA GRANDE DÉPRESSION FAIT SES RAVAGES. LE JEU DÉFENSIF FAVORISE LES GARDIENS. MÊME LE CHAMPION MARQUEUR, ACE BAILEY, DES MAPLE LEAFS, N'OBTIENT QUE 32 POINTS, DONT 22 BUTS. UN SEUL AUTRE JOUEUR, NELS STEWART, DES MAROONS, MARQUE PLUS DE 20 BUTS. GEORGE HAINSWORTH EST LA GRANDE VEDETTE DU CIRCUIT AVEC 22 BLANCHISSAGES EN 44 PARTIES. IL CONSERVE LE TROPHÉE VÉZINA POUR UNE TROISIÈME ANNÉE CONSÉCUTIVE. CEPENDANT, ROY WORTERS, GARDIEN DES AMERICANS DE NEW YORK, REMPORTE LE TITRE DE JOUEUR LE PLUS UTILE. BOSTON ÉLIMINE LE TRICOLORE EN SÉRIES POUR ENSUITE DISPUTER UNE PREMIÈRE FINALE TOUT AMÉRICAINE AUX RANGERS, QU'ILS GAGNENT PAR DEUX PARTIES À ZÉRO.

George Hainsworth réussit 22 blanchissages en 44 parties

George Hainsworth déjoue tous les efforts de la Ligue pour favoriser le jeu offensif en blanchissant ses adversaires dans la moitié des matchs disputés.

La saison 1928-29 est celle des gardiens, malgré toutes les tentatives des dirigeants de la Ligue pour favoriser le jeu offensif. George Hainsworth, vainqueur du trophée Georges-Vézina lors des deux saisons précédentes, fait mieux encore avec 22 blanchissages en 44 matchs et une incroyable moyenne de ,92, deux marques qui n'ont même pas été approchées depuis. Le cerbère des Americans de New York, Roy Worters, en obtient 13, ainsi que le trophée Hart, et les Americans participent aux séries pour l'une des rares fois de leur existence. Cecil Tiny Thompson, gardien recrue

117

● En début de saison, la Ligue interdit aux joueurs d'écrire des chroniques ou autres textes destinés aux journaux. La directive ne fait pas trop l'affaire d'Howie Morenz et d'Aurèle Joliat qui, la saison précédente, signaient tous deux une rubrique dans *La Patrie*.

● Les Canadiens perdent seulement trois parties à l'extérieur, un record qui résiste toujours au temps.

● Les succès des Canadiens aidant, les assistances sont à la hausse au Forum, alors que le club attire plus de spectateurs que les Maroons, lesquels gagnent pourtant quatre rencontres sur six entre les deux clubs, les deux autres ayant été nulles. Les foules augmentent un peu partout, mais les débuts de la Grande Dépression commencent à faire des ravages à Ottawa.

● Le défenseur Herb Gardiner, gagnant du trophée Hart en 1926-27, est prêté par les Canadiens aux Black Hawks de Chicago en début de saison, à la condition qu'il agisse comme entraîneur seulement. Voyant qu'il est aussi utilisé comme joueur, Dandurand exige qu'il soit renvoyé à Montréal, où il disputera huit matchs, plus les séries, sans obtenir de points.

● Les Canadiens surprennent les Bruins 1-0 lors de l'ouverture du Garden de Boston, devant une foule record de 17 000 personnes.

● Diffusion d'un match de hockey, en anglais et en français, à la radio de CJAD, le 22 décembre 1928. Les animateurs Arthur Dupont et Elmer Ferguson se limitent à la troisième période et au résumé du match, pour éviter que les amateurs ne restent chez eux plutôt que de venir au Forum.

● Les rumeurs de vente de Morenz refont surface, mais Louis Létourneau, l'un des actionnaires de l'équipe, répète que le *Stratford Strike* « n'est pas à vendre, ni pour or ni pour argent ».

Les Canadiens prêtent les services d'Herb Gardiner aux Hawks de Chicago qui promettent de s'en servir comme entraîneur seulement. Ils le font jouer et Gardiner est rapatrié à Montréal.

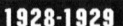

1928-1929

des Bruins de Boston, signe 12 jeux blancs et domine la Ligue avec 26 victoires. Il demeurera invaincu en séries, n'accordant que trois buts en cinq rencontres.

Pourtant, les records de six jeux blancs consécutifs et de 461 min 29 s sans buts réussis par Alex Connell l'année précédente demeurent intacts. La séquence d'invincibilité d'Hainsworth sera interrompue après 343 min 05 s.

MONTRÉAL, LUNDI 17 DÉCEMBRE 1928

« HOWIE MORENZ N'EST PAS À VENDRE NI POUR OR NI POUR ARGENT » DÉCLARE M. H. A. LETOURNEAU

Ce propriétaire du club Canadien coupe les ailes du canard qui voulait que le fameux joueur fut vendu pour $50,000 et Norman Himes au club New-York Américain. – Le cas de Gaudreault. – Burke à l'hôpital.

Manchette de la déclaration de Louis Létourneau au sujet de Morenz.

Pas moins de 15 parties se terminent par un résultat de 0-0, dont six impliquant les Canadiens. Un grand total de 120 blanchissages sont réalisés en cours de saison, alors que les enfants pauvres de la Ligue, les Black Hawks de Chicago, inscrivent un record peu enviable de huit matchs consécutifs sans marquer un seul but. Ils seront blanchis 20 fois au cours de la saison, n'inscrivant que sept victoires au total.

Hainsworth est le roi de cette année d'or pour les cerbères. Il permet notamment au Tricolore d'inscrire une séquence de 16 matchs consécutifs sans défaite (9 victoires et 7 nulles), conservant le trophée Vézina pour une troisième saison d'affilée. Il faudra attendre un autre portier du Canadien, Bill Durnan, pour que la performance des trois trophées consécutifs d'Hainsworth soit éclipsée, en 1946-47.

Cette saison 1928-29 est véritablement marquée du sceau des gardiens, puisque deux autres figures connues des Canadiens, Jacques Plante et Lorne Worsley, naissent en janvier et en mai.

LES MILLIONNAIRES DU HOCKEY

Les fans des Canadiens — que l'on retrouve debout dans les sections populaires, celles des billets à 50 cents, depuis quelques années — décident de se regrouper pour diverses activités. On a vite fait de les surnommer les « Millionnaires », un

ÉQUIPE 1928-29

Entraîneur : Cecil Hart (44-22-7-15)

N°	POS	JOUEURS	PJ	B	A	PTS	PUN
7	C	Howie Morenz	42	17	10	27	47
4	AG	Aurèle Joliat	44	12	5	17	59
2	D	Sylvio Mantha	44	9	4	13	56
8	D	Albert Leduc	43	9	2	11	79
6	AD	Art Gagné	44	7	3	10	52
10,11	AD	George Patterson	44	4	5	9	34
5	AG	Armand Mondon	32	3	4	7	6
9	C	Pit Lépine	44	6	1	7	48
1	D	Marty Burke	44	4	2	6	68
10,15	AD	Wildor Larochelle	2	0	0	0	0
14	AG	Pete Panlagio	2	0	0	0	0
3	D	Herb Gardiner	8	0	0	0	0
5	AG	Léo Gaudreault	11	0	0	0	4
10,14	D	Art Lesieur	15	0	0	0	0
10,11	AG	Georges Mantha	21	0	0	0	8
3,14	G	Gerry Carson	26	0	0	0	4
12	G	George Hainsworth	44	0	0	0	0

GARDIEN	PJ	G	P	N	MIN	BC	BL	MOY
George Hainsworth	44	22	7	15	2800	43	22	0,92

● Le format des séries est modifié. Les champions de division se mesurent dans une série trois de cinq, tandis que les deuxièmes et troisièmes de chaque division s'affrontent dans deux parties au total des buts. Les gagnants disputent un trois de cinq pour déterminer celui qui se mesurera au gagnant de l'autre série en finale de la coupe Stanley. Ce seront les Rangers, pour une première finale tout américaine.

● Cy Denneny, acquis des Senators, devient joueur entraîneur avec les Bruins.
● Le temps supplémentaire lors d'une égalité est fixé à dix minutes complètes et le match n'est plus interrompu au premier but.
● Pour favoriser le jeu offensif, on autorise maintenant la passe avant dans la zone offensive, à la condition que le joueur qui la reçoit se trouve en zone neutre lorsque la passe est déclenchée.
● Pendant que les Canadiens disputent 16 matchs sans défaite, les Bruins en accumulent 13, et les Black Hawks passent 15 parties sans une seule victoire.
● Hal Winkler n'a disputé aucun match devant la cage des Bruins, remplacé par Tiny Thompson en début de saison. Pourtant, on a tenu à inscrire son nom à titre de réserviste sur la coupe Stanley, en raison de ses services antérieurs. Ce fut aussi le cas de Charles Fortier en 1923-24, dont le nom figure sur la coupe Stanley même si on ne retrouve aucune participation de ce joueur avec les Canadiens. Le seul autre joueur à obtenir pareil honneur sera Vladimir Konstantinov, des Red Wings, en 1997-98.

peu par dérision, ce qui ne les empêche pas d'être reconnus et appréciés comme les meilleurs partisans de l'équipe.

On les entend manifester bruyamment à chaque match local. Ils sont aussi de toutes les fêtes du club, organisant eux-mêmes diverses manifestations en l'honneur des joueurs. Au nombre de 2000, selon les chiffres fournis, plusieurs d'entre eux se réunissent régulièrement au local du groupe, rue Saint-Denis. Quelques-uns vont jusqu'à faire des recommandations précises à la direction du Canadien lors d'assemblées populaires improvisées. Les Millionnaires se donnent même une section affiliée dans la région de Trois-Rivières.

On dit aussi qu'ils attirent volontiers la sympathie des journalistes chargés de la couverture de l'équipe.

Étroitement liés à l'histoire du Tricolore pour une bonne partie de son existence, les Millionnaires représentent sans doute le premier *fan club* officiel de l'équipe, sous une forme grandement différente de celui d'aujourd'hui, bien que tout aussi appréciable.

TROPHÉES

COUPE STANLEY
Bruins de Boston
COUPE O'BRIEN
Canadiens de Montréal
TROPHÉE PRINCE-DE-GALLES
Bruins de Boston
TROPHÉE HART
Roy Worters
Americans de New York
TROPHÉE LADY-BYNG
Frank Boucher
Rangers de New York
TROPHÉE GEORGES-VÉZINA
George Hainsworth
Canadiens de Montréal
MEILLEUR MARQUEUR
Ace Bailey
Maple Leafs de Toronto

DIVISION CANADIENNE	PJ	G	P	N	BP	BC	PTS
Montréal (Canadiens)	44	22	7	15	71	43	59
New York (Americans)	44	19	13	12	53	53	50
Toronto (Maple Leafs)	44	21	18	5	85	69	47
Ottawa (Senators)	44	14	17	13	54	67	41
Montréal (Maroons)	44	15	20	9	67	65	39
DIVISION AMÉRICAINE	PJ	G	P	N	BP	BC	PTS
Boston (Bruins)	44	26	13	5	89	52	57
New York (Rangers)	44	21	13	10	72	65	52
Detroit (Cougars)	44	19	16	9	72	63	47
Pittsburgh (Pirates)	44	9	27	8	46	80	26
Chicago (B. Hawks)	44	7	29	8	33	85	22

MEILLEURS MARQUEURS

		PJ	B	A	PTS	PUN
Ace Bailey	Toronto	44	22	10	32	78
Nels Stewart	Maroons	44	21	8	29	74
Carson Cooper	Detroit	43	18	9	27	14
Howie Morenz	**Canadiens**	42	17	10	27	47
Andy Blair	Toronto	44	12	15	27	41
Frank Boucher	NY Rangers	44	10	16	26	8
Harry Oliver	Boston	43	17	6	23	24
Bill Cook	NY Rangers	43	15	8	23	41
Jimmy Ward	Maroons	43	14	8	22	46

La Ligue interdit à Morenz et à Joliat d'écrire des chroniques, mais ne peut les empêcher de faire la publicité du marchand-tailleur Carreau.

1929  1930

TROISIÈME
COUPE
STANLEY

Boston conserve son emprise sur la Division américaine et la Ligue entière revoit ses règlements pour favoriser le jeu offensif. Les Bruins alignent un puissant trio offensif en Cooney Weiland, champion marqueur avec 43 buts et 73 points, Dit Clapper, 41 buts, et Norm Gainor, 31 passes. Considérée comme la meilleure formation de la période d'avant-guerre, cette édition des Bruins conserve un dossier presque parfait de 38 victoires, 5 revers et 1 nulle, totalisant 179 buts, 37 de plus que les Canadiens, qui sont deuxièmes. Son gardien, Tiny Thompson, enlève le trophée Vézina. Les Maroons, champions de la Division canadienne, ne résisteront pas aux Bruins en série, mais les Canadiens y parviendront en finale de la coupe Stanley, par deux parties à zéro, après avoir éliminé les Hawks et les Rangers.

LA PRESSE, MONTRÉAL, VENDREDI 4 AVRIL 1930

LE CLUB DE HOCKEY CANADIEN EST CHAMPION DU MONDE

LE BLEU BLANC ROUGE DEFAIT LE BOSTON PAR 4 A 3
DANS LA DEUXIEME PARTIE DE LEUR SERIE ET REMPORTE
LE TITRE DE CHAMPION DU MONDE ET LA COUPE STANLEY

Le Canadien a complètement déclassé le Boston dans les deux premières périodes qui se terminent par un score de 4 à 1, mais les hommes d'Art Ross fournissent un effort désespéré dans la période finale.

Cecil Hart, le "Miracle man" du hockey

1929 1930

Une troisième coupe Stanley pour les Canadiens

La Presse accorde une grande importance au nouveau championnat du club, avec une manchette au lendemain de la conquête et une photo d'équipe, pour les collectionneurs, quelques semaines plus tard.

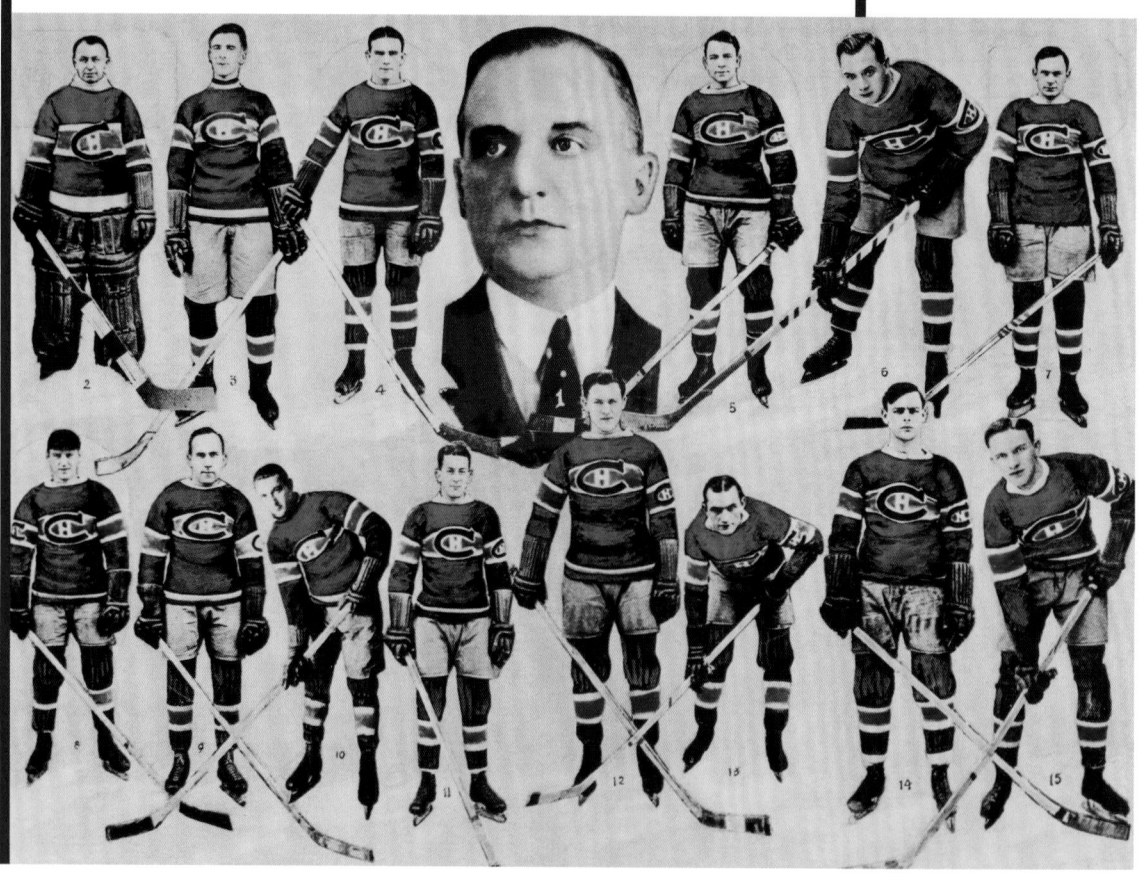

⚫ Léo Dandurand et ses partenaires, qui ont payé le club de hockey Canadien 11 000 $ aux héritiers de George Kennedy, refusent une offre d'achat de 600 000 $ d'un groupe de financiers américains.

⚫ Les Americans prêtent le gardien Roy Worters aux Canadiens pour le match du 27 février, que Montréal gagne 6-2 contre Toronto. Worters, joueur le plus utile la saison précédente, remplace Hainsworth, hospitalisé. Il conservera en souvenir son chandail et la rondelle du match.

⚫ Les enchères pour Howie Morenz grimpent à 100 000 $, selon *Le Petit Journal*.
⚫ Les Canadiens se défont de Herb Gardiner, de Art Gagné et de George Patterson au profit des Bruins de Boston, avant le début de la saison.

⚫ Deux anciens des Canadiens, Albert Corbeau (1914-1922) et Odie Cleghorn (1918-1925), deviennent arbitres.

ÉQUIPE 1929-30
Entraîneur : Cecil Hart (44-21-14-9)

N°	POS	JOUEURS	PJ	B	A	PTS	PUN
7	C	Howie Morenz	44	40	10	50	72
9	C	Pit Lépine	44	24	9	33	47
4	AG	Aurèle Joliat	42	19	12	31	40
10	AD	Wildor Larochelle	44	14	11	25	28
2	D	Sylvio Mantha	44	13	11	24	108
6	AD	Nick Wasnie	44	12	11	23	64
8	D	Albert Leduc	44	7	8	15	90
3	D	Marty Burke	44	2	11	13	71
5	AG	Armand Mondou	44	3	5	8	24
11,12,15	D/AG	Georges Mantha	44	5	2	7	16
11,12	AD/D	Bert McCaffrey	28	1	3	4	26
15,16	AD	Gus Rivers	19	1	0	1	2
14	D	Gerry Carson	35	1	0	1	8
11	D	Gord Fraser	10	0	0	0	4
1	G	Roy Worters	1	0	0	0	0
1	G	George Hainsworth	42	0	0	0	0
1	G	Tom Murray	1	0	0	0	0

GARDIENS	PJ	G	P	N	MIN	BC	BL	MOY
Roy Worters	1	1	0	0	60	2	0	2,00
George Hainsworth	42	20	13	9	2680	108	4	2,42
Tom Murray	1	0	1	0	60	4	0	4,00

1929 1930

Les Bruins ont constitué une formation dévastatrice avec le trio Dynamite (Weiland-Clapper-Gainor), une défensive robuste (Eddie Shore et Lionel Hitchman) et un gardien quasi imbattable (Tiny Thompson), qui s'apprête à ravir le trophée Vézina à George Hainsworth. Décrocher une deuxième coupe Stanley d'affilée paraît un jeu d'enfant pour cette édition que plusieurs considèrent toujours comme la meilleure d'avant-guerre. Les Bruins établiront pas moins de huit records cette année-là, notamment celui de la plus longue série victorieuse à domicile, 20 parties, un record égalé par Philadelphie en 1975-76.

Les Maroons — champions de la Division canadienne ayant remporté plus de victoires que les Canadiens, malgré un même nombre de points — s'inclinent trois parties à une en demi-finale contre les Bruins. Pendant ce temps, le Tricolore dispose difficilement des Blacks Hawks et des Rangers pour se tailler une place en finale. Contre Chicago, meilleur deuxième de l'Américaine, la bataille est serrée. Wildor Larochelle obtient l'unique filet du premier affrontement, alors que le second se termine 2-2 grâce à un but d'Howie Morenz à la troisième supplémentaire, ce qui donne un verdict nul de 2-2 dans le match, mais un triomphe de 3-2 aux Canadiens au total des buts des deux rencontres. Une autre lutte vive attend l'équipe en demi-finale, puisque le premier

Gus Rivers met fin au premier match de demi-finale contre les Rangers avec un but à la quatrième période supplémentaire.

● La saison commence sur une note fort sombre, suite au krach de la Bourse de New York, survenu à la fin d'octobre. Plusieurs joueurs, dirigeants et compagnies y laissent tous leurs avoirs. L'économie mondiale mettra beaucoup de temps à s'en remettre.

● Clint Benedict se fait casser le nez par un tir de Morenz le 8 janvier. À son retour au jeu, en février, il porte un masque en cuir qui lui recouvre sommairement le visage. Il est le premier gardien à jouer avec un masque, mais il ne le conserve que pendant un seul match, préférant se retirer en fin de saison pour ne pas exposer davantage son nez fragile.

● On raconte que Nels Stewart, récipiendaire du trophée Hart et meilleur compteur de l'ère pré-Maurice Richard, aimait bien projeter le jus de sa chique de tabac au visage des gardiens avant de décocher un tir.

● Le nombre de joueurs autorisés à chaque équipe est porté de 12 à 15.

● Dorénavant les gardiens ne peuvent plus «geler» la rondelle, ils doivent s'en défaire immédiatement après un arrêt.

● Pour contrer la violence, on sanctionne désormais les bâtons élevés.

1929 1930

La compagnie Radio Music Publishing, de Montréal, lance une chanson sur le hockey, qu'elle popularise en l'illustrant de la photo des vedettes de l'heure, notamment Pit Lépine et Aurèle Joliat.

TROPHÉES	
COUPE STANLEY	
Canadiens de Montréal	
COUPE O'BRIEN	
Maroons de Montréal	
TROPHÉE PRINCE-DE-GALLES	
Bruins de Boston	
TROPHÉE HART	
Nels Stewart	
Maroons de Montréal	
TROPHÉE LADY-BYNG	
Frank Boucher	
Rangers de New York	
TROPHÉE GEORGES-VÉZINA	
Tiny Thompson	
Bruins de Boston	
MEILLEUR MARQUEUR	
Cooney Weiland	
Bruins de Boston	

match prend fin par un but de Gus Rivers, en quatrième prolongation de ce qui demeurera longtemps le match le plus long de l'histoire de la Ligue. Montréal s'adjuge la rencontre suivante, disputée à New York, au compte de 2-0, pour balayer la série, également par 2-0.

Privés des services de l'un des membres du trio Dynamite (Gainor), les Bruins sont surpris 3-0 par le Tricolore lors du premier match de la finale, disputé à Boston. Pourtant, l'équipe montréalaise avait perdu ses quatre parties face aux Bruins en saison régulière. Albert Leduc, qui n'avait obtenu que six buts en saison, ouvre le pointage au milieu de la deuxième et participe également au troisième filet, réussi par Pit Lépine, en fin de troisième.

L'appui des partisans aidant, les joueurs du Tricolore mènent déjà 4-1 après deux périodes de la seconde rencontre, mais les Bruins obtiennent deux buts rapides en début de troisième pour ramener le compte à 4-3. Attaquant sans répit, ils parviennent à égaler la marque en fin de partie, mais le filet de Marty

● La Ligue est forcée de restreindre son règlement de passes avant en décembre, après les avoir autorisées dans les trois zones. Certains attaquants ont en effet pris l'habitude de se poster devant le filet adverse pour cueillir le relais d'un coéquipier. On les oblige dorénavant à attendre que la rondelle traverse la ligne bleue, selon le règlement qu'on applique encore aujourd'hui.

● Les Rangers de New York deviennent la première équipe à emprunter l'avion afin d'aller disputer une rencontre à Toronto, le 13 décembre.

● Johnny McKinnon, de Pittsburgh, et Hap Day, de Toronto, s'inscrivent dans l'histoire de la Ligue avec quatre buts chacun dans un match, rééditant le record des défenseurs.

● D'autre part, les Pirates de Pittsburgh connaissent une saison misérable avec seulement cinq triomphes. Ils déménagent à Philadelphie la saison suivante, sans plus de succès, et l'équipe met tout bonnement un terme à ses activités après une seule année.

DIVISION CANADIENNE	PJ	G	P	N	BP	BC	PTS
Montréal (Maroons)	44	23	16	5	141	114	51
Montréal (Canadiens)	44	21	14	9	142	114	51
Ottawa (Senators)	44	21	15	8	138	118	50
Toronto (Maple Leafs)	44	17	21	6	116	124	40
New York (Americans)	44	14	25	5	113	161	33
DIVISION AMÉRICAINE	PJ	G	P	N	BP	BC	PTS
Boston (Bruins)	44	38	5	1	179	98	77
Chicago (Black Hawks)	44	21	18	5	117	111	47
New York (Rangers)	44	17	17	10	136	143	44
Detroit (Cougars)	44	14	24	6	117	133	34
Pittsburgh (Pirates)	44	5	36	3	102	185	13

MEILLEURS MARQUEURS		PJ	B	A	PTS	PUN
Cooney Weiland	Boston	44	43	30	73	27
Frank Boucher	NY Rangers	42	26	36	62	16
Dit Clapper	Boston	44	41	20	61	48
Bill Cook	NY Rangers	44	29	30	59	56
Hec Kilrea	Ottawa	44	36	22	58	72
Nels Stewart	Maroons	44	39	16	55	81
Howie Morenz	Canadiens	44	40	10	50	72
Normie Himes	NY Americans	44	28	22	50	15
Joe Lamb	Ottawa	44	29	20	49	119
Norm Gainor	Boston	42	18	31	49	39

1929 1930

Barry est refusé, la rondelle ayant été poussée avec le patin. Contre toute attente, les Canadiens inscrivent une troisième fois leur nom sur la coupe Stanley.

LÉPINE ET MORENZ S'ÉCLATENT

L'offensive a repris ses droits grâce aux modifications constantes apportées par la Ligue, le total de buts augmentant de 642 à 1301. La manne ne passe pas seulement dans le camp des Bruins, les joueurs des Canadiens récoltent aussi leur part.

C'est ainsi que Pit Lépine s'illustre avec 5 buts le 14 décembre au Forum, dans une victoire de 6-4 contre Ottawa, en plus de préparer l'autre filet, inscrit par Nick Wasnie.

Le 18 mars, au dernier match de la saison, devant 8 000 personnes au Forum, Howie Morenz ajoute aussi 5 buts à sa fiche, dans un gain de 8-3 contre les Americans de New York.

Mais on ne peut gagner sur tous les fronts. Cette année-là, Morenz voit son record de 51 points éclipsé par Coonie Weiland, qui en obtient 73.

HOWIE MORENZ

ALFRED LEPINE

Howie Morenz et Pit Lépine signent chacun une performance de cinq buts.

VISITORS
00   00

50   10

40 SPORTIMER 20

30

HOME
00   00

CANADIEN

J. McKENNA.   C. HART.   P. LEPINE.   G. RIVERS.   A. LEDUC.   W. LAROCHELLE.   A. MONDOU.   N. WASNIE.   A. JOLIAT.

1930 1931

QUATRIÈME COUPE STANLEY

LES CANADIENS SONT DE RETOUR AU SOMMET DE LA DIVISION CANADIENNE, GRÂCE AU BRIO D'HOWIE MORENZ, CHAMPION MARQUEUR AVEC 51 POINTS ET JOUEUR LE PLUS UTILE DE LA LIGUE. IL S'AGIT D'UN TROISIÈME CHAMPIONNAT DE DIVISION EN QUATRE ANS POUR L'ÉQUIPE MONTRÉALAISE, TANDIS QUE BOSTON DOMINE AISÉMENT LA DIVISION AMÉRICAINE POUR UNE QUATRIÈME ANNÉE DE SUITE. MAIS LES BRUINS S'INCLINENT PAR TROIS PARTIES À DEUX CONTRE LE TRICOLORE EN DEMI-FINALE. MONTRÉAL GAGNE AUSSI EN CINQ PARTIES (3 À 2) CONTRE CHICAGO EN FINALE, POUR REMPORTER UNE DEUXIÈME COUPE STANLEY D'AFFILÉE. FRANK BOUCHER EST DÉSIGNÉ JOUEUR LE PLUS GENTILHOMME POUR UNE QUATRIÈME FOIS CONSÉCUTIVE, ALORS QUE ROY WORTERS, GARDIEN DES AMERICANS, CONSERVE LA MEILLEURE MOYENNE ET S'APPROPRIE LE TROPHÉE VÉZINA.

Le tableau indicateur, avec ses nombreux cadrans pour le pointage et les pénalités, est mis à l'essai pour la première fois. Il deviendra obligatoire trois ans plus tard.

NSWORTH.   H. MORENZ.   J. GAGNON.   M. BURKE.   S. MANTHA.   G MANTHA.   A LESIEUR.   E. DUFOUR.   L. DANDURAND.

Partout où il passe, même dans les grands magasins, Morenz attire les foules.

La légende de Morenz grandit

La crise économique laisse des traces profondes. On a besoin de héros pour surmonter la déprime. C'est ainsi que le nom d'Howie Morenz alimente les conversations pour qui ne veut pas se laisser gagner par les malheurs quotidiens qui frappent la population. Maintenant à sa huitième saison avec les Canadiens, Morenz compte un championnat des marqueurs à son actif. L'arrivée de Johnny Gagnon, dit le Chat – avec qui il forme un trio en compagnie d'Aurèle Joliat, lui aussi dans la force de l'âge –, lui permet de décrocher un deuxième championnat, assorti du titre de joueur le plus utile à son équipe.

Pour les amateurs de hockey, Morenz est l'équivalent de Babe Ruth au baseball. Réputé pour sa grande vitesse, d'où son surnom «Éclair de Stratford», mais aussi fameux manieur de bâton, capable de montées au filet électrisantes, on accourt le voir jouer et on se l'arrache. Les Shamrocks de Chicago, nouvelle concession de l'Association américaine (AHA), sollicitent ses services pour lancer leur équipe, mais Morenz résiste malgré les 12 000 $ offerts, avouant son amour pour les Canadiens en ces termes : «Jusqu'à ce que je ne sois plus en mesure de donner le meilleur de moi-même.» Son lancer qui frôle la tête des gardiens – on parle de *bean puck* comme on parle de *bean ball* au baseball –, le rend encore plus intimidant auprès de ses adversaires. On rapporte qu'un de ses buts typiques aurait causé le décès d'un partisan de St. Catharines, en Ontario, lors du dernier match des séries. Celui-ci aurait bondi de joie en criant «C'est inouï !» lors du but de Morenz, pour être aussitôt foudroyé par une crise cardiaque.

MEILLEURS MARQUEURS		P	JB	A	PTS	PUN
Howie Morenz	Canadiens	39	28	23	51	49
Ebbie Goodfellow	Detroit	44	25	23	48	32
Charlie Conacher	Toronto	37	31	12	43	78
Bill Cook	NY Rangers	43	30	12	42	39
Ace Bailey	Toronto	40	23	19	42	46
Joe Primeau	Toronto	38	9	32	41	18
Nels Stewart	Maroons	42	25	14	39	75
Frank Boucher	NY Rangers	44	12	27	39	20
Cooney Weiland	Boston	44	25	13	38	14
Bun Cook	NY Rangers	44	18	7	35	72
Aurèle Joliat	Canadiens	43	13	22	35	73

● Louis Létourneau, l'un des membres du trio qui s'était porté acquéreur des Canadiens pour 11 000 $ à la mort de George Kennedy, décide de se départir de ses actions pour 150 000 $.

● L'entraîneur des Bruins innove en retirant sans succès son gardien au profit d'un sixième attaquant, peu avant la fin du deuxième match de demi-finale contre les Canadiens. Montréal l'emporte finalement 1-0 grâce à un but de Georges Mantha. Une nouvelle stratégie vient d'être lancée.

● Léo Dandurand suggère à Georges Mantha de renoncer à son habitude de conduire de petits avions, trouvant ce passe-temps trop dangereux. Sans trop de succès, semble-t-il !

● Morenz obtient le 200e but de sa carrière le 3 février, contre Toronto.
● Cinq des dix parties des Canadiens en séries nécessitent du temps supplémentaire, trois contre Boston (deux gains et un revers pour Montréal) et deux contre Chicago (deux défaites).

1930 1931

ÉQUIPE 1930-31							
Entraîneur : Cecil Hart (44-26-10-8)							
N°	POS	JOUEURS	PJ	B	A	PTS	PUN
7	C	Howie Morenz	39	28	23	51	49
4	AG	Aurèle Joliat	43	13	22	35	73
6,14	AD	Johnny Gagnon	41	18	7	25	43
9	C	Pit Lépine	44	17	7	24	63
12	D/AG	Georges Mantha	44	11	6	17	25
8	D	Albert Leduc	44	8	6	14	82
10	AD	Wildor Larochelle	40	8	5	13	35
6,14	AD	Nick Wasnie	44	9	2	11	26
2,10,11,15	D	Sylvio Mantha	44	4	7	11	75
5	AG	Armand Mondou	40	5	4	9	10
15	AD	Gus Rivers	44	2	5	7	6
3	D	Marty Burke	44	2	5	7	91
11	AD/D	Bert McCaffrey	22	2	1	3	10
11	D	Art Lesieur	21	2	0	2	14
5,8,16,17,21	D	Jean Pusie	6	0	0	0	0
1	G	George Hainsworth	44	0	0	0	0

GARDIEN	PJ	G	P	N	MIN	BC	BL	MOY
George Hainsworth	44	26	10	8	2740	89	8	1,95

Cette année-là, Morenz obtient 51 points, dont 28 buts. Il est élu au centre de la première équipe d'étoiles. Joliat l'accompagne à l'aile gauche dans cette première sélection des étoiles de la saison, une initiative de la Ligue nationale pour intéresser davantage la population au hockey en cette période difficile. Un troisième joueur des Canadiens, le défenseur Sylvio Mantha, est nommé dans la seconde équipe.

Grâce à Morenz et à ses équipiers, les Canadiens, premiers de leur division, conservent la coupe Stanley, écartant les puissants Bruins de Boston, de nouveau champions de la Division américaine, eux dont on parlait comme de l'équipe de la décennie.

Après Lalonde, après Joliat, c'est maintenant au tour de Morenz d'ajouter quelques fleurons à cette équipe qui n'est encore qu'à l'aube de cette dynastie toute-puissante qu'elle deviendra.

*Le trio Gagnon-Morenz-Joliat et les autres membres des **Flying Frenchmen** électrisent les foules et les Canadiens se montrent plus gourmands que les autres clubs au guichet.*

● Les déboires des Pirates de Pittsburgh les forcent à déménager à Philadelphie où ils deviendront les Quakers, sans obtenir davantage de succès. Ils disparaîtront en fin de saison.

● Les Cougars de Detroit changent de nom pour «Falcons».

● La crise fait des ravages à Ottawa aussi. Le club se défait de plusieurs joueurs importants, notamment Frank King Clancy, échangé aux Leafs de Toronto en retour de deux joueurs secondaires et d'une somme de 35 000 $. La légende veut que le gérant des Leafs, Conn Smythe, ait gagné une forte somme aux courses de chevaux, ce qui lui aurait permis d'offrir ce montant substantiel aux Senators. Ceux-ci ne se remettront pas du départ de Clancy et le club disparaîtra quelques années plus tard.

● Nels Stewart, des Maroons, obtient les deux buts les plus rapides de l'histoire (record égalé mais non battu), en marquant deux fois en quatre secondes le 3 janvier 1931, dans une victoire de 5-3 contre Boston.

● Les nouveaux règlements stipulent que la rondelle doit pénétrer dans la zone adverse avant qu'un joueur à l'attaque ne puisse y entrer.

1930 1931

LÉPINE MET FIN AUX ESPOIRS DES BLACK HAWKS DE CHICAGO

Les Black Hawks de Chicago participent à leur première série finale en cinq ans d'histoire. La série demi-finale contre les Rangers n'a pas été facile et le début de cette finale contre les Canadiens, encore moins. Mais la confiance revient après des gains de 2-1 à la deuxième supplémentaire du deuxième match et de 3-2 à la troisième supplémentaire du troisième. Chicago mène la série par deux parties à une et le quatrième match par 2-1, avec un peu moins de 20 minutes à jouer. Les effluves du champagne taquinent déjà les narines des joueurs lorsque Johnny Gagnon provoque l'égalité à 4 min 25 s, avec son deuxième but du match. Quelques minutes plus tard, Pit Lépine enlève les derniers espoirs aux Hawks avec deux autres buts, lesquels permettront aux Canadiens de niveler la série par ce gain de 4 à 2.

Chicago bataillera encore dans le cinquième match, présenté dans un Forum survolté, mais la chance est passée. Le Canadien l'emportera 2-0, sur des filets de Gagnon et d'Howie Morenz, pour cueillir sa quatrième coupe Stanley.

LES CANADIENS COÛTENT PLUS CHER

Les *Flying Frenchmen* se distinguent des autres équipes de la Ligue, autant sur la glace qu'au guichet, partout où ils passent. Conscients du pouvoir d'attraction de l'équipe — en raison de cet accent francophone mêlé de jurons qui résonnent aux quatre coins de la patinoire, mais aussi en raison du jeu excitant des Morenz, Joliat, Mantha, Gagnon et cie —, les propriétaires, Léo Dandurand et Jos Cattarinich, n'hésitent pas à réclamer 5 % des recettes à l'entrée lors des matchs à l'extérieur. Les autres formations doivent se contenter de 3,5 %, ce qui ne fait pas le bonheur de tous.

La renommée ça se paie, mais faut dire que déjà les Canadiens attirent davantage que leurs rivaux.

TROPHÉES
COUPE STANLEY
Canadiens de Montréal
COUPE O'BRIEN
Canadiens de Montréal
TROPHÉE PRINCE-DE-GALLES
Bruins de Boston
TROPHÉE HART
Howie Morenz
Canadiens de Montréal
TROPHÉE LADY-BYNG
Frank Boucher
Rangers de New York
TROPHÉE GEORGES-VÉZINA
Roy Worters
Americans de New York
MEILLEUR MARQUEUR
Howie Morenz
Canadiens de Montréal

Deux buts de Pit Lépine lors du quatrième match de la finale et les beaux espoirs des Hawks s'envolent.

DIVISION CANADIENNE	PJ	G	P	N	BP	BC	PTS
Montréal (Canadiens)	44	26	10	8	129	89	60
Toronto (Maple Leafs)	44	22	13	9	118	99	53
Montréal (Maroons)	44	20	18	6	105	106	46
New York (Americans)	44	18	16	10	76	74	46
Ottawa (Senators)	44	10	30	4	91	142	24
DIVISION AMÉRICAINE	**PJ**	**G**	**P**	**N**	**BP**	**BC**	**PTS**
Boston (Bruins)	44	28	10	6	143	90	62
Chicago (Black Hawks)	44	24	17	3	108	78	51
New York (Rangers)	44	19	16	9	106	87	47
Detroit (Falcons)	44	16	21	7	102	105	39
Philadelphie (Quakers)	44	4	36	4	76	184	12

1931 Ⓒ 1932

Nouvelle domination des Canadiens au sommet de la Division canadienne, alors que les puissants Bruins cèdent le premier rang de la Division américaine aux Rangers et glissent même au dernier échelon, avec une fiche inférieure à ,500. La Ligue, amputée des équipes de Philadelphie et d'Ottawa — cette dernière a pris congé pour un an — adopte un calendrier de 48 parties. Deux joueurs des Maple Leafs, Harvey Jackson et Joe Primeau, accaparent les premières places des marqueurs avec 53 et 50 points, devant Howie Morenz (49) et un autre Leaf, Charlie Conacher (48). Morenz est récipiendaire du trophée Hart pour la deuxième fois de suite. Les Canadiens gagnent leur premier match en demi-finale contre les Rangers, mais perdent les trois suivants. Toronto dispose ensuite de New York en trois parties d'affilée en finale.

Les riches contre les pauvres

Howie Morenz passe au premier rang des marqueurs.

La Grande Dépression, par suite du krach de 1929, laisse des traces profondes au sein de la population et les équipes professionnelles de hockey ne sont pas épargnées. Les Senators d'Ottawa, membres fondateurs de la Ligue nationale, croulent sous les dettes. Le bilan de la saison précédente indique un déficit de 50 000 $. Ainsi, cette équipe, considérée comme l'une des puissances du circuit au début de la décennie, demande de suspendre ses activités pour un an.

● Quatrième coupe O'Brien en cinq ans pour les Canadiens.

● Puisque les gardiens doivent se retirer du jeu pendant leurs punitions, c'est Albert Leduc qui est contraint de remplacer Hainsworth devant son filet le 2 décembre, à Chicago, lorsque l'arbitre impose une pénalité à ce dernier. Le pauvre Leduc accorde un but et le Tricolore perd le match.

● Trois autres joueurs des Canadiens ont été appelés à remplacer leur gardien en pareilles circonstances : Jack Laviolettte en 1914-15, Sprague Cleghorn en 1921-22 et Charlie Sands en 1939-40.

Albert Leduc joue au gardien, lors d'une punition à Hainsworth, le 2 décembre, contre Chicago.

1931-1932

À Philadelphie, c'est encore pire. Transféré de Pittsburgh à Philadelphie la saison précédente, le club ne gagne que quatre parties, les assistances aux matchs sont anémiques et son rapport financier est à l'encre rouge foncé, 100 000 $ selon les uns, 175 000 $ selon les autres. Les dirigeants n'ont d'autre choix que de lancer la serviette et l'un des propriétaires, l'ancien boxeur champion du monde, Benny Leonard, se résigne à retourner dans le ring pour éponger sa perte.

À Toronto et à Montréal, la situation est beaucoup plus intéressante. Pendant que Conn Smythe relève le défi de faire construire un nouvel amphithéâtre (le Maple Leafs Garden) en pleine crise économique et dans un délai de cinq mois, en plus, les Canadiens attirent encore plus de spectateurs. La masse salariale

George Hainsworth, dont on avait annoncé le décès par erreur au cours de l'été, obtient plutôt un nouveau record de blanchissages, en décembre.

● Nouveau record pour George Hainsworth avec le 64e jeu blanc de sa carrière le 10 décembre, contre les Americans de New York. Il dépasse Alex Connell, ex-gardien des Senators, que les Red Wings ont réclamé à la dissolution d'Ottawa. Connell inscrira cependant un 150e gain quelques mois plus tard.

● Quatrième victoire des Canadiens en sept affrontements (4-2-1) contre les Maroons, pour le trophée Kennedy.

Les principaux joueurs du club, comme Joliat et Mantha, endossent régulièrement divers produits de consommation. Pour la Bee Hive, c'est aussi le début des fameuses photos à commander par la poste.

ÉQUIPE 1931-32						
Entraîneur : Cecil Hart (48-25-16-7)						
N°	POS	JOUEURS	PJ	B	A	PTS PUN
7	C	Howie Morenz	48	24	25	49 46
4	AG	Aurèle Joliat	48	15	24	39 46
14	AD	Johnny Gagnon	48	19	18	37 40
9	C	Pit Lépine	48	19	11	30 42
10	AD	Wildor Larochelle	48	18	8	26 16
5	AG	Armand Mondou	47	6	12	18 22
6	AD	Nick Wasnie	48	10	2	12 16
2	D	Sylvio Mantha	47	5	5	10 62
3	D	Marty Burke	48	3	6	9 50
8	D	Albert Leduc	41	5	3	8 60
12	D/AG	Georges Mantha	48	1	7	8 8
8,15	D	Art Lesieur	24	1	2	3 12
16	AG	Art Alexandre	10	0	2	2 8
11	D	Dunc Munro	48	1	1	2 14
15	AD	Gus Rivers	25	1	0	1 4
16	D	Jean Pusie	1	0	0	0 0
1	G	George Hainsworth	48	0	0	0 2
GARDIENS		PJ	G	P	N	MIN BC BL MOY
George Hainsworth		48	25	16	7	2998 110 6 2,20
Albert Leduc		1	0	0	0	2 1 0 30,00

est directement proportionnelle à la qualité d'une équipe qui vient de remporter deux coupes Stanley de suite et qui est en voie de s'approprier une deuxième coupe O'Brien consécutive pour le championnat de la saison régulière. La grande vedette de l'équipe, Howie Morenz, termine au troisième rang des marqueurs avec 49 points, tout juste derrière 2 membres du fameux trio de la *Kid Line* des Maple Leafs, et il se voit attribuer le trophée Hart pour une deuxième année de suite, le troisième de sa carrière. Il est de nouveau élu au sein de la première équipe d'étoiles.

Mais le succès a un prix. Duncan Munro, un défenseur des Maroons qui est aussi entraîneur et gérant de l'équipe, réclame 5 000 $ pour signer un contrat à titre de joueur autonome pour les Canadiens.

Pendant ce temps, la popularité du club s'étend à l'Europe. Le gérant Léo Dandurand reçoit une offre du promoteur français Jeff Dickson, qui veut organiser une tournée européenne pour l'équipe à la fin de la saison. Intéressé, Dandurand fixe le coût à 25 000 $.

Gonflés à bloc par tant d'attentions, les joueurs du Tricolore y vont d'un quatrième championnat de division en cinq ans et entreprennent les séries avec confiance contre les Rangers de New York, nouveaux titulaires du titre de la Division américaine, alors que les puissants Bruins ont sombré au dernier rang. Victoire de 4-3 des Canadiens lors de la première rencontre, mais les champions « se font sortir » trois parties à une dans la série.

LE SAVIEZ-VOUS...

Dans son édition du 15 juillet 1931, *La Presse* annonce par erreur le décès de George Hainsworth, ce qui cause beaucoup d'émoi chez les partisans.

GAGNON REND LA PAROLE À UN MUET

La passion du hockey a redonné la voix à un partisan du Tricolore, rapportent les médias de l'époque. Jean-Louis Lefebvre, soldat canadien de la Première Guerre mondiale, a perdu la voix lors d'un éboulement. Installé près de son appareil radio en ce 30 janvier 1932, lors d'un match Canadiens/Red Wings, il écoute la retransmission qu'en fait le commentateur Joseph-Arthur Dupont, de CKAC. Excité par le jeu, notre homme, qui a maintenant 40 ans, bondit de joie en criant lorsque Johnny Gagnon saisit une passe d'Howie Morenz pour

● Les joueurs des équipes dissoutes, Ottawa et Philadelphie, sont répartis entre les autres clubs, avec priorité aux quatrièmes de chaque division selon le classement de l'année précédente.

● La *Kid Line* des Leafs fait des ravages. L'ailier gauche Harvey Jackson (20 ans) termine au premier rang des marqueurs avec 53 points. Joe Primeau, joueur de centre surnommé « Gentleman Joe » (le plus vieux à 25 ans), termine deuxième et reçoit le trophée Lady-Byng. Charlie Conacher (22 ans), l'ailier droit du trio, est quatrième derrière Morenz, mais il domine pour les buts.

● Les préposés au nettoyage de la glace du Madison Square Garden s'exécutent en patins pour accélérer leur travail. Ce qui n'est pas encore d'usage courant chez les autres « chevaliers de la pelle » !

● Conn Smythe remplace son entraîneur Art Duncan par Dick Irvin, congédié à Chicago. Irvin gagnera la coupe Stanley dès la première année.

Joliat fait la promotion du sirop Bee-Hive et la photo de Georges Mantha sert à illustrer les cartons d'alumettes.

1931-1932

TROPHÉES	
COUPE STANLEY	
Maple Leafs de Toronto	
COUPE O'BRIEN	
Canadiens de Montréal	
TROPHÉE PRINCE-DE-GALLES	
Rangers de New York	
TROPHÉE HART	
Howie Morenz	
Canadiens de Montréal	
TROPHÉE LADY-BYNG	
Joe Primeau	
Maple Leafs de Toronto	
TROPHÉE GEORGES-VÉZINA	
Charlie Gardiner	
Black Hawks de Chicago	
MEILLEUR MARQUEUR	
Harvey Jackson	
Maple Leafs de Toronto	

« Un miracle » à ajouter à la fiche de Johnny Gagnon.

134

● À la disparition des Quakers de Philadelphie, le président Frank Calder embauche Wilf Cude à titre de gardien d'utilité pour la Ligue. Celui-ci disputera quelques matchs à Boston et à Chicago, mais il passera la majeure partie de la saison dans un circuit mineur, la Ligue Can-Am. Le Tricolore retiendra ses services en 1933-34 et il complétera sa carrière à Montréal sept ans plus tard.

● Une première coupe Stanley à Toronto en dix ans avec les Maple Leafs. Les deux autres ont été l'œuvre des Arenas (1917-18) et des St. Patricks (1921-22).

● L'Association américaine a des visées sur la coupe Stanley et lance un défi à la LNH pour une série entre les champions des deux circuits. Refus catégorique du président Calder, qui se dit prêt à changer de trophée emblématique s'il le faut plutôt que de devoir affronter la Ligue rivale.

● Le Canada décroche la médaille d'or aux Jeux olympiques une quatrième fois de suite. Les Américains sont deuxièmes.

DIVISION CANADIENNE	PJ	G	P	N	BP	BC	PTS
Montréal (Canadiens)	48	25	16	7	128	111	57
Toronto (Maple Leafs)	48	23	18	7	155	127	53
Montréal (Maroons)	48	19	22	7	142	139	45
New York (Americans)	48	16	24	8	95	142	40

DIVISION AMÉRICAINE	PJ	G	P	N	BP	BC	PTS
New York (Rangers)	48	23	17	8	134	112	54
Chicago (B. Hawks)	48	18	19	11	86	101	47
Detroit (Falcons)	48	18	20	10	95	108	46
Boston (Bruins)	48	15	21	12	122	117	42

MEILLEURS MARQUEURS		PJ	B	A	PTS	PUN
Busher Jackson	Toronto	48	28	25	53	63
Joe Primeau	Toronto	46	13	37	50	25
Howie Morenz	**Canadiens**	48	24	25	49	46
Charlie Conacher	Toronto	44	34	14	48	66
Bill Cook	NY Rangers	48	33	14	47	33
Dave Trottier	Maroons	48	26	18	44	94
Hooley Smith	Maroons	43	11	33	44	49
Babe Siebert	Maroons	48	21	18	39	64
Dit Clapper	Boston	48	17	22	39	21
Aurèle Joliat	**Canadiens**	48	15	24	39	46

Arthur Alexandre arrive chez les Canadiens en fin de saison et ne disputera qu'une dizaine de parties avec l'équipe, n'obtenant aucun but.

marquer son troisième but de la soirée. Gagnon venait de lui délier la langue après 15 années de silence.

Il ne fut probablement pas le seul à redonner la parole aux muets chez les Canadiens puisque, dans son livre consacré à Maurice Richard, Jean-Marie Pellerin attribue un autre « miracle » du genre au Rocket. L'heureux événement serait survenu lors d'une performance de quatre buts réalisée par le numéro 9 dans le premier match de la finale de 1957 contre Boston. Un vieil homme, victime précédemment d'une crise cardiaque qui l'avait paralysé, aurait poussé un cri terrible au quatrième but du Rocket, recouvrant lui aussi l'usage de la parole.

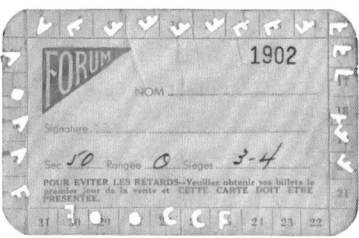

À cette époque, un simple carton à poinçonner servait de billet de saison.

PLEIN LA VUE !

Howie Morenz a Cy Denneny dans sa mire en fin de saison, bien déterminé à le surpasser pour le nombre de buts et de points. Les buts attendront un peu, mais pas le record de points. L'Éclair de Stratford connaît une fin de saison à couper le souffle avec des performances de quatre points — un but et trois passes — à chacune des trois dernières parties, contre les Americans, les Maroons et les Maple Leafs. Devant ses partisans du Forum, de surcroît.

L'électrisant joueur des Canadiens complète la saison avec 341 points, 8 de mieux que son prédécesseur, qu'il a dépassé à l'avant-dernière rencontre, grâce à une passe sur un but de Johnny Gagnon, réussi aux premières secondes du match.

Quelques semaines plus tôt, au lendemain du jour de l'An, Morenz avait vécu un autre moment historique en devenant le deuxième joueur de l'organisation — après Lalonde — à s'inscrire au club des 300 points chez les Canadiens.

Deux ans plus tard, Morenz abaissera aussi le record de buts de Denneny. À son tour, il sera ensuite surpassé par Nels Stewart, pour les buts en 1937 et pour les points en 1939. Mais sa renommée survivra.

1932 ◯ 1933

Les Canadiens glissent au troisième rang de leur division et Toronto, stimulé par sa conquête de la coupe Stanley, termine premier, devant les Maroons. Dans la Division américaine, Boston partage le sommet avec Detroit. Le dernier match de la demi-finale Boston/Toronto se termine 1-0 en faveur des Leafs, à la sixième supplémentaire. Les Rangers vengent ensuite leur échec de l'année précédente contre les Leafs, par trois parties à une, après avoir éliminé les Canadiens et les Red Wings. Bill Cook, des Rangers, est champion marqueur avec 50 points, 6 de mieux que le gagnant de la saison 1931-32, Harvey Jackson, de Toronto. Carl Voss, des Red Wings, est le premier à mériter le titre de recrue de l'année. Retour des Senators d'Ottawa, qui finissent bons derniers.

Des débuts difficiles pour l'entraîneur Lalonde

Lalonde en arrache à ses débuts comme entraîneur des Canadiens, ce qui ne l'empêche pas d'offrir ses vœux de bonne année aux partisans de l'équipe par l'intermédiaire des journaux.

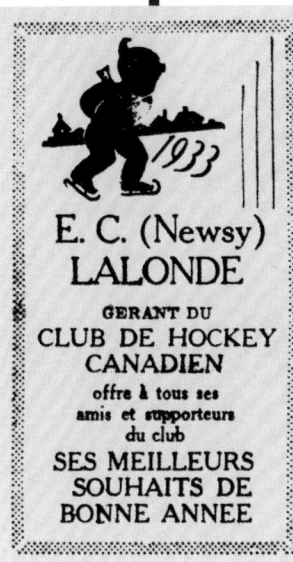

E. C. (Newsy) LALONDE
GÉRANT DU
CLUB DE HOCKEY CANADIEN
offre à tous ses amis et supporteurs du club
SES MEILLEURS SOUHAITS DE BONNE ANNÉE

Les Canadiens ont beau accumuler les championnats et les coupes Stanley depuis cinq ans, l'arrivée de Newsy Lalonde à titre d'entraîneur ne se fait pas sans heurts. Première grande vedette de l'histoire du club, Lalonde avait poursuivi sa carrière de joueur dans la Ligue de l'Ouest après que le Tricolore eut cédé ses droits en retour du très prometteur Aurèle Joliat, puis il était devenu entraîneur dans la Ligue Can-Am. Il est donc un choix normal pour remplacer Cecil Hart, après le championnat qu'il a remporté l'année précédente à la barre des Reds de Providence, avec lesquels les Canadiens ont aussi une entente.

L'équipe montréalaise en arrache en début de saison. Le club gagne seulement 2 de ses 10 premières rencontres et la grogne règne parmi les joueurs, qui ne prisent pas beaucoup les méthodes du nouvel entraîneur. Les choses ne s'arrangent pas lorsque, au début de décembre, Lalonde suspend Pit Lépine pour indiscipline pendant deux parties.

● La puissance offensive des Canadiens fonctionne au ralenti. Le club marque seulement 92 buts en 48 parties, comparativement à 128 l'année précédente. Joliat finit au 6e rang des marqueurs, tandis que Morenz et Gagnon sont 10e et 11e. Cette année-là, Joliat devient le premier joueur des Canadiens à avoir disputé 400 parties.

● La fierté du club en prend un coup face aux Maroons, les ennemis jurés du Tricolore, deuxièmes au classement de la division, car trois joueurs — Baldy Northcott, Hooley Smith et Paul Haynes — précèdent Joliat chez les marqueurs. En plus, les Maroons reprennent la coupe Kennedy.

● Hainsworth a aussi connu de bons moments au cours de cette dernière saison passée à Montréal. Il réussit son 75e blanchissage contre les Bruins en mars, lors d'un match sans pointage, au Forum. À son 71e, il avait déjà délogé Alex Cornell.

● Aurèle Joliat obtient son 300e point dans l'uniforme des Canadiens, sur un but de Pit Lépine contre Chuck Gardiner, des Black Hawks, le 12 janvier, devant ses partisans.

● Le Tricolore met fin à son entente avec son club-école des Reds de Providence au terme de la saison.

L'équipement d'un joueur de hockey était encore plutôt rudimentaire à cette époque.

1932-1933

Au milieu de la saison, les Canadiens sont bons derniers et Dandurand menace de remplacer quelques joueurs réguliers par des recrues. Lalonde retire Morenz au profit de Pit Lépine au centre du premier trio, entre Joliat et Gagnon. Même Hainsworth, l'un des meilleurs cerbères de l'histoire du club, connaît des difficultés. Il concède 10 buts aux Bruins le 21 février, la pire raclée de sa carrière.

De son côté, le gérant Dandurand passe aux actes, multipliant les démarches pour secouer le club. Il rappelle trois joueurs de Providence, Wilfrid Gizzy Hart, Art Alexandre et Bobby Trapp, et il retire Marty Burke, Paul-Marcel Raymond et Walter McCartney de l'alignement. Quelques jours plus tard, il

Premier casse-tête connu illustrant les joueurs des Canadiens.

ÉQUIPE 1932-33

Entraîneur : Newsy Lalonde (48-18-25-5)

N°	POS	JOUEURS	PJ	B	A	PTS	PUN
4	AG	Aurèle Joliat	48	18	21	39	53
7	C	Howie Morenz	46	14	21	35	32
11,14	AD	Johnny Gagnon	48	12	23	35	64
9	C	Pit Lépine	46	8	8	16	45
10,14	AD	Wildor Larochelle	47	11	4	15	27
2,3	D	Sylvio Mantha	48	4	7	11	50
12	AG	Georges Mantha	43	3	6	9	10
8	D	Albert Leduc	48	5	3	8	62
3	D	Marty Burke	29	2	5	7	36
9,15,16	AD	Art Giroux	40	5	2	7	14
6,11	D	Gerry Carson	48	5	2	7	53
6	AG	Léo Gaudreault	24	2	2	4	2
5	AG	Armand Mondou	24	1	3	4	15
5,16	AG	Harold Hart	18	0	3	3	0
5,15	D	Léo Bourgault	15	1	1	2	9
6,10,17	AG	Hago Harrington	24	1	1	2	2
3	D	Bob Trapp	1	0	0	0	0
17	AG	Art Alexandre	1	0	0	0	0
16	AG	Walt McCartney	2	0	0	0	0
12	C/AD	Len Grosvenor	4	0	0	0	0
5	C	Leo Murray	6	0	0	0	2
2,3	D	Harold Starr	15	0	0	0	6
15	AD	Paul-Marcel Raymond	16	0	0	0	0
1	G	George Hainsworth	48	0	0	0	0

GARDIEN	PJ	G	P	N	MIN	BC	BL	MOY
George Hainsworth	48	18	25	5	2980	115	5	2,32

DIVISION CANADIENNE	PJ	G	P	N	BP	BC	PTS
Toronto (Maple Leafs)	48	24	18	6	119	111	54
Montréal (Maroons)	48	22	20	6	135	119	50
Montréal (Canadiens)	**48**	**18**	**25**	**5**	**92**	**115**	**41**
New York (Americans)	48	15	22	11	91	118	41
Ottawa (Senators)	48	11	27	10	88	131	32

DIVISION AMÉRICAINE	PJ	G	P	N	BP	BC	PTS
Boston (Bruins)	48	25	15	8	124	88	58
Detroit (Red Wings)	48	25	15	8	111	93	58
New York (Rangers)	48	23	17	8	135	107	54
Chicago (Black Hawks)	48	16	20	12	88	101	44

● On autorise les équipes à envoyer un autre joueur purger les punitions infligées à leur gardien.

● Les Falcons de Detroit deviennent les Red Wings à l'arrivée d'un nouveau propriétaire, James Norris, un ancien joueur des Winged Wheelers de la Montreal Amateur Athletic Association (MAAA).

● Les Senators reprennent vie à Ottawa et rapatrient leurs joueurs, mais ils termineront en dernière place deux ans de suite avant de déménager à St. Louis.

● Ken Doraty marque l'unique filet du cinquième et ultime match de demi-finale, en faveur des Maple Leafs de Toronto contre les Bruins de Boston... à la sixième période supplémentaire. Un nouveau record qu'on croyait inaccessible, mais qui sera battu trois ans plus tard par les Maroons et Detroit.

● Épuisés par une série longue et difficile contre Boston (quatre parties sur cinq en prolongation), les Leafs de Toronto s'avèrent une proie facile pour les Rangers en finale. Les New-Yorkais gagnent par trois parties à une, dont la dernière par

1-0 en supplémentaire, grâce à un but de Bill Cook lors d'une double pénalité aux Leafs.

● Un nouveau trophée, qui portera plus tard le nom du président Calder, est attribué au meilleur joueur de première année. Son récipiendaire, Carl Voss, a joué pour huit clubs différents au cours de sa carrière dans la LNH, dont sept à ses six dernières années. Il deviendra plus tard arbitre en chef de la Ligue.

1932-1933

impose une amende de 200 $ à Gagnon pour son indifférence au jeu, après une défaite contre Chicago, et procède à une transaction en deux étapes avec les Senators pour obtenir les services de Léo Bourgault et Harold Starr.

Finalement, le Tricolore, que Dandurand évaluait à 300 000 $ en début de saison, termine au troisième rang et participe aux séries, où il gagne 6 parties sur 10 et en annule 2.

Menaces et modifications à l'équipe auront donné des résultats, même si le club ne fait pas long feu contre les Rangers en séries.

LE GARDIEN HAINSWORTH CAPITAINE

Le gérant Léo Dandurand décide de confier le rôle de capitaine à son gardien George Hainsworth, en remplacement de Sylvio Mantha, au début de la saison. Il explique le choix de son portier en disant que celui-ci demeure sur la patinoire durant tout le match et se trouve ainsi avantagé par rapport à un autre joueur qui pourrait être au banc ou puni au moment d'avoir besoin d'intervenir.

Premier gardien de l'équipe à remplir un tel rôle, Hainsworth n'occupera pas cette fonction très longtemps puisqu'il sera échangé aux Maple Leafs de Toronto l'année suivante. Mantha reprendra alors le titre et le conservera jusqu'en fin de saison 1935-36.

Hainsworth ne sera pas le seul gardien à devenir capitaine chez les Canadiens puisque Bill Durnan a joué un rôle similaire en janvier 1948, lorsque Toe Blake s'est fracturé une jambe. Il est demeuré au poste jusqu'à la fin de l'année.

MEILLEURS MARQUEURS						
		PJ	B	A	PTS	PUN
Bill Cook	NY Rangers	48	28	22	50	51
Busher Jackson	Toronto	48	27	17	44	43
Baldy Northcott	Maroons	48	22	21	43	30
Hooley Smith	Maroons	48	20	21	41	66
Paul Haynes	Maroons	48	16	25	41	18
Aurèle Joliat	Canadiens	48	18	21	39	53
Marty Barry	Boston	48	24	13	37	40
Bun Cook	NY Rangers	48	22	15	37	35
Nels Stewart	Boston	47	18	18	36	62
Howie Morenz	Canadiens	46	14	21	35	32
John Gagnon	Canadiens	48	12	23	35	64
Eddie Shore	Boston	48	8	27	35	102
Frank Boucher	NY Rangers	47	7	28	35	4

George Hainsworth est le premier gardien à exercer le rôle de capitaine chez le Tricolore. À cette époque, on n'appose pas de « C » sur le chandail du capitaine.

139

● Earl Roche entreprend la saison avec les Maroons, mais après cinq parties, il joint les rangs des Bulldogs de Windsor dans la Ligue internationale américaine (IAHL). En janvier, il signe un contrat comme agent libre avec Boston, qui l'envoie ensuite à Ottawa après quelques matchs seulement, pour compléter une transaction. Trois clubs de la LNH plus une équipe mineure durant une même saison pour ce joueur de 23 ans !

● Reg Noble, l'unique joueur de la saison inaugurale de la LNH encore actif, dispute une dernière saison avec les Maroons, dont il a déjà porté les couleurs. Le Tricolore, pour qui il jouait dans la NHA, n'avait pas retenu ses services dans la Ligue nationale et il s'était alors aligné avec les St. Pats de Toronto, avant de passer aux Maroons et ensuite aux Cougars de Detroit.

Il s'agit de sa 16e saison dans la Ligue, mais il disputera une dernière campagne dans la IAHL.

● Le rude Eddie Shore, des Bruins, devient le premier défenseur à obtenir le trophée Hart, remis au joueur le plus utile. Il le gagnera 4 fois en 15 ans de carrière.

● Lionel Conacher, défenseur des Maroons élu dans la seconde équipe d'étoiles, poursuit plusieurs autres carrières en parallèle à cette époque. Il joue également

à la crosse, au football et au soccer, en plus d'être boxeur. Il sera plus tard choisi meilleur athlète du demi-siècle et siégera quelques années au Parlement canadien.

● Nels Stewart — grande vedette des Maroons, champion marqueur de la Ligue en 1925-26 et deux fois élu joueur le plus utile — est échangé aux Bruins de Boston.

● Les États-Unis mettent un terme à six championnats du monde consécutifs pour le Canada.

1932-1933

MENACE DE GRÈVE

Les joueurs du Tricolore ne font pas trop de difficultés au président de la Ligue, qui a décidé d'imposer un plafond salarial de 70 000 $ par équipe et de 7 500 $ par joueur au début de la saison. Ailleurs, le bouillant Eddie Shore refuse de jouer pour moins de 10 000 $ à Boston ; il en gagnait 12 000 $ l'année précédente. Frank Boucher et Earl Seibert se révoltent aussi à New York, Reg Noble en fait autant à Detroit, Ollie Smith et Archie Wilcox protestent chez les Maroons, ainsi que Lorne Chabot et Harold Cotton à Toronto.

Chez les Canadiens, Johnny Gagnon et Aurèle Joliat refusent les offres de l'équipe, mais Gagnon se ravise le lendemain et Joliat fera de même un peu avant le début de la saison.

Finalement, tout rentre dans l'ordre. Le président Calder, après avoir menacé de suspendre les récalcitrants, demande aux équipes de lui soumettre les cas difficiles, qui seront jugés à la pièce avant que le jugement ne soit approuvé par le Bureau des gouverneurs.

TROPHÉES	
COUPE STANLEY	
Rangers de New York	
COUPE O'BRIEN	
Maple Leafs de Toronto	
TROPHÉE PRINCE-DE-GALLES	
Bruins de Boston	
TROPHÉE HART	
Eddie Shore	
Bruins de Boston	
TROPHÉE LADY-BYNG	
Frank Boucher	
Rangers de New York	
TROPHÉE GEORGES-VÉZINA	
Tiny Thompson	
Bruins de Boston	
MEILLEUR MARQUEUR	
Bill Cook	
Rangers de New York	
RECRUE DE L'ANNÉE	
Carl Voss	
Red Wings de Detroit	

Johnny Gagnon et Aurèle Joliat refusent d'abord les offres des Canadiens, mais se ravisent avant le début de la saison.

1933 [C] 1934

TORONTO DOMINE ENCORE LA DIVISION CANADIENNE — 11 POINTS DEVANT LES CANADIENS —, ALORS QUE DEUX MEMBRES DE SON MEILLEUR TRIO, CHARLIE CONACHER ET JOE PRIMEAU, ACCAPARENT DE NOUVEAU LES PREMIÈRES PLACES CHEZ LES MARQUEURS, AVEC RESPECTIVEMENT 52 ET 46 POINTS. LE TROISIÈME MEMBRE, HARVEY JACKSON, FINIT SEPTIÈME, DEVANT AURÈLE JOLIAT, MAIS C'EST CE DERNIER QUI EST DÉSIGNÉ LE PLUS UTILE À SON ÉQUIPE. DETROIT EST CHAMPION DE L'AUTRE DIVISION, MAIS CHICAGO INSCRIT SON NOM SUR LA COUPE POUR LA PREMIÈRE FOIS, GRÂCE À DES VICTOIRES CONTRE LES CANADIENS, LES MAROONS ET DETROIT. SON GARDIEN, CHARLIE GARDINER, QUI A CONSERVÉ LA MEILLEURE MOYENNE EN SAISON, ACCORDE UN BUT OU MOINS DANS CINQ DES HUIT PARTIES. IL MOURRA D'UNE HÉMORRAGIE CÉRÉBRALE DEUX MOIS PLUS TARD.

Morenz est maintenant la grande vedette de la Ligue.

Morenz au sommet

H owie Morenz a un peu ralenti et cette saison ne sera pas toujours facile pour lui. Mais elle lui apporte aussi quelques bons moments, notamment en cette avant-veille de Noël, devant ses partisans, alors qu'il éclipse le record de Cy Denneny, l'ex-vedette des Senators, avec son 249e but. L'Éclair de Stratford avait disputé son 400e match un mois plus tôt, et il lui tardait de marquer ce but qui le propulserait au sommet des meilleurs de la Ligue. Le 23 décembre, il y parvient, à 30 secondes de la fin du

● Jules Dugal, un membre de l'organisation qui deviendra gérant plus tard, ainsi que le capitaine Sylvio Mantha, se partagent la tâche de l'entraîneur Lalonde durant sa suspension de deux parties.

● L'attaque vicieuse par-derrière d'Eddie Shore contre Irving Ace Bailey lors d'un match Toronto/Boston laisse Bailey dans un état tellement précaire qu'on se met à craindre pour sa vie et à se préparer au pire. Chez les Canadiens, le soigneur Édouard Dufour prépare des brassards noirs pour les joueurs. Bailey se remet, mais Dufour meurt quelques jours plus tard, par suite de complications postopératoires reliées à ses problèmes d'ulcères d'estomac. Ironiquement, les joueurs porteront les brassards qu'il avait lui-même fabriqués.

● L'incident Shore/Bailey incite les autres équipes à la prudence. C'est ainsi que la direction des Canadiens demande à ses joueurs de porter un casque protecteur en cuir, très impopulaire du reste. Tous les prétextes sont bons pour lui « faire prendre le bord ».

● En raison du départ d'Hainsworth, Sylvio Mantha récupère son titre de capitaine.

● On fête Aurèle Joliat le 8 février, à l'occasion de son 500e match (saisons et séries) avec les Canadiens, lors d'une rencontre contre les Maroons : discours, acclamations de la foule, cadeaux et tout. Dans les

---

1933-1934

match ; profitant d'une punition à son compagnon de trio, Aurèle Joliat, il lance une attaque de sa zone et file seul jusqu'au gardien John Roach qu'il déjoue d'un tir « vitriolique », selon l'expression employée par le journaliste Horace Lavigne, de *La Patrie*.

Morenz a connu un autre bon moment le 14 décembre, rejoignant Denneny. Ce soir-là, il n'est pas le seul à se réjouir, puisque Lorne Chabot, échangé aux Canadiens en retour des services d'Hainsworth, a blanchi ses anciens coéquipiers de Toronto une deuxième fois depuis la transaction. Le Tricolore avait signé une victoire de 1-0 à Toronto en début de saison et ce deuxième jeu blanc de suite pour Chabot, cette fois devant les fans de l'équipe, lui vaut la première étoile du match.

Quant à Morenz, il poursuivra sur sa lancée pour devenir le premier joueur à marquer 250 buts, cinq jours plus tard, cette fois en déjouant Tiny Thompson, des Bruins. Deux ans plus tôt, il avait aussi relégué Denneny au deuxième rang pour le nombre de points.

Le reste de la saison sera plus difficile pour Morenz et les partisans n'hésiteront pas à le huer à plusieurs reprises. Il est blessé à une cheville au début de janvier et ne reviendra au jeu qu'un mois plus tard. Il complète la saison avec seulement huit buts, sa pire production depuis son arrivée, et sera de nouveau blessé à une main lors du match décisif contre Chicago en quart de finale, alors que le club est éliminé dès la première ronde.

Il est donc normal que Morenz se questionne sur son avenir à Montréal devant les journalistes, au terme du dernier match, avec des rumeurs d'échange qui circulent allègrement.

Dandurand réglera son cas en l'expédiant aux Black Hawks de Chicago en octobre 1934, en compagnie de Lorne Chabot, son compagnon de réjouissance, un certain 14 décembre 1933.

LA GUERRE CANADIENS/MAROONS

L'arrivée des Maroons, essentiellement formés de joueurs anglophones, en 1924-25, ravive beaucoup de passions entre les Montréalais des deux origines. Les occasions d'affrontement ne manquent pas, les soirs de match surtout.

ÉQUIPE 1933-34						
Entraîneur : Newsy Lalonde (48-22-20-6)						
N°	POS	JOUEURS	PJ	B	A	PTS	PUN
4	AG	Aurèle Joliat	48	22	15	37	27
8	AD	Wildor Larochelle	48	16	11	27	27
5	AD	Johnny Gagnon	48	9	15	24	25
7	C	Howie Morenz	39	8	13	21	21
9	C	Pit Lépine	48	10	8	18	44
14	C	Jack Riley	48	6	11	17	4
6	AG	Georges Mantha	44	6	9	15	12
2	D	Sylvio Mantha	48	4	6	10	24
12	AG	Armand Mondou	48	5	3	8	4
11	D	Léo Bourgault	48	4	3	7	10
3	D	Gerry Carson	48	5	1	6	51
10	D	Marty Burke	45	1	4	5	28
15,16	AD	Sammuel Godin	36	2	2	4	15
15,16,17	D	John Portland	31	0	2	2	10
15,16	AD	Paul-Marcel Raymond	29	1	0	1	2
1	G	Wilf Cude	1	0	0	0	0
15,16	AG	Adélard Lafrance	3	0	0	0	2
1	G	Lorne Chabot	47	0	0	0	2

GARDIENS	PJ	G	P	N	MIN	BC	BL	MOY
Wilf Cude	1	1	0	0	60	0	1	0.00
Lorne Chabot	47	21	20	6	2928	101	8	2,07

Aurèle Joliat

faits, Joliat ne disputera réellement son 500e match que le 11 février, soit deux parties plus tard, contre Chicago.

● Joliat est désigné le joueur le plus utile du circuit malgré sa huitième place au classement des marqueurs. Il est aussi élu dans la seconde équipe d'étoiles.

● La crise économique fait encore des ravages. Les assistances baissent et le Tricolore présente un déficit de 25 000 $ en fin de saison. Les Maroons perdent 50 000 $, selon les journaux de l'époque. Pourtant la Ligue a imposé un nouveau plafond salarial de 65 000 $.

● Le gardien Wilf Cude est prêté aux Red Wings par les Canadiens en janvier, en retour d'une somme d'argent appréciable. Avec la meilleure moyenne défensive, Cude mène les Wings au titre de la Division américaine et à la finale, contre Chicago.

● La société Esso Imperial commandite maintenant le choix des trois étoiles après chaque partie.

TROPHÉES	
COUPE STANLEY	
Black Hawks de Chicago	
COUPE O'BRIEN	
Maple Leafs de Toronto	
TROPHÉE PRINCE-DE-GALLES	
Red Wings de Detroit	
TROPHÉE HART	
Aurèle Joliat	
Canadiens de Montréal	
TROPHÉE LADY-BYNG	
Frank Boucher	
Rangers de New York	
TROPHÉE GEORGES-VÉZINA	
Charlie Gardiner	
Black Hawks de Chicago	
MEILLEUR MARQUEUR	
Charlie Conacher	
Maple Leafs de Toronto	
RECRUE DE L'ANNÉE	
Russ Blinco	
Maroons de Montréal	

1933-1934

OFFICIAL PROGRAMME

OHL

FORUM

1933 SEASON 1934

5¢

CANADIENS vs MONTREAL

Thursday, February 22nd, 1934

La rivalité entre les Maroons et les Canadiens fait les délices des journaux et des vendeurs de programmes, même à 5 cents l'exemplaire.

● Les Maple Leafs dominent la Ligue en plusieurs domaines, grâce à une offensive à faire trembler tous les gardiens adverses. Charlie Conacher est champion marqueur avec 32 buts et 52 points, 6 de mieux que son compagnon de trio, Joe Primeau. Le club termine 11 points devant les Canadiens. Il sera encore plus menaçant lors des années 1940 avec quatre coupes en cinq ans, de 1945 à 1949.

● Ace Bailey ne jouera plus jamais au hockey après avoir été agressé par Eddie Shore, lequel sera suspendu pendant 16 rencontres.

● La Ligue organise un match d'étoiles contre les champions de la coupe Stanley, les Maple Leafs de Toronto, pour aider financièrement Bailey et

sa famille. Toronto gagne 7-3 et on recueille 20 900 $. C'est le début des matchs d'étoiles. D'ailleurs Shore et Bailey feront la paix avant la rencontre.

● Autre tragédie dans la Ligue, le gardien vedette des Black Hawks de Chicago, Charles Gardiner, qui est aussi le capitaine du club, meurt d'une tumeur cancéreuse au cerveau quelques semaines après avoir donné une première

coupe aux Hawks. Il avait aussi remporté le trophée Vézina, en plus d'être choisi au sein de la première équipe d'étoiles. Il avait à peine 30 ans. Il est aussi le seul gardien, capitaine de son équipe, à avoir inscrit son nom sur la coupe Stanley.

● La zone entourant le filet des gardiens est agrandie à 8 pi par 5 pi, tandis que la Ligue revient au système des deux arbitres, plutôt qu'un arbitre et un juge de lignes.

1933-1934

3 ÉTOILES
DE LA JOUTE D'HIER SOIR

PIT LÉPINE (Canadien)

WILDOR LAROCHELLE (Canadien)

ART COULTER (Chicago)

GAZOLINE ★★★ IMPERIAL
Abonde en énergie

La pétrolière Imperial entreprend de populariser le choix des trois étoiles à chaque rencontre. Une coutume qui s'est maintenue jusqu'à aujourd'hui.

C'est le cas lors de la partie du 22 février 1934. Exaspéré de voir ses joueurs se faire tabasser sans pénalités par des Maroons plus robustes, le gérant Léo Dandurand veut demander des explications à l'un des officiels, lequel l'ignore. Il lance quelques bâtons sur la glace pour attirer son attention, mais c'est Reg Hooley Smith, un joueur des Maroons, qui s'interpose. Dandurand a tôt fait de lui asséner un direct pour l'étendre sur la glace. Smith revient à la charge, puis c'est au tour de l'entraîneur Newsy Lalonde de s'en mêler, en tentant d'atteindre le joueur des Maroons avec un bâton.

La pagaille ne tarde pas à se propager à la foule entre les partisans des Maroons, qui réclament les têtes de Dandurand et de Lalonde, et ceux des Canadiens, qui en veulent aux arbitres et aux joueurs adverses. Il faut l'intervention des placiers pour empêcher les partisans des Maroons d'envahir le vestiaire du Bleu Blanc Rouge, qui perd ce match décisif de la coupe Kennedy par le pointage de 1-0.

Le journal *La Patrie* rapporte dans son édition du lendemain que «... 11 000 personnes avaient été témoins de scènes insurpassables dans l'histoire du hockey contemporain... ».

Dandurand, Lalonde et Smith écopent une amende de 100 $ et une suspension de deux matchs.

Transaction-choc avant le début de la saison. Toronto et Montréal s'échangent leur gardien, Lorne Chabot et George Hainsworth.

DIVISION CANADIENNE	PJ	G	P	N	BP	BC	PTS
Toronto (Maple Leafs)	48	26	13	9	174	119	61
Montréal (Canadiens)	**48**	**22**	**20**	**6**	**99**	**101**	**50**
Montréal (Maroons)	48	19	18	11	117	122	49
New York (Americans)	48	15	23	10	104	132	40
Ottawa (Senators)	48	13	29	6	115	143	32
DIVISION AMÉRICAINE	**PJ**	**G**	**P**	**N**	**BP**	**BC**	**PTS**
Detroit (Red Wings)	48	24	14	10	113	98	58
Chicago (Black Hawks)	48	20	17	11	88	83	51
New York (Rangers)	48	21	19	8	120	113	50
Boston (Bruins)	48	18	25	5	111	130	41

MEILLEURS MARQUEURS		PJ	B	A	PTS	PUN
Charlie Conacher	Toronto	42	32	20	52	38
Joe Primeau	Toronto	45	14	32	46	8
Frank Boucher	NY Rangers	48	14	30	44	4
Marty Barry	Boston	48	27	12	39	12
Cecil Dillon	NY Rangers	48	13	26	39	10
Nels Stewart	Boston	48	21	17	38	68
Busher Jackson	Toronto	38	20	18	38	38
Aurèle Joliat	**Canadiens**	**48**	**22**	**15**	**37**	**27**
Hooley Smith	Maroons	47	18	19	37	58
Paul Thompson	Chicago	48	20	16	36	17

LES MAPLE LEAFS TERMINENT AU PREMIER RANG DE LA DIVISION CANADIENNE POUR UNE TROISIÈME ANNÉE DE SUITE, MAIS CE SONT LES MAROONS QUI FINISSENT DEUXIÈMES, AVEC UNE BONNE AVANCE SUR LES CANADIENS. BOSTON REFAIT LE COUP DE LA SAISON 1932-33, AU PREMIER RANG DE LA DIVISION AMÉRICAINE, APRÈS AVOIR OCCUPÉ LA DERNIÈRE PLACE L'ANNÉE PRÉCÉDENTE. SA PRIORITÉ SUR CHICAGO N'EST QUE D'UN POINT CEPENDANT. CHARLIE CONACHER CONSERVE SON TITRE DE PREMIER MARQUEUR AVEC UNE AVANCE DE 10 POINTS SUR SYD HOWE, PASSÉ À DETROIT EN COURS DE SAISON. LES MAROONS NE PERDENT PAS UN MATCH EN SÉRIES, DISPOSANT DE CHICAGO, NEW YORK ET TORONTO POUR LA SECONDE ET DERNIÈRE COUPE STANLEY DE LEUR HISTOIRE.

Morenz chassé de Montréal

Morenz est au sommet de sa popularité à Montréal et les fans de l'équipe, mécontents de son départ, lui organisent une fête d'adieu.

Howie Morenz, grande vedette des Canadiens depuis son arrivée en 1923 — il compte deux championnats des marqueurs, trois trophées Hart, autant de coupes Stanley et deux sélections au sein de la première équipe d'étoiles —, éprouve des difficultés depuis quelques saisons. Les blessures l'ont ralenti considérablement et il ne possède plus l'étincelle qui lui a valu le surnom d'« Éclair de Stratford ». Les partisans des Canadiens se montrent impatients à son endroit et ne manquent pas de huer son jeu à plusieurs occasions.

Léo Dandurand décide de venir à la rescousse de son joueur étoile en le cédant à une autre équipe au début d'octobre. Mais tant qu'à donner un coup, il en donne un bon pour secouer l'équipe et aussi pour étouffer la mésentente qui semble augmenter entre plusieurs joueurs et l'entraîneur Newsy Lalonde. C'est ainsi que Morenz, Lorne Chabot

● Bien avant que Wayne Gretzky ne rende le numéro 99 célèbre, Joe Lamb, Desse Roche et Léo Bourgault ont apposé ce numéro sur leur chandail, à tour de rôle, chez les Canadiens, au cours de la saison.

● Échangé avant le début du calendrier, Johnny Gagnon est rapatrié par le club en janvier. La foule lui accorde une ovation à son retour dans l'uniforme montréalais.

● Didier Pitre, premier joueur à signer un contrat avec les Canadiens en 1909 et l'une des premières grandes vedettes du club, meurt à l'été 1934, à 50 ans, victime d'une indigestion aiguë.

● Secoué par la crise économique, le Tricolore fait l'objet de quelques rumeurs de vente. Au moins trois offres viennent de groupes de Montréal, dont celle d'Ernest Savard, ex-proprio

du club de baseball, mais aussi de New York et de Cleveland, laisse-t-on entendre. Dandurand résiste.

● Un 500e match d'Aurèle Joliat dans l'uniforme des Canadiens, le 9 février, contre les Eagles de St. Louis.

● Les Canadiens signent une entente avec les Castors de Québec, de la Ligue canado-américaine, qui deviennent ainsi une filiale d'une équipe de la LNH.

● L'espace d'un match, les joueurs des Canadiens ont failli endosser l'uniforme des Black Hawks, le 2 mars à St. Louis, alors que le déraillement du train retarde la livraison de l'équipement. Finalement, les chandails arrivent par avion, juste à temps pour la rencontre.

1934-1935

GALERIE DES "AS" DU HOCKEY
AU FORUM À MONTRÉAL

Gracieusement offerte par les fabricants des
CIGARETTES SWEET CAPORAL

**Armand Mondou,
le premier joueur à effectuer
un tir de punition,
en vertu de l'application
d'un nouveau règlement.**

– l'un des meilleurs gardiens de la Ligue – et Marty Burke s'en vont à Chicago, en retour de Lionel Conacher – un athlète aux multiples talents –, Roger Jenkins et Leroy Goldsworthy. Conacher ne jouera jamais avec les Canadiens, cependant, puisqu'il sera cédé aux Maroons deux jours plus tard, en retour de deux autres joueurs.

L'échange de Morenz suscite toute une commotion chez les partisans, même si ceux-ci sont en partie responsables de son départ. De son côté, le principal intéressé croit « qu'un changement d'air fera du bien ».

Mais on ne laisse pas partir le meilleur marqueur de l'histoire de la LNH à ce jour sans lui organiser un dîner d'adieu. C'est à cette réception, selon ce que rapporte le quotidien *La Presse*, que Dandurand promet solennellement : « Tant que je serai associé aux Canadiens, aucun autre joueur ne portera le numéro 7, celui d'Howie. »

Les belles années de Morenz appartiennent au passé. Il jouera une seule saison complète avec les Black Hawks (1934-35), obtenant 8 buts en 48 parties. Ceux-ci le cèdent aux Rangers au milieu de la saison suivante, puis les fans du Canadien applaudissent son retour en septembre 1936, presque deux ans, jour pour jour, après l'avoir chassé de Montréal, alors que la direction rachète ses droits des Rangers.

Le numéro 7 sera officiellement retiré à son décès, en 1937.

LALONDE EN A ASSEZ, IL ABANDONNE

Léo Dandurand effectue plus d'une quinzaine de transactions au cours de la seule saison 1934-35. Les tiraillements entre certains joueurs vedettes de l'équipe, notamment Johnny Gagnon, et l'entraîneur Newsy Lalonde l'incitent à passer à l'action.

ÉQUIPE 1934-35						

Entraîneurs : Newsy Lalonde (16-5-8-3)
Léo Dandurand (32-14-15-3)

Nº	POS	JOUEURS	PJ	B	A	PTS	PUN
9	C	Pit Lépine	48	12	19	31	16
75	AD	Leroy Goldsworthy	33	20	9	29	13
4	AG	Aurèle Joliat	48	17	12	29	18
8	AD	Wildor Larochelle	48	9	19	28	12
64	AG	Armand Mondou	46	9	15	24	6
6	AG	Georges Mantha	42	12	10	22	14
33	C	Jack Riley	47	4	11	15	4
2	D	Sylvio Mantha	47	3	11	14	36
22	C	Nels Crutchfield	41	5	5	10	20
55	AG	John McGill	44	9	1	10	34
88	AD/D	Roger Jenkins	45	4	6	10	63
5,48	AD	Johnny Gagnon	23	1	5	6	2
12,75	D	Gordon Savage	41	1	5	6	4
99	AD	Joe Lamb	7	3	2	5	4
3	D	Gerry Carson	48	0	5	5	56
48	AD	Paul-Marcel Raymond	20	1	1	2	0

DIVISION CANADIENNE	PJ	G	P	N	BP	BC	PTS
Toronto (Maple Leafs)	48	30	14	4	157	111	64
Montréal (Maroons)	48	24	19	5	123	92	53
Montréal (Canadiens)	48	19	23	6	110	145	44
New York (Americans)	48	12	27	9	100	142	33
St. Louis (Eagles)	48	11	31	6	86	144	28

DIVISION AMÉRICAINE	PJ	G	P	N	BP	BC	PTS
Boston (Bruins)	48	26	16	6	129	112	58
Chicago (Black Hawks)	48	26	17	5	118	88	57
New York (Rangers)	48	22	20	6	137	139	50
Detroit (Red Wings)	48	19	22	7	127	114	45

MEILLEURS MARQUEURS		PJ	B	A	PTS	PUN
Charlie Conacher	Toronto	47	36	21	57	24
Syd Howe	St. L./Det.	50	22	25	47	34
Larry Aurie	Detroit	48	17	29	46	24
Frank Boucher	NY Rangers	48	13	32	45	2
Busher Jackson	Toronto	42	22	22	44	27
Herb Lewis	Detroit	47	16	27	43	26
Art Chapman	NY Americans	47	9	34	43	4
Marty Barry	Boston	48	20	20	40	33
Sweeney Schriner	NY Americans	48	18	22	40	6
Nels Stewart	Boston	47	21	18	39	45
Paul Thompson	Chicago	48	16	23	39	20

● Les Senators quittent de nouveau Ottawa, cette fois pour St. Louis où ils deviendront les Eagles. Sans beaucoup plus de succès cependant. Le club présente la pire fiche de la Ligue, avec 11 victoires en 48 parties, puis disparaît après une seule année d'activité.

● Frank Boucher remporte un septième Lady-Byng en huit ans, en qualité de joueur le plus gentilhomme du circuit. Il conservera le trophée en permanence et ce dernier sera remplacé par une reproduction.

● Le président Frank Calder approuve un nouveau patin tubulaire plus léger, mis au point par la compagnie CCM et destiné à protéger les joueurs des coupures aux pieds.

● Le plafond salarial des équipes est de nouveau réduit à 62 500 $ et celui des joueurs est ramené à 7 000 $.

● Charlie Conacher obtient son 12e tour du chapeau contre les Canadiens le 16 mars, avant de remplacer Hainsworth, blessé, devant la cage des Leafs. Il n'alloue aucun but pendant trois minutes.

● Tommy Gorman, entraîneur des Black Hawks, champions de la coupe Stanley l'année précédente, est congédié et aussitôt embauché par les Maroons. Il devient l'unique entraîneur à remporter la coupe deux ans de suite avec des équipes différentes.

● Lorne Chabot, acquis des Canadiens pour remplacer Charlie Gardiner, décédé peu après avoir donné une première coupe Stanley aux Black Hawks, conserve le trophée Vézina à Chicago, grâce à une moyenne de 1,80.

ÉQUIPE 1934-35

N°	POS	JOUEURS	PJ	B	A	PTS	PUN
48	AD	Norman Collings	1	0	1	1	0
75,99	AD	Des Roche	5	0	1	1	0
12	D	Bob McCulley	1	0	0	0	0
5	C/AG	Paul Runge	3	0	0	0	2
5	C/AG	Paul Runge	3	0	0	0	2
12,99	D	Léo Bourgault	4	0	0	0	0
5	D	Albert Leduc	4	0	0	0	4
75	D	John Portland	5	0	0	0	2
1	G	Wilf Cude	48	0	0	0	0

GARDIEN	PJ	G	P	N	MIN	BC	BL	MOY
Wilf Cude	48	19	23	6	2960	145	1	2,94

Le Tricolore termine troisième après un début de saison laborieux, alors que les rumeurs de vente de l'équipe se font nombreuses.

TROPHÉES

COUPE STANLEY
Maroons de Montréal

COUPE O'BRIEN
Maple Leafs de Toronto

TROPHÉE PRINCE-DE-GALLES
Bruins de Boston

TROPHÉE HART
Eddie Shore
Bruins de Boston

TROPHÉE LADY-BYNG
Frank Boucher
Rangers de New York

TROPHÉE GEORGES-VÉZINA
Lorne Chabot
Black Hawks de Chicago

MEILLEUR MARQUEUR
Charlie Conacher
Maple Leafs de Toronto

RECRUE DE L'ANNÉE
Sweeney Schriner
Americans de New York

Après le départ de Morenz, de Chabot et du défenseur Burke, c'est au tour de Gagnon de changer d'équipe. Il est cédé aux Bruins en retour de Joe Lamb, un autre ailier droit, qui se promènera de Boston à Montréal à Boston et finalement à St. Louis au cours de la même saison, sans disputer un seul match avec les Bruins.

La perte de toutes ces vedettes affecte le club, qui entreprend la saison avec 4 défaites d'affilée et qui gagne seulement 5 rencontres sur 16. Après 16 matchs, la fiche des Canadiens n'est que de 5 victoires et 3 nulles, contre 8 revers. Dandurand s'immisce même dans le travail de son entraîneur en lui suggérant quelques changements de trios en cours de match.

L'atmosphère ne s'améliore pas dans le vestiaire et les rumeurs ramènent Gagnon à Montréal. Lalonde en a assez. Épuisé par tant de grenouillages, il remet sa démission le 29 décembre. Dandurand tente de lui faire reconsidérer sa décision et lui offre un repos d'un mois. Mais Lalonde n'a pas l'intention de changer d'idée et, effectivement, il ne reviendra plus jamais derrière le banc de cette équipe. On peut dire qu'il aura été le premier entraîneur de l'histoire du Tricolore à céder sous la pression.

Lalonde a dirigé les Canadiens neuf saisons, en deux séquences, sur une période de près de 20 ans. Il n'aura gagné qu'une seule coupe Stanley, comme joueur-entraîneur, en 1915-16, avant la formation de la LNH, mais c'est d'abord en qualité de première grande étoile qu'il aura marqué cette équipe.

147

ÉDITION **La Patrie** SOIR

LE JOURNAL QUI PLAÎT AU LECTEUR ET PROFITE À L'ANNONCEUR

57e ANNÉE—No 172 | Temps probable: Beau et frais | MONTRÉAL, LUNDI 16 SEPTEMBRE 1935 | Le soleil se lève à 5 h. 40 (h.n.) et se couche à 6 h. 09 (h.n.) | 28 PAGES—PRIX: 2 SOUS

LE CANADIEN EST VENDU

(LIRE EN PAGE 22)

1935 Ⓒ 1936

INSPIRÉS PAR LEUR TITRE DE CHAMPIONS, LES MAROONS DEVANCENT TORONTO AU PREMIER RANG DE LA DIVISION CANADIENNE, ALORS QUE LES CANADIENS SONT BONS DERNIERS. LES RED WINGS, DESCENDUS AU DERNIER RANG L'ANNÉE PRÉCÉDENTE, SE RESSAISISSENT POUR REMONTER EN PREMIÈRE PLACE ET S'EMPARER DE LA COUPE STANLEY, UNE PREMIÈRE DANS LEUR HISTOIRE. LES WINGS SE CHARGENT D'ÉLIMINER LES CHAMPIONS EN TITRE, LES MAROONS, EN TROIS MATCHS DE SUITE, AVANT DE SE DÉFAIRE DES LEAFS DE TORONTO PAR TROIS PARTIES À UNE EN FINALE. DAVE SWEENEY SCHRINER, DES AMERICANS DE NEW YORK, NE MARQUE QUE 19 BUTS, MAIS AVEC LES 26 PASSES OBTENUES, IL FINIT PREMIER MARQUEUR DEVANT MARTY BARRY, DE DETROIT, ET PAUL THOMPSON, DE CHICAGO, ALORS QU'EDDIE SHORE EST JUGÉ LE PLUS UTILE POUR UNE DEUXIÈME SAISON DE SUITE.

Dandurand vend les Canadiens à rabais au Canadian Arena

Ébranlé par les déficits à répétition, Dandurand met un terme aux rumeurs et consent à se départir de l'équipe, mais non avant de réussir un dernier coup d'éclat.

Le Tricolore traverse l'une des périodes les plus sombres de son histoire. La crise économique frappe à son plus fort et l'ombre d'une deuxième guerre mondiale se profile. De déficit en déficit — celui de la dernière saison est de 45 000 $ —, le duo Dandurand-Cattarinich semble incapable de reprendre le contrôle de la situation. En mars 1935, les journaux ont même laissé courir la rumeur que la concession pourrait être vendue à des hommes d'affaires de Cleveland.

Pour se donner du temps, Dandurand demande à la Ligue de suspendre les activités du club pour un an. Demande refusée. Ailleurs, on est bien conscient de l'attrait des joueurs francophones lorsque les Canadiens arrivent en ville. En mai, quelques jours après le refus de la Ligue, le Forum vient à la rescousse de la formation portant de 60 à 67,5 % le pourcentage des recettes au guichet versé à l'équipe.

149

● Léo Dandurand réussit un coup de maître avant de céder la propriété de l'équipe en obtenant les droits exclusifs sur les deux meilleurs joueurs francophones, et ce, pour les trois années suivantes.

● Grave accident de la route à Shawinigan pour le défenseur Nels Crutchfield, quelques semaines avant le début de la saison. Il s'en tire après 48 heures de coma, pendant que l'équipe organise une soirée-bénéfice pour aider à payer les dépenses occasionnées par l'accident. La carrière du prometteur étudiant de McGill est terminée.

● Aurèle Joliat est mécontent du contrat offert et «fait la grève» pendant quelques jours. Il est absent à l'ouverture du camp et se présente trois jours plus tard, après entente avec l'organisation. Heureuse décision puisqu'en décembre il devient le premier Tricolore à marquer un 400e point dans la Ligue.

● Sylvio Mantha endosse la laine tricolore pour un 500e match le 21 novembre et Aurèle Joliat obtient son 400e point un mois plus tard. Les deux établissent leur marque contre les Maroons.

● Les joueurs des Canadiens revêtent un uniforme blanc le 7 décembre, pour faire contraste avec celui des Red Wings. C'est le premier chandail blanc de l'équipe depuis la saison 1911-12. L'expérience sera répétée lors des rencontres ultérieures contre certaines autres équipes au Forum.

● Les Canadiens doivent céder la coupe Kennedy aux Maroons après un quatrième revers, le 8 février. Le Tricolore, qui a gagné le premier affrontement, n'a pu faire mieux qu'une partie nulle par la suite, perdant les autres rencontres.

● Premier match disputé un dimanche à Montréal, le 15 mars. Les Canadiens et les Maroons s'affrontent au Forum et ceux-ci l'emportent 3-1.

1935-1936

Ernest Savard et le colonel Maurice Forget font partie, avec Louis Gélinas, du trio chargé d'administrer l'équipe au nom de la Canadian Arena.

Finalement, Dandurand et son acolyte cèdent le club à trois nouveaux actionnaires, Ernest Savard, Louis Gélinas et Maurice Forget. Ceux-ci constituent une façade pour l'acheteur réel, la compagnie Canadian Arena, déjà propriétaire du Forum et des Maroons.

Le montant «connu» de la transaction surprend les experts. Seulement 175 000 $, annoncent les journaux, alors que l'offre de Cleveland, six mois plus tôt, était de 200 000 $, disait-on. Sans compter l'offre de 600 000 $ qu'aurait faite un groupe d'Américains en 1930, proposition balayée par le trio d'alors. Le profit ne doit pas être énorme puisque Dandurand et Cattarinich ont déboursé 150 000 $ pour les actions de Louis Létourneau quatre ans plus tôt. Plusieurs soupçonnent une entente secrète au moment de cette nouvelle transaction. En fait, le Canadian Arena a constitué un groupe distinct pour gérer les affaires du Tricolore.

Tandis que les anciens propriétaires concentrent leurs efforts et leurs dollars sur les courses de chevaux, activité en pleine expansion, la nouvelle direction procède à quelques changements dans l'équipe, sous la présidence d'Ernest Savard, également choisi comme gérant. Sylvio Mantha devient l'entraîneur de l'équipe, tout en continuant de jouer et on effectue plusieurs transactions pour relancer l'équipe. Sans grand succès, puisqu'elle terminera dernière, avec seulement 11 gains en 48 parties.

TOE BLAKE PASSE DES MAROONS AUX CANADIENS

Les Maroons de Montréal ont mis à l'essai un jeune joueur de centre de 22 ans en février 1935, sans vraiment réaliser l'énorme potentiel de ce dénommé

ÉQUIPE 1935-36							
Entraîneur : Sylvio Mantha (48-11-26-11)							
N°	POS	JOUEURS	PJ	B	A	PTS	PUN
10	AD	Leroy Goldsworthy	47	15	11	26	8
12	C	Paul Haynes	48	5	19	24	24
4	AG	Aurèle Joliat	48	15	8	23	16
11	AG	John McGill	46	13	7	20	28
5	AG	Armand Mondou	36	7	11	18	10
9	C	Pit Lépine	32	6	10	16	4
14	AD	Johnny Gagnon	48	7	9	16	42
6	D/AG	Georges Mantha	35	1	12	13	14
15	AD	Joffre Desilets	38	7	6	13	0
8,20	AG	Paul-Émile Drouin	30	1	8	9	19
2	D	Sylvio Mantha	42	2	4	6	25
18,21	AG	Toe Blake	11	1	2	3	28
17,19	C/D	Bill Miller	17	1	2	3	2

TROPHÉES
COUPE STANLEY
Red Wings de Detroit
COUPE O'BRIEN
Maroons de Montréal
TROPHÉE PRINCE-DE-GALLES
Red Wings de Detroit
TROPHÉE HART
Eddie Shore
Bruins de Boston
TROPHÉE LADY-BYNG
Doc Rommes
Black Hawks de Chicago
TROPHÉE GEORGES-VÉZINA
Tiny Thompson
Bruins de Boston
MEILLEUR MARQUEUR
Sweeney Schriner
Americans de New York
RECRUE DE L'ANNÉE
Mike Karakas
Black Hawks de Chicago

Wilf Cude est le nouveau cerbère du Tricolore.

● Mud Bruneteau marque l'unique but des Red Wings, son premier en séries, dans une victoire de 1-0 sur les Maroons, après 116 min 30 s de temps supplémentaire (6e période de prolongation). Le match, qui a duré 5 heures et 51 minutes, prend fin à 2 h 25. Beaucoup d'hommes se sont fait poser des questions en rentrant à leur domicile, dit-on. Detroit gagnera la série trois parties à zéro. Il s'agit toujours du plus long match de l'histoire de la LNH.

● La Ligue rachète la concession des Éagles de St. Louis et met fin aux activités de l'équipe en tenant un repêchage spécial pour répartir les joueurs entre les huit clubs restants.

● Cecil Tiny Thompson, des Bruins, est le premier cerbère crédité d'une passe.

● La Division américaine est mieux équilibrée que la canadienne puisque, pour une unique fois dans l'histoire

de la Ligue, toutes ses équipes terminent la saison avec une fiche supérieure à ,500.

● Troisième trophée Hart en quatre ans pour le « vilain » Eddie Shore, qui porte maintenant un casque protecteur en cuir.

● L'équipe olympique de Grande-Bretagne, formée en bonne partie de Canadiens d'origine, enlève la médaille d'or aux Jeux de Garmisch-Partenkirchen, après quatre victoires du Canada.

ÉQUIPE 1935-36

N°	POS	JOUEURS	PJ	B	A	PTS	PUN
19	C/AG	Paul Runge	12	0	2	2	4
8	AG	Wildor Larochelle	13	0	2	2	6
18	D	Irving Frew	18	0	2	2	16
17	D	Jean Pusie	31	0	2	2	11
3	D	Walter Buswell	44	0	2	2	34
19	AG	Jean-Louis Bourcier	9	0	1	1	0
20,21	AD	Rosario Couture	10	0	1	1	0
16	D	Art Lesieur	38	1	0	1	24
1	G	Abby Cox	1	0	0	0	0
8	AD	Max Bennett	1	0	0	0	0
21	AD	Rodrigue Lorrain	1	0	0	0	2
15	D	Gaston Leroux	2	0	0	0	0
9,17	D	Cliff Goupille	4	0	0	0	0
8	C	Conrad Bourcier	6	0	0	0	0
1	G	Wilf Cude	47	0	0	0	0

GARDIENS	PJ	G	P	N	MIN	BC	BL	MOY
Abby Cox	1	0	0	1	70	1	0	0,86
Wilf Cude	47	11	26	10	2940	122	6	2,49

DIVISION CANADIENNE	PJ	G	P	N	BP	BC	PTS
Montréal (Maroons)	48	22	16	10	114	106	54
Toronto (Maple Leafs)	48	23	19	6	126	106	52
New York (Americans)	48	16	25	7	109	122	39
Montréal (Canadiens)	48	11	26	11	82	123	33

DIVISION AMÉRICAINE	PJ	G	P	N	BP	BC	PTS
Detroit (Red Wings)	48	24	16	8	124	103	56
Boston (Bruins)	48	22	20	6	92	83	50
Chicago (Black Hawks)	48	21	19	8	93	92	50
New York (Rangers)	48	19	17	12	91	96	50

MEILLEURS MARQUEURS

		PJ	B	A	PTS	PUN
Sweeney Schriner	NY Americans	48	19	26	45	8
Marty Barry	Detroit	48	21	19	40	16
Paul Thompson	Chicago	45	17	23	40	19
Charlie Conacher	Toronto	44	23	15	38	74
Bill Thoms	Toronto	48	23	15	38	29
Hooley Smith	Maroons	47	19	19	38	75
Doc Rommes	Chicago	48	13	25	38	6
Art Chapman	NY Americans	47	10	28	38	14
Herb Lewis	Detroit	45	14	23	37	25
Baldy Northcott	Maroons	48	15	21	36	41

Hector *Toe* Blake, puisqu'ils l'ont cédé aux Reds de Providence, de la Ligue Can-Am, dès le début de la saison 1935-36.

Le Canadien, qui connaît une saison difficile, décide de rapatrier le gardien Lorne Chabot, lequel éprouve certains problèmes à Chicago après avoir connu une saison de rêve. Le même jour, l'équipe négocie avec les Maroons pour les services d'un joueur de centre, Bill Miller. Le lendemain, Toe Blake est vendu au Canadien et les deux formations montréalaises complètent finalement un marché à trois pour un. Chabot passe aux Maroons, en retour de Blake et Miller, qui jouent déjà avec le Tricolore. Les Maroons ajoutent en plus les droits d'un certain Ken Gravel, un ailier droit qu'on ne verra jamais dans la LNH.

Il s'agit certes de l'une des plus profitables transactions de l'histoire des Canadiens, puisque Blake devait remporter le titre des marqueurs et le trophée Hart en 1938-39, et remporter le titre de joueur le plus gentilhomme en 1945-46. Cinq fois, il sera choisi dans l'une des deux équipes d'étoiles et, surtout, il deviendra le plus marquant des entraîneurs du Tricolore avec huit coupes Stanley.

C'est ainsi qu'en février 1936, le Canadien vient d'acquérir le premier élément de la *Punch Line*, qui allait terroriser les gardiens adverses pendant plus d'une décennie et passer à l'histoire comme l'un des plus illustres trios.

Pas assez bon pour les Maroons, Toe Blake passe aux Canadiens qui vient de trouver le premier élément de la célèbre Punch Line.

CECIL HART REVIENT COMME ENTRAÎNEUR DES CANADIENS ET LE CLUB RAPATRIE LE GRAND HOWIE MORENZ POUR REFORMER LE FAMEUX TRIO JOLIAT-MORENZ-GAGNON. LE CLUB REMPORTE LE TITRE DE LA DIVISION CANADIENNE, MAIS PLEURE LA MORT DE MORENZ. EN DEMI-FINALE, LE TRICOLORE REVIENT DE L'ARRIÈRE APRÈS AVOIR PERDU SES DEUX PREMIERS MATCHS CONTRE DETROIT, POUR ENSUITE SE FAIRE ÉLIMINER À LA CINQUIÈME ET DERNIÈRE RENCONTRE, À CAUSE D'UN BUT DE HEC KILREA À 11 MIN 49 S DE LA TROISIÈME PÉRIODE SUPPLÉMENTAIRE. LES WINGS AVAIENT TERMINÉ EN TÊTE DE LA DIVISION AMÉRICAINE. CONTRE LES RANGERS, EN FINALE, DETROIT A DÛ, LUI AUSSI, REVENIR DE L'ARRIÈRE À DEUX REPRISES, AVANT DE GAGNER LE MATCH DÉCISIF. ALBERT BABE SIEBERT, UN ANCIEN DES MAROONS, EST LE JOUEUR LE PLUS UTILE ET SYL APPS SR, QUI A FAILLI ENLEVER LE TITRE DE CHAMPION MARQUEUR À SCHRINER DÈS SA PREMIÈRE SAISON, EST DÉSIGNÉ RECRUE DE L'ANNÉE.

La mort d'un héros

La mort de Morenz laisse Joliat et ses autres coéquipiers bien songeurs, tandis que Le Petit Journal publie plusieurs témoignages.

Howie Morenz a visiblement beaucoup ralenti. L'Éclair de Stratford n'a plus ce coup de patin qui soulevait les foules au cours de ses belles années dans le chandail bleu blanc rouge. Il ne domine plus le jeu comme jadis, mais les comparaisons avec Babe Ruth, un autre grand de la même époque, tiennent toujours.

De plus, il est demeuré un héros à Montréal, même après son départ. C'est avec des cris de joie et une vive satisfaction que les partisans apprennent son retour dans la métropole canadienne au début de septembre 1936. Morenz a connu deux saisons de misère avec les Black Hawks et les Rangers, et il déclare

153

● Le Tricolore, qui détient une dizaine de points d'avance sur les Maroons au moment de la blessure de Morenz, connaît une véritable descente aux enfers par la suite. Il terminera la saison régulière avec un seul point d'avance sur ses rivaux, ne gagnant que 6 des 18 dernières parties.

● La malchance a continué de s'abattre sur le club après la mort de Morenz. Le médecin de l'équipe, J.-A. Forgues, meurt d'une indigestion aiguë lors du deuxième match des demi-finales, puis Aurèle Joliat vient près d'en faire autant,

victime d'une sérieuse attaque au foie, lors de la dernière rencontre des séries.

● Les clubs américains de la Ligue nationale refusent la permission aux Canadiens de disputer quelques parties le dimanche. L'expérience de l'année précédente ne sera pas renouvelée, puisque nos voisins veulent garder l'exclusivité de la journée du Seigneur.

● Le Tricolore met sur pied un véritable réseau de dépisteurs à la grandeur du pays et même en Angleterre.

● Howie Morenz avait subi une blessure au cartilage de la jambe droite moins de deux semaines avant la blessure qui le conduisit à l'hôpital le 28 janvier, mais le médecin de l'équipe avait réussi à le remettre sur pied rapidement.

● En décembre, les Canadiens organisent une promotion pour inciter les femmes à assister aux rencontres ; elles ont accès au Forum gratuitement, à condition d'être accompagnées d'un homme.

● Le 650e match disputé par Aurèle Joliat dans l'uniforme des Canadiens est souligné

par une cérémonie spéciale au centre de la glace. On y va de discours et de cadeaux de circonstance, le tout retransmis en direct par le poste de radio CHLP.

● Le Tricolore obtient Babe Siebert dans un échange à quatre joueurs avec les Bruins en septembre. Celui-ci est nommé capitaine et connaît une excellente saison et, finalement, décroche le trophée Hart. Il est aussi nommé au sein de la première équipe d'étoiles.

1936-1937

« se sentir revivre » à l'annonce de son retour avec les Canadiens, où il retrouve ses compagnons de trio, Aurèle Joliat et Johnny Gagnon.

Même s'il n'a plus le brio qu'on lui a connu, le numéro 7 continue d'électriser la foule chaque fois qu'il touche à la rondelle. Pendant ce temps, l'équipe semble se ressaisir après quelques années difficiles et mène devant les Maroons au premier rang de sa division.

Le 24 janvier, Morenz inscrit son 271e but, contre Mike Karakas, des Black Hawks. Deux jours plus tard, alors que le CH augmente son avance à 10 points, il obtient une passe sur un but de son coéquipier Joliat. Il s'agit de son 472e point dans la LNH, lequel lui permet de se maintenir devant l'un de ses plus proches poursuivants, Nels Stewart, qui battra un jour son record.

C'est la dernière joie que Morenz procure aux partisans montréalais. Le 28 janvier, il se fracture la jambe gauche à plusieurs endroits, lorsque le défenseur des Hawks, Earl Seibert, retombe sur lui. Son patin est resté coincé dans la bande à la suite d'une mise en échec dans le coin de la patinoire.

N°	POS	JOUEURS	PJ	B	A	PTS	PUN
14	AD	Johnny Gagnon	48	20	16	36	38
4	AG	Aurèle Joliat	47	17	15	32	30
1	D	Babe Siebert	44	8	20	28	38
12	AG	Georges Mantha	47	13	14	27	17
10	C	Paul Haynes	47	8	18	26	24
16	AG	Toe Blake	43	10	12	22	12
7	C	Howie Morenz	30	4	16	20	12
15	AD	Joffre Desilets	48	7	12	19	17
9	C	Pit Lépine	34	7	8	15	15
8	C	George Brown	27	4	6	10	10
5,19	AD	Rodrigue Lorrain	47	3	6	9	8
2	D	Bill MacKenzie	39	4	3	7	22
11	AG	John McGill	44	5	2	7	9

ÉQUIPE 1936-37

Entraîneur : Cecil Hart (48-24-18-6)

● La Ligue modifie la formule de la ronde quart de finale avec une série deux de trois plutôt que deux matchs au total des points.

● Les Americans de New York, incapables de payer leurs dettes, sont repris par la Ligue, qui désigne un administrateur pour gérer le club.

● Les marqueurs de New York ont pris l'habitude d'accorder quatre et parfois cinq assistances sur un même but depuis quelques années. Les plaintes se succédant, la Ligue adopte un règlement qui fixe le maximum de passes à deux.

● L'ailier gauche Dave Schriner, des Americans de New York, remporte un deuxième championnat des marqueurs de suite. Il avait aussi été désigné recrue de l'année à son arrivée dans la Ligue en 1934-35.

● Les Red Wings de Detroit constituent la première équipe américaine à remporter la coupe Stanley deux ans de suite.

● Premier match diffusé d'un océan à l'autre le 7 novembre, alors que les Americans de New York signent un gain de 3-2 sur Toronto.

● Les Maple Leafs ont perdu plusieurs bons vétérans. Pour remplacer King Clancy, Joe Primeau, George Hainsworth et Lorne Chabot, ils font appel à Turk Broda, Syl Apps et Gordie Drillon, qui procureront bien d'autres émotions aux partisans de la Ville Reine.

Babe Siebert ne tarde pas à s'illustrer avec les Canadiens, s'appropriant le trophée Hart à titre de joueur le plus utile.

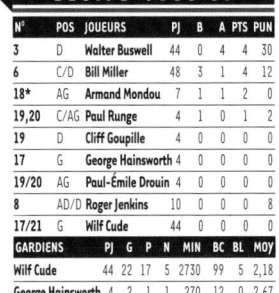

ÉQUIPE 1936-37

N°	POS	JOUEURS	PJ	B	A	PTS	PUN
3	D	Walter Buswell	44	0	4	4	30
6	C/D	Bill Miller	48	3	1	4	12
18*	AG	Armand Mondou	7	1	1	2	0
19,20	C/AG	Paul Runge	4	1	0	1	2
19	D	Cliff Goupille	4	0	0	0	0
17	G	George Hainsworth	4	0	0	0	0
19/20	AG	Paul-Émile Drouin	4	0	0	0	0
8	AD/D	Roger Jenkins	10	0	0	0	8
17/21	G	Wilf Cude	44	0	0	0	0

GARDIENS		PJ	G	P	N	MIN	BC	BL	MOY
Wilf Cude		44	22	17	5	2730	99	5	2,18
George Hainsworth		4	2	1	1	270	12	0	2,67

*19,20,21 autres numéros portés par ce joueur.

Morenz est admis à l'hôpital Saint-Luc et reçoit beaucoup de visiteurs, venus lui témoigner leur estime. À un point tel qu'un de ceux-ci compare sa chambre à « certains soirs sur Times Square ». L'hôpital doit renforcer ses règlements devant un tel va-et-vient. Le mélange de médicaments et d'alcool sera fatal pour Morenz dont on avait dû immobiliser la jambe en traction. Sa condition s'aggrave et, le 8 mars, on annonce son décès. Embolie cérébrale selon les uns, défaillance cardiaque selon les autres, les versions diffèrent. La cause précise de sa mort ne sera jamais vraiment éclaircie.

Chose certaine, c'est la stupeur dans la population montréalaise qui vient de perdre son héros. La dépouille de Morenz est exposée au centre de la patinoire du Forum. Les journaux rapportent que pas moins de 200 000 personnes se sont agglutinées dans les rues trois jours plus tard pour assister au passage du cortège funèbre.

La dépouille de Morenz est exposée au centre de la patinoire et ses admirateurs sont très nombreux à lui rendre un dernier hommage.

● Earl Robertson, un gardien sans expérience, est appelé à remplacer Norm Smith lors du premier match de la finale. Il perdra la rencontre 5-1, mais conduira les Red Wings à la coupe en blanchissant les Rangers lors des deux dernières rencontres. Il sera cédé aux Americans de New York moins d'un mois plus tard.

● Dave Kerr, cerbère des Rangers, n'accorde aucun but aux Maroons lors des deux matchs de demi-finale, après avoir blanchi Toronto dans la première partie des séries. Il réussit ensuite un autre coup de pinceau contre Detroit en finale, pour totaliser quatre jeux blancs en neuf parties et conserver une moyenne de 1,08.

● Nels Stewart, champion marqueur de la Ligue à sa première saison, revient avec les Bruins en début de campagne parce que les Americans n'ont pu débourser le montant de la transaction effectuée l'année précédente. Il dispute quelques matchs à Boston avant d'être de nouveau vendu aux Americans. Cette même année, il dépasse Morenz pour le nombre de buts durant une carrière, quelques jours après la mort de celui-ci. C'est finalement Maurice Richard qui battra son record de 324 buts, plusieurs années plus tard.

● Les ligues Can-Am et International-American (IAHL) fusionnent pour former un nouveau circuit à deux divisions, la Ligue américaine (AHL), en opposition à l'Association américaine (AHA).

1936-1937

Le but de Hec Kilrea, à la troisième période supplémentaire du cinquième et dernier match de demi-finale, permet aux Red Wings d'écarter les Canadiens des séries.

QUE LES VRAIS DIRIGEANTS SE LÈVENT

La question de la propriété des Canadiens a de nouveau fait surface en avril 1936 lorsque Tommy Gorman, gérant du Forum, affirme haut et fort que Cecil Hart, ancien entraîneur du Tricolore, pourrait bien être appelé à reprendre du service et que Howie Morenz, échangé deux ans plus tôt (une bévue selon lui), pourrait aussi jouer un rôle important au sein du club. Déclaration qui a eu le don de soulever l'ire du président de l'équipe, Ernest Savard.

Celui-ci nie les deux nouvelles avec force, allant jusqu'à affirmer que ni l'un ni l'autre ne serait de retour. D'où la querelle de propos qui s'ensuit, le second suggérant au premier de se mêler de ses affaires.

Faut croire que Gorman, également entraîneur des Maroons, l'autre club du Canadian Arena, était bien informé, puisque Hart devient entraîneur des Canadiens à la fin de juillet et que le club rachète le contrat de Morenz le 1er septembre, quelques mois avant que celui-ci ne connaisse une fin tragique.

TROPHÉES

COUPE STANLEY	
Red Wings de Detroit	
COUPE O'BRIEN	
Canadiens de Montréal	
TROPHÉE PRINCE-DE-GALLES	
Red Wings de Detroit	
TROPHÉE HART	
Babe Siebert	
Canadiens de Montréal	
TROPHÉE LADY-BYNG	
Marty Barry	
Red Wings de Detroit	
TROPHÉE CALDER	
Syl Apps	
Maple Leafs de Toronto	
TROPHÉE GEORGES-VÉZINA	
Normie Smith	
Red Wings de Detroit	
MEILLEUR MARQUEUR	
Sweeney Schriner	
Americans de New York	

DIVISION CANADIENNE	PJ	G	P	N	BP	BC	PTS
Montréal (Canadiens)	48	24	18	6	115	111	54
Montréal (Maroons)	48	22	17	9	126	110	53
Toronto (Maple Leafs)	48	22	21	5	119	115	49
New York (Americans)	48	15	29	4	122	161	34
DIVISION AMÉRICAINE	PJ	G	P	N	BP	BC	PTS
Detroit (Red Wings)	48	25	14	9	128	102	59
Boston (Bruins)	48	23	18	7	120	110	53
New York (Rangers)	48	19	20	9	117	106	47
Chicago (Black Hawks)	48	14	27	7	99	131	35

MEILLEURS MARQUEURS

		PJ	B	A	PTS	PUN
Sweeney Schriner	NY Am.	48	21	25	46	17
Syl Apps	Toronto	48	16	29	45	10
Marty Barry	Detroit	48	17	27	44	6
Larry Aurie	Detroit	45	23	20	43	20
Busher Jackson	Toronto	46	21	19	40	12
John Gagnon	**Canadiens**	**48**	**20**	**16**	**36**	**38**
Bob Gracie	Maroons	47	11	25	36	18
Nels Stewart	Bos./NY Am.	43	23	12	35	37
Paul Thompson	Chicago	47	17	18	35	28
Bill Cowley	Boston	46	13	22	35	4

TORONTO ET BOSTON SONT CHAMPIONS DE LEUR DIVISION, ALORS QUE GORDIE DRILLON DEVANCE SON COÉQUIPIER SYL APPS PAR DEUX POINTS AU SOMMET DES MARQUEURS, EN PLUS D'ÊTRE JUGÉ LE PLUS GENTILHOMME. AUTRES HONNEURS POUR LES BRUINS GRÂCE À EDDIE SHORE, QUI HÉRITE DU TITRE DE JOUEUR LE PLUS UTILE, ET À TINY THOMPSON, QUI REPREND LE TROPHÉE VÉZINA — SON QUATRIÈME — AVANT DE CÉDER SES JAMBIÈRES À FRANK BRIMSEK. CE SONT POURTANT LES LEAFS QUI ONT LE MEILLEUR SUR LES BRUINS EN DEMI-FINALE, EN TROIS PARTIES CONSÉCUTIVES. PENDANT CE TEMPS, LES BLACK HAWKS DE CHICAGO ÉLIMINENT DIFFICILEMENT LES CANADIENS ET LES AMERICANS DE NEW YORK, DEUX PARTIES À UNE, APRÈS AVOIR PERDU LE MATCH INITIAL DANS LES DEUX CAS. EN FINALE, ILS RÉGLERONT LE CAS DES PUISSANTS LEAFS, TROIS GAINS CONTRE UN.

Sept cents matchs pour Joliat

Il occupe peu de place sur le banc avec ses 135 livres, mais combien plus d'espace avec ses pirouettes et ses attaques répétées sur la patinoire. Aurèle Joliat porte le chandail tricolore pour une 16e année d'affilée et, même s'il n'a connu que trois saisons de 20 buts ou plus, il est devenu l'un des joueurs les plus indispensables de l'équipe. Son trophée Hart, obtenu en 1933-34, et ses quatre sélections dans l'une des équipes d'étoiles en témoignent.

C'est un autre honneur mérité que dirigeants, coéquipiers et partisans lui rendent le 10 février pour souligner son 700e match dans la LNH. On lui offre des fleurs et on vante ses mérites avant le match contre Chicago. On ne sait pas encore qu'il n'en a plus pour très longtemps avec les Canadiens. Il disputera sa dernière rencontre le 12 mars contre les Maroons et ne participera pas aux séries.

Il a d'ailleurs bien failli ne jamais entreprendre cette 16e saison. Babe Siebert, Johnny Gagnon et Joliat faisaient encore la grève à quelques jours de

157

● Plusieurs activités spéciales sont organisées à la suite du décès de Howie Morenz. Collecte publique, encan, matchs de hockey, vente de programmes et autres permettent de recueillir 25 595 $, selon les journaux de l'époque, une somme colossale. L'argent servira plus tard aux enfants du populaire joueur.

● Au nombre des activités au profit de la famille Morenz, un match entre les étoiles de la LNH et une équipe formée des Maroons et des Canadiens. La rencontre, gagnée 6-5 par les étoiles, attire 8 683 personnes, dont le lieutenant-gouverneur du Québec et le maire de Montréal.

● Jos Cattarinich, ancien copropriétaire des Canadiens, verse 500 $ pour l'uniforme de Morenz lors de l'encan au profit de la fondation et le remet ensuite au jeune fils de l'illustre joueur.

● Radiodiffusion du match Detroit/Canadiens sur les ondes de CBM (Radio-Canada), décrit par Rolland Beaudry, le samedi 13 novembre. Le poste avait précédemment (le 6) diffusé le match entre les Bruins et les Maroons. CBF, la station francophone de Radio-Canada, prendra la relève l'année suivante, tandis que CFCF continuera d'assurer la description en anglais. CRCM, la station à la base de CBM et CBF, avait entrepris la diffusion partielle des matchs du Tricolore en 1933-34 — en même temps que CFCF —, prenant la relève de CKAC.

● Toe Blake regrettera d'avoir déclaré que le gardien des Black Hawks, Mike Karakas, était facile à déjouer, après avoir marqué trois buts dans un gain de 6-4 lors du premier match quart de finale. Karakas blanchit les Canadiens lors de la deuxième rencontre et mène son club à un gain de 3-2 lors de la partie décisive, sans que Blake ne marque un seul but.

● Un 500e match pour Pit Lépine dans l'uniforme des Canadiens.

1937-1938

l'ouverture du camp, à l'automne 1937, parce que la direction refusait de leur accorder l'augmentation demandée. Ce n'est pas la première fois que le joueur à la casquette noire se fait tirer l'oreille, mais finalement, tout comme les deux autres, il appose sa signature pour entreprendre une autre campagne. Son comportement aura des conséquences l'année suivante, puisque le président Ernest Savard fera part à *La Presse* de son intention de libérer Joliat dès le mois de juin. Ce qu'il fera effectivement, non sans lui offrir le poste d'entraîneur avec les Maple Leafs seniors de Verdun.

Le petit gabarit de Joliat fut loin de constituer un handicap à sa carrière, tant avec les Canadiens qu'avec les autres équipes de la LNH. Premier joueur à disputer 600 parties régulières, 700 en incluant les séries, il revendique également trois records de longévité au moment de sa retraite : le plus de saisons, 16, à égalité avec Reg Noble (1917 à 1933) et King Clancy (1921 à 1937), le plus de parties

ÉQUIPE 1937-38						
Entraîneur : Cecil Hart (48-18-17-13)						
N°	POS	JOUEURS	PJ	B	A	PTS	PUN
12	AG	Georges Mantha	47	23	19	42	12
10	C	Paul Haynes	48	13	22	35	25
6	AG	Toe Blake	43	17	16	33	33
5	AD	Rodrigue Lorrain	48	13	19	32	14
14	AD	Johnny Gagnon	47	13	17	30	9
2,4,20	AG	Paul-Émile Drouin	31	7	13	20	8
1	D	Babe Siebert	37	8	11	19	56
9	C	Pit Lépine	47	5	14	19	24
3	D	Walter Buswell	48	2	15	17	24
15	AD	Joffre Desilets	32	6	7	13	6
4	AG	Aurèle Joliat	44	6	7	13	24
8,16,18	C	Don Wilson	18	2	7	9	0
11	D	Cliff Goupille	47	4	5	9	44
16	C	George Brown	34	1	7	8	14
8	AG	Armand Mondou	7	2	4	6	0
2	D	Marty Burke	37	0	5	5	31
15,20	AD	Gus Mancuso	17	1	1	2	4
18,20	D	Armand Raymond	11	0	1	1	10
17	G	Paul Gauthier	1	0	0	0	0
8	C	Ossie Asmundson	2	0	0	0	0
6,16	AD	Tony Demers	6	0	0	0	0
2	D	Bill MacKenzie	11	0	0	0	4
17	G	Wilf Cude	47	0	0	0	0
15	AD	Bill Summerhill	-	-	-	-	-

GARDIENS	PJ	G	P	N	MIN	BC	BL	MOY
Paul Gauthier	1	0	0	1	70	2	0	1,71
Wilf Cude	47	18	17	12	2990	126	3	2,53

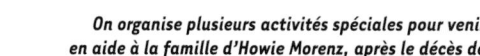

On organise plusieurs activités spéciales pour venir en aide à la famille d'Howie Morenz, après le décès de celui-ci. La somme recueillie est impressionnante.

Aurèle Joliat est toujours l'une des vedettes des Canadiens parmi les plus en demande, tant auprès des partisans du club que des annonceurs. Sa présence est une garantie de succès.

● La domination des Maple Leafs en saison régulière est telle que deux de leurs joueurs, Gordie Drillon et Syl Apps, mènent largement au classement des marqueurs. Avec Harvey Busher Jackson, ils constituent le plus prolifique trio de la Ligue.

● À New York, on réunit la famille Patrick, Lester (entraîneur et gérant des Rangers) et ses fils Lynn et Muzz.

● Un 300e but pour Nels Stewart dans la Ligue. Il s'arrêtera à 324 en 1940 et il faudra attendre l'arrivée de Maurice Richard pour battre ce record.

● Eddie Shore se remet d'une blessure au dos, subie l'année précédente, pour remporter un quatrième (et dernier) trophée Hart en six ans.

● Qualifié de justesse pour les séries, Chicago devient la première équipe avec une fiche perdante en saison à remporter

la coupe Stanley et la première également à être formée à moitié de joueurs d'origine américaine.

● Adoption d'un nouveau règlement qui transforme en hors-jeu tout dégagement à partir de la zone défensive. On décide aussi d'accorder un tir de punition lorsqu'un joueur défensif, autre que le gardien, se jette sur la rondelle à moins de 10 pieds des buts.

● Début du trio *Kraut* à Boston, avec Milt Schmidt, Bobby Bauer et Woody Dumart, qui prendront les trois premiers rangs des marqueurs deux saisons plus tard. Les trois proviennent de la région de Kitchener-Waterloo, peuplée de plusieurs résidants d'origine allemande, d'où le surnom de *Kraut Line*.

● Le gardien Tiny Thompson, des Bruins, remporte un quatrième trophée Vézina avec 30 victoires et une moyenne de 1,85.

1937-1938

en saisons régulières, 655, ainsi que le plus de parties incluant les séries, 709. Ses 270 buts, 190 passes et 460 points en saisons, 284-209-493 au total, constituent autant de records pour un ailier gauche de la Ligue au moment de son départ. Dans l'histoire du Tricolore, il domine dans tous les secteurs : les matchs disputés, le nombre de buts, de passes et de points. Il est même premier pour les punitions, avec 771. En séries, il est premier pour les parties jouées et les passes.

UNE DERNIÈRE COUPE KENNEDY

Les Canadiens et les Maroons s'affrontent pour la dernière fois de l'année, la huitième, le jeudi 17 mars. La rencontre est d'une importance majeure. Victorieux lors des quatre premiers matchs, les Maroons craignent que leurs ennemis jurés ne complètent leur remontée après avoir aligné trois gains de suite. Avec raison. George Brown donne l'avantage aux Canadiens avec son unique filet de la saison, en première, puis le Tricolore porte son avance à 4-1 avant de fermer les livres des Maroons par une victoire de 6-3. Cette

victoire, disputée sans aucune pénalité, permet aux Canadiens de devancer temporairement les Americans au deuxième rang de la division, tandis que les Maroons sont depuis longtemps promis à la dernière place.

L'égalité sera départagée par le nombre de victoires inscrites depuis l'institution de la coupe, en 1927 (30 à 29 favorisant les Canadiens), ce qui confère au Tricolore un sixième « championnat de Montréal » en 11 saisons.

LE SAVIEZ-VOUS...

L'aréna Mont-Royal, domicile des Canadiens pour la première moitié des années 1920, n'étant plus utilisé pour le hockey, est finalement transformé en centre commercial.

JAMAIS LE DIMANCHE

Nouvelle tentative d'Ernest Savard auprès de la Ligue pour insérer quelques dimanches au calendrier. Lorsqu'il reçoit le calendrier des matchs, il réalise une fois de plus qu'on n'a pas tenu compte de ses tentatives pour sauver le hockey à Montréal, toutes les journées dominicales ayant été réservées aux formations américaines. Ses protestations lui permettront d'obtenir gain de cause à partir de la saison 1938-39.

TROPHÉES

COUPE STANLEY
Black Hawks de Chicago
COUPE O'BRIEN
Maple Leafs de Toronto
TROPHÉE PRINCE-DE-GALLES
Bruins de Boston
TROPHÉE HART
Eddie Shore
Bruins de Boston
TROPHÉE LADY-BYNG
Gordie Drillon
Maple Leafs de Toronto
TROPHÉE CALDER
Cully Dahlstrom
Black Hawks de Chicago
TROPHÉE GEORGES-VÉZINA
Tiny Thompson
Bruins de Boston
MEILLEUR MARQUEUR
Gordie Drillon
Maple Leafs de Toronto

DIVISION CANADIENNE	PJ	G	P	N	BP	BC	PTS
Toronto (Maple Leafs)	48	24	15	9	151	127	57
New York (Americans)	48	19	18	11	110	111	49
Montréal (Canadiens)	48	18	17	13	123	128	49
Montréal (Maroons)	48	12	30	6	101	149	30
DIVISION AMÉRICAINE	PJ	G	P	N	BP	BC	PTS
Boston (Bruins)	48	30	11	7	142	89	67
New York (Rangers)	48	27	15	6	149	96	60
Chicago (Black Hawks)	48	14	25	9	97	139	37
Detroit (Red Wings)	48	12	25	11	99	133	35

MEILLEURS MARQUEURS

		PJ	B	A	PTS	PUN
Gordie Drillon	Toronto	48	26	26	52	4
Syl Apps	Toronto	47	21	29	50	9
Paul Thompson	Chicago	48	22	22	44	14
Georges Mantha	**Canadiens**	47	23	19	42	12
Cecil Dillon	NY Rangers	48	21	18	39	6
Bill Cowley	Boston	48	17	22	39	8
Sweeney Schriner	NY Americans	48	21	17	38	22
Bill Thoms	Toronto	48	14	24	38	14
Clint Smith	NY Rangers	48	14	23	37	0
Nels Stewart	NY Americans	48	19	17	36	29
Neil Colville	NY Rangers	45	17	19	36	11

1938 ⓒ 1939

LA LIGUE NATIONALE NE COMPTE PLUS QUE SEPT ÉQUIPES PAR SUITE DE LA DISPARITION DES MAROONS. DÉSORMAIS, LES CLUBS SONT REGROUPÉS DANS UN MÊME CLASSEMENT. BOSTON, PREMIER DE LA DIVISION AMÉRICAINE LA SAISON PRÉCÉDENTE, DOMINE LA LIGUE SANS PARTAGE, AVEC UNE PRIORITÉ DE 16 POINTS SUR LES RANGERS, GRÂCE À L'EXCELLENCE DE SON GARDIEN RECRUE FRANK MR ZERO BRIMSEK, AUTEUR DE 10 BLANCHISSAGES ET DÉTENTEUR D'UNE EXTRAORDINAIRE MOYENNE DE 1,56. LES CHAMPIONS DE LA COUPE STANLEY, LES BLACK HAWKS, DÉGRINGOLENT AU DERNIER RANG ET SONT EXCLUS DES SÉRIES. EN DEMI-FINALE, BOSTON DISPOSE DIFFICILEMENT DES RANGERS PAR QUATRE PARTIES À TROIS, GRÂCE À TROIS BUTS EN SUPPLÉMENTAIRE DE MEL HILL, AVANT DE BATTRE LES LEAFS 4-1. LES CANADIENS SONT AVANT-DERNIERS, MAIS TOE BLAKE EST CHAMPION MARQUEUR, EN PLUS D'ÊTRE DÉSIGNÉ LE PLUS UTILE À SON CLUB.

Un doublé pour Blake

Deux trophées prestigieux pour Toe Blake.

Ironiquement, Toe Blake remporte le championnat des marqueurs de la Ligue nationale l'année de la disparition de l'équipe qui ne l'avait pas trouvé assez bon; après quelques parties d'essai, les Maroons l'avaient cédé à la Ligue senior de l'Ontario. Le Tricolore a vite fait de récupérer le jeune ailier gauche pour en faire l'assise de la reconstruction de l'équipe, à qui il greffera Lach, Reardon, Bouchard, Richard, Durnan et compagnie.

● Le Tricolore fait savoir à Aurèle Joliat, à Pit Lépine et à Marty Burke que leurs services ne sont plus requis. Joliat sera nommé entraîneur avec les Maple Leafs seniors de Verdun, après avoir décliné une offre des Quakers de Saskatoon – c'est Burke qui aura le poste –, tandis que Lépine est nommé gérant des Eagles de New Haven, dans la Ligue américaine.

● Les insuccès du club (nouveau record de sept défaites consécutives en début de saison) mettent en danger le poste de l'entraîneur Cecil Hart. Il est en congé forcé à la fin de janvier et remplacé temporairement par le gérant Jules Dugal.

● Les Canadiens s'entendent avec les Maroons pour mettre la main sur Bob Gracie, Ernie Cain, Jimmy Ward, Stew Evans, Cy Wentworth, Dessie Smith, ainsi que le gardien Claude Bourque.

● Ernest Savard réussit finalement à obtenir quatre dimanches pour ses matchs locaux, dont la partie d'ouverture du 6 novembre, perdue 3-2 contre Chicago, champion de la coupe Stanley le printemps précédent. Le lendemain, *La Patrie* rapporte aussi la mort subite du conseiller municipal Allan Bray entre deux périodes.

● Le gardien Wilf Cude quitte son filet en proie à une crise de larmes, sous les huées de la foule, lors d'une défaite de 7-1 contre Detroit le 17 novembre. Le médecin le met au repos et il ne reviendra au jeu qu'en janvier. L'histoire se répétera en décembre 1995, aussi dans un match contre Detroit. Cette fois, le gardien des Canadiens n'attendra pas que la foule le chasse, il partira de lui-même durant le match.

● Le même Cude vient près d'être blessé sérieusement en juin lorsque la portière à bascule du véhicule de son coéquipier Paul Haynes se rabat sur lui. À moitié relevé, Haynes amortit le choc et les deux s'en tirent avec une belle frayeur et des blessures mineures.

● L'équipe déménage son bureau de l'hôtel Mont-Royal au Forum en septembre.

1938-1939

Claude Bourque ne laisse rien pénétrer lors de son premier match devant la forteresse du Tricolore.

Blake parvient à compter 24 buts avec une équipe de sixième place et devance le double champion marqueur Sweeney Schriner par trois points. En plus de ce titre, Blake est élu au sein de la première équipe d'étoiles, et, mieux encore, il est désigné joueur le plus utile à son équipe pour l'obtention du trophée Hart. Les médias en feront aussi l'athlète de l'année au Canada un peu plus tard.

La Patrie rapporte dans son édition du 22 mars 1939 que les partisans ont remis un service à thé en argent et un cendrier sur pied à Blake pour souligner son exploit.

Blake est le deuxième joueur de l'histoire de l'équipe à réussir le doublé premier marqueur-joueur le plus utile. Howie Morenz avait fait de même en 1927-28 et en 1930-31. Un autre joueur de Montréal, Nels Stewart, avait réalisé ce fait d'armes avant Morenz. Après eux, l'exploit sera réédité par quatre autres membres de la grande dynastie du Tricolore : Elmer Lach (1944-45), Jean Béliveau (1955-56), Bernard Geoffrion (1960-61) et Guy Lafleur (1976-77 et 1977-78).

Blake est arrivé en pleine période morose chez les Canadiens, dont les partisans pleuraient la mort de l'une de leurs plus grandes vedettes. En fait, il a entrepris sa première saison complète l'année du décès de Morenz. Le club connaît une véritable descente aux enfers par la suite, mais les talents de Blake, combinés à ceux de Lach et de Richard, procurent à la Ligue l'un des trios les plus explosifs de son histoire.

Cette saison n'est toutefois pas la meilleure sur le plan offensif pour celui qui deviendra capitaine de l'équipe en 1940. En 1944-45, il comptera 29 buts en

ÉQUIPE 1938-39

Entraîneurs : Cecil Hart (30-6-18-6)
Jules Dugal (18-9-6-3)

N°	POS	JOUEURS	PJ	B	A	PTS	PUN
6	AG	Toe Blake	48	24	23	47	10
10	C	Paul Haynes	47	5	33	38	27
14	AD	Johnny Gagnon	45	12	22	34	23
9	AG	Herb Cain	45	13	14	27	26
12,15,20	AG	Louis Trudel	31	8	13	21	2
5	AD	Rodrigue Lorrain	38	10	9	19	0
4,16	AD	Paul-Émile Drouin	28	7	11	18	2
11,16,17	AD	Bill Summerhill	43	6	10	16	28
1	D	Babe Siebert	44	9	7	16	36
15,18	C	George Brown	18	1	9	10	10
12	AG/D	Georges Mantha	25	5	5	10	6
17,19	AG	Armand Mondou	34	3	7	10	2
3	D	Walter Buswell	46	3	7	10	10

	PJ	G	P	N	BP	BC	PTS
Boston (Bruins)	48	36	10	2	156	76	74
New York (Rangers)	48	26	16	6	149	105	58
Toronto (Maple Leafs)	48	19	20	9	114	107	47
New York (Americans)	48	17	21	10	119	157	44
Detroit (Red Wings)	48	18	24	6	107	128	42
Montréal (Canadiens)	48	15	24	9	115	146	39
Chicago (Black Hawks)	48	12	28	8	91	132	32

MEILLEURS MARQUEURS

		PJ	B	A	PTS	PUN
Toe Blake	Canadiens	48	24	23	47	10
Sweeney Schriner	NY Am.	48	13	31	44	20
Bill Cowley	Boston	34	8	34	42	2
Clint Smith	NY Rangers	48	21	20	41	2
Marty Barry	Detroit	48	13	28	41	4
Syl Apps	Toronto	44	15	25	40	4
Tom Anderson	NY Am.	48	13	27	40	14
Johnny Gottselig	Chicago	48	16	23	39	15
Paul Haynes	Canadiens	47	5	33	38	27
Roy Conacher	Boston	47	26	11	37	12
Lorne Carr	NY Americans	46	19	18	37	16
Neil Colville	NY Rangers	48	18	19	37	12
Phil Watson	NY Rangers	48	15	22	37	42

● C'est la fin pour les Maroons. La Ligue refuse le transfert de l'équipe à St. Louis, mais accepte une suspension des activités pour un an. Le club ne reprendra jamais vie, laissant toute la place aux Canadiens.

● Le départ des Maroons a amené un réaménagement de la Ligue, qui ne compte plus qu'une division à sept clubs ; les six premiers participeront aux séries. Les champions de la saison gagneront le trophée Prince-de-Galles, tandis que la coupe Stanley deviendra l'apanage des gagnants des séries et que les perdants de la finale se consoleront avec la coupe O'Brien.

● À Boston, on s'indigne de l'échange de Tiny Thompson — quatre fois récipiendaire du trophée Vézina — aux Red Wings. Pourtant, son remplaçant, Frank Brimsek, obtiendra six blanchissages à ses huit premiers départs, remportant le Vézina à son tour, ainsi que le titre de recrue et une sélection dans la première équipe d'étoiles. Il est le premier gardien à recevoir simultanément les trophées Vézina et Calder.

● Muzz Patrick et Art Coulter, des Rangers, sont les premiers joueurs à porter la barbe dans la LNH, à la suite d'une gageure avec leur entraîneur, Lester Patrick.

ÉQUIPE 1938-39

N°	POS	JOUEURS	PJ	B	A	PTS	PUN
8	D	Stewart Evans	43	2	7	9	58
16,18	AD	Jimmy Ward	36	4	3	7	0
15,16	D	Des Smith	16	3	3	6	8
2	D	Cy Wentworth	45	0	3	3	12
5	AD	Marcel Tremblay	10	0	2	2	0
4,16	D	Cliff Goupille	18	0	2	2	24
11	C/AG	Bob Gracie	7	0	1	1	4
16	AD	Gus Mancuso	2	0	0	0	0
16	C	Don Wilson	4	0	0	0	0
4,17,24	G	Wilf Cude	23	0	0	0	0
17,19	G	Claude Bourque	25	0	0	0	0

GARDIENS	PJ	G	P	N	MIN	BC	BL	MOY
Claude Bourque	25	9	12	4	1560	69	2	2,65
Wilf Cude	23	6	12	5	1440	77	2	3,21

plus d'en préparer 38 autres, pour un total de 67 points, alors que les membres de la *Punch Line* accapareront les trois premiers rangs au classement des marqueurs. Mais Lach et le Rocket (avec 50 buts) le devanceront au classement.

La carrière de Toe Blake, le joueur, prendra fin à la suite d'une fracture à la cheville le 10 janvier 1948. Par la suite, ses succès comme entraîneur — huit coupes Stanley — ont un peu éclipsé ses prouesses de joueur. Pourtant, il faudra attendre trente-neuf ans pour que Wayne Gretzky surpasse sa moyenne de 2,00 points par match dans une série.

VOYAGE EN EUROPE

Les joueurs des Canadiens et des Red Wings de Detroit effectuent une tournée de matchs hors-concours en Angleterre et en France au printemps 1938 pour faire connaître le hockey professionnel aux Européens. Le groupe effectue le trajet Montréal-Halifax en train avant de s'embarquer pour la traversée de l'Atlantique à bord du paquebot *Ausonia*.

Les Canadiens remportent deux des trois parties préparatoires disputées en sol canadien, puis, le 10 avril à minuit, c'est le grand départ pour un périple de près de sept semaines.

Toe Blake donne une première victoire au Tricolore en prolongation devant 8 000 spectateurs entassés à la patinoire d'Earlscourt, en Angleterre, après une traversée un peu plus longue que prévue. Au terme d'un match nul de 5-5, ponctué de trois buts par Johnny Gagnon, les deux clubs mettent le cap sur Paris où les Montréalais l'emportent deux fois sur trois, au grand plaisir des Parisiens,

Le Petit Journal *publie un dessin pour illustrer le chemin parcouru par la missive des joueurs des Canadiens.*

163

● Les Black Hawks congédient l'entraîneur Bill Stewart au début de janvier et le remplacent par Paul Thompson. Stewart les a menés à la coupe Stanley l'année précédente, mais le club est maintenant dernier.

● Pour la première fois, les champions de la coupe Stanley sont couronnés au terme d'une série quatre de sept.

● Les nouveaux règlements autorisent désormais les joueurs à qui on accorde un tir de punition à patiner vers le gardien. La Ligue abandonne son système de deux arbitres au profit d'un arbitre et d'un juge de lignes.

● Les joueurs ont maintenant droit à une allocation de 5 $ par jour pour les repas et de 2,50 $ pour l'hôtel.

1938-1939

Un vieux programme de l'une des parties disputées à Halifax avant le départ pour l'Europe.

qui qualifient Georges Mantha «d'homme le plus rapide au monde sur patins».

De retour en Angleterre, les deux formations partagent les honneurs des quatre dernières rencontres, alors que Blake se met de nouveau en évidence avec un tour du chapeau lors d'un gain de 6-3. Les joueurs de Cecil Hart présentent ainsi un dossier de 5-3-1 au terme de cette première tournée de bonne entente.

En arrivant près des côtes américaines, Babe Siebert prend l'initiative de glisser dans une bouteille une missive portant la signature des 29 passagers et lance celle-ci à la mer. La bouteille sera retrouvée le 23 mai 1939 (un an et trois jours plus tard) par un douanier, près du petit village français de Hendaye, dans les Pyrénées.

TROPHÉES	
COUPE STANLEY	
Bruins de Boston	
COUPE O'BRIEN	
Maple Leafs de Toronto	
TROPHÉE PRINCE-DE-GALLES	
Bruins de Boston	
TROPHÉE HART	
Toe Blake	
Canadiens de Montréal	
TROPHÉE LADY-BYNG	
Clint Smith	
Rangers de New York	
TROPHÉE CALDER	
Frank Brimsek	
Bruins de Boston	
TROPHÉE GEORGES-VÉZINA	
Frank Brimsek	
Bruins de Boston	
MEILLEUR MARQUEUR	
Toe Blake	
Canadiens de Montréal	

MORT D'UN ANCIEN PROPRIO

Joseph Cattarinich, premier gardien de l'histoire du Canadien et l'un des membres du trio, avec Léo Dandurand et Louis Létourneau, à s'être porté acquéreur de l'équipe en 1921 (il demeurera copropriétaire jusqu'en 1935), meurt de complications cardiaques à la suite d'une intervention chirurgicale à un œil, le 7 décembre. Il avait été l'un de ceux qui avaient recommandé fortement Georges Vézina dès le début. Cattarinich a été élu au Temple de la renommée du hockey en qualité de bâtisseur en 1977.

Jos Cattarinich, un nom associé à l'histoire des Canadiens, a participé à plusieurs épisodes de leur glorieuse histoire.

La Kraut Line, formée de Milt Schmidt, Woody Dumart et Bobby Baur, fait des ravages, permettant aux Bruins d'inscrire 170 buts et de finir de nouveau au premier rang en saison régulière. Mais les Rangers obtiennent leur revanche, écartant les Bruins 4-2 en demi-finale, grâce à trois parties sans but pour le gardien Dave Kerr, également gagnant du trophée Vézina. En finale, les Rangers battent Toronto par quatre parties à deux. Ils attendront plus de 50 ans avant de revoir la coupe. Les Canadiens sont à leur plus bas niveau, à la dernière place du classement, avec seulement 10 victoires en 48 parties. On espère un sauveur !

Nouvelle tragédie pour les Canadiens

La Ligue nationale organise un autre match bénéfice avec la participation des meilleurs joueurs, prélude des parties d'étoiles d'aujourd'hui, pour aider la famille de Babe Siebert.

Les coups durs continuent de s'abattre sur les Canadiens, alors que le monde s'apprête à connaître une deuxième guerre mondiale. Le club accumule les échecs depuis la mort de Morenz et ne parvient pas à retrouver son éclat d'antan.

Pour calmer les partisans, devenus plus impatients, le président Savard a remplacé Cecil Hart par Jules Dugal vers le milieu de la saison précédente, étant entendu qu'il s'agissait d'une mesure temporaire. En juin, il fait appel à Babe Siebert pour occuper le poste en permanence. Ancien membre du célèbre trio des « S » chez les Maroons, avec Nels Stewart et Hooly Smith, il avait été converti en défenseur à son arrivée chez les Canadiens trois ans plus tôt, après un séjour à New York et à Boston.

Mais Siebert ne dirigera jamais l'équipe puisqu'il se noie dans le lac Huron, près de la demeure de ses parents, à Zurich, en Ontario, le 25 août 1939, en essayant de récupérer un ballon appartenant à l'une de ses filles.

● Pas davantage à cette époque qu'aujourd'hui, la reconnaissance n'étouffe les dirigeants d'équipe. À preuve, Johnny Gagnon dispute un 400e match dans l'uniforme du club le 7 décembre et moins d'un mois plus tard (le 3 janvier), il est vendu aux Americans de New York.

● Autre cheminement un peu particulier pour Paul Haynes, qui dispute un 200e match avec Montréal le 7 décembre, obtient une 100e passe le 25, est libéré par l'équipe le 6 janvier, nommé secrétaire le lendemain et rappelé comme joueur le 17.

● La direction du club profite du premier match de la saison pour annoncer la nomination du nouveau capitaine, le défenseur Walter Buswell, qui succède à Babe Siebert.

● Louis Létourneau, ancien copropriétaire du club, revient au conseil d'administration de l'organisation. Il avait cédé ses actions au duo Dandurand-Cattarinich en 1930.

● Mike Karakas — le gardien des Black Hawks que Toe Blake avait jugé facile à déjouer lors des séries de 1937-38 mais qui avait ensuite blanchi les Canadiens et mené les Hawks à la coupe Stanley — est suspendu par ces derniers pour avoir refusé de se présenter à Providence, dans la Ligue américaine. Le président Calder lève la suspension et Karakas est prêté au Tricolore qui vient de perdre Wilf Cude, le 23 février, pour le reste de la saison. Il sera le coéquipier de Blake pour cinq rencontres, mais n'en gagnera aucune.

1939-1940

Mort à 35 ans, il laisse une femme en fauteuil roulant et sans ressources, ainsi que deux jeunes enfants. Un autre match-bénéfice, c'est le troisième de l'histoire, est organisé par la Ligue pour aider la famille du disparu. La rencontre oppose les joueurs des Canadiens aux meilleurs des autres équipes le 29 octobre, au Forum. Les étoiles l'emportent 5-2 devant 6 000 spectateurs. Mais plus important, la somme recueillie pour la famille dépasse les 15 000 $.

C'est Pit Lépine qui sera appelé par défaut à remplacer Siebert aux commandes de l'équipe, après le désistement de deux autres candidats. Lépine avait porté les couleurs du Tricolore pendant treize ans avant d'être cédé à New Haven, le club-école du Canadien dans la Ligue américaine, l'année précédente. Il sera en poste pour une seule saison puisque le mauvais rendement de l'équipe, qui accumule les revers, aura raison de lui après une désastreuse campagne de 33 défaites en 48 parties et quelques marques peu reluisantes.

Mike Karakas

ÉQUIPE 1939-40

Entraîneur : Pit Lépine (48-10-33-5)

N°	POS	JOUEURS	PJ	B	A	PTS	PUN
6	AG	Toe Blake	48	17	19	36	48
18	AD/C	Charlie Sands	47	9	20	29	10
11	C/AG	Ray Getliffe	46	11	12	23	29
12	AG/D	Georges Mantha	42	9	11	20	6
8	AG	Louis Trudel	47	12	7	19	24
4	AG	Paul-Émile Drouin	42	4	11	15	51
9	C	Marty Barry	30	4	10	14	2
19,20	D	Doug Young	47	3	9	12	22
16	D	Cliff Goupille	48	2	10	12	48
10	C	Paul Haynes	23	2	8	10	8
14	AD	Johnny Gagnon	10	4	5	9	0
5,14	AD	Rodrigue Lorrain	41	1	5	6	6
15	AD/C	Earl Robinson	11	1	4	5	4
4*	AD	Bill Summerhill	13	3	2	5	24
10	AD	Tony Demers	14	2	3	5	2
9,14	C	Smiley Meronek	7	2	2	4	0
9,10,17	AG	Armand Mondou	21	2	2	4	0
2	D	Cy Wentworth	32	1	3	4	6
3	D	Walter Buswell	46	1	3	4	10
15	D	John Doran	6	0	3	3	6
15	D	Armand Raymond	11	0	1	1	10
14	AD	Gus Mancuso	2	0	0	0	0
1	G	Mike Karakas	5	0	0	0	0
1	G	Wilf Cude	7	0	0	0	0
2	D	Rhys Thomson	7	0	0	0	16
14	C	Gordon Poirier	10	0	0	0	0
1	G	Claude Bourque	36	0	0	0	0

GARDIENS	PJ	G	P	N	MIN	BC	BL	MOY
Claude Bourque	36	9	24	3	2210	120	3	3,26
Wilf Cude	7	1	5	1	415	24	0	3,47
Mike Karakas	5	0	4	1	310	18	0	3,48
Charlie Sands	1	0	0	0	25	5	0	12,00

*5,9,10,15 : autres numéros portés par ce joueur.

Malgré les efforts de l'entraîneur Pit Lépine et de Jules Dugal (à l'extrême droite de la photo), le Tricolore continue d'en arracher et perd plus souvent qu'à son tour.

● Le début de la Deuxième Guerre mondiale prive les équipes de plusieurs de leurs bons éléments, mais la Ligue tient bon malgré les rumeurs d'interruption des activités.

● Grande première dans le circuit, alors que trois membres d'une même équipe accaparent les trois premières places des marqueurs. Milt Schmidt est premier à 52, Woody Dumart et Bobby Bauer suivent à 43. C'est la fameuse *Kraut Line* des Bruins. L'exploit sera réédité deux fois par les Canadiens en 1944-45 et 1954-55, deux autres fois

par les Bruins en 1970-71 et 1973-74, et une fois par Detroit en 1949-50. Les Bruins feront encore mieux en 1970-71 et 1973-74 avec quatre joueurs aux premiers rangs du circuit.

● Autre première, la station WZXBS de New York devient la première station à diffuser un match à la télé, entre les Canadiens et les Rangers, le 25 février.

● Le gérant des Bruins de Boston, Art Ross, n'apprécie pas trop qu'Eddie Shore, quatre fois récipiendaire du trophée Hart, se soit porté

acquéreur des Indians de Springfield, de la Ligue américaine, et qu'il veuille jouer pour les deux clubs. Il accepte d'abord, puis se ravise et échange son vétéran aux Americans.

● Les Americans de New York signent un coup d'éclat en échangeant leur grande vedette Sweeney Schriner, deux fois champion marqueur, aux Maple Leafs en retour de cinq joueurs.

● Lester Patrick, entraîneur des Rangers de New York depuis leur arrivée dans la Ligue en 1926, fait appel

à son ancienne vedette Frank Boucher pour le remplacer derrière le banc. Celui-ci mènera l'équipe à une troisième coupe.

● À Boston, Cooney Weiland est le troisième entraîneur qu'Art Ross choisit pour le remplacer, afin de se concentrer sur son rôle de gérant. Deux ans plus tard, Ross reviendra à son poste une fois de plus.

● Red Horner, défenseur des Leafs, est le mauvais garnement de la Ligue pour une huitième fois de suite, à sa dernière saison.

	PJ	G	P	N	BP	BC	PTS
Boston (Bruins)	48	31	12	5	170	98	67
New York (Rangers)	48	27	11	10	136	77	64
Toronto (Maple Leafs)	48	25	17	6	134	110	56
Chicago (Black Hawks)	48	23	19	6	112	120	52
Detroit (Red Wings)	48	16	26	6	90	126	38
New York (Americans)	48	15	29	4	106	140	34
Montréal (Canadiens)	48	10	33	5	90	167	25

MEILLEURS MARQUEURS

		PJ	B	A	PTS	PUN
Milt Schmidt	Boston	48	22	30	52	37
Woody Dumart	Boston	48	22	21	43	16
Bobby Bauer	Boston	48	17	26	43	2
Gordie Drillon	Toronto	43	21	19	40	13
Bill Cowley	Boston	48	13	27	40	24
Bryan Hextall	NY Rangers	48	24	15	39	52
Neil Colville	NY Rangers	48	19	19	38	22
Syd Howe	Detroit	48	14	23	37	17
Toe Blake	Canadiens	48	17	19	36	48
Murray Armstrong	NY Am.	48	16	20	36	12

TROPHÉES

COUPE STANLEY
Rangers de New York

COUPE O'BRIEN
Maple Leafs de Toronto

TROPHÉE PRINCE-DE-GALLES
Bruins de Boston

TROPHÉE HART
Ebbie Goodfellow
Red Wings de Detroit

TROPHÉE LADY-BYNG
Bobby Bauer
Bruins de Boston

TROPHÉE CALDER
Kilby MacDonald
Rangers de New York

TROPHÉE GEORGES-VÉZINA
Dave Kerr
Rangers de New York

MEILLEUR MARQUEUR
Milt Schmidt
Bruins de Boston

UN RECORD PEU ENVIABLE

Quel soulagement dans l'enceinte du Forum, en ce samedi 9 mars 1940, pour les 4 000 partisans de l'équipe, dont plusieurs centaines d'écoliers qu'on a invités spécialement au match contre les Red Wings ! Le Tricolore met fin à une séquence de 15 parties à domicile sans victoire, composée de 12 défaites et de 3 nulles. Chicago avait signé pareille contre-performance 11 ans plus tôt avec un rendement de 11 revers et 4 matchs nuls.

Toe Blake inscrit un but et participe à ceux de Cliff Goupille et Ray Getliffe. Le jeu blanc est inscrit au dossier de Claude Bourque, qui en a vu des rondelles au fond de son filet durant cette période noire du club.

La série infructueuse a commencé le 16 décembre par une défaite de 4-2 contre les Rangers et s'est terminée avec un revers de 6-1 contre Chicago le 7 mars.

Un record peu envié par les autres équipes, et qui tiendra bon pendant plus de cinquante ans. Ce sont les Sénateurs d'Ottawa qui en sont maintenant les « fiers » détenteurs depuis la saison 1995-96, avec leur marque de 17 rencontres locales (0-15-2) sans victoire.

Walter Buswell est promu capitaine lors de la première partie de l'équipe. Il remplace aussi Siebert qui agissait à ce poste, la saison précédente.

QUATRIÈME CHAMPIONNAT D'AFFILÉE POUR LES BRUINS ET RETOUR DE LA COUPE STANLEY À BOSTON, ALORS QUE LES RUMEURS D'ARRÊT DES ACTIVITÉS SE FONT PERSISTANTES AU PLUS FORT DE LA DEUXIÈME GUERRE MONDIALE. CETTE FOIS, C'EST BILL COWLEY QUI DOMINE LES MARQUEURS, MAIS BRYAN HEXTALL, DES RANGERS, EST LE MEILLEUR COMPTEUR DE BUTS POUR UNE DEUXIÈME ANNÉE DE SUITE. LES BRUINS TIRENT DE L'ARRIÈRE PAR DEUX FOIS CONTRE LES LEAFS EN DEMI-FINALE, MAIS L'EMPORTENT 4-3 AVANT D'ÉCARTER DETROIT 4-0. L'ARRIVÉE DE DICK IRVIN NE DONNE PAS LES RÉSULTATS ESCOMPTÉS ET LES CANADIENS TERMINENT SIXIÈMES. ILS OFFRENT QUAND MÊME UNE VIVE RÉSISTANCE AUX HAWKS EN QUART DE FINALE, MAIS S'INCLINENT PAR DEUX PARTIES À UNE. MINCE CONSOLATION, LE NOUVEAU JOUEUR DE CENTRE JOHN QUILTY EST CHOISI RECRUE DE L'ANNÉE. BILL COWLEY EST AUSSI DÉSIGNÉ LE PLUS UTILE ET BOBBY BAUER, DES BRUINS, EST LE PLUS GENTILHOMME POUR UNE DEUXIÈME ANNÉE CONSÉCUTIVE.

Toe Blake devient capitaine du Tricolore lorsque l'équipe libère Walter Buswell.

Le Canadian Arena prend le contrôle

L a glace n'est pas encore fondue au Forum après le dernier match de la saison 1939-40 que les rumeurs de vente du club font déjà les délices des journalistes affectés à la couverture du Canadien.

Pendant que les équipes qualifiées pour les séries entreprennent la lutte pour la coupe Stanley, à Montréal on suppute les chances d'Ernest Savard de convaincre les dirigeants du Canadian Arena de lui céder les pleins

Le sénateur Donat Raymond est le nouveau président du club.

169

● Les cerbères Bert Gardiner et Paul Bibeault revendiquent l'honneur du premier blanchissage conjoint de l'histoire de la LNH, contre les Americans de New York. Irvin a fait alterner ses deux gardiens dans une victoire de 6-0 lors du match du 15 mars.

● Autre première dans l'histoire du club, Floyd Curry est le plus jeune joueur à se présenter au camp d'entraînement le 10 octobre, à l'âge de 15 ans. Il gagnera ensuite la coupe Memorial à sa dernière saison avec les Generals d'Oshawa en 1944, juste avant son service militaire, puis il endossera l'uniforme du Royal de Montréal pendant deux ans, pour finalement se joindre aux Canadiens en 1947-48. Curry demeurera dix ans avec le Tricolore.

● Frank Patrick déclare, lors de son embauche comme gérant d'affaires des Canadiens, le 26 avril : « Je puis vous dire que les joueurs canadiens-français auront préférence. » Pourtant, le Tricolore ne comptera que 3 joueurs francophones parmi les 18 qui disputeront la première moitié de saison.

● Joe Benoît, un ailier droit originaire de l'Alberta, marque trois buts dans une victoire de 4-3 lors du deuxième match de la série deux de trois contre Chicago, ce qui permet d'égaler les chances. Il marque de nouveau lors de la troisième rencontre, mais les Hawks l'emportent 3-2 et les Canadiens sont éliminés.

Tommy Gorman, déjà gérant du Forum, est appelé à remplir le même rôle auprès de l'équipe à la demande des propriétaires.

1940-1941

pouvoirs ou, dans le cas d'un refus, d'accepter sa démission. Le tout épicé d'un possible arrêt des activités de l'équipe à cause de la guerre. Auquel cas Léo Dandurand, ancien propriétaire de l'équipe, serait prêt à intervenir pour racheter la concession, « parce que si le club Canadien suspend ses activités, ce sera une tragédie sportive », a-t-il déclaré au journaliste de *La Patrie*, Zotique Lespérance, qui rapporte ses propos dans l'édition du 24 mars.

Finalement, le groupe d'Ernest Savard fait une offre officielle au Canadian Arena le 5 avril pour obtenir le contrôle du club. Lui et les membres du conseil d'administration sont fatigués d'avoir des comptes à rendre et des autorisations à obtenir de la direction du Forum, présidée par le sénateur Donat Raymond. Dans l'éventualité d'un refus, le président Savard a prévu remettre sa démission et celle des autres dirigeants, soit Armand Dupuis, Raoul Grothé, C. N. Moisan, Alphonse Patenaude, John Pritchard, Frank Commons, Louis Gélinas, Pierre Rolland et Louis Létourneau. Savard souhaite également qu'on rachète ses actions, le cas échéant. L'offre est de fait rejetée par le Canadian Arena, les 10 membres du conseil démissionnent en bloc, le sénateur Raymond est nommé à la présidence du club et décide de poursuivre les activités.

Tommy Gorman, déjà gérant du Forum, est aussitôt nommé gérant de l'équipe et fait appel à Frank Patrick, du bureau du président Calder, pour agir comme gérant d'affaires. Patrick, joueur du Renfrew dans l'ancienne NHA, était aussi l'un des fondateurs de la Ligue de l'Ouest avec son père, Lester. Il a également dirigé les Bruins de 1934 à 1936. Le partage de responsabilités entre Gorman et Patrick est assez difficile à préciser, puisque les deux semblent faire du recrutement et négocier les contrats des joueurs, bien que le nom du second n'apparaisse pas sur la liste officielle des gérants de l'équipe.

Ainsi, le Canadian Arena s'affiche dorénavant comme véritable propriétaire du Tricolore, après en avoir dirigé les destinées dans les coulisses. Le retrait des Maroons lui permet désormais d'avoir les coudées franches.

LE SAVIEZ-VOUS...

La rondelle fabriquée par la compagnie Spalding remplace celle de RossTyer, utilisée jusqu'à maintenant lors des matchs officiels.

170

ÉQUIPE 1940-41

Entraîneur : Dick Irvin (48-16-26-6)

N°	POS	JOUEURS	PJ	B	A	PTS	PUN
16	C	John Quilty	48	18	16	34	31
5	AD	Joe Benoît	45	16	16	32	32
6	AG	Toe Blake	48	12	20	32	49
11	C/AG	Ray Getliffe	39	15	10	25	25
12	AG	Murph Chamberlain	45	10	15	25	75
19	AD	Tony Demers	46	13	10	23	17
14	C	Elmer Lach	43	7	14	21	16
15	AG	John Adams	42	6	12	18	11
9	C/AD	Charlie Sands	43	5	13	18	4
8	AG	Paul-Émile Drouin	21	4	7	11	0
4	D	Ken Reardon	46	2	8	10	41
3	D	John Portland	42	2	7	9	34
2	D	Cliff Goupille	48	3	6	9	81
17	D	Tony Graboski	34	4	3	7	12
8,10	AG	Louis Trudel	16	2	3	5	2
10,18,21	D	Alex Singbush	32	0	5	5	15
8	D	Stuart Smith	3	2	1	3	2
18	C/AD	James O'Neill	12	0	3	3	0
10	AG/D	Georges Mantha	6	0	1	1	0
1	G	Wilf Cude	3	0	0	0	0
3	D	Doug Young	3	0	0	0	4
1,14	G	Paul-Émile Bibeault	4	0	0	0	0
10	C	Paul Haynes	7	0	0	0	12
1	G	Bert Gardiner	42	0	0	0	0

GARDIENS	PJ	G	P	N	MIN	BC	BL	MOY
Bert Gardiner	42	13	23	6	2600	119	2	2,75
Paul-Émile Bibeault	4	1	2	0	210	15	1	4,29
Wilf Cude	3	2	1	0	180	13	0	4,33

● Une rencontre d'exhibition entre les anciens joueurs des Canadiens et des Maroons, organisée pour recueillir des fonds dans le cadre d'une campagne pour soutenir l'effort de guerre, attire près de 13 000 personnes au Forum en février 1941 et rapporte 8 000 $ pour l'emprunt de la Victoire. Les Maroons gagnent 5-3 lors de cette soirée complétée par une parade de cadets.

● Toe Blake, futur capitaine de l'équipe, et quelques-uns de ses coéquipiers font des pressions sur la direction pour qu'on rappelle l'ancien capitaine Walter Buswell, libéré à la fin de la dernière saison. La demande est acceptée, Buswell se présente au camp mais quitte l'équipe définitivement à la fin d'octobre à défaut d'une entente pour son contrat.

● Dick Irvin ne manque pas d'originalité lors des périodes d'entraînement. Il conduit d'abord ses troupes à Saint-Hyacinthe pour le début du camp. Il n'hésite pas ensuite à commander des séances de course à pied ou à faire installer des barils sur la glace pour des exercices de sauts et de maniement de rondelle.

● Pour la première fois, on ne retrouve aucun joueur des Canadiens dans les équipes d'étoiles. L'entraîneur Irvin est le seul élu, dans la seconde. Une sixième sélection pour lui, toujours dans la deuxième équipe, mais une première avec Montréal.

TROPHÉES	
COUPE STANLEY	
Bruins de Boston	
COUPE O'BRIEN	
Red Wings de Detroit	
TROPHÉE PRINCE-DE-GALLES	
Bruins de Boston	
TROPHÉE HART	
Bill Cowley	
Bruins de Boston	
TROPHÉE LADY-BYNG	
Bobby Bauer	
Bruins de Boston	
TROPHÉE CALDER	
John Quilty	
Canadiens de Montréal	
TROPHÉE GEORGES-VÉZINA	
Turk Broda	
Maple Leafs de Toronto	
MEILLEUR MARQUEUR	
Bill Cowley	
Bruins de Boston	

DICK IRVIN ARRIVE DE TORONTO

1940-1941

La nouvelle direction se met rapidement au travail à la suite du changement de garde. Moins de deux semaines après sa nomination au poste de président, en avril 1940, pendant que les New-Yorkais célèbrent la conquête de la coupe Stanley, le sénateur Donat Raymond annonce l'embauche de Dick Irvin au poste d'entraîneur.

Avec sept participations à la finale et une coupe Stanley en neuf saisons à la barre des Maple Leafs, Irvin a une réputation bien établie dans la Ligue. Pour éliminer l'atmosphère de morosité qui règne depuis trop longtemps dans le vestiaire, il fait maison nette, ne conservant que les valeurs sûres, dont Toe Blake, qui devient le capitaine et la pierre angulaire de la formation. Avec l'aide des dépisteurs de l'organisation, il met la main sur des joueurs qui redonneront vie à l'équipe — Elmer Lach, Ken Reardon, John Quilty —, fait venir Murph Chamberlain de Toronto, se débarrasse des gardiens Cude et Bourque au profit de Bert Gardiner et ajoute plusieurs nouveaux éléments à l'équipe.

Entraîneur réputé, Dick Irvin est accueilli en sauveur. Il promet dès son arrivée que le club sera des séries du printemps.

● Les Bruins établissent quatre nouveaux records d'équipe au cours de la saison régulière : la plus longue série de matchs sans défaite (23), sans défaite à l'étranger (15), le plus de lancers dans une partie (83) et dans une période (33). Les deux dernières marques tiennent toujours.

● Le match du 1er décembre entre les Rangers et les Hawks oppose quatre paires de frères. Lynn et Muzz Patrick, ainsi que Neil et Mac Colville du côté de New York, face à Max et Doug

Bentley, ainsi que Bob et Bill Carse chez les Hawks.

● Pas moins de cinq joueurs terminent à égalité au deuxième rang des marqueurs, 18 points derrière Bill Cowley, des Bruins, qui en a 62. Ses poursuivants sont Bryan Hextall et Lynn Patrick, des Rangers, Gordie Drillon et Syl Apps, des Leafs, ainsi que Syd Howe, des Red Wings.

● Reginald Hoolie Smith, maintenant à sa quatrième équipe dans la LNH avec les Americans, termine une carrière de 17 saisons en établissant un

nouveau record de 715 matchs disputés. Il en compte 769 en incluant les séries.

● À la fin de la saison, les rumeurs d'interruption des activités deviennent persistantes, alors qu'Hitler menace d'envahir l'Angleterre, mais les autorités gouvernementales, tant canadiennes qu'américaines, insistent pour que le circuit poursuive ses activités tant qu'il aura suffisamment de joueurs.

● On modifie le nom de la *Kraut Line* pour celui de *Kitchener Boys* à Boston, parce qu'il n'est pas de bon ton de se présenter comme Allemand en ce temps de guerre. Les trois membres du trio, Milt Schmidt, Woody Dumart et Bobby Bauer, quitteront leur équipe au milieu de la saison suivante pour se joindre à l'aviation canadienne. Ils ne reviendront à Boston qu'en 1945-46.

John Quilty

1940-1941

« Je suis assuré d'une chose, c'est que le club participera aux éliminatoires le printemps prochain », prédit-il au journaliste de *La Patrie* au lendemain de sa nomination. Il tient parole, même si le Tricolore perd dès la ronde initiale contre les Hawks de Chicago. Une seule fois en quinze ans à Montréal, son équipe n'atteindra pas les éliminatoires. De plus, il donnera trois coupes Stanley aux partisans montréalais.

AUTRES DÉCÈS CHEZ LES VÉTÉRANS

L'année 1940 est marquée par plusieurs décès dans l'entourage de l'équipe. Cecil Hart, entraîneur du club pendant neuf ans et gagnant de deux coupes Stanley, en 1930 et 1931, succombe à la maladie en juillet. En novembre, c'est au tour de Jimmy Gardner et d'Ambrose O'Brien, les deux fondateurs de la NHA en 1909, de mourir à trois semaines d'intervalle. O'Brien fut aussi le premier propriétaire du Canadien et Gardner détenait les Wanderers à l'époque. Parti à Vancouver, Gardner fut échangé au Canadien en retour de Newsy Lalonde en 1913, puis dirigea le club pendant deux ans, en plus d'agir comme joueur et capitaine la seconde année.

	PJ	G	P	N	BP	BC	PTS
Boston (Bruins)	48	27	8	13	168	102	67
Toronto (Maple Leafs)	48	28	14	6	145	99	62
Detroit (Red Wings)	48	21	16	11	112	102	53
New York (Rangers)	48	21	19	8	143	125	50
Chicago (Black Hawks)	48	16	25	7	112	139	39
Montréal (Canadiens)	48	16	26	6	121	147	38
New York (Americans)	48	8	29	11	99	186	27

MEILLEURS MARQUEURS

		PJ	B	A	PTS	PUN
Bill Cowley	Boston	46	17	45	62	16
Bryan Hextall	NY Rang.	48	26	18	44	16
Gordie Drillon	Toronto	42	23	21	44	2
Syl Apps	Toronto	41	20	24	44	6
Lynn Patrick	NY Rang.	48	20	24	44	12
Syd Howe	Detroit	48	20	24	44	8
Neil Colville	NY Rang.	48	14	28	40	28
Eddie Wiseman	Boston	48	16	24	39	10
Bobby Bauer	Boston	48	17	22	38	2
Sweeney Schriner	Toronto	48	24	14	38	6
Roy Conacher	Boston	40	24	14	38	7
Milt Schmidt	Boston	44	13	25	38	23

La Presse publie en gros titre le décès de Cecil Hart.

LA PRESSE, MONTRÉAL, MERCREDI 17 JUILLET 1940

MORT DE CECIL HART, L'ANCIEN GÉRANT DU CLUB DE HOCKEY CANADIEN

Un populaire sportsman meurt à l'âge de 57 ans

Cecil M. Hart, ancien gérant du Canadien de la N.H.L. succombe à une maladie de quelques mois.
La carrière du disparu.

1941 Ⓒ 1942

Les Bruins perdent en pleine saison les trois membres de leur trio Kraut, partis pour l'armée, et glissent au troisième rang, tandis que les Americans de New York changent de nom pour relancer l'équipe, sans succès. Le club disparaîtra en fin de saison. Les Rangers sont les nouveaux champions et trois de leurs joueurs accaparent les quatre premières places des marqueurs, Bryan Hextall (1er), Lynn Patrick (2e) et Phil Watson (4e). Les Canadiens terminent encore sixièmes au classement. Ils perdent en première ronde éliminatoire pour une quatrième fois en cinq ans (ils étaient exclus des séries en 1939-40). Toronto surprend d'abord les Rangers en séries avant de réaliser un précédent contre Detroit en finale. Tirant de l'arrière 3-0, les Leafs gagnent les quatre matchs suivants pour décrocher leur première coupe en dix ans. Un exploit inédit.

On recrute un trio complet

Les Canadiens recrutent un trio complet du Royal pour secouer l'équipe. Le Razzle Dazzle, composé de Gerry Heffernan, Buddy O'Connor et Pete Morin, continuera à faire des ravages dans la LNH après avoir semé la terreur dans la Ligue senior.

Les trois faisaient la pluie et le beau temps avec le Royal de Montréal dans la Ligue senior du Québec depuis déjà plusieurs saisons. Deux fois, Hubert Buddy O'Connor y avait décroché le championnat des marqueurs, en plus d'avoir été désigné le plus utile à une occasion. Avec Pete Morin à sa gauche et Gérald Gerry Heffernan à sa droite, le trio se complétait à merveille, tant pour la préparation que pour l'exécution des jeux. On le surnommait *Razzle Dazzle*, tellement ses membres étourdissaient leurs rivaux.

De son côté, Tommy Gorman poursuit la reconstruction des Canadiens, n'ayant conservé que quatre joueurs de l'équipe à son arrivée, soit Cliff Goupille, Toe Blake, Ray Getliffe et Charlie Sands. Mais le club ne va pas bien depuis le début de la saison, avec une seule victoire en sept rencontres. Pis, il a perdu l'un de ses bons trios au complet par suite de l'accident d'automobile de Tony Demers ;

● Les récriminations des médias finissent par donner des résultats. Tant la direction des Canadiens que les amateurs de hockey et les journalistes de sport se plaignent, depuis plusieurs années, de l'absence d'officiels francophones lors des matchs. Finalement, le 1er novembre, la Ligue fait l'essai de deux juges de lignes pour signaler les hors-jeu et l'on demande à Aurèle Joliat, ex-joueur et ex-entraîneur, d'être l'un d'eux.

● Gorman poursuit son ménage d'automne en octobre en cédant six joueurs, dont le vétéran Georges Mantha, aux Lions de Washington.

● Avant le début de la saison, le Tricolore lance une invitation à l'excellent cerbère Dave Kerr, en brouille avec la direction des Rangers, à devenir l'auxiliaire de Bert Gardiner. L'offre est généreuse, mais en novembre, Kerr décline l'invitation. Celui-ci avait conduit les Rangers jusqu'en finale en 1937 et réussi quatre blanchissages, en plus de remporter le trophée Vézina en 1939-40. On ne devait plus le revoir devant un filet.

Finalement, Irvin rappelle Paul Bibeault des Lions de Washington et leur envoie Gardiner.

● Premier voyage en avion pour les joueurs du Tricolore en prévision du match contre Chicago, le 1er février.

● Le Tricolore maintient son effort patriotique en organisant un autre festival sportif, nommé la « Parade des sports », au profit de l'emprunt de la Victoire. Au programme, match amical contre les anciens Maroons et les meilleurs joueurs amateurs, patinage artistique, courses sur glace et démonstration des cadets. On accueille à nouveau près de 13 000 personnes, alors que les anciens Canadiens perdent 5-3 contre les Maroons. La présence du fils d'Howie Morenz dans l'uniforme du Tricolore suscite beaucoup d'émotion dans l'assistance. De son côté, l'équipe régulière gagne 2-1 contre les amateurs.

● Pour une deuxième saison de suite, on ne retrouve aucun joueur du Tricolore au sein des équipes d'étoiles.

1941-1942

Paul Bibeault

LE SAVIEZ-VOUS...

Les Canadiens et les Bruins se prêtent mutuellement deux joueurs pour contourner l'interdiction qui empêche certains joueurs de voyager à l'étranger en raison de la guerre. Mais Terry Reardon — le frère de Ken —, obtenu de Boston en retour du gardien Paul Gauthier, ne peut accompagner l'équipe aux États-Unis, faute de permis de travail. Il n'obtiendra ce dernier qu'à la mi-janvier, avec seulement 14 parties à jouer.

ce dernier s'est fracturé la cheville droite. John Adams fait son service militaire et Elmer Lach s'est fracturé un bras dès le premier match de la saison.

L'entraîneur Irvin hésite à faire appel au *Razzle Dazzle*, malgré son succès, car il trouve les joueurs bien légers. En effet, Morin pèse à peine 140 livres, Heffernan, 162 lb et O'Connor, 155 lb. Mais ils ont tous 25 ans ou plus, ce qui l'incite à tenter le coup.

« La signature des trois joueurs du Royal fait le sujet de toutes les conversations », rapporte Charles Mayer dans *Le Petit Journal* du 30 novembre. En fait, le Tricolore vient d'écrire une nouvelle page d'histoire avec l'acquisition d'un trio au complet le même jour.

Pour l'équipe, c'est un excellent coup publicitaire, que l'on exploite au maximum en attribuant les numéros 20 (Morin), 21 (O'Connor) et 22 (Heffernan) aux trois joueurs. Le trio fait les délices des partisans de l'équipe avec sa combativité et sa technique de passes courtes et foudroyantes. O'Connor récolte 25 points, Morin, 22 et Heffernan, 20.

Mais le populaire trio est séparé en fin de saison. Morin est blessé à la fin de février et doit se présenter à l'armée l'année suivante, tandis qu'Heffernan retourne au Royal avant de revenir aux Canadiens pour les séries de 1943. C'est finalement O'Connor, le plus frêle des trois — au point d'être dispensé des séances d'entraînement par Irvin —, qui aura la plus longue carrière dans la LNH. Il demeurera six ans à Montréal

ÉQUIPE 1941-42

Entraîneur : Dick Irvin (48-18-27-3)

N°	POS	JOUEURS	PJ	B	A	PTS	PUN
6	AG	Toe Blake	48	17	28	45	19
5	AD	Joe Benoît	46	20	16	36	27
14	C/AD	Terry Reardon	33	17	17	34	14
9	C/AD	Charlie Sands	38	11	16	27	6
11	C/AG	Ray Getliffe	45	11	15	26	35
21	C	Buddy O'Connor	36	9	16	25	4
16	C	John Quilty	48	12	12	24	44
20	AG	Pete Morin	31	10	12	22	7
22	AD	Gerald Heffernan	40	5	15	20	15
4	D	Ken Reardon	41	3	12	15	93
3	D	John Portland	46	2	9	11	53
12	AG	Murph Chamberlain	26	6	3	9	30
19	AD	Tony Demers	7	3	4	7	4
8	D	Tony Graboski	23	2	5	7	8
15	AG	Aurelia Dame	34	2	5	7	4
17	D	Émile Bouchard	44	0	6	6	38
2	D	Cliff Goupille	47	1	5	6	51
10	AG	James Haggerty	5	1	1	2	0
12	C	Robert Heron	12	1	1	2	12
10	C	Elmer Lach	1	0	1	1	0
18	AG	Stuart Smith	1	0	1	1	0
22	AD	Rodrigue Lorrain	4	1	0	1	0
18	C	Connie Tudin	4	0	1	1	4
18	C/AD	James O'Neil	4	0	1	1	4
8	D	Léo Lamoureux	1	0	0	0	0
1	G	Bert Gardiner	10	0	0	0	0
1	G	Paul-Émile Bibeault	38	0	0	0	0

GARDIENS	PJ	G	P	N	MIN	BC	BL	MOY
Paul-Émile Bibeault	38	17	19	2	2380	131	1	3,30
Bert Gardiner	10	1	8	1	620	42	0	4,06

● La guerre se fait sentir dans beaucoup de domaines. En mars, le ministre canadien des Munitions, C. D. Howe, annonce l'obligation d'obtenir un permis spécial pour l'usage du caoutchouc usagé. Ce matériau sert à la fabrication des rondelles, des balles de tennis et de crosse, des talons et des semelles, ainsi que des tuyaux d'arrosage. On demande même aux spectateurs de retourner les rondelles projetées dans la foule.

● Un exploit pour le moins remarquable se produit le 24 mars, lors des séries, alors que les trois équipes victorieuses l'emportent par jeu blanc : Montréal 5-0 sur Detroit, Chicago 4-0 sur Boston et New York 3-0 sur Toronto.

● Le tournant de la remontée des Leafs en finale est survenu avec la suspension de l'entraîneur Jack Adams pour le reste des séries, après qu'il s'en est pris physiquement à l'arbitre Mel Harwood

au cours du quatrième match. Adams lui reproche quelques mauvaises décisions contre ses Red Wings et le malmène après la partie.

● Un nouveau trophée, portant le nom d'Arthur Ross, des Bruins de Boston, est donné à la Ligue pour récompenser le joueur le plus spectaculaire. On ne trouve nulle trace des gagnants de ce trophée avant 1948, alors qu'il commence à être attribué au meilleur marqueur du circuit.

● Le match du 9 décembre entre Chicago et Boston est retardé de quelques heures pour permettre aux spectateurs d'écouter la déclaration de guerre contre l'Allemagne et le Japon prononcée par le président Franklin Delano Roosevelt, à la suite de l'attaque de Pearl Harbour.

● Les autres équipes de la Ligue font aussi leur effort de guerre. Ainsi, les anciennes vedettes des Rangers et des Bruins disputent un match amical au Garden de Boston en février.

	PJ	G	P	N	BP	BC	PTS
New York (Rangers)	48	29	17	2	177	143	60
Toronto (Maple Leafs)	48	27	18	3	158	136	57
Boston (Bruins)	48	25	17	6	160	118	56
Chicago (Black Hawks)	48	22	23	3	145	155	47
Detroit (Red Wings)	48	19	25	4	140	147	42
Montréal (Canadiens)	48	18	27	3	134	173	39
Brooklyn (Americans)	48	16	29	3	133	175	35

MEILLEURS MARQUEURS

		PJ	B	A	PTS	PUN
Bryan Hextall	New York	48	24	32	56	30
Lynn Patrick	New York	47	32	22	54	18
Don Grosso	Detroit	48	23	30	53	13
Phil Watson	New York	48	15	37	52	48
Sid Abel	Detroit	48	18	31	49	45
Toe Blake	**Canadiens**	47	17	28	45	19
Bill Thoms	Chicago	47	15	30	45	8
Gordie Drillon	Toronto	48	23	18	41	6
Syl Apps	Toronto	38	18	23	41	0
Tom Anderson	Brooklyn	48	12	29	41	54

TROPHÉES

COUPE STANLEY
Maple Leafs de Toronto

COUPE O'BRIEN
Red Wings de Detroit

TROPHÉE PRINCE-DE-GALLES
Rangers de New York

TROPHÉE HART
Tom Anderson
Americans de Brooklyn

TROPHÉE LADY-BYNG
Syl Apps
Maple Leafs de Toronto

TROPHÉE CALDER
Grant Warwick
Rangers de New York

TROPHÉE GEORGES-VÉZINA
Frank Brimsek
Bruins de Boston

MEILLEUR MARQUEUR
Bryan Hextall
Rangers de New York

avant d'être échangé aux Rangers. À la première de ses quatre saisons à New York, il terminera au deuxième rang des marqueurs, un seul point derrière Elmer Lach, en plus d'obtenir le trophée du joueur le plus utile.

AU CAMP D'ENTRAÎNEMENT À BICYCLETTE

Un jeune défenseur de 21 ans, Émile Bouchard, se présente au camp d'entraînement, ayant parcouru les 80 kilomètres qui séparent Longueuil de Saint-Hyacinthe sur sa bicyclette. C'est du moins ce que dit l'histoire, même si d'aucuns diront que l'exploit relève davantage de la légende. Les connaisseurs sont sceptiques, mais Dick Irvin a tôt fait de remarquer le talent de ce grand jeune homme qui a toutes les misères du monde à patiner. Il en fera l'un des meilleurs défenseurs de l'histoire du club.

Surnommé Butch par son équipier de Verdun, Bob Fillion, en raison de sa facilité à renverser ses adversaires, Bouchard portera le chandail tricolore pendant quinze ans. Il deviendra le capitaine du club en 1948.

À sa première saison avec les Canadiens, il vient compléter la brigade défensive formée de Cliff Goupille, Ken Reardon, John Jack Portland et Tony Graboski. On n'avait pas vraiment trouvé de remplaçant à Walter Buswell, qui avait quitté le camp en 1940. C'est Bouchard qui hérite du poste. Il ne récolte que six passes à sa première saison, obtenant son premier but dans un gain de 5-0 contre les Red Wings au deuxième match des séries quart de finale.

Durant cette période, Bouchard exploite un important rucher et fait l'élevage des abeilles, ce qui le dispense de s'enrôler, puisqu'il n'y a personne pour le remplacer.

Butch Bouchard garde la forme en faisant le trajet entre Longueuil et Saint-Hyacinthe à bicyclette.

1942 [C] 1943

LES CANADIENS ENTREPRENNENT LEUR REMONTÉE AU CLASSEMENT. GRÂCE À TOE BLAKE, ELMER LACH ET MAURICE RICHARD (POUR QUELQUES MATCHS), ILS TERMINENT QUATRIÈMES, MAIS PERDENT DE NOUVEAU EN PREMIÈRE RONDE. LA LIGUE FONCTIONNE MAINTENANT À SIX ÉQUIPES ET RED DUTTON REMPLACE FRANK CALDER À TITRE DE PRÉSIDENT. DETROIT TERMINE PREMIER ET REMPORTE FACILEMENT LA COUPE STANLEY 4-0 CONTRE BOSTON APRÈS AVOIR ÉPROUVÉ QUELQUES DIFFICULTÉS CONTRE TORONTO, FINALEMENT BATTU 4-2. MALGRÉ LES DÉBOIRES DES BLACK HAWKS (5), LES FRÈRES BENTLEY SE DISTINGUENT AUX PREMIER (DOUG) ET TROISIÈME (MAX) RANGS DES MARQUEURS. MAX EST AUSSI LA RECRUE PAR EXCELLENCE, TANDIS QUE BILL COWLEY SE RÉAPPROPRIE LE TROPHÉE HART.

« Voilà le Rocket ! »

Le surnom surgira lors d'un entraînement la saison suivante. C'est son équipier Ray Getliffe qui le trouvera en mettant ses coéquipiers en garde lors d'une montée spectaculaire du jeune Richard : « Attention, voilà le Rocket ! » Mais sa réputation avait déjà gagné le Forum, grâce aux succès accumulés avec le club Paquette de la Ligue du parc Lafontaine, et plus tard avec les Maple Leafs de Verdun et le Canadien senior. Le tir dévastateur et la fougue de Maurice Richard étaient craints de tous ses adversaires. Sa fiche bien remplie parlait d'elle-même.

Pourtant, il s'est acquis une réputation de fragilité au cours des années précédentes. Fracture de la cheville gauche en troisième période de son premier match avec le Canadien senior en 1940-41, après avoir marqué deux buts. Fracture du poignet gauche après 20 parties la saison suivante, mais il s'était rétabli pour les séries, impressionnant suffisamment la haute direction du Canadien, qui lui a fait parvenir une invitation en prévision du prochain camp.

Deux semaines avant l'entraînement, Maurice épouse Lucille Norchet, la sœur de Georges — le premier à lui donner sa chance — et l'une des plus assidues de ses fans.

177

● Véritable pluie de records offensifs pour le Tricolore. Le 8 novembre, alors que Maurice Richard obtient son premier but dans la LNH (également son premier but gagnant), Buddy O'Connor accumule les assistances en troisième période, quatre au total, ce qui constitue une nouvelle marque pour la Ligue. Souvent égalé par la suite, le record ne sera battu qu'en mars 1984 par Dale Hawerchuk, des Jets de Winnipeg.

● Alex Smart établit de nouvelles marques de la LNH pour un joueur à son premier match, le 14 janvier. Il marque trois buts (record réédité par Réal Cloutier des Nordiques en 1979-80) et totalise quatre points, mais il ne disputera que huit parties avec les Canadiens, retournant ensuite dans la Ligue senior. Un autre nouveau, Glen Harmon, défenseur, fera carrière avec les Canadiens jusqu'en 1950-51. Il participera à la conquête de deux coupes Stanley et méritera deux sélections dans la deuxième équipe d'étoiles au cours de cette période.

● Ray Getliffe enfile cinq buts et Elmer Lach obtient six passes au cours du match du 6 février contre Boston. Le record de Lach sera battu par Billy Taylor (Detroit), en 1947, et par Wayne Gretzky à trois reprises, qui le porteront à sept. Chez les Canadiens, seul Newsy Lalonde a obtenu plus de buts que Getliffe dans un match, soit six en 1920.

● Montréal récupère les droits du défenseur Frank Eddolls, d'abord cédé aux Leafs en 1940, mais il doit se défaire de ceux de Ted Kennedy, qui deviendra une grande vedette à Toronto, méritant notamment le trophée Hart en 1955. Eddolls jouera plus tard pendant quelques saisons avec les Canadiens et les Bisons de Buffalo (Ligue américaine) avant d'être échangé aux Rangers. Curieusement, la transaction effectuée par Frank Selke, remplaçant provisoire du gérant Conn Smythe, devait lui coûter son job à Toronto. Peu après, il devenait gérant des Canadiens.

● Montréal ne place aucun joueur dans les équipes d'étoiles pour une troisième saison consécutive.

1942-1943

Dick Irvin forme un trio avec Tony Demers à droite, Elmer Lach au centre et le jeune Richard, qui endosse le numéro 15, à gauche. Au premier match de la saison, disputé au Forum contre Boston le 31 octobre, les trois coéquipiers ne tardent pas à démontrer leurs capacités. À 36 secondes du début de la rencontre, Richard reçoit la rondelle de Lach et la refile aussitôt à Demers, qui laisse partir un boulet pour tromper le gardien Frank Brimsek. Les Canadiens l'emportent 3-2, alors que Demers marque aussi le but victorieux.

C'est le commencement d'une longue et riche carrière, jonchée d'exploits qui relèvent souvent de l'incroyable quand ce n'est pas carrément de l'inhumain.

Maurice obtient son premier but quelques jours plus tard, le 8 novembre, lors de son troisième match, déjouant Steve Buzinski, des Rangers, de nouveau devant ses partisans. Au surlendemain de Noël, les Canadiens affrontent les Bruins au Forum et Richard présente un dossier respectable de quatre buts et quatre assistances. Il donne les devants au Tricolore et ajoute deux autres passes sur des buts de Drillon et O'Connor, ses compagnons de trio depuis deux matchs. En troisième, nouvelle attaque avec la détermination qui le caractérise déjà.

Malgré une réputation de joueur fragile, Frank Selke n'hésite pas à offrir un contrat à Maurice Richard. Voilà sans doute LA décision de sa carrière de gérant des Canadiens.

ÉQUIPE 1942-43						
Entraîneur : Dick Irvin (50-19-19-12)						
N°	POS	JOUEURS	PJ	B	A	PTS	PUN
6	AD	Toe Blake	48	23	36	59	26
16	C	Elmer Lach	45	18	40	58	14
10	C	Buddy O'Connor	50	15	43	58	2
5	AD	Joe Benoit	49	30	27	57	23
12	AD	Gordon Drillon	49	28	22	50	14
11	AG	Ray Getliffe	50	18	28	46	26
17	D	Émile Bouchard	45	2	16	18	47
4	D	Léo Lamoureux	46	2	16	18	47
3	D	John Portland	49	3	14	17	52
8,14	D	Glen Harmon	27	5	9	14	25
18,19,20	AG	Dutch Hiller	39	8	6	14	4
8	C/AD	Terry Reardon	13	6	6	12	2
9	C	Charlie Sands	31	3	9	12	0
15	AD	Maurice Richard	16	5	6	11	4
15	C	Smiley Meronek	12	3	6	9	0
18	AG	Alex Smart	8	5	2	7	0
14	AD	Tony Demers	9	2	5	7	0
8,15	C	John Mahaffy	9	2	5	7	4
8*	AG	Marcel Dheere	11	1	2	3	2
2	D	Cliff Goupille	6	2	0	2	8
1,18	D	Tony Graboski	9	0	2	2	4
15	AD	Irvin McGibbon	1	0	0	0	2
8		Robert Lee	1	0	0	0	0
8	D	Frank Mailley	1	0	0	0	0
14	D	Ernest Laforce	1	0	0	0	0
14,19	D	Charlie Phillips	17	0	0	0	6
0,1,16	G	Paul-Émile Bibeault	50	0	0	0	0
2	D	Mike McMahon	-	-	-	-	-
22	AD	Gerald Heffernan	-	-	-	-	-
GARDIEN			PJ	G	P	N	MIN	BC	BL	MOY
Paul-Émile Bibeault			50	19	19	12	3010	191	1	3,81

*18,19,21 : autres numéros portés par le joueur.

● Début de l'ère des « Six équipes originales » avec le retrait forcé des Americans de Brooklyn. Ceux-ci sont mis à la porte du Garden de New York parce qu'ils sont incapables de faire face à leurs obligations.

● Armand Bep Guidolin devient, à 16 ans et 11 mois, le plus jeune joueur de la Ligue nationale.

● Les clubs de la LNH continuent d'aider la cause des Alliés. Ainsi les recettes du match Montréal/Boston, joué en après-midi le 12 novembre, sont versées à la Croix-Rouge. La somme recueillie est de 6 286 $, alors que même les joueurs et les journalistes ont payé leur entrée.

● Pour remplacer le président fondateur Frank Calder, décédé d'une crise cardiaque en février, les dirigeants de la Ligue font appel à Mervyn Red Dutton, ancien joueur et gérant des défunts Americans de New York.

● Premier but de l'histoire de la Ligue avec la participation de trois membres d'une même famille le 3 janvier, soit les frères Reggie, Max et Doug Bentley. Reggie inscrit un but et ses frères obtiennent une assistance chacun dans un match nul de 3-3 des Black Hawks contre les Rangers.

● Privés des services de leur gardien vedette, Sugar Jim Henry, les Rangers, champions du calendrier régulier la saison précédente, dégringolent au dernier rang, ayant concédé pas moins de 253 buts à l'adversaire.

● Le gardien de Detroit, Johnny Mowers, avait accumulé le plus de défaites lors de la saison 1941-42, mais il renverse totalement la vapeur cette fois-ci avec le plus de victoires, le tout accompagné du trophée Vézina, d'une sélection dans la première équipe d'étoiles et d'une coupe Stanley. Il devra ensuite s'absenter pendant trois ans à cause de la guerre.

TROPHÉES

COUPE STANLEY
Red Wings de Detroit
COUPE O'BRIEN
Bruins de Boston
TROPHÉE PRINCE-DE-GALLES
Red Wings de Detroit
TROPHÉE HART
Bill Cowley
Bruins de Boston
TROPHÉE LADY-BYNG
Max Bentley
Black Hawks de Chicago
TROPHÉE CALDER
Gaye Stewart
Maple Leafs de Toronto
TROPHÉE GEORGES-VÉZINA
Johnny Mowers
Red Wings de Detroit
MEILLEUR MARQUEUR
Doug Bentley
Black Hawks de Chicago

	PJ	G	P	N	BP	BC	PTS
Detroit (Red Wings)	50	25	14	11	169	124	61
Boston (Bruins)	50	24	17	9	195	176	57
Toronto (Maple Leafs)	50	22	19	9	198	159	53
Montréal (Canadiens)	50	19	19	12	181	191	50
Chicago (Black Hawks)	50	17	18	15	179	180	49
New York (Rangers)	50	11	31	8	161	253	30

MEILLEURS MARQUEURS

		PJ	B	A	PTS	PUN
Doug Bentley	Chicago	50	33	40	73	18
Bill Cowley	Boston	48	27	45	72	10
Max Bentley	Chicago	47	26	44	70	2
Lynn Patrick	New York	50	22	39	61	28
Lorne Carr	Toronto	50	27	33	60	15
Billy Taylor	Toronto	50	18	42	60	2
Bryan Hextall	New York	50	27	32	59	28
Toe Blake	Canadiens	48	23	36	59	28
Elmer Lach	Canadiens	45	18	40	58	14
Buddy O'Connor	Canadiens	50	15	43	58	2

1942-1943

Cette fois, le défenseur John Crawford s'interpose. Les deux joueurs croulent au contact, la jambe droite de Maurice repliée sous son corps.

Fracture de la cheville, la saison est terminée ! Devant les médias, Irvin perd patience et juge Richard « peut-être trop fragile pour jouer dans la Ligue nationale ». L'armée l'a aussi recalé en raison de sa fragilité, quelques mois plus tôt. Un journaliste le qualifie de « citron » !

ENCORE LA GUERRE !

La guerre fait rage du côté de l'Europe. Dans les rangs des équipes de la Ligue nationale aussi, car plusieurs joueurs sont appelés sous les drapeaux chaque année. Les Bruins ont perdu le trio *Kraut* l'année précédente et les Rangers sont privés de Colville et du gardien Jim Henry. Les Red Wings et les Canadiens sont les plus affectés par l'absence de 19 et 15 joueurs réguliers ou de la relève. On en dénombre 70 au total pour les six équipes de la Ligue. Coup sur coup, en début de saison, le Tricolore voit partir Cliff Goupille, Tony Demers et Terry Reardon, lesquels rejoignent Ken Reardon, John Quilty et compagnie. De plus, Richard, Lach et Terry Reardon n'obtiennent leur permis de travail pour les États-Unis qu'en décembre, ne pouvant jusque-là disputer que les parties locales.

La LNH remet son sort entre les mains des gouvernements canadien et américain une fois de plus, lesquels donnent leur aval « dans l'intérêt de la morale publique », mais on réduit les effectifs des clubs à 14 joueurs et les périodes supplémentaires sont abolies en cours de saison pour respecter l'horaire des trains. Par contre, on hausse le nombre de matchs réguliers à 50.

La guerre décime aussi les autres circuits. La Ligue américaine (AHL) perd deux équipes, faute de joueurs, et l'Association américaine (AHA) disparaît complètement avec ses huit clubs.

LE SAVIEZ-VOUS...

La passion d'Émile Bouchard pour l'élevage des abeilles lui coûte un match en novembre. Piqué par celles-ci à la suite d'un faux mouvement, Butch doit s'absenter de la partie contre Chicago, craignant un empoisonnement de sang.

Moment de fierté pour le sénateur Raymond et le gérant Tommy Gorman qui se félicitent mutuellement pour cette autre coupe Stanley. Le vice-président William Northey attend son tour en retrait.

LE PETIT JOURNAL, 16 avril 1944. **55**

Les Canadiens sont là!

Les Habitants ont terminé la plus brillante saison dans leur histoire qui date de 1909. — Records nombreux au cours de la cédule comme dans les séries de la coupe. — Ils ont bien mérité de la population de Montréal, de la province et de tout le Canada. — 5e conquête de la coupe Stanley.

Richard et Blake, deux Canadiens français, les grands responsables des succès dans la saison et dans les séries de la coupe

1943  1944

CINQUIÈME
COUPE
STANLEY

La formation de la Punch Line, avec Lach, Blake et Richard, l'arrivée de Bill Durnan que les autres équipes jugeaient trop vieux pour la LNH, le prêt de Phil Watson par les Rangers, ainsi que l'éclosion de plusieurs joueurs propulsent les Canadiens au premier rang. Vingt victoires à la mi-saison, 38 au total, contre seulement 5 défaites, et une avance de 25 points sur Detroit. L'une des meilleures saisons de l'histoire pour cette équipe, qui retrouve la coupe Stanley après une interruption de 13 ans. Toronto provoque le Tricolore en remportant le premier match de demi-finale 3-1. Le Rocket explose avec cinq buts dans le deuxième, gagné 5-1. Ensuite plus rien n'arrêtera la marche des Canadiens vers la coupe Stanley. Toronto est battu 4-1 et Chicago 4-0. Premier de quatre Vézina de suite pour Durnan.

Jusqu'à la retraite de Toe Blake, en 1948, la Punch Line fera trembler tous les gardiens adverses.

1943 1944

Un trio *Punch*

Quelques jours avant le début de la saison, l'épouse de Maurice Richard donne naissance à sa première fille, Huguette. Elle pèse neuf livres. Pour souligner l'événement, Richard demande l'autorisation à Irvin de troquer son numéro 15 pour le 9.

Dick Irvin accepte de bonne grâce. Il présentait déjà Maurice comme la plus grande étoile du hockey en devenir au début de la saison, mais il est contraint de retenir quelque peu son enthousiasme lorsque Richard se disloque l'épaule après quelques parties. À son retour au jeu, l'entraîneur prend une décision qui allait marquer l'équipe pour des décennies en réunissant Lach, Blake et Richard dans un même trio. Joueur gaucher, le Rocket est converti en ailier droit et toute l'histoire des Canadiens en sera marquée.

La *Punch Line* ne met pas de temps à faire trembler les gardiens adverses. Elmer Lach termine au cinquième rang des marqueurs avec 24 buts et 48 passes. Blake totalise 59 points (26-33) et Richard, 54 (32-22).

C'est en séries que le trio explose pour de bon, notamment lors du deuxième match de demi-finale contre Toronto, le 23 mars. Richard marque cinq buts sur cinq tirs, chaque fois sur une passe de Blake (un nouveau record), ce qui lui vaudra les trois étoiles de la rencontre, octroyées par le journaliste Charles Mayer. Le lendemain, les journaux titrent : « Richard 5, Toronto 1 ». Maurice réédite pareil exploit de cinq points (2-3) au match suivant.

Le passeport utilisé par le Rocket lors de ses déplacements aux États-Unis.

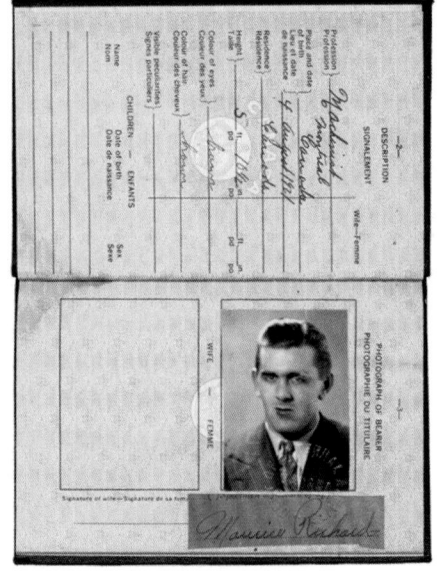

● Maurice Richard inscrit le premier des 33 tours du chapeau de son illustre carrière le 30 décembre, contre Jim Franks, du Detroit.
● Le Rocket, qui a inscrit les cinq buts des siens lors du deuxième match de demi-finale contre Toronto, remet ça dans la deuxième rencontre de la finale contre Chicago en comptant trois fois, dans une victoire de 3 à 1.

● Virgil Johnson est crédité du premier tir de punition en série éliminatoire, contre les Canadiens, le 13 avril. Durnan fait l'arrêt et le Tricolore triomphe 5-4 en prolongation, pour remporter la série contre Chicago.
● Absent des équipes d'étoiles depuis trois ans, le Tricolore place Bill Durnan et l'entraîneur Irvin dans la première, ainsi que Maurice Richard, Elmer Lach et Émile Bouchard dans la seconde.

● Tout au long de la saison, les entraînements du Tricolore ont lieu le soir, parce que les joueurs sont occupés le jour dans les usines de fabrication de munitions de guerre.
● À la suite de la conquête de la coupe Stanley, les marchands montréalais recommencent à décorer leurs vitrines aux couleurs des Canadiens, à fêter les joueurs et à leur remettre des cadeaux, comme le

faisaient les commerçants lors des débuts de l'équipe. Une coupure de presse du *Petit Journal* de l'époque témoigne de ces belles attentions.
● À cette époque, les salaires sont loin d'égaler ceux d'aujourd'hui et, pour nourrir sa petite famille en pleine croissance, le Rocket occupe un emploi de vendeur d'autos durant l'été chez un concessionnaire de Montréal.

1943 1944

N°	POS	JOUEURS	PJ	B	A	PTS	PUN
16	C	Elmer Lach	48	24	48	72	23
6	AG	Toe Blake	41	26	33	59	10
10	C	Buddy O'Connor	44	12	42	54	6
9	AD	Maurice Richard	46	32	22	54	45
11	AG/C	Ray Getliffe	44	28	25	53	44
14	AD	Phil Watson	44	17	32	49	61
18	AD	Gerry Heffernan	43	28	20	48	12
12	AG	Murph Chamberlain	47	15	32	47	85
17	AG	Fernand Majeau	44	20	18	38	39
4	D	Léo Lamoureux	44	8	23	31	32
21	AG	Bob Fillion	41	7	23	30	14
2	D	Mike McMahon	42	7	17	24	98
8	D	Glen Harmon	43	5	16	21	36
3	D	Émile Bouchard	39	5	14	19	52
22	C	Jean-Claude Campeau	2	0	0	0	0
22	AD	Robert Walton	4	0	0	0	0
1	G	Bill Durnan	50	0	0	0	0

Équipe 1943-44 — Entraîneur : Dick Irvin (50-38-5-7)

GARDIEN	PJ	G	P	N	MIN	BC	BL	MOY
Bill Durnan	50	38	5	7	3000	109	2	2,18

Maurice Richard établit un record en comptant cinq buts contre Toronto

La performance du Rocket à Toronto est commentée à pleines pages par les médias.

Blake profite de la partie du 23 pour égaler le record de passes en une seule période, trois. Puis Lach réplique avec une performance similaire une semaine plus tard et Blake le relance à son tour le 13 avril contre Chicago. En plus, les trois présentent des fiches incroyables. Richard totalise 12 buts, Lach a 11 passes et Blake 18 points.

Le Tricolore s'attire cependant les foudres de son public à la quatrième rencontre de la finale contre Chicago. Après avoir disposé des Leafs en cinq

Les Canadiens connaissent l'une des meilleures saisons de leur histoire, devançant Detroit par 25 points au sommet du classement.

Les figurines des joueurs vedettes, tel Maurice Richard, ont toujours obtenu la faveur des collectionneurs.

● L'apparition d'une ligne rouge au centre de la patinoire marque le début de ce qu'on qualifie d'ère moderne du hockey. C'est aussi le début des punitions à retardement.

● Le souvenir de Frank Calder est perpétué par l'officialisation du trophée à son nom, lequel est attribué à la recrue de l'année. Le premier récipiendaire du trophée commémoratif, Gus Bodnar, des Leafs, a obtenu son premier but à la quinzième seconde de jeu à son match initial. Depuis 1937 et jusqu'à sa mort, Calder s'était chargé d'acheter un trophée qu'il remettait personnellement à la recrue de l'année.

● Tandis que le Tricolore ne perd que cinq rencontres, les Rangers, tout à l'opposé, ne gagnent qu'à six reprises, la pire saison de leur histoire. À titre d'exemple, le 23 janvier, ils sont écrasés 15-0 par Detroit. Ils terminent la saison à 26 points de leur plus proche rival, Boston.

1943 1944

parties, les joueurs de Dick Irvin remportent sans coup férir les trois premières de la finale. Mais les Hawks mènent le quatrième match par 4 à 1 jusqu'au milieu du troisième vingt. C'est alors que la foule se met à scander « Fake ! Fake ! », croyant que les joueurs cherchent à prolonger la série. Fouettés par les protestations, les membres de la *Punch Line* prennent les choses en main, Lach rétrécit la marge à la dixième minute, puis Richard égalise avec deux buts rapides. En prolongation, Blake procure la victoire finale aux siens.

BILL DURNAN SE TROUVE TROP VIEUX

Le Tricolore, qui vient d'établir une nouvelle marque de 25 parties sans défaites à domicile (22-0-3) — un record qui a résisté au temps —, connaît l'une des meilleures saisons de son histoire avec seulement 5 revers contre 38 victoires, 7 matchs nuls et pas moins de 5 nouveaux records. D'ailleurs, cette performance sans échecs devant ses partisans ne pourra qu'être égalée, au mieux.

TROPHÉES
COUPE STANLEY
Canadiens de Montréal
COUPE O'BRIEN
Black Hawks de Chicago
TROPHÉE PRINCE-DE-GALLES
Canadiens de Montréal
TROPHÉE HART
Babe Pratt
Maple Leafs de Toronto
TROPHÉE LADY-BYNG
Clint Smith
Black Hawks de Chicago
TROPHÉE CALDER
Gus Bodnar
Maple Leafs de Toronto
TROPHÉE GEORGES-VÉZINA
Bill Durnan
Canadiens de Montréal
MEILLEUR MARQUEUR
Herb Cain
Bruins de Boston

Cette année-là, Bill Durnan ne perdra aucun match à Montréal, en plus de signer une performance de 14 parties sans défaite, une marque qui tiendra jusqu'en 1996-97.

● Les Leafs et les Hawks se disputent un match sans buts ni punitions le 20 février. Les jeux blancs sont versés au compte de Paul Bibeault, prêté à Toronto par les Canadiens en décembre, et Mike Karakas.

● Art Ross retire son gardien au profit d'un sixième attaquant pour essayer de niveler le pointage à la fin du match du 11 novembre contre Chicago. Mais à la suite de ce geste audacieux de l'entraîneur des Bruins, Clint Smith obtient le premier but dans un filet désert.

● Les Maple Leafs parviennent à conserver leur troisième place et surprennent le Tricolore au premier match des séries, malgré l'absence de plusieurs joueurs de calibre, retenus par la guerre. Au nombre des absents : Turk Broda, Billy Taylor, Gaye Stewart, Sweeney Schriner, Syls Aps et Bud Poile.

● L'équipe des Red Wings, champions en titre, est aussi largement touchée par l'absence de plusieurs gros noms, les Sid Abel, Jack Stewart, Harry Watson et Jimmy Orlando.

1943 1944

	PJ	G	P	N	BP	BC	PTS
Montréal (Canadiens)	50	38	5	7	234	109	83
Detroit (Red Wings)	50	26	18	6	214	177	58
Toronto (Maple Leafs)	50	23	23	4	214	174	50
Chicago (Black Hawks)	50	22	23	5	178	187	49
Boston (Bruins)	50	19	26	5	223	268	43
New York (Rangers)	50	6	39	5	162	310	17

MEILLEURS MARQUEURS		PJ	B	A	PTS	PUN
Herb Cain	Boston	48	36	46	82	4
Doug Bentley	Chicago	50	38	39	77	22
Lorne Carr	Toronto	50	36	38	74	9
Carl Liscombe	Detroit	50	36	37	73	17
Elmer Lach	Canadiens	48	24	48	72	23
Clint Smith	Chicago	50	23	49	72	4
Bill Cowley	Boston	36	30	41	71	12
Bill Mosienko	Chicago	50	32	38	70	10
Art Jackson	Boston	49	28	41	69	8
Gus Bodnar	Toronto	50	22	40	62	18

Une saison presque parfaite, couronnée d'une cinquième coupe Stanley, la première en treize ans. Mais le mérite n'en revient pas uniquement à la puissance offensive de l'équipe.

Gorman et Irvin ont réglé la question de l'offensive avant le début de la saison, mais celle du gardien reste problématique. On n'est pas satisfait de Bibeault. Herb Gardiner, prêté aux Hawks, est de retour, mais on s'apprête à l'envoyer à Boston. Reste Bill Durnan, un gardien de 27 ans arraché à l'organisation des Leafs de Toronto, qui se débrouille bien avec le Royal de Montréal et que les Canadiens avaient rappelé par mesure de précaution au début des séries de 1943.

Mais Durnan se trouve trop vieux et veut demeurer avec le Royal. Gorman parvient à le convaincre, à quelques heures du premier match contre Boston, qui aligne justement Gardiner. Le nouveau cerbère du Tricolore connaît un début de saison époustouflant et dispute 14 parties sans défaite (11-0-3), record battu seulement en 1996-97 par Patrick Lalime, de Pittsburgh. Celui qui aime tromper ses adversaires en changeant brusquement son bâton de main remporte 38 victoires en saison (autre record) et cueille le premier de six trophées Vézina en sept ans, dont quatre consécutifs. En raison de son habitude de faire passer son bâton d'une main à l'autre, Durnan est considéré comme l'unique gardien ambidextre de l'histoire. En fait, il utilisait deux gants pour attraper la rondelle et pas de bouclier.

Torontois d'origine comme George Hainsworth, Durnan avait commencé à garder les buts «en bottes», à l'instar d'un autre illustre prédécesseur, Georges Vézina, jusqu'à ce qu'un copain lui prête ses patins.

L'arrivée de Phil Watson à Montréal tient du roman, si l'on se fie aux comptes rendus des journalistes de La Presse. Watson est d'abord prêté par les Rangers le 28 octobre, avec la restriction de jouer uniquement au Canada. Le 9 décembre, on lui permet de jouer à l'extérieur, sauf à New York, et le 20, il peut jouer partout. Cinq joueurs du Canadien font partie des diverses étapes du prêt : Charlie Sands (1er), Dutch Hiller (1er), Fernand Gauthier (2e), John Mahaffy (2e) et Tony Demers (3e). L'année suivante, Watson retourne avec les Rangers.

MONTRÉAL DOMINE AISÉMENT LA SAISON RÉGULIÈRE DE NOUVEAU, MAIS SE FAIT SURPRENDRE PAR TORONTO ET SON GARDIEN RECRUE FRANK MCCOOL EN DEMI-FINALE. MCCOOL BLANCHIT DETROIT LORS DES TROIS PREMIÈRES PARTIES DE LA FINALE, MAIS LES WINGS REBONDISSENT EN GAGNANT LES TROIS SUIVANTES. FINALEMENT, LES LEAFS EMPÊCHERONT L'ÉQUIPE AMÉRICAINE DE REFAIRE LE COUP QU'EUX-MÊMES LEUR AVAIENT SERVI TROIS ANS AUPARAVANT, EN S'ADJUGEANT LE SEPTIÈME MATCH 2-1. LACH, RICHARD ET BLAKE OCCUPENT LES TROIS PREMIERS RANGS DES MARQUEURS. LACH EST JUGÉ LE PLUS UTILE, DURNAN A LA MEILLEURE MOYENNE ET RICHARD COMPTE 50 BUTS EN 50 PARTIES. BILL MOSIENKO EST LE TROISIÈME HAWK DE SUITE À MÉRITER LE TROPHÉE LADY-BYNG ET FRANK MCCOOL, LE TROISIÈME LEAF CONSÉCUTIF À OBTENIR LE CALDER. LA GUERRE CONTINUE DE PRIVER LA LIGUE DE PLUSIEURS DE SES MEILLEURS ÉLÉMENTS.

50 en 50

De tous les exploits du Rocket, sa performance de 50 buts en 50 parties demeurera la plus légendaire.

Maurice Richard accomplit des performances qui contribuent fortement à établir sa renommée au cours de cette saison 1944-45, largement dominée par les Canadiens, une fois de plus.

Le 28 décembre, il déménage sa famille de la rue des Érables à la rue Papineau. Il se présente ensuite au Forum pour y affronter les Red Wings, prenant soin de prévenir ses coéquipiers de ne pas compter sur lui parce qu'il est complètement exténué. Il signe pourtant une performance de cinq buts et trois passes, un nouveau record, se permettant même d'enfiler deux rondelles à huit secondes d'intervalle.

Un peu plus tard en saison, le 3 février, au cours d'un autre match contre Detroit, il accomplit un exploit qui alimentera sa légende pour des décennies à venir. Earl Seibert, un gaillard de 225 livres acquis des Black Hawks par les Red Wings quelques semaines plus tôt, tente de s'interposer pour arrêter le Rocket dans l'une des montées foudroyantes dont il a le secret. Richard essaie de l'éloigner de son bras gauche sans perdre le contrôle de la rondelle. Seibert s'accroche à deux mains, mais le Rocket l'entraîne sur son dos jusqu'au but du gardien Harry Lumley, qu'il déjoue d'une seule main. Tous en restent bouche bée.

● On fait grand état, en début de saison, d'un nouveau règlement proposé par le gouverneur Art Ross, des Bruins de Boston, selon lequel les joueurs exemptés du service militaire pour des raisons autres que physiques seraient inadmissibles à jouer. On mentionne quelques noms des Canadiens : Bouchard, Watson, Harmon et Heffernan. Finalement, tout rentrera dans l'ordre et Montréal entamera la saison avec une équipe complète. Entre-temps,

Dame Rumeur laissait savoir que les Canadiens auraient pu adhérer à une nouvelle Ligue regroupant aussi les clubs de Cleveland, Buffalo et St. Louis si la LNH s'était montrée trop sévère.

● Le joueur de centre Kenny Mosdell, acquis par les Canadiens lors du repêchage de dispersion des anciens joueurs des Americans de Brooklyn en 1943, se présente finalement au club. Depuis deux ans, il jouait pour des équipes de l'armée canadienne.

● Les services du gardien Paul Bibeault sont prêtés pour une deuxième saison de suite par Montréal, cette fois aux Bruins de Boston. On ramènera Bibeault en catastrophe en janvier de la saison suivante, lorsque Durnan sera blessé.

● Paul Stuart, le protecteur de Maurice Richard depuis ses débuts dans le hockey mineur, ainsi que Paul Paquette et Dan Murray organisent une petite fête le 29 avril pour fêter les 50 buts du Rocket. Léo Dandurand lui présente

un trophée spécial, alors que ses admirateurs lui remettent plusieurs centaines de cadeaux ainsi qu'une bourse de 700 $. Deux semaines plus tôt, son épouse Lucille a donné naissance au premier garçon de la famille, Maurice fils.

● L'entraîneur Irvin et les joueurs souscrivent personnellement à l'emprunt de la Victoire, alors que l'objectif visé est largement dépassé.

1944-1945

Depuis, on raconte cette anecdote en y ajoutant un deuxième et parfois un troisième joueur, même si l'exploit tient déjà du phénomène avec un seul.

Une semaine plus tard, le journaliste Charles Mayer, du *Petit Journal*, écrit que le propriétaire des Leafs, Connie Smythe, double l'offre déjà faite pour Richard, la portant à 50 000 $.

Mais sans rien enlever à l'extraordinaire beauté des deux exploits mentionnés précédemment, la véritable réussite du Rocket cette année-là, ce sont ses 50 buts en 50 parties, une performance qu'on estimait encore impossible à quelques jours de son accomplissement.

LE SAVIEZ-VOUS...

La Ligue nationale procède à l'intronisation de ses premiers membres au Temple de la renommée, institué depuis peu. Parmi les 14 premiers élus, on compte 2 joueurs des Canadiens, Georges Vézina et Howie Morenz.

Le 17 février, à Toronto, il égale la marque de 44 buts, réalisée lors de la première saison d'activités de la LNH en 1917-18, et reçoit une ovation des partisans des Leafs. Le nouveau record est établi le 25, cette fois au Forum, mais de nouveau contre le gardien de Toronto, Frank McCool. Cette fois, la foule partisane lui réserve une salve d'applaudissements qui dure dix minutes. Après ce 45e but, la tension augmente, tant chez les amateurs que chez les médias, à mesure que Maurice additionne les rondelles qui font mouche. C'est finalement à la dernière rencontre, le 18 mars au Garden de Boston, qu'il inscrit son nom à jamais dans le livre des plus beaux exploits du hockey. Il devient le premier joueur à totaliser 50 buts en autant de matchs, en trompant le cerbère Harvey Bennett en début de troisième sur une passe d'Elmer Lach lors d'un jeu de puissance.

Son entraîneur, Dick Irvin, devenu son meilleur fan depuis l'année précédente, avait prédit l'exploit du Rocket à la fin d'octobre, alors que celui-ci n'avait encore qu'une douzaine de buts à son actif.

N°	POS	JOUEURS	PJ	B	A	PTS	PUN
16	C	Elmer Lach	50	26	54	80	37
9	AD	Maurice Richard	50	50	23	73	46
6	AG	Toe Blake	49	29	38	67	25
10	C	Buddy O'Connor	50	21	23	44	2
5	AG	Dutch Hiller	48	20	16	36	20
3	D	Émile Bouchard	50	11	23	34	34
19	AD	Fernand Gauthier	50	18	13	31	23
4	D	Léo Lamoureux	49	2	22	24	58
11	AG	Ray Getliffe	41	16	7	23	34
18	C	Ken Mosdell	31	12	6	18	16
15	AG	Bob Fillion	31	6	8	14	12
12	AG	Murph Chamberlain	32	2	12	14	38
8	D	Glen Harmon	42	5	8	13	41

ÉQUIPE 1944-45
Entraîneur : Dick Irvin (50-38-8-4)

TROPHÉES

COUPE STANLEY
Maple Leafs de Toronto
COUPE O'BRIEN
Red Wings de Detroit
TROPHÉE PRINCE-DE-GALLES
Canadiens de Montréal
TROPHÉE HART
Elmer Lach
Canadiens de Montréal
TROPHÉE LADY-BYNG
Bill Mosienko
Black Hawks de Chicago
TROPHÉE CALDER
Frank McCool
Maple Leafs de Toronto
TROPHÉE GEORGES-VÉZINA
Bill Durnan
Canadiens de Montréal
MEILLEUR MARQUEUR
Elmer Lach
Canadiens de Montréal

● Les Maple Leafs passent à un cheveu de se faire servir la leçon qu'ils ont donnée aux mêmes Red Wings trois ans plus tôt. À cette époque, Toronto avait surmonté un déficit de 0-3 pour gagner la finale 4-3. Cette fois, les rôles sont inversés. Toronto gagne les trois premières parties en n'accordant aucun but, Detroit égalise avec trois gains consécutifs, dont deux par jeu blanc, puis les Leafs se ressaisissent pour remporter le match décisif 2 à 1, grâce à un but de Babe Pratt à moins de huit minutes de la fin.

● Le gardien recrue du Toronto, Frank McCool, est incontestablement le héros de cette série avec trois jeux blancs dès le départ et une moyenne de 2,23 en 13 parties. Il reçoit le trophée Calder au terme d'une première saison tout à fait remarquable.

● Frank McCool, appelé à la rescousse pour remplacer Turk Broda, lui aussi parti à la guerre, ingurgite des litres de lait entre chaque période pour calmer son estomac, d'où son surnom d'«Ulcères».

● Ted Kennedy, que les Canadiens ont laissé partir pour Toronto un an plus tôt, est devenu un joueur dominant avec les Leafs. Il termine au cinquième rang des marqueurs en saison et au deuxième en séries, avec le plus de buts, sept.

● Syd Howe devient le meilleur marqueur de l'histoire du circuit le 8 mars en surpassant les 515 points de Nels Stewart. Howe terminera sa carrière l'année suivante avec 528 points et sera dépassé à son tour en 1947 par Bill

Cooley, suivi d'Elmer Lach en 1952, Maurice Richard en 1953, Gordie Howe en 1960 et Wayne Gretzky en 1989.

● Les Bruins de Boston s'inscrivent au pointage à quatre reprises en l'espace de 1 min 20 s le 21 janvier, ce qui constitue toujours le record de la Ligue. Le 4 mars, Clint Smith, de Chicago, obtient quatre filets à lui seul dans une même période, une autre marque toujours valide, pendant que son coéquipier Mosienko y va de quatre passes.

ÉQUIPE 1944-45

N°	POS	JOUEURS	PJ	B	A	PTS	PUN
2	D	Frank Eddolls	43	5	8	13	20
17	AG	Fernand Majeau	12	2	6	8	4
14,17	AD	Roland Rossignol	5	2	2	4	2
17	C	Nils Tremblay	1	0	1	1	0
14	C	Rosario Joanette	2	0	1	1	0
22	D	Wilf Field	9	1	0	1	10
1	G	Bill Durnan	50	0	0	0	0
14	AG	Ed Emberg	-	-	-	-	-
14	C	John Mahaffy	-	-	-	-	-
22	D	Francis Stahan	-	-	-	-	-

GARDIEN	PJ	G	P	N	MIN	BC	BL	MOY
Bill Durnan	50	38	8	4	3000	121	1	2,42

Richard, Lach et Blake accaparent les trois premières places des marqueurs de la Ligue. Ils seront tous trois élus dans la première équipe d'étoiles.

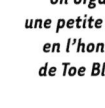

Le 9 décembre, on organise une petite fête en l'honneur de Toe Blake.

		PJ	G	P	N	BP	BC	PTS
Montréal (Canadiens)		50	38	8	4	228	121	80
Detroit (Red Wings)		50	31	14	5	218	161	67
Toronto (Maple Leafs)		50	24	22	4	183	161	52
Boston (Bruins)		50	16	30	4	179	219	36
Chicago (Black Hawks)		50	13	30	7	141	194	33
New York (Rangers)		50	11	29	10	154	247	32

MEILLEURS MARQUEURS

		PJ	B	A	PTS	PUN
Elmer Lach	Canadiens	50	26	54	80	37
Maurice Richard	Canadiens	50	50	23	73	36
Toe Blake	Canadiens	49	29	38	67	15
Bill Cowley	Boston	49	25	40	65	2
Ted Kennedy	Toronto	49	29	25	54	14
Bill Mosienko	Chicago	50	28	26	54	0
Joe Carveth	Detroit	50	26	28	54	6
Ab DeMarco	New York	50	24	30	54	10
Clint Smith	Chicago	50	23	31	54	0
Syd Howe	Detroit	46	17	36	53	6

1-2-3 CHEZ LES COMPTEURS POUR LACH, BLAKE ET RICHARD

La domination de la *Punch Line* est totale, alors que Lach, Richard et Blake accaparent les trois premiers rangs des marqueurs du circuit. Lach totalise 26 buts et 54 passes, éclipsant au passage le record de passes. En plus de son trophée de champion marqueur, il est désigné le joueur le plus utile à son équipe devant Maurice Richard. Celui-ci a 73 points (50-23) et Toe Blake suit derrière avec 67 (29-38). C'est la deuxième fois seulement depuis la formation de la Ligue que les membres d'un même trio monopolisent les premières places au classement. La *Kraut Line* de Boston (Dumart-Schmidt-Bauer) avait accompli l'exploit en 1939-40.

Leur total de 220 points permet aux trois comparses de surpasser l'ancienne marque de 219, réussie l'année précédente par Bill Mosienko, Clint Smith et Doug Bentley, des Black Hawks.

Mieux encore, le trio au complet est élu dans la première équipe d'étoiles, en compagnie de deux coéquipiers, Bill Durnan et Émile Bouchard. Sans compter l'entraîneur Irvin, également sélectionné dans le premier club d'as. Le choix de cinq joueurs d'une même formation sur six est un précédent dans l'histoire de la LNH. Depuis, l'exploit a été renouvelé une seule fois, par les Hawks de Chicago, en 1963-64.

Plusieurs autres records offensifs ont aussi été balayés au cours de cette campagne historique du Tricolore.

Sous l'œil attentif de son compagnon de trio, Blake commente le but décisif obtenu au milieu de la troisième période lors du cinquième match de la finale.

1945  1946

SIXIÈME COUPE STANLEY

Troisième championnat d'affilée en saison régulière pour les Canadiens, qui éliminent facilement Chicago en quatre parties et Boston en cinq pour la sixième coupe Stanley de leur histoire, une deuxième en trois ans. Les champions en titre, les Maple Leafs, sont exclus des séries. Max Bentley, des Black Hawks, termine au premier rang des marqueurs et Toe Blake est troisième, en plus de recevoir le trophée Lady-Byng comme joueur le plus gentilhomme. Bentley est choisi comme joueur le plus utile. Bill Durnan reçoit le trophée Vézina pour une troisième fois de suite. Un Franco-Ontarien, Edgar Laprade des Rangers, reçoit le Calder à titre de recrue de l'année.

● Malgré une blessure à la main droite subie en janvier, Bill Durnan conserve la meilleure moyenne chez les cerbères de la Ligue et enlève un troisième trophée Vézina d'affilée. Il revient en force pour les séries et mène son équipe à la coupe, tout en conservant encore la meilleure moyenne.

En séries comme en saison, le trio de la Punch Line domine le jeu.

1945 1946

Toe Blake tranche encore une fois

L a guerre enfin terminée, la Ligue nationale récupère les bons éléments dont elle a été privée trop longtemps. Mais guerre ou pas, les Canadiens maintiennent le rythme et sortent vainqueurs d'une épuisante lutte à trois avec Detroit et Chicago pour le premier rang. La *Punch Line* s'illustre encore, notamment Toe Blake qui termine au troisième rang des marqueurs avec 50 points.

Blake, joueur impulsif en début de carrière, s'est drôlement assagi avec les années, au point de mériter le trophée Lady-Byng à titre de joueur le plus gentilhomme. Il n'a reçu qu'une punition durant toute la saison, ce qui ne l'a pas empêché de se faire respecter par ses adversaires et d'obtenir son 200e but, en février.

En séries, Blake et ses acolytes, Lach et Richard, font flèche de tout bois. Les Hawks sont écartés en quatre matchs remportés haut la main, et les Bruins

en cinq, malgré une opposition plus serrée. C'est Blake qui se charge de fermer les livres lors de la cinquième rencontre. Inspirés par une victoire en supplémentaire de 3-2 dans le quatrième match, les Bruins espèrent encore renverser la vapeur, même s'ils tirent de l'arrière par 3 à 1 dans la série. Par deux fois, ils prennent les devants en première période de la quatrième rencontre, puis Mosdell donne l'avantage au Tricolore en fin de période. Milt Schmidt égalise en deuxième. En milieu de troisième, le capitaine Blake convertit une passe de Lach et brise les espoirs des Bostonnais. Le reste ne sera que formalité. Blake vient de donner une deuxième coupe Stanley en trois ans au public montréalais.

● Leonard Peto, un administrateur des Canadiens, laisse courir une rumeur selon laquelle il récupérerait la concession des défunts Maroons pour l'établir à Philadelphie. La Ligue américaine s'y oppose pour protéger son territoire, les discussions s'éternisent et, finalement, la LNH refuse de donner son aval au projet.

● Trois joueurs des Canadiens, Durnan, Bouchard et Richard, en plus de l'entraîneur Irvin, sont sélectionnés au sein de la première équipe d'étoiles. Trois autres trouvent place dans la seconde, Ken Reardon, Lach et Blake. C'est la domination totale pour la flanelle bleu blanc rouge. C'est la dernière année qu'on inscrit les entraîneurs dans les équipes d'étoiles.

● Les Canadiens se défont du centre Ray Getliffe et de l'ailier droit Rolland Rossignol pour acquérir les services de Billy Reay, des Red Wings de Detroit, avant le début de la saison. Getliffe prend sa retraite et le Tricolore doit envoyer Fernand Gauthier pour compléter la transaction.

● Une victoire des Canadiens en finale de la coupe Stanley vaudra une prime de 2 000 $ à chaque joueur de l'équipe, selon l'exclusivité obtenue par Charles Mayer, du *Petit Journal*, au lendemain du premier match de la finale. Cette somme tient aussi compte du championnat en saison régulière.

● Le but en supplémentaire réussi par Maurice Richard

le 30 mars contre Boston lui permet de compter dans un huitième match consécutif en séries, un nouveau record de la LNH.

● Les anciens Canadiens triomphent des anciens Maroons 7-3 lors d'un match amical au profit des enfants handicapés, après la saison. Un autre match gagné 11-8 par les Canadiens contre les meilleurs amateurs, précédé de divers concours d'adresse, servira de remerciements du club envers son public après la conquête de la coupe Stanley.

ÉQUIPE 1945-46							
Entraîneur : Dick Irvin (50-28-17-5)							
N°	POS	JOUEURS	PJ	B	A	PTS	PUN
6	AG	Toe Blake	50	29	21	50	2
9	AD	Maurice Richard	50	27	21	48	50
16	C	Elmer Lach	50	13	34	47	34
19	AD	Jimmy Peters	47	11	19	30	10
14	C	Billy Reay	44	17	12	29	10
12	AG	Murph Chamberlain	40	12	14	26	42
10	C	Buddy O'Connor	45	11	11	22	2
11	AD	Joe Benoit	39	9	10	19	8
5	AG	Dutch Hiller	45	7	11	18	4
3	D	Émile Bouchard	45	7	10	17	52
8	D	Glen Harmon	49	7	10	17	28
15	AG	Bob Fillion	50	10	6	16	12
4	D	Léo Lamoureux	45	5	7	12	18
17	D	Ken Reardon	43	5	4	9	45
18	C	Ken Mosdell	13	2	1	3	8
20	AG	Gerry Plamondon	6	0	2	2	2
20	AG	Moe White	4	0	1	1	0
18	AD/C	Murdo MacKay	5	0	1	1	0
2	D	Frank Eddolls	8	0	1	1	6
20	D	Mike McMahon	13	0	1	1	2
21	AG	Lorrain Thibeault	1	0	0	0	0
22	D	Vic Lynn	4	0	0	0	0
1,21	G	Paul-Émile Bibeault	10	0	0	0	0
1	G	Bill Durnan	40	0	0	0	0

GARDIENS	PJ	G	P	N	MIN	BC	BL	MOY
Bill Durnan	40	24	11	5	2400	104	4	2,60
Paul-Émile Bibeault	10	4	6	0	600	30	0	3,00

1945 1946

C'est aussi lui qui avait mis fin aux espoirs de Chicago le 13 avril 1944, avec un but à la neuvième minute de temps supplémentaire du quatrième match, aidé de Butch Bouchard. Cette fois aussi, Blake, Richard et Lach — le fameux trio — avaient accaparé les trois premiers rangs des marqueurs des séries. Pour les séries de 1946, l'ordre du trio a changé. Lach termine premier avec 17 points, suivi de Blake et Richard, à 13 et 11 points respectivement.

Une sixième coupe dans l'histoire de cette fière équipe, la quatrième portée en triomphe devant les partisans. Perdu dans ses pensées, l'entraîneur Dick Irvin se rappelle soudain que, jour pour jour 14 ans plus tôt, il célébrait aussi la conquête d'une coupe Stanley, à sa première année derrière le banc, à Toronto.

VOYAGE EN CAMION

Les Canadiens connaissent un voyage plutôt tumultueux en février, alors qu'ils doivent affronter successivement Boston, Chicago, Toronto et New York. Tout se passe plutôt bien à la première étape, si ce n'est que le train accuse une heure de retard. Le Tricolore signe une victoire de 2-0 et le petit retard est vite oublié.

Les joueurs laissent libre cours aux réjouissances au terme de la conquête d'une sixième coupe.

● La fin de la guerre permet à la LNH de récupérer plusieurs de ses vedettes, notamment la *Kraut Line* à Boston, avec Milt Schmidt, Woody Dumart et Bobby Bauer, ainsi que le gardien Frank Brimsek, les frères Doug et Max Bentley, à Chicago, Lynn et Muzz Patrick, ainsi que Neil et Mac Colville à New York, Syl Apps et Turk Broda à Toronto, et encore Sid Abel à Detroit.

● Babe Pratt est suspendu indéfiniment par le président Red Dutton pour avoir parié sur l'issue de matchs de hockey. La sentence du joueur des Leafs sera finalement levée après neuf parties.

● L'entraîneur des Rangers, Frank Boucher, expérimente un système à deux gardiens. Il fait alterner Chuck Rayner et Jim Henry de match en match et parfois même à quelques reprises au cours d'une même rencontre. Ce qui impressionne vivement le mentor des Canadiens : «Bientôt, nous alternerons les gardiens comme les défenseurs et les ailiers», d'analyser Irvin.

● Max Bentley, membre de la *Pony Line* avec son frère Doug et Bill Mosienko, accumule les honneurs : champion marqueur, joueur le plus utile et première équipe d'étoiles. Il forme avec son frère Doug (1942-43) l'unique paire de frères à avoir décroché le titre de premier marqueur.

1945 1946

C'est après le match à Chicago que commence la véritable aventure. Les joueurs du Tricolore sont ragaillardis par une deuxième victoire qui leur permet de devancer les Hawks par un point au classement après les avoir talonnés pendant des semaines. On s'empresse de prendre sa douche et de ramasser ses effets pour attraper le train de Detroit, en route pour Toronto.

Catastrophe ! Pas un taxi disponible aux alentours de l'aréna. On vient au secours des Montréalais avec une vieille camionnette qui a probablement fait la guerre. Tans pis, on n'a pas une minute à perdre. On hisse les bagages dans la boîte du camion et les joueurs grimpent à leur tour. Heureusement, tout le monde a le cœur à la fête, car le club connaît une belle séquence victorieuse. En arrivant à Toronto, pensent les joueurs, on appellera nos «Douces» pour leur parler de cette autre victoire et leur souhaiter en avance une joyeuse Saint-Valentin, puisque c'est aujourd'hui le 13 février.

Tout à coup, le moteur du camion se met à tousser, puis cale après quelques soubresauts. Voilà donc nos joyeux Canadiens qui sautent en bas pour mettre

TROPHÉES
COUPE STANLEY
Canadiens de Montréal
COUPE O'BRIEN
Bruins de Boston
TROPHÉE PRINCE-DE-GALLES
Canadiens de Montréal
TROPHÉE HART
Max Bentley
Black Hawks de Chicago
TROPHÉE LADY-BYNG
Toe Blake
Canadiens de Montréal

Maurice Richard est honoré à titre de hockeyeur de l'année 1945 par une association de journalistes sportifs américains.

● En janvier, Alex Kaleta, des Black Hawks, inscrit au moins trois buts lors de trois parties consécutives.

● Le jeune Gordie Howe signe un premier contrat avec les Red Wings. Il a 16 ans et on l'envoie compléter sa préparation avec les Knights d'Omaha, dans la Ligue des États-Unis (USHL).

● Les règlements de la LNH sont désormais appliqués dans tous les circuits amateurs et professionnels.

● Les Rangers vont de mal en pis. Ils terminent au dernier rang une quatrième saison de suite, avec seulement 13 victoires. C'est quand même deux de mieux que l'année d'avant et plus du double de l'année 1943-44.

● Art Ross, qui a dirigé les Bruins presque sans interruption depuis les débuts de la Ligue, cède définitivement son poste à Dit Clapper, lequel continuera à jouer sporadiquement un certain temps. Clapper aura joué vingt ans pour les Bruins.

1945 1946

TROPHÉES
TROPHÉE CALDER
Edgar Laprade
Rangers de New York
TROPHÉE GEORGES-VÉZINA
Bill Durnan
Canadiens de Montréal
MEILLEUR MARQUEUR
Max Bentley
Black Hawks de Chicago

l'épaule à la roue afin de faire repartir l'engin. Après quelques coins de rue à la va comme je te pousse, le camion repart enfin. Au grand soulagement de tous, puisque l'heure avance rapidement. Le vieux tacot tiendra le coup jusqu'à la gare. Arrivés à destination, en sueur et les vêtements en piteux état, les membres de l'escouade tricolore apprennent que le train a au moins 20 minutes de retard.

À Toronto, le club inscrit une troisième victoire et cette fois, taxis et trains sont fidèles au rendez-vous.

À New York, le match finit à 23 heures. Plus de taxis disponibles. On doit reprendre le camion des bagages pour le voyage à la gare. Non sans quelques moqueries des badauds, qui ont bien reconnu au passage Blake, Richard, Chamberlain et tous ces valeureux guerriers qui tantôt faisaient la leçon aux pauvres Rangers.

Sur le chemin du retour, on commente les incidents du dernier périple, qui s'est, somme toute, bien terminé avec quatre gains à la fiche du club.

BIBEAULT SE PROMÈNE

Paul Bibeault sert de monnaie d'échange plus souvent qu'à son tour.

	PJ	G	P	N	BP	BC	PTS
Montréal (Canadiens)	50	28	17	5	172	134	61
Boston (Bruins)	50	24	18	8	167	156	56
Chicago (Black Hakws)	50	23	20	7	200	178	53
Detroit (Red Wings)	50	20	20	10	146	159	50
Toronto (Maple Leafs)	50	19	24	7	174	185	45
New York (Rangers)	50	13	28	9	144	191	35

MEILLEURS MARQUEURS		PJ	B	A	PTS	PUN
Max Bentley	Chicago	47	31	30	61	6
Gaye Stewart	Toronto	50	37	15	52	8
Toe Blake	**Canadiens**	**50**	**29**	**21**	**50**	**2**
Clint Smith	Chicago	50	26	24	50	2
Maurice Richard	**Canadiens**	**50**	**27**	**21**	**48**	**50**
Bill Mosienko	Chicago	40	18	30	48	12
Ab DeMarco	New York	50	20	27	47	20
Elmer Lach	**Canadiens**	**50**	**13**	**34**	**47**	**34**
Alex Kaleta	Chicago	49	19	27	46	17
Billy Taylor	Toronto	48	23	18	41	14
Pete Horeck	Chicago	50	20	21	41	34

Le gardien Paul Bibeault n'en finit plus de se promener d'une équipe à l'autre. Inutilisé à Montréal en 1943-44, on prête ses services en cours de saison aux Maple Leafs. En décembre 1944, on l'envoie à Boston pour remplacer Frank Brimsek, parti à la guerre. Le 6 janvier 1946, on le rapatrie à Montréal lorsque Durnan se blesse à la main, parce que le remplaçant pressenti, Gerry McNeil, vient d'être opéré pour une appendicite. L'année suivante, Bibeault est échangé à Chicago, avec droit de rappel. En fin de saison 1946-47, il redevient la propriété des Canadiens, mais poursuivra sa carrière dans l'Américaine et l'Internationale.

LE TRICOLORE CONSERVE SON EMPRISE SUR LE PREMIER RANG EN SAISON, MAIS SE FAIT SURPRENDRE EN FINALE, 4 À 2, PAR LES MAPLE LEAFS, INSPIRÉS PAR TED KENNEDY, AUTEUR DE DEUX BUTS GAGNANTS. MAX BENTLEY EST DE NOUVEAU CHAMPION MARQUEUR, UN SEUL POINT DEVANT MAURICE RICHARD, ET IL REÇOIT L'UNIQUE TROPHÉE INDIVIDUEL DE SA CARRIÈRE À TITRE DE JOUEUR LE PLUS UTILE. QUATRIÈME TROPHÉE VÉZINA D'AFFILÉE POUR BILL DURNAN, AUSSI CHOISI DANS LA PREMIÈRE ÉQUIPE D'ÉTOILES POUR UNE QUATRIÈME FOIS. KEN REARDON, BUTCH BOUCHARD ET MAURICE RICHARD L'ACCOMPAGNENT. LES TROPHÉES CALDER ET LADY-BYNG VONT À HOWIE MEEKER, DES LEAFS, ET BOBBY BAUER, DES BRUINS. POUR LA PREMIÈRE FOIS EN CINQ ANS, LES RANGERS QUITTENT LA « CAVE » DU CIRCUIT.

Dès son arrivée, Frank Selke (à droite) a tôt fait de s'informer des ressources du Tricolore au sein des clubs affiliés.

Frank Selke établit la dynastie du Tricolore

L'échange qui avait amené Frankie Eddolls—joueur fortement estimé de Conn Smythe—à Montréal, en retour de Ted Kennedy, avait contribué pour beaucoup au départ de Frank Selke de Toronto en mai 1946. C'est le Tricolore qui avait été perdant dans cet échange, quoi qu'en ait pensé Smythe lorsqu'il avait incité son remplaçant au poste de gérant pour le temps de la guerre à démissionner. Par contre, le club montréalais y gagnera un stratège hors pair, puisque moins de trois mois plus tard, le Tricolore nommait Selke à titre de gérant, en remplacement de Tommy Gorman.

Gorman a acquis l'Auditorium d'Ottawa l'année précédente et il veut dorénavant y consacrer tout son temps, ainsi qu'à la piste de course de Connaught. Avec le départ de Gorman, qui avait dirigé le club de New York (Americans) et plus tard ceux d'Ottawa et de Chicago, la Ligue nationale perd le dernier de ses fondateurs de 1917, qui était à l'époque représentant du club d'Ottawa. Au moment de son départ de Montréal, il cumulait les fonctions de gérant du Forum et des Canadiens.

Selke s'attelle aussitôt à l'édification de la plus grande dynastie du hockey. Les Canadiens connaissent déjà une époque glorieuse, mais le mérite de

● La brigade défensive des Canadiens domine ses rivaux de la tête et des épaules, avec 34 buts accordés de moins que Toronto, au deuxième rang. Les défenseurs Reardon et Bouchard sont élus avec Durnan et Richard au sein de la première équipe d'étoiles.

● Richard accumule les honneurs auprès de la confrérie journalistique au terme de la saison. Les membres de la presse francophone lui attribuent le trophée Cattarinich à titre d'athlète canadien-français s'étant le plus signalé. À son tour, *Le Canada* lui accorde la première place au concours annuel des Trois étoiles organisé par le journal. Et pour couronner le tout, il est élu au sein de la première équipe d'étoiles pour une troisième année de suite.

● *La Presse* rapporte que les Rangers de New York auraient offert 100 000 $ aux Canadiens pour les services du Rocket, en fin de saison. L'offre, qui représente la plus forte somme offerte pour un seul joueur à l'époque, est vite balayée.

● Aurèle Joliat, la grande vedette des Canadiens des années 1920 et 1930, est élu au Temple de la renommée.

À l'instigation de Léo Dandurand, la direction et les partisans du club lui rendent hommage en avril en lui attribuant le titre de «joueur le plus scientifique de l'histoire du hockey».

● Un autre grand nom de la même époque, le gardien Lorne Chabot, s'éteint dans la misère, à 46 ans. Il a joué onze ans dans la Nationale, dont cinq à Toronto.

1946-1947

Selke sera d'avoir établi la dynastie sur des bases solides. En moins de cinq ans, il constituera un réseau de clubs affiliés au Québec, au Canada et même jusqu'aux États-Unis. On lui doit notamment la mise sur pied d'une ligue junior bourrée de talents. Le Canadien junior, le Royal, le National, les Leafs de Verdun et les Citadelles de Québec formeront les talents destinés au grand club, mieux que n'aurait pu le faire la meilleure usine de guerre. Rapidement, on verra arriver les Harvey, Johnson, Geoffrion, Saint-Laurent, Béliveau, Moore, Marshall, Goyette, Plante, Talbot et combien d'autres de cette grande dynastie des années 1950 et 1960 qui allait réécrire presque tous les records de la Ligue et remporter cinq coupes d'affilée, un exploit jamais répété.

Le Rocket fait les manchettes des journaux, mais aussi les pages frontispices des magazines spécialisés, comme en témoigne l'édition de février de la revue Sportfolio.

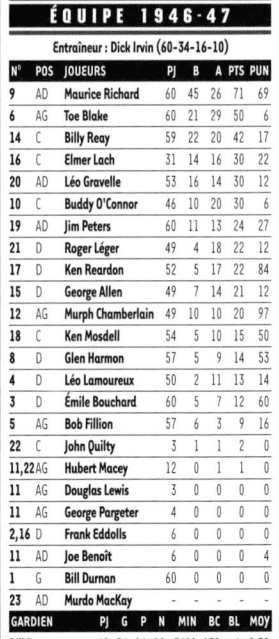

ÉQUIPE 1946-47						
Entraîneur : Dick Irvin (60-34-16-10)						
N°	POS	JOUEURS	PJ	B	A	PTS PUN
9	AD	Maurice Richard	60	45	26	71 69
6	AG	Toe Blake	60	21	29	50 6
14	C	Billy Reay	59	22	20	42 17
16	C	Elmer Lach	31	14	16	30 22
20	AD	Léo Gravelle	53	16	14	30 12
10	C	Buddy O'Connor	46	10	20	30 6
19	AD	Jim Peters	60	11	13	24 27
21	D	Roger Léger	49	4	18	22 12
17	D	Ken Reardon	52	5	17	22 84
15	D	George Allen	49	7	14	21 12
12	AG	Murph Chamberlain	49	10	10	20 97
18	C	Ken Mosdell	54	5	10	15 50
8	D	Glen Harmon	57	5	9	14 53
4	D	Léo Lamoureux	50	2	11	13 14
3	D	Émile Bouchard	60	5	7	12 60
5	AG	Bob Fillion	57	6	3	9 16
22	C	John Quilty	3	1	1	2 0
11,22	AG	Hubert Macey	12	0	1	1 0
11	AG	Douglas Lewis	3	0	0	0 0
11	AG	George Pargeter	4	0	0	0 0
2,16	D	Frank Eddolls	6	0	0	0 0
11	AD	Joe Benoît	6	0	0	0 4
1	G	Bill Durnan	60	0	0	0 0
23	AD	Murdo MacKay	-	-	-	- -

GARDIEN	PJ	G	P	N	MIN	BC	BL	MOY
Bill Durnan	60	34	16	10	3600	138	4	2,30

Toe Blake devient le premier joueur du Tricolore à atteindre 500 points en cours de carrière le 22 mars. Il avait disputé son 500e match en décembre.

Il avait par la suite été échangé aux Canadiens en retour de George Hainsworth et, dès l'année suivante, il partait pour Chicago avec Howie Morenz. Deux transactions marquantes dans l'histoire de l'équipe.

● Un groupe d'hommes d'affaires de Cincinnati, désireux d'obtenir une concession dans la Ligue américaine, fait une offre d'achat des Canadiens et du Forum. Les journaux rapportent qu'ils auraient même convaincu Frank Selke de se joindre à eux pour dix ans. Le président Donat Raymond met vite fin aux spéculations en opposant un refus net à la demande.

● Victime d'un coup à la tête asséné par l'ailier droit Don Metz dans un match contre Toronto en début de février, Elmer Lach souffre d'une fracture du crâne et est au rancart pour le reste du calendrier. La rivalité Montréal/Toronto est au plus fort tout au long de la saison.

● Continuellement assailli de façon sournoise par ses rivaux, le Rocket explose lors du deuxième match de la finale contre Toronto et frappe Vic Lynn et Bill Ezinicki avec son bâton. Il est suspendu pour un match, en plus d'écoper une amende de 250 $. Ses coéquipiers ne s'en remettent pas et sont vite éliminés par la suite.

TROPHÉES	
COUPE STANLEY	
Maple Leafs de Toronto	
COUPE O'BRIEN	
Canadiens de Montréal	
TROPHÉE PRINCE-DE-GALLES	
Canadiens de Montréal	
TROPHÉE HART	
Maurice Richard	
Canadiens de Montréal	
TROPHÉE LADY-BYNG	
Bobby Bauer	
Bruins de Boston	
TROPHÉE CALDER	
Howie Meeker	
Maple Leafs de Toronto	
TROPHÉE GEORGES-VÉZINA	
Bill Durnan	
Canadiens de Montréal	
MEILLEUR MARQUEUR	
Max Bentley	
Black Hawks de Chicago	

Selke se fait aider dans son travail par Sam Pollock, celui qui prendra sa succession 18 ans plus tard, et aussi par Toe Blake. Kenny Reardon, à la retraite en 1950, sera aussi grandement mis à contribution.

À son arrivée à Montréal, Selke, qui est originaire de Kitchener, retrouve Dick Irvin, qu'il avait longtemps côtoyé à Toronto avant que celui-ci devienne entraîneur des Canadiens. À 53 ans, cet homme de petite taille qu'on ne peut imaginer autrement qu'avec ses cheveux en brosse et ses lunettes rondes a déjà un bagage d'expérience de près de quarante ans dans le hockey.

ET DE QUATRE POUR DURNAN

Bill Durnan aura disputé sept saisons avec les Canadiens et dans la LNH. Six fois, il aura dominé les autres gardiens pour l'attribution du trophée Vézina, associé à la meilleure moyenne. La seule fois que le trophée lui glissera des mains, les Canadiens connaîtront une saison misérable, dégringolant au cinquième rang après avoir remporté le championnat quatre saisons de suite. Ce sera en 1947-48 et, pour la première fois en huit ans, le club sera absent des séries.

Mais en 1946-47, Durnan est le meilleur gardien de la Ligue, gagnant un quatrième trophée Vézina consécutif, un exploit qui sera réédité plus tard par deux autres grands cerbères du Tricolore, Jacques Plante (qui en obtiendra même cinq de suite) et Ken Dryden. Durnan est aussi élu au sein de la première équipe d'étoiles pour une quatrième fois de suite, ajoutant 34 victoires et 10 matchs nuls contre seulement 16 revers à une fiche déjà éloquente.

Un quatrième trophée Vézina d'affilée pour Bill Durnan.

● Le président Red Dutton se retire et les gouverneurs de la Ligue font appel à son nouvel adjoint, Clarence Campbell, pour lui succéder.

● Les Red Wings ont une recrue que l'entraîneur Jack Adams qualifie de «meilleur espoir depuis 20 ans». Ce joueur ambidextre vient de la Saskatchewan et s'appelle... Gordie Howe.

● De retour à la direction des Leafs, Conn Smythe chasse maints vétérans et fait confiance à de nombreux jeunes joueurs. Avec une demi-douzaine de recrues dans leurs rangs, les Leafs gagneront la première de trois coupes Stanley consécutives.

● Deux joueurs établissent des records qui tiennent encore le coup après plus de cinquante ans. Le centre Billy Taylor, des Red Wings, obtient sept passes dans un gain de 10-6 contre Chicago, un record que Wayne Gretzky rééditera trois fois, sans toutefois parvenir à l'améliorer. La recrue des Leafs, Howie Meeker, gagnant du trophée Calder, compte cinq fois, également contre Chicago, pour un précédent chez les recrues. Don Murdoch, des Rangers de New York, le rejoindra à ce chapitre en 1976.

● Le calendrier de la saison régulière est maintenant de 60 parties, 12 contre chaque formation adverse.

● C'est au tour de Bill Cowley, des Bruins, de s'installer au premier rang des marqueurs de l'histoire de la Ligue, délogeant Syd Howe. Un autre Howe, également membre des Red Wings, prendra la relève plus tard.

● Ted Kennedy se charge de marquer le but gagnant des Leafs dans le sixième et dernier match de la série contre les Canadiens.

● Introduction des signaux pour annoncer les pénalités. Une initiative de l'arbitre Bill Chadwick.

● Bobby Bauer inscrit son nom sur le trophée Lady-Byng pour une troisième fois. Il n'a reçu que deux punitions mineures au cours de l'année. Il poursuivra ensuite sa carrière de hockeyeur dans sa ville natale, avec les Dutchmen de Kitchener, de la Ligue senior de l'Ontario (OHA Sr).

● Les récipiendaires de trophées individuels et les membres de la première équipe d'étoiles sont désormais récompensés d'une prime de 1 000 $.

1946-1947

À une époque où les gardiens substituts n'existent pas encore, les portiers des diverses équipes sont d'office à tous les matchs. Ainsi, le 23 mars, Durnan en est déjà à sa 200e rencontre en moins de quatre ans dans l'uniforme bleu blanc rouge et souligne l'événement par une victoire de 3-2 contre les Bruins.

Il conserve aussi la meilleure moyenne des séries, malgré le revers des Canadiens contre les Maple Leafs en finale. Il a d'ailleurs lui-même contribué à sa propre perte en ravivant la fierté des Torontois au terme du premier match, gagné 6-0. Il a alors provoqué ses adversaires en se demandant tout haut comment il se faisait que les Leafs aient pu se rendre en séries. La réplique suit au match suivant dans un gain de 4-0 des Bleus, lesquels ne perdront qu'un seul autre match par la suite.

	PJ	G	P	N	BP	BC	PTS
Montréal (Canadiens)	60	34	16	10	189	138	78
Toronto (Maple Leafs)	60	31	19	10	209	172	72
Boston (Bruins)	60	26	23	11	190	175	63
Detroit (Red Wings)	60	22	27	11	190	193	55
New York (Rangers)	60	22	32	6	167	186	50
Chicago (Black Hawks)	60	19	37	4	193	274	42

MEILLEURS MARQUEURS		PJ	B	A	PTS	PUN
Max Bentley	Chicago	60	29	43	72	12
Maurice Richard	**Canadiens**	60	45	26	71	69
Billy Taylor	Detroit	60	17	46	63	35
Milt Schmidt	Boston	59	27	35	62	40
Ted Kennedy	Toronto	60	28	32	60	27
Doug Bentley	Chicago	52	21	34	55	18
Bobby Bauer	Boston	58	30	24	54	4
Roy Conacher	Detroit	60	30	24	54	6
Bill Mosienko	Chicago	59	25	27	52	2
Woody Dumart	Boston	60	24	28	52	12

Durant l'intersaison, les joueurs des Canadiens gardent la forme en disputant des parties de baseball au profit d'organismes divers. Une coutume qui sera maintenue jusque dans les années 1990.

Les Maple Leafs poursuivent leur remontée jusqu'à la première place et s'approprient la coupe Stanley en quatre matchs consécutifs contre Detroit. Les Canadiens terminent cinquièmes et se voient exclus des séries, bien qu'Elmer Lach finisse au premier rang des marqueurs. La blessure de Toe Blake et le départ de Buddy O'Connor pour New York n'aident pas la cause du club, qui clôt la saison avec la pire fiche offensive du circuit et 42 buts de moins que l'année précédente. O'Connor s'avère le plus utile et le plus gentilhomme, alors que Turk Broda enlève le trophée Vézina pour une deuxième fois. Jim McFadden, de Detroit, est la recrue de l'année. Maurice Richard est élu à l'aile droite de la première équipe d'étoiles pour une quatrième fois de suite et Lach est choisi au centre après deux ans d'absence.

Que d'honneurs pour le Rocket !

Maurice Richard est déjà un habitué des équipes d'étoiles, n'ayant manqué aucune sélection depuis 1944. Il a aussi participé au premier match officiel des étoiles contre les Leafs, s'y distinguant avec un but et une passe dans une victoire de 4-3. Les records de la Ligue tombent un à un sous son bâton, même si les clubs adverses semblent se liguer pour provoquer son bouillant caractère.

À chaque coup d'éclat, sa popularité grandit au sein de la population québécoise, qui a trouvé son porte-étendard. Plus encore, sa sélection pour le trophée Hart à titre de joueur le plus utile, en 1947, a établi sa renommée sur une base encore plus solide.

Les médias, tant locaux qu'étrangers, ont aussi emboîté le pas, tout comme les organismes voués à la promotion des plus grandes personnalités.

Quelques mois avant le début de la saison, en juin, le Rocket a reçu le trophée Cattarinich en qualité d'athlète canadien-français s'étant le plus signalé en 1946.

● Gérant des Bruins de Boston depuis leur entrée dans la LNH, Art Ross offre un trophée à la Ligue pour honorer annuellement le champion marqueur. Elmer Lach sera le premier récipiendaire du trophée Art-Ross, grâce à une fiche de 30 buts et 31 passes, devançant son ancien coéquipier Buddy O'Connor par un seul point. C'est la deuxième fois que Lach est premier marqueur.

● Le Tricolore échange aux Rangers, durant l'intersaison, l'une de ses vedettes, Buddy O'Connor, ainsi que Frank Eddolls — acquis contre les services de Ted Kennedy et en qui on voyait, à tort, une grande vedette —, en retour de George Robertson, Hal Laycoe et Joe Bell.

● Les Canadiens décident de ne pas renouveler le contrat du défenseur Léo Lamoureux, un joueur de cinq saisons, pour faire place à un jeunot de 22 ans, Doug Harvey, lequel va constituer l'un des piliers des années 1950.

● Maurice Richard et Émile Bouchard ne sont pas très contents des contrats offerts. Ils apposeront finalement leur signature à 45 minutes du premier match de la saison.

● Maurice Richard — bien que hué par la foule de Toronto — et Ken Reardon s'illustrent avec deux points chacun lors du premier match officiel des étoiles. Celles-ci gagnent 4-3 contre les Maple Leafs, champions en titre de la coupe Stanley. Les arbitres étrennent un nouvel uniforme, tout noir, qui les fait comparer aux troupes d'Hitler.

● Un nouveau règlement oblige les joueurs à lever leur bâton pour souligner un but. Billy Reay sera le premier à s'exécuter.

1947-1948

En décembre, un groupe d'éminents journalistes américains nomme Richard au titre d'athlète de l'année au hockey. Mais *Sport Magazine*, faisant état de cette nomination, illustre la nouvelle avec la photo de... Blake. En fin d'année, c'est au tour du *Los Angeles Times* de sélectionner les meilleurs athlètes au monde et d'accorder le titre de hockeyeur par excellence à Maurice Richard. Le lendemain, la New York Helms Athletic Foundation joint sa voix au concert d'éloges avec un autre titre d'athlète de l'année.

À leur façon, les Rangers de New York, qui ont bien des difficultés à former une équipe respectable depuis plusieurs années, avaient aussi honoré le numéro 9 la saison précédente en faisant une offre de 100 000 $ aux Canadiens pour obtenir ses services. Mais l'idole du peuple est indélogeable de Montréal.

La photo de Maurice Richard est partout. Il fait la première page de la revue Sport et loisirs *de novembre 1947 avec son fils, Maurice junior, qui endosse fièrement les couleurs du paternel.*

Malgré tous les honneurs qui lui tombent dessus, Richard connaît une année difficile. La *Punch Line* est démantelée en raison de la double fracture à la cheville droite de Blake, survenue à la mi-saison, et le Rocket doit apprendre à composer avec un nouvel ailier gauche, Billy Reay. Richard avait lui-même été blessé à un genou un peu plus tôt, ce qui lui avait fait manquer plusieurs parties importantes dans la course au championnat des marqueurs.

Sans compter le harcèlement constant des joueurs adverses, parfois avec la complicité des arbitres. Lors d'une partie contre Boston, quelques jours après la blessure de Blake, Richard a perdu son sang-froid et cassé son bâton sur le dos de Milt Schmidt, ce qui lui a valu une punition de mauvaise conduite, une autre de match pour avoir « protesté » un peu trop vigoureusement, et une amende de 50 $.

ÉQUIPE 1947-48

Entraîneur : Dick Irvin (60-20-29-11)

N°	POS	JOUEURS	PJ	B	A	PTS	PUN
16	AG	Elmer Lach	60	30	31	61	72
9	AD	Maurice Richard	53	28	25	53	89
6	C	Toe Blake	32	9	15	24	4
17	D	Ken Reardon	58	7	15	22	129
14	C	Billy Reay	60	6	14	20	24
10	AG	Bob Fillion	32	9	9	18	8
21	D	Roger Léger	48	4	14	18	26
22	AG	Normand Dussault	28	5	10	15	4
5	AD	Jacques Locas	56	7	8	15	66
8	D	Glen Harmon	56	10	4	14	52
19	AD	Joe Carveth	35	1	10	11	6
3	D	Émile Bouchard	60	4	6	10	78
12	AG	Murph Chamberlain	30	6	3	9	62
2	D	Doug Harvey	35	4	4	8	32
4	AG	Howard Riopelle	55	5	2	7	12
20	AG	Bob Carse	22	3	3	6	16
15	AD	Floyd Curry	31	1	5	6	0
10	C	John Quilty	20	2	3	5	4
11	C	Jean-Claude Campeau	14	2	2	4	4
19	AD	Jimmy Peters	22	1	3	4	6
23	D	Hal Laycoe	14	1	2	3	4
11,18	AG	Gerry Plamondon	3	1	1	2	0
23	C	Murdo MacKay	14	0	2	2	0
18	AD	Ken Mosdell	23	1	0	1	19
20	C	George Robertson	1	0	0	0	0
22	D	Tom Johnson	1	0	0	0	0
1,11	G	Gerry McNeil	2	0	0	0	0
22	AD	Léo Gravelle	15	0	0	0	0
1	G	Bill Durnan	59	0	0	0	5

GARDIENS	PJ	G	P	N	MIN	BC	BL	MOY
Bill Durnan	59	20	28	10	3505	162	5	2,77
Gerry McNeil	2	0	1	1	95	7	0	4,42

● « Scandale au hockey », titrent les journaux du 9 mars 1948. Billy Taylor, des Rangers, est expulsé à vie de la LNH et Don Gallinger des Bruins est suspendu indéfiniment, les deux pour avoir parié sur le résultat d'un match de hockey. L'enquête menée par le président Clarence Campbell aurait mis au jour les relations douteuses qu'ils entretenaient avec le milieu des paris. Les deux suspensions seront levées en 1970.

● La Ligue crée une caisse de retraite pour ses anciens joueurs. Les recettes du match des étoiles seront dorénavant versées à cette caisse.

● Buddy O'Connor fait regretter aux Canadiens de l'avoir échangé aux Rangers. Il devient le premier joueur à recevoir les trophées Hart, pour le joueur le plus utile, et Lady-Byng, pour le plus gentilhomme.

● Grâce à O'Connor et au brio du cerbère Chuck Rayner, les Rangers participent aux séries pour la première fois en six ans.

● L'entraîneur Tommy Ivan, des Red Wings, a la main heureuse en réunissant Gordie Howe, Ted Lindsay et Sid Abel au sein d'un même trio, que l'on surnommera la *Production Line*. Celle-ci constituera la principale force de frappe du club pendant une dizaine d'années. Detroit remportera huit championnats, dont sept consécutifs, et quatre coupes Stanley en neuf saisons.

TROPHÉES
COUPE STANLEY
Maple Leafs de Toronto
COUPE O'BRIEN
Red Wings de Detroit
TROPHÉE PRINCE-DE-GALLES
Maple Leafs de Toronto
TROPHÉE HART
Buddy O'Connor
Rangers de New York
TROPHÉE LADY-BYNG
Buddy O'Connor
Rangers de New York
TROPHÉE CALDER
Jim McFadden
Red Wings de Detroit
TROPHÉE ART-ROSS
Elmer Lach
Canadiens de Montréal
TROPHÉE GEORGES-VÉZINA
Turk Broda
Maple Leafs de Toronto

	PJ	G	P	N	BP	BC	PTS
Toronto (Maple Leafs)	60	32	15	13	182	143	77
Detroit (Red Wings)	60	30	18	12	187	148	72
Boston (Bruins)	60	23	24	13	167	168	59
New York (Rangers)	60	21	26	13	176	201	55
Montréal (Canadiens)	60	20	29	11	147	169	51
Chicago (Maple Leafs)	60	20	34	6	195	225	46

MEILLEURS MARQUEURS						
		PJ	B	A	PTS	PUN
Elmer Lach	**Canadiens**	**60**	**30**	**31**	**61**	**72**
Buddy O'Connor	New York	60	24	36	60	8
Doug Bentley	Chicago	60	20	37	57	16
Gaye Stewart	Tor./Chi.	61	27	29	56	83
Max Bentley	Chi./Tor.	59	26	28	54	14
Bud Poile	Tor./Chi.	58	25	29	54	17
Maurice Richard	**Canadiens**	**53**	**28**	**25**	**53**	**89**
Syl Apps	Toronto	55	26	27	53	12
Ted Lindsay	Detroit	60	33	19	52	95
Roy Conacher	Chicago	52	22	27	49	4

Elmer Lach devance Buddy O'Connor, un ex-joueur des Canadiens, au sommet des marqueurs.

UNE NOUVELLE CARRIÈRE POUR BLAKE

La blessure à la cheville de Blake transforme complètement sa vie. Il doit mettre un terme à une brillante carrière de treize ans dans la Ligue nationale, à 35 ans, après cinq sélections au sein des équipes d'étoiles, un championnat des marqueurs, un trophée du joueur le plus utile et un autre comme gentilhomme par excellence. Mais elle va surtout lui ouvrir la voie à une nouvelle carrière, tout autant remplie de succès, celle d'entraîneur.

Déjà sollicité pour diriger l'équipe de Buffalo en début d'année, il a préféré poursuivre sa carrière active dans l'uniforme tricolore.

Quelques jours après sa blessure, la direction des Canadiens lui offre le poste d'entraîneur à Houston, dans la Ligue des États-Unis (USHL), le temps de se remettre de sa double fracture. L'élimination des Canadiens en séries l'empêche de reprendre son rôle de joueur, mais lui permet de mener Houston aux grands honneurs, après avoir fait passer l'équipe de la troisième à la première place.

● À Toronto, Conn Smythe décide de secouer ses champions Maple Leafs par une mégatransaction à sept joueurs avec Chicago, qui lui permet de récupérer Max Bentley, champion marqueur des deux dernières saisons. Les Leafs termineront premiers et conserveront la coupe.

● Le premier match des étoiles attire plus de 14 000 spectateurs et engendre des profits de l'ordre de 26 000 $, mais Bill Mosienko, vedette des Black Hawks, s'y fracture une cheville.

● Naissance du *Hockey News*, première publication entièrement consacrée au hockey.

● Le Canada remporte la médaille d'or aux Jeux olympiques à Saint-Moritz, alors que l'équipe de l'Armée de l'air réalise un parcours sans revers.

● Ted Kennedy obtient 14 points en séries alors que les Leafs se défont des Bruins en cinq parties avant de renverser les Red Wings en quatre.

● Membre de l'équipe championne de la coupe Stanley, Les Costello quittera un jour les Leafs pour devenir prêtre. Plus tard, il formera l'équipe des Pères volants pour disputer plusieurs parties au profit d'œuvres de charité.

● La coupe Stanley est remodelée selon la forme qu'on lui connaît présentement afin de permettre l'inscription des nouveaux champions. L'ancien trophée longiligne, pas très élégant du reste, n'offrait plus de place libre.

1947-1948

L'année suivante, il devient joueur et entraîneur avec les Bisons de Buffalo, qu'il quittera par suite d'une mésentente avec le gérant Art Schapman. En 1949-50, il dirigera les Braves de Valleyfield de la Ligue senior, tout en continuant à jouer. À partir de 1950, il mettra un terme définitif à sa carrière de joueur et se concentrera sur son rôle d'entraîneur, se préparant lentement à prendre la succession de Dick Irvin en 1955.

C'est ainsi que fut lancée la carrière de l'un des plus brillants pilotes de l'histoire de la Ligue nationale.

Bill Durnan succède à Toe Blake comme capitaine en cours de saison. Il est le dernier cerbère à avoir occupé cette fonction avec le Tricolore. Hainsworth avait été le premier. Durnan renonce cependant à ce rôle à la fin de la saison jugeant celui-ci trop difficile à remplir pour un gardien.

Detroit est premier, les Canadiens grimpent à la troisième place et Toronto glisse au quatrième rang, mais conserve la coupe Stanley. Pendant que Detroit élimine difficilement Montréal en sept rencontres en demi-finale, Toronto se défait assez rapidement de Boston en cinq. En finale, les Red Wings ne tiendront pas le coup contre les Leafs, qui l'emportent en quatre parties de suite. Bill Durnan reprend le trophée Vézina. Roy Conacher, de Chicago, est au premier rang des marqueurs, devant son coéquipier Doug Bentley. Billy Reay est septième et, pour la cinquième fois, le Rocket est choisi dans la première équipe d'étoiles. Durnan y revient après un an d'absence.

Durnan devient invincible

Bill Durnan

Bill Durnan et les Canadiens vivent une période difficile début février, avec une séquence de sept parties sans victoire (0-6-1). Les journaux ne ménagent pas le quadruple récipiendaire du trophée Vézina. Le vétéran chroniqueur du *Petit Journal*, Charles Mayer, évoque le mot *slump* pour qualifier les difficultés du gardien tricolore.

Mais Durnan se ressaisit. Après deux victoires en trois matchs, il entreprend une remontée qui laissera ses adversaires sans voix. Il n'accorde aucun but en 309 min 21 s (plus de 4 matchs) et signe avec ses coéquipiers une performance incroyable de 12 gains lors des 14 dernières parties de l'équipe.

Roy Conacher, champion marqueur du circuit, a été le dernier à tromper sa vigilance, à 16 min 15 s en première période, lors du match du 24 février. Quatre

● Émile Bouchard est le nouveau capitaine de l'équipe.

● Frank Selke profite de l'intersaison pour agrandir le réseau de filiales des Canadiens. Il signe une entente avec le Columbus de Fort William de la Ligue de Thunder Bay, mettant ainsi la main sur les formations juvénile, midget et bantam de la même organisation.

● Doug Harvey, un jeune défenseur des Canadiens à sa deuxième saison, passe ses étés à jouer au baseball dans la région d'Ottawa. Un sport où il aurait aussi pu faire carrière.

● Maurice Richard dispute son 300e match dans la LNH le soir de Noël, contre les Rangers. Quelques jours plus tard, le 30, c'est au tour de Glen Harmon d'endosser l'uniforme bleu blanc rouge pour une 300e fois. Deux autres joueurs disputent leur 300e partie dans l'uniforme tricolore au cours de cette saison, soit Murph Chamberlain, le 15 janvier, et Bill Durnan, le 30.

Émile Bouchard

1948-1949

Bee-Hive lance une nouvelle promotion qui fait fureur auprès des partisans des Canadiens. Pour seulement 25 cents et une preuve d'achat, on peut obtenir une bague ou une épingle à cravate, plus une photo de son joueur préféré, selon cette publicité tirée de L'Action catholique du 20 novembre 1948.

N°	POS	JOUEURS	PJ	B	A	PTS	PUN
14	C	Billy Reay	60	22	23	45	33
9	AD	Maurice Richard	59	20	18	38	110
6	AD	Joe Carveth	60	15	22	37	8
16	C	Elmer Lach	36	11	18	29	59
18	C	Ken Mosdell	60	17	9	26	50
8	D	Glen Harmon	59	8	12	20	44
22	AG	Normand Dussault	47	9	8	17	6
17	C	Ken Reardon	46	3	13	16	103
4	AG	Howard Riopelle	48	10	6	16	34
2	D	Doug Harvey	55	3	13	16	87
21	D	Roger Léger	28	6	7	13	10
12	AG	Murph Chamberlain	54	5	8	13	111
10	AG	Bob Fillion	59	3	9	12	14
20	C	Jean-Claude Campeau	26	3	7	10	12
5	AG	Gerry Plamondon	27	5	5	10	8
15	AD	Léo Gravelle	36	4	6	10	6
23	D	Hal Laycoe	51	3	5	8	31
11	C	George Robertson	30	2	5	7	6
3	D	Émile Bouchard	27	3	3	6	42
5	AD	Jacques Locas	3	0	0	0	0
21	D	Bud MacPherson	3	0	0	0	2
15	C	Ed Dorohoy	16	0	0	0	6
1	G	Bill Durnan	60	0	0	0	0
11	AD	Floyd Curry	-	-	-	-	-
19	AD	Murdo MacKay	-	-	-	-	-

GARDIEN	PJ	G	P	N	MIN	BC	BL	MOY
Bill Durnan	60	28	23	9	3600	126	10	2,10

ÉQUIPE 1948-49
Entraîneur : Dick Irvin (60-28-23-9)

jeux blancs consécutifs, 1-0 contre Detroit, 2-0 contre Toronto, puis 4-0 et 1-0 contre Boston, et voilà que le cerbère des Canadiens menace sérieusement la marque de 461 min 29 s sans but d'Alex Connell.

Lors du match du 9 mars, de nouveau contre Chicago, le Tricolore prend les devants 2-0 en début de deuxième période, mais un excès de confiance flotte dans l'air et on semble croire que la partie sera facile. Mais les Hawks sont aux aguets.

Durnan aide son équipe à se reprendre en mains après un mois de février difficile pour terminer la saison avec 12 victoires en 14 parties.

● À la mi-janvier, le Rocket compte trois fois contre Jim Henry, des Black Hawks, dont son 200e but. Il lui a fallu disputer seulement 308 matchs pour réussir cet exploit, comparativement à 340 pour Nels Stewart.

● Nouveau record de victoires pour un cerbère des Canadiens lorsque Bill Durnan signe un 176e gain, dépassant le légendaire Georges Vézina.

● Autre coup de malchance pour Elmer Lach, qui subit une fracture à la mâchoire au premier match des séries, perdu 2-1 contre Detroit après 44 min 52 s de prolongation. Il sera au rancart pour le reste de la saison.

● Le jeune Gerry Plamondon, rappelé du Royal senior en milieu de saison, se distingue face aux Red Wings avec trois buts, dont celui de la victoire, en temps supplémentaire pour permettre aux Canadiens d'égaler la série au deuxième match. Cette série demi-finale se rendra à la limite et Detroit aura finalement le dessus.

● Un règlement de la Ligue interdit aux joueurs de participer à des réclames d'alcool et de tabac. Les services de Maurice Richard, la grande vedette de l'époque, sont plutôt requis pour faire la publicité du grand magasin de vêtements Laliberté.

TROPHÉES

COUPE STANLEY	
Maple Leafs de Toronto	
COUPE O'BRIEN	
Red Wings de Detroit	
TROPHÉE PRINCE-DE-GALLES	
Red Wings de Detroit	
TROPHÉE HART	
Sid Abel	
Red Wings de Detroit	
TROPHÉE LADY-BYNG	
Bill Quackenbush	
Red Wings de Detroit	
TROPHÉE CALDER	
Pentti Lund	
Rangers de New York	
TROPHÉE ART-ROSS	
Roy Conacher	
Black Hawks de Chicago	
TROPHÉE GEORGES-VÉZINA	
Bill Durnan	
Canadiens de Montréal	

	PJ	G	P	N	BP	BC	PTS
Detroit (Red Wings)	60	34	19	7	195	145	75
Boston (Bruins)	60	29	23	8	178	163	66
Montréal (Canadiens)	60	28	23	9	152	126	65
Toronto (Maple Leafs)	60	22	25	13	147	161	57
Chicago (Black Hawks)	60	21	31	8	173	211	50
New York (Rangers)	60	18	31	11	133	172	47

MEILLEURS MARQUEURS

		PJ	B	A	PTS	PUN
Roy Conacher	Chicago	60	26	42	68	8
Doug Bentley	Chicago	58	23	43	66	38
Sid Abel	Detroit	60	28	26	54	49
Ted Lindsay	Detroit	50	26	28	54	97
Jim Conacher	Det./Chi.	59	26	23	49	43
Paul Ronty	Boston	60	20	29	49	11
Harry Watson	Toronto	60	26	19	45	0
Billy Reay	**Canadiens**	60	22	23	45	33
Gus Bodnar	Chicago	59	19	26	45	14
Johnny Peirson	Boston	59	22	21	43	45

Quelques instants plus tard, Gaye Stewart complète les relais de Ralph Nattrass et Jim Conacher pour finalement mettre un terme à l'invincibilité de Durnan après 5 min 36 s de jeu. Robert Hamill obtient un autre but à la 16e minute et le match se termine 2-2. Mais Durnan remet ça trois jours plus tard, lessivant les Rangers 3-0 au Forum. En fin de saison, il présente une fiche qui inclut un total de 10 jeux blancs, tout en conservant la meilleure moyenne de sa carrière à 2,10.

Durnan vient d'inscrire la quatrième plus longue séquence sans accorder de but (309 min 21 s), à la suite de Connell, George Hainsworth et Roy Worters des Americans de New York. Sa performance s'inscrit cependant à une époque au jeu offensif beaucoup plus accentué qu'auparavant. Il récupère aussi le trophée Vézina qu'il avait dû céder à son rival Turk Broda, des Maple Leafs. C'est son cinquième en six saisons.

ON SE COTISE POUR REARDON

Les décisions du président Campbell ne sont pas très prisées par les partisans des Canadiens et on ne manque pas une occasion de le lui faire savoir. C'est ainsi qu'une amende de 200 $ imposée à Ken Reardon pour un violent duel à coups de bâtons le 1er janvier contre le robuste Cal Gardner des Maple Leafs fait l'objet d'une souscription publique. Un fan de l'équipe, Adrien Lesage, et le soigneur Ernie Cook lancent l'idée dans le public et les cotisations arrivent immédiatement.

Le geste sert un peu aussi à alimenter la rivalité Toronto/Montréal, alors à son summum, l'air de dire : « Voyez jusqu'à quel point on soutient nos joueurs ».

Pareille sollicitation avait aussi été organisée pour payer une amende du Rocket en 1947.

La sanction de Gardner est de 250 $ et les deux joueurs sont aussi suspendus pour le match entre les deux formations le 19 janvier à Toronto.

Ken Reardon

● Les Maple Leafs créent un précédent dans la Ligue avec une troisième coupe Stanley consécutive, remportée de manière fort éloquente. Quatrièmes au terme de la saison régulière, avec plus de défaites que de victoires (22-25), ils écartent les Bruins en cinq parties avant de balayer les champions de la saison, les Red Wings, en quatre matchs consécutifs. C'est la seconde année de suite que Toronto bat Detroit dans le minimum de parties en finale.

● Durant l'été précédant cette saison, les six clubs et la Ligue nationale ont décidé d'investir 30 000 $ chacun pour la construction d'un édifice consacré aux immortels du hockey.

● Quatre joueurs des Rangers sont blessés dans un accident d'auto près de Rouses Point, dans l'État de New York, en route pour le camp d'entraînement. Deux anciens des Canadiens, Buddy O'Connor, récipiendaire du trophée Hart à sa première saison à New York, et Frank Eddolls, sont les plus

sérieusement blessés, mais ils peuvent revenir au jeu après deux mois d'inactivité.

● Roy Conacher et Doug Bentley occupent les deux premiers rangs au classement des marqueurs, mais leur équipe est exclue des séries une troisième année de suite.

● Les Rangers engagent un joueur finlandais dont ils espèrent beaucoup. Pentti Lund sera élu recrue de l'année avec un dossier de 14 buts et 16 passes en 59 parties.

● Bill Quackenbush, des Red Wings, est le premier défenseur à mériter le trophée du plus

gentilhomme sans avoir obtenu une seule punition. Val Fontayne, également des Red Wings et des Penguins de Pittsburgh, fera encore mieux avec cinq saisons complètes sans pénalité, lors des années 1960 et 1970. Il ne gagnera jamais le Lady-Byng cependant.

● Gordie Howe participe à la première des 23 parties d'étoiles de sa carrière dans la LNH, à Chicago, contribuant à une victoire de 3-1 contre Toronto.

1948·1949

Ken Reardon est un joueur très populaire auprès des fans et ceux-ci n'hésitent pas à se cotiser pour payer son amende.

Une photo publiée dans le Globe and Mail de Toronto et reproduite dans Le Petit Journal du début de février fait sursauter nombre d'amateurs des Canadiens. On y aperçoit Maurice Richard dans l'uniforme des Maple Leafs. Simple trucage pour mettre un peu de pression sur l'offre de Toronto pour les services du Rocket. La réplique de Selke est cinglante : « Lors même que vous nous donneriez toute l'équipe des Leafs, de même que le Maple Leaf Garden, la réponse est non. »

Reardon promet de se venger, « même si je dois attendre jusqu'à mon dernier match », claironne-t-il. Le président Campbell lui impose le dépôt d'une garantie de 1 000 $ pour garder la paix, somme qui lui sera rendue au terme de sa carrière.

ON VEUT LA TÊTE DE CAMPBELL

Un mois plus tard, quelques partisans des Canadiens s'en prennent de nouveau au président Campbell lors d'un match au Forum contre Toronto (encore !). On trouve que les officiels s'acharnent sur le Tricolore et laissent trop souvent impunies les infractions des Leafs. Entre deux périodes, une vingtaine d'amateurs défilent sur la promenade nord avec des affiches réclamant « la démission de Campbell et des arbitres honnêtes (sic) », jusqu'à ce que le service d'ordre mette fin à leur manifestation plus ou moins spontanée.

DETROIT MAINTIENT SON EMPRISE SUR LE PREMIER RANG EN SAISON, MAIS S'APPROPRIE LA COUPE STANLEY AVEC BEAUCOUP DE DIFFICULTÉ. EN DEMI-FINALE, LES WINGS REVIENNENT DE L'ARRIÈRE PAR TROIS FOIS AVANT D'ÉLIMINER TORONTO EN SEPT PARTIES, DONT CINQ SE TERMINENT PAR UN JEU BLANC. PENDANT CE TEMPS, LES RANGERS EN GAGNENT TROIS D'AFFILÉE CONTRE LES CANADIENS, QUI AVAIENT TERMINÉ LA SAISON AU DEUXIÈME RANG. BILL DURNAN, VICTIME D'UNE DÉPRESSION, QUITTE LE CLUB ET LES RANGERS GAGNENT EN CINQ. POURTANT, DURNAN AVAIT REMPORTÉ UN SIXIÈME TROPHÉE VÉZINA EN SEPT SAISONS. EN FINALE, IL FAUT ENCORE SEPT PARTIES POUR DÉTERMINER LE GAGNANT. UNE SIXIÈME SÉLECTION DE SUITE AU SEIN DE LA PREMIÈRE ÉQUIPE D'ÉTOILES POUR RICHARD, QUI TERMINE QUATRIÈME CHEZ LES COMPTEURS, DERRIÈRE LA PRODUCTION LINE DES RED WINGS.

Un domicile rénové pour fêter les 40 ans

Un Forum rénové qui sera témoin de l'une des périodes les plus glorieuses de l'histoire des Canadiens.

Les Canadiens ont maintenant 40 ans. Au cours de cette période qui a vu s'illustrer les Laviolette, Lalonde, Pitre, Vézina, Joliat, Morenz, Hainsworth, Blake, Bouchard, Lach, Richard et Durnan à tour de rôle, le club a gagné 13 championnats et 6 coupes Stanley, entremêlés de quelques saisons difficiles. Mais chaque fois, un nouveau « sauveur » ou de nouveaux propriétaires sont venus relancer l'équipe.

Pour souligner l'événement, la direction du Tricolore invite trois membres de l'équipe originale, Newsy Lalonde, Jack Laviolette et Arthur Bernier, à participer à une cérémonie commémorative avant le match du 5 janvier contre les Bruins de Boston. On en profite pour présenter une réplique du trophée Vézina à Bill Durnan, cinq fois récipiendaire du titre de meilleur gardien. Pour couronner le tout, les Canadiens signent une victoire de 5-3 devant 14 000 partisans enthousiastes.

Il faut dire que les assistances sont à la hausse en cette saison anniversaire, depuis que la direction a décidé d'agrandir le Forum pour porter le nombre

BILL DURNAN
Montreal Canadiens 1947-48

● Elmer Lach et Maurice Richard se suivent de près chez les meilleurs marqueurs de l'histoire de la Ligue. Lach obtient son 400e point le 14 octobre et Richard en fait autant le 2 mars. À cette époque, le plus haut total

appartient, et pour quelque temps encore, à Bill Cowley, un ancien de St. Louis et Boston, avec 548 points.

● Le 2 novembre, Ken Reardon et Léo Gravelle sont conduits au poste de police de Chicago et accusés d'assaut sur les spectateurs, et aussi d'en avoir frappé un avec un bâton. C'est le président des Hawks, Bill Tobin, qui paiera la caution pour garantir leur présence au procès, où ils seront tous deux exonérés de tout blâme, l'enquête ayant démontré que ce sont plutôt les spectateurs qui ont provoqué les joueurs.

● Une triste histoire que celle de Tony Demers, condamné à quinze ans de prison en septembre pour le meurtre d'une jeune femme de 31 ans. Demers avait disputé quelques saisons avec les Canadiens lors des années 1930 et 1940, avant de poursuivre sa carrière dans la Ligue senior du Québec où il venait d'être choisi le joueur le plus utile.

● Dick Irvin remporte une 500e victoire comme entraîneur dans la Nationale. Il est le premier à atteindre un tel sommet.

● Double anniversaire lors de la rencontre du 21 décembre : Émile Butch Bouchard dispute son 400e match dans l'uniforme des Canadiens et Bob Fillion, son 300e. Lach atteindra aussi le total de 400 parties exactement un mois plus tard.

1949-1950

Le journaliste Charles Mayer publie un livre sur l'histoire des Canadiens pour souligner le 40e anniversaire de l'équipe. Il sortira une seconde édition quelques années plus tard.

de sièges de 9 300 à 13 551. L'amphithéâtre ne répondant plus aux besoins des partisans, Frank Selke autorise des travaux de l'ordre de 600 000 $, incluant l'ajout d'un deuxième étage.

Les travaux d'agrandissement placent le Forum au niveau des patinoires de Toronto et Boston en termes de capacité, mais ne permettent pas d'éliminer les fameuses poutres qui obstruent la vue de nombreux spectateurs. Il faudra une vingtaine d'années encore avant de voir disparaître ces colonnes gênantes, mais pour l'essentiel, le Tricolore peut s'enorgueillir de posséder l'un des arénas les plus fonctionnels de la Ligue au moment où la saison passe de 60 à 70 parties régulières.

Un Forum qui sera témoin d'une des périodes les plus glorieuses de l'équipe, avec la conquête de cinq coupes Stanley consécutives, de 1956 à 1960.

DURNAN CRAQUE EN PLEINE SÉRIE

Bill Durnan connaît une autre saison à la mesure de son grand talent, n'accordant que 141 buts en 64 parties pour une excellente moyenne de 2,20, en plus de « blanchir » ses adversaires à 8 occasions. Pour la sixième fois en sept ans de carrière devant la cage des Canadiens, il obtient le trophée Vézina.

En cours de saison, il est aussi devenu le premier gardien des Canadiens à inscrire 200 victoires. Mais la foule partisane du Forum en a fait son souffre-douleur depuis quelques années, ne ratant pas une occasion de le huer. Durnan supporte mal cette pression supplémentaire à mesure qu'il avance en âge.

En séries, les Canadiens connaissent un mauvais départ contre les Rangers, perdant les trois premiers matchs. À bout de nerfs, Durnan craque et, quelques heures avant le début de la quatrième rencontre, il annonce à son entraîneur qu'il en a assez et que ç'en est fini du hockey pour lui. Ses coéquipiers

N°	POS	JOUEURS	PJ	B	A	PTS	PUN
9	AD	Maurice Richard	70	43	22	65	114
16	C	Elmer Lach	64	15	33	48	33
14	C	Billy Reay	68	19	26	45	48
22	C	Normand Dussault	67	13	24	37	22
15	AD	Léo Gravelle	70	19	10	29	18
17	D	Ken Reardon	67	1	27	28	109
18	C	Ken Mosdell	67	15	12	27	42
2	D	Doug Harvey	70	4	20	24	76
4	AG	Howard Riopelle	66	12	8	20	27
8	D	Glen Harmon	62	3	16	19	28
11	AG	Calum MacKay	52	8	10	18	44
6,11	AD	Floyd Curry	49	8	8	16	8
21	D	Roger Léger	55	3	12	15	21
12	AD	Grant Warwick	26	2	6	8	19
3	D	Émile Bouchard	69	1	7	8	88
5,12,20	AG	Gerry Plamondon	37	1	5	6	0
10	AG	Bob Fillion	57	1	3	4	8
4,20	AG	Gilles Dubé	12	1	2	3	2
5	AG	Bert Hirschfeld	13	1	2	3	2
6	AD	Joe Carveth	11	1	1	2	2
23	D	Hal Laycoe	30	0	2	2	21
12	AD	Bob Fryday	2	1	0	1	0
19	AD	Louis Denis	2	0	1	1	0
1	G	Bill Durnan	64	0	1	1	2
19	AG	Bob Frampton	2	0	0	0	0
1,12,19	G	Gerry McNeil	6	0	0	0	0
12	AG	Paul Meger	-	-	-	-	-
20	D	Tom Johnson	-	-	-	-	-

GARDIENS	PJ	G	P	N	MIN	BC	BL	MOY
Gerry McNeil	6	1	2	1	360	9	1	1.50
Bill Durnan	64	26	21	17	3840	141	8	2.20

● La plus importante innovation est toutefois l'invention de la surfaceuse Zamboni pour nettoyer la glace entre les périodes. L'invention du Californien Frank Zamboni remplacera graduellement le baril sur chariot et les préposés aux grattoirs dans tous les aréas de hockey. Au Forum, la première Zamboni fera son apparition en 1955.

● L'année 1949-50 marque l'émergence d'une nouvelle dynastie dans la LNH. Déjà champions du calendrier régulier, les Red Wings raflent aussi la coupe Stanley, qu'ils gagneront quatre fois en six ans, plus cinq autres titres de saison, pour un total de sept consécutifs.

● La *Production Line* de Ted Lindsay, Sid Abel et Gordie Howe terrorise les gardiens adverses, accaparant les trois premières places au classement des marqueurs avec respectivement 78, 69 et 68 points. Richard, quatrième à 65, inscrit le plus de buts, 43.

● Les Red Wings échangent aux Bruins de Boston leur as défenseur Bill Quackenbush, jugé le plus gentilhomme de la Ligue la saison précédente, en retour de quatre joueurs.

● Les Rangers surprennent les Canadiens en demi-finale mais sont forcés de disputer tous les matchs de la finale à l'extérieur en raison de la présence d'un cirque au Madison Square Garden. Un problème que les Rangers connaîtront à plusieurs reprises par la suite. Finalement, deux parties « locales » du New York seront jouées à Toronto.

● Une esquive de dernière seconde de la part de Ted Kennedy à l'endroit de Gordie Howe vient bien près de mettre fin à la carrière de ce dernier lors du premier match des séries. Howe donne tête première dans la bande et subit une fracture du crâne qui fait craindre le pire à sa famille pendant quelques jours. Il manque le reste des séries mais sera de retour la saison suivante.

● Les Red Wings gagnent la coupe Stanley après avoir perdu deux ans de suite en finale, mais ils ont besoin du maximum de matchs contre Toronto – dont deux gains en supplémentaire – et New York. Le septième match de la finale prend fin à la deuxième prolongation grâce à un but de Pete Babando. Il s'agit de la troisième partie de cette finale à dépasser le temps réglementaire.

TROPHÉES

COUPE STANLEY
Red Wings de Detroit
COUPE O'BRIEN
Rangers de New York
TROPHÉE PRINCE-DE-GALLES
Red Wings de Detroit
TROPHÉE HART
Chuck Rayner
Rangers de New York
TROPHÉE ART-ROSS
Ted Lindsay
Red Wings de Detroit
TROPHÉE LADY-BYNG
Edgar Laprade
Rangers de New York
TROPHÉE CALDER
Jack Gelineau
Bruins de Boston
TROPHÉE GEORGES-VÉZINA
Bill Durnan
Canadiens de Montréal

	PJ	G	P	N	BP	BC	PTS
Detroit (Red Wings)	70	37	19	14	229	164	88
Montréal (Canadiens)	70	29	22	19	172	150	77
Toronto (Maple Leafs)	70	31	27	12	176	173	74
New York (Rangers)	70	28	31	11	170	189	67
Bruins (Boston)	70	22	32	16	198	228	60
Chicago (Black Hawks)	70	22	38	10	203	244	54

MEILLEURS MARQUEURS

		PJ	B	A	PTS	PUN
Ted Lindsay	Detroit	69	23	55	78	141
Sid Abel	Detroit	69	34	35	69	46
Gordie Howe	Detroit	70	35	33	68	69
Maurice Richard	**Canadiens**	70	43	22	65	114
Paul Ronty	Boston	70	23	36	59	8
Roy Conacher	Chicago	70	25	31	56	16
Doug Bentley	Chicago	64	20	33	53	28
Johnny Peirson	Boston	57	27	25	52	49
Metro Prystai	Chicago	65	29	22	51	31
Bep Guidlon	Chicago	70	17	34	51	42

tentent de l'encourager, en vain, et c'est finalement un Durnan complètement démoli qui viendra souhaiter bonne chance à son substitut, Gerry McNeil, quelques instants avant de se perdre dans la foule.

Durnan, l'un des plus brillants cerbères de l'histoire du Tricolore, est simplement rendu au bout, tel qu'il en fera la confidence au journaliste de sport Jacques Beauchamp. Celui-ci dévoilera ce secret dans le *Journal de Montréal* au moment de son décès en 1972.

MAURICE RICHARD, ATHLÈTE DE L'ANNÉE AU CANADA

La popularité du Rocket ne cesse de croître au Québec et même au Canada. Une enquête de la maison Gallup, menée en mars, le confirme de manière éloquente, alors que Maurice Richard est reconnu comme l'athlète masculin de l'année au niveau canadien. Un honneur qui est suivi, deux mois plus tard, du titre de joueur des Canadiens s'étant le plus distingué. Cet autre choix de Richard comme récipiendaire du trophée Calvert lui fait particulièrement plaisir, puisqu'il est celui des partisans du club. Richard a devancé largement ses coéquipiers Bill Durnan et Ken Reardon au vote populaire.

Les chroniqueurs de hockey l'ont cependant ignoré une fois de plus pour le choix du joueur le plus utile, à titre de récipiendaire du trophée Hart, ce qui ne l'empêche pas de mériter une sixième sélection d'affilée au poste d'ailier droit dans la première équipe d'étoiles.

LE SAVIEZ-VOUS...

La LNH apporte plusieurs modifications à son fonctionnement, portant son calendrier régulier à 70 parties, en plus de hausser le nombre de joueurs en uniforme à 17. On oblige aussi les clubs à peindre la glace des patinoires en blanc pour rendre la rondelle plus visible. D'autre part, un gardien écopant d'une punition majeure pourra dorénavant être remplacé par un substitut au banc des pénalités. On assiste aussi à l'introduction des premiers programmes doubles, avec deux rencontres entre les mêmes équipes à quelques jours d'intervalle.

50

1950 🄲 1951

LES PUISSANTS RED WINGS DOMINENT LA LIGUE UNE TROISIÈME ANNÉE DE SUITE ET LEUR
JOUEUR VEDETTE, GORDIE HOWE, DEVANCE MAURICE RICHARD PAR 20 POINTS AU CLASSEMENT
DES MARQUEURS. LE TRICOLORE TERMINE TROISIÈME, À 36 POINTS DE DETROIT ET À 30 DE TORONTO,
MAIS IL SURPREND LES PUISSANTS WINGS AVEC DEUX GAINS EN SUPPLÉMENTAIRE AU DÉBUT DE
LA DEMI-FINALE, CHAQUE FOIS GRÂCE À DES BUTS DU ROCKET, ET REMPORTE CELLE-CI EN SIX.
TORONTO ÉLIMINE BOSTON EN CINQ MATCHS, QUOIQU'UN SIXIÈME AIT ÉTÉ DÉCLARÉ NUL EN RAISON
D'UN COUVRE-FEU DANS LA VILLE REINE. LES LEAFS BATTENT LES CANADIENS EN FINALE EN
CINQ MATCHS, TOUS TERMINÉS EN PROLONGATION. BILL BARILKO, AUTEUR DU BUT QUI PROCURE
LA COUPE À TORONTO, PÉRIRA DANS UN ACCIDENT D'AVION TROIS MOIS PLUS TARD.
DETROIT A UN NOUVEAU GARDIEN, TERRY SAWCHUK, CHOISI RECRUE DE L'ANNÉE ET QUI DEVIENDRA
L'UN DES GRANDS CERBÈRES DE LA LNH.

Pendant que Jean Béliveau s'en retourne à Québec après quelques parties d'essai, Bernard Geoffrion signe une entente lui permettant de compléter la saison à Montréal.

Premiers essais de Béliveau et Geoffrion

Frank Selke tente par tous les moyens d'améliorer le classement de son équipe, menacée d'être exclue des séries. Pour y arriver, il sait très bien qu'il a besoin de forces fraîches. Il vise notamment quelques espoirs de moins de 20 ans qui font les beaux jours de la Ligue junior du Québec. Jean Béliveau est l'orgueil des Citadelles et de toute la ville de Québec, Bernard Geoffrion et Fred Skippy Burchell jouent avec le National de Montréal, alors que Dickie Moore est avec le Canadien junior.

215

● Le train en provenance de Toronto ramenant l'équipe des Canadiens déraille à Dorion tôt le matin du 20 décembre. Malgré une bonne frousse, aucun joueur n'est blessé.

● En se qualifiant pour la finale contre Toronto, le Tricolore entreprend une séquence de 10 participations consécutives à la série ultime de la coupe Stanley.

● Une autre fête grandiose est organisée conjointement par les Canadiens, les Alouettes et les Royaux pour honorer le Rocket, le 17 février. On fait imprimer un ruban souvenir, ainsi qu'un macaron avec la photo de Richard. Celui-ci reçoit des cadeaux d'une valeur totale de 6 000 $, en plus d'une voiture DeSoto. Charles Mayer lui remet aussi de la part des journalistes un trophée spécial portant l'inscription de tous ses records.

● Le gardien Gerry McNeil et le défenseur Tom Johnson sont maintenant des membres à part entière des Canadiens.

● Autre nouveau joueur dans l'équipe. Selke obtient les services de Bert Olmstead, des Red Wings, en échange de Léo Gravelle. Detroit l'avait acquis des Black Hawks quelques jours plus tôt, dans une autre transaction.

● Le Rocket est reconnu comme le meilleur joueur de hockey de l'année 1950 par la revue américaine *Sport Magazine* en janvier. Il avait obtenu pareille récompense du même magazine en 1947. Quelques jours auparavant, il a éclipsé le record d'équipe de Joliat pour le total de buts (270). Peu après, c'est au tour d'Elmer Lach d'atteindre le sommet des 300 passes pour un joueur du Tricolore.

1950-1951

La soirée en l'honneur de Richard attire 15 000 spectateurs et 4 000 autres ne peuvent entrer à l'intérieur, faute de place. C'est avec beaucoup de fierté qu'il apposera la plaque minéralogique arborant le numéro 9 sur son auto.

ÉQUIPE 1950-51

Entraîneur : Dick Irvin (70-25-30-15)

N°	POS	JOUEURS	PJ	B	A	PTS	PUN
9	AD	Maurice Richard	65	42	24	66	97
16	C	Elmer Lach	65	21	24	45	48
15	AG	Bert Olmstead	39	16	22	38	50
18	C	Ken Mosdell	66	13	18	31	24
2	D	Doug Harvey	70	5	24	29	93
11	AG	Calum MacKay	70	18	10	28	69
6	AD	Floyd Curry	69	13	14	27	23
14	C	Billy Reay	60	6	18	24	24
22	AG	Normand Dussault	64	4	20	24	15
21	D	Bud MacPherson	62	0	16	16	40
5	AD	Bernard Geoffrion	18	8	6	14	9
8	D	Glen Harmon	57	2	12	14	27
3	D	Émile Bouchard	52	3	10	13	80
19	AG	Vern Kaiser	50	7	5	12	33
10	D	Tom Johnson	70	2	8	10	128
4,20	AG	Paul Méger	17	2	4	6	6
15	AD	Léo Gravelle	31	4	2	6	0
17	D/C	Bob Dawes	15	0	5	5	4
23	C	Paul Masnick	43	4	1	5	14
17,20	C	Jean Béliveau	2	1	1	2	0
5,19	AG	Bert Hirschfeld	20	0	2	2	0
12	D	Hal Laycoe	38	0	2	2	25
5,20	C	Gerard Desaulniers	3	0	1	1	2
20	C	Frank King	10	1	0	1	2
4	AG	Claude Robert	23	1	0	1	9
19	AG	Gerry Plamondon	1	0	0	0	0
12	D	Dick Gamble	1	0	0	0	0
5	AD	Louis Denis	1	0	0	0	0
4	D	Hugh Currie	1	0	0	0	0
12	C	Fred Burchell	2	0	0	0	0
12	C	Dollard St-Laurent	3	0	0	0	0
4	D	Ernie Roche	4	0	0	0	2
20	D	Tom Manastersky	6	0	0	0	11
1	G	Gerry McNeil	70	0	0	0	0
4,17	D	Ross Lowe	-	-	-	-	-
12	C	Sid McNabney	-	-	-	-	-
19	D	Eddie Mazur	-	-	-	-	-

GARDIEN	PJ	G	P	N	MIN	BC	BL	MOY
Gerry McNeil	70	25	30	15	4200	184	6	2,63

Selke entreprend des démarches pour s'approprier les quatre joueurs, sachant très bien que la partie ne sera pas facile dans le cas de Béliveau, en voie de devenir un véritable monument à Québec.

Pendant que celui-ci participe à son deuxième camp avec le Tricolore en septembre, Selke envoie ses émissaires rencontrer le père de Béliveau à Victoriaville et le propriétaire des Citadelles, Frank Byrne, à Québec. La proposition est rapidement rejetée et, après le camp, Béliveau, surpris de ne pas avoir reçu une offre qu'il n'aurait pu refuser, retourne à Québec. De toute façon, Byrne

● Le président Campbell impose une amende de 500 $ au Rocket pour s'en être pris physiquement à l'arbitre Hugh McLean. Mécontent d'une mauvaise pénalité que lui avait décernée l'officiel la veille, le Rocket l'avait accosté dans le hall d'un hôtel new-yorkais, jusqu'à ce qu'on les sépare. On ne reverra jamais McLean arbitrer une partie par la suite.

● Incapable de vaincre un mal de dos qui l'accable depuis quatre saisons, Ken Reardon annonce sa retraite du hockey. Il demeure lié à l'organisation de l'équipe pendant plusieurs années à divers postes administratifs, notamment celui de vice-président.

● Newsy Lalonde et Joe Malone sont admis au Temple de la renommée.

● Glen Harmon dispute un 400e match avec les Canadiens en octobre.

● Un joueur des Alouettes de la Ligue canadienne de football, Tom Manastersky, remplace Émile Bouchard contre les Rangers en décembre. Celui qui a été choisi athlète de l'année 1950 à Montréal pour son brio au football est mis à l'essai pour trois rencontres, mais en disputera finalement six, n'obtenant aucun point.

TROPHÉES	
COUPE STANLEY	
Maple Leafs de Toronto	
TROPHÉE PRINCE-DE-GALLES	
Red Wings de Detroit	
TROPHÉE HART	
Milt Schmidt	
Bruins de Boston	
TROPHÉE ART-ROSS	
Gordie Howe	
Red Wings de Detroit	
TROPHÉE LADY-BYNG	
Red Kelly	
Red Wings de Detroit	
TROPHÉE CALDER	
Terry Sawchuk	
Red Wings de Detroit	
TROPHÉE GEORGES-VÉZINA	
Al Rollins	
Maple Leafs de Toronto	

1950-1951

l'a assuré avant de partir que, quelle que soit la somme avancée par les Canadiens, les Citadelles lui offriraient davantage.

Le 16 décembre, les Canadiens font néanmoins appel à Béliveau et à Geoffrion pour disputer un match contre les Rangers, dans une tentative pour relancer le club qui vient de subir cinq défaites d'affilée. Geoffrion marque l'unique but des Canadiens, dans un verdict nul de 1 à 1.

Les deux futurs coéquipiers sont rappelés le 27 janvier pour un match contre Chicago. Cette fois, ils déjouent le cerbère Harry Lumley à tour de rôle, en plus d'obtenir une passe chacun, dans une victoire de 4-2.

Par la suite, Béliveau retourne à Québec de nouveau, mais Geoffrion, qui appartient déjà au Canadien, se voit offrir un contrat pour disputer les 16 derniers matchs de la saison de la Ligue nationale. Selke veut qu'il conserve son admissibilité au trophée Calder pour la saison suivante, mais pour ce faire, il ne doit

Le Rocket est en demande partout pour signer des autographes, lors des réceptions et même pour inaugurer les salles de quilles.

● Début du repêchage intraligue. Les équipes s'entendent, au printemps 1950, pour limiter leur liste de protection à 30 joueurs. Les autres pourront être réclamés par les clubs adverses, à raison de 25 000 $ par sélection.

● Les Red Wings établissent pas moins de neuf nouvelles marques en fin de saison, dont celles du plus grand nombre de points (101), de victoires (44) et de buts (236), ainsi que du plus petit nombre de défaites (13). À l'opposé, les Black Hawks inscrivent de nouveaux records peu enviables pour le plus petit nombre de points (36) et de victoires (13), et le plus grand nombre de défaites (47).

● Sur le plan individuel, Gordie Howe revendique le plus haut total de points en saison (86) et Terry Sawchuck, celui du plus grand nombre de victoires pour un gardien (44).

● Detroit et Chicago procèdent à l'une des plus grosses transactions de l'histoire de la Ligue au cours de l'été 1950. L'échange, comprenant neuf joueurs, envoie les gardiens Harry Lumley à Chicago et Jim Henry à Detroit. Henry ne portera jamais les couleurs des Wings, il sera troqué aux Bruins dès l'année suivante.

● La Ligue oblige désormais l'équipe locale à disposer d'un gardien d'urgence, susceptible de dépanner l'une ou l'autre des équipes en présence lors d'un match.

● Par une coïncidence étrange, les Leafs, champions de la coupe Stanley grâce à un but en prolongation de Bill Barilko au cinquième match de la finale contre les Canadiens, ne gagneront de nouveau la coupe que quelques semaines avant qu'on retrouve le corps de leur héros en 1962. Barilko périt dans un écrasement d'avion lors d'une partie de pêche dans le nord de l'Ontario, trois mois après la conquête de 1951.

● La partie nulle de 1-1 du 31 mars entre Boston et Toronto s'explique par un règlement municipal de l'époque à Toronto qui interdisait les activités sportives à certaines heures le dimanche.

1950-1951

pas disputer plus de 20 parties. Il signe son contrat le 14 février, deux jours avant de fêter ses 20 ans.

« Franchement, j'aurais même accepté de jouer pour les Canadiens sans me faire payer, tellement j'avais envie de faire partie de la LNH, révèle celui qu'on surnomme déjà Boom Boom, dans sa biographie. Je me fichais pas mal de l'argent, le simple fait d'appartenir à la LNH était déjà une grande récompense. »

UNE SÉRIE TOUTE EN PROLONGATIONS

Maurice Richard a déjà donné le ton avec un but à la quatrième supplémentaire lors du premier match de la demi-finale contre Detroit, et avec un second à la troisième période de prolongation, cette fois lors du deuxième match de la même série. Deux buts qui ont motivé l'équipe au point d'éliminer les Red Wings en six rencontres. Pourtant, Detroit venait d'établir un nouveau record de 101 points au classement des équipes en saison.

La finale contre Toronto dure cinq parties et toutes se rendent en prolongation. Toronto gagne la première, 3-2, grâce à un but de Sid Smith. Richard réplique pour les Canadiens à la deuxième, avec son troisième but en supplémentaire. C'est un record toujours inscrit dans le Guide de la LNH.

Toronto remporte les trois dernières parties et la série. Ted Kennedy, Harry Watson et Bill Barilko sont les auteurs des buts vainqueurs.

C'est la seule fois dans l'histoire de la Ligue que toutes les parties d'une même série ont nécessité du temps supplémentaire. Autre fait intéressant, toutes les rencontres, sauf la troisième terminée 2-1, se sont conclues par un pointage de 3 à 2.

	PJ	G	P	N	BP	BC	PTS
Detroit (Red Wings)	70	44	13	13	236	139	101
Toronto (Maple Leafs)	70	41	16	13	212	138	95
Montréal (Canadiens)	70	25	30	15	173	184	65
Boston (Bruins)	70	22	30	18	178	197	62
New York (Rangers)	70	20	29	21	169	201	61
Chicago (Black Hawks)	70	13	47	10	171	280	36

MEILLEURS MARQUEURS

		PJ	B	A	PTS	PUN
Gordie Howe	Detroit	70	43	43	86	74
Maurice Richard	Canadiens	65	42	24	66	97
Max Bentley	Toronto	67	21	41	62	34
Sid Abel	Detroit	69	23	38	61	30
Milt Schmidt	Boston	62	22	39	61	33
Ted Kennedy	Toronto	63	18	43	61	32
Ted Lindsay	Detroit	67	24	35	59	110
Tod Sloan	Toronto	70	31	25	56	105
Red Kelly	Detroit	70	17	37	54	24
Sid Smith	Toronto	70	30	21	51	10
Cal Gardner	Toronto	66	23	28	51	42

Sans marquer des buts à la pelle, le Rocket en obtient tout de même trois en temps supplémentaire lors des séries de 1951, un record toujours inégalé.

1951 ⓒ 1952

Cette fois, les Red Wings sont invincibles. Champions de la saison régulière avec 22 points de priorité sur les Canadiens, ils gagnent ensuite en quatre parties contre Toronto en demi-finale et en quatre également contre le Tricolore en finale. Celui-ci a, au préalable, difficilement écarté Boston en sept rencontres. Chicago est dernier pour la cinquième fois en six ans et la troisième année de suite. Howe est de nouveau champion marqueur, avec 17 points d'avance sur son coéquipier Lindsay. Il est aussi choisi le plus utile. Elmer Lach finit au troisième rang et Bernard Geoffrion, la dernière acquisition des Canadiens, est sixième, ce qui lui vaut le titre de recrue de l'année. Terry Sawchuk remporte le Vézina, ayant concédé 21 buts de moins que ses plus proches rivaux.

Assommé, le Rocket élimine les Bruins

Maurice Richard manque 22 parties en raison d'une mystérieuse blessure à l'aine qui le force par trois fois à s'arrêter au cours de la saison, ce qui ne l'empêche toutefois pas de réussir le 300e but de sa carrière, contre Terry Sawchuk en novembre, ainsi que son 500e point, contre Al Rollins trois semaines

Encore assommé, le Rocket revient sur la glace pour inscrire le but gagnant du septième match contre les Bruins.

● Bernard Geoffrion remporte le trophée Calder, en partie grâce à son nouveau tir frappé qui lui procure une fiche de 30 buts et 24 passes, ce qui lui vaut le sixième rang des marqueurs. Frank Selke a eu raison de le limiter à 18 parties la saison précédente.

Bernard Geoffrion

● Les Canadiens et les As de Québec se disputent les services de Jean Béliveau sur la place publique. Selke veut faire adopter un règlement obligeant les joueurs protégés à signer une entente avec leur club professionnel avant de jouer pour un club amateur. Les As menacent de se retirer de la Ligue senior si ce règlement est adopté. Finalement, Québec conserve les services du Gros Bill, au grand plaisir du principal intéressé et des partisans du club.

● Dick Irvin veut obliger Émile Bouchard à perdre du poids et le retire temporairement de la liste des joueurs en début de saison, mais celui-ci ne prise pas l'attitude de son entraîneur et lui demande de se rétracter, tout en laissant planer la possibilité qu'il se retire du hockey. Finalement, tout rentre dans l'ordre et Bouchard participe à son 500e match le 30 octobre. Mais il rate tout de même une dizaine de parties en novembre et décembre en raison d'une blessure à l'épaule.

● Deux nouveaux venus signent des ententes avec le club le jour de Noël : Dickie Moore, un ailier gauche, et Dollard Saint-Laurent, un défenseur.

1951-1952

plus tard. Mais il retrouve sa pleine forme à la veille de la série contre les Bruins, laquelle va contribuer largement à sa légende.

Le Rocket marque deux fois pour mener les Canadiens à une victoire de 5-1 en ouverture de série. Geoffrion lui donne la réplique avec trois buts dans la deuxième rencontre et le Tricolore l'emporte 4-2. Les Bruins rebondissent avec trois victoires consécutives qui placent les Canadiens au bord de l'élimination. Richard trouve de nouveau le moyen de s'illustrer avec le but égalisateur à la onzième minute de la troisième période du sixième match. Paul Masnick, rappelé de la filiale de Cincinnati pour la rencontre, marque ensuite en deuxième supplémentaire, ce qui oblige la présentation d'une septième partie au Forum le 8 avril.

Le pointage est toujours de 1 à 1 en milieu de deuxième lorsque le Rocket s'élance à sa manière typique, mais il est accueilli à la ligne bleue adverse par Léo Labine qui lui assène un coup de bâton au visage. Richard est étendu sur la glace, les bras en croix et on craint le pire pour lui, alors que le sang coule de son front. On réussit finalement à le ranimer pour le conduire à l'infirmerie où il perd de nouveau conscience.

ÉQUIPE 1951-52

Entraîneur : Dick Irvin (70-34-26-10)

N°	POS	JOUEURS	PJ	B	A	PTS	PUN
16	C	Elmer Lach	70	15	50	65	36
5	AD	Bernard Geoffrion	67	30	24	54	66
9	AD	Maurice Richard	48	27	17	44	44
19,20,23	AG	Paul Meger	69	24	18	42	44
14	C	Billy Reay	68	7	34	41	20
8	AG	Dick Gamble	64	23	17	40	8
6	AD	Floyd Curry	64	20	18	38	10
15	AG	Bert Olmstead	69	7	28	35	49
12	AG	Dickie Moore	33	18	15	33	44
2	D	Doug Harvey	68	6	23	29	82
18	C	Ken Mosdell	44	5	11	16	19
19	D	Dollard St-Laurent	40	3	10	13	30
17	C	John McCormack	54	2	10	12	4
3	D	Émile Bouchard	60	3	9	12	45
10	D	Tom Johnson	68	0	7	7	76
4	AG	Ross Lowe	31	1	5	6	42
11,22,23	C	Paul Masnick	15	1	2	3	2
21	D	Bud MacPherson	54	2	1	3	24
11,23	AD	Lorne Davis	3	1	1	2	2
12	AD	Gerry Couture	10	0	1	1	4
11	AG	Calum MacKay	12	0	1	1	8
11	C	Gene Achtymichuk	1	0	0	0	0
23	AG	Don Marshall	1	0	0	0	0
23	AG	Garry Edmundson	1	0	0	0	2
23	AD	Bob Fryday	3	0	0	0	0
23	AD	Cliff Malone	3	0	0	0	0
1	G	Gerry McNeil	70	0	0	0	0
17,23	D	Stan Long	-	-	-	-	-
23	AG	Eddie Mazur	-	-	-	-	-

GARDIEN	PJ	G	P	N	MIN	BC	BL	MOY
Gerry McNeil	70	34	26	10	4200	164	5	2,34

Elmer Lach patine, virevolte et vole même dans les airs, devenant le meilleur marqueur de la Ligue en février.

● Elmer Lach domine les autres marqueurs du circuit pour le nombre de passes avec 50, mais doit se contenter du troisième rang au classement général, ayant été devancé par Howe et Lindsay. Il est tout de même choisi dans la première équipe d'étoiles, ainsi que Doug Harvey.

● Floyd Curry et Maurice Richard se distinguent avec respectivement trois et deux buts en présence de la princesse Élisabeth (qui

deviendra la reine Élisabeth II quelques mois plus tard) et du prince Philip, au Forum, à la fin d'octobre.

● Bill Durnan, devenu entraîneur, entreprend sa deuxième saison à la barre des Senators d'Ottawa, dans la Ligue senior du Québec.

● Paul Meger porte deux numéros différents lors du match du 18 octobre. Il endosse d'abord le sien, le 20, mais revient avec le 23 pour la troisième période. Il a enfilé le chandail de Paul

Masnick par erreur entre les deux périodes. Blessé juste avant la rencontre, Masnick était absent.

● Camil DesRoches, directeur de la publicité chez les Canadiens, vit une expérience excitante en faisant la description d'un match en français pendant quelques minutes à la radio de Boston et à celle de New York, à trois jours d'intervalle en décembre. Il fait de même à la télévision new-yorkaise.

● Maurice Richard reçoit deux nouvelles reconnaissances à la fin de 1951. La *British United Press* lui attribue le titre de personnalité de l'année et la Fondation Hickok de New York le nomme athlète de l'année en Amérique. Charles Mayer, journaliste au *Petit Journal*, en fait aussi son étoile de l'année, par suite de la compilation de son choix hebdomadaire des trois étoiles.

● Billy Reay dispute un 400e match avec le Tricolore le 7 février à Detroit.

TROPHÉES	
COUPE STANLEY	
Red Wings de Detroit	
TROPHÉE PRINCE-DE-GALLES	
Red Wings de Detroit	
TROPHÉE HART	
Gordie Howe	
Red Wings de Detroit	
TROPHÉE ART-ROSS	
Gordie Howe	
Red Wings de Detroit	
TROPHÉE LADY-BYNG	
Sid Smith	
Maple Leafs de Toronto	
TROPHÉE CALDER	
Bernard Geoffrion	
Canadiens de Montréal	
TROPHÉE GEORGES-VÉZINA	
Terry Sawchuk	
Red Wings de Detroit	

1951-1952

Les yeux noircis par une fracture du nez subie plus tôt en série, le gardien des Bruins, Sugar Jim Henry, ne peut s'empêcher d'aller féliciter le Rocket après son but mémorable.

● Bill Mosienko, de Chicago, inscrit le record des trois buts les plus rapides au dernier match de la saison. Il n'a eu besoin que de 21 secondes pour établir une marque qui résistera aux efforts de ses successeurs jusqu'à aujourd'hui. Jean Béliveau viendra près de l'égaler en 1955-56, mais il lui faudra 44 secondes pour s'exécuter.

● Terry Sawchuk conserve une incroyable moyenne de 0,63 durant les séries, balayées dans un minimum de huit parties par les Red Wings. Il n'accorde aucun but à ses rivaux à Detroit. Au total, il signe quatre jeux blancs en huit rencontres.

● La Ligue change le format de son match d'étoiles. Désormais, les membres de la première équipe d'étoiles seront opposés à ceux de la deuxième. Les deux formations seront complétées par les meilleurs joueurs des divers clubs.

● Gordie Howe ajoute le trophée Hart, comme joueur le plus utile, à son championnat des marqueurs.
● Une blessure au gardien Harry Lumley force le soigneur Moe Roberts, un ancien cerbère, à défendre la cage des Black Hawks pendant une période, contre Detroit le 25 novembre. À presque 46 ans,

1951-1952

Floyd Curry (ici face à Al Rollins des Hawks de Chicago) obtient l'unique tour du chapeau de sa carrière, en présence de la princesse Élisabeth, le 29 octobre, contre New York.

Complètement assommé, il reste immobile pendant qu'on lui fait six points de suture, puis retourne au banc des joueurs malgré les protestations du médecin. Abasourdi, il s'enquiert du pointage et du temps qu'il reste à jouer. À moins de quatre minutes de la fin de la partie, l'entraîneur Irvin l'envoie sur la glace. Richard capte une passe de Bouchard, contourne Woody Dumart et s'élance par instinct. Le défenseur Bill Quackenbush s'interpose en zone bostonnaise et tente de l'entraîner du côté droit, mais le Rocket vire brusquement à gauche et laisse Quackenbush en plan. L'autre défenseur, Bob Armstrong, tente de l'arrêter à son tour, Richard le repousse d'une main, d'un geste qui lui est familier, tout en conservant le contrôle de la rondelle avec son bâton de l'autre. Parvenu devant le cerbère Jim Henry, il le déjoue d'un tir dans la partie gauche du filet.

C'est l'explosion dans le Forum. Maurice Richard vient d'inscrire un autre but qui fera sa légende et le public lui témoigne son admiration pendant de longues minutes.

Revenu au vestiaire, après le but d'assurance de Billy Reay, Richard est accueilli par son père et le sénateur Donat Raymond qui lui témoignent leur fierté. Secoué par une forte émotion, le Rocket fond en larmes.

	PJ	G	P	N	BP	BC	PTS
Detroit (Red Wings)	70	44	14	12	215	133	100
Montréal (Canadiens)	**70**	**34**	**26**	**10**	**195**	**164**	**78**
Toronto (Maple Leafs)	70	29	25	16	168	157	74
Boston (Bruins)	70	25	29	16	162	176	66
New York (Rangers)	70	23	34	13	192	219	59
Chicago (Black Hawks)	70	17	44	9	158	241	43

MEILLEURS MARQUEURS

		PJ	B	A	PTS	PUN
Gordie Howe	Detroit	70	47	39	86	78
Ted Lindsay	Detroit	70	30	39	69	123
Elmer Lach	**Canadiens**	**70**	**15**	**50**	**65**	**36**
Don Raleigh	New York	70	19	42	61	14
Sid Smith	Toronto	70	27	30	57	6
Bernard Geoffrion	**Canadiens**	**67**	**30**	**24**	**54**	**66**
Bill Mosienko	Chicago	70	31	22	53	10
Sid Abel	Detroit	62	17	36	53	32
Ted Kennedy	Toronto	70	19	33	52	33
Milt Schmidt	Boston	69	21	29	50	57
Johnny Peirson	Boston	68	20	30	50	30

il restera le plus vieux joueur de l'histoire de la LNH jusqu'à ce que Gordie Howe le surpasse à 52 ans, en 1979-80, avec les Whalers de Hartford.

● La LNH aimerait bien uniformiser les pratiques de ses équipes au sujet des couleurs de chandail. Elle leur suggère de porter leur chandail blanc à domicile et le foncé

à l'étranger, ce qui oblige les Rangers à rompre avec une tradition de 25 ans en enfilant un chandail blanc au lieu du bleu traditionnel à New York le 27 octobre.

● Les pieuvres font leur apparition sur la glace de l'Olympia de Detroit lors du huitième match de la finale. Les petites bêtes à huit pattes se veulent un porte-bonheur invitant à un balayage complet par les Red Wings.

● Le Canada remporte une dernière médaille d'or aux Jeux olympiques d'hiver avant une longue disette qui ne prendra fin qu'à Salt Lake City en 2002. À Oslo, ce sont les Mercurys d'Edmonton qui montent sur la plus haute marche du podium, grâce à une fiche de 7-0-1.

ELMER LACH, LE MEILLEUR MARQUEUR

La liste de cadeaux remis à Elmer Lach entre les deuxième et troisième périodes de la rencontre du 8 mars est impressionnante. De la voiture de marque Oldsmobile aux boutons de manchette en or, en passant par le réfrigérateur, les balles de golf, les abonnements aux matchs des Royaux, les chemises et les souliers, ainsi que les boucles d'oreilles pour madame, les lames de rasoir à vie et la vaisselle, il devait bien y en avoir plus d'une centaine alignés au centre de la glace.

Meilleur marqueur de l'histoire de la Ligue, Elmer Lach est fêté comme un roi, en mars, après qu'il eut établi un troisième record au cours de la même semaine.

Lach, premier joueur des Canadiens à réussir 500 points, est aussi devenu le meilleur marqueur de l'histoire de la LNH avec son 549e point, le 23 février, contre Chicago. C'était le troisième record de Bill Cowley qu'il faisait sauter au cours de la même semaine, pour les points et les passes en saison régulière, mais aussi au total des saisons et des séries. Il y a de quoi lui démontrer un peu de reconnaissance, d'autant plus qu'il a aussi disputé un 500e match dans l'uniforme de l'équipe en début de saison.

La compagnie Parkhurst ramène la mode des cartes de hockey avec une nouvelle collection de 105 cartes. La série prendra vite de la valeur puisqu'elle est presque uniquement composée de cartes « recrue », en raison d'une interruption de plusieurs années de la diffusion de ces populaires bouts de carton comportant photo et fiche des joueurs. Plusieurs autres séries suivront, dont celle de la Laiterie Dallaire. La carte de Jacques Plante, ci-contre, provient de cette dernière série.

JACQUES PLANTE – Royal de Montréal
Né – 17 janvier 1929 – Shawinigan Falls, P. Q.
Gardien de Buts
No 92

Ce témoignage de la part de l'équipe et des partisans reflète bien la valeur de ce joueur d'impact, plusieurs fois honoré : deux championnats des marqueurs, un trophée Hart, quatre sélections dans les équipes d'étoiles (plus une cinquième à venir en fin de saison) et, en plus, son nom gravé deux fois sur la coupe Stanley.

Même Connie Smythe, le gérant des Maple Leafs, apporte sa contribution à la fête avec un beau billet de 100 $.

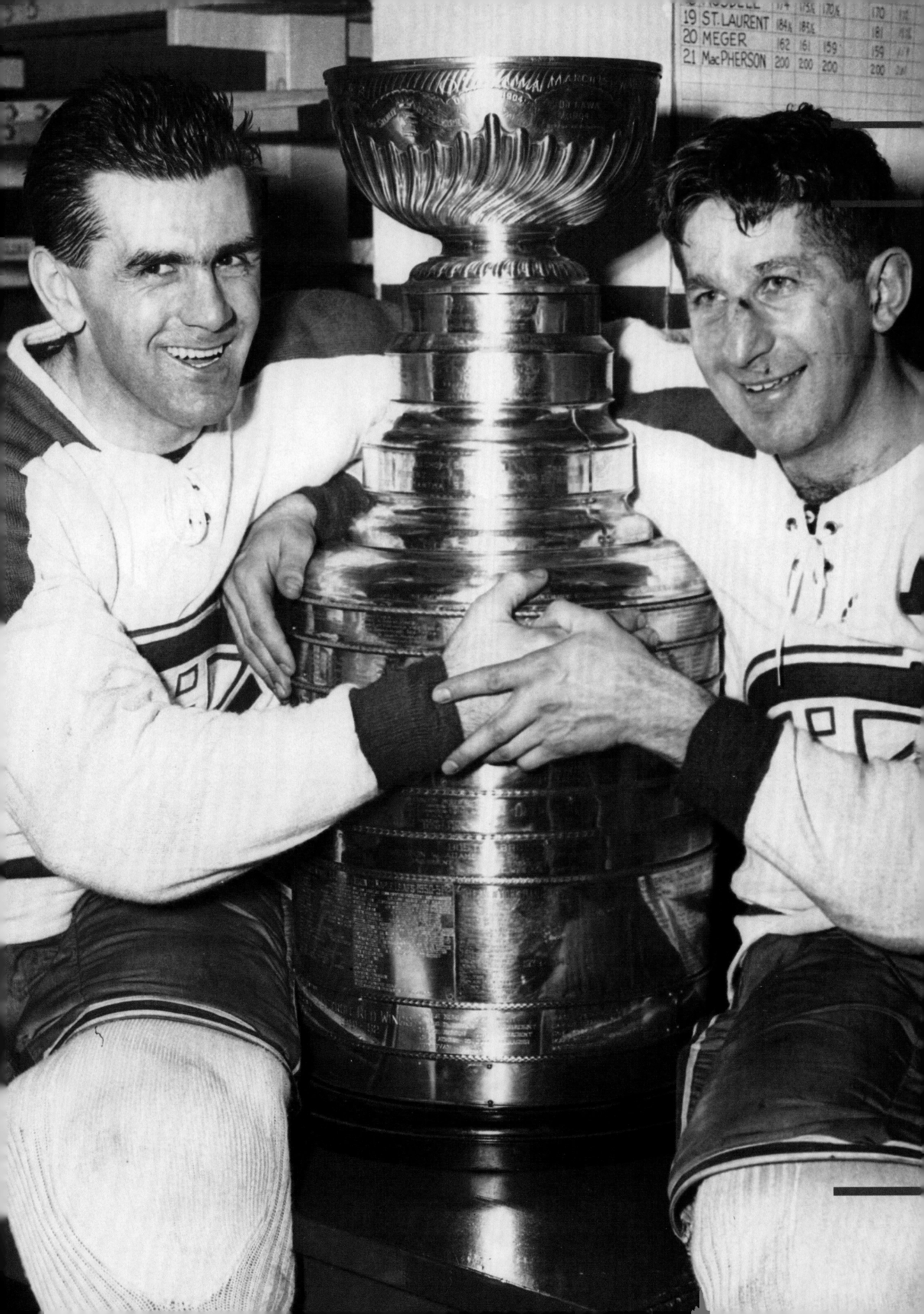

1952  1953

SEPTIÈME COUPE STANLEY

SEPTIÈME COUPE STANLEY. GORDIE HOWE ET LES RED WINGS SONT ENCORE LES MAÎTRES DE LA LIGUE NATIONALE. LE PREMIER EST TOUJOURS CHAMPION MARQUEUR ET JOUEUR LE PLUS UTILE, ET DETROIT INSCRIT UN CINQUIÈME TITRE D'AFFILÉE EN SAISON RÉGULIÈRE. CEPENDANT, BOSTON CAUSE UNE SURPRISE EN ÉLIMINANT LES WINGS EN DEMI-FINALE, PAR QUATRE PARTIES À DEUX, TANDIS QUE LE TRICOLORE GAGNE LES DEUX PREMIERS MATCHS CONTRE CHICAGO, PERD LES TROIS SUIVANTS ET PASSE FINALEMENT EN FINALE EN REMPORTANT LES DEUX DERNIERS. LES BRUINS NE RÉSISTENT PAS PLUS DE CINQ PARTIES CONTRE LES CANADIENS EN FINALE, MAIS LE DERNIER MATCH PREND FIN 1-0 EN SUPPLÉMENTAIRE, AVEC UN BUT D'ELMER LACH. SAWCHUK EST ENCORE PREMIER CHEZ LES GARDIENS ET UN AUTRE PORTIER, LORNE WORSLEY, DES RANGERS, EST ÉLU RECRUE DE L'ANNÉE. MAURICE RICHARD EST TROISIÈME CHEZ LES MARQUEURS.

Richard et Lach au nez amoché avec la fameuse coupe. En sautant dans les bras de son coéquipier après le but victorieux, le Rocket lui a fracturé le nez.

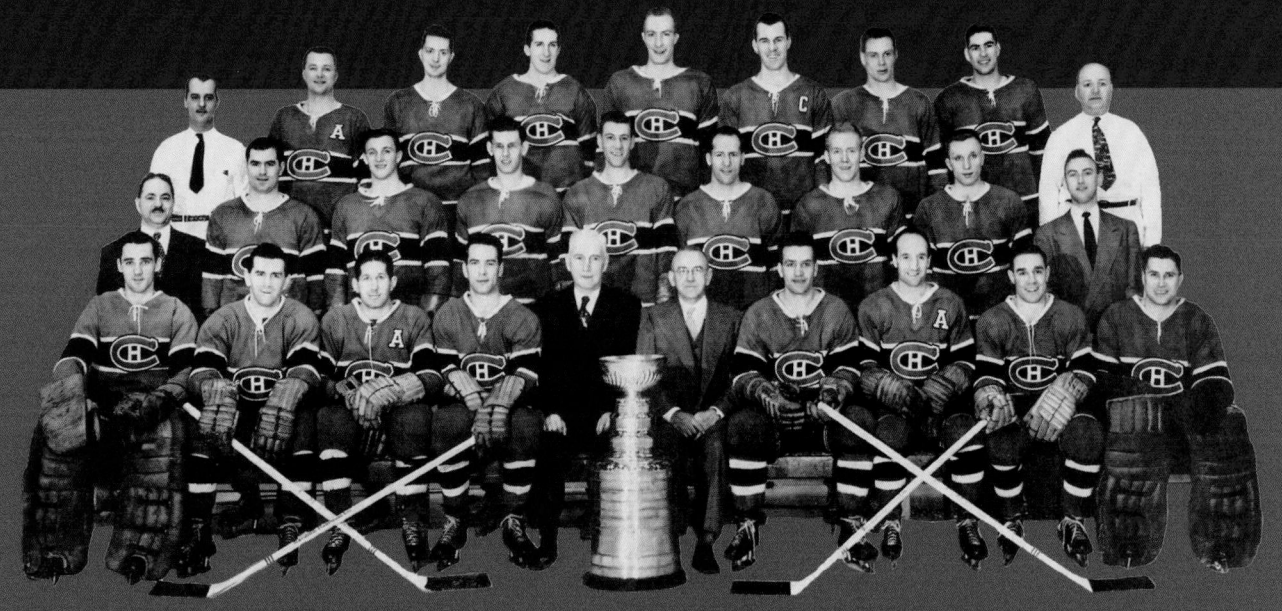

● Les joueurs du Tricolore envaihissent les salons des foyers canadiens par le truchement de la télévision avec *La Soirée du Hockey*. Radio-Canada entreprend de télédiffuser certains matchs de la Ligue nationale, à compter de la troisième période pour ne pas nuire aux ventes de billets.

Le Rocket réussit trois buts contre Sugar Jim Henry lors du quatrième match de la finale contre Boston, concrétisant une victoire de 7 à 3 pour le Tricolore.

1952 1953

Le 325ᵉ but du Rocket sème l'euphorie au Forum

L a saison est particulièrement fructueuse pour le numéro 9 des Canadiens, qui surclasse ses coéquipiers dans tous les domaines : buts (28), passes (33), points (61) et même punitions (112). Plus une sélection dans la deuxième équipe d'étoiles (une dixième nomination consécutive au sein de l'une ou l'autre des équipes d'as), une septième participation de suite au match des étoiles, le tout couronné d'une coupe Stanley, récupérée après six ans d'absence.

Mais le plus haut fait d'armes de cette saison, c'est l'obtention du 325ᵉ but de sa carrière, le 8 novembre, contre Al Rollins, des Hawks de Chicago. Un but réussi en milieu de deuxième période sur une passe du capitaine Bouchard, qui lui donne l'occasion depuis longtemps attendue de devancer Nels Stewart en battant son record vieux de douze ans. La grande vedette des Canadiens n'a eu besoin que de 10 saisons, jour pour jour, soit 630 parties, pour devenir le premier marqueur de l'histoire de la Ligue, comparativement à 652 pour Stewart. Quelques secondes plus tôt, son fidèle compagnon de ligne, Elmer Lach, a obtenu le 200ᵉ filet de sa carrière, but préparé par le Rocket.

Jean-Marie Pellerin raconte, dans son livre sur Richard, que «après la partie, le vestiaire des Canadiens ressemblait à un vrai studio d'Hollywood» avec une armée de journalistes, de reporters et de caméras.

Dickie Moore goûte au champagne de la coupe Stanley pour la première fois sous l'œil amusé de Doug Harvey, dont c'est aussi la première coupe même s'il est avec l'équipe depuis six ans déjà.

226

René Lecavalier, chargé de la description, laissera sa marque par la qualité de ses expressions. Foster Hewitt fait la description à *Hockey Night in Canada*, alors que Danny Gallivan est la nouvelle voix des Canadiens à la radio.

● Gerry McNeil connaît sa meilleure saison devant le filet du Tricolore avec 10 coups de pinceau et la deuxième moyenne de la Ligue, à 2,12. Il est sélectionné dans la deuxième équipe d'étoiles, en compagnie de Richard et Bert Olmstead. Doug Harvey fait partie de la première.

● Fin janvier, Ken Mosdell en est à son 400e match avec le Tricolore, tandis qu'Elmer Lach et Butch Bouchard y vont chacun d'un 600e en février. Ce dernier sera d'ailleurs

le point de mire d'une fête spéciale le soir même. On remet à Bouchard des cadeaux d'une valeur totale de 15 000 $, dont une Buick de l'année.

Le soir même, Frank Selke annonce que la rondelle de l'exploit sera plaquée en or et gravée des noms des joueurs des Canadiens, pour être expédiée à la nouvelle reine d'Angleterre, qui avait vu jouer le Rocket quelques mois plus tôt alors qu'elle n'était encore que princesse. En fin d'année, la *British United Press* fait du Rocket son athlète de l'année une deuxième fois de suite, ce qui couronne une autre année exceptionnelle pour celui qui est devenu le préféré des partisans du Tricolore et le plus grand héros des Québécois depuis la fin de la guerre.

Cette popularité en fait aussi un homme recherché, dont on s'abreuve des propos chaque fois que l'occasion se présente. Flairant la bonne affaire, l'hebdomadaire *Samedi-Dimanche* ouvre ses pages à Richard pour qu'il y signe une chronique, justement nommée « Le tour du chapeau ». Avec la franchise et l'honnêteté qu'on lui connaît, Maurice traite des sujets qui l'intéressent avec l'aide d'un rédacteur fantôme, sans se soucier d'écorcher quelques personnes au passage, dont le président Clarence Campbell. Dans une chronique parue le 6 décembre, il

Elmer Lach et Maurice Richard se jettent dans les bras l'un de l'autre après le but de Lach en prolongation. Un cliché du photographe Roger Saint-Jean qui a fait le tour de la terre.

● Frank Selke fouette ses troupes en faisant inscrire dans le vestiaire de l'équipe une citation du médecin de l'armée canadienne, lors de la Première Guerre mondiale, le major John McCrae. Cette maxime, « Nos bras meurtris vous tendent le flambeau », demeurera le cri de ralliement de l'équipe pour des décennies.

● Les joueurs des Canadiens surveillent étroitement Gordie Howe au dernier match de la saison pour l'empêcher d'égaler le record de 50 buts en une saison du Rocket.

● Le cinquième et dernier match de la finale se termine de façon théâtrale alors qu'Elmer Lach, aidé de Richard, inscrit l'unique but de la partie en début de période supplémentaire.

● Bernard Geoffrion épouse la fille du regretté Howie Morenz, Marlene, au printemps 1953. Durant la saison, il perfectionne sa nouvelle trouvaille, le tir frappé, que reprendront ensuite Andy Bathgate et Bobby Hull. Son surnom de Boom Boom provient d'ailleurs de ce tir.

1952 1953

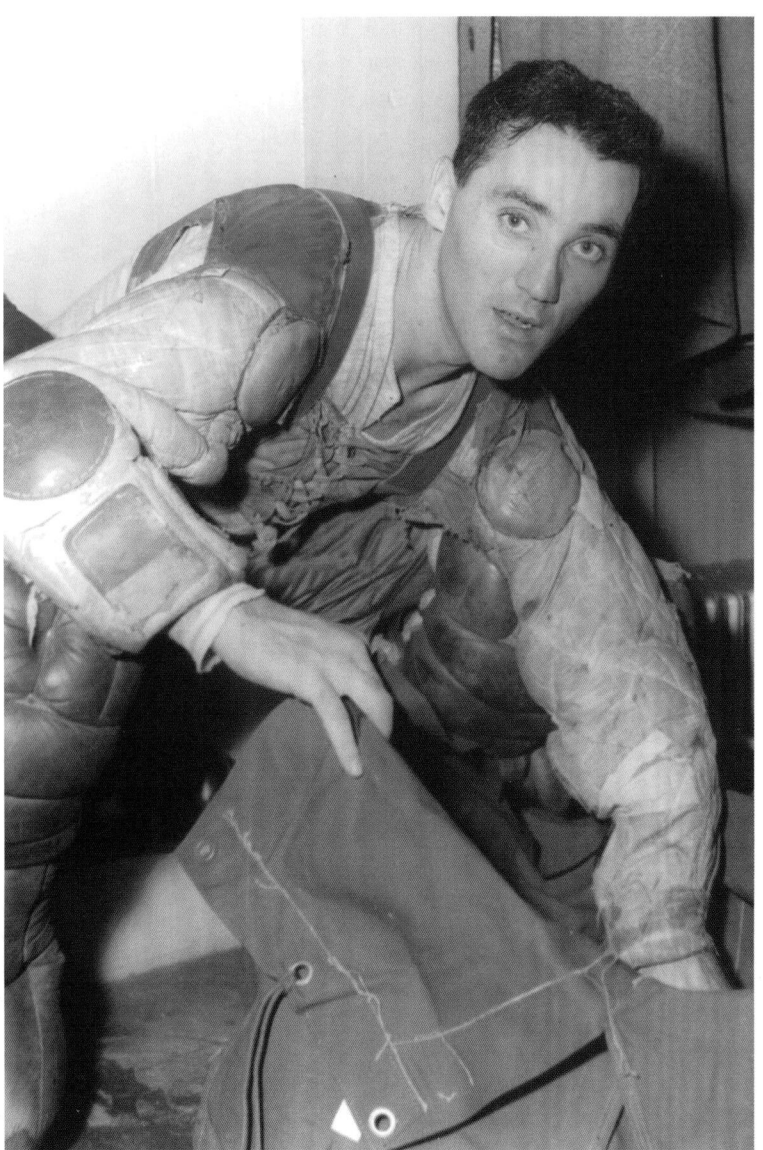

N°	POS	JOUEURS	PJ	B	A	PTS	PUN
9	AD	Maurice Richard	70	28	33	61	112
15	AG	Bert Olmstead	69	17	28	45	83
16	C	Elmer Lach	53	16	25	41	56
5	AD	Bernard Geoffrion	65	22	17	39	37
2	D	Doug Harvey	69	4	30	34	67
20	AG	Paul Meger	69	9	17	26	38
8	AG	Dick Gamble	69	11	13	24	26
6	AD	Floyd Curry	68	16	6	22	10
14	C	Billy Reay	56	4	15	19	26
18	C	Ken Mosdell	63	5	14	19	27
11	C	Paul Masnick	53	5	7	12	44
10	D	Tom Johnson	70	3	8	11	63
3	D	Émile Bouchard	58	2	8	10	55
17	C	John McCormack	59	1	9	10	9
12	AG	Dickie Moore	18	2	6	8	19
19	D	Dollard St-Laurent	54	2	6	8	34
12	C	Jean Béliveau	3	5	0	5	0
21	D	Bud MacPherson	59	2	3	5	67
4	C	Ed Litzenberger	2	1	0	1	2
23	C	Gerard Desaulniers	2	0	1	1	2
4	D	Ivan Irwin	4	0	1	1	0
23	AG	Gaye Stewart	5	0	1	1	0
1	G	Hal Murphy	1	0	0	0	0
23	D	Rolland Rousseau	2	0	0	0	0
1	G	Jacques Plante	3	0	0	0	0
4	C	Reg Abbott	3	0	0	0	0
1	G	Gerry McNeil	66	0	0	0	0
4	AG	Calum MacKay	-	-	-	-	-
22	AD	Lorne Davis	-	-	-	-	-
23	C	Doug Anderson	-	-	-	-	-
23	AG	Eddie Mazur	-	-	-	-	-

ÉQUIPE 1952-53
Entraîneur : Dick Irvin (70-28-23-19)

GARDIENS	PJ	G	P	N	MIN	BC	BL	MOY
Jacques Plante	3	2	0	1	180	4	0	1,33
Gerry McNeil	66	25	23	18	3960	140	10	2,12
Hal Murphy	1	1	0	0	60	4	0	4,00

Jacques Plante est appelé à remplacer Gerry McNeil pour trois parties en novembre et tire bien son épingle du jeu. Il reviendra disputer quelques matchs lors des séries.

● La Ligue adopte un nouveau mode de repêchage selon l'ordre inverse du classement de la saison, pour éviter que certaines équipes n'accaparent tous les meilleurs joueurs.

● La ville de Cleveland tente d'obtenir une concession dans la LNH, mais après avoir satisfait à toutes les exigences du circuit, sa demande est rejetée. En fin de saison, les Barons, membres de la Ligue américaine, lancent un défi à la Ligue nationale pour affronter les gagnants de la coupe Stanley, mais celle-ci repousse cette requête.

● Remue-ménage à Chicago. Les nouveaux propriétaires, Arthur Wirtz, Bruce Norris et James Dougan Norris, ont quitté Detroit et emmené Sid Abel. Ils le nomment joueur-entraîneur. Harry Lumley est échangé à Toronto en retour

d'Al Rollins et de trois autres joueurs. Les Hawks accèdent aux séries pour la première fois depuis 1946. Ils ont occupé le dernier rang cinq fois sur six au cours de cette période. Ils y retourneront durant les quatre années suivantes.

1952 1953

s'en prend aussi à certains amateurs de la ville de Québec, lesquels mettront plusieurs années à lui pardonner cette attaque.

LA TUQUE DE JACQUES PLANTE

Bien avant son célèbre masque, Jacques Plante s'est fait remarquer par ses tuques, qu'il tricotait lui-même.

Appelé du Royal de Montréal en remplacement d'un Gerry McNeil blessé, au début de novembre, le jeune gardien livre une guerre de mots, par journalistes interposés, avec Frank Selke qui ne veut pas lui voir porter l'une de ses fameuses tuques. Faut savoir que Plante avait appris le tricot et la broderie de sa mère lors de ses années de collège et qu'il veut se distinguer dans la Ligue nationale en portant un bonnet de laine aux couleurs de l'équipe, comme l'ont fait jadis Georges Vézina, lui aussi avec une tuque, ainsi qu'Aurèle Joliat avec sa casquette. La fameuse tuque était devenue sa marque de commerce depuis ses années de collège et il veut qu'elle le suive chez les pros.

Mais quelqu'un de l'organisation, Selke lui-même selon certains, fait disparaître les fameuses tuques le jour du premier match de Plante avec l'équipe. Celui-ci est contraint de se présenter sur la patinoire sans couvre-chef et il fait si bien ce soir-là (victoire de 4 à 1 contre les Rangers) et aux suivants qu'on n'entendra plus jamais parler de la tuque. Superstition aidant, personne dans l'équipe ne veut risquer de défier le sort en modifiant la moindre habitude chanceuse.

Plante a signé deux victoires et une nulle en trois parties, n'accordant que quatre buts, avant de retourner chez le Royal. Il revient dans les séries pour éliminer les Black Hawks, remplaçant Gerry McNeil devenu trop nerveux alors que le Tricolore tire de l'arrière 2-3 en demi-finale. Il protège ensuite la forteresse des Canadiens dans les deux premières rencontres de la finale contre Boston (une victoire et une défaite) avant de redonner le poste à McNeil. Les Canadiens remportent la finale en cinq parties.

Plante et sa fameuse tuque.

● À Detroit, James Norris meurt le 4 décembre. Sa fille Marguerite le remplacera à la présidence du club jusqu'au retour de Bruce Norris en 1955. Elle sera la première femme à inscrire son nom sur la coupe, à titre de présidente, cette année-là. S'ajouteront ensuite ceux de Sonia Scurfield, copropriétaire des Flames, en 1989, et de Denise DeBartolo York, présidente des Penguins, en 1991.

● Le départ de Sid Abel, remplacé par Alex Delvecchio, n'empêche pas Gordie Howe de remporter un troisième titre de champion marqueur d'affilée, avec un nouveau record de 95 points. Lors du dernier match de la saison contre Montréal, les joueurs des Canadiens lui accorderont une attention toute spéciale pour l'empêcher d'obtenir un 50e but.

● Premier match régulier disputé sur une glace autre que celles des six équipes de la LNH lorsque Detroit et Chicago doivent s'affronter à Indianapolis, leurs propres arénas n'étant pas libres.

1952 1953

ON S'ARRACHE LES SERVICES DE BÉLIVEAU

Le feuilleton entourant les services de Jean Béliveau se poursuit entre les Canadiens et les As de Québec. Le convoité joueur de centre obtient un nouvel essai de trois parties en décembre, marquant trois buts contre les Rangers au Forum et deux autres au troisième match, à Boston. Selke aimerait bien le garder à Montréal, mais Béliveau a signé un contrat de 20 000 $ avec les As (plus que n'en gagnent Howe et Richard). De plus, il adore les gens de Québec et ceux-ci le lui rendent bien.

Marc Thibeault, du *Petit Journal*, rapporte même, dans le numéro du 29 mars, qu'il aurait décliné une offre de 100 000 $ des Rangers en prévision de la saison suivante.

Les partisans du Tricolore devront attendre une saison de plus.

Le gardien des Rangers, Chuck Rayner, passe « un mauvais quart d'heure » avec Richard et Lach, lors d'une rencontre entre les deux formations.

TROPHÉES

COUPE STANLEY	
Canadiens de Montréal	
TROPHÉE PRINCE-DE-GALLES	
Red Wings de Detroit	
TROPHÉE HART	
Gordie Howe	
Red Wings de Detroit	
TROPHÉE ART-ROSS	
Gordie Howe	
Red Wings de Detroit	
TROPHÉE LADY-BYNG	
Red Kelly	
Red Wings de Detroit	
TROPHÉE CALDER	
Lorne Worsley	
Rangers de New York	
TROPHÉE GEORGES-VÉZINA	
Terry Sawchuk	
Red Wings de Detroit	

	PJ	G	P	N	BP	BC	PTS
Detroit (Red Wings)	70	36	16	18	222	133	90
Montréal (Canadiens)	**70**	**28**	**23**	**19**	**155**	**148**	**75**
Boston (Bruins)	70	28	29	13	152	172	69
Chicago (Black Hawks)	70	27	28	15	169	175	69
Toronto (Maple Leafs)	70	27	30	13	156	167	67
New York (Rangers)	70	17	37	16	152	211	50

MEILLEURS MARQUEURS

		PJ	B	A	PTS	PUN
Gordie Howe	Detroit	70	49	46	95	57
Ted Lindsay	Detroit	70	32	39	71	111
Maurice Richard	**Canadiens**	**70**	**28**	**33**	**61**	**112**
Wally Hergesheimer	New York	70	30	29	59	10
Alex Delvecchio	Detroit	70	16	43	59	28
Paul Ronty	New York	70	16	38	54	20
Metro Prystai	Detroit	70	16	34	50	12
Red Kelly	Detroit	70	19	27	46	8
Bert Olmstead	**Canadiens**	**69**	**17**	**28**	**45**	**83**
Fleming Mackewll	Boston	65	27	17	44	63
Jim McFadden	Chicago	70	23	21	44	29

1953 ⓒ 1954

Detroit devance encore Montréal en saison et Gordie Howe ajoute à sa collection un troisième titre consécutif des marqueurs, tandis que son coéquipier Red Kelly est le premier récipiendaire du trophée James-Norris, attribué au meilleur défenseur. Les deux clubs se retrouvent en finale, Detroit ayant éliminé Toronto en cinq parties, et les Canadiens ayant déclassé Boston en quatre d'affilée. Les Wings en ont plein les bras contre le Tricolore et il faut attendre au septième match, en supplémentaire de surcroît, pour que le sort tranche en faveur de Detroit. Les Canadiens placent trois joueurs parmi les cinq meilleurs marqueurs : Richard est deuxième, Geoffrion, quatrième et Bert Olmstead, cinquième. Harry Lumley, ancien cerbère des Wings passé à Toronto, ravit le trophée Vézina à Sawchuk par un but de moins alloué, tandis qu'Al Rollins, meilleur gardien avec Toronto en 1951-52, gagne le trophée Hart avec Chicago, qui a connu une année de misère avec seulement 31 points.

Deux jours avant de rejoindre et dépasser son coéquipier Elmer Lach au sommet des marqueurs de la LNH, le Rocket obtient un autre tour du chapeau contre Chicago.

Maurice Richard devance Elmer Lach au sommet

Les Canadiens sont déchaînés contre les Rangers en ce samedi 12 décembre, quelques jours avant Noël. Faut dire qu'il y a de l'électricité dans l'air puisque le club livre une lutte sans merci aux Red Wings pour le premier rang au classement depuis le début de la saison. De plus, Maurice Richard, le meilleur joueur de l'histoire de l'équipe, s'apprête à rejoindre son coéquipier Elmer Lach, au sommet des marqueurs de la Ligue depuis près de deux ans.

Blessé à une cheville depuis la fin de novembre, Lach ne participe pas à la rencontre. Il totalise 610 points et le Rocket en a maintenant 608, ce qui le

● Le match des étoiles est présenté à Montréal pour la première fois, devant plus de 14 000 spectateurs, mais le Tricolore, champion en titre de la coupe Stanley, perd 3-1 contre les étoiles. Maurice Richard obtient l'unique filet des perdants.

● Le Tricolore et les Red Wings se livrent une finale épique qui se termine par un but de Tony Leswick en prolongation au septième match. C'est Doug Harvey qui a fait dévier la rondelle derrière Gerry McNeil en tentant de la rabattre sur la glace. Kenny Mosdell avait évité la défaite des Canadiens une première fois dans la série, en comptant l'unique but du cinquième match, en supplémentaire; Detroit menait alors la série 3 à 1. Malgré leur défaite, trois joueurs des Canadiens, Dickie Moore, Bernard Geoffrion et Jean Béliveau, terminent aux premiers rangs des marqueurs des séries.

● Pour la deuxième fois de l'histoire de la Ligue, la finale nécessite du temps supplémentaire au septième match. Frustrés de leur défaite, les joueurs du Tricolore refusent d'échanger la traditionnelle poignée de main avec les vainqueurs.

1953-1954

laisse à courte distance de son compagnon de trio. Au début de novembre, Richard a participé à son 600e match avec les Canadiens, ce qui lui confère une moyenne supérieure à un point par partie.

Le Bleu Blanc Rouge, qui ne possède qu'une priorité de quatre points sur Detroit, signe une victoire convaincante de 7-2 contre les Rangers. Déjà crédité d'une passe en début de deuxième période, Richard marque à son tour d'une seule main contre Johnny Bower peu après, malgré deux joueurs qui tentent de le retenir. Ce but lui permet de rejoindre Lach au sommet des marqueurs. Plus tard en troisième, une assistance sur un filet de Calum MacKay le propulse au premier rang de l'histoire.

Richard complète la saison au sommet des buteurs de la Ligue une quatrième fois, mais son grand rival Gordie Howe le devance et de loin au premier rang des marqueurs une fois de plus. Il s'agit d'un quatrième titre consécutif de champion marqueur pour le numéro 9 des Wings.

Une image combien éloquente du regard de feu de Richard, prêt à s'en prendre au défenseur Ivan Irwin des Rangers, devant la cage du nouveau cerbère new-yorkais Lorne Worsley.

ÉQUIPE 1953-54

Entraîneur : Dick Irvin (70-35-24-11)

N°	POS	JOUEURS	PJ	B	A	PTS	PUN
9	AD	Maurice Richard	70	37	30	67	112
5	AD	Bernard Geoffrion	54	29	25	54	87
15	AG	Bert Olmstead	70	15	37	52	85
18	C	Ken Mosdell	67	22	24	46	64
2	D	Doug Harvey	68	8	29	37	110
4	C	Jean Béliveau	44	13	21	34	22
8,22	C	Paul Masnick	50	5	21	26	57
16	C	Elmer Lach	48	5	20	25	28
11	AG	Calum MacKay	47	10	13	23	54
23	AG	Eddie Mazur	67	7	14	21	95
6	AD	Floyd Curry	70	13	8	21	22
10	D	Tom Johnson	70	7	11	18	85
17	C	John McCormack	51	5	10	15	12
19	D	Dollard St-Laurent	53	3	12	15	43
20	AG	Paul Meger	44	4	9	13	24
8	AG	Dick Gamble	32	4	8	12	18
3	D	Émile Bouchard	70	1	10	11	89
14,22	AD	Lorne Davis	37	6	4	10	2
12	AG	Dickie Moore	13	1	4	5	12
21	D	Bud MacPherson	41	0	5	5	41
14	AD	André Corriveau	3	0	1	1	0
14	C	Fred Burchell	2	0	0	0	2
22	C	Ed Litzenberger	3	0	0	0	0
17,22	C	Gerard Desaulniers	3	0	0	0	0
1	G	Jacques Plante	17	0	0	0	0
1	G	Gerry McNeil	53	0	0	0	0
24	AG	Gaye Stewart	-	-	-	-	-

GARDIENS	PJ	G	P	N	MIN	BC	BL	MOY
Jacques Plante	17	7	5	5	1020	27	5	1,59
Gerry McNeil	53	28	19	6	3180	114	6	2,15

● La demi-finale, remportée en quatre parties contre Boston, a permis aux Canadiens d'égaler des records ou d'en établir plusieurs nouveaux, dont ceux de Béliveau pour le nombre de passes en une période (3), et de Moore pour le nombre de points en une période (2 buts, 2 passes) et en une partie complète (2 buts, 4 passes), le 25 mars dans un gain de 8 à 1. Ce dernier record de six points demeurera intact jusqu'en 1983.

● Elmer Lach obtient le 600e point de sa carrière à la mi-octobre. Il est le premier joueur montréalais à atteindre un tel total. Mais c'est aussi sa dernière campagne à Montréal. Il se retire le 19 avril avec 623 points, après 14 saisons dans la Ligue nationale.

● Dick Irvin obtient sa 600e victoire à titre d'entraîneur lorsque les Canadiens battent les Rangers le 12 octobre. Il est le premier pilote à revendiquer cet honneur.

● Doug Harvey, maintenant considéré comme le meilleur défenseur du Tricolore, dispute un 400e match avec l'équipe le 26 décembre.

● Jacques Plante se pointe de nouveau devant le filet des Canadiens, pour les 17 derniers matchs de la saison, et conserve une moyenne de 1,59. Il ne retournera plus à Buffalo.

● Autre première à la télévision, le cinquième match de la série Montréal/Detroit est diffusé en français et en anglais à Montréal. C'est la première rencontre des Canadiens disputée aux États-Unis à être transmise localement à la télé.

● Le Tricolore brise tous les records d'assistance au Forum avec plus de 500 000 spectateurs.

Bert Olmstead signe une performance éblouissante contre Chicago en janvier, avec quatre buts et autant de passes. Exploit qui lui permet d'égaler le record de la Ligue. Les Canadiens l'emportent 12 à 1.

1953-1954

	PJ	G	P	N	BP	BC	PTS
Detroit (Red Wings)	70	37	19	14	191	132	88
Montréal (Canadiens)	70	35	24	11	195	141	81
Toronto (Maple Leafs)	70	32	24	14	152	131	78
Boston (Bruins)	70	32	28	10	177	181	74
New York (Rangers)	70	29	31	10	161	182	68
Chicago (Black Hawks)	70	12	51	7	133	242	31

MEILLEURS MARQUEURS

		PJ	B	A	PTS	PUN
Gordie Howe	Detroit	70	33	48	81	109
Maurice Richard	**Canadiens**	70	37	30	67	112
Ted Lindsay	Detroit	70	26	36	62	110
Bernard Geoffrion	**Canadiens**	54	29	25	54	87
Bert Olmstead	**Canadiens**	70	15	37	52	85
Red Kelly	Detroit	62	16	33	49	18
Earl Reibel	Detroit	69	15	33	48	18
Ed Sandford	Boston	70	16	31	47	42
Fleming Mackell	Boston	67	15	32	47	60
Ken Mosdell	**Canadiens**	67	22	24	46	64
Paul Ronty	New York	70	13	33	46	18

Lequel des deux est le meilleur ? La fameuse question anime les discussions de tous les amateurs de hockey, mais la réponse est différente selon qu'elle provient d'un partisan des Red Wings, voire d'un Américain, ou d'un supporter des Canadiens ou d'une autre équipe de ce côté-ci de la frontière.

Alors qu'il s'inscrit dans le livre des records de la LNH, le Rocket continue de semer la controverse par ses chroniques dans l'hebdo *Samedi-Dimanche*. Avec son franc-parler habituel, il critique les décisions de Campbell qui ont suivi un duel à coups de bâton entre Bernard Geoffrion et Ron Murphy, des Rangers. Le président l'oblige à lui présenter des excuses, assorties d'une caution de 1 000 $ pour l'inciter à garder la paix jusqu'à sa retraite, et Richard doit mettre un terme à sa collaboration journalistique.

MENACES DE MORT POUR GEOFFRION

La bagarre de Geoffrion et Murphy, survenue à New York le 20 décembre, aurait pu avoir des conséquences plus graves pour le jeune joueur des Canadiens, au plus fort de la lutte pour le titre de champion marqueur. Suspendu huit matchs pour avoir fracturé la mâchoire de son opposant à coups de bâton — alors que celui-ci, qui l'avait attaqué en premier, s'en est tiré avec cinq parties —, Geoffrion se voit aussi supprimer sa chronique dans la revue *Parlons Sport*. Il reçoit

● Qualifiés de justesse pour les séries la saison précédente, les Black Hawks de Chicago reviennent au naturel, terminant bons derniers au classement pour la sixième fois au cours des huit dernières années, tout en inscrivant pas moins de neuf records de médiocrité. Malgré ses 47 revers, le gardien Al Rollins est récipiendaire du trophée Hart, accordé au joueur le plus utile. Les Hawks conserveront cette position peu enviable lors des trois saisons subséquentes.

En 16 saisons, de 1942-43 à 1957-58, ils n'auront participé aux éliminatoires que trois fois, atteignant la finale à une seule occasion, en 1944.
● Red Kelly ajoute le nouveau trophée James-Norris — remis au meilleur défenseur — au titre de joueur le plus gentilhomme qu'il mérite une troisième fois en quatre ans. Une récompense un peu inusitée pour un défenseur.
● Légères modifications aux règles du repêchage interne. La liste de protection passe de

30 à 20 et la somme versée pour les joueurs réclamés est réduite de 25 000 $ à 15 000 $.
● Les Rangers achètent le contrat de Max Bentley, des Leafs de Toronto. Celui qui a remporté deux titres de champion marqueur avec Chicago est de nouveau réuni, en janvier, avec son frère Doug, qui depuis plus d'un an jouait dans la Ligue de l'Ouest.
● Camille Henry, surnommé *The Eel* (l'Anguille), est le deuxième membre des Rangers d'affilée à hériter du trophée Calder, malgré ses 135 livres.

● Arrivé dans la Ligue nationale à 17 ans, Harry Lumley remporte l'unique trophée Vézina de sa carrière, laquelle durera seize ans.
● Les Rouges débarquent ! Mal habillés et mal protégés par un équipement rafistolé, les Soviétiques servent une leçon aux joueurs canadiens à leur première participation aux championnats du monde. L'équipe senior d'East York est balayée 7-2 en finale.

1953-1954

même des menaces de mort par téléphone avant son départ de New York et à son retour à Montréal, de la part de partisans des Rangers. Le Boomer ne prend pas trop ces menaces au sérieux et, heureusement pour lui, elles n'auront pas de suite.

SELKE ACHÈTE LA LIGUE SENIOR ET BÉLIVEAU SIGNE ENFIN

Champion marqueur de la Ligue senior du Québec avec les As de Québec depuis deux ans, rémunéré à 20 000 $ par année plus quelques contrats de relations publiques qui lui permettent de gonfler ses revenus de façon intéressante, Jean Béliveau repousse toujours les offres répétées de Frank Selke. Ce dernier subit la pression du président Donat Raymond pour enrôler celui qui remplit le Colisée de Québec tous les soirs.

Les rumeurs envoient Béliveau à New York et à Chicago, mais le rusé Selke a une autre carte dans sa manche. Il convainc la majorité des dirigeants de la Ligue senior de transformer leur circuit en ligue professionnelle et, puisque les droits professionnels de Béliveau appartiennent déjà au Tricolore, celui-ci n'a d'autre choix que de s'entendre avec le patron du Forum. Mais Béliveau a déjà fait part de son intention de jouer avec les Canadiens à sa nouvelle épouse Élise quelques semaines plus tôt. Le 3 octobre, il signe volontiers un contrat de 100 000 $ pour cinq ans.

Le soir même de cette signature, Béliveau participe à son premier match des étoiles dans l'uniforme des Canadiens et obtient une passe. Toutefois, quelques blessures le tiennent à l'écart du jeu une bonne partie de la saison.

Pendant que l'entraîneur Dick Irvin crie victoire, le rusé Frank Selke affiche son plus beau sourire. Béliveau appartient enfin aux Canadiens.

TROPHÉES		
COUPE STANLEY		
Red Wings de Detroit		
TROPHÉE PRINCE-DE-GALLES		
Red Wings de Detroit		
TROPHÉE HART		
Al Rollins		
Black Hawks de Chicago		
TROPHÉE ART-ROSS		
Gordie Howe		
Red Wings de Detroit		
TROPHÉE LADY-BYNG		
Red Kelly		
Red Wings de Detroit		
TROPHÉE CALDER		
Camille Henry		
Rangers de New York		
TROPHÉE GEORGES-VÉZINA		
Harry Lumley		
Maple Leafs de Toronto		
TROPHÉE JAMES-NORRIS		
Red Kelly		
Red Wings de Detroit		

1954 🅲ᴴ 1955

SEPTIÈME CHAMPIONNAT DE SUITE EN SAISON POUR
DETROIT, DE JUSTESSE DEVANT LES CANADIENS, À LA
SUITE DE LA SUSPENSION DU ROCKET ET DE L'ÉMEUTE AU
FORUM. C'EST PRESQUE LA FIN DE LA DOMINATION DES RED
WINGS, QUI REMPORTENT POURTANT UNE AUTRE COUPE
STANLEY EN SEPT MATCHS, DEVANT LES CANADIENS PRIVÉS
DE LEUR AS. DETROIT AVAIT DISPOSÉ DE TORONTO, AUTRE
GRAND RIVAL DE L'ÉPOQUE, EN QUATRE MATCHS DE SUITE ET
LE TRICOLORE AVAIT ÉCARTÉ BOSTON EN CINQ. GEOFFRION
DEVANCE RICHARD — À LA FAVEUR DE LA SUSPENSION DE
CELUI-CI — CHEZ LES MARQUEURS ET UN AUTRE JOUEUR DES
CANADIENS, JEAN BÉLIVEAU, EST TROISIÈME. L'HONNEUR DU
TROPHÉE HART VA À UN JOUEUR DES LEAFS, TED KENNEDY. TERRY SAWCHUK REPREND SON TROPHÉE
VÉZINA ET DOUG HARVEY INSCRIT SON NOM SUR LE TROPHÉE
NORRIS POUR LA PREMIÈRE FOIS.

*L'émeute semble vouloir se
poursuivre le lendemain et l'on
demande à Richard de lancer
un appel au calme à la radio
à l'endroit des partisans
de l'équipe.*

Émeute au Forum

L e maire Jean Drapeau exhorte Clarence Campbell à demeurer chez lui mais
ne le convainc pas. Celui-ci se pointe au Forum au milieu de la première
période de la rencontre Detroit/Montréal du 17 mars, au lendemain de la suspension qu'il a imposée à Maurice Richard.

La révolte gronde depuis tôt le matin, à l'extérieur comme à l'intérieur
du Forum. L'arrivée du président de la Ligue accompagné de sa secrétaire
ne fait que hausser la tension d'un cran. Une pluie de projectiles s'abat
aussitôt sur lui et un jeune homme faisant mine de lui serrer la main tente

● Maurice Richard a néanmoins connu de bons moments au cours de la saison 1954-55, qu'il a toujours considérée comme la meilleure de sa carrière, malgré sa suspension. Il inscrit son 400e but le 18 décembre, contre Al Rollins, des Black Hawks. Il est de nouveau reçu à l'hôtel de ville par le maire Drapeau, le lendemain. Cette même saison, il atteint trois sommets personnels, pour les points, les passes et les punitions (125 minutes).

● Gerry McNeil prend sa retraite à 28 ans et le jeune Jacques Plante, qui aime toujours tricoter lors des voyages en train de l'équipe, le remplace devant le filet.
● L'arrivée de Plante est directement responsable de la fin de l'entente entre les Canadiens et Buffalo, qui n'a pas apprécié que Montréal rappelle sa plus grande vedette avant le début des séries de la Ligue américaine l'année précédente.

● Bert Olmstead atteint Plante au visage avec un tir qui lui fracture un os de la joue lors de la séance d'échauffement précédant le match du 11 novembre. Plante sera absent jusqu'au 12 décembre, soit pendant 18 parties.
● Charlie Hodge, appelé du Royal, remplace Plante durant la majeure partie de sa convalescence.
● Jackie Leclair est blessé encore plus sérieusement le 9 décembre. Mis en échec par

Larry Cahan, des Leafs, il est atteint au cou par un patin de celui-ci en tombant et deux artères sont sectionnées. Il perd son sang rapidement. L'intervention immédiate du médecin de l'équipe lui évite une mort certaine en quelques minutes.
● Don Marshall n'est encore qu'une recrue, ce qui ne l'empêche pas de signer un coup d'éclat dans la Ligue le jour de Noël en obtenant ses deux premiers buts contre les Rangers.

1954-1955

de l'atteindre au visage. Puis une bombe lacrymogène explose et la foule se rue vers les sorties.

Campbell et Maurice Richard, qui assiste également au match avec son épouse Lucille, se retrouvent face à face à l'infirmerie, mais il n'y a aucun échange entre les deux hommes.

La foule se joint ensuite aux manifestants à l'extérieur et on assiste à une longue suite d'actes de violence : vitrines fracassées, commerces saccagés et vandalisés, voitures et kiosques à journaux renversés, en plus d'un grand nombre de personnes blessées, dont plusieurs policiers. Les manifestants, estimés à près de 10 000, auxquels se mêle un important groupe de voyous, lancent tout ce qui leur tombe sous la main. Le Tricolore perd le match par défaut contre les Red Wings qui menaient déjà 4-1 au moment où l'émeute a commencé.

ÉQUIPE 1954-55

Entraîneur : Dick Irvin (70-41-18-11)

N°	POS	JOUEURS	PJ	B	A	PTS	PUN
5	AD	Bernard Geoffrion	70	38	37	75	57
9	AD	Maurice Richard	67	38	36	74	125
4	C	Jean Béliveau	70	37	36	73	58
15	AG	Bert Olmstead	70	10	48	58	103
18	C	Ken Mosdell	70	22	32	54	82
2	D	Doug Harvey	70	6	43	49	58
12	AG	Dickie Moore	67	16	20	36	32
11	AG	Calum MacKay	50	14	21	35	39
8	C	Jackie Leclair	59	11	22	33	12
10	D	Tom Johnson	70	6	19	25	74
6	AD	Floyd Curry	68	11	10	21	36
3	D	Émile Bouchard	70	2	16	18	81
19	D	Dollard St-Laurent	58	3	14	17	24
17	AD	Ed Litzenberger	29	7	4	11	12
21	D	Bud MacPherson	30	1	8	9	55
22	C	Don Marshall	39	5	3	8	9
23	AG\D	Eddie Mazur	25	1	5	6	21
20	AG	Paul Meger	13	0	4	4	6

La rue Sainte-Catherine est méconnaissable : vitrines fracassées, commerces saccagés, voitures endommagées et un nombre incalculable de détritus qui jonchent le sol.

● En séries, l'absence du Rocket est lourde. Malgré une victoire en cinq parties contre Boston, le Tricolore est de nouveau battu au septième match par les Red Wings, dans une finale où chaque formation a triomphé à domicile.

● Dick Irvin surprend tout le monde en faisant alterner Plante et Hodge dans un même match contre Boston. L'effort combiné de deux cerbères donne un jeu blanc de 2-0.

aux Canadiens. Irvin, qui avait aussi innové en changeant fréquemment ses trios au début des années 1930 à Chicago, poursuit son manège pendant quelques parties.

● La Zamboni est mise à l'essai sur la glace du Forum lors d'un match entre les équipes de Trois-Rivières et du Canadien junior le 9 mars. Le lendemain, cette invention révolutionnaire fait son entrée officielle dans la LNH lors d'un match Canadiens/Maple Leafs au Forum.

● Kenny Mosdell dispute son 500e match dans l'uniforme tricolore le 6 novembre au Forum, mais Butch Bouchard fait encore mieux le 23 avec un 700e match. Il est le premier de l'histoire du club à atteindre un tel sommet. Maurice Richard l'imite deux mois plus tard, puis Doug Harvey participe à un 500e à son tour, en mars.

● Harvey, récipiendaire du trophée Norris pour la première fois de sa carrière, inscrit une nouvelle marque pour un défenseur avec ses 43 passes.

● La recrue Ed Litzenberger met trop de temps à se mettre en marche aux yeux des dirigeants des Canadiens, qui l'envoient aux Black Hawks au début de décembre. Il sera choisi recrue de l'année.

● Dick Irvin quitte le club au terme de la finale pour retourner avec les Black Hawks de Chicago. Au cours d'une carrière de 27 saisons, il a remporté 100 matchs en séries et quatre coupes Stanley, une à Toronto et trois à Montréal.

ÉQUIPE 1954-55

N°	POS	JOUEURS	PJ	B	A	PTS	PUN
24	AG	Guy Rousseau	2	0	1	1	0
17,23	D	Jean-Guy Talbot	3	0	1	1	0
14,22	C	Paul Masnick	19	0	1	1	0
23	D	Jean-Paul Lamirande	1	0	0	0	0
1	G	André Binette	1	0	0	0	0
17	AD	Garry Blaine	1	0	0	0	0
17,20	AG	James Bartlett	2	0	0	0	4
14	C	Paul Ronty	4	0	0	0	2
1	G	Claude Evans	4	0	0	0	0
22	C	Orval Tessier	4	0	0	0	0
1,24	G	Charlie Hodge	14	0	0	0	0
1	G	Jacques Plante	52	0	0	0	2
23	D	George McAvoy	-	-	-	-	-
24	AG	Dick Gamble	-	-	-	-	-

GARDIENS	PJ	G	P	N	MIN	BC	BL	MOY
Jacques Plante	52	33	12	7	3080	110	5	2,14
Charlie Hodge	14	6	4	4	820	31	1	2,27
Claude Evans	4	1	2	0	200	12	0	3,60
André Binette	1	1	0	0	60	4	0	4.00

Les dommages sont évalués à plus de 100 000 $ et il faut un appel au calme de Maurice Richard, le lendemain à la radio, pour apaiser les esprits. Dans sa déclaration, le Rocket accepte la sentence de Campbell à contrecœur et souhaite bonne chance à ses coéquipiers pour les séries qui s'en viennent, tout en donnant rendez-vous à ses supporters à la saison suivante.

Cette suspension, qui a toutes les allures d'un règlement de comptes,

Ken Reardon accompagne le Rocket au bureau du président Campbell pour donner sa version des faits.

fait perdre le championnat et la coupe Stanley aux Canadiens, battus par les Red Wings en finale. Quant à Richard, alors meneur au classement des marqueurs, il est devancé d'un point par son coéquipier Bernard Geoffrion, lequel mettra beaucoup de temps à se faire pardonner par les partisans du Rocket. Ainsi se termine l'une des plus sombres pages de l'histoire de la Ligue nationale.

DUEL À COUPS DE BÂTON

À l'origine de la suspension et de l'émeute du Forum, il y a eu ce duel à coups de bâton entre Richard et Hal Laycoe, un ancien coéquipier du Rocket, lors d'un match contre Boston quatre jours plus tôt, le 13 mars. Au cours de la bagarre, le juge de lignes Cliff Thompson empoigne le Rocket, qui tente par trois fois de se défaire de son emprise. N'y parvenant pas et excité par le sang qui lui obstrue partiellement la vue, Richard lui met son poing au visage.

Campbell, depuis longtemps agacé par le caractère de Richard, décide de lui servir une leçon. Suspension pour le reste de la saison (trois parties) et les éliminatoires. Laycoe, pourtant le premier agresseur, s'en tire indemne. La sentence foudroie les Canadiens et leurs partisans.

Le président Campbell a voulu faire montre de son autorité par un jugement sévère, mais il n'a réussi qu'à provoquer les Québécois qui n'acceptent pas qu'on s'en prenne à leur héros.

● Detroit, favorisé par la suspension de Maurice Richard, l'emporte de nouveau sur les Canadiens pour le titre en saison régulière, par deux points, obtenus à la faveur d'une victoire de 6-0 au dernier match de la saison. C'est la quatrième année de suite que les Red Wings devancent Montréal et c'est le septième championnat consécutif pour la ville de l'automobile. Un record jamais égalé. Mais la domination de l'équipe de Gordie Howe tire à sa fin, bientôt commencera celle des Glorieux.

● Les Wings alignent 15 victoires consécutives, 9 en saison et 6 en séries. C'est le Tricolore qui met un terme à la séquence en gagnant le troisième match de la finale lors de la première rencontre au Forum entre les deux équipes depuis le soir de l'émeute. Bernard Geoffrion est la vedette de la soirée avec un tour du chapeau.

● L'intersaison amène le départ de plusieurs figures familières chez les dirigeants. Tommy Ivan n'est plus l'entraîneur des Red Wings, il a été remplacé par Jimmy Skinner et s'en va relancer le club de Chicago, lequel en arrache depuis sa dernière coupe Stanley en 1937-38. De son côté, Art Ross met fin à une association de trente ans avec les Bruins et Conn Smythe quitte son poste de gérant à Toronto tout en demeurant propriétaire de l'équipe qu'il a achetée en 1927 alors qu'elle s'appelait encore le St. Patrick. En fin de saison, Dick Irvin laisse les Canadiens pour aller rejoindre Ivan à Chicago.

1954-1955

GEOFFRION HUÉ

La suspension de Richard permet à Geoffrion de le devancer par un point au classement des marqueurs. Au moment de son expulsion, Richard a 74 points, Geoffrion, 72 et Béliveau, 71. Deux jours plus tard, contre les Rangers, Boom Boom obtient d'abord deux passes puis marque le but ga-gnant à la onzième minute de la première période, aidé de Béliveau. Au lieu d'applaudir, la foule se lève pour huer ce troisième point, sachant que Geoffrion vient de devancer le Rocket pour le titre de champion marqueur. Béliveau se contente de récolter deux points dans cette partie et finit à 73.

Quelques semaines avant l'émeute, le 20 janvier 1955, le Rocket avait connu de meilleurs moments, notamment en réussissant un tour du chapeau contre Toronto. Sur ce but, son tir déjoue l'équipe complète des Leafs pour se retrouver derrière le cerbère Harry Lumley...

DAVID BIER

TROPHÉES
COUPE STANLEY
Red Wings de Detroit
TROPHÉE PRINCE-DE-GALLES
Red Wings de Detroit
TROPHÉE HART
Ted Kennedy
Maple Leafs de Toronto
TROPHÉE ART-ROSS
Bernard Geoffrion
Canadiens de Montréal
TROPHÉE LADY-BYNG
Sid Smith
Maple Leafs de Toronto
TROPHÉE CALDER
Ed Litzenberger
Black Hawks de Chicago
TROPHÉE GEORGES-VÉZINA
Terry Sawchuk
Red Wings de Detroit
TROPHÉE JAMES-NORRIS
Doug Harvey
Canadiens de Montréal

● Troisième trophée Vézina du meilleur gardien en quatre saisons pour Terry Sawchuk. Le vétéran Ted Kennedy quitte le hockey après une carrière de 12 saisons et reçoit le titre de joueur le plus utile. Il reviendra avec les Leafs pour une autre saison en 1956-57.

● Le repêchage de la Ligue n'obtient pas encore un grand succès puisque seulement cinq joueurs sont réclamés par Chicago et Boston avant le début de la saison. Le système des clubs-écoles alimente encore largement les équipes.

Les casse-tête sont à la mode durant les années 1950, encore plus s'ils illustrent l'équipe des Canadiens. Ceux qui résisteront au temps verront leur valeur décupler.

Maurice Richard n'a jamais accepté sa suspension et les relations entre les deux hommes sont demeurées à peine polies longtemps après l'émeute du Forum.

1954-1955

	PJ	G	P	N	BP	BC	PTS
Detroit (Red Wings)	70	42	17	11	204	134	95
Montréal (Canadiens)	70	41	18	11	228	157	93
Toronto (Maple Leafs)	70	24	24	22	147	135	70
Boston (Bruins)	70	23	26	21	169	188	67
New York (Rangers)	70	17	35	18	150	210	52
Chicago (Black Hawks)	70	13	40	17	161	235	43

MEILLEURS MARQUEURS

		PJ	B	A	PTS	PUN
Bernard Geoffrion	Canadiens	70	38	37	75	57
Maurice Richard	Canadiens	67	38	36	74	125
Jean Béliveau	Canadiens	70	37	36	73	58
Earl Reibel	Detroit	70	25	41	66	15
Gordie Howe	Detroit	64	29	33	62	68
Red Sullivan	Chicago	69	19	42	61	51
Bert Olmstead	Canadiens	70	10	48	58	103
Sid Smith	Toronto	70	33	21	54	14
Ken Mosdell	Canadiens	70	22	32	54	82
Danny Lewicki	New York	70	29	24	53	82

Au dernier match de la saison, à Detroit, les Canadiens sont blanchis 6-0. Pour la seconde fois de l'histoire, trois joueurs du Tricolore occupent les premières places au championnat des marqueurs. Geoffrion totalise 38 buts et 37 passes, Richard a aussi 38 buts, mais 36 passes, tandis que Béliveau présente une fiche de 37 buts et 36 passes. Earl Reibel, de Detroit, suit à 66 points.

Geoffrion a grandement aidé sa cause un mois plus tôt, le 19 février, en déjouant le cerbère des Rangers, Lorne Worsley, à cinq reprises, en plus d'ajouter une passe, dans un gain de 10 à 2.

La Ville de Montréal organise à l'intention des nouveaux champions une réception au cours de laquelle on remet à Maurice et à Henri Richard ainsi qu'à Jean Béliveau et tous les autres joueurs de l'équipe le ruban symbolisant la conquête de la coupe Stanley. Plus tard, une bague spéciale remplacera le ruban.

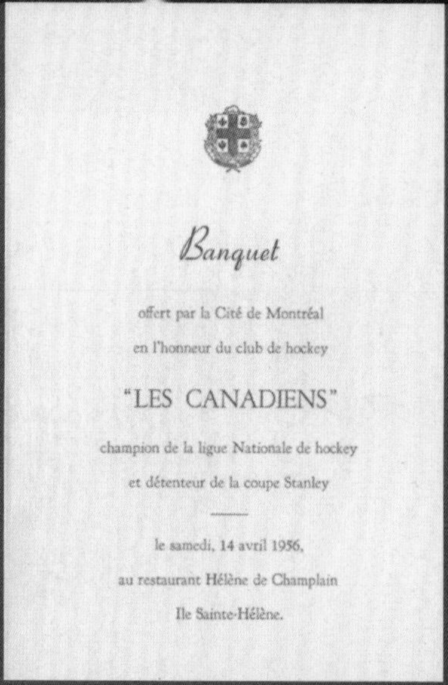

Banquet

offert par la Cité de Montréal

en l'honneur du club de hockey

"LES CANADIENS"

champion de la ligue Nationale de hockey

et détenteur de la coupe Stanley

le samedi, 14 avril 1956,

au restaurant Hélène de Champlain

Ile Sainte-Hélène.

CHAMPION
1956

COUPE
STANLEY
CUP

1955  1956

HUITIÈME
COUPE
STANLEY

C'EST LE DÉBUT D'UNE AUTRE ÈRE GLORIEUSE POUR LE TRICOLORE, QUI REMPORTE LE CHAMPIONNAT DE LA SAISON AVEC UNE PRIORITÉ DE 24 POINTS SUR DETROIT AVANT DE S'ASSURER UNE HUITIÈME COUPE STANLEY EN BATTANT LES RED WINGS EN CINQ PARTIES. TOE BLAKE SUCCÈDE À DICK IRVIN À LA BARRE DE CETTE ÉQUIPE QUE PLUSIEURS VONT CONSIDÉRER COMME LA MEILLEURE DE L'HISTOIRE. TROPHÉES ART-ROSS ET HART À JEAN BÉLIVEAU, CHAMPION MARQUEUR ET JOUEUR LE PLUS UTILE. TROPHÉE VÉZINA À JACQUES PLANTE, MEILLEUR GARDIEN, ET TROPHÉE JAMES-NORRIS À DOUG HARVEY, MEILLEUR DÉFENSEUR. DEUX JOUEURS DE DETROIT, GLENN HALL (CALDER) ET EARL REIBEL (LADY-BYNG), RÉCUPÈRENT LES SEULS TROPHÉES NON ATTRIBUÉS AU TRICOLORE. EN PLUS, QUATRE JOUEURS — PLANTE, HARVEY, BÉLIVEAU ET RICHARD — SONT ÉLUS AU SEIN DE LA PREMIÈRE ÉQUIPE D'ÉTOILES. ARRIVÉE D'HENRI RICHARD.

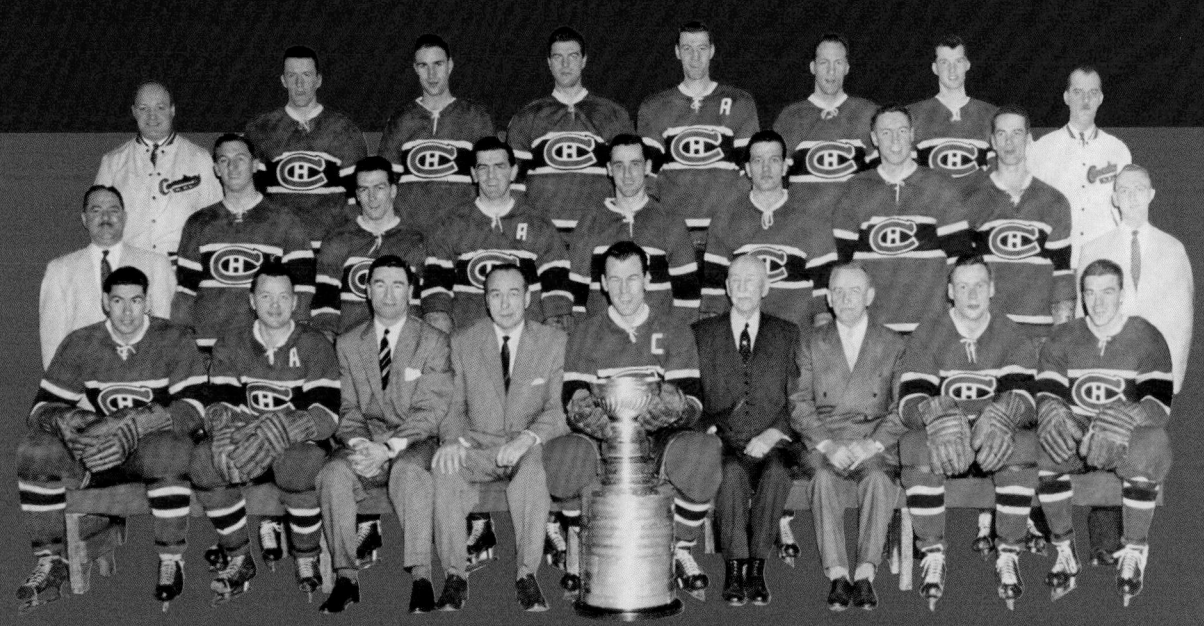

● Même les adversaires
du Rocket reconnaissent
son talent. Nathan Philipps,
maire de Toronto, lui remet
des boutons de manchette
aux armoiries de sa ville à
l'occasion de son 500e but
(saisons et séries combinées)
et lui rend un hommage public.
La mère de Maurice n'est pas
en reste, puisque la ville de

*Maurice Richard revient en force
et connaît une saison de 38 buts
pour terminer au troisième rang
des marqueurs.*

1955 1956

La meilleure cuvée

L entement, Dick Irvin a préparé le terrain et l'édition qui suit
l'émeute du Forum marque le début d'une ère glorieuse pour
l'équipe montréalaise, dont plusieurs joueurs vedettes arrivent à leur
pleine maturité. Parmi ceux-ci, mentionnons Jean Béliveau, Bernard
Geoffrion, Bert Olmstead, Dickie Moore et l'irremplaçable Maurice Richard à
l'offensive, Doug Harvey, devenu le meilleur défenseur de la Ligue, et Jacques
Plante, déjà au sommet à sa troisième saison seulement. De son côté, le capitaine
vétéran Butch Bouchard s'apprête à tirer sa révérence.

Survient alors l'embauche d'Hector Toe Blake à la barre de l'équipe, pour
souder solidement tous ces éléments forts, à la place d'un Dick Irvin qui a perdu
le feu sacré parce que miné par le cancer, ce que peu de gens savent à l'époque.

*Les joueurs s'empressent de
porter leur nouvel entraîneur
Toe Blake en triomphe à la fin
du dernier match de la finale.*

*Butch Bouchard sait qu'il vient
de recevoir sa dernière coupe
Stanley à titre de capitaine.
Quelques instants plus tard, un
peu mélancolique, il ne pourra
s'empêcher de jeter un dernier
regard sur son chandail.*

Boston lui attribue le titre de « mère de l'année au hockey ».
● Ken Mosdell, l'un des bons amis du Rocket, dispute un 600ᵉ match avec l'équipe à la mi-janvier. Quelques semaines plus tard, ce sera au tour de Tom Johnson de chausser les patins pour une 400ᵉ partie.
● William Northey succède au sénateur Raymond à la présidence du Canadian Arena.

● Pour la première fois, *Sports Illustrated* consacre la page couverture de son magazine au hockey en publiant la photo de Jean Béliveau à la une de l'édition du 23 janvier.
● Jacques Plante fait déjà rager son entraîneur à cause de ses sorties à l'extérieur du filet pour contrôler la rondelle.

● Le défilé des champions de la coupe Stanley regroupe 35 voitures décapotables, 6 chars allégoriques, 4 fanfares et des centaines de Montréalais reconnaissants.
● Une nouvelle marque de soupe aux tomates fait son apparition sur les tablettes des épiceries. Ornée d'une étoile que surmonte le numéro 9, l'étiquette est aux couleurs des Canadiens et porte le nom « Maurice Rocket Richard ». D'aucuns attribuent cette promotion à la compagnie Campbell, qui a vu ses produits boycottés par les partisans des Canadiens l'année précédente à la suite de l'émeute du Forum, parce qu'ils portaient le nom du président de la Ligue, profondément haï des amateurs.

ÉQUIPE 1955-56

Entraîneur : Toe Blake (70-45-15-10)

Nº	POS	JOUEURS	PJ	B	A	PTS	PUN
4	C	Jean Béliveau	70	47	41	88	143
9	AD	Maurice Richard	70	38	33	71	89
15	AG	Bert Olmstead	70	14	56	70	94
5	AD	Bernard Geoffrion	59	29	33	62	66
12	AG	Dickie Moore	70	11	39	50	55
2	D	Doug Harvey	62	5	39	44	60
16	C	Henri Richard	64	19	21	40	46
6	AD	Floyd Curry	70	14	18	32	10
18	C	Ken Mosdell	67	13	17	30	48
23	AD	Claude Provost	60	13	16	29	30
8	C	Jackie Leclair	54	6	8	14	30
17	D	Jean-Guy Talbot	66	1	13	14	80
19	D	Dollard St-Laurent	46	4	9	13	58
10	D	Tom Johnson	64	3	10	13	75
24	D	Bob Turner	33	1	4	5	35
22	AG	Don Marshall	66	4	1	5	10
14	AG	Dick Gamble	12	0	3	3	8
21	D	Jacques Deslauriers	2	0	0	0	0
14	C	Connie Broden	3	0	0	0	2
21	D	Walter Clune	5	0	0	0	6
1	G	Robert Perreault	6	0	0	0	0
3	D	Émile Bouchard	36	0	0	0	22
1	G	Jacques Plante	64	0	0	0	10

GARDIENS	PJ	G	P	N	MIN	BC	BL	MOY
Jacques Plante	64	42	12	10	3840	119	7	1,86
Bob Perreault	6	3	3	0	360	12	1	2,00

Henri Richard rejoint son frère Maurice au sein du club et ne tarde pas à s'y tailler une place.

Aux vétérans aguerris on ajoute quelques nouveaux éléments, tels Henri Richard — frère de Maurice —, Claude Provost, Jean-Guy Talbot et Bob Turner.

L'équipe bondit aussitôt, accumule 222 buts en saison et atteint les 100 points au classement pour la première fois de son histoire, grâce à 45 victoires, 15 de plus que les Red Wings, enfin détrônés. Béliveau, Maurice Richard et Olmstead accaparent trois des quatre premières places au classement des marqueurs. Béliveau domine pour les buts avec 47 et Olmstead pour les passes avec 56.

Plante conserve une moyenne de 1,86, ce qui s'avère la meilleure de sa carrière pour une saison complète. Doug Harvey et ses acolytes forment une muraille impénétrable à la défensive tricolore, qui ne concède que 131 buts à l'adversaire, soit près d'une centaine de moins que les nouveaux Black Hawks de Dick Irvin.

Blake, un homme colérique mais juste, a aussi le flair pour rassembler les bons éléments. Il réunit les deux Richard et Dickie Moore sur la première ligne offensive. Béliveau, Geoffrion et Olmstead forment un trio encore plus explosif, tandis que Floyd Curry, Jackie Leclair et Claude Provost sont chargés des missions défensives, avec l'aide de Don Marshall, Ken Mosdell et Dick Gamble.

En demi-finale, les Rangers sont écrasés sous une avalanche de 26 buts et n'en marquent que sept en cinq matchs que dure la série. Même les Red Wings ne peuvent résister à la tornade et s'inclinent facilement. Béliveau poursuit sur la lancée qui lui a valu le trophée Art-Ross avec 12 buts en séries. Lui et trois de ses coéquipiers monopolisent les quatre premières places des marqueurs.

En plus de Plante, Harvey, Béliveau et le Rocket dans la première équipe d'as, Tom Johnson et Bert Olmstead apparaissent dans la seconde.

*En janvier, la revue
Le Samedi consacre
sa une aux vedettes
de l'heure.*

● Les arbitres et les juges de lignes portent un chandail rayé noir et blanc à compter de janvier et la Ligue demande aux joueurs de revenir à la version foncée de leur chandail à domicile et à la version blanche à l'extérieur. Depuis quelques années déjà, le journaliste Charles Mayer s'était fait l'initiateur du retour aux couleurs bleu blanc rouge pour les Canadiens lors des parties au Forum, via *Le Petit Journal*. Également, chaque aréna affiche désormais les pointages des parties disputées ailleurs dans la Ligue.

● D'aucuns prétendent que la décision d'abandonner les chandails orange des officiels est due au coup de poing asséné par le Rocket au juge de lignes Cliff Thompson, lors de son altercation avec Hal Laycoe. Richard a toujours prétendu qu'il voyait « rouge » et qu'il n'avait pu distinguer le chandail des Bruins de celui de l'officiel.

● Detroit et Boston procèdent à un échange qui fait beaucoup de bruit au cours de l'été. Neuf joueurs sont impliqués, dont Terry Sawchuk qui rejoint les Bruins pour faire place à un jeune cerbère rempli de promesses du nom de Glenn Hall, lequel sera d'ailleurs la recrue de l'année. Vic Stasiuk et Marcel Bonin, futur joueur des Canadiens, font aussi partie de la transaction. Quelques jours plus tôt, Detroit avait aussi effectué un échange à sept joueurs avec Chicago.

1955 1956

Peut-on parler de meilleure formation de l'histoire de la LNH comme le prétend le *Hockey News* dans son édition spéciale de 1999 sur les 100 ans du hockey professionnel ? Peut-être. Mais ce n'est encore qu'un début pour ce qui deviendra bientôt la Sainte Flanelle.

TROIS BUTS EN 44 SECONDES

Nous sommes au Forum en début de deuxième période du match du 5 novembre et les Bruins mènent 2-0. L'issue du match va basculer en l'espace de 44 secondes lorsque Hal Laycoe rejoint au cachot son coéquipier Cal Gardner, pénalisé en fin de première. Jean Béliveau frappe à la vitesse de l'éclair, touchant la cible à 42 secondes, à 1 min 08 s et à 1 min 26 s, tantôt avec un rebond, tantôt avec un tir franc à bout portant, tantôt avec un autre à 20 pieds des buts de Terry Sawchuk. Olmstead est complice des trois filets et Harvey de deux.

Béliveau ajoute l'insulte à l'injure avec un quatrième point en troisième et les Bruins ne s'en remettent pas, concédant la partie 4 à 2.

	PJ	G	P	N	BP	BC	PTS
Montréal (Canadiens)	70	45	15	10	222	131	100
Detroit (Red Wings)	70	30	24	16	183	148	76
New York (Rangers)	70	32	28	10	204	203	74
Toronto (Maple Leafs)	70	24	33	13	153	181	61
Boston (Bruins)	70	23	34	13	147	185	59
Chicago (Black Hawks)	70	19	39	12	155	216	50

MEILLEURS MARQUEURS		PJ	B	A	PTS	PUN
Jean Béliveau	Canadiens	70	47	41	88	143
Gordie Howe	Detroit	70	38	41	79	100
Maurice Richard	Canadiens	70	38	33	71	89
Bert Olmstead	Canadiens	70	14	56	70	94
Tod Sloan	Toronto	70	37	29	66	100
Andy Bathgate	New York	70	19	47	66	59
Bernard Geoffrion	Canadiens	59	29	33	62	66
Earl Reibel	Detroit	68	17	39	56	10
Alex Delvecchio	Detroit	70	25	26	51	24
Dave Creighton	New York	70	20	31	51	43
Bill Gadsby	New York	70	9	42	51	84

*Ce soir-là, l'excellence de
Béliveau forcera la Ligue
à revoir ses règlements.*

D'autres transactions suivront, de telle sorte qu'en début de saison 1955-56, il ne reste plus que neuf joueurs des champions de l'année précédente.

● La Ligue oblige désormais les équipes à présenter un gardien substitut en uniforme à tous les matchs.

● Lou Fontinato, l'un des mauvais garnements de l'histoire de la LNH, est le premier joueur à dépasser le total de 200 minutes de punitions en saison.

● Ross Lowe, joueur le plus utile de la Ligue américaine, qui avait connu précédemment une brève carrière avec les Canadiens, se noie dans le lac Haliburton en Ontario, au cours de l'été. Il avait 26 ans.

● Réal Chèvrefils, un Franco-Ontarien originaire de Timmins, passe des Bruins aux Wings et à nouveau aux Bruins au cours de la même année. Il fait d'abord partie de l'échange à neuf qui envoie Sawchuk à Boston, puis il est

rapatrié par son ancienne équipe à la mi-saison.

● Claude Pronovost, un gardien de l'organisation des Canadiens, est prêté aux Bruins pour remplacer à pied levé le cerbère bostonnais, le 14 janvier. Il blanchit Montréal 2-0. On ne le reverra que trois ans plus tard, dans l'uniforme tricolore cette fois, pour deux parties, mais il connaît moins de succès.

● L'orgueil des Rangers, exclus des séries depuis cinq ans, est fouetté par le nouvel

entraîneur Phil Watson qui peut aussi compter sur l'éclosion d'une nouvelle vedette, Andy Bathgate qui, à l'instar de Geoffrion, a développé un tir frappé dévastateur. Ils terminent troisièmes.

● Première médaille d'or olympique en hockey sur glace pour l'Union soviétique à Cortina d'Ampezzo. Les États-Unis sont deuxièmes et le Canada, troisième. Denis Brodeur, le père de Martin, futur gardien vedette dans la LNH, était devant le filet du Canada.

1955 1956

TROPHÉES	
COUPE STANLEY	
Canadiens de Montréal	
TROPHÉE PRINCE-DE-GALLES	
Canadiens de Montréal	
TROPHÉE HART	
Jean Béliveau	
Canadiens de Montréal	
TROPHÉE ART-ROSS	
Jean Béliveau	
Canadiens de Montréal	
TROPHÉE LADY-BYNG	
Earl Reibel	
Red Wings de Detroit	
TROPHÉE CALDER	
Glenn Hall	
Red Wings de Detroit	
TROPHÉE GEORGES-VÉZINA	
Jacques Plante	
Canadiens de Montréal	
TROPHÉE JAMES-NORRIS	
Doug Harvey	
Canadiens de Montréal	

Les dirigeants de la Ligue non plus, puisque dès l'année suivante, un nouveau règlement mettra un terme à une pénalité dès qu'un but est marqué par l'équipe en avantage numérique.

Ce soir-là, la qualité du jeu de Béliveau a forcé la Ligue à réécrire son livre de règlements.

IRVIN PART, BLAKE ARRIVE

Frank Selke ne veut plus voir Dick Irvin dans l'entourage de l'équipe, convaincu que celui-ci provoque le tempérament fougueux du Rocket. Il le croit même à la source de plusieurs explosions de son joueur vedette et cherche quelqu'un capable de calmer ses ardeurs. La rumeur veut aussi qu'Irvin se soit montré intéressé à retourner à Chicago, où il avait agi comme joueur et entraîneur à ses débuts. Le principal intéressé nie, mais Selke souhaite un changement de direction pour faire oublier les incidents du Forum.

Les versions concernant l'embauche de Toe Blake varient selon les diverses sources consultées. Certaines prétendent que Selke voulait d'abord embaucher Billy Reay puis a opté pour Blake, bien que le président Donat Raymond et les administrateurs de l'équipe eussent préféré un entraîneur francophone. D'autres sources font état du rôle de Ken Reardon, devenu l'adjoint de Selke, qui aurait fait campagne en faveur de son vieil ami Blake, avec l'appui des joueurs, dont

Maurice Richard. Selke, qui ne voulait rien entendre de Blake, dit-on, depuis que celui-ci avait déserté l'organisation du Tricolore pour diriger les Braves de Valleyfield, se serait rendu aux arguments de son adjoint.

Finalement, le choix de tout le monde se porte sur l'ancien compagnon de trio du Rocket.

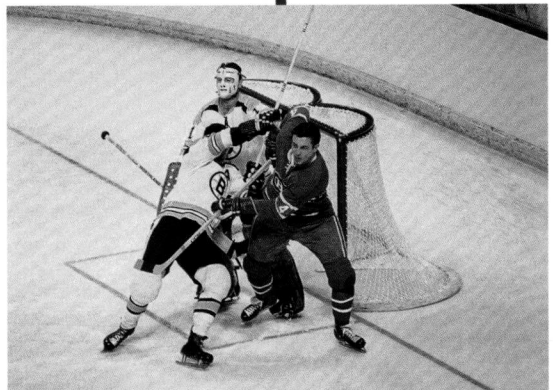

Béliveau est le champion marqueur de la saison régulière ainsi que des séries.

1956  1957

NEUVIÈME
COUPE
STANLEY

DETROIT REPREND LE PREMIER RANG DE LA SAISON RÉGULIÈRE DEVANT LES CANADIENS,
QUI CONSERVENT NÉANMOINS LA COUPE STANLEY CONTRE BOSTON. LES BRUINS ONT SURPRIS
LES RED WINGS EN DEMI-FINALE, PENDANT QUE MONTRÉAL DISPOSAIT DES RANGERS. GORDIE
HOWE RÉCUPÈRE SON TITRE DE CHAMPION MARQUEUR, DEVANT SON COÉQUIPIER TED LINDSAY,
ET REÇOIT AUSSI LE TROPHÉE HART. PLANTE ET HARVEY DOMINENT ENCORE CHEZ LES GARDIENS
ET LES DÉFENSEURS, ALORS QUE BÉLIVEAU TERMINE TROISIÈME CHEZ LES MARQUEURS.
LARRY REGAN, DES BRUINS, EST ÉLU RECRUE DE L'ANNÉE ET ANDY HEBENTON, DES
RANGERS, OBTIENT LE TROPHÉE DU PLUS GENTILHOMME. CHICAGO TERMINE DERNIER UNE
4ᴇ FOIS DE SUITE, UNE 9ᴇ LORS DES 11 DERNIÈRES SAISONS.

● Ken Mosdell, Eddie Mazur et James Bud MacPherson sont vendus aux Hawks de Chicago en mai 1956, avec option de retour. MacPherson reviendra aux Canadiens après le camp d'automne et Mosdell l'imitera l'année suivante, après avoir annoncé sa retraite en pleine saison à Chicago, mais il jouera surtout avec le Royal à son retour.

Les Rangers viennent d'être éliminés et, après la traditionnelle poignée de mains, ce sera le tour des Bruins.

1956 1957

Première association de joueurs

Doug Harvey et Ted Lindsay représentaient déjà leurs collègues au sein du comité restreint chargé du régime de retraite des joueurs que Clarence Campbell avait créé. Ce groupe désigné s'occupait presque exclusivement de la répartition des profits du match des étoiles.

Mais ces deux adversaires impitoyables sur la glace avaient des objectifs communs. Lentement, à l'insu des propriétaires, ils convainquent les membres des six équipes de se regrouper dans une association de joueurs afin de pouvoir exercer un meilleur contrôle sur leur fonds de retraite.

L'annonce de la création de l'association, en février, a l'effet d'un tremblement de terre. Lindsay en est le président, Harvey, le premier vice-président et le groupe comprend aussi, Dollard Saint-Laurent, Gus Mortson, Fern Flaman, Jimmy Thomson et Bill Gadsby. Les propriétaires, surtout Jack Adams à Detroit et Conn Smythe à Toronto, entreprennent sur-le-champ de saboter le regroupement par tous les moyens. Frank Selke se montre plus conciliant en apparence, alors que les premières rumeurs de vente de l'équipe l'accaparent bien davantage.

Minée par les dirigeants d'équipe qui n'hésitent pas à se débarrasser des têtes fortes du groupe et abandonnée par quelques grands noms du circuit, tels Gordie Howe, Marcel Pronovost et Red Kelly, sous les pressions de Jack Adams, la première association de joueurs ne fait pas long feu et s'éteint tout doucement au cours de l'hiver suivant.

248

En plus de jouer un rôle déterminant lors des nombreuses conquêtes de la coupe Stanley par les Canadiens, Doug Harvey travaille à l'implantation d'un fonds de retraite géré par les joueurs. Il en paiera le prix quelques années plus tard.

● Les supporters du Rocket ont la mémoire longue. Bernard Geoffrion subit leurs foudres chaque fois qu'il saute sur la glace du Forum au début de la saison. On n'a pas oublié qu'il a privé Richard du championnat des marqueurs durant la suspension de celui-ci. Boom-Boom Geoffrion avouera plus tard que l'attrait des 4 000 $ qui accompagnent le titre l'avait empêché de jouer au héros en laissant gagner son coéquipier.

● Le président Campbell n'est pas oublié non plus et, en janvier, un groupe de partisans tente de lui faire un mauvais parti à la suite d'une punition très discutable de mauvaise conduite décernée au Rocket par l'arbitre Frank Udvari lors d'un match contre Toronto. Il faut faire appel aux policiers pour protéger Campbell et retarder son départ des lieux. Maurice Richard devient en octobre le premier marqueur de 800 points, contre Lorne Worsley. Le lendemain, il dispute un 800e match.

● Le temps consacré à la mise sur pied d'une association de joueurs n'affecte en rien le rendement du défenseur Doug Harvey, qui inscrit son nom pour la troisième fois de suite sur le trophée James-Norris, en plus d'être réélu au sein de la première équipe d'étoiles pour la sixième fois d'affilée. Il obtient aussi le meilleur total de points de sa carrière en une saison, avec 6 buts et 44 passes. Il atteint de surcroît de nouveaux objectifs durant la période des Fêtes, avec un 600e match disputé le

23 décembre et un 300e point marqué le 6 janvier.

● Le défenseur Fred Shero, celui-là même qui remportera deux coupes Stanley comme entraîneur des Flyers de Philadelphie en 1974 et 1975, est de la formation des Canadiens durant quatre matchs en avril. Il n'a cependant effectué aucune présence sur la glace, de sorte qu'aucune statistique indiquant son appartenance au Tricolore n'apparaît sous son nom. Le Tricolore l'avait fait venir des Warriors de Winnipeg,

N°	POS	JOUEURS	PJ	B	A	PTS	PUN
4	C	Jean Béliveau	69	33	51	84	105
9	AD	Maurice Richard	63	33	29	62	74
12	AG	Dickie Moore	70	29	29	58	56
16	AD	Henri Richard	63	18	36	54	71
2	D	Doug Harvey	70	6	44	50	92
15	AG	Bert Olmstead	64	15	33	48	74
5	AD	Bernard Geoffrion	41	19	21	40	18
14	AD	Claude Provost	67	16	14	30	24
23	AG	André Pronovost	64	10	11	21	58
22	AG	Don Marshall	70	12	8	20	6
6	AD	Floyd Curry	70	7	9	16	20
10	D	Tom Johnson	70	4	11	15	59
8	C	Jackie Leclair	47	3	10	13	14
17	D	Jean-Guy Talbot	59	0	13	13	70
19	D	Dollard St-Laurent	64	1	11	12	49
20	C	Phil Goyette	14	3	4	7	0
11	D	Bob Turner	58	1	4	5	48
20	AD	Allan Johnson	2	0	1	1	2
20	C	Bronco Horvath	1	0	0	0	0
20	AG	Guy Rousseau	2	0	0	0	2
20	AD	Murray Balfour	2	0	0	0	2
24	C	Gene Achtymichuk	3	0	0	0	0
20	C	Ralph Backstrom	3	0	0	0	0
20,21	C	Jerry Wilson	3	0	0	0	2
8	AG	Stan Smrke	4	0	0	0	0
20,24	C	Glen Cressman	4	0	0	0	2
1	G	Gerry McNeil	9	0	0	0	0
21	G	BudMac Pherson	10	0	0	0	4
1	G	Jacques Plante	61	0	0	0	16
24	C	Connie Broden	-	-	-	-	-

ÉQUIPE 1956-57
Entraîneur : Toe Blake (70-35-23-12)

GARDIENS	PJ	G	P	N	MIN	BC	BL	MOY
Jacques Plante	61	31	18	12	3660	122	9	2.00
Gerry McNeil	9	4	5	0	540	31	0	3.44

Entre-temps, la foudre des propriétaires s'abat sur les initiateurs du mouvement syndical. Lindsay est échangé aux Hawks de Chicago au cours de l'été. Marty Pavelich, un collaborateur de Lindsay à Detroit, est cédé aux mineures et prend sa retraite peu après. Jimmy Thomson, l'un des joueurs dominants lors de la séquence de quatre coupes Stanley des Maple Leafs entre 1947 et 1951, capitaine de l'équipe de surcroît, est vendu à rabais aux Hawks peu après. Retourné par Chicago aux Leafs l'année suivante, il n'endossera plus jamais le chandail bleu des Torontois. Chicago enverra Mortson à Detroit en juin 1958, quelques mois après la mort de l'association.

Quant à Doug Harvey, dont le rôle est devenu indispensable à la défensive du Canadien, Selke attendra jusqu'à l'intersaison de 1961 avant de le troquer aux Rangers de New York.

BÉLIVEAU FAIT CHANGER LES RÈGLEMENTS

La puissance offensive des Canadiens est telle au milieu des années 1950 que les dirigeants des autres équipes exigent un changement aux règlements de la Ligue avant le début de la saison.

Jean Béliveau avait marqué à trois reprises au cours d'un même jeu de puissance dans un match contre Boston l'année précédente. Et il n'était pas rare que lui ou un autre membre de la puissante attaque du Tricolore, formée de Richard, Béliveau et Olmstead,

Bernard Geoffrion connaît une année difficile. Il est souvent blessé et les partisans ne manquent pas une occasion de lui reprocher d'avoir devancé le Rocket au sommet des marqueurs. Entre les deux joueurs, les relations sont cependant bonnes.

de la Ligue de l'Ouest. Shero, décédé en 1990, a par ailleurs disputé 145 parties avec les Rangers à la fin des années 1940, mais son passage à Montréal reste peu connu.

● Les absences répétées de Geoffrion, blessé à plusieurs reprises, et des blessures aux deux Richard ainsi qu'à Jacques Plante privent les Canadiens du championnat de la saison. Detroit devance les Montréalais par six points.

● Kenny Reardon est nommé vice-président de l'équipe

en décembre pour remplacer D. C. Coleman, décédé quelques mois plus tôt.

● Le journaliste Jean-Luc Allard mentionne dans un entrefilet du journal La Patrie que Bernard Geoffrion siffle et chante lorsqu'il effectue ses montées en zone adverse.

● Jacques Plante limite les Bruins à un maximum de deux buts par partie lors de la finale, remportée 4 à 1 par le Tricolore.

● Richard et Harvey s'illustrent lors du premier

match de cette série contre Boston, égalant chacun un record de la Ligue, le premier avec trois buts dans une même période et le second avec trois passes. Ce dernier record est toujours valide. En saison, le Rocket obtient 3 autres marques : les saisons de 20 buts et plus (14), les saisons de 30 buts (9) et les saisons consécutives de 20 buts (14).

● Jean Béliveau marque l'unique filet du deuxième match de la finale en début de deuxième période, aidé de

Geoffrion et Saint-Laurent. Le Gros Bill connaît une autre grosse saison, se faisant élire au centre de la première équipe d'étoiles pour la troisième année de suite.

● À tour de rôle, Geoffrion, Béliveau et Richard donnent le ton aux éliminatoires qui conduisent à une deuxième coupe Stanley d'affilée. Les trois accaparent de nouveau les premières places des marqueurs, avec 18, 12 et 11 points respectivement.

1956 1957

La puissance offensive de Béliveau et des autres joueurs des Canadiens est à la base du nouveau règlement qui met fin à une pénalité dès qu'un but est compté.

TROPHÉES
COUPE STANLEY
Canadiens de Montréal
TROPHÉE PRINCE-DE-GALLES
Red Wings de Detroit
TROPHÉE HART
Gordie Howe
Red Wings de Detroit
TROPHÉE ART-ROSS
Gordie Howe
Red Wings de Detroit
TROPHÉE LADY-BYNG
Andy Hebenton
Rangers de New York
TROPHÉE CALDER
Larry Regan
Bruins de Boston
TROPHÉE GEORGES-VÉZINA
Jacques Plante
Canadiens de Montréal
TROPHÉE JAMES-NORRIS
Doug Harvey
Canadiens de Montréal

● Gordie Howe reprend les trophées Art-Ross, comme champion marqueur, et Hart, à titre de joueur le plus utile, qu'il avait dû céder à d'autres depuis quelques années. C'est la cinquième fois qu'il termine au premier rang des marqueurs.

● Nouveau record offensif pour un même trio alors que Gordie Howe (89), Ted Lindsay (85) et Norm Ullman (52) totalisent 226 points. Cette nouvelle marque surpasse les 220 points de Richard-Lach-Blake réussis en 1944-45.

● Lindsay, dit Ted le Terrible, devient le quatrième joueur après Nels Stewart, Richard et Howe à compter 300 buts dans la LNH, en novembre.
● Les Black Hawks atteignent de nouveaux sommets de médiocrité avec seulement quatre victoires à l'étranger.
● Terry Sawchuk n'est pas heureux à Boston. À bout de nerfs et souffrant de mononucléose, il quitte

l'équipe en janvier. C'est Don Simmons qui le remplace devant le filet, avec beaucoup de succès d'ailleurs. Sawchuk reviendra à Detroit l'année suivante, en échange de John Bucyk, et passera sept autres saisons avec les Wings avant d'être échangé de nouveau.

1956 1957

avec Geoffrion et Harvey à la pointe, en inscrivent quelques-uns lors d'une attaque massive.

C'est ainsi qu'à la réunion du 6 juin, la Ligue décide que, à compter de la saison 1956-57, un but marqué par l'équipe en surnombre lors d'une pénalité mettra automatiquement fin à ladite pénalité. Ce règlement, qui désavantageait une puissance offensive comme celle des Canadiens à cette époque, a toujours force de loi.

L'ASTHME DE PLANTE

Jacques Plante n'avait pas appris à tricoter des tuques et des foulards par coquetterie. Il éprouvait des problèmes avec ses bronches depuis des années.

Son problème d'asthme, que les médecins mettront du temps à diagnostiquer, le tient à l'écart du jeu une bonne partie du mois de novembre et c'est Gerry McNeil, rappelé du Royal pour la circonstance, qui le remplace devant le filet. C'est la dernière fois qu'on verra McNeil porter le chandail des Canadiens.

Mais la maladie chronique de Plante ne l'empêche pas de remporter la 100e victoire de sa carrière et de réussir 9 blanchissages au cours de cette saison couronnée d'un 2e trophée Vézina consécutif et d'une sélection dans la seconde équipe d'étoiles, en plus d'une autre conquête de la coupe Stanley, dont il est l'un des principaux artisans.

	PJ	G	P	N	BP	BC	PTS
Detroit (Red Wings)	70	38	20	12	198	157	88
Montréal (Canadiens)	70	35	23	12	210	155	82
Boston (Bruins)	70	34	24	12	195	174	80
New York (Rangers)	70	26	30	14	184	227	66
Toronto (Maple Leafs)	70	21	34	15	174	192	57
Chicago (Black Hawks)	70	16	39	15	169	225	47

MEILLEURS MARQUEURS		PJ	B	A	PTS	PUN
Gordie Howe	Detroit	70	44	45	89	72
Ted Lindsay	Detroit	70	30	55	85	103
Jean Béliveau	Canadiens	69	33	51	84	105
Andy Bathgate	New York	70	27	50	77	60
Ed Litzenberger	Chicago	70	32	32	64	48
Maurice Richard	Canadiens	63	33	29	62	74
Don McKenney	Boston	69	21	39	60	31
Dickie Moore	Canadiens	70	29	29	58	56
Henri Richard	Canadiens	63	18	36	54	71
Norm Ullman	Detroit	64	16	36	52	47

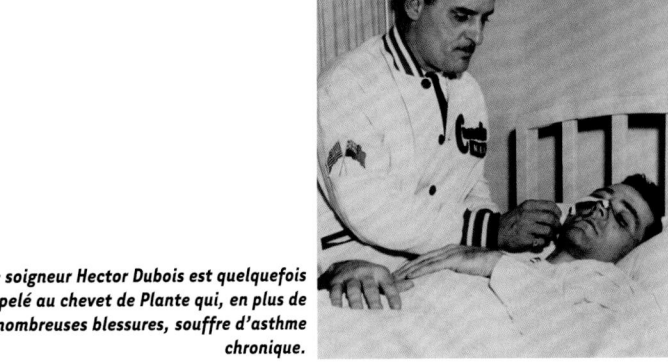

Le soigneur Hector Dubois est quelquefois appelé au chevet de Plante qui, en plus de ses nombreuses blessures, souffre d'asthme chronique.

251

TROIS HEROS DU TRIOMPHE

BERNARD "Boum-Boum" GEOFFRION

JEAN BELIVEAU

DOUG. HARVEY

MONTRÉAL · MATIN

Vol. XXVIII — N° 241   Incertain   MONTREAL-MATIN, LUNDI, 21 AVRIL 1958   CINQ CENTS   40 PAGES

Champions du monde une 3e fois de suite

(Voir page 38)

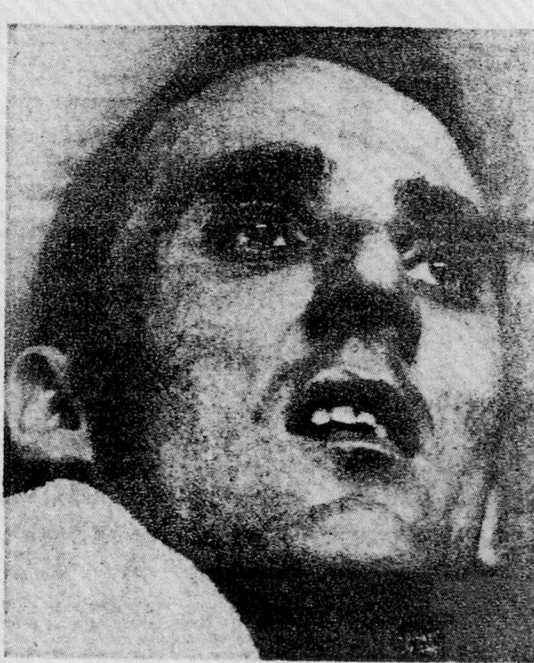

A nous la coupe!

Maurice Richard boit le vin de la victoire dans la coupe si ardemment convoitée pendant que Jacques Plante essuie les sueurs que lui ont coûtées les derniers moments de la furieuse joute. Canadiens, grands champions, ont terrassé les Bruins par un compte de 5-3. (Fac-similé United Press — "Montréal-Matin")

1957  1958

DIXIÈME COUPE STANLEY

LES CANADIENS REPRENNENT LE PREMIER RANG AVEC 19 POINTS D'AVANCE SUR LES RANGERS. DETROIT GLISSE AU TROISIÈME RANG, DEVANT BOSTON. CHICAGO ET TORONTO SONT LOIN DERRIÈRE, MAIS DEUX DE LEURS RECRUES SONT EN LICE POUR LE TROPHÉE CALDER. C'EST FINALEMENT FRANK MAHOVLICH QUI L'EMPORTERA SUR BOBBY HULL. DICKIE MOORE ET HENRI RICHARD SONT PREMIER ET DEUXIÈME CHEZ LES MARQUEURS, TANDIS QUE PLANTE ET HARVEY SONT TOUJOURS LES MEILLEURS CHEZ LES GARDIENS ET LES DÉFENSEURS. GORDIE HOWE CONSERVE CEPENDANT LE TROPHÉE HART ET CAMILLE HENRY MÉRITE LE TROPHÉE LADY-BYNG. LE TRICOLORE SORT DETROIT EN QUATRE MATCHS AVANT DE BATTRE BOSTON EN SIX POUR REMPORTER UNE TROISIÈME COUPE STANLEY DE SUITE, LA DIXIÈME DE L'HISTOIRE DU CLUB.

● Bien qu'il aime imiter le chanteur Mario Lanza à l'occasion, Bernard Geoffrion apprend vite que le monde du spectacle n'est pas pour lui lorsque sa sœur Margot le conduit chez un professeur de musique durant sa convalescence. Un instant, il avait cru troquer les patins contre un micro, enregistrant même un disque.

Le nouveau propriétaire Hartland de Montarville Molson se joint aux festivités d'une dixième conquête avec Frank Selke et Toe Blake.

1957 1958

La famille Molson achète les Canadiens

Changement de garde important à la direction du Canadian Arena, propriétaire du Club de hockey Canadien et du Forum. Le sénateur Donat Raymond cède la majorité des actions de l'équipe et du Forum au sénateur Hartland de Montarville Molson et à son frère Thomas Herbert Pentland Molson. Le montant de la transaction n'est pas dévoilé, mais le journaliste Jacques Beauchamp du *Montréal-Matin,* bien au fait des activités du Tricolore, avance la somme de quatre ou cinq millions. D'autres sources parlent de deux millions pour la compagnie Canadian Arena, comprenant le club et le Forum. Karen Molson, membre de la septième génération des Molson au Canada et auteur d'un livre sur l'histoire des Molson paru en 2001, parle aussi d'un investissement de deux millions.

Le sénateur Molson n'est pas un inconnu dans l'entourage de l'équipe puisque son père, le défunt colonel Herbert Molson, a été l'un des fondateurs de la compagnie Canadian Arena en 1924, aux côtés de Donat Raymond et de William Northey.

La vente, après des négociations tenues depuis quelques mois dans le plus grand secret, a été officialisée le 24 septembre, en plein camp d'entraînement automnal. Tout en se disant fort satisfait que le sénateur Raymond demeure lié à l'organisation dans un rôle minoritaire, le nouveau président, Hartland Molson, annonce son intention de conserver la même direction au niveau du club, confirmant le réengagement de Frank Selke au poste de directeur gérant.

Les frères Molson, étroitement liés à la brasserie du même nom, profitent de l'occasion pour racheter la moitié des droits de commandite, jusqu'alors détenus en totalité par Imperial Oil. *La Soirée du hockey* constitue un excellent véhicule pour promouvoir les produits Molson et ils le réalisent très vite.

● Montréal acquiert Marcel Bonin, un travailleur acharné des Bruins, ainsi que Connie Broden et John Hanna au repêchage intraligue.

● Invité au Salon de l'Agriculture en février, Maurice Richard fait l'acquisition d'un bœuf de près de 1 000 livres qu'il destine aux œuvres de charité du cardinal Paul-Émile Léger. Un mois plus tôt, il a arbitré une partie d'anciens joueurs à Vancouver, où des autochtones lui ont rendu hommage.

● Jacques Plante réussit neuf autres jeux blancs, malgré ses problèmes respiratoires persistants, et conserve une moyenne de 2,11. Il inscrit son nom sur le trophée Vézina une troisième saison de suite.

● Malgré sa blessure, la fin de l'année 1957 est agréable pour le Rocket, choisi athlète de l'année au Canada et récipiendaire du trophée Lou-Marsh. Peu après son 500e but, il est reçu par le gouverneur général du Canada dans un wagon privé du Canadien Pacifique à la gare Windsor.

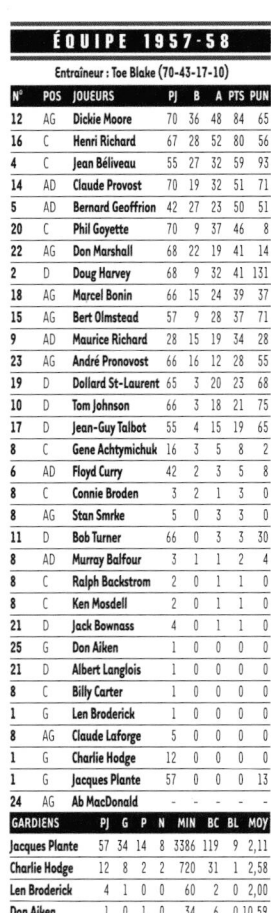

ÉQUIPE 1957-58

Entraîneur : Toe Blake (70-43-17-10)

N°	POS	JOUEURS	PJ	B	A	PTS	PUN
12	AG	Dickie Moore	70	36	48	84	65
16	C	Henri Richard	67	28	52	80	56
4	C	Jean Béliveau	55	27	32	59	93
14	AD	Claude Provost	70	19	32	51	71
5	AD	Bernard Geoffrion	42	27	23	50	51
20	C	Phil Goyette	70	9	37	46	8
22	AG	Don Marshall	68	22	19	41	14
2	D	Doug Harvey	68	9	32	41	131
18	AG	Marcel Bonin	66	15	24	39	37
15	AG	Bert Olmstead	57	9	28	37	71
9	AD	Maurice Richard	28	15	19	34	28
23	AG	André Pronovost	66	16	12	28	55
19	D	Dollard St-Laurent	65	3	20	23	68
10	D	Tom Johnson	66	3	18	21	75
17	D	Jean-Guy Talbot	55	4	15	19	65
8	C	Gene Achtymichuk	16	3	5	8	2
6	AD	Floyd Curry	42	2	3	5	8
8	C	Connie Broden	3	2	1	3	0
8	AG	Stan Smrke	5	0	3	3	0
11	D	Bob Turner	66	0	3	3	30
8	AD	Murray Balfour	3	1	1	2	4
8	C	Ralph Backstrom	2	0	1	1	0
8	C	Ken Mosdell	2	0	1	1	0
21	D	Jack Bownass	4	0	1	1	0
25	G	Don Aiken	1	0	0	0	0
21	D	Albert Langlois	1	0	0	0	0
8	C	Billy Carter	1	0	0	0	0
1	G	Len Broderick	1	0	0	0	0
8	AG	Claude Laforge	5	0	0	0	0
1	G	Charlie Hodge	12	0	0	0	0
1	G	Jacques Plante	57	0	0	0	13
24	AG	Ab MacDonald	1	0	0	0	0

GARDIENS	PJ	G	P	N	MIN	BC	BL	MOY
Jacques Plante	57	34	14	8	3386	119	9	2,11
Charlie Hodge	12	8	2	2	720	31	1	2,58
Len Broderick		4	1	0	0	60	2	0 2,00
Don Aiken		1	0	1	0	34	6	0 10,59

La Patrie

ÉDITION QUOTIDIENNE

Ensoleillé et frais
Min. 45 - Max. 58
Lire détails en page 20

5¢

79e Année — No 175

MONTRÉAL, MARDI 24 SEPTEMBRE 1957

LE CLUB CANADIEN ET LE FORUM VENDUS

À LA FAMILLE MOLSON POUR UNE SOMME INDÉTERMINÉE

Le contrôle de la Canadian Arena Company, et en même temps du club de hockey Canadien, a changé de mains aujourd'hui.

La vente de l'entreprise a été annoncée conjointement par les sénateurs Donat Raymond et Hartland de M. Molson.

Tout en conservant certains intérêts, le sénateur Raymond cède en fait le contrôle de la Canadian Arena au sénateur Molson et à d'autres membres de la famille Molson.

Cette transaction a été conclue pour un montant d'argent qui n'a pas été déterminé.

Le sénateur Molson déclare, en marge de cette transaction: "Nous sommes très heureux que le sénateur Raymond garde certains intérêts car, comme président de la Canadian Arena, il a accompli un travail merveilleux. Sous son habile direction depuis 30 ans, Montréal a été représenté par le meilleur club de hockey au monde. La collaboration et l'intérêt du sénateur Raymond nous seront précieux dans l'avenir.

"Nous assurons les fidèles partisans du Canadien et les clients de la Canadian Arena que la même ligne de conduite et la même politique de ces deux organisations prévaudront. Sous ce rapport, il nous est particulièrement agréable de pouvoir dire que M. Frank Selke nous a assurés qu'il demeurera vice-président et gérant général".

Le sénateur MOLSON

Le sénateur RAYMOND

Le Forum de Montréal

LA GRIPPE SE PROPAGE

(Par la Presse Canadienne)

L'influenza s'est propagé jusque dans le Nord canadien, atteignant les habitants de Whitehorse, Yukon, à 1,000 milles au nord d'Edmonton.

Les écoles de la région, et celles de deux autres centres nordiques, ont fermé leurs portes, hier, cependant que la grippe étendait son empire dans le pays.

Whitehorse a une population de 2,600 habitants. La majorité des personnes atteintes sont de jeune âge, mais toutes les assemblées publiques y ont été contremandées. A cet endroit comme dans la plupart des centres touchés, l'on ne saura pas plus tard s'il s'agit de grippe asiatique.

DANS LES CANTONS DE L'EST

Les écoles catholiques de la ville de Sherbrooke ont fermé leurs portes, hier, pour une période indéterminée, par suite d'une épidémie d'influenza qui s'en est prise aussi bien aux professeurs qu'aux élèves, a-t-on annoncé hier soir.

M. Magella Vignault, secrétaire de la Commission scolaire catholique de Sherbrooke, a précisé qu'au moins 1,000 écoliers et 22 maîtres ont contracté la grippe. On ignore pour le moment s'il s'agit de grippe asiatique.

Cependant les écoles protestantes de la même région restent ouvertes.

A Amos, dans le nord-ouest du Québec, quatre écoles ont cessé de fonctionner; les autorités ont attribué la baisse de la fréquentation scolaire à la grippe asiatique.

Se VICTIME

A Rouyn, dans le nord-ouest du Québec également, un jeune professeur religieux, âgé de 23 ans, aurait succombé à une pneumonie provoquée par l'influenza.

C'est le cinquième décès imputé à l'épidémie de grippe dans tout le Canada. Trois autres se sont produits en Ontario et le quatrième en Colombie-Canadienne.

Trois cent cinquante des 2,000 hommes du cantonnement militaire de Saint-Jean, 25 milles au sud de Montréal, ont contracté la maladie. Huit infirmières ont été dépêchées sur le lieux cependant que l'on dressait des

(Suite à la page 17)

1957 1958

● Claude Provost n'est pas une grande vedette chez les Canadiens, mais son nom apparaît toujours dans le livre des records de la LNH pour le but le plus rapide en début de période, soit à quatre secondes.

D'abord un spécialiste des désavantages numériques, il accomplit néanmoins cet exploit offensif le 9 novembre à Boston. Denis Savard, des Hawks, réussira le même exploit en 1985-86.

● Deux joueurs, Tom Johnson et Bert Olmstead, disputent leur 500e match avec le Tricolore au cours de l'année. Geoffrion atteint le cap des 400 et deux autres, Dickie Moore et Jean Béliveau,

celui des 300. Doug Harvey fait encore mieux avec 700. Harvey touche aussi un autre sommet avec la 300e passe de sa carrière en mars.

1957 1958

Les Molson sont devenus les sixièmes propriétaires du club Canadien depuis sa fondation en 1909 par Ambrose O'Brien.

GEOFFRION FRÔLE LA MORT

Bernard Geoffrion a l'habitude de faire le clown lors des séances d'entraînement. Ses mimiques détendent l'adversaire, mais personne ne le prend vraiment au sérieux. Aussi, lorsque à l'entraînement du 28 janvier il s'affaisse sur la glace en se tordant de douleur, incapable de parler, après une collision avec le jeune André Pronovost, personne ne s'en inquiète jusqu'à ce que Doug Harvey réalise la gravité de la situation et fasse appel au physiothérapeute Bill Head. Constatant la gravité de la blessure, Head fait transporter Geoffrion à l'hôpital où il est opéré d'urgence pour une perforation du gros intestin. Les médecins ne disposent que de quelques heures pour sauver leur célèbre patient, qui reçoit même les derniers sacrements.

TROPHÉES	
COUPE STANLEY	
Canadiens de Montréal	
TROPHÉE PRINCE-DE-GALLES	
Canadiens de Montréal	
TROPHÉE HART	
Gordie Howe	
Red Wings de Detroit	
TROPHÉE ART-ROSS	
Dickie Moore	
Canadiens de Montréal	
TROPHÉE LADY-BYNG	
Camille Henry	
Rangers de New York	
TROPHÉE CALDER	
Frank Mahovlich	
Maple Leafs de Toronto	
TROPHÉE GEORGES-VÉZINA	
Jacques Plante	
Canadiens de Montréal	
TROPHÉE JAMES-NORRIS	
Doug Harvey	
Canadiens de Montréal	

Bernard Geoffrion qui a l'habitude de faire parler de lui pour ses exploits offensifs, comme ici contre Don Simmons, doit lutter pour sa survie et fait à sa femme des promesses qu'il ne tiendra pas.

Malgré la promesse à son épouse de quitter le hockey, Geoffrion aura tôt fait de regagner le vestiaire de l'équipe une fois rétabli.

1957 1958

Geoffrion a été blessé vingt et un ans jour pour jour après la fracture subie par son beau-père Howie Morenz, également au Forum. Des complications survenues à l'hôpital ont entraîné la mort de Morenz quelques jours plus tard. Marlene, l'épouse de Boom-Boom et fille de Morenz, apprend la nouvelle à la radio de sa chambre d'hôpital où elle a donné naissance à son deuxième fils, Danny, quatre jours plus tôt. Elle est rassurée d'apprendre de la bouche de son mari qu'il a l'intention de délaisser le hockey. Promesse qu'il ne tiendra pas puisqu'il est de retour pour les séries.

La blessure de Geoffrion vole la vedette à la reine Élisabeth II en visite au Canada à cette période et suscite un vent de sympathie chez les partisans. Les journaux de l'époque rapportent que certaines institutrices ont suggéré à leurs élèves, au début des classes, d'avoir une bonne pensée pour le numéro 5 dans leurs prières.

Geoffrion, qui a aussi manqué les cinq premières parties en début de saison, à cause de la grippe asiatique et d'un début de pneumonie, n'est pas le seul éclopé de l'équipe, dont le vestiaire ressemble à une véritable infirmerie tout au long de la saison.

Profondément coupé au tendon d'Achille de la cheville droite le 13 novembre par le patin de Marc Réaume, Maurice Richard ne dispute que 28 rencontres et on craint pour la suite de sa carrière. Dickie Moore complète les cinq dernières semaines du calendrier avec un poignet fracturé et emprisonné dans un plâtre, ce qui ne l'empêche pas de décrocher un premier championnat des marqueurs, devant son coéquipier Henri Richard. Jacques Plante éprouve de plus en plus de difficultés avec son asthme et de violentes crises l'obligent à s'absenter du jeu à quelques reprises. Il subit de plus une commotion cérébrale en fin de saison et manque trois autres matchs.

Jean Béliveau est au repos pour un mois en raison de cartilages déchirés aux côtes. Floyd Curry manque 28 parties à cause d'une coupure à un pied. Bert Olmstead, Jean-Guy Talbot et Tom Johnson doivent aussi s'absenter pour plusieurs rencontres à la suite de diverses blessures.

● Bronco Horvath, que le Tricolore a laissé filer au repêchage intraligue en juin, termine au cinquième rang des marqueurs, premier des Bruins, avec 30 buts et 36 passes. Il fera encore mieux deux ans plus tard avec 39 buts et 41 passes, à un petit point derrière Bobby Hull, au sommet du circuit.

● La Ligue nationale franchit une grande étape au chapitre de l'intégration raciale dans le hockey avec l'arrivée d'un joueur noir à Boston, Willie O'Ree, originaire du Nouveau-Brunswick. Celui-ci ne dispute que 2 matchs au cours de la saison, mais il reviendra pour une séquence de 43 parties trois ans plus tard. Il

Le Rocket ajoute une autre récompense à une imposante collection qu'il conserve sur le manteau de cheminée à sa résidence. À droite, le trophée offert en 1957 par un admirateur de Milan, en Italie, pour souligner l'ensemble de sa carrière.

1957 1958

Mais l'excellence de l'équipe est telle que les Canadiens remportent le titre de la saison régulière par 19 points de priorité, suivi de la 10e coupe Stanley de leur histoire.

500 BUTS POUR LE ROCKET

Maurice Richard atteint de nouveaux sommets au cours de la saison. Le 19 octobre, il devient le premier hockeyeur de la LNH à marquer 500 buts, avec le premier filet de la partie, contre le cerbère Glenn Hall, des Hawks de Chicago. Avant la remise au jeu, un fidèle supporter du Rocket déploie une immense bannière, qu'il trimballait de match en match depuis un certain temps, tant à l'extérieur qu'au Forum, pour souligner l'exploit.

Le Rocket revient au jeu en février, après une longue réadaptation suite à sa blessure à la cheville. Il s'illustre encore lors des séries. Le 1er avril, il inscrit le septième tour du chapeau de sa carrière lors de sa 1 000e partie,

	PJ	G	B	N	BP	BC	PTS
Montréal (Canadiens)	70	43	17	10	250	158	96
New York (Rangers)	70	32	25	13	195	188	77
Detroit (Red Wings)	70	29	29	12	176	207	70
Boston (Bruins)	70	27	28	15	199	194	69
Chicago (Black Hawks)	70	24	39	7	163	202	55
Toronto (Maple Leafs)	70	21	38	11	192	226	53

MEILLEURS MARQUEURS

		PJ	B	A	PTS	PUN
Dickie Moore	Canadiens	70	36	48	84	65
Henri Richard	Canadiens	67	28	52	80	56
Andy Bathgate	New York	65	30	48	78	42
Gordie Howe	Detroit	64	33	44	77	40
Bronco Horvath	Boston	67	30	36	66	71
Ed Litzenberger	Chicago	70	32	30	62	63
Fleming Mackell	Boston	70	20	40	60	72
Jean Béliveau	Canadiens	55	27	32	59	93
Alex Delvecchio	Detroit	70	21	38	59	22
Don McKenney	Boston	70	28	30	58	22

Le 500e but du Rocket, aidé de Béliveau et de Moore, contre le gardien Glenn Hall du Chicago.

fera davantage carrière dans la Ligue de l'Ouest par la suite, en plus de jouer pour les As de Québec dans l'Américaine.

● Chicago rate encore les séries, mais les partisans reprennent espoir avec l'acquisition d'une future vedette, Bobby Hull.

● Toronto glisse au dernier rang du classement pour la première fois depuis 1918-19, alors que l'équipe portait encore le nom de Arenas.

● Gordie Howe dépasse Elmer Lach au sommet de la Ligue, en novembre, avec la 409e passe de sa carrière. La grande vedette des Red Wings conserve le trophée Hart à titre de joueur le plus utile.

● Le Canadien junior de Hull-Ottawa remporte la coupe Memorial.

● Le cirque chasse de nouveau les Rangers du Garden durant une bonne partie des séries et les Bruins en profitent pour les renverser par quatre parties à deux en demi-finale. Les quatre dernières rencontres sont présentées à Boston.

Malgré un plâtre qui restreint ses mouvements, Dickie Moore conserve son avance au sommet des marqueurs.

dans une victoire de 4-3 du Tricolore qui élimine Detroit. Il faudra attendre 35 ans pour qu'un autre prodige, Wayne Gretzky, surpasse cette marque de tours du chapeau. Finalement, le 17 avril, le sixième but du Rocket en supplémentaire permet au Tricolore de prendre les devants pour la troisième fois en finale et de gagner ensuite en six. Cette marque a été surpassée par Joe Sakic lors des séries 2006.

Au total des deux séries, Richard domine tous les autres joueurs avec 11 buts, en plus d'inscrire un nouveau record avec ses 4 buts gagnants.

UN CHAMPION DE PLÂTRE

Dickie Moore était un joueur impétueux à son arrivée chez le Tricolore en 1951-52. Il aimait bien se frotter à Ted Lindsay, entre autres. Heureusement que Maurice Richard et Doug Harvey s'étaient chargés de ralentir ses ardeurs afin d'en faire un joueur plus pondéré et par conséquent plus efficace !

Il a souvent été incommodé par des blessures au cours de ses premières saisons et a manqué plusieurs parties. À sa quatrième année, il a éclaté pour de bon et disputé sa première saison complète l'année suivante, obtenant 50 points en 70 parties. Associé aux frères Richard au sein d'un trio spectaculaire, il est au plus fort de la lutte pour le championnat des marqueurs en 1957-58 lorsqu'il se fait « rentrer dedans » par Marcel Pronovost, dans un match contre Detroit, à six semaines de la fin de la saison. Fracture du poignet gauche. Tous le croient hors de combat pour le reste de l'année. Pas lui ! « Faites-moi un plâtre, je m'occupe du reste ! » ordonne-t-il.

Bien que gêné par son plâtre pour manier son bâton et soulever la rondelle, Moore reste au plus fort de la lutte avec Andy Bathgate et Henri Richard dans la course au titre de champion marqueur pendant cinq autres semaines. Et c'est lui qui remporte le titre avec quatre points de priorité sur Henri.

Mieux encore, il est le meilleur franc-tireur du circuit avec 36 buts, 3 de plus que Gordie Howe. Et il n'a pas manqué une seule partie !

Blessé de nouveau sérieusement à une cheville en janvier, Richard profite d'une convalescence qui s'étire pour accepter une invitation du gouvernement de Tchécoslovaquie à se rendre au championnat du monde. Il est accueilli en héros et on lui remet une automobile décapotable de marque Skoda.

1958   1959

ONZIÈME COUPE STANLEY

Le Tricolore demeure au sommet de la Ligue avec une facilité déconcertante, 18 points devant Boston, alors que les puissants Red Wings de jadis sont relégués au dernier rang. Montréal élimine Chicago en six parties en demi-finale, tandis que Toronto, qui tirait de l'arrière 0-2 contre Boston, gagne les deux suivantes en supplémentaire et enlève la série en sept. Mais le Tricolore est trop fort et les Leafs sont renversés en cinq lors de la finale. Dickie Moore est champion marqueur pour la deuxième année de suite (Béliveau est deuxième), Jacques Plante est le meilleur gardien pour la quatrième fois d'affilée, mais Doug Harvey se fait ravir le trophée du meilleur défenseur par son coéquipier Tom Johnson. La relève est assurée par Ralph Backstrom, recrue de l'année.

Complètement rétabli de sa fracture au poignet, Dickie Moore décroche un deuxième titre des marqueurs de suite, sans pour autant négliger son rôle en défensive.

1958 1959

Blessé ou pas, Moore est le meilleur

Dickie Moore a fait preuve d'une force de caractère peu commune en remportant un championnat des marqueurs avec un poignet fracturé, qui l'a incommodé plusieurs semaines, l'année précédente. Ce qui lui a aussi valu, à juste titre, une sélection dans la première équipe d'étoiles.

En séries, il n'a pas été aussi dominant, mais a tout de même apporté sa contribution avec notamment le but gagnant du premier match de la finale contre Boston.

Les choses vont être différentes cette fois-ci. Complètement remis de sa fracture et en bonne forme, il connaît une excellente saison. À la fin d'octobre, Geoffrion, Béliveau, Henri Richard et Moore

Bonin, Henri Richard, Moore et Plante ont largement participé à cette onzième coupe et les réjouissances n'en sont que plus grandes.

occupent déjà les premiers sièges au classement des marqueurs, mais le reste de la saison, la lutte se fera entre Moore, Béliveau et Andy Bathgate, des Rangers.

La puissante machine offensive des Canadiens fonctionne au maximum, chacun des gros canons y allant à tour de rôle de performances électrisantes, tant et si bien qu'à la mi-saison, le club possède déjà une priorité de 12 points sur Detroit. Les Wings flanchent en deuxième demie et glissent jusqu'au dernier rang. C'est finalement avec une priorité de 18 points sur Boston que le Bleu Blanc Rouge complétera le calendrier régulier, établissant un nouveau record de 258 buts, 53 de plus que Boston. Le club s'enorgueillit de 2 autres nouvelles marques, pour les passes (439) et les points marqués (697).

au Temple de la renommée au cours de l'été, parmi lesquels Sprague Cleghorn, Herb Gardiner et le sénateur Donat Raymond des Canadiens, ainsi que Frank Boucher, King Clancy, Alex Connell, Dick Irvin et l'ancien président Dutton.

● Frank Selke se défait de quelques bons joueurs avant le début de la saison. Dollard Saint-Laurent est vendu à Chicago, Bert Olmstead est repêché par les Leafs, Floyd Curry est laissé de côté, n'étant pas réclamé par un autre club. Trois autres joueurs sont également cédés aux Red Wings. Selke fait place à Backstrom et à Albert Langlois.

● Blake refuse obstinément que Jacques Plante porte un masque lors des parties officielles. C'est tout juste s'il tolère cette protection supplémentaire à l'entraînement. Plante, dont les sorties du but fréquentes font blêmir son entraîneur et chahuter les partisans, remporte néanmoins un quatrième Vézina de suite, une première dans la Ligue. Et pour une troisième année d'affilée, il totalise neuf blanchissages.

● Critiqué publiquement par le président Campbell pour une pénalité non attribuée aux Canadiens lors du dernier match de la demi-finale, — la poursuite du jeu devait mener à un but de Claude Provost, qui éliminait les Black Hawks — l'arbitre Red Storey remet sa démission, reprochant à son tour à Campbell de ne pas appuyer ses officiels.

● Maurice Richard renouvelle son contrat avec les Canadiens en septembre et Frank Selke, sans révéler de chiffres,

ÉQUIPE 1958-59

Entraîneur : Toe Blake (70-39-18-13)

Nº	POS	JOUEURS	PJ	B	A	PTS	PUN
12	AG	Dickie Moore	70	41	55	96	61
4	C	Jean Béliveau	64	45	46	91	67
5	AD	Bernard Geoffrion	59	22	44	66	30
16	C	Henri Richard	63	21	30	51	33
18	AG	Marcel Bonin	57	13	30	43	38
6	C	Ralph Backstrom	64	18	22	40	19
10	D	Tom Johnson	70	10	29	39	76
9	AD	Maurice Richard	42	17	21	38	27
14	AD	Claude Provost	69	16	22	38	37
15	AG	Ab McDonald	69	13	23	36	35
22	AG	Don Marshall	70	10	22	32	12
20	C	Phil Goyette	63	10	18	28	8
11	D	Bob Turner	68	4	24	28	66
23	AG	André Pronovost	70	9	14	23	48
17	D	Jean-Guy Talbot	69	4	17	21	77
2	D	Doug Harvey	61	4	16	20	61
21	D	Ian Cushenan	35	1	2	3	28
19	D	Albert Langlois	48	0	3	3	26
1	G	Jacques Plante	67	0	1	1	11
31	G	Claude Cyr	1	0	0	0	0
1	G	Charlie Hodge	2	0	0	0	0
1	G	Claude Pronovost	2	0	0	0	0
8	C	Ken Mosdell	-	-	-	-	-
8	AD	Bill Hicke	-	-	-	-	-

GARDIENS	PJ	G	P	N	MIN	BC	BL	MOY
Jacques Plante	67	38	16	13	4000	144	9	2,16
Claude Cyr	1	0	0	0	20	1	0	3.00
Charlie Hodge	2	1	1	0	120	6	0	3,00
Claude Pronovost	2	0	1	0	60	7	0	7,00

Moore joue une part active dans l'obtention de ces nouveaux records avec 41 buts et 55 passes, pour un nouveau sommet de 96 points, 5 de mieux que son ami Béliveau, lui qui a maintenant endossé l'uniforme tricolore dans plus de 400 rencontres. Blessé à la fin de novembre, Béliveau manque 6 parties mais récupère suffisamment pour compléter la saison avec 45 buts. Bathgate termine à trois points du Gros Bill, à huit de la tête. C'est lui cependant qui sera retenu lorsque viendra le temps de sélectionner le récipiendaire du trophée Hart. Pourtant, Moore édite quatre records au cours de cette saison du tonnerre et devient le premier joueur des Canadiens à décrocher deux titres de champion marqueur de suite.

C'est la seconde année d'affilée que le Tricolore réussit un doublé en tête des marqueurs : Moore et Henri Richard l'année précédente et, cette fois, Moore et Béliveau. En 1960-61, ce sera au tour de Geoffrion et Béliveau de refaire le coup.

Souvent dans l'ombre du grand Harvey, Tom Johnson n'en est pas moins un rouage important de la défensive du Tricolore. Plante sait qu'il peut se fier à lui en tout temps.

mentionne qu'il est le mieux payé de la LNH. Le Rocket entreprend sa 17e saison.

● Nouveaux sommets pour Maurice Richard et Boom Boom Geoffrion en octobre, lesquels obtiennent respectivement leur 900e et 400e point en saisons. Maurice dispute aussi sa 900e partie avec l'équipe. Béliveau marque à son tour, son 400e point en février.

● De nouveau désigné athlète de l'année au Canada en fin d'année et héros de l'année

par la revue *Sports Illustrated*, Maurice Richard compte maintenant 600 buts (si l'on inclut les séries) et 400 passes en saisons. Quelques semaines plus tard, il sera nommé « grand frère » de l'année à titre d'exemple pour les jeunes et recevra aussi un deuxième trophée Lou-Marsh en deux ans.

● Bernard Geoffrion réalise deux beaux exploits en finale contre Toronto. Il marque le but gagnant et participe aux

deux autres de l'équipe lors du quatrième match, gagné 3-2, tous les points ayant été réussis en troisième. Il obtient ensuite deux buts dans la rencontre suivante consacrant ainsi la victoire montréalaise.

● Tom Johnson, qui compte maintenant plus de 600 matchs avec les Canadiens, met un terme à la domination ininterrompue de Doug Harvey, son coéquipier défenseur, en raflant le trophée Norris.

● On retrouve encore quatre membres du Tricolore dans la première équipe d'étoiles, soit Plante, Johnson, Moore et Béliveau. Dans la seconde, Harvey et Henri Richard. C'est la seconde fois seulement depuis 1944 que le Rocket est absent de l'une ou l'autre liste, n'ayant pas été sélectionné en 1957-58.

● La grève à Radio-Canada, déclenchée au début de l'année, affecte sérieusement la télédiffusion des rencontres.

1958 1959

Ralph Backstrom est nommé recrue de l'année. Il est seulement le troisième joueur des Canadiens à recevoir le trophée Calder, après John Quilty (1941) et Bernard Geoffrion (1952).

TROPHÉES		
COUPE STANLEY		
Canadiens de Montréal		
TROPHÉE PRINCE-DE-GALLES		
Canadiens de Montréal		
TROPHÉE HART		
Andy Bathgate		
Rangers de New York		
TROPHÉE ART-ROSS		
Dickie Moore		
Canadiens de Montréal		
TROPHÉE LADY-BYNG		
Alex Delvecchio		
Red Wings de Detroit		
TROPHÉE CALDER		
Ralph Backstrom		
Canadiens de Montréal		
TROPHÉE GEORGES-VÉZINA		
Jacques Plante		
Canadiens de Montréal		
TROPHÉE JAMES-NORRIS		
Tom Johnson		
Canadiens de Montréal		

Moore poursuit sur sa lancée lors des éliminatoires avec les meilleures séries de sa carrière. Ses 17 points, constitués de 5 buts et 12 passes, lui permettent de terminer premier une fois de plus, tout en contribuant à une quatrième coupe Stanley d'affilée pour le Tricolore, un précédent dans le hockey. Lors du cinquième match de demi-finale, lui et Harvey égalent la marque du plus grand nombre de passes en une période pour une partie éliminatoire, avec trois chacun.

Hockeyeur au talent certain durant sa carrière junior, Moore a mis quelques années avant de faire montre de ses capacités réelles, ayant été constamment ralenti par les blessures. Mais son second titre consécutif des marqueurs ainsi qu'une autre sélection dans la première équipe d'étoiles en font l'une des grandes vedettes à Montréal, au même titre que Richard, Béliveau, Geoffrion, Harvey et Plante.

AVEC LES GANTS DU ROCKET

Rien n'arrête Marcel Bonin en séries éliminatoires ! Ce dernier profite même de l'absence du Rocket pour lui emprunter ses gants neufs, les siens étant fort abîmés. Déjà le 7 mars, contre Detroit, il a mené les Canadiens à une victoire convaincante de 10-2 avec ses compagnons de trio Moore et Béliveau.

En demi-finale contre Chicago, qui n'avait pas accédé aux séries depuis six ans, il s'éclate avec sept buts, ce qui représente déjà plus de la moitié de sa production en saison. Électrisé par les gants du Rocket, Bonin s'illustre encore en finale contre Toronto en inscrivant le but gagnant de la première et de la cinquième partie, celle qui assure la 11e coupe Stanley de l'histoire du

● Punch Imlach est nommé gérant des Maple Leafs en novembre et, quelques jours plus tard, il dégomme l'entraîneur Billy Reay et prend sa place. Toronto gagne les cinq dernières parties du calendrier pour se frayer de justesse un chemin jusqu'aux séries, un point devant New York qui en comptait pourtant sept d'avance avec cinq matchs à jouer.

● Johnny Bower, qui n'a disputé qu'une saison complète avec les Rangers cinq ans plus tôt, est réclamé au ballottage par les Leafs, à presque 34 ans. Il sera le gardien régulier de l'équipe les 12 prochaines saisons. Le défenseur Allan Stanley s'amène aussi à Toronto, échangé par les Bruins.

● Les Leafs accueillent aussi quelques jeunots qui feront bientôt les beaux jours de l'équipe, dont les défenseurs Carl Brewer et Bobby Baun.

● Mince consolation pour les Red Wings, derniers au classement pour la première fois depuis l'année de leur adhésion à la Ligue, Alex Delvecchio est jugé le plus gentilhomme.

● Camille Henry, l'un des plus petits joueurs à avoir joué dans la LNH, obtient l'une de ses meilleures saisons avec une fiche de 23 buts et 35 passes, supérieure à la saison précédente, alors qu'il avait hérité du titre de joueur le plus gentilhomme. Même si le guide officiel de la Ligue affirme qu'il pèse 152 livres, il en pèse à peine plus de 135 certaines saisons.

● Les Red Wings organisent une fête en l'honneur de Gordie Howe au début de mars et celui-ci a la surprise d'apercevoir ses parents, venus de la Saskatchewan, assis à l'arrière de l'auto qu'on lui remet.

● Le Canada, représenté par les McFarlands de Belleville, remporte son 18e et dernier championnat du monde, à Prague, sous les encouragements du Rocket en visite en Tchécoslovaquie. Gordon Red Berenson est le meilleur marqueur du tournoi.

	PJ	G	B	N	BP	BC	PTS
Montréal (Canadiens)	70	39	18	13	258	158	91
Boston (Bruins)	70	32	29	9	205	215	73
Chicago (Black Hawks)	70	28	29	13	197	208	69
Toronto (Maple Leafs)	70	27	32	11	189	201	65
New York (Rangers)	70	26	32	12	201	217	64
Detroit (Red Wings)	70	25	37	8	167	218	58

MEILLEURS MARQUEURS		PJ	B	A	PTS	PUN
Dickie Moore	Canadiens	70	41	55	96	61
Jean Béliveau	Canadiens	64	45	46	91	67
Andy Bathgate	New York	70	40	48	88	48
Gordie Howe	Detroit	70	32	46	78	57
Ed Litzenberger	Chicago	70	33	44	77	37
Bernard Geoffrion	Canadiens	59	22	44	66	30
Red Sullivan	New York	70	21	42	63	56
Andy Hebenton	New York	70	33	29	62	8
Don McKenney	Boston	70	32	30	62	20
Tod Sloan	Chicago	59	27	35	62	79

1958 1959

Tricolore. Ce soir-là, les caméras de la télévision ont accès au vestiaire des équipes pour la première fois.

Au terme des séries, Bonin est premier chez les compteurs avec 10 buts et deuxième pour les points, avec 15, derrière Moore. Un exploit unique pour le combatif ailier des Canadiens, fort comme un bœuf, mais qui n'a jamais été reconnu pour ses talents offensifs. « Si j'avais pu prévoir ce résultat, devait-il lancer plus tard en boutade, j'aurais également emprunté son *jockstrap*... »

Réclamé des Bruins au repêchage intraligue de 1957, Bonin avait connu une bonne saison avec les As de Québec la saison précédente. Après une campagne à Montréal, il avait été cédé aux Americans de Rochester à la mi-novembre, mais avait aussitôt été rappelé deux semaines plus tard.

Après sa performance des séries, il connaîtra 2 saisons de 51 points avec les Canadiens. Sa carrière prendra fin abruptement en janvier 1962, sur une mise en échec de Pete Goegan, des Red Wings.

Marcel Bonin compte 10 buts après avoir enfilé les gants du Rocket :
« Si j'avais pu prévoir ce résultat, j'aurais également emprunté son jockstrap. »

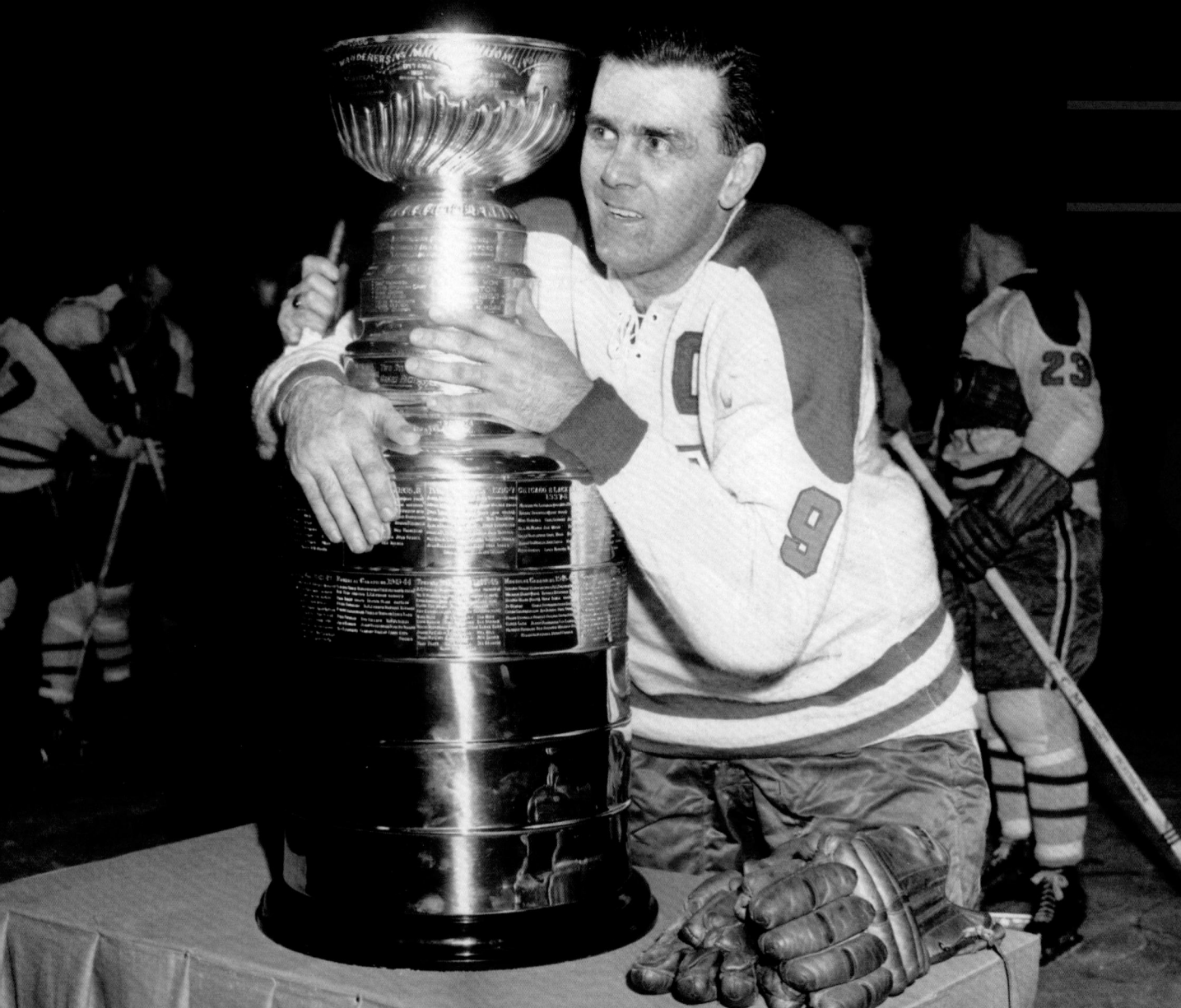
Une dernière coupe pour le Rocket.

1959  1960

DOUZIÈME
COUPE
STANLEY

TROISIÈME CHAMPIONNAT DE SUITE EN SAISON POUR LES CANADIENS, MAIS CINQUIÈME COUPE STANLEY SANS INTERRUPTION, UN EXPLOIT UNIQUE DANS L'HISTOIRE DE LA LNH. L'ÉQUIPE A BESOIN DU MINIMUM DE PARTIES POUR BATTRE CHICAGO ET TORONTO EN SÉRIES. CETTE CINQUIÈME COUPE EST LA DERNIÈRE DU ROCKET, QUI PASSE LE FLAMBEAU À PLANTE (CINQUIÈME VÉZINA DE SUITE), HARVEY (CINQUIÈME NORRIS EN SIX ANS), BÉLIVEAU, GEOFFRION, MOORE ET À SON FRÈRE HENRI. LES RED WINGS REPRENNENT UN PEU DE VIGUEUR GRÂCE À GORDIE HOWE, JUGÉ LE PLUS UTILE POUR LA TROISIÈME FOIS EN QUATRE ANS. BOBBY HULL REMPORTE LE TITRE DES MARQUEURS, DE JUSTESSE (81 À 80) DEVANT BRONCO HORVATH, DES BRUINS. BÉLIVEAU, ANDY BATHGATE, HENRI RICHARD ET HOWE SUIVENT AVEC UN SEUL POINT D'ÉCART ENTRE LES QUATRE.

On organise une fête en l'honneur de Doug Harvey pour souligner sa contribution à l'équipe. Harvey surprend les participants à la fête en faisant son entrée sur la glace aux commandes d'une voiture du début du siècle. Toujours sûr de lui-même, peu porté à l'offensive, mais capable de se distinguer à la pointe lors des attaques massives, Harvey a joué un rôle déterminant dans l'obtention des cinq coupes remportées de 1956 à 1960.

1959 1960

Une cinquième de suite

À son arrivée à la présidence des Canadiens, Ronald Corey a demandé qu'on remette une bague spéciale à tous les joueurs ayant participé aux cinq conquêtes de la coupe, de 1956 à 1960.

L es Montréalais ont pris l'habitude de voir défiler leurs champions en décapotables dès les beaux jours du printemps et on dirait que la foule est plus dense et plus exubérante chaque fois. Mais cette année-là, il y a quelque chose de spécial qui flotte au-dessus des têtes. Pour la cinquième année de suite, le Tricolore vient de s'emparer de la coupe Stanley. Un exploit sans précédent qui ne sera réédité par aucune grande puissance à venir dans cette ligue.

Sans compromis, comme l'ont fait les Red Wings en 1952 en ne concédant aucune victoire à l'adversaire en série ! Les Black Hawks et les Maple Leafs sont balayés en un minimum de parties, huit. Même Bobby Hull, la nouvelle sensation du circuit, qui s'est approprié le titre de champion marqueur grâce à son tir dévastateur, ne peut percer la muraille tricolore. Claude Provost le suit comme son ombre et la Comète blonde est limitée à un seul but en quatre parties.

Au moment où le Québec s'apprête à connaître une transformation radicale à tous les niveaux, le Tricolore lui donne une première raison d'être fier.

Le club montréalais domine tant à l'offensive qu'à la défensive tout au long de la saison. Béliveau, Henri Richard et Geoffrion sonnent la charge avec 30 buts et plus chacun. Harvey, Johnson et les autres défenseurs contribuent au cinquième trophée Vézina de la nouvelle « merveille masquée » du hockey, Jacques Plante. Harvey s'adjuge au passage un cinquième Norris en six ans.

Comme d'habitude, la domination en saison a été nette. Treize points de priorité sur Toronto. Elle l'est tout autant en séries. Le début de la demi-finale contre Chicago s'annonce serré, mais le but de Doug Harvey en supplémentaire au deuxième match vient pratiquement mettre un terme à la résistance des Hawks. Par ce but, Harvey rachète une erreur commise en fin de troisième période

● Jacques Beauchamp, directeur des pages sportives du *Montréal-Matin,* vit le rêve de sa vie en signant un contrat à titre de gardien auxiliaire des Canadiens pour les matchs à l'extérieur. Il ne sera jamais appelé à remplacer Plante, mais il participe régulièrement aux entraînements du club.

● Victoire facile des Montréalais, 6 à 1, au match des étoiles. Maurice Richard est celui qui compte le plus de participations (13).

● L'équipe utilise l'avion plutôt que le train au retour de quelques matchs à l'extérieur, au grand plaisir des joueurs.

● Nouvelle déveine pour le Rocket à la fin de novembre. Il se fait briser l'os de la joue et doit s'absenter plus d'un mois.

● Le Tricolore fête son 50e anniversaire avec plusieurs anciens joueurs et les partisans en janvier. Ce soir-là, Phil Goyette marque trois filets, les frères Richard et Geoffrion deux chacun. Les Rangers sont malmenés 11 à 2.

● À sa dernière année présumée avec les Canadiens, Maurice Richard reçoit des honneurs de toutes parts : la brasserie Dow le consacre meilleur athlète canadien-français de sa génération le jour de la Saint-Jean, l'Ordre fraternel des Aigles lui décerne un trophée spécial pour sa contribution à l'amitié internationale et le B'Nai B'rith de New York l'invite à son banquet annuel.

● En novembre et en décembre respectivement, Jean Béliveau et Bernard Geoffrion disputent leur 400e et 500e match avec Montréal. En janvier, Harvey devient le premier défenseur à avoir joué 800 parties.

● Dix points séparent les sept meilleurs marqueurs de la Ligue au terme de la saison. Fin janvier, Béliveau rejoint Bronco Horvath et le dépasse au sommet, mais c'est finalement Bobby Hull qui raflera la mise au dernier

ÉQUIPE 1959-60

Entraîneur : Toe Blake (70-40-18-12)

N°	POS	JOUEURS	PJ	B	A	PTS	PUN
4	C	Jean Béliveau	60	34	40	74	57
16	C	Henri Richard	70	30	43	73	66
5	AD	Bernard Geoffrion	59	30	41	71	36
12	AG	Dickie Moore	62	22	42	64	54
18	AG	Marcel Bonin	59	17	34	51	59
14	AD	Claude Provost	70	17	29	46	42
20	C	Phil Goyette	65	21	22	43	4
22	AG	Don Marshall	70	16	22	38	4
9	AG	Maurice Richard	51	19	16	35	50
23	AG	André Pronovost	69	12	19	31	61
10	D	Tom Johnson	64	4	25	29	59
6	C	Ralph Backstrom	64	13	15	28	24
2	D	Doug Harvey	66	6	21	27	45
15	AG	Ab McDonald	68	9	13	22	26
19	D	Albert Langlois	67	1	14	15	48
17	D	Jean-Guy Talbot	69	1	14	15	60
8	AD	Bill Hicke	43	3	10	13	17
11	D	Bob Turner	54	0	9	9	40
21	D	Jean-Claude Tremblay	11	0	1	1	0
1	G	Charlie Hodge	1	0	0	0	0
21	AG	Reggie Fleming	3	0	0	0	2
24	C	Cecil Hoekstra	4	0	0	0	0
1	G	Jacques Plante	69	0	0	0	2

GARDIENS	PJ	G	P	N	MIN	BC	BL	MOY
Jacques Plante	69	40	17	12	4140	175	3	2,54
Charlie Hodge	1	0	1	0	60	3	0	3,00

contre Billy Reay, bourde qui devait provoquer l'égalité. Plante ne concède rien à ses rivaux au Chicago Stadium lors des deux parties suivantes et le Tricolore se qualifie pour une dixième finale consécutive.

Contre Toronto, Henri Richard donne le ton en préparant 3 buts en moins de 12 minutes au premier match, et pas une fois les Maple Leafs ne réussissent à prendre les devants dans l'une des quatre parties. Au dernier match, Plante arrête de nouveau tous les tirs adverses et c'est le balayage en quatre. Les joueurs du Tricolore viennent de signer une 20e victoire en 25 matchs des séries depuis 1956 et ils peuvent cajoler la coupe Stanley pour une 5e année consécutive. De quoi expliquer ce petit quelque chose de spécial qui flotte au-dessus des têtes au défilé des champions quelques jours plus tard !

Le gérant Selke dira plus tard de cette équipe qu'elle fut « la meilleure de toutes les grandes équipes des Canadiens ».

Seul moment triste de cette série, l'image du Rocket au fond du filet de Johnny Bower pour y cueillir la rondelle de son 82e but en éliminatoires : le dernier de sa carrière !

La preuve la plus tangible de la domination des Canadiens à l'aube de la Révolution tranquille se trouve sans doute au Temple de la renommée de la LNH. Huit joueurs de cette édition 1959-60, ont maintenant leur nom au Panthéon du hockey, les deux Richard, Geoffrion, Béliveau, Moore, Harvey, Johnson et Plante. Sans compter Blake et Selke.

LE MASQUE DE PLANTE

1er novembre 1959. Le tir du revers d'Andy Bathgate, des Rangers, décoché à 10 pieds du filet, atteint Plante près du nez sur le côté gauche du visage dès les premiers instants de la rencontre. Plante s'écroule lourdement et le sang coule abondamment. Le soigneur Hector Dubois se porte au secours du gardien qui est conduit à la clinique. Blake est inquiet dans le vestiaire de l'équipe, les

match, un seul point devant le joueur des Bruins, qui a pourtant obtenu au moins un point dans 22 parties consécutives. Béliveau manque 10 parties en février en raison d'une blessure tenace à l'aine et termine troisième. Il totalise maintenant plus de 500 points avec Montréal.

● Geoffrion compte aussi 500 points et Doug Harvey est le premier défenseur de l'histoire des Canadiens à en totaliser 400.

● Plante mérite son cinquième trophée Vézina au dernier match de la saison. Au cours de cet affrontement avec les Rangers, on apprend que Glenn Hall, à un but du cerbère du Tricolore avant la partie, s'est fait battre à quatre reprises à Boston. Le Tricolore perd 3-1 mais Plante conserve son précieux emblème.

● Maurice Richard inscrit son 544e et dernier but en saison régulière au match ultime de la campagne contre Al Rollins, des Rangers.

● Questionné sur la raison de l'augmentation des assistances dans tous les aérnas du circuit, le président Campbell attribue cette hausse à la popularité des Canadiens partout où ils passent.

● Malgré ses succès, le Tricolore n'obtient que deux sélections dans la première équipe d'étoiles avec les choix de Harvey et Béliveau. Detroit (Howe et Marcel Pronovost) et Chicago (Glenn Hall et Bobby Hull) en ont aussi deux. Plante et Geoffrion sont dans la deuxième.

1959 1960

substituts proposés par les Rangers ne l'intéressent pas. Il rejoint Plante à l'infirmerie et celui-ci lui adresse un ultimatum : « Je veux jouer avec mon masque. »

Blake a toujours refusé catégoriquement que Plante se couvre le visage, même au dernier match des étoiles. Mais voilà qu'il n'a plus le choix ! Le chandail maculé de sang, Plante fait sa rentrée sur la glace sous les applaudissements de la foule new-yorkaise, qui réalise en ce lendemain d'Halloween que le gardien aux allures de fantôme d'un film américain vient de faire tomber une nouvelle barrière. Le Tricolore gagne le match 3-1. Il triom-

Plante aura le dernier mot avec Toe Blake et le port du masque pour le gardien sera graduellement accepté par toutes les équipes.

Le champion marqueur de la saison régulière Bobby Hull est limité à un seul but en demi-finale et les Hawks sont vite écartés des séries.

	PJ	G	P	N	BP	BC	PTS
Montréal (Canadiens)	70	40	18	12	255	178	92
Toronto (Maple Leafs)	70	35	26	9	199	195	79
Chicago (Black Hawks)	70	28	29	13	191	180	69
Detroit (Red Wings)	70	26	29	15	186	197	67
Boston (Bruins)	70	28	34	8	220	241	64
New York (Rangers)	70	17	38	15	187	247	49

MEILLEURS MARQUEURS

		PJ	B	A	PTS	PUN
Bobby Hull	Chicago	70	39	42	81	68
Bronco Horvath	Boston	68	39	41	80	60
Jean Béliveau	**Canadiens**	60	34	40	74	57
Andy Bathgate	New York	70	26	48	74	28
Henri Richard	**Canadiens**	70	30	43	73	66
Gordie Howe	Detroit	70	28	45	73	46
Bernard Geoffrion	**Canadiens**	59	30	41	71	36
Don McKenny	Boston	70	20	49	69	28
Vic Stasiuk	Boston	69	29	39	68	121
Dean Prentice	New York	70	32	34	66	43

● Gordie Howe mérite un cinquième trophée Hart. Il est maintenant le seul à revendiquer cet honneur. Au cours de la saison, il dépasse Maurice Richard au sommet des marqueurs de l'histoire de la Ligue.

● Red Kelly refuse une première transaction qui l'envoie des Red Wings aux Rangers, mais il est finalement échangé aux Maple Leafs en retour de Marc Réaume. Les Leafs convertiront ce bon défenseur en joueur de centre.

● Un gardien d'origine américaine, Jack McCartan, héros de la première victoire américaine aux Jeux olympiques de Squaw Valley, se joint aux Rangers pour quelques parties. Il connaît un succès instantané. McCartan disputera quelques parties encore l'année suivante, puis disparaîtra dans les ligues semi-professionnelles. Aux Jeux, le Canada termine deuxième devant les Soviétiques.

● Harvey est toujours le meilleur défenseur, mais la compétition est forte dans les autres équipes. Pierre Pilote, premier marqueur chez les arrières avec 45 points, et Elmer Vasko forment un duo redoutable à Chicago. Marcel Pronovost est l'un des meilleurs de sa profession à Detroit, tout comme Bill Gadsby à New York, Fern Flaman à Boston et Allan Stanley à Toronto.

● Le coût d'un joueur au repêchage passe de 5 000 $ à 20 000 $.

● La Ligue interdit désormais aux gardiens d'immobiliser la rondelle derrière leur filet, une mesure pour contrer les sorties de Plante, croit-on chez les Canadiens.

● John Wilson, qui a joué à Detroit, Chicago et Toronto, est l'homme de fer de la Ligue avec 580 matchs disputés sans interruption. Pour sa part, Harry Lumley, le vétéran des gardiens, se retire après 803 matchs disputés. Il a porté les couleurs de toutes les équipes, sauf Montréal.

TROPHÉES	
COUPE STANLEY	
Canadiens de Montréal	
TROPHÉE PRINCE-DE-GALLES	
Canadiens de Montréal	
TROPHÉE HART	
Gordie Howe	
Red Wings de Detroit	
TROPHÉE ART-ROSS	
Bobby Hull	
Black Hawks de Chicago	
TROPHÉE LADY-BYNG	
Don McKenney	
Bruins de Boston	
TROPHÉE CALDER	
Bill Hay	
Black Hawks de Chicago	
TROPHÉE GEORGES-VÉZINA	
Jacques Plante	
Canadiens de Montréal	
TROPHÉE JAMES-NORRIS	
Doug Harvey	
Canadiens de Montréal	

1959 1960

phera dans plusieurs autres avec Plante et son porte-bonheur au visage, dans une séquence de 18 matchs sans revers entreprise le 18 octobre. Le plus grand cerbère de l'histoire des Glorieux ne retirera plus jamais son masque. À tour de rôle, les autres portiers l'imiteront.

LE TRIO RICHARD

Le Tricolore invite Claude Richard, frère de Maurice et d'Henri, à son camp d'entraînement. On réunit les trois frères dans le même trio pour quelques matchs hors-concours, mais l'équipe est bourrée de talent et le frangin est cédé au club d'Ottawa avant le début de la saison. Au grand regret de son frère aîné, qui entreprend sa 18e et dernière saison à Montréal.

Les trois frères Richard sont réunis sur un même trio, le temps de deux matchs préparatoires.

1960 Ⓒ 1961

LE TRICOLORE REMPORTE DE NOUVEAU LE CHAMPIONNAT, AU DERNIER MATCH DE LA SAISON DEVANT TORONTO, MAIS SE FAIT SURPRENDRE PAR CHICAGO EN DEMI-FINALE, CE QUI MET UN TERME À LA SÉQUENCE DES CINQ COUPES CONSÉCUTIVES. LES BLACK HAWKS, LA HONTE DE LA LIGUE DURANT UNE BONNE PARTIE DES ANNÉES 1940 ET 1950, GAGNENT LEUR PREMIÈRE COUPE STANLEY DEPUIS 1938, LA DERNIÈRE À CE JOUR. NEW YORK ET BOSTON SONT DE NOUVEAU EXCLUS DES SÉRIES. BERNARD GEOFFRION ÉGALE LE RECORD DE 50 BUTS DU ROCKET, DEVANCE JEAN BÉLIVEAU POUR LE TITRE DES MARQUEURS ET REÇOIT AUSSI LE TROPHÉE HART. JOHNNY BOWER, RAPPELÉ DES MINEURS À 34 ANS PAR TORONTO, MET UN TERME AUX CINQ TROPHÉES VÉZINA DE JACQUES PLANTE, MAIS DOUG HARVEY OBTIENT UN SIXIÈME NORRIS EN SEPT ANS. DEUX AUTRES JOUEURS DES LEAFS, DAVE KEON ET RED KELLY, GAGNENT LES TROPHÉES CALDER ET LADY-BYNG.

Le Rocket se retire

Le chandail et les patins du Rocket resteront accrochés au clou, tandis que les Canadiens tentent de s'approprier un sixième titre d'affilée.

L a retraite de Maurice Richard fait la une de tous les journaux de Montréal. Jacques Beauchamp écrit dans le *Montréal-Matin :* « C'est fini. Le plus grand joueur de hockey de tous les temps n'électrisera plus les foules et ne fera plus trembler les gardiens de but... »

Convoqués à une conférence de presse au sujet du prochain match des étoiles, les journalistes ne sont pas dupes. Depuis le temps que la rumeur de la retraite de Maurice Richard circule avec plus de force chaque fois que le principal intéressé ou un membre de l'organisation cherche à éluder le sujet, cette fois devrait être la bonne.

Ce soir du 15 septembre, la rumeur prend la forme d'une mauvaise nouvelle pour la centaine de journalistes accourus à l'hôtel Reine-Elizabeth. Le Rocket vient de mettre le point final à une carrière de 18 ans dans l'uniforme bleu blanc rouge du Canadien. Une carrière qui lui a permis d'inscrire 544 buts en saisons et 82 en séries et de récrire le livre des records presque à lui seul.

● Charlie Hodge prend la place de Jacques Plante devant le filet et ce dernier est cédé au Royal de la Ligue de l'Est, parce qu'on croit chez les partisans et la direction que le mal chronique qu'il éprouve à son genou gauche tient davantage de son imagination que d'un problème articulaire. Plante, qui a disputé plus de 400 matchs avec l'équipe, revient terminer la saison en force et, après les séries, une intervention chirurgicale révèle un genou très amoché. Son malaise lui a fait vivre une saison horrible sur les plans physique et psychologique.

● Toe Blake, furieux contre l'arbitre Dalton McArthur, saute sur la glace et lui assène un coup de poing au terme du troisième match de demi-finale, perdu 2-1 en 3e supplémentaire. Les Hawks utilisent une forte intimidation tout au long de la demi-finale pour mettre un terme à la série victorieuse du Tricolore. Maurice Richard dira de cette confrontation qu'elle aura été la plus vicieuse (*dirty*) qu'il ait vue au hockey.

● Glenn Hall tient les puissants marqueurs tricolores en respect au cours des deux derniers matchs de la demi-finale. Les Black Hawks de Chicago, dirigés par Rudy

1960-1961

Au moment des adieux, le Rocket détient 17 records en saisons régulières et 16 en séries. Trois de ces derniers sont toujours valides plus de 40 ans plus tard.

Le premier indice sérieux du départ du Rocket avait été donné au troisième match de la série finale contre Toronto au printemps précédent, alors que Richard s'était empressé d'aller cueillir la rondelle qui lui avait permis de déjouer Johnny Bower. Peu expressif, le Rocket a ensuite semé le doute en se présentant au camp d'entraînement le lundi 12 septembre. Le mercredi, il s'est absenté pour un voyage d'affaires à Toronto, en compagnie de son fils Normand. De retour à l'entraînement le jeudi matin, il éblouit la galerie avec une performance de quatre buts et trois passes dans un match inter-équipe. Puis en soirée, après avoir fait part de sa décision finale à son épouse Lucille et à ses enfants, il prend la direction de l'hôtel pour y rejoindre ceux qui ont relaté ses exploits avec passion depuis près de deux décennies.

En plus des blessures à répétition des dernières années, l'âge et la difficulté de maintenir son poids ont fait prendre conscience à Maurice Richard que le moment était venu de s'en aller. Richard accepte de demeurer dans l'entourage de l'équipe au poste d'ambassadeur de bonne entente, une fonction qui ne conviendra pas longtemps à cet homme d'action.

Au moment où Maurice Richard renonce à son rôle de joueur commence la légende du Rocket. Une légende s'appuyant à la fois sur ses exploits qui frisaient souvent le surhumain et faisaient bondir ses admirateurs, sur son tempérament fougueux et son regard de feu, mais aussi sur le fait qu'il était facilement accessible et près du «monde ordinaire». Finalement, une légende qui en a fait le «drapeau du

N°	POS	JOUEURS	PJ	B	A	PTS	PUN
5	AD	Bernard Geoffrion	64	50	45	95	29
4	C	Jean Béliveau	69	32	58	90	57
12	AG	Dickie Moore	57	35	34	69	62
16	C	Henri Richard	70	24	44	68	91
18	AG	Marcel Bonin	65	16	35	51	45
8	AD	Bill Hicke	70	18	27	45	31
2	D	Doug Harvey	58	6	33	39	48
6	C	Ralph Backstrom	69	12	20	32	44
22	AG	Don Marshall	70	14	17	31	8
17	D	Jean-Guy Talbot	70	5	26	31	143
15	AG	Jean-Guy Gendron	44	9	12	21	51
21	AG	Gilles Tremblay	45	7	11	18	4
10	D	Tom Johnson	70	1	15	16	54
14	AD	Claude Provost	49	11	4	15	32
19	D	Albert Langlois	61	1	12	13	56
20	C	Phil Goyette	62	7	4	11	4
23	AG	Andre Pronovost	21	1	5	6	4
3	D	Jean-Claude Tremblay	29	1	3	4	18
11	D	Bob Turner	60	2	2	4	16
24	AD	Robert Rousseau	15	1	2	3	4
25	C	Cliff Pennington	4	1	0	1	0
3	D	Jean Gauthier	4	0	1	1	8
15	AD	Wayne Connelly	3	0	0	0	0
25	C	Glen Skov	3	0	0	0	0
1	G	Charlie Hodge	30	0	0	0	0
1	G	Jacques Plante	40	0	0	0	2

GARDIENS	PJ	G	P	N	MIN	BC	BL	MOY
Charlie Hodge	30	18	8	4	1800	74	4	2,47
Jacques Plante	40	23	11	6	2400	112	2	2,80

ÉQUIPE 1960-61

Entraîneur : Toe Blake (70-41-19-10)

L'annonce de la retraite de Maurice Richard secoue les médias et surtout les partisans.

Pilous, qui n'ont pas atteint la finale de la Ligue depuis dix-sept ans, renversent les Canadiens en six parties et gagnent ensuite la coupe contre Detroit. Hall, l'homme de fer du hockey, a disputé toutes les parties de son équipe, soit 82.

● Sylvio Mantha et Frank Selke accèdent au Temple de la renommée du hockey en septembre.

● Le Rocket n'est pas le seul absent de l'édition 1960-61 des Canadiens. Ken Mosdell l'a devancé en annonçant sa retraite en mai 1960.

● Don Marshall atteint le chiffre des 400 matchs et Tom Johnson, celui des 700, en novembre. En décembre, c'est au tour de Dickie Moore d'inscrire 500 parties à son compteur. Deux mois plus tard, il marque un 500ᵉ point, tandis que Geoffrion y va d'un 600ᵉ. Béliveau rejoint le club des 500 matchs en mars, avant d'obtenir son 600ᵉ point au dernier rendez-vous de la saison.

● Le défenseur Al MacNeil, qui deviendra un entraîneur controversé chez les Canadiens une dizaine d'années plus tard, arrive de Toronto, en retour de Stan Smrke.

● Autre échange chez les Canadiens en novembre. André Pronovost est envoyé à Boston en retour de Jean-Guy Gendron.

TROPHÉES

COUPE STANLEY	
Black Hawks de Chicago	
TROPHÉE PRINCE-DE-GALLES	
Canadiens de Montréal	
TROPHÉE HART	
Bernard Geoffrion	
Canadiens de Montréal	
TROPHÉE ART-ROSS	
Bernard Geoffrion	
Canadiens de Montréal	
TROPHÉE LADY-BYNG	
Red Kelly	
Maple Leafs de Toronto	
TROPHÉE CALDER	
Dave Keon	
Maple Leafs de Toronto	
TROPHÉE GEORGES-VÉZINA	
Johnny Bower	
Maple Leafs de Toronto	
TROPHÉE JAMES-NORRIS	
Doug Harvey	
Canadiens de Montréal	

peuple francophone », comme l'a exprimé un jour Camil DesRoches, lui aussi étroitement lié à l'histoire du Tricolore.

AU TOUR DE GEOFFRION

Les joueurs du Tricolore avaient réussi à contenir les efforts de Gordie Howe au dernier match de la saison 1952-53 pour l'empêcher de rééditer l'exploit du Rocket. Howe s'était arrêté à 49 buts. Mais cette fois-ci, tout comme en 1955-56 — alors que Béliveau en avait obtenu 47 —, il est plus embêtant de restreindre les élans d'un membre de sa propre équipe.

Au moment de sa retraite, le Rocket détient 17 records établis en saisons régulières et 16 en séries.

Bernard Geoffrion n'est pourtant pas le seul à l'assaut du record du Rocket. Le 12 février, un mois avant la fin de la saison, Frank Mahovlich des Maple Leafs est déjà rendu à 43 buts et Geoffrion tire de l'aile à 32. Avec une quinzaine de matchs à jouer, Mahovlich ralentit et ne marque que cinq filets supplémentaires. Le Boomer de son côté fait flèche de tout bois et compte 16 fois en 12 matchs puis obtient un 49ᵉ but à la 67ᵉ rencontre du club. Quatre jours plus tard, contre Toronto au Forum, sous les yeux du Rocket assis dans les gradins, Geoffrion capte une passe de Gilles Tremblay avec cinq minutes à jouer et décoche un tir frappé qui ne laisse aucune chance à Cesare Maniago. Les partisans du club, dont certains ont payé leur billet six fois le prix aux revendeurs, laissent éclater leur joie à la face d'un Mahovlich dépité. Par contre, malgré ses efforts, Geoffrion n'obtiendra pas de 51ᵉ but lors des deux dernières parties. Les six rencontres manquées en raison de blessures auront fait la différence.

Les 50 buts de Geoffrion jumelés à son championnat des marqueurs lui vaudront le titre de joueur le plus utile et une place dans la première équipe d'étoiles.

Au tour du Boomer d'inscrire 50 buts en une même saison.

The Montreal Star N.H.L. Hockey Schedule 1960-61

● Howe devient le premier joueur à atteindre les 1 000 points en saisons régulières en novembre.

● Aussi incroyable que cela puisse paraître, les Bruins n'inscrivent que deux victoires à l'extérieur au cours de la saison. Pourtant, ce record peu enviable sera égalé à quelques reprises par la suite et ramené à une seule victoire par les Capitals de Washington (en 1974-75) et les Sénateurs d'Ottawa (en 1992-93).

● Le hockey est devenu très populaire partout. La Ligue annonce une assistance de 2,5 millions de personnes pour la saison et les séries.

● Punch Imlach améliore constamment son équipe à Toronto. Ses dernières trouvailles : deux jeunes joueurs, l'un du nord de l'Ontario, Bob Nevin, et l'autre de l'Abitibi, Dave Keon. Ce dernier remporte le trophée Calder devant Nevin.

● La finale de la coupe Stanley oppose deux

formations américaines, Chicago et Detroit, pour la première fois depuis 1950.

● Les magnats de la LNH annoncent au terme de leur assemblée annuelle de 1960 que les villes de Los Angeles et San Francisco seront les premières considérées lorsque viendra le temps de procéder à un élargissement du circuit.

● Un quatrième trophée du joueur le plus gentilhomme pour Red Kelly, le premier avec Toronto.

C'est le Montreal Star qui se charge de faire distribuer la version anglaise du calendrier des parties.

1960-1961

CAPITAINE HARVEY

Doug Harvey est populaire auprès de ses coéquipiers et déjà son nom avait circulé lorsque Maurice Richard remplace Butch Bouchard comme capitaine. L'élection de Harvey déplaît à Selke, qui aurait bien aimé le virer en raison de son rôle dans la mise sur pied de l'association des joueurs. Mais Harvey est indispensable aux Canadiens. Il va d'ailleurs remporter un 6e trophée Norris en 7 ans à la fin de la campagne et obtenir une 10e sélection dans les équipes d'étoiles.

Les joueurs portent leur choix sur Harvey à la quasi-unanimité et celui-ci devient le 15e capitaine de l'histoire du club.

	PJ	G	P	N	BP	BC	PTS
Montréal (Canadiens)	70	41	19	10	254	188	92
Toronto (Maple Leafs)	70	39	19	12	234	176	90
Chicago (Black Hawks)	70	29	24	17	198	180	75
Detroit (Red Wings)	70	25	29	16	195	215	66
New York (Rangers)	70	22	38	10	204	248	54
Boston (Bruins)	70	15	42	13	176	254	43

MEILLEURS MARQUEURS					
	PJ	B	A	PTS	PUN
Bernard Geoffrion Canadiens	64	50	45	95	29
Jean Béliveau Canadiens	69	32	58	90	57
Frank Mahovlich Toronto	70	48	36	84	131
Andy Bathgate New York	70	29	48	77	22
Gordie Howe Detroit	64	23	49	72	30
Norm Ullman Detroit	70	28	42	70	34
Red Kelly Toronto	64	20	50	70	12
Dickie Moore Canadiens	57	35	34	69	62
Henri Richard Canadiens	70	24	44	68	91
Alex Delvecchio Detroit	70	27	35	62	26

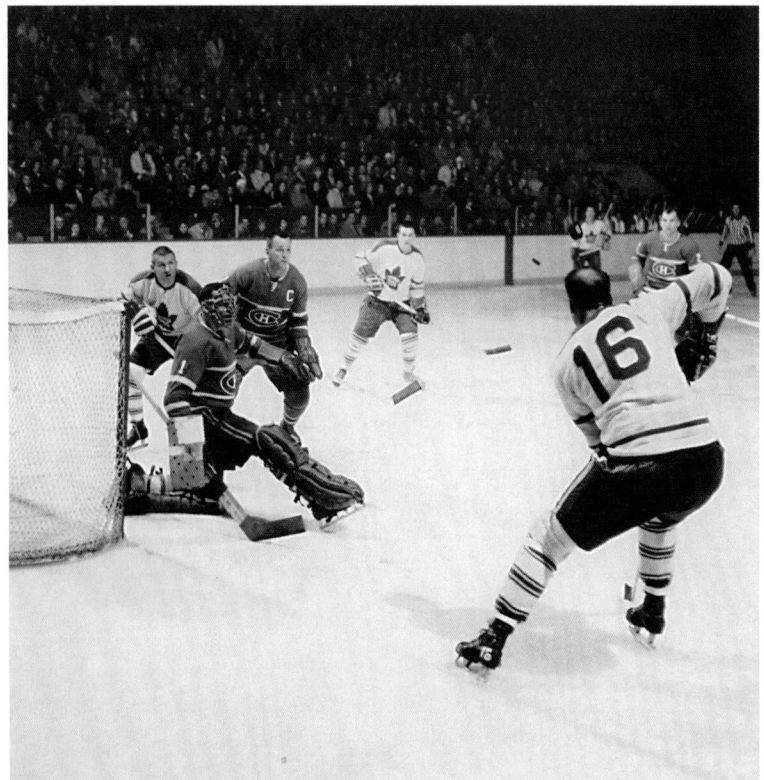

Malgré le désaccord de Selke, Doug Harvey est désigné capitaine par ses coéquipiers.

1961 Ⓒ 1962

CINQUIÈME CHAMPIONNAT D'AFFILÉE EN SAISON POUR LES CANADIENS, QUI PERDENT DE NOUVEAU CONTRE LES BLACK HAWKS EN DEMI-FINALE. TORONTO, QUI N'AVAIT PAS OBTENU LA COUPE STANLEY DEPUIS LE BUT HISTORIQUE DE BILL BARILKO EN 1951, DÉFAIT CHICAGO EN SIX LORS DE LA FINALE. BOBBY HULL ET ANDY BATHGATE FINISSENT À ÉGALITÉ AVEC 84 POINTS DANS LA COURSE AU CHAMPIONNAT DES MARQUEURS, MAIS HULL MÉRITE LE TITRE GRÂCE À SES 50 BUTS. RALPH BACKSTROM EST LE MEILLEUR DES CANADIENS AVEC 65 POINTS EN 7ᴱ PLACE. PLANTE REPREND SON TROPHÉE VÉZINA ET OBTIENT AUSSI LE TROPHÉE HART COMME JOUEUR LE PLUS UTILE, TANDIS QUE DOUG HARVEY, MAINTENANT AVEC LES RANGERS, EST TOUJOURS LE MEILLEUR DÉFENSEUR. ROBERT ROUSSEAU EST ÉLU RECRUE DE L'ANNÉE ET DAVE KEON SUCCÈDE À SON COÉQUIPIER RED KELLY COMME JOUEUR LE PLUS GENTILHOMME.

Harvey écope

On n'a jamais pardonné à Harvey son rôle dans la création d'une association de joueurs ; il en perdra son poste.

Le Rocket n'est plus là. Les nouvelles vedettes du hockey s'appellent Bobby Hull, Frank Mahovlich et Stan Mikita. La série victorieuse en finale de la coupe Stanley a été interrompue, mais le Tricolore possède la meilleure offensive du circuit une neuvième année de suite. Et Jacques Plante a retrouvé ses réflexes devant le filet.

Mais Frank Selke n'a jamais pardonné à Doug Harvey le rôle que celui-ci a exercé dans la mise sur pied d'un syndicat des joueurs. Jusqu'à maintenant, le capitaine a été épargné parce qu'il était indispensable à la défensive du club. Six fois récipiendaire du trophée Norris en sept ans, Harvey est reconnu comme le meilleur arrière-garde du circuit et on le croit indélogeable de Montréal. Surtout que, au début de sa carrière, il avait repoussé une offre des Braves de Boston au baseball professionnel, préférant le hockey et les Canadiens.

● Maurice Richard est intronisé au Temple de la renommée en juin 1961, quelques mois après avoir annoncé sa retraite, en même temps que George Hainsworth et Joe Hall. En décembre de cette année, un nouvel aréna qui porte son nom est inauguré à Montréal.

● Autres grands honneurs pour le Rocket qui est d'abord désigné « athlète de la décennie au hockey » par une influente organisation new-yorkaise et ensuite reconnu comme l'un des plus grands athlètes de l'histoire par le B'Nai B'rith d'Amérique du Nord, avec Jack Dempsey (boxe), Bonny Jones (golf), Ty Cobb (baseball), Harold Grange (football), Jesse Owens (athlétisme) et Don Budge (tennis).

● Le Tricolore renoue avec une ancienne tradition en tenant son camp d'entraînement à l'extérieur du Québec. Au début des années 1920 (1922-23 à 1924-25), le club s'était entraîné trois ans de suite à Grimsby, en Ontario. Cette fois, on opte pour Victoria, en Colombie-Britannique. L'équipe dispute aussi quelques rencontres d'exhibition dans l'Ouest avant le début de la saison.

● Les joueurs des Canadiens monopolisent encore la moitié des trophées individuels de la Ligue. En plus des trophées Hart et Vézina pour Plante, Robert Rousseau est choisi recrue de l'année. Quant à Jean-Guy Talbot, premier chez les défenseurs avec 47 points (5-42), il termine derrière Harvey au scrutin du trophée James-Norris. Il est aussi choisi dans la première équipe d'étoiles avec Plante.

● Fort d'un cinquième championnat de suite en saison, le Tricolore entreprend les séries avec deux gains contre Chicago, mais perd les quatre matchs suivants. Durant la saison, l'équipe de Blake a inscrit une série de 12 parties sans défaites, en janvier.

1961-1962

Pourtant, Selke cède les droits de son valeureux défenseur aux Rangers de New York pour 1 $ et des considérations futures lors du repêchage intraligue. D'aucuns diront que Selke a vu venir la fin pour son défenseur. Il n'en est rien puisque celui-ci, devenu joueur-entraîneur chez les Rangers, remportera un septième trophée Norris. Par contre, il est certain que le rusé gérant du Tricolore cherchait depuis longtemps à ajouter de la robustesse en défensive pour protéger les petits joueurs de l'équipe, même si Jean-Guy Talbot, avec le club depuis six ans, s'était montré plus agressif la saison précédente. Sur ce plan, le robuste Lou Fontinato, obtenu « en considération » dans la transaction qui a envoyé Harvey à New York, va se rendre fort utile aux Canadiens. De plus, il est de sept ans son cadet. Il domine la Ligue avec 167 minutes de punitions à sa première saison à Montréal.

Harvey ne se remettra jamais de la décision de son ancien patron. Après New York, il ira dans la ligue Américaine, notamment avec les As de Québec, avant de revenir brièvement à Detroit, puis chez les Blues de St. Louis au moment de la grande expansion de 1967. Il quittera le jeu avec amertume à la fin des années 1960 et connaîtra une retraite difficile, marquée par des problèmes d'alcool.

Doug Harvey, le meilleur défenseur de l'histoire des Canadiens et l'un des plus grands de la Ligue nationale, est décédé le lendemain de Noël en 1989.

Le nom de Doug Harvey demeurera associé aux plus grands défenseurs de l'histoire de la Ligue.

№	POS	JOUEURS	PJ	B	A	PTS	PUN
		ÉQUIPE 1961-62					
		Entraîneur : Toe Blake (70-42-14-14)					
6	C	Ralph Backstrom	66	27	38	65	29
14	AD	Claude Provost	70	33	29	62	22
5	AD	Bernard Geoffrion	62	23	36	59	36
21	AG	Gilles Tremblay	70	32	22	54	28
8	AD	Bill Hicke	70	20	31	51	42
16	C	Henri Richard	54	21	29	50	48
17	D	Jean-Guy Talbot	70	5	42	47	90
22	AG	Don Marshall	66	18	28	46	12
15	AD	Robert Rousseau	70	21	24	45	26
4	C	Jean Béliveau	43	18	23	41	36
12	AG	Dickie Moore	57	19	22	41	54
20	C	Phil Goyette	69	7	27	34	18
18	AG	Marcel Bonin	33	7	14	21	41
3	D	Jean-Claude Tremblay	70	3	17	20	18
10	D	Tom Johnson	62	1	17	18	45
19	D	Lou Fontinato	54	2	13	15	167
23	D	Al MacNeil	61	1	7	8	74
24	C	Gordon Berenson	4	1	2	3	4
11	D	Jean Gauthier	12	0	1	1	10
24	AG	Chuck Hamilton	1	0	0	0	0
25	C	Billy Carter	7	0	0	0	4
1	G	Jacques Plante	70	0	0	0	14
26	AD	Keith McCreary	-	-	-	-	-

GARDIEN	PJ	G	P	N	MIN	BC	BL	MOY
Jacques Plante	70	42	14	14	4200	166	4	2,37

● Bernard Geoffrion, qui possède quelques clauses de prime au rendement dans son contrat, serait le joueur le mieux payé du club.

● Les journaux rapportent que Frank Selke aurait réussi à sauver le défenseur Terry Harper du repêchage en le faisant jouer un certain temps à l'aile droite avec le club de Hull-Ottawa.

● Tom Johnson est maintenant le vétéran de l'équipe avec plus de 800 parties jouées, à la fin de la saison. Geoffrion suit avec 600, tandis que Moore, Béliveau, Marshall et Plante en comptent plus de 500. Quant à Henri Richard, Jean-Guy Talbot et Claude Provost, ils disputent leur 400e partie dans l'uniforme des Canadiens au cours de l'année. D'autre part, Henri Richard obtient son 400e point en janvier et Geoffrion, son 325e but en mars.

Robert Rousseau reçoit le trophée Calder à titre de recrue de l'année.

TROPHÉES

COUPE STANLEY	
Maple Leafs de Toronto	
TROPHÉE PRINCE-DE-GALLES	
Canadiens de Montréal	
TROPHÉE HART	
Jacques Plante	
Canadiens de Montréal	
TROPHÉE ART-ROSS	
Bobby Hull	
Black Hawks de Chicago	
TROPHÉE LADY-BYNG	
Dave Keon	
Maple Leafs de Toronto	
TROPHÉE CALDER	
Robert Rousseau	
Canadiens de Montréal	
TROPHÉE GEORGES-VÉZINA	
Jacques Plante	
Canadiens de Montréal	
TROPHÉE JAMES-NORRIS	
Doug Harvey	
Rangers de New York	

LE RETOUR DE JACQUES PLANTE

1961-1962

Jacques Plante accepte une diminution de salaire de 1 000 $ mais obtient de Selke, toujours aussi dur en affaires, une promesse de prime en cas de saison extraordinaire.

Le début de campagne est difficile et le gardien masqué doit tenir à bout de bras l'équipe décimée par les blessures sérieuses de Béliveau, Moore, Geoffrion et Johnson. Mais il réussit tant et si bien que l'équipe remporte un cinquième championnat consécutif de saison. Sans compter qu'il récupère le trophée Vézina, perdu aux mains de Johnny Bower l'année précédente. Il s'agit pour Plante d'une sixième sélection en sept ans à titre de meilleur gardien du circuit. Mieux encore, il devient le quatrième gardien — le dernier jusqu'à Dominik Hasek en 1997 — à recevoir le trophée du joueur le plus utile.

Plante donne 42 victoires aux Canadiens en saison régulière. C'est la 3e fois qu'il obtient 40 victoires et plus en une année.

Et Plante a reçu la prime promise par Selke.

● Le gardien Don Simmons, qui avait mené les Bruins à la finale en 1957 et 1958 contre les Canadiens, est échangé aux Maple Leafs en cours de saison. Il remplace Johnny Bower, blessé lors du quatrième match de la finale, et conduit les Torontois à la coupe en gagnant les deux dernières rencontres. Ce sera sa dernière participation aux séries.

● Bobby Hull, qui porte encore le numéro 7, marque son 50e but de la saison et s'assure le titre des marqueurs au dernier match de l'année,

contre Lorne Worsley, le gardien des Rangers, qui alignent Andy Bathgate, son grand rival dans la course au championnat des marqueurs.

● Gordie Howe devient, en novembre, le premier joueur de la Ligue à avoir disputé 1 000 parties en saisons régulières. En mars, il rejoint le Rocket dans le cercle restreint des compteurs de 500 buts. Howe, qui jouera 26 saisons dans la LNH, détient toujours le premier rang avec 1 767 matchs.

● Glenn Hall, le gardien le plus résistant de l'histoire de la LNH, est honoré par la direction des Black Hawks en janvier, après avoir participé à 500 matchs consécutifs, incluant les séries, et ce, même si la nervosité le fait vomir avant chaque partie.

● Stafford Smythe, Harold Ballard et John Bassett achètent le Garden de Toronto en début de saison et entreprennent un long règne dans l'entourage des Maple Leafs. Pendant ce temps, le coloré Phil Watson reprend du service comme

entraîneur des Bruins à la place de Milt Schmidt, qui reviendra au poste l'année suivante.

● La Ligue inaugure sur le terrain de l'Exposition de Toronto un édifice destiné à accueillir les souvenirs de ses élus au Temple de la renommée, lequel compte maintenant 89 membres.

● Ed Litzenberger et Al Albour, deux coéquipiers chez les Black Hawks, champions de la coupe Stanley en 1961, sont de nouveau réunis chez les Leafs de Toronto, champions de 1962.

GEOFFRION MÉCONTENT

1961-1962

Le choix de Jean Béliveau pour remplacer Doug Harvey au poste de capitaine rend Geoffrion tellement mécontent qu'il ne peut cacher sa déception. Boom-Boom croyait bien que son rôle dans l'équipe et surtout son ancienneté lui vaudraient le poste, mais Béliveau est préféré au deuxième tour.

Ce dernier propose à Selke de céder le poste de capitaine à son coéquipier, mais le gérant refuse. Tout comme il refusera l'offre du gérant des Bruins, Milt Schmidt, qui désire acquérir les services de Geoffrion au moyen d'un échange, pour en faire son capitaine.

En raison du mécontentement de Geoffrion, Béliveau lui offre de lui céder son titre de capitaine.

	PJ	G	P	N	BP	BC	PTS
Montréal (Canadiens)	70	42	14	14	259	166	98
Toronto (Maple Leafs)	70	37	22	11	232	180	85
Chicago (Black Hawks)	70	31	26	13	217	186	75
New York (Rangers)	70	26	32	12	195	207	64
Detroit (Red Wings)	70	23	33	14	184	219	60
Boston (Bruins)	70	15	47	8	177	306	38

MEILLEURS MARQUEURS

		PJ	B	A	PTS	PUN
Bobby Hull	Chicago	70	50	34	84	35
Andy Bathgate	New York	70	28	56	84	44
Gordie Howe	Detroit	70	33	44	77	54
Stan Mikita	Chicago	70	25	52	77	97
Frank Mahovlich	Toronto	70	33	38	71	87
Alex Delvecchio	Detroit	70	26	43	69	18
Ralph Backstrom	Canadiens	66	27	38	65	29
Norm Ullman	Detroit	70	26	38	64	54
Bill Hay	Chicago	60	11	52	63	34
Claude Provost	Canadiens	70	33	29	62	22

Quelque temps après sa retraite, Maurice Richard a tenu une taverne portant son nom.

1962 Ⓗ 1963

CINQ POINTS SÉPARENT LES QUATRE PREMIERS CLUBS AU CLASSEMENT FINAL. TORONTO DEVANCE CHICAGO PAR UN SEUL POINT AU SOMMET ET REMPORTE ENSUITE UNE DEUXIÈME COUPE STANLEY D'AFFILÉE, BATTANT À TOUR DE RÔLE LES CANADIENS, TROISIÈMES AU CLASSEMENT, ET LES RED WINGS EN CINQ PARTIES. BOSTON, LOIN DERRIÈRE LES AUTRES, MANQUE LES SÉRIES UNE QUATRIÈME FOIS DE SUITE. GORDIE HOWE REVIENT EN FORCE AVEC LE TITRE DES MARQUEURS ET BATHGATE EST ENCORE DEUXIÈME. HENRI RICHARD EST LE MEILLEUR DU TRICOLORE, EN CINQUIÈME PLACE. HOWE REÇOIT AUSSI LE TROPHÉE HART. DAVE KEON GARDE LE TITRE DU PLUS GENTILHOMME, CELUI DE LA RECRUE VA À SON COÉQUIPIER KENT DOUGLAS. ON ASSISTE À UNE RELÈVE DE LA GARDE EN DÉFENSIVE AVEC LE TROPHÉE DE MEILLEUR GARDIEN À GLENN HALL ET CELUI DE PREMIER DÉFENSEUR À PIERRE PILOTE.

Une bien triste fin de carrière pour l'homme fort du Tricolore.

Fin tragique d'une carrière

Lou Fontinato, le dur à cuire obtenu des Rangers de New York l'année précédente en retour des services de Doug Harvey, a la responsabilité de faire respecter les joueurs des Canadiens, qui manquent un peu de robustesse depuis le départ du Rocket, selon les dires des journalistes.

Fontinato ne met pas de temps à imposer sa loi à Montréal, comme il le faisait à New York. À sa première saison dans l'uniforme tricolore en 1961-62, une fois de plus il domine la Ligue avec 167 minutes de punitions.

● Les Canadiens établissent une nouvelle marque de matchs nuls dans la Ligue avec 23, un record qui sera battu par un match par les Flyers de Philadelphie, dans une saison de 76 parties, en 1969-70.

● Geoffrion est en furie et exprime sa frustration aux médias lorsque Maurice Richard dresse sa liste des meilleurs ailiers droits de l'histoire, publiée dans le *Hockey Illustrated,* en novembre. Richard place Gordie Howe au premier rang, suivi d'Andy Bathgate et de Geoffrion en troisième place. Le Rocket mentionne de plus que le joueur des Canadiens « devrait travailler plus fort et qu'il a besoin de désir ». Cette dernière phrase fait bondir Boom-Boom qui se promet de lui faire connaître sa façon de penser à la première occasion. La sortie de Geoffrion fait la manchette du *Petit Journal,* sous la plume de Jean Aucoin.

● Le bouillant Geoffrion est de nouveau sur la sellette en mars, lorsque le président Campbell le suspend pour cinq parties pour avoir lancé son bâton et ses gants en direction de l'arbitre Vern Buffey, qui venait de sévir à son endroit.

● Ken Reardon, vice-président des Canadiens, venge l'honneur du Rocket en réclamant l'attaquant Art Jones des Buckaroos de Portland, un joueur qui n'apparaît absolument pas dans les plans du Tricolore, mais qui représente la grosse attraction du club de l'Ouest. Hal Laycoe, le gérant de Portland et celui-là même qui fut à la source de la sévère suspension de Richard en 1955, est aux abois et clame que le club perdra 100 000 $ aux guichets sans Jones. Et Reardon de répliquer : « Nous avons agi de la sorte pour venger l'honneur du Rocket. » Jones ne disputera aucun match dans la LNH.

● Gordon Red Berenson, l'un des rares joueurs de la LNH à avoir fréquenté une université américaine, s'amène à Montréal avec un casque protecteur, ce qui ne plaît pas beaucoup à Selke.

1962-1963

● Les crises d'asthme de Plante l'obligent à s'absenter une quinzaine de parties et c'est Cesare Maniago, du club de Hull-Ottawa qui assure la relève.

● Dickie Moore en est à sa dernière campagne avec les Canadiens. Il connaît encore de bons moments, comme cette soirée de cinq points contre Boston en mars.

● Marcel Bonin est aussi obligé de prendre sa retraite par suite d'une importante intervention chirurgicale au dos au cours de l'été. Il est fêté par les joueurs et les supporters de l'équipe à la fin d'octobre. Bonin devient ensuite policier à Joliette.

● Claude Provost, meilleur compteur de l'équipe l'année précédente avec 33 buts, continue de se signaler. Il obtient le 300e point de sa carrière en janvier, peu avant de disputer son 500e match avec le club.

● Une poursuite judiciaire de l'arbitre Eddie Powers contre Toe Blake, qui avait critiqué son travail dans le *Montréal-Matin*, se règle finalement hors cour, avec les excuses du pilote et du journal à l'endroit de l'officiel. Mais Powers quitte l'arbitrage, comme l'avait fait Red Storey, en invoquant

le manque de soutien du président Campbell.

● Les Canadiens sont humiliés par les Maple Leafs qui les balaient en seulement cinq rencontres en demi-finale. Johnny Bower les limite à six maigres filets et signe deux jeux blancs, tandis que Dave Keon, l'un des plus brillants joueurs de l'histoire des Leafs, sonne la charge à l'offensive.

● Jack Laviolette est enfin intronisé au Temple de la renommée, en compagnie de Didier Pitre, John Ambrose O'Brien et 33 autres joueurs et bâtisseurs.

ÉQUIPE 1962-63

Entraîneur : Toe Blake (70-28-19-23)

N°	POS	JOUEURS	PJ	B	A	PTS	PUN
16	C	Henri Richard	67	23	50	73	57
4	C	Jean Béliveau	69	18	49	67	68
12	AG	Dickie Moore	67	24	26	50	61
14	AD	Claude Provost	67	20	30	50	26
21	AG	Gilles Tremblay	60	25	24	49	42
5	AD	Bernard Geoffrion	51	23	18	41	73
8	AD	Bill Hicke	70	17	22	39	39
15	AD	Bobby Rousseau	62	19	18	37	15
6	C	Ralph Backstrom	70	23	12	35	51
22	AG	Don Marshall	65	13	20	33	6
17	D	Jean-Guy Talbot	70	3	22	25	51
11	D	Jean Gauthier	65	1	17	18	46
3	D	Jean-Claude Tremblay	69	1	17	18	10
20	C	Phil Goyette	32	5	8	13	2
19	D	Lou Fontinato	63	2	8	10	141
18,24	C	Gordon Berenson	37	2	6	8	15
10	D	Tom Johnson	43	3	5	8	28
25	AG	Bill McCreary	14	2	3	5	0
26	AD	Gerry Brisson	4	0	2	2	4
26	D	Jacques Laperrière	6	0	2	2	2
23	D	Terry Harper	14	1	1	2	10
1	G	Jacques Plante	56	0	1	1	2
1	G	Ernie Wakely	1	0	0	0	0
25	AD	Claude Larose	4	0	0	0	0
1	G	Cesare Maniago	14	0	0	0	2
24	C	Bill Sutherland	-	-	-	-	-

GARDIENS	PJ	G	P	N	MIN	BC	BL	MOY
Jacques Plante	56	22	14	19	3320	138	5	2,49
Ernie Wakely	1	1	0	0	60	3	0	3,00
Cesare Maniago	14	5	5	4	820	42	0	3,07

Henri Richard, un habile patineur, domine les marqueurs des Canadiens.

Mais le 9 mars, au Forum, dans l'un des derniers matchs de la saison justement contre les Rangers, sa vie bascule complètement et sa carrière de hockeyeur prend fin abruptement. Dans le feu de l'action, il tente d'éviter une mise en échec de Vic Hadfield, perd l'équilibre et se retrouve tête première dans la bande. Les joueurs et les secouristes se précipitent et ont vite fait de constater les dommages. Fontinato a le cou fracturé et est paralysé de tous les membres.

Une intervention chirurgicale de sept heures lui sauve la vie, mais c'en est fait de la carrière de la terreur de la Ligue nationale. Il demeurera hospitalisé quelques mois avant de poursuivre sa convalescence sur sa ferme de Guelph, en Ontario.

Mais la vie continue. Cette même année, Howie Young, le défenseur au sourire désarmant des Red Wings de Detroit, établit un nouveau record de 273 minutes de punitions, reléguant aux oubliettes celui de 202 minutes de Fontinato.

UNE OFFENSIVE REDOUTABLE

Le Tricolore ne constitue plus la première force de la Nationale. Toronto et Chicago, avec les Mahovlich, Hull et Mikita, retiennent davantage l'attention, quand ce n'est pas le vieillissant mais toujours efficace Gordie Howe à Detroit. N'empêche que pour une dixième année de suite, le Tricolore présente la meilleure offensive du circuit avec 225 buts. Six joueurs en inscrivent 20 ou plus, le plateau de l'excellence à l'époque. Gilles Tremblay obtient le plus haut total (25). C'est cependant Henri Richard qui domine les pointeurs du club avec 73 points (23-50), six de mieux que Béliveau (18-49).

La lutte au championnat, serrée tout au long de la saison, favorise l'explosion des bons compteurs même si personne n'atteint le chiffre de 40 au cours de l'année. Toronto, nouvelle puissance du hockey, met un terme aux cinq championnats des Canadiens en l'emportant par un seul point sur Chicago. Montréal suit deux points derrière les Hawks et Detroit ferme la marche des quatre puissants à 77 points, 5 de moins que les Leafs qui n'ont pas remporté de championnat depuis 15 ans.

● Red Kelly se fait élire député au parlement d'Ottawa durant l'intersaison, mais continue de jouer avec les Maple Leafs. Kelly gagne son élection aux dépens du futur directeur de l'Association des joueurs, Alan Eagleson.

● La séquence de matchs consécutifs disputés par un gardien s'arrête à 502 lorsque Glenn Hall doit céder sa place à Denis DeJordy peu avant le début du match du 10 novembre contre les Canadiens, en raison d'une

blessure au dos. Hall a aussi gardé le filet des Hawks pendant 49 autres parties éliminatoires consécutives sans jamais porter de masque. Il reçoit son premier trophée Vézina au terme de la saison.

● Jack Adams quitte l'organisation des Red Wings qu'il avait mise sur pied 35 ans plus tôt, pour devenir président de la nouvelle Ligue centrale de hockey.

● Gordie Howe s'inscrit dans l'histoire comme l'un des plus grands athlètes avec

un sixième trophée Art-Ross à titre de meilleur marqueur, suivi d'un sixième trophée Hart pour le joueur le plus utile.

● Doug Harvey abandonne la fonction d'entraîneur des Rangers pour se concentrer sur son rôle de joueur. L'année précédente, il n'en avait pas moins conduit l'équipe aux séries pour la première fois en quatre ans. De son côté, Phil Watson n'obtient pas beaucoup de succès à Boston, avec une seule victoire à ses 14 premières parties.

Milt Schmidt récupère alors son ancien poste.

● Kent Douglas, nouveau défenseur des Leafs, est le premier joueur à cette position à obtenir le trophée Calder dans l'histoire de la LNH.

● James Norris, propriétaire des Black Hawks, offre un million aux Maple Leafs pour les services de Frank Mahovlich. L'offre est tentante, mais Stafford Smythe s'y oppose à la dernière minute.

1962-1963

L'ŒIL AVISÉ DE PLANTE

Jacques Plante est non seulement un innovateur – l'invention du masque, les sorties autour du filet et autres –, il a l'œil pour analyser toutes les facettes du jeu. Fin janvier, lors d'un match à Chicago, quelques semaines après avoir signé sa 300e victoire dans l'uniforme des Canadiens, il surprend tout le monde en demandant de faire mesurer le filet. Du même souffle, il affirme que les buts sont également moins hauts à New York et à Boston que dans les autres villes. Il a constaté cette anomalie à sa façon de se placer devant le but.

Vérifications faites, on est forcé de lui donner raison. Dans les arénas mentionnés, la barre transversale du filet est soudée devant les barres verticales plutôt que par-dessus. Plante est d'avis que cette différence favorise nettement les gardiens locaux sur une longue période.

Cette année-là, c'est Glenn Hall, gardien des Black Hawks, qui ravit le trophée Vézina à Plante.

Jacques Plante connaît tous les trucs du métier et s'en sert à son avantage lorsque nécessaire.

TROPHÉES
COUPE STANLEY
Maple Leafs de Toronto
TROPHÉE PRINCE-DE-GALLES
Maple Leafs de Toronto
TROPHÉE HART
Gordie Howe
Red Wings de Detroit
TROPHÉE ART-ROSS
Gordie Howe
Red Wings de Detroit
TROPHÉE LADY-BYNG
Dave Keon
Maple Leafs de Toronto
TROPHÉE CALDER
Kent Douglas
Maple Leafs de Toronto
TROPHÉE GEORGES-VÉZINA
Glenn Hall
Black Hawks de Chicago
TROPHÉE JAMES-NORRIS
Pierre Pilote
Black Hawks de Chicago

	PJ	G	P	N	BP	BC	PTS
Toronto (Maple Leafs)	70	35	23	12	221	180	82
Chicago (Black Hawks)	70	32	21	17	194	178	81
Montréal (Canadiens)	70	28	19	23	225	183	79
Detroit (Red Wings)	70	32	25	13	200	194	77
New York (Rangers)	70	22	36	12	211	233	56
Boston (Bruins)	70	14	39	17	198	281	45

MEILLEURS MARQUEURS					
		PJ	B	A	PTS	PUN
Gordie Howe	Detroit	70	38	48	86	100
Andy Bathgate	New York	70	35	46	81	54
Stan Mikita	Chicago	65	31	45	76	69
Frank Mahovlich	Toronto	67	36	37	73	56
Henri Richard	**Canadiens**	67	23	50	73	57
Jean Béliveau	**Canadiens**	69	18	49	67	68
John Bucyk	Boston	69	27	39	66	36
Alex Delvecchio	Detroit	70	20	44	64	8
Bobby Hull	Chicago	65	31	31	62	27
Murray Oliver	Boston	65	22	40	62	38

CHICAGO ET MONTRÉAL SE LIVRENT UNE BATAILLE DE TOUS LES INSTANTS EN DEUXIÈME MOITIÉ DE SAISON, MAIS LE TRICOLORE SE COMPLIQUE LA TÂCHE EN PERDANT QUATRE PARTIES D'AFFILÉE AU DÉBUT DE MARS. LE CLUB PARVIENT FINALEMENT À DEVANCER LES HAWKS À L'AVANT-DERNIÈRE RENCONTRE ET L'EMPORTE PAR UN POINT. LA LUTTE EN SÉRIES EST TOUT AUSSI ÂPRE, CHAQUE SÉRIE SE RENDANT À LA LIMITE. TORONTO DISPOSE D'ABORD DU TRICOLORE ET DETROIT, DES HAWKS. EN FINALE, LES LEAFS S'ADJUGENT UNE TROISIÈME COUPE DE SUITE EN RAISON D'UNE VICTOIRE EN PROLONGATION GRÂCE À UN BUT DE BOBBY BAUN AU SIXIÈME MATCH ET D'UNE VICTOIRE FACILE AU SEPTIÈME. CHICAGO ET MONTRÉAL SE PARTAGENT LES TROPHÉES INDIVIDUELS, STAN MIKITA EST PREMIER MARQUEUR, PIERRE PILOTE, MEILLEUR DÉFENSEUR ET KEN WHARRAM GAGNE LE LADY-BYNG. CHEZ LES CANADIENS, BÉLIVEAU OBTIENT LE HART, CHARLIE HODGE, LE VÉZINA ET JACQUES LAPERRIÈRE, LE CALDER.

Frank Selke en a assez du caractère très particulier de son premier gardien et il l'expédie à New York.

Plante suit Harvey à New York

Les partisans des Canadiens sont secoués en apprenant la nouvelle à la radio ou en lisant leur journal : « Jacques Plante est échangé aux Rangers ». Comment pouvait-on se départir du meilleur gardien de la Ligue, six fois gagnant du trophée Vézina et qui avait largement contribué à la conquête de six coupes Stanley, dont cinq consécutives, à la fin des années 1950 ?

285

● Les Molson, qui occupent beaucoup de place dans la gestion du club, orientent lentement Frank Selke vers la retraite, craignant de perdre Sam Pollock, le dauphin du gérant de 70 ans, aux mains d'une autre organisation. Finalement, on convient de fixer son départ à l'année suivante.

● Jean Béliveau est sélectionné comme joueur le plus utile à son équipe pour la deuxième fois de sa carrière. Troisième marqueur de la Ligue, il mène le club à plusieurs victoires importantes. Il inscrit la 400e passe de sa carrière en octobre et devient le premier marqueur chez les joueurs de centre en décembre.

● Yvan Cournoyer obtient un essai de cinq matchs en cours de saison et marque quatre buts. Il devra attendre quelques saisons pour obtenir un poste régulier dans l'équipe.

● Robert Rousseau compte 5 buts, dont 3 par des tirs frappés de 40 pieds, contre Roger Crozier, gardien des Red Wings, lors du match du 1er février.

● Ralph Backstrom, recrue de l'année il y a à peine cinq ans, est déjà parvenu à son 400e match avec le club.

● Charlie Hodge, gardien substitut depuis cinq ans, a enfin la chance de montrer son talent avec le départ de Plante pour New York. Il dispute 62 parties, conserve une moyenne de 2,26 et reçoit le trophée Vézina dès sa première année comme gardien régulier. Il est aussi élu dans la deuxième équipe d'étoiles.

● Deux bâtisseurs de l'équipe, Léo Dandurand et Tommy Gorman, sont intronisés au Temple de la renommée avant le début de la saison.

● Onésime et Alice Richard, les parents de Maurice et d'Henri, assistent encore régulièrement aux rencontres de l'équipe au Forum, et ce, depuis maintenant 22 ans.

● Gary Monahan est le premier choix du tout premier

1963-1964

Lorne Worsley enfile les jambières de Plante, mais il est blessé en début de saison et ne disputera pas sa première saison à Montréal. Il fera même un long séjour dans la Ligue américaine, avec les As de Québec.

ÉQUIPE 1963-64

Entraîneur : Toe Blake (70-36-21-13)

No	POS	JOUEURS	PJ	B	A	PTS	PUN
4	C	Jean Béliveau	68	28	50	78	42
15	AD	Bobby Rousseau	70	25	31	56	32
16	AD	Henri Richard	66	14	39	53	73
22	AG	John Ferguson	59	18	27	45	125
20	AG	Dave Balon	70	24	18	42	80
5	AD	Bernard Geoffrion	55	21	18	39	41
21	AG	Gilles Tremblay	61	22	15	37	21
14	AD	Claude Provost	68	15	17	32	37
2	D	Jacques Laperrière	65	2	28	30	102
6	C	Ralph Backstrom	70	8	21	29	41
3	D	Jean-Claude Tremblay	70	5	16	21	24
8	D	Bill Hicke	48	11	9	20	41
19	D	Terry Harper	70	2	15	17	149
24	C	Gordon Berenson	69	7	9	16	12
17	D	Jean-Guy Talbot	66	1	13	14	83
23,25	AG	André Boudrias	4	1	4	5	2
25	AG	Yvan Cournoyer	5	4	0	4	0
23	AD	Claude Larose	21	1	1	2	43
18	D	Bryan Watson	39	0	2	2	18
11	D	Ted Harris	4	0	1	1	0
26	AD/D	Jim Roberts	15	0	1	1	2
30	G	Jean-Guy Morissette	1	0	0	0	0
11	D	Jean Gauthier	1	0	0	0	2
11	AD	Wayne Hicks	2	0	0	0	0
26	AD	Leon Rochefort	3	0	0	0	0
10	D	Marc Reaume	3	0	0	0	0
26	AD	Terry Gray	4	0	0	0	6
18	D	John Hanna	6	0	0	0	2
1	G	Lorne Worsley	8	0	0	0	0
1	G	Charlie Hodge	62	0	0	0	2

GARDIENS	PJ	G	P	N	MIN	BC	BL	MOY
Charlie Hodge	62	33	18	11	3720	140	8	2,26
Lorne Worsley	8	3	2	2	444	22	1	2,97
Jean-Guy Morissette	1	0	1	0	36	4	0	6,67

repêchage amateur de la Ligue. Monahan est sélectionné par les Canadiens et Peter Mahovlich, aussi du St. Michael de Toronto, est choisi deuxième par Detroit. Seulement 21 joueurs sont réclamés à cette séance tenue à l'hôtel Reine-Elizabeth, début juin.

● Le journaliste et doyen des annonceurs de langue française, Michel Normandin, décède subitement en novembre. Celui qui a fait la description des matchs des Canadiens pendant une douzaine d'années et aussi celle d'une multitude d'autres événements sportifs avait à peine cinquante ans. Michel Normandin avait également été l'adjoint de l'entraîneur Toe Blake pendant quelque temps, directeur exécutif des Alouettes au football et même conseiller municipal.

Michel Normandin

Une rumeur avait fait état d'une transaction de Frank Selke avec son homologue Muzz Patrick, des Rangers. Les noms mentionnés étaient ceux de Jacques Plante et Bernard Geoffrion, en retour de Lorne Worsley, Don McKenney, Camille Henry et Dave Balon. Finalement, la bombe éclate, impliquant sept joueurs. Le Tricolore se défait de Plante, Phil Goyette et Don Marshall, et reçoit en retour les services du gardien Worsley et de Léon Rochefort, Len Ronson et Dave Balon.

Selke qui n'appréciait pas le comportement de son gardien et qui ne se cachait pas pour le lui laisser savoir, a décidé de porter un grand coup à l'encontre des joueurs qui lui semblent repus de tant de conquêtes. Le fait que Plante et Marshall soient les porte-couleurs du Tricolore auprès de l'Association des joueurs a possiblement pesé dans la balance, mais, chose certaine, le caractère un peu particulier du cerbère ne le rendait pas particulièrement sympathique aux yeux du gérant et de l'entraîneur Blake. Pas plus que son côté individualiste.

À son arrivée à New York, Plante est accueilli en héros par la foule et en sauveur par l'entraîneur Red Sullivan. Celui-ci rêve d'un meilleur sort pour son équipe qui croupit dans la médiocrité depuis tant d'années. On verse un salaire de 24 000 $ à celui qu'on considère comme le meilleur gardien de l'histoire. Plante devient le mieux rémunéré de sa confrérie.

Le principal intéressé se permet quelques flèches empoisonnées à l'endroit de son ancienne organisation et s'engage à mener les Rangers aux séries. Malheureusement pour lui, les Rangers en seront de nouveau exclus et par une large marge. Lui-même inscrit la pire moyenne de sa carrière (3,38).

Les Canadiens tirent avantage de la situation même si Worsley, blessé en début de saison, est remplacé par Charlie Hodge durant la presque totalité de celle-ci. Hodge fait des merveilles, remporte le trophée Vézina et les Canadiens gagnent le championnat au dernier match de la saison, avant d'être éliminés par Toronto en demi-finale.

Maurice Richard est le porte-parole d'un petit guide de conseils pratiques reliés au hockey publié au cours de l'année. Les joueurs de l'édition 1963-64 sont mis à contribution pour sa réalisation.

● Après Boston, Detroit et Montréal, c'est maintenant au tour des Maple Leafs d'apparaître comme la nouvelle dynastie du hockey avec une troisième coupe Stanley d'affilée, même si l'équipe a dû se contenter du troisième rang. L'équipe torontoise revient de l'arrière quatre fois contre les Canadiens et l'emporte en sept parties, gagnant le dernier match 3 à 1 grâce à trois buts de Dave Keon. La finale contre Detroit est

également serrée, l'issue de cinq des six premiers matchs étant déterminée par un seul but. À la dernière rencontre, les Leafs, qui comptent une dizaine de futurs membres du Temple de la renommée dans leurs rangs, inscrivent trois buts en troisième et l'emportent aisément 4 à 0.

● Au cinquième match de cette série Toronto/Detroit, le défenseur Bobby Baun est sorti de la patinoire sur une civière. Il revient au match suivant, malgré ce qui s'est

avéré être une fracture à une cheville, pour marquer le but vainqueur en prolongation, lequel permettait aux Leafs d'égaler la série.

● Stan Mikita et Bobby Hull sont seuls en lutte pour le titre des marqueurs. Mikita l'emporte 89 à 87. Hull avec 43, ainsi que Mikita et Ken Wharram avec 39, dominent aisément les francs-tireurs. Camille Henry est le plus proche des trois Black Hawks avec 29 buts.

● Le 10 novembre contre les Canadiens, Gordie Howe éclipse le Rocket avec son 545e but et Terry Sawchuk rejoint George Hainsworth avec le 94e blanchissage de sa carrière. La même année, Howe déloge encore Richard avec 127 points en séries.

● Le gérant des Rangers, Muzz Patrick, louangé pour l'acquisition de Jacques Plante au cours de l'été précédent, est cette fois décrié sur la place publique lorsqu'il échange aux Leafs

1963-1964

Charlie Hodge prend la relève de Jacques Plante de façon magistrale.

UN JOUEUR REDOUTABLE CHEZ LES CANADIENS

L'échange de Plante, la retraite de Dickie Moore et le départ de Tom Johnson pour Boston laissent les Canadiens plutôt dégarnis au moment d'entreprendre une nouvelle saison en octobre. Il y a bien quelques nouveaux, dont Jacques Laperrière et Terry Harper, mais ceux-ci comptent peu ou pas d'expérience dans la LNH.

À Cleveland, dans la Ligue américaine, un ailier gauche de 25 ans est l'objet de convoitise de plusieurs équipes après une saison de 38 buts et 40 passes. Mauvais patineur, mais fort comme un bœuf et déterminé comme pas un, il n'a peur de personne et peut secouer ses coéquipiers par son comportement dans le vestiaire. Les Canadiens remportent les enchères sur Toronto, New York et Boston et font signer un contrat à John Ferguson en juillet.

Ferguson devient rapidement le joueur le plus redouté de son époque. Ses talents pugilistiques sont reconnus et respectés, mais il est aussi un joueur déterminé qui stimule ses coéquipiers par son travail dans les coins de la patinoire et qui impose le respect par l'exemple. Il ne deviendra jamais un compteur prolifique, même s'il obtient deux buts et une passe dès son premier match, mais son esprit d'équipe compensera largement tout au long des huit saisons qu'il passera à Montréal.

Pourtant, Ferguson ne gagne pas le trophée Calder. L'honneur revient plutôt à son coéquipier Jacques Laperrière, un défenseur de 22 ans, grand mais peu costaud, qui a passé une bonne partie de la saison précédente avec les Canadiens de Hull-Ottawa dans la Ligue professionnelle de l'Est. Laperrière est un excellent fabricant de jeu, capable de se déplacer aisément avec la rondelle.

	PJ	G	P	N	BP	BC	PTS
Montréal (Canadiens)	70	36	21	13	209	167	85
Chicago (Black Hawks)	70	36	22	12	218	169	84
Toronto (Maple Leafs)	70	33	25	12	192	172	78
Detroit (Red Wings)	70	30	29	11	191	204	71
New York (Rangers)	70	22	38	10	186	242	54
Boston (Bruins)	70	18	40	12	170	212	48

MEILLEURS MARQUEURS					
		PJ	B	A	PTS	PUN
Stan Mikita	Chicago	70	39	50	89	146
Bobby Hull	Chicago	70	43	44	87	50
Jean Béliveau	Canadiens	68	28	50	78	42
Andy Bathgate	NYR/Tor.	71	19	58	77	34
Gordie Howe	Detroit	69	26	47	73	70
Kenny Wharram	Chicago	70	39	32	71	18
Murray Oliver	Boston	70	24	44	68	41
Phil Goyette	New York	67	24	41	65	15
Rod Gilbert	New York	70	24	40	64	62
Dave Keon	Toronto	70	23	37	60	6

LE SAVIEZ-VOUS...

Le Maple Leaf Garden innove en installant des portillons séparés pour le banc des punitions, à la suite d'une altercation entre Bob Pulford et Terry Harper plus tôt durant la saison.

Andy Bathgate, la grande vedette du club, en compagnie de Don McKenney, en retour de Dick Duff, Bob Nevin, Bill Collins et Rod Seiling. Patrick quitte les Rangers en fin d'année, pour être remplacé par Émile Francis.

● Doug Harvey ne dispute que 14 parties avec les Rangers avant d'être libéré sans condition. Après une première saison à New York en 1960-61, il s'était trouvé devant une décision difficile à prendre, ne pouvant plus selon son

habitude prendre une bière avec ses coéquipiers. Il avait alors offert sa démission. À son départ de Big Apple, Harvey signe un contrat à titre d'agent libre avec les As de Québec à la fin de novembre, au moment où les Américains pleurent leur président bien-aimé, John F. Kennedy, assassiné quelques jours plus tôt à Dallas.

● Andy Hebenton remplace John Wilson à titre d'homme de fer de la LNH en décembre en participant à un 581e match

consécutif. Réclamé des Rangers par les Bruins au repêchage interne à l'été, Hebenton complète sa dernière saison dans la LNH avec 630 parties.

● Les Black Hawks de Chicago rééditent l'exploit réalisé par les Canadiens en 1944-45 en plaçant cinq joueurs dans la première équipe d'étoiles. Seul Tim Horton a été préféré à Elmer Vasko à la défensive.

● La Ligue nationale, à l'instigation du New-Yorkais Bill Jennings, commence à parler d'expansion. Les autres sports majeurs — baseball, football et basket-ball — ont déjà entrepris la leur.

● Les Soviétiques récupèrent la médaille d'or perdue aux mains des Américains lors des Jeux de 1960. Il s'agit de la première d'une série de quatre pour les Soviétiques.

TROPHÉES	
COUPE STANLEY	
Maple Leafs de Toronto	
TROPHÉE PRINCE-DE-GALLES	
Canadiens de Montréal	
TROPHÉE HART	
Jean Béliveau	
Canadiens de Montréal	
TROPHÉE ART-ROSS	
Stan Mikita	
Black Hawks de Chicago	
TROPHÉE LADY-BYNG	
Ken Wharram	
Black Hawks de Chicago	
TROPHÉE CALDER	
Jacques Laperrière	
Canadiens de Montréal	
TROPHÉE GEORGES-VÉZINA	
Charlie Hodge	
Canadiens de Montréal	
TROPHÉE JAMES-NORRIS	
Pierre Pilote	
Black Hawks de Chicago	

1963-1964

John Ferguson s'affirme rapidement comme le joueur le plus redouté de la Ligue.

1964  1965

TREIZIÈME
COUPE
STANLEY

CETTE FOIS LA LUTTE AU CHAMPIONNAT SE FAIT ENTRE DETROIT ET MONTRÉAL. LES WINGS
L'EMPORTENT FINALEMENT PAR QUATRE POINTS, MAIS LE TRICOLORE RÉCUPÈRE LA COUPE STANLEY
APRÈS UNE INTERRUPTION DE CINQ ANS. IL RENVERSE TORONTO EN CINQ AVANT DE BATTRE
CHICAGO DANS UNE SÉRIE OÙ CHAQUE ÉQUIPE GAGNE SES MATCHS À DOMICILE. JEAN BÉLIVEAU
EST LE PREMIER JOUEUR À INSCRIRE SON NOM SUR LE TROPHÉE DU MEILLEUR JOUEUR DES SÉRIES.
STAN MIKITA EST DE NOUVEAU PREMIER MARQUEUR, DEVANÇANT DEUX JOUEURS DES RED WINGS,
NORM ULLMAN ET GORDIE HOWE. BOBBY HULL GAGNE DEUX TROPHÉES, CEUX DU JOUEUR LE PLUS
UTILE ET DU PLUS GENTILHOMME. LES GARDIENS DES LEAFS, TERRY SAWCHUK ET JOHNNY BOWER,
SE PARTAGENT LE VÉZINA ET UN AUTRE GARDIEN, ROGER CROZIER, DE DETROIT, EST CHOISI RECRUE
DE L'ANNÉE. TROISIÈME TROPHÉE NORRIS D'AFFILÉE POUR PIERRE PILOTE. DETROIT, CHICAGO ET
MONTRÉAL PLACENT CHACUN DEUX JOUEURS DANS LA PREMIÈRE ÉQUIPE D'ÉTOILES; LES ÉLUS DES
CANADIENS SONT JACQUES LAPERRIÈRE ET CLAUDE PROVOST, LE MEILLEUR COMPTEUR DU CLUB.

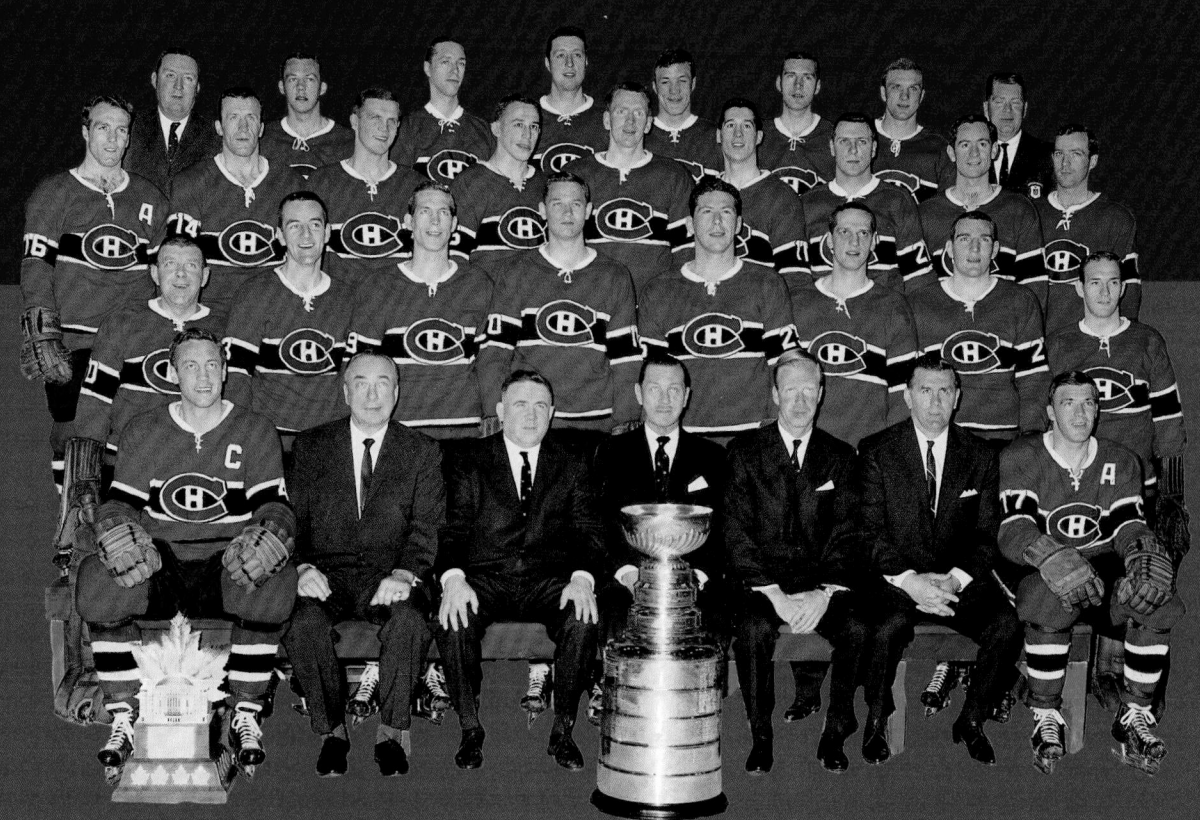

Béliveau savoure doublement le triomphe des Canadiens avec une première coupe Stanley à titre de capitaine et le trophée Conn-Smythe, maintenant attribué au meilleur joueur des séries.

1964 1965

Changement de garde au deuxième étage

Le départ de Frank Selke étant pressenti depuis un bon bout de temps, Sam Pollock est prêt à prendre la relève mais les Molson craignent de le perdre aux mains d'une autre organisation.

Ce n'est pas un simple changement de gérant qui attend les journalistes convoqués à la conférence du Canadien au Reine-Elizabeth à la mi-mai, un mois après l'élimination du Tricolore par Toronto. Ils ont droit au changement de garde au complet. Le sénateur Hartland de Montarville Molson cède la présidence du club et du Canadian Arena à son neveu David Molson. Il limitera désormais son activité à la présidence du conseil d'administration. Le directeur gérant Frank Selke confirme à regret sa démission et est remplacé par Sam Pollock. Son adjoint, Ken Reardon, a aussi été obligé de démissionner une semaine plus tôt en raison d'une mésentente au sujet de ses nouvelles fonctions. Il n'aurait pas apprécié d'être placé sous l'autorité d'un subalterne. Selke est nommé vice-président au conseil d'administration, un poste purement honorifique, tout comme celui d'adjoint au président qui attend Maurice Richard. Son fils Frank Selke Jr est promu au poste de vice-président à la publicité et aux ventes. Howard Hamilton sera le vice-président des finances. Le seul

Maurice Richard et Jean Béliveau, qui se sont couverts de gloire dans l'uniforme des Canadiens, se félicitent mutuellement. Le premier félicite l'autre pour avoir mérité le trophée Hart et Jean remet la politesse au "Rocket" qui, hier, a été promu au poste d'adjoint au nouveau président des Canadiens, David Molson.

(Photo: André Hibert)

MONTRÉAL-MATIN

Vol. XXXIV — N° 265 — MONTREAL, SAMEDI, 16 MAI 1964 — 36 PAGES — 5 CENTS

Le Canadien se réorganise

MAURICE RICHARD
adjoint du président

Vous trouverez dans ce numéro un reportage de huit pages sur Damien Gauthier, professionnel et directeur-gérant du club de golf MUNICIPAL. C'est un reportage écrit de MARCEL GAUDETTE.

gagnant lors des trois parties que le Tricolore gagne par blanchissage en finale contre Chicago, en plus d'avoir terminé au premier rang des marqueurs du club. Béliveau est aussi désigné joueur par excellence du match des étoiles.

● Bernard Geoffrion délaisse sa carrière de joueur pour devenir entraîneur des As de Québec, dans l'Américaine.

● Après lui avoir donné un essai de quelques matchs la saison précédente à la faveur d'un échange avec Springfield,

Frank Selke retient les services du défenseur Ted Harris.

● Les joueurs des Canadiens, les dirigeants, les journalistes et une cinquantaine d'autres passagers à bord de l'avion Vanguard d'Air Canada éprouvent une bonne frousse lorsque l'appareil qui les transporte de Chicago à Montréal, avec escale à Toronto, le 1er février, pique soudainement du nez et effectue un plongeon de plusieurs centaines de pieds moins d'une heure après le décollage. Un changement

soudain de direction du vent aurait été la cause de cette perte d'altitude. L'incident n'a pas fait de blessé grave. Arrivés à Toronto, quelques journalistes auraient décidé de poursuivre le trajet en train, mais pas Lorne Worsley, malgré sa peur de l'avion.

● Au cours de l'été précédant la saison 1964-65, les droits du jeune gardien Ken Dryden ont été cédés aux Canadiens par les Bruins. Encore d'âge junior, le jeune homme s'apprête à opter pour l'université américaine Cornell.

● Bill Durnan et Albert Babe Siebert sont intronisés au Temple de la renommée.

● Grosse transaction pour les Canadiens quelques jours avant Noël. Le club obtient les services de Dick Duff en retour de ceux de Bill Hicke.

● Le Tricolore connaît une courte série d'insuccès en février et le gérant Sam Pollock saisit l'occasion pour suggérer délicatement à Gump Worsley de perdre quelques livres. Il le trouve un peu trop dodu à son goût.

ÉQUIPE 1964-65

Entraîneur : Toe Blake (70-36-23-11)

N°	POS	JOUEURS	PJ	B	A	PTS	PUN
14	AD	Claude Provost	70	27	37	64	28
6	C	Ralph Backstrom	70	25	30	55	41
16	C	Henri Richard	53	23	29	52	43
15	AD	Robert Rousseau	66	12	35	47	26
22	AG	John Ferguson	69	17	27	44	156
4	C	Jean Béliveau	58	20	23	43	76
20	AG	Dave Balon	63	18	23	41	61
11	AD	Claude Larose	68	21	16	37	82
2	D	Jacques Laperrière	67	5	22	27	92
17	D	Jean-Guy Talbot	67	8	14	22	64
3	D	Jean-Claude Tremblay	68	3	17	20	22
12	AD	Yvan Cournoyer	55	7	10	17	10
21	AG	Gilles Tremblay	26	9	7	16	16
8	AG	Dick Duff	40	9	7	16	16
10	D	Ted Harris	68	1	14	15	107
26	AD/D	Jim Roberts	70	3	10	13	40
24,25	D	Noel Picard	16	0	7	7	33
19	D	Terry Harper	62	0	7	7	93
23	C	Gordon Berenson	3	1	2	3	0
23	AG	Keith McCreary	9	0	3	3	4
25	AD	Léon Rochefort	9	2	0	2	0
23,24	C	Garry Peters	13	0	2	2	6
18	D	Bryan Watson	5	0	1	1	7
8	AD	Bill Hicke	17	0	1	1	6
24	AG	Andre Boudrias	1	0	0	0	2
30	G	Lorne Worsley	19	0	0	0	0
1	G	Charlie Hodge	53	0	0	0	2
24	D	Jean Gauthier	-	-	-	-	-

GARDIENS	PJ	G	P	N	MIN	BC	BL	MOY
Charlie Hodge	53	26	16	10	3180	135	3	2,55
Lorne Worsley	19	10	7	1	1020	50	1	2,94

Maintenant entraîneur des As de Québec, Bernard Geoffrion profite d'un répit pour s'entretenir avec ses anciens coéquipiers, Henri Richard et Claude Provost.

Grosse saison pour le Gros Bill qui se distingue particulièrement en séries avec trois buts gagnants contre Chicago en finale.

épargné est l'entraîneur Toe Blake, même si des rumeurs font état de son remplacement éventuel par Bernard Geoffrion.

« Frank Selke avait presque les larmes aux yeux lorsqu'il a annoncé lui-même sa démission », rapporte le journaliste Jacques Beauchamp, du *Montréal-Matin*. « Je n'avais pas complètement terminé la réorganisation du club... », a déclaré l'homme de 71 ans, en poste depuis 18 ans, qui a dépassé l'âge de la retraite selon les critères de la Brasserie Molson. On lui a fait comprendre depuis un an qu'il devait céder la direction à un plus jeune.

Le dauphin, c'est Sam Pollock qui a fait ses classes comme gérant et entraîneur du Canadien junior dès l'arrivée de Selke en 1946. Il a conduit son équipe à la coupe Memorial en 1949-50. En 1953-54, il est devenu directeur du personnel chez le Canadien, poste qu'il a occupé jusqu'au remplacement de Selke. Il a en outre contribué à la création de la Ligue junior métropolitaine.

Pollock ne mettra pas de temps à s'entourer d'hommes de confiance. Scotty Bowman devient l'entraîneur du Canadien junior, Claude Ruel est nommé directeur des dépisteurs pour l'est du Canada et Del Wilson, pour l'Ouest. Les autres membres de l'équipe Pollock sont Mickey Hennessey, Cliff Fletcher et Roger Nelson.

● Le championnat de la saison régulière, marqué par le retour de Ted Lindsay à Detroit et l'émergence du jeune gardien Roger Crozier, met fin à une longue disette pour le club qui n'avait plus mis la main sur le trophée Prince-de-Galles depuis la saison 1956-57, soit depuis sept ans. Cette puissance de la première moitié des années 1950 n'a pas davantage revu la coupe Stanley depuis 1955 et il lui faudra attendre plus de 40 ans avant qu'un certain Scotty Bowman ne la conduise à une nouvelle conquête.

● Crozier, appelé à remplacer Terry Sawchuk réclamé par les Maple Leafs à l'encan interne, est désigné recrue de l'année. Il est le dernier gardien à avoir participé à tous les matchs de son équipe. À Toronto, Sawchuk unit ses efforts à ceux de Johnny Bower et les deux gardiens vétérans remportent le trophée Vézina sous le nez de Crozier lors du dernier match de la campagne, dans un gain de 4-0 contre Detroit.

● Persuadés de pouvoir le convaincre de sortir de sa retraite, les Maple Leafs réclament Dickie Moore au repêchage intraligue de juin. Opération réussie puisque Moore se laisse convaincre de disputer près d'une quarantaine de matchs. Il se retirera de nouveau par la suite, avant de signer un contrat à titre d'agent libre avec les Blues de St. Louis lors de l'expansion de 1967.

● Ted Lindsay, dit Ted le Terrible, porte son total de punitions à 1 808 minutes, un sommet dans le circuit. Sorti d'une retraite de quatre ans par Detroit qui a racheté son contrat des Black Hawks en début de saison, il ne dispute qu'une saison à son retour.

● Norm Ullman connaît une campagne fort productive aux côtés de Gordie Howe et d'Alex

1964 1965

L'arrivée de Pollock est célébrée en grand à la fin de la saison avec le retour du célèbre saladier d'argent qu'on n'avait pas revu au Forum depuis les conquêtes successives de 1956 à 1960.

CLAUDE PROVOST, HÉROS MÉCONNU

Claude Provost est reconnu avant tout comme un joueur défensif. Il a pour rôle chez les Canadiens de surveiller les vedettes adverses, comme la Comète blonde des Black Hawks de Chicago, et de les empêcher de marquer, en autant que faire se peut. Il s'acquitte merveilleusement bien de sa tâche, avec l'aide de l'intimidant John Ferguson, comme c'est le cas lors du deuxième match de la finale, alors que ni Bobby Hull ni aucun autre joueur des Hawks n'arrivent à marquer.

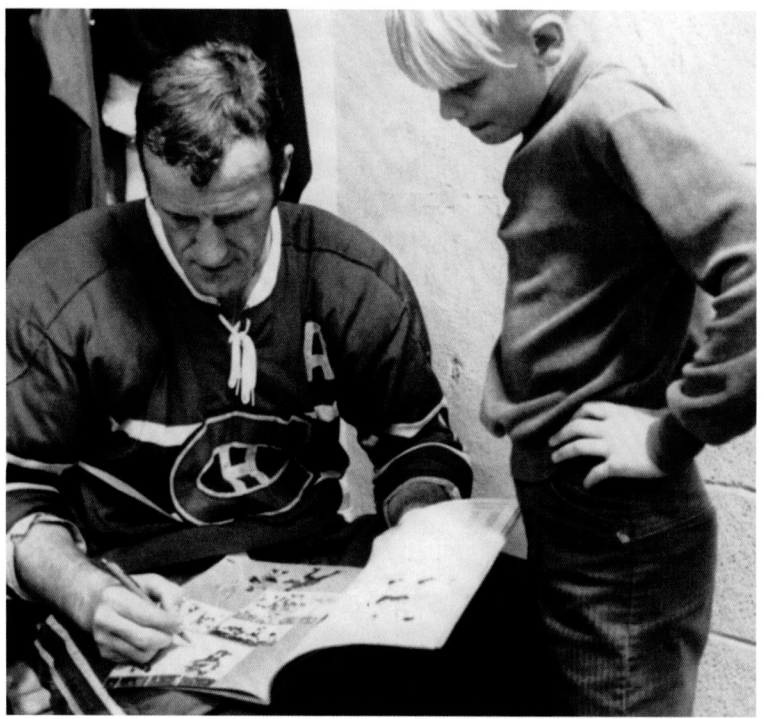

TROPHÉES
COUPE STANLEY
Canadiens de Montréal
TROPHÉE PRINCE-DE-GALLES
Red Wings de Detroit
TROPHÉE HART
Bobby Hull
Black Hawks de Chicago
TROPHÉE ART-ROSS
Stan Mikita
Black Hawks de Chicago
TROPHÉE LADY-BYNG
Bobby Hull
Black Hawks de Chicago
TROPHÉE CALDER
Roger Crozier
Red Wings de Detroit
TROPHÉE GEORGES-VÉZINA
Terry Sawchuk et Johnny Bower
Maple Leafs de Toronto
TROPHÉE JAMES-NORRIS
Pierre Pilote
Black Hawks de Chicago
TROPHÉE CONN-SMYTHE
Jean Béliveau
Canadiens de Montréal

Claude Provost n'est pas un joueur vedette, mais il compte tout de même un bon nombre d'admirateurs.

Delvecchio. Il compte 42 buts et termine à seulement quatre points du champion marqueur Stan Mikita, qui se distingue tant par son talent offensif que par son jeu robuste. En séries, Ullman inscrit deux buts en cinq secondes au cinquième match de demi-finale contre Chicago. Un exploit toujours valide. Les Wings perdent cependant les deux rencontres subséquentes pour être exclus de la course au titre.

● Les équipes de Boston et de New York manquent les séries une troisième année de suite. La série noire des Bruins est encore moins reluisante que celle des Rangers, puisqu'ils terminent derniers pour la cinquième fois d'affilée.

● L'excellent défenseur des Black Hawks, Pierre Pilote, mérite un troisième trophée Norris d'affilée, en plus d'effacer un record vieux de plus de 20 ans chez les défenseurs en totalisant 59 points (14-45).

● Le Suédois Ulf Sterner écrit une nouvelle page d'histoire le 27 janvier en portant l'uniforme des Rangers. Il devient le premier joueur d'origine européenne à jouer dans la LNH.

● Un nouveau règlement permet désormais aux clubs d'avoir deux gardiens en uniforme pour tous les matchs des séries. Une disposition qui fait l'affaire de Toe Blake, lequel n'hésite pas à faire alterner ses deux cerbères Lorne Worsley et Charlie Hodge contre Toronto et Chicago.

● Émile *The Cat* Francis prend la relève du gérant Muzz Patrick après avoir été son adjoint pendant quelques saisons. Juste auparavant, Francis avait favorisé l'éclosion de deux beaux talents au sein du club-école des Rangers à Guelph, Rodrigue Gilbert et Jean Ratelle.

	PJ	G	P	N	BP	BC	PTS
Detroit (Red Wings)	70	40	23	7	224	175	87
Montréal (Canadiens)	70	36	23	11	211	185	83
Chicago (Black Hawks)	70	34	28	8	224	176	76
Toronto (Maple Leafs)	70	30	26	14	204	173	74
New York (Rangers)	70	20	38	12	179	246	52
Boston (Bruins)	70	21	43	6	166	253	48

MEILLEURS MARQUEURS		PJ	B	A	PTS	PUN
Stan Mikita	Chicago	70	28	59	87	154
Norm Ullman	Detroit	70	42	41	83	70
Gordie Howe	Detroit	70	29	47	76	104
Bobby Hull	Chicago	61	39	32	71	32
Alex Delvecchio	Detroit	68	25	42	67	16
Claude Provost	**Canadiens**	70	27	37	64	28
Rod Gilbert	New York	70	25	36	61	52
Pierre Pilote	Chicago	68	14	45	59	162
John Bucyk	Boston	68	26	29	55	24
Ralph Backstrom	**Canadiens**	70	25	30	55	41
Phil Esposito	Chicago	70	23	32	55	44

1964 1965

Il reçoit alors les félicitations de ses coéquipiers et de l'entraîneur pour son excellent travail. En fait, Hull ne réussit à marquer que deux buts en sept matchs de la finale et les joueurs du Chicago sont absents du pointage deux autres fois.

Mais cette année-là, Provost ajoute une autre dimension à son jeu. L'ailier droit est d'abord associé à Ralph Backstrom et à Dave Balon en début de saison, mais il dispute une bonne partie de la campagne avec Henri Richard et Balon. Il connaît la meilleure production offensive de sa carrière. Sa fiche de 27 buts et 37 passes pour un total de 64 points est la meilleure de l'équipe dans tous les domaines et il termine au sixième rang des marqueurs de la Ligue. Il totalise maintenant plus de 400 points durant sa carrière dans l'uniforme tricolore. En séries, il s'illustre encore, cette fois avec Richard et Red Berenson, alors qu'il obtient le but victorieux en prolongation du sixième match de la demi-finale contre Toronto. Un but qui met fin aux espoirs des Leafs de décrocher une quatrième coupe Stanley d'affilée.

Et tout cela sans négliger son rôle défensif.

Provost, qui dispute son 600e match dans le chandail tricolore au cours de l'année, est élu au sein de la première équipe d'étoiles.

La force des Canadiens, qui récupèrent la coupe Stanley après cinq ans, ne tient pas seulement aux grands noms qui ont marqué leur histoire. Elle est aussi redevable à ces héros méconnus, ces « plombiers » comme on les appelle aujourd'hui, qui ont su tenir le flambeau bien haut lorsque l'occasion s'est manifestée.

Provost connaît sa meilleure saison à l'offensive et termine au sixième rang des marqueurs, premier chez les Canadiens. Il est élu au sein de la première équipe d'étoiles.

MONTRÉAL · MATIN

LE PLUS GRAND QUOTIDIEN ERANÇAIS DU MATIN EN AMERIQUE

Vol. XXXVI — N° 257   MONTREAL VENDREDI, 6 MAI 1966   CIEL VARIABLE   68 PAGES   10¢

CHARLIE HODGE

SAM POLLOCK

DAVID MOLSON

HECTOR "TOE" BLAKE

LORNE WORSLEY

ROBERT ROUSSEAU

CLAUDE PROVOST

JEAN BELIVEAU

GILLES TREMBLAY

RICHARD DUFF

JEAN-GUY TALBOT

JACQUES LAPERRIERE

JEAN-C. TREMBLAY

TED HARRIS

TERRY HARPER

CLAUDE LAROSE

HENRI RICHARD

DAVE BALON

YVAN COURNOYER

RALPH BACKSTROM

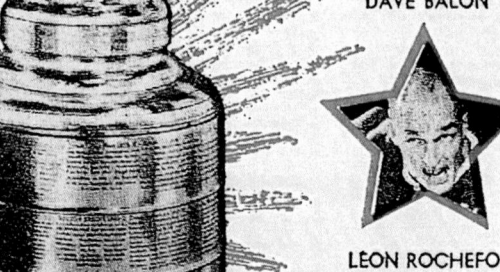

LEON ROCHEFORT

JIM ROBERTS

JOHN FERGUSON

NOEL PRICE

LA COUPE AUX CANADIENS

1965  1966

QUATORZIÈME
COUPE
STANLEY

Montréal revient au sommet et conserve la coupe Stanley en battant Toronto en quatre et Detroit en six. Les Bruins quittent la « cave » du circuit de justesse pour la première fois en six ans (ils y retourneront l'année suivante). Bobby Hull devance facilement son coéquipier Stan Mikita au premier rang des marqueurs avec un nouveau record de 54 buts. Robert Rousseau et Jean Béliveau finissent troisième et quatrième, devant Howe, Ullman et Delvecchio, tous de Detroit. Hull est encore élu le plus utile, mais cède le titre du plus gentilhomme à Alex Delvecchio. Charlie Hodge et Lorne Worsley unissent leurs efforts pour s'approprier le trophée Vézina et Jacques Laperrière est choisi meilleur défenseur, deux ans après avoir reçu le Calder. Brit Selby est la recrue de l'année.

● Stafford Smythe, un dirigeant des Maple Leafs, aurait fait une offre « officieuse » à Bernard Geoffrion pour ses services lors d'une soirée en l'honneur de Frank Selke. Sam Pollock porte plainte à la Ligue pour maraudage, mais l'offre tenait plus de la conversation amicale, selon le Boomer. Il n'y aura pas de suite.

● Les Canadiens connaissent quelques bonnes séquences victorieuses au cours de la saison et devancent facilement les Hawks de Chicago par huit points au classement final. Pourtant, le club tirait de l'arrière par trois points à la mi-saison.

● Tandis que Claude Provost emprunte en cachette le bâton à lame recourbée de Robert Rousseau — ce qui lui réussit plutôt bien —, Jean Béliveau s'en tient toujours à son bon vieux CCM de 53 pouces, selon ce que rapporte *le Petit Journal*.

● *Le Petit Journal*, sous la plume de Gus Lacombe, mentionne dans sa livraison du 26 décembre 1966 que Sam Pollock, trop occupé par les préparatifs de son mariage, aurait laissé filer Bernard Parent en prévision du repêchage. Parent est pourtant bien connu des Canadiens, il a fait ses débuts avec les Bombardiers de Rosemont, dans la Ligue métropolitaine. Pollock confie à Cliff Fletcher le soin de négocier une transaction au profit des Maroons de Lachine, club-école du Tricolore, mais celui-ci se heurte à un refus net des dirigeants du Rosemont, refus que n'aurait pas accepté Pollock, croit-on.

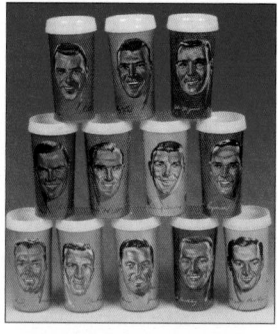

La chaîne d'alimentation Steinberg lance une collection de verres à jus illustrant 12 joueurs des Canadiens. Avec le temps, certains, dont celui de Charlie Hodge, sont devenus plus difficiles à trouver.

1965 1966

Pas de poste honorifique pour Maurice Richard !

L e Rocket n'apprécie pas son rôle d'adjoint au président David Molson et quitte le Forum déçu avant le début de la saison. Jamais il ne participe aux réunions de la direction et on ne lui demande pas davantage son avis sur les joueurs de l'organisation. « Le titre de vice-président (...) n'a toujours été qu'un titre honorifique, écrit-il dans sa chronique du *Dimanche-Matin*, je n'ai jamais eu la chance de lui faire justice. J'aurais tant aimé cependant contribuer un peu à la cause du club Canadien, de façon directe et constructive. » Maurice réalise que le poste d'adjoint au président n'est pas celui d'un véritable vice-président. Il n'aime pas être laissé à rien faire, sinon

Maurice ne veut pas se contenter d'un simple rôle de porte-parole, alors qu'il croyait pouvoir participer aux décisions. Il abandonne son poste de vice-président.

représenter le club lors de certains événements et ouvrir les lettres de demandes de photo des supporters. Frustré d'apprendre les nouvelles concernant l'équipe par les journaux, il refuse de cautionner plus longtemps David Molson, qui utilise son nom pour faire la promotion du club et ne lui laisse qu'un rôle d'ambassadeur de bonne entente.

« Je ne vois pas la nécessité de me rendre au Forum tous les jours pour me tourner les pouces », ajoute-t-il dans sa chronique hebdomadaire pour justifier sa décision.

		ÉQUIPE 1965-66					
		Entraîneur : Toe Blake (70-41-21-8)					
N°	POS	JOUEURS	PJ	B	A	PTS	PUN
15	AD	Bobby Rousseau	70	30	48	78	20
4	C	Jean Béliveau	67	29	48	77	50
16	C	Henri Richard	62	22	39	61	47
14	AD	Claude Provost	70	19	36	55	38
21	AG	Gilles Tremblay	70	27	21	48	24
8	AG	Dick Duff	63	21	24	45	78
6	C	Ralph Backstrom	67	22	20	42	10
3	D	Jean-Claude Tremblay	59	6	29	35	8
11	AD	Claude Larose	64	15	18	33	67
2	D	Jacques Laperrière	57	6	25	31	85
12	AD	Yvan Cournoyer	65	18	11	29	8
22	AG	John Ferguson	65	11	14	25	153
17	D	Jean-Guy Talbot	59	1	14	15	50
10	D	Ted Harris	53	0	13	13	87
19	D	Terry Harper	69	1	11	12	91
20	AG	Dave Balon	45	3	7	10	24
26	AD/D	Jim Roberts	70	5	5	10	20
23	C	Gordon Berenson	23	3	4	7	12
23,25	D	Noel Price	15	0	6	6	8
18,25	AD	Leon Rochefort	1	0	1	1	0
30	G	Lorne Worsley	51	0	1	1	4
25	D	Don Johns	1	0	0	0	0
18	AG	Danny Grant	1	0	0	0	0
25	D	Jean Gauthier	2	0	0	0	0
1	G	Charlie Hodge	26	0	0	0	0
GARDIENS			PJ	G	P	N	MIN	BC	BL	MOY

GARDIENS	PJ	G	P	N	MIN	BC	BL	MOY
Lorne Worsley	51	29	14	6	2899	114	2	2,36
Charlie Hodge	26	12	7	2	1301	56	1	2,58

● Pour la première et l'une des rares fois de l'histoire de la coupe Stanley, le trophée Conn-Smythe n'est pas attribué à un membre de l'équipe championne, mais à un joueur des perdants, en l'occurrence Roger Crozier, gardien des Red Wings. Le Tricolore se fera faire le coup deux autres fois. En 1968, Glenn Hall, des Blues de St. Louis, obtient le Smythe pendant que les joueurs des Canadiens sablent le champagne. Même situation en 1976, Montréal gagne la coupe mais Reggie Leach, des

Flyers de Philadelphie, est choisi meilleur joueur des séries.

● Henri Richard obtient le 601e point de sa carrière avec le Tricolore le 4 novembre, contre Terry Sawchuk et les Leafs de Toronto. Ce soir-là, il signe une performance de deux buts et une aide. Fin janvier, il en sera à sa 400e passe.

● En s'appropriant le trophée James-Norris remis au meilleur défenseur, Jacques Laperrière met fin à une domination de trois ans de Pierre Pilote, des Hawks de Chicago.

● Début février, Jean Béliveau devient le premier joueur de l'histoire des Canadiens à totaliser 500 passes. En mars, il dispute un 800e match avec Montréal et obtient son 900e point quelques jours plus tard.

● Floyd Curry, à la retraite depuis la fin des années 1950, se joint à l'organisation du club à titre de dépisteur.

● Jean-Guy Talbot et Claude Provost disputent une 700e rencontre dans l'uniforme bleu blanc rouge à quelques jours d'intervalle en janvier.

● Henri Richard, incapable de marquer depuis le début

de la finale contre Detroit, assure la coupe aux Canadiens en supplémentaire du sixième match en glissant avec la rondelle jusqu'au fond du filet de Roger Crozier après avoir perdu l'équilibre à la suite d'une passe de Dave Balon.

● Le Forum inaugure, en cours de saison, un nouveau chronomètre à quatre faces au-dessus de la patinoire.

● Bill Head, physiothérapeute du club depuis plus de vingt ans, quitte son poste. Yvon Bélanger, l'un de ses élèves, le remplace.

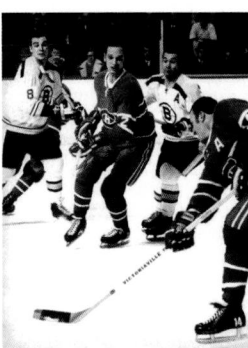

Jacques Laperrière met fin à la domination de Pierre Pilote à titre de meilleur défenseur.

Henri Richard marquera un but inusité en supplémentaire
du sixième match de la finale contre Detroit, assurant une autre coupe aux Canadiens.

1965 1966

Les relations entre le Rocket et les Canadiens s'envenimeront davantage lorsqu'il deviendra entraîneur des Nordiques de Québec en 1972. On lui retirera alors son abonnement gratuit aux matchs de l'équipe et le célèbre numéro 9 restera en brouille avec l'organisation pendant de longues années. Il refusera même de remettre les pieds au Forum. La seule exception sera la fête en l'honneur de son frère Henri en janvier 1974. C'est Ronald Corey qui, à sa nomination comme président en 1982, réconciliera le Rocket avec l'organisation du Canadien.

UN DEUXIÈME VÉZINA POUR HODGE... À PARTAGER

La Ligue nationale oblige les équipes à avoir deux gardiens en uniforme en tout temps pour la saison 1965-66. Une décision qui fait bien l'affaire des Canadiens, qui comptent sur deux excellents cerbères, Charlie Hodge et Lorne Worsley, acquis en retour de Jacques Plante quelques années auparavant. Worsley est à son meilleur. Il remporte 29 des 41 victoires du Tricolore et présente une moyenne de 2,36. Hodge, récipiendaire du trophée Vézina deux ans plus tôt, sera d'office

	PJ	G	P	N	BP	BC	PTS
Montréal (Canadiens)	70	41	21	8	239	173	90
Chicago (Black Hawks)	70	37	25	8	240	187	82
Toronto (Maple Leafs)	70	34	25	11	208	187	79
Detroit (Red Wings)	70	31	27	12	221	194	74
Boston (Bruins)	70	21	43	6	174	275	48
New York (Rangers)	70	18	41	11	195	261	47

● Carl Brewer ne peut s'entendre avec Punch Imlach pour son contrat. Il se retire temporairement du hockey. Sa « retraite » durera quatre ans. Entre-temps, il jouera avec diverses formations, dont l'équipe nationale du Canada. Il sera échangé aux Red Wings en 1968, mais ne reviendra dans la Nationale qu'en 1969-70.

● Bill Gadsby, à sa dernière saison, inscrit aussi une première dans la Ligue, un 300e match avec une troisième équipe, Detroit, après avoir fait

de même à Chicago et à New York.

● En février de l'année précédente, la Ligue avait annoncé son intention d'élargir ses cadres par l'ajout de six nouvelles concessions pour la saison 1967-68. Les candidatures de Los Angeles, de San Francisco-Oakland, de St. Louis, de Pittsburgh, de Philadelphie et de Minneapolis-St. Paul sont retenues un an plus tard, au grand désespoir des promoteurs de Vancouver qui étaient certains d'être dans le coup.

● Toronto et Detroit procèdent à un échange de huit joueurs à quelques mois du début de la saison. Andy Bathgate passe aux Red Wings et Marcel Pronovost aux Maple Leafs. La transaction ne profite pas trop aux Wings, qui glissent de la première à la quatrième place.

● Les Rangers offrent un nouveau trophée à la Ligue en hommage à Lester Patrick, premier gérant et entraîneur de l'organisation. Jack Adams, bâtisseur de la puissante dynastie des Red Wings, est le premier récipiendaire de

cette récompense, destinée à souligner l'excellence de la contribution au développement du hockey aux États-Unis.

● L'entraîneur Punch Imlach utilise trois gardiens différents, lors du dernier match de la saison contre Detroit. Johnny Bower, Terry Sawchuck et Bruce Gamble disputent une période chacun. Le match précédent, contre les Rangers, Imlach avait fait alterner Sawchuck et Gamble aux cinq minutes. Les deux rencontres ont donné un pointage nul de 3-3.

1965 1966

pour 21 parties seulement, mais il conserve lui aussi une excellente moyenne de 2,58, ce qui lui vaut un nouveau trophée Vézina à partager avec Worsley, dit le « Gump ».

En séries, Worsley garde le filet à toutes les rencontres. Le Tricolore liquide les Leafs en quatre parties. En finale contre Detroit, le club montréalais perd les deux premiers matchs au Forum, mais Gump n'accorde que six buts aux Red Wings lors des quatre parties suivantes et permet au Tricolore de célébrer la conquête d'une 14e coupe Stanley. Il semble en bonne voie de ravir définitive-ment le poste de premier gardien à Hodge.

Celui-ci reprendra cependant ce poste l'année suivante, alors que Worsley est blessé, mais il sera laissé sans protection au repêchage d'expansion (le Canadien lui préférera Worsley) et sera réclamé par les Seals de la Californie. Après Oakland, ce sera au tour des Canucks de Vancouver de faire appel à ses services à leur entrée dans la LNH en 1970. Il n'y restera qu'une saison avant de se retirer de la Ligue.

Lorne Worsley est à son meilleur, il signe 29 des 41 victoires du Tricolore et participe à tous les matchs des séries.

TROPHÉES

COUPE STANLEY
Canadiens de Montréal
TROPHÉE PRINCE-DE-GALLES
Canadiens de Montréal
TROPHÉE HART
Bobby Hull
Black Hawks de Chicago
TROPHÉE ART-ROSS
Bobby Hull
Black Hawks de Chicago
TROPHÉE LADY-BYNG
Alex Delvecchio
Red Wings de Detroit
TROPHÉE CALDER
Brit Selby
Maple Leafs de Toronto
TROPHÉE GEORGES-VÉZINA
Lorne Worsley et Charlie Hodge
Canadiens de Montréal
TROPHÉE JAMES-NORRIS
Jacques Laperrière
Canadiens de Montréal
TROPHÉE CONN-SMYTHE
Roger Crozier
Red Wings de Detroit

MEILLEURS MARQUEURS

		PJ	B	A	PTS	PUN
Bobby Hull	Chicago	65	54	43	97	70
Stan Mikita	Chicago	68	30	48	78	58
Robert Rousseau	**Canadiens**	70	30	48	78	20
Jean Béliveau	**Canadiens**	67	29	48	77	50
Gordie Howe	Detroit	70	29	46	75	83
Norm Ullman	Detroit	70	31	41	72	35
Alex Delvecchio	Detroit	70	31	38	69	15
Bob Nevin	New York	69	29	33	62	10
Henri Richard	**Canadiens**	62	22	39	61	47
Murray Oliver	Boston	70	18	42	60	30

1966 ☰Ⓗ☰ 1967

DERNIÈRE ANNÉE DE LA PÉRIODE DES SIX ÉQUIPES ORIGINALES. ELLE AURA DURÉ VINGT-CINQ ANS. CHICAGO DEVANCE MONTRÉAL AU PREMIER RANG, MAIS CE SONT LES MAPLE LEAFS QUI GAGNENT LA COUPE EN CETTE ANNÉE DE L'EXPOSITION UNIVERSELLE DE MONTRÉAL. LEAFS ET CANADIENS DISPUTENT LA FINALE ET LES PREMIERS L'EMPORTENT AVEC DES JOUEURS COMME JIM PAPPIN ET PETE STEMKOWSKI. MIKITA REPREND SON TITRE DE CHAMPION MARQUEUR, DEVANT BOBBY HULL, NORM ULLMAN, DE DETROIT, ET UN AUTRE COÉQUIPIER, KEN WHARRAM. IL EST AUSSI SÉLECTIONNÉ LE PLUS UTILE ET LE PLUS GENTILHOMME. LES GARDIENS DE CHICAGO, GLENN HALL ET DENIS DEJORDY, CONSERVENT LA MEILLEURE MOYENNE ET C'EST UN DÉFENSEUR DES RANGERS, HARRY HOWELL, QUI DÉCROCHE LE NORRIS. À BOSTON, ON A TROUVÉ UN SAUVEUR POUR RELANCER L'ÉQUIPE, BOBBY ORR. IL SERA ÉLU RECRUE DE L'ANNÉE. AUCUN MONTRÉALAIS DANS LES ÉQUIPES D'ÉTOILES, UNE PREMIÈRE EN VINGT-QUATRE ANS.

Toronto vole la coupe l'année de l'Expo

Henri Richard donne le ton à la série finale avec trois buts et une passe, ce que ne manqueront pas de souligner Toe Blake et Sam Pollock après le match.

Les Black Hawks dominent largement cette dernière saison à six équipes. Championnat de la saison régulière avec 17 points d'avance sur les Canadiens. Moyenne offensive de 3,77 buts par match avec trois des quatre premiers marqueurs du circuit (Mikita, Hull et Wharram). Moyenne défensive de 2,43 et trophée Vézina pour Glenn Hall et Denis Dejordy. Trophées Art-Ross (premier marqueur), Hart (joueur le plus utile) et Lady-Byng (joueur le plus gentilhomme) à Mikita. Quatre joueurs sur six – Pilote, Mikita, Wharram et Hull – dans la première équipe d'étoiles.

Mais les séries, c'est une autre saison. Les Maple Leafs, qui se sont maintenus au troisième rang presque tout au long de l'année, les affrontent en demi-finale. Les deux formations se partagent les quatre premiers matchs, à domicile et à l'extérieur, puis les Leafs surprennent les Hawks par 4 à 2 à Chicago à la cinquième

● Quatre illustres joueurs des Canadiens sont admis au Temple de la renommée au cours de l'été précédant la saison : Émile Bouchard, Ken Reardon, Toe Blake et Elmer Lach.

● Les As de Québec se font défoncer 12 à 1 à Springfield lors d'un match régulier de la Ligue américaine au début de décembre. Leur gardien Gary Bauman en a assez et décide d'aller annoncer au gérant Frank Carlin qu'il

lâche tout. Celui-ci lui apprend plutôt qu'il vient d'être rappelé par les Canadiens. Il agira comme substitut de Charlie Hodge pendant quelques semaines avant d'être lancé dans le feu de l'action contre Boston, le 15 janvier. Il remporte son premier match 3 à 1, mais ne disputera qu'une seule autre partie avec Montréal. Il sera cependant devant la cage du Tricolore pour une période au match des étoiles. Charlie Hodge et lui

n'accorderont aucun but dans une victoire de 3-0.

● Jean Aucoin, journaliste au *Petit Journal,* écrit dans l'édition du 11 septembre que le Canadian Arena a décidé de rénover le Forum actuel plutôt que d'ériger une nouvelle bâtisse.

● Jean Béliveau est sérieusement blessé à l'œil droit par un coup de bâton de Stan Mikita le 17 décembre. Une hémorragie interne laisse entrevoir le pire mais le Gros Bill revient

au jeu en janvier, après avoir manqué 13 rencontres.

● Jean-Claude Tremblay est victime d'un coup de coude vicieux au visage de la part de Reggie Fleming au début du match contre New York le 12 novembre au Forum. Victime d'une commotion cérébrale, Tremblay reste inconscient sur la patinoire pendant plusieurs minutes. Il manquera les six parties suivantes et reviendra au jeu avec un casque protecteur qu'il portera le reste de sa carrière. Une

1966-1967

Les efforts du capitaine Béliveau n'y pourront rien, les Maple Leafs se sauveront avec la coupe Stanley à laquelle on avait déjà réservé une place au Pavillon du Québec, à l'Exposition universelle, en prévision d'une victoire des Canadiens.

ÉQUIPE 1966-67

Entraîneur : Toe Blake (70-32-25-13)

N°	POS	JOUEURS	PJ	B	A	PTS	PUN
15	AD	Robert Rousseau	68	19	44	63	58
16	C	Henri Richard	65	21	34	55	28
22	AG	John Ferguson	67	20	22	42	177
6	C	Ralph Backstrom	69	14	27	41	39
12	AD	Yvan Cournoyer	69	25	15	40	14
4	C	Jean Béliveau	53	12	26	38	22
11	AD	Claude Larose	69	19	16	35	82
3	D	Jean-Claude Tremblay	60	8	26	34	14
21	AG	Gilles Tremblay	62	13	19	32	16
14	AD	Claude Provost	64	11	13	24	16
8	AG	Dick Duff	51	12	11	23	23
2	D	Jacques Laperrière	61	0	20	20	48
20	AG	Dave Balon	48	11	8	19	31
10	D	Ted Harris	65	2	16	18	86
25	AD	Leon Rochefort	27	9	7	16	6
19	D	Terry Harper	56	0	16	16	99
17	D	Jean-Guy Talbot	68	3	5	8	51
24	D	Carol Vadnais	11	0	3	3	35
23	D	Noel Price	24	0	3	3	8
26	AD/D	Jim Roberts	63	3	0	3	16
18	AG	Andre Boudrias	2	0	1	1	0
18	C	Garry Peters	4	0	1	1	2
29,30	G	Rogatien Vachon	19	0	1	1	0
30	G	Garry Bauman	2	0	0	0	0
24	D	Serge Savard	2	0	0	0	0
24	D	Jean Gauthier	2	0	0	0	2
30	G	Lorne Worsley	18	0	0	0	4
1	G	Charlie Hodge	37	0	0	0	2

GARDIENS	PJ	G	P	N	MIN	BC	BL	MOY
Rogatien Vachon	19	11	3	4	1137	47	1	2,48
Garry Bauman	2	1	1	0	120	5	0	2,50
Charlie Hodge	37	11	15	7	2055	88	3	2,57
Lorne Worsley	18	9	6	2	888	47	1	3,18

décision qui fera réfléchir plusieurs autres joueurs.

● Toe Blake n'utilise pas suffisamment Yvan Cournoyer au goût de la foule lors de la rencontre du 2 avril et celle-ci scande son nom à l'unisson, à la grande gêne du principal intéressé. «J'aurais voulu disparaître sous la glace», révèle-t-il aux journalistes venus recueillir ses commentaires après la rencontre. Il faut dire que Cournoyer, comme plusieurs autres jeunes

joueurs du Tricolore, a longtemps usé ses culottes sur le banc avant qu'on lui donne sa chance pour de bon.

● Le match des étoiles est désormais présenté à la mi-saison. Le Tricolore dispose de l'équipe formée des meilleurs joueurs des autres clubs au compte de 3 à 0, grâce à deux buts de son policier, John Ferguson.

● Parlant de Ferguson, celui-ci surpasse le record d'équipe de 167 minutes

de punitions, établi par Lou Fontinato en 1961-62, avec un total de 177 minutes.

● Henri Richard revendique maintenant 700 parties dans l'uniforme tricolore, Ralph Backstrom 600, alors que Jean-Claude Tremblay et Robert Rousseau en comptent 400. Vers la fin de l'année, le célèbre numéro 16 atteint un autre sommet avec son 700e point.

● Camil DesRoches reprend son poste de directeur de la publicité chez les Canadiens en début d'année, poste qu'il avait occupé de 1947 à 1964. Dans l'intervalle, il avait occupé la même fonction pour le Canadian Arena, mais il cumule désormais les deux fonctions.

TROPHÉES	
COUPE STANLEY	
Maple Leafs de Toronto	
TROPHÉE PRINCE-DE-GALLES	
Black Hawks de Chicago	
TROPHÉE HART	
Stan Mikita	
Black Hawks de Chicago	
TROPHÉE ART-ROSS	
Stan Mikita	
Black Hawks de Chicago	
TROPHÉE LADY-BYNG	
Stan Mikita	
Black Hawks de Chicago	
TROPHÉE CALDER	
Bobby Orr	
Bruins de Boston	
TROPHÉE GEORGES-VÉZINA	
Glenn Hall et Denis DeJordy	
Black Hawks de Chicago	
TROPHÉE JAMES-NORRIS	
Harry Howell	
Rangers de New York	
TROPHÉE CONN-SMYTHE	
Dave Keon	
Maple Leafs de Toronto	

partie et l'emportent aussi à Toronto pour passer en finale. Les exploits de Sawchuck, appelé à remplacer Bower au cours du cinquième match, ainsi que la détermination des nombreux vétérans de l'équipe associée à la fougue des plus jeunes, dont Jim Pappin et Dave Keon, inspirent l'équipe torontoise en cette fin de l'ère des «six équipes originales».

Le Tricolore, de son côté, connaît une saison en dents de scie. Quatre victoires sur six en début d'année, puis le club glisse jusqu'à la dernière place, alors que des blessures à Béliveau, à Worsley et à trois défenseurs réguliers handicapent fortement l'équipe qui remonte quand même au quatrième rang à la mi-saison, pas très loin des Leafs. Après quelques difficultés encore, la formation se ressaisit et remporte ses six derniers matchs pour accéder au deuxième rang, deux points devant Toronto. Les Rangers, qui avaient entrepris l'année en lions mais qui ont régressé jusqu'au quatrième rang, sont une proie facile en demi-finale, mais pas les Maple Leafs en finale !

Henri Richard donne le ton à la série avec trois buts et une passe dans une première victoire de 6-2. L'un des faits marquants de cette finale toute canadienne en cette année du Centenaire de la Confédération est le but de Bob Pulford à la deuxième supplémentaire du troisième match, but qui donne les devants aux Leafs. Les Canadiens reviennent en force lors de l'affrontement suivant, mais Toronto déjoue le jeune gardien Rogatien Vachon à quatre reprises en deux périodes au cinquième match et l'emporte 4 à 1 à Montréal. Les Leafs gagnent la sixième bataille à Toronto pour remporter une quatrième coupe (leur dernière à ce jour) en six ans.

Ainsi, les joueurs des Canadiens ne pourront parader avec la coupe à la veille de l'Exposition universelle de Montréal.

GEOFFRION, FURIEUX CONTRE MOLSON, S'EN VA À NEW YORK

Bernard Geoffrion avait mis un terme à sa carrière en 1964 avec l'espoir de succéder à Toe Blake derrière le banc du Tricolore. Il accepte volontiers d'aller d'abord se faire la main à Québec, avec les As de la Ligue américaine. Deux ans et autant de championnats plus tard, il se présente de nouveau devant

● La Ligue met fin au système des commandites d'équipes juniors. Dorénavant, tout joueur non protégé devra passer par le repêchage universel.

● Bobby Orr, qui n'a que 18 ans, accepte un contrat de 75 000 $ pour deux ans plus une prime de signature avec les Bruins de Boston au début de septembre. C'est, dit-on à ce moment, le plus gros contrat dans le circuit. Son arrivée coïncide avec celle d'un nouvel entraîneur, Harry Sinden. Une première saison de 41 points en 61 parties vaut le trophée Calder au jeune défenseur.

● Terry Sawchuk signe un 100e jeu blanc dans la LNH dans un gain de 3-0 des Maple Leafs contre Chicago le 4 mars. Il est le premier gardien à atteindre un tel sommet.

● La moyenne d'âge des Maple Leafs (31,4 ans) en fait l'équipe la plus âgée à avoir gagné la coupe. Johnny Bower, Red Kelly et Allan Stanley sont déjà dans la quarantaine et neuf de leurs coéquipiers ont plus de 30 ans.

● Le titre acquis par Chicago en saison régulière met un terme à la légende de Peter Muldoon, entraîneur congédié par les Hawks en 1927. L'histoire (ou certains

---

1966-1967

David Molson pour s'enquérir de ses chances d'avancement. Le président lui offre le poste d'entraîneur du Canadien junior, puisque Blake a décidé de rester à son poste.

Furieux, le Boomer décide plutôt de revenir au jeu, en espérant que le Tricolore le laissera aller et qu'une autre formation voudra de lui. Effectivement, les Rangers de New York réclament Geoffrion au repêchage interne de la Ligue en juin et celui-ci retrouve ses jambes et sa force d'antan pour inscrire 17 buts et 25 passes en 58 parties.

UN JUNIOR B DEVANT LES BUTS

Le gardien Lorne Worsley est blessé et s'absente durant de longues séquences au cours de la saison, et Charlie Hodge connaît des difficultés. Blake joue d'audace en février en faisant appel à un jeune gardien encore inconnu qu'on avait envoyé aux Apollos de Houston pour y acquérir un peu d'expérience. L'année précédente, Rogatien Vachon jouait encore avec les Canadiens de Thedford Mines, une filiale du Canadien de la Ligue junior du Québec, et il avait obtenu un essai de 10 matchs avec les As de Québec.

Le jeune cerbère de 21 ans connaît un bon début à Montréal, très bon même, avec une fiche de 11 victoires et 4 nulles en 19 rencontres, conservant l'excellente moyenne de 2,48. Au point de devenir le gardien de confiance de Blake qui le lance dans la mêlée contre les Rangers en demi-finale.

Appelé à commenter le rendement du jeune gardien à l'aube de la finale contre son équipe, Punch Imlach, qui a plus d'un tour dans son sac pour déconcentrer l'adversaire, clame devant la galerie : « Le Canadien ne gagnera jamais cette série avec un gardien junior B. » Une déclaration qui suivra Vachon pendant de longues années.

Le « gardien junior B » connaîtra une carrière de 16 saisons dans la LNH, dont cinq à Montréal. Dès l'année suivante, il partagera le trophée Vézina avec Worsley.

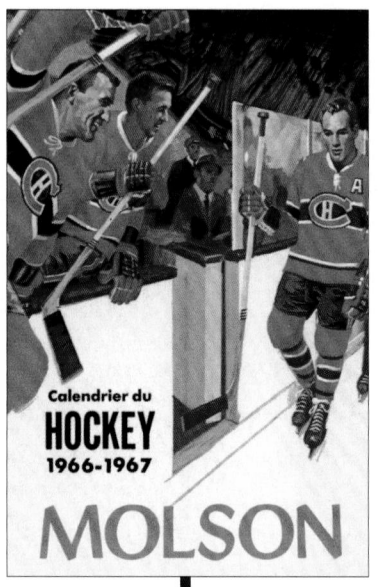

Calendrier du
HOCKEY
1966-1967
MOLSON

	PJ	G	P	N	BP	BC	PTS
Chicago (Black Hawks)	70	41	17	12	264	170	94
Montréal (Canadiens)	**70**	**32**	**25**	**13**	**202**	**188**	**77**
Toronto (Maple Leafs)	70	32	27	11	204	211	75
New York (Rangers)	70	30	28	12	188	189	72
Detroit (Red Wings)	70	27	39	4	212	241	58
Boston (Bruins)	70	17	43	10	182	253	44

MEILLEURS MARQUEURS

		PJ	B	A	PTS	PUN
Stan Mikita	Chicago	70	35	62	97	12
Bobby Hull	Chicago	66	52	28	80	52
Norm Ullman	Detroit	68	26	44	70	26
Kenny Wharram	Chicago	70	31	34	65	21
Gordie Howe	Detroit	69	25	40	65	53
Robert Rousseau	**Canadiens**	**68**	**19**	**44**	**63**	**58**
Phil Esposito	Chicago	69	21	40	61	40
Phil Goyette	New York	70	12	49	61	6
Doug Mohns	Chicago	61	25	35	60	58
Henri Richard	**Canadiens**	**65**	**21**	**34**	**55**	**28**
Alex Delvecchio	Detroit	70	17	38	55	10

journalistes) dit que celui-ci aurait jeté un sort à l'équipe afin qu'elle ne termine jamais en première place. En fait, il s'agit d'un premier trophée Prince-de-Galles pour Chicago, qui a terminé deuxième à huit reprises au cours de cette période. Les Hawks ont tout de

même remporté la coupe Stanley en 1934, 1938 et 1961.
● La sélection de Stan Mikita à titre de joueur le plus gentilhomme est assez particulière. Quatre fois auparavant, il avait totalisé plus de 100 minutes de punitions, mais il s'est bien

assagi, n'en recevant que 12, pour mériter sa récompense.
● Souffrant de problèmes respiratoires, Paul Henderson des Red Wings, doit porter un masque chirurgical lors des matchs.

● Les équipes sont maintenant autorisées à remplacer les joueurs pénalisés pour cinq minutes lorsque les deux formations écopent de majeures.

Le jeune Vachon a vite pris confiance en ses moyens en arrêtant des joueurs de la trempe de Frank Mahovlich et Gordie Howe, ce dernier en échappée au début du tout premier match du gardien originaire de Palmarolle, en Abitibi.

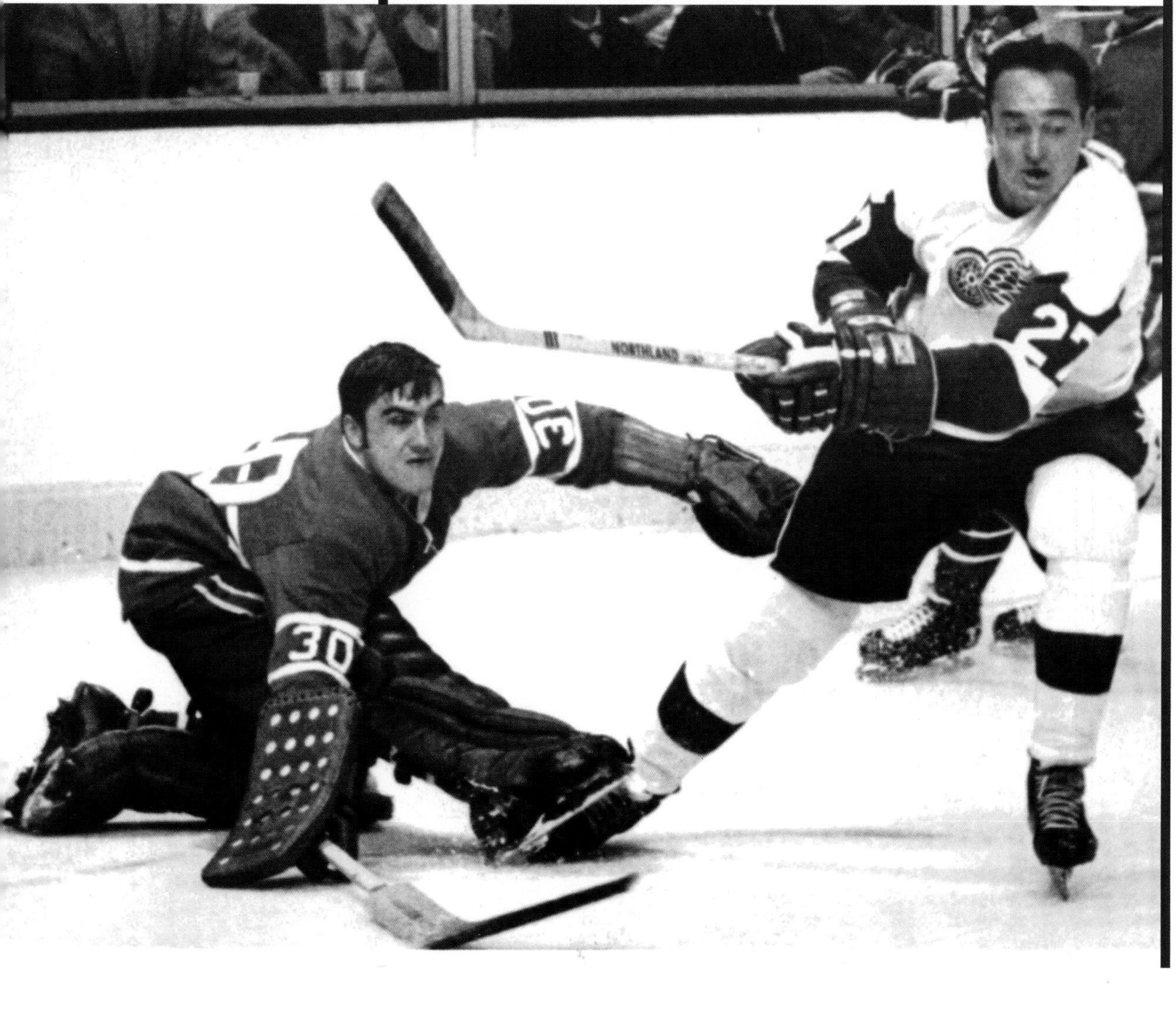

305

*Serge Savard obtient l'unique
filet du deuxième match de la
finale contre les Blues et bien
que n'étant encore qu'une verte
recrue, il contribue largement
à cette autre coupe, à la grande
joie de ses coéquipiers Béliveau
et Ferguson.*

1967  1968

QUINZIÈME
COUPE
STANLEY

LA LNH DOUBLE LE NOMBRE DE SES ÉQUIPES AVEC DE NOUVELLES CONCESSIONS À PHILADELPHIE, À LOS ANGELES, À ST. LOUIS, AU MINNESOTA, À PITTSBURGH ET EN CALIFORNIE (QUI DEVIENT OAKLAND EN DÉCEMBRE), TOUTES REGROUPÉES DANS LA DIVISION OUEST. LES CANADIENS DEVANCENT LES RANGERS PAR QUATRE POINTS DANS LA DIVISION EST AU TERME D'UN CALENDRIER DE 74 PARTIES. L'EFFET ORR (ÉLU MEILLEUR DÉFENSEUR) SE FAIT DÉJÀ SENTIR CHEZ LES BRUINS, QUI FINISSENT TROISIÈMES APRÈS AVOIR OCCUPÉ LA CAVE SIX FOIS AU COURS DES SEPT DERNIÈRES ANNÉES. LORNE WORSLEY, CETTE FOIS AVEC ROGATIEN VACHON, RÉCUPÈRE LE TROPHÉE VÉZINA. CLAUDE PROVOST EST LE PREMIER JOUEUR À RECEVOIR LE TROPHÉE BILL-MASTERTON, REMIS AU JOUEUR QUI COMBINE LE MIEUX PERSÉVÉRANCE, ESPRIT SPORTIF ET DÉVOUEMENT À SON SPORT. UNE 15E COUPE STANLEY FACILE POUR LES CANADIENS, QUI ÉLIMINENT BOSTON EN QUATRE, CHICAGO EN CINQ ET ST. LOUIS EN QUATRE.

Rogatien Vachon connaît un début de saison difficile, mais il se ressaisit de façon spectaculaire en deuxième moitié de saison pour amorcer la remontée du Tricolore.

De la dernière à la première place

Les Canadiens perdent plusieurs joueurs au repêchage d'expansion, conçu pour composer six nouvelles équipes qui tenteront de séduire le marché américain et de faire du hockey un sport majeur, comme le sont déjà le baseball, le football et le basket-ball. Charlie Hodge, Jean-Guy Talbot, Léon Rochefort, Dave Balon, Jim Roberts et une quinzaine d'autres partent rejoindre de nouvelles formations. Mais Sam Pollock est rusé et il a manœuvré habilement pour préserver ses meilleurs éléments.

De plus, l'arrivée de quelques nouveaux, dont Jacques Lemaire et Serge Savard, recrue de l'année dans la Ligue centrale, ainsi que la présence du jeune gardien Rogatien Vachon, qu'on croit capable de seconder adéquatement Gump Worsley, rassurent les partisans. Le début de saison est cependant difficile et l'équipe se retrouve au dernier rang après 33 parties.

Mais tout change le 27 décembre à Toronto. Les Canadiens traînent de l'arrière 2-0 en fin de troisième, mais Jacques Lemaire et Jean Béliveau permettent à l'équipe de faire match nul et d'entreprendre l'une des plus belles remontées de l'histoire du circuit. Après deux victoires et un autre verdict nul, les protégés de Toe Blake signent 12 victoires d'affilée à compter du 6 janvier, battant au passage leur record de 11 gains consécutifs établi en 1926-27. Le 27 janvier, le Tricolore dispose des Bruins 5 à 2 et passe au premier rang, alors que la série victorieuse ne compte encore que neuf parties.

Le journaliste Gus Lacombe fait largement état de cette poussée extraordinaire du Tricolore dans une édition du *Petit Journal* parue en février. Il en attribue principalement le mérite à Rogatien Vachon, Jean Béliveau et

● Jean Béliveau vit quelques moments historiques au cours de la saison. Le 11 octobre, il enfile le 400ᵉ but de sa carrière lors du premier match entre une équipe originale (Montréal) et une nouvelle concession (Pittsburgh). Le 3 mars, il obtient son 1 000ᵉ point, devenant le premier joueur de l'histoire du Tricolore — le deuxième de la Ligue après Gordie Howe — à obtenir 1 000 points. Un mois plus tôt, tandis que son coéquipier Ralph Backstrom atteint le cap des 400 points, Béliveau dispute sa 900ᵉ partie.

● Claude Provost est le premier récipiendaire du trophée Bill-Masterton, institué pour commémorer le souvenir de Bill Masterton des North Stars du Minnesota décédé des suites d'une hémorragie cérébrale résultant d'une chute sur la glace lors d'un match contre Oakland en janvier. Ancien joueur de l'organisation des Canadiens, Masterton avait été cédé aux Stars au lendemain du repêchage. La campagne en faveur du port du casque protecteur allait s'intensifier.

1967 1968

Jean Béliveau entreprend de secouer sa troupe à la fin de décembre et, un mois plus tard, celle-ci se retrouve au premier rang, après avoir goûté aux désagréments du dernier rang.

Claude Provost. À Vachon qui est redevenu le gardien étincelant de la saison précédente « après un début plutôt chancelant », accordant seulement 15 buts en 21 parties. À Béliveau, auteur de 13 buts et 21 passes en 23 matchs. À Provost enfin, un spécialiste pour écouler le temps des pénalités et surveiller les joueurs adverses, en plus de se signaler à l'offensive avec le deuxième meilleur total de points après Béliveau. Le journaliste vétéran rapporte aussi que l'équipe a considérablement diminué le nombre de ses punitions.

● Sans faire trop de bruit, Provost atteint quelques marques respectables au cours de la saison. Il participe à un 800e match le 21 octobre. Le même soir, Gilles Tremblay dispute son 400e match. Ensuite, Provost obtient son 500e point sur un but de Tremblay le 29 novembre.

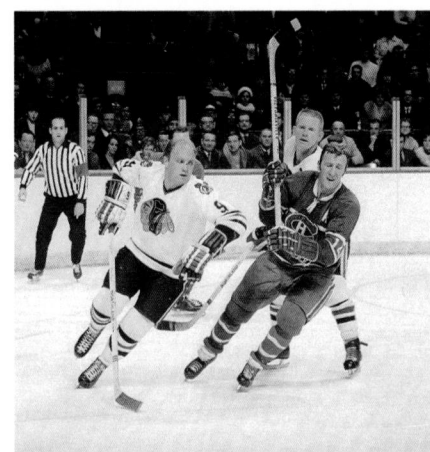

Claude Provost sert toujours d'ombre à Bobby Hull, en plus de se distinguer à l'offensive avec une deuxième place des marqueurs chez les Canadiens.

1967 1968

Ligue à 6 ou à 12 équipes, les Canadiens sont encore les meilleurs et cet autre championnat de saison prépare le terrain d'une 15e coupe Stanley, la dernière avec Toe Blake.

En séries, Yvan Cournoyer, Dickie Moore, maintenant avec les Blues, et Lorne Worsley s'illustrent. Les deux premiers récoltent chacun 14 points, un de moins que le meneur Bill Goldsworthy. En finale, les Blues de St. Louis, première équipe de l'expansion à se qualifier pour la série ultime, opposent une vive résistance au Tricolore, perdant en quatre parties mais par la marge d'un seul but à chaque fois. Jacques Lemaire en période supplémentaire, Serge Savard, Robert Rousseau en supplémentaire aussi, ainsi que Jean-Claude Tremblay deviennent les héros de cette nouvelle conquête de la coupe Stanley, inscrivant les buts victorieux des quatre victoires.

BLAKE SE RETIRE

Toe Blake est devenu encore plus irascible avec les années. Sa santé s'est détériorée et celle de sa femme l'inquiète aussi. Ses sautes d'humeur sont plus fréquentes, bien que personne ne conteste sa valeur de meneur d'hommes. En novembre, il s'en prend à un spectateur à Los Angeles, ce qui lui vaut une citation à comparaître (ainsi qu'à Claude Provost). En mars, il pique une crise au réalisateur de *La Soirée du hockey* qu'il accuse à tort d'être allé s'enquérir de l'état de santé de Worsley

Toe Blake fait appel à son gardien vétéran, Worsley, pour tous les matchs de la finale et ce dernier lui donnera raison avec quatre victoires serrées de suite, dont deux en prolongation...

FORUM
LA REVUE SPORTIVE ⬤ SPORTS MAGAZINE 50¢

Yvan Cournoyer termine à un point du meneur en séries, Bill Goldsworthy, de quoi illustrer la page frontispice de la revue Forum.

DIVISION EST	PJ	G	P	N	BP	BC	PTS
Montréal (Canadiens)	74	42	22	10	236	167	94
New York (Rangers)	74	39	23	12	226	183	90
Boston (Bruins)	74	37	27	10	259	216	84
Chicago (Black Hawks)	74	32	26	16	212	222	80
Toronto (Maple Leafs)	74	33	31	10	209	176	76
Detroit (Red Wings)	74	27	35	12	245	257	66
DIVISION OUEST	PJ	G	P	N	BP	BC	PTS
Philadelphie (Flyers)	74	31	32	11	173	179	73
Los Angeles (Kings)	74	31	33	10	200	224	72
St. Louis (Blues)	74	27	31	16	177	191	70
Minnesota (North Stars)	74	27	32	15	191	226	69
Pittsburgh (Penguins)	74	27	34	13	195	216	67
Oakland (Seals)	74	15	42	17	153	219	47

MEILLEURS MARQUEURS

		PJ	B	A	PTS	PUN
Stan Mikita	Chicago	72	40	47	87	14
Phil Esposito	Boston	74	35	49	84	21
Gordie Howe	Detroit	74	39	43	82	53
Jean Ratelle	New York	74	32	46	78	18
Rodrigue Gilbert	New York	73	29	48	77	12
Bobby Hull	Chicago	71	44	31	75	39
Norm Ullman	Det./Tor.	71	35	37	72	28
Alex Delvecchio	Detroit	74	22	48	70	14
John Bucyk	Boston	72	30	39	69	8
Kenny Wharram	Chicago	74	27	42	69	18

● John Ferguson inscrit une première peu enviable le 7 décembre en devenant le premier joueur à écoper simultanément de trois punitions.

● Les Canadiens font signer un contrat à un jeune gardien de 23 ans, Tony Esposito (le frère de Phil), en septembre. Esposito a été sélectionné dans les équipes d'étoiles universitaires américaines au cours des trois saisons précédentes. On l'envoie à Vancouver, dans la Ligue junior de l'Ouest, où il poursuit son apprentissage avant qu'on lui fasse de la place à Montréal.

● Le défenseur Jean-Claude Tremblay rejoint à son tour le club sélect des joueurs ayant disputé 500 matchs et plus le 9 mars, contre Chicago, alors que Gilles Tremblay inscrit son 300e point le même jour.

1967 1968

ÉQUIPE 1967-68

Entraîneur : Toe Blake (74-42-22-10)

N°	POS	JOUEURS	PJ	B	A	PTS	PUN
4	C	Jean Béliveau	59	31	37	68	28
15	AD	Robert Rousseau	74	19	46	65	47
12	AD	Yvan Cournoyer	64	28	32	60	23
5,21	AG	Gilles Tremblay	71	23	28	51	8
8	AG	Dick Duff	66	25	21	46	21
6	C	Ralph Backstrom	70	20	25	45	14
14	AD	Claude Provost	73	14	30	44	26
25	C	Jacques Lemaire	69	22	20	42	16
22	AG	John Ferguson	61	15	18	33	117
3	D	Jean-Claude Tremblay	73	4	26	30	18
16	C	Henri Richard	54	9	19	28	16
2	D	Jacques Laperrière	72	4	21	25	84
10	D	Ted Harris	67	5	16	21	78
18	D	Serge Savard	67	2	13	15	34
24	AD	Mickey Redmond	41	6	5	11	4
11	AD	Claude Larose	42	2	9	11	28
19	D	Terry Harper	57	3	8	11	66
23	AD	Danny Grant	22	3	4	7	10
17	D	Carol Vadnais	31	1	1	2	31
26	D	Bryan Watson	12	0	1	1	9
20	AG	Garry Monahan	11	0	0	0	8
30	G	Rogatien Vachon	39	0	0	0	2
1	G	Lorne Worsley	40	0	0	0	10

GARDIENS	PJ	G	P	N	MIN	BC	BL	MOY
Lorne Worsley	40	19	9	8	2213	73	6	1,98
Rogatien Vachon	39	23	13	2	2227	92	4	2,48

C'est la fin pour Blake qui quitte à regret une organisation à qui il aura procuré huit coupes Stanley à titre d'entraîneur.

● Les six équipes originales sont autorisées à protéger un seul gardien et 11 joueurs en prévision du repêchage des nouvelles concessions. Quelque 120 joueurs changeront d'équipe au cours de cette séance. Dorénavant, les clubs ne pourront présenter plus de 16 joueurs (20 en séries) et deux gardiens en uniforme lors des matchs réguliers.

● L'intersaison a été marquée par un échange spectaculaire, les Black Hawks de Chicago refilant Phil Esposito, Ken Hodge et Fred Stanfield aux Bruins, en retour de Hubert Pit Martin, Gilles Marotte et Jack Norris. Autre transaction d'importance en mars lorsque Toronto envoie Frank Mahovlich, Gary Unger, Pete Stemkoski et Carl Brewer à Detroit, en échange de Paul Henderson, Floyd Smith et Norm Ullman.

● Les joueurs se dotent d'un véritable syndicat sous la gouverne d'Alan Eagleson au cours de l'été précédant la saison. Bob Pulford est élu président.

● Les Rangers inaugurent leur nouveau domicile, le Madison Square Garden, en plein milieu de Manhattan, tandis que le propriétaire des Kings de Los Angeles, Jack Kent Cooke, met la main sur les Indians de Springfield de la Ligue américaine pour établir la base de son organisation. Les Flyers de Philadelphie répliquent par l'achat des As de Québec.

1967 1968

à l'infirmerie. Ses relations avec les journalistes sont de plus en plus tendues et il ne se gêne plus pour critiquer ouvertement le travail des officiels.

Un an plus tôt, dans une longue entrevue accordée à Pierre Gobeil de *La Patrie*, il avait fait part de son intention de quitter le club au terme de la saison 1967-68. Ce qu'il fait effectivement après une huitième coupe en qualité d'entraîneur. Plus trois comme joueur, ce qui en fait l'un des plus grands de l'histoire du hockey.

HENRI DÉSERTE LE CLUB

Henri Richard est orgueilleux, peut-être encore plus que son frère Maurice, et il supporte mal de ne pas être en mesure d'aider l'équipe comme il le voudrait. Quatre fois depuis le début de la saison, il a été ralenti par des blessures. Au début de février, le vase déborde lorsque Blake lui fait réchauffer le banc pendant deux parties, lui préférant Jacques Lemaire au centre de son trio. Il quitte le club sans crier gare et se réfugie dans les Laurentides pour réfléchir à sa situation.

Henri n'en veut à personne d'autre qu'à lui-même, mais il refuse d'être confiné au banc et demande même un échange de façon à se rendre utile et à mériter son salaire. Les médias s'emparent de l'histoire et chacun y va de son commentaire. Quelques jours plus, Richard a une bonne discussion avec Sam Pollock qui le convainc de reprendre son poste, sans lui imposer d'amende ni de suspension. Mais le débat sur le traitement accordé à Henri se poursuit jusqu'à la fin de la saison entre son frère Maurice et les journalistes, par chroniques interposées. Peu après son retour, Henri participe à un 800e match dans l'uniforme tricolore.

Henri, tel un vrai Richard bourré de fierté, rebondira dès l'année suivante pour aider le club à remporter trois autres coupes Stanley, avant de prendre sa retraite en 1975.

LE SAVIEZ-VOUS...

Les dirigeants du circuit trouvent que Bobby Hull et Stan Mikita exagèrent. On fixe la courbure maximale des palettes de bâton à un pouce et demi.

TROPHÉES	
COUPE STANLEY	
Canadiens de Montréal	
TROPHÉE PRINCE-DE-GALLES	
Canadiens de Montréal	
TROPHÉE CLARENCE-CAMPBELL	
Flyers de Philadelphie	
TROPHÉE HART	
Stan Mikita	
Black Hawks de Chicago	
TROPHÉE ART-ROSS	
Stan Mikita	
Black Hawks de Chicago	
TROPHÉE LADY-BYNG	
Stan Mikita	
Black Hawks de Chicago	
TROPHÉE CALDER	
Derek Sanderson	
Bruins de Boston	
TROPHÉE GEORGES-VÉZINA	
Lorne Worsley et Rogatien Vachon	
Canadiens de Montréal	
TROPHÉE JAMES-NORRIS	
Bobby Orr	
Bruins de Boston	
TROPHÉE CONN-SMYTHE	
Glenn Hall	
Blues de St. Louis	
TROPHÉE BILL-MASTERTON	
Claude Provost	
Canadiens de Montréal	

● Exclus des séries depuis les huit dernières années, les Bruins terminent troisièmes de leur division, mais sont vite éliminés par les Canadiens en quatre matchs consécutifs.

● Deuxième « triple couronne » d'affilée pour Stan Mikita, gagnant des trophées Art-Ross (champion marqueur), Hart (plus utile) et Lady-Byng (plus

gentilhomme). Un exploit que seul le grand Gretzky réussira à surpasser avec quatre en 1983-84 et 1984-85. Pour Mikita, il s'agit d'un troisième Art-Ross en quatre saisons.

● Un vent violent endommage le toit du Spectrum de Philadelphie au printemps et les Flyers doivent compléter leur saison locale à Toronto et à Québec, domicile des As, leur club affilié dans la Ligue américaine.

● La mort tragique de Martin Luther King au début d'avril incite la Ligue à reporter de quelques jours trois rencontres des séries, par respect pour le grand leader noir.

● Glenn Hall mène les Blues de St. Louis jusqu'en finale contre les Canadiens, établissant une nouvelle marque de 1 111 minutes jouées. Il reçoit le Conn-Smythe même si la coupe va aux Canadiens.

● Wayne Connelly, des North Stars du Minnesota, devient le premier joueur de l'histoire à marquer sur un tir de pénalité en séries, le 9 avril contre Terry Sawchuk, premier choix des Kings de Los Angeles au repêchage d'expansion.

● Le Canada est humilié 5-0 par les Soviétiques au match ultime des Jeux de Grenoble.

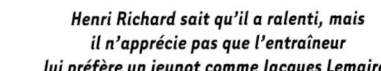

Henri Richard sait qu'il a ralenti, mais il n'apprécie pas que l'entraîneur lui préfère un jeunot comme Jacques Lemaire.

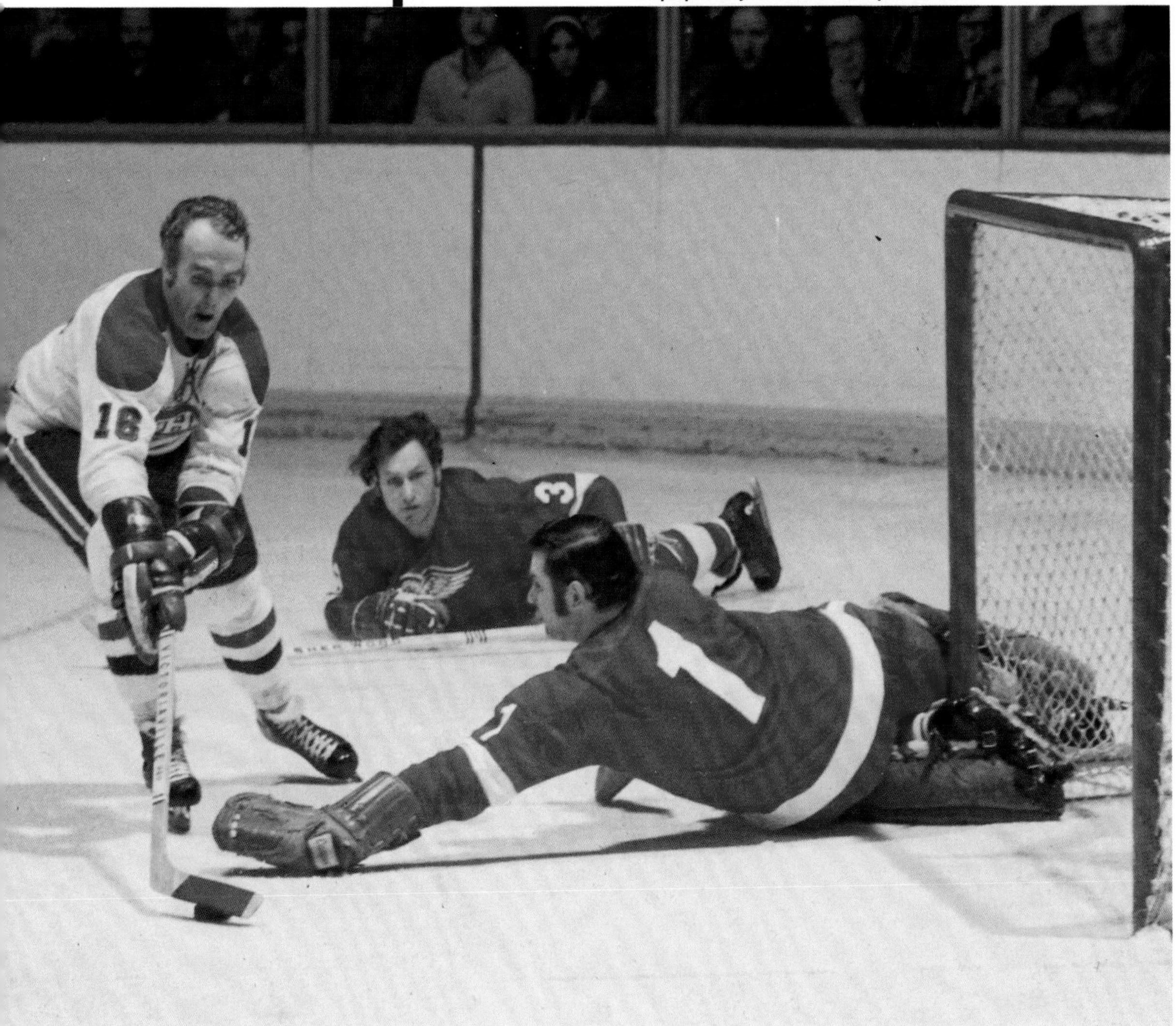

1967 1968

MONTRÉAL · MATIN

LE PLUS GRAND QUOTIDIEN FRANÇAIS DU MATIN EN AMERIQUE

Vol. XXXIX — No 254   MONTREAL, LUNDI 5 MAI 1969   CLAIR

76 PAGES   PARIS 2 fr. **10¢**
ETATS-UNIS 25¢

La 16e !

1968  1969

SEIZIÈME
COUPE
STANLEY

LES BRUINS POURSUIVENT LEUR REMONTÉE JUSQU'EN DEUXIÈME PLACE DE L'EST, À TROIS POINTS DES
CANADIENS, ET LES BLUES DE ST. LOUIS, INSPIRÉS PAR LEUR PARTICIPATION À LA FINALE L'ANNÉE
PRÉCÉDENTE, REMPLACENT PHILADELPHIE AU SOMMET DE L'OUEST. PHIL ESPOSITO, ACQUIS DES
HAWKS UN AN PLUS TÔT, ÉTABLIT UNE NOUVELLE MARQUE DE 126 POINTS AU SOMMET DES MARQUEURS.
IL EST DÉSIGNÉ LE PLUS UTILE À SON ÉQUIPE. BOBBY HULL ET GORDIE HOWE DÉPASSENT AUSSI LE
CAP DES 100 POINTS, AVEC RESPECTIVEMENT 107 ET 103 POINTS. BOBBY ORR CONSERVE SON
TITRE DE MEILLEUR DÉFENSEUR. LE DUO JACQUES PLANTE ET GLENN HALL, DES BLUES, DÉTIENT LA
MEILLEURE MOYENNE CHEZ LES GARDIENS. AUTRE COUPE STANLEY POUR LE TRICOLORE QUI DISPOSE
D'ABORD DES RANGERS 4-0 EN QUART DE FINALE, ENSUITE DES BRUINS 4 À 2 ET UNE FOIS DE
PLUS DES BLUES 4 À 0 EN FINALE. SERGE SAVARD EST DÉSIGNÉ MEILLEUR JOUEUR DES SÉRIES.
TROIS MEMBRES DES CANADIENS SONT SÉLECTIONNÉS DANS LA DEUXIÈME ÉQUIPE D'ÉTOILES
TED HARRIS, JEAN BÉLIVEAU ET YVAN COURNOYER.

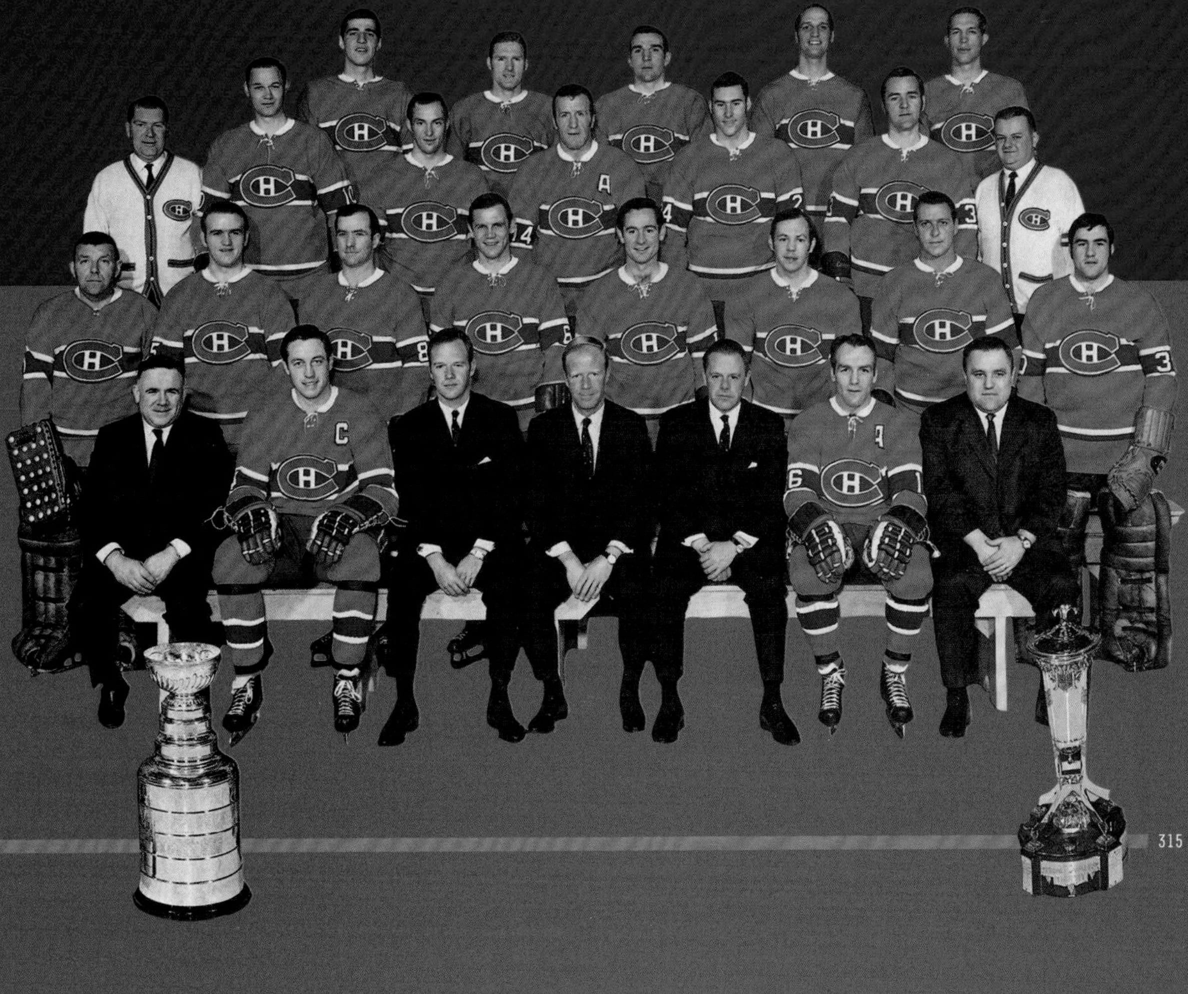

1968 1969

Successeur de Blake à 29 ans

Avec les sages conseils du gérant Sam Pollock, Claude Ruel s'en tire plutôt bien dans son rôle de successeur de Blake.

S am Pollock n'a pas à chercher bien loin lorsqu'il s'agit de trouver un successeur à Toe Blake au printemps 1968. L'un de ses protégés, Claude Ruel, fait partie de l'organisation depuis une quinzaine d'années déjà. Après avoir perdu l'usage de l'œil gauche à la suite d'un coup de bâton en novembre 1957, Ruel est devenu entraîneur du Canadien junior à 19 ans et, en 1964, il remplaçait Scotty Bowman à titre de dépisteur en chef.

Pollock a une confiance illimitée en lui et ne porte aucune attention aux rumeurs qui évoquent les noms de Floyd Curry ou Hal Laycoe. Son homme, c'est Ruel ! Quelques semaines après la huitième coupe remportée sous la gouverne de Toe Blake, Pollock convoque la presse pour annoncer la nomination de celui que les journalistes ont affectueusement surnommé «Piton». Le même jour, Pollock apporte quelques transformations à la structure de l'équipe : Blake devient vice-président, Curry est appelé à le seconder à titre de directeur gérant, Ronald Caron remplace Ruel comme dépisteur en chef et Del Wilson, qui fait aussi partie de l'organisation depuis une vingtaine d'années, accède au poste de directeur du personnel.

La commande est de taille, mais Ruel, qui n'a pas encore 30 ans au moment de sa nomination, livre la marchandise rapidement. Le club totalise 103 points en saison, trois de plus que les Bruins, et entreprend les séries avec confiance. Les Rangers sont vite liquidés en quart de finale, mais les Bruins sont plus coriaces, trois des six rencontres nécessitant du temps supplémentaire. Ralph Backstrom et Mickey Redmond donnent la victoire aux Canadiens lors des deux premières

316

● Le talent de négociateur de Sam Pollock donne de bons résultats au repêchage amateur de juin. Il avait déjà obtenu les deux premiers choix chez les joueurs francophones pour quelques années et négocié d'autres premières sélections avec les clubs à la recherche de vétérans. Pour l'unique fois de l'histoire de la LNH, un même club (Montréal) dispose des trois premiers choix (Michel Plasse, Roger Bélisle et Jim Pritchard).

Pollock ajoute une quatrième sélection en fin de premier tour.

● Robert Rousseau est maintenant un vétéran avec l'équipe. Le 23 octobre, il dispute un 500e match et une semaine plus tard il inscrit son 400e point. Mais Ralph Backstrom et Claude Provost font encore mieux au cours des semaines suivantes, le premier avec un 700e match et le second avec un 900e.

● Les Canadiens et les Bruins se livrent un duel sans points, le 21 décembre au Forum de Montréal. Tony Esposito pour le Tricolore et Gerry Cheevers pour Boston bloquent respectivement 41 et 34 tirs. Le lendemain les deux formations s'affrontent au Garden de Boston avec les mêmes cerbères et les Bruins l'emportent 7-5. Les journées se suivent...

● Yvan Cournoyer s'éclate avec une saison de 43 buts et 44 passes. Il termine au sixième rang des marqueurs et trouve place dans la deuxième équipe d'étoiles, en compagnie de Jean Béliveau et du défenseur Ted Harris. Il connaît notamment une partie de cinq points (1-4) contre Los Angeles le 11 février.

1968 1969

ÉQUIPE 1968-69						
Entraîneur : Claude Ruel (76-46-19-11)						
N°	POS	JOUEURS	PJ	B	A	PTS	PUN
12	AD	Yvan Cournoyer	76	43	44	87	31
4	C	Jean Béliveau	69	33	49	82	55
15	AD	Robert Rousseau	76	30	40	70	59
25	C	Jacques Lemaire	75	29	34	63	29
16	C	Henri Richard	64	15	37	52	45
22	AG	John Ferguson	71	29	23	52	185
6	C	Ralph Backstrom	72	13	28	41	16
8	AG	Dick Duff	68	19	21	40	24
3	D	Jean-Claude Tremblay	75	7	32	39	18
2	D	Jacques Laperrière	69	5	26	31	45
18	D	Serge Savard	74	8	23	31	73
14	AD	Claude Provost	73	13	15	28	18
5	AG	Gilles Tremblay	44	10	15	25	2
10	D	Ted Harris	76	7	18	25	102
24	AD	Mickey Redmond	65	9	15	24	12
17	D	Larry Hillman	25	0	5	5	17
23	C	Chris Bordeleau	13	1	3	4	4
19	D	Terry Harper	21	0	3	3	37
11	C	Jude Drouin	9	0	1	1	0
29	G	Ernie Wakely	1	0	0	0	0
17	D	Guy Lapointe	1	0	0	0	2
21	AD	Howie Glover	1	0	0	0	0
23	AD	Alain Caron	2	0	0	0	0
20,23	AG	Bob Berry	2	0	0	0	0
11	AG	Garry Monahan	3	0	0	0	0
1,29,30	G	Tony Esposito	13	0	0	0	0
1	G	Lorne Worsley	30	0	0	0	0
30	G	Rogatien Vachon	36	0	0	0	2
20,21	AD	Lucien Grenier	-	-	-	-	-

GARDIENS	PJ	G	P	N	MIN	BC	BL	MOY
Lorne Worsley	30	19	5	4	1703	64	5	2,25
Tony Esposito	13	5	4	4	746	34	2	2,73
Rogatien Vachon	36	22	9	3	2051	98	2	2,87
Ernie Wakely	1	0	1	0	60	4	0	4,00

parties, marquant tous deux en prolongation. Au sixième match, Jean Béliveau met un terme à une rencontre de plus de quatre heures et à la série en trompant Gerry Cheevers sur un tir d'une vingtaine de pieds à 11 min 28 s de la deuxième période supplémentaire. En finale, St. Louis fournit moins d'opposition que l'année précédente, et, le 4 mai, Ruel devient le plus jeune entraîneur de l'histoire du club à vivre l'exaltation d'une conquête de la coupe Stanley, la 16e de l'équipe.

Dick Duff obtient quatre buts lors des trois premières parties de la finale contre St. Louis, dont le but gagnant du deuxième match.

● Le Tricolore fait sauter quelques-uns de ses records les plus significatifs, établis tous deux en 1955-56, avec 46 victoires (comparativement à 45) et 103 points (comparativement à 100).

● Nouveau record de participation aux séries pour le Tricolore, qui en est à une 21e année d'affilée. Pour Béliveau, qui n'a jamais manqué les séries depuis son arrivée avec le club, il s'agit d'une 16e saison de suite.

● Serge Savard, à sa deuxième année à Montréal, est le premier défenseur à s'inscrire parmi les lauréats du trophée Conn-Smythe à titre de meilleur joueur des séries.

● John Ferguson, le dur à cuire des Canadiens, s'en prend à tout ce qui bouge chez les Blues en finale, ce qui ne l'empêche pas d'inscrire le but qui donne la coupe au Tricolore en troisième période du quatrième match.

● Les p'tits Canadiens, menés par Marc Tardif et Réjean Houle, remportent la coupe Memorial. Une seconde suivra l'année suivante.

Malgré les rénovations au Forum, les billets des parties sont encore disponibles à prix raisonnables.

1968 1969

Un nouveau Forum libéré de ses colonnes gênantes attend les spectateurs en début de saison. Les travaux, qui portent le nombre de sièges à plus de 18 000, ont été terminés en un temps record.

FORUM RÉNOVÉ ET NOUVEAUX PROPRIÉTAIRES

Il n'aura fallu que 118 jours à la société Stone & Webster pour rénover complètement le Forum de Montréal à l'été 1968. Inauguré en 1924, l'ancien Forum avait progressivement porté son nombre de sièges de 9 500 à 14 148 avant de subir une véritable transformation. On soulève d'abord le toit afin d'enlever les fameuses colonnes si souvent décriées par les spectateurs. On ajoute une dizaine de loges corporatives, on agrandit la galerie de presse, on installe des escaliers mobiles, on aménage un club privé pouvant accueillir 500 personnes, on regroupe les guichets à l'entrée rue Sainte-Catherine et on porte la capacité totale de l'édifice à 18 200 personnes, dont 16 450 places assises. Coût total des rénovations : 9,5 millions de dollars.

Le soir de l'inauguration, le 2 novembre, en présence de la *Punch Line* et d'une multitude d'invités arrivés en limousine, Jean Béliveau et Yvan Cournoyer participent à la fête en procurant une victoire de 2-1 au Tricolore contre Detroit.

Le sénateur Hartland Molson quitte son poste à regret, mais il demeurera un fidèle partisan de l'équipe jusqu'à sa mort.

● Phil Esposito est le premier joueur de la LNH à inscrire 100 points en saison, en marquant deux buts contre Pittsburgh le 2 mars. Il termine la saison avec 126 points (49 buts et 77 passes), battant pas moins de sept records offensifs en fin de saison. Bobby Hull (107) et Gordie Howe (103) s'inscrivent aussi au premier club des 100 points. Stan Mikita, quatre fois champion marqueur au cours des cinq dernières saisons, est quatrième à 97.

● Howe est le premier joueur à totaliser 700 buts au cours d'une carrière, le 4 décembre à Pittsburgh. Il a presque 41 ans et son seul regret est de ne pas avoir inscrit cette marque devant ses partisans, qui l'attendaient avec 700 ballons.

● Les Blues de St. Louis, champions de la Division Ouest, se défendent pas trop mal à l'offensive. Leur meilleur marqueur, Red Berenson, est premier chez les équipes plus récentes avec 82 points

(huitième de la Ligue), dont six buts au cours d'une même partie.

● Nouveau record de buts dans une saison. Bobby Hull surpasse sa propre marque de 54 et fixe le nouveau sommet à 58, malgré une fracture de la mâchoire.

● Avant le début de la saison, Hull a du mal à s'entendre avec les Hawks pour le renouvellement de son contrat. Il fait savoir qu'il songe à se retirer, sans doute afin d'accélérer les négociations.

● Stafford Smythe, des Leafs, en réplique à l'offre d'un million faite par les Hawks pour Frank Mahovlich quelques années plus tôt, se dit prêt à débourser un million pour Hull. Finalement la Comète blonde accepte l'offre de 100 000 $ que lui propose Chicago. Les Hawks gâchent les débuts de Bernard Geoffrion à titre d'entraîneur des Rangers en lui infligeant un premier revers.

1968 1969

TROPHÉES		
COUPE STANLEY		
Canadiens de Montréal		
TROPHÉE PRINCE-DE-GALLES		
Canadiens de Montréal		
TROPHÉE CLARENCE-CAMPBELL		
Blues de St. Louis		
TROPHÉE HART		
Phil Esposito		
Bruins de Boston		
TROPHÉE ART-ROSS		
Phil Esposito		
Bruins de Boston		
TROPHÉE LADY-BYNG		
Alex Delvecchio		
Red Wings de Detroit		
TROPHÉE CALDER		
Danny Grant		
North Stars du Minnesota		
TROPHÉE GEORGES-VÉZINA		
Jacques Plante et Glenn Hall		
Blues de St. Louis		
TROPHÉE JAMES-NORRIS		
Bobby Orr		
Bruins de Boston		
TROPHÉE CONN-SMYTHE		
Serge Savard		
Canadiens de Montréal		
TROPHÉE BILL-MASTERTON		
Ted Hampson		
Seals d'Oakland		

Deux mois et demi plus tôt, les Canadiens et le Canadian Arena étaient devenus la propriété des frères David, Bill et Peter Molson. Le plus connu des trois, David, travaillait déjà dans l'organisation depuis quatre ans à titre de président du club.

Accaparé par ses fonctions à la brasserie et son rôle de sénateur, Hartland de Montarville Molson est contraint, à 61 ans, de quitter une organisation qu'il aime profondément et promet d'assister le plus souvent possible aux parties du club. Une promesse qu'il remplira fidèlement à chaque saison jusqu'à sa mort. Lui et son frère Tom ont cédé à leurs cousins l'équipe et le Forum, évalués à 5,5 millions, pour la somme de 3,3 millions de dollars.

WORSLEY A PEUR DE L'AVION

Le gardien vétéran des Canadiens, Lorne Worsley, a une peur maladive de l'avion depuis ses débuts au hockey. N'en pouvant plus, le corécipiendaire du trophée Vézina à deux reprises au cours des trois dernières saisons craque et abandonne l'équipe lors d'une correspondance à Chicago, en route pour Los Angeles, et décide de revenir à Montréal par train. Gump est préoccupé par son après-carrière

Gump Worsley ne craint pas d'affronter les tirs de ses rivaux à visage découvert, mais pour l'avion, c'est autre chose.

● Bernard Geoffrion, qui a longtemps attendu sa chance pour succéder à Toe Blake, avait été embauché à titre d'entraîneur des Rangers au début de juin. Manque de veine pour le Boomer, les Canadiens présentent leur nouveau pilote une semaine plus tard. Des ulcères obligeront Geoffrion à abandonner son poste en cours de saison.

● Spectaculaire retour de Jacques Plante à St. Louis. Il réussit cinq jeux blancs et conserve une moyenne de 1,96. Plante partage son septième trophée Vézina avec Glenn Hall, lequel sera sélectionné dans la première équipe d'étoiles.

● Ed Giacomin dispute 70 des 76 matchs de la saison devant le filet des Rangers, en gagne 37 et réussit 7 blanchissages, un de moins que le meneur Glenn Hall. Il disputera de nouveau 70 rencontres la saison suivante.

● Après Howe et Béliveau, c'est au tour d'Alex Delvecchio de revendiquer plus de 1 000 points en carrière.

Il en totalisera 1 281 avant de mettre un terme à son illustre carrière en 1974.

● Johnny Bower devient le plus vieux gardien de la Ligue, à 44 ans et 4 mois, à garder le filet d'une équipe en séries. Lester Patrick (44 ans et 3 mois) et Jacques Plante (44 ans et 2 mois) le suivent de près.

1968 1969

et les médecins le forcent au repos pour un mois afin de lui donner la chance de se remettre de sa dépression nerveuse. Le Canadien rappelle d'abord Tony Esposito de Houston pour le remplacer et, lorsque Rogatien Vachon tombe au combat à son tour, on fait venir Ernie Wakely, de Hull-Ottawa.

Worsley revient finalement au jeu le 4 janvier, se blesse peu après à l'aine lors d'un entraînement et ne reprend véritablement son poste qu'à la fin du mois.

De retour la saison suivante, il ne disputera que quelques parties avec les Canadiens, qui vendront son contrat aux North Stars du Minnesota avec lesquels il relancera sa carrière pour quatres autres saisons.

UN VACCIN DE TROP POUR GILLES TREMBLAY

La grippe de Hong Kong fait des ravages dans la population et la direction du Canadien fait vacciner tous les joueurs. On croit que Gilles Tremblay serait devenu asthmatique chronique à la suite de cette injection et les médecins n'arrivent pas à le guérir. Il doit mettre un terme à sa carrière de joueur à la mi-février, après avoir disputé 500 matchs avec l'équipe. Il tentera un retour au camp suivant, sans succès, pour ensuite devenir un commentateur fort apprécié à la *La Soirée du hockey* pendant une trentaine d'années.

DIVISION EST		PJ	G	P	N	BP	BC	PTS
Montréal (Canadiens)		76	46	19	11	271	202	103
Boston (Bruins)		76	42	18	16	303	221	100
New York (Rangers)		76	41	26	9	231	196	91
Toronto (Maple Leafs)		76	35	26	15	234	217	85
Detroit (Red Wings)		76	33	31	12	239	221	78
Chicago (Black Hawks)		76	34	33	9	280	246	77
DIVISION OUEST		**PJ**	**G**	**P**	**N**	**BP**	**BC**	**PTS**
St. Louis (Blues)		76	37	25	14	204	157	88
Oakland (Seals)		76	29	36	11	219	251	69
Philadelphie (Flyers)		76	20	35	21	174	225	61
Los Angeles (Kings)		76	24	42	10	185	260	58
Pittsburgh (Penguins)		76	20	45	11	189	252	51
Minnesota (North Stars)		76	18	43	15	189	270	51

MEILLEURS MARQUEURS		PJ	B	A	PTS	PUN
Phil Esposito	Boston	74	49	77	126	79
Bobby Hull	Chicago	74	58	49	107	48
Gordie Howe	Detroit	76	44	59	103	58
Stan Mikita	Chicago	74	30	67	97	52
Ken Hodge	Boston	75	45	45	90	75
Yvan Cournoyer	Canadiens	76	43	44	87	31
Alex Delvecchio	Detroit	72	25	58	83	8
Red Berenson	St. Louis	76	35	47	82	43
Jean Béliveau	Canadiens	69	33	49	82	55
Frank Mahovlich	Detroit	76	49	29	78	38
Jean Ratelle	New York	75	32	46	78	26

Maurice Richard est le premier hockeyeur récipiendaire du trophée Victoire, attribué aux meilleurs athlètes pour l'ensemble de leur carrière. Le Rocket reçoit sa distinction de l'acteur Lorne Greene, très connu pour son rôle de Bonanza. Après le Rocket, on honorera Geoffrion et Lafleur.

1969 1970

LES CANADIENS SONT EXCLUS DES SÉRIES POUR LA PREMIÈRE FOIS EN VINGT-DEUX ANS ET LES BRUINS DE BOSTON GAGNENT LA COUPE APRÈS AVOIR TERMINÉ À ÉGALITÉ AVEC LES HAWKS DANS L'EST (LE NOMBRE DE VICTOIRES FAVORISE CHICAGO QUI A TERMINÉ DERNIER LA SAISON PRÉCÉDENTE). SEPT POINTS SEULEMENT SÉPARENT MONTRÉAL DES CHAMPIONS. ST. LOUIS EST À NOUVEAU CHAMPION DANS L'OUEST. POUR LA PREMIÈRE FOIS DANS L'HISTOIRE DU HOCKEY, UN DÉFENSEUR TERMINE AU PREMIER RANG DES MARQUEURS. BOBBY ORR CONSERVE BIEN SÛR SON TROPHÉE NORRIS DE MEILLEUR DÉFENSEUR, EN PLUS D'ACQUÉRIR AUSSI LE HART DU PLUS UTILE. IL DEVANCE SON COÉQUIPIER ESPOSITO PAR 120 POINTS À 99. BOSTON EN ARRACHE AVEC NEW YORK EN SÉRIES (4-2), MAIS IL AURA ENSUITE LA PARTIE FACILE CONTRE CHICAGO ET ST. LOUIS, 4-0 DANS LES DEUX CAS. TONY ESPOSITO, GARDIEN RECRUE DES HAWKS DE CHICAGO, REMPORTE LE TROPHÉE VÉZINA ET LE CALDER. JACQUES LAPERRIÈRE EST LE SEUL JOUEUR DES CANADIENS ÉLU DANS UNE ÉQUIPE D'ÉTOILES, LA DEUXIÈME.

Les Canadiens sortis des séries

Pit Martin vient de marquer deux buts rapides et les Black Hawks de Chicago mènent 5-2 avec moins de 10 minutes à jouer dans la dernière rencontre de la saison. Claude Ruel est songeur ! Il sait que la victoire est maintenant hors de portée et la seule chance qui reste à l'équipe de devancer les Rangers au quatrième rang, c'est d'inscrire trois autres buts contre Tony Esposito. Sous les

Quatre gardiens s'étaient succédé devant le filet montréalais au cours de la saison précédente : Rogatien Vachon, Tony Esposito (perdu au repêchage interne à l'été 1969), Ernie Wakely (échangé à St. Louis à l'été 1969) et Lorne Worsley.

● Lorne Worsley menace à nouveau de quitter l'équipe en janvier, par suite d'une mésentente avec Ruel et Pollock qui veulent l'envoyer dans la Ligue américaine pour recouvrer la forme. Les médias font grand état de son refus de se rapporter aux Voyageurs et un peu tout le monde y va de son conseil. Worsley s'entête mais Pollock aura le dernier mot en vendant son contrat aux North Stars à la fin de février.

● Dick Duff subit lui aussi sa part de problèmes. Il est hospitalisé en début de saison pour une intervention chirurgicale mineure et songe sérieusement à la retraite. À son retour, il s'absente souvent des entraînements et s'attire les foudres de Ruel. Pollock finit par le suspendre avant de l'échanger aux Kings de Los Angeles à la fin de janvier.

● Controverse au sujet du nom du club-école du Canadien dans la Ligue américaine. On décide de lui donner le surnom de Muskies avant de céder devant le tollé des partisans qui n'apprécient pas cette appellation à consonance anglaise. On adoptera finalement le nom de « Voyageurs » à la suite d'un concours. Al McNeil, joueur-entraîneur des Apollos de Houston (Ligue centrale), est nommé entraîneur.

● Jacques Laperrière compte déjà plus de 400 matchs dans l'uniforme des Canadiens. À la fin de la saison, il est l'unique joueur de l'équipe retenu dans la seconde équipe d'étoiles.

● Les Canadiens laissent partir le premier choix du repêchage de 1963, Gary Monahan, en retour de Peter Mahovlich, quelques mois avant le début de la saison.

● Peu de temps après le début de la campagne, Béliveau inscrit un 1 000e match avec l'équipe à son palmarès. Il obtient son 1 100e point le lendemain. Deux sommets dans l'équipe. Puis ce sera

---

1969-1970

Les blessures tiennent Henri Richard à l'écart du jeu pendant quelques parties, ce qui ne l'empêchera pas d'obtenir son 800e point dans la Ligue.

yeux du public de Chicago qui ne comprend pas trop bien ce qui se passe, il prend une initiative désespérée en retirant Vachon du filet au profit d'un sixième attaquant. La foule crie, hurle et bientôt se déchaîne lorsque, tour à tour, Eric Nesterenko, Cliff Koroll, Bobby Hull, son frère Dennis et Gerry Pinder envoient la rondelle dans le filet désert. Marque finale, 10-2 pour les Hawks qui remportent le championnat devant Boston, après avoir terminé derniers de leur division la saison précédente.

Ruel a perdu son pari. Ses joueurs n'ont pu ajouter le moindre but et quittent la patinoire sous les huées de la foule. Le journaliste Red Fisher, du *Montreal Star*, écrit le lendemain qu'il a assisté à la première partie sans classe de sa carrière.

En matinée, l'entraîneur Sid Abel avait gardé les meilleurs éléments des Red Wings sur le banc et les Rangers avaient inscrit une victoire facile de 9-5 en dirigeant 65 tirs sur Roger Crozier, pour rejoindre le Tricolore au quatrième rang et prendre un avantage de « plus quatre » en termes de buts. La « stratégie » d'Abel suscite de nombreux commentaires au sein des médias, mais il prétexte avoir voulu reposer ses bons éléments en vue des séries.

Montréal termine donc à égalité avec New York, mais avec deux buts en moins. Pour la première depuis la saison 1947-48, l'équipe est exclue des séries.

ÉQUIPE 1969-70

Entraîneur : Claude Ruel (76-38-22-16)

N°	POS	JOUEURS	PJ	B	A	PTS	PUN
12	AD	Yvan Cournoyer	72	27	36	63	23
25	AG	Jacques Lemaire	69	32	28	60	16
15	AD	Robert Rousseau	72	24	34	58	30
24	AD	Mickey Redmond	75	27	27	54	61
16	C	Henri Richard	62	16	36	52	61
4	C	Jean Béliveau	63	19	30	49	10
6	C	Ralph Backstrom	72	19	24	43	20
2	D	Jacques Laperrière	73	6	31	37	98
22	AG	John Ferguson	48	19	13	32	139
18	D	Serge Savard	64	12	19	31	38
19	D	Terry Harper	75	4	18	22	109
3	D	Jean-Claude Tremblay	58	2	19	21	7
14	AD	Claude Provost	65	10	11	21	22
5,10,21	D	Ted Harris	74	3	17	20	116
20	C	Pete Mahovlich	36	9	8	17	51
23	C	Christian Bordeleau	48	2	13	15	18
8,21	AD	Larry Mickey	21	4	4	8	4
21	AG	Marc Tardif	18	3	2	5	27
17,21	AD	Lucien Grenier	23	2	3	5	2
11	C	Bobby Sheehan	16	2	1	3	2
8	AG	Dick Duff	17	1	1	2	4
11	D	Jean Gauthier	4	0	1	1	0
11,26	AD	Phil Roberto	8	0	1	1	8
11	AD	Réjean Houle	9	0	1	1	0
26	C	Larry Pleau	20	1	0	1	0
26	C	Paul Curtis	1	0	0	0	0
21	C	Fran Huck	2	0	0	0	0
26	C	Jude Drouin	3	0	0	0	2
21	C	Guy Charron	5	0	0	0	0
17	D	Guy Lapointe	5	0	0	0	4
1	G	Lorne Worsley	6	0	0	0	0
29	G	Phil Myre	10	0	0	0	2
1,30	G	Rogatien Vachon	64	0	0	0	0

GARDIENS	PJ	G	P	N	MIN	BC	BL	MOY
Phil Myre	10	4	3	2	503	19	0	2,27
Lorne Worsley	6	3	1	2	360	14	0	2,33
Rogatien Vachon	64	31	18	12	3697	162	4	2,63

au tour d'Henri Richard d'obtenir un 800ᵉ point, suivi d'un 300ᵉ but, en plus de jouer un 900ᵉ match avec le club, en novembre.

● Plusieurs pièces d'équipement disparaissent lors d'un long voyage en train qui mène l'équipe à Toronto, à St. Louis et ensuite à Chicago. Pendant quelques jours, ce sera la valse des numéros pour quelques joueurs, dont Ted Harris et Rogatien Vachon.

● Autres statistiques significatives pour quelques joueurs au cours de la saison : 600 parties jouées et 500 points pour Robert Rousseau, 1 000 parties pour Claude Provost, 800 pour Ralph Backstrom, 600 pour Jean-Claude Tremblay, 400 pour John Ferguson, Terry Harper, Ted Harris et Yvan Cournoyer.

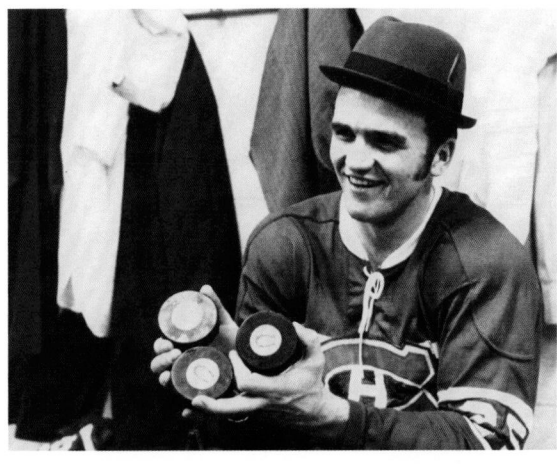

Un tour du chapeau pour Jacques Lemaire.

1969-1970

La détermination de John Ferguson manquera beaucoup au Tricolore lorsqu'il devra s'absenter pour deux longues périodes.

Cette année-là, pour la première fois de l'histoire, aucune équipe canadienne ne participe aux éliminatoires puisque les Maple Leafs sont derniers.

La curieuse exclusion du Canadien des séries n'était en fait que le dernier épisode d'une année difficile. Tout au long de la saison, les blessures, les dissensions et la malchance se sont acharnées sur l'équipe. Béliveau, Richard, Jean-Claude Tremblay et Ferguson (à deux occasions et pour de longues périodes) manquent plusieurs parties en raison de blessures. Laperrière et Ferguson sont suspendus, Gilles Tremblay n'arrive pas à soigner son asthme, Dick Duff a des problèmes personnels qui affectent son jeu, Worsley refuse d'aller recouvrer la forme auprès des Voyageurs, Serge Savard se fracture une jambe en mars et Claude Ruel commence à être contesté par les médias et les partisans. Il offre sa démission en février dans une tentative pour secouer l'équipe, mais Sam Pollock refuse.

● Bobby Orr avait fait des vagues à la signature de son contrat ; il a été le premier joueur à se faire représenter par un agent. En 1969-70, il devient le premier défenseur à remporter le championnat des marqueurs avec 120 points (33 buts et 87 passes), devançant son coéquipier Phil Esposito par 21 points. Il remporte de plus son troisième trophée Norris consécutif et ajoute les titres de joueur le plus utile en saison (Hart) et en séries (Conn-Smythe).

● La Ligue accorde des concessions aux villes de Vancouver et de Buffalo en prévision de la prochaine saison.

● Les 38 buts de Bobby Hull lui permettent de devenir le troisième joueur de la Ligue, après le Rocket et Gordie Howe, à atteindre un total de 500. Pourtant, une fois de plus, Hull s'était laissé tirer l'oreille pour signer un nouveau contrat, manquant les 15 premières parties de l'équipe.

● La coupe Stanley revient à Boston après une absence de 29 ans.

● Phil Goyette, après son unique saison à St. Louis, est le seul joueur n'appartenant ni aux Bruins ni aux Hawks à obtenir un trophée, celui du plus gentilhomme. Il connaît une saison extraordinaire, terminant au quatrième rang des marqueurs avec 29 buts et 49 passes.

1969-1970

Le club se promène entre la deuxième et la troisième place tout au long de l'année, mais la lutte demeure constante entre cinq des six équipes de l'Est. Finalement, une défaite de 4 à 1 contre Chicago laisse aux Canadiens une mince priorité de deux points sur les Rangers au quatrième rang, avec un match à jouer. Il suffirait d'une nulle le dimanche pour s'assurer une place dans les séries. À défaut, un avantage de cinq buts favoriserait encore les champions en titre de la coupe Stanley, mais...

Pour une rare fois dans l'histoire de la Ligue, les champions de la coupe Stanley sont exclus des séries la saison suivant leur conquête.

Sam vient probablement d'en passer une autre « petite vite » à son collègue Wren Blair.

POLLOCK ÉCHAPPE TONY ESPOSITO

Pas facile d'en passer une à Sam Pollock lorsque arrive le temps du repêchage. Lors de l'expansion, il est parvenu à préserver tous ses bons éléments grâce à ses jeux de coulisses. Puis, à l'encan interne précédant la saison, il a réussi à récupérer Dick Duff, initialement laissé sans protection, lorsque Wren Blair des North Stars a choisi plutôt Richard Sentes au premier rang. Blair a justifié son choix par une dette envers les Canadiens.

Mais il arrive à Pollock d'en échapper quelques-uns. Le jeune gardien Tony Esposito, frère de Phil, a fait une entrée remarquée la saison précédente, pendant qu'un autre cerbère de l'organisation, Philippe Myre, connaissait aussi une bonne saison à Houston. Pollock décide de protéger Worsley et Vachon, mais laisse Esposito sans protection, sachant que Myre aussi peut faire le saut dans la Nationale.

Mal lui en prend, le Canadien n'a pas aussitôt inscrit Duff dans sa liste que Chicago réclame Esposito. Celui-ci mènera les Hawks au championnat de la saison régulière avec 15 blanchissages, conservant la meilleure moyenne pour remporter le trophée Vézina, en plus de recevoir le Calder à titre de recrue de l'année. Une sélection dans la première équipe d'étoiles viendra couronner une saison de rêve pour Tony « O ».

Et dire que, incapable de s'entendre avec Lorne Worsley, Pollock sera forcé de le céder aux North Stars en milieu de saison.

DIVISION EST		PJ	G	P	N	BP	BC	PTS
Chicago (Black Hawks)		76	45	22	9	250	170	99
Boston (Bruins)		76	40	17	19	277	216	99
Detroit (Red Wings)		76	40	21	15	246	199	95
New York (Rangers)		76	38	22	16	246	189	92
Montréal (Canadiens)		76	38	22	16	244	201	92
Toronto (Maple Leafs)		76	29	34	13	222	242	71
DIVISION OUEST		PJ	G	P	N	BP	BC	PTS
St. Louis (Blues)		76	37	27	12	224	179	86
Pittsburgh (Penguins)		76	26	38	12	182	238	64
Minnesota (North Stars)		76	19	35	22	224	257	60
Oakland (Seals)		76	22	40	14	169	243	58
Philadelphie (Flyers)		76	17	35	24	197	225	58
Los Angeles (Kings)		76	14	52	10	168	290	38

MEILLEURS MARQUEURS						
		PJ	B	A	PTS	PUN
Bobby Orr	Boston	76	33	87	120	125
Phil Esposito	Boston	76	43	56	99	50
Stan Mikita	Chicago	76	39	47	86	50
Phil Goyette	St. Louis	72	29	49	78	16
Walt Tkaczuk	New York	76	27	50	77	38
Jean Ratelle	New York	75	32	42	74	28
Red Berenson	St. Louis	67	33	39	72	38
Jean-Paul Parise	Minnesota	74	24	48	72	72
Gordie Howe	Detroit	76	31	40	71	58
Frank Mahovlich	Detroit	74	38	32	70	59
Dave Balon	New York	76	33	37	70	100
John McKenzie	Boston	72	29	41	70	114

● Quelques jours après les séries au cours desquelles il s'est particulièrement illustré avec les Penguins de Pittsburgh, Michel Brière, un joueur très prometteur, est victime d'un violent accident d'automobile. Il mourra onze mois plus tard, sans avoir repris conscience.

● Deux semaines plus tôt, une dispute banale entre Ron Stewart et Terry Sawchuk, deux coéquipiers chez les Rangers, tourne au drame. Sawchuk est hospitalisé d'urgence et meurt d'un arrêt cardiaque après trois interventions majeures. La justice ne retiendra aucune accusation contre Stewart.

● Ted Green, membre des Big Bad Bruins, et Wayne Maki, des Blues, en étaient aussi venus aux coups avec leurs bâtons, cette fois lors d'un match hors-concours en septembre. Maki avait fracassé le crâne de Green, et le défenseur des Bruins sera absent toute la saison. Les deux seront exonérés par la cour, mais la Ligue suspend Maki pour 30 parties et Green pour 13.

● Carl Brewer met fin à une absence de quatre ans et rejoint les rangs des Red Wings de Detroit. Inactif depuis 1965, il avait été échangé par les Leafs en 1968, en même temps que Frank Mahovlich.

● Les Blues de St. Louis perdent la finale de la coupe Stanley en quatre parties d'affilée pour la troisième année de suite.

● Les parties nulles sont devenues une plaie et les amateurs se plaignent des nombreux matchs sans vainqueur. Les Flyers de Philadelphie établissent un nouveau record de verdicts nuls avec 24, mais il faudra attendre jusqu'en 1983-84 pour qu'on ramène les supplémentaires.

TROPHÉES	
COUPE STANLEY	
Bruins de Boston	
TROPHÉE PRINCE-DE-GALLES	
Black Hawks de Chicago	
TROPHÉE CLARENCE-CAMPBELL	
Blues de St. Louis	
TROPHÉE HART	
Bobby Orr	
Bruins de Boston	
TROPHÉE ART-ROSS	
Bobby Orr	
Bruins de Boston	
TROPHÉE LADY-BYNG	
Phil Goyette	
Blues de St. Louis	
TROPHÉE CALDER	
Tony Esposito	
Black Hawks de Chicago	
TROPHÉE GEORGES-VÉZINA	
Tony Esposito	
Black Hawks de Chicago	
TROPHÉE JAMES-NORRIS	
Bobby Orr	
Bruins de Boston	
TROPHÉE CONN-SMYTHE	
Bobby Orr	
Bruins de Boston	
TROPHÉE BILL-MASTERTON	
Pit Martin	
Black Hawks de Chicago	

1969-1970

OPTION FRANCOPHONE

Pollock est rarement perdant dans ses négociations. En prévision de l'expansion, il avait obtenu le privilège de se prévaloir des deux premiers choix chez les joueurs francophones au repêchage amateur. Cet encan a été institué en remplacement du système des clubs-écoles. Après Michel Plasse et Roger Bélisle la saison précédente, Pollock porte cette fois son dévolu sur deux joueurs qui viennent de mener le Canadien junior à la coupe Memorial : Réjean Houle et Marc Tardif. Houle a remporté le championnat des marqueurs avec 108 points (53 buts et 55 passes) et Tardif s'est particulièrement illustré lors des séries, avec 19 buts en 14 parties.

Les autres équipes mettent fin à l'option francophone du Tricolore cette même année, ce qui empêchera Pollock de réclamer Gilbert Perreault, un autre produit de l'organisation, l'année suivante.

Grâce au droit acquis sur les premiers francophones, Pollock peut mettre la main sur les deux plus beaux espoirs juniors, Réjean Houle et Marc Tardif.

Par deux fois, Jean-Claude Tremblay marquera le but qui assure la victoire contre les Bruins, en demi-finale.

1970  1971

DIX-
SEPTIÈME
COUPE
STANLEY

Nouvelle expansion de la Ligue qui accueille Vancouver et Buffalo, ajoutés à la Division Est, alors que Chicago passe à la Division Ouest qu'il dominera facilement. Cette fois, Boston est au premier rang dans l'Est, le Tricolore remonte au troisième échelon et arrache la coupe Stanley. En quart de finale, Montréal et Boston s'échangent l'avance à tour de rôle, mais le Tricolore a le dernier mot avec une victoire de 4 à 2 au dernier match à Boston. La situation n'est guère plus facile contre Minnesota, finalement éliminé en six. En finale, Chicago remporte les deux premières parties, les Canadiens égalisent, les Hawks reprennent les devants de nouveau et Montréal nivelle la série avant de signer un gain de 3-2 grâce à un but d'Henri Richard en début de troisième au match ultime à Chicago. Le gardien Ken Dryden est le meilleur des séries. Phil Esposito compte 76 buts et reprend le titre des marqueurs avec 152 points, devant ses coéquipiers Bobby Orr (139), Johnny Bucyk (116) et Ken Hodge (105). Orr conserve néanmoins les titres du plus utile et du meilleur défenseur. Jean Béliveau tire sa révérence avec 76 points et une 10ᵉ place. Jean-Claude Tremblay est élu au sein de la première équipe d'étoiles et Cournoyer, dans la seconde.

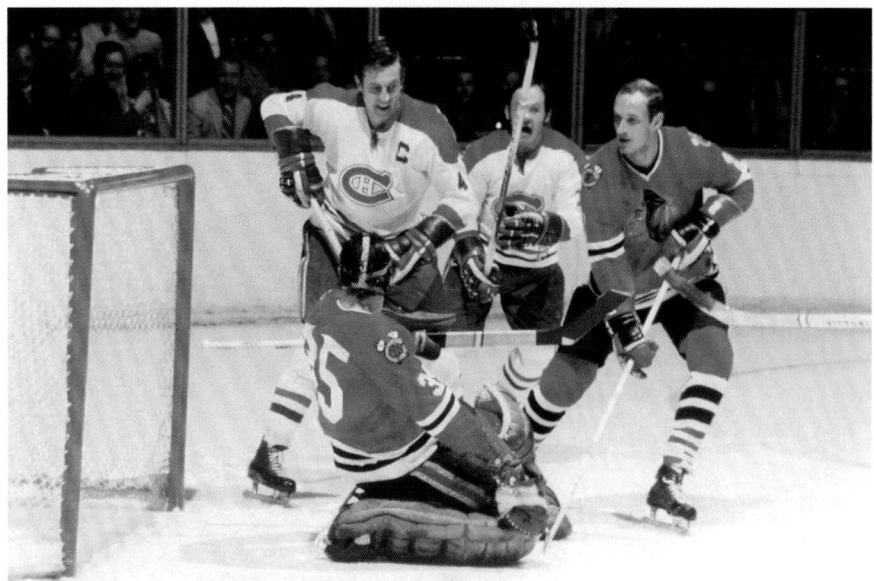

Béliveau continue son beau travail contre les Hawks en finale, totalisant 22 points en séries.

1970 1971

Un ralliement à donner des frissons

Les *Big Bad Bruins* sont au faîte de leur puissance avec une machine offensive à faire peur. Champions en titre de la coupe Stanley, ils viennent de porter le record du plus grand nombre de buts à 399. Quatre des leurs, Esposito, Orr, Bucyk et Hodge, occupent les premiers rangs des marqueurs et même six des huit premiers sont membres de cette terrifiante équipe à qui l'on prédit une autre coupe, presque sans coup férir.

C'est mal connaître la fierté des joueurs du Tricolore. Éliminés des séries l'année précédente, après les titres de 1968 et 1969, les Canadiens connaissent une assez bonne saison, malgré quelques problèmes internes. En quart de finale, cette équipe, touchée dans son orgueil, va rebondir avec l'énergie du désespoir.

Boston l'emporte 3 à 1 au premier match devant ses partisans et poursuit sur sa lancée à la deuxième rencontre en se donnant une priorité de 5-2 après deux périodes. Avec une telle avance et malgré les exploits à répétition de Dryden, les commentateurs sont plus que jamais convaincus que cette série sera facile pour les puissants Bruins. Mais Jean Béliveau profite d'une punition à Eddie Johnston en début de troisième pour rallumer la flamme, puis il récidive avec un autre but à la quatrième

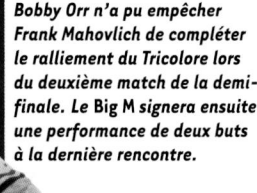

Bobby Orr n'a pu empêcher Frank Mahovlich de compléter le ralliement du Tricolore lors du deuxième match de la demi-finale. Le Big M signera ensuite une performance de deux buts à la dernière rencontre.

● Échange majeur pour les Canadiens. Frank Mahovlich, pour qui les Black Hawks de Chicago ont déjà offert un million, passe des Red Wings au Tricolore en janvier, en retour de Mickey Redmond, Guy Charron et Bill Collins.

● Mahovlich ne tarde pas à s'affirmer à Montréal. En séries, il égale le record de 27 points établi par Phil

Esposito l'année précédente. Il est même le premier joueur des Canadiens à obtenir un tir de pénalité (qu'il ratera) contre Tony Esposito.

● Le défenseur Tom Johnson, devenu entraîneur des Bruins, ainsi que Robert LeBel, pionnier du hockey international au Canada, sont intronisés au Temple de la renommée en juin.

● En prévision du repêchage amateur, Sam Pollock, qui voit loin, cède le premier choix des Canadiens et Ernie Hicke aux Golden Seals de la Californie en retour de leur premier choix de 1971, de Guy Lacombe et d'une somme d'argent. Les Golden Seals optent pour Chris Oddleifson, tandis que le gérant des Canadiens prépare la venue de Guy Lafleur, champion compteur de la Ligue junior majeur du

Québec et gagnant de la coupe Memorial avec les Remparts de Québec.

● Plus tard, Pollock procède à quelques autres transactions. Il envoie Jude Drouin au Minnesota pour Bill Collins, vend les droits sur Christian Bordeleau aux Blues, puis échange Lucien Grenier, Larry Mikey et Jack Norris aux Kings de Los Angeles pour Léon Rochefort, Greg Boddy et Wayne Thomas.

JOHN FERGUSON

Ferguson, un autre acteur important de ce ralliement mémorable.

TROPHÉES

TROPHÉE LADY-BYNG
John Bucyk
Bruins de Boston
TROPHÉE CALDER
Gilbert Perreault
Sabres de Buffalo
TROPHÉE GEORGES-VÉZINA
Ed Giacomin et Gilles Villemure
Rangers de New York
TROPHÉE JAMES-NORRIS
Bobby Orr
Bruins de Boston
TROPHÉE CONN-SMYTHE
Ken Dryden
Canadiens de Montréal
TROPHÉE BILL-MASTERTON
Jean Ratelle
Rangers de New York
TROPHÉE LESTER-B.-PEARSON
Phil Esposito
Bruins de Boston

1970 1971

minute, une fois de plus aidé de ses compagnons de trio Cournoyer et Ferguson. À la dixième minute de jeu, Jacques Lemaire intercepte une passe de Ken Hodge destinée à Bobby Orr et se présente seul devant Johnston. Son but fait basculer le « momentum » dans le camp des Canadiens. Ensuite Ferguson et Frank Mahovlich se chargent de compléter ce ralliement historique de cinq buts.

Les Bruins reprennent de nouveau les devants dans la série, après avoir aussi concédé le troisième match. Acculés au mur trois parties à deux, les Glorieux rebondissent encore au match numéro six avec une victoire convaincante de 8-3. Henri Richard, qui vole littéralement sur la patinoire, ainsi que Peter Mahovlich, obtiennent une paire de buts chacun. Puis c'est au tour de Frank Mahovlich d'y aller d'une performance de deux buts dans le match ultime, remporté 4 à 2. C'est toutefois Jean-Claude Tremblay, comme il l'a fait à la rencontre précédente, qui obtient le but victorieux. Les Canadiens viennent de causer l'une des grandes surprises de l'histoire de cette Ligue.

En demi-finale, le club se frotte à des North Stars tout aussi déterminés qui reviennent de l'arrière par deux fois avant l'assaut final des Montréalais, qui l'emportent finalement en six.

Mais la tempête gronde, alors qu'on se prépare à affronter Chicago en finale. Henri Richard sera celui qui provoquera les éclairs... avant d'allumer le feu de joie.

HENRI BRASSE LA CABANE

La population du Québec et particulièrement les Montréalais vivent une période difficile avec la Crise d'octobre. Un climat de morosité et de suspicion s'installe chez les gens en raison des événements de l'automne. Les enlèvements de Cross et Laporte, la mort de ce dernier, les ultimatums de part et d'autre, la présence de l'armée et les arrestations arbitraires inquiètent la majorité et en découragent plus d'un.

Le Tricolore va un peu mieux qu'à la fin de la saison précédente, mais la morosité touche aussi l'équipe qui en arrache particulièrement devant le filet. Ruel n'est plus à l'aise dans son rôle d'entraîneur. Début novembre, il quitte

● Autre bon coup réalisé au repêchage interne cette fois. Minnesota réclame Ted Harris, mais doit céder sa première sélection pour 1970. Bon prince, Pollock laisse aux Stars son deuxième choix du même encan.

● Rusé comme pas un, Pollock réalisera d'autres marchés au cours de l'été pour tisser sa toile autour de Lafleur.

● Critiqué par quelques journalistes au cours de la saison précédente, Robert Rousseau est aussi troqué aux North Stars le 10 juin pour les services de Claude Larose. Celui-ci disputera avec le Tricolore un 300e match, sept mois plus tard.

● Ralph Backstrom fait part de son intention de prendre sa retraite au début du camp d'entraînement, puis revient sur sa décision peu après. Il s'entend finalement avec Pollock, qui le cède aux Kings en janvier pour les services de Gordon Labossierre, Raymond Fortin, le deuxième choix du repêchage 1973, et 35 000 $. Peu de temps avant de passer aux Kings, Backstrom a obtenu son 500e point dans l'uniforme des Canadiens, contre ces mêmes Kings.

● Claude Provost et John Ferguson annoncent leur retraite au début d'octobre. Provost est aussitôt nommé entraîneur-adjoint des Voyageurs, mais il laisse tout tomber quelques jours plus tard. Quant à Ferguson, il reporte finalement son projet de retraite d'un an.

● L'arrivée de MacNeil derrière le banc de l'équipe en décembre provoque d'autres changements à la direction. Ruel retourne à son rôle de dépisteur en

1970 1971

le banc avant la fin d'un match au Minnesota, même si le club est en voie de signer une victoire serrée. Quelques semaines plus tard, il demande à Pollock de lui trouver un remplaçant. Celui-ci refuse. En désespoir de cause, l'entraîneur intervient auprès du président David Molson pour qu'il fasse pression sur le gérant.

Finalement, Pollock fait appel à Al MacNeil, l'adjoint de Ruel et ancien entraîneur des Voyageurs, pour combler le poste. Mais les choses ne s'arrangent pas, malgré l'arrivée de Frank Mahovlich en janvier. Manquant visiblement d'expérience, MacNeil est contesté par les vétérans. Des clans se forment et les déclarations anti-MacNeil fusent de toute part. Malgré tout, le club termine troisième et surprend les Bruins lors de l'une des plus mémorables séries éliminatoires.

Bobby Orr réussit à contrer quelques attaques d'Henri Richard et compagnie, mais il n'aura pas le dernier mot avec cette équipe formée de joueurs fort expérimentés.

Henri prêche par l'exemple après avoir publiquement critiqué son entraîneur, marquant le but égalisateur, en fin de deuxième du match ultime, puis donne la victoire aux Canadiens avec un deuxième filet en début de troisième.

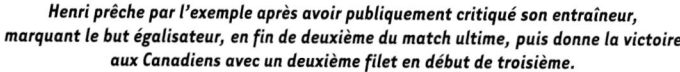

ÉQUIPE 1970-71

Entraîneurs : Claude Ruel (23-11-8-4)
Al MacNeil (55-31-15-9)

N°	POS	JOUEURS	PJ	B	A	PTS	PUN
4,8	C	Jean Béliveau	70	25	51	76	40
12	AD	Yvan Cournoyer	65	37	36	73	21
3	D	Jean-Claude Tremblay	76	11	52	63	23
20	C	Pete Mahovlich	78	35	26	61	181
25	C	Jacques Lemaire	78	28	28	56	18
16	C	Henri Richard	75	12	37	49	46
11	AG	Marc Tardif	76	19	30	49	133
5	D	Guy Lapointe	78	15	29	44	107
10,27	AG	Frank Mahovlich	38	17	24	41	11
22	AG	John Ferguson	60	16	14	30	162
24	AD	Mickey Redmond	40	14	15	29	35
15	AD	Claude Larose	64	10	13	23	90
19	D	Terry Harper	78	1	21	22	116
17	AD	Phil Roberto	39	14	7	21	76
14,21	AD	Réjean Houle	66	10	9	19	28
2	D	Jacques Laperrière	49	0	16	16	20

chef, alors que Ronald Caron et Floyd Curry échangent leur poste. Le premier devient l'adjoint de Pollock à la place du second qui le remplace comme gérant et entraîneur des Voyageurs. Quant à Rolland Picard, il quitte son poste aux relations publiques pour agir comme représentant des joueurs.

● En moins de deux semaines en janvier, Béliveau dispute un 1 100e match, marque un 500e but et obtient une 700e passe, devenant le premier membre du Tricolore à franchir le total de 1 200 points.

● Des cambrioleurs s'introduisent dans la demeure des Béliveau le soir de la fête donnée en son honneur le 24 mars et dérobent pour une valeur de plusieurs milliers de dollars.

● Les joueurs des Canadiens sont impliqués dans trois bagarres générales au cours de la saison : le 8 novembre à Boston, le 28 contre Pittsburgh à Montréal et le 9 décembre à Pittsburgh. Clarence Campbell sévit avec des amendes totalisant 16 000 $.

● Match historique le 20 mars alors que deux frères s'affrontent devant leur filet, Ken Dryden pour les Canadiens et Dave son aîné pour Buffalo. L'équipe du cadet l'emporte 5 à 2.

● D'autres vétérans du club atteignent des sommets impressionnants au cours de l'année. Jacques Laperrière dispute un 500e match en février, puis Henri Richard et Jean-Claude Tremblay répliquent avec un 1 000e et un 700e à deux et trois jours d'intervalle. En mars, Terry Harper y va d'une 500e partie, imité par John Ferguson quelques jours plus tard.

● Jean-Claude Tremblay et John Ferguson comptent maintenant 300 points à leur fiche.

Contesté par ses joueurs, Al MacNeil tiendra tout de même le coup jusqu'à la fin.

Cette année-là encore, l'orgueil et la fougue d'un Richard auront donné une coupe aux Canadiens.

1970 1971

En demi-finale, Minnesota égalise la série au deuxième match. John Ferguson est furieux contre MacNeil qui l'a laissé sur le banc en troisième période et refuse de poursuivre la série. Il faudra l'intervention de Toe Blake pour le ramener dans l'équipe. La grogne se poursuit et la tension continue de monter.

En finale, le Tricolore perd le cinquième match contre Chicago, après avoir nivelé la série deux jours plus tôt. Richard explose en qualifiant MacNeil d'incompétent et de pire entraîneur pour qui il ait joué. Celui-ci l'avait ignoré sur le banc durant une bonne partie de la rencontre. Il n'en faut pas davantage pour que les appels à la bombe se succèdent au Forum. MacNeil et sa famille ont besoin de la protection de la police. Faut dire que la tension entre francophones et anglophones est loin de s'être apaisée depuis octobre. Plus tôt en saison, Richard s'était emporté une première fois contre MacNeil lors d'un match à Los Angeles, le frappant au visage. Un geste qui avait fait les choux gras des journaux le lendemain.

Nº	POS	JOUEURS	PJ	B	A	PTS	PUN
18	D	Serge Savard	37	5	10	15	30
21	AD	Léon Rochefort	57	5	10	15	4
24	C	Bobby Sheehan	29	6	5	11	2
10	AD	Bill Collins	40	6	2	8	39
8	C	Larry Pleau	19	1	5	6	8
6	C	Ralph Backstrom	16	1	4	5	0
23	C	Guy Charron	15	2	2	4	2
6,12	C	Fran Huck	5	1	2	3	0
26	D	Pierre Bouchard	51	0	3	3	50
23	D	Bob Murdoch	1	0	2	2	2
30	G	Phil Myre	30	0	1	1	17
6,8	AG	Chuck Lefley	1	0	0	0	0
29	G	Ken Dryden	6	0	0	0	0
1	G	Rogatien Vachon	47	0	0	0	0

GARDIENS	PJ	G	P	N	MIN	BC	BL	MOY
Ken Dryden	6	6	0	0	327	9	0	1,65
Rogatien Vachon	47	23	12	9	2676	118	2	2,65
Phil Myre	30	13	11	4	1677	87	1	3,11

ÉQUIPE 1970-71

● Les Bruins de Boston dominent complètement les autres équipes. Ils établissent 14 nouveaux records d'équipe, dont ceux du nombre de victoires (57), de points (121) et de buts (399). Quatre des leurs occupent les premiers rangs des marqueurs : Esposito avec 152 points dont 76 buts, Orr avec 139, Bucyk avec 116 et Hodge avec 105. Esposito et Orr revendiquent cinq et six records individuels respectivement, dont ceux du nombre de buts, de passes et de points.

● Les Bruins comptent pas moins de 7 joueurs parmi les 11 meilleurs de la Ligue et 4 dans la première équipe d'étoiles.

● Les Rangers, troisièmes de leur division, réussissent tout de même à ne perdre que deux parties à domicile.

● L'excentrique Charles O. Finley achète les Seals d'Oakland, les renomme Golden Seals de la Californie, change les couleurs des chandails et fait porter des patins blancs aux joueurs, mais l'équipe est toujours aussi médiocre.

● Les Rangers de New York, les Kings de Los Angeles, les Golden Seals de la Californie et les Penguins de Pittsburgh innovent en inscrivant les noms des joueurs à l'arrière des chandails. Une initiative à laquelle Harold Ballard, propriétaire des Leafs de Toronto, s'oppose pour ne pas nuire aux ventes des programmes au Garden. L'inscription des noms deviendra obligatoire pour toutes les équipes en 1977-78. Mais Ballard a plus d'un tour dans son sac : il fait apposer des numéros de même couleur que le chandail de ses joueurs.

● La Ligue demande aux équipes de porter leur chandail blanc à domicile dorénavant.

● Après l'Association des joueurs, la LNH est maintenant contrainte de reconnaître une association d'arbitres et de juges de lignes.

1970 1971

L'atmosphère est lourde dans le vestiaire. Malgré la situation tendue, MacNeil fait appel au calme de ses joueurs et ceux-ci se serrent les coudes pour niveler de nouveau la série trois matchs à trois, grâce à une victoire de 4-3 avec un but de Pete Mahovlich, en infériorité numérique, au milieu de la troisième. Au match ultime à Chicago, les Hawks prennent les devants 2-0 avant que Jacques Lemaire n'utilise son puissant tir frappé pour tromper Tony Esposito et réduire la marge à 2-1 en deuxième moitié du deuxième vingt. En fin de période, Richard connaît un sursaut de fierté pour égaliser le compte. Il revient encore à la charge en soulevant la rondelle hors de portée d'Esposito en début de troisième, faisant de celui qu'il avait décrié sur la place publique le deuxième entraîneur des Canadiens à gagner la coupe Stanley à sa première année derrière le banc.

Le lendemain, le *New York News* titre : « Henri Richard offre la coupe Stanley au pire instructeur qu'il ait connu. » Au retour de courtes vacances avec sa famille, MacNeil avise Pollock qu'il quitte son poste.

DRYDEN LE SAUVEUR

Ken Dryden avait accepté une offre des Canadiens qui lui permettait de disputer quelques matchs avec les Voyageurs, la filiale dans la Ligue américaine, tout en poursuivant ses études de droit à l'Université McGill. En mars, Vachon et Myre éprouvent des difficultés devant le filet et MacNeil fait appel à Dryden. Le diplômé de la réputée université Cornell gagne les six parties qu'il dispute avec une moyenne de 1,65. Le Tricolore entreprend les séries plus confiant.

Dryden se plonge dans ses manuels entre chaque entraînement mais prend du retard pour ses examens et a de la difficulté à se concentrer sur les matchs. Finalement,

L'étudiant Dryden délaisse temporairement ses études en droit pour se consacrer entièrement à la cause du Tricolore.

● Gordie Howe complète une 22e saison d'affilée avec 20 buts et plus, avant de se retirer une première fois du hockey. Il part avec 13 records de la LNH à sa fiche, dont ceux du nombre de saisons (25) et de parties jouées (1 687), deux marques qu'il améliorera à son retour en 1979-80. Par contre, il faudra attendre les prouesses de Wayne Gretzky pour voir disparaître les sommets de Howe pour les buts, les passes et les points.

● Keith Magnuson, des Hawks, est le mauvais garnement de la Ligue avec 291 minutes de punitions.

● Gary Smith, gardien de la Californie, revendique deux nouvelles marques à la conclusion de la saison, celles du nombre de défaites (48), une fiche toujours inégalée, et du nombre de parties (71).

● Gilbert Perreault, du Canadien junior, est le premier choix au repêchage, mais cette fois Sam Pollock ne peut avoir gain de cause. Il appartient à la nouvelle équipe des Sabres de Buffalo et est choisi recrue de l'année avec une fiche de 38 buts et 34 passes.

● Bobby Orr est une fois de plus préféré à son coéquipier Phil Esposito pour le choix du trophée Hart, attribué au joueur le plus utile. Esposito se console néanmoins avec le nouveau trophée Lester-B.-Pearson, décerné par les joueurs eux-mêmes.

● Acquis des Blues par les Leafs de Toronto, Jacques Plante réussit à gagner 24 des 40 parties disputées, conservant la meilleure moyenne de la Ligue à 1,88.

● Bobby Hull obtient son 1 000e point dans la LNH le 13 décembre. Il est le quatrième joueur seulement à atteindre un tel niveau en saisons régulières, après Howe, Béliveau et Delvecchio.

DIVISION EST	PJ	G	P	N	BP	BC	PTS
Boston (Bruins)	78	57	14	7	399	207	121
New York (Rangers)	78	49	18	11	259	177	109
Montréal (Canadiens)	78	42	23	13	291	216	97
Toronto (Maple Leafs)	78	37	33	8	248	211	82
Buffalo (Sabres)	78	24	39	15	217	291	63
Vancouver (Canucks)	78	24	46	8	229	296	56
Detroit (Red Wings)	78	22	45	11	209	308	55
DIVISION OUEST	PJ	G	P	N	BP	BC	PTS
Chicago (Black Hawks)	78	49	20	9	277	184	107
St. Louis (Blues)	78	34	25	19	223	208	87
Philadelphie (Flyers)	78	28	33	17	207	225	73
Minnesota (North Stars)	78	28	34	16	191	223	72
Los Angeles (Kings)	78	25	40	13	239	303	63
Pittsburgh (Penguins)	78	21	37	20	221	240	62
Californie (Golden Seals)	78	20	53	5	199	320	45

MEILLEURS MARQUEURS		PJ	B	A	PTS	PUN
Phil Esposito	Boston	78	76	76	152	71
Bobby Orr	Boston	78	37	102	139	91
John Bucyk	Boston	78	51	65	116	8
Ken Hodge	Boston	78	43	62	105	113
Bobby Hull	Chicago	78	44	52	96	32
Norm Ullman	Toronto	73	34	51	85	24
Wayne Cashman	Boston	77	21	58	79	100
John McKenzie	Boston	65	31	46	77	120
Dave Keon	Toronto	76	38	38	76	4
Jean Béliveau	Canadiens	70	25	51	76	40
Fred Stanfield	Boston	75	24	52	76	12

1970 1971

Arrivé en toute fin de saison, Ken Dryden fera montre d'un sang-froid remarquable pour contrer moult attaques des puissants Bruins et des Hawks, héritant du trophée Conn-Smythe.

l'université accepte de reporter les examens à l'automne et Dryden peut se consacrer à son jeu. Il dispute tous les matchs du club, réussit des arrêts prodigieux et conduit le Tricolore à sa 17e coupe Stanley, tel que l'avait prédit Floyd Curry. On lui remet le trophée du meilleur joueur des séries.

500 BUTS POUR LE GRAND JEAN

Jean Béliveau avait fait part à Sam Pollock de son intention de prendre sa retraite au terme de la saison 1969-70. Ce dernier l'a persuadé de poursuivre un an pour faire la transition avec une nouvelle dynastie qu'il a habilement tissée à la faveur de nombreuses tractations avec ses homologues. Cette insistance du gérant permet à Béliveau de rejoindre en février le club sélect des compteurs de 500 buts, après Maurice Richard, Gordie Howe et Bobby Hull, en plus d'inscrire son nom une dixième fois sur la coupe Stanley peu après.

Le soir de son 500e, le 11 février 1971, le Gros Bill déjoue le cerbère Gilles Gilbert du Minnesota à trois reprises. L'ovation dure cinq minutes ! Quelques semaines plus tard, on rend hommage au grand Jean au centre de la patinoire. À sa demande, on ne lui remet aucun cadeau, mais on verse à la Fondation Jean-Béliveau, nouvellement créée, une somme de départ de 155 000 $.

Pollock convainc Béliveau de faire une saison de plus et le grand Jean en profite pour inscrire son 500e but.

333

1971 ⓒ 1972

LES QUATRE PREMIÈRES PLACES DEMEURENT INCHANGÉES DANS L'EST, ALORS QUE LES BRUINS TRÔNENT AU SOMMET ET QUE LE TRICOLORE FINIT TROISIÈME, À UN POINT DES RANGERS. À LA SUITE D'UN CHANGEMENT À LA FORMULE DES SÉRIES (LA 1RE ÉQUIPE AFFRONTE LA 4E ET LA 2E JOUE CONTRE LA 3E), LE TRICOLORE EST ÉLIMINÉ PAR NEW YORK, QUI GAGNE LES DEUX PREMIÈRES PARTIES À DOMICILE. LA SÉRIE SE TERMINE EN SIX ET LES RANGERS SE RENDENT À LA FINALE QU'ILS PERDENT À LEUR TOUR EN SIX, CONTRE BOSTON, LEQUEL S'APPROPRIE UNE DEUXIÈME COUPE EN TROIS ANS. ESPOSITO RESTE AU SOMMET DES MARQUEURS AVEC 133 POINTS, 16 DE MIEUX QUE SON COÉQUIPIER ORR. TROIS RANGERS, JEAN RATELLE, VIC HADFIELD ET RODRIGUE GILBERT, SUIVENT DANS L'ORDRE, DEVANT FRANK MAHOVLICH, ACQUIS DES RED WINGS PAR LES CANADIENS AU MILIEU DE LA SAISON PRÉCÉDENTE. BOBBY ORR CONSERVE SES DEUX TROPHÉES NORRIS ET HART, ET LE GARDIEN KEN DRYDEN, QUI A DONNÉ LA COUPE AUX CANADIENS L'ANNÉE PRÉCÉDENTE, EST CHOISI RECRUE DE L'ANNÉE. IL EST AUSSI SÉLECTIONNÉ DANS LA SECONDE ÉQUIPE D'ÉTOILES AVEC COURNOYER.

Lafleur, digne successeur de Béliveau

La salle de bal de l'hôtel Reine-Elizabeth est bondée ! L'atmosphère est à l'excitation et les nombreux joueurs juniors présents ont les mains moites. Parmi eux, un jeune homme de dix-neuf ans, vêtu d'un veston à carreaux à la mode et arborant de larges favoris qui épaississent un peu son visage encore juvénile, feint de rester calme lorsque Sam Pollock s'empare du micro. Son pouls monte encore d'un cran lorsque le gérant des Canadiens demande un moment de réflexion. Mais personne n'est dupe dans la salle, car on sait que le choix du gérant des Canadiens se portera sur Guy Lafleur.

Que de savantes analyses et que de commentaires plus pertinents les uns que les autres ont été effectués par tous les spécialistes, les nombreux journalistes affectés au hockey, ainsi que par les milliers de gérants d'estrade et piliers de taverne, au cours des mois et des semaines précédant le repêchage amateur de la Ligue nationale ! On se demande qui de Lafleur, grande vedette de la nouvelle Ligue junior du Québec, ou de Marcel Dionne, qui se dirige vers un second titre de champion marqueur dans la Ligue de l'Ontario, sera le premier choix de l'encan amateur. Sam Pollock, gérant général des Canadiens, a de son

Guy Lafleur connaîtra un début difficile à Montréal mais, une fois acclimaté, il deviendra une source de motivation pour ses coéquipiers et l'une des plus grandes vedettes de l'histoire de la Ligue.

● Scotty Bowman est nommé entraîneur des Canadiens quelques heures avant que Pollock ne réclame Lafleur au repêchage.

● Henri Richard hérite du poste de capitaine en remplacement de Béliveau.

● Yvan Cournoyer connaît l'une des meilleures saisons de sa carrière avec une production de 47 buts et 36 assistances. Ses 83 points

lui valent le huitième rang des marqueurs et le deuxième des Canadiens, derrière Frank Mahovlich (43-53-96). Pour sa part, Mahovlich égalise le record de points de l'équipe établi par Dickie Moore en 1958-59.

● Cette merveilleuse saison a aussi permis à Cournoyer d'obtenir son 400e point dans l'uniforme montréalais, contre Gilles Villemure des Rangers,

le soir de son 500e match avec le club.

● Les Voyageurs, club-école des Canadiens dans la Ligue américaine, déménagent à Halifax en Nouvelle-Écosse. Al MacNeil est « promu » directeur général et entraîneur de l'équipe afin d'éviter un renvoi gênant à la barre des Canadiens. Il ne semble pas trop marqué par sa mésaventure à Montréal

puisqu'il conduit l'équipe à la coupe Calder.

● Rogatien Vachon a définitivement perdu le poste de premier gardien à Ken Dryden peu après le début de la saison et il demande à Pollock de l'échanger. Ce dernier se rend à son désir et l'envoie aux Kings de Los Angeles, en retour de Denis DeJordy, Dale Hoganson, Noel Price et Doug Robinson.

1971-1972

côté pris sa décision depuis longtemps. En fait, depuis le 22 mai 1970, alors qu'il a échangé son premier choix du repêchage à venir dans quelques jours aux Golden Seals de la Californie pour leur première sélection de 1971. Pour mieux faire avaler la pilule aux Seals, Pollock a ajouté quelques noms à l'entente. Ernie Hicke, auquel les Seals tenaient beaucoup, en retour de François Lacombe et, en prime, Selke a aussi cédé les droits sur Dennis Hextall.

Pendant un an, Pollock et tout l'état-major des Canadiens ont espéré. Espéré que les Golden Seals et leurs patins blancs n'obtiennent pas trop de succès, question de garder toutes les options ouvertes. Longuement, patiemment, tantôt avec la Californie, tantôt avec Minnesota, Los Angeles et Pittsburgh, Pollock a discuté affaires et conclu des ententes au cours de la saison pour préparer le terrain au cas où. Mais son plan était le bon et l'entente avec les Seals, celle qui allait lui permettre de poursuivre la domination du Bleu Blanc Rouge, a donné le résultat escompté.

Il appartient maintenant à Henri Richard de reprendre le rôle de capitaine.

ÉQUIPE 1971-72

Entraîneur : Scotty Bowman (78-46-16-16)

N°	POS	JOUEURS	PJ	B	A	PTS	PUN
27	AG	Frank Mahovlich	76	43	53	96	36
12	AD	Yvan Cournoyer	73	47	36	83	15
26	C	Jacques Lemaire	77	32	49	81	26
	C	Pete Mahovlich	75	35	32	67	103
20	AD	Guy Lafleur	73	29	35	64	48
3	D	Jean-Claude Tremblay	76	6	51	57	24
11	AG	Marc Tardif	75	31	22	53	81
5	D	Guy Lapointe	69	11	38	49	58
16	C	Henri Richard	75	12	32	44	48
15	C	Claude Larose	77	20	18	38	64
2	D	Jacques Laperrière	73	3	25	28	50
14	AG	Réjean Houle	77	11	17	28	21
6	AD	Jim Roberts	51	7	15	22	53
8,17	AG	Larry Pleau	55	7	10	17	14
19	D	Terry Harper	52	2	12	14	35
18	D	Serge Savard	23	1	8	9	16

● En deuxième ronde de la séance qui leur a permis de mettre la main sur Lafleur, Pollock et compagnie réclament un grand défenseur des Rangers de Kitchener, du nom de Larry Robinson.

● Scotty Bowman passe près de laisser sa peau dans l'incendie qui ravage l'hôtel où est descendue l'équipe à St. Louis en mars. Serge Savard est coupé sévèrement à la jambe droite en tentant

de lui porter secours. Finalement, Réjean Houle et le physiothérapeute Bob Williams empruntent l'échelle d'un camion à incendie pour secourir l'entraîneur, réfugié sur le balcon de sa chambre au quatrième étage.

● Le Tricolore vend le contrat de Claude Provost, à la retraite depuis la saison précédente, aux Kings de Los Angeles, en juin. Bien inutilement puisque l'un des meilleurs « couvreurs »

de l'histoire de l'équipe n'ira pas sur la côte Ouest.

● Le choix de Ken Dryden à titre de recrue de l'année sera le dernier de l'histoire des Canadiens. Par la suite, aucun Montréalais ne sera sélectionné ; Chris Chelios viendra près en 1984-85 en finissant deuxième. Avant Dryden, les élus ont été John Quilty (1940-41), Bernard Geoffrion (1951-52), Ralph Backstrom (1958-59),

Robert Rousseau (1961-62) et Jacques Laperrière (1963-64).

● Quelques joueurs atteignent des sommets personnels au cours de la saison : 400 parties jouées pour Claude Larose et 300 pour Jacques Lemaire ; sur le plan offensif, Henri Richard totalise maintenant 900 points et 600 passes, Frank Mahovlich a aussi 900 points et 450 buts dans la Ligue, Jean-Claude Tremblay a 300 passes et Jacques Lemaire, 300 points.

ÉQUIPE 1971-72						
N°	POS	JOUEURS	PJ	B	A	PTS	PUN
26	D	Pierre Bouchard	60	3	5	8	39
17	AG	Phil Roberto	27	3	2	5	22
24	AD	Chuck Arnason	17	3	0	3	4
29	G	Ken Dryden	64	0	3	3	4
23	D	Bob Murdoch	11	1	1	2	8
21	C	Chuck Lefley	16	0	2	2	0
1	G	Denis DeJordy	7	0	1	1	0
1	G	Rogatien Vachon	1	0	0	0	0
23	AG	Germain Gagnon	4	0	0	0	0
8	C	Rey Comeau	4	0	0	0	0
30	G	Phil Myre	9	0	0	0	4
6,17,24	D	Dale Hoganson	21	0	0	0	2

GARDIENS	PJ	G	P	N	MIN	BC	BL	MOY
Ken Dryden	64	39	8	15	3800	142	8	2,24
Phil Myre	9	4	5	0	528	32	0	3,64
Denis DeJordy	7	3	2	1	332	25	0	4,52
Rogatien Vachon	1	0	1	0	0	20	4	12,00

Ken Dryden triomphe de nouveau, cette fois avec le titre de recrue de l'année. Il est le dernier des Canadiens à avoir reçu le titre.

Guy Lafleur fait son entrée chez le Tricolore au moment où Béliveau s'en va, lui qu'on avait aussi arraché à l'affection des sportifs de Québec pour perpétuer la tradition du Tricolore.

À l'époque, Frank Selke avait joué de ruse avec les dirigeants de la Ligue senior du Québec. Cette fois, Pollock a usé de la même ruse pour contrer les ambitions de ses confrères de la Ligue nationale.

Sagement, Lafleur délaisse le numéro 4 qui l'a rendu célèbre à Québec et opte pour le numéro 10. La pression est déjà assez forte pour la recrue la mieux payée de l'histoire des Canadiens, quelque 25 000 $ par année (contrat de deux ans), plus une prime de 55 000 $.

Béliveau peut maintenant consacrer plus de temps à sa fille Hélène et à sa chère Élise.

BÉLIVEAU ET FERGUSON SE RETIRENT

Jean Béliveau a acquiescé à la demande de Sam Pollock et accepté de prolonger sa carrière d'un an. Une décision qui lui a permis de goûter au plaisir d'une

● L'annonce en juin par Gary Davidson et Dennis Murphy de la création d'un nouveau circuit professionnel, l'Association mondiale de hockey (AMH), crée un vent de panique chez les propriétaires de la Ligue nationale. Celle-ci devance son programme d'expansion et accorde des concessions à Long Island (également visé par l'AMH) et Atlanta pour la saison 1972-73.
● En février 1972, un groupe de six anciens actionnaires des Remparts de la Ligue junior du

Québec achète la concession de San Francisco et adhère à l'AMH. L'équipe s'appellera les Nordiques.
● Bobby Orr est le premier millionnaire du hockey, avec un contrat de cinq ans à raison de 200 000 $ par année.
● Deux autres exploits pour Bobby Orr, qui devient le premier joueur à recevoir le trophée Hart trois ans de suite et le James-Norris, cinq. Il est, avec son coéquipier Phil Esposito, le premier à marquer 100 points en une saison pour la troisième fois.

● Autre première aussi pour le défenseur des Rangers Brad Park, moins excitante celle-là. Pour la troisième année de suite, il termine deuxième au choix du meilleur défenseur et récipiendaire du trophée Norris.
● Orr et Esposito accaparent les deux premières places au classement des marqueurs pour la troisième année de suite. Ils sont suivis du premier trio des Rangers de New York, formé de Jean Ratelle, Vic Hadfield et Rodrigue Gilbert, trio qu'on surnomme GAG (Goal

a Game). Le mérite de Ratelle est reconnu par l'attribution des trophées du joueur le plus gentilhomme (Lady-Byng) et du joueur par excellence (Pearson).
● Hockey Night in Canada interviewe en fin de saison un joueur novice, compteur de 378 buts en une saison à Brantford. Son nom : Wayne Gretzky.
● Une fracture à une cheville fait manquer 15 parties à Jean Ratelle, qui perd ainsi sa chance de remporter le titre des marqueurs. La situation

1971-1972

Yvan Cournoyer connaît l'une des meilleures saisons de sa carrière cette année-là avec une production de 47 buts et 36 passes.

10e coupe Stanley et d'un 500e but dans la Ligue nationale. Mais à la veille du repêchage de la LNH, alors que tous les regards se tournent vers un nouveau dieu sur patins, le grand Jean, ne pouvant contenir son émotion mais avec dignité, annonce que le 1 287e match qu'il a disputé le 18 mai précédent à Chicago était son dernier dans l'uniforme tricolore.

Coéquipiers, journalistes, personnalités sportives et politiques veulent ce jour-là remercier Béliveau pour les émotions qu'il leur fait vivre depuis 18 ans. Celui qui devient vice-président corporatif des Canadiens quitte la glace du Forum en apportant sous le bras, outre ses 10 répliques de la célèbre coupe, 2 trophées Hart, 1 Art-Ross et 1 Conn-Smythe.

Cinq jours plus tôt, John Ferguson, vieux compagnon d'armes de Béliveau au cours des huit dernières années, également l'un des grands motivateurs de l'équipe, accrochait lui aussi ses patins.

Avec les départs de Béliveau et Ferguson, précédés de ceux de Ralph Backstrom, Claude Provost, Robert Rousseau, Lorne Worsley, Ted Harris, Gilles

DIVISION EST	PJ	G	P	N	BP	BC	PTS
Boston (Bruins)	78	54	13	11	330	204	119
New York (Rangers)	78	48	17	13	317	192	109
Montréal (Canadiens)	78	46	16	16	307	205	108
Toronto (Maple Leafs)	78	33	31	14	209	208	80
Detroit (Red Wings)	78	33	35	10	261	262	76
Buffalo (Sabres)	78	16	43	19	203	289	51
Vancouver (Canucks)	78	20	50	8	203	297	48
DIVISION OUEST	PJ	G	P	N	BP	BC	PTS
Chicago (Black Hawks)	78	46	17	15	256	166	107
Minnesota (North Stars)	78	37	29	12	212	191	86
St. Louis (Blues)	78	28	39	11	208	247	67
Pittsburgh (Penguins)	78	26	38	14	220	258	66
Philadelphie (Flyers)	78	26	38	14	200	236	66
Californie (Golden Seals)	78	21	39	18	216	288	60
Los Angeles (Kings)	78	20	49	9	206	305	49

MEILLEURS MARQUEURS		PJ	B	A	PTS	PUN
Phil Esposito	Boston	76	66	67	133	76
Bobby Orr	Boston	76	37	80	117	106
Jean Ratelle	New York	63	46	63	109	4
Vic Hadfield	New York	78	50	56	106	142
Rodrigue Gilbert	New York	73	43	54	97	64
Frank Mahovlich	Canadiens	76	43	53	96	36
Bobby Hull	Chicago	78	50	43	93	24
Yvan Cournoyer	Canadiens	73	47	36	83	15
John Bucyk	Boston	78	32	51	83	4
Bobby Clarke	Philadelphie	78	35	46	81	87
Jacques Lemaire	Canadiens	77	32	49	81	26

est encore plus dramatique pour les Rangers, qui ratent l'occasion de mettre la main sur la coupe, qu'ils n'ont pas vue depuis 1940.

● Le gardien Bruce Gamble, des Flyers, connaît une journée difficile le 8 février à Vancouver. Il se sent mal en première, mais conduit tout de même les siens à une victoire de 4 à 1, pour apprendre après le match qu'il a eu une attaque cardiaque. Ce qui met un terme à sa carrière.

● La Ligue introduit un nouveau règlement pour expulser du match tout joueur, considéré comme le troisième homme, qui s'interpose dans une bagarre.

● L'Association des joueurs exige désormais la signature des contrats avant le début de la saison.

● Le gardien des Bruins, Gerry Cheevers, s'inscrit dans le livre des records avec une séquence de 32 parties (24-0-8) sans défaites.

● Norm Ullman ajoute son nom aux marqueurs de 1 000 points dans la Ligue nationale.

● À la fin de l'année, Joe Crozier est appelé à remplacer son ami Punch Imlach derrière le banc des Sabres lorsque celui-ci éprouve des problèmes cardiaques. Il a la brillante idée de réunir, pour quelques parties, René Robert, nouvellement arrivé de Pittsburgh, à Gilbert Perreault et Richard Martin. La *French Connection* est née. Le trio connaîtra un immense succès offensif avec Buffalo pendant plusieurs années.

● Le Royal de Cornwall, membre de la Ligue junior du Québec, succède aux Remparts pour le championnat de la coupe Memorial, grâce au bon travail de son gardien Richard Brodeur.

● L'URSS est médaillée d'or aux Jeux de Sapporo et les Américains gagnent la médaille d'argent. Le Canada boycotte le hockey pour protester contre la présence des faux amateurs soviétiques. Au championnat du monde, la Tchécoslovaquie interrompt la domination soviétique qui dure depuis 1963.

TROPHÉES	
COUPE STANLEY	
Bruins de Boston	
TROPHÉE PRINCE-DE-GALLES	
Bruins de Boston	
TROPHÉE CLARENCE-CAMPBELL	
Black Hawks de Chicago	
TROPHÉE HART	
Bobby Orr	
Bruins de Boston	
TROPHÉE ART-ROSS	
Phil Esposito	
Bruins de Boston	
TROPHÉE LADY-BYNG	
Jean Ratelle	
Rangers de New York	
TROPHÉE CALDER	
Ken Dryden	
Canadiens de Montréal	
TROPHÉE GEORGES-VÉZINA	
Tony Esposito et Gary Smith	
Black Hawks de Chicago	
TROPHÉE JAMES-NORRIS	
Bobby Orr	
Bruins de Boston	
TROPHÉE CONN-SMYTHE	
Bobby Orr	
Bruins de Boston	
TROPHÉE BILL-MASTERTON	
Bobby Clarke	
Flyers de Philadelphie	
TROPHÉE LESTER-B.-PEARSON	
Jean Ratelle	
Rangers de New York	

1971-1972

Tremblay, Dick Duff et quelques autres, le Tricolore tourne une autre page de son illustre histoire. Il appartient désormais aux Dryden, Lafleur, Robinson, Shutt, Mahovlich et Gainey d'écrire la suite avec les vétérans, les Savard, Laperrière, Tremblay, Lapointe, Richard, Lemaire et Cournoyer.

LE CLUB CÉDÉ AUX BRONFMAN

Les frères David, William et Peter Molson cèdent la majorité des actions du Canadian Arena à un consortium formé d'Edward et Peter Bronfman, de la Banque de Nouvelle-Écosse et de Baton Broadcasting (deux propriétés des Bronfman), pour une somme évaluée entre 13 et 15 millions, le 30 décembre. En fait, les frères Bronfman, cousins du propriétaire des Expos, Charles, sont les nouveaux propriétaires du Forum et des Canadiens, ce qui ne fait pas vraiment plaisir au sénateur Hartland de M. Molson, qui a cédé le club à ses neveux deux ans plus tôt. Jacques Courtois, administrateur et vice-président de la Banque de Nouvelle-Écosse, est le nouveau président de l'équipe.

Les rumeurs d'une vente par les Molson avaient commencé à circuler en mai, mais le nom de l'acheteur potentiel était celui de l'homme d'affaires Jean-Louis Lévesque.

La raison invoquée pour la vente de l'équipe porte sur la réforme fiscale entrant en vigueur deux jours plus tard, qui rendra les gains en capitaux imposables. Cependant, quelques scribes, dont Jacques Barrette du *Montréal-Matin* et Gus Lacombe de *Dimanche/Dernière Heure* laissent entrevoir la possibilité d'une mésentente entre les trois Molson.

Des Molson aux Bronfman pour $15 millions

LE CANADIEN VENDU

(Voir pages 57, 58 et 59)

Montréal-Matin, le vendredi 31 décembre 1971

Les frères Molson cèdent le club à la famille Bronfman à la veille de la mise en application d'une réforme fiscale contrariante.

Le No 1 du matin au Québec

le journal de montréal

VOL. IX / No 327 / 76 pages
MONTRÉAL, VENDREDI 11 MAI 1973

À domicile
7 jours   95 ¢   Abitibi: 20 ¢   15 ¢

LE TROPHÉE SMYTHE À COURNOYER

LE DÉFILÉ AURA LIEU À MIDI

ÇA Y EST !

Pages 72 à 75

(Téléphoto Le Journal — UPI)

Les Canadiens ont clôturé hier une autre brillante saison. Ils ont gagné leur 95e et dernier match de la campagne. Ils se sont superbement ralliés pour disposer des Black Hawks de Chicago, 6-4, dans la sixième partie de la série finale qu'ils ont remportée 4-2. Yvan Cournoyer, le gagnant du trophée Smythe, a compté le but gagnant, mais le trio formé de Pete Mahovlich, Réjean Houle et Chuck Lefley s'est aussi distingué. Le grand Pete n'a pas compté sur ce jeu, mais il s'est repris au début de la deuxième période en marquant le deuxième but des siens. C'est à la troisième période que les champions ont donné le coup de grâce aux Black Hawks en enregistrant deux autres buts. La coupe Stanley revient donc dans le Québec pour la 18e fois.

1972  1973

DIX-
HUITIÈME
COUPE
STANLEY

Le Tricolore revient au sommet dans l'Est et les Black Hawks dominent l'Ouest une troisième année de suite, alors qu'un nouveau circuit, l'Association mondiale, fait concurrence à la Ligue nationale. Deux nouvelles équipes, les Islanders de New York dans l'Est et les Flames d'Atlanta dans l'Ouest, se joignent au circuit. Buffalo est éliminé quatre parties à deux par le Tricolore, puis ce sera le tour de Philadelphie (4-1) et des Hawks (4-2) en finale. Yvan Cournoyer reçoit le trophée Conn-Smythe du meilleur joueur. Troisième titre d'affilée pour Phil Esposito chez les marqueurs. Avec 130 points, il devance facilement Bobby Clarke, des Flyers, à 104. Jacques Lemaire est cinquième avec 95 points. Mais le trophée Hart échappe encore à Esposito, cette fois au profit de Clarke. Sixième trophée Norris de suite pour Bobby Orr. Ken Dryden mérite le trophée Vézina et Gilbert Perreault, des Sabres, le Lady-Byng. Trois joueurs des Canadiens sont choisis dans la première équipe d'étoiles : Dryden, Guy Lapointe et Frank Mahovlich. Cournoyer est dans la seconde.

Une 11ᵉ coupe pour Henri, un exploit que nul joueur de hockey ne parviendra à égaler.

Onzième coupe Stanley pour Henri Richard

Henri Richard étreint la coupe Stanley une 11ᵉ fois depuis son arrivée chez les Canadiens. Pendant un bref instant, il revoit les images de cette journée du 12 octobre 1955, alors que son frère Maurice lui sert d'interprète pour la signature de son premier contrat avec le gérant Frank Selke. Le grand patron des Canadiens, voyant à son air renfrogné qu'Henri ne veut rien savoir d'un autre séjour chez les juniors, arrache soudainement une page du petit calendrier sur son bureau, inscrit quelques chiffres et tend le papier à Henri. Il y est écrit : 2 000 $ pour la signature, 7 000 $ pour 1955-56 et 8 000 $ pour 1956-57. Henri est satisfait et signe son nom. Il se souvient aussi qu'au moment de sortir, Selke le rappelle, déchire le papier et en prépare un autre, inscrivant cette fois 5 000 $ comme prime de signature « pour ne pas être accusé plus tard d'avoir profité de sa jeunesse », dira-t-il à son frère Maurice.

Ce soir, Henri vient de disputer une 18e saison (il en jouera une 20e avant de prendre sa retraite) dans l'uniforme des Canadiens et cette 11ᵉ coupe Stanley le place hors de portée de quiconque. Fougueux et déterminé comme aucun, il a toujours servi son équipe plus par l'exemple que par la parole. Timide et renfermé, le Pocket Rocket, un surnom qui remonte à son séjour chez les juniors, a connu des moments glorieux, mais des plus difficiles aussi. La plupart des gens se rappellent son but victorieux au sixième match de la finale contre Detroit en 1966. Une collision avec Gary Bergman au début de la supplémentaire, alors qu'il s'apprêtait à faire dévier le tir de Dave Balon, l'avait projeté au fond du filet de Roger Crozier avec la rondelle. Ou encore les deux magnifiques buts réalisés quelques jours après sa sortie contre Al MacNeil,

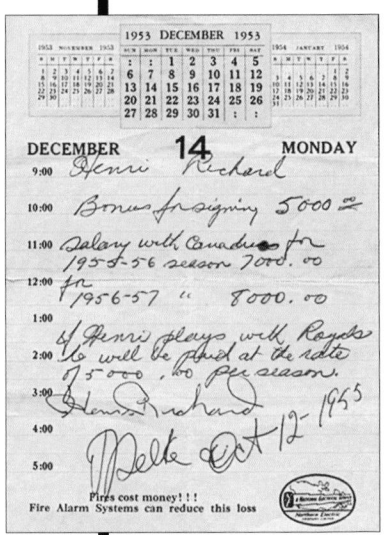

Le premier contrat d'Henri griffonné par Frank Selke sur une page arrachée de son agenda.

342

● Jean Béliveau – à peine un an après l'annonce de sa retraite – et Bernard Geoffrion sont intronisés au Temple de la renommée.

● Une solide altercation entre Henri Richard et Serge Savard en novembre fait grand bruit dans l'entourage de l'équipe. La dispute fait suite à un texte du journaliste Tim Burke, du quotidien *The Gazette*. Richard s'oppose à ce que l'on ferme la porte du vestiaire de l'équipe,

au terme d'une victoire de 9-1 à Vancouver, en disant que « ces gars-là (les journalistes) avaient un travail à exécuter ». La réplique de Savard : « Si tu les aimes tant, pourquoi tu ne couches pas avec eux ? » Le sang du Pocket ne fait qu'un tour et Savard reçoit une taloche en plein visage. La tempête s'apaise quelques jours plus tard, après que les deux coéquipiers se sont expliqués.

● Autre incident rapporté par les médias au début de l'année. Maurice Richard, devenu entraîneur des Nordiques de Québec pour quelques jours, est rayé de la liste des personnes bénéficiant de billets de faveur du club. Par la suite, il refusera toutes les invitations, même pour la fête de son grand ami Toe Blake le 6 décembre, et mettra beaucoup de temps avant de remettre les pieds au Forum.

● Frank Mahovlich, maintenant un joueur bien établi chez les Canadiens, obtient son 500e but et son 1 000e point dans la LNH, en un peu plus de 1 100 rencontres.

● C'est cependant Jacques Lemaire qui s'affirme comme la grande vedette offensive du club avec une production de 44 buts et 51 passes. Ses 95 points lui valent le cinquième rang des marqueurs, mais il est devancé par Phil Esposito et Bobby Clarke dans les équipes d'étoiles.

Un bon coup de publicité pour les Nordiques, mais qui n'aura duré que le temps des roses. Incapable de supporter la pression du poste d'entraîneur, Maurice Richard abandonne après deux parties.

1972 1973

assurant aussi la victoire aux Canadiens lors du match décisif de la finale contre Chicago en 1971.

Ses démêlés avec Bowman au cours des dernières années, la gifle assénée à Serge Savard dans le vestiaire plus tôt en saison, sur une question de respect du travail des médias, sa retraite impromptue dans les Laurentides en février 1968 ont été des périodes difficiles pour cet homme réputé pour son tempérament calme. Chaque fois, il a songé à tout abandonner. Chaque fois, il a rebondi plus fort. Celui de qui plusieurs ont déjà dit qu'il ne jouerait pas dans la Ligue nationale parce qu'il n'était que le frère de Maurice aura eu le dernier mot pendant 20 ans.

Il a d'abord voulu se joindre aux Canadiens pour jouer avec son frère, le héros de son enfance, qu'il n'avait pourtant presque pas connu. Il a voulu

La finale contre Chicago donne des parties aux pointages élevés et les moments de réjouissance sont nombreux pour Pete Mahovlich et Guy Lafleur. Les Canadiens l'emportent en six.

● Yvan Cournoyer termine au premier rang des marqueurs des séries avec 25 points dont 15 buts. Il obtient notamment le but victorieux du deuxième affrontement et du match décisif contre Chicago. Sa contribution à la conquête de cette 18e coupe par les Canadiens, la sixième en neuf ans, lui vaut le trophée Conn-Smythe. Lemaire marque quant à lui 12 points en finale, dont 4 (2-2) au premier match.

● Le Tricolore perd deux gardiens de l'organisation en autant de jours en juin. Philippe Myre est réclamé par les Flames d'Atlanta à leur entrée dans la Ligue, tandis que Denis Dejordy est cédé aux Islanders. Cependant, il ne jouera jamais pour eux, puisqu'il sera expédié à Detroit quelques mois plus tard.

● Au repêchage amateur, Montréal regarnit sa banque de gardiens en réclamant Michel Larocque au deuxième rang, après avoir choisi Steve Shutt en premier. Au total, Montréal sélectionne quatre joueurs au premier tour.

● L'échange qui envoie le défenseur Terry Harper à Los Angeles au cours de l'été permettra éventuellement aux Canadiens de repêcher Pierre Mondou.

● Le Tricolore connaît une excellente saison sur la glace de ses rivaux, établissant une nouvelle marque avec seulement 6 revers à l'étranger (un record toujours valide qu'il rééditera deux fois, en 1974-75 et 1977-78), tout en connaissant une séquence de 15 parties sans défaite, de janvier à mars.

1972 1973

continuer pour prouver que lui, Henri Richard, avait sa place dans cette ligue malgré sa petite taille. Mais aussi parce qu'il aime le hockey avant tout.

Encore aujourd'hui, ce 10 mai 1973, il a relancé l'équipe en fin de première pour réduire l'avance des Black Hawks à un seul but et paver le terrain de cette victoire de 6-4. Une victoire qui permet à l'équipe de s'approprier la coupe une 18e fois.

Onze sur dix-huit, pas trop mal comme moyenne !

LAFLEUR PLEURE DE DÉPIT

Guy Lafleur connaît des débuts difficiles avec les Canadiens. Il est resté très attaché à ses amis et à ses supporters de Québec. En plus, ses fréquents voyages aller-retour vers la Vieille Capitale n'arrangent pas les choses. Nostalgique, il répète qu'il n'hésitera pas à signer avec les Nordiques à l'expiration de son contrat si l'offre en vaut la peine. Ceux-ci connaissent l'intérêt de Lafleur pour le Colisée. À la mi-février 1973, ils déposent une offre de 90 000 $ par année, plus une prime de 50 000 $ pour une entente de trois ans.

Lafleur est fort déçu d'une offre si peu attrayante et le fait rapidement savoir aux Fleurdelysés par son agent Gerry Patterson. Québec revient à la charge en mars avec une proposition plus sérieuse qui frise le demi-million : 60 000 $ à la signature, puis 125 000 $, 135 000 $ et 145 000 $ pour les trois années du pacte. Selon les dires du gérant de l'époque, Marius Fortier, tels que rapportés dans son livre *Les Nordiques et le circuit maudit*, Patterson se montre alors fort satisfait de l'offre.

Mais le lien est brisé, Lafleur a perdu confiance en l'équipe de Québec et entretient des doutes sur sa solidité financière. Pendant ce temps, le rusé Sam Pollock prépare la réplique du Tricolore qui ne peut

ÉQUIPE 1972-73						
Entraîneur : Scotty Bowman (78-52-10-16)						
N°	POS	JOUEURS	PJ	B	A	PTS	PUN
25	C	Jacques Lemaire	77	44	51	95	16
27	AG	Frank Mahovlich	78	38	55	93	51
12	AD	Yvan Cournoyer	67	40	39	79	18
20	C	Pete Mahovlich	61	21	38	59	49
10	AD	Guy Lafleur	69	28	27	55	51
5	D	Guy Lapointe	76	19	35	54	117
11	AG	Marc Tardif	76	25	25	50	48
14	AD	Réjean Houle	72	13	35	48	36
24	AG	Chuck Lefley	65	21	25	46	22
16	C	Henri Richard	71	8	35	43	21
18	D	Serge Savard	74	7	32	39	58
15	AD	Claude Larose	73	11	23	34	30
6	AD	Jim Roberts	77	14	18	32	28
17	AG	Murray Wilson	52	18	9	27	16
23	D	Bob Murdoch	69	2	22	24	55
2	D	Jacques Laperrière	57	7	16	23	34
22	AG	Steve Shutt	50	8	8	16	24
26	D	Pierre Bouchard	41	0	7	7	69
19	D	Larry Robinson	36	2	4	6	20
29	G	Ken Dryden	54	0	4	4	2
21	AG	Randy Rota	2	1	1	2	0
21	C	Dave Gardner	5	1	1	2	0
8	AD	Chuck Arnason	19	1	1	2	2
3	D	Dale Hoganson	25	0	2	2	2
30	G	Wayne Thomas	10	0	1	1	2
21	AG	Yvon Lambert	1	0	0	0	0
1	G	Michel Plasse	17	0	0	0	4

GARDIENS	PJ	G	P	N	MIN	BC	BL	MOY
Ken Dryden	54	33	7	13	3165	119	6	2,26
Wayne Thomas	10	8	1	0	583	23	1	2,37
Michel Plasse	17	11	2	3	932	40	0	2,58

Lafleur est malheureux à Montréal et Bowman lui reproche de ne pas avoir coupé les ponts avec la ville de Québec. À regret, il signera tout de même le contrat de 10 ans que lui offre Sam Pollock.

● Las de réchauffer le banc depuis trois saisons, Pierre Bouchard fait part de ses états d'âme à quelques journalistes avant le début des éliminatoires, regrettant d'avoir signé un contrat de deux ans avec l'équipe, contrat qui l'empêche de montrer son talent ailleurs. Il aura cependant la chance de se reprendre au cours des séries et des années à venir.

● Yvan Cournoyer a maintenant réussi 500 points depuis qu'il porte l'uniforme tricolore, une marque atteinte à la fin de décembre contre Daniel Bouchard d'Atlanta.

● Comme un signe annonciateur de sa 11e coupe Stanley, Henri Richard dispute le 1 100e match de sa carrière en octobre. À la fin de la saison, Jacques Laperrière en comptera 600, Jim Roberts et Serge Savard, 300 chacun.

● La brasserie Molson met à l'enjeu un nouveau trophée pour couronner le classement des «trois étoiles du match» à chaque saison. Ken Dryden est le premier récipiendaire. L'attribution du trophée est réservée aux joueurs des Canadiens.

TROPHÉES	
COUPE STANLEY	
Canadiens de Montréal	
TROPHÉE PRINCE-DE-GALLES	
Canadiens de Montréal	
TROPHÉE CLARENCE-CAMPBELL	
Black Hawks de Chicago	
TROPHÉE HART	
Bobby Clarke	
Flyers de Philadelphie	
TROPHÉE ART-ROSS	
Phil Esposito	
Bruins de Boston	
TROPHÉE LADY-BYNG	
Gilbert Perreault	
Sabres de Buffalo	
TROPHÉE CALDER	
Steve Vickers	
Rangers de New York	
TROPHÉE GEORGES-VÉZINA	
Ken Dryden	
Canadiens de Montréal	
TROPHÉE JAMES-NORRIS	
Bobby Orr	
Bruins de Boston	
TROPHÉE CONN-SMYTHE	
Yvan Cournoyer	
Canadiens de Montréal	
TROPHÉE BILL-MASTERTON	
Lowell MacDonald	
Penguins de Pittsburgh	
TROPHÉE LESTER-B.-PEARSON	
Bobby Clarke	
Flyers de Philadelphie	

se permettre de perdre son héros de la prochaine décennie. Il convoque Patterson, puis Lafleur, pour leur faire part d'une offre à signer «dans les 24 prochaines heures». Lafleur sait que les Nordiques sont à mettre au point une autre proposition, nettement supérieure à la précédente, mais celle-ci tarde à venir.

Quelques minutes avant le match éliminatoire du 4 avril contre Buffalo, dans un recoin du Forum, le Démon blond accepte la proposition de Pollock, soit un million pour un contrat de dix ans, accompagné de quelques primes et d'une révision salariale après trois et six ans. Roger Barré, beau-père de Lafleur et actionnaire des Nordiques, arrive avec l'offre de Québec après le match. On lui propose un million pour cinq ans, exactement le double offert par les Canadiens.

«Le soir que j'ai signé avec le Canadien, j'ai pleuré, j'ai pleuré pour vrai», confessera Lafleur au journaliste Réjean Tremblay de *La Presse* quelques années plus tard. Il était furieux que les Nordiques n'aient pas déposé leur offre finale plus tôt. Lafleur consultera quelques avocats pour faire annuler le contrat dans les jours qui suivent, sous prétexte qu'il a signé sous pression, mais l'opération aurait été fort complexe et interminable.

La saison suivante sera l'une des plus difficiles du Flower à Montréal. Seulement 21 buts et 56 points en 73 parties.

JEAN-CLAUDE TREMBLAY CHEZ LES NORDIQUES

L'Association mondiale fait des ravages dans la Ligue nationale. Les André Lacroix, Gerry Cheevers, Derek Sanderson, John McKenzie, Bernard Parent et plusieurs autres décident de faire le saut dans le nouveau circuit. Mais le coup de maître, c'est Bobby Hull, l'une des grandes vedettes de la LNH, qui quitte les Hawks de Chicago pour accepter un contrat de 2,75 millions pour dix ans avec les Jets de Winnipeg. À Québec, les Nordiques offrent 140 000 $ par année à Jean-Claude Tremblay pour un contrat de cinq ans. Face aux 70 000 $ avancés par les Canadiens, la décision ne sera pas très longue à prendre pour le défenseur. Par ailleurs, les Nordiques réussissent un autre gros coup publicitaire en embauchant Maurice Richard comme entraîneur, mais le Rocket sera incapable de tenir le coup plus de deux parties.

● Bernard Geoffrion effectue un retour comme entraîneur, cette fois avec les Flames d'Atlanta. Il avait dû abandonner cette fonction chez les Rangers en 1968-69, après 43 parties, en raison d'ulcères d'estomac. Un autre ancien joueur des Canadiens, Jean-Guy Talbot, dirige maintenant les Blues de St. Louis.

● Harold Ballard, président des Maple Leafs de Toronto, est condamné à trois ans de prison en août pour avoir été trouvé coupable de 49 chefs d'accusation de fraude et de vol totalisant 205 000$, aux dépens de son équipe. Des accusations similaires contre Stafford Smythe, partenaire de Ballard, étaient tombées à la mort de celui-ci, avant la conclusion du procès. Ballard, qui a trouvé moyen de se faire beaucoup d'ennemis tout au long de sa carrière, mourra en 1991.

● Les Islanders de New York, nouvelle concession avec Atlanta, doivent verser quatre millions aux Rangers pour l'envahissement de leur territoire, en plus des six millions en droits d'entrée versés à la Ligue. Pis encore, ils connaissent une première saison misérable, avec seulement 12 victoires en 78 parties.

● Bobby Clarke, ennuyé par des problèmes de diabète, ainsi que Rick MacLeish deviennent les premiers joueurs d'un club d'expansion, les Flyers de Philadelphie, à obtenir 100 points en une saison. Clarke devance Bobby Orr au deuxième rang, derrière Phil Esposito, avec 37 buts et 67 passes. Ce qui lui vaudra les trophées Hart et Pearson. MacLeish est quatrième avec 50 buts et autant d'assistances.

1972 1973

À Montréal pendant ce temps, Scotty Bowman fait un mauvais parti à Guy Lafleur, qui a montré un intérêt pour les Nordiques, ainsi qu'à Réjean Houle et Marc Tardif. Les deux derniers partiront l'année suivante, à la fin de leur contrat avec le Tricolore.

André Lacroix deviendra une vedette dans l'AMH, décrochant deux championnats des marqueurs lors des trois premières saisons du circuit, tandis que Tremblay et surtout Hull procureront à la Ligue la stabilité et la crédibilité dont elle a besoin pour connaître le succès. Autre tuile pour la Ligue nationale, la cour déclare illégale la clause de réserve qui lie un joueur à une équipe pour la vie. En un an, la nouvelle ligue fait passer le salaire moyen des joueurs de 25 000 $ à 85 000 $, selon les révélations de Bernard Parent quelques années plus tard.

Les Nordiques offrent le double de son salaire à Jean-Claude Tremblay qui n'aura pas à hésiter longtemps.

DIVISION EST	PJ	G	P	N	BP	BC	PTS
Montréal (Canadiens)	78	52	10	16	329	184	120
Boston (Bruins)	78	51	22	5	330	235	107
New York (Rangers)	78	47	23	8	297	208	102
Buffalo (Sabres)	78	37	27	14	257	219	88
Detroit (Red Wings)	78	37	29	12	265	243	86
Toronto (Maple Leafs)	78	27	41	10	247	279	64
Vancouver (Canucks)	78	22	47	9	233	339	53
New York (Islanders)	78	12	60	6	170	347	30
DIVISION OUEST	PJ	G	P	N	BP	BC	PTS
Chicago (Black Hawks)	78	42	27	9	284	225	93
Philadelphie (Flyers)	78	37	30	11	296	256	85
Minnesota (North Stars)	78	37	30	11	254	230	85
St. Louis (Blues)	78	32	34	12	233	251	76
Pittsburgh (Penguins)	78	32	37	9	257	265	73
Los Angeles (Kings)	78	31	36	11	232	245	73
Atlanta (Flames)	78	25	38	15	191	239	65
Californie (Golden Seals)	78	16	46	16	213	323	48

● Les Flyers revendiquent un autre honneur avec les quatre joueurs les plus punis du circuit en Dave Schultz, dit *The Hammer*, Bob Kelly, André *Moose* Dupont et Don Saleski.

● Bobby Orr, premier joueur à recevoir un trophée (James-Norris) six fois de suite, devance Doug Harvey chez les défenseurs avec son 541e point en décembre.

● Les Whalers de la Nouvelle-Angleterre, gagnants de la coupe Avco dans l'AMH, souhaitent rencontrer les champions de la LNH dans un match hors-concours. Le défi ne sera évidemment pas relevé.

● En plus de Mahovlich à Montréal, deux autres joueurs de la Ligue atteignent le plateau des 1 000 points : Johnny Bucyk, des Bruins, et Stan Mikita, des Black Hawks.

Des séries magiques pour Yvan Cournoyer et Frank Mahovlich qui récoltent respectivement 25 et 23 points pour terminer premier et troisième. Le Roadrunner inscrit 15 buts à lui seul.

MEILLEURS MARQUEURS		PJ	B	A	PTS	PUN
Phil Esposito	Boston	78	55	75	130	87
Bobby Clarke	Philadelphie	78	37	67	104	80
Bobby Orr	Boston	63	29	72	101	99
Rick MacLeish	Philadelphie	78	50	50	100	69
Jacques Lemaire	Canadiens	77	44	51	95	16
Jean Ratelle	NY Rangers	78	41	53	94	12
Mickey Redmond	Detroit	76	52	41	93	24
John Bucyk	Boston	78	40	53	93	12
Frank Mahovlich	Canadiens	78	38	55	93	51
Jim Pappin	Chicago	76	41	51	92	8

LA SÉRIE DU SIÈCLE

Les meilleurs joueurs canadiens et soviétiques s'affrontent en septembre dans une série de huit parties que l'on qualifiera de « Série du siècle », peu après les Jeux olympiques de Munich, où le dénouement d'une prise d'otages par un commando palestinien a fait II morts parmi la délégation d'Israël. Ken Dryden, Serge Savard, Guy Lapointe, Yvan Cournoyer et les frères Mahovlich sont les joueurs des Canadiens qui ont été retenus pour défendre les couleurs du Canada. Se croyant invincibles, les hockeyeurs canadiens sont ramenés sur terre par une dégelée de 7 à 3 aux mains des Soviétiques lors du premier match disputé au Forum devant près de 19 000 spectateurs et des millions de téléspectateurs. L'URSS, qui était « venue pour apprendre », selon ses dirigeants, gagne deux des quatre premières parties en sol canadien, contre une défaite et une nulle.

Le Canada remporte le match décisif 6-5 à Moscou, grâce à un but de Paul Henderson, à 19 min 26 s de la dernière période. Également auteur du but vainqueur au septième match, Henderson, un joueur des Maple Leafs de Toronto, termine le tournoi avec 10 points, juste derrière Phil Esposito (13) et Alexander Yakushev (11). Au total, le Canada a gagné quatre fois, l'URSS trois et un match n'a pas fait de vainqueur. La révélation de la série s'appelle Vladislav Tretiak.

L'honneur est sauf, mais l'orgueil est touché à jamais.

Yvan Cournoyer s'apprête à sauter au cou de Paul Henderson qui vient de sauver l'honneur du Canada avec son but historique, à quelques secondes de la fin du match ultime.

CETTE FOIS, LES BRUINS DEVANCENT MONTRÉAL AU SOMMET DE L'EST ET PHILADELPHIE MET FIN AU RÈGNE DE CHICAGO DANS L'OUEST. LES FLYERS DEVIENNENT LA PREMIÈRE ÉQUIPE D'EXPANSION À GAGNER LA COUPE STANLEY. LES CANADIENS SONT ÉLIMINÉS DÈS LES QUARTS DE FINALE, QUATRE PARTIES À DEUX PAR LES RANGERS, QUI PERDRONT ENSUITE FACE AUX FUTURS CHAMPIONS. EN FINALE, LES FLYERS PRENDRONT LA MESURE DES BRUINS PAR QUATRE MATCHS À TROIS. ESPOSITO EST DE NOUVEAU CHAMPION MARQUEUR ET, CETTE FOIS-CI, ON RECONNAÎT SON MÉRITE À TITRE DE JOUEUR LE PLUS UTILE. DENIS POTVIN, DES ISLANDERS, QUI SUCCÉDERA À BOBBY ORR COMME MEILLEUR DÉFENSEUR EN 1975-76, EST DÉSIGNÉ RECRUE DE L'ANNÉE. HENRI RICHARD EST LE DEUXIÈME JOUEUR DES CANADIENS À MÉRITER LE TROPHÉE BILL-MASTERTON. POUR LA PREMIÈRE FOIS DEPUIS 1966-67, LE TRICOLORE NE COMPTE AUCUN JOUEUR DANS LES ÉQUIPES D'ÉTOILES. BOSTON EN A TROIS DANS LA PREMIÈRE ET UN AUTRE DANS LA SECONDE.

À défaut de pouvoir renégocier son contrat, Ken Dryden décide de prendre une année de répit afin de faire un stage dans un bureau d'avocats de Toronto.

Sabbatique pour Dryden

Ken Dryden connaît beaucoup de succès depuis son arrivée chez les Canadiens. Il a déjà deux coupes Stanley à son actif, plus les trophées Conn-Smythe, Calder et Vézina. Il fait part de son intention de revoir le contrat qui le lie aux Canadiens pour une autre année. Mais Sam Pollock refuse de déroger à sa politique. Pas un joueur n'est plus important que l'équipe elle-même. Donc, les nouveaux joueurs, si bons soient-ils, ne passeront jamais devant les vétérans lorsqu'il s'agira de négocier un contrat. Il faut d'abord démontrer solidement sa valeur avant de réclamer un salaire de joueur établi. Ce n'est pas la menace de

● Le Tricolore perd deux autres membres de son organisation. Réjean Houle se joint aux Nordiques de Québec et son ami Marc Tardif accepte l'offre des Sharks de Los Angeles. Transféré brièvement aux Stags du Michigan à la dissolution des Sharks en 1974-75, Tardif rejoindra Houle à Québec à la faveur d'un échange et remportera deux titres de champion marqueur de l'AMH. Houle reviendra aux Canadiens en 1976.

● Doug Harvey et le sénateur Hartland de Montarville Molson, celui-ci à titre de bâtisseur, sont intronisés au Temple de la renommée du hockey au printemps. Peu intéressé par ce genre de cérémonie d'intronisation, Harvey opte plutôt pour une partie de pêche le même jour.

● Sam Pollock fait de nouveau la démonstration de son talent de fin négociateur au repêchage de juin. Il inverse d'abord son ordre de sélection avec St. Louis pour réclamer Bob Gainey, en même temps qu'il traite avec Atlanta, Vancouver et Los Angeles, cédant à chacun un choix de première ronde de l'encan actuel pour celui de l'année suivante. Il accumule ainsi pas moins de trois choix de première ronde pour 1974, en plus de la sélection régulière des Canadiens et de celle de St. Louis, fruit d'une autre transaction. Sans compter les « considérations futures » obtenues en retour de quelques joueurs. Du Pollock à son meilleur !

1973-1974

Pierre Bouchard est un défenseur dans la moyenne, mais il est surtout le justicier des Canadiens. Il ne craint pas de se frotter aux Wayne Cashman et autres Dave Schultz de la Ligue.

ÉQUIPE 1973-74

Entraîneur : Scotty Bowman (78-45-24-9)

N°	POS	JOUEURS	PJ	B	A	PTS	PUN
27	AG	Frank Mahovlich	71	31	49	80	47
12	AD	Yvan Cournoyer	67	40	33	73	18
20	C	Pete Mahovlich	78	36	37	73	122
25	C	Jacques Lemaire	66	29	38	67	10
10	AD	Guy Lafleur	73	21	35	56	29
16	C	Henri Richard	75	19	36	55	28
24	AG	Chuck Lefley	74	23	31	54	34
5	D	Guy Lapointe	71	13	40	53	63
22	AG	Steve Shutt	70	15	20	35	17
17	AG	Murray Wilson	72	17	14	31	26
19	D	Larry Robinson	78	6	20	26	66
15	AD	Claude Larose	39	17	7	24	52
6	AD	Jim Roberts	67	8	16	24	39
18	D	Serge Savard	67	4	14	18	49
11	AG	Yvon Lambert	60	6	10	16	42
26	D	Pierre Bouchard	60	1	14	15	25
2	D	Jacques Laperrière	42	2	10	12	14
21	C	Dave Gardner	31	1	10	11	2
23	AG	Bob Gainey	66	3	7	10	34
8	D	John Van Boxmeer	20	1	4	5	18
3	D	Rick Wilson	21	0	2	2	6
31	G	Michel Larocque	27	0	2	2	0
30	G	Wayne Thomas	42	0	2	2	6
14	AG	Glenn Goldup	6	0	0	0	0
1	G	Michel Plasse	15	0	0	0	0

GARDIENS	PJ	G	P	N	MIN	BC	BL	MOY
Wayne Thomas	42	23	12	5	2410	111	1	2,76
Michel Larocque	27	15	8	2	1431	69	0	2,89
Michel Plasse	15	7	4	2	839	57	0	4,08

350

● Le Forum augmente le prix des billets. Les «rouges» passent de 8 $ à 9,50 $, les «blancs» de 6 $ à 7 $, mais les «bleus» restent à 4,50 $. Quant aux loges, elles coûteront désormais 7 500 $ au lieu de 6 500 $.

● Frank Mahovlich dépasse Jean Béliveau au quatrième rang des meilleurs compteurs de la LNH avec 508 buts, le 21 novembre.

● Parmi les vétérans de l'équipe, Henri Richard dispute un 1 200e match avant la fin de la saison, Claude Larose, et Jacques Lemaire, un 500e, Jim Roberts et Serge Savard, un 400e, alors que Pete Mahovlich et Guy Lapointe totalisent 300 parties chacun.

● Autres moments symboliques pour Lemaire et Pete Mahovlich. Le premier atteint le chiffre de 400 points en octobre et celui des 200 buts en décembre. Quant au grand Mahovlich, il se joint au cercle des marqueurs de 300 points en mars. Entre-temps, Yvan Cournoyer obtient son 300e but début janvier.

DIVISION EST	PJ	G	P	N	BP	BC	PTS
Boston (Bruins)	78	52	17	9	349	221	113
Montréal (Canadiens)	78	45	24	9	293	240	99
New York (Rangers)	78	40	24	14	300	251	94
Toronto (Maple Leafs)	78	35	27	16	274	230	86
Buffalo (Sabres)	78	32	34	12	242	250	76
Detroit (Red Wings)	78	29	39	10	255	319	68
Vancouver (Canucks)	78	24	43	11	224	296	59
New York (Islanders)	78	19	41	18	182	247	56
DIVISION OUEST	PJ	G	P	N	BP	BC	PTS
Philadelphie (Flyers)	78	50	16	12	273	164	112
Chicago (Black Hawks)	78	41	14	23	272	164	105
Los Angeles (Kings)	78	33	33	12	233	231	78
Atlanta (Flames)	78	30	34	14	214	238	74
Pittsburgh (Penguins)	78	28	41	9	242	273	65
St. Louis (Blues)	78	26	40	12	206	248	64
Minnesota (North Stars)	78	23	38	17	235	275	63
Californie (Golden Seals)	78	13	55	10	195	342	36

l'Association mondiale qui va faire changer d'idée notre rusé personnage. Ne voulant donc pas céder aux nouvelles exigences salariales de son gardien vedette qui veut rediscuter son entente, Pollock laisse partir Ken Dryden. Les rumeurs disent alors que le cerbère montréalais est intéressé par les Toros de Toronto, de l'AMH.

Mais le grand gardien, dont les bras croisés sur le bout du bâton constituent déjà une pose bien caractéristique, a d'autres visées. Récemment diplômé en droit de l'Université McGill, il souhaite faire son stage dans un cabinet d'avocats de Toronto, à 135 $ par semaine. Devant le refus de Pollock, il décide de se retirer temporairement du hockey.

Le Tricolore, agacé par les succès d'Esposito à Chicago et de Vachon à Los Angeles, deux anciens cerbères de l'organisation, n'a d'autre choix que de faire confiance à la relève, Wayne Thomas et Michel Plasse, ainsi qu'à Michel Larocque, des Voyageurs, qu'on dit très prometteur.

Cependant, l'absence de Dryden pèse lourd. Bien que favori pour un autre titre, le Tricolore termine deuxième de sa division et se fait éliminer dès la première ronde. Mais la politique d'ancienneté de Pollock est sauve. Malheur à quiconque voudra encore la contester.

Houle et Tardif, les deux inséparables, quittent l'organisation pour l'Association mondiale. Houle accepte l'offre des Nordiques et Tardif s'en va à Los Angeles, rejoignant plus tard son copain, à Québec.

● Domination complète des Bruins de Boston chez les meilleurs marqueurs. Phil Esposito (145), Bobby Orr (122), Ken Hodge (105) et Wayne Cashman (89) accaparent les quatre premières places devant Bobby Clarke, des Flyers de Philadelphie (85), rééditant leur exploit de 1970-71. Cinq joueurs des Bruins obtiennent au moins 30 buts.

● Cependant, les Flyers prennent leur revanche sur les Bruins en finale, pour devenir la première équipe d'expansion à parader avec la coupe Stanley, grâce aux exploits de Bobby Clarke et Rick MacLeish, au jeu intimidant des Schultz et autres Saleski, mais aussi au brio de Bernard Parent, choisi meilleur joueur des séries, de retour de l'AMH. Parent a aussi édité un nouveau record de 47 victoires en saison chez les gardiens. MacLeish, auteur de l'unique point du sixième et dernier match, en est à son quatrième but gagnant des éliminatoires.

● En saison régulière, Dave Schultz a reçu 348 minutes de punitions et au total les Flyers sont crédités de 1 750 minutes, d'où leur surnom de *Broad Street Bullies*.

● La chanteuse noire Kate Smith devient le porte-bonheur des Flyers, qui lui font entonner le *God Bless America* au début des matchs importants, notamment le sixième et ultime affrontement de la finale.

● Le championnat des marqueurs d'Esposito est son quatrième de suite et son cinquième en six ans. Bien remis d'une blessure subie durant les séries de 1973, il compte maintenant plus de 500 buts et 1 000 points au cours de sa carrière.

● Bobby Orr ne laisse pas toute la place à son coéquipier, loin de là. En novembre, il marque trois buts en supériorité numérique et ajoute quatre passes pour établir une nouvelle marque

---

1973-1974

Dryden sera de retour en 1974-75, au grand soulagement de Sam Pollock et des partisans.

LA FÊTE DES RICHARD

Henri Richard obtient le 1 000e point de sa carrière en inscrivant une passe sur un but de Jim Roberts le 20 décembre à Buffalo. Performance précédée d'une 650e assistance quelques semaines plus tôt. Le sénateur Jacques Courtois et la direction du club décident alors de fêter leur capitaine. Le jour venu, le 26 janvier suivant, Henri est chargé de cadeaux devant plusieurs milliers de spectateurs. Chèque de 111 116,16 $ pour l'orphelinat Saint-Arsène, une cause qu'il a soutenue toute sa carrière, trophée en cristal taillé en Belgique, plateau en argent autographié par les joueurs des Black Hawks de Chicago (adversaires des Canadiens ce soir-là), tableaux d'artistes renommés et bien d'autres présents.

Mais Henri a reçu son plus beau cadeau un peu plus tôt : la présence de son frère Maurice. Le Rocket n'a pas mis les pieds au Forum depuis qu'on a mis fin à son abonnement de faveur. Ce soir-là, le Forum est secoué par une foule en exultation qui n'a jamais renié son héros malgré ses démêlés avec la direction. Maurice est ovationné une quarantaine de secondes, un peu moins que le héros

TROPHÉES	
COUPE STANLEY	
Flyers de Philadelphie	
TROPHÉE PRINCE-DE-GALLES	
Bruins de Boston	
TROPHÉE CLARENCE-CAMPBELL	
Flyers de Philadelphie	
TROPHÉE HART	
Phil Esposito	
Bruins de Boston	
TROPHÉE ART-ROSS	
Phil Esposito	
Bruins de Boston	
TROPHÉE LADY-BYNG	
John Bucyk	
Bruins de Boston	
TROPHÉE CALDER	
Denis Potvin	
Islanders de New York	
TROPHÉE GEORGES-VÉZINA	
Bernard Parent	
Flyers de Philadelphie	
Tony Esposito	
Black Hawks de Chicago	

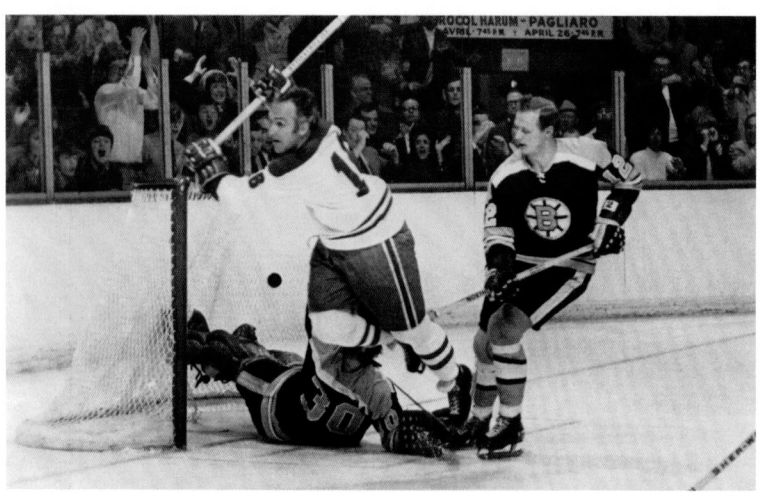

La fête organisée pour Henri Richard en janvier n'aurait pas été complète à ses yeux sans la présence de son frère Maurice.

de sept points dans un match chez les défenseurs. Il récolte de plus un septième trophée Norris, rejoignant un autre grand défenseur, Doug Harvey.

● Andy Brown, gardien des Penguins de Pittsburgh, est le dernier cerbère à disputer une partie sans masque dans la Ligue, au dernier match de la saison et de sa carrière dans la LNH, en avril. Worsley, qui complète sa carrière au Minnesota cette même saison, est aussi parmi les derniers.

Celui-ci utilisera pourtant un masque vers la fin de sa carrière. Dire qu'à peine 14 ans plus tôt, Jacques Plante était traité de «jaune» pour avoir osé se protéger le visage !

● Les Maple Leafs de Toronto imitent les équipes de l'AMH en offrant des contrats à deux Suédois, Borje Salming et Inge Hammarstrom.

● Gordie Howe sort de sa retraite et se joint aux Aeros de Houston avec ses fils Mark et Marty. À 45 ans, il célèbre la

conquête de la coupe Avco avec Houston et obtient le titre de joueur le plus utile.

● Les amateurs de hockey perdent deux de leurs idoles au cours de l'année. Wayne Maki, 29 ans, meurt d'un cancer au cerveau et Tim Horton, des Sabres, un vétéran de 24 saisons, périt dans un accident d'auto le 21 février, au retour d'une partie contre son ancien club des Leafs.

● La formation d'étoiles de l'AMH remporte une seule victoire en sept parties, accumulant quatre revers et trois nulles, dans une série contre les Soviétiques. Bobby Hull obtient sept buts.

● Fred Shero, l'entraîneur des nouveaux champions de la coupe Stanley, est le premier nom inscrit sur le trophée Jack-Adams, institué pour honorer la mémoire de l'ancien pilote et gérant des Red Wings de Detroit.

TROPHÉES

TROPHÉE JAMES-NORRIS

Bobby Orr

Bruins de Boston

TROPHÉE CONN-SMYTHE

Bernard Parent

Flyers de Philadelphie

TROPHÉE BILL-MASTERTON

Henri Richard

Canadiens de Montréal

TROPHÉE LESTER-B.-PEARSON

Phil Esposito

Bruins de Boston

TROPHÉE JACK-ADAMS

Fred Shero

Flyers de Philadelphie

de la soirée, par courtoisie. Quant à Henri, il remerciera ses supporters à sa façon en inscrivant un 350e but à sa fiche à la mi-mars.

QUATRIÈME SAISON DE 40 BUTS POUR YVAN COURNOYER

Yvan Cournoyer réussit un exploit offensif peu banal avec une 4e saison de 40 buts et plus. En 1968-69, il en avait réussi 43. Il est revenu à la charge en 1971-72 pour un record personnel de 47 filets, puis connaît 2 autres campagnes de 40. Cournoyer restera cinq autres saisons chez le Tricolore, mais ne parviendra plus à un tel total.

Quelques-uns des buts réussis au cours de la saison représentent de beaux souvenirs pour le numéro 12 des Canadiens, notamment les 2 du 20 mars qui lui permettent d'atteindre le total de 600 points dans le circuit.

En 15 saisons sous les couleurs bleu blanc rouge, le *Roadrunner* n'a pas gagné de championnat des marqueurs en saison régulière. Exploit qu'il a cependant réalisé lors des éliminatoires de l'année précédente, ce qui lui a permis d'être proclamé le joueur le plus utile des séries.

Une quatrième saison de suite de 40 buts pour le Roadrunner.

MEILLEURS MARQUEURS

		PJ	B	A	PTS	PUN
Phil Esposito	Boston	78	68	77	145	58
Bobby Orr	Boston	74	32	90	122	82
Ken Hodge	Boston	76	50	55	105	43
Wayne Cashman	Boston	78	30	59	89	111
Bobby Clarke	Philadelphie	77	35	52	87	113
Richard Martin	Buffalo	78	52	34	86	38
Syl Apps Jr.	Pittsburgh	75	24	61	85	37
Darryl Sittler	Toronto	78	38	46	84	55
Lowell MacDonald	Pittsburgh	78	43	39	82	14
Brad Park	NY Rangers	78	25	57	82	148
Dennis Hextall	Minnesota	78	20	62	82	138

Crinière au vent, le Démon blond s'élance, au grand plaisir de la foule qui n'a de cesse d'en redemander du début à la fin de sa carrière.

On ajoute encore deux équipes à la Ligue, les Scouts de Kansas City et les Capitals de Washington. Les équipes sont réparties en quatre divisions à l'intérieur de deux associations. Le Tricolore se trouve dans la Division Norris avec Los Angeles, Pittsburgh, Detroit et Washington. Buffalo, Boston, Toronto et la Californie forment la Division Adams de l'Association Prince-de-Galles. Philadelphie, les Rangers et les Islanders, ainsi qu'Atlanta composent la Division Patrick. Vancouver, St. Louis, Chicago, Minnesota et Kansas City sont dans la Division Smythe. Ces deux dernières divisions constituent l'Association Clarence-Campbell. Le calendrier compte 80 parties. Le Tricolore termine premier de sa division, mais il perd en demi-finale contre Buffalo, après avoir éliminé Vancouver. Les autres champions de division sont Buffalo, Philadelphie et Vancouver. Les vilains Broad Street Bullies conservent la coupe Stanley, disposant des Sabres. Bobby Orr revient au sommet des marqueurs devant Esposito. Sept joueurs accumulent plus de 100 points, dont Guy Lafleur, quatrième avec 119 points. Deuxième trophée Hart en trois ans pour Bobby Clarke. Huitième consécutif et dernier trophée Norris pour Orr. Lafleur est choisi dans la première équipe d'étoiles, Guy Lapointe, dans la deuxième.

Après le Rocket et Geoffrion, c'est au tour de Lafleur d'inscrire 50 buts en une saison.

Guy Lafleur, nouveau héros du Forum

Les partisans des Canadiens sortent du Forum le cœur léger et débordant d'optimisme en ce vendredi 7 mars, même si l'hiver se prolonge à l'extérieur. Dans leur for intérieur, il fait très beau puisqu'ils viennent de se découvrir un nouveau héros, un dieu de la trempe des Lalonde, Joliat, Morenz, Richard et Béliveau. Ce soir-là, Guy Lafleur a obtenu 4 points (2 buts et 2 passes) pour devenir le premier joueur de l'histoire des Canadiens à marquer 100 points dans une même saison. Montréal

355

● Jacques Laperrière n'a pas encore trente-quatre ans lorsqu'il se voit contraint de prendre sa retraite. Il s'est tordu le genou gauche en janvier précédent et a manqué le reste de la saison ainsi que les séries. Exactement comme en mars 1966, alors qu'il avait aussi raté la fin du calendrier en raison d'une blessure au genou gauche, à la suite d'une mise en échec de Bill Gadsby. Une intervention chirurgicale pratiquée en avril n'a pas réglé le problème et il manque le début de la saison. Il consulte un spécialiste de New York en novembre, mais doit finalement se retirer du jeu. Il dirigera l'équipe junior de Montréal à compter de l'année suivante. Une poursuite contre les Canadiens et la LNH sur une question d'assurances se réglera finalement hors cour quelques années plus tard.

● Heureusement, Savard, Robinson et Lapointe forment un mur impénétrable devant le cerbère Dryden. Petit à petit, on commence à parler du *Big Three*.

● C'est justement l'un des membres du populaire trio, Larry Robinson, qui marque le 10 000e but de l'histoire de l'équipe le 23 janvier, dans une écrasante victoire de 7-0 sur les North Stars au Minnesota. Le Tricolore est évidemment la première équipe à atteindre un tel sommet.

● Claude Ruel a dû hausser le ton pour forcer son patron Sam Pollock à repêcher Mario Tremblay en juin, alors qu'il n'avait pas encore dix-huit ans. La Ligue autorise maintenant le choix des moins de dix-huit ans. Tremblay est la 4e sélection des Canadiens (la 12e au total), à la suite de Cam Connor (5e), Doug Risebrough (7e) et Rick Chartraw (10e). Après une quinzaine de parties en Nouvelle-Écosse, Bowman le fait venir à Montréal pour former le populaire trio de la *Kid Line* avec Risebrough et Yvon Lambert. Au total cette année-là, Montréal a retenu cinq joueurs en ronde initiale du repêchage, puisque Gord McTavish suivait Tremblay au 15e rang.

1974-1975

a battu la nouvelle équipe de Washington par 8 à 4, mais le plus important, c'est maintenant Ti-Guy.

Joueur effacé et solitaire, Lafleur a connu trois premières années difficiles sous la férule de Scotty Bowman, mais voilà qu'on le voit partout sur la glace, virevoltant et filant à toute vitesse vers le filet adverse, crinière au vent (il a renoncé à son casque protecteur durant le camp d'entraînement) et accumulant les buts au même rythme qu'à l'époque des Remparts. Par ailleurs, il a rompu le lien trop possessif qu'il entretenait avec la ville de Québec, au point de refuser

ÉQUIPE 1974-75					
Entraîneur : Scotty Bowman (80-47-14-19)					
N°	POS	JOUEURS	PJ	B	A	PTS	PUN
10	AD	Guy Lafleur	70	53	66	119	37
20	C	Pete Mahovlich	80	35	82	117	64
25	C	Jacques Lemaire	80	36	56	92	20
5	D	Guy Lapointe	80	28	47	75	88
12	AD	Yvan Cournoyer	76	29	45	74	32
11	AG	Yvon Lambert	80	32	35	67	74
22	AG	Steve Shutt	77	30	35	65	40
19	D	Larry Robinson	80	14	47	61	76
18	D	Serge Savard	80	20	40	60	64
8	C	Doug Risebrough	64	15	32	47	198
17	AG	Murray Wilson	73	24	18	42	44
14	AD	Mario Tremblay	63	21	18	39	108
23	AG	Bob Gainey	80	17	20	37	49
6	D	Jim Roberts	79	5	13	18	52
21	AG	Glen Sather	63	6	10	16	44
16	C	Henri Richard	16	3	10	13	4
24	D	Don Awrey	56	1	11	12	58
26	D	Pierre Bouchard	79	3	9	12	65
15	AD	Claude Larose	8	1	2	3	6
24	AG	Chuck Lefley	18	1	2	3	4
29	G	Ken Dryden	56	0	3	3	2
3	D	John Van Boxmeer	9	0	2	2	0
14	AG	Glenn Goldup	9	0	1	1	2
1	G	Michel Larocque	25	0	1	1	2
15	C	Ron Andruff	5	0	0	0	2
27	D	Rick Chartraw	12	0	0	0	6
GARDIENS			PJ	G	P	N	MIN	BC	BL	MOY

GARDIENS	PJ	G	P	N	MIN	BC	BL	MOY
Ken Dryden	56	30	9	16	3320	149	4	2,69
Michel Larocque	25	17	5	3	1480	74	3	3,00

*Guy Lapointe (à l'arrière), Serge Savard et Larry Robinson (absent de la photo) forment un mur impénétrable devant Dryden. C'est le début du **Big Three**.*

● Un puissant tir de Steve Shutt dévie sur le bâton d'un joueur des Blues lors d'un match disputé au Forum, fracasse une vitre du hall d'entrée et retombe en pleine rue Sainte-Catherine devant des passants un peu éberlués.

● Autre membre de l'organisation allergique aux avions, Sam Pollock se tape de longues randonnées en voiture, avec son chauffeur, pour suivre les activités de l'équipe à l'extérieur. Un mode de transport auquel il sera fidèle pendant de longues années.

● Henri Richard fait une mauvaise chute dans le coin de la patinoire lors du match du 13 novembre et se fracture une cheville. Il doit s'absenter du jeu plus de cinq mois. Il reviendra aider l'équipe pour la série contre Buffalo.

● Nouveau record d'équipe le 11 janvier alors que la formation tricolore connaît une 19e partie d'affilée sans défaite. Moins d'un mois plus tard, le club dépasse le record de 15 matchs à l'étranger sans revers, qu'il partageait jusqu'alors avec Boston et Detroit, pour finalement le porter à 23, en mars.

● Cette année-là, le Tricolore répète son exploit de seulement six défaites à l'étranger.

● Dickie Moore est intronisé au Temple de la renommée, en même temps que sept autres anciens joueurs et bâtisseurs de la Ligue.

● En fin de saison, Jacques Lemaire dépasse les 300 aides et 500 points, alors que Pete Mahovlich a plus de 300 points tout en ayant disputé un peu plus de 400 parties avec l'équipe.

1974-1975

en janvier d'assister à un match des Nordiques à Detroit, alors que les Canadiens, déjà rendus dans la ville de l'automobile, se préparent à affronter les Red Wings le lendemain. Pourtant, tous ses coéquipiers du Tricolore sont sur place et il aurait pu saluer ses amis Réjean Houle, Marc Tardif et Maurice Filion.

Lafleur met du temps à démarrer au début de la saison, n'obtenant son premier but qu'au huitième match du club, à la fin d'octobre. Mais il éclate pour de bon lorsque Bowman le réunit à Pete Mahovlich et Steve Shutt. Le jumelage avec Mahovlich, un joueur reconnu pour son égocentrisme, soulève les commentaires des médias ainsi que des partisans de Lafleur, qui craignent que le Démon blond ne connaisse une autre saison misérable avec un « mangeux de puck » comme le grand Pete. Mais, graduellement, Mahovlich se montre plus généreux de ses passes et profite lui aussi de l'habileté de Lafleur à déjouer les gardiens adverses.

Lafleur est même de la course au titre de champion marqueur et clôture finalement la saison avec 53 buts et 66 assistances, pour un total de 119 points, au quatrième rang. De surcroît, il devient le troisième membre du Tricolore à inscrire 50 buts en une saison, après Maurice Richard et Bernard Geoffrion. Mahovlich termine tout juste derrière, dépassant lui aussi les 100 points avec 117, dont 35 buts. Ses 82 passes constituent toujours le record de l'équipe.

Lafleur, nouveau héros du Forum ! L'avenir allait donner raison à ces optimistes du 7 mars 1975 et aux autres qui croyaient déjà en lui.

CINQ BUTS POUR YVAN COURNOYER

Cournoyer a complété une 4e saison de 40 buts l'année précédente, mais son rythme a un peu ralenti depuis. Pourtant, il vit des moments très intenses au lendemain de la Saint-Valentin, enfilant cinq rondelles derrière le cerbère Mike Veisor, des Black Hawks. Un exploit que Didier Pitre avait été le premier à réussir chez les Canadiens, en 1911, et que Newsy Lalonde avait accompli six fois.

Mais depuis Robert Rousseau en 1964, aucun joueur tricolore n'avait réalisé pareille performance. Cournoyer, tout à l'euphorie de sa réussite, est loin de se douter qu'aucun autre joueur des Canadiens n'ajoutera son nom jusqu'à ce jour à la liste des compteurs de cinq buts en une seule partie.

● Autre première d'importance, le défenseur Bobby Orr cueille son huitième trophée James-Norris consécutif. Wayne Gretzky accomplira le même exploit avec le trophée Hart douze ans plus tard. De plus, Orr connaît une 6e saison de suite avec plus de 100 points.

● Carl Brewer inscrit aussi une première à sa façon en se retirant du hockey professionnel pour la troisième fois de sa carrière. Il avait quitté les Maple Leafs une première fois pour poursuivre des études universitaires en 1965. Il en avait profité pour redemander son statut amateur, jouer avec l'équipe nationale et devenir entraîneur de l'équipe nationale finlandaise. Retour à Detroit et à St. Louis à partir de 1969. Nouveau retrait du hockey en 1972, puis retour avec les Toros de Toronto l'année suivante. Il ne restera qu'un an dans l'AMH, avant de prendre sa retraite de nouveau en 1974. Plus tard, en 1979-80, il reviendra au hockey dans la Ligue américaine et ensuite avec les Leafs au cours de l'année. Au total, il aura donc pris sa retraite à quatre reprises.

● *La French Connection* fait flèche de tout bois à Buffalo. Robert, Perreault et Martin totalisent 131 buts et pas moins de 291 points.

● Marcel Dionne connaît une excellente saison à Detroit, 47 buts et 74 assistances, mais il réclame un échange après avoir reçu le trophée Lady-Byng. Les Wings se rendront à sa demande et l'enverront à Los Angeles en juin.

● Dave Schultz, la terreur des *Broad Street Bullies,* laisse sa marque avec un nouveau record de pénalités, 472 minutes. Aucun autre joueur n'en a fait autant depuis.

● Après les Leafs de Toronto lors de la finale de 1942 contre Detroit, les Islanders de New York deviennent la deuxième équipe à surmonter un déficit de trois parties à zéro en éliminatoires. Ils remportent la série quart de finale contre Pittsburgh en sept matchs et viennent près de répéter leur exploit en demi-finale contre Philadelphie. Tirant de l'arrière par 0-3, ils égalent la série à 3-3 avant de concéder le septième match par 4 à 1.

1974-1975

Yvan Cournoyer s'offre une production de cinq buts au lendemain de la Saint-Valentin.

Quatre mois avant cette journée mémorable, et ce à deux semaines d'intervalle, Cournoyer a franchi deux sommets importants dans sa carrière, sa 300e passe et un 700e match avec l'équipe.

DRYDEN REVIENT, FRANK MAHOVLICH S'EN VA

Ken Dryden, dont l'absence s'est lourdement fait sentir la saison précédente, accepte finalement une offre de 3 ans, à 150 000 $ par saison, que lui propose le directeur général des Canadiens, Sam Pollock, en mai. Le retour sera quelque peu difficile pour l'enfant prodige, qui n'a pas vu d'action depuis un an, sauf à l'occasion de quelques rencontres dans une ligue de garage à Toronto, où il a suivi un stage précédant son admission au barreau.

ASSOCIATION PRINCE-DE-GALLES							
DIVISION NORRIS	PJ	G	P	N	BP	BC	PTS
Montréal (Canadiens)	80	47	14	19	374	225	113
Los Angeles (Kings)	80	42	17	21	269	185	105
Pittsburgh (Penguins)	80	37	28	15	326	289	89
Detroit (Red Wings)	80	23	45	12	259	335	58
Washington (Capitals)	80	8	67	5	181	446	21
DIVISION ADAMS	PJ	G	P	N	BP	BC	PTS
Buffalo (Sabres)	80	49	16	15	354	240	113
Boston (Bruins)	80	40	26	14	345	245	94
Toronto (Maple Leafs)	80	31	33	16	280	309	78
Californie (Golden Seals)	80	19	48	13	212	316	51
ASSOCIATION CLARENCE-CAMPBELL							
DIVISION PATRICK	PJ	G	P	N	BP	BC	PTS
Philadelphie (Flyers)	80	51	18	11	293	181	113
New York (Rangers)	80	37	29	14	319	276	88
New York (Islanders)	80	33	25	22	264	221	88
Atlanta (Flames)	80	34	31	15	243	233	83
DIVISION SMYTHE	PJ	G	P	N	BP	BC	PTS
Vancouver (Canucks)	80	38	32	10	271	254	86
St. Louis (Blues)	80	35	31	14	269	267	84
Chicago (Black Hawks)	80	37	35	8	268	241	82
Minnesota (North Stars)	80	23	50	7	221	341	53
Kansas City (Scouts)	80	15	54	11	184	328	41

MEILLEURS MARQUEURS						
		PJ	B	A	PTS	PUN
Bobby Orr	Boston	80	46	89	135	101
Phil Esposito	Boston	79	61	66	127	62
Marcel Dionne	Detroit	80	47	74	121	14
Guy Lafleur	**Canadiens**	70	53	66	119	37
Pete Mahovlich	**Canadiens**	80	35	82	117	64
Bobby Clarke	Philadelphie	80	27	89	116	125
René Robert	Buffalo	74	40	60	100	75
Rodrigue Gilbert	New York	76	36	61	97	22
Gilbert Perreault	Buffalo	68	39	57	96	36
Richard Martin	Buffalo	68	52	43	95	72

● Bernard Parent inscrit quatre jeux blancs en séries et joue un rôle déterminant dans la conquête d'une deuxième coupe Stanley de suite par les Flyers de Philadelphie. Il mérite un second Conn-Smythe consécutif.

● Rogatien Vachon permet aux Kings de terminer à quelques points des Canadiens, mais il perd deux trophées « aux mains » de joueurs des Flyers. Il termine derrière Bernard Parent pour le trophée Vézina et Bobby Clarke le devance pour le choix du joueur le plus utile.

● La réorganisation de la ligue en quatre divisions permet à celle-ci de porter son calendrier régulier à 80 parties et elle revoit aussi la formule des éliminatoires. Les quatre champions de division bénéficient d'un laissez-passer pour les quarts de finale, pendant que les deuxièmes et troisièmes disputent une ronde préliminaire deux de trois.

● Le circuit compte maintenant 18 équipes, qui ne sont certes pas de même calibre. L'une des nouvelles arrivées, les Capitals de Washington, affiche un dossier de 8 victoires, 5 nulles et 67 revers (dont 17 d'affilée). C'est la pire moyenne en termes de victoires de l'histoire du circuit à ,131.

● Le brouillard devient parfois si dense sur la glace de l'Auditorium de Buffalo, lors de la finale Flyers/Sabres, que les équipes doivent se retirer au vestiaire à quelques reprises durant les périodes pour permettre à la condensation de se dissiper.

● L'AMH compte maintenant 14 formations réparties en 3 divisions. Les Nordiques de Québec sont champions de la section canadienne, mais ils perdent en finale contre les Aeros de Houston.

● Les meilleurs joueurs canadiens de l'AMH se font rosser quatre parties à une plus trois nulles par l'équipe nationale soviétique. L'équipe canadienne fait match nul à Québec le 17 septembre, gagne 4 à 1 à Toronto deux jours plus tard, mais ne battra plus l'URSS du reste de la tournée des Soviétiques.

TROPHÉES

COUPE STANLEY
Flyers de Philadelphie
TROPHÉE PRINCE-DE-GALLES
Sabres de Buffalo
TROPHÉE CLARENCE-CAMPBELL
Flyers de Philadelphie
TROPHÉE HART
Bobby Clarke
Flyers de Philadelphie
TROPHÉE ART-ROSS
Bobby Orr
Bruins de Boston
TROPHÉE LADY-BYNG
Marcel Dionne
Red Wings de Detroit
TROPHÉE CALDER
Eric Vail
Flames d'Atlanta
TROPHÉE GEORGES-VÉZINA
Bernard Parent
Flyers de Philadelphie
TROPHÉE JAMES-NORRIS
Bobby Orr
Bruins de Boston
TROPHÉE CONN-SMYTHE
Bernard Parent
Flyers de Philadelphie
TROPHÉE BILL-MASTERTON
Don Luce
Sabres de Buffalo
TROPHÉE LESTER-B.-PEARSON
Bobby Orr
Bruins de Boston
TROPHÉE JACK-ADAMS
Bob Pulford
Kings de Los Angeles

Mais celui qui avait aussi été tenté par une offre des Toros de Toronto retrouve rapidement tous ses réflexes et complète la saison avec une excellente moyenne de 2,69, permettant au Canadien de récolter 14 points de plus au classement que l'année précédente, et de finir au sommet de la nouvelle Division Norris.

Pendant qu'il accorde un contrat de 150 000 $ par année à Dryden, Pollock offre 135 000 $ à Frank Mahovlich, selon ce que rapporte le journaliste Pierre Gobeil du *Montréal-Matin,* sachant qu'il ne peut rivaliser avec le contrat de cinq ans à 225 000 $ par saison que lui tendent les Toros de Toronto. Comme un peu tout le monde s'y attend, le *Big M* accepte l'offre des Toros, avec qui il connaîtra deux autres bonnes saisons avant que l'équipe ne soit relocalisée à Birmingham.

LE SAVIEZ-VOUS...

Six des 10 premiers marqueurs de la Ligue sont québécois et francophones de surcroît. Après Orr et Esposito, on trouve Marcel Dionne (3e), Guy Lafleur (4e), René Robert (7e), Rodrigue Gilbert (8e), Gilbert Perreault (9e) et Richard Martin (10e).

Ken Dryden retrouve vite ses réflexes et permet aux Canadiens de grimper au premier rang de sa division.

Le Démon blond connaît une autre grosse saison, aidant les siens à mettre un terme à la domination des Flyers. Pour sa part, Bobby Orr connaît une fin de carrière difficile avec des problèmes persistants aux genoux et ne dispute que 10 rencontres à sa dernière saison avec les Bruins.

1975  1976

DIX-
NEUVIÈME
COUPE
STANLEY

LES CANADIENS, INSPIRÉS PAR LEUR DÉMON BLOND, GUY LAFLEUR, METTENT UN TERME À UNE DOMINATION DE DEUX ANS DES BROAD STREET BULLIES ET REPRENNENT LA COUPE STANLEY APRÈS AVOIR IMPITOYABLEMENT DOMINÉ LA DIVISION NORRIS AVEC UNE PRIORITÉ DE 42 POINTS (127 À 85) SUR LOS ANGELES. APPUYÉ PAR UNE DÉFENSIVE IMPÉNÉTRABLE, KEN DRYDEN REPREND LE TROPHÉE VÉZINA QU'IL AVAIT REMPORTÉ EN 1972-73. CHAMPION MARQUEUR AVEC 56 BUTS ET 69 PASSES, LAFLEUR EST ÉLU DANS LA PREMIÈRE ÉQUIPE D'ÉTOILES AINSI QUE DRYDEN, MAIS C'EST BOBBY CLARKE QUI HÉRITE DU TROPHÉE HART. HUIT AUTRES JOUEURS INSCRIVENT 100 POINTS ET PLUS, DONT MAHOVLICH, SEPTIÈME AVEC 105. DENIS POTVIN, DES ISLANDERS, EST LE SUCCESSEUR DE BOBBY ORR POUR LE NORRIS ET SON NOUVEAU COÉQUIPIER, BRYAN TROTTIER, EST NOMMÉ RECRUE DE L'ANNÉE. GUY LAPOINTE CONSERVE SON POSTE DANS LA DEUXIÈME ÉQUIPE D'ÉTOILES. BOSTON, PHILADELPHIE ET CHICAGO SONT LES AUTRES CHAMPIONS DE DIVISION. LES MISÉRABLES SCOUTS DE KANSAS CITY NE REMPORTENT QUE 12 PARTIES. LES CANADIENS, QUI N'ONT PERDU QUE 11 MATCHS SUR 80 EN SAISON, ÉLIMINENT LES HAWKS QUATRE PARTIES À ZÉRO EN QUART DE FINALE PUIS LES ISLANDERS DE NEW YORK QUATRE PARTIES À UNE AVANT DE SE MESURER AUX FLYERS QU'ILS BATTENT AUSSI EN QUATRE MATCHS D'AFFILÉE.

● Les Canadiens s'imposent à tous les niveaux avec une offensive dévastatrice (56 buts pour Lafleur, 45 pour Shutt, 34 pour Mahovlich et 32 pour Cournoyer et Lambert), une défensive étanche (à peine 174 buts accordés) et un Ken Dryden qui excelle (8 jeux blancs et moyenne de 2,03). L'équipe termine avec une avance de 42 points

Henri Richard se retire après 20 saisons passées dans l'uniforme des Canadiens et 11 conquêtes de la coupe Stanley.

1975 1976

La case numéro 16 reste vide

L a case du numéro 16 est vide lorsque les joueurs du Tricolore se présentent à Scotty Bowman pour le début du camp d'entraînement en septembre. En fait, il n'y a même plus de case numéro 16.

Deux mois plus tôt, au milieu de l'été, Henri Richard a confondu tous ceux, dont sa propre épouse Lise, qui y allaient de leurs prédictions sur le moment de sa retraite, en faisant savoir que le temps était venu pour lui d'enlever définitivement le chandail des Canadiens qu'il portait depuis vingt ans. Encore alerte sur ses patins et toujours aussi déterminé, quoique plus fragile, celui qui s'était fait le spécialiste des buts importants n'avait plus le goût des entraînements épuisants et des longs voyages. Nul autre joueur n'avait disputé autant de parties (1 436), saisons régulières et séries confondues, et remporté autant de coupes Stanley (11). Sans doute la figure la plus déterminée et la plus intense de toute l'histoire tricolore, Henri Richard tirait sa révérence par honnêteté envers ses employeurs, qui ont aussitôt annoncé que son numéro serait officiellement retiré au cours des semaines à venir.

Henri Richard a toujours été un joueur fougueux. Personne n'a oublié les trois combats qu'il a livrés un premier de l'An contre Fern Flaman, Jack Bionda et Léo Labine, des Bruins, au cours d'un même match. Ni sa retraite forcée dans les Laurentides

sur Los Angeles, en tête de la Division Norris.

● En séries, le Tricolore avance tel un rouleau compresseur. Victoire en quatre parties contre les Black Hawks, en cinq contre les Islanders et à nouveau en quatre contre les Flyers, champions en titre de la coupe. Une seule défaite, mais néanmoins 7 victoires sur 12 par la marge d'un seul but. La série est malgré tout ardue contre les Flyers. Les quatre matchs se soldent par une différence de deux buts au

moins. Aucune partie en supplémentaire cependant.

● Avec une deuxième saison de 50 buts, Lafleur décroche son premier championnat des marqueurs, 6 points devant Bobby Clarke. Il en réussira deux autres de suite, devant des joueurs différents. C'est d'ailleurs Lafleur qui concrétise le retour de la coupe Stanley à Montréal avec le but gagnant à la 14e minute du quatrième match de la finale.

● Le championnat des marqueurs obtenu par Lafleur est le premier pour un joueur des Canadiens depuis que Bernard Geoffrion, un ailier droit lui aussi, a réussi l'exploit en 1960-61.

● Yvan Cournoyer obtient la faveur de ses coéquipiers pour succéder à Henri Richard au poste de capitaine.

● La direction des Canadiens et la police de Montréal prennent très au sérieux les menaces d'enlèvement à l'endroit de Guy Lafleur au

début des séries. On craint une demande de rançon. Toutes les allées et venues de Lafleur sont étroitement surveillées par la police et on installe même un émetteur spécial à sa ceinture pour ses déplacements. La plupart de ses coéquipiers, ainsi que son père et son épouse, sont informés de la situation, mais personne ne formule le moindre commentaire jusqu'à ce qu'un lieutenant de la Communauté urbaine de Montréal en informe les médias après les séries,

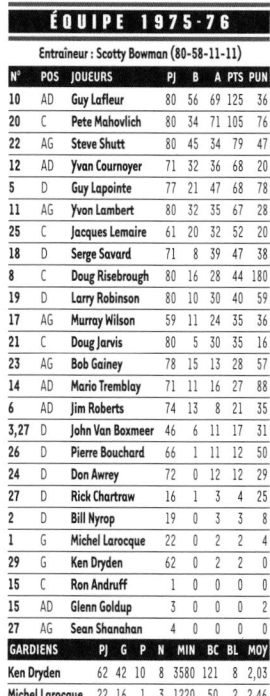

ÉQUIPE 1975-76						
Entraîneur : Scotty Bowman (80-58-11-11)						
N°	POS	JOUEURS	PJ	B	A	PTS	PUN
10	AD	Guy Lafleur	80	56	69	125	36
20	C	Pete Mahovlich	80	34	71	105	76
22	AG	Steve Shutt	80	45	34	79	47
12	AD	Yvan Cournoyer	71	32	36	68	20
5	D	Guy Lapointe	77	21	47	68	78
11	AG	Yvon Lambert	80	32	35	67	28
25	C	Jacques Lemaire	61	20	32	52	20
18	D	Serge Savard	71	8	39	47	38
8	D	Doug Risebrough	80	16	28	44	180
19	D	Larry Robinson	80	10	30	40	59
17	AG	Murray Wilson	59	11	24	35	36
21	C	Doug Jarvis	80	5	30	35	16
23	AG	Bob Gainey	78	15	13	28	57
14	AD	Mario Tremblay	71	11	16	27	88
6	AD	Jim Roberts	74	13	8	21	35
3,27	D	John Van Boxmeer	46	6	11	17	31
26	D	Pierre Bouchard	66	1	11	12	50
24	D	Don Awrey	72	0	12	12	29
27	D	Rick Chartraw	16	1	3	4	25
2	D	Bill Nyrop	19	0	3	3	8
1	G	Michel Larocque	22	0	2	2	4
29	G	Ken Dryden	62	0	2	2	0
15	C	Ron Andruff	1	0	0	0	0
15	AD	Glenn Goldup	3	0	0	0	2
27	AG	Sean Shanahan	4	0	0	0	0

GARDIENS	PJ	G	P	N	MIN	BC	BL	MOY
Ken Dryden	62	42	10	8	3580	121	8	2,03
Michel Larocque	22	16	1	3	1220	50	2	2,46

1975 1976

en 1968 parce qu'il n'était pas satisfait de son jeu. Et encore moins sa sortie contre l'entraîneur Al MacNeil trois ans plus tard en pleine série finale, avant de marquer deux buts décisifs qui ont ramené la coupe à Montréal après une année d'absence.

Capitaine de l'équipe depuis la retraite de Béliveau en 1971, Henri, pas plus que son frère Maurice, n'avait l'habitude des grands discours pour stimuler ses coéquipiers. Son franc-parler et son intensité au jeu suffisaient. Sa persévérance ainsi que son dévouement à l'endroit de son sport lui avaient d'ailleurs valu le trophée Bill-Masterton au terme de la saison 1973-74, le seul trophée individuel qu'il ait reçu dans la Ligue nationale.

Mais sa fiche demeure l'une des plus éloquentes. On a déjà mentionné son total record de 11 coupes Stanley, auxquelles il faut ajouter 1 sélection dans la première équipe d'étoiles en 1958, 3 dans la seconde et 10 participations au match des étoiles, dont le dernier en 1974 à l'avant-dernière saison de sa carrière. Plus les 358 buts et 688 passes en saisons et les 49 buts et 80 passes en séries.

UN MATCH MÉMORABLE

La grande majorité des familles québécoises se préparent fébrilement au repas du jour de l'An en ce 31 décembre. Mais les amateurs de hockey et encore plus les partisans du Canadien ont un autre rendez-vous qui les attend avant de s'attaquer à la traditionnelle dinde.

Deux équipes de l'Union soviétique, l'Armée rouge et les Ailes du Soviet, sont en Amérique du Nord pour une série de rencontres contre huit formations de la LNH. Déjà, elles ont signé des gains convaincants de 7-3 et 7-4 contre les Rangers et les Penguins. Gonflés à bloc, les joueurs de l'Armée rouge se mesurent au Canadien le 31 décembre. Steve Shutt et Yvon Lambert procurent

une fois tout danger écarté. Ni Lafleur ni la direction du club n'émettent de commentaires. Le jeu du Démon blond n'en a pas été trop affecté, se soldant par 17 points (7-10) en 13 parties.

● Don Awrey et John Van Boxmeer apprennent en mai que leur nom ne sera pas inscrit sur la coupe Stanley avec ceux de leurs coéquipiers parce qu'ils n'ont pas participé aux séries, bien qu'ils aient disputé respectivement 72 et 46 parties en saison. Pourtant

le nom de Rick Chartraw, qui n'a joué que 22 rencontres mais 2 en séries, y sera. Awrey est dans tous ses états et demande à Pollock et à l'Association des joueurs de faire pression sur la Ligue. Rien n'y fait, mais le règlement sera modifié l'année suivante pour permettre d'inscrire sur la coupe les noms des joueurs qui apparaissent dans la liste des joueurs au moins durant

une moitié de saison ou qui participent aux «finales». Malgré tout, les fiches de Awrey et Van Boxmeer dans le guide de la LNH mentionnent qu'ils ont gagné la coupe Stanley en 1976.

● Le Canadien souligne la première saison de 50 buts de Guy Lafleur, ainsi que celles du Rocket et de Geoffrion, lors d'une partie en novembre.

● Autre honneur pour Lafleur, qui sera coiffé du titre «d'athlète canadien s'étant le plus dévoué pour combattre

la délinquance juvénile» par les Chevaliers de Pythias, lors du banquet annuel de l'organisme après la saison.

● Le retrait du chandail (n° 16) d'Henri Richard est le quatrième dans l'histoire du club, après ceux d'Howie Morenz (n° 7), Maurice Richard (n° 9) et Jean Béliveau (n° 4).

● Le Canadien échange Glen Sather aux North Stars du Minnesota en juin, après l'avoir acquis des Blues de St. Louis un an plus tôt. Sather s'en ira plus tard dans l'AMH

1975 1976

les devants aux Montréalais en première période, mais Vladislav Tretiak ferme la porte aux autres attaques du Bleu Blanc Rouge. L'enthousiasme des partisans et le brio du Tricolore sont quelque peu atténués par un but de Boris Mikhailov à la reprise du deuxième tiers. Cournoyer réplique quelques minutes plus tard, avant que Valeri Kharlamov, l'un des plus merveilleux joueurs de hockey au monde, ne réduise de nouveau l'écart à un seul but. Finalement, Boris Alexandrov nivelle le pointage en début de troisième. Par la suite, Tretiak multiplie les prouesses pour empêcher un Canadien nettement dominant de marquer un

TROPHÉES ➤
COUPE STANLEY
Canadiens de Montréal
TROPHÉE PRINCE-DE-GALLES
Canadiens de Montréal

Un match mémorable dont on se rappelle encore les péripéties un quart de siècle plus tard.

avec les Oilers d'Édmonton, dont il deviendra l'une des principales têtes dirigeantes pendant plusieurs années.

● Le Tricolore signe la 2 000e victoire de son histoire le 10 mars et Lafleur souligne l'événement à sa façon en obtenant son 100e point de la saison.

● Les 127 points obtenus par Montréal au classement des équipes éclipsent la marque de 121 établie par les Bruins cinq ans plus tôt.

Un autre record des Bruins est dépassé avec 58 victoires.

● La compagnie American Motors offre une auto Pacer à Larry Robinson et à Julius Erving des Nets du New Jersey, choisis meilleurs joueurs des séries au hockey et au basket par la revue *Sport Magazine*.

● Les partisans des Canadiens s'offusquent à juste titre du choix de Reggie Leach, des Flyers, comme récipiendaire

du trophée Conn-Smythe à titre de meilleur joueur des séries. Montréal a éliminé les Flyers en quatre matchs consécutifs.

● Le Tricolore est toujours une équipe expérimentée malgré le départ d'Henri Richard. En cours de saison, Yvan Cournoyer atteint le total de 800 parties, Jacques Lemaire celui de 600, Jim Roberts et Serge Savard 500, Guy Lapointe 400, Pierre Bouchard et Guy Lafleur 300.

● Côté points, Cournoyer en totalise plus de 700, Lemaire 600, Pete Mahovlich en a près de 500, Lafleur 400 et Guy Lapointe 300.

● Toujours dirigés par Al MacNeil, les Voyageurs de la Nouvelle-Écosse, la filiale du Tricolore, sont champions de la Ligue américaine au terme de la saison régulière et dans les séries de la coupe Calder.

1975 1976

TROPHÉES	
TROPHÉE CLARENCE-CAMPBELL	
Flyers de Philadelphie	
TROPHÉE HART	
Bobby Clarke	
Flyers de Philadelphie	
TROPHÉE ART-ROSS	
Guy Lafleur	
Canadiens de Montréal	
TROPHÉE LADY-BYNG	
Jean Ratelle	
Bruins de Boston	
TROPHÉE CALDER	
Bryan Trottier	
Islanders de New York	
TROPHÉE GEORGES-VÉZINA	
Ken Dryden	
Canadiens de Montréal	
TROPHÉE JAMES-NORRIS	
Denis Potvin	
Islanders de New York	
TROPHÉE CONN-SMYTHE	
Reggie Leach	
Flyers de Philadelphie	
TROPHÉE BILL-MASTERTON	
Rodrigue Gilbert	
Rangers de New York	
TROPHÉE LESTER-B.-PEARSON	
Guy Lafleur	
Canadiens de Montréal	
TROPHÉE JACK-ADAMS	
Don Cherry	
Bruins de Boston	

Lafleur prépare le but de Cournoyer qui procurera une avance de deux buts aux Canadiens à mi-match.

● Transaction majeure entre les Bruins et les Rangers, qui en arrachent tous les deux, un mois exactement après le début de la saison. Phil Esposito, quatre fois champion marqueur de la Ligue, se retrouve à New York avec Carol Vadnais, pour les services de Jean Ratelle et Brad Park. À court terme, l'échange profite davantage aux Bruins, qui finissent premiers de leur division, tandis que les Rangers terminent derniers de la leur. Ratelle, un marqueur de 109 points à New York en 1971-72, garde son rythme à Boston, tandis que celui d'Esposito décline peu à peu. Pour sa part, Brad Park, l'éternel second, termine deuxième au titre de meilleur défenseur pour une cinquième fois.

● Marcel Dionne est malheureux malgré sa dernière saison de 121 points (47-74) et un trophée Lady-Byng. Il exige 1,5 million pour cinq ans plus une maison pour demeurer à Detroit, selon ce que rapporte Bertrand Raymond du *Journal de Montréal* à l'été 1975. Les Red Wings lui offrent 1 million, tout en sachant que Dionne veut partir. Ils le laissent donc aller et le petit joueur de centre opte finalement pour les Kings de Los Angeles. Si Dionne avait opté pour Montréal, la contrepartie demandée par Detroit se serait appelée Guy Lafleur.

● Désigné meilleur défenseur de la Ligue huit fois consécutives, le grand Bobby Orr a de plus en plus de difficultés avec ses genoux et ne participe qu'à une dizaine de rencontres des Bruins.

● Le nom de Darryl Sittler est inscrit à jamais dans le livre des records de la LNH en raison d'une production de 10 points (6-4) dans une victoire de 11-4 des Leafs sur Boston en février. Une marque qui échappera à Gretzky. En séries, Sittler et Reggie Leach obtiennent tous deux cinq buts dans un même match pour égaler les fiches de Newsy Lalonde et du Rocket. Performance qu'accomplira également Mario Lemieux en 1989.

● La recrue Bryan Trottier règle le cas de deux records avec la même passe lors d'un match nul des Islanders contre Vancouver en mars. Il s'agit

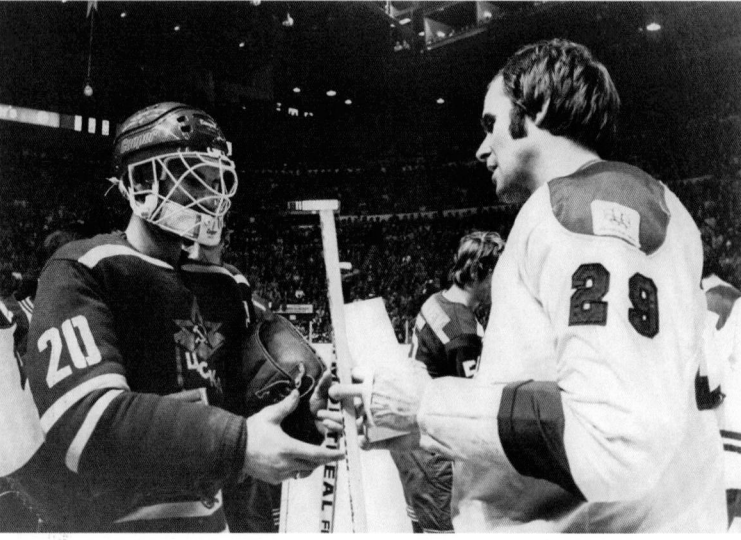

Vladislav Tretiak, le héros de la rencontre, échange quelques mots avec son vis-à-vis, Ken Dryden.

autre but dans ce match qui passera au rang des grands affrontements de l'histoire du Forum. Le CH a éclipsé les Soviétiques au chapitre des tirs (38-13) et doit se contenter d'un verdict nul de 3-3, mais tous les privilégiés qui ont vu cette rencontre se souviendront de la beauté et de l'intensité du jeu. Ce soir-là, Tretiak a véritablement sauvé son « armée » et les deux équipes se sont retirées bien satisfaites, l'une pour avoir limité la domination des Canadiens, l'autre pour avoir déjoué un Tretiak quasi invincible à trois reprises.

La dinde n'en est que meilleure le lendemain pour les partisans des Canadiens et les discussions de la parenté n'en sont que plus animées que d'habitude au salon.

IL PRÉFÈRE SON CAMION AUX CANADIENS

Sam Pollock en avait fait son premier choix de première ronde, avant Pierre Mondou et Brian Engblom, au dernier repêchage en juin. Mais Robin Sadler, un jeune défenseur de 20 ans, décide de tout simplement rentrer chez lui à Vancouver, après un premier match pré-saison avec les Voyageurs. « Je n'ai plus le

de sa 53e assistance (ancien record, pour une recrue, de 52 appartenant à Jude Drouin) et de son 79e point (ancien record de 77 détenu par Marcel Dionne). Il termine sa première saison avec une fiche de 32-63-95 et reçoit le trophée Calder.

● Ancien joueur des Canadiens, John Ferguson est nommé gérant et entraîneur des Rangers au début de janvier. Il remplace Émile Francis.

● Bobby Clarke est en lutte avec Lafleur pour le titre de premier marqueur tout au long de la saison. Il termine

finalement au deuxième rang avec 119 points (30-89) et décroche un deuxième trophée Hart de suite à titre de joueur le plus utile.

● Johnny Bucyk adhère au cercle des compteurs de 500 buts à la fin d'octobre.

● Dans une saison au cours de laquelle 6 joueurs marquent 50 buts et plus, Pierre Larouche devient le plus jeune de l'histoire à réussir l'exploit avec 53 filets à Pittsburgh. Le futur joueur des Canadiens n'a que 20 ans.

● La Ligue autorise les équipes à garder autant de joueurs qu'elles le souhaitent dans leur entourage, à la condition de ne pas présenter plus de 17 joueurs et 2 gardiens en uniforme par match.

● Plusieurs grands noms sont admis au Temple de la renommée, dont Pierre Pilote, Glenn Hall, George Armstrong et Ace Bailey.

● Marc Tardif est champion marqueur de l'Association mondiale avec 71 buts et 77 passes en 81 parties. Les Nordiques finissent deuxièmes de leur division, mais perdent

en quart de finale. Conduits par Bobby Hull et les Suédois Ulf Nilsson et Anders Hedberg, les Jets de Winnipeg remportent la coupe Avco, privant les Aeros de Houston d'un troisième titre d'affilée.

● Les Soviétiques remportent une cinquième médaille d'or aux Jeux olympiques d'Innsbruck en disposant de la Tchécoslovaquie 4-3 en finale. Le Canada boycotte toujours le hockey international.

1975 1976

ASSOCIATION PRINCE-DE-GALLES

	PJ	G	P	N	BP	BC	PTS
Montréal (Canadiens)	80	58	11	11	337	174	127
Los Angeles (Kings)	80	38	33	9	263	265	85
Pittsburgh (Penguins)	80	35	33	12	339	303	82
Detroit (Red Wings)	80	26	44	10	226	300	62
Washington (Capitals)	80	11	59	10	224	394	32
DIVISION ADAMS	PJ	G	P	N	BP	BC	PTS
Boston (Bruins)	80	48	15	17	313	237	113
Buffalo (Sabres)	80	46	21	13	339	240	105
Toronto (Maple Leafs)	80	34	31	15	294	276	83
Californie (Golden Seals)	80	27	42	11	250	278	65

ASSOCIATION CLARENCE-CAMPBELL

DIVISION PATRICK	PJ	G	P	N	BP	BC	PTS
Philadelphie (Flyers)	80	51	13	16	348	209	118
New York (Islanders)	80	42	21	17	297	190	101
Atlanta (Flames)	80	35	33	12	262	237	82
New York (Rangers)	80	29	42	9	262	333	67
DIVISION SMYTHE	PJ	G	P	N	BP	BC	PTS
Chicago (Black Hawks)	80	32	30	18	254	261	82
Vancouver (Canucks)	80	33	32	15	271	272	81
St. Louis (Blues)	80	29	37	14	249	290	72
Minnesota (North Stars)	80	20	53	7	195	303	47
Kansas City (Scouts)	80	12	56	12	190	351	36

MEILLEURS MARQUEURS

		PJ	B	A	PTS	PUN
Guy Lafleur	Canadiens	80	56	69	125	36
Bobby Clarke	Philadelphie	76	30	89	119	13
Gilbert Perreault	Buffalo	80	44	69	113	36
Bill Barber	Philadelphie	80	50	62	112	104
Pierre Larouche	Pittsburgh	76	53	58	111	33
Jean Ratelle	Bos./NYR	80	36	69	105	18
Pete Mahovlich	Canadiens	80	34	71	105	76
Jean Pronovost	Pittsburgh	80	52	52	104	24
Darryl Sittler	Toronto	79	41	59	100	90
Syl Apps Jr.	Pittsburgh	80	32	67	99	24

goût de jouer au hockey », avoue-t-il avant d'annoncer qu'il entend retourner à l'école pour décrocher un permis de chauffeur de camion. Auteur de 32 buts avec l'équipe junior d'Edmonton, dans la Ligue de l'Ouest, la saison précédente, le jeune homme semble trop s'ennuyer de sa famille et de sa petite amie pour tenter de se bâtir une carrière à l'autre bout du pays.

Il rejette donc un salaire de 80 000 $ pour une première saison. Ainsi qu'un contrat de 265 000 $ pour trois ans, incluant une prime de 150 000 $ à la signature.

Sadler ne reviendra pas sur sa décision, mais après avoir joué une saison en Suède, il signera un contrat avec les Oilers d'Edmonton, dans l'AMH, dont il désertera aussi le camp d'entraînement en septembre 1977, incapable de soutenir la pression. Néanmoins, il reviendra à l'organisation des Canadiens un peu plus tard cette même année pour disputer quelques parties avec les Voyageurs, puis s'en retournera terminer sa carrière en Europe, là où la pression est sans doute moins forte.

L'histoire ne dit pas s'il a repris un jour le volant de son camion.

Le prof Ronald Caron pose fièrement avec les deux premiers choix du club, Pierre Mondou et Robin Sadler. Le premier fera carrière avec le Tricolore, l'autre pas.

Le capitaine Serge Savard soulève fièrement la coupe Stanley au terme d'une saison que beaucoup d'amateurs considèrent comme la plus extraordinaire de l'histoire des Canadiens.

1976  1977

VINGTIÈME
COUPE
STANLEY

Les Canadiens sont encore plus dominants avec seulement 8 défaites et 132 points, 2 records absolus de la Ligue. Lafleur termine devant Marcel Dionne, 136 points à 122, pour son deuxième titre des marqueurs. Cette fois, il est reconnu le plus utile, Larry Robinson reçoit le Norris et Dryden partage le Vézina avec Michel Larocque. Lafleur est aussi le meilleur marqueur des séries et il remporte le Smythe, ainsi que le Pearson, ce dernier trophée attribué par l'Association des joueurs au hockeyeur par excellence, une deuxième année de suite. Les Canadiens disposent des Bruins de Boston quatre parties à zéro en finale, après avoir éliminé St. Louis en quatre et les Islanders en six. Boston et Philadelphie conservent leur championnat de division et les Blues de St. Louis devancent Minnesota dans la Division Smythe. Les Golden Seals de la Californie sont transférés à Cleveland et deviennent les Barons, tandis que les minables Scouts de Kansas City déménagent au Colorado sous le nom de Rockies. Quatre joueurs des Canadiens, Dryden, Robinson, Lafleur et Shutt, accèdent à la première équipe d'étoiles, et Guy Lapointe est élu au sein de la deuxième une troisième année de suite.

La remise des prix est impressionnante au terme de la saison pour Larry Robinson, Michel Larocque, Ken Dryden et Guy Lafleur.

● Scotty Bowman, un entraîneur qui vit une relation d'amour-haine avec ses joueurs, est le premier pilote de l'organisation à hériter du trophée Jack-Adams, créé quatre ans plus tôt. Pat Burns, douze ans plus tard, sera le seul autre entraîneur des Canadiens à mériter ce trophée. Bowman sera de nouveau

1976 1977

Saison parfaite !

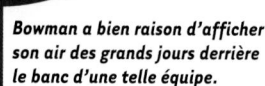

Bowman a bien raison d'afficher son air des grands jours derrière le banc d'une telle équipe.

L es discussions ne sont pas près de se terminer au sujet de la meilleure saison de l'histoire des Canadiens. Frank Selke, l'un des grands bâtisseurs de la dynastie du Tricolore, avait déjà qualifié la saison 1959-60 – celle de la cinquième coupe consécutive – de « meilleure de l'histoire du club », l'équipe ayant largement dominé ses rivales en saison et gagné les éliminatoires en un minimum de huit parties. D'autres témoins importants évoquent la saison 1943-44, lorsque le club n'a perdu que 5 matchs dans une saison de 50 et un seul en séries. Les années 1967-68 et 1968-69, avec le championnat en saison et seulement 1 et 2 défaites en 12 matchs éliminatoires, sont aussi inscrites en lettres d'or au tableau de l'équipe.

Mais que dire de cette saison 1976-77 ! Les partisans du club, encore sous le charme des meilleurs athlètes du monde qui ont défilé devant eux en juillet lors des Jeux olympiques de Montréal, goûtent aux prouesses d'une équipe de hockey quasi invincible. Imaginez un peu ! Un total de 60 victoires en 80 parties et juste 8 revers, plus 12 nulles. Le club n'a pas perdu deux matchs de suite au cours de la saison. En quart de finale, les Blues de St. Louis sont balayés en quatre parties à sens unique. En demi-finale, les Islanders livrent une opposition plus forte mais ne menacent pas vraiment les Montréalais, qui règlent la question en six. C'est ensuite au tour des Bruins, fiers tombeurs des Flyers de Philadelphie en demi-finale, de plier les genoux en seulement quatre matchs. À Montréal, on fête une 20e coupe Stanley. Coupe agrémentée de deux nouveaux records de la LNH, soit la plus longue séquence de parties sans revers à domicile en saison (34) et pour l'année complète (saison plus séries) (38).

Une plaque montée de la rondelle de son 60ᵉ but pour Steve Shutt.

choisi en 1995-96, mais avec les Red Wings de Detroit.

● Les 60 buts réussis par Steve Shutt, performance que rééditera Lafleur la saison suivante, constituent toujours la meilleure production individuelle chez le Tricolore en une saison.

● Les résultats des élections du 15 novembre 1976, affichés périodiquement au tableau du Forum, suscitent beaucoup plus d'intérêt chez les spectateurs et les joueurs que le match qui oppose les Blues de St. Louis aux Canadiens. Ce soir-là, le Tricolore gagne 4-2, mais le résultat est éclipsé par l'élection du Parti québécois.

● Mario Tremblay et Pete Mahovlich, qui partagent la même chambre lors des voyages de l'équipe, ont une altercation qu'on ne parvient pas à dissimuler à la presse. Le grand Pete, en plus d'être blessé au front, doit se rendre à l'hôpital pour des points de suture à la jambe droite. L'incident est survenu dans un hôtel de Cleveland à la fin de novembre, mais on le dit sans relation avec un problème de langue.

● Une fois de plus, la grogne de plusieurs joueurs à l'encontre de Scotty Bowman fait les choux gras des scribes qui gravitent autour de l'équipe. On lui reproche son air hautain et son manque de respect à l'endroit de plusieurs joueurs. Bowman crée même une vive rivalité entre certains joueurs, dit-on. À la fin de novembre, certains vont jusqu'à parler d'une pétition des joueurs pour demander à la direction de le renvoyer. Mais tous reconnaissent sa facilité à les motiver et le club accumule les victoires. L'histoire s'étiole lentement.

1976 1977

ÉQUIPE 1976-77

Entraîneur : Scotty Bowman (80-60-8-12)

N°	POS	JOUEURS	PJ	B	A	PTS	PUN
10	AD	Guy Lafleur	80	56	80	136	20
22	AG	Steve Shutt	80	60	45	105	28
19	D	Larry Robinson	77	19	66	85	45
5	D	Guy Lapointe	77	25	51	76	53
25	C	Jacques Lemaire	75	34	41	75	22
20	C	Pete Mahovlich	76	15	47	62	45
8	C	Doug Risebrough	78	22	38	60	132
12	AD	Yvan Cournoyer	60	25	28	53	8
15	AD	Réjean Houle	65	22	30	52	24
11	AG	Yvon Lambert	79	24	28	52	50
14	AD	Mario Tremblay	74	18	28	46	61
18	D	Serge Savard	78	9	33	42	35
21	C	Doug Jarvis	80	16	22	38	14
23	AG	Bob Gainey	80	14	19	33	41
17	AG	Murray Wilson	60	13	14	27	26
2	D	Bill Nyrop	74	3	19	22	21
6	AD	Jim Roberts	45	5	14	19	18
26	D	Pierre Bouchard	73	4	11	15	52
27	D	Rick Chartraw	43	3	4	7	59
29	G	Ken Dryden	56	0	2	2	0
3	D	John Van Boxmeer	4	0	1	1	0
1	G	Michel Larocque	26	0	0	0	0
3	D	Brian Englblom	-	-	-	-	-
24	C	Pierre Mondou	-	-	-	-	-
28	AG	Mike Polich	-	-	-	-	-

GARDIENS	PJ	G	P	N	MIN	BC	BL	MOY
Michel Larocque	26	19	2	4	1525	53	4	2,09
Ken Dryden	56	41	6	8	3275	117	10	2,14

Masque en retrait, Dryden guide le travail de ses défenseurs.

● Les Canadiens subissent un seul revers à domicile en cours de saison, contre les Bruins de Boston le 30 octobre. Ce soir-là, Doug Risebrough marque son 100e point dans la LNH.

● Le soir de son 900e match dans la Ligue, en novembre contre Chicago, Jim Roberts est blessé à l'aine et doit rester à l'écart du jeu pour les 14 parties suivantes.

● Plusieurs joueurs profitent d'une saison de rêve pour gonfler leurs statistiques de carrière. Par exemple, Pete Mahovlich atteint le plateau des 300 passes avec le club dès la mi-octobre et Guy Lafleur est rendu à 500 points en début de février. Le même mois, Cournoyer revendique 400 assistances et obtient son 400e but et son 800e point contre Philadelphie moins d'une semaine plus tard, tandis que Lemaire inscrit un 300e but.

Et ça continue. À la fin de février, Guy Lapointe rejoint le cercle des 400 points et Serge Savard celui des 300. Une semaine plus tard, Jim Roberts enregistre un 300e point, puis à la mi-mars, Lafleur totalise déjà 300 passes. Finalement en avril, Steve Shutt à son tour obtient un 300e point.

● Lafleur n'en est pas à un exploit près. En cours d'année, il s'inscrit au pointage durant 28 parties consécutives, faisant du même coup pâlir l'ancienne marque de 22 appartenant à Bronco Horvath.

● Le livre des statistiques de l'équipe indique 700 parties jouées pour Lemaire, 600 pour Savard et Jim Roberts, 500 pour Lapointe, 400 pour Lafleur et Pierre Bouchard, 300 pour Larry Robinson, Steve Shutt, Murray Wilson, Bob Gainey

1976 1977

Qui plus est, 7 des 10 plus importants trophées individuels apparaissent sur la photo d'équipe des Canadiens cette année-là : Hart, Art-Ross, Conn-Smythe et Lester-B.-Pearson à Lafleur ; Georges-Vézina à Dryden et Larocque ; James-Norris à Robinson et Jack-Adams à Bowman. Cinq joueurs dans les équipes d'étoiles et sept records d'équipes fracassés, dont celui du plus grand nombre de points en saison, 132, en plus d'une bonne dizaine de records individuels.

Guy Lafleur est maintenant la principale attraction dans la Ligue et le trio qu'il forme avec Steve Shutt et Jacques Lemaire est impitoyable pour les clubs adverses. Les trois totalisent 316 points, dont 150 buts (60 pour Shutt et 56 pour

TROPHÉES ▶	
COUPE STANLEY	
Canadiens de Montréal	
TROPHÉE PRINCE-DE-GALLES	
Canadiens de Montréal	
TROPHÉE CLARENCE-CAMPBELL	
Flyers de Philadelphie	
TROPHÉE HART	
Guy Lafleur	
Canadiens de Montréal	
TROPHÉE ART-ROSS	
Guy Lafleur	
Canadiens de Montréal	
TROPHÉE LADY-BYNG	
Marcel Dionne	
Kings de Los Angeles	
TROPHÉE CALDER	
Willi Plett	
Flames d'Atlanta	

Larry Robinson, le meilleur défenseur de la Ligue, est un rouage très important du club au cours de cette saison de rêve.

et Yvon Lambert. Par contre, Pete Mahovlich en a accumulé plus de 600 dans la Ligue, dont 500 avec les Canadiens.

● En début d'année, Serge Savard négocie lui-même le renouvellement de son contrat avec les Canadiens. Le Sénateur, qui obtient une entente de trois ans, dit avoir signé le meilleur contrat de sa carrière, sans dévoiler de chiffres.

● Pendant que les Canadiens balaient tout sur leur passage, les Voyageurs de la Nouvelle-Écosse, premier club-école

de l'équipe, s'imposent de nouveau dans la Ligue américaine avec une deuxième coupe Calder consécutive, après avoir conservé le championnat de la saison régulière à la faveur d'une fiche de 52 victoires en 80 parties.

Parmi la foule accourue au passage du défilé des Canadiens, le futur journaliste du Journal de Québec, Albert Ladouceur.

TROPHÉES
TROPHÉE GEORGES-VÉZINA
Ken Dryden et
Michel Larocque
Canadiens de Montréal
TROPHÉE JAMES-NORRIS
Larry Robinson
Canadiens de Montréal
TROPHÉE CONN-SMYTHE
Guy Lafleur
Canadiens de Montréal
TROPHÉE BILL-MASTERTON
Ed Westfall
Islanders de New York
TROPHÉE LESTER-B.-PEARSON
Guy Lafleur
Canadiens de Montréal
TROPHÉE JACK-ADAMS
Scotty Bowman
Canadiens de Montréal

1976 1977

Lafleur). Larry Robinson, Serge Savard et Guy Lapointe, le fameux *Big Three*, sont au faîte de leur excellence. Devant le filet, autant Michel Larocque que le grand Dryden sont pratiquement impossibles à battre.

Aucune autre équipe n'a atteint un tel niveau d'excellence dans toute l'histoire de la LNH que cette formation du Canadien, édition 1976-77 ! Ni avant ni après.

GUY ! GUY ! GUY !

Guy Lafleur par-ci ! Guy Lafleur par-là ! Chacun veut voir le numéro 10 du Canadien, lui parler, obtenir sa signature sur une carte, une photo ou un bout de papier, lui toucher pour ensuite raconter aux parents et aux amis qu'il l'a bien vu ! Chaque fois que le Démon blond s'empare du disque, le Forum vibre et l'écho répète les « Guy ! Guy ! Guy ! » sans fin, comme un cri de ralliement.

Lafleur est le meilleur de tous une fois de plus en cette année olympique. Champion marqueur une deuxième année de suite, troisième année de 50 buts ou plus, titres de joueur le plus utile et de joueur par excellence — ce dernier octroyé par ses pairs —, meilleur joueur des séries, première équipe d'étoiles, plus une kyrielle de nominations d'excellence par divers organismes. Le journaliste Jean-Denis Girouard écrit en juin, dans un texte du *Journal de Montréal*, que Lafleur a eu droit à « un dîner de 27 500 $ » au banquet annuel de la Ligue nationale, en raison des sommes rattachées à ses diverses nominations.

Quatre récompenses prestigieuses pour le héros de la foule, qui ne cesse de scander son nom.

375

● Le marché répond mal aux projets d'expansion de la LNH et le sport lui-même semble peu convenir aux mœurs de certaines régions du sud des États-Unis. Criblées de dettes, quelques concessions doivent changer de ville ou disparaître. Ainsi, en juillet, les Golden Seals de la Californie deviennent les Barons de Cleveland et, deux semaines plus tard, les Scouts de Kansas City s'en vont au Colorado sous le nom de Rockies. C'est la première fois depuis la saison 1934-35 que la LNH doit transférer une concession. Les deux formations demeurent dans les mêmes divisions mais ne connaissent guère plus de succès.

● L'Association mondiale aussi est en sérieuse difficulté, ne comptant plus que 2 divisions et 12 équipes, dont l'une cessera ses activités en janvier. On parle sérieusement de fusion des deux circuits.

● Les Nordiques sont devenus une puissance du «circuit maudit». Ils remportent le titre de la Division Est avec une priorité de 14 points sur Cincinnati, ainsi que le championnat des séries et la coupe Avco en disposant de Winnipeg 4 parties à 3. Réal Cloutier est champion marqueur avec 66 buts et 75 passes, 10 points devant Anders Hedberg, des Jets.

● Le défenseur Jean-Claude Tremblay, ex-membre des Canadiens et maintenant un pilier des Nordiques, doit subir l'ablation d'un rein à la fin de la saison. Ce qui ne l'empêchera pas de connaître deux autres bonnes saisons à Québec.

● Le Canada remporte la première édition du tournoi de la Coupe Canada en disposant de la Tchécoslovaquie, 6-0 et 5-4, en série finale deux de trois. Le tournoi regroupe les six puissances mondiales au hockey : le Canada, la Russie, la Tchécoslovaquie, les États-Unis, la Finlande et la Suède. Jouant malgré des genoux de plus en plus amochés, Bobby Orr est sélectionné comme joueur le plus utile du tournoi.

● En juin 1977, Bobby Orr délaisse les Bruins et signe une

1976 1977

ASSOCIATION PRINCE-DE-GALLES							
DIVISION NORRIS	PJ	G	P	N	BP	BC	PTS
Montréal (Canadiens)	80	60	8	12	387	171	132
Los Angeles (Kings)	80	34	31	15	271	241	83
Pittsburgh (Penguins)	80	34	33	13	240	252	81
Washington (Capitals)	80	24	42	14	221	307	62
Detroit (Red Wings)	80	16	55	9	183	309	41
DIVISION ADAMS	PJ	G	P	N	BP	BC	PTS
Boston (Bruins)	80	49	23	8	312	240	106
Buffalo (Sabres)	80	48	24	8	301	220	104
Toronto (Maple Leafs)	80	33	32	15	301	285	81
Cleveland (Barons)	80	25	42	13	240	292	63

ASSOCIATION CLARENCE-CAMPBELL							
DIVISION PATRICK	PJ	G	P	N	BP	BC	PTS
Philadelphie (Flyers)	80	48	16	16	323	213	112
New York (Islanders)	80	47	21	12	288	193	106
Atlanta (Flames)	80	34	34	12	264	265	80
New York (Rangers)	80	29	37	14	272	310	72
DIVISION SMYTHE	PJ	G	P	N	BP	BC	PTS
St. Louis (Blues)	80	32	39	9	239	276	73
Minnesota (North Stars)	80	23	39	18	240	310	64
Chicago (Black Hawks)	80	26	43	11	240	298	63
Vancouver (Canucks)	80	25	42	13	235	294	63
Colorado (Rockies)	80	20	46	14	226	307	54

MEILLEURS MARQUEURS						
		PJ	B	A	PTS	PUN
Guy Lafleur	Canadiens	80	56	80	136	20
Marcel Dionne	Los Angeles	80	53	69	122	12
Steve Shutt	Canadiens	80	60	45	105	28
Rick MacLeish	Philadelphie	79	49	48	97	42
Gilbert Perreault	Buffalo	80	39	56	95	30
Tim Young	Minnesota	80	29	66	95	58
Jean Ratelle	Boston	78	33	61	94	22
Lanny McDonald	Toronto	80	46	44	90	77
Darryl Sittler	Toronto	73	38	52	90	89
Bobby Clarke	Philadelphie	80	27	63	90	71

Un autre but spectaculaire du Démon blond contre le gardien des Penguins.

entente de 3 millions comme agent libre avec les Black Hawks de Chicago. Les partisans des Bruins sont en furie contre l'équipe, qui n'a pas fait beaucoup d'efforts pour le retenir. Orr disputera seulement 20 parties avec sa nouvelle équipe en raison de ses problèmes aux genoux.

● Rodrigue Gilbert obtient le 1000ᵉ point de sa carrière le 19 février. Quelques jours plus tard, Stan Mikita marque son 500ᵉ but. Finalement, au début d'avril, Jean Ratelle, ancien coéquipier de Gilbert,

maintenant avec les Bruins, obtient lui aussi son 1000ᵉ point.

● Les nombreux matchs nuls font jaser et diverses solutions sont proposées pour les éliminer. Entre-temps, les Flyers de Philadelphie disputent pas moins de 15 verdicts nuls à l'étranger, une marque qui prévaut toujours.

● Dorénavant, l'arbitre doit imposer une pénalité majeure et chasser du match l'instigateur d'une bataille.

● Ian Turnbull des Leafs, un artiste à ses heures – il joue de la guitare et compose –, inscrit une marque, inégalée depuis, de cinq buts par un défenseur lors d'un match. Turnbull passe à l'histoire le 2 février dans une victoire de 9-1 contre Detroit.

● Marcel Dionne, récipiendaire du trophée Lady-Byng, devient le premier joueur de l'histoire des Kings de Los Angeles à compter 50 buts. Il en obtient 53 et termine au deuxième rang des marqueurs derrière Lafleur.

● Aucune des cinq équipes de la Division Smythe ne parvient à jouer pour ,500. Les Blues de St. Louis sont champions de cette pauvre section avec 32 victoires et 39 défaites. Aucune des formations qualifiées pour les séries, St. Louis, Minnesota et Chicago, ne gagne un seul match éliminatoire.

● Clark Gillies obtient un quatrième but victorieux de suite lors du troisième match quart de finale entre les Islanders et Buffalo.

**Shutt, Lafleur et Lemaire,
un fameux trio qui en a fait
voir de toutes les couleurs
aux gardiens adverses.**

HOULE REVIENT

Réjean Houle avait connu l'ivresse des belles années du Canadien junior, puis celle que procure la coupe Stanley, à sa première saison avec le grand club en 1971 puis encore en 1973. Mais après cette dernière saison, en plus ou moins bons termes avec l'entraîneur Scotty Bowman, qui lui a souvent reproché de trop s'intéresser aux Nordiques, il a accepté l'offre des Fleurdelisés et déserté pour Québec, où il a connu des saisons de 27, 40 et 51 buts, et où il a été rejoint par son grand copain Marc Tardif.

Par contre, le gérant Maurice Filion démontre peu d'intérêt pour le joueur le plus polyvalent et le plus dévoué de l'organisation lorsque arrive le renouvellement de son contrat au terme de la saison 1975-76. Il lui propose même une réduction de salaire. À la mi-juin, Houle profite d'un voyage à Montréal destiné à la promotion du tournoi de golf des Nordiques, dont il est président d'honneur, pour rencontrer Sam Pollock et revenir dans le giron du Tricolore. « Ça n'a pris que 40 minutes... », révèle *Peanut* aux journalistes sur ses négociations avec le rusé Pollock, lequel espérait un signe de Houle depuis longtemps. « Houle a bien fait », commente Claude Bédard du *Journal de Québec*, lequel ne manque pas de souligner l'énorme vide créé par le départ d'un joueur aussi dévoué que Houle.

Ailier droit et joueur de centre occasionnel, Houle demeurera sept autres saisons avec le Tricolore avant de se lancer en relations publiques avec la Brasserie Molson et d'effectuer un retour dans l'organisation comme directeur général en 1996.

Autre saison parfaite pour Larry Robinson, qui reçoit le trophée Conn-Smythe, en plus de contribuer à l'obtention d'une autre coupe Stanley.

1977  1978

GUY LAFLEUR ET LES CANADIENS MAINTIENNENT LEUR EMPRISE, LE PREMIER AVEC UN NOUVEAU CHAMPIONNAT DES MARQUEURS ET LES SECONDS AVEC UNE PRIORITÉ DE 51 POINTS (129 À 78) EN TÊTE DE LA DIVISION NORRIS. ET SEULEMENT 10 DÉFAITES EN 80 PARTIES. CHICAGO REPREND LES COMMANDES DE LA DIVISION SMYTHE, LES ISLANDERS DÉTRÔNENT PHILADELPHIE DANS LA DIVISION PATRICK ET BOSTON RESTE PREMIER DANS LA DIVISION ADAMS. EN SÉRIES, MONTRÉAL BAT DETROIT EN CINQ MATCHS, TORONTO EN QUATRE ET OBTIENT UNE TROISIÈME COUPE STANLEY DE SUITE, DISPOSANT EN FINALE DES BRUINS PAR QUATRE PARTIES À DEUX. LARRY ROBINSON OBTIENT LE TITRE DE JOUEUR LE PLUS UTILE DES SÉRIES. CE TROISIÈME CHAMPIONNAT DE LAFLEUR EST ÉGALEMENT SON DERNIER. IL GARDE AUSSI LE TITRE DU JOUEUR LE PLUS UTILE ET CELUI DU JOUEUR PAR EXCELLENCE. DRYDEN DÉCROCHE UN TROISIÈME TROPHÉE VÉZINA (LE DEUXIÈME AVEC LAROCQUE) ET BOB GAINEY REMPORTE UN PREMIER TROPHÉE FRANK-SELKE, À TITRE DE MEILLEUR ATTAQUANT AU STYLE DÉFENSIF. MICHAEL BOSSY SOULIGNE SON ENTRÉE CHEZ LES ISLANDERS AVEC LE TROPHÉE CALDER. LES CANADIENS FONT ÉLIRE DEUX JOUEURS (DRYDEN ET LAFLEUR) AU SEIN DE LA PREMIÈRE ÉQUIPE D'ÉTOILES, AUTANT (ROBINSON ET SHUTT) DANS LA SECONDE.

● La Ligue nationale institue un nouveau trophée pour souligner la contribution de Frank Selke et le destine au meilleur attaquant au style défensif. Le premier nom inscrit en fin de saison est celui de Bob Gainey, lequel le recevra quatre ans de suite.

Un troisième titre de champion marqueur pour Lafleur, seul joueur de l'histoire des Canadiens à inscrire son nom sur le trophée Lester-B.-Pearson, remis par l'Association des joueurs.

1977 1978

Troisième titre pour Lafleur

Les Canadiens ont déjà 61 points en banque à la mi-saison et ils dominent largement leurs rivaux. Le club paraît sans faille et le vestiaire transpire de bonheur, mais Guy Lafleur, champion marqueur des deux dernières saisons, n'est pas totalement satisfait. Son excellente production de 28 buts et 55 points le laisse quand même loin du meneur, Bryan Trottier, des Islanders de New York.

La seconde portion de la saison sera cependant la sienne. Il marque 32 fois et double presque sa production d'assistances pour clôturer la saison avec une fiche de 60 buts et 72 passes, ce qui lui permet d'installer un troisième trophée Art-Ross dans son salon. À compter du 12 janvier, soit en 40 parties, il est absent de la feuille de pointage seulement 4 fois. Trottier est deuxième avec 46 buts et 77 passes.

Cette année-là, Lafleur est le seul marqueur de 50 buts en compagnie de l'excellente recrue Michael Bossy, des Islanders, que les Canadiens ont laissé filer lors du dernier repêchage au profit de l'un des beaux espoirs de l'AMH, Mark Napier. Le total de 60 buts du Démon blond lui permet en outre de rééditer l'exploit réussi par Steve Shutt, son compagnon de trio, la saison précédente.

De plus en plus populaire à Montréal, Lafleur s'est aussi fait un lot d'amis partout où passe le club au fil de ses déplacements à l'étranger. Les rumeurs d'une fusion avec l'AMH, qui se font plus persistantes, ne lui déplaisent pas non plus,

Moment fort émouvant pour Mario Tremblay, qui touche aux fruits d'un travail acharné.

● La production du grand Pete Mahovlich a ralenti depuis qu'il ne joue plus au centre du trio de Lafleur. À la fin de novembre, Pollock l'échange aux Penguins avec Peter Lee, en retour de Pierre Larouche, un compteur de 50 buts avec Pittsburgh, et d'un joueur à venir.

● À Montréal et dans la Ligue, les succès des Canadiens — quatrième titre de division — et troisième coupe Stanley d'affilée — suscitent une admiration grandissante et rappellent la dynastie du milieu des années 1950 avec les Richard, Béliveau, Geoffrion, Harvey, Plante et Cie.

● La sélection de Mark Napier, encore sous contrat dans l'AMH, au 10e rang du repêchage amateur, provoque quelques remous chez certains partisans qui auraient souhaité que le club opte pour un produit local comme Michael Bossy. Les Canadiens, qui lui trouvent des carences en défensive, ne sont pas la seule équipe à lever le nez sur Bossy, lequel n'a été retenu qu'au 15e rang par les Islanders.

● Jim Roberts, un joueur d'utilité qui travaille dans l'ombre des grandes vedettes depuis six ans à Montréal, est de nouveau retourné aux Blues lors du repêchage de juin. Au cours de sa carrière, Roberts a fait deux séjours à Montréal et autant à St. Louis, disputant plus de 1 000 rencontres au total.

● Le Canadien surpasse la marque de 23 parties d'affilée sans défaite des Bruins de Boston (réussie en 1940-41) et des Flyers de Philadelphie (en 1975-76) avec une 24e rencontre sans revers le 15 février, une victoire de 6-2 à St. Louis. Il portera finalement le nouveau record à 28.

N°	POS	JOUEURS	PJ	B	A	PTS	PUN
10	AD	Guy Lafleur	78	60	72	132	26
25	C	Jacques Lemaire	76	36	61	97	14
22	AG	Steve Shutt	80	49	37	86	24
19	D	Larry Robinson	80	13	52	65	39
15	AD	Réjean Houle	76	30	28	58	50
12	AD	Yvan Cournoyer	68	24	29	53	12
28	C	Pierre Larouche	44	17	32	49	11
6	C	Pierre Mondou	71	19	30	49	8
5	D	Guy Lapointe	49	13	29	42	19
18	D	Serge Savard	77	8	34	42	24
8	C	Doug Risebrough	72	18	23	41	97
11	AG	Yvon Lambert	77	18	22	40	20
21	C	Doug Jarvis	80	11	28	39	23
23	AG	Bob Gainey	66	15	16	31	57
2	D	Bill Nyrop	72	5	21	26	37
14	AD	Mario Tremblay	56	10	14	24	44
27	AD	Rick Chartraw	68	4	12	16	64
26	D	Pierre Bouchard	59	4	6	10	29
20	C	Pete Mahovlich	17	3	5	8	4
1	G	Michel Larocque	30	0	4	4	0
24	D	Gilles Lupien	46	1	3	4	108
3	D	Brian Engblom	28	1	2	3	23
29	G	Ken Dryden	52	0	2	2	0
17	AG	Murray Wilson	12	0	1	1	0
17	C	Mike Polich	1	0	0	0	0
30	AG	Rodney Schutt	2	0	0	0	0
31	AD	Pat Hughes	3	0	0	0	2

GARDIENS	PJ	G	P	N	MIN	BC	BL	MOY
Ken Dryden	52	37	7	7	3071	105	5	2,05
Michel Larocque	30	22	3	4	1729	77	1	2,67

ÉQUIPE 1977-78

Entraîneur : Scotty Bowman (80-59-10-11)

puisqu'il pourrait alors se produire devant ses amis de Québec, advenant la participation des Nordiques à cette fusion.

Aucun autre joueur des Canadiens n'a réussi pareil exploit de s'approprier trois titres consécutifs de champion marqueur dans la Ligue nationale. Dickie Moore en a obtenu deux de suite en 1957-58 et 1958-59, et quatre autres du Tricolore revendiquent deux championnats non consécutifs : Newsy Lalonde (1918-19 et 1920-21), Howie Morenz (1927-28 et 1930-31), Elmer Lach (1944-45 et 1947-48), ainsi que Bernard Geoffrion (1954-55 et 1960-61). Cependant, Lalonde avait aussi remporté un championnat des compteurs avec les Canadiens du temps de l'ancienne NHA en 1915-16. Lalonde avait également terminé premier en 1909-10, mais c'est à Renfrew qu'il avait complété la saison entreprise à Montréal. Après Lafleur, aucun joueur du club ne remettra la main sur le trophée Art-Ross.

Le rendement de Lafleur lui vaut également un second titre consécutif de joueur le plus utile, encore devant Trottier, ainsi qu'une sélection dans la première équipe d'étoiles. Les autres joueurs de la Ligue lui attribuent un troisième trophée Lester-B.-Pearson à titre de joueur le plus spectaculaire. Il est le seul membre des Canadiens à avoir inscrit son nom sur cette récompense créée en 1971.

TROPHÉE CONN-SMYTHE POUR LARRY ROBINSON

Larry Robinson a privé Denis Potvin d'une deuxième consécration de meilleur défenseur la saison précédente, mais ne peut rééditer son exploit malgré son excellent jeu en défensive. Il manque aussi de peu une sélection au sein de la première équipe d'étoiles. Pourtant Robinson revendique une part importante des succès de l'équipe au cours de la saison.

Il fait encore mieux dans les séries, orchestrant plusieurs montées fructueuses contre les Wings, les Leafs et les Bruins, participant à 17 buts des siens, en plus d'en réussir 4 lui-même. À un point tel qu'il termine au premier rang des marqueurs, à égalité avec Lafleur.

Cette année-là, le trophée Conn-Smythe lui revient de droit, d'autant plus qu'en finale, il a eu le meilleur sur l'un de ses grands rivaux, Brad Park, de Boston.

⚫ Réjean Houle est le premier membre des Canadiens à recevoir la distinction de «joueur de la semaine dans la LNH», le 20 février. Cette récompense a été instituée au début de janvier 1978 et perdure depuis.

⚫ Une plaque commémorant les exploits d'Howie Morenz est installée à l'entrée du Forum en février.

⚫ Buddy O'Connor, qui fut, avec Pit Morin et Jerry Heffernan, du fameux trio *Razzle Dazzle* au début des années 1940, meurt à quelques jours du début du camp d'entraînement. Son échange

aux Rangers en 1947 avait soulevé la colère des partisans, mais O'Connor s'était bien vengé des Canadiens en terminant au deuxième rang des marqueurs cette année-là, à un point d'Elmer Lach.

⚫ Quelques chiffres intéressants au dossier des vétérans de l'équipe. Jacques Lemaire atteint les 700 points avec le club en début de saison et Lafleur en totalise 600 à Noël. Quelques jours plus tôt, Lemaire a aussi obtenu une 400ᵉ passe sur un but de Steve Shutt. Lafleur le relance en mars avec son 300ᵉ but. Guy Lapointe atteint

aussi un sommet personnel avec une 300ᵉ passe en février.

⚫ Moments symboliques aussi pour quelques joueurs en termes de parties jouées. Yvan Cournoyer en compte 900 à la mi-novembre, Lafleur en a déjà 500 en février, Savard 700 en mars et Lemaire 800 en avril. Dans le cercle des 400 parties et plus, on retrouve Steve Shutt et Larry Robinson, alors que celui des 300 accueille Ken Dryden et Réjean Houle.

⚫ Jos Cattarinich, un bâtisseur de la dynastie des Canadiens, est intronisé au Temple de la renommée en même temps

qu'Alex Delvecchio et Tim Horton ainsi que le très contesté Harold Ballard.

⚫ Bobby Smith, un futur membre des Canadiens, est sélectionné joueur junior par excellence au Canada alors qu'il joue pour les 67's d'Ottawa.

⚫ Les Canadiens ont le meilleur sur les Bruins de Boston pour la deuxième année de suite, mais c'est aussi la 13ᵉ fois d'affilée que les Montréalais l'emportent sur les Bostonnais en séries. La dernière victoire des Bruins remonte à la série demi-finale de 1942-43.

1977 1978

ON A VOLÉ LA COUPE !

Claude Mouton, directeur des relations publiques du Canadien, sent les sueurs lui couler dans le dos lorsqu'il ouvre la valise de sa voiture ! L'original de la coupe Stanley, dont il a la garde pour le temps des célébrations, a disparu.

Pendant ce temps à Thurso, un beau dimanche de mai, trois jours après avoir gagné la coupe, Guy Lafleur accueille une bonne partie de la population de la ville venue admirer le célèbre trophée dans la cour de son paternel.

Avec la complicité du soigneur Pierre Plouffe ou de son coéquipier Guy Lapointe (on n'a jamais vraiment su lequel exactement), Lafleur a subtilisé le « saladier » dans l'auto de Mouton, après lui avoir emprunté ses clés sous un prétexte quelconque et en avoir fait faire des doubles. Tout cela pendant que les joueurs festoyaient à la taverne de Toe Blake et ensuite à celle d'Henri Richard.

Mouton retrouve son calme ce même dimanche lorsque le « voleur » lui téléphone de Thurso pour lui dire que la coupe est bien en sécurité avec lui.

DEUX PASSES POUR LAROCQUE

Michel Larocque n'est pas toujours heureux de jouer les seconds violons derrière Dryden à Montréal et les rumeurs d'échange sont persistantes à son sujet. D'autant plus que Bunny Larocque n'est pas mauvais gardien. À preuve, les deux trophées Vézina qu'il partage avec Dryden. Utilisé lors de 29 des 80 parties de

l'équipe, il en a gagné 22 et conservé une moyenne de 2,67.

Il vit cependant une sensation bien particulière le 28 janvier devant les partisans de l'équipe en obtenant des passes sur les deux premiers buts des siens réussis par Lafleur et Shutt contre Rogatien Vachon, des Kings de Los Angeles.

En plus d'exceller devant le filet du Tricolore, Michel Larocque se découvre un certain talent « offensif ».

TROPHÉES

COUPE STANLEY
Canadiens de Montréal
TROPHÉE PRINCE-DE-GALLES
Canadiens de Montréal
TROPHÉE CLARENCE-CAMPBELL
Islanders de New York
TROPHÉE HART
Guy Lafleur
Canadiens de Montréal
TROPHÉE ART-ROSS
Guy Lafleur
Canadiens de Montréal
TROPHÉE LADY-BYNG
Butch Goring
Kings de Los Angeles

ASSOCIATION PRINCE-DE-GALLES

DIVISION NORRIS	PJ	G	P	N	BP	BC	PTS
Montréal (Canadiens)	80	59	10	11	359	183	129
Detroit (Red Wings)	80	32	34	14	252	266	78
Los Angeles (Kings)	80	31	34	15	243	245	77
Pittsburgh (Penguins)	80	25	37	18	254	321	68
Washington (Capitals)	80	17	49	14	195	321	48
DIVISION ADAMS	PJ	G	P	N	BP	BC	PTS
Boston (Bruins)	80	51	18	11	333	218	113
Buffalo (Sabres)	80	44	19	17	288	215	105
Toronto (Maple Leafs)	80	41	29	10	271	237	92
Cleveland (Barons)	80	22	45	13	230	325	57

ASSOCIATION CLARENCE-CAMPBELL

DIVISION PATRICK	PJ	G	P	N	BP	BC	PTS
New York (Islanders)	80	48	17	15	334	210	111
Philadelphie (Flyers)	80	45	20	15	296	200	105
Atlanta (Flames)	80	34	27	19	274	252	87
New York (Rangers)	80	30	37	13	279	280	73
DIVISION SMYTHE	PJ	G	P	N	BP	BC	PTS
Chicago (Black Hawks)	80	32	29	19	230	220	83
Colorado (Rockies)	80	19	40	21	257	305	59
Vancouver (Canucks)	80	20	43	17	239	320	57
St. Louis (Blues)	80	20	47	13	195	304	53
Minnesota (North Stars)	80	18	53	9	218	325	45

● Le projet de fusion entre la LNH et l'AMH est finalement rejeté par les propriétaires de la Nationale au début d'août. Les clubs de l'Association mondiale, enfin ce qu'il en reste, doivent préparer leur calendrier à la hâte pour leur sixième saison.

● Consolation à Québec. Malgré les difficultés de l'équipe, deux joueurs des Nordiques terminent aux premiers rangs des marqueurs. Marc Tardif avec 154 points (65-89), suivi de Réal Cloutier avec 129 (56-73).

● Gordie Howe quitte les Aeros de Houston pour les Whalers de la Nouvelle-Angleterre et entraîne ses fils Mark et Marty avec lui.

● Mike Bossy est la première recrue de la LNH, maintenant dirigée par John Ziegler en remplacement de Clarence Campbell, à inscrire plus de 50 buts en une saison.

● Les North Stars du Minnesota connaissent une saison de misère — encore pire que celle de Washington — sous trois entraîneurs différents, Ted Harris, André Beaulieu et Lou Nanne.

● Denis Potvin s'impose comme un digne successeur de Bobby Orr, méritant un deuxième trophée James-Norris en trois ans, en plus de terminer au cinquième rang des marqueurs de la Ligue.

● Aussi incroyable que cela puisse paraître, le défenseur Dennis O'Brien endosse le chandail de quatre équipes différentes au cours de la saison. À sa huitième année avec Minnesota, il est placé sur la liste des joueurs en ballottage après 13 parties et réclamé par les Rockies du Colorado. Ces derniers l'échangent aux Barons

de Cleveland après 16 rencontres. Les Barons le libèrent à leur tour après 26 matchs et Boston le réclame. Il y restera jusqu'à la fin de sa carrière, entremêlée de quelques séjours dans l'Américaine.

● Don Murdoch, ailier droit des Rangers de New York, est surpris avec près de cinq grammes de cocaïne dans ses bagages à l'aéroport de Toronto au mois d'août. La ligue lui imposera une amende de 500 $ et le suspendra pour un an en 1978-79, mais lèvera la suspension après 40 parties.

1977 1978

TROPHÉES
TROPHÉE CALDER
Mike Bossy
Islanders de New York
TROPHÉE GEORGES-VÉZINA
Ken Dryden et
Michel Larocque
Canadiens de Montréal
TROPHÉE JAMES-NORRIS
Denis Potvin
Islanders de New York
TROPHÉE CONN-SMYTHE
Larry Robinson
Canadiens de Montréal
TROPHÉE BILL-MASTERTON
Butch Goring
Kings de Los Angeles
TROPHÉE LESTER-B.-PEARSON
Guy Lafleur
Canadiens de Montréal
TROPHÉE JACK-ADAMS
Bobby Kromm
Red Wings de Detroit
TROPHÉE FRANK-J.-SELKE
Bob Gainey
Canadiens de Montréal

Pas de veine pour Larocque. Bien qu'exceptionnel, pareil exploit a aussi été réussi quelques semaines plus tôt par les gardiens Tony Esposito et Daniel Bouchard, le même soir de surcroît.

Inscrit désormais au classement des marqueurs de la LNH, Larocque jouera 11 saisons avec Montréal, Toronto, Philadelphie et St. Louis, et totalisera 18 passes, dont 15 avec le Canadien.

Lorsque les gardiens se mettront à compter des buts, on ne se préoccupera plus de ceux qui obtiennent des passes !

Une firme new-yorkaise ayant réalisé une analyse informatisée des statistiques et du jeu de tous les hockeyeurs de la LHN attribue le titre de meilleur joueur de la Ligue au gardien Ken Dryden. Titre accompagné du trophée Seven-Crown et d'un chèque de 10 000 $. Le total des primes de Dryden pour la saison s'élève à près de 35 000 $.

MEILLEURS MARQUEURS		PJ	B	A	PTS	PUN
Guy Lafleur	**Canadiens**	79	60	72	132	26
Bryan Trottier	NY Islanders	77	46	77	123	46
Darryl Sittler	Toronto	80	45	72	117	100
Jacques Lemaire	**Canadiens**	76	36	61	97	14
Denis Potvin	NY Islanders	80	30	64	94	81
Michael Bossy	NY Islanders	73	53	38	91	6
Terry O'Reilly	Boston	77	29	61	90	211
Gilbert Perreault	Buffalo	79	41	48	89	20
Bobby Clarke	Philadelphie	71	21	68	89	83
Lanny McDonald	Toronto	74	47	40	87	54
Wilf Paiement	Colorado	80	31	56	87	114

Le règne de Pollock tire à sa fin et l'entraîneur Bowman voudrait bien lui succéder. Mais la direction a d'autres visées.

1978  1979

Les Canadiens maintiennent la cadence en tête de la Division Norris, 115 points contre 85 pour Pittsburgh, et célèbrent une quatrième coupe Stanley consécutive. Lafleur (129) est toutefois devancé par Bryan Trottier (134) et Marcel Dionne (130) au sommet des marqueurs, mais conserve son poste dans la première équipe d'étoiles. Bryan Trottier succède également à Lafleur au titre de joueur le plus utile. Boston (4e année d'affilée), les Islanders et Chicago conservent leur titre. Les Barons de Cleveland et les North Stars fusionnent, et la nouvelle équipe demeure au Minnesota rejoignant la Division Adams. En séries, Montréal élimine rapidement Toronto (quatre parties), mais reçoit une opposition féroce des Bruins en demi-finale. Boston comble des écarts de 2-0 et 3-2 et s'incline au septième match sur un but d'Yvon Lambert en supplémentaire. La partie est moins ardue en finale contre les Rangers, qui remportent le premier match mais perdent les quatre suivants. Bob Gainey reçoit le trophée Lester-B.-Pearson du meilleur attaquant défensif. Dryden partage un troisième Vézina consécutif (son cinquième au total) avec Larocque, Serge Savard gagne le trophée Masterton, Bobby Smith, futur membre des Canadiens, reçoit le trophée Calder à titre de recrue de l'année. Trois Canadiens dans la première équipe d'étoiles, Dryden, Robinson et Lafleur, et un autre, Savard, dans la deuxième.

● Ken Dryden inscrit son nom sur le trophée Vézina une cinquième fois, la troisième de suite en compagnie de Larocque. Lors des éliminatoires, il ajoute à son invincibilité, remportant les 12 victoires du club pour la quatrième fois de sa carrière tout en portant son grand total de gains en séries à 80.

Pollock souhaite bonne chance à son successeur, Irving Grundman.

1978 1979

Molson revient et Pollock part

L e sénateur Hartland Molson n'a pas du tout apprécié le fait que ses neveux se défassent des Canadiens au profit de la famille Bronfman en 1971. Il retrouve le sourire moins de sept ans plus tard, en août 1978, lorsque Molson, prenant de vitesse sa grande rivale, Labatt, annonce l'acquisition du club de hockey. Ce qui n'inclut toutefois pas le Forum, dont le Canadien devient locataire.

Les rumeurs de vente de l'équipe circulaient déjà depuis quelque temps, alors que les dirigeants de Labatt témoignaient d'un intérêt certain pour le club, à hauteur de 23 millions. Mais au moment de déposer une offre à Carena Bancorp, la société propriétaire de l'organisation, Labatt s'est vu damer le pion par une offre ferme de 20 millions en provenance de Molson. Cette offre, officiellement déposée au début d'août, lui permet d'acquérir le club Canadiens ainsi que les Voyageurs, l'équipe junior, plus une location du Forum à long terme avec option d'achat à sa discrétion.

La transaction est plutôt intéressante pour les frères Peter et Edward Bronfman, qui avaient acquis l'équipe et le Forum pour quelque 15 millions le 30 décembre 1971, à la veille d'une réforme fiscale taxant les gains de compagnie.

La vente de l'équipe signifie aussi le départ de Sam Pollock, attaché à l'organisation depuis 31 ans, dont 14 à titre de directeur général. Sa compétence d'administrateur, un flair incroyable pour repérer le talent et d'habiles transactions ont valu neuf coupes Stanley aux Canadiens. Encore jeune à 52 ans, il profite de la vente de l'équipe pour se rapprocher de sa famille et opter pour de nouvelles fonctions chez Carena Bancorp, dont il est demeuré

Les relations entre Bowman et ses joueurs ne sont pas toujours faciles.

● Lafleur connaît une nouvelle séquence de 23 parties avec au moins un point, du 23 novembre au 13 janvier. Il avait connu une première série de 28 parties en 1976-77.

● Jacques Lemaire termine à égalité au premier rang des marqueurs des séries. Pour la deuxième fois en trois ans, c'est lui qui enfile le but assurant la coupe Stanley au Tricolore.

● Cette fois, les joueurs des Canadiens célèbrent la conquête d'une quatrième coupe de suite devant leurs partisans, après trois titres conquis en terrain ennemi.

● Le septième match de la demi-finale entre Boston et Montréal prend une tournure dramatique lorsque les Bruins, forts d'une avance de 3-1 après 40 minutes de jeu et qui mènent encore 4-3 en fin de troisième, sont punis pour avoir eu trop de joueurs sur la glace. Guy Lafleur marque à 18 min 46 s sur une passe de Lemaire, et Yvon Lambert propulse le Tricolore en finale avec un but à 9 min 33 s en temps supplémentaire.

● Nouvelle polémique au sujet de l'inscription du nom d'un joueur sur la coupe Stanley. Cam Connor n'a participé qu'à 27 matchs des Canadiens au cours de la saison 1978-79, et il lui en fallait 40 selon les règlements de la Ligue s'il ne jouait pas en finale. Ignoré par l'entraîneur Bowman, il n'a effectivement pas participé à la finale, mais il avait inscrit le but gagnant en prolongation lors de la troisième rencontre en quart de finale. Les Canadiens et l'Association des joueurs s'en mêlent et, finalement, la Ligue se ravise au cours de l'été par une subtile interprétation du règlement.

● Les Capitals de Washington réclament le vétéran défenseur Pierre Bouchard au repêchage intraligue du 9 octobre puis l'échangent aussitôt aux Canadiens, mais la Ligue annule la transaction quelques jours plus tard en stipulant que son nom doit d'abord être soumis au ballottage. La presse

ÉQUIPE 1978-79						
Entraîneur : Scotty Bowman (80-52-17-11)						
N°	POS	JOUEURS	PJ	B	A	PTS	PUN
10	AD	Guy Lafleur	80	52	77	129	28
22	AG	Steve Shutt	72	37	40	77	31
6	C	Pierre Mondou	77	31	41	72	26
11	AG	Yvon Lambert	79	26	40	66	26
19	D	Larry Robinson	67	16	45	61	33
14	AD	Mario Tremblay	76	30	29	59	74
25	C	Jacques Lemaire	50	24	31	55	10
5	D	Guy Lapointe	69	13	42	55	43
15	AD	Réjean Houle	66	17	34	51	43
23	AG	Bob Gainey	79	20	18	38	44
18	D	Serge Savard	80	7	26	33	30
31	AD	Mark Napier	54	11	20	31	11
8	C	Doug Risebrough	48	10	15	25	62
21	C	Doug Jarvis	80	10	13	23	16
28	C	Pierre Larouche	36	9	13	22	4
30	AD	Pat Hughes	41	9	8	17	22
27	AD	Rick Chartraw	62	5	11	16	29
3	D	Brian Engblom	62	3	11	14	60
24	D	Gilles Lupien	72	1	9	10	124
12	AD	Yvan Cournoyer	15	2	5	7	2
17	D	Rod Langway	45	3	4	7	30
20	AD	Cam Connor	23	1	3	4	39
1	G	Michel Larocque	34	0	3	3	2
29	G	Ken Dryden	47	0	3	3	4
26	AG	Dan Newman	16	0	2	2	4
32	AD	Dave Lumley	3	0	0	0	0

GARDIENS	PJ	G	P	N	MIN	BC	BL	MOY
Ken Dryden	47	30	10	7	2814	108	5	2,30
Michel Larocque	34	22	7	4	1986	94	3	2,84

actionnaire. Quelques jours après son départ, il est admis au Temple de la renommée à titre de bâtisseur.

L'intérêt pour le sport lui reviendra quelques années plus tard, après avoir décliné moult offres de toutes sortes, et il s'associera aux Blue Jays de Toronto, de la Ligue américaine de baseball.

Son remplacement au poste de gérant soulève la controverse dans l'entourage du Canadien. Scotty Bowman lorgne le poste, mais est évincé au profit d'un Irving Grundman beaucoup moins connu. Ce dernier, que Pierre

L'aisance de Serge Savard à contrôler la rondelle rassure Dryden, même en présence d'un dangereux marqueur comme Richard Martin.

montréalaise se mobilise, ses coéquipiers des Canadiens le soutiennent. Rien n'y fait et Bouchard annonce sa retraite. Mais Gros Pierre s'ennuie du hockey. Il revient sur sa décision en toute fin de saison et accepte de compléter sa carrière à Washington.

● Bill Nyrop, défenseur prometteur du Tricolore, décide soudainement de laisser l'équipe en plein camp d'entraînement et de retourner travailler avec son millionnaire de père au Minnesota.

● Murray Wilson est échangé à Los Angeles pour le premier choix de 1981, qui sera Gilbert Delorme.

● Autre perte pour le Tricolore, son premier choix du repêchage amateur, Danny Geoffrion (le fils de Boom Boom) signe un contrat avec les Nordiques. Il reviendra à Montréal à la faveur de la fusion l'année suivante.

● Des problèmes de dos persistants obligent Yvan Cournoyer à s'absenter du jeu, d'abord pour quelques matchs,

puis définitivement après une quinzaine de rencontres. Le *Roadrunner* sera forcé de renoncer au hockey après quelques interventions à la colonne vertébrale. Il se présentera tout de même au camp de 1979, mais le risque est trop grand et il laissera tout tomber.

● Réjean Houle dispute son 400e match dans l'uniforme des Canadiens à Detroit le 27 décembre, pendant qu'à Montréal les propriétaires du *Montréal-Matin*, populaire quotidien francophone depuis

trente-sept ans, s'apprêtent à arrêter définitivement les presses du journal.

● Tous les joueurs, sauf le gardien Larocque, participent au pointage d'une raclée de 12-0 infligée aux Penguins le 22 février devant une foule euphorique au Forum.

● Outre Pollock, la liste des intronisés au Temple de la renommée de cette année inclut un grand novateur, Jacques Plante, l'initiateur du masque des gardiens, ainsi que Marcel Pronovost et Andy Bathgate.

1978 1979

Larouche qualifiera plus tard de « gérant de salle de quilles » en raison de ses antécédents avant son arrivée au Forum en 1971, n'est pas un homme de hockey, de son propre aveu. Il était le président du Canadian Arena jusqu'à sa nomination, mais prenait tout de même une part active aux affaires du club.

Bowman est furieux. Mais il est lié au club pour deux ans encore à la suite du contrat signé en juin. Il n'a d'autre choix que d'accepter l'autorité du nouveau patron, même s'il laisse un moment entrevoir la possibilité de s'en aller, peu après sa première rencontre avec Grundman. D'autant plus que celui-ci a annoncé lors de sa nomination que désormais les questions de hockey relèvent d'un comité formé de Bowman et de son adjoint Claude Ruel, en plus de Ronald Caron et de Al MacNeil.

VOLTE-FACE DES CANADIENS

La campagne de boycottage des produits Molson, entreprise à la grandeur du Canada mais particulièrement forte dans l'Ouest, incite les dirigeants des Canadiens à revoir en catastrophe leur opposition au projet d'intégration des clubs de l'Association mondiale manifestée le 8 mars 1979. Lors de cette rencontre à Key Largo, 5 des 17 concessions de la LNH se sont opposées : Boston, Los Angeles, Toronto, Vancouver et... Montréal, dont le vote négatif ne sera découvert qu'après coup. Pourtant, le président Jacques Courtois, ainsi qu'Irving Grundman et Sam Pollock s'étaient dits favorables à la fusion partout où ils étaient passés. À la suite du vote, Réjean Tremblay écrit dans *La Presse* : « Le coup mortel est venu de Montréal. »

Les Canadiens, ainsi que Toronto, Vancouver, Boston, Los Angeles et les Rangers de New York se sont aussi opposés à la fusion avec l'AMH lors de discussions antérieures à Detroit, en juin 1978. La LNH, certaine d'avoir le gros bout du bâton, exigeait à l'époque rien de moins que le rapatriement de tous ses joueurs.

Les Canadiens et Molson sont mis au pilori. La tempête qui s'ensuit est à ce point violente et hostile à Québec, à Montréal, à Toronto et surtout dans l'Ouest, que la haute direction de Molson, qui voulait protéger ses contrats de télédiffusion, réclame une reprise immédiate des pourparlers.

TROPHÉES
COUPE STANLEY
Canadiens de Montréal
TROPHÉE PRINCE-DE-GALLES
Canadiens de Montréal
TROPHÉE CLARENCE-CAMPBELL
Islanders de New York
TROPHÉE HART
Bryan Trottier
Islanders de New York
TROPHÉE ART-ROSS
Bryan Trottier
Islanders de New York
TROPHÉE LADY-BYNG
Bob MacMillan
Flames d'Atlanta
TROPHÉE CALDER
Bobby Smith
North Stars du Minnesota
TROPHÉE GEORGES-VÉZINA
Ken Dryden et
Michel Larocque
Canadiens de Montréal

● Les joueurs à atteindre des sommets significatifs au tableau des marqueurs au cours de la saison sont Jacques Lemaire et Guy Lafleur (800 points), Guy Lapointe (500 points), Steve Shutt (400 points), Larry Robinson et Yvon Lambert (300 points), et encore Lafleur (400 passes).

● Autre marque intéressante pour Lemaire, qui établit un nouveau record du circuit avec un total de six buts en avantage numérique en éliminatoires.

● Au chapitre des parties jouées avec le club, Guy Lapointe, tout comme Lafleur, en compte 600, Steve Shutt en a 500, Yvon Lambert 400, Larry Robinson, Mario Tremblay et Doug Jarvis, 300.

● Michel Larocque n'a pas de veine au cours de la finale contre les Rangers. Les Canadiens perdent le premier match et Bowman décide de remplacer Dryden par Larocque en cours de partie. Appelé à entreprendre la deuxième rencontre, Bunny se blesse lors de l'échauffement et on ne le reverra pas de la série.

Avant son départ pour Washington, Pierre Bouchard a eu le temps de s'initier à la photographie avec un professeur de renom, Denis Brodeur.

1978 1979

TROPHÉES
TROPHÉE JAMES-NORRIS
Denis Potvin
Islanders de New York
TROPHÉE CONN-SMYTHE
Bob Gainey
Canadiens de Montréal
TROPHÉE BILL-MASTERTON
Serge Savard
Canadiens de Montréal
TROPHÉE LESTER-B.-PEARSON
Marcel Dionne
Kings de Los Angeles
TROPHÉE JACK-ADAMS
Al Arbour
Islanders de New York
TROPHÉE FRANK-J.-SELKE
Bob Gainey
Canadiens de Montréal

Réunis à Chicago en assemblée extraordinaire, exactement deux semaines après le refus de Key Largo, les gouverneurs de la Ligue donnent leur accord cette fois, par un vote de 17 à 3, à l'adhésion des clubs de Québec, Edmonton, Winnipeg et Hartford. Les Canadiens et les Canucks ont changé de camp.

Finalement, chacune des quatre formations est autorisée à protéger seulement deux joueurs et deux gardiens, la LNH tenant à récupérer la centaine de joueurs perdus au fil des ans (dont 22 par les Canadiens). Il en coûtera 6 millions à chaque « fusionné » et les droits de télévision seront presque totalement interdits aux nouveaux arrivants pendant les cinq ans à venir.

LE PLUS UTILE ET LE MEILLEUR « DÉFENSIF »

Bob Gainey démontre une fois de plus son utilité à l'équipe avec un deuxième trophée Frank-Selke à titre de meilleur joueur défensif. Il vient d'ailleurs de connaître une première saison de 20 buts. Il fait encore mieux au cours de

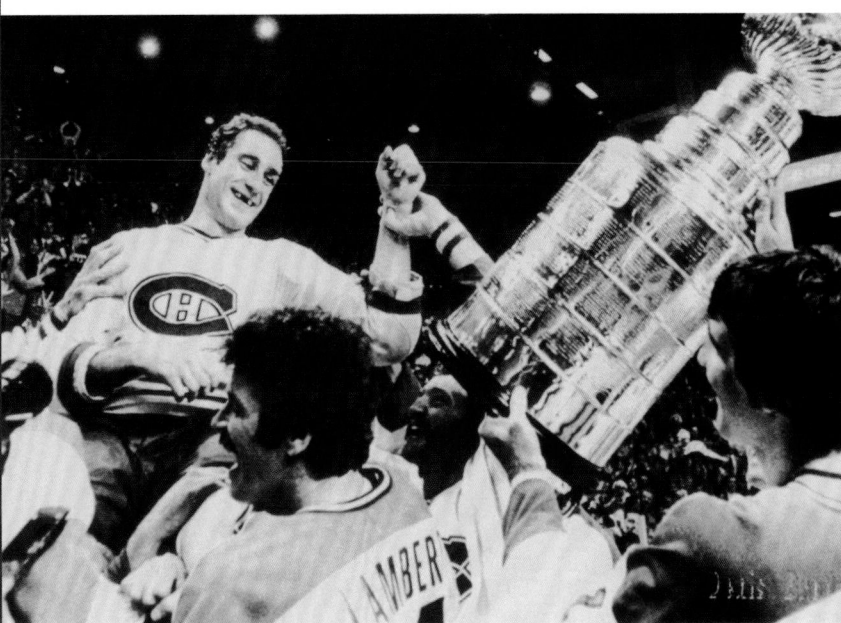

Bob Gainey, choisi le meilleur joueur des séries, fait un tour de patinoire sous les acclamations de la foule.

● L'AMH a été réduite à sept équipes après l'abandon du projet de fusion en juin 1978, puis Indianapolis ferme boutique avant même le milieu de la saison. On doit ajouter encore quelques parties contre l'URSS, la Tchécoslovaquie et la Finlande au calendrier officiel.

● Pour survivre, l'AMH doit intensifier sa recherche de talents, quitte à transgresser les règles pour accaparer les meilleurs espoirs. Après l'affaire des Baby Bulls à Birmingham, les Racers

d'Indianapolis embauchent un jeune prodige de 17 ans, Wayne Gretzky. Mais le propriétaire des Racers, Nelson Skalbania, doit vendre son contrat à Peter Pocklington, des Oilers d'Edmonton, après seulement huit parties, pour sauver sa concession.

● Réal Cloutier reprend le titre de champion marqueur de l'AMH, mais les Nordiques sont éliminés en quatre matchs de suite par les Jets de Winnipeg en demi-finale, pendant qu'à Québec on entreprend les travaux d'agrandissement

du Colisée pour accueillir les futurs Nordiques de la LNH.

● Les Rangers arrachent les talentueux Suédois Anders Hedberg et Ulf Nilsson aux Jets de Winnipeg en leur offrant des contrats de deux ans pour un million. Ce qui n'empêche pas les Jets de capturer la dernière coupe Avco de la courte histoire de l'AMH.

● Fred Shero, l'homme qui a construit les *Broad*

Street Bullies à Philadelphie, s'amène derrière le banc des Rangers, qu'il conduit en finale. New York avait terminé dernier de sa division lors des deux saisons précédentes.

● Moment sombre en ce 8 novembre alors que Bobby Orr, le plus grand défenseur de l'histoire de la Ligue, accroche définitivement ses patins après six interventions

la ronde éliminatoire contre les Maple Leafs, les Bruins et les Rangers. Sa fiche de 6 buts et 10 passes, la meilleure de sa carrière, le place au rang des meilleurs marqueurs de l'équipe, mais c'est d'abord par son utilité à contrer les attaques adverses qu'il contribue à cette 22e coupe de l'histoire, la 15e en 24 ans.

Nommé joueur par excellence des séries, c'est confortablement assis sur les épaules de deux de ses coéquipiers qu'il effectue le tour de la patinoire du Forum le soir du 5 mai.

Guy Lafleur et l'une de ses idoles, le pilote automobile Gilles Villeneuve.

L'ULTIMATUM DE LAFLEUR

Lafleur lance un ultimatum aux Canadiens le 24 octobre, peu après le début de la saison : ou bien on rouvre son contrat signé presque de force en 1973 (1 million pour 10 ans) ou bien il refuse de jouer le lendemain à Toronto. Il accompagne pourtant l'équipe dans la Ville Reine, pendant que son chargé d'affaires, Jerry Petrie, discute avec Grundman au Forum. Les négociations avancent, mais le temps aussi. En fin de journée, Petrie et Grundman partent en trombe pour Toronto, espérant convaincre le principal intéressé, qui attend dans une salle attenante au vestiaire, de rejoindre l'équipe, même si l'affaire n'est pas conclue.

Lafleur se fait tirer l'oreille, il ne veut pas se faire avoir comme en 1973. Finalement, il accepte et saute sur la glace avec les autres joueurs. Quelques jours plus tard, son salaire est porté à 325 000 $ et il devient le plus haut salarié de l'équipe.

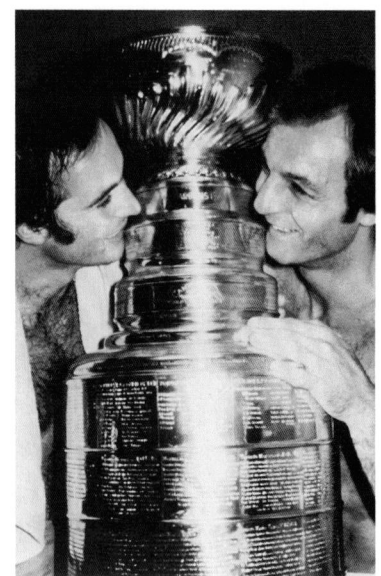

Shutt et Lafleur, deux complices sur la glace, laissent éclater leur satisfaction une fois rendus au vestiaire.

chirurgicales aux genoux. Il avait bien tenté un retour après une saison complète de récupération, mais six parties l'ont convaincu que la mission était devenue impossible.

● Bryan Trottier est déjà dans l'esprit des Fêtes le 23 décembre alors qu'il s'offre un nouveau record de la LNH, toujours valide, de six points (3-3) dans une même période.

● Les Soviétiques perdent le premier match de la série pour la coupe Défi contre les étoiles de la LNH au compte de 4 à 2, mais gagnent les deux suivants 5 à 4 et 6 à 0. Cette série, disputée à la mi-saison à New York, remplace le traditionnel match des étoiles.

● Trottier ravit les trophées Art-Ross et Hart à Guy Lafleur. C'est Marcel Dionne, membre de la Triple couronne avec Dave Taylor et Charlie Simmer, qui hérite du Pearson destiné au joueur par excellence.

● Troisième trophée Norris (deuxième de suite) pour le défenseur des Islanders, Denis Potvin.

● Mike Bossy revient encore plus fort à sa deuxième saison et compte 69 buts, un sommet dans sa carrière. Il termine quatrième avec 126 points.

● Grande première dans l'histoire des Flyers de Philadelphie, qui disputent un premier match sans aucune pénalité le 18 mars contre les Blues.

● Randy Holt, des Kings, reçoit 67 minutes de punitions en première période dans un match contre les Flyers. L'arbitre lui inflige une punition mineure, trois majeures, deux d'inconduite et trois d'inconduite de partie. Personne n'a fait « mieux » depuis.

● Les 27 officiels de la Ligue s'entendent avec leur employeur à quelques jours du début des parties pré-saison, évitant la grève de justesse.

Guy Lafleur termine au troisième rang des marqueurs, derrière Bryan Trottier et Marcel Dionne qu'il avait devancés à tour de rôle lors des deux saisons précédentes. Il complète néanmoins une cinquième campagne consécutive avec plus de 50 buts et 100 points.

1978 1979

ASSOCIATION PRINCE-DE-GALLES

DIVISION NORRIS	PJ	G	P	N	BP	BC	PTS
Montréal (Canadiens)	80	52	17	11	337	204	115
Pittsburgh (Penguins)	80	36	31	13	281	279	85
Los Angeles (Kings)	80	34	34	12	292	286	80
Washington (Capitals)	80	24	41	15	273	338	63
Detroit (Red Wings)	80	23	41	16	252	295	62

DIVISION ADAMS	PJ	G	P	N	BP	BC	PTS
Boston (Bruins)	80	43	23	14	316	270	100
Buffalo (Sabres)	80	36	28	16	280	263	88
Toronto (Maple Leafs)	80	34	33	13	267	252	81
Minnesota (North Stars)	80	28	40	12	257	289	68

ASSOCIATION CLARENCE-CAMPBELL

DIVISION PATRICK	PJ	G	P	N	BP	BC	PTS
New York (Islanders)	80	51	15	14	358	214	116
Philadelphie (Flyers)	80	40	25	15	281	248	95
New York (Rangers)	80	40	29	11	316	292	91
Atlanta (Flames)	80	41	31	8	327	280	90

DIVISION SMYTHE	PJ	G	P	N	BP	BC	PTS
Chicago (Black Hawks)	80	29	36	15	244	277	73
Vancouver (Canucks)	80	25	42	13	217	291	63
St. Louis (Blues)	80	18	50	12	249	348	48
Colorado (Rockies)	80	15	53	12	210	331	42

MEILLEURS MARQUEURS

		PJ	B	A	PTS	PUN
Bryan Trottier	NY Islanders	76	47	87	134	50
Marcel Dionne	Los Angeles	80	59	71	130	30
Guy Lafleur	**Canadiens**	80	52	77	129	28
Michael Bossy	NY Islanders	80	69	57	126	25
Bob MacMillan	Atlanta	79	37	71	108	14
Guy Chouinard	Atlanta	80	50	57	107	14
Denis Potvin	NY Islanders	73	31	70	101	58
Bernie Federko	St. Louis	74	31	64	95	14
Dave Taylor	Los Angeles	78	43	48	91	124
Clark Gillies	NY Islanders	75	35	56	91	68

1979 🅲 1980

L'ASSOCIATION MONDIALE DISPARAÎT ET LA LIGUE NATIONALE ACCUEILLE LES NORDIQUES DE QUÉBEC, LES OILERS D'EDMONTON, LES JETS DE WINNIPEG ET LES WHALERS DE HARTFORD. CES DERNIERS REMPLACENT WASHINGTON DANS LA DIVISION NORRIS. LES CAPITALS SE RETROUVENT DANS LA DIVISION PATRICK AVEC LES FLYERS, QUI EN REDEVIENNENT LES CHAMPIONS. QUÉBEC JOUE DANS LA DIVISION ADAMS OÙ BUFFALO TERMINE PREMIER ET LES CLUBS D'EDMONTON ET WINNIPEG SE JOIGNENT À LA DIVISION SMYTHE, DOMINÉE UNE TROISIÈME SAISON DE SUITE PAR CHICAGO. LES CANADIENS SONT ENCORE PREMIERS DE LA DIVISION NORRIS PAR UNE BONNE MARGE. LE CLUB ÉLIMINE HARTFORD TROIS PARTIES À ZÉRO EN RONDE PRÉLIMINAIRE MAIS SE FAIT SURPRENDRE PAR MINNESOTA EN QUART DE FINALE. LES NORTH STARS GAGNENT LES DEUX PREMIÈRES RENCONTRES À MONTRÉAL, LES CANADIENS RÉPLIQUENT AVEC TROIS VICTOIRES, MAIS MINNESOTA REVIENT À LA CHARGE AVEC DES GAINS DE 5-2 ET 3-2. CE SONT TOUTEFOIS LES ISLANDERS QUI REMPORTENT LA COUPE AU DÉTRIMENT DES FLYERS. MARCEL DIONNE TERMINE À ÉGALITÉ AVEC WAYNE GRETZKY AU SOMMET DES MARQUEURS, MAIS AVEC DEUX BUTS DE PLUS, IL REMPORTE LE TITRE OFFICIEL AINSI QU'UN DEUXIÈME TROPHÉE LESTER-B.-PEARSON DE SUITE. LAFLEUR EST TROISIÈME. TROPHÉES HART ET LADY-BYNG À GRETZKY, CALDER À RAYMOND BOURQUE, NORRIS À ROBINSON ET VÉZINA À ROBERT SAUVÉ ET DON EDWARDS. GAINEY MÉRITE UN TROISIÈME TROPHÉE SELKE CONSÉCUTIF. ROBINSON ET LAFLEUR (6E FOIS DE SUITE) SONT DANS LA PREMIÈRE ÉQUIPE D'ÉTOILES, SHUTT DANS LA SECONDE.

Le rêve de Bernard Geoffrion de diriger l'équipe où il a accompli ses exploits comme joueur est vite devenu un cauchemar et, malgré son caractère enjoué, il a vite craqué sous la pression.

Quatre lourdes pertes

L'annexion de l'Association mondiale fait jaser dans l'entourage des Canadiens, mais à l'ouverture du camp en septembre, les conversations des joueurs portent davantage sur d'autres événements qui risquent beaucoup plus de transformer le visage de l'équipe. Jacques Lemaire, à qui l'équipe de Sierre a offert une maison de campagne, une auto luxueuse, ainsi qu'un contrat de joueur-entraîneur et de directeur général cousu d'or, est parti pour la Suisse, malgré une proposition intéressante et l'opposition du Tricolore. « Je cours le risque », affirme catégoriquement Lemaire au journaliste Bertrand Raymond du *Journal de*

● Morgan McCammon, qui avait joué un rôle de premier plan dans la volte-face des Canadiens en faveur de l'acceptation des équipes de l'AMH et de la reprise du vote de la LNH, remplace Jacques Courtois à la présidence du club en août.

● Henri Richard, Bobby Orr et Harry Howell sont intronisés au Panthéon du hockey le même jour. Handicapé par des problèmes d'audition, Frank Selke démissionne comme président du comité de sélection.

● La défensive des Canadiens éprouve quelques difficultés en raison du départ de Dryden, concédant 36 buts de plus à l'adversaire. Néanmoins, Robinson est de nouveau choisi meilleur défenseur du circuit et Bob Gainey inscrit son nom pour la troisième fois à titre de meilleur attaquant défensif.

● C'est Serge Savard qui hérite du poste de capitaine d'Yvan Cournoyer. Le Sénateur occupait déjà le rôle, à titre provisoire, lors des dernières séries.

● Lafleur, qui ne cache pas son admiration pour la chanteuse Mireille Mathieu, participe à la production d'un disque au rythme disco sur lequel il donne quelques conseils au sujet du hockey.

● La Société Saint-Jean-Baptiste de Montréal crée le Prix Maurice-Richard, qu'elle destine annuellement au sportif québécois s'étant le plus distingué localement ou à l'étranger.

● Al MacNeil quitte l'organisation du Tricolore pour accepter un poste d'entraîneur chez les Flames d'Atlanta.

● Le repêchage amateur permet aux Canadiens de miser sur quelques talents prometteurs, notamment Gaston Gingras et Mats

1979-1980

Montréal, devant la possibilité qu'Irving Grundman tente de bloquer son passage au hockey européen.

Un mois plus tard, au milieu de l'été, Ken Dryden, dont les intentions sont connues depuis le début de la saison, annonce qu'il se retire à nouveau du hockey, pour de bon cette fois.

Puis à son tour, après avoir vainement tenté de surmonter ses problèmes de dos, Yvan Cournoyer est contraint de tirer sa révérence à quelques jours du début de la saison, arrêtant sa collection de coupes Stanley à 10, soit une seule de moins que son valeureux ancien compagnon d'armes, Henri Richard.

De plus, Scotty Bowman, qui a dirigé l'équipe avec une poigne de fer depuis huit ans, lui procurant cinq coupes Stanley, dont les quatre dernières consécutivement, est parti lui aussi, à Buffalo, pour y occuper le poste de directeur général que le Canadien lui a refusé.

Le Tricolore ne va plus jamais être le même. D'un seul coup, l'équipe perd quatre piliers alors que s'ouvre une nouvelle page du hockey. La base de l'équipe demeure solide avec Larocque, Robinson, Savard, Lapointe, Lafleur, Larouche, Shutt, Gainey, Houle et compagnie, mais les guerriers capables de changer une défaite en victoire vont être moins nombreux. Sans compter l'arrivée d'un nouvel entraîneur, certes fort spectaculaire, mais sans doute pas assez hargneux.

Effectivement, l'équipe file vers un autre titre dans la faible Division Norris, mais l'histoire s'avère tout autre en séries. Hartford est une proie facile en ronde préliminaire, mais pas Minnesota, avec son prodigieux gardien, Gilles Meloche, lors de la suivante. Meloche inspire les siens tout au long de la bataille pour finalement les mener à un triomphe en sept parties dans une série toute en rebondissements.

Le rêve d'une répétition des cinq coupes consécutives s'éteint douloureusement le 27 avril, sur un but d'Al MacAdam, des North Stars du Minnesota, à moins de deux minutes de la fin du troisième tiers, au septième match quart de finale.

Muté sur le trio de Lafleur et Shutt, Pierre Larouche, obtient 50 buts, exploit qu'il avait accompli à Pittsburgh quatre ans plus tôt.

MEILLEURS MARQUEURS		PJ	B	A	PTS	PUN
Marcel Dionne	Los Angeles	80	53	84	137	32
Wayne Gretzky	Edmonton	79	51	86	137	21
Guy Lafleur	**Canadiens**	**74**	**50**	**75**	**125**	**12**
Gilbert Perreault	Buffalo	80	40	66	106	57
Mike Rogers	Hartford	80	44	61	105	10
Bryan Trottier	NY Islanders	78	42	62	104	68
Charlie Simmer	Los Angeles	64	56	45	101	65
Blaine Stoughton	Hartford	80	56	44	100	16
Darryl Sittler	Toronto	73	40	57	97	62
Blair MacDonald	Edmonton	80	46	48	94	6
Bernie Federko	St. Louis	79	38	56	94	24

Näslund en deuxième ronde, ainsi que Guy Carbonneau et Rick Wamsley en troisième.

● Guy Lafleur devance successivement Bernard Geoffrion et Yvan Cournoyer pour les buts et les points, avec son 372e but et son 863e point. Dans les deux cas, il passe au quatrième rang chez les Canadiens.

● La valse des records se poursuit tout au long de la saison pour le numéro 10.

Le 27 décembre, il atteint les 1 000 points (incluant les séries) ; deux jours plus tard, il obtient sa 500e passe, puis ce sera son 900e point en janvier et enfin son 400e but en mars. Il est le plus jeune joueur à revendiquer 400 buts. C'est aussi lui qui a eu besoin du moins grand nombre de parties, 667.

● D'autres joueurs passent aussi au groupe des meilleurs marqueurs du club en cours d'année. Steve Shutt obtient un 500e point dans l'uniforme

du club le 22 décembre, tandis que Guy Lapointe dépasse Doug Harvey chez les défenseurs avec 373 assistances. Larry Robinson n'est pas trop loin, avec sa 300e passe en janvier. Moins d'un mois plus tard, il en sera à son 400e point. En début de saison, il participait à un 500e match.

● Chez les joueurs d'avant, Pierre Larouche a plus de 400 points en fin de saison et Réjean Houle, plus de 300.

● Chez les autres vétérans, Serge Savard totalise maintenant 800 parties jouées, Yvon Lambert en a 500 et Mario Tremblay, ainsi que Doug Jarvis, 400.

● Le Tricolore dispute un autre match exceptionnel contre les Soviétiques la veille du jour de l'An. Dominant 35-14 dans les tirs au but, les Montréalais disposent des Rouges 4 à 2 devant 17 000 spectateurs.

1979-1980

ÉQUIPE 1979-80						
Entraîneurs : Bernard Geoffrion (20-15-9-6) Claude Ruel (60-32-11-7)						
Nº	POS	JOUEURS	PJ	B	A	PTS	PUN
10	AD	Guy Lafleur	74	50	75	125	12
28	C	Pierre Larouche	73	50	41	91	16
22	AG	Steve Shutt	77	47	42	89	34
19	D	Larry Robinson	72	14	61	75	39
6	C	Pierre Mondou	75	30	36	66	12
11	AG	Yvon Lambert	77	21	32	53	23
31	AD	Mark Napier	76	16	33	49	7
15	AD	Réjean Houle	60	18	27	45	68
14	AD	Mario Tremblay	77	16	26	42	105
17	D	Rod Langway	77	7	29	36	81
23	AG	Bob Gainey	64	14	19	33	32
5	D	Guy Lapointe	45	6	20	26	29
21	C	Doug Jarvis	80	13	11	24	28
3	D	Brian Engblom	70	3	20	23	43
8	C	Doug Risebrough	44	8	10	18	81
18	D	Serge Savard	46	5	8	13	18
27	AD	Rick Chartraw	66	5	7	12	35
2	D	Gaston Gingras	34	3	7	10	18
24	D	Gilles Lupien	56	1	7	8	109
20	AD	Dan Geoffrion	32	0	6	6	12
26	AG	Norm Dupont	35	1	3	4	4
30	AD	Chris Nilan	15	0	2	2	50
1	G	Michel Larocque	39	0	2	2	4
30	C	Keith Acton	2	0	1	1	0
2	D	Moe Robinson	1	0	0	0	0
30	G	Rick Meagher	2	0	0	0	0
33	G	Richard Sévigny	11	0	0	0	4
32	G	Denis Herron	34	0	0	0	0
25	AD	Yvan Joly	-	-	-	-	-

GARDIENS	PJ	G	P	N	MIN	BC	BL	MOY
Denis Herron	34	25	3	3	1909	80	0	2,51
Richard Sévigny	11	5	4	2	632	31	0	2,94
Michel Larocque	39	17	13	8	2259	125	0	3,32

LE DÉMON BLOND ÉBLOUIT TOUJOURS

Pierre Larouche prend la place de Jacques Lemaire entre Steve Shutt et Guy Lafleur, sans que le jeu du premier trio du Canadien n'en soit aucunement affecté. Lafleur et Larouche inscrivent 50 buts chacun et Shutt presque autant, avec 47. Pour le Démon blond, qui ajoute 75 passes à sa fiche, il s'agit d'une sixième saison consécutive de 50 buts et 100 points. Quant à Larouche, il est le premier joueur à inscrire 50 buts avec deux équipes différentes.

Larouche est le troisième joueur de centre à jouer régulièrement avec le Démon blond, après Pete Mahovlich et Lemaire.

Par contre, c'est la dernière saison aussi productive pour Flower, qui reçoit une sixième coupe Molson d'affilée. Des blessures à répétition et quelques problèmes à l'extérieur de la glace vont lui faire manquer 29 parties en 1980-81 ; ce sera la fin des saisons avec buts et passes à la douzaine. Cependant Lafleur demeurera un fier compétiteur jusqu'à ce que le club le force à se retirer, en 1984. Et les « Guy ! Guy ! Guy ! » reprendront de plus belle à son retour avec les Rangers et les Nordiques, quelques années plus tard.

Sixième et dernière campagne consécutive de plus de 100 points pour Lafleur, qui continue d'éblouir les partisans du Tricolore.

● L'équipe américaine réussit l'impossible aux Jeux de Lake Placid en triomphant des Soviétiques 4-3 grâce à un but de Mike Eruzione en troisième période, lors de la ronde des médailles, pour ensuite conquérir une incroyable médaille d'or. Un exploit connu depuis sous le nom de Miracle sur glace. Les États-Unis n'avaient pas gagné l'or depuis 1960 à Squaw Valley et aucun autre pays n'avait battu les Soviétiques depuis.

● Selon John Ziegler, président de la LNH, l'ensemble des équipes du circuit accuse un déficit de 11 millions à la mi-juin 1979 et la moitié d'entre elles étaient dans le rouge la saison précédente. D'autre part, les équipes du circuit auront un beau 18,5 millions à se partager avec l'élargissement des cadres. Ça aide à équilibrer les budgets.

● Désormais, le casque protecteur est obligatoire pour tous les nouveaux joueurs de la Ligue. Cependant, quelques irréductibles, comme Guy Lafleur, conservent le droit acquis de ne pas porter de casque jusqu'à la fin de leur carrière.

● L'âge des joueurs admissibles au repêchage est réduit à 18 ans, au grand dam des équipes juniors. La razzia de l'AMH auprès des jeunes de talent est responsable de cette nouvelle réglementation.

● Gordie Howe écrit une nouvelle page d'histoire en formant un trio avec ses fils Mark et Marty le 9 mars, lors d'une rencontre des Whalers à Boston. Il a 52 ans.

● Howe détient pas moins de 15 records individuels de la LNH lorsqu'il se retire définitivement à la fin de la saison, dont ceux du nombre de buts (801), de passes (1 049), de points (1 850), de parties jouées (1 767) et de saisons (26). Il participe aux éliminatoires pour la 20e fois, alors que les Whalers affrontent les Canadiens en ronde préliminaire.

● Phil Esposito compte maintenant 1 500 points dans la LNH, mais il ne rejoindra jamais l'illustre Gordie Howe, complétant sa

1979-1980

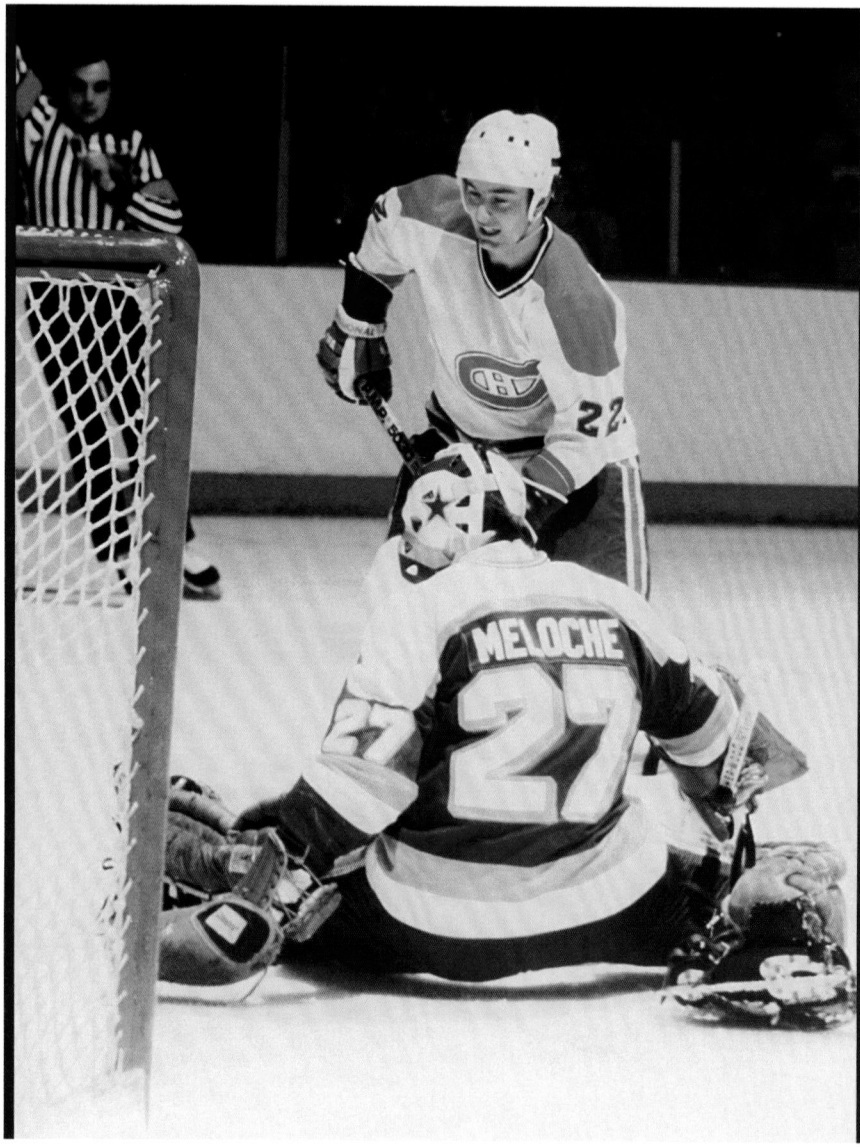

TROPHÉES	
COUPE STANLEY	
Islanders de New York	
TROPHÉE PRINCE-DE-GALLES	
Sabres de Buffalo	
TROPHÉE CLARENCE-CAMPBELL	
Flyers de Philadelphie	
TROPHÉE HART	
Wayne Gretzky	
Oilers d'Edmonton	
TROPHÉE ART-ROSS	
Marcel Dionne	
Kings de Los Angeles	
TROPHÉE LADY-BYNG	
Wayne Gretzky	
Oilers d'Edmonton	
TROPHÉE CALDER	
Raymond Bourque	
Bruins de Boston	
TROPHÉE GEORGES-VÉZINA	
Robert Sauvé et Don Edwards	
Sabres de Buffalo	
TROPHÉE JAMES-NORRIS	
Larry Robinson	
Canadiens de Montréal	
TROPHÉE CONN-SMYTHE	
Bryan Trottier	
Islanders de New York	

Les prouesses du gardien Gilles Meloche permettent aux North Stars de triompher de Steve Shutt et des Canadiens en sept parties lors de la ronde quart de finale.

carrière à 1 590 la saison suivante.

● Les Flyers de Philadelphie disputent 35 parties de suite sans perdre. Ce record, toujours valide, envoie aux oubliettes celui de 28 établi par les Canadiens moins de deux ans auparavant.

● Billy Smith, gardien des Islanders, est le premier cerbère de la LNH à être crédité d'un but le 28 novembre, lorsque Rob Ramage du Colorado expédie la rondelle dans son propre filet. Smith avait été le dernier joueur

des Islanders à toucher à la rondelle.

● Wayne Gretzky, bien qu'à sa première saison dans la LNH, n'est pas admissible au trophée Calder. On juge que la saison passée dans l'AMH lui enlève le statut de recrue. Il méritera néanmoins les titres de joueur le plus utile et de joueur le plus gentilhomme.

● Garry Unger a joué à Toronto, Detroit et St. Louis avant de se retrouver à Atlanta où il devient le nouvel homme de fer, à son 914e match consécutif dans la LNH. Il n'a pas raté une seule rencontre depuis 1968.

● Le nouveau format des séries oppose l'équipe en tête du classement à la 16e, la 2e à la 15e et ainsi de suite. Séries 3 de 5 pour la ronde préliminaire et 4 de 7 par la suite.

● L'un des meilleurs cerbères de la Ligue, Bernard Parent des Flyers, est obligé de mettre un terme à sa carrière après avoir subi une sévère blessure à un œil la saison précédente. Pendant ce temps, un autre Québécois d'origine, Robert Sauvé, partage le trophée Vézina avec son coéquipier Don Edwards.

● La série finale entre les Flyers, qui utilisent toujours la rudesse à outrance, et les Islanders, capables de jouer rude mais aussi avec finesse, se termine au sixième match sur un but de Bobby Nystrom en supplémentaire. Pendant que les Islanders fêtent leur première coupe Stanley, on apprend que les Flames d'Atlanta, admis dans la Ligue en même temps qu'eux, déménagent à Calgary.

TROPHÉES

TROPHÉE BILL-MASTERTON
Al MacAdam
North Stars du Minnesota
TROPHÉE LESTER-B.-PEARSON
Marcel Dionne
Kings de Los Angeles
TROPHÉE JACK-ADAMS
Pat Quinn
Flyers de Philadelphie
TROPHÉE FRANK-J.-SELKE
Bob Gainey
Canadiens de Montréal

ASSOCIATION PRINCE-DE-GALLES

DIVISION NORRIS	PJ	G	P	N	BP	BC	PTS
Montréal (Canadiens)	80	47	20	13	328	240	107
Los Angeles (Kings)	80	30	36	14	290	313	74
Pittsburgh (Penguins)	80	30	37	13	251	303	73
Hartford (Whalers)	80	27	34	19	303	312	73
Detroit (Red Wings)	80	26	43	11	268	306	63
DIVISION ADAMS	PJ	G	P	N	BP	BC	PTS
Buffalo (Sabres)	80	47	17	16	318	201	110
Boston (Bruins)	80	46	21	13	310	234	105
Minnesota (North Stars)	80	36	28	16	311	253	88
Toronto (Maple Leafs)	80	35	40	5	304	327	75
Québec (Nordiques)	80	25	44	11	248	313	61

ASSOCIATION CLARENCE-CAMPBELL

DIVISION PATRICK	PJ	G	P	N	BP	BC	PTS
Philadelphie (Flyers)	80	48	12	20	327	254	116
New York (Islanders)	80	39	28	13	281	247	91
New York (Rangers)	80	38	32	10	308	284	86
Atlanta (Flames)	80	35	32	13	282	269	83
Washington (Capitals)	80	27	40	13	261	293	67
DIVISION SMYTHE	PJ	G	P	N	BP	BC	PTS
Chicago (Black Hawks)	80	34	27	19	241	250	87
St. Louis (Blues)	80	34	34	12	266	278	80
Vancouver (Canucks)	80	27	37	16	256	281	70
Edmonton (Oilers)	80	28	39	13	301	322	69
Winnipeg (Jets)	80	20	49	11	214	314	51
Colorado (Rockies)	80	19	48	13	234	308	51

GEOFFRION ARRIVE EN COUP DE VENT ET REPART DANS LA TOURMENTE

Irving Grundman surprend tout le monde le 4 septembre, à quelques jours du camp, en annonçant la nomination de Bernard Geoffrion — l'une des grandes vedettes de l'équipe des années 1950 et du début des années 1960 — au poste d'entraîneur, en remplacement de Scotty Bowman. En conférence de presse, le Boomer en met plein la vue à son entourage avec son style flamboyant : « Faudra qu'on vienne nous voler la coupe », titre le *Journal de Montréal* sous la plume d'André Rousseau, citant Geoffrion au lendemain de sa nomination. Le verbe haut et maniant l'humour avec grande facilité, Geoffrion dit ne plus éprouver aucun problème de santé et vivre le rêve de sa vie.

Il entend honorer jusqu'à la fin les trois années de son contrat. Mais, bon gars jusqu'au bout des ongles, il dirige l'équipe avec un gant de velours. Parfois il prend les torts à la place des joueurs, d'autres fois il pointe les mauvais, mais toujours il ajoute à sa propre pression. Plusieurs joueurs le laissent tomber et murmurent dans son dos lorsque l'équipe essuie quelques revers trop rapprochés. Ghyslain Luneau, également journaliste au *Journal de Montréal*, écrit au lendemain du départ de Geoffrion, en citant Guy Lafleur : « Je sais que la pression est écrasante, mais elle le devient encore plus pour un instructeur qui se rend compte que son équipe ne donne pas 100 %. »

« Le "rêve de sa vie" n'aura duré que 100 jours », résume André Rousseau en faisant part de la démission de Geoffrion le 13 décembre.

Claude Ruel, le fidèle lieutenant, assure la relève une fois de plus.

LE SAVIEZ-VOUS...

Ken Morrow, membre de l'équipe médaillée d'or, se joint par la suite aux Islanders de New York et célèbre aussi la conquête d'une coupe Stanley. Il est le seul à revendiquer ce double exploit la même année.

L'annonce de la nomination de Geoffrion se fait dans la bonne humeur avec des déclarations-chocs dont il a le secret.

LE TRICOLORE RESTE PREMIER DANS LA DIVISION NORRIS ET FINIT AUSSI EN TÊTE DE L'ASSOCIATION PRINCE-DE-GALLES, MAIS LES OILERS D'EDMONTON, QUATRIÈMES DE LA DIVISION SMYTHE, LUI FONT LA BARBE TROIS PARTIES À ZÉRO EN RONDE PRÉLIMINAIRE. LES FLAMES D'ATLANTA DÉMÉNAGENT À CALGARY, MAIS GARDENT LEUR NOM. DEUXIÈME COUPE STANLEY POUR LES ISLANDERS, CHAMPIONS DE LA DIVISION PATRICK. BUFFALO ET ST. LOUIS SONT LES AUTRES CHAMPIONS DE DIVISION. WAYNE GRETZKY ÉTABLIT UNE NOUVELLE MARQUE AVEC 164 POINTS, DONT 109 PASSES. C'EST LE PREMIER DE SEPT TITRES D'AFFILÉE. DOUZE JOUEURS OBTIENNENT PLUS DE 100 POINTS, MAIS ON N'EN RETROUVE AUCUN DES CANADIENS. GRETZKY EST JUGÉ LE PLUS UTILE, RICHARD SÉVIGNY, DENIS HERRON ET MICHEL LAROCQUE INSCRIVENT LEUR NOM SUR LE TROPHÉE VÉZINA, ATTRIBUÉ POUR LA DERNIÈRE FOIS AUX GARDIENS AFFICHANT LA MEILLEURE MOYENNE DÉFENSIVE. BOB GAINEY MÉRITE LE TROPHÉE FRANK-SELKE UNE QUATRIÈME ANNÉE DE SUITE. PETER STASTNY, DES NORDIQUES, EST CHOISI RECRUE DE L'ANNÉE. ROBINSON EST LE SEUL MONTRÉALAIS DANS LES ÉQUIPES D'ÉTOILES, LA DEUXIÈME.

« Wickenheiser, le mal aimé »

C'est par ces mots que le chroniqueur du *Journal de Montréal*, Bertrand Raymond, résumera la carrière du premier choix des Canadiens et de la Ligue nationale de 1980, lors de son décès, des suites d'un cancer généralisé en janvier 1999. Doug Wickenheiser triomphera d'une première tumeur cancéreuse, découverte dans son poignet gauche en juillet 1994, mais le mal insidieux réapparaîtra dans son poumon droit trois ans plus tard, avant de gagner le cerveau peu après. Mort à 37 ans, il laissera derrière lui une jeune femme et trois petites filles.

La carrière du gros joueur de centre des Pats de Regina avait tourné à plein régime jusqu'à ce fameux repêchage de juin 1980. Joueur de l'année en 1979-80, grâce à une production de 89 buts et 170 points, Wicks constitue à 19 ans une option de choix pour le Canadien, qui recherche un centre au gros gabarit pour alimenter Lafleur. Mais pour y arriver, Irving Grundman doit passer outre à la préférence manifeste des partisans et des médias, Denis Savard, lequel a fait tout aussi bien avec le Canadien junior de Verdun. Finalement, Ronald Caron, le directeur du recrutement, l'emporte et convainc son patron d'opter pour le joueur de l'Ouest qui a le talent d'un Jean Béliveau, croit-on au Forum.

Wickenheiser, entre Claude Ruel et Irving Grundman, à l'aube d'une carrière qui s'annonçait prometteuse, mais qui allait s'étioler.

● Moment de réjouissance chez le Canadien lors du match du 20 novembre au Forum contre Detroit. Steve Shutt marque le 12 000e but du club. Shutt récidive sur le plan personnel en janvier avec le 600e point de sa carrière, devenant le neuvième joueur du Tricolore à réussir pareil exploit. Il avait d'ailleurs commencé les célébrations avec son 300e but, une semaine avant le 12 000e, lors d'une soirée «tour du chapeau». Fin novembre, c'est au tour de Guy Lafleur de disputer le 700e match de sa carrière. Le 4 mars, contre les Jets à Winnipeg, le numéro 10 ajoute deux buts et une passe à sa fiche, pour hausser son total à 1 000 points.

● Guy Lafleur passe au troisième rang des joueurs des Canadiens pour les points, devant le Rocket (966, le 12 novembre), et pour les buts, devant Yvan Cournoyer (429, le 12 mars).

● Autres chiffres significatifs: 400e point de Serge Savard en décembre et d'Yvon Lambert en février, ainsi que le 300e de Mario Tremblay en fin de saison. Savard avait aussi atteint le chiffre de 300 passes en octobre. Steve Shutt dépasse Dickie Moore chez les ailiers gauches montréalais le 27 décembre avec le 595e point de sa carrière. Quelques semaines plus tôt, à Montréal, il avait signé un 300e but.

● Jacques Laperrière revient dans l'organisation du Tricolore en septembre, à titre d'entraîneur-adjoint. Ruel mise beaucoup sur lui et l'invite même à l'aider derrière le banc en fin de saison.

● À sa troisième saison à Montréal, Mark Napier s'éclate avec une production de 35 buts, soit autant que Steve Shutt. Premier choix du Tricolore en 1977, Napier en est à sa troisième année à Montréal, après trois saisons dans l'AMH.

● À la mi-février, le gérant Irving Grundman décide de secouer l'équipe. Rick Chartraw est envoyé aux Kings de Los Angeles pour un choix de deuxième ronde, qui sera Claude Lemieux. Trois semaines plus tard, c'est au tour du

1980-1981

Tendu et renfermé dès le début du camp, Wickenheiser est vite écrasé par l'aversion du public, qui ne lui pardonne pas de prendre la place de Savard, et par l'immense pression des médias. La direction de l'équipe ajoute à cette pression en cherchant à justifier son choix. L'entraîneur Ruel l'envoie même dans les gradins lors du match d'ouverture contre Chicago pour éviter les comparaisons avec Denis Savard, que les Hawks ont réclamé au troisième rang. Ce soir-là, pendant que Savard éblouit la foule avec deux points, y compris son premier but dans la LNH, Wickenheiser mesure toute la profondeur du fossé qui l'attend. Il ne s'en remettra jamais, surtout que plus souvent qu'à son tour, Ruel et son successeur Bob Berry le laisseront au bout du banc, quand ils ne l'enverront pas carrément sur la galerie de presse.

Certains soirs, cet athlète, reconnu comme un bon gars tout en gentillesse et au sourire charmeur, connaît une bonne séquence, puis il est de nouveau écrasé sous le poids des critiques des médias et du public, du manque de confiance de l'équipe et de la belle assurance perdue. Durant la saison 1983-84, le prof Caron, devenu directeur général des Blues, convaincra le Canadien de lui céder Wickenheiser, en qui il a gardé confiance.

Certains soirs, Wickenheiser joue avec assurance, puis il est de nouveau écrasé sous le poids de la pression des médias et du public.

ÉQUIPE 1980-81

Entraîneur : Claude Ruel (80-45-22-13)

N°	POS	JOUEURS	PJ	B	A	PTS	PUN
22	AG	Steve Shutt	77	35	38	73	51
31	AD	Mark Napier	79	35	36	71	24
10	AD	Guy Lafleur	51	27	43	70	29
14	AD	Mario Tremblay	77	25	38	63	123
15	AD	Réjean Houle	77	27	31	58	83
11	AG	Yvon Lambert	73	22	32	54	39
28	C	Pierre Larouche	61	25	28	53	28
19	D	Larry Robinson	65	12	38	50	37
23	AG	Bob Gainey	78	23	24	47	36
17	D	Rod Langway	80	11	34	45	120
6	C	Pierre Mondou	57	17	24	41	16
12	C	Keith Acton	61	15	24	39	74
21	C	Doug Jarvis	80	16	22	38	34
8	C	Doug Risebrough	48	13	21	34	93
3	D	Brian Engblom	80	3	25	28	96
2	D	Gaston Gingras	55	5	16	21	22
18	D	Serge Savard	77	4	13	17	30
25	C	Doug Wickenheiser	41	7	8	15	20
30	AD	Chris Nilan	57	7	8	15	262
5	D	Guy Lapointe	33	1	9	10	79
24	D	Robert Picard	8	2	2	4	6
32	G	Denis Herron	25	0	2	2	0
20	C	Guy Carbonneau	2	0	1	1	0
1	G	Michel Larocque	28	0	1	1	2
29	AG	Dave Orleski	1	0	0	0	0
20	AD	Yvan Joly	1	0	0	0	0
29	G	Rick Wamsley	5	0	0	0	0
26	D	Bill Baker	11	0	0	0	32
27	AD	Rick Chartraw	14	0	0	0	4
33	G	Richard Sévigny	33	0	0	0	30

GARDIENS	PJ	G	P	N	MIN	BC	BL	MOY
Rick Wamsley	5	3	0	1	253	8	1	1,90
Richard Sévigny	33	20	4	3	1777	71	2	2,40
Michel Larocque	28	16	9	3	1623	82	1	3,03
Denis Herron	25	6	9	6	1147	67	1	3,50

gardien Michel Larocque de prendre la direction de Toronto, en échange de Robert Picard. Fait cocasse, Larocque ne sera plus à Montréal lorsqu'on fera part de sa nomination comme lauréat du trophée Vézina, avec Richard Sévigny et Denis Herron. Grundman effectue un autre échange mineur le même jour avec Colorado.

● Le même Grundman s'était fait passer un Québec lors du repêchage intralligue en début d'octobre. Les Nordiques avaient racheté le contrat de Danny Geoffrion pour 100 $ (selon une clause de l'entente de la fusion relative à l'éventualité qu'une équipe ne garde pas un joueur réclamé d'un club de l'AMH) pour aussitôt le refiler à gros prix aux Jets de Winnipeg.

● Lorne Worsley, qui a aussi gardé les filets des Rangers et des North Stars, est admis au Temple de la renommée en compagnie de Harry Lumley, un autre gardien, et Lynn Patrick.

● Chez les vétérans, Serge Savard est rendu à 900 parties

en saisons régulières, Guy Lapointe à 700, Steve Shutt, Larry Robinson et Yvon Lambert à 600, Réjean Houle à 500 et Doug Risebrough à 400.

Chris Nilan se distingue au chapitre des pénalités. Il totalise 262 minutes en fin de saison. C'est la première fois qu'un joueur des Canadiens écope de plus de 200 minutes de punition.

MEILLEURS MARQUEURS

		PJ	B	A	PTS	PUN
Wayne Gretzky	Edmonton	80	55	109	164	28
Marcel Dionne	Los Angeles	80	58	77	135	70
Kent Nilsson	Calgary	80	49	82	131	26
Michael Bossy	NY Islanders	79	68	51	119	32
Dave Taylor	Los Angeles	72	47	65	112	130
Peter Stastny	Québec	77	39	70	109	37
Charlie Simmer	Los Angeles	65	56	49	105	62
Mike Rogers	Hartford	80	40	65	105	32
Bernie Federko	St. Louis	78	31	73	104	47
Jacques Richard	Québec	78	52	51	103	39
Rick Middleton	Boston	80	44	59	103	16
Bryan Trottier	NY Islanders	73	31	72	103	74

Wickenheiser retrouvera un peu de son entrain à St. Louis, mais, frappé par une voiture en mars 1985, il manquera plus de la moitié de la saison suivante. Échangé successivement aux Canucks et aux Rangers, il essaiera ensuite de se refaire une confiance avec l'équipe nationale du Canada, avant de revenir dans la Nationale avec Washington. Il complétera sa carrière de hockeyeur en Europe et dans la Ligue internationale, avant que le cancer ne l'oblige à changer ses priorités. Une belle carrière brisée et une vie fauchée en pleine fleur de l'âge !

TROPHÉE SELKE ET GAINEY NE FONT QU'UN

Bob Gainey est devenu un vétéran chez les Canadiens. Sa huitième saison avec le club sera sa meilleure avec une production de 23 buts et 24 passes. Mais Gainey, c'est d'abord et avant tout le meilleur ailier défensif du circuit. Pour la quatrième année de suite, depuis la création de la récompense en fait, il reçoit le trophée Frank-Selke, destiné au meilleur avant défensif. Il devance Craig Ramsey, des Sabres de Buffalo, pour la troisième fois en quatre ans.

Frank Selke, fier de poser avec celui qui vient de remporter pour une quatrième fois d'affilée le trophée qui porte son nom.

Bob Gainey connaît sa meilleure saison à l'offensive tout en continuant de s'imposer comme un joueur défensif de grande qualité.

● Spectaculaire évasion des frères Peter et Anton Stastny en compagnie du président des Nordiques de Québec, Marcel Aubut, et de Gilles Léger, responsable de la filière européenne, au terme d'un tournoi de hockey en Autriche. Tel un véritable polar, c'est un jeu de cachette entre Innsbruck et Vienne, avec les agents tchécoslovaques aux trousses. Peter termine sa première saison dans la LNH avec 39 buts et 70 passes et mérite le titre de recrue. Les deux frères seront suivis chez les Nordiques par leur aîné Marian l'année suivante.

● Le gardien Jim Rutherford garde les filets de trois équipes différentes au cours de la saison. Il entreprend la saison à Detroit pour ensuite être échangé à Toronto et Los Angeles. Il est le premier gardien à avoir autant voyagé en une seule saison. Il sera imité par Greg Millen en 1989-90, ainsi que par Sean Burke et Kirk McLain, tous deux en 1997-98. Rutherford effectuera un troisième séjour à Detroit en 1982-83, avant de prendre sa retraite.

● Un autre gardien s'illustre sur le plan offensif. Mike Palmateer, des Capitals de Washington, est crédité de huit passes.

● Wayne Gretzky renverse deux records appartenant à des joueurs des Bruins. Il éclipse le record de 152 points en une saison de Phil Esposito avec une production de 164, ainsi que la marque de 102 passes de Bobby Orr avec 109.

● Les Sabres de Buffalo obtiennent huit buts en 4 min 52 s à la deuxième période, dans un gain de 14-4 contre Toronto le 19 mars. Les Sabres atteignent aussi le record, toujours actuel, du plus grand nombre de buts, 9, et de points, 23, dans cette même période. Le même soir à Philadelphie, Bobby Clarke y va d'un 1000e point.

● Marcel Dionne, qui forme un trio productif avec Charlie Simmer et Dave Taylor, obtient aussi le 1000e point de sa carrière.

1980-1981

DANS LA PETITE POCHE DE LAFLEUR

Richard Sévigny regrette encore aujourd'hui la malheureuse déclaration faite au journaliste Bernard Brisset de *La Presse*, à la veille de la série préliminaire entre les Canadiens et les Oilers d'Edmonton, qualifiés de justesse pour les éliminatoires. « Lafleur va mettre Gretzky dans sa petite poche », claironnait le jeune gardien, confiant de voir son équipe ne faire qu'une bouchée des Oilers.

C'est le contraire qui se produit. Lafleur est limité à une seule passe, tandis que Wayne Gretzky égale deux records des séries au premier match, récoltant cinq passes, dont trois en une seule période. Il étourdit de nouveau les Lafleur et compagnie lors du match suivant, participant à deux buts, avant de compléter le « balayage » tricolore avec trois buts et une passe, devant ses partisans.

Tant les experts que Sévigny doivent ravaler leurs paroles, Gretzky et sa bande ont disposé des Canadiens en trois parties d'affilée.

QUAND ÇA VA MAL...

Les Canadiens remportent un septième titre de division de suite (avec plus de 100 points chaque fois), malgré l'opposition serrée des Kings de Los Angeles et de leur Triple couronne (Marcel Dionne, Dave Taylor, Charlie Simmer). Cependant, l'atmosphère est lourde dans le vestiaire, où Claude Ruel éprouve plus de difficulté que jamais à se faire respecter des joueurs. Les problèmes s'accumulent malgré les succès de l'équipe au classement et l'indiscipline est au plus fort. Quelques joueurs, dont Larry Robinson et Guy Lafleur, critiquent ouvertement sa stratégie de jeu trop défensive, Guy Lapointe va jusqu'à le traiter d'hypocrite. D'autres vétérans, comme Pierre Larouche, ont ralenti. Guy Lafleur connaît aussi une saison difficile. Blessures à répétition qui lui font manquer 29 matchs, problèmes familiaux, enquête serrée par les gens de l'impôt et, pour finir, un accident sur l'autoroute 20 où une tige de métal lui frôle l'oreille droite. Un peu plus à gauche et la tige lui transperçait le corps.

Les médias sont omniprésents, gonflant leurs tirages à coups de déclarations incendiaires. C'est la pagaille et les amateurs ont du mal à s'y retrouver.

Pour achever le tout, le club se fait culbuter en trois parties par Edmonton. Ruel en a assez, tous savent qu'il ne reviendra pas.

TROPHÉES
COUPE STANLEY
Islanders de New York
TROPHÉE PRINCE-DE-GALLES
Canadiens de Montréal
TROPHÉE CLARENCE-CAMPBELL
Islanders de New York
TROPHÉE HART
Wayne Gretzky
Oilers d'Edmonton
TROPHÉE ART-ROSS
Wayne Gretzky
Oilers d'Edmonton
TROPHÉE LADY-BYNG
Rick Kehoe
Penguins de Pittsburgh
TROPHÉE CALDER
Peter Stastny
Nordiques de Québec
TROPHÉE GEORGES-VÉZINA
Richard Sévigny
Denis Herron
Michel Larocque
Canadiens de Montréal
TROPHÉE JAMES-NORRIS
Randy Carlyle
Penguins de Pittsburgh
TROPHÉE CONN-SMYTHE
Butch Goring
Islanders de New York
TROPHÉE BILL-MASTERTON
Blake Dunlop
Blues de St. Louis
TROPHÉE LESTER-B.-PEARSON
Mike Liut
Blues de St. Louis

● Menés par Bryan Trottier et Michael Bossy à l'offensive et avec l'excellent Denis Potvin à la ligne bleue, les Islanders s'assurent le championnat de la saison régulière et une deuxième coupe Stanley consécutive, cette fois contre Minnesota.

● Bossy est le premier joueur depuis le Rocket à obtenir 50 buts en 50 parties. Son 50e est réussi avec 1 min 29 s à jouer au 50e match, disputé le 24 janvier, sur un tir des poignets contre le gardien

Ron Grahame, des Nordiques. Il complète la campagne avec 68. Au total, il connaîtra neuf saisons consécutives de 50 buts, un record inégalé!

● Les Jets de Winnipeg en arrachent avec une série de 30 parties sans victoire. Personne n'a réussi à rééditer cet «exploit» depuis. Winnipeg ne gagne que 9 des 80 parties du calendrier, une de plus que Washington en 1974-75. Et les entraîneurs se succèdent derrière le banc presque au même rythme que les défaites.

● Les *Broad Street Bullies* de Philadelphie n'ont rien perdu de leur robustesse, établissant un nouveau record de 2 621 minutes de punition. Sur le plan individuel, c'est toutefois Tiger Williams, des Canucks de Vancouver, le plus puni avec 343 minutes. Mais il est loin du sommet de 472 atteint par Dave Schultz en 1974-75.

● Mark Howe passe près de devenir handicapé pour la vie lorsque l'une des tiges qui retiennent le filet l'atteint

à quelques centimètres de la colonne vertébrale lors d'une chute consécutive à une mise en échec.

● Le Royal de Cornwall, membre de la LHJMQ, s'approprie une deuxième coupe Memorial de suite. La grande vedette de l'équipe Dale Hawerchuk, avec une fiche de 81 buts et 183 points, est choisi joueur de l'année. Réclamé par Winnipeg, il deviendra la première sélection du repêchage suivant.

TROPHÉES

TROPHÉE JACK-ADAMS

Red Berenson
Blues de St. Louis

TROPHÉE FRANK-J.-SELKE

Bob Gainey
Canadiens de Montréal

1980-1981

ASSOCIATION PRINCE-DE-GALLES

DIVISION NORRIS	PJ	G	P	N	BP	BC	PTS
Montréal (Canadiens)	80	45	22	13	332	232	103
Los Angeles (Kings)	80	43	24	13	337	290	99
Pittsburgh (Penguins)	80	30	37	13	302	345	73
Hartford (Whalers)	80	21	41	18	292	372	60
Detroit (Red Wings)	80	19	43	18	252	339	56
DIVISION ADAMS	PJ	G	P	N	BP	BC	PTS
Buffalo (Sabres)	80	39	20	21	327	250	99
Boston (Bruins)	80	37	30	13	316	272	87
Minnesota (North Stars)	80	35	28	17	291	263	87
Québec (Nordiques)	80	30	32	18	314	318	78
Toronto (Maple Leafs)	80	28	37	15	322	367	71

ASSOCIATION CLARENCE-CAMPBELL

DIVISION PATRICK	PJ	G	P	N	BP	BC	PTS
New York (Islanders)	80	48	18	14	355	260	110
Philadelphie (Flyers)	80	41	24	15	313	249	97
Calgary (Flames)	80	39	27	14	329	298	92
New York (Rangers)	80	30	36	14	312	317	74
Washington (Capitals)	80	26	36	18	286	317	70
DIVISION SMYTHE	PJ	G	P	N	BP	BC	PTS
St. Louis (Blues)	80	45	18	17	352	281	107
Chicago (Black Hawks)	80	31	33	16	304	315	78
Vancouver (Canucks)	80	28	32	20	289	301	76
Édmonton (Oilers)	80	29	35	16	328	327	74
Colorado (Rockies)	80	22	45	13	258	344	57
Winnipeg (Jets)	80	9	57	14	246	400	32

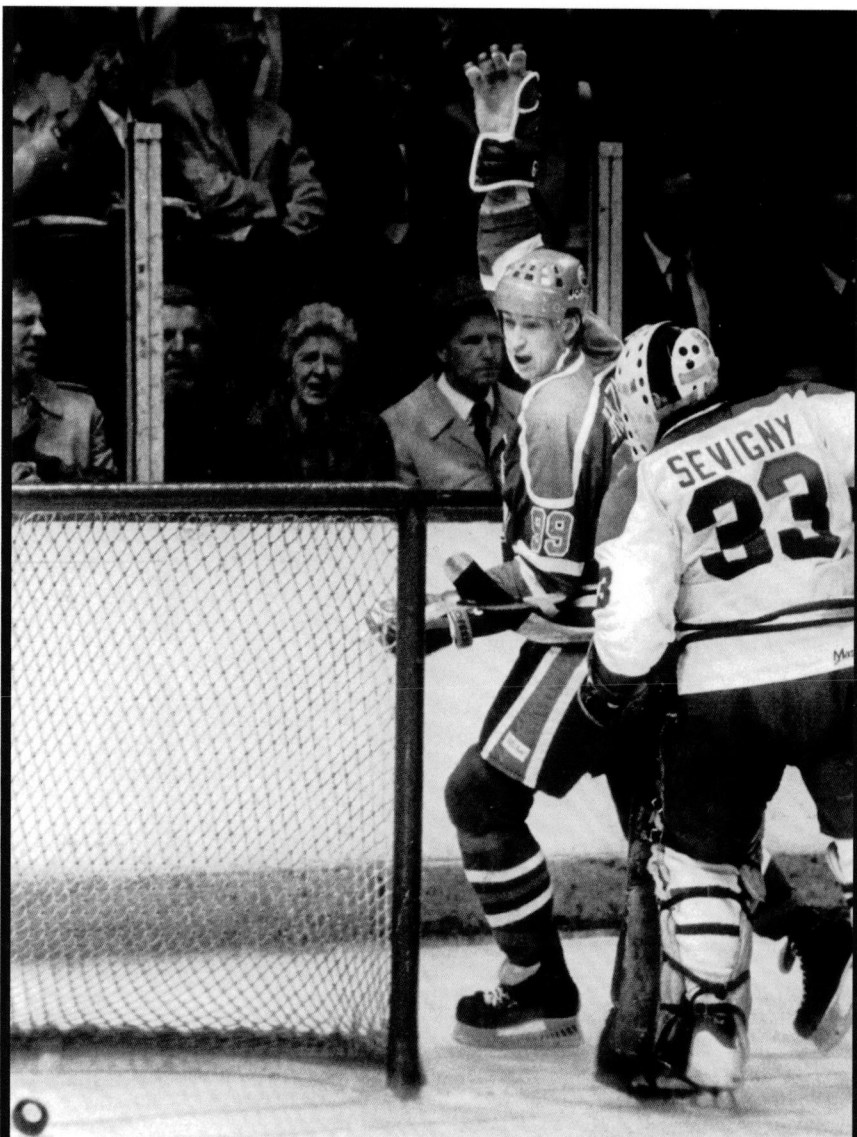

Wayne Gretzky se chargera personnellement de faire ravaler sa déclaration malheureuse à Richard Sévigny avec une production de 11 points.

Daniel Bouchard est bombardé de 35 tirs au deuxième match de la série contre les Canadiens, mais les Nordiques l'emportent 3-2 pour donner le ton à une série pleine de rebondissements.

1 9 8 1 ⒞ 1 9 8 2

LA LNH REFAIT SES DIVISIONS EN FONCTION DE LA SITUATION GÉOGRAPHIQUE DES VILLES. MONTRÉAL PASSE À LA DIVISION ADAMS, AVEC BOSTON, BUFFALO, QUÉBEC ET HARTFORD. LES ISLANDERS, EN VOIE D'ÉTABLIR UNE NOUVELLE DYNASTIE AVEC UNE TROISIÈME COUPE DE SUITE, SONT DANS LA DIVISION PATRICK AVEC LES RANGERS, PHILADELPHIE, PITTSBURGH ET WASHINGTON. CES DEUX SECTIONS FORMENT L'ASSOCIATION PRINCE-DE-GALLES. L'ASSOCIATION CLARENCE-CAMPBELL REGROUPE MINNESOTA, WINNIPEG, ST. LOUIS, CHICAGO, TORONTO ET DETROIT DANS LA DIVISION NORRIS. LA NOUVELLE DIVISION SMYTHE EST FORMÉE D'EDMONTON, VANCOUVER, CALGARY, LOS ANGELES ET COLORADO. LES CANADIENS, LES ISLANDERS, LES NORTH STARS ET LES OILERS SONT CHAMPIONS DE CES GROUPES. GRETZKY RÉUSSIT L'IMPOSSIBLE EN MARQUANT 92 BUTS EN PLUS DE RÉCOLTER 120 ASSISTANCES, POUR UN INCROYABLE TOTAL DE 212 POINTS. CETTE FOIS, 13 JOUEURS OBTIENNENT PLUS DE 100 POINTS, MAIS TOUJOURS AUCUN DES CANADIENS. LE MEILLEUR, KEITH ACTON, EN A 88. LORS DES SÉRIES, LES NORDIQUES ONT LE DESSUS TROIS PARTIES À DEUX SUR LES CANADIENS DÈS LA RONDE PRÉLIMINAIRE, EN RAISON D'UN BUT DE DALE HUNTER À 22 SECONDES DE LA PREMIÈRE SUPPLÉMENTAIRE. QUÉBEC DISPOSE ENSUITE DE BOSTON QUATRE PARTIES À TROIS EN QUART DE FINALE, AVANT DE S'INCLINER EN QUATRE MATCHS DE SUITE DEVANT LES FUTURS CHAMPIONS, LES ISLANDERS, LESQUELS L'EMPORTENT AUSSI EN QUATRE PARTIES SUR VANCOUVER. AUTRE TROPHÉE HART POUR GRETZKY. LES CERBÈRES DES CANADIENS, RICK WAMSLEY ET DENIS HERRON, CONSERVENT LA MEILLEURE MOYENNE ET REÇOIVENT LE NOUVEAU TROPHÉE WILLIAM-M.-JENNINGS.

Tel un véritable guerrier, Dale Hunter bouscule tout sur son passage, même un défenseur solide comme Larry Robinson, pour procurer la victoire aux Nordiques en prolongation du match ultime de la première ronde.

Et commence la bataille du Québec

Le Canadien connaît une bonne saison, malgré quelques dissensions internes qui minent l'équipe maintenant sous la direction de Bob Berry. Le club, transféré à la Division Adams où il a rejoint les Nordiques de Québec, remporte un huitième championnat de division consécutif. La confiance règne de nouveau au moment d'entreprendre les séries. L'humiliation contre Edmonton la saison précédente fait maintenant partie du passé et on promet toute une dégelée aux p'tits Nordiques, qui ont terminé à 27 points du Tricolore.

● Les Canadiens inscrivent une 10e victoire d'affilée le 11 février au Forum, face aux faibles Penguins de Pittsburgh, un exploit qu'ils n'ont pas réalisé depuis 1967-68. Mieux encore, il s'agit de la 2 000e victoire de l'équipe en saisons, une première dans la LNH.

● Même s'il éprouve des difficultés en séries depuis quelques années, le Tricolore continue d'exceller en saison régulière, remportant un huitième championnat de division d'affilée, dans une section beaucoup plus compétitive. Le club figure toujours parmi les 3 meilleurs du circuit, avec 46 victoires et 17 nulles en 80 parties. C'est la 12e année de suite que le club obtient 40 victoires et plus.

● Pierre Larouche est malheureux comme les pierres en début de saison. L'entraîneur Bob Berry, aux prises avec un surplus de joueurs en plus d'être insatisfait de son rendement en défensive et de son attitude, l'écarte du jeu à plusieurs reprises. Larouche crie son mécontentement haut et fort, tout en réclamant un échange. Finalement, Grundman passe aux actes peu avant Noël, à la suite d'un grave écart de conduite du numéro 28, et envoie celui qui l'avait qualifié de « gérant de salle de quilles » aux Whalers de Hartford pour des inversions de choix au repêchage de 1984 et de 1985, plus le deuxième choix de Hartford en 1984.

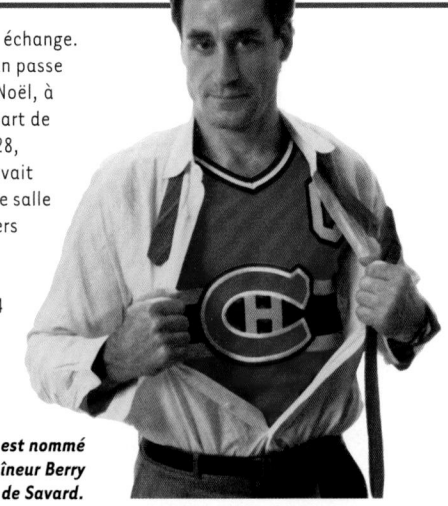

Bob Gainey est nommé capitaine par l'entraîneur Berry à la retraite de Savard.

1981-1982

Mais les choses ne se passent pas exactement comme l'ont prédit les journalistes montréalais. Après une victoire sans équivoque de 5-1, la bande à Berry se bute le lendemain à un Daniel Bouchard qui excelle devant le filet de Québec. Bouchard est bombardé de 35 tirs, mais les Nordiques se sauvent avec une victoire de 3-2, malgré une faible attaque de 17 tirs en l'absence de leur meilleur joueur, Peter Stastny, tombé au combat dans le premier match. Gonflés à bloc, les Fleurdelisés, qui n'ont pu remporter une seule victoire en saison au Forum, s'offrent un deuxième gain devant leurs partisans. Cette fois, Dale Hunter, tel un véritable guerrier, fait la loi aux poings et aux points avec les deux buts des siens.

Au quatrième match, Montréal s'impose avec une autre victoire convaincante de 6-2 pour obliger la tenue d'un match ultime au Forum. Le matin de cette rencontre, Harry Sinden, directeur général des Bruins de Boston, ajoute à la tension déjà excessive en évoquant devant les journalistes certaines forces mystérieuses (qu'on a depuis baptisées les fantômes du Forum) qui permet-

ÉQUIPE 1981-82						
Entraîneur : Bob Berry (80-46-17-17)						
N°	POS	JOUEURS	PJ	B	A	PTS	PUN
12	C	Keith Acton	78	36	52	88	88
10	AD	Guy Lafleur	66	27	57	84	24
31	AD	Mark Napier	80	40	41	81	14
14	AD	Mario Tremblay	80	33	40	73	66
6	C	Pierre Mondou	73	35	33	68	57
19	D	Larry Robinson	71	12	47	59	41
22	AG	Steve Shutt	57	31	24	55	40
21	C	Doug Jarvis	80	20	28	48	20
23	AG	Bob Gainey	79	21	24	45	24
15	AD	Réjean Houle	51	11	32	43	34
17	D	Rod Langway	66	5	34	39	116
25	C	Doug Wickenheiser	56	12	23	35	43
8	C	Doug Risebrough	59	15	18	33	116
3	D	Brian Engblom	76	4	29	33	76
20	AD	Mark Hunter	71	18	11	29	143
24	D	Robert Picard	62	2	26	28	106
2	D	Gaston Gingras	34	6	18	24	28
26	AD	Craig Laughlin	36	12	11	23	33
28	C	Pierre Larouche	22	9	12	21	0
5	D	Guy Lapointe	47	1	19	20	72
30	AD	Chris Nilan	49	7	4	11	204
27	D	Gilbert Delorme	60	3	8	11	55
1	G	Rick Wamsley	38	0	2	2	4
18	AG	Jeff Brubaker	3	0	1	1	32
29	AG	Dave Orleski	1	0	0	0	0
29	G	Mark Holden	1	0	0	0	0
34	D	Bill Kitchen	1	0	0	0	7
33	G	Richard Sévigny	19	0	0	0	10
32	G	Denis Herron	27	0	0	0	4

GARDIENS	PJ	G	P	N	MIN	BC	BL	MOY
Mark Holden	1	0	0	0	20	0	0	0,00
Denis Herron	27	12	6	8	1547	68	4	2,64
Rick Wamsley	38	23	7	7	2206	101	2	2,75
Richard Sévigny	19	11	4	2	1027	53	0	3,10

Mario Tremblay a beau sortir la langue, Bouchard ne cédera pas.

● Les Canadiens laissent aller un autre élément important du club en mars lorsqu'ils échangent Guy Lapointe aux Blues de St. Louis pour un choix de deuxième ronde en 1983. L'équipe mettra ainsi la main sur Sergio Momesso. Quant à Yvon Lambert, il est déjà parti depuis le repêchage interne du début de saison.

● Insistant fortement sur la discipline, l'entraîneur Berry fait distribuer aux joueurs en début d'année une longue liste de 28 règlements internes à observer. Règles qui portent autant sur les déclarations publiques, la tenue vestimentaire et la consommation de boissons alcooliques que sur la ponctualité. Avec des amendes à l'avenant, comme il se doit.

● Le ménage à trois entre les gardiens Rick Wamsley, Richard Sévigny et Denis Herron fait bien des malheureux, mais ce n'est pas la première fois qu'on déplore un surplus de gardiens. Wamsley sera utilisé dans près de la moitié des parties et Herron sera échangé aux Penguins au début de la saison suivante, entreprenant un troisième séjour à Pittsburgh.

● Malgré ses déclarations incendiaires contre l'équipe, Guy Lafleur continue d'éblouir les foules, devenant le 15e joueur de la Ligue (le 3e des Canadiens) à atteindre le plateau des 600 passes le 27 novembre. Deux semaines plus tard, il dépasse Henri Richard au deuxième rang des Canadiens pour les points avec son 1 047e.

● Lors de l'intersaison, Frank Mahovlich, vedette du Tricolore avant de passer à l'AMH, est admis au Temple de la renommée en compagnie de John Bucyk, d'Allan Stanley et de l'arbitre John Ashley.

● Un nouveau trophée, portant le nom du réputé journaliste Jacques Beauchamp — qui a œuvré au *Montréal-Matin* et au *Journal de Montréal* — est attribué annuellement à un joueur au rôle prépondérant mais méconnu du public. Doug Jarvis en est le premier récipiendaire.

Au cours de la saison, Provigo et Coca-Cola unissent leurs efforts pour populariser une chanson vantant les mérites du bleu blanc rouge sur un rythme entraînant.

ASSOCIATION PRINCE-DE-GALLES						
DIVISION ADAMS	**PJ**	**G**	**P**	**N**	**BP**	**BC**	**PTS**
Montréal (Canadiens)	80	46	17	17	360	223	109
Boston (Bruins)	80	43	27	10	323	285	96
Buffalo (Sabres)	80	39	26	15	307	273	93
Québec (Nordiques)	80	33	31	16	356	345	82
Hartford (Whalers)	80	21	41	18	264	351	60
DIVISION PATRICK	**PJ**	**G**	**P**	**N**	**BP**	**BC**	**PTS**
New York (Islanders)	80	54	16	10	385	250	118
New York (Rangers)	80	39	27	14	316	306	92
Philadelphie (Flyers)	80	38	31	11	325	313	87
Pittsburgh (Penguins)	80	31	36	13	310	337	75
Washington (Capitals)	80	26	41	13	319	338	65

ASSOCIATION CLARENCE-CAMPBELL						
DIVISION NORRIS	**PJ**	**G**	**P**	**N**	**BP**	**BC**	**PTS**
Minnesota (North Stars)	80	37	23	20	346	288	94
Winnipeg (Jets)	80	33	33	14	319	332	80
St. Louis (Blues)	80	32	40	8	315	349	72
Chicago (Black Hawks)	80	38	12	332	363	72	
Toronto (Maple Leafs)	80	20	44	16	298	380	56
Detroit (Red Wings)	80	21	47	12	270	351	54
DIVISION SMYTHE	**PJ**	**G**	**P**	**N**	**BP**	**BC**	**PTS**
Edmonton (Oilers)	80	48	17	15	417	295	111
Vancouver (Canucks)	80	30	33	17	290	286	77
Calgary (Flames)	80	29	34	17	334	345	75
Los Angeles (Kings)	80	24	41	15	314	369	63
Colorado (Rockies)	80	18	49	13	241	362	49

1981-1982

traient aux joueurs du Canadien de trouver une énergie supplémentaire pour se surpasser lors des grands matchs. Fantômes ou pas, les Nordiques prennent les devants 2-0 en première période, grâce à des buts de Wilfrid Paiement et Anton Stastny. Se défendant avec l'énergie du désespoir, les Nordiques, privés de plusieurs joueurs, repoussent les attaques répétées des Canadiens en deuxième, puis s'écroulent en troisième, exposant leur gardien à la mitraille tricolore. Mario Tremblay et Robert Picard en profitent pour niveler le compte avec deux

Doug Jarvis, l'homme de fer de la LNH, dispute sa dernière saison à Montréal. En septembre, il sera échangé avec Langway, Engblom et Laughlin pour les services de Ryan Walter et Rick Green.

● Aucun exploit ni aucun record ne résiste à celui qu'on appelle désormais La Merveille. Wayne Gretzky connaît une saison de 92 buts, 120 passes et 212 points. Il pulvérise 11 records en une seule saison, récoltant au passage les trophées Art-Ross (champion marqueur), Hart (joueur le plus utile) et Lester-Pearson (joueur par excellence), en plus d'une sélection dans la première équipe d'étoiles. Nul joueur n'avait autant dominé ses rivaux auparavant.

● Pas moins de 10 joueurs parviennent au total de 50 buts au cours de la saison. Pour leur part, les Oilers d'Edmonton deviennent la première équipe à inscrire plus de 400 buts en une saison, soit 417.

● Parmi les compteurs de 50 buts, Mike Bossy est le premier à réussir l'exploit à ses cinq premières saisons. Il obtiendra 17 autres buts en séries pour mériter le trophée Conn-Smythe.

● Autre première le 11 février lorsque l'arbitre Kerry Fraser accorde deux tirs de punition dans une même période. Thomas Gradin et Ivan Hlinka, des Canucks, marquent tous deux contre le cerbère Gilles Gilbert, des Red Wings.

● Gilbert Perreault obtient un 1 000e point avec les Sabres le 3 avril. Il devient le 16e membre du club des 1 000 points.

● Les frères Peter, Anton et Marian Stastny jouent dans un même trio à Québec et connaissent un grand succès, totalisant 300 points dont 107 buts.

● Le trophée Vézina change de vocation. Il sera désormais attribué au meilleur gardien, tel que choisi par les directeurs généraux. Le William-Jennings remplace le Vézina pour la meilleure moyenne défensive.

● Gretzky n'a eu besoin que de 39 parties pour marquer ses 50 premiers buts (il en avait 61 après 50 parties). Son record de 92 buts n'a jamais été égalé depuis, ni par lui ni par un autre joueur.

1981-1982

buts rapides en milieu de période et on se retrouve soudainement en prolongation. Dès les premières secondes de temps supplémentaire, Réal Cloutier et Dale Hunter s'amènent devant Rick Wamsley, protégé par un seul défenseur pour les contenir. Cloutier contourne le filet avec le disque qu'il refile à Hunter. Celui-ci balaie aussitôt la rondelle vers le but et une clameur de stupéfaction s'élève des bancs (et des murs) du Forum.

La bataille du Québec vient de commencer. Largement alimentée par les médias, elle passionnera tout le Québec pendant des années et ne s'éteindra qu'au moment du transfert des Nordiques au Colorado en 1995.

RETRAITE MOMENTANÉE DU SÉNATEUR

« S'il le faut, j'attendrai jusqu'à Noël », lance un John Ferguson bien décidé au journaliste Ghyslain Luneau du *Journal de Montréal*. Le directeur général des Jets de Winnipeg venait de réclamer le nouveau retraité Serge Savard au repêchage interne de la LNH. Ferguson devra revenir à la charge plus d'une fois pour convaincre son ami Savard de mettre un terme à une retraite annoncée deux mois plus tôt.

D'abord incrédule, la direction du Canadien ne fait pas objection à la nouvelle carrière du Sénateur, après ses 14 saisons dans l'uniforme bleu blanc rouge. Avec huit coupes Stanley à son actif, plus un trophée Conn-Smythe (1968-69) et un Bill-Masterton (1978-79), Savard est considéré comme l'un des meilleurs défenseurs de l'histoire du Canadien. Membre du *Big Three* avec Lapointe et Robinson, il a grandement contribué aux succès des Worsley, Vachon, Dryden et autres cerbères du Canadien de son époque.

Savard demeurera deux saisons à Winnipeg, assumant aussi le rôle de capitaine en plus d'apporter sa vaste expérience à la ligne bleue de l'une des quatre formations repêchées de la défunte Association mondiale. Ensuite, le Sénateur reviendra à Montréal dans le fauteuil de directeur général.

TROPHÉES	
COUPE STANLEY	
Islanders de New York	
TROPHÉE PRINCE-DE-GALLES	
Islanders de New York	
TROPHÉE CLARENCE-CAMPBELL	
Canucks de Vancouver	
TROPHÉE HART	
Wayne Gretzky	
Oilers d'Edmonton	
TROPHÉE ART-ROSS	
Wayne Gretzky	
Oilers d'Edmonton	
TROPHÉE LADY-BYNG	
Rick Middleton	
Bruins de Boston	
TROPHÉE CALDER	
Dale Hawerchuk	
Jets de Winnipeg	
TROPHÉE GEORGES-VÉZINA	
Billy Smith	
Islanders de New York	

John Ferguson réussira à convaincre le Sénateur de sortir de sa retraite pour l'amener avec lui à Winnipeg.

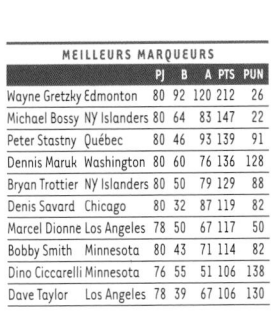

Wayne Gretzky

● Le tapis rouge est à peine roulé et les bières pas encore versées que, à cinq secondes du début de la rencontre Blues/Jets du 20 décembre, Doug Smail marque pour Winnipeg. Même Lucky Luke n'aurait pu faire mieux.

● L'entraîneur Roger Neilson a probablement lancé la mode des serviettes blanches lors de la série des Canucks de Vancouver contre Chicago. L'arbitre refuse un but aux Canucks lors du deuxième match. En signe de dérision, Neilson attache une serviette au bout d'un bâton avant de l'agiter. Il perd la rencontre, est mis à l'amende mais gagne la série et, depuis, les partisans de Vancouver, imités par ceux des autres villes, agitent des chiffons blancs pour encourager leur équipe.

● Quel exploit des Kings de Los Angeles au troisième match d'une série 3 de 5 contre Edmonton ! Les Kings traînent de l'arrière 5-0 après deux périodes et entreprennent alors une remontée qui les mènera à une victoire de 6-5, grâce à un but de Daryl Evans à 2 min 35 s de la prolongation.

● Les Rockies du Colorado ne s'améliorent pas et n'attirent plus. Ils gagnent à peine 18 matchs. Ils seront vendus au terme de la saison et déménageront au New Jersey sous le nom de Devils pour la saison suivante.

● Les Soviétiques humilient le Canada 8 à 1 en finale du tournoi de la Coupe Canada. Frustré, le promoteur Alan Eagleson leur refuse le droit d'emporter la coupe originale.

TROPHÉES

TROPHÉE JAMES-NORRIS
Doug Wilson
Black Hawks de Chicago

TROPHÉE CONN-SMYTHE
Michael Bossy
Islanders de New York

TROPHÉE BILL-MASTERTON
Chico Resch
Rockies du Colorado

TROPHÉE LESTER-B.-PEARSON
Wayne Gretzky
Oilers d'Edmonton

TROPHÉE JACK-ADAMS
Tom Watt
Jets de Winnipeg

TROPHÉE FRANK-J.-SELKE
Steve Kasper
Bruins de Boston

TROPHÉE WILLIAM-M.-JENNINGS
Denis Herron et Rick Wamsley
Canadiens de Montréal

BOB BERRY REMPLACE RUEL

Claude Ruel avait clairement laissé savoir que le job d'entraîneur ne lui plaisait pas lorsqu'il avait déballé son sac en public la saison précédente et il avait réitéré son intention de revenir à son rôle d'éclaireur au terme de l'élimination rapide du Canadien par les Oilers d'Edmonton en ronde préliminaire des séries de 1981. Ce n'est que par fidélité envers l'équipe, qu'il servait depuis l'âge de 15 ans, qu'il avait accepté de revenir derrière le banc une seconde fois, lors du départ précipité de Bernard Geoffrion en décembre 1979.

À la mi-avril, Ruel demande à son patron Irving Grundman de lui trouver un successeur. Sa décision est finale. Les conjectures des journalistes durent quelques mois, jusqu'à ce que Grundman fasse part de l'embauche de Bob Berry, entraîneur démissionnaire des Kings de Los Angeles. Membre de l'organisation du Canadien à la fin des années 1960, Berry a fait carrière avec les Kings pendant sept saisons avant de devenir leur entraîneur en 1978-79. Mais dès qu'il a appris que le poste était libre à Montréal, il a quitté les Kings et communiqué son intérêt à Grundman.

Le tournoi Coupe Canada réunit trois marqueurs prolifiques au sein de la formation canadienne : Guy Lafleur, Mike Bossy et Wayne Gretzky.

MEILLEURS MARQUEURS

		PJ	B	A	PTS	PUN
Wayne Gretzky	Edmonton	80	92	120	212	26
Michael Bossy	NY Islanders	80	64	83	147	22
Peter Stastny	Québec	80	46	93	139	91
Dennis Maruk	Washington	80	60	76	136	128
Bryan Trottier	NY Islanders	80	50	79	129	88
Denis Savard	Chicago	80	32	87	119	82
Marcel Dionne	Los Angeles	78	50	67	117	50
Bobby Smith	Minnesota	80	43	71	114	82
Dino Ciccarelli	Minnesota	76	55	51	106	138
Dave Taylor	Los Angeles	78	39	67	106	130

*Mario Tremblay a l'habitude de dire avec humour que Mats Näslund était si petit que
les Canadiens n'avaient reçu que la moitié du joueur, l'autre demie devant arriver plus tard.*

Les Rockies du Colorado deviennent les Devils du New Jersey et passent de la Division Smythe à la Division Patrick. Winnipeg les remplace dans la Division Smythe, délaissant le groupe Norris. Les Islanders de New York remportent une quatrième coupe Stanley d'affilée, bien qu'ils aient été devancés en saison par Philadelphie, dans leur section. Pour la première fois depuis 1973-74, le Canadien est devancé dans sa propre division. Les Bruins totalisent 110 points contre 98 pour le Tricolore. Chicago et Edmonton remportent les autres titres. Meilleur marqueur pour une troisième année de suite, Gretzky totalise 196 points (71-125), une priorité de 72 sur Peter Stastny au deuxième échelon. Pas surprenant qu'il mérite un quatrième Hart et un deuxième titre de joueur par excellence consécutifs. Le gardien Billy Smith des Islanders reçoit le Conn-Smythe et partage le Jennings avec Roland Melanson. Lafleur est redevenu le meilleur marqueur du Tricolore, mais il manque une douzaine de parties et doit se contenter de 76 points (27-49). Montréal se fait sortir des séries en trois matchs par Buffalo dès la ronde initiale. Pour la première fois en neuf ans, les Canadiens n'inscrivent aucun joueur dans les équipes d'étoiles.

Un Viking chez les Canadiens

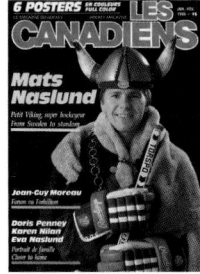

Mats Näslund, premier Européen réclamé par les Canadiens au repêchage amateur.

L es Canadiens s'étaient mis à leur tour à l'heure européenne au repêchage de 1979 en réclamant Mats Näslund, un ailier gauche au petit gabarit qui connaissait beaucoup de succès en Suède, son pays d'origine. Montréal sélectionna d'abord Gaston Gingras en première ronde, pour ensuite surprendre journalistes et partisans avec le choix d'un premier Européen. Auparavant, la direction des Canadiens

411

● Mark Napier est le meilleur compteur du club avec une deuxième saison consécutive de 40 buts, 5 de plus que Steve Shutt. Mario Tremblay suit, avec 30. C'est la neuvième saison de suite que Shutt obtient au moins 30 buts. Il est le premier des Canadiens à réaliser pareil exploit.

● Guy Lafleur et Larry Robinson réclament une révision de leur contrat, par médias interposés, avant l'ouverture du camp. Ils menacent de ne pas se présenter à l'entraînement, laissant miroiter une offre du Japon. Le litige se règle aux petites heures du matin le premier jour du camp. Les deux ont reçu, lit-on dans les journaux, des augmentations de l'ordre de 100 000 $, ce qui porte le salaire du Démon blond aux environs de un demi-million, le classant parmi les cinq plus hauts salariés du circuit.

● Lafleur suscite de nouveau la controverse en novembre. Les médias rapportent sa participation à une partie de chasse au chevreuil, alors qu'il soigne encore une fracture au petit orteil droit. Lafleur sera plus tard acquitté d'une accusation d'avoir abattu un chevreuil hors saison.

● Mais Lafleur est encore capable d'exploits sur la glace. En début de saison, il devient le 12ᵉ joueur de la Ligue, le 2ᵉ du Tricolore après Béliveau, à atteindre les 1 100 points, avec une soirée de 3 buts et 2 passes. Il a maintenant disputé près de 800 matchs avec le club. Quelques semaines plus tard, il devance Bobby Orr au 12ᵉ rang des fabricants de jeu, avec une 646ᵉ passe. En avril, il déloge la Comète blonde, Bobby Hull, au 10ᵉ rang des meilleurs marqueurs, avec un 1 171ᵉ point.

1982-1983

avait refusé d'emboîter le pas aux organisations de la LNH, comme Winnipeg, Vancouver, Washington, New York et même Québec qui, elles, puisaient abondamment dans cette réserve intarissable de joueurs.

Élu joueur de l'année dans la Ligue d'élite suédoise en 1979-80, Näslund avait terminé au premier rang des marqueurs de cette même Ligue la saison suivante, en plus de porter les couleurs de l'équipe nationale à quatre reprises.

En septembre 1982, Näslund débarque au camp du Canadien, sous le regard désapprobateur de plusieurs membres de l'équipe. Mais une performance de trois buts dans un match préparatoire contre les rudes Flyers de Philadelphie lui apporte l'estime de ses futurs compagnons de jeu. Malgré des airs de gamin, avec ses 5 pi 6 po et ses 154 lb, Näslund est quand même costaud et il ne tarde pas à s'imposer grâce à sa vitesse et à son jeu intelligent, au point de déloger Réjean Houle sur le trio de Pierre Mondou et Mario Tremblay. Ce dernier avait pris l'habitude de dire humoristiquement que le Suédois était tellement petit qu'on n'avait reçu qu'une moitié du joueur, l'autre partie restant à venir.

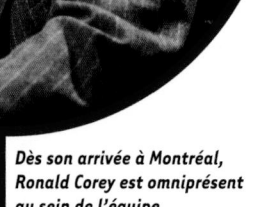

Dès son arrivée à Montréal, Ronald Corey est omniprésent au sein de l'équipe.

LE SAVIEZ-VOUS...

Les Canadiens sont éliminés des séries dès la ronde initiale pour la troisième année de suite. Ce sont les Sabres de Buffalo qui se chargent d'envoyer les joueurs montréalais en vacances avec trois victoires d'affilée. Avant d'aller au golf, le président Corey entreprend son grand ménage du printemps en congédiant le gérant Grundman et l'entraîneur Berry.

Mondou, Tremblay et Näslund forment l'un des meilleurs trios du Tricolore, les trois joueurs se complétant à merveille. Une production de 26 buts et 45 passes vaudra à Näslund une sélection sur l'équipe d'étoiles des recrues.

Näslund demeurera huit saisons avec le Tricolore, connaissant sa meilleure campagne en 1985-86, avec 110 points (43-67), pour terminer au

MEILLEURS MARQUEURS		PJ	B	A	PTS	PUN
Wayne Gretzky	Edmonton	80	71	125	196	59
Peter Stastny	Québec	75	47	77	124	78
Denis Savard	Chicago	78	35	86	121	99
Michael Bossy	NY Islanders	79	60	58	118	20
Marcel Dionne	Los Angeles	80	56	51	107	22
Barry Pederson	Boston	77	46	61	107	47
Mark Messier	Edmonton	77	48	58	106	72
Michel Goulet	Québec	80	57	48	105	51
Glenn Anderson	Edmonton	72	48	56	104	70
Kent Nilsson	Calgary	80	46	58	104	10
Jari Kurri	Edmonton	80	45	59	104	22

● Les Canadiens sont humiliés 5-0 par les joueurs soviétiques lors d'un match présenté au Forum au lendemain du jour de l'An.

● Gradué des Voyageurs de la Nouvelle-Écosse, Guy Carbonneau connaît une saison de 47 points (18-29) en 77 parties.

● Yvan Cournoyer est admis au Temple de la renommée du hockey, en compagnie de Rodrigue Gilbert, Norm Ullman et Émile Francis. L'équipe profitera de cette intronisation pour lui organiser une petite fête au Forum.

● Chris Nilan et Curt Fraser sont expulsés du match du 15 décembre entre Montréal et Vancouver pour en être venus aux coups à deux reprises. Les belligérants poursuivent leur bataille dans le corridor qui mène aux vestiaires du Coliseum et il faut l'intervention de la police pour mettre un terme à leur duel. Ils seront suspendus pour deux parties.

● Grundman, à qui on reprochait de ne pas essayer d'améliorer l'équipe, procède à une autre transaction surprise en décembre, expédiant Gaston Gingras, le premier choix du club lors du repêchage de 1979, aux Maple Leafs de Toronto, contre leur deuxième sélection à venir en 1986. Le joueur en cause sera Benoît Brunet. Le même jour, Grundman échange aussi Dan Daoust aux Leafs.

● Larry Robinson est maintenant le meilleur marqueur chez les défenseurs du Tricolore. Le 27 février, son 573e point, sur un but de Keith Acton, lui permet de passer devant Guy Lapointe.

● Le capitaine Bob Gainey atteint le total de 700 parties dans la Ligue nationale au cours de la saison ; Mario Tremblay, dit le Bleuet bionique, celui de 600 ; Robert Picard, Pierre Mondou et Rick Green celui de 400, tandis que Mark Napier en a 300.

N°	POS	JOUEURS	PJ	B	A	PTS	PUN
10	AD	Guy Lafleur	68	27	49	76	12
11	AG	Ryan Walter	80	29	46	75	40
26	AG	Mats Naslund	74	26	45	71	10
31	AD	Mark Napier	73	40	27	67	6
14	AD	Mario Tremblay	80	30	37	67	87
6	C	Pierre Mondou	76	29	37	66	31
19	D	Larry Robinson	71	14	49	63	33
22	AG	Steve Shutt	78	35	22	57	26
25	C	Doug Wickenheiser	78	25	30	55	49
12	C	Keith Acton	78	24	26	50	63
21	C	Guy Carbonneau	77	18	29	47	68
24	D	Robert Picard	64	7	31	38	60
27	D	Gilbert Delorme	78	12	21	33	89
23	AG	Bob Gainey	80	12	18	30	43
5	D	Rick Green	66	2	24	26	58
17	D	Craig Ludwig	80	0	25	25	59
20	AD	Mark Hunter	31	8	8	16	73
30	AD	Chris Nilan	66	6	8	14	213
2	D	Gaston Gingras	22	1	8	9	8
15	AD	Réjean Houle	16	2	3	5	8
18	D	Bill Root	46	2	3	5	24
3	D	Ric Nattress	40	1	3	4	19
8	C	Dan Daoust	4	0	1	1	4
33	G	Richard Sévigny	38	0	1	1	8
1	G	Rick Wamsley	46	0	1	1	4
28	AD	Yvan Joly	1	0	0	0	0
32	G	Mark Holden	2	0	0	0	0
34	D	Dwight Schofield	2	0	0	0	7
3	D	Bill Kitchen	8	0	0	0	4
29	C	John Newberry	-	-	-	-	-

ÉQUIPE 1982-83
Entraîneur : Bob Berry (80-42-24-14)

GARDIENS	PJ	G	P	N	MIN	BC	BL	MOY
Richard Sévigny	38	15	11	8	2130	122	1	3,44
Rick Wamsley	46	27	12	5	2583	151	0	3,51
Mark Holden	2	0	1	1	87	6	0	4,14

huitième rang des marqueurs. Par la suite, aucun joueur du Canadien ne parviendra à récolter 100 points en une saison.

MOLSON VOLE COREY À O'KEEFE

La bataille du houblon est forte au Québec depuis l'arrivée des Nordiques. Chaque part de marché gagnée ou perdue représente des dizaines de milliers de bouteilles. En novembre, Molson, propriétaire du Canadien, porte un dur coup à sa rivale en lui ravissant son président et directeur général, Ronald Corey, pour en faire le premier président à temps plein du Tricolore en une vingtaine d'années. Corey est aussi chargé de veiller aux intérêts du Forum.

Calendrier officiel 1982-83
LES CANADIENS
INCLUANT LES MATCHS DES NORDIQUES

Le coup est dur aussi pour le directeur général Irving Grundman, qui voit le tapis lui glisser sous les pieds, comme l'écrit Bernard Brisset, journaliste à *La Presse*. Grundman avait l'habitude d'en mener large dans l'organisation, en raison des nombreuses obligations du président McCammon, également vice-président de Molson. Grundman reste en fonction mais devra dorénavant se rapporter à un patron dont le bureau est à côté du sien.

À Québec, le président du club Marcel Aubut encaisse le départ du membre de son conseil d'administration en faisant confiance à son sens de l'éthique.

Avant son arrivée chez O'Keefe, dont il assumait la présidence depuis plus de trois ans, Corey avait occupé les fonctions de réalisateur à *La Soirée du hockey*, de directeur du marketing chez Molson et de journaliste.

● Wayne Gretzky domine ses rivaux à un tel point que le nombre de 125 passes obtenues en cours de saison est plus élevé que le total de points (124) du deuxième marqueur du circuit, Peter Stastny des Nordiques. Ce dernier termine à 72 points de la Merveille. Bill Cowley avait réussi un exploit comparable avec les Bruins en 1940-41, lorsqu'il avait récolté 45 assistances, comparativement à 44 points pour Brian Hextall des Rangers.

● Mike Bossy connaît une sixième saison consécutive de 50 buts, une troisième de 60. De plus, en finale d'association contre Boston, il marque le but victorieux lors des quatre gains de son équipe.

● Quatrième coupe Stanley consécutive pour les Islanders de New York, qui menacent maintenant le record de cinq des Canadiens. Seize joueurs de la formation ont participé aux quatre conquêtes. Les Islanders n'ont de faiblesse à aucune position avec les Billy Smith dans les buts, Denis Potvin et Ken Morrow en défensive, ainsi que les Mike Bossy, Bryan Trottier, Bob Bourne, Clark Gillies, John Tonelli et Butch Goring à l'avant.

● Les Islanders alignent aussi Brent et Duane Sutter, deux des six frères Sutter – une première – à jouer dans la LNH. Darryl est à Chicago, Brian à St. Louis, tandis que les jumeaux Rich et Ron, les derniers arrivés, portent les couleurs de Pittsburgh et de Philadelphie.

● À Québec, le trio des frères Stastny cumule 115 buts et 295 points. C'est la deuxième saison de ce trio qui demeurera intact jusqu'au départ de Marian pour Toronto, en 1985-86.

● Marcel Dionne est le premier joueur de la Ligue à connaître 9 saisons de 40 buts. Il est par contre le 9e à inscrire un 500e filet.

1982-1983

TROPHÉES
COUPE STANLEY
Islanders de New York
TROPHÉE PRINCE-DE-GALLES
Islanders de New York
TROPHÉE CLARENCE-CAMPBELL
Oilers d'Edmonton
TROPHÉE HART
Wayne Gretzky
Oilers d'Edmonton
TROPHÉE ART-ROSS
Wayne Gretzky
Oilers d'Edmonton
TROPHÉE LADY-BYNG
Michael Bossy
Islanders de New York
TROPHÉE CALDER
Steve Larmer
Black Hawks de Chicago
TROPHÉE GEORGES-VÉZINA
Pete Peeters
Bruins de Boston
TROPHÉE JAMES-NORRIS
Rod Langway
Capitals de Washington
TROPHÉE CONN-SMYTHE
Billy Smith
Islanders de New York
TROPHÉE BILL-MASTERTON
Lanny McDonald
Flames de Calgary

Ryan Walter, obtenu de Washington à la faveur d'un échange à six joueurs, ne peut, à l'instar de ses nouveaux coéquipiers, se faire justice contre les Soviétiques, la veille du jour de l'An. Le Canadien est humilié 5-0.

● Tony Esposito est le 4e gardien à signer une 400e victoire en carrière, après Terry Sawchuk, Jacques Plante et Glenn Hall.

● Pat Lafontaine connaît une saison de 104 buts et 234 points avec le Canadien junior de Verdun. Il est choisi joueur canadien de l'année chez les juniors, puis les Islanders en feront leur premier choix, le troisième au total, au repêchage de 1983.

● Déménagés du Colorado au New Jersey, les Rockies, qui sont devenus les Devils, ne font pas mieux avec un dossier de 17 victoires et 49 défaites. Ils sont néanmoins meilleurs que Pittsburgh et Hartford.

● Mike Ilitch, le roi de la pizza à Detroit, met un terme au contrôle de la famille Norris sur les Red Wings en versant 7 millions pour acquérir la concession.

● Les Bruins de Boston perdent un joueur prometteur lorsque Normand Léveillé est victime d'une hémorragie cérébrale, lors d'un match contre Vancouver en octobre. Il demeurera partiellement paralysé.

● En séries, les Oilers d'Edmonton ne perdent qu'un seul match pour se rendre en finale contre les Islanders : Winnipeg est éliminé trois parties à zéro,

Calgary en gagne une seule sur cinq et Chicago est balayé en quatre. Les succès de la bande à Gretzky s'arrêteront là, les New-Yorkais ne leur concédant aucune victoire en ronde ultime, limitant l'équipe qui avait obtenu 424 buts en saison régulière à seulement 6 buts en 4 matchs.

TROPHÉES

TROPHÉE LESTER-B.-PEARSON
Wayne Gretzky
Oilers d'Edmonton

TROPHÉE JACK-ADAMS
Orval Tessier
Black Hawks de Chicago

TROPHÉE FRANK-J.-SELKE
Bobby Clarke
Flyers de Philadelphie

TROPHÉE WILLIAM-M.-JENNINGS
Billy Smith et
Roland Melanson
Islanders de New York

TROPHÉE EMERY-EDGE
Charlie Huddy
Oilers d'Edmonton

ASSOCIATION PRINCE-DE-GALLES

DIVISION ADAMS	PJ	G	P	N	BP	BC	PTS
Boston (Bruins)	80	50	20	10	327	228	110
Montréal (Canadiens)	80	42	24	14	350	286	98
Buffalo (Sabres)	80	38	29	13	318	285	89
Québec (Nordiques)	80	34	34	12	343	336	80
Hartford (Whalers)	80	19	54	7	261	403	45
DIVISION PATRICK	PJ	G	P	N	BP	BC	PTS
Philadelphie (Flyers)	80	49	23	8	326	240	106
New York (Islanders)	80	42	26	12	302	226	96
Washington (Capitals)	80	39	25	16	306	283	94
New York (Rangers)	80	35	35	10	306	287	80
New Jersey (Devils)	80	17	49	14	230	338	48
Pittsburgh (Penguins)	80	18	53	9	257	394	45

ASSOCIATION CLARENCE-CAMPBELL

DIVISION NORRIS	PJ	G	P	N	BP	BC	PTS
Chicago (Black Hawks)	80	47	23	10	338	268	104
Minnesota (North Stars)	80	40	24	16	321	290	96
Toronto (Maple Leafs)	80	28	40	12	293	330	68
St. Louis (Blues)	80	25	40	15	285	316	65
Detroit (Red Wings)	80	21	44	15	263	344	57
DIVISION SMYTHE	PJ	G	P	N	BP	BC	PTS
Edmonton (Oilers)	80	47	21	12	424	315	106
Calgary (Flames)	80	32	34	14	321	317	78
Vancouver (Canucks)	80	30	35	15	303	309	75
Winnipeg (Jets)	80	33	39	8	311	333	74
Los Angeles (Kings)	80	27	41	12	308	365	66

La bataille du houblon, il la connaissait des deux côtés de la clôture mais, dorénavant, son activité principale allait être centrée sur l'équipe de hockey.

ÉCHANGE CONTROVERSÉ POUR GRUNDMAN

La contestation de Lafleur et de Robinson, qui menacent de faire la grève à défaut de substantielles augmentations, n'est pas encore réglée à quelques jours de l'ouverture du camp, que le gérant Irving Grundman passe à l'action avec le plus gros échange de son règne. Dans un premier temps, il envoie les défenseurs Brian Engblom et Rod Langway ainsi que Doug Jarvis et Craig Laughlin à Washington, en retour du gros ailier gauche Ryan Walter et du défenseur Rick Green. Aussitôt après, il annonce le départ de Doug Risebrough pour Calgary pour des choix au repêchage.

Engblom et Jarvis sont les plus affectés. Quant à Langway, malheureux de la double taxation qui le pénalise du fait de sa citoyenneté américaine, il souhaitait se retrouver dans un club au sud de la frontière. La transaction est loin de faire l'unanimité dans la presse et chez les partisans. On apprendra vingt ans plus tard, sous la plume de Léandre Drolet du *Journal de Montréal*, que Grundman avait d'abord essayé de refiler Langway, ainsi que Chris Nilan, aux Bruins de Boston pour les services de Raymond Bourque.

Quelques jours plus tard, Grundman poursuit son ménage, en envoyant le cerbère Denis Herron aux Penguins de Pittsburgh.

Comble de malheur pour le Tricolore, Langway obtient deux trophées Norris de suite, à titre de meilleur défenseur, dès son arrivée à Washington.

LE SAVIEZ-VOUS...

La compagnie Ralston Purina, propriétaire des Blues de St. Louis, vend l'équipe à un groupe de Saskatoon en Saskatchewan, mais les gouverneurs de la LNH bloquent la transaction. Par dépit, la direction décide de procéder à la liquidation du club et ne participe pas au repêchage de 1983. Les propriétaires de Ralston Purina et la Ligue s'échangent des poursuites de plusieurs millions en dommages. Finalement, la LNH prend le contrôle de l'équipe, pour ensuite la revendre à Harry Ornest pour la modique somme de 3 millions de dollars.

1983 🅲 1984

La Ligue nationale rétablit le temps supplémentaire (cinq minutes) en saison régulière, afin de réduire le nombre de parties nulles. Les Oilers d'Edmonton préservent involontairement le record des cinq coupes Stanley des Canadiens en battant les Islanders, champions depuis quatre ans, en finale. La force offensive de l'équipe albertaine est impressionnante avec 3 marqueurs de 50 buts, 4 de plus de 100 points et un total record de 446 filets en 80 parties. Les Oilers terminent aisément au sommet du classement général et les Flames de Calgary, deuxièmes de la division, seront les seuls à leur donner un peu de fil à retordre en séries. Les Canadiens glissent en quatrième place, perdant les six dernières rencontres mais surprennent toutefois les champions de la division, les Bruins, en gagnant trois matchs d'affilée dès la ronde initiale. Puis ils prennent une revanche sur les Nordiques quatre parties à deux lors de la ronde suivante. Deux victoires rapides contre les Islanders en finale d'association redonnent espoir, mais ceux-ci, champions de la Division Patrick, gagneront les quatre matchs suivants. Minnesota est premier dans la faible Division Norris. Gretzky est de nouveau le premier marqueur, cette fois devant son coéquipier défenseur Paul Coffey. Il ajoute un cinquième trophée Hart consécutif à sa collection et un troisième Pearson. Aucun joueur du Tricolore n'est choisi dans les équipes d'étoiles.

Un triste Vendredi saint

Chris Nilan s'amène en trombe et assène un violent coup de poing au visage de Randy Moller qui tentait de séparer Dale Hunter et Guy Carbonneau près du but de Daniel Bouchard. Le sang gicle et les deux bancs se vident instantanément. Un instant plus tôt, Carbonneau avait tenté de faire perdre la rondelle à Bouchard avec le bout de son bâton, à l'arrêt du jeu. À quelques pieds de là, Mario Tremblay fracture le nez de Peter Stastny, d'un seul coup. Il fonce ensuite au banc des Nordiques en pointant son bâton vers l'entraîneur Michel Bergeron. Un des soigneurs de l'équipe ramasse lui aussi un

417

● La saison des Canadiens commence par un grand ménage effectué par Ronald Corey quatre jours après l'élimination du club en trois parties par les Sabres de Buffalo, le printemps précédent. Le gérant Irving Grundman, son fils Howard, responsable des Voyageurs de la Nouvelle-Écosse, Ronald Caron, directeur du recrutement et l'entraîneur Bob Berry sont mis à la porte,

bien que ce dernier demeure momentanément avec l'organisation. Serge Savard est rapatrié de Winnipeg et devient le premier francophone en plus de 50 ans à accéder au poste de directeur général. Celui-ci ramène Berry au poste d'entraîneur et lui adjoint Jacques Laperrière et Jacques Lemaire.

● Les Canadiens entreprennent la saison avec quatre entraîneurs, en raison de

l'ajout du légendaire Jacques Plante qui s'occupe des gardiens. Après une tentative malheureuse et une collaboration avec les Flyers de Philadelphie, Plante revient à son équipe originale sur une base contractuelle.

● Ken Dryden est intronisé au Temple de la renommée, en même temps que Bobby Hull et Stan Mikita, coéquipiers à Chicago, et Harry Sinden, chez les bâtisseurs.

● Les vedettes du Tricolore vieillissent et la relève se fait attendre. Réjean Houle annonce sa retraite avant le début du camp. Steve Shutt compte plus de 800 parties avec les Canadiens, en début de saison. Larry Robinson arrive au même nombre en décembre et Bob Gainey en février. Mario Tremblay atteint aussi les 700 parties avant la fin de saison.

1983-1984

bâton pour défendre son entraîneur. Puis, Louis Sleigher atteint Jean Hamel au visage à son tour. Le défenseur du Canadien croule sur la glace et se blesse sérieusement à l'épaule en tombant. Les deux gardiens auxiliaires, Richard Sévigny et Clint Malarchuk, se chamaillent dans un autre coin. Craig Ludwig, déjà au vestiaire pour une punition antérieure, revient sur la glace pour aider ses coéquipiers dans l'une des mêlées générales les plus disgracieuses que la Ligue nationale a connues.

Le premier acte de ce triste Vendredi saint du 20 avril 1984 se déroule en fin de deuxième période au sixième match de la série Canadiens/Nordiques. L'arbitre Bruce Hood, qui a totalement perdu le contrôle des événements, attend de revoir le déroulement des bagarres sur vidéo, à l'entracte, avant de faire part des sanctions. Les combats reprennent de plus belle à l'annonce de celles-ci, les joueurs expulsés tentent d'entraîner un adversaire hors du jeu. Mark Hunter veut venger son coéquipier Hamel et cherche Sleigher. Sévigny part à la chasse de l'autre Hunter. Nilan et Moller veulent en découdre de nouveau. Et un peu tout le monde s'en mêle une fois de plus.

Aux 108 minutes de pénalités (54 de chaque côté) de la fin de la deuxième période s'en ajoutent 90 autres au début de la troisième, dont 50 aux Nordiques.

Les amateurs de hockey se souviendront du Vendredi saint Canadiens/Nordiques comme ils se souviennent de l'émeute du Forum.

ÉQUIPE 1983-84

Entraîneurs : Bob Berry (63-28-30-5)
Jacques Lemaire (17-7-10-0)

Nº	POS	JOUEURS	PJ	B	A	PTS	PUN
10	AD	Guy Lafleur	80	30	40	70	19
15	C	Bobby Smith	70	26	37	63	62
26	AG	Mats Naslund	77	29	35	64	4
21	C	Guy Carbonneau	78	24	30	54	75
11	C/AG	Ryan Walter	73	20	29	49	83
29	C	John Chabot	56	18	25	43	13
19	D	Larry Robinson	74	9	34	43	39
14	AD	Mario Tremblay	67	14	25	39	112
23	AG	Bob Gainey	77	17	22	39	41
6	C	Pierre Mondou	52	15	22	37	8
22	AG	Steve Shutt	63	14	23	37	29
30	AD	Chris Nilan	76	16	10	26	338
17	D	Craig Ludwig	80	7	18	25	52
18	D	Bill Root	72	4	13	17	45
8	C	Alfie Turcotte	30	7	7	14	10
27	C	Perry Turnbull	40	6	7	13	59
28	D	Jean Hamel	79	1	12	13	92
3	D	Ric Nattress	34	0	12	12	15
12	C	Keith Acton	9	3	7	10	4
20	AD	Mark Hunter	22	6	4	10	42
25	C	Doug Wickenheiser	27	5	5	10	6
2	D	Kent Carlson	65	3	7	10	73

● Serge Savard refuse de céder le contrat de Larry Robinson en échange du premier choix des North Stars du Minnesota, ce qui lui permettrait de mettre la main sur Pat Lafontaine, une vedette du Canadien junior qui l'intéresse beaucoup. D'autre part, Savard lorgne aussi du côté de Marcel Dionne, qu'on dit disponible à Los Angeles. « On m'offre des vidanges comme Shutt et Picard », rétorque George McGuire, directeur général des Kings à

Réjean Tremblay de *La Presse*. L'échange ne se fera pas.
● Lors de ce repêchage de 1983, Savard cause une certaine commotion en s'appropriant les droits du cerbère russe Vladislav Tretiak en septième ronde. Alfie Turcotte, qui connaîtra un court séjour à Montréal, Claude Lemieux et Sergio Momesso sont les premiers choix du club. Malheureusement pour les partisans des Canadiens, Tretiak ne jouera jamais à Montréal.

● Échange majeur pour les Canadiens le 28 octobre. Savard cède Keith Acton, Mark Napier et un troisième choix aux North Stars pour Bobby Smith alors à son apogée. Deux jours plus tard, Smith inscrit le 13 000ᵉ but de l'histoire du club.
● Autre transaction de Savard, au début de novembre : il expédie Robert Picard à Washington, ce qui lui permettra plus tard

d'obtenir le gardien Patrick Roy au repêchage.
● Le 19 octobre, les Canadiens l'emportent 12-2 à Winnipeg. C'est la première fois qu'ils obtiennent 12 buts ou plus à l'extérieur depuis 1920.
● Ronald Corey entreprend une longue croisade pour remener tous les Anciens dans le giron du Canadien en organisant la Soirée des gagnants des cinq coupes Stanley en décembre.

ÉQUIPE 1983-84

N°	POS	JOUEURS	PJ	B	A	PTS	PUN
27	D	Gilbert Delorme	27	2	7	9	8
35	AG	Mike McPhee	14	5	2	7	41
31	AD	Mark Napier	5	3	2	5	0
8	C	Greg Paslawski	26	1	4	5	4
1	G	Rick Wamsley	42	0	3	3	6
24	D	Robert Picard	7	0	2	2	0
32	AD	Claude Lemieux	8	1	1	2	12
24	D	Chris Chelios	12	0	2	2	12
5	D	Rick Green	7	0	1	1	7
25	AG	Sergio Momesso	1	0	0	0	0
32	G	Mark Holden	1	0	0	0	0
25	AD	Larry Landon	2	0	0	0	0
34	D	Jocelyn Gauvreau	2	0	0	0	0
31	C	John Newberry	3	0	0	0	0
36	D	Bill Kitchen	3	0	0	0	2
34	D	Dave Allison	3	0	0	0	12
37	G	Steve Penney	4	0	0	0	0
31	AG	Normand Baron	4	0	0	0	12
33	G	Richard Sévigny	40	0	0	0	12

GARDIENS	PJ	G	P	N	MIN	BC	BL	MOY
Richard Sévigny	40	16	18	2	2203	124	1	3,38
Rick Wamsley	42	19	17	3	2333	144	2	3,70
Mark Holden	1	0	1	0	52	4	0	4,62
Steve Penney	4	0	4	0	240	19	0	4,75

Le Tricolore a perdu Nilan, Tremblay, Mike McPhee, Sévigny et Mark Hunter, plus Hamel qui se retrouve à l'infirmerie. Les Bleus sont privés de Dale Hunter, Stastny, Malarchuk, Wally Weir et Moller.

Pendant que Mario Tremblay accuse l'entraîneur Bergeron d'avoir mis le feu aux poudres à l'entraînement du cinquième match en défiant les joueurs des Canadiens avec un sourire narquois, ce dernier rejette la responsabilité de ce gâchis sur son vis-à-vis, Jacques Lemaire. Accusation que celui-ci récuse, bien entendu.

Les Nordiques seront les grands perdants de ce funeste Vendredi saint. Tirant de l'arrière 3 parties à 2 dans la série, ils prennent pourtant les devants 2-0 dans la rencontre avec un but sans aide de Michel Goulet, à la reprise du jeu. Mais, privés de quelques éléments clés, ils ne peuvent répliquer aux deux buts rapides de Steve Shutt et le Canadien signe une victoire de 5-3 qui lui permet de passer à la finale de son association contre les Islanders.

1983-1984

LE SAVIEZ-VOUS...

Au début du camp, Ric Nattress est suspendu pour un minimum de 30 parties par le président John Ziegler pour avoir été surpris à consommer de la marijuana, alors qu'il était encore membre des Alexanders de Brantford, de la Ligue de l'Ouest. À l'été 1982, il avait écopé une amende de 150 $. La suspension imposée par Ziegler ramène le joueur des Canadiens au banc des accusés.

● Privé des retombées des droits de télédiffusion pour son équipe depuis son entrée dans la Ligue, le président des Nordiques, Marcel Aubut, part en guerre contre les Canadiens et Molson qui lui auraient offert une somme ridicule pour les cinq prochaines années, selon le journaliste Claude Bédard du *Journal de Québec*. Aubut réglera le problème en cours de saison, en créant son propre réseau de diffusion avec la participation financière de O'Keefe.

● Les Islanders de New York, détenteurs de la coupe Stanley depuis quatre ans, remportent trois autres séries et se qualifient de nouveau pour la finale, qu'ils perdront néanmoins contre Edmonton. Ils ont gagné 19 séries consécutives depuis le printemps 1979, ce qui représente la plus longue série victorieuse du genre.

● Mike Bossy est le premier joueur de la Ligue à inscrire sept saisons consécutives de 50 buts. Il mérite aussi un deuxième Lady-Byng de suite.

● Nouveau record pour Dale Hawerchuk des Jets de Winnipeg. Il obtient cinq passes en deuxième période, lors d'un match gagné 7-3 à domicile, le 6 mars.

● Record encore plus impressionnant pour Wayne Gretzky qui participe au pointage de son équipe pendant 51 matchs de suite.

Cette même année, la Merveille inscrit quatre autres records, en plus d'en égaler deux. Gretzky obtient un quatrième titre des marqueurs avec ses 87 buts et 118 passes, pour une 2e saison de plus de 200 points en 3 ans.

● Les Oilers battent le record de buts pour une troisième année de suite. Ils portent cette fois la marque à 446. Leur total de 1 182 points constitue une autre marque qui n'a pas été égalée depuis.

1983-1984

Mario Tremblay et Dale Hunter ont tous deux joué un rôle déterminant dans cet événement disgracieux.

TROPHÉES	
COUPE STANLEY	
Oilers d'Edmonton	
TROPHÉE PRINCE-DE-GALLES	
Islanders de New York	
TROPHÉE CLARENCE-CAMPBELL	
Oilers d'Edmonton	
TROPHÉE HART	
Wayne Gretzky	
Oilers d'Edmonton	
TROPHÉE ART-ROSS	
Wayne Gretzky	
Oilers d'Edmonton	
TROPHÉE LADY-BYNG	
Michael Bossy	
Islanders de New York	
TROPHÉE CALDER	
Tom Barrasso	
Sabres de Buffalo	
TROPHÉE GEORGES-VÉZINA	
Tom Barrasso	
Sabres de Buffalo	
TROPHÉE JAMES-NORRIS	
Rod Langway	
Capitals de Washington	
TROPHÉE CONN-SMYTHE	
Mark Messier	
Oilers d'Edmonton	
TROPHÉE BILL-MASTERTON	
Brad Park	
Red Wings de Detroit	
TROPHÉE LESTER-B.-PEARSON	
Wayne Gretzky	
Oilers d'Edmonton	
TROPHÉE JACK-ADAMS	
Bryan Murray	
Capitals de Washington	

L'animosité Montréal/Québec se transporte dans les médias et les interpellations ne manquent pas chez les spécialistes de la plume et du micro. Faisant le relevé des commentaires de part et d'autre, le chroniqueur Bertrand Raymond du *Journal de Montréal* mentionne que les seuls quotidiens francophones des deux villes ont consacré cette année-là l'équivalent de 300 pages et 730 articles à la série des frères ennemis.

BOB BERRY CONGÉDIÉ UNE DEUXIÈME FOIS

Serge Savard avait décidé de donner une nouvelle chance à Bob Berry, lors de son embauche comme directeur général à la conclusion de la saison précédente. Il lui avait redonné son siège d'entraîneur, après que le président Ronald Corey eut fait maison nette. Mais il faut croire qu'il s'agissait d'un siège éjectable puisque devant les insuccès répétés de l'équipe et l'incapacité évidente de Berry de s'entendre avec ses joueurs, ce dernier est de

● Le jeune gardien recrue de 18 ans des Sabres de Buffalo, Tom Barrasso, remporte le trophée Calder à titre de recrue de l'année et est également désigné gardien de l'année.

● Excité par la décision de la Ligue de réintroduire le temps supplémentaire abandonné en 1942, le directeur général des Islanders de New York, Bill Torrey, fait une comparaison savoureuse devant les médias : « Cinq minutes de supplémentaire, c'est comme 15 secondes de sexe. »

● Autre déclaration surprenante de Wayne Gretzky qui compare les Devils du New Jersey à une « organisation de Mickey Mouse ». Gretzky et ses coéquipiers seront accueillis par plusieurs fans arborant les oreilles de Mickey lors de leur voyage suivant au New Jersey.

● Grant Fuhr remporte le « championnat des marqueurs des gardiens » avec 14 points. C'est le plus haut sommet obtenu à ce jour par un cerbère.

● Lors du repêchage de juin 1983, Brian Lawton, sélectionné par les North Stars, est le premier joueur originaire des États-Unis à être réclamé au premier rang. Lui, ainsi que Pat Lafontaine (3e) et Tom Barrasso (5e) seront choisis parmi les cinq premiers. Sylvain Turgeon est retenu au deuxième rang par Hartford. Il marquera 40 buts dès sa première saison.

● Les Soviétiques renouent avec l'or aux Jeux olympiques de Sarajevo, tandis que les

Canadiens et les Américains sont privés de podium.

● Mario Lemieux est désigné joueur canadien de l'année chez les juniors. Il est maintenant assuré d'être le premier choix au prochain repêchage, ce qui amènera les Devils du New Jersey à porter des accusations contre les Penguins de Pittsburgh, auxquels ils reprochent de perdre volontairement afin de bénéficier du premier choix.

TROPHÉES

TROPHÉE FRANK-J.-SELKE
Doug Jarvis
Capitals de Washington

TROPHÉE WILLIAM-M.-JENNINGS
Pat Riggin et Al Jensen
Capitals de Washington

TROPHÉE EMERY-EDGE
Wayne Gretzky
Oilers d'Édmonton

nouveau évincé de son poste vers la fin de février. Jacques Lemaire, une ancienne gloire de la formation, est appelé à la rescousse. Une nomination dont Lemaire, revenu au sein de l'organisation après une courte et fructueuse carrière en Europe et chez les juniors, se serait bien passé.

Malgré des méthodes que les joueurs semblent trouver moins épuisantes, le Canadien est destiné à connaître l'une des mauvaises saisons de son histoire. Une saison semblable à celle de 1950-51, où pour la dernière fois le club avait conservé une fiche inférieure à ,500.

Jacques Lemaire, ex-vedette de l'équipe, est appelé à la rescousse du club en fin de saison.

1983-1984

DOUBLE EXPLOIT POUR LAFLEUR ET SHUTT

Glen Resch, gardien des Devils, joue les pères Noël cinq jours à l'avance, devant ses propres partisans de surcroît, lorsque au soir du 20 décembre, il permet à Guy Lafleur de compter son 500e but et à Steve Shutt, son 400e. Lafleur devient le 10e joueur de la Ligue à se hisser au rang des compteurs de 500 buts. Celui de Shutt représente son 760e point en carrière et, du même coup, il devance Geoffrion au septième rang de l'équipe. Pour souligner dignement l'événement et le mérite de ses deux joueurs, le Canadien joue sans bavure ce soir-là. Victoire de 6-0 au New Jersey.

Six semaines plus tard, Lafleur, qui a maintenant disputé plus de 900 matchs avec l'équipe, accède au rang de meilleur marqueur de l'histoire du club avec un 1 220e point en carrière.

ASSOCIATION PRINCE-DE-GALLES

DIVISION ADAMS	PJ	G	P	N	BP	BC	PTS
Boston (Bruins)	80	49	25	6	336	261	104
Buffalo (Sabres)	80	48	25	7	315	257	103
Québec (Nordiques)	80	42	28	10	360	278	94
Montréal (Canadiens)	80	35	40	5	286	295	75
Hartford (Whalers)	80	28	42	10	288	320	66

DIVISION PATRICK	PJ	G	P	N	BP	BC	PTS
New York (Islanders)	80	50	26	4	357	269	104
Washington (Capitals)	80	48	27	5	308	226	101
Philadelphie (Flyers)	80	44	26	10	350	290	98
New York (Rangers)	80	42	29	9	314	304	93
New Jersey (Devils)	80	17	56	7	231	350	41
Pittsburgh (Penguins)	80	16	58	6	254	390	38

ASSOCIATION CLARENCE-CAMPBELL

DIVISION NORRIS	PJ	G	P	N	BP	BC	PTS
Minnesota (North Stars)	80	39	31	10	345	344	88
St. Louis (Blues)	80	32	41	7	293	316	71
Detroit (Red Wings)	80	31	42	7	298	323	69
Chicago (Black Hawks)	80	30	42	8	277	311	68
Toronto (Maple Leafs)	80	26	45	9	303	387	61

DIVISION SMYTHE	PJ	G	P	N	BP	BC	PTS
Edmonton (Oilers)	80	57	18	5	446	314	119
Calgary (Flames)	80	34	32	14	311	314	82
Vancouver (Canucks)	80	32	39	9	306	328	73
Winnipeg (Jets)	80	31	38	11	340	374	73
Los Angeles (Kings)	80	23	44	13	309	376	59

MEILLEURS MARQUEURS

		PJ	B	A	PTS	PUN
Wayne Gretzky	Edmonton	74	87	118	205	39
Paul Coffey	Edmonton	80	40	86	126	104
Michel Goulet	Québec	75	56	65	121	76
Peter Stastny	Québec	80	46	73	119	73
Michael Bossy	NY Islanders	67	51	67	118	8
Barry Pederson	Boston	80	39	77	116	64
Jari Kurri	Edmonton	64	52	61	113	14
Bryan Trottier	NY Islanders	68	40	71	111	59
Bernie Federko	St. Louis	79	41	66	107	43
Rick Middleton	Boston	80	47	58	105	14

LES OILERS DOMINENT TOUJOURS. CHAMPIONS DE LEUR DIVISION, ILS DÉCROCHERONT UNE DEUXIÈME COUPE STANLEY EN DISPOSANT DES FLYERS DE PHILADELPHIE, PREMIERS DE LA DIVISION PATRICK ET PREMIERS AU CLASSEMENT GÉNÉRAL. ST. LOUIS EST LE NOUVEAU CHAMPION DE LA DIVISION NORRIS, TANDIS QUE LES CANADIENS REMONTENT AU PREMIER RANG DE LEUR GROUPE, TROIS POINTS DEVANT LES NORDIQUES. MATS NÄSLUND PREND LA RELÈVE DE GUY LAFLEUR, RETRAITÉ, À TITRE DE MEILLEUR MARQUEUR DU CLUB AVEC 42 BUTS ET 79 POINTS. BOSTON EST ÉLIMINÉ DIFFICILEMENT PAR MONTRÉAL AU DÉPART. SUIVRA UNE ÉPUISANTE SÉRIE FINALE DE DIVISION CONTRE QUÉBEC, LAQUELLE SE RENDRA À LA LIMITE. PETER STASTNY MÈNERA LES FLEURDELISÉS À LA VICTOIRE EN PRENANT LE RETOUR DE SON PROPRE LANCER AU DÉBUT DE LA PROLONGATION DU SEPTIÈME MATCH. TROIS DES QUATRE GAINS DE QUÉBEC AURONT NÉCESSITÉ DU JEU SUPPLÉMENTAIRE. GRETZKY RESTE LE MAÎTRE INCONTESTÉ DU CIRCUIT, MEILLEUR MARQUEUR (ART-ROSS), JOUEUR LE PLUS UTILE (HART), JOUEUR PAR EXCELLENCE (LESTER-PEARSON) ET MEILLEUR JOUEUR DES SÉRIES (CONN-SMYTHE). ARRIVÉE DE MARIO LEMIEUX À PITTSBURGH. IL EST CHOISI RECRUE DE L'ANNÉE. LES CANADIENS SONT TOUJOURS ABSENTS DES ÉQUIPES D'ÉTOILES.

Lafleur quitte à regret

Les relations entre Lemaire et Lafleur sont devenues difficiles et ce dernier se sent écarté par son ancien compagnon de trio.

Guy Lafleur est bien décidé à livrer le fond de sa pensée et à vider son sac à l'endroit du système défensif préconisé par Jacques Lemaire en entrant dans le bureau de Serge Savard. Mais il est vite décontenancé par l'offre de Ronald Corey, qui se joint aux deux hommes quelques secondes plus tard. Il voulait annoncer son départ avec fracas, mais un poste à vie aux relations publiques du club ralentit ses ardeurs.

Lafleur ne cadre pas dans le style tout en défensive de son ancien compagnon de trio, Jacques Lemaire, devenu entraîneur malgré lui à la suite du

● Les Canadiens perdent deux joueurs en l'espace de cinq mois, en raison de blessures sérieuses à un œil. Jean Hamel est atteint à l'œil gauche par un tir de revers anodin de Ken Linseman des Bruins le 4 octobre. Le 9 mars, Ulf Samuelson de Hartford touche accidentellement l'œil gauche de Pierre Mondou avec son bâton, après que ce dernier eut marqué le but victorieux. Ces accidents finiront par obliger les deux joueurs à abandonner leur carrière.

● La guerre des ondes entre Molson et O'Keefe connaît un nouvel épisode, alors que la Brasserie Molson signe une entente à long terme avec la Ligue, évaluée à quelque 26 millions, pour la retransmission des rencontres. Seuls les Nordiques, qui ont leur propre réseau, ne signent pas ce pacte.

● Après avoir perdu le banquet de remise des trophées de la LNH l'année précédente, Montréal se voit aussi enlever la séance annuelle de repêchage. Présenté à Montréal depuis plus de 20 ans – d'abord au Reine-Élizabeth (et deux fois à l'hôtel Mont-Royal) et ensuite aux bureaux de la Ligue, avant de déménager au Forum –, le repêchage est maintenant accessible au public. Toronto hérite de l'événement en 1985, lequel commence à changer d'endroit chaque année.

● Jacques Lemaire est intronisé au Temple de la renommée en compagnie de Phil Esposito, Bernard Parent et Punch Imlach, ce dernier à titre de bâtisseur.

● L'interdiction de prendre une bière à l'hôtel lors des séjours à l'extérieur est levée, grâce à l'intervention de Lafleur. Ce règlement d'équipe, souvent transgressé, n'a plus vraiment sa raison d'être.

● Le jeune défenseur Chris Chelios s'impose dès sa première saison complète avec les Canadiens, méritant 55 passes. Pas de chance pour le titre, Mario Lemieux en est aussi à sa première année...

1984-1985

congédiement de Bob Berry. Il semble devenu incapable de réagir aux cris de la foule qui réclame sa présence sur la glace en scandant « Guy ! Guy ! Guy ! », clameur que l'on entend jusque dans la rue Sainte-Catherine. Et plus Lemaire le confine au banc, plus le Démon blond perd la belle confiance qui lui a permis de signer 6 saisons de 50 buts et de remporter 3 titres de champion marqueur au passage.

Il a connu une fin de campagne misérable la saison précédente, incapable de marquer au cours des 27 dernières rencontres. Ses participations au jeu étaient de plus en plus espacées et il ne voyait pas comment se sortir d'un tel bourbier. D'autant plus que le début de la présente édition n'était guère plus prometteur avec 2 buts en 19 rencontres et ses présences sur la glace encore plus rares. Son 518e but contre Robert Sauvé au Forum le 25 octobre sera son dernier dans l'uniforme du club.

En apprenant la nouvelle de la retraite de Lafleur, le célèbre Rocket, qui se doutait bien que quelque chose ne tournait pas rond dans les relations entre Lafleur et la direction de l'équipe, a eu cette réflexion, rapportée par Marc de Foy du *Journal de Montréal* : « C'est bien jeune pour lâcher ; la retraite de Guy me rappelle la mienne. » Lui aussi s'était vu offrir un poste « à vie » dans l'organisation, poste qui l'avait rendu bien malheureux parce qu'il lui avait coûté le franc-parler qui le caractérisait. Tout comme Lafleur.

C'est avec des trémolos dans la voix et le cœur rempli de regrets — malgré le sourire de circonstance — que Lafleur annonçait son retrait du hockey dans l'après-midi du 26 novembre en disant : « Je pars parce que je ne peux plus gâter mon public. » De leur côté, tant Savard que Corey ont toujours nié avoir encouragé Lafleur à se retirer.

Lors du match suivant l'annonce de sa retraite, le Démon blond est accueilli au Forum par une ovation de cinq minutes du public qui lui conserve tout son amour. Réaction similaire le 16 février lors de la fête en son honneur sur la glace

Imperturbable, Savard attend les questions des journalistes lors de l'annonce du retrait de Lafleur.

MEILLEURS MARQUEURS		PJ	B	A	PTS	PUN
Wayne Gretzky	Edmonton	80	73	135	208	52
Jari Kurri	Edmonton	73	71	64	135	30
Dale Hawerchuk	Winnipeg	80	53	77	130	74
Marcel Dionne	Los Angeles	80	46	80	126	46
Paul Coffey	Edmonton	80	37	84	121	97
Michael Bossy	NY Islanders	76	58	59	117	38
John Ogrodnick	Detroit	79	55	50	105	30
Denis Savard	Chicago	79	38	67	105	56
Bernie Federko	St. Louis	76	30	73	103	27
Mike Gartner	Washington	80	50	52	102	71
Brent Sutter	NY Islanders	72	42	60	102	51

● Le Tricolore se défait de ses deux gardiens réguliers avant le début de la saison. Rick Wamsley est échangé aux Blues de St. Louis avec deux choix de repêchage, en retour des première et deuxième sélections des Blues. Montréal a ainsi pu réclamer Shayne Corson et Stéphane Richer. Plus tard, Richard Sévigny, laissé sans protection par Montréal, se retrouve avec l'ennemi juré du club, les Nordiques. Steve Penney, qui a fait sensation lors des dernières séries, est le nouveau cerbère de confiance.

● À ce même repêchage, Serge Savard, à défaut de pouvoir obtenir Mario Lemieux, sort une carte cachée de son jeu avec le choix obtenu de Hartford et réclame au cinquième rang un jeune défenseur maigrichon, originaire de Tchécoslovaquie. Il se nomme Petr Svoboda. Puis, après Corson et Richer, il mentionne le nom de Patrick Roy en troisième ronde. Le gardien des Bisons de Granby constitue la 51e sélection de la séance.

● Quelques dizaines de partisans du Tricolore, qu'on a commencé à surnommer les Glorieux depuis quelques années, forment un «fan club» officiel pour appuyer l'équipe. Il s'agit en quelque sorte des successeurs des Millionaires, depuis longtemps disparus.

● Larry Robinson est le neuvième joueur de l'organisation à obtenir un 650e point en début de décembre. Quelques jours plus tôt, il fut aussi le premier défenseur à obtenir une 500e passe. Il aura disputé plus de 900 parties lorsque la saison prendra fin. Bob Gainey est un autre joueur à compter plus de 900 parties à son actif.

● Le club-école des Canadiens dans la Ligue américaine, établi à Sherbrooke, connaît une fin de saison excitante et remporte la coupe Calder. Plus d'une demi-douzaine de joueurs viendront renforcer la grande équipe la saison suivante : Brian Skrudland, Stéphane Richer, Mike Lalor et Patrick Roy en début d'année, puis Serge Boisvert, John Kordic et Randy Bucyk en fin de saison suivante.

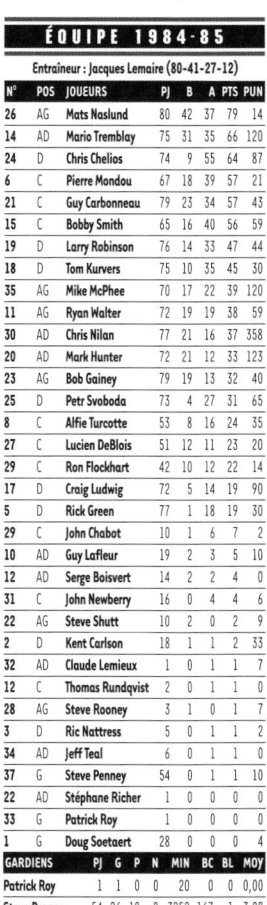

ÉQUIPE 1984-85

Entraîneur : Jacques Lemaire (80-41-27-12)

N°	POS	JOUEURS	PJ	B	A	PTS	PUN
26	AG	Mats Naslund	80	42	37	79	14
14	AD	Mario Tremblay	75	31	35	66	120
24	D	Chris Chelios	74	9	55	64	87
6	C	Pierre Mondou	67	18	39	57	21
21	C	Guy Carbonneau	79	23	34	57	43
15	C	Bobby Smith	65	16	40	56	59
19	D	Larry Robinson	76	14	33	47	44
18	C	Tom Kurvers	75	10	35	45	30
35	AG	Mike McPhee	70	17	22	39	120
11	AG	Ryan Walter	72	19	19	38	59
30	AD	Chris Nilan	77	21	16	37	358
20	AD	Mark Hunter	72	21	12	33	123
23	AG	Bob Gainey	79	19	13	32	40
25	D	Petr Svoboda	73	4	27	31	65
8	C	Alfie Turcotte	53	8	16	24	35
27	C	Lucien DeBlois	51	12	11	23	20
29	C	Ron Flockhart	42	10	12	22	14
17	D	Craig Ludwig	72	5	14	19	90
5	D	Rick Green	77	1	18	19	30
29	C	John Chabot	10	1	6	7	2
10	AD	Guy Lafleur	19	2	3	5	10
12	AD	Serge Boisvert	14	2	2	4	0
31	C	John Newberry	16	0	4	4	6
22	AG	Steve Shutt	10	2	0	2	9
2	D	Kent Carlson	18	1	1	2	33
32	AD	Claude Lemieux	1	0	1	1	7
12	C	Thomas Rundqvist	2	0	1	1	0
28	AG	Steve Rooney	3	1	0	1	7
3	D	Ric Nattress	5	0	1	1	2
34	AD	Jeff Teal	6	0	1	1	0
37	G	Steve Penney	54	0	1	1	10
22	AD	Stéphane Richer	1	0	0	0	0
33	G	Patrick Roy	1	0	0	0	0
1	G	Doug Soetaert	28	0	0	0	4

GARDIENS	PJ	G	P	N	MIN	BC	BL	MOY
Patrick Roy	1	1	0	0	20	0	0	0,00
Steve Penney	54	26	18	8	3252	167	1	3,08
Doug Soetaert	28	14	9	4	1606	91	0	3,40

du Forum. Coiffés d'une casquette ornée de son nom qu'on leur a remise à l'entrée, les 18 000 spectateurs commencent à scander «Guy! Guy! Guy!» dès son arrivée sur la patinoire.

Lafleur a marqué 518 buts avec les Canadiens, 26 de moins que le Rocket. Il se classe cependant premier pour le total de points avec 1 246.

STEVE SHUTT S'EN VA AUSSI

Steve Shutt, le compagnon d'armes des belles années de Lafleur, est malheureux lui aussi chez les Canadiens. Il joue moins et il est moins productif. À peine 2 buts en 10 parties et, en plus, son nom est souvent retiré de la liste des joueurs. Il réalise qu'un changement d'air pourrait relancer sa carrière après une douzaine de saisons et cinq coupes Stanley à Montréal. Serge Savard se rend à son souhait le 18 novembre, quelques jours avant le départ de Lafleur. Il est échangé aux Kings de Los Angeles en retour d'un choix de repêchage.

Chris Nilan domine la Ligue pour les punitions avec 358 minutes. Il devient ainsi le joueur le plus puni de l'histoire du club.

● Premier choix au repêchage de juin 1984, Mario Lemieux refuse de se présenter sur la scène pour enfiler le chandail des Penguins de Pittsburgh, qui n'ont pas acquiescé à ses demandes salariales. Lemieux finit par s'entendre avec le directeur général Eddie Johnston sur un contrat de deux ans plus une année d'option évalué à 700 000 $ par année. À sa dernière année junior à Laval, Lemieux avait obtenu 282 points (133-149) en seulement 70 parties.

● Lemieux obtient son premier but dans la LNH à son premier tir et à sa première présence sur la glace lors de sa première partie le 11 octobre. Il complète la saison avec une production de 43 buts et 100 points et est choisi recrue de l'année. Il sauvera éventuellement la concession de Pittsburgh et deviendra l'un des joueurs les plus électrisants du hockey, avec Gretzky. C'est d'ailleurs Lemieux qui mettra un terme à la série ininterrompue de sept championnats des

marqueurs et de huit titres de joueur le plus utile remportés par Gretzky, en 1987-88. Deux ans auparavant, il aura aussi arrêté à quatre la série de trophées Lester-Pearson gagnés par son grand rival.

● Le jeu de la Ligue nationale est plus offensif que jamais. On dénombre pas moins de 16 marqueurs de 100 points. Edmonton et les Islanders de New York en ont trois chacun : Wayne Gretzky (208), Jari Kurri (135) et Paul Coffey (121),

chez les Oilers. Mike Bossy (117), Brent Sutter (102) et John Tonelli (100), chez les Islanders. De plus, 9 joueurs, soit un de moins que le record établi en 1981-82, obtiennent 50 buts.

● Les cinq premiers compteurs proviennent tous des équipes de la Division Smythe, soit Gretzky, Kurri, Dale Hawerchuk (Winnipeg), Marcel Dionne (Los Angeles) et Coffey.

1984-1985

À Los Angeles, il complète sa dernière saison dans la Nationale avec 41 points (16-25) en 59 parties.

Avant Lafleur et Shutt, les Expos ont eux aussi éloigné un autre favori du public : Gary Carter a été échangé aux Mets de New York le 10 décembre précédent.

LES CANADIENS ONT 75 ANS

Pour marquer le 75e anniversaire des Canadiens, la direction a eu l'idée de faire appel au public pour désigner l'équipe de rêve composée des meilleurs joueurs ayant évolué dans le club au fil de l'histoire du club. Avec la collaboration des médias, le vote connaît un immense succès et le résultat est dévoilé lors d'un match au Forum le 12 janvier. Pour ajouter encore plus d'émotion au moment du dévoilement de cette équipe de rêve, on invite le plus vieux joueur de l'équipe encore vivant, lui-même vedette à son époque, Aurèle Joliat.

Une dernière présentation de la célèbre coupe pour le Rocket et Toe Blake.

TROPHÉES	
COUPE STANLEY	
Oilers d'Edmonton	
TROPHÉE PRINCE-DE-GALLES	
Flyers de Philadelphie	
TROPHÉE CLARENCE-CAMPBELL	
Oilers d'Edmonton	
TROPHÉE HART	
Wayne Gretzky	
Oilers d'Edmonton	
TROPHÉE ART-ROSS	
Wayne Gretzky	
Oilers d'Edmonton	
TROPHÉE LADY-BYNG	
Jari Kurri	
Oilers d'Edmonton	
TROPHÉE CALDER	
Mario Lemieux	
Penguins de Pittsburgh	
TROPHÉE GEORGES-VÉZINA	
Pelle Lindbergh	
Flyers de Philadelphie	
TROPHÉE JAMES-NORRIS	
Paul Coffey	
Oilers d'Edmonton	
TROPHÉE CONN-SMYTHE	
Wayne Gretzky	
Oilers d'Edmonton	
TROPHÉE BILL-MASTERTON	
Anders Hedberg	
Rangers de New York	
TROPHÉE LESTER-B.-PEARSON	
Wayne Gretzky	
Oilers d'Edmonton	
TROPHÉE JACK-ADAMS	
Mike Keenan	
Flyers de Philadelphie	

● Coffey est un défenseur au style offensif. En saison, il obtient 37 buts et 121 points, alors qu'en séries il revendique les records suivants pour un défenseur: passes (5) et points (6) pour une partie, ainsi que le record de buts (12), de passes (25) et de points (37) au total. Il recevra le trophée Norris au terme de la saison.

● Dionne connaît une 10e saison de 40 buts et une 8e de 100 points. Pour sa part,

Peter Stastny signe une 5e saison consécutive de 100 points.

● À l'intersaison, le Canada dispose de l'Union soviétique 3 à 2, en prolongation de la demi-finale de Coupe Canada sur un but de Michael Bossy, après avoir terminé quatrième en ronde préliminaire. En finale, la victoire contre la Suède n'est qu'une formalité.

● Bobby Clarke se retire comme joueur actif et est aussitôt embauché comme directeur général des Flyers.

● Le gardien des Flyers de Philadelphie, Pelle Lindbergh, apporte régulièrement une bouteille d'eau qu'il laisse sur le dessus de son filet, provoquant l'ire de Glen Sather, entraîneur des Oilers.

● Gretzky mène les Oilers à une deuxième coupe Stanley d'affilée avec une production de 47 points (17-30) en 18 matchs, ce qui représente toujours la meilleure marque de la Ligue à ce jour. Cette performance lui vaudra le trophée Conn-Smythe.

D'ailleurs, la Merveille est l'auteur de sept nouveaux records au cours de l'année.

● Insatisfait du travail de son gardien Tom Barrasso, recrue de l'année et récipiendaire du trophée Vézina la saison précédente, Scotty Bowman le cède aux mineures en début d'année. Barrasso revient en force et conserve la meilleure moyenne chez les gardiens réguliers. Il cède cependant le trophée Vézina à Lindbergh, premier Européen à recevoir cette récompense.

TROPHÉES

TROPHÉE FRANK-J.-SELKE
Craig Ramsay
Sabres de Buffalo

TROPHÉE WILLIAM-M.-JENNINGS
Tom Barrasso et Robert Sauvé
Sabres de Buffalo

TROPHÉE EMERY-EDGE
Wayne Gretzky
Oilers d'Edmonton

Un tel choix, même effectué par des amateurs reconnus pour leur connaissance du hockey, est toujours difficile à faire en raison des règles de jeu, des modes d'entraînement et des pièces d'équipement en constante évolution. La sélection est cependant bien accueillie, plaçant Jacques Plante devant le filet, Doug Harvey et Larry Robinson en défensive, Maurice Richard à l'aile droite, Jean Béliveau au centre et Dickie Moore à l'aile gauche. Avec Toe Blake comme entraîneur, comme de raison.

Hormis cette consécration des six Grands parmi les Grands du Tricolore, les festivités du 75e anniversaire demeurent somme toute modestes, malgré la tenue d'un banquet grandiose qui réunit 1 500 personnes au Reine-Elizabeth. On y remarque des personnalités et des champions qui ont marqué l'histoire des Canadiens à diverses époques de l'histoire du club.

1984-1985

La photo officielle de cette équipe de rêve, composée de Jacques Plante, Larry Robinson, Toe Blake, Jean Béliveau, Dickie Moore, Doug Harvey, Maurice Richard et Bob Gainey. Au centre, Aurèle Joliat, dernier vivant des plus anciens Glorieux. Lors de sa présentation, Joliat a trébuché à deux reprises, ajoutant beaucoup d'émotion à un événement déjà fort touchant.

ASSOCIATION PRINCE-DE-GALLES							
DIVISION ADAMS	PJ	G	P	N	BP	BC	PTS
Montréal (Canadiens)	80	41	27	12	309	262	94
Québec (Nordiques)	80	41	30	9	323	275	91
Buffalo (Sabres)	80	38	28	14	290	237	90
Boston (Bruins)	80	36	34	10	303	287	82
Hartford (Whalers)	80	30	41	9	268	318	69
DIVISION PATRICK	PJ	G	P	N	BP	BC	PTS
Philadelphie (Flyers)	80	53	20	7	348	241	113
Washington (Capitals)	80	46	25	9	322	240	101
New York (Islanders)	80	40	34	6	345	312	86
New York (Rangers)	80	26	44	10	295	345	62
New Jersey (Devils)	80	22	48	10	264	346	54
Pittsburgh (Penguins)	80	24	51	5	276	385	53
ASSOCIATION CLARENCE-CAMPBELL							
DIVISION NORRIS	PJ	G	P	N	BP	BC	PTS
St. Louis (Blues)	80	37	31	12	299	288	86
Chicago (Black Hawks)	80	38	35	7	309	299	83
Detroit (Red Wings)	80	27	41	12	313	357	66
Minnesota (North Stars)	80	25	43	12	268	321	62
Toronto (Maple Leafs)	80	20	52	8	253	358	48
DIVISION SMYTHE	PJ	G	P	N	BP	BC	PTS
Edmonton (Oilers)	80	49	20	11	401	298	109
Winnipeg (Jets)	80	43	27	10	358	332	96
Calgary (Flames)	80	41	27	12	363	302	94
Los Angeles (Kings)	80	34	32	14	339	326	82
Vancouver (Canucks)	80	25	46	9	284	401	59

Claude Lemieux est en sueur et en larmes, soulevant la coupe à bout de bras dans un long cri sauvage...

1985  1986

VINGT-
TROISIÈME
COUPE
STANLEY

LES OILERS, PREMIERS AU CLASSEMENT GÉNÉRAL, SONT LARGEMENT FAVORIS POUR UNE TROISIÈME COUPE EN LIGNE, MAIS UNE BANDE DE RECRUES DES CANADIENS, DONT PATRICK ROY, STÉPHANE RICHER, BRIAN SKRUDLAND ET CLAUDE LEMIEUX, RENVERSENT TOUS LES CALCULS ET PROCURENT UN 23E CHAMPIONNAT AU TRICOLORE. POURTANT, L'ÉQUIPE AVAIT PRIS LE DEUXIÈME RANG, DERRIÈRE QUÉBEC, DANS LA DIVISION ADAMS. PREMIÈRE FINALE TOUTE CANADIENNE, ENTRE MONTRÉAL ET CALGARY, DEPUIS 1967. PHILADELPHIE CONSERVE SON TITRE DE LA DIVISION PATRICK, ALORS QUE LA LUTTE EST SERRÉE DANS LA SECTION NORRIS, CHICAGO (86) DEVANÇANT MINNESOTA PAR UN POINT ET ST. LOUIS PAR TROIS. AVANT LA FINALE, MONTRÉAL ÉCARTE BOSTON EN TROIS PARTIES DE SUITE, PUIS L'EMPORTE DIFFICILEMENT SUR HARTFORD AU SEPTIÈME MATCH GRÂCE À CLAUDE LEMIEUX EN SUPPLÉMENTAIRE (QUATRE BUTS GAGNANTS LORS DES SÉRIES DE 1986), AVANT D'ÉCARTER LES RANGERS EN CINQ. DE SON CÔTÉ, CALGARY SORT LES OILERS EN SEPT, LORS DE LA FINALE DE L'ASSOCIATION CAMPBELL. PATRICK ROY, LA NOUVELLE COQUELUCHE DES MONTRÉALAIS, GAGNE 15 MATCHS SUR 20 ET CONSERVE UNE MOYENNE DE 1,92 POUR MÉRITER LE TROPHÉE CONN-SMYTHE. MATS NÄSLUND OBTIENT 110 POINTS (43-67) EN SAISON RÉGULIÈRE ET FINIT HUITIÈME MARQUEUR DU CIRCUIT. LUI ET LARRY ROBINSON SE DÉNICHENT UNE PLACE DANS LA DEUXIÈME ÉQUIPE D'ÉTOILES. GRETZKY EST PREMIER POUR LA SIXIÈME FOIS, CE QUI LUI VAUT UN SEPTIÈME TITRE DE JOUEUR LE PLUS UTILE. MARIO LEMIEUX LUI RAVIT TOUTEFOIS LE TITRE DE JOUEUR PAR EXCELLENCE (TROPHÉE LESTER-B.-PEARSON).

● Les réjouissances des partisans des Canadiens au terme de la conquête de la coupe Stanley tournent au saccage dans la rue Sainte-Catherine, lorsque plusieurs centaines de pillards s'en prennent aux boutiques et renversent des voitures. Prise au dépourvu, la police met du temps à intervenir et il lui faudra plusieurs heures pour ramener l'ordre. Les

Triomphant, le jeune Patrick Roy répond aux acclamations de la foule.

1985 1986

Champagne pour les recrues

Claude Lemieux est en sueur et en larmes, soulevant la coupe à bout de bras dans un long cri sauvage qui n'en finit plus. Patrick Roy contemple le trophée qu'on vient tout juste de lui déposer entre les mains à titre de meilleur joueur des séries, le plus jeune joueur de l'histoire à mériter pareil honneur à 20 ans. Les autres « jeunots » de l'équipe – ils sont huit au total – ont de la difficulté à contenir leur émotion pendant que l'un d'eux, Brian Skrudland, et le vétéran Chris Nilan, amochés au combat, se tiennent un peu à l'écart, sans pour autant se priver du défoulement collectif. Résistant à la remontée tardive des Flames en fin de troisième période, le Canadien vient de s'approprier la 23e coupe Stanley de son histoire. L'équipe devient de ce fait la formation sportive professionnelle la plus célèbre puisqu'elle devance les Yankees de New York, 22 fois vainqueurs des Séries mondiales.

Les joueurs et les dirigeants, comme les quelques partisans de l'équipe qui ont réussi à déjouer le service de sécurité pour s'introduire dans le vestiaire des visiteurs du Saddledome de Calgary, démontrent toute l'exubérance dont ils sont capables, au terme de cette première série finale toute canadienne depuis 1967. D'autant plus que le club n'a plus touché à la coupe depuis la fin des

Bob Gainey et Larry Robinson, derniers membres de la conquête de 1979 encore avec l'équipe, avec Mario Tremblay.

Un premier Conn-Smythe pour Patrick Roy, le plus jeune à décrocher le titre de meilleur joueur des séries.

dommages dépassent le million de dollars selon les médias. Les joueurs des Canadiens seront néanmoins accueillis en héros à leur retour de Calgary. Un défilé dans les rues de la ville et une fête populaire au Forum les attendent et, cette fois, tout se passe dans l'ordre.

● Larry Robinson rejoint quelques grands noms de la dynastie des Canadiens en disputant un 1 000e match avec le club le 19 mars à Winnipeg. Il est seulement le quatrième membre de la formation à présenter un tel dossier. Avant lui, il y a eu Jean Béliveau, Claude Provost et Henri Richard. Robinson, qui a atteint les 700 points plus tôt en saison, a aussi été l'auteur d'un autre exploit rare le 19 décembre, en comptant trois buts dans un match au Colisée de Québec. Le dernier défenseur des Canadiens à avoir réussi pareille performance a été Guy Lapointe en 1974.

● Mats Näslund parvient à inscrire plus de 100 points (43-67) en une saison pour l'unique fois de sa carrière. Il sera jusqu'à ce jour le dernier joueur du Tricolore à réussir pareil exploit. Son total de 110 points lui permet aussi de devancer Steve Shutt chez les ailiers gauches qui, pour sa part, en avait mérité 106.

● Pierre Mondou a bien essayé de repousser l'échéance à quelques reprises depuis qu'il a été atteint accidentellement à l'œil gauche en mars, mais après une dernière tentative au camp, il est forcé de reconnaître que ses problèmes de vision l'empêchent de jouer à l'aise. Il annonce sa retraite, début octobre, pour accepter un rôle d'adjoint à l'entraîneur Carol Vadnais chez le Canadien junior.

● Le Canadien décide enfin, après 24 ans d'attente, de rendre hommage à Doug Harvey, le plus grand défenseur de son histoire en retirant son chandail, le n° 2. Ce dernier, gagnant de six coupes Stanley et de six trophées Norris à Montréal, plus un autre avec les Rangers — est fêté par ses supporters lors d'un match au Forum. Quelques semaines plus tard, il est nommé dépisteur à temps partiel dans la région de Hull-Ottawa où il réside.

1985 1986

ÉQUIPE 1985-86						
Entraîneur : Jean Perron (80-40-33-7)						
N°	POS	JOUEURS	PJ	B	A	PTS	PUN
26	AG	Mats Naslund	80	43	67	110	16
15	C	Bobby Smith	79	31	55	86	55
19	D	Larry Robinson	78	19	63	82	39
20	AD	Kjell Dahlin	77	32	39	71	4
21	C	Guy Carbonneau	80	20	36	56	57
11	AG	Ryan Walter	69	15	34	49	45
23	AG	Bob Gainey	80	20	23	43	20
35	AG	Mike McPhee	70	19	21	40	69
14	AD	Mario Tremblay	56	19	20	39	55
44	AD	Stéphane Richer	65	21	16	37	50
24	D	Chris Chelios	41	8	26	34	67
30	AD	Chris Nilan	72	19	15	34	274
27	AD	Lucien DeBlois	61	14	17	31	48
18	D	Tom Kurvers	62	7	23	30	36
29	D	Gaston Gingras	34	8	18	26	12
39	C	Brian Skrudland	65	9	13	22	57
25	D	Petr Svoboda	73	1	18	19	93
36	AG	Sergio Momesso	24	8	7	15	46
38	D	Mike Lalor	62	3	5	8	56
22	C	Randy Bucyk	17	4	2	6	8
17	D	Craig Ludwig	69	2	4	6	63
28	AG	Steve Rooney	38	2	3	5	114
5	D	Rick Green	46	3	2	5	20
12	AD	Serge Boisvert	9	2	2	4	2
32	AD	Claude Lemieux	10	1	2	3	22
33	G	Patrick Roy	47	0	3	3	4
31	AD	John Kordic	5	0	1	1	12
40	D	Dominic Campedelli	2	0	0	0	0
3	D	Kent Carlson	2	0	0	0	0
8	C	Alfie Turcotte	2	0	0	0	2
8	AG	David Maley	3	0	0	0	0
34	AG	Shayne Corson	3	0	0	0	2
37	G	Steve Penney	18	0	0	0	0
1	G	Doug Soetaert	23	0	0	0	6

GARDIENS	PJ	G	P	N	MIN	BC	BL	MOY
Doug Soetaert	23	11	7	2	1215	56	3	2,77
Patrick Roy	47	23	18	3	2651	148	1	3,35
Steve Penney	18	6	8	2	990	72	0	4,36

années 1970, à la belle époque des Lafleur, Dryden, Savard, Lapointe, Shutt, Lemaire et compagnie. Du groupe de 1979, il ne reste plus que Bob Gainey, Larry Robinson et Mario Tremblay, et encore, celui-ci est blessé et tenu à l'écart du jeu.

On ne croyait pas beaucoup aux chances de l'équipe en début de saison 1985-86, avec un entraîneur recrue aux commandes et un club presque vert. L'expérience de Jean Perron, pourtant reconnu pour ses talents de stratège, se limite à un poste d'entraîneur universitaire à Moncton, puis d'adjoint de Dave King avec l'équipe olympique, avant de devenir le second de Jacques Lemaire la saison précédente. Perron décide de faire confiance aux recrues, venues de Sherbrooke pour la plupart. On en

Quatre buts gagnants pour Claude Lemieux en séries, dont celui qui a conduit à l'élimination de Hartford en supplémentaire lors du septième match de la finale de division.

● Chris Nilan est suspendu pour huit parties par la Ligue pour avoir frappé Rick Middleton au visage avec son bâton lors d'un match contre les Bruins.

● Les Canadiens récupèrent Steve Shutt des Kings au repêchage interne, après l'avoir échangé au cours de la saison précédente, mais Shutt ne reviendra pas au jeu.

● Le Tricolore perd 11-6 contre Hartford le 19 octobre. Il n'avait pas accordé autant de buts à l'adversaire depuis 1938, alors qu'il avait perdu 11-7 contre les Maroons.

● L'Armée rouge humilie les Canadiens 6 à 1 au lendemain du jour de l'An.

● L'avion qui transporte les joueurs de Québec à Chicago, en pleine tempête de neige, le 21 janvier, doit effectuer un atterrissage d'urgence à London en raison d'un problème hydraulique. Effrayés et mécontents, les passagers doivent utiliser un nouveau transporteur et arrivent à destination à l'aube.

● Pour favoriser l'esprit d'équipe, Savard et Perron imposent une « retraite fermée » aux joueurs avant les séries. Les plus jeunes parleront d'Alcatraz, mais il s'agit plutôt de l'hôtel Sheraton de l'île Charron. Une vieille tradition des Glorieux qui rappelle les longs voyages en train de jadis, où les joueurs se côtoyaient des journées entières.

● Trois joueurs disputent une 300e partie avec le club au cours de la saison : Guy Carbonneau, Mats Näslund, Craig Ludwig. Mario Tremblay fait encore mieux avec un 800e match. Pour sa part,

Ryan Walter a disputé plus de 600 parties dans la Ligue.

● Brian Skrudland passe à l'histoire avec un but inscrit à la neuvième seconde de prolongation, au deuxième match de la série finale contre Calgary. Un exploit toujours présent au livre des records de la LNH.

● Bert Olmstead, qui a brillamment porté les couleurs des Canadiens dans les années 1950, est intronisé au Temple de la renommée, ainsi que Gerry Cheevers et Jean Ratelle.

1985 1986

compte huit au début de l'année : Patrick Roy, Stéphane Richer, Kjell Dahlin, Sergio Momesso, Brian Skrudland, Mike Lalor, Shayne Corson et Steve Rooney. Sans compter Serge Boisvert, qui est presque une recrue avec à peine une trentaine de matchs d'expérience dans la LNH. Il faut remonter à la saison 1947-48, selon le vétéran chroniqueur Jacques Beauchamp, pour retrouver autant de recrues dans l'équipe. Ils étaient six à l'époque.

Le noyau de recrues change un peu en cours de saison. Momesso est blessé, ainsi que Rooney, lequel revient cependant pour le dernier match de la finale,

Réputé pour sa capacité de motiver autant les vétérans que les recrues, Bob Gainey savoure une première coupe à titre de capitaine.

TROPHÉES
COUPE STANLEY
Canadiens de Montréal
TROPHÉE PRINCE-DE-GALLES
Canadiens de Montréal
TROPHÉE CLARENCE-CAMPBELL
Flames de Calgary
TROPHÉE DU PRÉSIDENT
Oilers d'Edmonton
TROPHÉE HART
Wayne Gretzky
Oilers d'Edmonton
TROPHÉE ART-ROSS
Wayne Gretzky
Oilers d'Edmonton
TROPHÉE LADY-BYNG
Michael Bossy
Islanders de New York
TROPHÉE CALDER
Gary Suter
Flames de Calgary
TROPHÉE GEORGES-VÉZINA
John Vanbiesbrouck
Rangers de New York
TROPHÉE JAMES-NORRIS
Paul Coffey
Oilers d'Edmonton
TROPHÉE CONN-SMYTHE
Patrick Roy
Canadiens de Montréal

● Nouveau record incroyable de 215 points (52-163) pour Wayne Gretzky. Son total d'assistances aurait été suffisant à lui seul pour lui valoir le titre de champion marqueur devant Lemieux qui a 141 points. Au fil de la saison, la Merveille fait tomber cinq records du circuit. Il est l'unique joueur à avoir obtenu 200 points en une saison, exploit qu'il vient de réussir pour la quatrième fois en cinq ans.

● Neuvième saison consécutive de plus de 50 buts pour Mike Bossy, des Islanders. C'est aussi la 5e fois qu'il en marque 60.
● Le même Bossy efface un record de Maurice Richard, vieux de 26 ans, avec un 83e but en séries, lors d'une victoire des Islanders contre Washington.
● Paul Coffey dépasse Bobby Orr pour les buts comptés par un défenseur en une saison, avec 48. Il reçoit aussi un deuxième trophée Norris consécutif.

● Les substitutions de joueurs sont maintenant autorisées lors des punitions mineures doubles, ce qui permet aux équipes de poursuivre le jeu à cinq contre cinq.
● La Ligue institue le trophée du Président, destiné à l'équipe qui termine première au classement général des équipes. Les Oilers d'Edmonton, qui totalisent 119 points, en sont les premiers récipiendaires.

● Pelle Lindbergh, le gardien des Flyers de Philadelphie, qui a l'habitude de conduire sa Porsche plutôt vite, se tue en heurtant un mur de béton à son retour d'une fête visant à souligner une 10e victoire consécutive du club, en novembre.

1985 1986

TROPHÉES
TROPHÉE BILL-MASTERTON
Charlie Simmer
Bruins de Boston
TROPHÉE LESTER-B.-PEARSON
Mario Lemieux
Penguins de Pittsburgh
TROPHÉE JACK-ADAMS
Glen Sather
Oilers d'Edmonton
TROPHÉE FRANK-J.-SELKE
Troy Murray
Black Hawks de Chicago
TROPHÉE WILLIAM-M.-JENNINGS
Bob Froese et Darren Jensen
Flyers de Philadelphie
TROPHÉE EMERY-EDGE
Mark Howe
Flyers de Philadelphie

puis Corson est renvoyé à Sherbrooke. En fin de saison s'ajoutent John Kordic et Claude Lemieux, le grand héros des séries avec Roy. Ce dernier a mérité le Conn-Smythe avec une moyenne incroyable de 1,92, mais le trophée aurait pu aussi bien être remis à Lemieux, auteur de quatre buts victorieux, dont un dramatique filet en supplémentaire, au septième match contre Hartford. Lemieux, le plus exubérant de tous en ce soir de festivités à Calgary, a aussi obtenu un autre but en supplémentaire au troisième affrontement de la demi-finale contre les Rangers. Au total des éliminatoires, il montre une fiche de 10 buts et 6 passes.

On ne croyait pas beaucoup aux chances de l'équipe en début de saison, surtout après un départ plutôt chaotique. Mais graduellement, le mélange des vétérans et des recrues se cimente et renverse tous les calculs.

DEHORS LAFLEUR !

« Guy est avec nous pour toujours », avait promis Ronald Corey au soir de la retraite de Guy Lafleur en novembre 1984, en faisant part de son engagement comme relationniste de l'équipe. Mais, comme le Rocket il y a presque déjà vingt-cinq ans, Lafleur n'est pas homme à se contenter d'un rôle de simple ambassadeur, surtout au prix de sa liberté d'expression. Après quelques déclarations à faire sursauter son président et une dernière sortie encore plus fracassante sur son avenir au sein de l'organisation, Lafleur, avec le plein assentiment de Corey, décide de rompre ses liens avec le club le 23 septembre 1985.

L'entente n'aura duré qu'une dizaine de mois parce que Lafleur se sent à l'étroit dans son habit de porte-parole officiel. Et Corey n'aime pas qu'on lui souffle dans le cou. Débarrassé de ce rôle qui ne lui convient pas, *Flower* commence à parler plus ouvertement de retour au jeu, à condition que Serge Savard se montre conciliant en le libérant du contrat de joueur qui le rattache toujours au club. « J'ai des fourmis dans les jambes... », confesse-t-il à Yvon Pedneault du *Journal de Montréal*.

Comme plusieurs de ses supporters, il réalise qu'il a laissé le jeu trop tôt. On le reverra !

Lafleur se sent à l'étroit dans son nouveau rôle et Corey n'aime pas qu'on lui souffle dans le cou. L'entente aura duré moins d'un an.

● Bobby Clarke offre une réplique savoureuse aux journalistes qui s'informent des raisons du départ de Todd Bergen, parti poursuivre une carrière au golf : « Pour qui pourrais-je l'échanger, Lee Trevino ? »

● Deux joueurs originaires du Québec brisent la marque des 500 buts : Mike Bossy et Gilbert Perreault. Bossy a aussi plus de 1 000 points.

● Un spécialiste des jeux de puissance, Tim Kerr, connaît une troisième saison de plus de 50 buts – il en totalisera quatre de suite avec les Flyers. Il établit même une nouvelle marque avec 34 buts en surnombre, marque qui tient toujours.

● Premier championnat de division pour les Nordiques de Québec qui se font cependant éliminer en trois parties d'affilée par Hartford au début des séries.

● Le défenseur Steve Smith gâche involontairement la merveilleuse saison de son équipe, au septième match de la finale de division contre Calgary. La passe qu'il destinait à un coéquipier des Oilers, en début de

troisième, heurte la jambière du gardien Grant Fuhr et dévie dans son propre filet. Le but brise une égalité de 2-2 et Edmonton perd la rencontre par 3 à 2.

● Luc Robitaille, membre des Olympiques de Hull, est désigné joueur de l'année chez les juniors canadiens. Il appartient aux Kings de Los Angeles.

1985 1986

UN BÂTISSEUR ET UNE LÉGENDE S'ÉTEIGNENT

Le Canadien perd deux de ses piliers à moins de huit mois d'intervalle au cours de la saison. Le 3 juillet, Frank Selke, gérant de l'équipe de 1946 à 1964 — celui qui mit sur pied l'impressionnant système de filiales de l'organisation, responsable en grande partie des cinq coupes Stanley consécutives de 1956 à 1960 — s'éteint à Rigaud à 92 ans. En hommage à ce grand bâtisseur de la dynastie du Tricolore, sa dépouille est exposée pendant quelques heures dans le hall du Forum. Aujourd'hui, un trophée à son nom récompense annuellement le meilleur attaquant défensif de la Ligue. Selke a remporté trois coupes Stanley comme adjoint de Conn Smythe à Toronto, et six avec les Canadiens.

Le 26 février suivant, c'est au tour de Jacques Plante, gardien du Tricolore de 1952 à 1963, d'être emporté par un cancer de l'estomac à 57 ans. Gagnant de six coupes Stanley à Montréal, Plante est reconnu comme le précurseur des gardiens masqués et l'initiateur des sorties hors du cercle des gardiens. Il a aussi joué pour cinq autres équipes de la LNH et de l'AMH, partageant même, à l'âge de 40 ans, un septième trophée Vézina avec Glenn Hall. Plante a servi comme conseiller spécial auprès des cerbères à Philadelphie, Montréal et St. Louis au cours des dernières années. Il est décédé à Sierre, en Suisse, et y a été inhumé.

ASSOCIATION PRINCE-DE-GALLES							
DIVISION ADAMS	PJ	G	P	N	BP	BC	PTS
Québec (Nordiques)	80	43	31	6	330	289	92
Montréal (Canadiens)	80	40	33	7	330	280	87
Boston (Bruins)	80	37	31	12	311	288	86
Hartford (Whalers)	80	40	36	4	332	302	84
Buffalo (Sabres)	80	37	37	6	296	291	80
DIVISION PATRICK	PJ	G	P	N	BP	BC	PTS
Philadelphie (Flyers)	80	53	23	4	335	241	110
Washington (Capitals)	80	50	23	7	315	272	107
New York (Islanders)	80	39	29	12	327	284	90
New York (Rangers)	80	36	38	6	280	276	78
Pittsburgh (Penguins)	80	34	38	8	313	305	76
New Jersey (Devils)	80	28	49	3	300	374	59
ASSOCIATION CLARENCE-CAMPBELL							
DIVISION NORRIS	PJ	G	P	N	BP	BC	PTS
Chicago (Black Hawks)	80	39	33	8	351	349	86
Minnesota (North Stars)	80	38	33	9	327	305	85
St. Louis (Blues)	80	37	34	9	302	291	83
Toronto (Maple Leafs)	80	25	48	7	311	386	57
Detroit (Red Wings)	80	17	57	6	266	415	40
DIVISION SMYTHE	PJ	G	P	N	BP	BC	PTS
Edmonton (Oilers)	80	56	17	7	426	310	119
Calgary (Flames)	80	40	31	9	354	315	89
Winnipeg (Jets)	80	26	47	7	295	372	59
Vancouver (Canucks)	80	23	44	13	282	333	59
Los Angeles (Kings)	80	23	49	8	284	389	54
MEILLEURS MARQUEURS							
		PJ	B	A	PTS	PUN	
Wayne Gretzky Edmonton		80	52	163	215	52	
Mario Lemieux Pittsburgh		79	48	93	141	43	
Paul Coffey Edmonton		79	48	90	138	120	
Jari Kurri Edmonton		78	68	63	131	22	
Michael Bossy NY Islanders		80	61	62	123	14	
Peter Stastny Québec		76	41	81	122	60	
Denis Savard Chicago		80	47	69	116	111	
Mats Näslund Canadiens		80	43	67	110	16	
Dale Hawerchuk Winnipeg		80	46	59	105	44	
Neal Broten Minnesota		80	29	76	105	47	

Un accueil chaleureux pour Jean Perron de la part de Lemaire et Savard à l'annonce de sa nomination à titre d'entraîneur.

1986 ☰C☰ 1987

Gretzky redonne la coupe aux Oilers d'Edmonton au terme d'une épuisante série finale de sept parties contre Philadelphie. Ron Hextall excelle lors des éliminatoires et devient le quatrième joueur de l'histoire à mériter le Conn-Smythe malgré le revers de sa formation. Il reçoit aussi le trophée Vézina. Philadelphie et Edmonton ont aussi dominé leurs division et association respectives, les autres titres de section allant à St. Louis et Hartford (un point devant Montréal). Mats Näslund est encore le meilleur du Tricolore en saison avec 80 points, même si sa production baisse à 25 buts. Aucun joueur des Canadiens dans les équipes d'étoiles, mais Patrick Roy et Brian Hayward se partagent le trophée Jennings avec la meilleure moyenne défensive. Septième titre consécutif de meilleur marqueur pour Gretzky, avec 183 points, 75 de plus que son compagnon de jeu, Jari Kurri. Un huitième titre de joueur le plus utile, également consécutif, et un cinquième trophée Lester-B.-Pearson en six ans. Premier trophée Norris pour Raymond Bourque qui remplace Paul Coffey, lauréat des deux années précédentes. Les Canadiens ont encore le numéro de Boston, quatre matchs à zéro en première ronde des séries, avant de surmonter un déficit de deux parties contre Québec pour finalement l'emporter à la septième rencontre. La suite sera plus difficile contre Philadelphie, qui triomphe en six.

18 sur 18

Les Bruins ont beau tout essayer, il n'y a rien à faire. Patrick Roy et sa bande portent à 18 le nombre de séries victorieuses contre eux.

Les joueurs des Canadiens semblent véritablement avoir le numéro des Bruins de Boston en séries éliminatoires. Saison après saison, depuis plus de trente ans, ils ont le dessus sur les *Big Bad* Bruins. L'affrontement en demi-finale de division remportée en quatre matchs de suite marque la 18e série victorieuse consécutive du club contre les Bostonnais, une statistique très éloquente.

● Mario Tremblay éprouve encore des problèmes avec son épaule droite. Il a manqué les dernières séries et une deuxième intervention chirurgicale n'a pas chassé le mal. C'est la voix brisée par l'émotion qu'il fait part de son retrait du jeu le 22 septembre au salon des Anciens du Forum, après 12 saisons qui lui ont permis de boire le champagne de la coupe Stanley à cinq reprises. On est encore au début du camp. Mario, âgé de 30 ans à peine, avait « commencé à avoir peur d'aller dans les coins », comme il le dit en entrevue. Il troque son bâton pour un micro et devient commentateur sportif à CJMS, lui qui avait aimé son expérience d'analyste à Radio-Canada, lors des dernières séries.

● Larry Robinson est le quatrième défenseur de la Ligue à obtenir 600 passes le 11 décembre devant ses supporters au Forum. Le même soir, Ryan Walter, qui compte 300 matchs avec le club montréalais depuis octobre, inscrit son 500e point. Robinson franchit aussi le cap des 800 points en février. Le défenseur vit un autre moment historique en séries avec son 100e point. Seuls Denis Potvin et Brad Park l'ont devancé à ce chapitre.

● Autre triste nouvelle à l'été pour les Canadiens : Aurèle Joliat, dernier survivant des années 1920 et 1930, qu'on avait fêté lors du 75e anniversaire du club, meurt à 85 ans. Camil DesRoches, publiciste des Canadiens pendant plusieurs dizaines années, a dit de celui qui s'était rendu célèbre par sa casquette noire qu'il avait été l'un des trois meilleurs ailiers gauches de l'histoire de l'équipe.

1986-1987

La première de cette longue célébration remonte à la finale de 1946, dominée quatre parties à une par les Canadiens. Sur le total, seulement quatre séries ont atteint la limite, en 1952, 1971, 1979 et 1985. Les deux premières auraient pu mal tourner, les Bruins poussant le Tricolore à la porte de l'élimination avec une avance de trois parties à deux. En 1952, Montréal a gagné les deux premières et Boston, les trois suivantes. C'est Paul Masnick qui a ramené le balancier avec un but à la deuxième prolongation du sixième match pour le Tricolore qui a ensuite enlevé le match décisif 3 à 1.

La plus mémorable série a sans doute été le duel en quart de finale de 1971, alors que Boston volait allégrement vers la victoire avec une avance de 5-2, au début de la troisième période du deuxième match. Champions de la saison régulière avec une forte priorité, les Bruins avaient déjà gagné la première rencontre et s'apprêtaient à ne faire qu'une bouchée des Montréalais. Mais une poussée de cinq buts renverse la situation et donne un gain de 7-5 au Canadien qui, sur la même lancée, s'adjuge la série en sept. Sans cette victoire, arrachée à force d'acharnement, l'histoire aurait été pas mal différente.

ÉQUIPE 1986-87

Entraîneur : Jean Perron (80-41-29-10)

N°	POS	JOUEURS	PJ	B	A	PTS	PUN
26	AG	Mats Naslund	79	25	55	80	16
15	C	Bobby Smith	80	28	47	75	72
32	AD	Claude Lemieux	76	27	26	53	156
19	D	Larry Robinson	70	13	37	50	44
11	AG	Ryan Walter	76	23	23	46	34
29	D	Gaston Gingras	66	11	34	45	21
21	C	Guy Carbonneau	79	18	27	45	68
24	D	Chris Chelios	71	11	33	44	124
44	AD	Stéphane Richer	57	20	19	39	80
35	AG	Mike McPhee	79	18	21	39	58
36	AG	Sergio Momesso	59	14	17	31	96
39	C	Brian Skrudland	79	11	17	28	107
27,34	AG	Shayne Corson	55	12	11	23	144
25	D	Petr Svoboda	70	5	17	22	63
20	AD	Kjell Dahlin	41	12	8	20	0
30	AD	Chris Nilan	44	4	16	20	266
8	AG	David Maley	48	6	12	18	55
23	AG	Bob Gainey	47	8	8	16	19
17	D	Craig Ludwig	75	4	12	16	105
38	D	Mike Lalor	57	0	10	10	47
5	D	Rick Green	72	1	9	10	10
31	AD	John Kordic	44	5	3	8	151
28	C	Gilles Thibaudeau	9	1	3	4	0
1	G	Brian Hayward	37	0	2	2	2
33	G	Patrick Roy	46	0	1	1	8
12	AD	Serge Boisvert	1	0	0	0	0
3	D	Scott Sandelin	1	0	0	0	0
18	D	Tom Kurvers	1	0	0	0	0
28	AG	Steve Rooney	2	0	0	0	22

GARDIENS	PJ	G	P	N	MIN	BC	BL	MOY
Brian Hayward	37	19	13	4	2178	102	1	2,81
Patrick Roy	46	22	16	6	2686	131	1	2,93

Robinson, Näslund et Gainey célèbrent un autre triomphe contre les Big Bad Bruins, sous l'œil complice du soigneur Gaétan Lefebvre.

● Nouvelle plus réjouissante quelques jours plus tard, avec l'intronisation de Serge Savard au Temple de la renommée, en compagnie de Dave Keon et Léo Boivin.

● Les succès de Claude Lemieux l'ont fait connaître dans le circuit. Il est choisi pour participer en février à la confrontation Rendez-Vous '87, entre les étoiles de la LNH et les Soviétiques.

● La rivalité Boston/Montréal ne connaît aucun répit. Une bagarre générale, lors de la rencontre du 20 novembre, se poursuit dans les corridors du Garden, notamment avec Chris Nilan, l'instigateur de cette mêlée. Suspension de trois matchs et amende de 9 000 $ pour le fougueux ailier droit. Le maire de Boston menace de faire arrêter les joueurs des deux clubs si les hostilités persistent.

● Nouveau duel de titans entre les Nordiques et les Canadiens au printemps en finale de division. Les Fleurdelisés surprennent le Tricolore lors des deux premiers matchs présentés au Forum et s'en retournent confiants au Colisée, mais le Tricolore rebondit à la troisième rencontre avec un gain de 7-2. Mats Näslund compte en prolongation pour égaler la

série à la quatrième partie. Au cinquième match, l'arbitre Kerry Fraser refuse un but à Alain Côté, but que l'entraîneur Michel Bergeron continue de croire valide vingt et un ans plus tard. Ryan Walter donne ensuite la victoire à Montréal. Finalement, les Glorieux l'emporteront en sept matchs sur les Bleus.

● Mats Näslund, premier marqueur du club depuis trois saisons, obtient son 400e point avec l'équipe en mars.

Bobby Smith inscrit trois buts contre les Bruins en demi-finale de division pour contribuer au triomphe des Canadiens.

1986-1987

ASSOCIATION PRINCE-DE-GALLES							
DIVISION ADAMS	PJ	G	P	N	BP	BC	PTS
Hartford (Whalers)	80	43	30	7	287	270	93
Montréal (Canadiens)	80	41	29	10	277	241	92
Boston (Bruins)	80	39	34	7	301	276	85
Québec (Nordiques)	80	31	39	10	267	276	72
Buffalo (Sabres)	80	28	44	8	280	308	66
DIVISION PATRICK	PJ	G	P	N	BP	BC	PTS
Philadelphie (Flyers)	80	46	26	8	310	245	100
Washington (Capitals)	80	38	32	10	285	278	86
New York (Islanders)	80	35	33	12	279	281	82
New York (Rangers)	80	34	38	8	307	323	76
Pittsburgh (Penguins)	80	30	38	12	297	290	72
New Jersey (Devils)	80	29	45	6	293	368	64
ASSOCIATION CLARENCE-CAMPBELL							
DIVISION NORRIS	PJ	G	P	N	BP	BC	PTS
St. Louis (Blues)	80	32	33	15	281	293	79
Detroit (Red Wings)	80	34	36	10	260	274	78
Chicago (Blackhawks)	80	29	37	14	290	310	72
Toronto (Maple Leafs)	80	32	42	6	286	319	70
Minnesota (North Stars)	80	30	40	10	296	314	70
DIVISION SMYTHE	PJ	G	P	N	BP	BC	PTS
Edmonton (Oilers)	80	50	24	6	372	284	106
Calgary (Flames)	80	46	31	3	318	289	95
Winnipeg (Jets)	80	40	32	8	279	271	88
Los Angeles (Kings)	80	31	41	8	318	341	70
Vancouver (Canucks)	80	29	43	8	282	314	66

MEILLEURS MARQUEURS						
		PJ	B	A	PTS	PUN
Wayne Gretzky	Edmonton	79	62	121	183	28
Jari Kurri	Edmonton	79	54	54	108	41
Mario Lemieux	Pittsburgh	63	54	53	107	57
Mark Messier	Edmonton	77	37	70	107	73
Doug Gilmour	St. Louis	80	42	63	105	58
Dino Ciccarelli	Minnesota	80	52	51	103	92
Dale Hawerchuk	Winnipeg	80	47	53	100	54
Michel Goulet	Québec	75	49	47	96	61
Tim Kerr	Philadelphie	75	58	37	95	57
Raymond Bourque	Boston	78	23	72	95	36

● Le match annuel des étoiles est remplacé par deux rencontres entre les Soviétiques et les meilleurs joueurs de la LNH, à l'initiative du président des Nordiques, Marcel Aubut. Présenté à Québec, Rendez-Vous '87 permet à la Nationale de l'emporter 4-3 au premier affrontement, tandis que les Soviétiques gagnent le second match 5-3. Valeri Kamenski est la vedette de cette seconde rencontre avec deux buts et une passe. Grand succès pour

cette fête culturelle et sportive de 10 jours. On réussit même à déplacer une bonne partie des artefacts du Panthéon du hockey de Toronto à Québec.
● Les entraîneurs se succèdent les uns après les autres au cours de la saison. Terry Simpson remplace Al Arbour chez les Islanders. Phil Esposito est nommé gérant des Rangers et il remplace peu après le nouvel entraîneur Ted Sator par Tom Webster avant de lui succéder pour raisons de santé. Sator s'en va à Buffalo prendre la relève

de Craig Ramsey, le remplaçant de Scotty Bowman. Terry O'Reilly relève Butch Goring à Boston. Jacques Demers quitte St. Louis pour Detroit et Jacques Martin prend sa place. Minnesota congédie Lorne Henning et ramène Glen Sonmor, un ancien entraîneur. Enfin, les Leafs font appel à John Brophy à la place de Dan Maloney, lequel s'en va à Winnipeg.
● Le nouveau gérant des Rangers, Phil Esposito, se distingue rapidement par

ses échanges. Il acquiert notamment Marcel Dionne des Kings pour Bob Carpenter et Tom Laidlaw.
● Remontée spectaculaire des Red Wings. Derniers de la Division Norris la saison précédente, ils terminent deuxièmes, à un seul point de St. Louis. Hartford réussit aussi bien. Quatrièmes de la Division Adams la saison précédente, les Whalers remportent le titre de leur section, un point devant les Canadiens.

1986-1987

En 1985, la série demi-finale de division qui opposait les deux rivaux aurait aussi pu tourner à l'avantage des Bruins. Au cinquième et décisif match — la série est un 3 de 5 —, le pointage est toujours 0-0 avec moins d'une minute à faire lorsque Mario Tremblay entre dans la zone des Bruins à toute vitesse, refile le disque à Näslund qui trompe le gardien Doug Keans avec son tir.

Six ans plus tôt, en 1979, c'est Yvon Lambert qui avait permis aux Glorieux de poursuivre leur élan victorieux contre Boston, avec son but en temps supplémentaire au septième affrontement.

GAINEY, CAPITAINE COURAGE

Bob Gainey ressent une étrange sensation en traversant la porte du Garden de Boston en ce 5 janvier. Blessé au genou gauche lors d'un match hors-concours

TROPHÉES
COUPE STANLEY
Oilers d'Edmonton
TROPHÉE PRINCE-DE-GALLES
Flyers de Philadelphie
TROPHÉE CLARENCE-CAMPBELL
Oilers d'Edmonton
TROPHÉE DU PRÉSIDENT
Oilers d'Edmonton
TROPHÉE HART
Wayne Gretzky
Oilers d'Edmonton
TROPHÉE ART-ROSS
Wayne Gretzky
Oilers d'Edmonton
TROPHÉE LADY-BYNG
Joe Mullen
Flames de Calgary
TROPHÉE CALDER
Luc Robitaille
Kings de Los Angeles
TROPHÉE GEORGES-VÉZINA
Ron Hextall
Flyers de Philadelphie

Contre les Nordiques ou une autre équipe, Gainey est de la race des guerriers qui vont au front chaque soir.

● Les dirigeants du club de Chicago modifient leur nom en Blackhawks, plutôt que Black Hawks, après avoir découvert qu'il en avait été ainsi lors de l'incorporation originale de l'équipe.

● Doug Jarvis, un ancien des Canadiens maintenant à Hartford, dispute un 962e match sans interruption. Le nouvel homme de fer de la Ligue devance Gary Unger qui en avait aligné 914. Jarvis portera sa série à 964 au début de la saison suivante. On lui attribue le trophée Bill-Masterton pour sa persévérance et son dévouement au hockey.

● Denis Potvin des Islanders est le premier défenseur à cumuler plus de 1 000 points dans la LNH.

● Le défenseur des Maple Leafs, Borje Salming, est coupé au visage par un coup de patin. Il faudra plus de 200 points de suture pour refermer la profonde coupure.

● La Ligue rappelle Pat Quinn à l'ordre. Ce dernier signe un contrat comme directeur général de Vancouver alors qu'il est toujours entraîneur des Kings de Los Angeles. On l'accuse de remplir les deux fonctions et une amende de 310 000 $ s'ensuit. Celle-ci sera réduite plus tard à 10 000 $ par la cour de la Colombie-Britannique.

● Luc Robitaille devance Ron Hextall lors du vote pour la recrue de l'année, mais ce dernier se console avec le trophée Vézina.

● Les premières rondes des éliminatoires (demi-finales de division) seront désormais au meilleur de sept parties plutôt que cinq.

● Le septième match de la série Islanders/Washington se prolonge jusqu'à la quatrième période supplémentaire et prend fin sur un but de Pat Lafontaine après 128 min 47 s de jeu, le matin de Pâques.

TROPHÉES	
TROPHÉE JAMES-NORRIS	
Raymond Bourque	
Bruins de Boston	
TROPHÉE CONN-SMYTHE	
Ron Hextall	
Flyers de Philadelphie	
TROPHÉE BILL-MASTERTON	
Doug Jarvis	
Whalers de Hartford	
TROPHÉE LESTER-B.-PEARSON	
Wayne Gretzky	
Oilers d'Édmonton	
TROPHÉE JACK-ADAMS	
Jacques Demers	
Red Wings de Detroit	
TROPHÉE FRANK-J.-SELKE	
Dave Poulin	
Flyers de Philadelphie	
TROPHÉE WILLIAM-M.-JENNINGS	
Patrick Roy	
Brian Hayward	
Canadiens de Montréal	
TROPHÉE EMERY-EDGE	
Wayne Gretzky	
Oilers d'Édmonton	

à Québec avant le début de la saison, il a été tenu à l'écart du jeu pour une période de trois mois et, à son âge, la récupération est plus lente. C'est que le vaillant capitaine du Tricolore compte déjà 13 saisons de service avec cette équipe. Revenu le 8 décembre, il a repris son rôle de capitaine, prêté temporairement à son ami Larry Robinson, et obtenu son premier but de la saison huit jours plus tard.

Quatre fois récipiendaire du trophée Frank-Selke à titre de meilleur attaquant défensif, et une fois choisi comme joueur le plus utile des séries en 1979, Gainey éprouve une sensation bien différente ce soir. Il en est à son 1 000e match dans l'habit de l'équipe et il n'est pas sans savoir que seulement quatre autres membres de l'organisation ont franchi cette étape avant lui : Jean Béliveau, Claude Provost, Henri Richard et Larry Robinson. Et voilà que son nom apparaît désormais aux côtés des leurs.

Il n'a remporté aucun championnat des marqueurs, n'a pas battu de records et son nom ne figure nulle part dans les équipes d'étoiles. Il est de la catégorie des guerriers qui vont au front chaque soir. Il est de ceux qui stimulent les plus jeunes et encouragent les plus vieux à persévérer en combattant sans répit dans les coins de patinoire. L'exemple plus que les discours est sa marque de commerce, mais combien inestimable pour l'équipe est son comportement d'homme rangé et courageux.

Pour toutes ces raisons et aussi parce qu'il est un peu surpris d'une telle longévité dans un sport qui ne tolère pas les ralentissements, Gainey est ému en entrant dans le Garden de Boston.

● Les Oilers récupèrent la coupe Stanley mais non sans avoir dû lutter avec acharnement contre Philadelphie en finale. Ils prennent les devants trois parties à une, pour ensuite voir les Flyers égaliser, obligeant la tenue d'un match décisif qu'ils gagneront 3 à 1. Pour la quatrième fois de l'histoire, le trophée Conn-Smythe est attribué à un joueur de l'équipe perdante, Ron Hextall, le gardien des Flyers.

● Wayne Gretzky, qui devance maintenant Jean Béliveau au sommet des marqueurs en séries avec 177 points, fait un geste de grande classe après avoir reçu la coupe des mains du président Ziegler. Il la remet à son coéquipier Steve Smith, celui qui avait fait dévier la rondelle dans son filet au septième match de la série finale de division contre Calgary, l'année précédente, causant l'élimination des Oilers.

● Tragédie au temps des Fêtes : l'autobus des Broncos de Swift Current de la Ligue de l'Ouest fait une embardée. Quatre joueurs périssent dans l'accident. Parmi les rescapés, un certain Joe Sakic.

● Une bagarre entre joueurs canadiens et soviétiques, en finale du championnat du monde des juniors, incite l'arbitre à quitter la patinoire. On ferme les lumières et on arrête tout. Les deux équipes sont disqualifiées et la Finlande est déclarée championne.

Stéphane Richer est une figure populaire auprès des jeunes amateurs.

1986-1987

5 000 POINTS POUR LES CANADIENS

Une autre étape historique est franchie le 18 octobre, au Forum de Montréal. En triomphant des Jets de Winnipeg par 5 à 3, les Glorieux deviennent la première équipe à montrer 5 000 points au tableau de la Nationale.

Stéphane Richer, avec deux buts, Ryan Walter, Claude Lemieux et Mats Näslund sont les compteurs des Canadiens. Le jeune cerbère Patrick Roy est crédité de la victoire. Mais le moment est plutôt mal choisi pour le gardien du camp opposé, Steve Penney. Échangé aux Jets en retour de Brian Hayward, l'ancien portier des Canadiens garde la forteresse de sa nouvelle équipe en cette journée historique. Son nom restera lié à l'exploit, mais du côté des perdants.

Une deuxième saison avec le Tricolore pour Richer, qui s'apprête à vivre de beaux moments à Montréal.

1987 Ⓒ 1988

EDMONTON GLISSE AU DEUXIÈME RANG DE SA DIVISION DERRIÈRE CALGARY, MAIS PARVIENT NÉANMOINS À CONSERVER LA COUPE STANLEY EN BATTANT BOSTON. LES CANADIENS CONNAISSENT UNE EXCELLENTE SAISON, TOTALISANT 103 POINTS, POUR RAFLER LE TITRE DE LEUR DIVISION ET TERMINER PREMIERS DE L'ASSOCIATION PRINCE-DE-GALLES. STÉPHANE RICHER EST LE SIXIÈME JOUEUR DE L'ÉQUIPE À COMPTER 50 BUTS, ALORS QUE BOBBY SMITH INSCRIT 93 POINTS (27-66) POUR TERMINER AU PREMIER RANG DES MARQUEURS DU TRICOLORE. PATRICK ROY ET BRIAN HAYWARD CONSERVENT LE TROPHÉE JENNINGS. ROY EST AUSSI ÉLU AU SEIN DE LA DEUXIÈME ÉQUIPE D'ÉTOILES. DEUX AUTRES MEMBRES DE LA FORMATION SONT HONORÉS : GUY CARBONNEAU OBTIENT LE TROPHÉE FRANK-SELKE À TITRE DE MEILLEUR JOUEUR DÉFENSIF ET MATS NÄSLUND MÉRITE LE TROPHÉE LADY-BYNG ATTRIBUÉ AU PLUS GENTILHOMME. EN SÉRIES, MONTRÉAL RÉSISTE À UNE REMONTÉE DE HARTFORD, APRÈS AVOIR GAGNÉ LES TROIS PREMIÈRES PARTIES, ET L'EMPORTE EN SIX. PAR LA SUITE, L'ÉQUIPE PERD UNE PREMIÈRE CONFRONTATION EN 19 SÉRIES CONTRE LES BRUINS, LESQUELS SE QUALIFIERONT ULTÉRIEUREMENT POUR LA FINALE CONTRE EDMONTON EN BATTANT NEW JERSEY. LES RED WINGS DE DETROIT ET LES ISLANDERS DE NEW YORK SONT LES AUTRES CHAMPIONS DE DIVISION, MAIS TANDIS QUE DETROIT SE REND JUSQU'EN FINALE D'ASSOCIATION CONTRE EDMONTON, LES ISLANDERS PERDENT LEUR PREMIÈRE SÉRIE CONTRE NEW JERSEY. WAYNE GRETZKY CÈDE LE TITRE DE CHAMPION MARQUEUR, AINSI QUE LES TROPHÉES HART ET PEARSON, À MARIO LEMIEUX. IL REMPORTE CEPENDANT CELUI DE MEILLEUR JOUEUR DES SÉRIES.

Richer imite le Rocket et Lafleur

Un moment de répit pour Richer avant de lancer une nouvelle attaque.

Stéphane Richer est encore pratiquement une recrue à 21 ans, bien qu'il entreprenne sa troisième saison avec le Canadien. Membre du groupe des recrues qui ont propulsé le club jusqu'à la coupe Stanley en 1986, il a alors laissé l'avant-scène aux autres jeunes, les Roy, Lemieux, Skrudland et compagnie, tout en acquérant de l'expérience. Un an auparavant, il avait aussi contribué à la conquête de la coupe Calder par Sherbrooke dans la Ligue américaine, après avoir gradué des rangs juniors, en fin de saison.

● Bobby Smith connaît sa plus grosse saison à Montréal avec une production de 27 buts et 66 passes. Son total de 93 points le place au premier rang du club. En novembre, il avait franchi le cap des 300 points dans l'uniforme tricolore et, en décembre, celui des 500 passes.

● Patrick Roy est suspendu pour huit parties par la Ligue à la fin d'octobre, pour avoir donné à Warren Babe un coup de bâton «à la Ron Hextall» lors d'une partie contre les North Stars.

● À deux occasions, les Canadiens sont mis à l'amende pour des sommes de 25 000 $, en février. La première fois, en raison d'une mêlée générale à la fin d'une rencontre contre les Bruins. La seconde, pour une bagarre entre John Kordic et Gord Donnelly avant le début d'un match contre Québec. Les adversaires des Canadiens reçoivent pareille sentence. De plus, dans le dernier cas, Kordic et Donnelly écopent de suspensions de cinq parties, alors que les entraîneurs Jean Perron et Ron Lapointe reçoivent

des amendes de 1 000 $ pour incitation à la bagarre.

● Quelques mois plus tôt, Kordic et Donnelly posaient ensemble pour une publicité des patins Daoust. Kordic se dit prêt à recommencer l'expérience.

● Un peu comme l'avait fait Marcel Bonin en empruntant les gants du Rocket il y a quelques années, Chris Nilan utilise les vieux bâtons de Guy Lafleur, entreposés au Forum. Nilan se défend bien de s'en servir comme porte-bonheur, auprès du journaliste Bertrand Raymond du *Journal de*

Montréal: «Mes bâtons étaient fabriqués d'une façon identique à ceux de Lafleur, j'ai demandé à ce qu'on me procure les siens.»

● Victime d'une fracture au tibia de la jambe droite lors d'un match de polo, le vétéran défenseur Larry Robinson est de retour au jeu le 21 novembre, après avoir manqué à l'appel depuis le début de la saison.

● Jacques Laperrière est admis au Temple de la renommée, tout comme Bobby Clarke et Ed Giacomin.

1987-1988

Chacun à leur façon, Richer et Näslund s'illustrent avec les Canadiens, le premier avec une saison de 50 buts et le second avec le titre de joueur le plus gentilhomme de la LNH.

ÉQUIPE 1987-88						
Entraîneur : Jean Perron (80-45-22-13)						
N°	POS	JOUEURS	PJ	B	A	PTS PUN
15	C	Bobby Smith	78	27	66	93 78
26	AG	Mats Näslund	78	24	59	83 14
44	AD	Stéphane Richer	72	50	28	78 72
24	D	Chris Chelios	71	20	41	61 172
32	AD	Claude Lemieux	78	31	30	61 137
35	AG	Mike McPhee	77	23	20	43 53
19	D	Larry Robinson	53	6	34	40 30
27	AG	Shayne Corson	71	12	27	39 152
21	C	Guy Carbonneau	80	17	21	38 61
11	C/AG	Ryan Walter	61	13	23	36 39
39	C	Brian Skrudland	79	12	24	36 112
25	D	Petr Svoboda	69	7	22	29 149
20	AD	Kjell Dahlin	48	13	12	25 6
23	AG	Bob Gainey	78	11	11	22 14
36	AG	Sergio Momesso	53	7	14	21 101
17	D	Craig Ludwig	74	4	10	14 69
5	D	Rick Green	59	2	11	13 33
30	AD	Chris Nilan	50	7	5	12 209
29	C	Gilles Thibaudeau	17	5	6	11 0
38	D	Mike Lalor	66	1	10	11 113
31	AD	John Kordic	60	2	6	8 159
28	D	Larry Trader	30	2	4	6 19
12	AD	Serge Boisvert	5	1	1	2 2
22	ad	José Charbonneau	16	0	2	2 6
1	G	Brian Hayward	39	0	2	2 24
33	G	Patrick Roy	45	0	2	2 14
12	AD	Perry Ganchar	1	1	0	1 0
29	D	Gaston Gingras	2	0	1	1 2
3	D	Scott Sandelin	8	0	1	1 2
40	G	Vincent Riendeau	1	0	0	0 0
18	D	Mathieu Schneider	4	0	0	0 2
42	D	Steven Fletcher	-	-	-	- -

GARDIENS	PJ	G	P	N	MIN	BC	BL	MOY
Brian Hayward	39	22	10	4	2247	107	2	2,86
Patrick Roy	45	23	12	9	2586	125	3	2,90
Vincent Riendeau	1	0	0	0	36	5	0	8,33

Puis ce fut le grand saut. Des campagnes de 21 et 20 buts, suivies d'un bref retour dans l'Américaine en février 1982 pour reprendre confiance en lui, ne laissaient pas supposer cette explosion de buts qui attend les partisans de l'équipe à sa troisième campagne. Richer entreprend la saison à pleine vitesse et les buts s'accumulent. À la mi-mars, il en totalise 45, mais une blessure à la main droite l'oblige à manquer cinq parties. Les chances de se joindre aux Maurice Richard, Bernard Geoffrion, Guy Lafleur, Steve Shutt et Pierre Larouche s'amenuisent sérieusement.

● Les Canadiens renouent avec le train, qu'on n'avait plus utilisé depuis 1967, pour se rendre à Québec en janvier y disputer un match contre les Nordiques.

● Alfie Turcotte, premier choix de repêchage des Canadiens en 1983, puis échangé aux Oilers d'Édmonton après quelques saisons ordinaires à Montréal, revient à son club d'origine à l'intersaison. Mais il sera de nouveau échangé à Winnipeg, avant la fin de la saison, sans avoir disputé un seul match. Il terminera éventuellement sa carrière en Europe.

● Les quatre premiers choix du Tricolore à la séance de 1987 atteindront tous la Ligue nationale, mais c'est le premier sélectionné, Andrew Cassels (1re ronde, 17e choix) qui demeurera le moins longtemps à Montréal. Les autres, John LeClair (2e ronde, 33e choix), Éric Desjardins (2e ronde, 38e choix) et Mathieu Schneider (3e ronde, 44e choix), obtiendront du succès avec l'équipe.

● Un deuxième Stéphane Richer s'amène à Montréal. Il s'agit d'un défenseur, Stéphane J. G. Richer,

embauché à titre d'agent libre. Il jouera trois ans à Sherbrooke avant d'opter pour Los Angeles. De retour dans l'organisation montréalaise à l'automne 1991, il passera l'année à Fredericton avant de partir de nouveau.

● Un incident découvert par les médias après l'élimination des Canadiens suscite une certaine polémique pendant quelques jours. On apprend que Shayne Corson, Chris Chelios et Petr Svoboda auraient violé le couvre-feu à la veille des séries, pour aller prendre un verre dans une discothèque de

la Rive-Sud. Au retour, leur auto aurait heurté un lampadaire mais, à l'arrivée des policiers, il ne restait que deux jeunes femmes, l'auto et... le lampadaire.

● Plusieurs joueurs franchissent une étape significative au niveau des matchs disputés en cours de saison : 500 pour Chris Nilan deux semaines avant d'être échangé, 400 pour Guy Carbonneau, Mats Näslund, Craig Ludwig et Ryan Walter, 300 pour Bobby Smith, Rick Green et Mike McPhee.

ASSOCIATION PRINCE-DE-GALLES							
DIVISION ADAMS	PJ	G	P	N	BP	BC	PTS
Montréal (Canadiens)	80	45	22	13	298	238	103
Boston (Bruins)	80	44	30	6	300	251	94
Buffalo (Sabres)	80	37	32	11	283	305	85
Hartford (Whalers)	80	35	38	7	249	267	77
Québec (Nordiques)	80	32	43	5	271	306	69
DIVISION PATRICK	PJ	G	P	N	BP	BC	PTS
New York (Islanders)	80	39	31	10	308	267	88
Washington (Capitals)	80	38	33	9	281	249	85
Philadelphie (Flyers)	80	38	33	9	292	292	85
New Jersey (Devils)	80	38	36	6	295	296	82
New York (Rangers)	80	36	34	10	300	283	82
Pittsburgh (Penguins)	80	36	35	9	319	316	81
ASSOCIATION CLARENCE-CAMPBELL							
DIVISION NORRIS	PJ	G	P	N	BP	BC	PTS
Detroit (Red Wings)	80	41	28	11	322	269	93
St. Louis (Blues)	80	34	38	8	278	294	76
Chicago (Blackhawks)	80	30	41	9	284	328	69
Toronto (Maple Leafs)	80	21	49	10	273	345	52
Minnesota (North Stars)	80	19	48	13	242	349	51
DIVISION SMYTHE	PJ	G	P	N	BP	BC	PTS
Calgary (Flames)	80	48	23	9	397	305	105
Edmonton (Oilers)	80	44	25	11	363	288	99
Winnipeg (Jets)	80	33	36	11	292	310	77
Los Angeles (Kings)	80	30	42	8	318	359	68
Vancouver (Canucks)	80	25	46	9	272	320	59

MEILLEURS MARQUEURS					
		PJ	B	A	PTS	PUN
Mario Lemieux	Pittsburgh	76	70	98	168	92
Wayne Gretzky	Edmonton	64	40	109	149	24
Denis Savard	Chicago	80	44	87	131	95
Dale Hawerchuk	Winnipeg	80	44	77	121	59
Luc Robitaille	Los Angeles	80	53	58	111	82
Peter Stastny	Québec	76	46	65	111	69
Mark Messier	Edmonton	77	37	74	111	103
Jimmy Carson	Los Angeles	80	55	52	107	45
Hakan Loob	Calgary	80	50	56	106	47
Michel Goulet	Québec	80	48	58	106	56

Richer revient pour les deux dernières rencontres du calendrier, un programme aller-retour contre les Sabres de Buffalo. Stimulé par la promesse d'un garagiste montréalais disposé à lui offrir une Jaguar s'il atteint les 50 buts, le 44 en obtient d'abord 3 devant ses partisans. Soudainement, l'objectif redevient réalisable. L'entraîneur Jean Perron augmente son temps de glace et ses compagnons de jeu lui refilent la rondelle aussi souvent qu'ils le peuvent au dernier match. L'athlète de Ripon marque une première fois en fin de deuxième, puis, à la faveur d'une supériorité numérique de deux hommes en début de troisième, il devient le plus jeune joueur de l'histoire du club, à 21 ans, à obtenir 50 buts. Il est aussi le sixième de la concession (Lafleur y est parvenu six fois) à accomplir pareil exploit. Ce soir-là, les Canadiens doivent se contenter d'un verdict nul de 4-4. Le sort de la saison étant déjà réglé, le point fort du match, c'est le 50e de Stéphane... et sa Jaguar.

Cette même saison, sept autres joueurs signeront la même performance que Richer, dont Hakan Loob des Flames, qui a réalisé son exploit le même jour que lui, à peine quelques heures plus tôt.

LE GENTIL NÄSLUND

Premier marqueur du club depuis trois ans, Mats Näslund vient de céder son titre à Bobby Smith qui le devance par 10 points, même si le petit Viking connaît une autre bonne campagne avec 24 buts et 59 assistances. Il se consolera vite de son titre perdu en apprenant qu'il est sélectionné le joueur le plus gentilhomme du circuit et par conséquent récipiendaire du trophée Lady-Byng.

Lors des éliminatoires, les Bruins de Boston mettent un terme à leur série noire de 18 revers d'affilée contre Montréal commencée en 1946, et défont les Canadiens quatre parties à une, en finale de division. Montréal l'emporte 5 à 2 au premier match, mais handicapé par les nombreuses blessures, le Tricolore perd les quatre suivants.

● Mario Lemieux met un terme à l'emprise de Wayne Gretzky sur les trophées de la Ligue nationale. Il devance le 99 par 19 points pour rafler le titre des marqueurs, après 7 championnats d'affilée de Gretzky. Il est aussi désigné le plus utile, après huit titres en ligne du joueur des Oilers.

● Lemieux et Gretzky sont réunis sur un même trio de l'équipe canadienne à la quatrième édition de Coupe Canada. Se complétant à merveille, ils éblouissent spectateurs et téléspectateurs en battant les Soviétiques

deux matchs à un, en finale. Lemieux compte le but victorieux chaque fois.

● Les Oilers d'Edmonton remportent la finale de la coupe Stanley quatre matchs à zéro contre Boston, mais il faut cinq parties pour compléter la série. Une interruption de courant en fin de deuxième au quatrième match, alors que le compte est 3-3, oblige la suspension de la rencontre. Les statistiques des joueurs seront cependant compilées.

● Gretzky instaure une nouvelle tradition au terme du dernier match de la finale, en

demandant à ses coéquipiers de se regrouper au centre de la glace pour une photo spontanée de l'équipe avec la coupe.

● Borje Salming est le premier Européen ayant grandi outre-mer à disputer plus de 1 000 parties dans la LNH.

● Ron Hextall est le deuxième gardien à être crédité d'un but, mais le premier à avoir lancé lui-même la rondelle dans le filet. En 1979, Billy Smith avait été crédité d'un but sur un tir expédié par mégarde dans son propre filet par un joueur adverse. C'est toutefois Michel Plasse qui fut le premier

à réussir l'exploit, dans la Ligue centrale, en 1970-71.

● Pierre Turgeon, réclamé par les Sabres de Buffalo, est le plus jeune joueur réclamé au premier rang du repêchage de la LNH, à 17 ans et 10 mois. L'athlète de Rouyn-Noranda, frère de Sylvain qui joue à Hartford, vient des Bisons de Granby. Les deux frères joueront pour les Canadiens quelques années plus tard, mais pas en même temps.

● Doug Jarvis porte à 964 la nouvelle marque de matchs consécutifs. Mais il sera mis sur la touche par les Whalers

1987-1988

Mats Näslund n'est plus le meilleur marqueur de l'équipe, mais il est toujours aussi dangereux autour du filet, qu'il se tienne sur une ou deux jambes.

Näslund, un parfait gentilhomme sur la glace et en dehors, n'a obtenu que sept punitions mineures au cours de la saison. Aucun joueur du Canadien n'avait mis la main sur ce trophée depuis Toe Blake, en 1946. Les Floyd Curry (1956), Don Marshall (1958), Claude Provost (1962) et Robert Rousseau (1966) avaient tous été considérés sans jamais obtenir la faveur des sélectionneurs.

Et aucun autre n'y est parvenu depuis!

PERRON CONTESTÉ

Jean Perron ne fait pas l'unanimité au sein de son personnel. Peu s'en faut! Il semblerait que la contestation était commencée avant même qu'il mène l'équipe à la coupe Stanley en 1986. Serge Savard était même passé bien près de le renvoyer à cette époque. Pourtant, il lui avait accordé un vote de confiance l'année suivante, plus un contrat de deux ans lorsque la grogne se manifesta de

TROPHÉES
COUPE STANLEY
Oilers d'Edmonton
TROPHÉE PRINCE-DE-GALLES
Bruins de Boston
TROPHÉE CLARENCE-CAMPBELL
Oilers d'Edmonton
TROPHÉE DU PRÉSIDENT
Flames de Calgary
TROPHÉE HART
Mario Lemieux
Penguins de Pittsburgh
TROPHÉE ART-ROSS
Mario Lemieux
Penguins de Pittsburgh
TROPHÉE LADY-BYNG
Mats Näslund
Canadiens de Montréal
TROPHÉE CALDER
Joe Nieuwendyk
Flames de Calgary
TROPHÉE GEORGES-VÉZINA
Grant Fuhr
Oilers d'Edmonton
TROPHÉE JAMES-NORRIS
Raymond Bourque
Bruins de Boston
TROPHÉE CONN-SMYTHE
Wayne Gretzky
Oilers d'Edmonton
TROPHÉE BILL-MASTERTON
Bob Bourne
Kings de Los Angeles
TROPHÉE LESTER-B.-PEARSON
Mario Lemieux
Penguins de Pittsburgh

de Hartford après seulement deux parties et devra se retirer du hockey. Le joueur de centre a établi son record sous les couleurs des Canadiens, des Capitals et des Whalers sur une période de 12 saisons et 2 parties.

● Première participation des Devils du New Jersey aux séries après neuf ans (quatre au Colorado et cinq au New Jersey). Qualifiés au dernier match de la saison, ils éliminent les Islanders et les Capitals, avant de perdre en sept contre Boston en finale d'association. Quant aux

Nordiques, ils manquent les éliminatoires pour la première fois en huit ans, mais seront absents cinq années de suite.

● Jim Schoenfeld, pilote des Devils, qualifie l'arbitre Don Koharski de « gros porc » à la suite d'une défaite contre Boston à la troisième partie. La Ligue le suspend, mais une injonction de la cour lui permet de revenir au match suivant. Les arbitres refusent de se présenter et on doit faire appel à des officiels amateurs pour la rencontre.

● Quelques joueurs des Oilers menacent de faire la grève en

début de saison, si le propriétaire Peter Pocklington n'accepte pas de renégocier leur contrat. Le plus décidé du groupe, Paul Coffey – deux fois lauréat du trophée Norris –, est suspendu et finalement envoyé à Pittsburgh en novembre, dans une transaction touchant sept joueurs. Le gardien Andy Moog se joint, pour sa part, à l'équipe albertaine.

● Neuvième sélection de suite au sein des équipes d'étoiles – cinq fois dans la première – pour Raymond Bourque, qui obtient aussi un deuxième titre de meilleur défenseur. En août,

il avait aussi été choisi dans l'équipe d'étoiles de Coupe Canada.

● Un nouveau trophée, dédié à King Clancy, est offert par la LNH pour souligner l'engagement humanitaire des joueurs. Lanny McDonald des Flames de Calgary est le premier récipiendaire.

● Jacques Demers, pilote des Red Wings, crée un précédent avec un deuxième titre consécutif d'entraîneur de l'année.

● Septième médaille d'or olympique pour les Soviétiques aux Jeux de Calgary.

TROPHÉES
TROPHÉE JACK-ADAMS
Jacques Demers
Red Wings de Detroit
TROPHÉE FRANK-J.-SELKE
Guy Carbonneau
Canadiens de Montréal
TROPHÉE WILLIAM-M.-JENNINGS
Patrick Roy
Brian Hayward
Canadiens de Montréal
TROPHÉE EMERY-EDGE
Brad McCrimmon
Flames de Calgary
TROPHÉE KING-CLANCY
Lanny McDonald
Flames de Calgary

nouveau chez les joueurs. Il faut dire que Perron connaissait un succès certain en maintenant le club parmi les meilleurs.

Cette fois-ci, c'est plus sérieux et les relations entre l'entraîneur et plusieurs de ses joueurs se dégradent. Stéphane Richer, Claude Lemieux et Chris Nilan sont les plus souvent pris à partie. Perron traite même les joueurs francophones de « bébés gâtés » devant les médias, ce qui n'aide évidemment pas à détendre l'atmosphère. Pendant qu'on se crêpe le chignon, le club en arrache et glisse en deuxième place de sa division au début de janvier. À tour de rôle, Larry Robinson et Guy Carbonneau demandent plus de respect à l'égard des joueurs et critiquent les méthodes de l'entraîneur. De son côté, Perron est devenu incapable de sentir Chris Nilan et il demande à Savard de s'en défaire. Nilan est échangé aux Rangers le 27 janvier.

À la mi-février, à la suite d'une autre série de défaites, le capitaine Bob Gainey convoque ses coéquipiers à une discussion privée, en l'absence de Perron. Le club commence enfin à gagner et reprend le premier rang, mais la marmite bout toujours. En mars, Lemieux sort en furie du bureau de son patron après une violente altercation verbale et « brasse » un peu les meubles. Il est suspendu indéfiniment mais revient au jeu peu après.

Les relations deviennent moins tendues en fin de saison et le club remportera le titre de sa division, ce qui calmera un peu tout le monde.

Mais le feu n'est pas complètement éteint et les cendres sont encore bien chaudes ! Perron sera congédié à son retour de vacances en mai.

Au début de janvier, Robinson n'en peut plus, et il critique ouvertement les méthodes de l'entraîneur devant les journalistes.

1988 CH 1989

CALGARY ET MONTRÉAL REPRÉSENTENT LES DEUX GRANDES PUISSANCES DE LA LIGUE. ILS DOMINENT LEUR ASSOCIATION RESPECTIVE AVEC 117 ET 115 POINTS. POUR SA PART, LES CANADIENS GAGNENT 30 DE LEURS 40 PARTIES LOCALES, CONTRE SEULEMENT 6 REVERS ET 4 NULLES. LES FLAMES RENVERSENT LES RÔLES DE 1986 ET L'EMPORTENT EN SIX, CONTRE LES CANADIENS EN FINALE. AVANT D'ATTEINDRE LA FINALE, LE TRICOLORE DISPOSE SUCCESSIVEMENT DE HARTFORD EN QUATRE, DE BOSTON EN CINQ ET DE PHILADELPHIE EN SIX. PATRICK ROY PARTAGE ENCORE LE TROPHÉE JENNINGS AVEC BRIAN HAYWARD ET OBTIENT EN PLUS LE TROPHÉE VÉZINA. GUY CARBONNEAU CONSERVE AUSSI LE TROPHÉE FRANK-SELKE, TANDIS QUE CHRIS CHELIOS AJOUTE SON NOM AU TROPHÉE NORRIS APRÈS CELUI DE RAYMOND BOURQUE. IL SERA AUSSI ÉLU DANS LA PREMIÈRE ÉQUIPE D'ÉTOILES EN COMPAGNIE DE ROY. PAT BURNS, SUCCESSEUR DE JEAN PERRON DERRIÈRE LE BANC, EST LE PREMIER ENTRAÎNEUR DE L'ÉQUIPE DEPUIS SCOTTY BOWMAN EN 1977 À RECEVOIR LE TROPHÉE JACK-ADAMS. IL EST AUSSI LE DERNIER À CE JOUR. MATS NÄSLUND REPREND LE TITRE DE MEILLEUR MARQUEUR À MONTRÉAL.

Les Flames de Calgary renversent les rôles de 1986 et célèbrent la conquête de la coupe Stanley devant le public montréalais.

Saint Patrick

P atrick Roy est doublement satisfait après la rencontre du mercredi 22 mars que le Canadien vient de livrer devant ses partisans du Forum. Il est heureux parce que lui et ses coéquipiers ont infligé une raclée en règle aux Nordiques, l'ennemi juré du club. Et par jeu blanc de surcroît, 8 à 0. Mais le «roi Patrick» a une tout autre raison de se réjouir, puisqu'il vient de réécrire l'histoire des Glorieux, avec une 26e partie sans une seule défaite au Forum. Une histoire écrite il y a 45 ans par un grand gardien. En 1943-44, Bill Durnan avait été invincible lui aussi avec 22 victoires et 3 nulles, mais dans un calendrier de 25 parties locales. Ce 24e gain, combiné aux deux parties nulles, permet à Roy de devancer le grand Durnan. Avec le temps, le Forum est devenu pour lui presque aussi confortable que son propre salon. Chaque fois après le match, il a pu quitter le Forum le cœur léger,

447

● Larry Robinson participe aux éliminatoires pour une 17e année de suite. Il rejoint Brad Park qui compte aussi 17 participations consécutives (Rangers-Bruins-Red Wings) de 1969 à 1985. Robinson est cependant celui qui a disputé le plus de rencontres éliminatoires (186). Chez les Canadiens, Henri Richard totalise plus de participations (18), mais non consécutives, et il se classe deuxième pour

les parties (180). Un peu avant les séries, le grand défenseur du Tricolore a participé à un 1 200e match.

● Pour la première fois de l'histoire, les partisans du Bleu Blanc Rouge assistent bien malgré eux aux festivités de la coupe Stanley de l'équipe adverse sur la glace du Forum. Les Canadiens, qui participent à la finale pour une 31e fois — un record de la LNH —, n'avaient jamais perdu la coupe à domicile auparavant.

● Guy Lafleur est admis au Temple de la renommée en septembre 1988, au moment où il s'apprête à effectuer un retour au jeu avec les Rangers de New York après trois ans d'absence.

● Deux autres anciens membres des Glorieux sont intronisés au Temple de la renommée en même temps que Lafleur : Buddy O'Connor,

qui a aussi joué pour les Rangers, et Tony Esposito, qui s'est davantage illustré avec Chicago. On y accueille également Brad Park.

● Stéphane Richer est suspendu 10 parties à la mi-novembre, pour avoir délibérément frappé Jeff Norton des Islanders avec son bâton. Ce qui compromet ses chances de connaître une 2e saison de 50 buts.

1988-1989

Roy est invincible tout au long de la saison devant ses partisans,
qui n'hésitent pas à l'appeler saint Patrick.

ÉQUIPE 1988-89						
Entraîneur : Pat Burns (80-53-18-9)						
N°	POS	JOUEURS	PJ	B	A	PTS	PUN
26	AG	Mats Naslund	77	33	51	84	14
15	C	Bobby Smith	80	32	51	83	69
24	D	Chris Chelios	80	15	58	73	185
44	AD	Stéphane Richer	68	25	35	60	61
21	C	Guy Carbonneau	79	26	30	56	44
32	AD	Claude Lemieux	69	29	22	51	136
27	AG	Shayne Corson	80	26	24	50	193
25	D	Petr Svoboda	71	8	37	45	147
6	AD	Russ Courtnall	64	22	17	39	15
39	C	Brian Skrudland	71	12	29	41	84
35	AG	Mike McPhee	73	19	22	41	74
12	AD	Mike Keane	69	16	19	35	69
11	C/AG	Ryan Walter	78	14	17	31	48
19	D	Larry Robinson	74	4	26	30	22
41	AG	Brent Gilchrist	49	8	16	24	16
23	AG	Bob Gainey	49	10	7	17	34
17	D	Craig Ludwig	74	3	13	16	73
5	D	Rick Green	72	1	14	15	25
28	D	Éric Desjardins	36	2	12	14	26
29	C	Gilles Thibaudeau	32	6	6	12	6
33	G	Patrick Roy	48	0	6	6	2
38	D	Mike Lalor	12	1	4	5	15
22	AD	José Charbonneau	9	1	3	4	6
20	D	Jyrki Lumme	21	1	3	4	10
45	AD	Jocelyn Lemieux	1	0	1	1	0
47	C	Stephan Lebeau	1	0	1	1	2
43	AG	Benoit Brunet	2	0	1	1	0
34	D	Donald Dufresne	13	0	1	1	43
8	AG	Steve Martinson	25	1	0	1	87
37	G	Randy Exelby	1	0	0	0	0
31	AD	John Kordic	6	0	0	0	13
1	G	Brian Hayward	36	0	0	0	10

GARDIENS	PJ	G	P	N	MIN	BC	BL	MOY
Randy Exelby	1	0	0	0	3	0	0	0,00
Patrick Roy	48	33	5	6	2744	113	4	2,47
Brian Hayward	36	20	13	3	2091	101	1	2,90

pour aller retrouver les siens, satisfait du travail accompli, pendant que ses supporters, de plus en plus nombreux, le portaient aux nues, au point de l'appeler saint Patrick à l'occasion.

Mais Roy ne s'arrête pas en aussi bonne route. À la fin de la saison, il porte le nouveau record à 29 parties (25-0-4), grâce à un gain contre Boston et des nulles avec Minnesota et Philadelphie. Il a en outre le plaisir de partager le trophée William-Jennings avec son partenaire Brian Hayward pour une troisième année de suite, tout en conservant la meilleure moyenne du circuit à 2,47.

Qui plus est, le Canadien vient de connaître sa meilleure saison en une dizaine d'années, avec 53 victoires et seulement 18 revers en 80 parties. Roy peut entreprendre les éliminatoires en toute confiance, puisque le total de 115 points permet à l'équipe de s'approprier le premier rang de l'Association Prince-de-Galles, en plus du championnat de la Division Adams. Seuls les Flames de Calgary devancent le Canadien au classement dans l'autre association avec deux petits points de priorité.

● Les spectateurs présents au match Jets/Canadiens du 5 novembre assistent à un moment important pour deux vétérans de l'équipe. Mats Näslund effectue trois passes dont celle de son 500e point lors d'une victoire de 7-2, alors que le but de Bob Gainey, à neuf secondes de l'ouverture, lui permet d'égaler la marque d'équipe pour le but le plus rapide en début de rencontre.

● Bobby Smith atteint deux sommets significatifs de sa carrière en autant de jours. Le 23 novembre, il obtient son 400e point dans l'uniforme bleu blanc rouge et, le lendemain il inscrit le 300e but de sa carrière à Québec contre Mario Gosselin. Nouvelle étape en mars, avec un 900e point dans la LNH.

● Chris Chelios, ce jeune vétéran qui a accumulé à peine 300 parties avec les Canadiens, reçoit son premier trophée Norris. Il sera de nouveau désigné meilleur défenseur, cette fois pour le compte des Blackhawks de Chicago en 1993 et 1996.

● Un seul autre joueur du club sera de la partie pour un 300e match au cours de l'année, Petr Svoboda. Cependant, Mats Näslund, Craig Ludwig et Ryan Walter tout comme Carbonneau en comptent 500 et Bobby Smith 400.

● Première partie sans pointage en vingt ans au Forum, entre Washington et Montréal, le 10 décembre. Les gardiens en présence sont Pete Peeters et Patrick Roy. La dernière soirée du genre remonte à décembre 1968, lors d'un duel entre Gerry Cheevers des Bruins et Tony Esposito des Canadiens.

ASSOCIATION PRINCE-DE-GALLES							
DIVISION ADAMS	PJ	G	P	N	BP	BC	PTS
Montréal (Canadiens)	80	53	18	9	315	218	115
Boston (Bruins)	80	37	29	14	289	256	88
Buffalo (Sabres)	80	38	35	7	291	299	83
Hartford (Whalers)	80	37	38	5	299	290	79
Québec (Nordiques)	80	27	46	7	269	342	61
DIVISION PATRICK	PJ	G	P	N	BP	BC	PTS
Washington (Capitals)	80	41	29	10	305	259	92
Pittsburgh (Penguins)	80	40	33	7	347	349	87
New York (Rangers)	80	37	35	8	310	307	82
Philadelphie (Flyers)	80	36	36	8	307	285	80
New Jersey (Devils)	80	27	41	12	281	325	66
New York (Islanders)	80	28	47	5	265	325	61
ASSOCIATION CLARENCE-CAMPBELL							
DIVISION NORRIS	PJ	G	P	N	BP	BC	PTS
Detroit (Red Wings)	80	34	34	12	313	316	80
St. Louis (Blues)	80	33	35	12	275	285	78
Minnesota (North Stars)	80	27	37	16	258	278	70
Chicago (Blackhawks)	80	27	41	12	297	335	66
Toronto (Maple Leafs)	80	28	46	6	259	342	62
DIVISION SMYTHE	PJ	G	P	N	BP	BC	PTS
Calgary (Flames)	80	54	17	9	354	226	117
Los Angeles (Kings)	80	42	31	7	376	335	91
Edmonton (Oilers)	80	38	34	8	325	306	84
Vancouver (Canucks)	80	33	39	8	251	253	74
Winnipeg (Jets)	80	26	42	12	300	355	64

Ancien policier devenu entraîneur, Pat Burns n'a pas la langue dans sa poche. Ses mimiques derrière le banc ont vite fait le tour de la Ligue.

1988-1989

Après les séries, malgré le revers en finale contre les Flames, Patrick pourra goûter chacune des victoires arrachées avec ce style dit « papillon » qu'il va populariser bientôt auprès de plusieurs jeunes cerbères en devenir. La revue de l'année est d'autant plus agréable que le portier du Canadien vient d'être crédité d'un deuxième trophée, le Vézina, octroyé au meilleur gardien du circuit. Sans oublier cette première sélection dans la première équipe d'étoiles. Une nomination qui se répétera plusieurs fois dans les années à venir.

Voilà qu'il refait l'histoire une fois de plus, en ajoutant son empreinte à celle des autres grands cerbères de l'histoire du club, les George Hainsworth, Bill Durnan, Jacques Plante et Ken Dryden, dont les noms sont aussi inscrits sur ce trophée Vézina sans oublier celui à l'origine du fameux trophée, Georges Vézina lui-même.

LE POLICIER DEVENU ENTRAÎNEUR

La rupture entre Jean Perron et le Canadien est annoncée le 16 mai par le directeur général Serge Savard. Mario Tremblay, un ancien Glorieux devenu chroniqueur à CJMS, avait obtenu la primeur, d'abord démentie fermement par Savard. Commence alors la ronde des rumeurs pour connaître son successeur. Les prédictions ne seront pas très longues cependant. Deux semaines plus tard, Savard fait part de l'embauche de Pat Burns pour succéder à Perron. Burns est le 4e entraîneur du tandem Corey-Savard en 5 ans, le 21e de l'histoire du club. Il n'aura dirigé les Canadiens de Sherbrooke qu'une seule saison, après avoir été à la tête des Olympiques de Hull qu'il a mené à la finale de la coupe Memorial chez les juniors.

Ancien policier, Burns, qui semble avoir l'art des réponses-chocs, rétorque aux journalistes qui l'interrogent sur ses objectifs qu'il « a été embauché comme entraîneur et non comme policier ».

449

● La nouvelle a l'effet d'un tremblement de terre de très grande intensité chez tous les sportifs d'Amérique du Nord. La rumeur circulait depuis quelques jours, mais personne n'y croyait vraiment. Au Québec, le journaliste Tom Lapointe est le premier à diffuser l'information à un public incrédule. Pourtant c'est bien vrai, le 9 août Peter Pocklington annonce qu'il vient d'échanger Wayne Gretzky aux Kings de Los Angeles. La

Merveille passe aux Kings du richissime Bruce McNall, en compagnie de son « garde du corps » Marty McSorley et de Mike Krushelnyski, en retour de Jimmy Carson, Martin Gélinas, trois choix de première ronde et 15 millions. Il s'agit sans doute de la plus importante transaction de l'histoire du hockey, qui n'est pas sans rappeler l'échange de Babe Ruth aux Yankees par les Red Sox de Boston.
● À Los Angeles, Gretzky connaît une autre saison de

plus de 50 buts — sa neuvième comme Mike Bossy —, mais concède de nouveau le titre de champion marqueur à Mario Lemieux par plus de 30 points. Il récupère cependant le trophée Hart, son 9e en 10 ans et son dernier.
● Autre moment important dans la carrière de l'ancien capitaine des Oilers lorsqu'il dépasse Gordie Howe pour le nombre de points (incluant les séries) le 10 janvier, avec un total de 2 011.

● Le 31 décembre, lors d'un match contre New Jersey Mario Lemieux fête l'arrivée de la nouvelle année un peu à l'avance en signant une performance de cinq buts et huit points, dans une victoire de 8-6 contre New Jersey. Une performance plutôt inusitée pour Lemieux qui obtient au moins un but dans cinq situations différentes : à forces égales, en avantage et en désavantage numériques, sur les tirs de pénalité et dans un filet désert. En désavantage numérique, son total de 13

1988-1989

Burns connaît une première saison de rêve en conduisant son équipe au premier rang de sa division et de son association, avant d'atteindre la finale de la coupe Stanley qu'il perdra de justesse contre Calgary. À défaut de rééditer l'exploit de son prédécesseur en sablant le champagne à titre d'entraîneur recrue, Burns peut se consoler avec une récompense prestigieuse, celle du titre de pilote de l'année, récipiendaire du trophée Jack-Adams, après deux nominations de Jacques Demers, celui qui curieusement lui succédera derrière le banc de l'équipe quelques années plus tard.

CARBONNEAU, LE SUCCESSEUR DE GAINEY

Carbonneau succède à Gainey comme meilleur joueur défensif et comme capitaine.

Bob Gainey a gardé la mainmise sur le trophée Frank-Selke quatre ans de suite, de 1978 à 1981, pendant qu'un autre joueur se préparait à remplir un rôle similaire en défensive avant. La transition s'est faite avec beaucoup d'harmonie entre les deux joueurs qui se sont côtoyés au sein de la même formation pendant sept ans.

Lors de sa dernière saison professionnelle — il a plus de 500 matchs à son actif —, Gainey sait très bien que l'élève n'a plus besoin des trucs du maître pour contrer l'adversaire, d'autant plus qu'il a lui aussi été reconnu meilleur attaquant défensif la saison précédente, après avoir terminé deuxième en 1986-87.

Carbonneau hérite d'un deuxième trophée Selke en cette saison glorieuse des Montréalais. Il a aussi haussé sa production offensive de près de 20 points, avec 26 buts et 30 passes, pour un total de 56 points, ce qui est nettement supérieur aux 38 (17-21) de la première année.

Carbonneau ne sait toutefois pas encore que dans quelques mois il sera invité à jouer un rôle similaire à celui de Gainey, autant dans le vestiaire que sur la glace.

TROPHÉES
COUPE STANLEY
Flames de Calgary
TROPHÉE PRINCE-DE-GALLES
Canadiens de Montréal
TROPHÉE CLARENCE-CAMPBELL
Flames de Calgary
TROPHÉE DU PRÉSIDENT
Flames de Calgary
TROPHÉE HART
Wayne Gretzky
Kings de Los Angeles
TROPHÉE ART-ROSS
Mario Lemieux
Penguins de Pittsburgh
TROPHÉE LADY-BYNG
Joe Mullen
Flames de Calgary
TROPHÉE CALDER
Brian Leetch
Rangers de New York
TROPHÉE GEORGES-VÉZINA
Patrick Roy
Canadiens de Montréal
TROPHÉE JAMES-NORRIS
Chris Chelios
Canadiens de Montréal
TROPHÉE CONN-SMYTHE
Al MacInnis
Flames de Calgary
TROPHÉE BILL-MASTERTON
Tim Kerr
Flyers de Philadelphie
TROPHÉE LESTER-B.-PEARSON
Steve Yzerman
Red Wings de Detroit

lui permet de briser le record de 12 qui appartenait à Gretzky depuis 1983-84.

● Alexander Mogilny fait faux bond à l'équipe soviétique au terme des championnats du monde tenus en Suède et se joint aux Sabres de Buffalo. Irritée, la Fédération soviétique le qualifie de traître et rompt momentanément ses relations avec la LNH.

● Les Islanders de New York passent de la première à la dernière place de la Division Patrick. Al Albour, qui avait mené l'équipe à quatre coupes Stanley de suite, est appelé à la rescousse à la mi-saison.

● Michel Bergeron, entraîneur des Rangers depuis deux ans, est viré par le gérant Phil Esposito, à deux parties de la fin de la saison.

● Dino Ciccarelli des North Stars est condamné par la cour de l'Ontario à une journée de prison plus une amende de 1 000 $, pour avoir frappé Luke Richardson des Leafs avec son bâton. Une première dans la Ligue ! Deux mois plus tard, il est échangé aux Capitals.

● Bob Probert est arrêté aux douanes américaines à son tour, en possession de 14 grammes de cocaïne. Il sera suspendu pendant un an par la Ligue et la cour le condamnera à trois mois de prison.

● Accident grave, qui aurait pu être tragique, le 22 mars à Buffalo : le patin de Steve Tuttle des Blues, tranche la veine jugulaire de Clint Malarchuk. Sans une intervention rapide du soigneur de l'équipe, le gardien serait mort au bout de son sang en quelques secondes.

● Les spectateurs du Forum accueillent avec beaucoup de plaisir le retour au jeu de Guy Lafleur et lui réservent une belle ovation lorsqu'il enfile son nouveau chandail des Rangers. À son premier match contre les Canadiens, *Flower* compte deux buts au grand plaisir de ses fans, qui ne l'ont jamais oublié.

1988-1989

TROPHÉES
TROPHÉE JACK-ADAMS
Pat Burns
Canadiens de Montréal
TROPHÉE FRANK-J.-SELKE
Guy Carbonneau
Canadiens de Montréal
TROPHÉE WILLIAM-M.-JENNINGS
Patrick Roy
Brian Hayward
Canadiens de Montréal
TROPHÉE KING-CLANCY
Bryan Trottier
Islanders de New York

Larry Robinson participe aux séries pour une 17e fois de suite. En saison régulière, il a enfilé le chandail de l'équipe à plus de 1 200 reprises.

MEILLEURS MARQUEURS		PJ	B	A	PTS	PUN
Mario Lemieux	Pittsburgh	76	85	114	199	100
Wayne Gretzky	Los Angeles	78	54	114	168	26
Steve Yzerman	Detroit	80	65	90	155	61
Bernie Nicholls	Los Angeles	79	70	80	150	96
Rob Brown	Pittsburgh	68	49	66	115	118
Paul Coffey	Pittsburgh	75	30	83	113	193
Joe Mullen	Calgary	79	51	59	110	16
Jari Kurri	Edmonton	76	44	58	102	69
Jimmy Carson	Edmonton	80	49	51	100	36
Luc Robitaille	Los Angeles	78	46	52	98	65

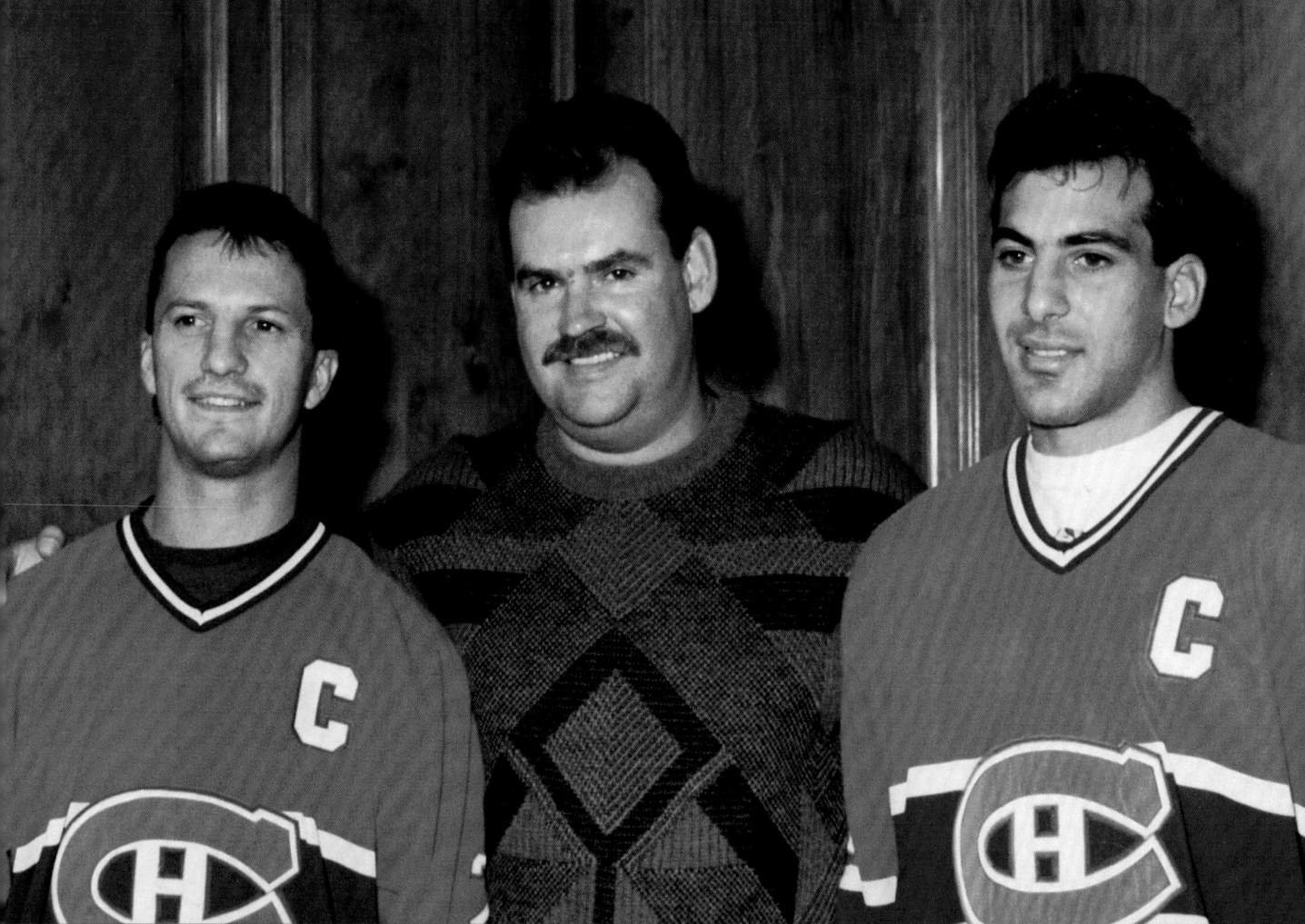

Pat Burns présente à la presse ses deux nouveaux capitaines, Guy Carbonneau et Chris Chelios.

1989 🇨 1990

CINQUIÈME COUPE STANLEY EN SEPT SAISONS POUR LES OILERS D'EDMONTON, ET CE, MÊME S'ILS DOIVENT DE NOUVEAU CÉDER LE PREMIER RANG DE LA DIVISION SMYTHE ET DE L'ASSOCIATION CAMPBELL AUX FLAMES POUR UNE TROISIÈME ANNÉE DE SUITE. MALGRÉ AUSSI LE DÉPART DE WAYNE GRETZKY À LOS ANGELES DEPUIS DEUX ANS. LES FLAMES, CHAMPIONS EN TITRE DE LA COUPE STANLEY, SE FONT SURPRENDRE PAR LOS ANGELES EN PREMIÈRE RONDE ET LES OILERS ONT LA VOIE LIBRE JUSQU'EN FINALE, QU'ILS GAGNENT DE NOUVEAU CONTRE BOSTON. LE SORT DE LA SÉRIE EST FIXÉ EN BONNE PARTIE AU PREMIER MATCH, GAGNÉ EN TROISIÈME SUPPLÉMENTAIRE PAR EDMONTON SUR UN BUT DE PETR KLIMA. LA LUTTE EST SERRÉE DANS LES GROUPES PATRICK ET NORRIS, MAIS CE SONT LES RANGERS ET LES BLACKHAWKS QUI ONT LE DERNIER MOT. LES CANADIENS TERMINENT DERRIÈRE BOSTON (AUSSI CHAMPION DE L'ASSOCIATION PRINCE-DE-GALLES) ET BUFFALO. ILS DISPOSENT DES SABRES EN PREMIÈRE RONDE MAIS SE BUTENT ENSUITE AUX BRUINS. STÉPHANE RICHER CONNAÎT UNE AUTRE SAISON DE 50 BUTS ET PATRICK ROY CONSERVE LE TROPHÉE VÉZINA, MÊME S'IL N'AFFICHE PLUS LA MEILLEURE MOYENNE DÉFENSIVE. IL GARDE AUSSI SA PLACE AU SEIN DE LA PREMIÈRE ÉQUIPE D'ÉTOILES. RICHER EST ÉGALEMENT LE MEILLEUR MARQUEUR DU CLUB, AVEC 51 BUTS ET 40 PASSES. C'EST TOUTEFOIS GRETZKY QUI REPREND LE SOMMET DES MARQUEURS APRÈS DEUX ANS, TOTALISANT 142 POINTS (40-102), COMPARATIVEMENT À 129 (45-84) POUR SON ANCIEN COÉQUIPIER MARK MESSIER. MARIO LEMIEUX NE PARTICIPE QU'À 59 RENCONTRES, MAIS IL OBTIENT TOUT DE MÊME 45 BUTS ET 78 ASSISTANCES, POUR FINIR QUATRIÈME DERRIÈRE STEVE YZERMAN.

L'année des deux capitaines

La direction des Canadiens, fidèle à une tradition établie depuis la fin des années 1940 (sauf en 1981 pour le choix de Bob Gainey), demande aux joueurs de désigner le prochain capitaine, en remplacement de Gainey, à l'ouverture du camp. Les médias en font presque une véritable campagne électorale, sondant les partisans et se prononçant tantôt pour Guy Carbonneau, le plus expérimenté, tantôt pour Chris Chelios, première vedette de l'équipe et gagnant du trophée Norris, la saison précédente. Le nom de Bobby Smith est aussi

453

● Stéphane Richer revient en force avec une deuxième campagne de 50 buts en 3 ans. L'ailier droit termine la saison avec une fiche de 91 points (51-40). Il est le dernier joueur du Tricolore à accomplir cet exploit.

Stéphane Richer

● Malgré une chute au troisième rang de la Division Adams, les Canadiens connaissent une 19e saison d'au moins 40 victoires en vingt ans.
● Le capitaine Guy Carbonneau et Craig Ludwig se font taper sur les doigts par Pat Burns, qui les suspend un match pour avoir manqué le couvre-feu.

● Après une étude de faisabilité sur l'agrandissement du Forum, le président Corey décide plutôt de considérer la possibilité de construire un nouvel édifice.
● Le trio Corson-Skrudland-Richer fait flèche de tout bois le jour de la Saint-Valentin contre les Canucks de Vancouver, lors d'une victoire éclatante de 10 à 1 au Forum. Les trois joueurs totalisent 17 points. Richer en a 7

(2-5-7) dont 5 en première, tandis que Corson et Skrudland en ont respectivement 6 (2-4-6) et 4 (2-2-4).
● Patrick Roy est nommé deux fois Joueur de la semaine dans la Ligue en février et en mars. Il remporte aussi un deuxième trophée Vézina de suite en fin de saison, perdant cependant le Jennings après trois conquêtes de suite.

1989-1990

mentionné. Certains évoquent même une éventuelle division entre les francos et les anglos.

Trois tours du scrutin organisé par Serge Savard ne suffisent pas à départager les deux principaux candidats, même en éliminant les noms ayant reçu le moins de votes. Le directeur général, en bon démocrate, décide de garder les deux, ce qui fait dire à Carbo : « Tout le monde voulait un capitaine bilingue, eh bien, c'est fait ! Il y en a un qui parle anglais, l'autre, français. » Pour sa part, l'entraîneur Pat Burns fait savoir qu'il utilisera les services de ses deux capitaines en alternance au cours de la saison. Les blessures modifieront quelque peu ses plans. Même que, lors d'un match hors-concours avant la saison, il doit avoir recours à Mats Näslund comme capitaine, les deux autres étant à l'écart du jeu pour blessure. Situation identique en mars, lorsque Carbonneau est suspendu et Chelios blessé. Cette fois, Ryan Walter vient à la rescousse.

C'est la première fois cependant que la tâche est assumée conjointement par deux joueurs.

Au cours de la saison, Carbonneau et Chelios franchiront respectivement le cap des 600 et des 400 parties jouées avec le club. Carbo compte plus de 400 points et Chelios en a 300.

Peu de temps après sa nomination, Chelios signe un nouveau contrat de cinq ans avec l'équipe lui accordant un salaire estimé à 800 000 $ par année, selon une liste obtenue en primeur par Mario Tremblay à l'emploi du poste CJMS. Cette liste confidentielle, qui sera divulguée en février à la suite de l'approbation de l'Association des joueurs, révèle que Chelios — le mieux payé de l'organisation — gagne en réalité 575 000 $ CA, suivi de Bobby Smith, Mats Näslund et Guy Carbonneau, qui gagnent respectivement 385 000 $, 380 000 $ et 360 000 $. Roy encaisse 300 000 $, tout comme Svoboda, Lemieux, Ludwig et McPhee, mais il en est à la dernière année de son contrat.

Par ailleurs, selon la liste officielle, Mario Lemieux est le joueur de la LNH touchant le plus haut salaire à 2 millions US, suivi de Gretzky à 1,7 million et Mark Messier, à 832 000 $. Chelios figure parmi les 15 premiers. Ce sont les Kings de Los Angeles qui ont la masse salariale la plus élevée, suivis de Pittsburgh. Le Canadien arrive neuvième.

ÉQUIPE 1989-90

Entraîneur : Pat Burns (80-41-28-11)

N°	POS	JOUEURS	PJ	B	A	PTS	PUN
44	AD	Stéphane Richer	75	51	40	91	46
27	AG	Shayne Corson	76	31	44	75	144
6	AD	Russ Courtnall	80	27	32	59	27
21	C	Guy Carbonneau	68	19	36	55	37
39	C	Brian Skrudland	59	11	31	42	56
35	AG	Mike McPhee	56	23	18	41	47
26	AG	Mats Naslund	72	21	20	41	19
25	D	Petr Svoboda	60	5	31	36	98
47	C	Stephan Lebeau	57	15	20	35	11
24	D	Chris Chelios	53	9	22	31	136
15	C	Bobby Smith	53	12	14	26	35
41	AG	Brent Gilchrist	57	9	15	24	28
12	AD	Mike Keane	74	9	15	24	78
11	C/AG	Ryan Walter	70	8	16	24	59
18	D	Mathieu Schneider	44	7	14	21	25
20	D	Jyrki Lumme	54	1	19	20	41
32	AD	Claude Lemieux	39	8	10	18	106
28	D	Éric Desjardins	55	3	13	16	51
17	D	Craig Ludwig	73	1	15	16	108
3	D	Sylvain Lefebvre	68	3	10	13	61
48	D	J.-J.* Daigneault	36	2	10	12	14
36	D	Todd Ewen	41	4	6	10	158
45	AD	Jocelyn Lemieux	34	4	2	6	61
33	G	Patrick Roy	54	0	5	5	0
31	AG	Tom Chorske	14	3	1	4	2
34	D	Donald Dufresne	18	0	4	4	23
43	C	Andrew Cassels	6	2	0	2	2
36	C	Martin Desjardins	8	0	2	2	2
38	D	Lyle Odelein	8	0	2	2	33
14	AG	Mark Pederson	9	0	2	2	2
46	AD	Ed Cristofoli	9	0	1	1	4
53	G	André Racicot	1	0	0	0	0
8	AG	Steve Martinson	13	0	0	0	64
1	G	Brian Hayward	29	0	0	0	4

GARDIENS	PJ	G	P	N	MIN	BC	BL	MOY
Patrick Roy	54	31	16	5	3173	134	3	2,53
Brian Hayward	29	10	12	6	1674	94	1	3,37
André Racicot	1	0	0	0	13	3	0	13,85

* Jean-Jacques

● Les joueurs des Canadiens bombardent la forteresse des Penguins à 61 reprises pour un nouveau record d'équipe, dans une victoire de 11 à 1 au Forum. Marque précédente : 59 contre les Rangers, en 1963-64.

● Performance remarquable de Mats Näslund avec un 600e point à son 600e match avec les Canadiens, contre les Nordiques en février.

● Nouveaux sommets personnels également pour Bobby Smith (600 passes en carrière et 300 avec les Canadiens), ainsi que Russ Courtnall et Stéphane Richer (300 points).

● Pour les parties jouées, les nouveaux «vétérans» sont : Bobby Smith (500), Russ Courtnall, Petr Svoboda et Mike McPhee (400), Brian Skrudland, Stéphane Richer et Brian Hayward (300).

● Éric Desjardins, jeune défenseur fort prometteur à sa deuxième saison chez les Glorieux, connaît un moment de gloire le 25 février, en marquant le 15 000e but de l'histoire du club au Forum, contre Vincent Riendeau des Blues.

Éric Desjardins

ASSOCIATION PRINCE-DE-GALLES

DIVISION ADAMS	PJ	G	P	N	BP	BC	PTS
Boston (Bruins)	80	46	25	9	289	232	101
Buffalo (Sabres)	80	45	27	8	286	248	98
Montréal (Canadiens)	80	41	28	11	288	234	93
Hartford (Whalers)	80	38	33	9	275	268	85
Québec (Nordiques)	80	12	61	7	240	407	31
DIVISION PATRICK	**PJ**	**G**	**P**	**N**	**BP**	**BC**	**PTS**
New York (Rangers)	80	36	31	13	279	267	85
New Jersey (Devils)	80	37	34	9	295	288	83
Washington (Capitals)	80	36	38	6	284	275	78
New York (Islanders)	80	31	38	11	281	288	73
Pittsburgh (Penguins)	80	32	40	8	318	359	72
Philadelphie (Flyers)	80	30	39	11	290	297	71

ASSOCIATION CLARENCE-CAMPBELL

DIVISION NORRIS	PJ	G	P	N	BP	BC	PTS
Chicago (Blackhawks)	80	41	33	6	316	294	88
St. Louis (Blues)	80	37	34	9	295	279	83
Toronto (Maple Leafs)	80	38	38	4	337	358	80
Minnesota (North Stars)	80	36	40	4	284	291	76
Detroit (Red Wings)	80	28	38	14	288	323	70
DIVISION SMYTHE	**PJ**	**G**	**P**	**N**	**BP**	**BC**	**PTS**
Calgary (Flames)	80	42	23	15	348	265	99
Edmonton (Oilers)	80	38	28	14	315	283	90
Winnipeg (Jets)	80	37	32	11	298	290	85
Los Angeles (Kings)	80	34	39	7	338	337	75
Vancouver (Canucks)	80	25	41	14	245	306	64

MEILLEURS MARQUEURS

		PJ	B	A	PTS	PUN
Wayne Gretzky	Los Angeles	73	40	102	142	42
Mark Messier	Edmonton	79	45	84	129	79
Steve Yzerman	Detroit	79	62	65	127	79
Mario Lemieux	Pittsburgh	59	45	78	123	78
Brett Hull	St. Louis	80	72	41	113	24
Bernie Nicholls	LA/NYR	79	39	73	112	86
Pierre Turgeon	Buffalo	80	40	66	106	29
Pat LaFontaine	NY Islanders	74	54	51	105	38
Paul Coffey	Pittsburgh	80	29	74	103	95
Joe Sakic	Québec	80	39	63	102	27
Adam Oates	St. Louis	80	23	79	102	30

Craig Ludwig a fait part à Robinson de la grande admiration qu'il a toujours eue pour lui, lors de l'élimination contre Calgary, le printemps précédent, sachant que celui-ci était sur le point de tirer sa révérence.

● «Le fantôme de Gretzky n'est plus avec nous», affirme le défenseur Kevin Lowe à Pierre Durocher du *Journal de Montréal* en décembre. Les Oilers ont trouvé un nouveau leader en Mark Messier, deuxième marqueur du circuit et gagnant du trophée Hart. Une cinquième coupe Stanley en sept ans leur permet de prouver qu'ils forment une équipe aussi puissante qu'à l'ère Gretzky. Après les Islanders au début des années 1980, les Oilers auront marqué la deuxième moitié de cette décennie.

● Gretzky revient au sommet des marqueurs de la LNH avec une 10e saison d'affilée de plus de 100 assistances. Tôt dans la saison, le 15 octobre à Edmonton, il dépasse Gordie Howe pour le total de points en carrière, terminant l'année avec 1 979.

● Mario Lemieux occupe la tête des marqueurs à la mi-février, mais une hernie discale lui fait perdre une vingtaine de parties et un troisième titre d'affilée. Il terminera 4e, à 19 points de Gretzky. Les Penguins sont exclus des séries.

● La ville de Québec accueille enfin son héros qu'elle attend depuis l'époque glorieuse des Remparts. Guy Lafleur vient compléter sa seconde carrière avec les Nordiques. L'entraîneur Michel Bergeron revient aussi derrière le banc.

● L'arrivée de Lafleur n'empêche pas les Nordiques de terminer au dernier rang de leur division pour une troisième année de suite. Ils ne remportent que 12 victoires

(31 points), utilisant 7 gardiens différents au cours de la saison. Cette descente aux enfers durera cinq ans.

● Peter Stastny rejoint les marqueurs de 1 000 points en carrière dans la LNH au début de la saison. Il est le 24e joueur à atteindre ce sommet. Denis Savard des Hawks le rejoindra en fin de campagne.

● Peter Stastny et Michel Goulet sont échangés par les Nordiques à 24 heures d'intervalle en mars, un geste longuement contesté par les supporters de l'équipe.

1989-1990

UNE DÉFENSIVE DÉGARNIE

La structure défensive des Canadiens en mange un coup au cours de l'été précédant la saison lorsque le capitaine et attaquant défensif par excellence Bob Gainey, ainsi que les arrières Larry Robinson et Rick Green quittent l'équipe à quelques semaines d'avis.

Gainey, un vétéran de 16 saisons avec le Tricolore, a participé à la conquête de six coupes Stanley et mérité quatre trophées Frank-Selke comme meilleur attaquant défensif, en plus d'un Conn-Smythe à titre de meilleur joueur des séries en 1979. Il quitte pour entreprendre une nouvelle carrière de joueur-entraîneur avec les Écureuils d'Épinal, une formation française de deuxième division.

Quant à Rick Green, il abandonne le hockey qui, selon ses termes, «était devenu une corvée». Il trouve trop difficile de se préparer mentalement pour les parties, selon les raisons données au moment de son départ. Green a joué 13 saisons dans la Nationale, dont les 7 dernières avec le Canadien. Au début de janvier, il accepte cependant un contrat avec une équipe italienne localisée

TROPHÉES		
COUPE STANLEY		
Oilers d'Edmonton		
TROPHÉE PRINCE-DE-GALLES		
Bruins de Boston		
TROPHÉE CLARENCE-CAMPBELL		
Oilers d'Edmonton		
TROPHÉE DU PRÉSIDENT		
Bruins de Boston		
TROPHÉE HART		
Mark Messier		
Oilers d'Edmonton		
TROPHÉE ART-ROSS		
Wayne Gretzky		
Kings de Los Angeles		
TROPHÉE LADY-BYNG		
Brett Hull		
Blues de St. Louis		
TROPHÉE CALDER		
Sergei Makarov		
Flames de Calgary		
TROPHÉE GEORGES-VÉZINA		
Patrick Roy		
Canadiens de Montréal		
TROPHÉE JAMES-NORRIS		
Raymond Bourque		
Bruins de Boston		
TROPHÉE CONN-SMYTHE		
Bill Ranford		
Oilers d'Edmonton		

Le départ de plusieurs vétérans signifie plus de travail pour le gardien Patrick Roy qui doit compter sur une défensive inexpérimentée.

● Les Bruins de Boston signent une 2 000e victoire dans la LNH, huit ans après les Canadiens.

● Raymond Bourque, qui sera récipiendaire du trophée Norris pour la troisième fois en quatre ans, renonce au chandail n° 7, retiré en l'honneur de Phil Esposito, et opte pour le n° 77.

● Invasion soviétique avec l'arrivée dans la Ligue nationale d'une dizaine de joueurs, la plupart en fin de carrière, après de longues négociations avec la fédération de l'URSS. Les déclarations d'Igor Larionov à l'encontre des politiques restrictives des autorités locales ont forcé celles-ci à faire montre d'un peu plus de souplesse.

● Pour sceller les ententes avec la fédération soviétique, les champions en titre, les Flames de Calgary, ainsi que les Capitals de Washington disputent quelques parties amicales au pays des «camarades», lors d'une tournée européenne d'avant-saison.

● Bob Goodenow remplace le controversé Alan Eagleson comme représentant des joueurs. À la suite d'un sondage interne, les joueurs décident de dévoiler leur salaire publiquement.

● La nomination de Sergei Makarov à titre de recrue de l'année, à 31 ans et fort d'une expérience de plus de 10 ans sur la scène internationale, incite la Ligue à resserrer ses règlements d'éligibilité. Dorénavant, les joueurs de plus de 25 ans ne seront plus considérés recrues.

● Les 72 buts réussis par Brett Hull avec St. Louis marquent la première et unique combinaison père-fils à avoir enregistré 50 buts en une saison, vingt-huit ans après le premier exploit du paternel.

● L'équipe canadienne domine le premier véritable championnat mondial féminin. Une compétition antérieure, également remportée par le Canada en 1987, n'avait pas été reconnue officiellement.

TROPHÉES
TROPHÉE BILL-MASTERTON
Gord Kluzak
Bruins de Boston
TROPHÉE LESTER-B.-PEARSON
Mark Messier
Oilers d'Edmonton
TROPHÉE JACK-ADAMS
Bob Murdoch
Jets de Winnipeg
TROPHÉE FRANK-J.-SELKE
Rick Meagher
Blues de St. Louis
TROPHÉE WILLIAM-M.-JENNINGS
Réjean Lemelin et Andy Moog
Bruins de Boston
TROPHÉE KING-CLANCY
Kevin Lowe
Oilers d'Edmonton

La mort de Doug Harvey (ici entouré de John Ziegler et de Ronald Corey) a fait revivre aux partisans du Tricolore le rôle déterminant qu'il a joué dans la première grande dynastie de l'équipe, au cours des années 1950 et 1960.

à Merano pour y compléter l'année. Retenu par l'équipe canadienne pour les championnats du monde de 1990, Green reviendra brièvement dans la LNH avec Detroit par la suite, le Canadien ayant cédé son contrat aux Red Wings pour un choix de repêchage.

Quant à Robinson, membre des Canadiens depuis 17 ans, il refuse la dernière offre de Serge Savard pour accepter celle des Kings de Los Angeles à titre de joueur autonome. Il évoque la pression intense à Montréal, devenue difficile à supporter, pour expliquer son départ des Canadiens avec lesquels il a célébré la conquête de six coupes Stanley, en plus de deux trophées James-Norris comme meilleur défenseur et un Conn-Smythe en 1978. Robinson dit ne plus avoir le feu sacré pour poursuivre à Montréal. Il disputera trois saisons avec les Kings, avant d'opter pour une carrière d'entraîneur.

LA MORT D'UN GRAND DÉFENSEUR

Les Canadiens pleurent la mort d'un autre de ses grands héros au lendemain de Noël 1989. Doug Harvey, le plus grand défenseur de son époque, meurt à 65 ans des suites d'une longue maladie rattachée à une cirrhose. Harvey, dont les problèmes d'alcool étaient connus de tous, avait vécu l'un des plus beaux jours de sa vie lorsque les Canadiens avaient fait appel à ses services comme dépisteur à temps partiel, quelques années avant sa mort.

Harvey a été désigné meilleur défenseur de l'histoire des Canadiens lors des festivités du 75e anniversaire du club en 1985. Il a porté les couleurs de l'équipe pendant 14 ans avant d'être échangé aux Rangers par Frank Selke, en raison du rôle qu'il avait joué dans la mise sur pied de l'Association des joueurs. Il est resté trois ans à New York, avant de revenir brièvement à Detroit puis à St. Louis, après une interruption de quelques années passées dans les mineures, notamment chez les As de Québec dans l'Américaine. Onze fois, il a fait les équipes d'étoiles, et il a fait partie de la première à 10 reprises. Il a décroché le trophée Norris sept fois et remporté six coupes Stanley avec le Tricolore, dont il a aussi été le capitaine en 1960-61.

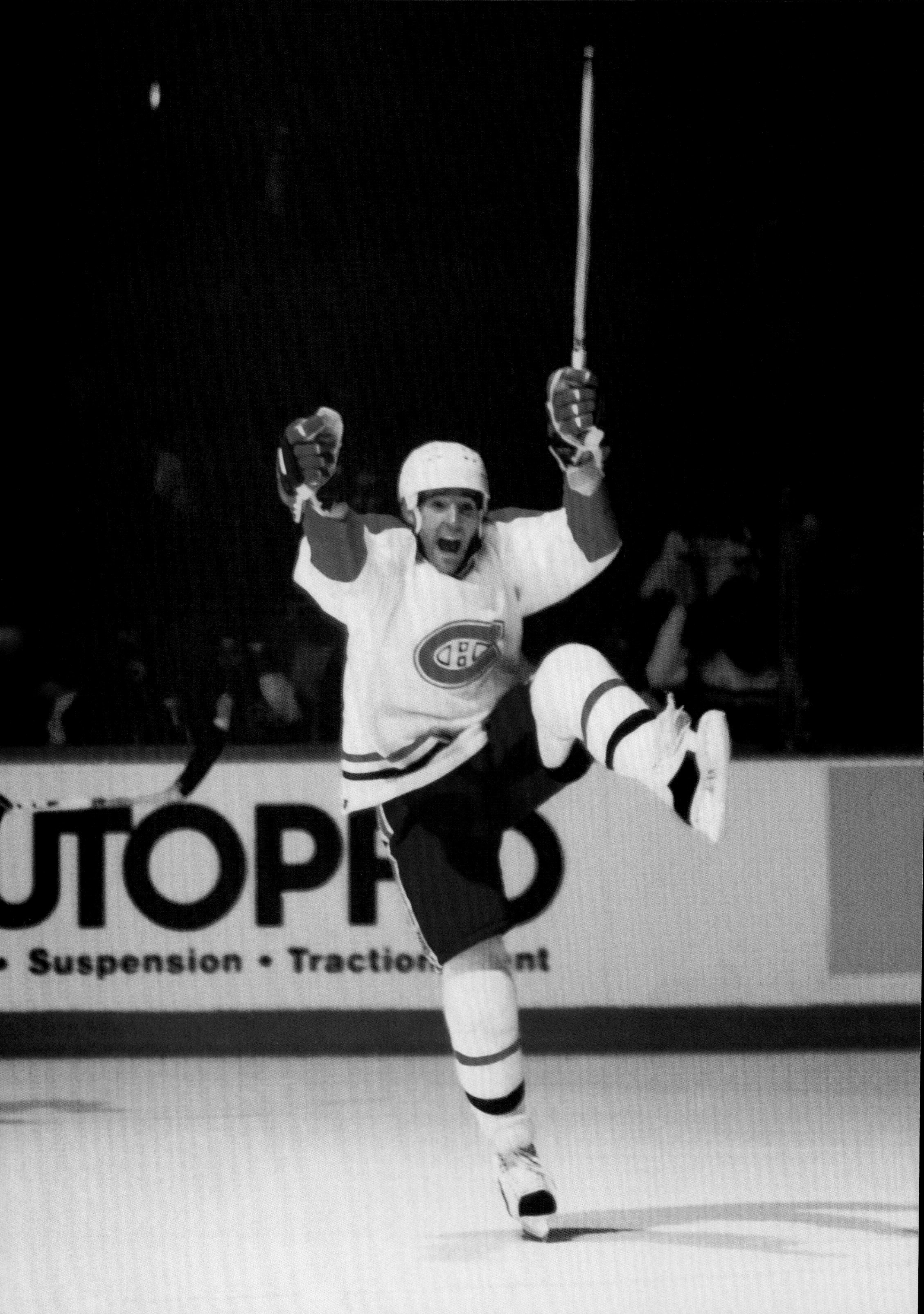
UTOPRO
• Suspension • Traction

1990 🅒 1991

LA PRÉSENCE DE MARIO LEMIEUX DONNE DE BONS RÉSULTATS À PITTSBURGH. LES PENGUINS GRIMPENT EN TÊTE DE LA DIVISION PATRICK ET TRIOMPHENT EN SIX PARTIES DES NORTH STARS DU MINNESOTA — TOMBEURS DE CHICAGO (PREMIER DE LA DIVISION NORRIS), ST. LOUIS ET EDMONTON — LORS DE LA FINALE. MARIO LEMIEUX EST LE MEILLEUR JOUEUR DES SÉRIES. PITTSBURGH A DIFFICILEMENT ÉLIMINÉ NEW JERSEY, ET ENSUITE WASHINGTON ET BOSTON POUR ATTEINDRE CETTE FINALE. LOS ANGELES ET BOSTON (11 POINTS DEVANT LES CANADIENS) SONT LES AUTRES CHAMPIONS DE DIVISION. LA LUTTE EST VIVE DANS TROIS DES QUATRE SECTIONS DE LA LIGUE. LES NORDIQUES SONT DERNIERS AU CLASSEMENT GÉNÉRAL POUR LA TROISIÈME ANNÉE DE SUITE. LE TRICOLORE ÉLIMINE BUFFALO EN QUART DE FINALE AVANT DE S'INCLINER EN SEPT AU TERME D'UNE LUTTE ACHARNÉE CONTRE BOSTON. GRETZKY CONSERVE SON CHAMPIONNAT DES MARQUEURS, AVEC 32 POINTS DE PLUS QUE BRETT HULL, LEQUEL REÇOIT CEPENDANT LE TROPHÉE HART AINSI QUE LE LESTER-B.-PEARSON. ARRIVÉE SPECTACULAIRE DU GARDIEN ED BELFOUR À CHICAGO. IL DEVANCE PATRICK ROY POUR LE VÉZINA ET LE JENNINGS ET IL REMPORTE AUSSI LE CALDER. QUATRIÈME TITRE DE MEILLEUR DÉFENSEUR EN CINQ ANS POUR RAYMOND BOURQUE. ROY, DANS LA DEUXIÈME, EST LE SEUL MEMBRE DES CANADIENS RETENU AU SEIN DES ÉQUIPES D'ÉTOILES.

Denis Savard devient le premier millionnaire de l'équipe en signant un nouveau contrat à son arrivée à Montréal, mais il sera vite rejoint par Patrick Roy sur la liste des hauts salariés.

Denis Savard, premier millionnaire

Denis Savard, que le Canadien avait ignoré au repêchage de 1980, se retrouve finalement avec l'équipe montréalaise 10 ans plus tard, à la faveur d'un échange spectaculaire commandé par le président Ronald Corey lui-même, selon des sources fiables. Chris Chelios s'en va à Chicago avec un choix de deuxième ronde, en retour du joueur originaire de Pointe-Gatineau qui a disputé son hockey junior dans la cour du grand club à Verdun. « C'était un de mes rêves, avoue candidement Savard au journaliste Ronald King de *La Presse*. Je vais me préparer. (...) J'ai hâte que la saison commence. » Savard,

● Guy Carbonneau remplit seul le rôle de capitaine à la suite du départ de Chris Chelios. Brian Skrudland le remplace lorsqu'il ne joue pas.

● Le capitaine des Canadiens devient le premier choix de repêchage d'un nouveau circuit créé à la mi-juin, la Ligue continentale. Choix sans lendemain puisque la Ligue disparaîtra avant de naître. Carbo signera plutôt une nouvelle entente de quatre ans pour 2,9 millions avec les Canadiens à quelques semaines du camp d'entraînement.

● Quelques heures avant de prendre l'avion pour l'Europe, Serge Savard effectue deux échanges majeurs. Claude Lemieux, qui ne veut plus jouer à Montréal, est cédé au New Jersey en retour de Sylvain Turgeon, puis Craig Ludwig passe aux Islanders de New York en échange de Gerald Diduck. Ludwig apprend la décision au moment de monter à bord de la navette pour l'aéroport et il reste seul avec ses bagages à la porte du Forum.

● Bobby Smith, acquis sept ans plus tôt à la faveur d'une mégatransaction, est retourné aux North Stars du Minnesota entre les deux saisons. Il a connu 2 campagnes de plus de 30 buts à Montréal.

● Deux joueurs mécontents de leur utilisation sont aussi échangés à quelques mois d'intervalle. Le gardien Brian Hayward fait la grève en début de saison parce qu'il se dit insatisfait d'être constamment le second de Patrick Roy. Serge Savard le suspend sans salaire, mais le gardien continue de

s'entraîner à l'Université McGill en attendant qu'on l'échange. Il est finalement cédé aux North Stars un mois plus tard en retour d'un défenseur de 21 ans, Jayson More. Début janvier, c'est au tour du défenseur Gerald Diduck, acquis quatre mois plus tôt, d'avoir une violente altercation verbale avec l'entraîneur Burns au sujet de son temps d'utilisation. Celui-ci le renvoie chez lui et une semaine plus tard Savard l'expédie à Vancouver.

1990-1991

Le président Corey ne veut plus voir Chelios dans l'entourage de l'équipe et demande au gérant Serge Savard de s'en départir.

disait-on, n'était pas dans les bonnes grâces de l'entraîneur Mike Keenan à Chicago. Et Chelios ne l'était plus dans celles du président Corey. Premier défenseur des Canadiens, récipiendaire du trophée Norris en 1989, Chelios s'était aussi fait remarquer par sa conduite trop souvent déplacée à l'extérieur de la patinoire, notamment dans une histoire de mœurs enterrée par l'organisation et la police en avril 1987. Pour d'autres frasques aussi. Mais il était toujours apprécié de Serge Savard. Pas tellement du président Corey, cependant.

Pourtant, Serge Savard déroule pratiquement le tapis rouge devant son nouveau joueur. Il lui remet le numéro 18 de Mathieu Schneider, numéro que lui-même portait chez les Canadiens. C'était le numéro de Denis Savard à Chicago. Mieux encore, il en fait le premier millionnaire de l'organisation en lui consentant un contrat de trois ans, plus une année d'option, à la fin de l'été. Une entente qui lui vaut un salaire évalué à 1,25 million. Selon les chiffres de l'Association des joueurs, il serait sur la courte liste de près d'une dizaine de joueurs gagnant un million par année. Liste qui englobe les noms de Wayne Gretzky, Mario Lemieux, Steve Yzerman, Brett Hull, Scott Stevens et Raymond Bourque. Patrick Roy s'ajoutera à cette liste un peu plus tard. Quelques médias, se basant sur les commentaires de Serge Savard lui-même, prétendront alors que Roy est devenu le plus haut salarié de l'équipe.

Denis Savard, qui a cumulé plus de 1 000 points à Chicago en 10 ans, est également bien accueilli par la presse locale, trop heureuse de trouver un successeur à Guy Lafleur, même si le prix payé (Chelios) est élevé. D'aucuns rappellent le choix de Doug Wickenheiser en 1980, mais Savard le gérant a vite fait de ramener les choses dans leur perspective, en élevant la voix pour répéter qu'il n'était pas là à l'époque et que ce choix n'était pas le sien.

N°	POS	JOUEURS	PJ	B	A	PTS	PUN
6	AD	Russ Courtnall	79	26	50	76	29
44	AD	Stéphane Richer	75	31	30	61	53
18	C	Denis Savard	70	28	31	59	52
47	C	Stephan Lebeau	73	22	31	53	24
27	AG	Shayne Corson	71	23	24	47	138
21	C	Guy Carbonneau	78	20	24	44	63
35	AG	Mike McPhee	64	22	21	43	56
12	AD	Mike Keane	73	13	23	36	50
39	C	Brian Skrudland	57	15	19	34	85
8	D	Mathieu Schneider	69	10	20	30	63
25	D	Petr Svoboda	60	4	22	26	52
15	C	Andrew Cassels	54	6	19	25	20
28	D	Éric Desjardins	62	7	18	25	27
14	AG	Mark Pederson	47	8	15	23	18
3	D	Sylvain Lefebvre	63	5	18	23	30
31	AG	Tom Chorske	57	9	11	20	32
48	C	J.-J. Daigneault*	51	3	16	19	31
41	C	Brent Gilchrist	51	6	9	15	10
34	D	Donald Dufresne	53	2	13	15	55
20	AG	Sylvain Turgeon	19	5	7	12	20
17	C	John LeClair	10	2	5	7	2
5	D	Alain Côté	28	0	6	6	26
36	AD	Todd Ewen	28	3	2	5	128
22	AG	Benoit Brunet	17	1	3	4	0
5	D	Gerald Diduck	32	1	2	3	39
29	AG	Patrick Lebeau	2	1	1	2	0
43	D	Patrice Brisebois	10	0	2	2	4
33	G	Patrick Roy	48	0	2	2	6
24	D	Lyle Odelein	52	0	2	2	259
37	G	Jean-Claude Bergeron	18	0	1	1	0
40	G	André Racicot	21	0	1	1	0
11	C	Ryan Walter	25	0	1	1	12
45	AG	Gilbert Dionne	2	0	0	0	0
1	G	Chabot Frédéric	3	0	0	0	0
49	D	Luc Gauthier	3	0	0	0	2
32	AG	Mario Roberge	5	0	0	0	21
38	D	Sean Hill	-	-	-	-	-

GARDIENS	PJ	G	P	N	MIN	BC	BL	MOY
Patrick Roy	48	25	15	6	2835	128	1	2,71
André Racicot	21	7	9	2	975	52	1	3,20
Chabot Frédéric	3	0	0	1	108	6	0	3,33
Jean-Claude Bergeron	18	7	6	2	941	59	0	3,76

ÉQUIPE 1990-91
Entraîneur : Pat Burns (80-39-30-11)

* Jean-Jacques

● Les médias de Winnipeg, ainsi que ceux de Montréal, font grand état d'une bagarre impliquant Shayne Corson (qui n'en est pas à sa première incartade), Mike Keane et Brian Skrudland à la sortie d'un bar de cette ville du Manitoba. Les trois Glorieux prétendent être venus à la rescousse de deux filles battues par deux individus de la place. L'affaire est demeurée sans suite, les accusations ayant finalement été retirées.

● Pendant que les Canadiens livrent une bataille de tranchées pour se maintenir aux avant-postes de la Ligue, les Américains, avec l'aide d'une trentaine de pays alliés, déclarent la guerre à Saddam Hussein et bombardent les installations militaires de l'Irak pour le forcer à quitter le Koweït. On est en pleine guerre du Golfe et le hockey passe au deuxième rang des préoccupations pour plusieurs qui craignent que

le conflit ne dégénère en nouvelle guerre mondiale. D'aucuns suggèrent même qu'on reporte le match des étoiles du 19 janvier. Le président de la LNH John Ziegler s'y oppose.
● Molson, déjà propriétaire du club Canadiens, acquiert 20 % des actions des Maple Leafs de Toronto, pour une somme de 19 millions, en novembre. Ne pouvant avoir d'engagement financier avec plus d'une équipe selon les règles de la LNH, Molson place ses

actions en fidéicommis, avant de les revendre à un homme d'affaires de Toronto plusieurs mois plus tard. Pendant un moment, certains ont cru à tort que Molson songeait à se départir des Canadiens pour acquérir les Leafs.
● En début d'avril, le président Corey fait part de la décision de l'organisation de construire le prochain amphithéâtre de l'équipe sur la partie ouest des terrains de la gare Windsor.

ASSOCIATION PRINCE-DE-GALLES							
DIVISION ADAMS	PJ	G	P	N	BP	BC	PTS
Boston (Bruins)	80	44	24	12	299	264	100
Montréal (Canadiens)	80	39	30	11	273	249	89
Buffalo (Sabres)	80	31	30	19	292	278	81
Hartford (Whalers)	80	31	38	11	238	276	73
Québec (Nordiques)	80	16	50	14	236	354	46
DIVISION PATRICK	PJ	G	P	N	BP	BC	PTS
Pittsburgh (Penguins)	80	41	33	6	342	305	88
New York (Rangers)	80	36	31	13	297	265	85
Washington (Capitals)	80	37	36	7	258	258	81
New Jersey (Devils)	80	32	33	15	272	264	79
Philadelphie (Flyers)	80	33	37	10	252	267	76
New York (Islanders)	80	25	45	10	223	290	60
ASSOCIATION CLARENCE-CAMPBELL							
DIVISION NORRIS	PJ	G	B	N	PB	BC	PTS
Chicago (Blackhawks)	80	49	23	8	284	211	106
St. Louis (Blues)	80	47	22	11	310	250	105
Detroit (Red Wings)	80	34	38	8	273	298	76
Minnesota (North Stars)	80	27	39	14	256	266	68
Toronto (Maple Leafs)	80	23	46	11	241	318	57
DIVISION SMYTHE	PJ	G	P	N	BP	BC	PTS
Los Angeles (Kings)	80	46	24	10	340	254	102
Calgary (Flames)	80	46	26	8	344	263	100
Edmonton (Oilers)	80	37	37	6	272	272	80
Vancouver (Canucks)	80	28	43	9	243	315	65
Winnipeg (Jets)	80	26	43	11	260	288	63

1990-1991

Näslund en a assez des longs voyages et d'être éloigné de sa famille pendant de longues périodes. Il quitte pour la Suisse.

NÄSLUND S'EN RETOURNE

Mats Näslund a vécu des moments heureux et il a connu une belle carrière à Montréal en huit saisons, comme cette conquête de la coupe Stanley en 1986 et un titre de joueur le plus gentilhomme en 1987-88. Mais le « p'tit Viking » a décidé de se rapprocher de la Suède, là où il veut élever ses enfants. En acceptant l'offre de la formation suisse de Lugano, il opte aussi pour une meilleure qualité de vie. Finis les longs voyages en avion, les séjours répétés dans les hôtels. Mais surtout beaucoup plus de temps à passer en famille avec un calendrier de 36 parties seulement. À un salaire qui se compare à celui qu'il recevrait des Canadiens, si on considère que sa nouvelle équipe réglera les frais de l'impôt tout en lui fournissant résidence et voiture.

Malgré une entente initiale de deux ans, Näslund ne demeurera qu'une saison en Suisse, avant de s'en retourner en Suède pour trois autres années... et revenir disputer une saison dans la LNH en 1994-95 avec les Bruins de Boston.

MEILLEURS MARQUEURS					
	PJ	B	A	PTS	PUN
Wayne Gretzky	Los Angeles	78	41	122	163	16
Brett Hull	St. Louis	78	86	45	131	22
Adam Oates	St. Louis	61	25	90	115	29
Mark Recchi	Pittsburgh	78	40	73	113	48
John Cullen	Pit./Hfd	78	39	71	110	101
Joe Sakic	Québec	80	48	61	109	24
Steve Yzerman	Detroit	80	51	57	108	34
Theoren Fleury	Calgary	79	51	53	104	136
Al MacInnis	Calgary	78	28	75	103	90
Steve Larmer	Chicago	80	44	57	101	79

461

● La LNH cède finalement aux pressions et, dans le but de rendre le jeu plus excitant, décide d'agrandir l'espace derrière le filet, réduisant la zone neutre de deux pieds. Une mesure qui favorisera la préparation de passes par Wayne Gretzky, à partir de ce qui sera désormais appelé son bureau.

● George et Gordon Gund, désireux de se départir des North Stars du Minnesota, trouvent finalement preneur et conviennent d'une entente avec la Ligue nationale. Les frères Gund exploiteront une nouvelle concession pour la ville de San

Jose — laquelle adoptera le nom de Sharks — dès la saison suivante. Ils obtiennent les droits sur 24 joueurs des filiales des North Stars, plus 10 joueurs non protégés par les autres formations.

● Les nouveaux propriétaires des North Stars du Minnesota, Howard Baldwin et Norm Green, font appel à Bobby Clarke, congédié par les Flyers, pour le poste de directeur général et celui-ci se tourne vers l'ancien capitaine des Canadiens, Bob Gainey, rapatrié d'Europe, pour remplacer l'entraîneur Pierre Pagé.

● L'Association des joueurs réalise que son directeur exécutif Alan Eagleson fait un peu trop copain-copain avec les propriétaires et l'incite à partir. Elle le remplace

Alan Eagleson était écouté par les dirigeants, Pollock par exemple, mais aussi par les joueurs.

temporairement par un jeune avocat du Michigan, Bob Goodenow, lequel héritera officiellement du poste deux ans plus tard. Pour sa part, Eagleson sera accusé de fraude et condamné en 1998.

● En décembre, la Nationale fait part de son intention

1990-1991

VOYAGE TROUBLE EN URSS

La direction des Canadiens accepte la demande de la Ligue nationale et l'équipe quitte pour l'Union soviétique en septembre y disputer quatre matchs d'exhibition à Leningrad, Riga et Moscou (deux matchs). Séjour précédé d'un arrêt à Stockholm pour un entraînement de quelques jours suivi d'une rencontre amicale.

Moins de deux ans avant la fin du régime communiste, le séjour n'est pas toujours agréable au pays de Lénine. Pauvreté extrême des gens dans les rues, problèmes majeurs de communications téléphoniques pour les médias, négociations répétées pour le moindre service et, pour couronner le tout, fouille en profondeur au retour malgré l'assurance des autorités qu'ils auraient un départ sans complications. Les quantités de caviar rapportées ont été beaucoup moindres que prévues, si l'on en juge par les journalistes du voyage.

Au départ, la Ligue avait aussi un peu compliqué les choses en voulant imposer un chandail aux couleurs de la LNH, alors qu'on voulait voir celui du Tricolore.

La tournée commence bien, avec des victoires de 7 à 1 à Stockholm, 5 à 3 à Leningrad et 4 à 2 à Riga. C'est à Moscou que les choses se gâtent. Les Canadiens perdent le premier match 4-1 contre le Dynamo et quittent la patinoire en plein tumulte, sous une pluie de bouteilles de vodka, à quelques minutes de la fin du second match contre l'Armée rouge, alors que les joueurs des deux formations s'échangent coup pour coup depuis un bon moment. C'est alors 2-2. Finalement, l'annonceur-maison transmet les excuses des autorités soviétiques aux joueurs des Canadiens qui acceptent de revenir sur la glace, sous les applaudissements des spectateurs. Andrei Kovalenko tranchera en faveur des Soviétiques au début de la prolongation.

Le retour au pays a été accueilli par une salve d'applaudissements de la part des 128 membres de la délégation. Quelques joueurs ont cependant admis avoir apprécié leur voyage de deux semaines toutes dépenses payées, mais cet avis était loin d'être partagé de tous.

TROPHÉES
COUPE STANLEY
Penguins de Pittsburgh
TROPHÉE PRINCE-DE-GALLES
Penguins de Pittsburgh
TROPHÉE CLARENCE-CAMPBELL
North Stars du Minnesota
TROPHÉE DU PRÉSIDENT
Blackhawks de Chicago
TROPHÉE HART
Brett Hull
Blues de St. Louis
TROPHÉE ART-ROSS
Wayne Gretzky
Kings de Los Angeles
TROPHÉE LADY-BYNG
Wayne Gretzky
Kings de Los Angeles
TROPHÉE CALDER
Ed Belfour
Blackhawks de Chicago
TROPHÉE GEORGES-VÉZINA
Ed Belfour
Blackhawks de Chicago
TROPHÉE JAMES-NORRIS
Raymond Bourque
Bruins de Boston

d'accepter deux autres concessions en 1992-93, celles d'Ottawa et de Tampa Bay.

● Les Blues de St. Louis offrent un contrat de plus de 5 millions pour quatre ans à Scott Stevens et doivent consentir cinq premiers choix aux Capitals de Washington en retour.

● Sergei Fedorov, un joueur de centre d'à peine 20 ans, déserte l'équipe soviétique aux Jeux de l'Amitié à Seattle, et se joint aussitôt aux Red Wings de Detroit. Les Soviétiques sont de nouveau aux abois, mais l'argent est plus fort que les principes.

● Le gardien des Oilers d'Edmonton, Grant Fuhr, admet avoir fait usage de cocaïne par le passé et sera suspendu pour une soixantaine de parties, la plus forte sentence imposée à ce jour par la Ligue. Il avait initialement écopé une saison complète. Il sera échangé aux Maple Leafs l'année suivante.

● Chris Nilan, l'ancien mauvais garnement des Canadiens, écope 10 punitions dans un même match, le 31 mars contre Hartford. Six mineures, deux majeures, une inconduite et une inconduite de partie pour Nilan, maintenant équipier des

Bruins et toujours détenteur de ce record un peu moins enviable que d'autres.

● Nouvelle transformation pour la coupe Stanley. Il n'y reste qu'un espace sur les anneaux circulaires pour les futurs gagnants. On retire la bande supérieure qui affiche les noms des champions de 1920 à 1940, laquelle est remise au Temple de la renommée, et on en ajoute une nouvelle au bas du trophée.

● La sélection de Brett Hull pour le trophée Hart cause une première, d'ordre familial, dans la Ligue. Son père Bobby

avait aussi hérité du même trophée en 1965 et 1966.

● Mario Lemieux est toujours incommodé par des problèmes de dos qui l'ennuient depuis la saison 1988-89. Il rate le début de saison et ne participe qu'à 26 parties. Il retrouve sa pleine forme pour les séries, dominant tous ses rivaux (16-28-44 en 23 parties), pour donner une première Coupe aux Penguins. Lors des éliminatoires, les joueurs de l'entraîneur Bob Johnson font preuve de caractère, perdant le premier match de chaque série, mais remontant chaque fois la pente.

1990-1991

Guy Lafleur est ovationné pendant six minutes par la foule du Forum à l'occasion de la soirée d'adieu marquant sa retraite définitive du hockey à la fin de la saison. Le moment le plus émouvant survient lorsque le Démon blond se dirige vers le président Ronald Corey pour lui serrer la main afin de tirer un trait final sur leur différend. Ce soir-là, Guy marque le dernier but de sa carrière, son 560e, contre Patrick Roy. Le lendemain, au Colisée, le public en délire lui offre une ovation de 11 minutes.

TROPHÉES	
TROPHÉE CONN-SMYTHE	
Mario Lemieux	
Penguins de Pittsburgh	
TROPHÉE BILL-MASTERTON	
Dave Taylor	
Kings de Los Angeles	
TROPHÉE LESTER-B.-PEARSON	
Brett Hull	
Blues de St. Louis	
TROPHÉE JACK-ADAMS	
Brian Sutter	
Blues de St. Louis	
TROPHÉE FRANK-J.-SELKE	
Dirk Graham	
Blackhawks de Chicago	
TROPHÉE WILLIAM-M.-JENNINGS	
Ed Belfour	
Blackhawks de Chicago	
TROPHÉE KING-CLANCY	
Dave Taylor	
Kings de Los Angeles	

La Ligue accueille une 22e équipe, les Sharks de San Jose, et fête son 75e anniversaire. Les joueurs déclenchent une grève d'une dizaine de jours, juste avant les séries. Pittsburgh conserve la coupe Stanley, bien que l'équipe ait glissé au troisième rang de son groupe derrière les Rangers, de retour en tête, et Washington. La Ligue couronne trois autres nouveaux champions de division : Detroit, Vancouver et Montréal. C'est un premier titre pour Montréal en trois ans. L'équipe montréalaise prend ensuite les devants deux parties à zéro et trois parties à deux contre Hartford, et triomphe finalement au septième match grâce au premier but de Russ Courtnall en séries à 5 min 26 s de la deuxième supplémentaire. Mais elle se heurte de nouveau aux Bruins dans la ronde suivante. Pendant ce temps, les Penguins battent Washington en sept, les Rangers en six et Boston en quatre, avant d'affronter Chicago en finale. Les Hawks disposent au préalable de St. Louis, Detroit et Edmonton, avant de s'incliner rapidement devant Mario Lemieux et sa bande.

Le rêve de Richer tourne au cauchemar

Quelques déclarations trop spontanées ont conduit Richer vers la sortie, à son grand regret.

Stéphane Richer avait réalisé son rêve de gamin en endossant le chandail des Canadiens pour son premier match officiel dans la LNH le 15 janvier 1985 à Québec. Il en rêvait constamment bien avant son stage junior à Granby et à Chicoutimi. Mais, en ce 20 septembre, au retour de l'exercice d'échauffement précédant un match d'avant-saison contre Boston, lorsque Charles Thiffault, l'un des adjoints de Pat Burns, lui a demandé de retirer son chandail, il a compris. Il a compris que son beau rêve tournait au cauchemar. À la fin du deuxième engagement, un communiqué des Canadiens faisait part de la transaction que les bulletins de nouvelles diffusaient déjà : Richer venait d'être échangé avec Tom Chorske aux Devils du New Jersey pour les services de Kirk Muller et du gardien Roland Melanson.

En fait, le cauchemar était commencé depuis un bon moment déjà et le départ du plus récent compteur de 50 buts des Canadiens était inévitable, tellement ses relations avec Pat Burns étaient devenues invivables. Ce dernier lui reprochait de manquer d'intensité mais aussi de faire des déclarations qui affectaient les autres joueurs, comme celle où il avait dit spontanément

⬤ Troisième trophée Frank-Selke pour le capitaine des Canadiens à titre de meilleur attaquant défensif. Aussi récipiendaire de cet honneur en 1987-88 et 1988-89, Carbonneau avait manqué de peu le triplé en terminant derrière Rick Meagher des Blues lors du vote des chroniqueurs sportifs. Carbonneau est depuis longtemps considéré comme l'un des meilleurs joueurs défensifs du circuit, ce qui ne l'empêche pas d'obtenir un 200e but dans l'uniforme des Canadiens, en février.

⬤ Carbonneau et sa famille sont éprouvés, à la fin d'avril, lorsqu'un incendie criminel rase leur maison d'un demi-million de dollars, en construction, à l'Île-Bizard.

⬤ Richer et Chorske ne sont pas les seuls à changer d'adresse. Ryan Walter quitte pour Vancouver au cours de l'été précédant la saison, Andrew Cassels est échangé aux Whalers trois jours avant la transaction de Richer, puis Petr Svoboda passe aux Sabres de Buffalo

en mars en retour de Kevin Haller, un autre défenseur. Svoboda avait disputé plus de 500 matchs dans l'uniforme montréalais.

⬤ Les Canadiens récupèrent l'un des favoris de la foule, dont ils s'étaient départis en 1988 au profit des Rangers. Chris Nilan, l'ancien policier du Tricolore, est réclamé aux Bruins via le ballotage en février et s'amène en déclarant qu'il retrouvait sa «dignité d'homme et de joueur de hockey». Il complétera la saison et sa carrière à Montréal.

Chris Nilan

1991-1992

préférer frapper un circuit à la balle plutôt que de marquer un but. Ou encore son aveu de vouloir un jour revêtir l'uniforme des Sénateurs d'Ottawa, ceux-ci évoluant plus près de ses amis de Ripon. Mais Burns n'avait surtout pas prisé le refus de Richer de se présenter au camp d'Équipe Canada quelques semaines plus tôt, optant plutôt pour un tournoi de balle à Vancouver.

Le bouillant entraîneur s'est alors mis à vanter les mérites de Kirk Muller, un joueur toujours prêt à la guerre pour son équipe, qu'il avait côtoyé à Coupe Canada. Au point de convaincre Serge Savard de se défaire du meilleur compteur du club, auteur de 2 saisons de 50 buts au cours des 4 dernières années et d'une autre de 31. Les Devils, incapables de s'entendre avec Muller et à la recherche d'un compteur de 50 buts, n'ont pas hésité longtemps avant de sauter sur l'occasion. Savard avait préparé le terrain de son côté avec une offre à la baisse pour l'année d'option liée au contrat de Richer. L'année précédente, 18 000 jeunes partisans de l'équipe, influencés par les médias, l'avaient aussi hué lors d'une séance d'entraînement ouverte au public. Autant de raisons pour convaincre Richer, un être sensible et torturé intérieurement, qu'il n'était plus désiré à Montréal.

Au matin du 21 septembre, l'âme triste et perdu dans ses souvenirs, Richer rassemble ses effets personnels dans le vestiaire de l'équipe, sans se douter un instant qu'il y reviendra quelques années plus tard. Le même jour, Kirk Muller se présente à sa nouvelle équipe au comble du bonheur.

L'entraîneur Pat Burns en a assez de l'attitude de Richer et réussit à convaincre le gérant Serge Savard de s'en départir.

ÉQUIPE 1991-92						
Entraîneur : Pat Burns (80-41-28-11)						
N°	POS	JOUEURS	PJ	B	A	PTS	PUN
11	AG	Kirk Muller	78	36	41	77	86
18	C	Denis Savard	77	28	42	70	73
47	AG	Stephan Lebeau	77	27	31	58	14
27	AG	Shayne Corson	64	17	36	53	118
41	C	Brent Gilchrist	79	23	27	50	57
12	AD	Mike Keane	67	11	30	41	64
21	C	Guy Carbonneau	72	18	21	39	39
28	D	Éric Desjardins	77	6	32	38	50
45	AG	Gilbert Dionne	39	21	13	34	10
8	D	Mathieu Schneider	78	8	24	32	72
35	AG	Mike McPhee	78	16	15	31	63
6	AD	Russ Courtnall	27	7	14	21	6
25	D	Petr Svoboda	58	5	16	21	94
20	AG	Sylvain Turgeon	56	9	11	20	39
17	C	John LeClair	59	8	11	19	14
48	D	J.-J.* Daigneault	79	4	14	18	36
3	D	Sylvain Lefebvre	69	3	14	17	91
22	D	Benoit Brunet	18	4	6	10	14
43	D	Patrice Brisebois	26	2	8	10	20
15	D	Paul DiPietro	33	4	6	10	25
24	D	Lyle Odelein	71	1	7	8	212
39	C	Brian Skrudland	42	3	3	6	36
14	D	Kevin Haller	8	2	2	4	17
30	AD	Chris Nilan	17	1	3	4	74
33	G	Patrick Roy	67	0	5	5	4
5	D	Alain Côté	13	0	3	3	22
32	AG	Mario Roberge	20	2	1	3	62
36	AD	Todd Ewen	46	2	1	3	130
14	C	Vladimir Vujtek	2	0	0	0	0
31	AD	Ed Ronan	3	0	0	0	0
34	D	Donald Dufresne	3	0	0	0	2
26	C	Jesse Bélanger	4	0	0	0	0
1	G	Roland Melanson	9	0	0	0	0
40	G	André Racicot	9	0	0	0	0
38	D	Sean Hill	-	-	-	-	-

GARDIENS	PJ	G	P	N	MIN	BC	BL	MOY
Patrick Roy	67	36	22	8	3935	155	5	2,36
Roland Melanson	9	5	3	0	492	22	2	2,68
André Racicot	9	0	3	3	436	23	0	3,17

* Jean-Jacques

⚫ Selon les chiffres dévoilés par un journal de Toronto, la Ligue nationale compte maintenant 17 millionnaires, dont 2 des Canadiens : Denis Savard à 1,25 million, et Patrick Roy à 1,2. Wayne Gretzky trône au haut de la liste avec 3 millions, suivi de Mario Lemieux, avec 2,3. En argent américain, il va de soi.

⚫ La valse des millions, entreprise au cours de l'été précédant la saison avec la signature du contrat de Carbonneau, se poursuit jusqu'en décembre avec celles de Mathieu Schneider (1,7 million), Shayne Corson (3,2 millions pour quatre ans), Kirk Muller (4 millions pour quatre ans), Pat Burns (1 million pour trois ans) et Brian Skrudland (2 millions pour trois ans). La nouvelle entente liant Muller au Tricolore fait de celui qui comptera bientôt plus de 600 matchs dans la LNH le troisième plus haut salarié du club.

⚫ D'autre part, les Canadiens, dont la valeur avait été établie à 59,6 millions américains au cours de l'été, annoncent une hausse de 10 % du prix de leurs billets avant le début de la saison. Plus tard en saison, l'équipe reçoit l'aval du gouvernement canadien pour la construction d'un nouveau Forum à proximité de la gare Windsor, sur un terrain classé historique.

⚫ Les Canadiens maintiennent le cap, malgré l'interruption de 10 jours en raison de la grève, et ravissent le championnat de la Division Adams aux Bruins, avec 9 points de priorité. L'histoire est différente, en finale de division, alors que Boston balaie les Montréalais en quatre matchs. C'est la première fois en 40 ans, et la deuxième de son histoire, que le Tricolore est écarté des séries aussi rapidement.

⚫ Pat Burns en a assez des frasques de Shayne Corson. Lorsque ce dernier est de nouveau mêlé à une échauffourée dans un bar du boulevard Saint-Laurent en février, la réplique de l'entraîneur est instantanée : « Qu'il mange de la m... »

MEILLEURS MARQUEURS		PJ	B	A	PTS	PUN
Mario Lemieux	Pittsburgh	64	44	87	131	94
Kevin Stevens	Pittsburgh	80	54	69	123	254
Wayne Gretzky	Los Angeles	74	31	90	121	34
Brett Hull	St. Louis	73	70	39	109	48
Luc Robitaille	Los Angeles	80	44	63	107	95
Mark Messier	NY Rangers	79	35	72	107	76
Jeremy Roenick	Chicago	80	53	50	103	23
Steve Yzerman	Detroit	79	45	58	103	64
Brian Leetch	NY Rangers	80	22	80	102	26
Adam Oates	St.L./Bos.	80	20	79	99	22

1991-1992

Gilbert Dionne a vite été propulsé sous les feux de la rampe, ayant été sélectionné comme joueur recrue du mois de février.

GILBERT DIONNE

1991-92 ROOKIE GOAL LEADER **PRO** Set

● Dave McIlwain réédite un record bien particulier de la Ligue en évoluant pour quatre équipes différentes au cours de la saison. Il entreprend une troisième saison à Winnipeg, mais il est échangé aux Sabres de Buffalo après trois parties. Deux semaines plus tard, il est impliqué dans la transaction qui envoie Pierre Turgeon aux Islanders en retour de Pat LaFontaine. En mars, il se retrouve à Toronto, dans un échange à quatre joueurs.

Avant lui, un seul autre joueur avait endossé quatre chandails la même saison, soit Dennis O'Brien en 1977-78.

● En fin d'année, l'ancien défenseur des Canadiens Larry Robinson accomplit lui aussi un exploit unique en participant aux séries pour une 20e saison consécutive.

● Lors du repêchage précédant la saison, les Nordiques de Québec font fi de l'opposition de la famille Lindros en repêchant Éric

au tout premier rang. Tel que prévu, celui-ci refuse d'endosser le chandail fleurdelisé et au terme de vaines négociations, le président Aubut échange Lindros aux Rangers, se ravise et fait aussitôt un autre marché avec les Flyers. Le feuilleton Lindros durera un an, avant qu'un juge tranche en faveur de la transaction qui l'envoyait à Philadelphie.

● Bob Johnson, le premier entraîneur à conduire les

Penguins de Pittsburgh à la coupe Stanley en 1991, doit quitter son poste et celui de pilote de l'équipe américaine à Coupe Canada en septembre, pour lutter contre un cancer au cerveau. Il perdra ce combat en novembre et c'est Scotty Bowman qui prendra la relève pour mener les Penguins à une deuxième Coupe d'affilée.

● Avant le début de la saison, Edmonton fait maison nette en se départissant, en plus de Messier, de Grant Fuhr, Glenn

1991-1992

LE HOCKEY EN GRÈVE

La convention entre joueurs et dirigeants arrive à échéance le 15 septembre et les négociations pour un renouvellement demeurent au point mort jusqu'au début de mars, alors que les joueurs — ceux du Canadien compris — accordent un mandat de grève à leur exécutif conseillé par un nouveau directeur exécutif, Bob Goodenow. Les discussions laissent finalement entrevoir quelques espoirs à la mi-mars, puis les joueurs reportent de 48 heures le déclenchement de la grève pour étudier la dernière offre des propriétaires, finalement rejetée par 560 votes contre 4. La durée d'une nouvelle entente et la répartition des droits rattachés aux cartes de hockey et autres produits dérivés ont tout fait échouer.

C'est l'impasse et les joueurs entrent officiellement en grève le 1er avril à 15 heures. Mais on garde espoir de part et d'autre et les deux parties reprennent aussitôt des rencontres dites exploratoires pour aplanir quelques difficultés.

Les propriétaires revoient leur offre pour y apporter quelques modifications, lesquelles mèneront à un accord de principe 10 jours plus tard, au terme d'une autre séance marathon entre le président de la LNH, John Ziegler, et Goodenow. L'Association des joueurs accepte de retirer sa demande d'un contrat de trois ans pour en accepter un de deux ans, rétroactif à la saison en cours. En échange, l'âge de l'autonomie des joueurs est réduit de 31 à 30 ans, la caisse de retraite est majorée, ainsi que les bonis des séries. Les rondes de repêchage sont réduites de 12 à 11 et le calendrier passe à 84 parties à la demande des clubs.

On complète la saison régulière avant d'entreprendre les séries qui dureront jusqu'en juin, presque au beau milieu de la saison de baseball.

LE SAVIEZ-VOUS...

Importante innovation pour la Ligue qui permet maintenant la reprise vidéo pour revoir les buts contestés. On apporte aussi une plus grande protection au gardien en décernant une pénalité à ceux qui entrent en contact avec lui et on refuse les buts marqués lorsqu'un joueur ou son bâton sont dans le territoire du cerbère, lequel prend désormais la forme d'un demi-cercle au lieu d'un rectangle.

TROPHÉES	
COUPE STANLEY	
Penguins de Pittsburgh	
TROPHÉE PRINCE-DE-GALLES	
Penguins de Pittsburgh	
TROPHÉE CLARENCE-CAMPBELL	
Blackhawks de Chicago	
TROPHÉE DU PRÉSIDENT	
Rangers de New York	
TROPHÉE HART	
Mark Messier	
Rangers de New York	
TROPHÉE ART-ROSS	
Mario Lemieux	
Penguins de Pittsburgh	
TROPHÉE LADY-BYNG	
Wayne Gretzky	
Kings de Los Angeles	
TROPHÉE CALDER	
Pavel Bure	
Canucks de Vancouver	
TROPHÉE GEORGES-VÉZINA	
Patrick Roy	
Canadiens de Montréal	
TROPHÉE JAMES-NORRIS	
Brian Leetch	
Rangers de New York	
TROPHÉE CONN-SMYTHE	
Mario Lemieux	
Penguins de Pittsburgh	
TROPHÉE BILL-MASTERTON	
Mark Fitzpatrick	
Islanders de New York	
TROPHÉE LESTER-B.-PEARSON	
Mark Messier	
Rangers de New York	

Anderson, Jari Kurri et Steve Smith, pour accueillir Vincent Damphousse, Bernie Nicholls et plusieurs joueurs moyens.

● Les quatre équipes championnes de division – Montréal, New York (Rangers), Vancouver et Detroit – sortent victorieuses de leur première série en se rendant à la limite de sept parties. C'est la première fois depuis 1980 que les quatre champions survivent à la première ronde. Tous seront cependant écartés à la série suivante, en finale de divisions.

● Les Flames de Calgary et les Maple Leafs de Toronto procèdent au plus gros échange de l'histoire de la Ligue au début de janvier. Parmi les 10 joueurs concernés, on retrouve Doug Gilmour, un marqueur capable d'obtenir 100 points, exploit qu'il réussira à 2 reprises à Toronto.

● Quatrième championnat en cinq éditions pour le Canada à Coupe Canada. Les Canadiens triomphent des Américains deux parties à zéro en finale.

● Le président Ziegler oblige les Blues à se départir du défenseur Scott Stevens, en compensation de Brendan Shanahan qui a déserté les Devils pour un contrat de 5 millions avec St. Louis.

● Même si Guy Lafleur a fait part de sa retraite en effectuant une tournée d'adieu dans les diverses villes de la Ligue, les Stars du Minnesota croient pouvoir le convaincre de revenir sur sa décision et réclament ses services au

repêchage d'expansion de mai 1991. Les Nordiques le récupèrent le lendemain pour mettre un terme aux spéculations, en envoyant Alan Haworth aux Stars. Lafleur peut continuer à profiter de sa retraite en toute tranquillité.

● Ottawa revient dans la Ligue nationale le 16 décembre, lorsque celle-ci fait part de l'acceptation des Sénateurs et du Lightning de Tampa Bay en vue de la prochaine saison.

TROIS EN QUATRE POUR ROY

Patrick Roy est à son apogée devant le filet du Canadien. Pour la troisième fois au cours des quatre dernières saisons, c'est son nom qu'on inscrit sur le trophée Vézina attribué au meilleur gardien de la Ligue. C'est aussi la troisième fois en quatre ans qu'il est sélectionné pour faire partie de la première équipe d'étoiles, la cinquième au total, sur l'une ou l'autre des formations de rêve.

À sa septième saison au sein du Tricolore, celui qu'on surnomme Casseau – en raison de sa prédilection pour les frites au temps du junior – remporte 36 victoires, conserve la meilleure moyenne des gardiens du circuit à 2,36 (sa meilleure en carrière à Montréal) et un pourcentage d'efficacité de ,914. Performance qui lui vaut un quatrième trophée Jennings (meilleure moyenne défensive) en six ans. Il devance Ed Belfour de Chicago, celui qui l'avait précédé à ce chapitre l'année précédente.

Troisième trophée Vézina et troisième sélection en quatre ans au sein de la première équipe d'étoiles pour Casseau.

TROPHÉES	
TROPHÉE JACK-ADAMS	
Pat Quinn	
Canucks de Vancouver	
TROPHÉE FRANK-J.-SELKE	
Guy Carbonneau	
Canadiens de Montréal	
TROPHÉE WILLIAM-M.-JENNINGS	
Patrick Roy	
Canadiens de Montréal	
TROPHÉE KING-CLANCY	
Raymond Bourque	
Bruins de Boston	

ASSOCIATION PRINCE-DE-GALLES

DIVISION ADAMS	PJ	G	P	N	BP	BC	PTS
Montréal (Canadiens)	80	41	28	11	267	207	93
Boston (Bruins)	80	36	32	12	270	275	84
Buffalo (Sabres)	80	31	37	12	289	299	74
Hartford (Whalers)	80	26	41	13	247	283	65
Québec (Nordiques)	80	20	48	12	255	318	52
DIVISION PATRICK	PJ	G	P	N	BP	BC	PTS
New York (Rangers)	80	50	25	5	321	246	105
Washington (Capitals)	80	45	27	8	330	275	98
Pittsburgh (Penguins)	80	39	32	9	343	308	87
New Jersey (Devils)	80	38	31	11	289	259	87
New York (Islanders)	80	34	35	11	291	299	79
Philadelphie (Flyers)	80	32	37	11	252	273	75

ASSOCIATION CLARENCE-CAMPBELL

DIVISION NORRIS	PJ	G	P	N	BP	BC	PTS
Detroit (Red Wings)	80	43	25	12	320	256	98
Chicago (Blackhawks)	80	36	29	15	257	236	87
St. Louis (Blues)	80	36	33	11	279	266	83
Minnesota (North Stars)	80	32	42	6	246	278	70
Toronto (Maple Leafs)	80	30	43	7	234	294	67
DIVISION SMYTHE	PJ	G	P	N	BP	BC	PTS
Vancouver (Canucks)	80	42	26	12	285	250	96
Los Angeles (Kings)	80	35	31	14	287	296	84
Édmonton (Oilers)	80	36	34	10	295	297	82
Winnipeg (Jets)	80	33	32	15	251	244	81
Calgary (Flames)	80	31	37	12	296	305	74
San Jose (Sharks)	80	17	58	5	219	359	39

1992  1993

VINGT-
QUATRIÈME
COUPE
STANLEY

Pour le centenaire de la coupe Stanley, la LNH se donne un nouveau président en octobre, Gil Stein, et le remplace par un commissaire, Gary Bettman, en février. Elle porte le nombre de ses équipes à 24, en accordant des concessions aux Sénateurs d'Ottawa (qui font un retour après 59 ans d'absence) et au Lightning de Tampa Bay. Ottawa jouera dans la Division Adams – celle des Canadiens – et Tampa Bay dans la Division Norris. Vancouver est la seule équipe à conserver le premier rang de son groupe, tandis que Chicago, Pittsburgh et Boston (ce dernier devant Québec et Montréal) récupèrent leur titre. Lemieux est toujours premier marqueur et il reprend le trophée Hart qu'il n'avait pas gagné depuis cinq ans (en plus de remporter le Masterton et le Pearson). Ed Belfour est au sommet des gardiens. En séries, les Canadiens gagnent 10 parties en temps supplémentaire et déjouent tout le monde avec leur 24e coupe Stanley remportée en 5 parties contre Los Angeles et sa grande étoile Wayne Gretzky. Le Tricolore a perdu ses deux premiers matchs éliminatoires, le premier en prolongation contre Québec, mais a ensuite balayé la série, avant d'écarter Buffalo en quatre et les Islanders en cinq.

Jacques Demers a su rallier sa troupe avec un seul mot : Together.

● La conquête de la 24e coupe Stanley de l'histoire des Canadiens a été ternie, comme en 1986, par une émeute provoquée par quelques centaines de voyous et de partisans éméchés qui s'en sont pris aux voitures et aux commerces du centre-ville, au soir du dernier match, allumant plusieurs incendies. Les dommages ont été sommairement évalués à

1992 1993

Le clin d'œil de Patrick

Patrick Roy résiste une fois de plus à l'effort de Tomas Sandstrom en fin de troisième pour lui soutirer la rondelle avec son bâton, après avoir bloqué le tir de Luc Robitaille dans cette quatrième partie de la finale contre les Kings. Le joueur des Kings de Los Angeles ne veut pas lâcher le morceau et tente une fois de plus de déconcentrer le cerbère des Canadiens qui aura finalement le dernier mot, avec un clin d'œil amical qui n'échappera pas au caméraman de Radio-Canada.

Plus tard ce soir-là, John LeClair permet aux Canadiens de prendre les devants trois parties à une dans la série sur un tir dévié à la 14e minute de la période supplémentaire. C'est la 10e fois depuis le début des séries que Roy et ses coéquipiers se montrent plus opportunistes que leurs rivaux en marquant en prolongation. Ils ont réussi deux fois contre Québec, trois contre Buffalo, deux contre les Islanders et c'est aussi la troisième fois contre les Kings. Pourtant, les joueurs de Jacques Demers avaient perdu contre les Nordiques à deux occasions (dont une en supplémentaire) en début de série. À Québec, on salivait déjà à l'idée de faire trébucher les frères ennemis pour une troisième fois depuis l'entrée des Fleurdelisés dans la LNH. Mais une visite à sainte Anne, à la basilique de Beaupré, ramène la chance du côté de l'entraîneur des Rouges qui ne perdront plus en supplémentaire par la suite.

En plus des 10 gains en prolongation cette année-là, les Canadiens alignent 11 victoires de suite, les 4 dernières contre Québec, 4 contre Buffalo et

Le président Corey présente les plans du nouveau Forum au maire Jean Doré.

10 millions, soit moins qu'en 1986. Le service de police, mal préparé, est de nouveau blâmé. Le traditionnel défilé, quant à lui, a regroupé les véritables partisans et s'est déroulé dans une atmosphère d'allégresse, sans aucun incident.

● Les plans du nouveau Forum, qui sera localisé près de la gare Windsor, sont dévoilés en conférence de presse au début d'octobre.

● Quatre jours après l'arrivée de Damphousse à Montréal, Brian Bellows — qui compte près de 800 matchs et autant de points dans la Ligue et bientôt 400 buts — s'amène à son tour du Minnesota, en échange des services de Russ Courtnall.

● Les Canadiens comptent maintenant quatre millionnaires, selon la liste de l'Association des joueurs, avec la signature

de nouveaux contrats pour Damphousse et Bellows. Les autres sont Roy et Denis Savard.

● Intronisé au Temple de la renommée en septembre, en même temps que Marcel Dionne et Lanny McDonald, Bob Gainey est l'objet d'une fête au Forum à la mi-octobre. Le public lui réserve ses applaudissements pendant plus d'une minute.

1992 1993

«Je m'en vais à Disneyland», crie Patrick Roy de toutes ses forces en exhibant une 24e coupe pour le Tricolore.

les 3 premières contre les Islanders, partageant désormais la marque établie par Chicago et Pittsburgh l'année auparavant. Au terme de la saison régulière, l'entraîneur Demers demande à chacun d'être prêt à souffrir pour la victoire et tout au long des éliminatoires. Son mot d'ordre *Together* devient le cri de ralliement de tous dans le vestiaire et sur le banc.

Mais tout le crédit de cette 24e Coupe des Canadiens ne revient pas à sainte Anne uniquement. «Saint Patrick» y apporte sa large contribution avec 16 vic-

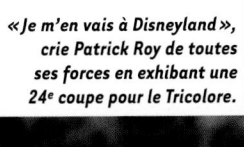

● Le Tricolore fait maison nette au cours de l'été. Sylvain Turgeon et le gardien Frédéric Chabot sont réclamés respectivement par Ottawa et Tampa Bay au repêchage d'expansion. Chabot est récupéré par Montréal le lendemain, en retour de Jean-Claude Bergeron. Chris Nilan est libéré en juillet, puis Mike McPhee passe aux North Stars et Sylvain Lefebvre aux Leafs. Ensuite, ce sera le tour de Corson, Gilchrist,

Courtnall, puis celui de Brian Skrudland un peu plus tard.
● Les joueurs des Canadiens retournent en Europe une fois de plus en septembre 1993 à Londres cette fois, pour y amorcer le camp d'entraînement. Le dernier périple remonte à 1990 en Union soviétique. Le Tricolore dispute deux matchs présaison aux Blackhawks de Chicago, gagne le premier, annule le second, mais perd la Coupe spéciale mise à l'enjeu aux tirs de confrontation.

● Le triomphe de 1993 fait des Canadiens l'unique formation de la LNH à revendiquer une

coupe Stanley dans chacune des décennies de l'histoire de la Ligue nationale.
● Le Forum présente son dernier match des étoiles à ce jour, le 44e de la Ligue. Les joueurs de l'Association Prince-de-Galles signent une victoire éclatante de 16-6 contre ceux de l'Association Campbell. Mike Gartner compte quatre buts et obtient le titre de joueur du match.

1992 1993

toires, dont 12 par la marge d'un but, incluant celles en supplémentaires. Le trophée Conn-Smythe n'est pas trop difficile à octroyer au terme des séries, malgré les deux filets en prolongation de LeClair et Kirk Muller, en plus de la soirée magique du défenseur Éric Desjardins, auteur des trois buts de son équipe dont celui en supplémentaire lors du deuxième match de la finale. Un match qui fait définitivement basculer la victoire dans le camp du Tricolore avec l'incident du bâton de Marty McSorley.

Pour Roy, fier d'une 200e victoire avec les Canadiens en début de saison, l'année 1992-93 s'inscrit dans ses bons souvenirs avec ce deuxième titre de meilleur joueur des séries, après celui de 1986 à ses débuts chez les Canadiens. C'est le cœur léger et les poches remplies qu'il fera part de son intention de mettre le cap sur Disneyland (contrat de publicité oblige) après le septième match...

LE BÂTON DE McSORLEY

Ce soir-là, le héros s'appelle Éric Desjardins, premier et seul défenseur à marquer trois buts dans un même match lors d'une finale de la coupe Stanley.

L'anti-héros, c'est sûrement Marty McSorley, pris en défaut en fin de troisième avec un bâton trop courbé. Jacques Demers, tel un félin, attendait le moment propice pour attaquer. Son club tirant de l'arrière par un but et ayant été prévenu que McSorley utilisait des bâtons non réglementaires, Demers demande à l'arbitre Kerry Fraser de vérifier. La présomption de Demers est fondée, le joueur des Kings est envoyé au cachot et Desjardins en profite pour égaliser,

Éric Desjardins, le héros du deuxième match avec les trois buts du Tricolore, dont celui en supplémentaire qui a permis au club d'égaler la série finale.

N°	POS	JOUEURS	PJ	B	A	PTS	PUN
		ÉQUIPE 1992-93					
		Entraîneur : Jacques Demers (84-48-30-6)					
25	AG	Vincent Damphousse	84	39	58	97	98
11	AG	Kirk Muller	80	37	57	94	77
23	AG	Brian Bellows	82	40	48	88	44
47	C	Stephan Lebeau	71	31	49	80	20
12	AD	Mike Keane	77	15	45	60	95
18	C	Denis Savard	63	16	34	50	90
45	AG	Gilbert Dionne	75	20	28	48	63
28	D	Éric Desjardins	82	13	32	45	98
8,27	D	Mathieu Schneider	60	13	31	44	91
17	C	John LeClair	72	19	25	44	33
43	D	Patrice Brisebois	70	10	21	31	79
22	AG	Benoit Brunet	47	10	15	25	19
14	D	Kevin Haller	73	11	14	25	117
26	AD	Gary Leeman	20	6	12	18	14
48	D	J.-J. Daigneault	66	8	10	18	57
15	C	Paul DiPietro	29	4	13	17	14
21	C	Guy Carbonneau	61	4	13	17	20
24	D	Lyle Odelein	83	2	14	16	205
36	AD	Todd Ewen	75	5	9	14	193
31	AD	Ed Ronan	53	5	7	12	20
39	C	Brian Skrudland	23	5	3	8	55
38	D	Sean Hill	31	2	6	8	54
32	AG	Mario Roberge	50	4	4	8	142
29	C	Jesse Bélanger	19	4	2	6	4
6	AD	Oleg Petrov	9	2	1	3	10
34	D	Donald Dufresne	32	1	2	3	32
33	G	Patrick Roy	62	0	2	2	16
5	D	Rob Ramage	8	0	1	1	8
37	G	André Racicot	26	0	1	1	6
1	G	Frédéric Chabot	1	0	0	0	0
30	AD	Turner Stevenson	1	0	0	0	0
35	D	Éric Charron	3	0	0	0	2
20	AD	Patrik Carnback	6	0	0	0	2
27	AD	Patric Kjellberg	7	0	0	0	2

GARDIENS	PJ	G	P	N	MIN	BC	BL	MOY
Frédéric Chabot	1	0	0	0	40	1	0	1,50
Patrick Roy	62	31	25	5	3595	192	2	3,20
André Racicot	26	17	5	1	1433	81	0	3,39

* Jean-Jacques

● Claude Mouton, directeur des relations publiques du club depuis 1972 et voix officielle du Forum depuis plusieurs années, est emporté par le cancer en mars.

● Deux fois récipiendaire du trophée Jack-Adams remis à l'entraîneur de l'année, avec les Red Wings, en 1987 et 1988, Jacques Demers signe une 300e victoire au mois de janvier.

● Mario Leclerc, du *Journal de Montréal*, baptise du nom de trio des Schtroumpfs la ligne formée de trois joueurs au petit gabarit, Mike Keane, Stéphan Lebeau et Benoît Brunet, lorsque ceux-ci connaissent un certain succès offensif, en début d'année.

● L'entraîneur Demers sème un peu d'émoi chez les journalistes venus surveiller l'entraînement de l'équipe au Colisée au début des séries contre Québec, en faisant endosser des chandails noirs aux joueurs, question d'intimider un peu l'adversaire.

● John Kordic, un ancien joueur de l'équipe aux prises avec des problèmes de drogue depuis plusieurs années, meurt tragiquement en résistant à son arrestation par des policiers de Québec, au cours de l'été. Il n'a que 27 ans.

John Kordic

1992 1993

MEILLEURS MARQUEURS						
		PJ	B	A	PTS	PUN
Mario Lemieux	Pittsburgh	60	69	91	160	38
Pat LaFontaine	Buffalo	84	53	95	148	63
Adam Oates	Boston	84	45	97	142	32
Steve Yzerman	Detroit	84	58	79	137	44
Teemu Selanne	Winnipeg	84	76	56	132	45
Pierre Turgeon	NY Islanders	83	58	74	132	26
Alexander Mogilny	Buffalo	77	76	51	127	40
Doug Gilmour	Toronto	83	32	95	127	100
Luc Robitaille	Los Angeles	84	63	62	125	100
Mark Recchi	Philadelphie	84	53	70	123	95

projetant les deux équipes en prolongation. C'est encore Desjardins qui tranche en supplémentaire et Demers s'en tire avec les honneurs.

Ce soir-là, le momentum a changé de camp. Les Canadiens en déficit d'une partie ne voulaient pas quitter le Forum avec un retard de deux matchs. C'est le bâton de McSorley qui a fait toute la différence.

L'EXPLOIT DE DAMPHOUSSE

Vincent Damphousse a réalisé un exploit peu banal à sa première année avec le Tricolore. Acquis des Oilers en retour de Shayne Corson, Brent Gilchrist et Vladimir Vujtek avant le début de la saison, il fait aussitôt montre d'une grande satisfaction, affirmant attendre cette chance depuis longtemps, ajoutant même à l'intention du journaliste François Béliveau de *La Presse* : « Je vais porter ce chandail avec fierté... » Il ne met pas de temps à donner suite à ses intentions, terminant au premier rang des marqueurs du Tricolore avec 39 buts et 97 points. C'est la troisième année de suite que Damphousse termine au sommet des mar-

Les autres joueurs des Canadiens se précipitent pour féliciter Roy à l'annonce du choix du meilleur joueur des séries.

● La coupe Stanley a maintenant 100 ans.

● Gil Stein est nommé président de la Ligue en octobre, mais son règne sera de courte durée. Gary Bettman le remplace à titre de commissaire, en février.

● La Ligue porte le nombre de matchs en saison régulière à 84. Elle entreprend de faire connaître son produit dans diverses villes qui ne possèdent pas de concession. Les clubs disputeront 24 parties en terrain neutre cette saison et 30 la saison prochaine. Initiative qui sera abandonnée avec le lock-out de 1994.

● Des problèmes de dos tiennent Wayne Gretzky au rancard pour 39 parties en début de saison. Il revient en janvier et récolte 65 points en 45 matchs.

● Gretzky revenu, c'est au tour de Mario Lemieux de devoir s'absenter, atteint de la maladie de Hodgkin, une forme de cancer qui attaque les ganglions lymphatiques. Les traitements le tiennent à l'écart du jeu pour 24 parties, ce qui ne l'empêche pas de revenir en force et de mériter un quatrième championnat des marqueurs avec 160 points en 60 parties. Il méritera aussi les trophées Hart, Lester-B.-Pearson et Bill-Masterton.

● Phil Esposito, gérant du Lightning de Tampa Bay, surprend le monde du hockey en offrant un contrat à la gardienne Manon Rhéaume qui devient la première femme à endosser les couleurs d'une équipe de la Nationale, dans un match présaison le 23 septembre contre St. Louis, le temps d'une période. Elle entreprend ensuite la saison dans la Ligue internationale avec Atlanta, club affilié à Tampa Bay.

1992 1993

Vincent Damphousse termine au premier rang des marqueurs d'une troisième équipe...

queurs de son équipe, chaque fois avec un club différent, un précédent dans la Ligue. Avec Toronto, en 1990-91, il avait obtenu 73 points (26-47), avant d'en marquer 89 à Edmonton (38-51) l'année suivante.

Avant lui, Joe Malone a aussi dominé les marqueurs de trois équipes (Montréal, Québec et Hamilton), mais il lui avait fallu cinq ans pour y parvenir, de 1917-18 à 1921-22.

PAT BURNS S'EN VA À TORONTO, JACQUES DEMERS ARRIVE

Ne devient pas entraîneur des Canadiens qui veut et l'heureux élu n'obtient pas un succès instantané non plus. Pourtant Jacques Demers – préféré à Michel

TROPHÉES	
COUPE STANLEY	
Canadiens de Montréal	
TROPHÉE PRINCE-DE-GALLES	
Canadiens de Montréal	
TROPHÉE CLARENCE-CAMPBELL	
Kings de Los Angeles	
TROPHÉE DU PRÉSIDENT	
Penguins de Pittsburgh	
TROPHÉE HART	
Mario Lemieux	
Penguins de Pittsburgh	
TROPHÉE ART-ROSS	
Mario Lemieux	
Penguins de Pittsburgh	
TROPHÉE LADY-BYNG	
Pierre Turgeon	
Islanders de New York	
TROPHÉE CALDER	
Teemu Selanne	
Jets de Winnipeg	
TROPHÉE GEORGES-VÉZINA	
Ed Belfour	
Blackhawks de Chicago	
TROPHÉE JAMES-NORRIS	
Chris Chelios	
Blackhawks de Chicago	
TROPHÉE CONN-SMYTHE	
Patrick Roy	
Canadiens de Montréal	
TROPHÉE BILL-MASTERTON	
Mario Lemieux	
Penguins de Pittsburgh	
TROPHÉE LESTER-B.-PEARSON	
Mario Lemieux	
Penguins de Pittsburgh	

● Teemu Selanne des Jets de Winnipeg porte le record de buts pour une recrue à 76 et celui des points à 132. Des records qui n'ont pas été réédités depuis. Pour sa part, Joé Juneau (Bruins de Boston) rejoint Peter Stastny pour le record des passes avec 70.

● Les joueurs offensifs s'en donnent à cœur joie puisque 14 d'entre eux inscrivent au moins 50 buts, alors que 21 totalisent 100 points et plus. Les Penguins revendiquent 2 compteurs de 50 buts

(Mario Lemieux et Kevin Stevens) et 4 marqueurs de 100 points. Buffalo, Québec, St. Louis et Boston en ont aussi 2 de 100 points. Du jamais vu auparavant.

● Pas moins de 28 des 85 parties éliminatoires nécessitent du temps supplémentaire. Avec 10 victoires en 11 matchs, les Canadiens arrivent facilement en tête de liste.

● Après avoir permis les réclames sur les bandes de la patinoire, la LNH autorise maintenant les publicités sur la glace des arénas.

● Deux joueurs obtiennent leur 1 000e point dans la Nationale à deux jours d'intervalle en février : Glenn Anderson, des Maple Leafs, et Steve Yzerman, des Red Wings.

● Les Sharks de San Jose en arrachent à leur deuxième saison dans la LNH avec seulement 11 victoires et des nouveaux records peu enviables pour les défaites (71), les revers à domicile (32) et une séquence de 17 parties perdues. Ottawa ne fait guère mieux avec une série de 38 défaites consécutives à l'extérieur, autre nouveau record de la Ligue. Les deux clubs terminent avec un faramineux 24 points.

TROPHÉES

TROPHÉE JACK-ADAMS
Pat Burns
Maple Leafs de Toronto

TROPHÉE FRANK-J.-SELKE
Doug Gilmour
Maple Leafs de Toronto

TROPHÉE WILLIAM-M.-JENNINGS
Ed Belfour
Blackhawks de Chicago

TROPHÉE KING-CLANCY
Dave Poulin
Bruins de Boston

ASSOCIATION PRINCE-DE-GALLES

DIVISION ADAMS	PJ	G	P	N	BP	BC	PTS
Boston (Bruins)	84	51	26	7	332	268	109
Québec (Nordiques)	84	47	27	10	351	300	104
Montréal (Canadiens)	84	48	30	6	326	280	102
Buffalo (Sabres)	84	38	36	10	335	297	86
Hartford (Whalers)	84	26	52	6	284	369	58
Ottawa (Sénateurs)	84	10	70	4	202	395	24
DIVISION PATRICK	PJ	G	P	N	BP	BC	PTS
Pittsburgh (Penguins)	84	56	21	7	367	268	119
Washington (Capitals)	84	43	34	7	325	286	93
New York (Islanders)	84	40	37	7	335	297	87
New Jersey (Devils)	84	40	37	7	308	299	87
Philadelphie (Flyers)	84	36	37	11	319	319	83
New York (Rangers)	84	34	39	11	304	308	79

ASSOCIATION CLARENCE-CAMPBELL

DIVISION NORRIS	PJ	G	P	N	BP	BC	PTS
Chicago (Blackhawks)	84	47	25	12	279	230	106
Detroit (Red Wings)	84	47	28	9	369	280	103
Toronto (Maple Leafs)	84	44	29	11	288	241	99
St. Louis (Blues)	84	37	36	11	282	278	85
Minnesota (North Stars)	84	36	38	10	272	293	82
Tampa Bay (Lightning)	84	23	54	7	245	332	53
DIVISION SMYTHE	PJ	G	P	N	BP	BC	PTS
Vancouver (Canucks)	84	46	29	9	346	278	101
Calgary (Flames)	84	43	30	11	322	282	97
Los Angeles (Kings)	84	39	35	10	338	340	88
Winnipeg (Jets)	84	40	37	7	322	320	87
Edmonton (Oilers)	84	26	50	8	242	337	60
San Jose (Sharks)	84	11	71	2	218	414	24

1992 1993

Bergeron ancien mentor des Nordiques comme lui pour remplacer Pat Burns — s'impose rapidement et devient le sixième entraîneur de l'histoire de la Sainte Flanelle à goûter à l'ivresse d'une coupe Stanley dès sa première saison. Avant lui, il y a eu Newsy Lalonde (1915-16), Toe Blake (1955-56), Claude Ruel (1968-69), Al MacNeil (1970-71) et Jean Perron (1985-86).

Le départ de Pat Burns ne s'est pas fait sans heurts au cours de l'été. Critiqué par le public et les médias pour l'élimination rapide de l'équipe par Boston en finale de division et abandonné par quelques joueurs de l'équipe, il en a assez de toute cette pression et accepte une offre de Toronto pour diriger les Maple Leafs.

Demers vit aussi des moments difficiles à sa première saison, à commencer par sa nomination qui écarte l'un des favoris des partisans de l'équipe, Michel Bergeron, laissé de côté parce qu'on craint une récidive des problèmes cardiaques qui l'ont touché deux ans plus tôt. Ironiquement, Demers est hospitalisé pendant quelques jours en mars pour des douleurs à la poitrine. Jacques Lemaire le remplace pour deux matchs.

Demers ne conduira pas son équipe au championnat en saison régulière comme le fit Burns les deux dernières années, mais les miracles accomplis en séries combleront partisans, dirigeants et journalistes.

Pat Burns

477

1993 Ⓗ 1994

Arrivée de deux nouvelles équipes, les Mighty Ducks d'Anaheim et les Panthers de la Floride, transfert des North Stars du Minnesota qui deviennent les Stars de Dallas et réaménagement des équipes dans de nouvelles divisions. L'Association Clarence-Campbell devient l'Association de l'Ouest, avec les divisions Norris et Smythe qui portent désormais les noms de Centrale et Pacifique. L'Association Prince-de-Galles devient l'Association de l'Est, avec les divisions Nord-Est (celle des Canadiens) et Atlantique, au lieu des divisions Adams et Patrick. Winnipeg passe à la division Centrale (au lieu de demeurer dans la Pacifique), Tampa Bay à l'Atlantique (de la Centrale) et Pittsburgh à la Nord-Est (de l'Atlantique). La Floride et Anaheim sont respectivement dans l'Atlantique et la Pacifique. Le format des séries est également modifié. Les Rangers passent de la dernière place de leur division à la première de l'Association de l'Est et soulèvent leur première coupe Stanley après 54 ans d'attente. Mais non sans difficultés, battant les Devils (trois parties terminées à la seconde supplémentaire) et les Canucks de Vancouver en sept parties, après des séries plus faciles contre les Islanders et Washington. Vancouver a aussi ses problèmes contre Calgary qui prend les devants 3-1. Detroit, champion de l'Ouest, se fait sortir en première ronde par San Jose. Les Canadiens sont troisièmes dans le groupe Nord-Est, cinquièmes au général, et se font éclipser en première ronde par les Bruins en sept.

Avec un contrat de 16 millions, Patrick Roy devient le cerbère le mieux payé de la Ligue.

Seize millions pour Patrick Roy

L'atmosphère du restaurant La Mise au Jeu est à la bonne humeur. Convoqués par le service des communications des Canadiens, les journalistes affectés à la couverture des activités du club se tirent la pipe quant à la nature de la nouvelle qui les attend. Mais les spéculations ne tiennent plus lorsqu'ils voient apparaître Serge Savard flanqué de Patrick Roy et de son agent, Pierre Lacroix. On comprend rapidement que les discussions entreprises deux mois plus tôt par le duo Lacroix-Roy avec la direction de l'équipe viennent de déboucher sur quelque chose de gros. Effectivement, Savard annonce que le

Saku Koivu est une vedette en Europe, mais il est encore peu connu de ce côté-ci de l'Atlantique.

● Les Canadiens détiennent le 21e choix de première ronde au repêchage de juin et causent une certaine surprise en réclamant un Finlandais, moins connu que les hockeyeurs américains et russes. Il s'appelle Saku Koivu. Deux Québécois, Sébastien Bordeleau des Olympiques de Hull et Jean-François Houle, le fils de Réjean, sont sélectionnés aux troisième et cinquième rangs.

● On entreprend les travaux du nouveau Forum en juin.
● Jacques Demers obtient un nouveau contrat de quatre ans pour diriger le club. À quelque 700 000 $ par année, il est le troisième entraîneur le mieux payé. Il signe une 350e victoire en saisons régulières en mars.
● Le défenseur Lyle Odelein réédite en février un record d'équipe réalisé par Doug Harvey près de 40 ans plus tôt (en 1955), amassant cinq passes dans un gain de 9-2 contre Hartford.

● Donald Brashear devient le premier Noir à endosser l'uniforme bleu blanc rouge le 15 novembre.
● Le souper d'initiation des recrues aurait coûté plus de 7 000 $ à Pierre Sévigny, Oleg Petrov, Peter Popovic et Les Kuntar, à coups de Château Pétrus. Tous les anciens se sont fait un devoir d'être présents, dit-on.

1993-1994

gardien de l'équipe vient d'accepter une entente de 16 millions pour les 4 prochaines années.

Avec un tel contrat, le cerbère montréalais devient le deuxième plus haut salarié de la Ligue, derrière Mario Lemieux, et s'assure de demeurer au premier rang des gardiens, l'un des objectifs visés par les négociations. D'entrée de jeu, Roy affirme qu'il « était important de terminer ma carrière avec le Canadien... », mentionnant du même coup qu'il en est sans doute au dernier contrat de sa carrière puisqu'il songe déjà à préparer sa retraite.

Selon le chroniqueur du *Journal de Montréal*, Bertrand Raymond, Roy avait posé quatre conditions incontournables à son agent, avant d'entreprendre les discussions : 1- Demeurer à Montréal. 2- Pas de grève ni de chantage. 3- Conserver ses droits commerciaux indépendants de l'entente avec le Canadien. 4- Obtenir une entente supérieure aux contrats de ceux qui n'ont pas atteint son niveau. Le journaliste affirme dans son texte que les négociations ont été menées avec le plus grand respect de part et d'autre, ce que Savard et Lacroix ont corroboré.

Selon un relevé non officiel de la Presse canadienne, ils sont quelque 70 joueurs millionnaires à se produire dans la LNH au moment de la signature de Roy. En consentant des contrats toujours à la hausse à leurs joueurs vedettes, plusieurs équipes s'en vont directement à la catastrophe, selon les analystes du hockey.

Mais comme preuve que même les millionnaires peuvent aussi être malades, Roy est victime d'un début d'appendicite au terme du deuxième match du quart de finale contre Boston. On s'inquiète chez le Canadien. On redoute une absence pouvant aller jusqu'à deux semaines si Roy doit être opéré. Ron Tugnutt est appelé à la rescousse pour la troisième rencontre. L'équipe perd 6-3, puis le mal se résorbe et le numéro 33 reprend ses jambières, redonnant les devants aux siens au match suivant en bloquant 39 des

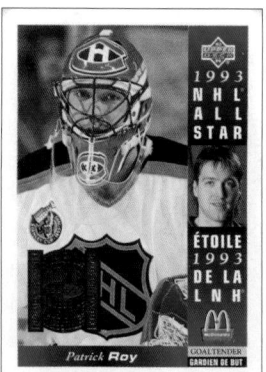

La popularité de Roy incite les Restaurants McDonald à inclure une carte spéciale à son effigie dans leur série annuelle.

N°	POS	JOUEURS	PJ	B	A	PTS	PUN
25	AG	Vincent Damphousse	84	40	51	91	75
23	AG	Brian Bellows	77	33	38	71	36
11	AG	Kirk Muller	76	23	34	57	96
27	D	Mathieu Schneider	75	20	32	52	62
12	AD	Mike Keane	80	16	30	46	119
45	AG	Gilbert Dionne	74	19	26	45	31
17	C	John LeClair	74	19	24	43	32
24	D	Lyle Odelein	79	11	29	40	276
21	C	Guy Carbonneau	79	14	24	38	48
28	D	Éric Desjardins	84	12	23	35	97
15	C	Paul DiPietro	70	13	20	33	37
22	AG	Benoit Brunet	71	10	20	30	20
6	AD	Oleg Petrov	55	12	15	27	2
43	D	Patrice Brisebois	53	2	21	23	63
47	C	Stephan Lebeau	34	9	7	16	8
26	AD	Gary Leeman	31	4	11	15	17
34	D	Peter Popovic	47	2	12	14	26
31	AD	Ed Ronan	61	6	8	14	42
48	D	J.-J. Daigneault	68	2	12	14	73
14	D	Kevin Haller	68	4	9	13	118
8	C	Ron Wilson	48	2	10	12	12
20	AG	Pierre Sévigny	43	4	5	9	42
35	AG	Donald Brashear	14	2	2	4	34
5	D	Christian Proulx	7	1	2	3	20
38,44	D	Bryan Fogarty	13	1	2	3	10

ÉQUIPE 1993-94

Entraîneur : Jacques Demers (84-41-29-14)

● Le lendemain, 16 février, des voleurs s'introduisent dans le vestiaire de l'équipe à Tampa Bay. Quelques bâtons et blousons sont disparus.

● Déjà sélectionné joueur de la semaine au début de novembre, Patrick Roy est élu joueur du mois de février dans la LNH.

● La concession de Montréal occupe le quatrième rang des équipes de hockey avec une valeur de 82 millions US, selon une étude de la revue *Fortune* publiée en avril.

● En plus de Carbonneau, les Canadiens comptent un autre joueur de plus de 900 parties, Brian Bellows. De son côté, Vincent Damphousse compte plus de 600 matchs, Jean-Jacques Daigneault en a 500 (300 avec le Tricolore), Mike Keane 400, Stéphan Lebeau et Mathieu Schneider 300. Lebeau sera cependant échangé deux mois après son 300e match.

● Chez les marqueurs, Kirk Muller totalise 700 points et Vincent Damphousse en a 600, tandis que Brian Bellows atteint les 400 buts en janvier.

● Ralph Backstrom, gagnant de la coupe Stanley à six reprises au cours de sa carrière de quinze ans dans la LNH (dont treize à Montréal), est nommé commissaire de la Ligue internationale de roller-hockey.

● Le Tricolore restructure son service des communications, à la suite du décès de Claude Mouton. Michèle Lapointe passe des relations avec les médias à la direction des services à l'équipe, Donald Beauchamp (neveu du défunt journaliste Jacques Beauchamp) devient directeur des communications. L'ancien journaliste Bernard Brisset occupe la vice-présidence aux communications et au marketing depuis déjà quelques années.

ÉQUIPE 1993-94

N°	POS	JOUEURS	PJ	B	A	PTS	PUN
32	AG	Mario Roberge	28	1	2	3	55
46	C	Craig Ferguson	2	0	1	1	0
49	C	Brian Savage	3	1	0	1	0
5	D	Rob Ramage	6	0	1	1	2
33	G	Patrick Roy	68	0	1	1	30
1	G	Frédéric Chabot	1	0	0	0	0
42	AD	Lindsay Vallis	1	0	0	0	0
30	AD	Turner Stevenson	2	0	0	0	2
36	AG	Gerry Fleming	5	0	0	0	25
40	G	Les Kuntar	6	0	0	0	2
37	G	André Racicot	11	0	0	0	0
1	G	Ron Tugnutt	8	0	0	0	0

GARDIENS	PJ	G	P	N	MIN	BC	BL	MOY
Patrick Roy	68	35	17	11	3867	161	7	2,50
Les Kuntar	6	2	2	0	302	16	0	3,18
Ron Tugnutt	8	2	3	1	378	24	0	3,81
André Racicot	11	2	6	2	500	37	0	4,44
Frédéric Chabot	1	0	1	0	60	5	0	5,00

* Jean-Jacques

MEILLEURS MARQUEURS

		PJ	B	A	PTS	PUN
Wayne Gretzky	Los Angeles	81	38	92	130	20
Sergei Fedorov	Detroit	82	56	64	120	34
Adam Oates	Boston	77	32	80	112	45
Doug Gilmour	Toronto	83	27	84	111	105
Pavel Bure	Vancouver	76	60	47	107	86
Jeremy Roenick	Chicago	84	46	61	107	125
Mark Recchi	Philadelphie	84	40	67	107	46
Brendan Shanahan	St. Louis	81	52	50	102	211
Dave Andreychuk	Toronto	83	53	46	99	98
Jaromir Jagr	Pittsburgh	80	32	67	99	61

On craint qu'un début d'appendicite ne force Roy à s'absenter pour deux semaines lors des séries contre Boston, mais il ne manquera finalement qu'une partie, repoussant l'intervention chirurgicale à plus tard.

● Les arbitres et les juges de lignes de la LNH entrent en grève à la mi-novembre et la Ligue fait appel à des officiels des circuits mineurs. Les deux parties s'affrontent sur les questions salariales et de caisse de retraite. Le conflit se règle deux semaines plus tard.

● Les Rangers mettent fin à une disette de 54 ans, remportant la coupe Stanley au détriment des surprenants Canucks de Vancouver. Peu après, l'entraîneur Mike Keenan devient directeur général et entraîneur des Blues de St. Louis que les Rangers accusent

de maraudage. Keenan est suspendu de ses nouvelles fonctions pour 60 jours et se voit imposer une amende de 100 000 $.

● Seul repêchage de l'histoire de la Ligue à se tenir à Québec. Le premier choix appartient aux Sénateurs d'Ottawa qui jettent leur dévolu sur Alexandre Daigle, vedette des Tigres de Victoriaville. Ils lui offriront un contrat de 12,5 millions pour cinq ans, incitant plus tard la LNH à imposer un plafond pour les contrats des recrues. Les Nordiques font le bonheur des spectateurs présents en optant

pour le gardien Jocelyn Thibault au 10e rang.

● Dominik Hasek des Sabres de Buffalo est le premier gardien, depuis Bernard Parent en 1973-74, à conserver une moyenne inférieure à 2,00 soit 1,95. Dix-neuf gardiens réguliers, comparativement à deux la saison précédente, finissent en dessous de 3,00.

● Arturs Irbe des Sharks de San Jose est le nouvel homme fort chez les gardiens avec 4 412 minutes jouées, ce qui équivaut à 74 parties.

● Le Lightning de Tampa Bay établit un nouveau record avec

27 227 spectateurs à son match d'ouverture contre la Floride.

● La maladie et les blessures tiennent les deux meilleurs marqueurs de la saison précédente, Mario Lemieux et Pat LaFontaine, à l'écart du jeu pour une partie du calendrier. Wayne Gretzky reprend sa place au sommet des marqueurs pour la 10e fois, la dernière de son illustre carrière. Neuf joueurs différents ont terminé deuxièmes lors des conquêtes de ses 10 titres. L'unique « doublé » appartient à Jari Kurri.

1993-1994

41 tirs dirigés vers lui. Finalement, le club est éliminé en sept parties et Roy doit passer sous le bistouri quelques jours plus tard.

RETRAITE DÉFINITIVE POUR BÉLIVEAU

Le cœur serré, mais avec élégance comme il le fait toujours, Jean Béliveau salue les gens autour de lui et s'apprête à quitter son bureau au deuxième étage du Forum. Cette dernière journée de travail avec le Canadien ne s'est pas passée comme les autres en ce jour de son 62e anniversaire. Il lui a fallu répondre aux nombreuses questions sur sa retraite, donner de multiples entrevues aux médias et saluer des centaines de personnes venues lui dire un dernier bonjour et lui souhaiter une retraite paisible. Mais fidèle à l'image qu'il a toujours présentée, aucun signe d'impatience dans le geste et aucun désir d'en finir au plus tôt dans le regard. Autour de lui, les gens sont émus, à commencer par sa fidèle secrétaire des 22 dernières années, Louise Richer. Béliveau demeure impassible comme toujours, sans trahir un certain sentiment de nostalgie qui monte en lui.

Après 40 ans dans l'organisation, 18 comme joueur et 22 comme vice-président aux affaires corporatives et ambassadeur de bonne entente, le Gros Bill tourne la dernière page de son association avec le Tricolore. « Je ne quitte pas parce que j'en avais assez de mon travail, je pense seulement que le moment était venu », répond-il inlassablement aux médias qui lui demandent de commenter son départ.

Arrivé de Québec qui lui avait construit un Colisée pour réaliser ses exploits, le grand Jean aura serré la coupe Stanley à 10 reprises dans ses bras à titre de joueur actif et présenté une fiche de 507 buts et 712 passes en 18 saisons. Au total, il aura contribué à 17 des 24 victoires de la coupe Stanley de l'histoire de l'organisation, à un titre ou à l'autre. Deuxième joueur de la LNH à atteindre le cap des 1 000 points, Béliveau a aussi remporté un championnat des marqueurs et mérité le titre de joueur

LE SAVIEZ-VOUS...

La Ligue modifie sa façon de déterminer les équipes participantes aux séries. Le classement général, désormais effectué par association, regroupe les équipes selon les points obtenus en saison, les deux premières places étant dévolues aux champions de division. Les huit meilleurs de chaque association participent aux éliminatoires.

482

TROPHÉES	
COUPE STANLEY	
Rangers de New York	
TROPHÉE PRINCE-DE-GALLES	
Rangers de New York	
TROPHÉE CLARENCE-CAMPBELL	
Canucks de Vancouver	
TROPHÉE DU PRÉSIDENT	
Rangers de New York	
TROPHÉE HART	
Sergei Fedorov	
Red Wings de Detroit	
TROPHÉE ART-ROSS	
Wayne Gretzky	
Kings de Los Angeles	
TROPHÉE LADY-BYNG	
Wayne Gretzky	
Kings de Los Angeles	
TROPHÉE CALDER	
Martin Brodeur	
Devils du New Jersey	
TROPHÉE GEORGES-VÉZINA	
Dominik Hasek	
Sabres de Buffalo	
TROPHÉE JAMES-NORRIS	
Raymond Bourque	
Bruins de Boston	
TROPHÉE CONN-SMYTHE	
Brian Leetch	
Rangers de New York	
TROPHÉE BILL-MASTERTON	
Cam Neely	
Bruins de Boston	
TROPHÉE LESTER-B.-PEARSON	
Sergei Fedorov	
Red Wings de Detroit	

● Gretzky devient le plus grand compteur de l'histoire de la Ligue nationale avec son 802e but le 23 mars, sur des passes de Marty McSorley et Luc Robitaille, face au gardien des Canucks, Kirk McLean. Il devance maintenant Gordie Howe dans tous les domaines (buts, passes et points) mais manque les séries pour la première fois de sa carrière.

● Mike Gartner est le premier joueur du circuit à inscrire 15 saisons d'affilée de plus de 30 buts. Maintenant avec les Leafs, il a aussi joué à Washington, Minnesota et pour les Rangers, inscrivant plus de 600 buts. La saison écourtée de 1994-95 interrompra sa série, mais il complétera sa carrière avec 17 saisons de 30 buts ou plus.

● Scotty Bowman compte plus de 1 000 victoires comme entraîneur.

● Alan Eagleson, ex-directeur de l'Association des joueurs, est accusé de fraude, de corruption et d'obstruction à la justice en cour criminelle américaine, en mars.

● Jacques Lemaire, ancien joueur et entraîneur des Canadiens, est désigné pilote de l'année à la tête des Devils du New Jersey.

● Gil Stein, président par interim de la Ligue en 1992-93, tente de manigancer son élection au Temple de la renommée en rédigeant lui-même sa lettre de nomination, mais celle-ci sera rejetée par la LNH.

● Médaille d'or pour la Suède aux Jeux olympiques de Lillehammer. Peter Forsberg marque en tir de barrage contre Corey Hirsch du Canada pour mener les siens au podium. Devenu héros national, la Suède lui consacre un timbre pour souligner l'exploit.

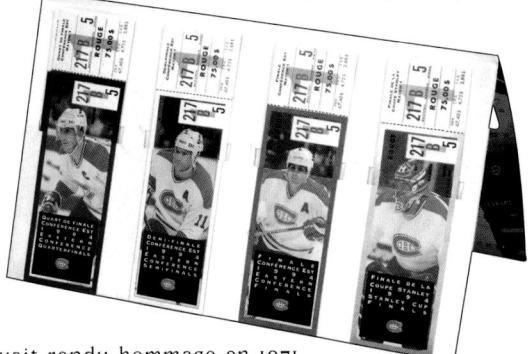

TROPHÉES

TROPHÉE JACK-ADAMS
Jacques Lemaire
Devils du New Jersey

TROPHÉE FRANK-J.-SELKE
Sergei Fedorov
Red Wings de Detroit

TROPHÉE WILLIAM-M.-JENNINGS
Dominik Hasek et Grant Fuhr
Sabres de Buffalo

TROPHÉE KING-CLANCY
Adam Graves
Rangers de New York

ASSOCIATION DE L'EST

DIVISION NORD-EST	PJ	G	P	N	BP	BC	PTS
Pittsburgh (Penguins)	84	44	27	13	299	285	101
Boston (Bruins)	84	42	29	13	289	252	97
Montréal (Canadiens)	84	41	29	14	283	248	96
Buffalo (Sabres)	84	43	32	9	282	218	95
Québec (Nordiques)	84	34	42	8	277	292	76
Hartford (Whalers)	84	27	48	9	227	288	63
Ottawa (Sénateurs)	84	14	61	9	201	397	37

DIVISION ATLANTIQUE	PJ	G	P	N	BP	BC	PTS
New York (Rangers)	84	52	24	8	299	231	112
New Jersey (Devils)	84	47	25	12	306	220	106
Washington (Capitals)	84	39	35	10	277	263	88
New York (Islanders)	84	36	36	12	282	264	84
Floride (Panthers)	84	33	34	17	233	233	83
Philadelphie (Flyers)	84	35	39	10	294	314	80
Tampa Bay (Lightning)	84	30	43	11	224	251	71

ASSOCIATION DE L'OUEST

DIVISION CENTRALE	PJ	G	P	N	BP	BC	PTS
Detroit (Red Wings)	84	46	30	8	356	275	100
Toronto (Maple Leafs)	84	43	29	12	280	243	98
Dallas (Stars)	84	42	29	13	286	265	97
St. Louis (Blues)	84	40	33	11	270	283	91
Chicago (Blackhawks)	84	39	36	9	254	240	87
Winnipeg (Jets)	84	24	51	9	245	344	57

DIVISION PACIFIQUE	PJ	G	P	N	BP	BC	PTS
Calgary (Flames)	84	42	29	13	302	256	97
Vancouver (Canucks)	84	41	40	3	279	276	85
San Jose (Sharks)	84	33	35	16	252	265	82
Anaheim (Mighty Ducks)	84	33	46	5	229	251	71
Los Angeles (Kings)	84	27	45	12	294	322	66
Edmonton (Oilers)	84	25	45	14	261	305	64

le plus utile deux fois en saisons et une fois en séries.

Le Canadien lui avait rendu hommage en 1971, retirant le chandail nº 4 que lui et Aurèle Joliat ont endossé avec fierté au cours de leur carrière.

Quelques semaines avant Béliveau, Jacques Lemaire a aussi quitté l'organisation des Canadiens pour accepter un poste d'entraîneur avec les Devils du New Jersey. Cette même année, l'équipe a aussi vu deux de ses anciens joueurs revenir dans son giron, Steve Shutt à titre d'adjoint de Demers et Carol Vadnais, comme dépisteur.

DOIGT D'HONNEUR POUR LE PHOTOGRAPHE

Guy Carbonneau est un joueur franc qui livre toujours le fond de sa pensée. Lors des séries contre Boston, il a reproché publiquement à son entraîneur, Jacques Demers, d'accorder trop de place à Patrick Roy, sous-estimant d'autant les efforts des autres joueurs. Trois jours après l'élimination hâtive de l'équipe, il se rend au golf avec ses coéquipiers Roy et Damphousse pour mieux digérer ce revers. Au photographe Normand Pichette qui tente de capter son image sur pellicule, il fait un doigt d'honneur qui fera la page frontispice du *Journal de Montréal* le lendemain. Les ondes radiophoniques et les journaux sont inondés d'appels de protestation. Surpris de l'ampleur de son geste anodin, Carbonneau décide de s'excuser publiquement pour calmer le public.

Trois mois plus tard, Carbo, un joueur grandement apprécié du public et de ses coéquipiers, est échangé aux Blues de St. Louis en retour d'un joueur marginal, Jim Montgomery. Carbonneau, dont les relations avec Serge Savard n'ont jamais été au beau fixe, sans pour autant être impossibles, n'aura pas eu la chance de négocier un nouveau contrat avec le Tricolore, à qui il aura consacré 12 saisons, plus de 900 parties régulières, de loyaux services, remportant la coupe Stanley à 2 reprises, en plus d'être désigné meilleur avant défensif de la Ligue à 3 reprises. Élu cocapitaine avec Chris Chelios en 1989, il occupait le poste seul depuis la saison 1990-91.

1994 1995

La Ligue nationale, ne pouvant en venir à un accord pour le renouvellement d'une entente avec l'Association des joueurs, décrète un lock-out de 15 jours en début d'année. Celui-ci dure plutôt 103 jours et les activités ne débutent qu'en janvier, avec un calendrier de 48 parties sans matchs inter-associations. Les Nordiques et Philadelphie sont champions dans l'Est, Detroit et Calgary dans l'Ouest. Les Canadiens sont exclus des séries pour la première fois depuis 1970 (25 ans). Québec se fait surprendre par les Rangers dès la première ronde, mais Peter Forsberg, à titre de recrue, et Marc Crawford, comme meilleur entraîneur, sont honorés en fin de saison. Rien ne résiste aux Devils du New Jersey, inspirés par leur gardien Martin Brodeur ainsi que par Claude Lemieux (gagnant du Conn-Smythe) et Stéphane Richer, deux anciens Glorieux. Ils gagnent la coupe Stanley en battant Boston, Pittsburgh, Philadelphie et Detroit à tour de rôle. Jaromir Jagr prend la relève de Mario Lemieux, absent toute la saison à cause de ses problèmes de dos, et remporte son premier titre de champion marqueur. Il se fait ravir le trophée Hart par Eric Lindros des Flyers qui reçoit aussi le Lester-B.-Pearson. Trophée Vézina pour Hasek, mais c'est Belfour qui conserve la meilleure moyenne pour le Jennings. Paul Coffey, rendu à Detroit, renoue avec le trophée Norris qu'il n'avait pas vu depuis ses beaux jours à Edmonton en 1986. John LeClair, échangé aux Flyers en cours de saison, est élu dans la première équipe d'étoiles, à l'aile gauche.

Le gérant Serge Savard tente de secouer le club en réclamant Pierre Turgeon des Islanders.

Hors des séries pour la première fois en 25 ans

La saison 1994-95 laissera à jamais une tache noire au dossier de la Ligue nationale, tout comme à celui du Canadien qui, pour la première fois en 25 ans — la neuvième de son histoire —, n'a pas réussi à se qualifier pour les éliminatoires, terminant sixième de sa division et onzième de l'Association de l'Est. Mécontentement, chicanes internes et laisser-aller de plusieurs joueurs font en sorte que l'équipe qui remportait la coupe Stanley moins de deux ans auparavant n'a plus d'âme malgré les séances de motivation de l'entraîneur Demers.

● Vincent Damphousse signe un contrat de 10 millions pour quatre ans avec les Canadiens en septembre, alors que pointe une menace de lock-out de la part des dirigeants de la Ligue. Contrat qui en fait le deuxième meilleur salarié du club, après Roy à 16 millions pour quatre ans et devant Muller à 8 millions pour la même durée.

● Jean-Claude Tremblay, considéré par plusieurs comme le magicien de la ligne bleue aux mains d'or, est emporté par le cancer à 55 ans au début de décembre. Il a joué 13 saisons avec les Canadiens, mais la LNH le traitera en véritable paria à la suite de

son passage aux Nordiques, le privant d'une participation à la Série du siècle et refusant de l'admettre au Temple de la renommée. Les Nordiques lui rendront hommage au terme d'une seconde carrière de sept ans, en retirant son numéro. Tremblay a gagné cinq fois la coupe Stanley et une fois la coupe Avco.

● L'entraîneur Demers fait appel au rude attaquant Mario Roberge, qui est dans l'Américaine, dans une tentative pour mettre de l'ordre dans le vestiaire.

1994-1995

Celui-ci tente de secouer les troupes en faisant appel à une quarantaine de joueurs au cours de la saison, écourtée par un lock-out qui paralyse le circuit d'octobre au 20 janvier. Dans son analyse de fin de saison, Demers confirme qu'il aurait dû mettre les mécontents dehors plutôt que d'essayer constamment de les ramener à l'ordre.

De son côté, le directeur général Serge Savard essaie de changer l'atmosphère du vestiaire en multipliant les échanges tout au long de la saison. Il envoie Éric Desjardins, Gilbert Dionne et John LeClair à Philadelphie pour obtenir les services de Mark Recchi. Il se départit ensuite de son capitaine Kirk Muller, de Mathieu Schneider et de Craig Darby au profit de Pierre Turgeon et Vladimir Malakhov des Islanders. Savard regrettera aussi, à l'heure du bilan de la saison, de ne pas avoir bougé plus tôt, déçu qu'il était du rendement de quelques vedettes de l'équipe dont certaines venaient de renouveler leur contrat.

La dernière élimination du Canadien remonte à 1969-70, lorsqu'une magouille entre quelques clubs avait exclu l'équipe montréalaise des séries lors du dernier match de la saison. Il faut ensuite remonter jusqu'en 1947-48 pour trouver l'exclusion précédente.

SAISON ÉCOURTÉE

Le plus important conflit à ce jour entre la Ligue nationale et ses joueurs oblige les amateurs de hockey à se contenter d'une saison de 48 parties, au terme d'un lock-out qui aura duré 103 jours. Les principaux points opposant le circuit à son association de joueurs portaient sur le repêchage amateur, l'autonomie des joueurs, un plafond salarial pour les recrues et le partage des revenus.

Pourtant, certains propriétaires, sachant tous fort bien que le circuit Bettman se dirigeait vers un conflit avec ses joueurs, avaient fait fi des recommandations du commissaire au cours de l'été, en faisant signer des contrats mirobolants à quelques joueurs : 6,5 millions pour trois ans à Paul Kariya, 6,9 millions pour trois ans à Dominik Hasek, 10 millions pour quatre ans à Vincent Damphousse. Au cours de l'année précédente, rapporte le journaliste torontois Alan Adams, le salaire moyen était passé de 412 512 $ à 503 087 $ et le nombre de joueurs gagnant 1 million, de 5 à 75.

ÉQUIPE 1994-95

Entraîneur : Jacques Demers (48-18-23-7)

N°	POS	JOUEURS	PJ	B	A	PTS	PUN
8	AD	Mark Recchi	39	14	29	43	16
25	AG	Vincent Damphousse	48	10	30	40	42
22	AG	Benoit Brunet	45	7	18	25	16
77	C	Pierre Turgeon	15	11	9	20	4
27	D	Mathieu Schneider	30	5	15	20	49
12	AD	Mike Keane	48	10	10	20	15
11	AG	Kirk Muller	33	8	11	19	33
49	D	Brian Savage	37	12	7	19	27
43	D	Patrice Brisebois	35	4	8	12	26
23	AG	Brian Bellows	41	8	8	16	8
29	D	Yves Racine	47	4	7	11	42
24	D	Lyle Odelein	48	3	7	10	152
15	C	Paul DiPietro	22	4	5	9	4
48	D	J.-J.* Daigneault	45	3	5	8	40
44	D	Bryan Fogarty	21	5	2	7	34
30	ad	Turner Stevenson	41	6	1	7	86
28	D	Éric Desjardins	9	0	6	6	2
17	C	John LeClair	9	1	4	5	10
6	AD	Oleg Petrov	12	2	3	5	4
38	D	Vladimir Malakhov	14	1	4	5	14
31	AD	Ed Ronan	30	1	4	5	12
34	D	Peter Popovic	33	0	5	5	8
18	AD	Valeri Bure	24	3	1	4	6
45	AG	Gilbert Dionne	6	0	3	3	2
14	D	Craig Darby	10	0	2	2	0
35	AG	Donald Brashear	20	1	1	2	63
52	D	Craig Rivet	5	0	1	1	5
28	C	Craig Conroy	6	1	0	1	0
26	AG	Yves Sarault	8	0	1	1	0
17	C	Mark Lamb	39	1	0	1	18
33	G	Patrick Roy	43	1	0	1	20
46	C	Craig Ferguson	1	0	0	0	0
56	D	David Wilkie	1	0	0	0	0
57	AD	Chris Murray	3	0	0	0	4
26	C	Jim Montgomery	5	0	0	0	2
36	AG	Gerry Fleming	6	0	0	0	17
1	G	Ron Tugnutt	7	0	0	0	0
32	AG	Mario Roberge	9	0	0	0	34
20	AG	Pierre Sévigny	19	0	0	0	15

GARDIENS	PJ	G	P	N	MIN	BC	BL	MOY
Patrick Roy	43	17	20	6	2566	127	1	2,97
Ron Tugnutt	7	1	3	1	346	18	0	3,12

* Jean-Jacques

● En fin de saison,
Mario Tremblay, ancien fier
compétiteur du Tricolore,
qualifie les joueurs des Canadiens
« de bande de peureux » devant
le chroniqueur André Rousseau,
du *Journal de Montréal*. L'équipe
n'a gagné que 3 matchs
en 24 parties à l'extérieur.

● Malgré les insuccès
collectifs de l'équipe,
Pierre Turgeon et Vincent
Damphousse atteignent de
nouveaux sommets personnels
au cours de la saison avec

une 400ᵉ passe dans la Ligue.
Pour sa part, Patrick Roy
participe à son 500ᵉ match,
Éric Desjardins à son 400ᵉ,
Yves Racine et Lyle Odelein à
leur 300ᵉ. Mark Lamb,
acquis par Montréal en
février, dispute aussi une
400ᵉ partie dans la LNH.

● L'avenir s'annonce meilleur
pour le Tricolore qui repêche
le gardien des Lynx de
Saint-Jean, José Théodore,
au deuxième tour de sélection.

1994-1995

*Malgré les insuccès de l'équipe,
les croustilles Humpty Dumpty
obtiennent toujours beaucoup
de succès avec la séance
d'entraînement présentée à
l'intention des jeunes partisans.*

ASSOCIATION DE L'EST						
DIVISION NORD-EST	**PJ**	**G**	**P**	**N**	**BP**	**BC**	**PTS**
Québec (Nordiques)	48	30	13	5	185	134	65
Pittsburgh (Penguins)	48	29	16	3	181	158	61
Boston (Bruins)	48	27	18	3	150	127	57
Buffalo (Sabres)	48	22	19	7	130	119	51
Hartford (Whalers)	48	19	24	5	127	141	43
Montréal (Canadiens)	48	18	23	7	125	148	43
Ottawa (Sénateurs)	48	9	34	5	117	174	23
DIVISION ATLANTIQUE	**PJ**	**G**	**P**	**N**	**BP**	**BC**	**PTS**
Philadelphie (Flyers)	48	28	16	4	150	132	60
New Jersey (Devils)	48	22	18	8	136	121	52
Washington (Capitals)	48	22	18	8	136	120	52
New York (Rangers)	48	22	23	3	139	134	47
Floride (Panthers)	48	20	22	6	115	127	46
Tampa Bay (Lightning)	48	17	28	3	120	144	37
New York (Islanders)	48	15	28	5	126	158	35
ASSOCIATION DE L'OUEST						
DIVISION CENTRALE	**PJ**	**G**	**P**	**N**	**BP**	**BC**	**PTS**
Detroit (Red Wings)	48	33	11	4	180	117	70
St. Louis (Blues)	48	28	15	5	178	135	61
Chicago (Blackhawks)	48	24	19	5	156	115	53
Toronto (Maple Leafs)	48	21	19	8	135	146	50
Dallas (Stars)	48	17	23	8	136	135	42
Winnipeg (Jets)	48	16	25	7	157	177	39
DIVISION PACIFIQUE	**PJ**	**G**	**P**	**N**	**BP**	**BC**	**PTS**
Calgary (Flames)	48	24	17	7	163	135	55
Vancouver (Canucks)	48	18	18	12	153	148	48
San Jose (Sharks)	48	19	25	4	129	161	42
Los Angeles (Kings)	48	16	23	9	142	174	41
Edmonton (Oilers)	48	17	27	4	136	183	38
Anaheim (Mighty Ducks)	48	16	27	5	125	164	37

Les deux parties se lancent des ultimatums à tour de rôle. Le 1ᵉʳ août, la Ligue ouvre le bal en imposant 19 changements au dernier contrat échu depuis la fin de la saison 1992-93. De délai en sursis et d'une offre finale à l'autre, on finit par convenir qu'une entente n'est plus possible avant le début de la saison, fixé d'abord au 15 octobre et reporté de semaine en semaine, jusqu'à ce que les bonzes du circuit autorisent le commissaire Bettman à décréter le lock-out en décembre.

Les deux clans auront besoin d'une quarantaine de rencontres formelles ou en comités restreints, entre l'expiration de la dernière entente en juin 1993 et la fin du lock-out le 10 janvier, pour fixer les termes du nouveau pacte. L'entente, d'une durée de six ans, accorde l'autonomie complète aux joueurs à 32 ans pour les trois premières années et à 31 ans pour les trois suivantes. Un plafond salarial pour les recrues est fixé à 850 000 $ la première année et à 1,75 million en 2000, tandis que l'âge admissible au repêchage est porté à 19 ans et les rondes réduites de 11 à 9.

Les joueurs tentent de conserver la forme durant la longue période d'inactivité. Wayne Gretzky organise une tournée en Europe avec une vingtaine d'autres joueurs (Gretzky et ses amis). D'autres présentent un tournoi à quatre équipes (Défi 4 contre 4) entre le Québec, l'Ontario, l'Ouest et les États-Unis. Les joueurs des Canadiens disputent un match amical contre leurs rivaux de la

● Les Nordiques de Québec remportent le dernier championnat de division de leur histoire dans la LNH, avant de s'exiler au Colorado où l'Avalanche méritera la coupe Stanley dès l'année suivante.

● Deux joueurs vedettes changent de camp au cours de l'été. Les Nordiques échangent Mats Sundin aux Leafs pour Wendel Clark et Sylvain Lefebvre, alors que Luc Robitaille passe des Kings aux Red Wings. En fin de saison, Tampa Bay retourne Denis Savard à Chicago.

● Bobby Clarke est de retour à Philadelphie en qualité de président et directeur général, après de courts séjours au Minnesota et en Floride.

● Les Red Wings de Detroit participent à la finale de la coupe Stanley après une disette de 29 ans mais se heurtent aux Devils et à la stratégie défensive, dite de la «trappe», de Jacques Lemaire. Ils sont battus en quatre matchs successifs par Martin Brodeur, Claude Lemieux et compagnie.

● D'abord connus comme les Scouts de Kansas City (deux ans), puis les Rockies du Colorado (six ans), les Devils du New Jersey, qui furent un jour qualifiés de «Mickey Mouse» par Wayne Gretzky, en sont à leur 21e saison. Vaincus seulement 4 fois en séries, ils signent 10 de leurs 16 victoires à l'étranger.

1994-1995

LNH à Rosemère. Plusieurs autres optent pour des séjours au sein de ligues européennes, comme Vincent Damphousse en Allemagne, Jaromir Jagr et Dominik Hasek en République tchèque, Peter Forsberg et Mats Sundin, en Suède, ou encore Doug Gilmour et Chris Chelios en Suisse.

TROIS CAPITAINES AU COURS D'UNE MÊME ANNÉE

Les nombreux échanges commandés par Serge Savard pour secouer l'équipe, de l'intersaison jusqu'à l'élimination du club des séries, auront permis au Canadien d'allonger passablement sa liste de capitaines en l'espace de seulement huit mois. Au départ de Carbonneau en août, Savard et Demers font appel à Kirk Muller pour lui succéder. Pas pour longtemps, puisque Muller est à son tour échangé aux Islanders en avril. Mike Keane, qui soulèvera une tempête médiatique en avouant maladroitement au journaliste Mathias Brunet de *La Presse* qu'il ne jugeait pas utile d'apprendre le français, lui succède. Il ne fera pas long feu lui non plus puisqu'il sera partie prenante d'un échange spectaculaire dès la saison suivante.

En janvier, Patrick Roy fustige Gilbert Dionne pour avoir reproché publiquement à ses coéquipiers de se lancer à la poursuite de la rondelle «comme des poules sans tête». Plus tard, en mars, Mathieu Schneider en vient aux coups avec Roy à deux reprises, Dionne et Schneider seront échangés peu après.

TROPHÉES

COUPE STANLEY	Devils du New Jersey
TROPHÉE PRINCE-DE-GALLES	Devils du New Jersey
TROPHÉE CLARENCE-CAMPBELL	Red Wings de Detroit
TROPHÉE DU PRÉSIDENT	Red Wings de Detroit
TROPHÉE HART	Eric Lindros Flyers de Philadelphie
TROPHÉE ART-ROSS	Jaromir Jagr Penguins de Pittsburgh
TROPHÉE LADY-BYNG	Ron Francis Penguins de Pittsburgh
TROPHÉE CALDER	Peter Forsberg Nordiques de Québec
TROPHÉE GEORGES-VÉZINA	Dominik Hasek Sabres de Buffalo

MEILLEURS MARQUEURS

		PJ	B	A	PTS	PUN
Jaromir Jagr	Pittsburgh	48	32	38	70	37
Eric Lindros	Philadelphie	46	29	41	70	60
Alexei Zhamnov	Winnipeg	48	30	35	65	20
Joe Sakic	Québec	47	19	43	62	30
Ron Francis	Pittsburgh	44	11	48	59	18
Theoren Fleury	Calgary	47	29	29	58	112
Paul Coffey	Detroit	45	14	44	58	72
Mikael Renberg	Philadelphie	47	26	31	57	20
John LeClair	Can./Phi.	46	26	28	54	30
Mark Messier	NY Rangers	46	14	39	53	40
Adam Oates	Boston	48	12	41	53	8

● Jaromir Jagr est le premier joueur européen à remporter le titre des marqueurs. Il termine à égalité avec Eric Lindros mais gagne le Art-Ross par le nombre de buts.

● Paul Coffey devance maintenant Denis Potvin à titre de meilleur marqueur chez les défenseurs de la Ligue.

● Les anciens joueurs de la Ligue, avec Carl Brewer et Brad Park à leur tête, gagnent leur bataille contre la Ligue nationale sur le surplus de caisse de retraite impayé depuis les ententes passées en 1949. La cour de l'Ontario avait rendu une première décision favorable en 1992, mais la Ligue était allée en appel jusqu'à ce que la Cour suprême du Canada tranche en juillet 1994. On estime à 40 millions la dette de la LNH envers ses anciens joueurs.

● Le réseau américain Fox paie 155 millions pour présenter quelques matchs de hockey à son réseau. On essaie de capter l'intérêt des Américains avec une rondelle fluorescente et des effets lumineux, mais l'expérience ne durera que deux saisons.

● Lionel Conacher, élu l'athlète masculin du demi-siècle au Canada en 1950, est finalement intronisé au Temple de la renommée du hockey, après l'avoir été au Panthéon des sports du Canada et à ceux du football et de la crosse. Il a porté les couleurs de quatre équipes de hockey, dont les Maroons, en plus de s'illustrer dans plusieurs autres sports.

TROPHÉES	
TROPHÉE JAMES-NORRIS	
Paul Coffey	
Red Wings de Detroit	
TROPHÉE CONN-SMYTHE	
Claude Lemieux	
Devils du New Jersey	
TROPHÉE BILL-MASTERTON	
Pat LaFontaine	
Sabres de Buffalo	
TROPHÉE LESTER-B.-PEARSON	
Eric Lindros	
Flyers de Philadelphie	
TROPHÉE JACK-ADAMS	
Marc Crawford	
Nordiques de Québec	
TROPHÉE FRANK-J.-SELKE	
Ron Francis	
Penguins de Pittsburgh	
TROPHÉE WILLIAM-M.-JENNINGS	
Ed Belfour	
Blackhawks de Chicago	
TROPHÉE KING-CLANCY	
Joe Nieuwendyk	
Flames de Calgary	

1994-1995

Le capitaine Mike Keane s'attire les foudres des médias francophones avec sa déclaration.

489

LES CANADIENS TERMINENT TROISIÈMES DU GROUPE NORD-EST ET SIXIÈMES DU CLASSEMENT GÉNÉRAL DANS L'EST AVEC 90 POINTS. LE CLUB EST ÉLIMINÉ EN PREMIÈRE RONDE PAR LES RANGERS, APRÈS AVOIR GAGNÉ LES DEUX PREMIÈRES PARTIES À NEW YORK. QUÉBEC PERD SON CLUB PROFESSIONNEL. LES NORDIQUES SONT TRANSFÉRÉS À DENVER ET DEVIENNENT L'AVALANCHE DU COLORADO. L'ÉQUIPE SE JOINT À LA DIVISION PACIFIQUE ET REMPORTE LA COUPE STANLEY EN QUATRE MATCHS CONTRE LA FLORIDE, GRÂCE AUX JOE SAKIC, PETER FORSBERG, VALERI KAMENSKY, PATRICK ROY (OBTENU DES CANADIENS) ET UWE KRUPP, AUTEUR DE L'UNIQUE BUT DU DERNIER MATCH INSCRIT EN TROISIÈME SUPPLÉMENTAIRE. POUR ATTEINDRE LA FINALE, LE COLORADO, PREMIER DE SA DIVISION, DOIT ÉCARTER VANCOUVER, CHICAGO (QUATRE DES SIX PARTIES EN PROLONGATION) ET DETROIT, PREMIER AU CLASSEMENT GÉNÉRAL DE LA LIGUE AVEC 131 POINTS. GRANDEMENT AIDÉS PAR LE PORTIER JOHN VANBIESBROUCK, LES PANTHERS (QUI EN SONT À LEUR TROISIÈME ANNÉE SEULEMENT) RENVERSENT BOSTON, AINSI QUE PHILADELPHIE ET PITTSBURGH, PREMIERS DE LEUR DIVISION RESPECTIVE. GUÉRI DE SON CANCER, MARIO LEMIEUX A REPRIS LE PREMIER RANG DES MARQUEURS DU CIRCUIT AVEC 161 POINTS. EN FIN DE SAISON, GRETZKY TERMINE AU 12e RANG AVEC 102 POINTS. LE MÉRITE DE LEMIEUX LUI VAUT LES TROPHÉES HART ET PEARSON. DEUX ANCIENS MEMBRES DES CANADIENS, SCOTTY BOWMAN ET CHRIS CHELIOS, SONT SÉLECTIONNÉS ENTRAÎNEUR ET DÉFENSEUR DE L'ANNÉE.

Patrick Roy chassé de Montréal

Patrick Roy répond aux huées de la foule en levant les bras au ciel. Trois jours plus tard, il sera échangé à l'Avalanche.

Mario Tremblay entend bien demeurer seul maître dans le vestiaire de l'équipe et derrière le banc. À vouloir traiter tous ses joueurs sur un même pied, il a tôt fait de heurter l'ego de quelques vétérans – dont Patrick Roy – qui avaient droit à quelques petits égards avec Jacques Demers. Sous le nouveau règne du Bleuet bionique, les succès des premières rencontres ont aidé à garder tout le monde relativement de bonne humeur malgré quelques accrochages mineurs. Du moins jusqu'au 2 décembre.

Une compagnie de bière finlandaise souligne le championnat du monde acquis par l'équipe nationale en 1995 en apposant une vignette des divers joueurs sur ses bouteilles.

● Toe Blake, l'un des plus grands entraîneurs du Canadien et de la Ligue nationale, s'éteint en mai à l'âge de 82 ans. Il souffrait d'Alzheimer depuis quelques années. Sept mois plus tard, le cancer a raison de Bill Nyrop, ancien défenseur tricolore, à l'âge de 43 ans.

● Saku Koivu, premier choix du Tricolore en 1993, débarque à Montréal avec son compatriote Marko Kiprusoff. Les deux seront de la formation en début de saison.

● C'est Pierre Turgeon qui remplace Mike Keane à titre de capitaine lorsque ce dernier est échangé au Colorado en décembre. Keane n'aura été capitaine du club que pour une période de trois mois, mais il aura eu le temps de disputer un 500e match avec les Canadiens avant de partir.

● On retire le numéro 1 du gardien Jacques Plante lors du premier match de la saison.

● Le Tricolore fait plaisir aux collectionneurs en imprimant sur ses billets de saison les photos des joueurs et bâtisseurs de l'équipe intronisés au Temple de la renommée.

1995-1996

Ce soir-là, le Canadien affronte les Red Wings de Detroit qui n'ont pas gagné au Forum depuis le 6 février 1988. Mais le Canadien connaît une séquence de trois parties sans victoire et Mario ne veut pas laisser son ancien entraîneur Scotty Bowman, qu'il déteste à s'en confesser, avoir le dessus sur lui. Il ne bronche pas lorsque les Wings accumulent les buts contre Roy en première. À 5-1, il ramène Roy devant le filet en deuxième et reste sourd aux demandes de son adjoint Steve Shutt de le remplacer lorsque la marque atteint 7 à 1. Quelques instants plus tard, Roy lève les bras au ciel en réponse aux huées de la foule qui l'applaudit en dérision sur un arrêt de routine. À 9-1, Tremblay remplace finalement son gardien régulier par Pat Jablonski et sans rien dire, le menton haut, le laisse passer devant lui lorsqu'il se rend sur le petit banc, à côté de ses coéquipiers.

N°	POS	JOUEURS	PJ	B	A	PTS	PUN
		ÉQUIPE 1995-96					
		Entraîneurs : Jacques Demers (4-0-4-0)					
		Jacques Laperrière (1-0-1-0)					
		Mario Tremblay (77-40-27-10)					
77	C	Pierre Turgeon	80	38	58	96	44
25	C	Vincent Damphousse	80	38	56	94	158
8	AD	Mark Recchi	82	28	50	78	69
26	AG	Martin Rucinsky	56	25	35	60	54
11	AG	Saku Koivu	82	20	25	45	40
18	AD	Valeri Bure	77	22	20	42	28
43	D	Patrice Brisebois	69	9	27	36	65
51	AD	Andrei Kovalenko	51	17	17	34	33
49	AG	Brian Savage	75	25	8	33	28
38	D	Vladimir Malakhov	61	5	23	28	79
30	AD	Turner Stevenson	80	9	16	25	167
24	D	Lyle Odelein	79	3	14	17	230
5	D	Stéphane Quintal	68	2	14	16	117
22	AG	Benoit Brunet	26	7	8	15	17
34	D	Peter Popovic	76	2	12	14	69
6	AD	Oleg Petrov	36	4	7	11	23
28	C	Marc Bureau	65	3	7	10	46
12	AD	Mike Keane	18	0	7	7	6
57	AD	Chris Murray	48	3	4	7	163
27	D	David Wilkie	24	1	5	6	10
52	D	Craig Rivet	19	1	4	5	54
23	D	Marko Kiprusoff	24	0	4	4	8
35	AG	Donald Brashear	67	0	4	4	223

Beaucoup de pression sur les épaules du jeune Jocelyn Thibault à qui on demande de remplacer un « monument » tel que Patrick Roy.

● Mario Tremblay connaît un succès retentissant à son arrivée derrière le banc avec six victoires de suite, un précédent pour un entraîneur débutant.

● Respectivement à leur quatrième et deuxième saison avec le Tricolore, Vincent Damphousse et Pierre Turgeon disputent leur 700ᵉ et 600ᵉ partie dans la LNH en octobre. Turgeon profite de son 12ᵉ tour du chapeau dans

la Ligue en janvier pour inscrire son 300ᵉ but. Il a atteint la marque des 700 points deux mois plus tôt. Damphousse inscrit un 700ᵉ point à son tour à la fin de janvier, suivi d'un 300ᵉ but avec les Canadiens.

● Acquis des Jets de Winnipeg au cours de l'été, Stéphane Quintal dispute un 400ᵉ match en novembre.

● Larry Robinson, l'un des meilleurs défenseurs de l'histoire du Tricolore, est intronisé au Temple de la renommée en novembre.

● Les Canadiens disputent le 5 000ᵉ match de leur histoire le 10 janvier à Montréal, mais doivent se contenter d'un match nul contre Vancouver.

● Marc Bureau fête son 300ᵉ match dans la Ligue nationale, lors de la dernière rencontre présentée au Forum. Lyle Odelein a profité d'un moment plus anonyme pour disputer sa 400ᵉ partie avec Montréal en février. Même chose pour Mark Recchi avec un 500ᵉ match deux mois avant Odelein. Peu après, Recchi obtient son 600ᵉ point dans la LNH.

Trois ovations monstres pour le Rocket qui a peine à retenir ses larmes à l'occasion des cérémonies marquant le déménagement de l'équipe.

ÉQUIPE 1995-96

Nº	POS	JOUEURS	PJ	B	A	PTS	PUN
29	D	Yves Racine	25	0	3	3	26
56	C	Scott Fraser	15	2	0	2	4
53	D	Rory Fitzpatrick	42	0	2	2	18
48	D	François Groleau	2	0	1	1	2
48	D	J.-J. Daigneault*	7	0	1	1	6
46	C	Craig Ferguson	10	1	0	1	2
39	G	Pat Jablonski	23	0	1	1	2
17	C	Mark Lamb	1	0	0	0	0
37	G	José Théodore	1	0	0	0	0
31	G	Patrick Labrecque	2	0	0	0	2
42	C	Darcy Tucker	3	0	0	0	0
3	D	Robert Dirk	3	0	0	0	6
71	C	Sébastien Bordeleau	4	0	0	0	0
20	C	Craig Conroy	7	0	0	0	2
26	AG	Yves Sarault	14	0	0	0	4
33	G	Patrick Roy	22	0	0	0	0
41	G	Jocelyn Thibault	40	0	0	0	2

GARDIENS	PJ	G	P	N	MIN	BC	BL	MOY
Jocelyn Thibault	40	23	13	3	2334	110	3	2,83
Pat Jablonski	23	5	9	6	1264	62	0	2,94
Patrick Roy	22	12	9	1	1260	62	1	2,95
Patrick Labrecque	2	0	1	0	98	7	0	4,29
José Théodore	1	0	0	0	9	1	0	6,67

* Jean-Jacques

Les Canadiens publient un imposant programme-souvenir sur l'histoire du club à l'occasion de la fermeture du Forum.

Avant de s'asseoir, Roy revient sur ses pas pour s'adresser au président Corey, dont le siège chez les spectateurs est situé derrière le banc de l'équipe. Furieux, il lui signifie qu'il vient de disputer son dernier match à Montréal, puis il repasse devant Tremblay (les deux s'échangent un regard glacial) et regagne son banc.

Ce soir-là, le Canadien perd 11 à 1, la pire dégelée de son histoire au Forum, mais pis encore, cette défaite met un terme à un important chapitre de l'histoire glorieuse du Canadien. Patrick Roy, qui a donné 2 fois la coupe Stanley à l'équipe en 11 saisons, remporté 3 trophées Vézina et 2 Conn-Smythe à titre de joueur par excellence des séries, enlève ses jambières et son chandail tricolores pour la dernière fois.

Convoqué au bureau du directeur général Réjean Houle, en poste depuis tout juste six semaines comme Tremblay, Roy se fait dire qu'il est allé trop loin en défiant son entraîneur pour s'adresser directement au président et en répondant aux railleries de ceux qui paient son salaire. Il n'est plus le bienvenu dans cette équipe et on verra à l'échanger à une autre formation au cours des prochaines journées.

Trois jours plus tard, il passe à l'Avalanche du Colorado en compagnie du controversé capitaine Mike Keane, en retour du jeune gardien Jocelyn Thibault ainsi que de Martin Rucinsky et Andrei Kovalenko.

Roy n'a pas prisé que le nouvel entraîneur bafoue sa fierté devant plusieurs milliers de partisans et Houle ne peut permettre qu'il défie l'autorité aussi effron-tément sans prendre des mesures. Le plus ironique de l'histoire, c'est qu'on raconte que quelques jours avant son renvoi, Serge Savard avait aussi préparé un échange qui expédiait son gardien au Colorado en retour des services d'Owen Nolan. Échange qu'il n'a pas eu le temps de compléter.

NOUVEAU BALAYAGE À LA DIRECTION

La saison n'est pourtant vieille que d'une dizaine de jours, mais la grogne n'a de cesse depuis l'élimination en première ronde face aux Bruins au printemps 1994, pour s'amplifier lorsque l'équipe fut exclue des séries pour la première fois en vingt-cinq ans la saison précédente. Au point de devenir insoutenable, avec quatre revers consécutifs, au début de la présente campagne. Les médias

● Marcel Aubut annonce une bien triste nouvelle aux partisans des Nordiques et aux sportifs de Québec le 25 mai, en faisant part de la vente de l'équipe au groupe Comsat Video, pour 75 millions américains. Ni la Ville de Québec ni le gouvernement n'ont accepté d'investir dans la construction d'un nouveau Colisée et l'équipe qui a fait vibrer les amateurs depuis 23 ans (7 saisons dans l'AMH et 16 dans la LNH) est forcée de s'exiler au Colorado pour y devenir l'Avalanche.

● Autre mauvaise nouvelle pour le hockey canadien. Le transfert à Phoenix des Jets de Winnipeg — autres survivants de l'AMH — est annoncé au début de 1996 en prévision de la saison suivante.

● Teemu Selanne ne suivra pas les Jets à Phoenix. L'équipe l'échange aux Mighty Ducks d'Anaheim quelques semaines après l'annonce du déménagement de l'équipe.

● Pour contrer les difficultés des équipes de ce côté du 45e parallèle, la Ligue annonce en janvier 1996 l'instauration d'un plan d'aide destiné à aider les formations canadiennes restantes. La grande disparité entre le dollar canadien et le dollar américain pénalise sévèrement les équipes établies au Canada.

● Les Sénateurs d'Ottawa inscrivent la pire fiche de la Ligue nationale pour une quatrième saison d'affilée, soit depuis leur retour. Ils établissent aussi une nouvelle marque pour la plus longue série d'insuccès à domicile avec 17 parties (15 revers et 2 nulles).

● Raymond Bourque est sélectionné sur les équipes d'étoiles pour la 17e fois de sa carrière, 11 fois sur la première et 6 sur la seconde.

● Nouveau record d'endurance chez les gardiens alors que Grant Fuhr participe à 79 des 82 parties des Blues de St. Louis.

1995-1996

multiplient les comparaisons défavorables au duo Savard-Demers, lui reprochant le moindre ralentissement des joueurs, tandis que les partisans ne cessent de houspiller joueurs et dirigeants du Forum, sur la rue et aux lignes ouvertes à la radio. Le président Corey, dont les relations avec Serge Savard ne sont plus très bonnes depuis plus d'un an, doit faire un geste pour rassurer joueurs et partisans.

Andrei Kovalenko revendique l'honneur d'avoir inscrit le dernier but de l'histoire du Forum, contre Andy Moog des Stars de Dallas.

Il fait sauter deux bombes à la mi-octobre. La première en congédiant Savard, son adjoint André Boudrias, Carol Vadnais, dépisteur chez les professionnels, et l'entraîneur Demers. Celui-ci reste cependant avec l'organisation à un poste à déterminer. Corey avait posé pareil coup d'éclat peu après sa nomination en avril 1983, liquidant Irving Grundman, le prof Ronald Caron et l'entraîneur Bob Berry (plus tard récupéré par Savard), pour faire place au Sénateur.

La seconde bombe explose quatre jours plus tard avec les nominations de Réjean Houle au poste de directeur général, de Mario Tremblay à celui d'entraîneur et d'Yvan Cournoyer à titre d'adjoint de ce dernier. Trois anciens joueurs sans expérience pour les postes obtenus, mais reconnus pour leur

Relayé de capitaine en capitaine, le flambeau est finalement remis au capitaine Pierre Turgeon, accompagné de ses coéquipiers, qui le transporte symboliquement au nouveau Centre Molson.

TROPHÉES	
COUPE STANLEY	
Avalanche du Colorado	
TROPHÉE PRINCE-DE-GALLES	
Panthers de la Floride	
TROPHÉE CLARENCE-CAMPBELL	
Avalanche du Colorado	
TROPHÉE DU PRÉSIDENT	
Red Wings de Detroit	
TROPHÉE HART	
Mario Lemieux	
Penguins de Pittsburgh	
TROPHÉE ART-ROSS	
Mario Lemieux	
Penguins de Pittsburgh	
TROPHÉE LADY-BYNG	
Paul Kariya	
Mighty Ducks d'Anaheim	
TROPHÉE CALDER	
Daniel Alfredsson	
Sénateurs d'Ottawa	
TROPHÉE GEORGES-VÉZINA	
Jim Carey	
Capitals de Washington	

● Les Red Wings effacent le record de 60 victoires des Canadiens, établi en 1976-77, avec 62 gains au cours de la saison. Cependant, celui de 132 points reste intact, les Wings terminant à 131.

● Pour leur part, les Bruins établissent une nouvelle marque pour les participations consécutives aux séries (29), soit depuis celles de 1968.

● Absent du jeu la saison précédente pour soigner ses maux de dos, Mario Lemieux revient en force et décroche le titre des marqueurs avec 69 buts et 92 passes en 70 parties.

● À la demande de Wayne Gretzky, les Kings l'échangent aux Blues en février. Il termine la saison à St. Louis, avant de signer avec les Rangers

de New York à titre d'agent libre en prévision de l'année suivante. Il en est aussi à une 15e saison de 100 points.

● Plus de 150 joueurs changent d'uniforme au cours de la saison, selon ce que rapporte le *Hockey Chronicle*, dans son résumé des activités de la Ligue. Parmi ces joueurs, outre Gretzky, Roy et Selanne, se retrouvent Grant Fuhr (à St. Louis), Brendan Shanahan (à Hartford),

Luc Robitaille et Jari Kurri (à New York), Joe Nieuwendyk (à Dallas), Alexander Mogilny (à Vancouver) et Dave Andreychuk (au New Jersey).

● Les Panthers de la Floride, à leur troisième saison, se qualifient pour les séries grâce aux prouesses du cerbère John Vanbiesbrouck et se rendent jusqu'à la finale. Ils ne peuvent rien contre l'Avalanche qui l'emporte en quatre parties de suite, mais

La rondelle officielle du match inaugural est devenue une pièce de collection recherchée.

1995-1996

détermination, leur attachement au Canadien et une grande amitié mutuelle. Jacques Laperrière et Steve Shutt, autres anciens joueurs, restent en fonction ainsi que François Allaire, entraîneur des gardiens. Jacques Demers devient dépisteur chez les professionnels, aidé de Charles Thiffault dont le poste a été libéré pour faire place à Cournoyer.

Nul n'avait prévu que, presque aussitôt en poste, Houle et Tremblay auraient à composer avec l'incident du 2 décembre.

LE FORUM REMPLACÉ PAR LE CENTRE MOLSON

Les amateurs de hockey et les Montréalais sont conviés à une semaine d'activités marquant le déménagement des Canadiens de l'ancien Forum au nouveau Centre Molson, du lundi 11 au dimanche 17 mars 1996.

Construit en 1924 et rénové à deux reprises, d'abord en 1949 puis de nouveau en 1968, le Forum se referme une dernière fois sur les spectateurs le 11 mars, au terme d'une victoire de 4-1 sur les Stars de Dallas. Andrei Kovalenko est celui qui inscrit le dernier filet dans cette enceinte dont les murs sont encore imprégnés de la sueur de tous ces héros qui ont écrit l'histoire des Glorieux. Le lendemain, quelque 150 objets rattachés à cette histoire sont mis à l'encan. Les bannières des championnats sont les plus recherchées, mais on s'arrache aussi les bancs, les horloges, les photos, les comptoirs, les filets des buts et tout ce qui porte l'emblème du CH. Les profits de l'encan, de l'ordre de 400 000 $, sont versés à Centraide et à l'Association des Anciens Canadiens.

Le défilé du déménagement entre le Forum et le nouveau Centre attire 50 000 personnes qui surveillent le

TROPHÉES

TROPHÉE JAMES-NORRIS
Chris Chelios
Blackhawks de Chicago
TROPHÉE CONN-SMYTHE
Joe Sakic
Avalanche du Colorado
TROPHÉE BILL-MASTERTON
Gary Roberts
Flames de Calgary
TROPHÉE LESTER-B.-PEARSON
Mario Lemieux
Penguins de Pittsburgh
TROPHÉE JACK-ADAMS
Scotty Bowman
Red Wings de Detroit
TROPHÉE FRANK-J.-SELKE
Sergei Fedorov
Red Wings de Detroit
TROPHÉE WILLIAM-M.-JENNINGS
Chris Osgood et
Mike Vernon
Red Wings de Detroit
TROPHÉE KING-CLANCY
Kris King
Jets de Winnipeg

Eric Molson, le sénateur Hartland de M. Molson, le président Ronald Corey et Stephen Molson marquent le début des travaux de construction par une pelletée de terre symbolique.

résistent tout de même jusqu'en troisième supplémentaire lors du dernier match, perdu 1-0 sur un but d'Uwe Krupp.

● Claude Lemieux est le septième joueur à gagner la coupe Stanley avec trois équipes différentes : Montréal, New Jersey et Colorado. Les autres furent Frank Foyston, Jack Walker, Larry Hillman, Harry Holmes, Al Arbour et Gordon Pettinger. Mike Keane deviendra le huitième en 1999. Hillman, Holmes, Arbour et Pettinger ont cependant participé à quatre victoires

de la coupe Stanley. L'unique joueur à avoir mieux fait qu'eux, Jack Marshall (avec quatre équipes), a évolué avant la naissance de la LNH.

● Le chroniqueur sportif Brian Smith est assassiné à sa sortie du studio de CJOH-TV à Ottawa au cours de l'été précédant la saison.

● Quatre joueurs joignent les rangs des compteurs de 500 buts au cours de la saison : Mario Lemieux, Mark Messier,

Steve Yzerman et Dale Hawerchuk. Pour sa part, Paul Coffey est le premier défenseur à totaliser plus de 1 000 passes, tandis que Larry Murphy se hisse au niveau des Coffey, Raymond Bourque et Denis Potvin chez les auteurs de 1 000 points. Deux autres joueurs atteignent aussi le plateau des 1 000 points au cours de la saison : Doug Gilmour à Toronto et Dave Andreychuk au New Jersey.

● Troisième trophée Norris pour Chris Chelios. Il est le seul, avec Doug Harvey et

Paul Coffey, à l'avoir gagné avec deux équipes différentes. Troisième trophée Hart également pour Mario Lemieux qui ajoute un quatrième Lester-B.-Pearson à sa collection.

● Bill Goldsworthy, membre de l'édition originale des North Stars, est congédié de son poste d'entraîneur à San Antonio dans la Ligue centrale, en novembre, lorsqu'on apprend qu'il est atteint du sida. Il décède en mars.

1995-1996

transport des bannières et... le passage des fantômes. Au spectacle de préouverture du Centre Molson, le 15 mars, Maurice Richard reçoit une des trois ovations monstres d'une dizaine de minutes chacune que lui réservent ses admirateurs lors des diverses manifestations. Au premier match officiel le 16 contre les Rangers, Vincent Damphousse marque le premier but du nouveau domicile en première période dans un gain de 4-2. Le lendemain, plus de 150 000 personnes envahissent la place pour une journée portes ouvertes.

Le « nouveau Forum », comme plusieurs l'appellent encore, peut accueillir 21 273 spectateurs assis, plus ceux des 135 loges corporatives et 300 journalistes. On y compte quatre restaurants et autant de studios de télévision. Il a coûté quelque 225 millions aux Canadiens.

Réjean Houle entouré de son personnel d'entraîneurs : Jacques Laperrière, Mario Tremblay, Yvan Cournoyer, Steve Shutt et François Allaire.

ASSOCIATION DE L'EST							
DIVISION NORD-EST	PJ	G	P	N	BP	BC	PTS
Pittsburgh (Penguins)	82	49	29	4	362	284	102
Boston (Bruins)	82	40	31	11	282	269	91
Montréal (Canadiens)	82	40	32	10	265	248	90
Hartford (Whalers)	82	34	39	9	237	259	77
Buffalo (Sabres)	82	33	42	7	247	262	73
Ottawa (Sénateurs)	82	18	59	5	191	291	41
DIVISION ATLANTIQUE	PJ	G	P	N	BP	BC	PTS
Philadelphie (Flyers)	82	45	24	13	282	208	103
New York (Rangers)	82	41	27	14	272	237	96
Floride (Panthers)	82	41	31	10	254	234	92
Washington (Capitals)	82	39	32	11	234	204	89
Tampa Bay (Lightning)	82	38	32	12	238	248	88
New Jersey (Devils)	82	37	33	12	215	202	86
New York (Islanders)	82	22	50	10	229	315	54
ASSOCIATION DE L'OUEST							
DIVISION CENTRALE	PJ	G	P	N	BP	BC	PTS
Detroit (Red Wings)	82	62	13	7	325	181	131
Chicago (Blackhawks)	82	40	28	14	273	220	94
Toronto (Maple Leafs)	82	34	36	12	247	252	80
St. Louis (Blues)	82	32	34	16	219	248	80
Winnipeg (Jets)	82	36	40	6	275	291	78
Dallas (Stars)	82	26	42	14	227	280	66
DIVISION PACIFIQUE	PJ	G	P	N	BP	BC	PTS
Colorado (Avalanche)	82	47	25	10	326	240	104
Calgary (Flames)	82	34	37	11	241	240	79
Vancouver (Canucks)	82	32	35	15	278	278	79
Anaheim (Mighty Ducks)	82	35	39	8	234	247	78
Edmonton (Oilers)	82	30	44	8	240	304	68
Los Angeles (Kings)	82	24	40	18	256	302	66
San Jose (Sharks)	82	20	55	7	252	357	47

MEILLEURS MARQUEURS		PJ	B	A	PTS	PUN
Mario Lemieux	Pittsburgh	70	69	92	161	54
Jaromir Jagr	Pittsburgh	82	62	87	149	96
Joe Sakic	Colorado	82	51	69	120	44
Ron Francis	Pittsburgh	77	27	92	119	56
Peter Forsberg	Colorado	82	30	86	116	47
Eric Lindros	Philadelphie	73	47	68	115	163
Paul Kariya	Anaheim	82	50	58	108	20
Teemu Selane	Wpg/Ana.	79	40	68	108	22
Alexander Mogilny	Vancouver	79	55	52	107	16
Sergei Fedorov	Detroit	78	39	68	107	48

1996 ○CH○ 1997

LES CANADIENS SE QUALIFIENT DE JUSTESSE POUR LES SÉRIES AVEC UNE HUITIÈME PLACE DANS L'EST. EN QUART DE FINALE CONTRE NEW JERSEY, PATRICE BRISEBOIS PROCURE L'UNIQUE VICTOIRE DE L'ÉQUIPE AVEC UN BUT À LA TROISIÈME SUPPLÉMENTAIRE. WINNIPEG PERD SON ÉQUIPE À SON TOUR, LA CONCESSION S'EN VA À PHOENIX SOUS LE NOM DE COYOTES, MAIS RESTE DANS LA DIVISION CENTRALE OÙ DETROIT CÈDE LE PREMIER RANG AUX STARS DE DALLAS, DERNIERS DU GROUPE L'ANNÉE PASSÉE. CEPENDANT, LES WINGS S'APPROPRIENT UNE PREMIÈRE COUPE STANLEY DEPUIS 1955, SANS TROP DE PEINE FACE AUX FLYERS DE PHILADELPHIE. BUFFALO, NEW JERSEY ET LE COLORADO SONT DE NOUVEAU PREMIERS DE LEUR DIVISION. POUR ATTEINDRE LA FINALE, DETROIT PREND LA MESURE DE ST. LOUIS, ANAHEIM (TROIS GAINS EN PROLONGATION) ET COLORADO AU PRÉALABLE. PHILADELPHIE FAIT DE MÊME AVEC PITTSBURGH, BUFFALO ET LES RANGERS, CHAQUE FOIS EN CINQ PARTIES. UN DERNIER TITRE DE CHAMPION MARQUEUR POUR MARIO LEMIEUX, QUI DEVANCE TEEMU SELANNE, 122 POINTS À 109. MAINTENANT AVEC LES RANGERS, GRETZKY A UN PEU RALENTI, MAIS IL EST DE RETOUR PARMI LES CINQ MEILLEURS. DOMINIK HASEK DES SABRES DE BUFFALO EST LE PREMIER GARDIEN DEPUIS JACQUES PLANTE (1962) À RECEVOIR LE TROPHÉE HART. IL HÉRITE AUSSI DU VÉZINA ET SES PAIRS LUI DÉCERNENT LE TITRE DE JOUEUR DE L'ANNÉE (TROPHÉE LESTER-B.-PEARSON), MAIS C'EST MARTIN BRODEUR ET SON COÉQUIPIER DES DEVILS, MIKE DUNHAM, QUI CONSERVENT LA MEILLEURE MOYENNE DÉFENSIVE. PAUL KARIYA D'ANAHEIM EST DÉSIGNÉ LE PLUS GENTILHOMME UNE DEUXIÈME FOIS DE SUITE.

Même émotion et même fougue

Mario Tremblay dirige l'équipe du Canadien avec la même émotion et la même fougue qui lui ont permis de se démarquer à l'époque où il enfilait le chandail arborant le CH à l'avant. Une détermination qui frise l'arrogance. Pas de place pour les faibles, ni pour ceux qui ne peuvent suivre le rythme qu'il établit. Toute la saison, il a maille à partir avec les journalistes qui suivent le club et avec plusieurs de ses joueurs qui parfois le défient ouvertement.

● Stéphane Richer est de retour avec les Canadiens en août 1996, à la suite d'une transaction qui envoie le défenseur Lyle Odelein aux Devils du New Jersey. Auteur de deux saisons de 50 buts avec le Tricolore, il vient de connaître la pire des cinq années passées au New Jersey, avec seulement 20 buts et 32 points en 73 parties. «Je veux prouver que je ne suis pas un joueur fini», déclare-t-il aux journalistes à son arrivée dans la métropole.

● Heureux de se retrouver à Montréal, Richer dispute un 800e match dans la Ligue en janvier, son 450e avec les Canadiens. Peu de temps après, il obtient son 400e point chez le Tricolore.

● Serge Savard, ancien directeur général du CH, nie une nouvelle parue en novembre voulant qu'il soit intéressé à se porter acquéreur des Canadiens. Savard est maintenant copropriétaire de l'hôtel Château Champlain à Montréal et de plusieurs autres compagnies qui lui

permettent de vivre à l'aise. On apprendra par la suite que le Sénateur avait effectivement approché la Brasserie Molson en ce sens quelques mois plus tôt.

● Les Canadiens occupent le neuvième rang des équipes de la LNH selon la revue *Financial World*, qui publie la valeur des différents clubs, établissant celle de Montréal à 86 millions américains. D'autre part, la masse salariale de l'équipe s'établit à 22 millions, en novembre, la 15e de la Ligue.

● Mark Recchi procure un moment de réjouissance aux partisans de l'équipe avec un tour du chapeau lors du match des étoiles de la Ligue, ce qui lui vaut le titre de joueur par excellence de la rencontre, gagnée 11-7 par l'Est. Le dernier joueur du Tricolore à mériter semblable honneur fut Pete Mahovlich en 1976.

● Benoît Brunet délaisse son numéro 22 au profit du 17, avec lequel il a connu beaucoup de succès chez les juniors. Pour sa part,

1996-1997

Mario Tremblay s'est bien souvent senti abandonné de tous dans son rôle d'entraîneur.

Comme Donald Brashear, devant la caméra de Paul Buisson du Réseau des sports à l'entraînement du 9 novembre. Insatisfait du comportement du gros ailier gauche, Tremblay lui ordonne de s'en retourner au vestiaire, appuyant son ordre de nombreux jurons qui n'échappent pas au caméraman. Et Brashear de répliquer en qualifiant son entraîneur de tous les noms. Et tous les médias de reprendre l'engueulade avec force détails. D'aucuns réclament le départ de Tremblay pour son mauvais exemple. Mais, c'est Brashear qui partira cette fois-là.

L'entraîneur s'en prend de nouveau aux médias quelques jours plus tard, lorsque *La Presse* tourne son adjoint Yvan Cournoyer en ridicule, sur la foi des dires de quelques joueurs anonymes qui lui reprochent son manque de connaissances techniques.

Le Bleuet s'était déjà mis les médias à dos avec le départ de Roy la saison précédente. Un peu plus encore avec celui de Pierre Turgeon en octobre. Turgeon était le capitaine de l'équipe et l'un des meilleurs à l'offensive. L'un des plus appréciés aussi.

ÉQUIPE 1996-97

Entraîneur : Mario Tremblay (82-31-36-15)

N°	POS	JOUEURS	PJ	B	A	PTS	PUN
25	C	Vincent Damphousse	82	27	54	81	82
8	AD	Mark Recchi	82	34	46	80	58
49	AG	Brian Savage	81	23	37	60	39
11	C	Saku Koivu	50	17	39	56	38
26	AG	Martin Rucinsky	70	28	27	55	62
44	AD	Stéphane Richer	63	22	24	46	32
18	AD	Valeri Bure	64	14	21	35	6
38	D	Vladimír Malakhov	65	10	20	30	43
17	AG	Benoit Brunet	39	10	13	23	14
5	D	Stéphane Quintal	71	7	15	22	100
27,29	AG	Shayne Corson	47	6	15	21	80
30	AD	Turner Stevenson	65	8	13	21	97
24	C	Scott Thornton	73	10	10	20	128
42	C	Darcy Tucker	73	7	13	20	110
28	C	Marc Bureau	43	6	9	15	16
43	D	Patrice Brisebois	49	2	13	15	24
3,27	D	David Wilkie	61	6	9	15	63
34	D	Peter Popovic	78	1	13	14	32
77	C	Pierre Turgeon	9	1	10	11	2
71	C	Sébastien Bordeleau	28	2	9	11	2
35	D	Jassen Cullimore	49	2	6	8	42
22	AD	Chris Murray	56	4	2	6	114

David Wilkie redonne le 27 à Shayne Corson, numéro que ce dernier portait à son premier séjour à Montréal.

● Marc Bureau, Scott Thornton et Martin Rucinsky rééditent l'exploit réalisé par Émile Bouchard, Doug Harvey et Maurice Richard en 1948, avec trois buts inscrits en infériorité numérique dans un même match contre Calgary en début de saison.

● Vincent Damphousse profite de la saison pour atteindre quelques sommets personnels. Il dispute un 300e match dans l'uniforme tricolore en octobre, un 800e dans la Ligue en décembre, franchit le cap des 300 buts avec son 9e tour du chapeau en janvier et ceux des 800 points et des 500 passes en février. Finalement en mars, il en est à un 400e point avec Montréal. Il termine la saison au premier rang de l'équipe avec 27 buts et 54 passes.

● Blessé sérieusement lors du même match que Koivu le 7 décembre, lors d'une victoire contre Chicago, Marc Bureau reste à l'écart du jeu pour deux mois et revient en même temps que Koivu en février.

● Pour la première fois de son histoire, les Canadiens concèdent 50 tirs à leurs rivaux à domicile, et font match nul 4-4 avec les Devils.

● Le déménagement au Centre Molson est profitable au Tricolore qui établit un nouveau record d'assistance (21 273) le 7 avril. Le total de la saison (839 021) surpasse l'ancienne marque de Chicago (837 021) pourtant réalisée avec deux parties de plus. Montréal est la première concession à dépasser les 20 000 spectateurs pour chacun des matchs locaux.

● Mario Tremblay fait appel à son prédécesseur, Jacques Demers, pour le début des séries. Demers est chargé de surveiller les matchs de la passerelle de la presse et de donner son avis à Tremblay par la suite.

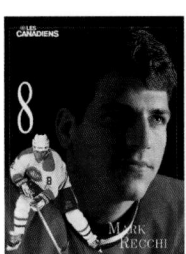

1996-1997

Un tour du chapeau pour Mark Recchi au match des étoiles. Il est désigné comme meilleur joueur de la rencontre.

Comble de malheur, les blessures affectent le club plus que tout autre de la Ligue. Un total de 295 joueurs/matchs absents au cours de la saison. Notamment Saku Koivu, perdu pour deux mois, le jour même où il se hisse au sommet des marqueurs de la Ligue.

Puis Stéphane Richer qui y va de quelques déclarations controversées, style il-n'y-a-pas-que-le-Canadien-qui-compte-dans-la-vie. Une série de défaites qui n'en finit plus en décembre, les huées de la foule à l'endroit de quelques joueurs, les « sorties » de certains autres contre leurs coéquipiers, l'intransigeance de Tremblay. Des records peu enviables (le moins de...) à profusion en fin de campagne et une qualification pour les séries arrachée au dernier match du calendrier.

Et pour finir, le but du gardien des Devils Martin Brodeur, un Montréalais près des amateurs, lors du premier duel des séries et l'élimination en cinq parties par les Devils.

Dans son analyse de la saison, Yvon Pedneault du *Journal de Montréal* écrit : « Constat d'échec sur toute la ligne (...) Le Canadien n'a plus d'identité, plus de personnalité. »

Abattu, le cheveu grisonné prématurément, les traits tirés, mais l'œil toujours vif, Tremblay remet sa démission lors d'une conférence de presse émotive quatre jours après l'élimination de l'équipe. Il sonne la charge contre certains journalistes qu'il accuse d'avoir fait preuve de méchanceté au cours des 18 mois qu'il a dirigé l'équipe.

Il quitte avec la même émotion et la même fougue.

ÉQUIPE 1996-97

N°	POS	JOUEURS	PJ	B	A	PTS	PUN
36	D	Murray Baron	60	1	5	6	107
52	D	Craig Rivet	35	0	4	4	54
37	D	Dave Manson	9	1	1	2	23
20	C	Éric Houde	13	0	2	2	2
53	D	Rory Fitzpatrick	6	0	1	1	6
37	G	Tomas Vokoun	1	0	0	0	0
51	AD	David Ling	2	0	0	0	0
14	AG	Terry Ryan	3	0	0	0	0
48	D	François Groleau	5	0	0	0	4
32	D	Brad Brown	8	0	0	0	22
35	AG	Donald Brashear	10	0	0	0	38
15	AG	Pierre Sévigny	13	0	0	0	5
60	G	José Théodore	16	0	0	0	0
39	G	Pat Jablonski	17	0	0	0	0
41	G	Jocelyn Thibault	61	0	0	0	0

GARDIENS	PJ	G	P	N	MIN	BC	BL	MOY
Jocelyn Thibault	61	22	24	11	3397	164	1	2,90
José Théodore	16	5	6	2	821	53	0	3,87
Pat Jablonski	17	4	6	2	754	50	0	3,98
Tomas Vokoun	1	0	0	0	20	4	0	12,00

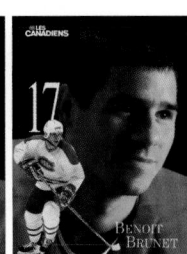

À chaque partie, le Tricolore offre la liste de ses joueurs aux spectateurs du Centre Molson au revers de magnifiques photos couleurs des joueurs.

● Nouveau record d'équipe avec 21 parties en prolongation. L'ancienne marque datait de 1937-38. Quinze des 21 parties ne donnent pas de vainqueur. Les Canadiens gagnent deux des six autres.

● Au nombre des performances les moins enviables pour le Tricolore figure celle du plus petit nombre de victoires (31) depuis la saison 1962-63 (17 à Montréal et 14 sur la route).

● Sommets personnels pour quelques joueurs au cours de la saison : Stéphane Quintal dispute un 500ᵉ match dans la Ligue, Patrice Brisebois un 300ᵉ avec Montréal. Scott Thornton, Martin Rucinsky et Vladimir Malakhov ont aussi joué 300 parties dans la Ligue. Shayne Corson a maintenant 300 points avec le Tricolore.

Brian Savage obtient le premier tour du chapeau au Centre Molson dès le début de la saison.

LA MALÉDICTION DES CAPITAINES

1996-1997

« Écoute, Réjean, ça ne peut plus fonctionner comme ça, Mario s'obstine à m'envoyer sur le troisième trio », lance Pierre Turgeon à son ancien concitoyen Réjean Houle en entrant dans le bureau du directeur général au septième étage du Centre Molson. Le Canadien vient de disputer son dernier match préparatoire à la saison 1996-97, perdu 5-4 contre les Devils. Et Turgeon d'enchaîner en mentionnant à Houle qu'il s'est entraîné fort tout l'été afin de connaître une bonne saison et qu'il est encore trop jeune à 27 ans pour être confiné à un rôle défensif. À regret, le meilleur marqueur de l'équipe, avec 38 buts et 58 passes la saison dernière, demande à son ami de l'envoyer dans une autre formation où il pourra utiliser ses talents de compteur et de bon fabricant de jeu.

Houle le reconduit à la porte et, tout en lui donnant une petite tape dans le dos, lui promet de voir ce qu'il peut faire si les choses ne s'arrangent pas pour lui.

Trois semaines plus tard à Dorval, au moment de prendre l'avion pour Detroit, celui qu'on avait surnommé « le magicien de Rouyn » à cause de ses mains agiles est entraîné à l'écart par Mario Tremblay qui lui fait part de son échange aux Blues.

Muté à l'aile gauche aux côtés de Saku Koivu la veille contre les Coyotes de Phoenix, Turgeon avait pourtant obtenu quatre passes.

Il est le cinquième capitaine du Tricolore à être échangé au cours des six dernières années, après Chris Chelios en 1990, Guy Carbonneau en 1994, ainsi que Kirk Muller et Mike Keane, en 1995. Son successeur Vincent Damphousse connaîtra un sort identique deux ans et demi (1999) plus tard. Après le départ de Carbonneau, les Canadiens auront connu quatre capitaines en deux saisons : Muller, Keane, Turgeon et Damphousse. Une véritable malédiction pour tous ceux chargés de transmettre la tradition et le désir de vaincre au sein de la formation depuis 1989. Difficile lorsqu'on voit le tapis glisser aussi facilement sous les pieds des vétérans. Avant eux, les Lalonde, Blake, Bouchard et Gainey avaient occupé le poste huit ou neuf ans, voire dix dans le cas de Béliveau.

TROPHÉES
COUPE STANLEY
Red Wings de Detroit
TROPHÉE PRINCE-DE-GALLES
Flyers de Philadelphie
TROPHÉE CLARENCE-CAMPBELL
Red Wings de Detroit
TROPHÉE DU PRÉSIDENT
Avalanche du Colorado
TROPHÉE HART
Dominik Hasek
Sabres de Buffalo
TROPHÉE ART-ROSS
Mario Lemieux
Penguins de Pittsburgh
TROPHÉE LADY-BYNG
Paul Kariya
Mighty Ducks d'Anaheim
TROPHÉE CALDER
Bryan Berard
Islanders de New York

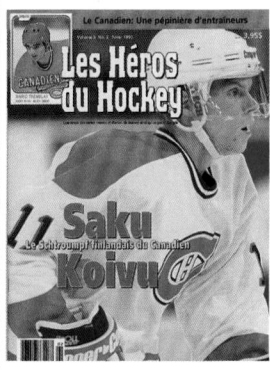

*Le magazine pour collectionneurs **Les Héros du Hockey** consacre la une de l'un de ses numéros à la nouvelle vedette du Tricolore.*

● Les festivités de la coupe Stanley chez les Red Wings sont assombries, six jours plus tard, par un terrible accident d'auto qui laisse le défenseur Vladimir Konstantinov et le masseur de l'équipe handicapés pour la vie.

● Sheldon Kennedy, des Bruins, parvient à faire condamner son ex-entraîneur chez les Broncos de Swift Current, Graham James, pour agression sexuelle. Pas moins de 350 accusations furent portées contre James par différents joueurs par la suite.

● Champion marqueur pour la sixième fois, Mario Lemieux se retire à 31 ans, après 12 saisons et plus de 600 buts avec les Penguins. Il en a assez de l'accrochage et de l'obstruction à l'endroit des meilleurs joueurs. Le 66 détient 11 records et la meilleure moyenne offensive de la Ligue.

● Raymond Bourque, maintenant premier marqueur de l'histoire des Bruins, devient le troisième défenseur, après Denis Potvin et Paul Coffey, à atteindre le total de 1 000 points.

● Craig MacTavish, dernier joueur à évoluer sans casque protecteur, se retire après 16 saisons dans la LNH.

● Les Bruins sont hors des séries pour la première fois en 30 ans.

● Patrick Lalime connaît un début de carrière étourdissant devant le filet des Penguins, en relève aux deux gardiens réguliers mis à l'écart par les blessures. Il dispute 16 parties (14 victoires et 2 nulles) sans revers, éclipsant les débuts de Ken Dryden.

● Les Whalers en sont à leur dernière saison à Hartford. Ils deviendront les Hurricanes de la Caroline la saison suivante, alors qu'il ne restera plus qu'Edmonton de l'ancienne AMH.

● Scotty Bowman remporte une 1 000e victoire à titre d'entraîneur dans la Ligue.

● L'ancien cerbère étoile des Canadiens, Ken Dryden, accepte le poste de président des Maple Leafs de Toronto en mai 1997. Il s'attribuera lui-même la fonction de directeur général par la suite.

TROPHÉES

TROPHÉE GEORGES-VÉZINA
Dominik Hasek
Sabres de Buffalo
TROPHÉE JAMES-NORRIS
Brian Leetch
Rangers de New York
TROPHÉE CONN-SMYTHE
Mike Vernon
Red Wings de Detroit
TROPHÉE BILL-MASTERTON
Tony Granato
Sharks de San Jose
TROPHÉE LESTER-B.-PEARSON
Dominik Hasek
Sabres de Buffalo
TROPHÉE JACK-ADAMS
Ted Nolan
Sabres de Buffalo
TROPHÉE FRANK-J.-SELKE
Michael Peca
Sabres de Buffalo
TROPHÉE WILLIAM-M.-JENNINGS
Martin Brodeur et
Mike Dunham
Devils du New Jersey
TROPHÉE KING-CLANCY
Trevor Linden
Canucks de Vancouver

BRODEUR MET FIN AUX ESPOIRS...

Le Canadien entreprend la série quart de finale au New Jersey contre les Devils, champions de l'Est, et leur excellent cerbère Martin Brodeur. Le pointage est 4-2 en fin de troisième lorsque Mario Tremblay, dans un geste désespéré pour renverser la situation, retire le gardien Jocelyn Thibault au profit d'un sixième attaquant. Quelques secondes plus tard, Brodeur s'empare du disque derrière son filet pour l'expédier jusqu'à l'autre bout, dans une cage déserte, ajoutant l'insulte à l'injure et mettant fin aux espoirs du Canadien.

Il est le deuxième gardien, avec Ron Hextall (avril 1989), à inscrire un filet durant les séries. C'est le cinquième but crédité à un gardien après ceux de Billy Smith, Hextall (saison et séries) et Chris Osgood.

Des éliminatoires qui commencent bien mal pour le Canadien. Et qui se termineront tout aussi mal avec un jeu blanc de 4-0 de Brodeur, lequel élimine la Sainte Flanelle en cinq.

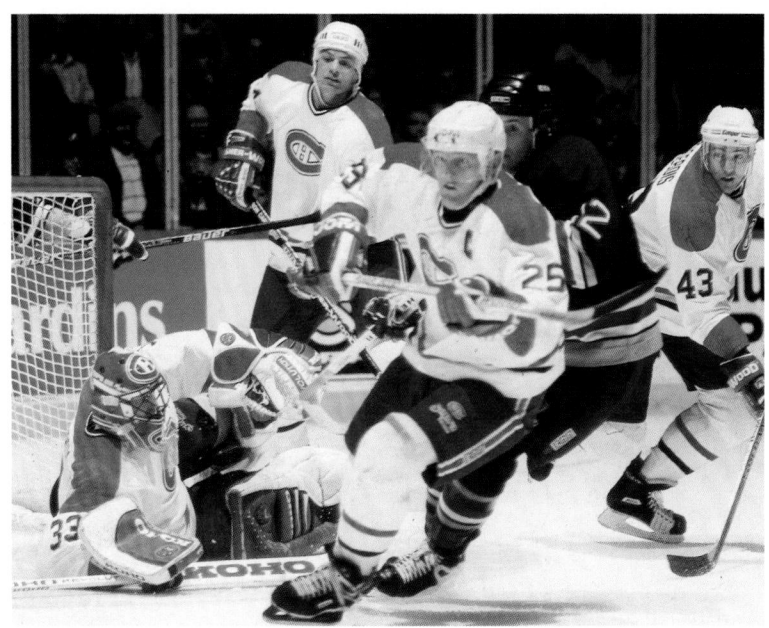

Vincent Damphousse remplace Pierre Turgeon à titre de capitaine. Il connaîtra le même sort que ses cinq prédécesseurs en étant échangé.

● Plusieurs vedettes sont de nouveau échangées au cours de l'année, notamment Jeremy Roenick, Brendan Shanahan, Paul Coffey, Adam Oates, Bill Ranford, Ed Belfour, Keith Primeau, Paul Coffey et Doug Gilmour. Le plus grand de tous, Wayne Gretzky, se joint aux Rangers de New York à titre d'agent libre, pour y retrouver ses amis Mark Messier, Esa Tikkanen, Jeff Beukeboom et Luc Robitaille.

● L'excellent Pat LaFontaine est mis au rancart pour le reste

de la saison après seulement 13 parties, en raison d'une commotion cérébrale — une blessure devenue fréquente dans la LNH.

● La LNH annonce l'arrivée de quatre autres nouvelles équipes pour 1998-99 (Nashville), 1999-2000 (Atlanta) et 2000-01 (Columbus et Minneapolis-St. Paul), qui porteront les effectifs du circuit à 30 clubs.

● La somme obtenue par les anciens de la LNH, par suite de la bataille menée

autour de la caisse de retraite cachée par la Ligue, atteint finalement les 41,1 millions et touche quelque 1 400 joueurs. Carl Brewer, Andy Bathgate, Gordie Howe, Bobby Hull, Allan Stanley, Eddie Shack et Leo Reise ont dû mener une bataille juridique serrée pendant cinq ans avant d'obtenir gain de cause.

● Bruce McNall, ancien propriétaire des Kings de Los Angeles, est condamné à cinq ans et dix mois de prison pour escroquerie. Une dizaine de ses associés sont aussi condamnés.

● Les Américains surprennent le Canada en finale lors de la présentation de la première Coupe du monde de hockey, laquelle remplace désormais Coupe Canada.

● Le Canada prend sa revanche aux championnats du monde en Finlande, remportant l'or contre la Suède.

● Cinquième médaille d'or consécutive pour le Canada au championnat du monde junior.

● Les Olympiques de Hull gagnent la coupe Memorial devant leurs partisans, face aux Hurricanes de Lethbridge.

1996-1997

ASSOCIATION DE L'EST							
DIVISION NORD-EST	PJ	G	P	N	BP	BC	PTS
Buffalo (Sabres)	82	40	30	12	237	208	92
Pittsburgh (Penguins)	82	38	36	8	285	280	84
Ottawa (Sénateurs)	82	31	36	15	226	234	77
Montréal (Canadiens)	82	31	36	15	249	276	77
Hartford (Whalers)	82	32	39	11	226	256	75
Boston (Bruins)	82	26	47	9	234	300	61
DIVISION ATLANTIQUE	PJ	G	P	N	BP	BC	PTS
New Jersey (Devils)	82	45	23	14	231	182	104
Philadelphie (Flyers)	82	45	24	13	274	217	103
Floride (Panthers)	82	35	28	19	221	201	89
New York (Rangers)	82	38	34	10	258	231	86
Washington (Capitals)	82	33	40	9	214	231	75
Tampa Bay (Lightning)	82	32	40	10	217	247	74
New York (Islanders)	82	29	41	12	240	250	70
ASSOCIATION DE L'OUEST							
DIVISION CENTRALE	PJ	G	P	N	BP	BC	PTS
Dallas (Stars)	82	48	26	8	252	198	104
Detroit (Red Wings)	82	38	26	18	253	197	94
Phoenix (Coyotes)	82	38	37	7	240	243	83
St. Louis (Blues)	82	36	35	11	236	239	83
Chicago (Blackhawks)	82	34	35	13	223	210	81
Toronto (Maple Leafs)	82	30	44	8	230	273	68
DIVISION PACIFIQUE	PJ	G	P	N	BP	BC	PTS
Colorado (Avalanche)	82	49	24	9	277	205	107
Anaheim (Mighty Ducks)	82	36	33	13	245	233	85
Edmonton (Oilers)	82	36	37	9	252	247	81
Vancouver (Canucks)	82	35	40	7	257	273	77
Calgary (Flames)	82	32	41	9	214	239	73
Los Angeles (Kings)	82	28	43	11	214	268	67
San Jose (Sharks)	82	27	47	8	211	278	62

MEILLEURS MARQUEURS		PJ	B	A	PTS	PUN
Mario Lemieux	Pittsburgh	76	50	72	122	65
Teemu Selanne	Anaheim	78	51	58	109	34
Paul Kariya	Anaheim	69	44	55	99	6
John LeClair	Philadelphie	82	50	47	97	58
Wayne Gretzky	NY Rangers	82	25	72	97	28
Jaromir Jagr	Pittsburgh	63	47	48	95	40
Mats Sundin	Toronto	82	41	53	94	59
Ziggy Palffy	NY Islanders	80	48	42	90	43
Ron Francis	Pittsburgh	81	27	63	90	20
Brendan Shanahan	Hfd/Det.	81	47	41	88	131

Martin Brodeur ne se limite pas à arrêter les Brian Savage et compagnie lors des séries, il compte lui-même un but dont le Tricolore ne se remettra pas.

LES CANADIENS TERMINENT QUATRIÈMES DE LEUR DIVISION ET SEPTIÈMES AU CLASSEMENT GÉNÉRAL DE L'ASSOCIATION DE L'EST ET SURPRENNENT LES PENGUINS EN PREMIÈRE RONDE. UN BUT DE BENOÎT BRUNET EN PROLONGATION DU PREMIER MATCH DONNE LE TON À LA SÉRIE QUE MONTRÉAL REMPORTE EN SIX, AVANT DE PERDRE EN QUATRE PARTIES D'AFFILÉE CONTRE LES SABRES À LA RONDE SUIVANTE. UNE TROISIÈME ÉQUIPE DE LA DÉFUNTE ASSOCIATION MONDIALE DISPARAÎT AVEC LE TRANSFERT DES WHALERS DE HARTFORD EN CAROLINE. LA NOUVELLE FORMATION PORTANT LE NOM DE HURRICANES DEMEURE DANS LA DIVISION NORD-EST ET GLISSE AU DERNIER RANG. LES RED WINGS DE DETROIT CÈDENT DE NOUVEAU LE PREMIER RANG DE LA DIVISION CENTRALE À DALLAS, MAIS CONSERVENT LEUR EMPRISE SUR LA COUPE STANLEY AVEC UN GAIN FACILE SUR WASHINGTON EN QUATRE PARTIES LORS DE LA FINALE. DALLAS EST AUSSI PREMIER DE L'ASSOCIATION DE L'OUEST, NEW JERSEY ET COLORADO MAINTIENNENT LEUR TITRE RESPECTIF, TANDIS QUE PITTSBURGH RETROUVE LE SOMMET DU GROUPE NORD-EST, DEVANT BOSTON ET BUFFALO. LES WINGS N'ONT PAS LA PARTIE FACILE, EN ROUTE POUR LA NEUVIÈME COUPE DE LEUR HISTOIRE. ILS ONT BESOIN DE SIX PARTIES CHAQUE FOIS POUR ÉCARTER PHOENIX, ST. LOUIS ET DALLAS AVANT LA FINALE. JAROMIR JAGR SUCCÈDE À SON COÉQUIPIER MARIO LEMIEUX, MAINTENANT À LA RETRAITE, POUR LE TITRE DE CHAMPION MARQUEUR AVEC 102 POINTS, 11 DE MIEUX QUE PETER FORSBERG DU COLORADO. DOMINIK HASEK EST DE NOUVEAU JUGÉ LE PLUS UTILE PAR LA LIGUE ET PAR LES JOUEURS, CONSERVANT DE PLUS LE TROPHÉE VÉZINA. MARTIN BRODEUR EST TOUJOURS PREMIER POUR LE JENNINGS.

Rucinsky stimule les Sabres de Buffalo

Martin Rucinsky provoque l'élimination hâtive du Canadien par une déclaration malhabile, qui vise la reconnaissance de son compatriote Dominik Hasek, gardien des Sabres de Buffalo, mais qui a pour effet de fouetter l'orgueil des autres joueurs des Sabres, lesquels éliminent rapidement le Canadien en demi-finale d'association. En ronde initiale, les Montréalais sont brillamment sortis victorieux de leur confrontation face aux Penguins de Pittsburgh en les surprenant dès le premier

● Montréal acquiert le gardien Andy Moog, devenu joueur autonome, avant le début de saison. On lui offre un contrat de deux ans pour 4,2 millions américains. L'arrivée de Moog signifie le départ de José Théodore pour Fredericton.

● Moog se démarque en janvier, devenant le 10e gardien de la Ligue à compter 700 parties à son actif.

● Alain Vigneault, entraîneur pendant huit ans chez les juniors et adjoint à Ottawa pendant trois saisons, est désigné pour remplacer le bouillant Mario Tremblay derrière le banc de l'équipe, un mois après le départ de celui-ci en mai. Dave King, ancien entraîneur de l'équipe canadienne et des Flames de Calgary, devient son adjoint.

● L'arrivée de Vigneault et de King signifie le départ de Cournoyer, Laperrière et Shutt à titre d'adjoints de l'entraîneur. Laperrière s'en va retrouver Pat Burns à Boston. Quant à Mario Tremblay, il agira comme dépisteur pour l'organisation. Clément Jodoin et l'ex-gardien Roland Melanson se grefferont à l'équipe un peu plus tard.

● Les Canadiens acceptent que les Oilers d'Édmonton envoient les sept meilleurs espoirs de l'équipe à Fredericton pour renforcer le club-école du Tricolore.

● Grève du capitaine Vincent Damphousse, à l'ouverture du camp en septembre. Quelques jours plus tard, il devient le joueur le mieux payé de l'équipe avec un salaire de 3 275 000 $. Un peu plus tard en saison, Damphousse dispute un 400e match avec l'équipe suivi d'un 900e dans la Ligue.

● Molson rompt son entente avec la LNH pour la diffusion de *Hockey Night in Canada* pour une question d'argent. La LNH se tourne vers Labatt pour conclure une entente de quatre ans. Cependant, la Brasserie Molson reste

1997-1998

match. Les champions de la Division Nord-Est ne sont jamais parvenus à prendre l'avantage de la série et, fort d'un triomphe en six parties, le Tricolore attendait la ronde suivante avec détermination.

Au journaliste Bill Beacon de la Presse canadienne, qui lui demande d'analyser l'équipe des Sabres, prochains adversaires du Canadien, Rucinsky résume en disant : « Les Sabres, c'est l'histoire d'un gardien de but. C'est celle de Hasek. S'il n'était pas là, Buffalo ne serait pas rendu aussi loin. C'est une équipe ordinaire, les Sabres ressemblent à la formation (République tchèque) que nous avions aux Olympiques... »

Par sa déclaration, au lieu de décourager les Sabres,
Martin Rucinsky fouette leur orgueil et le Tricolore est vite sorti des séries.

ÉQUIPE 1997-98

Entraîneur : Alain Vigneault (82-37-32-13)

N°	POS	JOUEURS	PJ	B	A	PTS	PUN
8	AD	Mark Recchi	82	32	42	74	51
25	C	Vincent Damphousse	76	18	41	59	58
11	C	Saku Koivu	69	14	43	57	48
27	AG	Shayne Corson	62	21	34	55	108
26	AG	Martin Rucinsky	78	21	32	53	84
38	D	Vladimír Malakhov	74	13	31	44	70
49	AG	Brian Savage	64	26	17	43	36
43	D	Patrice Brisebois	79	10	27	37	67
22	D	Dave Manson	81	4	30	34	122
17	AG	Benoit Brunet	68	12	20	32	61
20	AD	Valeri Bure	50	7	22	29	33
28	C	Marc Bureau	74	13	6	19	12
5	D	Stéphane Quintal	71	6	10	16	97
24	C	Scott Thornton	67	6	9	15	158
71	C	Sébastien Bordeleau	53	6	8	14	36
44	AG	Jonas Hoglund	28	6	5	11	6
37	AG	Patrick Poulin	34	4	6	10	8
23	AD	Turner Stevenson	63	4	6	10	110
44	AD	Richer Stéphane	14	5	4	9	5
34	D	Peter Popovic	69	2	6	8	38
3	D	Zarley Zalapski	28	1	5	6	22
42	D	Darcy Tucker	39	1	5	6	57
41	G	Jocelyn Thibault	47	0	2	2	0
52	D	Craig Rivet	61	0	2	2	93
55	D	Igor Ulanov	4	0	1	1	12
3	D	David Wilkie	5	1	0	1	4
15	C	Éric Houde	9	1	0	1	0
29	D	Brett Clark	41	1	0	1	20
46	C	Matt Higgins	1	0	0	0	0
48	D	François Groleau	1	0	0	0	0
51	AD	David Ling	1	0	0	0	0
35	D	Jassen Cullimore	3	0	0	0	4
14	AG	Terry Ryan	4	0	0	0	31
21	AD	Mick Vukota	22	0	0	0	76
35	G	Andy Moog	42	0	0	0	4
60	G	José Théodore	-	-	-	-	-

GARDIENS	PJ	G	P	N	MIN	BC	BL	MOY
Jocelyn Thibault	47	19	15	8	2652	109	2	2,47
Andy Moog	42	18	17	5	2337	97	3	2,49

commanditaire de *La Soirée du Hockey*.

● Les deux buts de Martin Rucinsky, dans une victoire de 4-3 du Tricolore, le 25 octobre contre Ottawa, permettent à l'équipe montréalaise de totaliser 6 000 points dans la LNH.

● Les Canadiens disputent un 5 000e match dans la Ligue nationale, le 1er décembre à Montréal, mais perdent la rencontre 1-0 contre Pittsburgh, sur un but de Jaromir Jagr. La fiche des Glorieux est de 2 625 victoires, 1 603 revers et 772 nulles.

● La valeur financière du club grimpe à 95 millions, selon le *Financial World*, mais l'équipe glisse de la 9e à la 10e place.

● Jason Ward des Otters de Érie est le premier choix de l'organisation montréalaise au repêchage de la Ligue, le 11e au total.

● La tempête de verglas oblige le report du match du 10 janvier contre les Rangers au 12 mars. « Du jamais vu », affirme l'ancien joueur devenu commentateur, Gilles Tremblay. C'est la première fois

de son histoire que l'équipe ne joue pas à Montréal pour quatre samedis consécutifs.

● Mark Recchi connaît un bon mois de décembre. Le 12, il obtient le 300e but de sa carrière, puis le 23, il dispute un 500e match sans interruption. La semaine suivante, il y va d'une production de quatre buts et trois passes en quatre parties, ce qui lui vaut le titre de joueur de la semaine dans la LNH.

● Shayne Corson, qui compte plus de 1 000 minutes de punitions dans l'uniforme du Tricolore, accumule quand même les points (500) et les passes (300) dans le circuit.

● Au nombre des nouveaux vétérans du club, on relève les noms de Shayne Corson (500 parties avec les Canadiens et 800 dans la Ligue), Peter Popovic et Benoît Brunet (300) avec Montréal. Quant à Dave Manson, sa feuille de route indique 800 parties, tandis que Mark Recchi en a 700.

ASSOCIATION DE L'EST							
DIVISION NORD-EST	**PJ**	**G**	**P**	**N**	**BP**	**BC**	**PTS**
Pittsburgh (Penguins)	82	40	24	18	228	188	98
Boston (Bruins)	82	39	30	13	221	194	91
Buffalo (Sabres)	82	36	29	17	211	187	89
Montréal (Canadiens)	82	37	32	13	235	208	87
Ottawa (Sénateurs)	82	34	33	15	193	200	83
Caroline (Hurricanes)	82	33	41	8	200	219	74
DIVISION ATLANTIQUE	**PJ**	**G**	**P**	**N**	**BP**	**BC**	**PTS**
New Jersey (Devils)	82	48	23	11	225	166	107
Philadelphie (Flyers)	82	42	29	11	242	193	95
Washington (Capitals)	82	40	30	12	219	202	92
New York (Islanders)	82	30	41	11	212	225	71
New York (Rangers)	82	25	39	18	197	231	68
Floride (Panthers)	82	24	43	15	203	256	63
Tampa Bay (Lightning)	82	17	55	10	151	269	44

ASSOCIATION DE L'OUEST							
DIVISION CENTRALE	**PJ**	**G**	**P**	**N**	**BP**	**BC**	**PTS**
Dallas (Stars)	82	49	22	11	242	167	109
Detroit (Red Wings)	82	44	23	15	250	196	103
St. Louis (Blues)	82	45	29	8	256	204	98
Phoenix (Coyotes)	82	35	35	12	224	227	82
Chicago (Blackhawks)	82	30	39	13	192	199	73
Toronto (Maple Leafs)	82	30	43	9	194	237	69
DIVISION PACIFIQUE	**PJ**	**G**	**P**	**N**	**BP**	**BC**	**PTS**
Colorado (Avalanche)	82	39	26	17	231	205	95
Los Angeles (Kings)	82	38	33	11	227	225	87
Edmonton (Oilers)	82	35	37	10	215	224	80
San Jose (Sharks)	82	34	38	10	210	216	78
Calgary (Flames)	82	26	41	15	217	252	67
Anaheim (Mighty Ducks)	82	26	43	13	205	261	65
Vancouver (Canucks)	82	25	43	14	224	273	64

1997-1998

C'est maintenant Alain Vigneault qui mène la barque de l'équipe.

À peine diffusée à la radio et à la télévision de Buffalo, la nouvelle est commentée par tous les journaux et affichée dans le vestiaire des Sabres. Les médias montréalais aussi pourchassent Rucinsky qui n'en finit plus de justifier ses paroles. Il a beau répéter qu'il ne voulait pas minimiser les autres joueurs mais simplement établir une comparaison avec la formation tchèque, médaillée d'or aux Olympiques. Cette équipe, composée de joueurs moyens, reposait essentiellement sur un gardien pratiquement invincible, Dominik Hasek.

Les Sabres sont composés de joueurs, inconnus pour plusieurs, qui n'au-raient pu rêver de meilleure stimulation à la veille de la série. Très rapidement, Buffalo prend les devants 2-0, lors du premier match, mais l'espoir revient dans le camp montréalais, avec des buts de Turner Stevenson et Vincent Damphousse en l'espace de 10 secondes en fin de troisième. Espoir de courte durée puisque Geoff Sanderson donne la victoire aux Sabres au début de la supplémentaire. Au deuxième match, Matthew Barnaby, la « petite peste » des Sabres, rompt une égalité de 3-3 avec trois buts assassins, laissant le Tricolore sans riposte.

505

● La Ligue fait abstraction de ses délais habituels et intronise Mario Lemieux au Temple de la renommée avant le début de la saison en même temps que Bryan Trottier et Glen Sather.

● Wayne Gretzky obtient une 1 851e passe le 26 octobre, soit davantage que le total de points obtenus par Gordie Howe.

● Gordie Howe dispute un match avec les Vipers de Detroit de la Ligue internationale, pour devenir le seul joueur de l'histoire à avoir joué professionnellement au cours de six décennies.

● Michel Petit signe avec Phoenix à titre d'agent libre en novembre. Il s'agit de sa 10e équipe dans la LNH. Depuis que Vancouver en a fait son premier choix en 1982, il a joué pour les Canucks, les Rangers, les Nordiques, les Maple Leafs, les Flames, les Kings, le Lightning, les Oilers, les Flyers et maintenant les Coyotes.

● Le Montréalais Yanick Dupré, 24 ans, deuxième choix des Flyers, est emporté par la leucémie à l'aube d'une carrière prometteuse. Quelques semaines plus tard, Camille Henry, ancienne vedette des Rangers, décède de complications liées au diabète.

● Sergei Fedorov et les Red Wings ne peuvent s'entendre sur le renouvellement de contrat de l'excellent joueur russe et celui-ci reste chez lui en début de saison. Les Hurricanes de la Caroline lui font une offre de 38 millions que les Wings se dépêchent d'égaler pour le conserver. Il ne dispute que 21 parties mais domine le club pour les buts en séries, contribuant largement à la conquête de la coupe Stanley.

● L'Avalanche du Colorado égale aussi l'offre de 21 millions pour 3 ans des Rangers à l'endroit de Joe Sakic, devenu agent libre.

● Les Canucks et les Mighty Ducks s'affrontent à Tokyo dans un premier match de la LNH disputé à l'extérieur

1997-1998

Le Canadien est forcé de poursuivre avec du hockey de rattrapage au premier match disputé à Montréal et, cette fois, Michael Peca devient le héros du match, avec le but gagnant en deuxième supplémentaire, but qui force le Canadien à disputer un quatrième match, avec l'obligation de gagner pour éviter l'élimination. Mais Barnaby de nouveau, Donald Audette et Miroslav Satan se chargent de la dernière rencontre, gagnée 3-1 par Buffalo. Alain Vigneault utilise Jocelyn Thibault, José Théodore et Andy Moog à tour de rôle devant la cage du Tricolore pour secouer les troupes, sans grand succès.

La déclaration de Rucinsky a incité les joueurs ordinaires des Sabres, les « cols bleus », à puiser au fond de leurs ressources pour lui faire ravaler ses paroles, mais la tenue étourdissante de Hasek y a été aussi pour beaucoup dans cette élimination rapide du Tricolore.

ON S'INQUIÈTE POUR LE ROCKET

Le cœur de millions de Québécois s'est arrêté de battre lorsque Red Fisher, brisant un silence tacite respecté dans tous les médias, annonce à la une de

TROPHÉES	
COUPE STANLEY	
Red Wings de Detroit	
TROPHÉE PRINCE-DE-GALLES	
Capitals de Washington	
TROPHÉE CLARENCE-CAMPBELL	
Red Wings de Detroit	
TROPHÉE DU PRÉSIDENT	
Stars de Dallas	
TROPHÉE HART	
Dominik Hasek	
Sabres de Buffalo	
TROPHÉE ART-ROSS	
Jaromir Jagr	
Penguins de Pittsburgh	
TROPHÉE LADY-BYNG	
Ron Francis	
Penguins de Pittsburgh	
TROPHÉE CALDER	
Sergei Samsonov	
Bruins de Boston	
TROPHÉE GEORGES-VÉZINA	
Dominik Hasek	
Sabres de Buffalo	

Tout le Québec s'inquiète de l'état de santé du Rocket.

MEILLEURS MARQUEURS		PJ	B	A	PTS	PUN
Jaromir Jagr	Pittsburgh	77	35	67	102	64
Peter Forsberg	Colorado	72	25	66	91	94
Pavel Bure	Vancouver	82	51	39	90	48
Wayne Gretzky	NY Rangers	82	23	67	90	28
John LeClair	Philadelphie	82	51	36	87	32
Ziggy Palffy	NY Islanders	82	45	42	87	34
Ron Francis	Pittsburgh	81	25	62	87	20
Teemu Selanne	Anaheim	73	52	34	86	30
Jason Allison	Boston	81	33	50	83	60
Jozef Stumpel	Los Angeles	77	21	58	79	53

du continent. Vancouver l'emporte 3-2.

● L'équipe de la République tchèque, inspirée par les prouesses de son gardien Dominik Hasek, renverse toutes les prévisions en battant la Russie 1-0, en finale des Jeux olympiques à Nagano. C'est la première fois que les hockeyeurs professionnels participent aux Jeux alors que la LNH interrompt ses activités pour deux semaines en février. La demi-finale contre le Canada se termine en tirs de barrage et l'entraîneur

canadien, Marc Crawford, sera longtemps montré du doigt pour ne pas avoir utilisé Wayne Gretzky lors de cette fusillade remportée par les Tchèques. Le Canada perd aussi le match de la médaille de bronze contre la Finlande.

● Furieux d'avoir été éliminés en quart de finale, les membres de l'équipe américaine saccagent leurs chambres avant de quitter les lieux.

● Nouvelle déception pour le Canada, au hockey féminin cette fois. Largement

favorites, les filles se font surprendre 3-1 par les Américaines en finale.

● Les succès de Hasek ne se limitent pas aux Jeux olympiques. Le Dominator mène les Sabres de Buffalo en finale d'association, remporte son quatrième Vézina en cinq ans et est le meneur de la Ligue pour le pourcentage d'arrêts pour une cinquième année de suite. Il est de nouveau désigné le plus utile à son équipe, une deuxième saison de suite.

● Alan Eagleson, ex-directeur de l'Association des joueurs, est condamné sous 30 chefs d'accusation : fraude, escroquerie, obstruction à la justice et autres délits, après trois ans de démêlés judiciaires. Il est d'abord condamné par la cour de Boston et ensuite par celle de Toronto à 18 mois de prison et 1 million d'amende. Le gouvernement canadien lui retire l'Ordre du Canada attribué précédemment et il est aussi banni du barreau

TROPHÉES	
TROPHÉE JAMES-NORRIS	
Rob Blake	
Kings de Los Angeles	
TROPHÉE CONN-SMYTHE	
Steve Yzerman	
Red Wings de Detroit	
TROPHÉE BILL-MASTERTON	
Jamie McLennan	
Blues de St. Louis	
TROPHÉE LESTER-B.-PEARSON	
Dominik Hasek	
Sabres de Buffalo	
TROPHÉE JACK-ADAMS	
Pat Burns	
Bruins de Boston	
TROPHÉE FRANK-J.-SELKE	
Jere Lehtinen	
Stars de Dallas	
TROPHÉE WILLIAM-M.-JENNINGS	
Martin Brodeur	
Devils du New Jersey	
TROPHÉE KING-CLANCY	
Kelly Chase	
Blues de St. Louis	

la *Gazette* au matin du 11 mars 1998 que Maurice Richard est atteint du cancer. Depuis son retour précipité de Floride pour une hospitalisation de quelques heures en janvier et la batterie de tests qui s'ensuit, la plupart des médias québécois savaient que le Rocket avait développé une forme de cancer. Mais par respect pour la vie privée de la première idole des Québécois et aussi par crainte de sa réaction — il a conservé son caractère bouillant —, on n'ose en parler, hésitant entre le droit à l'information du public et l'amour porté au monument qu'il est devenu. D'autant plus que le Québec se remet à peine du verglas du début de l'année, lequel a plongé dans le froid, sans électricité, quantité de familles de la Montérégie, de Montréal, de l'Outaouais et des Laurentides, en plus de détruire des milliers d'arbres.

Aussitôt, journaux, postes de radio et de télé, ainsi que la famille de Maurice Richard sont envahis de messages d'encouragement et d'amour envers celui qui soulève toujours les passions, près de quarante ans après sa retraite. Encouragé de tant de marques d'amour, le Rocket se remettra de cette première incursion d'une forme rare de cancer de l'estomac, après plusieurs mois de soins intensifs.

> ### LE SAVIEZ-VOUS...
>
> Les Red Wings rendent un émouvant témoignage à leur ancien équipier, Vladimir Konstantinov, devenu paraplégique à la suite d'un accident lors des festivités soulignant l'obtention de la coupe, l'année précédente, en lui présentant celle-ci au centre de la patinoire. L'arrivée de Konstantinov en fauteuil roulant accentue l'enthousiasme des partisans.

La compagnie Bradford Exchange réalise en cours de saison six plateaux de collection en hommage aux équipes originales de la Ligue.

et du Temple de la renommée des sports du Canada. Il renoncera par la suite à son titre d'intronisé au Temple de la renommée du hockey.

● Un nouveau règlement de la Ligue sur la zone réservée aux gardiens provoque la révision de 304 buts durant la saison et le refus de 110 d'entre eux. Jaromir Jagr est le seul joueur à obtenir 100 points. Son total est le plus bas (exception faite de l'année du lock-out) depuis la première expansion. La moyenne offensive globale de 5,28 est la pire des 42 dernières années du circuit.

● Steve Yzerman dépasse Alex Delvecchio à titre de capitaine avec le plus d'années de service. Et Yzerman est demeuré en poste jusqu'à sa retraite en 2006 (20 ans).

● Un total de 38 joueurs sont touchés par les 19 transactions survenues avant la date limite du 24 mars.

● Mike Gartner est le cinquième joueur, derrière Gretzky, Gordie Howe, Marcel Dionne et Phil Esposito, à obtenir 700 buts dans la Ligue. Jari Kurri et Dino Ciccarelli en ont pour leur part 600.

● Trois joueurs des Capitals de Washington atteignent les 1 000 points au cours de la saison: Adam Oates, Phil Housley et Dale Hunter. Pat LaFontaine (Rangers), Luc Robitaille (Kings) et Al MacInnis (Blues) accomplissent aussi pareil exploit.

● Pour la première fois de leur histoire, les Capitals de Washington atteignent la finale en bonne partie grâce au travail de Joé Juneau qui inscrit quatre buts victorieux, dont deux en prolongation.

● Les Blackhawks de Chicago sont exclus des séries pour la première fois en vingt-neuf ans, malgré les exploits offensifs de Tony Amonte et Éric Dazé.

● Pat Burns reçoit le trophée d'entraîneur de l'année avec une troisième équipe, Boston, après avoir connu semblable honneur à Montréal et à Toronto.

● La Ligue opte pour une nouvelle formule au match des étoiles. Les meilleurs joueurs nord-américains contre ceux des autres pays du monde. Les Nord-Américains gagnent ce premier affrontement 8 à 7.

1997-1998

SITÔT REVENU, SITÔT REPARTI, LE STÉPHANE

Tout enthousiaste qu'il était à son retour à Montréal à l'été 1996, Stéphane Richer connaît une deuxième carrière difficile avec le Canadien. Réjean Houle, qui a toujours voué un grand respect aux anciens Glorieux, l'avait rapatrié pour ses qualités de marqueur. Mais Stéphane s'était mis quelques coéquipiers et plusieurs partisans à dos par des déclarations inappropriées, faites trop spontanément. À la mi-janvier 1998, en plein milieu de la crise du verglas, le même Réjean Houle lui indique la porte de sortie, pour la deuxième fois de sa carrière, échangeant ses services ainsi que ceux de Darcie Tucker et David Wilkie au Lightning de Tampa Bay en retour de Patrick Poulin, Mick Vukota et Igor Ulanov, trois « plombiers » de service. Aux prises avec des problèmes personnels, Richer n'a plus cette flamme qui le caractérisait. Cependant, il avait inscrit un 700e point à sa fiche trois jours plus tôt.

Nouveau champion du monde de Formule Un, Jacques Villeneuve est accueilli en héros au Centre Molson.

1998 ⓒ 1999

Nouvelle répartition des divisions de la Ligue qui augmentera progressivement ses concessions jusqu'à 30 équipes pour l'an 2000. La nouvelle Association de l'Est réunit Montréal, Ottawa, Toronto, Boston et Buffalo dans la Division Nord-Est ; New Jersey, Philadelphie, Pittsburgh, les Rangers et les Islanders de New York dans l'Atlantique ; ainsi que la Caroline, la Floride, Washington et Tampa Bay dans la Sud-Est. La nouvelle Association de l'Ouest accueille Detroit, St. Louis, Chicago et la nouvelle formation des Predators de Nashville dans la Division Centrale ; Colorado, Edmonton, Calgary et Vancouver dans la Nord-Ouest et finalement Dallas, Phoenix, Anaheim, San Jose et Los Angeles dans la Pacifique. Pour la deuxième fois en cinq ans, les Canadiens sont écartés des séries et terminent derrière tout le monde dans leur division et onzièmes dans l'Est. Derniers de leur groupe l'année d'avant, les Hurricanes sont champions de leur division mais se font sortir en première ronde par Boston. Autre exploit remarquable, celui des Sénateurs d'Ottawa, premiers de la division Nord-Est. Eux aussi disparaîtront en première ronde, face à Buffalo qui se rendra ensuite jusqu'à la finale. De nouveau champions de leur (nouvelle) division et premiers de tous les clubs, les Stars de Dallas décrochent leur première coupe Stanley, sur un but controversé de Brett Hull, à la troisième supplémentaire du sixième match. Un nouveau trophée, dédié à Maurice Richard, récompense le meilleur franc-tireur, Teemu Selanne, auteur de 47 buts.

La pire saison en 48 ans

Les joueurs du Canadien quittent le banc de l'équipe un à un et se dirigent, le pied lourd et la tête basse, vers le vestiaire, sous le regard indifférent des 21 000 spectateurs et de millions de téléspectateurs qui ont peine à croire ce qui arrive. La victoire de 3-2 sur les Maple Leafs au dernier match de la saison n'y change rien. Il y a longtemps que le club est exclu des séries. Plus encore, il vient de connaître sa pire saison en 48 ans, avec un maigre total de 75 points, soit le même qu'en 1983-84 et 1952-53 avec des calendriers de 80 et 70 parties.

● Les Canadiens réclament deux beaux espoirs de la Ligue junior majeur du Québec à ses deux premiers choix du repêchage amateur : Éric Chouinard des Remparts de Québec et Mike Ribeiro des Huskies de Rouyn-Noranda, le champion marqueur de la Ligue.

● Vincent Damphousse signe un nouveau contrat avec le Tricolore pour une saison, aux mêmes conditions que l'année précédente, malgré une production fort décevante. L'entente survient le 11 août, au lendemain de la décision de l'arbitre en faveur de Mark Recchi.

● Les joueurs ne sont pas les seuls à obtenir de nouveaux contrats. Réjean Houle prolonge celui de l'entraîneur Alain Vigneault jusqu'en 2001. Le salaire avancé par les médias est de l'ordre de 1,5 million pour trois ans.

● La retraite d'Andy Moog, à l'intersaison, laisse le Tricolore avec deux gardiens de peu d'expérience dans la Ligue, Jocelyn Thibault et José Théodore. Pour se donner un peu de profondeur, la direction du club réclame Frédéric Chabot des Kings de Los Angeles lors du repêchage interne avant le début de la saison. Cependant, l'échange Hackett-Thibault vient modifier sensiblement le scénario, en cours d'année.

● Autre honneur pour Maurice Richard et Jean Béliveau qui deviennent compagnons de l'Ordre du Canada, lors d'une réception à la résidence du gouverneur général Roméo LeBlanc à Rideau Hall le 22 octobre.

● Dickie Moore et Bill Durnan sont honorés à leur tour en novembre, par une intronisation au Temple de la renommée des sports du Québec.

1998-1999

Onzièmes au classement général de l'Association de l'Est, les Canadiens n'ont rien des grandes équipes de jadis. Auteur de l'un des trois buts de la soirée, Martin Rucinsky est le meilleur franc-tireur du club avec seulement 17 buts. C'est la première fois depuis 1940-41 qu'aucun joueur n'atteint les 20 filets. Le premier marqueur du club, Saku Koivu, n'a même pas 50 points.

Elle était bien mal partie, cette saison, avec six grévistes à l'ouverture du camp en septembre. Saku Koivu, Patrice Brisebois, Vladimir Malakhov, Martin Rucinsky, Brian Savage et Shayne Corson – qui veut renégocier son contrat – causent des nuits d'insomnie à Réjean Houle qui peine à contenter tout le monde malgré son optimisme habituel. Finalement, les brebis égarées rentrent au bercail une à une. Brisebois signe un contrat de 6 millions pour trois ans, le lendemain de l'ouverture du camp. Koivu suit avec 10,3 millions pour trois ans, neuf jours plus tard. Début octobre, Houle ajuste le contrat de Corson qui a mis fin à sa grève depuis quelques jours. Ensuite Malakhov accepte une offre de 5,275 millions pour deux ans et Savage, qui attend en Floride que l'impasse

ÉQUIPE 1998-99

Entraîneur : Alain Vigneault (82-32-39-11)

N°	POS	JOUEURS	PJ	B	A	PTS	PUN
8	AD	Mark Recchi	61	12	35	47	28
11	C	Saku Koivu	65	14	30	44	38
25	C	Vincent Damphousse	65	12	24	36	46
38	D	Vladimir Malakhov	62	13	21	34	77
26	AG	Martin Rucinsky	73	17	17	34	50
27	AG	Shayne Corson	63	12	20	32	147
17	AG	Benoit Brunet	60	14	17	31	31
23	AD	Turner Stevenson	69	10	17	27	88
5	D	Stéphane Quintal	82	8	19	27	84
49	AG	Brian Savage	54	16	10	26	20
37	C	Patrick Poulin	81	8	17	25	21
34	C	Sergei Zholtok	70	7	15	22	6
3,22	D	Eric Weinrich	66	6	12	18	77
44	D	Jonas Hoglund	74	8	10	18	16
43	D	Patrice Brisebois	54	3	9	12	28
55	D	Igor Ulanov	76	3	9	12	109
24	C	Scott Thornton	47	7	4	11	87
52	D	Craig Rivet	66	2	8	10	66
21	AD	Jason Dawe	37	4	5	9	14
28,57	AD	Dainius Zubrus	17	3	5	8	4
29	D	Brett Clark	61	2	2	4	16
15	C	Éric Houde	8	1	1	2	2
22	D	Dave Manson	11	0	2	2	48
20	D	Scott Lachance	17	1	1	2	11
48	D	Miloslav Guren	12	0	1	1	4

Jocelyn Thibault est échangé aux Hawks de Chicago en novembre en retour de Jeff Hackett.

● Les gardiens Martin Brodeur des Devils et Tommy Salo des Islanders n'accordent aucun but aux joueurs tricolores, lors de deux matchs de suite en novembre. C'est la première fois depuis 1963-64 que les Canadiens vivent pareille frustration.

● Autre déveine en janvier. Les Canadiens n'accordent que 10 tirs aux Hurricanes de la Caroline, un de moins que l'ancien record de 11 établi en 1956, mais Jeff Hackett concède trois buts et l'équipe perd 3-1. On avait pourtant dirigé 45 tirs sur Arturs Irbe.

● Le départ de Damphousse ne laisse que deux joueurs de la dernière conquête de la coupe Stanley, Benoît Brunet et Patrice Brisebois.

● Le Tricolore fait un beau geste en début d'avril, cédant l'antenne de CKAC aux Expos pour la diffusion du match inaugural de l'équipe de baseball.

● En dépit des malheurs de l'équipe, Vincent Damphousse atteint deux nouveaux sommets. Il obtient d'abord sa 300e passe dans l'uniforme du Tricolore en novembre et son 900e point dans la Ligue le lendemain du jour de l'An.

● Six joueurs disputent un 400e match, au cours de la saison, avec le club ou dans la Ligue : il s'agit de Patrick Poulin, Patrice Brisebois, Martin Rucinsky, Vladimir Malakhov, Scott Thornton et Igor Ulanov. Deux autres en comptent 300, soit Jeff Hackett et Turner Stevenson.

ÉQUIPE 1998-99

N°	POS	JOUEURS	PJ	B	A	PTS	PUN
46	C	Matt Higgins	25	1	0	1	0
31	G	Jeff Hackett	53	0	1	1	6
42	AD	Jonathan Delisle	1	0	0	0	0
14	AG	Terry Ryan	1	0	0	0	5
53	D	Sylvain Blouin	5	0	0	0	19
3	D	Brad Brown	5	0	0	0	21
30	AD	Jean-François Jomphe	6	0	0	0	0
45	C	Arron Asham	7	0	0	0	0
56	D	Alain Nasreddin	8	0	0	0	33
41	G	Jocelyn Thibault	10	0	0	0	0
35	AG	Andrei Bashkirov	10	0	0	0	0
36	AG	Dave Morissette	10	0	0	0	52
39	G	Frédéric Chabot	11	0	0	0	2
60	G	José Théodore	18	0	0	0	0
6	C	Trent McCleary	46	0	0	0	29

GARDIENS	PJ	G	P	N	MIN	BC	BL	MOY
Frédéric Chabot	11	1	3	0	430	16	0	2,23
Jeff Hackett	53	24	20	9	3091	117	5	2,27
Jocelyn Thibault	10	3	4	2	529	23	0	2,61
José Théodore	18	4	12	0	913	50	0	3,29

se règle, accepte à son tour la proposition de 3,5 millions pour deux ans le 20 octobre. Enfin, Rucinsky, le dernier récalcitrant, cède le lendemain devant les 7,1 millions offerts pour trois ans.

Avant eux, Mark Recchi a frappé le gros lot en arbitrage avec 4,5 millions, devenant le joueur le mieux payé de l'histoire du club. Mais il retournera à Philadelphie avant la fin de la saison.

Cependant, le mécontentement perdurera tout au long de la saison. Dans le vestiaire, où les détenteurs de gros contrats font l'envie de ceux qui doivent ronger leur frein en attendant leur tour. Chez les partisans, qui ne reconnaissent plus les Glorieux de jadis. Aussi dans les médias, qui ne manquent pas une occasion de mettre l'accent sur les difficultés des dirigeants et des joueurs. Comme cette série de 11 parties sans victoire (0-6-5) en décembre qui laisse le club à 10 matchs sous les ,500. Il faut remonter à 1935-36 pour retrouver pareille déconvenue. Houle a beau multiplier les échanges, rien n'y paraît pour l'instant.

En fin de saison, *La Presse*, dans son bilan annuel, titre : « Nos ego meurtris vous tendent les lambeaux... » Et pour couronner le désastre, le président Corey annonce des pertes d'opération de 3,8 millions en mai, deux semaines avant de faire part de son intention de quitter la présidence de l'équipe quelques jours plus tard.

COREY RELAIE LE FLAMBEAU

Ronald Corey a eu un mandat fort productif durant ses dix-sept ans ou presque comme président auprès des Canadiens de Montréal. On retiendra de lui, en premier lieu, la construction d'un nouvel amphithéâtre, le Centre Molson. Mais Corey était avant tout un partisan du Canadien et, à ce titre, il a témoigné de son estime pour le CH en faisant une grande place aux anciens de l'équipe dans l'organisation. Les nominations de Serge Savard et Réjean Houle, ainsi que le retour du Rocket et de plusieurs autres dans

Corey aura réussi à ramener toutes les anciennes gloires dans l'entourage de l'équipe.

● Le plus grand joueur de l'histoire de la Ligue nationale, celui qu'on a surnommé la Merveille, Wayne Gretzky, se retire du jeu, après 20 saisons, 4 victoires de la coupe Stanley et 61 records personnels, dont plusieurs ne seront jamais réédités. Il est premier pour les buts (894), les passes (1 963), les points (2 857), les matchs de trois buts et plus (50), les saisons de 40 buts (12) et celles de 100 points (15). Il a remporté 10 championnats des marqueurs et reçu 9 trophées

Hart à titre de joueur le plus utile. Mais plus encore que les records, ce gentilhomme a fait apprécier son sport d'un bout à l'autre du Canada et l'a fait découvrir aux Américains de la côte ouest des États-Unis.

● La Ligue réagit rapidement à la retraite du 99 en retirant son chandail de toutes les équipes du circuit et en intronisant immédiatement Gretzky au Temple de la renommée.

● Le circuit Bettman introduit le système des deux arbitres. Chaque équipe dispute 20 parties avec cette nouvelle réglementation, appelée à se généraliser rapidement. On agrandit aussi l'espace derrière le filet, ce qui restreint la zone neutre, et on réduit les dimensions du demi-cercle des gardiens.

● Peu avant sa retraite du hockey, Gretzky a surpassé Gordie Howe pour le total de buts dans l'AMH et la LNH avec son 1 072e.

● Après avoir obtenu son 1 000e point la saison précédente, Luc Robitaille inscrit un 500e but en janvier. Il devient le 27e joueur à réussir pareil exploit. Mark Messier pour sa part atteint les 600.

● Doug Wickenheiser, controversé premier choix du Canadien en 1980, perd son combat contre le cancer. Il aura joué dix ans dans la LNH. Quelques mois plus tôt, Stéphane Morin, ancien Nordique, décède à 29 ans d'une insuffisance cardiaque

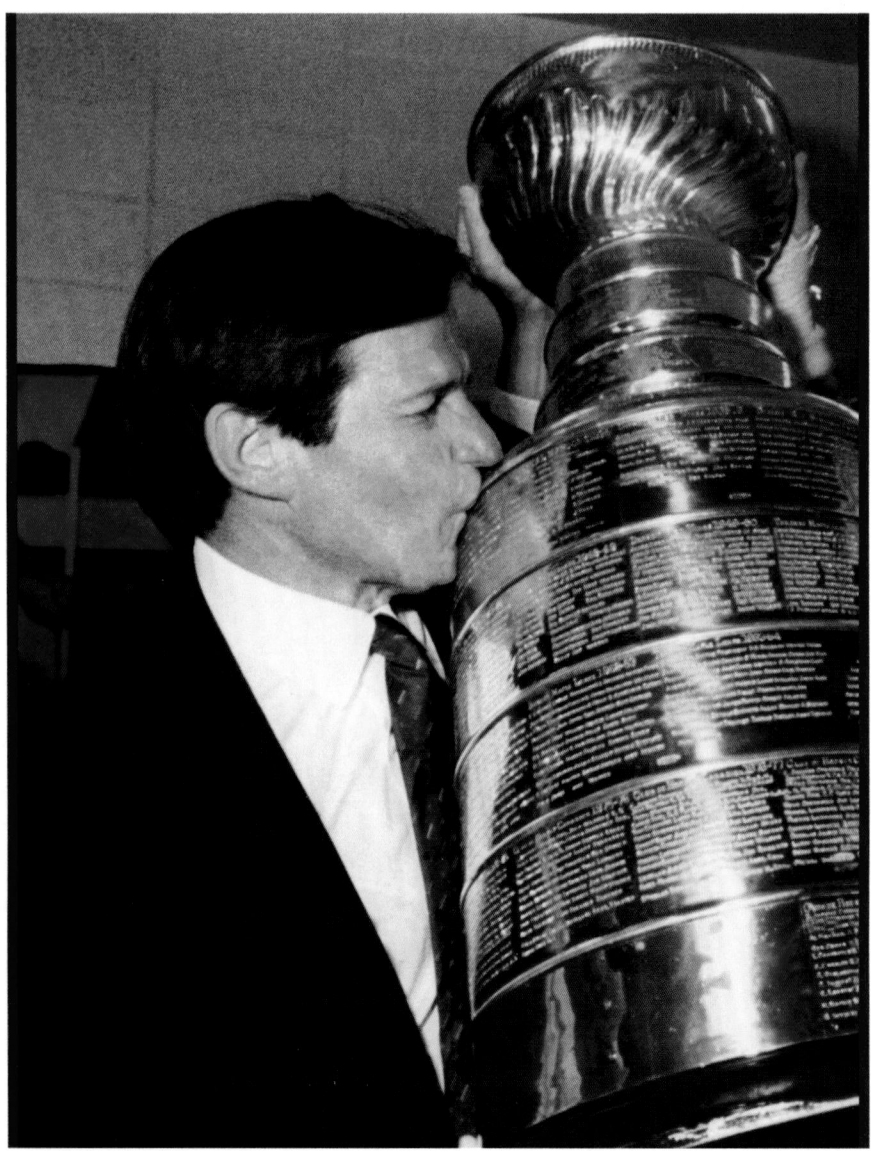

1998-1999

TROPHÉES
COUPE STANLEY
Stars de Dallas
TROPHÉE PRINCE-DE-GALLES
Sabres de Buffalo
TROPHÉE CLARENCE-CAMPBELL
Stars de Dallas
TROPHÉE DU PRÉSIDENT
Stars de Dallas
TROPHÉE HART
Jaromir Jagr
Penguins de Pittsburgh
TROPHÉE ART-ROSS
Jaromir Jagr
Penguins de Pittsburgh
TROPHÉE LADY-BYNG
Wayne Gretzky
Rangers de New York
TROPHÉE CALDER
Chris Drury
Avalanche du Colorado
TROPHÉE GEORGES-VÉZINA
Dominik Hasek
Sabres de Buffalo
TROPHÉE JAMES-NORRIS
Al MacInnis
Blues de St. Louis
TROPHÉE CONN-SMYTHE
Joe Nieuwendyk
Stars de Dallas
TROPHÉE BILL-MASTERTON
John Cullen
Lightning de Tampa Bay

L'un des beaux moments de Ronald Corey, qui se retrouve certainement dans son album personnel.

en plein match de la ligue élite allemande.

● Patrick Roy est le plus jeune gardien de la Ligue à signer une 400e victoire en février.

● Jaromir Jagr fait un peu oublier les déboires financiers des Penguins de Pittsburgh avec un deuxième championnat des marqueurs consécutif, un troisième au total.

● À sa septième saison dans la Ligue, le Lightning de Tampa Bay ne montre pas une grosse amélioration sur la précédente, avec seulement 19 victoires en 82 parties. C'est à peine 3 points de mieux que l'année d'avant et 10 de plus que la pire campagne de l'équipe en 1994-95. En début de saison, on avait montré la porte aux frères Phil et Tony Esposito,

respectivement directeur général et directeur du développement des joueurs.

● Joe Nieuwendyk, jugé le meilleur des séries, obtient six buts gagnants au profit des champions de la coupe Stanley, les Stars de Dallas.

● Les Stars et les Sabres viennent à 22 secondes près d'établir une nouvelle marque pour la plus longue prolongation en finale de l'histoire. Un but de Bret Hull, à 14 min 51 s de la troisième supplémentaire, procure un quatrième triomphe à Dallas qui remporte sa toute

première coupe Stanley. Hull, qui s'était joint aux Stars à titre d'agent libre, a aussi obtenu un 1 000e point dans la Ligue en début de saison.

● Lors de l'une des festivités qui ont suivi le championnat des Stars, Guy Carbonneau aurait balancé la coupe Stanley au fond d'une piscine, selon les dires du batteur d'un groupe de musiciens présents à la fête. Craig Ludwig se serait chargé de récupérer le fameux trophée, légèrement amoché par sa mésaventure.

Pierre Boivin, successeur de Corey à la présidence de l'organisation.

1998-1999

l'entourage de l'équipe en sont des exemples éloquents. Son rôle actif dans l'institution d'un trophée dédié à Maurice Richard aura été l'un de ses derniers gestes de reconnaissance envers le Tricolore. Sa grande affabilité à l'endroit des médias et du public tout au long de son règne lui aura aussi permis de surmonter plusieurs situations difficiles. Les victoires de la coupe Stanley de 1986 et 1993 resteront également parmi ses plus beaux souvenirs.

Arraché à la Brasserie O'Keefe par Molson, son pire ennemi, Corey aura connu un mandat presque aussi long que le sénateur Donat Raymond, président de 1940 à 1957. Nommé en novembre 1982, il annonce son départ avec émotion le 31 mai 1999.

Comme le fait remarquer Philippe Cantin de *La Presse* en conclusion de la nouvelle faisant état de son départ : « Le Canadien a perdu son président. (...) Mais il conserve son fan numéro un. » Pour le remplacer, les spécialistes chargés de détecter la perle rare proposeront le nom de Pierre Boivin, président d'une importante compagnie manufacturière d'articles de sport, Bauer Nike Hockey.

HOULE MISE SUR L'AVENIR

Réjean Houle apprend son métier sur le tas et ne craint pas de se mouiller. Étrenné à la dure avec le dossier Patrick Roy trois ans plus tôt, il multiplie les efforts pour secouer une équipe qui ne va nulle part. En novembre, il sacrifie le gardien sur lequel il fondait tous ses espoirs, Jocelyn Thibault, pour l'expérience d'un Jeff Hackett. En mars, il fait l'inverse, il cède l'expérimenté Mark Recchi, désormais à couteaux tirés avec les médias, pour les

À son tour, Damphousse doit partir. Il est le sixième capitaine d'affilée à avoir été échangé.

● Patrick Roy, un autre ancien des Canadiens, s'est aussi fait remarquer quelques mois plus tôt, en saccageant le bureau de son entraîneur Bob Hartley, parce qu'il était mécontent de son temps d'utilisation. L'incident a vite été étouffé par l'Avalanche.

● Le défenseur Steve Chiasson se tue au volant de son camion au retour d'une soirée de fin de saison des Hurricanes de la Caroline.

● Mario Lemieux tente de sauver les Penguins de Pittsburgh, menacés de faillite, en s'adressant à la cour pour acheter l'équipe.

● Le *Hockey News* établit des comparaisons fort intéressantes sur les effectifs de la Ligue en 1917 et ceux de l'année en cours. Le Canada ne fournit plus que 61 % de joueurs à la LNH, comparativement à 96 %. Les États-Unis en ont 15 % par rapport à 4 %, tandis que les Européens, qui ne comptaient aucun joueur à l'origine, représentent maintenant 24 % de la composition du circuit, ayant même dépassé les Américains, lesquels accueillent par ailleurs 21 équipes, plus 3 à venir, contre seulement 6 pour le Canada. La moyenne des salaires est passée de 1 000 dollars canadiens à 1,2 million américains.

● Deux anciens joueurs vedettes des Nordiques, Michel Goulet et Peter Stastny, sont admis au Temple de la renommée.

● Les Blues de St. Louis sont condamnés à 1,5 million d'amende pour maraudage à l'endroit de Scott Stevens des Devils. Ils doivent de plus céder l'un de leurs cinq prochains choix de première ronde. Encore plus, les Devils égalent l'offre des Blues et Stevens reste au New Jersey.

● Une série de timbres non autorisés, émise par la Guyane et illustrant 36 joueurs de la LNH, fait le délice des collectionneurs.

● Jacques Demers, maintenant avec le Lightning de Tampa Bay, en est à son 1 000e match à titre d'entraîneur.

1998-1999

promesses de Dainius Zubrus et deux choix de repêchage. Ce qui fait dire à plusieurs qu'il a renoncé à la présente saison.

Nouveau coup de tonnerre, deux semaines plus tard. C'est au tour de Vincent Damphousse de perpétuer la malédiction des capitaines en partant pour San Jose en échange de compensations futures reliées à un renouvellement de contrat de Damphousse avec les Sharks. Les cinq capitaines du Tricolore avant Damphousse avaient aussi été échangés. Damphousse n'aura pas de successeur avant la prochaine saison, on utilisera plutôt les adjoints en rotation.

En milieu de campagne, Houle fait un autre geste d'éclat en ramenant Jacques Lemaire dans l'organisation de l'équipe à titre de conseiller personnel. Libéré par les Devils, qu'il avait menés à la coupe Stanley en 1995, Lemaire renoue avec son rôle d'éminence grise de l'organisation montréalaise.

UN TROPHÉE EN L'HONNEUR DU ROCKET

Les nouvelles ne sont pas toutes mauvaises pour le Canadien et surtout pour le Rocket. Après une imposante campagne de sensibilisation menée par le journaliste Tom Lapointe et l'animatrice Julie Snyder, et grâce au soutien du président Ronald Corey, la Ligue nationale accepte d'instituer une nouvelle distinction destinée au meilleur buteur de l'année, lui attribuant le nom de trophée Maurice-Richard.

Une récompense qui va de soi pour la plus grande légende des Canadiens de Montréal.

ASSOCIATION DE L'EST							
DIVISION NORD-EST	PJ	G	P	N	BP	BC	PTS
Ottawa (Sénateurs)	82	44	23	15	239	179	103
Toronto (Maple Leafs)	82	45	30	7	268	231	97
Boston (Bruins)	82	39	30	13	214	181	91
Buffalo (Sabres)	82	37	28	17	207	175	91
Montréal (Canadiens)	82	32	39	11	184	209	75
DIVISION ATLANTIQUE	PJ	G	P	N	BP	BC	PTS
New Jersey (Devils)	82	47	24	11	248	196	105
Philadelphie (Flyers)	82	37	26	19	231	196	93
Pittsburgh (Penguins)	82	38	30	14	242	225	90
New York (Rangers)	82	33	38	11	217	227	77
New York (Islanders)	82	24	48	10	194	244	58
DIVISION SUD-EST	PJ	G	P	N	BP	BC	PTS
Caroline (Hurricanes)	82	34	30	18	210	202	86
Floride (Panthers)	82	30	34	18	210	228	78
Washington (Capitals)	82	31	45	6	200	218	68
Tampa Bay (Lightning)	82	19	54	9	179	292	47
ASSOCIATION DE L'OUEST							
DIVISION CENTRALE	PJ	G	P	N	BP	BC	PTS
Detroit (Red Wings)	82	43	32	7	245	202	93
St. Louis (Blues)	82	37	32	13	237	209	87
Chicago (Blackhawks)	82	29	41	12	202	248	70
Nashville (Predators)	82	28	47	7	189	261	63
DIVISION NORD-OUEST	PJ	G	P	N	BP	BC	PTS
Colorado (Avalanche)	82	44	28	10	239	205	98
Edmonton (Oilers)	82	33	37	12	230	226	78
Calgary (Flames)	82	30	40	12	211	234	72
Vancouver (Canucks)	82	23	47	12	192	258	58
DIVISION PACIFIQUE	PJ	G	P	N	BP	BC	PTS
Dallas (Stars)	82	51	19	12	236	168	114
Phoenix (Coyotes)	82	39	31	12	205	197	90
Anaheim (Mighty Ducks)	82	35	34	13	215	206	83
San Jose (Sharks)	82	31	33	18	196	191	80
Los Angeles (Kings)	82	32	45	5	189	221	69

MEILLEURS MARQUEURS						
		PJ	B	A	PTS	PUN
Jaromir Jagr	Pittsburgh	81	44	83	127	66
Teemu Selanne	Anaheim	75	47	60	107	30
Paul Kariya	Anaheim	82	39	62	101	40
Peter Forsberg	Colorado	78	30	67	97	108
Joe Sakic	Colorado	73	41	55	96	29
Alexei Yashin	Ottawa	82	44	50	94	54
Eric Lindros	Philadelphie	71	40	53	93	120
Theoren Fleury	Cgy/Col.	75	40	53	93	86
John LeClair	Philadelphie	76	43	47	90	30
Pavol Demitra	St. Louis	82	37	52	89	16

LES THRASHERS D'ATLANTA S'AJOUTENT À LA DIVISION SUD-EST DE L'ASSOCIATION DE L'EST. LA LNH COMPTE MAINTENANT 28 ÉQUIPES. LES DEVILS DU NEW JERSEY, DEUXIÈMES DE LEUR DIVISION, DÉCROCHENT UNE SECONDE COUPE STANLEY EN CINQ ANS, DISPOSANT EN FINALE DES STARS DE DALLAS, CHAMPIONS DE L'ANNÉE PRÉCÉDENTE, EN SIX PARTIES. NEW JERSEY ÉLIMINE LA FLORIDE EN QUATRE, TORONTO EN SIX, MAIS DOIT SE SURPASSER CONTRE PHILADELPHIE, CHAMPION DE L'EST ET FAVORI POUR SE RENDRE EN FINALE. TRAÎNANT DE L'ARRIÈRE UNE PARTIE À TROIS, LES DEVILS REMONTENT LA PENTE ET EN GAGNENT TROIS D'AFFILÉE POUR ATTEINDRE LA SÉRIE ULTIME CONTRE LES STARS. CEUX-CI N'ONT BESOIN QUE DE CINQ MATCHS POUR ÉCARTER EDMONTON ET SAN JOSE, MAIS ONT DÛ LUTTER ÂPREMENT CONTRE COLORADO POUR LES ÉLIMINER EN SEPT. LES BLUES DE ST. LOUIS, PREMIERS AU CLASSEMENT GÉNÉRAL, SONT RENVOYÉS CHEZ EUX DÈS LA RONDE INITIALE PAR SAN JOSE. QUATRIÈMES DE LA DIVISION NORD-EST ET DIXIÈMES DE L'EST, LES CANADIENS SONT EXCLUS DES SÉRIES POUR UNE DEUXIÈME FOIS DE SUITE, LA TROISIÈME EN SIX ANS. TROISIÈME CHAMPIONNAT DES MARQUEURS CONSÉCUTIF POUR JAROMIR JAGR QUI REÇOIT AUSSI LE TROPHÉE LESTER-B.-PEARSON DESTINÉ AU JOUEUR PAR EXCELLENCE SELON L'ASSOCIATION DES JOUEURS. POUR LA PREMIÈRE FOIS DEPUIS LA GRANDE EXPANSION (1967-68), AUCUN JOUEUR NE PARVIENT À AMASSER 100 POINTS DANS UNE SAISON COMPLÈTE.

Fracture sévère du cou pour Brian Savage qui sera inactif pendant trois mois.

Un record...
de blessures

L'histoire du Canadien regorge d'exploits et de records. Pourtant, il est un record dont on se serait bien passé chez la Sainte Flanelle, celui des matchs ratés à cause de blessures, établi en 1999-2000. Bien que la Ligue ne tienne pas de telles statistiques, par ailleurs fort peu enviables, on avait l'habitude de dire, comme le relève le journaliste Mario Leclerc dans le *Journal de Montréal*, que les Islanders de New York, édition 1995-96, avaient été les plus malchanceux avec

● Les Canadiens déménagent leur club-école de Fredericton à Québec où le club prendra le nom de Citadelles, tout en demeurant dans la Ligue américaine. La concession est gérée conjointement par Montréal et un groupe de Québec dirigé par Jacques Tanguay.

● Aucun joueur du Tricolore ne parvient à obtenir au moins 50 points pour une deuxième année de suite. Martin Rucinsky est le meilleur à 49. L'équipe montréalaise est la seule de la Ligue à afficher un dossier offensif aussi anémique en saison.

● Se disant incapable de jouer depuis le début du calendrier, en raison d'une blessure au genou gauche, Vladimir Malakhov

est surpris sur les pentes de ski du mont Tremblant, en février. Suspendu sans salaire par Réjean Houle jusqu'à ce qu'il soit apte à jouer, il est finalement échangé aux Devils du New Jersey pour les services de Sheldon Souray, après qu'il a défié par deux fois les partisans qui le huent en levant les bras au ciel à-la-Patrick-Roy.

● Un gala en l'honneur de Maurice Richard regroupe quelque 3 500 personnes dont Céline Dion, l'une de ses grandes fans, le 25 octobre au Centre Molson. On y fait la présentation du premier épisode de la télésérie sur le Rocket. Plusieurs anciens et joueurs actuels forment une haie d'honneur pour accueillir le héros du jour sur l'estrade, mais il y manque Serge Savard qu'on aurait oublié d'inviter par mégarde.

1999-2000

527 parties manquées par leurs joueurs en raison de blessures. Désormais, il faudra parler des 536 absences des joueurs du Tricolore. Des 39 joueurs ayant porté le chandail bleu blanc rouge au cours de la saison, Patrick Poulin est le seul à avoir été présent aux 82 rencontres. Absences plus ou moins prolongées pour tous les autres, les blessures les plus graves ayant été celles de Saku Koivu, Brian Savage, Trent McCleary et Trevor Linden.

La malchance de l'année précédente, alors que le Canadien n'a pu afficher complet que pour un seul des 82 matchs, semble vouloir se poursuivre dès le début de la présente campagne. Puis, au moment précis où l'entraîneur Alain Vigneault se réjouit enfin de la présence de ses six meilleurs attaquants à la veille d'entreprendre une série de trois matchs en quatre jours début novembre, on lui apprend que Koivu s'est disloqué une épaule quelques minutes plus tôt. La blessure est plus grave encore, on parle de cartilages déchirés et le petit capitaine devra s'absenter pour trois mois. Revenu au jeu à la mi-février, il perd l'équilibre en disputant la rondelle à Don Sweeney, lors d'un match contre Boston

ÉQUIPE 1999-2000

Entraîneur : Alain Vigneault (82-35-34-9-4)

N°	POS	JOUEURS	PJ	B	A	PTS	PUN
26	AG	Martin Rucinsky	80	25	24	49	70
15	AD	Dainius Zubrus	73	14	28	42	54
34	C	Sergei Zholtok	68	26	12	38	28
43	D	Patrice Brisebois	54	10	25	35	18
14	C	Trevor Linden	50	13	17	30	34
49	AG	Brian Savage	38	17	12	29	19
17	AG	Benoit Brunet	50	14	15	29	13
22	D	Eric Weinrich	77	4	25	29	39
27	AG	Shayne Corson	70	8	20	28	115
32	AD	Oleg Petrov	44	2	24	26	8
11	C	Saku Koivu	24	3	18	21	14
23	AD	Turner Stevenson	64	8	13	21	61
28	D	Karl Dykhuis	67	7	12	19	40
52	D	Craig Rivet	61	3	14	17	76
63	C	Craig Darby	76	7	10	17	14
51	D	Francis Bouillon	74	3	13	16	38
37	C	Patrick Poulin	82	10	5	15	17
40	C	Jesse Bélanger	16	3	6	9	2
55	D	Igor Ulanov	43	1	5	6	76
29	AD	Jim Cummins	47	3	5	8	92
45	C	Arron Asham	33	4	2	6	24
20	D	Scott Lachance	57	0	6	6	22
24	C	Scott Thornton	35	2	3	5	70
47	AG	Juha Lind	13	1	2	3	4
44	D	Sheldon Souray	19	3	0	3	44

Sans une intervention rapide du médecin David Mulder, Trent McCleary serait mort sur la patinoire. Sa carrière est terminée.

● Stéphane Quintal refuse les 10,4 millions pour quatre ans que lui offre le club et signe pour un million de plus avec les Rangers, plus une année d'option à 3 millions.

● Pour la première fois depuis l'instauration du repêchage annuel des joueurs amateurs, les Canadiens ne possèdent aucun choix de première ronde, ayant cédé celui-ci aux Islanders pour les services de Linden.

● Jacques Plante est désigné meilleur gardien de l'histoire de la LNH par le magazine *Goalies' World*, à l'aide d'une formule mathématique plutôt complexe. Plante devance Glenn Hall, Terry Sawchuck, Patrick Roy et Ken Dryden.

● Décès du célèbre commentateur René Lecavalier peu avant le début de la saison. Il aura largement contribué au perfectionnement du langage de *La Soirée du hockey*. Morgan McCammon, ancien président de Molson et des Canadiens, et Pete Morin, membre du trio *Razzle Dazzle*, s'éteignent aussi quelques mois plus tard.

● La valeur financière du Tricolore semble à la hausse malgré les déboires de l'équipe. Le magazine *Forbes* le situe au sixième rang, à 175 millions.

ÉQUIPE 1999-2000

N°	POS	JOUEURS	PJ	B	A	PTS	PUN
48	D	Miloslav Guren	24	1	2	3	12
61	AD	Jason Ward	32	2	1	3	10
24	D	Christian Laflamme	15	0	2	2	8
71	C	Mike Ribeiro	19	1	1	2	2
21	D	Barry Richter	23	0	2	2	8
46	C	Matt Higgins	25	0	2	2	4
6	C	Trent McCleary	12	1	0	1	4
44	D	Stéphane Robidas	1	0	0	0	0
36	AG	Dave Morissette	1	0	0	0	5
35	AG	Andrei Bashkirov	2	0	0	0	0
38	D	Vladimir Malakhov	7	0	0	0	4
60	G	José Théodore	30	0	0	0	0
31	G	Jeff Hackett	56	0	0	0	4

GARDIENS	PJ	G	P	N	MIN	BC	BL	MOY
José Théodore	30	12	13	2	1655	58	5	2,10
Jeff Hackett	56	23	25	7	3301	132	3	2,40

le 12 mars. Résultat : déchirure du ligament collatéral du genou gauche. Le même genou qui l'avait tenu à l'écart pour une bonne partie de la saison 1995-96. Il est fini pour l'année.

Après la première blessure de Koivu, Brian Savage est victime à son tour de fractures aux quatrième et septième vertèbres du cou. Il évite l'intervention chirurgicale mais sera hors de la patinoire pour plus de trois mois.

La blessure de Trent McCleary est encore plus grave. Il passe à un cheveu de la mort lorsqu'un tir de Chris Therien l'atteint directement à la gorge. L'intervention rapide du docteur David Mulder, puis celle des ambulanciers

Martin Rucinsky est le meilleur marqueur de l'équipe avec une faible production de 49 points.

● Une première à connotation soviétique se produit le 24 février alors que cinq joueurs de l'ancienne Union soviétique se retrouvent sur la glace en même temps chez les Canadiens. Ce sont les attaquants Petrov, Zholtok et Zubrus, ainsi que les défenseurs Malakhov et Ulanov.

● Pierre Ladouceur, ex-directeur du marketing des Restaurants McDonald, remplace Bernard Brisset à la vice-présidence marketing et communications chez les Canadiens. Cependant, il ne demeure en poste que quelques mois.

● Les Canadiens éclipsent les Panthers de la Floride le 18 mars en participant à un 37e match (16-21) soldé par la marge d'un seul but.
● La pire tempête de neige depuis 1929 dans le sud-est des États-Unis cause l'annulation de plusieurs parties à Raleigh, Boston et Phoenix. Les joueurs du Tricolore restent coincés plusieurs heures dans un hôtel de la Caroline.

● Shayne Corson récolte deux buts contre Boston, le 2 mars, ce qui lui permet de hausser son total de points à 600.
● Eric Wenrich en est seulement à sa deuxième saison à Montréal, mais il y célèbre tout de même son 700e match dans la Ligue. Patrick Poulin fait de même pour son 500e, ainsi que Martin Rucinsky et Scott Lachance. Karl Dykhuis et Jeff Hackett suivent de près à 400.

1999-2000

La voix d'or du hockey, celle de René Lecavalier, s'éteint doucement avant le début de la saison.
Il était devenu la première référence des médias électroniques pour la qualité du français.

TROPHÉES	
COUPE STANLEY	
Devils du New Jersey	
TROPHÉE PRINCE-DE-GALLES	
Devils du New Jersey	
TROPHÉE CLARENCE-CAMPBELL	
Stars de Dallas	
TROPHÉE DU PRÉSIDENT	
Blues de St. Louis	
TROPHÉE HART	
Chris Pronger	
Blues de St. Louis	
TROPHÉE ART-ROSS	
Jaromir Jagr	
Penguins de Pittsburgh	
TROPHÉE LADY-BYNG	
Pavol Demitra	
Blues de St. Louis	

qui le conduisent directement au bloc opératoire lui sauvent la vie. Opéré au larynx, on craint aussi pour sa voix. Il se remettra totalement, mais c'en est fait de sa carrière. Il annonce sa retraite avant le début de la saison suivante.

C'est ensuite au tour de Trevor Linden de subir une fracture déplacée à trois côtes en mars. Une blessure extrêmement douloureuse qui lui fera manquer le reste de la saison. Une autre blessure à une cheville l'avait aussi tenu à l'écart du jeu pour une vingtaine de parties en décembre.

Autres éclopés majeurs du Canadien, Benoît Brunet et Patrice Brisebois ont craint pour leur carrière en raison de maux de dos persistants. Shayne Corson a failli devenir borgne, Dainius Zubrus a subi une commotion cérébrale, Oleg Petrov, Arron Asham, Igor Ulanov, et Juha Lind ont manqué entre 15 et 25 parties chacun pour des blessures diverses. Turner Stevenson a aussi été blessé au dos, Craig Rivet à la joue puis à l'aine. Finalement, Vladimir Malakhov

518

MEILLEURS MARQUEURS						
		PJ	B	A	PTS	PUN
Jaromir Jagr	Pittsburgh	63	42	54	96	50
Pavel Bure	Floride	74	58	36	94	16
Mark Recchi	Philadelphie	82	28	63	91	50
Paul Kariya	Anaheim	74	42	44	86	24
Teemu Selanne	Anaheim	79	33	52	85	12
Owen Nolan	San Jose	78	44	40	84	110
Tony Amonte	Chicago	82	43	41	84	48
Mike Modano	Dallas	77	38	43	81	48
Joe Sakic	Colorado	60	28	53	81	28
Steve Yzerman	Detroit	78	35	44	79	34

● Modification majeure au sujet des parties nulles. Dorénavant, les équipes joueront à quatre contre quatre pour un maximum de cinq minutes en temps supplémentaire, lorsque le pointage est égal après 60 minutes. Chaque club reçoit un point et un deuxième est accordé à celui qui marque un but.

● Autre modification aux règlements. Les arbitres ne sont plus obligés de recourir à la reprise vidéo pour déterminer si un attaquant a commis de l'obstruction à l'endroit du gardien lorsqu'il y a but.

● Les Bruins font une faveur à Raymond Bourque en l'échangeant à l'Avalanche du Colorado en mars, après 21 saisons à Boston, pour lui permettre de gagner une coupe Stanley avant la fin de sa carrière. Moins de deux semaines plus tard, Bourque devient le premier défenseur à revendiquer 400 buts. Il obtiendra aussi un 1 500e point en février.

● Au dernier match de la saison, Colorado et Detroit rééditent l'exploit réalisé par les Canadiens et les Sabres en 1980, en disputant une rencontre sans aucune pénalité.

● Les Sharks de San Jose causent la surprise de l'année en éliminant dès la première ronde les Blues de St. Louis, premiers au classement général de la saison régulière. On n'avait pas vu pareil revirement depuis 1991, alors que les North Stars du Minnesota avaient envoyé les Blackhawks en vacances dès la ronde initiale.

TROPHÉES

TROPHÉE CALDER
Scott Gomez
Devils du New Jersey

TROPHÉE GEORGES-VÉZINA
Olaf Kolzig
Capitals de Washington

TROPHÉE JAMES-NORRIS
Chris Pronger
Blues de St. Louis

TROPHÉE CONN-SMYTHE
Scott Stevens
Devils du New Jersey

TROPHÉE BILL-MASTERTON
Ken Daneyko
Devils du New Jersey

TROPHÉE LESTER-B.-PEARSON
Jaromir Jagr
Penguins de Pittsburgh

TROPHÉE JACK-ADAMS
Joël Quenneville
Blues de St. Louis

TROPHÉE FRANK-J.-SELKE
Steve Yzerman
Red Wings de Detroit

TROPHÉE WILLIAM-M.-JENNINGS
Roman Turek
Blues de St. Louis

TROPHÉE KING-CLANCY
Curtis Joseph
Maple Leafs de Toronto

TROPHÉE ROGER-CROZIER
Ed Belfour
Stars de Dallas

TROPHÉE MAURICE-RICHARD
Pavel Bure
Panthers de la Floride

a soulevé la controverse autour de ses maux de genoux et il a été absent pour la majeure partie de la saison.

LE DERNIER MATCH DU ROCKET

Le Québec presque au complet attend avec inquiétude le prochain bulletin de nouvelles à la radio ou à la télévision. Maurice Richard est hospitalisé depuis la mi-mai à l'Hôtel-Dieu de Montréal et on craint une récidive du cancer qui l'avait terrassé deux ans plus tôt et dont il s'était apparemment bien remis. Les messages d'encouragement affluent à l'hôpital et chez les membres de la famille.

Les médecins constatent effectivement la présence d'une tumeur maligne à l'estomac de leur célèbre patient. Son âge (78 ans) de même que la série de tests reçus et le début de la maladie de Parkinson qui l'affecte depuis quelque temps contribuent à affaiblir le grand héros des Québécois et des amateurs de hockey, ce qui complique les traitements.

Les billets de hockey sont de plus en plus beaux et leur coût, de plus en plus élevé.

Chaque jour, le mal poursuit son évolution, tandis qu'amis et supporters continuent de prier et d'espérer.

Le cancer aura le dernier mot le 27 mai, 12 jours après son hospitalisation.

Son ancien coéquipier Jean Béliveau aura plus de veine. Traité pour un cancer à la gorge au moment de l'hospitalisation du Rocket, il s'en remettra quelques mois plus tard au grand soulagement des partisans de l'équipe.

La dépouille du célèbre numéro 9 est exposée au Centre Molson pendant 16 heures où plus de 115 000 admirateurs viennent en silence lui rendre un dernier hommage. Une cérémonie simple et émouvante suit à la basilique Notre-Dame quatre jours plus tard.

● Les Leafs de Toronto ne tirent qu'à six reprises vers le filet de Martin Brodeur des Devils, lors du sixième match de la deuxième ronde. Ceux-ci l'emportent facilement 3-0 et passent à la finale d'association.

● Les Coyotes de Phoenix font appel au fils d'Émile *The Cat* Francis, Bobby, pour diriger l'équipe. Le paternel a été entraîneur des Rangers et des Blues.

● Premier choix de l'histoire des Oilers d'Édmonton et auteur du premier but de la concession dans la LNH, Kevin Lowe quitte son poste d'adjoint et devient entraîneur-chef de l'équipe.

● L'offre de Mario Lemieux pour acquérir les Penguins de Pittsburgh est finalement acceptée par la cour américaine des faillites. La prise de contrôle par Lemieux est aussi approuvée par la Ligue, juste avant l'ouverture des camps d'entraînement.

● Pierre Turgeon obtient son 1 000e point dans la Ligue en début de saison contre le gardien Tommy Salo des Oilers. Un autre ancien des Canadiens, Pat Burns, maintenant à Boston, obtient une 400e victoire dans la Ligue à titre d'entraîneur.

● Alexis Yashin refuse de se rapporter aux Sénateurs tant qu'on n'acceptera pas de rouvrir son contrat. Il est suspendu pour la saison et on veut l'obliger à disputer la quatrième année de son contrat au même salaire à son retour.

● L'entraîneur des Flyers de Philadelphie, Roger Neilson, fait savoir en décembre qu'il est atteint d'un cancer de la moelle osseuse, mais annonce

1999-2000

UN CAPITAINE VENU D'EUROPE

Le hockey de la Ligue nationale a depuis longtemps débordé l'Amérique du Nord et on remarque de nombreux Européens parmi les meilleurs joueurs du circuit. Leur influence augmente également. Le Canadien de Montréal suit cette tendance en se donnant un premier capitaine originaire de la Finlande pour succéder à Vincent Damphousse, échangé aux Sharks de San Jose en fin de saison dernière. Lors du scrutin des joueurs, Saku Koivu est préféré à Shayne Corson par une seule voix et Turner Stevenson termine troisième.

Le petit Finlandais, premier choix du Canadien en 1993, devient le quatrième Européen cette année chez les capitaines des équipes de la LNH, avec Jaromir Jagr à Pittsburgh, Mats Sundin à Toronto et Alexis Yashin à Ottawa (remplacé le même jour par Daniel Alfredsson). Koivu est le premier Européen à occuper ce poste chez le Tricolore. Corson et Stevenson agiront comme adjoints.

Plusieurs nouveaux joueurs se greffent aux Canadiens à l'intersaison. C'est notamment le cas de Trevor Linden et Jim Cummings via les échanges, ainsi que de Craig Darby, Jesse Bélanger, Oleg Petrov, Barry Richter et Sergei Zholtok à titre d'agents libres. Peu après le début de la campagne, on acquiert Karl Dykhuis des Flyers, puis en février on réclame le gardien Éric Fichaud au ballottage.

du même coup qu'il entend demeurer à son poste lors des traitements de chimiothérapie. Il devra pourtant quitter en février et les Flyers n'accepteront jamais qu'il réintègre le club après ses traitements.

● Embauché par les Penguins, le Tchèque Ivan Hlinka est le premier Européen à diriger une équipe de la Ligue nationale.
● Marty McSorley assène un coup de bâton à Donald Brashear lors d'un match Boston/Vancouver en février. Il est suspendu pour le reste de la saison et les séries.

● Les Devils congédient l'entraîneur Robbie Ftorek à quelques parties de la fin de la saison, même si l'équipe est au premier rang du classement général. Appelé à le remplacer au pied levé, Larry Robinson mène le club à la coupe Stanley.

● Les Flyers enlèvent le titre de capitaine à Éric Lindros qu'ils jugent égocentrique pour le confier à Éric Desjardins.
● À New York, Stéphane Quintal est suspendu par les Rangers pour avoir déclaré qu'il avait fait le mauvais choix et qu'il aurait dû rester à Montréal.

ASSOCIATION DE L'EST

DIVISION NORD-EST	PJ	G	P	N	DP	BP	BC	PTS
Toronto (Maple Leafs)	82	45	27	7	3	246	222	100
Ottawa (Sénateurs)	82	41	28	11	2	244	210	95
Buffalo (Sabres)	82	35	32	11	4	213	204	85
Montréal (Canadiens)	82	35	34	9	4	196	194	83
Boston (Bruins)	82	24	33	19	6	210	248	73

DIVISION ATLANTIQUE	PJ	G	P	N	DP	BP	BC	PTS
Philadelphie (Flyers)	82	45	22	12	3	237	179	105
New Jersey (Devils)	82	45	24	8	5	251	203	103
Pittsburgh (Penguins)	82	37	31	8	6	241	236	88
New York (Rangers)	82	29	38	12	3	218	246	73
New York (Islanders)	82	24	48	9	1	194	275	58

DIVISION SUD-EST	PJ	G	P	N	DP	BP	BC	PTS
Washington (Capitals)	82	44	24	12	2	227	194	102
Floride (Panthers)	82	43	27	6	6	244	209	98
Caroline (Hurricanes)	82	37	35	10	0	217	216	84
Tampa Bay (Lightning)	82	19	47	9	7	204	310	54
Atlanta (Thrashers)	82	14	57	7	4	170	313	39

ASSOCIATION DE L'OUEST

DIVISION CENTRALE	PJ	G	P	N	DP	BP	BC	PTS
St. Louis (Blues)	82	51	19	11	1	248	165	114
Detroit (Red Wings)	82	48	22	10	2	278	210	108
Chicago (Blackhawks)	82	33	37	10	2	242	245	78
Nashville (Predators)	82	28	40	7	7	199	240	70

DIVISION NORD-OUEST	PJ	G	P	N	DP	BP	BC	PTS
Colorado (Avalanche)	82	42	28	11	1	233	201	96
Edmonton (Oilers)	82	32	26	16	8	226	212	88
Vancouver (Canucks)	82	30	28	15	9	227	237	84
Calgary (Flames)	82	31	36	10	5	211	256	77

DIVISION PACIFIQUE	PJ	G	P	N	DP	BP	BC	PTS
Dallas (Stars)	82	43	23	10	6	211	184	102
Los Angeles (Kings)	82	39	27	12	4	245	228	94
Phoenix (Coyotes)	82	39	31	8	4	232	228	90
San Jose (Sharks)	82	35	30	10	7	225	214	87
Anaheim (Mighty Ducks)	82	34	33	12	3	217	227	83

1999-2000

Saku Koivu occupe le premier rang des marqueurs de la Ligue au moment de sa première blessure. L'absence de Koivu, qui ne disputera que 24 parties au cours de la saison, est une lourde perte pour l'équipe.

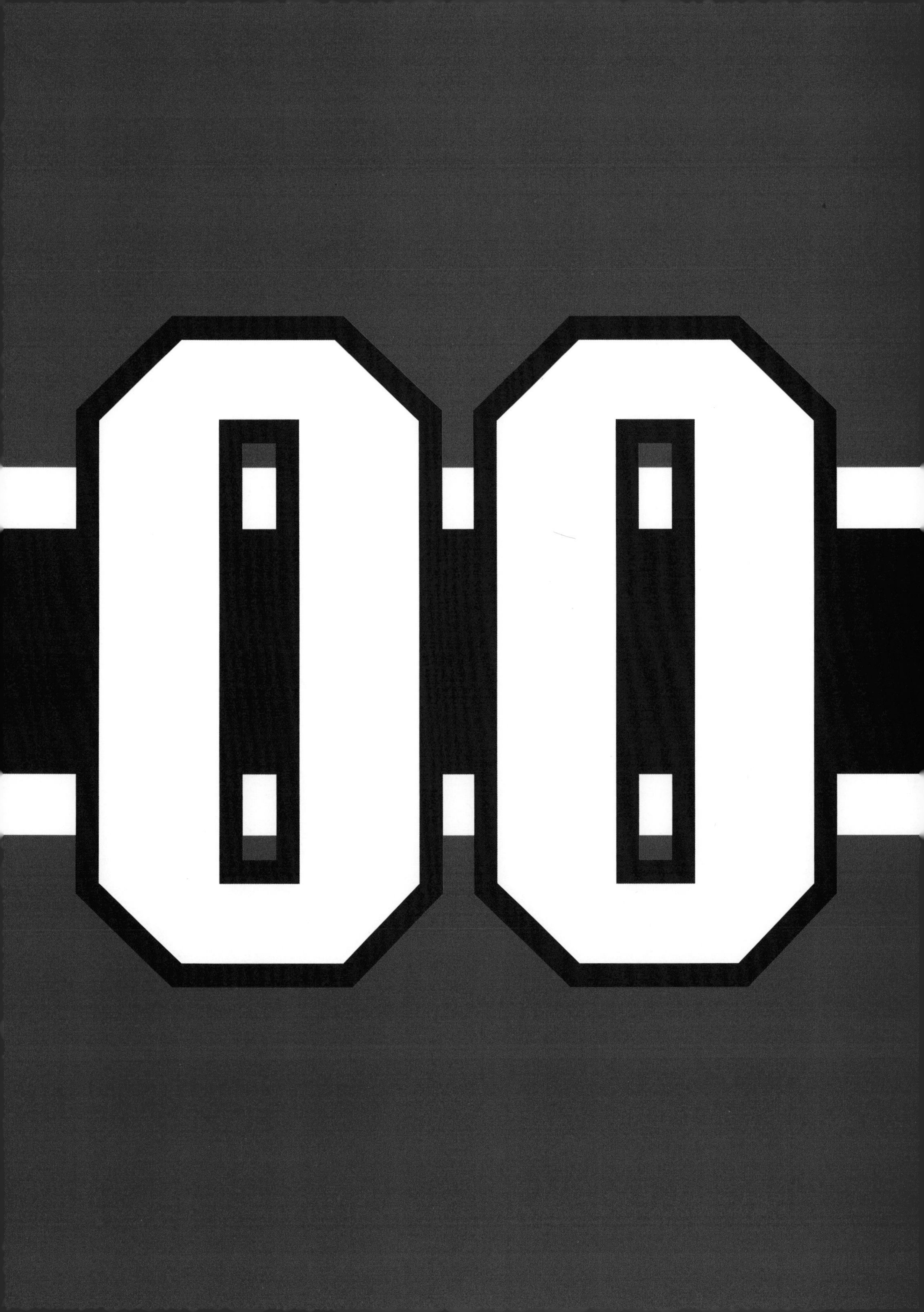
00

2 0 0 0 CH 2 0 0 1

Les Blue Jackets de Columbus (Division Centrale) et le Wild du Minnesota (Nord-Ouest) portent le nombre de concessions à 30. Les Sakic, Forsberg, Bourque, Blake, Roy et compagnie procurent une saison presque parfaite à l'Avalanche du Colorado, premier au classement général et gagnant de la coupe Stanley. Mais les champions en titre, les Devils, ne lâchent pas prise facilement et la finale se rend à la limite. Les Devils avaient commencé les quarts de finale en lion contre la Caroline avec trois gains de suite, avant d'en concéder deux, puis ont remporté le sixième match. Série encore plus difficile contre Toronto qui prend les devants 3-2, mais New Jersey gagne les deux dernières parties pour ensuite éliminer Pittsburgh en cinq, se qualifiant pour la finale. L'Avalanche a moins de difficulté contre Vancouver (en quatre), mais en arrache contre Los Angeles (en sept) et dispose des Blues en cinq, dans une série marquée par trois matchs en prolongation.

Jagr trône au sommet des marqueurs pour une quatrième année de suite avec 52 buts et 69 passes. Deuxième au classement, à trois points de Jagr, Joe Sakic rafle trois trophées : le plus utile (Hart), le plus gentilhomme (Lady-Byng) et joueur par excellence de l'AJLNH (Pearson). Patrick Roy est choisi joueur des séries pour la troisième fois de sa carrière.

Son ancienne équipe, les Canadiens — derniers de leur division — poursuivent leur descente aux enfers avec une 11e place dans l'Est, ce qui les exclut évidemment des séries pour une troisième fois de suite, la quatrième au cours des sept dernières saisons.

Daniel O'Neil, président de la Brasserie Molson, et Pierre Boivin, président des Canadiens de Montréal, font part de l'acquisition de l'équipe et du Centre Bell par l'Américain George Gillett à la fin de janvier 2001.

Les Canadiens vendus à un Américain

Le suspense durait depuis sept mois, soit depuis que la Brasserie Molson avait fait part de son intention de se départir du club de hockey Canadien, lequel appartenait à l'un ou l'autre des membres de la famille Molson ou à leur compagnie depuis 1957. Avant le club, en août 1999, c'était le Centre Molson qui était mis aux enchères. Après moult spéculations, des offres d'achat qui ne furent pas très nombreuses (une seule autre, dit-on) et aucune tentative de la part d'entreprises québécoises ou canadiennes, c'est un Américain, résidant de Vail au Colorado, George Gillett, qui gagne la mise. Connue le 30 janvier 2001,

● Jacques Lemaire, ancienne vedette (1967-79) et entraîneur des Canadiens (1984-85), quitte de nouveau l'organisation en juin 2000, pour relever le défi de diriger la nouvelle formation du Wild du Minnesota. Il amène Mario Tremblay avec lui pour le seconder.

● Guy Lafleur décide de se départir de tous ses trophées et autres souvenirs rattachés au hockey et fait appel à une firme spécialisée dans les encans pour mettre sa collection aux enchères.

● Patrice Brisebois affiche le pire dossier pour les Plus et les Moins de la Ligue avec moins 31. Il est cependant premier chez les défenseurs avec 11 buts sur les jeux de

puissance. Il avait disputé un 400e match avec le Tricolore en octobre. Brian Savage affiche lui aussi le même nombre de parties disputées en janvier.

● Peu après la fin de saison précédente, le Tricolore conclut une entente de partenariat avec la formation d'élite suédoise de Djurgarden, visant une amélioration des deux formations par l'échange de joueurs.

● Montréal perd le gardien Frédéric Chabot et l'attaquant Turner Stevenson, au profit des Blue Jackets de Columbus au repêchage de l'expansion.

2000-2001

Patrice Brisebois affiche le pire dossier de La ligue pour les Plus et les Moins, mais il est par contre premier pour les buts en avantage numérique chez les défenseurs.

ÉQUIPE 2000-01

Entraîneurs : Alain Vigneault (20-5-13-2-0)
Michel Therrien (62-23-27-6-6)

N°	POS	JOUEURS	PJ	B	A	PTS	PUN
11	C	Saku Koivu	54	17	30	47	40
32	AD	Oleg Petrov	81	17	30	47	24
49	AG	Brian Savage	62	21	24	45	26
26	AG	Martin Rucinsky	57	16	22	38	66
43	D	Patrice Brisebois	77	15	21	36	28
14	C	Trevor Linden	57	12	21	33	52
63	C	Craig Darby	78	12	16	28	16
25	C	Chad Kilger	43	9	16	25	34
22	D	Eric Weinrich	60	6	19	25	34
15	AD	Dainius Zubrus	49	12	12	24	30
79	D	Andrei Markov	63	6	17	23	18
37	C	Patrick Poulin	52	9	11	20	13
8	AD	Jim Campbell	57	9	11	20	53
28	D	Karl Dykhuis	67	8	9	17	44
17	AG	Benoit Brunet	35	3	11	14	12
56	D	Stéphane Robidas	65	6	6	12	14
34	C	Sergei Zholtok	32	1	10	11	8
78	AG	Éric Landry	51	4	7	11	43
44	D	Sheldon Souray	52	3	8	11	95
20	AG	Richard Zednik	12	3	6	9	10
47	AG	Juha Lind	47	3	4	7	4
51	D	Francis Bouillon	29	0	6	6	26
38	C	Jan Bulis	12	0	5	5	0
88	C	Xavier Delisle	14	3	2	5	6
54	D	Patrick Traverse	19	2	3	5	10
45	C	Arron Asham	46	2	3	5	59
40	C	Éric Chouinard	13	1	3	4	0
35	AG	Andre Bashkirov	18	0	3	3	0
20	AG	Philip Joseph Stock	20	1	2	3	32
52	D	Craig Rivet	26	1	2	3	36
24	D	Christian Laflamme	39	0	3	3	42
55	D	Matthieu Descoteaux	5	1	1	2	4
39	AG	Johan Witehall	26	1	1	2	6
29	D	Darryl Shannon	7	0	1	1	6

la vente est confirmée le lendemain sur la patinoire du Centre Molson. Une transaction de 275 millions CA.

George Gillett, lui-même remis d'une faillite personnelle en 1992, acquiert 80,1 % du club de hockey et la totalité du Centre Molson. Molson conserve 19,9 % de l'équipe et demeure le principal commanditaire du club. Le nouveau propriétaire éprouve cependant des difficultés à trouver du financement, son plan de fusion d'une entreprise de transformation de viande dans laquelle il possédait des intérêts n'ayant pas tourné à son avantage. C'est la Caisse de dépôt et placement du Québec, par l'intermédiaire de l'une de ses filiales, CDP Capital d'Amérique, qui vient en aide au nouvel acheteur, aussi propriétaire de plusieurs centres de ski à travers l'Amérique du Nord, avec un prêt de 140 millions. Par la suite, les Banques Nationale et Laurentienne s'associent à CDP Capital d'Amérique, laquelle société conserve cependant une participation majoritaire, pour former un syndicat banquier en relation avec ce prêt.

● Ron Hainsey et Marcel Hossa sont tous deux réclamés en première ronde du repêchage amateur par les Canadiens.

● Saku Koivu et Brian Savage renouvellent leur entente avec les Canadiens au cours de l'été, aux mêmes conditions que l'année précédente. Koivu conserve la meilleure fiche du club à égalité avec Oleg Petrov, avec seulement 47 points (17-30). C'est la troisième année de suite qu'aucun joueur montréalais n'atteint les 50 points.

● Le gardien José Théodore, dont les négociations contractuelles avec les Canadiens traînent en longueur, finit par signer un contrat qui lui rapportera 2,15 millions, à quelques heures de l'ouverture du camp.

● Clément Jodoin décline l'offre de se joindre aux Citadelles de Québec et devient responsable du développement des joueurs à la place de Carbonneau. L'ancien défenseur Rick Green se joint au groupe d'entraîneurs adjoints en novembre.

● André Savard se met à rapidement l'œuvre après sa nomination. Il envoie P. J. Stock à Philadelphie et cède un choix au repêchage pour les services de Gino Odjik le 7 décembre et, moins de deux semaines plus tard, Chad Kilger s'amène d'Edmonton, en retour de Sergei Zholtok.

ÉQUIPE 2000-01

N°	POS	JOUEURS	PJ	B	A	PTS	PUN
29	AG	Gino Odjick	13	1	0	1	44
60	G	José Théodore	59	1	0	1	6
31	G	Jeff Hackett	19	0	1	1	0
41	G	Éric Fichaud	2	0	0	0	0
71	C	Mike Ribeiro	2	0	0	0	2
38	D	Barry Richter	2	0	0	0	2
83	AG	Éric Bertrand	3	0	0	0	0
39	D	Enrico Ciccone	3	0	0	0	14
46	C	Matt Higgins	6	0	0	0	2
23	AG	Francis Bélanger	10	0	0	0	29
30	G	Mathieu Garon	11	0	0	0	0
61	AD	Jason Ward	12	0	0	0	12

GARDIENS	PJ	G	P	N	MIN	BC	BL	MOY
Mathieu Garon	11	4	5	1	589	24	2	2,44
José Théodore	59	20	29	5	3298	141	2	2,57
Jeff Hackett	19	4	10	2	998	54	0	3,25
Éric Fichaud	2	0	2	0	62	4	0	3,87

André Savard, arrivé des Sénateurs depuis peu, est promu au rang de directeur général.

En contrepartie, Gillett s'engage à garder l'équipe à Montréal pour un minimum de dix ans et à remettre le prêt en sept ans. De son côté, Molson accepte de reprendre le contrôle de l'équipe et d'assumer les obligations financières du nouveau propriétaire si celui-ci ne peut remplir son engagement. On fait cependant savoir que le Centre Molson pourrait changer de nom pour favoriser l'injection de nouvelles commandites.

La LNH donne son accord à l'entente quelques mois plus tard. Entretemps, le nouveau propriétaire fait part de son intention de maintenir le président Pierre Boivin et son directeur général, André Savard, en poste.

Les problèmes de financement résolus et la bénédiction de la Ligue accordée, George Gillett peut maintenant profiter pleinement de sa dernière acquisition, les Canadiens de Montréal, l'une des plus grandes dynasties sportives du xxe siècle.

Quatre autres formations changent de mains au cours de cette même saison. Les Devils du New Jersey, qui devront dorénavant composer avec George Steinbrenner, l'un des nouveaux actionnaires. Les Islanders de New York, l'Avalanche du Colorado et les Coyotes de Phoenix sont les autres. Gretzky ne sera pas demeuré à la retraite longtemps. Il est l'un des nouveaux propriétaires des Coyotes.

NOUVEAU CHANGEMENT DE GARDE

De son propre aveu, Pierre Boivin, le nouveau président du Tricolore, se sent humilié au terme du match du samedi soir 18 novembre. Le club vient de perdre 6-1 contre Toronto devant plus de 20 000 spectateurs et des dizaines de milliers de téléspectateurs d'un bout à l'autre du pays. Pis encore, cette autre défaite projette l'équipe au 30e et dernier rang de la Ligue. Il s'accorde 48 heures de réflexion et le lundi, en conférence de presse, il annonce le renvoi de Réjean Houle, Alain Vigneault et Clément Jodoin de leurs postes respectifs de directeur général, d'entraîneur et d'adjoint à l'entraîneur.

● Premier échange entre les Canadiens et les Bruins de Boston en 37 ans, au mois de février. Patrick Traverse arrive à Montréal et Éric Weinrich rejoint Boston. La transaction précédente avait permis à Sam Pollock d'obtenir les droits sur Ken Dryden, à ses premiers pas comme directeur général des Canadiens.

● Weinrich avait obtenu son 300e point dans la Ligue nationale, dans l'uniforme bleu blanc rouge, trois semaines plus tôt.

● Trevor Linden, un vétéran de plus de 900 matchs dans la LNH, est échangé aux Capitals de Washington, en compagnie de Dainius Zubrus, plus un deuxième choix de repêchage, en retour de Richard Zednik, Jan Bulis et d'un choix de première ronde.

● À défaut de participer aux séries, les Canadiens revendiquent un deuxième championnat consécutif des blessures. Cette fois, le bilan médical s'arrête à 531 parties manquées par l'ensemble des joueurs au cours de la saison.

2000-2001

Michel Therrien accède au poste d'entraîneur et Guy Carbonneau devient son adjoint.

528

TROPHÉES	
COUPE STANLEY	
Avalanche du Colorado	
TROPHÉE PRINCE-DE-GALLES	
Devils du New Jersey	
TROPHÉE CLARENCE-CAMPBELL	
Avalanche du Colorado	
TROPHÉE DU PRÉSIDENT	
Avalanche du Colorado	
TROPHÉE HART	
Joe Sakic	
Avalanche du Colorado	
TROPHÉE ART-ROSS	
Jaromir Jagr	
Penguins de Pittsburgh	
TROPHÉE LADY-BYNG	
Joe Sakic	
Avalanche du Colorado	
TROPHÉE CALDER	
Evgeni Nabokov	
Sharks de San Jose	
TROPHÉE GEORGES-VÉZINA	
Dominik Hasek	
Sabres de Buffalo	
TROPHÉE JAMES-NORRIS	
Nicklas Lidstrom	
Red Wings de Detroit	
TROPHÉE CONN-SMYTHE	
Patrick Roy	
Avalanche du Colorado	

● La LNH décide de faire appel à deux arbitres pour tous ses matchs.

● Mario Lemieux quitte son bureau de propriétaire des Penguins de Pittsburgh et retourne au vestiaire de l'équipe pour chausser ses patins de joueur. Il revient au jeu le 11 décembre après une absence de trois saisons complètes. Un retour remarqué avec 35 buts et 76 passes en seulement 43 parties.

● Jaromir Jagr, le successeur du *Magnifique* au sommet des marqueurs, remporte un quatrième titre consécutif avec 121 points, trois de plus que Joe Sakic de l'Avalanche.

● Patrick Roy éclipse le record de victoires de Terry Sawchuk, le 17 octobre avec un 448e gain, un sommet dans la Ligue. Il termine la saison avec 484 victoires. Lors des éliminatoires, remportées

par l'Avalanche, il deviendra le premier joueur à recevoir le trophée Conn-Smythe à trois reprises. Il signe quatre jeux blancs, ce qui lui permet d'égaler le record de la Ligue, et son total de 19 lui confère désormais le premier rang à ce chapitre.

● Suspendu par les Sénateurs pour avoir refusé de se rapporter à l'équipe la saison précédente, Alexei Yashin perd sa cause devant les tribunaux,

qui le forcent à disputer la dernière année de son contrat à Ottawa.

● Scotty Bowman, qui a dirigé les Blues de St. Louis, les Canadiens, les Sabres de Buffalo, les Penguins de Pittsburgh et qu'on retrouve avec les Red Wings de Detroit depuis la saison 1993-94, inscrit un 2000e match à son dossier le 24 novembre, dans une victoire de 3-2 contre Vancouver.

TROPHÉES

TROPHÉE BILL-MASTERTON
Adam Graves
Rangers de New York

TROPHÉE LESTER-B.-PEARSON
Joe Sakic
Avalanche du Colorado

TROPHÉE JACK-ADAMS
Bill Barber
Flyers de Philadelphie

TROPHÉE FRANK-J.-SELKE
John Madden
Devils du New Jersey

TROPHÉE WILLIAM-M.-JENNINGS
Dominik Hasek
Sabres de Buffalo

TROPHÉE KING-CLANCY
Shjon Podein
Avalanche du Colorado

TROPHÉE ROGER-CROZIER
Marty Turco
Stars de Dallas

TROPHÉE MAURICE-RICHARD
Pavel Bure
Panthers de la Floride

MEILLEURS MARQUEURS

		PJ	B	A	PTS	PUN
Jaromir Jagr	Pittsburgh	81	52	69	121	42
Joe Sakic	Colorado	82	54	64	118	30
Patrik Elias	New Jersey	82	40	56	96	51
Alexei Kovalev	Pittsburgh	79	44	51	95	96
Jason Allison	Boston	82	36	59	95	85
Martin Straka	Pittsburgh	82	27	68	95	38
Pavel Bure	Floride	82	59	33	92	58
Doug Weight	Edmonton	82	25	65	90	91
Zigmund Palffy	Los Angeles	73	38	51	89	20
Peter Forsberg	Colorado	73	27	62	89	54

André Savard, directeur du personnel depuis l'été précédent, et Michel Therrien, entraîneur des Citadelles de Québec, remplacent les deux premiers et on fait appel à Martin Madden pour seconder Savard, tandis que Guy Carbonneau, responsable du développement des joueurs depuis le mois d'août, est promu au rôle d'adjoint de Therrien. Roland Melanson est le seul à avoir été épargné par le président Boivin, qui annonce du même coup que les futurs propriétaires (à être dévoilés dans quelques semaines) pourront revoir les nominations s'ils le désirent.

Le président Boivin n'avait d'autre choix que de procéder à un nouveau coup de balai, le troisième depuis 1983, devant les insuccès répétés de l'équipe — 1 seule victoire au cours des 12 dernières parties — et une indifférence pratiquement généralisée chez les joueurs depuis le début de la saison.

Déchu du poste qu'il occupait depuis cinq ans, Réjean Houle fait montre d'une grande élégance en commentant son départ devant les médias. Avec classe et émotion, tout en reconnaissant quelques erreurs qu'il attribue à son inexpérience, il prend soin de remercier ses proches et l'organisation du Canadien qui lui ont permis de servir une équipe qu'il aime toujours aussi profondément.

2000-2001

LE SAVIEZ-VOUS...

Les Expos de Montréal rendent hommage à Maurice Richard en arborant le numéro 9 sur la manche droite de leur uniforme tout au long de la saison 2000. Le Tricolore ne sera pas en reste, puisque tous les joueurs afficheront aussi le numéro 9 sur leur casque au cours de la saison.

Cependant, les changements à la direction ne permettent pas à l'équipe de se ressaisir. Dernière de sa division et 24e au classement général en fin de campagne, celle-ci est exclue des séries pour une troisième année consécutive, avec le plus bas total de points au cours des cinquante dernières années.

THÉODORE LANCE ET COMPTE

Le gardien José Théodore n'a pas fait inscrire de clause de boni pour les buts à son dernier contrat avec le Tricolore, mais il aurait peut-être dû. Au lendemain du jour de l'An, devant une foule décevante à Uniondale, alors que les

● Jean-Jacques Daigneault peut maintenant dire qu'il connaît autant de vestiaires d'équipes que Michel Petit. Les deux ont évolué pour 10 clubs différents. Daigneault a notamment porté les couleurs des Canadiens de 1989-90 au début de la saison 1995-96.

● Mark Messier passe au troisième rang des marqueurs de la Ligue nationale,

devançant désormais Marcel Dionne, 1781 points à 1771. Les 1850 points de Gordie Howe sont aussi à portée de son bâton.

● Raymond Bourque, cédé par les Bruins à l'Avalanche du Colorado pour lui permettre de toucher à la coupe Stanley au moins une fois dans sa carrière, participe à une 21e série éliminatoire, laquelle lui permettra de concrétiser son rêve avant de se retirer.

Il complète une carrière de 22 ans avec trois autres records : de buts (410), de passes (1169) et de points (1579) chez les défenseurs, en saisons régulières.

● Glen Sather quitte son poste de président et directeur général qu'il occupe depuis vingt ans chez les Oilers d'Edmonton pour accepter un rôle similaire chez les Rangers. À Boston, Harry Sinden délaisse la fonction de directeur général qu'il

occupe depuis 1972, mais demeure président de l'équipe.

● Dave King quitte l'organisation des Canadiens après trois ans de service, pour devenir entraîneur des Blue Jackets de Columbus.

● John LeClair fait sauter la banque en obtenant la somme record de 7 millions en arbitrage. Le sommet précédent avait été obtenu par Pierre Turgeon en 1998, avec 4,65 millions.

2000-2001

Un nouveau contrat pour Brian Savage qui connaît sa meilleure saison en quatre ans.

ASSOCIATION DE L'EST							
DIVISION NORD-EST	PJ	G	P	N	DP	BP	BC	PTS
Ottawa (Sénateurs)	82	48	21	9	4	274	205	109
Buffalo (Sabres)	82	46	30	5	1	218	184	98
Toronto (Maple Leafs)	82	37	29	11	5	232	207	90
Boston (Bruins)	82	36	30	8	8	227	249	88
Montréal (Canadiens)	82	28	40	8	6	206	232	70
DIVISION ATLANTIQUE	PJ	G	P	N	DP	BP	BC	PTS
New Jersey (Devils)	82	48	19	12	3	295	195	111
Philadelphie (Flyers)	82	43	25	11	3	240	207	100
Pittsburgh (Penguins)	82	42	28	9	3	281	256	96
New York (Rangers)	82	33	43	5	1	250	290	72
New York (Islanders)	82	21	51	7	3	185	268	52
DIVISION SUD-EST	PJ	G	P	N	DP	BP	BC	PTS
Washington (Capitals)	82	41	27	10	4	233	211	96
Caroline (Hurricanes)	82	38	32	9	3	212	225	88
Floride (Panthers)	82	22	38	13	9	200	246	66
Atlanta (Thrashers)	82	23	45	12	2	211	289	60
Tampa Bay (Lightning)	82	24	47	6	5	201	280	59
ASSOCIATION DE L'OUEST							
DIVISION CENTRALE	PJ	G	P	N	DP	BP	BC	PTS
Detroit (Red Wings)	82	49	20	9	4	253	202	111
St. Louis (Blues)	82	43	22	12	5	249	195	103
Nashville (Predators)	82	34	36	9	3	186	200	80
Chicago (Blackhawks)	82	29	40	8	5	210	246	71
Columbus (Blue Jackets)	82	28	39	9	6	190	233	71
DIVISION NORD-OUEST	PJ	G	P	N	DP	BP	BC	PTS
Colorado (Avalanche)	82	52	16	10	4	270	192	118
Edmonton (Oilers)	82	39	28	12	3	243	222	93
Vancouver (Canucks)	82	36	28	11	7	239	238	90
Calgary (Flames)	82	27	36	15	4	197	236	73
Minnesota (Wild)	82	25	39	13	5	168	210	68
DIVISION PACIFIQUE	PJ	G	P	N	DP	BP	BC	PTS
Dallas (Stars)	82	48	24	8	2	241	187	106
San Jose (Sharks)	82	40	27	12	3	217	192	95
Los Angeles (Kings)	82	38	28	13	3	252	228	92
Phoenix (Coyotes)	82	35	27	17	3	214	212	90
Anaheim (Mighty Ducks)	82	25	41	11	5	188	245	66

● George Steinbrenner, richissime propriétaire des Yankees de New York, devient copropriétaire des Devils du New Jersey en août.

● Marty McSorley est reconnu coupable d'agression armée et condamné à 18 mois de liberté conditionnelle pour son attaque contre Donald Brashear. Mais il n'aura pas

de casier judiciaire et on lui permet de réintégrer son équipe en février.

● Vincent Damphousse, ancien membre du Tricolore, devient le 58e joueur de l'histoire à présenter une fiche de 1 000 points.

● Denis Savard, revenu à l'organisation des Blackhawks après un court séjour à

Montréal et à Tampa Bay, est intronisé au Temple de la renommée en même temps que Joe Mullen.

● Marc Boileau, entraîneur des Nordiques lors de la conquête de la coupe Avco en 1977, est foudroyé par une crise cardiaque, alors qu'il enseigne le hockey à des jeunes sur une patinoire extérieure à Pointe-Claire.

● Les Penguins de Pittsburgh retirent le chandail de Michel Brière, jeune joueur des plus prometteurs, natif de Malartic en Abitibi, décédé dans un accident d'auto en 1971.

● Bobby Smith, autre ancien joueur des Canadiens à faire carrière à la direction d'une équipe de la LNH, perd son poste de directeur général des Coyotes de Phoenix. Cliff Fletcher le remplace.

José Théodore est le seul gardien de l'histoire des Canadiens à avoir compté un but.

2000-2001

Canadiens mènent déjà 2-0 avec un peu plus de deux minutes à faire, il dégage son territoire en lobant la rondelle au-dessus des joueurs. Celle-ci glisse ensuite jusqu'au fond d'un filet désert.

Ce soir-là, Théo devient le meilleur compteur de l'histoire des Canadiens chez les gardiens. Sixième cerbère de la Ligue à réussir cet exploit, il rejoint les Billy Smith (Islanders), Ron Hextall (Philadelphie), Chris Osgood (Detroit), Damian Rhodes (Ottawa) et Martin Brodeur (New Jersey). Evgeni Nabokov (San Jose) se joindra au groupe, un an plus tard. Hextall et Brodeur dominent le classement, ayant aussi obtenu un but en séries.

Une année décevante pour le club, mais le capitaine Koivu garde son entrain à l'entraînement.

SECOUÉS PAR LA MALCHANCE – CANCER DE KOIVU, BLESSURE GRAVE POUR DONALD AUDETTE NOTAMMENT –, LES JOUEURS DES CANADIENS TROUVENT POURTANT L'ÉNERGIE DE SE QUALIFIER POUR LES SÉRIES (HUITIÈMES DANS L'EST), EN BONNE PARTIE GRÂCE À LA TENUE INCROYABLE DU GARDIEN JOSÉ THÉODORE. ILS RÉSISTENT AUX BRUINS DE BOSTON, CHAMPIONS DE DIVISION, ET REMPORTENT LA PREMIÈRE SÉRIE, MAIS NE PEUVENT RÉPÉTER LEUR EXPLOIT CONTRE LES HURRICANES QUI SE FAUFILENT JUSQU'À LA FINALE EN DISPOSANT PAR LA SUITE DES LEAFS DE TORONTO. AUCUNE ÉQUIPE NE PEUT RÉSISTER À LA PUISSANTE MACHINE DES RED WINGS, PREMIERS AU CLASSEMENT GÉNÉRAL ET VAINQUEURS DE LA COUPE STANLEY EN CINQ PARTIES CONTRE LA CAROLINE. MAIS LES WINGS DONNENT DES SUEURS FROIDES À LEURS PARTISANS EN PERDANT LES DEUX PREMIÈRES RENCONTRES DE LA SÉRIE INITIALE CONTRE VANCOUVER, PUIS ILS EN COLLENT QUATRE DE SUITE. ST. LOUIS NE RÉSISTE PAS BIEN LONGTEMPS (VICTOIRE EN CINQ). C'EST UNE AUTRE HISTOIRE CONTRE LE COLORADO. C'EST UNE FINALE AVANT LA FINALE. LES DEUX ÉQUIPES SONT À ÉGALITÉ 2-2, MAIS UN BUT DE PETER FORSBERG EN SUPPLÉMENTAIRE LORS DU CINQUIÈME MATCH PLACE L'AVALANCHE À UN PAS DE LA FINALE. LE GARDIEN DOMINIK HASEK NE CONCÈDE PLUS RIEN ET DETROIT SIGNE DES GAINS DE 2-0 ET 7-0 POUR ATTEINDRE LA FINALE. POUR LA DEUXIÈME FOIS EN TROIS ANS, AUCUN MARQUEUR N'ATTEINT LES 100 POINTS. LES CANADIENS, ABSENTS DES ÉQUIPES D'ÉTOILES DEPUIS 1991-92, SONT COMBLÉS PAR LA SÉLECTION DE THÉODORE DANS LA PREMIÈRE. SAKU KOIVU EST AUSSI RÉCOMPENSÉ POUR SA PERSÉVÉRANCE AVEC LE TROPHÉE MASTERTON.

José Théodore et Saku Koivu, chacun à sa façon, serviront d'inspiration à leurs coéquipiers tout au long de la saison.

Koivu et Théodore : courage et prouesses

Ce soir, 9 avril 2002, les Canadiens viennent de s'assurer une première participation aux séries en quatre ans, à la faveur d'un gain de 4-3 sur les Sénateurs d'Ottawa. Il s'agit d'un septième gain d'affilée pour les joueurs de Michel Therrien. Mais ce n'est pas le plus important ! Le moment le plus émouvant est survenu quelques instants avant la mise au jeu initiale lorsque le numéro 11, un peu hésitant, a franchi la petite porte qui sépare le banc des joueurs de la patinoire. L'ovation des 21 273 spectateurs dure

Richard Zednik

● Richard Zednik est victime d'un coup de coude vicieux de la part de Kyle McLaren, lors du quatrième affrontement de la série contre Boston. Victime d'une commotion cérébrale et d'une fracture à la joue, il est à l'écart pour le reste des éliminatoires.

● Le jeune cerbère Olivier Michaud amène un vent de fraîcheur dans l'organisation des Canadiens le 30 octobre. Il devient, à 18 ans, le deuxième plus jeune gardien à évoluer dans la Ligue nationale. On a fait appel à ses services pour remplacer Mathieu Garon à la troisième période du match contre Edmonton. Le jeune homme, natif de Beloeil, n'accorde aucun but sur les 14 tirs des Oilers. Harry Lumley avait 17 ans lorsqu'il défendit la forteresse des Red Wings en 1943. Cinq autres gardiens firent leur entrée dans la LNH à 18 ans – John Vanbiesbrouck, Martin Biron, Dan Blackburn, Tom Barrasso et Jocelyn Thibault –, mais ils étaient tous un peu plus âgés qu'Olivier Michaud que les Canadiens ont rappelé des Cataractes de Shawinigan.

● Tout au long de l'absence de Koivu, Michel Therrien refuse d'apposer le « C » du capitaine sur le chandail d'un autre joueur. Patrice Brisebois, Benoît Brunet, Craig Rivet et Brian Savage se partagent la tâche d'adjoints.

● José Théodore inscrit deux blanchissages de suite au début de février contre New Jersey et Pittsburgh, les deux par la marque de 1-0. Le deuxième lui permet aussi de remporter sa 20e victoire de la saison, ce qui lui vaut un boni de 100 000 $.

2001-2002

huit minutes. Saku Koivu qui, sept mois plus tôt, apprenait qu'il était rongé par le cancer, est revenu parmi les siens. Un cancer à l'abdomen dont la seule évocation fait peur – lymphome intra-abdominal non hodgkinien.

Quelques jours plus tôt, Donald Audette, qui avait également flirté avec la mort, a aussi effectué un retour parmi ses coéquipiers après quatre mois d'absence. Acquis des Stars de Dallas pour les services de Martin Rucinsky et de Benoît Brunet le 21 novembre, il en est à une cinquième rencontre à peine lorsque le patin de Radek Dvorak des Rangers sectionne les tendons extenseurs reliant son poignet à sa main gauche, lors d'une chute derrière le filet. Audette doit la vie à sa rapidité à regagner le vestiaire alors que le sang coule abondamment. Le même soir, la malchance s'acharne aussi sur Patrice Brisebois et Jan Bulis, mis à l'écart pour des blessures, l'un à une cheville, l'autre à une cuisse.

Lourdement affaiblie, l'équipe doit sa survie aux exploits maintes fois répétés de José Théodore devant le filet. À lui seul, il motive ses coéquipiers à

Les partisans appuient le capitaine Koivu à leur façon lors des rencontres.

ÉQUIPE 2001-02						
Entraîneur : Michel Therrien (82-36-31-12-3)						
N°	POS	JOUEURS	PJ	B	A	PTS	PUN
94	C	Yanic Perreault	82	27	29	56	40
20	AG	Richard Zednik	82	22	22	44	59
93	C	Doug Gilmour	70	10	31	41	48
14	AD	Oleg Petrov	75	24	17	41	12
90	C	Joe Juneau	70	8	28	36	10
43	D	Patrice Brisebois	71	4	29	33	25
24	AD	Andreas Dackell	79	15	18	33	24
49	AG	Brian Savage	47	14	15	29	30
52	D	Craig Rivet	82	8	17	25	76
79	D	Andrei Markov	56	5	19	24	24
25	AG	Chad Kilger	75	8	15	23	27
38	C	Jan Bulis	53	9	10	19	8
71	C	Mike Ribeiro	43	8	10	18	12
5	D	Stéphane Quintal	75	6	10	16	87
27	C	Shaun Van Allen	54	6	9	15	20
28	D	Karl Dykhuis	80	5	7	12	32
56	D	Stéphane Robidas	56	1	10	11	14
95	AG	Sergei Berezin	29	4	6	10	4
45	C	Arron Asham	35	5	4	9	55
26	AG	Martin Rucinsky	18	2	6	8	12
44	D	Sheldon Souray	34	3	5	8	62
29	AG	Gino Odjick	36	4	4	8	104
22,82	AD	Donald Audette	13	1	5	6	8
54	D	Patrick Traverse	25	2	3	5	14
37	AG	Patrick Poulin	28	0	5	5	6

● Molson cède les droits du nom du Centre Molson à Bell, tout en maintenant sa commandite de 150 millions pour 20 ans. Le changement, qui deviendra effectif la saison suivante, oblige Bell à hausser sa commandite

de 40 à 100 millions sur une période de 20 ans.

● Yanic Perreault a compilé la meilleure fiche des Canadiens au cours de la saison, obtenant 27 buts et 56 points. Il poursuit son bon travail en séries avec trois buts

et cinq passes, dont le filet qui élimine les Bruins en première ronde.

● L'entraîneur Therrien place son équipe dans une position délicate au quatrième match éliminatoire contre la Caroline. En avant 2-1 dans la série et 3-1 dans la partie, il écope d'une pénalité pour conduite abusive à l'endroit des officiels, en troisième, alors que Stéphane Quintal est déjà au pénitencier. Les Hurricanes marquent rapidement, pour ensuite égaler le compte et finalement l'emporter en

prolongation. Le Tricolore perd aussi les deux rencontres suivantes, dont la dernière par 8 à 2.

● Patrice Brisebois, qui avait conclu une entente de 2,5 millions pour l'année en cours au mois de mai, signe un nouveau contrat de trois ans plus une année d'option à la mi-décembre, quelques semaines après avoir disputé son 600e match avec l'équipe. Le nouveau pacte lui vaudra 13 millions pour trois ans et l'option entre 4,5 et 5 millions à la discrétion du club.

L'expérience d'un Joé Juneau est bénéfique à cette jeune équipe peu expérimentée.

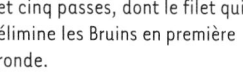

2001-2002

tenir bon malgré les malheurs à répétition. Pendant que Koivu et Audette livrent le combat de leur vie, Théodore maintient la barque à flot en contenant les tirs des équipes adverses et le club garde l'espoir de participer aux séries.

Pour sa part, Koivu reste en contact avec l'organisation et tient ses coéquipiers informés de l'évolution de son cancer. Le combat est dur, il subit huit séries de traitement qui l'affaiblissent beaucoup chaque fois. Au début de février, il apprend, lors d'une visite chez les spécialistes qui le soignent que le cancer est en rémission complète et qu'il peut espérer un retour au jeu. Il s'empresse de partager la nouvelle avec ses coéquipiers avant un match contre Pittsburgh, puis les rejoint sur la glace dès le lendemain avec son équipement pour un entraînement de quelques minutes. Le courage et la détermination de Koivu lui vaudront le trophée Bill-Masterton (persévérance, esprit sportif et engagement envers le hockey) en fin de saison.

Mais l'équipe en arrache et on craint qu'elle ne puisse se qualifier pour les séries pour une quatrième année de suite malgré les petits miracles de Théo. Au début de mars, lors d'une séance d'entraînement entre deux matchs, Joé Juneau se lève dans le vestiaire et réclame l'attention de ses coéquipiers. Son intervention est brève. Il rappelle à ses compagnons d'armes qu'au moment où Koivu leur promet de revenir pour les séries, ils n'ont pas le droit, eux, de lâcher. Ils se doivent de lui permettre de réaliser son rêve, croit-il. L'émotion est palpable. L'équipe se redresse lentement et entreprend ensuite une série de victoires qui la conduit à la porte des éliminatoires.

Le dernier pas est franchi lorsque Koivu saute sur la patinoire, ce mardi soir du 9 avril. Le matin du match fatidique, le *Journal de Montréal* titrait à la une : « Koivu a réussi l'impossible ».

ÉQUIPE 2001-02

N°	POS	JOUEURS	PJ	B	A	PTS	PUN
51	D	Francis Bouillon	28	0	5	5	33
36	C	Marcel Hossa	10	3	1	4	2
22	AG	Bill Lindsay	13	1	3	4	23
11	C	Saku Koivu	3	0	2	2	0
39	AG	Reid Simpson	25	1	1	2	63
17	AG	Benoit Brunet	16	0	2	2	4
60	G	José Théodore	67	0	2	2	2
78	C	Éric Landry	2	0	1	1	0
46	C	Benoit Gratton	8	1	0	1	8
59	D	Martti Jarventie	1	0	0	0	0
95	G	Olivier Michaud	1	0	0	0	0
63	C	Craig Darby	2	0	0	0	0
35	G	Stéphane Fiset	2	0	0	0	0
30	G	Mathieu Garon	5	0	0	0	0
31	G	Jeff Hackett	15	0	0	0	2

GARDIENS	PJ	G	P	N	MIN	BC	BL	MOY
Olivier Michaud	1	0	0	0	18	0	0	0,00
José Théodore	67	30	24	10	3864	136	7	2,11
Jeff Hackett	15	5	5	2	717	38	0	3,18
Stéphane Fiset	2	0	1	0	109	7	0	3,85
Mathieu Garon	5	1	4	0	261	19	0	4,37

LE SAVIEZ-VOUS...

La Soirée du hockey, une institution aussi sacrée pour les fans des Canadiens que la messe du dimanche pour d'autres, célèbre son 50e anniversaire à la télévision de Radio-Canada.

● Savard mise sur un défenseur de l'Université du Michigan, Mike Komisarek, et sur un ailier droit de la Russie, Alexander Perezhogin, en première ronde du repêchage de juin.

● Brett Hull décline une offre avantageuse des Canadiens pour accepter plutôt celle des Red Wings de Detroit.

● Doug Gilmour accepte l'offre des Canadiens et se joint à la formation montréalaise afin de poursuivre une carrière entreprise 19 ans plus tôt à St. Louis. Après celui des Blues, le vétéran a ensuite endossé successivement les chandails des Flames de Calgary, des Maple Leafs de Toronto, des Devils du New Jersey, des Blackhawks de Chicago et des Sabres de Buffalo.

● Denis Savard rejoint le club des Immortels des Canadiens, alors qu'on installe sa photo parmi celles de 40 autres grands noms de l'équipe dans le vestiaire.

● Benoît Gratton connaît un match émouvant avec les Canadiens à Atlanta. Au moment de son rappel des Citadelles de Québec la veille, son père recevait une greffe de la moelle osseuse du plus jeune des frères de Benoît pour combattre un cancer du tissu lymphoïde.

● Sergei Berezhin compte le 10 000e but de l'équipe à domicile, à son deuxième match dans l'uniforme du club, le 27 janvier. Henri Richard lui remet une plaque symbolique quelques jours plus tard et le Tricolore fait fabriquer des rondelles commémoratives qui sont offertes aux collectionneurs.

● Joé Juneau obtient le 500e point de sa carrière le 4 octobre alors que son nouveau coéquipier Martin Rucinsky dispute une 600e partie dans la Ligue. Quant à Stéphane Quintal, il compte désormais plus de 300 matchs dans l'uniforme montréalais.

2001-2002

THÉODORE DANS LA FOULÉE DE PLANTE

Les styles ne sont pas les mêmes. L'équipement a beaucoup évolué, ainsi que la technique du jeu. Le premier, Jacques Plante, était beaucoup plus replié sur lui-même malgré ses exploits répétés et se mêlait peu aux autres joueurs de l'équipe en dehors de la patinoire. Tout le contraire d'un José Théodore à la personnalité attachante, qui n'a été témoin d'aucune des prouesses de son illustre ancêtre. Ils sont pourtant les seuls gardiens de l'histoire des Canadiens à avoir mis la main sur le trophée Hart, attribué au joueur le plus utile du circuit ; Plante en 1962 et Théodore, quarante ans plus tard.

Un exploit plutôt rarissime chez les hommes masqués. Seulement cinq d'entre eux ont vu leur nom sur le trophée avant Théo. Depuis Plante, seul Dominik Hasek avait réalisé pareille performance, à deux reprises d'ailleurs, en 1996-97 et 1997-98. Avant Plante, il y avait eu Roy Worters des Americans de New York en 1928-29, Chuck Rayner des Rangers en 1949-50 et Al Rollins des Black Hawks de Chicago en 1953-54.

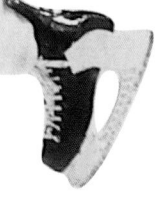

Stéphane Quintal est de retour avec les Canadiens après un exil de deux ans chez les Rangers et les Blackhawks.

TROPHÉES

COUPE STANLEY	
Red Wings de Detroit	
TROPHÉE PRINCE-DE-GALLES	
Hurricanes de la Caroline	
TROPHÉE CLARENCE-CAMPBELL	
Red Wings de Detroit	
TROPHÉE DU PRÉSIDENT	
Red Wings de Detroit	
TROPHÉE HART	
José Théodore	
Canadiens de Montréal	
TROPHÉE ART-ROSS	
Jarome Iginla	
Flames de Calgary	
TROPHÉE LADY-BYNG	
Ron Francis	
Hurricanes de la Caroline	
TROPHÉE CALDER	
Dany Heatley	
Thrashers d'Atlanta	
TROPHÉE GEORGES-VÉZINA	
José Théodore	
Canadiens de Montréal	
TROPHÉE JAMES-NORRIS	
Nicklas Lidstrom	
Red Wings de Detroit	

● Le Canada met fin à une attente de cinquante ans en s'appropriant la médaille d'or aux Jeux olympiques de Salt Lake City, sous l'inspiration de Mario Lemieux. Dirigée par Pat Quinn, l'équipe canadienne l'emporte 5-2 en finale contre les États-Unis. Joe Sakic est désigné meilleur joueur du tournoi.

● Brillante victoire également de l'équipe féminine canadienne qui surprend les Américaines — largement favorites — par 3-2, pour décrocher l'or en dépit du parti pris assez évident de l'arbitre. Les filles vengent ainsi leur défaite crève-cœur de Nagano, quatre ans plus tôt.

● Nouveau sommet pour Patrick Roy, à la fin de décembre, alors qu'il signe une 500e victoire dans la Ligue. Il est le premier gardien à atteindre ce total, réalisant de surcroît un jeu blanc de 2-0 contre Dallas. Six semaines plus tôt, dans un autre jeu blanc, 1-0 contre le Wild du Minnesota, il est aussi devenu le premier à gagner 200 parties avec deux formations différentes. En séries, il dépasse Mark Messier pour le nombre de parties jouées, établissant la nouvelle marque à 240.

● En décembre, Mike Keenan est appelé à diriger une septième formation de la LNH, celle des Panthers de la Floride. Auparavant, il avait été entraîneur à Philadelphie, Chicago, New York (Rangers), St. Louis, Vancouver et Boston.

● Mort tragique d'une jeune spectatrice de 14 ans, Brittanie Cecil, deux jours après avoir été atteinte par une rondelle déviée lors d'un match entre les Flames et les Blue Jackets, à Columbus. Son père l'avait invitée au hockey en guise de cadeau d'anniversaire. Depuis, la Ligue a fait installer des filets protecteurs dans tous ses arénas.

● Dominik Hasek, héros de la médaille d'or de la République tchèque aux Jeux olympiques de 1998 et deux fois récipiendaire du trophée Hart dans l'uniforme des Sabres de Buffalo, est échangé par

TROPHÉES

TROPHÉE CONN-SMYTHE	
Nicklas Lidstrom	
Red Wings de Detroit	
TROPHÉE BILL-MASTERTON	
Saku Koivu	
Canadiens de Montréal	
TROPHÉE LESTER-B.-PEARSON	
Jarome Iginla	
Flames de Calgary	
TROPHÉE JACK-ADAMS	
Bob Francis	
Coyotes de Phoenix	
TROPHÉE FRANK-J.-SELKE	
Michael Peca	
Islanders de New York	
TROPHÉE WILLIAM-M.-JENNINGS	
Patrick Roy	
Avalanche du Colorado	
TROPHÉE KING-CLANCY	
Ron Francis	
Hurricanes de la Caroline	
TROPHÉE ROGER-CROZIER	
José Théodore	
Canadiens de Montréal	
TROPHÉE MAURICE-RICHARD	
Jarome Iginla	
Flames de Calgary	

Le vétéran Doug Gilmour apporte au Tricolore ses 19 années d'expérience dans la LNH et beaucoup de leadership en acceptant l'offre d'André Savard à titre d'agent libre en octobre.

537

ces derniers aux Red Wings de Detroit pour lui permettre de gagner une coupe Stanley avant de se retirer.

● Incapables de le payer, les Penguins de Pittsburgh se départissent de leur joueur vedette Jaromir Jagr, champion marqueur des quatre dernières saisons, et l'expédient à Washington, où Jagr signe un contrat de 88 millions pour huit ans, devenant de ce fait le joueur le mieux payé de la Ligue. À Philadelphie, Bobby Clarke réussit à refiler Eric Lindros aux Rangers,

en retour de Jan Hlavac, Pavel Brendl et Kim Johnsson.

● Deux membres de l'organisation des Kings de Los Angeles, Garnet Ace Bailey, devenu directeur du recrutement professionnel, après avoir évolué une dizaine de saisons à Boston, Detroit, St. Louis et Washington, ainsi que Mark Bavis, dépisteur, sont au nombre des passagers de l'un des avions détournés sur les tours du World Trade Center, le 11 septembre. La Ligue décide d'annuler les 12 matchs préparatoires prévus pour le 14.

● Sérieusement blessé à la rate lors des séries précédentes, Peter Forsberg décide de prendre une année de repos pour refaire ses forces.

● Les Maple Leafs rendent hommage à Frank Mahovlich lors du match inaugural, en hissant une bannière à son effigie au Centre Air Canada, pendant qu'à Boston on retire le chandail numéro 77 de Raymond Bourque.

● Craig Patrick, intronisé comme bâtisseur, est le quatrième membre de la

famille Patrick à accéder au Temple de la renommée, après son grand-père Lester, son père Lynn et son oncle Frank.

● Ancien membre des Glorieux, Bob Gainey fait part de son intention de quitter son poste de directeur général à Dallas en fin de saison, souhaitant opter pour un rôle de conseiller. Il devance cependant sa décision, tandis qu'un autre ancien des Canadiens, Larry Robinson, est renvoyé comme entraîneur

2001-2002

Théodore est aussi le premier joueur des Canadiens depuis Guy Lafleur en 1977-78 à hériter de ce trophée, le plus important de la Ligue, ce qui donne une bonne indication de sa valeur.

La comparaison entre Plante et Théodore ne s'arrête pas là, puisque les deux cerbères ont aussi mérité le trophée Georges-Vézina pour leurs performances. Tout un exploit pour le jeune homme qui doit son rôle de premier gardien du club aux blessures successives de Jeff Hackett. À la seconde occasion, au début de mars, les prouesses de Théo ont permis à ses coéquipiers de connaître une poussée victorieuse les conduisant aux séries où ils ont également surpris les Bruins de Boston, champions de division.

Au total, le jeune gardien remporte 30 victoires en 67 parties et conserve une moyenne d'efficacité de ,931, laquelle lui vaut le trophée Roger-Crozier en plus des trophées Hart et Vézina. Sa moyenne générale de 2,11 est la quatrième du circuit.

MEILLEURS MARQUEURS						
		PJ	B	A	PTS	PUN
Jarome Iginla	Calgary	82	52	44	96	77
Markus Naslund	Vancouver	81	40	50	90	50
Todd Bertuzzi	Vancouver	72	36	49	85	110
Mats Sundin	Toronto	82	41	39	80	94
Jaromir Jagr	Washington	69	31	48	79	30
Joe Sakic	Colorado	82	26	53	79	18
Pavol Demitra	St. Louis	82	35	43	78	46
Adam Oates	Was./Phi.	80	14	64	78	28
Mike Modano	Dallas	78	34	43	77	38
Ron Francis	Caroline	80	27	50	77	18

Yanic Perreault, une autre acquisition d'importance pour les Canadiens.

des Devils. Il revient comme adjoint, un mois plus tard, pour dépanner l'équipe.

● Martin Brodeur obtient une 300e victoire avec les Devils. Il est le plus jeune à atteindre ce sommet qu'il partage avec 17 autres gardiens.

● Le capitaine des Hurricanes, Ron Francis, est le cinquième joueur de la Ligue à présenter des fiches de 500 buts et 1 000 passes. Quelques jours plus tard, Luc Robitaille, maintenant avec Detroit,

devient le plus prolifique ailier gauche de l'histoire avec son 611e but.

● Les Sénateurs d'Ottawa envoient Roger Neilson, l'adjoint de Jacques Martin, derrière le banc de l'équipe pour lui permettre de diriger un 1 000e match dans la Ligue.

● Les gardiens Brent Johnson (St. Louis) et Patrick Lalime (Ottawa) rééditent un record vieux de 57 ans, à 24 heures d'intervalle, en blanchissant leurs rivaux respectifs, Chicago et Philadelphie, trois fois de suite en séries, partageant cet

exploit avec trois autres cerbères, Clint Benedict (1926), John Roach (1929) et Frank McCool (1945).

● Neuvième coupe Stanley à titre d'entraîneur pour Scotty Bowman, qui dépasse son maître, Toe Blake. Il en a remporté cinq avec les Canadiens, une avec les Penguins et les trois dernières avec les Wings. Il annonce sa retraite définitive.

● Steve Yzerman et Brendan Shanahan deviennent les premiers Canadiens et les premiers joueurs de la LNH à

mériter une médaille d'or olympique et une coupe Stanley la même année.

● L'édition actuelle des Red Wings représente la formation la plus âgée à remporter la coupe Stanley, avec une moyenne d'âge de 30,8 ans.

● Un match disputé à l'extérieur entre les équipes universitaires des Spartans et des Wolverines du Michigan attire 74 554 spectateurs, soit la plus grosse foule à avoir assisté à un match de hockey.

ASSOCIATION DE L'EST								
DIVISION NORD-EST	PJ	G	P	N	DP	BP	BC	PTS
Boston (Bruins)	82	43	24	6	9	236	201	101
Ottawa (Sénateurs)	82	39	27	9	7	243	208	94
Toronto (Maple Leafs)	82	43	25	10	4	249	207	100
Montréal (Canadiens)	82	36	31	12	3	207	209	87
Buffalo (Sabres)	82	35	35	11	1	213	200	82
DIVISION ATLANTIQUE	PJ	G	P	N	DP	BP	BC	PTS
Philadelphie (Flyers)	82	42	27	10	3	234	192	97
New York (Islanders)	82	42	28	8	4	239	220	96
New Jersey (Devils)	82	41	28	9	4	205	187	95
New York (Rangers)	82	36	38	4	4	227	258	80
Pittsburgh (Penguins)	82	28	41	8	5	198	249	69
DIVISION SUD-EST	PJ	G	P	N	DP	BP	BC	PTS
Caroline (Hurricanes)	82	35	26	16	5	217	217	91
Washington (Capitals)	82	36	33	11	2	228	240	85
Tampa Bay (Lightning)	82	27	40	11	4	178	219	69
Floride (Panthers)	82	22	44	10	6	180	250	60
Atlanta (Thrashers)	82	19	47	11	5	187	288	54
ASSOCIATION DE L'OUEST								
DIVISION CENTRALE	PJ	G	P	N	DP	BP	BC	PTS
Detroit (Red Wings)	82	51	17	10	4	251	187	116
St. Louis (Blues)	82	43	27	8	4	227	188	98
Chicago (Blackhawks)	82	41	27	13	1	216	207	96
Nashville (Predators)	82	28	41	13	0	196	230	69
Columbus (Blue Jackets)	82	22	47	8	5	164	255	57
DIVISION NORD-OUEST	PJ	G	P	N	DP	BP	BC	PTS
Colorado (Avalanche)	82	45	28	8	1	212	169	99
Vancouver (Canucks)	82	42	30	7	3	254	211	94
Edmonton (Oilers)	82	38	28	12	4	205	182	92
Calgary (Flames)	82	32	35	12	3	201	220	79
Minnesota (Wild)	82	26	35	12	9	195	238	73
DIVISION PACIFIQUE	PJ	G	P	N	DP	BP	BC	PTS
San Jose (Sharks)	82	44	27	8	3	248	199	99
Phoenix (Coyotes)	82	40	27	9	6	228	210	95
Los Angeles (Kings)	82	40	27	11	4	214	190	95
Dallas (Stars)	82	36	28	13	5	215	213	90
Anaheim (Mighty Ducks)	82	29	42	8	3	175	198	69

2001-2002

Cette première participation des Canadiens aux séries en quatre ans repose aussi sur les bons coups du directeur général, André Savard. Il a recruté quelques vétérans sans trop dégarnir le club et a aussi fait signer des joueurs autonomes. L'arrivée de Joé Juneau, Yanic Perreault, Stéphane Quintal, Doug Gilmour, Andreas Dackell, Donald Audette et quelques autres a insufflé une énergie nouvelle au sein de la formation. La tenue de Théodore a fait le reste.

UN BON GESTE DU PRÉSIDENT

Première étoile à son premier match avec le Canadien le 24 novembre, Donald Audette reste bouche bée lorsqu'il aperçoit sa femme Manon et ses deux enfants, Catherine et Daniel, à l'entrée du vestiaire du Centre Molson, après son petit tour sur la glace pour saluer la foule. Il ignorait jusque-là que le président Pierre Boivin lui réservait toute une surprise en offrant de payer le déplacement en avion de la petite famille, de Dallas à Montréal, pour assister à cette première rencontre de leur héros dans l'uniforme tricolore. Le président a même réservé une loge du Centre Molson pour la famille et les amis de la dernière acquisition du club montréalais.

Pierre Turgeon avait d'ailleurs prévenu Audette, lors de l'échange, qu'il allait désormais évoluer avec une organisation de grande classe. Le président Boivin lui a vite donné raison.

Donald Audette, qui avait fort apprécié le beau geste du président Boivin à l'endroit de sa famille quelques jours plus tôt, vient près de mourir sur la glace du Centre Molson lorsqu'un coup de patin accidentel sectionne les tendons de sa main gauche. Il revient au jeu quatre mois plus tard.

LE TRICOLORE CONNAÎT UNE AUTRE ANNÉE DIFFICILE, MALGRÉ UN CHANGEMENT D'ENTRAÎNEUR EN COURS DE SAISON ET SE VOIT EXCLU DES SÉRIES POUR LA QUATRIÈME FOIS EN CINQ ANS. LES SÉNATEURS D'OTTAWA ET LES STARS DE DALLAS OBTIENNENT LES MEILLEURES FICHES DANS L'EST ET DANS L'OUEST, AVEC RESPECTIVEMENT 113 ET 111 POINTS. MAIS AUCUNE DES DEUX ÉQUIPES N'ATTEINT LA FINALE DE LA COUPE STANLEY, LORS DE SÉRIES MARQUÉES PAR LES EXPLOITS DE QUELQUES FORMATIONS NÉGLIGÉES COMME TAMPA BAY ET MINNESOTA, MAIS SURTOUT ANAHEIM QUI, GRÂCE À LA TENUE QUASI PARFAITE DE SON GARDIEN JEAN-SÉBASTIEN GIGUÈRE, ÉLIMINE SUR SON PASSAGE DES FORMATIONS ÉTABLIES COMME DETROIT ET DALLAS, AVANT DE FAIRE LA VIE DURE AUX DEVILS DU NEW JERSEY EN FINALE. CES DERNIERS, ÉGALEMENT SOUTENUS PAR UN GARDIEN DE TALENT — MARTIN BRODEUR — AUTEUR D'UN NOUVEAU RECORD DE SEPT JEUX BLANCS EN SÉRIES, REMPORTENT UNE TROISIÈME COUPE STANLEY EN NEUF ANS, TRIOMPHANT D'ANAHEIM DANS UNE FINALE DE SEPT PARTIES, TOUTES CONCLUES EN FAVEUR DE L'ÉQUIPE LOCALE. AUPARAVANT, LES DEVILS ONT EU LA PARTIE RELATIVEMENT FACILE CONTRE BOSTON ET TAMPA BAY, AVANT DE SE MESURER AUX FAVORIS DE L'EST, OTTAWA, QU'ILS ÉCARTENT AU TERME D'UNE BATAILLE SERRÉE, DISPUTÉE JUSQU'À LA LIMITE. MALGRÉ LA DÉFAITE DES DUCKS, GIGUÈRE EST PROCLAMÉ MEILLEUR JOUEUR DES SÉRIES, MAIS BRODEUR N'A PAS TOUT PERDU PUISQUE, EN PLUS DE LA COUPE STANLEY, IL REÇOIT LE TROPHÉE VÉZINA ATTRIBUÉ AU MEILLEUR GARDIEN DE LA SAISON. UN ANCIEN DES CANADIENS — JACQUES LEMAIRE — DEVENU ENTRAÎNEUR DU WILD DU MINNESOTA, EST NOMMÉ PILOTE DE L'ANNÉE.

25 millions pour Théo, mais une année difficile

José Théodore se situe maintenant parmi les six gardiens les mieux payés de la Ligue, mais il connaît une saison en dents de scie.

J osé Théodore, le teint basané à quelques jours du départ de l'équipe pour Vail où débutera le prochain camp d'entraînement, fait son entrée dans la salle où l'attendent déjà plusieurs journalistes — micro ou enregistreuse à la main — et de nombreux techniciens — caméra à l'épaule. La nouvelle est connue de tous depuis déjà quelques heures et on sait aussi que les négociations, bien que cordiales, ont été difficiles entre son agent Don Meehan et André Savard, le directeur général de l'équipe. Savard, le sourire aux lèvres, ce qui est plutôt rare chez lui, annonce d'emblée que le club et Théodore viennent de

● Les Canadiens et les dirigeants des Citadelles de Québec mettent un terme à leur entente après trois saisons. Les objectifs des deux organisations ne sont plus les mêmes avec les changements survenus à Montréal. Le Tricolore décide plutôt de partager les frais d'exploitation de la concession des Bulldogs de Hamilton — également dans la Ligue américaine — avec les Oilers d'Edmonton, en fournissant la moitié des joueurs.

● Guy Carbonneau s'en retourne à Dallas pour occuper la fonction d'adjoint spécial au directeur général. Guy Charron le remplace comme entraîneur adjoint. Les autres adjoints sont Roland Melanson, Rick Green et Clément Jodoin.
● Après la petite ville de Grimsby en Ontario, la Suède, l'Union soviétique et l'Angleterre, les Canadiens mettent cette fois le cap sur Vail, au Colorado, pour leur camp d'entraînement pré-saison.

● Gilles Tremblay, ancien joueur et ancien analyste à *La Soirée du hockey*, est élu au Temple de la renommée à titre de membre des médias. Vingt-quatrième commentateur admis au Panthéon, il rejoint une quinzaine d'autres membres des médias montréalais déjà admis. L'ancien défenseur Rod Langway est aussi intronisé.
● Saku Koivu met sur pied une fondation qui porte son nom, afin d'acheter, pour l'hôpital général de Montréal, un appareil sophistiqué destiné à traiter le cancer.

● Jeff Hackett égale un record d'équipe appartenant à Ken Dryden, Rogatien Vachon et André Racicot, pour le plus grand nombre d'arrêts au cours d'une période (23) et le Tricolore évite d'égaler celui de cinq parties sans victoire à Montréal — datant de 1941 — en l'emportant 5-3 contre Ottawa le 26 octobre.
● Karl Dykhuis et Richard Zednik s'échangent quelques coups lors d'une séance d'entraînement à la fin novembre. L'incident, largement diffusé par les médias, demeure sans suite.

s'entendre sur un contrat de 16,5 millions US (25 millions CA), répartis sur trois ans, plus quelques primes de performance. Théodore touchera 5,5 millions dès la présente année, 5,5 millions en 2003-04 et 6 millions l'année suivante si une grève ou un lock-out ne vient pas perturber le déroulement de la saison.

Comme les deux fois précédentes, les négociations du premier gardien de l'équipe avec la direction ont été difficiles. L'obtention des trophées Hart et Vézina en 2001-02 ont sans doute haussé sa valeur et augmenté le degré de difficulté des pourparlers, même si l'agent a toujours nié avoir été influencé par cette nouvelle reconnaissance de son client. En réponse aux journalistes qui le questionnent sur son nouveau statut de riche, Théodore avoue candidement : « Je toucherai beaucoup d'argent, c'est vrai, mais ma passion pour le hockey reste la même. »

Cette moyenne de 5,5 millions fait de Théodore, selon les chiffres énoncés par *La Presse*, le plus haut salarié de l'histoire des Canadiens, devant Mark Recchi, à 4,5 millions en 1998-99, et Patrice Brisebois, présentement à 4 millions. Patrick Roy recevait aussi 4 millions CA annuellement au moment de son

	ÉQUIPE 2002-03						

Entraîneur : Michel Therrien (46-18-19-5-4)
Claude Julien (36-12-16-3-5)

N°	POS	JOUEURS	PJ	B	A	PTS	PUN
11	C	Saku Koivu	82	21	50	71	72
20	AD	Richard Zednik	80	31	19	50	79
94	C	Yanic Perreault	73	24	22	46	30
38	C	Jan Bulis	82	16	24	40	30
79	D	Andrei Markov	79	13	24	37	34
93	C	Doug Gilmour	61	11	19	30	36
43	D	Patrice Brisebois	73	4	25	29	32
24	AD	Andreas Dackell	73	7	18	25	24
14	AD	Oleg Petrov	53	7	16	23	16
82	AD	Donald Audette	54	11	12	23	19
90	C	Joé Juneau	72	6	16	22	20
52	D	Craig Rivet	82	7	15	22	71
21	AD	Randy McKay	75	6	13	19	72
71	C	Mike Ribeiro	52	5	12	17	6
25	AG	Chad Kilger	60	9	7	16	21
37	AD	Niklas Sundstrom	33	5	9	14	8
27	AD	Mariusz Czerkawski	43	5	9	14	16
81	AG	Marcel Hossa	34	6	7	13	14
54	D	Patrick Traverse	65	0	13	13	24
5	D	Stéphane Quintal	67	5	5	10	70
17	AD	Jason Ward	8	3	2	5	0
28	D	Karl Dykhuis	65	1	4	5	34
51	D	Francis Bouillon	20	3	1	4	2
22	AG	Bill Lindsay	19	0	2	2	23
60	G	José Théodore	57	0	2	2	6
8	D	Mike Komisarek	21	0	1	1	28
36	D	François Beauchemin	1	0	0	0	0

Patrice Brisebois est maintenant l'un des vétérans du club, mais il est souvent la cible d'un groupe de partisans qui persistent à le huer à la moindre erreur. Également aux prises avec des problèmes de santé, il connaît une fin de saison difficile.

● Le propriétaire George Gillett contracte une entente avec la banque américaine JP Morgan Chase pour récupérer la totalité de la commandite de 100 millions sur 20 ans de Bell pour les droits d'appellation du Centre Bell, ce qui lui permet de rembourser une partie du prêt consenti par la Caisse de dépôt et placement du Québec lors de l'achat de l'équipe.

● Le gardien Jeff Hackett part pour Boston en janvier, suite à un échange à trois clubs qui permet aux Canadiens d'obtenir l'ailier Niklas

Sundstrom des Sharks de San Jose. Mathieu Garon est rappelé de Hamilton pour seconder Théodore.

● Mariusz Czerkawski et Donald Audette sont cédés à la Ligue américaine à tour de rôle. Tous deux connaissent un regain d'énergie à leur retour à Montréal puis, en fin de saison, le contrat du premier est racheté par l'équipe.

● Le remplacement à la mi-janvier de l'entraîneur Michel Therrien par Claude Julien — jusqu'alors mentor des Bulldogs de Hamilton — secoue

les troupes un certain temps, mais les joueurs retombent vite dans leurs vieilles habitudes et le changement ne permet pas au club de se qualifier pour les séries. Julien est le troisième entraîneur issu des Olympiques de Hull, après Pat Burns et Alain Vigneault.

● Patrice Brisebois a souvent maille à partir avec le public du Centre Bell qui continue de le huer à la moindre erreur. En février, il est transporté à l'hôpital pour des douleurs à la poitrine. On parle successivement d'arythmie,

de crise d'angoisse et encore d'hypertension. Son médecin lui conseille de prendre quelques jours de repos, qu'il passe en Europe, soulevant de nouveau les commentaires du public. À la fin de la saison, il demande à être échangé.

● Les fidèles de Guy Lafleur, à l'initiative de son ami Yves Tremblay, lui rendent un hommage grandiose, réunissant 2 000 personnes au Palais des congrès à la mi-octobre.

● Les Canadiens décident d'honorer les joueurs de

ÉQUIPE 2002-03

N°	POS	JOUEURS	PJ	B	A	PTS	PUN
30	G	Mathieu Garon	8	0	0	0	0
32	AG	Gordie Dwyer	11	0	0	0	46
26	AG	Sylvain Blouin	17	0	0	0	43
31	G	Jeff Hackett	18	0	0	0	0
65	D	Ron Hainsey	21	0	0	0	2

GARDIENS	PJ	G	P	N	MIN	BC	BL	MOY
Mathieu Garon	8	3	5	0	482	16	2	1,99
Jeff Hackett	18	7	8	2	1063	45	0	2,54
José Théodore	57	20	31	6	3419	165	2	2,90

Décès en avril de Camil DesRoches, lié à l'organisation des Canadiens (de 1938 à 1993) à plusieurs niveaux, notamment en qualité de directeur des relations publiques, secrétaire de route et directeur des événements spéciaux. Quelques mois plus tôt, Hartland de Montarville Molson, ancien propriétaire de l'équipe qui assistait encore assidûment aux parties, s'est éteint à 95 ans.

départ pour le Colorado en 1995. Toujours selon le quotidien montréalais, Théodore se situe désormais parmi les six gardiens les mieux payés de la LNH, derrière Roy avec l'Avalanche (8,5 millions), Curtis Joseph à Detroit (8 millions), Martin Brodeur au New Jersey (7 millions), Ed Belfour à Toronto (6,5 millions) et Olaf Kolzig à Washington (6 millions).

Mais la saison du jeune cerbère est à l'image de celle de l'équipe, avec des hauts et surtout des bas. Il éprouve beaucoup de difficultés à justifier son énorme salaire, essuyant moult reproches de la part des amateurs qui le portaient aux nues quelques mois plus tôt. En bout de ligne, il ne signe que 20 triomphes en 57 parties. Sa moyenne peu impressionnante de 2,90 le situe dans le dernier quart des gardiens de la Ligue. Avec un pourcentage d'efficacité de ,908 il dépasse à peine le seuil des bons gardiens.

Après la saison, Théodore révèle avoir disputé la plupart des parties de l'année avec un genou endolori et un malaise à la hanche. Sans y chercher prétexte à une saison ordinaire, il accepte plutôt sa part de responsabilités dans les déboires de l'équipe.

Quelques semaines après la fin de la saison, le nom de Théodore revient dans l'actualité lorsque son père et ses quatre demi-frères sont accusés d'avoir exploité un réseau de prêts usuraires. La machine à rumeurs aussitôt s'emballe, alimentée par quelques journalistes (soucieux de bien informer leur public, présume-t-on !).

LA SOIRÉE DU HOCKEY SAUVÉE PAR LES AMATEURS

La rumeur lancée par le chroniqueur Mario Brisebois, du *Journal de Montréal*, est finalement confirmée à la fin de mai 2002 par le président des Canadiens, Pierre Boivin, et Gery Frappier, président du Réseau des sports : Les droits de transmission de tous les matchs du Tricolore ainsi que ceux des séries éliminatoires ont été accordés en exclusivité à RDS, mettant ainsi un terme à une tradition vieille de cinquante et un ans qui liait la Société Radio-Canada et les Canadiens pour *La Soirée du hockey*. Tradition maintenue de génération en génération, alors que jeunes et moins jeunes s'agglutinaient devant le téléviseur le samedi soir, pour

l'édition 1976-77 (celle qui n'avait perdu que huit rencontres en saison) en les présentant individuellement à la foule lors des matchs locaux.

● Selon le journaliste Mario Leclerc du *Journal de Montréal*, la masse salariale des Canadiens a fait un bond de 488 % en dix ans, passant de 12,725 millions CA en 1992-93 à 74,78 millions aujourd'hui. Selon l'analyse du journaliste parue à la fin de septembre, José Théodore a remplacé Patrick Roy au sommet de la

pyramide, avec 7,9 millions, comparativement à 1,6 million. Brisebois (6,32 millions), Hackett (5,69 millions), Koivu (5,21 millions) et Audette (4,74 millions) viennent ensuite. Le moins bien payé est Francis Bouillon, à 1,05 million. La moyenne s'établit à 2,99 millions, contre 509 000 $, dix ans plus tôt. Toujours selon cette échelle, Keith Tkachuk (Phoenix) et Peter Forsberg (Colorado) sont les mieux payés avec 11 millions. Plus tard, Jaromir Jagr (Washington) les devancera avec 11,5 millions.

● Pour sa part, *La Presse*, dans un texte paru en février, établit le salaire moyen dans la LNH à 1,75 million, une hausse de 29,7 % en 5 ans. Le baseball, en hausse de 38,9 %, possède une moyenne de 2,26 millions. C'est le basket-ball qui possède la plus haute moyenne avec 4,55 millions, en hausse de 34,1 %, alors que le football américain a la plus basse, avec 1,08 million, malgré une augmentation de 8,1 %.

● Mario Leclerc revient à la charge en mars, dressant le tableau des salaires des joueurs de l'édition 1976-77 selon le marché actuel. Il en arrive à une masse salariale frisant les 90 millions US. Selon lui, Lafleur mériterait un salaire de 11 millions, à l'instar des plus haut salariés d'aujourd'hui.

● Stéphane Robidas et Francis Bouillon sont réclamés par Atlanta et Nashville lors du repêchage intraligue. Bouillon revient avec l'équipe, un peu plus tard, à la faveur du ballottage.

2002-2003

écouter, au fil des ans, René Lecavalier, Richard Garneau, Gilles Tremblay, Claude Quenneville et plus d'une vingtaine d'analystes décrire ou commenter les exploits, qui d'un Maurice Richard, qui d'un Guy Lafleur et qui d'un Patrick Roy.

Le tollé des amateurs de hockey est aussi immédiat qu'intense. Certains politiciens s'en mêlent aussi. Si bien qu'après quelques semaines de nombreuses protestations, RDS et la télévision d'État conviennent d'une entente pour le match du samedi soir, lequel sera retransmis simultanément par les deux stations, en utilisant les mêmes animateurs et les mêmes analystes. Ainsi, les amateurs n'ayant pas accès au câble pourront continuer de suivre les prouesses et les insuccès de leur équipe préférée à l'antenne de Radio-Canada à chaque semaine. Les séries seront cependant présentées en exclusivité à RDS.

Pour une fois, la volonté des amateurs aura eu le dessus sur le pouvoir de l'argent.

Mais à la fin de la saison de hockey, Radio-Canada remet ça. Cette fois c'est le bulletin quotidien de nouvelles du sport qui disparaît.

QUATRIÈME SAISON EN CINQ ANS HORS DES SÉRIES

« Une saison remplie d'histoires plates », disait Joé Juneau peu avant que le voile ne tombe sur une quatrième saison en cinq ans hors des éliminatoires pour les Canadiens, dont la dernière coupe Stanley remonte à dix ans. Puis le capitaine Saku Koivu d'enchaîner un peu plus tard : « Notre problème a été notre manque de constance... » Pourtant, on a entrepris l'année avec entrain au lendemain de la saison phénoménale de Théodore, de la guérison quasi miraculeuse de Koivu, de l'élimination des Bruins en première ronde, de quelques ajouts encourageants au cours de l'été et d'un début d'entraînement fort stimulant à Vail, au domicile du nouveau proprié-taire, George Gillett.

TROPHÉES		
COUPE STANLEY		
Devils du New Jersey		
TROPHÉE PRINCE-DE-GALLES		
Devils du New Jersey		
TROPHÉE CLARENCE-CAMPBELL		
Mighty Ducks d'Anaheim		
TROPHÉE DU PRÉSIDENT		
Sénateurs d'Ottawa		
TROPHÉE HART		
Peter Forsberg		
Avalanche du Colorado		
TROPHÉE ART-ROSS		
Peter Forsberg		
Avalanche du Colorado		
TROPHÉE LADY-BYNG		
Alexander Mogilny		
Maple Leafs de Toronto		
TROPHÉE CALDER		
Barrett Jackman		
Blues de St. Louis		

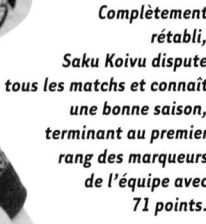

Complètement rétabli, Saku Koivu dispute tous les matchs et connaît une bonne saison, terminant au premier rang des marqueurs de l'équipe avec 71 points.

⚫ Les Canadiens disposent de l'Avalanche 4 à 1, devant 15 000 personnes, dans un match présaison présenté au Colisée Pepsi de Québec. Trois anciens des Nordiques, Joe Sakic, Peter Forsberg et Adam Foote, revêtent l'uniforme fleurdelisé pour la présentation d'avant-match.

⚫ Les Restaurants McDonald attirent 20 000 personnes pour la septième édition de leur Défi annuel, opposant les joueurs des Canadiens et ceux des Boys — du film bien connu — dans un match amical remporté

9 à 6 par les premiers. Trois fondations, les Manoirs Ronald McDonald, ainsi que celles du club Canadien et de Saku Koivu, se partagent des profits de 105 000 $.

⚫ Marcel Hossa, comme Mike Ribeiro, l'année précédente, est sélectionné pour participer au match des étoiles des recrues.

⚫ En février, André Savard ferme la porte du vestiaire à Gino Odjick, absent du jeu depuis qu'il a subi une commotion cérébrale lors d'un entraînement privé peu

avant le début du camp. Une question d'assurances avant tout, mais aussi d'attitude, selon plusieurs médias justifient le départ d'Odjick.

⚫ Doug Gilmour retourne aux Leafs en mars, en échange d'un choix de sixième ronde. En décembre, il a obtenu son 1 400e point dans la Ligue, ce qui le place au 14e rang des meilleurs de la Ligue.

⚫ José Théodore remporte la coupe Molson pour une troisième saison de suite.

⚫ Les anciens joueurs des Canadiens et des Nordiques s'échangent les honneurs de deux matchs hors-concours présentés à Montréal et à Québec pour remémorer la triste rencontre du Vendredi saint de 1984.

⚫ Lors du dernier match de la saison, on rend hommage au juge de ligne Gérard Gauthier, qui se retire après trente-deux ans de service.

TROPHÉES	
TROPHÉE GEORGES-VÉZINA	
Martin Brodeur	
Devils du New Jersey	
TROPHÉE JAMES-NORRIS	
Nicklas Lidstrom	
Red Wings de Detroit	
TROPHÉE CONN-SMYTHE	
Jean-Sébastien Giguère	
Mighty Ducks d'Anaheim	
TROPHÉE BILL-MASTERTON	
Steve Yzerman	
Red Wings de Detroit	
TROPHÉE LESTER-B.-PEARSON	
Markus Naslund	
Canucks de Vancouver	
TROPHÉE JACK-ADAMS	
Jacques Lemaire	
Wild du Minnesota	
TROPHÉE FRANK-J.-SELKE	
Jere Lehtinen	
Stars de Dallas	
TROPHÉE WILLIAM-M.-JENNINGS	
Martin Brodeur	
Devils du New Jersey	
Roman Cechmanek	
Robert Esche et	
Flyers de Philadelphie	
TROPHÉE KING-CLANCY	
Brendan Shanahan	
Red Wings de Detroit	
TROPHÉE ROGER-CROZIER	
Marty Turco	
Stars de Dallas	
TROPHÉE MAURICE-RICHARD	
Milan Hejduk	
Avalanche du Colorado	

2002-2003

Mike Ribeiro représente un des jeunes espoirs du Bleu Blanc Rouge pour les années à venir.

Mais les quelques bons coups sont suivis de longues périodes creuses et une atmosphère de défaitisme, qui coûte son poste d'entraîneur à Michel Therrien à la mi-saison, s'est peu à peu incrustée dans le vestiaire. Les joueurs recrutés à coups de millions ne donnent pas les résultats escomptés et l'équipe flirte continuellement avec le dernier rang menant aux séries, avant de sombrer définitivement au cours des dernières semaines.

Pourtant le public demeure fidèle, malgré les grognements entendus à la radio et dans la rue. Pas moins de 25 des 41 parties locales sont présentées à

● Quelques équipes éprouvent de sérieuses difficultés financières. Les Sénateurs d'Ottawa, notamment, se placent sous la protection de la Loi sur les arrangements avec les créanciers, en janvier, en raison d'une dette de 370 millions, dont 210 millions pour le Centre Corel. Après avoir repoussé quelques tentatives de rachat par le propriétaire Rob Bryden, les créanciers acceptent la proposition du milliardaire torontois Eugene Melnyk en mai.

● Plusieurs joueurs des Sénateurs font leur part pour aider à relancer l'équipe et acceptent de différer une portion de leur salaire, à l'exemple de leur capitaine, Daniel Alfredsson.
● Les Sabres de Buffalo sont aussi en difficulté avec une dette de 206 millions. La Ligue reprend la direction des opérations quotidiennes du club en juin, suite aux accusations de fraude portées contre son propriétaire John Rigas. La LNH parvient finalement à trouver un

acheteur en la personne de Tom Golisano, homme d'affaires de Rochester.
● Les divers journaux rapportent qu'une dizaine d'équipes connaissent des problèmes financiers à un an de l'échéance de la convention collective avec l'Association des joueurs.
● Alexandre Daigle fait un retour au hockey, cette fois avec Pittsburgh, après avoir crié sur tous les toits qu'il n'avait jamais eu le feu sacré pour le hockey. Après un début moyen avec les

Penguins, il est cédé à leur filiale dans l'Américaine. Pittsburgh le libère en fin de saison.
● Pat Burns revient comme entraîneur dans la LNH, avec les Devils du New Jersey. Trois fois récipiendaire du trophée Jack-Adams, il en est à sa quatrième formation après Montréal, Toronto et Boston.
● L'ancienne vedette des Nordiques de Québec, Jacques Richard, meurt dans un accident d'auto, le lendemain de l'ouverture de la saison.

2002-2003

guichets fermés au Centre Bell et l'équipe reprend le premier rang de la Ligue pour la moyenne d'assistance, devant Detroit, Philadelphie et Toronto. De plus, les revenus des droits de télévision et les ventes corporatives sont à la hausse.

C'est le rendement des joueurs qui fait défaut et Claude Julien ne peut réussir là où Therrien a failli. L'équipe termine la 94e saison de son histoire au 4e rang de sa division, au 10e de l'Association de l'Est et au 21e des 30 formations du circuit.

On est loin de cette grande dynastie qui faisait trembler l'adversaire et courir les foules. Pourtant, comme on l'a tous constaté au printemps 2002, il suffit de quelques belles réalisations et d'un peu de passion des joueurs pour que les Québécois se remettent tous à croire en leurs Glorieux !

ROY QUI PART, GAINEY QUI REVIENT

Deux nouvelles d'importance touchent les Canadiens durant la période des séries éliminatoires, alors que les dépisteurs de l'équipe sont affairés à préparer le prochain repêchage. Au Colorado, Patrick Roy — le meilleur gardien des dernières décennies — annonce son retrait du jeu. Moins d'une semaine plus tard, à Montréal, le président Pierre Boivin fait part de l'embauche de Bob Gainey, un autre ancien joueur du club, à titre de directeur général.

Roy a donné deux fois la coupe Stanley en dix saisons et demie passées à Montréal, avant d'être échangé en décembre 1995 à l'Avalanche à qui il a aussi permis de remporter deux fois la coupe en sept ans et demi. Vainqueur de cinq trophées William-M.-Jennings (meilleure moyenne), trois Georges-Vézina (gardien de l'année), trois Conn-Smythe

(meilleur joueur des séries) et six sélections dans les équipes d'étoiles, dont quatre dans la première, Roy a marqué son époque par ses performances et ses records. Encore plus pour avoir inspiré des centaines de jeunes cerbères québécois avec son style papillon qu'il a introduit et développé au point de faire école.

Sa décision, attendue de ceux qui le connaissent bien, est tombée au lendemain du tournoi de la coupe Memorial où il s'est amusé à prodiguer conseils et entraîne-

ASSOCIATION DE L'EST								
DIVISION NORD-EST	PJ	G	P	N	DP	BP	BC	PTS
Ottawa (Sénateurs)	82	52	21	8	1	263	182	113
Toronto (Maple Leafs)	82	44	28	7	3	236	208	98
Boston (Bruins)	82	36	31	11	4	245	237	87
Montréal (Canadiens)	82	30	35	8	9	206	234	77
Buffalo (Sabres)	82	27	37	10	8	190	219	72
DIVISION ATLANTIQUE	PJ	G	P	N	DP	BP	BC	PTS
New Jersey (Devils)	82	46	20	10	6	216	166	108
Philadelphie (Flyers)	82	45	20	13	4	211	166	107
New York (Islanders)	82	35	34	11	2	224	231	83
New York (Rangers)	82	32	36	10	4	210	231	78
Pittsburgh (Penguins)	82	27	44	6	5	189	255	65
DIVISION SUD-EST	PJ	G	P	N	DP	BP	BC	PTS
Tampa Bay (Lightning)	82	36	25	16	5	219	210	93
Washington (Capitals)	82	39	29	8	6	224	220	92
Atlanta (Thrashers)	82	31	39	7	5	226	284	74
Floride (Panthers)	82	24	36	13	9	176	237	70
Caroline (Hurricanes)	82	22	43	11	6	171	240	61
ASSOCIATION DE L'OUEST								
DIVISION CENTRALE	PJ	G	P	N	DP	BP	BC	PTS
Detroit (Red Wings)	82	48	20	10	4	269	203	110
St. Louis (Blues)	82	41	24	11	6	253	222	99
Chicago (Blackhawks)	82	30	33	13	6	207	226	79
Nashville (Predators)	82	27	35	13	7	183	206	74
Columbus (Blue Jackets)	82	29	42	8	3	213	263	69
DIVISION NORD-OUEST	PJ	G	P	N	DP	BP	BC	PTS
Colorado (Avalanche)	82	42	19	13	8	251	194	105
Vancouver (Canucks)	82	45	23	13	1	264	208	104
Minnesota (Wild)	82	42	29	10	1	198	178	95
Edmonton (Oilers)	82	36	26	11	9	231	230	92
Calgary (Flames)	82	29	36	13	4	186	228	75
DIVISION PACIFIQUE	PJ	G	P	N	DP	BP	BC	PTS
Dallas (Stars)	82	46	17	15	4	245	169	111
Anaheim (Mighty Ducks)	82	40	27	9	6	203	193	95
Los Angeles (Kings)	82	33	37	6	6	203	221	78
Phoenix (Coyotes)	82	31	35	11	5	204	230	78
San Jose (Sharks)	82	28	37	9	8	214	239	73

MEILLEURS MARQUEURS						
		PJ	B	A	PTS	PUN
Peter Forsberg	Colorado	75	29	77	106	70
Markus Näslund	Vancouver	82	48	56	104	52
Joe Thornton	Boston	77	36	65	101	109
Milan Hejduk	Colorado	82	50	48	98	32
Todd Bertuzzi	Vancouver	82	46	51	97	144
Pavol Demitra	St. Louis	78	36	57	93	32
Glen Murray	Boston	82	44	48	92	64
Mario Lemieux	Pittsburgh	67	28	63	91	43
Dany Heatley	Atlanta	77	41	48	89	58
Zigmund Palffy	Los Angeles	76	37	48	85	47
Mike Modano	Dallas	79	28	57	85	30

● En janvier, Patrick Roy s'inscrit comme le premier gardien de l'histoire à avoir disputé 1 000 matchs dans la LNH en saisons régulières. Quelques semaines plus tard, il atteint un autre sommet, avec 60 000 minutes de jeu en carrière.

● Martin Brodeur est le premier gardien à totaliser quatre saisons de 40 victoires. Il partageait le record précédent avec deux cerbères illustres, Jacques Plante et Terry Sawchuk. Plus tôt

en saison, il a atteint les 30 gains pour une huitième saison consécutive.

● Quatre frères passent à l'histoire en évoluant pour la même équipe dans un match de la Ligue de l'Ouest : Doug, Jason, Scott et Jeff Lynch endossent l'uniforme des Chiefs de Spokane contre Kamloops en janvier. Avant eux, les frères Rich, Ron et Brent Sutter avaient joué ensemble avec Lethbridge en 1980, tout comme Bob, Brad et Ken Gassoff avec Medicine Hat en 1972-73.

● Finalistes pour la coupe Stanley lors de la saison précédente, les Hurricanes de la Caroline, terminent au dernier rang du classement général, un « exploit » réalisé par seulement trois autres clubs avant eux : les Arenas de Toronto (1918-19), les Canadiens de Montréal (1925-26) et Chicago (1938-39).

● La LNH rend hommage à Willie O'Ree, premier Noir à avoir joué dans le circuit, en lui attribuant le trophée Lester-Patrick pour services rendus au hockey.

● Joe Nieuwendyk est le sixième joueur de la LNH à remporter la coupe avec trois équipes différentes. Avant New Jersey, il a gagné à Calgary (1989) et à Dallas (1999). Les autres avant lui sont Mike Keane, Claude Lemieux, Larry Hillman, Al Arbour et Gordon Pettinger.

● Le Canada gagne la médaille d'or aux championnats du monde en Finlande, une première depuis 1997. Depuis cette date, l'équipe canadienne n'était plus grimpée sur le podium.

Claude Julien prend la relève de Michel Therrien à la barre de l'équipe en janvier, après avoir connu du succès avec les Olympiques de Hull et les Bulldogs de Hamilton.

2002-2003

ments aux joueurs des Remparts de Québec dont il est devenu le directeur des opérations de hockey, après avoir participé à l'achat du club il y a quelques années.

Près de dix ans après son départ de Montréal, Roy est resté le meilleur pour plusieurs partisans de l'équipe, comme le fut Plante à une autre époque.

En juin, les Canadiens annoncent le retour de Bob Gainey, membre de l'organisation de 1973 à 1989, après un séjour d'une dizaine d'années avec les North Stars du Minnesota — devenus les Stars de Dallas. Gainey, quatre fois récipiendaire du trophée de meilleur attaquant défensif, reprend le flambeau de directeur général des mains d'André Savard qui cède son poste pour devenir son adjoint.

Pour le Tricolore, c'est le retour d'un Glorieux qui a appris à suer sang et eau pour l'honneur du chandail bleu blanc rouge. C'est le début d'une nouvelle ère axée d'abord sur la fierté de l'équipe.

Le président Boivin annonce au milieu de l'été qu'André Savard a accepté de céder son poste de directeur général à Bob Gainey, ancien capitaine de l'organisation.

2003 C 2004

O N   N E   P A R L E   Q U E   D U   P R O C H A I N   C O N F L I T   E N T R E   L A   L I G U E   N A T I O N A L E   E T   L ' A S S O C I A T I O N   D E S   J O U E U R S ,   D O N T   L ' E N T E N T E   A R R I V E   À   T E R M E   E N   F I N   D E   S A I S O N .   P E N D A N T   C E   T E M P S ,   L E S   C A N A D I E N S   C O N N A I S S E N T   L E U R   M E I L L E U R E   S A I S O N   E N   D I X   A N S   E T   P A R T I C I P E N T   A U X   S É R I E S   A P R È S   A V O I R   É T É   T E N U S   À   L ' É C A R T   L ' A N N É E   P R É C É D E N T E .   L E   L I G H T N I N G   D E   T A M P A   B A Y   —   U N E   É Q U I P E   Q U I   N E   C O M P T E   Q U E   1 2   A N S   D ' E X I S T E N C E   —   D O M I N E   L E S   A U T R E S   F O R M A T I O N S   D E   L ' A S S O C I A T I O N   D E   L ' E S T ,   E T   L E S   R E D   W I N G S   D E   D E T R O I T   S O N T   P R E M I E R S   D A N S   L ' O U E S T .   L E S   C A N A D I E N S   T I R E N T   D E   L ' A R R I È R E   P A R   T R O I S   P A R T I E S   À   U N E   E N   P R E M I È R E   R O N D E   C O N T R E   B O S T O N ,   A V A N T   D ' E F F E C T U E R   U N   A U T R E   R A L L I E - M E N T   D O N T   I L S   O N T   L E   S E C R E T   E T   A R R A C H E R   L A   S É R I E   P A R   Q U A T R E   P A R T I E S   À   T R O I S ,   P O U R   E N S U I T E   S ' I N C L I N E R   E N   Q U A T R E   M A T C H S   C O N S É C U T I F S   C O N T R E   L E   L I G H T N I N G .   C E L U I - C I ,   M E N É   P A R   L E S   M A R T I N   S A I N T - L O U I S ,   V I N C E N T   L E C A V A L I E R ,   B R A D   R I C H A R D S   E T   C O M P A G N I E ,   É L I M I N E   E N S U I T E   P H I L A D E L P H I E   E N   S E P T   P O U R   S E   M E S U R E R   A U X   S U R P R E N A N T S   F L A M E S   D E   C A L G A R Y   E N   F I N A L E .   S I X I È M E S   D A N S   L ' O U E S T ,   L E S   F L A M E S   O N T   F A I T   M O R D R E   L A   P O U S S I È R E   A U X   C H A M P I O N S   D E S   T R O I S   D I V I S I O N S   (V A N C O U V E R ,   D E T R O I T   E T   S A N   J O S E)   À   T O U R   D E   R Ô L E   P O U R   M É R I T E R   L E U R   Q U A L I F I C A - T I O N   À   L A   F I N A L E .   Q U ' I L S   O N T   F I N A L E M E N T   C O N C É D É E   À   T A M P A   B A Y   A U   T E R M E   D ' U N E   V I V E   O P P O S I - T I O N   A P R È S   S E P T   P A R T I E S .   L A   C O U P E   S T A N L E Y   D E M E U R E   L A   P R O P R I É T É   D ' U N E   É Q U I P E   A M É R I C A I N E   P O U R   U N E   O N Z I È M E   A N N É E   D E   S U I T E .   A U C U N   J O U E U R   D E S   C A N A D I E N S   N E   G A G N E   L E   M O I N D R E   T R O P H É E   N I   N ' E S T   S É L E C T I O N N É   D A N S   L ' U N E   D E S   É Q U I P E S   D ' É T O I L E S .   M A R T I N   S A I N T - L O U I S   D É C R O C H E   L E S   T R O P H É E S   D E   J O U E U R   L E   P L U S   U T I L E   E T   D E   M E I L L E U R   M A R Q U E U R .

Les Canadiens connaissent leur meilleure saison depuis dix ans et Mike Ribeiro devance Michael Ryder au premier rang des marqueurs de l'équipe.

Meilleure saison en dix ans

La meilleure saison en dix ans pour les Canadiens : une participation aux éliminatoires, marquée d'une remontée spectaculaire contre les Bruins. Le directeur général Bob Gainey avait de quoi se montrer satisfait lors du bilan annuel, en dépit d'une élimination expéditive en deuxième ronde contre le Lightning de Tampa Bay, éventuel champion de la coupe Stanley.

Malgré une défaite, les joueurs de Claude Julien ont fêté leur retour dans les éliminatoires après un an d'absence, une deuxième participation en six ans. Battus 3-2 en prolongation à Boston, au 79e match de la saison, les Canadiens

⚫ Décès en avril 2003 de Camil DesRoches, associé à l'histoire des Canadiens pendant cinquante-cinq ans. Issu d'une famille de 18 enfants, celui qu'on qualifiait de « mémoire du Tricolore » est entré au service de l'équipe en 1947 et a vécu 15 conquêtes de la coupe Stanley.

⚫ Michèle Lapointe, que les journalistes appelaient affectueusement Mimi, est renvoyée de son poste de directrice des services à l'équipe en juin 2003, après une vingtaine d'années avec le club. Donna Stuart, adjointe du directeur général depuis plusieurs années, est aussi congédiée par la nouvelle direction.

⚫ Dans une analyse des choix au repêchage des Canadiens au cours des années 1990, le journaliste Marc De Foy, du *Journal de Montréal,* souligne que 78 des 118 joueurs réclamés par l'organisation montréalaise, soit les deux tiers, n'ont disputé aucun match avec l'équipe.

⚫ Dans sa plus récente analyse de la valeur des équipes de la LNH, le magazine *Forbes* établit la valeur des Canadiens à 170 millions $ US, en baisse de 9 %. Le club occupe le 10e rang sur 30. Les Rangers de New York sont au premier rang, à 272 millions $ US ; les Oilers d'Edmonton, au dernier, à 159 millions $ US.

⚫ La masse salariale des joueurs du Tricolore (en dollars américains) passe de 48,6 millions en 2002-03 à 43,6 millions, ce qui lui vaut le 14e échelon de la Ligue.

La moyenne des 30 clubs est légèrement supérieure à 43,9 millions. L'équipe montréalaise compte 18 millionnaires, selon les données publiées par *The Hockey News*. Théodore est le mieux payé à 5,5 millions de dollars et Steve Bégin est au bas de la liste à 400 000 $. Pour sa part, le défenseur Andrei Markov signe une entente qui lui permettra de toucher 3,1 million en deux ans : 1,3 million la première année et 1,8 million la seconde.

2003-2004

récoltaient tout de même le point qui leur assurait le laissez-passer pour les séries de la coupe Stanley.

Malgré une fin de saison difficile, les Montréalais entreprennent avec confiance la première ronde éliminatoire contre leurs grands rivaux de Boston, champions de la Division Nord-Est. Mais la confiance est vite mise à l'épreuve lorsque les Bruins prennent les devants deux matchs à zéro, avec des victoires de 3 à 0 et de 2 à 1 à Boston. Alex Kovalev sonne le réveil des troupes avec deux buts dans le troisième match, gagné 3 à 2. Confiants de répéter l'exploit de 1993 contre les Nordiques et de surmonter un déficit de 0-2, les Montréalais sont frustrés par un but de Glen Murray à la deuxième période supplémentaire du quatrième match, ce qui permet aux Bostonnais de dominer 3-1 la série.

Le miracle aura pourtant lieu. Réplique de 5 à 1 au domicile des Bruins de la part d'une équipe déterminée à se battre, et autre victoire de 5 à 2 à Montréal qui force la présentation d'un septième match au domicile de l'ennemi. Cette fois, Richard Zednik se charge d'écrire une page historique avec les deux seuls

Alex Kovalev sonne le réveil des troupes avec une paire de buts lors du troisième match de la série contre Boston.

ÉQUIPE 2003-04

Entraîneur : Claude Julien (41-30-7-4)

N°	POS	JOUEURS	PJ	B	A	PTS	PUN
71	C	Mike Ribeiro	81	20	45	65	34
73	AD	Michael Ryder	81	25	38	63	26
11	C	Saku Koivu	68	14	41	55	52
20	AD	Richard Zednik	81	26	24	50	63
44	D	Sheldon Souray	63	15	20	35	104
94	C	Yanic Perreault	69	16	15	31	40
43	D	Patrice Brisebois	71	4	27	31	22
38	C	Jan Bulis	72	13	17	30	30
79	D	Andrei Markov	79	6	22	28	20
26	AD	Pierre Dagenais	50	17	10	27	24
37	AD	Niklas Sundström	66	8	12	20	18
51	D	Francis Bouillon	73	2	16	18	70
22	C	Steve Bégin	52	10	5	15	41
90	C	Joé Juneau	70	5	10	15	20
17	AD	Jason Ward	53	5	7	12	21
24	AD	Andreas Dackell	60	4	8	12	10
52	D	Craig Rivet	80	4	8	12	98
82	AD	Donald Audette	23	3	5	8	16
5	D	Stéphane Quintal	73	3	5	8	82
34	C	Jim Dowd	14	3	2	5	6
25	AG	Chad Kilger	36	2	2	4	14
8	D	Mike Komisarek	46	0	4	4	34
27	AD	Alex Kovalev	12	1	2	3	12
15	AG	Darren Langdon	64	0	3	3	135
60	G	José Théodore	67	0	3	3	4
65	D	Ron Hainsey	11	1	1	2	4
81	AG	Marcel Hossa	15	1	1	2	8
46	C	Benoit Gratton	4	0	1	1	4
35	AG	Tomas Plekanec	2	0	0	0	0
88	C	Chris Higgins	2	0	0	0	0
32	AG	Gordie Dwyer	2	0	0	0	7
76	AD	Jozef Balej	4	0	0	0	0
28	D	Karl Dykhuis	9	0	0	0	2
30	G	Mathieu Garon	19	0	0	0	2

GARDIENS	PJ	G	P	N	MIN	BC	BL	MOY
José Théodore	67	33	28	5	3961	150	6	2,27
Mathieu Garon	19	8	6	2	1003	38	0	2,27

⚫ Lors des matchs préparatoires, Bob Gainey s'insurge contre la poignée de spectateurs qui poursuivent leur habitude de l'année précédente en huant Patrice Brisebois à chacune de ses présences sur la glace, les qualifiant de « bâtards » et de « lâches ». Brisebois aidera sa cause en inscrivant un but dans une victoire contre Buffalo et la foule réagira en scandant son nom. Les huées disparaîtront graduellement par la suite. *Breezer*, le dernier membre de

l'équipe championne de 1993, sera même ovationné lors de la présentation des joueurs en début de saison.

⚫ Patrice Brisebois est un amateur de course automobile et un bon ami du pilote Jacques Villeneuve. Au point de faire l'acquisition de sa propre voiture de course et de participer aux diverses épreuves du Challenge Ferrari au cours de l'été, obtenant quelques bons résultats.

⚫ Première victoire du Tricolore en match d'ouverture à Toronto depuis 1918. Christopher Higgins dispute son premier match dans la LNH et Michael Ryder inscrit son premier but en carrière dans la LNH.

⚫ Quelques jours plus tard, les Canadiens jouent pour la première fois à guichets fermés au Centre Bell, lors d'une défaite de 1 à 0 contre les Maple Leafs. Cela deviendra chose courante par la suite. On profite de l'occasion pour souligner les 50 ans d'association – à titre de

joueur et de dirigeant – de Jean Béliveau avec le club en instituant un trophée à son nom, qui soulignera l'engagement d'un joueur dans la communauté.

⚫ L'ancien cerbère vedette du Tricolore, Ken Dryden, se lance en politique fédérale. Élu député de la circonscription de York Centre dans la région de Toronto en juin 2004, il sera réélu en janvier 2006, puis, quelques mois plus tard, participera sans succès à la course à la chefferie du Parti libéral.

2003-2004

Richard Zednik inscrit les deux seuls buts du septième match et, pour la première fois de son histoire, le Tricolore parvient à surmonter un déficit de 3 parties à 1 pour gagner une série.

Il faudra l'intervention de Bob Gainey pour que cessent les huées de la foule à l'endroit de Patrice Brisebois.

buts du dernier match. Pour la première fois de leur histoire, les Canadiens surmontent un déficit de 1-3 pour remporter une série. Ils avaient auparavant échoué 12 fois dans de pareilles circonstances.

Toutefois, l'histoire fut différente contre la puissante machine du Lightning, qui avala tout rond une équipe qui venait de dépenser toute son énergie pour accomplir ce que plusieurs croyaient impossible. Quatre matchs vite gagnés, et Tampa Bay passe à la ronde suivante. La seule véritable opposition de la part des Canadiens est survenue au troisième match, perdu en prolongation sur un but de Brad Richards, futur récipiendaire du trophée Conn-Smythe.

Stéphane Quintal

● Scotty Bowman, à titre de bâtisseur, et Larry Robinson, l'ancien défenseur, deux figures importantes de la dynastie de la fin des années 1970, sont élus au Panthéon des sports canadiens en mai 2004.

● Stéphane Quintal dispute son 1 000e match dans la Ligue nationale, en janvier. On lui remet un bâton en argent, autographié par les six premiers joueurs du club à avoir atteint le même plateau. Quelques semaines plus tard, les Canadiens soulignent le 1 000e match de Pat Burns comme entraîneur dans la LNH, avec diverses équipes.

● Un peu avant la pause du match des étoiles, on assiste à quelques accrochages entre certains joueurs à l'entraînement. Craig Rivet et Pierre Dagenais laissent tomber les gants le 4 février, et quelques jours plus tard Saku Koivu et Mike Ribeiro s'échangent des coups à deux reprises lors d'une autre séance d'entraînement. Chaque fois, l'entraîneur Claude Julien tente de minimiser l'événement. Puisque Dagenais et Ribeiro sont de bons amis, ainsi que Rivet et Koivu, quelques journalistes parlent de clans, mais il n'y aura pas de suite.

● Michael Ryder est désigné recrue du mois de février par la LNH, le jour même où les Canadiens font l'acquisition d'Alex Kovalev dans un échange avec les Rangers. Ryder sera aussi désigné recrue de l'année par le magazine *Sporting News*, mais la LNH lui préférera Andrew Raycroft, gardien de but des Bruins.

2003-2004

Francis Bouillon, nouveau récipiendaire du trophée Jacques-Beauchamp.

Une fois l'élimination de leurs favoris confirmée, les partisans des Canadiens, reconnaissants, ont ovationné José Théodore, Saku Koivu, Mike Ribeiro, Michael Ryder, Patrice Brisebois, Francis Bouillon, Sheldon Souray et autres héros de ce club à la fierté retrouvée. D'ailleurs, Saku Koivu déclara à Pierre Durocher du *Journal de Montréal* : « Nous avons une jeune équipe qui va continuer à grandir. »

Quelques jours plus tard, au moment du bilan, Bob Gainey a souligné l'amélioration constante des nouveaux joueurs, laissant lui aussi entrevoir des jours meilleurs après une pénible traversée du désert.

L'avenir leur donnera raison à tous les deux, bien qu'une ombre plane toujours au-dessus de leur tête : le conflit entre joueurs et dirigeants est au bord de l'impasse.

TROPHÉES	
Coupe Stanley	
Lightning de Tampa Bay	
Trophée Prince-de-Galles	
Lightning de Tampa Bay	
Trophée Clarence-Campbell	
Flames de Calgary	
Trophée du Président	
Red Wings de Detroit	
Trophée Hart	
Martin Saint-Louis	
Lightning de Tampa Bay	
Trophée Art-Ross	
Martin Saint-Louis	
Lightning de Tampa Bay	
Trophée Lady-Byng	
Brad Richards	
Lightning de Tampa Bay	
Trophée Calder	
Andrew Raycroft	
Bruins de Boston	
Trophée Georges-Vézina	
Martin Brodeur	
Devils du New Jersey	
Trophée James-Norris	
Scott Niedermayer	
Devils du New Jersey	

MEILLEURS MARQUEURS

		PJ	B	A	PTS	PUN
Martin Saint-Louis	Tampa Bay	82	38	56	94	24
Ilya Kovalchuk	Atlanta	81	41	46	87	63
Joe Sakic	Colorado	81	33	54	87	42
Markus Naslund	Vancouver	78	35	49	84	58
Marian Hossa	Ottawa	81	36	46	82	6
Patrik Elias	New Jersey	82	38	43	81	44
Daniel Alfredsson	Ottawa	77	32	48	80	24
Cory Stillman	Tampa Bay	81	25	55	80	36
Robert Lang	Wsh/Det	69	30	49	79	24
Brad Richards	Tampa Bay	82	26	53	79	12
Alex Tanguay	Colorado	69	25	54	79	42

● Francis Bouillon est le nouveau récipiendaire du trophée Jacques-Beauchamp pour son rôle déterminant dans les succès du club sans avoir reçu d'honneur particulier.

● L'attaquant Alexander Perezhogin, qui joue pour la filiale des Canadiens, les Bulldogs de Hamilton de la Ligue américaine, est suspendu un an pour avoir asséné un coup de bâton à la tête d'un adversaire, lors d'un match éliminatoire en avril.

● Décès de l'ancien gardien de but des Canadiens Gerry McNeil, le 17 juin 2004. Il avait 78 ans.

● Sébastien Bordeleau, qui a porté le chandail tricolore au milieu des années 1990 et vedette dans les rangs juniors, suit les traces de son père, Paulin, en se joignant à l'équipe nationale de la France. Il participe à un match contre le Canada lors du championnat du monde.

● Les 57 167 spectateurs présents à la Classique Héritage entre les Canadiens et les Oilers à Edmonton constituent un record d'assistance pour la Ligue nationale, mais pas pour le hockey, puisque 74 554 personnes avaient assisté à un match universitaire au Spartan Stadium d'East Lansing (Michigan), le 6 octobre 2001.

Michael Ryder est la recrue de l'année selon le Sporting News, mais la LNH lui préfère Andrew Raycroft.

LA TUQUE À THÉO

2003-2004

Le responsable de l'équipement, Pierre Gervais, avait été prévenu par ses collègues du football de se munir de bons sous-vêtements et de chauds bonnets pour affronter les rigueurs de l'hiver de l'Alberta en novembre. Mais c'est José Théodore qui lancera la mode de la tuque à pompon en empruntant celle de Donald Beauchamp, vice-président aux communications, pour affronter les Oilers le 22 novembre, à l'occasion du premier match en plein air des temps modernes de la Ligue nationale, disputé au stade du Commonwealth d'Edmonton.

La tuque de Théo fera fureur auprès des partisans de l'équipe.

● Les clubs reviennent aux chandails aux couleurs foncées lors des matchs à domicile, et les chandails blancs à l'extérieur.

● Dan Snyder des Thrashers d'Atlanta est grièvement blessé dans un accident d'automobile, peu avant le début de la saison. La Ferrari conduite par son coéquipier Dany Heatley percute un mur à 130 km/h après avoir quitté la route et se sectionne, éjectant les deux passagers. Snyder meurt quelques jours plus tard, le 5 octobre, tandis que Heatley se remet d'une fracture de la mâchoire. Ce dernier sera accusé de conduite dangereuse, mais, grâce au témoignage favorable de la famille Snyder, il s'en tirera avec une période de probation de trois ans.

● Nouvelle tragédie deux mois plus tard : Keith Magnuson, ancien défenseur des Blackhawks de Chicago, perd la vie dans un accident d'auto au retour des funérailles d'un ancien joueur, Keith McCreary. L'auto que conduit Rob Ramage, ex-membre des Canadiens et des Hawks, frappe un véhicule venant en sens inverse. Ramage est accusé de conduite dangereuse causant la mort et de conduite avec les facultés affaiblies. Il est condamné à quatre ans de prison, mais la cause est toujours en appel.

● Avant ces deux tragédies, le monde du hockey avait aussi perdu deux visages légendaires. D'abord, Roger Neilson, célèbre pour avoir lancé la mode des serviettes blanches en pleine finale de la coupe Stanley en 1982, alors qu'il était l'entraîneur des Canucks. Il meurt d'un cancer en juin 2003. Et Herb Brooks, entraîneur de l'équipe américaine qui avait décroché la médaille d'or aux Jeux olympiques de 1980, périt dans un accident de la route en août.

● Bobby Hull, la Comète blonde des Blackhawks de Chicago des années 1960, se lance dans une aventure sans lendemain en devenant commissaire d'une nouvelle

2003-2004

La direction des Canadiens avait accepté l'invitation des Albertains à jouer ce match en plein air pour souligner le 25ᵉ anniversaire de l'arrivée des Oilers dans la LNH. En fait, cette « Classique Héritage » comportait aussi un match entre les légendes de ces deux clubs riches d'une belle histoire.

Il fait un froid sibérien à Edmonton cette journée-là. Les joueurs portent non seulement des sous-vêtements longs et des bonnets à l'entraînement, mais aussi des passe-montagnes. Et des chaufferettes électriques sont installées près du banc des joueurs. Théodore doit d'ailleurs s'y rendre plusieurs fois pour faire réchauffer

Un match qui rappelle les véritables débuts du hockey.

Association mondiale de hockey.

● Lors d'une cérémonie spéciale à la fin de septembre, le chandail au numéro 33 de Patrick Roy rejoint le chandail numéro 77 de Raymond Bourque dans les hauteurs du Pepsi Center de Denver. Avant de devenir l'Avalanche du Colorado, les Nordiques de Québec avaient retiré les chandails de Jean-Claude Tremblay (3), Marc Tardif (8), Michel Goulet (16) et Peter Stastny (26).

● Brian Boucher, gardien de but des Coyotes de Phoenix, établit un record de l'ère moderne (c'est-à-dire depuis la saison 1943-44) en réussissant cinq blanchissages consécutifs (332 min 1 s), éclipsant ainsi les quatre jeux blancs qu'avait réussis Bill Durnan en 1948-49. Le record absolu (avant l'adoption de la passe avant en zone offensive) appartient à Alec Connell des Senators d'Ottawa : six blanchissages (461 min 29 s de jeu sans accorder un seul but) en 1927-28.

● Todd Bertuzzi des Canucks de Vancouver met fin à la carrière de Steve Moore de l'Avalanche du Colorado en lui assénant un violent coup de poing derrière la tête lors d'un match régulier en mars. Le visage de Moore heurte violemment la patinoire et celui-ci a une commotion cérébrale, deux vertèbres fracturées et des lacérations faciales, blessures dont il se remet difficilement. Bertuzzi est suspendu pour le reste de la saison et les séries, en plus d'être condamné à une amende de 500 000 $. Il sera finalement tenu à l'écart du jeu pendant près d'un an, en raison du conflit qui paralysera la Ligue en 2004-05.

● Les Penguins de Pittsburgh établissent deux records de médiocrité avec 18 défaites consécutives et 14 défaites de suite à domicile. Pourtant, la

ASSOCIATION DE L'EST							
DIVISION NORD-EST	PJ	G	P	N DP	BP	BC	PTS
Boston (Bruins)	82	41	19	15	7	209	188	104
Toronto (Maple Leafs)	82	45	24	10	3	242	204	103
Ottawa (Sénateurs)	82	43	23	10	6	262	189	102
Montréal (Canadiens)	82	41	30	7	4	208	192	93
Buffalo (Sabres)	82	37	34	7	4	220	221	85
DIVISION ATLANTIQUE	PJ	G	P	N DP	BP	BC	PTS
Philadelphie (Flyers)	82	40	21	15	6	229	186	101
New Jersey (Devils)	82	43	25	12	2	213	164	100
New York (Islanders)	82	38	29	11	4	237	210	91
New York (Rangers)	82	27	40	7	8	206	250	69
Pittsburgh (Penguins)	82	23	47	8	4	190	303	58
DIVISION SUD-EST	PJ	G	P	N DP	BP	BC	PTS
Tampa Bay (Lightning)	82	46	22	8	6	245	192	106
Atlanta (Thrashers)	82	33	37	8	4	214	243	78
Caroline (Hurricanes)	82	28	34	14	6	172	209	76
Floride (Panthers)	82	28	35	15	4	188	221	75
Washington (Capitals)	82	23	46	10	3	186	253	59
ASSOCIATION DE L'OUEST							
DIVISION CENTRALE	PJ	G	P	N DP	BP	BC	PTS
Detroit (Red Wings)	82	48	21	11	2	255	189	109
St. Louis (Blues)	82	39	30	11	2	191	198	91
Nashville (Predators)	82	38	29	11	4	216	217	91
Columbus (Blue Jackets)	82	25	45	8	4	177	238	62
Chicago (Blackhawks)	82	20	43	11	8	188	259	59
DIVISION NORD-OUEST	PJ	G	P	N DP	BP	BC	PTS
Vancouver (Canucks)	82	43	24	10	5	235	194	101
Colorado (Avalanche)	82	40	22	13	7	236	198	100
Calgary (Flames)	82	42	30	7	3	200	176	94
Edmonton (Oilers)	82	36	29	12	5	221	208	89
Minnesota (Wild)	82	30	29	20	3	188	183	83
DIVISION PACIFIQUE	PJ	G	P	N DP	BP	BC	PTS
San Jose (Sharks)	82	43	21	12	6	219	183	104
Dallas (Stars)	82	41	26	13	2	194	175	97
Los Angeles (Kings)	82	28	29	16	9	205	217	81
Anaheim (Mighty Ducks)	82	29	35	10	8	184	213	76
Phoenix (Coyotes)	82	22	36	18	6	188	245	68

2003-2004

Le match en plein air disputé au stade du Commonwealth attire quelque 57 000 spectateurs.

son masque. Pendant qu'on exécute cette tâche, il emprunte la tuque aux couleurs de l'équipe que porte Donald Beauchamp. Le jour du match, il demande à Robert Boulanger, l'un des adjoints de Pierre Gervais, de fixer la tuque à son masque pour la période d'échauffement, puis il décide de la garder pour le match.

Une nouvelle mode vient d'être lancée ! Des milliers de jeunes – et de moins jeunes ! – à travers le Québec populariseront la « tuque à Théo ». On a même du mal à répondre à la demande. En un temps record, Noël aidant, on traite 20 000 commandes qui arrivent de partout. L'idée de Théo contribue à rapprocher les plus jeunes de ce club légendaire. Une nouvelle popularité s'installe.

Pour le match en plein air du 22 novembre, les Canadiens endossent les chandails rouges de 1958-59. Une autre version historique – le chandail blanc de 46 – sera utilisée pour une demi-douzaine de parties au cours de la saison, surtout contre les équipes originales de la Ligue.

LNH ne mentionnait toujours pas le premier de ces records dans son guide annuel 2008.

● Mika Noronen, des Sabres de Buffalo, devient le huitième gardien de but à être crédité d'un but dans la LNH, en février, lorsque Robert Reichel des Maple Leafs envoie accidentellement la rondelle dans son propre filet. Ron Hextall (Philadelphie) et Martin Brodeur (New Jersey) sont toujours les meneurs à ce chapitre avec deux buts. En mars, Brodeur se distingue à son tour avec une 400e victoire, ce qui le rapproche du meneur, Patrick Roy (551). Brodeur complète une neuvième saison consécutive de 30 victoires. Il est le seul gardien de but de l'histoire de la LNH à revendiquer une telle performance.

● Luc Robitaille éclipse la marque du plus grand nombre de points pour un ailier gauche le 22 mars. Avec son 1 370e point, il dépasse Johnny Bucyk des Bruins. Plus tôt en saison, Mark Messier devance Gordie Howe au deuxième rang des marqueurs de la Ligue, derrière son ancien coéquipier Gretzky, et Steve Yzerman grimpe en sixième place, devant Mario Lemieux. Chris Chelios devient le 11e défenseur de l'histoire à obtenir 900 points ; et son ancien coéquipier Sergei Fedorov (maintenant à Anaheim) atteint le plateau des 1 000 points.

● Premier marqueur parmi les joueurs nés aux États-Unis avec 1 232 points, le défenseur Phil Housley tire sa révérence après 21 saisons.

● Lucien « Junior » Lessard, un Beauceron, devient le premier Québécois à décrocher le trophée Hobey-Baker, remis annuellement au meilleur joueur universitaire des États-Unis. Il obtient 32 buts et 63 points en 45 matchs avec les Bulldogs de l'Université de Minnesota Duluth, qui atteignent la demi-finale du Frozen Four du championnat universitaire américain. Cette

---

2003-2004

Lors du match du 22 novembre, disputé à -19 °C (-28 avec le facteur de refroidissement éolien), Richard Zednik et Yanic Perreault marquent deux buts chacun et conduisent le Tricolore à une victoire de 4 à 3 devant 57 167 spectateurs frigorifiés. Plus tôt lors de cette journée historique, les Anciens des Oilers eurent raison des Anciens des Canadiens 2 à 0 dans un match intense par moments, mais qui prit parfois les allures de retrouvailles d'écoliers. Les Anciens du Tricolore avaient aussi opté pour la tuque rétro, une idée de Réjean Houle, responsable de la formation de l'équipe, qui y voyait un clin d'œil à l'histoire du club, tandis que Wayne Gretzky jouait tête nue comme à l'époque.

C'est ainsi qu'un peu plus de 50 ans après Jacques Plante, qui tricotait lui-même les siennes, José Théodore a écrit un nouveau chapitre sur les tuques de hockey.

DEUX RECORDS POUR SOURAY

Sheldon Souray est de retour après avoir manqué toute la saison précédente et une part de la saison 2001-02 à cause d'une fracture au poignet gauche qui ne guérissait pas et qui nécessita trois greffes osseuses. Revenu au jeu prématurément, il aggrave sa blessure et doit s'absenter de nouveau pour une très longue période. Cette fois il a recouvré toutes ses capacités et est déterminé à reprendre le temps perdu et à justifier l'échange qui l'a fait passer des Islanders aux Canadiens contre Vladimir Malakhov, en mars 2000. Déjà, le 13 décembre 2003, il connaît sa première partie de trois points. Celui qui est en voie de devenir l'une des étoiles offensives du club fait encore mieux le 10 janvier, avec une récolte de six points (1 but, 5 passes), ce qui lui permet d'améliorer le record de points des Canadiens pour un défenseur au cours d'un match, record que, jusque-là, se partageaient cinq joueurs. Ses cinq passes lui permettent aussi d'égaler la marque détenue par Doug Harvey (1955) et Lyle Odelein (1994).

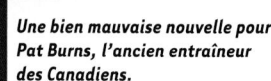

Une bien mauvaise nouvelle pour Pat Burns, l'ancien entraîneur des Canadiens.

année-là, Yann Danis, gardien de but qui appartient au Tricolore, comptait parmi les finalistes du même trophée.

● Petit fait cocasse en novembre : Mathieu Biron des Panthers de la Floride compte un but contre son frère Martin des Sabres de Buffalo. Un événement qu'on n'avait pas vu depuis 23 ans, avec les frères Phil et Tony Esposito.

● Pat Burns, l'ancien entraîneur des Canadiens maintenant avec les Devils du New Jersey, encaisse un dur coup en avril lorsque son médecin lui apprend qu'il est atteint d'un cancer du côlon. L'ex-policier, qui compte plus de 1 000 matchs dans la Ligue, s'en tirera malgré une récidive de la maladie quelques mois plus tard.

● Les Sénateurs d'Ottawa, maintenant propriété du milliardaire torontois Eugene Melnyk, congédient l'entraîneur Jacques Martin peu après leur élimination aux mains des Maple Leafs.

● Le petit ailier du Lightning de Tampa Bay Martin Saint-Louis rafle la triple couronne du hockey professionnel, le premier à réussir un tel exploit depuis Wayne Gretzky. Saint-Louis gagne la coupe Stanley, le championnat des marqueurs et le titre de joueur le plus utile. Les joueurs de la LNH lui décernent en plus le trophée Lester-B.-Pearson à titre de joueur par excellence. Il est le premier Québécois

depuis Mario Lemieux à terminer au premier rang des marqueurs.

● Le Canada conserve son titre de champion du monde de hockey en battant la Suède 5 à 3 en finale. Scott Niedermayer devient le 14e joueur à gagner un championnat du monde, une médaille d'or olympique et la coupe Stanley. Aucun joueur des Canadiens n'a été sélectionné par le directeur exécutif Wayne Gretzky.

La carte de vœux des Fêtes du Tricolore fait un clin d'œil au match en plein air contre les Oilers et à la fameuse tuque à Théo.

2003-2004

L'autre record établi par Souray est celui du plus grand nombre de passes dans un match par un joueur des Canadiens sur une patinoire adverse. L'ancienne marque avait été atteinte à 12 reprises. Du même coup, Souray égale le record de points (6) par un joueur des Canadiens sur une patinoire adverse, rejoignant ainsi Joe Malone (1917) et Brian Savage (1998).

Deux records battus et deux autres égalés par Sheldon Souray, et ce, dans une même rencontre, gagnée 9-0 contre les Penguins de Pittsburgh.

D'ailleurs, Souray connaît une saison toute en éclats. Il est sélectionné pour le match des étoiles au Minnesota, où il remporte, *ex æquo* avec Adrian Aucoin, le concours du tir le plus puissant. Il termine la campagne 2003-04 avec 15 buts, ce qui lui permet de se glisser au 12e rang des compteurs du club pour une seule saison.

Le tir puissant du défenseur Sheldon Souray lui permet d'inscrire deux nouveaux records.

● Une triste histoire fait les manchettes des médias une partie de l'été 2004. L'attaquant des Blues Mike Danton (né Jefferson à Brampton, Ontario) plaide coupable à une accusation de complot en vue de faire assassiner son agent et ami David Frost, qui aurait exercé un contrôle abusif sur lui, selon certains témoignages. Danton aurait aussi agi par vengeance, semble-t-il. Il est condamné à sept ans et demi de prison. Une histoire qui rappelle celle de Sheldon Kennedy et de son entraîneur abusif, Graham James.

● Martin Gélinas, des Flames de Calgary, écrit une page d'histoire en devenant le premier joueur à mettre fin à trois séries éliminatoires avec un but en prolongation, dans une victoire de 1 à 0 contre les Red Wings. Gélinas avait accompli le même exploit avec la Caroline en 2002 (contre Toronto) et avec Calgary en 2004 (contre Vancouver).

● Joe Sakic de l'Avalanche du Colorado égale l'un des derniers records du Rocket le 1er mai contre San Jose, avec son sixième but en prolongation en séries.

● Sidney Crosby s'affirme à 16 ans comme la future grande vedette de la Ligue nationale en monopolisant l'attribution des récompenses au hockey junior canadien avec quatre trophées : joueur le plus utile,

Un guide de presse qui rappelle l'ancien logo de l'équipe.

THÉODORE DOIT RESTER

2003-2004

À deux reprises en moins d'un an, les supporters souhaitent très majoritairement que José Théodore reste avec les Canadiens. La firme Léger Marketing sonde le public une première fois en juin 2003, et c'est à 71 % qu'on demande à Bob Gainey de ne pas échanger le bon Théo. Le pourcentage de ceux qui s'opposent à un échange du gardien grimpe à 74 % en mai 2004.

Théo fait maintenant partie du jet-set montréalais. Joueur le plus populaire auprès des amateurs, il justifie cette estime par son rendement sur la glace. Désigné le joueur le plus utile et le meilleur gardien de la Ligue en 2001-02, il répète ses exploits en remportant une quatrième coupe Molson consécutive, à titre de meilleur joueur du Tricolore à la fin de la saison. Son nom fait régulièrement la une des journaux. Souvent, les nouvelles sont bonnes, mais, parfois, les manchettes sont moins intéressantes. Rappelons simplement les accusations de prêts usuraires portées contre son père et ses frères, l'arrestation de Guy Cloutier (le père de sa conjointe) dans une affaire de mœurs, et les rumeurs selon lesquelles on l'aurait menacé de mort en fin de saison.

Les supporters du beau Théo n'en démordent pas : il doit demeurer avec l'équipe.

recrue par excellence, meilleur marqueur et joueur ayant reçu le plus d'étoiles au terme des matchs.

● Grant Fuhr est le premier joueur de couleur à être admis au Temple de la renommée du hockey. Il est intronisé en même temps que Pat LaFontaine.

● La coupe Stanley connaît une nouvelle mésaventure. Le gardien du précieux trophée qu'on devait montrer aux

résidants de Fort St. John (nord de la Colombie-Britannique) se rend compte que la coupe n'est pas à bord de l'avion parti de Vancouver, les employés de l'aéroport l'ayant laissée sur place en raison d'un surplus de poids. Le problème fut réglé quelques heures plus tard, non sans avoir donné des sueurs froides aux personnes impliquées.

● Les Russes rompent leurs liens avec la LNH et refusent une nouvelle entente sur le transfert des joueurs de leur pays.

● Joueurs et dirigeants de la LNH approchent du point de rupture lorsqu'une étude commandée par la Ligue confirme que 19 des 30 équipes ont subi des pertes financières la saison précédente. Le lendemain, le *USA Today* annonce que le réseau ABC veut céder ses droits de télédiffusion à sa chaîne câblée.

● Dorénavant, les clubs peuvent racheter le contrat d'un joueur aux deux tiers de sa valeur, mais perdent tout droit de négociation avec lui.

● La LNH promulgue une nouvelle politique antidopage plus sévère. Désormais, il y aura deux tests inopinés chaque année et l'on imposera des sanctions de 20 matchs à la première offense, 50 matchs à la deuxième, et une suspension définitive à la troisième.

RADIO-CANADA NE RÉPOND PLUS

2003-2004

La nouvelle qu'on craignait depuis 2002 est finalement tombée comme une pierre dans un étang en juin. Radio-Canada met fin à une tradition de 51 ans en abandonnant la diffusion de *La Soirée du hockey*. Déjà en 2002, lorsque le Réseau des Sports avait passé un contrat de cinq ans avec les Canadiens pour la retransmission du hockey, les téléspectateurs québécois avaient bien failli perdre leur *Soirée*. Mais, cédant sous la pression des fans et de la ministre du gouvernement fédéral Sheila Copps, la SRC avait conclu une entente de dernière minute avec le RDS, selon laquelle la SRC poursuivrait la diffusion du match du samedi soir pour les francophones de l'extérieur du Québec.

Mais, cette fois-ci, il n'y a plus d'entente qui tienne. Radio-Canada retire ses billes et annonce des programmes de variétés pour le samedi soir. Pourtant, les derniers taux d'écoute étaient à la hausse de façon significative durant les éliminatoires. L'audience combinée des deux réseaux avait même atteint près de deux millions de téléspectateurs lors du septième match contre les Bruins. La courbe d'audience avait par contre suivie les hauts et les bas des performances des Canadiens durant la saison.

Quant à la télévision anglaise de Radio-Canada (CBC), elle maintient au programme son *Hockey Night in Canada*. Mais, pour les amateurs de hockey francophones, le fameux indicatif télé, composé par Dolores Claman en 1968, et qu'ils reconnaissaient dès les premières mesures, s'est éteint pour de bon.

VILLENEUVE chez...

le journal de montréal

1964 · 40 ans · 2004

Ⓜ QUEBECOR MEDIA

SAUBER !

ÎLES-DE-LA-MADELEINE 1,30$ • ÉDITION PROVINCIALE 87¢ + TPS + TVQ • FLORIDE 1,75 US.

MONTRÉAL, JEUDI 16 SEPTEMBRE 2004 VOL XLI / NO 94 / 120 PAGES

13 pages

LOCK-OUT

2 0 0 4 ⓒ 2 0 0 5

PAS DE SAISON. PAS DE CHAMPIONS. PAS DE TROPHÉES. LA LIGUE NATIONALE FAIT L'IMPASSE COMPLÈTE SUR 2004-05. PROPRIÉTAIRES ET JOUEURS SE SONT LANCÉ DES ULTIMATUMS À TOUR DE RÔLE, REPORTANT LA DATE ULTIME D'UN RÈGLEMENT DE MOIS EN MOIS, PUIS DE SEMAINE EN SEMAINE, ET ENFIN DE JOUR EN JOUR. RIEN À FAIRE. LA PAGE DE LA SAISON 2004-05 DEMEURERA À JAMAIS BLANCHE DANS LE LIVRE DES CHAMPIONS ET DES RECORDS DE LA LNH.

Saison annulée

Cinq mois de négociations intenses n'auront pas suffi pour permettre aux gouverneurs de la Ligue nationale et aux dirigeants de l'Association des joueurs de se mettre d'accord sur une nouvelle entente régissant les bases de travail des hockeyeurs professionnels. Le 16 février 2005, à 11 h, la LNH est devenue la première ligue sportive professionnelle à annuler une saison complète. Et, pour la première fois depuis 1919, alors que la grippe espagnole avait empêché les Canadiens et les Metropolitans de Seattle de compléter la finale, la coupe Stanley n'a pas été attribuée.

561

● Guy Lafleur – qui nous a habitués aux déclarations incendiaires – profite de son passage à Halifax, en octobre, pour suggérer à la Ligue nationale de se saborder et de reprendre ses activités sur de nouvelles structures, avec moins d'équipes. Commentant le conflit entre joueurs et propriétaires, il croit le hockey « malade ».

● Neuf joueurs des Canadiens ont signé un contrat avec un club européen au début d'octobre, le plus fort

contingent des clubs de la LNH. Ils sont 189 au total à ce moment-là, mais plusieurs dizaines d'autres s'y ajouteront lors de l'annulation de la saison en février.

● *Le Journal de Montréal* mène un sondage parmi ses lecteurs à l'automne, pour désigner le meilleur défenseur de l'histoire du hockey. Bobby Orr reçoit 44 % des votes ; Raymond Bourque, 29 % ; Doug Harvey, 11 % ; Larry Robinson, 7 %. Suivent Denis Potvin et Paul Coffey.

● Mike Ribeiro signe un contrat de 1,55 million en juillet, ce qui lui permet de doubler son salaire, mais cette entente sera considérablement réduite l'été suivant à cause de la nouvelle convention collective. Ribeiro demeurera tout de même un millionnaire. Autres nouveaux membres de ce cercle sélect chez le Tricolore : Niklas Sundström à 3 millions pour deux ans ; Richard Zednik à 7,3 millions pour trois ans ; Andrei Kostitsyn (premier choix du repêchage

des Canadiens en 2003) à 1,24 million et Sheldon Souray à 9 millions pour trois ans.

● Au premier jour du repêchage du 26 juin 2004, les Canadiens font l'acquisition du gardien de but Cristobal Huet et du centre Radek Bonk que les Kings de Los Angeles viennent d'obtenir des Sénateurs d'Ottawa. En retour, Montréal cède Mathieu Garon aux Kings, en plus d'un choix de troisième ronde.

2004-2005

L'issue du désaccord était devenue prévisible la saison précédente, alors que les propriétaires subissaient des pertes financières à cause d'une flambée des salaires depuis l'époque de l'Association mondiale. La mésentente s'est aggravée par suite de quelques déclarations incendiaires de part et d'autre. Malgré ce climat peu propice, les deux groupes entreprirent des négociations sérieuses à la mi-septembre 2004, après le troisième tournoi de la Coupe du monde. C'était un peu trop tard pour sauver la saison à venir, d'autant plus que la LNH venait de décréter un lock-out.

Le commissaire Gary Bettman, représentant les propriétaires, et Bob Goodenow, directeur administratif de l'Association des joueurs (AJLNH), mènent les discussions. Deux hommes provocateurs, à l'ego énorme. Les autres personnes touchées par le conflit sont partagées. Les agents appuient les joueurs, leurs clients, mais au moins deux sondages menés au Canada et au Québec révèlent qu'une grande majorité d'amateurs blâment sévèrement les hockeyeurs aux salaires astronomiques. Les commerçants et les restaurateurs, surtout ceux des alentours du Centre Bell, sont dévastés et craignent de devoir fermer leurs portes.

La base de l'entente porte sur le plafond salarial que la Ligue veut imposer à ses clubs pour limiter les salaires des joueurs. Ce plafond est rejeté catégoriquement par l'AJLNH. Pas moins de six propositions (contenant un plafond salarial plus ou moins déguisé) seront faites entre septembre et février, mais elles seront toutes rejetées par les hockeyeurs qui réclament plutôt un partage des revenus, plus une taxe sur les salaires. L'AJLNH, convaincue que les propriétaires gagnent beaucoup plus d'argent qu'ils ne le prétendent, conteste ouvertement les affirmations de certains propriétaires qui prétendent qu'ils feront faillite si les règles ne changent pas. Globalement, les magnats du circuit disent avoir perdu 273 millions en 2002-03 et 224 millions la saison précédente, soit 497 millions en deux ans seulement. On rapporte aussi que le pourcentage du budget consacré aux salaires est de 76 %, alors qu'il est de 64 % au football, 63 % au baseball et 58 % au basket-ball. La LNH voudrait ramener ce pourcentage à 60 %.

Les Canadiens font l'acquisition du gardien Cristobal Huet et de Radek Bonk en retour de Mathieu Garon et d'un choix de repêchage.

● Le Tricolore libère le défenseur vétéran Stéphane Quintal qui devient joueur autonome pendant l'intersaison. Il est le quatrième joueur à quitter l'équipe depuis la fin de 2003-04 : Joé Juneau est à la retraite, Andreas Dackell est retourné en Suède et Yanic Perreault tente sa chance sur le marché des joueurs autonomes.

● Plusieurs décès affectent la grande famille des Canadiens au cours de la saison, dont celui d'André Binette, gardien de but du Tricolore le temps d'un seul match (le 11 novembre 1954), prenant la relève de Jacques Plante blessé au visage par un tir de Bert Olmstead lors de la période d'échauffement. Binette, assis dans les gradins, était le gardien substitut désigné pour les deux clubs. Ce soir-là, Montréal a battu Chicago 7 à 4. L'ancien cerbère est décédé le 16 août 2004 à l'âge de 70 ans en jouant au tennis.

● Billy Reay, deux fois gagnant de la coupe Stanley avec les Canadiens (1946 et 1953) et ex-entraîneur des Blackhawks de Chicago, meurt en septembre à 86 ans. L'ancien centre a joué huit ans à Montréal. Le défenseur Bob Turner, l'un des 12 joueurs de la dynastie des années 1950 à avoir son nom inscrit cinq fois sur la coupe Stanley (1956 à 1960), succombe à son tour à des problèmes cardiaques en février à Regina, sa ville natale. Défenseur au style effacé, Turner a aussi joué deux ans à Chicago. À sa retraite, il a dirigé les Pats de Regina, les menant à la coupe Memorial en 1974.

2004-2005

En décembre, les joueurs font une première concession majeure en proposant de réduire de 24 % tous les salaires, comparativement à 5 % au départ, tout en imposant une « taxe de luxe » aux clubs qui excéderaient une certaine masse salariale à déterminer par les parties. Bettman et les propriétaires rejettent immédiatement cette proposition, car elle ne comporte aucun plafond salarial. Pas de plafond, pas d'entente.

En janvier, malgré quatre mois de négociations complexes, le problème est loin d'être réglé, même si Bettman et Goodenow sont momentanément écartés des discussions. Puis, le 14 février, deux jours avant l'ultime date limite, les joueurs révisent de nouveau leur position et acceptent enfin le principe d'un plafond salarial qu'ils fixent à 52 millions, à la condition que ce plafond ne soit pas lié aux revenus des équipes. La Ligue réagit avec une offre de 40 millions, plus 2,2 millions sur les bénéfices. Le lendemain, l'AJLNH propose 49 millions, en vain.

Plus rien ne bouge et, le 16 février à 11 h, le président Bettman annonce que la saison est annulée. Les activités ne reprendront pas avant l'automne suivant, à condition qu'il y ait un accord entre-temps.

C'est l'impasse entre Gary Bettman et Bob Goodenow en dépit des longues négociations.

● La mort la plus surprenante est sans doute celle du Letton Sergei Zholtok, survenue le 3 novembre lors d'un match en Biélorussie. Zholtok, qui n'avait que 31 ans, s'est effondré en quittant le banc pour le vestiaire, victime d'un arrêt cardiaque. Il a porté les couleurs des Canadiens pendant deux saisons et demie, de 1998 à 2000. Il a aussi joué pour cinq autres équipes de la LNH avant de retourner dans son pays pendant le lock-out.

● Autre décès inattendu : Paul Buisson, populaire caméraman et animateur du Réseau des Sports, meurt d'un arrêt respiratoire à l'hôpital de Saint-Eustache. La famille engagera des poursuites contre l'établissement hospitalier.

● La veille de Noël, Pete Palangio, le plus vieux des anciens joueurs des Canadiens, meurt pendant son sommeil à 96 ans. Il n'avait joué que huit matchs avec le club à la fin des années 1920, puis il avait poursuivi sa carrière pendant une quinzaine d'années dans différents circuits, notamment dans la Ligue internationale et l'Association américaine.

● Jean Béliveau décide de se départir des souvenirs qui ont marqué son impressionnante carrière lors d'un encan mené par l'entreprise Collections Classic. La vente de 195 articles (bagues, chandails, patins et trophées divers) rapporte près de 1 million. L'objet le plus convoité est la bague de la coupe Stanley de 1959, vendue plus de 69 000 $ US. Son chandail en laine des As de Québec est réclamé par Jacques Tanguay, propriétaire des Remparts, pour la somme de 34 000 $ US.

2004-2005

La vente aux enchères des souvenirs de Jean Béliveau rapporte près d'un million de dollars.

Les négociations se poursuivront au cours des mois suivants, mais sur de nouvelles bases : les joueurs, longtemps hostiles à toute forme de plafond salarial, en acceptent maintenant la nécessité. Le 13 juillet, à la suite d'une nouvelle ronde de discussions, de propositions et de contre-propositions, on arrive à un accord de principe. Le 21 juillet, 87 % des joueurs acceptent l'entente, et les propriétaires en font autant le lendemain. Il est question d'un contrat de six ans comportant un plafond salarial de 39 millions la première année, mais qui dépendra par la suite des bénéfices des clubs. En outre, tous les salaires sont immédiatement réduits de 24 % et le pourcentage du budget général consacré aux salaires passe de 76 à 54 %.

Le plus long conflit du sport professionnel aura duré 310 jours, comparativement à 103 jours en 1994.

● *Le Journal de Montréal*, sous la plume de Mario Leclerc, publie une série d'entrevues avec plusieurs anciennes vedettes du Tricolore au cours de la saison. On apprend que Sylvain Turgeon travaille maintenant dans la rénovation résidentielle à Calgary où il vit avec sa famille et que Gilbert Dionne caresse le souhait de devenir pompier à Kitchener.

● José Théodore, arborant maintenant des boucles d'oreilles serties de diamants, est invité à la Coupe du monde à la place d'Ed Belfour qui souffre du dos.

● Patrick Lebeau (le frère de Stéphan), qui a joué deux matchs avec les Canadiens en 1990-91, domine les marqueurs de la Ligue professionnelle de première division en Allemagne au début de février avec

75 points, 23 de plus que son principal adversaire. Lebeau terminera la saison avec 94 points.

● L'ancien entraîneur des Canadiens Jean Perron quitte le pays pour Israël, où il dirigera l'équipe des moins de 18 ans.

● Claude Lemieux — une coupe Stanley avec les Canadiens en 1986, deux avec

les Devils et une au Colorado — devient président de la nouvelle formation des RoadRunners de Phoenix de la Ligue de la Côte Est des États-Unis. Quelque temps après sa nomination, il fait appel à Jean-Jacques Daigneault, ancien du Tricolore, à titre d'entraîneur adjoint.

COUPURE DE POSTE POUR LES UNS, EXIL POUR LES AUTRES

2004-2005

Le directeur de l'Association des joueurs, Bob Goodenow, perd son poste avec le règlement du conflit qui a privé les supporters de leur sport préféré pendant une saison complète. Mais il n'est pas le seul, ni le plus défavorisé parmi ceux qui ont été touchés par cette bataille de chiffres entre la Ligue et ses hockeyeurs.

Au repos forcé, les joueurs se tournent en majorité vers les diverses ligues européennes, tandis que les plus jeunes optent pour la Ligue américaine ou poursuivent leur apprentissage dans les circuits juniors, dont la Ligue de hockey junior majeur du Québec qui constate un accroissement important de la fréquentation de ses arénas. Au total, 388 joueurs de la LNH, dont une quinzaine du Tricolore (les vedettes Saku Koivu, Alex Kovalev, Sheldon Souray et José Théodore en sont), joueront en Europe. La Russie et la Suède en accueillent le plus grand nombre avec 78 et 75 respectivement. La République tchèque suit avec 51. La présence de tous ces joueurs augmentera le calibre des équipes lors du Championnat mondial. On observe le même phénomène au Championnat mondial de hockey junior, grâce à la participation de tous les meilleurs joueurs de moins de 20 ans.

D'autres joueurs se lanceront dans des expériences plus proches de leurs partisans. C'est le cas de Joël Bouchard et d'une quarantaine de joueurs qui, avec la Caravane McDonald, sillonneront une trentaine de villes du Québec entre la fin d'octobre et la mi-décembre, pour présenter des matchs de hockey aux amateurs tout en amassant des fonds pour le Manoir Ronald McDonald, la fondation Charles-Bruneau, Leucan, et pour les organisations du hockey mineur des régions visitées. Les joueurs ont été accueillis avec enthousiasme et les arénas étaient toujours remplis. La tournée aura permis de recueillir plus de 500 000 $.

Un autre groupe formé par Pat Brisson, un agent de joueurs respecté, disputera une dizaine de parties en Europe avec une quinzaine de joueurs étoiles, dont Martin Brodeur, Luc Robitaille et Rob Blake. La tournée Worldstars visite une demi-douzaine de pays pour affronter les vedettes locales.

● Les clubs de la nouvelle Association mondiale – qui ne verra jamais le jour – procèdent à un repêchage bidon en juillet. Simon Gagné des Flyers de Philadelphie est le premier choix des Nordiks de Québec à l'encan des joueurs autonomes, alors que les Toros de Toronto réclament Sidney Crosby au repêchage des joueurs amateurs.

● *Le Journal de Montréal* publie la liste des 30 propriétaires des clubs de la LNH dans son cahier « Votre Argent » en septembre 2004. Les Rangers de New York vaudraient 272 millions. Quant aux Canadiens, au dixième échelon de la ligue, leur valeur s'élèverait à 175 millions (selon les données de 2001).

● Selon le même reportage, les plus grosses fortunes seraient celles de Michael Eisner des Mighty Ducks d'Anaheim (46,1 milliards $) et de Philip Anschutz, copropriétaire des Kings de Los Angeles (5,2 milliards $). Les plus « pauvres » : Wayne Gretzky à Phoenix et Mario Lemieux à Pittsburgh. À défaut de connaître la valeur de leur compte en banque, Jean-François Coderre, l'auteur du reportage, estime la fortune de Gretzky à 43 millions et celle de Lemieux à 45 millions. On ne connaît pas l'état du portefeuille d'une douzaine de propriétaires.

● Autre première en janvier : un frère et une sœur originaires du Manitoba, Billy et Angela Ruggiero, participent à un match professionnel avec les Oilers de Tulsa de la Ligue centrale. Les deux avaient déjà joué ensemble au niveau bantam.

● Décès en février de Louis John Sutter, dont six des sept fils ont joué dans la LNH.

● Après les accidents qui ont coûté la vie à Dan Snyder et à Keith Magnuson l'été précédent, l'ancien entraîneur tchèque des Penguins de Pittsburgh, Ivan Hlinka, périt lui aussi dans un accident de la route le 16 août en République tchèque. Hlinka, l'un des plus grands hockeyeurs de son pays, avait aussi joué deux ans avec les Canucks au début des années 1980.

2004-2005

D'autres ligues moins réputées profitent également du conflit dans la LNH, mais ce n'est pas le cas des initiateurs d'une renaissance de l'Association mondiale de hockey. Forts de l'appui de Bobby Hull, nommé commissaire l'année précédente, les dirigeants de la nouvelle AMH tentent un coup fumant en repêchant la prochaine merveille du hockey, Sidney Crosby. Mais celui-ci tourne le dos à l'Association mondiale qui ne reverra jamais le jour.

Le repêchage de l'été 2005, quand Crosby est disponible, prend une forme différente. Faute de classement des clubs pour numéroter les sélections, on se rabat sur une loterie qui permet à toutes les équipes d'avoir la chance de mettre la main sur la prochaine grande étoile du hockey. Finalement, les Penguins de Pittsburgh gagnent cette loterie et jettent leur dévolu sur Sydney Crosby. Quant aux Canadiens, une excellente cinquième place permet à Bob Gainey de sélectionner un joueur fort prometteur, Carey Price, gardien de but des Americans de Tri-City de la Ligue junior de l'Ouest.

D'autres sports, comme le football et le soccer, profiteront d'une nouvelle clientèle pendant le lock-out dans la LNH, notamment au Canada. Aux guichets en premier lieu, mais aussi relativement aux taux d'écoute à la télévision. Par ailleurs, le conflit de la LNH fera mal aux chaînes spécialisées, comme le Réseau des Sports.

Quant à Bob Goodenow, qui n'était plus celui qui menait les discussions à la fin avec la LNH, il démissionne cinq jours après la résolution du conflit. Une façon polie de dire qu'il a été mis à la porte par Ted Saskin (l'un de ses adjoints) et sa bande.

Contrairement à Goodenow qui part avec un bon fonds de retraite, la situation est moins rose pour le personnel d'encadrement des équipes. Chez les Canadiens, par exemple, une cinquantaine d'employés réguliers perdent leur emploi du côté du marketing, de la billetterie, de la sécurité et de la comptabilité. Un millier de contractuels sont aussi touchés. Les employés qui restent doivent subir une importante diminution de salaire.

La situation est tout aussi difficile dans les boutiques de souvenirs et les restaurants qui comptent habituellement sur la ferveur des partisans pour hausser leur chiffre d'affaires. Ces établissements doivent licencier du personnel.

LE SAVIEZ-VOUS...

Seulement neufs joueurs participent au tournoi de golf annuel des Canadiens en raison de l'imminence du conflit entre la LNH et l'AJLNH. On amasse tout de même plus de 200 000 $ pour la Fondation des Canadiens pour l'enfance.

● Autres décès au cours de la saison : Léo Labine, ancien joueur des Bruins et des Red Wings, 73 ans ; Rick Blight, premier choix des Canucks en 1975, retrouvé sans vie sur sa ferme du Manitoba à 49 ans ; Red Horner, qui a joué 12 ans avec les Leafs, 95 ans ; et l'ancien juge de ligne John D'Amico, 67 ans.

● La Ligue nationale fait appel une fois de plus à la Ligue américaine pour expérimenter de nouveaux règlements : tirs de barrage en cas d'égalité après trois périodes ; réduction des jambières des gardiens de but ; déplacement de certaines lignes, dont celle des buts ; et quelques autres modifications quant aux hors-jeu.

● Un mois après avoir été démis de ses fonctions d'entraîneur à Ottawa, Jacques Martin est embauché par les Panthers de la Floride. Brian Burke perd aussi son poste de président et directeur général à Vancouver.

● La LNH cède les droits de télédiffusion à NBC pour deux ans, mais n'en recevra pas un sou avant que la chaîne ne rentabilise ses capitaux investis. Auparavant, ABC avait payé 600 millions pour cinq ans.

● Le défenseur du New Jersey Scott Niedermayer obtient un salaire de 7 millions à l'arbitrage, la plus forte somme jamais consentie en pareilles circonstances. Pour sa part, l'ancien défenseur des Canadiens, Larry Robinson, signe un contrat de trois ans pour diriger les Devils.

● Deux mois plus tard, Larry Robinson et Scotty Bowman sont intronisés au Panthéon des sports canadiens.

● Trois défenseurs, Raymond Bourque, Paul Coffey et Larry Murphy, sont admis au Temple de la renommée du hockey.

● Francesco Aquilini achète la moitié des actions des Canucks de Vancouver, club qui appartenait jusque-là à l'Américain John McCaw, alors que la société Walt Disney vend les Mighty Ducks d'Anaheim aux milliardaires Henry et Susan Samueli.

HOMMAGE À KOIVU

En cette année de conflit, il y a eu tout de même quelques bonnes nouvelles, par exemple l'attribution du premier trophée Jean-Béliveau à Saku Koivu, soulignant son implication communautaire.

Afin de témoigner de l'appui de la population québécoise et de remercier ceux qui l'ont aidé à combattre le cancer quelques années plus tôt, le capitaine du Tricolore a mis sur pied une fondation qui a pu acquérir un appareil de haute technologie d'une dizaine de millions de dollars, pour la détection et le traitement du cancer. L'appareil a été offert à l'Hôpital général de Montréal.

Koivu n'a pu recevoir son trophée en personne lors du tournoi de golf annuel des Canadiens à la mi-septembre, car il s'entraînait à Toronto avec l'équipe nationale de la Finlande, en prévision de la finale de la Coupe du monde qui sera gagnée 3 à 2 par le Canada.

Saku Koivu profite du lock-out pour disputer une vingtaine de matchs avec l'équipe de Turku, sa ville d'origine. Il a aussi aidé la Finlande à remporter la médaille d'argent lors de la Coupe du monde.

2005 🅲 2006

Le hockey reprend ses droits et la Ligue nationale modernise son logo. Les amateurs accourent en plus grand nombre que jamais pour applaudir leurs héros. Les Canadiens ont un bon début de saison sous la direction de Claude Julien, mais l'équipe vit un mois de décembre désastreux et s'éloigne lentement d'une place dans les séries. Bob Gainey s'impatiente et décide de renvoyer Julien et son adjoint Rick Green. Il prend lui-même charge du club et rapatrie Guy Carbonneau (à qui il destine le poste d'entraîneur pour la prochaine saison) et Doug Jarvis à Montréal. Il écarte aussi José Théodore qui montre des signes de faiblesse, et il fait confiance à Cristobal Huet qui reçoit le prix Roger-Crozier, ayant conservé le meilleur pourcentage d'arrêts. Le gardien français fait des miracles pour aider le club à atteindre les éliminatoires, et le Tricolore remporte ses deux premières parties en ronde initiale contre la Caroline. Malheureusement, une blessure à Saku Koivu lors du troisième match sape le moral des troupes et le club perd les quatre matchs suivants. Les Red Wings de Detroit, champions du classement général, se font surprendre par Edmonton en première ronde, ainsi que tous les favoris de l'Association de l'Ouest. Ottawa, champion de l'Est, subit un sort identique en deuxième ronde contre les Sabres. Les Hurricanes et les Oilers se retrouvent en finale. Il faudra sept matchs pour attribuer la coupe Stanley aux Hurricanes qui devront résister à une remontée spectaculaire des Oilers qui tiraient de l'arrière 1-3.

Le dernier spectacle de Geoffrion

Bernard Geoffrion a toujours eu le sens du spectacle lorsqu'il endossait le chandail tricolore et ensuite comme entraîneur. Sa sortie ne pouvait pas se produire sans ce côté théâtral qui l'a distingué des autres tout au long de sa vie.

À la mi-octobre 2005, la direction des Canadiens annonce qu'elle honorera quelques grands noms de son histoire en retirant leurs numéros en prévision du centenaire de l'équipe en 2009. Les prochains numéros hissés avec ceux de Howie Morenz, Maurice Richard, Jean Béliveau, Henri Richard, Guy Lafleur, Doug Harvey et Jacques Plante, seront le 5 de Bernard Geoffrion et le 12 porté par

● Le Tricolore échange ses choix de deuxième et troisième rondes et acquiert celui des Rangers de New York au deuxième tour du repêchage d'après lock-out (la « loterie Crosby »). Il réclame Guillaume Latendresse des Voltigeurs de Drummondville au 45e rang. Celui-ci fait sensation au camp d'entraînement et lors des matchs préparatoires. La foule du Centre Bell le réclame, alors que les médias montréalais y voient le meilleur Québécois

depuis les beaux jours de Guy Lafleur et le portent aux nues. La croisade est intense. On reproche presque au club de manquer de fibre patriotique et de nuire au développement d'un futur grand joueur, même si Latendresse lui-même s'attend à retourner chez les juniors. Finalement, Gainey et Julien jugent que le gros ailier n'est pas encore prêt et le renvoient à Drummondville.

● Mais Latendresse a du chien. Lors du Défi Canada-Russie junior, en novembre, il est

nommé le meilleur joueur du match deux fois de suite, obtenant deux buts à chaque occasion. Il prépare sa rentrée pour le prochain camp d'entraînement des Canadiens.

● Les nageurs de l'équipe canadienne (dont le Québécois Yannick Lupien), qui participent au relais 4 x 100 mètres des Championnats du monde à Montréal en juillet, se présentent à la piscine de l'île Sainte-Hélène vêtus d'un chandail des Canadiens, ce qui

Guillaume Latendresse devient rapidement l'un des préférés des partisans du Tricolore.

2005-2006

Dickie Moore et Yvan Cournoyer. Geoffrion et Moore ont vécu ensemble l'époque des cinq coupes consécutives (1956-60). Cournoyer, lui, est arrivé un peu plus tard, contribuant à deux des trois dynasties de l'équipe : celle des années 1965 à 1971 et celle de 1973 à 1982 – la plus grande –, complétée peu après sa retraite.

En dépit d'une santé chancelante lors de l'annonce officielle du retrait des chandails, Geoffrion se charge encore du spectacle avec ses reparties et ses anecdotes, comme le rapportent les médias. Il a même improvisé un tour de chant pour amuser la galerie. Il attendait ce moment depuis longtemps et rien ne pouvait lui faire davantage plaisir que ce geste des dirigeants.

Moore et Cournoyer sont les premiers honorés, le 12 novembre (un clin d'œil à leur numéro), devenant les huitième et neuvième joueurs à voir leur chandail hissé dans les hauteurs du Centre Bell (et du forum précédemment). Tous les joueurs actuels portent un chandail au numéro 12 lors des cérémonies, ce qui est devenu une tradition en de telles circonstances.

Geoffrion est le suivant. La fête est prévue pour le 11 mars et Boom Boom lance déjà les invitations. Hélas ! quelques jours avant la cérémonie il apprend qu'il est atteint d'un cancer de l'estomac. On l'opère d'urgence pour tenter de freiner la maladie. Éternel optimiste, Geoffrion annonce que rien ne modifiera ses plans et qu'il sera à Montréal pour la fameuse soirée. On fait les arrangements pour noliser un avion spécial.

Mais le cancer se fiche des agendas. La veille de la cérémonie, les fils de Geoffrion, Danny et Robert, annoncent avec regret que leur père est trop faible pour faire le voyage, sa santé décline chaque jour. Et puis, coup de théâtre, Bernard Geoffrion rend l'âme le matin même de la fête qui lui était destinée. À sa demande, son épouse Marlene, ses enfants Linda, Danny et Robert, ainsi que les autres membres de la famille quittent Atlanta pour Montréal. Le soir, joie et larmes s'entremêlent

N°	POS	JOUEURS	PJ	B	A	PTS	PUN
27	AD	Alex Kovalev	69	23	42	65	76
11	C	Saku Koivu	72	17	45	62	70
73	AD	Michael Ryder	81	30	25	55	40
71	C	Mike Ribeiro	79	16	35	51	36
79	D	Andrei Markov	67	10	36	46	74
38	C	Jan Bulis	73	20	20	40	50
44	D	Sheldon Souray	75	12	27	39	116
21	C	Christopher Higgins	80	23	15	38	26
52	D	Craig Rivet	82	7	27	34	109
20	AG	Richard Zednik	67	16	14	30	48
35	C	Tomas Plekanec	67	9	20	29	32
22	C	Steve Bégin	76	11	12	23	113
51	D	Francis Bouillon	67	3	19	22	34
14	C	Radek Bonk	61	6	15	21	52
25	D	Mathieu Dandenault	82	5	15	20	83
42	AG	Alexander Perezhogin	67	9	10	19	38
37	AD	Niklas Sundstrom	55	6	9	15	30
26	D	Pierre Dagenais	32	5	7	12	16
32	D	Mark Streit	48	2	9	11	28
57	AG	Garth Murray	36	5	1	6	44
8	D	Mike Komisarek	71	2	4	6	116
47	AD	Aaron Downey	25	1	4	5	50
46	AG	Andrei Kostitsyn	12	2	1	3	2
86	AD	Jonathan Ferland	7	1	0	1	2
60	G	José Théodore	38	0	1	1	2
75	G	Yann Danis	6	0	0	0	0
24	D	Todd Simpson	6	0	0	0	14
40	C	Maxim Lapierre	1	0	0	0	0
3	AG	Raitis Ivanans	4	0	0	0	9
30	G	David Aebischer	7	0	0	0	0
64	G	Jean-Philippe Côté	8	0	0	0	4
39	G	Cristobal Huet	36	0	0	0	0

ÉQUIPE 2005-06

Entraîneur : Claude Julien (41-19-16-6)
Bob Gainey (41-23-15-3)

GARDIENS	PJ	G	P	OTL	MIN	BC	BL	MOY
Cristobal Huet	36	18	11	4	2103	77	7	2.20
Yann Danis	6	3	2	0	312	14	1	2.69
Jose Theodore	38	17	15	5	2114	122	0	3.46
David Aebischer	7	4	3	0	418	26	0	3.73

Le retrait du numéro de Cournoyer a été très bien accueilli par les partisans.

leur vaut un accueil chaleureux de la foule. L'équipe remporte la médaille d'argent.

● Alex Kovalev signe un contrat de 18 millions pour quatre ans et les Canadiens embauchent le défenseur Mathieu Dandenault, joueur autonome sans restriction. On lui offre 6,9 millions pour quatre ans (1,7 million pour les deux premières années et 1,75 million pour les deux dernières). Mike Ribeiro obtient un nouveau contrat de 1 178 000 $ et Mike Komisarek, de 958 000 $.

● Autre entente : le défenseur Andrei Markov obtient 1,5 million et 2 millions pour les deux saisons à venir. Plus tard, en février, Koivu parvient à une entente de trois ans avec le club pour 14 millions.

● Jean Béliveau, Henri Richard, Yvan Cournoyer, Guy Lafleur et Réjean Houle sont reconduits dans leurs fonctions d'embassadeurs de l'équipe en août.

● Sortie du film de Charles Binamé sur le Rocket. Roy Dupuis incarne Maurice Richard et Julie Le Breton, son épouse Lucille.

● *The Hockey News*, la bible du hockey, publie sa liste des 50 meilleurs joueurs, en septembre. Aucun joueur des Canadiens n'y figure. La même publication dresse le tableau des masses salariales des équipes en novembre. Montréal est 13e avec 36,3 millions.

● Le club conteste une taxe foncière de la Ville de Montréal qui le force à verser plus de 8 millions par année depuis l'ouverture du Centre Bell en 1996. Cette taxe est la plus élevée des 30 concessions de la LNH.

● Le cerbère Yann Danis fait une entrée remarquée à son premier match dans l'uniforme des Canadiens, le 12 octobre à Atlanta, en blanchissant les Thrashers 2-0.

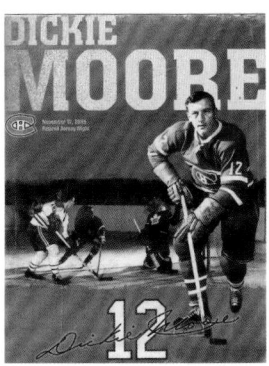

Dickie Moore et les autres joueurs honorés ont droit à une brochure spéciale pour rappeler leurs principaux exploits.

2005-2006

dans une cérémonie grandiose, partagée entre la fête et la tristesse. Quant au principal intéressé, c'est de là-haut qu'il contemple l'hommage que lui font ses admirateurs. La direction du Tricolore a rendu le geste encore plus symbolique en abaissant légèrement la banderole d'Howie Morenz, le père de son épouse, pour que les deux banderoles se retrouvent quelques instants côte à côte, puis qu'elles montent ensemble jusqu'au point culminant du Centre Bell.

La dépouille du célèbre joueur a été inhumée quelques jours plus tard en banlieue d'Atlanta, où il vivait avec sa famille. Même décédé, le Boomer aura trouvé le moyen de faire un dernier tour de piste magnifique. Comme lui seul pouvait le faire. Le comédien qui faisait rire tout le monde est parti. Mais la légende du hockeyeur se poursuit.

Claude Julien et son adjoint Rick Green se font montrer la porte par Bob Gainey à la mi-saison.

● Les Canadiens établissent un record de la Ligue, alors que les 41 matchs réguliers sont présentés à guichets fermés, pour un grand total de 872 193 spectateurs, soit 21 002 spectateurs de plus que le précédent record (1966-67). Pierre Boivin jubile en communiquant la nouvelle aux journalistes. Et tous les billets ont été vendus pour les matchs préparatoires et les séries éliminatoires. En fait, tous les matchs locaux sont présentés à guichets fermés depuis les 18 dernières parties de la saison 2003-04. En fin d'année, on affiche 64 salles combles consécutives. La LNH annonce aussi un accroissement des spectateurs de 2,4 % pour l'ensemble des équipes. 13 des 30 concessions ont un taux de fréquentation de 98 %.

● Les Canadiens revêtent de nouveau les chandails de 1945-46 pour quelques matchs. On poursuit cette pratique, entreprise la saison précédente, plutôt que de concevoir un nouveau chandail, comme le font certains clubs à la demande de la Ligue.

● Stéphane Quintal décide de raccrocher ses patins après 16 ans dans la LNH avec Boston, St. Louis, Winnipeg, Montréal, New York (Rangers), Chicago et de nouveau Montréal. Il se lance dans la production d'émissions pour la télévision. L'équipe rachète aussi l'année d'option au contrat de Patrice Brisebois (1 million, moins 24 %), dernier membre actif des champions de la coupe Stanley de 1993.

● Mort de Cliff Goupille, 89 ans, à Arthabaska, le 4 juillet. Un défenseur des Canadiens des années 1930 et 1940. Le 16 mars 2006, Jonathan Delisle, qui a joué un match à Montréal en 1998-99, perd la vie à 28 ans dans un accident d'auto près de Beauceville.

2005-2006

LA PRESSE
cyberpresse.ca

LE CANADIEN ÉCHANGE LE GARDIEN ÉTOILE

THÉODORE S'EN VA AU COLORADO

MATHIAS BRUNET

De toute évidence, Bob Gainey n'avait plus confiance en José Théodore. Il a échangé son gardien à l'Avalanche du Colorado hier soir en retour d'un autre gardien, David Aebischer.

Cette transaction aurait été impensable en début de saison, mais les déboires de Théodore depuis septembre, sans compter les nombreuses controverses qu'il a provoquées, auront contribué à le chasser de Montréal.

« Ce n'est pas vraiment une question d'avoir perdu patience, a commenté le directeur général du Canadien, Bob Gainey, hier soir à son arrivée à Boston. Mais compte tenu de toutes les circonstances, aurait-il pu connaître autant de succès avec nous que par le passé? Nous n'avons pas de réponse. Nous en étions à un point où il aurait été difficile pour lui et pour nous d'avoir une bonne collaboration. Nous avons tenu compte des performances du [...]

La une de La Presse illustre bien la déchéance de Théodore, chassé de Montréal à son tour.

LES MALHEURS DE THÉO, LE BONHEUR DE HUET

Une année difficile pour le cerbère des Canadiens, qui avait gagné l'admiration des supporters moins de quatre ans plus tôt avec les titres de joueur le plus utile et de meilleur gardien du circuit.

Pourtant, la saison avait bien commencé pour Théodore, avec un renouvellement de contrat qui lui vaut 16 millions pour les trois années à venir. Il est le quatrième gardien de but de la Ligue pour le salaire. Pendant les négociations avec son gardien étoile, le club avait jugé bon de ne pas utiliser son image pour la campagne de vente de billets durant l'intersaison. Une décision qui suscite beaucoup de spéculations dans les médias.

TROPHÉES

COUPE STANLEY
Hurricanes de la Caroline
TROPHÉE PRINCE-DE-GALLE
Hurricanes de la Caroline
TROPHÉE CLARENCE-CAMPBELL
Oilers d'Edmonton
TROPHÉE DU PRÉSIDENT
Red Wings de Detroit
TROPHÉE HART
Joe Thornton
Sharks de San Jose
Bruins de Boston
TROPHÉE ART-ROSS
Joe Thornton
Sharks de San Jose
Bruins de Boston
TROPHÉE LADY-BYNG
Pavel Datsyuk
Red Wings de Detroit
TROPHÉE CALDER
Alexander Ovechkin
Capitals de Washington
TROPHÉE GEORGES-VÉZINA
Miikka Kiprusoff
Flames de Calgary

MEILLEURS MARQUEURS

		PJ	B	A	PTS	PUN
Joe Thornton	Bos/San Jose	81	29	96	125	61
Jaromir Jagr	NY Rangers	82	54	69	123	72
Alexander Ovechkin	Washington	81	52	54	106	52
Dany Heatley	Ottawa	82	50	53	103	86
Daniel Alfredsson	Ottawa	77	43	60	103	50
Sidney Crosby	Pittsburgh	81	39	63	102	110
Eric Staal	Caroline	82	45	55	100	81
Ilya Kovalchuk	Atlanta	78	52	46	98	68
Marc Savard	Atlanta	82	28	69	97	100
Jonathan Cheechoo	San Jose	82	56	37	93	25

● Saku Koivu est demeuré sensible aux gens qui combattent la maladie, comme il avait dû le faire avec le cancer. Peu après le début de la saison, il promet de compter un but pour le jeune Jérémy Gabriel qu'on a invité à chanter l'hymne national, lequel souffre du syndrome de Treacher Collins, une maladie génétique rare caractérisée, entre autres choses, par une malformation du visage. Le garçon de 8 ans avait demandé à Saku de compter un but pour lui, et le capitaine des Canadiens s'est exécuté en première période pendant un avantage numérique.

● L'annonce du retrait des chandails de Geoffrion, Moore et Cournoyer sème une certaine controverse, alors que plusieurs médias rapportent qu'on a omis de souligner que les chandails d'Aurèle Joliat (4) et d'Elmer Lach (16) ont longtemps été considérés comme ayant été retirés. Textes et photos de journaux à l'appui. Le président Boivin promet de faire la lumière sur la question, mais le club maintient sa décision quelques mois plus tard et les deux légendes retournent dans l'oubli.

● Dickie Moore fait des révélations à l'annonce du retrait de son chandail, en novembre. Il mentionne d'abord qu'il avait été invité par Serge Savard à diriger l'équipe à la place de Bob Berry en 1983, mais qu'il avait décliné l'offre pour se consacrer à sa compagnie de location d'équipements et d'outils. Ensuite, il avoue avoir sérieusement songé à faire l'acquisition du club lorsque la brasserie Molson l'a mis en vente, il y a quelques années. Il ignorait à ce moment-là que la Caisse de dépôt et placement du Québec apporterait son soutien comme elle l'a fait pour George Gillett.

● Le club vient près d'égaler un record peu glorieux, à la fin de décembre, avec 9 défaites de suite sur la route (le record de 10 défaites remonte à 1926). Deux semaines plus tard, les Canadiens comptent 6 buts en deuxième période contre San Jose, une première depuis le

TROPHÉES

Trophée James-Norris	
Nicklas Lidstrom	
Red Wings de Detroit	
Trophée Conn-Smythe	
Cam Ward	
Hurricanes de la Caroline	
Trophée Bill-Masterton	
Teemu Selänne	
Mighty Ducks d'Anaheim	
Trophée Lester-B.-Pearson	
Jaromir Jagr	
Rangers de New York	
Trophée Jack-Adams	
Lindy Ruff	
Sabres de Buffalo	
Trophée Frank-J.-Selke	
Rod Brind'Amour	
Hurricanes de la Caroline	
Trophée William-M.-Jennings	
Miikka Kiprusoff	
Flames de Calgary	
Trophée King-Clancy	
Olaf Kolzig	
Capitals de Washington	
Trophée Roger-Crozier	
Cristobal Huet	
Canadiens de Montréal	
Trophée Maurice-Richard	
Jonathan Cheechoo	
Sharks de San Jose	
Trophée NHL Plus/Moins	
Wade Redden	
Senateurs d'Ottawa	
Michal Rozsival	
Rangers de New York	

La situation commence à se détériorer à la suite d'un geste anodin qui vaut à Théodore les réprimandes de quelques journalistes. C'est que, comme beaucoup d'adolescents et de rappeurs le font, il fait deux doigts d'honneur pendant quelques secondes lors de la photo officielle de l'équipe en septembre. « Pour faire rire le photographe », explique-t-il. Un caméraman de TQS capte la scène et les images font vite le tour des salles de rédaction. Un geste qui fait passer une bonne action de Théodore à l'arrière-plan : pour une troisième année de suite, il loue à ses frais une loge du Centre Bell pour les enfants malades ou défavorisés. Il leur rend visite à l'occasion et dit puiser son énergie dans le courage de ces jeunes qui doivent lutter tous les jours pour leur vie.

Mais, ce qui irrite la direction, c'est le rendement en montagnes russes du beau Théo. Fin novembre, Bob Gainey décide de rappeler Cristobal Huet, qu'on avait assigné à Hamilton pour qu'il retrouve la forme après une opération à un genou au cours de l'été, opération consécutive à une blessure mal soignée, subie alors qu'il jouait en Allemagne durant le lock-out.

Le 31 janvier, lors d'une défaite de 8-2 contre la Caroline, Théodore éprouve de nouveau des difficultés et Gainey le rappelle au banc pour une troisième fois en quatre matchs. Huet prend encore une fois la relève et se comporte en héros, avec deux blanchissages consécutifs. Ceux qui exi-geaient qu'on garde Théodore à Mont-réal veulent maintenant qu'il parte, ce que confirment les sondages au début de février.

Les malheurs de Théo, en voie de perdre son poste aux mains du Français, se poursuivent peu après

Chris Higgins obtient le 1 000ᵉ but de l'histoire du Centre Bell en mars.

17 décembre 1992 contre les Nordiques. Markov se distingue avec 4 points (2 buts, 2 passes). Il est le premier défenseur depuis Jean-Claude Tremblay à obtenir 4 points dans une seule période.

● Bob Gainey a une façon bien personnelle de faire relaxer ses joueurs et de leur faire oublier le hockey pendant quelques heures. Lors d'un long voyage à l'extérieur, à la fin de janvier, il

annule l'exercice au lendemain d'une deuxième défaite de suite et emmène ses joueurs au cinéma voir un film en 3D.

● Chris Higgins inscrit le 1 000e but de l'histoire du Centre Bell, le 28 mars, dans un gain de 2 à 0 contre les Islanders

● La fièvre des séries est plus forte que jamais à Montréal en avril, avec les deux premières victoires contre la Caroline en ronde initiale. Fanions,

drapeaux, chandails et décorations de toutes sortes enjolivent la ville. Les billets se vendent à prix d'or sur le marché noir. La ville est hockey. Personne ne reste indifférent. Une fièvre qui ne cessera de s'intensifier, jusqu'à l'élimination du club, pour reprendre de plus belle à l'automne. Montréal redevient la première ville du hockey en Amérique du Nord.

● Saku Koivu est sérieusement blessé à un œil par un coup de bâton accidentel de Justin Williams des Hurricanes lors du troisième match de la première ronde éliminatoire. Il manque le reste de la série et les Canadiens, qui menaient 2-0, seront éliminés en prolongation au sixième match.

2005-2006

quand on apprend qu'il a échoué un test antidopage de l'équipe nationale quelques semaines plus tôt. On avait décelé des traces de Propecia, un produit favorisant la repousse des cheveux.

Moins d'une semaine plus tard, Théodore tombe dans l'escalier à l'extérieur de son domicile et se fracture un os du pied droit. Le voilà sur la touche pour plusieurs semaines. Gainey l'éloigne définitivement de Montréal moins de trois semaines plus tard en l'échangeant à l'Avalanche du Colorado contre David Aebischer, un autre gardien de but, originaire de la Suisse.

De son côté, Cristobal Huet continue de multiplier les bonnes performances. Il remporte la troisième tranche de la coupe Molson au début de mars et reçoit le titre de joueur défensif de la semaine dans la LNH. Le 11 mars, il signe un deuxième blanchissage de suite, son cinquième en 12 matchs. Ses victimes préférées sont les Bruins de Boston qu'il blanchit pour une troisième fois de suite, le

La fièvre des séries gagne les partisans à l'approche des éliminatoires et le Centre Bell affiche complet à chaque partie.

En relève à Théodore, Cristobal Huet multiplie les exploits et permet au Tricolore de se qualifier pour les séries.

● Quelques modifications importantes aux règlements du circuit. Entre autres, introduction de la fusillade pour mettre un terme aux matchs nuls ; élimination de la ligne rouge favorisant les longues passes ; et limitation de la zone de manœuvre des gardiens derrière les buts.

● La LNH pourrait accueillir une troisième génération de Geoffrion, puisque les Predators de Nashville, lors du repêchage à Vancouver, jettent leur dévolu sur Blake Geoffrion (1er choix du club, 56e au total), petit-fils de Boom Boom, fils de Danny et arrière-petit-fils d'Howie Morenz. Blake joue à l'aile gauche et étudie à l'Université du Wisconsin. L'un de ses cousins, Shane Monahan (le fils de Linda Geoffrion), a joué quelques saisons au baseball avec les Mariners de Seattle. La famille Staal, pour sa part, pourrait compter quatre frères dans la LNH. Après Éric et Marc, c'est au tour de Jordan et de Jared de cogner à la porte. La plus grosse famille de hockeyeurs, celle des Sutter, comptait six frères dans la LNH, entre 1976 et 2001 : Brian, Darryl, Duane, Brent, Rich et Ron.

● Nombreuses signatures de riches contrats au cours de l'été 2005. Peter Forsberg à Philadelphie (11,5 millions pour deux ans), Scott Niedermayer à Anaheim (27 millions pour quatre ans), Nikolai Khabibulin à Chicago (27 millions pour quatre ans), Joe Thornton à Boston (20 millions pour trois ans), Martin Brodeur au New Jersey (31,2 millions pour six ans), Vincent Lecavalier (27,5 millions pour quatre ans) et Martin Saint-Louis (31,5 millions pour six ans) à Tampa Bay. Sidney Crosby n'obtient que 850 000 $ à sa première année, mais ses nombreuses clauses de bonis pourraient lui valoir jusqu'à 4 millions. Ottawa se départit de Marian Hossa et de Greg de Vries pour obtenir Dany Heatley.

● Le nom de Janet Jones, l'épouse de Wayne Gretzky, est mêlé à une affaire de paris sportifs incriminant l'adjoint du 99, Rick Tocchet. Aucune accusation ne sera portée contre elle, mais Tocchet sera condamné à deux ans de probation.

ASSOCIATION DE L'EST

DIVISION NORD-EST	PJ	G	P	DP	BP	BC	PTS
Ottawa (Sénateurs)	82	52	21	9	314	211	113
Buffalo (Sabres)	82	52	24	6	281	239	110
Montréal (Canadiens)	82	42	31	9	243	247	93
Toronto (Maple Leafs)	82	41	33	8	257	270	90
Boston (Bruins)	82	29	37	16	230	266	74

DIVISION ATLANTIQUE	PJ	G	P	DP	BP	BC	PTS
New Jersey (Devils)	82	46	27	9	242	229	101
Philadelphie (Flyers)	82	45	26	11	267	259	101
New York (Rangers)	82	44	26	12	257	215	100
New York (Islanders)	82	36	40	6	230	278	78
Pittsburgh (Penguins)	82	22	46	14	244	316	58

DIVISION SUD-EST	PJ	G	P	DP	BP	BC	PTS
Caroline (Hurricanes)	82	52	22	8	294	260	112
Tampa Bay (Lightning)	82	43	33	6	252	260	92
Atlanta (Thrashers)	82	41	33	8	281	275	90
Floride (Panthers)	82	37	34	11	240	257	85
Washington (Capitals)	82	29	41	12	237	306	70

ASSOCIATION DE L'OUEST

DIVISION CENTRALE	PJ	G	P	DP	BP	BC	PTS
Detroit (Red Wings)	82	58	16	8	305	209	124
Nashville (Predators)	82	49	25	8	259	227	106
Columbus (Blue Jackets)	82	35	43	4	223	279	74
Chicago (Blackhawks)	82	26	43	13	211	285	65
St. Louis (Blues)	82	21	46	15	197	292	57

DIVISION NORD-OUEST	PJ	G	P	DP	BP	BC	PTS
Calgary (Flames)	82	46	25	11	218	200	103
Colorado (Avalanche)	82	43	30	9	283	257	95
Edmonton (Oilers)	82	41	28	13	256	251	95
Vancouver (Canucks)	82	42	32	8	256	255	92
Minnesota (Wild)	82	38	36	8	231	215	84

DIVISION PACIFIQUE	PJ	G	P	DP	BP	BC	PTS
Dallas (Stars)	82	53	23	6	265	218	112
San Jose (Sharks)	82	44	27	11	266	242	99
Anaheim (Mighty Ducks)	82	43	27	12	254	229	98
Los Angeles (Kings)	82	42	35	5	249	270	89
Phoenix (Coyotes)	82	38	39	5	246	271	81

Steve Bégin est le nouveau récipiendaire du trophée Jacques-Beauchamp pour son rôle de héros obscur. Il succède à Francis Bouillon. Il mérite aussi le trophée Jean-Béliveau pour son engagement dans la société.

1er avril, en repoussant 32 tirs. Puis il est de nouveau nommé le joueur défensif par excellence dans la LNH. Finalement, contre toute attente, Huet permet au Tricolore de se qualifier pour les éliminatoires.

À la fin de la saison, les Canadiens font de Cristobal Huet leur candidat au trophée Masterton (persévérance, esprit sportif et dévouement au hockey). Sa candidature ne sera pas retenue par la Ligue, mais il se console avec ses sept blanchissages qui lui valent la deuxième place dans la LNH, et surtout avec le prix Roger-Crozier que lui vaut son pourcentage d'arrêts (,929), le meilleur de tous les gardiens de but.

GAINEY FAIT LE MÉNAGE

Bob Gainey avait réitéré sa confiance envers l'entraîneur Claude Julien lorsqu'il avait pris la direction de l'équipe en juin 2003. Mais, deux ans et demi plus tard, il n'aime pas le rendement de l'équipe ni le grenouillage parmi les joueurs et il se demande si Julien est toujours l'homme de la situation. À ce rythme, il craint que le club ne soit pas des séries.

À la mi-janvier, le Tricolore occupe le dixième échelon dans l'Est, avec 7 victoires dans les 25 dernières parties. Gainey, qui analyse la situation de près depuis quelques jours, en a assez ! Il donne un grand coup de balai. Après s'être assuré que Guy Carbonneau était prêt à revenir à Montréal, il montre la porte à Claude Julien et à son adjoint Rick Green, plutôt que de procéder à une transaction majeure comme plusieurs le croyaient. Le soir même, il se présente derrière le banc de l'équipe, avec Carbonneau à ses côtés comme entraîneur adjoint pour le reste de la saison, le temps que ce

2005-2006

BÉGIN 22

● Barbara Miller-Roy, la mère de Patrick Roy, est amputée du bras droit en janvier par suite d'une fasciite nécrosante, infection à la « bactérie mangeuse de chair ».

● Deux grands noms de l'histoire de la LNH tirent leur révérence. D'abord, Mario Lemieux annonce son départ définitif en janvier, se disant incapable de se maintenir au niveau d'excellence qui l'a toujours caractérisé. Il a joué 17 ans avec les Penguins de Pittsburgh, dont il est maintenant propriétaire, accumulant 1 723 points, dont 690 buts. Il a gagné deux fois la coupe Stanley (1991 et 1992) et a décroché le trophée Calder (meilleure recrue), trois trophées Hart (joueur le plus utile), six trophées Art-Ross (meilleur marqueur), quatre trophées Lester-B.-Pearson (joueur par excellence, remis par ses pairs), un trophée Bill-Masterton (persévérance, esprit sportif et dévouement au hockey), deux trophées Conn-Smythe (meilleur joueur des éliminatoires) et un trophée Lester-Patrick (dévouement pour le hockey aux États-Unis).

● Luc Robitaille (meilleur pointeur et meilleur compteur de l'histoire de la LNH chez les ailiers gauches avec 1 394 points et 668 buts) met aussi un terme à sa carrière après 19 saisons. Il est également le meilleur compteur de l'histoire des Kings de Los Angeles, dont il a porté les couleurs à trois reprises. Trois autres vétérans partent à la retraite : Mark Messier, Ron Francis et Brett Hull. Pour Hull, les Coyotes de Phoenix (autrefois les Jets de Winnipeg) réactivent le numéro 9 de son père, Bobby, pour lui permettre de le porter pendant quelques matchs.

● L'ancien capitaine des Canadiens, Pierre Turgeon, réussit son 500e but dans une victoire de son club, l'Avalanche, contre les Sharks de San Jose, le 8 novembre.

● Sidney Crosby s'affirme dès son arrivée dans la LNH et devient le plus jeune joueur à dépasser 100 points en une saison (39 buts et 63 passes, pour 102 points).

2005-2006

Rappelé de Dallas par Gainey, Guy Carbonneau se fait la main comme adjoint en attendant de prendre la relève derrière le banc.

dernier apprenne à mieux connaître les joueurs. Le contrat de Carbonneau stipule qu'il deviendra l'entraîneur des Canadiens la saison suivante. Pour le moment, Gainey cumulera les fonctions de directeur général et d'entraîneur jusqu'à la fin de la saison.

Doug Jarvis est aussi rapatrié du club-école de Hamilton pour compléter l'équipe d'entraîneurs.

Les réactions au départ de Julien semblent indiquer qu'une fois de plus l'entraîneur a été sacrifié pour calmer la grogne de quelques joueurs. Pendant que Guy Lafleur écrit dans sa chronique hebdomadaire du *Journal de Montréal* que « Julien [est] un autre entraîneur sacrifié », le journaliste Jonathan Bernier, du même journal, dresse la liste des 11 entraîneurs limogés en 26 ans par les Canadiens. De son côté, Réjean Tremblay, de *La Presse*,

LE SAVIEZ-VOUS...

Sydney Crosby est la première recrue en quinze ans à être sélectionnée dans la première équipe d'étoiles.

● Martin Brodeur est le premier gardien de but à réussir une cinquième saison de 40 victoires. Il est aussi le seul avec Terry Sawchuk à revendiquer plus de 100 blanchissages (saisons et séries).

● Joe Sakic réussit un septième but en prolongation dans les éliminatoires, éclipsant l'un des derniers records qui appartenaient toujours à Maurice Richard.

● André Rousseau, du *Journal de Montréal,* remarque que 12 Américains jouent pour les Devils du New Jersey. Ces mêmes Devils avaient proposé un contrat de trois ans à l'ancien défenseur des Canadiens Larry Robinson, avant la saison, mais celui-ci abandonnera son poste d'entraîneur en décembre à cause du stress. Au cours de la saison, un autre ancien du Tricolore, Jacques Lemaire, remporte sa 400e victoire à titre d'entraîneur-chef.

● Décès, en juillet, de Gilles Marotte, qui avait été échangé en 1967 par les Bruins aux Blackhawks, avec Pit Martin et Jack Norris, contre Phil Esposito, Ken Hodge et Fred Stanfield. Autres décès : Marius Fortier, le père des Nordiques, le 26 août 2005, à 79 ans ; l'ancien arbitre Red Storey, le 15 mars 2006, à 88 ans ; et le journaliste Larry O'Brien, à 83 ans.

● Dick Pound, président de l'Agence mondiale antidopage, lance un pavé dans la mare, en novembre, accusant le tiers des 700 joueurs de la LNH de consommer des substances illicites.

● Ilya Bryzgalov, gardien de but des Mighty Ducks d'Anaheim, vient près d'effacer le record de la plus longue séquence sans accorder de but en séries éliminatoires, record appartenant à George Hainsworth depuis 1930 (270 min 8 s).

● Les Mighty Ducks d'Anaheim annoncent qu'ils deviendront de simples Ducks dès la saison suivante.

● À la remise annuelle des trophées, Jaromir Jagr réussit un « tour du chapeau » avec un troisième trophée Lester-B.-Pearson en carrière, attribué par l'AJLNH au joueur par excellence.

se demande si le congédiement de Julien est dû à sa façon de diriger l'équipe ou au manque de talent des joueurs. Il a plutôt tendance à dénoncer l'attitude de certains d'entre eux qui ont choisi de « lever le pied » pour provoquer le départ d'un entraîneur dont ils ne voulaient plus.

Deux mois plus tôt, Jacques Demers – un autre ex-entraîneur des Canadiens, congédié lors d'une purge encore plus importante – avouait publiquement son analphabétisme, état qu'il cache depuis son enfance. Il raconte tout cela dans une autobiographie qui remporte un vif succès.

LES CANADIENS REPÊCHENT YOUPPI !

La mascotte Youppi ! errait, l'âme en peine, depuis le départ des Expos pour Washington. Plus connu que la plupart des anciens joueurs de baseball du club montréalais, Youppi ! est réclamé par les plus jeunes qui s'ennuient de lui. Les rumeurs l'envoyaient un peu partout, mais ce sont finalement les spécialistes du marketing du Tricolore qui ont eu le dernier mot. Flairant la bonne affaire, à quelques mois des fêtes du centenaire du club, les dirigeants des Canadiens embauchent la grosse peluche orange pour séduire un public qui se rajeunit graduellement.

C'est la première fois en 96 ans d'histoire que les Canadiens ont une mascotte, mais Youppi ! avait charmé le jeune public montréalais pendant 26 des 35 années d'histoire des Expos.

Youppi ! porte chance à ses parents adoptifs, puisqu'à son premier match au Centre Bell, le 18 octobre, les Canadiens signent une victoire de 4 à 3 contre les Bruins. On profite de l'occasion pour immortaliser le souvenir des Expos en hissant une bannière portant le nom des joueurs dont on avait retiré le numéro.

Youppi ! était encore un peu mal à l'aise avec son chandail tricolore devant les Gary Carter, Andre Dawson et Claude Raymond. Simple question de temps...

Les finalistes de la coupe Stanley de l'année précédente, la Caroline et Edmonton, ne peuvent se qualifier pour les séries de 2007, une première dans la Ligue nationale. Les Sénateurs d'Ottawa sauvent l'honneur du hockey canadien en atteignant la finale pour la première fois en plus de 80 ans, mais ce sont les Ducks d'Anaheim qui célébreront au champagne après avoir fait mordre la poussière (de glace) au Wild du Minnesota en cinq matchs, aux Canucks de Vancouver en cinq matchs, aux Red Wings de Detroit – champions de l'Ouest – en six matchs et aux Sénateurs en cinq matchs. Ottawa, quatrième de l'Est, a d'abord pris la mesure des Penguins de Pittsburgh en cinq matchs, pour ensuite vaincre les Devils du New Jersey et les Sabres de Buffalo – champions de l'Est –, avant de se mesurer aux Ducks. Les Canadiens se contentent de regarder passer la parade pour une cinquième fois en huit ans, écartés des séries au dernier match régulier, perdu 6 à 5 contre leurs éternels rivaux de Toronto. Ils avaient pourtant connu un excellent début de saison pour ensuite s'écraser graduellement en seconde portion du calendrier. La nouvelle merveille du hockey, Sidney Crosby, ne laisse rien à ses adversaires, bien qu'il n'en soit qu'à une deuxième saison dans la LNH. Il rafle les trophées Art-Ross (championnat des marqueurs), Hart (joueur le plus utile) et Lester-B.-Pearson (joueur par excellence, décerné par les joueurs). Saku Koivu est le premier joueur du Tricolore à recevoir le trophée King-Clancy pour son leadership et sa contribution humanitaire.

Saku Koivu termine au premier rang des marqueurs de l'équipe en plus de constituer une source d'inspiration pour plusieurs de ses coéquipiers en ces temps plus difficiles.

Hors des séries pour une cinquième fois en huit ans, mais plus populaires que jamais

Journalistes et commentateurs des journaux, de la radio et de la télévision ne parlent que de cela depuis plusieurs jours. Les amateurs de hockey aussi, lors de discussions de taverne et à la maison avec parents et amis. Le sort des Canadiens sera décidé le 7 avril lors du match face aux Maple Leafs à Toronto, le dernier de la saison. Dans ce match, le Tricolore mène par 5 à 3 à cinq minutes de la fin de la deuxième période. On espère encore, mais l'indiscipline, qui a coulé le club à plusieurs reprises en cours d'année, fera encore sombrer le club. Des punitions à Steve Bégin en fin de deuxième période et à Saku Koivu en début de

● Plusieurs joueurs renouvellent leur contrat au cours de l'été 2006 : Mark Streit (deux ans), Steve Bégin (trois ans), Cristobal Huet (deux ans pour 5,7 millions), Francis Bouillon (trois ans pour 5,63 millions), Mike Ribeiro avant son échange (un an pour 1,9 million), Chris Higgins et Mike Komisarek (un an), Mathieu Aubin et Matt D'Agostini (trois ans), Mikhail Grabovski et Ryan O'Byrne (deux ans), David Aebischer (un an pour 1,9 million), Alexander Perezhogin (un an pour

627 000 $), Michael Ryder (un an pour 2,2 millions).

● José Théodore se met les pieds dans les plats à Toronto durant l'été. Pendant que sa conjointe Stéphanie Cloutier est à Montréal avec leur enfant, on aperçoit José main dans la main et échangeant des baisers langoureux avec Paris Hilton, qui traîne une réputation de « croqueuse d'hommes ».

● Si Sergei Samsonov accepte l'offre du Tricolore, Brendan Shanahan, un autre joueur autonome, accepte plutôt la

proposition de 4 millions des Rangers de New York.

● Patrick Roy, ancien cerbère des Canadiens et de l'Avalanche, est au nombre des prochains retraités intronisés au Temple de la renommée du hockey.

● L'ancien ailier gauche étoile de l'équipe, Dickie Moore, est victime d'un sérieux accident lorsqu'un camion heurte son auto, dans la région de Dorion. Souffrant de plusieurs fractures, il attend les secours pendant 45 minutes et l'on craint pour sa vie. Mais Moore survit, entreprend une longue période de

réadaptation et retourne à son bureau de location de machinerie, quelques mois plus tard.

● Les Canadiens, qui n'avaient pas présenté le match des étoiles depuis 1993, obtiennent celui de 2009, dans le cadre des festivités du centenaire du club.

● Richard Zednik est transféré aux Capitals de Washington, son équipe d'origine, en juillet.

● Tandis que deux anciens entraîneurs montréalais sont embauchés à Vancouver (Alain Vigneault) et au New Jersey (Claude Julien), Kirk Muller — membre de l'équipe de 1991 à

2006-2007

troisième permettent aux Leafs de marquer deux fois sur le jeu de puissance et de se sauver avec une victoire de 6 à 5. Du coup, la « sainte flanelle » est éliminée pour une cinquième fois en huit ans. Et pour une 14e fois en 89 ans (année 2004-05 exclue) dans la LNH.

Les Maple Leafs, avec un point d'avance, s'accrochent au huitième rang. Mais, le lendemain, les Islanders de New York les priveront du grand bal de fin d'année en l'emportant 3 à 2 en tirs de barrage contre les Devils du New Jersey pour les faire glisser hors des séries.

Pourtant le début de saison des Canadiens avait été encourageant. La signature du joueur autonome Sergei Samsonov, l'acquisition de Mike Johnson et l'espoir suscité par le jeune Guillaume Latendresse laissaient entrevoir une saison intéressante pour le duo Gainey/Carbonneau. Après cinq matchs sans défaite en temps réglementaire en début de saison, les plus optimistes parlaient déjà de défilé à Montréal ! Léger recul en novembre, mais le club retrouvait le

ÉQUIPE 2006-07					
Entraîneur : Guy Carbonneau (42-31-9)					
N° POS JOUEURS	PJ	B	A	PTS	PUN
11 C Saku Koivu	81	22	53	75	74
44 D Sheldon Souray	81	26	38	64	135
73 AD Michael Ryder	82	30	28	58	60
79 D Andrei Markov	77	6	43	49	56
27 AD Alexei Kovalev	73	18	29	47	78
35 C Tomas Plekanec	81	20	27	47	36
21 AG Christopher Higgins	61	22	16	38	26
32 D Mark Streit	76	10	26	36	14
20 AD Mike Johnson	80	11	20	31	40
84 AD Guillaume Latendresse	80	16	13	29	47
15 AG Sergei Samsonov	63	9	17	26	10
14 C Radek Bonk	74	13	10	23	54
8 D Mike Komisarek	82	4	15	19	96
52 D Craig Rivet	54	6	10	16	57
42 AD Alexander Perezhogin	61	6	9	15	48
51 D Francis Bouillon	62	3	11	14	52
40 C Maxim Lapierre	46	6	6	12	24
46 AG Andrei Kostitsyn	22	1	10	11	6
22 AG Steve Begin	52	5	5	10	46
25 AD Mathieu Dandenault	68	2	6	8	40
6 D Janne Niinimaa	41	0	3	3	36
57 C Garth Murray	43	2	1	3	32
62 AD Duncan Milroy	5	0	1	1	0
41 G Jaroslav Halak	16	0	1	1	2
47 AD Aaron Downey	21	1	0	1	48
39 G Cristobal Huet	42	0	1	1	0
59 C Mikhail Grabovski	3	0	0	0	0
30 G David Aebischer	32	0	0	0	2
26 D Josh Gorges	7	0	0	0	0
GARDIENS	PJ	G P OTL	MIN	BC BL	MOY
Cristobal Huet	42	19 16 3	2286	107 2	2.81
Jaroslav Halak	16	10 6 0	912	44 2	2.89
David Aebischer	32	13 12 3	1760	93 0	3.17

Une sélection pour le match des étoiles pour le gardien Huet fait un peu oublier les déboires de l'équipe.

1995 et ancien capitaine — devient l'adjoint de Carbonneau. Les Devils congédieront Julien à quelques matchs de la fin de la saison.

● Hommage spécial rendu à Jean Béliveau à la fin de mars, en présence des premiers ministres du Canada et du Québec et de plusieurs légendes du sport, pour souligner son 75ᵉ anniversaire de naissance et sa grande générosité à l'endroit de plusieurs causes qu'il a appuyées tout au long de sa carrière. Ce soir-là, on amasse un million de dollars pour les organisations caritatives qu'il soutient.

● Des déclarations qu'on attribue à Alex Kovalev font grand bruit et suscitent le mécontentement de la direction et des partisans en mars et de nouveau en avril. Selon *La Presse*, Kovalev se serait confié à une journaliste russe en février pour dénigrer son entraîneur Guy Carbonneau et les joueurs francophones de l'équipe. Kovalev nie avoir tenu de tels propos et, chez les Canadiens, on lui donne le bénéfice du doute.

● Quelques semaines plus tard, *Le Journal de Montréal* rapporte que Kovalev aurait confié à un autre journaliste russe qu'il souhaitait quitter Montréal si on persistait à le traiter sans plus de considération. Gainey s'engage à avoir une bonne discussion avec son joueur vedette. Finalement, tout rentrera dans l'ordre.

● Une rumeur lancée par un quotidien autrichien en avril laisse croire que George Gillett songerait à se départir des Canadiens au profit de Red Bull, un fabricant de boissons énergisantes fortement engagé dans le sport. Une rumeur que Gillett, par l'intermédiaire de son président Pierre Boivin, s'empresse de démentir. Ce qui est vrai, cependant, c'est que Gillett fait l'acquisition du club de soccer anglais de Liverpool avec Tom Hicks, propriétaire des Stars de Dallas et des Rangers du Texas (baseball). Les deux copropriétaires laisseront vite percevoir des divergences profondes sur la façon de gérer l'équipe.

Sergei Samsonov suscite beaucoup d'espoir à son arrivée, mais on déchantera vite à son sujet.

quatrième rang en décembre grâce à six gains et à un revers en fusillade. Mais le 23 décembre, dans une défaite de 4-2 à Boston, le vent tourne et la saison vire au cauchemar, puis surviennent deux autres défaites entre Noël et le jour de l'An. Au bout du compte, les Canadiens subiront 23 défaites en 35 parties. Le mécontentement de Samsonov, écarté de l'alignement pour quelques matchs, les contre-performances d'Alex Kovalev et une blessure sérieuse au gardien Cristobal Huet à la mi-février n'annoncent rien de bon. La glissade hors des séries est commencée.

On descendra jusqu'au 11ᵉ rang, en mars. Acculés au mur, les joueurs des Canadiens réagiront violemment par la suite avec un spectaculaire ralliement de sept victoires en huit matchs et neuf gains consécutifs au Centre Bell pour clôturer l'année avec la plus longue séquence victorieuse à domicile en 26 ans. Il aurait suffi d'une seule victoire en deux parties, à New York contre les Rangers ou à Toronto, pour accéder aux éliminatoires.

Mais elle n'aura pas lieu, cette victoire. Revers de 3-1 à New York et de 6-5 à Toronto. Journalistes et commentateurs se déchaînent au *Journal de Montréal* : « Élimination prévisible », écrit Bertrand Raymond ; « Une élimination tout à fait méritée », ajoute Pierre Durocher ; « Alex Kovalev ne mérite plus de porter le chandail du Canadien », analyse le pourtant toujours optimiste Jacques Demers ; « Ils ont eu ce qu'ils méritaient », renchérit Guy Lafleur, qui n'a jamais eu la langue dans sa poche. À *La Presse*, on n'est guère plus tendre : « Trop peu, trop tard », écrit Jean-François Bégin ; et « Le pire a eu le dessus sur le meilleur », observe François Gagnon...

Mais les fans n'abandonnent pas leur équipe pour autant. Le nouveau slogan de l'équipe — « La ville est hockey » — est plus vrai que jamais. On dispute un 100ᵉ match de suite à guichets fermés au Centre Bell au dernier match de la saison. Un sondage de *La Presse*, paru deux semaines après l'élimination du

● Laura Gainey, fille du directeur général du Tricolore, périt en mer au large de Cape Cod en décembre. Une vague la jette par-dessus bord, alors qu'elle navigue sur le voilier *Picton Castle*. Son corps ne sera pas retrouvé. Lourdement affecté par ce drame, Gainey cédera temporairement ses fonctions à l'un de ses adjoints, Pierre Gauthier, pour vivre son deuil en compagnie de ses enfants. En mai, on crée une fondation en souvenir de Laura et de Cathy Gainey — l'épouse de Gainey décédée d'un cancer du cerveau en 1995 — pour appuyer

des organismes de bienfaisance offrant des programmes éducatifs pour les jeunes dans les domaines de l'environnement et des arts. Anna Gainey, la fille aînée de Bob, dirigera la fondation.

● *Le Journal de Montréal*, par l'intermédiaire de ses journalistes Bertrand Raymond et André Beauvais, mène une campagne de plusieurs jours, en décembre, pour qu'on rebaptise la rue qui mène au Centre Bell du nom de Maurice Richard.

● Il semble que les sondages fassent maintenant partie de la vie des clubs sportifs et Léger

Marketing nous apprend en janvier que le public montréalais voudrait que le Tricolore fasse l'acquisition d'un joueur d'impact de la trempe de Brad Richards, Joe Sakic ou Peter Forsberg. Ian Laperrière est aussi très aimé. Parmi les joueurs actuels, les plus appréciés sont, dans l'ordre, Huet, Latendresse et Koivu.

● Les trois principaux gardiens des Canadiens s'illustrent pendant l'année. Carey Price remporte le Championnat du monde junior avec l'équipe canadienne ; Cristobal Huet est

sélectionné pour le match des étoiles en janvier ; et Jaroslav Halak est invité par l'équipe internationale qui affrontera le Canada dans le match d'étoiles de la Ligue américaine.

● Floyd Curry, qui a gagné quatre fois la coupe Stanley, meurt à 81 ans le 16 septembre. Il a porté les couleurs des Canadiens pendant 11 ans, ensuite il est devenu entraîneur pendant une quarantaine d'années dans le réseau de filiales, puis il est revenu avec le grand club à titre de directeur des ventes et secrétaire de route.

2006-2007

Les déclarations de Kovalev suscitent beaucoup de controverses.

TROPHÉES	
COUPE STANLEY	
Ducks d'Anaheim	
TROPHÉE PRINCE-DE-GALLES	
Sénateurs d'Ottawa	
TROPHÉE CLARENCE-CAMPBELL	
Ducks d'Anaheim	
TROPHÉE DU PRÉSIDENT	
Sabres de Buffalo	
TROPHÉE HART	
Sidney Crosby	
Penguins de Pittsburgh	
TROPHÉE ART-ROSS	
Sidney Crosby	
Penguins de Pittsburgh	
TROPHÉE LADY-BYNG	
Pavel Datsyuk	
Red Wings de Detroit	
TROPHÉE CALDER	
Evgeni Malkin	
Penguins de Pittsburgh	

club, révèle que 90 % des partisans font toujours confiance à Guy Carbonneau, et que 58 % le placent parmi les dix meilleurs entraîneurs du circuit. Bob Gainey a aussi la faveur de 83 % des supporters ; 63 % le classent parmi les dix meilleurs directeurs. De plus, 55 % des personnes sondées croient toujours que l'équipe peut gagner la coupe Stanley d'ici 2009. On souhaite aussi (69 %) que Koivu demeure à Montréal, mais on veut voir partir Kovalev (51 %). Commentant les sondages, Richard Labbé conclut que l'équipe « a su conserver sa cote d'amour malgré une dernière saison décevante... ».

En décembre, autre signe qui ne ment pas : les joueurs du Tricolore reçoivent un accueil très chaleureux de la part des enfants malades lors de la

MEILLEURS MARQUEURS						
		PJ	B	A	PTS	PUN
Sidney Crosby	Pittsburgh	79	36	84	120	60
Joe Thornton	San Jose	82	22	92	114	44
Vincent Lecavalier	Tampa Bay	82	52	56	144	44
Dany Heatley	Ottawa	82	50	55	105	74
Martin St. Louis	Tampa Bay	82	43	59	102	28
Marian Hossa	Atlanta	82	43	57	100	49
Joe Sakic	Colorado	82	36	64	100	46
Jaromir Jagr	NY Rangers	82	30	66	96	78
Marc Savard	Boston	82	22	74	96	96
Daniel Briere	Buffalo	81	32	63	95	89

● Lorne « Gump » Worsley, qui a eu la lourde tâche de succéder à Jacques Plante, meurt pratiquement dans l'anonymat le 26 janvier, à 77 ans. Dernier gardien à avoir joué sans masque, Worsley était malade depuis plusieurs années et ne souhaitait pas avoir de funérailles. Il a gagné le trophée Calder en 1952-53, deux fois le trophée Georges-Vézina et quatre fois la coupe Stanley avec les Canadiens, ce qui lui a valu d'être intronisé au Temple de la renommée.

● Autres décès. En janvier : Claude Robert, 78 ans, qui a disputé 23 parties avec les Canadiens au début des années 1950 ; et Gerry Heffernan, 90 ans, membre du fameux trio *Razzle Dazzle*. En mars : Glen Harmon, 86 ans, défenseur des Canadiens de 1942 à 1951. Trois mois plus tôt, Michel Plasse, ancien gardien de but du Tricolore et des Nordiques, mourait d'une crise cardiaque à 58 ans. Il est le premier gardien professionnel à avoir compté un but, avec les Blues de Kansas City de la Ligue centrale, en février 1971.

● Le 20 mars, Jaroslav Halak réussit un blanchissage et Guillaume Latendresse compte le but gagnant dans une victoire de 1 à 0 contre les Bruins. Pareil exploit n'avait jamais été réalisé par deux recrues en 98 ans d'histoire.

● La station de radio CKAC, première radio francophone d'Amérique change de vocation et se consacrera aux sports à compter d'avril.

● Sur son site Internet, le magazine *Sports Illustrated* classe le chandail des Canadiens premier d'une liste des 16 plus beaux uniformes du sport professionnel, devant les Celtics de Boston (NBA) et les Chiefs de Kansas City (NFL).

● En février, *Le Journal de Montréal* identifie cinq supporters des Canadiens, qualifiés de « plus grands passionnés du club ». Il s'agit de Pierre Genest, un collectionneur d'objets liés au club ; Pierre Saint-Maurice qui s'est fait tatouer sur les épaules le visage des plus grands joueurs ; Jeanne-D'Arc Larocque, détentrice d'un billet de saison depuis 1952 (elle a assisté à près de 2 400 matchs) ; Yves Brunelle, également détenteur d'un billet

TROPHÉES

Trophée Georges-Vézina	
Martin Brodeur	
Devils du New Jersey	
Trophée James-Norris	
Nicklas Lidstrom	
Red Wings de Detroit	
Trophée Conn-Smythe	
Scott Niedermayer	
Ducks d'Anaheim	
Trophée Bill-Masterton	
Phil Kessel	
Bruins de Boston	
Trophée Lester-B.-Pearson	
Sidney Crosby	
Penguins de Pittsburgh	
Trophée Jack-Adams	
Alain Vigneault	
Canucks de Vancouver	
Trophée Frank-J.-Selke	
Rod Brind'Amour	
Hurricanes de la Caroline	
Trophée William-M.-Jennings	
Niklas Backstrom	
Wild du Minnesota	
Trophée King-Clancy	
Saku Koivu	
Canadiens de Montréal	
Trophée Roger-Crozier	
Niklas Backstrom	
Wild du Minnesota	
Trophée Maurice-Richard	
Vincent Lecavalier	
Lightning de Tampa Bay	
Trophée NHL Plus/Moins	
Thomas Vanek	
Sabres de Buffalo	

2006-2007

visite annuelle à l'hôpital Sainte-Justine. Même accueil chez les Dubé de Verdun, en janvier, où les attendent Maxime — gagnant du concours « La grande visite » — et cinq de ses amis. Le même jour, Youppi ! inaugure sa propre maison, Youppi ! ville, dans le Centre Bell, une autre initiative de nature à attirer les jeunes admirateurs. Pour sa part, Kovalev — décrié par presque tous les médias — prend la relève de José Théodore et ouvre sa loge privée aux jeunes enfants malades.

ON RÉCLAME LATENDRESSE

Le p'tit nouveau Guillaume Latendresse connaît un très bon camp d'entraînement. Un peu comme la saison précédente, quand Gainey et Carbonneau l'avaient tout de même renvoyé à son club junior. Cette fois, la situation est différente : Latendresse est mieux préparé mentalement et physiquement. Il est aussi déterminé à rester avec le club. Il réussit un premier test en marquant un but et en distribuant de bonnes mises en échec à son premier match préparatoire, néanmoins perdu 5 à 2 par les Canadiens. Il fait encore mieux avec deux buts et une passe dans une victoire de 7-3 contre Ottawa, en Nouvelle-Écosse. Il totalise cinq points en six matchs préparatoires.

Les partisans tranchent et forcent la main de Gainey et de Carbonneau, avec la complicité des médias. Selon un sondage Léger Marketing mené avant le début de la saison, 75 % des personnes interrogées souhaitent que ce nouvel espoir francophone demeure avec l'équipe. D'après ce même sondage, Saku Koivu est le joueur le plus populaire de l'équipe, suivi de Cristobal Huet, de Steve Bégin et d'Alex Kovalev.

Les sondages sont unanimes :
On veut Latendresse à Montréal.

de saison, qui va souvent voir jouer l'équipe à l'extérieur ; et Jean-Philippe Pitre, qui a rencontré sa dulcinée au Centre Bell lors d'un match, pour ensuite la fréquenter pendant quatre ans et finalement la demander en mariage lors d'un autre match à Montréal.

● Craig Rivet, qui joue à Montréal depuis 12 ans, est échangé aux Sharks de San Jose en février. En retour, Gainey obtient le jeune défenseur Josh Gorges et un choix de première ronde.

● Le président Pierre Boivin annonce la construction d'un centre d'entraînement de 30 millions à Brossard pour l'automne 2008. En plus des deux patinoires et des salles équipées d'appareils ultramodernes, le centre comportera un terrain de soccer intérieur. On veut créer une sorte de résidence pour l'équipe et régler les problèmes de disponibilité du Centre Bell pour les séances d'entraînement.

● En mai, Saku Koivu doit être opéré pour une cataracte à l'œil gauche, qui s'est formée à la suite du coup de bâton de Justin Williams lors des séries de 2006. Par ailleurs, le capitaine du Tricolore a vécu de belles émotions quelques mois plus tôt, en janvier, alors qu'il est devenu le 22e joueur de l'histoire du club à obtenir 500 points, en plus d'apprendre de son médecin qu'il est officiellement guéri de son cancer après une rémission de cinq ans.

● Mark Streit est le récipiendaire du trophée Jacques-Beauchamp, remis au joueur ayant joué un rôle déterminant sans en retirer d'honneurs particuliers. L'engagement dans la communauté de Francis Bouillon lui vaut le trophée Jean-Béliveau. Les deux succèdent au double lauréat de l'année dernière, Steve Bégin.

● Les Bulldogs de Hamilton, club-école des Canadiens dans la Ligue américaine, remportent la coupe Calder au printemps 2007, disposant en cinq matchs des Bears de Hershey (champions en titre et meneurs du classement). Le gardien Carey Price, fraîchement arrivé de son club junior de Tri-City, est le joueur par excellence des séries. C'est la première fois depuis 1985 (Canadiens de Sherbrooke) qu'une filiale du Tricolore remporte le titre de la Ligue américaine.

2006-2007

Le combat est gagné. Latendresse obtient un poste et signe un contrat de trois ans qui lui rapportera 850 000 $ par année, plus un boni de signature de 85 000 $. Il portera le numéro 84, qui n'a jamais été porté avant lui, selon le magazine des Canadiens. Une information difficile à vérifier cependant.

Latendresse, dont le frère aîné Olivier appartient à l'organisation des Coyotes de Phoenix, fait partie du groupe sélect des joueurs qui entreprennent une carrière professionnelle à 19 ans. Chez le Tricolore, il devient le neuvième à disputer plus de 25 parties avant d'atteindre l'âge de 20 ans. Avant lui, il y a eu Mario Tremblay, Alfie Turcotte et Petr Svoboda à 18 ans, ainsi que Doug Wickenheiser, Gilbert Delorme, Mark Hunter, Stéphane Richer et Éric Desjardins à 19 ans. Latendresse connaît une assez bonne saison avec 16 buts et 13 passes en 80 matchs, même si d'aucuns lui reprochent parfois sa lenteur, en raison d'un poids qu'on juge trop élevé.

Il conserve cependant l'estime du public, notamment lors d'un échange de mots, un peu trop médiatisé à son goût, avec l'ancien cerbère du Tricolore Patrick Roy. Il a alors cette repartie savoureuse pour répondre aux propos sarcastiques de Roy au sujet de son premier but dans la LNH : « Je vais me comporter en homme et le laisser faire l'enfant ! »

De fait, il est le dixième plus jeune joueur de l'histoire des Canadiens à marquer un but dans la LNH.

Craig Rivet, grand ami du capitaine Koivu, est échangé au Sharks en cours de saison.

UN RECORD POUR SOURAY, L'HOMME BIONIQUE

La force des poignets de Sheldon Souray est son meilleur atout lorsqu'il est à la pointe sur le jeu de puissance. C'est d'ailleurs une fracture du poignet gauche (qui nécessitera cinq opérations en trois ans), subie contre Tampa Bay le 17 novembre 2001, qui aurait pu mettre un terme à sa carrière. Et l'empêcher d'établir un record de la LNH pour les buts en avantage numérique pour un défenseur (19).

Souray revient au jeu une première fois le 30 mars 2002, juste avant les séries, se croyant rétabli de sa fracture. Il a manqué 45 parties au total. Mais la

● Les Rangers de New York et les Panthers de la Floride disputent un match préparatoire historique à Porto Rico. Match remporté 3 à 2 par les Rangers.

● Éric Desjardins, qui s'est imposé comme défenseur de qualité avec les Canadiens et les Flyers de Philadelphie, tire sa révérence avant le début de la saison.

● Au début de la saison, le journal *USA Today* souligne que la LNH compte 13 capitaines européens, soit 43 % des effectifs.

● Échangé aux Stars de Dallas en début de saison, Mike Ribeiro se dit heureux avec sa nouvelle équipe après avoir surmonté le choc de son départ. Dans une entrevue publiée en avril, il conclut que le choix de changer d'équipe (qui n'a pas été le sien) a été une bonne chose pour la suite de sa carrière.

● Shane Doan, des Coyotes de Phoenix, est accusé d'avoir proféré des propos racistes à l'endroit du juge de lignes francophone Michel Cormier et

de trois autres officiels, tous francophones, lors d'un match à Montréal. Ce qu'il nie. Le député libéral fédéral Denis Coderre réclame une enquête et le retrait de Doan de l'équipe canadienne pour les championnats du monde. Doan poursuit Coderre pour diffamation, puis Coderre poursuit Doan à son tour. L'affaire fait grand bruit, d'autant que Doan est choisi capitaine de l'équipe nationale. Mais le dossier traîne en longueur.

● Martin Brodeur et Roberto Luongo se livrent une lutte serrée pour tenter d'éclipser le record de 47 victoires de Bernard Parent en 1973-74. Brodeur a le dernier mot avec 48 gains. Record également pour Paul Stastny, une recrue qui récolte au moins un point dans 20 parties consécutives. L'ancien record (17) appartenait à Teemu Selanne (1992-93). Paul Stastny brise aussi la marque de la concession Nordiques/ Avalanche qui appartenait à son

ASSOCIATION DE L'EST							
DIVISION NORD-EST	PJ	G	P	DP	BP	BC	PTS
Buffalo (Sabres)	82	53	22	7	308	242	113
Ottawa (Sénateurs)	82	48	25	9	288	222	105
Toronto (Maple Leafs)	82	40	31	11	258	269	91
Montréal (Canadiens)	82	42	34	6	245	256	90
Boston (Bruins)	82	35	41	6	219	289	76
DIVISION ATLANTIQUE	PJ	G	P	DP	BP	BC	PTS
New Jersey (Devils)	82	49	24	9	216	201	107
Pittsburgh (Penguins)	82	47	24	11	277	246	105
New York (Rangers)	82	42	30	10	242	216	94
New York (Islanders)	82	40	30	12	248	240	92
Philadelphie (Flyers)	82	22	48	12	214	303	56
DIVISION SUD-EST	PJ	G	P	DP	BP	BC	PTS
Atlanta (Thrashers)	82	43	28	11	246	245	97
Tampa Bay (Lightning)	82	44	33	5	253	261	93
Caroline (Hurricanes)	82	40	34	8	241	253	88
Floride (Panthers)	82	35	31	16	247	257	86
Washington (Capitals)	82	28	40	14	235	286	70
ASSOCIATION DE L'OUEST							
DIVISION CENTRALE	PJ	G	P	DP	BP	BC	PTS
Detroit (Red Wings)	82	50	19	13	274	199	113
Nashville (Predators)	82	51	23	8	272	212	110
St-Louis (Blues)	82	34	35	13	214	254	81
Columbus (Blue Jackets)	82	33	42	7	201	249	73
Chicago (Blackhawks)	82	31	42	9	200	258	71
DIVISION NORD-OUEST	PJ	G	P	DP	BP	BC	PTS
Vancouver (Canucks)	82	49	26	7	221	201	105
Minnesota (Wild)	82	48	26	8	235	191	104
Calgary (Flames)	82	43	29	10	258	226	96
Colorado (Avalanche)	82	44	31	7	272	251	95
Edmonton (Oilers)	82	32	43	7	195	248	71
DIVISION PACIFIQUE	PJ	G	P	DP	BP	BC	PTS
Anaheim (Ducks)	82	48	20	14	258	208	110
San Jose (Sharks)	82	51	26	5	258	199	107
Dallas (Stars)	82	50	25	7	226	197	107
Los Angeles (Kings)	82	27	41	14	227	283	68
Phoenix (Coyotes)	82	31	46	5	216	284	67

2006-2007

blessure guérit mal et nécessite plusieurs interventions chirurgicales. Pis encore, il ratera toute la saison 2002-03. Puis il est encore à l'écart du jeu pour une vingtaine de matchs en 2003-04. Ce qui ne l'empêche pas, à son retour définitif, d'inscrire 15 buts, soit davantage que depuis son arrivée dans la LNH en 1997-98. Ensuite, il y a eu le lock-out, mais Souray maintient le rythme au retour, avant de s'éclater avec 26 buts cette année, à deux filets du record d'équipe de 28 pour un défenseur, détenu par Guy Lapointe depuis 1974-75. Mieux encore, son tir frappé devient le cauchemar des gardiens de but et lui permet d'égaler le record d'Adrian Aucoin (1998-99) avec 19 buts en avantage numérique par un défenseur. Tout ça avec son poignet miraculé et son bâton au manche enrubanné — une petite coquetterie qu'il entretient depuis l'école primaire. Performance qui contribue

Cinq interventions chirurgicales au poignet gauche en trois ans n'empêcheront pas Souray, dit L'Homme bionique, d'établir une nouvelle marque pour les buts en avantage numérique pour un défenseur.

père, Peter, pour les matchs consécutifs d'un point et plus, et celle de son oncle Marian pour les parties consécutives à l'extérieur avec au moins un point.

● Chris Simon des Islanders est suspendu pour 25 matchs en mars pour avoir frappé Ryan Hollweg des Rangers avec son bâton. Il s'agit de la sanction la plus sévère infligée par la LNH. En séries, un autre joueur des Islanders, Sean Hill, échoue un test antidopage et est mis à

l'écart pour 20 matchs. Presque en même temps, le gardien réserviste de Calgary, Jamie McLennan, est suspendu pour cinq parties pour son coup de bâton à Johan Franzen des Red Wings. Toujours en séries, Chris Pronger, des Ducks, écope d'une septième pénalité pour inconduite : un match de suspension pour avoir porté un coup à la tête de Dean McAmmond d'Ottawa.

● Chris Chelios devient à 45 ans le plus vieux joueur de

l'histoire de la Ligue, après Gordie Howe, 52 ans et 6 jours, et Moe Roberts, 45 ans et 347 jours. Chelios grimpera d'un rang l'année suivante. L'entraîneur Jacques Martin devient le 12e pilote à avoir œuvré dans 1 000 matchs. Ron Wilson sera le suivant.

● Journée record pour les transactions à la date limite du 27 février, avec 25 échanges impliquant 44 joueurs et 28 choix de repêchage.

● Joe Sakic (en octobre) et Jaromir Jagr (en février) deviennent les 11e et 12e joueurs à atteindre 1 500 points. Sakic enfilera aussi son 600e but en février, 17e joueur à réussir l'exploit. Vincent Lecavalier est le premier Québécois en dix ans à compter 50 buts. Mario Lemieux avait été le dernier, en 1996-97.

● Denis Savard devient le huitième entraîneur francophone en poste dans la LNH en novembre lorsqu'il accède à la direction des

2006-2007

largement au premier rang des Canadiens pour l'efficacité en avantage numérique, avec 22,8 %.

Peut-on imaginer un joueur gaucher, ayant subi cinq opérations au poignet gauche, qui parvient à briser un record avec ses tirs frappés ? L'homme bionique n'aurait pas mieux fait et Souray connaît ses meilleurs moments dans la LNH depuis cette blessure, avec des campagnes de 15, 12 et 26 buts ; et de 35, 39 et 64 points. Chez les Canadiens, on n'avait pas vu un défenseur de plus de 20 buts en une saison depuis Mathieu Schneider en 1993-94.

Les exploits de Souray lui permettent de se classer deuxième au vote populaire chez les défenseurs pour le match des étoiles à Dallas. Il est le premier joueur du Tricolore élu par les amateurs depuis Patrick Roy en 1994. Au concours du tir le plus puissant qui agrémente la rencontre, il termine deuxième avec un boulet projeté à 100 milles à l'heure, derrière Zdeno Chara (100,4 milles à l'heure). En 2004, au Minnesota, il avait remporté ce concours, propulsant la rondelle à 102,2 milles à l'heure. Lors du match des étoiles de 2007, perdu 12 à 9 par l'équipe de l'Est, Souray obtient deux points (1 but et 1 passe).

À sa sixième saison à Montréal, Sheldon Souray a depuis longtemps fait oublier le ténébreux Vladimir Malakhov contre qui on l'avait échangé en mars 2000. Malakhov avait en effet été transféré au New Jersey après avoir été surpris en skis à Mont-Tremblant en pleine convalescence.

C'est au tour de Jaroslav Halak d'être invité à un match d'étoiles, celui de la Ligue américaine.

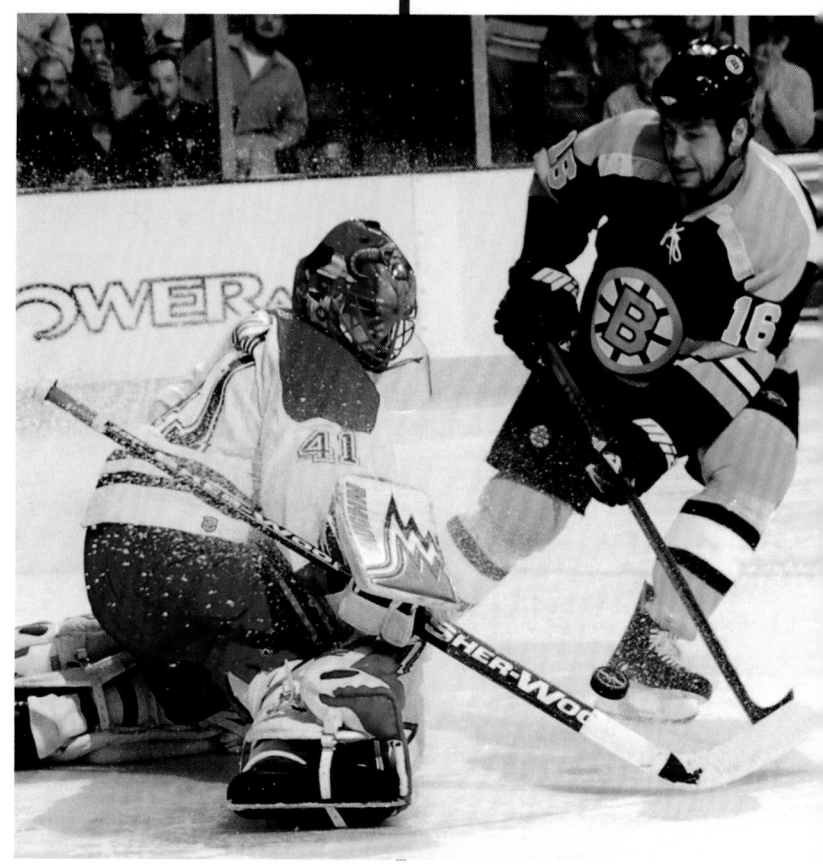

Blackhawks de Chicago. Les autres sont Guy Carbonneau (Montréal), Bob Hartley (Atlanta), Claude Julien (New Jersey), Jacques Lemaire (Minnesota), Jacques Martin (Floride), Michel Therrien (Pittsburgh) et Alain Vigneault (Vancouver).

⚫ L'avocat Guy Bertrand mène une campagne pour la formation d'une équipe québécoise pour les championnats du monde et éventuellement pour les Jeux olympiques.

⚫ Evgeni Malkin compte à ses six premiers matchs dans la LNH, égalant un record vieux de 89 ans.

⚫ Le match de première ronde remporté 5 à 4 par Vancouver contre Dallas à la quatrième période de prolongation, est le sixième de l'histoire de la Ligue pour la durée (138 min 6 s). Le marathon record de six périodes supplémentaires (176 min 30 s) s'était terminé 1 à 0 en faveur de Detroit contre les Maroons de Montréal en 1936.

⚫ En gagnant la coupe Stanley avec Anaheim, Scott Niedermayer devient l'unique joueur à avoir remporté les six principaux championnats du hockey : coupe Stanley, coupe Memorial, médaille d'or aux Jeux olympiques et aux championnats du monde junior et senior et Coupe du monde.

⚫ L'équipe féminine du Canada remporte un neuvième championnat du monde en dix ans, avec une victoire décisive de 5 à 1 contre les Américaines.

⚫ Ted Saskin, celui qui aurait orchestré le départ de Bob Goodenow de la direction de l'Association des joueurs après le lock-out, est limogé à son tour en mai 2007. Il sera remplacé par Paul Kelly.

Serge Savard s'en bidonne un coup lorsque Ken Dryden exhibe une photo qui témoigne de sa grande confiance à son endroit à la conférence annonçant le retrait de leur chandail respectif.

CHANDAILS DE SAVARD ET DRYDEN RETIRÉS

Les Canadiens hissent deux nouvelles bannières parmi les légendes qui se balancent au plafond du Centre Bell, celles de Serge Savard (n° 18) et de Ken Dryden (n° 29), dont les numéros ne seront jamais plus disponibles. Celui de Savard est retiré le 18 novembre et celui de Dryden, le 29 janvier, donnant lieu à de beaux témoignages. Il s'agit des 11e et 12e joueurs du Tricolore honorés de la sorte.

Le geste cause un certain émoi dans les médias et auprès des fans qui pensent à quelques autres grands joueurs qui attendent encore cet hommage ultime de la part de l'équipe. C'est le cas du grand défenseur et capitaine des années 1940 et 1950, Émile Bouchard, et de Guy Lapointe, membre du *Big Three*, ce remarquable trio de défenseurs des années 1970 (les deux autres étant Larry Robinson et Serge Savard). On parle aussi d'Elmer Lach et de Newsy Lalonde, dont on a cru les numéros retirés à un certain moment, jusqu'à ce que la direction du club en décide autrement.

Mais toutes ces discussions n'enlèvent rien au mérite de Dryden et de Savard qui ont contribué largement à la plus grande dynastie de l'équipe, de 1973 à 1982.

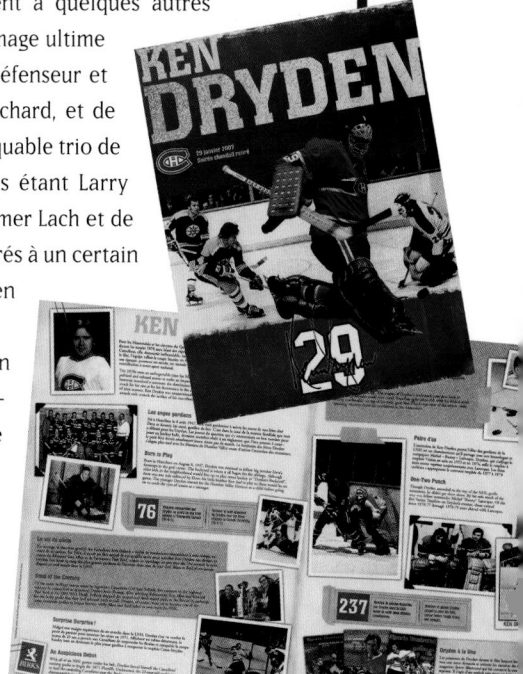

LES CANADIENS RENVERSENT LES PRÉVISIONS DE (PRESQUE) TOUS LES SPÉCIALISTES DU HOCKEY QUI ANNONÇAIENT UNE AUTRE ANNÉE DE MISÈRE ET UNE EXCLUSION CERTAINE DES ÉLIMINATOIRES, VOIRE UNE 10ᵉ OU UNE 13ᵉ PLACE. LES JOUEURS DE GUY CARBONNEAU LEUR ONT FAIT UN PIED DE NEZ EN TERMINANT AU PREMIER ÉCHELON DE L'ASSOCIATION DE L'EST, MAIS DEVAIENT CEPENDANT CONNAÎTRE DES SÉRIES DIFFICILES. UNE PREMIÈRE RONDE PLUS ARDUE QU'ON PENSAIT CONTRE LES BRUINS DE BOSTON, ARRACHÉE À LA LIMITE DES SEPT MATCHS, MÊME SI LES CANADIENS N'AVAIENT PAS PERDU UN SEUL MATCH RÉGULIER CONTRE EUX. ET UNE ÉLIMINATION EN CINQ MATCHS CONTRE PHILADELPHIE, APRÈS AVOIR GAGNÉ LA PREMIÈRE RENCONTRE. POUR LA FINALE, ON CROYAIT ASSISTER À UNE CONFRONTATION ÉBLOUISSANTE ENTRE DETROIT ET PITTSBURGH, MAIS, APRÈS UN PARCOURS PRESQUE SANS FAILLE, LES PENGUINS ONT MANQUÉ DE SOUFFLE CONTRE LES PUISSANTS RED WINGS, QUALIFIÉS POUR UNE 17ᵉ FOIS DE SUITE DANS LES SÉRIES. CHAMPIONS DE L'ASSOCIATION DE L'OUEST ET MENEURS DU CLASSEMENT GÉNÉRAL, LES WINGS ONT PU CÉLÉBRER AU CHAMPAGNE POUR UNE 4ᵉ FOIS EN 11 ANS, DISPOSANT DE LA BANDE À SIDNEY CROSBY EN SIX MATCHS. LES CAPITALS DE WASHINGTON, DERNIERS DE LEUR DIVISION LA SAISON PRÉCÉDENTE, SONT PREMIERS DANS LA DIVISION SUD-EST, GRÂCE À L'EXCELLENTE PERFORMANCE DE LEUR ÉTOILE ALEXANDER OVECHKIN, QUI S'EST ÉCLATÉ AVEC LES TROPHÉES ART-ROSS (MEILLEUR MARQUEUR), HART (JOUEUR LE PLUS UTILE), LESTER-B-PEARSON (JOUEUR PAR EXCELLENCE, DÉCERNÉ PAR SES PAIRS) ET MAURICE-RICHARD (MEILLEUR BUTEUR). UN PEU AUSSI GRÂCE AU BON BOULOT DU GARDIEN CRISTOBAL HUET, OBTENU DES CANADIENS POUR UNE CHANSON EN SECONDE MOITIÉ DE SAISON. GUY CARBONNEAU ÉCHAPPE LE TITRE D'ENTRAÎNEUR DE L'ANNÉE, MAIS ALEX KOVALEV EST ÉLU DANS LA SECONDE ÉQUIPE D'ÉTOILES ET CAREY PRICE, DANS CELLE DES RECRUES.

Kovalev se retrouve les fers en l'air après avoir inscrit le but qui permet aux Canadiens d'égaler le compte à la 15ᵉ minute de la troisième période lors de ce fameux match du 19 février.

Autre ralliement pour l'histoire

Quelque chose d'exceptionnel s'est produit lors du match du 19 février 2008 contre les Rangers de New York au Centre Bell. Jusque-là, les Canadiens connaissaient une assez bonne saison. Assez pour faire réfléchir les spécialistes qui les voyaient hors des séries pour une deuxième année de suite. Après tout, Bob Gainey n'avait pas réussi à convaincre Daniel Brière ni aucun autre joueur d'impact à déposer son sac de hockey dans le vestiaire tricolore. Et les autres changements étaient mineurs. Comment une équipe qui avait manqué les éliminatoires à cinq reprises en huit ans pouvait-elle espérer faire mieux avec si peu d'amélioration?

● Les Canadiens retirent 2 autres numéros de joueurs étoiles qui rejoignent les 12 qui flottent déjà au-dessus de la patinoire du Centre Bell. Le numéro 19 du défenseur Larry Robinson est retiré lors du match du 19 novembre ; et le 23 de Bob Gainey, le 23 février. Les deux légendes ont fait plaisir à leurs admirateurs avec une importante partie de leurs remerciements adressée en français. Gainey ajoute une touche personnelle en se présentant sur la glace, vêtu de son équipement de hockey et de son chandail tricolore pour souligner que l'hommage est destiné au joueur.

● Les Glorieux rendent parfois hommage à ceux qui couvrent leurs faits et gestes. Les 38 années de travail du journaliste Bertrand Raymond sont soulignées dignement en janvier avec présentation du fêté et photo de lui sur les billets du match.

● Mark Streit est le récipiendaire du trophée Jacques-Beauchamp pour une deuxième année de suite et Francis Bouillon reçoit le

Gainey fait plaisir aux partisans en revêtant son équipement lors du retrait de son numéro. Il voulait aussi souligner que cet honneur était d'abord destiné au joueur plutôt qu'au directeur général.

2007-2008

Contre toute attente, l'équipe de Guy Carbonneau se maintient parmi les cinq premières formations de l'Est depuis le début de la saison, rivalisant même avec les Sénateurs d'Ottawa pour le premier rang de sa division.

Le 19 février, dans un Centre Bell bondé (comme c'est la coutume depuis quelques années), les Glorieux peinaient. Il y avait à peine cinq minutes d'écoulées en deuxième période et les Rangers menaient déjà par 5 à 0. Ils avaient marqué trois buts en avantage numérique, dont deux sur une double mineure à Chris Higgins au début de la deuxième période. Michael Ryder, au ralenti cette saison, redonne espoir aux partisans avec deux buts en moins de cinq minutes en milieu de deuxième, puis Alex Kovalev (deux fois) et Mark Streit comblent l'écart en troisième période. Le second de Kovalev, qui permet d'égaliser, est réussi en avantage numérique à 15 min 38 s. L'Artiste, posté dans l'enclave, reçoit une passe d'Andrei Kostitsyn et tire à bout portant avant de s'écrouler sur la glace, cul par-dessus tête. La foule, atteinte progressivement

ÉQUIPE 2007-08

Entraîneur : Guy Carbonneau (47-25-10)

N°	POS	JOUEURS	PJ	B	A	PTS	PUN
27	AD	Alexei Kovalev	82	35	49	84	70
14	C	Tomas Plekanec	81	29	40	69	42
32	D	Mark Streit	81	13	49	62	28
79	D	Andrei Markov	82	16	42	58	63
11	C	Saku Koivu	77	16	40	56	93
46	AG	Andrei Kostitsyn	78	26	27	53	29
21	AD	Christopher Higgins	82	27	25	52	22
73	AD	Michael Ryder	70	14	17	31	30
74	AG	Sergei Kostitsyn	52	9	18	27	51
84	AD	Guillaume Latendresse	73	16	11	27	41
44	D	Roman Hamrlik	77	5	21	26	38
20	C	Bryan Smolinski	64	8	17	25	20
40	C	Maxim Lapierre	53	7	11	18	60
8	D	Mike Komisarek	75	4	13	17	101
25	AD	Mathieu Dandenault	61	9	5	14	34
6	AD	Tom Kostopoulos	67	7	6	13	113
28	C	Kyle Chipchura	36	4	7	11	10
71	D	Patrice Brisebois	43	3	8	11	26
54	C	Mikhail Grabovski	24	3	6	9	8
26	D	Josh Gorges	62	0	9	9	32
22	AG	Steve Bégin	44	3	5	8	48
51	D	Francis Bouillon	74	2	6	8	61
3	D	Ryan O'Byrne	33	1	6	7	45
31	G	Carey Price	41	0	2	2	0
39	G	Cristobal Huet	39	0	1	1	0
57	C	Garth Murray	1	0	0	0	0
45	C	Corey Locke	1	0	0	0	0
41	G	Jaroslav Halak	6	0	0	0	0
36	AD	Matt D'Agostini	1	0	0	0	2
70	AG	Gregory Stewart	1	0	0	0	5

GARDIENS	PJ	G	P	OTL	MIN	BC	BL	MOY
Jaroslav Halak	6	2	1	1	285	10	1	2.11
Carey Price	41	24	12	3	2413	103	3	2.56
Cristobal Huet	39	21	12	6	2278	97	2	2.56

Koivu complète le ralliement de l'équipe, au match du 19 février, avec le but gagnant en tirs de barrage.

trophée Jean-Béliveau pour son engagement dans la communauté. Il succède à Steve Bégin.

⚫ Comme Alexis Labranche des *Belles Histoires des Pays-d'en-Haut*, Patrice Brisebois rentre au bercail après deux ans d'exil au Colorado et souhaite terminer sa carrière à Montréal. Il signe une entente qui lui vaudra 700 000 $ et des bonis qui pourraient doubler cette somme. Les deux amis Mike Komisarek et Chris Higgins s'entendent avec Gainey pour des contrats de deux ans

(1,5 million la première année et 1,9 million la seconde). Tomas Plekanec signe aussi pour deux ans (1,4 million et 1,8 million), alors que Michael Ryder décide d'aller en arbitrage, mais se ravise pour accepter une offre de 2,95 millions qui en fera un joueur autonome sans compensation après la saison.

⚫ Par contre, les Canadiens perdent Alexander Perezhogin et Alexei Yemelin qui signent des ententes lucratives avec des clubs russes.

⚫ Daniel Brière, brillant joueur des Sabres, lève le nez sur une offre généreuse des Canadiens pour conclure une entente avec les Flyers de Philadelphie.

⚫ Bob Gainey se fatigue du laisser-aller et des récriminations de Sergei Samsonov et il refile son contrat aux Blackhawks de Chicago, en juin.

⚫ Coup double pour Gainey en juillet : il comble le départ annoncé de Sheldon Souray en embauchant Roman Hamrlik pour quatre ans et 22 millions ; et il remplace Radek Bonk par

le vétéran Bryan Smolinski (2 millions pour un an).

⚫ Le Réseau des Sports convient d'une prolongation de contrat avec les Canadiens pour la diffusion de tous les matchs de l'équipe jusqu'en 2013. La chaîne a connu une saison phénoménale, fracassant ses taux d'écoute en mars, avril et mai, en plus d'établir un record de plus de deux millions de téléspectateurs au dernier match éliminatoire contre Boston, avec une pointe de trois millions dans les dernières

par une sorte de jouissance collective depuis le début de la troisième, est en délire.

La prolongation n'arrive pas à trancher le débat et il faudra l'intervention de Saku Koivu – qui avait aussi préparé le but égalisateur – pour procurer la victoire aux Canadiens en fusillade. À l'autre bout, Cristobal Huet, venu en relève à Carey Price qui avait accordé trois buts en première période, bloquait tout. Lui dont on disait pourtant qu'il était plutôt faible à un contre un.

Pour la première fois de leur histoire, les Glorieux parvenaient à surmonter un déficit de cinq buts pour l'emporter 6 à 5, vengeant l'affront que leur avaient fait subir ces mêmes Rangers au début du mois, en comblant un déficit de 0-3 pour l'emporter 5-3.

Ce soir-là, les amateurs ont compris que « leurs » Canadiens iraient loin. Aussi loin que le championnat de l'Association de l'Est, inspirés par Kovalev, devenu le leader qu'il aurait toujours dû être. Transformés aussi par la combativité de leur capitaine Saku Koivu, de Francis Bouillon et Steve Bégin, par la détermination des plus jeunes (Tomas Plekanec, Andrei et Sergei Kostitsyn), par l'assurance des jeunes vétérans défenseurs Mike Komisarek et Andrei Markov, par l'expérience des Roman Hamrlik, Mark Streit et même Patrice Brisebois, sans oublier la fougue des Maxim Lapierre et Guillaume Latendresse. Mais aussi avec l'apport de Cristobal Huet, jusqu'à son départ, et de Carey Price, qui a semblé retrouver sa confiance une fois son coéquipier français parti pour Washington. Cependant, Price a marqué le pas au cours des séries éliminatoires.

Un championnat de l'Est, les supporters n'avaient pas connu cela depuis 16 ans soit depuis l'année précédant la coupe Stanley. Et, pour ajouter au plaisir, l'équipe montréalaise compte 7 marqueurs de 50 points et plus pour la première fois depuis 1988-89. Le groupe des 7 comprend Kovalev (84 points), Plekanec (69), Streit (62), Markov (58), Koivu (56), Andrei Kostitsyn (53) et Higgins (52).

minutes. Les valeurs sont même supérieures à celles de *Hockey Night in Canada*, diffusé à la grandeur du pays sur CBC.

● Le propriétaire des Canadiens et du Centre Bell, George Gillett, se lance dans la course automobile Nascar avec l'acquisition d'Evernham. Patrick Carpentier pilotera un des bolides de l'écurie renommée Gillett Evernham Motorsports. On prête aussi l'intention à Gillett d'essayer d'obtenir une concession de la Major League Soccer (MLS) en collaboration avec Joey

Saputo, de l'Impact de Montréal.

● La Ville de Longueuil érige un bronze de huit pieds en l'honneur de Jean Béliveau devant le Colisée qui porte déjà son nom, et l'université Laval lui décerne un doctorat *honoris causa*.

● L'ancien capitaine Émile Bouchard reçoit l'Ordre national du Québec.

● Un fait cocasse se produit lors d'un match en début de saison à Toronto, quand le gardien de but des Leafs, le Finlandais Vesa Toskala, utilise

un bâton marqué du mot « Montreal » en grosses lettres. Le bâton provient d'une petite entreprise de son pays.

● Rick Green, ancien défenseur des Canadiens, se joint aux Stingers de l'université Concordia à titre d'entraîneur des défenseurs.

● L'incapacité du capitaine des Canadiens, Saku Koivu, à maîtriser le français après 12 ans à Montréal est évoquée lors de la présentation des joueurs, faite en anglais au match d'ouverture. Tout en disant comprendre la situation au

Québec, Koivu se justifie en déclarant : « Je ne suis pas parfait. » Par ailleurs, il termine la saison au 13e rang de l'histoire des marqueurs de l'équipe, avec 591 points, 3 de moins que Dickie Moore et 21 de moins que Mats Naslund.

● Mike Ribeiro, qui dit avoir eu de la difficulté à se remettre de son départ de Montréal, provoque quelques réactions en déclarant ne pas écarter la possibilité d'un retour éventuel avec les Canadiens.

2007-2008

Patrice Brisebois retrouve son chandail tricolore après un exil de deux ans.
Il est le dernier membre de l'équipe de 1993 encore avec le club.

TROPHÉES
Coupe Stanley
Red Wings de Detroit
Trophée Prince-de-Galles
Penguins de Pittsburgh
Trophée Clarence-Campbell
Red Wings de Detroit
Trophée du Président
Red Wings de Detroit
Trophée Hart
Alexander Ovechkin
Capitals de Washington
Trophée Art-Ross
Alexander Ovechkin
Capitals de Washington
Trophée Lady-Byng
Pavel Datsyuk
Red Wings de Detroit
Trophée Calder
Patrick Kane
Black Hawks de Chicago
Trophée Georges-Vézina
Martin Brodeur
Devils du New Jersey

Les joueurs des Canadiens n'ont pas été aussi dominants par la suite. Ils avaient pourtant regagné cette confiance qui leur faisait cruellement défaut les saisons précédentes. « Le plaisir de jouer ensemble », comme le faisait justement remarquer l'entraîneur Carbonneau après le match historique du 19 février. La mentalité de l'équipe a changé au cours des dernières années, avec l'arrivée de tous ces jeunes qui ont revigoré les vétérans.

À ce chapitre, le travail d'André Savard — ancien directeur général, maintenant avec les Penguins de Pittsburgh — avait permis au club de faire l'acquisition de jeunes joueurs de caractère, les Komisarek, Higgins, Plekanec, Lapierre, O'Byrne et Andrei Kostitsyn...

L'enthousiasme des partisans aussi a monté d'un cran à partir de ce fameux match contre les Rangers. Le slogan « La ville est hockey », entretenu soigneuse-

MEILLEURS MARQUEURS		PJ	B	A	PTS	PUN
Alexander Ovechkin	Washington	82	65	47	112	40
Evgeni Malkin	Pittsburgh	82	47	59	106	78
Jarome Iginla	Calgary	82	50	48	98	83
Pavel Datsyuk	Detroit	82	31	66	97	20
Joe Thornton	San Jose	82	29	67	96	59
Henrik Zetterberg	Detroit	75	43	49	92	34
Vincent Lecavalier	Tampa Bay	81	40	52	92	89
Jason Spezza	Ottawa	76	34	58	92	66
Daniel Alfredsson	Ottawa	70	40	49	89	34
Ilya Kovalchuk	Atlanta	79	52	35	87	52
Alex Kovalev	Montréal	82	35	49	84	70

● Pierre Gervais, gérant de l'équipement, compte maintenant 2 000 matchs avec l'équipe. Roman Hamrlik, Bryan Smolinski et Alex Kovalev joignent le club des joueurs de 1000 matchs réguliers.

● Lors d'un cambriolage chez Sergio Momesso, ancien ailier gauche du Tricolore, des voleurs s'emparent de trois chandails de hockey et de sa bague de la coupe Stanley de 1986.

● Les Canadiens sont de plus en plus populaires auprès des jeunes. Ils étaient plus de 20 000 à la séance d'entraînement du 20 janvier, une tradition qui perdure depuis une trentaine d'années.

● Quatre officiels québécois sont de service au Centre Bell pour le match contre Washington le 29 janvier. Les arbitres sont Éric Furlatt et Justin Saint-Pierre ; et les juges de lignes, Pierre Champoux et Michel Cormier.

● Des accusations de parjure sont déposées contre Guy Lafleur, qui a voulu protéger son fils Mark dans une histoire d'agression sexuelle. De leur côté, Ryan O'Byrne et Tom Kostopoulos sont accusés respectivement de vol de sac à main et d'entrave au travail des policiers lors d'un incident survenu à la fin de la soirée d'initiation des recrues à Tampa Bay. L'affaire n'aura pas de suite.

● Kent Nagano, chef de l'Orchestre symphonique de Montréal, exécute un concert consacré aux Canadiens, à la Place des Arts, en présence de plusieurs joueurs légendaires.

● Bob Gainey prend un énorme risque en échangeant le gardien de but Cristobal Huet aux Capitals de Washington pour un choix de deuxième ronde au repêchage de 2009. Pis encore, Marian Hossa – que Gainey voulait attirer à Montréal – lui glisse entre les doigts et signe à Pittsburgh. Malgré tout, Gainey sera désigné directeur général de l'année par le *Sporting News*.

● La LNH attribue l'organisation du prochain match des étoiles aux Canadiens. Le match aura lieu au Centre Bell en février 2009,

---

TROPHÉES
TROPHÉE JAMES-NORRIS
Nicklas Lidstrom
Red Wings de Detroit
TROPHÉE CONN-SMYTHE
Henrik Zetterberg
Red Wings de Detroit
TROPHÉE BILL-MASTERTON
Jason Blake
Maple Leafs de Toronto
TROPHÉE LESTER-B.-PEARSON
Alexander Ovechkin
Capitals de Washington
TROPHÉE JACK-ADAMS
Bruce Boudreau
Capitals de Washington
TROPHÉE FRANK-J.-SELKE
Pavel Datsyuk
Red Wings de Detroit
TROPHÉE WILLIAM-M.-JENNINGS
Dominik Hasek
Chris Osgood
Red Wings de Detroit
TROPHÉE KING-CLANCY
Vincent Lecavalier
Lightning de Tampa Bay
TROPHÉE ROGER-CROZIER
Dan Ellis
Predators de Nashville
TROPHÉE MAURICE-RICHARD
Alexander Ovechkin
Capitals de Washington
TROPHÉE NHL PLUS/MOINS
Pavel Datsyuk
Red Wings de Detroit

ment par l'équipe du marketing, a pris tout son sens. La fièvre – déjà palpable depuis le début de la saison – a augmenté progressivement pour atteindre son paroxysme dans les éliminatoires. Au point d'exciter quelques casseurs lors de l'élimination des Bruins, au septième match de la première ronde. On n'ose pas trop penser à ce que sera cette fièvre lorsque le club atteindra la finale !

En séries, justement, l'histoire a été différente. Gonflé à bloc et profitant de l'appui bruyant des amateurs, le club a su se relever d'un mauvais départ pour vaincre les Bruins lors de la première ronde, avant d'échouer devant le brio du gardien des Flyers de Philadelphie, Martin Biron, qui a réussi à décontenancer la belle machine tricolore.

L'assurance affichée jusqu'alors reste cependant acquise et, à la veille du centenaire de l'équipe, les fans espèrent que l'équipe ajoutera une 25e coupe à son palmarès, ce qui en ferait la seule à avoir triomphé dans chacune des décennies depuis sa fondation en 1909.

Larry Robinson salue la foule avec toute la grâce qu'on lui connaît lors du retrait de son chandail. Il est accompagné de son fils Dylan.

DES LÉGENDES NOUS QUITTENT

L'été 2007 a été difficile pour la grande famille des Canadiens qui a perdu deux légendes qui ont largement contribué à la richesse de son histoire. John Ferguson (68 ans) a été emporté en juillet par un cancer de la prostate qu'il combattait depuis deux ans, et l'un des plus grands directeurs généraux de l'équipe, Sam Pollock (81 ans), est aussi mort d'un cancer à peine un mois plus tard.

Embauché à l'été 1963 par Frank Selke, qui en avait assez de voir ses petits joueurs se faire bousculer par leurs rivaux, « Fergy » a passé huit saisons avec le Tricolore et a contribué à cinq conquêtes de la coupe Stanley.

dans le cadre des fêtes du centenaire du club.

● Choix de première ronde des Canadiens en 2007, Max Pacioretty est sélectionné dans l'équipe d'étoiles des recrues du hockey universitaire américain. En juillet 2008, il renonce à ses études pour signer un contrat de trois ans avec le club.

● Une cravate offerte à Guy Carbonneau par son épouse devient un porte-bonheur. L'entraîneur des Canadiens la porte pour certains matchs cruciaux. Encore une fois, les médias transforment l'histoire en feuilleton. La cravate aboutira dans un encan de collectionneurs et sera acquis au coût de 100 000 $ par un homme d'affaires de Montréal, Hébert Black.

● Un sondage de la Presse canadienne révèle que les Canadiens (40 %) sont désormais plus populaires que les Maple Leafs (24 %) au Canada. L'année précédente, Toronto (24 %) devançait Montréal (22 %).

● Les joueurs du Bleu Blanc Rouge font un geste de reconnaissance à l'endroit du

En haut : Marc Beaudet, carica-turiste au Journal de Montréal, ne manque pas d'illustrer à sa façon l'histoire de la cravate à Carbo.

2007-2008

Boute-en-train et joueur de tours, Ferguson n'a pas été qu'un bagarreur, mais a aussi été un coéquipier parfait pour Jean Béliveau et Bernard Geoffrion, accumulant 303 points au fil de sa carrière, dont une saison de 29 buts et 23 passes (1968-69). Lors des séries du printemps cette année-là, il a réussi le but décisif qui devait permettre aux joueurs des Canadiens de serrer une 16e coupe dans leurs bras. D'ailleurs, Béliveau a dit de lui dans sa biographie qu'il avait été « le joueur le plus redoutable de sa décennie, si ce n'est de toute l'histoire du club ».

À sa retraite, Ferguson a d'abord accepté un poste d'entraîneur adjoint pour la Série du siècle (1972) et il a ensuite rejoint les Rangers de New York, d'abord comme entraîneur, puis comme directeur général, avant de faire le saut dans l'Association mondiale (AMH) avec les Jets de Winnipeg. Peu après l'entrée des Jets dans la LNH, il a réussi à convaincre son grand ami Serge Savard de sortir de sa retraite pour se joindre à son club. Comme il avait convaincu un autre de ses amis, Jean-Guy Talbot, de devenir l'entraîneur des Rangers sous sa direction.

John Ferguson sera de retour dans la LNH avec les Sénateurs d'Ottawa au début des années 1990, puis il fut conseiller auprès des Sharks de San Jose jusqu'à son décès.

Quant à Sam Pollock, il a été l'un des plus grands directeurs généraux de l'histoire des Canadiens et certainement le plus fin stratège. D'abord entraîneur, puis gérant de quelques équipes de développement, il a pris la succession de Frank Selke en 1964 et est resté en poste jusqu'à la vente des Canadiens à la brasserie Molson (qui la reprenait des mains de la famille Bronfman) en 1978. Au total, Pollock aura consacré 32 ans de sa vie aux Canadiens, dont 14 à titre de directeur général. Sous sa direction, l'équipe a décroché neuf fois la coupe Stanley.

Pollock était le maître absolu des transactions avec ses homologues. Personne n'a oublié l'astuce qui lui a permis d'obtenir Guy Lafleur au repêchage de 1971. L'acquisition de Ken Dryden au détriment des Bruins de Boston fut un autre de ses meilleurs

Tout un bagarreur que ce Ferguson, mais aussi un coéquipier de choix et un marqueur de talent.

public, après leur élimination contre Philadelphie, en se rassemblant au centre de la patinoire pour saluer en tenant bien haut leur bâton. Geste qu'ils avaient également fait dans une rencontre précédente.

● Pendant les séries éliminatoires, Scotty Bowman, l'un des grands entraîneurs du hockey, révèle que Sam Pollock avait failli s'entendre avec Ned Harkness, le directeur général des Red Wings de Detroit, lors du repêchage de 1971. Cela lui aurait permis de réclamer à la fois Guy Lafleur et Marcel Dionne !

● Après Hamilton la saison précédente, c'est au tour des Cyclones de Cincinnati, club affilié aux Canadiens, de remporter le championnat de la Ligue de la Côte Est, après avoir dominé la saison grâce à des joueurs comme David Desharnais (meilleur marqueur), Thomas Beauregard et le gardien de but Cédrick Desjardins, nommé meilleur joueur des séries.

● Bob Gainey comble les partisans du Tricolore pendant l'été en faisant l'acquisition de l'ailier gauche Alex Tanguay, des Flames de Calgary, en retour de deux choix de repêchage. Depuis la saison 1999-00, le joueur natif de Sainte-Justine est un compteur potentiel d'une trentaine de buts.

● Autre acquisition, cette fois pour donner du muscle à l'équipe, celle de Georges Laraque, considéré comme le meilleur bagarreur de la Ligue, capable aussi de marquer des points. Laraque avait d'ailleurs manifesté le désir de jouer à Montréal.

● Maxime Deland du *Journal de Montréal* révèle que les joueurs qu'on appelle les « plombiers » gagnent 12 fois plus que le premier ministre du Québec et 100 fois plus qu'un vétérinaire débutant.

● La LNH annonce que la séance de repêchage de juin 2009 aura lieu à Montréal.

● Patrice Brisebois signe ses deux premières victoires de pilote automobile au Challenge Ferrari F430, au Circuit Mont-Tremblant, en juillet.

ASSOCIATION DE L'EST						
DIVISION NORD-EST	PJ	G	P	DP	BP	BC	PTS
Montréal (Canadiens)	82	47	25	10	262	222	104
Ottawa (Sénateurs)	82	43	31	8	261	247	94
Boston (Bruins)	82	41	29	12	212	222	94
Buffalo (Sabres)	82	39	31	12	255	242	90
Toronto (Maple Leafs)	82	36	35	11	231	260	83
DIVISION ATLANTIQUE	PJ	G	P	DP	BP	BC	PTS
Pittsburgh (Penguins)	82	47	27	8	247	216	102
New Jersey (Devils)	82	46	29	7	206	197	99
New York (Rangers)	82	42	27	13	213	199	97
Philadelphie (Flyers)	82	42	29	11	248	233	95
New York (Islanders)	82	35	38	9	194	243	79
DIVISION SUD-EST	PJ	G	P	DP	BP	BC	PTS
Washington (Capitals)	82	43	31	8	242	231	94
Caroline (Hurricanes)	82	43	33	6	252	249	92
Floride (Panthers)	82	38	35	9	216	226	85
Atlanta (Thrashers)	82	34	40	8	216	272	76
Tampa Bay (Lightning)	82	31	42	9	223	267	71
ASSOCIATION DE L'OUEST						
DIVISION CENTRALE	PJ	G	P	DP	BP	BC	PTS
Detroit (Red Wings)	82	54	21	7	257	184	115
Nashville (Predators)	82	41	32	9	230	229	91
Chicago (Blackhawks)	82	40	34	8	239	235	88
Columbus (Blue Jackets)	82	34	36	12	193	218	80
St. Louis (Blues)	82	33	36	13	205	237	79
DIVISION NORD-OUEST	PJ	G	P	DP	BP	BC	PTS
Minnesota (Wild)	82	44	28	10	223	218	98
Colorado (Avalanche)	82	44	31	7	231	219	95
Calgary (Flames)	82	42	30	10	229	227	94
Edmonton (Oilers)	82	41	35	6	235	251	88
Vancouver (Canucks)	82	39	33	10	213	215	88
DIVISION PACIFIQUE	PJ	G	P	DP	BP	BC	PTS
San Jose (Sharks)	82	49	23	10	222	193	108
Anaheim (Ducks)	82	47	27	8	205	191	102
Dallas (Stars)	82	45	30	7	242	207	97
Phoenix (Coyotes)	82	38	37	7	214	231	83
Los Angeles (Kings)	82	32	43	7	231	266	71

coups. Les Larry Robinson, Steve Shutt et Bob Gainey sont d'autres joueurs qu'il a acquis pour bâtir deux des trois dynasties de l'organisation dans les années 1960 et 1970.

Scotty Bowman, sans doute le meilleur entraîneur sous la direction de Pollock, lui rendit un hommage des plus éloquents à ses funérailles, en affirmant que « tout ce que j'ai appris dans le hockey, c'est Sam qui me l'a enseigné ».

Quelques mois après le décès de Sam Pollock survenait celui d'un grand défenseur de l'équipe, Tom Johnson, qui a disputé 13 de ses 15 saisons complètes dans la LNH avec les Canadiens. Il a gagné six fois la coupe Stanley avec l'équipe et remporté le titre de meilleur défenseur en 1958-59. Jouant dans l'ombre de Doug

Sam Pollock

Harvey, il n'en a pas moins laissé une marque profonde dans l'histoire des Canadiens, avant de compléter sa carrière à Boston, dont il est par la suite devenu entraîneur et vice-président. Il avait 79 ans quand il mourut d'un arrêt cardiaque le 21 novembre 2007.

Plus récemment, le 15 mars 2008, Ken Reardon, ancien joueur et homme à tout faire de l'organisation des Canadiens, nous quittait à son tour. Lui aussi a été lié à l'équipe pendant quelques décennies. Il a disputé sept saisons comme défenseur entre 1940 et 1951 – saisons entrecoupées par son service militaire – et a gagné la coupe Stanley en 1946. Il a ensuite gravi les échelons de l'organisation pour devenir vice-président à l'époque des cinq conquêtes consécutives de la coupe Stanley, de 1956 à 1960. Il a notamment aidé Sam Pollock à faire ses premiers pas avec l'équipe. C'est aussi lui qui aurait convaincu Frank Selke d'embaucher Toe Blake à titre d'entraîneur. Il est mort à deux semaines de son 87e anniversaire, des suites d'une longue maladie.

● La LNH présente un premier match régulier en Europe. Les Kings de Los Angeles l'emportent par 4 à 1 contre les Ducks d'Anaheim à Londres, le 29 septembre.

● Décès en septembre de Bill Wirtz, propriétaire des Blackhawks de Chicago, l'un des plus anciens dirigeants de la ligue.

● Sidney Crosby, 19 ans, devient le plus jeune capitaine de l'histoire de la LNH. En décembre, il reçoit les trophées Lionel-Conacher (athlète canadien masculin de l'année) et Lou-Marsh (athlète canadien de l'année). Malheureusement, le joueur étoile des Penguins sera blessé sérieusement à une cheville en cours de saison et ratera plusieurs semaines.

● À sa grande surprise, Pierre Turgeon — un ancien participant de la Série mondiale des petites ligues à Williamsport (Pennsylvanie) — est le premier Canadien admis au Temple de la renommée de ce championnat de baseball. Il avait joué à Williamsport avec l'équipe de Rouyn en 1982, laquelle avait terminé quatrième. Turgeon annonce sa retraite du hockey quelques semaines plus tard.

● Une entreprise québécoise lance de nouveaux patins dont la lame chauffante réduit la friction sur la glace.

● Les Everblades de Floride parcourent 4 926 milles pour jouer trois matchs réguliers de la Ligue de la Côte Est contre les Aces d'Alaska à Anchorage. En janvier 1905, les Nuggets de Dawson City avaient voyagé un mois durant, parcourant 4 400 milles en traîneau à chiens, en bateau, en train et à pied pour aller disputer la coupe Stanley aux Silver Seven à Ottawa. Arrivés épuisés dans la capitale canadienne, ils furent une proie facile pour leurs rivaux.

● Dave Keon domine le palmarès des 100 meilleurs joueurs de l'histoire des Maple Leafs de Toronto, selon un classement d'experts torontois.

● Jacques Lemaire est le 14ᵉ entraîneur à totaliser 1 000 parties dans la LNH, en décembre. Scotty Bowman domine la liste avec 2 141 matchs, devant Al Arbour (1 607). Dick Irvin est 3ᵉ;

2007-2008

LE KOVY NOUVEAU

L'explosion des Canadiens en 2007-08 — après la difficile saison précédente — a un nom : Alex Kovalev. Bob Gainey avait promis qu'il parlerait à son joueur vedette au moment de l'évaluation de l'équipe en avril 2007, pendant que journalistes et partisans réclamaient son départ à l'unisson. L'entretien Gainey-Kovalev a eu son effet, car le Russe a connu sa meilleure saison depuis 2000-01 (avec les Penguins) et sa deuxième plus productive en carrière avec 35 buts et 49 passes pour 84 points. C'est de loin sa meilleure performance à Montréal et la première fois depuis 1987-88 (depuis Bobby Smith) qu'un joueur du Tricolore termine parmi les 15 premiers pointeurs de la ligue.

Piqué au vif par l'entraîneur de l'équipe nationale russe qui n'a pas voulu de lui au Championnat du monde au printemps, humilié par l'hostilité de plus en

Les fans de l'équipe retrouvent un Kovalev complètement transformé en 2007-08. L'Artiste connaît une saison de 35 buts.

Pat Burns, 12ᵉ ; et Jacques Demers, 13ᵉ.

● Chris Simon écope de la plus longue suspension dans la LNH – 30 matchs – pour un coup de patin à Jarkko Ruutu. La saison précédente, il avait été suspendu pendant 25 parties pour avoir donné un coup de bâton à deux mains à Ryan Hollweg.

● Le Canada remporte le Championnat mondial de hockey junior pour une quatrième année de suite, en triomphant de la Suède 3-2 en prolongation lors de la finale.

● Alexander Ovechkin accepte un contrat de 13 ans d'une valeur de 124 millions avec Washington. C'est une première entente de plus de 100 millions au hockey. Ovechkin se montrera à la hauteur de son contrat en devenant le premier compteur de 60 buts depuis 1996.

● Richard Zednik est coupé sévèrement à la carotide par un coup de patin accidentel de son équipier des Panthers, Olli Jokinen en février. Il doit la vie au soigneur du club qui a appliqué fermement une compresse sur la plaie béante.

● Deux joueurs québécois subissent des commotions cérébrales en octobre. Le 24, Simon Gagné, des Flyers, encaisse une dure mise en échec de Jay Bouwmeester. Il revient graduellement au jeu malgré des maux de tête persistants, mais il est frappé de nouveau en février et doit rester sur la touche pour le reste de la saison. Le 27 octobre, Patrice Bergeron, des Bruins, est frappé violemment dans le dos par Randy Jones et sa tête heurte la bande. Commotion cérébrale et

fracture du nez. Il sera tenu à l'écart du jeu jusqu'à la fin du calendrier.

● Une septième campagne de 40 victoires pour le gardien Martin Brodeur, qui n'est plus qu'à 13 victoires du record de Patrick Roy (551). Il remporte le trophée Vézina pour une quatrième fois en cinq saisons.

● Patrick Roy, entraîneur et copropriétaire des Remparts de Québec, est suspendu pour cinq matchs pour avoir incité son fils Jonathan à se battre lors d'un match éliminatoire à Chicoutimi.

Contrat de deux ans pour Thomas Plekanec, l'un des compagnons de trio de Kovalev.

2007-2008

Andrei Kostitsyn complète le trio KPK, avec Kovalev et Plekanec.

plus ouverte des fans du Tricolore et par ceux qui lui disaient que ses meilleures années étaient derrière lui, Kovy a décidé de se prendre en main et d'en mettre plein la vue à tout le monde au cours de la saison 2007-08, retrouvant la fougue de ses 20 ans. Jouant avec Tomas Plekanec et Andrei Kostitsyn pour une bonne partie de la campagne, l'Artiste a déployé son talent des belles années aux côtés de Mario Lemieux à Pittsburgh. En 2000-01, lors de son unique saison de plus de 40 buts et de plus de 90 points, il avait terminé l'année au quatrième échelon des marqueurs de la ligue. Jacques Demers, qui a conduit le CH à la coupe Stanley en 1993, a comparé le trio Kovalev-Plekanec-Kostitsyn à celui de Vincent Damphousse, Kirk Muller et Brian Bellows à son époque.

Récipiendaire de la coupe Molson à titre de joueur de l'année chez les Canadiens, Kovalev n'était pas peu fier d'avoir retrouvé ses habiletés d'avant. « Ma plus belle récompense, c'est d'être redevenu le joueur que j'ai toujours été », expliqua-t-il au journaliste Martin Leclerc du *Journal de Montréal*. Puis il confia à Manny Almela du magazine Canadiens : « Je savais au fond de moi que je pouvais encore être un joueur dominant dans cette ligue. »

● Brandon Sutter, fils de Brent, s'entend avec les Hurricanes de la Caroline. Il est le neuvième membre de la célèbre famille à être repêché par un club de la LNH.

● La ville de Roberval reçoit le titre de Hockeyville 2008, au détriment de Kingsville (Ontario), à la suite d'un vote populaire organisé par Kraft Canada et CBC Sports. Rouyn-Noranda s'était rendue en demi-finale.

● L'idée de la renaissance de la LNH à Québec refait surface, alimentée par les déclarations de Jim Balsillie qui tente d'acheter une concession.

● La Russie enlève le Championnat du monde en battant le Canada — invaincu jusque-là dans le tournoi — au pointage de 5 à 4, en prolongation. Le Canada menait pourtant par 3 à 1 à la fin de la première période.

● Pour la première fois de son histoire, la LNH dépasse les 21 millions de spectateurs, et l'on évalue ses revenus à 2,5 milliards de dollars, ce qui annonce une augmentation du plafond salarial.

● Neuf entraîneurs-chefs — 30 % des effectifs — perdent leur emploi au cours de l'année ou à la fin de la saison : Bob Hartley (Atlanta), Glen Hanlon (Washington), John Paddock (Ottawa), Joel Quenneville

(Colorado), Jacques Martin (Floride — départ volontaire), Ron Wilson (San Jose), John Tortorella (Tampa Bay), Paul Maurice (Toronto) et Marc Crawford (Los Angeles).

● Luc Bourdon, le talentueux jeune défenseur des Canucks (1er choix du club en 2005, 10e au total), se tue dans un accident de moto près de chez lui, au Nouveau-Brunswick. Il avait 21 ans.

2007-2008

Le Russe aux mains agiles a retrouvé sa touche magique, notamment sur les jeux de puissance. Il a aussi pris la responsabilité de guider les frères Kostitsyn dans leur apprentissage. Une mission qu'il a remplie à la perfection, au grand plaisir de l'entraîneur Guy Carbonneau. On pourrait qualifier la performance de Kovalev de plus beau retour de l'année dans la LNH.

Satisfait de ses performances, l'Artiste en profitait pour lancer, vers la fin de la saison, un DVD sur ses méthodes d'entraînement. Un document qui a remporté un beau succès, avec 70 000 exemplaires vendus en deux mois.

Hors de la patinoire, Alex Kovalev est un passionné d'aviation. Propriétaire d'un petit avion de six places qu'il a fait modifier à son acquisition, il aime emmener sa famille en excursion, à New York et ailleurs. Il a même utilisé son appareil pour visiter sa plus grande admiratrice, Jocelle Cauvier, en Gaspésie, en juillet 2007.

Andrei Markov s'affirme comme le meilleur défenseur d'avenir du Tricolore.

Mark Streit fait vite oublier Sheldon Souray avec son tir puissant de la pointe. Le défenseur suisse connaît aussi une bonne saison à l'offensive.

● Décès d'un autre jeune espoir quelques mois plus tôt : Mickey Renaud, des Spitfires de Windsor, choix de cinquième ronde des Flames de Calgary en 2007, meurt subitement à son domicile à l'âge de 19 ans.
● Le contrat d'entraîneur de l'ancien pilote des Canadiens, Alain Vigneault, est reconduit à Vancouver, et Ryan Walter, autre ex-Tricolore, devient l'un de ses adjoints.

Le gardien Carey Price et le défenseur Josh Gorges représentent bien la jeunesse et la fougue des jeunes joueurs de l'organisation.

Une atmosphère de hockey flotte dans l'air montréalais avec ces milliers de petits fanions bleu blanc rouge fixés aux autos des partisans.

LE NOUVEAU VISAGE DES CANADIENS

L'époque d'un club formé presque entièrement de joueurs francophones et anglophones est révolue à jamais. Un peu à l'image de Montréal, devenue ville multiethnique, les partisans de la Sainte-Flanelle ont graduellement vu arriver ces joueurs qui parlent finlandais, suédois, russe ou tchèque. Les joueurs « étrangers » composent maintenant près de la moitié des effectifs du club, ce qui lui ajoute une touche d'exotisme en cette ère de mondialisation. Et donne de bons résultats aussi. Tomas Plekanec est le deuxième marqueur de l'équipe avec 69 points, dont 29 buts. Mark Streit, un joueur suisse à qui on a découvert des talents offensifs, est le troisième avec 62 points. Andrei et Sergei Kostitsyn, le 13e duo de frères à jouer pour les Canadiens (le premier depuis Stephan et Patrick Lebeau en 1990-91), ont même répété un exploit de Frank et Peter Mahovlich (1974) en comptant tous les deux dans un même match.

Andrei Markov, le défenseur d'avenir avec Mike Komisarek, s'est aussi démarqué en devenant le plus haut salarié du club (23 millions pour quatre ans) et en dominant le scrutin des étoiles chez les défenseurs. Un événement devenu rare chez les joueurs des Canadiens.

L'arrivée des vétérans Roman Hamrlik, de Bryan Smolinski et celle de Tom Kostopoulos, un peu moins expérimenté que les deux autres. Le retour de Patrice Brisebois, dernier vainqueur de la coupe de 1993 toujours avec le club. Les p'tits nouveaux Chipchura, Grabovski, O'Byrne, Gorges, Price et Halak donnent aussi une nouvelle couleur à cette équipe qui tente de se rapprocher de ses jeunes admirateurs.

Ne reste plus à Mathieu Dandenault et Chris Higgins de jouer à la hauteur de leur talent, les Glorieux pourraient briller comme à l'époque des années 1950 à 1980, quand le défilé des champions de la coupe Stanley était presque un événement annuel à Montréal...

Le plus beau, dans tout ça, c'est qu'une quinzaine de ces joueurs ont été repêchés par le club et formés dans son organisation.

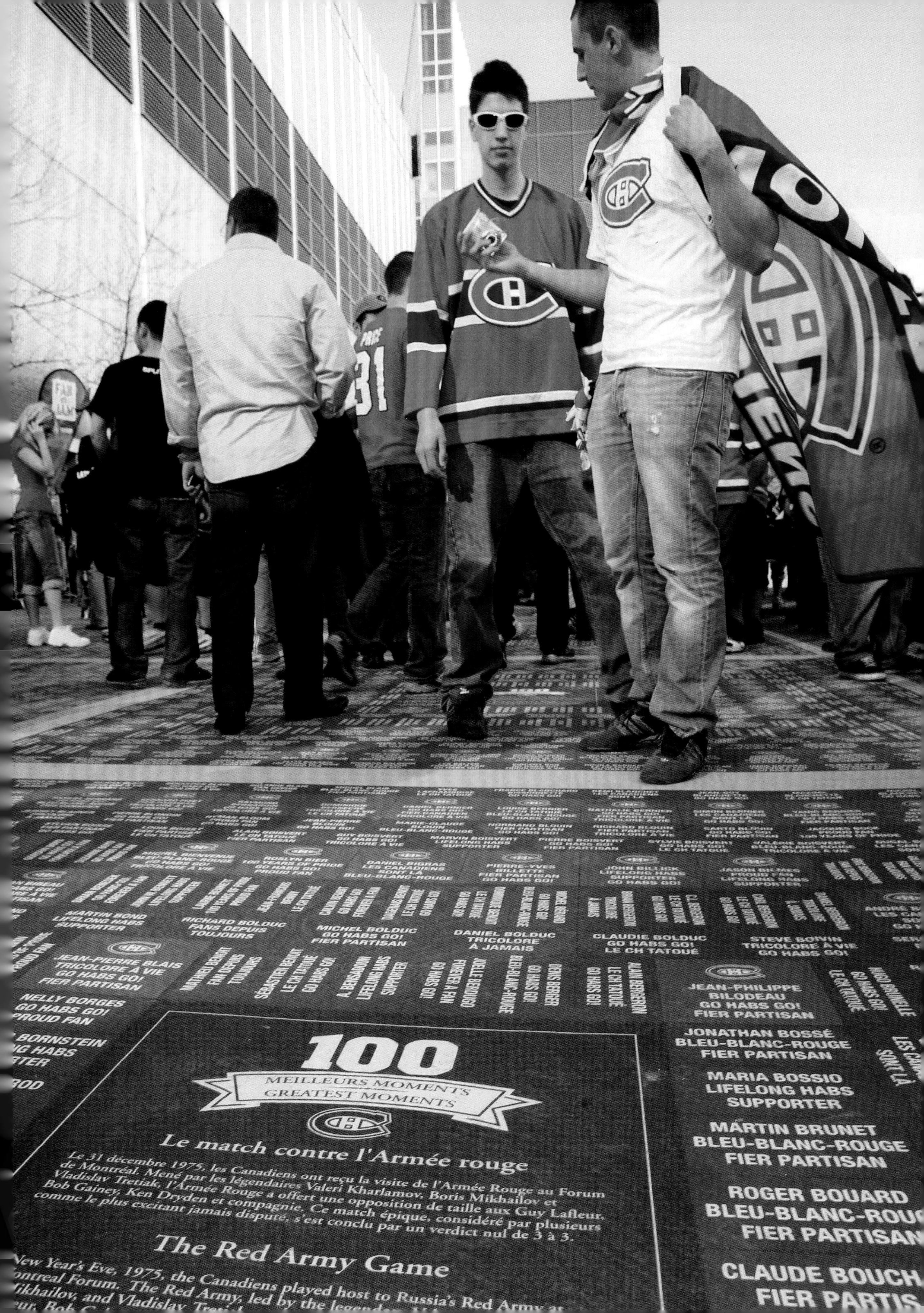
PRICE
31
MARTIN BOND
LIFELONG HABS
SUPPORTER
RICHARD BOLDUC
FANS DEPUIS
TOUJOURS
MICHEL BOLDUC
GO HABS GO!
FIER PARTISAN
DANIEL BOLDUC
TRICOLORE
À JAMAIS
CLAUDIE BOLDUC
GO HABS GO!
LE CH TATOUÉ
STEVE BOIVIN
TRICOLORE À VIE
GO HABS GO!
JEAN-PIERRE BLAIS
TRICOLORE À VIE
GO HABS GO!
FIER PARTISAN
NELLY BORGES
GO HABS GO!
PROUD FAN
JEAN-PHILIPPE
BILODEAU
GO HABS GO!
FIER PARTISAN
JONATHAN BOSSÉ
BLEU-BLANC-ROUGE
FIER PARTISAN
MARIA BOSSIO
LIFELONG HABS
SUPPORTER
MARTIN BRUNET
BLEU-BLANC-ROUGE
FIER PARTISAN
ROGER BOUARD
FIER PARTISAN
100
MEILLEURS MOMENTS
GREATEST MOMENTS
Le match contre l'Armée rouge
Le 31 décembre 1975, les Canadiens ont reçu la visite de l'Armée Rouge au Forum de Montréal. Mené par les légendaires Valeri Kharlamov, Boris Mikhailov et Vladislav Tretiak, l'Armée Rouge a offert une opposition de taille aux Guy Lafleur, Bob Gainey, Ken Dryden et compagnie. Ce match épique, considéré par plusieurs comme le plus excitant jamais disputé, s'est conclu par un verdict nul de 3 à 3.
The Red Army Game

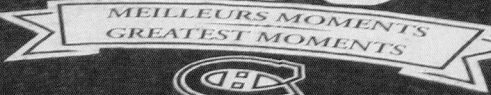

UNE SAISON REMPLIE DE PROMESSES S'AMORCE À PEINE AVEC LE DÉBUT DES CÉLÉBRATIONS DES 100 ANS D'EXISTENCE DE CETTE ÉQUIPE LÉGENDAIRE. POUR LA PREMIÈRE FOIS DEPUIS PLUS D'UNE VINGTAINE D'ANNÉES, LA COUPE STANLEY EST L'OBJECTIF ULTIME, PLUTÔT QUE LA TRADITIONNELLE « PLACE DANS LES SÉRIES ». PRUDENT, LE PRÉSIDENT PIERRE BOIVIN A FAIT PART DES ATTENTES DE LA DIRECTION LORS DU TOURNOI DE GOLF ANNUEL DU CLUB, AVANT LE DÉBUT DE LA SAISON, EN DÉCLARANT SELON LES PROPOS RAPPORTÉS PAR LE JOURNALISTE PIERRE DUROCHER : « NOTRE BUT NE PEUT SE LIMITER À UNE PARTICIPATION AUX SÉRIES, IL EST LOGIQUE QUE LES ATTENTES SOIENT PLUS ÉLEVÉES CETTE SAISON... » DE LÀ À PARLER DE COUPE STANLEY, IL N'Y A QU'UN PAS QUE LA MAJORITÉ DES JOURNALISTES PRÉSENTS ONT VITE FRANCHI. ET LE JOURNAL DE MONTRÉAL DE TITRER : « ON VISE LA COUPE STANLEY » EN SE RÉFÉRANT AUX DÉCLARATIONS DU PRÉSIDENT. HEUREUSE DE LA PREMIÈRE PLACE DE L'ASSOCIATION DE L'EST LA SAISON PRÉCÉDENTE, L'ORGANISATION A VU À COLMATER QUELQUES BRÈCHES À L'ATTAQUE ET À AMÉLIORER LA ROBUSTESSE PAR L'ACQUISITION DE JOUEURS RÉPUTÉS TELS ALEX TANGUAY, ROBERT LANG ET GEORGES LARAQUE. LES CÉLÉBRATIONS OCCUPERONT UNE PLACE IMPORTANTE DURANT LA SAISON, AU GRAND PLAISIR DES PARTISANS PLUS DÉMONSTRATIFS QUE JAMAIS, PENDANT QUE BOB GAINEY ET GUY CARBONNEAU AURONT POUR TÂCHE D'EMPÊCHER LEURS PROTÉGÉS DE DÉVIER DE CET OBJECTIF SUPRÊME : LA COUPE STANLEY POUR SOULIGNER LES 100 ANS DE LA PLUS LONGUE DYNASTIE DU HOCKEY.

Un centenaire historique

Les principales activités du centenaire du Canadien ont été dévoilées tout au long des mois précédant la saison 2008-09, mais le lancement officiel de la programmation a eu lieu le 24 septembre. Il s'agira sans doute de la plus longue célébration de l'histoire pour une organisation sportive.

Parmi les activités majeures, mentionnons la présentation, en janvier, du match des étoiles de la LNH, pour la première fois à Montréal depuis 1993, l'année de la dernière coupe. En juin 2009 aura lieu le repêchage des joueurs amateurs, événement qu'on n'avait pas vu dans la métropole depuis 1992. Notons que les

Les Canadiens offrent à leurs plus fervents partisans la possibilité d'inscrire leur nom sur l'une des briques qui composeront la Place du Centenaire.

Les amateurs de hockey de Roberval ont la chance de voir et même de toucher la fameuse coupe Stanley à l'occasion du match opposant les Canadiens et les Sabres pour souligner le choix par CBC de la ville du hockey par excellence.

● Le gardien Marc Denis se joint à l'équipe pour remplacer Yann Danis (embauché par les Islanders comme agent libre) à Hamilton.

● Michael Ryder profite de son statut de joueur autonome sans compensation pour signer une entente de trois ans et 12 millions à Boston. Andrei Kostitsyn préfère quant à lui poursuivre sa carrière avec les Canadiens.

● La ville de Roberval reçoit le titre de « Hockeytown » au détriment de Kingsville, en Ontario, à la suite d'un vote populaire organisé par la CBC au cours de la dernière saison. Une autre ville du Québec, Rouyn-Noranda, avait atteint la demi-finale. Outre une somme importante pour lui permettre de rénover son aréna, la population de Roberval a reçu un cadeau de choix pour souligner ce titre, un match entre les Sabres de Buffalo et les Canadiens. Ces derniers, grands favoris de la foule, l'ont emporté 3–2 dans une rencontre préparatoire.

2008-2009

séances de repêchage eurent lieu à Montréal de 1963 à 1984, puis en 1986 et en 1988. Il y aura aussi des matchs historiques contre quelques-unes des six équipes originales de la Ligue. On tiendra une soirée en hommage aux joueurs et bâtisseurs de l'équipe qui ont été intronisés au Temple de la renommée du hockey, et à trois entraîneurs légendaires de cette dynastie centenaire : Dick Irvin, Toe Blake et Scotty Bowman. L'inauguration de la Place du Centenaire aura lieu en décembre et celle du Panthéon des Canadiens en avril. Enfin, soulignons le lancement d'un coffret DVD sur les matchs mémorables, d'un autre sur les 100 ans du club, puis la sortie du film *Pour toujours, les Canadiens* en décembre 2009.

Autre initiative qui sera grandement appréciée par la population : l'aménagement d'une patinoire multisport dans le quartier Saint-Michel de Montréal. Selon l'engagement pris par l'organisation, d'autres patinoires de ce genre seront offertes à d'autres communautés, à Montréal et ailleurs en province, au fil des ans.

Loin de s'atténuer, la fièvre tricolore reprend de plus belle en ce début du centenaire.

Excellente idée que ce coup d'œil à six chandails qui ont marqué l'histoire des Canadiens.

● Installation au Centre Bell d'un nouvel écran de haute définition, qualifié de merveille, en ce début d'année de centenaire.

● Deux défenseurs dominent la liste des salariés de l'équipe en début d'année : Andrei Markov à 5,75 millions et Roman Hamrlik à 5,5 millions. Alex Tanguay, l'une des dernières acquisitions, gagnera 5,375 millions. Le capitaine Saku Koivu et Alex Kovalev complètent le top cinq à 4,75 millions et 4,5 millions

respectivement. Au total, la masse salariale du Tricolore est estimée à 54,885 millions, ce qui laisse moins de 2 millions de marge à Gainey pour les imprévus, le plafond salarial pour la présente saison étant fixé à 56,7 millions.

● Alex Kovalev devient le quatrième récipiendaire du trophée Jean-Béliveau, pour son engagement communautaire. Les joueurs honorés précédemment furent Saku Koivu, Steve Bégin et Francis Bouillon.

À défaut d'obtenir les services de Mats Sundin, le directeur général Bob Gainey obtient ceux de Robert Lang.

L'Orchestre symphonique de Montréal, qui a déjà pris une odeur de hockey au cours de la dernière saison, reviendra à la charge avec un concert hommage en avril au Centre Bell. Question de rappeler l'appartenance du hockey à notre culture.

Les festivités se termineront par un prestigieux gala le 5 décembre 2009, commémorant le premier match de l'équipe en 1909. La présentation d'un match au Stade olympique en 2009 pourrait s'ajouter aux célébrations, si les travaux de remplacement de la toile actuelle coïncident avec les disponibilités du calendrier.

Cela dit, l'une des idées les plus séduisantes est certainement le rappel de six anciens chandails que les joueurs actuels porteront lors d'une douzaine de matchs. Autant d'objets de collection que s'arracheront les supporters qui rêvent déjà de participer au défilé de la coupe Stanley vêtus d'un des chandails du centenaire...

Un retour par la grande porte pour Patrick Roy.

LE RETOUR DU ROY

Chassé de Montréal par la porte de service du Forum en décembre 1995 pour une question d'ego avec son entraîneur Mario Tremblay, Patrick Roy reviendra par l'entrée principale du Centre Bell pour y voir son chandail numéro 33 hissé dans les hauteurs du nouveau temple des Glorieux.

Avec quatre coupes Stanley à son crédit, dont deux à Montréal, trois trophées Georges-Vézina, trois Conn-Smythe, cinq Jennings et une dizaine de records, dont plusieurs seront toujours valides dans dix ou vingt ans, Roy retrouve sa famille comme le fils retrouve ses parents après une absence de treize ans. Il deviendra, le 22 novembre 2008, le quinzième joueur de l'organisation à voir son chandail retiré, après Howie Morenz (1937), Maurice Richard (1960), Jean Béliveau (1971), Henri Richard (1975), Doug Harvey et Guy Lafleur (1985), Jacques Plante (1995), Dickie Moore et Yvan Cournoyer (2005), Bernard Geoffrion et Serge Savard (2006), Ken Dryden et Larry Robinson (2007), et Bob Gainey (2008). Roy sera donc le troisième gardien de but, après Plante et Dryden, à recevoir

605

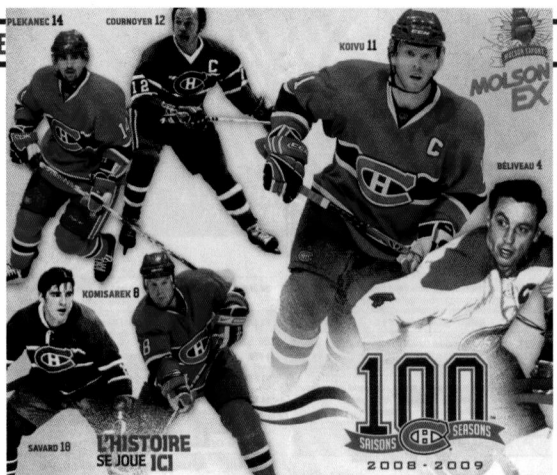

Le calendrier de poche de la saison 2008-09 établit une comparaison intéressante entre joueurs de diverses époques.

● Vincent Lecavalier entend compléter sa carrière avec le Lightning de Tampa Bay et accepte une offre de 11 saisons qui lui vaudra 85 millions.

● La LNH décide de présenter un troisième match à l'extérieur, après Edmonton et Buffalo, cette fois au Wrigley Field de Chicago, opposant les Blackhawks et les Red Wings de Detroit, le 1er janvier 2009. Les Canadiens s'étaient montrés intéressés à organiser un tel match au Stade olympique ou au stade Percival-Molson.

● L'ancien entraîneur des Canadiens Michel Therrien renouvelle pour trois ans son entente avec les Penguins de Pittsburgh.

● Claude Lemieux, l'un des rares joueurs à avoir remporté la coupe Stanley avec trois équipes différentes, dont les Canadiens en 1986, fait part de son intention d'effectuer un retour au jeu à 43 ans, après une retraite de cinq ans.

● Scotty Bowman, l'entraîneur le plus titré de la Ligue nationale, met un terme à son association d'une quinzaine d'années avec les

un tel honneur. La cérémonie aura lieu à l'occasion de la visite des vieux rivaux des Canadiens, les Bruins de Boston. Roy sera aussi le sixième joueur dont le numéro est retiré par plus d'un club, après Gordie Howe (Detroit et Hartford), Bobby Hull (Chicago et Winnipeg), Mark Messier (New York et Edmonton), Raymond Bourque (Boston et Colorado) et Wayne Gretzky (tous les clubs de la LNH), puisque l'Avalanche a déjà honoré le plus grand gardien de son époque en 2003, six mois après sa retraite.

La réconciliation avec la famille des Canadiens est complète pour Patrick Roy, inutilement humilié par son entraîneur, qui s'obstinait à le laisser devant la cage du tricolore en ce match du 2 décembre 1995, en dépit d'une avalanche de buts des Red Wings. Tremblay avait attendu jusqu'au neuvième but pour le retirer du match. Tourné en dérision par la foule après un arrêt facile, Roy avait répondu en levant les bras au ciel. Peu après, enfin retiré du match, Roy, sous le regard courroucé de Tremblay, avait dit au président Ronald Corey qu'il n'endosserait plus jamais le chandail tricolore. Le directeur général Réjean Houle échangea Roy quelques jours plus tard à l'Avalanche du Colorado.

Lors de la conférence de presse suivant l'annonce du retrait de son chandail, où des dizaines de médias étaient présents, Roy, devenu propriétaire et entraîneur des Remparts de Québec de la LHJMQ, accepta l'honneur en déclarant : « C'est normal que je revienne là où tout a commencé. » Pourtant, Roy n'avait jamais remis les pieds au Forum ni au Centre Bell depuis 1995. Comme une bête blessée, il léchait toujours ses plaies à l'écart.

La famille a retrouvé son fils et le public, son idole. Les festivités du centenaire peuvent commencer.

ON ATTENDAIT SUNDIN, C'EST LANG QUI ARRIVE

Bob Gainey et l'état-major du Tricolore ont attendu une réponse de Mats Sundin durant tout l'été, en vain. L'agent libre sans compensation — courtisé aussi par les Canucks, les Rangers et sa dernière équipe, les Maple Leafs — n'arrivait pas à décider s'il poursuivait sa carrière ou non.

Début septembre, Gainey annonce qu'il a assez attendu. Dix jours plus tard, après avoir sondé Sundin une dernière fois, il exécute son « plan B » et Robert

Heureux de se retrouver à Montréal, Georges Laraque se chargera de protéger les meilleurs éléments de l'équipe.

Red Wings de Detroit et accepte une offre des Blackhawks de Chicago où il travaillera avec son fils Stan (l'adjoint du directeur général Dale Tallon), qui lutte contre la maladie de Hodgkin, le même cancer qui avait terrassé Mario Lemieux et Saku Koivu.

● Un article d'Yvon Pedneault paru en août dans *Le Journal de Montréal* révèle que le nombre de joueurs québécois est en baisse dans la LNH. Ces derniers représentent maintenant moins de 10 % des effectifs, selon les recherches du chevronné journaliste.

● Le même Pedneault revient à la charge, deux semaines plus tard, en relevant la tendance risquée des propriétaires à faire signer des ententes à très long terme aux jeunes vedettes, hypothéquant l'avenir de leur équipe. Il cite en exemple le contrat de 13 ans signé par Alexander Ovechkin. Selon Pedneault, les joueurs de 25 ans et moins ont doublé leur salaire en trois ans, touchant présentement 1,7 million par année, comparativement à 900 000 $. Soulignons qu'Ovechkin est devenu le

19e joueur de l'histoire de la LNH à marquer 60 buts et plus en une saison (65 en 2007-08). Michael Bossy et Wayne Gretzky ont réussi cet exploit à cinq reprises.

● Les Canucks de Vancouver transgressent une coutume vieille de plus de 60 ans en faisant de Roberto Luongo le capitaine du club. Aucun gardien de but n'avait joué ce rôle depuis Bill Durnan en 1947-48. Le « C » ne sera cependant pas apposé sur son chandail, parce qu'un règlement de la LNH interdit

qu'un gardien soit nommé capitaine. Il pourra cependant occuper la fonction, laissant à un coéquipier le soin de discuter avec les arbitres. Luongo contournera le règlement en inscrivant un « C » sur son masque.

● Pour une deuxième année de suite, la LNH inaugure sa saison officielle en Europe avec des matchs opposant Pittsburgh et Ottawa à Stockholm, ainsi que Tampa Bay et New York (Rangers) à Prague.

L'équipe mise beaucoup sur le talent d'Alex Tanguay dans sa tentative de mettre la main sur une 25e coupe.

2008-2009

100 SAISONS SEASONS

Lang, un puissant joueur de centre de 216 livres, débarque à Montréal à la suite d'un échange avec les Blackhawks de Chicago. Lang n'aura coûté qu'un choix de deuxième ronde en 2010. L'économie financière réalisée avec Lang au détriment de Sundin permet à Gainey de renouveler pour un an le contrat de Patrice Brisebois, resté sur la touche durant l'été.

Plus tôt, en juin, Gainey avait comblé les partisans du Tricolore en faisant l'acquisition d'Alex Tanguay (ailier gauche natif de Sainte-Justine), des Flames de Calgary, en retour de deux choix de repêchage. Tanguay est un compteur potentiel d'une trentaine de buts. Une fois le dossier Sundin classé, Tanguay annonce qu'il portera le numéro 13, qu'aucun joueur des Canadiens n'avait porté depuis la saison 1921-22.

Ensuite, Gainey, pour donner du muscle à l'équipe, embauche Georges Laraque, l'un des meilleurs bagarreurs de la Ligue, mais capable d'obtenir sa part de points. Laraque avait déjà fait part de son souhait de jouer à Montréal.

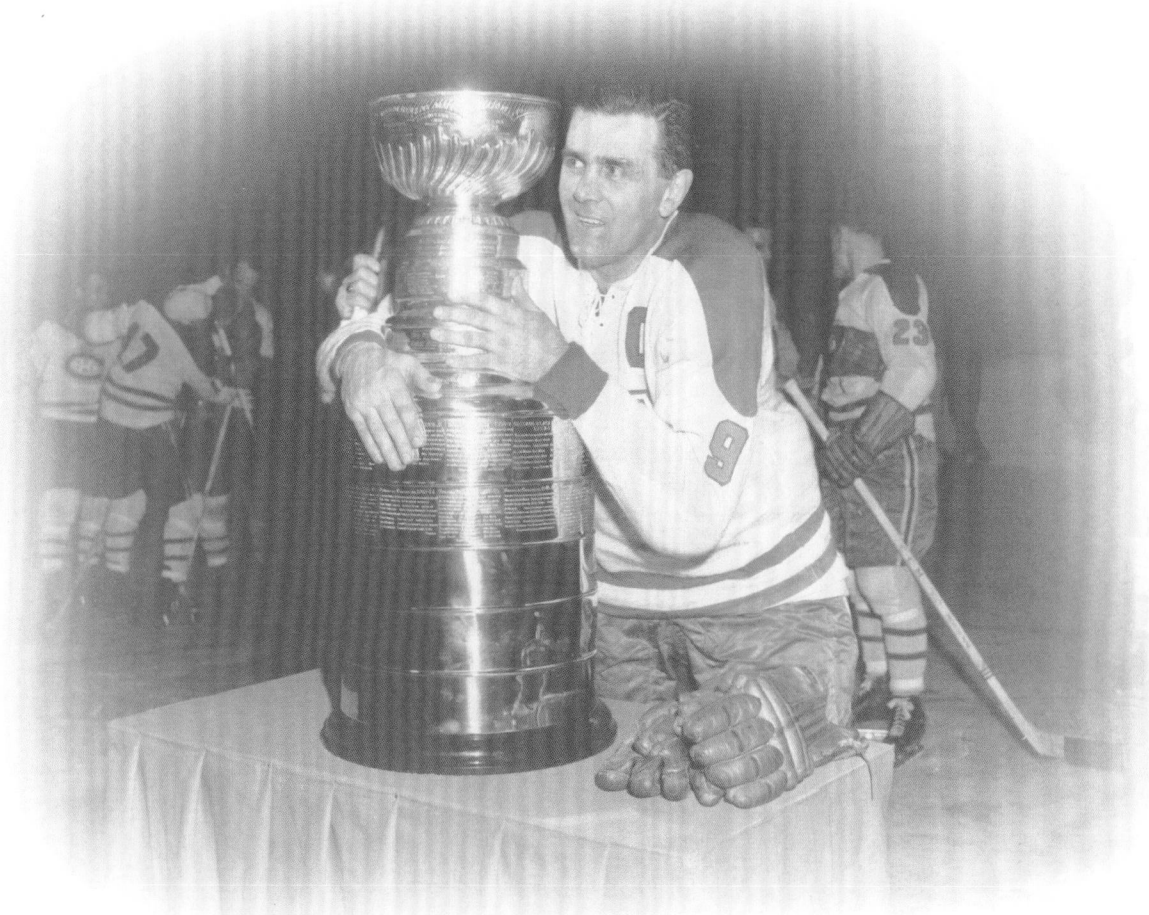

Le hockey professionnel a connu plusieurs grandes équipes qui ont marqué l'histoire par leurs accomplissements, donnant à ce sport la renommée qu'on lui connaît en Amérique du Nord, particulièrement au Canada, ainsi que dans quelques pays d'Europe. Peu de ces équipes peuvent cependant prétendre avoir dominé le hockey à répétition au point d'être qualifiées de dynasties. Du nombre restreint des véritables dynasties, une seule, le Canadien de Montréal, peut réclamer ce titre à trois périodes distinctes de son histoire.

Un impressionnant total de 24 coupes Stanley — emblème par excellence de la réussite au hockey sur glace professionnel — accumulées en 32 participations à la finale. Mieux encore, le Canadien a gagné au moins une coupe Stanley par décennie du XXe siècle depuis sa fondation. À cinq reprises, le Bleu Blanc Rouge qui, au fil des ans, a fait la fierté de milliers, voire de millions de Montréalais et de Québécois, parvient à conserver la coupe Stanley deux années de suite, dont cinq années consécutives de 1956 à 1960 et quatre années consécutives, de 1976 à 1979.

Aucune autre formation ne peut prétendre à une histoire aussi glorieuse. Les experts du hockey s'entendent généralement sur les critères qui définissent les dynasties de ce sport : trois coupes Stanley de suite, ou quatre en cinq ou six participations consécutives aux séries, ou encore cinq coupes en sept ou huit participations. En toute logique, on peut ajouter plusieurs championnats regroupés en saisons régulières, afin d'établir un tableau plus complet.

Dans la Ligue nationale, huit formations (neuf, si l'on ajoute la domination des Red Wings bien qu'elle soit un peu différente des autres) répondent à ces critères. Toutes ont établi leur exploit après la Deuxième Guerre mondiale. **609**

COUPE 1973
GARDIENS DE BUT : Ken Dryden, Michel Plasse, Wayne Thomas. **DÉFENSEURS :** Jacques Laperrière, Serge Savard, Guy Lapointe, Bob Murdoch, Pierre Bouchard, Larry Robinson, Dale Hoganson. **AVANTS :** Henri Richard, Frank Mahovlich, Jim Roberts, Réjean Houle, Marc Tardif, Guy Lafleur, Chuck Lefley, Murray Wilson, Claude Larose, Steve Shutt, Pete Mahovlich, Jacques Lemaire, Yvan Cournoyer. **ENTRAÎNEUR :** Scotty Bowman.

COUPE 1976
GARDIENS DE BUT : Ken Dryden, Michel Larocque. **DÉFENSEURS :** Bill Nyrop, John Van Boxmeer, Guy Lapointe, Serge Savard, Larry Robinson, Don Awrey, Pierre Bouchard, Rick Chartraw, Jim Roberts. **AVANTS :** Doug Risebrough, Guy Lafleur, Yvon Lambert, Yvan Cournoyer, Mario Tremblay, Murray Wilson, Pete Mahovlich, Doug Jarvis, Steve Shutt, Bob Gainey, Jacques Lemaire. **ENTRAÎNEUR :** Scotty Bowman.

COUPE 1977
GARDIENS DE BUT : Ken Dryden, Michel Larocque. **DÉFENSEURS :** Bill Nyrop, Guy Lapointe, Serge Savard, Larry Robinson, Pierre Bouchard, Rick Chartraw, Jim Roberts. **AVANTS :** Doug Risebrough, Guy Lafleur, Yvon Lambert, Yvan Cournoyer, Mario Tremblay, Réjean Houle, Murray Wilson, Pete Mahovlich, Pierre Mondou, Doug Jarvis, Steve Shutt, Bob Gainey, Jacques Lemaire, Mike Polich, Brian Engblom. **ENTRAÎNEUR :** Scotty Bowman.

Le Canadien en revendique trois pour les périodes de 1951 à 1960, de 1965 à 1971 et de 1973 à 1982. Les Red Wings de Detroit (1949 à 1957 et 1992 à aujourd'hui) et les Maple Leafs de Toronto (1947 à 1951 et 1962 à 1964) en comptent deux. Les Islanders de New York (1978 à 1984) et les Oilers d'Edmonton (1982 à 1990) complètent cette courte liste des dynasties de la LNH.

Une dixième dynastie, celle des Senators d'Ottawa, pourrait s'ajouter à la liste en raison de ses trois coupes Stanley remportées en quatre ans (1920 à 1924), lors des débuts de la Ligue nationale.

LA PLUS GRANDE DYNASTIE (1973-1982)

Un débat qui ne sera jamais terminé oppose depuis des années ceux qui prétendent, chiffres à l'appui, que la formation du Canadien de 1973 à 1982 représente la meilleure à avoir endossé la flanelle tricolore, avec ses cinq coupes, dont quatre consécutives, et ses neuf championnats en saisons régulières. D'autres, aussi convaincus que convaincants, placent la formation de 1951 à 1960 au sommet avec cinq coupes Stanley consécutives, un exploit sans précédent, plus dix participations à la finale en autant d'années.

La plus récente dynastie voit le jour au moment où Scotty Bowman prend les rênes de l'équipe pour bâtir une formation à son goût, après le départ d'Al MacNeil et le triomphe tourmenté de 1971. À cette époque, il fait la vie dure pendant trois ans à la grande vedette pressentie qu'est Guy Lafleur, puis il lui permet d'exploiter son immense talent. Ken Dryden, déjà héros des séries en 1971, représente une valeur sûre devant le filet avec, en plus, une brigade défensive – le fameux *Big Three* (Larry Robinson, Serge Savard, Guy Lapointe) – qui terrorise les plus téméraires des attaquants adverses. Ajoutons à cela un autre élément défensif d'importance de l'équipe, Bob Gainey, quatre fois récipiendaire du trophée remis au meilleur attaquant défensif au cours de cette période.

Menée par Lafleur, l'attaque mise aussi sur deux autres joueurs de choix sur le premier trio. D'abord Steve Shutt et Peter Mahovlich, et ensuite, Jacques Lemaire à la place du grand Pete. Yvan Cournoyer donne également le ton à plusieurs victoires, tout comme Frank Mahovlich – pour une partie de la période visée – et Pierre Larouche. Mentionnons également les nombreux joueurs de deuxième et troisième trios, capables de tenir tête aux meilleurs joueurs des autres formations.

Bowman ramène le club au championnat de sa division dès sa deuxième année, avec une fiche de 52 victoires et seulement 10 revers en 78 rencontres. En séries, inspirés par un Cournoyer complètement déchaîné avec 15 buts et 25 points, les protégés de Bowman récupèrent la coupe Stanley, perdue l'année précédente.

L'équipe parvient à se maintenir parmi les meilleures au cours des deux années suivantes, mais ce sont les *Broad Street Bullies* qui boivent à la coupe chaque fois. Lentement, Bowman prépare un grand coup.

Grâce à l'expérience acquise par ses meilleurs éléments et à sa méthode de coaching, qui donne les résultats attendus, Bowman est maintenant prêt à offrir aux partisans la formation la plus productive de son histoire : 229 victoires en 320 parties, de 1975-76 à 1978-79, avec seulement 46 défaites, pour un pourcentage d'efficacité de ,786. La deuxième année de cette période de rêve (1976-77), l'équipe perd seulement 8 parties contre 60 victoires en 80 rencontres.

COUPE 1978

GARDIENS DE BUT : Ken Dryden, Michel Larocque. **DÉFENSEURS :** Bill Nyrop, Brian Engblom, Guy Lapointe, Serge Savard, Larry Robinson, Gilles Lupien, Pierre Bouchard, Rick Chartraw. **AVANTS :** Pierre Mondou, Doug Risebrough, Guy Lafleur, Yvon Lambert, Yvan Cournoyer, Mario Tremblay, Réjean Houle, Murray Wilson, Doug Jarvis, Steve Shutt, Bob Gainey, Jacques Lemaire, Pierre Larouche. **ENTRAÎNEUR :** Scotty Bowman.

COUPE 1979

GARDIENS DE BUT : Ken Dryden, Michel Larocque. **DÉFENSEURS :** Brian Engblom, Guy Lapointe, Rod Langway, Serge Savard, Larry Robinson, Gilles Lupien, Rick Chartraw. **AVANTS :** Pierre Mondou, Doug Risebrough, Guy Lafleur, Yvon Lambert, Yvan Cournoyer, Mario Tremblay, Réjean Houle, Cam Connor, Doug Jarvis, Steve Shutt, Bob Gainey, Jacques Lemaire, Pierre Larouche, Mark Napier, Pat Hughes. **ENTRAÎNEUR :** Scotty Bowman.

Los Angeles, deuxième de la Division Norris, termine la saison 49 points derrière le Tricolore, et Philadelphie, deuxième au classement général, 20 points derrière.

En séries, seuls les Islanders de New York offrent un peu de résistance aux Glorieux, remportant les matchs trois et cinq. L'année précédente, ils avaient aussi été les seuls à gagner un match contre le Canadien, également en demi-finale. Lors des deux années suivantes, en 1978 et en 1979, l'équipe ne perdra que 7 rencontres sur 24 en séries, 3 en 1978 et 4 en 1979. Cette année-là, le Tricolore est venu bien près de voir sa série victorieuse s'interrompre brusquement en demi-finale contre les Bruins. Prenant la relève de Gerry Cheevers, alors que Boston tire de l'arrière par 0-2 dans la série, le gardien Gilles Gilbert tient tête au Canadien. Il permet aux siens d'égaliser la série à 2-2 et ensuite à 3-3. Lors du dernier match, les Bruins mènent 3-1 avec moins de six minutes à jouer, lorsque Mark Napier et

Guy Lapointe se chargent de niveler le pointage. Boston reprend les devants à 16 min 1 s, puis ils se font prendre avec trop de joueurs sur la glace. Le Démon blond profite de l'occasion et provoque la supplémentaire avec un boulet à l'intérieur du poteau alors qu'il reste moins de deux minutes à jouer. Yvon Lambert, avec son premier but de la série, sème ensuite la frénésie chez les partisans, après 9 min 33 s de prolongation.

Bowman cède sa place au terme de cette quatrième conquête de suite. De leur côté, Lemaire, Cournoyer et Dryden accrochent leurs patins. Avec Bernard Geoffrion pour une courte période, et ensuite avec Claude Ruel et Bob Berry, le Canadien conserve le championnat de sa division pendant encore trois ans, portant à huit le nombre de titres consécutifs. Mais le départ de Ken Dryden se fait particulièrement sentir en séries et le Tricolore ne peut poursuivre sa domination, ni égaler la performance de 1956 à 1960. **611**

COUPE 1953

GARDIENS DE BUT : Gerry McNeil, Jacques Plante. **DÉFENSEURS :** Doug Harvey, Émile Bouchard, Tom Johnson, Dollard Saint-Laurent. **AVANTS :** Bud MacPherson, Maurice Richard, Elmer Lach, Bert Olmstead, Bernard Geoffrion, Floyd Curry, Paul Masnick, Billy Reay, Dickie Moore, Ken Mosdell, Dick Gamble, Johnny McCormack, Lorne Davis, Calum MacKay, Eddie Mazur, Paul Meger. **ENTRAÎNEUR :** Dick Irvin.

COUPE 1956

GARDIEN DE BUT : Jacques Plante. **DÉFENSEURS :** Doug Harvey, Émile Bouchard, Bob Turner, Tom Johnson, Jean-Guy Talbot, Dollard Saint-Laurent. **AVANTS :** Jean Béliveau, Bernard Geoffrion, Bert Olmstead, Floyd Curry, Jackie Leclair, Maurice Richard, Dickie Moore, Henri Richard, Ken Mosdell, Don Marshall, Claude Provost. **ENTRAÎNEUR :** Toe Blake.

COUPE 1957

GARDIENS DE BUT : Jacques Plante, Gerry McNeil. **DÉFENSEURS :** Doug Harvey, Tom Johnson, Bob Turner, Dollard Saint-Laurent, Jean-Guy Talbot. **AVANTS :** Jean Béliveau, Bernard Geoffrion, Floyd Curry, Dickie Moore, Maurice Richard, Claude Provost, Bert Olmstead, Henri Richard, Phil Goyette, Don Marshall, André Pronovost, Connie Broden. **ENTRAÎNEUR :** Toe Blake.

Indice irréfutable de la grande valeur de l'équipe durant cette période, 12 de ses membres, plus l'entraîneur Bowman, sont aujourd'hui inscrits au Temple de la renommée : Dryden, Laperrière, Lapointe, Savard, Robinson, Lafleur, Cournoyer, Richard (Henri), Mahovlich (Frank), Shutt, Gainey et Lemaire. Du groupe, seuls Jacques Laperrière, Henri Richard et Frank Mahovlich n'étaient plus de la formation au moment des conquêtes de 1976 à 1979.

MEMBRES DES CINQ COUPES 1973 ET 1976 À 1979
Yvan Cournoyer, Ken Dryden, Guy Lafleur, Guy Lapointe, Jacques Lemaire, Larry Robinson, Serge Savard, Steve Shutt, Scotty Bowman (entraîneur).

MEMBRES DES QUATRE COUPES 1976 À 1979
Rick Chartraw, Yvan Cournoyer, Ken Dryden, Bob Gainey, Doug Jarvis, Guy Lafleur, Yvon Lambert, Guy Lapointe, Michel Larocque, Jacques Lemaire, Larry Robinson, Doug Risebrough, Serge Savard, Steve Shutt, Mario Tremblay, Scotty Bowman (entraîneur).

LES CINQ COUPES CONSÉCUTIVES (1951-1960)

La participation du Canadien à la finale de la coupe Stanley est devenue un classique du hockey de 1951 à 1960. Cette séquence de dix ans se divise pourtant en deux périodes. Une seule coupe de 1951 à 1955, avec Dick Irvin à la barre, puis l'explosion à l'arrivée de Toe Blake, à la saison 1955-56, avec cinq triomphes d'affilée. Cette marque est désormais inaccessible à jamais, à cause du grand nombre d'équipes et de la parité du hockey d'aujourd'hui.

Devant le filet, Blake compte sur le meilleur, Jacques Plante, le grand innovateur qui a introduit le port du masque ainsi que les sorties périlleuses du gardien à l'extérieur de son territoire et qui a décroché cinq trophées Vézina de suite. À la défensive, Doug Harvey, sans le moindre doute l'un des meilleurs de l'histoire, remporte cinq

COUPE 1958
GARDIENS DE BUT : Jacques Plante, Charlie Hodge. **DÉFENSEURS :** Doug Harvey, Tom Johnson, Bob Turner, Dollard Saint-Laurent, Jean-Guy Talbot, Albert Langlois. **AVANTS :** Jean Béliveau, Bernard Geoffrion, Maurice Richard, Dickie Moore, Claude Provost, Floyd Curry, Bert Olmstead, Henri Richard, Marcel Bonin, Phil Goyette, Don Marshall, André Pronovost, Connie Broden. **ENTRAÎNEUR :** Toe Blake.

COUPE 1959
GARDIENS DE BUT : Jacques Plante, Charlie Hodge. **DÉFENSEURS :** Doug Harvey, Tom Johnson, Bob Turner, Jean-Guy Talbot, Albert Langlois. **AVANTS :** Bernard Geoffrion, Ralph Backstrom, Bill Hicke, Maurice Richard, Dickie Moore, Claude Provost, Ab McDonald, Henri Richard, Marcel Bonin, Phil Goyette, Don Marshall, André Pronovost, Jean Béliveau. **ENTRAÎNEUR :** Toe Blake.

COUPE 1960
GARDIENS DE BUT : Jacques Plante, Charlie Hodge. **DÉFENSEURS :** Doug Harvey, Tom Johnson, Bob Turner, Jean-Guy Talbot, Albert Langlois. **AVANTS :** Ralph Backstrom, Jean Béliveau, Marcel Bonin, Bernard Geoffrion, Phil Goyette, Bill Hicke, Don Marshall, Ab McDonald, Dickie Moore, André Pronovost, Claude Provost, Henri Richard, Maurice Richard. **ENTRAÎNEUR :** Toe Blake.

trophées Norris entre 1955 et 1960. Le seul à lui échapper au cours de cette période va à un autre du Canadien, Tom Johnson. Et pour anéantir l'adversaire, une force de frappe terrible est à l'œuvre : Maurice Richard, son frère Henri, Jean Béliveau (meilleur marqueur et le plus utile en 1955-56), Bernard Geoffrion (champion marqueur en 1954-55), Dickie Moore (deux fois premier marqueur) et le « p'tit » nouveau, Ralph Backstrom (recrue de l'année en 1958-59). En fait, le Tricolore est tellement puissant à l'offensive qu'on modifie le règlement des pénalités pour l'empêcher de compter trop de buts, comme on le verra ailleurs dans ce livre.

Pour contrer l'adversaire, Claude Provost est le plus efficace, ce qui fit dire un jour à un membre des Rangers, Aldo Guidolin, que « le troisième trio du Canadien était supérieur à la majorité des premiers trios des autres équipes ».

Durant cette période (1951 à 1960), les Canadiens gagnent six coupes, mais ils auraient pu aussi bien en totaliser huit, puisqu'en 1954 et en 1955, il s'incline de justesse en finale en sept parties, et les deux fois contre Detroit. Les séries de 1955 sont particulièrement mémorables, puisqu'elles suivent de peu la suspension du Rocket et l'émeute du Forum.

Les séries de 1960 confirment la parfaite domination du Tricolore qui ne perd aucun match après avoir devancé Toronto par 13 points en saison. Plante ne concède aucun but en deux parties à Chicago et fait de même lors du dernier match de la finale à Toronto. Et le Canadien de gagner les deux éliminatoires par quatre parties à zéro. Cette année-là, Henri Richard et Bernard Geoffrion sont les meilleurs marqueurs des séries. Lors des années précédentes, Jean Béliveau, Bernard Geoffrion, Maurice Richard et Dickie Moore ont dominé à tour de rôle chez les marqueurs du Tricolore.

Après la cinquième coupe en 1960, le Canadien conserve son titre en saison pendant deux ans mais, chaque fois, les Black Hawks se dressent devant lui en demi-finale, l'emportant à chaque reprise par quatre parties à deux.

Onze joueurs qui ont évolué durant cette période (Plante, Harvey, Bouchard, Johnson, Béliveau, Geoffrion, Olmstead, Lach, Moore et les deux Richard) ont aujourd'hui leur nom inscrit au Temple de la renommée, en compagnie de l'entraîneur Toe Blake. Du groupe, Lach est le seul à ne pas avoir participé aux cinq conquêtes de 1956 à 1960.

Difficile de départager le mérite des deux périodes en raison des époques et des méthodes de jeu fort différentes. Mais s'il faut absolument trancher, la **613**

domination outrancière de la dynastie de 1973 à 1982 devrait obtenir un léger avantage dans l'esprit de la majorité des partisans.

MEMBRES DES SIX COUPES 1953 ET 1956 À 1960
Bernard Geoffrion, Doug Harvey, Tom Johnson, Dickie Moore, Jacques Plante, Maurice Richard.

MEMBRES DES CINQ COUPES 1956 À 1960
Jean Béliveau, Bernard Geoffrion, Doug Harvey, Tom Johnson, Don Marshall, Dickie Moore, Jacques Plante, Claude Provost, Henri Richard, Maurice Richard, Jean-Guy Talbot, Bob Turner, Toe Blake (entraîneur).

LA BELLE ÉPOQUE DES RED WINGS (1949-1957)

Les Red Wings de Detroit ont remporté sept championnats consécutifs en saisons régulières et huit sur neuf de 1949 à 1957. Plus quatre coupes Stanley en six saisons, entre 1950 et 1955.

Les grandes dynasties reposent d'abord sur un gardien de talent. Terry Sawchuk fut celui de Detroit. Recrue de l'année en 1950-51, il s'approprie par la suite trois trophées Vézina. Mais il peut aussi compter sur Marcel Pronovost et Red Kelly, des défenseurs d'expérience. Les Wings ont aussi la *Production Line* formée de Gordie Howe (quatre fois champion marqueur au cours de cette période), Ted Lindsay et Sid Abel.

La domination des Wings n'allait pas tenir le coup encore bien longtemps face à la montée du Canadien qui se préparait, les joueurs étant sans doute galvanisés par le mauvais sort que l'on avait réservé au plus grand des leurs. D'ailleurs, à cette époque, les comparaisons entre Maurice Richard et Gordie Howe étaient aussi fréquentes dans les médias et chez les partisans que le seront celles

entre Wayne Gretzky et Mario Lemieux quelques décennies plus tard.

MEMBRES DES QUATRE COUPES 1950, 1952, 1954 ET 1955
Gordie Howe, Red Kelly, Ted Lindsay, Marty Pavelich, Marcel Pronovost, Johnny Wilson.

LES ISLANDERS À L'ASSAUT DES CANADIENS (1978-1984)

Pas très loin derrière les Red Wings, la période faste des Islanders de New York figure en bonne position. Et, n'eût été de la bande à Gretzky, l'entraîneur Al Arbour aurait pu rejoindre le maître Toe Blake avec cinq conquêtes de la coupe. Mais épuisés et privés de plusieurs éléments tombés au combat lors des séries précédentes, les Islanders doivent plier les genoux en finale contre Edmonton en 1984 après 19 séries victorieuses, dont la première remonte à 1980. Les Islanders ont tout de même suspendu quatre bannières de champions au Nassau Coliseum, en 1980, 1981, 1982 et 1983.

Juste avant les coupes, les Islanders sont sortis de leur purgatoire, à la faveur de l'arrivée de deux nouvelles équipes, Washington et Kansas City, pour entreprendre leur remontée au classement, laquelle devait les conduire au championnat de la Division Patrick deux ans de suite.

Denis Potvin, Bryan Trottier et Mike Bossy, ainsi que Butch Goring et le cerbère Billy Smith portent cette équipe sur leurs épaules pendant cette période. À tour de rôle, Trottier, Goring, Bossy et Smith reçoivent le trophée Conn-Smythe à titre de meilleur joueur des séries.

Le triomphe de l'équipe new-yorkaise, c'est avant tout celui de leur maître à penser, Al Albour, un défenseur de

qualité des années 1950 et 1960 avec Detroit, Chicago, Toronto et St. Louis, mais surtout un stratège habile qui a fait passer les Islanders de la médiocrité au statut de dynastie de la Ligue.

MEMBRE DES QUATRE COUPES 1980 À 1983

Mike Bossy, Bob Bourne, Clark Gillies, Butch Goring, Anders Kallur, Gord Lane, Dave Langevin, Wayne Merrick, Ken Morrow, Bob Nystrom, Stefan Persson, Denis Potvin, Billy Smith, Duane Sutter, John Tonelli, Bryan Trottier, Al Arbour (entraîneur).

LES OILERS D'EDMONTON, AVEC ET SANS GRETZKY (1982-1990)

Les Oilers d'Edmonton mettent fin à la domination des Islanders de New York lors de la finale de 1984, pour établir à leur tour une solide emprise sur les autres équipes de la LNH. Rescapés de l'Association mondiale en 1979-80, en même temps que Québec, Winnipeg et Hartford, les Oilers profitent d'une nouvelle répartition des équipes des deux associations de la LNH en 1981-82 pour grimper au sommet de la Division Smythe. Wayne Gretzky est évidemment au cœur de cette puissante machine. Champion marqueur de la Ligue à sept reprises de 1980-81 à 1986-87, il cumule aussi huit trophées Hart de suite.

Gretzky atteint un nouveau sommet de 92 buts en 1981-82 et, à partir de ce moment, Edmonton occupera le haut de sa division six ans de suite, en plus d'inscrire son nom sur la coupe à cinq reprises entre 1984 et 1990. Outre Gretzky, la force de frappe des Oilers repose sur le talent de Mark Messier, Jari Kurri, Glenn Anderson et Paul Coffey, un défenseur beaucoup plus remarqué par ses talents de fabricant de jeu que par son rôle défensif. Souvent laissé à lui-même, Grant Fuhr — parfois remplacé par Andy Moog — n'avait d'autre choix que de multiplier les arrêts spectaculaires.

Les Flames de Calgary empêchent Edmonton de réussir le triplé en 1986 en les éliminant dès la deuxième ronde. Puis, l'équipe de Glen Sather revient à la charge pour deux autres coupes, en 1987 et 1988, la seconde sans les services de Coffey, qui ne voulait plus porter les couleurs de l'équipe et qu'on avait finalement cédé aux Penguins de Pittsburgh en novembre.

L'échange de Gretzky bouleverse profondément l'organisation des Oilers l'année suivante, et ceux-ci ne peuvent conserver la coupe. Mais le club de Sather trouve moyen de rebondir de belle façon l'année d'ensuite, avec Bill Ranford, récipiendaire du trophée Conn-Smythe, devant le filet. Pour la deuxième fois en trois ans, les Bruins sont victimes, en finale, de la puissante machine d'Edmonton.

MEMBRES DES CINQ COUPES 1984, 1985, 1987, 1988 ET 1990

Glenn Anderson, Grant Fuhr, Randy Gregg, Charlie Huddy, Jari Kurri, Kevin Lowe, Mark Messier.

PREMIÈRE DYNASTIE DES MAPLE LEAFS (1947-1951)

Première dynastie de la Ligue nationale avec trois coupes Stanley consécutives en 1947, 1948 et 1949, plus une quatrième deux ans plus tard, les Maple Leafs de Toronto peuvent compter sur Ted Kennedy, un joueur imaginatif avec la rondelle, et sur Turk Broda, un gardien exceptionnel, qui a laissé sa marque en 1942, en permettant aux Leafs de surmonter un déficit de trois parties pour ensuite disposer de Detroit en quatre matchs consécutifs.

Exclus des séries de 1946, les Leafs se retrouvent au camp à l'automne 1947 avec une bande de joueurs inexpérimentés et quelques vétérans revenus de la guerre. L'entraîneur **615**

COUPE 1965
GARDIENS DE BUT : Lorne Worsley, Charlie Hodge. DÉFENSEURS : Jean-Claude Tremblay, Ted Harris, Jean-Guy Talbot, Terry Harper, Jacques Laperrière, Jean Gauthier, Noël Picard. AVANTS : Jean Béliveau, Ralph Backstrom, Dick Duff, Claude Larose, Yvan Cournoyer, Claude Provost, Robert Rousseau, Henri Richard, Dave Balon, John Ferguson, Red Berenson, Jim Roberts. ENTRAÎNEUR : Toe Blake.

COUPE 1966
GARDIENS DE BUt : Lorne Worsley, Charlie Hodge. DÉFENSEURS : Jean-Claude Tremblay, Ted Harris, Jean-Guy Talbot, Terry Harper, Jacques Laperrière, Noel Price. AVANTS : Jean Béliveau, Ralph Backstrom, Dick Duff, Gilles Tremblay, Claude Larose, Yvan Cournoyer, Claude Provost, Robert Rousseau, Henri Richard, Dave Balon, John Ferguson, Léon Rochefort, Jim Roberts. ENTRAÎNEUR : Toe Blake.

COUPE 1968
GARDIENS DE BUT : Lorne Worsley, Rogatien Vachon. DÉFENSEURS : Jacques Laperrière, Jean-Claude Tremblay, Ted Harris, Serge Savard, Terry Harper, Carol Vadnais. AVANTS : Jean Béliveau, Gilles Tremblay, Ralph Backstrom, Dick Duff, Claude Larose, Yvan Cournoyer, Claude Provost, Robert Rousseau, Henri Richard, John Ferguson, Danny Grant, Jacques Lemaire, Mickey Redmond. ENTRAÎNEUR : Toe Blake.

Clarence Hap Day en fait un groupe homogène. Puis, l'arrivée de Max Bentley la saison suivante permet à l'entraîneur Day de former un jeu de puissance dévastateur qui rapporte une deuxième coupe.

Triomphe plus expéditif en 1949, les Leafs deviennent la première équipe de la LNH à s'inscrire trois fois de suite dans le livre des champions, en dépit d'une fiche déficitaire (22-25) et d'une quatrième place en saison régulière. Detroit se charge d'écarter Toronto de la finale de 1950 dans une curieuse série demi-finale. Trois fois, le gardien Broda prive les Wings de buts au cours des cinq premières parties, mais ces derniers remettent la politesse à leurs adversaires en les blanchissant aux deux dernières rencontres de la série pour passer en finale.

Retour en force des Maple Leafs en 1951, avec une quatrième coupe en cinq ans. Cette fois, Al Rollins est devant le filet des «bleus» pour les trois derniers matchs de la finale contre le Canadien. L'issue des cinq parties de la série (remportée 4 à 1 par Toronto) est déterminée en temps supplémentaire.

MEMBRES DES QUATRE COUPES 1947 À 1949 ET 1951
Bill Barilko, Turk Broda, Ted Kennedy, Joe Klukay, Howie Meeker, Gus Mortson, Jim Thomson, Harry Watson.

UNE DYNASTIE ENTRE-DEUX POUR LES CANADIENS (1965-1971)

Maurice Richard, Bernard Geoffrion, Dickie Moore, Doug Harvey, Jacques Plante et quelques autres ne sont plus là, mais il y a toujours Jean Béliveau, Henri Richard, Ralph Backstrom et Claude Provost. Et quelques nouveaux qui s'affirment graduellement, comme Robert Rousseau et Yvan Cournoyer. Dans les buts, Charlie Hodge, Lorne Worsley et Rogatien Vachon ont pris la relève. La brigade défensive est solide avec Jean-Claude Tremblay, Terry Harper et Jacques Laperrière, à laquelle s'ajouteront Serge Savard et Ted Harris. De plus, Toe Blake est fidèle au poste.

Par deux fois, le Canadien «colle» deux coupes Stanley, en 1965 et 1966, puis en 1968 et 1969. Le revers en six parties contre Toronto, l'année de l'Expo 67 prive les Montréalais d'une seconde séquence de cinq ans.

La série finale contre Chicago en 1965, dont tous les matchs sont gagnés par l'équipe locale, permet à Béliveau de devenir le récipiendaire du nouveau trophée Conn-Smythe attribué pour la première fois au meilleur joueur des séries. En 1966, Detroit enlève les honneurs des deux premiers matchs de la finale sous le nez des partisans montréalais, puis le Canadien reprend les choses en mains à Detroit et au match suivant à Montréal. À la sixième partie, Henri Richard complète le travail en supplémentaire. Ainsi, Detroit ne peut décrocher une seule victoire devant ses partisans dans cette série.

Pour bien faire le lien avec une Ligue nationale en expansion, Montréal signe deux victoires contre St. Louis et son entraîneur Scotty Bowman — que l'on verra derrière le banc du Tricolore un peu plus tard — lors des finales de 1968 et 1969.

Blake quitte après la victoire de 1968 et c'est Claude Ruel qui le remplace derrière le banc afin d'assurer le second doublé.

En 1970, quelques équipes adverses «planifient» en fin de saison le retrait du Canadien des séries, mais celui-ci rebondit dès 1971, stimulé par Henri Richard, pour offrir une

COUPE 1969

GARDIENS DE BUT : Lorne Worsley, Rogatien Vachon. **DÉFENSEURS :** Jacques Laperrière, Jean-Claude Tremblay, Ted Harris, Serge Savard, Terry Harper, Larry Hillman. **AVANTS :** Jean Béliveau, Ralph Backstrom, Dick Duff, Yvan Cournoyer, Claude Provost, Robert Rousseau, Henri Richard, John Ferguson, Christian Bordeleau, Mickey Redmond, Jacques Lemaire, Lucien Grenier, Tony Esposito. **ENTRAÎNEUR :** Claude Ruel.

COUPE 1971

GARDIENS DE BUT : Ken Dryden, Rogatien Vachon. **DÉFENSEURS :** Jacques Laperrière, Jean-Claude Tremblay, Guy Lapointe, Terry Harper, Pierre Bouchard. **AVANTS :** Jean Béliveau, Marc Tardif, Yvan Cournoyer, Réjean Houle, Claude Larose, Henri Richard, Phil Roberto, Pete Mahovlich, Léon Rochefort, John Ferguson, Bobby Sheehan, Jacques Lemaire, Frank Mahovlich, Bob Murdoch, Chuck Lefley. **ENTRAÎNEUR :** Al MacNeil.

dernière coupe à l'un des grands capitaines de son histoire, Jean Béliveau.

Cette période a fait élire moins de membres du Canadien au Temple de la renommée du hockey. Sur les six heureux élus, on retrouve cependant les cinq joueurs qui se sont illustrés au sein de deux dynasties du Tricolore : Béliveau, Cournoyer, Dryden, Laperrière et Henri Richard. Béliveau a assuré la continuité de la période glorieuse du Tricolore et les autres ont jeté les bases de la suivante. L'autre membre intronisé qui a marqué cette période est le gardien Worsley.

MEMBRES DES CINQ COUPES
1965, 1966, 1968, 1969 ET 1971

Jean Béliveau, Yvan Cournoyer, John Ferguson, Terry Harper, Jacques Laperrière, Henri Richard, Jean-Claude Tremblay.

LA SECONDE DYNASTIE DES LEAFS (1962-1964)

Les Leafs de Toronto se faufilent entre deux périodes fastes du Canadien, de 1962 à 1964, avec une seconde période de trois coupes Stanley d'affilée, cette fois guidés par un entraîneur coloré et audacieux, Punch Imlach. Celui-ci redonne l'énergie du débutant à un gardien vieillissant, Johnny Bower. Puis, il fait l'acquisition de deux défenseurs d'expérience, Allan Stanley et Red Kelly. Il jumelle Stanley à Tim Horton, le meilleur défenseur de l'équipe, pour former un duo exceptionnel et transforme Kelly en joueur de centre électrisant, en lui adjoignant des joueurs de talent, Frank Mahovlich et Bob Nevin. Pourtant, Kelly s'était imposé à titre de défenseur durant la dynastie des Red Wings, au milieu des années 1950. Carl Brewer et Bobby Baun constituent une autre paire **617**

solide à la défense. Un autre trio à succès des Leafs est composé de Dave Keon, l'homme des grandes occasions, ainsi que de Dick Duff et de George Armstrong.

Les Red Wings de Detroit sont les adversaires de Toronto lors de deux dernières finales de cette période, s'inclinant en cinq parties la première fois, puis en sept rencontres serrées (sauf l'ultime match) à la seconde.

MEMBRES DES TROIS COUPES 1962 À 1964

George Armstrong, Bob Baun, Johnny Bower, Carl Brewer, Billy Harris, Tim Horton, Red Kelly, Dave Keon, Frank Mahovlich, Bob Pulford, Eddie Shack, Don Simmons, Allan Stanley, Ron Stewart, Punch Imlach (entraîneur).

LA NOUVELLE DYNASTIE DES RED WINGS (1992-2008)

Les Red Wings dominent la LNH depuis maintenant seize ans. Il s'agit là de la plus longue des dynasties, bien qu'elle ait été entrecoupée à quelques reprises. Le club a présenté la meilleure fiche de la Ligue six fois, a terminé au premier rang de sa division à 12 reprises (7 années consécutives depuis 2001-02) et dominé le classement de son association neuf fois. Au cours de cette période, les Wings ont remporté quatre fois la coupe Stanley. Curieusement, ils avaient dû se contenter du deuxième rang de leur division lors de deux championnats, en 1996-97 et en 1997-98. C'est le plus bas échelon où ils sont descendus. Leurs «pires saisons» de cette période faste furent celles de 1992-93 (deuxième rang de leur division, éliminés en première ronde) et de 1999-2000 (deuxième rang de leur division, éliminés en demi-finale d'association).

Plusieurs grands joueurs ont contribué à cette domination des Red Wings. Les plus remarquables ont été Sergei Fedorov (trophées Hart, Selke et Pearson), Steve Yzerman

(capitaine de l'équipe de 1986 à 2006), Nicklas Lidström (6 trophées Norris en 7 saisons) et Chris Chelios (24 ans d'expérience et toujours l'un des défenseurs les plus fiables du circuit). Les Chris Osgood, Mike Vernon, Paul Coffey, Brendan Shanahan, Chris Pronger ou Dominik Hasek ne sont pas sans mérite non plus ! Lidström est le seul du groupe à avoir participé aux quatre conquêtes de la coupe Stanley, mais plusieurs joueurs ont réussi l'exploit à trois reprises. Aujourd'hui, Pavel Datsyuk et Henrik Zetterberg ont pris la relève pour assurer la continuité et on ne voit pas encore le jour où l'équipe ne sera plus considérée comme une puissance de la LNH.

Derrière le banc des Red Wings, on a longtemps vu Scotty Bowman, celui-là même qui a établi la plus grande dynastie des Canadiens dans les années 1970. Bowman a participé à trois des quatre saisons triomphales des Red Wings au cours de cette période, ce qui lui a permis de devancer l'illustre Toe Blake avec neuf coupes Stanley (cinq à Montréal, une à Pittsburgh et trois à Detroit). Blake en a remporté huit à titre d'entraîneur, toutes avec les Canadiens.

LES SENATORS D'OTTAWA, PREMIÈRE PUISSANCE (1920-1924)

La formation des Senators d'Ottawa, championne de la coupe Stanley en 1920 et en 1921 à l'époque des calendriers répartis en deux demi-saisons, puis de nouveau en 1923, est rarement évoquée dans la liste des dynasties de la LNH. Pourtant l'exploit de l'équipe d'Ottawa n'est pas banal. En 1920, cette formation domine les deux segments du calendrier, se qualifiant d'office pour la finale contre les champions de la Ligue de la Côte pacifique (PCHA). La série atteint la limite de cinq parties et c'est Jack Darragh des Senators qui tranche le débat avec un tour du chapeau lors

du match décisif, après avoir obtenu le but victorieux de la première rencontre.

Darragh est de nouveau le héros de la victoire de 1921 avec les deux buts du cinquième match, gagné 2-1 par les Senators, lesquels deviennent la première équipe de la LNH à réussir un doublé. Les rencontres de la finale attirent des foules de plus de 10 000 personnes à Vancouver, du jamais vu au hockey.

Ottawa conserve le championnat de la saison l'année suivante, mais se voit privé d'une troisième participation à la finale de la coupe Stanley en perdant la série de la Ligue nationale contre les St. Pats de Toronto. L'équipe rebondira en 1923, conservant son titre en saison, avant de récupérer la coupe Stanley en deux séries successives contre Vancouver et Edmonton. Cy Denneny constitue la grande vedette de cette formation dirigée par Pete Green.

Troisième titre consécutif en saison et quatrième en cinq ans, en 1923-24, mais cette fois, ce sont les Canadiens qui mettent fin à la poussée des Senators avec deux victoires successives en finale de la coupe O'Brien.

MEMBRES DES TROIS COUPES 1920, 1921 ET 1923
Clint Benedict, George Boucher, Harry Broadbent, Jack Darragh, Cy Denneny, Eddie Gerard, Frank Nighbor, Pete Green (entraîneur).

LES DYNASTIES D'AVANT LA LNH

Trois autres équipes de hockey ont obtenu un succès certain, avant la formation de la Ligue nationale actuelle, remportant la coupe Stanley : les Victorias de Montréal, le Silver Seven d'Ottawa et les Wanderers de Montréal. En raison du format de la compétition — défis lancés aux détenteurs de la coupe par les champions des diverses ligues —, il est difficile de les définir comme une dynastie en

utilisant les critères habituels. Mais leurs exploits méritent néanmoins d'être soulignés.

Les Victorias de Montréal évoluent d'abord dans la Amateur Hockey Association (AHA) au moment de leurs cinq conquêtes de la coupe Stanley de 1895 à 1899. En 1899, l'AHA disparaît pour laisser place à la CAHL (Canadian Amateur Hockey League) au sein de laquelle les Victorias poursuivent leurs activités. Victoire pour l'équipe montréalaise en 1895, défaite en février 1896, puis autre victoire en mars, ainsi qu'en 1897, 1898 et février 1899. Puis, les Shamrocks de Montréal gagnent, devançant les Victorias au classement, grâce à un gain de 1-0 devant 8000 spectateurs à l'Arena Westmount en mars de la même année, mettant un terme à leur règne.

Le puissant Silver Seven d'Ottawa a évolué au sein de trois ligues différentes, la CAHL, la FAHL (Federal Amateur

LES GRANDES ÉQUIPES DU HOCKEY

Un classement des plus grandes organisations doit d'abord tenir compte de celles qui ont brillé à plus d'une époque, comme le Canadien, les Maple Leafs, les Red Wings et les Bruins. Puis il y a celles qui ont goûté au champagne trois et même quatre ans de suite. Mais une telle liste ne doit pas non plus négliger les formations qui ont accompli un doublé, comme les Oilers, les Flyers et les Penguins, ainsi que quelques autres, toujours parmi les meilleures, mais qui n'ont pu concrétiser leurs succès à l'occasion (Dallas, Colorado).

Voici à quoi pourrait ressembler la liste des plus grandes organisations de hockey, selon notre vision d'aujourd'hui.

1 LES CANADIENS DE MONTRÉAL
1951-1960......5 coupes consécutives
10 fois en finale
1965-1971......4 coupes en 5 ans, 5 en 7 ans
1973-1982......5 coupes
9 championnats de division en 10 ans

2 LES RED WINGS DE DETROIT
1949-1957......4 coupes en 6 ans
7 championnats consécutifs, 8 en 9 ans
1992-2008......2 coupes consécutives,
4 en 11 saisons
12 championnats de division, 7 consécutifs
9 championnats d'association
6 fois au premier rang du classement
général

3 LES MAPLE LEAFS DE TORONTO
1947-1951......3 coupes consécutives, 4 en 5 ans
1962-1964......3 coupes consécutives

4 LES ISLANDERS DE NEW YORK
1978-1984......4 coupes consécutives
5 championnats de division en 7 ans

5 LES OILERS D'EDMONTON
1982-1990......4 coupes en 5 ans, 5 en 7 ans
6 championnats de division consécutifs

6 LES BRUINS DE BOSTON
1938-1941......2 coupes en 3 ans
4 championnats consécutifs de saison
1970-1972......2 coupes en 3 ans
2 championnats de division consécutifs

7 LES SENATORS D'OTTAWA
1920-1924......2 coupes consécutives, 3 en 4 ans
3 championnats consécutifs, 4 en 5 ans

8 LES FLYERS DE PHILADELPHIE (EX AEQUO)
1974-1977......2 coupes consécutives
4 championnats de division consécutifs

LES PENGUINS DE PITTSBURGH (EX AEQUO)
1991-1992......2 coupes consécutives

10 L'AVALANCHE DU COLORADO
1994-2003......2 coupes
9 championnats de division consécutifs

11 LES STARS DE DALLAS
1997-2001......5 championnats de division consécutifs

12 LES DEVILS DU NEW JERSEY (EX AEQUO)
1995-2003......3 coupes en 9 ans
3 championnats de division consécutifs,
5 en 9 ans

LES VICTORIAS DE MONTRÉAL (EX AEQUO)
1895-1899......5 conquêtes de la coupe en 6 ans
4 championnats de saison

LE SILVER SEVEN D'OTTAWA (EX AEQUO)
1903-1906......9 conquêtes de la coupe en 4 ans
4 championnats de saison

LES WANDERERS DE MONTRÉAL (EX AEQUO)
1906-1910......8 conquêtes de la coupe en 5 ans
3 championnats de saison

Hockey League) et la ECAHL (Eastern Canada Amateur Hockey League) entre 1903 et 1906. Au cours de cette période, il défend la coupe Stanley avec succès à neuf reprises, la plupart du temps à la suite de défis de ligues rivales, et ce, jusqu'à quatre fois au cours de la même saison (en 1904). Plusieurs conquêtes sont concrétisées grâce aux exploits de Frank McGee, un joueur borgne qui constitue la grande vedette de l'équipe. McGee, l'un des grands noms de l'histoire du hockey, est mort en France lors de la Première Guerre mondiale. Les frères Gilmour (Billy, Dave et Suddy) et Smith (Alf et Harry) laissent aussi leur marque au cours de cette période victorieuse.

Comme c'est souvent le cas, la domination d'une équipe prend fin avec la montée d'une autre. Les Wanderers de Montréal ravissent la coupe Stanley au Silver Seven en mars 1906, pour ensuite la défendre avec succès contre New Glasgow en décembre. Ils la perdront face à Kenora le mois suivant, avant de la conquérir de nouveau en mars. L'année 1908 sera bénéfique pour les Wanderers avec quatre défenses de leur titre. L'année 1909 et le début de 1910 profiteront à leur tour aux Senators d'Ottawa, avant que les Wanderers récupèrent la coupe pour la huitième et dernière fois de leur histoire en mars 1910, l'année de la formation d'une autre nouvelle organisation de hockey à Montréal, le Canadien. Un total de huit conquêtes de la coupe sur une période de cinq ans pour les Wanderers, qui ont d'abord joué dans la FAHL avant de passer à la ECAHL puis à la National Hockey Association (NHA).

LES FABRICANTS DE DYNASTIES

Qui parle de dynasties parle aussi de ceux qui les ont fabriquées, recrutant les éléments pour leur donner l'élan

indispensable et trouvant ensuite la façon d'amalgamer les joueurs de talent avec ceux au potentiel plus limité pour les diriger vers un objectif commun. Sans compter qu'il faut stimuler et même provoquer les troupes, régler les conflits internes, rassurer les mécontents et désamorcer à l'occasion quelques pièges des médias.

L'un d'eux, Scotty Bowman, est devenu la référence par excellence parce qu'il a dû s'adapter à différentes organisations et à des méthodes qui ont beaucoup évolué durant la période où il a œuvré à titre d'entraîneur. Cinq coupes avec le Canadien (1973, 1976, 1977, 1978, 1979), une avec Pittsburgh (1992) et trois autres à Detroit (1997, 1998, 2002), soit un impressionnant total de neuf. Bowman a fait ses débuts à St. Louis avec un club d'expansion après avoir appris son métier dans l'organisation du Canadien. Il demeure quatre ans avec les Blues avant de revenir à Montréal pour bâtir la plus

grande force de l'histoire du club. Bowman a dirigé le Tricolore pendant huit saisons et, à son départ, ses successeurs ont pu poursuivre dans la lignée de l'excellence pendant encore quelques années. Il s'en va ensuite à Buffalo où il connaît du succès pendant sept ans sans toutefois pouvoir toucher à la coupe Stanley. Après, ce sera Pittsburgh où il prend la relève d'un entraîneur respecté, Bob Johnson, décédé quelques mois après la première des deux coupes des Penguins. Bowman doit désormais apprendre à composer avec l'ego de joueurs dont la motivation est en fonction du chèque de paie. Nouvelle mentalité, nouvelle perception du jeu, mais mêmes succès à Detroit où il demeure neuf ans avant de se retirer, auréolé du titre de plus grand stratège de l'histoire du hockey.

Tout juste avant Bowman, son mentor et aussi l'un des plus grands de l'organisation : Toe Blake. D'abord joueur de grand talent, il est devenu entraîneur au départ **621**

de Dick Irvin en 1955. Blake a donné huit coupes aux Canadiens (1956 à 1960, 1965, 1966, 1968) en 13 saisons. Ses méthodes de hockey n'avaient pas le raffinement de celles d'aujourd'hui, mais il ne faut pas oublier qu'à cette époque l'entraîneur était seul pour diriger une vingtaine de jeunes et de vétérans. Il ne pouvait pas compter sur l'armada actuelle d'adjoints et de spécialistes, du préposé à la vidéo jusqu'au psychologue. À l'ère Blake, le psychologue, c'est

LES GRANDES ÉQUIPES	NOMBRE DE TITRES	DERNIER CHAMPIONNAT
1 Yankees de New York (baseball)	26	2000
2 Canadien de Montréal (hockey)	24	1993
3 Celtics de Boston (basket-ball)	17	2008
4 Lakers de Los Angeles (basket-ball) *(Lakers de Minneapolis 1/NBL, 5/NBA)* *(Lakers de Los Angeles 9/NBA)*	15	2002
Argonauts de Toronto (football canadien)	15	2004
6 Maple Leafs de Toronto (hockey)	13	1967
Eskimos d'Edmonton (football canadien)	13	2005
8 Packers de Green Bay (football)	12	1996
9 Cardinals de St. Louis (baseball)	11	2006
Red Wings de Detroit (hockey)	11	2008
11 Athletics d'Oakland (baseball) *(Athletics de Philadelphie 5, Athletics d'Oakland 4)*	9	1989
Blue Bombers de Winnipeg (football canadien)	9	1990
13 Bears de Chicago (football)	8	1985
Tiger Cats de Hamilton (football canadien)	8	1999
15 Giants de New York (San Francisco) (baseball)	7	1954
Rough Riders d'Ottawa (football canadien)	7	1986
Red Sox de Boston (baseball)	7	2007
Giants de New York (football) *(4 champ. NFL, 3 Super Bowl)*	7	2008
19 Dodgers de Los Angeles (baseball) *(Dodgers de Brooklyn 1, Dodgers de Los Angeles 5)*	6	1988
Bulls de Chicago (basket-ball)	6	1998

lui, et les séances de motivation sont vite expédiées. Il n'a que les soigneurs, Hector Dubois et Gaston Bettez, pour lui donner un coup de main, préparer les bâtons et soigner les petits bobos. Pas de médecin permanent non plus.

Aucun entraîneur ne parviendra à rééditer sa performance de cinq coupes d'affilée. Un exploit qu'il est pourtant passé bien près d'accomplir lui-même une seconde fois avant son départ, avec l'aide du fidèle « Piton », Claude Ruel.

Derrière Bowman et Blake, la liste est courte et les titres, peu nombreux. Hap Day a gagné cinq coupes avec Toronto (1942, 1945 et 1947 à 1949) et quatre autres noms connus suivent avec quatre titres : Dick Irvin, une avec Toronto (1932) et trois avec le Canadien (1944, 1946, 1953) ; Punch Imlach, aussi chez les Maple Leafs (1962 à 1964 et 1967) ; Al Arbour avec les Islanders (1980 à 1983) ; et finalement Glen Sather à la tête des Oilers (1984, 1985, 1987, 1988).

AUTRES GRANDES ÉQUIPES

Les 24 coupes Stanley du Canadien lui permettent de devancer facilement les Maple Leafs de Toronto quant au nombre de couronnements. En y ajoutant les triomphes des Blueshirts, des Arenas et des St. Pats, les équipes torontoises totalisent 13 coupes, et la dernière conquête des Leafs remonte à 1967. Troisièmes pour le nombre de victoires ultimes, les Red Wings présentent un total de 11. Par contre, leur dernier triomphe est plus récent, soit en 2002. Après ces trois formations, les coupes Stanley sont plutôt espacées, avec les Bruins de Boston et les Oilers d'Edmonton en milieu de liste avec cinq coupes chacun.

Le Canadien dispute aux Yankees de New York — maîtres incontestés des Séries mondiales du baseball — le nombre de titres. Longtemps en avance sur les champions du baseball, le Tricolore a dû céder le pas récemment aux Yankees, quatre fois couronnés de 1996 à 2000. Aujourd'hui, New York devance Montréal par 26 championnats à 24.

Au basket-ball, les Celtics de Boston ont écrit plusieurs pages d'histoire avec 17 championnats, dont 8 d'affilée de 1959 à 1966, soit plus que toute autre organisation sportive. À ce chapitre, ils devancent facilement le Canadien et les Yankees qui en ont cumulé cinq consécutivement, de 1956 à 1960 pour le Tricolore et de 1949 à 1953 pour les Yankees. Au football, la domination d'une équipe est moins évidente, puisque la victoire suprême se joue maintenant sur un seul match. Ce sont les Packers de Green Bay qui présentent la meilleure fiche avec 12 championnats, dont le dernier remonte à 1996. De plus, ils n'ont jamais pu établir une véritable lignée de victoires, la plus longue ayant été celle de 1929 à 1932, presque au début de la Ligue nationale de football.

Au football canadien, les Argonauts de Toronto comptent 15 coupes Grey, deux de plus que les Esquimos d'Edmonton.

Il n'y a pas eu de véritable hégémonie sportive dans aucun sport d'équipe professionnel depuis une quarantaine d'années et il n'y en aura probablement plus jamais, en raison des structures des ligues, de l'autonomie des joueurs, des plafonds salariaux de quelques circuits, mais surtout à cause d'une hausse vertigineuse des salaires, qui empêche les organisations de se constituer des équipes puissantes pour de longues périodes. Pourtant, l'équipe de basket-ball des Bulls de Chicago et leur grande vedette Michael Jordan sont passés près d'y parvenir dans les années 1990 avec six championnats en huit ans.

QUELQUES RAISONS DE RÊVER

par Marc Robitaille, auteur

À la fin de l'été 2007, au tournoi de golf des Canadiens de Montréal, un journaliste a demandé au vétéran Saku Koivu d'évaluer les chances de l'équipe pour la nouvelle saison qui allait s'amorcer quelques semaines plus tard.

Le plus sincèrement du monde, le capitaine des Canadiens a répondu que, bien qu'il ne s'attendait pas à ce que son club remporte la coupe Stanley, il était très confiant de le voir connaître une excellente saison et de se classer dans les séries éliminatoires.

Mauvaise réponse.

Le commentaire était certes réfléchi, modéré et réaliste. Mais c'était la mauvaise réponse quand même. La preuve, c'est que dans les jours qui ont suivi, médias et fans n'en avaient que pour cette «déclaration controversée». On était étonné, consterné même, du peu de foi du com-

mandant des troupes. Comment pouvait-il émettre un commentaire aussi défaitiste? Lancer la serviette avant le premier coup de patin, n'est-ce pas indigne d'un capitaine des Canadiens? La direction du club s'est rapidement lancée dans du *damage control*, précisant que ce n'était pas tout à fait ce que Koivu avait voulu dire.

Tout ce bruit et cette fureur prouvaient tout de même une chose: dans cette partie du globe, on ne badine pas avec cette équipe. Les Canadiens, c'est du sérieux, comme le prouvent tous les soirs les auditeurs qui ressentent une envie subite de parler avec Ron Fournier. Les gens aiment le hockey, certes, mais jamais comme ils aiment cette équipe. Psychologues, sociologues et autres experts vous le diront: cette équipe nous tient à cœur parce qu'elle est une version améliorée de nous-mêmes, le miroir de ce que nous souhaiterions être.

625

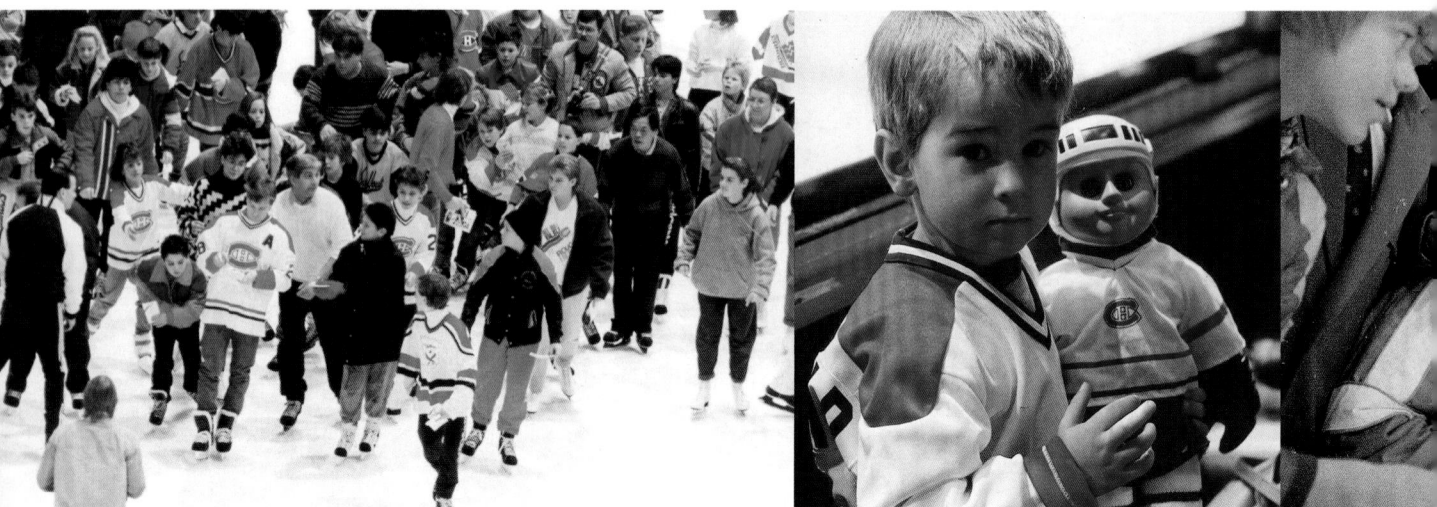

Il y a si longtemps que nous nous projetons ainsi en eux qu'on en vient à oublier que, d'une génération à l'autre, les raisons d'aimer ce club ont évolué. Les victoires n'ont pas eu le même sens pour nos grands-parents qu'elles ont maintenant pour nos garçons et nos filles.

C'est vers la fin des années 1950 que les Canadiens de Montréal sont vraiment entrés *dans la famille*. Ils avaient Richard, Béliveau, Moore, Geoffrion, Harvey, Plante. Des noms se récitant maintenant comme un poème. Tous là, en même temps, d'année en année. Au Forum, les *Flying Frenchmen* remportaient les matchs que nos aïeux avaient perdus dans d'autres arénas. Quand le Rocket a été suspendu dans les circonstances que l'on sait, les Canadiens ont par la suite relevé les manches de leurs bras meurtris et ont remporté cinq fois de suite la coupe Stanley. CINQ : **626** jamais vu avant, jamais vu depuis. Quoi de mieux qu'un peu

de lumière printanière quand on a l'impression de vivre dans la noirceur ?

Dans la décennie suivante, les Blackhawks et les Bruins ont été de grosses machines de hockey, propulsées au sommet par Bobby Hull et Bobby Orr. Les Canadiens avaient encore une excellente formation, mais les clubs à battre jouaient désormais à Chicago et à Boston. Or, les Canadiens ont battu ces clubs-là, et au moment où ça comptait le plus : dans les séries.

Ces victoires étaient particulièrement délicieuses, car elles arrivaient souvent à la fin du dernier acte, à la suite de revirements improbables, au moment où l'on n'y croyait plus. Le succès de ces équipes faisait la preuve que les plus doués ne gagnent pas toujours. Dans les années 1960, les J.-C. Tremblay, Dick Duff, Terry Harper, Gump Worsley et Charlie Hodge ne figuraient pas régulièrement dans les

clubs d'étoiles comme les Howe, Hull, Orr ou Esposito, mais ce sont eux qui ramenaient la coupe à la maison. Plus que tout, le succès de ces éditions du club prouvait que *tout est possible*, comme les *sixties* en faisaient constamment la démonstration, d'ailleurs.

Quelques années plus tard, l'équipe est redevenue la puissance qu'elle avait été au temps du Rocket, mais cette fois les acteurs principaux s'appelaient Dryden, Lafleur, Shutt, Lemaire, Gainey ou *The Big Three*. Leurs victoires, routinières, étaient tout de même parfois durement acquises, en particulier quand les Bruins ou les Flyers se mettaient sur leur chemin. Mais il n'en paraissait rien, le panache de cette équipe, sa confiance en elle donnant à croire que tout lui venait facilement. Certains amateurs trouvaient le moyen de se plaindre de cette domination outrancière (se plaindre reste une de nos grandes marques de commerce), mais les

autres vivaient très bien avec cette excellence à tous points de vue, y voyant là une autre manifestation du *Québec sait faire*, d'une société désormais confiante, enfin délestée de ses complexes. Les victoires de l'équipe des années 1970 n'étaient plus un baume, mais dorénavant l'expression d'une grande fierté. Les foules se pressant aux défilés de la coupe Stanley ressemblaient à s'y méprendre à celles assistant aux spectacles en plein air de la Saint-Jean-Baptiste.

Pour les amateurs du Canadien et bien d'autres Québécois, les années 1980 ont pris des allures de pénible lendemain de veille. La meilleure équipe de hockey évoluait maintenant à Edmonton, et notre club avait du mal à se relever du départ de ses plus grands artistes. Confronté à l'idée qu'il ne marquerait plus jamais 50 buts par saison, Guy Lafleur s'est senti pressé de plier bagage. À 33 ans... Pas facile d'être une légende dans cette équipe. **627**

Pour la génération d'amateurs qui avait vu son club remporter la coupe 15 fois en 24 ans, toute saison ne se concluant pas par un défilé dans la rue Sainte-Catherine était vue comme un échec humiliant, une saison à effacer de la mémoire collective. C'était la triste époque enfant-gâté du *partisanus canadianus*, dont les comportements rappelaient ceux de l'enfant qui boude à côté de l'arbre de Noël où sont empilés sa snowboard neuve, son iPod et sa console de jeux vidéo. Une époque évidemment chérie par les amateurs des Nordiques de Québec, ceux-là même qui ne manquent jamais de vous rappeler — sourire fendu jusqu'aux oreilles — où ils étaient précisément au moment du but de Dale Hunter à 22 secondes du début de la prolongation. Si les partisans des Canadiens sont de mauvais perdants, les fans des Nordiques pouvaient être, disons-le franchement, de bien mauvais gagnants. Le manque d'habitude, peut-être...

Quoi qu'il en soit, alors que les *fans finis* du Canadien commençaient à sombrer dans la déprime, les chroniqueurs de hockey, comme d'habitude, faisaient dans le cynisme, n'utilisant plus le terme «glorieux» dans leurs articles que de manière ironique.

Mais soyons sérieux un instant : comment le club pouvait-il redevenir glorieux s'il n'avait pas le loisir d'être seulement ordinaire pendant une ou deux saisons ? À l'époque où il était le DG de l'équipe, Serge Savard déplorait le fait que l'équipe ne pouvait jamais entreprendre une reconstruction réelle, puisque ses partisans la «condamnaient à gagner». Il n'avait pas tort.

Mais l'équipe condamnée à la victoire cachait encore un ou deux lapins dans son chapeau. Portée à bout de bras par les valeureux Bob Gainey et Larry Robinson, inspirée par les recrues Patrick Roy, Claude Lemieux et Guy Carbonneau, **629**

elle a ramené la coupe à Montréal. Coup de chance ? Peut-être. Mais, comme l'ont sans doute déjà dit quelques fois des panélistes à l'émission *110 %*, quand le gardien d'une équipe se met à toutes les arrêter, qui sait ce qui peut arriver ?

Ce qui peut arriver, c'est qu'elle en remporte une autre, comme au printemps 1993, quand Roy s'est mis dans la tête de ne plus rien laisser passer. Ces coupes furent des cadeaux inespérés, la démonstration que cette équipe est bénie des dieux, même dans ses périodes les moins fastes. Une occasion aussi pour la nouvelle génération de fans de goûter à ce bonheur collectif qu'avaient connu leurs parents et grands-parents.

Puis a commencé une nouvelle (et encore plus longue) traversée du désert pour les Canadiens et leurs partisans, amorcée au terme de la saison 1994-95, quand **630** l'équipe a été exclue des séries pour une première fois en

25 ans. Dans la décennie qui a suivi, cette infamie s'est reproduite à quatre reprises. Et, les années où les Canadiens se faufilaient dans les séries, leur temps de glace ne durait jamais bien longtemps...

Pour dire vrai, c'est tout le hockey de la Ligue nationale qui ne se portait pas très bien, les conflits de travail ayant réduit l'ardeur de ses partisans, comme le faisaient aussi les matchs ennuyeux de 1 à 1.

À Montréal, on ne sentait plus la symbiose des partisans avec leurs Canadiens. Les fantômes du Forum n'avaient pas suivi le club dans son nouvel aréna et une fois Roy exilé au Colorado, l'équipe n'avait soudainement plus de superstar dans ses rangs. Nous avions désormais un club moyen, dont même les victoires manquaient d'éclat. C'est alors que l'impensable est arrivé : les partisans ont cessé de croire aux chances de leur équipe. À leurs chances de

gagner la coupe Stanley. Comment auraient-ils pu le faire, alors qu'il fallait désormais rivaliser avec 29 autres équipes, la plupart d'entre elles mieux placées pour attirer dans leurs rangs les vedettes à gros salaire?

Un jour, le Canadien a été mis en vente par Molson et aucune entreprise d'ici n'en a voulu. Un peu plus tard, la Société Radio-Canada a rayé *La Soirée du hockey* de ses programmes sans que personne ne s'en formalise vraiment.

Entendons-nous, les Canadiens et le hockey n'étaient pas morts, mais quelque chose ne tournait pas rond au Centre Molson/Bell.

Or, au moment où l'on ne voyait plus où la glissade s'arrêterait, le vent a tourné.

Ces dernières années, les Canadiens sont redevenus les enfants chéris des Montréalais et des Québécois. Plus de

printemps à Montréal ne se passe sans la présence de ces petits drapeaux tricolores flottant au vent sur la plupart des voitures.

Y sont-ils arrivés en attirant une grande vedette dans leurs rangs? Non. En changeant leur stratégie de marketing? Non plus. Ce qui a changé, c'est que la formation actuelle s'est mise à jouer avec juste assez de flair et d'esprit de corps pour que le partisan se remette à rêver. Pas à une fiche gagnante, pas à une place dans les séries. À la coupe. Pour la première fois depuis une dizaine d'années, le partisan du CH se remet à rêver au Trophée.

Les attentes des fans ne sont plus celles de jadis — Dieu merci. Une saison qui ne se termine pas avec un défilé en juin n'est plus nécessairement une saison fichue. Les Canadiens de 2007-08 ont été éliminés en deuxième ronde, mais tous sont d'avis que la saison a été rien de moins que **631**

glorieuse. Car, ce que les partisans veulent, ces temps-ci, c'est une équipe qui *pourrait* se rendre loin. Dans le jargon, on dit : «Une équipe qui aspire aux plus grands honneurs.» Ce qu'ils veulent désormais, c'est qu'on leur donne des raisons de rêver.

C'est pour cela que le franc-parler de Koivu à l'aube de la saison 2007-08 a créé des vagues. C'est pour cela que sa réponse, bien que sensée, n'était pas la bonne. Les gens ont senti qu'on était en train de leur enlever l'essentiel : le plaisir de rêver.

À la fin de l'été 2008, les Canadiens ont tenu leur tournoi de golf annuel. Le capitaine Koivu étant absent ce jour-là, on a alors demandé au président du club, Pierre Boivin, d'évaluer les chances de son équipe pour la prochaine saison. «On vise la coupe», a-t-il répondu sans hésiter.

C'était, cette fois, la bonne réponse. La déclaration a fait la une d'un journal montréalais, mais n'a suscité aucune controverse.

* * *

Si les temps ont changé à ce point depuis 50 ans, pourquoi nous, les partisans d'aujourd'hui, y tenons tant, à cette coupe Stanley ? Pourquoi le Canadien est-il redevenu important ? Si les victoires de fin de saison ne servent plus à racheter d'autres défaites ni à célébrer l'épanouissement de la patrie, à quoi servent-elles, alors ? À quoi sert le Canadien ?

La réponse n'est pas simple. Mais risquons-en une quand même : et si rêver à la coupe servait désormais à quelque chose de plus simple ? Comme nous sortir de notre bulle, nous remettre en contact avec l'autre, faciliter nos rencontres auprès d'inconnus, à la banque, au supermarché. Nous fournir un sujet de conversation facile, léger,

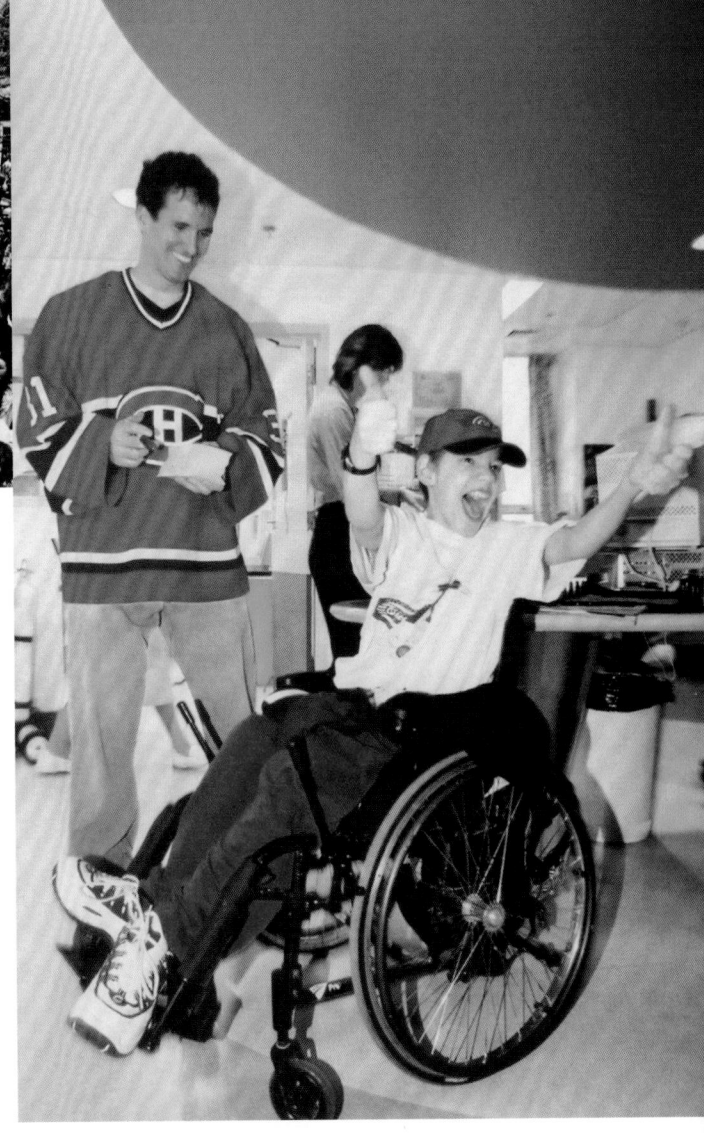

plaisant. Déchargé de connotations de toutes sortes ou de controverse. Peut-être que ça sert à ça, ces temps-ci, le Canadien.

« Avez-vous vu la partie, hier ?

— Maudits Bruins ! Ils nous ont volé la *game* en troisième...

— Nos gars vont se reprendre demain, vous verrez.

— C'est ce qu'on se souhaite. Bonne journée, là.

— Bonne journée. »

* * *

Marc Robitaille est l'auteur de *Des histoires d'hiver avec des rues, des écoles et du hockey*. Il a également dirigé le collectif *Une enfance bleu-blanc-rouge*.

DES NOMS ET DES CHIFFRES

Un livre sur la glorieuse histoire des Canadiens ne serait pas complet sans les fiches de ceux qui ont contribué aux exploits que l'on raconte dans les pages précédentes. Que le joueur ait joué toute sa carrière dans l'uniforme bleu blanc rouge ou qu'il n'ait disputé qu'une seule rencontre, son nom appartient à l'histoire de nos Glorieux. Et dans tous les cas (sauf erreur bien involontaire de notre part), les statistiques dans les circuits mineurs ont aussi été ajoutées.

Les élus au Temple de la renommée, les propriétaires et les dirigeants de l'équipe, ainsi que les récipiendaires de trophées font également partie intégrante de cette section du livre que dévoreront les férus de statistiques.

Et pour commencer sur un bon pied, nous vous offrons le Top 100 des meilleurs de l'histoire pour les points, les parties jouées, les passes et même les punitions.

À noter que les tableaux qui suivent incluent les statistiques de la saison 2007-08 et ne tiennent pas compte de celle en cours.

POINTS

N°	POS	JOUEURS	PJ	B	A	PTS	PUN	
1	AD	Guy Lafleur	961	518	728	1246	381	1971-85
2	C	Jean Béliveau	1125	507	712	1219	1029	1950-71
3	C	Henri Richard	1256	358	688	1046	928	1955-75
4	AD	Maurice Richard	978	544	421	965	1285	1942-60
5	D	Larry Robinson	1202	197	686	883	706	1972-89
6	AD	Yvan Cournoyer	968	428	435	863	255	1963-79
7	C	Jacques Lemaire	853	366	469	835	217	1967-79
8	AG	Steve Shutt	871	408	368	776	400	1972-85
9	AD	Bernard Geoffrion	766	371	388	759	636	1950-64
10	C	Elmer Lach	664	215	408	623	478	1940-54
11	AG	Mats Naslund	617	243	369	612	107	1982-90
12	AG	Dickie Moore	654	254	340	594	575	1951-63
13	C	Saku Koivu	727	175	416	591	579	1995-08
14	AD	Claude Provost	1005	254	335	589	469	1955-70
15	AD	Mario Tremblay	852	258	326	584	1043	1974-86
16	D	Guy Lapointe	777	166	406	572	812	1968-82
17	C	Peter Mahovlich	581	223	346	569	695	1969-78
18	C	Guy Carbonneau	912	221	326	547	623	1980-94
19	AG	Toe Blake	569	235	292	527	272	1935-48
20	AD	Robert Rousseau	643	200	322	522	317	1960-70
21	C	Ralph Backstrom	844	215	287	502	348	1956-71
22	AG	Bob Gainey	1160	239	262	501	585	1973-89
23	C	Vincent Damphousse	519	184	314	498	559	1992-99
24	C	Bobby Smith	505	172	310	482	430	1983-90
25	AG	Aurèle Joliat	655	270	190	460	771	1922-38
26	C	Pierre Mondou	548	194	262	456	179	1976-85
27	D	Doug Harvey	890	76	371	447	1042	1947-61
28	AG	Shayne Corson	662	168	255	423	1341	1985-00
29	AD	Stéphane Richer	490	225	196	421	399	1984-98
30	C	Howie Morenz	460	257	160	417	499	1923-37
31	AG	Yvon Lambert	606	181	234	415	302	1972-81
32	D	Serge Savard	917	100	312	412	537	1966-81
33	AG	Réjean Houle	635	161	247	408	395	1969-83
34	AG	Bert Olmstead	508	103	280	383	609	1950-58
35	D	Jean-Claude Tremblay	794	57	306	363	204	1959-72
36	D	Patrice Brisebois	834	82	271	353	527	1990-08
37	C	Ryan Walter	604	141	208	349	419	1982-91
38	AG	Gilles Tremblay	509	168	162	330	161	1960-69
39	A/D	Newsy Lalonde	200	266	62	328	440	1909-22
40	AG	Mike McPhee	581	162	162	324	581	1983-92
41	AD	Mark Recchi	346	120	202	322	222	1994-99
42	AG	Frank Mahovlich	263	129	181	310	145	1970-74
43	D	Chris Chelios	402	72	237	309	783	1983-90
44	AD	Mark Napier	367	145	159	304	62	1978-84

N°	POS	JOUEURS	PJ	B	A	PTS	PUN	
45	AG	John Ferguson	500	145	158	303	1214	1963-71
46	C	Doug Risebrough	493	117	185	302	959	1974-82
47	AG	Martin Rucinsky	432	134	163	297	398	1995-02
48	C	Ken Mosdell	627	132	155	287	449	1944-59
49	AG	Brian Savage	461	155	130	285	225	1993-02
50	D	Jacques Laperrière	691	40	242	282	674	1962-74
51	D/AD	Didier Pitre	254	220	59	279	218	1909-23
52	AD	Mike Keane	506	90	179	269	496	1988-96
53	C	Billy Reay	475	103	162	265	202	1945-53
	D	Andrei Markov	493	62	203	265	289	2000-08
55	AG	Don Marshall	585	114	140	254	81	1951-63
56	AD	John Gagnon	406	115	137	252	286	1930-40
57	AG	Kirk Muller	267	104	143	247	292	1991-95
58	D	Jean-Guy Talbot	791	36	209	245	884	1954-67
	C	Doug Jarvis	560	91	154	245	151	1975-82
60	C	Stephan Lebeau	313	104	139	243	79	1988-94
61	C	Alfred Lépine	526	143	98	241	392	1925-38
	AG	Benoit Brunet	494	92	149	241	221	1988-02
63	AD	Claude Larose	529	117	123	240	544	1962-75
64	C	Pierre Larouche	236	110	126	236	59	1977-82
65	C	Buddy O'Connor	271	78	155	233	22	1941-47
66	D	Tom Johnson	857	47	183	230	897	1947-63
67	D	Petr Svoboda	534	39	190	229	761	1984-92
68	C	Brian Skrudland	475	78	139	217	592	1985-93
69	AD	Michael Ryder	314	99	108	207	156	2003-08
70	AG	Marcel Bonin	280	68	137	205	220	1957-62
71	AD	Floyd Curry	601	105	99	204	147	1947-58
72	D	Mathieu Schneider	360	63	136	199	364	1987-95
	AD	Alex Kovalev	236	77	122	199	236	2003-08
74	C	Ray Getliffe	265	99	97	196	193	1939-45
75	AD	Russ Courtnall	250	82	113	195	77	1988-92
76	D	Émile Bouchard	785	49	144	193	863	1941-56
77	AG	Georges Mantha	488	89	102	191	148	1928-41
78	AD	Claude Lemieux	281	97	92	189	576	1983-90
79	C	Keith Acton	228	78	110	188	229	1979-84
80	AD	Oleg Petrov	365	70	113	183	99	1992-03
	AD	Richard Zednik	322	98	85	183	259	2000-06
82	C	Phil Goyette	375	62	120	182	44	1956-63
83	D	Éric Desjardins	405	43	136	179	351	1988-95
	C	Denis Savard	210	72	107	179	215	1990-93
85	AD	Chris Nilan	523	88	87	175	2248	1979-92
	AG	Brian Bellows	200	81	94	175	88	1992-95
87	AD	Dick Duff	305	87	85	172	166	1964-70
88	AD	Bill Hicke	318	69	100	169	176	1958-65
89	AG	Murph Chamberlain	323	66	97	163	540	1940-49
	D/AD	Jim Roberts	611	63	100	163	299	1963-77
91	AG	Murray Wilson	328	83	80	163	148	1972-78
92	D	Sheldon Souray	324	62	98	160	556	1999-07
93	AG	Marc Tardif	245	78	79	157	289	1969-73
94	C	Mike Ribeiro	276	50	103	153	92	1999-06
95	D	Craig Rivet	653	39	112	151	795	1994-07
96	D	Glen Harmon	452	50	96	146	334	1942-51
97	C	Tomas Plekanec	231	58	87	145	110	2003-08
98	AD	Wildor Larochelle	404	81	63	144	197	1925-36
	AD	Joseph Benoit	185	75	69	144	94	1940-47
100	D	Sylvio Mantha	538	63	78	141	669	1923-36

BUTS

N°	POS	JOUEURS	B	
1	AD	Maurice Richard	544	1942-60
2	AD	Guy Lafleur	518	1971-85
3	C	Jean Béliveau	507	1950-71
4	AD	Yvan Cournoyer	428	1963-79
5	AG	Steve Shutt	408	1972-85
6	AD	Bernard Geoffrion	371	1950-64
7	C	Jacques Lemaire	366	1967-79
8	C	Henri Richard	358	1955-75
9	AG	Aurèle Joliat	270	1922-38
10	A/D	Newsy Lalonde	266	1909-22
11	AD	Mario Tremblay	258	1974-86
12	C	Howie Morenz	257	1923-37
13	AG	Dickie Moore	254	1951-63
	AD	Claude Provost	254	1955-70
15	AG	Mats Naslund	243	1982-90
16	C	Bob Gainey	239	1973-89
17	AG	Toe Blake	235	1935-48
18	AD	Stéphane Richer	225	1984-98
19	C	Peter Mahovlich	223	1969-78
20	C	Guy Carbonneau	221	1980-94
21	D/AD	Didier Pitre	220	1909-23
22	C	Elmer Lach	215	1940-54
	C	Ralph Backstrom	215	1956-71
24	D	Robert Rousseau	200	1960-70
25	D	Larry Robinson	197	1972-89
26	C	Pierre Mondou	194	1976-85
27	C	Vincent Damphousse	184	1992-99
28	AG	Yvon Lambert	181	1972-81
29	C	Saku Koivu	175	1995-08
30	C	Bobby Smith	172	1983-90
31	AG	Gilles Tremblay	168	1960-69
	AG	Shayne Corson	168	1985-00
33	D	Guy Lapointe	166	1968-82
34	AG	Mike McPhee	162	1983-92
35	AD/AG	Réjean Houle	161	1969-83
36	AG	Brian Savage	155	1993-02
37	AG	John Ferguson	145	1963-71
	AD	Mark Napier	145	1978-84
39	C	Alfred Lépine	143	1925-38
40	C/AG	Ryan Walter	141	1982-91
41	AG	Martin Rucinsky	134	1995-02
42	C	Ken Mosdell	132	1944-59
43	AD	Frank Mahovlich	129	1970-74
44	AD	Mark Recchi	120	1994-99
45	AD	Claude Larose	117	1962-75
	C	Doug Risebrough	117	1974-82
47	C	Johnny Gagnon	115	1930-40
48	AG	Don Marshall	114	51-1963
49	C	Pierre Larouche	110	1977-82
50	AD	Floyd Curry	105	1947-58
51	C	Stephan Lebeau	104	1988-94
	AG	Kirk Muller	104	1991-95
53	C	Billy Reay	103	1945-53
	AG	Bert Olmstead	103	1950-58
55	D	Serge Savard	100	1966-81
56	C/AG	Ray Getliffe	99	1939-45
	AD	Michael Ryder	99	2003-08
58	AD	Richard Zednik	98	2000-06
59	AD	Claude Lemieux	97	1983-90
60	AD/C	Odie Cleghorn	92	1918-25
	AG	Benoit Brunet	92	1988-02
62	C	Doug Jarvis	91	1975-82
63	AD	Mike Keane	90	1988-96
64	D/AG	Georges Mantha	89	1928-41
65	C	Chris Nilan	88	1979-92
66	C	Dick Duff	87	1964-70
67	AD	Billy Boucher	86	1921-27
68	AD	Murray Wilson	83	1972-78
69	AD	Russ Courtnall	82	1988-92
	D	Patrice Brisebois	82	1990-08
71	AD	Wildor Larochelle	81	1925-36
	AG	Brian Bellows	81	1992-95
73	C	Buddy O'Connor	78	1941-47
	AG	Marc Tardif	78	1969-73
	C	Keith Acton	78	1979-84
	C	Brian Skrudland	78	1985-93
77	AD	Alex Kovalev	77	2003-08
78	D	Doug Harvey	76	1947-61
79	AD	Joseph Benoit	75	1940-47
80	D	Chris Chelios	72	1983-90
	C	Denis Savard	72	1990-93
	C	Christopher Higgins	72	2003-08
83	AD	Oleg Petrov	70	1992-03
84	AD	Bill Hicke	69	1958-65
85	AG	Marcel Bonin	68	1957-62
86	C	Yanick Perreault	67	2000-04
87	AD	Murph Chamberlain	66	1940-49
88	D	Sylvio Mantha	63	1923-36
	D/AD	Jim Roberts	63	1963-77
	AD	Mathieu Schneider	63	1987-95
91	A	Louis Berlinguette	62	1911-23
	C	Phil Goyette	62	1956-63
	D	Sheldon Souray	62	1999-07
	D	Andrei Markov	62	2000-08
95	AG	Gilbert Dionne	60	1990-95
96	C	Jan Bulis	58	2000-06
	C	Tomas Plekanec	58	2003-08
98	C	Albert Leduc	57	1925-35
	D	Jean-Claude Tremblay	57	1959-72
	C	Kjell Dahlin	57	1985-88

PASSES

N°	POS	JOUEURS	P	
1	AD	Guy Lafleur	728	1971-85
2	C	Jean Béliveau	712	1950-71
3	C	Henri Richard	688	1955-75
4	D	Larry Robinson	686	1972-89
5	C	Jacques Lemaire	469	1967-79
6	AD	Yvan Cournoyer	435	1963-79
7	AD	Maurice Richard	421	1942-60
8	C	Saku Koivu	416	1995-08
9	C	Elmer Lach	408	1940-54
10	D	Guy Lapointe	406	1968-82
11	AD	Bernard Geoffrion	388	1950-64
12	D	Doug Harvey	371	1947-61
13	AG	Mats Naslund	369	1982-90
14	AG	Steve Shutt	368	1972-85
15	C	Peter Mahovlich	346	1969-78
16	AG	Dickie Moore	340	1951-63
17	AD	Claude Provost	335	1955-70
18	AD	Mario Tremblay	326	1974-86
	C	Guy Carbonneau	326	1980-94
20	AD	Robert Rousseau	322	1960-70
21	C	Vincent Damphousse	314	1992-99
22	D	Serge Savard	312	1966-81
23	C	Bobby Smith	310	1983-90
24	D	Jean-Claude Tremblay	306	1959-72
25	AG	Toe Blake	292	1935-48
26	C	Ralph Backstrom	287	1956-71
27	AG	Bert Olmstead	280	1950-58
28	C	Patrice Brisebois	271	1990-08
29	AG	Bob Gainey	262	1973-89
	C	Pierre Mondou	262	1976-85
31	AG	Shayne Corson	255	1985-00
32	AD/AG	Réjean Houle	247	1969-83
33	D	Jacques Laperrière	242	1962-74
34	D	Chris Chelios	237	1983-90
35	AG	Yvon Lambert	234	1972-81
36	D	Jean-Guy Talbot	209	1954-67
37	C/AG	Ryan Walter	208	1982-91
38	D	Andrei Markov	203	2000-08
39	AD	Mark Recchi	202	1994-99
40	AD	Stéphane Richer	196	1984-98
41	AG	Aurèle Joliat	190	1922-38
	D	Petr Svoboda	190	1984-92
43	C	Doug Risebrough	185	1974-82
44	D	Tom Johnson	183	1947-63
45	AG	Frank Mahovlich	181	1970-74
46	AD	Mike Keane	179	1988-96
47	AG	Martin Rucinsky	163	1995-02
48	C	Billy Reay	162	1945-53
	AG	Gilles Tremblay	162	1960-69
	AG	Mike McPhee	162	1983-92
51	C	Howie Morenz	160	1923-37
52	AD	Mark Napier	159	1978-84
53	AG	John Ferguson	158	1963-71
54	C	Buddy O'Connor	155	1941-47
	C	Ken Mosdell	155	1944-59
56	C	Doug Jarvis	154	1975-82
57	AG	Benoit Brunet	149	1988-02
58	D	Émile Bouchard	144	1941-56
59	AG	Kirk Muller	143	1991-95
60	AD	Don Marshall	140	1951-63
61	C	Brian Skrudland	139	1985-93
	C	Stephan Lebeau	139	1988-94
63	AD	Johnny Gagnon	137	1930-40
	AG	Marcel Bonin	137	1957-62
65	D	Mathieu Schneider	136	1987-95
	D	Éric Desjardins	136	1988-95
67	AG	Brian Savage	130	1993-02
68	C	Pierre Larouche	126	1977-82
69	AD	Claude Larose	123	1962-75
70	AD	Alex Kovalev	122	2003-08
71	C	Phil Goyette	120	1956-63
72	AD	Russ Courtnall	113	1988-92
	AD	Oleg Petrov	113	1992-03
74	D	Terry Harper	112	1962-72
	D	Craig Rivet	112	1994-07
76	D	Craig Ludwig	111	1982-90
77	C	Keith Acton	110	1979-84
78	AD	Michael Ryder	108	2003-08
79	D	Denis Savard	107	1990-93
80	C	Mike Ribeiro	103	1999-06
81	D/AG	Georges Mantha	102	1928-41
	D	Gaston Gingras	102	1979-88
83	D	Rod Langway	101	1978-82
84	C	Paul Haynes	100	1935-41
	AD	Bill Hicke	100	1958-65
	D/AD	Jim Roberts	100	1963-77
87	AD	Floyd Curry	99	1947-58
	D	Vladimir Malakhov	99	1994-00
89	C	Alfred Lépine	98	1925-38
	D	Sheldon Souray	98	1999-07
91	C/AG	Ray Getliffe	97	1939-45
	AG	Murph Chamberlain	97	1940-49
93	C	Ken Reardon	96	1940-50
	D	Glen Harmon	96	1942-51
95	D	Ted Harris	95	1963-70
96	AG	Brian Bellows	94	1992-95
97	AD	Claude Lemieux	92	1983-90
98	D	Brian Engblom	87	1976-82
	AD	Chris Nilan	87	1979-92
	C	Tomas Plekanec	87	2003-08

PÉNALITÉS

N°	POS	JOUEURS	MIN	
1	AD	Chris Nilan	2248	1979-92
2	D	Lyle Odelein	1367	1989-96
3	AG	Shayne Corson	1341	1985-00
4	AD	Maurice Richard	1285	1942-60
5	AD	John Ferguson	1214	1963-71
6	AD	Mario Tremblay	1043	1974-86
7	D	Doug Harvey	1042	1947-61
8	C	Jean Béliveau	1029	1950-71
9	C	Doug Risebrough	959	1974-82
10	C	Henri Richard	928	1955-75
11	D	Tom Johnson	897	1947-63
12	D	Jean-Guy Talbot	884	1954-67
13	D	Émile Bouchard	863	1941-56
14	D	Guy Lapointe	812	1968-82
15	D	Terry Harper	805	1962-72
16	D	Craig Rivet	795	1994-07
17	D	Chris Chelios	783	1983-90
18	AG	Aurèle Joliat	771	1922-38
19	D	Petr Svoboda	761	1984-92
20	D	Larry Robinson	706	1972-89
21	C	Peter Mahovlich	695	1969-78
22	D	Jacques Laperrière	674	1962-74
23	D	Sylvio Mantha	669	1923-36
24	D	Stéphane Quintal	637	1995-04
25	AD	Bernard Geoffrion	636	1950-64
26	C	Guy Carbonneau	623	1980-94
27	D	Craig Ludwig	619	1982-90
28	AD	Turner Stevenson	611	1992-00
29	AG	Bert Olmstead	609	1950-58
	AD	Todd Ewen	609	1989-93
31	D	Ken Reardon	604	1940-50
32	C	Brian Skrudland	592	1985-93
33	AG	Bob Gainey	585	1973-89
34	AG	Mike McPhee	581	1983-92
35	C	Saku Koivu	579	1995-08
36	D	Ted Harris	576	1963-70
	AD	Claude Lemieux	576	1983-90
38	AG	Dickie Moore	575	1951-63
39	D	Albert Leduc	574	1925-35
40	C	Vincent Damphousse	559	1992-99
41	D	Sheldon Souray	556	1999-07
42	AD	Claude Larose	544	1962-75
43	D	Bert Corbeau	541	1914-22
44	AG	Murph Chamberlain	540	1940-49
45	D	Serge Savard	537	1966-81
46	D	Patrice Brisebois	527	1990-08
47	C	Howie Morenz	499	1923-37
48	AD	Mike Keane	496	1988-96
49	C	Elmer Lach	478	1940-54
50	AD	Claude Provost	469	1955-70
51	C	Ken Mosdell	449	1944-59
52	C	Scott Thornton	443	1996-00
53	A/D	Newsy Lalonde	440	1909-22
54	C	Bobby Smith	430	1983-90
55	C/AG	Ryan Walter	419	1982-91
56	AG	Steve Shutt	400	1972-85
57	AD	Stéphane Richer	399	1984-98
58	AG	Martin Rucinsky	398	1995-02
59	AD/AG	Réjean Houle	395	1969-83
60	C	Alfred Lépine	392	1925-38
61	D	Marty Burke	385	1927-38
62	AD	Guy Lafleur	381	1971-85
	AD	Mark Hunter	381	1981-85
64	D	Pierre Bouchard	379	1970-78
65	D	Mike Komisarek	375	2002-08
66	D	Mathieu Schneider	364	1987-95
67	AG	Donald Brashear	358	1993-97
68	C	Billy Coutu	357	1916-26
69	D	Éric Desjardins	351	1988-95
70	C	Ralph Backstrom	348	1956-71
71	D	Rod Langway	347	1978-82
72	D	Gilles Lupien	341	1977-80
73	AD	Billy Boucher	339	1921-27
74	AG	John Kordic	335	1985-89
75	D	Glen Harmon	334	1942-51
76	AD	Robert Rousseau	317	1960-70
77	D	Francis Bouillon	316	1999-08
78	AG	Mario Roberge	314	1990-95
79	D	Lou Fontinato	308	1961-63
80	D	Dollard Saint-Laurent	306	1950-58
81	D/AD	Jim Roberts	303	1963-77
82	AG	Yvon Lambert	302	1972-81
83	D	Brian Engblom	298	1976-82
84	AG	Kirk Muller	292	1991-95
85	AG	Marc Tardif	289	1969-73
	D	Andrei Markov	289	2000-08
87	D	Vladimir Malakhov	287	1994-00
88	AD	Johnny Gagnon	286	1930-40
89	AD	Chris Murray	281	1994-97
90	AG	Toe Blake	272	1935-48
91	AD	Richard Zednik	259	2000-06
92	D	Jean-Jacques Daigneault	257	1989-96
93	D	Cliff Goupille	256	1935-43
94	AD	Yvan Cournoyer	255	1963-79
95	D	Kevin Haller	252	1991-94
96	D	Sprague Cleghorn	248	1921-25
	AG	Steve Bégin	248	2003-08
98	AD	Sergio Momesso	243	1983-88
99	AD	Alex Kovalev	236	2003-08
100	D	Bob Turner	235	1955-61

PARTIES JOUÉES

N°	POS	JOUEURS	PJ	
1	C	Henri Richard	1256	1955-75
2	D	Larry Robinson	1202	1972-89
3	AG	Bob Gainey	1160	1973-89
4	C	Jean Béliveau	1125	1950-71
5	AD	Claude Provost	1005	1955-70
6	AD	Maurice Richard	978	1942-60
7	AD	Yvan Cournoyer	968	1963-79
8	AD	Guy Lafleur	961	1971-85
9	D	Serge Savard	917	1966-81
10	C	Guy Carbonneau	912	1980-94
11	D	Doug Harvey	890	1947-61
12	AG	Steve Shutt	871	1972-85
13	D	Tom Johnson	857	1947-63
14	C	Jacques Lemaire	853	1967-79
15	AD	Mario Tremblay	852	1974-86
16	C	Ralph Backstrom	844	1956-71
17	D	Patrice Brisebois	834	1990-08
18	D	Jean-Claude Tremblay	794	1959-72
19	D	Jean-Guy Talbot	791	1954-67
20	D	Émile Bouchard	785	1941-56
21	D	Guy Lapointe	777	1968-82
22	AD	Bernard Geoffrion	766	1950-64
23	C	Saku Koivu	727	1995-08
24	D	Jacques Laperrière	691	1962-74
25	C	Elmer Lach	664	1940-54
26	AG	Shayne Corson	662	1985-00
27	AG	Aurèle Joliat	655	1922-38
28	AG	Dickie Moore	654	1951-63
29	D	Craig Rivet	653	1994-07
30	AD	Robert Rousseau	643	1960-70
31	AD/AG	Réjean Houle	635	1969-83
32	C	Ken Mosdell	627	1944-59
33	AG	Mats Naslund	617	1982-90
34	D/AD	Jim Roberts	611	1963-77
35	AG	Yvon Lambert	606	1972-81
36	C/AG	Ryan Walter	604	1982-91
37	AD	Floyd Curry	601	1947-58
38	D	Craig Ludwig	597	1982-90
39	AG	Don Marshall	585	1951-63
40	C	Peter Mahovlich	581	1969-78
	AG	Mike McPhee	581	1983-92
42	AG	Toe Blake	569	1935-48
43	C	Doug Jarvis	560	1975-82
44	G	Jacques Plante	556	1952-63
45	D	Terry Harper	554	1962-72
46	G	Patrick Roy	551	1984-96
47	C	Pierre Mondou	548	1976-85
48	D	Sylvio Mantha	538	1923-36
49	D	Petr Svoboda	534	1984-92
50	AD	Claude Larose	529	1962-75
51	C	Alfred Lépine	526	1925-38
52	AD	Chris Nilan	523	1979-92
53	C	Vincent Damphousse	519	1992-99
	AG	Gilles Tremblay	509	1960-69
55	AG	Bert Olmstead	508	1950-58
56	D	Stéphane Quintal	507	1995-04
57	AD	Mike Keane	506	1988-96
58	C	Bobby Smith	505	1983-90
59	AG	John Ferguson	500	1963-71
60	AG	Benoit Brunet	494	1988-02
61	C	Doug Risebrough	493	1974-82
	D	Andrei Markov	493	2000-08
63	AD	Stéphane Richer	490	1984-98
64	D	Pierre Bouchard	489	1970-78
65	D/AG	Georges Mantha	488	1928-41
66	C	Billy Reay	475	1945-53
	C	Brian Skrudland	475	1985-93
68	AG	Brian Savage	461	1993-02
69	C	Howie Morenz	460	1923-37
70	D	Glen Harmon	452	1942-51
71	AG	Martin Rucinsky	432	1995-02
72	D	Francis Bouillon	427	1999-08
73	D	Lyle Odelein	420	1989-96
74	D	Ted Harris	407	1963-70
75	AD	Johnny Gagnon	406	1930-40
76	D	Éric Desjardins	405	1988-95
77	AD	Wildor Larochelle	404	1925-36
78	D	Chris Chelios	402	1983-90
79	D	Rick Green	399	1982-89
80	G	Ken Dryden	397	1970-79
81	AG	Armand Mondou	386	1928-40
82	AD	Turner Stevenson	385	1992-00
83	G	Bill Durnan	383	1943-50
	D	Dollard Saint-Laurent	383	1950-58
85	C	Phil Goyette	375	1956-63
86	AD	Mark Napier	367	1978-84
87	AD	Oleg Petrov	365	1992-03
88	D	Mathieu Schneider	360	1987-95
89	G	José Théodore	353	1995-06
	D	Jean-Jacques Daigneault	352	1989-96
91	AG	Mark Recchi	346	1994-99
92	D	Albert Leduc	341	1925-35
93	D	Ken Reardon	341	1940-50
94	D	Bob Turner	339	1955-61
95	G	Georges Vézina	328	1910-26
	AG	Murray Wilson	328	1972-78
97	AG	Robert Fillion	327	1943-50
98	AD	Sheldon Souray	324	1999-07
99	AG	Murph Chamberlain	323	1940-49
100	AD	Richard Zednik	322	2000-06

PJ : Parties jouées ; B : Buts ; A : Assistances ; PTS : Points ; PUN : Punitions ; * : Meilleur de la Ligue

ABBOTT, REGINAL (REG)

Né à Winnipeg, Manitoba, le 4 février 1930
Centre, lance de la gauche, 5'11", 164 lb

			SAISONS RÉGULIÈRES					SÉRIES ÉLIMINATOIRES				
SAISON	CLUB	LIGUE	PJ	B	A	PTS	PUN	PJ	B	A	PTS	PUN
1948-49	Brandon (Wheat Kings)	MJHL	39	16	16	32	29	7	5	1	6	4
	Brandon (Wheat Kings)	Mem.	-	-	-	-	-	16	7	6	13	9
1949-50	Brandon (Wheat Kings)	MJHL	36	*27	27	*54	24	6	6	7	13	4
	Brandon (Wheat Kings)	Mem.	-	-	-	-	-	6	6	1	7	2
1950-51	Victoria (Cougars)	PCHL	70	14	24	38	29	12	3	*9	12	8
1951-52	Victoria (Cougars)	PCHL	57	16	27	43	30	13	3	6	9	7
1952-53	Victoria (Cougars)	WHL	65	22	22	44	18	-	-	-	-	-
	Montréal (Canadiens)	LNH	3	0	0	0	0	-	-	-	-	-
1953-54	Victoria (Cougars)	WHL	69	7	17	24	24	3	0	2	2	2
1954-55	Pittsburgh (Hornets)	AHL	3	0	0	0	2	-	-	-	-	-
	Windsor (Bulldogs)	SOHA	48	22	34	56	20	12	7	4	11	2
1955-56	Windsor (Bulldogs)	SOHA	48	20	24	44	25	-	-	-	-	-
1956-57	Windsor (Bulldogs)	SOHA	52	21	26	47	18	8	3	1	4	2
1957-58	Windsor (Bulldogs)	NOHA	35	6	12	18	10	12	5	1	6	4
1958-59	Windsor (Bulldogs)	NOHA	8	1	1	2	4	-	-	-	-	-
1959-60			*N'a pas joué*									
1960-61	Winnipeg (Maroons)	Exh.	20	14	9	23	5	-	-	-	-	-
1961-62	Winnipeg (Maroons)	Exh.	*Statistiques non disponibles*									
	Winnipeg (Maroons)	Allan	-	-	-	-	-	11	7	10	17	0
1962-63	Winnipeg (Maroons)	Exh.	11	5	21	26	4	-	-	-	-	-
	Winnipeg (varoons)	Allan	-	-	-	-	-	15	6	13	19	9
1963-64	Winnipeg (Maroons)	SSHL	11	9	10	19	2	-	-	-	-	-
	Clinton (Comets)	EHL	10	2	3	5	6	-	-	-	-	-
1964-65	Winnipeg (Maroons)	SSHL	6	6	12		2	-	-	-	-	-
	Canada	CM	7	2	2	4	0	-	-	-	-	-
1966-67	Winnipeg (Maroons)	MnSHL	*Statistiques non disponibles*									
	Winnipeg (Maroons)	Allan	*Statistiques non disponibles*									
	LNH		3	0	0	0	0	-	-	-	-	-
	Montréal		3	0	0	0	0	-	-	-	-	-

• Première équipe d'étoiles (MJHL) en 1949-50
• Prêté à Montréal par Victoria (WHL) le 1er décembre 1952

ACHTYMICHUK, EUGENE (GENE)

Né à Lamont, Alberta, le 7 septembre 1932. Centre, lance de la gauche, 5'11", 164 lb

			SAISONS RÉGULIÈRES					SÉRIES ÉLIMINATOIRES				
SAISON	CLUB	LIGUE	PJ	B	A	PTS	PUN	PJ	B	A	PTS	PUN
1949-50	Edmonton (Canadiens)	EJHL	40	*27	16	*43	2	-	-	-	-	-
1950-51	Crowsnest Pass (Lions)	WCJHL	40	37	27	64	22	14	10	*17	27	4
1951-52	Crowsnest Pass (Lions)	WCJHL	44	53	33	86	63	-	-	-	-	-
	Montréal (Canadiens)	LNH	1	0	0	0	0	-	-	-	-	-
1952-53	Buffalo (Bisons)	AHL	50	7	4	11	18	-	-	-	-	-
1953-54	Victoria (Cougars)	WHL	65	11	21	32	25	5	1	0	1	0
1954-55	Victoria (Cougars)	WHL	69	18	19	37	18	5	0	1	1	2
1955-56	Québec (As)	LHQ	64	22	28	50	34	7	0	5	5	2
1956-57	Québec (As)	LHQ	62	16	41	57	40	10	2	4	6	4
	Montréal (Canadiens)	LNH	3	0	0	0	0	-	-	-	-	-
	Québec (As)	Édin.	-	-	-	-	-	6	0	3	3	*12
1957-58	Montréal (Royals)	LHQ	54	14	38	52	28	-	-	-	-	-
	Montréal (Canadiens)	LNH	16	3	5	8	2	-	-	-	-	-
1958-59	Edmonton (Flyers)	WHL	39	16	17	33	30	3	0	1	1	6
	Detroit (Red Wings)	LNH	12	0	0	0	0	-	-	-	-	-
1959-60	Edmonton (Flyers)	WHL	67	20	51	71	44	4	1	3	4	4
1960-61	Sudbury (Wolves)	EPHL	37	5	28	33	16	-	-	-	-	-
	Edmonton (Flyers)	WHL	25	6	14	20	2	-	-	-	-	-
1961-62	Portland (Buckaroos)	WHL	68	17	56	73	10	3	0	0	0	0
1962-63	Knoxville (Knights)	EHL	68	30	*96	126	29	5	1	5	6	4
1963-64	Knoxville (Knights)	EHL	72	30	*88	118	42	8	4	4	8	4
1964-65	Long Island (Ducks)	EHL	71	30	*83	113	28	15	3	9	12	8
1965-66	Long Island (Ducks)	EHL	72	34	*83	117	62	12	6	10	16	8
	Portland (Buckaroos)	WHL	-	-	-	-	-	2	0	0	0	0
1966-67	Long Island (Ducks)	EHL	71	13	45	58	82	3	0	0	0	2
1967-68	Long Island (Ducks)	EHL	35	6	12	18	24	-	-	-	-	-
1968-69	Edmonton (Monarchs)	ASHL	30	9	9	18	11	8	1	5	6	2
1969-70	Edmonton (Monarchs)	ASHL	*Statistiques non disponibles*									
1970-71	Edmonton (Monarchs)	ASHL	*Statistiques non disponibles*									
1971-72	Edmonton (Monarchs)	ASHL	*Statistiques non disponibles*									
	LNH		32	3	5	8	2	-	-	-	-	-
	Montréal		20	3	5	8	2	-	-	-	-	-

• Première équipe d'étoiles (WCJHL) en 1951-52 • Deuxième équipe d'étoiles (EHL) en 1963-64 • Première équipe d'étoiles, Division Nord (EHL) en 1964-65, 1965-66
• Prêté à Montréal par Crowsnest Pass (WCJHL) le 22 mars 1952 • Droits vendus à Detroit par Montréal avec Claude Laforge et Bud MacPherson le 3 juin 1958 • Échangé à Boston par Detroit pour Gord Haworth en août 1961 • Échangé à Portland (WHL) par Boston avec Don Ward pour compléter la transaction qui avait envoyé Don Head à Boston (mai 1961) en août 1961

ACTON, KEITH

Né à Stouffville, Ontario, le 15 avril 1958. Centre, lance de la gauche, 5'8", 170 lb
(Choix de 6e ronde de Montréal, 103e au total lors du repêchage de 1978)

			SAISONS RÉGULIÈRES					SÉRIES ÉLIMINATOIRES				
SAISON	CLUB	LIGUE	PJ	B	A	PTS	PUN	PJ	B	A	PTS	PUN
1974-75	Wexford (Raiders)	OHA-B	43	23	29	52	46	-	-	-	-	-
1975-76	Peterborough (Petes)	OMJHL	35	9	17	26	30	-	-	-	-	-
1976-77	Peterborough (Petes)	OMJHL	65	52	69	121	93	4	1	4	5	6
1977-78	Peterborough (Petes)	OMJHL	68	42	86	128	52	21	10	8	18	16
	Peterborough (Petes)	Mem.	-	-	-	-	-	3	0	1	1	0
1978-79	Nlle-Écosse (Voyageurs)	AHL	79	15	26	41	22	10	4	2	6	4
1979-80	**Montréal (Canadiens)**	LNH	2	0	1	1	0	-	-	-	-	-
	Nlle-Écosse (Voyageurs)	AHL	75	45	53	98	38	6	1	2	3	8
1980-81	**Montréal (Canadiens)**	LNH	61	15	24	39	74	2	0	0	0	6
1981-82	**Montréal (Canadiens)**	LNH	78	36	52	88	88	5	0	4	4	16
	Match des étoiles	LNH	1	0	0	0	0					
1982-83	**Montréal (Canadiens)**	LNH	78	24	26	50	63	3	0	0	0	0
1983-84	**Montréal (Canadiens)**	LNH	9	3	7	10	4	-	-	-	-	-
	Minnesota (North Stars)	LNH	62	17	38	55	60	15	4	7	11	12
1984-85	Minnesota (North Stars)	LNH	78	20	38	58	90	9	4	4	8	6
1985-86	Minnesota (North Stars)	LNH	79	26	32	58	100	5	0	3	3	6
	Canada	CM	10	3	0	3	2					
1986-87	Minnesota (North Stars)	LNH	78	16	29	45	56					
1987-88	Minnesota (North Stars)	LNH	46	8	11	19	74					
	Edmonton (Oilers)	LNH	26	3	6	9	21	7	0	2	2	6
1988-89	Edmonton (Oilers)	LNH	46	11	15	26	47					
	Philadelphie (Flyers)	LNH	25	3	10	13	64	16	2	3	5	18
1989-90	Philadelphie (Flyers)	LNH	69	13	14	27	80					
	Canada	CM	2	0	2	0	0					
1990-91	Philadelphie (Flyers)	LNH	76	14	23	37	131					
1991-92	Philadelphie (Flyers)	LNH	50	7	10	17	98					
	Canada	CM	6	1	0	1	2					
1992-93	Philadelphie (Flyers)	LNH	83	8	15	23	51					
1993-94	Washington (Capitals)	LNH	6	0	0	0	21					
	New York (Islanders)	LNH	71	2	7	9	50	4	0	0	0	0
1994-95	Hershey (Bears)	AHL	12	5	7	12	58					

SAISONS RÉGULIÈRES — SÉRIES ÉLIMINATOIRES

Saison	Club	Ligue	PJ	B	A	PTS	PUN	PJ	B	A	PTS	PUN
		LNH	**1023**	**226**	**358**	**584**	**1172**	**66**	**12**	**21**	**33**	**88**
		Montréal	**228**	**78**	**110**	**188**	**229**	**10**	**0**	**4**	**4**	**22**

• Deuxième équipe d'étoiles (AHL) en 1979-80 • Match des étoiles (LNH) en 1981-82 • Médaille de bronze (CM) en 1986 • Coupe Stanley (LNH) en 1987-88

• Échangé au Minnesota par Montréal avec Mark Napier et le choix de 3e ronde de Toronto (propriété de Montréal suite à une transaction antérieure, Minnesota sélectionne Ken Hodge Jr) au repêchage de 1984 pour Bobby Smith le 28 octobre 1983 • Échangé à Edmonton par Minnesota pour Moe Mantha le 22 janvier 1988 • Échangé à Philadelphie par Edmonton avec le choix de 5e ronde d'Edmonton au repêchage de 1991 (Dimitri Yushkevich) pour Dave Brown le 7 février 1989 • Échangé à Winnipeg par Philadelphie avec Pete Peeters pour des considérations futures le 28 septembre 1989 • Échangé à Philadelphie par Winnipeg avec Pete Peeters pour le choix de 5e ronde du Toronto (propriété du Philadelphie suite à une transaction antérieure, Winnipeg sélectionne Juha Ylonen) au repêchage de 1991 et Shawn Cronin le 3 octobre 1989 • Signe comme joueur autonome avec Washington le 27 juillet 1993 • Réclamé au ballottage par New York (Islanders) de Washington le 22 octobre 1993

ADAMS, JOHN (JACK)

Né à Calgary, Alberta, le 5 mai 1920. Ailier gauche, lance de la gauche, 5'10", 163 lb

Saison	Club	Ligue	PJ	B	A	PTS	PUN	PJ	B	A	PTS	PUN
1936-37	Calgary (Canadians)	CCJHL	1	0	0	0	0	-	-	-	-	-
1937-38	Calgary (K of C)	CGSHL	11	4	5	9	2	1	0	0	0	0
	Calgary (Canadians)	Mem.	-	-	-	-	-	1	0	0	0	0
1938-39	Vancouver (Lions)	PCHL	29	5	13	18	16	2	0	1	1	2
1939-40	Vancouver (Lions)	PCHL	40	12	12	24	16	5	1	1	2	4
1940-41	**Montréal (Canadiens)**	**LNH**	**42**	**6**	**12**	**18**	**11**	**3**	**0**	**0**	**0**	**0**
1941-42			*Service militaire*									
1942-43	Calgary (RCAF Mustangs)	ANDHL	22	19	12	31	15	8	5	6	11	4
1943-44	Vancouver (RCAF)	BCNDL	9	4	3	7	11	-	-	-	-	-
	Vancouver (Seahawks)	NNDHL	-	-	-	-	-	3	2	2	4	4
1944-45	Vancouver (RCAF Seahawks)	Exh.	3	1	1	2	2	-	-	-	-	-
1945-46	Montréal (Royals)	LHSQ	4	2	1	3	5	-	-	-	-	-
	Buffalo (Bisons)	AHL	19	2	2	4	0	9	4	4	8	4
1946-47	Houston (Huskies)	USHL	20	3	5	8	6	-	-	-	-	-
1947-48	New Westminster (Royals)	PCHL	52	20	13	33	36	5	0	0	0	2
1948-49	New Westminster (Royals)	PCHL	41	8	8	16	21	12	1	2	3	8
		LNH	**42**	**6**	**12**	**18**	**11**	**3**	**0**	**0**	**0**	**0**
		Montréal	**42**	**6**	**12**	**18**	**11**	**3**	**0**	**0**	**0**	**0**

• Deuxième équipe d'étoiles (ANDHL) en 1942-43 • Coupe Calder (AHL) en 1945-46

• Droits vendus à Montréal par Vancouver (PCHL) le 13 mai 1940 • Échangé à Buffalo (AHL) par Montréal pour Murdo Mackay et Moe White le 14 janvier 1946

ALEXANDRE, ARTHUR (ART)

Né à Saint-Jean, Québec, le 2 mars 1909, décédé le 11 avril 1976
Ailier gauche, lance de la droite, 5'5", 150 lb

Saison	Club	Ligue	PJ	B	A	PTS	PUN	PJ	B	A	PTS	PUN
1930-31	Montréal (Saint-François)	LHCM	*Statistiques non disponibles*									
	Montréal (CPR)	LHCM	*Statistiques non disponibles*									
1931-32	Montréal (Canadiens)	LHCM	11	6	2	8	2	2	0	1	1	0
	Montréal (Canadiens)	**LNH**	**10**	**0**	**2**	**2**	**8**	**4**	**0**	**0**	**0**	**0**
1932-33	Providence (Reds)	Can-Am	47	10	24	34	18	2	0	0	0	0
	Montréal (Canadiens)	**LNH**	**1**	**0**	**0**	**0**	**0**	**-**	**-**	**-**	**-**	**-**
1933-34	Providence (Reds)	Can-Am	37	2	3	5	19	2	0	0	0	2
1934-35	Providence (Reds)	Can-Am	10	1	0	1	4	-	-	-	-	-
	Québec (Castors)	Can-Am	32	5	8	13	15	3	0	0	0	8
1935-36	Springfield (Indians)	Can-Am	47	13	16	29	32	3	0	1	1	2
1936-37	Kansas City (Greyhounds)	AHA	1	0	0	0	0	-	-	-	-	-
1937-38	Montréal (Concordia)	LHSQ	22	9	6	15	23	1	0	1	1	0
		LNH	**11**	**0**	**2**	**2**	**8**	**4**	**0**	**0**	**0**	**0**
		Montréal	**11**	**0**	**2**	**2**	**8**	**4**	**0**	**0**	**0**	**0**

• Signe avec Montréal le 27 février 1932 • Droits vendus à Providence (Can-Am) par Montréal avec Art Lesieur, Gus Rivers et Art Giroux le 8 mai 1932 • Prêté à Montréal par Providence (Can-Am) avec Gizzy Hart et Bobby Trapp le 6 février 1933 • Échangé à Québec (Can-Am) par Providence (Can-Am) pour Wilfrid Runge le 14 décembre 1934

ALLEN, GEORGE

Né à Bayfield, Nouveau-Brunswick, le 27 juillet 1914, décédé le 27 mars 2000
Défenseur, ailier gauche, lance de la gauche, 5'10", 162 lb

Saison	Club	Ligue	PJ	B	A	PTS	PUN	PJ	B	A	PTS	PUN
1935-36	North Battleford (Beavers)	N-SSHL	21	10	5	15	10	3	2	1	3	4
1936-37	North Battleford (Beavers)	N-SSHL	26	15	9	24	26	4	4	1	5	4
	North Battleford (Beavers)	Allan	-	-	-	-	-	12	6	4	10	8
1937-38	Sudbury Frood (Tigers)	NOHA	4	2	0	2	8	-	-	-	-	-
	New Haven (Eagles)	AHL	35	9	13	22	20	2	0	0	0	0
1938-39	Philadelphie (Ramblers)	AHL	33	23	11	34	15	3	1	0	1	0
	New York (Rangers)	LNH	19	6	6	12	10	7	0	0	0	4
1939-40	Chicago (Black Hawks)	LNH	48	10	12	22	26	2	0	0	0	0
1940-41	Chicago (Black Hawks)	LNH	44	14	17	31	22	5	2	2	4	10
1941-42	Chicago (Black Hawks)	LNH	43	7	13	20	31	3	1	1	2	0
1942-43	Chicago (Black Hawks)	LNH	47	10	14	24	26	-	-	-	-	-
1943-44	Chicago (Black Hawks)	LNH	45	17	24	41	36	9	5	4	9	8
1944-45			*Service militaire*									
1945-46	Chicago (Black Hawks)	LNH	44	11	15	26	16	4	0	0	0	4
1946-47	**Montréal (Canadiens)**	**LNH**	**49**	**7**	**14**	**21**	**12**	**11**	**1**	**3**	**4**	**6**
	Buffalo (Bisons)	AHL	3	1	1	2	4	-	-	-	-	-
1947-48	Cleveland (Barons)	AHL	68	15	34	49	30	9	2	5	7	6
1948-49	Cleveland (Barons)	AHL	28	2	3	5	26	-	-	-	-	-
	Minneapolis (Millers)	USHL	37	7	6	13	6	-	-	-	-	-
1949-50	Kerrobert (Tigers)	SIHL	*Statistiques non disponibles*									
1950-51	Regina (Caps)	WCMHL	50	9	18	27	26	-	-	-	-	-
1951-52	Kerrobert (Tigers)	SIHA	*Statistiques non disponibles*									
1952-53	Kerrobert (Tigers)	SIHA	*Statistiques non disponibles*									
1953-54	Kerrobert (Tigers)	SIHA	*Statistiques non disponibles*									
1954-55	Kerrobert (Tigers)	SIHA	*Statistiques non disponibles*									
1955-56	Kerrobert (Tigers)	SIHL	*Statistiques non disponibles*									
1956-57	Kerrobert (Tigers)	SIHL	*Statistiques non disponibles*									
		LNH	**339**	**82**	**115**	**197**	**179**	**41**	**9**	**10**	**19**	**32**
		Montréal	**49**	**7**	**14**	**21**	**12**	**11**	**1**	**3**	**4**	**6**

• Deuxième équipe d'étoiles (IAHL) en 1938-39 • Coupe Calder (AHL) en 1947-48

• Droits vendus à Chicago par New York (Rangers) le 17 mai 1939 • Échangé à Montréal par Chicago pour Paul Bibeault le 6 septembre 1946 • Échangé à Minneapolis (USHL) par Cleveland (AHL) pour Tom Williams le 21 décembre 1948

ALLISON, DAVE

Né à Fort Frances, Ontario, le 14 avril 1959. Défenseur, lance de la droite, 6'1", 200 lb

Saison	Club	Ligue	PJ	B	A	PTS	PUN	PJ	B	A	PTS	PUN
1976-77	Cornwall (Royals)	LHJMQ	63	2	11	13	180	12	0	4	4	60
1977-78	Cornwall (Royals)	LHJMQ	60	9	29	38	302	5	2	3	5	32
1978-79	Cornwall (Royals)	LHJMQ	66	7	31	38	*407	7	1	6	7	34
1979-80	Nlle-Écosse (Voyageurs)	AHL	49	1	12	13	119	4	0	0	0	46
1980-81	Nlle-Écosse (Voyageurs)	AHL	70	5	12	17	298	6	0	0	0	15
1981-82	Nlle-Écosse (Voyageurs)	AHL	78	8	25	33	*332	9	0	3	3	*84
1982-83	Nlle-Écosse (Voyageurs)	AHL	70	3	22	25	180	7	0	2	2	24
1983-84	Nlle-Écosse (Voyageurs)	AHL	53	2	18	20	155	6	0	3	3	25
	Montréal (Canadiens)	**LNH**	**3**	**0**	**0**	**0**	**12**	**-**	**-**	**-**	**-**	**-**
1984-85	Nlle-Écosse (Voyageurs)	AHL	68	4	18	22	175	6	0	2	2	15
	Sherbrooke (Canadiens)	AHL	4	0	1	1	19	-	-	-	-	-
1985-86	Muskegon (Lumberjacks)	IHL	66	7	30	37	247	14	2	9	11	46
1986-87	Muskegon (Lumberjacks)	IHL	67	11	35	46	337	15	4	3	7	20
1987-88	Newmarket (Saints)	AHL	48	1	9	10	166	-	-	-	-	-
1988-89	Halifax (Citadels)	AHL	12	1	2	3	29	-	-	-	-	-
	Indianapolis (Ices)	IHL	34	0	7	7	105	-	-	-	-	-
		LNH	**3**	**0**	**0**	**0**	**12**	**-**	**-**	**-**	**-**	**-**
		Montréal	**3**	**0**	**0**	**0**	**12**	**-**	**-**	**-**	**-**	**-**

• Coupe Turner (IHL) en 1985-86

• Signe avec Montréal comme joueur autonome le 4 octobre 1979

ANDERSON, DOUGLAS (DOUG)

Né à Edmonton, Alberta, le 20 octobre 1927. Centre, lance de la gauche, 5'7", 157 lb

Saison	Club	Ligue	PJ	B	A	PTS	PUN	PJ	B	A	PTS	PUN
1944-45	Edmonton (Canadians)	Ehx.	*Statistiques non disponibles*									
	Edmonton (Canadians)	Mem.	-	-	-	-	-	4	0	0	0	0
1945-46	Edmonton (Canadians)	EJHL	*Statistiques non disponibles*									
	Edmonton (Canadians)	Mem.	-	-	-	-	-	10	3	4	7	2
1946-47	Edmonton (Canadians)	EJHL	6	4	4	8	2	-	-	-	-	-
1947-48	Edmonton (Flyers)	WCSHL	40	15	35	50	10	10	5	10	15	4
	Edmonton (Flyers)	Allan	-	-	-	-	-	14	6	*19	25	2
1948-49	Edmonton (Flyers)	WCSHL	40	16	31	47	20	9	2	2	4	6
1949-50	Edmonton (Flyers)	WCSHL	45	18	44	62	28	6	1	5	6	7
1950-51	Edmonton (Flyers)	WCMHL	51	16	30	46	20	7	1	5	6	0
1951-52	Victoria (Cougars)	PCHL	67	14	33	47	10	13	4	4	8	10
1952-53	**Montréal (Canadiens)**	**LNH**	**-**	**-**	**-**	**-**	**-**	**2**	**0**	**0**	**0**	**0**
	Victoria (Cougars)	WHL	70	18	50	68	14	-	-	-	-	-
1953-54	Buffalo (Bisons)	AHL	7	0	2	2	4	-	-	-	-	-
	Victoria (Cougars)	WHL	60	7	15	22	10	-	-	-	-	-
1954-55	Victoria (Cougars)	WHL	51	15	28	43	4	3	0	0	0	0
1955-56	Victoria (Cougars)	WHL	62	23	40	63	24	9	3	2	5	4
1956-57	Victoria (Cougars)	WHL	70	22	42	64	22	3	1	0	1	0
1957-58	Victoria (Cougars)	WHL	26	4	9	13	2	-	-	-	-	-
1958-59	Victoria (Cougars)	WHL	67	16	32	48	12	3	0	2	2	0
1959-60	Victoria (Cougars)	WHL	70	10	22	32	2	11	2	2	4	0
1960-61	Victoria (Cougars)	WHL	70	6	30	36	12	5	1	4	5	0
1961-62	Portland (Buckaroos)	WHL	54	4	22	26	2	7	1	2	3	7
1962-63	Portland (Buckaroos)	WHL	60	5	6	11	0	-	-	-	-	-
		LNH	**-**	**-**	**-**	**-**	**-**	**2**	**0**	**0**	**0**	**0**
		Montréal	**-**	**-**	**-**	**-**	**-**	**2**	**0**	**0**	**0**	**0**

• Coupe Allan en 1947-48

• Signe avec Montréal le 30 septembre 1952 • Échangé à Portland (WCHL) avec Doug Macavley par Victoria (WHL) pour Ed Panagabko le 22 novembre 1961

ANDRUFF, RONALD (RON)

Né à Port Alberni, Colombie-Britannique, le 10 juillet 1953. Centre, lance de la droite, 6', 185 lb (Choix de 2e ronde de Montréal, 32e au total lors du repêchage de 1973)

Saison	Club	Ligue	PJ	B	A	PTS	PUN	PJ	B	A	PTS	PUN
1971-72	Flin Flon (Bombers)	WCJHL	63	20	32	52	44	7	0	3	3	17
1972-73	Flin Flon (Bombers)	WCJHL	66	43	48	91	114	8	2	4	6	15
1973-74	Nlle-Écosse (Voyageurs)	AHL	72	11	27	38	93	6	4	0	4	0
1974-75	Nlle-Écosse (Voyageurs)	AHL	65	30	31	61	50	6	4	1	5	18
	Montréal (Canadiens)	**LNH**	**5**	**0**	**0**	**0**	**2**	**-**	**-**	**-**	**-**	**-**
1975-76	Nlle-Écosse (Voyageurs)	AHL	74	*42	46	88	58	9	5	8	13	9
	Montréal (Canadiens)	**LNH**	**1**	**0**	**0**	**0**	**0**	**-**	**-**	**-**	**-**	**-**
1976-77	Colorado (Rockies)	LNH	66	4	18	22	21	-	-	-	-	-
1977-78	Colorado (Rockies)	LNH	78	15	18	33	31	2	0	0	0	0
1978-79	Colorado (Rockies)	LNH	3	0	0	0	0	-	-	-	-	-
	Philadelphie (Firebirds)	AHL	35	16	16	32	8	-	-	-	-	-
	New Haven (Nighthawks)	AHL	33	9	23	32	10	10	6	11	*17	0
1979-80	Mannheim (ERC)	GER	47	44	40	84	117	-	-	-	-	-
1980-81	Mannheim (ERC)	GER	44	35	43	78	110	10	8	7	15	16
1981-82	Düsseldorf (EG)	GER	4	1	3	4	6	-	-	-	-	-
		LNH	**153**	**19**	**36**	**55**	**54**	**2**	**0**	**0**	**0**	**0**
		Montréal	**6**	**0**	**0**	**0**	**2**	**-**	**-**	**-**	**-**	**-**

• Trophée Les-Cunningham (AHL) en 1975-76 • Première équipe d'étoiles (AHL) en 1975-76 • Coupe Calder (AHL) en 1975-76

ADA - AND

• Échangé au Colorado par Montréal avec Sean Shanahan et le 1er choix de Montréal au repêchage de 1980 (Paul Gagné) pour le 1er choix du Colorado au repêchage de 1980 (Doug Wickenheiser) le 13 septembre 1976

ARBOUR, AMOS

Né à Waubaushene, Ontario, le 26 janvier 1895, décédé le 1er novembre 1943
Avant-défenseur, ailier, lance de la gauche, 5'8", 160 lb

Saison	Club	Ligue	PJ	B	A	PTS	PUN	PJ	B	A	PTS	PUN
1913-14	Victoria (Harbour Station)	JOHA	*Statistiques non disponibles*									
1914-15	Victoria (Harbour Station)	JOHA	*Statistiques non disponibles*									
1915-16	**Montréal (Canadiens)**	**NHA**	**20**	**5**	**0**	**5**	**6**	**4**	**3**	**0**	**3**	**11**
1916-17	Toronto (228e Bataillon)	NHA	10	14	3	17	6	-	-	-	-	-
1917-18			*Service militaire*									
1918-19	**Montréal (Canadiens)**	**LNH**	**1**	**0**	**0**	**0**	**0**	**-**	**-**	**-**	**-**	**-**
1919-20	**Montréal (Canadiens)**	**LNH**	**22**	**21**	**5**	**26**	**13**	**-**	**-**	**-**	**-**	**-**
1920-21	**Montréal (Canadiens)**	**LNH**	**23**	**14**	**3**	**17**	**40**	**-**	**-**	**-**	**-**	**-**
1921-22	Hamilton (Tigers)	LNH	23	9	6	15	8	-	-	-	-	-
1922-23	Hamilton (Tigers)	LNH	23	6	3	9	12	-	-	-	-	-
1923-24	Toronto (St. Patricks)	LNH	21	1	3	4	4	-	-	-	-	-
		NHA	**30**	**19**	**3**	**22**	**12**	**4**	**3**	**0**	**3**	**11**
		LNH	**113**	**51**	**20**	**71**	**77**	**-**	**-**	**-**	**-**	**-**
		Montréal	**66**	**40**	**8**	**48**	**59**	**4**	**3**	**0**	**3**	**11**

• Coupe Stanley (NHA) en 1915-16

• Signe avec Montréal (Canadiens) (NHA) le 14 décembre 1915 • Signe avec Toronto (228e Bataillon- NHA) le 28 septembre 1916 • Signe avec Montréal le 17 décembre 1918 • Échangé à Hamilton par Montréal avec Harry Mummery pour Sprague Cleghorn le 26 novembre 1921 • Échangé à Toronto par Hamilton avec Bert Corbeau et George Carey pour Ken Randall, les droits sur Corb Denneny et une somme d'argent le 14 décembre 1923

ARNASON, CHARLES (CHUCK)

Né à Ashburn, Manitoba, le 15 juillet 1951. Ailier droit, lance de la droite, 5'10", 185 lb (Choix de 1re ronde de Montréal, 7e au total lors du repêchage de 1971)

Saison	Club	Ligue	PJ	B	A	PTS	PUN	PJ	B	A	PTS	PUN
1969-70	Flin Flon (Bombers)	WCJHL	60	34	27	61	91	17	14	18	*32	38
1970-71	Flin Flon (Bombers)	WCJHL	66	*79	84	*163	153	17	15	*22	*37	30
1971-72	Nlle-Écosse (Voyageurs)	AHL	58	30	24	54	33	15	7	6	13	6
	Montréal (Canadiens)	**LNH**	**17**	**3**	**0**	**3**	**4**	**-**	**-**	**-**	**-**	**-**
1972-73	Nlle-Écosse (Voyageurs)	AHL	38	18	20	38	4	13	5	10	15	16
	Montréal (Canadiens)	**LNH**	**19**	**1**	**1**	**2**	**2**	**-**	**-**	**-**	**-**	**-**
1973-74	Atlanta (Flames)	LNH	33	7	6	13	13	-	-	-	-	-
	Pittsburgh (Penguins)	LNH	41	13	5	18	4	-	-	-	-	-
1974-75	Pittsburgh (Penguins)	LNH	78	26	32	58	32	9	2	4	6	4
1975-76	Pittsburgh (Penguins)	LNH	30	7	3	10	14	-	-	-	-	-
	Kansas City (Scouts)	LNH	39	14	10	24	21	-	-	-	-	-
1976-77	Colorado (Rockies)	LNH	61	13	10	23	10	-	-	-	-	-
1977-78	Colorado (Rockies)	LNH	29	4	8	12	10	-	-	-	-	-
	Phoenix (Roadrunners)	CHL	6	3	3	6	4	-	-	-	-	-
	Cleveland (Barons)	LNH	40	21	13	34	8	-	-	-	-	-
1978-79	Oklahoma City (Stars)	CHL	60	24	22	46	42	-	-	-	-	-
	Minnesota (North Stars)	LNH	1	0	0	0	0	-	-	-	-	-
	Washington (Capitals)	LNH	13	0	2	2	4	-	-	-	-	-
1979-80	Dallas (Black Hawks)	CHL	68	15	17	32	28	-	-	-	-	-
1980-81	Kölner EC	GER	16	5	7	12	10	-	-	-	-	-
		LNH	**401**	**109**	**90**	**199**	**122**	**9**	**2**	**4**	**6**	**4**
		Montréal	**36**	**4**	**1**	**5**	**6**	**-**	**-**	**-**	**-**	**-**

• Équipe d'étoiles (WCJHL) en 1970-71 • Coupe Calder (AHL) en 1971-72

• Échangé à Atlanta par Montréal pour le 1er choix d'Atlanta au repêchage de 1974 (Rick Chartraw) le 29 mai 1973 • Échangé à Pittsburgh par Atlanta avec Bob Paradise pour Al McDonough le 4 janvier 1974 • Échangé à Kansas City par Pittsburgh avec Steve Durbano et le 1er choix de Pittsburgh au repêchage de 1976 (Paul Gardner) pour Simon Nolet, Ed Gilbert et le 1er choix de Kansas City au repêchage de 1976 (Blair Chapman) le 9 janvier 1976 • Transfert de la concession de Kansas City au Colorado le 15 juillet 1976 • Échangé à Cleveland par Colorado avec Rick Jodzio pour Fred Ahern et Ralph Klassen le 9 janvier 1978 • Placé sur la liste de réserve après le repêchage de dispersion de Cleveland et du Minnesota, le 15 juin 1978 • Échangé à Washington par Minnesota pour des considérations futures le 12 mars 1979 • Échangé au Minnesota par Washington pour des considérations futures le 24 avril 1979 • Droits vendus à Vancouver par Minnesota le 19 juillet 1979

ASHAM, ARRON

Né à Portage la Prairie, Manitoba, le 13 avril 1978. Ailier droit, lance de la droite, 5'11", 209 lb (Choix de 3e ronde de Montréal, 71e au total lors du repêchage de 1996)

Saison	Club	Ligue	PJ	B	A	PTS	PUN	PJ	B	A	PTS	PUN
1993-94	Portage (Terriers)	MAHA	21	18	19	37	82	-	-	-	-	-
1994-95	Red Deer (Rebels)	WHL	62	11	16	27	126	-	-	-	-	-
1995-96	Red Deer (Rebels)	WHL	70	32	45	77	174	10	6	3	9	20
1996-97	Red Deer (Rebels)	WHL	67	45	51	96	149	16	12	14	26	36
1997-98	Red Deer (Rebels)	WHL	67	43	49	92	153	5	0	2	2	8
	Fredericton (Canadiens)	AHL	2	1	1	2	0	2	0	1	1	0
1998-99	**Montréal (Canadiens)**	**LNH**	**7**	**0**	**0**	**0**	**0**	**-**	**-**	**-**	**-**	**-**
	Fredericton (Canadiens)	AHL	60	16	18	34	118	13	8	6	4	11
1999-00	**Montréal (Canadiens)**	**LNH**	**33**	**4**	**2**	**6**	**24**	**-**	**-**	**-**	**-**	**-**
	Québec (Citadelles)	AHL	13	4	5	9	32	2	0	0	0	2
2000-01	**Montréal (Canadiens)**	**LNH**	**46**	**2**	**3**	**5**	**59**	**-**	**-**	**-**	**-**	**-**
	Québec (Citadelles)	AHL	15	7	9	16	51	7	1	2	3	2
2001-02	**Montréal (Canadiens)**	**LNH**	**35**	**5**	**4**	**9**	**55**	**3**	**0**	**1**	**1**	**0**
	Québec (Citadelles)	AHL	24	9	14	23	35	-	-	-	-	-
2002-03	New York (Islanders)	LNH	78	15	19	34	57	5	0	0	0	16
2003-04	New York (Islanders)	LNH	79	12	12	24	92	5	0	1	1	4
2004-05	EHC Visp	SUI-2	5	2	4	6	6	4	1	1	2	8
2005-06	New York (Islanders)	LNH	63	9	15	24	103	-	-	-	-	-
2006-07	New York (Islanders)	LNH	80	11	12	23	63	5	1	0	1	0
2007-08	New Jersey (Devils)	LNH	77	6	4	10	84	5	0	1	1	2
		LNH	**498**	**64**	**71**	**135**	**537**	**23**	**1**	**3**	**4**	**22**
		Montréal	**121**	**11**	**9**	**20**	**138**	**3**	**0**	**1**	**1**	**0**

Échangé à New York (Islanders) par Montréal avec le choix de 5e ronde de Montréal au repêchage de 2002 (Markus Pahlsson) pour Mariusz Czerkawski le 22 juin 2002 • Signe avec Visp (SUI-2) comme joueur autonome le 19 janvier 2005 • Signe avec New Jersey comme joueur autonome le 7 août 2007 • Signe avec Philadelphie comme joueur autonome le 7 juillet 2008

ASMUNDSON, OSCAR (OSSIE)

Né à Red Deer, Alberta, le 17 novembre 1908, décédé le 2 novembre 1964
Centre, lance de la droite, 5'11", 170 lb

Saison	Club	Ligue	PJ	B	A	PTS	PUN	PJ	B	A	PTS	PUN
1928-29	Victoria (Cubs)	PCHL	29	2	2	4	6	-	-	-	-	-
1929-30	Victoria (Cubs)	PCHL	35	8	3	11	40	-	-	-	-	-
1930-31	Tacoma/Vancouver	PCHL	30	10	2	12	36	4	1	0	1	4
1931-32	Bronx (Tigers)	Can-Am	40	15	16	31	61	1	0	0	0	0
1932-33	New York (Rangers)	LNH	48	5	10	15	20	8	0	2	2	4
1933-34	New York (Rangers)	LNH	46	2	6	8	8	1	0	0	0	0
1934-35	Detroit (Red Wings)	LNH	3	0	0	0	0	-	-	-	-	-
	St. Louis (Eagles)	LNH	11	4	7	11	2	-	-	-	-	-
	Detroit (Olympics)	IHL	18	8	8	16	20	-	-	-	-	-
1935-36	New Haven (Eagles)	Can-Am	25	4	11	15	26	-	-	-	-	-
1936-37	New York (Americans)	LNH	1	0	0	0	0	-	-	-	-	-
	New Haven (Eagles)	IAHL	44	13	22	35	32	-	-	-	-	-
1937-38	**Montréal (Canadiens)**	**LNH**	**2**	**0**	**0**	**0**	**0**	**-**	**-**	**-**	**-**	**-**
	New Haven (Eagles)	IAHL	44	13	26	39	57	2	0	0	0	0
1938-39	Cleveland (Barons)	IAHL	22	1	4	5	2	-	-	-	-	-
1939-40	Cleveland (Barons)	IAHL	39	14	18	32	34	-	-	-	-	-
1940-41	Cleveland (Barons)	IAHL	48	8	22	30	33	9	3	3	6	15
1941-42	Philadelphie (Rockets)	AHL	54	13	33	46	48	-	-	-	-	-
	Providence (Reds)	AHL	2	0	2	2	0	-	-	-	-	-
1942-43	Washington (Lions)	AHL	41	9	19	28	32	-	-	-	-	-
1943-44	Coast Guard (Clippers)	Exh.	28	15	23	38	8	12	11	15	*26	2
1944-45	Hollywood (Wolves)	PCHL	15	15	20	35	-	-	-	-	-	-
		LNH	**111**	**11**	**23**	**34**	**30**	**9**	**0**	**2**	**2**	**4**
		Montréal	**2**	**0**	**0**	**0**	**0**	**-**	**-**	**-**	**-**	**-**

• Coupe Stanley (LNH) en 1932-33

• Droits vendus à New York (Rangers) par Vancouver (PCHL) le 25 octobre 1931 • Droits vendus à Detroit par New York (Rangers) le 1er octobre 1934 • Signe avec St. Louis le 6 février 1935 • Signe avec New York (Americans) le 14 février 1937 • Droits vendus à Montréal par New York (Americans) le 28 octobre 1937 • Droits vendus à Cleveland (IAHL) par Montréal le 9 novembre 1938

AUDETTE, DONALD

Né à Laval, Québec, le 23 septembre 1969. Ailier droit, lance de la droite, 5'8", 190 lb (Choix de 9e ronde de Buffalo, 183e au total lors du repêchage de 1989)

Saison	Club	Ligue	PJ	B	A	PTS	PUN	PJ	B	A	PTS	PUN
1985-86	Laval-Laurentides	QAAA	41	32	38	70	51	8	5	9	14	10
1986-87	Laval (Titan)	LHJMQ	66	17	22	39	36	14	2	6	8	10
1987-88	Laval (Titan)	LHJMQ	63	48	61	109	56	14	7	12	19	20
1988-89	Laval (Titan)	LHJMQ	70	76	85	161	123	17	17	12	29	43
	Laval (Titan)	Mem.	-	-	-	-	-	4	3	6	9	6
1989-90	Rochester (Americans)	AHL	70	42	46	88	78	15	9	8	17	29
	Buffalo (Sabres)	LNH	-	-	-	-	-	2	0	0	0	0
1990-91	Buffalo (Sabres)	LNH	8	4	3	7	4	-	-	-	-	-
	Rochester (Americans)	AHL	5	4	0	4	2	-	-	-	-	-
1991-92	Buffalo (Sabres)	LNH	63	31	17	48	75	-	-	-	-	-
1992-93	Buffalo (Sabres)	LNH	44	12	7	19	51	8	2	2	4	6
	Rochester (Americans)	AHL	6	8	4	12	10	-	-	-	-	-
1993-94	Buffalo (Sabres)	LNH	77	29	30	59	41	7	0	1	1	6
1994-95	Buffalo (Sabres)	LNH	46	24	13	37	27	5	1	1	2	4
1995-96	Buffalo (Sabres)	LNH	23	12	13	25	18	-	-	-	-	-
1996-97	Buffalo (Sabres)	LNH	73	28	22	50	48	11	4	5	9	6
1997-98	Buffalo (Sabres)	LNH	75	24	20	44	59	15	5	8	13	10
1998-99	Los Angeles (Kings)	LNH	49	18	18	36	51	-	-	-	-	-
1999-00	Los Angeles (Kings)	LNH	49	12	20	32	45	-	-	-	-	-
	Atlanta (Thrashers)	LNH	14	7	4	11	12	-	-	-	-	-
2000-01	Atlanta (Thrashers)	LNH	64	32	39	71	64	-	-	-	-	-
	Match des étoiles	LNH	1	0	1	1	0	-	-	-	-	-
	Buffalo (Sabres)	LNH	12	2	6	8	12	13	3	6	9	4
2001-02	Dallas (Stars)	LNH	20	4	8	12	12	-	-	-	-	-
	Montréal (Canadiens)	**LNH**	**13**	**1**	**5**	**6**	**8**	**12**	**6**	**4**	**10**	**10**
2002-03	**Montréal (Canadiens)**	**LNH**	**54**	**11**	**12**	**23**	**19**	**-**	**-**	**-**	**-**	**-**
	Hamilton (Bulldogs)	AHL	11	5	5	10	8	-	-	-	-	-
2003-04	**Montréal (Canadiens)**	**LNH**	**23**	**3**	**5**	**8**	**16**	**-**	**-**	**-**	**-**	**-**
	Floride (Panthers)	LNH	28	6	7	13	22	-	-	-	-	-
		LNH	**735**	**260**	**249**	**509**	**584**	**73**	**21**	**27**	**48**	**46**
		Montréal	**90**	**15**	**22**	**37**	**43**	**12**	**6**	**4**	**10**	**10**

• Première équipe d'étoiles (LHJMQ) en 1988-89 • Trophée Guy-Lafleur (LHJMQ) en 1988-89 • Coupe du Président (LHJMQ) en 1988-89 • Première équipe d'étoiles (AHL) en 1989-90 • Trophée Dudley-Garret (AHL) en 1989-90 • Match des étoiles (LNH) en 2000-01

• Échangé à Los Angeles par Buffalo pour le choix de 2e ronde de Los Angeles au repêchage de 1999 (Milan Bartovic) le 18 décembre 1998 • Échangé à Atlanta par Los Angeles avec Frantisek Kaberle pour Kelly Buchberger et Nelson Emerson le 13 mars 2000 • Échangé à Buffalo par Atlanta pour les droits sur Kamil Piros et le choix de 4e ronde de Buffalo au repêchage de 2001 (échangé plus tard à St. Louis qui sélectionne Igor Valeyev) le 13 mars 2001 • Signe avec Dallas comme joueur autonome le 2 juillet 2001 • Échangé à Montréal par Dallas avec Shaun Van Allan pour Benoit Brunet et Martin Rucinsky le 21 novembre 2001• Signe avec la Floride comme joueur autonome le 15 janvier 2004 • Annonce officiellement sa retraite le 21 décembre 2005

SAISONS RÉGULIÈRES — SÉRIES ÉLIMINATOIRES

AWREY, DONALD (DON)

Né à Kitchener, Ontario, le 18 juillet 1943. Défenseur, lance de la gauche, 6', 195 lb

SAISON	CLUB	LIGUE	PJ	B	A	PTS	PUN	PJ	B	A	PTS	PUN
1960-61	Niagara Falls (Flyers)	JOHA	3	0	0	0	11	-	-	-	-	-
1961-62	Niagara Falls (Flyers)	JOHA	41	6	12	18	90	10	0	3	3	15
1962-63	Niagara Falls (Flyers)	JOHA	50	7	23	30	111	9	4	9	13	29
	Niagara Falls (Flyers)	Mem.	-	-	-	-	-	16	4	8	12	58
1963-64	Minneapolis (Bruins)	CPHL	54	4	15	19	136	5	0	0	0	9
	Boston (Bruins)	LNH	16	1	0	1	4	-	-	-	-	-
1964-65	Hershey (Bears)	AHL	23	2	4	6	38	15	0	1	1	29
	Boston (Bruins)	LNH	47	2	3	5	41	-	-	-	-	-
1965-66	Boston (Bruins)	LNH	70	4	3	7	74	-	-	-	-	-
1966-67	Hershey (Bears)	AHL	63	1	13	14	153	5	0	0	0	19
	Boston (Bruins)	LNH	4	1	0	1	6	-	-	-	-	-
1967-68	Boston (Bruins)	LNH	74	3	12	15	150	4	0	1	1	4
1968-69	Boston (Bruins)	LNH	73	0	13	13	149	10	0	1	1	28
1969-70	Boston (Bruins)	LNH	73	3	10	13	120	14	0	5	5	32
1970-71	Boston (Bruins)	LNH	74	4	21	25	141	7	0	0	0	17
1971-72	Boston (Bruins)	LNH	34	1	8	9	52	15	0	4	4	45
	Boston (Braves)	AHL	3	0	1	2	2	-	-	-	-	-
1972-73	Boston (Bruins)	LNH	78	2	17	19	90	4	0	0	0	6
	Canada	Siècle	2	0	0	0	0	-	-	-	-	-
1973-74	St. Louis (Blues)	LNH	75	5	16	21	51	-	-	-	-	-
	Match des étoiles	LNH	1	0	1	1	0	-	-	-	-	-
1974-75	St. Louis (Blues)	LNH	20	0	8	8	4	-	-	-	-	-
	Montréal (Canadiens)	**LNH**	**56**	**1**	**11**	**12**	**58**	**11**	**0**	**6**	**6**	**12**
1975-76	**Montréal (Canadiens)**	**LNH**	**72**	**0**	**12**	**12**	**29**	**-**	**-**	**-**	**-**	**-**
1976-77	Pittsburgh (Penguins)	LNH	79	1	12	13	40	3	0	1	1	0
1977-78	New York (Rangers)	LNH	78	2	8	10	38	3	0	0	0	6
1978-79	New Haven (Nighthawks)	AHL	6	2	1	3	6	-	-	-	-	-
	Colorado (Rockies)	LNH	56	1	4	5	18	-	-	-	-	-
		LNH	**979**	**31**	**158**	**189**	**1065**	**71**	**0**	**18**	**18**	**150**
		Montréal	**128**	**1**	**23**	**24**	**87**	**11**	**0**	**6**	**6**	**12**

• Coupe Stanley (LNH) en 1969-70, 1971-72, 1975-76 • Match des étoiles (LNH) en 1973-74
• Échangé à St. Louis par Boston pour Jake Rathwell, le choix de 2e ronde de St. Louis au repêchage de 1974 (Mark Howe) et une compensation financière le 5 octobre 1973 • Échangé à Montréal par St. Louis pour Chuck Lefley le 28 novembre 1974 • Échangé à Pittsburgh par Montréal pour le choix de 3e ronde de Pittsburgh au repêchage de 1978 (Richard David) le 11 août 1976 • Droits cédés à Washington par Pittsburgh pour Bob Paradise le 1er octobre 1977 • Signe avec New York (Rangers) comme joueur autonome le 4 octobre 1977 • Droits vendus au Colorado par New York (Rangers) en novembre 1978

BACKSTROM, RALPH

Né à Kirkland Lake, Ontario, le 18 septembre 1937
Centre, lance de la gauche, 5'10", 170 lb

SAISON	CLUB	LIGUE	PJ	B	A	PTS	PUN	PJ	B	A	PTS	PUN
1954-55	Montréal (Canadiens Jr)	LHJQ	21	7	6	13	2	5	2	1	3	4
1955-56	Montréal (Canadiens Jr)	LHJQ	18	10	3	13	4	-	-	-	-	-
	Montréal (Canadiens Jr)	Mem.	-	-	-	-	-	10	5	4	9	6
1956-57	Hull-Ottawa (Canadiens)	JOHA	18	10	8	18	4	-	-	-	-	-
	Montréal (Canadiens)	**LNH**	**3**	**0**	**0**	**0**	**0**	**-**	**-**	**-**	**-**	**-**
	Hull-Ottawa (Canadiens)	EOHL	18	7	10	17	4	-	-	-	-	-
	Hull-Ottawa (Canadiens)	Mem.	-	-	-	-	-	15	17	11	28	19
1957-58	Hull-Ottawa (Canadiens)	JOHA	26	24	27	51	64	-	-	-	-	-
	Hull-Ottawa (Canadiens)	EOHL	33	21	25	46	13	-	-	-	-	-
	Montréal (Royals)	LHQ	1	0	1	1	0	-	-	-	-	-
	Rochester (Americans)	AHL	2	0	0	0	0	-	-	-	-	-
	Montréal (Canadiens)	**LNH**	**2**	**0**	**1**	**1**	**0**	**-**	**-**	**-**	**-**	**-**
	Hull-Ottawa (Canadiens)	Mem.	-	-	-	-	-	13	*17	9	26	24
1958-59	**Montréal (Canadiens)**	**LNH**	**64**	**18**	**22**	**40**	**19**	**11**	**3**	**5**	**8**	**12**
	Match des étoiles	LNH	1	0	0	0	0	-	-	-	-	-
1959-60	**Montréal (Canadiens)**	**LNH**	**64**	**13**	**15**	**28**	**24**	**7**	**0**	**3**	**3**	**2**
	Match des étoiles	LNH	1	0	1	1	0	-	-	-	-	-
1960-61	**Montréal (Canadiens)**	**LNH**	**69**	**12**	**20**	**32**	**44**	**5**	**0**	**0**	**0**	**4**
	Match des étoiles	LNH	1	0	1	1	0	-	-	-	-	-
1961-62	**Montréal (Canadiens)**	**LNH**	**66**	**27**	**38**	**65**	**29**	**5**	**0**	**1**	**1**	**6**
1962-63	**Montréal (Canadiens)**	**LNH**	**70**	**23**	**12**	**35**	**51**	**5**	**0**	**0**	**0**	**2**
	Match des étoiles	LNH	1	0	0	0	0	-	-	-	-	-
1963-64	**Montréal (Canadiens)**	**LNH**	**70**	**8**	**21**	**29**	**41**	**7**	**2**	**1**	**3**	**8**
1964-65	**Montréal (Canadiens)**	**LNH**	**70**	**25**	**30**	**55**	**41**	**13**	**2**	**3**	**5**	**10**
1965-66	**Montréal (Canadiens)**	**LNH**	**67**	**22**	**20**	**42**	**10**	**10**	**3**	**4**	**7**	**4**
	Match des étoiles	LNH	1	0	1	1	0	-	-	-	-	-
1966-67	**Montréal (Canadiens)**	**LNH**	**69**	**14**	**27**	**41**	**39**	**10**	**5**	**2**	**7**	**6**
	Match des étoiles	LNH	1	0	0	0	0	-	-	-	-	-
1967-68	**Montréal (Canadiens)**	**LNH**	**70**	**20**	**25**	**45**	**14**	**13**	**4**	**3**	**7**	**4**
1968-69	**Montréal (Canadiens)**	**LNH**	**72**	**13**	**28**	**41**	**16**	**14**	**3**	**4**	**7**	**10**
1969-70	**Montréal (Canadiens)**	**LNH**	**72**	**19**	**24**	**43**	**20**	**-**	**-**	**-**	**-**	**-**
1970-71	**Montréal (Canadiens)**	**LNH**	**16**	**1**	**4**	**5**	**0**	**-**	**-**	**-**	**-**	**-**
	Los Angeles (Kings)	LNH	33	14	13	27	8	-	-	-	-	-
1971-72	Los Angeles (Kings)	LNH	76	23	29	52	22	-	-	-	-	-
1972-73	Los Angeles (Kings)	LNH	63	20	29	49	6	-	-	-	-	-
	Chicago (Black Hawks)	LNH	16	6	3	9	2	16	5	6	11	0
1973-74	Chicago (Cougars)	AMH	78	33	50	83	26	18	5	*14	19	4
1974-75	Canada	Défi 74	8	4	4	8	10	-	-	-	-	-
	Chicago (Cougars)	AMH	70	15	24	39	28	-	-	-	-	-
1975-76	Denver/Ottawa	AMH	41	21	29	50	14	-	-	-	-	-
	Nlle-Angleterre (Whalers)	AMH	38	14	19	33	6	17	5	4	9	8
1976-77	Nlle-Angleterre (Whalers)	AMH	77	17	31	48	30	3	0	0	0	0
		LNH	**1032**	**278**	**361**	**639**	**386**	**116**	**27**	**32**	**59**	**68**
		Montréal	**844**	**215**	**287**	**502**	**348**	**100**	**22**	**26**	**48**	**68**

• Trophée Calder (LNH) en 1958-59 • Match des étoiles (LNH) en 1958-59, 1959-60, 1960-61, 1962-63, 1965-66, 1966-67 • Coupe Stanley (LNH) en 1958-59, 1959-60, 1964-65, 1965-66, 1967-68, 1968-69 • Trophée Paul-Daneau (AMH) en 1973-74
• Échangé à Los Angeles par Montréal pour Gord Labossière et Ray Fortin et le 2e choix de Los Angeles au repêchage de 1973 (Peter Marrin) le 26 janvier 1971 • Sélectionné par Nlle-Angleterre lors de l'expansion de l'AMH le 12 février 1972 • Droits vendus à Los Angeles (AMH) par Nlle-Agleterre (AMH) le 17 juin 1972 • Droits vendus à Chicago (AMH) par Los Angeles (AMH) le 22 février 1973 • Échangé à Chicago par Los Angeles pour Dan Maloney le 26 février 1973 • Réclamé par Denver (AMH) de Chicago (AMH) le 30 mai 1975 • Transfert de la concession de Denver (AMH) à Ottawa (AMH) le 3 janvier 1976 • Droits vendus à la Nlle-Angleterre (AMH) par Ottawa (AMH) avec Don Borgeson le 20 janvier 1976

BAKER, BILL

Né à Grand Rapids, Minnesota, le 29 novembre 1956. Défenseur, lance de la gauche, 6'1", 195 lb (Choix de 3e ronde de Montréal, 54e au total lors du repêchage de 1976)

SAISON	CLUB	LIGUE	PJ	B	A	PTS	PUN	PJ	B	A	PTS	PUN
1975-76	Minnesota University	WCHA	44	8	15	23	28	-	-	-	-	-
1976-77	Minnesota University	WCHA	28	0	8	8	42	-	-	-	-	-
1977-78	Minnesota University	WCHA	38	10	23	33	24	-	-	-	-	-
1978-79	Minnesota University	WCHA	44	12	42	54	38	-	-	-	-	-
	États-Unis	CM	7	2	1	3	2	-	-	-	-	-
1979-80	États-Unis	Éq. nat.	60	5	25	30	74	-	-	-	-	-
	États-Unis	JO	7	1	0	1	4	-	-	-	-	-
	Nlle-Écosse (Voyageurs)	AHL	12	4	8	12	5	1	0	1	1	0
1980-81	Nlle-Écosse (Voyageurs)	AHL	18	5	12	17	42	-	-	-	-	-
	Montréal (Canadiens)	**LNH**	**11**	**0**	**0**	**0**	**32**	**-**	**-**	**-**	**-**	**-**
	États-Unis	CM	7	0	1	1	8	-	-	-	-	-
	Colorado (Rockies)	LNH	13	0	3	3	12	-	-	-	-	-
1981-82	États-Unis	CC	1	0	0	0	0	-	-	-	-	-
	Colorado (Rockies)	LNH	14	0	3	3	17	-	-	-	-	-
	Forth Worth (Texans)	CHL	10	3	12	15	20	-	-	-	-	-
	St. Louis (Blues)	LNH	35	3	5	8	50	4	0	0	0	0
1982-83	New York (Rangers)	LNH	70	4	14	18	64	2	0	0	0	0
1983-84	Tulsa (Oilers)	CHL	59	11	22	33	47	-	-	-	-	-
		LNH	**143**	**7**	**25**	**32**	**175**	**6**	**0**	**0**	**0**	**0**
		Montréal	**11**	**0**	**0**	**0**	**32**	**-**	**-**	**-**	**-**	**-**

• Première équipe d'étoiles (WCHA) en 1978-79 • Première équipe d'étoiles All-American, Division Ouest (NCAA) en 1978-79 • Médaille d'or (JO) en 1980
• Échangé au Colorado par Montréal pour le choix de 3e ronde du Colorado au repêchage de 1983 (Daniel Letendre) et d'une inversion de choix de 4e ronde au repêchage de 1984 (Montréal sélectionne Lee Brodeur et New Jersey Paul Ysebaert) le 10 mars 1981 • Échangé à St. Louis par Colorado pour Joe Micheletti et Dick Lamby le 4 décembre 1981 • Réclamé par New York (Rangers) de St. Louis au repêchage inter-équipes le 4 octobre 1982

BALEJ, JOZEF

Né à Myjav, Tchécoslovaquie, le 22 février 1982. Ailier droit, lance de la droite, 6'1", 195 lb (Choix de 3e ronde de Montréal, 78e au total lors du repêchage de 2000)

SAISON	CLUB	LIGUE	PJ	B	A	PTS	PUN	PJ	B	A	PTS	PUN
1996-97	Dukla (Trencin Jr)	SLO	51	31	25	56	36	-	-	-	-	-
1997-98	Dukla (Trencin Jr)	SLO	52	57	40	97	60	-	-	-	-	-
1998-99	Thunder Bay (Flyers)	USHL	38	8	7	15	9	-	-	-	-	-
	Rochester (Mustangs)	USHL	17	0	1	1	2	-	-	-	-	-
1999-00	Portland (Winter Hawks)	WHL	65	22	23	45	33	-	-	-	-	-
	Slovaquie	CMJ	6	0	5	5	4	-	-	-	-	-
2000-01	Portland (Winter Hawks)	WHL	46	32	21	53	18	16	9	6	15	6
	Slovaquie	CMJ	7	3	3	6	4	-	-	-	-	-
2001-02	Portland (Winter Hawks)	WHL	65	51	41	92	52	7	0	2	2	6
2002-03	Hamilton (Bullgogs)	AHL	56	5	15	20	29	-	-	-	-	-
2003-04	**Montréal (Canadiens)**	**LNH**	**4**	**0**	**0**	**0**	**0**	**-**	**-**	**-**	**-**	**-**
	Hamilton (Bullgogs)	AHL	55	25	33	58	32	-	-	-	-	-
	New York (Rangers)	LNH	13	1	4	5	4	-	-	-	-	-
	Hartford (Wolf Pack)	AHL	5	1	3	4	21	16	9	7	16	10
2004-05	Hartford (Wolf Pack)	AHL	69	20	22	42	46	6	0	0	0	4
2005-06	Vancouver (Canucks)	LNH	1	0	1	1	0	-	-	-	-	-
	Manitoba (Moose)	AHL	39	14	15	29	20	4	1	0	1	4
2006-07	HC Fribourg-Gotteron	SUI	37	13	17	30	44	4	4	1	5	2
2007-08	Manitoba (Moose)	AHL	16	4	9	13	10	-	-	-	-	-
		NHL	**18**	**1**	**5**	**6**	**4**	**-**	**-**	**-**	**-**	**-**
		Montréal	**4**	**0**	**0**	**0**	**0**	**-**	**-**	**-**	**-**	**-**

• Première équipe d'étoiles, division ouest (WHL) en 2001-02 • Deuxième équipe d'étoiles (CHL) en 2001-02
• Échangé à New York (Rangers) par Montréal avec un choix de 2e ronde de Montréal au repêchage de 2004 (Bruce Graham) pour Alex Kovalev le 2 mars 2004 • Échangé à Vancouver par New York (Rangers) avec des considérations futures pour Fedor Fedorov le 7 octobre 2005 • Signe avec Fribourg (SUI) comme joueur autonome le 24 juillet 2006 • Signe avec HC Ocelari Trinec(CZE) comme joueur autonome le 6 mai 2008

BALFOUR, MURRAY

Né à Regina, Saskatchewan, le 24 août 1936, décédé le 30 mai 1965
Ailier droit, lance de la droite, 5'9", 175 lb

SAISON	CLUB	LIGUE	PJ	B	A	PTS	PUN	PJ	B	A	PTS	PUN
1952-53	Regina (Pats)	WCJHL	31	2	4	6	38	7	0	1	1	10
	Regina (Capitals)	Allan	-	-	-	-	-	2	0	0	0	5
1953-54	Regina (Pats)	WCJHL	35	7	5	12	*99	16	4	4	8	*45
1954-55	Regina (Pats)	WCJHL	38	10	16	26	*156	12	7	4	11	*30
	Regina (Pats)	Mem.	-	-	-	-	-	3	1	2	3	4
1955-56	Regina (Pats)	WCJHL	34	24	18	42	*104	10	7	5	12	20
	Regina (Pats)	Mem.	-	-	-	-	-	19	15	4	19	65
1956-57	Hull-Ottawa (Canadiens)	JOHA	19	12	7	19	76	-	-	-	-	-
	Hull-Ottawa (Canadiens)	LHQ	18	2	6	8	15	-	-	-	-	-
	Hull-Ottawa (Canadiens)	EOHL	14	5	10	15	41	-	-	-	-	-
	Montréal (Canadiens)	**LNH**	**2**	**0**	**0**	**0**	**2**	**-**	**-**	**-**	**-**	**-**
	Hull-Ottawa (Canadiens)	Mem.	-	-	-	-	-	15	5	12	17	35

SAISONS RÉGULIÈRES — SÉRIES ÉLIMINATOIRES
AWR - BAL
644

Saison	Club	Ligue	PJ	B	A	PTS	PUN	PJ	B	A	PTS	PUN
1957-58	**Montréal (Canadiens)**	**LNH**	**3**	**1**	**1**	**2**	**4**	-	-	-	-	-
	Montréal (Royals)	LHQ	62	23	25	48	107	7	1	2	3	20
1958-59	Rochester (Americans)	AHL	67	14	23	37	*181	1	0	0	0	0
1959-60	Chicago (Black Hawks)	LNH	61	18	12	30	55	4	1	0	1	0
1960-61	Chicago (Black Hawks)	LNH	70	21	27	48	123	11	5	5	10	14
1961-62	Chicago (Black Hawks)	LNH	49	15	15	30	72	12	1	1	2	15
1962-63	Chicago (Black Hawks)	LNH	65	10	23	33	75	6	0	2	2	12
1963-64	Chicago (Black Hawks)	LNH	41	2	10	12	36	7	2	2	4	4
1964-65	Boston (Bruins)	LNH	15	0	2	2	26	-	-	-	-	-
	Hershey (Bears)	AHL	31	10	8	18	36	-	-	-	-	-
		LNH	**306**	**67**	**90**	**157**	**393**	**40**	**9**	**10**	**19**	**45**
		Montréal	**5**	**1**	**1**	**2**	**6**	-	-	-	-	-

• Coupe Stanley (LNH) en 1960-61

• Droits vendus à Chicago par Montréal avec Terry Gray le 9 juin 1959 • Échangé à Boston par Chicago avec Mike Draper pour Jerry Toppazzini et Matt Ravlich le 9 juin 1964

BALON, DAVID (DAVE)

Né à Wakaw, Saskatchewan, le 2 août 1938, décédé le 29 mai 2007
Ailier gauche, lance de la gauche, 5'11", 180 lb

Saison	Club	Ligue	PJ	B	A	PTS	PUN	PJ	B	A	PTS	PUN
1955-56	Prince Albert (Mintos)	SJHL	14	5	5	10	14	12	3	2	5	14
1956-57	Prince Albert (Mintos)	SJHL	40	29	30	59	112	13	5	5	10	15
1957-58	Prince Albert (Mintos)	SJHL	51	35	44	79	113	6	3	1	4	10
	Vancouver (Canucks)	WHL	4	0	2	2	8	-	-	-	-	-
	Regina (Pats)	Mem.	-	-	-	-	-	16	6	4	10	23
1958-59	Saskatoon (Quakers)	WHL	57	12	25	37	80	-	-	-	-	-
1959-60	New York (Rangers)	LNH	3	0	0	0	0	-	-	-	-	-
	Vancouvers (Canucks)	WHL	3	1	1	2	2	-	-	-	-	-
	Trois-Rivières (Lions)	EPHL	61	28	42	70	104	7	2	2	4	19
1960-61	New York (Rangers)	LNH	13	1	2	3	8	-	-	-	-	-
	Kitchener-Waterloo	EPHL	55	15	26	41	77	7	1	1	2	12
1961-62	Kitchener-Waterloo	EPHL	37	23	19	42	87	-	-	-	-	-
	New York (Rangers)	LNH	30	4	11	15	11	6	2	3	5	2
1962-63	New York (Rangers)	LNH	70	11	13	24	72	-	-	-	-	-
1963-64	**Montréal (Canadiens)**	**LNH**	**70**	**24**	**18**	**42**	**80**	**7**	**1**	**1**	**2**	**25**
1964-65	**Montréal (Canadiens)**	**LNH**	**63**	**18**	**23**	**41**	**61**	**10**	**0**	**0**	**0**	**10**
1965-66	Match des étoiles	LNH	1	0	0	0	2	-	-	-	-	-
	Houston (Apollos)	CPHL	9	6	6	12	0	-	-	-	-	-
	Montréal (Canadiens)	**LNH**	**45**	**3**	**7**	**10**	**24**	**9**	**2**	**3**	**5**	**16**
1966-67	**Montréal (Canadiens)**	**LNH**	**48**	**11**	**8**	**19**	**31**	**9**	**0**	**2**	**2**	**6**
	Match des étoiles	LNH	1	0	0	0	0	-	-	-	-	-
1967-68	Minnesota (North Stars)	LNH	73	15	32	47	84	14	4	*9	*13	14
	Match des étoiles	LNH	1	0	0	0	0	-	-	-	-	-
1968-69	New York (Rangers)	LNH	75	10	21	31	57	4	1	0	1	0
1969-70	New York (Rangers)	LNH	76	33	37	70	100	6	1	1	2	32
1970-71	New York (Rangers)	LNH	78	36	24	60	34	13	3	2	5	4
	Match des étoiles	LNH	1	0	1	1	0	-	-	-	-	-
1971-72	New York (Rangers)	LNH	16	4	5	9	2	-	-	-	-	-
	Vancouver (Canucks)	LNH	59	19	19	38	21	-	-	-	-	-
1972-73	Vancouver (Canucks)	LNH	57	3	2	5	22	-	-	-	-	-
1973-74	Québec (Nordiques)	AMH	9	0	0	0	2	-	-	-	-	-
	Binghamton (Dusters)	AHL	7	0	1	1	0	-	-	-	-	-
		LNH	**776**	**192**	**222**	**414**	**607**	**78**	**14**	**21**	**35**	**109**
		Montréal	**226**	**56**	**56**	**112**	**196**	**35**	**3**	**6**	**9**	**57**

• Coupe Stanley (LNH) en 1964-65, 1965-66 • Match des étoiles (LNH) en 1965-66, 1966-67, 1967-68, 1970-71

• Échangé à Montréal par New York (Rangers) avec Léon Rochefort, Len Ronson et Lorne Worsley pour Phil Goyette, Don Marshall et Jacques Plante le 4 juin 1963 • Sélectionné par Minnesota de Montréal lors de l'expansion de la LNH le 6 juin 1967 • Échangé à New York (Rangers) par Minnesota pour Wayne Hillman, Dan Seguin et Joey Johnston le 12 juin 1968 • Échangé à Vancouver par New York (Rangers) avec Wayne Connelly, Ron Stewart pour Gary Doak et Jim Wiste le 16 novembre 1971 • Sélectionné par Los Angeles lors de l'expansion de l'AMH le 22 février 1972 • Droits vendus à Québec (AMH) par Los Angeles (AMH) le 23 octobre 1973

BARON, MURRAY

Né à Prince George, Colombie-Britannique, le 1er juin 1967.
Défenseur, lance de la gauche, 6'3", 215 lb
(Choix de 8e ronde de Philadelphie, 167e au total lors du repêchage de 1986)

Saison	Club	Ligue	PJ	B	A	PTS	PUN	PJ	B	A	PTS	PUN
1984-85	Vernon (Lakers)	BCJHL	37	5	9	14	93	13	5	6	11	107
1985-86	Vernon (Lakers)	BCJHL	46	12	32	44	179	7	1	2	3	13
1986-87	Dakota North University	WCHA	41	4	10	14	62	-	-	-	-	-
1987-88	Dakota North University	WCHA	41	1	10	11	95	-	-	-	-	-
1988-89	Dakota North University	WCHA	40	2	6	8	92	-	-	-	-	-
	Hershey (Bears)	AHL	9	0	3	3	8	-	-	-	-	-
1989-90	Philadelphia (Flyers)	LNH	16	2	2	4	12	-	-	-	-	-
	Hershey (Bears)	AHL	50	0	10	10	101	-	-	-	-	-
1990-91	Philadelphia (Flyers)	LNH	67	8	8	16	74	-	-	-	-	-
	Hershey (Bears)	AHL	6	2	3	5	0	-	-	-	-	-
1991-92	St. Louis (Blues)	LNH	67	3	8	11	94	2	0	0	0	2
1992-93	St. Louis (Blues)	LNH	53	2	2	4	59	11	0	0	0	12
1993-94	St. Louis (Blues)	LNH	77	5	9	14	123	4	0	0	0	10
1994-95	St. Louis (Blues)	LNH	39	0	5	5	93	7	1	1	2	2
1995-96	St. Louis (Blues)	LNH	82	3	9	11	190	13	1	0	1	20
1996-97	St. Louis (Blues)	LNH	11	0	2	2	11	-	-	-	-	-
	Montréal (Canadiens)	**LNH**	**60**	**1**	**5**	**6**	**107**	-	-	-	-	-
	Phoenix (Coyotes)	LNH	8	0	0	0	4	1	0	0	0	0
1997-98	Phoenix (Coyotes)	LNH	45	1	5	6	106	6	0	2	2	6
1998-99	Vancouver (Canucks)	LNH	81	2	6	8	115	-	-	-	-	-
1999-00	Vancouver (Canucks)	LNH	81	2	10	12	67	-	-	-	-	-
2000-01	Vancouver (Canucks)	LNH	82	3	8	11	63	4	0	0	0	0
2001-02	Vancouver (Canucks)	LNH	61	1	6	7	68	6	0	1	1	10
2002-03	Vancouver (Canucks)	LNH	78	2	4	6	62	14	0	4	4	10
2003-04	St. Louis (Blues)	LNH	80	1	5	6	61	5	0	0	0	6
		LNH	**988**	**35**	**94**	**129**	**1309**	**73**	**2**	**8**	**10**	**78**
		Montréal	**60**	**1**	**5**	**6**	**107**	-	-	-	-	-

• Échangé à St. Louis par Philadelphie avec Ron Sutter pour Dan Quinn et Rod Brind'Amour le 22 septembre 1991 • Échangé à Montréal par St. Louis avec Shayne Corson et le choix de 5e ronde de St. Louis au repêchage de 1997 (Gennady Razin) pour Pierre Turgeon, Craig Conroy et Rory Fitzpatrick le 29 octobre 1996 • Échangé à Phoenix par Montréal avec Chris Murray pour Dave Manson le 18 mars 1997 • Signe avec Vancouver comme joueur autonome le 14 juillet 1998 • Signe avec St. Louis comme joueur autonome le 5 septembre 2003

BARON, NORMAND

Né à Verdun, Québec, le 15 décembre 1957
Ailier gauche, lance de la gauche, 6', 205 lb

Saison	Club	Ligue	PJ	B	A	PTS	PUN	PJ	B	A	PTS	PUN
1976-77	Montréal (Juniors)	LHJMQ	7	1	1	2	0	-	-	-	-	-
1977-78					*N'a pas joué*							
1978-79					*N'a pas joué*							
1979-80					*N'a pas joué*							
1980-81					*N'a pas joué*							
1981-82					*N'a pas joué*							
1982-83					*N'a pas joué*							
1983-84	Nlle-Écosse (Voyageurs)	AHL	68	11	11	22	275	-	-	-	-	-
	Montréal (Canadiens)	**LNH**	**4**	**0**	**0**	**0**	**12**	**3**	**0**	**0**	**0**	**22**
1984-85	Sherbrooke (Canadiens)	AHL	39	5	5	10	98	2	0	0	0	25
1985-86	Peoria (Rivermen)	IHL	17	4	4	8	61	-	-	-	-	-
	St. Louis (Blues)	LNH	23	2	0	2	39	-	-	-	-	-
	Flint (Spirits)	IHL	11	1	7	8	43	-	-	-	-	-
		LNH	**27**	**2**	**0**	**2**	**51**	**3**	**0**	**0**	**0**	**22**
		Montréal	**4**	**0**	**0**	**0**	**12**	**3**	**0**	**0**	**0**	**22**

• Coupe Calder (AHL) en 1984-85

• Signe avec Montréal comme joueur autonome le 15 mars 1984 • Vendu à St. Louis par Montréal le 30 septembre 1985

BARRY, MARTIN (MARTY)

Né à Québec, Québec, le 8 décembre 1905, décédé le 20 août 1969
Centre, lance de la gauche, 5'11", 175 lb

Saison	Club	Ligue	PJ	B	A	PTS	PUN	PJ	B	A	PTS	PUN
1924-25	Montréal (St. Anthony)	LHCM			*Statistiques non disponibles*							
	Montréal (Ste. Anne's)	ECHL	1	0	0	0	0	-	-	-	-	-
1925-26	Montréal (St. Anthony)	LHCM			*Statistiques non disponibles*							
1926-27	Montréal (Bell)	LHCM			*Statistiques non disponibles*							
1927-28	Philadelphie (Arrows)	Can-Am	33	11	3	14	70	-	-	-	-	-
	New York (Americans)	LNH	9	1	0	1	2	-	-	-	-	-
1928-29	New Haven (Eagles)	Can-Am	35	*19	10	*29	54	2	0	1	1	2
1929-30	Boston (Bruins)	LNH	44	18	15	33	34	6	3	3	6	14
1930-31	Boston (Bruins)	LNH	44	20	11	31	26	5	1	1	2	4
1931-32	Boston (Bruins)	LNH	48	21	17	38	22	-	-	-	-	-
1932-33	Boston (Bruins)	LNH	47	24	13	37	40	5	2	2	4	6
1933-34	Boston (Bruins)	LNH	48	27	12	39	12	-	-	-	-	-
1934-35	Boston (Bruins)	LNH	48	20	20	40	33	4	0	0	0	2
1935-36	Detroit (Red Wings)	LNH	48	21	19	40	16	7	2	4	6	6
1936-37	Detroit (Red Wings)	LNH	47	17	27	44	6	10	4	7	11	2
1937-38	Detroit (Red Wings)	LNH	48	9	20	29	34	-	-	-	-	-
	Match des étoiles	LNH	1	1	1	2	0	-	-	-	-	-
1938-39	Detroit (Red Wings)	LNH	48	13	28	41	4	6	3	1	4	0
1939-40	**Montréal (Canadiens)**	**LNH**	**30**	**4**	**10**	**14**	**2**	-	-	-	-	-
	Pittsburgh (Hornets)	IAHL	6	2	0	2	0	7	2	1	3	4
1940-41	Minneapolis (Millers)	AHA	32	10	10	20	8	3	1	0	1	0
		LNH	**509**	**195**	**192**	**387**	**231**	**43**	**15**	**18**	**33**	**34**
		Montréal	**30**	**4**	**10**	**14**	**2**	-	-	-	-	-

• Coupe Stanley (LNH) en 1935-36, 1936-37 • Première équipe d'étoiles (LNH) en 1936-37 • Trophée Lady-Byng (LNH) en 1936-37 • Match des étoiles (LNH) en 1937-38 • Membre du Temple de la Renommée (LNH) en 1964-65

• Signe avec New York (Americans) le 27 octobre 1927 • Réclamé par Boston de New York (Americans) lors du repêchage inter-ligues le 13 mai 1929 • Échangé à Detroit par Boston avec Art Giroux pour Ralph Weiland et Walter Buswell le 30 juin 1935 • Signe avec Montréal le 21 octobre 1939 • Signe avec Pittsburgh (IAHL) le 11 février 1940

BARTLETT, JAMES (JIM)

Né à Verdun, Québec, le 27 mai 1932. Ailier gauche, lance de la gauche, 5'9", 165 lb

Saison	Club	Ligue	PJ	B	A	PTS	PUN	PJ	B	A	PTS	PUN
1949-50	Verdun (Maple Leafs)	LHJQ	6	0	0	0	4	1	0	0	0	0
1950-51	Verdun (LaSalle)	LHJQ	38	8	8	16	67	3	1	0	1	7
1951-52	Saint-Jérôme (Aigles)	LHJQ	44	25	31	56	167	-	-	-	-	-
	Boston (Olympics)	EAHL	14	2	6	8	39	2	1	0	1	4
1952-53	Cincinnati (Mohawks)	IHL	49	32	30	62	122	9	4	5	9	22
1953-54	Matane (Red Rockets)	LHPQ	61	43	29	72	*139	-	-	-	-	-
	Matane (Red Rockets)	Allan	-	-	-	-	-	16	*11	14	*25	*46
1954-55	Chicoutimi (Saguenéens)	LHQ	58	28	28	56	150	7	1	4	5	20
	Montréal (Canadiens)	**LNH**	**2**	**0**	**0**	**0**	**4**	**2**	**0**	**0**	**0**	**0**
1955-56	Providence (Reds)	AHL	50	28	19	47	110	9	3	5	8	27
	New York (Rangers)	LNH	12	0	1	1	8	-	-	-	-	-
1956-57	Providence (Reds)	AHL	63	21	22	43	105	4	1	0	1	27
1957-58	Providence (Reds)	AHL	59	25	21	46	86	5	2	1	3	11
1958-59	New York (Rangers)	LNH	70	11	9	20	118	-	-	-	-	-
1959-60	Springfield (Indians)	AHL	21	7	3	10	12	8	5	3	8	15
	New York (Rangers)	LNH	44	8	4	12	48	-	-	-	-	-
1960-61	Boston (Bruins)	LNH	63	15	9	24	95	-	-	-	-	-
1961-62	Providence (Reds)	AHL	62	31	34	65	80	3	0	1	1	8
1962-63	Providence (Reds)	AHL	67	28	38	66	87	6	1	2	3	10
1963-64	Providence (Reds)	AHL	72	26	39	65	75	3	2	1	3	4

Saison	Club	Ligue	PJ	B	A	PTS	PUN	PJ	B	A	PTS	PUN
1964-65	Providence (Reds)	AHL	71	22	36	58	92	-	-	-	-	-
1965-66	Providence (Reds)	AHL	68	19	26	45	70	-	-	-	-	-
1966-67	Baltimore (Clippers)	AHL	67	30	21	51	24	13	3	3	6	10
1967-68	Baltimore (Clippers)	AHL	71	22	29	51	71	-	-	-	-	-
1968-69	Baltimore (Clippers)	AHL	73	25	23	48	40	4	1	0	1	10
1969-70	Baltimore (Clippers)	AHL	65	30	28	58	34	5	2	1	3	2
1970-71	Baltimore (Clippers)	AHL	63	14	25	39	51	6	0	1	1	4
1971-72	Columbus (Seals)	IHL	14	4	6	10	23	-	-	-	-	-
	Baltimore (Clippers)	AHL	11	8	2	10	12	18	6	5	11	14
1972-73	Baltimore (Clippers)	AHL	72	24	16	40	31	-	-	-	-	-
		LNH	**191**	**34**	**23**	**57**	**273**	**2**	**0**	**0**	**0**	**0**
		Montréal	**2**	**0**	**0**	**0**	**4**	**2**	**0**	**0**	**0**	**0**

• Coupe Calder (AHL) en 1955-56, 1959-60

• Prêté à Montréal par Chicoutimi (LHQ) le 4 janvier 1955 • Réclamé par New York de Chicoutimi (LHQ) lors du repêchage intra-ligue le 31 mai 1955 • Réclamé par Boston de New York lors du repêchage intra-ligue le 8 juin 1960 • Droits vendus à Providence (AHL) par Boston en août 1961 • Échangé à Baltimore (AHL) par Providence (AHL) avec Aldo Guidolin, Willie Marshall et Ian Anderson pour Mike Corbett, Ed Lawson et Ken Stephanson en juin 1966

BASHKIROV, ANDREI

Né à Shelekhov, Russie, le 22 juin 1970. Ailier gauche, lance de la gauche, 6' 198 lb (Choix de 5e ronde de Montréal, 132e au total lors du repêchage de 1998)

Saison	Club	Ligue	PJ	B	A	PTS	PUN	PJ	B	A	PTS	PUN
1991-92	Khimik (Voskresensk)	CIS	11	2	0	2	4	-	-	-	-	-
1992-93	Yermak (Angarsk)	CIS	*Statistiques non disponibles*									
1993-94	Charlotte (Checkers)	ECHL	62	28	42	70	25	3	1	0	1	0
	Providence (Bruins)	AHL	1	0	0	0	2	-	-	-	-	-
1994-95	Charlotte (Checkers)	ECHL	61	19	27	46	20	3	0	0	0	0
1995-96	Huntington (Blizzard)	ECHL	55	19	39	58	35	-	-	-	-	-
1996-97	Huntington (Blizzard)	ECHL	47	29	41	70	12	-	-	-	-	-
	Detroit (Vipers)	IHL	2	0	0	0	0	-	-	-	-	-
	Las Vegas (Thunder)	IHL	27	10	12	22	0	2	0	0	0	0
1997-98	Las Vegas (Thunder)	IHL	15	2	3	5	5	-	-	-	-	-
	Port Huron (Border Cats)	UHL	3	1	3	4	0	-	-	-	-	-
	Fort Wayne (Komets)	IHL	65	28	48	76	16	4	2	2	4	2
1998-99	**Montréal (Canadiens)**	**LNH**	**10**	**0**	**0**	**0**	**0**	**-**	**-**	**-**	**-**	**-**
	Fort Wayne (Komets)	IHL	34	11	25	36	10	-	-	-	-	-
	Fredericton (Canadiens)	AHL	13	7	5	12	4	-	-	-	-	-
1999-00	**Montréal (Canadiens)**	**LNH**	**2**	**0**	**0**	**0**	**0**	**-**	**-**	**-**	**-**	**-**
	Québec (Citadelles)	AHL	78	28	33	61	17	3	0	3	3	0
2000-01	**Montréal (Canadiens)**	**LNH**	**18**	**0**	**3**	**3**	**0**	**-**	**-**	**-**	**-**	**-**
	Québec (Citadelles)	AHL	53	17	25	42	6	6	1	1	2	0
2001-02	HC Lausanne	SUI	33	7	19	26	8	5	1	6	7	2
2002-03	HC Lausanne	SUI	43	10	20	30	14	-	-	-	-	-
2003-04	HC Lausanne	SUI	48	24	31	55	10	8	2	3	5	2
	HC Lausanne	SUI-2	4	4	5	9	14	-	-	-	-	-
	Russie	CM	6	2	0	2	2	-	-	-	-	-
2004-05	HC Lausanne	SUI	20	6	6	12	29	-	-	-	-	-
	Severstal Cherepovets	RUS	23	1	2	3	0	-	-	-	-	-
2005-06	HC Fribourg-Gotteron	SUI	18	3	11	14	6	-	-	-	-	-
	HC Lausanne	SUI-2	5	1	1	2	2	-	-	-	-	-
2006-07	Avangard Omsk	RUS	32	6	6	12	2	9	0	0	0	4
	HC Lausanne	SUI-2	4	3	1	4	2	-	-	-	-	-
2007-08	HK Moscou	RUS	57	15	20	35	32	3	1	0	1	0
		LNH	**30**	**0**	**3**	**3**	**0**	**-**	**-**	**-**	**-**	**-**
		Montréal	**30**	**0**	**3**	**3**	**0**	**-**	**-**	**-**	**-**	**-**

• Signe avec Lausanne HC (SUI) comme joueur autonome le 7 août 2001 • Signe avec Cherepovets (RUS) comme joueur autonome le 14 novembre 2004 • Signe avec Avangard Omsk (RUS) comme joueur autonome le 5 novembre 2006

BAWLF, NICHOLAS (NICK)

Né à Winnipeg, Manitoba, le 8 janvier 1888, décédé le 6 juin 1947 Défenseur, avant, lance de la gauche, 5'8", 160 lb

Saison	Club	Ligue	PJ	B	A	PTS	PUN	PJ	B	A	PTS	PUN
1903-04	Winnipeg (Winnipegs)	MnSHL	*Statistiques non disponibles*									
1904-05	Winnipeg (Winnipegs)	MnSHL	*Statistiques non disponibles*									
1905-06	Ottawa (College)	OCSHL	*Statistiques non disponibles*									
1906-07	Ottawa (College)	OCSHL	*Statistiques non disponibles*									
1907-08	Ottawa (College)	OCSHL	*Statistiques non disponibles*									
1908-09	Ottawa (College)	OCSHL	6	19	0	19	9	-	-	-	-	-
1909-10	Haileybury (Comets)	NHA	4	10	-	10	5	-	-	-	-	-
1910-11	Haileybury HC	TPHL	*Statistiques non disponibles*									
1911-12	Fort William (North Stars)	NOHL	1	0	0	0	0	-	-	-	-	-
1912-13			*Statistiques non disponibles*									
1913-14			*Statistiques non disponibles*									
1914-15	Toronto (Ont/Sham)	NHA	7	2	0	2	8	-	-	-	-	-
	Montréal (Canadiens)	**NHA**	**9**	**6**	**0**	**6**	**12**	**-**	**-**	**-**	**-**	**-**
1915-16	Montréal (Wanderers)	NHA	7	1	2	3	10	-	-	-	-	-
		NHA	**27**	**19**	**2**	**21**	**35**	**-**	**-**	**-**	**-**	**-**
		Montréal	**9**	**6**	**0**	**6**	**12**	**-**	**-**	**-**	**-**	**-**

• Signe avec Haileybury (NHA) le 15 novembre 1909 • Signe avec Toronto (NHA) le 7 décembre 1914 • Droits vendus à Montréal (Canadiens-NHA) par Toronto (NHA) le 31 janvier 1915 • Droits vendus à Montréal (Wanderers-NHA) par Montréal (Canadiens-NHA) le 7 janvier 1916

BEAUCHEMIN, FRANÇOIS

Né à Sorel, Québec, le 4 juin 1980. Défenseur, lance de la gauche, 6', 214 lb (Choix de 3e ronde de Montréal, 75e au total lors du repêchage de 1998)

Saison	Club	Ligue	PJ	B	A	PTS	PUN	PJ	B	A	PTS	PUN
1995-96	Richelieu	QAAA	40	9	23	32	59	-	-	-	-	-
1996-97	Laval (Titan C.F.)	LHJMQ	66	7	21	28	132	3	0	0	0	2
1997-98	Laval (Titan C.F.)	LHJMQ	70	12	35	47	132	16	1	3	4	23
1998-99	Acadie-Bathurst (Titan)	LHJMQ	31	4	17	21	53	23	2	16	18	55
	Acadie-Bathurst (Titan)	Mem.	-	-	-	-	-	3	0	1	1	4
1999-00	Acadie-Bathurst (Titan)	LHJMQ	38	11	36	47	64	-	-	-	-	-
	Moncton	LHJMQ	33	8	31	39	35	16	2	11	13	14
2000-01	Québec (Citadelles)	AHL	56	3	6	9	44	-	-	-	-	-
2001-02	Québec (Citadelles)	AHL	56	8	11	19	88	3	0	1	1	0
	Missisipi	ECHL	7	1	3	4	2	-	-	-	-	-
2002-03	Hamilton (Bulldogs)	AHL	75	7	21	28	92	23	1	9	10	16
	Montréal (Canadiens)	**LNH**	**1**	**0**	**0**	**0**	**0**	**-**	**-**	**-**	**-**	**-**
2003-04	Hamilton (Bulldogs)	AHL	77	9	27	36	57	10	2	4	6	18
2004-05	Syracuse (Crunch)	AHL	72	3	27	30	55	-	-	-	-	-
2005-06	Colombus (Blue Jackets)	LNH	11	0	2	2	11	-	-	-	-	-
	Anaheim (Mighty Ducks)	LNH	61	8	26	34	41	16	3	6	9	11
2006-07	Anaheim (Ducks)	LNH	71	7	21	28	49	20	4	4	8	16
2007-08	Anaheim (Ducks)	LNH	82	2	19	21	59	6	0	0	0	26
		LNH	**226**	**17**	**68**	**85**	**160**	**42**	**7**	**10**	**17**	**53**
		Montréal	**1**	**0**	**0**	**0**	**0**	**-**	**-**	**-**	**-**	**-**

• Équipe d'étoiles des recrues (LHJMQ) en 1996-97 • Coupe du Président (LHJMQ) en 1998-99 • Deuxième équipe d'étoiles (LHJMQ) en 1999-00 • Troisième équipe étoiles (CHL) en 1999-00 • Coupe Stantley (LNH) en 2006-07

• Réclamé au ballottage par Columbus de Montréal le 15 septembre 2004 • Échangé à Anaheim par Columbus avec Tyler Wright pour Sergei Fedorov et du choix de 5e ronde d'Anaheim au repêchage de 2006 (Maxime Fréchette) le 15 novembre 2005

BÉGIN, STEVE

Né à Trois-Rivières, Québec, le 14 juin 1978. Ailier gauche, lance de la gauche, 6'0", 187 lb (Choix de 2e ronde de Calgary, 40e au total lors du repêchage de 1996)

Saison	Club	Ligue	PJ	B	A	PTS	PUN	PJ	B	A	PTS	PUN
1993-94	Cap-de-Madeleine (Estacades)	QAAA	8	0	1	1	6	2	0	0	0	0
1994-95	Cap-de-Madeleine (Estacades)	QAAA	35	9	15	24	48	3	0	0	0	2
1995-96	Val-d'Or (Foreurs)	LHJMQ	64	13	23	36	218	13	1	3	4	33
1996-97	Val-d'Or (Foreurs)	LHJMQ	58	13	33	46	229	10	0	3	3	8
	Saint John (Flames)	AHL	-	-	-	-	-	4	0	2	2	6
1997-98	Calgary (Flames)	LNH	5	0	0	0	23	-	-	-	-	-
	Val-d'Or (Foreurs)	LHJMQ	35	18	17	35	73	15	2	12	14	34
	Canada	CMJ	7	0	0	0	10	-	-	-	-	-
	Val-d'Or (Foreurs)	Mem.	-	-	-	-	-	3	0	1	1	4
1998-99	Saint John (Flames)	AHL	73	11	9	20	156	7	2	0	2	18
1999-00	Calgary (Flames)	LNH	13	1	1	2	18	-	-	-	-	-
	Saint John (Flames)	AHL	47	13	12	25	99	-	-	-	-	-
2000-01	Calgary (Flames)	LNH	4	0	0	0	21	-	-	-	-	-
	Saint John (Flames)	AHL	58	14	14	28	109	19	10	7	17	18
2001-02	Calgary (Flames)	LNH	51	7	5	12	79	-	-	-	-	-
2002-03	Calgary Flames	LNH	50	3	1	4	51	-	-	-	-	-
2003-04	**Montréal (Canadiens)**	**LNH**	**52**	**10**	**5**	**15**	**41**	**9**	**0**	**1**	**1**	**10**
2004-05	Hamilton (Bullgogs)	AHL	21	10	3	13	20	4	0	2	2	8
2005-06	**Montréal (Canadiens)**	**LNH**	**76**	**11**	**12**	**23**	**113**	**2**	**0**	**0**	**0**	**2**
2006-07	**Montréal (Canadiens)**	**LNH**	**52**	**5**	**5**	**10**	**46**	**-**	**-**	**-**	**-**	**-**
2007-08	**Montréal (Canadiens)**	**LNH**	**44**	**3**	**5**	**8**	**48**	**12**	**0**	**3**	**3**	**8**
		LNH	**347**	**40**	**34**	**74**	**440**	**23**	**0**	**4**	**4**	**20**
		Montréal	**224**	**29**	**27**	**56**	**248**	**23**	**0**	**4**	**4**	**20**

• Médaille d'argent (CMJ) en 1997-98 • Trophée Jack A. Butterfield (AHL) en 2000-01

• Échangé à Buffalo par Calgary avec Chris Drury pour Steve Reinprecht et Rhett Warrener le 3 juillet 2003 • Réclamé par Montréal de Buffalo au repêchage intra-ligue le 3 octobre 2003

BÉLANGER, FRANCIS

Né à Bellefeuille, Québec, le 15 janvier 1978. Ailier gauche, lance de la gauche, 6'2", 233 lb (Choix de 5e ronde de Philadelphie, 124e au total lors du repêchage de 1998)

Saison	Club	Ligue	PJ	B	A	PTS	PUN	PJ	B	A	PTS	PUN
1994-95	Laval (Régents)	QAAA	25	11	8	19	78	-	-	-	-	-
1995-96	Hull (Olympiques)	LHJMQ	1	0	0	0	0	-	-	-	-	-
1996-97	Hull (Olympiques)	LHJMQ	53	13	13	26	134	8	2	2	4	57
	Hull (Olympiques)	Mem.	-	-	-	-	-	4	0	1	1	7
1997-98	Hull (Olympiques)	LHJMQ	33	22	23	45	133	-	-	-	-	-
	Rimouski (Océanic)	LHJMQ	30	18	10	28	248	17	14	8	22	61
1998-99	Philadelphie (Phantoms)	AHL	58	13	13	26	242	16	4	3	7	16
1999-00	Philadelphie (Phantoms)	AHL	35	5	6	11	112	-	-	-	-	-
	Trenton (Titans)	ECHL	9	1	1	2	29	-	-	-	-	-
2000-01	Philadelphie (Phantoms)	AHL	13	1	3	4	32	-	-	-	-	-
	Montréal (Canadiens)	**LNH**	**10**	**0**	**0**	**0**	**29**	**-**	**-**	**-**	**-**	**-**
	Québec (Citadelles)	AHL	22	15	4	19	101	9	2	5	7	20
2001-02	Québec (Citadelles)	AHL	69	15	26	41	165	3	1	1	2	0
2002-03	Cincinnati (Mighty Ducks)	AHL	40	4	10	14	50	-	-	-	-	-
2003-04	Charlotte (Checkers)	ECHL	5	2	1	3	25	-	-	-	-	-
	Granby (Prédateurs)	LHSPQ	42	16	17	33	179	-	-	-	-	-
	Richmond (RiverDogs)	UHL	17	11	13	24	47	4	1	1	2	32
2004-05	Richmond (RiverDogs)	UHL	63	26	26	52	174	-	-	-	-	-
	Danbury (Trashers)	UHL	13	1	8	9	35	11	3	7	10	23
2005-06	Danbury (Trashers)	UHL	4	2	3	5	37	-	-	-	-	-
	Sorel-Tracy (Mission)	LNAH	38	24	22	46	145	11	6	4	10	14
2006-07	Sorel-Tracy (Mission)	LNAH	40	21	19	40	118	10	2	3	5	28
2007-08	Rivière-du-Loup	QCSHL	27	22	19	41	99	10	5	7	12	41
		LNH	**10**	**0**	**0**	**0**	**29**	**-**	**-**	**-**	**-**	**-**
		Montréal	**10**	**0**	**0**	**0**	**29**	**-**	**-**	**-**	**-**	**-**

• Coupe du Président (LHJMQ) en 1996-97

• Signe avec Montréal comme joueur autonome le 15 février 2001 • Signe avec Anaheim comme joueur autonome le 22 août 2002 • Signe avec Granby (LHSPQ) comme joueur autonome le 11 septembre 2003

SAISONS RÉGULIÈRES | SÉRIES ÉLIMINATOIRES

BÉLANGER, JESSE

Né à Saint-Georges-de-Beauce, Québec, le 15 juin 1969
Centre, lance de la droite, 6'1", 190 lb

SAISON	CLUB	LIGUE	PJ	B	A	PTS	PUN	PJ	B	A	PTS	PUN
1987-88	Granby (Bisons)	LHJMQ	69	33	43	76	10	5	3	3	6	0
1988-89	Granby (Bisons)	LHJMQ	67	40	63	103	26	4	0	5	5	0
1989-90	Granby (Bisons)	LHJMQ	67	53	54	107	53	-	-	-	-	-
	Canada	Éq. nat.	1	0	0	0	0	-	-	-	-	-
1990-91	Fredericton (Canadiens)	AHL	75	40	58	98	30	6	2	4	6	0
1991-92	**Montréal (Canadiens)**	**LNH**	**4**	**0**	**0**	**0**	**0**	-	-	-	-	-
	Fredericton (Canadiens)	AHL	65	30	41	71	26	7	3	3	6	2
1992-93	**Montréal (Canadiens)**	**LNH**	**19**	**4**	**2**	**6**	**4**	**9**	**0**	**1**	**1**	**0**
	Fredericton (Canadiens)	AHL	39	19	32	51	24	-	-	-	-	-
1993-94	Floride (Panthers)	LNH	70	17	33	50	16	-	-	-	-	-
1994-95	Floride (Panthers)	LNH	47	15	14	29	18	-	-	-	-	-
1995-96	Floride (Panthers)	LNH	63	17	21	38	10	-	-	-	-	-
	VancouverS (Canucks)	LNH	9	3	0	3	4	3	0	2	2	0
1996-97	Edmonton (Oilers)	LNH	6	0	0	0	0	-	-	-	-	-
	Hamilton (Bulldogs)	AHL	6	4	3	7	0	-	-	-	-	-
	Québec (Rafales)	IHL	47	34	28	62	18	9	3	5	8	13
1997-98	SC Herisau	SUI	5	4	3	7	4	-	-	-	-	-
	Las Vegas (Thunder)	IHL	54	32	36	68	20	4	0	1	1	0
1998-99	Cleveland (Lumberjacks)	IHL	22	9	13	22	10	-	-	-	-	-
1999-00	**Montréal (Canadiens)**	**LNH**	**16**	**3**	**6**	**9**	**2**	-	-	-	-	-
	Québec (Citadelles)	AHL	36	15	18	33	20	3	0	3	3	4
2000-01	New York (Islanders)	LNH	12	0	0	0	2	-	-	-	-	-
	Chicago (Wolves)	IHL	58	17	22	39	28	14	3	4	7	10
2001-02	HC Chaux-de-Fonds	SUI	36	41	39	80	38	-	-	-	-	-
2002-03	Saint-Georges (Garaga)	LHSPQ	12	9	11	20	2	-	-	-	-	-
	Hamburg Freezers	GER	39	16	25	41	14	5	2	2	4	2
2003-04	Frankfurt Lions	GER	50	24	30	54	14	15	3	8	11	10
2004-05	Biel-Bienne EHC	SUI-2	38	29	37	66	24	1	0	0	0	0
2005-06	Biel-Bienne EHC	SUI-2	40	38	34	72	28	15	*21	16	*37	14
	Biel-Bienne EHC	SUI-2	2	0	2	2	0	-	-	-	-	-
2006-07	Lausanne HC	SUI-2	41	48	32	80	60	10	5	2	7	2
2007-08	Saint-Georges (CRS Express)	LNAH	49	35	44	79	22	11	2	7	9	2
		LNH	**246**	**59**	**76**	**135**	**56**	**12**	**0**	**3**	**3**	**2**
		Montréal	**39**	**7**	**8**	**15**	**6**	**9**	**0**	**1**	**1**	**0**

• Coupe Stanley (LNH) en 1992-93

• Signe avec Montréal comme joueur autonome le 3 octobre 1990 • Réclamé par la Floride de Montréal lors de l'expansion de la LNH le 24 juin 1993 • Échangé à Vancouver par la Floride pour le choix de 3e ronde de Vancouver au repêchage de 1996 (Oleg Kvasha) et des considérations futures le 20 mars 1996 • Signe avec Edmonton comme joueur autonome le 16 septembre 1996 • Signe avec Tampa Bay comme joueur autonome le 18 août 1998 • Signe avec Montréal comme joueur autonome le 23 juillet 1999 • Signe avec New York (Islanders) comme joueur autonome le 27 juillet 2000 • Signe avec HC La Chaux-de-Fonds (SUI) comme joueur autonome le 30 mai 2001 • Signe avec EHC Biel (SUI-2) comme joueur autonome le 23 avril 2004

BÉLIVEAU, JEAN

Né à Trois-Rivières, Québec, le 31 août 1931. Centre, lance de la gauche, 6'3", 205 lb

SAISON	CLUB	LIGUE	PJ	B	A	PTS	PUN	PJ	B	A	PTS	PUN
1946-47	Victoriaville (Panthères)	AHIQ	30	47	21	68	-	-	-	-	-	-
1947-48	Victoriaville (Tigres)	LHJQ	42	46	21	67	-	-	-	-	-	-
1948-49	Victoriaville (Tigres)	LHJQ	42	*48	27	75	54	4	4	2	6	2
1949-50	Québec (Citadelle)	LHJQ	35	36	44	80	47	14	*22	9	*31	15
1950-51	Québec (Citadelle)	LHJQ	46	*61	63	*124	120	12	12	14	*26	32
	Québec (As)	LHMQ	1	2	1	3	0	-	-	-	-	-
	Montréal (Canadiens)	**LNH**	**2**	**1**	**1**	**2**	**0**	-	-	-	-	-
	Québec (Citadelle)	Mem.	-	-	-	-	-	10	11	17	28	44
1951-52	Québec (As)	LHMQ	59	*45	38	*83	88	15	*14	10	24	14
	Québec (As)	Alexa.	-	-	-	-	-	5	*9	2	*11	6
1952-53	**Montréal (Canadiens)**	**LNH**	**3**	**5**	**0**	**5**	**0**	-	-	-	-	-
	Québec (As)	LHMQ	57	*50	39	*89	59	19	14	15	*29	*25
1953-54	**Montréal (Canadiens)**	**LNH**	**44**	**13**	**21**	**34**	**22**	**10**	**2**	***8**	**10**	**4**
	Match des étoiles	LNH	1	0	1	1	0	-	-	-	-	-
1954-55	**Montréal (Canadiens)**	**LNH**	**70**	**37**	**36**	**73**	**58**	**12**	**6**	**7**	**13**	**18**
	Match des étoiles	LNH	1	0	1	1	0	-	-	-	-	-
1955-56	**Montréal (Canadiens)**	**LNH**	**70**	***47**	**41**	***88**	**143**	**10**	***12**	**7**	***19**	**22**
	Match des étoiles	LNH	1	0	1	1	0	-	-	-	-	-
1956-57	**Montréal (Canadiens)**	**LNH**	**69**	**33**	**51**	**84**	**105**	**10**	**6**	**6**	**12**	**15**
	Match des étoiles	LNH	1	0	0	0	4	-	-	-	-	-
1957-58	**Montréal (Canadiens)**	**LNH**	**55**	**27**	**32**	**59**	**93**	**10**	**4**	**8**	**12**	**10**
	Match des étoiles	LNH	1	0	0	0	0	-	-	-	-	-
1958-59	**Montréal (Canadiens)**	**LNH**	**64**	***45**	**46**	**91**	**67**	**3**	**1**	**4**	**5**	**4**
	Match des étoiles	LNH	1	0	0	0	0	-	-	-	-	-
1959-60	**Montréal (Canadiens)**	**LNH**	**60**	**34**	**40**	**74**	**57**	**8**	**5**	**2**	**7**	**6**
	Match des étoiles	LNH	1	2	0	2	0	-	-	-	-	-
1960-61	**Montréal (Canadiens)**	**LNH**	**69**	**32**	***58**	**90**	**57**	**6**	**0**	**5**	**5**	**0**
	Match des étoiles	LNH	1	0	0	0	0	-	-	-	-	-
1961-62	**Montréal (Canadiens)**	**LNH**	**43**	**18**	**23**	**41**	**36**	**6**	**2**	**1**	**3**	**4**
1962-63	**Montréal (Canadiens)**	**LNH**	**69**	**18**	**49**	**67**	**68**	**5**	**2**	**1**	**3**	**2**
1963-64	**Montréal (Canadiens)**	**LNH**	**68**	**28**	**50**	**78**	**42**	**5**	**2**	**0**	**2**	**18**
	Match des étoiles	LNH	1	0	0	0	0	-	-	-	-	-
1964-65	**Montréal (Canadiens)**	**LNH**	**58**	**20**	**23**	**43**	**76**	**13**	**8**	**8**	**16**	**34**
	Match des étoiles	LNH	1	1	0	1	0	-	-	-	-	-
1965-66	**Montréal (Canadiens)**	**LNH**	**67**	**29**	***48**	**77**	**50**	**10**	**5**	**5**	**10**	**6**
	Match des étoiles	LNH	1	1	0	1	2	-	-	-	-	-
1966-67	**Montréal (Canadiens)**	**LNH**	**53**	**12**	**26**	**38**	**22**	**10**	**6**	**5**	**11**	***26**
1967-68	**Montréal (Canadiens)**	**LNH**	**59**	**31**	**37**	**68**	**28**	**10**	**7**	**4**	**11**	**6**
	Match des étoiles	LNH	1	0	0	0	0	-	-	-	-	-
1968-69	**Montréal (Canadiens)**	**LNH**	**69**	**33**	**49**	**82**	**55**	**14**	**5**	***10**	**15**	**8**
	Match des étoiles	LNH	1	0	0	0	0	-	-	-	-	-
1969-70	**Montréal (Canadiens)**	**LNH**	**63**	**19**	**30**	**49**	**10**	-	-	-	-	-
1970-71	**Montréal (Canadiens)**	**LNH**	**70**	**25**	**51**	**76**	**40**	**20**	**6**	***16**	**22**	**28**
		LNH	**1125**	**507**	**712**	**1219**	**1029**	**162**	**79**	**97**	**176**	**211**
		Montréal	**1125**	**507**	**712**	**1219**	**1029**	**162**	**79**	**97**	**176**	**211**

• Première équipe d'étoiles (LHMQ) en 1950-51, 1952-53 • Coupe Alexander (LHMQ) en 1951-52 • Coupe du Président (LHQ) en 1952-53 • Match des étoiles (LNH) en 1953-54, 1954-55, 1955-56, 1956-57, 1957-58, 1958-1959, 1959-60, 1960-61, 1963-64, 1964-65, 1965-66, 1967-68, 1968-69 • Première équipe d'étoiles (LNH) en 1954-55, 1955-56, 1956-57, 1958-59, 1959-60, 1960-61 • Deuxième équipe d'étoiles (LNH) en 1957-58, 1963-64, 1965-66,1968-69 • Coupe Stanley (LNH) en 1955-56, 1956-57, 1957-58, 1958-59, 1959-60, 1964-65, 1965-66, 1967-68, 1968-69, 1970-71 • Trophée Art-Ross (LNH) en 1955-56 • Trophée Hart (LNH) en 1955-56, 1963-64 • Joueur le plus utile au match des étoiles (LNH) en 1963-64 • Trophée Conn-Smythe (LNH) en 1964-65 • Temple de la Renommée (LNH) en 1972

• Signe avec Montréal le 5 octobre 1953

BELIVEAU, MARCEL

Né à Moncton,Nouveau-Brunswick, le 29 janvier 1895
Centre, lance de la gauche, 5'11", 190 lb

SAISON	CLUB	LIGUE	PJ	B	A	PTS	PUN	PJ	B	A	PTS	PUN
1914-15	**Montréal (Canadiens)**	**NHA**	**1**	**0**	**0**	**0**	**0**	-	-	-	-	-
		NHA	**1**	**0**	**0**	**0**	**0**	-	-	-	-	-
		Montréal	**1**	**0**	**0**	**0**	**0**	-	-	-	-	-

• Signe avec Montréal (NHA) le 23 novembre 1914 • Libéré par Montréal (NHA) le 4 janvier 1915

BELL, WILLIAM (BILLY)

Né à Lachine, Québec, le 10 juin 1891, décédé le 3 juin 1952
Défenseur/Avant, lance de la droite, 5'10", 180 lb

SAISON	CLUB	LIGUE	PJ	B	A	PTS	PUN	PJ	B	A	PTS	PUN
1908-09	Montréal (Dominion Bridge)	MTMHL	8	4	0	4	0	-	-	-	-	-
1909-10	Montréal (Bell Telephone)	MCSHL	1	0	0	0	3	-	-	-	-	-
1910-11	Lachine (Aiglons)	LHDM	*Statistiques non disponibles*									
	Montréal (Rustlers)	LHJCM	*Statistiques non disponibles*									
1911-12	Montréal (Baillargeon)	LHCM	4	3	0	3	6	-	-	-	-	-
1912-13	Montréal (Stars)	LHCM	7	4	0	4	16	-	-	-	-	-
	Montréal (Dominions)	LHMCM	8	4	0	4	-	2	0	0	0	*14
1913-14	Montréal (Wanderers)	NHA	2	1	0	1	0	-	-	-	-	-
	Montréal (AAA)	LHCM	3	0	0	0	13	-	-	-	-	-
1914-15	Ottawa (Senators)	NHA	11	1	0	1	17	-	-	-	-	-
1915-16	Montréal (Wanderers)	NHA	22	7	2	9	78	-	-	-	-	-
1916-17	Montréal (Wanderers)	NHA	14	11	0	11	44	-	-	-	-	-
1917-18	Montréal (Wanderers)	LNH	2	1	0	1	0	-	-	-	-	-
	Montréal (Canadiens)	**LNH**	**6**	**0**	**0**	**0**	**6**	-	-	-	-	-
1918-19	**Montréal (Canadiens)**	**LNH**	**1**	**0**	**0**	**0**	**0**	-	-	-	-	-
1919-20			*N'a pas joué*									
1920-21	**Montréal (Canadiens)**	**LNH**	**4**	**0**	**0**	**0**	**2**	-	-	-	-	-
1921-22	**Montréal (Canadiens)**	**LNH**	**6**	**1**	**0**	**1**	**0**	-	-	-	-	-
	Ottawa (Senators)	LNH	17	1	2	3	4	1	0	0	0	0
1922-23	**Montréal (Canadiens)**	**LNH**	**19**	**0**	**0**	**0**	**2**	**2**	**0**	**0**	**0**	**0**
1923-24	**Montréal (Canadiens)**	**LNH**	**11**	**0**	**0**	**0**	**0**	**5**	**0**	**0**	**0**	**0**
		NHA	**47**	**19**	**2**	**21**	**139**	-	-	-	-	-
		LNH	**66**	**3**	**2**	**5**	**14**	**8**	**0**	**0**	**0**	**0**
		Montréal	**47**	**1**	**0**	**1**	**10**	**7**	**0**	**0**	**0**	**0**

• Coupe Stanley (LNH) en 1923-24

• Signe avec Montréal (Wanderers) le 12 janvier 1914 • Signe avec Ottawa (NHA) en novembre 1914 • Signe avec Montréal (Wanderers) en novembre 1915 • Réclamé par Montréal (Canadiens) avec Jack McDonald et Jack Marks lors du repêchage de dispersion de Montréal (Wanderers) le 4 janvier 1918 • Prêté à Ottawa par Montréal (Canadiens) le 6 janvier 1921

BELLOWS, BRIAN

Né à St. Catharines, Ontario, le 1er septembre 1964. Ailier gauche, lance de la droite, 5'11", 210 lb (Choix de 1re ronde de Minnesota, 2e au total lors du repêchage de 1982)

SAISON	CLUB	LIGUE	PJ	B	A	PTS	PUN	PJ	B	A	PTS	PUN
1979-80	St. Catharines (Falcons)	OHA-B	44	*50	*80	*130	26					
1980-81	Kitchener (Rangers)	OMJHL	66	49	67	116	23	16	14	13	27	13
	Kitchener (Rangers)	Mem.	-	-	-	-	-	5	6	0	6	4
1981-82	Kitchener (Rangers)	OHL	47	45	52	97	23	15	16	13	29	11
	Kitchener (Rangers)	Mem.	-	-	-	-	-	5	6	8	12	4
1982-83	Minnesota (North Stars)	LNH	78	35	30	65	27	9	5	4	9	18
1983-84	Minnesota (North Stars)	LNH	78	41	42	83	66	16	2	12	14	6
	Match des étoiles	LNH	1	1	0	1	0	-	-	-	-	-
1984-85	Minnesota (North Stars)	LNH	78	26	36	62	72	9	2	4	6	9
	Canada	CC	5	0	1	1	0	-	-	-	-	-
1985-86	Minnesota (North Stars)	LNH	77	31	48	79	46	5	5	0	5	16
1986-87	Minnesota (North Stars)	LNH	65	26	27	53	34	-	-	-	-	-
	Canada	CM	10	1	3	4	8	-	-	-	-	-
1987-88	Minnesota (North Stars)	LNH	77	40	41	81	81	-	-	-	-	-
	Match des étoiles	LNH	1	0	1	1	2	-	-	-	-	-
1988-89	Minnesota (North Stars)	LNH	60	23	27	50	55	5	2	3	5	8
	Canada	CM	10	8	6	14	2	-	-	-	-	-
1989-90	Minnesota (North Stars)	LNH	80	55	44	99	72	7	4	3	7	10
	Canada	CM	8	3	6	9	8	-	-	-	-	-
1990-91	Minnesota (North Stars)	LNH	80	35	40	75	43	23	10	19	29	30
1991-92	Minnesota (North Stars)	LNH	80	30	45	75	41	7	4	4	8	14
	Match des étoiles	LNH	1	2	0	2	0	-	-	-	-	-
1992-93	**Montréal (Canadiens)**	**LNH**	**82**	**40**	**48**	**88**	**44**	**18**	**6**	**9**	**15**	**18**
1993-94	**Montréal (Canadiens)**	**LNH**	**77**	**33**	**38**	**71**	**36**	**6**	**1**	**2**	**3**	**2**
1994-95	**Montréal (Canadiens)**	**LNH**	**41**	**8**	**8**	**16**	**8**	-	-	-	-	-
1995-96	Tampa Bay (Lightning)	LNH	79	23	26	49	39	6	2	0	2	4

BÉL • BEL

SAISON	CLUB	LIGUE	PJ	B	A	PTS	PUN	PJ	B	A	PTS	PUN
			SAISONS RÉGULIÈRES					SÉRIES ÉLIMINATOIRES				
1996-97	Tampa Bay (Lightning)	LNH	7	1	2	3	0	-	-	-	-	-
	Anaheim (Mighty Ducks)	LNH	62	15	13	28	22	11	2	4	6	2
1997-98	Berlin (Capitals)	GER	31	15	17	32	18	-	-	-	-	-
	Washington (Capitals)	LNH	11	6	3	9	6	21	6	7	13	6
1998-99	Washington (Capitals)	LNH	76	17	19	36	26	-	-	-	-	-
		LNH	**1188**	**485**	**537**	**1022**	**718**	**143**	**51**	**71**	**122**	**143**
		Montréal	**200**	**81**	**94**	**175**	**88**	**24**	**7**	**11**	**18**	**20**

• Équipe d'étoiles (Mem.) en 1980-81 • Première équipe d'étoiles (OHL) en 1981-82 • Coupe Memorial en 1981-82 • Trophée George-Parsons (Mem.) en 1981-82 • Match des étoiles (LNH) en 1983-84, 1987-88, 1991-92 • Coupe Canada en 1985 • Meilleur joueur d'avant (CM) en 1989 • Médaille d'argent (CM) en 1989 • Deuxième équipe d'étoiles (LNH) en 1989-90 • Coupe Stanley (LNH) en 1992-93

Échangé à Montréal par Minnesota pour Russ Courtnall le 31 août 1992 • Échangé à Tampa Bay par Montréal pour Marc Bureau le 30 juin 1995 • Échangé à Anaheim par Tampa Bay pour le choix de 6e ronde d'Anaheim au repêchage de 1997 (Andrei Skopintsev) le 19 novembre 1996 • Signe avec Washington comme joueur autonome le 21 mars 1998

BENNETT, MAX

Né à Cobalt, Ontario, le 4 novembre 1912, décédé le 5 janvier 1972
Ailier droit, lance de la droite, 5'6", 157 lb

SAISON	CLUB	LIGUE	PJ	B	A	PTS	PUN	PJ	B	A	PTS	PUN
1931-32	Falconbridge (Falcons)	NOHA	7	2	0	2	8	2	0	0	0	0
	Sudbury (Cub Wolves)	NOHA	1	0	0	0	0	-	-	-	-	-
1932-33	Falconbridge (Falcons)	NOHA	6	4	3	7	0	2	0	1	1	0
	Falconbridge (Falcons)	Allan	-	-	-	-	-	5	6	3	9	0
1933-34	Hamilton (Tigers)	SOHA	23	*20	12	32	34	4	6	1	7	6
	Hamilton (Tigers)	Allan	-	-	-	-	-	8	5	2	7	2
1934-35	Hamilton (Tigers)	SOHA	18	19	7	26	17	6	0	1	1	2
1935-36	**Montréal (Canadiens)**	**LNH**	**1**	**0**	**0**	**0**	**0**	**-**	**-**	**-**	**-**	**-**
	Springfield (Indians)	Can-Am	44	6	9	15	25	3	1	0	1	0
1936-37	Springfield (Indians)	Can-Am	1	0	0	0	0	-	-	-	-	-
	Cleveland (Barons)	IAHL	11	2	1	3	8	-	-	-	-	-
	Syracuse (Stars)	IAHL	21	7	8	15	8	9	3	4	7	6
1937-38	Syracuse (Stars)	IAHL	44	20	15	35	18	8	2	*6	8	0
1938-39	Syracuse (Stars)	IAHL	54	15	33	48	18	3	0	1	1	0
1939-40	Syracuse (Stars)	IAHL	56	25	31	56	10	-	-	-	-	-
1940-41	Buffalo (Bisons)	AHL	55	12	31	43	22	-	-	-	-	-
1941-42	Buffalo (Bisons)	AHL	52	19	29	48	14	-	-	-	-	-
1942-43	Washington (Lions)	AHL	1	0	0	0	0	-	-	-	-	-
	Buffalo (Bisons)	AHL	56	20	24	44	19	9	4	5	9	0
1943-44	Pittsburgh (Hornets)	AHL	1	1	0	1	0	-	-	-	-	-
	Buffalo (Bisons)	AHL	54	21	30	51	17	9	1	6	7	2
1944-45	Pittsburgh (Hornets)	AHL	21	4	11	15	13	-	-	-	-	-
		LNH	**1**	**0**	**0**	**0**	**0**	**-**	**-**	**-**	**-**	**-**
		Montréal	**1**	**0**	**0**	**0**	**0**	**-**	**-**	**-**	**-**	**-**

• Coupe Calder (AHL) en 1936-37, 1942-43, 1943-44

• Signe avec Montréal le 27 mai 1935

BENOÎT, JOSEPH (JOE)

Né à St. Albert, Alberta, le 27 février 1916, décédé le 19 octobre 1981
Ailier droit, lance de la droite, 5'9", 160 lb

SAISON	CLUB	LIGUE	PJ	B	A	PTS	PUN	PJ	B	A	PTS	PUN
1935-36	Edmonton (Athletics)	EJHL	8	8	2	10	4	3	0	0	0	2
1936-37	Trail (Canucks)	WKHL	13	13	7	20	18	-	-	-	-	-
1937-38	Trail (Smoke Eaters)	WKHL	20	26	6	32	21	5	5	3	8	8
	Trail (Smoke Eaters)	Allan	-	-	-	-	-	12	12	7	19	9
1938-39	Trail (Smoke Eaters)	Exh.	*Statistiques non disponibles*									
	Canada	CM	7	6	3	9	-	-	-	-	-	-
1939-40	Trail (Smoke Eaters)	WKHL	24	26	17	43	49	4	2	3	5	6
	Trail (Smoke Eaters)	Allan	-	-	-	-	-	3	0	1	1	4
1940-41	**Montréal (Canadiens)**	**LNH**	**45**	**16**	**16**	**32**	**32**	**3**	**4**	**0**	**4**	**2**
1941-42	**Montréal (Canadiens)**	**LNH**	**46**	**20**	**16**	**36**	**27**	**3**	**1**	**0**	**1**	**5**
1942-43	**Montréal (Canadiens)**	**LNH**	**49**	**30**	**27**	**57**	**23**	**5**	**1**	**3**	**4**	**4**
1943-44			*Service militaire*									
1944-45	Calgary (Currie Army)	CNDHL	13	7	3	10	8	2	1	0	1	2
1945-46	**Montréal (Canadiens)**	**LNH**	**39**	**9**	**10**	**19**	**8**	**-**	**-**	**-**	**-**	**-**
1946-47	**Montréal (Canadiens)**	**LNH**	**6**	**0**	**0**	**0**	**4**	**-**	**-**	**-**	**-**	**-**
	Springfield (Indians)	AHL	34	9	10	19	4	2	0	0	0	0
1947-48			*N'a pas joué*									
1948-49	Montréal (Royals)	LHSQ	1	0	0	0	0	-	-	-	-	-
		LNH	**185**	**75**	**69**	**144**	**94**	**11**	**6**	**3**	**9**	**11**
		Montréal	**185**	**75**	**69**	**144**	**94**	**11**	**6**	**3**	**9**	**11**

• Coupe Allan en 1937-38 • Médaille d'or (CM) en 1938-39

• Échangé à Montréal par Toronto pour Frank Eddols le 7 juin 1940 • Échangé à Springfield (AHL) par Montréal pour George Pargeter le 15 novembre 1946

BERENSON, GORDON (RED)

Né à Regina, Saskatchewan, le 8 décembre 1939. Centre, lance de la gauche, 6', 185 lb

SAISON	CLUB	LIGUE	PJ	B	A	PTS	PUN	PJ	B	A	PTS	PUN
1955-56	Regina (Pat Canadians)	SJHL B	*Statistiques non disponibles*									
	Regina (Pats)	Mem.	-	-	-	-	-	5	0	0	0	0
1956-57	Regina (Pats)	SJHL	51	21	23	44	86	7	4	3	7	4
1957-58	Regina (Pats)	SJHL	51	46	*49	95	92	27	11	20	31	*49
	Regina (Pats)	Mem.	-	-	-	-	-	16	7	17	24	21
1958-59	Belleville (McFarlands)	EOHL	1	2	1	3	2	-	-	-	-	-
	Canada	CM	8	9	4	13	12	-	-	-	-	-
	Flin Flon (Bombers)	WCJHL	-	-	-	-	-	10	10	9	19	10
	Flin Flon (Bombers)	Mem.	-	-	-	-	-	6	3	3	6	2
1959-60	Michigan University	WCHA	28	12	7	19	12	-	-	-	-	-
1960-61	Michigan University	WCHA	28	24	25	49	-	-	-	-	-	-
1961-62	Michigan University	WCHA	28	*43	29	72	40	-	-	-	-	-
	Montréal (Canadiens)	**LNH**	**4**	**1**	**2**	**3**	**4**	**5**	**2**	**0**	**2**	**0**
1962-63	Hull-Ottawa (Canadiens)	EPHL	30	23	25	48	28	-	-	-	-	-
	Montréal (Canadiens)	**LNH**	**37**	**2**	**6**	**8**	**15**	**5**	**0**	**0**	**0**	**0**
1963-64	**Montréal (Canadiens)**	**LNH**	**69**	**7**	**19**	**16**	**12**	**7**	**0**	**0**	**0**	**4**
1964-65	Québec (As)	AHL	65	22	34	56	16	5	1	2	3	8
	Montréal (Canadiens)	**LNH**	**3**	**1**	**2**	**3**	**0**	**9**	**0**	**1**	**1**	**2**
1965-66	Québec (As)	AHL	34	17	36	53	14	6	1	5	6	2
	Match des étoiles	LNH	1	0	0	0	0	-	-	-	-	-
	Montréal (Canadiens)	**LNH**	**23**	**3**	**4**	**7**	**12**	**-**	**-**	**-**	**-**	**-**
1966-67	New York (Rangers)	LNH	30	0	5	5	2	4	0	1	1	2
1967-68	New York (Rangers)	LNH	19	2	1	3	2	-	-	-	-	-
	St. Louis (Blues)	LNH	55	22	29	51	22	18	5	2	7	9
1968-69	St. Louis (Blues)	LNH	76	35	47	82	43	12	7	3	10	20
	Match des étoiles	LNH	1	1	1	2	0	-	-	-	-	-
1969-70	St. Louis (Blues)	LNH	67	33	39	72	38	16	7	5	12	8
	Match des étoiles	LNH	1	0	1	1	0	-	-	-	-	-
1970-71	St. Louis (Blues)	LNH	45	16	26	42	12	-	-	-	-	-
	Match des étoiles	LNH	1	0	0	0	0	-	-	-	-	-
	Detroit (Red Wings)	LNH	24	5	12	17	4	-	-	-	-	-
1971-72	Detroit (Red Wings)	LNH	78	28	41	69	16	-	-	-	-	-
	Match des étoiles	LNH	1	0	0	0	0	-	-	-	-	-
1972-73	Detroit (Red Wings)	LNH	78	13	30	43	8	-	-	-	-	-
	Canada	Siècle	2	0	1	1	0	-	-	-	-	-
1973-74	Detroit (Red Wings)	LNH	76	24	42	66	28	-	-	-	-	-
	Match des étoiles	LNH	1	0	1	1	2	-	-	-	-	-
1974-75	Detroit (Red Wings)	LNH	27	3	3	6	8	-	-	-	-	-
	St. Louis (Blues)	LNH	44	12	19	31	12	2	1	0	1	0
1975-76	St. Louis (Blues)	LNH	72	20	27	47	47	3	1	2	3	0
1976-77	St. Louis (Blues)	LNH	80	21	28	49	8	4	0	0	0	4
1977-78	St. Louis (Blues)	LNH	80	13	25	38	12	-	-	-	-	-
		LNH	**987**	**261**	**397**	**658**	**305**	**85**	**23**	**14**	**37**	**49**
		Montréal	**136**	**14**	**23**	**37**	**43**	**26**	**2**	**1**	**3**	**6**

• Médaille d'or (CM) en 1959 • Première équipe d'étoiles (WCHA) en 1960-61, 1961-62 • Première équipe d'étoiles All-American (NCAA) en 1960-61, 1961-62 • Coupe Stanley (LNH) en 1964-65 • Match des étoiles (LNH) en 1965-66, 1968-69, 1969-70, 1970-71, 1971-72, 1973-74

• Échangé à New York par Montréal pour Ted Taylor et Garry Peters le 13 juin 1966 • Échangé à St. Louis par New York avec Barcley Plager pour Ron Stewart et Ron Attwell le 29 novembre 1967 • Échangé à Detroit par St. Louis avec Tim Ecclestone pour Garry Unger et Wayne Connelly le 6 février 1971 • Échangé à St. Louis par Detroit pour Phil Roberto et le choix de 3e ronde de St. Louis au repêchage de 1975 (Blair Davidson) le 30 décembre 1974

BEREZIN, SERGEI

Né à Voskresensk, Russie, le 5 novembre 1971. Ailier droit, lance de la gauche, 5'10", 200 lb (Choix de 10e ronde de Toronto, 256e au total lors du repêchage de 1994)

SAISON	CLUB	LIGUE	PJ	B	A	PTS	PUN	PJ	B	A	PTS	PUN
1990-91	Khimik Voskresensk	URSS	30	6	2	8	4	-	-	-	-	-
1990-91	Union Soviétique	CMJ	7	3	1	4	6	-	-	-	-	-
1991-92	Khimik Voskresensk	CIS	36	7	5	12	10	-	-	-	-	-
1992-93	Khimik Voskresensk	CIS	38	9	3	12	12	2	1	0	1	0
1993-94	Khimik Voskresensk	CIS	40	31	10	41	16	3	2	0	2	2
	Russie	JO	8	3	2	5	2	-	-	-	-	-
	Russie	CM	6	2	1	3	2	-	-	-	-	-
1994-95	Kolner Haie	GER	43	38	19	57	8	18	*17	8	25	14
	Russie	CM	6	7	1	8	4	-	-	-	-	-
1995-96	Kolner Haie	GER	45	*49	31	80	8	14	*13	9	22	10
1995-96	Russie	CM	8	4	5	9	2	-	-	-	-	-
1996-97	Toronto (Maple Leafs)	LNH	73	25	16	41	2	-	-	-	-	-
	Russie	CM	2	1	0	1	0	-	-	-	-	-
1997-98	Toronto (Maple Leafs)	LNH	68	16	15	31	10	-	-	-	-	-
	Russie	CM	6	6	2	8	2	-	-	-	-	-
1998-99	Toronto (Maple Leafs)	LNH	76	37	22	59	12	17	6	6	12	4
1999-00	Toronto (Maple Leafs)	LNH	61	26	13	39	2	12	4	4	8	0
2000-01	Toronto (Maple Leafs)	LNH	79	22	28	50	8	11	2	5	7	2
2001-02	Phoenix (Coyotes)	LNH	41	7	9	16	4	-	-	-	-	-
	Montréal (Canadiens)	**LNH**	**29**	**4**	**6**	**10**	**4**	**6**	**1**	**1**	**2**	**0**
2002-03	Chicago (Blackhawks)	LNH	66	18	13	31	8	-	-	-	-	-
	Washington (Capitals)	LNH	9	5	4	9	4	6	0	1	1	0
2003-04	CSKA Moscou	RUS	16	1	3	4	14	-	-	-	-	-
		LNH	**502**	**160**	**126**	**286**	**54**	**52**	**13**	**17**	**30**	**6**
		Montréal	**29**	**4**	**6**	**10**	**4**	**6**	**1**	**1**	**2**	**0**

• Équipe d'étoiles des joueurs recrues (LNH) en 1996-97

• Échangé à Phoenix par Toronto pour Mikael Renberg le 23 juin 2001 • Échangé à Montréal par Phoenix pour Brian Savage, le choix de 3e ronde de Montréal au repêchage de 2002 (Matt Jones) et des considérations futures le 25 janvier 2002 • Échangé à Chicago par Montréal pour le choix de 4e ronde de Chicago au repêchage de 2004 (James Wyman) le 30 juin 2002 • Échangé à Washington par Chicago pour le choix de 4e ronde de Washington de 2004 (échangé plus tard à Philadelphie qui sélectionne Michael Anderson) le 11 mars 2003 • Signe avec CSKA Moscou (RUS) comme joueur autonome le 11 décembre 2003

BERLINGUETTE, LOUIS

Né à Papineau, Québec en 1887, décédé le 2 juin 1959
Avant, lance de la gauche, 5'11", 175 lb

SAISON	CLUB	LIGUE	PJ	B	A	PTS	PUN	PJ	B	A	PTS	PUN
1908-09	Haileybury (Seniors)	TPHL	8	9	0	9	19	-	-	-	-	-
1909-10	Haileybury (Comets)	NHA	1	2	0	2	0	-	-	-	-	-
1910-11	Galt (Pros)	OPHL	5	0	0	0	0	3	4	0	4	-
1911-12	**Montréal (Canadiens)**	**NHA**	**4**	**0**	**0**	**0**	**0**	**-**	**-**	**-**	**-**	**-**
	Moncton (Victorias)	MPHL	9	7	0	7	15	2	0	0	0	5
1912-13	**Montréal (Canadiens)**	**NHA**	**18**	**4**	**0**	**4**	**-**	**-**	**-**	**-**	**-**	**-**
1913-14	**Montréal (Canadiens)**	**NHA**	**20**	**4**	**9**	**13**	**-**	**2**	**0**	**0**	**0**	**0**
1914-15	**Montréal (Canadiens)**	**NHA**	**20**	**2**	**1**	**3**	**40**	**-**	**-**	**-**	**-**	**-**
1915-16	**Montréal (Canadiens)**	**NHA**	**19**	**2**	**2**	**4**	**19**	**1**	**0**	**0**	**0**	**0**

SAISON CLUB LIGUE PJ B A PTS PUN PJ B A PTS PUN
SAISONS RÉGULIÈRES SÉRIES ÉLIMINATOIRES

SAISON	CLUB	LIGUE	PJ	B	A	PTS	PUN	PJ	B	A	PTS	PUN
1916-17	**Montréal (Canadiens)**	**NHA**	**20**	**8**	**4**	**12**	**36**	5	0	0	0	8
1917-18	**Montréal (Canadiens)**	**LNH**	**20**	**2**	**1**	**3**	**12**	2	0	0	0	0
1918-19	**Montréal (Canadiens)**	**LNH**	**18**	**5**	**3**	**8**	**9**	10	1	3	4	9
1919-20	**Montréal (Canadiens)**	**LNH**	**24**	**8**	**9**	**17**	**36**	-	-	-	-	-
1920-21	**Montréal (Canadiens)**	**LNH**	**24**	**12**	**9**	**21**	**28**	-	-	-	-	-
1921-22	**Montréal (Canadiens)**	**LNH**	**24**	**13**	**5**	**18**	**10**	-	-	-	-	-
1922-23	**Montréal (Canadiens)**	**LNH**	**24**	**2**	**4**	**6**	**4**	2	0	2	2	0
1923-24	Saskatoon (Crescents)	WCHL	29	9	6	15	9	-	-	-	-	-
1924-25	Montréal (Maroons)	LNH	29	4	2	6	22	-	-	-	-	-
1925-26	Pittsburgh (Pirates)	LNH	30	0	0	0	8	2	0	0	0	0
1926-27	Québec (Castors)	Can-Am	19	3	3	6	31	-	-	-	-	-
		NHA	**101**	**20**	**16**	**36**	**95**	**8**	**0**	**0**	**0**	**8**
		LNH	**193**	**46**	**33**	**79**	**129**	**16**	**1**	**5**	**6**	**9**
		Montréal	**235**	**62**	**47**	**109**	**194**	**22**	**1**	**5**	**6**	**17**

• **Coupe Stanley (NHA) en 1915-16**
• Signe avec Montréal (Canadiens) le 22 novembre 1911 • Prêté à Moncton (MPHL) par Montréal (Canadiens) le 30 janvier 1912 • Droits vendus à Saskatoon (WCHL) par Montréal (Canadiens) le 1er novembre 1923 • Droits vendus à Montréal (Maroons) par Saskatoon (WCHL) le 26 novembre 1924 • Signe avec Pittsburgh le 10 novembre 1925 • Signe avec Québec (Can-Am) comme joueur et entraîneur le 28 octobre 1926

BERNIER, ARTHUR (ART)

Né à Kingston, Ontario le 16 juilllet 1886, décédé le 22 mai 1953
Ailier droit, lance de la droite, 5'9", 158 lb

SAISON	CLUB	LIGUE	PJ	B	A	PTS	PUN	PJ	B	A	PTS	PUN
1903-04	Belleville	OIHA	*Statistiques non disponibles*									
1904-05			*Statistiques non disponibles*									
1905-06			*Statistiques non disponibles*									
1906-07	Kingston (14e Régiment)	SOHA	7	15	0	15	8	2	1	0	1	3
1907-08	Kingston (14e Régiment)	SOHA	3	6	3	9	6	3	3	0	3	15
1908-09	Kingston (14e Régiment)	SOHA	4	6	0	6	7	4	3	0	3	29
1909-10	**Montréal (Canadiens)**	**NHA**	**12**	**12**	**0**	**12**	**25**	-	-	-	-	-
1910-11	**Montréal (Canadiens)**	**NHA**	**3**	**1**	**0**	**1**	**0**	-	-	-	-	-
	Galt (Pros)	OPHL	2	0	0	0	0	-	-	-	-	-
1911-12	Montréal (Wanderers)	NHA	11	4	0	4	-	-	-	-	-	-
	Montréal (National)	LHAM	1	0	0	0	0	-	-	-	-	-
		NHA	**26**	**17**	**0**	**17**	**25**	-	-	-	-	-
		Montréal	**15**	**13**	**0**	**13**	**25**	-	-	-	-	-

• Signe avec Montréal (Canadiens) le 17 décembre 1909 • Signe avec Galt (OPHL) le 18 février 1911 • Signe avec Montréal (Wanderers) le 7 décembre 1911

BERRY, ROBERT (BOB)

Né à Montréal, Québec, le 29 novembre 1943
Ailier gauche, lance de la gauche, 6', 190 lb

SAISON	CLUB	LIGUE	PJ	B	A	PTS	PUN	PJ	B	A	PTS	PUN
1963-64	Verdun (Maple Leafs)	LHJMM	25	38	27	65	93	-	-	-	-	-
	Peterborough (Petes)	JOHA	11	4	3	7	36	2	0	0	0	4
1964-65	George Williams College	OQAA	17	13	27	40	-	-	-	-	-	-
1965-66	George Williams College	OQAA	27	36	48	84	-	-	-	-	-	-
1966-67	George Williams College	OQAA	31	48	41	89	-	-	-	-	-	-
	Canada	Éq. Nat.	5	1	1	2	0	-	-	-	-	-
1967-68	Hull (Nationals)	LHSQ	39	32	23	55	80	-	-	-	-	-
1968-69	Clevelands (Barons)	AHL	68	24	29	53	104	5	0	3	3	10
	Montréal (Canadiens)	**LNH**	**2**	**0**	**0**	**0**	**0**	-	-	-	-	-
1969-70	Montréal (Voyageurs)	AHL	71	18	41	59	104	8	1	0	1	11
1970-71	Los Angeles (Kings)	LNH	77	25	38	63	52	-	-	-	-	-
1971-72	Los Angeles (Kings)	LNH	78	17	22	39	44	-	-	-	-	-
1972-73	Los Angeles (Kings)	LNH	78	36	28	64	75	-	-	-	-	-
	Match des étoiles	LNH	1	0	0	0	0	-	-	-	-	-
1973-74	Los Angeles (Kings)	LNH	77	23	33	56	56	5	0	0	0	0
	Match des étoiles	LNH	1	1	0	1	0	-	-	-	-	-
1974-75	Los Angeles (Kings)	LNH	80	25	23	48	60	3	1	2	3	2
1975-76	Los Angeles (Kings)	LNH	80	20	22	42	37	9	1	1	2	0
1976-77	Fort Worth (Texans)	CHL	7	4	4	8	0	-	-	-	-	-
	Los Angeles (Kings)	LNH	69	13	25	38	20	9	0	3	3	4
1977-78	Springfield (Indians)	AHL	74	26	27	53	56	4	0	0	0	0
		LNH	**541**	**159**	**191**	**350**	**344**	**26**	**2**	**6**	**8**	**6**
		Montréal	**2**	**0**	**0**	**0**	**0**	-	-	-	-	-

• **Première équipe d'étoiles (LHSQ) en 1967-68 • Match des étoiles (LNH) en 1972-73, 1973-74**
• Droits vendus à Los Angeles par Montréal le 8 octobre 1970

BERTRAND, ÉRIC

Né à Saint-Ephrem, Québec, le 16 avril 1975. Ailier gauche, lance de la gauche, 6'1", 209 lb (Choix de 8e ronde du New Jersey, 207e au total lors du repêchage de 1994)

SAISON	CLUB	LIGUE	PJ	B	A	PTS	PUN	PJ	B	A	PTS	PUN
1991-92	Beauce-Amiante (Castors)	QAAA	*Statistiques non disponibles*									
1992-93	Granby (Bisons)	LHJMQ	64	10	15	25	82	-	-	-	-	-
1993-94	Granby (Bisons)	LHJMQ	60	11	15	26	151	6	1	0	1	18
1994-95	Granby (Bisons)	LHJMQ	56	14	26	40	268	13	3	8	11	50
1995-96	Albany (River Rats)	AHL	70	16	13	29	199	4	0	0	0	6
1996-97	Albany (River Rats)	AHL	77	16	27	43	204	8	3	3	6	15
1997-98	Albany (River Rats)	AHL	76	20	29	49	256	13	5	5	10	4
1998-99	Albany (River Rats)	AHL	78	34	31	65	160	5	4	2	6	0
1999-00	New Jersey (Devils)	LNH	4	0	0	0	0	-	-	-	-	-
	Atlanta (Thrashers)	LNH	8	0	0	0	4	-	-	-	-	-
	Philadelphie (Phantoms)	AHL	15	3	6	9	67	-	-	-	-	-
	Milwaukee (Admirals)	IHL	27	7	9	16	56	3	0	0	0	2
2000-01	**Montreal (Canadiens)**	**LNH**	**3**	**0**	**0**	**0**	**0**	-	-	-	-	-
	Québec (Citadelles)	AHL	66	21	21	42	113	9	4	2	6	12
2001-02	Bracknell (Bees)	BISL	8	4	3	7	4	-	-	-	-	-
	Cologne (Sharks)	GER	27	5	6	11	34	12	1	1	2	42
2002-03	Hershey (Bears)	AHL	67	19	40	59	87	3	0	2	2	4
2003-04	Krefeld (Pinguine)	GER	43	7	19	26	79	-	-	-	-	-
2004-05	Saint-Georges (Garaga)	LNAH	57	43	58	101	38	11	4	5	9	30
2005-06	Kassel Huskies	GER	41	5	11	16	48	-	-	-	-	-
	Kassel Huskies	GER-Q	5	1	1	2	8	-	-	-	-	-
2006-07	Sonderjysk	DEN	45	31	36	67	13	-	-	-	-	-
		LNH	**15**	**0**	**0**	**0**	**4**	-	-	-	-	-
		Montréal	**3**	**0**	**0**	**0**	**0**	-	-	-	-	-

• Échangé à Atlanta par New Jersey avec Wes Mason pour Sylvain Cloutier, Jeff Williams et le choix de 7e ronde d'Atlanta au repêchage de 2000 (Ken Magovan) le 1er novembre 1999 • Échangé à Philadelphie par Atlanta pour Brian Wesenberg le 9 décembre 1999 • Échangé à Nashville par Philadelphie pour des considérations futures le 14 février 2000 • Signe avec Montréal comme joueur autonome le 7 juillet 2000 • Signe avec Bracknell (BISL) comme joueur autonome le 7 novembre 2001. Signe avec Kolher HAIE (GER) comme joueur autonome le 4 décembre 2001• Signe avec Hershey comme joueur autonome le 13 août 2002 • Signe avec Krefeld (GER) comme joueur autonome le 29 juillet 2003

BERTRAND, LORENZO

Né à Hull, Québec, le 15 novembre 1886
Ailier gauche, lance de la gauche, 5'10", 200 lb

SAISON	CLUB	LIGUE	PJ	B	A	PTS	PUN	PJ	B	A	PTS	PUN
1909-10	Hull (Nationals)	OCSHL	5	5	0	5	0	-	-	-	-	-
1910-11	Hull (Nationals)	OCSHL	5	4	0	4	9	-	-	-	-	-
	Montréal (Canadiens)	**NHA**	**1**	**0**	**0**	**0**	**0**	-	-	-	-	-
	Montréal (National)	LHCM	1	0	0	0	0	-	-	-	-	-
1911-12	Montréal (National)	LHAM	6	3	0	3	6	-	-	-	-	-
	Saskatoon (Hoo Hoos)	SPHL	6	3	0	3	0	-	-	-	-	-
1912-13	Cobalt (Lake)	CoMHL	1	0	0	0	0	-	-	-	-	-
1913-14	Hull (Nationals)	OCSHL	5	2	0	2	0	-	-	-	-	-
	Montréal (Canadiens)	**NHA**	**1**	**0**	**0**	**0**	**0**	-	-	-	-	-
		NHA	**2**	**0**	**0**	**0**	**0**	-	-	-	-	-
		Montréal	**2**	**0**	**0**	**0**	**0**	-	-	-	-	-

• Prêté à Montréal par Hull le 30 janvier 1911 • Prêté à Montréal par Hull le 9 janvier 1914

BLAINE, GARRY

Né à St. Boniface, Manitoba, le 19 avril 1933, décédé le 19 décembre 1998
Ailier droit, lance de la droite, 5'11", 190 lb

SAISON	CLUB	LIGUE	PJ	B	A	PTS	PUN	PJ	B	A	PTS	PUN
1950-51	Winnipeg (Canadians)	MJHL	33	13	14	27	45	-	-	-	-	-
1951-52	St. Boniface (Canadiens)	MJHL	35	14	18	32	45	5	3	1	4	0
1952-53	St. Boniface (Canadiens)	MJHL	17	16	15	31	50	8	*6	6	*12	10
	St. Boniface (Canadiens)	Mem.	-	-	-	-	-	17	17	10	27	21
1953-54	Montréal (Royals)	LHQ	54	11	20	31	24	11	2	6	8	6
1954-55	**Montréal (Canadiens)**	**LNH**	**1**	**0**	**0**	**0**	**0**	-	-	-	-	-
	Montréal (Royals)	LHQ	53	18	31	49	56	14	5	*11	*16	2
1955-56	Winnipeg (Warriors)	WHL	40	9	12	21	20	-	-	-	-	-
	Trois-Rivières (Lions)	LHQ	22	6	6	12	4	-	-	-	-	-
1956-57	Chicoutimi (Saguenéens)	LHQ	12	2	6	8	2	-	-	-	-	-
	Buffalo (Bisons)	AHL	43	13	14	27	20	-	-	-	-	-
1957-58	Québec (As)	LHQ	62	23	38	61	28	13	3	5	8	12
1958-59	Vancouver (Canucks)	WHL	67	16	19	35	60	8	1	2	3	10
1959-60	S.S. Marie (Thunderbirds)	EPHL	70	20	37	57	54	-	-	-	-	-
		LNH	**1**	**0**	**0**	**0**	**0**	-	-	-	-	-
		Montréal	**1**	**0**	**0**	**0**	**0**	-	-	-	-	-

• Prêté à Winnipeg (WHL) par Montréal avec Paul Masnick et Eddie Mazur le 4 juin 1955 • Prêté à Trois-Rivières (LHQ) par Montréal le 30 janvier 1956

BLAKE, HECTOR (TOE)

Né à Victoria Mines, Ontario, le 21 août 1912, décédé le 17 mai 1995
Ailier gauche, lance de la gauche, 5'10", 165 lb

SAISON	CLUB	LIGUE	PJ	B	A	PTS	PUN	PJ	B	A	PTS	PUN
1929-30	Cochrane (Dunlops)	NOJHA	7	3	0	3	4	-	-	-	-	-
1930-31	Sudbury (Cub Wolves)	NOJHA	6	3	1	4	12	2	0	0	0	6
	Sudbury (Industries)	NOHA	8	7	1	8	10	3	1	1	2	4
	Sudbury (Cub Wolves)	Allan	-	-	-	-	-	3	3	1	4	0
1931-32	Sudbury (Cub Wolves)	NOHA	3	*5	0	5	4	-	-	-	-	-
	Falconbridge (Falcons)	NOHA	10	*8	1	9	18	2	1	0	1	2
	Sudbury (Cub Wolves)	Mem.	-	-	-	-	-	5	4	1	5	6
1932-33	Hamilton (Tigers)	SOHA	22	9	4	13	26	2	0	0	0	2
1933-34	Hamilton (Tigers)	SOHA	23	19	14	33	28	4	3	4	7	4
	Hamilton (Tigers)	Allan	-	-	-	-	-	8	5	2	7	4
1934-35	Hamilton (Tigers)	SOHA	18	15	11	26	48	-	-	-	-	-
	Montréal (Maroons)	LNH	8	0	0	0	0	1	0	0	0	0
1935-36	Providence (Reds)	Can-Am	33	12	11	23	65	7	2	3	5	2
	Montréal (Canadiens)	**LNH**	**11**	**1**	**2**	**3**	**28**	-	-	-	-	-
1936-37	**Montréal (Canadiens)**	**LNH**	**43**	**10**	**12**	**22**	**12**	5	1	0	1	0
1937-38	**Montréal (Canadiens)**	**LNH**	**43**	**17**	**16**	**33**	**33**	3	3	1	4	2
	Match des étoiles	LNH	1	0	1	1	0	-	-	-	-	-
1938-39	**Montréal (Canadiens)**	**LNH**	**48**	**24**	**23**	***47**	**10**	3	1	1	2	2
1939-40	**Montréal (Canadiens)**	**LNH**	**48**	**17**	**19**	**36**	**48**	-	-	-	-	-
	Match des étoiles	LNH	1	0	0	0	0	-	-	-	-	-
1940-41	**Montréal (Canadiens)**	**LNH**	**48**	**12**	**20**	**32**	**49**	3	0	3	3	5
1941-42	**Montréal (Canadiens)**	**LNH**	**48**	**17**	**28**	**45**	**19**	3	0	3	3	2
1942-43	**Montréal (Canadiens)**	**LNH**	**48**	**23**	**36**	**59**	**26**	5	4	3	7	0
1943-44	**Montréal (Canadiens)**	**LNH**	**41**	**26**	**33**	**59**	**10**	9	7	*11	*18	2
1944-45	**Montréal (Canadiens)**	**LNH**	**49**	**29**	**38**	**67**	**25**	6	0	2	2	5
1945-46	**Montréal (Canadiens)**	**LNH**	**50**	**29**	**21**	**50**	**2**	9	*7	6	13	5
1946-47	**Montréal (Canadiens)**	**LNH**	**60**	**21**	**29**	**50**	**6**	11	2	*7	9	0
1947-48	**Montréal (Canadiens)**	**LNH**	**32**	**9**	**15**	**24**	**4**	-	-	-	-	-
1948-49	Buffalo (Bisons)	AHL	18	1	3	4	0	-	-	-	-	-
1949-50	Valleyfield (Braves)	LHSQ	43	12	15	27	15	3	0	1	1	0
1950-51	Valleyfield (Braves)	Alexa.	-	-	-	-	-	1	0	0	0	0

BER-BLA

Saison	Club	Ligue	PJ	B	A	PTS	PUN	PJ	B	A	PTS	PUN
		LNH	**577**	**235**	**292**	**527**	**272**	**58**	**25**	**37**	**62**	**23**
		Montréal	**569**	**235**	**292**	**527**	**272**	**57**	**25**	**37**	**62**	**23**

• Coupe Memorial en 1931-32 • Coupe Stanley (LNH) en 1934-35, 1943-44, 1945-46 • Match des étoiles (LNH) en 1937-38, 1939-40 • Deuxième équipe d'étoiles (LNH) en 1937-38, 1945-46 • Trophée Hart (LNH) en 1938-39 • Trophée Art-Ross (LNH) en 1938-39 • Première équipe d'étoiles (LNH) en 1938-39, 1939-40, 1944-45 • Trophée Lady-Byng (LNH) en 1945-46 • Membre du Temple de la Renommée (LNH) en 1966

• Signe avec Montréal (Maroons) le 21 février 1935 • Droits vendus à Montréal (Canadiens) par Montréal (Maroons) le 10 février 1936 • Montréal (Canadiens) cède ensuite Lorne Chabot à Montréal (Maroons) pour Toe Blake, Bill Miller et les droits de négociations sur Ken Gravel le 12 février 1936

BLOUIN, SYLVAIN

Né à Montréal, Québec, le 21 mai 1974. Ailier gauche, lance de la gauche, 6'2", 207 lb (Choix de 4e ronde de New York (Rangers), 104e au total lors du repêchage de 1994)

Saison	Club	Ligue	PJ	B	A	PTS	PUN	PJ	B	A	PTS	PUN
1991-92	Laval (Titan)	LHJMQ	28	0	0	0	23	9	0	0	0	35
1992-93	Laval (Titan)	LHJMQ	68	0	10	10	373	13	1	0	1	*66
	Laval (Titan)	Mem.	-	-	-	-	-	5	0	2	2	14
1993-94	Laval (Titan)	LHJMQ	62	18	22	40	*492	21	4	13	17	*177
	Laval (Titan)	Mem.	-	-	-	-	-	5	0	2	2	30
1994-95	Chicago (Wolves)	IHL	1	0	0	0	2	-	-	-	-	-
	Charlotte (Checkers)	ECHL	50	5	7	12	280	3	0	0	0	6
	Binghamton (Rangers)	AHL	10	1	0	1	46	2	0	0	0	24
1995-96	Binghamton (Rangers)	AHL	71	5	8	13	*352	4	0	3	3	4
1996-97	New York (Rangers)	LNH	6	0	0	0	18	-	-	-	-	-
	Binghamton (Rangers)	AHL	62	13	17	30	301	4	2	1	3	16
1997-98	New York (Rangers)	LNH	1	0	0	0	5	-	-	-	-	-
	Hartford (Wolf Pack)	AHL	53	8	9	17	286	9	0	1	1	63
1998-99	Fredericton (Canadiens)	AHL	67	6	10	16	333	15	2	0	2	*87
	Montréal (Canadiens)	**LNH**	**5**	**0**	**0**	**0**	**19**	**-**	**-**	**-**	**-**	**-**
1999-00	Worcester (IceCats)	AHL	70	16	18	34	337	8	3	5	8	30
2000-01	Minnesota (Wild)	LNH	41	3	2	5	117	-	-	-	-	-
2001-02	Minnesota (Wild)	LNH	43	0	2	2	130	-	-	-	-	-
2002-03	Minnesota (Wild)	LNH	2	0	0	0	4	-	-	-	-	-
	Montréal (Canadiens)	**LNH**	**17**	**0**	**0**	**0**	**43**	**-**	**-**	**-**	**-**	**-**
	Hamilton (Bulldogs)	AHL	19	2	4	6	39	11	1	1	2	28
2003-04	Hamilton (Bulldogs)	AHL	29	2	1	3	75	-	-	-	-	-
	Manitoba (Moose)	AHL	11	1	0	1	32	-	-	-	-	-
2004-05	Québec (Radio X)	LNAH	35	14	18	32	256	12	6	3	9	66
2005-06	Québec (Radio X)	LNAH	40	16	19	35	149	9	4	4	8	40
2006-07	Québec (Radio X)	LNAH	1	0	0	0	19	-	-	-	-	-
	Sainte-Marie-Poutrelles	QCSHL	26	14	6	20	96	3	1	0	1	10
2007-08	Québec (Radio X)	LNAH	5	3	3	6	6	11	7	4	11	88
		LNH	**115**	**3**	**4**	**7**	**336**	**-**	**-**	**-**	**-**	**-**
		Montréal	**22**	**0**	**0**	**0**	**62**	**-**	**-**	**-**	**-**	**-**

• Coupe du Président (LHJMQ) en 1992-93

• Échangé à Montréal par New York (Rangers) avec le choix de 6e ronde de New York au repêchage de 1999 (échangé plus tard à Phoenix qui sélectionne Erik Leverstrom) pour Peter Popovic le 30 juin 1999 • Signe avec St. Louis comme joueur autonome le 25 août 1999 • Signe avec Montréal comme joueur autonome le 7 juillet 2000 • Réclamé par Minnesota de Montréal lors du repêchage inter-équipes le 29 septembre 2000 • Échangé à Montréal par Minnesota pour le choix de 7e ronde de Montréal au repêchage de 2003 (Grigory Misharin) le 31 octobre 2002 • Échangé à Vancouver par Montréal pour Rene Vydareny le 9 mars 2004 • Signe avec Québec (LNAH) comme joueur autonome le 21 septembre 2004

BOISVERT, SERGE

Né à Drummondville, Québec, le 1er juin 1959. Ailier droit, lance de la droite, 5'9", 172 lb

Saison	Club	Ligue	PJ	B	A	PTS	PUN	PJ	B	A	PTS	PUN
1977-78	Sherbrooke (Castors)	LHJMQ	55	17	33	50	19	10	2	2	4	2
1978-79	Sherbrooke (Castors)	LHJMQ	72	50	72	122	45	12	11	17	28	2
1979-80	Sherbrooke (Castors)	LHJMQ	70	52	72	124	47	15	14	18	32	4
	Nouveau-Brunswick (Hawks)	AHL	-	-	-	-	-	7	4	0	4	4
1980-81	Nouveau-Brunswick (Hawks)	AHL	60	19	27	46	31	5	0	0	0	2
1981-82	Yukiijirushi (Sapporo)	JAP	30	29	20	49	-	-	-	-	-	-
1982-83	Toronto (Maple Leafs)	LNH	17	0	2	2	4	-	-	-	-	-
	St. Catharines (Saints)	AHL	19	10	9	19	2	-	-	-	-	-
	Moncton (Alpines)	AHL	29	6	12	18	7	-	-	-	-	-
1983-84	Moncton (Alpines)	AHL	66	15	13	28	34	-	-	-	-	-
1984-85	**Montréal (Canadiens)**	**LNH**	**14**	**2**	**2**	**4**	**0**	**12**	**3**	**5**	**8**	**2**
	Sherbrooke (Canadiens)	AHL	63	38	41	79	8	10	1	9	10	12
1985-86	Sherbrooke (Canadiens)	AHL	69	40	48	88	18	-	-	-	-	-
	Montréal (Canadiens)	**LNH**	**9**	**2**	**2**	**4**	**2**	**8**	**0**	**1**	**1**	**0**
1986-87	Sherbrooke (Canadiens)	AHL	78	27	54	81	29	15	8	10	18	15
	Montréal (Canadiens)	**LNH**	**1**	**0**	**0**	**0**	**0**	**-**	**-**	**-**	**-**	**-**
1987-88	Canada	Éq. nat.	63	22	26	48	34	-	-	-	-	-
	Canada	JO	8	7	2	9	2	-	-	-	-	-
	Montréal (Canadiens)	**LNH**	**5**	**1**	**1**	**2**	**2**	**3**	**0**	**1**	**1**	**2**
1988-89	HC Davos	SUI	36	20	14	34	-	7	6	7	13	-
1989-90	Canada	Éq. nat.	5	1	0	1	0	-	-	-	-	-
	Vastra Frolunda	SWE	39	18	14	32	24	-	-	-	-	-
1990-91	Vastra Frolunda	SWE	22	4	4	8	10	-	-	-	-	-
1991-92	Vastra Frolunda	SWE	40	12	16	28	30	-	-	-	-	-
1992-93	Vastra Frolunda	SWE	36	20	21	41	52	3	2	1	3	0
	Canada	Éq. nat.	3	3	1	4	0	-	-	-	-	-
1993-94	Vastra Frolunda	SWE	36	6	9	15	26	4	1	1	2	-
1994-95	Oslo Valerenga IF	NOR	27	15	17	32	24	2	1	1	2	0
	Canada	Éq. nat.	2	0	0	0	2	-	-	-	-	-
1995-96	Oslo Valerenga IF	NOR	28	23	21	44	-	4	2	2	4	-
1996-97	Oslo Valerenga IF	NOR	33	21	20	41	32	9	5	5	10	-
	Oslo Valerenga IF	EuroHL	6	3	0	3	2	-	-	-	-	-
1997-98	Oslo Valerenga IF	NOR	40	21	24	45	51	-	-	-	-	-
1998-99	Oslo Valerenga IF	NOR	6	2	4	6	4	-	-	-	-	-
	Oslo Valerenga IF	EuroHL	4	0	2	2	2	-	-	-	-	-
		LNH	**46**	**5**	**7**	**12**	**8**	**23**	**3**	**7**	**10**	**4**
		Montréal	**29**	**5**	**5**	**10**	**4**	**23**	**3**	**7**	**10**	**4**

• Coupe Calder (AHL) en 1984-85 • Deuxième équipe d'étoiles (AHL) en 1985-86, 1986-87 • Coupe Stanley (LNH) en 1985-86

• Signe avec Toronto comme joueur autonome le 9 octobre 1980 • Échangé à Edmonton par Toronto pour Reid Bailey le 15 janvier 1983 • Signe avec Montréal comme joueur autonome le 8 février 1985

BONIN, MARCEL

Né à Montréal, Québec, le 12 septembre 1932 Ailier gauche, lance de la gauche, 5'9", 170 lb

Saison	Club	Ligue	PJ	B	A	PTS	PUN	PJ	B	A	PTS	PUN
1950-51	Trois-Rivières (Reds)	LHJQ	44	30	43	73	73	8	1	6	7	7
	Shawinigan (Cataractes)	LHMQ	2	0	1	1	0	-	-	-	-	-
1951-52	Québec (As)	LHMQ	60	15	36	51	131	15	4	9	13	32
	Québec (As)	Alexa.	-	-	-	-	-	5	0	5	5	18
1952-53	Québec (As)	LHMQ	4	0	2	2	9	-	-	-	-	-
	St. Louis (Flyers)	AHL	24	7	23	30	4	-	-	-	-	-
	Detroit (Red Wings)	LNH	37	4	9	13	14	5	0	1	1	0
1953-54	Edmonton (Flyers)	WHL	43	16	33	49	53	13	5	6	11	30
	Detroit (Red Wings)	LNH	1	0	0	0	0	-	-	-	-	-
	Sherbrooke (Saints)	LHQ	17	10	11	21	38	-	-	-	-	-
1954-55	Detroit (Red Wings)	LNH	69	16	20	36	53	11	0	2	2	4
	Match des étoiles	LNH	1	0	0	0	6	-	-	-	-	-
1955-56	Boston (Bruins)	LNH	67	9	9	18	49	-	-	-	-	-
1956-57	Québec (As)	LHQ	68	20	*60	80	88	10	5	9	*14	14
	Québec (As)	Édin.	-	-	-	-	-	6	3	*9	*12	4
1957-58	**Montréal (Canadiens)**	**LNH**	**66**	**15**	**24**	**39**	**37**	**9**	**0**	**1**	**1**	**2**
	Match des étoiles	LNH	1	0	1	1	0	-	-	-	-	-
1958-59	**Montréal (Canadiens)**	**LNH**	**57**	**13**	**30**	**43**	**38**	**11**	***10**	**5**	**15**	**4**
	Rochester (Americans)	AHL	7	3	5	8	4	-	-	-	-	-
	Match des étoiles	LNH	1	0	0	0	0	-	-	-	-	-
1959-60	**Montréal (Canadiens)**	**LNH**	**59**	**17**	**34**	**51**	**59**	**8**	**1**	**4**	**5**	**12**
	Match des étoiles	LNH	1	0	1	1	0	-	-	-	-	-
1960-61	**Montréal (Canadiens)**	**LNH**	**65**	**16**	**35**	**51**	**45**	**6**	**0**	**1**	**1**	**29**
	Match des étoiles	LNH	1	0	0	0	0	-	-	-	-	-
1961-62	**Montréal (Canadiens)**	**LNH**	**33**	**7**	**14**	**21**	**41**	**-**	**-**	**-**	**-**	**-**
		LNH	**454**	**97**	**175**	**272**	**336**	**50**	**11**	**14**	**25**	**51**
		Montréal	**280**	**68**	**137**	**205**	**220**	**34**	**11**	**11**	**22**	**47**

• Recrue de l'année (LHJQ) en 1950-51 • Deuxième équipe d'étoiles (LHJQ) en 1950-51 • Coupe Alexander (LHMQ) en 1951-52 • Match des étoiles de la (LNH) en 1954-55, 1957-58, 1958-59, 1959-60, 1960-61 • Coupe Stanley (LNH) en 1954-55, 1957-58, 1958-59, 1959-60 • Première équipe d'étoiles (LHQ) en 1956-57

• Droits vendus à Detroit par Québec (LHSQ) le 23 octobre 1952 • Échangé à Boston par Detroit avec Lorne Davis, Terry Sawchuk et Vic Stasiuk pour Gilles Boisvert, Real Chevrefils, Norm Corcoran, Warren Godfrey et Ed Sandford le 3 juin 1955 • Réclamé par Montréal de Springfield (Boston) au repêchage inter-ligues le 4 juin 1957

BONK, RADEK

Né à Krnov, Tchécoslovaquie, le 9 janvier 1976. Centre, lance de la gauche, 6'3", 213 lb (Choix de 1re ronde d'Ottawa, 3e au total lors du repêchage de 1994)

Saison	Club	Ligue	PJ	B	A	PTS	PUN	PJ	B	A	PTS	PUN
1990-91	HC Slezan Opava Jr	CSK	35	47	42	89	25	-	-	-	-	-
1991-92	AC ZPS Zlin Jr	CSK	45	47	36	83	30	-	-	-	-	-
1992-93	AC ZPS Zlin	CSK	30	5	5	10	10	-	-	-	-	-
	Tchécoslovaquie	CMJ	6	4	2	6	6	-	-	-	-	-
1993-94	Las Vegas (Thunder)	IHL	76	42	45	87	208	5	1	2	3	10
1994-95	Las Vegas (Thunder)	IHL	33	7	13	20	62	-	-	-	-	-
	Ottawa (Sénateurs)	LNH	42	3	8	11	28	-	-	-	-	-
	P.E.I. (Senateurs)	AHL	-	-	-	-	-	1	0	0	0	0
1995-96	Ottawa (Sénateurs)	LNH	76	16	19	35	36	-	-	-	-	-
	République tchèque	CM	8	2	2	4	14	-	-	-	-	-
1996-97	République tchèque	CDM	3	1	0	1	0	-	-	-	-	-
	Ottawa (Sénateurs)	LNH	53	5	13	18	14	7	0	1	1	4
1997-98	Ottawa (Sénateurs)	LNH	65	7	9	16	16	5	0	0	0	2
1998-99	Ottawa (Sénateurs)	LNH	81	16	16	32	48	4	0	0	0	6
1999-00	HC Pojistovna Pardubice	CZE	3	1	0	1	4	-	-	-	-	-
	Ottawa (Sénateurs)	LNH	80	23	37	60	53	6	0	0	0	8
	Match des étoiles	LNH	1	1	1	2	0	-	-	-	-	-
2000-01	Ottawa (Sénateurs)	LNH	74	23	36	59	52	2	0	0	0	2
	Match des étoiles	LNH	1	1	0	1	0	-	-	-	-	-
2001-02	Ottawa (Sénateurs)	LNH	82	25	45	70	52	12	3	7	10	6
2002-03	Ottawa (Sénateurs)	LNH	70	22	32	54	36	18	6	5	11	10
2003-04	Ottawa (Sénateurs)	LNH	66	12	32	44	66	7	0	2	2	0
2004-05	HC Ocelari Trinec	CZE	27	6	10	16	44	-	-	-	-	-
	HC Hame Zlin	CZE	6	3	2	5	4	6	0	2	2	8
2005-06	**Montréal (Canadiens)**	**LNH**	**61**	**6**	**15**	**21**	**52**	**6**	**2**	**0**	**2**	**2**
2006-07	**Montréal (Canadiens)**	**LNH**	**74**	**13**	**10**	**23**	**54**	**-**	**-**	**-**	**-**	**-**
2007-08	Nashville (Predators)	LNH	79	14	15	29	40	6	1	0	1	2
		LNH	**903**	**185**	**287**	**472**	**547**	**73**	**12**	**15**	**27**	**42**
		Montreal	**135**	**19**	**25**	**44**	**106**	**6**	**2**	**0**	**2**	**2**

• Trophée Garry F. Longman (IHL) en 1993-94 • Match des étoiles (LNH) en 1999-00, 2000-01

• Échangé à Los Angeles par Ottawa pour un choix de 3e ronde de Los Angeles au repêchage de 2004 (Shawn Weller) le 26 juin 2004 • Échangé à Montréal par Los Angeles avec Cristobal Huet pour Mathieu Garon et du choix de 3e ronde de San Jose au repêchage de 2004 (propriété de Montréal suite à une transaction antérieure, Los Angeles qui sélectionne Paul Baier) le 26 juin 2004 • Signe avec Trinec (CZE) comme joueur autonome le 17 septembre 2004 • Signe avec Zlin (CZE) comme joueur autonome le 31 janvier 2005 • Signe avec Nashville comme joueur autonome le 2 juillet 2007

BORDELEAU, CHRISTIAN

Né à Noranda, Québec, le 23 septembre 1947. Centre, lance de la gauche, 5'8", 172 lb

Saison	Club	Ligue	PJ	B	A	PTS	PUN	PJ	B	A	PTS	PUN
1962-63	Noranda (Copper Kings)	NOJHL	40	42	36	*78	-	-	-	-	-	-
1963-64	Montréal (Canadiens Jr)	JOHA	49	16	18	34	10	17	3	2	5	2
1964-65	Montréal (Canadiens Jr)	JOHA	50	28	28	56	46	7	6	2	8	8
1965-66	Montréal (Canadiens Jr)	JOHA	43	15	48	63	57	10	9	5	14	13
1966-67	Montréal (Canadiens Jr)	JOHA	33	8	19	27	30	-	-	-	-	-
1967-68	Houston (Apollos)	CHL	68	23	28	51	22	-	-	-	-	-
1968-69	Houston (Apollos)	CHL	54	21	36	57	33	-	-	-	-	-
	Montréal (Canadiens)	**LNH**	**13**	**1**	**3**	**4**	**4**	**6**	**1**	**0**	**1**	**0**
1969-70	**Montréal (Canadiens)**	**LNH**	**48**	**2**	**13**	**15**	**18**	**-**	**-**	**-**	**-**	**-**
1970-71	St. Louis (Blues)	LNH	78	21	32	53	48	5	0	1	1	17
1971-72	St. Louis (Blues)	LNH	41	8	9	17	6	-	-	-	-	-
	Chicago (Black Hawks)	LNH	25	6	8	14	6	8	3	6	9	0
1972-73	Winnipeg (Jets)	AMH	78	47	54	101	12	12	5	8	13	4
1973-74	Winnipeg (Jets)	AMH	75	26	49	75	22	3	3	2	5	0
1974-75	Winnipeg (Jets)	AMH	18	8	8	16	0	-	-	-	-	-
	Québec (Nordiques)	AMH	53	15	33	48	24	15	2	*13	15	2
1975-76	Québec (Nordiques)	AMH	74	37	72	109	42	5	1	1	2	4
1976-77	Québec (Nordiques)	AMH	72	32	75	107	34	8	4	5	9	0
1977-78	Québec (Nordiques)	AMH	26	9	22	31	28	10	1	5	6	6
1978-79	Québec (Nordiques)	AMH	16	5	12	17	0	-	-	-	-	-
1979-80	Salt Lake (Golden Eagles)	CHL	11	3	6	9	4	-	-	-	-	-
		LNH	**205**	**38**	**65**	**103**	**82**	**19**	**4**	**7**	**11**	**17**
		Montréal	**61**	**3**	**16**	**19**	**22**	**6**	**1**	**0**	**1**	**0**

• Coupe Stanley (LNH) en 1968-69 • Coupe Avco (AMH) en 1976-77

• Droits vendus à St. Louis par Montréal le 22 mai 1970 • Échangé à Chicago par St. Louis pour Danny O'Shea le 8 février 1972 • Sélectionné par Los Angeles (Sharks) lors de l'expansion de l'AMH le 12 février 1972 • Droits vendus à Winnipeg (AMH) par Los Angeles (AMH) le 25 août 1972• Échangé à St. Louis sur Chicago pour les droits sur John Garrett le 19 septembre 1972• Échangé à Québec (AMH) par Winnipeg (AMH) pour Alain Beaulé le 5 décembre 1974 • Réclamé par St. Louis de Québec lors de l'expansion de la LNH le 9 juin 1979

BORDELEAU, SÉBASTIEN

Né à Vancouver, Colombie-Britannique, le 15 février 1975. Centre, lance de la droite 5'11", 187 lb (Choix de 3e ronde de Montréal, 73e au total lors du repêchage de 1993)

Saison	Club	Ligue	PJ	B	A	PTS	PUN	PJ	B	A	PTS	PUN
1991-92	Hull (Olympiques)	LHJMQ	62	26	32	58	91	5	0	3	3	23
1992-93	Hull (Olympiques)	LHJMQ	60	18	39	57	95	10	3	8	11	20
1993-94	Hull (Olympiques)	LHJMQ	60	26	57	83	147	17	6	14	20	26
1994-95	Hull (Olympiques)	LHJMQ	68	52	76	128	148	18	*13	19	*32	25
	Hull (Olympiques)	Mem.	-	-	-	-	-	3	1	0	1	4
	Fredericton (Canadiens)	AHL	-	-	-	-	-	1	0	0	0	0
1995-96	Fredericton (Canadiens)	AHL	43	17	29	46	68	7	0	2	2	8
	Montréal (Canadiens)	**LNH**	**4**	**0**	**0**	**0**	**0**	**-**	**-**	**-**	**-**	**-**
1996-97	Fredericton (Canadiens)	AHL	34	18	22	40	50	-	-	-	-	-
	Montréal (Canadiens)	**LNH**	**28**	**2**	**9**	**11**	**2**	**-**	**-**	**-**	**-**	**-**
1997-98	**Montréal (Canadiens)**	**LNH**	**53**	**6**	**8**	**14**	**36**	**5**	**0**	**0**	**0**	**2**
1998-99	Nashville (Predators)	LNH	72	16	24	40	26	-	-	-	-	-
1999-00	Nashville (Predators)	LNH	60	10	13	23	30	-	-	-	-	-
2000-01	Nashville (Predators)	LNH	14	2	3	5	14	-	-	-	-	-
	Worcester (IceCats)	AHL	2	0	2	2	9	11	1	7	8	23
2001-02	Minnesota (Wild)	LNH	14	1	4	5	8	-	-	-	-	-
	Houston (Aeros)	AHL	16	4	7	11	23	-	-	-	-	-
	Phoenix (Coyotes)	AHL	6	0	0	0	2	-	-	-	-	-
	Springfield (Falcons)	AHL	34	9	10	19	54	-	-	-	-	-
2002-03	SC Berne	SUI	41	21	27	48	158	13	4	5	9	10
2003-04	SC Berne	SUI	37	18	31	49	52	14	10	4	14	14
	France	CM	5	0	0	0	4	-	-	-	-	-
2004-05	SC Berne	SUI	41	11	19	30	83	11	3	6	9	8
	France	JO-Q	3	2	2	4	6	-	-	-	-	-
2005-06	SC Berne	SUI	44	24	30	54	56	4	3	5	8	6
2006-07	SC Berne	SUI	41	15	29	44	48	4	2	1	3	0
2007-08	SC Berne	SUI	47	22	25	47	40	6	3	2	5	2
	France	CM	5	2	4	6	6	-	-	-	-	-
		LNH	**251**	**37**	**61**	**98**	**118**	**5**	**0**	**0**	**0**	**2**
		Montréal	**85**	**8**	**17**	**25**	**38**	**5**	**0**	**0**	**0**	**2**

• Première équipe d'étoiles (LHJMQ) en 1994-95 • Troisième équipe d'étoiles (LHJMQ) en 1991-92 • Coupe Ford (LHJMQ) en 1994-95 • Troisième équipe d'étoiles (CHL) en 1994-95 • Coupe du Président (LHJMQ) en 1994-95

• Échangé à Nashville par Montréal pour des considérations futures le 26 juin 1998 • Réclamé au ballottage par St. Louis de Nashville le 31 mars 2001 • Réclamé par Minnesota de St. Louis lors du repêchage inter-équipes le 28 septembre 2001 • Échangé à Phoenix par Minnesota pour David Cullen le 4 janvier 2002

BOUCHARD, EDMOND

Né à Saint-Étienne, Québec, le 24 mai 1892, décédé le 18 juillet 1955 Ailier gauche, lance de la gauche, 5'10", 185 lb

Saison	Club	Ligue	PJ	B	A	PTS	PUN	PJ	B	A	PTS	PUN
1914-15	Trois-Rivières (Leafs)	LHSQ	*Statistiques non disponibles*									
1915-16	Montréal (National)	LHSM	10	3	0	3	14	-	-	-	-	-
1916-17	Québec (Montagnais)	LHSQ	9	16	5	21	-	-	-	-	-	-
1917-18	Québec (Montagnais)	LHSQ	11	*27	6	*33	-	-	-	-	-	-
1918-19	Québec (Montagnais)	LHSQ	6	*21	0	*21	-	4	*8	0	*8	3
1919-20	Québec (Crescents)	LHSQ	1	1	0	1	0	-	-	-	-	-
	Montréal (Hochelaga)	LHSM	10	12	8	20	18	5	*10	*3	*13	9
1920-21	Québec (Voltigeurs)	LHSQ	5	6	0	6	-	4	4	0	4	-
1921-22	**Montréal (Canadiens)**	**LNH**	**18**	**1**	**5**	**6**	**4**	**-**	**-**	**-**	**-**	**-**
1922-23	**Montréal (Canadiens)**	**LNH**	**2**	**0**	**0**	**0**	**4**	**-**	**-**	**-**	**-**	**-**
	Hamilton (Tigers)	LNH	22	5	*12	17	40	-	-	-	-	-
1923-24	Hamilton (Tigers)	LNH	20	5	0	5	2	-	-	-	-	-
1924-25	Hamilton (Tigers)	LNH	24	2	2	4	14	-	-	-	-	-
1925-26	New York (Americans)	LNH	30	3	1	4	10	-	-	-	-	-
1926-27	New York (Americans)	LNH	38	2	1	3	12	-	-	-	-	-
	Niagara Falls (Cataracts)	Can-Pro	4	2	1	3	19	-	-	-	-	-
1927-28	New York (Americans)	LNH	39	1	0	1	27	-	-	-	-	-
1928-29	New York (Americans)	LNH	6	0	0	0	2	-	-	-	-	-
	Pittsburgh (Pirates)	LNH	12	0	0	0	2	-	-	-	-	-
	New Haven (Eagles)	Can-Am	25	5	4	9	45	-	-	-	-	-
1929-30	New Haven (Eagles)	Can-Am	38	18	3	21	58	-	-	-	-	-
1930-31	Pittsburgh (Yellowjackets)	IHL	8	0	0	0	6	-	-	-	-	-
	Buffalo (Majors)	AHA	40	23	12	35	44	-	-	-	-	-
1931-32	Buffalo (Majors)	AHA	24	3	2	5	30	-	-	-	-	-
	St. Louis (Flyers)	AHA	3	1	0	1	2	-	-	-	-	-
	Duluth (Hornets)	AHA	18	2	1	3	20	8	1	1	2	10
		LNH	**211**	**19**	**21**	**40**	**117**	**-**	**-**	**-**	**-**	**-**
		Montréal	**20**	**1**	**5**	**6**	**8**	**-**	**-**	**-**	**-**	**-**

• Signe avec Montréal le 2 janvier 1922 • Échangé à Hamilton par Montréal pour Joe Malone le 22 décembre 1922 • Transfert de la concession de Hamilton à New York (Americans) le 26 septembre 1925 • Prêté à Pittsburgh par New York (Americans) avec Jesse Spring pour Tex White le 15 février 1929 • Signe avec Pittsburgh (IHL) le 28 novembre 1930 • Droits vendus à Buffalo (AHA) par Pittsburgh (IHL) le 3 janvier 1931

BOUCHARD, ÉMILE (BUTCH)

Né à Montréal, Québec, le 4 septembre 1919 Défenseur, lance de la gauche, 6'2", 205 lb

Saison	Club	Ligue	PJ	B	A	PTS	PUN	PJ	B	A	PTS	PUN
1937-38	Verdun (Maple Leafs)	LHJMC	2	0	0	0	2	2	0	0	0	2
	Verdun (Maple Leafs)	Mem.	-	-	-	-	-	5	2	1	3	8
1938-39	Verdun (Maple Leafs)	LHJMC	9	1	1	2	20	3	0	0	0	0
	Verdun (Maple Leafs)	Mem.	-	-	-	-	-	7	0	2	2	12
1939-40	Verdun (Maple Leafs)	LHJMC	30	9	4	13	72	8	0	0	0	18
1940-41	Montréal (Canadiens)	LHSQ	31	2	8	10	60	-	-	-	-	-
	Providence (Reds)	AHL	12	3	1	4	8	3	0	1	1	8
1941-42	**Montréal (Canadiens)**	**LNH**	**44**	**0**	**6**	**6**	**38**	**3**	**1**	**1**	**2**	**0**
1942-43	**Montréal (Canadiens)**	**LNH**	**45**	**2**	**16**	**18**	**47**	**5**	**0**	**1**	**1**	**4**
1943-44	**Montréal (Canadiens)**	**LNH**	**39**	**5**	**14**	**19**	**52**	**9**	**1**	**3**	**4**	**4**
1944-45	**Montréal (Canadiens)**	**LNH**	**50**	**11**	**23**	**34**	**34**	**6**	**3**	**4**	**7**	**4**
1945-46	**Montréal (Canadiens)**	**LNH**	**45**	**7**	**10**	**17**	**52**	**9**	**2**	**1**	**3**	**17**
1946-47	**Montréal (Canadiens)**	**LNH**	**60**	**5**	**7**	**12**	**60**	**11**	**0**	**3**	**3**	**21**
1947-48	**Montréal (Canadiens)**	**LNH**	**60**	**4**	**6**	**10**	**78**	**-**	**-**	**-**	**-**	**-**
	Match des étoiles	LNH	1	0	0	0	2	-	-	-	-	-
1948-49	**Montréal (Canadiens)**	**LNH**	**27**	**3**	**3**	**6**	**42**	**7**	**0**	**0**	**0**	**6**
	Match des étoiles	LNH	1	0	0	0	4	-	-	-	-	-
1949-50	**Montréal (Canadiens)**	**LNH**	**69**	**1**	**7**	**8**	**88**	**5**	**0**	**2**	**2**	**2**
1950-51	**Montréal (Canadiens)**	**LNH**	**52**	**3**	**10**	**13**	**80**	**11**	**1**	**1**	**2**	**2**
	Match des étoiles	LNH	1	0	0	0	0	-	-	-	-	-
1951-52	**Montréal (Canadiens)**	**LNH**	**60**	**3**	**9**	**12**	**45**	**11**	**0**	**2**	**2**	**14**
	Match des étoiles	LNH	1	0	0	0	0	-	-	-	-	-
1952-53	**Montréal (Canadiens)**	**LNH**	**58**	**2**	**8**	**10**	**55**	**12**	**1**	**1**	**2**	**6**
	Match des étoiles	LNH	1	0	0	0	2	-	-	-	-	-
1953-54	**Montréal (Canadiens)**	**LNH**	**70**	**1**	**10**	**11**	**89**	**11**	**2**	**1**	**3**	**4**
	Match des étoiles	LNH	1	0	0	0	0	-	-	-	-	-
1954-55	**Montréal (Canadiens)**	**LNH**	**70**	**2**	**15**	**17**	**81**	**12**	**0**	**1**	**1**	**37**
1955-56	**Montréal (Canadiens)**	**LNH**	**36**	**0**	**0**	**0**	**22**	**1**	**0**	**0**	**0**	**0**
		LNH	**785**	**49**	**144**	**193**	**863**	**113**	**11**	**21**	**32**	**121**
		Montréal	**785**	**49**	**144**	**193**	**863**	**113**	**11**	**21**	**32**	**121**

• Deuxième équipe d'étoiles (LNH) en 1943-44 • Coupe Stanley (LNH) en 1943-44, 1945-46, 1952-53, 1955-56 • Première équipe d'étoiles (LNH) en 1944-45, 1945-46, 1946-47 • Match des étoiles (LNH) en 1947-48, 1948-49, 1950-51, 1951-52, 1952-53, 1953-54 • Membre du Temple de la Renommée en 1966

• Signe avec Montréal le 21 février 1941

BOUCHARD, PIERRE

Né à Longueuil, Québec, le 20 février 1948. Défenseur, lance de la gauche, 6'2", 205 lb (Choix de 1re ronde de Montréal, 5e au total lors du repêchage de 1965)

Saison	Club	Ligue	PJ	B	A	PTS	PUN	PJ	B	A	PTS	PUN
1965-66	Montréal (National)	LHJMM	40	6	19	25	53	-	-	-	-	-
1966-67	Montréal (Canadiens Jr)	JOHA	48	4	9	13	105	6	0	0	0	2
1967-68	Montréal (Canadiens Jr)	JOHA	54	10	18	28	134	11	2	2	4	20
1968-69	Cleveland (Barons)	AHL	69	6	16	22	32	5	1	1	2	4
1969-70	Montréal (Voyageurs)	AHL	65	5	13	18	124	8	1	3	4	24
1970-71	**Montréal (Canadiens)**	**LNH**	**51**	**0**	**3**	**3**	**50**	**13**	**0**	**1**	**1**	**10**
1971-72	**Montréal (Canadiens)**	**LNH**	**60**	**3**	**5**	**8**	**39**	**1**	**0**	**0**	**0**	**0**
1972-73	**Montréal (Canadiens)**	**LNH**	**41**	**0**	**7**	**7**	**69**	**17**	**1**	**3**	**4**	**13**
1973-74	**Montréal (Canadiens)**	**LNH**	**60**	**1**	**14**	**15**	**25**	**6**	**0**	**2**	**2**	**4**
1974-75	**Montréal (Canadiens)**	**LNH**	**79**	**3**	**9**	**12**	**65**	**10**	**0**	**2**	**2**	**10**
1975-76	**Montréal (Canadiens)**	**LNH**	**66**	**1**	**11**	**12**	**50**	**13**	**2**	**0**	**2**	**8**
1976-77	**Montréal (Canadiens)**	**LNH**	**73**	**4**	**11**	**15**	**52**	**6**	**0**	**1**	**1**	**6**
1977-78	**Montréal (Canadiens)**	**LNH**	**59**	**4**	**6**	**10**	**29**	**10**	**0**	**1**	**1**	**5**
1978-79	Washington (Capitals)	LNH	1	0	0	0	0	-	-	-	-	-
1979-80	Washington (Capitals)	LNH	54	5	9	14	16	-	-	-	-	-
1980-81	Washington (Capitals)	LNH	50	3	7	10	28	-	-	-	-	-
1981-82	Washington (Capitals)	LNH	1	0	0	0	10	-	-	-	-	-
	Hershey (Bears)	AHL	62	2	10	12	26	5	0	0	0	6
		LNH	**595**	**24**	**82**	**106**	**433**	**76**	**3**	**10**	**13**	**56**
		Montréal	**489**	**16**	**66**	**82**	**379**	**76**	**3**	**10**	**13**	**56**

• Coupe Stanley (LNH) en 1970-71, 1972-73, 1975-76, 1976-77, 1977-78

• Réclamé par Washington de Montréal lors du repêchage inter-équipes le 9 octobre 1978

BOUCHER, ROBERT (BOB)

Né à Ottawa, Ontario, le 14 février 1904, décédé le 10 juin 1931 Centre, lance de la droite, 5'8", 142 lb

Saison	Club	Ligue	PJ	B	A	PTS	PUN	PJ	B	A	PTS	PUN
1916-17	Ottawa (New Edinburghs)	OCSHL	9	1	0	1	-	2	0	0	0	0
1917-18	Ottawa (Mutchmore)	OMHA	*Statistiques non disponibles*									
	Ottawa (New Edinburghs)	OCJHL	1	0	0	0	0	-	-	-	-	-
1918-19	Ottawa (Creighton)	OMHA	*Statistiques non disponibles*									
1919-20	Ottawa (New Edinburghs)	OCHL	4	0	0	0	0	-	-	-	-	-
1920-21	Ottawa (New Edinburghs)	OCHL	1	1	0	1	-	-	-	-	-	-
	Iroquois Falls (Eskimos)	NOHA	*Statistiques non disponibles*									
1921-22	Ottawa (New Edinburghs)	OCHL	1	0	0	0	0	-	-	-	-	-
1922-23	Iroquois Falls (Eskimos)	NOHA	*Statistiques non disponibles*									
1923-24	**Montréal (Canadiens)**	**LNH**	**11**	**1**	**0**	**1**	**0**	**5**	**0**	**0**	**0**	**0**
	Ottawa (Gunners)	OCSHL	7	4	1	5	-	-	-	-	-	-
1924-25	Vancouvers (Maroons)	WCHL	19	1	0	1	3	-	-	-	-	-
1925-26	Edmonton (Eskimos)	WHL	29	2	1	3	16	-	-	-	-	-
1926-27	London (Panthers)	Can-Pro	32	8	2	10	39	4	0	0	0	2
1927-28	Toronto (Falcons)	Can-Pro	1	0	0	0	2	-	-	-	-	-
	Québec (Castors)	Can-Am	23	3	0	3	18	6	1	0	1	10
1928-29	Newark (Bulldogs)	Can-Am	5	0	0	0	2	-	-	-	-	-
		LNH	**11**	**1**	**0**	**1**	**0**	**5**	**0**	**0**	**0**	**0**
		Montréal	**11**	**1**	**0**	**1**	**0**	**5**	**0**	**0**	**0**	**0**

• Coupe Stanley (LNH) en 1923-24

• Signe avec Montréal le 25 janvier 1924 • Échangé à Vancouver (PCHA) par Montréal avec Billy Cameron pour Charlie Cotch le 26 mars 1924 • Droits vendus à Edmonton (WHL) par Vancouver (WCHL) le 16 novembre 1925 • Signe avec London (Can-Pro) le 2 novembre 1926

BOUCHER, WILLIAM (BILLY)

Né à Ottawa, Ontario, le 10 novembre 1899, décédé le 10 novembre 1958
Ailier droit, lance de la droite, 5'7", 155 lb

Saison	Club	Ligue	PJ	B	A	PTS	PUN	PJ	B	A	PTS	PUN
1916-17	Ottawa (Munitions)	OCJHL	10	1	0	1	6	-	-	-	-	-
1917-18	Ottawa (Munitions)	OCHL	6	*5	0	*5	24	1	1	0	1	0
1918-19	Ottawa (Munitions)	OCHL	8	6	*3	9	18	-	-	-	-	-
1919-20	Ottawa (Munitions)	OCHL	8	4	0	4	-	5	*11	4	*15	-
1920-21	Iroquois (Papermakers)	NOHA	5	5	0	5	-	-	-	-	-	-
1921-22	**Montréal (Canadiens)**	**LNH**	**24**	**17**	**5**	**22**	**18**	**-**	**-**	**-**	**-**	**-**
1922-23	**Montréal (Canadiens)**	**LNH**	**24**	**24**	**7**	**31**	**55**	**2**	**1**	**0**	**1**	**2**
1923-24	**Montréal (Canadiens)**	**LNH**	**23**	**16**	**6**	**22**	**48**	**6**	**6**	**1**	**7**	**15**
1924-25	**Montréal (Canadiens)**	**LNH**	**30**	**17**	**13**	**30**	**92**	**6**	**2**	**1**	**3**	**17**
1925-26	**Montréal (Canadiens)**	**LNH**	**34**	**8**	**5**	**13**	**112**	**-**	**-**	**-**	**-**	**-**
1926-27	**Montréal (Canadiens)**	**LNH**	**21**	**4**	**0**	**4**	**14**	**-**	**-**	**-**	**-**	**-**
	Boston (Bruins)	LNH	14	2	0	2	12	8	0	0	0	2
1927-28	New York (Americans)	LNH	43	5	2	7	58	-	-	-	-	-
1928-29	New Haven (Eagles)	Can-Am	38	11	1	12	117	2	0	0	0	4
1929-30	New Haven (Eagles)	Can-Am	32	8	7	15	54	-	-	-	-	-
1930-31	New Haven (Eagles)	Can-Am	38	20	8	28	98	-	-	-	-	-
1931-32	Bronx (Tigers)	Can-Am	39	3	4	7	25	1	0	0	0	0
		LNH	**213**	**93**	**38**	**131**	**409**	**22**	**9**	**2**	**11**	**36**
		Montréal	**156**	**86**	**36**	**122**	**339**	**14**	**9**	**2**	**11**	**34**

• Coupe Stanley (LNH) en 1923-24

• Signe avec Montréal le 13 décembre 1921 • Prêté à Boston par Montréal pour Carson Cooper le 17 janvier 1927 • Droits vendus à New York (Americans) par Montréal le 7 octobre 1927 • Signe avec New Haven le 1er novembre 1928

BOUDRIAS, ANDRÉ

Né à Montréal, Québec, le 19 septembre 1943
Ailier gauche, lance de la gauche, 5'8", 165 lb

Saison	Club	Ligue	PJ	B	A	PTS	PUN	PJ	B	A	PTS	PUN
1960-61	Hull (Canadiens)	IPSHL	-	15	17	32	-	-	-	-	-	-
	Hull (Canadiens)	Allan	-	-	-	-	-	3	0	0	0	0
1961-62	Montréal (Canadiens Jr)	JOHA	50	34	*63	*97	54	6	2	3	5	4
	Hull-Ottawa (Canadiens)	EPHL	1	0	0	0	0	-	-	-	-	-
	North Bay (Trappers)	EPHL	1	0	3	3	2	1	0	0	0	0
1962-63	Montréal (Canadiens Jr)	JOHA	50	12	43	55	72	10	3	4	7	18
	Hull-Ottawa (Canadiens)	EPHL	3	0	1	1	0	-	-	-	-	-
1963-64	Montréal (Canadiens Jr)	JOHA	55	38	*97	*135	48	16	11	*26	*37	18
	Montréal (Canadiens)	**LNH**	**4**	**1**	**4**	**5**	**2**	**-**	**-**	**-**	**-**	**-**
1964-65	Québec (As)	AHL	14	4	9	13	4	-	-	-	-	-
	Montréal (Canadiens)	**LNH**	**1**	**0**	**0**	**0**	**2**	**-**	**-**	**-**	**-**	**-**
	Omaha (Knights)	CPHL	52	15	49	64	10	6	1	7	8	2
1965-66	Houston (Apollos)	CPHL	70	27	46	73	53	-	-	-	-	-
	Québec (As)	AHL	1	2	0	2	0	-	-	-	-	-
1966-67	Houston (Apollos)	CPHL	67	16	48	64	58	6	1	2	3	6
	Match des étoiles	LNH	1	0	0	0	0	-	-	-	-	-
	Montréal (Canadiens)	**LNH**	**2**	**0**	**1**	**1**	**0**	**-**	**-**	**-**	**-**	**-**
1967-68	Minnesota (North Stars)	LNH	74	18	35	53	42	14	3	6	9	8
1968-69	Minnesota (North Stars)	LNH	53	4	9	13	6	-	-	-	-	-
	Chicago (Black Hawks)	LNH	20	4	10	14	4	-	-	-	-	-
1969-70	Kansas City (Blues)	CHL	19	7	16	23	16	-	-	-	-	-
	St. Louis (Blues)	LNH	50	3	14	17	20	14	2	4	6	4
1970-71	Vancouver (Canucks)	LNH	77	25	41	66	16	-	-	-	-	-
1971-72	Vancouver (Canucks)	LNH	78	27	34	61	26	-	-	-	-	-
1972-73	Vancouver (Canucks)	LNH	77	30	40	70	24	-	-	-	-	-
1973-74	Vancouver (Canucks)	LNH	78	16	59	75	18	-	-	-	-	-
1974-75	Vancouver (Canucks)	LNH	77	16	62	78	46	5	1	0	1	0
1975-76	Vancouver (Canucks)	LNH	71	7	31	38	10	1	0	0	0	0
1976-77	Québec (Nordiques)	AMH	74	12	31	43	12	17	3	12	15	6
1977-78	Québec (Nordiques)	AMH	66	10	17	27	22	11	0	2	2	4
		LNH	**662**	**151**	**340**	**491**	**216**	**34**	**6**	**10**	**16**	**12**
		Montréal	**7**	**1**	**5**	**6**	**4**	**-**	**-**	**-**	**-**	**-**

• Match des étoiles (LNH) en 1966-67 • Coupe Avco (AMH) en 1976-77

• Échangé au Minnesota par Montréal avec Bob Charlebois et Bernard Côté pour le 1er choix du Minnesota au repêchage de 1971 (Chuck Arnason) le 6 juin 1967 • Échangé à Chicago par Minnesota avec Mike McMahon pour Tom Reid, Bill Orban le 14 février 1969 • Réclamé par St.Louis de Chicago lors du repêchage intra-ligue le 11 juin 1969 • Échangé à Vancouver par St. Louis pour le choix de 7e ronde (Jack Taggart) et le choix de 9e ronde (Bob Winogard) de Vancouver au repêchage de 1970 le 10 juin 1970 • Sélectionné par Minnesota lors de l'expansion de l'AMH le 22 février 1972 • Échangé à Québec (AMH) par Minnesota (AMH) pour Gordie Gallant le 10 septembre 1976

BOUGIE, JOSEPH

Né à Valleyfield, Québec, le 8 janvier 1886. Centre, lance de la gauche, 5'5", 145 lb

Saison	Club	Ligue	PJ	B	A	PTS	PUN	PJ	B	A	PTS	PUN
1905-06	Valleyfield HC	SWQHL	*Statistiques non disponibles*									
1906-07	Valleyfield HC	SWQHL	*Statistiques non disponibles*									
1907-08	Valleyfield HC	SWQHL	*Statistiques non disponibles*									
1908-09	Valleyfield HC	SWQHL	*Statistiques non disponibles*									
1909-10	Valleyfield HC	SWQHL	*Statistiques non disponibles*									
	Montréal (Canadiens)	**NHA**	**1**	**0**	**0**	**0**	**0**	**-**	**-**	**-**	**-**	**-**
1910-11	Montréal (Voltigeurs)	LHDM	*Statistiques non disponibles*									
1911-12	Montréal (Voltigeurs)	LHAM	2	0	0	0	0	-	-	-	-	-
1912-13	Montréal (National)	LHAM	7	1	0	1	6	-	-	-	-	-
1913-14	Montréal (Allis-Chalmers)	LHMM	10	6	0	6	0	-	-	-	-	-
1914-15	Montréal (Saint-Zotique)	LHM	10	1	0	1	0	-	-	-	-	-
		NHA	**1**	**0**	**0**	**0**	**0**	**-**	**-**	**-**	**-**	**-**
		Montréal	**1**	**0**	**0**	**0**	**0**	**-**	**-**	**-**	**-**	**-**

• Prêté à Montréal (NHA) par Valleyfield (SWQHL) le 1er février 1910

BOUILLON, FRANCIS

Né à New York, New York, le 17 octobre 1975
Défenseur, lance de la gauche, 5'8", 186 lb

Saison	Club	Ligue	PJ	B	A	PTS	PUN	PJ	B	A	PTS	PUN
1992-93	Laval (Titan)	LHJMQ	46	0	7	7	45	-	-	-	-	-
1993-94	Laval (Titan)	LHJMQ	68	3	15	18	129	19	2	9	11	48
	Laval (Titan)	Mem.	-	-	-	-	-	5	0	1	1	1
1994-95	Laval (Titan C.F.)	LHJMQ	72	8	25	33	115	20	3	11	14	21
1995-96	Granby (Prédateurs)	LHJMQ	68	11	35	46	156	21	2	12	14	30
	Granby (Prédateurs)	Mem.	-	-	-	-	-	4	0	2	2	4
1996-97	Wheeling (Nailers)	ECHL	69	10	32	42	77	3	0	2	2	10
1997-98	Québec (Rafales)	IHL	71	8	27	35	76	-	-	-	-	-
1998-99	Fredericton (Canadiens)	AHL	79	19	36	55	174	5	2	1	3	0
1999-00	**Montréal (Canadiens)**	**LNH**	**74**	**3**	**13**	**16**	**38**	**-**	**-**	**-**	**-**	**-**
2000-01	**Montréal (Canadiens)**	**LNH**	**29**	**0**	**6**	**6**	**26**	**-**	**-**	**-**	**-**	**-**
	Québec (Citadelles)	AHL	4	0	0	0	0	-	-	-	-	-
2001-02	**Montréal (Canadiens)**	**LNH**	**28**	**0**	**5**	**5**	**33**	**-**	**-**	**-**	**-**	**-**
	Québec (Citadelles)	AHL	38	8	14	22	30	-	-	-	-	-
2002-03	Nashville (Predators)	LNH	4	0	0	0	2	-	-	-	-	-
	Hamilton (Bulldogs)	AHL	29	1	12	13	31	-	-	-	-	-
	Montréal (Canadiens)	**LNH**	**20**	**3**	**1**	**4**	**2**	**-**	**-**	**-**	**-**	**-**
	États-Unis	CM	6	0	1	1	0	-	-	-	-	-
2003-04	**Montréal (Canadiens)**	**LNH**	**73**	**2**	**16**	**18**	**70**	**11**	**0**	**0**	**0**	**7**
2004-05	Leksands IF	SWE-2	31	10	21	31	46	-	-	-	-	-
2005-06	**Montréal (Canadiens)**	**LNH**	**67**	**3**	**19**	**22**	**34**	**6**	**1**	**2**	**3**	**10**
2006-07	**Montréal (Canadiens)**	**LNH**	**62**	**3**	**11**	**14**	**52**	**-**	**-**	**-**	**-**	**-**
2007-08	**Montréal (Canadiens)**	**LNH**	**74**	**2**	**6**	**8**	**61**	**7**	**1**	**2**	**3**	**4**
		LNH	**431**	**16**	**77**	**93**	**318**	**24**	**2**	**4**	**6**	**21**
		Montréal	**427**	**16**	**77**	**93**	**316**	**24**	**2**	**4**	**6**	**21**

• Coupe du Président (LHJMQ) en 1992-93, 1995-96 • Coupe Memorial en 1995-96
• Deuxième équipe d'étoiles (LHJMQ) en 1995-96

• Signe avec Montréal comme joueur autonome le 18 août 1998 • Réclamé par Nashville de Montréal lors du repêchage intra-ligue le 4 octobre 2002 • Réclamé au ballotage par Montréal de Nashville le 25 octobre 2002 • Signe avec Leksands (SWE-2) comme joueur autonome le 15 novembre 2004

BOURCIER, CONRAD

Né à Montréal, Québec, le 28 mai 1916
Centre, lance de la gauche, 5'6", 155 lb

Saison	Club	Ligue	PJ	B	A	PTS	PUN	PJ	B	A	PTS	PUN
1934-35	Verdun (Maple Leafs)	LHJCM	10	5	12	17	0	6	*6	4	*10	4
1935-36	Verdun (Maple Leafs)	LHCM	10	5	1	6	4	-	-	-	-	-
	Montréal (Canadiens)	**LNH**	**6**	**0**	**0**	**0**	**0**	**-**	**-**	**-**	**-**	**-**
	Pittsburgh (Yellowjackets)	IHL	9	2	2	4	2	-	-	-	-	-
1936-37	Verdun (Maple Leafs)	LHCM	*Statistiques non disponibles*									
1937-38	Verdun (Maple Leafs)	LHCM	21	4	6	10	8	8	4	*6	10	12
1938-39	Verdun (Maple Leafs)	LHCM	22	10	9	19	16	2	0	0	0	0
1939-40	Verdun (Bulldogs)	LHPQ	41	21	32	53	30	2	1	0	1	2
1940-41	Verdun (Maple Leafs)	LHPQ	32	12	12	24	17	-	-	-	-	-
1941-42	Montréal (Cyclones)	LHPQ	7	8	4	12	12	-	-	-	-	-
1942-43			*Service militaire*									
1943-44			*Service militaire*									
1944-45	Montréal (Cyclones)	LHPQ	-	14	11	25	-	-	-	-	-	-
	Cornwall (Cookies)	LHPQ	1	0	0	0	0	-	-	-	-	-
1945-46	Saint-Hyacinthe (Saints)	LHPQ	8	4	6	10	6	4	2	0	2	0
1946-47	Verdun (Eagles)	LHPQ	47	40	28	68	24	-	-	-	-	-
1947-48			*N'a pas joué*									
1948-49	Montréal (Hydro)	LHCM	12	10	*13	*23	-	-	-	-	-	-
		LNH	**6**	**0**	**0**	**0**	**0**	**-**	**-**	**-**	**-**	**-**
		Montréal	**6**	**0**	**0**	**0**	**0**	**-**	**-**	**-**	**-**	**-**

• Signe avec Montréal le 18 décembre 1935 • Prêté à Pittsburgh (IHL) par Montréal avec Jean-Louis Bourcier le 10 janvier 1936

BOURCIER, JEAN-LOUIS

Né à Montréal, Québec, le 3 janvier 1911
Ailier gauche, lance de la gauche, 5'11", 175 lb

Saison	Club	Ligue	PJ	B	A	PTS	PUN	PJ	B	A	PTS	PUN
1933-34	Verdun (Maple Leafs)	LHCM	16	15	6	21	2	2	0	1	1	0
1934-35	Verdun (Maple Leafs)	LHCM	20	*22	18	*40	4	-	-	-	-	-

SAISON	CLUB	LIGUE	PJ	B	A	PTS	PUN	PJ	B	A	PTS	PUN
1935-36	Verdun (Maple Leafs)	LHCM	10	11	8	19	2	-	-	-	-	-
	Montréal (Canadiens)	**LNH**	**9**	**0**	**1**	**1**	**0**	-	-	-	-	-
	Pittsburgh (Yellowjackets)	IHL	18	8	5	13	4	-	-	-	-	-
1936-37	Verdun (Maple Leafs)	LHCM	*Statistiques non disponibles*									
1937-38	Verdun (Maple Leafs)	LHCM	22	16	13	29	0	8	0	3	3	14
1938-39	Verdun (Maple Leafs)	LHCM	21	10	3	13	10	2	1	0	1	0
1939-40	Verdun (Bulldogs)	LHPQ	39	22	20	42	8	2	2	2	4	0
1940-41	Verdun (Maple Leafs)	LHPQ	13	5	4	9	0	-	-	-	-	-
		LNH	**9**	**0**	**1**	**1**	**0**	-	-	-	-	-
		Montréal	**9**	**0**	**1**	**1**	**0**	-	-	-	-	-

• Signe avec Montréal le 18 décembre 1935 • Prêté à Pittsburgh (IHL) par Montréal avec Conrad Bourcier le 10 janvier 1936

BOURGAULT, LÉO

Né à Sturgeon Falls, Ontario, le 17 janvier 1903, décédé le 1er novembre 1965
Défenseur, lance de la gauche, 5'6", 165 lb

SAISON	CLUB	LIGUE	PJ	B	A	PTS	PUN	PJ	B	A	PTS	PUN
1921-22	North Bay (Trappers)	NOHA	4	4	1	5	-	8	6	3	9	-
1922-23	North Bay (Trappers)	NOHA	*Statistiques non disponibles*									
1923-24	Guelph (Royals)	SOHA	*Statistiques non disponibles*									
1924-25	Saskatoon (Crescents)	WCHL	19	3	0	3	8	-	-	-	-	-
1925-26	Saskatoon (Crescents)	WHL	30	5	2	7	18	2	0	0	0	8
1926-27	Toronto (St. Patricks)	LNH	22	0	0	0	44	-	-	-	-	-
	New York (Rangers)	LNH	20	2	1	3	28	2	0	0	0	4
1927-28	New York (Rangers)	LNH	37	7	0	7	7	9	0	0	0	8
1928-29	New York (Rangers)	LNH	44	2	3	5	59	6	0	0	0	0
1929-30	New York (Rangers)	LNH	44	7	6	13	54	3	1	1	2	6
1930-31	New York (Rangers)	LNH	10	0	1	1	12	-	-	-	-	-
	Ottawa (Senators)	LNH	28	0	4	4	28	-	-	-	-	-
1931-32	Bronx (Tigers)	Can-Am	40	10	9	19	89	2	0	0	0	4
1932-33	Ottawa (Senators)	LNH	35	1	1	2	18	-	-	-	-	-
	Montréal (Canadiens)	**LNH**	**15**	**1**	**1**	**2**	**9**	**2**	**0**	**0**	**0**	**0**
1933-34	**Montréal (Canadiens)**	**LNH**	**48**	**4**	**3**	**7**	**10**	**2**	**0**	**0**	**0**	**0**
1934-35	**Montréal (Canadiens)**	**LNH**	**4**	**0**	**0**	**0**	**0**	-	-	-	-	-
	Québec (Castors)	Can-Am	43	13	14	27	34	3	1	0	1	2
1935-36	Springfield (Indians)	Can-Am	2	1	0	1	0	2	0	2	2	0
		LNH	**307**	**24**	**20**	**44**	**269**	**24**	**1**	**1**	**2**	**18**
		Montréal	**67**	**5**	**4**	**9**	**19**	**4**	**0**	**0**	**0**	**0**

• Coupe Stanley (LNH) en 1927-28

• Signe avec Saskatoon (WCHL) le 27 novembre 1924 • Droits vendus à Toronto par Saskatoon (WHL) avec Corbett Denneny et Laurie Scott le 27 septembre 1926 • Droits vendus à New York (Rangers) par Toronto le 27 janvier 1927 • Droits vendus à Ottawa par New York (Rangers) le 7 décembre 1930 • Prêté à Montréal par Ottawa avec Harold Starr pour Marty Burke le 15 février 1933 • Échangé à Montréal par Ottawa avec Harold Starr pour Nick Wasnie le 23 mars 1933

BOWNASS, JOHN (JACK)

Né à Winnipeg, Manitoba, le 27 juillet 1930
Défenseur, lance de la gauche, 6'1", 200 lb

SAISON	CLUB	LIGUE	PJ	B	A	PTS	PUN	PJ	B	A	PTS	PUN
1947-48	Winnipeg (Black Hawks)	WJHL	1	0	0	0	0	-	-	-	-	-
1948-49	Winnipeg (Black Hawks)	WJHL	29	3	2	5	16	-	-	-	-	-
1949-50	Winnipeg (Black Hawks)	WJHL	36	3	7	10	76	6	1	1	2	12
1950-51	Sarnia (Sailors)	IHL	3	0	0	0	0	-	-	-	-	-
	Detroit (Hettche)	IHL	43	6	7	13	101	3	0	0	0	4
1951-52	Shawinigan (Cataractes)	LHMQ	49	0	3	3	84	-	-	-	-	-
1952-53	Chicoutimi (Saguenéens)	LHMQ	38	2	4	6	59	-	-	-	-	-
1953-54	Sherbrooke (Saints)	LHQ	71	9	17	26	111	5	1	0	1	4
1954-55	Montréal (Royals)	LHQ	56	5	27	32	88	14	1	2	3	8
1955-56	Seattle (Americans)	WHL	65	10	22	32	131	-	-	-	-	-
1956-57	Trois-Rivières (Lions)	LHQ	62	7	16	23	75	4	0	4	4	4
1957-58	Montréal (Royals)	LHQ	61	3	31	34	120	7	0	6	6	21
	Montréal (Canadiens)	**LNH**	**4**	**0**	**1**	**1**	**0**	-	-	-	-	-
1958-59	New York (Rangers)	LNH	35	1	2	3	20	-	-	-	-	-
	Buffalo (Bisons)	AHL	21	3	9	12	26	-	-	-	-	-
1959-60	New York (Rangers)	LNH	37	2	5	7	34	-	-	-	-	-
	Sringfield (Indians)	AHL	16	0	0	0	37	-	-	-	-	-
1960-61	Kitchener (Beavers)	EPHL	70	1	36	37	110	7	0	4	4	12
1961-62	New York (Rangers)	LNH	4	0	0	0	4	-	-	-	-	-
	Kitchener (Indians)	EPHL	62	6	40	46	119	7	2	0	2	0
1962-63	Los Angeles (Blades)	WHL	67	4	24	28	55	3	0	1	1	0
1963-64	Los Angeles (Blades)	WHL	53	2	19	21	65	-	-	-	-	-
	Baltimore (Clippers)	AHL	15	0	4	4	27	-	-	-	-	-
1964-65			*N'a pas joué*									
1965-66			*N'a pas joué*									
1966-67	Canada	Éq. nat.	*Statistiques non disponibles*									
	Canada	CM	7	0	2	2	12	-	-	-	-	-
1967-68	Hull (National)	LHSQ	24	0	13	13	21	-	-	-	-	-
1968-69	Ottawa (Nationals)	SOHA	4	0	0	0	2	-	-	-	-	-
	Canada	CM	4	0	0	0	4	-	-	-	-	-
1969-70	Canada	Éq. nat.	*Statistiques non disponibles*									
1970-71	Jacksonville (Rockets)	EHL	8	0	0	0	2	-	-	-	-	-
		LNH	**80**	**3**	**8**	**11**	**58**	-	-	-	-	-
		Montréal	**4**	**0**	**1**	**1**	**0**	-	-	-	-	-

• Deuxième équipe d'étoiles (WJHL) en 1948-49 • Deuxième équipe d'étoiles (IHL) en 1950-51 • Première équipe d'étoiles (LHQ) en 1957-58 • Médaille de bronze (CM) en 1967

• Signe avec Montréal le 21 octobre 1951 • Prêté à Seattle (WHL) par Montréal en novembre 1955 • Réclamé par New York (Buffalo-AHL) de Montréal (Royals de Montréal-LHQ) lors du repêchage inter-ligues le 3 juin 1958 • Droits vendus à Los Angeles (WHL) par New York en septembre 1962

BRASHEAR, DONALD

Né à Bedford, Indiana, le 7 janvier 1972
Ailier gauche, lance de la gauche, 6'2", 225 lb

SAISON	CLUB	LIGUE	PJ	B	A	PTS	PUN	PJ	B	A	PTS	PUN
1988-89	Sainte-Foy (Gouverneurs)	QAAA	10	1	2	3	10	-	-	-	-	-
1989-90	Longueuil (Collège français)	LHJMQ	64	12	14	26	169	7	0	0	0	11
1990-91	Longueuil (Collège français)	LHJMQ	68	12	26	38	195	8	0	3	3	33
1991-92	Verdun (Collège français)	LHJMQ	65	18	24	42	283	18	4	2	6	98
	Verdun (Collège français)	Mem.	-	-	-	-	-	3	0	0	0	15
1992-93	Fredericton (Canadiens)	AHL	76	11	3	14	261	5	0	0	0	8
1993-94	**Montréal (Canadiens)**	**LNH**	**14**	**2**	**2**	**4**	**34**	**2**	**0**	**0**	**0**	**0**
	Fredericton (Canadiens)	AHL	62	38	28	66	250	-	-	-	-	-
1994-95	**Montréal (Canadiens)**	**LNH**	**20**	**1**	**1**	**2**	**63**	-	-	-	-	-
	Fredericton (Canadiens)	AHL	29	10	9	19	182	17	7	5	12	77
1995-96	**Montréal (Canadiens)**	**LNH**	**67**	**0**	**4**	**4**	**223**	**6**	**0**	**0**	**0**	**2**
1996-97	**Montréal (Canadiens)**	**LNH**	**10**	**0**	**0**	**0**	**38**	-	-	-	-	-
	Vancouver (Canucks)	LNH	59	8	5	13	207	-	-	-	-	-
	États-Unis	CM	8	2	3	5	8	-	-	-	-	-
1997-98	Vancouver (Canucks)	LNH	77	9	9	18	*372	-	-	-	-	-
	États-Unis	CM	6	0	0	0	10	-	-	-	-	-
1998-99	Vancouver (Canucks)	LNH	82	8	10	18	209	-	-	-	-	-
1999-00	Vancouver (Canucks)	LNH	60	11	2	13	136	-	-	-	-	-
2000-01	Vancouver (Canucks)	LNH	79	9	19	28	145	4	0	0	0	0
2001-02	Vancouver (Canucks)	LNH	31	5	8	13	90	-	-	-	-	-
	Philadelphie (Flyers)	LNH	50	4	15	19	109	5	0	0	0	19
2002-03	Philadelphie (Flyers)	LNH	80	8	17	25	161	13	1	2	3	21
2003-04	Philadelphie (Flyers)	LNH	64	6	7	13	212	18	1	3	4	61
2004-05	Québec (Radio X)	LNAH	47	18	32	50	260	8	4	6	10	42
2005-06	Philadelphie (Flyers)	LNH	76	4	5	9	166	1	0	0	0	0
2006-07	Washington (Capitals)	LNH	77	4	9	13	156	-	-	-	-	-
2007-08	Washington (Capitals)	LNH	80	5	3	8	119	7	1	1	2	0
		LNH	**926**	**84**	**116**	**200**	**2440**	**56**	**3**	**6**	**9**	**103**
		Montréal	**111**	**3**	**7**	**10**	**358**	**8**	**0**	**0**	**0**	**2**

• Coupe du Président (LHJMQ) en 1991-92

• Signe avec Montréal comme joueur autonome le 28 juillet 1992 • Échangé à Vancouver par Montréal pour Jassen Cullimore le 13 novembre 1996 • Échangé à Philadelphie par Vancouver avec le choix de 6e ronde de Vancouver au repêchage de 2002 (échangé plus tard à Columbus qui sélectionne Jaroslav Balastik) pour Jan Hlavac et le choix de 3e ronde de Tampa Bay au repêchage de 2002 (propriété de Philadelphie suite à une transaction antérieure, Vancouver sélectionne Brett Skinner) le 17 décembre 2001• Signe avec Québec (LNAH) comme joueur autonome le 21 septembre 2004 • Signe avec Washington comme joueur autonome le 14 juillet 2006

BRISEBOIS, PATRICE

Né à Montréal, Québec, le 27 janvier 1971. Défenseur, lance de la droite, 6'2", 204 lb
(Choix de 2e ronde de Montréal, 30e au total lors du repêchage de 1989)

SAISON	CLUB	LIGUE	PJ	B	A	PTS	PUN	PJ	B	A	PTS	PUN
1986-87	Montréal (Bourassa)	QAAA	39	15	19	34	66	-	-	-	-	-
1987-88	Laval (Titan)	LHJMQ	48	10	34	44	95	6	0	2	2	2
1988-89	Laval (Titan)	LHJMQ	50	20	45	65	95	17	8	14	22	45
	Laval (Titan)	Mem.	-	-	-	-	-	4	2	2	4	6
1989-90	Laval (Titan)	LHJMQ	56	18	70	88	108	13	7	9	16	26
	Laval (Titan)	Mem.	-	-	-	-	-	4	0	4	4	6
	Canada	CMJ	7	2	2	4	6	-	-	-	-	-
1990-91	Drummondville (Voltigeurs)	LHJMQ	54	17	44	61	72	14	6	18	24	49
	Drummondville (Voltigeurs)	Mem.	-	-	-	-	-	5	2	1	3	10
	Canada	CMJ	7	1	6	7	2	-	-	-	-	-
	Montréal (Canadiens)	**LNH**	**10**	**0**	**2**	**2**	**4**	-	-	-	-	-
1991-92	**Montréal (Canadiens)**	**LNH**	**26**	**2**	**8**	**10**	**20**	**11**	**2**	**4**	**6**	**6**
	Fredericton (Canadiens)	AHL	53	12	27	39	51	-	-	-	-	-
1992-93	**Montréal (Canadiens)**	**LNH**	**70**	**10**	**21**	**31**	**79**	**20**	**0**	**4**	**4**	**18**
1993-94	**Montréal (Canadiens)**	**LNH**	**53**	**2**	**21**	**23**	**63**	**7**	**0**	**4**	**4**	**6**
1994-95	**Montréal (Canadiens)**	**LNH**	**35**	**4**	**8**	**12**	**26**	-	-	-	-	-
1995-96	**Montréal (Canadiens)**	**LNH**	**69**	**9**	**27**	**36**	**65**	**6**	**1**	**2**	**3**	**6**
1996-97	**Montréal (Canadiens)**	**LNH**	**49**	**2**	**13**	**15**	**24**	**3**	**1**	**1**	**2**	**24**
1997-98	**Montréal (Canadiens)**	**LNH**	**79**	**10**	**27**	**37**	**67**	**10**	**1**	**0**	**1**	**0**
1998-99	**Montréal (Canadiens)**	**LNH**	**54**	**3**	**9**	**12**	**28**	-	-	-	-	-
1999-00	**Montréal (Canadiens)**	**LNH**	**54**	**10**	**25**	**35**	**18**	-	-	-	-	-
2000-01	**Montréal (Canadiens)**	**LNH**	**77**	**15**	**21**	**36**	**28**	-	-	-	-	-
2001-02	**Montréal (Canadiens)**	**LNH**	**71**	**4**	**29**	**33**	**25**	**10**	**1**	**1**	**2**	**2**
2002-03	**Montréal (Canadiens)**	**LNH**	**73**	**4**	**25**	**29**	**32**	-	-	-	-	-
2003-04	**Montréal (Canadiens)**	**LNH**	**71**	**4**	**27**	**31**	**22**	**11**	**2**	**1**	**3**	**4**
2004-05	Kloten (Flyers)	SUI	10	3	1	4	2	-	-	-	-	-
2005-06	Colorado (Avalanche)	LNH	80	10	28	38	55	9	0	1	1	4
2006-07	Colorado (Avalanche)	LNH	33	1	10	11	22	-	-	-	-	-
2007-08	**Montréal (Canadiens)**	**LNH**	**43**	**3**	**8**	**11**	**26**	**10**	**1**	**5**	**6**	**6**
		LNH	**947**	**93**	**309**	**402**	**604**	**97**	**9**	**23**	**32**	**76**
		Montréal	**834**	**82**	**271**	**353**	**527**	**88**	**9**	**22**	**31**	**72**

• Trophée Michael-Bossy (LHJMQ) en 1988-89 • Coupe du Président (LHJMQ) en 1988-89, 1989-90 • Deuxième équipe d'étoiles (LHJMQ) en 1989-90 • Médaille d'or (CMJ) en 1990, 1991 • Première équipe d'étoiles (LHJMQ) en 1990-91 • Défenseur par excellence (CHL) en 1990-91 • Trophée Paul-Dumont (LHJMQ) en 1990-91 • Trophée Émile-Bouchard (LHJMQ) en 1990-91 • Équipe d'étoiles (Mem.) en 1990-91 • Coupe Stanley (LNH) en 1992-93

• Signe avec Kloten (SUI) comme joueur autonome le 13 octobre 2004 • Signe avec Colorado comme joueur autonome le 3 août 2005 • Signe avec Montréal comme joueur autonome le 3 août 2007

BRISSON, GÉRALD (GERRY)

Né à St.Boniface, Manitoba, le 3 septembre 1937
Ailier droit, lance de la gauche, 5'9", 155 lb

SAISON	CLUB	LIGUE	PJ	B	A	PTS	PUN	PJ	B	A	PTS	PUN
1951-52	Winnipeg (Excelsiors)	MAHA	-	8	*11	19	8	-	-	-	-	-

SAISONS RÉGULIÈRES — SÉRIES ÉLIMINATOIRES

SAISON	CLUB	LIGUE	PJ	B	A	PTS	PUN	PJ	B	A	PTS	PUN
1952-53	Winnipeg (Excelsiors)	MAHA	*Statistiques non disponibles*									
1953-54	Winnipeg (Canadians)	MJHL	1	0	0	0	0	-	-	-	-	-
1954-55	Winnipeg (Canadians)	MJHL	29	20	21	41	14	-	-	-	-	-
1955-56	St.Boniface (Canadiens)	MJHL	21	*30	19	49	45	10	*12	3	*15	4
1956-57	St.Boniface (Canadiens)	MJHL	22	21	19	40	60	7	4	6	10	2
1957-58	Peterborough (Petes)	JOHA	52	28	23	51	34	5	3	0	3	2
	Winnipeg (Warriors)	WHL	1	1	0	1	0	-	-	-	-	-
	Montréal (Royals)	LHQ	2	0	0	0	0	-	-	-	-	-
1958-59	Winnipeg (Warriors)	WHL	62	38	45	83	20	7	5	0	5	2
1959-60	Winnipeg (Warriors)	WHL	66	24	32	56	20	-	-	-	-	-
1960-61	Winnipeg (Warriors)	WHL	70	29	26	55	35	-	-	-	-	-
1961-62	Spokane (Comets)	WHL	70	44	39	83	60	16	7	9	16	16
1962-63	Spokane (Comets)	WHL	66	26	21	47	44	-	-	-	-	-
	Montréal (Canadiens)	**LNH**	**4**	**0**	**2**	**2**	**4**	-	-	-	-	-
1963-64	Québec (As)	AHL	12	0	1	1	6	-	-	-	-	-
	San Francisco (Seals)	WHL	50	18	25	43	15	11	6	2	8	4
1964-65	Seatle (Totems)	WHL	63	19	19	38	35	7	0	1	1	2
1965-66	San Francisco (Seals)	WHL	65	22	15	37	23	3	0	0	0	0
1966-67	Californie (Seals)	WHL	7	1	1	2	2	-	-	-	-	-
1967-68			*N'a pas joué*									
1968-69			*N'a pas joué*									
1969-70	St. Boniface (Mohawks)	Allan	-	-	-	-	-	13	6	3	9	0
		LNH	**4**	**0**	**2**	**2**	**4**	-	-	-	-	-
		Montréal	**4**	**0**	**2**	**2**	**4**	-	-	-	-	-

- **Première équipe d'étoiles, Division Prairies (WHL) en 1958-59**
- Prêté à Montréal par Spokane (WHL) le 13 février 1963 • Réclamé par Québec (AHL) de Spokane (WHL) lors du repêchage intra-ligue le 5 juin 1963 • Échangé à San Francisco (WHL) par Québec (AHL) pour Cliff Pennington le 17 novembre 1963 • Droits vendus à Seattle (WHL) par San Francisco (WHL) le 9 juin 1964 • Échangé à San Francisco (WHL) par Seattle pour Len Haley le 22 octobre 1965

BRODEN, CONNELL (CONNIE)

Né à Montréal, Québec, le 6 avril 1932
Centre, lance de la gauche, 5'8", 160 lb

SAISON	CLUB	LIGUE	PJ	B	A	PTS	PUN	PJ	B	A	PTS	PUN
1949-50	Montréal (Royals)	LHJQ	36	7	19	26	14	3	0	1	1	0
1950-51	Montréal (Royals)	LHJQ	29	15	12	27	15	-	-	-	-	-
	Montréal (Royals)	LHMQ	1	0	0	0	0	-	-	-	-	-
1951-52	Montréal (Canadiens Jr)	LHJQ	39	16	24	40	18	10	5	2	7	8
	Montréal (Canadiens Jr)	Mem.	-	-	-	-	-	8	5	5	10	8
1952-53	Cincinnati (Mohawks)	IHL	57	29	38	67	39	9	4	3	7	8
1953-54	Cincinnati (Mohawks)	IHL	59	32	37	69	34	11	3	2	5	14
1954-55	Shawinigan (Cataractes)	LHQ	62	27	35	62	25	13	5	7	12	15
	Shawinigan (Cataractes)	Édin.	-	-	-	-	-	7	2	1	3	0
1955-56	**Montréal (Canadiens)**	**LNH**	**3**	**0**	**0**	**0**	**2**	-	-	-	-	-
	Shawinigan (Cataractes)	LHQ	61	17	40	57	45	11	2	8	10	8
1956-57	Shawinigan (Cataractes)	LHQ	68	20	29	49	32	-	-	-	-	-
	Montréal (Canadiens)	**LNH**	-	-	-	-	-	**6**	**0**	**1**	**1**	**0**
1957-58	**Montréal (Canadiens)**	**LNH**	**3**	**2**	**1**	**3**	**0**	**1**	**0**	**0**	**0**	**0**
	Whitby (Dunlops)	EOHL	7	5	9	14	0	-	-	-	-	-
	Canada	CM	7	12	7	*19	6	-	-	-	-	-
1958-59	Hull-Ottawa (Canadiens)	EOHL	26	11	12	23	40	7	0	4	4	20
		LNH	**6**	**2**	**1**	**3**	**2**	**7**	**0**	**1**	**1**	**0**
		Montréal	**6**	**2**	**1**	**3**	**2**	**7**	**0**	**1**	**1**	**0**

- **Trophée William-Northey (LHQ) en 1954-55 • Coupe Stanley (LNH) en 1956-57, 1957-58**
- **Médaille d'or (CM) en 1958**
- Réclamé par Springfield (AHL) de Montréal lors du repêchage inter-ligues le 4 juin 1957
- Droits vendus à Montréal par Springfield (AHL) le 10 octobre 1957

BROOKS, ARTHUR

Né à Guelph, Ontario, le 29 mars 1887, décédé. Défenseur, gardien

SAISON	CLUB	LIGUE	PJ	B	A	PTS	PUN	PJ	B	A	PTS	PUN
1906-07	Guelph (Lyons)	JOHA	3	0	0	0	0	-	-	-	-	-
1907-08			*N'a pas joué*									
1908-09	Pittsburgh (Duquesne)	WPHL	4	0	0	0	0	-	-	-	-	-
1909-10	Owen Sound Seniors	SOHA	*Statistiques non disponibles*									
1910-11	Owen Sound Seniors	SOHA	*Statistiques non disponibles*									
1911-12	Guelph (Maple Leafs)	SOHA	*Statistiques non disponibles*									
1912-13	Owen Sound Seniors	SOHA	*Statistiques non disponibles*									
1913-14			*Statistiques non disponibles*									
1914-15			*Service militaire*									
1915-16			*Service militaire*									
1916-17	Toronto (Blueshirts)	NHA	4	0	0	0	0	-	-	-	-	-
	Montréal (Canadiens)	**NHA**	**1**	**0**	**0**	**0**	**0**	-	-	-	-	-
1917-18	Toronto (Arenas)	LNH	4	0	0	0	0	-	-	-	-	-
		NHA	**5**	**0**	**0**	**0**	**0**	-	-	-	-	-
		LNH	**4**	**0**	**0**	**0**	**0**	-	-	-	-	-
		Montréal	**1**	**0**	**0**	**0**	**0**	-	-	-	-	-

- Signe avec Pittsburgh (WPHL) le 1er novembre 1909 • Signe avec Toronto (NHA) le 30 janvier 1917 • Réclamé par Montréal (NHA) avec Reg Noble lors du repêchage de dispersion de Toronto (NHA) le 11 février 1917

BROWN, BRAD

Né à Baie Verte, Terre-Neuve, le 27 décembre 1975.
Défenseur, lance de la droite, 6'4", 220 lb
(Choix de 1re ronde de Montréal, 18e au total lors du repêchage de 1994)

SAISON	CLUB	LIGUE	PJ	B	A	PTS	PUN	PJ	B	A	PTS	PUN
1990-91	Toronto (Red Wings)	MTHL	80	15	45	60	105	-	-	-	-	-
	St. Michael's (Buzzers)	OJHL B	2	0	0	0	0	-	-	-	-	-
1991-92	North Bay (Centennials)	OHL	49	2	9	11	170	18	0	6	6	43
1992-93	North Bay (Centennials)	OHL	61	4	9	13	228	2	0	2	2	13
1993-94	North Bay (Centennials)	OHL	66	8	24	32	196	18	3	12	15	33
1994-95	North Bay (Centennials)	OHL	64	8	38	46	172	6	1	4	5	8
	North Bay (Centennials)	Mem.	-	-	-	-	-	3	0	0	0	21
1995-96	Barrie (Colts)	OHL	27	3	13	16	82	-	-	-	-	-
	Fredericton (Canadiens)	AHL	38	0	3	3	148	10	2	1	3	6
1996-97	**Montréal (Canadiens)**	**LNH**	**8**	**0**	**0**	**0**	**22**	-	-	-	-	-
	Fredericton (Canadiens)	AHL	64	3	7	10	368	-	-	-	-	-
1997-98	Fredericton (Canadiens)	AHL	64	1	8	9	297	4	0	0	0	29
1998-99	**Montréal (Canadiens)**	**LNH**	**5**	**0**	**0**	**0**	**21**	-	-	-	-	-
	Chicago (Blackhawks)	LNH	61	1	7	8	184	-	-	-	-	-
1999-00	Chicago (Blackhawks)	LNH	57	0	9	9	134	-	-	-	-	-
2000-01	New York (Rangers)	LNH	48	1	3	4	107	-	-	-	-	-
2001-02	Minnesota (Wild)	LNH	51	0	4	4	123	-	-	-	-	-
2002-03	Minnesota (Wild)	LNH	57	0	1	1	90	11	0	0	0	16
2003-04	Minnesota (Wild)	LNH	30	0	1	1	54	-	-	-	-	-
	Buffalo (Sabres)	LNH	13	0	2	2	12	-	-	-	-	-
2004-05			*N'a pas joué*									
2005-06	Toronto (Marlies)	AHL	38	2	2	4	93	2	0	0	0	0
2006-07	Toronto (Marlies)	AHL	36	0	3	3	62	-	-	-	-	-
2007-08	Hartford (Wolf Pack)	AHL	10	0	1	1	5	-	-	-	-	-
	Floride (Everblades)	ECHL	26	2	1	3	68	2	0	0	0	0
		LNH	**330**	**2**	**27**	**29**	**747**	**11**	**0**	**0**	**0**	**16**
		Montréal	**13**	**0**	**0**	**0**	**43**	-	-	-	-	-

- **Première équipe d'étoiles des recrues (OHL) en 1991-92**
- Échangé à Chicago par Montréal avec Jocelyn Thibault et Dave Manson pour Jeff Hackett, Eric Weinrich, Alain Nasreddine et le choix de 4e ronde de Tampa Bay (propriété de Chicago suite à une transaction antérieure, Montréal sélectionne Chris Dyment) au repêchage de 1999, le 16 novembre 1998 • Échangé à New York (Rangers) par Chicago avec Michael Grosek pour des considérations futures le 5 octobre 2000 • Signe avec Minnesota comme joueur autonome le 31 juillet 2001 • Échangé à Buffalo par Minnesota avec le choix de 6e ronde de Minnesota au repêchage de 2005 (Vjateslav Buravchikov) pour le choix de 4e ronde de Buffalo au repêchage de 2005 (Kyle Bailey) le 8 mars 2004 • Signe avec Toronto comme joueur autonome le 10 septembre 2005

BROWN, GEORGE

Né à Winnipeg, Manitoba, le 17 mai 1912
Centre, lance de la gauche, 5'11", 185 lb

SAISON	CLUB	LIGUE	PJ	B	A	PTS	PUN	PJ	B	A	PTS	PUN
1930-31	Elmwood (Millionaires)	WJHL	10	5	0	5	22	3	1	1	2	6
	Elmwood (Millionaires)	Mem.	-	-	-	-	-	9	3	0	3	*20
1931-32	Winnipeg (Monarchs)	WJHL	12	5	1	6	*40	4	1	0	1	*15
	Winnipeg (Monarchs)	Mem.	-	-	-	-	-	8	4	1	5	*25
1932-33	Winnipeg (Monarchs)	WSHL	*Statistiques non disponibles*									
1933-34	Montréal (Royals)	LHCM	16	6	5	11	*36	2	0	0	0	4
1934-35	Verdun (Maple Leafs)	LHCM	20	18	19	37	22	-	-	-	-	-
1935-36	Verdun (Maple Leafs)	LHCM	22	19	*23	*42	48	7	4	4	8	22
1936-37	**Montréal (Canadiens)**	**LNH**	**27**	**4**	**6**	**10**	**10**	**4**	**0**	**0**	**0**	**0**
1937-38	**Montréal (Canadiens)**	**LNH**	**34**	**1**	**7**	**8**	**14**	**3**	**0**	**0**	**0**	**2**
	New Haven (Eagles)	IAHL	10	1	4	5	2	2	0	0	0	0
1938-39	**Montréal (Canadiens)**	**LNH**	**18**	**1**	**9**	**10**	**10**	-	-	-	-	-
	New Haven (Eagles)	IAHL	35	10	7	17	27	-	-	-	-	-
1939-40	Springfield (Indians)	IAHL	12	0	5	5	10	-	-	-	-	-
	Syracuse (Stars)	IAHL	11	1	2	3	2	-	-	-	-	-
	Hershey (Bears)	IAHL	7	0	0	0	0	-	-	-	-	-
1940-41	Saint-Jérôme (Papermakers)	LHPQ	13	8	7	15	12	-	-	-	-	-
	Saint-Jérôme (Papermakers)	Allan	-	-	-	-	-	4	1	0	1	6
1941-42	Montréal (Canadiens)	LHSQ	38	3	6	9	83	6	0	1	1	16
1942-43	Montréal (Canadiens)	LHSQ	24	3	5	8	32	4	1	0	1	8
		LNH	**79**	**6**	**22**	**28**	**34**	**7**	**0**	**0**	**0**	**2**
		Montréal	**79**	**6**	**22**	**28**	**34**	**7**	**0**	**0**	**0**	**2**

- **Coupe Memorial en 1930-31**
- Échangé à Montréal (Maroons) par New York (Rangers) pour Eddie Wares le 30 octobre 1935 • Échangé à Montréal (Canadiens) par Montréal (Maroons) pour Gerry Corson le 7 octobre 1936• Droits vendus à Boston par Montréal le 29 novembre 1939

BRUBAKER, JEFFREY (JEFF)

Né à Frederick, Maryland, le 24 février 1958. Ailier gauche, lance de la gauche, 6'2", 207 lb (Choix de 6e ronde de Boston, 102e au total lors du repêchage de 1978)

SAISON	CLUB	LIGUE	PJ	B	A	PTS	PUN	PJ	B	A	PTS	PUN
1974-75	St. Paul (Vulcans)	MWJHL	57	13	14	27	130	-	-	-	-	-
1975-76	St. Paul (Vulcans)	MWJHL	47	6	34	40	152	-	-	-	-	-
1976-77	Michigan (Spartans)	WCHA	18	0	3	3	30	-	-	-	-	-
	Peterborough (Petes)	OMJHL	26	0	5	5	143	4	0	2	2	7
1977-78	Peterborough (Petes)	OMJHL	68	20	24	44	307	21	6	5	11	52
	Peterborough (Petes)	Mem.	-	-	-	-	-	5	0	5	5	4
1978-79	Rochester (Americans)	AHL	57	4	10	14	253	-	-	-	-	-
	Nlle-Angleterre (Whalers)	AMH	12	0	0	0	19	3	0	0	0	12
1979-80	Hartford (Whalers)	LNH	3	0	1	1	2	-	-	-	-	-
	Springfield (Indians)	AHL	50	12	13	25	165	-	-	-	-	-
1980-81	Hartford (Whalers)	LNH	43	5	3	8	93	-	-	-	-	-
	Binghamton (Whalers)	AHL	33	18	11	29	138	-	-	-	-	-
1981-82	**Montréal (Canadiens)**	**LNH**	**3**	**0**	**1**	**1**	**32**	**2**	**0**	**0**	**0**	**27**
	Nlle-Écosse (Voyageurs)	AHL	60	28	12	40	256	6	2	1	3	32
1982-83	Nlle-Écosse (Voyageurs)	AHL	78	31	27	58	183	7	1	1	2	15
1983-84	Calgary (Flames)	LNH	4	0	0	0	19	-	-	-	-	-
	Colorado (Flames)	CHL	57	16	19	35	218	6	3	1	4	15
1984-85	Toronto (Maple Leafs)	LNH	68	8	4	12	209	-	-	-	-	-
1985-86	Toronto (Maple Leafs)	LNH	21	0	0	0	67	-	-	-	-	-
	Edmonton (Oilers)	LNH	4	1	0	1	12	-	-	-	-	-
	Nlle-Écosse (Oilers)	AHL	19	4	3	7	41	-	-	-	-	-
1986-87	Nlle-Écosse (Oilers)	AHL	47	10	16	26	80	-	-	-	-	-
	Hershey (Bears)	AHL	12	1	2	3	30	3	2	0	2	10

BRO - BRU

SAISONS RÉGULIÈRES — SÉRIES ÉLIMINATOIRES
654

SAISON	CLUB	LIGUE	PJ	B	A	PTS	PUN	PJ	B	A	PTS	PUN
			SAISONS RÉGULIÈRES					SÉRIES ÉLIMINATOIRES				
1987-88	New York (Rangers)	LNH	31	2	0	2	78	-	-	-	-	-
	Colorado (Rangers)	IHL	30	12	10	22	53	13	2	2	4	21
1988-89	Detroit (Red Wings)	LNH	1	0	0	0	0	-	-	-	-	-
	Adirondack (Red Wings)	AHL	63	3	10	13	137	-	-	-	-	-
		LNH	**178**	**16**	**9**	**25**	**512**	**2**	**0**	**0**	**0**	**27**
		Montréal	**3**	**0**	**1**	**1**	**32**	**2**	**0**	**0**	**0**	**27**

• Sélectionné par Nlle-Angleterre lors du repêchage de l'AMH en juin 1978 • Droits transférés à Hartford par Boston lors de l'expansion de la LNH le 9 juin 1979 • Réclamé par Montréal de Hartford lors du repêchage inter-équipes le 5 octobre 1981 • Réclamé par Québec de Montréal lors du repêchage inter-équipes le 3 octobre 1983 • Réclamé par Calgary de Québec lors du repêchage inter-équipes le 3 octobre 1983 • Signe avec Edmonton comme joueur autonome le 21 juin 1984 • Repêché par Toronto d'Edmonton lors du repêchage inter-équipes le 9 octobre 1984 • Réclamé au ballottage par Edmonton de Toronto le 5 décembre 1985 • Échangé à Philadelphie par Edmonton pour Don Campedelli le 9 mars 1987 • Droits vendus à New York (Rangers) par Philadelphie le 21 juillet 1987 • Signe avec Detroit comme joueur autonome en octobre 1988

BRUNET, BENOÎT

Né à Sainte-Anne-de-Bellevue, Québec, le 24 août 1968. Ailier gauche, lance de la gauche, 6', 203 lb (Choix de 2e ronde de Montréal, 27e au total lors du repêchage de 1986)

SAISON	CLUB	LIGUE	PJ	B	A	PTS	PUN	PJ	B	A	PTS	PUN
1985-86	Hull (Olympiques)	LHJMQ	71	33	37	70	81	-	-	-	-	-
	Hull (Olympiques)	Mem.	-	-	-	-	-	5	1	2	3	2
1986-87	Hull (Olympiques)	LHJMQ	60	43	67	110	105	6	7	5	12	8
1987-88	Hull (Olympiques)	LHJMQ	62	54	89	143	131	10	3	10	13	11
	Hull (Olympiques)	Mem.	-	-	-	-	-	4	1	3	4	0
1988-89	**Montréal (Canadiens)**	**LNH**	**2**	**0**	**1**	**1**	**0**	-	-	-	-	-
	Sherbrooke (Canadiens)	AHL	73	41	*76	117	95	6	2	0	2	4
1989-90	Sherbrooke (Canadiens)	AHL	72	32	35	67	82	12	8	7	15	20
1990-91	**Montréal (Canadiens)**	**LNH**	**17**	**1**	**3**	**4**	**0**	-	-	-	-	-
	Sherbrooke (Canadiens)	AHL	24	13	18	31	16	6	5	6	11	2
1991-92	**Montréal (Canadiens)**	**LNH**	**18**	**4**	**6**	**10**	**14**	-	-	-	-	-
	Sherbrooke (Canadiens)	AHL	6	7	9	16	27	-	-	-	-	-
1992-93	**Montréal (Canadiens)**	**LNH**	**47**	**10**	**15**	**25**	**19**	**20**	**2**	**8**	**10**	**8**
1993-94	**Montréal (Canadiens)**	**LNH**	**71**	**10**	**20**	**30**	**20**	**7**	**1**	**4**	**5**	**16**
1994-95	**Montréal (Canadiens)**	**LNH**	**45**	**7**	**18**	**25**	**16**	-	-	-	-	-
1995-96	**Montréal (Canadiens)**	**LNH**	**26**	**7**	**8**	**15**	**17**	**3**	**0**	**2**	**2**	**0**
	Fredericton (Canadiens)	AHL	3	2	1	3	6	-	-	-	-	-
1996-97	**Montréal (Canadiens)**	**LNH**	**39**	**10**	**13**	**23**	**14**	**4**	**1**	**3**	**4**	**4**
1997-98	**Montréal (Canadiens)**	**LNH**	**68**	**12**	**20**	**32**	**61**	**8**	**0**	**1**	**1**	**4**
1998-99	**Montréal (Canadiens)**	**LNH**	**60**	**14**	**17**	**31**	**31**	-	-	-	-	-
1999-00	**Montréal (Canadiens)**	**LNH**	**50**	**14**	**15**	**29**	**13**	-	-	-	-	-
2000-01	**Montréal (Canadiens)**	**LNH**	**35**	**3**	**11**	**14**	**12**	-	-	-	-	-
2001-02	**Montréal (Canadiens)**	**LNH**	**16**	**0**	**2**	**2**	**4**	-	-	-	-	-
	Dallas (Stars)	LNH	32	4	9	13	8	-	-	-	-	-
	Utah (Grizzlies)	AHL	5	3	1	4	6	-	-	-	-	-
	Ottawa (Sénateurs)	LNH	13	5	3	8	0	12	0	3	3	0
		LNH	**539**	**101**	**161**	**262**	**229**	**54**	**5**	**20**	**25**	**32**
		Montréal	**494**	**92**	**149**	**241**	**221**	**42**	**5**	**17**	**22**	**32**

• Coupe du Président (LHJMQ) en 1985-86, 1987-88 • Deuxième équipe d'étoiles (LHJMQ) en 1986-87 • Première équipe d'étoiles (AHL) en 1988-89 • Coupe Stanley (LNH) en 1992-93
• Échangé à Dallas par Montréal avec Martin Rucinsky pour Donald Audette et Shaun Van Allen le 21 novembre 2001 • Échangé à Ottawa par Dallas pour un choix de 6e ronde au repêchage de 2003 (Elias Granath) le 16 mars 2002 • Annonce officiellement sa retraite le 25 octobre 2002

BUCYK, RANDY

Né à Edmonton, Alberta, le 9 novembre 1962
Centre, lance de la gauche, 5'11", 185 lb

SAISON	CLUB	LIGUE	PJ	B	A	PTS	PUN	PJ	B	A	PTS	PUN
1980-81	Northeastern University	ECAC	31	18	17	35	18	-	-	-	-	-
1981-82	Northeastern University	ECAC	33	19	17	36	10	-	-	-	-	-
1982-83	Northeastern University	ECAC	28	16	20	36	16	-	-	-	-	-
1983-84	Northeastern University	ECAC	29	16	13	29	11	-	-	-	-	-
1984-85	Sherbrooke (Canadiens)	AHL	62	21	26	47	20	8	0	0	0	20
1985-86	**Montréal (Canadiens)**	**LNH**	**17**	**4**	**2**	**6**	**8**	**2**	**0**	**0**	**0**	**0**
	Sherbrooke (Canadiens)	AHL	43	18	33	51	22	-	-	-	-	-
1986-87	Sherbrooke (Canadiens)	AHL	70	24	39	63	28	17	3	11	14	2
1987-88	Calgary (Flames)	LNH	2	0	0	0	0	-	-	-	-	-
	Salt Lake (Golden Eagles)	IHL	75	37	45	82	68	19	7	8	15	12
1988-89	Canada	Éq. nat.	4	0	0	0	2	-	-	-	-	-
	Salt Lake (Golden Eagles)	IHL	79	28	59	87	24	14	5	5	10	4
1989-90	Salt Lake (Golden Eagles)	IHL	67	22	41	63	16	11	2	6	8	10
1990-91	Salt Lake (Golden Eagles)	IHL	18	4	4	8	2	-	-	-	-	-
		LNH	**19**	**4**	**2**	**6**	**8**	**2**	**0**	**0**	**0**	**0**
		Montréal	**17**	**4**	**2**	**6**	**8**	**2**	**0**	**0**	**0**	**0**

• Coupe Calder (AHL) en 1984-85 • Coupe Stanley (LNH) en 1985-86
• Signe avec Montréal comme joueur autonome le 15 janvier 1986 • Signe avec Calgary comme joueur autonome le 29 juin 1987

BULIS, JAN

Né à Pardubice, République tchèque, le 18 mars 1978. Centre, lance de la gauche, 6'2", 201 lb (Choix de 2e ronde de Washington, 43e au total lors du repêchage de 1996)

SAISON	CLUB	LIGUE	PJ	B	A	PTS	PUN	PJ	B	A	PTS	PUN
1993-94	HC Pardubice	CZE	25	16	11	27	-	-	-	-	-	-
1994-95	Kelowna (Spartans)	BCJHL	51	23	25	48	36	17	7	9	16	0
1995-96	Barrie (Colts)	OHL	59	29	30	59	22	7	2	3	5	2
1996-97	Barrie (Colts)	OHL	64	42	61	103	42	9	3	7	10	10
1997-98	Kingston (Frontenacs)	OHL	2	0	1	1	0	12	8	10	18	12
	Washington (Capitals)	LNH	48	5	11	16	18	-	-	-	-	-
	Portland (Pirates)	AHL	3	1	4	5	12	-	-	-	-	-
1998-99	Washington (Capitals)	LNH	38	7	16	23	6	-	-	-	-	-
	Cincinnati (Cyclones)	IHL	10	2	2	4	14	-	-	-	-	-
1999-00	Washington (Capitals)	LNH	56	9	22	31	30	-	-	-	-	-
2000-01	Washington (Capitals)	LNH	39	5	13	18	26	-	-	-	-	-
	Portland (Pirates)	AHL	4	0	2	2	0	-	-	-	-	-
	Montréal (Canadiens)	**LNH**	**12**	**0**	**5**	**5**	**0**	-	-	-	-	-
2001-02	**Montréal (Canadiens)**	**LNH**	**53**	**9**	**10**	**19**	**8**	**6**	**0**	**0**	**0**	**6**
2002-03	**Montréal (Canadiens)**	**LNH**	**82**	**16**	**24**	**40**	**30**	-	-	-	-	-
2003-04	**Montréal (Canadiens)**	**LNH**	**72**	**13**	**17**	**30**	**30**	**11**	**1**	**1**	**2**	**4**
2004-05	HC Moeller Pardubice	CZE	45	24	25	49	113	16	7	4	11	43
2005-06	**Montréal (Canadiens)**	**LNH**	**73**	**20**	**20**	**40**	**50**	**6**	**1**	**1**	**2**	**2**
	République tchèque	JO	8	0	0	0	10	-	-	-	-	-
	République tchèque	CM	9	0	0	0	0	-	-	-	-	-
2006-07	Vancouver (Canucks)	LNH	79	12	11	23	70	12	1	1	2	2
2007-08	Khimik Mytisch	RUS	57	18	29	47	106	5	0	0	0	4
		LNH	**552**	**96**	**149**	**245**	**268**	**35**	**3**	**3**	**6**	**14**
		Montréal	**292**	**58**	**76**	**134**	**118**	**23**	**2**	**2**	**4**	**12**

• Medaille de bronze (JO) en 2006
• Échangé à Montréal par Washington avec Richard Zednik et le 1er choix de Washington au repêchage de 2001 (Alexander Perezhogin) pour Trevor Linden, Dainius Zubrus et le choix de 2e ronde du New Jersey au repêchage de 2001 (propriété de Montréal suite à une transaction antérieure, cédé à Tampa Bay qui sélectionne Andreas Holmqvist) le 31 mars 2001 • Signe avec Pardubice (CZE) comme joueur autonome le 17 septembre 2004 • Signe avec Vancouver comme joueur autonome le 25 juillet 2006 • Signe avec Khimik Mytischi (RUS) comme joueur autonome le 31 août 2007

BURCHELL, FREDERICK (FRED)

Né à Montréal, Québec, le 9 janvier 1931, décédé le 4 juin 1998
Centre, lance de la gauche, 5'9", 1931

SAISON	CLUB	LIGUE	PJ	B	A	PTS	PUN	PJ	B	A	PTS	PUN
1947-48	Montréal (Royals)	LHJQ	2	3	0	3	0	10	1	5	6	0
1948-49	Montréal (Royals)	LHJQ	47	10	25	35	15	10	4	6	10	7
	Montréal (Royals)	Mem.	-	-	-	-	-	15	4	8	12	12
1949-50	Montréal (Royals)	LHJQ	1	0	1	1	0	-	-	-	-	-
	Montréal (Royals)	LHSQ	2	0	0	0	0	-	-	-	-	-
	Montréal (National)	LHJQ	34	22	*54	76	47	7	4	5	9	4
1950-51	Montréal (National)	LHJQ	45	48	*76	*124	46	3	0	1	1	6
	Montréal (Canadiens)	**LNH**	**2**	**0**	**0**	**0**	**0**	-	-	-	-	-
1951-52	Johnstown (Jets)	EAHL	56	37	56	93	71	8	2	*12	*14	12
1952-53	Montréal (Royals)	LHMQ	52	18	38	56	41	11	0	0	0	9
1953-54	**Montréal (Canadiens)**	**LNH**	**2**	**0**	**0**	**0**	**2**	-	-	-	-	-
	Montréal (Royals)	LHQ	66	31	59	90	34	11	2	8	10	6
1954-55	Montréal (Royals)	LHQ	61	19	41	60	50	13	2	2	4	6
1955-56	Montréal (Royals)	LHQ	5	1	3	4	4	-	-	-	-	-
	Winnipeg (Warriors)	WHL	61	11	47	58	48	14	7	*12	19	8
	Winnipeg (Warriors)	Edin.	-	-	-	-	-	6	1	10	11	6
1956-57	Winnipeg (Warriors)	WHL	66	17	40	57	22	-	-	-	-	-
1957-58	Rochester (Americans)	AHL	70	20	40	60	65	-	-	-	-	-
1958-59	Montréal (Royals)	LHQ	59	11	41	52	31	8	*7	2	9	4
1959-60	Montréal (Royals)	EPHL	67	12	58	70	44	13	7	8	15	2
1960-61	Montréal (Royals)	EPHL	68	13	61	74	12	-	-	-	-	-
1961-62	Québec (As)	AHL	67	21	57	78	14	-	-	-	-	-
1962-63	Québec (As)	AHL	69	17	55	72	12	-	-	-	-	-
1963-64	Québec (As)	AHL	58	4	30	34	10	8	1	2	3	0
1964-65	Verdun (Pirates)	LHSQ	*Statistiques non disponibles*									
	Sherbrooke (Castors)	Allan	-	-	-	-	-	15	6	17	23	2
1965-66	Jersey (Devils)	EHL	2	1	0	1	2	-	-	-	-	-
	Saint-Hyacinthe (Saints)	LHSQ	32	10	31	41	6	12	6	11	*17	2
		LNH	**4**	**0**	**0**	**0**	**2**	-	-	-	-	-
		Montréal	**4**	**0**	**0**	**0**	**2**	-	-	-	-	-

• Coupe Memorial en 1948-49 • Deuxième équipe d'étoiles (LHJQ) en 1949-50, 1950-51 • Première équipe d'étoiles (EAHL) en 1951-52 • Première équipe d'étoiles (LHQ) en 1953-54
• Échangé à Chicago par Montréal pour Max Quackenbush le 3 juillet 1955

BURE, VALERI

Né à Moscou, Russie, le 13 juin 1974. Ailier droit, lance de la droite, 5'10", 185 lb (Choix de 2e ronde de Montréal, 33e au total lors du repêchage de 1992)

SAISON	CLUB	LIGUE	PJ	B	A	PTS	PUN	PJ	B	A	PTS	PUN
1990-91	Moscou (CSKA)	URSS	3	0	0	0	0	-	-	-	-	-
1991-92	Spokane (Chiefs)	WHL	53	27	22	49	78	10	11	6	17	10
1992-93	Spokane (Chiefs)	WHL	66	68	79	147	49	9	6	11	17	14
1993-94	Spokane (Chiefs)	WHL	59	40	62	102	48	3	5	3	8	2
	Russie	CMJ	7	5	3	8	4	-	-	-	-	-
	Russie	CM	6	3	0	3	2	-	-	-	-	-
1994-95	**Montréal (Canadiens)**	**LNH**	**24**	**3**	**1**	**4**	**6**	-	-	-	-	-
	Fredericton (Canadiens)	AHL	45	23	25	48	32	-	-	-	-	-
1995-96	**Montréal (Canadiens)**	**LNH**	**77**	**22**	**20**	**42**	**28**	**6**	**0**	**1**	**1**	**6**
1996-97	**Montréal (Canadiens)**	**LNH**	**64**	**14**	**21**	**35**	**6**	**5**	**0**	**1**	**1**	**2**
	Russie	CDM	1	0	0	0	2	-	-	-	-	-
1997-98	**Montréal (Canadiens)**	**LNH**	**50**	**7**	**22**	**29**	**33**	-	-	-	-	-
	Calgary (Flames)	LNH	16	5	4	9	2	-	-	-	-	-
	Russie	JO	6	1	0	1	0	-	-	-	-	-
1998-99	Calgary (Flames)	LNH	80	26	27	53	22	-	-	-	-	-
1999-00	Calgary (Flames)	LNH	82	35	40	75	50	-	-	-	-	-
	Match des étoiles	LNH	1	0	2	2	0	-	-	-	-	-
2000-01	Calgary (Flames)	LNH	78	27	28	55	26	-	-	-	-	-
2001-02	Floride (Panthers)	LNH	31	8	10	18	12	-	-	-	-	-
	Russie	JO	6	1	0	1	2	-	-	-	-	-
2002-03	Floride (Panthers)	LNH	46	5	21	26	10	-	-	-	-	-
	St. Louis (Blues)	LNH	5	0	2	2	0	6	0	2	2	8
2003-04	Floride (Panthers)	LNH	55	20	25	45	20	-	-	-	-	-
	Dallas (Stars)	LNH	13	2	5	7	6	5	0	3	3	0
		LNH	**621**	**174**	**226**	**400**	**221**	**22**	**0**	**7**	**7**	**16**
		Montréal	**215**	**46**	**64**	**110**	**73**	**11**	**0**	**2**	**2**	**8**

• Première équipe d'étoiles Division Ouest (WHL) en 1992-93 • Deuxième équipe d'étoiles Division Ouest (WHL) en 1993-94 • Équipe d'étoiles (CMJ) en 1994 • Médaille de bronze (CMJ) en 1994 • Médaille d'argent (JO) en 1998 • Médaille de bronze (JO) en 2002 • Match des étoiles (LNH) en 1999-00

• Échangé à Calgary par Montréal avec le choix de 4e ronde de Montréal au repêchage de 1998 (Shaun Sutter) pour Jonas Hoglund et Zarley Zalapski le 1er février 1998 • Échangé en Floride par Calgary avec Jason Wiemer pour Rob Niedermayer et le choix de 2e ronde de Philadelphie au repêchage de 2001 (propriété de la Floride suite à une transaction antérieure, Calgary sélectionne Andrei Medvedev) le 24 juin 2001 • Échangé à St. Louis par la Floride avec le choix de 5e ronde de la Floride au repêchage de 2004 (Nikita Nikitin) pour Mike Van Ryn le 11 mars 2003 • Réclamé au ballottage par la Floride de St. Louis le 25 juin 2003 • Échangé à Dallas par la Floride pour Drew Bagnall et du choix de 2e ronde de Dallas au repêchage de 2004 (échangé plus tard à Phoenix qui sélectionne Enver Lisin) le 8 mars 2004

BUREAU, MARC

Né à Trois-Rivières, Québec, le 19 mai 1966. Centre, lance de la droite, 6'1", 203 lb

Saison	Club	Ligue	PJ	B	A	PTS	PUN	PJ	B	A	PTS	PUN
1983-84	Chicoutimi (Saguenéens)	LHJMQ	56	6	16	22	14	-	-	-	-	-
1984-85	Chicoutimi (Saguenéens)	LHJMQ	41	30	25	55	15	-	-	-	-	-
	Granby (Bisons)	LHJMQ	27	20	45	65	14	-	-	-	-	-
1985-86	Granby (Bisons)	LHJMQ	19	6	17	23	36	-	-	-	-	-
	Chicoutimi (Saguenéens)	LHJMQ	44	30	45	75	33	9	3	7	10	10
1986-87	Longueuil (Chevaliers)	LHJMQ	66	54	58	112	68	20	17	20	37	12
	Longueuil (Chevaliers)	Mem.	-	-	-	-	-	5	1	2	3	4
1987-88	Salt Lake (Golden Eagles)	IHL	69	7	20	27	86	7	0	3	3	8
1988-89	Salt Lake (Golden Eagles)	IHL	76	28	36	64	119	14	7	5	12	31
1989-90	Calgary (Flames)	LNH	5	0	0	0	4	-	-	-	-	-
	Salt Lake (Golden Eagles)	IHL	67	43	48	91	173	11	4	8	12	0
1990-91	Calgary (Flames)	LNH	5	0	0	0	2	-	-	-	-	-
	Salt Lake (Golden Eagles)	IHL	54	40	48	88	101	-	-	-	-	-
	Minnesota (North Stars)	LNH	9	0	6	6	4	23	3	2	5	20
1991-92	Kalamazoo (Wings)	IHL	7	2	8	10	2	-	-	-	-	-
	Minnesota (North Stars)	LNH	46	6	4	10	50	5	0	0	0	14
1992-93	Tampa Bay (Lightning)	LNH	63	10	21	31	111	-	-	-	-	-
1993-94	Tampa Bay (Lightning)	LNH	75	8	7	15	30	-	-	-	-	-
1994-95	Tampa Bay (Lightning)	LNH	48	2	12	14	30	-	-	-	-	-
1995-96	**Montréal (Canadiens)**	**LNH**	**65**	**3**	**7**	**10**	**46**	**6**	**1**	**1**	**2**	**4**
1996-97	**Montréal (Canadiens)**	**LNH**	**43**	**6**	**9**	**15**	**16**	**-**	**-**	**-**	**-**	**-**
1997-98	**Montréal (Canadiens)**	**LNH**	**74**	**13**	**6**	**19**	**12**	**10**	**1**	**2**	**3**	**6**
1998-99	Philadelphie (Flyers)	LNH	71	4	6	10	10	6	0	2	2	2
1999-00	Philadelphie (Flyers)	LNH	54	2	2	4	10	-	-	-	-	-
	Calgary (Flames)	LNH	9	1	3	4	2	-	-	-	-	-
2000-01	Saint John (Flames)	AHL	17	4	7	11	13	-	-	-	-	-
		LNH	**567**	**55**	**83**	**138**	**327**	**50**	**5**	**7**	**12**	**46**
		Montréal	**182**	**22**	**22**	**44**	**74**	**16**	**2**	**3**	**5**	**10**

• Troisième équipe d'étoiles (LHJMQ) en 1984-85 • Coupe du Président (LHJMQ) en 1986-87 • Deuxième équipe d'étoiles (LIH) en 1989-90, 1990-91

• Signe avec Calgary comme joueur autonome le 19 mai 1987 • Échangé au Minnesota par Calgary pour le choix de 3e ronde du Minnesota au repêchage de 1991 (Sandy McCarthy) le 5 mars 1991 • Réclamé au ballottage par Tampa Bay du Minnesota le 16 octobre 1992 • Échangé à Montréal par Tampa Bay pour Brian Bellows le 30 juin 1995 • Signe avec Philadelphie comme joueur autonome le 20 juillet 1998 • Échangé à Calgary par Philadelphie pour Travis Brigley et le choix de 6e ronde de Calgary au repêchage de 2001 (Andrei Razin) le 6 mars 2000

BURKE, MARTIN (MARTY)

Né à Toronto,Ontario, le 28 janvier 1905, décédé le 7 mars 1968
Défenseur, lance de la gauche, 5'7", 160 lb

Saison	Club	Ligue	PJ	B	A	PTS	PUN	PJ	B	A	PTS	PUN
1923-24	Toronto (St. Mary's)	JOHA	5	4	1	5	8	-	-	-	-	-
	Toronto (St. Mary's)	SOHA	2	0	0	0	-					
1924-25	Stratford (Indians)	SOHA	18	1	4	5	*52	2	0	0	0	2
1925-26	Stratford (Indians)	SOHA	20	3	4	7	34	-	-	-	-	-
1926-27	Port Arthur (Ports)	TBSHL	20	3	1	4	*65	2	1	0	1	4
1927-28	**Montréal (Canadiens)**	**LNH**	**11**	**1**	**0**	**1**	**10**	**-**	**-**	**-**	**-**	**-**
	Pittsburgh (Pirates)	LNH	35	1	1	2	51	2	1	0	1	2
1928-29	**Montréal (Canadiens)**	**LNH**	**44**	**4**	**2**	**6**	**68**	**3**	**0**	**0**	**0**	**8**
1929-30	**Montréal (Canadiens)**	**LNH**	**44**	**2**	**11**	**13**	**71**	**6**	**0**	**1**	**1**	**6**
1930-31	**Montréal (Canadiens)**	**LNH**	**44**	**2**	**5**	**7**	**91**	**10**	**1**	**2**	**3**	**10**
1931-32	**Montréal (Canadiens)**	**LNH**	**48**	**3**	**6**	**9**	**50**	**4**	**0**	**0**	**0**	**12**
1932-33	**Montréal (Canadiens)**	**LNH**	**29**	**2**	**5**	**7**	**36**	**-**	**-**	**-**	**-**	**-**
	Ottawa (Senators)	LNH	16	0	0	0	10	-	-	-	-	-
1933-34	**Montréal (Canadiens)**	**LNH**	**45**	**1**	**4**	**5**	**28**	**2**	**0**	**1**	**1**	**2**
1934-35	Chicago (Black Hawks)	LNH	47	2	2	4	29	2	0	0	0	2
1935-36	Chicago (Black Hawks)	LNH	40	0	3	3	49	2	0	0	0	2
1936-37	Chicago (Black Hawks)	LNH	41	1	3	4	28	-	-	-	-	-
1937-38	Chicago (Black Hawks)	LNH	12	0	0	0	8	-	-	-	-	-
	Montréal (Canadiens)	**LNH**	**37**	**0**	**5**	**5**	**31**	**-**	**-**	**-**	**-**	**-**
		LNH	**493**	**19**	**47**	**66**	**560**	**31**	**2**	**4**	**6**	**44**
		Montréal	**302**	**15**	**38**	**53**	**385**	**25**	**1**	**4**	**5**	**38**

• Coupe Stanley (LNH) en 1929-30, 1930-31

• Signe avec Montréal le 23 octobre 1927 • Prêté à Pittsburgh par Montréal pour Charles Langlois le 16 décembre 1927 • Prêté à Ottawa par Montréal pour Léo Bourgault et Harold Starr le 15 février 1933 • Échangé à Chicago par Montréal avec Howie Morenz et Lorne Chabot pour Lionel Conacher, Roger Jenkins et Leroy Goldsworthy le 1er octobre 1934 • Échangé à Montréal par Chicago pour Bill MacKenzie le 10 décembre 1937

BUSWELL, WALTER (WALT)

Né à Montréal, Québec, le 6 novembre 1907, décédé le 16 octobre 1991
Défenseur, lance de la gauche, 5'11", 170 lb

Saison	Club	Ligue	PJ	B	A	PTS	PUN	PJ	B	A	PTS	PUN
1929-30	Montréal (CPR)	LHRTM	*Statistiques non disponibles*									
1930-31	Saint-François-Xavier	LHCM	*Statistiques non disponibles*									
1931-32	Chicago (Shamrocks)	AHA	48	9	5	14	39	4	0	1	1	4
1932-33	Detroit (Red Wings)	LNH	46	2	4	6	16	4	0	0	0	4
1933-34	Detroit (Red Wings)	LNH	47	1	2	3	8	9	0	1	1	2
1934-35	Detroit (Red Wings)	LNH	47	1	3	4	32	-	-	-	-	-
	Detroit (Olympics)	IHL	2	0	0	0	0	-	-	-	-	-
1935-36	**Montréal (Canadiens)**	**LNH**	**44**	**0**	**2**	**2**	**34**	**-**	**-**	**-**	**-**	**-**
1936-37	**Montréal (Canadiens)**	**LNH**	**44**	**0**	**4**	**4**	**30**	**5**	**0**	**0**	**0**	**2**
1937-38	**Montréal (Canadiens)**	**LNH**	**48**	**2**	**15**	**17**	**24**	**3**	**0**	**0**	**0**	**0**
	Match des étoiles	LNH	1	0	0	0	0	-	-	-	-	-
1938-39	**Montréal (Canadiens)**	**LNH**	**46**	**3**	**7**	**10**	**10**	**3**	**2**	**0**	**2**	**2**
1939-40	**Montréal (Canadiens)**	**LNH**	**46**	**1**	**3**	**4**	**10**	**-**	**-**	**-**	**-**	**-**
	Match des étoiles	LNH	1	0	0	0	0	-	-	-	-	-
1940-41	Joliette (Cyclones)	LHPQ	12	3	5	8	2	3	1	6	7	4
		LNH	**368**	**10**	**40**	**50**	**164**	**24**	**2**	**1**	**3**	**10**
		Montréal	**228**	**6**	**31**	**37**	**108**	**11**	**2**	**0**	**2**	**4**

• Match des étoiles (LNH) en 1937-38, 1939-40

• Signe avec Chicago (AHA) le 10 octobre 1931 • Transfert de la concession de Chicago (AHA) à Detroit le 2 septembre 1932 • Échangé à Boston par Detroit avec Ralph Weiland pour Marty Barry et Art Giroux le 30 juin 1935 • Échangé à Montréal par Boston avec Jean Pusie pour Roger Jenkins le 13 juillet 1935

CAIN, HERBERT (HERB)

Né à Newmarket, Ontario, le 24 décembre 1912, décédé le 15 février 1982
Ailier gauche, lance de la gauche, 5'11", 180 lb

Saison	Club	Ligue	PJ	B	A	PTS	PUN	PJ	B	A	PTS	PUN
1931-32	Newmarket (Redmen)	JOHA	7	*7	*2		*9	6	6	*11	0	11
1932-33	Hamilton (Tigers)	SOHA	22	14	5	19	20	5	3	3	6	2
1933-34	Montréal (Maroons)	LNH	30	4	5	9	14	4	0	0	0	0
	Hamilton (Tigers)	SOHA	11	4	2	6	17	-	-	-	-	-
1934-35	Windsor (Bulldogs)	IHL	6	1	3	4	6	-	-	-	-	-
	Montréal (Maroons)	LNH	44	20	7	27	13	7	1	0	1	2
1935-36	Montréal (Maroons)	LNH	48	5	13	18	16	3	0	1	1	0
1936-37	Montréal (Maroons)	LNH	42	13	17	30	18	5	1	1	2	0
1937-38	Montréal (Maroons)	LNH	47	11	19	30	10	-	-	-	-	-
1938-39	**Montréal (Canadiens)**	**LNH**	**45**	**13**	**14**	**27**	**26**	**3**	**0**	**0**	**0**	**2**
1939-40	Boston (Bruins)	LNH	48	21	10	31	30	6	1	3	4	2
1940-41	Boston (Bruins)	LNH	41	8	10	18	6	11	3	2	5	5
	Hershey (Bears)	AHL	1	1	0	1	0	-	-	-	-	-
1941-42	Boston (Bruins)	LNH	34	8	10	18	2	5	1	0	1	0
1942-43	Boston (Bruins)	LNH	45	18	18	36	19	7	4	2	6	0
1943-44	Boston (Bruins)	LNH	48	36	46	*82	4	-	-	-	-	-
1944-45	Boston (Bruins)	LNH	50	32	13	45	16	7	5	2	7	0
1945-46	Boston (Bruins)	LNH	48	17	12	29	4	9	0	2	2	2
1946-47	Hershey (Bears)	AHL	59	36	30	66	19	11	*9	6	15	9
1947-48	Hershey (Bears)	AHL	49	19	19	38	25	2	0	1	1	0
1948-49	Hershey (Bears)	AHL	49	25	35	60	10	11	4	6	10	6
1949-50	Hershey (Bears)	AHL	41	12	14	26	8	-	-	-	-	-
		LNH	**570**	**206**	**194**	**400**	**178**	**67**	**16**	**13**	**29**	**13**
		Montréal	**45**	**13**	**14**	**27**	**26**	**3**	**0**	**0**	**0**	**2**

• Coupe Stanley (LNH) en 1934-35, 1940-41 • Deuxième équipe d'étoiles (LNH) en 1943-44 • Coupe Calder (AHL) en 1946-47

• Droits vendus à Montréal (Canadiens) par Montréal (Maroons) avec Bob Gracie, Stew Evans, Jimmy Ward, Cy Wentworth, Dessie Smith et les droits sur Claude Bourque et Lester Brennan le 14 septembre 1938 • Échangé à Boston par Montréal pour Charlie Sands le 1er novembre 1939

CAMERON, HAROLD (HARRY)

Né à Pembroke, Ontario, le 6 février 1890, décédé le 20 octobre 1953
Défenseur, lance de la droite, 5'10", 155 lb

Saison	Club	Ligue	PJ	B	A	PTS	PUN	PJ	B	A	PTS	PUN
1908-09	Pembroke (Debaters)	UOVHL	6	13	0	13	-	-	-	-	-	-
1909-10	Pembroke (Debaters)	UOVHL	8	17	0	17	-	-	-	-	-	-
1910-11	Pembroke (Debaters)	UOVHL	6	9	1	10	8	2	4	*4	*8	0
1911-12	Port Arthur Lake City	NOHL	15	6	0	6	48	2	2	0	2	0
1912-13	Toronto (Blueshirts)	NHA	20	9	0	9	20	-	-	-	-	-
1913-14	Toronto (Blueshirts)	NHA	19	15	4	19	22	5	1	2	3	6
1914-15	Toronto (Blueshirts)	NHA	17	12	8	20	43	-	-	-	-	-
1915-16	Toronto (Blueshirts)	NHA	24	8	3	11	70	-	-	-	-	-
1916-17	Toronto (228e Bataillon)	NHA	14	8	4	12	20	-	-	-	-	-
	Montréal (Wanderers)	NHA	6	1	1	2	9	-	-	-	-	-
1917-18	Toronto (Arenas)	LNH	21	17	10	27	28	7	4	3	7	0
1918-19	Toronto (Arenas)	LNH	7	6	2	8	9	-	-	-	-	-
	Ottawa (Senators)	LNH	7	5	1	6	26	5	4	0	4	6
1919-20	Toronto (St. Patricks)	LNH	7	3	0	3	6	-	-	-	-	-
	Montréal (Canadiens)	**LNH**	**16**	**12**	**5**	**17**	**36**	**-**	**-**	**-**	**-**	**-**
1920-21	Toronto (St. Patricks)	LNH	24	18	9	27	35	2	0	0	0	2
1921-22	Toronto (St. Patricks)	LNH	24	18	*17	35	22	6	0	4	4	19
1922-23	Toronto (St. Patricks)	LNH	22	9	7	16	27	-	-	-	-	-
1923-24	Saskatoon (Crescents)	WCHL	29	10	10	20	16	-	-	-	-	-
1924-25	Saskatoon (Crescents)	WCHL	28	13	7	20	21	2	1	0	1	0
1925-26	Saskatoon (Crescents)	WHL	30	9	3	12	12	2	0	0	0	0
1926-27	Saskatoon (Sheiks)	PrHL	31	26	19	45	20	4	1	0	1	4
1927-28	Minneapolis (Millers)	AHA	19	2	3	5	32	-	-	-	-	-
1928-29	St. Louis (Flyers)	AHA	34	14	3	17	30	-	-	-	-	-
1929-30	St. Louis (Flyers)	AHA	46	14	6	20	34	-	-	-	-	-
1930-31	St. Louis (Flyers)	AHA	37	4	3	7	30	-	-	-	-	-
1931-32			*N'a pas joué*									
1932-33	Saskatoon (Crescents)	NWHL	9	0	0	0	4	-	-	-	-	-

BUR - CAM

SAISONS RÉGULIÈRES — SÉRIES ÉLIMINATOIRES

Saison	Club	Ligue	PJ	B	A	PTS	PUN	PJ	B	A	PTS	PUN
		NHA	**100**	**53**	**20**	**73**	**142**	**5**	**1**	**2**	**3**	**6**
		LNH	**128**	**88**	**51**	**139**	**189**	**20**	**10**	**7**	**17**	**39**
		Montréal	**16**	**12**	**5**	**17**	**36**	-	-	-	-	-

• Coupe Stanley (NHA) en 1913-14, (LNH) en 1917-18, 1921-22

• Signe avec Toronto (NHA) le 23 novembre 1912 • Signe avec Toronto (228e Bataillon) en septembre 1916 • Réclamé par Montréal (Wanderers) avec Alf Skinner et Ken Randall lors du repêchage de dispersion de Toronto (228e Bataillon) le 11 février 1917 • Signe avec Toronto le 5 décembre 1917 • Prêté à Ottawa par Toronto pour compléter une transaction antérieure qui envoyait Rusty Crawford à Toronto (le 14 décembre 1918) le 19 janvier 1919 • Échangé à Montréal par Toronto pour Goldie Prodgers le 14 janvier 1920 • Échangé à Toronto par Montréal pour Goldie Prodgers et Joe Matte le 27 novembre 1920 • Réclamé au ballotage par Saskatoon (WCHL) de Toronto le 9 novembre 1923

CAMERON, WILLIAM (BILL)

Né à Timmins, Ontario, le 5 décembre 1896, décédé
Ailier droit, lance de la droite, 5'11", 170 lb

Saison	Club	Ligue	PJ	B	A	PTS	PUN	PJ	B	A	PTS	PUN
1914-15	Cleveland (H.C.)	USAHA	*Statistiques non disponibles*									
	Buckingham (A.C.C.)	LOVHL	7	3	0	3	-	5	5	0	5	-
1915-16	Buckingham (A.C.C.)	LOVHL	*Statistiques non disponibles*									
1916-17	Pittsburgh (AA)	USAHA 40	12	0	12	-	-	-	-	-	-	
1917-18	Ottawa Ordinance Corps	OCHL	*Statistiques non disponibles*									
1918-19			*Service militaire*									
1919-20			*Service militaire*									
1920-21	Québec (Royal Rifles)	LHCQ	7	5	0	5	-	4	1	0	1	-
1921-22	Timmins Seniors	NOHA	*Statistiques non disponibles*									
1922-23	Porcupine (Gold Miners)	GBHL	-	-	-	-	-	1	1	0	1	-
1923-24	**Montréal (Canadiens)**	**LNH**	**18**	**0**	**1**	**1**	**2**	**6**	**0**	**0**	**0**	**0**
1924-25			*N'a pas joué – Suspendu*									
1925-26	New York (Americans)	LNH	21	0	0	0	0	-	-	-	-	-
1926-27	St. Paul (Saints)	AHA	31	3	1	4	22	-	-	-	-	-
1927-28	Kitchener (Millionaires)	Can-Pro	25	1	0	1	34	4	0	0	0	18
1928-29	Toronto (Millionaires)	Can-Pro	32	3	1	4	39	2	0	0	0	2
1929-30	Hamilton (Tigers)	IHL	1	0	0	0	0	-	-	-	-	-
	Buffalo (Bisons)	IHL	1	0	0	0	0	-	-	-	-	-
		LNH	**39**	**0**	**1**	**1**	**2**	**6**	**0**	**0**	**0**	**0**
		Montréal	**18**	**0**	**1**	**1**	**2**	**6**	**0**	**0**	**0**	**0**

• Coupe Stanley (LNH) en 1923-24

• Signe avec Montréal le 21 décembre 1923 • Échangé à Vancouver par Montréal avec Bob Boucher pour Charlie Cotch le 26 mars 1924 • Signe avec New York (Americans) le 1er novembre 1925 • Signe avec St-Paul (AHA) le 2 novembre 1926 • Signe avec Kitchener (Can-Pro) le 12 décembre 1927 • Transfert de la concession de Kitchener (Can-Pro) à Toronto (Can-Pro) le 24 septembre 1928 • Transfert de la concession de Toronto (Can-Pro) à Cleveland (Can-Pro) le 11 août 1929 • Échangé à Toronto (IHL) par Cleveland (Can-Pro) avec Clarence Wedgewood pour Gord McFarlane le 18 octobre 1929 • Vendu à Hamilton (IHL) par Toronto (IHL) avec Harold Frost le 13 novembre 1929 • Vendu à Buffalo (IHL) par Hamilton (IHL) le 17 janvier 1930

CAMPBELL, DAVID (DAVE)

Né à Lachute, Québec, le 27 avril 1896
Défenseur, lance de la gauche, 6', 200 lb

Saison	Club	Ligue	PJ	B	A	PTS	PUN	PJ	B	A	PTS	PUN
1913-14	Montréal (Northern Electric)	LHMM	10	2	0	2	10	-	-	-	-	-
	Montréal (La Casquette)	LHM	9	3	0	3	-	-	-	-	-	-
1914-15	Montréal (La Casquette)	LHM	10	3	0	3	12	-	-	-	-	-
1915-16	Laval (Université)	LHCM	9	2	0	2	20	1	0	0	0	0
1916-17			*Service militaire*									
1917-18			*Service militaire*									
1918-19	Montréal (National)	LHCM	9	4	8	12	15	-	-	-	-	-
1919-20	Laval (Université)	IPAHU	10	2	3	5	18	-	-	-	-	-
1920-21	**Montréal (Canadiens)**	**LNH**	**2**	**0**	**0**	**0**	**0**	-	-	-	-	-
1921-22			*Réintégré comme amateur*									
1922-23	Montréal (National)	LHCM	5	0	0	0	0	-	-	-	-	-
1923-24	Montréal (National)	LHCM	10	4	0	4	-	-	-	-	-	-
1924-25	Montréal (National)	LHCM	14	2	0	2	-	-	-	-	-	-
1925-26	Montréal (National)	LHCM	9	6	0	6	10	-	-	-	-	-
	Montréal (Bell Téléphone)	LHRTM	7	2	1	3	12	-	-	-	-	-
1926-27	Montréal (Victorias)	LHSQ	4	2	2	4	16	-	-	-	-	-
	Montréal (Victorias)	Exh.	15	26	0	26	-	-	-	-	-	-
1927-28	Philadelphie (Arrows)	Can-Am	19	0	0	0	30	-	-	-	-	-
	Montréal (Northern Electric)	LHRTM	*Statistiques non disponibles*									
		LNH	**2**	**0**	**0**	**0**	**0**	-	-	-	-	-
		Montréal	**2**	**0**	**0**	**0**	**0**	-	-	-	-	-

• Signe avec Montréal le 26 février 1921

CAMPBELL, JIM

Né à Worcester, Massachusetts, le 3 février 1973. Ailier droit, lance de la droite, 6'2", 213 lb (Choix de 2e ronde de Montréal, 28e au total lors du repêchage de 1991)

Saison	Club	Ligue	PJ	B	A	PTS	PUN	PJ	B	A	PTS	PUN
1988-89	Northwood (Huskies)	H.S.	12	12	8	20	6	-	-	-	-	-
1989-90	Northwood (Huskies)	H.S.	8	14	7	21	8	-	-	-	-	-
1990-91	Lawrence Academy	H.S.	26	36	47	83	26	-	-	-	-	-
1991-92	Hull (Olympiques)	LHJMQ	64	41	44	85	51	6	7	3	10	8
	États-Unis	CMJ	7	2	4	6	4	-	-	-	-	-
1992-93	Hull (Olympiques)	LHJMQ	50	42	29	71	66	8	11	4	15	43
	États-Unis	CMJ	7	5	2	7	2	-	-	-	-	-
1993-94	États-Unis	Éq. nat.	56	24	33	57	59	-	-	-	-	-
	États-Unis	JO	8	0	0	0	6	-	-	-	-	-
	Fredericton (Canadiens)	AHL	19	6	17	23	6	-	-	-	-	-
1994-95	Fredericton (Canadiens)	AHL	77	27	24	51	103	12	0	7	7	8
1995-96	Fredericton (Canadiens)	AHL	44	28	23	51	24	-	-	-	-	-
1995-96	Anaheim (Mighty Ducks)	LNH	16	2	3	5	36	-	-	-	-	-
1995-96	Baltimore (Bandits)	AHL	16	13	7	20	8	12	7	5	12	10
1996-97	St. Louis (Blues)	LNH	68	23	20	43	68	4	1	0	1	6
	États-Unis	CMH	4	0	0	0	2	-	-	-	-	-
1997-98	St. Louis (Blues)	LNH	76	22	19	41	55	10	7	3	10	12
1998-99	St. Louis (Blues)	LNH	55	4	21	25	41	-	-	-	-	-
1999-00	Manitoba (Moose)	IHL	10	1	3	4	10	-	-	-	-	-
	St. Louis (Blues)	LNH	2	0	0	0	9	-	-	-	-	-
	Worcester (IceCats)	AHL	66	31	34	65	88	9	1	2	3	6
2000-01	**Montréal (Canadiens)**	**LNH**	**57**	**9**	**11**	**20**	**53**	-	-	-	-	-
	Québec (Citadelles)	AHL	3	5	0	5	6	-	-	-	-	-
	États-Unis	CM	9	2	2	4	12	-	-	-	-	-
2001-02	Chicago (Blackhawks)	LNH	9	1	1	2	4	-	-	-	-	-
	Norfolk (Admirals)	AHL	44	11	14	25	26	4	3	1	4	2
2002-03	Floride (Panthers)	LNH	1	0	0	0	0	-	-	-	-	-
	San Antonio (Rampage)	AHL	64	16	37	53	55	1	0	0	0	0
2003-04	Chicago (Wolves)	AHL	41	10	13	23	41	-	-	-	-	-
	Neftekhimik Nizhnekamsk	RUS	2	0	0	0	2	-	-	-	-	-
2004-05	Bridgeport (Sound Tigers)	AHL	46	8	12	20	64	-	-	-	-	-
	Springfield (Falcons)	AHL	13	2	5	7	8	-	-	-	-	-
2005-06	Tampa Bay (Lightning)	LNH	1	0	0	0	2	-	-	-	-	-
	Springfield (Falcons)	AHL	32	12	12	24	24	-	-	-	-	-
	Philadelphie (Phantoms)	AHL	35	12	17	29	46	-	-	-	-	-
2006-07	EHC Basel	SUI	8	2	3	5	12	-	-	-	-	-
	EHC Visp	SUI-2	16	8	14	22	23	-	-	-	-	-
		LNH	**285**	**61**	**75**	**136**	**268**	**14**	**8**	**3**	**11**	**18**
		Montréal	**57**	**9**	**11**	**20**	**53**	-	-	-	-	-

• Médaille de bronze (CMJ) en 1992 • Équipe d'étoile des recrues (LNH) en 1996-97

• Échangé à Anaheim par Montréal pour Robert Dirk le 21 janvier 1996 • Signe avec St. Louis comme joueur autonome le 11 juillet 1996 • Signe avec Montréal comme joueur autonome le 21 août 2000 • Signe avec Chicago comme joueur autonome le 19 novembre 2001 • Signe avec la Floride comme joueur autonome le 19 juillet 2002 • Signe avec Chicago (AHL) comme joueur autonome le 10 décembre 2003 • Signe avec New York (Islanders) comme joueur autonome le 11 août 2004 • Signe avec Tampa Bay comme joueur autonome le 18 août 2005 • Signe avec EHC Basel (Suisse) comme joueur autonome le 9 novembre 2006 • Signe avec EHC Visp comme joueur autonome le 6 mai 2006

CAMPEAU, JEAN-CLAUDE (TOD)

Né à Saint-Jérôme, Québec, le 4 juin 1923. Centre, lance de la gauche, 5'11", 175 lb

Saison	Club	Ligue	PJ	B	A	PTS	PUN	PJ	B	A	PTS	PUN
1940-41	Concordia (Collège)	LHCM	1	0	0	0	0	-	-	-	-	-
1941-42	Concordia (Collège)	LHCM	*Statistiques non disponibles*									
1942-43	Montréal (Canadiens Jr)	LHJQ	14	11	*21	32	0	7	6	5	11	17
	Montréal (Canadiens Sr)	LHSQ	1	0	0	0	0	-	-	-	-	-
	Montréal (Canadiens Jr)	Mem.	-	-	-	-	-	7	6	14	20	2
1943-44	Montréal (Vickers)	LHCM	12	*13	13	26	7	-	-	-	-	-
	Montréal (Royals)	LHSQ	20	18	12	30	8	7	3	5	8	2
	Montréal (Canadiens)	**LNH**	**2**	**0**	**0**	**0**	**0**	-	-	-	-	-
1944-45	Pittsburgh (Hornets)	AHL	6	1	2	3	2	-	-	-	-	-
	Valleyfield (Braves)	LHSQ	22	16	23	39	10	11	8	8	16	11
	Valleyfield (Braves)	Allan	-	-	-	-	-	3	0	1	1	2
1945-46	Valleyfield (Braves)	LHSQ	40	28	*50	*78	45	-	-	-	-	-
1946-47	Montréal (Royals)	LHSQ	39	22	31	53	44	9	3	9	12	12
	Montréal (Royals)	Allan	-	-	-	-	-	14	*14	11	*25	6
1947-48	**Montréal (Canadiens)**	**LNH**	**14**	**2**	**2**	**4**	**4**	-	-	-	-	-
	Buffalo (Bisons)	AHL	31	10	9	19	6	8	0	1	1	6
1948-49	**Montréal (Canadiens)**	**LNH**	**26**	**3**	**7**	**10**	**12**	**1**	**0**	**0**	**0**	**0**
	Dallas (Texans)	USHL	30	16	28	44	13	-	-	-	-	-
1949-50	Cincinnati (Mohawks)	AHL	68	22	41	63	53	-	-	-	-	-
1950-51	Cincinnati (Mohawks)	AHL	68	13	41	54	36	-	-	-	-	-
1951-52	Sherbrooke (Saints)	LHMQ	51	20	29	49	32	11	2	9	11	14
1952-53	Sherbrooke (Saints)	LHMQ	60	19	49	68	48	7	1	4	5	6
1953-54	Sherbrooke (Saints)	LHQ	13	1	1	2	0	-	-	-	-	-
	Providence (Reds)	AHL	44	10	26	36	16	-	-	-	-	-
1954-55	Ottawa (Senators)	LHQ	12	3	4	7	15	-	-	-	-	-
	Moncton (Flyers)	ACSHL	29	12	34	46	35	13	2	10	12	14
	Moncton (Flyers)	Allan	-	-	-	-	-	13	3	19	22	20
1955-56	Chicoutimi (Saguenéens)	LHQ	57	5	13	18	36	2	0	0	0	2
1956-57	Dalhousie (Rangers)	NNBHL	48	38	45	83	75	13	6	7	13	16
	Dalhousie (Rangers)	Allan	-	-	-	-	-	8	8	10	18	6
		LNH	**42**	**5**	**9**	**14**	**16**	**1**	**0**	**0**	**0**	**0**
		Montréal	**42**	**5**	**9**	**14**	**16**	**1**	**0**	**0**	**0**	**0**

• Coupe Allan en 1946-47

• Droits vendus à Pittsburgh (AHL) par Montréal le 24 novembre 1944 • Signe avec Valleyfield (LHSQ) le 19 septembre 1945 • Prêté à Buffalo (AHL) par Montréal, le 11 novembre 1947 • Prêté à Dallas (USHL) par Montréal, le 12 octobre 1948

CAMPEDELLI, DOMINIC (DON)

Né à Cohasset, Massachusetts, le 3 avril 1964. Défenseur, lance de la droite, 6'1", 185 lb (Choix de 7e ronde de Toronto, 129e au total lors du repêchage de 1982)

Saison	Club	Ligue	PJ	B	A	PTS	PUN	PJ	B	A	PTS	PUN
1981-82	Bridgeport (Bruins)	NEJHL	18	12	8	20	-	-	-	-	-	-
1982-83	Boston College	ECAC	26	1	10	11	26	-	-	-	-	-
1983-84	Boston College	ECAC	37	10	19	29	24	-	-	-	-	-
1984-85	Boston College	H-East	44	5	44	49	74	-	-	-	-	-
1985-86	**Montréal (Canadiens)**	**LNH**	**2**	**0**	**0**	**0**	**0**	-	-	-	-	-
	Sherbrooke (Canadiens)	AHL	38	4	10	14	27	-	-	-	-	-
1986-87	Sherbrooke (Canadiens)	AHL	7	3	2	5	2	-	-	-	-	-
	Hershey (Bears)	AHL	45	7	15	22	70	-	-	-	-	-
	Nlle-Écosse (Oilers)	AHL	12	0	4	4	7	5	0	0	0	17
1987-88	Nlle-Écosse (Oilers)	AHL	70	5	17	22	117	3	1	1	2	2
		LNH	**2**	**0**	**0**	**0**	**0**	-	-	-	-	-
		Montréal	**2**	**0**	**0**	**0**	**0**	-	-	-	-	-

CAM - CAM

• Échangé à Montréal par Toronto pour le choix de 2e ronde de Montréal au repêchage de 1986 (Darryl Shannon) et le choix de 4e ronde de Toronto au repêchage de 1986 (propriété de Montréal suite à une transaction antérieure, Toronto sélectionne Ken Hulst) le 18 septembre 1985 • Échangé à Philadelphie par Montréal pour André Villeneuve le 30 octobre 1986 • Échangé à Edmonton par Philadelphie pour Jeff Brubaker le 9 mars 1987

CARBONNEAU, GUY

Né à Sept-Îles, Québec, le 18 mars 1960. Centre, lance de la droite, 5'11", 186 lb (Choix de 3e ronde de Montréal, 44e au total lors du repêchage de 1979)

Saison	Club	Ligue	PJ	B	A	PTS	PUN	PJ	B	A	PTS	PUN
1976-77	Chicoutimi (Saguenéens)	LHJMQ	59	9	20	29	8	4	1	0	1	0
1977-78	Chicoutimi (Saguenéens)	LHJMQ	70	28	55	83	60	-	-	-	-	-
1978-79	Chicoutimi (Saguenéens)	LHJMQ	72	62	79	141	47	4	2	1	3	4
1979-80	Chicoutimi (Saguenéens)	LHJMQ	72	72	110	182	66	12	9	15	24	28
	Nlle-Écosse (Voyageurs)	AHL	-	-	-	-	-	2	1	1	2	2
1980-81	Nlle-Écosse (Voyageurs)	AHL	78	35	53	88	87	6	1	3	4	9
	Montréal (Canadiens)	**LNH**	**2**	**0**	**1**	**1**	**0**	**-**	**-**	**-**	**-**	**-**
1981-82	Nlle-Écosse (Voyageurs)	AHL	77	27	67	94	124	9	2	7	9	8
1982-83	**Montréal (Canadiens)**	**LNH**	**77**	**18**	**29**	**47**	**68**	**3**	**0**	**0**	**0**	**2**
1983-84	**Montréal (Canadiens)**	**LNH**	**78**	**24**	**30**	**54**	**75**	**15**	**4**	**3**	**7**	**12**
1984-85	**Montréal (Canadiens)**	**LNH**	**79**	**23**	**34**	**57**	**43**	**12**	**4**	**3**	**7**	**8**
1985-86	**Montréal (Canadiens)**	**LNH**	**80**	**20**	**36**	**56**	**57**	**20**	**7**	**5**	**12**	**35**
1986-87	**Montréal (Canadiens)**	**LNH**	**79**	**18**	**27**	**45**	**68**	**17**	**3**	**8**	**11**	**20**
1987-88	**Montréal (Canadiens)**	**LNH**	**80**	**17**	**21**	**38**	**61**	**11**	**0**	**4**	**4**	**2**
1988-89	**Montréal (Canadiens)**	**LNH**	**79**	**26**	**30**	**56**	**44**	**21**	**4**	**5**	**9**	**10**
1989-90	**Montréal (Canadiens)**	**LNH**	**68**	**19**	**36**	**55**	**37**	**11**	**2**	**3**	**5**	**6**
1990-91	**Montréal (Canadiens)**	**LNH**	**78**	**20**	**24**	**44**	**63**	**13**	**1**	**5**	**6**	**10**
1991-92	**Montréal (Canadiens)**	**LNH**	**72**	**18**	**21**	**39**	**39**	**11**	**1**	**1**	**2**	**6**
1992-93	**Montréal (Canadiens)**	**LNH**	**61**	**4**	**13**	**17**	**20**	**20**	**3**	**3**	**6**	**10**
1993-94	**Montréal (Canadiens)**	**LNH**	**79**	**14**	**24**	**38**	**48**	**7**	**1**	**3**	**4**	**4**
1994-95	St. Louis (Blues)	LNH	42	5	11	16	16	7	1	2	3	6
1995-96	Dallas (Stars)	LNH	71	8	15	23	38	-	-	-	-	-
1996-97	Dallas (Stars)	LNH	73	5	16	21	36	7	0	1	1	6
1997-98	Dallas (Stars)	LNH	77	7	17	24	40	16	3	1	4	6
1998-99	Dallas (Stars)	LNH	74	4	12	16	31	17	2	4	6	6
1999-00	Dallas (Stars)	LNH	69	10	6	16	36	23	2	4	6	12
		LNH	**1318**	**260**	**403**	**663**	**820**	**231**	**38**	**55**	**93**	**161**
		Montréal	**912**	**221**	**326**	**547**	**623**	**161**	**30**	**43**	**73**	**125**

• Deuxième équipe d'étoiles (LHJMQ) en 1979-80 • Coupe Stanley (LNH) en 1985-86, 1992-93, 1998-99 • Trophée Frank-J.-Selke (LNH) en 1987-88, 1988-89, 1991-92

• Échangé à St. Louis par Montréal pour Jim Montgomery le 19 août 1994 • Échangé à Dallas par St. Louis pour Paul Broten le 2 octobre 1995

CARLSON, KENT

Né à Concord, New Hampshire, le 11 janvier 1962. Défenseur, lance de la gauche, 6'3", 200 lb (Choix de 2e ronde de Montréal, 32e au total lors du repêchage de 1982)

Saison	Club	Ligue	PJ	B	A	PTS	PUN	PJ	B	A	PTS	PUN
1981-82	St. Lawrence University	ECAC	28	8	14	22	24	-	-	-	-	-
1982-83	St. Lawrence University	ECAC	35	10	23	33	56	-	-	-	-	-
1983-84	**Montréal (Canadiens)**	**LNH**	**65**	**3**	**7**	**10**	**73**	**-**	**-**	**-**	**-**	**-**
1984-85	**Montréal (Canadiens)**	**LNH**	**18**	**1**	**1**	**2**	**33**	**-**	**-**	**-**	**-**	**-**
	Sherbrooke (Canadiens)	AHL	13	1	4	5	7	2	1	1	2	0
1985-86	**Montréal (Canadiens)**	**LNH**	**2**	**0**	**0**	**0**	**0**	**-**	**-**	**-**	**-**	**-**
	Sherbrooke (Canadiens)	AHL	35	11	15	26	79	-	-	-	-	-
	St. Louis (Blues)	LNH	26	2	3	5	42	5	0	0	0	11
1986-87					*N'a pas joué*							
1987-88	Peoria (Rivermen)	IHL	52	5	16	21	88	-	-	-	-	-
	St. Louis (Blues)	LNH	-	-	-	-	-	3	0	0	0	2
1988-89	Baltimore (Skipjacks)	AHL	28	2	8	10	69	-	-	-	-	-
	Washington (Capitals)	LNH	2	1	0	1	0	-	-	-	-	-
		LNH	**113**	**7**	**11**	**18**	**148**	**8**	**0**	**0**	**0**	**13**
		Montréal	**85**	**4**	**8**	**12**	**106**	**-**	**-**	**-**	**-**	**-**

• Deuxième équipe d'étoiles (ECAC) en 1982-83 • Coupe Calder (AHL) en 1984-85

• Échangé à St. Louis par Montréal pour Graham Herring et le choix de 5e ronde de St. Louis au repêchage de 1986 (Éric Aubertin) le 31 janvier 1986 • Échangé à Winnipeg par St. Louis avec le choix de 12e ronde de St. Louis au repêchage de 1989 (Sergei Kharin) et le choix de 4e ronde de St. Louis au repêchage de 1990 (Scott Levins) pour Peter Douris le 29 septembre 1988 • Échangé à Washington par Winnipeg pour des considérations futures le 19 octobre 1988

CARNBACK, PATRIK

Né à Goteborg, Suède, le 1er février 1968. Centre, lance de la gauche, 6', 187 lb (Choix de 6e ronde de Montréal, 125e au total lors du repêchage de 1988)

Saison	Club	Ligue	PJ	B	A	PTS	PUN	PJ	B	A	PTS	PUN
1986-87	Vastra Frolunda	SWE-2	10	3	1	4	15	-	-	-	-	-
1987-88	Vastra Frolunda	SWE-2	33	16	19	35	24	11	4	5	9	8
	Suède	CMJ	6	4	3	7	10	-	-	-	-	-
1988-89	Vastra Frolunda	SWE-2	28	18	19	37	22	11	8	5	13	10
1989-90	Vastra Frolunda	SWE	40	26	27	53	34	-	-	-	-	-
1990-91	Vastra Frolunda	SWE	22	10	9	19	46	28	15	24	39	24
1991-92	Vastra Frolunda	SWE	33	17	22	39	32	3	1	5	6	20
	Suède	JO	7	1	1	2	2	-	-	-	-	-
	Suède	CM	8	2	2	4	16	-	-	-	-	-
1992-93	Fredericton (Canadiens)	AHL	45	20	37	57	45	5	0	3	3	14
	Montréal (Canadiens)	**LNH**	**6**	**0**	**0**	**0**	**2**	**-**	**-**	**-**	**-**	**-**
1993-94	Anaheim (Mighty Ducks)	LNH	73	12	11	23	54	-	-	-	-	-
	Suède	CM	8	1	0	1	8	-	-	-	-	-
1994-95	Vastra Frolunda	SWE	14	2	6	8	20	-	-	-	-	-
	Anaheim (Mighty Ducks)	LNH	41	6	15	21	32	-	-	-	-	-
1995-96	Anaheim (Mighty Ducks)	LNH	34	6	12	18	34	-	-	-	-	-
	Kolner EC	GER	5	1	6	7	2	14	8	8	16	33
1996-97	Kolner EC	GER	45	20	41	61	72	4	1	1	2	2
	Kolner EC	EuroHL	6	1	3	4	6	-	-	-	-	-
1997-98	Vasteras IK	SWE	44	8	17	25	38	6	3	3	6	6
1998-99	Vasteras IK	SWE	50	19	28	47	54	4	1	1	2	8
1999-00	Vasteras IK	SWE	46	17	23	40	85	5	2	0	2	31
2000-01	Vastra Frolunda HC	SWE	33	7	11	18	44	5	2	3	5	12
2001-02	Vastra Frolunda HC	SWE	49	15	23	38	61	10	4	1	5	8
2002-03	Vastra Frolunda HC	SWE	49	12	12	24	96	16	4	5	9	8
		LNH	**154**	**24**	**38**	**62**	**122**	**-**	**-**	**-**	**-**	**-**
		Montréal	**6**	**0**	**0**	**0**	**2**	**-**	**-**	**-**	**-**	**-**

• Médaille d'or (CM) en 1992 • Médaille de bronze (CM) en 1994

• Échangé à Anaheim par Montréal avec Todd Ewen pour le choix de 3e ronde d'Anaheim au repêchage de 1994 (Chris Murray) le 10 août 1993

CARON, ALAIN

Né à Dolbeau, Québec, le 27 avril 1938, décédé le 18 décembre 1986 Ailier droit, lance de la droite, 5'10", 175 lb

Saison	Club	Ligue	PJ	B	A	PTS	PUN	PJ	B	A	PTS	PUN
1956-57	Dolbeau (Dragons)	LHJQ	45	69	48	117	118	-	-	-	-	-
1957-58	Chicoutimi (Saguenéens)	LHQ	61	8	9	17	26	6	0	0	0	0
1958-59	Chicoutimi (Saguenéens)	LHQ	56	15	18	33	67	-	-	-	-	-
1959-60	Sault Ste. Marie	EPHL	25	10	4	14	4	-	-	-	-	-
	Québec (As)	AHL	38	9	4	13	16	-	-	-	-	-
1960-61	Sault Ste. Marie	EPHL	35	11	6	17	16	-	-	-	-	-
	Québec (As)	AHL	9	5	1	6	2	-	-	-	-	-
1961-62	Amherst (Ramblers)	NSSHL	45	*76	46	*122	29	4	*7	7	14	4
	Québec (As)	AHL	1	0	0	0	0	-	-	-	-	-
	Amherst (Ramblers)	Allan	-	-	-	-	-	8	9	4	13	4
1962-63	St. Louis (Braves)	EPHL	54	*61	36	97	22	-	-	-	-	-
	Charlotte (Checkers)	EHL	13	10	5	15	7	-	-	-	-	-
1963-64	St. Louis (Braves)	CPHL	71	77	48	*125	22	6	6	2	8	6
1964-65	St. Louis (Braves)	CPHL	60	46	19	65	31	-	-	-	-	-
	Buffalo (Bisons)	AHL	-	-	-	-	-	5	0	0	0	2
1965-66	Buffalo (Bisons)	AHL	72	47	29	76	28	-	-	-	-	-
1966-67	Portland (Buckaroos)	WHL	71	35	25	60	24	4	0	0	0	2
1967-68	Oakland (Seals)	LNH	58	9	13	22	18	-	-	-	-	-
	Buffalo (Bisons)	AHL	6	8	2	10	2	-	-	-	-	-
1968-69	**Montréal (Canadiens)**	**LNH**	**2**	**0**	**0**	**0**	**0**	**-**	**-**	**-**	**-**	**-**
	Houston (Apollos)	CHL	68	38	27	65	37	3	0	0	0	0
1969-70	Montréal (Voyageurs)	AHL	71	35	30	65	32	8	2	0	2	6
1970-71	San Diego(Gulls)	WHL	70	33	15	48	12	6	1	1	2	4
1971-72	Oklahoma City (Blazers)	CHL	67	22	20	42	28	6	1	0	1	0
1972-73	Québec (Nordiques)	AMH	68	36	27	63	14	-	-	-	-	-
1973-74	Québec (Nordiques)	AMH	59	31	15	46	10	-	-	-	-	-
1974-75	Québec (Nordiques)	AMH	21	7	3	10	2	-	-	-	-	-
	Michigan/Baltimore	AMH	47	8	5	13	4	-	-	-	-	-
	Syracuse (Blazers)	NAHL	1	1	0	1	0	-	-	-	-	-
1975-76	Beauce (Jaros)	NAHL	73	*78	59	137	26	14	*21	13	34	12
		LNH	**60**	**9**	**13**	**22**	**18**	**-**	**-**	**-**	**-**	**-**
		Montréal	**2**	**0**	**0**	**0**	**0**	**-**	**-**	**-**	**-**	**-**

• Première équipe d'étoiles (NSSHL) en 1961-62 • Première équipe d'étoiles (EPHL) en 1962-63 • Première équipe d'étoiles (CPHL) en 1963-64 • Deuxième équipe d'étoiles (NAHL) en 1975-76

•Droits vendus à Québec (AHL) par Chicoutimi (LHQ) en novembre 1959 • Réclamé par Oakland de Chicago lors de l'expansion de la LNH le 6 juin 1967 • Échangé à Montréal par Oakland avec Wally Boyer, le 1er choix d'Oakland au repêchage de 1968 (Jim Pritchard) et le 1er choix d'Oakland au repêchage de 1970 (Ray Martyniuk) pour Norm Ferguson et Stan Fuller le 21 mai 1968 • Réclamé par San Diego (WHL) de Montréal lors du repêchage inversé le 10 juin 1970 • Sélectionné par Québec lors de l'expansion de l'AMH le 12 février 1971 • Échangé au Michigan/Baltimore (AMH) par Québec (AMH) avec Pierre Guité et Michel Rouleau pour Steve Sutherland et Marc Tardif en décembre 1974 • Réclamé par Québec lors du repêchage de dispersion de Michigan/Baltimore (AMH) le 19 juin 1975

CARSE, ROBERT (BOB)

Né à Edmonton, Alberta, le 19 juillet 1919, décédé le 27 juillet 1999 Ailier gauche, lance de la gauche, 5'9", 160 lb

Saison	Club	Ligue	PJ	B	A	PTS	PUN	PJ	B	A	PTS	PUN
1935-36	Edmonton Athletic Club	EJHL	12	1	6	7	9	-	-	-	-	-
1936-37	Edmonton Athletic Club	EJHL	11	8	6	14	25	3	1	1	2	2
1937-38	Edmonton Athletic Club	EJHL	15	11	5	16	25	4	3	13	16	8
	Edmonton Athletic Club	Mem.	-	-	-	-	-	11	13	2	15	20
1938-39	Edmonton Athletic Club	EJHL	7	12	9	21	8	2	3	0	3	5
	Edmonton Atlhetic Club	Mem.	-	-	-	-	-	12	12	8	20	10
1939-40	Chicago (Black Hawks)	LNH	22	3	5	8	11	2	0	0	0	0
	Providence (Reds)	IAHL	31	5	12	17	9	6	3	2	5	2
1940-41	Chicago (Black Hawks)	LNH	43	9	9	18	9	5	0	0	0	2
1941-42	Chicago (Black Hawks)	LNH	33	7	16	23	10	3	0	2	2	0
	Kansas City (Americans)	AHA	18	9	13	22	9	-	-	-	-	-
1942-43	Chicago (Black Hawks)	LNH	47	10	22	32	6	-	-	-	-	-
1943-44	Calgary Currie Army	ANDHL	16	8	12	20	16	2	0	5	5	0
1944-45					*Service militaire*							
1945-46	Edmonton (Flyers)	WCJHL	36	32	46	78	18	8	5	5	*10	8
1946-47	Cleveland (Barons)	AHL	62	27	*61	88	16	4	0	0	0	0
1947-48	**Montréal (Canadiens)**	**LNH**	**22**	**3**	**3**	**6**	**16**	**-**	**-**	**-**	**-**	**-**
	Cleveland (Barons)	AHL	43	21	33	54	14	9	4	5	9	4
1948-49	Cleveland (Barons)	AHL	65	18	47	65	28	5	1	3	4	4
1949-50	Cleveland (Barons)	AHL	69	30	52	82	23	9	3	4	7	4
		LNH	**167**	**32**	**55**	**87**	**52**	**10**	**0**	**2**	**2**	**2**
		Montréal	**22**	**3**	**3**	**6**	**16**	**-**	**-**	**-**	**-**	**-**

• Deuxième équipe d'étoiles (ANDHL) en 1943-44 • Première équipe d'étoiles (WCSHL) en 1945-46 • Coupe Calder (AHL) en 1939-40, 1947-48 • Première équipe d'étoile (AHL) en 1946-47, 1949-50

• Droits vendus à Montréal par Cleveland (AHL) le 23 avril 1947 • Droits vendus à Cleveland (AHL) par Montréal le 16 décembre 1947

CARSON, GERALD (GERRY)

Né à Parry Sound, Ontario, le 10 octobre 1905, décédé le 1er novembre 1956
Défenseur, lance de la gauche, 5'10", 160 lb

SAISON	CLUB	LIGUE	PJ	B	A	PTS	PUN	PJ	B	A	PTS	PUN
1922-23	Woodstock (Atletics)	JOHA	*Statistiques non disponibles*									
1923-24	Grimsby (Peach Kings)	SOHA	*Statistiques non disponibles*									
1924-25	Grimsby (Peach Kings)	SOHA	*Statistiques non disponibles*									
1925-26	Grimsby (Peach Kings)	SOHA	*Statistiques non disponibles*									
1926-27	Grimsby (Peach Kings)	SOHA	*Statistiques non disponibles*									
1927-28	Philadelphie (Arrows)	Can-Am	37	7	4	11	38	-	-	-	-	-
1928-29	**Montréal (Canadiens)**	**LNH**	**26**	**0**	**0**	**0**	**4**	**-**	**-**	**-**	**-**	**-**
	New York (Rangers)	LNH	14	0	0	0	5	5	0	0	0	0
1929-30	**Montréal (Canadiens)**	**LNH**	**35**	**1**	**0**	**1**	**8**	**6**	**0**	**0**	**0**	**0**
	Providence (Reds)	Can-Am	6	1	0	1	19	-	-	-	-	-
1930-31	Providence (Reds)	Can-Am	38	4	2	6	84	2	0	0	0	14
1931-32	Providence (Reds)	Can-Am	40	9	5	14	77	5	1	0	1	8
1932-33	**Montréal (Canadiens)**	**LNH**	**48**	**5**	**2**	**7**	**53**	**2**	**0**	**0**	**0**	**2**
1933-34	**Montréal (Canadiens)**	**LNH**	**48**	**5**	**1**	**6**	**51**	**2**	**0**	**0**	**0**	**2**
1934-35	**Montréal (Canadiens)**	**LNH**	**48**	**0**	**5**	**5**	**56**	**2**	**0**	**0**	**0**	**4**
1935-36			*N'a pas joué*									
1936-37	Montréal (Maroons)	LNH	42	1	3	4	28	5	0	0	0	4
		LNH	**261**	**12**	**11**	**23**	**205**	**22**	**0**	**0**	**0**	**12**
		Montréal	**205**	**11**	**8**	**19**	**172**	**12**	**0**	**0**	**0**	**8**

• Coupe Stanley (LNH) en 1929-30

• Signe avec Montréal le 6 avril 1928 • Prêté à New York (Rangers) par Montréal le 14 février 1929 • Échangé à Providence (Can-Am) par Montréal avec Jean Pusie et une somme d'argent pour Johnny Gagnon le 21 octobre 1930 • Droits vendus à Montréal par Providence (Can-Am) avec Léo Gaudreault le 6 mai 1932 • Échangé à Montréal (Maroons) par Montréal (Canadiens) pour George Brown le 7 octobre 1936

CARTER, WILLIAM (BILL)

Né à Cornwall, Ontario, le 2 décembre 1937. Centre, lance de la gauche, 5'11", 155 lb

SAISON	CLUB	LIGUE	PJ	B	A	PTS	PUN	PJ	B	A	PTS	PUN
1954-55	Hochelaga (Indiens)	LHJQ	36	25	35	60	6	-	-	-	-	-
1955-56	Montréal (Canadiens Jr)	LHJQ	*Statistiques non disponibles*									
	Montréal (Canadiens Jr)	Mem.	-	-	-	-	-	1	0	0	0	2
1956-57	Hull-Ottawa (Canadiens)	JOHA	28	14	17	31	21	-	-	-	-	-
	Hull-Ottawa (Canadiens)	EOHL	16	7	7	14	6	-	-	-	-	-
	Rochester (Americans)	AHL	1	0	0	0	0	-	-	-	-	-
	Hull-Ottawa (Canadiens)	Mem.	-	-	-	-	-	15	11	9	20	2
1957-58	Hull-Ottawa (Canadiens)	JOHA	27	15	29	44	26	-	-	-	-	-
	Hull-Ottawa (Canadiens)	EOHL	34	14	38	52	2	-	-	-	-	-
	Montréal (Royals)	LHQ	1	0	0	0	0	-	-	-	-	-
	Rochester (Americans)	AHL	1	0	0	0	0	-	-	-	-	-
	Montréal (Canadiens)	**LNH**	**1**	**0**	**0**	**0**	**0**	**-**	**-**	**-**	**-**	**-**
	Hull-Ottawa (Canadiens)	Mem.	-	-	-	-	-	13	15	15	30	4
1958-59	Rochester (Americans)	AHL	69	7	19	26	10	5	0	0	0	0
1959-60	Hull-Ottawa (Canadiens)	EPHL	70	42	60	102	2	7	1	4	5	2
1960-61	Hull-Ottawa (Canadiens)	EPHL	60	27	32	59	6	14	4	5	9	6
	Boston (Bruins)	LNH	8	0	0	0	2	-	-	-	-	-
1961-62	Hull-Ottawa (Canadiens)	EPHL	62	26	47	73	17	13	6	8	14	0
	Montréal (Canadiens)	**LNH**	**7**	**0**	**0**	**0**	**4**	**-**	**-**	**-**	**-**	**-**
1962-63	Hull-Ottawa (Canadiens)	EPHL	72	27	50	77	12	3	0	0	0	0
1963-64	Québec (As)	AHL	36	2	9	11	2	-	-	-	-	-
	Seattle (Totems)	WHL	16	3	4	7	0	-	-	-	-	-
1964-65	Seattle (Totems)	WHL	16	0	2	2	0	-	-	-	-	-
	Memphis (Wings)	CPHL	41	6	20	26	0	6	1	4	5	0
1965-66	Buffalo (Bisons)	AHL	71	16	45	61	2	-	-	-	-	-
1966-67	Buffalo (Bisons)	AHL	71	14	38	52	8	-	-	-	-	-
1967-68	Omaha (Knights)	CPHL	67	9	30	39	6	-	-	-	-	-
	Buffalo (Bisons)	AHL	2	0	0	0	0	-	-	-	-	-
1968-69	Denver (Spurs)	WHL	74	16	49	65	4	-	-	-	-	-
		LNH	**16**	**0**	**0**	**0**	**6**	**-**	**-**	**-**	**-**	**-**
		Montréal	**8**	**0**	**0**	**0**	**4**	**-**	**-**	**-**	**-**	**-**

• Coupe Memorial en 1957-58 • Deuxième équipe d'étoiles (EPHL) en 1959-60

• Réclamé par Boston de Montréal lors du repêchage intra-ligue le 8 juin 1960 • Droits vendus à Montréal par Boston en novembre 1961

CARVETH, JOSEPH (JOE)

Né à Regina, Saskatchewan, le 21 mars 1918, décédé le 15 août 1985
Ailier droit, lance de la droite, 5'10", 175 lb

SAISON	CLUB	LIGUE	PJ	B	A	PTS	PUN	PJ	B	A	PTS	PUN
1935-36	Regina (Green Seals)	RJHL	6	*7	0	7	0	-	-	-	-	-
1936-37	Regina (Aces)	S-SSHL	6	6	*7	*13	2	2	2	1	3	0
	Regina (Aces)	S-SSHL	1	0	0	0	0	3	0	0	0	0
1937-38	Detroit (Pontiacs)	MOHL	27	9	16	25	57	3	0	0	0	0
1938-39	Detroit (Pontiacs)	MOHL	27	19	*25	44	25	7	3	5	8	4
1939-40	Indianapolis (Capitols)	IAHL	11	2	2	4	0	-	-	-	-	-
1940-41	Detroit (Red Wings)	LNH	19	2	1	3	2	-	-	-	-	-
1941-42	Indianapolis (Capitols)	AHL	29	8	17	25	9	-	-	-	-	-
	Detroit (Red Wings)	LNH	29	6	11	17	2	9	4	0	4	0
1942-43	Detroit (Red Wings)	LNH	43	18	18	36	6	10	*6	2	8	4
1943-44	Indianapolis (Capitols)	AHL	1	1	2	2	2	-	-	-	-	-
	Detroit (Red Wings)	LNH	46	21	35	56	6	5	2	1	3	8
1944-45	Detroit (Red Wings)	LNH	50	26	28	54	6	14	5	*6	*11	2
1945-46	Detroit (Red Wings)	LNH	48	17	18	35	10	5	0	1	1	0
1946-47	Boston (Bruins)	LNH	51	21	15	36	18	5	2	1	3	0
1947-48	Boston (Bruins)	LNH	22	8	9	17	2	-	-	-	-	-
	Montréal (Canadiens)	**LNH**	**35**	**1**	**10**	**11**	**6**	**-**	**-**	**-**	**-**	**-**
1948-49	**Montréal (Canadiens)**	**LNH**	**60**	**15**	**22**	**37**	**8**	**7**	**0**	**1**	**1**	**8**
1949-50	**Montréal (Canadiens)**	**LNH**	**11**	**1**	**1**	**2**	**2**	**-**	**-**	**-**	**-**	**-**
	Detroit (Red Wings)	LNH	60	13	17	30	13	14	2	4	6	6
1950-51	Detroit (Red Wings)	LNH	30	1	4	5	0	-	-	-	-	-
	Match des étoiles	LNH	1	0	0	0	0	-	-	-	-	-
	Indianapolis (Capitols)	AHL	37	18	30	48	9	3	0	0	0	0
1951-52	Cleveland (Barons)	AHL	40	9	15	24	18	-	-	-	-	-
	Vancouver (Canucks)	PCHL	19	4	12	16	4	-	-	-	-	-
1952-53	Chatham (Maroons)	SOHA	47	45	39	84	38	-	-	-	-	-
	Toledo (Mercurys)	IHL	8	2	3	5	0	5	0	4	4	6
1953-54	Chatham (Maroons)	SOHA	55	16	26	42	105	6	3	1	4	4
		LNH	**504**	**150**	**189**	**339**	**81**	**69**	**21**	**16**	**37**	**28**
		Montréal	**106**	**17**	**33**	**50**	**16**	**7**	**0**	**1**	**1**	**8**

• Coupe Stanley (LNH) en 1942-43, 1949-50 • Match des étoiles (LNH) en 1950-51

• Signe avec Detroit le 5 octobre 1939 • Échangé à Boston par Detroit pour Roy Conacher en août 1946 • Échangé à Montréal par Boston pour Jimmy Peters et John Quilty le 16 décembre 1947 • Échangé à Detroit par Montréal pour Calum MacKay le 11 novembre 1949 • Droits vendus à Cleveland (AHL) par Detroit le 6 juin 1951

CASSELS, ANDREW

Né à Bramalea, Ontario, le 23 juillet 1969. Centre, lance de la gauche, 6'1", 185 lb (Choix de 1re ronde de Montréal, 17e au total lors du repêchage de 1987)

SAISON	CLUB	LIGUE	PJ	B	A	PTS	PUN	PJ	B	A	PTS	PUN
1984-85	Bramalea (Blues)	OJHL B	4	2	0	2	0	-	-	-	-	-
1985-86	Bramalea (Blues)	OJHL B	33	18	25	43	26	-	-	-	-	-
1986-87	Ottawa (67's)	OHL	66	26	66	92	28	11	5	9	14	7
1987-88	Ottawa (67's)	OHL	6148*103*151			39	16	8	*24	*32	13	
1988-89	Ottawa (67's)	OHL	56	37	97	134	66	12	5	10	15	10
	Canada	CMJ	7	2	5	7	2	-	-	-	-	-
1989-90	Sherbrooke (Canadiens)	AHL	55	22	45	67	25	12	2	11	13	6
	Montréal (Canadiens)	**LNH**	**6**	**2**	**0**	**2**	**2**	**-**	**-**	**-**	**-**	**-**
1990-91	**Montréal (Canadiens)**	**LNH**	**54**	**6**	**19**	**25**	**20**	**8**	**0**	**2**	**2**	**2**
1991-92	Hartford (Whalers)	LNH	67	11	30	41	18	7	2	4	6	6
1992-93	Hartford (Whalers)	LNH	84	21	64	85	62	-	-	-	-	-
1993-94	Hartford (Whalers)	LNH	79	16	42	58	37	-	-	-	-	-
1994-95	Hartford (Whalers)	LNH	46	7	30	37	18	-	-	-	-	-
1995-96	Hartford (Whalers)	LNH	81	20	43	63	39	-	-	-	-	-
	Canada	CM	6	1	0	1	0	-	-	-	-	-
1996-97	Hartford (Whalers)	LNH	81	22	44	66	46	-	-	-	-	-
1997-98	Calgary (Flames)	LNH	81	17	27	44	32	-	-	-	-	-
1998-99	Calgary (Flames)	LNH	70	12	25	37	18	-	-	-	-	-
1999-00	Vancouver (Canucks)	LNH	79	17	45	62	16	-	-	-	-	-
2000-01	Vancouver (Canucks)	LNH	66	12	44	56	10	-	-	-	-	-
2001-02	Vancouver (Canucks)	LNH	53	11	39	50	22	6	2	1	3	0
2002-03	Columbus (Blue Jackets)	LNH	79	20	48	68	30	-	-	-	-	-
2003-04	Columbus (Blue Jackets)	LNH	58	6	20	26	26	-	-	-	-	-
2004-05			*N'a pas joué*									
2005-06	Washington (Capitals)	LNH	31	4	8	12	14	-	-	-	-	-
		LNH	**1015**	**204**	**528**	**732**	**410**	**21**	**4**	**7**	**11**	**8**
		Montréal	**60**	**8**	**19**	**27**	**22**	**8**	**0**	**2**	**2**	**2**

• Recrue de l'année (OHL) en 1986-87 • Trophée Red-Tilson (OHL) en 1987-88 • Trophée Eddie-Powers (OHL) en 1987-88 • Trophée William-Hanley (OHL) en 1987-88 • Première équipe d'étoiles (OHL) en 1987-88, 1988-89 • Médaille d'argent (CM) en 1996

• Échangé à Hartford par Montréal pour le choix de 2e ronde de Hartford au repêchage de 1992 (Valeri Bure) le 17 septembre 1991 • Transfert de la concession de Hartford en Caroline le 25 juin 1997 • Échangé à Calgary par la Caroline avec Jean-Sébastien Giguère pour Gary Roberts et Trevor Kidd le 25 août 1997 • Signe avec Vancouver comme joueur autonome le 19 août 1999 • Signe avec Columbus comme joueur autonome le 15 août 2002 • Signe avec Washington comme joueur autonome le 9 août 2005

CHABOT, JOHN

Né à Summerside, Île-du-Prince-Edouard, le 18 mai 1962. Centre, lance de la gauche, 6'2", 200 lb (Choix de 2e ronde de Montréal, 40e au total lors du repêchage de 1980)

SAISON	CLUB	LIGUE	PJ	B	A	PTS	PUN	PJ	B	A	PTS	PUN
1979-80	Hull (Olympiques)	LHJMQ	68	26	57	83	28	4	1	2	3	0
1980-81	Hull (Olympiques)	LHJMQ	70	27	62	89	24	-	-	-	-	-
	Nlle-Écosse (Voyageurs)	AHL	1	0	0	0	0	2	0	0	0	0
1981-82	Sherbrooke (Castors)	LHJMQ	62	34	*109	143	42	19	6	26	32	6
	Sherbrooke (Castors)	Mem.	-	-	-	-	-	5	3	8	11	0
1982-83	Nlle-Écosse (Voyageurs)	AHL	76	16	73	89	19	7	1	3	4	0
1983-84	**Montréal (Canadiens)**	**LNH**	**56**	**18**	**25**	**43**	**13**	**11**	**1**	**4**	**5**	**0**
1984-85	**Montréal (Canadiens)**	**LNH**	**10**	**1**	**6**	**7**	**2**	**-**	**-**	**-**	**-**	**-**
	Pittsburgh (Penguins)	LNH	67	8	45	53	12	-	-	-	-	-
1985-86	Pittsburgh (Penguins)	LNH	77	14	31	45	6	-	-	-	-	-
1986-87	Pittsburgh (Penguins)	LNH	72	14	22	36	8	-	-	-	-	-
1987-88	Detroit (Red Wings)	LNH	78	13	44	57	10	16	4	15	19	2
1988-89	Detroit (Red Wings)	LNH	52	2	10	12	6	6	1	1	2	0
	Adirondack (Red Wings)	AHL	8	3	12	15	0	-	-	-	-	-
1989-90	Detroit (Red Wings)	LNH	69	9	40	49	24	-	-	-	-	-
1990-91	Detroit (Red Wings)	LNH	27	5	5	10	4	-	-	-	-	-
	Adirondack (Red Wings)	AHL	27	11	30	41	4	2	0	1	1	0
1991-92	HC Milano Saima	Alpe	20	12	22	34	12	-	-	-	-	-
	HC Milano Saima	ITA	18	10	36	46	4	12	3	13	16	2
	Canada	Éq. nat.	8	1	3	4	0	-	-	-	-	-
1992-93	HC Milano Devils	Alpe	13	6	17	23	0	-	-	-	-	-
	BSC Preussen Berlin	GER	20	10	17	27	14	7	1	7	8	4
1993-94	BSC Preussen Berlin	GER	32	9	29	38	27	10	5	6	11	8
1994-95	BSC Preussen Berlin	GER	43	20	*48	*68	48	12	5	7	12	14
	Canada	Éq. nat.	3	1	2	3	0	-	-	-	-	-
1995-96	Berlin Devils	GER	50	16	*65	81	20	11	5	*14	19	14
1996-97	Berlin Capitals	GER	45	12	34	46	43	4	2	1	3	0
	Berlin Capitals	EuroHL	6	3	3	6	10	-	-	-	-	-
	EV Zug	SUI	-	-	-	-	-	2	0	1	1	0
1997-98	Frankfurt Lions	GER	47	12	*46	58	72	7	0	5	5	2
1998-99	Frankfurt Lions	GER	49	7	52	59	44	8	1	4	5	2

SAISON	CLUB	LIGUE	PJ	B	A	PTS	PUN	PJ	B	A	PTS	PUN
1999-00	Frankfurt Lions	GER	38	10	33	43	16	5	1	3	4	10
2000-01	Eisbaren Berlin	GER	47	11	24	35	37	-	-	-	-	-
		LNH	**508**	**84**	**228**	**312**	**85**	**33**	**6**	**20**	**26**	**2**
		Montréal	**66**	**19**	**31**	**50**	**15**	**11**	**1**	**4**	**5**	**0**

• Première équipe d'étoiles (LHJMQ) en 1981-82 • Trophée Michel-Brière (LHJMQ) en 1981-82
• Coupe du Président (LHJMQ) en 1981-82 • Équipe d'étoiles (Mem.) en 1981-82
• Échangé à Pittsburgh par Montréal pour Ron Flockhart le 9 novembre 1984 • Signe avec Detroit comme joueur autonome le 25 juin 1987

CHAMBERLAIN, ERWIN (MURPH)

Né à Shawville, Québec, le 14 février 1915, décédé le 8 mai 1986
Ailier gauche, lance de la gauche, 5'11", 170 lb

SAISON	CLUB	LIGUE	PJ	B	A	PTS	PUN	PJ	B	A	PTS	PUN
1932-33	Ottawa (Primroses)	OCJHL	11	7	2	9	19	4	3	1	4	6
1933-34	Ottawa (New Edinburghs)	OCSHL	4	1	0	1	0	-	-	-	-	-
1934-35	Noranda (Copper Kings)	GBHL	13	6	5	11	10	-	-	-	-	-
1935-36	South Porcupine (Porkies)	GBHL	8	7	0	7	33	2	0	1	1	*11
1936-37	Sudbury (Frood Tigers)	NBHL	15	12	3	15	38	2	0	0	0	2
	Sudbury (Frood Tigers)	Allan	-	-	-	-	-	13	17	3	20	37
1937-38	Toronto (Maple Leafs)	LNH	43	4	12	16	51	5	0	0	0	
21938-39	Toronto (Maple Leafs)	LNH	48	10	16	26	32	10	2	5	7	4
1939-40	Toronto (Maple Leafs)	LNH	40	5	17	22	63	3	0	0	0	0
1940-41	**Montréal (Canadiens)**	**LNH**	**45**	**10**	**15**	**25**	**75**	**3**	**0**	**2**	**2**	**11**
1941-42	**Montréal (Canadiens)**	**LNH**	**26**	**6**	**3**	**9**	**30**	-	-	-	-	-
	New York (Americans)	LNH	11	6	9	15	16	-	-	-	-	-
	Springfield (Indians)	AHL	3	2	1	3	0	-	-	-	-	-
1942-43	Boston (Bruins)	LNH	45	9	24	33	67	6	1	1	2	12
1943-44	**Montréal (Canadiens)**	**LNH**	**47**	**15**	**32**	**47**	**85**	**9**	**5**	**3**	**8**	**12**
1944-45	**Montréal (Canadiens)**	**LNH**	**32**	**2**	**12**	**14**	**38**	**6**	**1**	**1**	**2**	**10**
1945-46	**Montréal (Canadiens)**	**LNH**	**40**	**12**	**14**	**26**	**42**	**9**	**4**	**2**	**6**	**18**
1946-47	**Montréal (Canadiens)**	**LNH**	**49**	**10**	**10**	**20**	**97**	**11**	**1**	**3**	**4**	**19**
1947-48	**Montréal (Canadiens)**	**LNH**	**30**	**6**	**3**	**9**	**62**	-	-	-	-	-
1948-49	**Montréal (Canadiens)**	**LNH**	**54**	**5**	**8**	**13**	**111**	**4**	**0**	**0**	**0**	**8**
1949-50	Sydney (Millionaires)	CBSHL	*Statistiques non disponibles*									
		LNH	**510**	**100**	**175**	**275**	**769**	**66**	**14**	**17**	**31**	**96**
		Montréal	**323**	**66**	**97**	**163**	**540**	**42**	**11**	**11**	**22**	**78**

• Coupe Allan en 1936-37 • Coupe Stanley (LNH) en 1943-44, 1945-46
• Signe avec Toronto en septembre 1937 • Droits vendus à Montréal par Toronto pour une somme d'argent le 10 mai 1940 • Prêté à New York (Americans) par Montréal pour Red Heron le 10 février 1942 • Prêté à Boston par Montréal le 1er novembre 1942 • Signe avec Sydney (CBSHL) comme joueur et entraîneur le 16 septembre 1949

CHAPLEAU, ED

Décédé. Avant

SAISON	CLUB	LIGUE	PJ	B	A	PTS	PUN	PJ	B	A	PTS	PUN
1908-09	Montréal (National 2)	QIHA	*Statistiques non disponibles*									
	Montréal (Saint-Jacques)	LHCM	*Statistiques non disponibles*									
1909-10	**Montréal (Canadiens)**	**NHA**	**2**	**0**	**-**	**0**	**3**	-	-	-	-	-
1910-11	Montréal (National)	LHCM	5	1	0	1	23	-	-	-	-	-
1911-12	Montréal (National)	LHAM	2	0	0	0	0	-	-	-	-	-
	Montréal (Champêtre)	LHAM	1	0	0	0	0	-	-	-	-	-
		NHA	**2**	**0**	**-**	**0**	**3**	-	-	-	-	-
		Montréal	**2**	**0**	**-**	**0**	**3**	-	-	-	-	-

• Signe avec Montréal (NHA) en décembre 1909

CHARBONNEAU, JOSÉ

Né à Ferme-Neuve, Québec, le 21 novembre 1966. Ailier droit, lance de la droite, 6', 190 lb (Choix de 1re ronde de Montréal, 12e au total lors du repêchage de 1985)

SAISON	CLUB	LIGUE	PJ	B	A	PTS	PUN	PJ	B	A	PTS	PUN
1981-82	Laval (Insulaires)	QAAA	42	15	31	46	-	-	-	-	-	-
1982-83	Laval (Insulaires)	QAAA	48	40	50	90	-	-	-	-	-	-
1983-84	Drummondville (Voltigeurs)	LHJMQ	65	31	59	90	110	-	-	-	-	-
1984-85	Drummondville (Voltigeurs)	LHJMQ	46	34	40	74	91	12	5	10	15	20
1985-86	Drummondville (Voltigeurs)	LHJMQ	57	44	45	89	158	23	16	20	36	40
1986-87	Sherbrooke (Canadiens)	AHL	72	14	27	41	94	16	5	12	17	17
1987-88	Sherbrooke (Canadiens)	AHL	55	30	35	65	108	-	-	-	-	-
	Montréal (Canadiens)	**LNH**	**16**	**0**	**2**	**2**	**6**	**8**	**0**	**0**	**0**	**4**
1988-89	Sherbrooke (Canadiens)	AHL	33	13	15	28	95	-	-	-	-	-
	Montréal (Canadiens)	**LNH**	**9**	**1**	**3**	**4**	**6**	-	-	-	-	-
	Vancouver (Canucks)	LNH	13	0	1	1	6	-	-	-	-	-
	Milwaukee (Admirals)	IHL	13	8	5	13	46	10	3	2	5	23
1989-90	Milwaukee (Admirals)	IHL	65	23	38	61	137	5	0	1	1	8
1990-91	Canada	Éq. nat.	56	22	29	51	54	-	-	-	-	-
1991-92	SC Rapperswill-Jona	SUI	24	30	17	47	89	-	-	-	-	-
	EHC Eisbaren Berlin	GER	11	3	6	9	16	-	-	-	-	-
1992-93	STIJ Galeen	HOL	7	7	13	*20	-	17	11	23	34	-
	Canada	Éq. nat.	1	0	0	0	0	-	-	-	-	-
1993-94	Vancouver (Canucks)	LNH	30	7	7	14	49	3	1	0	1	4
	Hamilton (Canucks)	AHL	7	3	2	5	8	-	-	-	-	-
1994-95	Vancouver (Canucks)	LNH	3	1	0	1	0	-	-	-	-	-
	Las Vegas (Thunder)	IHL	27	8	12	20	102	9	1	1	2	71
1995-96	EV Landshut	GER	47	32	24	56	102	11	10	6	16	28
1996-97	EV Landshut	GER	13	5	4	9	41	-	-	-	-	-
	Wedemark Scorpions	GER	30	10	21	31	97	5	1	0	1	27
1997-98	Frankfurt Lions	GER	40	13	16	29	156	7	4	1	5	18
1998-99	Frankfurt Lions	GER	47	16	19	35	76	2	0	0	0	6
1999-00	Frankfurt Lions	GER	55	18	30	48	98	5	0	1	1	12
2000-01	Frankfurt Lions	GER	58	19	25	44	85	-	-	-	-	-
		LNH	**71**	**9**	**13**	**22**	**67**	**11**	**1**	**0**	**1**	**8**
		Montréal	**25**	**1**	**5**	**6**	**12**	**8**	**0**	**0**	**0**	**4**

• Trophée Michael-Bossy (LHJMQ) en 1984-85

• Échangé à Vancouver par Montréal pour Dan Woodley le 25 janvier 1989 • Signe avec Vancouver comme joueur autonome le 3 octobre 1993

CHARRON, ÉRIC

Né à Verdun, Québec, le 14 janvier 1970. Défenseur, lance de la gauche, 6'3", 192 lb (Choix de 1re ronde de Montréal, 20e au total lors du repêchage de 1988)

SAISON	CLUB	LIGUE	PJ	B	A	PTS	PUN	PJ	B	A	PTS	PUN
1986-87	Lac-Saint-Louis (Lions)	QAAA	41	1	8	9	92	-	-	-	-	-
1987-88	Trois-Rivières (Draveurs)	LHJMQ	67	3	13	16	135	-	-	-	-	-
1988-89	Trois-Rivières (Draveurs)	LHJMQ	38	2	16	18	111	-	-	-	-	-
	Verdun (Canadiens Jr)	LHJMQ	28	2	15	17	66	-	-	-	-	-
	Sherbrooke (Canadiens)	AHL	1	0	0	0	0	-	-	-	-	-
1989-90	Saint-Hyacinthe (Laser)	LHJMQ	68	13	38	51	152	11	3	4	7	67
	Sherbrooke (Canadiens)	AHL	-	-	-	-	-	2	0	0	0	0
1990-91	Fredericton (Canadiens)	AHL	71	1	11	12	108	2	1	0	1	29
1991-92	Fredericton (Canadiens)	AHL	59	2	11	13	98	6	1	0	1	4
1992-93	Fredericton (Canadiens)	AHL	54	3	13	16	93	-	-	-	-	-
	Montréal (Canadiens)	**LNH**	**3**	**0**	**0**	**0**	**2**	-	-	-	-	-
	Atlanta (Knights)	IHL	11	0	2	2	12	3	0	1	1	6
1993-94	Tampa Bay (Lightning)	LNH	4	0	0	0	2	-	-	-	-	-
	Atlanta (Knights)	IHL	66	5	18	23	144	14	1	4	5	28
1994-95	Tampa Bay (Lightning)	LNH	45	1	4	5	26	-	-	-	-	-
1995-96	Tampa Bay (Lightning)	LNH	14	0	0	0	18	-	-	-	-	-
	Washington (Capitals)	LNH	4	0	1	1	4	6	0	0	0	8
	Portland (Pirates)	AHL	45	0	8	8	88	20	1	1	2	33
1996-97	Washington (Capitals)	LNH	25	1	1	2	20	-	-	-	-	-
	Portland (Pirates)	AHL	29	6	8	14	55	5	0	3	3	0
1997-98	Calgary (Flames)	LNH	2	0	0	0	4	-	-	-	-	-
	Saint John (Flames)	AHL	56	8	20	28	136	20	1	7	8	55
1998-99	Saint John (Flames)	AHL	50	10	12	22	148	3	1	0	1	22
	Calgary (Flames)	LNH	12	0	1	1	14	-	-	-	-	-
1999-00	Calgary (Flames)	LNH	21	0	0	0	37	-	-	-	-	-
	Saint John (Flames)	AHL	37	2	15	17	82	-	-	-	-	-
2000-01	Cleveland (Lumberjacks)	IHL	60	9	10	19	99	-	-	-	-	-
2001-02	Alder Mannheim	GER	46	1	7	28	118	12	0	1	1	34
2002-03	Nottingham (Panthers)	GBR	32	2	7	9	80	15	0	2	2	16
	Nottingham (Panthers)	GBR-Cup	-	-	-	-	-	7	1	1	2	22
2003-04	Sibir Novosibirsk	RUS	41	0	4	4	88	-	-	-	-	-
2004-05	Laval (Chiefs)	LNAH	22	0	8	8	12	-	-	-	-	-
	Verdun (Dragons)	LNAH	18	0	9	9	42	4	0	1	1	13
2005-06	Verdun (Dragons)	LNAH	46	10	12	22	65	4	0	0	0	4
2006-07	Saint-Hyacinthe (Top Design)	LNAH	36	2	6	8	98	5	0	3	3	10
		LNH	**130**	**2**	**7**	**9**	**127**	**6**	**0**	**0**	**0**	**8**
		Montréal	**3**	**0**	**0**	**0**	**2**	-	-	-	-	-

• Échangé à Tampa Bay par Montréal avec Alain Côté et des considérations futures (Donald Dufresne le 18 juin 1993) pour Rob Ramage le 20 mars 1993 • Échangé à Washington par Tampa Bay pour le choix de 7e ronde du Washington au repêchage de 1997 (Eero Somervuori) le 16 novembre 1995 • Échangé à Calgary par Washington pour le choix de 7e ronde de Calgary au repêchage de 1998 (Nathan Forster) le 4 septembre 1997 • Signe avec Minnesota comme joueur autonome le 31 août 2000 • Signe avec Adler Mannheim (GER) comme joueur autonome le 24 avril 2001

CHARRON, GUY

Né à Verdun, Québec, le 24 janvier 1949. Centre, lance de la gauche, 5'10", 170 lb

SAISON	CLUB	LIGUE	PJ	B	A	PTS	PUN	PJ	B	A	PTS	PUN
1966-67	Verdun (Maple Leafs)	LHJQ	*Statistiques non disponibles*									
	Verdun (Maple Leafs)	Mem.	-	-	-	-	-	4	0	1	1	4
1967-68	Verdun (Maple Leafs)	LHJQ	42	29	36	65	-	-	-	-	-	-
	Verdun (Maple Leafs)	Mem.	-	-	-	-	-	21	14	9	23	6
1968-69	Montréal (Canadiens Jr)	JOHA	50	27	27	54	12	14	11	15	26	6
	Montréal (Canadiens Jr)	Mem.	-	-	-	-	-	8	*7	5	12	4
1969-70	Montréal (Voyageurs)	AHL	65	37	45	82	20	8	8	4	12	2
	Montréal (Canadiens)	**LNH**	**5**	**0**	**0**	**0**	**0**	-	-	-	-	-
1970-71	Montréal (Voyageurs)	AHL	23	5	13	18	6	-	-	-	-	-
	Montréal (Canadiens)	**LNH**	**15**	**2**	**2**	**4**	**2**	-	-	-	-	-
	Detroit (Red Wings)	LNH	24	8	4	12	4	-	-	-	-	-
1971-72	Detroit (Red Wings)	LNH	64	9	16	25	14	-	-	-	-	-
1972-73	Detroit (Red Wings)	LNH	75	18	18	36	23	-	-	-	-	-
1973-74	Detroit (Red Wings)	LNH	76	25	30	55	10	-	-	-	-	-
1974-75	Detroit (Red Wings)	LNH	26	1	10	11	6	-	-	-	-	-
	Kansas City (Scouts)	LNH	51	13	29	42	21	-	-	-	-	-
1975-76	Kansas City (Scouts)	LNH	78	27	44	71	12	-	-	-	-	-
1976-77	Washington (Capitals)	LNH	80	36	46	82	10	-	-	-	-	-
	Match des étoiles	LNH	1	0	0	0	0	-	-	-	-	-
	Canada	CM	1	0	0	0	0	-	-	-	-	-
1977-78	Washington (Capitals)	LNH	80	38	35	73	12	-	-	-	-	-
	Canada	CM	9	0	1	1	0	-	-	-	-	-
1978-79	Washington (Capitals)	LNH	80	28	42	70	24	-	-	-	-	-
	Canada	CM	6	1	3	4	2	-	-	-	-	-
1979-80	Washington (Capitals)	LNH	33	11	20	31	6	-	-	-	-	-
1980-81	Washington (Capitals)	LNH	47	5	13	18	2	-	-	-	-	-
1981-82	EHC Arosa	SUI	*Statistiques non disponibles*									
1982-83	EHC Arosa	SUI	36	17	27	44	-	-	-	-	-	-
	New Haven (Nighthawks)	AHL	2	1	2	3	14	12	2	5	7	4
		LNH	**734**	**221**	**309**	**530**	**146**	-	-	-	-	-
		Montréal	**20**	**2**	**2**	**4**	**2**	-	-	-	-	-

• Coupe Memorial en 1968-69 • Match des étoiles (LNH) en 1976-77 • Médaille de bronze (CM) en 1978
• Échangé à Detroit par Montréal avec Mickey Redmond et Bill Collins pour Frank Mahovlich le 13 janvier 1971 • Échangé à Kansas city par Detroit avec Claude Houde pour Bart Crashley, Ted Snell et Larry Giroux le 14 décembre 1974 • Signe avec Washington comme joueur autonome le 1er septembre 1976

CHARTRAW, RICHARD (RICK)

Né à Caracas, Vénézuela, le 13 juillet 1954. Ailier droit/Défenseur, lance de la droite, 6'2", 210 lb (Choix de 1re ronde de Montréal, 10e au total lors du repêchage de 1974)

Saison	Club	Ligue	PJ	B	A	PTS	PUN	PJ	B	A	PTS	PUN
1972-73	Kitchener (Rangers)	OMJHL	59	10	22	32	101	-	-	-	-	-
1973-74	Kitchener (Rangers)	OMJHL	70	17	44	61	150	-	-	-	-	-
1974-75	Nlle-Écosse (Voyageurs)	AHL	58	7	20	27	148	6	1	2	3	4
	Montréal (Canadiens)	**LNH**	**12**	**0**	**0**	**0**	**6**	-	-	-	-	-
1975-76	Nlle-Écosse (Voyageurs)	AHL	33	12	24	36	49	-	-	-	-	-
	Montréal (Canadiens)	**LNH**	**16**	**1**	**3**	**4**	**25**	**2**	**0**	**0**	**0**	**0**
1976-77	**Montréal (Canadiens)**	**LNH**	**43**	**3**	**4**	**7**	**59**	**13**	**2**	**1**	**3**	**17**
	États-Unis	CC	5	0	0	0	8	-	-	-	-	-
1977-78	**Montréal (Canadiens)**	**LNH**	**68**	**4**	**12**	**16**	**64**	**10**	**1**	**0**	**1**	**10**
1978-79	**Montréal (Canadiens)**	**LNH**	**62**	**5**	**11**	**16**	**29**	**16**	**2**	**1**	**3**	**24**
1979-80	**Montréal (Canadiens)**	**LNH**	**66**	**5**	**7**	**12**	**35**	**10**	**2**	**2**	**4**	**0**
1980-81	**Montréal (Canadiens)**	**LNH**	**14**	**0**	**0**	**0**	**4**	-	-	-	-	-
	Los Angeles (Kings)	LNH	21	1	6	7	28	4	0	1	1	4
1981-82	New Haven (Nighthawks)	AHL	33	3	9	12	39	-	-	-	-	-
	Los Angeles (Kings)	LNH	33	2	8	10	56	10	0	2	2	17
1982-83	Los Angeles (Kings)	LNH	31	3	5	8	31	-	-	-	-	-
	New York (Rangers)	LNH	26	2	2	4	37	9	0	2	2	6
1983-84	New York (Rangers)	LNH	4	0	0	0	4	-	-	-	-	-
	Tulsa (Oilers)	CHL	28	1	4	5	25	-	-	-	-	-
	Edmonton (Oilers)	LNH	24	2	6	8	21	1	0	0	0	2
			N'a pas joué de 1984-85 à 1991-92									
1992-93	Los Angeles (Jets)	SCSHL	4	2	2	4	6	-	-	-	-	-
		LNH	**420**	**28**	**64**	**92**	**399**	**75**	**7**	**9**	**16**	**80**
		Montréal	**281**	**18**	**37**	**55**	**222**	**51**	**7**	**4**	**11**	**51**

• Première équipe d'étoiles (OMJHL) en 1973-74 • Première équipe d'étoiles (AHL) en 1974-75 • Coupe Stanley (LNH) en 1975-76, 1976-77, 1977-78, 1978-79, 1983-84

• Échangé à Los Angeles par Montréal pour le choix de 2e ronde de Los Angeles au repêchage de 1983 (Claude Lemieux) le 17 février 1981 • Réclamé au ballottage par New York (Rangers) de Los Angeles le 13 janvier 1983 • Échangé à Edmonton par New York (Rangers) pour le choix de 9e ronde d'Edmonton au repêchage de 1984 (Heinz Ehlers) le 20 janvier 1984

CHELIOS, CHRIS

Né à Chicago, Illinois, le 25 janvier 1962. Défenseur, lance de la droite, 6'1", 190 lb (Choix de 2e ronde de Montréal, 40e au total lors du repêchage de 1981)

Saison	Club	Ligue	PJ	B	A	PTS	PUN	PJ	B	A	PTS	PUN
1979-80	Moose Jaw (Canucks)	SJHL	53	12	31	43	118	-	-	-	-	-
1980-81	Moose Jaw (Canucks)	SJHL	54	23	64	87	175	-	-	-	-	-
1981-82	Wisconsin University	WCHA	43	6	43	49	50	-	-	-	-	-
	États-Unis	CMJ	7	1	2	3	10	-	-	-	-	-
1982-83	Wisconsin University	WCHA	26	9	17	26	50	-	-	-	-	-
1983-84	États-Unis	Éq. nat.	60	14	35	49	58	-	-	-	-	-
	États-Unis	JO	6	0	4	4	8	-	-	-	-	-
	Montréal (Canadiens)	**LNH**	**12**	**0**	**2**	**2**	**12**	**15**	**1**	**9**	**10**	**17**
1984-85	États-Unis	CC	6	0	2	2	2	-	-	-	-	-
	Montréal (Canadiens)	**LNH**	**74**	**9**	**55**	**64**	**87**	**9**	**2**	**8**	**10**	**17**
	Match des étoiles	LNH	1	0	0	0	0	-	-	-	-	-
1985-86	**Montréal (Canadiens)**	**LNH**	**41**	**8**	**26**	**34**	**67**	**20**	**2**	**9**	**11**	**49**
1986-87	**Montréal (Canadiens)**	**LNH**	**71**	**11**	**33**	**44**	**124**	**17**	**4**	**9**	**13**	**38**
	Équipe d'étoiles LNH	RV 87	2	0	0	0	0	-	-	-	-	-
1987-88	États-Unis	CC	5	0	2	2	2	-	-	-	-	-
	Montréal (Canadiens)	**LNH**	**71**	**20**	**41**	**61**	**172**	**11**	**3**	**1**	**4**	**29**
1988-89	**Montréal (Canadiens)**	**LNH**	**80**	**15**	**58**	**73**	**185**	**21**	**4**	**15**	**19**	**28**
1989-90	**Montréal (Canadiens)**	**LNH**	**53**	**9**	**22**	**31**	**136**	**5**	**0**	**1**	**1**	**8**
	Match des étoiles	LNH	1	0	0	0	0	-	-	-	-	-
1990-91	Chicago (Blackhawks)	LNH	77	12	52	64	192	6	1	7	8	46
	Match des étoiles	LNH	1	1	1	2	0	-	-	-	-	-
1991-92	Chicago (Blackhawks)	LNH	80	9	47	56	245	18	6	15	21	37
	Match des étoiles	LNH	1	0	0	0	0	-	-	-	-	-
	États-Unis	CC	8	1	3	4	4	-	-	-	-	-
1992-93	Chicago (Blackhawks)	LNH	84	15	58	73	282	4	0	2	2	14
	Match des étoiles	LNH	1	0	0	0	0	-	-	-	-	-
1993-94	Chicago (Blackhawks)	LNH	76	16	44	60	212	6	1	1	2	8
	Match des étoiles	LNH	1	0	1	1	0	-	-	-	-	-
	États-Unis CM				*N'a pas joué*							
1994-95	Biel	SUI	3	0	3	3	4	-	-	-	-	-
	Chicago (Blackhawks)	LNH	48	5	33	38	72	16	4	7	11	12
1995-96	Chicago (Blackhawks)	LNH	81	14	58	72	140	9	0	3	3	8
	Match des étoiles	LNH	1	0	0	0	0	-	-	-	-	-
1996-97	Chicago (Blackhawks)	LNH	72	10	38	48	112	6	0	1	1	8
	Match des étoiles	LNH	1	0	0	0	0	-	-	-	-	-
	États-Unis	CDM	7	0	4	4	10	-	-	-	-	-
1997-98	Chicago (Blackhawks)	LNH	81	3	39	42	151	-	-	-	-	-
	Match des étoiles	LNH	1	0	3	3	0	-	-	-	-	-
	États-Unis	JO	4	2	0	2	2	-	-	-	-	-
1998-99	Chicago (Blackhawks)	LNH	65	8	26	34	89	-	-	-	-	-
	Detroit (Red Wings)	LNH	10	1	1	2	4	10	0	4	4	14
1999-00	Detroit (Red Wings)	LNH	81	3	31	34	103	9	0	1	1	8
	Match des étoiles	LNH	1	0	0	0	0	-	-	-	-	-
2000-01	Detroit (Red Wings)	LNH	24	0	3	3	45	5	1	0	1	2
2001-02	Detroit (Red Wings)	LNH	79	6	33	39	126	23	1	13	14	44
	Match des étoiles	LNH	1	0	0	0	0	-	-	-	-	-
	États-Unis	JO	6	1	0	1	4	-	-	-	-	-
2002-03	Detroit (Red Wings)	LNH	66	2	17	19	78	4	0	0	0	3
2003-04	Detroit (Red Wings)	LNH	69	2	19	21	61	8	0	1	1	4
2004-05	États-Unis	CM	5	0	1	1	6	-	-	-	-	-
	Motor City (Mechanics)	UHL	23	5	19	24	25	-	-	-	-	-
2005-06	Detroit (Red Wings)	LNH	81	4	7	11	108	6	0	0	0	6
	États-Unis	JO	6	0	1	1	2	-	-	-	-	-
2006-07	Detroit (Red Wings)	LNH	71	0	11	11	34	18	1	6	7	12
2007-08	Detroit (Red Wings)	LNH	69	3	9	12	36	14	0	0	0	10
		LNH	**1616**	**185**	**763**	**948**	**2873**	**260**	**31**	**113**	**144**	**421**
		Montréal	**402**	**72**	**237**	**309**	**783**	**98**	**16**	**52**	**68**	**186**

• Deuxième équipe d'étoiles (WCHA) en 1982-83 • Équipe d'étoiles All Tournament (NCAA) en 1982-83 • Équipe d'étoiles des joueurs recrues (LNH) en 1984-85 • Match des étoiles (LNH) en 1984-85, 1989-90, 1990-91, 1991-92, 1992-93, 1993-94, 1995-96, 1996-97, 1997-98, 1999-00, 2001-02 • Coupe Stanley (LNH) en 1985-86, 2001-02, 2006-07 • Première équipe d'étoiles (LNH) en 1988-89, 1992-93, 1994-95, 1995-96, 2001-02 • Deuxième équipe d'étoiles (LNH) en 1990-91, 1996-97 • Trophée James-Norris en 1988-89, 1992-93, 1995-96 • Équipe d'étoiles (CC) en 1991 • Équipe d'étoiles (CM) en 1996 • Coupe du Monde en 1996 • Médaille d'argent (JO) en 2002 • Équipe d'étoiles (JO) en 2002 • Trophée Bud Light (LNH) en 2001-02

• Échangé à Chicago par Montréal avec le choix de 2e ronde de Montréal au repêchage de 1991 (Michael Pomichter) pour Denis Savard le 29 juin 1990 • Échangé à Detroit par Chicago pour Anders Eriksson et les 1er choix de Detroit aux repêchages de 1999 (Steve McCarthy) et de 2001 (Adam Munro) le 23 mars 1999 • Signe avec Motor City (UHL) comme joueur autonome le 1er février 2005

CHIPCHURA, KYLE

Né à Westlock, Alberta, le 19 février 1986. Centre, lance de la gauche, 6'2", 204 lb (Choix de 1re ronde de Montréal, 18e au total lors du repêchage de 2004)

Saison	Club	Ligue	PJ	B	A	PTS	PUN	PJ	B	A	PTS	PUN
2000-01	Spruce Grove Broncos	AMBHL	36	26	34	60	48	-	-	-	-	-
2001-02	Fort Saskatchewan Traders	AMHL	33	15	36	51	78	17	16	20	36	
2002-03	Prince Albert (Raiders)	WHL	63	9	21	30	89	-	-	-	-	-
2003-04	Prince Albert (Raiders)	WHL	64	15	33	48	118	6	2	4	6	12
	Canada	CMJ	7	3	2	5	28	-	-	-	-	-
2004-05	Prince Albert (Raiders)	WHL	28	14	18	32	32	14	4	7	11	25
2005-06	Prince Albert (Raiders)	WHL	59	21	34	55	81	-	-	-	-	-
	Canada	CMJ	6	4	1	5	0	-	-	-	-	-
	Hamilton (Bullgogs)	AHL	8	1	2	3	6	-	-	-	-	-
2006-07	Hamilton (Bullgogs)	AHL	80	12	27	39	56	22	6	7	13	20
2007-08	**Montréal (Canadiens)**	**LNH**	**36**	**4**	**7**	**11**	**10**	-	-	-	-	-
	Hamilton (Bullgogs)	AHL	39	10	11	21	27	-	-	-	-	-
		LNH	**36**	**4**	**7**	**11**	**10**	-	-	-	-	-
		Montréal	**36**	**4**	**7**	**11**	**10**	-	-	-	-	-

• Deuxième équipe d'étoiles, Division Est (WHL) en 2005-06 • Coupe Calder (AHL) en 2006-07

CHORSKE, TOM

Né à Minneapolis, Minnesota, le 18 septembre 1966. Ailier gauche, lance de la droite, 6'1", 204 lb (Choix de 1re ronde de Montréal, 16e au total lors du repêchage de 1985)

Saison	Club	Ligue	PJ	B	A	PTS	PUN	PJ	B	A	PTS	PUN
1984-85	Minneapolis (Lakers)	H.S.	23	44	26	70	-	-	-	-	-	-
1985-86	Minnesota University	WCHA	39	6	4	10	16	-	-	-	-	-
	États-Unis	CMJ	7	1	0	1	2	-	-	-	-	-
1986-87	Minnesota University	WCHA	47	20	22	42	20	-	-	-	-	-
1987-88	États-Unis	Éq. nat.	36	9	16	25	24	-	-	-	-	-
1988-89	Minnesota University	WCHA	37	25	24	49	28	-	-	-	-	-
	États-Unis	CM	9	2	1	3	6	-	-	-	-	-
1989-90	Sherbrooke (Canadiens)	AHL	59	22	24	46	54	12	4	4	8	8
	Montréal (Canadiens)	**LNH**	**14**	**3**	**1**	**4**	**2**	-	-	-	-	-
1990-91	**Montréal (Canadiens)**	**LNH**	**57**	**9**	**11**	**20**	**32**	-	-	-	-	-
1991-92	New Jersey (Devils)	LNH	76	19	17	36	32	7	0	3	3	4
1992-93	New Jersey (Devils)	LNH	50	7	12	19	25	1	0	0	0	0
	Utica (Devils)	AHL	6	1	4	5	2	-	-	-	-	-
1993-94	New Jersey (Devils)	LNH	76	21	20	41	32	20	4	3	7	0
1994-95	HC Milan (Devils)	ITA	7	11	5	16	6	-	-	-	-	-
	HC Milan (Devils)	EuroHL	4	6	7	13	2	-	-	-	-	-
	New Jersey (Devils)	LNH	42	10	8	18	16	17	1	5	6	4
1995-96	Ottawa (Sénateurs)	LNH	72	15	14	29	21	-	-	-	-	-
	États-Unis	CM	8	1	2	3	16	-	-	-	-	-
1996-97	Ottawa (Sénateurs)	LNH	68	18	8	26	16	5	0	1	1	2
1997-98	New York (Islanders)	LNH	82	12	23	35	39	-	-	-	-	-
	États-Unis	CM	6	1	1	2	0	-	-	-	-	-
1998-99	New York (Islanders)	LNH	2	0	1	1	2	-	-	-	-	-
	Washington (Capitals)	LNH	17	0	2	2	4	-	-	-	-	-
	Calgary (Flames)	LNH	7	0	0	0	2	-	-	-	-	-
	États-Unis	CM	6	1	1	2	4	-	-	-	-	-
1999-00	Pittsburgh (Penguins)	LNH	33	1	5	6	2	-	-	-	-	-
2000-01	Houston (Aeros)	IHL	78	27	25	52	36	7	3	2	5	4
		LNH	**596**	**115**	**122**	**237**	**225**	**50**	**5**	**12**	**17**	**10**
		Montréal	**71**	**12**	**12**	**24**	**34**	-	-	-	-	-

• Nommé joueur de l'année (H.S.) en 1984-85 •Médaille de bronze (CMJ) en 1986 • Première équipe d'étoiles (WCHA) en 1988-89 • Coupe Stanley (LNH) en 1994-95.

• Échangé à New Jersey par Montréal avec Stéphane Richer pour Kirk Muller et Roland Melanson le 20 septembre 1991 • Réclamé au ballottage par Ottawa de New Jersey le 5 octobre 1995 • Réclamé par New York (Islanders) d'Ottawa au repêchage inter-équipes le 28 septembre 1997 • Échangé à Washington par New York (Islanders) avec le choix de 8e ronde des Islanders (Maxim Orlov) au repêchage de 1999 pour le choix de 6e ronde de Washington (Bjorn Melin) au repêchage de 1999 le 16 octobre 1998 • Échangé à Calgary par Washington pour le choix de 7e ronde de Calgary de 2000 (cédé plus tard à Los Angeles qui sélectionne Tim Eriksson) et le choix de 9e ronde de Washington (acquis lors d'une transaction antérieure, Washington sélectionne Bjorn Nord) le 22 mars 1999 • Signe avec Pittsburgh comme joueur autonome le 2 septembre 1999.

CHOUINARD, ÉRIC

Né à Atlanta, Georgie, le 8 juillet 1980. Ailier gauche, lance de la gauche, 6'3", 214 lb (Choix de 1re ronde de Montréal, 16e au total lors du repêchage de 1998)

Saison	Club	Ligue	PJ	B	A	PTS	PUN	PJ	B	A	PTS	PUN
1995-96	Magog (Sélect)	AHAQ	22	12	14	26	12	-	-	-	-	-

SAISONS RÉGULIÈRES — SÉRIES ÉLIMINATOIRES

SAISON	CLUB	LIGUE	PJ	B	A	PTS	PUN	PJ	B	A	PTS	PUN
1995-96	Sainte-Foy (Gouverneurs)	QAAA	17	2	5	7	-	15	7	12	19	12
1996-97	Sainte-Foy (Gouverneurs)	QAAA	40	29	41	70	40	10	14	9	23	-
1997-98	Québec (Remparts)	LHJMQ	68	41	42	83	18	14	7	10	17	6
1998-99	Canada	CMJ	2	1	0	1	2	-	-	-	-	-
	Québec (Remparts)	LHJMQ	62	50	59	109	56	13	8	10	18	8
	Fredericton (Canadiens)	AHL	-	-	-	-	-	6	3	2	5	0
1999-00	Québec (Remparts)	LHJMQ	50	57	47	104	105	11	14	4	18	8
	Canada	CMJ	7	3	0	3	0	-	-	-	-	-
2000-01	**Montréal (Canadiens)**	**LNH**	**13**	**1**	**3**	**4**	**0**	-	-	-	-	-
	Québec (Citadelles)	AHL	48	12	21	33	6	9	2	0	2	2
2001-02	Québec (Citadelles)	AHL	65	19	23	42	18	2	0	0	0	0
2002-03	Utah (Grizzlies)	AHL	32	12	12	24	16	-	-	-	-	-
	Philadelphia (Flyers)	LNH	28	4	4	8	8	-	-	-	-	-
2003-04	Philadelphia (Flyers)	LNH	17	3	0	3	0	-	-	-	-	-
	Philadelphia (Phantoms)	AHL	1	0	0	0	0	-	-	-	-	-
	Minnesota (Wilf)	LNH	31	3	4	7	6	-	-	-	-	-
2004-05	EC Red Bull Salzbourg	AUT	16	5	5	10	42	-	-	-	-	-
2005-06	Philadelphia (Flyers)	LNH	1	0	0	0	2	-	-	-	-	-
	Philadelphia (Phantoms)	AHL	24	7	7	14	4	-	-	-	-	-
	San Antonio (Rampage)	AHL	47	8	12	20	22	-	-	-	-	-
2006-07	HC Sierre-Anniviers	SUI	4	3	3	6	0	-	-	-	-	-
	Straubing Tigers	GER	27	6	17	23	32	-	-	-	-	-
2007-08	Straubing Tigers	GER	55	30	22	52	58	-	-	-	-	-
		LNH	**90**	**11**	**11**	**22**	**16**	-	-	-	-	-
		Montréal	**13**	**1**	**3**	**4**	**0**	-	-	-	-	-

• Trophée Frank-Selke (LHJMQ) en 1998-99 • Médaille de bronze (CMJ) en 2000

• Échangé à Philadelphie par Montréal pour le choix de 2e ronde de Philadelphie au repêchage de 2003 (Maxime Lapierre) le 29 janvier 2003 • Échangé au Minnesota par Philadelphie pour le choix de 5e ronde de Minnesota au repêchage de 2004 (Chris Zarb) le 17 décembre 2003 • Signe avec Salzbourg (AUT) comme joueur autonome le 14 octobre 2004 • Signe avec Philadelphie comme joueur autonome le 22 août 2005 • Échangé à Phoenix par Philadelphie pour Kiel McLeod le 28 décembre 2005 • Signe avec Straubing (GER) comme joueur autonome le 1er décembre 2006 • Signe avec HC Sierre (SUI) comme joueur autonome le 9 novembre 2006

CICCONE, ENRICO

Né à Montréal, Québec, le 10 avril 1970. Défenseur, lance de la gauche, 6'5", 212 lb (Choix de 5e ronde de Minnesota, 92e au total lors du repêchage de 1990)

SAISON	CLUB	LIGUE	PJ	B	A	PTS	PUN	PJ	B	A	PTS	PUN
1986-87	Lac-Saint-Louis (Lions)	QAAA	38	10	20	30	172	-	-	-	-	-
1987-88	Shawinigan (Cataractes)	LHJMQ	61	2	12	14	324	-	-	-	-	-
1988-89	Shawinigan (Cataractes)	LHJMQ	34	7	11	18	132	-	-	-	-	-
1988-89	Trois-Rivières (Draveurs)	LHJMQ	24	0	7	7	153	-	-	-	-	-
1989-90	Trois-Rivières (Draveurs)	LHJMQ	40	4	24	28	227	3	0	0	0	15
1990-91	Kalamazoo (Wings)	IHL	57	4	9	13	384	4	0	1	1	32
1991-92	Minnesota North (Stars)	LNH	11	0	0	0	48	-	-	-	-	-
	Kalamazoo (Wings)	IHL	53	4	16	20	406	10	0	1	1	58
1992-93	Minnesota (North Stars)	LNH	31	0	1	1	115	-	-	-	-	-
	Kalamazoo (Wings)	IHL	13	1	3	4	50	-	-	-	-	-
	Hamilton (Canucks)	AHL	6	1	3	4	44	-	-	-	-	-
1993-94	Washington (Capitals)	LNH	46	1	1	2	174	-	-	-	-	-
	Portland (Pirates)	AHL	6	0	0	0	27	-	-	-	-	-
	Tampa Bay (Lightning)	LNH	11	0	1	1	52	-	-	-	-	-
1994-95	Tampa Bay (Lightning)	LNH	41	2	4	6	225	-	-	-	-	-
1995-96	Tampa Bay (Lightning)	LNH	55	2	3	5	258	-	-	-	-	-
	Chicago (Blackhawks)	LNH	11	0	1	1	48	9	1	0	1	30
1996-97	Chicago (Blackhawks)	LNH	67	2	2	4	233	4	0	0	0	18
1997-98	Caroline (Hurricanes)	LNH	14	0	3	3	83	-	-	-	-	-
	Vancouver (Canucks)	LNH	13	0	1	1	47	-	-	-	-	-
	Tampa Bay (Lightning)	LNH	12	0	0	0	45	-	-	-	-	-
1998-99	Tampa Bay (Lightning)	LNH	16	1	1	2	24	-	-	-	-	-
	Cleveland (Lumberjacks)	IHL	6	0	0	0	23	-	-	-	-	-
	Washington Capitals	LNH	43	2	0	2	103	-	-	-	-	-
1999-00	Moskitos (Essen)	GER	14	0	4	4	101	-	-	-	-	-
2000-01	**Montreal (Canadiens)**	**LNH**	**3**	**0**	**0**	**0**	**14**	-	-	-	-	-
	Québec (Citadelles)	AHL	2	0	0	0	22	-	-	-	-	-
		LNH	**374**	**10**	**18**	**28**	**1469**	**13**	**1**	**0**	**1**	**48**
		Montréal	**3**	**0**	**0**	**0**	**14**	-	-	-	-	-

• Échangé à Washington par Dallas pour compléter l'échange de Paul Cavallini à Dallas (20 juin 1993) le 25 juin 1993 • Échangé à Tampa Bay par Washington avec le choix de 3e ronde de Washington de 1994 (échangé plus tard à Anaheim qui sélectionne Craig Reichert) et les choix de repêchages ultérieurs transférés lors de l'échange de Pat Elynuik en retour de Joe Reekie le 21 mars 1994 • Échangé à Chicago par Tampa Bay avec le choix de 2e ronde de Tampa Bay au repêchage de 1996 (Jeff Paul) pour Patrick Poulin, Igor Ulanov et le choix de 2e ronde de Chicago au repêchage de 1996 (échangé plus tard au New Jersey qui sélectionne Pierre Dagenais) le 20 mars 1996 • Échangé à Caroline par Chicago pour Ryan Risidore et le choix de 5e ronde de Caroline au repêchage de 1998 (échangé plus tard à Toronto qui sélectionne Morgan Warren) le 25 juillet 1997 • Échangé à Vancouver par la Caroline avec Sean Burke et Geoff Sanderson pour Kirk McLean et Martin Gelinas le 3 janvier 1998 • Échangé à Tampa Bay par Vancouver pour Jamie Huscroft le 14 mars 1998 • Droits vendus à Washington par Tampa Bay le 28 décembre 1998 • Signe avec Montréal comme joueur autonome le 7 juillet 2000 • Annonce officiellement sa retraite le 8 décembre 2000

CLARK, BRETT

Né à Wapella, Saskatchewan, le 23 décembre 1976. Défenseur, lance de la gauche, 6'1", 185 lb (Choix de 6e ronde de Montréal, 154e au total lors du repêchage de 1996)

SAISON	CLUB	LIGUE	PJ	B	A	PTS	PUN	PJ	B	A	PTS	PUN
1994-95	Melville (Millionaires)	SJHL	62	19	32	51	77	-	-	-	-	-
1995-96	Maine University	H-East	39	7	31	38	22	-	-	-	-	-
1996-97	Canada	Éq. nat.	57	6	21	27	52	-	-	-	-	-
1997-98	Fredericton (Canadiens)	AHL	20	0	6	6	6	4	0	1	1	17
	Montréal (Canadiens)	**LNH**	**41**	**1**	**0**	**1**	**20**	-	-	-	-	-
1998-99	**Montréal (Canadiens)**	**LNH**	**61**	**2**	**2**	**4**	**16**	-	-	-	-	-
	Fredericton (Canadiens)	AHL	3	1	0	1	0	-	-	-	-	-
1999-00	Atlanta (Thrashers)	LNH	14	0	1	1	4	-	-	-	-	-
	Orlando (Solar Bears)	IHL	63	9	17	26	31	6	0	1	1	0
2000-01	Atlanta (Thrashers)	LNH	28	1	2	3	14	-	-	-	-	-
	Orlando (Solar Bears)	IHL	43	2	9	11	32	15	1	6	7	2
2001-02	Atlanta (Thrashers)	LNH	2	0	0	0	0	-	-	-	-	-
	Chicago (Wolves)	AHL	42	3	17	20	18	-	-	-	-	-
	Hershey (Bears)	AHL	32	7	9	16	12	8	0	2	2	6
2002-03	Hershey (Bears)	AHL	80	8	27	35	26	5	0	4	4	4
2003-04	Colorado (Avalanche)	LNH	12	1	1	2	6	-	-	-	-	-
	Hershey (Bears)	AHL	64	11	21	32	37	-	-	-	-	-
2004-05	Hershey (Bears)	AHL	67	7	37	44	54	-	-	-	-	-
2005-06	Colorado (Avalanche)	LNH	80	9	27	36	56	9	2	2	4	2
2006-07	Colorado (Avalanche)	LNH	82	10	29	39	50	-	-	-	-	-
2007-08	Colorado (Avalanche)	LNH	57	5	16	21	33	-	-	-	-	-
		LNH	**377**	**29**	**78**	**107**	**199**	**9**	**2**	**2**	**4**	**2**
		Montréal	**102**	**3**	**2**	**5**	**36**	-	-	-	-	-

• Équipe d'étoiles des recrues (H.E.) en 1995-96

• Réclamé par Atlanta de Montréal au repêchage d'expansion de la LNH le 25 juin 1999.
• Échangé au Colorado par Atlanta pour Frederic Cassivi le 24 janvier 2002

CLEGHORN, JAMES (ODIE)

Né à Montréal, Québec, le 19 septembre 1891, décédé le 13 juillet 1956
Défenseur/Ailier, lance de la droite, 5'9", 195 lb

SAISON	CLUB	LIGUE	PJ	B	A	PTS	PUN	PJ	B	A	PTS	PUN
1908-09	Montréal (Westmount)	CAHL	*Statistiques non disponibles*									
1909-10	New York (Wanderers)	USAHA	8	*15	0	*15	-	-	-	-	-	-
1910-11	Renfrew (Creamery Kings)	NHA	16	20	0	20	66	-	-	-	-	-
1911-12	Montréal (Wanderers)	NHA	17	23	0	23	-	-	-	-	-	-
1912-13	Montréal (Wanderers)	NHA	19	18	0	18	-	-	-	-	-	-
1913-14	Montréal (Wanderers)	NHA	13	9	7	16	-	-	-	-	-	-
1914-15	Montréal (Wanderers)	NHA	15	21	5	26	39	2	0	0	0	12
1915-16	Montréal (Wanderers)	NHA	21	15	7	22	51	-	-	-	-	-
1916-17	Montréal (Wanderers)	NHA	18	28	4	32	49	-	-	-	-	-
1917-18			*N'a pas joué*									
1918-19	**Montréal (Canadiens)**	**LNH**	**17**	**22**	**6**	**28**	**22**	**10**	**9**	**0**	**9**	**9**
1919-20	**Montréal (Canadiens)**	**LNH**	**21**	**20**	**4**	**24**	**30**	-	-	-	-	-
1920-21	**Montréal (Canadiens)**	**LNH**	**21**	**5**	**6**	**11**	**8**	-	-	-	-	-
1921-22	**Montréal (Canadiens)**	**LNH**	**24**	**21**	**3**	**24**	**26**	-	-	-	-	-
1922-23	**Montréal (Canadiens)**	**LNH**	**24**	**19**	**6**	**25**	**18**	**2**	**0**	**0**	**0**	**2**
1923-24	**Montréal (Canadiens)**	**LNH**	**22**	**2**	**5**	**7**	**16**	**6**	**0**	**1**	**1**	**0**
1924-25	**Montréal (Canadiens)**	**LNH**	**30**	**3**	**3**	**6**	**14**	**6**	**0**	**1**	**1**	**0**
1925-26	Pittsburgh (Pirates)	LNH	17	2	1	3	4	1	0	0	0	0
1926-27	Pittsburgh (Pirates)	LNH	3	0	0	0	0	-	-	-	-	-
1927-28	Pittsburgh (Pirates)	LNH	2	0	0	0	4	-	-	-	-	-
		NHA	**119**	**134**	**23**	**157**	**205**	**2**	**0**	**0**	**0**	**12**
		LNH	**181**	**94**	**34**	**128**	**142**	**25**	**9**	**2**	**11**	**11**
		Montréal	**159**	**92**	**33**	**125**	**134**	**24**	**9**	**2**	**11**	**11**

• Coupe Stanley (LNH) en 1923-24

• Signe avec Renfrew (NHA) en décembre 1910 • Signe avec Montréal (Wanderers – NHA) en novembre 1911 • Signe avec Montréal (Canadiens) le 9 décembre 1918 • Droits vendus à New York par Montréal (Canadiens) avec John Matz le 12 avril 1925 • Droits vendus à Pittsburgh par New York le 18 octobre 1925

CLEGHORN, SPRAGUE

Né à Montréal, Québec, le 11 mars 1890, décédé le 11 juillet 1956
Défenseur, lance de la gauche, 5'10", 190 lb

SAISON	CLUB	LIGUE	PJ	B	A	PTS	PUN	PJ	B	A	PTS	PUN
1908-09	Montréal (Canadian Rubber)	LHCM	3	1	0	1	10	-	-	-	-	-
1909-10	New York (Wanderers)	USAHA	8	7	0	7	-	-	-	-	-	-
1910-11	Renfrew (Creamery Kings)	NHA	12	5	0	5	27	-	-	-	-	-
1911-12	Montréal (Wanderers)	NHA	18	9	0	9	-	-	-	-	-	-
1912-13	Montréal (Wanderers)	NHA	19	12	0	12	-	-	-	-	-	-
1913-14	Montréal (Wanderers)	NHA	20	12	8	20	-	-	-	-	-	-
1914-15	Montréal (Wanderers)	NHA	19	21	*12	33	51	2	0	0	0	17
1915-16	Montréal (Wanderers)	NHA	8	9	4	13	22	-	-	-	-	-
1916-17	Montréal (Wanderers)	NHA	19	16	9	25	62	-	-	-	-	-
1917-18			*N'a pas joué*									
1918-19	Ottawa (Senators)	LNH	18	7	6	13	27	5	2	0	2	11
1919-20	Ottawa (Senators)	LNH	21	16	5	21	85	5	0	1	1	4
1920-21	Ottawa (Senators)	LNH	3	2	3	5	9	-	-	-	-	-
	Toronto (St. Patricks)	LNH	13	3	5	8	31	1	0	0	0	0
	Ottawa (Senators)	LNH	-	-	-	-	-	5	1	2	3	0
1921-22	**Montréal (Canadiens)**	**LNH**	**24**	**17**	**9**	**26**	***80**	-	-	-	-	-
1922-23	**Montréal (Canadiens)**	**LNH**	**24**	**9**	**8**	**17**	**34**	**1**	**0**	**0**	**0**	**7**
1923-24	**Montréal (Canadiens)**	**LNH**	**23**	**8**	**4**	**12**	**45**	**6**	**2**	**2**	**4**	**2**
1924-25	**Montréal (Canadiens)**	**LNH**	**27**	**8**	**10**	**18**	**89**	**6**	**1**	**2**	**3**	**4**
1925-26	Boston (Bruins)	LNH	28	6	5	11	49	-	-	-	-	-
1926-27	Boston (Bruins)	LNH	44	7	1	8	84	8	1	0	1	8
1927-28	Boston (Bruins)	LNH	37	2	2	4	14	2	0	0	0	0
1928-29	Newark (Bulldogs)	Can-Am	3	0	0	0	0	-	-	-	-	-
		NHA	**115**	**84**	**33**	**117**	**162**	**2**	**0**	**0**	**0**	**17**
		LNH	**262**	**85**	**58**	**143**	**547**	**39**	**7**	**7**	**14**	**36**
		Montréal	**98**	**42**	**31**	**73**	**248**	**13**	**3**	**4**	**7**	**13**

• Coupe Stanley (LNH) en 1919-20, 1920-21, 1923-24 • Temple de la Renommée (LNH) en 1958

• Signe avec Renfrew (NHA) en décembre 1910 • Signe avec Montréal (Wanderers – NHA) en novembre 1911 • Signe avec Ottawa le 8 décembre 1918 • Réclamé par Ottawa avec Billy Bell, Jacks Marks et Jacks McDonald lors du repêchage de dispersion de Montréal (Wanderers) le 4 janvier 1918 • Droits transférés à Hamilton par la LNH avec Harry Broadbent le 30 décembre 1920 • Échangé à Toronto par Hamilton pour des considérations futures

CIC - CLE
662
SAISONS RÉGULIÈRES — SÉRIES ÉLIMINATOIRES

le 25 janvier 1921 • Droits vendus à Toronto par Ottawa le 21 février 1921 • Signe avec Ottawa le 15 mars 1921 • Droits transférés à Hamilton par la LNH le 6 avril 1921 • Échangé à Montréal par Hamilton pour Amos Arbour et Harry Mummery le 26 novembre 1921 • Droits vendus à Boston par Montréal le 8 novembre 1925

CLUNE, WALTER (WALLY)

Né à Toronto, Ontario, le 20 février 1930, décédé le 3 février 1998
Défenseur, lance de la droite, 5'9", 150 lb

Saison	Club	Ligue	PJ	B	A	PTS	PUN	PJ	B	A	PTS	PUN
1947-48	St. Michael's (Majors)	JOHA	32	3	5	8	37	-	-	-	-	-
1948-49	St. Michael's (Majors)	JOHA	31	2	3	5	68	-	-	-	-	-
1949-50	Guelph (Biltmores)	JOHA	44	7	10	17	68	15	0	2	2	27
	Guelph (Biltmores)	Mem.	-	-	-	-	-	11	2	4	6	12
1950-51	Montréal (Royals)	LHMQ	8	0	0	0	6	-	-	-	-	-
	Boston (Olympics)	EAHL	50	10	19	29	112	6	0	1	1	16
1951-52	Montréal (Royals)	LHMQ	57	3	11	14	84	7	0	2	2	6
1952-53	Montréal (Royals)	LHMQ	43	1	13	14	67	16	0	3	3	21
1953-54	Victoria (Cougars)	WHL	64	8	6	14	69	5	1	0	1	2
1954-55	Victoria (Cougars)	WHL	69	7	17	24	85	5	0	2	2	8
1955-56	Montréal (Royals)	LHQ	53	2	9	11	110	13	0	3	3	*39
	Montréal (Canadiens)	**LNH**	**5**	**0**	**0**	**0**	**6**	**-**	**-**	**-**	**-**	**-**
	Montréal (Royals)	Edin.	-	-	-	-	-	6	0	0	0	15
1956-57	Montréal (Royals)	LHQ	54	1	6	7	105	3	0	0	0	0
1957-58	Montréal (Royals)	LHQ	56	1	15	16	87	7	1	0	1	*30
1958-59	Montréal (Royals)	LHQ	57	7	25	32	84	8	0	1	1	13
1959-60	Montréal (Royals)	EPHL	62	2	20	22	63	14	0	5	5	13
1960-61	Montréal (Royals)	EPHL	65	2	7	9	22	-	-	-	-	-
		LNH	**5**	**0**	**0**	**0**	**6**	**-**	**-**	**-**	**-**	**-**
		Montréal	**5**	**0**	**0**	**0**	**6**	**-**	**-**	**-**	**-**	**-**

• Première équipe d'étoiles (EAHL) en 1950-51

• Réclamé par Montréal de Montréal (Royals-LHMQ) au repêchage inter-ligne le 10 juin 1953

COLLINGS, NORMAN (NORM)

Né à Bradford, Ontario, le 6 mai 1910. Ailier gauche, lance de la gauche, 6'2", 175 lb

Saison	Club	Ligue	PJ	B	A	PTS	PUN	PJ	B	A	PTS	PUN
1927-28	Newmarket (Redmen)	JOHA	*Statistiques non disponibles*									
1928-29	West Toronto (Redmen)	JOHA	2	1	0	1	-	3	2	0	2	-
1929-30	West Toronto (Nationals)	JOHA	3	4	1	5	0	2	0	1	1	0
	West Toronto (Nationals)	Mem.	-	-	-	-	-	12	8	7	15	6
1930-31	Minneapolis (Millers)	AHA	25	3	1	4	2	-	-	-	-	-
1931-32	New Haven (Eagles)	Can-Am	37	6	5	11	10	2	1	0	1	0
1932-33	New Haven (Eagles)	Can-Am	27	7	8	15	6	-	-	-	-	-
	Philadelphie (Arrows)	Can-Am	15	4	7	11	2	5	0	0	0	4
1933-34	Philadelphie (Arrows)	Can-Am	35	5	12	17	26	2	0	1	1	0
1934-35	Philadelphie (Arrows)	Can-Am	44	7	15	22	29	-	-	-	-	-
	Montréal (Canadiens)	**LNH**	**1**	**0**	**1**	**1**	**0**	**-**	**-**	**-**	**-**	**-**
1935-36	New Haven (Eagles)	Can-Am	34	3	9	12	15	-	-	-	-	-
1936-37			*N'a pas joué*									
1937-38	Tulsa (Oilers)	AHA	36	7	9	16	21	4	0	1	1	2
		LNH	**1**	**0**	**1**	**1**	**0**	**-**	**-**	**-**	**-**	**-**
		Montréal	**1**	**0**	**1**	**1**	**0**	**-**	**-**	**-**	**-**	**-**

• Droits vendus à Montréal par Philadelphie le 1er janvier 1935.

COLLINS, WILLIAM (BILL)

Né à Ottawa, Ontario, le 13 juillet 1943. Ailier droit, lance de la droite, 6'1", 180 lb

Saison	Club	Ligue	PJ	B	A	PTS	PUN	PJ	B	A	PTS	PUN
1960-61	Toronto (Marlboros)	JOHA	37	4	9	13	46	-	-	-	-	-
1961-62	Whitby (Mohawks)	OHA B	27	16	24	40	78	2	1	2	3	18
1962-63	Whitby (Mohawks)	OHA B	22	22	22	44	32	4	7	4	11	18
	Sudbury (Wolves)	EPHL	-	-	-	-	-	6	1	1	2	2
1963-64	Denver (Invaders)	WHL	58	17	15	32	54	-	-	-	-	-
	Baltimore (Clippers)	AHL	11	0	1	1	0	-	-	-	-	-
1964-65	Baltimore (Clippers)	AHL	6	0	0	0	0	-	-	-	-	-
	St. Paul (Rangers)	CPHL	58	12	29	41	47	11	5	2	7	24
1965-66	Minnesota (Rangers)	CPHL	56	18	29	47	55	7	0	5	5	4
1966-67	Baltimore (Clippers)	AHL	69	20	18	38	50	6	1	1	2	12
1967-68	Minnesota (North Stars)	LNH	71	9	11	20	41	10	2	4	6	4
1968-69	Minnesota (North Stars)	LNH	75	9	10	19	24	-	-	-	-	-
1969-70	Minnesota (North Stars)	LNH	74	29	9	38	48	6	0	1	1	8
1970-71	**Montréal (Canadiens)**	**LNH**	**40**	**6**	**2**	**8**	**39**	**-**	**-**	**-**	**-**	**-**
	Detroit (Red Wings)	LNH	36	5	16	21	10	-	-	-	-	-
1971-72	Detroit (Red Wings)	LNH	71	15	25	40	38	-	-	-	-	-
1972-73	Detroit (Red Wings)	LNH	78	21	21	42	44	-	-	-	-	-
1973-74	Detroit (Red Wings)	LNH	54	13	15	28	37	-	-	-	-	-
	St. Louis (Blues)	LNH	12	2	2	4	14	-	-	-	-	-
1974-75	St. Louis (Blues)	LNH	70	22	15	37	34	2	1	0	1	0
1975-76	New York (Rangers)	LNH	50	4	4	8	38	-	-	-	-	-
1976-77	Philadelphie (Flyers)	LNH	9	1	1	2	4	-	-	-	-	-
	Washington (Capitals)	LNH	54	11	14	25	26	-	-	-	-	-
1977-78	Washington (Capitals)	LNH	74	10	9	19	18	-	-	-	-	-
		LNH	**768**	**157**	**154**	**311**	**415**	**18**	**3**	**5**	**8**	**12**
		Montréal	**40**	**6**	**2**	**8**	**39**	**-**	**-**	**-**	**-**	**-**

• Échangé à New York (Rangers) par Toronto avec Bob Nevin, Arnie Brown, Dick Duff et Rod Seiling pour Andy Bathgate et Don McKenney le 22 février 1964 • Réclamé par Minnesota de New York (Rangers) à l'expansion de la LNH le 6 juin 1967 • Échangé à Montréal par Minnesota pour Jude Drouin le 10 juin 1970 • Échangé à Detroit par Montréal avec Guy Charron et Mickey Redmond pour Frank Mahovlich le 13 janvier 1971 • Échangé à St. Louis par Detroit avec Ted Harris et Garnet Bailey pour Chris Evans, Bryan Watson et Jean Hamel le 14 février 1974 • Échangé à New York (Rangers) par St. Louis avec John Davidson pour Ted Irvine, Bert Wilson et Jerry Butler le 18 juin 1975 • Signe avec Philadelphie comme joueur autonome le 20 octobre 1976 • Droits vendus à Washington par Philadelphie le 4 décembre 1976

COMEAU, REYNALD (REY)

Né à Montréal, Québec, le 25 octobre 1948. Centre, lance de la gauche, 5'8", 190 lb

Saison	Club	Ligue	PJ	B	A	PTS	PUN	PJ	B	A	PTS	PUN
1965-66	West Island (Flyers)	MMJHL	37	*40	32	72	37	-	-	-	-	-
1966-67	Verdun (Maple Leafs)	LHJQ	*Statistiques non disponibles*									
	Verdun (Maple Leafs)	Mem.	-	-	-	-	-	4	3	1	4	2
1967-68	Verdun (Maple Leafs)	LHJQ	36	29	50	79	-	-	-	-	-	-
	Verdun (Maple Leafs)	Mem.	-	-	-	-	-	18	8	14	22	40
1968-69	Houston (Apollos)	CHL	1	0	0	0	0	-	-	-	-	-
	Cleveland (Barons)	AHL	71	17	23	40	26	4	1	0	1	0
1969-70	Cleveland (Barons)	AHL	71	27	38	65	26	-	-	-	-	-
1970-71	Cleveland (Barons)	AHL	41	17	25	42	30	-	-	-	-	-
	Montréal (Voyageurs)	AHL	29	9	14	23	34	3	1	2	3	4
1971-72	**Montréal (Canadiens)**	**LNH**	**4**	**0**	**0**	**0**	**0**	**-**	**-**	**-**	**-**	**-**
	Nlle-Écosse (Voyageurs)	AHL	68	23	41	64	63	15	6	14	20	10
1972-73	Atlanta (Flames)	LNH	77	21	21	42	19	-	-	-	-	-
1973-74	Atlanta (Flames)	LNH	78	11	23	34	16	4	2	1	3	6
1974-75	Atlanta (Flames)	LNH	75	14	20	34	40	-	-	-	-	-
1975-76	Atlanta (Flames)	LNH	79	17	22	39	42	-	-	-	-	-
1976-77	Atlanta (Flames)	LNH	80	15	18	33	16	3	0	0	0	2
1977-78	Atlanta (Flames)	LNH	79	10	22	32	20	2	0	0	0	0
1978-79	Colorado (Rockies)	LNH	70	8	10	18	16	-	-	-	-	-
1979-80	Colorado (Rockies)	LNH	22	2	5	7	6	-	-	-	-	-
	Forth Worth (Texans)	CHL	57	14	35	49	16	-	-	-	-	-
1980-81	Forth Worth (Texans)	CHL	77	19	16	35	40	5	2	3	5	4
		LNH	**564**	**98**	**141**	**239**	**175**	**9**	**2**	**1**	**3**	**8**
		Montréal	**4**	**0**	**0**	**0**	**0**	**-**	**-**	**-**	**-**	**-**

• Coupe Calder (AHL) en 1971-72

• Droits vendus à Cleveland (AHL) par Montréal en juillet 1969 • Droits transférés au Minnesota en juillet 1970 • Échangé à Montréal par Minnesota pour Gord Labossière le 26 janvier 1971 • Réclamé par Vancouver de Montréal au repêchage intra-ligue le 8 juin 1971 • Droits vendus à Montréal par Vancouver le 14 septembre 1971 • Droits vendus à Atlanta par Montréal le 16 juin 1972 • Signe avec Colorado comme joueur autonome le 23 juin 1978

CONNELLY, WAYNE

Né à Rouyn, Québec, le 16 décembre 1939
Ailier droit/centre, lance de la droite, 5'10", 170 lb

Saison	Club	Ligue	PJ	B	A	PTS	PUN	PJ	B	A	PTS	PUN
1955-56	New Hamburg (Raiders)	OHA B	*Statistiques non disponibles*									
	Kitchener (Canucks)	JOHA	9	0	1	1	2	8	0	0	0	0
1956-57	Peterborough (Petes)	JOHA	52	19	7	26	83	-	-	-	-	-
1957-58	Peterborough (Petes)	JOHA	52	18	19	37	32	5	0	1	1	6
1958-59	Peterborough (Petes)	JOHA	54	36	54	90	46	19	6	*13	*19	38
	Peterborough (Petes)	Mem.	-	-	-	-	-	12	10	5	15	9
1959-60	Peterborough (Petes)	JOHA	47	*48	34	82	47	12	10	9	19	4
	Montréal (Royals)	EPHL	-	-	-	-	-	8	6	4	10	4
1960-61	Montréal (Royals)	EPHL	64	28	21	49	36	-	-	-	-	-
	Montréal (Canadiens)	**LNH**	**3**	**0**	**0**	**0**	**0**	**-**	**-**	**-**	**-**	**-**
1961-62	Hull-Ottawa (Canadiens)	EPHL	7	2	3	5	4	-	-	-	-	-
	Boston (Bruins)	LNH	61	8	12	20	34	-	-	-	-	-
1962-63	Kingston (Frontenacs)	EPHL	34	10	24	34	19	5	1	4	5	2
	Boston (Bruins)	LNH	18	2	6	8	2	-	-	-	-	-
1963-64	Boston (Bruins)	LNH	26	2	3	5	12	-	-	-	-	-
	San Francisco (Seals)	WHL	33	12	18	30	10	11	2	3	5	8
1964-65	San Francisco (Seals)	WHL	70	36	36	72	51	-	-	-	-	-
1965-66	San Francisco (Seals)	WHL	72	45	41	86	14	7	4	4	8	2
1966-67	Boston (Bruins)	LNH	64	13	17	30	12	-	-	-	-	-
1967-68	Minnesota (North Stars)	LNH	74	35	21	56	40	14	*8	3	11	2
1968-69	Minnesota (North Stars)	LNH	55	14	16	30	11	-	-	-	-	-
	Detroit (Red Wings)	LNH	19	4	9	13	0	-	-	-	-	-
1969-70	Detroit (Red Wings)	LNH	76	23	36	59	10	4	1	3	4	2
1970-71	Detroit (Red Wings)	LNH	51	8	13	21	12	-	-	-	-	-
	St. Louis (Blues)	LNH	28	5	16	21	9	6	2	1	3	0
1971-72	St. Louis (Blues)	LNH	15	5	5	10	2	-	-	-	-	-
	Vancouver (Canucks)	LNH	53	14	20	34	12	-	-	-	-	-
1972-73	Minnesota (Fightning Saints)	AMH	78	40	30	70	16	5	1	3	4	0
1973-74	Minnesota (Fightning Saints)	AMH	78	42	53	95	16	11	6	7	13	4
1974-75	Minnesota (Fightning Saints)	AMH	76	38	33	71	16	12	8	4	12	10
1975-76	Minnesota (Fightning Saints)	AMH	59	24	23	47	19	-	-	-	-	-
	Cleveland (Crusaders)	AMH	12	5	2	7	4	3	1	0	1	2
1976-77	Calgary (Cowboys)	AMH	25	5	6	11	4	-	-	-	-	-
	Edmonton (Oilers)	AMH	38	13	15	28	18	5	0	1	1	0
		LNH	**543**	**133**	**174**	**307**	**156**	**24**	**11**	**7**	**18**	**4**
		Montréal	**3**	**0**	**0**	**0**	**0**	**-**	**-**	**-**	**-**	**-**

• Première équipe d'étoiles (JOHA) en 1958-59 • Deuxième équipe d'étoiles (WHL) en 1964-65, 1965-66

• Échangé à Boston par Montréal pour le prêt de Bob Armstrong, Dallas Smith et d'une somme d'argent le 26 octobre 1961 • Droits vendus à San Francisco (WHL) par Boston le 6 juin 1964 • Droits vendus à Boston par San Francisco le 14 juin 1966 • Réclamé par Minnesota de Boston à l'expansion de la LNH le 6 juin 1967 • Échangé à Detroit par Minnesota pour Danny Lawson et Brian Conacher le 15 février 1969 • Échangé à St. Louis par Detroit avec Garry Unger pour Red Berenson et Tim Ecclestone le 6 février 1971 • Échangé à New York (Rangers) par St. Louis avec Gene Carr et Jim Lorentz pour André Dupont, Jack Egers et Mike Murphy le 15 novembre 1971 • Échangé à Vancouver par New York (Rangers) avec Dave Balon et Ron Stewart pour Gary Doak et Jim Wiste le 16 novembre 1971 • Sélectionné par Minnesota (AMH) lors de l'expansion de l'AMH le 12 février 1971 • Réclamé par Cleveland (AMH) du Minnesota (AMH) le 10 mars 1976 • Échangé à Nlle-Angleterre (AMH) par Cleveland (AMH) pour Fred O'Donnell et Bob McNanama en juin 1976 • Droits vendus à Calgary (AMH) par Nlle-Angleterre (AMH) en octobre 1976 • Droits vendus à Edmonton (AMH) par Calgary (AMH) avec Claude St-Sauveur en janvier 1977

CONNOR, CAM

Né à Winnipeg, Manitoba le 10 août 1954. Ailier droit, lance de la gauche, 6'2", 200 lb
(Choix de 1re ronde de Montréal, 5e au total lors du repêchage de 1974)

SAISON	CLUB	LIGUE	PJ	B	A	PTS	PUN	PJ	B	A	PTS	PUN
1971-72	St. Boniface (Saints)	MJHL	32	4	10	14	97	-	-	-	-	-
	Winnipeg (Jets)	WCJHL	5	0	4	4	4	-	-	-	-	-
1972-73	St. Boniface (Saints)	MJHL	29	11	8	19	161	-	-	-	-	-
	Winnipeg (Jets)	WCJHL	14	3	1	4	35	-	-	-	-	-
1973-74	Flin Flon (Bombers)	WCJHL	65	47	44	91	376	7	4	9	13	28
1974-75	Phoenix (Roadrunners)	AMH	57	9	19	28	168	5	0	0	0	2
1975-76	Phoenix (Roadrunners)	AMH	73	18	21	39	295	5	1	0	1	21
1976-77	Houston (Aeros)	AMH	76	35	32	67	224	11	3	4	7	47
1977-78	Houston (Aeros)	AMH	68	21	16	37	217	2	1	0	1	22
1978-79	**Montréal (Canadiens)**	**LNH**	**23**	**1**	**3**	**4**	**39**	**8**	**1**	**0**	**1**	**0**
1979-80	Houston (Apollos)	CHL	5	1	1	2	20	-	-	-	-	-
	Edmonton (Oilers)	LNH	38	7	13	20	136	-	-	-	-	-
	New York (Rangers)	LNH	12	0	3	3	37	2	0	0	0	2
1980-81	New York (Rangers)	LNH	15	1	3	4	44	-	-	-	-	-
	New Haven (Nighthawks)	AHL	61	33	28	61	243	4	0	2	2	4
1981-82	Springfield (Indians)	AHL	78	17	34	51	195	-	-	-	-	-
	New York (Rangers)	LNH	-	-	-	-	-	10	4	0	4	4
1982-83	New York (Rangers)	LNH	1	0	0	0	0	-	-	-	-	-
	Tulsa (Oilers)	CHL	3	2	2	4	0	-	-	-	-	-
1983-84	Tulsa (Oilers	CHL	64	18	32	50	218	6	1	1	2	34
		LNH	**89**	**9**	**22**	**31**	**256**	**20**	**5**	**0**	**5**	**6**
		Montréal	**23**	**1**	**3**	**4**	**39**	**8**	**1**	**0**	**1**	**0**

• Trophée Jim Pillott (WHL) en 1973-74 • Coupe Stanley (LNH) en 1978-79

• Sélectionné par Phoenix lors du repêchage de l'AMH le 31 mai 1974 • Échangé à Houston (AMH) par Phoenix (AMH) pour Bob Liddington en octobre 1976 • Réclamé par Edmonton de Montréal lors de l'expansion de la LNH le 13 juin 1979 • Échangé à New York (Rangers) par Edmonton avec le choix de 3e ronde d'Edmonton au repêchage de 1981 (Peter Sundstrom) pour Don Murdoch le 11 mars 1980

CONROY, CRAIG

Né à Potsdam, New York, le 4 septembre 1971. Centre, lance de la droite, 6'2", 198 lb
(Choix de 6e ronde de Montréal, 123e au total lors du repêchage de 1990)

SAISON	CLUB	LIGUE	PJ	B	A	PTS	PUN	PJ	B	A	PTS	PUN
1989-90	Northwood (Huskies)	H.S.	31	33	43	76	-	-	-	-	-	-
1990-91	Clarkson University	ECAC	40	8	21	29	24	-	-	-	-	-
1991-92	Clarkson University	ECAC	31	19	17	36	36	-	-	-	-	-
1992-93	Clarkson University	ECAC	35	10	23	33	26	-	-	-	-	-
1993-94	Clarkson University	ECAC	34	26	*40	*66	46	-	-	-	-	-
1994-95	Fredericton (Canadiens)	AHL	55	26	18	44	29	11	7	3	10	6
	Montréal (Canadiens)	**LNH**	**6**	**1**	**0**	**1**	**0**	**-**	**-**	**-**	**-**	**-**
1995-96	Fredericton (Canadiens)	AHL	67	31	38	69	65	10	5	7	12	6
	Montréal (Canadiens)	**LNH**	**7**	**0**	**0**	**0**	**2**	**-**	**-**	**-**	**-**	**-**
1996-97	Fredericton (Canadiens)	AHL	9	10	6	16	10	-	-	-	-	-
	St. Louis (Blues)	LNH	61	6	11	17	43	6	0	0	0	8
	Worcester (IceCats)	AHL	5	5	6	11	2	-	-	-	-	-
1997-98	St. Louis (Blues)	LNH	81	14	29	43	46	10	1	2	3	8
1998-99	St. Louis (Blues)	LNH	69	14	25	39	38	13	2	1	3	6
1999-00	St. Louis (Blues)	LNH	79	12	15	27	36	7	0	2	2	2
2000-01	St. Louis (Blues)	LNH	69	11	14	25	46	-	-	-	-	-
	Calgary (Flames)	LNH	14	3	4	7	14	-	-	-	-	-
2001-02	Calgary (Flames)	LNH	81	27	48	75	32	-	-	-	-	-
2002-03	Calgary (Flames)	LNH	79	22	37	59	36	-	-	-	-	-
2003-04	Calgary (Flames)	LNH	63	8	39	47	44	26	6	11	17	12
2004-05	États-Unis	CM	2	0	0	0	0	-	-	-	-	-
2005-06	Los Angeles (Kings)	LNH	78	22	44	66	78	-	-	-	-	-
	États-Unis	JO	6	1	4	5	2	-	-	-	-	-
2006-07	Los Angeles (Kings)	LNH	52	5	11	16	38	-	-	-	-	-
	Calgary (Flames)	LNH	28	8	13	21	18	6	1	1	2	8
2007-08	Calgary (Flames)	LNH	79	12	22	34	71	7	0	2	2	8
		LNH	**846**	**165**	**312**	**477**	**542**	**75**	**10**	**19**	**29**	**52**
		Montréal	**13**	**1**	**0**	**1**	**2**	**-**	**-**	**-**	**-**	**-**

• Première équipe d'étoiles (ECAC) en 1993-94 • Équipe d'étoiles All Tournament (NCAA) en 1993-94 • Première d'équipe étoiles All-American, Division Est (NCAA) en 1993-94

• Échangé à St. Louis par Montréal avec Pierre Turgeon et Rory Fitzpatrick pour Murray Baron, Shayne Corson et le choix de 5e ronde de St. Louis au repêchage de 1997 (Gennady Razin) le 29 octobre 1996 • Échangé à Calgary par St. Louis avec le choix de 7e ronde de St. Louis au repêchage de 2001 (David Moss) pour Cory Stillman le 13 mars 2001• Signe avec Los Angeles comme joueur autonome le 6 juillet 2004 • Échangé à Calgary par Los Angeles pour Jamie Lundmark, le choix de 4e ronde de Calgary au repêchage de 2007 (Dwight King) et le choix de 2e ronde de Calgary au repêchage de 2008 (échangé plus tard à Calgary qui sélectionne Mitch Wahl) le 29 janvier 2007

COOPER, CARSON

Né à Cornwall, Ontario, le 17 juillet 1899, décédé le 7 avril 1955
Ailier droit, lance de la droite, 5'7", 160 lb

SAISON	CLUB	LIGUE	PJ	B	A	PTS	PUN	PJ	B	A	PTS	PUN
1918-19	Hamilton (Tigers)	SOHA	7	1	1	2	-	-	-	-	-	-
1919-20	Hamilton (Tigers)	SOHA	6	*18	2	20	-	2	2	0	2	0
1920-21	Hamilton (Tigers)	SOHA	10	*14	2	16	-	-	-	-	-	-
1921-22	Hamilton (Tigers)	SOHA	10	*22	1	*23	-	-	-	-	-	-
1922-23	Hamilton (Tigers)	SOHA	12	20	7	27	-	2	1	1	2	2
1923-24	Hamilton (Tigers)	SOHA	10	*33	7	*40	-	2	*5	1		*6
1924-25	Boston (Bruins)	LNH	12	5	3	8	4	-	-	-	-	-
1925-26	Boston (Bruins)	LNH	36	28	3	31	10	-	-	-	-	-
1926-27	Boston (Bruins)	LNH	18	7	3	10	14	-	-	-	-	-
	Montréal (Canadiens)	**LNH**	**6**	**2**	**0**	**2**	**2**	**3**	**0**	**0**	**0**	**0**
1927-28	Detroit (Cougars)	LNH	43	15	2	17	32	-	-	-	-	-
1928-29	Detroit (Cougars)	LNH	43	18	9	27	14	2	0	0	0	2
1929-30	Detroit (Cougars)	LNH	44	18	18	36	14	-	-	-	-	-
1930-31	Detroit (Falcons)	LNH	44	14	14	28	10	-	-	-	-	-
1931-32	Detroit (Falcons)	LNH	48	3	5	8	11	2	0	0	0	0
1932-33	Detroit (Olympics)	IHL	2	0	0	0	0	-	-	-	-	-
1933-34	Detroit (Olympics)	IHL	37	11	6	17	16	6	1	1	2	2
1934-35	Windsor (Bulldogs)	IHL	14	4	5	9	4	-	-	-	-	-
	Detroit (Olympics)	IHL	12	2	4	6	0	3	0	0	0	2
		LNH	**294**	**110**	**57**	**167**	**111**	**7**	**0**	**0**	**0**	**2**
		Montréal	**6**	**2**	**0**	**2**	**2**	**3**	**0**	**0**	**0**	**0**

• Première équipe d'Étoiles (SOHA) en 1920-21, 1921-22, 1922-23.

• Signe avec Boston le 2 novembre 1924 • Prêté à Montréal par Boston pour Billy Boucher le 17 janvier 1927 • Droits vendus à Detroit par Boston le 22 mai 1927.

CORBEAU, ALBERT (BERT)

Né à Penetanguishene, Ontario, le 9 février 1894, décédé le 21 septembre 1942
Défenseur, lance de la droite, 5'11", 200 lb

SAISON	CLUB	LIGUE	PJ	B	A	PTS	PUN	PJ	B	A	PTS	PUN
1913-14	Halifax (Crescents)	MPHL	22	5	0	5	31	-	-	-	-	-
1914-15	**Montréal (Canadiens)**	**NHA**	**18**	**1**	**1**	**2**	**35**	**-**	**-**	**-**	**-**	**-**
1915-16	**Montréal (Canadiens)**	**NHA**	**24**	**7**	**0**	**7**	***134**	**5**	**0**	**0**	**0**	**35**
1916-17	**Montréal (Canadiens)**	**NHA**	**19**	**9**	**5**	**14**	**103**	**6**	**4**	**1**	**5**	**22**
1917-18	**Montréal (Canadiens)**	**LNH**	**21**	**8**	**8**	**16**	**41**	**2**	**1**	**1**	**2**	**11**
1918-19	**Montréal (Canadiens)**	**LNH**	**16**	**2**	**3**	**5**	**51**	**10**	**1**	**2**	**3**	**20**
1919-20	**Montréal (Canadiens)**	**LNH**	**23**	**11**	**6**	**17**	**65**	**-**	**-**	**-**	**-**	**-**
1920-21	**Montréal (Canadiens)**	**LNH**	**24**	**12**	**2**	**14**	***86**	**-**	**-**	**-**	**-**	**-**
1921-22	**Montréal (Canadiens)**	**LNH**	**22**	**3**	**7**	**10**	**26**	**-**	**-**	**-**	**-**	**-**
1922-23	Hamilton (Tigers)	LNH	21	10	4	14	22	-	-	-	-	-
1923-24	Toronto (St. Patricks)	LNH	24	8	6	14	*55	-	-	-	-	-
1924-25	Toronto (St. Patricks)	LNH	30	4	6	10	74	2	0	0	0	10
1925-26	Toronto (St. Patricks)	LNH	36	5	5	10	*121	-	-	-	-	-
1926-27	Toronto (St. Patricks)	LNH	41	1	2	3	88	-	-	-	-	-
1927-28	Toronto (Falcons)	Can-Pro	41	5	2	7	*112	2	0	0	0	10
1928-29	London (Panthers)	Can-Pro	9	0	0	0	16	-	-	-	-	-
		NHA	**61**	**17**	**6**	**23**	**272**	**11**	**4**	**1**	**5**	**57**
		LNH	**258**	**64**	**49**	**113**	**629**	**14**	**2**	**3**	**5**	**41**
		Montréal	**167**	**53**	**32**	**85**	**541**	**23**	**6**	**4**	**10**	**88**

• Coupe Stanley (NHA) en 1915-16

• Signe avec Montréal (NHA) le 23 décembre 1914 • Droits vendus à Hamilton par Montréal le 1er octobre 1922 • Échangé à Toronto par Hamilton avec George Carey et Amos Arbour pour Ken Randall, les droits sur Corb Denneny et une somme d'argent le 14 décembre 1923 • Signe avec Toronto (Can-Pro) le 20 octobre 1927

CORMIER, ROGER

Né à Montréal, Québec, le 23 mars 1905, décédé le 9 février 1971
Ailier droit, lance de la droite, 5'10", 167 lb

SAISON	CLUB	LIGUE	PJ	B	A	PTS	PUN	PJ	B	A	PTS	PUN
1924-25	Montréal (St-François-Xavier)	LHCM	*Statistiques non disponibles*									
1925-26	Montréal (St-François-Xavier)	LHCM	*Statistiques non disponibles*									
	Montréal (Canadiens)	**LNH**	**1**	**0**	**0**	**0**	**0**	**-**	**-**	**-**	**-**	**-**
	Montréal (National)	LHBM	9	4	3	7	6	-	-	-	-	-
1926-27	Providence (Reds)	Can-Am	32	6	2	8	47	-	-	-	-	-
1927-28	Providence (Reds)	Can-Am	38	7	2	9	36	-	-	-	-	-
1928-29	Providence (Reds)	Can-Am	29	1	1	2	23	-	-	-	-	-
	Kitchener (Dutchmen)	Can-Pro	11	4	0	4	14	3	0	0	0	0
1929-30	Providence (Reds)	Can-Am	39	9	4	13	54	3	1	1	2	4
1930-31	Providence (Reds)	Can-Am	39	11	14	25	51	2	1	1	2	0
1931-32	Providence (Reds)	Can-Am	39	6	8	14	50	5	0	0	0	4
1932-33	Windsor (Bulldogs)	IHL	44	8	12	20	79	5	2	2	4	12
1933-34	Cleveland (Indians)	IHL	44	10	9	19	28	-	-	-	-	-
1934-35	Cleveland (Falcons)	IHL	44	17	16	33	52	2	0	0	0	4
1935-36	Cleveland (Falcons)	IHL	8	1	2	3	4	-	-	-	-	-
	Pittsburgh (Shamrocks)	IHL	3	0	0	0	2	-	-	-	-	-
	Rochester (Cardinals)	IHL	30	7	3	10	17	-	-	-	-	-
1936-37			*Réintégré comme amateur*									
1937-38	Sherbrooke (Red Raiders)	LHPQ	21	12	8	20	15	9	4	4	8	2
1938-39	Sherbrooke (Red Raiders)	LHPQ	37	12	16	28	41	4	2	1	3	4
1939-40	Sherbrooke (Red Raiders)	LHPQ	40	2	3	5	4	10	0	1	1	2
	Sherbrooke (Red Raiders)	Allan	-	-	-	-	-	2	0	1	1	2
		LNH	**1**	**0**	**0**	**0**	**0**	**-**	**-**	**-**	**-**	**-**
		Montréal	**1**	**0**	**0**	**0**	**0**	**-**	**-**	**-**	**-**	**-**

• Signe avec Montréal le 15 janvier 1926 • Échangé à Windsor (IHL) par Providence (Can-Am) pour Roy Hinsperger en octobre 1932 • Signe avec Pittsburgh (IHL) le 6 décembre 1935 • Signe avec Rochester (IHL) le 16 décembre 1935

CORRIVEAU, ANDRÉ

Né à Grand-Mère, Québec, le 15 mai 1928, décédé le 1er octobre 1993
Ailier droit, lance de la droite, 5'8", 135 lb

SAISON	CLUB	LIGUE	PJ	B	A	PTS	PUN	PJ	B	A	PTS	PUN
1944-45	Montréal (National)	LHJQ	10	2	4	6	4	-	-	-	-	-
1945-46	Montréal (National)	LHJQ	20	12	*16	28	8	4	2	0	2	2
1946-47	Montréal (National)	LHJQ	26	33	*46	*79	26	11	12	14	26	12
1947-48	Valleyfield (Braves)	LHSQ	43	22	31	53	20	6	1	3	4	2
1948-49	Valleyfield (Braves)	LHSQ	62	32	43	75	40	3	2	1	3	0
1949-50	Valleyfield (Braves)	LHSQ	60	33	*54	*87	25	5	3	0	3	0
1950-51	Valleyfield (Braves)	LHMQ	58	38	*51	*89	15	16	10	14	24	0
	Valleyfield (Braves)	Alexa.	-	-	-	-	-	12	6	*13	*19	4
1951-52	Valleyfield (Braves)	LHMQ	60	27	36	63	8	6	1	6	7	2
1952-53	Valleyfield (Braves)	LHMQ	60	40	45	85	10	4	0	1	1	0
1953-54	Valleyfield (Braves)	LHQ	69	37	51	88	8	7	3	4	7	2
	Montréal (Canadiens)	**LNH**	**3**	**0**	**1**	**1**	**0**	**-**	**-**	**-**	**-**	**-**
1954-55	Valleyfield (Braves)	LHQ	56	31	32	63	28	-	-	-	-	-
1955-56	Montréal (Royals)	LHQ	62	*37	40	77	2	11	1	7	8	2
	Montréal (Royals)	Edin.	-	-	-	-	-	6	2	4	6	0

SAISON	CLUB	LIGUE	PJ	B	A	PTS	PUN	PJ	B	A	PTS	PUN
1956-57	Montréal (Royals)	LHQ	63	22	34	56	8	3	1	1	2	2
		LNH	**3**	**0**	**1**	**1**	**0**	-	-	-	-	-
		Montréal	**3**	**0**	**1**	**1**	**0**	-	-	-	-	-

• Deuxième équipe d'étoiles (LHJQ) en 1946-47 • Deuxième équipe d'étoiles (LHSQ) en 1949-50 • Coupe Alexander (LHMQ) en 1950-51 •Deuxième équipe d'étoiles (LHMQ) en 1950-51, 1951-52, 1952-53 • Première équipe d'étoiles (LHQ) en 1955-56 • Deuxième équipe d'étoiles (LHQ) en 1953-54, 1954-55, 1956-57 • Trophée Vimy (LHQ) en 1955-56

• Prêté à Montréal par Valleyfield (LHQ) le 20 janvier 1954 • Droits vendus à Montréal par Valleyfield (LHQ) le 1er octobre 1955

CORSON, SHAYNE

Né à Barrie, Ontario, le 13 août 1966. Ailier gauche, lance de la gauche, 6'1", 200 lb (Choix de 1re ronde de Montréal, 8e au total lors du repêchage de 1984)

SAISON	CLUB	LIGUE	PJ	B	A	PTS	PUN	PJ	B	A	PTS	PUN
1982-83	Barrie (Flyers)	OMHA	*Statistiques non disponibles*									
	Barrie (Colts)	OJHL B	23	13	29	42	87	-	-	-	-	-
1983-84	Brantford (Alexanders)	OHL	66	25	46	71	165	6	4	1	5	26
1984-85	Hamilton (Steelhawks)	OHL	54	27	63	90	154	11	3	7	10	19
	Canada	CMJ	7	2	3	5	2	-	-	-	-	-
1985-86	Hamilton (Steelhawks)	OHL	47	41	57	98	153	-	-	-	-	-
	Canada	CMJ	7	7	7	*14	6	-	-	-	-	-
	Montréal (Canadiens)	**LNH**	**3**	**0**	**0**	**0**	**2**	-	-	-	-	-
1986-87	**Montréal (Canadiens)**	**LNH**	**55**	**12**	**11**	**23**	**144**	**17**	**6**	**5**	**11**	**30**
1987-88	**Montréal (Canadiens)**	**LNH**	**71**	**12**	**27**	**39**	**152**	**3**	**1**	**0**	**1**	**12**
1988-89	**Montréal (Canadiens)**	**LNH**	**80**	**26**	**24**	**50**	**193**	**21**	**4**	**5**	**9**	**65**
1989-90	**Montréal (Canadiens)**	**LNH**	**76**	**31**	**44**	**75**	**144**	**11**	**2**	**8**	**10**	**20**
	Match des étoiles	LNH	1	1	0	1	0	-	-	-	-	-
1990-91	**Montréal (Canadiens)**	**LNH**	**71**	**23**	**24**	**47**	**138**	**13**	**9**	**6**	**15**	**36**
1991-92	**Montréal (Canadiens)**	**LNH**	**64**	**17**	**36**	**53**	**118**	**10**	**2**	**5**	**7**	**15**
	Canada	CC	8	0	5	5	12	-	-	-	-	-
1992-93	Edmonton (Oilers)	LNH	80	16	31	47	209	-	-	-	-	-
	Canada	CM	8	3	7	10	6	-	-	-	-	-
1993-94	Edmonton (Oilers)	LNH	64	25	29	54	118	-	-	-	-	-
	Match des étoiles	LNH	1	0	0	0	0	-	-	-	-	-
	Canada	CM	7	3	0	3	4	-	-	-	-	-
1994-95	Edmonton (Oilers)	LNH	48	12	24	36	86	-	-	-	-	-
1995-96	St. Louis (Blues)	LNH	77	18	28	46	192	13	8	6	14	22
1996-97	St. Louis (Blues)	LNH	11	2	1	3	24	-	-	-	-	-
	Montréal (Canadiens)	**LNH**	**47**	**6**	**15**	**21**	**80**	**5**	**1**	**0**	**1**	**4**
1997-98	**Montréal (Canadiens)**	**LNH**	**62**	**21**	**34**	**55**	**108**	**10**	**3**	**6**	**9**	**26**
	Match des étoiles	LNH	1	0	0	0	0	-	-	-	-	-
	Canada	JO	6	1	1	2	2	-	-	-	-	-
1998-99	**Montréal (Canadiens)**	**LNH**	**63**	**12**	**20**	**32**	**147**	-	-	-	-	-
1999-00	**Montréal (Canadiens)**	**LNH**	**70**	**8**	**20**	**28**	**115**	-	-	-	-	-
2000-01	Toronto (Maple Leafs)	LNH	77	8	18	26	189	11	1	1	2	14
2001-02	Toronto (Maple Leafs)	LNH	74	12	21	33	120	19	1	6	7	33
2002-03	Toronto (Maple Leafs)	LNH	46	7	8	15	49	2	0	0	0	2
2003-04	Dallas (Stars)	LNH	17	5	5	10	29	5	0	1	1	12
		LNH	**1156**	**273**	**420**	**693**	**2357**	**140**	**38**	**49**	**87**	**291**
		Montréal	**662**	**168**	**255**	**423**	**1341**	**90**	**28**	**35**	**63**	**208**

• Médaille d'or (CMJ) en 1985 • Médaille d'argent (CMJ) en 1986 • Équipe d'étoiles (CMJ) en 1986 • Match des étoiles (LNH) en 1989-90, 1993-94, 1997-98 • Coupe Canada en 1992 • Médaille d'or (CM) en 1994

• Échangé à Edmonton par Montréal avec Brent Gilchrist et Vladimir Vujtek pour Vincent Damphouse et le choix de 4e ronde d'Edmonton au repêchage de 1993 (Adam Wiesel) le 27 août 1992 • Signe avec St. Louis comme joueur autonome le 28 juillet 1995 • Échangé à Montréal par St. Louis avec Murray Baron et le choix de 5e ronde de St. Louis au repêchage de 1997 (Gennady Razin) pour Pierre Turgeon, Craig Conroy et Rory Fitzpatrick le 29 octobre 1996 • Signe avec Toronto comme joueur autonome le 4 juillet 2000 • Signe avec Dallas comme joueur autonome le 18 février 2004.

CÔTÉ, ALAIN G.

Né à Montmagny, Québec, le 14 avril 1967. Défenseur, lance de la droite, 6', 207 lb (Choix de 2e ronde de Boston, 31e au total lors du repêchage de 1985)

SAISON	CLUB	LIGUE	PJ	B	A	PTS	PUN	PJ	B	A	PTS	PUN
1982-83	Sainte-Foy (Gouverneurs)	QAAA	46	6	23	29	-	-	-	-	-	-
1983-84	Québec (Remparts)	LHJMQ	60	3	17	20	40	5	1	3	4	8
1984-85	Québec (Remparts)	LHJMQ	68	9	25	34	173	4	0	1	1	12
1985-86	Granby (Bisons)	LHJMQ	22	4	12	16	48	-	-	-	-	-
	Canada	CMJ	7	1	4	5	6	-	-	-	-	-
	Boston (Bruins)	LNH	32	0	6	6	14	-	-	-	-	-
1986-87	Granby (Bisons)	LHJMQ	43	7	24	31	185	4	0	3	3	2
	Boston (Bruins)	LNH	3	0	0	0	0	-	-	-	-	-
1987-88	Boston (Bruins)	LNH	2	0	0	0	0	-	-	-	-	-
	Maines (Mariners)	AHL	69	9	34	43	108	9	2	4	6	19
1988-89	Boston (Bruins)	LNH	31	2	3	5	51	-	-	-	-	-
	Maines (Mariners)	AHL	37	5	16	21	111	-	-	-	-	-
1989-90	Washington (Capitals)	LNH	2	0	0	0	7	-	-	-	-	-
	Baltimore (Skipjacks)	AHL	57	5	19	24	161	3	0	0	0	9
1990-91	**Montréal (Canadiens)**	**LNH**	**28**	**0**	**6**	**6**	**26**	**11**	**0**	**2**	**2**	**26**
	Fredericton (Canadiens)	AHL	49	8	19	27	110	-	-	-	-	-
1991-92	**Montréal (Canadiens)**	**LNH**	**13**	**0**	**3**	**3**	**22**	-	-	-	-	-
	Fredericton (Canadiens)	AHL	20	1	10	11	24	7	0	1	1	4
1992-93	Fredericton (Canadiens)	AHL	61	10	17	27	83	-	-	-	-	-
	Tampa Bay (Lightning)	LNH	2	0	0	0	0	-	-	-	-	-
	Atlanta (Knights)	IHL	8	1	0	1	0	1	0	0	0	0
1993-94	Québec (Nordiques)	LNH	6	0	0	0	4	-	-	-	-	-
	Cornwall (As)	AHL	67	10	34	44	80	13	0	2	2	10
1994-95	Hertz (Olympia)	SVK	55	15	25	40	-	-	-	-	-	-
1995-96	San Francisco (Spiders)	IHL	80	5	26	31	133	4	0	0	0	10
1996-97	Québec (Rafales)	IHL	76	8	17	25	102	9	0	2	2	30
1997-98	Yukijrushi-Sapporo	JAP	37	15	19	34	115	-	-	-	-	-
1998-99	Yukijrushi-Sapporo	JAP	38	5	20	25	49	-	-	-	-	-
1999-00	Nuremberg (Ice Tigers)	GER	58	10	21	31	126	-	-	-	-	-
	Nuremberg (Ice Tigers)	Euro HL	6	0	2	2	12	-	-	-	-	-
2000-01	Tappara (Tampere)	FIN	44	9	15	24	111	5	0	1	1	27
	Saint-Georges (Garaga)	LHSPQ	4	1	2	3	8	-	-	-	-	-
2001-02	Saint-Georges (Garaga)	LHSPQ	43	8	12	20	55	11	1	3	4	14
2002-03	Riv.-du-Loup (Promutuel)	LHSPQ	14	1	7	8	2	4	0	1	1	8
2003-04	Riv.-du-Loup (Promutuel)	LHSPQ	49	4	17	21	87	10	0	4	4	14
2004-05	Québec (Radio X)	LNAH	42	6	8	14	64	-	-	-	-	-
2005-06	Pont-Rouge (Grand Portneuf)	QCSHL	31	5	13	18	42	13	0	7	7	58
	Trois-Rivières (Caron & Guay)	LNAH	3	0	1	1	4	5	1	2	3	4
2006-07	Montmagny (Gilmyr)	QCSHL	7	0	0	0	31	3	0	1	1	12
2007-08	Pont-Rouge (Precision)	QCSHL	12	0	3	3	10	5	1	4	5	8
	Saint-Georges (CRS Express)	LNAH	9	0	1	1	6	11	0	5	5	8
		LNH	**119**	**2**	**18**	**20**	**124**	**11**	**0**	**2**	**2**	**26**
		Montréal	**41**	**0**	**9**	**9**	**48**	**11**	**0**	**2**	**2**	**26**

• Médaille d'argent (CMJ) en 1986 • Équipe d'étoiles (CMJ) en 1986

• Échangé à Washington par Boston pour Bobby Gould le 28 septembre 1989 • Échangé à Montréal par Washington pour Marc Deschamps le 22 juin 1990 • Échangé à Tampa Bay par Montréal avec Éric Charron et des considérations futures (Donald Dufresne 18 juin 1993) pour Rob Ramage le 20 mars 1993 • Signe avec Québec comme joueur autonome le 2 juillet 1993

CÔTE, JEAN-PHILIPPE

Né à Charlesbourg, Québec, le 22 avril 1982. Défenseur, lance de la gauche, 6'2", 215 lb (Choix de 9e ronde de Toronto, 265e au total lors du repêchage de 2000)

SAISON	CLUB	LIGUE	PJ	B	A	PTS	PUN	PJ	B	A	PTS	PUN
1998-99	Sainte-Foy (Gouverneurs)	QAAA	38	10	24	34	34	17	1	8	9	17
	Québec (Remparts)	LHJMQ	8	0	0	0	2	-	-	-	-	-
1999-00	Québec (Remparts)	LHJMQ	34	0	10	10	15	-	-	-	-	-
	Cape Breton (Screaming Eagles)	LHJMQ	28	0	4	4	21	4	0	1	1	4
2000-01	Cape Breton (Screaming Eagles)	LHJMQ	71	6	29	35	90	12	0	0	0	18
2001-02	Cape Breton (Screaming Eagles)	LHJMQ	61	4	20	24	72	16	1	6	7	38
2002-03	Cape Breton (Screaming Eagles)	LHJMQ	16	1	3	4	12	-	-	-	-	-
	Acadie-Bathurst (Titan)	LHJMQ	48	8	18	26	87	11	2	3	5	20
2003-04	Hamilton (Bullgogs)	AHL	75	2	7	9	79	10	0	4	4	24
2004-05	Hamilton (Bullgogs)	AHL	51	1	8	9	58	4	0	1	1	0
2005-06	**Montréal (Canadiens)**	**LNH**	**8**	**0**	**0**	**0**	**4**	-	-	-	-	-
	Hamilton (Bullgogs)	AHL	61	3	8	11	113	-	-	-	-	-
2006-07	Hamilton (Bullgogs)	AHL	68	3	9	12	115	6	0	0	0	2
2007-08	Hamilton (Bullgogs)	AHL	79	1	12	13	112	-	-	-	-	-
		LNH	**8**	**0**	**0**	**0**	**4**	-	-	-	-	-
		Montréal	**8**	**0**	**0**	**0**	**4**	-	-	-	-	-

• Coupe Calder (AHL) en 2006-07

• Signe avec Montréal comme joueur autonome le 19 août 2004 • Signe avec Wilkes-Barre/Scranton (AHL) comme joueur autonome le 8 octobre 2008

COUGHLIN, JOSEPH (JACK)

Né à Douro, Ontario, le 6 juin 1892
Défenseur/Avant, lance de la droite, 5'10", 170 lb

SAISON	CLUB	LIGUE	PJ	B	A	PTS	PUN	PJ	B	A	PTS	PUN
1909-10	Peterborough HC	JOHA	*Statistiques non disponibles*									
1910-11	Peterborough HC	JOHA	*Statistiques non disponibles*									
1911-12	Peterborough HC	JOHA	*Statistiques non disponibles*									
1912-13	Peterborough HC	SOHA	6	4	0	4	4	-	-	-	-	-
1913-14	Ingersoll (Rockets)	SOHA	*Statistiques non disponibles*									
1914-15	Haileybury HC	TSHL	9	3	0	3	0	-	-	-	-	-
1915-16	Houghton Seniors	USAHA	*Statistiques non disponibles*									
	Peterborough (Electrics)	SOHA	*Statistiques non disponibles*									
1916-17	Toronto (Blueshirts)	NHA	7	2	0	2	0	-	-	-	-	-
1917-18	Toronto (Arenas)	LNH	5	2	0	2	3	-	-	-	-	-
1918-19			*N'a pas joué*									
1919-20	Québec (Bulldogs)	LNH	9	0	0	0	0	-	-	-	-	-
	Montréal (Canadiens)	**LNH**	**3**	**0**	**0**	**0**	**0**	-	-	-	-	-
1920-21	Hamilton (Tigers)	LNH	2	0	0	0	0	-	-	-	-	-
		NHA	**7**	**2**	**0**	**2**	**0**	-	-	-	-	-
		LNH	**19**	**2**	**0**	**2**	**3**	-	-	-	-	-
		Montréal	**3**	**0**	**0**	**0**	**0**	-	-	-	-	-

• Signe avec Toronto (NHA) en décembre 1916 • Signe avec Toronto le 5 décembre 1917 • Signe avec Québec le 13 janvier 1920 • Prêté à Montréal par Québec le 13 février 1920. • Transfert de la concession de Québec à Hamilton le 27 novembre 1920

COURNOYER, YVAN

Né à Drummondville, Québec, le 22 novembre 1943
Ailier droit, lance de la gauche, 5'7", 175 lb

SAISON	CLUB	LIGUE	PJ	B	A	PTS	PUN	PJ	B	A	PTS	PUN
1960-61	Lachine (Maroons)	LHJMM	42	37	31	68	-	-	-	-	-	-
1961-62	Montréal (Canadiens Jr)	JOHA	35	15	16	31	8	6	4	4	8	0
1962-63	Montréal (Canadiens Jr)	JOHA	36	37	27	64	24	10	3	4	7	6
1963-64	Montréal (Canadiens Jr)	JOHA	53	*63	48	111	30	17	*19	8	27	15
	Montréal (Canadiens)	**LNH**	**5**	**4**	**0**	**4**	**0**	-	-	-	-	-
1964-65	Québec (As)	AHL	7	2	1	3	0	-	-	-	-	-
	Montréal (Canadiens)	**LNH**	**55**	**7**	**10**	**17**	**10**	**12**	**3**	**1**	**4**	**0**
1965-66	**Montréal (Canadiens)**	**LNH**	**65**	**18**	**11**	**29**	**8**	**10**	**2**	**3**	**5**	**2**
1966-67	**Montréal (Canadiens)**	**LNH**	**69**	**25**	**15**	**40**	**14**	**10**	**2**	**3**	**5**	**6**
	Match des étoiles	LNH	1	0	0	0	0	-	-	-	-	-
1967-68	**Montréal (Canadiens)**	**LNH**	**64**	**28**	**32**	**60**	**23**	**13**	**6**	**8**	**14**	**4**
1968-67	**Montréal (Canadiens)**	**LNH**	**76**	**43**	**44**	**87**	**31**	**14**	**4**	**7**	**11**	**5**
1969-70	**Montréal (Canadiens)**	**LNH**	**72**	**27**	**36**	**63**	**23**	-	-	-	-	-
1970-71	**Montréal (Canadiens)**	**LNH**	**65**	**37**	**36**	**73**	**21**	**20**	**10**	**12**	**22**	**6**
	Match des étoiles	LNH	1	1	0	1	0	-	-	-	-	-
1971-72	**Montréal (Canadiens)**	**LNH**	**73**	**47**	**36**	**83**	**15**	**6**	**2**	**1**	**3**	**2**
	Match des étoiles	LNH	1	0	0	0	0	-	-	-	-	-

SAISON	CLUB	LIGUE	PJ	B	A	PTS	PUN	PJ	B	A	PTS	PUN
1972-73	**Montréal (Canadiens)**	**LNH**	**67**	**40**	**39**	**79**	**18**	**17**	***15**	**10**	***25**	**2**
	Match des étoiles	LNH	1	0	0	0	0	-	-	-	-	-
	Canada	Siècle	8	3	2	5	2	-	-	-	-	-
1973-74	**Montréal (Canadiens)**	**LNH**	**67**	**40**	**33**	**73**	**18**	**6**	**5**	**2**	**7**	**2**
	Match des étoiles	LNH	1	1	1	2	0	-	-	-	-	-
1974-75	**Montréal (Canadiens)**	**LNH**	**76**	**29**	**45**	**74**	**32**	**11**	**5**	**6**	**11**	**4**
1975-76	**Montréal (Canadiens)**	**LNH**	**71**	**32**	**36**	**68**	**20**	**13**	**3**	**6**	**9**	**4**
1976-77	**Montréal (Canadiens)**	**LNH**	**60**	**25**	**28**	**53**	**8**	-	-	-	-	-
1977-78	**Montréal (Canadiens)**	**LNH**	**68**	**24**	**29**	**53**	**12**	**15**	**7**	**4**	**11**	**10**
	Match des étoiles	LNH	1	0	0	0	0	-	-	-	-	-
1978-79	**Montréal (Canadiens)**	**LNH**	**15**	**2**	**5**	**7**	**2**	-	-	-	-	-
		LNH	**968**	**428**	**435**	**863**	**255**	**147**	**64**	**63**	**127**	**47**
		Montréal	**968**	**428**	**435**	**863**	**255**	**147**	**64**	**63**	**127**	**47**

• Coupe Stanley (LNH) en 1964-65, 1965-66, 1967-68, 1968-69, 1970-71, 1972-73, 1975-76, 1976-77, 1977-78, 1978-79 • Match des étoiles (LNH) en 1966-67, 1970-71, 1971-72, 1972-73, 1973-74, 1977-78 • Deuxième équipe d'étoiles (LNH) en 1968-69, 1970-71, 1971-72, 1972-73 • Trophée Conn-Smythe (LNH) en 1972-73 • Temple de la Renommée (LNH) en 1982

COURTNALL, RUSS

Né à Duncan, Colombie-Britannique, le 2 juin 1965. Ailier droit, lance de la droite, 5'11", 185 lb (Choix de 1re ronde de Toronto, 7e au total lors du repêchage de 1983)

SAISON	CLUB	LIGUE	PJ	B	A	PTS	PUN	PJ	B	A	PTS	PUN
1982-83	Victoria (Cougars)	WHL	60	36	61	97	33	12	11	7	18	6
1983-84	Victoria (Cougars)	WHL	32	29	37	66	63	-	-	-	-	-
	Canada	CMJ	7	7	6	13	0	-	-	-	-	-
	Canada	Éq. nat.	16	4	7	11	10	-	-	-	-	-
	Canada	JO	7	1	3	4	2	-	-	-	-	-
	Toronto (Maple Leafs)	LNH	14	3	9	12	6	-	-	-	-	-
1984-85	Toronto (Maple Leafs)	LNH	69	12	10	22	44	-	-	-	-	-
1985-86	Toronto (Maple Leafs)	LNH	73	22	38	60	52	10	3	6	9	8
1986-87	Toronto (Maple Leafs)	LNH	79	29	44	73	90	13	3	4	7	11
1987-88	Toronto (Maple Leafs)	LNH	65	23	26	49	47	6	2	1	3	0
1988-89	Toronto (Maple Leafs)	LNH	9	1	1	2	4	-	-	-	-	-
	Montréal (Canadiens)	**LNH**	**64**	**22**	**17**	**39**	**15**	**21**	**8**	**5**	**13**	**18**
1989-90	**Montréal (Canadiens)**	**LNH**	**80**	**27**	**32**	**59**	**27**	**11**	**5**	**1**	**6**	**10**
1990-91	**Montréal (Canadiens)**	**LNH**	**79**	**26**	**50**	**76**	**29**	**13**	**8**	**3**	**11**	**7**
	Canada	CM	2	1	3	4	0	-	-	-	-	-
1991-92	**Montréal (Canadiens)**	**LNH**	**27**	**7**	**14**	**21**	**6**	**10**	**1**	**1**	**2**	**4**
	Canada	CC	8	0	2	2	0	-	-	-	-	-
1992-93	Minnesota (North Stars)	LNH	84	36	43	79	49	-	-	-	-	-
1993-94	Dallas (Stars)	LNH	84	23	57	80	59	9	1	8	9	0
	Match des étoiles	LNH	1	0	0	0	0	-	-	-	-	-
1994-95	Dallas (Stars)	LNH	32	7	10	17	13	-	-	-	-	-
	Vancouver (Canucks)	LNH	13	4	14	18	4	11	4	8	12	21
1995-96	Vancouver (Canucks)	LNH	81	26	39	65	40	6	1	3	4	2
1996-97	Vancouver (Canucks)	LNH	47	9	19	28	24	-	-	-	-	-
	New York (Rangers)	LNH	14	2	5	7	2	15	3	4	7	0
1997-98	Los Angeles (Kings)	LNH	58	12	6	18	27	4	0	0	0	2
1998-99	Los Angeles (Kings)	LNH	57	6	13	19	19	-	-	-	-	-
		LNH	**1029**	**297**	**447**	**744**	**557**	**129**	**39**	**44**	**83**	**83**
		Montréal	**250**	**82**	**113**	**195**	**77**	**55**	**22**	**10**	**32**	**39**

• Médaille d'argent (CM) en 1991 • Match des étoiles (LNH) en 1993-94

• Échangé à Montréal par Toronto pour John Kordic et le choix de 6e de ronde de Montréal au repêchage de 1989 (Michael Doers) le 7 novembre 1988 • Échangé au Minnesota par Montréal pour Brian Bellows le 31 août 1992 • Transfert de la concession du Minnesota à Dallas le 9 juin 1993 • Échangé à Vancouver par Dallas pour Greg Adams, Dan Kesa et le choix de 5e ronde de Vancouver au repêchage de 1995 (échangé plus tard à Los Angeles qui sélectionne Jason Morgan) le 7 avril 1995 • Échangé à New York (Rangers) par Vancouver avec Esa Tikkanen pour Sergie Nemchinov et Brian Noonan le 8 mars 1997 • Signe avec Los Angeles comme joueur autonome le 7 novembre 1997

COUTU, WILLIAM (BILLY)

Né à North Bay, Ontario, le 1er mars 1892, décédé le 25 février 1977
Défenseur, lance de la gauche, 5'11", 190 lb

SAISON	CLUB	LIGUE	PJ	B	A	PTS	PUN	PJ	B	A	PTS	PUN
1913-14	Nipissing (Mines)	NOHA	7	0	0	0	12	-	-	-	-	-
1914-15	Michigan (Soo Indians)	USAHA	16	4	0	4	20	-	-	-	-	-
1915-16	Michigan (Soo Indians)	USAHA	12	7	0	7	26	4	0	0	0	0
1916-17	**Montréal (Canadiens)**	**NHA**	**18**	**0**	**0**	**0**	**9**	**5**	**0**	**0**	**0**	**46**
1917-18	**Montréal (Canadiens)**	**LNH**	**20**	**2**	**2**	**4**	**49**	**2**	**0**	**0**	**0**	**3**
1918-19	**Montréal (Canadiens)**	**LNH**	**15**	**1**	**2**	**3**	**18**	**10**	**0**	**2**	**2**	**6**
1919-20	**Montréal (Canadiens)**	**LNH**	**20**	**4**	**0**	**4**	**67**	-	-	-	-	-
1920-21	Hamilton (Tigers)	LNH	24	8	4	12	*95	-	-	-	-	-
1921-22	**Montréal (Canadiens)**	**LNH**	**24**	**4**	**3**	**7**	**8**	-	-	-	-	-
1922-23	**Montréal (Canadiens)**	**LNH**	**24**	**5**	**2**	**7**	**37**	**1**	**0**	**0**	**0**	***22**
1923-24	**Montréal (Canadiens)**	**LNH**	**16**	**3**	**1**	**4**	**18**	**6**	**0**	**0**	**0**	**0**
1924-25	**Montréal (Canadiens)**	**LNH**	**28**	**3**	**2**	**5**	**56**	**6**	**1**	**0**	**1**	**10**
1925-26	**Montréal (Canadiens)**	**LNH**	**33**	**2**	**4**	**6**	**95**	-	-	-	-	-
1926-27	Boston (Bruins)	LNH	40	1	1	2	35	7	1	0	1	4
1927-28	New Haven (Eagles)	Can-Am	37	11	1	12	*108	-	-	-	-	-
1928-29	Newark (Bulldogs)	Can-Am	40	0	1	1	42	-	-	-	-	-
1929-30	Minneapolis (Millers)	AHA	47	8	2	10	*105	-	-	-	-	-
1930-31	Minneapolis (Millers)	AHA	33	0	1	1	46	-	-	-	-	-
1931-32			*N'a pas joué*									
1932-33	Providence (Reds)	Can-Am	1	0	0	0	0	-	-	-	-	-
		NHA	**18**	**0**	**0**	**0**	**9**	**5**	**0**	**0**	**0**	**46**
		LNH	**244**	**33**	**21**	**55**	**478**	**32**	**2**	**2**	**4**	**40**
		Montréal	**198**	**24**	**16**	**40**	**357**	**30**	**1**	**2**	**3**	**87**

• Coupe Stanley (LNH) en 1923-24

• Signe avec Montréal le 19 décembre 1916 • Prêté à Hamilton par Montréal pour Dave Ritchie le 21 décembre 1920 • Échangé à Boston par Montréal pour Amby Moran le 22 octobre 1926 • Suspendu indéfinitivement par la LNH pour avoir frappé l'arbitre Jerry Laflamme le 13 avril 1927 • Prêté à New Haven (Can-Am) par Boston le 7 novembre 1927 • Droits vendus à New Haven (Can-Am) par Boston avec Nobby Clark le 5 janvier 1928 • Suspendu par la Can-Am pour le reste de la saison pour avoir frappé George Reddind des Tigers de Boston avec son bâton le 26 janvier 1928 • Droits vendus à St. Louis (AHA) par New Haven (CAN-AM) en 1928 • Droits vendus à Newark (Can-Am) par St. Louis (AHA) le 7 novembre 1928

COUTURE, GERALD (GERRY)

Né à Saskatoon, Saskatchewan, le 6 août 1925, décédé le 13 juillet 1994
Centre/ailier droit, lance de la droite, 6'2", 185 lb

SAISON	CLUB	LIGUE	PJ	B	A	PTS	PUN	PJ	B	A	PTS	PUN
1941-42	Saskatoon (Quakers)	N-SJHL	8	*12	6	*18	0	6	*9	5	*14	0
	Saskatoon (Quakers)	Mem.	-	-	-	-	-	3	1	0	1	0
1942-43	Saskatoon (Quakers)	N-SJHL	8	14	10	*24	26	3	4	1	5	2
	Saskatoon (Quakers)	Mem.	-	-	-	-	8	-	14	7	21	2
1943-44	Saskatoon (Quakers)	N-SJHL	1	1	1	2	2	-	-	-	-	-
	Saskatchewan (Univ.)	SCJHL	2	6	3	9	2	1	3	1	4	2
	Saskatoon HMCS Unicom	N-SSHL	11	15	11	26	9	2	1	1	2	2
	Saskatchewan (Univ.)	Mem.	-	-	-	-	-	2	1	1	2	4
	Flin Flon (Bombers)	Allan	-	-	-	-	-	4	1	3	4	10
1944-45	Saskatchewan (Univ.)	N-SJHL	9	19	10	29	14	2	1	1	2	0
	Moose Jaw (Canucks)	N-SJHL	-	-	-	-	-	4	4	3	7	2
	Detroit (Red Wings)	LNH	-	-	-	-	-	2	0	0	0	0
1945-46	Detroit (Red Wings)	LNH	43	3	7	10	18	5	0	2	2	0
1946-47	Detroit (Red Wings)	LNH	30	5	10	15	0	1	0	0	0	0
	Indianapolis (Capitols)	AHL	34	24	18	42	21	-	-	-	-	-
1947-48	Detroit (Red Wings)	LNH	19	3	6	9	2	-	-	-	-	-
	Indianapolis (Capitols)	AHL	42	26	25	51	8	-	-	-	-	-
1948-49	Detroit (Red Wings)	LNH	51	19	10	29	6	10	2	0	2	2
1949-50	Detroit (Red Wings)	LNH	69	24	7	31	21	14	5	4	9	2
1950-51	Detroit (Red Wings)	LNH	53	7	6	13	2	6	1	1	2	0
	Match des étoiles	LNH	1	0	0	0	2	-	-	-	-	-
1951-52	**Montréal (Canadiens)**	**LNH**	**10**	**0**	**1**	**1**	**4**	-	-	-	-	-
	Montréal (Royals)	LHMQ	6	1	4	5	0	-	-	-	-	-
	Buffalo (Bisons)	AHL	9	2	3	5	2	-	-	-	-	-
	Cleveland (Barons)	LNH	38	21	19	40	2	5	1	0	1	0
1952-53	Chicago (Black Hawks)	LNH	70	19	18	37	22	7	1	0	1	0
1953-54	Providence (Reds)	AHL	19	10	7	17	2	-	-	-	-	-
	Chicago (Black Hawks)	LNH	40	6	5	11	14	-	-	-	-	-
1954-55	Calgary (Stampeders)	WHL	70	33	49	82	8	9	5	*6	*11	0
1955-56	Calgary (Stampeders)	WHL	66	32	50	82	10	8	3	7	10	8
1956-57	Calgary (Stampeders)	WHL	63	19	26	45	20	3	1	0	1	0
1957-58	Saskatoon/St. Paul	WHL	58	23	31	54	22	-	-	-	-	-
1958-59			*Réintégré comme amateur*									
1959-60	Saskatoon (Quakers)	SSHL	23	*26	*29	*55	26	7	7	*13	20	0
	Saskatoon (Quakers)	Allan	-	-	-	-	-	5	2	1	3	0
		LNH	**385**	**86**	**70**	**156**	**89**	**45**	**9**	**7**	**16**	**4**
		Montréal	**10**	**0**	**1**	**1**	**4**	-	-	-	-	-

• Coupe Stanley (LNH) en 1949-50 • Première équipe d'étoiles (WHL) en 1954-55 • Match des étoiles (LNH) en 1950-51

• Échangé à Montréal par Detroit pour Bert Hirschfeld le 19 juin 1951 • Échangé à Cleveland par Montréal pour Fernand Perreault le 26 décembre 1951 • Droits vendus à Chicago par Cleveland (AHL) le 22 septembre 1952

COUTURE, ROSARIO

Né à St. Boniface, Manitoba, le 24 juillet 1905, décédé le 1er mars 1986
Ailier droit, lance de la droite, 5'11", 165 lb

SAISON	CLUB	LIGUE	PJ	B	A	PTS	PUN	PJ	B	A	PTS	PUN
1922-23	St. Boniface (Canadiens)	MJHL	7	6	2	8	4	-	-	-	-	-
1923-24	Winnipeg (Argonauts)	WSrHL	*Statistiques non disponibles*									
1924-25	Winnipeg (Argonauts)	WSrHL	8	7	2	9	6	-	-	-	-	-
1925-26	Winnipeg (Argonauts)	WSrHL	7	*9	*3	*12	4	2	3	0	3	2
1926-27	Winnipeg (Argonauts)	WSrHL	8	*16	1	*17	6	5	4	1	5	2
	Winnipeg (Argonauts)	Allan	-	-	-	-	-	2	2	0	2	0
1927-28	Winnipeg (Maroons)	AHA	39	14	6	20	20	-	-	-	-	-
1928-29	Chicago (Black Hawks)	LNH	43	1	3	4	22	-	-	-	-	-
1929-30	Chicago (Black Hawks)	LNH	43	8	8	16	63	2	0	0	0	2
1930-31	Chicago (Black Hawks)	LNH	44	8	11	19	30	9	0	3	3	2
1931-32	Chicago (Black Hawks)	LNH	48	9	9	18	8	2	0	0	0	2
1932-33	Chicago (Black Hawks)	LNH	46	10	7	17	26	-	-	-	-	-
1933-34	Chicago (Black Hawks)	LNH	48	5	8	13	21	8	1	2	3	4
1934-35	Chicago (Black Hawks)	LNH	27	7	9	16	14	2	0	0	0	5
1935-36	**Montréal (Canadiens)**	**LNH**	**10**	**0**	**1**	**1**	**0**	-	-	-	-	-
	Providence (Reds)	Can-Am	8	1	0	1	0	4	0	0	0	4
	London (Tecumsehs)	IHL	26	5	3	8	8	-	-	-	-	-
		LNH	**309**	**48**	**56**	**104**	**184**	**23**	**1**	**5**	**6**	**15**
		Montréal	**10**	**0**	**1**	**1**	**0**	-	-	-	-	-

• Coupe Stanley (LNH) en 1933-34

• Droits vendus à Cleveland (IHL) par Chicago en juin 1935 • Droits vendus à Montréal par Cleveland (IHL) le 21 octobre 1935 • Prêté à London (IHL) par Montréal le 15 décembre 1935

CREIGHTON, DAVID (DAVE)

Né à Kenora, Ontario, le 13 juillet 1892, décédé le 2 février 1970
Ailier gauche, lance de la gauche, 5'7", 160 lb

SAISON	CLUB	LIGUE	PJ	B	A	PTS	PUN	PJ	B	A	PTS	PUN
1908-09	Brandon (Elks)	MJHL	*Statistiques non disponibles*									
1909-10	Brandon (Elks)	MJHL	*Statistiques non disponibles*									
1910-11	Brandon (Shamrocks)	MIPHL	4	3	0	3	0	-	-	-	-	-
1911-12	Moose Jaw (Brewers)	SPHL	6	4	0	4	0	-	-	-	-	-
1912-13	Québec (Bulldogs)	NHA	6	0	0	0	-	2	1	0	1	0
1913-14	Toronto (Ontarios)	NHA	9	2	0	2	-	-	-	-	-	-
1914-15			*Statistiques non disponibles*									
1915-16			*Statistiques non disponibles*									

SAISON	CLUB	LIGUE	PJ	B	A	PTS	PUN	PJ	B	A	PTS	PUN
1916-17	**Montréal (Canadiens)**	**NHA**	**4**	**0**	**0**	**0**	**0**	-	-	-	-	-
	Toronto (Blueshirts)	NHA	1	0	0	0	0	-	-	-	-	-
1917-18			*Statistiques non disponibles*									
1918-19	Brandon (Hockey Club)	MnSHL	9	6	4	10	22	-	-	-	-	-
1919-20	Brandon (Hockey Club)	MnSHL	7	6	0	6	8	-	-	-	-	-
1920-21	Brandon (Hockey Club)	MnSHL	1	0	0	0	0	-	-	-	-	-
1921-22	Brandon (Hockey Club)	MnSHL	12	7	5	12	6	2	3	0	3	0
1922-23	Brandon (Hockey Club)	MnSHL	16	4	3	7	14	-	-	-	-	-
1923-24	Brandon (Hockey Club)	MTBSHL	1	0	0	0	0	-	-	-	-	-
1924-25	Brandon (Hockey Club)	MHL Sr.	4	0	0	0	0	-	-	-	-	-
		NHA	**20**	**2**	**0**	**2**	**0**	**2**	**1**	**0**	**1**	**0**
		Montréal	**4**	**0**	**0**	**0**	**0**	-	-	-	-	-

• **Coupe Stanley (NHA) en 1912-13**
• Signe avec Montréal (NHA) le 30 janvier 1917 • Signe avec Toronto (NHA) le 10 février 1917

CRESSMAN, GLEN

Né à Petersburg, Ontario, le 29 août 1934. Centre, lance de la droite, 5'9", 155 lb

SAISON	CLUB	LIGUE	PJ	B	A	PTS	PUN	PJ	B	A	PTS	PUN
1951-52	Kitchener (Greenshirts)	JOHA	3	0	3	3	0	4	0	2	2	0
1952-53	Kitchener (Greenshirts)	JOHA	56	6	11	17	2	-	-	-	-	-
1953-54	Kitchener (Greenshirts)	JOHA	59	20	28	48	10	4	0	1	1	0
1954-55	Toronto (Marlboros)	JOHA	51	23	19	42	16	13	2	7	9	17
	Toronto (Marlboros)	Mem.	-	-	-	-	-	11	7	6	13	2
1955-56	Chicoutimi (Saguenéens)	LHQ	64	12	18	30	7	5	0	1	1	0
1956-57	Montréal (Royals)	LHQ	34	11	13	24	4	0	0	0	0	2
	Montréal (Canadiens)	**LNH**	**4**	**0**	**0**	**0**	**2**	-	-	-	-	-
	Rochester (Americains)	AHL	13	2	1	3	4	-	-	-	-	-
1957-58	Montréal (Royals)	AHL	64	14	21	35	8	7	0	2	2	0
1958-59	Chicoutimi (Saguenéens)	LHQ	59	15	26	41	2	-	-	-	-	-
1959-60	Kingston (Frontenacs)	EPHL	62	13	22	35	6	-	-	-	-	-
1960-61	Montréal (Royals)	EPHL	47	5	9	14	6	-	-	-	-	-
1961-62	Knoxville (Knights)	EHL	46	13	17	30	8	8	2	2	4	0
1962-63	Knoxville (Knights)	EHL	68	34	36	70	6	5	0	0	0	2
1963-64	Knoxville (Knights)	EHL	72	27	47	74	23	8	3	2	5	4
1964-65	Knoxville (Knights)	EHL	71	43	40	83	24	10	6	4	10	0
1965-66	Knoxville (Knights)	EHL	72	26	43	69	4	3	0	0	0	0
		LNH	**4**	**0**	**0**	**0**	**2**	-	-	-	-	-
		Montréal	**4**	**0**	**0**	**0**	**2**	-	-	-	-	-

• **Coupe Memorial en 1954-55**
• Prêté à Montréal (Canadiens) par Montréal (Royals- LHQ) le 15 décembre 1956

CRISTOFOLI, ED

Né à Trail, Colombie-Britannique, le 14 mai 1967. Ailier droit, lance de la gauche, 6'2", 205 lb (Choix de 7e ronde de Montréal, 142e au total lors du repêchage de 1985)

SAISON	CLUB	LIGUE	PJ	B	A	PTS	PUN	PJ	B	A	PTS	PUN
1983-84	Penticton (Knights)	BCJHL	55	18	46	64	89	-	-	-	-	-
1984-85	Penticton (Knights)	BCJHL	48	36	34	70	58	-	-	-	-	-
	Penticton (Knights)	Cent.	-	-	-	-	-	5	3	2	5	2
1985-86	Denver University	WCHA	46	10	9	19	32	-	-	-	-	-
1986-87	Denver University	WCHA	40	14	15	29	52	-	-	-	-	-
1987-88	Denver University	WCHA	38	12	27	39	64	-	-	-	-	-
1988-89	Denver University	WCHA	43	20	19	39	50	-	-	-	-	-
1989-90	Sherbrooke (Canadiens)	AHL	57	16	19	35	31	12	2	4	6	14
	Montréal (Canadiens)	**LNH**	**9**	**0**	**1**	**1**	**4**	-	-	-	-	-
1990-91	Fredericton (Canadiens)	AHL	34	7	16	23	24	-	-	-	-	-
	Kansas City (Blades)	IHL	22	3	1	4	6	-	-	-	-	-
		LNH	**9**	**0**	**1**	**1**	**4**	-	-	-	-	-
		Montréal	**9**	**0**	**1**	**1**	**4**	-	-	-	-	-

CRUTCHFIELD, NELSON (NELS)

Né à Knowlton, Québec, le 12 juillet 1911, décédé le 22 juillet 1985
Centre, lance de la gauche, 6'1", 175 lb

SAISON	CLUB	LIGUE	PJ	B	A	PTS	PUN	PJ	B	A	PTS	PUN
1928-29	Shawinigan (Cataractes)	ECHA	24	8	1	9	39	-	-	-	-	-
1929-30	Shawinigan (Cataractes)	ECHA	24	5	4	9	38	-	-	-	-	-
1930-31	Shawinigan (Cataractes)	ECHA	12	6	4	10	6	-	-	-	-	-
	McGill (Redmen)	LHCM	12	2	2	4	21	4	2	0	2	8
	McGill (Redmen)	Allan	-	-	-	-	-	6	2	0	2	14
1931-32	McGill (Redmen)	LHCM	12	7	6	13	*41	2	1	0	1	11
1932-33	McGill (Redmen)	LHCM	10	7	4	11	33	7	1	1	2	28
1933-34	McGill (Rerdmen)	LHCM	12	3	8	11	34	2	1	0	1	6
	McGill (Redmen)	Allan	-	-	-	-	-	4	3	1	4	12
1934-35	**Montréal (Canadiens)**	**LNH**	**41**	**5**	**5**	**10**	**20**	**2**	**0**	**1**	**1**	**22**
		LNH	**41**	**5**	**5**	**10**	**20**	**2**	**0**	**1**	**1**	**22**
		Montréal	**41**	**5**	**5**	**10**	**20**	**2**	**0**	**1**	**1**	**22**

• Échangé à Montréal (Canadiens) par Montréal (Maroons) avec Jack McGill pour Lionel Conacher le 3 octobre 1934

CULLIMORE, JASSEN

Né à Simcoe, Ontario, le 4 décembre 1972. Défenseur, lance de la gauche, 6'5", 225 lb (Choix de 2e ronde de Vancouver et 29e au total lors du repêchage de 1991)

SAISON	CLUB	LIGUE	PJ	B	A	PTS	PUN	PJ	B	A	PTS	PUN
1986-87	Caledonia (Corvairs)	OJHL-C	18	2	0	2	9	-	-	-	-	-
1987-88	Simcoe (Rams)	OJHL-C	35	11	14	25	92	-	-	-	-	-
1988-89	Peterborough (Roadrunners)	OJHL-B	29	11	17	28	88	-	-	-	-	-
	Peterborough (Petes)	OHL	20	2	1	3	6	-	-	-	-	-
1989-90	Peterborough (Petes)	OHL	59	2	6	8	61	11	0	2	2	8
1990-91	Peterborough (Petes)	OHL	62	8	16	24	74	4	1	0	1	7
1991-92	Peterborough (Petes)	OHL	54	9	37	46	65	10	3	6	9	8
	Canada	CMJ	7	1	0	1	2	-	-	-	-	-
1992-93	Hamilton (Canucks)	AHL	56	5	7	12	60	-	-	-	-	-
1993-94	Hamilton (Canucks)	AHL	71	8	20	28	86	3	0	1	1	2
1994-95	Syracuse (Crunch)	AHL	33	2	7	9	66	-	-	-	-	-
1994-95	Vancouver (Canucks)	LNH	34	1	2	3	39	11	0	0	0	12
1995-96	Vancouver (Canucks)	LNH	27	1	1	2	21	-	-	-	-	-
1996-97	Vancouver (Canucks)	LNH	3	0	0	0	2	-	-	-	-	-
	Montréal (Canadiens)	**LNH**	**49**	**2**	**6**	**8**	**42**	**2**	**0**	**0**	**0**	**2**
1997-98	**Montréal (Canadiens)**	**LNH**	**3**	**0**	**0**	**0**	**4**	-	-	-	-	-
	Fredericton (Canadiens)	AHL	5	1	0	1	8	-	-	-	-	-
	Tampa Bay (Lightning)	LNH	25	1	2	3	22	-	-	-	-	-
1998-99	Tampa Bay (Lightning)	LNH	78	5	12	17	81	-	-	-	-	-
1999-00	Tampa Bay (Lightning)	LNH	46	1	1	2	66	-	-	-	-	-
	Providence (Bruins)	AHL	16	5	10	15	31	-	-	-	-	-
2000-01	Tampa Bay (Lightning)	LNH	74	1	6	7	80	-	-	-	-	-
2001-02	Tampa Bay (Lightning)	LNH	78	4	9	13	58	-	-	-	-	-
2002-03	Tampa Bay (Lightning)	LNH	28	1	3	4	31	11	1	1	2	4
2003-04	Tampa Bay (Lightning)	LNH	79	2	5	7	58	11	0	2	2	6
2004-05			*N'a pas joué*									
2005-06	Chicago (Blackhawks)	LNH	54	1	6	7	53	-	-	-	-	-
2006-07	Chicago (Blackhawks)	LNH	65	1	6	7	64	-	-	-	-	-
2007-08	Floride (Panthers)	LNH	65	3	10	13	38	-	-	-	-	-
	Rochester (Americans)	AHL	3	0	1	1	4	-	-	-	-	-
		LNH	**708**	**24**	**69**	**93**	**659**	**35**	**1**	**3**	**4**	**24**
		Montréal	**52**	**2**	**6**	**8**	**46**	**2**	**0**	**0**	**0**	**2**

• **Deuxième équipe d'étoiles (OHL) en 1991-92 • Coupe Stanley en 2003-04**
• Échangé à Montréal par Vancouver pour Donald Brashear le 13 novembre 1996 • Réclamé au ballottage par Tampa Bay de Montréal le 22 janvier 1998 • Prêté à Providence (AHL) par Tampa Bay le 1er octobre 1999 • Signe avec Chicago comme joueur autonome le 22 juillet 2004 • Échangé à Montréal par Chicago avec Tony Salmelainen pour Sergei Samsonov le 6 juin 2007 • Signe avec la Floride comme joueur autonome le 26 octobre 2007

CUMMINS, JIM

Né à Dearborn, Michigan, le 17 mai 1970. Ailier droit, lance de la droite, 6'2", 219 lb (Choix de 4e ronde de New York (Rangers) et 67e au total lors du repêchage de 1989)

SAISON	CLUB	LIGUE	PJ	B	A	PTS	PUN	PJ	B	A	PTS	PUN
1987-88	Detroit (Compuware)	NAJHL	31	11	15	26	146	-	-	-	-	-
1988-89	Michigan (Spartans)	CCHA	30	3	8	11	98	-	-	-	-	-
1989-90	Michigan (Spartans)	CCHA	41	8	7	15	94	-	-	-	-	-
1990-91	Michigan (Spartans)	CCHA	34	9	6	15	110	-	-	-	-	-
1991-92	Adirondack (Red Wings)	AHL	65	7	13	20	338	5	0	0	0	19
	Detroit (Red Wings)	LNH	1	0	0	0	7	-	-	-	-	-
1992-93	Adirondack (Red Wings)	AHL	43	16	4	20	179	9	3	1	4	4
	Detroit (Red Wings)	LNH	7	1	1	2	58	-	-	-	-	-
1993-94	Philadelphie (Flyers)	LNH	22	1	2	3	71	-	-	-	-	-
	Hershey (Bears)	AHL	17	6	6	12	70	-	-	-	-	-
	Tampa Bay (Lightning)	LNH	4	0	0	0	13	-	-	-	-	-
	Atlanta (Knights)	IHL	7	4	5	9	14	13	1	2	3	90
1994-95	Tampa Bay (Lightning)	LNH	10	1	0	1	41	-	-	-	-	-
	Chicago (Blackhawks)	LNH	27	3	1	4	117	14	1	1	2	4
1995-96	Chicago (Blackhawks)	LNH	52	2	4	6	180	10	0	0	0	2
1996-97	Chicago (Blackhawks)	LNH	65	6	6	12	199	6	0	0	0	24
1997-98	Chicago (Blackhawks)	LNH	55	0	2	2	178	-	-	-	-	-
	Phoenix (Coyotes)	LNH	20	0	0	0	47	3	0	0	0	4
1998-99	Phoenix (Coyotes)	LNH	55	1	7	8	190	3	0	1	1	0
1999-00	**Montréal (Canadiens)**	**LNH**	**47**	**3**	**5**	**8**	**92**	-	-	-	-	-
2000-01	Anaheim (Mighty Ducks)	LNH	79	5	6	11	167	-	-	-	-	-
2001-02	Anaheim (Mighty Ducks)	LNH	2	0	0	0	0	-	-	-	-	-
	Cincinnati (Mighty Ducks)	AHL	11	1	4	5	39	-	-	-	-	-
	New York (Islanders)	LNH	10	0	0	0	31	1	0	0	0	9
2002-03			*N'a pas joué*									
2003-04	Colorado (Avalanche)	LNH	55	1	2	3	147	-	-	-	-	-
		LNH	**511**	**24**	**36**	**60**	**1538**	**37**	**1**	**2**	**3**	**43**
		Montréal	**47**	**3**	**5**	**8**	**92**	-	-	-	-	-

• Échangé à Detroit par New York (Rangers) avec Kevin Miller et Dennis Vial pour Joe Kocur et Per Djoos le 5 mars 1991 • Échangé à Philadelphie par Detroit avec le choix de 4e ronde de Philadelphie au repêchage de 1993 (propriété de Detroit suite à une transaction antérieure, échangé plus tard à Boston qui sélectionne Charles Paquette) pour Greg Johnson et le choix de 5e ronde de Philadelphie au repêchage de 1994 (Frédéric Deschênes) le 20 juin 1990 • Échangé à Tampa Bay par Philadelphie avec le choix de 4e ronde de Philadelphie au repêchage de 1995 (ensuite retourne à Philadelphie qui sélectionne Radovan Somik) pour Rob DiMaio le 18 mars 1994 • Échangé à Chicago par Tampa Bay avec Tom Tilley et Jeff Buchanan pour Paul Ysebaert et Rich Sutter le 22 février 1995 • Échangé à Phoenix par Chicago avec Keith Carney pour Chad Kilger et Jayson More le 4 mars 1998. • Échangé à Montréal par Phoenix pour le choix de 4e ronde des Rangers au repêchage de 1999 (propriété du Canadien suite à une transaction antérieure, Phoenix sélectionne Erik Leverstrom) le 26 juin 1999 • Signe avec Anaheim comme joueur autonome le 5 juillet 2000 • Échangé à New York (Islanders) par Anaheim pour Dave Roche le 14 janvier 2002 • Signe avec Colorado comme joueur autonome le 26 septembre 2003

CURRIE, HUGH

Né à Saskatoon, Saskatchewan, le 22 octobre 1925
Défenseur, lance de la droite, 6', 190 lb

SAISON	CLUB	LIGUE	PJ	B	A	PTS	PUN	PJ	B	A	PTS	PUN
1943-44	Saskatoon (Lions)	SAHAS	4	1	4	5	4	2	0	3	3	2
	Saskatoon (Lions)	Mem.	-	-	-	-	-	2	0	3	3	2
1944-45	Baltimore (Orioles)	EAHL	47	3	15	18	44	11	2	4	6	18
1945-46	Dallas (Texans)	USHL	18	3	1	4	14	-	-	-	-	-
	Washington (Lions)	EAHL	22	1	5	6	33	12	0	6	6	10
1946-47	Houston (Huskies)	USHL	36	4	8	12	30	-	-	-	-	-
	Tacoma (Rockets)	PCHL	18	5	8	13	44	-	-	-	-	-
1947-48	Buffalo (Bisons)	AHL	9	0	0	0	10	-	-	-	-	-
	Houston (Huskies)	USHL	52	5	7	12	67	12	1	0	1	2
1948-49	Houston (Huskies)	USHL	11	1	1	2	13	-	-	-	-	-
	San Diego (Skyhawks)	PCHL	51	4	11	15	52	14	2	6	8	30
1949-50	Louisville (Blades)	USHL	7	1	6	7	8	-	-	-	-	-
	Buffalo (Bisons)	AHL	54	3	25	28	64	5	0	0	0	13

SAISONS RÉGULIÈRES SÉRIES ÉLIMINATOIRES

Saison	Club	Ligue	PJ	B	A	PTS	PUN	PJ	B	A	PTS	PUN
1950-51	Buffalo (Bisons)	AHL	57	9	56	65	54	4	0	1	1	2
	Montréal (Canadiens)	**LNH**	**1**	**0**	**0**	**0**	**0**	-	-	-	-	-
1951-52	Buffalo (Bisons)	AHL	11	0	4	4	4	-	-	-	-	-
	Vancouver (Canucks)	PCHL	34	5	20	25	36	-	-	-	-	-
1952-53	Vancouver (Canucks)	PCHL	68	3	25	28	77	9	2	5	7	10
1953-54	Springfield (Indians)	AHL	31	5	21	26	11	-	-	-	-	-
	Syracuse (Warriors)	AHL	41	2	13	15	26	-	-	-	-	-
1954-55	Springfield (Indians)	AHL	64	5	43	48	60	4	0	1	1	4
1955-56	Vancouver (Canucks)	WHL	69	6	30	36	36	15	0	3	3	6
1956-57	Vancouver (Canucks)	WHL	68	6	32	38	47	-	-	-	-	-
1957-58	Seattle (Totems)	WHL	70	3	40	43	72	11	1	1	2	10
1958-59	Vancouver (Canucks)	WHL	67	4	26	30	36	9	0	4	4	10
1959-60	Calgary (Stampeders)	WHL	66	1	25	26	30	-	-	-	-	-
1960-61	Victoria (Cougars)	WHL	70	1	16	17	39	5	0	1	1	0
1961-62	San Francisco (Seals)	WHL	7	0	1	1	2	-	-	-	-	-
	Vancouver (Canucks)	WHL	43	1	13	14	16	-	-	-	-	-
1962-63	Philadelphie (Ramblers)	EHL	65	2	50	52	31	3	1	0	1	2
1963-64			*N'a pas joué*									
1964-65			*N'a pas joué*									
1965-66	Edmonton (Nuggets)	WCSHL	7	0	6	6	5	-	-	-	-	-
		LNH	**1**	**0**	**0**	**0**	**0**	-	-	-	-	-
		Montréal	**1**	**0**	**0**	**0**	**0**	-	-	-	-	-

• **Deuxième équipe d'étoiles (AHL) en 1950-51 • Première équipe d'étoiles, Division Coats (WHL) en 1957-58, 1958-59 • Deuxième équipe d'étoiles, Division Coast (WHL) en 1956-57**
• Prêté à Montréal par Buffalo (AHL) le 6 décembre 1950 • Nommé entraîneur des Canucks de Vancouver (WHL) le 8 février 1962 • Nommé joueur-entraîneur des Ramblers de Philadelphie (EHL) le 8 octobre 1962

CURRY, FLOYD

Né à Chapleau, Ontario, le 11 août 1925, décédé le 16 septembre 2006
Ailier droit, lance de la droite, 5'11", 175 lb

Saison	Club	Ligue	PJ	B	A	PTS	PUN	PJ	B	A	PTS	PUN
1940-41	Kirkland (Golden Gate)	NOJHA	20	9	4	13	5	-	-	-	-	-
1941-42	Ottawa (Generals)	JOHA	24	11	15	26	20	12	9	10	19	15
	Ottawa (Generals)	Mem.	-	-	-	-	-	11	11	6	17	4
1942-43	Ottawa (Generals)	JOHA	22	22	24	46	16	10	8	5	13	8
	Ottawa (Generals)	Mem.	-	-	-	-	-	8	7	6	13	2
1943-44	Ottawa (Generals)	JOHA	26	22	26	48	13	10	4	7	11	6
	Ottawa (Generals)	Mem.	-	-	-	-	-	10	11	8	19	14
1944-45	Toronto Navy Bulldogs	TNDHL	7	7	7	14	2	7	9	6	15	4
	Toronto Uptown Tires	TMHL	2	2	1	3	0	2	1	1	2	0
	Toronto Fuels	TMHL	7	2	2	4	0	-	-	-	-	-
1945-46	Montréal (Royals)	LHSQ	32	22	23	45	8	11	3	6	9	4
1946-47	Montréal (Royals)	LHSQ	40	23	20	43	26	11	3	4	7	4
	Montréal (Royals)	Allan	-	-	-	-	-	14	6	2	8	14
1947-48	Buffalo (Bisons)	AHL	14	6	8	14	10	-	-	-	-	-
	Montréal (Canadiens)	**LNH**	**31**	**1**	**5**	**6**	**0**	-	-	-	-	-
1948-49	Buffalo (Bisons)	AHL	67	24	19	43	12	-	-	-	-	-
	Montréal (Canadiens)	**LNH**	-	-	-	-	-	**2**	**0**	**0**	**0**	**2**
1949-50	Buffalo (Bisons)	AHL	24	4	6	10	6	-	-	-	-	-
	Montréal (Canadiens)	**LNH**	**49**	**8**	**8**	**16**	**8**	**5**	**1**	**0**	**1**	**2**
1950-51	**Montréal (Canadiens)**	**LNH**	**69**	**13**	**14**	**27**	**23**	**11**	**0**	**2**	**2**	**2**
1951-52	**Montréal (Canadiens)**	**LNH**	**64**	**20**	**18**	**38**	**10**	**11**	**4**	**3**	***7**	**6**
	Match des étoiles	LNH	1	0	0	0	2	-	-	-	-	-
1952-53	**Montréal (Canadiens)**	**LNH**	**68**	**16**	**6**	**22**	**10**	**12**	**2**	**1**	**3**	**2**
	Match des étoiles	LNH	1	0	0	0	0	-	-	-	-	-
1953-54	**Montréal (Canadiens)**	**LNH**	**70**	**13**	**8**	**21**	**22**	**11**	**4**	**0**	**4**	**4**
	Match des étoiles	LNH	1	0	0	0	0	-	-	-	-	-
1954-55	**Montréal (Canadiens)**	**LNH**	**68**	**11**	**10**	**21**	**36**	**12**	**8**	**4**	**12**	**4**
1955-56	**Montréal (Canadiens)**	**LNH**	**70**	**14**	**18**	**32**	**10**	**10**	**1**	**5**	**6**	**12**
1956-57	**Montréal (Canadiens)**	**LNH**	**70**	**7**	**9**	**16**	**20**	**10**	**3**	**2**	**5**	**2**
	Match des étoiles	LNH	1	0	0	0	0	-	-	-	-	-
1957-58	**Montréal (Canadiens)**	**LNH**	**42**	**2**	**3**	**5**	**8**	**7**	**0**	**0**	**0**	**2**
	Match des étoiles	LNH	1	0	0	0	0	-	-	-	-	-
1958-59	Montréal (Royals)	LHQ	57	9	13	22	40	8	1	3	4	2
	Rochester (Americans)	AHL	2	0	0	0	4	-	-	-	-	-
		LNH	**601**	**105**	**99**	**204**	**147**	**91**	**23**	**17**	**40**	**38**
		Montréal	**601**	**105**	**99**	**204**	**147**	**91**	**23**	**17**	**40**	**38**

• **Coupe Memorial en 1943-44 • Match des étoiles (LNH) en 1951-52, 1952-53, 1953-54, 1956-57, 1957-58 • Coupe Stanley (LNH) en 1952-53, 1955-56, 1956-57, 1957-58**
• Signe avec Montréal le 18 octobre 1945

CURTIS, PAUL

Né à Peterborough, Ontario, le 29 septembre 1947
Défenseur, lance de la gauche, 6', 185 lb

Saison	Club	Ligue	PJ	B	A	PTS	PUN	PJ	B	A	PTS	PUN
1963-64	Peterborough (Petes)	JOHA	2	0	1	1	7	1	0	0	0	4
1964-65	Peterborough (Petes)	JOHA	56	0	7	7	90	12	0	2	2	19
1965-66	Peterborough (Petes)	JOHA	48	3	17	20	116	6	1	1	2	9
1966-67	Peterborough (Petes)	JOHA	44	2	8	10	91	6	1	2	3	2
1967-68	Houston (Apollos)	CPHL	62	1	8	9	150	-	-	-	-	-
1968-69	Houston (Apollos)	CHL	70	3	27	30	72	3	0	0	0	0
1969-70	Montréal (Voyageurs)	AHL	69	3	27	30	52	8	0	5	5	4
	Montréal (Canadiens)	**LNH**	**1**	**0**	**0**	**0**	**0**	-	-	-	-	-
1970-71	Los Angeles (Kings)	LNH	64	1	13	14	82	-	-	-	-	-
1971-72	Los Angeles (Kings)	LNH	64	1	12	13	57	-	-	-	-	-
1972-73	Los Angeles (Kings)	LNH	27	0	5	5	16	-	-	-	-	-
	St. Louis (Blues)	LNH	29	1	4	5	6	5	0	0	0	2
1973-74	Cincinnati (Swords)	AHL	42	1	7	8	33	-	-	-	-	-
	Providence (Reds)	AHL	24	2	14	16	4	15	5	8	13	22
1974-75	Michigan/Baltimore	AMH	76	4	15	19	32	-	-	-	-	-
1975-76	Baltimore (Clippers)	AHL	54	2	8	10	33	-	-	-	-	-
		LNH	**185**	**3**	**34**	**37**	**161**	**5**	**0**	**0**	**0**	**2**
		Montréal	**1**	**0**	**0**	**0**	**0**	-	-	-	-	-

• **Deuxième équipe d'étoiles (AHL) en 1969-70**
• Réclamé par Los Angeles de Montréal au repêchage intra-ligue le 9 juin 1970 • Échangé à St. Louis par Los Angeles pour Frank St-Marseille le 22 janvier 1973 • Échangé à Buffalo par St. Louis pour Réal Lemieux le 21 janvier 1974 • Signe avec Michigan (AMH) comme joueur autonome en août 1974 • Signe avec Baltimore (AHL) comme joueur autonome en novembre 1975

CUSHENAN, IAN

Né à Hamilton, Ontario, le 29 novembre 1933. Défenseur, lance de la gauche, 6'2", 195 lb

Saison	Club	Ligue	PJ	B	A	PTS	PUN	PJ	B	A	PTS	PUN
1952-53	St. Catharines (Teepees)	JOHA	49	3	9	12	60	3	0	1	1	8
1953-54	St. Catharines (Teepees)	JOHA	59	5	25	30	86	15	0	3	3	23
	St. Catharines (Teepees)	Mem.	-	-	-	-	-	11	0	1	1	34
1954-55	Cleveland (Barons)	AHL	56	1	13	14	84	4	0	0	0	12
	Québec (As)	LHQ	6	0	2	2	4	-	-	-	-	-
1955-56	Cleveland (Barons)	AHL	63	2	16	18	113	8	0	3	3	*38
1956-57	Cleveland (Barons)	AHL	54	0	17	17	151	-	-	-	-	-
	Chicago (Black Hawks)	LNH	11	0	0	0	13	-	-	-	-	-
1957-58	Chicago (Black Hawks)	LNH	61	2	8	10	67	-	-	-	-	-
1958-59	**Montréal (Canadiens)**	**LNH**	**35**	**1**	**2**	**3**	**28**	-	-	-	-	-
	Match des étoiles	LNH	1	0	0	0	0	-	-	-	-	-
1959-60	New York (Rangers)	LNH	17	0	1	1	22	-	-	-	-	-
	Springfield (Indians)	AHL	49	0	12	12	67	10	0	1	1	8
1960-61	Springfield (Indians)	AHL	71	5	41	46	81	8	2	3	5	18
1961-62	Buffalo (Bisons)	AHL	69	2	21	23	84	11	0	3	3	8
1962-63	Buffalo (Bisons)	AHL	72	3	29	32	97	13	1	6	7	34
1963-64	Pittsburgh (Hornets)	AHL	56	4	16	20	77	5	0	3	3	9
	Detroit (Red Wings)	LNH	5	0	0	0	4	-	-	-	-	-
1964-65	Buffalo (Bisons)	AHL	69	4	23	27	89	9	3	0	3	12
1965-66	Buffalo (Bisons)	AHL	69	0	13	13	66	-	-	-	-	-
		LNH	**129**	**3**	**11**	**14**	**134**	-	-	-	-	-
		Montréal	**35**	**1**	**2**	**3**	**28**	-	-	-	-	-

• **Coupe Memorial en 1953-54 • Match des étoiles (LNH) en 1958-59 • Coupe Calder (AHL) en 1959-60, 1960-61, 1962-63 • Deuxième équipe d'étoiles (AHL) en 1962-63**
• Échangé à Chicago par Cleveland (AHL) pour Ron Ingram le 4 septembre 1956 • Droits vendus à Montréal par Chicago le 3 octobre 1958 • Échangé à Chicago par Montréal avec Bill Reed pour des considérations futures le 27 avril 1959 • Réclamé par New York (Rangers) de Chicago au repêchage inter-ligue le 10 juin 1959 • Réclamé par Detroit de Buffalo (AHL) au repêchage inter-ligues le 4 juin 1963 • Échangé à Chicago par Detroit avec John Miszuk et Art Stratton pour Autry Erickson et Ron Murphy le 9 juin 1959

CZERKAWSKI, MARIUSZ

Né à Radomsko, Pologne, le 13 avril 1972. Ailier droit, lance de la droite, 6'1", 200 lb
(Choix de 5e ronde de Boston, 106e au total lors du repêchage de 1991)

Saison	Club	Ligue	PJ	B	A	PTS	PUN	PJ	B	A	PTS	PUN
1988-89	GKS Tychy	POL-Jr.	*Statistiques non disponibles*									
	Pologne	CEH-B	5	5	6	11	6	-	-	-	-	-
1989-90	GKS Tychy	POL-Jr.	30	35	11	46	-	-	-	-	-	-
	Pologne	CMJ	7	1	0	1	4	-	-	-	-	-
	Pologne	CEH	6	9	3	12	14	-	-	-	-	-
1990-91	GKS Tychy	POL	24	25	15	40	-	-	-	-	-	-
	Pologne	CMJ-B	7	12	3	15	2	-	-	-	-	-
	Pologne	CEH-B	7	6	2	8	4	-	-	-	-	-
1991-92	Djurgardens IF	SWE	39	8	5	13	4	3	0	0	0	2
	Pologne	JO	5	0	1	1	4	-	-	-	-	-
	Pologne	CMH	6	0	0	0	4	-	-	-	-	-
1992-93	SC Hammarby	SWE	32	*39	30	*69	74	13	16	7	23	34
1993-94	Djurgardens IF	SWE	39	13	21	34	20	6	3	1	4	2
	Boston (Bruins)	LNH	4	2	1	3	0	13	3	3	6	4
1994-95	Kiekko-Espoo	FIN	7	9	3	12	10	-	-	-	-	-
	Boston (Bruins)	LNH	47	12	14	26	31	5	1	0	1	0
1995-96	Boston (Bruins)	LNH	33	5	6	11	10	-	-	-	-	-
1995-96	Edmonton (Oilers)	LNH	37	12	17	29	8	-	-	-	-	-
1996-97	Edmonton (Oilers)	LNH	76	26	21	47	16	12	2	1	3	10
1997-98	New York (Islanders)	LNH	68	12	13	25	23	-	-	-	-	-
	Pologne	CM-B	3	2	1	3	0	-	-	-	-	-
1998-99	New York (Islanders)	LNH	78	21	17	38	14	-	-	-	-	-
1999-00	New York (Islanders)	LNH	79	35	35	70	34	-	-	-	-	-
	Match des étoiles	LNH	1	0	1	1	0	-	-	-	-	-
	Pologne	CM-B	7	4	7	11	2	-	-	-	-	-
2000-01	New York (Islanders)	LNH	82	30	32	62	48	-	-	-	-	-
2001-02	New York (Islanders)	LNH	82	22	29	51	48	7	8	6	14	18
2002-03	**Montréal (Canadiens)**	**LNH**	**43**	**5**	**9**	**14**	**16**	-	-	-	-	-
	Hamilton (Bulldogs)	AHL	20	8	12	20	12	6	1	3	4	6
2003-04	New York (Islanders)	LNH	81	25	24	49	16	5	0	1	1	0
2004-05	Djurgardens IF Stockholm	SWE	46	15	9	24	20	5	1	0	1	2
	Pologne	JO-Q	6	6	4	10	4	-	-	-	-	-
2005-06	Toronto (Maple Leafs)	LNH	19	4	1	5	6	-	-	-	-	-
	Boston (Bruins)	LNH	16	4	1	5	4	-	-	-	-	-
2006-07	SC Rapperswil-Jona Lakers	SUI	43	21	20	41	70	7	6	6	12	16
2007-08	SC Rapperswil-Jona Lakers	SUI	49	22	31	53	30	5	1	0	1	4
		LNH	**745**	**215**	**220**	**435**	**274**	**42**	**8**	**7**	**15**	**18**
		Montréal	**43**	**5**	**9**	**14**	**16**	-	-	-	-	-

• **Nommé meilleur joueur (CMJ-B) en 1990 • Match des étoiles (LNH) en 1999-00**
• Échangé à Edmonton par Boston avec Sean Brown et le 1er choix de Boston au repêchage de 1996 (Matthieu Descoteaux) pour Bill Ranford le 11 janvier 1996 • Échangé à New York (Islanders) par Edmonton pour Dan Lacouture le 25 août 1997 • Échangé à Montréal par New York (Islanders) pour Arron Asham et le choix de 5e ronde de Montréal au repêchage de 2002 (Markus Pahlsson) le 22 juin 2002 • Signe avec New York (Islanders) comme joueur autonome le 17 juillet 2003 • Signe avec Djurgarden (SWE) comme joueur autonome le 9 septembre 2004 • Signe avec Toronto

CUR-CZE
668
SAISONS RÉGULIÈRES SÉRIES ÉLIMINATOIRES

comme joueur autonome le 10 septembre 2005 • Réclamé au ballottage par Boston de Toronto le 8 mars 2006 • Signe avec Rapperswill (SUI) comme joueur autonome le 21 juillet 2006

DACKELL, ANDREAS

Né à Gävle, Suède, le 29 décembre 1972. Ailier droit, lance de la droite, 5'11", 194 lb (Choix de 6ᵉ ronde d'Ottawa, 136ᵉ au total lors du repêchage de 1996)

Saison	Club	Ligue	PJ	B	A	PTS	PUN	PJ	B	A	PTS	PUN
1990-91	Stromsbro AIK	SWE	29	21	9	30	12	-	-	-	-	-
	Brynas IF Gavle	SWE	3	0	1	1	2	-	-	-	-	-
1991-92	Brynas IF Gavle	SWE	26	17	24	41	42	2	3	1	4	2
	Brynas IF Gavle	SWE	4	0	0	0	2	2	0	1	1	4
1992-93	Brynas IF Gavle	SWE	40	12	15	27	12	10	4	5	9	2
1993-94	Brynas IF Gavle	SWE	38	12	17	29	47	7	2	2	4	8
	Suède	JO	4	0	0	0	0	-	-	-	-	-
	Suède	CM	7	2	2	4	25	-	-	-	-	-
1994-95	Brynas IF Gavle	SWE	39	17	16	33	34	14	3	3	6	14
	Suède	CM	8	3	4	7	4	-	-	-	-	-
1995-96	Brynas IF Gavle	SWE	22	6	6	12	8	-	-	-	-	-
	Suède	CM	6	0	1	1	0	-	-	-	-	-
1996-97	Ottawa (Sénateurs)	LNH	79	12	19	31	8	7	1	0	1	0
1997-98	Ottawa (Sénateurs)	LNH	82	15	18	33	24	11	1	1	2	2
1998-99	Ottawa (Sénateurs)	LNH	77	15	35	50	30	4	0	1	1	0
1999-00	Ottawa (Sénateurs)	LNH	82	10	25	35	18	6	2	1	3	2
2000-01	Ottawa (Sénateurs)	LNH	81	13	18	31	24	4	0	0	0	0
2001-02	**Montréal (Canadiens)**	**LNH**	**79**	**15**	**18**	**33**	**24**	**12**	**1**	**2**	**3**	**6**
2002-03	**Montréal (Canadiens)**	**LNH**	**73**	**7**	**18**	**25**	**24**	**-**	**-**	**-**	**-**	**-**
2003-04	**Montréal (Canadiens)**	**LNH**	**60**	**4**	**8**	**12**	**10**	**-**	**-**	**-**	**-**	**-**
2004-05	Brynas IF Gavle	SWE	40	9	13	22	48	-	-	-	-	-
	Brynas IF Gavle	SWE-Q	10	2	6	8	8	-	-	-	-	-
2005-06	Brynas IF Gavle	SWE	40	6	14	20	22	4	0	0	0	2
2006-07	Brynas IF Gavle	SWE	54	7	21	28	67	7	2	7	9	4
2007-08	Brynas IF Gavle	SWE	54	7	18	25	40	-	-	-	-	-
		LNH	**613**	**91**	**159**	**250**	**162**	**44**	**5**	**5**	**10**	**10**
		Montréal	**212**	**26**	**44**	**70**	**58**	**12**	**1**	**2**	**3**	**6**

• Médaille d'or (JO) en 1994 • Médaille d'argent (CM) en 1995

• Échangé à Montréal par Ottawa pour le choix de 8ᵉ ronde de Montréal au repêchage de 2001 (Neil Petruic) le 24 juin 2001 • Signe avec Brynas (SWE) comme joueur autonome le 14 mai 2004

DAGENAIS, PIERRE PATRICK

Né à Blainville, Québec, le 4 mars 1978. Ailier droit, lance de la gauche, 6'5", 218 lb (Choix de 4ᵉ ronde du New Jersey, 105ᵉ au total lors du repêchage de 1998)

Saison	Club	Ligue	PJ	B	A	PTS	PUN	PJ	B	A	PTS	PUN
1994-95	Laval-Laurentides	QAAA	34	28	14	42	68	13	10	9	19	32
1995-96	Moncton (Alpines)	LHJMQ	67	43	25	68	59	-	-	-	-	-
1996-97	Moncton (Wildcats)	LHJMQ	6	4	2	6	0	-	-	-	-	-
	Laval (Titan)	LHJMQ	37	16	14	30	40	-	-	-	-	-
	Rouyn-Noranda (Huskies)	LHJMQ	27	21	8	29	22	-	-	-	-	-
1997-98	Rouyn-Noranda (Huskies)	LHJMQ	60	66	67	133	50	6	6	2	8	2
1998-99	Albany (River Rats)	AHL	69	17	13	30	37	4	0	0	0	0
1999-00	Albany (River Rats)	AHL	80	35	30	65	47	5	1	0	1	14
2000-01	New Jersey (Devils)	LNH	9	3	2	5	6	-	-	-	-	-
	Albany (River Rats)	AHL	69	34	28	62	52	-	-	-	-	-
2001-02	New Jersey (Devils)	LNH	16	3	3	6	4	-	-	-	-	-
	Albany (River Rats)	AHL	6	0	2	2	2	-	-	-	-	-
	Floride (Panthers)	LNH	26	7	1	8	4	-	-	-	-	-
	Utah (Grizzlies)	AHL	4	1	1	2	2	-	-	-	-	-
2002-03	Floride (Panthers)	LNH	9	0	0	0	4	-	-	-	-	-
	San Antonio (Rampage)	AHL	49	21	14	35	28	3	2	0	2	2
2003-04	**Montréal (Canadiens)**	**LNH**	**50**	**17**	**10**	**27**	**24**	**8**	**0**	**1**	**1**	**6**
	Hamilton (Bullgogs)	AHL	20	12	9	21	19	-	-	-	-	-
2004-05	HC Ajoie	SUI	7	5	5	10	12	6	7	7	14	6
2005-06	**Montréal (Canadiens)**	**LNH**	**32**	**5**	**7**	**12**	**16**	**-**	**-**	**-**	**-**	**-**
	Hamilton (Bullgogs)	AHL	38	12	13	25	23	-	-	-	-	-
2006-07	Jokerit Helsinki	FIN	16	2	7	9	12	-	-	-	-	-
	HC TWK Innsbruck	AUT	27	37	20	57	12	-	-	-	-	-
2007-08	HC TWK Innsbruck	AUT	41	22	17	39	18	3	1	0	0	0
		LNH	**142**	**35**	**23**	**58**	**58**	**8**	**0**	**1**	**1**	**6**
		Montréal	**82**	**22**	**17**	**39**	**40**	**8**	**0**	**1**	**1**	**6**

• Équipe d'étoiles des recrues (LHJMQ) en 1995-96 • Deuxième équipe d'étoiles (LHJMQ) en 1997-98 • Deuxième équipe d'étoiles (AHL) en 2000-01

• Réclamé au ballottage par la Floride de New Jersey le 12 janvier 2002 • Signe avec Montréal comme joueur autonome le 4 juillet 2003 • Signe avec Ajoie (SUI) comme joueur autonome le 10 janvier 2005 • Signe avec Jokerit Helsinki (FIN) comme joueur autonome le 10 octobre 2006 • Signe avec HC TWK Innsbruck (AUT) comme joueur autonome le 8 décembre 2006 • Signe avec Traktor Chelyabinsk (RUS) comme joueur autonome le 24 juillet 2008

D'AGOSTINI, MATT

Né à Sault-Sainte-Marie, Ontario, le 23 octobre 1986. Ailier droit, lance de la droite, 6', 201 lb (Choix de 6ᵉ ronde de Montréal, 190ᵉ au total lors du repêchage de 2005)

Saison	Club	Ligue	PJ	B	A	PTS	PUN	PJ	B	A	PTS	PUN
2003-04	Soo North Stars	GNML	36	36	23	59	41	-	-	-	-	-
2004-05	Guelph (Storm)	OHL	59	24	22	46	29	4	0	2	2	8
2005-06	Guelph (Storm)	OHL	66	25	54	79	81	15	8	20	28	16
2006-07	Hamilton (Bullgogs)	AHL	63	21	28	49	33	22	4	9	13	18
2007-08	**Montréal (Canadiens)**	**LNH**	**1**	**0**	**0**	**0**	**2**	**-**	**-**	**-**	**-**	**-**
	Hamilton (Bullgogs)	AHL	76	23	30	53	38	-	-	-	-	-
		LNH	**1**	**0**	**0**	**0**	**2**	**-**	**-**	**-**	**-**	**-**
		Montréal	**1**	**0**	**0**	**0**	**2**	**-**	**-**	**-**	**-**	**-**

• Deuxième équipe d'étoiles (OHL) en 2004-05 • Coupe Calder (AHL) en 2006-07

DAHLIN, KJELL

Né à Timra, Suède, le 2 février 1963. Ailier droit, lance de la droite, 6', 175 lb (Choix de 4ᵉ ronde de Montréal, 82ᵉ au total lors du repêchage de 1981)

Saison	Club	Ligue	PJ	B	A	PTS	PUN	PJ	B	A	PTS	PUN
1978-79	Timra IF	SWE-2	2	0	0	0	0	-	-	-	-	-
1979-80	Timra IF	SWE-2	14	4	1	5	0	1	0	0	0	0
	Suède	EJC	5	1	0	1	0	-	-	-	-	-
1980-81	Timra IF	SWE-2	36	15	14	29	24	-	-	-	-	-
	Suède	EJC	5	4	5	9	4	-	-	-	-	-
1981-82	Timra IF	SWE	36	16	7	23	14	-	-	-	-	-
	Suède	CMJ	7	5	1	6	4	-	-	-	-	-
1982-83	Farjestads BK Karlstad	SWE	32	10	8	18	2	7	0	0	0	2
	Suède	CMJ	7	3	4	7	-	-	-	-	-	-
1983-84	Farjestads BK Karlstad	SWE	36	19	9	28	16	-	-	-	-	-
1984-85	Farjestads BK Karlstad	SWE	35	21	25	46	10	-	-	-	-	-
1985-86	**Montréal (Canadiens)**	**LNH**	**77**	**32**	**39**	**71**	**4**	**16**	**2**	**3**	**5**	**4**
1986-87	**Montréal (Canadiens)**	**LNH**	**41**	**12**	**8**	**20**	**0**	**8**	**2**	**4**	**6**	**0**
1987-88	**Montréal (Canadiens)**	**LNH**	**48**	**13**	**12**	**25**	**6**	**11**	**2**	**4**	**6**	**2**
1988-89	Farjestads BK Karlstad	SWE	37	23	20	43	24	2	1	0	1	0
1989-90	Farjestads BK Karlstad	SWE	30	26	12	38	12	10	4	5	9	6
1990-91	Farjestads BK Karlstad	SWE	31	9	8	17	14	8	4	3	7	2
1991-92	Farjestads BK Karlstad	SWE	25	6	10	16	10	6	4	1	5	4
1992-93	Farjestads BK Karlstad	SWE	36	4	8	12	4	3	2	0	2	4
1993-94	Farjestads BK Karlstad	SWE	16	0	1	1	0	8	1	0	1	0
	Grums IK	SWE-2	4	0	5	5	0	-	-	-	-	-
	Farjestads BK Karlstad	SWE-2	8	1	0	1	0	-	-	-	-	-
		LNH	**166**	**57**	**59**	**116**	**10**	**35**	**6**	**11**	**17**	**6**
		Montréal	**166**	**57**	**59**	**116**	**10**	**35**	**6**	**11**	**17**	**6**

• Équipe d'étoiles des recrues (LNH) en 1985-86 • Coupe Stanley (LNH) en 1985-86.

DAIGNEAULT, JEAN-JACQUES

Né à Montréal, Québec, le 12 octobre 1965. Défenseur, lance de la gauche, 5'10", 192 lb (Choix de 1ʳᵉ ronde de Vancouver, 10ᵉ au total lors du repêchage de 1984)

Saison	Club	Ligue	PJ	B	A	PTS	PUN	PJ	B	A	PTS	PUN
1979-80	Montréal (Hurricanes)	QAAA	*Statistiques non disponibles*									
1980-81	Montréal (Concordia)	QAAA	48	7	48	55	-	-	-	-	-	-
1981-82	Laval (Voisins)	LHJMQ	64	4	25	29	41	18	1	3	4	2
1982-83	Longueuil (Chevaliers)	LHJMQ	70	26	58	84	58	15	4	11	15	35
1983-84	Longueuil (Chevaliers)	LHJMQ	10	2	11	13	6	14	3	13	16	30
	Canada	CMJ	7	0	2	2	2	-	-	-	-	-
	Canada	Éq. nat.	55	5	14	19	40	-	-	-	-	-
	Canada	JO	7	1	1	2	0	-	-	-	-	-
1984-85	Vancouver (Canucks)	LNH	67	4	23	27	69	-	-	-	-	-
1985-86	Vancouver (Canucks)	LNH	64	5	23	28	45	3	0	2	2	0
1986-87	Philadelphie (Flyers)	LNH	77	6	16	22	56	9	1	0	1	0
1987-88	Philadelphie (Flyers)	LNH	28	2	2	4	12	-	-	-	-	-
	Hershey (Bears)	AHL	10	1	5	6	8	-	-	-	-	-
1988-89	Hershey (Bears)	AHL	12	0	10	10	13	-	-	-	-	-
	Fredericton (Canadiens)	AHL	63	10	33	43	48	6	1	3	4	2
1989-90	Sherbrooke (Canadiens)	AHL	28	8	19	27	18	-	-	-	-	-
	Montréal (Canadiens)	**LNH**	**36**	**2**	**10**	**12**	**14**	**9**	**0**	**0**	**0**	**2**
1990-91	**Montréal (Canadiens)**	**LNH**	**51**	**3**	**16**	**19**	**31**	**5**	**0**	**1**	**1**	**0**
1991-92	**Montréal (Canadiens)**	**LNH**	**79**	**4**	**14**	**18**	**36**	**11**	**0**	**3**	**3**	**4**
1992-93	**Montréal (Canadiens)**	**LNH**	**66**	**8**	**10**	**18**	**57**	**20**	**1**	**3**	**4**	**22**
1993-94	**Montréal (Canadiens)**	**LNH**	**68**	**2**	**12**	**14**	**73**	**7**	**0**	**1**	**1**	**12**
1994-95	**Montréal (Canadiens)**	**LNH**	**45**	**3**	**5**	**8**	**40**	**-**	**-**	**-**	**-**	**-**
1995-96	**Montréal (Canadiens)**	**LNH**	**7**	**0**	**1**	**1**	**6**	**-**	**-**	**-**	**-**	**-**
	St. Louis (Blues)	LNH	37	1	3	4	24	-	-	-	-	-
	Worcester (IceCats)	AHL	9	1	10	11	10	-	-	-	-	-
	Pittsburgh (Penguins)	LNH	13	3	3	6	23	17	1	9	10	36
1996-97	Pittsburgh (Penguins)	LNH	53	3	14	17	36	-	-	-	-	-
	Anaheim (Mighty Ducks)	LNH	13	2	9	11	22	11	2	7	9	16
1997-98	Anaheim (Mighty Ducks)	LNH	53	2	15	17	28	-	-	-	-	-
	New York (Islanders)	LNH	18	0	6	6	21	-	-	-	-	-
1998-99	Nashville (Predators)	LNH	35	2	2	4	38	-	-	-	-	-
	Phoenix (Coyotes)	LNH	35	0	7	7	32	6	0	0	0	8
1999-00	Phoenix (Coyotes)	LNH	53	1	6	7	22	1	0	0	0	0
2000-01	Minnesota (Wild)	LNH	1	0	0	0	2	-	-	-	-	-
	Cleveland (Lumberjacks)	IHL	44	8	9	17	18	-	-	-	-	-
2001-02	EHC Biel-Bienne	SUI-2	7	5	2	7	14	2	0	0	0	0
		LNH	**899**	**53**	**197**	**250**	**687**	**99**	**5**	**26**	**31**	**100**
		Montréal	**352**	**22**	**68**	**90**	**257**	**52**	**1**	**8**	**9**	**40**

• Première équipe d'étoiles (LHJMQ) en 1982-83 • Trophée Émile-Bouchard (LHJMQ) en 1982-83 • Coupe Stanley (LNH) en 1992-93

• Échangé à Philadelphie par Vancouver avec le choix de 2ᵉ ronde de Vancouver au repêchage de 1986 (Kent Hawley) pour Dave Richter, Rick Sutter et le choix de 3ᵉ ronde de Vancouver (propriété de Philadelphie suite à une transaction antérieure, Vancouver sélectionne Don Gibson) au repêchage de 1986 le 6 juin 1986 • Échangé à Montréal par Philadelphie pour Scott Sandelin le 7 novembre 1988 • Échangé à St. Louis par Montréal pour Pat Jablonski le 7 novembre 1995 • Échangé à Pittsburgh par St. Louis pour le choix de 6ᵉ ronde de Pittsburgh au repêchage de 1996 (Stephen Wagner) le 20 mars 1996 • Échangé à Anaheim par Pittsburgh pour Garry Valk le 21 février 1997 • Échangé à New York (Islanders) par Anaheim avec Joe Sacco et Mark Janssens pour Travis Green, Doug Houda et Tony Tuzzolino le 6 février 1998 • Réclamé par Nasville de New York (Islanders) lors de l'expansion de la LNH le 26 juin 1998 • Échangé à Phoenix par Nashville pour des considérations futures le 13 janvier 1999 • Signe avec Minnesota comme joueur autonome le 24 juillet 2000

DALLAIRE, HECTOR

Né à Rockland, Ontario, le 6 janvier 1887, décédé le 18 février 1925 Centre, lance de la droite, 5'07", 160 lb

Saison	Club	Ligue	PJ	B	A	PTS	PUN	PJ	B	A	PTS	PUN
1907-08	Rockland HC	LOVHA	*Statistiques non disponibles*									
1908-09	Rockland HC	LOVHA	*Statistiques non disponibles*									

SAISON	CLUB	LIGUE	PJ	B	A	PTS	PUN	PJ	B	A	PTS	PUN
1909-10	Rockland HC	LOVHA	5	-	-	-	-	2	3	0	3	6
1910-11	**Montréal (Canadiens)**	**NHA**	**13**	**11**	**0**	**11**	**30**	-	-	-	-	-
1911-12	**Montréal (Canadiens)**	**NHA**	**12**	**5**	**0**	**5**	**-**	-	-	-	-	-
1912-13	**Montréal (Canadiens)**	**NHA**	**1**	**0**	**0**	**0**	**-**	-	-	-	-	-
	Halifax (Crescents)	MPHL	*Statistiques non disponibles*									
1913-14	**Montréal (Canadiens)**	**NHA**	**5**	**2**	**2**	**4**	**-**	-	-	-	-	-
1914-15	Rockland HC	LOVHA	*Statistiques non disponibles*									
1915-16	Rockland HC	LOVHA	*Statistiques non disponibles*									
		NHA	**31**	**18**	**2**	**20**	**30**	-	-	-	-	-
		Montréal	**31**	**18**	**2**	**20**	**30**	-	-	-	-	-

• Signe avec Montréal (NHA) le 22 décembre 1910 • Prêté à Halifax (MPHL) par Montréal (NHA) avec Ed Degray le 2 janvier 1913

DAME, AURELLA (BUNNY)

Né à Edmonton, Alberta, le 6 décembre 1913, décédé le 14 avril 2006
Ailier gauche, lance de la gauche, 5'9", 160 lb

SAISON	CLUB	LIGUE	PJ	B	A	PTS	PUN	PJ	B	A	PTS	PUN
1930-31	Edmonton (Canadians)	EJHL	3	1	0	1	0	-	-	-	-	-
1931-32	Edmonton (Canadians)	EJHL	13	*14	2	*16	-	4	2	0	2	2
1932-33	Edmonton (Canadians)	EJHL	11	-	-	-	16	3	1	0	1	0
	Edmonton (Canadians)	Mem.	-	-	-	-	-	3	3	0	3	4
1933-34	Rossland (Miners)	WKHL	18	14	5	19	5	-	-	-	-	-
1934-35	Rossland (Miners)	WKHL	12	8	5	13	19	-	-	-	-	-
1935-36	Rossland (Miners)	WKHL	16	7	9	16	15	2	1	1	2	0
1936-37	Trail (Smoke Eaters)	WKHL	13	10	*12	22	6	3	0	0	0	0
1937-38	Trail (Smoke Eaters)	WKHL	18	9	10	19	4	4	0	1	1	0
	Trail (Smoke Eaters)	Allan	-	-	-	-	-	12	7	10	17	8
1938-39	Trail (Smoke Eaters)	Exh.	*Statistiques non disponibles*									
	Canada	CM	7	*8	4	*12	-	-	-	-	-	-
1939-40	Trail (Smoke Eaters)	WKHL	27	28	34	62	4	4	4	3	7	6
	Trail (Smoke Eaters)	Allan	-	-	-	-	-	3	0	1	1	0
1940-41	Trail (Smoke Eaters)	WKHL	28	23	26	49	26	3	2	1	3	2
	Trail (Smoke Eaters)	Allan	-	-	-	-	-	6	1	2	3	6
1941-42	**Montréal (Canadiens)**	**LNH**	**34**	**2**	**5**	**7**	**4**	-	-	-	-	-
1942-43			*Service militaire*									
1943-44			*Service militaire*									
1944-45	Calgary (Currie Army)	ANDHL	14	6	9	15	6	3	0	2	2	2
1945-46	Calgary (Stampeders)	WCSHL	36	23	31	54	14	4	3	3	6	0
	Calgary (Stampeders)	Allan	-	-	-	-	-	11	6	5	11	5
1946-47	Calgary (Stampeders)	WCSHL	17	10	17	27	12	7	7	4	11	2
	Calgary (Stampeders)	Allan	-	-	-	-	-	18	7	4	11	16
1947-48	Calgary (Stampeders)	WCSHL	46	14	22	36	22	11	4	4	8	8
1948-49	Calgary (Stampeders)	WCSHL	46	17	20	37	34	4	0	0	0	2
1949-50	Calgary (Stampeders)	WCSHL	44	14	15	29	23	11	1	2	3	4
	Calgary (Stampeders)	Allan	-	-	-	-	-	14	2	2	4	4
		LNH	**34**	**2**	**5**	**7**	**4**	-	-	-	-	-
		Montréal	**34**	**2**	**5**	**7**	**4**	-	-	-	-	-

• Coupe Allan en 1937-38, 1945-46
• Signe avec Montréal le 26 août 1941.

DAMPHOUSSE, VINCENT

Né à Montréal, Québec, le 17 décembre 1967. Centre, lance de la gauche, 6'1", 191 lb
(Choix de 1re ronde de Toronto, 6e au total lors du repêchage de 1986)

SAISON	CLUB	LIGUE	PJ	B	A	PTS	PUN	PJ	B	A	PTS	PUN
1982-83	Bourassa (Angevins)	QAAA	48	33	45	78	-	-	-	-	-	-
1983-84	Laval (Voisins)	LHJMQ	66	29	36	65	25	-	-	-	-	-
	Laval (Voisins)	Mem.	-	-	-	-	-	3	0	0	0	4
1984-85	Laval (Voisins)	LHJMQ	68	35	68	103	62	-	-	-	-	-
1985-86	Laval (Titan)	LHJMQ	69	45	110	155	70	14	9	27	36	12
1986-87	Toronto (Maple Leafs)	LNH	80	21	25	46	26	12	1	5	6	8
1987-88	Toronto (Maple Leafs)	LNH	75	12	36	48	40	6	0	1	1	10
1988-89	Toronto (Maple Leafs)	LNH	80	26	42	68	75	-	-	-	-	-
1989-90	Toronto (Maple Leafs)	LNH	80	33	61	94	56	5	0	2	2	2
1990-91	Toronto (Maple Leafs)	LNH	79	26	47	73	65	-	-	-	-	-
	Match des étoiles	LNH	1	4	0	4	0	-	-	-	-	-
1991-92	Edmonton (Oilers)	LNH	80	38	51	89	53	16	6	8	14	8
	Match des étoiles	LNH	1	0	1	1	0	-	-	-	-	-
1992-93	**Montréal (Canadiens)**	**LNH**	**84**	**39**	**58**	**97**	**98**	**20**	**11**	**12**	**23**	**16**
1993-94	**Montréal (Canadiens)**	**LNH**	**84**	**40**	**51**	**91**	**75**	**7**	**1**	**2**	**3**	**8**
1994-95	EC Ratinger Lowen	GER	11	5	7	12	24	-	-	-	-	-
	Montréal (Canadiens)	**LNH**	**48**	**10**	**30**	**40**	**42**	-	-	-	-	-
1995-96	**Montréal (Canadiens)**	**LNH**	**80**	**38**	**56**	**94**	**158**	**6**	**4**	**4**	**8**	**0**
1996-97	**Montréal (Canadiens)**	**LNH**	**82**	**27**	**54**	**81**	**82**	**5**	**0**	**0**	**0**	**2**
	Canada	CDM	8	2	0	2	8	-	-	-	-	-
1997-98	**Montréal (Canadiens)**	**LNH**	**76**	**18**	**41**	**59**	**58**	**10**	**3**	**6**	**9**	**22**
1998-99	**Montréal (Canadiens)**	**LNH**	**65**	**12**	**24**	**36**	**46**	-	-	-	-	-
	San Jose (Sharks)	LNH	12	7	6	13	4	6	3	2	5	6
1999-00	San Jose (Sharks)	LNH	82	21	49	70	58	12	1	7	8	16
2000-01	San Jose (Sharks)	LNH	45	9	37	46	62	6	2	1	3	14
2001-02	San Jose (Sharks)	LNH	82	20	38	58	60	12	2	6	8	12
	Match des étoiles	LNH	1	1	2	3	0	-	-	-	-	-
2002-03	San Jose (Sharks)	LNH	82	23	38	61	66	-	-	-	-	-
2003-04	San Jose (Sharks)	LNH	82	12	29	41	66	17	7	7	14	20
		LNH	**1378**	**432**	**773**	**1205**	**1190**	**140**	**41**	**63**	**104**	**144**
		Montréal	**519**	**184**	**314**	**498**	**559**	**48**	**19**	**24**	**43**	**48**

• Coupe du Président (LHJMQ) en 1983-84 • Deuxième équipe d'étoiles (LHJMQ) en 1985-86 • Match des étoiles (LNH) en 1990-91, 1991-92, 2001-02 • Coupe Stanley (LNH) en 1992-93
• Échangé à Edmonton par Toronto avec Peter Ing, Scott Thornton, Luke Richardson et des considérations futures pour Grant Fuhr, Glenn Anderson et Craig Berube le 19 septembre 1991 • Échangé à Montréal par Edmonton avec le choix de 4e ronde d'Edmonton au repêchage de 1993 (Adam Wiesel) pour Shayne Corson, Brent Gilchrist et Vladimir Vujtek le 27 août 1992 • Échangé à San Jose par Montréal pour le choix de 5e ronde de Phoenix (propriété de San Jose suite à une transaction antérieure, Montréal sélectionne Marc-André Thinel) au repêchage de 1999, le 1er choix de San José (Marcel Hossa) au repêchage de 2000 et le choix de 2e ronde de San Jose au repêchage de 2001 (échangé à Columbus qui sélectionne Kiel McLeod) le 23 mars 1999 • Signe avec Colorado comme joueur autonome le 18 août 2004 • Annonce officiellement sa retraite le 7 septembre 2005

DANDENAULT, MATHIEU

Né à Sherbrooke, Québec, le 3 février 1976. Défenseur, lance de la droite, 6', 204 lb
(Choix de 2e ronde de Detroit, 49e au total lors du repêchage de 1994)

SAISON	CLUB	LIGUE	PJ	B	A	PTS	PUN	PJ	B	A	PTS	PUN
1990-91	Gloucester	OMHA	44	52	50	102	30	-	-	-	-	-
1991-92	Vanier (Voyageurs)	OHA-B	33	27	31	58	20	-	-	-	-	-
	Gloucester (Rangers)	CJHL	6	3	4	7	0	-	-	-	-	-
1992-93	Gloucester (Rangers)	CJHL	55	11	26	37	64	-	-	-	-	-
1993-94	Sherbrooke (Faucons)	LHJMQ	67	17	36	53	67	12	4	10	14	12
1994-95	Sherbrooke (Faucons)	LHJMQ	67	37	70	107	76	7	1	7	8	10
1995-96	Detroit (Red Wings)	LNH	34	5	7	12	6	-	-	-	-	-
	Adirondack (Red Wings)	AHL	4	0	0	0	0	-	-	-	-	-
1996-97	Detroit (Red Wings)	LNH	65	3	9	12	28	-	-	-	-	-
1997-98	Detroit (Red Wings)	LNH	68	5	12	17	43	3	1	0	1	0
1998-99	Detroit (Red Wings)	LNH	75	4	10	14	59	10	0	1	1	0
1999-00	Detroit (Red Wings)	LNH	81	6	12	18	20	6	0	0	0	2
2000-01	Detroit (Red Wings)	LNH	73	10	15	25	38	6	0	1	1	0
2001-02	Detroit (Red Wings)	LNH	81	8	12	20	44	23	1	2	3	8
2002-03	Detroit (Red Wings)	LNH	74	4	15	19	64	4	0	0	0	2
	Canada	CM	9	2	3	5	12	-	-	-	-	-
2003-04	Detroit (Red Wings)	LNH	65	3	9	12	40	12	1	1	2	6
2004-05	Asiago	ITA	10	0	2	2	2	9	1	6	7	4
2005-06	**Montréal (Canadiens)**	**LNH**	**82**	**5**	**15**	**20**	**83**	**6**	**0**	**3**	**3**	**4**
2006-07	**Montréal (Canadiens)**	**LNH**	**68**	**2**	**6**	**8**	**40**	-	-	-	-	-
2007-08	**Montréal (Canadiens)**	**LNH**	**61**	**9**	**5**	**14**	**34**	**9**	**0**	**0**	**0**	**2**
		LNH	**827**	**64**	**127**	**191**	**499**	**79**	**3**	**8**	**11**	**24**
		Montréal	**211**	**16**	**26**	**42**	**157**	**15**	**0**	**3**	**3**	**6**

• Signe avec Asiago (Italie) comme joueur autonome le 27 décembre 2004 • Signe avec Montréal comme joueur autonome le 3 août 2005

DAOUST, DANIEL (DAN)

Né à Montréal, Québec, le 29 février 1960. Centre, lance de la gauche, 5'10", 160 lb

SAISON	CLUB	LIGUE	PJ	B	A	PTS	PUN	PJ	B	A	PTS	PUN
1977-78	Cornwall (Royals)	LHJMQ	68	24	44	68	74	-	-	-	-	-
1978-79	Cornwall (Royals)	LHJMQ	72	42	55	97	85	7	2	4	6	29
1979-80	Cornwall (Royals)	LHJMQ	70	40	62	102	82	18	5	9	14	36
	Cornwall (Royals)	Mem.	-	-	-	-	-	5	1	4	5	8
1980-81	Nlle-Écosse (Voyageurs)	AHL	80	38	60	98	106	6	1	3	4	10
1981-82	Nlle-Écosse (Voyageurs)	AHL	61	25	40	65	75	9	5	2	7	11
1982-83	**Montréal (Canadiens)**	**LNH**	**4**	**0**	**1**	**1**	**4**	-	-	-	-	-
	Toronto (Maple Leafs)	LNH	48	18	33	51	31	-	-	-	-	-
1983-84	Toronto (Maple Leafs)	LNH	78	18	56	74	88	-	-	-	-	-
1984-85	Toronto (Maple Leafs)	LNH	79	17	37	54	98	-	-	-	-	-
1985-86	Toronto (Maple Leafs)	LNH	80	7	13	20	88	10	2	2	4	19
1986-87	Toronto (Maple Leafs)	LNH	33	4	3	7	35	13	5	2	7	42
	Newmarket (Saints)	AHL	1	0	0	0	4	-	-	-	-	-
1987-88	Toronto (Maple Leafs)	LNH	67	9	8	17	57	4	0	0	0	2
1988-89	Toronto (Maple Leafs)	LNH	68	7	5	12	54	-	-	-	-	-
1989-90	Toronto (Maple Leafs)	LNH	65	7	11	18	89	5	0	1	1	20
1990-91	HC Ajoie	SUI-2	27	21	32	53	106	10	6	8	14	17
1991-92	EHC Biel-Bienne	SUI	5	5	9	14	8	-	-	-	-	-
	HC Lyss	SUI	25	24	16	40	58	9	3	6	9	44
	ESV Kaufberen	GER	7	2	0	2	14	-	-	-	-	-
1992-93	HC Thurgau	SUI-2	36	23	31	54	123	5	4	5	9	8
1993-94	HC Thurgau	SUI-2	36	21	26	47	97	2	0	1	1	2
1994-95	HC Thurgau	SUI-2	36	23	42	65	105	6	7	5	12	41
1995-96	HC Thurgau	SUI-2	36	25	40	65	50	5	3	6	9	10
1996-97	HC Thurgau	SUI-2	19	10	24	34	20	3	1	1	2	8
		LNH	**522**	**87**	**167**	**254**	**544**	**32**	**7**	**5**	**12**	**83**
		Montréal	**4**	**0**	**1**	**1**	**4**	-	-	-	-	-

• Coupe du Président (LHJMQ) en 1979-80 • Coupe Memorial en 1979-80 • Première équipe d'étoiles (AHL) en 1980-81 • Équipe d'étoiles des recrues (LNH) en 1982-83
• Signe avec Montréal comme joueur autonome le 9 mars 1981 • Échangé à Toronto par Montréal pour le choix de 3e ronde de Toronto au repêchage de 1984 (échangé plus tard au Minnesota qui sélectionne Ken Hodge Jr) le 17 décembre 1982

DARBY, CRAIG

Né à Oneida, New York, le 26 septembre 1972. Centre, lance de la droite, 6'3", 200 lb
(Choix de 2e ronde de Montréal, 43e au total lors du repêchage de 1991)

SAISON	CLUB	LIGUE	PJ	B	A	PTS	PUN	PJ	B	A	PTS	PUN
1989-90	Albany Academy	H.S.	29	32	53	85	-	-	-	-	-	-
1990-91	Albany Academy	H.S.	29	33	61	94	-	-	-	-	-	-
1991-92	Providence College	H.E	35	17	24	41	47	-	-	-	-	-
1992-93	Providence College	H.E	35	11	21	32	62	-	-	-	-	-
1993-94	Fredericton (Canadiens)	AHL	66	23	33	56	51	-	-	-	-	-
1994-95	**Montréal (Canadiens)**	**LNH**	**10**	**0**	**2**	**2**	**0**	-	-	-	-	-
	Fredericton (Canadiens)	AHL	64	21	47	68	82	-	-	-	-	-
	New York (Islanders)	LNH	3	0	0	0	0	-	-	-	-	-
1995-96	New York (Islanders)	LNH	10	0	2	2	0	-	-	-	-	-
	Worcester (IceCats)	AHL	68	22	28	50	47	4	1	1	2	2
1996-97	Philadelphie (Flyers)	LNH	9	1	4	5	2	-	-	-	-	-
	Philadelphie (Phantoms)	AHL	59	26	33	59	24	10	3	6	9	0
1997-98	Philadelphie (Flyers)	LNH	3	1	0	1	0	-	-	-	-	-
	Philadelphie (Phantoms)	AHL	77	*42	45	87	34	20	5	9	14	4
1998-99	Milwaukie (Admirals)	IHL	81	32	22	54	33	2	3	0	3	0

SAISONS RÉGULIÈRES — SÉRIES ÉLIMINATOIRES

SAISON	CLUB	LIGUE	PJ	B	A	PTS	PUN	PJ	B	A	PTS	PUN
1999-00	**Montréal (Canadiens)**	**LNH**	**76**	**7**	**10**	**17**	**14**	**-**	**-**	**-**	**-**	**-**
2000-01	**Montréal (Canadiens)**	**LNH**	**78**	**12**	**16**	**28**	**16**	**-**	**-**	**-**	**-**	**-**
2001-02	**Montréal (Canadiens)**	**LNH**	**2**	**0**	**0**	**0**	**0**	**-**	**-**	**-**	**-**	**-**
	Québec (Citadelles)	AHL	66	16	55	71	18	3	2	1	3	0
2002-03	New Jersey (Devils)	LNH	3	0	1	1	0	-	-	-	-	-
	Albany (River Rats)	AHL	76	23	51	74	42	-	-	-	-	-
2003-04	New Jersey (Devils)	LNH	2	0	0	0	0	-	-	-	-	-
	Albany (River Rats)	AHL	77	21	48	69	44	-	-	-	-	-
2004-05	Springfield (Falcons)	AHL	70	8	26	34	28	-	-	-	-	-
2005-06	Manitoba (Moose)	AHL	80	15	36	51	44	13	3	7	10	2
2006-07	Augsburger Panther	GER	52	17	34	51	56	-	-	-	-	-
2007-08	Insbruck EV	AUT	45	13	30	43	34	-	-	-	-	-
		LNH	**196**	**21**	**35**	**56**	**32**	**-**	**-**	**-**	**-**	**-**
		Montréal	**166**	**19**	**28**	**47**	**30**	**-**	**-**	**-**	**-**	**-**

• Équipe d'étoiles (H.E.) en 1991-92 • Recrue de l'année (H.E.) en 1991-92 • Première équipe d'étoiles (AHL) en 1997-98 • Coupe Calder (AHL) en 1997-98 • Deuxième équipe d'étoiles (AHL) en 2002-03

• Échangé à New York (Islanders) par Montréal avec Kirk Muller et Mathieu Schneider pour Pierre Turgeon et Vladimir Malakhov le 5 avril 1995 • Réclamé au ballottage par Philadelphie de New York (Islanders) le 4 juin 1996 • Réclamé par Nashville de Philadelphie lors de l'expansion de la LNH le 26 juin 1998 • Signe avec Montréal comme joueur autonome le 4 août 1999 • Signe avec New Jersey comme joueur autonome le 12 juillet 2002 • Signe avec Tampa Bay comme joueur autonome le 19 juillet 2004 • Échangé à Vancouver par Tampa Bay pour des considérations futures le 9 septembre 2005 • Signe avec Augsburger (GER) comme joueur autonome le 29 juillet 2006

DAVIS, LORNE

Né à Regina, Saskatchewan, le 20 juillet 1930, décédé le 20 décembre 2007
Ailier droit, lance de la droite, 5'11", 190 lb

SAISON	CLUB	LIGUE	PJ	B	A	PTS	PUN	PJ	B	A	PTS	PUN
1947-48	Regina (Pats)	S-SJHL	28	8	5	13	7	5	1	1	2	2
1948-49	Regina (Pats)	WCJHL	26	16	12	28	36	7	5	3	8	4
1949-50	Regina (Pats)	WCJHL	40	25	17	42	22	9	6	1	7	8
	Regina (Pats)	Mem.	-	-	-	-	-	17	7	5	12	6
1950-51	Montréal (Royals)	LHMQ	50	14	17	31	4	7	5	1	6	4
	Victoria (Cougars)	PCHL	3	1	1	2	0	-	-	-	-	-
1951-52	Vancouver (Canucks)	PCHL	15	11	10	21	4	-	-	-	-	-
	Buffalo (Bisons)	AHL	48	19	19	38	18	3	1	0	1	0
	Montréal (Canadiens)	**LNH**	**3**	**1**	**1**	**2**	**2**	**-**	**-**	**-**	**-**	**-**
1952-53	Buffalo (Bisons)	AHL	64	33	34	67	49	-	-	-	-	-
	Montréal (Canadiens)	**LNH**	**-**	**-**	**-**	**-**	**-**	**7**	**1**	**1**	**2**	**2**
1953-54	Montréal (Royals)	LHQ	37	13	22	35	25	-	-	-	-	-
	Montréal (Canadiens)	**LNH**	**37**	**6**	**4**	**10**	**2**	**11**	**2**	**0**	**2**	**8**
	Match des étoiles	LNH	1	0	0	0	0	-	-	-	-	-
1954-55	Montréal (Royals)	LHQ	1	0	2	2	0	-	-	-	-	-
	Chicago (Black Hawks)	LNH	8	0	0	0	4	-	-	-	-	-
	Detroit (Red Wings)	LNH	22	0	5	5	2	-	-	-	-	-
	Edmonton (Flyers)	WHL	29	11	8	19	10	9	7	4	11	2
	Edmonton (Flyers)	Edin.	-	-	-	-	-	7	3	2	5	6
1955-56	Hershey (Bears)	AHL	45	19	21	40	42	-	-	-	-	-
	Boston (Bruins)	LNH	15	0	1	1	0	-	-	-	-	-
1956-57	Hershey (Bears)	AHL	64	16	24	40	55	7	1	0	1	2
1957-58	Hershey (Bears)	AHL	68	18	16	34	36	11	0	0	0	12
1958-59	Providence (Reds)	AHL	70	22	24	46	65	-	-	-	-	-
1959-60	Providence (Reds)	AHL	54	19	32	51	24	-	-	-	-	-
	Boston (Bruins)	LNH	10	1	1	2	10	-	-	-	-	-
	Calgary (Spurs)	Allan	-	-	-	-	-	3	1	0	1	0
1960-61	Winnipeg (Warriors)	WHL	70	22	22	44	18	-	-	-	-	-
1961-62			*Réintégré comme amateur*									
1962-63	Regina (Capitals)	SSHL	20	14	16	30	14	7	3	11	14	8
1963-64	Regina (Capitals)	SSHL	37	43	47	90	4	1	1	0	1	0
1964-65	Muskegon (Zephyrs)	IHL	67	20	39	59	30	-	-	-	-	-
1965-66	Regina (Capitals)	SSHL	11	8	19	27	0	-	-	-	-	-
	Canada	CM	7	1	0	1	2	-	-	-	-	-
1966-67	Regina (Capitals)	SSHL	33	22	22	44	17	3	0	0	0	0
		LNH	**95**	**8**	**12**	**20**	**20**	**18**	**3**	**1**	**4**	**10**
		Montréal	**40**	**7**	**5**	**12**	**4**	**18**	**3**	**1**	**4**	**10**

• Deuxième équipe d'étoiles (AHL) en 1952-53 • Coupe Stanley (LNH) en 1952-53 • Match des étoiles (LNH) en 1953-54 • Coupe Calder (AHL) en 1957-58 • Médaille de bronze (CM) en 1966

• Échangé à Chicago par Montréal pour Ike Hildebrand le 13 octobre 1954 • Échangé à Detroit par Chicago pour Metro Prystai le 9 novembre 1954 • Échangé à Boston par Detroit avec Terry Sawchuk, Vic Stasiuk et Marcel Bonin pour Ed Sandford, Réal Chèvrefils, Norm Corcoran, Gilles Boisvert et Warren Godfrey le 3 juin 1955

DAWE, JASON

Né à North York, Ontario, le 29 mai 1973. Ailier gauche, lance de la gauche, 5'10", 189 lb (Choix de 2e ronde de Buffalo, 35e au total lors du repêchage de 1991)

SAISON	CLUB	LIGUE	PJ	B	A	PTS	PUN	PJ	B	A	PTS	PUN
1988-89	Don Mills Bantam Flyers	MTHL	44	35	28	63	103	-	-	-	-	-
1989-90	Peterborough (Petes)	OHL	50	15	18	33	19	12	4	7	11	4
1990-91	Peterborough (Petes)	OHL	66	43	27	70	43	4	3	1	4	0
1991-92	Peterborough (Petes)	OHL	66	53	55	108	55	4	5	0	5	0
1992-93	Peterborough (Petes)	OHL	59	58	68	126	80	21	18	33	51	18
	Peterborough (Petes)	Mem.	-	-	-	-	-	5	3	6	9	4
	Canada	CMJ	7	3	3	6	8	-	-	-	-	-
	Rochester (Americans)	AHL	-	-	-	-	-	3	1	0	1	0
1993-94	Buffalo (Sabres)	LNH	32	6	7	13	12	6	0	1	1	6
	Rochester (Americans)	AHL	48	22	14	36	44	-	-	-	-	-
1994-95	Rochester (Americans)	AHL	44	27	19	46	24	-	-	-	-	-
	Buffalo (Sabres)	LNH	42	7	4	11	19	5	2	1	3	6
1995-96	Buffalo (Sabres)	LNH	67	25	25	50	33	-	-	-	-	-
	Rochester (Americans)	AHL	7	5	4	9	2	-	-	-	-	-
	Canada	CM	8	3	0	3	2	-	-	-	-	-
1996-97	Buffalo (Sabres)	LNH	81	22	26	48	32	11	2	1	3	6
1997-98	Buffalo (Sabres)	LNH	68	19	17	36	36	-	-	-	-	-
	New York (Islanders)	LNH	13	1	2	3	6	-	-	-	-	-
1998-99	New York (Islanders)	LNH	22	2	3	5	8	-	-	-	-	-
	Montréal (Canadiens)	**LNH**	**37**	**4**	**5**	**9**	**14**	**-**	**-**	**-**	**-**	**-**
1999-00	Milwaukee (Admirals)	IHL	41	11	13	24	24	-	-	-	-	-
	New York (Rangers)	LNH	3	0	1	1	2	-	-	-	-	-
	Hartford (Wolf Pack)	AHL	27	9	9	18	24	21	10	7	17	37
2000-01	Hartford (Wolf Pack)	AHL	4	2	0	2	2	-	-	-	-	-
2001-02	New York (Rangers)	LNH	1	0	0	0	0	-	-	-	-	-
	Hartford (Wolf Pack)	AHL	79	28	37	65	46	9	4	0	4	15
2002-03	Worcester (IceCats)	AHL	71	17	28	45	47	-	-	-	-	-
2003-04	Karpat Oulu	FIN	15	0	1	1	8	-	-	-	-	-
	Rochester (Americans)	AHL	41	9	20	29	23	1	0	0	0	0
2004-05	Charlotte (Checkers)	ECHL	49	13	18	31	24	15	1	6	7	4
		LNH	**366**	**86**	**90**	**176**	**162**	**22**	**4**	**3**	**7**	**18**
		Montréal	**37**	**4**	**5**	**9**	**14**	**-**	**-**	**-**	**-**	**-**

• Première équipe d'étoiles (OHL) en 1992-93 • Trophée George-Parsons (Mem.) en 1992-93 • Deuxième équipe d'étoiles (CHL) en 1992-93 • Médaille d'or (CMJ) en 1993 • Médaille d'argent (CM) en 1996

• Échangé à New York (Islanders) par Buffalo pour Jason Holland et Paul Kruse le 24 mars 1998 • Réclamé au ballottage par Montréal de New York (Islanders) le 15 décembre 1998. • Signe avec Nashville comme joueur autonome le 2 octobre 1999 • Échangé à New York (Rangers) par Nashville pour John Namestnikov le 3 février 2000 • Signe avec St. Louis comme joueur autonome le 23 juillet 2002 • Signe avec Karpat Oulu (FIN) comme joueur autonome le 7 juillet 2003 • Signe avec Houston (AHL) comme joueur autonome le 8 décembre 2003 • Réclamé au ballottage par Rochester (AHL) de Houston (AHL) le 12 décembre 2003 • Signe avec Charlotte (ECHL) comme joueur autonome le 22 octobre 2004

DAWES, ROBERT (BOB)

Né à Saskatoon, Saskatchewan, le 29 novembre 1924, décédé le 26 mai 2003
Défenseur, lance de la gauche, 6'1", 170 lb

SAISON	CLUB	LIGUE	PJ	B	A	PTS	PUN	PJ	B	A	PTS	PUN
1942-43	Saskatoon (Quakers)	N-SJHL	7	7	6	13	20	3	3	1	4	0
	Saskatoon (Quakers)	Mem.	-	-	-	-	-	8	4	8	12	4
1943-44	Oshawa (Generals)	JOHA	26	8	19	27	32	10	2	4	6	4
	Oshawa (Generals)	Mem.	-	-	-	-	-	9	5	7	12	14
1944-45	Saskatoon (Falcons)	N-SJHL	2	2	3	5	0	-	-	-	-	-
1945-46	New Haven (Eagles)	AHL	57	9	18	27	33	-	-	-	-	-
1946-47	Toronto (Maple Leafs)	LNH	1	0	0	0	0	-	-	-	-	-
	Springfield (Indians)	AHL	42	4	17	21	27	2	0	2	2	0
1947-48	Pittsburgh (Hornets)	AHL	68	13	31	44	35	2	1	1	2	5
1948-49	Toronto (Maple Leafs)	LNH	5	1	0	1	0	9	0	0	0	2
	Pittsburgh (Hornets)	AHL	55	16	35	51	31	-	-	-	-	-
1949-50	Toronto (Maple Leafs)	LNH	11	1	2	3	2	-	-	-	-	-
	Match des étoiles	LNH	1	0	0	0	0	-	-	-	-	-
	Cleveland (Barons)	AHL	47	3	19	22	41	9	1	3	4	10
1950-51	**Montréal (Canadiens)**	**LNH**	**15**	**0**	**5**	**5**	**4**	**1**	**0**	**0**	**0**	**0**
	Buffalo (Bisons)	AHL	10	2	3	5	6	-	-	-	-	-
	Cincinnati (Mohawks)	AHL	15	4	3	7	4	-	-	-	-	-
	Seattle (Ironmen)	PCHL	20	2	11	13	10	-	-	-	-	-
1951-52	Montréal (Royals)	LHMQ	5	0	0	0	2	-	-	-	-	-
	Buffalo (Bisons)	AHL	2	0	3	3	0	-	-	-	-	-
1952-53			*N'a pas joué*									
1953-54	Galt (Black Hawks)	JOHA	*N'a pas joué- Entraîneur*									
	Sudbury (Wolves)	NOHA	19	2	10	12	4	10	0	5	5	4
1954-55	New Westminster (Royals)	WHL	12	3	3	6	2	-	-	-	-	-
	Kelowna (Packers)	OSHL	51	12	23	35	34	4	1	3	4	0
1955-56	New Westminster (Royals)	WHL	56	8	25	33	47	4	2	1	3	0
1956-57	Kamloops (Chiefs)	OSHL	54	4	42	46	52	12	5	6	11	15
1957-58	Kamloops (Chiefs)	OSHL	48	11	35	46	36	15	0	5	5	2
1958-59	Johnstown (Jets)	EHL	37	14	23	37	24	12	4	6	10	8
1959-60	Johnstown (Jets)	EHL	50	19	40	59	8	13	0	*12	12	9
1960-61	Johnstown (Jets)	EHL	56	12	26	38	12	11	4	7	11	2
1961-62	Johnstown (Jets)	EHL	68	16	30	46	24	13	6	8	14	2
1962-63	Saskatoon (Quakers)	SSHL	27	12	23	35	14	6	2	7	9	2
1963-64	Saskatoon (Quakers)	SSHL	8	8	12	20	0	11	4	4	8	4
	Saskatoon (Quakers)	Allan	-	-	-	-	-	6	0	1	1	4
1964-65	Yorkton (Terriers)	SSHL	2	0	2	2	2	11	0	3	3	12
1965-66			*N'a pas joué*									
1966-67	Saskatoon (Quakers)	SSHL	16	2	11	13	4	14	1	9	10	2
		LNH	**32**	**2**	**7**	**9**	**6**	**10**	**0**	**0**	**0**	**2**
		Montréal	**15**	**0**	**5**	**5**	**4**	**1**	**0**	**0**	**0**	**0**

• Coupe Memorial en 1943-44 • Match des étoiles (LNH) en 1949-50 • Coupe Stanley (LNH) en 1948-49 • Première équipe d'étoiles (OSHL) en 1954-55 • Deuxième équipe d'étoiles (OSHL) en 1956-57, 1957-58

• Échangé à Cleveland (AHL) par Toronto avec une somme d'argent et des considérations futures (Phil Samis, Eric Pogue et les droits sur Bob Shropshire) pour Al Rollins le 29 novembre 1949 • Échangé à Buffalo (AHL) par Cleveland (AHL) pour Joe McArthur le 6 septembre 1950 • Droits vendus à Cincinnati (AHL) par Buffalo (AHL) le 12 janvier 1951 • Prêté à Montréal par Cincinnati (AHL) pour Paul Masnick le 13 février 1951

DeBLOIS, LUCIEN

Né à Joliette, Québec, le 21 juin 1957. Centre, lance de la droite, 5'11", 200 lb (Choix de 1re ronde de New York (Rangers), 8e au total lors du repêchage de 1977)

SAISON	CLUB	LIGUE	PJ	B	A	PTS	PUN	PJ	B	A	PTS	PUN
1973-74	Sorel (Éperviers)	LHJMQ	56	30	35	65	53	-	-	-	-	-
1974-75	Sorel (Éperviers)	LHJMQ	72	46	53	99	62	-	-	-	-	-
1975-76	Sorel (Éperviers)	LHJMQ	70	56	55	111	112	5	1	1	2	32
1976-77	Sorel (Éperviers)	LHJMQ	72	56	78	134	131	-	-	-	-	-

SAISONS RÉGULIÈRES — SÉRIES ÉLIMINATOIRES
DAV-DeB
671

SAISON	CLUB	LIGUE	PJ	B	A	PTS	PUN	PJ	B	A	PTS	PUN
1977-78	New York (Rangers)	LNH	71	22	8	30	27	3	0	0	0	2
1978-79	New York (Rangers)	LNH	62	11	17	28	26	9	2	0	2	4
	New Haven (Nighthawks)	AHL	7	4	6	10	6	-	-	-	-	-
1979-80	New York (Rangers)	LNH	6	3	1	4	7	-	-	-	-	-
	Colorado (Rockies)	LNH	70	24	19	43	36	-	-	-	-	-
1980-81	Colorado (Rockies)	LNH	74	26	16	42	78	-	-	-	-	-
	Canada	CM	8	3	0	3	4	-	-	-	-	-
1981-82	Winnipeg (Jets)	LNH	65	25	27	52	87	4	2	1	3	4
1982-83	Winnipeg (Jets)	LNH	79	27	27	54	69	3	0	0	0	5
1983-84	Winnipeg (Jets)	LNH	80	34	45	79	50	3	0	1	1	4
1984-85	**Montréal (Canadiens)**	**LNH**	**51**	**12**	**11**	**23**	**20**	**8**	**2**	**4**	**6**	**4**
1985-86	**Montréal (Canadiens)**	**LNH**	**61**	**14**	**17**	**31**	**48**	**11**	**0**	**0**	**0**	**7**
1986-87	New York (Rangers)	LNH	40	3	8	11	27	2	0	0	0	2
1987-88	New York (Rangers)	LNH	74	9	21	30	103	-	-	-	-	-
1988-89	New York (Rangers)	LNH	73	9	24	33	107	4	0	0	0	4
1989-90	Québec (Nordiques)	LNH	70	9	8	17	45	-	-	-	-	-
1990-91	Québec (Nordiques)	LNH	14	2	2	4	13	-	-	-	-	-
	Toronto (Maple Leafs)	LNH	38	10	12	22	30	-	-	-	-	-
1991-92	Toronto (Maple Leafs)	LNH	54	8	11	19	39	-	-	-	-	-
	Winnipeg (Jets)	LNH	11	1	2	3	2	5	1	0	1	2
		LNH	**993**	**249**	**276**	**525**	**814**	**52**	**7**	**6**	**13**	**38**
		Montréal	**112**	**26**	**28**	**54**	**68**	**19**	**2**	**4**	**6**	**11**

• Première équipe d'étoiles, Division Est (LHJMQ) en 1975-76 • Première équipe d'étoiles (LHJMQ) en 1976-77 • Trophée Michel-Brière (LHJMQ) en 1976-77 • Coupe Stanley en 1985-86

• Échangé au Colorado par New York (Rangers) avec Pat Hickey, Mike McEwen, Dean Turner et des considérations futures (Bobby Crawford) pour Barry Beck le 2 novembre 1979 • Échangé à Winnipeg par Colorado pour Brent Ashton et le choix de 3e ronde de Winnipeg au repêchage de 1982 (Dawe Kasper) le 15 juillet 1982 • Échangé à Montréal par Winnipeg pour Perry Turnbull le 13 juin 1984 • Signe avec New York (Rangers) comme joueur autonome le 8 septembre 1986 • Signe avec Québec comme joueur autonome le 2 août 1989 • Échangé à Toronto par Québec avec Aaron Broten et Michel Petit pour Scott Pearson et le choix de 2e ronde de Toronto au repêchage de 1991 (échangé plus tard à Washington qui sélectionne Eric Lavigne) et le choix de 2e ronde de Toronto au repêchage de 1992 (Tourmos Gronman) le 17 novembre 1990 • Échangé à Winnipeg par Toronto pour Mark Osborne le 10 mars 1992

DÉCARIE, ED

Né à Hawkesbury, Ontario en 1879, décédé
Ailier gauche, lance de la gauche, 5'10", 185 lb

SAISON	CLUB	LIGUE	PJ	B	A	PTS	PUN	PJ	B	A	PTS	PUN
1902-03	Hawkesbury	LOHA	*Statistiques non disponibles*									
1903-04	Montréal (National)	FAHL	6	5	0	5	0	-	-	-	-	-
1904-05	Hawkesbury	LOHA	*Statistiques non disponibles*									
1905-06	Calumet (Wanderers)	IHL	10	6	0	6	5	-	-	-	-	-
	Canadian Soo (Algonquins)	IHL	4	5	0	5	4	-	-	-	-	-
1906-07	Calumet (Wanderers)	IHL	18	10	5	15	32	-	-	-	-	-
	Cobalt	TPHL	*Statistiques non disponibles*									
1907-08	Pittsburgh (Athletic Club)	WPHL	5	1	0	1	6	-	-	-	-	-
1908-09	Cornwall HC	FAHL	*Statistiques non disponibles*									
1909-10	**Montréal (Canadiens)**	**NHA**	**12**	**5**	**0**	**5**	**43**	-	-	-	-	-
1910-11	Brantford (Indians)	OPHL	5	1	0	1	4	-	-	-	-	-
	Belleville	EOPHL	1	1	0	1	0	-	-	-	-	-
	Montréal (Baillargeon Express)	LHCM	*Statistiques non disponibles*									
1911-12	Montréal (Champêtre)	LHAM	8	0	0	0	18	-	-	-	-	-
		NHA	**12**	**5**	**0**	**5**	**43**	**-**	**-**	**-**	**-**	**-**
		Montréal	**12**	**5**	**0**	**5**	**43**	**-**	**-**	**-**	**-**	**-**

• Signe avec Calmet (IHL) le 5 janvier 1906 • Signe avec Pittsburgh (WPHL) le 6 janvier 1908 • Signe avec Montréal (NHA) le 15 décembre 1909

DELISLE, JONATHAN

Né à Sainte-Anne-des-Plaines, Québec, le 30 juin 1977, décédé le 16 mars 2006
Ailier droit, lance de la droite, 5'10", 180 lb
(Choix de 4e ronde de Montréal, 86e au total lors du repêchage de 1995)

SAISON	CLUB	LIGUE	PJ	B	A	PTS	PUN	PJ	B	A	PTS	PUN
1992-93	Laval (Régents)	QAAA	14	3	3	6	12	13	2	5	7	24
1993-94	Verdun (Collège français)	LHJMQ	61	16	17	33	130	4	0	1	1	14
1994-95	Hull (Olympiques)	LHJMQ	60	21	38	59	218	19	11	8	19	43
	Hull (Olympiques)	Mem.	-	-	-	-	-	3	2	0	2	12
1995-96	Hull (Olympiques)	LHJMQ	62	31	57	88	193	18	6	13	19	64
1996-97	Hull (Olympiques)	LHJMQ	61	35	54	89	228	14	11	13	24	46
	Hull (Olympiques)	Mem.	-	-	-	-	-	4	1	6	7	12
1997-98	Fredericton (Canadiens)	AHL	78	15	21	36	138	4	0	1	1	7
1998-99	Fredericton (Canadiens)	AHL	78	7	29	36	118	15	3	6	9	39
	Montréal (Canadiens)	**LNH**	**1**	**0**	**0**	**0**	**0**	-	-	-	-	-
1999-00	Québec (Citadelles)	AHL	62	7	19	26	142	3	0	0	0	4
2000-01	Québec (Citadelles)	AHL	71	6	18	24	201	6	1	0	1	53
2001-02	Québec (Citadelles)	AHL	24	0	3	3	37	-	-	-	-	-
	New Mexico (Scorpions)	CHL	32	13	17	30	102	-	-	-	-	-
2002-03	Bracknell Bees	GBR	32	8	11	19	57	15	2	5	7	65
	Bracknell Bees	GBR-Cup	-	-	-	-	-	6	1	1	2	33
2003-04	Saint-Georges (Garaga)	QSMHL	49	21	59	80	154	22	7	17	24	87
2004-05	Saint-Georges (Garaga)	LNAH	57	20	52	72	169	9	2	2	4	49
2005-06	Saint-Georges (CRS Express)	LNAH	46	16	26	42	177	-	-	-	-	-
		LNH	**1**	**0**	**0**	**0**	**0**	**-**	**-**	**-**	**-**	**-**
		Montréal	**1**	**0**	**0**	**0**	**0**	**-**	**-**	**-**	**-**	**-**

• Coupe du Président (LHJMQ) en 1994-95, 1996-97 • Coupe Memorial en 1996-97

• Signe avec Bracknell (GBR) comme joueur autonome le 22 août 2002

DELISLE, XAVIER

Né à Québec, Québec, le 24 mai 1977. Ailier droit, lance de la droite, 5'11", 188 lb
(Choix de 6e ronde de Tampa Bay, 157e au total lors du repêchage de 1996)

SAISON	CLUB	LIGUE	PJ	B	A	PTS	PUN	PJ	B	A	PTS	PUN
1992-93	Sainte-Foy (Gouverneurs)	QAAA	41	20	23	43	10	12	8	10	18	2
1993-94	Granby (Bisons)	LMJMQ	46	11	22	33	25	7	2	0	2	0
1994-95	Granby (Bisons)	LHJMQ	72	18	36	54	48	13	2	6	8	4
1995-96	Granby (Prédateurs)	LHJMQ	67	45	75	120	45	20	13	*27	*40	12
	Granby (Prédateurs)	Mem.	-	-	-	-	-	4	2	2	4	10
1996-97	Granby (Prédateurs)	LHJMQ	59	36	56	92	20	5	1	4	5	6
1997-98	Adirondack (Red Wings)	AHL	76	10	19	29	47	3	0	0	0	0
1998-99	Tampa Bay (Lightning)	LNH	2	0	0	0	0	-	-	-	-	-
	Cleveland (Lumberjacks)	IHL	77	15	29	44	36	-	-	-	-	-
1999-00	Detroit (Vipers)	IHL	20	2	6	8	18	-	-	-	-	-
	Toledo (Storm)	ECHL	2	0	1	1	0	-	-	-	-	-
	Québec (Citadelles)	AHL	42	17	28	45	8	3	1	2	3	0
2000-01	**Montréal (Canadiens)**	**LNH**	**14**	**3**	**2**	**5**	**6**	-	-	-	-	-
	Québec (Citadelles)	AHL	62	18	29	47	34	9	1	5	6	2
2001-02	Québec (Citadelles)	AHL	50	8	17	25	19	-	-	-	-	-
2002-03	Augsburger Panthers	GER	28	5	9	14	12	-	-	-	-	-
2003-04	Augsburger Panthers	GER	43	20	16	36	36	-	-	-	-	-
2004-05	Grizzly Adams Wolfsburg	GER	51	14	18	32	28	-	-	-	-	-
	Wolfsburgh EHC	GER	7	1	4	5	0	-	-	-	-	-
2005-06	Wolfsburgh EHC	GER-2	51	28	33	61	45	5	1	0	1	0
		LNH	**16**	**3**	**2**	**5**	**6**	**-**	**-**	**-**	**-**	**-**
		Montréal	**14**	**3**	**2**	**5**	**6**	**-**	**-**	**-**	**-**	**-**

• Coupe du Président (LHJMQ) en 1995-96 • Coupe Memorial en 1995-96 • Équipes d'étoiles (Mem.) en 1995-96 • Deuxième équipe d'étoiles (LHJMQ) en 1995-96

• Signe avec Montréal comme joueur autonome le 8 août 2000 • Signe avec Ausburg (GER) comme joueur autonome le 8 mai 2002

DELORME, GILBERT

Né à Bourcherville, Québec, le 25 novembre 1962. Défenseur, lance de la droite, 6'1", 199 lb (Choix de 1re ronde de Montréal, 18e choix au total lors du repêchage de 1981)

SAISON	CLUB	LIGUE	PJ	B	A	PTS	PUN	PJ	B	A	PTS	PUN
1977-78	Richelieu (Cantonniers)	QAAA	40	7	25	32	32 -	-	-	-	-	
1978-79	Chicoutimi (Saguenéens)	LHJMQ	72	13	47	60	53	-	-	-	-	-
1979-80	Chicoutimi (Saguenéens)	LHJMQ	71	25	86	111	68	12	2	10	12	26
1980-81	Chicoutimi (Saguenéens)	LHJMQ	70	27	79	106	77	12	10	12	22	16
	Canada	CMJ	5	1	0	1	0	-	-	-	-	-
1981-82	**Montréal (Canadiens)**	**LNH**	**60**	**3**	**8**	**11**	**55**	**-**	**-**	**-**	**-**	**-**
1982-83	**Montréal (Canadiens)**	**LNH**	**78**	**12**	**21**	**33**	**89**	**3**	**0**	**0**	**0**	**2**
1983-84	**Montréal (Canadiens)**	**LNH**	**27**	**2**	**7**	**9**	**8**	**-**	**-**	**-**	**-**	**-**
	St. Louis (Blues)	LNH	44	0	5	5	41	11	1	3	4	11
1984-85	St. Louis (Blues)	LNH	74	2	12	14	53	3	0	0	0	0
1985-86	Québec (Nordiques)	LNH	64	2	18	20	51	2	0	0	0	5
1986-87	Québec (Nordiques)	LNH	19	2	0	2	14	-	-	-	-	-
	Detroit (Red Wings)	LNH	24	2	3	5	33	16	0	2	2	14
1987-88	Detroit (Red Wings)	LNH	55	2	8	10	81	15	0	3	3	22
1988-89	Detroit (Red Wings)	LNH	42	1	3	4	51	6	0	1	1	2
1989-90	Pittsburgh (Penguins)	LNH	54	3	7	10	44	-	-	-	-	-
1990-91			*N'a pas joué*									
1991-92	Muskegon (Lumberjacks)	IHL	60	6	6	12	89	7	2	2	4	12
1992-93			*N'a pas joué*									
1993-94			*N'a pas joué*									
1995-96	Kalamazoo (Wings)	IHL	28	1	5	6	26	-	-	-	-	-
		LNH	**541**	**31**	**92**	**123**	**520**	**56**	**1**	**9**	**10**	**56**
		Montréal	**165**	**17**	**36**	**53**	**152**	**3**	**0**	**0**	**0**	**2**

• Troisième équipe d'étoiles (LHJMQ) en 1979-80 • Deuxième équipe d'étoiles (LHJMQ) en 1980-81

• Échangé à St. Louis par Montréal avec Greg Paslawski et Doug Wickenheiser pour Perry Turnbull le 21 décembre 1983 • Échangé à Québec par St. Louis pour Bruce Bell le 2 octobre 1985 • Échangé à Detroit par Québec avec Brent Ashton et Mark Kumpel pour Basil McRae, John Ogrodnick et Doug Shedden le 17 janvier 1987 • Signe avec Pittsburgh comme joueur autonome le 28 juin 1989

DEMERS, ANTONIO (TONY)

Né à Chambly Basin, Québec, le 22 juillet 1917, décédé le 2 septembre 1997
Ailier droit, lance de la droite, 5'9", 180 lb

SAISON	CLUB	LIGUE	PJ	B	A	PTS	PUN	PJ	B	A	PTS	PUN
1935-36	Montréal (Lafontaine)	LHCM	1	1	0	1	2	-	-	-	-	-
1936-37	Southampton (Vikings)	ENG	-	21	7	28	16	-	-	-	-	-
1937-38	Lachine (Rapides)	LHPQ	*Statistiques non disponibles*									
	Montréal (Canadiens)	**LNH**	**6**	**0**	**0**	**0**	**0**	**-**	**-**	**-**	**-**	**-**
	New Haven (Eagles)	IAHL	5	0	0	0	0	2	0	0	0	0
1938-39	Lachine (Rapides)	LHPQ	29	24	12	36	39	6	2	2	4	7
1939-40	Valleyfield (Braves)	LHPQ	35	30	23	53	37	-	-	-	-	-
	Montréal (Canadiens)	**LNH**	**14**	**2**	**3**	**5**	**2**	**-**	**-**	**-**	**-**	**-**
1940-41	**Montréal (Canadiens)**	**LNH**	**46**	**13**	**10**	**23**	**17**	**2**	**0**	**0**	**0**	**0**
1941-42	Valleyfield (V's)	LHCM	14	2	3	5	16	9	1	2	3	21
	Montréal (Canadiens)	**LNH**	**7**	**3**	**4**	**7**	**4**	**-**	**-**	**-**	**-**	**-**
1942-43	**Montréal (Canadiens)**	**LNH**	**9**	**2**	**5**	**7**	**0**	**-**	**-**	**-**	**-**	**-**
	Montréal (Armée)	LHCM	13	3	1	4	0	4	0	2	2	0
1943-44	Providence (Reds)	AHL	25	11	10	21	10	-	-	-	-	-
	New York (Rangers)	LNH	1	0	0	0	0	-	-	-	-	-
1944-45	Lachine (Rapides)	LHPQ	11	2	3	5	12	-	-	-	-	-
1945-46	Saint-Hyacinthe (Saints)	LHPQ	34	*50	29	*79	26	-	-	-	-	-
1946-47	Sherbrooke (Saints)	LHPQ	43	32	36	68	8	10	8	*15	*23	2
	Sherbrooke (Saints)	Allan	-	-	-	-	-	4	2	2	4	2
1947-48	Sherbrooke (Saint-Xavier)	LHPQ	52	*62	46	108	24	10	6	6	12	9
1948-49	Sherbrooke (Red Raiders)	LHSQ	60	53	58	111	29	10	*10	2	12	8
		LNH	**83**	**20**	**22**	**42**	**23**	**2**	**0**	**0**	**0**	**0**
		Montréal	**82**	**20**	**22**	**42**	**23**	**2**	**0**	**0**	**0**	**0**

• Deuxième équipe d'étoiles (LHSQ) en 1948-49 • Trophée Vimy (LHSQ) en 1948-49

• Signe avec Montréal le 2 févrer 1938 • Prêté à New Haven (IAHL) par Montréal le 24 février 1938 • Prêté à New York (Rangers) par Montréal pour Phil Watson le 20 décembre 1943

DENIS, LOUIS (LULU)

Né à Vonda, Saskatchewan, le 7 juin 1928. Ailier droit, lance de la droite, 5'8", 140 lb

Saison	Club	Ligue	PJ	B	A	PTS	PUN	PJ	B	A	PTS	PUN
1945-46	Montréal (Royals)	LHJQ	17	8	3	11	6	-	-	-	-	-
1946-47	Montréal (Royals)	LHJQ	28	11	19	30	28	8	3	4	7	0
1947-48	Montréal (Royals)	LHJQ	31	22	21	43	10	12	3	12	15	0
1948-49	Montréal (Royals)	LHSQ	53	12	17	29	21	9	1	0	1	10
1949-50	Montréal (Royals)	LHSQ	57	24	23	47	51	6	1	1	2	2
	Montréal (Canadiens)	**LNH**	**2**	**0**	**1**	**1**	**0**	**-**	**-**	**-**	**-**	**-**
1950-51	Montréal (Royals)	LHMQ	57	22	32	54	27	7	2	3	5	4
	Montréal (Canadiens)	**LNH**	**1**	**0**	**0**	**0**	**0**	**-**	**-**	**-**	**-**	**-**
1951-52	Montréal (Royals)	LHMQ	59	21	21	42	8	7	2	1	3	4
1952-53	Buffalo (Bisons)	AHL	2	1	0	1	0	-	-	-	-	-
	Montréal (Royals)	LHMQ	51	23	16	39	14	14	3	4	7	4
1953-54	Montréal (Royals)	LHQ	68	16	36	52	14	11	0	6	6	4
1954-55	Montréal (Royals)	LHQ	62	20	*47	67	8	4	0	0	0	2
1955-56	Montréal (Royals)	LHQ	61	14	25	39	17	13	8	*10	*18	0
	Montréal (Royals)	Édin.	-	-	-	-	-	6	1	3	4	2
1956-57	Montréal (Royals)	LHQ	68	22	26	48	34	4	0	1	1	0
1957-58	Montréal (Royals)	LHQ	61	21	31	52	11	7	4	4	8	4
1958-59	Montréal (Royals)	LHQ	61	15	31	46	39	8	3	3	6	4
1959-60	Montréal (Royals)	EPHL	67	22	31	53	33	14	2	3	5	4
1960-61	Montréal (Royals)	EPHL	34	8	9	17	6	-	-	-	-	-
		LNH	**3**	**0**	**1**	**1**	**0**	**-**	**-**	**-**	**-**	**-**
		Montréal	**3**	**0**	**1**	**1**	**0**	**-**	**-**	**-**	**-**	**-**

• Première équipe d'étoiles (LHQ) en 1954-55

• Prêté à Montréal par Montréal (Royals-LHSQ) avec Bob Friday le 11 février 1950 • Prêté à Montréal par Montréal (Royals-LHMQ) le 1er mars 1951

DESAULNIERS, GÉRARD

Né à Shawinigan, Québec, le 31 décembre 1928, décédé le 26 novembre 1984
Centre, lance de la gauche, 5'11", 150 lb

Saison	Club	Ligue	PJ	B	A	PTS	PUN	PJ	B	A	PTS	PUN
1946-47	Montréal (National)	LHJQ	*Statistiques non disponibles*									
1947-48	Montréal (National)	LHJQ	32	21	27	48	26	12	*15	6	21	6
	Montréal (National)	Mem.	-	-	-	-	-	8	5	5	10	6
1948-49	Montréal (National)	LHJQ	48	41	34	75	57	9	2	11	13	14
	Montréal (Royals)	LHSQ	3	0	0	0	0	8	0	4	4	2
1949-50	Montréal (Royals)	LHSQ	59	21	34	55	49	6	2	2	4	4
1950-51	Montréal (Royals)	LHMQ	51	24	26	50	30	7	0	3	3	2
	Montréal (Canadiens)	**LNH**	**3**	**0**	**1**	**1**	**2**	**-**	**-**	**-**	**-**	**-**
1951-52	Montréal (Royals)	LHMQ	57	19	23	42	33	7	1	1	2	0
1952-53	Montréal (Royals)	LHMQ	45	13	22	35	18	16	3	10	13	4
	Montréal (Canadiens)	**LNH**	**2**	**0**	**1**	**1**	**2**	**-**	**-**	**-**	**-**	**-**
1953-54	Montréal (Royals)	LHQ	66	11	26	37	31	11	4	4	8	0
	Montréal (Canadiens)	**LNH**	**3**	**0**	**0**	**0**	**0**	**-**	**-**	**-**	**-**	**-**
1954-55	Shawinigan (Cataractes)	LHQ	61	31	30	61	10	11	5	5	10	4
	Shawinigan (Cataractes)	Édin.	-	-	-	-	-	6	0	2	2	0
1955-56	Shawinigan (Cataractes)	LHQ	62	14	23	37	35	11	7	3	10	0
1956-57	Shawinigan (Cataractes)	LHQ	68	20	29	49	18	-	-	-	-	-
1957-58	Shawinigan (Cataractes)	LHQ	58	14	24	38	12	14	4	7	11	6
1958-59	Trois-Rivières (Lions)	LHQ	60	17	24	41	12	8	6	1	7	0
1959-60	Trois-Rivières (Lions)	EPHL	56	13	28	41	6	-	-	-	-	-
		LNH	**8**	**0**	**2**	**2**	**4**	**-**	**-**	**-**	**-**	**-**
		Montréal	**8**	**0**	**2**	**2**	**4**	**-**	**-**	**-**	**-**	**-**

• Première équipe d'étoiles (LHJQ) en 1948-49 • Trophée Vimy (LHQ) en 1958-59

• Prêté à Montréal par Montréal (Royals-LHMQ) le 1er décembre 1950 • Prêté à Montréal par Montréal (Royals- LHMQ) le 22 décembre 1952 • Prêté à Montréal par Montréal (Royals-LHQ) le 5 novembre 1953

DESCOTTEAUX, MATHIEU

Né à Pierreville, Québec, le 23 septembre 1977. Défenseur, lance de la gauche, 6'3", 222 lb (Choix de 1re ronde d'Edmonton, 19e au total lors du repêchage de 1996)

Saison	Club	Ligue	PJ	B	A	PTS	PUN	PJ	B	A	PTS	PUN
1993-94	Cap-de-la-Madeleine	QAAA	43	2	5	7	26	-	-	-	-	-
1994-95	Shawinigan (Cataractes)	LHJMQ	50	3	2	5	28	15	1	1	2	19
1995-96	Shawinigan (Cataractes)	LHJMQ	69	2	13	15	129	6	0	0	0	6
1996-97	Shawinigan (Cataractes)	LHJMQ	38	6	18	24	121	-	-	-	-	-
	Hull (Olympiques)	LHJMQ	32	6	19	25	34	14	1	8	9	29
	Hull (Olympiques)	Mem.	-	-	-	-	-	4	0	1	1	4
1997-98	Hamilton (Bulldogs)	AHL	67	2	8	10	70	2	0	0	0	0
1998-99	Hamilton (Bulldogs)	AHL	74	6	12	18	49	4	0	0	0	0
1999-00	Hamilton (Bulldogs)	AHL	49	5	7	12	29	-	-	-	-	-
	Québec (Citadelles)	AHL	12	0	6	6	6	2	0	1	1	0
2000-01	**Montréal (Canadiens)**	**LNH**	**5**	**1**	**1**	**2**	**4**	**-**	**-**	**-**	**-**	**-**
	Québec (Citadelles)	AHL	73	16	27	43	38	7	0	3	3	4
2001-02	Québec (Citadelles)	AHL	65	6	14	20	34	3	1	2	3	0
2002-03	Utah (Grizzlies)	AHL	48	3	3	6	47	-	-	-	-	-
2003-04	Tappara Tampere	FIN	6	0	0	0	4	-	-	-	-	-
	Sport Vaasa	FIN-2	6	0	1	1	35	-	-	-	-	-
	HC Asiago	ITA	5	1	0	1	12	-	-	-	-	-
2004-05	Kansas City (Outlaws)	UHL	48	11	16	27	24	-	-	-	-	-
2005-06	Freiburgh EHC	GER-2	49	7	18	25	80	-	-	-	-	-
2006-07	Québec (Radio X)	LNAH	30	6	22	28	16	4	0	1	1	0
2007-08	Thetford Mines (Prolab)	LNAH	48	6	13	19	41	-	-	-	-	-
		LNH	**5**	**1**	**1**	**2**	**4**	**-**	**-**	**-**	**-**	**-**
		Montréal	**5**	**1**	**1**	**2**	**4**	**-**	**-**	**-**	**-**	**-**

• Coupe du Président (LHJMQ) en 1996-97 • Coupe Memorial en 1996-97

• Échangé à Montréal par Edmonton avec Christian Laflamme pour Igor Ulanov et Alain Nasreddine le 9 mars 2000 • Signe avec Tappara Tampere (FIN) comme joueur autonome le 29 juillet 2003 • Prêté à Sport Vassa (FIN) par Tappara Tampere (FIN) le 16 octobre 2003 • Signe avec HC Asiago (ITA) comme joueur autonome le 2 décembre 2003 • Signe avec Kasas City (UHL) comme joueur autonome le 22 octobre 2004 • Signe avec Freiburgh EHC (GER-2) comme joueur autonome le 5 septembre 2005

DESILETS, JOFFRE

Né à Capreol, Ontario, le 16 avril 1915, décédé le 30 novembre 1994
Ailier droit, lance de la droite, 5'10", 175 lb

Saison	Club	Ligue	PJ	B	A	PTS	PUN	PJ	B	A	PTS	PUN
1929-30	Capreol (Caps)	NBHL	10	1	0	1	0	-	-	-	-	-
1930-31	Capreol (Caps)	NBHL	12	4	0	4	4	1	0	0	0	0
1931-32	Stratford (Midgets)	JOHA	9	6	1	7	6	2	4	2	6	2
1932-33	Straford (Midgets)	JOHA	14	*22	7	*29	30	3	4	0	4	0
	Straford (Midgets)	Mem.	-	-	-	-	-	8	11	2	13	16
1933-34	Stratford (Midgets)	JOHA	15	*34	13	*47	27	2	3	2	5	0
1934-35	Charlottetown (Islanders)	NBSHL	20	10	13	23	16	-	-	-	-	-
	Saint John (Beavers)	NBSHL	17	*35	*27	*62	2	12	*14	7	21	12
1935-36	**Montréal (Canadiens)**	**LNH**	**38**	**7**	**6**	**13**	**0**	**-**	**-**	**-**	**-**	**-**
	London (Tecumsehs)	IHL	9	1	2	3	4	2	0	0	0	0
1936-37	**Montréal (Canadiens)**	**LNH**	**48**	**7**	**12**	**19**	**17**	**5**	**1**	**0**	**1**	**0**
1937-38	**Montréal (Canadiens)**	**LNH**	**32**	**6**	**7**	**13**	**6**	**2**	**0**	**0**	**0**	**7**
1938-39	Chicago (Black Hawks)	LNH	48	11	13	24	28	-	-	-	-	-
1939-40	Chicago (Black Hawks)	LNH	26	6	7	13	6	-	-	-	-	-
	Providence (Reds)	IAHL	22	7	8	15	8	1	0	0	0	2
1940-41	Cleveland (Barons)	AHL	53	15	29	44	13	5	1	0	1	4
1941-42	Cleveland (Barons)	AHL	56	24	24	48	26	4	2	0	2	0
1942-43	Victoria (Army)	NNDHL	19	21	12	33	16	5	7	3	10	2
	Victoria (Army)	Allan	-	-	-	-	-	18	24	6	30	14
1943-44	Nanaimo (Clippers)	PCHL	14	7	3	10	10	-	-	-	-	-
	Vancouver (Army)	NNDHL	3	0	2	2	0	-	-	-	-	-
	Vemon (Army)	NNDHL	-	-	-	-	-	1	0	0	0	0
1944-45	Toronto (Army Shamrocks)	TIHL	31	14	31	45	18	4	2	4	6	2
	Toronto (Army Daggers)	TNDHL	4	4	10	14	0	2	4	4	8	0
	Toronto (Army)	SOHA	3	2	2	4	0	-	-	-	-	-
1945-46	New Haven (Eagles)	AHL	30	6	3	9	10	-	-	-	-	-
	Fort Worth (Rangers)	USHL	23	6	13	19	0	-	-	-	-	-
1946-47	Dallas (Texans)	USHL	49	16	23	39	8	-	-	-	-	-
1947-48	San-Diego/Fresno	PCHL	53	5	21	26	16	9	4	2	6	0
1948-49			*Reintégré comme amateur*									
1949-50	Renfrew (Lions)	EOHL	12	0	1	1	2	-	-	-	-	-
1950-51	Renfrew (Millionaires)	EOHL	*N'a pas joué- Entraîneur*									
1951-52	Renfrew (Millionaires)	EOHL	16	3	4	7	2	-	-	-	-	-
		LNH	**192**	**37**	**45**	**82**	**57**	**7**	**1**	**0**	**1**	**7**
		Montréal	**118**	**20**	**25**	**45**	**23**	**7**	**1**	**0**	**1**	**7**

• Coupe Calder (AHL) en 1939-40, 1940-41 • Deuxième équipe d'étoiles (AHL) en 1940-41, 1941-42

• Signe avec Montréal le 22 octobre 1935 • Échangé à Chicago par Montréal pour Louis Trudel le 26 août 1938 • Droits vendus à Cleveland (AHL) par Chicago le 12 mai 1940

DESJARDINS, ÉRIC

Né à Rouyn, Québec, le 14 juin 1969. Défenseur, lance de la droite, 6'1", 200 lb (Choix de 2e ronde de Montréal, 38e au total lors du repêchage de 1987)

Saison	Club	Ligue	PJ	B	A	PTS	PUN	PJ	B	A	PTS	PUN
1985-86	Laval-Laurentides	QAAA	42	6	30	36	54	-	-	-	-	-
1986-87	Granby (Bisons)	LHJMQ	66	14	24	38	178	8	3	2	5	10
1987-88	Granby (Bisons)	LHJMQ	62	18	49	67	138	5	0	3	3	10
	Canada	CMJ	7	0	0	0	6	-	-	-	-	-
	Sherbrooke (Canadiens)	AHL	3	0	0	0	6	4	0	2	2	2
1988-89	**Montréal (Canadiens)**	**LNH**	**36**	**2**	**12**	**14**	**26**	**14**	**1**	**1**	**2**	**6**
	Canada	CMJ	7	1	4	5	6	-	-	-	-	-
1989-90	**Montréal (Canadiens)**	**LNH**	**55**	**3**	**13**	**16**	**51**	**6**	**0**	**0**	**0**	**10**
1990-91	**Montréal (Canadiens)**	**LNH**	**62**	**7**	**18**	**25**	**27**	**13**	**1**	**4**	**5**	**8**
1991-92	**Montréal (Canadiens)**	**LNH**	**77**	**6**	**32**	**38**	**50**	**11**	**3**	**3**	**6**	**4**
	Match des étoiles	LNH	1	0	1	1	0	-	-	-	-	-
	Canada	CC	8	1	2	3	6	-	-	-	-	-
1992-93	**Montréal (Canadiens)**	**LNH**	**82**	**13**	**32**	**45**	**98**	**20**	**4**	**10**	**14**	**23**
1993-94	**Montréal (Canadiens)**	**LNH**	**84**	**12**	**23**	**35**	**97**	**7**	**0**	**2**	**2**	**4**
1994-95	**Montréal (Canadiens)**	**LNH**	**9**	**0**	**6**	**6**	**2**	**-**	**-**	**-**	**-**	**-**
	Philadelphie (Flyers)	LNH	34	5	18	23	12	15	4	4	8	10
1995-96	Philadelphie (Flyers)	LNH	80	7	40	47	45	12	0	6	6	2
	Match des étoiles	LNH	1	0	0	0	0	-	-	-	-	-
1996-97	Philadelphie (Flyers)	LNH	82	12	34	46	50	19	2	8	10	12
	Canada	CDM	8	1	2	3	4	-	-	-	-	-
1997-98	Philadelphie (Flyers)	LNH	77	6	27	33	36	5	0	1	1	0
	Canada	JO	6	0	0	0	2	-	-	-	-	-
1998-99	Philadelphie (Flyers)	LNH	68	15	36	51	38	6	2	2	4	4
1999-00	Philadelphie (Flyers)	LNH	81	14	41	55	32	18	2	10	12	2
	Match des étoiles	LNH	1	0	1	1	0	-	-	-	-	-
2000-01	Philadelphie (Flyers)	LNH	79	15	33	48	50	6	1	1	2	0
2001-02	Philadelphie (Flyers)	LNH	65	6	19	25	24	5	0	1	1	2
2002-03	Philadelphie (Flyers)	LNH	79	8	24	32	35	5	2	1	3	0
2003-04	Philadelphie (Flyers)	LNH	48	1	11	12	28	-	-	-	-	-
2004-05			*N'a pas joué*									
2005-06	Philadelphie (Flyers)	LNH	45	4	20	24	56	6	1	3	4	6
		LNH	**1143**	**136**	**439**	**575**	**757**	**168**	**23**	**57**	**80**	**93**
		Montréal	**405**	**43**	**136**	**179**	**351**	**71**	**9**	**20**	**29**	**55**

• Première équipe d'étoiles (LHJMQ) en 1987-88 • Deuxième équipe d'étoiles (LHJMQ) en 1986-87 • Trophée Émile-Bouchard (LHJMQ) en 1987-88 • Médaille d'or (CMJ) en 1988 • Match des étoiles (LNH) en 1991-92, 1995-96, 1999-00 • Coupe Canada en 1992 • Coupe Stanley (LNH) en 1992-93 • Deuxième équipe d'étoiles (LNH) en 1998-99, 1999-00

• Échangé à Philadelphie par Montréal avec Gilbert Dionne et John LeClair pour Mark Recchi et le choix de 3e ronde de Philadelphie au repêchage de 1995 (Martin Hohenberger) le 9 février 1995 • Annonce officiellement sa retraite le 10 août 2006

DESJARDINS, MARTIN

Né à Sainte-Rose, Québec, le 28 janvier 1967. Centre, lance de la gauche, 6', 180 lb (Choix de 4e ronde de Montréal, 75e au total lors du repêchage de 1985)

Saison	Club	Ligue	PJ	B	A	PTS	PUN	PJ	B	A	PTS	PUN
1982-83	Laurentides (Pionniers)	QAAA	45	25	29	54	-	-	-	-	-	-
1983-84	Laurentides (Pionniers)	QAAA	38	38	43	81	-	-	-	-	-	-
1984-85	Trois-Rivières (Draveurs)	LHJMQ	66	29	34	63	76	7	4	6	10	6
1985-86	Trois-Rivières (Draveurs)	LHJMQ	71	49	69	118	103	4	2	4	6	4
1986-87	Trois-Rivières (Draveurs)	LHJMQ	52	32	52	84	77	-	-	-	-	-
	Longueuil (Chevaliers)	LHJMQ	17	7	10	17	12	19	8	10	18	18
	Longueuil (Chevaliers)	Mem.	-	-	-	-	-	5	0	1	1	4
1987-88	Sherbrooke (Canadiens)	AHL	75	34	36	70	117	5	1	1	2	8
1988-89	Sherbrooke (Canadiens)	AHL	70	17	27	44	104	6	2	7	9	21
1989-90	**Montréal (Canadiens)**	**LNH**	**8**	**0**	**2**	**2**	**2**	-	-	-	-	-
	Sherbrooke (Canadiens)	AHL	65	21	26	47	72	12	4	*13	17	28
1990-91	Fredericton (Canadiens)	AHL	2	0	1	1	6	-	-	-	-	-
	Indianapolis (Ices)	IHL	71	15	42	57	110	7	2	1	3	8
1991-92	Indianapolis (Ices)	IHL	36	4	7	11	52	-	-	-	-	-
1992-93	HC Lausanne	SUI-2	29	22	14	36	56	4	1	4	5	8
1993-94	HC Lausanne	SUI-2	25	23	15	38	38	13	8	5	13	30
1994-95	HC Lausanne	SUI-2	36	19	30	49	52	11	4	9	13	14
1995-96	HC Lausanne	SUI	33	5	11	16	68	-	-	-	-	-
1996-97	HC Geneve Servette	SUI-2	41	23	22	45	114	5	2	3	5	6
1997-98	Berlin Capitals	GER	44	8	13	21	24	-	-	-	-	-
		LNH	**8**	**0**	**2**	**2**	**2**	-	-	-	-	-
		Montréal	**8**	**0**	**2**	**2**	**2**	-	-	-	-	-

• Coupe du Président (LHJMQ) en 1986-87

• Échangé à Chicago par Montréal pour des considérations futures le 5 octobre 1990

DESLAURIERS, JACQUES

Né à Montréal, Québec, le 3 septembre 1928. Défenseur, lance de la gauche, 6', 170 lb

Saison	Club	Ligue	PJ	B	A	PTS	PUN	PJ	B	A	PTS	PUN
1945-46	Montréal (National)	LHJQ	19	3	4	7	19	4	0	0	0	2
1946-47	Laval (National)	LHJQ	27	7	12	19	47	12	2	7	9	11
1947-48	Laval (National)	LHJQ	32	6	8	14	24	12	1	7	8	29
	Laval (National)	Mem.	-	-	-	-	-	8	1	4	5	10
1948-49	Dallas (Texans)	USHL	56	2	11	13	36	4	0	0	0	0
1949-50	Cincinnati (Mohawks)	AHL	52	0	4	4	18	-	-	-	-	-
1950-51	Valleyfield (Braves)	LHMQ	53	2	13	15	32	15	2	4	6	8
	Valleyfield (Braves)	Alexa.	-	-	-	-	-	6	0	0	0	4
1951-52	Valleyfield (Braves)	LHMQ	60	7	9	16	22	6	1	0	1	2
1952-53	Valleyfield (Braves)	LHMQ	60	8	17	25	18	4	0	0	0	6
1953-54	Valleyfield (Braves)	LHQ	57	6	14	20	14	7	1	1	2	0
1954-55	Valleyfield (Braves)	LHQ	61	7	25	32	40	-	-	-	-	-
1955-56	Montréal (Royals)	LHQ	63	4	21	25	26	13	2	2	4	12
	Montréal (Canadiens)	**LNH**	**2**	**0**	**0**	**0**	**0**	-	-	-	-	-
	Montréal (Royals)	Édin.	-	-	-	-	-	5	0	2	2	0
1956-57	Montréal (Royals)	LHQ	68	11	21	32	46	4	0	1	1	0
	Rochester (Americans)	AHL	2	0	1	1	0	-	-	-	-	-
1957-58	Chicoutimi (Saguenéens)	LHQ	56	8	16	24	26	6	1	0	1	2
1958-59	Montréal (Royals)	LHQ	51	5	15	20	32	8	0	2	2	4
1959-60	Montréal (Royals)	EPHL	52	3	9	12	44	14	0	5	5	4
1960-61	Granby (Vics)	ETSHL	*Statistiques non disponibles*									
1961-62	Granby (Vics)	ETSHL	*Statistiques non disponibles*									
	Granby (Vics)	Allan	-	-	-	-	-	7	0	2	2	4
		LNH	**2**	**0**	**0**	**0**	**0**	-	-	-	-	-
		Montréal	**2**	**0**	**0**	**0**	**0**	-	-	-	-	-

• Deuxième équipe d'étoile (LHJQ) en 1946-47 • Première équipe d'étoiles (LHQ) en 1955-56, 1956-57, 1958-59 • Deuxième équipe d'étoiles (LHQ) en 1957-58

• Échangé à Chicoutimi (LHQ) par Montréal avec Jackie Leclair et Guy Rousseau pour Stan Smrke le 27 octobre 1957

DHEERE, MARCEL

Né à St. Boniface, Manitoba, le 19 décembre 1920, décédé le 5 novembre 2002 Ailier gauche, lance de la gauche, 5'7", 175 lb

Saison	Club	Ligue	PJ	B	A	PTS	PUN	PJ	B	A	PTS	PUN
1939-40	Treherne (Juniors)	MJHL	*Statistiques non disponibles*									
1940-41	Portland (Buckaroos)	PCHL	48	18	6	24	58	-	-	-	-	-
1941-42	Montréal (Canadiens)	LHSQ	37	7	3	10	67	6	0	0	0	2
1942-43	Montréal (Canadiens)	LHSQ	25	2	7	9	12	-	-	-	-	-
	Montréal (Canadiens)	**LNH**	**11**	**1**	**2**	**3**	**2**	**5**	**0**	**0**	**0**	**6**
1943-44	Montréal (Canada Car)	LHCM	1	0	2	2	0	-	-	-	-	-
	Montréal (RCAF)	LHCM	4	0	0	0	0	-	-	-	-	-
1944-45			*Service militaire*									
1945-46	Hull (Volants)	LHSQ	28	10	9	19	15	-	-	-	-	-
1946-47	Houston (Huskies)	USHL	58	20	28	48	22	-	-	-	-	-
1947-48	Houston (Huskies)	USHL	18	8	9	17	4	-	-	-	-	-
	Tulsa (Oilers)	USHL	38	15	15	30	10	2	0	0	0	0
1948-49	Tulsa (Oilers)	USHL	66	20	35	55	18	7	1	2	3	2
1949-50	Tulsa (Oilers)	USHL	6	1	3	4	2	-	-	-	-	-
	St. Paul (Saints)	USHL	15	3	7	10	2	3	0	0	0	2
	Tacoma (Rockets)	PCHL	47	16	33	49	12	-	-	-	-	-
1950-51	Tacoma (Rockets)	PCHL	45	9	16	25	14	6	0	2	2	0
1951-52	Vernon (Canadiens)	LHMQ	43	14	24	38	33	-	-	-	-	-
1952-53	Melville (Millionaires)	SSHL	32	7	21	28	22	3	0	2	2	0
		LNH	**11**	**1**	**2**	**3**	**2**	**5**	**0**	**0**	**0**	**6**
		Montréal	**11**	**1**	**2**	**3**	**2**	**5**	**0**	**0**	**0**	**6**

• Droits vendus à Montréal par Portland (PCHL) le 25 décembre 1940

DIDUCK, GERALD

Né à Edmonton, Alberta, le 6 avril 1965. Défenseur, lance de la droite, 6'2", 217 lb (Choix de 1re ronde de New York (Islanders), 16e au total lors du repêchage de 1983)

Saison	Club	Ligue	PJ	B	A	PTS	PUN	PJ	B	A	PTS	PUN
1981-82	Lethbridge (Broncos)	WHL	71	1	15	16	81	12	0	3	3	27
1982-83	Lethbridge (Broncos)	WHL	67	8	16	24	151	20	3	12	15	49
	Lethbridge (Broncos)	Mem.	-	-	-	-	-	3	0	1	1	2
1983-84	Lethbridge (Broncos)	WHL	65	10	24	34	133	5	1	4	5	27
	Canada	CMJ	7	0	0	0	4	-	-	-	-	-
	Indianapolis (Checkers)	CHL	-	-	-	-	-	10	1	6	7	19
1984-85	New York (Islanders)	LNH	65	2	8	10	80	-	-	-	-	-
1985-86	New York (Islanders)	LNH	10	1	2	3	2	-	-	-	-	-
	Springfield (Indians)	AHL	61	6	14	20	173	-	-	-	-	-
1986-87	New York (Islanders)	LNH	30	2	3	5	67	14	0	1	1	35
	Springfield (Indians)	AHL	45	6	8	14	120	-	-	-	-	-
1987-88	New York (Islanders)	LNH	68	7	12	19	113	6	1	0	1	42
1988-89	New York (Islanders)	LNH	65	11	21	32	155	-	-	-	-	-
1989-90	New York (Islanders)	LNH	76	3	17	20	163	5	0	0	0	12
1990-91	**Montréal (Canadiens)**	**LNH**	**32**	**1**	**2**	**3**	**39**	-	-	-	-	-
	Vancouver (Canucks)	LNH	31	3	7	10	66	6	1	0	1	11
1991-92	Vancouver (Canucks)	LNH	77	6	21	27	229	5	0	0	0	10
1992-93	Vancouver (Canucks)	LNH	80	6	14	20	171	12	4	2	6	12
1993-94	Vancouver (Canucks)	LNH	55	1	10	11	72	24	1	7	8	22
1994-95	Vancouver (Canucks)	LNH	22	1	3	4	15	-	-	-	-	-
	Chicago (Blackhawks)	LNH	13	1	0	1	48	16	1	3	4	22
1995-96	Hartford (Whalers)	LNH	79	1	9	10	88	-	-	-	-	-
1996-97	Hartford (Whalers)	LNH	56	1	10	11	40	-	-	-	-	-
	Phoenix (Coyotes)	LNH	11	1	2	3	23	7	0	0	0	10
1997-98	Phoenix (Coyotes)	LNH	78	8	10	18	118	6	0	2	2	20
1998-99	Phoenix (Coyotes)	LNH	44	0	2	2	72	3	0	0	0	2
1999-00	Canada	Éq. nat.	12	3	0	3	6	-	-	-	-	-
	Toronto (Maple Leafs)	LNH	26	0	3	3	33	10	0	1	1	14
2000-01	Dallas (Stars)	LNH	14	0	0	0	18	-	-	-	-	-
		LNH	**932**	**56**	**156**	**212**	**1612**	**114**	**8**	**16**	**24**	**212**
		Montréal	**32**	**1**	**2**	**3**	**39**	-	-	-	-	-

• Échangé à Montréal par New York (Islanders) pour Craig Ludwig le 4 septembre 1990. • Échangé à Vancouver par Montréal pour le choix de 4e ronde de Vancouver au repêchage de 1991 (Vladimir Vujtek) le 12 janvier 1991 • Échangé à Chicago par Vancouver pour Bgodan Savenko et le choix de 3e ronde de Hartford au repêchage de 1995 (Larry Courville) le 7 avril 1995 • Signe avec Hartford comme joueur autonome le 24 août 1995 • Échangé à Phoenix par Hartford pour Chris Murray le 18 mars 1997 • Signe avec Toronto comme joueur autonome le 3 février 2000 • Échangé à Dallas par Toronto pour des considérations futures le 29 octobre 2000

DIONNE, GILBERT

Né à Drummondville, Québec, le 19 septembre 1970. Ailier gauche, lance de la gauche, 6', 194 lb (Choix de 4e ronde de Montréal, 81e au total lors du repêchage de 1990)

Saison	Club	Ligue	PJ	B	A	PTS	PUN	PJ	B	A	PTS	PUN
1986-87	Niagara Falls (Canucks)	OJHLB	17	9	6	15	16	-	-	-	-	-
1987-88	Niagara Falls (Canucks)	OJHLB	36	36	48	84	60	-	-	-	-	-
1988-89	Kitchener (Rangers)	OHL	66	11	33	44	13	5	1	1	2	4
1989-90	Kitchener (Rangers)	OHL	64	48	57	105	85	17	13	10	23	22
	Kitchener (Rangers)	Mem.	-	-	-	-	-	5	4	6	10	8
1990-91	Fredericton (Canadiens)	AHL	77	40	47	87	62	9	6	5	11	8
	Montréal (Canadiens)	**LNH**	**2**	**0**	**0**	**0**	**0**	-	-	-	-	-
1991-92	Fredericton (Canadiens)	AHL	29	19	27	46	20	-	-	-	-	-
	Montréal (Canadiens)	**LNH**	**39**	**21**	**13**	**34**	**10**	**11**	**3**	**4**	**7**	**10**
1992-93	Fredericton (Canadiens)	AHL	3	4	3	7	0	-	-	-	-	-
	Montréal (Canadiens)	**LNH**	**75**	**20**	**28**	**48**	**63**	**20**	**6**	**6**	**12**	**20**
1993-94	**Montréal (Canadiens)**	**LNH**	**74**	**19**	**26**	**45**	**31**	**5**	**1**	**2**	**3**	**0**
1994-95	**Montréal (Canadiens)**	**LNH**	**6**	**0**	**3**	**3**	**2**	-	-	-	-	-
	Philadelphie (Flyers)	LNH	20	0	6	6	2	3	0	0	0	4
1995-96	Philadelphie (Flyers)	LNH	2	0	1	1	0	-	-	-	-	-
	Floride (Panthers)	LNH	5	1	2	3	0	-	-	-	-	-
	Caroline (Monarchs)	AHL	55	43	58	101	29	-	-	-	-	-
1996-97	Caroline (Monarchs)	AHL	72	41	47	88	69	-	-	-	-	-
1997-98	Cincinnati (Cyclones)	IHL	76	42	57	99	54	9	3	4	7	28
1998-99	Cincinnati (Cyclones)	IHL	76	35	53	88	123	3	0	2	2	6
1999-00	Cincinnati (Cyclones)	IHL	81	34	49	83	88	11	4	3	7	8
2000-01	Cincinnati (Cyclones)	IHL	80	23	43	66	46	5	0	2	2	0
2001-02	Krefeld (Penguins)	GER	57	15	26	41	26	3	0	1	1	2
2002-03	Hannover (Scorpions)	GER	51	17	29	46	55	-	-	-	-	-
2003-04	Cambridge (Hornets)	SOHA	17	22	20	42	6	-	-	-	-	-
2004-05	Cambridge (Hornets)	SOHA	27	16	29	45	6	-	-	-	-	-
2005-06	Cambridge (Hornets)	SOHA	19	11	24	35	8	-	-	-	-	-
		LNH	**223**	**61**	**79**	**140**	**108**	**39**	**10**	**12**	**22**	**34**
		Montréal	**196**	**60**	**70**	**130**	**106**	**36**	**10**	**12**	**22**	**30**

• Troisième équipe d'étoiles (OHL) en 1989-90 • Équipe d'étoiles des joueurs recrues (LNH) en 1991-92 • Coupe Stanley (LNH) en 1992-93 • Deuxième équipe d'étoiles (AHL) en 1995-96 • Première équipe d'étoiles (IHL) en 1997-98 • Deuxième équipe d'étoiles (IHL) en 1999-00

• Échangé à Philadelphie par Montréal avec Éric Desjardins et John LeClair pour Mark Recchi et le choix de 3e ronde de Philadelphie au repêchage de 1995 (Martin Hohenberger) le 9 février 1995 • Signe avec la Floride comme joueur autonome le 29 janvier 1996 • Signe avec Cincinnati (IHL) comme joueur autonome le 23 juillet 1997 • Signe avec la Caroline comme joueur autonome le 31 août 1999 • Signe avec la Hannover (GER) comme joueur autonome le 3 mai 2002

DI PIETRO, PAUL

Né à Sault Ste. Marie, Ontario, le 8 septembre 1970. Centre, lance de la droite, 5'9", 181 lb (Choix de 5e ronde de Montréal, 102e au total lors du repêchage de 1990)

Saison	Club	Ligue	PJ	B	A	PTS	PUN	PJ	B	A	PTS	PUN
1986-87	Sudbury (Wolves)	OHL	49	5	11	16	13	-	-	-	-	-
1987-88	Sudbury (Wolves)	OHL	63	25	42	67	27	-	-	-	-	-
1988-89	Sudbury (Wolves)	OHL	57	31	48	79	27	-	-	-	-	-
1989-90	Sudbury (Wolves)	OHL	66	56	63	119	57	7	3	6	9	7

SAISON	CLUB	LIGUE	PJ	B	A	PTS	PUN	PJ	B	A	PTS	PUN
1990-91	Fredericton (Canadiens)	AHL	78	39	31	70	38	9	5	6	11	2
1991-92	Fredericton (Canadiens)	AHL	43	26	31	57	52	7	3	4	7	8
	Montréal (Canadiens)	**LNH**	**33**	**4**	**6**	**10**	**25**	**-**	**-**	**-**	**-**	**-**
1992-93	Fredericton (Canadiens)	AHL	26	8	16	24	16	-	-	-	-	-
	Montréal (Canadiens)	**LNH**	**29**	**4**	**13**	**17**	**14**	**17**	**8**	**5**	**13**	**8**
1993-94	**Montréal (Canadiens)**	**LNH**	**70**	**13**	**20**	**33**	**37**	**7**	**2**	**4**	**6**	**2**
1994-95	**Montréal (Canadiens)**	**LNH**	**22**	**4**	**5**	**9**	**4**	**-**	**-**	**-**	**-**	**-**
	Toronto (Maple Leafs)	LNH	12	1	1	2	6	7	1	1	2	0
1995-96	Toronto (Maple Leafs)	LNH	20	4	4	8	4	-	-	-	-	-
	St. John's (Maple Leafs)	AHL	2	2	2	4	0	-	-	-	-	-
	Houston (Aeros)	IHL	36	18	23	41	44	-	-	-	-	-
	Las Vegas (Thunder)	IHL	13	5	6	11	10	13	4	8	12	16
1996-97	Los Angeles (Kings)	LNH	6	1	0	1	6	-	-	-	-	-
	Phoenix (Roadrunners)	IHL	33	9	20	29	32	-	-	-	-	-
	Cincinnati (Cyclones)	IHL	32	15	14	29	28	3	1	1	2	2
1997-98	Kassel Huskies	GER	48	20	32	52	16	-	-	-	-	-
1998-99	HC Ambri-Piotta	SUI	45	*38	44	82	22	15	6	12	18	22
1999-00	EV Zug	SUI	45	20	34	54	58	10	3	5	8	10
	Canada	Éq. nat.	4	0	3	3	0	-	-	-	-	-
2000-01	EV Zug	SUI	43	26	29	55	34	4	2	0	2	27
2001-02	EV Zug	SUI	42	19	24	43	45	6	6	3	9	4
2002-03	EV Zug	SUI	42	14	28	42	51	-	-	-	-	-
	Milano Vipers HC	ITA	1	0	2	2	0	-	-	-	-	-
2003-04	EV Zug	SUI	46	15	23	38	10	3	1	0	1	
2004-05	Chur EHC	SUI-2	44	28	34	62	91	4	1	1	2	0
	HC Lugano	SUI	1	0	1	1	2	4	1	0	1	2
	Suisse	CM	7	1	2	3	6	-	-	-	-	-
2005-06	EV Zug	SUI	42	9	26	35	28	7	2	4	6	0
	Suisse	JO	6	3	0	3	0	-	-	-	-	-
2006-07	EV Zug	SUI	41	22	25	47	36	12	3	4	7	10
	Suisse	CM	7	3	2	5	2	-	-	-	-	-
2007-08	EV Zug	SUI	50	12	29	41	30	7	2	2	4	6
	Suisse	CM	7	1	4	5	2	-	-	-	-	-
		LNH	**192**	**31**	**49**	**80**	**96**	**31**	**11**	**10**	**21**	**10**
		Montréal	**154**	**25**	**44**	**69**	**80**	**24**	**10**	**9**	**19**	**10**

• Coupe Stanley (LNH) en 1992-93

• Échangé à Toronto par Montréal pour le choix de 4e ronde de Phoenix (propriété du Toronto suite à une transaction antérieure) au repêchage de 1996 (Kim Staal) le 6 avril 1995 • Signe avec Los Angeles comme joueur autonome le 23 juillet 1996

DIRK, ROBERT

Né à Regina, Saskatchewan, le 20 août 1966. Défenseur, lance de la gauche, 6'4", 210 lb (Choix de 3e ronde de St. Louis, 53e au total lors repêchage de 1984)

SAISON	CLUB	LIGUE	PJ	B	A	PTS	PUN	PJ	B	A	PTS	PUN
1982-83	Notre Dame Midget Hounds	SAHA	23	1	6	7	8	-	-	-	-	-
	Kelowna (Blazers)	BCJHL	27	3	7	10	43	13	5	16	21	34
	Regina (Pats)	WHL	1	0	0	0	0	-	-	-	-	-
1983-84	Regina (Pats)	WHL	62	2	10	12	64	23	1	12	13	24
1984-85	Regina (Pats)	WHL	69	10	34	44	97	8	0	0	0	4
1985-86	Regina (Pats)	WHL	72	19	60	79	140	10	3	5	8	8
1986-87	Peoria (Rivermen)	IHL	76	5	17	22	155	-	-	-	-	-
1987-88	Peoria (Rivermen)	IHL	54	4	21	25	126	-	-	-	-	-
	St. Louis (Blues)	LNH	7	0	1	1	16	6	0	1	1	2
1988-89	Peoria (Rivermen)	IHL	22	0	2	2	54	-	-	-	-	-
	St. Louis (Blues)	LNH	9	0	1	1	11	-	-	-	-	-
1989-90	Peoria (Rivermen)	IHL	24	1	2	3	79	-	-	-	-	-
	St. Louis (Blues)	LNH	37	1	1	2	128	3	0	0	0	0
1990-91	Peoria (Rivermen)	IHL	3	0	0	0	2	-	-	-	-	-
	St. Louis (Blues)	LNH	41	1	3	4	100	-	-	-	-	-
	Vancouver (Canucks)	LNH	11	1	0	1	20	6	0	0	0	13
1991-92	Vancouver (Canucks)	LNH	72	2	7	9	126	13	0	0	0	20
1992-93	Vancouver (Canucks)	LNH	69	4	8	12	150	9	0	0	0	6
1993-94	Vancouver (Canucks)	LNH	65	2	3	5	105	-	-	-	-	-
	Chicago (Black Hawks)	LNH	6	0	0	0	26	2	0	0	0	15
1994-95	Anaheim (Mighty Ducks)	LNH	38	1	3	4	56	-	-	-	-	-
1995-96	Anaheim (Mighty Ducks)	LNH	44	1	2	3	42	-	-	-	-	-
	Montréal (Canadiens)	**LNH**	**3**	**0**	**0**	**0**	**6**	**-**	**-**	**-**	**-**	**-**
1996-97	Detroit (Vipers)	IHL	48	2	8	10	36	-	-	-	-	-
	Chicago (Wolves)	IHL	31	1	5	6	26	3	0	0	0	0
		LNH	**402**	**13**	**29**	**42**	**786**	**39**	**0**	**1**	**1**	**56**
		Montréal	**3**	**0**	**0**	**0**	**6**	**-**	**-**	**-**	**-**	**-**

• Deuxième équipe d'étoiles, Division Est (WHL) en 1985-86

• Échangé à Vancouver par St. Louis avec Geoff Courtnall, Sergio Momesso, Cliff Ronning et le choix de 5e ronde de St. Louis au repêchage de 1992 (Brian Loney) pour Dan Quinn et Garth Butcher le 5 mars 1991 • Échangé à Chicago par Vancouver pour le choix de 4e ronde de Chicago au repêchage de 1994 (Mike Dubinsky) le 21 mars 1994 • Échangé à Anaheim par Chicago pour le choix de 4e ronde de Tampa Bay au repêchage de 1995 (Chris Van Dyk) le 12 juillet 1994 • Échangé à Montréal par Anaheim pour Jim Campbell le 21 janvier 1996

DOHERTY, FRED

Né à Norwood, Ontario, le 15 août 1887. Ailier droit, lance de la gauche, 5'8", 160 lb

SAISON	CLUB	LIGUE	PJ	B	A	PTS	PUN	PJ	B	A	PTS	PUN
1908-09	Guelph (Professionals)	OPHL	7	6	0	6	6	-	-	-	-	-
	Galt (Professionals)	OPHL	10	10	0	10	24	-	-	-	-	-
1909-10	Galt (Professionals)	Exh.	4	6	0	6	6	-	-	-	-	-
	Galt (Professionals)	OPHL	16	19	0	19	35	2	1	0	1	6
1910-11	Galt (Professionals)	OPHL	13	4	0	4	-	3	2	0	2	-
	Belleville (Professionals)	EOPHL	3	1	0	1	-	-	-	-	-	-
	Renfrew (Creamery Kings)	NHA	1	0	0	0	0	-	-	-	-	-
1911-12	Moncton (Victorias)	MPHA	16	16	0	16	31	2	0	0	0	2
1912-13	Toronto (Blueshirts)	NHA	1	0	0	0	0	-	-	-	-	-
	Moncton (Victorias)	MPHA	12	12	0	12	14	-	-	-	-	-
	Halifax (Crescents)	MPHA	1	0	0	0	0	-	-	-	-	-
1913-14	Toronto (Ontarios)	NHA	19	9	5	14	-	-	-	-	-	-
1914-15	Québec (Bulldogs)	NHA	1	0	0	0	0	-	-	-	-	-
1915-16	Montréal (Wanderers)	NHA	1	0	0	0	0	-	-	-	-	-
1916-17						*Service militaire*						
1917-18						*Service militaire*						
1918-19	**Montréal (Canadiens)**	**LNH**	**1**	**0**	**0**	**0**	**0**	**-**	**-**	**-**	**-**	**-**
		NHA	**23**	**9**	**5**	**14**	**0**	**-**	**-**	**-**	**-**	**-**
		LNH	**1**	**0**	**0**	**0**	**0**	**-**	**-**	**-**	**-**	**-**
		Montréal	**1**	**0**	**0**	**0**	**0**	**-**	**-**	**-**	**-**	**-**

• Signe avec Montréal le 13 décembre 1918

DORAN, JOHN (RED)

Né à Belleville, Ontario, le 24 mai 1911, décédé le 11 février 1975
Défenseur, lance de la gauche, 5'11", 195 lb

SAISON	CLUB	LIGUE	PJ	B	A	PTS	PUN	PJ	B	A	PTS	PUN
1928-29	West Toronto (Redmen)	JOHA				*Statistiques non disponibles*						
1929-30	West Toronto (Nationals)	JOHA	4	2	0	2	2	-	-	-	-	-
	Toronto (Stockyards)	TMHL	2	1	0	1	2	-	-	-	-	-
	West Toronto (Nationals)	Mem.	-	-	-	-	-	7	2	1	3	14
1930-31	West Toronto (Nationals)	JOHA				*Statistiques non disponibles*						
1931-32	Toronto (Marlboros)	SOHA	7	0	0	0	8	-	-	-	-	-
	Toronto (Eaton's)	TMHL	9	3	1	4	8	4	0	1	1	2
1932-33	New Haven (Eagles)	Can-Am	41	4	2	6	38	-	-	-	-	-
1933-34	New York (Americans)	LNH	39	1	4	5	40	-	-	-	-	-
	Québec (Castors)	Can-Am	8	1	0	1	20	-	-	-	-	-
1934-35	Québec (Castors)	Can-Am	44	7	11	18	105	3	1	0	1	4
1935-36	New York (Americans)	LNH	25	4	2	6	44	3	0	0	0	0
	New Haven (Eagles)	Can-Am	24	0	0	0	87	-	-	-	-	-
1936-37	New York (Americans)	LNH	21	0	1	1	10	-	-	-	-	-
	New Haven (Eagles)	IAHL	6	1	2	3	16	-	-	-	-	-
	Pittsburgh (Hornets)	IAHL	21	2	8	10	34	5	1	1	2	11
1937-38	Detroit (Red Wings)	LNH	7	0	0	0	10	-	-	-	-	-
	Pittsburgh (Hornets)	IAHL	25	4	6	10	24	-	-	-	-	-
	New Haven (Eagles)	IAHL	11	0	6	6	14	2	0	0	0	2
1938-39	New Haven (Eagles)	IAHL	7	0	0	0	24	-	-	-	-	-
	Providence (Reds)	IAHL	33	2	10	12	63	5	1	1	2	8
1939-40	Providence (Reds)	IAHL	46	14	19	33	82	8	4	2	6	16
	Montréal (Canadiens)	**LNH**	**6**	**0**	**3**	**3**	**6**	**-**	**-**	**-**	**-**	**-**
1940-41	Hershey (Bears)	AHL	16	0	5	5	20	-	-	-	-	-
	Buffalo (Bisons)	AHL	42	2	11	13	36	-	-	-	-	-
1941-42	Truro (Bearcats)	NSAPC	1	0	0	0	0	5	2	1	3	0
	Truro (Bearcats)	Allan	-	-	-	-	-	8	1	5	6	4
1942-43	Montréal (Armée)	LHCM	4	1	5	6	4	5	5	*7	*12	12
		LNH	**98**	**5**	**10**	**15**	**110**	**3**	**0**	**0**	**0**	**0**
		Montréal	**6**	**0**	**3**	**3**	**6**	**-**	**-**	**-**	**-**	**-**

• Échangé à Detroit par New York (Americans) avec une somme d'argent pour Earl Robertson le 9 mai 1937 • Signe avec Providence (IAHL) le 9 octobre 1939 • Prêté à Montréal par Providence (IAHL) le 15 janvier 1940 • Droits vendus à Buffalo (AHL) par Hersey (AHL) le 11 décembre 1940

DOROHOY, EDWARD (ED)

Né à Medecine Hat, Alberta, le 13 mars 1929. Centre, lance de la gauche, 5'9", 150 lb

SAISON	CLUB	LIGUE	PJ	B	A	PTS	PUN	PJ	B	A	PTS	PUN
1946-47	Lethbridge (Native Sons)	AJHL	11	2	1	3	4	3	2	0	2	0
1947-48	Lethbridge (Native Sons)	AJHL	27	32	*49	81	22	6	6	*15	*21	9
	Lethbridge (Native Sons)	Mem.	-	-	-	-	-	11	4	7	11	6
1948-49	**Montréal (Canadiens)**	**LNH**	**16**	**0**	**0**	**0**	**6**	**-**	**-**	**-**	**-**	**-**
	Dallas (Texans)	USHL	34	19	21	40	76	4	2	2	4	0
1949-50	Cincinnati (Mohawks)	AHL	6	0	0	0	2	-	-	-	-	-
	Victoria (Cougars)	PCHL	31	15	16	31	25	-	-	-	-	-
1950-51	Victoria (Cougars)	PCHL	68	29	*58	*87	64	12	*6	8	*14	8
1951-52	Victoria (Cougars)	PCHL	68	29	*56	85	66	13	3	4	7	12
1952-53	Victoria (Cougars)	WHL	70	24	54	78	97	-	-	-	-	-
1953-54	Victoria (Cougars)	WHL	70	26	53	79	46	5	1	2	3	4
1954-55	Victoria (Cougars)	WHL	68	33	52	85	41	5	2	2	4	10
1955-56	Seattle (Americans)	WHL	69	18	41	59	131	-	-	-	-	-
1956-57	Seattle (Americans)	WHL	70	31	55	86	70	6	2	6	8	4
1957-58	Victoria (Cougars)	WHL	58	34	41	75	51	-	-	-	-	-
1958-59	Calgary (Stampeders)	WHL	64	35	*74	109	56	8	2	4	6	6
1959-60	Vancouver (Canucks)	WHL	33	17	21	38	30	-	-	-	-	-
1960-61	Vancouver (Canucks)	WHL	2	0	0	0	0	-	-	-	-	-
1961-62	Los-Angeles/Vancouver	WHL	37	6	10	16	14	-	-	-	-	-
1962-63	Vanvouver (Canucks)	WHL	6	0	2	2	0	-	-	-	-	-
	Knoxville (Knights)	EHL	20	7	20	27	2	5	1	2	3	0
1963-64	New Haven (Blades)	EHL	18	11	18	29	6	5	2	3	5	2
1964-65	Spokane (Jets)	WHL	47	20	50	70	118	-	-	-	-	-
		LNH	**16**	**0**	**0**	**0**	**6**	**-**	**-**	**-**	**-**	**-**
		Montréal	**16**	**0**	**0**	**0**	**6**	**-**	**-**	**-**	**-**	**-**

• Deuxième équipe d'étoiles (PCHL) en 1951-52 • Première équipe d'étoiles, Division Prairies (WHL) en 1958-59 • Coupe Leader, Division Prairies (WHL) en 1958-59

• Prêté à Dallas par Montréal le 26 décembre 1948 • Droits vendus à Victoria (WHL) par Montréal en août 1955 • Droits vendus à Seattle (WHL) par Victoria (WHL) le 12 septembre 1955. • Échangé à Victoria (WHL) par Seattle (WHL) pour Bill Davidson et Don Chiupka en septembre 1957 • Échangé à Calgary (WHL) par Victoria (WHL) pour George Ford, Enio Sclisizzi et Murray Wilkie en juillet 1958 • Signe avec Knoxville (EHL) le 23 janvier 1963

DOWD, JIM THOMAS

Né à Brick, New Jersey, le 25 décembre 1968. Centre, lance de la droite, 6', 180 lb (Choix de 8e ronde du New Jersey, 149e au total lors du repêchage de 1987)

SAISON	CLUB	LIGUE	PJ	B	A	PTS	PUN	PJ	B	A	PTS	PUN
			SAISONS RÉGULIÈRES					SÉRIES ÉLIMINATOIRES				
1983-84	Brick Township Green Dragons	High-NJ	20	19	30	49	-	-	-	-	-	-
1984-85	Brick Township Green Dragons	High-NJ	24	58	55	113	-	-	-	-	-	-
1985-86	Brick Township Green Dragons	High-NJ	24	47	51	98	-	-	-	-	-	-
1986-87	Brick Township Green Dragons	High-NJ	24	22	33	55	-	-	-	-	-	-
1987-88	Lake Superior State	CCHA	45	18	27	45	16	-	-	-	-	-
1988-89	Lake Superior State	CCHA	46	24	35	59	40	-	-	-	-	-
1989-90	Lake Superior State	CCHA	46	25	67	92	30	-	-	-	-	-
1990-91	Lake Superior State	CCHA	44	24	54	78	53	-	-	-	-	-
1991-92	New Jersey (Devils)	LNH	1	0	0	0	0	-	-	-	-	-
	Utica (Devils)	AHL	78	17	42	59	47	4	2	2	4	4
1992-93	New Jersey (Devils)	LNH	1	0	0	0	0	-	-	-	-	-
	Utica (Devils)	AHL	78	27	45	72	62	5	1	7	8	10
1993-94	New Jersey (Devils)	LNH	15	5	10	15	0	19	2	6	8	8
	Albany (River Rats)	AHL	58	26	37	63	76	-	-	-	-	-
1994-95	New Jersey (Devils)	LNH	10	1	4	5	0	11	2	1	3	8
1995-96	New Jersey (Devils)	LNH	28	4	9	13	17	-	-	-	-	-
	Vancouver (Canucks)	LNH	38	1	6	7	6	1	0	0	0	0
1996-97	New York (Islanders)	LNH	3	0	0	0	0	-	-	-	-	-
	Utah (Grizzlies)	IHL	48	10	21	31	27	-	-	-	-	-
	Saint John (Flames)	AHL	24	5	11	16	18	5	1	2	3	0
1997-98	Calgary (Flames)	LNH	48	6	8	14	12	-	-	-	-	-
	Saint John (Flames)	AHL	35	8	30	38	20	19	3	13	16	10
1998-99	Edmonton (Oilers)	LNH	1	0	0	0	0	-	-	-	-	-
	Hamilton (Bullgogs)	AHL	51	15	29	44	82	11	3	6	9	8
1999-00	Edmonton (Oilers)	LNH	69	5	18	23	45	5	2	1	3	4
2000-01	Minnesota (Wild)	LNH	68	7	22	29	80	-	-	-	-	-
2001-02	Minnesota (Wild)	LNH	82	13	30	43	54	-	-	-	-	-
2002-03	Minnesota (Wild)	LNH	78	8	17	25	31	15	0	2	2	0
2003-04	Minnesota (Wild)	LNH	55	4	20	24	38	-	-	-	-	-
	Montréal (Canadiens)	**LNH**	**14**	**3**	**2**	**5**	**6**	**11**	**0**	**2**	**2**	**2**
2004-05	Hambourg (Freezers)	GER	20	4	9	13	12	-	-	-	-	-
2005-06	Chicago (Blackhawks)	LNH	60	3	12	15	38	-	-	-	-	-
	Colorado (Avalanche)	LNH	18	2	1	3	2	9	2	3	5	20
2006-07	New Jersey (Devils)	LNH	66	4	4	8	20	11	0	0	0	4
2007-08	Philadelphie (Flyers)	LNH	73	5	5	10	41	17	1	2	3	4
		LNH	**728**	**71**	**168**	**239**	**390**	**99**	**9**	**17**	**26**	**50**
		Montréal	**14**	**3**	**2**	**5**	**6**	**11**	**0**	**2**	**2**	**2**

• Deuxième équipe d'étoiles (CCHA) en 1989-90 • Deuxième équipe d'étoiles "All-American", Division Ouest (NCAA) en 1989-90 • Première équipe d'étoiles (CCHA) en 1990-91 • Joueur de l'année (CCHA) en 1990-91 • Première équipe d'étoiles "All-American", Division Ouest (NCAA) en 1990-91 • Coupe Stanley en 1994-95

• Échangé à Hartford par New Jersey avec le choix de 2e ronde de New Jersey au repêchage de 1997 (échangé plus tard à Calgary qui sélectionne Dmitri Kokorev) pour Jocelyn Lemieux et du choix de 2e ronde d'Hartford au repêchage de 1998 (échangé plus tard à Dallas qui sélectionne John Erskine) le 19 décembre 1995 • Échangé à Vancouver par Hartford avec Frantisek Kucera et le choix de 2e ronde d'Hartford au repêchage de 1997 (Ryan Bonni) pour Jeff Brown et du choix de 3e ronde de Vancouver au repêchage de 1998 (échangé plus tard à Calgary qui sélectionne Paul Manning) le 19 décembre 1995 • Réclamé au ballottage par New York (Islanders) de Vancouver le 30 septembre 1996 • Signe avec Calgary comme joueur autonome le 15 août 1997 • Échangé à Nashville par Calgary en retour de considérations futures le 26 juin 1998 • Échangé à Edmonton par Nashville avec Mikhail Shtalenkov pour Éric Fichaud, Drake Berehowsky et Greg de Vries le 1er octobre 1998 • Réclamé par Minnesota d'Edmonton au repêchage d'expansion le 23 juin 2000 • Échangé à Montréal par Minnesota pour un choix de 4e ronde de Montréal au repêchage de 2004 (Julien Sprunger) le 4 mars 2004 • Signe avec Hamburg (GER) comme joueur autonome le 1er octobre 2004 • Signe avec Chicago comme joueur autonome le 5 août 2005 • Échangé au Colorado par Chicago pour un choix de 4e ronde de Colorado au repêchage de 2006 (échangé plus tard à Toronto qui sélectionne James Reimer) le 9 mars 2006 • Signe avec New Jersey comme joueur autonome le 2 novembre 2006 • Signe avec Philadelphie comme joueur autonome le 3 octobre 2007

DOWNEY, AARON DOUGLAS

Né à Shelburne, Ontario, le 27 août 1974. Ailier droit, lance de la droite, 6'1", 215 lb

SAISON	CLUB	LIGUE	PJ	B	A	PTS	PUN	PJ	B	A	PTS	PUN
1990-91	Grand Valley (Harvesters)	OHA-C	27	6	8	14	57	-	-	-	-	-
1991-92	Collingwood (Blues)	OHA-B	40	9	8	17	111	-	-	-	-	-
1992-93	Guelph (Storm)	OHL	53	3	3	6	88	5	1	0	1	0
1993-94	Cole Harbour (Red Wings)	NSMHL	35	8	20	28	210	-	-	-	-	-
1994-95	Cole Harbour (Red Wings)	NSMHL	40	10	31	41	320	-	-	-	-	-
1995-96	Hampton (Roads Admirals)	ECHL	65	12	11	23	354	-	-	-	-	-
1996-97	Manitoba (Moose)	IHL	2	0	0	0	17	-	-	-	-	-
	Portland (Pirates)	AHL	3	0	0	0	19	-	-	-	-	-
	Hampton (Roads Admirals)	ECHL	64	8	8	16	338	9	0	3	3	26
1997-98	Providence (Bruins)	AHL	78	5	10	15	407	-	-	-	-	-
1998-99	Providence (Bruins)	AHL	75	10	12	22	401	19	1	1	2	46
1999-00	Boston (Bruins)	LNH	1	0	0	0	0	-	-	-	-	-
	Providence (Bruins)	AHL	47	6	4	10	221	14	1	0	1	24
2000-01	Chicago (Blackhawks)	LNH	3	0	0	0	6	-	-	-	-	-
	Norfolk (Admirals)	AHL	67	6	15	21	234	9	0	0	0	4
2001-02	Chicago (Blackhawks)	LNH	36	1	0	1	76	4	0	0	0	8
	Norfolk (Admirals)	AHL	12	0	2	2	21	-	-	-	-	-
2002-03	Dallas (Stars)	LNH	43	1	1	2	69	-	-	-	-	-
2003-04	Dallas (Stars)	LNH	37	1	1	2	77	-	-	-	-	-
2004-05			*N'a pas joué*									
2005-06	St. Louis (Blues)	LNH	17	2	0	2	45	-	-	-	-	-
	Montréal (Canadiens)	**LNH**	**25**	**1**	**4**	**5**	**50**	**1**	**0**	**0**	**0**	**0**
2006-07	**Montréal (Canadiens)**	**LNH**	**21**	**1**	**0**	**1**	**48**	**-**	**-**	**-**	**-**	**-**
	Providence (Bruins)	AHL	15	0	0	0	30	1	0	0	0	12
2007-08	Detroit (Red Wings)	LNH	56	0	3	3	116	-	-	-	-	-
		LNH	**239**	**7**	**9**	**16**	**487**	**5**	**0**	**0**	**0**	**8**
		Montréal	**46**	**2**	**4**	**6**	**98**	**1**	**0**	**0**	**0**	**0**

• Signe avec Boston comme joueur autonome le 20 janvier 1998 • Signé avec Chicago comme joueur autonome le 13 août 2000 • Signe avec Dallas comme joueur autonome le 3 juillet 2002 • Signe avec St. Louis comme joueur autonome le 1er août 2005 • Réclamé au ballottage par Montréal de St. Louis le 23 janvier 2006 • Prêté à Hamilton (Bulldogs) par Montréal le 26 février 2007 • Prêté à Boston (Providence) de Hamilton (Bulldogs) pour Philippe Sauvé le 2 mars 2007 • Signe avec Detroit comme joueur autonome le 3 octobre 2007

DRILLON, GORDON (GORD)

Né à Moncton, Nouveau-Brunswick, le 23 octobre 1913, décédé le 23 septembre 1985
Ailier droit, lance de la droite, 6'2", 175 lb

SAISON	CLUB	LIGUE	PJ	B	A	PTS	PUN	PJ	B	A	PTS	PUN
1926-27	Edith Cavell School	MSBL	5	4	0	4	-	-	-	-	-	-
1927-28	Victoria Street School	MSBL	5	1	1	2	-	-	-	-	-	-
1928-29	Moncton (Aberdeens)	H.S.	2	0	0	0	0	-	-	-	-	-
1929-30	Moncton (Chalmers Club)	SNBJL	6	8	4	12	2	0	0	0	0	0
1930-31	Moncton (Athletics)	MJHL	6	*15	4	*19	-	-	-	-	-	-
	Moncton (Aberdeens)	H.S.	3	1	0	1	0	1	1	0	1	-
	Moncton (Athletics)	Mem.	-	-	-	-	-	2	3	2	5	0
1931-32	Moncton (Wheelers)	MJHL	6	6	4	10	-	3	5	1	6	5
1932-33	Moncton (Hawks)	MJHL	4	13	3	16	0	2	2	1	3	4
	Moncton (Swift's)	MCIHL	7	11	3	14	-	6	*13	4	*17	-
1933-34	Toronto (Young Rangers)	JOHA	11	*20	*13	*33	4	2	*5	*3	*8	4
	Toronto (CCM)	TMHL	2	0	1	1	0	-	-	-	-	-
	Toronto (Young Rangers)	Mem.	-	-	-	-	-	2	0	0	0	16
1934-35	Toronto (Lions)	JOHA	11	17	9	26	2	5	2	1	3	6
	Toronto (Dominions)	SOHA	11	12	6	18	2	3	2	1	3	4
1935-36	Pittsburgh (Yellowjackets)	EAHL	40	22	12	34	4	8	3	2	5	0
1936-37	Toronto (Maple Leafs)	LNH	41	16	17	33	2	2	0	0	0	0
	Syracuse (Stars)	IAHL	7	2	3	5	2	-	-	-	-	-
1937-38	Toronto (Maple Leafs)	LNH	48	*26	26	*52	4	7	*7	1	8	2
1938-39	Toronto (Maple Leafs)	LNH	40	18	16	34	15	10	7	6	13	4
1939-40	Toronto (Maple Leafs)	LNH	43	21	19	40	13	10	3	1	4	0
	Match des étoiles	LNH	1	0	0	0	0	-	-	-	-	-
1940-41	Toronto (Maple Leafs)	LNH	42	23	21	44	2	7	3	2	5	2
1941-42	Toronto (Maple Leafs)	LNH	48	23	18	41	6	9	2	3	5	2
1942-43	**Montréal (Canadiens)**	**LNH**	**49**	**28**	**22**	**50**	**14**	**5**	**4**	**2**	**6**	**0**
1943-44	Toronto (Army Daggers)	SOHA	1	1	1	2	0	-	-	-	-	-
1944-45	Dartmouth (RCAF)	NSDHL	1	0	1	1	0	-	-	-	-	-
	Valleyfield (Braves)	LHPQ	8	11	4	15	0	11	8	6	14	2
	Valleyfield (Braves)	Allan	-	-	-	-	-	3	0	0	0	0
1945-46	Halifax (RCAF)	NSDHL	3	7	8	15	4	-	-	-	-	-
1946-47	Charlottetown (Legion)	NSSHL	4	10	8	18	16	11	*41	12	*53	4
1947-48	North Sydney (Victorias)	NSSHL	2	0	1	1	0	-	-	-	-	-
1948-49	Maritimes All-Stars	Exh.	2	11	7	18	2	-	-	-	-	-
1949-50	St. John (Beavers)	NBSHL	49	48	24	72	40	11	1	4	5	12
		LNH	**311**	**155**	**139**	**294**	**56**	**50**	**26**	**15**	**41**	**10**
		Montréal	**49**	**28**	**22**	**50**	**14**	**5**	**4**	**2**	**6**	**0**

• Première équipe d'étoiles (LNH) en 1937-38, 1938-39 • Deuxième équipe d'étoiles (LNH) en 1941-42 • Trophée Art-Ross (LNH) en 1937-38 • Trophée Lady-Byng (LNH) en 1937-38 • Match des étoiles (LNH) en 1939-40 • Coupe Stanley (LNH) en 1941-42 • Membre du Temple de la Renommée (LNH) en 1975

• Signe avec Toronto le 26 novembre 1936 • Droits vendus à Montréal par Toronto le 4 octobre 1942

DROUIN, JUDE

Né à Mont-Louis, Québec, le 28 octobre 1948. Centre, lance de la droite, 5'10", 165 lb
(Choix de 3e ronde de Montréal, 17e au total lors du repêchage de 1966)

SAISON	CLUB	LIGUE	PJ	B	A	PTS	PUN	PJ	B	A	PTS	PUN
1965-66	Verdun (Maple Leafs)	LHJQ	38	33	32	65	103	-	-	-	-	-
1966-67	Montréal (Canadiens Jr)	JOHA	47	32	36	68	64	3	0	3	3	9
1967-68	Houston (Apollos)	CPHL	68	22	38	60	59	-	-	-	-	-
1968-69	Houston (Apollos)	CHL	53	23	31	54	117	3	1	1	2	23
	Montréal (Canadiens)	**LNH**	**9**	**0**	**1**	**1**	**0**	**-**	**-**	**-**	**-**	**-**
1969-70	Montréal (Voyageurs)	AHL	65	37	*69	*106	88	8	0	6	6	2
	Montréal (Canadiens)	**LNH**	**3**	**0**	**0**	**0**	**2**	**-**	**-**	**-**	**-**	**-**
1970-71	Minnesota (North Stars)	LNH	75	16	52	68	49	12	5	7	12	10
1971-72	Minnesota (North Stars)	LNH	63	13	43	56	31	7	4	4	8	6
1972-73	Minnesota (North Stars)	LNH	78	27	46	73	61	6	1	3	4	0
1973-74	Minnesota (North Stars)	LNH	65	19	24	43	30	-	-	-	-	-
1974-75	Minnesota (North Stars	LNH	38	4	18	22	16	-	-	-	-	-
	New York (Islanders)	LNH	40	14	18	32	6	17	6	*12	18	6
1975-76	New York (Islanders)	LNH	76	21	41	62	58	13	6	9	15	0
1976-77	New York (Islanders)	LNH	78	24	29	53	27	12	5	6	11	6
1977-78	New York (Islanders)	LNH	56	5	17	22	12	5	0	0	0	5
1978-79			*N'a pas joué*									
1979-80	Winnipeg (Jets)	LNH	78	8	16	24	50	-	-	-	-	-
1980-81	Winnipeg (Jets)	LNH	7	0	0	0	4	-	-	-	-	-
		LNH	**666**	**151**	**305**	**456**	**346**	**72**	**27**	**41**	**68**	**33**
		Montréal	**12**	**0**	**1**	**1**	**2**	**-**	**-**	**-**	**-**	**-**

• Première équipe d'étoiles (AHL) en 1969-70 • Trophée Dudley-Garrett (AHL) en 1969-70 • Trophée John-B.-Sollenberger (AHL) en 1969-70

• Échangé au Minnesota par Montréal pour Bill Collins le 10 juin 1970 • Échangé à New York (Islanders) par Minnesota pour Craig Cameron le 7 janvier 1975 • Signe avec Winnipeg comme joueur autonome le 5 octobre 1979

DROUIN, PAUL-ÉMILE (POLLY)

Né à Verdun, Québec, le 16 janvier 1916, décédé le 1er janvier 1968
Ailier gauche, lance de la gauche, 5'7", 160 lb

SAISON	CLUB	LIGUE	PJ	B	A	PTS	PUN	PJ	B	A	PTS	PUN
1931-32	Ottawa (Primrose)	OCJHL	15	6	3	9	8	4	0	1	1	0
1932-33	Ottawa (Primrose)	OCJHL	13	5	3	8	6	4	2	1	3	6
1933-34	Hull (Lasalle)	OCJHL	16	20	*18	*38	47	4	4	3	7	4
	Hull (Lasalle)	OCHL	1	0	0	0	0	-	-	-	-	-
1934-35	Ottawa (Senators)	OCHL	20	10	7	17	8	8	2	0	2	*20
1935-36	Ottawa (Senators)	OCHL	12	7	7	14	12	-	-	-	-	-
	Montréal (Canadiens)	**LNH**	**30**	**1**	**8**	**9**	**19**	**-**	**-**	**-**	**-**	**-**
1936-37	New Haven (Eagles)	IAHL	27	10	13	23	33	-	-	-	-	-
	Montréal (Canadiens)	**LNH**	**4**	**0**	**0**	**0**	**0**	**-**	**-**	**-**	**-**	**-**
1937-38	**Montréal (Canadiens)**	**LNH**	**31**	**7**	**13**	**20**	**8**	**3**	**0**	**0**	**0**	**0**
1938-39	**Montréal (Canadiens)**	**LNH**	**28**	**7**	**11**	**18**	**2**	**3**	**0**	**1**	**1**	**5**
1939-40	**Montréal (Canadiens)**	**LNH**	**42**	**4**	**11**	**15**	**51**	**-**	**-**	**-**	**-**	**-**
	Match des étoiles	LNH	1	0	1	1	0	-	-	-	-	-
	New Haven (Eagles)	IAHL	7	1	6	7	0	-	-	-	-	-
1940-41	**Montréal (Canadiens)**	**LNH**	**21**	**4**	**7**	**11**	**0**	**1**	**0**	**0**	**0**	**0**
	New Haven (Eagles)	AHL	19	8	4	12	8	2	0	1	1	0
1941-42	Washington (Lions)	AHL	56	23	21	44	31	2	0	2	2	0
1942-43	Ottawa (Commandos)	LHSQ	29	22	14	36	31	-	-	-	-	-
	Ottawa (RCAF)	LHSQ	11	10	19	29	6	-	-	-	-	-
1943-44			*Service militaire*									
1944-45			*Service militaire*									
1945-46	Hull (Volants)	LHSQ	13	8	13	21	10	-	-	-	-	-
	Ottawa (QMG)	LHCQ	-	-	-	-	-	4	6	*14	*20	-
1946-47	Saint-Hyacinthe (Gaulois)	LHPQ	40	24	30	54	20	4	1	0	1	0
		LNH	**156**	**23**	**50**	**73**	**80**	**7**	**0**	**1**	**1**	**5**
		Montréal	**156**	**23**	**50**	**73**	**80**	**7**	**0**	**1**	**1**	**5**

• Match des étoiles (LNH) en 1939-40

• Signe avec Montréal le 22 décembre 1935 • Droits vendus à Washington par Montréal le 9 octobre 1941

DUBÉ, GILLES

Né à Sherbrooke, Québec, le 2 juin 1927
Ailier gauche, lance de la gauche, 5'11", 165 lb

SAISON	CLUB	LIGUE	PJ	B	A	PTS	PUN	PJ	B	A	PTS	PUN
1945-46	Sherbrooke (Randies)	LHPQ	7	1	3	4	0	-	-	-	-	-
1946-47	Montréal (Canadiens)	LHPQ	12	16	16	32	8					
	Montréal (Canadiens)	Mem.	-	-	-	-	-	2	1	2	3	2
1947-48	Sherbrooke (Saint-Xavier)	LHPQ	43	31	41	72	44	8	6	10	16	13
1948-49	Sherbrooke (Saints)	LHSQ	62	30	56	86	56	12	3	7	10	6
1949-50	**Montréal (Canadiens)**	**LNH**	**12**	**1**	**2**	**3**	**2**	**-**	**-**	**-**	**-**	**-**
	Cincinnati (Mohawks)	AHL	46	19	18	37	12	-	-	-	-	-
1950-51	Cincinnati (Mohawks)	AHL	62	16	26	42	29	-	-	-	-	-
1951-52	Sherbrooke (Saints)	LHMQ	51	17	15	32	33	11	5	6	11	10
1952-53	Sherbrooke (Saints)	LHMQ	60	21	32	53	55	7	3	2	5	14
1953-54	Sherbrooke (Saints)	LHQ	72	17	45	62	68	5	1	5	6	4
	Detroit (Red Wings)	LNH	-	-	-	-	-	2	0	0	0	0
1954-55	Shawinigan (Cataractes)	LHQ	56	18	41	59	30	13	1	7	8	7
	Shawinigan (Cataractes)	Edin.	-	-	-	-	-	7	4	3	7	2
1955-56	Shawinigan (Cataractes)	LHQ	64	*37	*54	*91	68	11	3	5	8	2
1956-57	Shawinigan (Cataractes)	LHQ	58	12	31	43	38	-	-	-	-	-
1957-58			*Statistiques non disponibles*									
1958-59			*Statistiques non disponibles*									
1959-60			*Statistiques non disponibles*									
1960-61	Sherbrooke (Cantons)	LHSQ	30	14	22	36	30	3	1	1	2	19
1961-62	Sherbrooke (Cantons)	LHSQ	18	6	17	23	18	7	0	8	8	8
		LNH	**12**	**1**	**2**	**3**	**2**	**2**	**0**	**0**	**0**	**0**
		Montréal	**12**	**1**	**2**	**3**	**2**	**-**	**-**	**-**	**-**	**-**

• Coupe Stanley (LNH) en 1953-54 • Première équipe d'étoiles (LHQ) en 1955-56 • Trophée du Président (LHQ) 1955-56

• Signe avec Montréal le 27 septembre 1949 • Prêté à Cincinnati (AHL) par Montréal le 16 novembre 1949 • Droits vendus à Sherbrooke (QMHL) par Montréal le 17 septembre 1951 • Signe avec Detroit le 10 avril 1954

DUBEAU, ERNEST (ERNIE)

Né à Brockville, Ontario, le 10 avril 1885, décédé le 19 juin 1951
Défenseur, lance de la droite, 5'9", 160 lb

SAISON	CLUB	LIGUE	PJ	B	A	PTS	PUN	PJ	B	A	PTS	PUN
1905-06	Brockville (HC)	FAHL	7	3	0	3	-	-	-	-	-	-
1906-07	Portage-La-Prairie	MHL	9	0	0	0	-	-	-	-	-	-
1907-08	Portage-La-Prairie	MHL	16	2	0	2	-	-	-	-	-	-
1908-09	Berlin (Deutchemen)	OPHL	11	3	0	3	-	-	-	-	-	-
	Montréal (Shamrocks)	ECHA	3	1	0	1	-	-	-	-	-	-
1909-10	Montréal (National)	CHA	4	1	0	1	0	-	-	-	-	-
1910-11	Trenton	EOPHL			*Statistiques non disponibles*							
1911-12	**Montréal (Canadiens)**	**NHA**	**18**	**3**	**0**	**3**	**-**	**-**	**-**	**-**	**-**	**-**
1912-13	**Montréal (Canadiens)**	**NHA**	**19**	**0**	**0**	**0**	**-**	**-**	**-**	**-**	**-**	**-**
1913-14	**Montréal (Canadiens)**	**NHA**	**20**	**7**	**11**	**18**	**-**	**2**	**0**	**1**	**1**	**-**
1914-15	**Montréal (Canadiens)**	**NHA**	**19**	**6**	**3**	**9**	**36**	**-**	**-**	**-**	**-**	**-**
		NHA	**76**	**16**	**14**	**30**	**36**	**2**	**0**	**1**	**1**	**-**
		Montréal	**76**	**16**	**14**	**30**	**36**	**2**	**0**	**1**	**1**	**-**

• Signe avec Montréal (NHA) le 27 novembre 1911 • Échangé à Toronto (NHA) par Montréal (NHA) pour Skene Ronan le 17 janvier 1916

DUFF, RICHARD (DICK)

Né à Kirkland Lake, Ontario, le 18 février 1936
Ailier gauche, lance de la gauche, 5'9", 165 lb

SAISON	CLUB	LIGUE	PJ	B	A	PTS	PUN	PJ	B	A	PTS	PUN
1952-53	St. Michael's (Buzzers)	OHA B				*Statistiques non disponibles*						
	St. Michael's (Majors)	JOHA	16	3	2	5	2	16	6	9	15	15
1953-54	St. Michael's (Majors)	JOHA	59	35	40	75	120	8	2	3	5	23
1954-55	St. Michael's (Majors)	JOHA	47	33	20	53	113	5	5	2	7	22
	Toronto (Maple Leafs)	LNH	3	0	0	0	2	-	-	-	-	-
1955-56	Toronto (Maple Leafs)	LNH	69	18	19	37	74	5	1	4	5	2
1956-57	Toronto (Maple Leafs)	LNH	70	26	14	40	50	-	-	-	-	-
	Match des étoiles	LNH	1	0	0	0	0	-	-	-	-	-
1957-58	Toronto (Maple Leafs)	LNH	65	26	23	49	79	-	-	-	-	-
	Match des étoiles	LNH	1	0	0	0	0	-	-	-	-	-
1958-59	Toronto (Maple Leafs)	LNH	69	29	24	53	73	12	4	3	7	8
	Match des étoiles	LNH	1	0	0	0	2	-	-	-	-	-
1959-60	Toronto (Maple Leafs)	LNH	67	19	22	41	51	10	2	4	6	6
1960-61	Toronto (Maple Leafs)	LNH	67	16	17	33	54	5	0	1	1	2
1961-62	Toronto (Maple Leafs)	LNH	51	17	20	37	37	12	3	10	13	20
1962-63	Toronto (Maple Leafs)	LNH	69	16	19	35	56	10	4	1	5	2
	Match des étoiles	LNH	1	1	0	1	0	-	-	-	-	-
1963-64	Toronto (Maple Leafs)	LNH	52	7	10	17	59	-	-	-	-	-
	Match des étoiles	LNH	1	0	0	0	2	-	-	-	-	-
	New York (Rangers)	LNH	14	4	4	8	2	-	-	-	-	-
1964-65	New York (Rangers)	LNH	29	3	9	12	20	-	-	-	-	-
	Montréal (Canadiens)	**LNH**	**40**	**9**	**7**	**16**	**16**	**13**	**3**	**6**	**9**	**17**
1965-66	**Montréal (Canadiens)**	**LNH**	**63**	**21**	**24**	**45**	**78**	**10**	**2**	**5**	**7**	**2**
	Match des étoiles	LNH	1	0	1	1	0	-	-	-	-	-
1966-67	**Montréal (Canadiens)**	**LNH**	**51**	**12**	**11**	**23**	**23**	**10**	**2**	**3**	**5**	**4**
	Match des étoiles	LNH	1	0	0	0	0	-	-	-	-	-
1967-68	**Montréal (Canadiens)**	**LNH**	**66**	**25**	**21**	**46**	**21**	**13**	**3**	**4**	**7**	**4**
1968-69	**Montréal (Canadiens)**	**LNH**	**68**	**19**	**21**	**40**	**24**	**14**	**6**	**8**	**14**	**11**
1969-70	**Montréal (Canadiens)**	**LNH**	**17**	**1**	**1**	**2**	**4**	**-**	**-**	**-**	**-**	**-**
	Los Angeles (Kings)	LNH	32	5	8	13	8	-	-	-	-	-
1970-71	Los Angeles (Kings)	LNH	7	1	0	1	0	-	-	-	-	-
	Buffalo (Sabres)	LNH	53	7	13	20	12	-	-	-	-	-
1971-72	Buffalo (Sabres)	LNH	8	2	2	4	0	-	-	-	-	-
		LNH	**1030**	**283**	**289**	**572**	**743**	**114**	**30**	**49**	**79**	**78**
		Montréal	**305**	**87**	**85**	**172**	**166**	**60**	**16**	**26**	**42**	**38**

• Match des étoiles (LNH) en 1956-57, 1957-58, 1958-59, 1962-63, 1963-64, 1965-66, 1966-67 • Coupe Stanley (LNH) en 1961-62, 1962-63, 1964-65, 1965-66, 1967-68, 1968-69

• Échangé à New York par Toronto avec Bob Nevin, Arnie Brown, Bill Collins et Rod Seiling pour Andy Bathgate et Don McKenney le 22 février 1964 • Échangé à Montréal par New York avec Dave McComb pour Bill Hicke et Jean-Guy Morissette le 22 décembre 1964. • Échangé à Los Angeles par Montréal pour Dennis Hextall le 23 janvier 1970 • Échangé à Buffalo par Los Angeles avec Eddie Shack pour Mike McMahon le 24 novembre 1970

DUFRESNE, DONALD

Né à Québec, Québec, le 10 avril 1967. Défenseur, lance de la droite, 6'1", 206 lb
(Choix de 6e ronde de Montréal, 117e au total lors du repêchage de 1985)

SAISON	CLUB	LIGUE	PJ	B	A	PTS	PUN	PJ	B	A	PTS	PUN
1983-84	Trois-Rivières (Draveurs)	LHJMQ	67	7	12	19	97	-	-	-	-	-
1984-85	Trois-Rivières (Draveurs)	LHJMQ	65	5	30	35	112	7	1	3	4	12
1985-86	Trois-Rivières (Draveurs)	LHJMQ	63	8	32	40	160	1	0	0	0	0
1986-87	Trois-Rivières (Draveurs)	LHJMQ	51	5	21	26	79	-	-	-	-	-
	Longueuil (Chevaliers)	LHJMQ	16	0	8	8	18	20	1	8	9	38
	Longueuil (Chevaliers)	Mem.	-	-	-	-	-	5	0	0	0	0
1987-88	Sherbrooke (Canadiens)	AHL	47	1	8	9	107	6	1	0	1	34
1988-89	Sherbrooke (Canadiens)	AHL	47	0	12	12	170	-	-	-	-	-
	Montréal (Canadiens)	**LNH**	**13**	**0**	**1**	**1**	**43**	**6**	**1**	**1**	**2**	**4**
1989-90	Sherbrooke (Canadiens)	AHL	38	2	11	13	104	-	-	-	-	-
	Montréal (Canadiens)	**LNH**	**18**	**0**	**4**	**4**	**23**	**10**	**0**	**1**	**1**	**18**
1990-91	**Montréal (Canadiens)**	**LNH**	**53**	**2**	**13**	**15**	**55**	**10**	**0**	**1**	**1**	**21**
	Fredericton (Canadiens)	AHL	10	1	4	5	35	1	0	0	0	0
1991-92	**Montréal (Canadiens)**	**LNH**	**3**	**0**	**0**	**0**	**2**	**-**	**-**	**-**	**-**	**-**
	Fredericton (Canadiens)	AHL	31	8	12	20	60	7	0	0	0	10
1992-93	**Montréal (Canadiens)**	**LNH**	**32**	**1**	**2**	**3**	**32**	**2**	**0**	**0**	**0**	**0**
1993-94	Tampa Bay (Lightning)	LNH	51	2	6	8	48	-	-	-	-	-
	Los Angeles (Kings)	LNH	9	0	0	0	10	-	-	-	-	-
1994-95	St. Louis (Blues)	LNH	22	0	3	3	10	3	0	0	0	4
1995-96	St. Louis (Blues)	LNH	3	0	0	0	4	-	-	-	-	-
	Worcester (IceCats)	AHL	13	1	1	2	14	-	-	-	-	-
	Edmonton (Oilers)	LNH	42	1	6	7	16	-	-	-	-	-
1996-97	Edmonton (Oilers)	LNH	22	0	1	1	15	3	0	0	0	0
1997-98	Québec (Rafales)	IHL	15	0	4	4	20	-	-	-	-	-
		LNH	**268**	**6**	**36**	**42**	**258**	**34**	**1**	**3**	**4**	**47**
		Montréal	**119**	**3**	**20**	**23**	**155**	**28**	**1**	**3**	**4**	**43**

• Deuxième équipe d'étoiles (LHJMQ) en 1985-86, 1986-87 • Troisième équipe d'étoiles (LHJMQ) en 1983-84 • Coupe du Président (LHJMQ) en 1986-87 • Coupe Stanley (LNH) en 1992-93

• Échangé à Tampa Bay par Montréal pour compléter la transaction de Rob Ramage (23 mars 1993) le 18 juin 1993 • Échangé à Los Angeles par Tampa Bay pour le choix de 6e ronde de Los Angeles au repêchage de 1994 (Daniel Juden) le 19 mars 1994 • Réclamé par St. Louis de Los Angeles au repêchage inter-équipes le 18 janvier 1995 • Échangé à Edmonton par St. Louis avec Jeff Norton pour Igor Kravchuk et Ken Sutton le 4 janvier 1996

DUPONT, NORMAND

Né à Montréal, Québec, le 5 février 1957. Ailier gauche, lance de la gauche, 5'10", 185 lb (Choix de 1re ronde de Montréal, 18e au total lors du repêchage de 1977)

SAISON	CLUB	LIGUE	PJ	B	A	PTS	PUN	PJ	B	A	PTS	PUN
1973-74	Montréal (Junior)	LHJMQ	70	55	70	125	4	-	-	-	-	-
1974-75	Montréal (Junior)	LHJMQ	72	*84	74	*158	13	-	-	-	-	-
1975-76	Montréal (Junior)	LHJMQ	70	69	63	132	8	6	7	3	10	0
1976-77	Montréal (Junior)	LHJMQ	71	70	83	153	52	13	9	10	19	9
1977-78	Nlle-Écosse (Voyageurs)	AHL	81	31	29	60	21	-	-	-	-	-
1978-79	Nlle-Écosse (Voyageurs)	AHL	48	27	31	58	10	10	7	4	11	2
1979-80	**Montréal (Canadiens)**	**LNH**	**35**	**1**	**3**	**4**	**4**	**8**	**1**	**1**	**2**	**0**
1980-81	Winnipeg (Jets)	LNH	80	27	26	53	8	-	-	-	-	-

Saison	Club	Ligue	PJ	B	A	PTS	PUN	PJ	B	A	PTS	PUN
1981-82	Winnipeg (Jets)	LNH	62	13	25	38	22	4	2	0	2	0
1982-83	Sherbrooke (Jets)	AHL	3	2	1	3	2	-	-	-	-	-
	Winnipeg (Jets)	LNH	39	7	16	23	6	1	1	1	2	0
1983-84	Hartford (Whalers)	LNH	40	7	15	22	12	-	-	-	-	-
	Binghamton (Whalers)	AHL	27	14	24	38	6	-	-	-	-	-
1984-85	EHC Biel-Bienne	SUI	38	41	33	74	-	-	3	0	3	-
1985-86	EHC Biel-Bienne	SUI	36	44	*45	*89	-	-	-	-	-	-
1986-87	EHC Biel-Bienne	SUI	35	30	42	72	-	-	-	-	-	-
1987-88	EHC Biel-Bienne	SUI	37	*50	35	85	-	-	-	-	-	-
1988-89	EHC Biel-Bienne	SUI	38	*35	*37	*75	-	7	3	4	7	0
1989-90	EHC Biel-Bienne	SUI	39	23	28	51	-	-	-	-	-	-
1990-91	EHC Biel-Bienne	SUI	25	15	17	32	20	-	-	-	-	-
1991-92	HC Ajoie	SUI	25	43	48	91	-	-	-	-	-	-
1992-93	HC Ajoie	SUI	25	15	17	32	20	-	-	-	-	-
		LNH	**256**	**55**	**85**	**140**	**52**	**13**	**4**	**2**	**6**	**0**
		Montréal	**35**	**1**	**3**	**4**	**4**	**8**	**1**	**1**	**2**	**0**

• Première équipe d'étoiles (LHJMQ) en 1974-75 • Première équipe d'étoiles, Division Ouest (LHJMQ) en 1975-76 • Deuxième équipe d'étoiles (LHJMQ) en 1976-77 • Trophée Jean-Béliveau (LHJMQ) en 1974-75 • Trophée Frank-J.-Selke (LHJMQ) en 1975-76 • Trophée Dudley-Garrett (AHL) en 1977-78

• Échangé à Winnipeg par Montréal pour le choix de 2e ronde de Winnipeg au repêchage de 1982 (David Maley) le 26 septembre 1980 • Échangé à Hartford par Winnipeg pour le choix de 4e ronde du Hartford au repêchage de 1984 (Chris Mills) le 4 juillet 1983

DUSSAULT, NORMAND

Né à Springfield, Massachusetts, le 26 septembre 1925
Ailier gauche, lance de la gauche, 5'6", 150 lb

Saison	Club	Ligue	PJ	B	A	PTS	PUN	PJ	B	A	PTS	PUN
1944-45	Petewawa (Engineers)	OVSHL	*Statististique non disponible*									
1945-46	Baltimore (Clippers)	EAHL	43	12	16	28	13	7	0	0	0	0
1946-47	Victoriaville (Tigres)	LHPQ	42	35	36	71	39	5	2	1	3	6
1947-48	Victoriaville (Tigres)	LHPQ	31	24	24	48	9	-	-	-	-	-
	Montréal (Canadiens)	**LNH**	**28**	**5**	**10**	**15**	**4**	-	-	-	-	-
1948-49	**Montréal (Canadiens)**	**LNH**	**47**	**9**	**8**	**17**	**6**	**2**	**0**	**0**	**0**	**0**
1949-50	**Montréal (Canadiens)**	**LNH**	**67**	**13**	**24**	**37**	**22**	**5**	**3**	**1**	**4**	**0**
1950-51	**Montréal (Canadiens)**	**LNH**	**64**	**4**	**20**	**24**	**15**	-	-	-	-	-
1951-52	Chicoutimi (Saguenéens)	LHMQ	48	16	23	39	21	18	3	11	14	4
1952-53	Chicoutimi (Saguenéens)	LHMQ	60	23	20	43	10	20	4	2	6	6
1953-54	Chicoutimi (Saguenéens)	LHQ	68	25	34	59	14	5	0	2	2	0
1954-55	Chicoutimi (Saguenéens)	LHQ	60	10	32	42	14	5	0	1	1	2
1955-56			*Statistiques non disponibles*									
1956-57			*Statistiques non disponibles*									
1957-58			*Statistiques non disponibles*									
1958-59			*Statistiques non disponibles*									
1959-60			*Statistiques non disponibles*									
1960-61	Sherbrooke (Cantons)	LHSQ	21	7	9	16	10	7	2	1	3	8
1961-62	Sherbrooke (Castors)	ETSHL	-	-	-	-	-	7	1	3	4	6
		LNH	**206**	**31**	**62**	**93**	**47**	**7**	**3**	**1**	**4**	**0**
		Montréal	**206**	**31**	**62**	**93**	**47**	**7**	**3**	**1**	**4**	**0**

• Signe avec Montréal le 27 décembre 1947 • Droits vendus à Chicoutimi (LHMQ) par Montréal le 19 novembre 1951

DWYER, GORDIE

Né à Dalhousie, Nouveau-Brunswick, le 25 janvier 1978
Ailier gauche, lance de la gauche, 6'03", 216 lb
(Choix de 6e ronde de Montréal, 152e au total lors du repêchage de 1998)

Saison	Club	Ligue	PJ	B	A	PTS	PUN	PJ	B	A	PTS	PUN
1993-94	Magog (Cantonniers)	QAAA	42	7	15	22	62	4	2	1	3	0
1994-95	Hull (Olympiques)	LHJMQ	57	3	7	10	204	17	1	3	4	54
	Hull (Olympiques)	Mem.	-	-	-	-	-	1	0	0	0	10
1995-96	Hull (Olympiques)	LHJMQ	25	5	9	14	199	-	-	-	-	-
	Laval (Titan)	LHJMQ	22	5	17	22	72	-	-	-	-	-
	Beauport (Harfangs)	LHJMQ	22	4	9	13	87	20	3	5	8	104
1996-97	Drummondville (Voltigeurs)	LHJMQ	66	21	48	69	393	8	6	1	7	39
1997-98	Québec (Remparts)	LHJMQ	59	18	27	45	365	14	4	9	13	67
1998-99	Fredericton (Canadiens)	AHL	14	0	0	0	46	-	-	-	-	-
	New Orleans (Brass)	ECHL	36	1	3	4	163	11	0	0	0	27
1999-00	Québec (Citadelles)	AHL	7	0	0	0	37	-	-	-	-	-
	Tampa Bay (Lightning)	LNH	24	0	1	1	135	-	-	-	-	-
	Detroit (Vipers)	IHL	27	0	2	2	147	-	-	-	-	-
2000-01	Tampa Bay (Lightning)	LNH	28	0	1	1	96	-	-	-	-	-
	Detroit (Vipers)	IHL	24	2	3	5	169	-	-	-	-	-
2001-02	Tampa Bay (Lightning)	LNH	26	0	2	2	60	-	-	-	-	-
	Springfield (Falcons)	AHL	11	1	3	4	80	-	-	-	-	-
2002-03	New York (Rangers)	LNH	17	0	1	1	50	-	-	-	-	-
	Hartford (Wolf Pack)	AHL	15	3	2	5	117	-	-	-	-	-
	Montréal (Canadiens)	**LNH**	**11**	**0**	**0**	**0**	**46**	-	-	-	-	-
2003-04	**Montréal (Canadiens)**	**LNH**	**2**	**0**	**0**	**0**	**7**	-	-	-	-	-
	Hamilton (Bulldogs)	AHL	55	6	6	12	110	6	0	0	0	15
2004-05	Lowell Lock Monsters	AHL	56	2	7	9	183	11	1	0	1	54
2005-06	Lowell Lock Monsters	AHL	17	0	4	4	37	-	-	-	-	-
2006-07	Örebro HK	SWE-2	11	8	7	15	16	-	-	-	-	-
2007-08	Portland (Pirates)	AHL	13	1	2	3	27	-	-	-	-	-
	Schwenningen Wild Wings	GER-2	14	2	5	7	34	7	0	1	1	37
		LNH	**108**	**0**	**5**	**5**	**394**	-	-	-	-	-
		Montréal	**13**	**0**	**0**	**0**	**53**	-	-	-	-	-

• Coupe du Président (LHJMQ) en 1994-95

• Échangé à Tampa Bay par Montréal pour Mike McBain le 26 novembre 1999 • Échangé à New York (Rangers) par Tampa Bay pour Boyd Kane le 10 octobre 2002 • Réclamé au ballottage par Montréal de New York (Rangers) le 21 février 2003 • Signe avec la Caroline comme joueur autonome le 11 août 2004 • Signe avec Portland (AHL) comme joueur autonome le 11 novembre 2007

DYKHUIS, KARL

Né à Sept-Iles, Québec, le 8 juillet 1972. Défenseur, lance de la gauche, 6'3", 214 lb
(Choix de 1re ronde de Chicago et 16e au total lors du repêchage de 1990)

Saison	Club	Ligue	PJ	B	A	PTS	PUN	PJ	B	A	PTS	PUN
1987-88	Lac-Saint-Jean (Cascades)	QAAA	37	2	12	14	-	-	-	-	-	-
1988-89	Hull (Olympiques)	LHJMQ	63	2	29	31	59	9	1	9	10	6
1989-90	Hull (Olympiques)	LHJMQ	69	10	46	56	119	11	2	5	7	2
1990-91	Longueuil (Collège français)	LHJMQ	3	1	4	5	6	8	2	5	7	6
	Canada	Éq. nat.	37	2	9	11	16	-	-	-	-	-
	Canada	CMJ	7	0	3	3	2	-	-	-	-	-
1991-92	Verdun (Collège français)	LHJMQ	29	5	19	24	55	17	0	12	12	14
	Canada	Éq. nat.	19	1	2	3	16	-	-	-	-	-
	Canada	CMJ	7	0	0	0	8	-	-	-	-	-
	Chicago (Blackhawks)	LNH	6	1	3	4	4	-	-	-	-	-
	Verdun (Collège français)	Mem.	-	-	-	-	-	3	0	0	0	0
1992-93	Chicago (Blackhawks)	LNH	12	0	5	5	0	-	-	-	-	-
	Indianapolis (Ice)	IHL	59	5	18	23	76	5	1	1	2	8
1993-94	Indianapolis (Ice)	IHL	73	7	25	32	132	-	-	-	-	-
1994-95	Indianapolis (Ice)	IHL	52	2	21	23	63	-	-	-	-	-
	Philadelphie (Flyers)	LNH	33	2	6	8	37	15	4	4	8	14
1995-96	Philadelphie (Flyers)	LNH	82	5	15	20	101	12	2	2	4	22
1996-97	Philadelphie (Flyers)	LNH	62	4	15	19	35	18	0	3	3	2
1997-98	Tampa Bay (Lightning)	LNH	78	5	9	14	110	-	-	-	-	-
1998-99	Tampa Bay (Lightning)	LNH	33	2	1	3	18	-	-	-	-	-
	Philadelphie (Flyers)	LNH	45	2	4	6	32	5	1	0	1	4
1999-00	Philadelphie (Flyers)	LNH	5	0	1	1	6	-	-	-	-	-
	Montréal (Canadiens)	**LNH**	**67**	**7**	**12**	**19**	**40**	-	-	-	-	-
2000-01	**Montréal (Canadiens)**	**LNH**	**67**	**8**	**9**	**17**	**44**	-	-	-	-	-
2001-02	**Montréal (Canadiens)**	**LNH**	**80**	**5**	**7**	**12**	**32**	**12**	**1**	**1**	**2**	**8**
2002-03	**Montréal (Canadiens)**	**LNH**	**65**	**1**	**4**	**5**	**34**	-	-	-	-	-
2003-04	**Montréal (Canadiens)**	**LNH**	**9**	**0**	**0**	**0**	**2**	-	-	-	-	-
	Hamilton (Bulldogs)	AHL	54	5	17	22	61	5	1	0	1	8
2004-05	Amsterdam Bulldogs	NETH.	5	1	1	2	36	7	1	3	4	39
2005-06	Adler Mannheim	GER	52	4	11	15	44	-	-	-	-	-
		LNH	**644**	**42**	**91**	**133**	**495**	**62**	**8**	**10**	**18**	**50**
		Montréal	**288**	**21**	**32**	**53**	**152**	**12**	**1**	**1**	**2**	**8**

• Équipe d'étoiles des recrues (LHJMQ) en 1988-89 • Trophée Raymond-Lagacé (LHJMQ) en 1988-89 • Première équipe étoiles (LHJMQ) en 1989-90 • Trophée Michael-Bossy (LHJMQ) en 1989-90 • Médaille d'or (CMJ) en 1990-91 • Trophée du Président (LHJMQ) en 1991-92

• Échangé à Philadelphie par Chicago pour Bob Wilkie et le choix de 5e ronde de Philadelphie au repêchage de 1997 (Kyle Calder) le 16 février 1995 • Échangé à Tampa Bay par Philadelphie avec Mikael Renberg pour le 1er choix de Philadelphie (propriété de Tampa Bay suite à une transaction antérieure, Philadelphie sélectionne Simon Gagné) au repêchage de 1998, 1999 (Maxime Ouellet), 2000 (Justin Williams) et 2001 (échangé plus tard à Ottawa qui sélectionne Tim Gleason) le 20 août 1997 • Échangé à Philadelphie par Tampa Bay pour Petr Svoboda le 28 décembre 1998 • Droits vendus à Montréal par Philadelphie le 20 octobre 1999 • Signe avec Amsterdam (NETH) comme joueur autonome le 3 janvier 2005 • Signe avec Mannheim (GER) comme joueur autonome le 25 août 2005

EDDOLLS, FRANK

Né à Lachine, Québec, le 5 juillet 1921, décédé le 13 août 1961
Défenseur, lance de la gauche, 5'8", 180 lb

Saison	Club	Ligue	PJ	B	A	PTS	PUN	PJ	B	A	PTS	PUN
1937-38	Verdun (Maple Leafs)	LHJMM	12	2	5	7	8	4	0	1	1	2
	Verdun (Maple Leafs)	LHSQ	1	0	0	0	0	-	-	-	-	-
	Verdun (Maple Leafs)	Mem.	-	-	-	-	-	5	4	5	9	12
1938-39	Verdun (Maple Leafs)	LHJQ	10	9	5	14	24	3	1	1	2	8
	Verdun (Maple Leafs)	LHSQ	1	0	0	0	0	-	-	-	-	-
	Verdun (Maple Leafs)	Mem.	-	-	-	-	-	7	4	4	8	22
1939-40	Oshawa (Generals)	JOHA	15	13	8	21	8	7	3	5	8	8
	Oshawa (Generals)	Mem.	-	-	-	-	-	8	1	2	3	24
1940-41	Oshawa (Generals)	JOHA	16	9	12	21	31	12	3	8	11	6
	Oshawa (Generals)	Mem.	-	-	-	-	-	5	2	8	10	14
1941-42	Hershey (Bears)	AHL	54	8	11	19	30	10	0	1	1	8
1942-43	Montréal (RCAF)	LHSQ	35	8	10	18	42	12	2	6	8	8
1943-44	Montréal (RCAF)	LHCM	1	0	0	0	2	-	-	-	-	-
	Montréal (Canada Cars)	LHCM	1	0	0	0	0	-	-	-	-	-
	Montréal (Services)	LHCM	3	0	0	0	0	-	-	-	-	-
1944-45	**Montréal (Canadiens)**	**LNH**	**43**	**5**	**8**	**13**	**20**	**3**	**0**	**0**	**0**	**0**
1945-46	Buffalo (Bisons)	AHL	34	6	23	29	52	-	-	-	-	-
	Montréal (Canadiens)	**LNH**	**8**	**0**	**1**	**1**	**6**	**8**	**0**	**1**	**1**	**2**
1946-47	Buffalo (Bisons)	AHL	29	3	7	10	18	4	0	5	5	0
	Montréal (Canadiens)	**LNH**	**6**	**0**	**0**	**0**	**0**	**7**	**0**	**0**	**0**	**4**
1947-48	New York (Rangers)	LNH	58	6	13	19	16	2	0	0	0	0
1948-49	New York (Rangers)	LNH	34	4	2	6	10	-	-	-	-	-
1949-50	New York (Rangers)	LNH	58	2	6	8	20	11	0	1	1	4
1950-51	New York (Rangers)	LNH	68	3	8	11	24	-	-	-	-	-
1951-52	New York (Rangers)	LNH	42	3	5	8	18	-	-	-	-	-
	Match des étoiles	LNH	1	0	0	0	2	-	-	-	-	-
	Cincinnati (Mohawks)	AHL	12	0	4	4	8	-	-	-	-	-
	Saskatoon (Quakers)	PCHL	12	3	6	9	6	-	-	-	-	-
1952-53	Buffalo (Bisons)	AHL	50	5	25	30	24	-	-	-	-	-
1953-54	Buffalo (Bisons)	AHL	63	3	52	55	45	3	0	2	2	2
		LNH	**317**	**23**	**43**	**66**	**114**	**31**	**0**	**2**	**2**	**10**
		Montréal	**57**	**5**	**9**	**14**	**26**	**18**	**0**	**1**	**1**	**6**

• Coupe Memorial en 1939-40 • Trophée Vimy (LHSQ) en 1942-43 • Coupe Stanley (LNH) en 1945-46 • Première équipe d'étoiles (AHL) en 1953-54 • Match des étoiles (LNH) en 1951-52

• Échangé à Toronto par Montréal pour les droits sur Joe Benoit le 7 juin 1940 • Échangé à Montréal par Toronto pour les droits sur Ted Kennedy le 10 septembre 1943 • Prêté à Buffalo (AHL) par Montréal avec Ken Mosdell, Wilf Field pour Lorrian Thibeault le 24 octobre 1945 • Prêté à Buffalo (AHL) par Montréal pour Roger Léger le 4 novembre 1946

• Échangé à New York (Rangers) par Montréal avec Buddy O'Connor pour Hall Laycoe, Joe Bell et George Robertson le 19 août 1947 • Droits vendus à Montréal par New York (Rangers) le 8 octobre 1952

EDMUNDSON, GARRY

Né à Sexsmith, Alberta, le 6 mai 1932
Ailier gauche, lance de la gauche, 6'3", 175 lb

SAISON	CLUB	LIGUE	PJ	B	A	PTS	PUN	PJ	B	A	PTS	PUN
1948-49	Edmonton (Athletic Club)	EJHL	-	5	10	15	14	6	2	2	4	16
	Edmonton (Athletic Club)	Mem.	-	-	-	-	-	7	1	1	2	4
1949-50	Edmonton (Athletic Club)	AAHA	-	19	13	32	11	-	-	-	-	-
1950-51	Regina (Pats)	WCJHL	23	12	6	18	38	12	11	8	19	13
	Regina (Pats)	Mem.	-	-	-	-	-	15	7	6	13	18
1951-52	Kitchener (Greenshirts)	JOHA	51	35	53	88	80	4	1	1	2	6
	Montréal (Canadiens)	**LNH**	**1**	**0**	**0**	**0**	**2**	**2**	**0**	**0**	**0**	**4**
1952-53	Montréal (Royals)	LHMQ	12	4	3	7	8	12	3	4	7	16
1953-54	Cincinnati (Mohawks)	IHL	64	25	53	78	105	11	2	4	6	9
1954-55	Cincinnati (Mohawks)	IHL	60	24	32	56	86	9	3	6	9	20
1955-56	Cincinnati (Mohawks)	IHL	56	35	52	87	95	8	3	3	6	10
	Winnipeg (Warriors)	WHL	2	0	0	0	2	-	-	-	-	-
1956-57	Shawinigan (Cataractes)	LHQ	3	0	1	1	16	-	-	-	-	-
	Cincinnati (Mohawks)	LIH	52	23	25	48	74	7	3	5	8	*28
1957-58	New Westminster (Royals)	WHL	69	21	43	64	*188	4	1	3	4	2
1958-59	Springfield (Indians)	AHL	62	17	27	44	113	-	-	-	-	-
1959-60	Toronto (Maple Leafs)	LNH	39	4	6	10	47	9	0	1	1	4
1960-61	Rochester (Americans)	AHL	68	25	44	69	62	-	-	-	-	-
	Toronto (Maple Leafs)	LNH	3	0	0	0	0	-	-	-	-	-
1961-62	San Francisco (Seals)	WHL	51	15	21	36	53	2	0	0	0	0
1962-63	San Francisco (Seals)	WHL	70	34	42	76	96	17	5	3	8	12
1963-64	San Francisco (Seals)	WHL	46	13	21	34	55	-	-	-	-	-
		LNH	**43**	**4**	**6**	**10**	**49**	**11**	**0**	**1**	**1**	**8**
		Montréal	**1**	**0**	**0**	**0**	**2**	**2**	**0**	**0**	**0**	**4**

• Première équipe d'étoiles (IHL) en 1955-56 • Deuxième équipe d'étoiles (IHL) en 1956-57
• Prêté à Montréal par Kitchener (JOHA) le 22 mars 1952 • Réclamé par Springfield (AHL) de New Westminster (WHL) au repêchage inter-ligues le 3 juin 1958 • Échangé à Toronto par Springfield (AHL) pour Frank Roggeveen le 9 juin 1959

EMBERG, EDWIN (ED)

Né à Montréal, Québec, le 18 novembre 1921, décédé le 28 mars 2007
Ailier gauche, lance de la gauche, 5'10", 160 lb

SAISON	CLUB	LIGUE	PJ	B	A	PTS	PUN	PJ	B	A	PTS	PUN
1940-41	Verdun (Maple Leafs)	LHJQ	12	11	6	17	4	2	1	0	1	0
1941-42	Montréal (Royals)	LHJQ	12	11	9	20	4	2	*5	2	7	2
	Montréal (Royals)	LHSQ	1	1	0	1	0	-	-	-	-	-
	Montréal (Royals)	Mem.	-	-	-	-	-	9	8	8	16	9
1942-43	Montréal (RCAF)	LHSQ	26	7	10	17	0	12	1	2	3	0
	Montréal (RCAF)	LHCM	8	4	12	16	0	1	0	0	0	0
1943-44	Montréal (RCAF)	LHSQ	1	0	0	0	0	-	-	-	-	-
1944-45	Montréal (RCAF)	LHCM	3	3	2	5	0	-	-	-	-	-
	Québec (As)	LHSQ	12	5	3	8	7	7	6	4	*10	4
	Montréal (Canadiens)	**LNH**	**-**	**-**	**-**	**-**	**-**	**2**	**1**	**0**	**1**	**0**
	Québec (As)	Allan	-	-	-	-	-	3	1	0	1	0
1945-46	Québec (As)	LHSQ	31	19	7	26	18	6	2	2	4	0
1946-47	Valleyfield (Braves)	LHSQ	40	23	*44	67	10	-	-	-	-	-
	Boston (Olympics)	EAHL	-	-	-	-	-	2	4	1	5	2
1947-48	Ottawa (Senators)	LHSQ	36	29	24	53	13	12	4	4	8	2
	Ottawa (Senators)	Allan	-	-	-	-	-	14	6	8	14	2
1948-49	Ottawa (Senators)	LHSQ	62	31	53	84	27	11	2	5	7	8
	Ottawa (Senators	Allan	-	-	-	-	-	6	3	0	3	0
1949-50	Ottawa (Senators)	LHSQ	59	22	47	69	16	7	3	5	8	2
1950-51	Ottawa (Senators)	LHMQ	58	19	41	60	16	5	0	3	3	0
1951-52	Ottawa (Senators)	LHMQ	60	11	26	37	28	-	-	-	-	-
		LNH	**-**	**-**	**-**	**-**	**-**	**2**	**1**	**0**	**1**	**0**
		Montréal	**-**	**-**	**-**	**-**	**-**	**2**	**1**	**0**	**1**	**0**

• Deuxième équipe d'étoiles (LHSQ) en 1947-48 • Coupe Allan en 1948-49
• Prêté à Montréal par Québec (LHSQ) avec Nil Tremblay le 21 mars 1945

ENGBLOM, BRIAN

Né à Winnipeg, Manitoba, le 27 janvier 1955. Défenseur, lance de la gauche, 6'2", 190 lb (Choix de 2e ronde de Montréal, 22e au total lors du repêchage de 1975)

SAISON	CLUB	LIGUE	PJ	B	A	PTS	PUN	PJ	B	A	PTS	PUN
1972-73	Winnipeg (Blues)	MJHL	48	17	46	63	-	-	-	-	-	-
1973-74	Wisconsin University	WCHA	36	10	21	31	54	-	-	-	-	-
1974-75	Wisconsin University	WCHA	38	13	23	36	58	-	-	-	-	-
1975-76	Nlle-Écosse (Voyageurs)	AHL	73	4	34	38	79	9	1	7	8	26
1976-77	Nlle-Écosse (Voyageurs)	AHL	80	8	42	50	89	11	3	10	13	10
	Montréal (Canadiens)	**LNH**	**-**	**-**	**-**	**-**	**-**	**2**	**0**	**0**	**0**	**2**
1977-78	Nlle-Écosse (Voyageurs)	AHL	7	1	5	6	4	-	-	-	-	-
	Montréal (Canadiens)	**LNH**	**28**	**1**	**2**	**3**	**23**	**5**	**0**	**0**	**0**	**2**
1978-79	**Montréal (Canadiens)**	**LNH**	**62**	**3**	**11**	**14**	**60**	**16**	**0**	**1**	**1**	**6**
1979-80	**Montréal (Canadiens)**	**LNH**	**70**	**3**	**20**	**23**	**43**	**10**	**2**	**4**	**6**	**6**
1980-81	**Montréal (Canadiens)**	**LNH**	**80**	**3**	**25**	**28**	**96**	**3**	**1**	**0**	**1**	**4**
1981-82	**Montréal (Canadiens)**	**LNH**	**76**	**4**	**29**	**33**	**76**	**5**	**0**	**2**	**2**	**14**
	Canada	CC	5	1	0	1	4	-	-	-	-	-
1982-83	Washington (Capitals)	LNH	73	5	22	27	59	4	0	2	2	2
	Canada	CM	10	1	2	3	0	-	-	-	-	-
1983-84	Washington (Capitals)	LNH	6	0	1	1	8	-	-	-	-	-
	Los Angeles (Kings)	LNH	74	2	27	29	59	-	-	-	-	-
1984-85	Los Angeles (Kings)	LNH	79	4	19	23	70	3	0	0	0	2
1985-86	Los Angeles (Kings)	LNH	49	3	13	16	61	-	-	-	-	-
	Buffalo (Sabres)	LNH	30	1	4	5	16	-	-	-	-	-
1986-87	Calgary (Flames)	LNH	32	0	4	4	28	-	-	-	-	-
		LNH	**659**	**29**	**177**	**206**	**599**	**48**	**3**	**9**	**12**	**43**
		Montréal	**316**	**14**	**87**	**101**	**298**	**41**	**3**	**7**	**10**	**39**

• Première équipe étoiles (WCHA) en 1974-75 • Première équipe All-American, Division Ouest (NCAA) en 1974-75 • Coupe Calder (AHL) en 1975-76, 1976-77 • Première équipe d'étoiles (AHL) en 1976-77 • Trophée Eddie-Shore (AHL) en 1976-77 • Coupe Stanley (LNH) en 1976-77, 1977-78, 1978-79 • Deuxième équipe d'étoiles (LNH) en 1981-82. • Médaille de bronze (CM) en 1983
• Échangé à Washington par Montréal avec Rod Langway, Doug Jarvis et Craig Laughlin pour Ryan Walter et Rick Green le 9 septembre 1982 • Échangé à Los Angeles par Washington avec Ken Houston pour Larry Murphy le 18 octobre 1983 • Échangé à Buffalo par Los Angeles avec Doug Smith pour Larry Playfair, Sean McKenna et Ken Baumgartner le 30 janvier 1986 • Échangé à Calgary par Buffalo pour Jim Korn le 3 octobre 1986

EVANS, STEWART (STEW)

Né à Ottawa, Ontario, le 19 juin 1908, décédé le 9 juin 1996
Défenseur, lance de la gauche, 5'10", 170 lb

SAISON	CLUB	LIGUE	PJ	B	A	PTS	PUN	PJ	B	A	PTS	PUN
1926-27	McIntyre (Mines)	NOHA	*Statistiques non disponibles*									
1927-28	Iroquois Falls (Papermakers)	NOHA	*Statistiques non disponibles*									
1928-29	Iroquois Falls (Papermakers)	NOHA	*Statistiques non disponibles*									
1929-30	Detroit (Olympics)	IHL	38	8	11	19	113	3	1	0	1	7
1930-31	Detroit (Falcons)	LNH	43	1	4	5	14	-	-	-	-	-
1931-32	Detroit (Olympics)	IHL	45	3	9	12	72	6	0	0	0	18
1932-33	Detroit (Red Wings)	LNH	48	2	6	8	74	4	0	0	0	6
1933-34	Detroit (Red Wings)	LNH	17	0	0	0	20	-	-	-	-	-
	Montréal (Maroons)	LNH	27	4	2	6	35	4	0	0	0	4
1934-35	Montréal (Maroons)	LNH	46	5	7	12	54	7	0	0	0	8
1935-36	Montréal (Maroons)	LNH	48	3	5	8	57	3	0	0	0	0
1936-37	Montréal (Maroons)	LNH	47	6	7	13	54	5	0	0	0	0
1937-38	Montréal (Maroons)	LNH	48	5	11	16	59	-	-	-	-	-
1938-39	**Montréal (Canadiens)**	**LNH**	**43**	**2**	**7**	**9**	**58**	**3**	**0**	**0**	**0**	**2**
		LNH	**367**	**28**	**49**	**77**	**425**	**26**	**0**	**0**	**0**	**20**
		Montréal	**43**	**2**	**7**	**9**	**58**	**3**	**0**	**0**	**0**	**2**

• Coupe Stanley (LNH) en 1934-35
• Signe avec Detroit le 12 septembre 1929 • Échangé à Montréal (Maroons) par Detroit pour Ted Graham le 2 janvier 1934 • Droits vendus à Montréal (Canadiens) par Montréal (Maroons) avec Bob Gracie, Ernie Cain, Jimmy Ward, Cy Wentworth, Dessie Smith, plus les droits sur Claude Bourque le 14 septembre 1938

EWEN, TODD

Né à Saskatoon, Saskatchewan, le 22 mars 1966. Ailier droit, lance de la droite, 6'2", 230 lb (Choix de 8e ronde d'Edmonton, 168e au total lors du repêchage de 1984)

SAISON	CLUB	LIGUE	PJ	B	A	PTS	PUN	PJ	B	A	PTS	PUN
1982-83	Vernon (Lakers)	BCJHL	42	14	10	24	178	-	-	-	-	-
	Kamloops (Oilers)	WHL	3	0	0	0	2	2	0	0	0	0
1983-84	New Westminster (Bruins)	WHL	68	11	13	24	176	7	2	1	3	15
1984-85	New Westminster (Bruins)	WHL	56	11	20	31	304	10	1	8	9	60
1985-86	New Westminster (Bruins)	WHL	60	28	24	52	289	-	-	-	-	-
	Maine (Mariners)	AHL	-	-	-	-	-	3	0	0	0	7
1986-87	Peoria (Rivermen)	IHL	16	3	3	6	110	-	-	-	-	-
	St. Louis (Blues)	LNH	23	2	0	2	84	4	0	0	0	23
1987-88	St. Louis (Blues)	LNH	64	4	2	6	227	6	0	0	0	21
1988-89	St. Louis (Blues)	LNH	34	4	5	9	171	2	0	0	0	21
1989-90	St. Louis (Blues)	LNH	3	0	0	0	11	-	-	-	-	-
	Peoria (Rivermen)	IHL	2	0	0	0	12	-	-	-	-	-
	Montréal (Canadiens)	**LNH**	**41**	**4**	**6**	**10**	**158**	**10**	**0**	**0**	**0**	**4**
1990-91	**Montréal (Canadiens)**	**LNH**	**28**	**3**	**2**	**5**	**128**	**-**	**-**	**-**	**-**	**-**
1991-92	**Montréal (Canadiens)**	**LNH**	**46**	**1**	**2**	**3**	**130**	**3**	**0**	**0**	**0**	**18**
1992-93	**Montréal (Canadiens)**	**LNH**	**75**	**5**	**9**	**14**	**193**	**1**	**0**	**0**	**0**	**0**
1993-94	Anaheim (Mighty Ducks)	LNH	76	9	9	18	272	-	-	-	-	-
1994-95	Anaheim (Mighty Ducks)	LNH	24	0	0	0	90	-	-	-	-	-
1995-96	Anaheim (Mighty Ducks)	LNH	53	4	3	7	285	-	-	-	-	-
1996-97	San Jose (Sharks)	LNH	51	0	2	2	162	-	-	-	-	-
		LNH	**518**	**36**	**40**	**76**	**1911**	**26**	**0**	**0**	**0**	**87**
		Montréal	**190**	**13**	**19**	**32**	**609**	**14**	**0**	**0**	**0**	**22**

• Coupe Stanley (LNH) en 1992-93
• Échangé à St. Louis par Edmonton pour Shawn Evans le 15 octobre 1986 • Échangé à Montréal par St. Louis pour le choix de 3e ronde de St. Louis (propriété de Montréal suite à une transaction antérieure, St. Louis sélectionne Nathan Lafayette) au repêchage de 1991 le 12 décembre 1989 • Échangé à Anaheim par Montréal avec Patrick Carnback pour le choix de 3e ronde d'Anaheim au repêchage de 1994 (Chris Murray) le 10 août 1993 • Signe avec San Jose comme joueur autonome le 4 septembre 1996

FERGUSON, CRAIG

Né à Castro Valley, Californie, le 8 avril 1970. Centre, lance de la gauche, 6', 190 lb (Choix de 7e ronde de Montréal, 146e au total lors du repêchage de 1989)

SAISON	CLUB	LIGUE	PJ	B	A	PTS	PUN	PJ	B	A	PTS	PUN
1988-89	Yale University	ECAC	24	11	6	17	20	-	-	-	-	-
1989-90	Yale University	ECAC	28	6	13	19	36	-	-	-	-	-
1990-91	Yale University	ECAC	29	11	10	21	34	-	-	-	-	-
1991-92	Yale University	ECAC	27	9	16	25	26	-	-	-	-	-
1992-93	Fredericton (Canadiens)	AHL	55	15	13	28	20	5	0	1	1	2
	Wheeling (Thunderbirds)	ECHL	9	6	5	11	24	-	-	-	-	-
1993-94	**Montréal (Canadiens)**	**LNH**	**2**	**0**	**1**	**1**	**0**	**-**	**-**	**-**	**-**	**-**
	Fredericton (Canadiens)	AHL	57	29	32	61	60	-	-	-	-	-
1994-95	**Montréal (Canadiens)**	**LNH**	**1**	**0**	**0**	**0**	**0**	**-**	**-**	**-**	**-**	**-**
	Fredericton (Canadiens)	AHL	80	27	35	62	62	17	6	2	8	6
1995-96	**Montréal (Canadiens)**	**LNH**	**10**	**1**	**0**	**1**	**2**	**-**	**-**	**-**	**-**	**-**
	Calgary (Flames)	LNH	8	0	0	0	4	-	-	-	-	-
	Saint John (Flames)	AHL	18	5	13	18	8	-	-	-	-	-
	Phoenix (Roadrunners)	IHL	31	6	9	15	25	4	0	2	2	6
1996-97	Floride (Panthers)	LNH	3	0	0	0	0	-	-	-	-	-
	Caroline (Monarchs)	AHL	74	29	41	70	57	-	-	-	-	-

SAISONS RÉGULIÈRES — SÉRIES ÉLIMINATOIRES

SAISON	CLUB	LIGUE	PJ	B	A	PTS	PUN	PJ	B	A	PTS	PUN
1997-98	New Haven (Beats)	AHL	64	24	28	52	41	3	2	1	3	2
1998-99	New Haven (Beats)	AHL	61	18	27	45	76	-	-	-	-	-
1999-00	Floride (Panthers)	LNH	3	0	0	0	0	-	-	-	-	-
	Louisville (Panthers)	AHL	61	29	27	56	28	4	1	3	4	2
2000-01	Fribourgh-Gotteron	SUI	42	16	22	38	65	5	0	3	3	18
2001-02	Fribourgh-Gotteron	SUI	43	10	22	32	106	-	-	-	-	-
2002-03	Fribourgh-Gotteron	SUI	44	18	14	32	52	-	-	-	-	-
2003-04	ERC Ingolstadt	GER	51	10	11	21	42	9	0	1	1	10
2004-05	ERC Ingolstadt	GER	49	9	12	21	28	11	4	2	6	4
2005-06	ERC Ingolstadt	GER	48	10	11	21	77	-	-	-	-	-
		LNH	**27**	**1**	**1**	**2**	**6**	**-**	**-**	**-**	**-**	**-**
		Montréal	**13**	**1**	**1**	**2**	**2**	**-**	**-**	**-**	**-**	**-**

• Échangé à Calgary par Montréal avec Yves Sarault pour le choix de 8e ronde de Calgary au repêchage de 1997 (Petr Kubos) le 26 novembre 1995 • Échangé à Los Angeles par Calgary pour Pat Conacher le 10 février 1996 • Signe avec la Floride comme joueur autonome le 24 juillet 1996

FERGUSON, JOHN

Né à Vancouver, Colombie-Britannique, le 5 septembre 1938, décédé le 14 juillet 2007
Ailier gauche, lance de la gauche, 5'11", 190 lb

SAISON	CLUB	LIGUE	PJ	B	A	PTS	PUN	PJ	B	A	PTS	PUN
1956-57	Melville (Millionaires)	SJHL	51	11	17	28	49	-	-	-	-	-
1957-58	Melville (Millionaires)	SJHL	50	14	30	44	100	-	-	-	-	-
1958-59	Melville (Millionaires)	SJHL	44	32	34	66	83	-	-	-	-	-
1959-60	Fort Wayne (Komets)	IHL	68	32	33	65	126	13	1	1	2	17
1960-61	Cleveland (Barons)	AHL	62	13	21	34	126	-	-	-	-	-
1961-62	Cleveland (Barons)	AHL	70	20	21	41	146	6	2	2	4	6
1962-63	Cleveland (Barons)	AHL	72	38	40	78	179	7	3	3	6	17
1963-64	**Montréal (Canadiens)**	**LNH**	**59**	**18**	**27**	**45**	**125**	**7**	**0**	**1**	**1**	**25**
1964-65	**Montréal (Canadiens)**	**LNH**	**69**	**17**	**27**	**44**	**156**	**13**	**3**	**1**	**4**	**28**
1965-66	**Montréal (Canadiens)**	**LNH**	**65**	**11**	**14**	**25**	**153**	**10**	**2**	**0**	**2**	***44**
	Match des étoiles	LNH	1	0	0	0	2	-	-	-	-	-
1966-67	**Montréal (Canadiens)**	**LNH**	**67**	**20**	**22**	**42**	***177**	**10**	**4**	**2**	**6**	**22**
	Match des étoiles	LNH	1	2	0	2	2	-	-	-	-	-
1967-68	**Montréal (Canadiens)**	**LNH**	**61**	**15**	**18**	**33**	**117**	**13**	**3**	**5**	**8**	**25**
1968-69	**Montréal (Canadiens)**	**LNH**	**71**	**29**	**23**	**52**	**185**	**14**	**4**	**3**	**7**	**80**
1969-70	**Montréal (Canadiens)**	**LNH**	**48**	**19**	**13**	**32**	**139**	**-**	**-**	**-**	**-**	**-**
1970-71	**Montréal (Canadiens)**	**LNH**	**60**	**16**	**14**	**30**	**162**	**18**	**4**	**6**	**10**	**36**
		LNH	**500**	**145**	**158**	**303**	**1214**	**85**	**20**	**18**	**38**	**260**
		Montréal	**500**	**145**	**158**	**303**	**1214**	**85**	**20**	**18**	**38**	**260**

• Première équipe d'étoiles (AHL) en 1962-63 • Coupe Stanley (LNH) en 1964-65, 1965-66, 1967-68, 1968-69, 1970-71 • Match des étoiles (LNH) en 1965-66, 1966-67
• Droits vendus à Montréal par Cleveland (AHL) le 2 juillet 1963

FERLAND, JONATHAN

Né à Sainte-Marie-de-Beauce, Québec, le 9 février 1983. Ailier droit, lance de la droite, 6'2", 212 lb (Choix de 7e ronde de Montréal, 212e au total lors du repêchage de 2002)

SAISON	CLUB	LIGUE	PJ	B	A	PTS	PUN	PJ	B	A	PTS	PUN
1998-99	Laval-Laurentides	QAAA	42	18	17	35	50	-	-	-	-	-
1999-00	Moncton (Wildcats)	LHJMQ	52	3	6	9	21	11	0	1	1	0
2000-01	Acadie-Bathurst (Titan)	LHJMQ	70	17	11	28	135	13	0	4	4	47
2001-02	Acadie-Bathurst (Titan)	LHJMQ	55	28	46	74	104	16	5	12	17	16
2002-03	Acadie-Bathurst (Titan)	LHJMQ	68	45	44	89	94	11	4	5	9	16
2003-04	Hamilton (Bullgogs)	AHL	70	5	10	15	43	10	0	0	0	6
2004-05	Hamilton (Bullgogs)	AHL	62	6	8	14	24	4	0	0	0	4
2005-06	**Montréal (Canadiens)**	**LNH**	**7**	**1**	**0**	**1**	**2**	**-**	**-**	**-**	**-**	**-**
	Hamilton (Bullgogs)	AHL	39	7	8	15	65	-	-	-	-	-
2006-07	Hamilton (Bullgogs)	AHL	78	23	14	37	87	22	3	6	9	19
2007-08	Hamilton (Bullgogs)	AHL	80	16	24	40	97	-	-	-	-	-
		LNH	**7**	**1**	**0**	**1**	**2**	**-**	**-**	**-**	**-**	**-**
		Montréal	**7**	**1**	**0**	**1**	**2**	**-**	**-**	**-**	**-**	**-**

• Coupe Calder (AHL) en 2006-07
• Signe avec Vilach VSH (AUT) comme joueur autonome le 13 mai 2008

FIELD, WILFRED (WILF)

Né à Winnipeg, Manitoba, le 29 avril 1915, décédé le 17 mars 1979
Défenseur, lance de la droite, 5'11", 185 lb

SAISON	CLUB	LIGUE	PJ	B	A	PTS	PUN	PJ	B	A	PTS	PUN
1933-34	Winnipeg (Monarchs)	MJHL	14	3	2	5	18	3	2	1	3	2
1934-35	Winnipeg (Monarchs)	MJHL	10	6	1	7	16	4	3	1	4	10
	Winnipeg (Monarchs)	Mem.	-	-	-	-	-	9	5	2	7	14
1935-36	Winnipeg (Monarchs)	MJHL	2	0	1	1	0	-	-	-	-	-
	Rochester (Cardinals)	IHL	4	1	0	1	6	-	-	-	-	-
	Providence (Reds)	IAHL	42	0	1	1	5	7	0	0	0	8
1936-37	New Haven (Eagles)	IAHL	46	3	3	6	48	-	-	-	-	-
	New York (Americans)	LNH	2	0	0	0	0	-	-	-	-	-
1937-38	Seattle (Seahawks)	PCHL	41	12	12	24	38	4	0	1	1	2
1938-39	New York (Americans)	LNH	47	1	3	4	37	2	0	0	0	2
1939-40	New York (Americans)	LNH	45	1	3	4	28	-	-	-	-	-
1940-41	New York (Americans)	LNH	36	5	6	11	31	-	-	-	-	-
1941-42	Brooklyn (Americans)	LNH	41	6	9	15	23	-	-	-	-	-
1942-43	Winnipeg (RCAF)	MHL Sr	2	0	1	1	5	-	-	-	-	-
	Calgary (Mustangs)	ASHL	16	1	4	5	32	8	2	4	6	8
1943-44	Ottawa (Commandos)	LHSQ	8	0	4	4	22	-	-	-	-	-
1944-45	**Montréal (Canadiens)**	**LNH**	**9**	**1**	**0**	**1**	**10**	**-**	**-**	**-**	**-**	**-**
	Chicago (Black Hawks)	LNH	39	3	4	7	22	-	-	-	-	-
1945-46	Buffalo (Bisons)	AHL	36	1	10	11	22	12	0	2	2	8
1946-47	Buffalo (Bisons)	AHL	62	2	14	16	34	4	0	0	0	4
1947-48	Buffalo (Bisons)	AHL	51	0	17	17	28	6	0	2	2	2
1948-49	Houston (Huskies)	USHL	64	6	18	24	34	-	-	-	-	-
1949-50	Buffalo (Bisons)	AHL	66	3	7	10	31	5	0	0	0	0
1950-51	Kansas City (Royals)	USHL	52	4	13	17	16	-	-	-	-	-
1951-52	Halifax (Saints)	MMHL	5	0	1	1	12	-	-	-	-	-
		LNH	**219**	**17**	**25**	**42**	**151**	**2**	**0**	**0**	**0**	**2**
		Montréal	**9**	**1**	**0**	**1**	**10**	**-**	**-**	**-**	**-**	**-**

• Coupe Memorial en 1934-35
• Signe avec New York (Americans) en novembre 1936 • Réclamé par Montréal lors du repêchage de dispersion de Brooklyn le 11 septembre 1943 • Prêté à Chicago par Montréal le 21 décembre 1944 • Prêté à Buffalo (AHL) par Montréal avec Frank Eddolls et Ken Mosdell pour Larry Thibeault le 24 octobre 1945

FILLION, ROBERT (BOB)

Né à Thetford-Mines, Québec le 12 juillet 1921
Ailier gauche, lance de la gauche, 5'10", 170 lb

SAISON	CLUB	LIGUE	PJ	B	A	PTS	PUN	PJ	B	A	PTS	PUN
1938-39	Verdun (Maple Leafs)	LHJQ	11	4	12	16	8	3	1	1	2	2
	Verdun (Maple Leafs)	Mem.	-	-	-	-	-	7	4	3	7	10
1939-40	Verdun (Maple Leafs)	LHJQ	11	10	6	16	6	-	-	-	-	-
	Verdun (Maple Leafs)	LHSQ	6	0	3	3	0	8	0	2	2	0
1940-41	Shawinigan (Cataractes)	LHSQ	24	10	20	30	25	10	3	6	9	15
1941-42	Shawinigan (Cataractes)	LHSQ	8	1	5	6	4	8	6	6	12	4
1942-43	Montréal (Armée)	LHSQ	33	4	13	17	8	7	1	3	4	2
1943-44	**Montréal (Canadiens)**	**LNH**	**41**	**7**	**23**	**30**	**14**	**3**	**0**	**0**	**0**	**2**
1944-45	**Montréal (Canadiens)**	**LNH**	**31**	**6**	**8**	**14**	**12**	**6**	**3**	**0**	**3**	**0**
1945-46	**Montréal (Canadiens)**	**LNH**	**50**	**10**	**6**	**16**	**12**	**9**	**4**	**3**	**7**	**6**
1946-47	**Montréal (Canadiens)**	**LNH**	**57**	**6**	**3**	**9**	**16**	**8**	**0**	**0**	**0**	**0**
1947-48	**Montréal (Canadiens)**	**LNH**	**32**	**9**	**9**	**18**	**8**	**-**	**-**	**-**	**-**	**-**
	Buffalo (Bisons)	AHL	18	9	9	18	4	-	-	-	-	-
1948-49	**Montréal (Canadiens)**	**LNH**	**59**	**3**	**9**	**12**	**14**	**7**	**0**	**1**	**1**	**4**
1949-50	**Montréal (Canadiens)**	**LNH**	**57**	**1**	**3**	**4**	**8**	**5**	**0**	**0**	**0**	**0**
1950-51	Sherbrooke (Saints)	LHMQ	44	15	18	33	45	7	1	1	2	6
		LNH	**327**	**42**	**61**	**103**	**84**	**38**	**7**	**4**	**11**	**12**
		Montréal	**327**	**42**	**61**	**103**	**84**	**38**	**7**	**4**	**11**	**12**

• Coupe Stanley (LNH) en 1943-44, 1945-46
• Signe avec Montréal le 3 novembre 1943

FITZPATRICK, RORY

Né à Rochester, New York, le 11 janvier 1975. Défenseur, lance de la droite, 6'2", 208 lb (Choix de 2e ronde de Montréal et 47e choix au repêchage de 1993)

SAISON	CLUB	LIGUE	PJ	B	A	PTS	PUN	PJ	B	A	PTS	PUN
1990-91	Rochester (Monarchs)	USHL B	40	0	5	5	-	-	-	-	-	-
1991-92	Rochester (Mustangs)	USHL	28	8	28	36	141	-	-	-	-	-
1992-93	Sudbury (Wolves)	OHL	58	4	20	24	68	14	0	0	0	17
1993-94	Sudbury (Wolves)	OHL	65	12	34	46	112	10	2	5	7	10
1994-95	Sudbury (Wolves)	OHL	56	12	36	48	72	18	3	15	18	21
	États-Unis	CMJ	7	0	2	2	8	-	-	-	-	-
	Fredericton (Canadiens)	AHL	-	-	-	-	-	10	1	2	3	5
1995-96	Fredericton (Canadiens)	AHL	18	4	6	10	36	-	-	-	-	-
	Montréal (Canadiens)	**LNH**	**42**	**0**	**2**	**2**	**18**	**6**	**1**	**1**	**2**	**0**
1996-97	**Montréal (Canadiens)**	**LNH**	**6**	**0**	**1**	**1**	**6**	**-**	**-**	**-**	**-**	**-**
	St. Louis (Blues)	LNH	2	0	0	0	2	-	-	-	-	-
	Worcester (IceCats)	AHL	49	4	13	17	78	5	1	2	3	0
1997-98	Worcester (IceCats)	AHL	62	8	22	30	111	11	0	3	3	26
1998-99	Worcester (IceCats)	AHL	53	5	16	21	82	4	0	1	1	17
	St. Louis (Blues)	LNH	1	0	0	0	2	-	-	-	-	-
1999-00	Worcester (IceCats)	AHL	28	0	5	5	48	-	-	-	-	-
	Milwaukee (Admirals)	IHL	27	2	1	3	27	3	0	2	2	2
2000-01	Nashville (Predators)	LNH	2	0	0	0	2	-	-	-	-	-
	Milwaukee (Admirals)	IHL	22	0	2	2	32	-	-	-	-	-
	Hamilton (Bulldogs)	AHL	34	3	17	20	29	-	-	-	-	-
2001-02	Buffalo (Sabres)	LNH	5	0	0	0	4	-	-	-	-	-
	Rochester (Americans)	AHL	60	4	8	12	83	2	0	1	1	0
2002-03	Buffalo (Sabres)	LNH	36	1	3	4	16	-	-	-	-	-
	Rochester (Americans)	AHL	41	5	11	16	65	-	-	-	-	-
2003-04	Buffalo (Sabres)	LNH	60	4	7	11	44	-	-	-	-	-
2004-05	Rochester (Americans)	AHL	20	1	1	2	18	9	0	1	1	12
2005-06	Buffalo (Sabres)	LNH	56	4	5	9	50	11	0	4	4	16
2006-07	Vancouver (Canucks)	LNH	58	1	6	7	46	3	0	0	0	6
2007-08	Philadelphie (Flyers)	LNH	19	0	1	1	11	-	-	-	-	-
	Philadelphie (Phantoms)	AHL	19	1	4	5	24	12	0	2	2	11
		LNH	**287**	**10**	**25**	**35**	**201**	**20**	**1**	**5**	**6**	**22**
		Montréal	**48**	**0**	**3**	**3**	**24**	**6**	**1**	**1**	**2**	**0**

• Équipe d'étoiles des recrues (OHL) en 1992-93
• Échangé à St. Louis par Montréal avec Pierre Turgeon et Craig Conroy pour Murray Baron, Shayne Corson et le choix de 5e ronde de St. Louis au repêchage de 1997 (Gennady Razin) le 29 octobre 1996 • Réclamé par Boston de St. Louis lors du repêchage inter-équipes le 5 octobre 1998 • Réclamé au ballottage par St. Louis de Boston le 7 octobre 1998 • Échangé à Nashville par St. Louis pour Dan Keczmer le 9 février 2000 • Échangé à Edmonton par Nashville pour des considérations futures le 12 janvier 2001 • Signe avec Buffalo comme joueur autonome le 14 août 2001 • Signe avec Rochester (AHL) comme joueur autonome le 2 mars 2005 • Signe avec Vancouver comme joueur autonome le 18 août 2006 • Signe avec Philadelphie comme joueur autonome le 9 octobre 2007 • Signe avec la Floride comme joueur autonome le 3 juillet 2008

FLEMING, GERRY

Né à Montréal, Québec, le 16 octobre 1967
Ailier gauche, lance de la gauche, 6'5", 253 lb

SAISON	CLUB	LIGUE	PJ	B	A	PTS	PUN	PJ	B	A	PTS	PUN
1983-84	Verdun (Junior)	LHJMQ	52	4	11	15	270	3	0	4	4	2
1984-85	Verdun (Canadiens Jr)	LHJMQ	44	15	23	38	160	14	5	6	11	*96
	Verdun (Canadiens Jr)	Mem.	-	-	-	-	-	3	0	0	0	18
1985-86	Verdun (Canadiens Jr)	LHJMQ	47	15	21	36	339	4	0	1	1	18
1986-87	Université PEI	AUAA	20	19	11	30	73	-	-	-	-	-
1987-88	Université PEI	AUAA	23	11	15	26	61	-	-	-	-	-
1988-89	Université PEI	AUAA	17	11	23	34	61	-	-	-	-	-

SAISONS RÉGULIÈRES — SÉRIES ÉLIMINATOIRES
FER-FLE
680

SAISONS RÉGULIÈRES | SÉRIES ÉLIMINATOIRES

SAISON	CLUB	LIGUE	PJ	B	A	PTS	PUN	PJ	B	A	PTS	PUN
1989-90	Fredericton (Alpines)	NBSHL	24	12	18	30	83	5	3	6	9	-
1990-91	Université PEI	AUAA	9	2	6	8	41	-	-	-	-	-
	Charlottetown (Islanders)	NSSHL	*Statistiques non disponibles*									
1991-92	Fredericton (Canadiens)	AHL	37	4	6	10	133	1	0	0	0	7
1992-93	Fredericton (Canadiens)	AHL	64	9	17	26	262	5	1	2	3	14
1993-94	**Montréal (Canadiens)**	**LNH**	**5**	**0**	**0**	**0**	**25**	-	-	-	-	-
	Fredericton (Canadiens)	AHL	46	6	16	22	188	-	-	-	-	-
1994-95	Fredericton (Canadiens)	AHL	16	3	3	6	60	10	2	0	2	67
	Montréal (Canadiens)	**LNH**	**6**	**0**	**0**	**0**	**17**	-	-	-	-	-
1995-96	Fredericton (Canadiens)	AHL	40	8	9	17	127	10	3	1	4	19
1996-97	Fredericton (Canadiens)	AHL	40	5	11	16	164	-	-	-	-	-
1997-98	Fredericton (Canadiens)	AHL	28	3	3	6	101	1	0	0	0	0
		LNH	**11**	**0**	**0**	**0**	**42**	-	-	-	-	-
		Montréal	**11**	**0**	**0**	**0**	**42**	-	-	-	-	-

• Coupe du Président (LHJMQ) en 1984-85

• Signe avec Montréal comme joueur autonome le 17 février 1992 • Nommé entraîneur-adjoint du Canadien de Fredericton le 21 août 1998. • Nommée entraîneur de Tallahassee (ECHL) le 12 juillet 2000

FLEMING, REGINALD (REGGIE)

Né à Montréal, Québec, le 21 avril 1936
Défenseur/ailier gauche, lance de la gauche, 5'8", 170 lb

SAISON	CLUB	LIGUE	PJ	B	A	PTS	PUN	PJ	B	A	PTS	PUN
1953-54	Montréal (Canadiens)	LHJQ	48	7	7	14	47	8	0	0	0	14
1954-55	Montréal (Canadiens)	LHJQ	44	3	11	14	*139	5	0	0	0	11
1955-56	St. Michael's (Majors)	JOHA	42	1	8	9	93	8	0	2	2	18
1956-57	Shawinigan (Cataractes)	LHQ	61	2	9	11	109	-	-	-	-	-
1957-58	Shawinigan (Cataractes)	LHQ	51	6	15	21	*227	8	3	2	5	16
1958-59	Rochester (Americans)	AHL	70	6	16	22	112	5	0	1	1	13
1959-60	Rochester (Americans)	AHL	9	1	5	6	4	-	-	-	-	-
	Montréal (Canadiens)	**LNH**	**3**	**0**	**0**	**0**	**2**	-	-	-	-	-
	Kingston (Frontenacs)	EPHL	52	19	49	68	91	-	-	-	-	-
1960-61	Chicago (Black Hawks)	LNH	66	4	4	8	145	12	1	0	1	12
1961-62	Chicago (Black Hawks)	LNH	70	7	9	16	71	12	2	2	4	27
	Match des étoiles	LNH	1	0	0	0	0	-	-	-	-	-
1962-63	Chicago (Black Hawks)	LNH	64	7	7	14	99	6	0	0	0	27
1963-64	Chicago (Black Hawks)	LNH	61	3	6	9	140	7	0	0	0	18
1964-65	Boston (Bruins)	LNH	67	18	23	41	136	-	-	-	-	-
1965-66	Boston (Bruins)	LNH	34	4	6	10	*42	-	-	-	-	-
	New York (Rangers)	LNH	35	10	14	24	*124	-	-	-	-	-
1966-67	New York (Rangers)	LNH	61	15	16	31	146	4	0	2	2	11
1967-68	New York (Rangers)	LNH	73	17	7	24	132	6	0	2	2	4
1968-69	New York (Rangers)	LNH	72	8	12	20	138	3	0	0	0	7
1969-70	Philadelphie (Flyers)	LNH	65	9	18	27	134	-	-	-	-	-
1970-71	Buffalo (Sabres)	LNH	78	6	10	16	159	-	-	-	-	-
1971-72	Cincinnati (Swords)	AHL	11	3	5	8	62	-	-	-	-	-
	Salt Lake (Eagles)	WHL	56	20	28	48	134	-	-	-	-	-
1972-73	Chicago (Cougars)	AMH	74	23	45	68	95	-	-	-	-	-
1973-74	Chicago (Cougars)	AMH	45	2	12	14	49	12	0	4	4	12
1974-75	Kenosha (Flyers)	ContHL	21	18	27	45	-	-	-	-	-	-
	Saginaw (Gears)	IHL	9	1	6	7	14	17	8	13	21	-
1975-76	Lake County (Flyers)	ContHL	*Statistiques non disponibles*									
	Milwaukee (Admirals)	USHL	1	0	0	0	0	-	-	-	-	-
1976-77	Milwaukee (Admirals)	USHL	23	5	21	26	81	-	-	-	-	-
		LNH	**749**	**108**	**132**	**240**	**1468**	**50**	**3**	**6**	**9**	**106**
		Montréal	**3**	**0**	**0**	**0**	**0**	**2**	-	-	-	-

• Coupe Stanley (LNH) en 1960-61 • Match des étoiles (LNH) en 1961-62

• Échangé à Chicago par Montréal avec Cecil Hoekstra, Ab McDonald et Bob Courcy pour Terry Gray, len Skov, Danny Lewicki, Lorne Ferguson et Bob Bailey le 7 juin 1960 • Échangé à Boston par Chicago avec Ab McDonald pour Doug Mohns le 8 juin 1964 • Échangé à New York par Boston pour John McKenzie le 10 janvier 1966 • Échangé à Philadelphie par New York pour Léon Rochefort et Don Blackburn le 6 juin 1969 • Réclamé par Buffalo de Philadelphie lors de l'expansion de la LNH le 10 juin 1970 • Droits vendus à Salt Lake (WHL) par Buffalo le 10 novembre 1971 • Sélectionné par Chicago lors de l'expansion de l'AMH le 12 février 1972

FLETCHER, STEVEN

Né à Montréal, Québec, le 31 mars 1962. Ailier gauche, lance de la gauche, 6'2", 180 lb (Choix de 10e ronde de Calgary, 202e au total lors du repêchage de 1980)

SAISON	CLUB	LIGUE	PJ	B	A	PTS	PUN	PJ	B	A	PTS	PUN
1979-80	Hull (Olympiques)	LHJMQ	61	2	14	16	183	-	-	-	-	-
1980-81	Hull (Olympiques)	LHJMQ	66	4	13	17	231	-	-	-	-	-
1981-82	Hull (Olympiques)	LHJMQ	60	4	20	24	230	-	-	-	-	-
1982-83	Sherbrooke (Jets)	AHL	36	0	1	1	119	-	-	-	-	-
	Fort Wayne (Komets)	IHL	34	1	9	10	115	10	1	6	7	45
1983-84	Sherbrooke (Jets)	AHL	77	3	7	10	208	-	-	-	-	-
1984-85	Sherbrooke (Canadiens)	AHL	50	2	4	6	192	13	0	0	0	48
1985-86	Sherbrooke (Canadiens)	AHL	64	2	12	14	293	-	-	-	-	-
1986-87	Sherbrooke (Canadiens)	AHL	70	15	11	26	261	17	5	5	10	*82
1987-88	Sherbrooke (Canadiens)	AHL	76	8	21	29	338	6	2	1	3	28
	Montréal (Canadiens)	**LNH**	-	-	-	-	-	**1**	**0**	**0**	**0**	**5**
1988-89	Winnipeg (Jets)	LNH	3	0	0	0	5	-	-	-	-	-
	Moncton (Hawks)	AHL	23	1	1	2	89	-	-	-	-	-
	Halifax (Citadels)	AHL	29	5	8	13	91	-	-	-	-	-
1989-90	Hershey (Bears)	AHL	28	1	1	2	132	-	-	-	-	-
1990-91	Fort Wayne (Komets)	IHL	66	7	9	16	289	15	2	0	2	70
1991-92	Fort Wayne (Komets)	IHL	60	8	3	11	320	5	0	0	0	4
1992-93	Fort Wayne (Komets)	IHL	52	5	6	11	337	3	0	0	0	2
1993-94	Fort Wayne (Komets)	IHL	47	4	6	10	277	5	0	0	0	33
1994-95	Fort Wayne (Komets)	IHL	43	0	2	2	204	1	0	0	0	0
1995-96	Fort Wayne (Komets)	IHL	2	2	0	2	39	-	-	-	-	-
	Atlanta (Knights)	IHL	23	0	1	1	110	-	-	-	-	-
		LNH	**3**	**0**	**0**	**0**	**5**	**1**	**0**	**0**	**0**	**5**
		Montréal	-	-	-	-	-	**1**	**0**	**0**	**0**	**5**

• Coupe Calder (LNH) en 1984-85

• Signe avec Montréal comme joueur autonome le 21 août 1984 • Signe avec Winnipeg comme joueur autonome le 15 juillet 1988 • Échangé à Philadelphie par Winnipeg pour des considérations futures le 12 décembre 1988

FLOCKHART, RONALD (RON)

Né à Smithers, Colombie-Britannique, le 10 octobre 1960
Centre, lance de la gauche, 5'11", 190 lb

SAISON	CLUB	LIGUE	PJ	B	A	PTS	PUN	PJ	B	A	PTS	PUN
1977-78	Revelstoke (Bruins)	BCJHL	43	21	19	40	37	-	-	-	-	-
	Medecine Hat (Tigers)	WCJHL	5	1	0	1	2	-	-	-	-	-
1978-79	Revelstoke (Bruins)	BCJHL	61	47	41	88	54	-	-	-	-	-
1979-80	Regina (Pats)	WHL	65	54	76	130	63	17	11	23	34	18
	Regina (Pats)	Mem.	-	-	-	-	-	4	3	6	9	4
1980-81	Maine (Mariners)	AHL	59	33	33	66	26	-	-	-	-	-
	Philadelphie (Flyers)	LNH	14	3	7	10	11	3	1	0	1	2
1981-82	Philadelphie (Flyers)	LNH	72	33	39	72	44	4	0	1	1	2
1982-83	Philadelphie (Flyers)	LNH	73	29	31	60	49	2	1	1	2	2
1983-84	Philadelphie (Flyers)	LNH	8	0	3	3	4	-	-	-	-	-
	Pittsburgh (Penguins)	LNH	68	27	18	45	40	-	-	-	-	-
1984-85	Pittsburgh (Penguins)	LNH	12	0	5	5	4	-	-	-	-	-
	Montréal (Canadiens)	**LNH**	**42**	**10**	**12**	**22**	**14**	**2**	**1**	**1**	**2**	**2**
1985-86	St. Louis (Blues)	LNH	79	22	45	67	26	8	1	3	4	6
1986-87	St. Louis (Blues)	LNH	60	16	19	35	12	-	-	-	-	-
1987-88	St. Louis (Blues)	LNH	21	5	4	9	4	-	-	-	-	-
1988-89	Peoria (Rivermen)	IHL	2	0	2	2	2	-	-	-	-	-
	Boston (Bruins)	LNH	4	0	0	0	0	-	-	-	-	-
	Maine (Mariners)	AHL	9	5	6	11	0	-	-	-	-	-
	SG Cortina	ITA	31	31	34	65	25	-	-	-	-	-
1989-90	HC Bolzano	ITA	36	48	85	133	15	9	5	9	14	0
1990-91	HC Bolzano	ITA	33	35	44	79	32	10	7	12	19	2
1991-92	HC Bolzano	Alpes	12	6	7	13	2	-	-	-	-	-
	HC Bolzano	ITA	-	-	-	-	-	3	2	5	7	0
		LNH	**453**	**145**	**183**	**328**	**208**	**19**	**4**	**6**	**10**	**14**
		Montréal	**42**	**10**	**12**	**22**	**14**	**2**	**1**	**1**	**2**	**2**

• Signe avec Philadelphie comme joueur autonome le 2 juillet 1980 • Échangé à Pittsburgh par Philadelphie avec Andy Brickley, Mark Taylor et le 1er choix (Roger Belanger) et le choix de 3e ronde de Philadelphie (échangé plus tard à Vancouver qui sélectionne Mike Stevens) au repêchage de 1984 pour Rick Sutter, le choix de 2e ronde (Greg Smyth) et le choix de 3e ronde (David McLay) de Pittsburgh au repêchage de 1984 le 23 octobre 1984 • Échangé à Montréal par Pittsburgh pour John Chabot le 9 novembre 1984 • Échangé à St. Louis par Montréal pour Perry Ganchar le 26 août 1985 • Échangé à Boston par St. Louis pour des considérations futures le 13 février 1989

FOGARTY, BRYAN

Né à Brantford, Ontario, le 11 juin 1969, décédé le 6 mars 2002. Défenseur, lance de la gauche, 6'2", 206 lb (Choix de 1re ronde de Québec, 9e au total lors du repêchage de 1987)

SAISON	CLUB	LIGUE	PJ	B	A	PTS	PUN	PJ	B	A	PTS	PUN
1983-84	Brantford (Alexanders)	OJHL B	1	0	1	1	0	-	-	-	-	-
1984-85	Aurora (Tigers)	OJHL	42	9	12	21	57	-	-	-	-	-
	Aurora (Tigers)	Cent.	-	-	-	-	-	4	2	2	4	8
1985-86	Kingston (Canadians)	OHL	47	2	19	21	14	10	1	3	4	4
1986-87	Kingston (Canadians)	OHL	56	20	50	70	46	12	2	3	5	5
1987-88	Kingston (Canadians)	OHL	48	11	36	47	50	-	-	-	-	-
1988-89	Niagara Falls (Thunders)	OHL	60	47	*108	*155	88	17	10	22	32	36
1989-90	Québec (Nordiques)	LNH	45	4	10	14	31	-	-	-	-	-
	Halifax (Citadels)	AHL	22	5	14	19	6	6	2	4	6	0
1990-91	Québec (Nordiques)	LNH	45	9	22	31	24	-	-	-	-	-
	Halifax (Citadels)	AHL	5	0	2	2	0	-	-	-	-	-
1991-92	Québec (Nordiques)	LNH	20	3	12	15	16	-	-	-	-	-
	Halifax (Citadels)	AHL	2	0	0	0	2	-	-	-	-	-
	New Haven (Nighthawks)	AHL	4	0	1	1	6	-	-	-	-	-
	Muskegon (Lumberjacks)	IHL	8	2	4	6	30	-	-	-	-	-
1992-93	Pittsburgh (Penguins)	LNH	12	0	4	4	4	-	-	-	-	-
	Cleveland (Lumberjacks)	IHL	15	2	5	7	8	3	0	1	1	17
1993-94	Atlanta (Knights)	IHL	8	1	5	6	4	-	-	-	-	-
	Las Vegas (Thunder)	IHL	33	3	16	19	38	-	-	-	-	-
	Kansas City (Blades)	IHL	3	2	1	3	2	-	-	-	-	-
	Montréal (Canadiens)	**LNH**	**13**	**1**	**2**	**3**	**10**	-	-	-	-	-
1994-95	**Montréal (Canadiens)**	**LNH**	**21**	**5**	**2**	**7**	**34**	-	-	-	-	-
1995-96	Minnesota (Moose)	IHL	17	3	12	15	24	-	-	-	-	-
	Detroit (Vipers)	IHL	18	1	5	6	14	-	-	-	-	-
	HC Davos	SUI	2	0	0	0	0	3	1	1	2	0
1996-97	HC Milano Devils	Alpes	7	3	7	10	10	-	-	-	-	-
	HC Milano Devils	ITA	10	4	11	15	18	6	4	9	13	26
	Kansas City (Blades)	IHL	22	3	9	12	10	-	-	-	-	-
1997-98	Hannover Scorpions	GER	39	8	17	25	75	4	1	0	1	2
1998-99	Indianapolis (Ices)	IHL	36	7	15	22	28	-	-	-	-	-
	Baton Rouge (Kingfish)	ECHL	5	4	3	7	24	4	1	3	4	8
1999-00	St. John's (Maple Leafs)	AHL	3	0	0	0	0	-	-	-	-	-
	Knoxville (Speed)	UHL	16	5	12	17	29	-	-	-	-	-
	Hannover (Scorpions)	GER	30	7	17	24	40	-	-	-	-	-
2000-01	Huntsville (Tornado)	CHL	11	1	4	5	16	-	-	-	-	-
	Elmira (Jackals)	UHL	18	1	8	9	16	-	-	-	-	-
		LNH	**156**	**22**	**52**	**74**	**119**	-	-	-	-	-
		Montréal	**34**	**6**	**4**	**10**	**44**	-	-	-	-	-

• Première équipe d'étoiles (OHL) en 1986-87, 1988-89 • Joueur par excellence (CHL) en 1988-89 • Défenseur par excellence (CHL) en 1988-89

• Échangé à Pittsburgh par Québec pour Scott Young le 10 mars 1992 • Signe avec Tampa Bay comme joueur autonome le 28 septembre 1993 • Signe avec Montréal comme joueur

autonome le 25 février 1994 • Signe avec Buffalo comme joueur autonome le 8 septembre 1995 • Signe avec Chicago comme joueur autonome le 2 septembre 1998 • Signe avec Toronto comme joueur autonome le 14 septembre 1999 • Signe avec Knoxville (UHL) comme joueur autonome le 20 octobre 1999

FONTINATO, LOUIS (LOU)

Né à Guelph, Ontario, le 20 janvier 1932. Défenseur, lance de la gauche, 6'1", 195 lb

Saison	Club	Ligue	PJ	B	A	PTS	PUN	PJ	B	A	PTS	PUN
1949-50	Guelph (Biltmores)	OHA B	*Statistiques non disponibles*									
1950-51	Guelph (Biltmores)	JOHA	45	3	11	14	93	5	0	0	0	0
1951-52	Guleph (Biltmores)	OHA	48	6	15	21	152	11	0	1	1	37
	Guelph (Biltmores)	Mem.	-	-	-	-	-	12	1	3	4	*50
1952-53	Vancouver (Canucks)	WHL	65	3	18	21	169	9	1	3	4	12
1953-54	Vancouver/Saskatoon	WHL	63	4	14	18	147	6	0	1	1	25
1954-55	Saskatoon (Quakers)	WHL	35	4	6	10	55	-	-	-	-	-
	New York (Rangers)	LNH	27	2	2	4	60	-	-	-	-	-
1955-56	New York (Rangers)	LNH	70	3	15	18	*202	4	0	0	0	6
1956-57	New York (Rangers)	LNH	70	3	12	15	139	5	0	0	0	7
1957-58	New York (Rangers)	LNH	70	3	8	11	*152	6	0	1	1	6
1958-59	New York (Rangers)	LNH	64	7	6	13	149	-	-	-	-	-
1959-60	New York (Rangers)	LNH	64	2	11	13	137	-	-	-	-	-
1960-61	New York (Rangers)	LNH	53	2	3	5	100	-	-	-	-	-
1961-62	**Montréal (Canadiens)**	**LNH**	**54**	**2**	**13**	**15**	***167**	**6**	**0**	**1**	**1**	**23**
1962-63	**Montréal (Canadiens)**	**LNH**	**63**	**2**	**8**	**10**	**141**	**-**	**-**	**-**	**-**	**-**
		LNH	**535**	**26**	**78**	**104**	**1247**	**21**	**0**	**2**	**2**	**42**
		Montréal	**117**	**4**	**21**	**25**	**308**	**6**	**0**	**1**	**1**	**23**

• Coupe Memorial en 1951-52

• Droits vendus à Montréal par New York le 13 juin 1961

FOURNIER, JACQUES (JACK)

Né à Ottawa, Ontario, le 4 août 1892. Avant, lance de la droite, 5'11", 175 lb

Saison	Club	Ligue	PJ	B	A	PTS	PUN	PJ	B	A	PTS	PUN
1909-10	Ottawa (Emmetts)	OCSHL	2	0	0	0	4	-	-	-	-	-
1910-11	Ottawa (Buena Vistas)	OCSHL	10	2	0	2	4	-	-	-	-	-
1911-12	Ottawa (Nationals)	IPAHU	10	3	0	3	13	-	-	-	-	-
1912-13	Ottawa (Stewartons)	IPAHU	5	3	0	3	3	-	-	-	-	-
1913-14	Battleford HC	N-SSHL	2	0	0	0	0	-	-	-	-	-
	Ottawa (Brittania)	IPAHU	*Statistiques non disponibles*									
1914-15	**Montréal (Canadiens)**	**NHA**	**9**	**0**	**0**	**0**	**3**	**-**	**-**	**-**	**-**	**-**
1915-16	**Montréal (Canadiens)**	**NHA**	**10**	**1**	**0**	**1**	**4**	**-**	**-**	**-**	**-**	**-**
1916-17	Ottawa (Senators)	NHA	8	0	0	0	0	-	-	-	-	-
		NHA	**27**	**1**	**0**	**1**	**7**	**-**	**-**	**-**	**-**	**-**
		Montréal	**19**	**1**	**0**	**1**	**7**	**-**	**-**	**-**	**-**	**-**

• Coupe Stanley (NHA) en 1915-16

• Signe avec Montréal (NHA) le 14 janvier 1915 • Échangé à Ottawa (NHA) par Montréal (NHA) pour Harold McNamara le 27 novembre 1916

FRAMPTON, ROBERT (BOB)

Né à Toronto, Ontario, le 20 janvier 1929
Ailier gauche, lance de la gauche, 5'10", 175 lb

Saison	Club	Ligue	PJ	B	A	PTS	PUN	PJ	B	A	PTS	PUN
1946-47	Montréal (Royals)	LHJQ	27	22	9	31	25	8	4	4	8	4
1947-48	Montréal (Royals)	LHJQ	27	19	27	46	40	7	3	2	5	11
1948-49	Montréal (Royals)	LHJQ	46	32	33	65	44	10	11	4	15	8
	Montréal (Royals)	LHSQ	2	0	1	1	2	-	-	-	-	-
	Montréal (Royals)	Mem.	-	-	-	-	-	15	13	4	17	12
1949-50	Cincinnati (Mohawks)	AHL	60	9	19	28	29	-	-	-	-	-
	Montréal (Canadiens)	**LNH**	**2**	**0**	**0**	**0**	**0**	**3**	**0**	**0**	**0**	**0**
1950-51	Victoria (Cougars)	PCHL	52	20	21	41	40	12	2	5	7	2
1951-52	Victoria (Cougars)	PCHL	69	34	26	60	50	13	8	3	11	4
1952-53	Montréal (Royals)	LHMQ	59	19	18	37	32	16	4	8	12	10
1953-54	Montréal (Royals)	LHQ	55	12	18	30	18	8	0	1	1	6
1954-55	Montréal (Royals)	LHQ	6	1	1	2	0	-	-	-	-	-
		LNH	**2**	**0**	**0**	**0**	**0**	**3**	**0**	**0**	**0**	**0**
		Montréal	**2**	**0**	**0**	**0**	**0**	**3**	**0**	**0**	**0**	**0**

• Première équipe d'Étoiles (LHJQ) en 1946-47 • Coupe Memorial en 1948-49

• Signe avec Montréal le 28 juin 1949 • Réclamé par Chicago de Montréal (Royals- LHQ) lors du repêchage inversé du 10 juin 1953

FRASER, GORDON (GORD)

Né à Pembroke, Ontario, le 3 janvier 1902, décédé en 1966
Défenseur, lance de la gauche, 6', 180 lb

Saison	Club	Ligue	PJ	B	A	PTS	PUN	PJ	B	A	PTS	PUN
1916-17	Pembroke (Munitions)	OVJHL	5	2	0	2	-	-	-	-	-	-
1917-18	Pembroke (Munitions)	OVJHL	3	1	0	1	-	-	-	-	-	-
1918-19	Port Arthur (Ports)	TBJHL	6	4	0	4	-	-	-	-	-	-
1919-20	Calgary (Wanderers)	BIG 4	10	2	1	3	20	2	1	0	1	0
1920-21	Calgary (Tigers)	BIG 4	15	11	6	17	33	-	-	-	-	-
1921-22	Seattle (Metropolitans)	PCHA	24	5	2	7	32	2	0	0	0	0
1922-23	Seattle (Metropolitans)	PCHA	29	4	4	8	46	-	-	-	-	-
1923-24	Seattle (Metropolitans)	PCHA	30	14	3	17	*64	2	0	0	0	4
1924-25	Victoria (Cougars)	WCHL	28	9	3	12	64	8	2	1	3	18
1925-26	Victoria (Cougars)	WHL	7	1	0	1	12	8	2	0	2	24
1926-27	Chicago (Black Hawks)	LNH	44	14	6	20	89	2	1	0	1	6
1927-28	Chicago (Black Hawks)	LNH	11	1	1	2	10	-	-	-	-	-
	Detroit (Cougars)	LNH	30	3	1	4	50	-	-	-	-	-
1928-29	Detroit (Cougars)	LNH	14	0	0	0	12	-	-	-	-	-
	Detroit (Olympics)	Can-Pro	28	0	0	0	27	7	1	1	2	23
1929-30	**Montréal (Canadiens)**	**LNH**	**10**	**0**	**0**	**0**	**4**	**-**	**-**	**-**	**-**	**-**
	Providence (Reds)	Can-Am	7	5	1	6	34	-	-	-	-	-
	Pittsburgh (Pirates)	LNH	30	6	4	10	37	-	-	-	-	-
1930-31	Philadelphie (Quakers)	LNH	5	0	0	0	22	-	-	-	-	-
	Pittsburgh (Yellowjackets)	IHL	38	7	3	10	75	-	-	-	-	-
1931-32	Pittsburgh (Yellowjackets)	IHL	45	10	15	25	90	-	-	-	-	-
1932-33	London (Tecumsehs)	IHL	44	3	8	11	60	6	0	0	0	16
1933-34	Seattle (Seahawks)	NWHL	27	11	8	19	48	-	-	-	-	-
	London (Tecumsehs)	IHL	6	0	0	0	4	-	-	-	-	-
1934-35	Portland (Buckaroos)	NWHL	32	10	7	17	66	3	1	0	1	10
1935-36	Pittsburgh (Shamrocks)	IHL	15	4	2	6	14	-	-	-	-	-
		LNH	**144**	**24**	**12**	**36**	**224**	**2**	**1**	**0**	**1**	**6**
		Montréal	**10**	**0**	**0**	**0**	**4**	**-**	**-**	**-**	**-**	**-**

• Deuxième équipe d'étoiles (PCHA) en 1922-23 • Première équipe d'étoiles (PCHA) en 1923-24 • Deuxième équipe d'étoiles (WCHL) en 1924-25 • Coupe Stanley (WCHL) en 1924-25

• Signe avec Seattle (PCHA) en novembre 1921 • Signe avec Victoria (WCHL) le 7 novembre 1924 • Transfert de la concession de Victoria (WHL) à Detroit le 15 mai 1926 • Échangé à Chicago par Detroit avec Art Gagné pour les droits sur Art Duncan le 18 octobre 1926. • Échangé à Detroit par Chicago avec une somme d'argent pour Duke Keats le 16 décembre 1927 • Droits vendus à Montréal par Detroit le 10 octobre 1929 • Prêté à Providence (Can-Am) par Montréal le 8 décembre 1929 • Échangé à Pittsburgh par Montréal pour Bert McCaffrey le 23 décembre 1929 • Transfert de la concession de Pittsburgh à Philadelphie le 18 octobre 1930 • Droits vendus à Pittsburgh (IHL) par Philadelphie le 28 novembre 1930

FRASER, SCOTT

Né à Moncton, Nouveau-Brunswicks, le 3 mai 1972. Centre, lance de la droite, 6'1", 178 lb (Choix de 9e ronde de Montréal, 193e au total lors du repêchage de 1991)

Saison	Club	Ligue	PJ	B	A	PTS	PUN	PJ	B	A	PTS	PUN
1987-88	Moncton (Flyers)	NBAHA	*Statistiques non disponible*									
1988-89	Wexford (Raiders)	OJHL B	42	3	13	16	54	-	-	-	-	-
1990-91	Dartmouth College	ECAC	24	10	10	20	30	-	-	-	-	-
1991-92	Dartmouth College	ECAC	24	11	7	18	60	-	-	-	-	-
1992-93	Dartmouth College	ECAC	26	21	23	44	13	-	-	-	-	-
	Canada	Éq. nat.	5	1	0	1	0	-	-	-	-	-
1993-94	Dartmouth College	ECAC	24	17	13	30	34	-	-	-	-	-
	Canada	Éq. nat.	4	0	1	1	4	-	-	-	-	-
1994-95	Fredericton (Canadiens)	AHL	65	23	25	48	36	16	3	5	8	14
	Wheeling (Thunderbirds)	ECHL	8	4	2	6	8	-	-	-	-	-
1995-96	**Montréal (Canadiens)**	**LNH**	**15**	**2**	**0**	**2**	**4**	**-**	**-**	**-**	**-**	**-**
	Fredericton (Canadiens)	AHL	58	37	37	74	43	10	9	7	16	2
1996-97	Fredericton (Canadiens)	AHL	7	3	8	11	0	-	-	-	-	-
	Saint John (Flames)	AHL	37	22	10	32	24	-	-	-	-	-
	San Antonio (Dragons)	IHL	8	0	1	1	2	-	-	-	-	-
	Caroline (Monarchs)	AHL	18	9	19	28	12	-	-	-	-	-
1997-98	Edmonton (Oilers)	LNH	29	12	11	23	6	11	1	1	2	0
	Hamilton (Bulldogs)	AHL	50	29	32	61	26	-	-	-	-	-
1998-99	New York (Rangers)	LNH	28	2	4	6	14	-	-	-	-	-
	Hartford (Wolf Pack)	AHL	36	13	24	37	20	6	4	3	7	4
		LNH	**72**	**16**	**15**	**31**	**24**	**11**	**1**	**1**	**2**	**0**
		Montréal	**15**	**2**	**0**	**2**	**4**	**-**	**-**	**-**	**-**	**-**

• Deuxième équipe d'étoiles (ECAC) en 1992-93

• Échangé à Calgary par Montréal pour David Lang et le choix de 6e ronde de Calgary au repêchage de 1998 (Gordie Dwyer) le 24 octobre 1996 • Signe avec Edmonton comme joueur autonome le 28 juillet 1997 • Échangé à San Antonio (IHL) par Calgary pour Brent Bilodeau en février 1997 • Signe avec New York (Rangers) comme joueur autonome le 29 août 1998

FRÉCHETTE, CLAYTON

Décédé. Ailier gauche, défenseur

Saison	Club	Ligue	PJ	B	A	PTS	PUN	PJ	B	A	PTS	PUN
1912-13	**Montréal (Canadiens)**	**NHA**	**1**	**0**	**0**	**0**	**0**	**-**	**-**	**-**	**-**	**-**
1913-14	**Montréal (Canadiens)**	**NHA**	**1**	**0**	**0**	**0**	**0**	**-**	**-**	**-**	**-**	**-**
		NHA	**2**	**0**	**0**	**0**	**0**	**-**	**-**	**-**	**-**	**-**
		Montréal	**2**	**0**	**0**	**0**	**0**	**-**	**-**	**-**	**-**	**-**

• Droits vendus à Montréal (NHA) par Hamilton (Alerts) avec James Roy le 3 février 1913

FREW, IRVINE (IRV)

Né à Kilsyth, Écosse, le 16 août 1907, décédé le 2 avril 1995
Défenseur, lance de la droite, 5'10", 180 lb

Saison	Club	Ligue	PJ	B	A	PTS	PUN	PJ	B	A	PTS	PUN
1925-26	Calgary (Canadiens)	CCJHL	*Statistiques non disponible*									
	Calgary (Canadiens)	Mem.	-	-	-	-	-	9	1	2	3	20
1926-27	Calgary (Tigers)	PrHL	27	0	0	0	8	2	0	0	0	0
1927-28	Stratford (Nationals)	Can-Pro	41	6	1	7	72	5	1	0	1	12
1928-29	Buffalo (Bisons)	Can-Pro	24	1	1	2	43	-	-	-	-	-
	Toronto (Millionaires)	Can-Pro	20	2	0	2	34	2	0	0	0	12
1929-30	Cleveland (Indians)	IHL	41	3	3	6	61	6	0	0	0	8
1930-31	Cleveland (Indians)	IHL	45	3	5	8	59	6	0	0	0	6
1931-32	Cleveland (Indians)	IHL	9	1	0	1	31	-	-	-	-	-
1932-33	Cleveland (Indians)	IHL	19	2	0	2	56	-	-	-	-	-
	Québec (Castors)	Can-Am	26	1	2	3	57	-	-	-	-	-
1933-34	Montréal (Maroons)	LNH	30	2	1	3	41	4	0	0	0	6
	Québec (Castors)	Can-Am	14	3	1	4	16	-	-	-	-	-
1934-35	St. Louis (Eagles)	LNH	48	0	2	2	89	-	-	-	-	-
1935-36	**Montréal (Canadiens)**	**LNH**	**18**	**0**	**2**	**2**	**16**	**-**	**-**	**-**	**-**	**-**
	Springfield (Indians)	Can-Am	14	0	2	2	23	2	0	0	0	4
1936-37	Springfield (Indians)	IAHL	47	5	6	11	65	5	0	0	0	11
1937-38	Springfield (Indians)	IAHL	14	0	0	0	19	-	-	-	-	-
	Vancouver (Lions)	PCHL	10	0	1	1	25	6	0	0	0	*22
1938-39	Spokane (Clippers)	PCHL	45	1	7	8	106	-	-	-	-	-
1939-40	Springfield (Indians)	IAHL	50	2	4	8	69	3	0	1	1	2
1940-41	St. Louis (Flyers)	AHA	39	6	5	11	37	9	1	0	1	17
		LNH	**96**	**2**	**5**	**7**	**146**	**4**	**0**	**0**	**0**	**6**
		Montréal	**18**	**0**	**2**	**2**	**16**	**-**	**-**	**-**	**-**	**-**

• Deuxième équipe d'étoiles (AHA) en 1940-41

• Signe avec Stratford (Can-Pro) le 20 novembre 1927 • Échangé à Ottawa par Montréal (Maroons) avec considérations futures (Vern Ayres et Norman Smith le 22 octobre 1934)

pour Al Shields le 20 septembre 1934 • Transféré à St. Louis lors de la relocalisation de la concession d'Ottawa le 22 septembre 1934. • Réclamé par Montréal avec Bill Beveridge et Henri Lauzon lors du repêchage de dispersion de St. Louis le 15 octobre 1935

FRYDAY, ROBERT (BOB)

Né à Toronto, Ontario, le 5 décembre 1928, décédé le 12 janvier 2007
Ailier droit, lance de la droite, 5'10", 155 lb

Saison	Club	Ligue	PJ	B	A	PTS	PUN	PJ	B	A	PTS	PUN
1944-45	Etobicoke (Indians)	OHA B	*Statistiques non disponibles*									
1945-46	Toronto (Marlboros)	JOHA	25	10	7	17	18	4	3	1	4	0
	Toronto (Mahers)	TIHL	20	11	13	24	8	10	9	4	13	0
1946-47	Montréal (Royals)	LHJQ	27	26	26	52	11	8	8	7	15	6
	Montréal (Royals)	Mem.	-	-	-	-	-	7	9	10	19	5
1947-48	Montréal (Royals)	LHSQ	44	22	8	30	21	3	0	1	1	0
1848-49	Montréal (Royals)	LHSQ	64	24	20	44	32	8	3	3	6	11
1949-50	Montréal (Royals)	LHSQ	55	15	32	47	28	5	0	0	0	0
	Montréal (Canadiens)	**LNH**	**2**	**1**	**0**	**1**	**0**	-	-	-	-	-
1950-51	Montréal (Royals)	LHSQ	43	17	26	43	35	7	2	2	4	2
1951-52	Montréal (Royals)	LHSQ	51	15	15	30	32	6	1	0	1	2
	Montréal (Canadiens)	**LNH**	**3**	**0**	**0**	**0**	**0**	-	-	-	-	-
	Cincinnati (Mohawks)	AHL	-	-	-	-	-	5	1	4	5	2
1952-53	Buffalo (Bisons)	AHL	57	18	13	31	6	-	-	-	-	-
		LNH	**5**	**1**	**0**	**1**	**0**	-	-	-	-	-
		Montréal	**5**	**1**	**0**	**1**	**0**	-	-	-	-	-

• **Première équipe d'étoiles (LHJQ) en 1946-47**
• Prêté à Montréal par Montréal (Royals-LHSQ) avec Lulu Denis le 11 février 1950 • Prêté à Montréal par Montréal (Royals-LHSQ) le 13 février 1952

GAGNÉ, ARTHUR (ART)

Né à Ottawa, Ontario, le 11 octobre 1897, décédé le 6 octobre 1988
Ailier droit, lance de la droite, 5'7", 160 lb

Saison	Club	Ligue	PJ	B	A	PTS	PUN	PJ	B	A	PTS	PUN
1914-15	Ottawa (Aberdeens)	OCSHL	3	1	0	1	-	1	0	0	0	-
	Ottawa (Royal Canadians)	OCSHL	5	2	0	2	-	2	0	0	0	-
1915-16	Ottawa (Aberdeens)	OCSHL	5	4	0	4	-	-	-	-	-	-
1916-17	Ottawa (Grand Trunks)	OCSHL	2	1	0	1	-	-	-	-	-	-
	Laval (Université)	LHCM	7	11	5	16	-	-	-	-	-	-
1917-18	Québec (Sons of Ireland)	LHCQ	4	9	1	10	-	1	1	0	1	0
1918-19	Québec (Montagnais)	LHSQ	5	7	0	7	-	3	5	0	5	9
1919-20	Québec (Montagnais)	LHCQ	*Statistiques non disponibles*									
1920-21	Edmonton (Eskimos)	BIG 4	15	9	4	13	22	-	-	-	-	-
1921-22	Edmonton (Eskimos)	WCHL	20	15	7	22	24	2	0	0	0	0
1922-23	Edmonton (Eskimos)	WCHL	29	22	*21	*43	63	4	1	0	1	2
1923-24	Regina (Capitals)	WCHL	25	7	7	14	39	2	0	0	0	0
1924-25	Regina (Capitals)	WCHL	28	8	7	15	32	-	-	-	-	-
1925-26	Edmonton (Eskimos)	WHL	24	35	10	45	24	2	1	2	3	6
1926-27	**Montréal (Canadiens)**	**LNH**	**44**	**14**	**3**	**17**	**42**	**4**	**0**	**0**	**0**	**0**
1927-28	**Montréal (Canadiens)**	**LNH**	**44**	**20**	**10**	**30**	**75**	**2**	**1**	**1**	**2**	**4**
1928-29	**Montréal (Canadiens)**	**LNH**	**44**	**7**	**3**	**10**	**52**	**3**	**0**	**0**	**0**	**12**
1929-30	Boston (Bruins)	LNH	6	0	1	1	6	-	-	-	-	-
	Ottawa (Senators)	LNH	33	6	4	10	32	2	1	0	1	4
1930-31	Ottawa (Senators)	LNH	44	19	11	30	50	-	-	-	-	-
1931-32	Detroit (Falcons)	LNH	13	1	1	2	0	-	-	-	-	-
	Detroit (Olympics)	IHL	29	6	7	13	18	6	0	1	1	2
1932-33	Edmonton (Eskimos)	WCHL	29	25	7	32	25	8	*6	1	*7	7
1933-34	Edmonton (Eskimos)	NWHL	33	18	*21	39	29	2	1	1	2	0
1934-35	Edmonton (Eskimos)	NWHL	28	20	12	32	18	-	-	-	-	-
1935-36	Seattle (Seahawks)	NWHL	10	1	4	5	6	-	-	-	-	-
	Edmonton (Eskimos)	NWHL	17	10	5	15	9	-	-	-	-	-
		LNH	**228**	**67**	**33**	**100**	**257**	**11**	**2**	**1**	**3**	**20**
		Montréal	**132**	**41**	**16**	**57**	**169**	**9**	**1**	**1**	**2**	**16**

• **Deuxième équipe d'étoiles (OCSHL) en 1915-16 • Première équipe d'étoiles (WCHL) en 1922-23 • Deuxième équipe d'étoiles (WCHL) en 1921-22 • Première équipe d'étoiles (WHL) en 1925-26**
• Signe avec Edmonton (WCHL) le 4 novembre 1921 • Échangé à Regina (WCHL) par Edmonton (WCHL) pour Emory Sparrow et une somme d'argent le 3 octobre 1923 • Transféré à Portland lors de la relocalisation de la concession de Regina (WCHL) le 28 septembre 1925. • Échangé à Edmonton (WHL) par Portland (WHL) avec Eddie Shore pour Joe McCormack et Bob Trapp le 7 octobre 1925 • Droits vendus à Detroit par Edmonton (WHL) le 5 octobre 1926. • Échangé à Chicago par Detroit avec Gord Fraser pour les droits sur Art Duncan le 18 octobre 1926 • Droits vendus à Montréal par Chicago le 18 octobre 1926 • Droits vendus à Boston par Montréal avec Herb Gardiner et George Patterson le 13 mai 1929 • Droits vendus à Ottawa par Boston le 21 décembre 1929 • Réclamé par Detroit lors du repêchage de dispersion d'Ottawa le 26 septembre 1931 • Échangé à Seattle (NWHL) par Edmonton (NWHL) pour Les Whittles en septembre 1935 • Signe avec Edmonton (NWHL) le 20 décembre 1935

GAGNON, GERMAIN

Né à Chicoutimi, Québec, le 9 décembre 1942
Ailier gauche, lance de la gauche, 6', 175 lb

Saison	Club	Ligue	PJ	B	A	PTS	PUN	PJ	B	A	PTS	PUN
1960-61	Lachine (Maroons)	LHJMM	*Statistiques non disponible*									
	Hull (Canadiens)	Allan	-	-	-	-	-	3	0	0	0	0
1961-62	Montréal (Canadiens Jr)	JOHA	48	20	37	57	63	6	3	4	7	4
1962-63	Montréal (Canadiens Jr)	JOHA	50	19	38	57	72	10	3	4	7	16
	Hull-Ottawa (Canadiens)	EPHL	1	0	0	0	0	-	-	-	-	-
1963-64	Omaha (Knights)	CPHL	59	10	25	35	32	10	7	4	11	6
1964-65	Québec (As)	AHL	14	2	7	9	10	-	-	-	-	-
	Omaha (Knights)	CPHL	55	13	25	38	73	6	0	1	1	11
1965-66	Houston (Apollos)	CPHL	64	14	30	44	58	-	-	-	-	-
1966-67	Québec (As)	AHL	7	0	1	1	0	-	-	-	-	-
	Providence (Reds)	AHL	5	0	0	0	0	-	-	-	-	-
	Houston (Apollos)	CPHL	30	6	10	16	43	5	2	2	4	0
1967-68	Memphis (South Stars)	CPHL	65	26	34	60	23	3	0	0	0	0
1968-69	Vancouver (Canucks)	WHL	61	8	21	29	16	8	1	2	3	0
1969-70	Vancouver (Canucks)	WHL	72	16	27	43	23	11	2	3	5	4
1970-71	Montréal (Voyageurs)	AHL	61	20	28	48	36	3	3	1	4	0
1971-72	**Montréal (Canadiens)**	**LNH**	**4**	**0**	**0**	**0**	**0**	-	-	-	-	-
	Nlle-Écosse (Voyageurs)	AHL	70	25	56	81	34	15	5	*15	20	8
1972-73	New York (Islanders)	LNH	63	12	29	41	31	-	-	-	-	-
1973-74	New York (Islanders)	LNH	62	8	14	22	8	-	-	-	-	-
	Chicago (Black Hawks)	LNH	14	3	14	17	4	11	2	2	4	2
1974-75	Chicago (Black Hawks)	LNH	80	16	35	51	21	8	0	1	1	0
1975-76	Chicago (Black Hawks)	LNH	5	0	0	0	2	-	-	-	-	-
	Springfield (Indians)	AHL	4	0	1	1	2	-	-	-	-	-
	Kansas City (Scouts)	LNH	31	1	9	10	6	-	-	-	-	-
	New Haven (Nighthawks)	AHL	26	12	16	28	14	3	1	0	1	0
		LNH	**259**	**40**	**101**	**141**	**72**	**19**	**2**	**3**	**5**	**2**
		Montréal	**4**	**0**	**0**	**0**	**0**	-	-	-	-	-

• Prêté à Vancouver (WHL) par Montréal le 10 octobre 1968 • Réclamé par Salt Lake (WHL) de Montréal lors du repêchage inversé du 12 juin 1969 • Échangé à Vancouver (WHL) par Salt Lake (WHL) avec une somme d'argent pour Billy McNeil le 19 août 1969 • Droits transférés à Vancouver lors de l'achat de la concession de Vancouver (WHL) par la LNH le 19 décembre 1969 • Droits vendus à Montréal par Vancouver le 3 novembre 1970 • Échangé à New York (Islanders) par Montréal pour le choix de 2e ronde des Islanders au repêchage de 1973 (Glen Goldup) le 18 août 1972 • Échangé à Chicago par New York (Islanders) pour une compensation financière et un joueur à être nommé plus tard (Walt Ledingham le 24 mars 1974) le 7 mars 1974 • Réclamé au ballottage par Kansas City de Chicago le 28 octobre 1975

GAGNON, JOHN (JOHNNY)

Né à Chicoutimi, Québec, le 8 juin 1905, décédé le 22 mars 1984
Ailier droit, lance de la droite, 5'5", 140 lb

Saison	Club	Ligue	PJ	B	A	PTS	PUN	PJ	B	A	PTS	PUN
1922-23	Chicoutimi (Bleuets)	LHPQ	7	0	0	0	-	1	0	0	0	-
	Québec (Bulldogs)	BIG 4	3	0	0	0	-	-	-	-	-	-
1923-24	Trois-Rivières (Renards)	ECHL	9	2	0	2	-	-	-	-	-	-
1924-25	Trois-Rivières (Renards)	ECHL	16	18	0	18	-	2	5	0	5	-
1925-26	Québec (Sons of Ireland)	AHAQ	10	5	0	5	-	6	4	0	4	-
1926-27	Québec (Castors)	Can-Am	32	*27	6	*33	54	2	0	0	0	5
1927-28	Providence (Reds)	Can-Am	39	20	4	24	80	-	-	-	-	-
1928-29	Providence (Reds)	Can-Am	39	7	3	10	50	6	*4	0	4	10
1929-30	Providence (Reds)	Can-Am	39	21	17	38	72	3	2	*4	*6	6
1930-31	**Montréal (Canadiens)**	**LNH**	**41**	**18**	**7**	**25**	**43**	**10**	**6**	**2**	**8**	**8**
1931-32	**Montréal (Canadiens)**	**LNH**	**48**	**19**	**18**	**37**	**40**	**4**	**1**	**1**	**2**	**4**
1932-33	**Montréal (Canadiens)**	**LNH**	**48**	**12**	**23**	**35**	**64**	**2**	**0**	**2**	**2**	**0**
1933-34	**Montréal (Canadiens)**	**LNH**	**48**	**9**	**15**	**24**	**25**	**2**	**1**	**0**	**1**	**2**
1934-35	Boston (Bruins)	LNH	24	1	1	2	9	-	-	-	-	-
	Montréal (Canadiens)	**LNH**	**23**	**1**	**5**	**6**	**2**	**2**	**0**	**1**	**1**	**2**
1935-36	**Montréal (Canadiens)**	**LNH**	**48**	**7**	**9**	**16**	**42**	-	-	-	-	-
1936-37	**Montréal (Canadiens)**	**LNH**	**48**	**20**	**16**	**36**	**38**	**5**	**2**	**1**	**3**	**9**
1937-38	**Montréal (Canadiens)**	**LNH**	**47**	**13**	**17**	**30**	**9**	**3**	**1**	**3**	**4**	**2**
	Match des étoiles	LNH	1	2	1	3	0	-	-	-	-	-
1938-39	**Montréal (Canadiens)**	**LNH**	**45**	**12**	**22**	**34**	**23**	**3**	**0**	**2**	**2**	**10**
1939-40	**Montréal (Canadiens)**	**LNH**	**10**	**4**	**5**	**9**	**0**	-	-	-	-	-
	Match des étoiles	LNH	1	0	0	0	0	-	-	-	-	-
	New York (Americans)	LNH	24	4	3	7	0	1	1	0	1	0
1940-41	Shawinigan (Cataractes)	LHSQ	33	15	26	41	58	10	3	*8	11	12
1941-42	North Sydney (Victorias)	CBSHL	23	5	11	16	6	6	2	4	6	4
1942-43	Providence (Reds)	AHL	50	9	10	19	12	-	-	-	-	-
1943-44			*N'a pas joué- Entraîneur*									
1944-45	Providence (Reds)	AHL	9	0	5	5	0	-	-	-	-	-
		LNH	**454**	**120**	**141**	**261**	**295**	**32**	**12**	**12**	**24**	**37**
		Montréal	**406**	**115**	**137**	**252**	**286**	**31**	**11**	**12**	**23**	**37**

• **Match des étoiles (LNH) en 1937-38, 1939-40 • Coupe Stanley (LNH) en 1930-31**
• Échangé à Montréal par Providence pour Gerry Carson, une somme d'argent et le prêt de Jean Pusie le 21 octobre 1930 • Échangé à Boston par Montréal pour Joe Lamb le 2 octobre 1934 • Droits vendus à Montréal par Boston le 9 janvier 1935 • Droits vendus à New York (Americans) par Montréal le 3 janvier 1940 • Signe avec North Sidney (CBSHL) le 18 décembre 1941

GAINEY, ROBERT (BOB)

Né à Peterborough, Ontario, le 13 décembre 1953. Ailier gauche, lance de la gauche, 6'2", 200 lb (Choix de 1re ronde de Montréal, 8e au total lors du repêchage de 1973)

Saison	Club	Ligue	PJ	B	A	PTS	PUN	PJ	B	A	PTS	PUN
1970-71	Peterborough (Petes)	OHA B	*Statistiques non disponible*									
	Peterborough (Petes)	OHA Jr	-	-	-	-	-	4	0	0	0	4
1971-72	Peterborough (Petes)	OHA B	*Statistiques non disponible*									
	Peterborough (Petes)	OMJHL	4	2	1	3	33	-	-	-	-	-
1972-73	Peterborough (Petes)	OMJHL	52	22	21	43	99	-	-	-	-	-
1973-74	Nlle-Écosse (Voyageurs)	AHL	6	2	5	7	4	-	-	-	-	-
	Montréal (Canadiens)	**LNH**	**66**	**3**	**7**	**10**	**34**	**6**	**0**	**0**	**0**	**6**
1974-75	**Montréal (Canadiens)**	**LNH**	**80**	**17**	**20**	**37**	**49**	**11**	**2**	**4**	**6**	**4**
1975-76	**Montréal (Canadiens)**	**LNH**	**78**	**15**	**13**	**28**	**57**	**13**	**1**	**3**	**4**	**20**
1976-77	Canada	CC	5	2	0	2	2	-	-	-	-	-
	Montréal (Canadiens)	**LNH**	**80**	**14**	**19**	**33**	**41**	**14**	**4**	**1**	**5**	**25**
	Match des étoiles	LNH	1	0	1	1	0	-	-	-	-	-
1977-78	**Montréal (Canadiens)**	**LNH**	**66**	**15**	**16**	**31**	**57**	**15**	**2**	**7**	**9**	**14**
	Match des étoiles	LNH	1	0	0	0	0	-	-	-	-	-
1978-79	**Montréal (Canadiens)**	**LNH**	**79**	**20**	**18**	**38**	**44**	**16**	**6**	**10**	**16**	**10**
	Etoiles	LNH	3	0	0	0	0	-	-	-	-	-
1979-80	**Montréal (Canadiens)**	**LNH**	**64**	**14**	**19**	**33**	**32**	**10**	**1**	**1**	**2**	**4**
	Match des étoiles	LNH	1	0	0	0	0	-	-	-	-	-
1980-81	**Montréal (Canadiens)**	**LNH**	**78**	**23**	**24**	**47**	**36**	**3**	**0**	**0**	**0**	**2**
	Match des étoiles	LNH	1	0	0	0	0	-	-	-	-	-

			SAISONS RÉGULIÈRES					SÉRIES ÉLIMINATOIRES				
SAISON	CLUB	LIGUE	PJ	B	A	PTS	PUN	PJ	B	A	PTS	PUN
1981-82	Canada	CC	7	1	3	4	2	-	-	-	-	-
	Montréal (Canadiens)	**LNH**	**79**	**21**	**24**	**45**	**24**	**5**	**0**	**1**	**1**	**8**
	Canada	CM	10	2	1	3	0	-	-	-	-	-
1982-83	**Montréal (Canadiens)**	**LNH**	**80**	**12**	**18**	**30**	**43**	**3**	**0**	**0**	**0**	**4**
	Canada	CM	10	0	6	6	2	-	-	-	-	-
1983-84	**Montréal (Canadiens)**	**LNH**	**77**	**17**	**22**	**39**	**41**	**15**	**1**	**5**	**6**	**9**
1984-85	**Montréal (Canadiens)**	**LNH**	**79**	**19**	**13**	**32**	**40**	**12**	**1**	**3**	**4**	**13**
1985-86	**Montréal (Canadiens)**	**LNH**	**80**	**20**	**23**	**43**	**20**	**20**	**5**	**5**	**10**	**12**
1986-87	**Montréal (Canadiens)**	**LNH**	**47**	**8**	**8**	**16**	**19**	**17**	**1**	**3**	**4**	**6**
1987-88	**Montréal (Canadiens)**	**LNH**	**78**	**11**	**11**	**22**	**14**	**6**	**0**	**1**	**1**	**6**
1988-89	**Montréal (Canadiens)**	**LNH**	**49**	**10**	**7**	**17**	**34**	**16**	**1**	**4**	**5**	**8**
1989-90	Épinals (Écureuils)	FRA	18	14	12	26	16	10	6	7	13	14
		LNH	**1160**	**239**	**262**	**501**	**585**	**182**	**25**	**48**	**73**	**151**
		Montréal	**1160**	**239**	**262**	**501**	**585**	**182**	**25**	**48**	**73**	**151**

• Coupe Stanley (LNH) en 1975-76, 1976-77, 1977-78, 1978-79, 1985-86 • Match des étoiles (LNH) en 1976-77, 1977-78, 1979-80, 1980-81 • Coupe Canada en 1977 • Trophée Frank-J.-Selke (LNH) en 1977-78, 1978-79, 1979-80, 1980-81 • Trophée Conn-Smythe (LNH) en 1978-79 • Médaille de bronze (CM) en 1982, 1983 • Temple de la renommée (LNH) en 1992

GAMBLE, RICHARD (DICK)

Né à Moncton Nouveau-Brunswick, le 16 novembre 1928
Ailier gauche, lance de la gauche, 6', 178 lb

			SAISONS RÉGULIÈRES					SÉRIES ÉLIMINATOIRES				
SAISON	CLUB	LIGUE	PJ	B	A	PTS	PUN	PJ	B	A	PTS	PUN
1944-45	Moncton (Bruins)	NBJHL	3	*3	1	*4	2	10	*25	*9	*34	2
1945-46	Moncton (Bruins)	NBJHL	3	1	0	1	7	3	*6	3	*9	2
	Saint John (Pontiacs)	Mem.	-	-	-	-	-	4	8	3	11	0
	Halifax (St. Mary's)	Mem.	-	-	-	-	-	1	1	0	1	0
1946-47	Oshawa (Generals)	JOHA	24	15	20	35	26	5	3	0	3	0
1947-48	Oshawa (Generals)	JOHA	34	31	16	47	21	3	0	0	0	2
1948-49	Oshawa (Generals)	JOHA	46	39	23	62	10	2	2	0	2	0
1949-50	Québec (As)	LHSQ	56	20	25	45	18	12	9	3	12	4
1950-51	Québec (As)	LHMQ	58	*46	34	80	44	19	10	8	18	14
	Montréal (Canadiens)	**LNH**	**1**	**0**	**0**	**0**	**0**	**-**	**-**	**-**	**-**	**-**
1951-52	**Montréal (Canadiens)**	**LNH**	**64**	**23**	**17**	**40**	**8**	**7**	**0**	**2**	**2**	**0**
1952-53	**Montréal (Canadiens)**	**LNH**	**69**	**11**	**13**	**24**	**26**	**5**	**1**	**0**	**1**	**2**
1953-54	**Montréal (Canadiens)**	**LNH**	**32**	**4**	**8**	**12**	**18**	**-**	**-**	**-**	**-**	**-**
	Match des étoiles	LNH	1	0	0	0	0	-	-	-	-	-
	Montréal (Royals)	LHQ	32	20	25	45	49	10	5	1	6	4
1954-55	Buffalo (Bisons)	AHL	45	38	21	59	26	10	4	4	8	6
	Chicago (Black Hawks)	LNH	14	2	0	2	6	-	-	-	-	-
	Montréal (Canadiens)	**LNH**	**-**	**-**	**-**	**-**	**-**	**2**	**0**	**0**	**0**	**2**
1955-56	**Montréal (Canadiens)**	**LNH**	**12**	**0**	**3**	**3**	**8**	**-**	**-**	**-**	**-**	**-**
	Québec (As)	LHQ	52	23	24	47	45	7	4	5	9	14
1956-57	Québec (As)	LHQ	63	35	14	49	28	10	4	4	8	8
	Québec (As)	Edin.	-	-	-	-	-	6	3	2	5	8
1957-58	Buffalo (Bisons)	AHL	70	32	22	54	32	-	-	-	-	-
1958-59	Buffalo (Bisons)	AHL	70	31	30	61	24	11	2	2	4	14
1959-60	Buffalo (Bisons)	AHL	72	27	50	77	22	-	-	-	-	-
1960-61	Buffalo (Bisons)	AHL	72	40	36	76	18	4	2	0	2	6
1961-62	Rochester (Americans)	AHL	66	39	29	68	32	2	0	2	2	0
1962-63	Rochester (Americans)	AHL	70	35	22	57	16	2	0	1	1	0
1963-64	Rochester (Americans)	AHL	72	34	34	68	4	2	0	0	0	0
1964-65	Rochester (Americans)	AHL	70	48	29	77	16	10	5	8	13	6
1965-66	Toronto (Maple Leafs)	LNH	2	1	0	1	0	-	-	-	-	-
	Rochester (Americans)	AHL	71	*47	51	*98	22	12	2	*9	11	16
1966-67	Toronto (Maple Leafs)	LNH	1	0	0	0	0	-	-	-	-	-
	Rochester (Americans)	AHL	72	46	37	83	22	13	4	2	6	8
1967-68	Rochester (Americans)	AHL	67	20	22	42	77	4	0	1	1	8
1968-69	Rochester (Americans)	AHL	74	30	37	67	37	-	-	-	-	-
1969-70	Rochester (Americans)	AHL	8	1	4	5	6	-	-	-	-	-
		LNH	**195**	**41**	**41**	**82**	**66**	**14**	**1**	**2**	**3**	**4**
		Montréal	**178**	**38**	**41**	**79**	**60**	**14**	**1**	**2**	**3**	**4**

• Première équipe d'étoiles (LHMQ) en 1950-51 • Coupe Stanley (LNH) en 1952-53 • Match des étoiles (LNH) en 1952-53 • Première équipe d'étoiles (AHL) en 1960-61,1965-66 • Deuxième équipe d'étoiles (AHL) en 1954-55, 1961-62, 1964-65, 1966-67 • Coupe Calder (AHL) en 1964-65, 1965-66, 1967-68 • Trophée John-B.-Sollenberger (AHL) en 1965-66 • Trophée Les-Cunninghan (AHL) en 1965-66

• Signe avec Montréal, Montréal prête Murdo MacKay à Québec (LHMQ) en compensation le 24 septembre 1951 • Échangé à New York (Rangers) par Montréal avec les droits sur Eddie Dorohoy pour Hy Buller le 8 juin 1954 • Transaction annulée à la retraite de Hy Buller en septembre 1954 • Échangé à Chicago par Montréal pour Bill Shevtz et une somme d'argent, Montréal conserve un droit de rappel le 9 octobre 1954 • Droits retournés à Montréal par Chicago le 23 novembre 1954 • Droits vendus à Buffalo (AHL) par Montréal en juillet 1957 • Échangé à Toronto par Buffalo (AHL) pour Dave Creighton en juillet 1961 • Droits transférés à Vancouver (WHL) lorsque Vancouver achète la concession de Rochester (AHL) le 13 août 1968 • Nommé joueur-entraîneur à Rochester (AHL) par Vancouver (WHL) le 23 août 1968

GANCHAR, PERRY

Né à Saskatoon, Saskatchewan, le 28 octobre 1963. Ailier droit, lance de la droite, 5'9", 180 lb (Choix de 6e ronde de St. Louis, 113e au total lors du repêchage de 1982)

			SAISONS RÉGULIÈRES					SÉRIES ÉLIMINATOIRES				
SAISON	CLUB	LIGUE	PJ	B	A	PTS	PUN	PJ	B	A	PTS	PUN
1978-79	Saskatoon (Olympics)	SJHL	50	21	33	54	72	-	-	-	-	-
1979-80	Saskatoon (Blades)	WHL	27	9	14	23	60	-	-	-	-	-
1980-81	Saskatoon (Blades)	WHL	72	26	53	79	117	-	-	-	-	-
1981-82	Saskatoon (Blades)	WHL	53	38	52	90	82	5	3	3	6	17
1982-83	Saskatoon (Blades)	WHL	68	68	48	116	105	6	1	4	5	24
	Salt Lake (Eagles)	CHL	-	-	-	-	-	1	0	1	1	0
1983-84	St. Louis (Blues)	LNH	1	0	0	0	0	7	3	1	4	0
	Montana (Magic)	CHL	59	23	22	45	77	-	-	-	-	-
1984-85	St. Louis (Blues)	LNH	7	0	2	2	0	-	-	-	-	-
	Peoria (Rivermen)	IHL	63	41	29	70	114	20	4	11	15	49
1985-86	Sherbrooke (Canadiens)	AHL	75	25	29	54	42	-	-	-	-	-
1986-87	Sherbrooke (Canadiens)	AHL	68	22	29	51	64	17	9	8	17	37
1987-88	Sherbrooke (Canadiens)	AHL	28	12	18	30	61	-	-	-	-	-
	Montréal (Canadiens)	**LNH**	**1**	**1**	**0**	**1**	**0**	**-**	**-**	**-**	**-**	**-**
	Pittsburgh (Penguins)	LNH	30	2	5	7	36	-	-	-	-	-
1988-89	Pittsburgh (Penguins)	LNH	3	0	0	0	0	-	-	-	-	-
	Muskegon (Lumberjacks)	IHL	70	39	34	73	114	14	7	8	15	6
1989-90	Muskegon (Lumberjacks)	IHL	79	40	45	85	111	14	3	5	8	27
1990-91	Muskegon (Lumberjacks)	IHL	80	37	38	75	87	5	2	1	3	0
1991-92	Muskegon (Lumberjacks)	IHL	65	29	20	49	65	14	9	9	18	18
1992-93	Cleveland (Lumberjacks)	IHL	79	37	37	74	156	3	0	0	0	4
1993-94	Cleveland (Lumberjacks)	IHL	63	14	17	31	48	-	-	-	-	-
1994-95	Cleveland (Lumberjacks)	IHL	60	11	17	28	56	-	-	-	-	-
1995-96	Cleveland (Lumberjacks)	IHL	1	0	0	0	0	-	-	-	-	-
		LNH	**42**	**3**	**7**	**10**	**36**	**7**	**3**	**1**	**4**	**0**
		Montréal	**1**	**1**	**0**	**1**	**0**	**-**	**-**	**-**	**-**	**-**

• Deuxième équipe d'étoiles (IHL) en 1984-85

• Échangé à Montréal par St. Louis pour Ron Flockhart le 26 août 1985 • Échangé à Pittsburgh par Montréal pour des considérations futures (inversion de choix de 3e ronde au repêchage de 1988, Montréal sélectionne Neil Carnes et Pittsburgh Daniel Gauthier) le 17 décembre 1987 • Annonce officiellement sa retraite le 15 octobre 1995

GARDINER, HERBERT (HERB)

Né à Winnipeg, Manitoba, le 8 mai 1891, décédé le 11 janvier 1972
Défenseur, lance de la gauche, 5'10", 190 lb

			SAISONS RÉGULIÈRES					SÉRIES ÉLIMINATOIRES				
SAISON	CLUB	LIGUE	PJ	B	A	PTS	PUN	PJ	B	A	PTS	PUN
1908-09	Winnipeg (Victorias)	WSHL	1	0	0	0	0	-	-	-	-	-
	Winnipeg (Northern Crowns)	BNK	6	6	0	6	12	-	-	-	-	-
1909-10	Winnipeg (Victorias)	WSHL	2	3	0	3	0	-	-	-	-	-
1910-11						*N'a pas joué*						
1911-12						*N'a pas joué*						
1912-13						*N'a pas joué*						
1913-14						*N'a pas joué*						
1914-15	Calgary (Monarchs)	AAHL	3	4	0	4	0	-	-	-	-	-
1915-16						*Service militaire*						
1916-17						*Service militaire*						
1917-18						*Service militaire*						
1918-19	Calgary (Rotarians)	CGSHL	9	8	3	11	24	6	4	4	8	0
1919-20	Calgary (Wanderers)	BIG 4	12	8	9	17	6	2	0	0	0	2
1920-21	Calgary (Wanderers)	BIG 4	13	3	7	10	6	-	-	-	-	-
1921-22	Calgary (Tigers)	WCHL	24	4	1	5	6	2	0	0	0	0
1922-23	Calgary (Tigers)	WCHL	29	9	3	12	9	-	-	-	-	-
1923-24	Calgary (Tigers)	WCHL	22	5	5	10	4	7	3	1	4	0
1924-25	Calgary (Tigers)	WCHL	28	12	8	20	18	2	0	0	0	0
1925-26	Calgary (Tigers)	WHL	27	3	1	4	10	-	-	-	-	-
1926-27	**Montréal (Canadiens)**	**LNH**	**44**	**6**	**6**	**12**	**26**	**4**	**0**	**0**	**0**	**10**
1927-28	**Montréal (Canadiens)**	**LNH**	**44**	**4**	**3**	**7**	**26**	**2**	**0**	**1**	**1**	**4**
1928-29	Chicago (Black Hawks)	LNH	13	0	0	0	0	-	-	-	-	-
	Montréal (Canadiens)	**LNH**	**8**	**0**	**0**	**0**	**0**	**3**	**0**	**0**	**0**	**2**
1929-30	Philadelphie (Arrows)	Can-Am	1	0	0	0	0	-	-	-	-	-
1931-32	Philadelphie (Arrows)	Can-Am	1	0	0	0	0	-	-	-	-	-
1934-35	Philadelphie (Arrows)	Can-Am	12	0	0	0	0	-	-	-	-	-
		LNH	**109**	**10**	**9**	**19**	**52**	**9**	**0**	**1**	**1**	**16**
		Montréal	**96**	**10**	**9**	**19**	**52**	**9**	**0**	**1**	**1**	**16**

• Première équipe d'étoiles (WCHL) en 1922-23, 1924-25 • Trophée Hart (LNH) en 1926-27
• Membre du Temple de la Renommée (LNH) en 1957-58

• Signe avec Calgary (WCHL) le 4 novembre 1921 • Droits vendus à Montréal par Calgary (WHL) le 20 octobre 1926 • Prêté à Chicago par Montréal le 27 août 1928 • Rappelé de Chicago par Montréal le 12 février 1929 • Droits vendus à Boston par Montréal avec Art Gagné et George Patterson le 13 mai 1929 • Droits vendus à Philadelphie par Boston le 4 octobre 1929

GARDNER, DAVID (DAVE)

Né à Toronto, Ontario, le 23 août 1952. Centre, lance de la droite, 6', 180 lb
(Choix de 1re ronde de Montréal, 8e au total lors du repêchage de 1972)

			SAISONS RÉGULIÈRES					SÉRIES ÉLIMINATOIRES				
SAISON	CLUB	LIGUE	PJ	B	A	PTS	PUN	PJ	B	A	PTS	PUN
1969-70	St. Michael's (Buzzers)	OHA B	36	54	42	96	-	-	-	-	-	-
1970-71	Toronto (Marlboros)	OMJHL	62	56	*81	137	7	13	7	10	17	2
1971-72	Toronto (Marlboros)	OMJHL	57	53	*76	*129	16	10	7	17	24	4
1972-73	Nlle-Écosse (Voyageurs)	AHL	66	28	44	72	15	13	5	6	11	4
	Montréal (Canadiens)	**LNH**	**5**	**1**	**1**	**2**	**0**	**-**	**-**	**-**	**-**	**-**
1973-74	**Montréal (Canadiens)**	**LNH**	**31**	**1**	**10**	**11**	**2**	**-**	**-**	**-**	**-**	**-**
	St. Louis (Blues)	LNH	15	5	2	7	6	-	-	-	-	-
1974-75	St. Louis (Blues)	LNH	8	0	2	2	0	-	-	-	-	-
	Californie (Seals)	LNH	64	16	20	36	6	-	-	-	-	-
1975-76	Californie (Seals)	LNH	74	16	32	48	8	-	-	-	-	-
1976-77	Cleveland (Barons)	LNH	76	16	22	38	9	-	-	-	-	-
1977-78	Cleveland (Barons)	LNH	75	19	25	44	10	-	-	-	-	-
1978-79	Springfield (Indians)	AHL	10	1	3	4	0	-	-	-	-	-
	Tulsa (Oilers)	CHL	20	4	10	14	2	-	-	-	-	-
	Dallas (Black Hawks)	CHL	39	6	27	33	6	9	5	7	12	4
1979-80	Philadelphie (Flyers)	LNH	2	1	1	2	0	-	-	-	-	-
	Binghamton (Whalers)	AHL	18	3	9	12	2	-	-	-	-	-
	Maine (Mariners)	AHL	37	20	35	55	16	12	2	5	7	4
1980-81	HC Ambri-Piotta	SUI				*Statistiques non disponibles*						
1981-82	HC Ambri-Piotta	SUI				*Statistiques non disponibles*						
1982-83	HC Ambri-Piotta	SUI 2	36	36	22	58	-	-	-	-	-	-
1983-84	EHC Visp	SUI 2	38	41	33	74	-	-	-	-	-	-
1984-85	EHC Visp	SUI 2	38	47	47	94	-	-	-	-	-	-
		LNH	**350**	**75**	**115**	**190**	**41**	**-**	**-**	**-**	**-**	**-**
		Montréal	**36**	**2**	**11**	**13**	**2**	**-**	**-**	**-**	**-**	**-**

• Deuxième équipe d'étoile (OMJHL) en 1970-71, 1971-72 • Trophée Red Tilson (OMJHL) en 1970-71

• Échangé à St. Louis par Montréal pour le 1er choix de St. Louis au repêchage de 1974 (Doug Risebrough) le 9 mars 1974 • Échangé à la Californie par St. Louis avec Butch Williams pour Craig Patrick et Stan Gilbertson le 11 novembre 1974 • Transfert de la concession de la Californie à Cleveland le 26 août 1976 • Placé sur la liste de réserve du Minnesota lors du repêchage de dispersion de Cleveland le 15 juin 1978 • Cédé à Los Angeles par Minnesota avec Rick Hampton et Steve Jensen en compensation de la signature de l'joueur autonome Gary Sergent avec Minnesota le 15 juillet 1978 • Signe avec Philadelphie comme joueur autonome le 21 janvier 1980

GARDNER, JAMES (JIMMY)

Né à Montréal, Québec, le 21 mai 1881, décédé le 7 novembre 1940
Centre/ailier gauche, lance de la gauche, 5'9", 180 lb

SAISON	CLUB	LIGUE	PJ	B	A	PTS	PUN	PJ	B	A	PTS	PUN
1899-00	Montréal (AAA 2)	CAHLI	4	8	0	8	-	1	1	0	1	0
1900-01	Montréal (AAA 2)	CAHLI	6	10	0	10	-	-	-	-	-	-
	Montréal (AAA)	LCHA	1	0	0	0	0	-	-	-	-	-
1901-02	Montréal (AAA)	LCHA	8	1	0	1	16	3	0	0	0	*12
1902-03	Montréal (AAA)	LCHA	3	3	0	3	9	2	1	0	1	6
1903-04	Montréal (Wanderers)	FAHL	6	5	0	5	12	1	1	0	1	0
1904-05	Calumet (Wanderers)	IHL	23	16	0	16	33	-	-	-	-	-
1905-06	Calumet (Wanderers)	IHL	19	3	0	3	30	-	-	-	-	-
1906-07	Pittsburgh (Pro HC)	IHL	20	10	8	18	61	-	-	-	-	-
1907-08	Montréal (Shamrocks)	ECAHA	10	7	0	7	*42	-	-	-	-	-
1908-09	Montréal (Wanderers)	ECHA	12	11	0	11	51	2	0	0	0	*13
1909-10	Montréal (Wanderers)	NHA	12	10	0	10	*58	1	0	0	0	6
1910-11	Montréal (Wanderers)	NHA	14	5	0	5	35	-	-	-	-	-
1911-12	New Westminster (Royals)	PCHA	15	8	0	8	50	-	-	-	-	-
1912-13	New Westminster (Royals)	PCHA	13	3	4	7	21	-	-	-	-	-
1913-14	**Montréal (Canadiens)**	**NHA**	**15**	**10**	**9**	**19**	**0**	**-**	**-**	**-**	**-**	**-**
1914-15	**Montréal (Canadiens)**	**NHA**	**2**	**0**	**0**	**0**	**0**	**-**	**-**	**-**	**-**	**-**
		NHA	**43**	**25**	**9**	**34**	**93**	**1**	**0**	**0**	**0**	**6**
		Montréal	**17**	**10**	**9**	**19**	**0**	**-**	**-**	**-**	**-**	**-**

• Coupe Stanley en 1901-02, 1902-03 (LCHA), 1908-09 (ECHA), 1909-10 (NHA) • Deuxième équipe d'étoile (IHL) en 1904-05 • Membre du Temple de la Renommée (LNH) en 1962
• Signe avec Montréal (Wanderers - NHA) en décembre 1909 • Signe avec New Westminster (PCHA) le 27 novembre 1911 • Signe avec Vancouver (PCHA) le 1er septembre 1913 • Échangé à Montréal (Canadien - NHA) par Vancouver (PCHA) plus une somme d'argent pour Newsy Lalonde le 4 septembre 1913

GAUDREAULT, LÉONARD (LÉO)

Né à Chicoutimi, Québec, le 19 octobre 1905, décédé le 21 mars 1950
Ailier gauche, lance de la gauche, 5'10", 150 lb

SAISON	CLUB	LIGUE	PJ	B	A	PTS	PUN	PJ	B	A	PTS	PUN
1921-22	Chicoutimi (Bleuets)	LHPQ	5	1	0	1	-	-	-	-	-	-
1922-23	Chicoutimi (Bleuets)	LHPQ	10	2	0	2	2	1	0	0	0	0
1923-24	Québec (Sons of Ireland)	ECHA	12	3	0	3	-	9	0	0	0	0
1924-25	Montréal (National)	LHCM	6	2	0	2	-	-	-	-	-	-
1925-26	Montréal (National)	LHBM	9	6	2	8	6	-	-	-	-	-
1926-27	Saint-François-Xavier	LHCM	12	6	3	9	20	5	1	4	5	2
	Montréal (National)	LHBM	10	6	4	10	14	1	1	0	1	4
1927-28	**Montréal (Canadiens)**	**LNH**	**32**	**6**	**2**	**8**	**24**	**2**	**0**	**0**	**0**	**0**
1928-29	**Montréal (Canadiens)**	**LNH**	**11**	**0**	**0**	**0**	**4**	**-**	**-**	**-**	**-**	**-**
	Providence (Reds)	Can-Am	28	2	0	2	45	6	0	0	0	14
1929-30	Providence (Reds)	Can-Am	39	7	12	19	64	3	1	0	1	0
1930-31	Providence (Reds)	Can-Am	40	22	20	42	44	2	1	2	3	8
1931-32	Providence (Reds)	Can-Am	40	13	15	28	22	5	1	0	1	6
1932-33	**Montréal (Canadiens)**	**LNH**	**24**	**2**	**2**	**4**	**2**	**-**	**-**	**-**	**-**	**-**
	Providence (Reds)	Can-Am	26	12	15	27	26	2	0	1	1	0
1933-34	Providence (Reds)	Can-Am	40	9	23	32	14	3	1	3	4	2
1934-35	Providence (Reds)	Can-Am	48	23	26	49	12	4	0	1	1	0
1935-36	Providence (Reds)	Can-Am	46	7	17	24	8	7	0	0	0	2
1936-37	Minneapolis (Millers)	AHA	42	8	15	23	20	6	2	5	7	2
		LNH	**67**	**8**	**4**	**12**	**30**	**2**	**0**	**0**	**0**	**0**
		Montréal	**67**	**8**	**4**	**12**	**30**	**2**	**0**	**0**	**0**	**0**

• Signe avec Montréal le 7 octobre 1927 • Échangé à Providence par Montréal pour Armand Mondou le 19 décembre 1928 • Droits vendus à Montréal par Providence avec Gerry Carson le 6 mai 1932 • Échangé à Providence par Montréal avec Armand Mondou pour Hago Harrington et Léo Murray le 23 janvier 1933

GAUTHIER, ARTHUR (ART)

Né à Espanola, Ontario, le 10 octobre 1904, décédé
Centre, lance de la gauche, 5'8", 158 lb

SAISON	CLUB	LIGUE	PJ	B	A	PTS	PUN	PJ	B	A	PTS	PUN
1921-22	Iroquois Falls (Eskimos)	NOJHL	-	-	-	-	-	7	5	5	10	-
1922-23	Iroquois Falls (Eskimos)	NOJHL	*Statistiques non disponibles*									
1923-24	North Bay (Trappers)	NOHA	6	2	0	2	-	5	9	0	9	-
1924-25	Galt (Terriers)	SOHA	20	7	10	17	34	-	-	-	-	-
1925-26	Galt (Terriers)	SOHA	20	13	7	20	31	2	2	2	4	0
1926-27	Galt (Terriers)	SOHA	11	6	7	13	23	-	-	-	-	-
	Montréal (Canadiens)	**LNH**	**13**	**0**	**0**	**0**	**0**	**1**	**0**	**0**	**0**	**0**
1927-28	Providence (Reds)	Can-Am	16	2	0	2	6	-	-	-	-	-
	London (Panthers)	Can-Pro	23	8	3	11	22	-	-	-	-	-
1928-29	Toronto (Millionaires)	Can-Pro	38	10	5	15	24	2	0	1	1	2
1929-30	Hamilton (Tigers)	IHL	21	2	1	3	6	-	-	-	-	-
	Niagara Falls (Cataracts)	IHL	19	4	2	6	36	-	-	-	-	-
1930-31	Galt (Terriers)	OPHL	10	0	0	0	0	-	-	-	-	-
	London (Tecumsehs)	IHL	1	0	0	0	0	-	-	-	-	-
	Buffalo (Bisons)	IHL	22	3	0	3	8	6	0	0	0	0
1931-32	Buffalo (Bisons)	IHL	23	2	1	3	0	-	-	-	-	-
		LNH	**13**	**0**	**0**	**0**	**0**	**1**	**0**	**0**	**0**	**0**
		Montréal	**13**	**0**	**0**	**0**	**0**	**1**	**0**	**0**	**0**	**0**

• Signe avec Montréal le 8 février 1927 • Droits vendus à London (Can-Pro) par Montréal le 10 janvier 1928 • Droits vendus à Hamilton (IHL) par Toronto (IHL) le 4 novembre 1929. • Échangé à Niagara Falls (IHL) par Hamilton (IHL) pour Wilfred Desy le 21 janvier 1930 • Signe avec London (IHL) en janvier 1931 • Signe avec Buffalo (IHL) le 23 janvier 1931.

GAUTHIER, FERNAND (FERN)

Né à Chicoutimi, Québec, le 31 août 1919, décédé le 7 novembre 1992
Ailier droit, lance de la droite, 5'11", 175 lb

SAISON	CLUB	LIGUE	PJ	B	A	PTS	PUN	PJ	B	A	PTS	PUN
1938-39	Shawinigan (Cataractes)	LHPQ	30	1	7	8	11	-	-	-	-	-
1939-40	Shawinigan (Cataractes)	LHPQ	38	16	10	26	23	-	-	-	-	-
1940-41	Shawinigan (Cataractes)	LHPQ	31	27	26	53	33	10	6	5	11	2
1941-42	Shawinigan (Cataractes)	LHPQ	32	30	21	51	22	10	7	4	11	6
	Washington (Lions)	AHL	7	0	0	0	0	-	-	-	-	-
1942-43	Washington (Lions)	AHL	35	11	6	17	11	-	-	-	-	-
	Buffalo (Bisons)	AHL	14	1	7	8	11	6	0	0	0	2
1943-44	Montréal (Royals)	LHSQ	1	0	0	0	0	-	-	-	-	-
	New York (Rangers)	LNH	33	14	10	24	0	-	-	-	-	-
1944-45	**Montréal (Canadiens)**	**LNH**	**50**	**18**	**13**	**31**	**23**	**4**	**0**	**0**	**0**	**0**
1945-46	Detroit (Red Wings)	LNH	30	9	8	17	6	5	3	0	3	2
	Indianapolis (Capitols)	AHL	14	4	8	12	0	-	-	-	-	-
1946-47	Detroit (Red Wings)	LNH	40	1	12	13	2	3	1	0	1	0
	Indianapolis (Capitols)	AHL	16	7	17	24	6	-	-	-	-	-
1947-48	Detroit (Red Wings)	LNH	35	1	5	6	2	10	1	1	2	5
	Indianapolis (Capitols)	AHL	32	16	17	33	4	-	-	-	-	-
1948-49	Detroit (Red Wings)	LNH	41	3	2	5	2	-	-	-	-	-
	Indianapolis (Capitols)	AHL	11	1	3	4	0	-	-	-	-	-
1949-50	St. Louis (Flyers)	AHL	41	16	15	31	6	-	-	-	-	-
1950-51	Sherbrooke (Saints)	LHMQ	10	2	5	7	6	-	-	-	-	-
	Québec (As)	LHMQ	25	6	19	25	8	19	4	4	8	4
1951-52	Saint-Laurent (Castors)	LHPQ	46	33	32	65	-	-	-	-	-	-
		LNH	**229**	**46**	**50**	**96**	**35**	**22**	**5**	**1**	**6**	**7**
		Montréal	**50**	**18**	**13**	**31**	**23**	**4**	**0**	**0**	**0**	**0**

• Coupe Calder (AHL) en 1942-43
• Droits vendus à Montréal par Washington (AHL) le 8 février 1943 • Prêté à New York (Rangers) par Montréal pour Phil Watson le 10 décembre 1943 • Échangé à Detroit par Montréal (pour remplacer Ray Getliffe qui a pris sa retraite suite à l'échange pour Billy Reay le 11 septembre 1945) le 18 octobre 1945 • Échangé à St. Louis par Detroit avec Cliff Simpson, Ed Nicholson et des considérations futures pour Stephen Black et Bill Brennan le 29 août 1949

GAUTHIER, JEAN-PHILIPPE

Né à Montréal, Québec, le 29 avril 1937. Défenseur, lance de la droite, 6'1", 190 lb

SAISON	CLUB	LIGUE	PJ	B	A	PTS	PUN	PJ	B	A	PTS	PUN
1955-56	St. Boniface (Canadiens)	MJHL	23	1	9	10	*99	10	2	3	5	*27
	St. Boniface (Canadiens)	Mem.	-	-	-	-	-	6	0	2	2	10
1956-57	St. Boniface (Canadiens)	TBJHL	-	9	16	25	*133	-	-	-	-	-
	St. Boniface (Canadiens)	Mem.	-	-	-	-	-	12	1	5	6	28
	Flin Flon (Bombers)	Mem.	-	-	-	-	-	7	0	4	4	14
1957-58	Kingston (CKLC's)	EOHL	46	8	20	28	118	7	0	3	3	12
1958-59	Hull-Ottawa (Canadiens)	EPHL	52	5	5	10	110	8	2	3	5	29
1959-60	Hull-Ottawa (Canadiens)	EPHL	68	2	23	25	152	7	0	1	1	8
1960-61	Hull-Ottawa (Canadiens)	EPHL	64	8	13	21	*138	14	0	5	5	*42
	Montréal (Canadiens)	**LNH**	**4**	**0**	**1**	**1**	**8**	**-**	**-**	**-**	**-**	**-**
1961-62	Hull-Ottawa (Canadiens)	EPHL	47	11	20	31	85	13	5	4	9	*38
	Montréal (Canadiens)	**LNH**	**12**	**0**	**1**	**1**	**10**	**-**	**-**	**-**	**-**	**-**
1962-63	**Montréal (Canadiens)**	**LNH**	**65**	**1**	**17**	**18**	**46**	**5**	**0**	**0**	**0**	**12**
1963-64	Québec (As)	AHL	29	3	7	10	58	9	1	2	3	4
	Montréal (Canadiens)	**LNH**	**1**	**0**	**0**	**0**	**2**	**-**	**-**	**-**	**-**	**-**
1964-65	Omaha (Knights)	CPHL	70	14	37	51	182	6	4	1	5	10
	Montréal (Canadiens)	**LNH**	**-**	**-**	**-**	**-**	**-**	**2**	**0**	**0**	**0**	**4**
1965-66	Québec (As)	AHL	3	0	0	0	2	6	0	3	3	4
	Montréal (Canadiens)	**LNH**	**2**	**0**	**0**	**0**	**0**	**-**	**-**	**-**	**-**	**-**
	Houston (Apollos)	CHL	66	13	9	22	4	-	-	-	-	-
1966-67	Seattle (Totems)	WHL	69	9	22	31	68	10	1	3	4	12
	Montréal (Canadiens)	**LNH**	**2**	**0**	**0**	**0**	**2**	**-**	**-**	**-**	**-**	**-**
1967-68	Philadelphie (Flyers)	LNH	65	5	7	12	74	7	1	3	4	6
1968-69	Providence (Reds)	AHL	39	5	14	19	58	-	-	-	-	-
	Boston (Bruins)	LNH	11	0	2	2	8	-	-	-	-	-
1969-70	Montréal (Voyageurs)	AHL	54	6	22	28	70	8	3	2	5	18
	Montréal (Canadiens)	**LNH**	**4**	**0**	**1**	**1**	**0**	**-**	**-**	**-**	**-**	**-**
1970-71	Montréal (Voyageurs)	AHL	52	3	19	22	80	3	0	1	1	2
1971-72	Baltimore (Clippers)	AHL	64	3	37	40	104	18	5	7	12	38
1972-73	New York (Raiders)	AMH	31	2	1	3	21	-	-	-	-	-
	Long Island (Ducks)	EHL	4	1	1	2	10	-	-	-	-	-
1973-74	Rochester (Americans)	AHL	41	3	9	12	63	5	0	2	2	6
		LNH	**166**	**6**	**29**	**35**	**150**	**14**	**1**	**3**	**4**	**22**
		Montréal	**90**	**1**	**20**	**21**	**68**	**7**	**0**	**0**	**0**	**16**

• Coupe Memorial en 1956-57 • Meilleur défenseur (EPHL) en 1961-62 • Première équipe d'étoiles (CPHL) en 1964-65 • Coupe Stanley (LNH) en 1964-65 • Deuxième équipe d'étoiles (CPHL) en 1965-66
• Réclamé par Philadelphie de Montréal lors de l'expansion de la LNH le 6 juin 1967. • Réclamé par Boston de Philadelphie au repêchage intra-ligue le 12 juin 1968 • Réclamé par Cleveland de Boston lors du repêchage inversé le 12 juin 1969 • Droits vendus à Montréal par Cleveland en 1969 • Sélectionné par Dayton-Houston lors de l'expansion de l'AMH le 13 février 1972 • Droits vendus à New York (AMH) par Houston (AMH) pour des considérations futures le 14 août 1972

GAUTHIER, LUC

Né à Longueuil, Québec, le 19 avril 1964. Défenseur, lance de la droite, 5'9", 195 lb

SAISON	CLUB	LIGUE	PJ	B	A	PTS	PUN	PJ	B	A	PTS	PUN
1982-83	Longueuil (Chevaliers)	LHJMQ	67	3	18	21	132	15	0	4	4	35
1983-84	Longueuil (Chevaliers)	LHJMQ	70	8	54	62	207	17	4	9	13	24
1984-85	Longueuil (Chevaliers)	LHJMQ	60	13	47	60	111	-	-	-	-	-
	Flint (Generals)	IHL	21	1	0	1	20	-	-	-	-	-

			SAISONS RÉGULIÈRES					SÉRIES ÉLIMINATOIRES				
SAISON	CLUB	LIGUE	PJ	B	A	PTS	PUN	PJ	B	A	PTS	PUN
1985-86	Saginaw (Generals)	IHL	66	9	29	38	160	-	-	-	-	-
1986-87	Sherbrooke (Canadiens)	AHL	78	5	17	22	8	17	2	4	6	31
1987-88	Sherbrooke (Canadiens)	AHL	61	4	10	14	105	6	0	0	0	18
1988-89	Sherbrooke (Canadiens)	AHL	77	8	20	28	178	6	0	0	0	10
1989-90	Sherbrooke (Canadiens)	AHL	79	3	23	26	139	12	0	4	4	35
1990-91	**Montréal (Canadiens)**	**LNH**	**3**	**0**	**0**	**0**	**2**	-	-	-	-	-
	Fredericton (Canadiens)	AHL	69	7	20	27	238	9	1	1	2	10
1991-92	Fredericton (Canadiens)	AHL	80	4	14	18	252	7	1	1	2	26
1992-93	Fredericton (Canadiens)	AHL	78	9	33	42	167	5	2	1	3	20
1993-94			*N'a pas joué - Entraîneur adjoint*									
1994-95			*N'a pas joué - Entraîneur adjoint*									
1995-96			*N'a pas joué - Entraîneur adjoint*									
1996-97	Fredericton (Canadiens)	AHL	2	0	0	0	0	-	-	-	-	-
		LNH	**3**	**0**	**0**	**0**	**2**	-	-	-	-	-
		Montréal	**3**	**0**	**0**	**0**	**2**	-	-	-	-	-

• Troisième équipe d'étoiles (LHJMQ) en 1983-84

• Signe avec Montréal comme joueur autonome le 7 octobre 1986

GAUVREAU, JOCELYN

Né à Masham, Québec, le 4 mars 1964. Défenseur, lance de la gauche, 5'11", 180 lb (Choix de 2e ronde de Montréal, 31e au total lors du repêchage de 1982)

SAISON	CLUB	LIGUE	PJ	B	A	PTS	PUN	PJ	B	A	PTS	PUN
1980-81	Hull (Olympiques)	LHJMQ	54	12	12	24	55	-	-	-	-	-
1981-82	Hull (Olympiques)	LHJMQ	19	5	8	13	8	-	-	-	-	-
	Granby (Bisons)	LHJMQ	33	12	21	33	66	14	3	10	13	16
1982-83	Granby (Bisons)	LHJMQ	68	33	63	96	42	-	-	-	-	-
	Nlle-Écosse (Voyageurs)	AHL	1	0	0	0	0	5	0	1	1	0
1983-84	Granby (Bisons)	LHJMQ	58	19	39	58	55	4	2	3	5	0
	Montréal (Canadiens)	**LNH**	**2**	**0**	**0**	**0**	**0**	-	-	-	-	-
	Nlle-Écosse (Voyageurs)	AHL	1	0	2	2	0	3	1	1	2	0
1984-85	Sherbrooke (Canadiens)	AHL	10	1	2	3	4	-	-	-	-	-
		LNH	**2**	**0**	**0**	**0**	**0**	-	-	-	-	-
		Montréal	**2**	**0**	**0**	**0**	**0**	-	-	-	-	-

• Deuxième équipe d'étoiles (LHJMQ) en 1982-83

GENDRON, JEAN-GUY

Né à Montréal, Québec, le 30 août 1934. Ailier gauche, lance de la gauche, 5'09", 165 lb

SAISON	CLUB	LIGUE	PJ	B	A	PTS	PUN	PJ	B	A	PTS	PUN
1951-52	Trois-Rivières (Reds)	LHJQ	41	9	28	37	77	5	0	1	1	16
1952-53	Trois-Rivières (Reds)	LHJQ	47	19	10	29	98	6	2	3	5	12
	Québec (As)	LHMQ	-	-	-	-	-	3	0	0	0	0
1953-54	Trois-Rivières (Reds)	LHJQ	54	42	4587	*179	4	0	1	1	8	
1954-55	Providence (Reds)	AHL	47	24	15	39	38	-	-	-	-	-
1955-56	New York (Rangers)	LNH	63	5	7	12	38	5	2	1	3	2
1956-57	New York (Rangers)	LNH	70	9	6	15	40	5	0	1	1	6
1957-58	New York (Rangers)	LNH	70	10	17	27	68	6	1	0	1	11
1958-59	Boston (Bruins)	LNH	60	15	9	24	57	7	1	0	1	18
1959-60	Boston (Bruins)	LNH	67	24	11	35	64	-	-	-	-	-
1960-61	Boston (Bruins)	LNH	13	1	7	8	24	-	-	-	-	-
	Montréal (Canadiens)	**LNH**	**43**	**9**	**12**	**21**	**51**	**5**	**0**	**0**	**0**	**2**
1961-62	New York (Rangers)	LNH	69	14	11	25	71	6	3	1	4	2
1962-63	Boston (Bruins)	LNH	66	21	22	43	42	-	-	-	-	-
1963-64	Providence (Reds)	AHL	6	1	1	2	0	-	-	-	-	-
	Boston (Bruins)	LNH	54	5	13	18	43	-	-	-	-	-
1964-65	Québec (As)	AHL	53	20	14	34	61	5	1	1	2	8
1965-66	Québec (As)	AHL	58	26	35	61	70	6	1	0	1	6
1966-67	Québec (As)	AHL	68	28	45	73	72	5	2	1	3	4
1967-68	Québec (As)	AHL	72	29	58	87	72	15	7	*14	*21	24
	Philadelphie (Flyers)	LNH	1	0	1	1	2	-	-	-	-	-
1968-69	Philadelphie (Flyers)	LNH	74	20	35	55	65	4	0	0	0	6
1969-70	Philadelphie (Flyers)	LNH	71	23	21	44	54	-	-	-	-	-
1970-71	Philadelphie (Flyers)	LNH	76	20	16	36	46	4	0	1	1	0
1971-72	Philadelphie (Flyers)	LNH	56	6	13	19	36	-	-	-	-	-
1972-73	Québec (Nordiques)	AMH	63	17	33	50	113	-	-	-	-	-
1973-74	Québec (Nordiques)	AMH	64	11	8	19	42	-	-	-	-	-
		LNH	**863**	**182**	**201**	**383**	**701**	**42**	**7**	**4**	**11**	**47**
		Montréal	**43**	**9**	**12**	**21**	**51**	**5**	**0**	**0**	**0**	**2**

• Échangé à New York par Providence pour Bill Ezinicki le 8 mai 1955 • Réclamé par Boston de New York au repêchage intra-ligue le 3 juin 1958 • Échangé à Montréal par Boston pour André Pronovost le 27 novembre 1960 • Réclamé par New York de Montréal au repêchage intra-ligue le 4 juin 1961 • Réclamé par Boston de New York au repêchage intra-ligue le 6 juin 1962 • Droits dans la LNH transférés à Philadelphie lors de l'achat de la concession de Québec (AHL) par Philadelphie le 8 mai 1967 • Réclamé par Montréal de Philadelphie au repêchage intra-ligue le 11 juin 1969 • Droits vendus à Philadelphie par Montréal le 12 juin 1969 • Sélectionné par Los Angeles lors de l'expansion de l'AMH le1 2février 1972 • Signe comme joueur autonome avec Québec lorsque Los Angeles le retire de sa liste de négociations en juin 1972

GEOFFRION, BERNARD

Né à Montréal, Québec, le 16 février 1931, décédé le 11 mars 2006
Ailier droit, lance de la droite, 5'9", 185 lb

SAISON	CLUB	LIGUE	PJ	B	A	PTS	PUN	PJ	B	A	PTS	PUN
1946-47	Montréal (Concordia)	LHJQ	26	7	8	15	6	-	-	-	-	-
1947-48	Montréall (National)	LHJQ	29	20	15	35	49	11	7	5	12	11
	Montréal (National)	Mem.	-	-	-	-	-	8	3	2	5	11
1948-49	Montréal (National)	LHJQ	42	41	35	76	49	9	3	6	9	22
1949-50	Montréal (National)	LHJQ	34	*52	34	*86	77	3	6	0	6	8
	Montréal (Royals)	LHSQ	1	0	0	0	0	-	-	-	-	-
1950-51	Montréal (National)	LHJQ	36	54	44	98	80	-	-	-	-	-
	Montréal (Canadiens)	**LNH**	**18**	**8**	**6**	**14**	**9**	**11**	**1**	**1**	**2**	**6**
1951-52	**Montréal (Canadiens)**	**LNH**	**67**	**30**	**24**	**54**	**66**	**11**	**3**	**1**	**4**	**6**
1952-53	**Montréal (Canadiens)**	**LNH**	**65**	**22**	**17**	**39**	**37**	**12**	***6**	**4**	**10**	**12**
	Match des étoiles	LNH	1	0	0	0	0	-	-	-	-	-
1953-54	**Montréal (Canadiens)**	**LNH**	**54**	**29**	**25**	**54**	**87**	**11**	***6**	**5**	**11**	**18**
	Match des étoiles	LNH	1	0	0	0	0	-	-	-	-	-
1954-55	**Montréal (Canadiens)**	**LNH**	**70**	***38**	**37**	***75**	**57**	**12**	**8**	**5**	**13**	**8**
	Match des étoiles	LNH	1	0	0	0	0	-	-	-	-	-
1955-56	**Montréal (Canadiens)**	**LNH**	**59**	**29**	**33**	**62**	**66**	**10**	**5**	**9**	**14**	**6**
	Match des étoiles	LNH	1	0	0	0	2	-	-	-	-	-
1956-57	**Montréal (Canadiens)**	**LNH**	**41**	**19**	**21**	**40**	**18**	**10**	***11**	**7**	***18**	**2**
	Match des étoiles	LNH	1	0	0	0	0	-	-	-	-	-
1957-58	**Montréal (Canadiens)**	**LNH**	**42**	**27**	**23**	**50**	**51**	**10**	**6**	**5**	**11**	**2**
1958-59	**Montréal (Canadiens)**	**LNH**	**59**	**22**	**44**	**66**	**30**	**11**	**5**	**8**	**13**	**10**
	Match des étoiles	LNH	1	1	0	1	0	-	-	-	-	-
1959-60	**Montréal (Canadiens)**	**LNH**	**59**	**30**	**41**	**71**	**36**	**8**	**2**	***10**	***12**	**4**
	Match des étoiles	LNH	1	0	1	1	0	-	-	-	-	-
1960-61	**Montréal (Canadiens)**	**LNH**	**64**	***50**	**45**	***95**	**29**	**4**	**2**	**1**	**3**	**0**
	Match des étoiles	LNH	1	0	0	0	0	-	-	-	-	-
1961-62	**Montréal (Canadiens)**	**LNH**	**62**	**23**	**36**	**59**	**36**	**5**	**0**	**1**	**1**	**6**
	Match des étoiles	LNH	1	0	0	0	0	-	-	-	-	-
1962-63	**Montréal (Canadiens)**	**LNH**	**51**	**23**	**18**	**41**	**73**	**5**	**0**	**1**	**1**	**4**
	Match des étoiles	LNH	1	0	0	0	0	-	-	-	-	-
1963-64	**Montréal (Canadiens)**	**LNH**	**55**	**21**	**18**	**39**	**41**	**7**	**1**	**1**	**2**	**4**
	Match des étoiles	LNH	1	0	1	1	0	-	-	-	-	-
1964-66			*N'a pas joué*									
1966-67	New York (Rangers)	LNH	58	17	25	42	42	4	2	0	2	0
1967-68	New York (Rangers)	LNH	59	5	16	21	11	1	0	1	1	0
		LNH	**883**	**393**	**429**	**822**	**689**	**132**	**58**	**60**	**118**	**88**
		Montréal	**766**	**371**	**388**	**759**	**636**	**127**	**56**	**59**	**115**	**88**

• Trophée Calder (LNH) en 1951-52 • Coupe Stanley (LNH) en 1952-53, 1955-56, 1956-57, 1957-58, 1958-59, 1959-60 • Trophée Art Ross (LNH) en 1954-55, 1960-61 • Trophée Hart (LNH) en 1960-61 • Première équipe d'étoiles (LNH) en 1960-61 • Deuxième équipe d'étoiles (LNH) en 1954-55, 1959-60 • Match des étoiles (LNH) en 1952-53, 1953-54, 1954-55, 1955-56, 1956-57, 1958-59, 1959-60, 1960-61, 1961-62, 1962-63, 1963-64 • Temple de la Renommée (LNH) en 1966

• Prêté à Montréal par Montréal (National - LHJQ) le 14 décembre 1950 • Signe avec Montréal le 14 février 1951 • Réclamé au ballottage par New York de Montréal le 9 juin 1966

GEOFFRION, DANIEL (DANNY)

Né Montréal, Québec, le 24 janvier 1958. Ailier droit, lance de la droite, 5'10", 185 lb (Choix de 1re ronde de Montréal, 8e au total lors du repêchage de 1978)

SAISON	CLUB	LIGUE	PJ	B	A	PTS	PUN	PJ	B	A	PTS	PUN
1973-74	Cornwall (Royals)	LHJMQ	28	6	5	11	5	-	-	-	-	-
1974-75	Cornwall (Royals)	LHJMQ	71	33	53	86	70	-	-	-	-	-
1975-76	Cornwall (Royals)	LHJMQ	53	42	58	100	123	-	-	-	-	-
1976-77	Cornwall (Royals)	LHJMQ	65	39	57	96	148	-	-	-	-	-
1977-78	Cornwall (Royals)	LHJMQ	71	68	75	143	183	9	4	12	16	37
1978-79	Québec (Nordiques)	AMH	77	12	14	26	74	4	1	2	3	2
1979-80	**Montréal (Canadiens)**	**LNH**	**32**	**0**	**6**	**6**	**12**	**2**	**0**	**0**	**0**	**7**
1980-81	Winnipeg (Jets)	LNH	78	20	26	46	82	-	-	-	-	-
1981-82	Tulsa (Oilers)	CHL	63	24	25	49	76	3	1	0	1	6
	Winnipeg (Jets)	LNH	1	0	0	0	5	-	-	-	-	-
1982-83	Sherbrooke (Jets)	AHL	80	37	39	76	46	-	-	-	-	-
1983-84	Yukijirushi (Sapporo)	JAP	30	17	25	42	-	-	-	-	-	-
		LNH	**111**	**20**	**32**	**52**	**99**	**2**	**0**	**0**	**0**	**7**
		Montréal	**32**	**0**	**6**	**6**	**12**	**2**	**0**	**0**	**0**	**7**

• Deuxième équipe d'étoiles, Division Ouest (LHJMQ) en 1975-76 • Troisième équipe d'étoiles (LHJMQ) en 1977-78

• Signe avec Québec comme joueur autonome le 7 juillet 1978 • Réclamé avant le repêchage de l'expansion par Montréal de Québec le 9 juin 1979 • Réclamé par Québec de Montréal au repêchage inter-équipes le 8 octobre 1980 • Droits vendus à Winnipeg par Québec le 8 octobre 1980

GETLIFFE, RAYMOND (RAY)

Né à Galt, Ontario, le 3 avril 1914, décédé le 15 juin 2008
Centre/Ailier gauche, lance de la gauche, 5'11", 175 lb

SAISON	CLUB	LIGUE	PJ	B	A	PTS	PUN	PJ	B	A	PTS	PUN
1930-31	London (Athletic Club)	IOHA	9	9	0	9	0	2	0	0	0	4
1931-32	London (Diamonds)	OHA B	6	8	4	12	-	-	-	-	-	-
1932-33	Stratford (Midgets)	OHA B	6	4	7	11	12	11	6	0	6	20
1933-34	Stratford (Midgets)	OHA B	13	26	*17	43	18	2	*6	1	*7	2
1934-35	Charlottetown (Abbies)	MSHL	20	15	4	19	29	-	-	-	-	-
	St. John (St.Peters)	SJCSL	17	*35	25	60	15	12	9	*14	*23	11
	St. John (Beavers)	Exh.	2	1	1	2	6	-	-	-	-	-
1935-36	London (Tecumsehs)	IHL	17	6	3	9	17	-	-	-	-	-
	Boston (Cubs)	Can-Am	29	16	14	30	14	-	-	-	-	-
	Boston (Bruins)	LNH	1	0	0	0	2	2	0	0	0	0
1936-37	Boston (Bruins)	LNH	48	16	15	31	28	3	2	1	3	2
1937-38	Boston (Bruins)	LNH	36	11	13	24	16	3	0	1	1	2
1938-39	Boston (Bruins)	LNH	43	10	12	22	11	11	1	1	2	2
	Hershey (Bears)	IAHL	4	1	4	5	2	-	-	-	-	-
1939-40	**Montréal (Canadiens)**	**LNH**	**46**	**11**	**12**	**23**	**29**	-	-	-	-	-
	Match des étoiles	LNH	1	0	1	1	0	-	-	-	-	-
1940-41	**Montréal (Canadiens)**	**LNH**	**39**	**15**	**10**	**25**	**25**	**3**	**1**	**1**	**2**	**0**
1941-42	**Montréal (Canadiens)**	**LNH**	**45**	**11**	**15**	**26**	**35**	**3**	**0**	**0**	**0**	**0**
1942-43	**Montréal (Canadiens)**	**LNH**	**50**	**18**	**28**	**46**	**26**	**5**	**0**	**1**	**1**	**8**
1943-44	**Montréal (Canadiens)**	**LNH**	**44**	**28**	**25**	**53**	**44**	**9**	**5**	**4**	**9**	**16**
1944-45	**Montréal (Canadiens)**	**LNH**	**41**	**16**	**7**	**23**	**34**	**6**	**0**	**1**	**1**	**2**
		LNH	**393**	**136**	**137**	**273**	**250**	**45**	**9**	**10**	**19**	**32**
		Montréal	**265**	**99**	**97**	**196**	**193**	**26**	**6**	**7**	**13**	**26**

• Deuxième équipe d'étoiles (MSHL) en 1934-35 • Coupe Stanley (LNH) en 1938-39, 1943-44 • Match des étoiles (LNH) en 1939-40

• Signe avec New York le 8 novembre 1935 • Prêté à London (IHL) par New York en novembre 1935 • Droits vendus à Boston par New York le 28 décembre 1935 • Droits vendus à Montréal par Boston le 7 juin 1939 • Échangé à Detroit par Montréal avec Roland Rossignol et une somme d'argent pour Billy Reay le 11 septembre 1945

GILCHRIST, BRENT

Né à Moose Jaw, Saskatchewan, le 3 avril 1967. Centre, lance de la gauche, 5'11", 175 lb (Choix de 4e ronde de Montréal, 79e au total lors du repêchage de 1985)

Saison	Club	Ligue	PJ	B	A	PTS	PUN	PJ	B	A	PTS	PUN
1983-84	Kelowna (Wings)	WHL	69	16	11	27	16	-	-	-	-	-
1984-85	Kelowna (Wings)	WHL	51	35	38	73	58	6	5	2	7	8
1985-86	Spokane (Chiefs)	WHL	52	45	45	90	57	9	6	7	13	19
1986-87	Spokane (Chiefs)	WHL	46	45	55	100	71	5	2	7	9	6
	Sherbrooke (Canadiens)	AHL	-	-	-	-	-	10	2	7	9	2
1987-88	Sherbrooke (Canadiens)	AHL	77	26	48	74	83	6	1	3	4	6
1988-89	Sherbrooke (Canadiens)	AHL	7	6	5	11	7	-	-	-	-	-
	Montréal (Canadiens)	**LNH**	**49**	**8**	**16**	**24**	**16**	**9**	**1**	**1**	**2**	**10**
1989-90	**Montréal (Canadiens)**	**LNH**	**57**	**9**	**15**	**24**	**28**	**8**	**2**	**0**	**2**	**2**
1990-91	**Montréal (Canadiens)**	**LNH**	**51**	**6**	**9**	**15**	**10**	**13**	**5**	**3**	**8**	**6**
1991-92	**Montréal (Canadiens)**	**LNH**	**79**	**23**	**27**	**50**	**57**	**11**	**2**	**4**	**6**	**6**
1992-93	Edmonton (Oilers)	LNH	60	10	10	20	47	-	-	-	-	-
	Minnesota (North Stars)	LNH	8	0	1	1	2	-	-	-	-	-
1993-94	Dallas (Stars)	LNH	76	17	14	31	31	9	3	1	4	2
1994-95	Dallas (Stars)	LNH	32	9	4	13	16	5	0	1	1	2
1995-96	Dallas (Stars)	LNH	77	20	22	42	36	-	-	-	-	-
1996-97	Dallas (Stars)	LNH	67	10	20	30	24	6	2	2	4	2
1997-98	Detroit (Red Wings)	LNH	61	13	14	27	40	15	2	1	3	12
1998-99	Detroit (Red Wings)	LNH	5	1	0	1	0	3	0	0	0	0
1999-00	Detroit (Red Wings)	LNH	24	4	2	6	24	6	0	0	0	6
2000-01	Detroit (Red Wings)	LNH	60	1	8	9	41	5	0	1	1	0
2001-02	Detroit (Red Wings)	LNH	19	1	1	2	8	-	-	-	-	-
	Dallas (Stars)	LNH	26	2	5	7	6	-	-	-	-	-
2002-03	Nashville (Predators)	LNH	41	1	2	3	14	-	-	-	-	-
		LNH	**792**	**135**	**170**	**305**	**400**	**90**	**17**	**14**	**31**	**48**
		Montréal	**236**	**46**	**67**	**113**	**111**	**41**	**10**	**8**	**18**	**24**

• Coupe Stanley (LNH) en 1997-98

• Échangé à Edmonton par Montréal avec Shayne Corson et Vladimir Vujtek pour Vincent Damphouse et le choix de 4e ronde d'Edmonton au repêchage de 1993 (Adam Wiesel) le 27 août 1992 • Échangé au Minnesota par Edmonton pour Todd Elik le 5 mars 1993. • Transfert de la concession du Minnesota à Dallas le 9 juin 1993 • Signe avec Detroit comme joueur autonome le 1er août 1997 • Réclamé par Tampa Bay de Detroit lors du repêchage inter-équipes le 5 octobre 1998 • Échangé à Detroit par Tampa Bay pour des considérations futures le 5 octobre 1998 • Réclamé au ballottage par Dallas de Detroit le 13 février 2002 • Signe avec Nashville comme joueur autonome le 11 juillet 2002

GILMOUR, DOUG

Né à Kingston, Ontario, le 25 juin 1963. Centre, lance de la gauche, 5'11", 177 lb (Choix de 7e ronde de St. Louis, 134e au total lors du repêchage de 1982)

Saison	Club	Ligue	PJ	B	A	PTS	PUN	PJ	B	A	PTS	PUN
1978-79	Kingston (Legionaires)	OMHA	*Statistiques non disponibles*									
1979-80	Kingston (Voyageurs)	OHA-B	15	2	5	7	26	-	-	-	-	-
1979-80	Belleville (Bulls)	OPJHL	25	9	14	23	18	-	-	-	-	-
1980-81	Cornwall (Royals)	LHJMQ	51	12	23	35	35	-	-	-	-	-
	Canada	CMJ	5	0	0	0	0	-	-	-	-	-
	Cornwall (Royals)	Mem.	-	-	-	-	-	5	2	5	7	8
1981-82	Cornwall (Royals)	OHL	67	46	73	119	42	5	6	9	15	2
1982-83	Cornwall (Royals)	OHL	68	70	107	177	62	8	8	10	18	16
1983-84	St. Louis (Blues)	LNH	80	25	28	53	57	11	2	9	11	10
1984-85	St. Louis (Blues)	LNH	78	21	36	57	49	3	1	1	2	2
1985-86	St. Louis (Blues)	LNH	74	25	28	53	41	19	9	12	21	25
1986-87	St. Louis (Blues)	LNH	80	42	63	105	58	6	2	2	4	16
1987-88	Canada	CC	8	2	0	2	4	-	-	-	-	-
	St. Louis (Blues)	LNH	72	36	50	86	59	10	3	14	17	18
1988-89	Calgary (Flames)	LNH	72	26	59	85	44	22	11	11	22	20
1989-90	Calgary (Flames)	LNH	78	24	67	91	54	6	3	1	4	8
	Canada	CM	9	1	4	5	18	-	-	-	-	-
1990-91	Calgary (Flames)	LNH	78	20	61	81	144	7	1	1	2	0
1991-92	Calgary (Flames)	LNH	38	11	27	38	46	-	-	-	-	-
	Toronto (Maple Leafs)	LNH	40	15	34	49	32	-	-	-	-	-
1992-93	Toronto (Maple Leafs)	LNH	83	32	95	127	100	21	10	25	35	30
	Match des étoiles	LNH	1	1	0	1	0	-	-	-	-	-
1993-94	Toronto (Maple Leafs)	LNH	83	27	84	111	105	18	6	22	28	42
	Match des étoiles	LNH	1	0	1	1	0	-	-	-	-	-
1994-95	HC Rapperswil-Jona	SUI	9	2	13	15	16	-	-	-	-	-
	Toronto (Maple Leafs)	LNH	44	10	23	33	26	7	0	6	6	6
1995-96	Toronto (Maple Leafs)	LNH	81	32	40	72	77	6	1	7	8	12
1996-97	Toronto (Maple Leafs)	LNH	61	15	45	60	46	-	-	-	-	-
	New Jersey (Devils)	LNH	20	7	15	22	22	10	0	4	4	14
1997-98	New Jersey (Devils)	LNH	63	13	40	53	68	6	5	2	7	4
1998-99	Chicago (Blackhawks)	LNH	72	16	40	56	56	-	-	-	-	-
1999-00	Chicago (Blackhawks)	LNH	63	22	34	56	51	-	-	-	-	-
	Buffalo (Sabres)	LNH	11	3	14	17	12	5	0	1	1	0
2000-01	Buffalo (Sabres)	LNH	71	7	31	38	70	13	2	4	6	12
2001-02	**Montréal (Canadiens)**	**LNH**	**70**	**10**	**31**	**41**	**48**	**12**	**4**	**6**	**10**	**16**
2002-03	**Montréal (Canadiens)**	**LNH**	**61**	**11**	**19**	**30**	**36**	**-**	**-**	**-**	**-**	**-**
	Toronto (Maple Leafs)	LNH	1	0	0	0	0	-	-	-	-	-
		LNH	**1474**	**450**	**964**	**1414**	**1301**	**182**	**60**	**128**	**188**	**235**
		Montréal	**131**	**21**	**50**	**71**	**84**	**12**	**4**	**6**	**10**	**16**

• Coupe du Président (LHJMQ) en 1980-81 • Coupe Memorial en 1980-81 • Première équipe d'étoiles (OHL) 1982-83 • Trophée Eddie Powers (OHL) en 1982-83 • Coupe Stanley (LNH) en 1988-89 • Trophée Frank-J.-Selke (LNH) en 1992-93 • Match des étoiles (LNH) en 1992-93, 1993-94

• Échangé à Calgary par St. Louis avec Mark Hunter, Steve Bozek et Michael Dark pour Mike Bullard, Craig Coxe et Tim Corkery le 6 septembre 1988 • Échangé à Toronto par Calgary avec Jamie Macoun, Ric Nattress, Kent Manderville et Rick Wamsley pour Gary Leeman, Alexander Godynyuk, Jeff Reese, Michel Petit et Craig Berube le 2 janvier 1992 • Échangé au New Jersey par Toronto avec Dave Ellett et le choix de 3e ronde du New Jersey au repêchage de 1999 (propriété du Toronto suite à une transaction antérieure, New Jersey sélectionne Andre Lakos) pour Jason Smith, Steve Sullivan et les droits sur Alyn McCauley le 25 février 1997 • Signe avec Chicago comme joueur autonome le 28 juillet 1998 • Échangé à Buffalo par Chicago avec Jean-Pierre Dumont et des considérations futures pour Michal Grosek le 10 mars 2000 • Signe avec Montréal comme joueur autonome le 5 octobre 2001 • Échangé à Toronto par Montréal pour le choix de 6e ronde de Toronto au repêchage de 2003 (Mark Flood) le 11 mars 2003 • Annonce officiellement sa retraite le 8 septembre 2003

GINGRAS, GASTON

Né à Temiscaming, Québec, le 13 février 1959. Défenseur, lance de la gauche, 6'01", 200 lb (Choix de 2e ronde de Montréal, 27e au total lors repêchage de 1979)

Saison	Club	Ligue	PJ	B	A	PTS	PUN	PJ	B	A	PTS	PUN
1974-75	North Bay (Trappers)	NOJHA	41	11	27	38	74	-	-	-	-	-
1975-76	Kitchener (Rangers)	OMJHL	66	13	31	44	94	8	3	3	6	7
1976-77	Kitchener (Rangers)	OMJHL	59	13	62	75	134	3	0	1	1	6
1977-78	Kitchener (Rangers)	OMJHL	32	13	24	37	31	-	-	-	-	-
	Hamilton (Fincups)	OMJHL	29	11	19	30	37	15	3	11	14	13
1978-79	Birmingham (Bulls)	AMH	60	13	21	34	35	-	-	-	-	-
1979-80	Nlle-Écosse (Voyageurs)	AHL	30	11	27	38	17	-	-	-	-	-
	Montréal (Canadiens)	**LNH**	**34**	**3**	**7**	**10**	**18**	**10**	**1**	**6**	**7**	**8**
1980-81	**Montréal (Canadiens)**	**LNH**	**55**	**5**	**16**	**21**	**22**	**1**	**1**	**0**	**1**	**0**
1981-82	**Montréal (Canadiens)**	**LNH**	**34**	**6**	**18**	**24**	**28**	**5**	**0**	**1**	**1**	**0**
1982-83	**Montréal (Canadiens)**	**LNH**	**22**	**1**	**8**	**9**	**8**	**-**	**-**	**-**	**-**	**-**
	Toronto (Maple Leafs)	LNH	45	10	18	28	10	3	1	2	3	2
1983-84	Toronto (Maple Leafs)	LNH	59	7	20	27	16	-	-	-	-	-
1984-85	Toronto (Maple Leafs)	LNH	5	0	2	2	0	-	-	-	-	-
	St. Catharines (Saints)	AHL	36	7	12	19	13	-	-	-	-	-
	Sherbrooke (Canadiens)	AHL	21	3	14	17	6	17	5	4	9	4
1985-86	Sherbrooke (Canadiens)	AHL	42	11	20	31	14	-	-	-	-	-
	Montréal (Canadiens)	**LNH**	**34**	**8**	**18**	**26**	**12**	**11**	**2**	**3**	**5**	**4**
1986-87	**Montréal (Canadiens)**	**LNH**	**66**	**11**	**34**	**45**	**21**	**5**	**0**	**2**	**2**	**0**
1987-88	**Montréal (Canadiens)**	**LNH**	**2**	**0**	**1**	**1**	**2**	**-**	**-**	**-**	**-**	**-**
	St. Louis (Blues)	LNH	68	7	22	29	18	10	1	3	4	4
1988-89	St. Louis (Blues)	LNH	52	3	10	13	6	7	0	1	1	2
1989-90	EHC Biel-Bienne	SUI	36	17	20	37	-	6	3	3	6	-
1990-91	EHC Biel-Bienne	SUI	13	1	7	8	-	-	-	-	-	-
1991-92	HC Lugano	SUI	38	10	19	29	24	-	-	-	-	-
1992-93	HC Gardena-Groden	Alpes	30	10	19	29	28	-	-	-	-	-
	HC Gardena-Groden	ITA	19	3	24	27	16	-	-	-	-	-
1993-94	HC Gardena-Groden	Alpes	27	5	15	20	6	-	-	-	-	-
	HC Gardena-Groden	ITA	21	3	14	17	14	-	-	-	-	-
1994-95	HC Gardena-Groden	Alpes	1	0	0	0	2	-	-	-	-	-
	Fredericton (Canadiens)	AHL	19	3	6	9	4	17	2	12	14	8
1995-96	Fredericton (Canadiens)	AHL	39	2	21	23	18	-	-	-	-	-
1996-97			*N'a pas joué*									
1997-98			*N'a pas joué*									
1998-99	Chesapeake (Icebreakers)	ECHL	5	0	4	4	6	-	-	-	-	-
		LNH	**476**	**61**	**174**	**235**	**161**	**52**	**6**	**18**	**24**	**20**
		Montréal	**247**	**34**	**102**	**136**	**111**	**32**	**4**	**12**	**16**	**12**

• Coupe Calder (AHL) en 1984-85 • Coupe Stanley (LNH) en 1985-86

• Signe avec Birmingham (AMH) comme joueur autonome en juin 1978 • Échangé à Toronto par Montréal pour le choix de 2e ronde de Toronto au repêchage de 1986 (Benoît Brunet) le 17 décembre 1982 • Échangé à Montréal par Toronto pour Larry Landon le 14 février 1985 • Échangé à St. Louis par Montréal pour Larry Trader et des considérations futures (inversion des choix de 3e ronde au repêchage de 1989, Montréal sélectionne Pierre Sevigny et St. Louis Chris Draper) le 13 octobre 1987 • Signe avec Montréal comme joueur autonome le 1er mars 1995 • Signe avec Chesapeake (ECHL) comme joueur autonome le 9 février 1999

GIROUX, ARTHUR (ART)

Né à Winnipeg, Manitoba, le 6 juin 1908, décédé le 5 juin 1982 Ailier droit, lance de la droite, 5'10", 165 lb

Saison	Club	Ligue	PJ	B	A	PTS	PUN	PJ	B	A	PTS	PUN
1926-27	Saskatoon (Sheiks)	PrHL	27	1	0	1	4	2	0	0	0	0
1927-28	Saskatoon (Sheiks)	PrHL	19	6	1	7	2	-	-	-	-	-
1928-29	San Francisco (Tigers)	Cal-Pro	-	7	1	8	-	-	-	-	-	-
1929-30	San Francisco (Tigers)	Cal-Pro	-	*34	10	44	59	-	-	-	-	-
1930-31	Providence (Reds)	Can-Am	39	16	7	23	41	2	0	0	0	4
1931-32	Providence (Reds)	Can-Am	36	11	10	21	25	5	3	1	4	2
1932-33	Providence (Reds)	Can-Am	6	5	1	6	4	-	-	-	-	-
	Montréal (Canadiens)	**LNH**	**40**	**5**	**2**	**7**	**14**	**2**	**0**	**0**	**0**	**0**
1933-34	Providence (Reds)	Can-Am	40	20	15	35	28	3	*7	1	*8	6
1934-35	Boston (Bruins)	LNH	10	1	0	1	0	-	-	-	-	-
	Boston (Cubs)	Can-Am	32	20	16	36	19	3	1	0	1	0
1935-36	Detroit (Red Wings)	LNH	4	0	2	2	0	-	-	-	-	-
	Detroit (Olympics)	IHL	35	17	12	29	28	6	4	4	8	4
1936-37	Pittsburgh (Hornets)	IAHL	47	21	7	28	30	5	3	0	3	2
1937-38	Providence (Reds)	IAHL	43	12	10	22	13	7	3	5	8	2
1938-39	Providence (Reds)	IAHL	51	23	24	47	4	5	1	1	2	0
1939-40	Providence (Reds)	IAHL	54	17	23	40	21	8	2	2	4	0
1940-41	Providence (Reds)	AHL	48	20	19	39	12	4	1	1	2	0
1941-42	Cleveland (Barons)	AHL	54	18	22	40	18	5	1	0	1	2
1942-43	Cleveland (Barons)	AHL	53	13	11	24	22	2	0	0	0	0
1943-44	Providence (Reds)	AHL	31	12	10	22	5	-	-	-	-	-
	Pittsburgh (Hornets)	AHL	11	11	5	16	0	-	-	-	-	-
1944-45	Pittsburgh (Hornets)	AHL	3	0	2	2	2	-	-	-	-	-
	St. Louis (Flyers)	AHL	40	18	15	33	6	-	-	-	-	-

SAISONS RÉGULIÈRES — SÉRIES ÉLIMINATOIRES

SAISON	CLUB	LIGUE	PJ	B	A	PTS	PUN	PJ	B	A	PTS	PUN
		LNH	**54**	**6**	**4**	**10**	**14**	**2**	**0**	**0**	**0**	**0**
		Montréal	**40**	**5**	**2**	**7**	**14**	**2**	**0**	**0**	**0**	**0**

• Coupe Calder (AHL) en 1937-38, 1939-40 • Deuxième équipe d'étoile (IAHL) en 1939-40

• Droits vendus à Montréal par San Francisco avec Georges Giroux le 13 février 1930 • Droits vendus à Boston par Montréal le 18 octobre 1934 • Échangé à Detroit par Boston avec Marty Barry pour Ralph Weiland et Walter Buswell le 30 juin 1935

GLASS, FRANK (PUD)

Né à Kirk's Ferry, Écosse, le 2 octobre 1884, décédé le 2 mars 1965
Rover/Ailier gauche/Centre, lance de la gauche, 5'10", 190 lb

SAISON	CLUB	LIGUE	PJ	B	A	PTS	PUN	PJ	B	A	PTS	PUN
1901-02	Montréal (St. Lawrence)	MCJHL	*Statistiques non disponibles*									
1902-03	Montréal (St. Lawrence)	MCJHL	*Statistiques non disponibles*									
1903-04	Montréal (Saint-Charles)	MCJHL	*Statistiques non disponibles*									
1904-05	Montréal (Wanderers)	FAHL	6	9	0	9	6	-	-	-	-	-
1905-06	Montréal (Wanderers)	ECAHA	10	10	0	10	12	2	3	0	3	6
1906-07	Montréal (Wanderers)	ECAHA	10	14	0	14	11	6	8	0	8	21
1907-08	Montréal (Wanderers)	ECAHA	9	3	0	3	23	5	6	0	6	13
1908-09	Montréal (Wanderers)	ECHA	12	18	0	18	29	2	5	0	5	11
1909-10	Montréal (Wanderers)	NHA	12	15	0	15	38	1	0	0	0	0
1910-11	Montréal (Wanderers)	NHA	16	17	0	17	31	-	-	-	-	-
1911-12	**Montréal (Canadiens)**	**NHA**	**16**	**7**	**0**	**7**	**-**	**-**	**-**	**-**	**-**	**-**
		NHA	**44**	**39**	**0**	**39**	**69**	**1**	**0**	**0**	**0**	**0**
		Montréal	**16**	**7**	**0**	**7**	**-**	**-**	**-**	**-**	**-**	**-**

• Coupe Stanley (ECAHA) en 1905-06, 1906-07, 1907-08 (NHA) en 1909-10• Deuxième équipe d'étoiles (ECAHA) en 1907-08

• Signe avec Montréal (Wanderers) le 6 décembre 1906 •Droits vendus à Montréal (Canadiens) par Montréal (Wanderers) le 7 janvier 1912

GLOVER, HOWARD (HOWIE)

Né à Toronto, Ontario, le 14 février 1935. Ailier droit, lance de la droite, 5'11", 180 lb

SAISON	CLUB	LIGUE	PJ	B	A	PTS	PUN	PJ	B	A	PTS	PUN
1952-53	Weston (Dukes)	OHA B	*Statistiques non disponible*									
	Toronto (Marlboros)	JOHA	19	1	4	5	9	6	0	1	1	6
1953-54	Toronto (Marlboros)	JOHA	19	5	3	8	17	-	-	-	-	-
	Kitchener (Greenshirts)	JOHA	42	17	9	26	53	4	0	0	0	7
1954-55	Kitchener-Barrie	JOHA	48	10	9	19	72	-	-	-	-	-
1955-56	Toledo (Mercurys)	LIHL	60	23	23	46	108	9	1	3	4	4
	Cleveland (Barons)	AHL	2	0	1	1	0	-	-	-	-	-
1956-57			*N'a pas joué – Suspendu*									
1957-58	Winnipeg (Warriors)	WHL	67	38	34	72	72	7	4	1	5	8
1958-59	Calgary (Stampeders)	WHL	42	12	22	34	63	8	4	3	7	8
	Chicago (Black Hawks)	LNH	13	0	1	1	2	-	-	-	-	-
1959-60	Buffalo (Bisons)	AHL	68	31	25	56	95	-	-	-	-	-
1960-61	Detroit (Red Wings)	LNH	66	21	8	29	46	11	1	2	3	2
1961-62	Detroit (Red Wings)	LNH	39	7	8	15	44	-	-	-	-	-
1962-63	Pittsburgh (Hornets)	AHL	71	22	30	52	94	-	-	-	-	-
1963-64	New York (Rangers)	LNH	25	1	0	1	9	-	-	-	-	-
1964-65	Cleveland (Barons)	AHL	26	21	7	28	49	-	-	-	-	-
1965-66	Cleveland (Barons)	AHL	59	9	14	23	96	12	5	0	5	21
1966-67	Cleveland (Barons)	AHL	48	18	16	34	66	5	2	0	2	0
1967-68	Clevealnd (Barons)	AHL	69	41	22	63	121	-	-	-	-	-
1968-69	Cleveland (Barons)	AHL	73	24	35	59	44	5	2	1	3	4
	Montréal (Canadiens)	**LNH**	**1**	**0**	**0**	**0**	**0**	**-**	**-**	**-**	**-**	**-**
1969-70	Cleveland (Barons)	AHL	32	12	14	26	49	-	-	-	-	-
		LNH	**144**	**29**	**17**	**46**	**101**	**11**	**1**	**2**	**3**	**2**
		Montréal	**1**	**0**	**0**	**0**	**0**	**-**	**-**	**-**	**-**	**-**

• Réclamé par Chicago de Winnipeg (WHL) au repêchage inter-ligues le 3 juin 1958 • Échangé à Detroit par Chicago pour Jim Morrison le 5 juin 1960 • Droits vendus à Portland (WHL) par Detroit le 27 mai 1963 • Échangé New York par Portland (WHL) pour Pat Hannigan le 19 septembre 1963 • Échangé à Montréal par New York pour Ray Brunel et Bev Bell le 19 avril 1964 • Droits vendus à Cleveland (AHL) par Montréal le 19 avril 1964 • Échangé à Montréal par Cleveland pour Jim Mikol et Bill Staub en août 1968

GODIN, SAMUEL (SAM)

Né à Rockland, Ontario, le 20 septembre 1909, décédé
Ailier droit, lance de la droite, 5'10", 155 lb

SAISON	CLUB	LIGUE	PJ	B	A	PTS	PUN	PJ	B	A	PTS	PUN
1926-27	Rockland Hockey Club	OVHL	*Statistiques non disponibles*									
1927-28	Rockland Hockey Club	OVHL	8	8	2	10	6	-	-	-	-	-
	Ottawa (Senators)	LNH	24	0	0	0	0	-	-	-	-	-
1928-29	Ottawa (Senators)	LNH	23	2	1	3	21	-	-	-	-	-
	Niagara Falls (Cataracts)	Can-Pro	18	8	1	9	33	-	-	-	-	-
1929-30	Buffalo (Bisons)	IHL	39	9	6	15	22	7	0	0	0	8
1930-31	Buffalo (Bisons)	IHL	26	3	5	8	16	6	0	0	0	2
1931-32	Buffalo (Bisons)	IHL	47	5	5	10	21	5	0	0	0	2
1932-33	Buffalo (Bisons)	IHL	42	15	12	27	45	6	4	0	4	8
1933-34	**Montréal (Canadiens)**	**LNH**	**36**	**2**	**2**	**4**	**15**	**-**	**-**	**-**	**-**	**-**
	Windsor (Bulldogs)	IHL	9	0	0	0	2	-	-	-	-	-
1934-35	Buffalo (Bisons)	IHL	17	2	3	5	16	-	-	-	-	-
	London (Tecumsehs)	IHL	27	11	7	18	24	5	0	2	2	2
1935-36	Buffalo (Bisons)	IHL	48	19	18	37	14	5	2	1	3	0
1936-37	Buffalo (Bisons)	IAHL	11	1	2	3	4	-	-	-	-	-
	Vancouver (Lions)	PCHL	31	8	7	15	14	3	1	2	3	0
1937-38	Springfield (Indians)	IAHL	3	0	1	1	2	-	-	-	-	-
	Minneapolis (Millers)	AHA	44	24	17	41	19	7	*5	1	*6	0
1938-39	Minneapolis (Millers)	AHA	9	2	4	6	4	-	-	-	-	-
	Kansas City (Greyhounds)	AHA	29	6	12	18	10	-	-	-	-	-
1939-40	Wichita (Skyhawks)	AHA	15	1	4	5	10	-	-	-	-	-
1940-41	Ottawa (Canadiens)	OCHL	8	1	1	2	2	-	-	-	-	-
	Hamilton (Dofascos)	SOHA	13	1	2	3	20	-	-	-	-	-
1941-42	Ottawa (Canadiens)	OCHL	*N'a pas joué – Entraîneur*									
1942-43	Hamilton (Majors)	SOHA	1	0	0	0	0	-	-	-	-	-

SAISON	CLUB	LIGUE	PJ	B	A	PTS	PUN	PJ	B	A	PTS	PUN
		LNH	**83**	**4**	**3**	**7**	**36**	**-**	**-**	**-**	**-**	**-**
		Montréal	**36**	**2**	**2**	**4**	**15**	**-**	**-**	**-**	**-**	**-**

• Signe avec Ottawa le 24 janvier 1928 • Droits vendus à Buffalo (IHL) par Ottawa en novembre 1929 • Droits vendus à Montréal par Buffalo (IHL) le 11 septembre 1933. • Prêté à Windsor (IHL) par Montréal le 12 février 1934 • Prêté à London (IHL) par Montréal le 30 décembre 1934 • Signe avec Vancouver (PCHL) au retrait de Buffalo (IAHL) le 9 décembre 1936 • Échangé à Springfield (IAHL) par Montréal pour Red Conn le 30 septembre 1937 • Droits vendus à Minneapolis (AHA) par Springfield (IAHL) le7 novembre 1937

GOLDSWORTHY, LEROY

Né à Two Harbors, Minnesota, le 18 octobre 1906, décédé le 16 mars 1980
Défenseur/Ailier droit, lance de la droite 6', 165 lb

SAISON	CLUB	LIGUE	PJ	B	A	PTS	PUN	PJ	B	A	PTS	PUN
1924-25	Edmonton (Victorias)	EJHL	1	0	0	0	0	3	0	0	0	2
1925-26	Edmonton (Eskimos)	WHL	11	0	0	0	0	-	-	-	-	-
1926-27	Springfield (Indians)	Can-Am	31	2	1	3	4	6	1	0	1	8
1927-28	Springfield (Indians)	Can-Am	38	8	5	13	32	4	2	0	2	2
1928-29	Springfield (Indians)	Can-Am	39	9	7	16	40	-	-	-	-	-
	New York (Rangers)	LNH	-	-	-	-	-	1	0	0	0	0
1929-30	New York (Rangers)	LNH	44	4	1	5	16	4	0	0	0	2
1930-31	London (Tecumsehs)	IHL	25	9	5	14	27	-	-	-	-	-
	Detroit (Falcons)	LNH	12	1	0	1	2	-	-	-	-	-
	Detroit (Olympics)	IHL	9	4	0	4	4	-	-	-	-	-
1931-32	Detroit (Olympics)	IHL	47	16	9	25	16	6	2	0	2	2
1932-33	Detroit (Red Wings)	LNH	25	3	6	9	6	2	0	0	0	0
	Detroit (Olympics)	IHL	17	12	2	14	22	-	-	-	-	-
1933-34	London (Tecumsehs)	IHL	18	11	4	15	10	-	-	-	-	-
	Chicago (Black Hawks)	LNH	27	3	3	6	0	7	0	0	0	0
1934-35	London (Tecumsehs)	IHL	7	4	1	5	6	-	-	-	-	-
	Chicago (Black Hawks)	LNH	7	0	0	0	2	-	-	-	-	-
	Montréal (Canadiens)	**LNH**	**33**	**20**	**9**	**29**	**13**	**2**	**1**	**0**	**1**	**0**
1935-36	**Montréal (Canadiens)**	**LNH**	**47**	**15**	**11**	**26**	**8**	**-**	**-**	**-**	**-**	**-**
1936-37	Boston (Bruins)	LNH	47	8	6	14	8	3	0	0	0	0
1937-38	Boston (Bruins)	LNH	46	9	10	19	14	3	0	0	0	2
1938-39	New York (Americans)	LNH	48	3	11	14	10	2	0	0	0	0
1939-40	Cleveland (Barons)	IAHL	56	9	22	31	10	-	-	-	-	-
1940-41	Buffalo (Bisons)	AHL	56	6	18	24	8	-	-	-	-	-
1941-42	Dallas (Texans)	AHA	50	15	24	39	31	-	-	-	-	-
1942-43			*Service militaire*									
1943-44	Edmonton (Vics)	Exh.	*Statistiques non disponibles*									
	Edmonton (Vics)	Allan	-	-	-	-	-	4	0	0	0	0
1944-45			*Service militaire*									
1945-46	Dallas (Texans)	USHL	1	0	0	0	0	-	-	-	-	-
		LNH	**336**	**66**	**57**	**123**	**79**	**24**	**1**	**0**	**1**	**4**
		Montréal	**80**	**35**	**20**	**55**	**21**	**2**	**1**	**0**	**1**	**0**

• Coupe Stanley (LNH) en 1933-34

• Signe avec Edmonton (WHL) le 2 décembre 1925 • Droits vendus à New York (Rangers) par Edmonton (WHL) le 19 octobre 1926 • Droits vendus à London (IHL) par New York (Rangers) le 29 octobre 1930 • Échangé à Detroit par London (IHL) pour Harold Hicks le 12 janvier 1931 • Échangé à Chicago par Detroit avec Frank Waite pour Gene Carrigan le 19 octobre 1933 • Droits vendus à London (IHL) par Chicago le 22 novembre 1933. • Échangé à Chicago par London (IHL) pour Bill Kendall et une somme d'argent le 4 janvier 1934 • Échangé à Montréal par Chicago avec Lionel Conacher et Roger Jenkins pour Lorne Chabot, Howie Morenz et Marty Burke le 1er octobre 1934 • Droits vendus à Chicago par Montréal le 4 octobre 1934 • Droits vendus à Montréal par Chicago le 18 décembre 1934 • Échangé à Boston par Montréal avec Sammy McManus et une somme d'argent pour Babe Siebert et Roger Jenkins le 10 septembre 1936 • Droits vendus à New York (Americans) par Boston avec Art Jackson le 24 octobre 1938 • Droits vendus à Cleveland (IAHL) par New York (Americains) le 12 octobre 1939.

GOLDUP, GLENN

Né à St. Catharines, Ontario, le 26 avril 1953. Ailier droit, lance de la gauche, 6', 190 lb (Choix de 2e ronde de Montréal, 17e au total lors du repêchage de 1973)

SAISON	CLUB	LIGUE	PJ	B	A	PTS	PUN	PJ	B	A	PTS	PUN
1968-69	Toronto (Marlboros)	JOHA	35	20	20	40	-	-	-	-	-	-
1969-70	Markham (Waxers)	OHA B	27	22	19	41	-	-	-	-	-	-
	Toronto (Marlboros)	JOHA	2	0	1	1	0	14	4	5	9	9
1970-71	Toronto (Marlboros)	JOHA	58	12	22	34	82	14	2	1	3	16
1971-72	Toronto (Marlboros)	OMJHL	63	24	34	58	161	10	2	2	4	30
1972-73	Toronto (Marlboros)	OMJHL	54	42	53	95	193	16	7	11	18	-
	Toronto (Marlboros)	Mem.	-	-	-	-	-	3	3	2	5	2
1973-74	Nlle-Écosse (Voyageurs)	AHL	44	18	15	33	64	-	-	-	-	-
	Montréal (Canadiens)	**LNH**	**6**	**0**	**0**	**0**	**0**	**-**	**-**	**-**	**-**	**-**
1974-75	Nlle-Écosse (Voyageurs)	AHL	49	15	16	31	140	5	1	4	5	36
	Montréal (Canadiens)	**LNH**	**9**	**0**	**1**	**1**	**2**	**-**	**-**	**-**	**-**	**-**
1975-76	Nlle-Écosse (Voyageurs)	AHL	65	23	22	45	131	9	*8	3	11	*33
	Montréal (Canadiens)	**LNH**	**3**	**0**	**0**	**0**	**2**	**-**	**-**	**-**	**-**	**-**
1976-77	Fort Worth (Texans)	CHL	7	2	2	4	9	-	-	-	-	-
	Los Angeles (Kings)	LNH	28	7	6	13	29	8	2	2	4	2
1977-78	Los Angeles (Kings)	LNH	66	14	18	32	66	2	1	0	1	11
1978-79	Los Angeles (Kings)	LNH	73	15	22	37	89	2	0	1	1	9
1979-80	Los Angeles (Kings)	LNH	55	10	11	21	78	4	1	0	1	0
1980-81	Los Angeles (Kings)	LNH	49	6	9	15	35	-	-	-	-	-
	New Haven (Nighthawks)	AHL	15	6	2	8	36	3	0	0	0	0
1981-82	Los Angeles (Kings)	LNH	2	0	0	0	2	-	-	-	-	-
	New Haven (Nighthawks)	AHL	51	14	17	31	91	4	3	1	4	2
1982-83	New Haven (Nighthawks)	AHL	28	0	8	8	39	-	-	-	-	-
1983-84	New Haven (Nighthawks)	AHL	1	0	0	0	0	-	-	-	-	-
		LNH	**291**	**52**	**67**	**119**	**303**	**16**	**4**	**3**	**7**	**22**
		Montréal	**18**	**0**	**1**	**1**	**4**	**-**	**-**	**-**	**-**	**-**

• Coupe Memorial en 1972-73 • Deuxième équipe d'étoiles (AHL) en 1975-76 • Coupe Calder (AHL) en 1975-76

GLA-GOL

SAISONS RÉGULIÈRES — SÉRIES ÉLIMINATOIRES

• Échangé à Los Angeles par Montréal avec le choix de 3e ronde de Montréal (cédé plus tard à Detroit qui sélectionne Doug Derkson) au repêchage de 1978 pour le choix de 3e ronde de Los Angeles (Moe Robinson) au repêchage de 1977 et le 1er choix de Los Angeles (Danny Geoffrion) au repêchage de 1978 le 12 juin 1976

GORGES, JOSH

Né à Kelowna, Colombie-Britannique, le 14 août 1984. Défenseur, lance de la gauche, 6'1", 195 lb

SAISON	CLUB	LIGUE	PJ	B	A	PTS	PUN	PJ	B	A	PTS	PUN
2000-01	Kelowna (Rockets)	WHL	57	4	6	10	24	6	1	1	2	4
2001-02	Kelowna (Rockets)	WHL	72	7	34	41	74	15	1	7	8	8
2002-03	Kelowna (Rockets)	WHL	54	11	48	59	76	19	3	17	20	16
2003-04	Kelowna (Rockets)	WHL	62	11	31	42	38	17	2	13	15	6
	Canada	CMJ	6	0	3	3	4	-	-	-	-	-
	Kelowna (Rockets)	Mem.	-	-	-	-	-	4	0	2	2	0
2004-05	Cleveland (Barons)	AHL	74	4	8	12	37	-	-	-	-	-
2005-06	San Jose (Sharks)	LNH	49	0	6	6	31	11	0	1	1	4
	Cleveland (Barons)	AHL	18	2	3	5	12	-	-	-	-	-
2006-07	San Jose (Sharks)	LNH	47	1	3	4	26	-	-	-	-	-
	Worcester (Sharks)	AHL	7	0	1	1	2	-	-	-	-	-
	Montréal (Canadiens)	**LNH**	**7**	**0**	**0**	**0**	**0**	**-**	**-**	**-**	**-**	**-**
2007-08	**Montréal (Canadiens)**	**LNH**	**62**	**0**	**9**	**9**	**32**	**12**	**0**	**3**	**3**	**0**
		LNH	**165**	**1**	**18**	**19**	**89**	**23**	**0**	**4**	**4**	**4**
		Montréal	**69**	**0**	**9**	**9**	**32**	**12**	**0**	**3**	**3**	**0**

• Deuxième équipe d'étoiles, Division Ouest (WHL) en 2002-03 • Première équipe d'étoiles, Division Ouest (WHL) en 2003-04 • Trophée George Parsons (Mem.) en 2003-04 • Coupe Memorial en 2003-04 • Médaille d'argent (CMJ) en 2004

• Signe avec San Jose comme joueur autonome le 20 septembre 2002 • Échangé à Montréal par San Jose avec un choix de 1re ronde de San Jose au repêchage de 2007 (Max Pacioretty) pour Craig Rivet et d'un choix de 5e ronde de Montréal au repêchage 2008 (Julien Demers) le 25 février 2007

GOUPILLE, CLIFFORD (RED)

Né à Trois-Rivières, Québec, le 2 septembre 1915, décédé le 4 juillet 2005 Défenseur, lance de la gauche, 6', 190 lb

SAISON	CLUB	LIGUE	PJ	B	A	PTS	PUN	PJ	B	A	PTS	PUN
1935-36	Montréal (Lafontaine)	LHMC	22	7	11	18	54	-	-	-	-	-
	Montréal (Canadiens)	**LNH**	**4**	**0**	**0**	**0**	**0**	**-**	**-**	**-**	**-**	**-**
1936-37	New Haven (Eagles)	IAHL	34	6	4	10	78	-	-	-	-	-
	Montréal (Canadiens)	**LNH**	**4**	**0**	**0**	**0**	**0**	**-**	**-**	**-**	**-**	**-**
1937-38	**Montréal (Canadiens)**	**LNH**	**47**	**4**	**5**	**9**	**44**	**3**	**2**	**0**	**2**	**4**
1938-39	**Montréal (Canadiens)**	**LNH**	**18**	**0**	**2**	**2**	**24**	**-**	**-**	**-**	**-**	**-**
	New Haven (Eagles)	IAHL	36	6	6	12	54	-	-	-	-	-
1939-40	**Montréal (Canadiens)**	**LNH**	**48**	**2**	**10**	**12**	**48**	**-**	**-**	**-**	**-**	**-**
	Match des étoiles	LNH	1	0	0	0	2	-	-	-	-	-
1940-41	**Montréal (Canadiens)**	**LNH**	**48**	**3**	**6**	**9**	**81**	**2**	**0**	**0**	**0**	**0**
1941-42	**Montréal (Canadiens)**	**LNH**	**47**	**1**	**5**	**6**	**51**	**3**	**0**	**0**	**0**	**2**
1942-43	**Montréal (Canadiens)**	**LNH**	**6**	**2**	**0**	**2**	**8**	**-**	**-**	**-**	**-**	**-**
	Montréal (Armée)	LHSQ	22	3	5	8	37	7	0	3	3	20
1943-44			*Service militaire*									
1944-45			*Service militaire*									
1945-46	Hull (Volants)	LHSQ	40	4	13	17	*95	-	-	-	-	-
1946-47	Sherbrooke (Saints)	LHPQ	42	9	19	28	*112	10	4	7	11	10
	Sherbrooke (Saints)	Allan	-	-	-	-	-	4	0	1	1	8
1947-48	Sherbrooke (Saints)	LHPQ	61	12	31	43	101	9	1	3	4	20
1948-49	Sherbrooke (Saints)	LHSQ	63	6	16	22	90	12	1	1	2	24
1949-50	Sherbrooke (Saints)	LHSQ	57	4	19	23	51	12	0	2	2	2
	Sherbrooke (Saints)	Allan	-	-	-	-	-	5	1	1	2	6
1950-51	Sherbrooke (Saints)	LHMQ	59	1	15	16	54	7	0	0	0	6
		LNH	**222**	**12**	**28**	**40**	**256**	**8**	**2**	**0**	**2**	**6**
		Montréal	**222**	**12**	**28**	**40**	**256**	**8**	**2**	**0**	**2**	**6**

• Match des étoiles (LNH) en 1939-40

• Signe avec Montréal le 13 mars 1936

GOYETTE, PHILIPPE (PHIL)

Né à Lachine, Québec, le 31 octobre 1933. Centre, lance de la gauche, 5'11", 170 lb

SAISON	CLUB	LIGUE	PJ	B	A	PTS	PUN	PJ	B	A	PTS	PUN
1950-51	Montréal (National)	LHJQ	44	10	19	29	26	3	1	3	4	0
1951-52	Montréal (National)	LHJQ	45	23	28	51	11	9	3	5	8	4
1952-53	Montréal (Canadiens Jr)	LHJQ	44	23	36	59	13	7	2	4	6	0
1953-54	Montréal (Canadiens Jr)	LHJQ	50	43	47	90	19	8	4	5	9	0
1954-55	Cincinnati (Mohawks)	IHL	57	*41	51	*92	17	10	6	8	*14	2
	Montréal (Royals)	LHQ	-	-	-	-	-	4	0	1	1	0
1955-56	Montréal (Royals)	LHQ	58	19	15	34	413	*10	7	17	0	
	Montréal (Royals)	Edin.	-	-	-	-	-	6	1	3	4	0
1956-57	Montréal (Royals)	LHQ	47	13	18	31	10	-	-	-	-	-
	Montréal (Canadiens)	**LNH**	**14**	**3**	**4**	**7**	**0**	**10**	**2**	**1**	**3**	**4**
1957-58	**Montréal (Canadiens)**	**LNH**	**70**	**9**	**37**	**46**	**8**	**10**	**4**	**1**	**5**	**4**
	Match des étoiles	LNH	1	0	0	0	0	-	-	-	-	-
1958-59	**Montréal (Canadiens)**	**LNH**	**63**	**10**	**18**	**28**	**8**	**10**	**0**	**4**	**4**	**0**
	Match des étoiles	LNH	1	0	0	0	0	-	-	-	-	-
1959-60	**Montréal (Canadiens)**	**LNH**	**65**	**21**	**22**	**43**	**4**	**8**	**2**	**1**	**3**	**4**
	Match des étoiles	LNH	1	0	0	0	0	-	-	-	-	-
1960-61	**Montréal (Canadiens)**	**LNH**	**62**	**7**	**4**	**11**	**4**	**6**	**3**	**3**	**6**	**0**
1961-62	**Montréal (Canadiens)**	**LNH**	**69**	**7**	**27**	**34**	**18**	**6**	**1**	**4**	**5**	**2**
	Match des étoiles	LNH	1	0	0	0	2	-	-	-	-	-
1962-63	**Montréal (Canadiens)**	**LNH**	**32**	**5**	**8**	**13**	**2**	**2**	**0**	**0**	**0**	**0**
1963-64	New York (Rangers)	LNH	67	24	41	65	15	-	-	-	-	-
1964-65	New York (Rangers)	LNH	52	12	34	46	6	-	-	-	-	-
1965-66	New York (Rangers)	LNH	60	11	31	42	6	-	-	-	-	-
1966-67	New York (Rangers)	LNH	70	12	49	61	6	4	1	0	1	0
1967-68	New York (Rangers)	LNH	73	25	40	65	10	6	0	1	1	4
1968-69	New York (Rangers)	LNH	67	13	32	45	8	3	0	0	0	0
1969-70	St. Louis (Blues)	LNH	72	29	49	78	16	16	3	11	14	6
1970-71	Buffalo (Sabres)	LNH	60	15	46	61	6	-	-	-	-	-
1971-72	Buffalo (Sabres)	LNH	37	3	21	24	14	-	-	-	-	-
	New York (Rangers)	LNH	8	1	4	5	0	13	1	3	4	2
		LNH	**941**	**207**	**467**	**674**	**131**	**94**	**17**	**29**	**46**	**26**
		Montréal	**375**	**62**	**120**	**182**	**44**	**52**	**12**	**14**	**26**	**14**

• Première équipe d'étoiles (IHL) en 1954-55 • Trophée George-H.-Wilkinson (IHL) en 1954-55 • Trophée James-Gatschene (IHL) en 1954-55 • Match des étoiles de la LNH en 1957-58, 1958-59, 1959-60, 1961-62 • Coupe Stanley (LNH) en 1956-57, 1957-58, 1958-59, 1959-60 • Trophée Lady-Bing (LNH) en 1969-70

• Réclamé par Montréal de Montréal (Royals - LHQ) au repêchage inter-ligues le 5 juin 1956 • Échangé à New York par Montréal avec Don Marshall et Jacques Plante pour Lorne Worsley, Dave Balon, Léon Rochefort et Len Ronson le 4 juin 1963 • Échangé à St. Louis par New York pour le 1er choix de St. Louis au repêchage de 1969 (André Dupont) le 10 juin 1969 • Réclamé par Buffalo de St. Louis lors de l'expansion de la LNH le 10 juin 1970. • Droits vendus à New York par Buffalo le 5 mars 1972

GRABOSKI, ANTHONY (TONY)

Né à Timmins, Ontario, le 9 mai 1916, décédé le 18 septembre 2000 Défenseur, lance de la gauche, 5'10", 178 lb

SAISON	CLUB	LIGUE	PJ	B	A	PTS	PUN	PJ	B	A	PTS	PUN
1933-34	Oshawa (Majors)	JOHA	16	6	6	12	16	3	0	1	1	8
1934-35	Oshawa (Majors)	JOHA	13	3	7	10	6	2	1	2	3	2
1935-36	Sudbury (Wolves)	NOJHA	10	5	3	8	10	4	*8	2	10	4
	Falconbridge (Falcons)	Allan	-	-	-	-	-	5	2	0	2	4
1936-37	Hershey (B'ars)	EAHL	48	17	9	26	36	4	2	1	3	2
1937-38	Hershey (B'ars)	EAHL	50	29	26	55	17	-	-	-	-	-
1938-39	Hershey (Cubs)	EAHL	52	27	13	40	12	-	-	-	-	-
1939-40	Sydney (Millionaires)	CBSHL	34	*29	*27	*56	50	4	4	4	*8	*14
1940-41	New Haven (Eagles)	AHL	10	3	4	7	4	-	-	-	-	-
	Montréal (Canadiens)	**LNH**	**34**	**4**	**3**	**7**	**12**	**3**	**0**	**0**	**0**	**6**
1941-42	Washington (Lions)	AHL	24	3	2	5	12	2	0	0	0	0
	Montréal (Canadiens)	**LNH**	**23**	**2**	**5**	**7**	**8**	**-**	**-**	**-**	**-**	**-**
1942-43	Washington (Lions)	AHL	14	2	4	6	4	-	-	-	-	-
	Hershey (Bears)	AHL	38	8	26	34	10	6	0	0	0	2
	Montréal (Canadiens)	**LNH**	**9**	**0**	**2**	**2**	**4**	**-**	**-**	**-**	**-**	**-**
1943-44			*Service militaire*									
1944-45			*Service militaire*									
1945-46	Ottawa (Senators)	LHSQ	19	5	5	10	32	9	1	3	4	10
		LNH	**66**	**6**	**10**	**16**	**24**	**3**	**0**	**0**	**0**	**6**
		Montréal	**66**	**6**	**10**	**16**	**24**	**3**	**0**	**0**	**0**	**6**

• Signe avec Montréal le 25 octobre 1940 • Droits vendus à Hershey (AHL) par Montréal le 18 janvier 1943

GRABOVSKI, MIKHAIL

Né à Potsdam, Allemagne, le 31 janvier 1984. Centre, lance de la gauche, 5'11", 179 lb (Choix de 5e ronde de Montréal, 150e au total lors du repêchage de 2004)

SAISON	CLUB	LIGUE	PJ	B	A	PTS	PUN	PJ	B	A	PTS	PUN
2001-02	HC Minsk	BLR	26	10	7	17	16	-	-	-	-	-
	Bélarus U18 Intl.	CMJ	8	2	1	3	2	-	-	-	-	-
	Bélarus U20 Intl.	CMJ	6	0	1	1	2	-	-	-	-	-
2002-03	Bélarus	CMJ	6	2	0	2	2	-	-	-	-	-
2003-04	Neftekhimik Nizhnekamsk	RUS	45	6	11	17	26	5	0	0	0	4
	Bélarus	CM	5	4	5	9	0	-	-	-	-	-
2004-05	Neftekhimik Nizhnekamsk	RUS	60	16	20	36	32	3	2	0	2	2
	Yunost-Minsk	BLR	-	-	-	-	-	5	2	4	6	6
	Bélarus	JO	3	4	3	7	10	-	-	-	-	-
	Bélarus	CM	6	4	1	5	2	-	-	-	-	-
2005-06	Dynamo Moscou	RUS	48	10	17	27	28	4	0	0	0	4
	Yunost-Minsk	BLR	8	6	8	14	10	-	-	-	-	-
	Bélarus	CM	7	5	4	9	2	-	-	-	-	-
2006-07	**Montréal (Canadiens)**	**LNH**	**3**	**0**	**0**	**0**	**0**	**-**	**-**	**-**	**-**	**-**
	Hamilton (Bullgogs)	AHL	66	17	37	54	34	20	4	7	11	21
2007-08	**Montréal (Canadiens)**	**LNH**	**24**	**3**	**6**	**9**	**8**	**-**	**-**	**-**	**-**	**-**
	Hamilton (Bullgogs)	AHL	12	8	12	20	6	-	-	-	-	-
	Bélarus	CM	5	0	3	3	0	-	-	-	-	-
		LNH	**27**	**3**	**6**	**9**	**8**	**-**	**-**	**-**	**-**	**-**
		Montréal	**27**	**3**	**6**	**9**	**8**	**-**	**-**	**-**	**-**	**-**

• Coupe Calder (AHL) en 2006-07

• Échangé à Toronto par Montréal pour Greg Pateryn et un choix de 2e ronde de Toronto au repêchage de 2010 le 3 juillet 2008

GRACIE, ROBERT (BOB)

Né à North Bay, Ontario, le 8 novembre 1910, décédé le 10 août 1963 Centre/Ailier gauche, lance de la gauche, 5'09", 155 lb

SAISON	CLUB	LIGUE	PJ	B	A	PTS	PUN	PJ	B	A	PTS	PUN
1926-27	North Bay (Trappers)	NOJHA	4	8	4	12	2	-	-	-	-	-
1927-28	North Bay (Trappers)	NOJHA	11	11	1	12	6	2	1	0	1	0
1928-29	Kirkland Lake (Lakers)	NOHA	6	*24	6	*30	4	4	3	3	6	2
1929-30	Toronto (Nationals)	JOHA	7	*17	6	*23	12	2	2	1	3	0
	Toronto (Nationals)	Mem.	-	-	-	-	-	13	*15	6	21	2
1930-31	Toronto (Eatons)	TMHL	15	11	4	15	45	-	-	-	-	-
	Toronto (Marlboros)	JOHA	10	4	6	10	6	3	2	0	2	6
	Toronto (Maple Leafs)	LNH	8	4	2	6	4	2	0	0	0	0
1931-32	Toronto (Maple Leafs)	LNH	48	13	8	21	29	7	3	1	4	0
1932-33	Toronto (Maple Leafs)	LNH	48	9	13	22	27	9	0	1	1	0
1933-34	Boston (Bruins)	LNH	24	2	6	8	8	-	-	-	-	-
	New York (Americans)	LNH	24	4	6	10	10	-	-	-	-	-
1934-35	New York (Americans)	LNH	14	2	1	3	4	-	-	-	-	-
	New Haven (Eagles)	Can-Am	1	1	2	3	0	-	-	-	-	-
	Montréal (Maroons)	LNH	32	10	8	18	11	7	0	2	2	2
1935-36	Montréal (Maroons)	LNH	48	11	14	25	31	3	0	1	1	0

GOR-GRA

SAISON	CLUB	LIGUE	PJ	B	A	PTS	PUN	PJ	B	A	PTS	PUN
1936-37	Montréal (Maroons)	LNH	47	11	25	36	18	5	1	2	3	2
1937-38	Montréal (Maroons)	LNH	48	12	19	31	32	-	-	-	-	-
1938-39	**Montréal (Canadiens)**	**LNH**	**7**	**0**	**1**	**1**	**4**	**-**	**-**	**-**	**-**	**-**
	Chicago (Black Hawks)	LNH	31	4	6	10	27	-	-	-	-	-
	Cleveland (Barons)	IAHL	11	1	5	6	0	9	4	2	6	0
1939-40	Cleveland (Barons)	IAHL	37	10	11	21	13	-	-	-	-	-
	Indianapolis (Capitols)	IAHL	19	5	9	14	19	5	1	0	1	0
1940-41	Buffalo (Bisons)	AHL	56	22	26	48	2	-	-	-	-	-
1941-42	Buffalo (Bisons)	AHL	35	10	10	20	8	-	-	-	-	-
	Pittsburgh (Hornets)	AHL	1	0	0	0	0	-	-	-	-	-
	Hershey (Bears)	AHL	17	8	6	14	0	7	2	3	5	0
1942-43	Hershey (Bears)	AHL	11	0	4	4	6	-	-	-	-	-
	Washington (Lions)	AHL	46	27	32	59	12	-	-	-	-	-
1943-44	Pittsburgh (Hornets)	AHL	41	13	24	37	13	-	-	-	-	-
1944-45	Pittsburgh (Hornets)	AHL	58	40	55	*95	4	-	-	-	-	-
1945-46	Pittsburgh (Hornets)	AHL	4	4	4	8	0	-	-	-	-	-
	Hollywood (Wolves)	PCHL	16	7	7	14	13	-	-	-	-	-
1946-47	Hollywood (Wolves)	PCHL	2	4	0	4	10	-	-	-	-	-
1947-48	Fresno (Falcons)	PCHL	8	3	2	5	2	-	-	-	-	-
		LNH	**379**	**82**	**109**	**191**	**205**	**33**	**4**	**7**	**11**	**4**
		Montréal	**7**	**0**	**1**	**1**	**4**	**-**	**-**	**-**	**-**	**-**

• Coupe Stanley (LNH) en 1931-32, 1934-35

• Signe avec Toronto le 27 février 1931 • Échangé à Ottawa par Toronto plus une somme d'argent pour Hec Kilrea le 4 octobre 1933 • Échangé à Boston par Ottawa pour Perk Galbraith, Ted Saunders et Bud Cook le 4 octobre 1933 • Échangé à New York (Americans) par Boston avec Art Chapman pour George Patterson et Lloyd Gross le 11 janvier 1934 • Droits vendus à Montréal (Maroons) par New York (Americans) le 25 décembre 1934. • Droits vendus à Montréal (Canadiens) par Montréal (Maronns) avec Ernie Cain, Jimmy Ward, Cy Wentworth, Stew Evans et Dessie Smith le 14 septembre 1938 •Droits vendus à Chicago par Montréal le 25 novembre 1938 • Échangé à Detroit par Cleveland (IAHL) plus une somme d'argent pour Don Deacon le 5 février 1940 • Droits vendus à Buffalo (AHL) par Detroit le 20 octobre 1940 • Échangé à Hershey (AHL) à Buffalo (AHL) pour Kilby MacDonald le 2 février 1942 • Échangé à Washington (AHL) par Hershey (AHL) pour Jim O'Neill le 21 novembre 1942

GRANT, DANIEL (DANNY)

Né à Fredericton, Nouveau-Brunswick, le 21 février 1946
Ailier gauche, lance de la gauche, 5'10", 185 lb

SAISON	CLUB	LIGUE	PJ	B	A	PTS	PUN	PJ	B	A	PTS	PUN
1959-60	Barkers Point (Aces)	NBAHA	6	23	3	26	0	-	-	-	-	-
1960-61	Fredericton (Bears)	NBAHA	10	17	10	27	4	-	-	-	-	-
1961-62	Fredericton (Canadiens)	YCHL	13	*12	2	*14	-	2	4	1	5	0
1962-63	Peterborough (Petes)	JOHA	50	12	9	21	8	6	0	1	1	0
1963-64	Peterborough (Petes)	JOHA	44	18	21	39	20	5	2	2	4	4
1964-65	Peterborough (Petes)	JOHA	56	47	59	106	23	12	7	7	14	4
	Québec (As)	AHL	1	0	1	1	0	-	-	-	-	-
1965-66	Peterborough (Petes)	JOHA	48	*44	52	96	34	4	2	5	7	10
	Montréal (Canadiens)	**LNH**	**1**	**0**	**0**	**0**	**0**	**-**	**-**	**-**	**-**	**-**
1966-67	Houston (Apollos)	CPHL	64	22	28	50	29	6	4	4	8	2
1967-68	Houston (Apollos)	CPHL	19	14	8	22	6	-	-	-	-	-
	Montréal (Canadiens)	**LNH**	**22**	**3**	**4**	**7**	**10**	**10**	**0**	**3**	**3**	**5**
1968-69	Minnesota (North Stars)	LNH	75	34	31	65	46	-	-	-	-	-
	Match des étoiles	LNH	1	0	1	1	0	-	-	-	-	-
1969-70	Minnesota (North Stars)	LNH	76	29	28	57	23	6	0	2	2	4
	Match des étoiles	LNH	1	0	0	0	0	-	-	-	-	-
1970-71	Minnesota (North Stars)	LNH	78	34	23	57	46	12	5	5	10	8
	Match des étoiles	LNH	1	0	0	0	0	-	-	-	-	-
1971-72	Minnesota (North Stars)	LNH	78	18	25	43	18	7	2	1	3	0
1972-73	Minnesota (North Stars)	LNH	78	32	35	67	12	6	3	1	4	0
1973-74	Minnesota (North Stars)	LNH	78	29	35	64	16	-	-	-	-	-
1974-74	Detroit (Red Wings)	LNH	80	50	37	87	28	-	-	-	-	-
1975-76	Detroit (Red Wings)	LNH	39	10	13	23	20	-	-	-	-	-
1976-77	Detroit (Red Wings)	LNH	42	2	10	12	4	-	-	-	-	-
1977-78	Detroit (Red Wings)	LNH	13	2	2	4	6	-	-	-	-	-
	Los Angeles (Kings)	LNH	41	10	19	29	2	2	0	2	2	2
1978-79	Los Angeles (Kings)	LNH	35	10	11	21	8	-	-	-	-	-
1979-81			*N'a pas joué – Entraîneur*									
1980-81			*N'a pas joué – Entraîneur*									
1981-82	Fredericton (Express)	AHL	18	2	7	9	4	-	-	-	-	-
		LNH	**736**	**263**	**273**	**536**	**239**	**43**	**10**	**14**	**24**	**19**
		Montréal	**23**	**3**	**4**	**7**	**10**	**10**	**0**	**3**	**3**	**5**

• Deuxième équipe d'étoiles (JOHA) en 1964-65 • Première équipe d'étoiles (JOHA) en 1965-66 • Coupe Stanley (LNH) en 1967-68 • Trophée Calder (LNH) en 1968-69 • Match des étoiles(LNH) en 1968-69, 1969-70, 1970-71

• Échangé au Minnesota par Montréal avec Claude Larose pour le 1er choix du Minnesota au repêchage de 1972 (Dave Gardner) et un joueur à être nommé plus tard (Marshall Johnston le 25 mai 1971) le 10 juin 1968 • Échangé à Detroit par Minnesota pour Henry Boucha le 27 août 1974 • Échangé à Los Angeles par Detroit pour le choix de 3e ronde de Montréal (propriété de Detroit suite à une transaction antérieure) au repêchage de 1978 (Doug Derkson) et le droit de négocier avec Barry Long le 9 janvier 1978

GRATTON, BENOÎT

Né à Montréal, Québec, le 28 décembte 1976. Centre, lance de la gauche, 5'11", 180 lb
(Choix de 5e ronde de Washington, 105e au total lors du repêchage de 1995)

SAISON	CLUB	LIGUE	PJ	B	A	PTS	PUN	PJ	B	A	PTS	PUN
1992-93	Laval (Régents)	QAAA	40	19	38	57	74	13	1	9	10	27
1993-94	Laval (Titan)	LHJMQ	51	9	14	23	70	20	2	1	3	19
1994-95	Laval (Titan)	LHJMQ	71	30	58	88	199	20	8	21	29	42
	Laval (Titan)	Mem.	-	-	-	-	-	5	0	0	0	2
1995-96	Laval (Titan)	LHJMQ	38	21	39	60	130	-	-	-	-	-
	Granby (Prédateurs)	LHJMQ	27	12	46	58	97	21	13	26	39	68
	Granby (Prédateurs)	Mem.	-	-	-	-	-	4	1	5	6	12
1996-97	Portland (Pirates)	AHL	76	6	40	46	140	5	2	1	3	14
1997-98	Washington (Capitals)	LNH	6	0	1	1	6	-	-	-	-	-
	Portland (Pirates)	AHL	58	19	31	50	137	8	4	2	6	24
1998-99	Washington (Capitals)	LNH	16	4	3	7	16	-	-	-	-	-
	Portland (Pirates)	AHL	64	18	42	60	135	-	-	-	-	-
1999-00	Calgary (Flames)	LNH	10	0	2	2	10	-	-	-	-	-
	Saint John (Flames)	AHL	65	17	49	66	137	3	0	1	1	4
2000-01	Calgary (Flames)	LNH	14	1	3	4	14	-	-	-	-	-
	Saint John (Flames)	AHL	53	10	36	46	153	-	-	-	-	-
2001-02	**Montréal (Canadiens)**	**LNH**	**8**	**1**	**0**	**1**	**8**	**-**	**-**	**-**	**-**	**-**
	Québec (Citadelles)	AHL	35	10	19	29	70	3	2	3	5	10
2002-03	Hamilton (Bulldogs)	AHL	43	21	39	60	78	22	2	15	17	73
2003-04	**Montréal (Canadiens)**	**LNH**	**4**	**0**	**1**	**1**	**4**	**-**	**-**	**-**	**-**	**-**
	Hamilton (Bulldogs)	AHL	50	18	33	51	119	10	1	2	3	67
2004-05	HC Lugano	SUI	32	6	12	18	81	-	-	-	-	-
2005-06	Hambourg (Freezers)	GER	47	13	35	48	214	6	3	2	5	18
2006-07	Hambourg (Freezers)	GER	39	8	24	32	139	4	4	2	6	14
2007-08	Hambourg (Freezers)	GER	54	10	22	32	97	8	3	2	5	14
		LNH	**58**	**6**	**10**	**16**	**58**	**-**	**-**	**-**	**-**	**-**
		Montréal	**12**	**1**	**1**	**2**	**12**	**-**	**-**	**-**	**-**	**-**

• Coupe du Président (LHJMQ) en 1995-96 • Coupe Memorial en 1995-96

• Échangé à Calgary par Washington pour Steve Shirreffs le 18 août 1999 • Réclamé au ballottage par Montréal de Calgary le 11 avril 2001 • Signe avec Lugano (SUI) comme joueur autonome le 9 juin 2004 • Signe avec Hambourg (GER) comme joueur autonome le 22 avril 2005

GRAVELLE, LÉO

Né à Alymer, Québec, le 10 juin 1925. Ailier droit, lance de la droite, 5'09", 160 lb

SAISON	CLUB	LIGUE	PJ	B	A	PTS	PUN	PJ	B	A	PTS	PUN
1942-43	Port Colborne (Sailors)	OHA B	*Statistiques non disponibles*									
1943-44	Brantford (Lions)	OHA B	*Statistiques non disponibles*									
1944-45	St. Michael's (Majors)	JOHA	17	*30	22	*52	6	9	*12	9	*21	0
	St. Michael's (Majors)	Mem.	-	-	-	-	-	13	10	3	13	8
1945-46	Montréal (Royals)	LHSQ	34	21	21	42	20	11	10	4	*14	4
1946-47	Montréal (Royals)	LHSQ	2	2	2	4	0	-	-	-	-	-
	Montréal (Canadiens)	**LNH**	**53**	**16**	**14**	**30**	**12**	**6**	**2**	**0**	**2**	**2**
1947-48	**Montréal (Canadiens)**	**LNH**	**15**	**0**	**0**	**0**	**0**	**-**	**-**	**-**	**-**	**-**
	Buffalo (Bisons)	AHL	29	11	13	24	7	-	-	-	-	-
	Houston (Huskies)	USHL	24	14	15	29	7	12	4	3	7	0
1948-49	Buffalo (Bisons)	AHL	25	6	4	10	20	-	-	-	-	-
	Montréal (Canadiens)	**LNH**	**36**	**4**	**6**	**10**	**6**	**7**	**2**	**1**	**3**	**0**
1949-50	**Montréal (Canadiens)**	**LNH**	**70**	**19**	**10**	**29**	**18**	**4**	**0**	**0**	**0**	**0**
1950-51	**Montréal (Canadiens)**	**LNH**	**31**	**4**	**2**	**6**	**0**	**-**	**-**	**-**	**-**	**-**
	Detroit (Red Wings)	LNH	18	1	2	3	6	-	-	-	-	-
	Indianapolis (Capitols)	AHL	15	4	6	10	0	-	-	-	-	-
1951-52	Ottawa (Senators)	LHMQ	59	18	26	44	17	7	3	2	5	0
1952-53	Ottawa (Senators)	LHMQ	60	28	28	56	4	11	2	5	7	0
1953-54	Ottawa (Senators)	LHQ	68	*45	41	86	6	22	*9	7	16	8
1954-55	Ottawa/Chicoutimi	LHQ	45	13	14	27	6	7	2	1	3	0
1955-56	Montréal (Royals)	LHQ	42	13	12	25	11	-	-	-	-	-
		LNH	**223**	**44**	**34**	**78**	**42**	**17**	**4**	**1**	**5**	**2**
		Montréal	**205**	**43**	**32**	**75**	**36**	**17**	**4**	**1**	**5**	**2**

• Coupe Memorial en 1944-45 • Première équipe d'étoiles (LHQ) en 1953-54

• Signe avec Montréal le 5 novembre 1946 • Échangé à Detroit par Montréal pour Bert Olmstead le 19 décembre 1950 • Droits vendus à Ottawa par Detroit le 5 septembre 1951

GRAY, TERRENCE (TERRY)

Né à Montréal, Québec, le 21 mars 1938. Ailier droit, lance de la droite, 6', 175 lb

SAISON	CLUB	LIGUE	PJ	B	A	PTS	PUN	PJ	B	A	PTS	PUN
1953-54	Montréal (Royals)	LHJQ	49	3	4	7	63	4	0	1	1	12
1954-55	Montréal (Royals)	LHJQ	*Statistiques non disponibles*									
1955-56	Montréal (National)	LHJQ	46	45	29	74	33	-	-	-	-	-
1956-57	Montréal (National)	LHJQ	30	30	24	54	59	-	-	-	-	-
	Hull-Ottawa (Canadiens)	JOHA	1	0	0	0	0	-	-	-	-	-
	Montréal (Royals)	LHQ	3	1	0	1	0	-	-	-	-	-
1957-58	Hull-Ottawa (Canadiens)	JOHA	24	9	11	20	15	-	-	-	-	-
	Hull-Ottawa (Canadiens)	EOHL	33	13	13	26	15	-	-	-	-	-
	Montréal (Royals)	LHQ	1	0	0	0	0	-	-	-	-	-
	Hull-Ottawa (Canadiens)	Mem	. -	-	-	-	-	13	6	2	8	12
1958-59	Montréal (Royals)	LHQ	19	11	9	20	33	-	-	-	-	-
	Rochester (Americans)	AHL	45	10	14	24	14	5	1	2	3	2
1959-60	Sault Ste. Marie (Thunderbirds)	EPHL	16	4	11	15	19	-	-	-	-	-
	Calgary (Stampeders)	WHL	49	20	14	34	29	-	-	-	-	-
	Buffalo (Bisons)	AHL	3	0	0	0	0	-	-	-	-	-
1960-61	Hull-Ottawa (Canadiens)	EPHL	69	40	37	77	63	148	*11		*19	13
1961-62	Boston (Bruins)	LNH	42	8	7	15	15	-	-	-	-	-
	Kingston (Frontenacs)	EPHL	24	9	11	20	24	9	*9	6	15	9
1962-63	Cleveland (Barons)	AHL	10	3	5	8	8	-	-	-	-	-
	Québec (As)	AHL	58	22	20	42	53	-	-	-	-	-
1963-64	Québec (As)	AHL	55	25	22	47	65	4	0	1	1	6
	Montréal (Canadiens)	**LNH**	**4**	**0**	**0**	**0**	**6**	**-**	**-**	**-**	**-**	**-**
1964-65	Québec (As)	AHL	72	39	28	67	54	5	2	1	3	12
1965-66	Québec (As)	AHL	56	26	29	55	6	-	-	-	-	-
	Pittsburgh (Hornets)	AHL	15	4	4	8	12	3	2	0	2	4
1966-67	Pittsburgh (Hornets)	AHL	63	25	29	54	52	9	3	4	7	11
1967-68	Los Angeles (Kings)	LNH	65	12	16	28	22	7	0	2	2	10
1968-69	Kansas City (Blues)	CHL	53	22	28	50	84	-	-	-	-	-
	St. Louis (Blues)	LNH	8	4	0	4	4	11	3	2	5	8
1969-70	Kansas City (Blues)	CHL	22	15	15	30	89	-	-	-	-	-
	St. Louis (Blues)	LNH	28	2	5	7	17	16	2	1	3	4

GRA-GRA

Saison	Club	Ligue	PJ	B	A	PTS	PUN	PJ	B	A	PTS	PUN
1970-71	Montréal (Voyageurs)	AHL	63	24	22	46	78	3	1	1	2	4
	St. Louis (Blues)	LNH	-	-	-	-	-	1	0	0	0	0
1971-72			*N'a pas joué – Entraîneur*									
1972-73	New Haven (Nighthawks)	AHL	71	25	25	50	40	-	-	-	-	-
1973-74	Fort Worth (Wings)	CHL	60	18	17	35	30	-	-	-	-	-
		LNH	**147**	**26**	**28**	**54**	**64**	**35**	**5**	**5**	**10**	**22**
		Montréal	**4**	**0**	**0**	**0**	**6**	**-**	**-**	**-**	**-**	**-**

• Première équipe d'étoiles (LHJQ) en 1956-57 • Coupe Memorial en 1957-58 • Coupe Calder (AHL) en 1966-6

• Échangé à Montréal par Chicago avec Glen Skov, Lorne Ferguson, Bob Bailey et les droits sur Danny Lewicki pour Cec Hoekstra, Ab McDonald, Reggie Fleming et Bob Courcy le 7 juin 1960 • Échangé à Boston par Montréal avec Cliff Pennington pour Stan Maxwell et Willie O'Ree le 11 mai 1961 • Prêté à Montréal par Boston en juillet 1962 • Échangé à Québec (AHL) par Montréal pour Gary Bergman tout en laissant les droits à Boston le 1er novembre 1962 • Échangé à Springfield (AHL) par Boston avec Dale Rolfe, Randy Miller et Bruce Gamble pour Bob McCord en juin 1963 • Échangé à Montréal par Springfield (AHL) avec John Chasczewski, Ted Harris, Bruce Cline et Wayne Larkin pour Gary Bergman, Wayne Boddy, Brian Smith, Fred Hilts, John Rodger et Lorne O'Donnell le 10 septembre 1963 • Échangé à Detroit par Québec (AHL)pour Claude Laforge le 1er mars 1966 • Réclamé par Los Angeles de Detroit lors de l'expansion de la LNH le 6 juin 1967 • Échangé à St. Louis par Los Angeles pour Myron Stankiewicz le 11 juin 1968 • Prêté à Montréal par St. Louis qui le nomme joueur et entraîneur adjoint avec les Voyageurs de Montréal (AHL) le 20 octobre 1970

GREEN, RICHARD (RICK)

Né à Belleville, Ontario, le 20 février 1956. Défenseur, lance de la gauche, 6'03", 220 lb
(Choix de 1re ronde de Washington, 1er au total lors du repêchage de 1976)

Saison	Club	Ligue	PJ	B	A	PTS	PUN	PJ	B	A	PTS	PUN
1972-73	London (Knights)	OMJHL	8	0	1	1	2	-	-	-	-	-
1973-74	London (Knights)	OMJHL	65	6	30	36	45	-	-	-	-	-
1974-75	London (Knights)	OMJHL	65	8	45	53	68	-	-	-	-	-
1975-76	London (Knights)	OMJHL	61	13	47	60	69	5	1	0	1	4
1976-77	Washington (Capitals)	LNH	45	3	12	15	16	-	-	-	-	-
1977-78	Washington (Capitals)	LNH	60	5	14	19	67	-	-	-	-	-
1978-79	Washington (Capitals)	LNH	71	8	33	41	62	-	-	-	-	-
	Canada	CM	8	1	1	2	2	-	-	-	-	-
1979-80	Washington (Capitals)	LNH	71	4	20	24	52	-	-	-	-	-
1980-81	Washington (Capitals)	LNH	65	8	23	31	91	-	-	-	-	-
	Canada	CM	7	1	3	4	2	-	-	-	-	-
1981-82	Washington (Capitals)	LNH	65	3	25	28	93	-	-	-	-	-
	Canada	CM	9	0	3	3	2	-	-	-	-	-
1982-83	**Montréal (Canadiens)**	**LNH**	**66**	**2**	**24**	**26**	**58**	**3**	**0**	**0**	**0**	**2**
1983-84	**Montréal (Canadiens)**	**LNH**	**7**	**0**	**1**	**1**	**7**	**15**	**1**	**2**	**3**	**33**
1984-85	**Montréal (Canadiens)**	**LNH**	**77**	**1**	**18**	**19**	**30**	**12**	**0**	**3**	**3**	**14**
1985-86	**Montréal (Canadiens)**	**LNH**	**46**	**3**	**2**	**5**	**20**	**18**	**1**	**4**	**5**	**8**
1986-87	**Montréal (Canadiens)**	**LNH**	**72**	**1**	**9**	**10**	**10**	**17**	**0**	**4**	**4**	**8**
	Étoiles de la LNH	RV 87	2	0	0	0	0	-	-	-	-	-
1987-88	**Montréal (Canadiens)**	**LNH**	**59**	**2**	**11**	**13**	**33**	**11**	**0**	**2**	**2**	**2**
1988-89	**Montréal (Canadiens)**	**LNH**	**72**	**1**	**14**	**15**	**25**	**21**	**1**	**1**	**2**	**6**
1989-90	HC Meran	ITA	9	2	6	8	2	10	3	6	9	4
	Canada	CM	10	0	0	0	2	-	-	-	-	-
1990-91	Detroit (Red Wings)	LNH	65	2	14	16	24	3	0	0	0	0
1991-92	New York (Islanders)	LNH	4	0	0	0	0	-	-	-	-	-
		LNH	**845**	**43**	**220**	**263**	**588**	**100**	**3**	**16**	**19**	**73**
		Montréal	**399**	**10**	**79**	**89**	**183**	**97**	**3**	**16**	**19**	**73**

• Première équipe d'étoiles (OMJHL) en 1975-76 • Trophée Max-Kaminsky (OMJHL) en 1975-76 • Médaille de bronze (CM) en 1982 • Coupe Stanley (LNH) en 1985-86

• Échangé à Montréal par Washington avec Ryan Walter pour Brian Engblom, Rod Langway, Doug Jarvis et Craig Laughlin le 9 septembre 1982 • Échangé à Detroit par Montréal pour le choix de 5e ronde d'Edmonton (propriété de Detroit suite à une transaction) au repêchage de 1991 (Brad Layzell) le 15 juin 1990 • Échangé à New York (Islanders) par Detroit pour Alan Kerr et des considérations futures le 26 mai 1991

GRENIER, LUCIEN

Né à Malartic, Québec, le 3 novembre 1946
Ailier droit, lance de la gauche, 5'10", 165 lb

Saison	Club	Ligue	PJ	B	A	PTS	PUN	PJ	B	A	PTS	PUN
1961-62	Québec (Citadelles)	LHJQ	*Statistiques non disponibles*									
	Québec (Citadelles)	Mem.	-	-	-	-	-	9	0	4	4	12
1962-63	Québec (Citadelles)	LHJQ	*Statistiques non disponibles*									
1963-64	Notre Dame (Monarchs)	MMJHL	44	19	29	48	19	18	9	7	16	15
	Notre Dame (Monarchs)	Mem.	-	-	-	-	-	12	6	3	9	6
1964-65	Montréal (Canadiens Jr)	JOHA	54	17	7	24	23	7	1	4	5	4
1965-66	Montréal (Canadiens Jr)	JOHA	47	32	41	73	42	10	4	4	8	0
1966-67	Houston (Apollos)	CPHL	58	16	18	34	20	6	1	0	1	2
1967-68	Houston (Apollos)	CPHL	55	10	22	32	22	-	-	-	-	-
1968-69	Houston (Apollos)	CHL	56	17	23	40	22	3	1	0	1	0
	Montréal (Canadiens)	**LNH**	**-**	**-**	**-**	**-**	**-**	**2**	**0**	**0**	**0**	**0**
1969-70	Montréal (Voyageurs)	AHL	25	12	8	20	4	-	-	-	-	-
	Montréal (Canadiens)	**LNH**	**23**	**2**	**3**	**5**	**2**	**-**	**-**	**-**	**-**	**-**
1970-71	Los Angeles (Kings)	LNH	68	9	7	16	12	-	-	-	-	-
1971-72	Los Angeles (Kings)	LNH	60	3	4	7	4	-	-	-	-	-
1972-73			*N'a pas joué – Blessé*									
1973-74	Omaha (Knights)	CHL	56	5	5	10	15	5	0	1	1	0
1974-75	Omaha (Knights)	CHL	31	4	3	7	4	-	-	-	-	-
		LNH	**151**	**14**	**14**	**28**	**18**	**2**	**0**	**0**	**0**	**0**
		Montréal	**23**	**2**	**3**	**5**	**2**	**2**	**0**	**0**	**0**	**0**

• Coupe Stanley (LNH) en 1968-69

• Échangé à Los Angeles par Montréal avec Larry Mickey et Jack Norris pour Léon Rochefort, Gregg Boddy et Wayne Thomas le 22 mai 1970 • Réclamé par Atlanta de Los Angeles lors de l'expansion de la LNH le 6 juin 1972

GROLEAU, FRANÇOIS

Né à Longueuil, Québec, le 23 janvier 1973. Défenseur, lance de la gauche, 6', 197 lb
(Choix de 2e ronde de Calgary, 41e au total lors du repêchage de 1991)

Saison	Club	Ligue	PJ	B	A	PTS	PUN	PJ	B	A	PTS	PUN
1988-89	Sainte-Foy (Gouverneurs)	QAAA	42	3	24	27	42	-	-	-	-	-
1989-90	Shawinigan (Cataractes)	LHJMQ	65	11	54	65	80	6	0	1	1	12
1990-91	Shawinigan (Catatactes)	LHJMQ	70	9	60	69	70	6	0	3	3	2
1991-92	Shawinigan (Cataractes)	LHJMQ	65	8	70	78	74	10	5	15	20	8
1992-93	Saint-Jean (Lynx)	LHJMQ	48	7	38	45	66	4	0	1	1	14
1993-94	Saint John (Flames)	AHL	73	8	14	22	49	7	0	1	1	2
1994-95	Saint John (Flames)	AHL	65	6	34	40	28	-	-	-	-	-
	Cornwall (Aces)	AHL	8	1	2	3	7	14	2	7	9	16
1995-96	San Francisco (Spiders)	LIH	63	6	26	32	60	-	-	-	-	-
	Montréal (Canadiens)	**LNH**	**2**	**0**	**1**	**1**	**2**	**-**	**-**	**-**	**-**	**-**
	Fredericton (Canadiens)	AHL	12	3	5	8	10	10	1	6	7	14
1996-97	**Montréal (Canadiens)**	**LNH**	**5**	**0**	**0**	**0**	**4**	**-**	**-**	**-**	**-**	**-**
	Fredericton (Canadiens)	AHL	47	8	24	32	43	-	-	-	-	-
1997-98	**Montréal (Canadiens)**	**LNH**	**1**	**0**	**0**	**0**	**0**	**-**	**-**	**-**	**-**	**-**
	Fredericton (Canadiens)	AHL	63	14	26	40	70	4	0	2	2	4
1998-99	Augsburger (Panthers)	GER	52	9	21	30	67	5	0	4	4	4
1999-00	Québec (Citadelles)	AHL	63	7	24	31	48	3	0	2	2	0
2000-01	Adler Mannheim	GER	59	2	16	18	52	4	0	0	0	2
2001-02	Adler Mannheim	GER	60	2	7	9	72	12	1	1	2	10
2002-03	Adler Mannheim	GER	43	2	8	10	56	8	0	2	2	6
2003-04	Adler Mannheim	GER	52	2	20	22	58	6	1	0	1	4
2004-05	Adler Mannheim	GER	40	1	6	7	42	14	0	1	1	32
2005-06	Fuchse Duisburg	GER	32	1	14	15	34	5	0	2	2	4
2006-07	Linz Black Wings EHC	AUT	56	4	33	37	110	3	0	1	1	0
2007-08	Linz Black Wings EHC	AUT	57	6	22	28	70	-	-	-	-	-
		LNH	**8**	**0**	**1**	**1**	**6**	**-**	**-**	**-**	**-**	**-**
		Montréal	**8**	**0**	**1**	**1**	**6**	**-**	**-**	**-**	**-**	**-**

• Trophée Raymond Legacé (LHJMQ) en 1989-90 • Deuxième équipe d'étoiles (LHJMQ) en 1989-90 • Trophée Émile Bouchard (LHJMQ) en 1991-92 • Première équipe d'étoiles (LHJMQ) en 1991-92

• Échangé à Québec par Calgary pour Ed Ward le 23 mars 1995 • Signe avec Montréal comme joueur autonome le 17 juin 1995

GROSVENOR, LÉONARD (LEN)

Né à Ottawa, Ontario, le 21 juillet 1905
Centre/Ailier droit, lance de la droite, 5'09", 175 lb

Saison	Club	Ligue	PJ	B	A	PTS	PUN	PJ	B	A	PTS	PUN
1925-26	Ottawa (Rideaus)	OCHL	-	1	0	1	-	-	-	-	-	-
1926-27	Ottawa (Rideaus)	OCHL	14	9	4	13	-	-	-	-	-	-
1927-28	Ottawa (Senators)	LNH	43	1	2	3	18	2	0	0	0	2
1928-29	Ottawa (Senators)	LNH	42	3	2	5	16	-	-	-	-	-
1929-30	Ottawa (Senators)	LNH	15	0	3	3	19	-	-	-	-	-
	London (Phanthers)	IHL	27	6	1	7	24	2	0	0	0	0
1930-31	Ottawa (Senators)	LNH	33	5	4	9	25	-	-	-	-	-
	London (Tecumsehs)	IHL	9	4	1	5	9	-	-	-	-	-
1931-32	New York (Americans)	LNH	12	0	0	0	0	-	-	-	-	-
	Bronx (Tigers)	Can-Am	30	6	5	11	28	2	0	0	0	0
1932-33	**Montréal (Canadiens)**	**LNH**	**4**	**0**	**0**	**0**	**0**	**2**	**0**	**0**	**0**	**0**
		LNH	**149**	**9**	**11**	**20**	**78**	**4**	**0**	**0**	**0**	**2**
		Montréal	**4**	**0**	**0**	**0**	**0**	**2**	**0**	**0**	**0**	**0**

• Signe avec Ottawa le 24 octobre 1927 • Prêté à London (IHL) par Ottawa le 26 décembre 1929 • Droits vendus à London (IHL) par Ottawa le 24 octobre 1930 • Échangé à Ottawa par London (IHL) pour Harry Connor le 1er décembre 1930 • Réclamé par New York (Americans) lors du repêchage de dispersion d'Ottawa le 26 septembre 1931 • Signe avec Montréal (Canadiens) le 7 janvier 1933

GUÈVREMONT, HYACINTHE

Né à Trois-Rivières, Québec, décédé. Avant, lance de la gauche, 5'10", 175 lb

Saison	Club	Ligue	PJ	B	A	PTS	PUN	PJ	B	A	PTS	PUN
1911-12	Montréal (Saint-Jacques)	LHCM	3	10	0	10	0	-	-	-	-	-
	Montréal (National)	LHAM	2	2	0	2	0	-	-	-	-	-
1912-13	**Montréal (Canadiens)**	**NHA**	**2**	**0**	**0**	**0**	**-**	**-**	**-**	**-**	**-**	**-**
	Montréal (Saint-Patricks)	IPAHU	1	1	0	1	0	-	-	-	-	-
	Montréal (Saint-Jacques)	LHCM	9	11	0	11	0	-	-	-	-	-
		NHA	**2**	**0**	**0**	**0**	**-**	**-**	**-**	**-**	**-**	**-**
		Montréal	**2**	**0**	**0**	**0**	**-**	**-**	**-**	**-**	**-**	**-**

• Prêté à Montréal (NHA) par Montréal (Saint-Jacques) le 21 février 1913

GUREN, MILOSLAV

Né à Uherske Hradiste, République tchèque, le 24 septembre 1976
Défenseur, lance de la gauche, 6'2", 210 lb
(Choix de 3e ronde de Montréal, 60e au total lors du repêchage de 1995)

Saison	Club	Ligue	PJ	B	A	PTS	PUN	PJ	B	A	PTS	PUN
1993-94	ZPS Zlin	CZE	22	1	5	6	-	3	0	0	0	-
	République tchèque	EJC-A	5	1	3	4	2	-	-	-	-	-
1994-95	ZPS Zlin	CZE	32	3	7	10	10	12	1	0	1	6
	République tchèque	CMJ	7	0	0	0	4	-	-	-	-	-
1995-96	ZPS Zlin	CZE	28	1	2	3	-	7	1	0	1	-
	République tchèque	CMJ	6	0	2	2	2	-	-	-	-	-
1996-97	Fredericton (Canadiens)	AHL	79	6	26	32	26	-	-	-	-	-
1997-98	Fredericton (Canadiens)	AHL	78	15	36	51	36	4	1	2	3	0
1998-99	Fredericton (Canadiens)	AHL	63	5	16	21	24	15	4	7	11	10
	Montréal (Canadiens)	**LNH**	**12**	**0**	**1**	**1**	**4**	**-**	**-**	**-**	**-**	**-**
1999-00	**Montréal (Canadiens)**	**LNH**	**24**	**1**	**2**	**3**	**12**	**-**	**-**	**-**	**-**	**-**
	Québec (Citadelles)	AHL	29	5	12	17	16	3	0	0	0	2
2000-01	Québec (Citadelles)	AHL	75	11	40	51	24	-	-	-	-	-
2001-02	Trinec	CZE	52	2	9	11	44	6	1	2	3	9
2002-03	CSKA Moscou	RUS	39	2	7	9	14	-	-	-	-	-

			SAISONS RÉGULIÈRES					SÉRIES ÉLIMINATOIRES				
SAISON	CLUB	LIGUE	PJ	B	A	PTS	PUN	PJ	B	A	PTS	PUN
2003-04	Sibir Novosibirsk	RUS	55	7	8	15	26	-	-	-	-	-
2004-05	Sibir Novosibirsk	RUS	30	5	2	7	22	-	-	-	-	-
2005-06	Sibir Novosibirsk	RUS	51	6	9	15	36	4	2	0	2	4
2006-07	Sibir Novosibirsk	RUS	53	1	14	15	80	7	1	1	2	8
2007-08	Sibir Novosibirsk	RUS	56	1	8	9	34	-	-	-	-	-
		LNH	**36**	**1**	**3**	**4**	**16**	**-**	**-**	**-**	**-**	**-**
		Montréal	**36**	**1**	**3**	**4**	**16**	**-**	**-**	**-**	**-**	**-**

HAGGERTY, JAMES (JIM)

Né à Port Arthur, Ontario, le 14 avril 1914, décédé le 8 mars 1998
Ailier gauche. lance de la gauche, 5'11", 165 lb

SAISON	CLUB	LIGUE	PJ	B	A	PTS	PUN	PJ	B	A	PTS	PUN
1932-33	Port Arthur (Ports)	TBJHL	12	*14	5	*19	4	2	0	0	0	0
	Port Arthur (Ports)	Mem.	-	-	-	-	-	4	2	1	3	0
1933-34	Port Arthur (Ports)	TBJHL	10	6	4	10	9	2	3	0	3	0
	Port Arthur (Ports)	Mem.	-	-	-	-	-	5	10	4	14	2
1934-35	Port Arthur (Ports)	TBJHL	16	11	2	13	21	3	*5	1	*6	5
	Port Arthur (Ports)	Allan	-	-	-	-	-	7	8	1	9	4
1935-36	Wembley (Canadians)	Ln-Cup	-	8	2	10	-	-	-	-	-	-
	Wembley (Canadians)	GBR	-	15	2	17	-	-	-	-	-	-
	Canada	JO	2	2	3	5	0	-	-	-	-	-
1936-37	Wembley (Monarchs)	GBR	40	29	14	43	6	-	-	-	-	-
1937-38	Wembley (Monarchs)	Ln-Cup	-	0	1	1	-	-	-	-	-	-
	Wembley (Monarchs)	GBR	-	11	7	18	-	-	-	-	-	-
1938-39	Wembley (Monarchs)	Ln-Cup	-	0	1	1	-	-	-	-	-	-
	Wembley (Monarchs)	GBR	-	10	16	26	-	-	-	-	-	-
1939-40	Montréal (Royals)	LHSQ	28	7	8	15	0	4	0	2	2	2
	Montréal (Royals)	Allan	-	-	-	-	-	2	1	1	2	
1940-41	Montréal (Royals)	LHSQ	21	8	10	18	4	9	2	3	5	14
	Montréal (Royals)	Allan	-	-	-	-	-	14	7	6	13	8
1941-42	Montréal (Royals)	LHSQ	36	24	14	38	12	-	-	-	-	-
	Montréal (Canadiens)	**LNH**	**5**	**1**	**1**	**2**	**0**	**3**	**2**	**1**	**3**	**2**
1942-43	Montréal (RCAF)	LHSQ	35	15	17	32	6	12	8	1	9	4
1943-44	Malton (RCAF)	TNDHL	4	5	2	7	2	2	5	3	8	0
1944-45	Montréal (RCAF)	LHSQ	5	9	11	20	2	-	-	-	-	-
	Valleyfield (Braves)	LHSQ	9	7	2	9	0	-	-	-	-	-
1945-46	Middleton (RCAF)	GBR	*Statistiques non disponibles*									
	Montréal (Royals)	LHSQ	-	-	-	-	-	3	1	0	1	0
1946-47	Montréal (Royals)	LHSQ	36	15	17	32	8	10	3	0	3	2
	Montréal (Royals)	Allan	-	-	-	-	-	6	1	2	3	0
1947-48	Montreal (Royals)	LHSQ	48	20	42	62	12	3	0	0	0	0
1948-49	Montréal (Royals)	LHSQ	29	17	30	47	8	9	1	7	8	0
1949-50	Montréal (Royals)	LHSQ	8	1	6	7	0	-	-	-	-	-
	Valleyfield (Braves)	LHSQ	24	2	6	8	0	-	-	-	-	-
		LNH	**5**	**1**	**1**	**2**	**0**	**3**	**2**	**1**	**3**	**2**
		Montréal	**5**	**1**	**1**	**2**	**0**	**3**	**2**	**1**	**3**	**2**

• Médaille d'argent (JO) en 1936 • Première équipe d'étoiles (LHSQ) en 1941-42 • Coupe Allan en 1946-47

• Signe avec Montréal le 3 mars 1942

HAINSEY, RON

Né à Bolton, Connecticut, le 24 mars 1981. Défenseur, lance de la droite, 6'04", 240 lb
(Choix de 1re ronde de Montréal, 13e au total lors du repêchage de 2000)

SAISON	CLUB	LIGUE	PJ	B	A	PTS	PUN	PJ	B	A	PTS	PUN
1997-98	États-Unis	USDP	66	6	15	21	44	-	-	-	-	-
1998-99	États-Unis	USDP	48	5	12	17	45	-	-	-	-	-
1999-00	Mass-Lowell	H. E.	30	3	8	11	20	-	-	-	-	-
	États-Unis	CMJ	7	1	1	2	-	-	-	-	-	-
2000-01	Mass-Lowell	H. E.	33	10	26	36	51	-	-	-	-	-
	Québec (Citadelles)	AHL	4	1	0	1	0	1	0	0	0	0
	États-Unis	CMJ	7	0	5	5	2	-	-	-	-	-
2001-02	Québec (Citadelles)	AHL	63	7	24	31	26	3	0	0	0	0
2002-03	Hamilton (Bulldogs)	AHL	33	2	11	13	26	23	1	10	11	20
	Montréal (Canadiens)	**LNH**	**21**	**0**	**0**	**0**	**2**	**-**	**-**	**-**	**-**	**-**
2003-04	**Montréal (Canadiens)**	**LNH**	**11**	**1**	**1**	**2**	**4**	**-**	**-**	**-**	**-**	**-**
	Hamilton (Bulldogs)	AHL	54	7	24	31	35	10	0	5	5	6
2004-05	Hamilton (Bulldogs)	AHL	68	9	14	23	45	4	1	1	2	0
2005-06	Hamilton (Bulldogs)	AHL	22	3	14	17	19	-	-	-	-	-
	Columbus (Blue Jackets)	LNH	55	2	15	17	43	-	-	-	-	-
2006-07	Columbus (Blue Jackets)	LNH	80	9	25	34	69	-	-	-	-	-
2007-08	Columbus (Blue Jackets)	LNH	78	8	24	32	25	-	-	-	-	-
		LNH	**245**	**20**	**65**	**85**	**143**	**-**	**-**	**-**	**-**	**-**
		Montréal	**32**	**1**	**1**	**2**	**6**	**-**	**-**	**-**	**-**	**-**

• Équipes d'étoiles des recrues (H.E.) en 1999-00 • Équipe d'étoiles (H.E.) en 2000-01 • Deuxième équipe d'étoiles All-American, Division Est (NCAA) en 2000-01 • Équipe d'étoiles des recrues (AHL) en 2001-02

• Réclamé au ballottage par Columbus de Montréal le 29 novembre 2005 • Signe avec Atlanta comme agent libre le 2 juillet 2008

HALL, JOSEPH (JOE)

Né à Staffordshire, Angleterre, le 3 mai 1882, décédé le 5 avril 1919
Défenseur/Ailier, lance de la droite, 5'10", 175 lb

SAISON	CLUB	LIGUE	PJ	B	A	PTS	PUN	PJ	B	A	PTS	PUN
1899-00	Winnipeg (Monarchs)	WCHL	*Statistiques non disponibles*									
1900-01	Brandon Hockey Club	MnSHL	*Statistiques non disponibles*									
1901-02	Brandon Hockey Club	MNWHA-Int	10	11	0	11	8	-	-	-	-	-
1902-03	Brandon (Elks)	MNWHA	6	9	0	9	-	-	-	-	-	-
1903-04	Winnipeg Rowing Club	WCAHA	6	6	0	6	-	3	1	0	1	0
1904-05	Brandon (Elks)	MHL	8	11	0	11	-	-	-	-	-	-
1905-06	Portage Lakes	IHL	20	33	0	33	*98	-	-	-	-	-
	Québec (Bulldogs)	ECAHA	3	2	0	2	3	-	-	-	-	-
1906-07	Brandon (Elks)	MNWHL Sr	10	15	1	16	32	2	5	0	5	5
	Kenora (Thistles)	MHL Sr	-	-	-	-	-	0	0	0	0	0
1907-08	Montréal (AAA)	ECAHA	4	5	0	5	11	-	-	-	-	-
	Montréal (Shamrocks)	ECAHA	4	4	0	4	6	-	-	-	-	-
1908-09	Edmonton (Pros)	APHL	1	8	0	8	6	-	-	-	-	-
	Montréal (Wanderers)	ECHA	5	10	0	10	18	-	-	-	-	-
	Winnipeg (Maple Leafs)	MHL	2	2	1	3	0	2	2	1	3	9
1909-10	Montréal (Shamrocks)	CHA	1	7	0	7	6	-	-	-	-	-
	Montréal (Shamrocks)	NHA	10	8	0	8	47	-	-	-	-	-
1910-11	Québec (Bulldogs)	NHA	10	0	0	0	20	-	-	-	-	-
1911-12	Québec (Bulldogs)	NHA	18	15	0	15	-	2	2	0	2	2
1912-13	Québec (Bulldogs)	NHA	17	8	0	8	-	2	3	0	3	0
1913-14	Québec (Bulldogs)	NHA	19	13	4	17	-	-	-	-	-	-
1914-15	Québec (Bulldogs)	NHA	20	3	2	5	52	-	-	-	-	-
1915-16	Québec (Bulldogs)	NHA	23	1	2	3	89	-	-	-	-	-
1916-17	Québec (Bulldogs)	NHA	19	6	5	11	95	-	-	-	-	-
1917-18	**Montréal (Canadiens)**	**LNH**	**21**	**8**	**7**	**15**	***100**	**2**	**0**	**1**	**1**	**12**
1918-19	**Montréal (Canadiens)**	**LNH**	**17**	**7**	**1**	**8**	***89**	**10**	**0**	**0**	**0**	**23**
		NHA	**136**	**54**	**13**	**67**	**303**	**4**	**5**	**0**	**5**	**2**
		LNH	**38**	**15**	**8**	**23**	**189**	**12**	**0**	**1**	**1**	**35**
		Montréal	**38**	**15**	**8**	**23**	**189**	**12**	**0**	**1**	**1**	**35**

• Première équipe d'étoiles (IHL) en 1905-06 • Coupe Stanley (MHL Sr) en 1906-07, (NHA) en 1911-12, 1912-13 • Temple de la Renommée (LNH) en 1960-61

• Signe avec Portage Lakes (IHL) le 2 novembre 1906 • Signe avec Brandon (MHL Sr) le 19 novembre 1906 • Prêté à Kenora (MHL Sr) par Brandon (MHL Sr) pour les séries de la coupe Stanley le 15 janvier 1907 • Signe avec Montréal AAA (ECAHA) le 18 janvier 1908 • Signe avec les Shamrocks de Montréal (ECAHA) le 11 février 1908 • Signe avec Edmonton (APHL) le 7 décembre 1908 • Signe avec Québec (NHA) comme joueur autonome en décembre 1910 • Réclamé par Montréal avec Joe Malone et Walter Mummery lors du repêchage de dispersion de Québec le 26 novembre 1917

HALLER, KEVIN

Né à Trochu, Alberta, le 5 décembre 1970. Défenseur, lance de la gauche, 6'2", 195 lb
(Choix de 1re ronde de Buffalo, 14e au total lors du repêchage de 1989)

SAISON	CLUB	LIGUE	PJ	B	A	PTS	PUN	PJ	B	A	PTS	PUN
1986-87	Three Hills (Braves)	AAHA	12	10	11	21	8	-	-	-	-	-
1987-88	Olds (Grizzlies)	AJHL	51	13	31	44	58	-	-	-	-	-
	Regina (Pats)	WHL	5	0	1	1	2	4	1	1	2	2
1988-89	Regina (Pats)	WHL	72	10	31	41	99	-	-	-	-	-
1989-90	Regina (Pats)	WHL	58	16	37	53	93	11	2	9	11	16
	Buffalo (Sabres)	LNH	2	0	0	0	0	-	-	-	-	-
	Canada	CMJ	7	2	2	4	8	-	-	-	-	-
1990-91	Rochester (Americans)	AHL	52	2	8	10	53	10	2	1	3	6
	Buffalo (Sabres)	LNH	21	1	8	9	20	6	1	4	5	10
1991-92	Rochester (Americans)	AHL	4	0	0	0	18	-	-	-	-	-
	Buffalo (Sabres)	LNH	58	6	15	21	75	-	-	-	-	-
	Montréal (Canadiens)	**LNH**	**8**	**2**	**2**	**4**	**17**	**9**	**0**	**0**	**0**	**6**
1992-93	**Montréal (Canadiens)**	**LNH**	**73**	**11**	**14**	**25**	**117**	**17**	**1**	**6**	**7**	**16**
1993-94	**Montréal (Canadiens)**	**LNH**	**68**	**4**	**9**	**13**	**118**	**7**	**1**	**1**	**2**	**19**
1994-95	Philadelphia (Flyers)	LNH	36	2	8	10	48	15	4	4	8	10
1995-96	Philadelphia (Flyers)	LNH	69	5	9	14	92	6	0	1	1	8
1996-97	Philadelphia (Flyers)	LNH	27	0	5	5	37	-	-	-	-	-
	Hartford (Whalers)	LNH	35	2	6	8	48	-	-	-	-	-
1997-98	Caroline (Hurricanes)	LNH	65	3	5	8	94	-	-	-	-	-
1998-99	Anaheim (Mighty Ducks)	LNH	82	1	6	7	122	4	0	0	0	2
1999-00	Anaheim (Mighty Ducks)	LNH	67	3	5	8	61	-	-	-	-	-
2000-01	New York (Islanders)	LNH	30	1	5	6	56	-	-	-	-	-
2001-02	New York (Islanders)	LNH	1	0	0	0	2	-	-	-	-	-
		LNH	**642**	**41**	**97**	**138**	**907**	**64**	**7**	**16**	**23**	**71**
		Montréal	**149**	**17**	**25**	**42**	**252**	**33**	**2**	**7**	**9**	**41**

• Première équipe d'étoiles de l'Est (WHL) en 1989-90 • Médaille d'or (CMJ) en 1990 • Coupe Stanley (LNH) en 1992-93

• Échangé à Montréal par Buffalo pour Petr Svoboda le 10 mars 1992 • Échangé à Philadelphie par Montréal pour Yves Racine le 29 juin 1994 • Échangé à Hartford par Philadelphie avec le 1er choix de Philadelphie au repêchage de 1997 (échangé plus tard à San Jose qui sélectionne Scott Hannan) et le choix de 7e ronde de Hartford au repêchage de 1997 (propriété de Philadelphie suite à une transaction antérieure, Caroline sélectionne Andrew Merrick) pour Paul Coffey et le choix de 3e ronde de Hartford au repêchage de 1997 (Kris Mallette) le 15 décembre 1996 • Transfert de la concession de Hartford en Caroline le 25 juin 1997. • Échangé à Anaheim par la Caroline avec Stu Grimson pour David Karpa et le choix de 4e ronde d'Anaheim au repêchage de 2000 (échangé plus tard à Atlanta qui sélectionne Blake Robson) le 11 août 1998 • Signe avec New York (Islanders) comme joueur autonome le 3 juillet 2000

HAMEL, JEAN

Né à Asbestos, Québec, le 26 juin 1952. Défenseur, lance de la gauche, 5'11", 195 lb
(Choix de 3e ronde de St. Louis et 41e au total lors du repêchage de 1972)

SAISON	CLUB	LIGUE	PJ	B	A	PTS	PUN	PJ	B	A	PTS	PUN
1969-70	Drummondville (Rangers)	LHJMQ	56	4	11	15	75	6	1	1	2	20
1970-71	Drummondville (Rangers)	LHJMQ	61	7	23	30	109	6	1	1	2	8
1971-72	Drummondville (Rangers)	LHJMQ	59	6	29	35	132	9	1	0	1	48
1972-73	Denver (Spurs)	WHL	13	0	6	6	22	-	-	-	-	-
	St. Louis (Blues)	LNH	55	2	7	9	24	2	0	0	0	0
1973-74	Denver (Spurs)	WHL	10	0	2	2	12	-	-	-	-	-
	St. Louis (Blues)	LNH	23	1	1	2	6	-	-	-	-	-
	Detroit (Red Wings)	LNH	22	0	3	3	40	-	-	-	-	-
1974-75	Detroit (Red Wings)	LNH	80	5	19	24	136	-	-	-	-	-
1975-76	Detroit (Red Wings)	LNH	77	3	9	12	129	-	-	-	-	-
1976-77	Detroit (Red Wings)	LNH	71	1	10	11	63	-	-	-	-	-
1977-78	Kansas City (Red Wings)	CHL	28	2	10	12	29	-	-	-	-	-
	Detroit (Red Wings)	LNH	32	2	6	8	34	7	0	0	0	10
1978-79	Detroit (Red Wings)	LNH	52	2	4	6	72	-	-	-	-	-
1979-80	Detroit (Red Wings)	LNH	49	1	4	5	43	-	-	-	-	-

SAISON CLUB LIGUE PJ B A PTS PUN PJ B A PTS PUN
SAISONS RÉGULIÈRES SÉRIES ÉLIMINATOIRES

SAISON	CLUB	LIGUE	PJ	B	A	PTS	PUN	PJ	B	A	PTS	PUN
1980-81	Detroit (Red Wings)	LNH	68	5	7	12	57	-	-	-	-	-
	Adirondack (Red Wings)	AHL	7	1	3	4	36	-	-	-	-	-
1981-82	Fredericton (Express)	AHL	16	2	4	6	19	-	-	-	-	-
	Québec (Nordiques)	LNH	40	1	6	7	32	5	0	0	0	16
1982-83	Québec (Nordiques)	LNH	51	2	7	9	38	4	0	0	0	2
1983-84	**Montréal (Canadiens)**	**LNH**	**79**	**1**	**12**	**13**	**92**	**15**	**0**	**2**	**2**	**16**
		LNH	**699**	**26**	**95**	**121**	**766**	**33**	**0**	**2**	**2**	**44**
		Montréal	**79**	**1**	**12**	**13**	**92**	**15**	**0**	**2**	**2**	**16**

• **Deuxième équipe d'étoiles (LHJMQ) en 1971-72**

• Échangé à Detroit par St. Louis avec Chris Evans et Bryan Watson pour Ted Harris, Bill Collins et Garnet Bailey le 14 février 1974 • Signe avec Québec comme joueur autonome le 6 octobre 1981 • Réclamé par Montréal de Québec au repêchage inter-équipes le 3 octobre 1983

HAMILTON, CHARLES (CHUCK)

Né à Kirkland Lake, Ontario, le 18 janvier 1939
Ailier gauche, lance de la gauche, 5,11", 175 lb

SAISON	CLUB	LIGUE	PJ	B	A	PTS	PUN	PJ	B	A	PTS	PUN
1956-57	Peterborough (Petes)	JOHA	52	7	11	18	15	-	-	-	-	-
1957-58	Peterborough (Petes)	JOHA	52	8	14	22	50	5	1	1	2	4
1958-59	Peterborough (Petes)	JOHA	46	18	28	46	47	19	7	9	16	16
	Peterborough (Petes)	Mem.	-	-	-	-	-	12	1	3	4	48
1959-60	Hull-Ottawa (Canadiens)	EPHL	66	6	13	19	39	7	0	2	2	6
1960-61	Hull-Ottawa (Canadiens)	EPHL	40	1	7	8	56	14	0	2	2	20
1961-62	Hull-Ottawa (Canadiens)	EPHL	57	5	9	14	50	11	1	3	4	4
	Montréal (Canadiens)	**LNH**	**1**	**0**	**0**	**0**	**0**	-	-	-	-	-
1962-63	Hull-Ottawa (Canadiens)	EPHL	64	17	33	50	51	3	0	1	1	6
1963-64	Hershey (Bears)	AHL	72	8	30	38	31	6	0	3	3	2
1964-65	Hershey (Bears)	AHL	55	7	15	22	47	15	2	0	2	4
1965-66	Hershey (Bears)	AHL	67	7	16	23	24	3	0	2	2	0
1966-67	Hershey (Bears)	AHL	62	9	12	21	20	5	0	0	0	0
1967-68	Hershey (Bears)	AHL	69	8	22	30	65	5	0	1	1	18
1968-69	Hershey (Bears)	AHL	74	28	46	74	46	11	2	4	6	16
1969-70	Hershey (Bears)	AHL	60	10	20	30	8	7	1	4	5	0
1970-71			*N'a pas joué - Blessé*									
1971-72	Denver (Spurs)	WHL	70	14	18	32	29	9	1	3	4	4
1972-73	Denver (Spurs)	WHL	47	7	25	32	64	5	0	0	0	4
	St. Louis (Blues)	LNH	3	0	2	2	2	-	-	-	-	-
		LNH	**4**	**0**	**2**	**2**	**2**	-	-	-	-	-
		Montréal	**1**	**0**	**0**	**0**	**0**	-	-	-	-	-

• **Coupe Calder (AHL) en 1968-69**

• Prêté à Hershey (AHL) par Montréal avec Ralph Keller pour Marc Reaume le 11 juin 1963. • Droits vendus à Hersey (AHL) par Montréal en octobre 1964 • Réclamé par Detroit de Hershey (AHL) au repêchage inter-ligues le 10 juin 1969 • Droits vendus à Montréal par Detroit le 11 juin 1969 • Droits vendus à Hershey (AHL) par Montréal en octobre 1969. • Droits vendus à St. Louis (Denver-WHL) par Hershey (AHL) en septembre 1971

HAMRLIK, ROMAN

Né à Zlin, Tchécoslovaquie, le 12 avril 1974. Défenseur, lance de la gauche, 6'2", 215 lb (Choix de 1re ronde de Tampa Bay, 1er au total lors du repêchage de 1992)

SAISON	CLUB	LIGUE	PJ	B	A	PTS	PUN	PJ	B	A	PTS	PUN
1990-91	AC ZPS Zlin	CSK	14	2	2	4	18	-	-	-	-	-
	Tchécoslovaquie	EJC-A	5	0	4	4	2	-	-	-	-	-
1991-92	AC ZPS Zlin	CSK	34	5	5	10	50	-	-	-	-	-
	Tchécoslovaquie	CMJ	7	3	0	3	8	-	-	-	-	-
	Tchécoslovaquie	EJC-A	6	1	1	2	8	-	-	-	-	-
1992-93	Tampa Bay (Lightning)	LNH	67	6	15	21	71	-	-	-	-	-
	Atlanta (Knights)	IHL	2	1	1	2	2	-	-	-	-	-
1993-94	Tampa Bay (Lightning)	LNH	64	3	18	21	135	-	-	-	-	-
	République tchèque	CMH	1	0	0	0	0	-	-	-	-	-
1994-95	AC ZPS Zlin	CZE	2	1	0	1	10	-	-	-	-	-
	Tampa Bay (Lightning)	LNH	48	12	11	23	86	-	-	-	-	-
1995-96	Tampa Bay (Lightning)	LNH	82	16	49	65	103	5	0	1	1	4
	Match des étoiles	LNH	1	0	0	0	0	-	-	-	-	-
1996-97	République tchèque	CDM	3	0	0	0	4	-	-	-	-	-
	Tampa Bay (Lightning)	LNH	79	12	28	40	57	-	-	-	-	-
1997-98	Tampa Bay (Lightning)	LNH	37	3	12	15	22	-	-	-	-	-
	Edmonton (Oilers)	LNH	41	6	20	26	48	12	0	6	6	12
	République tchèque	JO	6	1	0	1	2	-	-	-	-	-
1998-99	Edmonton (Oilers)	LNH	75	8	24	32	70	3	0	0	0	2
	Match des étoiles	LNH	1	0	0	0	0	-	-	-	-	-
1999-00	HC Barum Continental Zlin	CZE	6	0	3	3	4	-	-	-	-	-
	Edmonton (Oilers)	LNH	80	8	37	45	68	5	0	1	1	4
2000-01	New York (Islanders)	LNH	76	16	30	46	92	-	-	-	-	-
2001-02	New York (Islanders)	LNH	70	11	26	37	78	7	1	6	7	6
	République tchèque	JO	4	0	1	1	2	-	-	-	-	-
2002-03	New York (Islanders)	LNH	73	9	32	41	87	5	0	2	2	2
	Match des étoiles	LNH	1	0	1	1	0	-	-	-	-	-
2003-04	New York (Islanders)	LNH	81	7	22	29	68	5	0	1	1	2
	République tchèque	CM	7	0	0	0	0	-	-	-	-	-
2004-05	République tchèque	CDM	4	0	2	2	0	-	-	-	-	-
	HC Hame Zlin	CZE	45	2	14	16	70	17	1	3	4	24
2005-06	Calgary (Flames)	LNH	51	7	19	26	56	7	0	2	2	2
2006-07	Calgary (Flames)	LNH	75	7	31	38	88	6	0	1	1	8
2007-08	**Montréal (Canadiens)**	**LNH**	**77**	**5**	**21**	**26**	**38**	**12**	**1**	**2**	**3**	**8**
		LNH	**1076**	**136**	**395**	**531**	**1167**	**67**	**2**	**22**	**24**	**50**
		Montréal	**77**	**5**	**21**	**26**	**38**	**12**	**1**	**2**	**3**	**8**

• **Meilleur défenseur (EJC-A) en 1991 • Équipe d'étoiles (EJC-A) en 1992 • Médaille d'or (JO) en 1998 • Match des étoiles (LNH) en 1995-96, 1998-99, 2002-03**

•Échangé à Edmonton par Tampa Bay avec Paul Comrie pour Bryan Marsment, Steve Kelly et Jason Bonsignore le 30 décembre 1997 • Échangé à New York (Islanders) par Edmonton pour Eric Brewer, Josh Green et le choix de 2e ronde de New York (Islanders) au repêchage de 2000 (Brad Winchester) le 24 juin 2000 • Signe avec Zlin (CZE) comme joueur autonome le 4 août 2004 • Signe avec Calgary comme joueur autonome le 14 août 2005 • Signe avec Montréal comme joueur autonome le 27 juillet 2007

HANNA, JOHN

Né à Sydney, Nouvelle-Écosse, le 5 avril 1935, décédé le 20 novembre 2005
Défenseur, lance de la droite, 5'11", 175 lb

SAISON	CLUB	LIGUE	PJ	B	A	PTS	PUN	PJ	B	A	PTS	PUN
1953-54	Sydney (Bruins)	CBJHL	*Statistiques non disponibles*									
	North Sydney (Franklins)	Mem.	-	-	-	-	-	5	1	1	2	4
1954-55	Trois-Rivières (Reds)	LHJQ	42	3	6	9	107	9	0	1	1	10
1955-56	Philadelphie (Ramblers)	EHL	28	1	4	5	13	-	-	-	-	-
	Chicoutimi (Saguenéens)	LHQ	40	3	14	17	101	5	0	0	0	4
1956-57	Chicoutimi (Saguenéens)	LHQ	43	1	14	15	64	10	1	2	3	10
1957-58	Trois-Rivières (Lions)	LHQ	48	3	25	28	66	-	-	-	-	-
	Providence (Reds)	AHL	7	0	3	3	24	3	1	1	2	10
1958-59	New York (Rangers)	LNH	70	1	10	11	83	-	-	-	-	-
1959-60	New York (Rangers)	LNH	61	4	8	12	87	-	-	-	-	-
1960-61	Springfield (Indians)	AHL	18	2	2	4	14	-	-	-	-	-
	New York (Rangers)	LNH	46	1	8	9	34	-	-	-	-	-
1961-62	Québec (As)	AHL	65	0	17	17	85	-	-	-	-	-
1962-63	Québec (As)	AHL	70	7	21	28	61	-	-	-	-	-
1963-64	Québec (As)	AHL	58	4	14	18	54	9	0	4	4	10
	Montréal (Canadiens)	**LNH**	**6**	**0**	**0**	**0**	**2**	-	-	-	-	-
1964-65	Québec (As)	AHL	70	9	25	34	83	5	0	0	0	6
1965-66	Québec (As)	AHL	69	4	22	26	93	6	0	1	1	20
1966-67	Québec (As)	AHL	67	6	20	26	54	4	0	0	0	4
1967-68	Québec (As)	AHL	24	1	12	13	27	14	2	6	8	34
	Philadelphie (Flyers)	LNH	15	0	0	0	0	-	-	-	-	-
1968-69	Seattle (Totems)	WHL	71	25	27	52	49	4	0	1	1	2
1969-70	Seattle (Totems)	WHL	66	9	33	42	38	6	0	1	1	11
1970-71	Seattle (Totems)	WHL	70	20	40	60	68	-	-	-	-	-
1971-72	Seattle (Totems)	WHL	36	5	10	15	16	-	-	-	-	-
1972-73	Cleveland (Crusaders)	AMH	66	6	20	26	68	-	-	-	-	-
1973-74	Jacksonville (Barons)	AHL	11	2	4	6	4	-	-	-	-	-
1974-75	Syracuse (Eagles)	AHL	1	0	0	0	0	-	-	-	-	-
		LNH	**198**	**6**	**26**	**32**	**206**	-	-	-	-	-
		Montréal	**6**	**0**	**0**	**0**	**2**	-	-	-	-	-

• **Deuxième équipe d'étoiles (LHQ) en 1957-58 • Première équipe d'étoiles (WHL) en 1968-69, 1970-71 • Trophée Hal-Laycoe (WHL) en 1968-69, 1970-71 • Deuxième équipe d'étoiles (WHL) en 1969-70**

• Réclamé par New York de Montréal lors du repêchage intra-ligue le 5 juin 1957 • Échangé à Montréal par New York pour Albert Langlois le 13 juin 1961 • Droits dans la LNH transférés à Philadelphie lors de l'achat de la concession de Québec (AHL) par Philadelphie le 8 mai 1967 • Sélectionné par Los Angeles lors de l'expansion de l'AMH le 12 février 1972 • Échangé à Cleveland (AMH) par Los Angeles (AMH) pour des considérations futures en juillet 1972

HARMON, GLEN

Né à Holland, Manitoba, le 2 janvier 1921, décédé le 9 mars 2007
Défenseur, lance de la gauche, 5'09", 160 lb

SAISON	CLUB	LIGUE	PJ	B	A	PTS	PUN	PJ	B	A	PTS	PUN
1937-38	East Kildonen (Bisons)	MAHA	*Statistiques non disponibles*									
	Winnipeg (Gordon Bell)	H.S.	*Statistiques non disponibles*									
1938-39	Brandon (Elks)	MJHL	17	2	5	7	47	8	3	3	6	28
	Brandon (Wheat Kings)	MJHL	-	-	-	-	-	7	1	2	3	10
	Brandon (Wheat Kings)	Mem.	-	-	-	-	-	6	2	1	3	18
1939-40	Brandon (Elks)	MJHL	23	4	10	14	67	2	1	0	1	0
1940-41	Winnipeg (Rangers)	MJHL	17	5	5	10	42	6	4	1	5	14
	Winnipeg (Rangers)	Mem.	-	-	-	-	-	14	4	5	9	20
1941-42	Montréal (Canadiens)	LHSQ	39	8	8	16	40	6	0	1	1	6
1942-43	Montréal (Canadiens)	LHSQ	20	5	8	13	35	-	-	-	-	-
	Montréal (Canadiens)	**LNH**	**27**	**5**	**9**	**14**	**25**	**5**	**0**	**1**	**1**	**2**
1943-44	**Montréal (Canadiens)**	**LNH**	**43**	**5**	**16**	**21**	**36**	**9**	**1**	**2**	**3**	**4**
1944-45	**Montréal (Canadiens)**	**LNH**	**42**	**5**	**8**	**13**	**41**	**6**	**1**	**0**	**1**	**2**
1945-46	**Montréal (Canadiens)**	**LNH**	**49**	**7**	**10**	**17**	**28**	**9**	**1**	**4**	**5**	**0**
1946-47	**Montréal (Canadiens)**	**LNH**	**57**	**5**	**9**	**14**	**53**	**11**	**1**	**1**	**2**	**4**
1947-48	**Montréal (Canadiens)**	**LNH**	**56**	**10**	**4**	**14**	**52**	-	-	-	-	-
1948-49	**Montréal (Canadiens)**	**LNH**	**59**	**8**	**12**	**20**	**44**	**7**	**1**	**1**	**2**	**4**
1949-50	Match des étoiles	LNH	1	0	0	0	2	-	-	-	-	-
	Montréal (Canadiens)	**LNH**	**62**	**3**	**16**	**19**	**28**	**5**	**0**	**1**	**1**	**21**
1950-51	Match des étoiles	LNH	1	0	0	0	0	-	-	-	-	-
	Montréal (Canadiens)	**LNH**	**57**	**2**	**12**	**14**	**27**	**1**	**0**	**0**	**0**	**0**
1951-52	Montréal (Royals)	LHMQ	55	5	20	25	33	5	3	4	7	2
1952-53	Montréal (Royals)	LHMQ	58	5	17	22	26	16	5	4	9	4
1953-54	Montréal (Royals)	LHQ	65	8	22	30	31	8	0	2	2	2
1954-55	Montréal (Royals)	LHQ	62	5	22	27	64	14	2	5	7	6
		LNH	**452**	**50**	**96**	**146**	**334**	**53**	**5**	**10**	**15**	**37**
		Montréal	**452**	**50**	**96**	**146**	**334**	**53**	**5**	**10**	**15**	**37**

• **Coupe Memorial en 1940-41 • Coupe Stanley (LNH) en 1943-44, 1945-46 • Deuxième équipe d'étoiles(LNH) en 1944-45, 1948-49 • Match des étoiles(LNH) en 1949-50, 1950-51**

• Réclamé par Montréal de Tulsa (AHA) au repêchage inter-ligues le 27 juin 1941

HARPER, TERRANCE (TERRY)

Né à Regina, Saskatchewan, le 27 janvier 1940
Défenseur, lance de la droite, 6'1", 195 lb

SAISON	CLUB	LIGUE	PJ	B	A	PTS	PUN	PJ	B	A	PTS	PUN
1957-58	Regina (Pats)	SJHL	51	6	10	16	74	12	2	3	5	12
	Regina (Pats)	Mem.	-	-	-	-	-	16	3	2	5	8
1958-59	Regina (Pats)	SJHL	48	1	19	20	79	9	1	2	3	6
1959-60	Regina (Pats)	SJHL	59	17	21	38	56	13	3	7	10	6

			SAISONS RÉGULIÈRES					SÉRIES ÉLIMINATOIRES				
SAISON	CLUB	LIGUE	PJ	B	A	PTS	PUN	PJ	B	A	PTS	PUN
1960-61	Montréal (Royals)	EPHL	69	3	14	17	85	-	-	-	-	-
1961-62	Hull-Ottawa (Canadiens)	EPHL	65	2	18	20	101	12	0	1	1	15
1962-63	Québec (As)	AHL	3	0	0	0	0	-	-	-	-	-
	Hull-Ottawa (Canadiens)	EPHL	52	6	31	37	83	-	-	-	-	-
	Montréal (Canadiens)	**LNH**	**14**	**1**	**1**	**2**	**10**	**5**	**1**	**0**	**1**	**8**
1963-64	**Montréal (Canadiens)**	**LNH**	**70**	**2**	**15**	**17**	**149**	**7**	**0**	**0**	**0**	**6**
1964-65	**Montréal (Canadiens)**	**LNH**	**62**	**0**	**7**	**7**	**93**	**13**	**0**	**0**	**0**	**19**
1965-66	Match des étoiles	LNH	1	0	0	0	0	-	-	-	-	-
	Montréal (Canadiens)	**LNH**	**69**	**1**	**11**	**12**	**91**	**10**	**2**	**3**	**5**	**18**
1966-67	Match des étoiles	LNH	1	0	1	1	0	-	-	-	-	-
	Montréal (Canadiens)	**LNH**	**56**	**0**	**16**	**16**	**99**	**10**	**0**	**1**	**1**	**15**
1967-68	**Montréal (Canadiens)**	**LNH**	**57**	**3**	**8**	**11**	**66**	**13**	**0**	**1**	**1**	**8**
1968-69	Cleveland (Barons)	AHL	28	2	4	6	21	-	-	-	-	-
	Montréal (Canadiens)	**LNH**	**21**	**0**	**3**	**3**	**37**	**11**	**0**	**0**	**0**	**8**
1969-70	**Montréal (Canadiens)**	**LNH**	**75**	**4**	**18**	**22**	**109**	-	-	-	-	-
1970-71	**Montréal (Canadiens)**	**LNH**	**78**	**1**	**21**	**22**	**116**	**20**	**0**	**6**	**6**	**28**
1971-72	**Montréal (Canadiens)**	**LNH**	**52**	**2**	**12**	**14**	**35**	**5**	**1**	**1**	**2**	**6**
1972-73	Los Angeles (Kings)	LNH	77	1	8	9	74	-	-	-	-	-
	Match des étoiles	LNH	1	1	1	2	0	-	-	-	-	-
1973-74	Los Angeles (Kings)	LNH	77	0	17	17	119	5	0	0	0	16
1974-75	Los Angeles (Kings)	LNH	80	5	21	26	120	3	0	0	0	2
	Match des étoiles	LNH	1	0	0	0	2	-	-	-	-	-
1975-76	Detroit (Red Wings)	LNH	69	8	25	33	59	-	-	-	-	-
1976-77	Detroit (Red Wings)	LNH	52	4	8	12	28	-	-	-	-	-
1977-78	Detroit (Red Wings)	LNH	80	2	17	19	85	7	0	1	1	4
1978-79	Detroit (Red Wings)	LNH	51	0	6	6	58	-	-	-	-	-
	Kansas City (Red Wings)	CHL	22	0	13	13	36	-	-	-	-	-
1979-80	St. Louis (Blues)	LNH	11	1	5	6	6	3	0	0	0	2
1980-81	Colorado (Rockies)	LNH	15	0	2	2	8	-	-	-	-	-
		LNH	**1066**	**35**	**221**	**256**	**1362**	**112**	**4**	**13**	**17**	**140**
		Montréal	**554**	**14**	**112**	**126**	**805**	**94**	**4**	**12**	**16**	**116**

• Première équipe d'étoiles (SJHL) en 1959-60 • Première équipe d'étoiles (EPHL) en 1961-62 • Deuxième équipe d'étoiles (EPHL) en 1962-63 • Coupe Stanley (LNH) en 1964-65, 1965-66, 1967-68, 1968-69, 1970-71 • Match des étoiles (LNH) en 1965-66, 1966-67, 1972-73, 1974-75

• Échangé à Los Angeles par Montréal pour le choix de 2e ronde de Los Angeles au repêchage de 1974 (Gary MacGregor), le 1er choix de Los Angeles de 1975 (Pierre Mondou), le choix de 3e ronde de Los Angeles de 1975 (Paul Woods) et le 1er choix de Los Angeles au repêchage de 1976 (Rod Schutt) le 22 août 1972 • Échangé à Detroit par Los Angeles avec Don Maloney et le choix de 2e ronde de Los Angeles au repêchage de 1976 (échangé plus tard au Minnesota qui sélectionne Jim Roberts) pour Bart Crashley et les droits sur Marcel Dionne le 23 juin 1975 • Signe avec St. Louis comme joueur autonome le 10 mars 1980 • Signe avec Colorado comme joueur autonome le 12 février 1981

HARRINGTON, LELAND (HAGO)

Né à Melrosse, Massachusetts le 13 août 1904, décédé le 1er juillet 1959
Ailier gauche, lance de la gauche, 5'08", 165 lb

1923-24	Boston AA (Unicoms)	USAHA	12	9	0	9	-	5	2	0	2	-
1924-25	Boston AAA	USAHA	18	14	0	14	-	4	1	0	1	-
1925-26	Boston (Bruins)	LNH	26	7	2	9	6	-	-	-	-	-
1926-27	New Haven (Eagles)	Can-Am	32	21	4	25	36	4	2	1	3	0
1927-28	New Haven (Eagles)	Can-Am	16	13	5	18	22	-	-	-	-	-
	Boston (Bruins)	LNH	22	1	0	1	7	2	0	0	0	0
1928-29	Providence (Reds)	Can-Am	31	5	3	8	44	6	3	0	3	14
1929-30	Providence (Reds)	Can-Am	37	11	6	17	51	3	1	1	2	2
1930-31	Providence (Reds)	Can-Am	39	8	16	24	41	2	1	0	1	2
1931-32	Providence (Reds)	Can-Am	39	15	20	35	44	5	3	1	4	0
1932-33	Providence (Reds)	Can-Am	22	11	12	23	20	-	-	-	-	-
	Montréal (Canadiens)	**LNH**	**24**	**1**	**1**	**2**	**2**	**2**	**1**	**0**	**1**	**2**
1933-34	Providence (Reds)	Can-Am	40	13	19	32	26	3	0	2	2	0
1934-35	Providence (Reds)	Can-Am	46	17	32	49	32	6	0	1	1	8
1935-36	Providence (Reds)	Can-Am	45	12	3	15	22	7	0	0	0	8
		LNH	**72**	**9**	**3**	**12**	**15**	**4**	**1**	**0**	**1**	**2**
		Montréal	**24**	**1**	**1**	**2**	**2**	**2**	**1**	**0**	**1**	**2**

• Signe avec Boston le 4 janvier 1926 • Droits vendus à Providence (Can-Am)par Boston en octobre 1928 • Échangé à Montréal par Providence (Can-Am)avec Léo Murray pour Armand Mondou et Léo Gaudreault le 23 janvier 1933

HARRIS, EDWARD (TED)

Né à Winnipeg, Manitoba, le 18 juillet 1936. Défenseur, lance de la gauche, 6'2", 185 lb

1953-54	Winnipeg (Monarchs)	MJHL	36	4	5	9	94	5	1	1	2	10
1954-55	Winnipeg (Monarchs)	MJHL	32	2	15	17	*137	17	1	3	4	57
1955-56	Winnipeg (Monarchs)	MJHL	20	6	23	29	78	4	0	0	0	21
1956-57	Philadelphie (Ramblers)	EHL	61	11	33	44	103	13	2	2	4	31
	Springfield (Indians)	AHL	2	0	0	0	4	-	-	-	-	-
1957-58	Philadelphie (Ramblers)	EHL	62	10	19	29	82	-	-	-	-	-
1958-59	Victoria (Cougars)	WHL	58	4	12	16	82	3	0	0	0	4
	Springfield (Indians)	AHL	9	0	2	2	11	-	-	-	-	-
1959-60	Springfield (Indians)	AHL	63	4	13	17	100	10	0	2	2	16
1960-61	Springfield (Indians)	AHL	69	4	22	26	76	8	0	1	1	18
1961-62	Springfiled (Indians)	AHL	70	2	29	31	142	11	3	3	6	14
1962-63	Springfiled (Indians)	AHL	72	8	30	38	172	-	-	-	-	-
1963-64	Cleveland (Barons)	AHL	67	6	23	29	109	9	0	5	5	20
	Montréal (Canadiens)	**LNH**	**4**	**0**	**1**	**1**	**0**	-	-	-	-	-
1964-65	**Montréal (Canadiens)**	**LNH**	**68**	**1**	**14**	**15**	**107**	**13**	**0**	**5**	**5**	**45**
1965-66	Match des étoiles	LNH	1	0	0	0	4	-	-	-	-	-
	Montréal (Canadiens)	**LNH**	**53**	**0**	**13**	**13**	**87**	**10**	**0**	**0**	**0**	**38**
1966-67	**Montréal (Canadiens)**	**LNH**	**65**	**2**	**16**	**18**	**86**	**10**	**0**	**1**	**1**	**19**
	Match des étoiles	LNH	1	0	0	0	0	-	-	-	-	-
1967-68	**Montréal (Canadiens)**	**LNH**	**67**	**5**	**16**	**21**	**78**	**13**	**0**	**4**	**4**	**22**

			SAISONS RÉGULIÈRES					SÉRIES ÉLIMINATOIRES				
SAISON	CLUB	LIGUE	PJ	B	A	PTS	PUN	PJ	B	A	PTS	PUN
1968-69	Match des étoiles	LNH	1	0	1	1	0	-	-	-	-	-
	Montréal (Canadiens)	**LNH**	**76**	**7**	**18**	**25**	**102**	**14**	**1**	**2**	**3**	**34**
1969-70	**Montréal (Canadiens)**	**LNH**	**74**	**3**	**17**	**20**	**116**	-	-	-	-	-
1970-71	Minnesota (North Stars)	LNH	78	2	13	15	130	12	0	4	4	36
	Match des étoiles	LNH	1	0	0	0	2	-	-	-	-	-
1971-72	Minnesota (North Stars)	LNH	78	2	15	17	77	7	0	1	1	17
	Match des étoiles	LNH	1	0	0	0	0	-	-	-	-	-
1972-73	Minnesota (North Stars)	LNH	78	7	23	30	83	5	0	1	1	15
1973-74	Minnesota (North Stars)	LNH	12	0	1	1	4	-	-	-	-	-
	Detroit (Red Wings)	LNH	41	0	11	11	66	-	-	-	-	-
	St. Louis (Blues)	LNH	24	0	4	4	16	-	-	-	-	-
1974-75	Philadelphie (Flyers)	LNH	70	1	6	7	48	16	0	4	4	4
		LNH	**788**	**30**	**168**	**198**	**1000**	**100**	**1**	**22**	**23**	**230**
		Montréal	**407**	**18**	**95**	**113**	**576**	**60**	**1**	**12**	**13**	**158**

• Coupe Calder (AHL) en 1959-60, 1960-61, 1961-62, 1963-64 • Première équipe d'étoiles (AHL) en 1963-64 • Trophée Eddie-Shore (AHL) en 1963-64 • Match des étoiles (LNH) en 1965-66, 1966-67, 1968-69, 1970-71, 1971-72 • Coupe Stanley (LNH) en 1964-65, 1965-66, 1967-68, 1968-69, 1974-75 • Deuxième équipe d'étoiles (LNH) en 1968-69

• Prêté à Victoria (WHL) par Springfield (AHL) le 4 novembre 1958 • Échangé à Montréal par Springfield avec Terry Gray, Wayne Larkin, John Chasczewski et Bruce Cline pour Brian Smith, Wayne Boddy, Fred Hilts, Lorne O'Donnell, John Rodger et Gary Bergman le 10 septembre 1963 • Réclamé par Minnesota de Montréal au repêchage intra-ligue le 9 juin 1970 • Échangé à Detroit par Minnesota pour Gary Bergman le 7 novembre 1973. • Échangé à St. Louis par Detroit avec Bill Collins et Garnet Bailey pour Jean Hamel, Bryan Watson et Chris Evans le 14 février 1974 • Droits vendus à Philadelphie par St. Louis le 16 septembre 1974

HART, WILFRED (GIZZY)

Né à Weyburn, Saskatchewan, le 1er juin 1902, décédé le 22 janvier 1964
Ailier gauche, lance de la gauche, 5,09", 170 lb

1918-19	Weyburn (Wanderers)	S-SSHL	5	10	1	11	0	-	-	-	-	-
1919-20	Weyburn (Wanderers)	S-SSHL	10	16	0	16	0	2	2	0	2	2
1920-21	Weyburn (Wanderers)	S-SSHL	11	2	2	4	0	-	-	-	-	-
1921-22	Moose Jaw (Maple Leafs)	S-SSHL	7	3	0	3	2	-	-	-	-	-
1922-23	Weyburn (Wanderers)	S-SSHL	10	17	6	23	4	5	*6	*2	*8	2
1923-24	Victoria (Cougars)	PCHA	29	15	1	16	10	-	-	-	-	-
1924-25	Victoria (Cougars)	WCHL	26	8	6	14	8	8	2	1	3	0
1925-26	Victoria (Cougars)	WHL	27	6	4	10	2	6	1	0	1	4
1926-27	Detroit (Cougars)	LNH	2	0	0	0	0	-	-	-	-	-
	Windsor (Hornets)	Can-Pro	5	4	1	5	6	-	-	-	-	-
	Montréal (Canadiens)	**LNH**	**34**	**3**	**3**	**6**	**8**	**4**	**0**	**0**	**0**	**0**
1927-28	**Montréal (Canadiens)**	**LNH**	**44**	**3**	**2**	**5**	**4**	**2**	**0**	**0**	**0**	**0**
1928-29	Providence(Reds)	Can-Am	38	13	1	14	14	-	-	-	-	-
1929-30	Providence(Reds)	Can-Am	39	24	12	36	28	3	2	3	5	0
1930-31	Providence(Reds)	Can-Am	37	25	13	38	16	2	1	1	2	0
1931-32	Providence(Reds)	Can-Am	40	21	17	38	29	5	2	2	4	6
1932-33	Providence(Reds)	Can-Am	46	7	9	16	60	-	-	-	-	-
	Montréal (Canadiens)	**LNH**	**18**	**0**	**3**	**3**	**0**	**2**	**0**	**1**	**1**	**0**
1933-34	Providence(Reds)	Can-Am	40	13	9	22	12	3	0	4	4	7
1934-35	Weyburn (Beavers)	S-SSHL	1	0	0	0	0	-	-	-	-	-
1935-36	Weyburn (Beavers)	S-SSHL	*N'a pas joué - Entraîneur*									
1936-37	Weyburn (Beavers)	S-SSHL	*N'a pas joué - Entraîneur*									
1937-38	Weyburn (Beavers)	S-SSHL	1	0	0	0	0	-	-	-	-	-
		LNH	**98**	**6**	**8**	**14**	**12**	**8**	**0**	**1**	**1**	**0**
		Montréal	**96**	**6**	**8**	**14**	**12**	**8**	**0**	**1**	**1**	**0**

• Équipe d'étoiles (PCHA) en 1923-24 • Coupe Stanley (WCHL) en 1924-25

• Signe avec Victoria (WCHL) le 24 octobre 1923 • Transfert de la concession de Victoria (WHL) à Detroit de la LNH le 15 mai 1926 • Prêté à Windsor (Can-Pro) par Detroit le 24 novembre 1926 • Droits vendus à Montréal par Detroit le 12 décembre 1926 • Droits vendus à Providence (Can-Am) par Montréal le 17 octobre 1928 • Prêté à Montréal par Providence (Can-Am) avec Art Alexandre et Bobby Trapp le 6 février 1933

HARVEY, DOUGLAS (DOUG)

Né à Montréal, Québec, le 19 décembre 1924, décédé le 26 décembre 1989
Défenseur, lance de la gauche, 5'11", 180 lb

1942-43	Montréal (Marine)	LHCM	4	0	0	0	0	-	-	-	-	-
	Montréal (Royals Jr)	LHJQ	21	4	6	10	17	6	3	4	7	10
	Montréal (Royals)	LHSQ	1	0	0	0	0	-	-	-	-	-
1943-44	Montréal (Royals)	LHSQ	1	1	1	2	2	-	-	-	-	-
	Montréal (Marine)	MNDHL	15	4	1	5	24	5	3	1	4	15
	Montréal (Royals Jr)	LHJQ	13	4	6	10	34	4	2	6	8	10
	Montréal (Royals Jr)	Mem.	-	-	-	-	-	3	0	1	1	6
1944-45	Montréal (Royals Jr)	LHJQ	-	-	-	-	-	9	2	2	4	10
	Montréal (Marine)	MNDHL	3	0	2	2	2	6	3	1	4	6
1945-46	Montréal (Royals)	LHSQ	34	2	6	8	90	11	1	6	7	*37
1946-47	Montréal (Royals)	LHSQ	40	2	26	28	*171	11	2	4	6	*62
	Montréal (Royals)	Allan	-	-	-	-	-	14	4	9	13	26
1947-48	Buffalo (Bisons)	AHL	24	1	7	8	38	-	-	-	-	-
	Montréal (Canadiens)	**LNH**	**35**	**4**	**4**	**8**	**32**	-	-	-	-	-
1948-49	**Montréal (Canadiens)**	**LNH**	**55**	**3**	**13**	**16**	**87**	**7**	**0**	**1**	**1**	**10**
1949-50	**Montréal (Canadiens)**	**LNH**	**70**	**4**	**20**	**24**	**76**	**5**	**0**	**2**	**2**	**10**
1950-51	**Montréal (Canadiens)**	**LNH**	**70**	**5**	**24**	**29**	**93**	**11**	**0**	**5**	**5**	**12**
1951-52	**Montréal (Canadiens)**	**LNH**	**68**	**6**	**23**	**29**	**82**	**11**	**0**	**3**	**3**	**8**
	Match des étoiles	LNH	1	0	0	0	0	-	-	-	-	-
1952-53	**Montréal (Canadiens)**	**LNH**	**69**	**4**	**30**	**34**	**67**	**12**	**0**	**5**	**5**	**8**
	Match des étoiles	LNH	1	0	0	0	0	-	-	-	-	-
1953-54	**Montréal (Canadiens)**	**LNH**	**68**	**8**	**29**	**37**	**110**	**10**	**0**	**2**	**2**	**12**
	Match des étoiles	LNH	1	0	1	1	0	-	-	-	-	-
1954-55	**Montréal (Canadiens)**	**LNH**	**70**	**6**	**43**	**49**	**58**	**12**	**0**	**8**	**8**	**6**
	Match des étoiles	LNH	1	0	0	0	0	-	-	-	-	-

Saison	Club	Ligue	PJ	B	A	PTS	PUN	PJ	B	A	PTS	PUN
1955-56	**Montréal (Canadiens)**	**LNH**	**62**	**5**	**39**	**44**	**60**	**10**	**2**	**5**	**7**	**10**
	Match des étoiles	LNH	1	1	0	1	2	-	-	-	-	-
1956-57	**Montréal (Canadiens)**	**LNH**	**70**	**6**	**44**	**50**	**92**	**10**	**0**	**7**	**7**	**10**
	Match des étoiles	LNH	1	0	1	1	0	-	-	-	-	-
1957-58	**Montréal (Canadiens)**	**LNH**	**68**	**9**	**32**	**41**	**131**	**10**	**2**	**9**	**11**	**16**
	Match des étoiles	LNH	1	0	0	0	2	-	-	-	-	-
1958-59	**Montréal (Canadiens)**	**LNH**	**61**	**4**	**16**	**20**	**61**	**11**	**1**	**11**	**12**	**22**
	Match des étoiles	LNH	1	0	1	1	2	-	-	-	-	-
1959-60	**Montréal (Canadiens)**	**LNH**	**66**	**6**	**21**	**27**	**45**	**8**	**3**	**0**	**3**	**6**
	Match des étoiles	LNH	1	0	3	3	0	-	-	-	-	-
1960-61	**Montréal (Canadiens)**	**LNH**	**58**	**6**	**33**	**39**	**48**	**6**	**0**	**1**	**1**	**8**
	Match des étoiles	LNH	1	0	0	0	2	-	-	-	-	-
1961-62	New York (Rangers)	LNH	69	6	24	30	42	6	0	1	1	2
	Match des étoiles	LNH	1	0	0	0	0	-	-	-	-	-
1962-63	New York (Rangers)	LNH	68	4	35	39	92	-	-	-	-	-
	Match des étoiles	LNH	1	0	0	0	0	-	-	-	-	-
1963-64	New York (Rangers)	LNH	14	0	2	2	10	-	-	-	-	-
	St. Paul (Rangers)	CPHL	5	2	2	4	6	-	-	-	-	-
	Québec (As)	AHL	52	6	36	42	30	9	0	4	4	10
1964-65	Québec (As)	AHL	64	1	36	37	72	4	1	1	2	9
1965-66	Baltimore (Clippers)	AHL	67	7	32	39	80	-	-	-	-	-
1966-67	Baltimore (Clippers)	AHL	24	2	9	11	10	-	-	-	-	-
	Pittsburgh (Hornets)	AHL	28	0	9	9	22	9	0	0	0	2
	Detroit (Red Wings)	LNH	2	0	0	0	0	-	-	-	-	-
1967-68	Kansas City (Blues)	CPHL	59	4	16	20	12	7	0	6	6	6
	St. Louis (Blues)	LNH	-	-	-	-	-	8	0	4	4	12
1968-69	St. Louis (Blues)	LNH	70	2	20	22	30	-	-	-	-	-
	Match des étoiles	LNH	1	0	1	1	2	-	-	-	-	-
		LNH	**1113**	**88**	**452**	**540**	**1216**	**137**	**8**	**64**	**72**	**152**
		Montréal	**890**	**76**	**371**	**447**	**1042**	**123**	**8**	**59**	**67**	**138**

• Coupe Allan en 1946-47 • Première équipe d'étoiles (LNH) en 1951-52, 1952-53, 1953-54, 1954-55, 1955-56, 1956-57, 1957-58, 1959-60,1960-61, 1961-62 • Deuxième équipe d'étoiles (LNH) en 1958-59 • Coupe Stanley (LNH) en 1952-53, 1955-56, 1956-57, 1957-58, 1958-59, 1959-60 • Trophée James-Norris (LNH) en 1954-55, 1955-56, 1956-57, 1957-58, 1959-60, 1960-61, 1961-62 • Match des étoiles (LNH) en 1951-52, 1952-53, 1953-54, 1954-55, 1955-56, 1956-57, 1957-58, 1958-59, 1959-60, 1960-61, 1961-62, 1962-63, 1968-69 • Deuxième équipe d'étoiles (AHL) en 1964 • Coupe Calder (AHL) en 1966-67 • Temple de la Renommée (LNH) en 1973

• Échangé à New York (Rangers) par Montréal pour Lou Fontinato le 13 juin 1961 • Signe avec Québec (AHL) comme joueur autonome le 26 novembre 1963 • Signe avec Baltimore (AHL) comme joueur autonome le 10 juin 1965. • Droits vendus à Pittsburgh (AHL) par Baltimore (AHL) le 23 décembre 1966 • Signe avec Detroit comme joueur autonome le 6 janvier 1967 • Signe avec St. Louis comme joueur autonome et est nommé joueur-entraîneur de Kansas City (CPHL) en juin 1967

HAYNES, PAUL

Né à Montréal, Québec, le 1er mars 1910, décédé le 12 mai 1989
Centre, lance de la gauche, 5'09", 160 lb

Saison	Club	Ligue	PJ	B	A	PTS	PUN	PJ	B	A	PTS	PUN
1928-29	Montréal (Champêtre)	LHJMC	-	2	0	2	-	-	-	-	-	-
	Loyola (Collège)	LHCQ	*Statistiques non disponibles*									
1929-30	Montréal AAA	LHCM	10	2	1	3	4	2	0	0	0	0
1930-31	Windsor (Bulldogs)	IHL	27	11	16	27	16	6	4	*6	*10	2
	Montréal (Maroons)	LNH	19	1	0	1	0	-	-	-	-	-
1931-32	Windsor (Bulldogs)	IHL	33	10	14	24	6	-	-	-	-	-
	Montréal (Maroons)	LNH	12	1	0	1	0	4	0	0	0	0
1932-33	Montréal (Maroons)	LNH	48	16	25	41	18	2	0	0	0	2
1933-34	Windsor (Bulldogs)	IHL	4	0	0	0	0	-	-	-	-	-
	Montréal (Maroons)	LNH	44	5	4	9	18	4	0	1	1	2
1934-35	Montréal (Maroons)	LNH	11	1	2	3	0	-	-	-	-	-
	Boston (Bruins)	LNH	37	4	3	7	8	3	0	0	0	0
1935-36	**Montréal (Canadiens)**	**LNH**	**48**	**5**	**19**	**24**	**24**	-	-	-	-	-
1936-37	**Montréal (Canadiens)**	**LNH**	**47**	**8**	**18**	**26**	**24**	**5**	**2**	**3**	**5**	**0**
1937-38	**Montréal (Canadiens)**	**LNH**	**48**	**13**	**22**	**35**	**25**	**3**	**0**	**4**	**4**	**5**
	Match des étoiles	LNH	1	1	0	1	0	-	-	-	-	-
1938-39	**Montréal (Canadiens)**	**LNH**	**47**	**5**	**33**	**38**	**27**	**3**	**0**	**0**	**0**	**4**
1939-40	**Montréal (Canadiens)**	**LNH**	**23**	**2**	**8**	**10**	**8**	-	-	-	-	-
	Match des étoiles	LNH	1	0	0	0	0	-	-	-	-	-
1940-41	**Montréal (Canadiens)**	**LNH**	**7**	**0**	**0**	**0**	**12**	-	-	-	-	-
	New Haven (Eagles)	AHL	31	3	11	14	4	2	0	0	0	0
		LNH	**391**	**61**	**134**	**195**	**164**	**24**	**2**	**8**	**10**	**13**
		Montréal	**220**	**33**	**100**	**133**	**120**	**11**	**2**	**7**	**9**	**9**

• Match des étoiles (LNH) en 1937-38, 1939-40

• Signe avec Montréal (Maroons) le 2 septembre 1930 • Droits vendus à Boston par Montréal (Maroons) le 28 décembre 1934 • Échangé à Montréal (Canadiens) par Boston pour Jack Riley le 30 septembre 1935 • Signe avec New Haven le 6 janvier 1941

HEADLEY, FERN (CURLY)

Né à Crystal, North Dakota, le 2 mars 1901, décédé en 1950
Défenseur, lance de la droite, 5'10", 175 lb.

Saison	Club	Ligue	PJ	B	A	PTS	PUN	PJ	B	A	PTS	PUN
1919-20	Saskatoon (Quakers)	S-SSHL	3	6	1	7	4	3	3	1	4	4
	Saskatoon (Quakers)	SJHL	-	-	-	-	-	3	6	1	7	4
1920-21	Saskatoon (Collegiate)	S-SSHL	4	6	2	8	-	5	4	0	4	6
1921-22	Saskatoon(5e Bataillon)	S-SSHL	9	7	2	9	2	-	-	-	-	-
1922-23	Saskatoon (Sheiks)	WCHL	10	2	0	2	4	-	-	-	-	-
1923-24	Saskatoon (Crescents)	WCHL	20	2	0	2	6	-	-	-	-	-
1924-25	Boston (Bruins)	LNH	13	1	2	3	4	-	-	-	-	-
	Montréal (Canadiens)	**LNH**	**17**	**0**	**1**	**1**	**6**	**5**	**0**	**0**	**0**	**0**
1925-26	Calgary (Tigers)	WHL	29	2	1	3	47	-	-	-	-	-
1926-27	Calgary (Tigers)	PHL	30	16	10	26	30	2	0	0	0	4
1927-28	Minneapolis (Millers)	AHA	37	6	5	11	37	8	0	0	0	0
1928-29	St. Louis (Flyers)	AHA	40	14	11	25	54	-	-	-	-	-
1929-30	St. Louis (Flyers)	AHA	48	5	6	11	47	-	-	-	-	-
1930-31	Chicago (Shamrocks)	AHA	47	5	8	13	44	-	-	-	-	-
1931-32	Chicago (Shamrocks)	AHA	47	6	5	11	50	4	0	0	0	5
1932-33	Wichita/Duluth	AHA	41	10	9	19	37	-	-	-	-	-
1933-34	Tulsa (Oilers)	AHA	32	6	2	8	34	4	0	0	0	4
1934-35	Tulsa (Oilers)	AHA	48	5	11	16	31	5	0	0	0	2
1935-36	Tulsa (Oilers)	AHA	43	1	4	5	33	3	0	0	0	4
1936-37	Tulsa (Oilers)	AHA	18	0	0	0	6	-	-	-	-	-
	Kansas City (Greyhounds)	AHA	7	1	1	2	13	-	-	-	-	-
1937-38			*N'a pas joué*									
1938-39	Wichita (Skyhawks)	AHA	33	6	7	13	36	-	-	-	-	-
		LNH	**30**	**1**	**3**	**4**	**10**	**1**	**0**	**0**	**0**	**0**
		Montréal	**17**	**0**	**1**	**1**	**6**	**5**	**0**	**0**	**0**	**0**

• Première équipe d'étoiles (PHL) en 1926-27 • Deuxième équipe d'étoiles (AHA) en 1934-35

• Signe avec Saskatoon (WCHL) le 30 octobre 1922 • Droits vendus à Boston par Saskatoon (WCHL) le 2 novembre 1924 • Prêté à Montréal par Boston le 14 janvier 1925 • Droits vendus à Vancouver (WHL) par Boston le 29 octobre 1925 • Échangé à Calgary (WHL) par Vancouver (WHL) pour Rusty Crawford le 3 novembre 1925 • Signe avec Calgary (PHL) le 19 novembre 1926 • Droits vendus à Minneapolis (AHA) par Calgary (PHL) le 13 octobre 1927 • Échangé à Kansas City (AHA) par Tulsa (AHA) pour Ralph Taylor le 12 novembre 1936

HEFFERNAN, GERALD (GERRY)

Né à Montréal, Québec, le 24 juillet 1916, décédé le 16 janvier 2007
Ailier droit, lance de la droite, 5'09", 160 lb

Saison	Club	Ligue	PJ	B	A	PTS	PUN	PJ	B	A	PTS	PUN
1934-35	Montréal (Royals)	LHJQ	12	8	6	14	2	2	1	0	1	2
1935-36	Montréal (Royals)	LHJQ	9	5	3	8	2	2	3	1	4	0
	Montréal (Royals)	LHSQ	-	-	-	-	-	5	0	0	0	0
1936-37	Montréal (Royals)	LHSQ	21	6	15	21	12	5	2	0	2	2
1937-38	Harringay (Greyhounds)	GBR	18	18	12	30	-	-	-	-	-	-
1938-39	Montréal (Royals)	LHSQ	21	12	10	22	35	5	2	8	10	8
	Montréal (Royals)	Allan	-	-	-	-	-	15	9	13	22	14
1939-40	Montréal (Royals)	LHSQ	29	11	19	30	38	8	4	6	10	2
	Montréal (Royals)	Allan	-	-	-	-	-	5	1	5	6	9
1940-41	Montréal (Royals)	LHSQ	33	15	18	33	24	8	4	3	7	2
	Montréal (Royals)	Allan	-	-	-	-	-	14	4	4	8	6
1941-42	Montréal (Royals)	LHSQ	9	2	4	6	6	-	-	-	-	-
	Montréal (Canadiens)	**LNH**	**40**	**5**	**15**	**20**	**15**	**2**	**2**	**1**	**3**	**0**
1942-43	Montréal (Royals)	LHSQ	22	19	15	34	28	4	0	1	1	2
	Montréal (Canadiens)	**LNH**	-	-	-	-	-	**2**	**0**	**0**	**0**	**0**
1943-44	**Montréal (Canadiens)**	**LNH**	**43**	**28**	**20**	**48**	**12**	**7**	**1**	**2**	**3**	**8**
1944-45	Montréal (Royals)	LHSQ	23	23	28	51	14	7	4	4	8	2
1945-46	Montréal (Royals)	LHSQ	38	20	24	44	41	11	7	6	13	4
		LNH	**83**	**33**	**35**	**68**	**27**	**11**	**3**	**3**	**6**	**8**
		Montréal	**83**	**33**	**35**	**68**	**27**	**11**	**3**	**3**	**6**	**8**

• Première équipe d'étoiles (LHSQ) en 1939-40 • Coupe Stanley (LNH) en 1943-44

• Signe avec Montréal avec Pete Morin et Buddy O'Connor le 28 novembre 1941

HERON, ROBERT (RED)

Né à Toronto, Ontario, le 31 décembre 1917, décédé le 14 décembre 1990
Ailier gauche, lance de la gauche, 5'10", 170 lb

Saison	Club	Ligue	PJ	B	A	PTS	PUN	PJ	B	A	PTS	PUN
1932-33	Toronto (Marlboros)	JOHA	9	4	1	5	4	3	0	0	0	2
1933-34	Toronto (Native Sons)	JOHA	12	11	7	18	7	-	-	-	-	-
1934-35	Toronto (Nationals)	JOHA	12	3	1	4	14	-	-	-	-	-
1935-36	Toronto (Nationals)	JOHA	9	11	6	17	16	5	*6	*4	*10	2
	Toronto (Goodyears)	SOHA	13	*16	1	17	4	6	4	2	6	9
	West Toronto (Nationals)	Mem.	-	-	-	-	-	12	*18	8	*26	20
1936-37	Toronto (Goodyears)	SOHA	8	5	3	8	16	5	3	0	3	8
1937-38	Toronto (Goodyears)	SOHA	16	*21	15	36	6	6	3	2	5	4
	Syracuse (Stars)	IAHL	1	0	0	0	0	6	1	2	3	0
1938-39	Syracuse (Stars)	IAHL	46	12	14	26	26	3	0	1	1	10
	Toronto (Maple Leafs)	LNH	6	0	0	0	0	2	0	0	0	4
1939-40	Pittsburgh (Hornets)	IAHL	4	3	3	6	0	-	-	-	-	-
	Toronto (Maple Leafs)	LNH	42	11	12	23	12	9	2	0	2	2
1940-41	Pittsburgh (Hornets)	AHL	2	2	0	2	0	-	-	-	-	-
	Toronto (Maple Leafs)	LNH	35	9	5	14	12	7	0	2	2	0
1941-42	Brooklyn (Americans)	LNH	11	0	1	1	2	-	-	-	-	-
	Montréal (Canadiens)	**LNH**	**12**	**1**	**1**	**2**	**12**	**3**	**0**	**0**	**0**	**0**
	Pittsburgh (Hornets)	AHL	23	20	16	36	10	-	-	-	-	-
	Springfield (Indians)	AHL	7	3	3	6	2	-	-	-	-	-
1942-43	Research (Colonels)	SONA	12	*22	12	*34	4	-	-	-	-	-
	Toronto (Peoples)	TOHL	5	5	4	9	8	7	8	10	18	12
1943-44	Toronto (RCAF)	SOHA	15	6	10	16	12	-	-	-	-	-
	Toronto (Staffords)	TMHL	6	9	5	14	4	9	9	5	14	8
1944-45	Rockcliffe (RCAF)	ONDHL	-	-	-	-	-	2	0	2	2	0
1945-46			*Statistiques non disponibles*									
1946-47	Toronto (Barkers)	TOHL	26	37	25	62	6	6	*9	3	12	4
1947-48	Toronto (Barkers)	TOHL	27	20	14	34	8	9	6	5	11	4
1948-49	Toronto (Barkers)	TOHL	6	1	4	5	6	4	3	0	3	4
		LNH	**106**	**21**	**19**	**40**	**38**	**21**	**2**	**2**	**4**	**6**
		Montréal	**12**	**1**	**1**	**2**	**12**	**3**	**0**	**0**	**0**	**0**

• Coupe Memorial en 1935-36

• Prêté à Brooklyn par Toronto avec Nick Knott, Gus Marker et des considérations futures (Droits vendus à Brooklyn le 2 février 1942) pour Lorne Carr le 30 octobre 1941 • Prêté à Montréal par Brooklyn pour le prêt de Murph Chamberlain le 13 février 1942

HICKE, WILLIAM (BILL)

Né à Regina, Saskatchewan, le 31 mars 1938, décédé le 18 juillet 2005
Ailier droit, lance de la gauche, 5'8", 164 lb

SAISONS RÉGULIÈRES · SÉRIES ÉLIMINATOIRES

SAISON	CLUB	LIGUE	PJ	B	A	PTS	PUN	PJ	B	A	PTS	PUN
1954-55	Regina (Pats)	SJHL	8	3	9	12	7	14	6	8	14	4
	Regina (Pats)	Mem.	-	-	-	-	-	15	5	13	18	8
1955-56	Regina (Pats)	SJHL	36	33	9	42	51	10	6	8	14	10
	Regina (Pats)	Mem.	-	-	-	-	-	19	11	18	29	44
1956-57	Regina (Pats)	SJHL	53	52	48	100	94	7	5	5	10	14
1957-58	Regina (Pats)	SJHL	49	*54	43	*97	144	12	9	10	19	20
	Regina (Pats)	Mem.	-	-	-	-	-	16	*18	8	26	31
1958-59	Rochester (Americans)	AHL	69	41	56	*97	41	5	1	1	2	12
	Montréal (Canadiens)	**LNH**	**-**	**-**	**-**	**-**	**-**	**1**	**0**	**0**	**0**	**0**
1959-60	Rochester (Americans)	AHL	14	8	5	13	22	-	-	-	-	-
	Montréal (Canadiens)	**LNH**	**43**	**3**	**10**	**13**	**17**	**7**	**1**	**2**	**3**	**0**
	Match des étoiles	LNH	1	0	2	2	0	-	-	-	-	-
1960-61	**Montréal (Canadiens)**	**LNH**	**70**	**18**	**27**	**45**	**31**	**5**	**2**	**0**	**2**	**19**
	Match des étoiles	LNH	1	0	0	0	2	-	-	-	-	-
1961-62	**Montréal (Canadiens)**	**LNH**	**70**	**20**	**31**	**51**	**42**	**6**	**0**	**2**	**2**	**14**
1962-63	**Montréal (Canadiens)**	**LNH**	**70**	**17**	**22**	**39**	**39**	**5**	**0**	**0**	**0**	**0**
1963-64	**Montréal (Canadiens)**	**LNH**	**48**	**11**	**9**	**20**	**41**	**7**	**0**	**2**	**2**	**2**
1964-65	**Montréal (Canadiens)**	**LNH**	**17**	**0**	**1**	**1**	**6**	**-**	**-**	**-**	**-**	**-**
	Cleveland (Barons)	AHL	6	3	2	5	2	-	-	-	-	-
	New York (Rangers)	LNH	40	6	11	17	26	-	-	-	-	-
1965-66	Minnesota (Rangers)	CPHL	3	2	0	2	4	-	-	-	-	-
	New York (Rangers)	LNH	49	9	18	27	21	-	-	-	-	-
1966-67	New York (Rangers)	LNH	48	3	4	7	11	-	-	-	-	-
	Baltimore (Clippers)	AHL	18	14	14	28	15	9	6	*8	*14	23
1967-68	Oakland (Seals)	LNH	52	21	19	40	32	-	-	-	-	-
1968-69	Oakland (Seals)	LNH	67	25	36	61	68	7	0	3	3	4
	Match des étoiles	LNH	1	0	0	0	0	-	-	-	-	-
1969-70	Oakland (Seals)	LNH	69	15	29	44	14	4	0	1	1	2
1970-71	Californie (Golden Seals)	LNH	74	18	17	35	41	-	-	-	-	-
1971-72	Pittsburgh (Penguins)	LNH	12	2	0	2	6	-	-	-	-	-
	Tidewater (Wings)	AHL	16	4	2	6	6	-	-	-	-	-
	Fort Worth (Wings)	CHL	34	9	10	19	51	7	0	5	5	12
1972-73	Alberta (Oilers)	AMH	73	14	24	38	20	-	-	-	-	-
		LNH	**729**	**168**	**234**	**402**	**395**	**42**	**3**	**10**	**13**	**41**
		Montréal	**318**	**69**	**100**	**169**	**176**	**31**	**3**	**6**	**9**	**35**

• Première équipe d'étoiles (AHL) en 1958-59 • Trophée Dudley-Garrett (AHL) en 1958-59. • Trophée John-B.-Sollenberger (AHL) en 1958-59 • Trophée Les-Cunningham (AHL) en 1958-59 • Match des étoiles (LNH) en 1959-60, 1960-61, 1968-69 • Coupe Stanley (LNH) en 1958-59, 1959-60

• Échangé à New York par Montréal en plus du prêt de Jean-Guy Morisette pour le reste de la saison pour Dick Duff et Dave McComb le 22 décembre 1964 • Réclamé par Oakland de New York lors de l'expansion de la LNH le 6 juin 1967 • Droits vendus à Pittsburgh par Californie le 7 septembre 1971 • Droits vendus à Detroit par Pittsburgh le 22 novembre 1971 • Signe avec Alberta (AMH) comme joueur autonome en septembre 1972

HICKS, WAYNE

Né à Aberdeen, Washington, le 9 avril 1937. Ailier droit, lance de la droite, 5'10", 190 lb

SAISON	CLUB	LIGUE	PJ	B	A	PTS	PUN	PJ	B	A	PTS	PUN
1953-54	Calgary (Buffalo)	WCJHL	8	1	1	2	4	5	0	0	0	0
1954-55	Moose Jaw (Canucks)	WCJHL	35	4	5	9	12	-	-	-	-	-
1955-56	Yorkton (Terriers)	SJHL	48	28	25	53	81	5	2	1	3	2
1956-57	Melville (Millionaires)	SJHL	50	42	38	80	76	-	-	-	-	-
	Calgary (Stampeders)	WHL	4	0	0	0	0	-	-	-	-	-
1957-58	Calgary (Stampeders)	WHL	60	7	14	21	19	14	0	1	1	6
1958-59	Calgary (Stampeders)	WHL	64	15	20	35	41	8	1	2	3	5
1959-60	Sault Ste. Marie (Greyhounds)	EPHL	69	30	47	77	64	-	-	-	-	-
	Chicago (Black Hawks)	LNH	-	-	-	-	-	1	0	1	1	0
1960-61	Buffalo (Bisons)	AHL	72	20	35	55	57	4	2	2	4	6
	Chicago (Black Hawks)	LNH	1	0	0	0	0	1	0	0	0	2
1961-62	Buffalo (Bisons)	AHL	70	22	42	64	74	11	3	3	6	8
1963-64	Québec (As)	AHL	70	36	42	78	30	9	4	2	6	12
	Montréal (Canadiens)	**LNH**	**2**	**0**	**0**	**0**	**0**	**-**	**-**	**-**	**-**	**-**
1964-65	Québec (As)	AHL	72	38	47	85	52	5	1	0	1	2
1965-66	Québec (As)	AHL	72	32	49	81	24	6	0	0	0	0
1966-67	Québec (As)	AHL	72	31	60	91	34	5	1	2	3	2
1967-68	Québec (As)	AHL	13	4	9	13	13	-	-	-	-	-
	Philadelphie (Flyers)	LNH	32	2	7	9	6	-	-	-	-	-
	Pittsburgh (Penguins)	LNH	15	4	7	11	2	-	-	-	-	-
1968-69	Baltimore (Clippers)	AHL	65	33	36	69	55	-	-	-	-	-
1969-70	Baltimore (Clippers)	AHL	64	14	21	35	58	3	0	0	0	0
1970-71	Salt Lake (Golden Eagles)	WHL	8	1	3	4	5	-	-	-	-	-
	Phoenix (Roadrunners)	WHL	67	29	32	61	36	10	1	8	9	2
1971-72	Phoenix (Roadrunners)	WHL	69	17	31	48	59	6	3	3	6	2
1972-73	Phoenix (Roadrunners)	WHL	67	17	33	50	31	10	4	*12	*16	4
1973-74	Phoenix (Roadrunners)	WHL	72	27	32	59	23	9	4	5	9	4
		LNH	**115**	**13**	**23**	**36**	**22**	**2**	**0**	**1**	**1**	**2**
		Montréal	**2**	**0**	**0**	**0**	**0**	**-**	**-**	**-**	**-**	**-**

• Coupe Stanley (LNH) en 1960-61 • Deuxième équipe d'étoiles (AHL) en 1964-65, 1968-69 • Première équipe d'étoiles (AHL) en 1966-67

• Échangé à Montréal par Chicago pour Al MacNeil le 30 mai 1962 • Réclamé par Boston de Montréal au repêchage intra-ligue le 5 juin 1962 • Droits vendus à Montréal par Boston le 28 septembre 1963 • Droits dans la LNH transférés à Philadelphie lors de l'achat de la concession de Québec (AHL) par Philadelphie le 8 mai 1967 • Échangé à Pittsburgh par Philadelphie pour Art Stratton le 27 février 1968 • Échangé à Phoenix (WHL) par Salt Lake (WHL) pour Rick Charron en novembre 1970

HIGGINS, CHRISTOPHER

Né à Smithtown, New York, le 2 juin 1983. Centre, lance de la gauche, 6', 199 lb (Choix de 1re ronde de Montréal, 14e au total lors du repêchage de 2002)

SAISON	CLUB	LIGUE	PJ	B	A	PTS	PUN	PJ	B	A	PTS	PUN
1999-00	Avon Old Farms	H.S.	27	19	20	39	10	-	-	-	-	-
2000-01	Avon Old Farms	H.S.	24	22	14	36	29	-	-	-	-	-
2001-02	Yale University Bulldogs	ECAC	27	14	17	31	32	-	-	-	-	-
	États-Unis	CMJ	7	4	2	6	6	-	-	-	-	-
2002-03	Yale University Bulldogs	ECAC	28	20	21	41	41	-	-	-	-	-
	États-Unis	CMJ	7	3	3	6	4	-	-	-	-	-
2003-04	**Montréal (Canadiens)**	**LNH**	**2**	**0**	**0**	**0**	**0**	**-**	**-**	**-**	**-**	**-**
	Hamilton (Bullgogs)	AHL	67	21	27	48	18	10	3	2	5	0
2004-05	Hamilton (Bullgogs)	AHL	76	28	23	51	33	4	3	3	6	4
2005-06	**Montréal (Canadiens)**	**LNH**	**80**	**23**	**15**	**38**	**26**	**6**	**1**	**3**	**4**	**0**
2006-07	**Montréal (Canadiens)**	**LNH**	**61**	**22**	**16**	**38**	**26**	**-**	**-**	**-**	**-**	**-**
2007-08	**Montréal (Canadiens)**	**LNH**	**82**	**27**	**25**	**52**	**22**	**12**	**3**	**2**	**5**	**2**
		LNH	**225**	**72**	**56**	**128**	**74**	**18**	**4**	**5**	**9**	**2**
		Montréal	**225**	**72**	**56**	**128**	**74**	**18**	**4**	**5**	**9**	**2**

• Équipe d'étoiles des recrues (ECAC) en 2001-02 • Deuxième équipe d'étoiles (ECAC) en 2001-02 • Recrue de l'année (ECAC) en 2001-02 • Première équipe d'étoiles (ECAC) en 2002-03 • Joueur de l'année (ECAC) en 2002-03 • Première équipe d'étoiles All-America, Division Est (NCAA) en 2002-03

HIGGINS, MATT

Né à Calgary, Alberta, le 29 octobre 1977. Centre, lance de la gauche, 6'2", 188 lb (Choix de 1re ronde de Montréal, 18e au total lors du repêchage de 1996)

SAISON	CLUB	LIGUE	PJ	B	A	PTS	PUN	PJ	B	A	PTS	PUN
1992-93	Vernon (Bantam Lakers)	BCAHA	70	53	76	129	54	-	-	-	-	-
1993-94	Moose Jaw (Warriors)	WHL	64	6	10	16	10	-	-	-	-	-
1994-95	Moose Jaw (Warriors)	WHL	72	36	34	70	26	10	1	2	3	2
1995-96	Moose Jaw (Warriors)	WHL	67	30	33	63	43	-	-	-	-	-
1996-97	Moose Jaw (Warriors)	WHL	71	33	57	90	51	12	3	5	8	2
1997-98	Fredericton (Canadiens)	AHL	50	5	22	27	12	4	1	2	3	2
	Montréal (Canadiens)	**LNH**	**1**	**0**	**0**	**0**	**0**	**-**	**-**	**-**	**-**	**-**
1998-99	Fredericton (Canadiens)	AHL	11	3	4	7	6	5	0	2	2	0
	Montréal (Canadiens)	**LNH**	**25**	**1**	**0**	**1**	**0**	**-**	**-**	**-**	**-**	**-**
1999-00	**Montréal (Canadiens)**	**LNH**	**25**	**0**	**2**	**2**	**4**	**-**	**-**	**-**	**-**	**-**
	Québec (Citadelles)	AHL	29	1	15	16	21	-	-	-	-	-
2000-01	**Montréal (Canadiens)**	**LNH**	**6**	**0**	**0**	**0**	**2**	**-**	**-**	**-**	**-**	**-**
	Québec (Citadelles)	AHL	66	10	18	28	18	8	0	1	1	4
2001-02	Bridgeport (Sound Tigers)	AHL	43	13	19	32	24	15	1	0	1	6
2002-03	Bridgeport (Sound Tigers)	AHL	45	11	12	23	30	2	0	0	0	2
2003-04	Iserlohn Roosters	GER	50	14	17	31	28	-	-	-	-	-
2004-05	Iserlohn Roosters	GER	25	9	14	23	16	-	-	-	-	-
2005-06	Iserlohn Roosters	GER	47	12	32	44	79	-	-	-	-	-
2006-07	ERC Ingolstadt	GER	44	11	29	40	14	1	0	0	0	0
2007-08	ERC Ingolstadt	GER	18	7	12	19	6	3	1	2	3	2
		LNH	**57**	**1**	**2**	**3**	**6**	**-**	**-**	**-**	**-**	**-**
		Montréal	**57**	**1**	**2**	**3**	**6**	**-**	**-**	**-**	**-**	**-**

• Signe avec Bridgeport (AHL) comme joueur autonome le 26 décembre 2001 • Signe avec Iserlohn (GER) comme joueur autonome le 8 août 2003

HILL, SEAN

Né à Duluth, Minnesota, le 14 février 1970. Défenseur, lance de la droite, (Choix de 8e ronde de Montréal, 167e au total lors du repêchage de 1988)

SAISON	CLUB	LIGUE	PJ	B	A	PTS	PUN	PJ	B	A	PTS	PUN
1988-89	Wisconsin University	WCHA	45	2	23	25	69	-	-	-	-	-
1989-90	Wisconsin University	WCHA	42	14	39	53	78	-	-	-	-	-
	États-Unis	CMJ	7	0	3	3	10	-	-	-	-	-
1990-91	Wisconsin University	WCHA	37	19	32	51	122	-	-	-	-	-
	Fredericton (Canadiens)	AHL	-	-	-	-	-	3	0	2	2	2
	Montréal (Canadiens)	**LNH**	**-**	**-**	**-**	**-**	**-**	**1**	**0**	**0**	**0**	**0**
1991-92	Fredericton (Canadiens)	AHL	42	7	20	27	65	7	1	3	4	6
	États-Unis	Éq. Nat.	12	4	3	7	16	-	-	-	-	-
	États-Unis	JO	8	2	0	2	6	-	-	-	-	-
	Montréal (Canadiens)	**LNH**	**-**	**-**	**-**	**-**	**-**	**4**	**1**	**0**	**1**	**2**
1992-93	Fredericton (Canadiens)	AHL	6	1	3	4	10	-	-	-	-	-
	Montréal (Canadiens)	**LNH**	**31**	**2**	**6**	**8**	**54**	**3**	**0**	**0**	**0**	**4**
1993-94	Anaheim (Mighty Ducks)	LNH	68	7	20	27	78	-	-	-	-	-
	États-Unis	WHC	8	0	2	2	6	-	-	-	-	-
1994-95	Ottawa (Sénateurs)	LNH	45	1	14	15	30	-	-	-	-	-
1995-96	Ottawa (Sénateurs)	LNH	80	7	14	21	94	-	-	-	-	-
1996-97	Ottawa (Sénateurs)	LNH	5	0	0	0	4	-	-	-	-	-
1997-98	Ottawa (Sénateurs)	LNH	13	1	1	2	6	-	-	-	-	-
	Caroline (Hurricanes)	LNH	42	0	5	5	48	-	-	-	-	-
1998-99	Caroline (Hurricanes)	LNH	54	0	10	10	48	-	-	-	-	-
1999-00	Caroline (Hirricanes)	LNH	62	13	31	44	59	-	-	-	-	-
2000-01	St. Louis (Blues)	LNH	48	1	10	11	51	15	0	1	1	12
2001-02	St. Louis (Blues)	LNH	23	0	3	3	28	-	-	-	-	-
	Caroline (Hurricanes)	LNH	49	7	23	30	61	23	4	4	8	20
2002-03	Caroline (Hurricanes)	LNH	82	5	24	29	141	-	-	-	-	-
2003-04	Caroline (Hurricanes)	LNH	80	13	26	39	84	-	-	-	-	-
2004-05					*N'a pas joué*							
2005-06	Floride (Panthers)	LNH	78	2	18	20	80	-	-	-	-	-
2006-07	New York (Islanders)	LNH	81	1	24	25	110	4	0	0	0	0
2007-08	Minnesota (Wild)	LNH	35	2	7	9	32	5	0	0	0	4
		LNH	**876**	**62**	**236**	**298**	**1008**	**55**	**5**	**5**	**10**	**42**
		Montréal	**31**	**2**	**6**	**8**	**54**	**8**	**1**	**0**	**1**	**6**

• Deuxième équipe d'étoiles(WCHA) en 1989-90, 1990-91 • Deuxième équipe d'étoiles All-American Division Ouest (NCAA) en 1990-91 • Coupe Stanley (LNH) en 1992-93

• Réclamé par Anaheim de Montréal lors de l'expansion de la LNH le 24 juin 1993 • Échangé à Ottawa par Anaheim avec le choix de 9e ronde Anaheim au repêchage de 1994 (Frederic Cassivi) pour le choix de 3e ronde d'Ottawa au repêchage de 1994 (échangé plus tard à Tampa Bay qui sélectionne Vadim Epanchintsev) le 29 juin 1994 • Échangé à la Caroline par Ottawa pour Chris Murray le 18 novembre 1997 • Signe avec St. Louis comme joueur autonome le 1er juillet 2000. • Échangé à Caroline par St. Louis pour Steve Halko et le choix de 4e ronde de la Caroline au repêchage de 2002 (échangé plus tard à

SAISONS RÉGULIÈRES · SÉRIES ÉLIMINATOIRES
HIC-HIL
696

Atlanta qui sélectionnne Lane Manson) le 5 décembre 2001 • Signe avec la Floride comme joueur autonome le 15 juillet 2004 • Signe avec New York (Islanders) comme joueur autonome le 15 août 2006 • Signe avec Minnesota comme joueur autonome le 6 juillet 2007 • Signe avec Biel EHC (SUI) comme joueur autonome le 7 août 2008

HILLER, WILBERT (DUTCH)

Né à Kitchener, Ontario, le 11 mai 1915. décédé le 12 novembre 2005
Ailier gauche, lance de la gauche, 5'8", 160 lb

Saison	Club	Ligue	PJ	B	A	PTS	PUN	PJ	B	A	PTS	PUN
1932-33	Kitchener (Empires)	JOHA	11	7	3	10	19	5	6	2	8	4
1933-34	Sudbury (Cub Wolves)	NOJHA	8	7	0	7	15	2	*5	1	*6	2
1934-35	Sudbury (Cub Wolves)	NOJHA	4	5	0	5	8	3	2	0	2	8
1935-36	Sudbury (Frood Miners)	NBHL	6	5	0	5	10	-	-	-	-	-
	Falconbridge (Falcons)	Allan	-	-	-	-	-	13	6	1	7	4
1936-37	Harringay (Greyhounds)	GBR	42	22	11	33	16	-	-	-	-	-
1937-38	New-York (Rovers)	EAHL	43	26	30	56	31	-	-	-	-	-
	New York (Rangers)	LNH	8	0	1	1	2	1	0	0	0	0
1938-39	New York (Rangers)	LNH	48	10	19	29	22	7	1	0	1	9
1939-40	New York (Rangers)	LNH	48	13	18	31	57	12	2	4	6	2
1940-41	New York (Rangers)	LNH	44	8	10	18	20	3	0	0	0	0
1941-42	Detroit (Red Wings)	LNH	7	0	0	0	0	-	-	-	-	-
	Boston (Bruins)	LNH	43	7	10	17	19	5	0	1	1	0
1942-43	Boston (Bruins)	LNH	3	0	0	0	0	-	-	-	-	-
	Washington (Lions)	AHL	2	0	1	1	0	-	-	-	-	-
	Montréal (Canadiens)	**LNH**	**39**	**8**	**6**	**14**	**4**	**5**	**1**	**0**	**1**	**4**
1943-44	New York (Rangers)	LNH	50	18	22	40	15	-	-	-	-	-
1944-45	**Montréal (Canadiens)**	**LNH**	**48**	**20**	**16**	**36**	**20**	**6**	**1**	**1**	**2**	**4**
1945-46	**Montréal (Canadiens)**	**LNH**	**45**	**7**	**11**	**18**	**4**	**9**	**4**	**2**	**6**	**2**
1946-47	Pittsburgh (Hornets)	AHL	64	13	16	29	37	12	2	3	5	12
1947-48	Kitchener (Dutchmen)	SOHA	19	15	12	27	20	9	2	4	6	8
		LNH	**383**	**91**	**113**	**204**	**163**	**48**	**9**	**8**	**17**	**21**
		Montréal	**132**	**35**	**33**	**68**	**28**	**20**	**6**	**3**	**9**	**10**

• Première équipe d'étoiles (EAHL) en 1937-38 • Coupe Stanley (LNH) en 1939-40, 1945-46
• Signe avec New York (Rangers) le 24 février 1938 • Réclamé au ballottage par Detroit de New York (Rangers) le 8 avril 1941 • Échangé à Boston par Detroit plus une somme d'argent pour Pat McReavy le 24 novembre 1941 • Droits vendus à Montréal par Boston le 7 novembre 1942 • Prêté à New York (Rangers) par Montréal avec Charlie Sands pour Phil Watson le 27 octobre 1943 • Échangé à Toronto (Pittsburgh – AHL) par Montréal avec Vic Lynn pour John Mahaffy et Gerry Brown le 21 septembre 1946

HILLMAN, LARRY

Né à Kirkland Lake, Ontario, le 5 février 1937. Défenseur, lance de la gauche, 6', 185 lb

Saison	Club	Ligue	PJ	B	A	PTS	PUN	PJ	B	A	PTS	PUN
1952-53	Windsor (Spitfires)	JOHA	56	2	4	6	39	-	-	-	-	-
1953-54	Hamilton (Tiger Cubs)	JOHA	58	6	14	20	99	7	0	2	2	10
1954-55	Hamilton (Tiger Cubs)	JOHA	49	5	20	25	106	3	0	1	1	9
	Detroit (Red Wings)	LNH	6	0	0	0	2	3	0	0	0	0
1955-56	Buffalo (Bisons)	AHL	15	1	3	4	21	-	-	-	-	-
	Match des étoiles	LNH	1	0	0	0	0	-	-	-	-	-
	Detroit (Red Wings)	LNH	47	0	3	3	53	10	0	1	1	6
1956-57	Edmonton (Flyers)	WHL	46	4	2	6	87	8	0	4	4	2
	Detroit (Red Wings)	LNH	16	1	2	3	4	-	-	-	-	-
1957-58	Boston (Bruins)	LNH	70	3	19	22	60	11	0	2	2	6
1958-59	Boston (Bruins)	LNH	55	3	10	13	19	7	0	1	1	0
1959-60	Boston (Bruins)	LNH	2	0	1	1	2	-	-	-	-	-
	Providence(Reds)	AHL	70	12	31	43	159	5	0	1	1	4
1960-61	Toronto (Maple Leafs)	LNH	62	3	10	13	59	5	0	0	0	0
1961-62	Rochester (Americans)	AHL	26	1	14	15	16	-	-	-	-	-
	Toronto (Maple Leafs)	LNH	5	0	0	0	4	-	-	-	-	-
1962-63	Match des étoiles	LNH	1	0	0	0	0	-	-	-	-	-
	Springfield (Indians)	AHL	65	5	23	28	56	-	-	-	-	-
	Toronto (Maple Leafs)	LNH	5	0	0	0	2	-	-	-	-	-
1963-64	Match des étoiles	LNH	1	0	0	0	0	-	-	-	-	-
	Rochester (Americans)	AHL	32	1	18	19	48	-	-	-	-	-
	Toronto (Maple Leafs)	LNH	33	0	4	4	31	11	0	0	0	2
1964-65	Match des étoiles	LNH	1	0	0	0	0	-	-	-	-	-
	Rochester (Americans)	AHL	71	9	43	52	98	10	3	5	8	31
	Toronto (Maple Leafs)	LNH	2	0	0	0	2	-	-	-	-	-
1965-66	Rochester (Americans)	AHL	22	2	20	22	34	-	-	-	-	-
	Toronto (Maple Leafs)	LNH	48	3	25	28	34	4	1	1	2	6
1966-67	Rochester (Americans)	AHL	12	1	12	13	16	-	-	-	-	-
	Toronto (Maple Leafs)	LNH	55	4	19	23	40	12	1	2	3	0
1967-68	Toronto (Maple Leafs)	LNH	55	3	17	20	13	-	-	-	-	-
	Match des étoiles	LNH	1	0	2	2	0	-	-	-	-	-
	Rochester (Americans)	AHL	6	0	1	1	0	-	-	-	-	-
1968-69	Minnesota (North Stars)	LNH	12	1	5	6	0	-	-	-	-	-
	Montréal (Canadiens)	**LNH**	**25**	**0**	**5**	**5**	**17**	**1**	**0**	**0**	**0**	**0**
1969-70	Philadelphie (Flyers)	LNH	76	5	26	31	73	-	-	-	-	-
1970-71	Philadelphie (Flyers)	LNH	73	3	13	16	39	4	0	2	2	2
1971-72	Los Angeles (Kings)	LNH	22	1	2	3	11	-	-	-	-	-
	Buffalo (Sabres)	LNH	43	1	11	12	58	-	-	-	-	-
1972-73	Buffalo (Sabres)	LNH	78	5	24	29	56	6	0	0	0	8
1973-74	Cleveland (Crusaders)	AMH	44	5	21	26	37	-	-	-	-	-
1974-75	Cleveland (Crusaders)	AMH	77	0	16	16	83	5	1	3	4	8
1975-76	Winnipeg (Jets)	AMH	71	1	12	13	62	12	0	2	2	32
		LNH	**790**	**36**	**196**	**232**	**579**	**74**	**2**	**9**	**11**	**30**
		Montréal	**25**	**0**	**5**	**5**	**17**	**1**	**0**	**0**	**0**	**0**

• Coupe Stanley (LNH) en 1954-55, 1963-64, 1966-67, 1968-69 • Match des étoiles (LNH) en 1955-56, 1962-63, 1963-64, 1964-65, 1967-68 • Première équipe d'étoiles (AHL) en 1959-60, 1964-65 • Trophée Eddie-Shore (AHL) en 1959-60
• Réclamé par Chicago de Detroit au repêchage intra-ligue le 5 juin 1957 • Réclamé au ballottage par Boston de Chicago le 14 octobre 1957 • Réclamé par Toronto de Boston au repêchage intra-ligue le 8 juin 1960 • Réclamé par New York de Toronto au repêchage intra-ligue le 12 juin 1968 • Réclamé par Minnesota de New York au repêchage intra-ligue le 12 juin 1968 • Réclamé au ballotage par Pittsburgh du Minnesota le 22 novembre 1968. • Échangé à Montréal par Pittsburgh pour Jean-Guy Lagace et une somme d'argent le 22 novembre 1968 • Réclamé par Philadelphie de Montréal au repêchage intra-ligue le 11 juin 1969 • Échangé à Los Angeles par Philadelphie pour Larry Mickey le 13 juin 1971 • Échangé à Buffalo par Los Angeles avec Mike Byers pour Mike Keeler et Doug Barrie le 16 décembre 1971 • Sélectionné par Ontario-Ottawa lors de l'expansion de l'AMH le 12 février 1972 • Droits cédés à Cleveland (AMH) par Ottawa (AMH) pour une somme d'argent en juin 1973 • Réclamé par Winnipeg (AMH) de Cleveland (AMH) au repêchage intra-ligue le 19 juin 1975.

HIRSCHFELD, JOHN (BERT)

Né à Halifax, Nouvelle-Écosse, le 1er mars 1929, décédé le 3 juillet 1996
Ailier gauche, lance de la gauche, 5'10", 165 lb

Saison	Club	Ligue	PJ	B	A	PTS	PUN	PJ	B	A	PTS	PUN
1946-47	Halifax (St. Mary's)	Exh.	7	*13	*15	*28	0	-	-	-	-	-
	Halifax (St. Mary's)	Mem.	-	-	-	-	-	7	8	12	20	2
1947-48	Halifax (St. Mary's)	Exh.	25	16	*39	55	11	-	-	-	-	-
	Halifax (Crescents)	HCSHL	2	1	3	4	2	-	-	-	-	-
	Halifax (St. Mary's)	Mem.	-	-	-	-	-	8	19	8	27	0
1948-49	Montréal (Royals)	LHJQ	40	32	26	58	17	10	11	4	15	5
	Montréal (Royals)	LHSQ	1	0	0	0	0	-	-	-	-	-
	Montréal (Royals)	Mem.	-	-	-	-	-	15	12	11	23	10
1949-50	Montréal (Royals)	LHSQ	8	1	1	2	0	-	-	-	-	-
	Cincinnati (Mohawks)	AHL	53	22	12	34	2	-	-	-	-	-
	Montréal (Canadiens)	**LNH**	**13**	**1**	**2**	**3**	**2**	**5**	**1**	**0**	**1**	**0**
1950-51	Cincinnati (Mohawks)	AHL	42	15	8	23	2	-	-	-	-	-
	Montréal (Canadiens)	**LNH**	**20**	**0**	**2**	**2**	**0**	**-**	**-**	**-**	**-**	**-**
1951-52	Indianapolis (Capitols)	AHL	67	23	38	61	8	-	-	-	-	-
1952-53	St. Louis (Flyers)	AHL	58	12	27	39	4	-	-	-	-	-
1953-54	Providence(Reds)	AHL	60	10	26	36	10	-	-	-	-	-
1954-55	Moncton (Hawks)	ACSHL	66	29	27	56	10	13	7	8	15	0
	Moncton (Hawks)	Allan	-	-	-	-	-	13	11	5	16	0
1955-56	New Haven (Blades)	EHL	1	0	2	2	0	-	-	-	-	-
	Moncton (Hawks)	NBSHL	70	12	40	52	31	8	1	2	3	2
1956-57	Campbellton (Tigers)	NNBSL	27	9	15	24	6	12	10	4	14	4
1957-58	*N'a pas joué*											
1958-59	Halifax (Wolves)	NSSHL	28	3	9	12	0	-	-	-	-	-
1959-60	Halifax (Wolves)	NSSHL	28	11	6	17	9	-	-	-	-	-
1960-61	Halifax (Wolves)	NSSHL	28	25	17	42	2	5	3	2	5	2
1961-62	Halifax (Wolves)	NSSHL	25	11	20	31	2	5	6	6	12	2
		LNH	**33**	**1**	**4**	**5**	**2**	**5**	**1**	**0**	**1**	**0**
		Montréal	**33**	**1**	**4**	**5**	**2**	**5**	**1**	**0**	**1**	**0**

• Coupe Memorial en 1948-49 • Deuxième équipe d'étoiles (LHJQ) en 1948-49
• Échangé à Detroit par Montréal pour Gerry Couture le 19 juin 1951 • Signe avec Providence (AHL) le 27 septembre 1953 • Droits vendus à Moncton (ACSHL) par Providence (AHL) le 14 octobre 1954

HOEKSTRA, CECIL (CEC)

Né à Winnipeg, Manitoba, le 2 avril 1935
Ailier gauche/Centre, lance de la gauche, 6', 175 lb

Saison	Club	Ligue	PJ	B	A	PTS	PUN	PJ	B	A	PTS	PUN
1951-52	Weston (Wildcats)	OHA B	25	15	15	30	-	-	-	-	-	-
1952-53	St. Boniface (Canadiens)	MJHL	31	11	17	28	10	8	5	6	11	2
	St. Boniface (Canadiens)	Mem.	-	-	-	-	-	17	2	14	16	0
1953-54	St. Catharines (Teepees)	JOHA	59	24	35	59	8	14	4	8	12	0
	St. Bonifaces (Teepees)	Mem.	-	-	-	-	-	11	2	5	7	2
1954-55	St. Catharines (Teepees)	JOHA	49	30	50	80	24	11	5	7	12	11
	Montréal (Royals)	LHQ	-	-	-	-	-	3	1	0	1	0
1955-56	Montréal (Royals)	LHQ	34	6	5	11	8	-	-	-	-	-
	Winnipeg (Warriors)	WHL	28	1	9	10	4	14	0	0	0	2
	Winnipeg (Warriors)	Edin.	-	-	-	-	-	6	0	2	2	0
1956-57	Winnipeg (Warriors)	WHL	69	21	12	33	16	-	-	-	-	-
1957-58	Montréal (Royals)	LHQ	31	13	24	37	11	7	3	4	7	0
	Rochester (Americans)	AHL	13	1	2	3	0	-	-	-	-	-
1958-59	Rochester (Americans)	AHL	70	26	24	50	4	5	1	1	2	0
1959-60	Rochester (Americans)	AHL	69	17	32	49	2	5	1	1	2	0
	Montréal (Canadiens)	**LNH**	**4**	**0**	**0**	**0**	**0**	**-**	**-**	**-**	**-**	**-**
1960-61	Buffalo (Bisons)	AHL	68	6	16	22	14	4	0	0	0	0
1961-62	Pittsburgh (Hornets)	AHL	68	16	31	47	16	-	-	-	-	-
1962-63	Calgary (Stampeders)	WHL	67	14	31	45	10	-	-	-	-	-
1963-64	Cleveland (Barons)	AHL	72	23	28	51	12	9	3	7	10	0
1964-65	Cleveland (Barons)	AHL	20	2	3	5	6	-	-	-	-	-
1965-66	Cleveland (Barons)	AHL	70	21	26	47	10	12	2	6	8	6
1966-67	Cleveland (Barons)	AHL	59	20	34	54	10	2	0	0	0	0
1967-68	Cleveland (Barons)	AHL	72	24	36	60	14	-	-	-	-	-
1968-69	Cleveland (Barons)	AHL	73	15	26	41	8	5	0	2	2	2
1969-70	Cleveland (Barons)	AHL	72	8	20	28	0	-	-	-	-	-
1970-71	Galt (Hornets)	SOHA	*Statistiques non disponibles*									
1971-72	Galt (Hornets)	SOHA	3	0	1	1	4	-	-	-	-	-
		LNH	**4**	**0**	**0**	**0**	**0**	**-**	**-**	**-**	**-**	**-**
		Montréal	**4**	**0**	**0**	**0**	**0**	**-**	**-**	**-**	**-**	**-**

• Coupe Memorial en 1953-54 • Coupe Calder (AHL) en 1963-64
• Échangé à Chicago par Montréal avec Ab McDonald, Reggie Fleming et Bob Courcy pour Bob Bailey, Lorne Ferguson, Terry Gray, Danny Lewicki et Glen Skov le 7 juin 1960 • Droits vendus à Pittsburgh (AHL) par Chicago en juin 1961 • Droits vendus à Chicago par Pittsburgh (AHL) en septembre 1962

HOGANSON, DALE

Né à North Battleford, Saskatchewan, le 8 juillet 1949. Défenseur, lance de la gauche, 5'10", 190 lb (Choix de 2e ronde de Los Angeles, 16e au total lors du repêchage de 1969)

Saison	Club	Ligue	PJ	B	A	PTS	PUN	PJ	B	A	PTS	PUN
1964-65	Estevan (Bruins)	SJHL	3	0	0	0	0	2	0	0	0	4

SAISON	CLUB	LIGUE	PJ	B	A	PTS	PUN	PJ	B	A	PTS	PUN
1965-66	Estevan (Bruins)	SJHL	56	15	18	33	19	12	0	0	0	6
	Estevan (Bruins)	Mem.	-	-	-	-	-	11	3	4	7	10
1966-67	Estevan (Bruins)	WCJHL	55	3	17	20	35	13	2	3	5	21
1967-68	Estevan (Bruins)	WCJHL	56	19	40	59	36	14	9	13	22	4
	Estevan (Bruins)	Mem.	-	-	-	-	-	14	7	10	17	8
1968-69	Estevan (Bruins)	WCJHL	54	16	44	60	67	10	0	3	3	-
	Estevan (Bruins)	Mem.	-	-	-	-	-	14	7	9	16	8
1969-70	Springfield (Kings)	AHL	19	2	5	7	43	-	-	-	-	-
	Los Angeles (Kings)	LNH	49	1	7	8	37	-	-	-	-	-
1970-71	Los Angeles (Kings)	LNH	70	4	10	14	52	-	-	-	-	-
1971-72	Los Angeles (Kings)	LNH	10	1	2	3	14	-	-	-	-	-
	NIle-Écosse (Voyageurs)	AHL	13	3	4	7	11	-	-	-	-	-
	Montréal (Canadiens)	**LNH**	**21**	**0**	**0**	**0**	**2**	**-**	**-**	**-**	**-**	**-**
1972-73	**Montréal (Canadiens)**	**LNH**	**25**	**0**	**2**	**2**	**2**	**-**	**-**	**-**	**-**	**-**
1973-74	Québec (Nordiques)	AMH	62	8	33	41	27	-	-	-	-	-
1974-75	Québec (Nordiques)	AMH	78	9	35	44	47	13	1	3	4	4
1975-76	Québec (Nordiques)	AMH	45	3	14	17	18	5	1	3	4	2
1976-77	Birmingham (Bulls)	AMH	81	7	48	55	48	-	-	-	-	-
1977-78	Birmingham (Bulls)	AMH	43	1	12	13	29	5	0	0	0	7
1978-79	Québec (Nordiques)	AMH	69	2	19	21	17	4	0	0	0	2
1979-80	Québec (Nordiques)	LNH	77	4	36	40	31	-	-	-	-	-
1980-81	Québec (Nordiques)	LNH	61	3	14	17	32	5	0	3	3	10
1981-82	Fredericton (Express)	AHL	19	2	4	6	18	-	-	-	-	-
	Québec (Nordiques)	LNH	30	0	6	6	16	6	0	0	0	2
		LNH	**343**	**13**	**77**	**90**	**186**	**11**	**0**	**3**	**3**	**12**
		Montréal	**46**	**0**	**2**	**2**	**4**	**-**	**-**	**-**	**-**	**-**

• Échangé à Montréal par Los Angeles avec Noel Price, Denis DeJordy et Doug Robinson pour Rogatien Vachon le 4 novembre 1971 • Sélectionné par Calgary-Cleveland lors de l'expansion de l'AMH le 12 février 1972 • Droits cédés à Québec (AMH) par Cleveland (AMH) en retour de considérations futures le 29 mai 1973 • Droits vendus à Atlanta par Montréal le 29 mai 1973 • Échangé à Birmingham (AMH) par Québec (AMH) pour Jim Dorey le 3 juin 1976 • Droits vendus à Québec (AMH) par Birmingham (AMH)le 7 juillet 1978 • Droits retenus par Québec lors du repêchage d'expansion de la LNH le 9 juin 1979

HOGLUND, JONAS

Né à Hammaro, Suède, le 29 août 1972. Ailier gauche, lance de la droite, 6'3", 200 lb (Choix de 10e ronde de Calgary, 222e au total lors du repêchage de 1992)

SAISON	CLUB	LIGUE	PJ	B	A	PTS	PUN	PJ	B	A	PTS	PUN
1990-91	Farjestad BK Karlstad	SWE	40	5	5	10	4	8	1	0	1	0
1991-92	Farjestad BK Karlstad	SWE	40	14	11	25	6	6	2	4	6	2
	Suède	CMJ	7	3	2	5	0	-	-	-	-	-
1992-93	Farjestad BK Karlstad	SWE	40	13	13	26	14	3	1	0	1	0
1993-94	Farjestad BK Karlstad	SWE	22	7	2	9	10	-	-	-	-	-
1994-95	Farjestad BK Karlstad	SWE	40	14	12	26	16	4	3	2	5	0
1995-96	Farjestad BK Karlstad	SWE	40	32	11	43	18	8	2	1	3	6
1996-97	Calgary (Flames)	LNH	68	19	16	35	12	-	-	-	-	-
	Suède	CM	11	4	3	7	4	-	-	-	-	-
1997-98	Calgary (Flames)	LNH	50	6	8	14	16	-	-	-	-	-
	Montréal (Canadiens)	**LNH**	**28**	**6**	**5**	**11**	**6**	**10**	**2**	**0**	**2**	**0**
1998-99	**Montréal (Canadiens)**	**LNH**	**74**	**8**	**10**	**18**	**16**	**-**	**-**	**-**	**-**	**-**
1999-00	Toronto (Maple Leafs)	LNH	82	29	27	56	10	12	2	4	6	2
2000-01	Toronto (Maple Leafs)	LNH	82	23	26	49	14	10	0	0	0	4
2001-02	Toronto (Maple Leafs)	LNH	82	13	34	47	26	20	4	6	10	2
2002-03	Toronto (Maple Leafs)	LNH	79	13	19	32	12	7	0	1	1	0
	Suède	CM	9	2	2	4	0	-	-	-	-	-
2003-04	HC Davos	SUI	34	24	19	43	20	1	0	0	0	0
	Suède	CM	9	5	1	6	2	-	-	-	-	-
2004-05	Farjestads BK Karlstad	SWE	49	15	17	32	24	15	4	7	11	8
	Suède	CM	9	2	4	6	4	-	-	-	-	-
2005-06	Farjestads BK Karlstad	SWE	49	10	14	24	24	18	6	10	16	16
2006-07	Farjestads BK Karlstad	SWE	55	20	12	32	18	9	4	5	9	10
2007-08	Farjestads BK Karlstad	SWE	36	2	7	9	32	-	-	-	-	-
	HC Lugano	SUI	10	6	2	8	4	5	1	2	3	0
		LNH	**545**	**117**	**145**	**262**	**112**	**59**	**8**	**11**	**19**	**8**
		Montréal	**102**	**14**	**15**	**29**	**22**	**10**	**2**	**0**	**2**	**0**

• Médaille d'argent (CMJ) en 1991-92 • Médaille d'argent (CM) en 1996-97 et en 2002-03
• Échangé à Montréal par Calgary avec Zarley Zalapski pour Valari Bure et le choix de 4e ronde de Montréal au repêchage de 1998 (Shaun Sutter) le 1er février 1998 • Signe avec Toronto comme joueur autonome le 13 juillet 1999 • Signe avec la Floride comme joueur autonome le 4 septembre 2003 • Signe avec HC Davos (SUI) comme joueur autonome le 15 octobre 2003 • Signe avec Farjestads (SWE) comme joueur autonome le 17 mai 2004

HOLMES, WILLIAM (BILL)

Né à Portage la Prairie, Manitoba, le 9 mars 1899, décédé le 14 mars 1961 Centre, lance de la droite, 6', 200 lb

SAISON	CLUB	LIGUE	PJ	B	A	PTS	PUN	PJ	B	A	PTS	PUN
1921-22	Brandon (Elks)	MnSHL	12	8	1	9	4	2	0	0	0	6
	Brandon (Elks)	Allan	-	-	-	-	-	4	4	1	5	0
1922-23	Brandon (Elks)	MnSHL	16	16	2	18	19	-	-	-	-	-
1923-24	Brandon (Elks)	MnSHL	11	1	2	3	5	3	0	1	1	6
1924-25	Edmonton (Eskimos)	WCHL	6	0	0	0	0	-	-	-	-	-
1925-26	**Montréal (Canadiens)**	**LNH**	**9**	**1**	**0**	**1**	**2**	**-**	**-**	**-**	**-**	**-**
1926-27	Niagara Falls(Cataracts)	Can-Pro	25	20	4	24	51	-	-	-	-	-
	New York (Americans)	LNH	1	0	0	0	0	-	-	-	-	-
1927-28	Niagara Falls(Cataracts)	Can-Pro	18	8	2	10	46	-	-	-	-	-
	London (Panthers)	Can-Pro	23	14	2	16	42	-	-	-	-	-
1928-29	New Haven (Eagles)	Can-Am	38	9	6	15	76	2	1	0	1	8
1929-30	New York (Americans)	LNH	42	5	4	9	33	-	-	-	-	-
1930-31	Syracuse (Stars)	IHL	48	19	*37	56	61	-	-	-	-	-
1931-32	Buffalo (Majors)	AHA	19	1	0	1	6	-	-	-	-	-
	Cleveland (Indians)	IHL	2	0	0	0	0	-	-	-	-	-
	Pittsburgh (Yellowjackets)	IHL	4	1	0	1	2	-	-	-	-	-
1932-33			*N'a pas joué*									
1933-34	Syracuse (Stars)	IHL	16	3	2	5	4	-	-	-	-	-
1934-35	London (Tecumsehs)	IHL	6	1	1	2	6	-	-	-	-	-
	New Haven (Eagles)	Can-Am	39	11	19	30	11	-	-	-	-	-
1935-36	Pittsburgh (Yellowjackets)	EAHL	21	1	4	5	8	-	-	-	-	-
		LNH	**52**	**6**	**4**	**10**	**35**	**-**	**-**	**-**	**-**	**-**
		Montréal	**9**	**1**	**0**	**1**	**2**	**-**	**-**	**-**	**-**	**-**

• Signe avec Edmonton (WCHL) le 13 novembre 1924 • Droits vendus à New York (Americans) par Edmonton (WCHL) le 2 octobre 1925 • Signe avec Montréal le 25 décembre 1925 • Signe avec Niagara Falls (Can-Pro) le 1er novembre 1926 • Droits vendus à Kitchener (Can-Pro) par Niagara Falls (Can-Pro) le 13 janvier 1928 • Échangé à London (Can-Pro) par Kitchener (Can-Pro) pour une somme d'argent et des considérations futures (Albert Pudas en mars 1928) le 16 janvier 1928 • Échangé à New York (Americans) par London (Can-Pro) pour Mickey Roach le 29 octobre 1928 • Signe avec Buffalo (AHA) le 6 novembre 1931

HORVATH, BRONCO

Né à Port Colborne, Ontario, le 12 mars 1930. Centre, lance de la gauche, 5'11", 185 lb

SAISON	CLUB	LIGUE	PJ	B	A	PTS	PUN	PJ	B	A	PTS	PUN
1948-49	Galt (Black Hawks)	JOHA	33	22	18	40	45	-	-	-	-	-
1949-50	Galt (Black Hawks)	JOHA	47	20	33	53	91	-	-	-	-	-
	Grand Rapids (Rockets)	EAHL	5	6	1	7	12	6	2	6	8	8
1950-51	Springfield (Indians)	AHL	43	12	26	38	37	2	0	0	0	0
1951-52	Syracuse (Warriors)	AHL	50	12	36	48	56	-	-	-	-	-
1952-53	Syracuse (Warriors)	AHL	52	19	40	59	44	4	0	0	0	2
1953-54	Springfield (Indians)	AHL	19	11	14	25	25	-	-	-	-	-
	Syracuse (Warriors)	AHL	46	21	39	60	54	-	-	-	-	-
1954-55	Edmonton (Flyers)	WHL	67	*50	60	*110	71	9	*7	4	*11	12
	Edmonton (Flyers)	Edin.	-	-	-	-	-	7	*5	3	*8	28
1955-56	New York (Rangers)	LNH	66	12	17	29	40	5	1	2	3	4
1956-57	Rochester (Americans)	AHL	56	37	44	81	39	10	6	7	13	14
	New York (Rangers)	LNH	7	1	2	3	4	-	-	-	-	-
	Montréal (Canadiens)	**LNH**	**1**	**0**	**0**	**0**	**0**	**-**	**-**	**-**	**-**	**-**
1957-58	Boston (Bruins)	LNH	67	30	36	66	71	12	5	3	8	8
1958-59	Boston (Bruins)	LNH	45	19	20	39	58	7	2	3	5	0
1959-60	Boston (Bruins)	LNH	68	*39	41	80	60	-	-	-	-	-
1960-61	Boston (Bruins)	LNH	47	15	15	30	15	-	-	-	-	-
	Match des étoiles	LNH	1	0	0	0	0	-	-	-	-	-
1961-62	Chicago (Black Hawks)	LNH	68	17	29	46	21	12	4	1	5	6
	Match des étoiles	LNH	1	0	0	0	0	-	-	-	-	-
1962-63	New York (Rangers)	LNH	41	7	15	22	34	-	-	-	-	-
	Toronto (Maple Leafs)	LNH	10	0	4	4	12	-	-	-	-	-
	Rochester (Americans)	AHL	18	7	15	22	6	-	-	-	-	-
1963-64	Rochester (Americans)	AHL	70	25	59	84	28	2	0	0	0	2
1964-65	Rochester (Americans)	AHL	72	38	68	106	24	10	4	5	9	16
1965-66	Rochester (Americans)	AHL	70	27	48	75	34	12	3	7	10	22
1966-67	Rochester (Americans)	AHL	72	29	49	78	54	12	2	7	9	2
1967-68	Rochester (Americans)	AHL	44	15	29	44	10	10	0	7	7	0
	Tulsa (Oilers)	CPHL	4	1	2	3	0	-	-	-	-	-
	Minnesota (North Stars)	LNH	14	1	6	7	4	-	-	-	-	-
1968-69	Rochester (Americans)	AHL	66	18	30	48	30	-	-	-	-	-
1969-70	Rochester (Americans)	AHL	5	3	1	4	0	-	-	-	-	-
		LNH	**434**	**141**	**185**	**326**	**319**	**36**	**12**	**9**	**21**	**18**
		Montréal	**1**	**0**	**0**	**0**	**0**	**-**	**-**	**-**	**-**	**-**

• Première équipe d'étoiles (WHL) en 1954-55 • Première équipe d'étoiles (AHL) en 1956-57 • Deuxième équipe d'étoiles (AHL) en 1963-64, 1964-65 • Deuxième équipe d'étoiles (LNH) en 1959-60 • Match des étoiles (LNH) en 1960-61, 1961-62 • Coupe Calder (AHL) en 1964-65, 1965-66, 1967-68
• Échangé à New York par Detroit avec Dave Creighton pour Aggie Kukulwicz et Bill Dea le 18 août 1955 • Droits vendus à Montréal par New York le 4 novembre 1956 • Réclamé par Boston de Montréal au repêchage intra-ligue le 5 juin 1957 • Réclamé par Chicago de Boston au repêchage intra-ligue le 13 juin 1961 • Réclamé par New York de Chicago au repêchage intra-ligue le 4 juin 1962 • Réclamé au ballottage par Toronto de New York le 23 janvier 1963 • Prêté au Minnesota par Toronto le 21 janvier 1968

HOSSA, MARCEL

Né à Ilava, Slovaquie, le 12 octobre 1981. Ailier gauche, lance de la gauche, 6'2", 212 lb (Choix de 1re ronde de Montréal, 16e au total lors du repêchage de 2000)

SAISON	CLUB	LIGUE	PJ	B	A	PTS	PUN	PJ	B	A	PTS	PUN
1996-97	Dukla Trencin	SVK	45	30	21	51	30	-	-	-	-	-
1997-98	Dukla Trencin	SVK	39	11	38	49	44	-	-	-	-	-
1998-99	Portland (Winter Hawks)	WHL	70	7	14	21	66	2	0	0	0	0
1999-00	Portland (Winter Hawks)	WHL	60	24	29	53	58	-	-	-	-	-
	Slovaquie	CMJ	7	0	1	1	8	-	-	-	-	-
2000-01	Portland (Winter Hawks)	WHL	58	34	56	90	58	16	5	7	12	14
	Slovaquie	CMJ	7	1	3	4	8	-	-	-	-	-
2001-02	**Montréal (Canadiens)**	**LNH**	**10**	**3**	**1**	**4**	**2**	**-**	**-**	**-**	**-**	**-**
	Québec (Citadelles)	AHL	50	17	15	32	24	3	0	0	0	4
2002-03	Hamilton (Bulldogs)	AHL	37	19	13	32	18	21	4	7	11	12
	Montréal (Canadiens)	**LNH**	**34**	**6**	**7**	**13**	**14**	**-**	**-**	**-**	**-**	**-**
2003-04	**Montréal (Canadiens)**	**LNH**	**15**	**1**	**1**	**2**	**8**	**-**	**-**	**-**	**-**	**-**
	Hamilton (Bulldogs)	AHL	57	18	22	40	45	10	2	3	5	8
2004-05	Mora IK	SWE	48	18	6	24	69	-	-	-	-	-
	Slovaquie	CM	2	0	0	0	0	-	-	-	-	-
2005-06	New York (Rangers)	LNH	64	10	6	16	28	4	0	0	0	6
	Slovaquie	JO	6	0	0	0	0	-	-	-	-	-
	Slovaquie	CM	7	1	3	4	6	-	-	-	-	-
2006-07	New York (Rangers)	LNH	64	10	8	18	26	10	2	2	4	4
2007-08	New York (Rangers)	LNH	36	1	7	8	24	-	-	-	-	-
	Hartford (Wolf Pack)	AHL	5	1	0	1	2	-	-	-	-	-
	Phoenix (Coyotes)	LNH	14	0	0	0	4	-	-	-	-	-
	Slovaquie	CM	5	2	5	7	2	-	-	-	-	-

SAISONS RÉGULIÈRES — SÉRIES ÉLIMINATOIRES

SAISON	CLUB	LIGUE	PJ	B	A	PTS	PUN	PJ	B	A	PTS	PUN
		LNH	**237**	**31**	**30**	**61**	**106**	**14**	**2**	**2**	**4**	**10**
		Montréal	**59**	**10**	**9**	**19**	**24**	-	-	-	-	-

• Deuxième équipe d'étoiles, Division Ouest (WHL) en 2000-01 • Match des étoiles des recrues (LNH) en 2002-03

• Signe avec Mora (SWE) comme joueur autonome le 25 septembre 2004 • Échangé à New York (Rangers) par Montréal pour Garth Murray le 30 septembre 2005 • Échangé à Phoenix par New York (Rangers) avec Al Montoya pour Fredrik Sjostrom, Josh Gratton, David LeNeveu et des considérations futures le 26 février 2008 • Signe avec Riga (QHL) comme joueur autonome le 3 juillet 2008

HOUDE, ÉRIC

Né à Montréal, Québec, le 19 décembre 1976. Centre, lance de la gauche, 5'11", 191 lb (Choix de 9e ronde de Montréal, 216e au total lors du repêchage de 1995)

SAISON	CLUB	LIGUE	PJ	B	A	PTS	PUN	PJ	B	A	PTS	PUN
1992-93	Saint-Hubert (Sélect)	QAAA	35	45	40	85	-	-	-	-	-	-
1993-94	Saint-Jean (Lynx)	LHJMQ	71	16	16	32	14	5	1	1	2	4
1994-95	Saint-Jean (Lynx)	LHJMQ	40	10	13	23	23	-	-	-	-	-
	Halifax (Mooseheads)	LHJMQ	28	13	23	36	8	3	2	1	3	4
1995-96	Halifax (Mooseheads)	LHJMQ	69	40	48	88	35	6	3	4	7	2
1996-97	Fredericton (Canadiens)	AHL	66	30	36	66	20	-	-	-	-	-
	Montréal (Canadiens)	**LNH**	**13**	**0**	**2**	**2**	**2**	-	-	-	-	-
1997-98	Fredericton (Canadiens)	AHL	71	28	42	70	24	4	5	2	7	4
	Montréal (Canadiens)	**LNH**	**9**	**1**	**0**	**1**	**0**	-	-	-	-	-
1998-99	Fredericton (Canadiens)	AHL	69	27	37	64	32	14	2	7	9	4
	Montréal (Canadiens)	**LNH**	**8**	**1**	**1**	**2**	**2**	-	-	-	-	-
1999-00	Hamilton (Bulldogs)	AHL	18	3	4	7	10	-	-	-	-	-
	Springfield (Falcons)	AHL	57	28	34	62	43	5	2	2	4	2
2000-01	Utah (Grizzlies)	IHL	34	2	13	15	18	-	-	-	-	-
	Chicago (Wolves)	IHL	30	2	4	6	10	1	0	0	0	0
2001-02	HC Asiago	ITA	30	25	22	47	26	4	1	2	3	4
2002-03	Schwenninger (Wild Wings)	GER	52	9	17	26	60	6	6	3	9	2
2003-04	Verdun (Dragons)	QSMHL	29	20	30	50	20	22	14	27	41	12
	Langenthal SC	SUI-2	18	6	9	15	26	-	-	-	-	-
2004-05	Moskitos Essen ESC	GER-2	51	25	50	75	75	-	-	-	-	-
	Moskitos Essen ESC	GER-Q	10	3	9	12	12	-	-	-	-	-
2005-06	Moskitos Essen ESC	GER-2	51	23	32	55	97	-	-	-	-	-
	Moskitos Essen ESC	GER-Q	10	4	8	12	4	-	-	-	-	-
2006-07	Landshut EV	GER-2	52	16	20	36	72	8	1	1	2	12
2007-08	Rouen	FRA	26	9	21	30	20	-	-	-	-	-
		LNH	**30**	**2**	**3**	**5**	**4**	-	-	-	-	-
		Montréal	**30**	**2**	**3**	**5**	**4**	-	-	-	-	-

• Équipe d'étoiles des recrues (AHL) en 1995-96

• Signe avec Edmonton comme joueur autonome le 11 juillet 1999 • Échangé à Phoenix par Edmonton pour Rob Murray le 30 novembre 1999 • Signe avec Dallas comme joueur autonome le 28 juillet 2000 • Signe avec HC Asiago (ITA) comme joueur autonome le 18 août 2001

HOULE, RÉJEAN

Né à Rouyn, Québec, le 25 octobre 1949. Ailier droit et gauche, lance de la gauche, 5'11", 170 lb (Choix de 1re ronde de Montréal, 1er au total lors du repêchage de 1969)

SAISON	CLUB	LIGUE	PJ	B	A	PTS	PUN	PJ	B	A	PTS	PUN
1966-67	Thetford-Mines (Canadiens)	LHJQ	43	30	30	60	80	11	10	12	22	27
	Thetford-Mines (Canadiens)	Mem.	-	-	-	-	-	19	14	16	30	12
1967-68	Montréal (Canadiens Jr)	JOHA	45	27	38	65	102	11	12	8	20	10
1968-69	Montréal (Canadiens Jr)	JOHA	54	53	55	*108	76	14	13	10	23	13
	Montréal (Canadiens Jr)	Mem.	-	-	-	-	-	8	6	2	8	20
1969-70	Montréal (Voyageurs)	AHL	27	9	16	25	23	8	3	2	5	4
	Montréal (Canadiens)	**LNH**	**9**	**0**	**1**	**1**	**0**	-	-	-	-	-
1970-71	**Montréal (Canadiens)**	**LNH**	**66**	**10**	**9**	**19**	**28**	**20**	**2**	**5**	**7**	**20**
1971-72	**Montréal (Canadiens)**	**LNH**	**77**	**11**	**17**	**28**	**21**	**6**	**0**	**0**	**0**	**2**
1972-73	**Montréal (Canadiens)**	**LNH**	**72**	**13**	**35**	**48**	**36**	**17**	**3**	**6**	**9**	**0**
1973-74	Québec (Nordiques)	AMH	69	27	35	62	17	-	-	-	-	-
1974-75	Québec (Nordiques)	AMH	64	40	52	92	37	15	*10	6	16	2
	Équipe Canada	Défi 74	7	1	1	2	2	-	-	-	-	-
1975-76	Québec (Nordiques)	AMH	81	51	52	103	61	5	2	0	2	8
1976-77	**Montréal (Canadiens)**	**LNH**	**65**	**22**	**30**	**52**	**24**	**6**	**0**	**1**	**1**	**4**
1977-78	**Montréal (Canadiens)**	**LNH**	**76**	**30**	**28**	**58**	**50**	**15**	**3**	**8**	**11**	**14**
1978-79	**Montréal (Canadiens)**	**LNH**	**66**	**17**	**34**	**51**	**43**	**7**	**1**	**5**	**6**	**2**
1979-80	**Montréal (Canadiens)**	**LNH**	**60**	**18**	**27**	**45**	**68**	**10**	**4**	**5**	**9**	**12**
1980-81	**Montréal (Canadiens)**	**LNH**	**77**	**27**	**31**	**58**	**83**	**3**	**1**	**0**	**1**	**6**
1981-82	**Montréal (Canadiens)**	**LNH**	**51**	**11**	**32**	**43**	**34**	**5**	**0**	**4**	**4**	**6**
1982-83	**Montréal (Canadiens)**	**LNH**	**16**	**2**	**3**	**5**	**8**	**1**	**0**	**0**	**0**	**0**
		LNH	**635**	**161**	**247**	**408**	**395**	**90**	**14**	**34**	**48**	**66**
		Montréal	**635**	**161**	**247**	**408**	**395**	**90**	**14**	**34**	**48**	**66**

• Première équipe d'étoiles (JOHA) en 1968-69 • Trophée Eddie Powers (JOHA) en 1968-69 • Coupe Memorial en 1968-69 • Coupe Stanley (LNH) en 1970-71, 1972-73, 1976-77, 1977-78, 1978-79

• Sélectionné par Québec lors de l'expansion de l'AMH le 13 février 1972 • Signe avec Montréal le 10 juin 1976

HUCK, FRANCIS (FRAN)

Né à Regina, Saskatchewan, le 4 décembre 1945. Centre, lance de la droite, 5'7", 165 lb

SAISON	CLUB	LIGUE	PJ	B	A	PTS	PUN	PJ	B	A	PTS	PUN
1962-63	Regina (Pats)	SJHL	28	4	11	15	20	6	4	2	6	8
1963-64	Regina (Pats)	SJHL	62	*86	67	*153	104	19	*22	18	*40	60
	Estevan (Bruins)	Mem.	-	-	-	-	-	5	3	0	3	4
	Edmonton (Oil Kings)	Mem.	-	-	-	-	-	4	2	3	5	0
1964-65	Regina (Pats)	SJHL	56	*77	59	136	36	12	10	13	23	18
	Edmonton (Oil Kings)	Mem.	-	-	-	-	-	10	*15	10	25	4
1965-66	Canada	Éq. nat.	*Statistiques non disponibles*									
	Canada	CM	7	4	4	8	8	-	-	-	-	-
1966-67	Canada	Éq. nat.	*Statistiques non disponibles*									
	Canada	CM	7	5	6	11	6	-	-	-	-	-
1967-68	Ottawa (Nationals)	OHA SR	18	8	17	25	24	-	-	-	-	-
	Canada	JO	7	4	5	9	10	-	-	-	-	-
1968-69	Canada	Éq. nat.	*Statistiques non disponibles*									
	Canada	CM	10	3	2	5	12	-	-	-	-	-
1969-70	Canada	Éq. nat.	*Statistiques non disponibles*									
	Montréal (Voyageurs)	AHL	2	1	2	3	0	-	-	-	-	-
	Montréal (Canadiens)	**LNH**	**2**	**0**	**0**	**0**	**0**	-	-	-	-	-
1970-71	Montréal (Voyageurs)	AHL	31	12	17	29	18	-	-	-	-	-
	Montréal (Canadiens)	**LNH**	**5**	**1**	**2**	**3**	**0**	-	-	-	-	-
	St. Louis (Blues)	LNH	29	7	8	15	18	6	1	2	3	2
1971-72	Denver (Spurs)	WHL	72	28	63	91	83	9	*9	4	*13	16
1972-73	St. Louis (Blues)	LNH	58	16	20	36	20	5	2	2	4	0
1973-74	Winnipeg (Jets)	AMH	74	26	48	74	68	4	0	0	0	2
1974-75	Minnesota (Fighting Saints)	AMH	78	22	45	67	26	12	3	*13	16	6
1975-76	Minnesota (Fighting Saints)	AMH	59	17	32	49	27	-	-	-	-	-
1976-77	Winnipeg (Jets)	AMH	12	2	2	4	10	7	0	2	2	6
1977-78	Winnipeg (Jets)	AMH	5	0	0	0	2	-	-	-	-	-
		LNH	**94**	**24**	**30**	**54**	**38**	**11**	**3**	**4**	**7**	**2**
		Montréal	**7**	**1**	**2**	**3**	**0**	-	-	-	-	-

• Première équipe d'étoiles (SJHL) en 1963-64 • Deuxième équipe d'étoiles (SJHL) en 1964-65 • Équipe d'étoiles (CM) en 1966 • Médaille bronze (CM) en 1966, 1967 • Médaille d'or (JO) en 1968 • Deuxième équipe d'étoiles (WHL) en 1971-72 • Coupe Avco (AMH) en 1977-78

• Prêté à Estevan et Edmonton par Regina pour la série de la coupe Memorial en avril 1963. • Prêté à Edmonton par Regina pour la série de la coupe Memorial en avril 1965 • Signe avec Montréal comme joueur autonome en mars 1970 • Échangé à St. Louis par Montréal pour le choix de 2e ronde de St. Louis au repêchage de 1971 (Michel Deguise) le 28 janvier 1971 • Sélectionné par Winnipeg lors de l'expansion de l'AMH le 12 février 1972 • Droits vendus au Minnesota (AMH) par Winnipeg (AMH) en juin 1974 • Signe avec Winnipeg (AMH) comme joueur autonome en juin 1976

HUGHES, PATRICK (PAT)

Né à Calgary, Alberta, le 25 mars 1955. Ailier droit, lance de la droite, 6'1", 180 lb (Choix de 3e ronde de Montréal, 52e au total lors du repêchage de 1975)

SAISON	CLUB	LIGUE	PJ	B	A	PTS	PUN	PJ	B	A	PTS	PUN
1973-74	Michigan University	WCHA	38	13	7	20	34	-	-	-	-	-
1974-75	Michigan University	WCHA	38	24	19	43	64	-	-	-	-	-
1975-76	Michigan University	WCHA	35	16	18	34	70	-	-	-	-	-
1976-77	Nlle-Écosse (Voyageurs)	AHL	77	29	39	68	144	12	2	2	4	8
1977-78	Nlle-Écosse (Voyageurs)	AHL	74	40	28	68	128	11	5	*9	*14	24
	Montréal (Canadiens)	**LNH**	**3**	**0**	**0**	**0**	**2**	-	-	-	-	-
1978-79	**Montréal (Canadiens)**	**LNH**	**41**	**9**	**8**	**17**	**22**	**8**	**1**	**2**	**3**	**4**
1979-80	Pittsburgh (Penguins)	LNH	76	18	14	32	78	5	0	0	0	21
1980-81	Pittsburgh (Penguins)	LNH	58	10	9	19	161	-	-	-	-	-
	Edmonton (Oilers)	LNH	2	0	0	0	0	5	0	5	5	16
1981-82	Edmonton (Oilers)	LNH	68	24	22	46	99	5	2	1	3	6
1982-83	Edmonton (Oilers)	LNH	80	25	20	45	85	16	2	5	7	14
1983-84	Edmonton (Oilers)	LNH	77	27	28	55	61	19	2	11	13	12
1984-85	Edmonton (Oilers)	LNH	73	12	13	25	85	10	1	1	2	4
1985-86	Buffalo (Sabres)	LNH	50	4	9	13	25	-	-	-	-	-
	Rochester (Americans)	AHL	10	3	3	6	7	-	-	-	-	-
1986-87	St. Louis (Blues)	LNH	43	1	5	6	26	-	-	-	-	-
	Hartford (Whalers)	LNH	2	0	0	0	2	3	0	0	0	0
		LNH	**573**	**130**	**128**	**258**	**646**	**71**	**8**	**25**	**33**	**77**
		Montréal	**44**	**9**	**8**	**17**	**24**	**8**	**1**	**2**	**3**	**4**

• Coupe Calder (AHL) en 1976-77 • Deuxième équipe d'étoiles (AHL) en 1977-78 • Coupe Stanley (LNH) en 1978-79, 1983-84, 1984-85

• Échangé à Pittsburgh par Montréal avec Robbie Holland pour Denis Herron et le choix de 2e ronde de Pittsburgh au repêchage de 1982 (Jocelyn Gauvreau) le 30 août 1979 • Échangé à Edmonton par Pittsburgh pour Pat Price le 10 mars 1981 • Échangé à Pittsburgh par Edmonton pour Mike Moller le 4 octobre 1985 • Échangé à Buffalo par Pittsburgh pour Randy Cunneyworth et Mike Moller le 4 octobre 1985 • Réclamé au ballottage par St. Louis de Buffalo le 6 octobre 1986 • Échangé à Hartford par St. Louis pour le choix de 10e ronde de Hartford au repêchage de 1987 (Andy Cesarski) le 10 mars 1987

HUNT, BERNARD (BERT)

Né à Kingston, Ontario, le 18 mai 1891, décédé le 16 juillet 1928 Avant, lance de la gauche, 5'11", 170 lb

SAISON	CLUB	LIGUE	PJ	B	A	PTS	PUN	PJ	B	A	PTS	PUN
1912-13	Toronto (Tecumsehs)	NHA	3	0	0	0	-	-	-	-	-	-
1913-14	Toronto (Ontarios)	NHA	11	1	1	2	-	-	-	-	-	-
1914-15	Toronto (Ont/Sham)	NHA	7	0	0	0	3	-	-	-	-	-
	Montréal (Canadiens)	**NHA**	**4**	**0**	**0**	**0**	**0**	-	-	-	-	-
		NHA	**25**	**1**	**1**	**2**	**3**	-	-	-	-	-
		Montréal	**4**	**0**	**0**	**0**	**0**	-	-	-	-	-

• Signe avec Toronto (Tecumsehs – NHA) en décembre 1912 • Signe avec Toronto (Ontarios – NHA) en décembre 1913 • Droits vendus à Montréal (NHA) par Toronto (Shamrocks – NHA) le 18 janvier 1915

HUNTER, MARK

Né à Petrolia, Ontario, le 12 novembre 1962. Ailier droit, lance de la droite, 6', 200 lb (Choix de 1re ronde de Montréal, 7e au total lors du repêchage de 1981)

SAISON	CLUB	LIGUE	PJ	B	A	PTS	PUN	PJ	B	A	PTS	PUN
1978-79	Petrolia (Jets)	OJHL	44	35	44	79	160	-	-	-	-	-
1979-80	Brantford (Alexanders)	OMJHL	66	34	56	90	171	11	2	8	10	27
1980-81	Brantford (Alexanders)	OMJHL	53	39	40	79	157	6	3	3	6	27
1981-82	**Montréal (Canadiens)**	**LNH**	**71**	**18**	**11**	**29**	**143**	**5**	**0**	**0**	**0**	**20**
1982-83	**Montréal (Canadiens)**	**LNH**	**31**	**8**	**8**	**16**	**73**	-	-	-	-	-
1983-84	**Montréal (Canadiens)**	**LNH**	**22**	**6**	**4**	**10**	**42**	**14**	**2**	**1**	**3**	**69**
1984-85	**Montréal (Canadiens)**	**LNH**	**72**	**21**	**12**	**33**	**123**	**11**	**0**	**3**	**3**	**13**
1985-86	St. Louis (Blues)	LNH	78	44	30	74	171	19	7	7	14	48
	Match des étoiles	LNH	1	0	0	0	0	-	-	-	-	-
1986-87	St. Louis (Blues)	LNH	74	36	33	69	167	5	0	3	3	10

HOU-HUN

SAISONS RÉGULIÈRES — SÉRIES ÉLIMINATOIRES
699

SAISON	CLUB	LIGUE	PJ	B	A	PTS	PUN	PJ	B	A	PTS	PUN
1987-88	St. Louis (Blues)	LNH	66	32	31	63	136	5	2	3	5	24
1988-89	Calgary (Flames)	LNH	66	22	8	30	194	10	2	2	4	23
1989-90	Calgary (Flames)	LNH	10	2	3	5	39	-	-	-	-	-
1990-91	Calgary (Flames)	LNH	57	10	15	25	125	-	-	-	-	-
	Hartford (Whalers)	LNH	11	4	3	7	40	6	5	1	6	17
1991-92	Hartford (Whalers)	LNH	63	10	13	23	159	4	0	0	0	6
1992-93	Washington (Capitals)	LNH	7	0	0	0	14	-	-	-	-	-
	Baltimore (Skipjacks)	AHL	28	13	18	31	66	7	3	1	4	12
		LNH	**628**	**213**	**171**	**384**	**1426**	**79**	**18**	**20**	**38**	**230**
		Montréal	**196**	**53**	**35**	**88**	**381**	**30**	**2**	**4**	**6**	**102**

• Match des étoiles (LNH) en 1985-86 • Coupe Stanley (LNH) en 1988-89

• Échangé à St. Louis par Montréal avec Michael Dark, le choix de 2e (Herb Raglan), 5e (Dan Brooks) et 6e rondes (Rick Burchill) de Montréal au repêchage de 1985 et le choix de 3e ronde de Pittsburgh (propriété du Canadien suite à une transaction antérieure, St. Louis sélectionne Nelson Emerson) pour le choix de 1re (Jose Charbonneau), 2e (Todd Richard), 4e (Martin Desjardins), 5e (Tom Sagissor) et 6e rondes (Donald Dufresne) de St. Louis au repêchage de 1985 le 15 juin 1985 • Échangé à Calgary par St. Louis avec Doug Gilmour, Steve Bosek et Michael Dark pour Mike Bullard, Craig Coxe et Tim Corkery le 6 septembre 1988 • Échangé à Hartford par Calgary pour Carey Wilson le 5 mars 1991 • Échangé à Washington par Hartford avec des considérations futures (Yvon Corriveau le 20 août 1992) pour Nick Kypreos le 15 juin 1992

IRWIN, IVAN

Né à à Chicago, Illinois, le 13 mars 1927. Défenseur, lance de la gauche, 6'2", 185 lb

SAISON	CLUB	LIGUE	PJ	B	A	PTS	PUN	PJ	B	A	PTS	PUN
1943-44	Northern (Vocational)	H.S.	6	1	2	3	8	1	0	0	0	0
	Scarborough (Colts)	OHA B	*Statistiques non disponibles*									
1944-45	Scarborough (Colts)	OHA B	*Statistiques non disponibles*									
1945-46	Toronto (Dorsts)	TMHL	1	0	0	0	0	-	-	-	-	-
	Toronto (Tip Tops)	TIHL	5	2	0	2	0	-	-	-	-	-
	Scarborough (Rangers)	OHA B	-	-	-	-	-	5	3	4	7	16
1946-47	Scarborough (Rangers)	OHA B	*Statistiques non disponibles*									
1947-48	Boston (Olympics)	LHSQ	40	1	3	4	30	-	-	-	-	-
	Boston (Olympics)	EAHL	16	2	1	3	36	-	-	-	-	-
1948-49	Sherbrooke (Saints)	LHSQ	55	1	8	9	124	12	1	2	3	*36
1949-50	Sherbrooke (Saints)	LHSQ	7	1	0	1	30	-	-	-	-	-
	Cincinnati (Mohawks)	AHL	52	2	7	9	114	-	-	-	-	-
1950-51	Cincinnati (Mohawks)	AHL	62	3	14	17	145	-	-	-	-	-
1951-52	Cincinnati (Mohawks)	AHL	67	4	10	14	111	7	0	1	1	18
1952-53	Victoria (Cougars)	WHL	58	5	20	25	116	-	-	-	-	-
	Montréal (Canadiens)	**LNH**	**4**	**0**	**1**	**1**	**0**	**-**	**-**	**-**	**-**	**-**
1953-54	Vancouver (Canucks)	WHL	13	1	0	1	20	-	-	-	-	-
	New York (Rangers)	LNH	56	2	12	14	109	-	-	-	-	-
1954-55	New York (Rangers)	LNH	60	0	13	13	85	-	-	-	-	-
1955-56	Providenvce (Reds)	AHL	19	0	5	5	43	-	-	-	-	-
	New York (Rangers)	LNH	34	0	1	1	20	5	0	0	0	8
1956-57	Providence (Reds)	AHL	62	4	14	18	149	5	0	1	1	8
1957-58	Providence (Reds)	AHL	63	2	16	18	146	5	1	2	3	6
	New York (Rangers)	LNH	1	0	0	0	0	-	-	-	-	-
1958-59	Buffalo (Bisons)	AHL	63	3	12	15	106	11	0	3	3	16
1959-60	Buffalo (Bisons)	AHL	40	1	8	9	53	-	-	-	-	-
1960-61	Toronto (Westsides)	OIHA	*Statistiques non disponibles*									
1961-62	Toronto (Westsides)	OIHA	*Statistiques non disponibles*									
1962-63	Toronto (Westsides)	OIHA	*Statistiques non disponibles*									
1963-64	Toronto (Westsides)	OIHA	*Statistiques non disponibles*									
1964-65	New Glasgow (Rangers)	MSHL	12	1	2	3	4	-	-	-	-	-
1965-66	Providence (Reds)	AHL	*N'a pas joué – Entraîneur-chef*									
1966-67	Orillia (Pepsis)	SOHA	23	4	10	14	30	-	-	-	-	-
		LNH	**155**	**2**	**27**	**29**	**214**	**5**	**0**	**0**	**0**	**8**
		Montréal	**4**	**0**	**1**	**1**	**0**	**-**	**-**	**-**	**-**	**-**

• Première équipe d'étoiles (AHL) en 1957-58, 1958-59 • Deuxième équipe d'étoiles (AHL) en 1956-57 • Deuxième équipe d'étoiles (SOHA) en 1966-67

• Droits vendus à Montréal par Cincinnati (AHL) le 3 octobre 1951 • Échangé à New York (Rangers) par Montréal pour Pete Babando et Eddie Slowinski le 8 août 1953

IVANANS, RAITIS

Né à Riga, Lettonie, le 3 janvier 1979. Ailier gauche, lance de la gauche, 6'3", 263 lb

SAISON	CLUB	LIGUE	PJ	B	A	PTS	PUN	PJ	B	A	PTS	PUN
1997-98	Flint (Generals)	UHL	18	0	1	1	20	-	-	-	-	-
1998-99	Macon (Whoopee)	CHL	16	1	1	2	20	-	-	-	-	-
	Tulsa (Oilers)	CHL	32	2	7	9	39	-	-	-	-	-
1999-00	Pensacola (Ice Pilots)	ECHL	59	3	7	10	146	2	0	0	0	0
2000-01	Hershey (Bears)	AHL	2	0	0	0	0	-	-	-	-	-
	New Haven (Knights)	UHL	66	4	10	14	270	8	1	0	1	4
2001-02	Toledo (Storm)	ECHL	16	2	2	4	59	-	-	-	-	-
	Baton Rouge (Kingfish)	ECHL	40	4	5	9	180	-	-	-	-	-
2002-03	Milwaukee (Admirals)	AHL	17	0	0	0	38	1	0	0	0	15
	Rockpourd (IceHogs)	UHL	50	4	2	6	208	-	-	-	-	-
2003-04	Milwaukee (Admirals)	AHL	54	1	7	8	166	7	0	1	1	17
	Rockpourd (IceHogs)	UHL	1	0	0	0	0	-	-	-	-	-
2004-05	Hamilton (Bullgogs)	AHL	75	2	5	7	259	2	0	1	1	0
2005-06	**Montréal (Canadiens)**	**LNH**	**4**	**0**	**0**	**0**	**9**	**-**	**-**	**-**	**-**	**-**
	Hamilton (Bullgogs)	AHL	43	2	0	2	120	-	-	-	-	-
2006-07	Los Angeles (Kings)	LNH	66	4	4	8	140	-	-	-	-	-
2007-08	Los Angeles (Kings)	LNH	73	6	2	8	134	-	-	-	-	-
	Latvia	CM	6	0	0	0	31	-	-	-	-	-
		LNH	**143**	**10**	**6**	**16**	**283**	**-**	**-**	**-**	**-**	**-**
		Montréal	**4**	**0**	**0**	**0**	**9**	**-**	**-**	**-**	**-**	**-**

• Signé avec Montréal comme joueur autonome le 16 juillet 2004 • Signé avec Los Angeles comme joueur autonome le 13 juillet 2006

JÄRVENTIE, MARTTI

Né à Tampere, Finlande, le 4 avril 1976. Défenseur, lance de la gauche, 5'11", 196 lb (Choix de 4e ronde de Montréal, 109e au total lors du repêchage de 2001)

SAISON	CLUB	LIGUE	PJ	B	A	PTS	PUN	PJ	B	A	PTS	PUN
1992-93	Ilves B	FIN Jr.	27	1	4	5	92	-	-	-	-	-
	Ilves Jr.	FIN Jr.	12	0	1	1	6	-	-	-	-	-
1993-94	Ilves B	FIN Jr.	5	2	2	4	14	-	-	-	-	-
	Ilves Jr.	FIN Jr.	36	7	6	13	34	6	1	2	3	-
1994-95	Ilves Jr.	FIN Jr.	9	2	2	4	26	-	-	-	-	-
	Ilves	FIN	37	1	6	7	18	-	-	-	-	-
	Ilves	FIN	7	0	1	1	0	-	-	-	-	-
1995-96	Ilves	FIN	21	2	1	3	30	-	-	-	-	-
	Ilves Jr.	FIN Jr.	3	2	2	4	4	-	-	-	-	-
	KooVee	FIN	3	0	0	0	2	-	-	-	-	-
	Lukko	FIN	15	0	1	1	10	-	-	-	-	-
1996-97	Ilves Jr.	FIN Jr.	2	0	0	0	0	-	-	-	-	-
	Ilves	FIN	44	2	11	13	34	6	0	1	1	0
1997-98	Ilves Tampere	FIN	37	2	5	7	22	9	2	2	4	14
1998-99	Ilves Tampere	FIN	40	2	4	6	66	4	0	0	0	0
1999-00	Ilves Tampere	FIN	50	14	14	28	77	3	1	1	2	2
2000-01	TPS Turku	FIN	56	5	14	19	71	10	1	2	3	4
2001-02	**Montréal (Canadiens)**	**LNH**	**1**	**0**	**0**	**0**	**0**	**-**	**-**	**-**	**-**	**-**
	Québec (Citadelles)	AHL	59	7	14	21	18	-	-	-	-	-
2002-03	Ilves Tampere	FIN	19	2	6	8	30	-	-	-	-	-
	Jokerit Helsinki	FIN	15	1	4	5	10	10	0	2	2	4
2003-04	Jokerit Helsinki	FIN	53	6	16	22	71	6	0	2	2	12
2004-05	Jokerit Helsinki	FIN	54	5	10	15	113	12	1	4	5	30
2005-06	Jokerit Helsinki	FIN	31	0	8	8	73	-	-	-	-	-
2006-07	Jokerit Helsinki	FIN	54	8	17	25	114	10	2	1	3	4
2007-08	Mora IK	SWE	39	5	11	16	50	-	-	-	-	-
		LNH	**1**	**0**	**0**	**0**	**0**	**-**	**-**	**-**	**-**	**-**
		Montréal	**1**	**0**	**0**	**0**	**0**	**-**	**-**	**-**	**-**	**-**

JARVIS, DOUGLAS (DOUG)

Né à Brantford, Ontario, le 24 mars 1955. Centre, lance de la gauche, 5'9", 170 lb (Choix de 2e ronde de Toronto, 24e au total lors du repêchage de 1975)

SAISON	CLUB	LIGUE	PJ	B	A	PTS	PUN	PJ	B	A	PTS	PUN
1971-72	Brantford (Legionaires)	OMHA	11	2	10	12	0	-	-	-	-	-
1972-73	Peterborough (Petes)	OMJHL	63	20	49	69	14	-	-	-	-	-
1973-74	Peterborough (Petes)	OMJHL	70	31	53	84	27	-	-	-	-	-
	Canada	CMJ	5	4	1	5	2	-	-	-	-	-
1974-75	Peterborough (Petes)	OMJHL	64	45	88	133	38	11	4	11	15	8
1975-76	**Montréal (Canadiens)**	**LNH**	**80**	**5**	**30**	**35**	**16**	**13**	**2**	**1**	**3**	**2**
1976-77	**Montréal (Canadiens)**	**LNH**	**80**	**16**	**22**	**38**	**14**	**14**	**0**	**7**	**7**	**2**
1977-78	**Montréal (Canadiens)**	**LNH**	**80**	**11**	**28**	**39**	**23**	**15**	**3**	**5**	**8**	**12**
1978-79	**Montréal (Canadiens)**	**LNH**	**80**	**10**	**13**	**23**	**16**	**12**	**1**	**3**	**4**	**4**
1979-80	**Montréal (Canadiens)**	**LNH**	**80**	**13**	**11**	**24**	**28**	**10**	**4**	**4**	**8**	**2**
1980-81	**Montréal (Canadiens)**	**LNH**	**80**	**16**	**22**	**38**	**34**	**3**	**0**	**0**	**0**	**0**
1981-82	**Montréal (Canadiens)**	**LNH**	**80**	**20**	**28**	**48**	**20**	**5**	**1**	**0**	**1**	**4**
1982-83	Washington (Capitals)	LNH	80	8	22	30	10	4	0	1	1	0
1983-84	Washington (Capitals)	LNH	80	13	29	42	12	8	2	3	5	6
1984-85	Washington (Capitals)	LNH	80	9	28	37	32	5	1	0	1	2
1985-86	Washington (Capitals)	LNH	25	1	2	3	16	-	-	-	-	-
	Hartford (Whalers)	LNH	57	8	16	24	20	10	0	3	3	4
1986-87	Hartford (Whalers)	LNH	80	9	13	22	20	6	0	0	0	4
1987-88	Hartford (Whalers)	LNH	2	0	0	0	2	-	-	-	-	-
	Binghamton (Whalers)	AHL	24	5	4	9	4	-	-	-	-	-
		LNH	**964**	**139**	**264**	**403**	**263**	**105**	**14**	**27**	**41**	**42**
		Montréal	**560**	**91**	**154**	**245**	**151**	**72**	**11**	**20**	**31**	**26**

• Deuxième équipe d'étoiles (OMJHL) en 1974-75 • Coupe Stanley (LNH) en 1975-76, 1976-77, 1977-78, 1978-79 • Trophée Frank-Selke (LNH) en 1983-84 • Trophée Bill-Masterton (LNH) en 1986-87

• Échangé à Montréal par Toronto pour Greg Hubick le 26 juin 1975 • Échangé à Washington par Montréal avec Rod Langway, Brian Engblom et Craig Laughlin pour Ryan Walter et Rick Green le 9 septembre 1982 • Échangé à Hartford par Washington pour Jorgen Pettersson le 6 décembre 1985

JENKINS, ROGER

Né à Appleton, Wisconsin, le 18 novembre 1911, décédé le 4 mai 1994 Défenseur, lance de la droite, 5'11", 170 lb

SAISON	CLUB	LIGUE	PJ	B	A	PTS	PUN	PJ	B	A	PTS	PUN
1929-30	Edmonton (Imperials)	EJHL	13	8	3	11	14	-	-	-	-	-
1930-31	Chicago (Black Hawks)	LNH	10	0	1	1	2	3	0	0	0	0
	London (Tecumsehs)	IHL	8	0	0	0	6	-	-	-	-	-
	Toronto (Maple Leafs)	LNH	21	0	0	0	12	-	-	-	-	-
1931-32	Bronx (Tigers)	Can-Am	39	9	7	16	66	2	0	0	0	6
1932-33	Chicago (Black Hawks)	LNH	46	3	10	13	42	-	-	-	-	-
1933-34	Chicago (Black Hawks)	LNH	48	2	2	4	37	8	0	0	0	0
1934-35	**Montréal (Canadiens)**	**LNH**	**45**	**4**	**6**	**10**	**63**	**2**	**1**	**0**	**1**	**2**
1935-36	Boston (Bruins)	LNH	40	2	6	8	51	2	0	1	1	2
	Boston (Cubs)	Can-Am	5	2	2	4	9	-	-	-	-	-
1936-37	**Montréal (Canadiens)**	**LNH**	**10**	**0**	**0**	**0**	**8**	**-**	**-**	**-**	**-**	**-**
	Montréal (Maroons)	LNH	1	0	0	0	0	-	-	-	-	-
	New York (Americans)	LNH	26	1	4	5	6	-	-	-	-	-
1937-38	Chicago (Black Hawks)	LNH	37	1	8	9	26	10	0	6	6	8
1938-39	Chicago (Black Hawks)	LNH	14	1	1	2	2	-	-	-	-	-
	New York (Americans)	LNH	27	1	1	2	4	-	-	-	-	-
1939-40	Springfield (Indians)	AHL	50	8	18	26	29	2	0	0	0	0
1940-41	Hershey (Bears)	AHL	56	5	19	24	81	10	2	1	3	14
1941-42	Hershey (Bears)	AHL	55	9	28	37	110	10	3	5	8	12
1942-43	Hershey (Bears)	AHL	56	10	33	43	90	6	0	1	1	2
	Washington (Lions)	AHL	1	0	0	0	0	-	-	-	-	-

Saison	Club	Ligue	PJ	B	A	PTS	PUN	PJ	B	A	PTS	PUN
			Saisons régulières					Séries éliminatoires				
1943-44	Seattle (Ironmen)	PCHL	16	16	19	35	45	2	1	3	4	2
	Portland (Oilers)	PCHL	-	-	-	-	-	4	2	3	5	12
1944-45			*N'a pas joué – Entraîneur*									
1945-46	Seattle (Ironmen)	PCHL	55	12	20	32	69	3	0	0	0	2
1946-47	Tacoma (Rockets)	PCHL	55	9	22	31	40	-	-	-	-	-
1947-48	Tacoma (Rockets)	PCHL	58	6	24	30	101	5	0	2	2	6
		LNH	**325**	**15**	**39**	**54**	**253**	**25**	**1**	**7**	**8**	**12**
		Montréal	**55**	**4**	**6**	**10**	**71**	**2**	**1**	**0**	**1**	**2**

• Coupe Stanley (LNH) en 1933-34, 1937-38 • Première équipe d'étoiles (AHL) en 1942-43

• Signe avec Chicago le 28 octobre 1930 • Prêté à Toronto par Chicago le 4 décembre 1930 • Retourné à Chicago par Toronto le 3 février 1931 • Échangé à Montréal par Chicago avec Lionel Conacher et Leroy Goldsworthy pour Lorne Chabot, Marty Burke et Howie Morenz le 1er octobre 1934 • Échangé à Boston par Montréal pour Walter Buswell et Jean Pusie le 13 juillet 1935 • Échangé à Montréal (Canadiens) par Montréal (Maroons) avec Babe Siebert pour Leroy Goldsworthy, Sammy McManus et une somme d'argent le 10septembre 1936. • Signe avec Montréal (Maroons) le 17 décembre 1936 • Prêté à New York (Americans) par Montréal (Maroons) le 1er janvier 1937 • Signe avec Chicago le 20 novembre 1937 • Signe avec New York (Americans) le 6 janvier 1939 • Droits vendus à Springfield (IAHL) par New York (Americans) le 2 octobre 1939

JETTÉ, ALPHONSE

Né à Québec, Québec, le 24 décembre 1887
Défenseur/Avant, lance de la droite, 5'10", 170 lb

Saison	Club	Ligue	PJ	B	A	PTS	PUN	PJ	B	A	PTS	PUN
1909-10	Montréal (National)	CHA	4	0	0	0	0	-	-	-	-	-
1910-11	Montréal (National)	LHCM	12	9	0	9	14	-	-	-	-	-
1911-12	Montréal (Champêtre)	LHCM	10	7	0	7	9	-	-	-	-	-
	Montréal (Canadiens)	**NHA**	**3**	**0**	**0**	**0**	**-**	**-**	**-**	**-**	**-**	**-**
1912-13	**Montréal (Canadiens)**	**NHA**	**3**	**0**	**0**	**0**	**-**	**-**	**-**	**-**	**-**	**-**
	Montréal (Champètre)	LHCM	6	1	0	1	3	-	-	-	-	-
1913-14	**Montréal (Canadiens)**	**NHA**	**10**	**1**	**1**	**2**	**-**	**-**	**-**	**-**	**-**	**-**
1914-15	**Montréal (Canadiens)**	**NHA**	**3**	**0**	**0**	**0**	**0**	**-**	**-**	**-**	**-**	**-**
		NHA	**19**	**1**	**1**	**2**	**0**	**-**	**-**	**-**	**-**	**-**
		Montréal	**19**	**1**	**1**	**2**	**0**	**-**	**-**	**-**	**-**	**-**

• Signe avec Montréal (NHA) le 15 février 1912

JOANETTE, ROSARIO (KITOUTE)

Né à Valleyfield, Québec, le 27 juillet 1919, décédé le 9 octobre 1998
Centre, lance de la droite, 5'10", 160 lb

Saison	Club	Ligue	PJ	B	A	PTS	PUN	PJ	B	A	PTS	PUN
1939-40	Valleyfield (Braves)	LHPQ	26	3	8	11	2	4	2	1	3	6
1940-41	Valleyfield (Braves)	MCSHL	37	28	37	65	18	3	0	0	0	2
1941-42	Valleyfield (V's)	LHCM	26	17	23	40	32	7	4	4	8	0
1942-43	Valleyfield (Dil)	VDSHL	*Statistiques non disponibles*									
1943-44	Valleyfield (Braves)	MCSHL	*Statistiques non disponibles*									
1944-45	Valleyfield (Braves)	LHPQ	37	*45	*56	*101	30	11	6	7	13	8
	Montréal (Canadiens)	**LNH**	**2**	**0**	**1**	**1**	**4**	**-**	**-**	**-**	**-**	**-**
	Valleyfield (Braves)	Allan	-	-	-	-	-	3	1	0	1	0
1945-46	Valleyfield (Braves)	LHSQ	40	23	25	48	17	-	-	-	-	-
	Shawinigan (Cataractes)	LHSQ	-	-	-	-	-	4	2	1	3	11
1946-47	Valleyfield (Braves)	LHSQ	39	13	22	35	41	-	-	-	-	-
	Baltimore (Clippers)	EAHL	-	-	-	-	-	9	2	1	3	11
1947-48	Valleyfield (Braves)	LHSQ	44	20	37	57	23	6	6	6	12	2
1948-49	Valleyfield (Braves)	LHSQ	51	23	33	56	11	4	0	2	2	0
1949-50	Valleyfield (Braves)	LHSQ	59	23	50	73	22	5	1	4	5	4
1950-51	Valleyfield (Braves)	LHMQ	58	30	42	72	18	16	*13	6	19	8
	Valleyfield (Braves)	Alexa.	-	-	-	-	-	11	5	9	14	2
1951-52	Valleyfield (Braves)	LHMQ	55	18	31	49	14	6	0	4	4	0
1952-53	Valleyfield (Braves)	LHMQ	58	18	34	52	6	4	0	1	1	2
1953-54	Valleyfield (Braves)	LHQ	60	13	16	29	10	7	2	4	6	0
1954-55	Valleyfield (Braves)	LHQ	53	13	37	50	11	-	-	-	-	-
1955-56	Trois-Rivières (Lions)	LHQ	32	2	10	12	2	-	-	-	-	-
	Cornwall (Colts)	EOHL	16	21	20	41	18	7	2	8	10	18
1956-57	Cornwall (Chevies)	EOHL	49	22	31	53	20	6	0	2	2	4
		LNH	**2**	**0**	**1**	**1**	**4**	**-**	**-**	**-**	**-**	**-**
		Montréal	**2**	**0**	**1**	**1**	**4**	**-**	**-**	**-**	**-**	**-**

• Coupe Alexander (LHMQ) en 1950-51

• Prêté à Montréal par Valleyfield (LHPQ) le 27 décembre 1944 • Prêté à Montréal par Valleyfield (LHPQ) le 10 mars 1945

JOHNS, DONALD (DON)

Né à St George, Ontario, le 13 décembre 1937. Défenseur, lance de la droite, 6', 190 lb

Saison	Club	Ligue	PJ	B	A	PTS	PUN	PJ	B	A	PTS	PUN
1956-57	Hull-Ottawa (Canadiens)	JOHA	27	2	3	5	12	-	-	-	-	-
	Hull-Ottawa (Canadiens)	LHQ	15	0	0	0	0	-	-	-	-	-
	Hull-Ottawa (Canadiens)	EOHL	8	0	2	2	2	-	-	-	-	-
	Hull-Ottawa (Canadiens)	Mem.	-	-	-	-	-	13	0	0	0	2
1957-58	Fort William (Canadiens)	TBJHL	50	3	14	17	56	4	1	1	2	8
	Fort William (Canadiens)	Mem.	-	-	-	-	-	5	0	2	2	12
1958-59	Winnipeg (Warriors)	WHL	60	4	18	22	112	7	1	0	1	18
1959-60	Winnipeg (Warriors)	WHL	70	3	21	24	72	-	-	-	-	-
1960-61	New York (Rangers)	LNH	63	1	7	8	34	-	-	-	-	-
1961-62	Springfield (Indians)	AHL	59	3	10	13	14	11	1	4	5	10
1962-63	New York (Rangers)	LNH	6	0	4	4	6	-	-	-	-	-
	Baltimore (Clippers)	AHL	69	9	17	26	30	3	1	3	4	2
1963-64	New York (Rangers)	LNH	57	1	9	10	26	-	-	-	-	-
	Baltimore (Clippers)	AHL	12	0	1	1	10	-	-	-	-	-
1964-65	Baltimore (Clippers)	AHL	26	2	10	12	28	9	0	2	2	14
	New York (Rangers)	LNH	22	0	1	1	4	-	-	-	-	-
	St. Louis (Braves)	CPHL	23	1	5	6	10	-	-	-	-	-
1965-66	Québec (As)	AHL	63	2	24	26	78	-	-	-	-	-
	Montréal (Canadiens)	**LNH**	**1**	**0**	**0**	**0**	**0**	**-**	**-**	**-**	**-**	**-**
1966-67	Québec (As)	AHL	69	1	15	16	54	-	-	-	-	-
1967-68	Minnesota (North Stars)	LNH	4	0	0	0	6	-	-	-	-	-
	Memphis (South Stars)	CPHL	27	0	9	9	22	-	-	-	-	-
	Rochester (Americans)	AHL	42	1	13	14	32	11	1	1	2	18
1968-69	Vancouver (Canucks)	WHL	66	1	22	23	102	7	0	3	3	18
		LNH	**153**	**2**	**21**	**23**	**76**	**-**	**-**	**-**	**-**	**-**
		Montréal	**1**	**0**	**0**	**0**	**0**	**-**	**-**	**-**	**-**	**-**

• Coupe Calder (AHL) en 1961-62, 1967-68

• Réclamé par New York de Winnipeg (WHL) lors du repêchage inter-ligues le 7 juin 1960. • Échangé à Chicago par New York avec Camille Henry, Billy Taylor et Wally Chevrier pour Doug Robinson, Wayne Hillman et John Brenneman le 4 février 1965 • Échangé à Montréal par Chicago pour Bryan Watson le 9 juin 1965 • Droits vendus à Minnesota par Montréal le 5 octobre 1967 • Échangé à Rochester (AHL) par Minnesota avec Murray Hall, Len Lunde, Duke Harris et Carl Wetzel pour Jean-Paul Parise et Milan Marcetta le 23décembre 1967 • Droits transférés à Vancouver (WHL) lors de l'achat de la concession de Rochester (AHL) le 13 août 1968

JOHNSON, ALLAN (AL)

Né à Winnipeg, Manitoba, le 30 mars 1935
Ailier droit/centre, lance de la droite, 5'11", 180 lb

Saison	Club	Ligue	PJ	B	A	PTS	PUN	PJ	B	A	PTS	PUN
1951-52	St. Boniface (Canadiens)	MAHA	10	8	15	23	-	-	-	-	-	-
	St. Boniface (Canadiens)	MJHL	1	0	0	0	2	-	-	-	-	-
1952-53	St. Boniface (Canadiens)	MJHL	22	4	12	16	2	7	2	2	4	2
	St. Boniface (Canadiens)	Mem.	-	-	-	-	-	17	4	7	11	8
1953-54	St. Boniface (Canadiens)	MJHL	36	13	*31	44	40	10	8	10	18	34
	St. Boniface (Canadiens)	Mem.	-	-	-	-	-	8	3	2	5	8
1954-55	Trois-Rivières (Reds)	LHJQ	44	14	17	31	23	10	5	5	10	2
	Montréal (Royals)	LHQ	2	0	1	1	2	-	-	-	-	-
1955-56	Souris (Elks)	BIG 6	28	33	30	63	18	-	-	-	-	-
	Winnipeg (Warriors)	WHL	2	0	0	0	0	-	-	-	-	-
	Winnipeg (Marrons)	Allan	-	-	-	-	-	9	2	6	8	2
1956-57	Cincinnati (Mohawks)	IHL	56	29	29	58	36	7	2	2	4	2
	Montréal (Canadiens)	**LNH**	**2**	**0**	**1**	**1**	**2**	**-**	**-**	**-**	**-**	**-**
1957-58	Shawinigan (Cataractes)	LHQ	57	15	28	43	18	14	8	10	18	2
1958-59	Spokane (Spokes)	WHL	68	30	33	63	28	4	0	0	0	7
1959-60	Spokane (Spokes)	WHL	69	29	27	56	28	-	-	-	-	-
1960-61	Detroit (Red Wings)	LNH	70	16	21	37	14	11	2	2	4	6
1961-62	Detroit (Red Wings)	LNH	31	5	6	11	14	-	-	-	-	-
	Hershey (Bears)	AHL	40	15	25	40	14	7	4	2	6	2
1962-63	Detroit (Red Wings)	LNH	2	0	0	0	0	-	-	-	-	-
	Pittsburgh (Hornets)	AHL	58	15	19	34	24	-	-	-	-	-
1963-64	Winnipeg (Maroons)	SSHL	6	6	4	10	2	-	-	-	-	-
	Winnipeg (Maroons)	Allan	-	-	-	-	-	13	8	10	18	12
1964-65	Winnipeg (Maroons)	SSHL	6	6	8	14	6	-	-	-	-	-
	Canada	CM	7	4	2	6	6	-	-	-	-	-
1965-66	Canada	Éq. nat.	*Statistiques non disponibles*									
1966-67			*N'a pas joué*									
1967-68	Fort Worth (Wings)	CPHL	46	23	27	50	27	-	-	-	-	-
1968-69	Denver (Spurs)	WHL	71	27	22	49	10	-	-	-	-	-
		LNH	**105**	**21**	**28**	**49**	**30**	**11**	**2**	**2**	**4**	**6**
		Montréal	**2**	**0**	**1**	**1**	**2**	**-**	**-**	**-**	**-**	**-**

• Deuxième équipe d'étoiles, Division Coast (WHL) en 1958-59 • Première équipe d'étoiles (WHL) en 1959-60

• Réclamé par Detroit de Spokane (WHL) au repêchage inter-ligues en juin 1960

JOHNSON, MIKE PAUL

Né à Scarborough, Ontario, le 3 octobre 1974.
Ailier droit, lance de la droite, 6'2", 202 lb

Saison	Club	Ligue	PJ	B	A	PTS	PUN	PJ	B	A	PTS	PUN
1991-92	Hillcrest (Summits)	MTHL	45	43	66	109	-	20	10	19	29	-
1992-93	Aurora (Eagles)	MTJHL	48	25	40	65	18	7	7	15	22	-
1993-94	Bowling Green University	CCHA	38	6	14	20	18	-	-	-	-	-
1994-95	Bowling Green University	CCHA	37	16	33	49	35	-	-	-	-	-
1995-96	Bowling Green University	CCHA	30	12	19	31	22	-	-	-	-	-
1996-97	Bowling Green University	CCHA	38	30	32	62	46	-	-	-	-	-
	Toronto (Maple Leafs)	LNH	13	2	2	4	4	-	-	-	-	-
1997-98	Toronto (Maple Leafs)	LNH	82	15	32	47	24	-	-	-	-	-
1998-99	Toronto (Maple Leafs)	LNH	79	20	24	44	35	17	3	2	5	4
1999-00	Toronto (Maple Leafs)	LNH	52	11	14	25	23	-	-	-	-	-
	Tampa Bay (Lightning)	LNH	28	10	12	22	4	-	-	-	-	-
	Canada	CM	9	1	1	2	10	-	-	-	-	-
2000-01	Tampa Bay (Lightning)	LNH	64	11	27	38	38	-	-	-	-	-
	Phoenix (Coyotes)	LNH	12	2	3	5	4	-	-	-	-	-
2001-02	Phoenix (Coyotes)	LNH	57	5	22	27	28	5	1	1	2	6
2002-03	Phoenix (Coyotes)	LNH	82	23	40	63	47	-	-	-	-	-
2003-04	Phoenix (Coyotes)	LNH	11	1	9	10	10	-	-	-	-	-
2004-05	Farjestads BK Karlstad	SWE	8	1	2	3	4	6	0	2	2	4
2005-06	Phoenix (Coyotes)	LNH	80	16	38	54	50	-	-	-	-	-
2006-07	**Montréal (Canadiens)**	**LNH**	**80**	**11**	**20**	**31**	**40**	**-**	**-**	**-**	**-**	**-**
2007-08	St. Louis (Blues)	LNH	21	2	3	5	8	-	-	-	-	-
		LNH	**661**	**129**	**246**	**375**	**315**	**22**	**4**	**3**	**7**	**10**
		Montréal	**80**	**11**	**20**	**31**	**40**	**-**	**-**	**-**	**-**	**-**

• Équipe d'étoiles des recrues (LNH)en 1997-98)

• Signe avec Toronto comme joueur autonome le 16 mars 1997 • Échangé à Tampa Bay par Toronto avec Marek Posmyk et le choix de 5e ronde (Pavel Sedov) et de 6e ronde (Aaron Gionet) de Toronto au repêchage de 2000 pour Darcy Tucker et du choix de 4e ronde de Tampa Bay au repêchage de 2000 (Miguel Delisle) le 9 février 2000 • Échangé à Phoenix par Tampa Bay avec Paul Mara, Ruslan Zainullin et le choix de 2e ronde de New York

(Islanders) au repêchage de 2001 (propriété de Tampa Bay suite à une transaction antérieure, Phoenix sélectionne Matthew Spiller) pour Nikolai Khabibulin et Stan Neckar le 5 mars 2001 • Signe avec Farjestad (SWE) comme joueur autonome le 31 janvier 2005 • Échangé à Montréal par Phoenix pour d'un choix de 4e ronde au repêchage de 2007 (Vladimir Ruzicka) le 12 juillet 2006 • Signe avec St. Louis comme joueur autonome le 4 octobre 2007 • Signe avec Kolner Haie (GER) comme joueur autonome le 3 août 2008

JOHNSON, THOMAS (TOM)

Né à Baldur, Manitoba, le 18 février 1928, décédé le 21 novembre 2007
Défenseur, lance de la gauche, 6'180 lb

SAISON	CLUB	LIGUE	PJ	B	A	PTS	PUN	PJ	B	A	PTS	PUN
1946-47	Winnipeg (Monarchs)	MJHL	14	10	4	14	12	7	3	1	4	19
1947-48	Montréal (Royals)	LHSQ	16	0	4	4	10	-	-	-	-	-
	Montréal (Canadiens)	**LNH**	**1**	**0**	**0**	**0**	**0**	-	-	-	-	-
1948-49	Buffalo (Bisons)	AHL	68	4	18	22	70	-	-	-	-	-
1949-50	Buffalo (Bisons)	AHL	58	7	19	26	52	5	0	0	0	20
	Montréal (Canadiens)	**LNH**	-	-	-	-	-	**1**	**0**	**0**	**0**	**0**
1950-51	**Montréal (Canadiens)**	**LNH**	**70**	**2**	**8**	**10**	**128**	**11**	**0**	**0**	**0**	**6**
1951-52	**Montréal (Canadiens)**	**LNH**	**67**	**0**	**7**	**7**	**76**	**11**	**1**	**0**	**1**	**2**
1952-53	**Montréal (Canadiens)**	**LNH**	**70**	**3**	**8**	**11**	**63**	**12**	**2**	**3**	**5**	**8**
	Match des étoiles	LNH	1	0	0	0	0	-	-	-	-	-
1953-54	**Montréal (Canadiens)**	**LNH**	**70**	**7**	**11**	**18**	**85**	**11**	**1**	**2**	**3**	**30**
	Match des étoiles	LNH	1	0	0	0	0	-	-	-	-	-
1954-55	**Montréal (Canadiens)**	**LNH**	**70**	**6**	**19**	**25**	**74**	**12**	**2**	**0**	**2**	**22**
1955-56	**Montréal (Canadiens)**	**LNH**	**64**	**3**	**10**	**13**	**75**	**10**	**0**	**2**	**2**	**8**
1956-57	**Montréal (Canadiens)**	**LNH**	**70**	**4**	**11**	**15**	**59**	**10**	**0**	**2**	**2**	**13**
	Match des étoiles	LNH	1	0	0	0	0	-	-	-	-	-
1957-58	**Montréal (Canadiens)**	**LNH**	**66**	**3**	**18**	**21**	**75**	**2**	**0**	**0**	**0**	**0**
	Match des étoiles	LNH	1	0	1	1	2	-	-	-	-	-
1958-59	**Montréal (Canadiens)**	**LNH**	**70**	**10**	**29**	**39**	**76**	**11**	**2**	**3**	**5**	**8**
	Match des étoiles	LNH	1	0	0	0	0	-	-	-	-	-
1959-60	**Montréal (Canadiens)**	**LNH**	**64**	**4**	**25**	**29**	**59**	**8**	**0**	**1**	**1**	**4**
	Match des étoiles	LNH	1	0	1	1	0	-	-	-	-	-
1960-61	**Montréal (Canadiens)**	**LNH**	**70**	**1**	**15**	**16**	**54**	**6**	**0**	**1**	**1**	**8**
	Match des étoiles	LNH	1	0	0	0	2	-	-	-	-	-
1961-62	**Montréal (Canadiens)**	**LNH**	**62**	**1**	**17**	**18**	**45**	**6**	**0**	**1**	**1**	**0**
1962-63	**Montréal (Canadiens)**	**LNH**	**43**	**3**	**5**	**8**	**28**	-	-	-	-	-
1963-64	Boston (Bruins)	LNH	70	4	21	25	53	-	-	-	-	-
	Match des étoiles	LNH	1	0	0	0	0	-	-	-	-	-
1964-65	Boston (Bruins)	LNH	51	0	9	9	30	-	-	-	-	-
		LNH	**978**	**51**	**213**	**264**	**960**	**111**	**8**	**15**	**23**	**109**
		Montréal	**857**	**47**	**183**	**230**	**897**	**111**	**8**	**15**	**23**	**109**

• Match des étoiles(LNH) en 1952-53, 1953-54, 1956-57, 1957-58, 1958-59, 1959-60, 1960-61, 1963-64 • Coupe Stanley (LNH) en 1952-53, 1955-56, 1956-57, 1957-58, 1958-59, 1959-60 • Première équipe d'étoiles (LNH) en 1958-59 • Deuxième équipe d'étoiles (LNH) en 1955-56 • Trophée James-Norris (LNH) en 1958-59 • Temple de la Renommée (LNH) en 1970

• Signe avec Montréal le 30 avril 1947 • Réclamé par Boston de Montréal au repêchage inter-ligues le 4 juin 1963

JOLIAT, AURÈLE

Né à Ottawa, Ontario, le 29 août 1901, décédé le 2 juin 1986
Ailier gauche, lance de la gauche, 5'7", 135 lb

SAISON	CLUB	LIGUE	PJ	B	A	PTS	PUN	PJ	B	A	PTS	PUN
1916-17	Ottawa (New Edinburghs)	OCHL	8	2	0	2	-	2	0	0	0	0
1917-18	Ottawa (Aberdeens)	OCJHL	3	2	0	2	3	-	-	-	-	-
1918-19	Ottawa(New Edinburghs)	OCHL	8	5	3	8	9	-	-	-	-	-
1919-20	Ottawa(New Edinburghs)	OCHL	7	*12	0	*12	-	-	-	-	-	-
1920-21	Iroquois Falls (Flyers)	OHA	*Statistiques non disponibles*									
1921-22			*N'a pas joué*									
1922-23	**Montréal (Canadiens)**	**LNH**	**24**	**12**	**9**	**21**	**37**	**2**	**1**	**0**	**1**	**11**
1923-24	**Montréal (Canadiens)**	**LNH**	**24**	**15**	**5**	**20**	**27**	**6**	**4**	**2**	**6**	**6**
1924-25	**Montréal (Canadiens)**	**LNH**	**25**	**30**	**11**	**41**	**85**	**5**	**2**	**0**	**2**	**21**
1925-26	**Montréal (Canadiens)**	**LNH**	**35**	**17**	**9**	**26**	**52**	-	-	-	-	-
1926-27	**Montréal (Canadiens)**	**LNH**	**43**	**14**	**4**	**18**	**79**	**4**	**1**	**0**	**1**	**10**
1927-28	**Montréal (Canadiens)**	**LNH**	**44**	**28**	**11**	**39**	**105**	**2**	**0**	**0**	**0**	**4**
1928-29	**Montréal (Canadiens)**	**LNH**	**44**	**12**	**5**	**17**	**59**	**3**	**1**	**1**	**2**	**10**
1929-30	**Montréal (Canadiens)**	**LNH**	**42**	**19**	**12**	**31**	**40**	**6**	**0**	**2**	**2**	**6**
1930-31	**Montréal (Canadiens)**	**LNH**	**43**	**13**	**22**	**35**	**73**	**10**	**0**	**4**	**4**	**12**
1931-32	**Montréal (Canadiens)**	**LNH**	**48**	**15**	**24**	**39**	**46**	**4**	**2**	**0**	**2**	**4**
1932-33	**Montréal (Canadiens)**	**LNH**	**48**	**18**	**21**	**39**	**53**	**2**	**2**	**1**	**3**	**2**
1933-34	**Montréal (Canadiens)**	**LNH**	**48**	**22**	**15**	**37**	**27**	**3**	**0**	**1**	**1**	**0**
	Match des étoiles	LNH	1	0	1	1	0	-	-	-	-	-
1934-35	**Montréal (Canadiens)**	**LNH**	**48**	**17**	**12**	**29**	**18**	**2**	**1**	**0**	**1**	**0**
1935-36	**Montréal (Canadiens)**	**LNH**	**48**	**15**	**8**	**23**	**16**	-	-	-	-	-
1936-37	**Montréal (Canadiens)**	**LNH**	**47**	**17**	**15**	**32**	**30**	**5**	**0**	**3**	**3**	**2**
1937-38	**Montréal (Canadiens)**	**LNH**	**44**	**6**	**7**	**13**	**24**	-	-	-	-	-
	Match des étoiles	LNH	1	0	0	0	0	-	-	-	-	-
		LNH	**655**	**270**	**190**	**460**	**771**	**54**	**14**	**14**	**28**	**88**
		Montréal	**655**	**270**	**190**	**460**	**771**	**54**	**14**	**14**	**28**	**88**

• Coupe Stanley (LNH) en 1923-24, 1929-30, 1930-31 • Première équipe d'étoiles (LNH) en 1930-31 • Deuxième équipe d'étoiles (LNH) en 1931-32, 1933-34, 1934-35 • Trophée Hart (LNH) en 1933-34 • Match des étoiles (LNH) en 1933-34, 1937-38 • Temple de la Renommée (LNH) en 1945

• Échangé à Montréal par Saskatoon pour Newsy Lalonde et une somme d'argent le 4 novembre 1922

JOLIAT, RENÉ

Né à Ottawa, Ontario, le 25 avril 1898, décédé le 10 août 1953
Ailier droit, lance de la droite, 5'5", 140 lb

SAISON	CLUB	LIGUE	PJ	B	A	PTS	PUN	PJ	B	A	PTS	PUN
1916-17	Ottawa (Grand Trunks)	OCHL	7	3	0	3	6	-	-	-	-	-
1917-18	Ottawa (Aberdeens)	OCHL	3	2	0	2	3	-	-	-	-	-
1918-19	Ottawa (New Edinburghs)	OCHL	8	4	1	5	9	-	-	-	-	-
1919-20	Ottawa (New Edinburghs)	OCHL	2	0	0	0	0	-	-	-	-	-
1920-21	Ottawa (New Edinburghs)	OCHL	7	2	0	2	9	-	-	-	-	-
	Iroquois Falls (P-Makers)	NOHA	*Statistiques non disponibles*									
1921-22	Ottawa (New Edinburghs)	OCHL	4	1	0	1	0	-	-	-	-	-
1922-23	Ottawa (New Edinburghs)	OCHL	16	1	1	2	0	3	0	0	0	0
1923-24	Hull (Volants)	OCHL	*Statistiques non disponibles*									
1924-25	**Montréal (Canadiens)**	**LNH**	**1**	**0**	**0**	**0**	**0**	-	-	-	-	-
	Boston (Maples)	USAHA	2	2	0	2	0	-	-	-	-	-
1925-26			*Réintégré comme amateur*									
1926-27			*N'a pas joué*									
1927-28			*N'a pas joué*									
1928-29			*N'a pas joué*									
1929-30	Ottawa (Shamrocks)	OCHL	15	0	0	0	20	6	0	0	0	4
	Ottawa (Shamrocks)	Allan	-	-	-	-	-	2	0	0	0	2
		LNH	**1**	**0**	**0**	**0**	**0**	-	-	-	-	-
		Montréal	**1**	**0**	**0**	**0**	**0**	-	-	-	-	-

• Signe avec Montréal le 17 novembre 1924

JOLY, YVAN

Né à Hawkesbury, Ontario, le 6 février 1960. Ailier droit, lance de la droite, 5'8", 175 lb
(Choix de 5e ronde de Montréal, 100e au total lors du repêchage de 1979)

SAISON	CLUB	LIGUE	PJ	B	A	PTS	PUN	PJ	B	A	PTS	PUN
1976-77	Ottawa (67's)	OMJHL	62	30	26	56	36	-	-	-	-	-
1977-78	Ottawa (67's)	OMJHL	64	34	37	71	67	16	7	8	15	24
1978-79	Ottawa (67's)	OMJHL	63	53	59	112	45	4	0	2	2	6
	Canada	CMJ	5	2	0	2	2	-	-	-	-	-
1979-80	Ottawa (67's)	OMJHL	67	*66	93	159	47	11	4	12	16	13
	Canada	CMJ	5	3	0	3	8	-	-	-	-	-
	Montréal (Canadiens)	**LNH**	-	-	-	-	-	**1**	**0**	**0**	**0**	**0**
1980-81	Nlle-Écosse (Voyageurs)	AHL	68	14	27	41	74	4	1	0	1	0
	Montréal (Canadiens)	**LNH**	**1**	**0**	**0**	**0**	**0**	-	-	-	-	-
1981-82	Nlle-Écosse (Voyageurs)	AHL	71	20	30	50	75	9	2	3	5	8
1982-83	Nlle-Écosse (Voyageurs)	AHL	76	43	37	80	52	7	2	1	3	2
	Montréal (Canadiens)	**LNH**	**1**	**0**	**0**	**0**	**0**	-	-	-	-	-
1983-84	HC Gardena-Groden	ITA	19	15	18	33	10	-	-	-	-	-
	Maine (Mariners)	AHL	39	12	17	29	25	14	0	5	5	4
1984-85			*N'a pas joué*									
1985-86	Indianapolis (Checkers)	IHL	17	1	6	7	28	-	-	-	-	-
		LNH	**2**	**0**	**0**	**0**	**0**	**1**	**0**	**0**	**0**	**0**
		Montréal	**2**	**0**	**0**	**0**	**0**	**1**	**0**	**0**	**0**	**0**

• Deuxième équipe d'étoiles (OMJHL) en 1978-79 • Première équipe d'étoiles (OMJHL) en 1979-80 • Coupe Calder (AHL) en 1983-84

JOMPHE, JEAN-FRANÇOIS

Né à Havre Saint-Pierre, Québec, le 28 décembre 1972
Centre, lance de la gauche, 6'1", 195 lb

SAISON	CLUB	LIGUE	PJ	B	A	PTS	PUN	PJ	B	A	PTS	PUN
1990-91	Shawinigan (Cataractes)	LHJMQ	42	17	22	39	14	6	2	1	3	2
1991-92	Shawinigan (Cataractes)	LHJMQ	44	28	33	61	69	10	6	10	16	10
1992-93	Sherbrooke (Faucons)	LHJMQ	60	43	43	86	86	15	10	13	23	18
1993-94	San Diego (Gulls)	IHL	29	2	3	5	12	-	-	-	-	-
	Greensboro (Monarchs)	ECHL	25	9	9	18	41	1	1	0	1	0
1994-95	Canada	Éq. nat.	52	33	25	58	85	-	-	-	-	-
	Canada	CM	8	4	0	4	6	-	-	-	-	-
1995-96	Anaheim (Mighty Ducks)	LNH	31	2	12	14	39	-	-	-	-	-
	Baltimore (Bandits)	AHL	47	21	34	55	75	-	-	-	-	-
	Canada	CM	8	0	1	1	4	-	-	-	-	-
1996-97	Anaheim (Mighty Ducks)	LNH	64	7	14	21	53	-	-	-	-	-
1997-98	Anaheim (Mighty Ducks)	LNH	9	1	3	4	8	-	-	-	-	-
	Cincinnati (Mighty Ducks)	AHL	38	9	19	28	32	-	-	-	-	-
	Québec (Rafales)	IHL	17	6	4	10	24	-	-	-	-	-
1998-99	Las Vegas (Thunder)	IHL	32	6	14	20	63	-	-	-	-	-
	Springfield (Falcons)	AHL	29	10	18	28	36	-	-	-	-	-
	Phoenix (Coyotes)	LNH	1	0	0	0	2	-	-	-	-	-
	Fredericton (Canadiens)	AHL	3	1	3	4	6	15	5	11	16	49
	Montréal (Canadiens)	**LNH**	**6**	**0**	**0**	**0**	**0**	-	-	-	-	-
1999-00	Krefeld Pinguine	GER	47	12	33	45	109	4	0	1	1	6
2000-01	Adler Mannheim	GER	47	11	16	27	178	11	5	5	10	22
2001-02			*N'a pas joué*									
2002-03	ERC Ingolstadt	GER	46	13	27	40	110	-	-	-	-	-
2003-04	Biel-Bienne EHC	SUI-2	20	19	15	34	64	3	2	1	3	24
2004-05	Biel-Bienne EHC	SUI-2	22	10	15	25	22	-	-	-	-	-
		LNH	**111**	**10**	**29**	**39**	**102**	-	-	-	-	-
		Montréal	**6**	**0**	**0**	**0**	**0**	-	-	-	-	-

• Médaille de bronze (CM) en 1995 • Médaille d'argent (CM) en 1996

• Signe avec Anaheim comme joueur autonome le 7 septembre 1993 • Échangé à Phoenix par Anaheim pour Jim McKenzie le 18 juin 1998 • Droits vendus à Montréal par Phoenix le 23 mars 1999 • Annonce officiellement sa retraite le 24 août 2001 • Signe avec ERC Ingolstadt (GER) comme joueur autonome le 21 juillet 2002

JUNEAU, JOÉ

Né à Pont-Rouge, Québec, le 5 janvier 1968. Centre, lance de la gauche, 6', 190 lb
(Choix de 4e ronde de Boston, 81e au total lors du repêchage de 1988)

SAISON	CLUB	LIGUE	PJ	B	A	PTS	PUN	PJ	B	A	PTS	PUN
1983-84	Sainte-Foy (Gouverneurs)	QAAA	30	3	7	10	24	12	3	11	14	4
1984-85	Sainte-Foy (Gouverneurs)	QAAA	41	25	46	71	60	13	9	15	24	20
1985-86	Lévis-Lauzon	CEGEP	*Statistiques non disponibles*									
1986-87	Lévis-Lauzon	CEGEP	38	27	57	84	-	-	-	-	-	-
1987-88	RPI (Engineers)	ECAC	31	16	29	45	18	-	-	-	-	-
1988-89	RPI (Engineers)	ECAC	30	12	23	35	40	-	-	-	-	-

Saison	Club	Ligue	PJ	B	A	PTS	PUN	PJ	B	A	PTS	PUN
1989-90	RPI (Engineers)	ECAC	34	18	52	70	31	-	-	-	-	-
	Équipe Canada	Éq. nat.	3	0	2	2	4	-	-	-	-	-
1990-91	RPI (Engineers)	ECAC	29	23	40	63	68	-	-	-	-	-
	Équipe Canada	Éq. nat.	7	2	3	5	0	-	-	-	-	-
1991-92	Équipe Canada	Éq. nat.	60	20	49	69	35	-	-	-	-	-
	Canada	JO	8	6	9	15	4	-	-	-	-	-
	Boston (Bruins)	LNH	14	5	14	19	4	15	4	8	12	21
1992-93	Boston (Bruins)	LNH	84	32	70	102	33	4	2	4	6	6
1993-94	Boston (Bruins)	LNH	63	14	58	72	35	-	-	-	-	-
	Washington (Capitals)	LNH	11	5	8	13	6	11	4	5	9	6
1994-95	Washington (Capitals)	LNH	44	5	38	43	8	7	2	6	8	2
1995-96	Washington (Capitals)	LNH	80	14	50	64	30	5	0	7	7	6
1996-97	Washington (Capitals)	LNH	58	15	27	42	8	-	-	-	-	-
1997-98	Washington (Capitals)	LNH	56	9	22	31	26	21	7	10	17	8
1998-99	Washington (Capitals)	LNH	63	14	27	41	20	-	-	-	-	-
	Buffalo (Sabres)	LNH	9	1	1	2	2	20	3	8	11	10
1999-00	Ottawa (Sénateurs)	LNH	65	13	24	37	22	6	2	1	3	0
2000-01	Phoenix (Coyotes)	LNH	69	10	23	33	28	-	-	-	-	-
2001-02	**Montréal (Canadiens)**	**LNH**	**70**	**8**	**28**	**36**	**10**	**12**	**1**	**4**	**5**	**6**
2002-03	**Montréal (Canadiens)**	**LNH**	**72**	**6**	**16**	**22**	**20**	-	-	-	-	-
2003-04	**Montréal (Canadiens)**	**LNH**	**70**	**5**	**10**	**15**	**20**	**11**	**0**	**1**	**1**	**4**
		LNH	**828**	**156**	**416**	**572**	**272**	**112**	**25**	**54**	**79**	**69**
		Montréal	**212**	**19**	**54**	**73**	**50**	**23**	**1**	**5**	**6**	**10**

• Première équipe d'étoiles de l'Est (NCAA) en 1989-90 • Deuxième équipe d'étoiles de l'Est (NCAA) en 1990-91 • Deuxième équipe d'étoiles (ECAC) en 1990-91 • Médaille d'argent (JO) en 1991-92 • Équipe d'étoiles des recrues (LNH) en 1992-93

• Échangé à Washington par Boston pour Al Lafrate le 21 mars 1999 • Échangé à Buffalo par Washington avec le choix de 3e ronde de Washington au repêchage de 1999 (Tim Preston) pour Alexei Tezikov et le choix de 4e ronde de Buffalo au repêchage de 2000 (échangé plus tard à Calgary qui sélectionne Levente Szuper) le 22 mars 1999 • Signe avec Ottawa comme joueur autonome le 25 octobre 1999 • Réclamé par Minnesota d'Ottawa lors de l'expansion de la LNH le 23 juin 2000 • Échangé à Phoenix par Minnesota pour les droits sur Rickard Wallin le 23 juin 2000 • Échangé à Montréal par Phoenix pour des considérations futures le 15 juin 2001 • Annonce officiellement sa retraite le 1er mai 2004

KAISER, VERNON (VERN)

Né à Preston, Ontario, le 28 septembre 1925
Ailier gauche, lance de la gauche, 6', 180 lb

Saison	Club	Ligue	PJ	B	A	PTS	PUN	PJ	B	A	PTS	PUN
1944-45	Winnipeg (Navy)	WSHL	4	0	1	1	10	6	0	2	2	8
1945-46	Washington/New York	EAHL	46	5	6	11	83	12	0	0	0	20
1946-47	Seattle (Ironmen)	PCHL	50	10	8	18	153	9	1	2	3	10
1947-48	Fort Worth (Rangers)	USHL	59	13	18	31	41	4	1	0	1	2
1948-49	Springfield (Indians)	AHL	61	25	17	42	32	3	1	1	2	4
1949-50	Springfield (Indians)	AHL	64	19	19	38	65	2	1	0	1	0
1950-51	**Montréal (Canadiens)**	**LNH**	**50**	**7**	**5**	**12**	**33**	**2**	**0**	**0**	**0**	**0**
	Buffalo (Bisons)	AHL	15	7	13	20	4	4	1	2	3	2
1951-52	Buffalo (Bisosn)	AHL	58	24	26	50	67	2	0	1	1	2
1952-53	Buffalo (Bisons)	AHL	61	14	15	29	87	-	-	-	-	-
1953-54	Montréal (Royals)	LHQ	43	14	22	36	27	-	-	-	-	-
	Syracuse (Warriors)	AHL	17	11	11	22	10	-	-	-	-	-
		LNH	**50**	**7**	**5**	**12**	**33**	**2**	**0**	**0**	**0**	**0**
		Montréal	**50**	**7**	**5**	**12**	**33**	**2**	**0**	**0**	**0**	**0**

• Échangé à Montréal par Springfield (AHL) pour Charles Gagnon et des considérations futures le 18 avril 1950 • Droits vendus à Syracuse (AHL) par Montréal le 1er janvier 1954

KEANE, MICHAEL (MIKE)

Né à Winnipeg, Manitoba, le 29 mai 1967. Ailier droit, lance de la droite 6', 185 lb

Saison	Club	Ligue	PJ	B	A	PTS	PUN	PJ	B	A	PTS	PUN
1983-84	Winnipeg (Monarchs)	MAHA	21	17	19	36	59	-	-	-	-	-
	Winnipeg (Warriors)	WHL	1	0	0	0	0	-	-	-	-	-
1984-85	Moose Jaw (Warriors)	WHL	65	17	26	43	141	-	-	-	-	-
1985-86	Moose Jaw (Warriors)	WHL	67	34	49	83	162	13	6	8	14	9
1986-87	Moose Jaw (Warriors)	WHL	53	25	45	70	107	9	3	9	12	11
	Sherbrooke (Canadiens)	AHL	-	-	-	-	-	9	2	2	4	16
	Canada	CMJ	6	0	1	1	4	-	-	-	-	-
1987-88	Sherbrooke (Canadiens)	AHL	78	25	43	68	70	6	1	1	2	18
1988-89	**Montréal (Canadiens)**	**LNH**	**69**	**16**	**19**	**35**	**69**	**21**	**4**	**3**	**7**	**17**
1989-90	**Montréal (Canadiens)**	**LNH**	**74**	**9**	**15**	**24**	**78**	**11**	**0**	**1**	**1**	**8**
1990-91	**Montréal (Canadiens)**	**LNH**	**73**	**13**	**23**	**36**	**50**	**12**	**3**	**2**	**5**	**6**
1991-92	**Montréal (Canadiens)**	**LNH**	**67**	**11**	**30**	**41**	**64**	**8**	**1**	**1**	**2**	**16**
1992-93	**Montréal (Canadiens)**	**LNH**	**77**	**15**	**45**	**60**	**95**	**19**	**2**	**13**	**15**	**6**
1993-94	**Montréal (Canadiens)**	**LNH**	**80**	**16**	**30**	**46**	**119**	**6**	**3**	**1**	**4**	**4**
1994-95	**Montréal (Canadiens)**	**LNH**	**48**	**10**	**10**	**20**	**15**	-	-	-	-	-
1995-96	**Montréal (Canadiens)**	**LNH**	**18**	**0**	**7**	**7**	**6**	-	-	-	-	-
	Colorado (Avalanche)	LNH	55	10	10	20	40	22	3	2	5	16
1996-97	Colorado (Avalanche)	LNH	81	10	17	27	63	17	3	1	4	24
1997-98	New York (Rangers)	LNH	70	8	10	18	47	-	-	-	-	-
	Dallas (Stars)	LNH	13	2	3	5	5	17	4	4	8	0
1998-99	Dallas (Stars)	LNH	81	6	23	29	62	23	5	2	7	6
1999-00	Dallas (Stars)	LNH	81	13	21	34	41	23	2	4	6	14
2000-01	Dallas (Stars)	LNH	67	10	14	24	35	10	3	2	5	4
2001-02	St. Louis (Blues)	LNH	56	4	6	10	22	-	-	-	-	-
	Colorado (Avalanche)	LNH	22	2	5	7	16	18	1	4	5	8
2002-03	Colorado (Avalanche)	LNH	65	5	5	10	34	6	0	0	0	2
2003-04	Vancouver (Canucks)	LNH	64	8	9	17	20	7	0	0	0	4
2004-05			*N'a pas joué*									
2005-06	Manitoba (Moose)	AHL	69	3	11	14	66	12	2	1	3	4
2006-07	Manitoba (Moose)	AHL	74	8	17	25	46	13	2	2	4	7
		LNH	**1161**	**168**	**302**	**470**	**881**	**220**	**34**	**40**	**74**	**135**
		Montréal	**506**	**90**	**179**	**269**	**496**	**77**	**13**	**21**	**34**	**57**

• Coupe Stanley (LNH) en 1992-93, 1995-96, 1998-99 • Trophée Fred T. Hunt (AHL) en 2006-07

• Signe avec Montréal comme joueur autonome le 25 septembre 1985 • Échangé au Colorado par Montréal avec Patrick Roy pour Martin Rucinsky, Andrei Kovalenko et Jocelyn Thibault le 6 décembre 1995 • Signe avec New York (Rangers) comme joueur autonome le 30 juillet 1997• Échangé à Dallas par New York (Rangers) avec Brian Skrudland et le choix de 6e ronde des Rangers au repêchage de 1998 (Pavel Patera) pour Bob Erry, Todd Harvey et le choix de 4e ronde de Dallas au repêchage de 1998 (Boyd Kane) le 24 mars 1998 • Signe avec St. Louis comme joueur autonome le 10 juillet 2001 • Échangé au Colorado par St. Louis pour Shjon Podein le 11 février 2002 • Signe avec Vancouver comme joueur autonome le 10 octobre 2003

KILGER, WILLIAM (CHAD)

Né à Cornwall, Ontario, le 27 novembre 1976. Centre, lance de la gauche, 6'3", 215 lb
(Choix de 1re ronde d'Anaheim, 4e au total lors du repêchage de 1995)

Saison	Club	Ligue	PJ	B	A	PTS	PUN	PJ	B	A	PTS	PUN
1992-93	Cornwall (Colts)	OJHL	55	30	36	66	26	6	0	0	0	0
1993-94	Kingston (Frontenacs)	OHL	66	17	35	52	23	6	7	2	9	8
1994-95	Kingston (Frontenacs)	OHL	65	42	53	95	95	6	5	2	7	8
1995-96	Anaheim (Mighty Ducks)	LHN	45	5	7	12	22	-	-	-	-	-
	Winnipeg (Jets)	LNH	29	2	3	5	12	4	1	0	1	0
1996-97	Phoenix (Coyotes)	LNH	24	4	3	7	13	-	-	-	-	-
	Springfield (Falcons)	AHL	52	17	28	45	36	16	5	7	12	56
1997-98	Phoenix (Coyotes)	LNH	10	0	1	1	4	-	-	-	-	-
	Springfield (Falcons)	AHL	35	14	14	28	33	-	-	-	-	-
	Chicago (Blackhawks)	LNH	22	3	8	11	6	-	-	-	-	-
1998-99	Chicago (Blackhawks)	LNH	64	14	11	25	30	-	-	-	-	-
	Edmonton (Oilers)	LNH	13	1	1	2	4	4	0	0	0	4
1999-00	Edmonton (Oilers)	LNH	40	3	2	5	18	3	0	0	0	0
	Hamilton (Bulldogs)	AHL	7	4	2	6	4	-	-	-	-	-
2000-01	Edmonton (Oilers)	LNH	34	5	2	7	17	-	-	-	-	-
	Montréal (Canadiens)	**LNH**	**43**	**9**	**16**	**25**	**34**	-	-	-	-	-
2001-02	**Montréal (Canadiens)**	**LNH**	**75**	**8**	**15**	**23**	**27**	**12**	**0**	**1**	**1**	**9**
2002-03	**Montréal (Canadiens)**	**LNH**	**60**	**9**	**7**	**16**	**21**	-	-	-	-	-
2003-04	**Montréal (Canadiens)**	**LNH**	**36**	**2**	**2**	**4**	**14**	-	-	-	-	-
	Hamilton (Bulldogs)	AHL	2	1	0	1	0	-	-	-	-	-
	Toronto (Maple Leafs)	LNH	5	1	1	2	2	13	2	1	3	0
2004-05			*N'a pas joué*									
2005-06	Toronto (Maple Leafs)	LNH	79	17	11	28	63	-	-	-	-	-
2006-07	Toronto (Maple Leafs)	LNH	82	14	14	28	58	-	-	-	-	-
2007-08	Toronto (Maple Leafs)	LNH	53	10	7	17	18	-	-	-	-	-
		LNH	**714**	**107**	**111**	**218**	**363**	**36**	**3**	**2**	**5**	**13**
		Montréal	**214**	**28**	**40**	**68**	**96**	**12**	**0**	**1**	**1**	**9**

• Échangé à Winnipeg par Anaheim avec Oleg Tverdovsky et le choix de 3e ronde d'Anaheim au repêchage de 1996 (Per-Anton Lundstrom) pour Teemu Selanne, Marc Chouinard et le choix de 4e ronde du Winnipeg au repêchage de 1996 (échangé plus tard à Toronto, cédé à Montréal qui sélectionne Kim Staal) le 7 février 1996 • Transfert de la concession de Winnipeg à Phoenix le 1er juillet 1996 • Échangé à Chicago par Phoenix avec Jayson More pour Keith Carney et Jim Cummins le 4 mars 1998 • Échangé à Edmonton par Chicago avec Daniel Cleary, Ethan Moreau et Christian Laflamme pour Boris Mironov, Dean McAmmond et Jonas Elofsson le 20 mars 1999 • Échangé à Montréal par Edmonton pour Sergei Zholtok le 18 décembre 2000 • Réclamé au ballottage par Toronto de Montréal le 9 mars 2004 • Échangé en Floride par Toronto pour le choix de 3e ronde de la Floride au repêchage de 2008 (échangé plus tard à St. Louis qui sélectionne James Livingston) le 26 février 2008

KING, FRANK

Né à Toronto, Ontario, le 7 mars 1929. Centre, lance de la gauche, 5'11", 185 lb

Saison	Club	Ligue	PJ	B	A	PTS	PUN	PJ	B	A	PTS	PUN
1947-48	Brandon (Wheat Kings)	MJHL	22	13	8	21	31	5	4	0	4	10
1948-49	Brandon (Wheat Kings)	MJHL	30	27	14	41	*78	7	6	2	8	4
	Brandon (Wheat Kings)	Mem.	-	-	-	-	-	18	*16	7	*23	7
1949-50	Minneapolis (Millers)	USHL	70	34	30	64	49	7	5	4	9	10
1950-51	**Montréal (Canadiens)**	**LNH**	**10**	**1**	**0**	**1**	**2**	-	-	-	-	-
	Cincinnati (Mohawks)	AHL	21	5	6	11	20	-	-	-	-	-
	Seattle (Ironmen)	PCHL	3	1	1	2	3	-	-	-	-	-
	Providence (Reds)	AHL	21	3	12	15	16	-	-	-	-	-
1951-52	Québec (As)	LHMQ	36	4	4	8	24	7	1	1	2	10
	Québec (As)	Alexa.	-	-	-	-	-	1	0	0	0	0
1952-53	Halifax (Atlantics)	MMHL	72	38	40	78	92	15	7	8	15	31
1953-54	Sudbury (Wolves)	NOHA	45	14	11	25	26	1	0	0	0	0
1954-55	Vernon (Canadiens)	LHSQ	50	22	27	49	121	5	1	3	4	0
	Vernon (Canadiens)	Allan	-	-	-	-	-	17	*12	8	20	29
1955-56	Vernon (Canadiens)	LHSQ	56	40	34	74	115	8	4	6	10	14
	Vernon (Canadiens)	Allan	-	-	-	-	-	16	*18	3	21	*35
1956-57	Vernon (Canadiens)	LHSQ	50	17	33	50	90	12	7	*13	*20	18
1957-58	Vernon (Canadiens)	LHSQ	54	38	29	67	111	4	1	1	2	13
1958-59	Vernon (Canadiens)	LHSQ	52	23	28	51	-	16	3	9	12	38
1959-60	Vernon (Canadiens)	LHSQ	12	11	8	19	2	13	11	9	20	24
		LNH	**10**	**1**	**0**	**1**	**2**	-	-	-	-	-
		Montréal	**10**	**1**	**0**	**1**	**2**	-	-	-	-	-

• Coupe Allan en 1955-56

• Droits vendus à Montréal par Cleveland (AHL) le 12 avril 1950 • Prêté à Seattle (PCHL) par Montréal le 9 janvier 1951 • Échangé à Providence (AHL) par Montréal (Cincinnati – AHL) pour Roger Bédard le 29 janvier 1951 • Signe avec Halifax (MMHL) le 6 octobre 1952

KIPRUSOFF, MARKO

Né à Turku, Finlande, le 6 juin 1972. Défenseur, lance de la droite, 6', 195 lb
(Choix de 3e ronde de Montréal, 70e au total lors du repêchage de 1994)

Saison	Club	Ligue	PJ	B	A	PTS	PUN	PJ	B	A	PTS	PUN
1988-89	TPS Turku	FIN Jr	19	3	5	8	4	-	-	-	-	-
1989-90	TPS Turku	FIN Jr	23	4	9	13	2	-	-	-	-	-
1990-91	TPS Turku	FIN Jr	17	2	9	11	2	-	-	-	-	-
	Tuto Turku	FIN	22	4	8	12	0	-	-	-	-	-
	TPS Turku	FIN	3	0	0	0	0	-	-	-	-	-

SAISONS RÉGULIÈRES SÉRIES ÉLIMINATOIRES

KIT-KOM

SAISON	CLUB	LIGUE	PJ	B	A	PTS	PUN	PJ	B	A	PTS	PUN
1991-92	TPS Turku	FIN	23	0	2	2	0	-	-	-	-	-
	Kiekko 67 Turku	FIN	4	0	0	0	2	-	-	-	-	-
	HPK Hameenlinna	FIN	3	0	0	0	0	-	-	-	-	-
	Finlande	CMJ	7	2	2	4	2	-	-	-	-	-
1992-93	Kiekko 67 Turku	FIN	1	0	1	1	2	-	-	-	-	-
	TPS Turku	FIN	43	3	7	10	14	12	2	3	5	6
	Finlande	Éq. nat.	7	0	0	0	0	-	-	-	-	-
1993-94	TPS Turku	FIN	48	5	19	24	8	11	0	6	6	4
	Finlande	Éq. nat.	13	0	2	2	10	-	-	-	-	-
	Finlande	JO	8	3	3	6	4	-	-	-	-	-
	Finlande	CM	8	2	1	3	2	-	-	-	-	-
1994-95	TPS Turku	FIN	50	10	21	31	16	13	0	9	9	2
	Finlande	Éq. nat.	15	2	2	4	2	-	-	-	-	-
	Finlande	CM	8	0	3	3	0	-	-	-	-	-
1995-96	**Montréal (Canadiens)**	**LNH**	**24**	**0**	**4**	**4**	**8**	-	-	-	-	-
	Fredericton (Canadiens)	AHL	28	4	10	14	2	10	2	5	7	2
1996-97	Finlande	CDM	4	0	1	1	0	-	-	-	-	-
	Malmo IF	SWE	50	10	18	28	24	4	0	0	0	0
	Finlande	Éq. nat.	25	5	7	12	6	-	-	-	-	-
	Finlande	CM	8	0	2	2	2	-	-	-	-	-
1997-98	Malmo IF	SWE	46	7	16	23	23	-	-	-	-	-
	Finlande	Éq. nat.	16	2	6	8	2	-	-	-	-	-
	Finlande	CM	10	2	1	3	4	-	-	-	-	-
1998-99	TPS Turku	FIN	49	15	22	37	12	10	3	6	9	0
	Finlande	CM	12	1	4	5	4	-	-	-	-	-
1999-00	TPS Turku	FIN	53	6	27	33	10	11	0	3	3	0
	TPS Turku	EuroHL	5	1	2	3	2	5	2	0	2	2
2000-01	EHC Kloten	SUI	43	6	20	26	10	9	2	7	9	2
2001-02	New York (Islanders)	LNH	27	0	6	6	4	-	-	-	-	-
	Bridgeport (Sound Tigers)	AHL	9	0	2	2	0	-	-	-	-	-
	TPS Turku	FIN	11	0	2	2	4	6	1	0	1	2
2002-03	Kloten (Flyers)	SUI	39	7	12	19	20	5	0	1	1	0
	Finlande	CM	4	0	1	1	0	-	-	-	-	-
2003-04	Kloten (Flyers)	SUI	35	3	13	16	33	-	-	-	-	-
2004-05	TPS Turku	FIN	50	11	26	37	28	-	-	-	-	-
2005-06	TPS Turku	FIN	53	5	11	16	16	1	0	0	0	0
2006-07	TPS Turku	FIN	55	4	25	29	22	2	0	0	0	0
2007-08	TPS Turku	FIN	54	4	22	26	10	2	0	0	0	4
		LNH	**51**	**0**	**10**	**10**	**12**	-	-	-	-	-
		Montréal	**24**	**0**	**4**	**4**	**8**	-	-	-	-	-

• Médaille d'argent (CMJ) en 1992 • Médaille d'argent (CM) en 1994, 1998, 1999 • Médaille de bronze (JO) en 1994 • Médaille d'or (CM) en 1995

• Signe avec New York (Islanders) comme joueur autonome le 15 juin 2001 • Signe avec TPS Turku (FIN) comme joueur autonome le 28 janvier 2002

KITCHEN, BILL

Né à Schomberg, Ontario, le 2 octobre 1960. Défenseur, lance de la gauche, 6'1", 200 lb

SAISON	CLUB	LIGUE	PJ	B	A	PTS	PUN	PJ	B	A	PTS	PUN
1976-77	Aurora (Eagles)	OJHL	44	3	24	27	87	-	-	-	-	-
	Windsor (Spitfires)	OMJHL	2	1	0	1	0	-	-	-	-	-
1977-78	Ottawa (67's)	OMJHL	67	5	6	11	54	15	1	2	3	9
1978-79	Ottawa (67's)	OMJHL	55	3	16	19	188	4	0	1	1	14
1979-80	Ottawa (67's)	OMJHL	63	7	19	26	195	11	1	8	9	21
	Canada	CMJ	5	0	1	1	10	-	-	-	-	-
	Nlle-Écosse (Voyageurs)	AHL	-	-	-	-	-	2	0	1	1	0
1980-81	Nlle-Écosse (Voyageurs)	AHL	65	2	7	9	135	6	0	1	1	5
1981-82	Nlle-Écosse (Voyageurs)	AHL	71	3	17	20	135	6	2	0	2	11
	Montréal (Canadiens)	**LNH**	**1**	**0**	**0**	**0**	**7**	**3**	**0**	**1**	**1**	**0**
1982-83	Nlle-Écosse (Voyageurs)	AHL	53	3	11	14	71	-	-	-	-	-
	Montréal (Canadiens)	**LNH**	**8**	**0**	**0**	**0**	**4**	-	-	-	-	-
1983-84	Nlle-Écosse (Voyageurs)	AHL	68	4	20	24	193	10	1	1	2	8
	Montréal (Canadiens)	**LNH**	**3**	**0**	**0**	**0**	**2**	-	-	-	-	-
1984-85	Toronto (Maple Leafs)	LNH	29	1	4	5	27	-	-	-	-	-
	St. Catharines (Saints)	AHL	31	3	7	10	52	-	-	-	-	-
1985-86	St. Catharines (Saints)	AHL	72	7	32	39	109	12	0	2	2	19
		LNH	**41**	**1**	**4**	**5**	**40**	**3**	**0**	**1**	**1**	**0**
		Montréal	**12**	**0**	**0**	**0**	**13**	**3**	**0**	**1**	**1**	**0**

• Signe avec Montréal comme joueur autonome le 23 octobre 1979 • Signe avec Toronto comme joueur autonome le 16 août 1984

KJELLBERG, PATRIK

Né à Falun, Suède, le 17 juin 1969. Ailier gauche, lance de la gauche, 6'2", 195 lb (Choix de 4e ronde de Montréal, 83e au total lors du repêchage de 1988)

SAISON	CLUB	LIGUE	PJ	B	A	PTS	PUN	PJ	B	A	PTS	PUN
1985-86	Falun IF	SWE	5	0	2	2	0	-	-	-	-	-
1986-87	Falun IF	SWE	32	11	13	24	16	-	-	-	-	-
	Suède	EJC	7	8	3	11	2	-	-	-	-	-
1987-88	Falun IF	SWE	29	15	10	25	16	-	-	-	-	-
1988-89	AIK Solna Stockholm	SWE	25	7	9	16	8	-	-	-	-	-
	Suède	CMJ	7	3	4	7	4	-	-	-	-	-
1989-90	AIK Solna Stockholm	SWE	33	8	16	24	6	3	1	0	1	0
1990-91	AIK Solna Stockholm	SWE	38	4	11	15	18	-	-	-	-	-
1991-92	AIK Solna Stockholm	SWE	40	20	13	33	14	3	1	0	1	2
	Suède	JO	8	1	3	4	0	-	-	-	-	-
	Suède	CM	8	2	2	4	2	-	-	-	-	-
1992-93	**Montréal (Canadiens)**	**LNH**	**7**	**0**	**0**	**0**	**2**	-	-	-	-	-
	Fredericton (Canadiens)	AHL	41	10	27	37	14	5	2	2	4	0
1993-94	HV-71 Jonkoping	SWE	40	11	17	28	18	-	-	-	-	-
	Suède	JO	8	0	1	1	2	-	-	-	-	-
1994-95	HV-71 Jonkoping	SWE	29	5	15	20	12	-	-	-	-	-
1995-96	Djurgardens IF Stockholm	SWE	40	9	7	16	10	4	0	2	2	2
1996-97	Djurgardens IF Stockholm	SWE	49	29	11	40	18	4	2	3	5	4
1997-98	Djurgardens IF Stockholm	SWE	46	30	18	48	16	15	7	3	10	12
1998-99	Nashville (Predators)	LNH	71	11	20	31	24	-	-	-	-	-
1999-00	Nashville (Predators)	LNH	82	23	23	46	14	-	-	-	-	-
2000-01	Nashville (Predators)	LNH	81	14	31	45	12	-	-	-	-	-
2001-02	Nashville (Predators)	LNH	12	1	3	4	6	-	-	-	-	-
	Anaheim (Mighty Ducks)	LNH	65	7	8	15	10	-	-	-	-	-
2002-03	Anaheim (Mighty Ducks)	LNH	76	8	11	19	16	10	0	0	0	0
		LNH	**394**	**64**	**96**	**160**	**84**	**10**	**0**	**0**	**0**	**0**
		Montréal	**7**	**0**	**0**	**0**	**2**	-	-	-	-	-

• Équipe d'étoiles (SWE) en 1987 • Équipe d'étoiles (EJC-A) en 1987 • Médaille d'or (CM) en 1992 • Médaille d'or (JO) en 1994

• Signe avec Nashville comme joueur autonome le 7 juillet 1998 • Échangé à Anaheim par Nashville pour Petr Tenkrat le 1er novembre 2001 • Annonce officiellement sa retraite le 6 juin 2003

KOIVU, SAKU

Né à Turku, Finlande, le 23 novembre 1974. Centre, lance de la gauche, 5'10", 183 lb (Choix de 1re ronde de Montréal, 21e au total lors du repêchage de 1993)

SAISON	CLUB	LIGUE	PJ	B	A	PTS	PUN	PJ	B	A	PTS	PUN
1990-91	TPS Turku B	FIN Jr	24	20	28	48	26	-	-	-	-	-
1991-92	TPS Turku B	FIN Jr	12	3	7	10	6	-	-	-	-	-
	TPS Turku	FIN	34	25	28	53	57	8	5	*9	*14	6
	Finlande	EJC	6	3	5	8	18	-	-	-	-	-
1992-93	TPS Turku	FIN	46	3	7	10	28	11	3	2	5	2
	Finlande	CMJ	7	1	8	9	6	-	-	-	-	-
	Finlande	Éq. nat.	4	2	2	4	2	-	-	-	-	-
	Finlande	CM	6	0	1	1	2	-	-	-	-	-
1993-94	TPS Turku	FIN	47	23	30	53	42	11	4	8	12	16
	Finlande	CMJ	7	3	6	9	12	-	-	-	-	-
	Finlande	Éq. nat.	7	2	3	5	12	-	-	-	-	-
	Finlande	JO	8	4	3	7	12	-	-	-	-	-
	Finlande	CDM	8	5	6	11	4	-	-	-	-	-
1994-95	TPS Turku	FIN	45	27	*47	*74	73	13	7	10	17	16
	Finlande	Éq. nat.	7	1	5	6	8	-	-	-	-	-
	Finlande	CM	8	5	5	10	18	-	-	-	-	-
1995-96	**Montréal (Canadiens)**	**LNH**	**82**	**20**	**25**	**45**	**40**	**6**	**3**	**1**	**4**	**8**
1996-97	Finlande	CDM	4	1	3	4	4	-	-	-	-	-
	Montréal (Canadiens)	**LNH**	**50**	**17**	**39**	**56**	**38**	**5**	**1**	**3**	**4**	**10**
	Finlande	Éq. nat.	7	1	5	6	8	-	-	-	-	-
	Finlande	CDM	6	2	2	4	2	-	-	-	-	-
1997-98	Finlande	JO	6	2	*8	*10	4	-	-	-	-	-
	Montréal (Canadiens)	**LNH**	**69**	**14**	**43**	**57**	**48**	**6**	**2**	**3**	**5**	**2**
	Match des étoiles	LNH	1	0	3	3	0	-	-	-	-	-
1998-99	**Montréal (Canadiens)**	**LNH**	**65**	**14**	**30**	**44**	**38**	-	-	-	-	-
	Finlande	CM	10	4	12	16	4	-	-	-	-	-
1999-00	**Montréal (Canadiens)**	**LNH**	**24**	**3**	**18**	**21**	**14**	-	-	-	-	-
2000-01	**Montréal (Canadiens)**	**LNH**	**54**	**17**	**30**	**47**	**40**	-	-	-	-	-
2001-02	**Montréal (Canadiens)**	**LNH**	**3**	**0**	**2**	**2**	**0**	**12**	**4**	**6**	**10**	**4**
2002-03	**Montréal (Canadiens)**	**LNH**	**82**	**21**	**50**	**71**	**72**	-	-	-	-	-
	Finlande	CM	7	1	10	11	4	-	-	-	-	-
2003-04	**Montréal (Canadiens)**	**LNH**	**68**	**14**	**41**	**55**	**52**	**11**	**3**	**8**	**11**	**10**
2004-05	Finlande	CDM	6	3	1	4	2	-	-	-	-	-
	TPS Turku	FIN	20	8	8	16	28	6	3	2	5	30
2005-06	**Montréal (Canadiens)**	**LNH**	**72**	**17**	**45**	**62**	**70**	**3**	**0**	**2**	**2**	**2**
	Finlande	JO	8	3	8	11	12	-	-	-	-	-
2006-07	**Montréal (Canadiens)**	**LNH**	**81**	**22**	**53**	**75**	**74**	-	-	-	-	-
2007-08	**Montréal (Canadiens)**	**LNH**	**77**	**16**	**40**	**56**	**93**	**7**	**3**	**6**	**9**	**4**
	Finlande	CM	6	0	3	3	4	-	-	-	-	-
		LNH	**727**	**175**	**416**	**591**	**579**	**50**	**16**	**29**	**45**	**40**
		Montréal	**727**	**175**	**416**	**591**	**579**	**50**	**16**	**29**	**45**	**40**

• Médaille de bronze (JO) en 1994, 1998 • Médaille d'argent (CM) en 1994, 1998, 1999, 2008 • Équipe d'étoiles (CM) en 1994, 1995, 1999 • Médaille d'or (CM) en 1995 • Meilleur attaquant (CM) en 1995 • Match des étoiles(LNH) en 1997-98 • Trophée Bill-Masterton (LNH) en 2001-02 • Médaille d'argent (JO) en 2006 • Trophée King-Clancy (LNH) en 2006-07

• Signe avec TPS Turku (FIN) comme joueur autonome le 21 octobre 2004

KOMISAREK, MIKE

Né à West Islip, New York, le 19 janvier 1982. Défenseur, lance de la droite, 6'04", 240 lb (Choix de 1re ronde de Montréal, 7e au total lors du repêchage de 2001)

SAISON	CLUB	LIGUE	PJ	B	A	PTS	PUN	PJ	B	A	PTS	PUN
1998-99	New England	EJHL	53	17	24	51	-	-	-	-	-	-
1999-00	États-Unis	USDP	51	5	8	13	124	-	-	-	-	-
2000-01	Michigan University	CCHA	41	4	12	16	77	-	-	-	-	-
	États-Unis	CMJ	7	0	0	0	0	-	-	-	-	-
2001-02	Michigan University	CCHA	40	11	19	30	70	-	-	-	-	-
	États-Unis	CMJ	7	0	2	2	14	-	-	-	-	-
2002-03	Hamilton (Bulldogs)	AHL	56	5	25	30	79	23	1	5	6	60
	Montréal (Canadiens)	**LNH**	**21**	**0**	**1**	**1**	**28**	-	-	-	-	-
2003-04	**Montréal (Canadiens)**	**LNH**	**46**	**0**	**4**	**4**	**34**	**7**	**0**	**0**	**0**	**8**
	Hamilton (Bulldogs)	AHL	18	2	7	9	47	-	-	-	-	-
2004-05	Hamilton (Bulldogs)	AHL	20	1	4	5	49	4	0	1	1	8
2005-06	**Montréal (Canadiens)**	**LNH**	**71**	**2**	**4**	**6**	**116**	**6**	**0**	**0**	**0**	**10**
	États-Unis	CM	7	0	1	1	4	-	-	-	-	-
2006-07	**Montréal (Canadiens)**	**LNH**	**82**	**4**	**15**	**19**	**96**	-	-	-	-	-
2007-08	**Montréal (Canadiens)**	**LNH**	**75**	**4**	**13**	**17**	**101**	**12**	**1**	**2**	**3**	**18**
		LNH	**295**	**10**	**37**	**47**	**375**	**25**	**1**	**2**	**3**	**36**
		Montréal	**295**	**10**	**37**	**47**	**375**	**25**	**1**	**2**	**3**	**36**

• Équipe d'étoiles des recrues (CCHA) en 2000-01 • Première équipe d'étoiles (CCHA) en 2001-02 • Équipe d'étoiles All-American, Division Ouest (NCAA) en 2001-02 • Équipe d'étoiles All-Tournament, Division Ouest (NCAA) en 2001-02 • Meilleur défenseur (CCHA) en 2001-02 • Équipe d'étoiles des recrues (AHL) en 2002-03

SAISON CLUB LIGUE PJ B A PTS PUN PJ B A PTS PUN
SAISONS RÉGULIÈRES SÉRIES ÉLIMINATOIRES

704

KORDIC, JOHN

Né à Edmonton, Alberta, le 22 mars 1965, décédé le 8 août 1992
Ailier droit, lance de la droite, 6'2", 210 lb
(Choix de 4e ronde de Montréal, 78e au total lord du repêchage de 1983)

Saison	Club	Ligue	PJ	B	A	PTS	PUN	PJ	B	A	PTS	PUN
			Saisons régulières					Séries éliminatoires				
1981-82	Edmonton (Pats)	AAHA	48	23	41	64	178	-	-	-	-	-
1982-83	Portland (Winter Hawks)	WHL	72	3	22	25	235	14	1	6	7	30
	Portland (Winter Hawks)	Mem.	-	-	-	-	-	4	0	1	1	6
1983-84	Portland (Winter Hawks)	WHL	67	9	50	59	232	14	0	13	13	56
1984-85	Portland (Winted Hawks)	WHL	25	6	22	28	73	-	-	-	-	-
	Seattle (Breakers)	WHL	46	17	36	53	154	-	-	-	-	-
	Sherbrooke (Canadiens)	AHL	4	0	0	0	4	4	0	0	0	11
1985-86	Sherbrooke (Canadiens)	AHL	68	3	14	17	238	-	-	-	-	-
	Montréal (Canadiens)	**LNH**	**5**	**0**	**1**	**1**	**12**	**18**	**0**	**0**	**0**	**53**
1986-87	Sherbrooke (Canadiens)	AHL	10	4	4	8	49	-	-	-	-	-
	Montréal (Canadiens)	**LNH**	**44**	**5**	**3**	**8**	**151**	**11**	**2**	**0**	**2**	**19**
1987-88	**Montréal (Canadiens)**	**LNH**	**60**	**2**	**6**	**8**	**159**	**7**	**2**	**2**	**4**	**26**
1988-89	**Montréal (Canadiens)**	**LNH**	**6**	**0**	**0**	**0**	**13**	**-**	**-**	**-**	**-**	**-**
	Toronto (Maple Leafs)	LNH	46	1	2	3	185	-	-	-	-	-
1989-90	Toronto (Maple Leafs)	LNH	55	9	4	13	252	5	0	1	1	33
1990-91	Toronto (Maple Leafs)	LNH	3	0	0	0	9	-	-	-	-	-
	Newmarket (Saints)	AHL	8	1	1	2	79	-	-	-	-	-
	Washington (Capitals)	LNH	7	0	0	0	101	-	-	-	-	-
1991-92	Québec (Nordiques)	LNH	18	0	2	2	115	-	-	-	-	-
	Cap-Breton (Oilers)	AHL	12	2	1	3	141	5	0	1	1	53
		LNH	**244**	**17**	**18**	**35**	**997**	**41**	**4**	**3**	**7**	**131**
		Montréal	**115**	**7**	**10**	**17**	**335**	**36**	**4**	**2**	**6**	**98**

• Coupe Memorial en 1982-83 • Deuxième équipe d'étoiles, Division Ouest (WHL) en 1985 • Coupe Calder (AHL) en 1984-85 • Coupe Stanley (LNH) en 1985-86

• Échangé à Toronto par Montréal avec le choix de 6e ronde de Montréal au repêchage de 1989 (Michael Doers) pour Russ Courtnall le 7 novembre 1988 • Échangé à Washington par Toronto avec Paul Fenton pour le choix de 5e ronde de Washington au repêchage de 1991 (Alexei Kudashov) le 24 janvier 1991 • Signe avec Québec comme joueur autonome le 4 octobre 1991

KOSTITSYN, ANDREI

Né à Novopolotsk, Bélarus, le 3 février 1985. Ailier gauche, lance de la gauche, 6', 201 lb (Choix de 1re de Montréal, 10e au total lors du repêchage de 2003)

Saison	Club	Ligue	PJ	B	A	PTS	PUN	PJ	B	A	PTS	PUN
1999-00	Bélarus U18	CM	6	0	0	0	4	-	-	-	-	-
2000-01	Polimir Novopolotsk	BLR	1	2	1	3	2	-	-	-	-	-
	Polimir Novopolotsk	EEHL	5	1	0	1	0	-	-	-	-	-
	Yunost Minsk	BLR	3	1	4	5	8	-	-	-	-	-
	HC Vitebsk	BLR	17	17	6	23	42	-	-	-	-	-
	Bélarus U18	CM	5	7	7	14	8	-	-	-	-	-
	Bélarus	CMJ	6	0	0	0	0	-	-	-	-	-
2001-02	Polimir Novopolotsk	BLR	17	9	6	15	28	-	-	-	-	-
	Polimir Novopolotsk	EEHL	29	9	8	17	16	-	-	-	-	-
	Yunost Minsk	BLR	6	2	0	2	8	-	-	-	-	-
	Bélarus 18-A	CM	8	7	3	10	18	-	-	-	-	-
	Bélarus	CMJ	6	3	0	3	0	-	-	-	-	-
2002-03	CSKA Moscou	RUS	6	0	0	0	2	-	-	-	-	-
	Khimik Moscou Region	RUS	2	1	1	2	0	-	-	-	-	-
	Yunost Minsk	BLR	4	6	4	10	43	-	-	-	-	-
	CSKA Moscou 2	RUS	3	2	2	4	25	-	-	-	-	-
	Bélarus 18-A	CM	6	6	9	15	28	-	-	-	-	-
	Bélarus	CMJ	6	2	1	3	0	-	-	-	-	-
2003-04	CSKA Moscou	RUS	12	0	1	1	2	-	-	-	-	-
	Bélarus	CMJ	5	5	5	10	12	-	-	-	-	-
	Bélarus	CM	5	3	3	6	0	-	-	-	-	-
2004-05	Hamilton (Bullgogs)	AHL	66	12	11	23	24	3	0	0	0	0
	Bélarus	CMJ	5	1	4	5	6	-	-	-	-	-
	Bélarus	CM	6	0	0	0	4	-	-	-	-	-
2005-06	**Montréal (Canadiens)**	**LNH**	**12**	**2**	**1**	**3**	**2**	**-**	**-**	**-**	**-**	**-**
	Hamilton (Bullgogs)	AHL	64	18	29	47	76	-	-	-	-	-
	Bélarus	CM	6	1	4	5	6	-	-	-	-	-
2006-07	**Montréal (Canadiens)**	**LNH**	**22**	**1**	**10**	**11**	**6**	**-**	**-**	**-**	**-**	**-**
	Hamilton (Bullgogs)	AHL	50	21	31	52	50	-	-	-	-	-
2007-08	**Montréal (Canadiens)**	**LNH**	**78**	**26**	**27**	**53**	**29**	**12**	**5**	**3**	**8**	**2**
	Bélarus	CM	5	2	1	3	18	-	-	-	-	-
		LNH	**112**	**29**	**38**	**67**	**37**	**12**	**5**	**3**	**8**	**2**
		Montréal	**112**	**29**	**38**	**67**	**37**	**12**	**5**	**3**	**8**	**2**

KOSTITSYN, SERGEI

Né à Novopolotsk, Bélarus, le 20 mars 1987. Ailier gauche, lance de la gauche, 5' 11", 196 lb (Choix de 7e ronde de Montréal, 200e au total lors du repêchage de 2005)

Saison	Club	Ligue	PJ	B	A	PTS	PUN	PJ	B	A	PTS	PUN
2002-03	HK Gomel	EEHL	2	0	0	0	0	-	-	-	-	-
2003-04	HK Gomel	EEHL	6	0	1	1	0	-	-	-	-	-
	HK Gomel 2	EEHL-B	6	7	2	9	14	-	-	-	-	-
	Yunior Minsk	EEHL-B	-	-	-	-	-	-	-	-	-	-
	Yunior Minsk Jr	BLR	3	0	0	0	0	-	-	-	-	-
	HK Gomel	BLR	22	5	4	9	4	11	1	2	3	8
2004-05	HK Gomel	BLR	40	4	10	14	24	4	2	0	2	12
2005-06	London (Knights)	OHL	63	26	52	78	78	19	13	24	37	44
2006-07	Bélarus	CMJ	6	1	4	5	33	-	-	-	-	-
	London (Knights)	OHL	59	40	91	131	76	16	9	12	21	39
2007-08	**Montréal (Canadiens)**	**LNH**	**52**	**9**	**18**	**27**	**51**	**12**	**3**	**5**	**8**	**14**
	Hamilton (Bullgogs)	AHL	22	6	16	22	18	-	-	-	-	-
	Bélarus	CM	4	0	1	1	0	-	-	-	-	-
		LNH	**52**	**9**	**18**	**27**	**51**	**12**	**3**	**5**	**8**	**14**
		Montréal	**52**	**9**	**18**	**27**	**51**	**12**	**3**	**5**	**8**	**14**

KOSTOPOULOS, TOM

Né à Mississauga, Ontario, le 24 janvier 1979. Ailier droit, lance de la droite, 6', 200 lb (Choix de 7e ronde de Pittsburgh, 204e au total lors du repêchage de 1999)

Saison	Club	Ligue	PJ	B	A	PTS	PUN	PJ	B	A	PTS	PUN
1995-96	Brampton (Capitals)	OPJHL	24	9	9	18	28	-	-	-	-	-
1996-97	London (Knights)	OHL	64	13	12	25	67	-	-	-	-	-
1997-98	London (Knights)	OHL	66	24	26	50	108	16	6	4	10	26
1998-99	London (Knights)	OHL	66	27	60	87	114	25	19	16	35	32
1999-00	Wilkes-Barre (Scranton Pens)	AHL	76	26	32	58	121	-	-	-	-	-
2000-01	Wilkes-Barre (Scranton Pens)	AHL	80	16	36	52	120	21	3	9	12	6
2001-02	Pittsburgh (Penguins)	LNH	11	1	2	3	9	-	-	-	-	-
	Wilkes-Barre (Scranton Pens)	AHL	70	27	26	53	112	-	-	-	-	-
2002-03	Pittsburgh (Penguins)	LNH	8	0	1	1	0	-	-	-	-	-
	Wilkes-Barre (Scranton Pens)	AHL	71	21	42	63	131	6	1	2	3	7
2003-04	Pittsburgh (Penguins)	LNH	60	9	13	22	67	-	-	-	-	-
	Wilkes-Barre (Penguins)	AHL	21	7	13	20	43	24	7	16	23	32
2004-05	Manchester (Monarchs)	AHL	64	25	46	71	99	6	0	7	7	10
2005-06	Los Angeles (Kings)	LNH	76	8	14	22	100	-	-	-	-	-
2006-07	Los Angeles (Kings)	LNH	76	7	15	22	73	-	-	-	-	-
2007-08	**Montréal (Canadiens)**	**LNH**	**67**	**7**	**6**	**13**	**113**	**12**	**3**	**1**	**4**	**6**
		LNH	**298**	**32**	**51**	**83**	**362**	**12**	**3**	**1**	**4**	**6**
		Montréal	**67**	**7**	**6**	**13**	**113**	**12**	**3**	**1**	**4**	**6**

• Signe avec Manchester (AHL) comme joueur autonome le 2 juillet 2004 • Signe avec Los Angeles comme joueur autonome le 1er août 2005 • Signe avec Montréal comme joueur autonome le 4 juillet 2007

KOVALENKO, ANDREI

Né à Balakovo, Russie, le 7 juin 1970. Ailier droit, lance de la gauche, 5'10", 215 lb (Choix de 8e ronde de Québec, 148e au total lors du repêchage de 1990)

Saison	Club	Ligue	PJ	B	A	PTS	PUN	PJ	B	A	PTS	PUN
1988-89	SKA Kalinin	URSS	30	8	7	15	29	-	-	-	-	-
	CSKA Moscou	URSS	10	1	0	1	0	-	-	-	-	-
1989-90	CSKA Moscou	URSS	48	8	5	13	20	-	-	-	-	-
	USSR	CMJ	7	5	6	11	8	-	-	-	-	-
1990-91	CSKA Moscou	URSS	45	13	8	21	26	-	-	-	-	-
	CSKA Moscou	Super S	7	6	3	9	2	-	-	-	-	-
1991-92	USSR	CC	5	1	2	3	10	-	-	-	-	-
	CSKA Moscou	CIS	44	19	13	32	32	-	-	-	-	-
	Russie	JO	8	1	1	2	2	-	-	-	-	-
	Russie	CM	6	3	1	4	2	-	-	-	-	-
1992-93	CSKA Moscou	CIS	3	3	1	4	4	-	-	-	-	-
	Québec (Nordiques)	LNH	81	27	41	68	57	4	1	0	1	2
1993-94	Québec (Nordiques)	LNH	58	16	17	33	46	-	-	-	-	-
	Russie	CDM	6	5	4	9	2	-	-	-	-	-
1994-95	Lada Togliatti	CIS	11	9	2	11	14	-	-	-	-	-
	Québec (Nordiques)	LNH	45	14	10	24	31	6	0	1	1	2
1995-96	Colorado (Avalanche)	LNH	26	11	11	22	16	-	-	-	-	-
	Montréal (Canadiens)	**LNH**	**51**	**17**	**17**	**34**	**33**	**6**	**0**	**0**	**0**	**6**
1996-97	Russie	CDM	5	2	0	2	4	-	-	-	-	-
	Edmonton (Oilers)	LNH	74	32	27	59	81	12	4	3	7	6
1997-98	Edmonton (Oilers)	LNH	59	6	17	23	28	1	0	0	0	2
	Russie	JO	6	4	1	5	14	-	-	-	-	-
1998-99	Edmonton (Oilers)	LNH	43	13	14	27	30	-	-	-	-	-
	Philadelphie (Flyers)	LNH	13	0	1	1	2	-	-	-	-	-
	Caroline (Hurricanes)	LNH	18	6	6	12	0	4	0	2	2	2
1999-00	Caroline (Hurricanes)	LNH	76	15	24	39	38	-	-	-	-	-
	Russie	CDM	6	0	0	0	0	-	-	-	-	-
2000-01	Boston (Bruins)	LNH	76	16	21	37	27	-	-	-	-	-
2001-02	Lokomotiv Yaroslavl	RUS	51	*27	20	47	62	9	4	3	7	28
	Russie	CM	8	0	4	4	4	-	-	-	-	-
2002-03	Lokomotiv Yaroslavl	RUS	51	14	16	30	62	10	5	4	9	12
2003-04	Lokomotiv Yaroslavl	RUS	59	23	11	34	56	3	0	0	0	0
2004-05	Russie	CDM	2	0	0	0	6	-	-	-	-	-
	Lokomotiv Yaroslavl	RUS	4	0	1	1	2	-	-	-	-	-
	Lokomotiv Yaroslavl 2	RUS-3	7	3	3	6	6	-	-	-	-	-
	Avangard Omsk	RUS	33	8	9	17	65	11	0	4	4	10
2005-06	Avangard Omsk	RUS	12	1	3	4	8	-	-	-	-	-
	Severstal Cherepovets	RUS	26	10	7	17	20	4	0	2	2	4
2006-07	Severstal Cherepovets	RUS	50	21	8	29	30	5	1	0	1	0
2007-08	Severstal Cherepovets	RUS	48	9	8	17	36	7	0	1	1	2
		LNH	**620**	**173**	**206**	**379**	**389**	**33**	**5**	**6**	**11**	**20**
		Montréal	**51**	**17**	**17**	**34**	**33**	**6**	**0**	**0**	**0**	**6**

• Médaille d'argent (CM) en 2002

• Transfert de la concession de Québec au Colorado le 21 juin 1995 • Échangé à Montréal par Colorado avec Martin Rucinsky et Jocelyn Thibault pour Patrick Roy et Mike Keane le 6 décembre 1995 • Échangé à Edmonton par Montréal pour Scott Thornton le 6 septembre 1996 • Échangé à Philadelphie par Edmonton pour Alexandre Daigle le 29 janvier 1999 • Échangé à la Caroline par Philadelphie pour Adam Burt le 6 mars 1999 • Signe avec Boston comme joueur autonome le 25 juillet 2000 • Signe avec Lokomotiv Yaroslavl (RUS) comme joueur autonome le 16 juillet 2001 • Signe avec Severstal Cherepovets (RUS) comme joueur autonome le 23 novembre 2005

KOVALEV, ALEX

Né à Togliatti, Russie, le 24 février 1973. Ailier droit, lance de la gauche, 6'1", 224 lb (Choix de 1re ronde de New York (Rangers), 15e au total lors du repêchage de 1991)

Saison	Club	Ligue	PJ	B	A	PTS	PUN	PJ	B	A	PTS	PUN
1989-90	Dynamo Moscou	URSS	1	0	0	0	0	-	-	-	-	-
	Russie	EJC-A	6	4	3	7	6	-	-	-	-	-
1990-91	Dynamo Moscou	URSS	18	1	2	3	4	-	-	-	-	-
	Dynamo Moscou	Super-S	1	0	0	0	0	-	-	-	-	-
	Soviet Union	EJC-A	6	8	3	11	22	-	-	-	-	-

SAISON	CLUB	LIGUE	PJ	B	A	PTS	PUN	PJ	B	A	PTS	PUN
1991-92	Dynamo Moscou	CIS	33	16	9	25	20	-	-	-	-	-
	Dynamo Moscou 2	CIS-3	4	5	0	5	12	-	-	-	-	-
	Russie	CMJ	7	5	5	10	2	-	-	-	-	-
	Russie	JO	8	1	2	3	14	-	-	-	-	-
	Russie	CHM	6	0	1	1	0	-	-	-	-	-
1992-93	New York (Rangers)	LNH	65	20	18	38	79	-	-	-	-	-
	Binghamton Rangers	AHL	13	13	11	24	35	9	3	5	8	14
1993-94	New York (Rangers)	LNH	76	23	33	56	154	23	9	12	21	18
1994-95	Lada Togliatti	CIS	12	8	8	16	49	-	-	-	-	-
	New York (Rangers)	LNH	48	13	15	28	30	10	4	7	11	10
1995-96	New York (Rangers)	LNH	81	24	34	58	98	11	3	4	7	14
1996-97	Russie	CDM	5	2	1	3	8	-	-	-	-	-
	New York (Rangers)	LNH	45	13	22	35	42	-	-	-	-	-
1997-98	New York (Rangers)	LNH	73	23	30	53	44	-	-	-	-	-
	Russie	CM	6	5	2	7	14	-	-	-	-	-
1998-99	New York (Rangers)	LNH	14	3	4	7	12	-	-	-	-	-
	Pittsburgh (Penguins)	LNH	63	20	26	46	37	10	5	7	12	14
1999-00	Pittsburgh (Penguins)	LNH	82	26	40	66	94	11	1	5	6	10
2000-01	Pittsburgh (Penguins)	LNH	79	44	51	95	96	18	5	5	10	16
	Match des étoiles	LNH	1	1	1	2	0	-	-	-	-	-
2001-02	Pittsburgh (Penguins)	LNH	67	32	44	76	80	-	-	-	-	-
	Russie	JO	6	3	1	4	4	-	-	-	-	-
2002-03	Pittsburgh (Penguins)	LNH	54	27	37	64	50	-	-	-	-	-
	Match des étoiles	LNH	1	0	0	0	0	-	-	-	-	-
	New York (Rangers)	LNH	24	10	3	13	20	-	-	-	-	-
2003-04	New York (Rangers)	LNH	66	13	29	42	54	-	-	-	-	-
	Montréal (Canadiens)	**LNH**	**12**	**1**	**2**	**3**	**12**	**11**	**6**	**4**	**10**	**8**
2004-05	Russie	CDM	4	2	1	3	4	-	-	-	-	-
	Ak Bars Kazan	RUS	35	10	12	22	80	4	0	0	0	8
	Russie	CM	9	3	4	7	16	-	-	-	-	-
2005-06	**Montréal (Canadiens)**	**LNH**	**69**	**23**	**42**	**65**	**76**	**6**	**4**	**3**	**7**	**4**
	Russie	JO	8	4	2	6	4	-	-	-	-	-
2006-07	**Montréal (Canadiens)**	**LNH**	**73**	**18**	**29**	**47**	**78**	-	-	-	-	-
2007-08	**Montréal (Canadiens)**	**LNH**	**82**	**35**	**49**	**84**	**70**	**12**	**5**	**6**	**11**	**8**
		LNH	**1073**	**368**	**508**	**876**	**1126**	**112**	**42**	**53**	**95**	**102**
		Montréal	**236**	**77**	**122**	**199**	**236**	**29**	**15**	**13**	**28**	**20**

• Équipe d'étoiles (CMJ) en 1992 • Médaille d'or (CMJ) en 1992 • Médaille d'or (JO) en 1992 • Médaille d'or (CHM) en 1992, 1998, 2005 • Coupe Stanley en 1993-94 • Match des étoiles en 2000-01, 2002-03 • Médaille de bronze (JO) en 2006 • Deuxième équipe d'étoiles (LNH) en 2007-2008

• Échangé à Pittsburgh par New York (Rangers) avec Harry York pour Petr Nedved, Chris Tamer et Sean Pronger le 25 novembre 1998 • Échangé à New York (Rangers) par Pittsburgh avec Mike Wilson, Janne Laukkanen et Dan LaCouture pour Joel Bouchard, Richard Lintner, Rico Fata, Mikael Samuelsson et des considérations futures le 10 février 2003 • Échangé à Montréal par New York (Rangers) pour Jozef Balej et du choix de 2e ronde de Montréal au repêchage de 2004 (Bruce Graham) le 2 mars 2004 • Signe avec Kazan (RUS) comme joueur autonome le 3 novembre 2004

KURVERS, THOMAS (TOM)

Né à Minneapolis, Minnesota, le 14 septembre 1962. Défenseur, lance de la gauche, 6'2", 195 lb (Choix de 7e ronde de Montréal et 145e au total lors du repêchage de 1981)

SAISON	CLUB	LIGUE	PJ	B	A	PTS	PUN	PJ	B	A	PTS	PUN
1980-81	Minnesota-Duluth	WCHA	39	6	24	30	48	-	-	-	-	-
1981-82	Minnesota-Duluth	WCHA	37	11	31	42	18	-	-	-	-	-
	États-Unis	CMJ	7	3	3	6	16	-	-	-	-	-
1982-83	Minnesota-Duluth	WCHA	26	4	23	27	24	-	-	-	-	-
1983-84	Minnesota-Duluth	WCHA	43	18	58	76	46	-	-	-	-	-
1984-85	**Montréal (Canadiens)**	**LNH**	**75**	**10**	**35**	**45**	**30**	**12**	**0**	**6**	**6**	**6**
1985-86	**Montréal (Canadiens)**	**LNH**	**62**	**7**	**23**	**30**	**36**	-	-	-	-	-
1986-87	**Montréal (Canadiens)**	**LNH**	**1**	**0**	**0**	**0**	**0**	-	-	-	-	-
	Buffalo (Sabres)	LNH	55	6	17	23	22	-	-	-	-	-
	États-Unis	CM	10	3	1	4	11	-	-	-	-	-
1987-88	New Jersey (Devils)	LNH	56	5	29	34	46	19	6	9	15	38
1988-89	New Jersey (Devils)	LNH	74	16	50	66	38	-	-	-	-	-
	États-Unis	CM	10	2	2	4	8	-	-	-	-	-
1989-90	New Jersey (Devils)	LNH	1	0	0	0	0	-	-	-	-	-
	Toronto (Maple Leafs)	LNH	70	15	37	52	29	5	0	3	3	4
1990-91	Toronto (Maple Leafs)	LNH	19	0	3	3	8	-	-	-	-	-
	Vancouver (Canucks)	LNH	32	4	23	27	20	6	2	2	4	12
1991-92	New York (Islanders)	LNH	74	9	47	56	30	-	-	-	-	-
1992-93	New York (Islanders)	LNH	52	8	30	38	38	12	0	2	2	6
	Capital (Islanders)	AHL	7	3	4	7	8	-	-	-	-	-
1993-94	New York (Islanders)	LNH	66	9	31	40	47	3	0	0	0	2
1994-95	Anaheim (Mighty Ducks)	LNH	22	4	3	7	6	-	-	-	-	-
1995-96	Seibu-Tetsudo	JAP	20	18	34	52	-	-	-	-	-	-
		LNH	**659**	**93**	**328**	**421**	**350**	**57**	**8**	**22**	**30**	**68**
		Montréal	**138**	**17**	**58**	**75**	**66**	**12**	**0**	**6**	**6**	**6**

• Première équipe d'étoiles (WCHA) en 1983-84 • Première équipe d'étoiles All-American (NCAA) en 1983-84 • Trophée Hobey-Baker (NCAA) en 1983-84 • Coupe Stanley (LNH) en 1985-86

• Échangé à Buffalo par Montréal pour le choix de 2e ronde du Buffalo au repêchage de 1988 (Martin St-Amour) le 18 novembre 1986 • Échangé à New Jersey par Buffalo pour le choix de 3e ronde de Detroit (propriété du New Jersey suite à une transaction antérieure, Buffalo sélectionne Andrew McVicar) au repêchage de 1987 le 13 juin 1987 • Échangé à Toronto par New Jersey pour le 1er choix de Toronto au repêchage de 1991 (Scott Niedermayer) le 16 octobre 1989 • Échangé à Vancouver pour Toronto pour Brian Bradley le 12 janvier 1991 • Échangé au Minnesota par Vancouver pour Dave Babych le 22 juin 1991 • Échangé à New York (Islanders) par Minnesota pour Craig Ludwig le 22 juin 1991 • Échangé à Anaheim par New York (Islanders) pour Troy Loney le 29 juin 1994

LACH, ELMER

Né à Nokomis, Saskatchewan, le 22 janvier 1918
Centre, lance de la gauche, 5'10", 170 lb

SAISON	CLUB	LIGUE	PJ	B	A	PTS	PUN	PJ	B	A	PTS	PUN
1935-36	Regina (Abbotts)	S-SJHL	2	0	1	1	2	4	3	0	3	6
1936-37	Weyburn (Beavers)	S-SSHL	23	16	6	22	27	3	0	1	1	4
1937-38	Weyburn (Beavers)	S-SSHL	22	12	12	24	44	3	2	1	3	0
1938-39	Moose Jaw (Millers)	S-SSHL	29	17	*20	37	23	10	6	*4	*10	8
1939-40	Moose Jaw (Millers)	S-SSHL	30	15	29	44	20	8	5	*9	*14	12
	Moose Jaw (Millers)	Allan	-	-	-	-	-	3	1	1	2	4
1940-41	**Montréal (Canadiens)**	**LNH**	**43**	**7**	**14**	**21**	**16**	**3**	**1**	**0**	**1**	**0**
1941-42	**Montréal (Canadiens)**	**LNH**	**1**	**0**	**1**	**1**	**0**	-	-	-	-	-
1942-43	**Montréal (Canadiens)**	**LNH**	**45**	**18**	**40**	**58**	**14**	**5**	**2**	**4**	**6**	**6**
1943-44	**Montréal (Canadiens)**	**LNH**	**48**	**24**	**48**	**72**	**23**	**9**	**2**	***11**	**13**	**4**
1944-45	**Montréal (Canadiens)**	**LNH**	**50**	**26**	***54**	***80**	**37**	**6**	**4**	**4**	**8**	**2**
1945-46	**Montréal (Canadiens)**	**LNH**	**50**	**13**	***34**	**47**	**34**	**9**	**5**	***12**	***17**	**4**
1946-47	**Montréal (Canadiens)**	**LNH**	**31**	**14**	**16**	**30**	**22**	-	-	-	-	-
1947-48	**Montréal (Canadiens)**	**LNH**	**60**	**30**	**31**	***61**	**72**	-	-	-	-	-
1948-49	**Montréal (Canadiens)**	**LNH**	**36**	**11**	**18**	**29**	**59**	**1**	**0**	**0**	**0**	**4**
	Match des étoiles	LNH	1	0	1	1	0	-	-	-	-	-
1949-50	**Montréal (Canadiens)**	**LNH**	**64**	**15**	**33**	**48**	**33**	**5**	**1**	**2**	**3**	**4**
1950-51	**Montréal (Canadiens)**	**LNH**	**65**	**21**	**24**	**45**	**48**	**11**	**2**	**2**	**4**	**2**
1951-52	**Montréal (Canadiens)**	**LNH**	**70**	**15**	***50**	**65**	**36**	**11**	**1**	**2**	**3**	**4**
1952-53	**Montréal (Canadiens)**	**LNH**	**53**	**16**	**25**	**41**	**56**	**12**	**1**	**6**	**7**	**6**
	Match des étoiles	LNH	1	0	0	0	2	-	-	-	-	-
1953-54	**Montréal (Canadiens)**	**LNH**	**48**	**5**	**20**	**25**	**28**	**4**	**0**	**2**	**2**	**0**
	Match des étoiles	LNH	1	0	0	0	0	-	-	-	-	-
		LNH	**664**	**215**	**408**	**623**	**478**	**76**	**19**	**45**	**64**	**36**
		Montréal	**664**	**215**	**408**	**623**	**478**	**76**	**19**	**45**	**64**	**36**

• Première équipe d'étoiles (S-SSHL) en 1939-40 • Première équipe d'étoiles (LNH) en 1944-45, 1947-48, 1951-52 • Deuxième équipe d'étoiles (LNH) en 1943-44, 1945-46 • Coupe Stanley (LNH) en 1943-44, 1945-46, 1952-53 • Trophée-Hart (LNH) en 1944-45 • Trophée Art-Ross (LNH) en 1947-48 • Match des étoiles (LNH) en 1948-49, 1952-53, 1953-54 • Temple de la Renommée (LNH) en 1966

• Signe avec Montréal le 24 octobre 1940

LACHANCE, SCOTT

Né à Charlottesville, Virginie, le 22 octobre 1972. Défenseur, lance de la gauche, 6'1", 209 lb (Choix de 1re ronde de New York (Islanders), 4e au total lors du repêchage de 1991)

SAISON	CLUB	LIGUE	PJ	B	A	PTS	PUN	PJ	B	A	PTS	PUN
1988-89	Springfield (Blues)	NEJHL	36	8	28	36	20	-	-	-	-	-
1989-90	Springfield (Blues)	NEJHL	34	25	41	66	62	-	-	-	-	-
1990-91	Boston University	H. East	31	5	19	24	48	-	-	-	-	-
	États-Unis	CMJ	8	2	1	3	2	-	-	-	-	-
1991-92	États-Unis	Éq. nat.	36	1	10	11	34	-	-	-	-	-
	États-Unis	CMJ	7	1	4	5	0	-	-	-	-	-
	États-Unis	JO	8	0	1	1	6	-	-	-	-	-
	New York (Islanders)	LNH	17	1	4	5	9	-	-	-	-	-
1992-93	New York (Islanders)	LNH	75	7	17	24	67	-	-	-	-	-
1993-94	New York (Islanders)	LNH	74	3	11	14	70	3	0	0	0	0
1994-95	New York (Islanders)	LNH	26	6	7	13	26	-	-	-	-	-
1995-96	New York (Islanders)	LNH	55	3	10	13	54	-	-	-	-	-
	États-Unis	CM	8	0	0	0	2	-	-	-	-	-
1996-97	New York (Islanders)	LNH	81	3	11	14	47	-	-	-	-	-
	Match des étoiles	LNH	1	0	0	0	0	-	-	-	-	-
	États-Unis	CM	8	0	2	2	4	-	-	-	-	-
1997-98	New York (Islanders)	LNH	63	2	11	13	45	-	-	-	-	-
1998-99	New York (Islanders)	LNH	59	1	8	9	30	-	-	-	-	-
	Montréal (Canadiens)	**LNH**	**17**	**1**	**1**	**2**	**11**	-	-	-	-	-
	États-Unis	CM	6	0	0	0	4	-	-	-	-	-
1999-00	**Montréal Canadiens)**	**LNH**	**57**	**0**	**6**	**6**	**22**	-	-	-	-	-
2000-01	Vancouver (Canucks)	LNH	76	3	11	14	46	2	0	1	1	2
2001-02	Vancouver (Canucks)	LNH	81	1	10	11	50	6	1	1	2	4
2002-03	Columbus (Blue Jackets)	LNH	61	0	1	1	46	-	-	-	-	-
2003-04	Columbus (Blue Jackets)	LNH	77	0	4	4	44	-	-	-	-	-
2004-05						*N'a pas joué*						
2005-06	Kloten (Flyers)	SUI	28	0	2	2	99	8	1	3	4	12
2006-07	Lowell (Devils)	AHL	25	0	4	4	14	-	-	-	-	-
		LNH	**819**	**31**	**112**	**143**	**567**	**11**	**1**	**2**	**3**	**6**
		Montréal	**74**	**1**	**7**	**8**	**33**	-	-	-	-	-

• Équipe d'étoiles des recrues (H.E.) en 1990-91 • Équipe d'étoiles (CMJ) en 1991 • Médaille de bronze (CMJ) en 1992 • Médaille de bronze (CM) en 1996 • Match des étoiles(LNH) en 1996-97

• Échangé à Montréal par New York (Islanders) pour le choix de 3e ronde de Montréal au repêchage de 1999 (Mattias Weinhandl) le 9 mars 1999 • Signe avec Vancouver comme joueur autonome le 13 août 2000 • Signe avec Columbus comme joueur autonome le 4 juillet 2002 • Signe avec Kloten (SUI) comme joueur autonome le 5 octobre 2005 • Signe avec Lowell (AHL) comme joueur autonome le 19 octobre 2006

LAFLAMME, CHRISTIAN

Né à Saint-Charles, Québec le 24 novembre 1976. Défenseur, lance de la droite, 6'1", 202 lb (Choix de 2e ronde de Chicago et 45e au total lors du repêchage de 1995)

SAISON	CLUB	LIGUE	PJ	B	A	PTS	PUN	PJ	B	A	PTS	PUN
1991-92	Sainte-Foy (Gouverneurs)	QAAA	42	5	27	32	100	-	-	-	-	-
1992-93	Verdun (Collège français)	LHJMQ	69	2	17	19	85	3	0	2	2	6
1993-94	Verdun (Collège français)	LHJMQ	72	4	34	38	85	4	0	3	3	4
1994-95	Beauport (Harfangs)	LHJMQ	67	6	41	47	82	8	1	4	5	6
1995-96	Beauport (Harfangs)	LHJMQ	41	13	23	36	63	20	7	17	24	32
1996-97	Chicago (Blackhawks)	LNH	4	0	1	1	2	-	-	-	-	-
	Indianapolis (Ice)	IHL	62	5	15	20	60	4	1	1	2	16
1997-98	Chicago (Blackhawks)	LNH	72	0	11	11	59	-	-	-	-	-

KUR-LAF

SAISONS RÉGULIÈRES · SÉRIES ÉLIMINATOIRES

SAISON	CLUB	LIGUE	PJ	B	A	PTS	PUN	PJ	B	A	PTS	PUN
1998-99	Chicago (Blackhawks)	LNH	62	2	11	13	70	-	-	-	-	-
	Portland (Pirates)	AHL	2	0	1	1	2	-	-	-	-	-
	Edmonton (Oilers)	LNH	11	0	1	1	0	4	0	1	1	2
1999-00	Edmonton (Oilers)	LNH	50	0	5	5	32	-	-	-	-	-
	Montréal (Canadiens)	**LNH**	**15**	**0**	**2**	**2**	**8**	-	-	-	-	-
2000-01	**Montréal (Canadiens)**	**LNH**	**39**	**0**	**3**	**3**	**42**	-	-	-	-	-
2001-02	St. Louis (Blues)	LNH	8	0	1	1	4	-	-	-	-	-
	Worcester (Icecats)	AHL	62	2	17	19	52	-	-	-	-	-
2002-03	St. Louis (Blues)	LNH	47	0	9	9	45	5	0	0	0	4
	Worcester (Icecats)	AHL	8	0	4	4	6	-	-	-	-	-
2003-04	St. Louis (Blues)	LNH	16	0	1	1	20	-	-	-	-	-
	Worcester (Icecats)	AHL	28	1	4	5	25	7	0	0	0	6
2004-05	Kassel Huskies	GER	43	4	12	16	96	7	0	1	1	12
2005-06	Numberg Ice Tigers	GER	51	6	12	18	88	-	-	-	-	-
2006-07	Sinupret Ice Tigers Numberg	GER	50	5	16	21	172	13	0	5	5	28
2007-08	Sinupret Ice Tigers Numberg	GER	54	5	25	30	76	5	0	1	1	4
		LNH	**324**	**2**	**45**	**47**	**282**	**9**	**0**	**1**	**1**	**6**
		Montréal	**54**	**0**	**5**	**5**	**50**	-	-	-	-	-

• Équipe d'étoiles des recrues (LHJMQ) en 1992-93 • Deuxième équipe d'étoiles (LHJMQ) en 1994-95

• Échangé à Edmonton par Chicago avec Daniel Cleary, Ethan Moreau et Chad Kilger pour Boris Mironov, Dean McAmmond et Jonas Elofsson le 20 mars 1999 • Échangé à Montréal par Edmonton avec Mathieu Descoteaux pour Igor Ulanov et Alain Nasreddine le 9 mars 2000 • Signe avec St. Louis comme joueur autonome le 21 août 2001 • Signe avec Kassel (GER) comme joueur autonome le 16 mai 2004

LAFLEUR, GUY

Né à Thurso, Québec, le 20 septembre 1951. Ailier droit, lance de la droite, 6', 185 lb (Choix de 1re ronde de Montréal, 1er au total lors du repêchage de 1971)

SAISON	CLUB	LIGUE	PJ	B	A	PTS	PUN	PJ	B	A	PTS	PUN
1966-67	Québec (As)	LHJQ	8	1	1	2	0	-	-	-	-	-
1967-68	Québec (As)	LHJQ	43	30	19	49	-	-	-	-	-	-
1968-69	Québec (As)	LHJQ	49	50	6	110	83	-	-	-	-	-
1969-70	Québec (Remparts)	LHJMQ	56	*103	67	170	105	15	*25	18	*43	34
	Québec (Remparts)	Mem.	-	-	-	-	-	12	18	18	36	23
1970-71	Québec (Remparts)	LHJMQ	62	*130	79	*209	135	14	*22	*21	*43	24
	Québec (Remparts)	Mem.	-	-	-	-	-	7	9	5	14	18
1971-72	**Montréal (Canadiens)**	**LNH**	**73**	**29**	**35**	**64**	**48**	**6**	**1**	**4**	**5**	**2**
1972-73	**Montréal (Canadiens)**	**LNH**	**69**	**28**	**27**	**55**	**51**	**17**	**3**	**5**	**8**	**9**
1973-74	**Montréal (Canadiens)**	**LNH**	**73**	**21**	**35**	**56**	**29**	**6**	**0**	**1**	**1**	**4**
1974-75	**Montréal (Canadiens)**	**LNH**	**70**	**53**	**66**	**119**	**37**	**11**	***12**	**7**	**19**	**15**
	Match des étoiles	LNH	1	0	3	3	0	-	-	-	-	-
1975-76	**Montréal (Canadiens)**	**LNH**	**80**	**56**	**69**	***125**	**36**	**13**	**7**	**10**	**17**	**2**
	Match des étoiles	LNH	1	1	2	3	0	-	-	-	-	-
1976-77	**Montréal (Canadiens)**	**LNH**	**80**	**56**	***80**	***136**	**20**	**14**	**9**	***17**	***26**	**6**
	Match des étoiles	LNH	1	0	1	1	0	-	-	-	-	-
	Canada	CC	7	1	5	6	12	-	-	-	-	-
1977-78	**Montréal (Canadiens)**	**LNH**	**78**	***60**	**72**	***132**	**26**	**15**	***10**	**11**	***21**	**16**
	Match des étoiles	LNH	1	0	0	0	0	-	-	-	-	-
1978-79	**Montréal (Canadiens)**	**LNH**	**80**	**52**	**77**	**129**	**28**	**16**	**10**	***13**	***23**	**0**
	Étoiles LNH	Défi'79	3	1	2	3	0	-	-	-	-	-
1979-80	**Montréal (Canadiens)**	**LNH**	**74**	**50**	**75**	**125**	**12**	**3**	**3**	**1**	**4**	**0**
	Match des étoiles	LNH	1	0	1	1	0	-	-	-	-	-
1980-81	**Montréal (Canadiens)**	**LNH**	**51**	**27**	**43**	**70**	**29**	**3**	**0**	**1**	**1**	**2**
	Canada	CM	7	1	0	1	2	-	-	-	-	-
1981-82	**Montréal (Canadiens)**	**LNH**	**66**	**27**	**57**	**84**	**24**	**5**	**2**	**1**	**3**	**4**
	Canada	CC	7	2	9	11	0	-	-	-	-	-
1982-83	**Montréal (Canadiens)**	**LNH**	**68**	**27**	**49**	**76**	**12**	**3**	**0**	**2**	**2**	**2**
1983-84	**Montréal (Canadiens)**	**LNH**	**80**	**30**	**40**	**70**	**19**	**12**	**0**	**3**	**3**	**5**
1984-85	**Montréal (Canadiens)**	**LNH**	**19**	**2**	**3**	**5**	**10**	-	-	-	-	-
1985-86			*N'a pas joué – Retraite*									
1986-87			*N'a pas joué – Retraite*									
1987-88			*N'a pas joué – Retraite*									
1988-89	New York (Rangers)	LNH	67	18	27	45	12	4	1	0	1	0
1989-90	Québec (Nordiques)	LNH	39	12	22	34	4	-	-	-	-	-
1990-91	Québec (Nordiques)	LNH	59	12	16	28	2	-	-	-	-	-
	Match des étoiles	LNH	1	0	0	0	0	-	-	-	-	-
		LNH	**1126**	**560**	**793**	**1353**	**399**	**128**	**58**	**76**	**134**	**67**
		Montréal	**961**	**518**	**728**	**1246**	**381**	**124**	**57**	**76**	**133**	**67**

• Première équipe d'étoiles (LHJMQ) en 1969-70, 1970-71 • Coupe du Président (LHJMQ) en 1969-70, 1970-71 • Trophée Jean-Béliveau (LHJMQ) en 1970-71 • Coupe Memorial en 1970-71 • Coupe Stanley (LNH) en 1972-73, 1975-76, 1976-77, 1977-78, 1978-79 • Match des étoiles (LNH) en 1974-75, 1975-76, 1976-77, 1977-78, 1979-80, 1990-91 • Première équipe d'étoiles (LNH) en 1974-75, 1975-76, 1976-77, 1977-78, 1978-79, 1979-80 • Trophée Art-Ross (LNH) en 1975-76, 1976-77, 1977-78 • Trophée Hart (LNH) en 1976-77, 1977-78 • Trophée Conn-Smythe (LNH) en 1976-77 • Trophée Lester-B.-Pearson (LNH) en 1975-76, 1976-77, 1977-78 • Temple de la Renommée (LNH) en 1988

• Signe avec New York (Rangers) comme joueur autonome le 26 septembre 1988 • Signe avec Québec comme joueur autonome, New York (Rangers) reçoit en compensation le choix de 5e ronde de Québec au repêchage de 1990 (Sergei Zubov) le 14 juillet 1989 • Réclamé par Minnesota de Québec lors de l'expansion de la LNH le 30 mai 1991 • Échangé à Québec par Minnesota pour Alan Haworth le 31 mai 1991

LAFLEUR, ROLAND

Né à Ottawa, Ontario en 1899. Ailier gauche, lance de la gauche, 5'9", 160 lb

SAISON	CLUB	LIGUE	PJ	B	A	PTS	PUN	PJ	B	A	PTS	PUN
1917-18	Ottawa (St. Brigids)	OCSHL	5	3	0	3	3	-	-	-	-	-
	Ottawa (Royal Canadians)	HOHL	1	0	0	0	0	1	1	0	1	3
1918-19	Ottawa (Royal Canadians)	OCSHL	7	0	0	0	3	1	0	0	0	3
1919-20	Ottawa (Mallettes)	OCSHL	7	3	0	3	-	-	-	-	-	-
1920-21	Ottawa (Lasalle)	OCSHL	11	4	0	4	-	-	-	-	-	-
1921-22	Ottawa (Montagnards)	OCSHL	14	*14	4	18	15	8	8	*6	14	10
1922-23	Ottawa (Montagnards)	OCSHL	9	*8	*9	*17	14	2	0	0	0	7
1923-24	Ottawa (Royal Canadians)	OCSHL	12	3	0	3	-	-	-	-	-	-
1924-25	**Montréal (Canadiens)**	**LNH**	**1**	**0**	**0**	**0**	**0**	-	-	-	-	-
	Ottawa (New Edinburghs)	OCSHL	16	8	1	9	-	-	-	-	-	-
1925-26	Berlin (Wanderers)	OCSHL	*Statistiques non disponibles*									
1926-27	Ottawa (Gunners)	OCSHL	14	2	3	5	-	-	-	-	-	-
1927-28	Ottawa (Rideaus)	OCSHL	14	5	2	7	-	-	-	-	-	-
1928-29	Ottawa (Lasalle)	OCSHL	13	5	0	5	-	3	0	0	0	0
1929-30	Ottawa (Lasalle)	OCSHL	20	3	1	4	32	-	-	-	-	-
1930-31	Ottawa (Lasalle)	OCSHL	20	2	3	5	33	2	0	0	0	6
		LNH	**1**	**0**	**0**	**0**	**0**	-	-	-	-	-
		Montréal	**1**	**0**	**0**	**0**	**0**	-	-	-	-	-

• Deuxième équipe d'étoiles (OCSHL) en 1921-22 • Première équipe d'étoiles (OCSHL) en 1922-23

• Signe avec Montréal le 17 novembre 1924

LAFORCE, ERNEST (ERNIE)

Né à Montréal, Québec, le 23 juin 1916. Défenseur, lance de la gauche, 5'11", 175 lb

SAISON	CLUB	LIGUE	PJ	B	A	PTS	PUN	PJ	B	A	PTS	PUN
1937-38	Montréal (Lafontaine)	LHPQ	3	0	0	0	2	-	-	-	-	-
1938-39	Verdun (Maple Leafs)	LHSQ	18	4	4	8	14	2	0	0	0	4
1939-40	Verdun (Bulldogs)	LHPQ	38	10	20	30	24	2	0	0	0	0
1940-41	Verdun (Maple Leafs)	LHSQ	34	6	9	15	23	-	-	-	-	-
1941-42	Montréal (St. Pats)	LHCM	37	5	15	20	12	-	-	-	-	-
1942-43	Montréal (Royals)	LHSQ	32	1	15	16	18	4	0	2	2	0
	Montréal (Canadiens)	**LNH**	**1**	**0**	**0**	**0**	**0**	-	-	-	-	-
1943-44	Montréal (Canada Car)	LHCM	7	3	3	6	2	-	-	-	-	-
	Montréal (Royals)	LHSQ	19	1	15	16	6	7	0	1	1	8
1944-45	Montréal (Royals)	LHSQ	22	7	13	20	19	7	0	3	3	2
1945-46	Montréal (Royals)	LHSQ	24	9	7	16	4	6	0	1	1	6
1946-47	Montréal (Royals)	LHSQ	21	3	6	9	18	11	1	7	8	10
	Montréal (Royals)	Allan	-	-	-	-	-	14	2	3	5	4
1947-48	Montréal (Royals)	LHSQ	44	6	20	26	16	3	0	0	0	0
1948-49	Montréal (Royals)	LHSQ	58	2	18	20	20	9	3	4	7	8
1949-50	Montréal (Royals)	LHSQ	52	2	14	16	31	6	0	0	0	2
		LNH	**1**	**0**	**0**	**0**	**0**	-	-	-	-	-
		Montréal	**1**	**0**	**0**	**0**	**0**	-	-	-	-	-

• Première équipe d'étoiles (LHPQ) en 1939-40 • Coupe Allan en 1946-47

• Prêté à Montréal par Montréal (Royals – LHSQ) le 4 mars 1943

LAFORGE, CLAUDE

Né à Sorel, Québec, le 1er juillet 1936. Ailier gauche, lance de la gauche, 5'9", 172 lb

SAISON	CLUB	LIGUE	PJ	B	A	PTS	PUN	PJ	B	A	PTS	PUN
1954-55	Montréal (Canadiens Jr)	LHJQ	45	18	4	22	43	5	1	0	1	-
1955-56	Montréal (Canadiens Jr)	LHJQ	*Statistiques non disponibles*									
	Montréal (Royals)	LHQ	2	0	0	0	2	-	-	-	-	-
	Montréal (Canadiens)	Mem.	-	-	-	-	-	10	1	4	5	11
1956-57	Shawinigan (Cataractes)	LHQ	60	12	13	25	10	-	-	-	-	-
	Cincinnati (Mohawks)	IHL	8	5	5	10	2	-	-	-	-	-
1957-58	Shawinigan (Cataractes)	LHQ	52	26	27	53	45	-	-	-	-	-
	Montréal (Canadiens)	**LNH**	**5**	**0**	**0**	**0**	**0**	-	-	-	-	-
	Rochester (Americans)	AHL	14	7	6	13	10	-	-	-	-	-
1958-59	Detroit (Red Wings)	LNH	57	2	5	7	18	-	-	-	-	-
	Hershey (Bears)	AHL	10	4	5	9	16	-	-	-	-	-
1959-60	Hershey (Bears)	AHL	68	27	31	58	38	-	-	-	-	-
1960-61	Hershey (Bears)	AHL	49	20	30	50	55	8	2	1	3	*35
	Detroit (Red Wings)	LNH	10	1	0	1	2	-	-	-	-	-
1961-62	Hershey (Bears)	AHL	31	13	13	26	59	-	-	-	-	-
	Detroit (Red Wings)	LNH	38	10	9	19	20	-	-	-	-	-
1962-63	Pittsburgh (Hornets)	AHL	50	10	23	33	73	-	-	-	-	-
1963-64	Detroit (Red Wings)	LNH	17	2	3	5	4	-	-	-	-	-
	Pittsburgh (Hornets)	AHL	51	19	23	42	59	5	1	3	4	4
1964-65	Detroit (Red Wings)	LNH	1	0	0	0	2	-	-	-	-	-
	Pittsburgh (Hornets)	AHL	67	23	32	55	26	4	4	2	6	2
1965-66	Pittsburgh (Hornets)	AHL	55	11	20	31	38	-	-	-	-	-
	Québec (As)	AHL	9	2	6	8	0	-	-	-	-	-
1966-67	Québec (As)	AHL	60	16	25	51	46	5	4	2	6	0
1967-68	Québec (As)	AHL	8	5	4	9	2	-	-	-	-	-
	Philadelphie (Flyers)	LNH	63	9	16	25	36	5	1	2	3	15
1968-69	Philadelphie (Flyers)	LNH	2	0	0	0	0	-	-	-	-	-
	Québec (As)	AHL	57	21	31	52	24	11	0	7	7	2
1969-70	Québec (As)	AHL	72	28	39	67	44	6	0	2	2	6
1970-71	Denver (Spurs)	WHL	64	25	28	53	34	5	2	3	5	4
1971-72	Denver (Spurs)	WHL	56	15	31	46	12	9	1	5	6	6
1972-73	Denver (Spurs)	WHL	25	8	11	19	12	-	-	-	-	-
		LNH	**193**	**24**	**33**	**57**	**82**	**5**	**1**	**2**	**3**	**15**
		Montréal	**5**	**0**	**0**	**0**	**0**	-	-	-	-	-

• Deuxième équipe d'étoiles (LHQ) en 1957-58

• Droits vendus à Detroit par Montréal avec Bud MacPherson et Gene Achtymichuk le 3 juin 1958 • Échangé à Québec par Detroit pour Terry Gray le 1er mars 1966 • Droits dans la LNH transférés à Philadelphie lors de l'achat de la concession de Québec (AHL) par Philadelphie le 8 mai 1967 • Droits vendus à Denver par Philadelphie en août 1970

LAFRANCE, ADÉLARD

Né à Chapleau, Ontario, le 13 janvier 1912
Ailier gauche, lance de la gauche, 5'10", 165 lb

SAISON	CLUB	LIGUE	PJ	B	A	PTS	PUN	PJ	B	A	PTS	PUN
1929-30	Sudbury (St. Louis)	NOJHA	8	4	1	5	0	-	-	-	-	-
1930-31	Sudbury (St. Louis)	NOJHA	8	4	1	5	4	3	*4	0	*4	0
	Sudbury (Wolf Cubs)	NOJHA	-	-	-	-	-	1	0	0	0	0
	Sudbury (St. Louis)	Allan	-	-	-	-	-	3	2	0	2	2
	Sudbury (Wolf Cubs)	Mem.	-	-	-	-	-	5	2	1	3	2

LAF-LAF

707

SAISONS RÉGULIÈRES · SÉRIES ÉLIMINATOIRES

SAISON	CLUB	LIGUE	PJ	B	A	PTS	PUN	PJ	B	A	PTS	PUN
1931-32	Falconbridge (Falcons)	NOHA	9	3	4	7	2	2	0	0	0	0
	Sudbury (Wolves)	NOHA	3	2	0	2	0	-	-	-	-	-
1932-33	Sudbury (Wolfes)	NOHA	7	4	2	6	10	2	1	0	1	2
1933-34	Falconbridge (Falcons)	NOHA	8	5	1	6	12	2	1	0	1	2
	Montréal (Canadiens)	**LNH**	**3**	**0**	**0**	**0**	**2**	**2**	**0**	**0**	**0**	**0**
1934-35	Québec (Castors)	Can-Am	46	4	4	8	10	3	0	0	0	2
1935-36	Springfield (Indians)	Can-Am	48	13	19	32	32	3	2	3	5	4
1936-37	Springfiled (Indians)	IAHL	33	9	10	19	13	-	-	-	-	-
1937-38	Springfield (Indians)	IAHL	41	8	13	21	17	-	-	-	-	-
1938-39	Springfield (Indians)	IAHL	54	11	26	37	23	2	0	0	0	0
		LNH	**3**	**0**	**0**	**0**	**2**	**2**	**0**	**0**	**0**	**0**
		Montréal	**3**	**0**	**0**	**0**	**2**	**2**	**0**	**0**	**0**	**0**

• Coupe Memorial en 1931-32

• Signe avec Montréal comme joueur autonome le 9 mars 1934

LAFRANCE, LÉONARD (LÉO)

Né à Sudbury, Ontario, le 3 novembre 1902, décédé le 7 avril 1993
Ailier gauche, lance de la gauche, 5'8", 160 lb

SAISON	CLUB	LIGUE	PJ	B	A	PTS	PUN	PJ	B	A	PTS	PUN
1920-21	Sudbury (Cubs Wolves)	NOJHA	2	2	2	4	-	5	*7	*4	*11	0
1921-22	Iroquois (Papermakers)	NOHA	-	-	-	-	-	7	7	*5	*12	0
1922-23	Iroquois (Papermakers)	NOHA	*Statistiques non disponibles*									
1923-24	Iroquois (Papermakers)	NOHA	8	2	1	3	15	-	-	-	-	-
1924-25	Duluth (Hornets)	USAHA	31	6	0	6	-	-	-	-	-	-
1925-26	Duluth (Hornets)	CHL	40	8	2	10	28	8	1	1	2	12
1926-27	**Montréal (Canadiens)**	**LNH**	**4**	**0**	**0**	**0**	**0**	**-**	**-**	**-**	**-**	**-**
	Duluth (Hornets)	AHA	37	12	4	16	41	3	2	0	2	0
1927-28	**Montréal (Canadiens)**	**LNH**	**15**	**1**	**0**	**1**	**2**	**-**	**-**	**-**	**-**	**-**
	Chicago (Black Hawks)	LNH	14	1	0	1	4	-	-	-	-	-
	Kansas City (Pla-Mors)	AHA	13	1	0	1	8	3	0	0	0	2
1928-29	Tulsa (Oilers)	AHA	40	19	7	26	33	4	0	0	0	4
1929-30			*N'a pas joué*									
1930-31	Tulsa (Oilers)	AHA	48	27	15	42	41	4	3	0	3	6
1931-32	Tulsa (Oilers)	AHA	48	11	5	16	51	-	-	-	-	-
1932-33	Duluth-Wichita	AHA	39	16	8	24	32	-	-	-	-	-
1933-34	Duluth (Hornets)	CHL	14	0	0	0	41	-	-	-	-	-
	Tulsa (Oilers)	AHA	31	6	10	16	35	4	1	0	1	0
1934-35	Minneapolis (Millers)	CHL	46	16	11	27	26	5	2	3	5	2
1935-36	Rochester (Cardinals)	IHL	9	1	0	1	7	-	-	-	-	-
	Calgary (Tigers)	NWHL	3	0	0	0	2	-	-	-	-	-
	Seattle (Seahawks)	NWHL	26	8	4	12	25	4	3	2	5	2
		LNH	**33**	**2**	**0**	**2**	**6**	**-**	**-**	**-**	**-**	**-**
		Montréal	**19**	**1**	**0**	**1**	**2**	**-**	**-**	**-**	**-**	**-**

• Deuxième équipe d'étoiles (CHL) en 1934-35

• Signe avec Duluth (AHA) comme agent libre le 2 novembre 1926 • Droits vendus à Montréal par Duluth (AHA) le 10 novembre 1926 • Prêté à Duluth (AHA) le 24 novembre 1926 • Prêté à Chicago par Montréal le 30 décembre 1927

LALONDE, ÉDOUARD (NEWSY)

Né à Cornwall, Ontario, le 31 octobre 1887, décédé le 21 novembre 1970
Avant/Défenseur, lance de la droite, 5'9", 170 lb

SAISON	CLUB	LIGUE	PJ	B	A	PTS	PUN	PJ	B	A	PTS	PUN
1904-05	Cornwall (Victorias)	FAHL	2	1	0	1	0	-	-	-	-	-
1905-06	Woodstock Seniors	SOHA	7	8	0	8	-	-	-	-	-	-
1906-07	Canadian Soo	IHL	18	29	4	33	27	-	-	-	-	-
1907-08	Portage-la-Prairie	MHL Sr	1	0	0	0	0	-	-	-	-	-
	Toronto (Professionals)	OPHL	11	*29	0	*29	37	1	2	0	2	0
	Haileybury (Silver Kings)	TPHL	-	-	-	-	-	1	3	0	3	0
1908-09	Toronto (Professionals)	OPHL	11	29	0	29	79	-	-	-	-	-
1909-10	**Montréal (Canadiens)**	**NHA**	**6**	***16**	**0**	***16**	**40**	**-**	**-**	**-**	**-**	**-**
	Renfrew (Creamery Kings)	NHA	5	*22	0	*22	16	-	-	-	-	-
1910-11	**Montréal (Canadiens)**	**NHA**	**16**	**19**	**0**	**19**	**63**	**-**	**-**	**-**	**-**	**-**
1911-12	Vancouver (Millionaires)	PCHA	15	*27	0	*27	51	-	-	-	-	-
	Équipe d'étoiles (PCHA)	Exh.	3	5	0	5	11	-	-	-	-	-
1912-13	**Montréal (Canadiens)**	**NHA**	**18**	**25**	**0**	**25**	**-**	**-**	**-**	**-**	**-**	**-**
1913-14	**Montréal (Canadiens)**	**NHA**	**14**	**22**	**5**	**27**	**-**	**2**	**0**	**1**	**1**	**0**
1914-15	**Montréal (Canadiens)**	**NHA**	**6**	**4**	**3**	**7**	**17**	**-**	**-**	**-**	**-**	**-**
1915-16	**Montréal (Canadiens)**	**NHA**	**24**	***28**	**6**	**34**	**78**	**4**	**3**	**0**	**3**	**43**
1916-17	**Montréal (Canadiens)**	**NHA**	**18**	**28**	**7**	**35**	**61**	**5**	**2**	**0**	**2**	**47**
1917-18	**Montréal (Canadiens)**	**LNH**	**14**	**23**	**7**	**30**	**51**	**2**	**4**	**2**	**6**	**17**
1918-19	**Montréal (Canadiens)**	**LNH**	**17**	***22**	***10**	***32**	**40**	**10**	***17**	**2**	***19**	**9**
1919-20	**Montréal (Canadiens)**	**LNH**	**23**	**37**	**9**	**46**	**34**	**-**	**-**	**-**	**-**	**-**
1920-21	**Montréal (Canadiens)**	**LNH**	**24**	**33**	**10**	***43**	**36**	**-**	**-**	**-**	**-**	**-**
1921-22	**Montréal (Canadiens)**	**LNH**	**20**	**9**	**5**	**14**	**20**	**-**	**-**	**-**	**-**	**-**
1922-23	Saskatoon (Sheiks)	WCHL	29	*30	4	34	44	-	-	-	-	-
1923-24	Saskatoon (Crescents)	WCHL	21	10	10	20	24	-	-	-	-	-
1924-25	Saskatoon (Crescents)	WCHL	22	8	6	14	42	2	0	0	0	4
1925-26	Saskatoon (Crescents)	WHL	3	0	0	0	2	2	0	0	0	2
1926-27	New York (Americans)	LNH	1	0	0	0	2	-	-	-	-	-
1927-28	Québec (Castors)	Can-Am	1	0	0	0	0	-	-	-	-	-
		NHA	**102**	**164**	**21**	**185**	**275**	**11**	**5**	**1**	**6**	**88**
		LNH	**98**	**124**	**41**	**165**	**183**	**12**	**21**	**4**	**25**	**26**
		Montréal	**200**	**266**	**62**	**328**	**440**	**23**	**26**	**5**	**31**	**114**

• Deuxième équipe d'étoiles (IHL) en 1906-07 • Première équipe d'étoiles (OPHL) en 1907-08 • Deuxième équipe d'étoiles (OPHL) en 1908-09 • Première équipe d'étoiles (PCHA) en 1911-12 • Coupe Stanley (NHA) en 1915-16 • Première équipe d'étoiles (WCHL) en 1923-24 • Temple de la Renommée (LNH) en 1950

• Signe avec Canadian Soo le 2 janvier 1907 • Signe avec American Soo (IHL) le 3 novembre 1907 • Signe avec Portage (MHL Sr) le 18 novembre 1907 • Signe avec Toronto (OPHL) le 15 janvier 1908 • Signe avec Haileybury (TPHL) le 15 février 1908 • Signe avec Montréal (NHA) en décembre 1909 • Prêté à Renfrew (NHA) par Montréal (NHA) le 16 février 1910 • Signe avec Vancouver (PCHA) comme joueur autonome le 3 novembre 1911 • Signe avec Montréal le 21 novembre 1912 • Échangé à Vancouver (PCHA) par Montréal pour James Gardner et une somme d'argent le 4 septembre 1913 • Refuse de se rapporter à Vancouver (PCHA), Montréal (NHA) cède Didier Pitre le 24 octobre 1913 • Échangé à Saskatoon (WHL) par Montréal avec une somme d'argent pour Aurèle Joliat le 4 novembre 1922 • Droits vendus à New York (Americans) par Saskatoon le 27 septembre 1926

LALOR, MICHAEL (MIKE)

Né à Buffalo, New York, le 8 mars 1963. Défenseur, lance de la gauche, 6', 200 lb

SAISON	CLUB	LIGUE	PJ	B	A	PTS	PUN	PJ	B	A	PTS	PUN
1980-81	Hamilton (Mountain A's)	OJHL	44	5	28	33	83	-	-	-	-	-
1981-82	Brantford (Alexanders)	OHL	64	3	13	16	114	11	0	6	6	11
1982-83	Brantford (Alexanders)	OHL	65	10	30	40	113	8	1	3	4	20
1983-84	Nlle-Écosse (Voyageurs)	AHL	67	5	11	16	80	12	0	2	2	13
1984-85	Sherbrooke (Canadiens)	AHL	79	9	23	32	114	17	3	5	8	36
1985-86	**Montréal (Canadiens)**	**LNH**	**62**	**3**	**5**	**8**	**56**	**17**	**1**	**2**	**3**	**29**
1986-87	**Montréal (Canadiens)**	**LNH**	**57**	**0**	**10**	**10**	**47**	**13**	**2**	**1**	**3**	**29**
1987-88	**Montréal (Canadiens)**	**LNH**	**66**	**1**	**10**	**11**	**113**	**11**	**0**	**0**	**0**	**11**
1988-89	**Montréal (Canadiens)**	**LNH**	**12**	**1**	**4**	**5**	**15**	**-**	**-**	**-**	**-**	**-**
	St. Louis (Blues)	LNH	36	1	14	15	54	10	1	1	2	14
1989-90	St. Louis (Blues)	LNH	78	0	16	16	81	12	0	2	2	31
1990-91	Washington (Capitals)	LNH	68	1	5	6	61	10	1	2	3	22
1991-92	Washington (Capitals)	LNH	64	5	7	12	64	-	-	-	-	-
	Winnipeg (Jets)	LNH	15	2	3	5	14	7	0	0	0	19
1992-93	Winnipeg (Jets)	LNH	64	1	8	9	76	4	0	2	2	4
1993-94	San Jose (Sharks)	LNH	23	0	2	2	8	-	-	-	-	-
	Dallas (Stars)	LNH	12	0	1	1	6	5	0	0	0	6
1994-95	Dallas (Stars)	LNH	12	0	0	0	9	3	0	0	0	2
	Kalamazoo (Wings)	IHL	5	0	1	1	11	-	-	-	-	-
1995-96	Dallas (Stars)	LNH	63	1	2	3	31	-	-	-	-	-
	San Francisco (Spiders)	IHL	12	2	2	4	6	-	-	-	-	-
	États-Unis	CM	8	0	0	0	4	-	-	-	-	-
1996-97	Dallas (Stars)	LNH	55	1	1	2	42	-	-	-	-	-
		LNH	**687**	**17**	**88**	**105**	**677**	**92**	**5**	**10**	**15**	**167**
		Montréal	**197**	**5**	**29**	**34**	**231**	**41**	**3**	**3**	**6**	**69**

• Coupe Calder (AHL) en 1984-85 • Coupe Stanley (LNH) en 1985-86 • Médaille de bronze (CM) en 1996

• Signe avec Montréal comme joueur autonome le 5 octobre 1983 • Échangé à St. Louis par Montréal avec le 1er choix de Montréal au repêchage de 1990 (échangé plus tard à Vancouver qui sélectionne Shaw Antoski) pour le 1er choix de St. Louis au repêchage de 1990 (Turner Stevenson) et le choix de 3e ronde au repêchage de 1991 (échangé plus tard à St. Louis qui sélectionne Nathan Lafayette) le 16 janvier 1989 • Échangé à Washington par St. Louis avec Peter Zezel pour Geoff Courtnall le 13 juillet 1990 • Échangé à Winnipeg par Washington pour Paul MacDermid le 2 mars 1992 • Signe avec San Jose comme joueur autonome le 13 août 1993 • Échangé à Dallas par San Jose avec Doug Zmolek pour Ulf Dahlen et le choix de 7e ronde de Dallas au repêchage de 1995(Brad Mehalko) le 19 mars 1994

LAMB, JOSEPH (JOE)

Né à Sussex, Nouveau-Brunswick, le 18 juin 1906, décédé le 21 août 1982
Ailier droit, lance de la droite, 5'10", 170 lb

SAISON	CLUB	LIGUE	PJ	B	A	PTS	PUN	PJ	B	A	PTS	PUN
1922-23	Sussex (Dairy Kings)	SNBHL	8	1	0	4	4	4	2	0	2	2
1923-24	Sussex (Dairy Kings)	SNBHL	6	3	4	7	2	6	4	1	5	6
1924-25	Sussex (Dairy Kings)	SNBHL	12	14	4	18	8	6	2	3	5	6
1925-26	Montréal (Royal Bank)	LHBM	9	3	2	5	12	-	-	-	-	-
	Montréal (Young Royals)	LHJCM	6	6	4	10	6	-	-	-	-	-
	Montréal (Young Royals)	Mem.	-	-	-	-	-	4	3	2	5	15
1926-27	Montréal (Victorias)	LHCM	7	5	3	5	26	-	-	-	-	-
	Montréal (Victorias)	Exh.	15	28	0	28	-	-	-	-	-	-
	Montréal (Royal Bank)	LHBM	4	3	4	7	14	1	0	0	0	0
1927-28	Montréal (Victorias)	LHCM	7	4	4	8	6	-	-	-	-	-
	Montréal (Royal Bank)	LHBM	9	5	6	11	30	-	-	-	-	-
	Montréal (Maroons)	LNH	21	8	5	13	39	8	1	0	1	32
1928-29	Montréal (Maroons)	LNH	30	4	1	5	44	-	-	-	-	-
	Ottawa (Senators)	LNH	6	0	0	0	8	-	-	-	-	-
1929-30	Ottawa (Senators)	LNH	44	29	20	49	*119	2	0	0	0	11
1930-31	Ottawa (Senators)	LNH	44	11	14	25	91	-	-	-	-	-
1931-32	New York (Americans)	LNH	48	14	11	25	71	-	-	-	-	-
1932-33	Boston (Bruins)	LNH	42	11	8	19	68	5	0	1	1	6
1933-34	Boston (Bruins)	LNH	48	10	15	25	47	-	-	-	-	-
1934-35	**Montréal (Canadiens)**	**LNH**	**7**	**3**	**2**	**5**	**4**	**-**	**-**	**-**	**-**	**-**
	St. Louis (Eagles)	LNH	31	11	12	23	19	-	-	-	-	-
1935-36	Montréal (Maroons)	LNH	35	0	3	3	12	3	0	0	0	2
1936-37	New York (Americans)	LNH	48	3	9	12	53	-	-	-	-	-
1937-38	New York (Americans)	LNH	25	1	0	1	20	-	-	-	-	-
	Detroit (Red Wings)	LNH	14	3	1	4	6	-	-	-	-	-
	Pittsburgh (Hornets)	IAHL	6	2	0	2	4	-	-	-	-	-
1938-39	Springfield (Indians)	IAHL	51	11	16	27	72	3	0	1	1	4
1939-40	Springfield (Indians)	IAHL	54	20	14	34	44	3	0	0	0	4
		LNH	**443**	**108**	**101**	**209**	**601**	**18**	**1**	**1**	**2**	**51**
		Montréal	**7**	**3**	**2**	**5**	**4**	**-**	**-**	**-**	**-**	**-**

• Signe avec Montréal (Maroons) le 29 janvier 1928 • Échangé à Ottawa par Montréal (Maroons) pour George Boucher le 14 février 1929 • Réclamé par New York (Americans) pour la saison 1931-32 lors du repêchage de dispersion d'Ottawa le 26 septembre 1931 • Échangé à Boston par Ottawa avec une somme d'argent pour Conney Weiland le 25 juillet 1932. • Échangé à Montréal par Boston pour John Gagnon le 2 octobre 1934 • Droits vendus à Boston par Montréal le 4 décembre 1934 • Échangé à St. Louis par Boston pour Desse Roche et Max Kaminsky le 4 décembre 1934 • Réclamé par Montréal (Maroons) lors du repêchage de dispersion de St. Louis le 15 octobre 1935 • Échangé à New York (Americans) par Montréal (Maroons) avec une somme d'argent pour Carl Voss le 6 septembre 1936 • Échangé à Detroit avec droit de rappel par New York (Americans) pour Red Beattle le 24 janvier 1938

SAISONS RÉGULIÈRES — SÉRIES ÉLIMINATOIRES

LAMB, MARK

Né à Ponteix, Saskatchewan, le 3 août 1964. Centre, lance de la gauche, 5'9", 180 lb (Choix de 4e ronde de Calgary, 72e au total lors du repêchage de 1982)

Saison	Club	Ligue	PJ	B	A	PTS	PUN	PJ	B	A	PTS	PUN
1980-81	Melville (Millionaires)	SJHL	*Statistiques non disponibles*									
	Billings (Bighorns)	WHL	24	1	8	9	12	-	-	-	-	-
1981-82	Billings (Bighorns)	WHL	72	45	56	101	46	5	4	6	10	4
1982-83	Nanaimo (Islanders)	WHL	30	14	37	51	16	-	-	-	-	-
	Medecine Hat (Tigers)	WHL	46	22	43	65	33	5	3	2	5	4
	Colorado (Flames)	CHL	-	-	-	-	-	6	0	2	2	0
1983-84	Medecine Hat (Tigers)	WHL	72	59	77	136	30	14	12	11	23	6
1984-85	Moncton (Golden Flames)	AHL	80	23	49	72	53	-	-	-	-	-
1985-86	Moncton (Golden Flames)	AHL	79	26	50	76	51	10	2	6	8	17
	Calgary (Flames)	LNH	1	0	0	0	0	-	-	-	-	-
1986-87	Adirondack (Red Wings)	AHL	49	14	36	50	45	-	-	-	-	-
	Detroit (Red Wings)	LNH	22	2	1	3	8	11	0	0	0	11
1987-88	Nova Scotia (Oilers)	AHL	69	27	61	88	45	5	0	5	5	6
	Edmonton (Oilers)	LNH	2	0	0	0	0	-	-	-	-	-
1988-89	Cap-Breton (Oilers)	AHL	54	33	49	82	29	-	-	-	-	-
	Edmonton (Oilers)	LNH	20	2	8	10	14	6	0	2	2	8
1989-90	Edmonton (Oilers)	LNH	58	12	16	28	42	22	6	11	17	2
1990-91	Edmonton (Oilers)	LNH	37	4	8	12	25	15	0	5	5	20
1991-92	Edmonton (Oilers)	LNH	59	6	22	28	46	16	1	1	2	10
1992-93	Ottawa (Sénateurs)	LNH	71	7	19	26	64	-	-	-	-	-
1993-94	Ottawa (Sénateurs)	LNH	66	11	18	29	56	-	-	-	-	-
	Philadelphie (Flyers)	LNH	19	1	6	7	16	-	-	-	-	-
1994-95	Philadelphie (Flyers)	LNH	8	0	2	2	2	-	-	-	-	-
	Montréal (Canadiens)	**LNH**	**39**	**1**	**0**	**1**	**18**	-	-	-	-	-
1995-96	**Montréal (Canadiens)**	**LNH**	**1**	**0**	**0**	**0**	**0**	-	-	-	-	-
	Houston (Aeros)	IHL	67	17	60	77	65	-	-	-	-	-
1996-97	Houston (Aeros)	IHL	81	25	53	78	83	13	3	12	15	10
1997-98	EV Landshut	GER	46	7	21	28	36	6	3	1	4	8
1998-99	Houston (Aeros)	IHL	79	21	49	70	72	19	1	10	11	12
1999-00	Houston (Aeros)	IHL	79	15	46	61	58	11	2	7	9	6
		LNH	**403**	**46**	**100**	**146**	**291**	**70**	**7**	**19**	**26**	**51**
		Montréal	**40**	**1**	**0**	**1**	**18**	-	-	-	-	-

• Première équipe d'étoiles (WHL) en 1983-84 • Coupe Stanley (LNH) en 1989-90

• Signe avec Detroit comme joueur autonome le 28 juillet 1986 • Réclamé au ballottage par Edmonton de Detroit le 5 octobre 1987 • Réclamé par Ottawa d'Edmonton lors de l'expansion de la LNH le 18 juin 1992 • Échangé à Philadelphie par Ottawa pour Kirk Daubenspeck et Claude Boivin le 5 mars 1994 • Droits vendus à Montréal par Philadelphie le 10 février 1995 • Prêté à Houston (IHL) par Montréal le 1er novembre 1995 • Signe avec Houston (IHL) comme joueur autonome le 13 septembre 1996

LAMBERT, YVON

Né à Drummondville, Québec, le 20 mai 1950. Ailier gauche, lance de la gauche, 6', 195 lb (Choix de 3e ronde de Detroit et 40e au total lors du repêchage de 1970)

Saison	Club	Ligue	PJ	B	A	PTS	PUN	PJ	B	A	PTS	PUN
1969-70	Drummondville (Rangers)	LHJMQ	52	50	51	101	89	6	7	4	11	6
1970-71	Port Huron (Flags)	IHL	65	23	18	41	81	14	8	1	9	32
1971-72	Nlle-Écosse (Voyageurs)	AHL	67	18	21	39	116	15	4	4	8	28
1972-73	Nlle-Écosse (Voyageurs)	AHL	76	*52	52	*104	84	13	9	9	18	32
	Montréal (Canadiens)	**LNH**	**1**	**0**	**0**	**0**	**0**	-	-	-	-	-
1973-74	**Montréal (Canadiens)**	**LNH**	**60**	**6**	**10**	**16**	**42**	**5**	**0**	**0**	**0**	**7**
1974-75	**Montréal (Canadiens)**	**LNH**	**80**	**32**	**35**	**67**	**74**	**11**	**4**	**2**	**6**	**0**
1975-76	**Montréal (Canadiens)**	**LNH**	**80**	**32**	**35**	**67**	**28**	**12**	**2**	**3**	**5**	**18**
1976-77	**Montréal (Canadiens)**	**LNH**	**79**	**24**	**28**	**52**	**50**	**14**	**3**	**3**	**6**	**12**
1977-78	**Montréal (Canadiens)**	**LNH**	**77**	**18**	**22**	**40**	**20**	**15**	**2**	**4**	**6**	**6**
1978-79	**Montréal (Canadiens)**	**LNH**	**79**	**26**	**40**	**66**	**26**	**16**	**5**	**6**	**11**	**16**
1979-80	**Montréal (Canadiens)**	**LNH**	**77**	**21**	**32**	**53**	**23**	**10**	**8**	**4**	**12**	**4**
1980-81	**Montréal (Canadiens)**	**LNH**	**73**	**22**	**32**	**54**	**39**	**3**	**0**	**0**	**0**	**2**
1981-82	Buffalo (Sabres)	LNH	77	25	39	64	38	4	3	0	3	2
1982-83	Rochester (Americans)	AHL	79	26	22	48	10	12	2	4	6	2
1983-84	Rochester (Americans)	AHL	79	27	43	70	14	18	8	11	19	2
		LNH	**683**	**206**	**273**	**479**	**340**	**90**	**27**	**22**	**49**	**67**
		Montréal	**606**	**181**	**234**	**415**	**302**	**86**	**24**	**22**	**46**	**65**

• Coupe Calder (AHL) en 1971-72, 1982-83 • Première équipe d'étoiles (AHL) en 1972-73. • Trophée John-B.-Sollenberger (AHL) en 1972-73 • Coupe Stanley (LNH) en 1975-76, 1976-77, 1977-78, 1978-79

• Réclamé par Montréal de Detroit lors du repêchage inversé le 9 juin 1971 • Réclamé par Buffalo de Montréal lors du repêchage inter-équipes le 5 octobre 1981

LAMIRANDE, JEAN-PAUL

Né à Shawinigan, Québec, le 21 août 1924, décédé le 30 janvier 1976 Défenseur, lance de la droite, 5'8", 170 lb

Saison	Club	Ligue	PJ	B	A	PTS	PUN	PJ	B	A	PTS	PUN
1943-44	Montréal (Armée)	LHCM	2	0	0	0	0	2	0	0	0	2
1944-45	Montréal (Armée)	LHCM	14	3	5	8	10	3	0	0	0	2
	Montréal (Cyclones)	LHCM	12	2	8	10	-	-	-	-	-	-
1945-46	Montréal (Royals)	LHSQ	36	6	8	14	60	9	2	2	4	22
1946-47	New York (Rangers)	LNH	14	1	1	2	14	-	-	-	-	-
	New Haven (Ramblers)	AHL	4	0	1	1	6	-	-	-	-	-
	St. Paul (Saints)	USHL	26	0	4	4	18	-	-	-	-	-
1947-48	New York (Rangers)	LNH	18	0	1	1	6	6	0	0	0	4
	New Haven (Ramblers)	AHL	46	7	20	27	22	-	-	-	-	-
1948-49	New Haven (Ramblers)	AHL	30	3	7	10	18	-	-	-	-	-
1949-50	New Haven (Ramblers)	AHL	52	26	31	57	16	-	-	-	-	-
	New York (Rangers)	LNH	16	4	3	7	6	2	0	0	0	0
1950-51	St. Louis (Flyers)	AHL	64	13	36	49	6	-	-	-	-	-
1951-52	Chicoutimi (Saguenéens)	LHMQ	58	11	28	39	32	18	2	7	9	4
1952-53	Chicoutimi (Saguenéens)	LHMQ	56	4	19	23	36	20	2	6	8	17
1953-54	Chicoutimi (Saguenéens)	LHQ	68	5	22	27	65	7	0	0	0	4
1954-55	Shawinigan (Cataractes)	LHQ	60	3	29	32	59	11	2	4	6	8
	Montréal (Canadiens)	**LNH**	**1**	**0**	**0**	**0**	**0**	-	-	-	-	-
	Shawinigan (Cataractes)	Edin.	-	-	-	-	-	7	2	2	4	4
1955-56	Trois-Rivières	LHQ	58	6	16	22	44	11	1	2	3	10
1956-57	Québec (As)	LHQ	67	4	14	18	52	10	0	5	5	6
	Québec (As)	Edin.	-	-	-	-	-	6	1	0	1	6
1957-58	Québec (As)	LHQ	45	3	16	19	24	13	1	2	3	6
	Canada	CM	7	1	4	5	0	-	-	-	-	-
1958-59	Belleville (McFarlands)	EOHL	20	5	8	13	10	-	-	-	-	-
	Canada	CM	8	1	0	1	0	-	-	-	-	-
1959-60	Windsor (Bulldogs)	SOHA	49	6	16	22	50	14	0	4	4	2
1960-61	Kingston (Frontenacs)	EPHL	2	0	1	1	2	-	-	-	-	-
	Clinton (Comets)	EHL	52	6	27	33	22	4	0	1	1	7
		LNH	**49**	**5**	**5**	**10**	**26**	**8**	**0**	**0**	**0**	**4**
		Montréal	**1**	**0**	**0**	**0**	**0**	-	-	-	-	-

• Première équipe d'étoiles (LHMQ) en 1950-51, 1952-53 • Première équipe d'étoiles (LHQ) en 1954-55 • Deuxième équipe d'étoiles (LHQ) en 1955-56, 1956-57 • Nommé meilleur défenseur (CM) en 1958-59 • Médaille d'or (CM) en 1958, 1959 • Deuxième équipe d'étoiles (EHL) en 1960-61

• Droits vendus à Chicago par New York (Rangers) le 19 septembre 1951 • Droits vendus à Montréal par Chicago le 25 octobre 1954 • Réclamé au ballotage par Québec (LHQ) de Shawinigan (LHQ) en octobre 1956

LAMOUREUX, LÉO

Né à Espanola, Ontario, le 1er octobre 1916, décédé le 11 janvier 1961 Défenseur, lance de la gauche, 5'11", 175 lb

Saison	Club	Ligue	PJ	B	A	PTS	PUN	PJ	B	A	PTS	PUN
1932-33	Timmins (Combines)	NOHA	*Statistiques non disponibles*									
	Timmins (Combines)	Allan	-	-	-	-	-	6	1	1	2	4
1933-34	Timmins (Combines)	NOHA	*Statistiques non disponibles*									
	Toronto (CCM)	TMHL	5	1	0	1	2	-	-	-	-	-
1934-35	Oshawa (Generals)	JOHA	14	6	14	20	8	2	4	0	4	4
1935-36	Timmins (Black Shirts)	NOHA	14	10	11	21	19	-	-	-	-	-
1936-37	Kirkland Lake (Blue Devils)	NOHA	6	4	5	9	0	4	1	0	1	2
1937-38	Windsor (Chryslers)	MOHL	31	13	15	28	36	8	4	5	9	6
1938-39	Earls Court (Rangers)	GBR	-	9	7	16	-	-	-	-	-	-
1939-40	Cornwall (Royals)	LHSQ	29	7	9	16	29	5	1	2	3	6
1940-41	Hamilton (Dafascos)	SOHA	28	12	9	21	50	6	1	4	5	8
1941-42	Washington (Lions)	AHL	55	5	19	24	40	2	0	2	2	0
	Montréal (Canadiens)	**LNH**	**1**	**0**	**0**	**0**	**0**	-	-	-	-	-
1942-43	**Montréal (Canadiens)**	**LNH**	**46**	**2**	**16**	**18**	**53**	-	-	-	-	-
	Washington (Lions)	AHL	1	1	0	1	0	-	-	-	-	-
1943-44	**Montréal (Canadiens)**	**LNH**	**44**	**8**	**23**	**31**	**32**	**9**	**0**	**3**	**3**	**8**
1944-45	**Montréal (Canadiens)**	**LNH**	**49**	**2**	**22**	**24**	**58**	**6**	**1**	**1**	**2**	**2**
1945-46	**Montréal (Canadiens)**	**LNH**	**45**	**5**	**7**	**12**	**18**	**9**	**0**	**2**	**2**	**2**
1946-47	**Montréal (Canadiens)**	**LNH**	**50**	**2**	**11**	**13**	**14**	**4**	**0**	**0**	**0**	**4**
1947-48	Buffalo (Bisons)	AHL	15	1	3	4	2	-	-	-	-	-
	Springfield (Indians)	AHL	40	1	14	15	16	-	-	-	-	-
1948-49	Shawinigan (Cataractes)	LHSQ	31	1	18	19	26	-	-	-	-	-
1949-50	Shawinigan (Cataractes)	LHSQ	22	1	15	16	8	-	-	-	-	-
1950-51	Detroit (Hettche)	IHL	13	0	4	4	12	-	-	-	-	-
	Charlottetown (Islanders)	MMHL	1	0	1	1	2	-	-	-	-	-
1951-52	Charlottetown (Islanders)	MMHL	1	0	0	0	0	-	-	-	-	-
1952-53	North Bay (Trappers)	NOHA	8	0	4	4	6	-	-	-	-	-
1953-54			*N'a pas joué*									
1954-55			*N'a pas joué*									
1955-56	Indianapolis (Chiefs)	IHL	24	0	5	5	19	-	-	-	-	-
		LNH	**235**	**19**	**79**	**98**	**175**	**28**	**1**	**6**	**7**	**16**
		Montréal	**235**	**19**	**79**	**98**	**175**	**28**	**1**	**6**	**7**	**16**

• Première équipe d'étoiles (LHSQ) en 1939-40 • Coupe Stanley (LNH) en 1943-44, 1945-46

• Signe avec Cornwall (LHSQ) le 2 octobre 1939 • Signe avec Montréal le 16 octobre 1941 • Prêté à Washington par Montréal avec Connie Tudin, Paul Bibeault et Paul Gauthier le 29 octobre 1941 • Droits vendus à Springfield (AHL) par Montréal le 12 décembre 1947

LANDON, LARRY

Né à Niagara Falls, Ontario, le 4 mai 1958. Ailier droit, lance de la droite, 6', 191 lb (Choix de 8e ronde de Montréal, 137e au total lors du repêchage de 1978)

Saison	Club	Ligue	PJ	B	A	PTS	PUN	PJ	B	A	PTS	PUN
1975-76	Niagara Falls (Canucks)	OHA B	48	56	56	112	-	-	-	-	-	-
	St. Catharines (Fincups)	OMJHL	16	1	1	2	2	-	-	-	-	-
1976-77	St. Catharines (Falcons)	OHA B	32	20	28	48	-	-	-	-	-	-
1977-78	RPI Engineers	ECAC	29	13	22	35	18	-	-	-	-	-
1978-79	RPI Engineers	ECAC	28	18	27	45	12	-	-	-	-	-
1979-80	RPI Engineers	ECAC	28	20	27	47	14	-	-	-	-	-
1980-81	RPI Engineers	ECAC	28	13	17	30	27	-	-	-	-	-
	Nlle-Écosse (Voyageurs)	AHL	2	0	0	0	0	2	0	0	0	0
1981-82	Nlle-Écosse (Voyageurs)	AHL	69	11	15	26	31	8	1	0	1	6
1982-83	Nlle-Écosse (Voyageurs)	AHL	68	18	25	43	43	7	2	0	2	0
1983-84	Nlle-Écosse (Voyageurs)	AHL	79	26	30	56	19	12	7	2	9	2
	Montréal (Canadiens)	**LNH**	**2**	**0**	**0**	**0**	**0**	-	-	-	-	-
1984-85	Sherbrooke (Canadiens)	AHL	21	7	9	16	2	-	-	-	-	-
	Toronto (Maple Leafs)	LNH	7	0	0	0	2	-	-	-	-	-
	St. Catharines (Saints)	AHL	44	21	36	57	8	-	-	-	-	-
		LNH	**9**	**0**	**0**	**0**	**2**	-	-	-	-	-
		Montréal	**2**	**0**	**0**	**0**	**0**	-	-	-	-	-

• Échangé à Toronto par Montréal pour Gaston Gingras le 14 février 1985

LANDRY, ÉRIC

Né à Gatineau, Québec, le 20 janvier 1975. Centre, lance de la gauche, 5'10", 187 lb

Saison	Club	Ligue	PJ	B	A	PTS	PUN	PJ	B	A	PTS	PUN
1992-93	Abitibi-Témiscamingue	QAAA	40	15	11	26	98	1	0	0	0	19

LAM-LAN

SAISONS RÉGULIÈRES — SÉRIES ÉLIMINATOIRES

709

SAISON	CLUB	LIGUE	PJ	B	A	PTS	PUN	PJ	B	A	PTS	PUN
1993-94	Saint-Hyacinthe (Laser)	LHJMQ	69	42	34	76	128	7	4	2	6	13
1994-95	Saint-Hyacinthe (Laser)	LHJMQ	68	38	36	74	249	5	2	1	3	10
1995-96	Cap-Breton (Oilers)	AHL	74	19	33	52	187	-	-	-	-	-
1996-97	Hamilton (Bulldogs)	AHL	74	15	17	32	139	22	6	7	13	43
1997-98	Calgary (Flames)	LNH	12	1	0	1	4	-	-	-	-	-
	Saint John (Flames)	AHL	61	17	21	38	194	20	4	6	10	58
	États-Unis	CMH	2	0	0	0	0	-	-	-	-	-
1998-99	Calgary (Flames)	LNH	3	0	1	1	0	-	-	-	-	-
	Saint John (Flames)	AHL	56	19	22	41	158	7	2	5	7	12
1999-00	Kentucky (Thoroughblades)	AHL	79	35	31	66	170	9	3	6	9	2
2000-01	**Montréal (Canadiens)**	**LNH**	**51**	**4**	**7**	**11**	**43**	**-**	**-**	**-**	**-**	**-**
	Québec (Citadelles)	AHL	27	14	18	32	90	9	4	4	8	35
2001-02	**Montréal (Canadiens)**	**LNH**	**2**	**0**	**1**	**1**	**0**	**-**	**-**	**-**	**-**	**-**
	Québec (Citadelles)	AHL	63	32	43	75	125	3	1	1	2	16
2002-03	Utah (Grizzlies)	AHL	73	26	36	62	119	2	0	1	1	2
2003-04	Lausanne HC	SUI	47	21	27	48	90	4	1	3	4	4
	Lausanne HC	SUI-Q	8	3	2	5	37	-	-	-	-	-
2004-05	Lausanne HC	SUI	41	18	21	39	88	8	1	3	4	22
2005-06	EHC Basel	SUI	40	20	16	36	118	5	0	0	0	12
2006-07	EHC Basel	SUI	16	4	5	9	40	-	-	-	-	-
	SC Bern	SUI	27	5	6	11	32	10	3	3	6	8
2007-08	Moscou (Dynamo)	RUS	41	10	6	16	52	9	4	4	8	2
		LNH	**68**	**5**	**9**	**14**	**47**	**-**	**-**	**-**	**-**	**-**
		Montréal	**53**	**4**	**8**	**12**	**43**	**-**	**-**	**-**	**-**	**-**

• Équipe d'étoiles des recrues (LHJMQ) en 1993-94

• Signe avec Calgary comme joueur autonome le 20 août 1997 • Échangé à San Jose par Calgary pour Fredrik Oduya le 12 juillet 1999 • Signe avec Montréal comme joueur autonome le 7 juillet 2000 • Signe avec Lausanne HC (SUI) comme joueur autonome le 9 avril 2003 • Signe avec le Dynamo de Moscou (RUS) comme joueur autonome le 30 août 2007 • Signe avec EHC Basel (SUI) comme joueur autonome le 17 mai 2005 • Signe avec SC Bern (SUI) comme joueur autonome le 9 novembre 2006

LANGDON, DARREN

Né à Deer Lake, Terre-Neuve, le 8 janvier 1971.
Ailier gauche, lance de la gauche, 6'1", 205 lb

SAISON	CLUB	LIGUE	PJ	B	A	PTS	PUN	PJ	B	A	PTS	PUN
1991-92	Summerside (Lightning)	MJrHL	44	34	49	83	441	-	-	-	-	-
1992-93	Binghamton (Rangers)	AHL	18	3	4	7	115	8	0	1	1	14
	Dayton (Bombers)	ECHL	54	23	22	45	429	3	0	1	1	40
1993-94	Binghamton (Rangers)	AHL	54	2	7	9	327	-	-	-	-	-
1994-95	Binghamton (Rangers	AHL	55	6	14	20	296	11	1	3	4	84
	New York (Rangers)	LNH	18	1	1	2	62	-	-	-	-	-
1995-96	New York (Rangers)	LNH	64	7	4	11	175	2	0	0	0	0
	Binghamton Rangers	AHL	1	0	0	0	12	-	-	-	-	-
1996-97	New York (Rangers)	LNH	60	3	6	9	195	10	0	0	0	2
1997-98	New York (Rangers)	LNH	70	3	3	6	197	-	-	-	-	-
1998-99	New York (Rangers)	LNH	44	0	0	0	80	-	-	-	-	-
1999-00	New York (Rangers)	LNH	21	0	1	1	26	-	-	-	-	-
2000-01	Caroline (Hurricanes)	LNH	54	0	2	2	94	4	0	0	0	12
2001-02	Caroline (Hurricanes)	LNH	58	2	1	3	106	-	-	-	-	-
2002-03	Caroline (Hurricanes)	LNH	9	0	0	0	16	-	-	-	-	-
	Vancouver (Canucks)	LNH	45	0	1	1	143	-	-	-	-	-
2003-04	**Montréal (Canadiens)**	**LNH**	**64**	**0**	**3**	**3**	**135**	**9**	**1**	**0**	**1**	**6**
2004-05			*N'a pas joué*									
2005-06	New Jersey (Devils)	LNH	14	0	1	1	22	-	-	-	-	-
		LNH	**521**	**16**	**23**	**39**	**1251**	**25**	**1**	**0**	**1**	**20**
		Montréal	**64**	**0**	**3**	**3**	**135**	**9**	**1**	**0**	**1**	**6**

• Signe avec New York (Rangers) comme joueur autonome le 16 août 1993 • Échangé en Caroline par New York (Rangers) avec Rob DiMaio pour Sandy McCarthy et du choix de 4e ronde de la Caroline au repêchage de 2001 (Bryce Lampman) le 4 août 2000 • Échangé à Vancouver par la Caroline avec Marek Malik pour Jan Hlavac et Harold Druken le 1er novembre 2002 • Réclamé par Montréal de Vancouver au ballottage lors du repêchage intra-ligue le 3 octobre 2003 • Signe avec New Jersey comme joueur autonome le 3 juillet 2004 • Annonce officiellement sa retraite le 9 septembre 2006

LANGLOIS, ALBERT

Né à Magog, Québec, le 6 novembre 1934.Défenseur, lance de la gauche, 6', 205 lb

SAISON	CLUB	LIGUE	PJ	B	A	PTS	PUN	PJ	B	A	PTS	PUN
1952-53	Québec (Citadelle)	LHJQ	9	0	0	0	0	-	-	-	-	-
1953-54	Québec (Frontenacs)	LHJQ	63	2	11	13	84	8	1	2	3	8
	Québec (Frontenacs)	Mem.	-	-	-	-	-	8	0	4	4	0
1954-55	Québec (Citadelle)	LHJQ	43	2	18	20	73	9	1	3	4	12
	Québec (Citadelle)	Mem.	-	-	-	-	-	9	2	0	2	6
1955-56	Shawinigan (Cataractes)	LHQ	64	8	6	14	48	11	2	4	6	14
1956-57	Shawinigan (Cataractes)	LHQ	16	0	2	2	12	-	-	-	-	-
	Rochester (Americans)	AHL	47	5	24	29	64	10	0	4	4	18
1957-58	Rochester (Americans)	AHL	68	0	11	11	88	-	-	-	-	-
	Montréal (Canadiens)	**LNH**	**1**	**0**	**0**	**0**	**0**	**7**	**0**	**1**	**1**	**4**
1958-59	**Montréal (Canadiens)**	**LNH**	**48**	**0**	**3**	**3**	**26**	**7**	**0**	**0**	**0**	**4**
1959-60	**Montréal (Canadiens)**	**LNH**	**67**	**1**	**4**	**15**	**48**	**8**	**0**	**3**	**3**	**18**
	Match des étoiles	LNH	1	0	0	0	0	-	-	-	-	-
1960-61	**Montréal (Canadiens)**	**LNH**	**61**	**1**	**12**	**13**	**56**	**5**	**0**	**0**	**0**	**6**
	Match des étoiles	LNH	1	0	0	0	0	-	-	-	-	-
1961-62	New York (Rangers)	LNH	69	7	18	25	90	6	0	1	1	2
1962-63	New York (Rangers)	LNH	60	2	14	16	62	-	-	-	-	-
1963-64	New York (Rangers)	LNH	44	4	2	6	32	-	-	-	-	-
	Baltimore (Clippers)	AHL	6	1	0	1	6	-	-	-	-	-
	Detroit (Red Wings)	LNH	17	1	6	7	13	14	0	0	0	12
1964-65	Detroit (Red Wings)	LNH	65	1	12	13	107	6	1	0	1	4
1965-66	Boston (Bruins)	LNH	65	4	10	14	54	-	-	-	-	-
1966-67	Los Angeles (Blades)	WHL	59	6	34	40	97	-	-	-	-	-
		LNH	**497**	**21**	**91**	**112**	**488**	**53**	**1**	**5**	**6**	**50**
		Montréal	**177**	**2**	**29**	**31**	**130**	**27**	**0**	**4**	**4**	**32**

• Deuxième équipe d'étoiles (LHQ) en 1955-56 • Coupe Stanley (LNH) en 1957-58, 1958-59, 1959-60 • Match des étoiles (LNH) en 1959-60, 1960-61

• Échangé à New York par Montréal pour John Hanna le 13 juin 1961 • Échangé à Detroit par New York pour Ron Ingram le 14 février 1964 • Échangé à Boston par Detroit avec Ron Harris, Parker MacDonald, Bob Dillabough pour Al McDonald, Bob McCord et Ken Stephanson le 31 mai 1965

LANGLOIS, CHARLES

Né à Lotbinière, Québec, le 25 août 1894, décédé le 31 août 1965
Défenseur/Ailier droit, lance de la droite, 6', 210 lb

SAISON	CLUB	LIGUE	PJ	B	A	PTS	PUN	PJ	B	A	PTS	PUN
1916-17	Montréal (Stars)	LHCM	10	2	5	7	24	4	3	2	5	15
	Montréal (Lyalls)	LHCM	11	8	0	8	-	-	-	-	-	-
1917-18	Montréal (Lyalls)	LHCM	11	10	7	17	24	1	1	0	1	0
1918-19	Montréal (National)	LHCM	3	5	3	8	3	-	-	-	-	-
	Montréal (Vickers)	LHCM	6	4	0	4	-	-	-	-	-	-
1919-20	Sudbury (Wolves)	NOHA	6	5	2	7	2	7	6	4	10	12
1920-21	Sudbury (Wolves)	NOHA	9	8	5	13	*61	-	-	-	-	-
1921-22	Sudbury (Wolves)	NOHA	8	1	2	3	21	-	-	-	-	-
1922-23	Sudbury (Wolves)	NOHA	7	1	1	2	6	2	0	0	0	0
1923-24	Sudbury (Wolves)	NOHA	*Statistiques non disponibles*									
1924-24	Hamilton (Tigers)	LNH	30	6	3	10	47	-	-	-	-	-
1925-26	New York (Americans)	LNH	36	9	1	10	76	-	-	-	-	-
1926-27	New York (Americans)	LNH	9	2	0	2	8	-	-	-	-	-
	Pittsburgh (Pirates)	LNH	36	5	1	6	36	-	-	-	-	-
1927-28	Pittsburgh (Pirates)	LNH	8	0	0	0	8	-	-	-	-	-
	Montréal (Canadiens)	**LNH**	**32**	**0**	**0**	**0**	**14**	**2**	**0**	**0**	**0**	**0**
1928-29	Providence (Reds)	Can-Am	37	3	0	3	26	5	0	0	0	*24
1929-30	Duluth (Hornets)	AHA	46	7	1	8	87	4	0	0	0	0
1930-31	Duluth (Hornets)	AHA	47	2	6	8	64	4	0	0	0	6
1931-32	Tulsa (Oilers)	AHA	30	1	2	3	73	-	-	-	-	-
		LNH	**151**	**22**	**5**	**27**	**189**	**2**	**0**	**0**	**0**	**0**
		Montréal	**32**	**0**	**0**	**0**	**14**	**2**	**0**	**0**	**0**	**0**

• Deuxième équipe d'étoiles (LHCM) en 1916-17, 1917-18 • Première équipe d'étoiles (NOHA) en 1920-21

• Signe avec Hamilton le 16 octobre 1924 • Transfert de la concession de Hamilton à New York (Americans) le 26 septembre 1925 • Échangé à Pittsburgh par New York (Americains) avec une somme d'argent pour Lionel Conacher le 16 décembre 1926 • Prêté à Montréal par Pittsburgh pour Marty Burke le 16 décembre 1927

LANGWAY, ROD

Né à Maag, Formose (Taiwan), le 3 mai 1957. Défenseur, lance de la gauche, 6'3", 218 lb
(Choix de 2e ronde de Montréal, 36e au total lors du repêchage de 1977)

SAISON	CLUB	LIGUE	PJ	B	A	PTS	PUN	PJ	B	A	PTS	PUN
1975-76	New Hampshire University	ECAC	31	3	13	16	10	-	-	-	-	-
1976-77	New Hampshire University	ECAC	34	10	43	53	52	-	-	-	-	-
1977-78	Birmingham (Bulls)	AMH	52	3	18	21	52	4	0	0	0	9
	Hampton (Gulls)	AHL	30	6	16	22	50	-	-	-	-	-
1978-79	Nlle-Écosse (Voyageurs)	AHL	18	6	13	19	29	-	-	-	-	-
	Montréal (Canadiens)	**LNH**	**45**	**3**	**4**	**7**	**30**	**8**	**0**	**0**	**0**	**16**
1979-80	**Montréal (Canadiens)**	**LNH**	**77**	**7**	**29**	**36**	**81**	**10**	**3**	**3**	**6**	**2**
1980-81	**Montréal (Canadiens)**	**LNH**	**80**	**11**	**34**	**45**	**120**	**3**	**0**	**0**	**0**	**6**
	Match des étoiles	LNH	1	0	0	0	0	-	-	-	-	-
1981-82	**Montréal (Canadiens)**	**LNH**	**66**	**5**	**34**	**39**	**116**	**5**	**0**	**3**	**3**	**18**
	Match des étoiles	LNH	1	0	0	0	0	-	-	-	-	-
	États Unis	CC	6	0	1	1	8	-	-	-	-	-
1982-83	Washington (Capitals)	LNH	80	3	29	32	75	4	0	0	0	0
	Match des étoiles	LNH	1	0	0	0	0	-	-	-	-	-
1983-84	Washington (Capitals)	LNH	80	9	24	33	61	8	0	5	5	7
	Match des étoiles	LNH	1	0	0	0	0	-	-	-	-	-
1984-85	Washington (Capitals)	LNH	79	4	22	26	54	5	0	1	1	6
	Match des étoiles	LNH	1	0	1	1	0	-	-	-	-	-
	États Unis	CC	6	1	1	2	8	-	-	-	-	-
1985-86	Washington (Capitals)	LNH	71	1	17	18	61	9	1	2	3	6
	Match des étoiles	LNH	1	0	0	0	0	-	-	-	-	-
1986-87	Washington (Capitals)	LNH	78	2	25	27	53	7	0	1	1	2
	Étoiles LNH	RV-87	2	0	0	0	0	-	-	-	-	-
1987-88	Washington (Capitals)	LNH	63	3	13	16	28	6	0	0	0	8
	États Unis	CC	5	0	1	1	6	-	-	-	-	-
1988-89	Washington (Capitals)	LNH	76	2	19	21	65	6	0	0	0	6
1989-90	Washington (Capitals)	LNH	58	0	8	8	39	15	1	4	5	12
1990-91	Washington (Capitals)	LNH	56	1	7	8	24	11	0	2	2	6
1991-92	Washington (Capitals)	LNH	64	0	13	13	22	7	0	1	1	2
1992-93	Washington (Capitals)	LNH	21	0	0	0	20	-	-	-	-	-
1993-94	Richmond (Renegades)	ECHL	*N'a pas joué – assistant coach*									
1994-95	Richmond (Renegades)	ECHL	6	0	0	0	2	9	1	1	2	4
1995-96	San Francisco (Spiders)	IHL	46	1	5	6	38	-	-	-	-	-
1996-97	Richmond (Renegades)	ECHL	*N'a pas joué – assistant coach*									
1997-98	Providence (Bruins)	AHL	10	0	1	1	10	-	-	-	-	-
		LNH	**994**	**51**	**278**	**329**	**849**	**104**	**5**	**22**	**27**	**97**
		Montréal	**268**	**26**	**101**	**127**	**347**	**26**	**3**	**6**	**9**	**42**

• Coupe Stanley (LNH) en 1978-79 • Match des étoiles (LNH) en 1980-81, 1981-82, 1982-83, 1983-84, 1984-85, 1985-86 • Première équipe d'étoiles (LNH) en 1982-83, 1983-84 • Deuxième équipe d'étoiles (LNH) en 1984-85 • Trophée James-Norris (LNH) en 1982-83, 1983-84 • Équipe d'étoiles (CC) en 1984

• Réclamé par Birmingham lors du repêchage de 1977 de l'AMH en mai 1977 • Échangé à Washington par Montréal avec Doug Jarvis, Brian Engblom et Craig Laughlin pour Ryan Walter et Rick Green le 9 septembre 1982

LAPERRIÈRE, JACQUES

Né à Rouyn, Québec, le 22 novembre 1941. Défenseur, lance de la gauche, 6'2", 190 lb

SAISONS RÉGULIÈRES — SÉRIES ÉLIMINATOIRES

SAISON	CLUB	LIGUE	PJ	B	A	PTS	PUN	PJ	B	A	PTS	PUN
1958-59	Hull-Ottawa (Canadiens)	EOHL	1	1	1	2	2	2	0	0	0	0
	Hull-Ottawa (Canadiens)	Mem.	-	-	-	-	-	9	1	0	1	16
1959-60	Brockville (Canadiens)	OVJHL	*Statistiques non disponibles*									
	Hull-Ottawa (Canadiens)	EPHL	5	0	2	2	0	-	-	-	-	-
	Brockville (Canadiens)	Mem.	-	-	-	-	-	13	0	13	13	34
1960-61	Hull (Canadiens)	IPSHL	-	11	29	40	-	-	-	-	-	-
	Hull-Ottawa (Canadiens)	EPHL	5	0	0	0	2	3	0	2	2	4
	Hull (Canadiens)	Allan	-	-	-	-	-	3	0	0	0	4
1961-62	Montréal (Canadiens)	JOHA	48	20	37	57	98	6	0	1	1	11
	Hull-Ottawa (Canadiens)	EPHL	1	0	0	0	4	7	1	4	5	6
1962-63	Hull-Ottawa (Canadiens)	EPHL	40	8	19	27	51	2	0	0	0	0
	Montréal (Canadiens)	**LNH**	**6**	**0**	**2**	**2**	**2**	**5**	**0**	**1**	**1**	**4**
1963-64	**Montréal (Canadiens)**	**LNH**	**65**	**2**	**28**	**30**	**102**	**7**	**1**	**1**	**2**	**8**
1964-65	**Montréal (Canadiens)**	**LNH**	**67**	**5**	**22**	**27**	**92**	**6**	**1**	**1**	**2**	**16**
	Match des étoiles	LNH	1	0	1	1	2	-	-	-	-	-
1965-66	**Montréal (Canadiens)**	**LNH**	**57**	**6**	**25**	**31**	**85**	-	-	-	-	-
	Match des étoiles	LNH	1	1	0	1	0	-	-	-	-	-
1966-67	**Montréal (Canadiens)**	**LNH**	**61**	**0**	**20**	**20**	**48**	**9**	**0**	**1**	**1**	**9**
	Match des étoiles	LNH	1	0	0	0	0	-	-	-	-	-
1967-68	**Montréal (Canadiens)**	**LNH**	**72**	**4**	**21**	**25**	**84**	**13**	**1**	**3**	**4**	**20**
	Match des étoiles	LNH	1	0	0	0	0	-	-	-	-	-
1968-69	**Montréal (Canadiens)**	**LNH**	**69**	**5**	**26**	**31**	**45**	**14**	**1**	**3**	**4**	**28**
1969-70	**Montréal (Canadiens)**	**LNH**	**73**	**6**	**31**	**37**	**98**	-	-	-	-	-
	Match des étoiles	LNH	1	1	0	1	0	-	-	-	-	-
1970-71	**Montréal (Canadiens)**	**LNH**	**49**	**0**	**16**	**16**	**20**	**20**	**4**	**9**	**13**	**12**
1971-72	**Montréal (Canadiens)**	**LNH**	**73**	**3**	**25**	**28**	**50**	**4**	**0**	**0**	**0**	**2**
1972-73	**Montréal (Canadiens)**	**LNH**	**57**	**7**	**16**	**23**	**34**	**10**	**1**	**3**	**4**	**2**
1973-74	**Montréal (Canadiens)**	**LNH**	**42**	**2**	**10**	**12**	**14**	-	-	-	-	-
		LNH	**691**	**40**	**242**	**282**	**674**	**88**	**9**	**22**	**31**	**101**
		Montréal	**691**	**40**	**242**	**282**	**674**	**88**	**9**	**22**	**31**	**101**

• Match des étoiles (LNH) en 1964-65, 1965-66, 1966-67, 1967-68, 1969-70 • Première équipe d'étoiles (LNH) en 1964-65, 1965-66 • Deuxième équipe d'étoiles (LNH) en 1963-64, 1969-70 • Trophée Calder (LNH) en 1963-64 • Coupe Stanley (LNH) en 1964-65, 1965-66, 1967-68, 1968-69, 1970-71, 1972-73 • Trophée James-Norris (LNH) en 1965-66 • Temple de la Renommée (LNH) en 1987

LAPIERRE, MAXIM

Né à Saint-Léonard, Québec, le 29 mars 1985. Centre, lance de la droite, 6'2", 200 lb (Choix de 2e ronde de Montréal, 61e au total lors du repêchage de 2003)

SAISON	CLUB	LIGUE	PJ	B	A	PTS	PUN	PJ	B	A	PTS	PUN
2001-02	Cap-de-Madeleine (Estacades)	QAAA	42	14	27	41	44	10	3	5	8	16
	Montréal (Rocket)	LHJMQ	9	2	0	2	2	-	-	-	-	-
2002-03	Montréal (Rocket)	LHJMQ	72	22	21	43	55	7	1	3	4	6
2003-04	P.E.I. (Rocket)	LHJMQ	67	25	36	61	138	11	7	2	9	14
2004-05	P.E.I. (Rocket)	LHJMQ	69	25	27	52	139	-	-	-	-	-
2005-06	**Montréal (Canadiens)**	**LNH**	**1**	**0**	**0**	**0**	**0**	-	-	-	-	-
	Hamilton (Bullgogs)	AHL	73	13	23	36	214	-	-	-	-	-
2006-07	**Montréal (Canadiens)**	**LNH**	**46**	**6**	**6**	**12**	**24**	-	-	-	-	-
	Hamilton (Bullgogs)	AHL	37	11	13	24	59	22	6	6	12	41
2007-08	**Montréal (Canadiens)**	**LNH**	**53**	**7**	**11**	**18**	**60**	**12**	**0**	**3**	**3**	**6**
	Hamilton (Bullgogs)	AHL	19	7	7	14	63	-	-	-	-	-
		LNH	**100**	**13**	**17**	**30**	**84**	**12**	**0**	**3**	**3**	**6**
		Montréal	**100**	**13**	**17**	**30**	**84**	**12**	**0**	**3**	**3**	**6**

• Coupe Calder (AHL) en 2006-07

LAPOINTE, GUY

Né à Montréal, Québec, le 18 mars 1948. Défenseur, lance de la gauche, 6', 205 lb

SAISON	CLUB	LIGUE	PJ	B	A	PTS	PUN	PJ	B	A	PTS	PUN
1965-66	Verdun (Maple Leafs)	LHJQ	37	7	13	20	96	-	-	-	-	-
1966-67	Verdun (Maple Leafs)	LHJQ	-	-	-	-	-	12	1	1	2	14
1967-68	Montréal (Canadiens Jr)	JOHA	51	11	27	38	147	11	1	6	7	40
1968-69	Houston (Apollos)	CHL	65	3	15	18	120	3	1	0	1	6
	Montréal (Canadiens)	**LNH**	**1**	**0**	**0**	**0**	**2**	-	-	-	-	-
1969-70	Montréal (Voyageurs)	AHL	57	8	30	38	92	8	3	5	8	6
	Montréal (Canadiens)	**LNH**	**5**	**0**	**0**	**0**	**4**	-	-	-	-	-
1970-71	**Montréal (Canadiens)**	**LNH**	**78**	**15**	**29**	**44**	**107**	**20**	**4**	**5**	**9**	**34**
1971-72	**Montréal (Canadiens)**	**LNH**	**69**	**11**	**38**	**49**	**58**	**6**	**0**	**1**	**1**	**0**
1972-73	**Montréal (Canadiens)**	**LNH**	**76**	**19**	**35**	**54**	**117**	**17**	**6**	**7**	**13**	**20**
	Match des étoiles	LNH	1	0	1	1	0	-	-	-	-	-
	Canada	Siècle	7	0	1	1	6	-	-	-	-	-
1973-74	**Montréal (Canadiens)**	**LNH**	**71**	**13**	**40**	**53**	**63**	**6**	**0**	**2**	**2**	**4**
1974-75	**Montréal (Canadiens)**	**LNH**	**80**	**28**	**47**	**75**	**88**	**11**	**6**	**4**	**10**	**4**
	Match des étoiles	LNH	1	0	0	0	0	-	-	-	-	-
1975-76	**Montréal (Canadiens)**	**LNH**	**77**	**21**	**47**	**68**	**78**	**13**	**3**	**3**	**6**	**12**
	Match des étoiles	LNH	1	0	1	1	0	-	-	-	-	-
1976-77	**Montréal (Canadiens)**	**LNH**	**77**	**25**	**51**	**76**	**53**	**12**	**3**	**9**	**12**	**4**
	Match des étoiles	LNH	1	0	0	0	4	-	-	-	-	-
	Canada	CC	7	0	4	4	2	-	-	-	-	-
1977-78	**Montréal (Canadiens)**	**LNH**	**49**	**13**	**29**	**42**	**19**	**14**	**1**	**6**	**7**	**16**
1978-79	**Montréal (Canadiens)**	**LNH**	**69**	**13**	**42**	**55**	**43**	**10**	**2**	**6**	**8**	**10**
	Équipe d'Étoiles LNH	Défi 79	1	0	0	0	0	-	-	-	-	-
1979-80	**Montréal (Canadiens)**	**LNH**	**45**	**6**	**20**	**26**	**29**	**2**	**0**	**0**	**0**	**0**
1980-81	**Montréal (Canadiens)**	**LNH**	**33**	**1**	**9**	**10**	**79**	**1**	**0**	**0**	**0**	**17**
1981-82	**Montréal (Canadiens)**	**LNH**	**47**	**1**	**19**	**20**	**72**	-	-	-	-	-
	St. Louis (Blues)	LNH	8	0	6	6	4	7	1	0	1	8
1982-83	St. Louis (Blues)	LNH	54	3	23	26	43	4	0	1	1	9
1983-84	Boston (Bruins)	LNH	45	2	16	18	34	-	-	-	-	-
		LNH	**884**	**171**	**451**	**622**	**893**	**123**	**26**	**44**	**70**	**138**
		Montréal	**777**	**166**	**406**	**572**	**812**	**112**	**25**	**43**	**68**	**121**

• Première équipe d'étoiles (AHL) en 1969-70 • Coupe Stanley (LNH) en 1970-71, 1972-73, 1975-76, 1976-77, 1977-78, 1978-79 • Première équipe d'étoiles (LNH) en 1972-73 • Deuxième équipe d'étoiles (LNH) en 1974-75, 1975-76 • Match des étoiles (LNH) en 1972-73, 1974-75, 1975-76, 1976-77 • Membre du Temple de la Renommée (LNH) en 1993

• Échangé à St. Louis par Montréal pour le choix de 2e ronde de St. Louis au repêchage de 1983 (Sergio Momesso) le 9 mars 1982 • Signe avec Boston comme joueur autonome le 15 août 1983

LAROCHELLE, WILDOR

Né à Sorel, Québec, le 23 septembre 1906, décédé le 21 mars 1964 Ailier droit, lance de la droite, 5'8", 155 lb

SAISON	CLUB	LIGUE	PJ	B	A	PTS	PUN	PJ	B	A	PTS	PUN
1925-26	**Montréal (Canadiens)**	**LNH**	**33**	**2**	**1**	**3**	**10**	-	-	-	-	-
1926-27	**Montréal (Canadiens)**	**LNH**	**41**	**0**	**1**	**1**	**6**	**4**	**0**	**0**	**0**	**0**
1927-28	**Montréal (Canadiens)**	**LNH**	**40**	**3**	**1**	**4**	**30**	**2**	**0**	**0**	**0**	**0**
1928-29	Providence (Reds)	Can-Am	39	8	4	12	50	6	0	1	1	8
	Montréal (Canadiens)	**LNH**	**2**	**0**	**0**	**0**	**0**	-	-	-	-	-
1929-30	**Montréal (Canadiens)**	**LNH**	**44**	**14**	**11**	**25**	**28**	**6**	**1**	**0**	**1**	**12**
1930-31	**Montréal (Canadiens)**	**LNH**	**40**	**8**	**5**	**13**	**35**	**10**	**1**	**2**	**3**	**8**
1931-32	**Montréal (Canadiens)**	**LNH**	**48**	**18**	**8**	**26**	**16**	**4**	**2**	**1**	**3**	**4**
1932-33	**Montréal (Canadiens)**	**LNH**	**47**	**11**	**4**	**15**	**27**	**2**	**1**	**0**	**1**	**0**
1933-34	**Montréal (Canadiens)**	**LNH**	**48**	**16**	**11**	**27**	**27**	**2**	**1**	**1**	**2**	**0**
1934-35	**Montréal (Canadiens)**	**LNH**	**48**	**9**	**19**	**28**	**12**	**2**	**0**	**0**	**0**	**0**
1935-36	**Montréal (Canadiens)**	**LNH**	**13**	**0**	**2**	**2**	**6**	-	-	-	-	-
	Chicago (Black Hawks)	LNH	27	2	1	3	8	2	0	0	0	0
	Philadelphie (Arrows)	Can-Am	6	2	3	5	0	-	-	-	-	-
1936-37	Chicago (Black Hawks)	LNH	43	9	10	19	6	-	-	-	-	-
1937-38			*N'a pas joué*									
1938-39	New Haven (Eagles)	IAHL	21	2	3	5	2	-	-	-	-	-
		LNH	**474**	**92**	**74**	**166**	**211**	**34**	**6**	**4**	**10**	**24**
		Montréal	**404**	**81**	**63**	**144**	**197**	**32**	**6**	**4**	**10**	**24**

• Coupe Stanley (LNH) en 1929-30, 1930-31

• Signe avec Montréal le 23 novembre 1925 • Prêté à Providence (Can-Am) par Montréal le 12 novembre 1928 • Droits vendus à Chicago par Montréal le 21 décembre 1935 • Droits vendus à St. Louis par Chicago le 24 septembre 1937

LAROSE, CLAUDE

Né à Hearst, Ontario, le 2 mars 1942. Ailier droit, lance de la droite, 6', 180 lb

SAISON	CLUB	LIGUE	PJ	B	A	PTS	PUN	PJ	B	A	PTS	PUN
1959-60	Peterborough (Petes)	JOHA	48	9	10	19	34	12	2	7	9	17
1960-61	Peterborough (Petes)	JOHA	46	36	27	63	108	5	5	0	5	31
1961-62	Peterborough (Petes)	JOHA	50	18	36	54	150	-	-	-	-	-
	Hull-Ottawa (Canadiens)	EPHL	1	0	1	1	2	6	3	1	4	6
1962-63	Hull-Ottawa (Canadiens)	EPHL	49	19	24	43	42	3	1	0	1	2
	Montréal (Canadiens)	**LNH**	**4**	**0**	**0**	**0**	**0**	-	-	-	-	-
1963-64	Omaha (Knights)	CPHL	47	27	22	49	105	8	8	6	14	17
	Montréal (Canadiens)	**LNH**	**21**	**1**	**1**	**2**	**43**	**2**	**1**	**0**	**1**	**0**
1964-65	**Montréal (Canadiens)**	**LNH**	**68**	**21**	**16**	**37**	**82**	**13**	**0**	**1**	**1**	**14**
1965-66	**Montréal (Canadiens)**	**LNH**	**64**	**15**	**18**	**33**	**67**	**6**	**0**	**1**	**1**	**31**
	Match des étoiles	LNH	1	0	1	1	2	-	-	-	-	-
1966-67	**Montréal (Canadiens)**	**LNH**	**69**	**19**	**16**	**35**	**82**	**10**	**1**	**5**	**6**	**15**
	Match des étoiles	LNH	1	0	1	1	0	-	-	-	-	-
1967-68	Houston (Apollos)	CPHL	10	6	7	13	32	-	-	-	-	-
	Montréal (Canadiens)	**LNH**	**42**	**2**	**9**	**11**	**28**	**12**	**3**	**2**	**5**	**8**
1968-69	Minnesota (North Stars)	LNH	67	25	37	62	106	-	-	-	-	-
	Match des étoiles	LNH	1	1	0	1	0	-	-	-	-	-
1969-70	Minnesota (North Stars)	LNH	75	24	23	47	109	6	1	1	2	25
	Match des étoiles	LNH	1	0	0	0	0	-	-	-	-	-
1970-71	**Montréal (Canadiens)**	**LNH**	**64**	**10**	**13**	**23**	**90**	**11**	**1**	**0**	**1**	**10**
1971-72	**Montréal (Canadiens)**	**LNH**	**77**	**20**	**18**	**38**	**64**	**6**	**2**	**1**	**3**	**23**
1972-73	**Montréal (Canadiens)**	**LNH**	**73**	**11**	**23**	**34**	**30**	**17**	**3**	**4**	**7**	**6**
1973-74	**Montréal (Canadiens)**	**LNH**	**39**	**17**	**7**	**24**	**52**	**5**	**0**	**2**	**2**	**11**
1974-75	**Montréal (Canadiens)**	**LNH**	**8**	**1**	**2**	**3**	**6**	-	-	-	-	-
	St. Louis (Blues)	LNH	56	10	17	27	38	2	1	1	2	0
1975-76	St. Louis (Blues)	LNH	67	13	25	38	48	3	0	0	0	0
1976-77	St. Louis (Blues)	LNH	80	29	19	48	22	4	1	0	1	0
1977-78	St. Louis (Blues)	LNH	69	8	13	21	20	-	-	-	-	-
		LNH	**943**	**226**	**257**	**483**	**887**	**97**	**14**	**18**	**32**	**143**
		Montréal	**529**	**117**	**123**	**240**	**544**	**82**	**11**	**16**	**27**	**118**

• Coupe Stanley (LNH) en 1964-65, 1965-66, 1967-68, 1970-71, 1972-73 • Match des étoiles (LNH) en 1965-66, 1966-67, 1968-69, 1969-70

• Échangé au Minnesota par Montréal avec Danny Grant pour le 1er choix du Minnesota au repêchage de 1972 (Dave Gardner) et des considérations futures (Marshall Johnston le 25 mai 1971) le 10 juin 1968 • Échangé à Montréal par Minnesota pour Robert Rousseau le 10 juin 1970 • Droits vendus à St. Louis par Montréal le 5 décembre 1974

LAROUCHE, PIERRE

Né à Taschereau, Québec, le 16 novembre 1955. Centre, lance de la droite, 5'11", 175 lb (Choix de 1re ronde de Pittsburgh, 8e au total lors du repêchage de 1974)

SAISON	CLUB	LIGUE	PJ	B	A	PTS	PUN	PJ	B	A	PTS	PUN
1972-73	Québec (Remparts)	LHJMQ	20	6	7	13	20	-	-	-	-	-
	Sorel (Éperviers)	LHJMQ	43	47	54	101	24	10	7	6	13	2
1973-74	Sorel (Éperviers)	LHJMQ	67	94	*157	*251	53	13	15	18	33	20
1974-75	Pittsburgh (Penguins)	LNH	79	31	37	68	52	9	2	5	7	2
1975-76	Pittsburgh (Penguins)	LNH	76	53	58	111	33	3	0	1	1	0
	Match des étoiles	LNH	1	0	1	1	0	-	-	-	-	-
1976-77	Pittsburgh (Penguins)	LNH	65	29	34	63	14	3	0	3	3	0
	Canada	CM	10	7	8	15	16	-	-	-	-	-
1977-78	Pittsburgh (Penguins)	LNH	20	6	5	11	0	-	-	-	-	-
	Montréal (Canadiens)	**LNH**	**44**	**17**	**32**	**49**	**11**	**5**	**2**	**1**	**3**	**4**
1978-79	**Montréal (Canadiens)**	**LNH**	**36**	**9**	**13**	**22**	**4**	**6**	**1**	**3**	**4**	**0**
1979-80	**Montréal (Canadiens)**	**LNH**	**73**	**50**	**41**	**91**	**16**	**9**	**1**	**7**	**8**	**2**
1980-81	**Montréal (Canadiens)**	**LNH**	**61**	**25**	**28**	**53**	**28**	**2**	**0**	**2**	**2**	**0**

LAP-LAR

SAISONS RÉGULIÈRES — SÉRIES ÉLIMINATOIRES
711

Saison	Club	Ligue	PJ	B	A	PTS	PUN	PJ	B	A	PTS	PUN
1981-82	**Montréal (Canadiens)**	**LNH**	**22**	**9**	**12**	**21**	**0**	-	-	-	-	-
	Hartford (Whalers)	LNH	45	25	25	50	12	-	-	-	-	-
1982-83	Hartford (Whalers)	LNH	38	18	22	40	8	-	-	-	-	-
1983-84	New York (Rangers)	LNH	77	48	33	81	22	5	3	1	4	2
	Match des étoiles	LNH	1	2	0	2	0	-	-	-	-	-
1984-85	New York (Rangers)	LNH	65	24	36	60	8	-	-	-	-	-
1985-86	New York (Rangers)	LNH	28	20	7	27	4	16	8	9	17	2
	Hershey (Bears)	AHL	32	22	17	39	16	-	-	-	-	-
1986-87	New York (Rangers)	LNH	73	28	35	63	12	6	3	2	5	4
1987-88	New York (Rangers)	LNH	10	3	9	12	13	-	-	-	-	-
		LNH	**812**	**395**	**427**	**822**	**237**	**64**	**20**	**34**	**54**	**16**
		Montréal	**236**	**110**	**126**	**236**	**59**	**22**	**4**	**13**	**17**	**6**

• Deuxième équipe d'étoiles (LHJMQ) en 1973-74 • Trophée Jean-Béliveau (LHJMQ) en1973-74 • Trophée Michel-Bergeron (LHJMQ) en 1973-74 • Match des étoiles (LNH) en 1975-76, 1983-84 • Coupe Stanley (LNH) en 1977-78, 1978-79

• Échangé à Montréal par Pittsburgh pour des considérations futures (Peter Marsh le 15 décembre 1977) pour Pete Mahovlich et Peter Lee le 29 novembre 1977 • Échangé à Hartford par Montréal dans une inversion des choix de 1re ronde (Montréal sélectionne Pert Svoboda et Hartford, Sylvain Coté), plus le choix de 2e ronde de Hartford au repêchage de 1984 (échangé plus tard à St. Louis qui sélectionne Brian Benning) et une inversion des choix de 3e ronde au repêchage de 1985 (Montréal sélectionne Rocky Dundas et Hartford (échangé plus tard à Pittsburgh, qui sélectionne Bruce Racine) le 21 décembre 1981 • Signe avec New York (Rangers) comme joueur autonome le 12 septembre 1983

LATENDRESSE, GUILLAUME

Né à Sainte-Catherine, Québec, le 24 mai 1987. Ailier droit, lance de la gauche, 6'2", 222 lb (Choix de 2e ronde de Montréal, 45e au total lors du repêchage de 2005)

Saison	Club	Ligue	PJ	B	A	PTS	PUN	PJ	B	A	PTS	PUN
2003-04	Drummondville (Voltigeurs)	LHJMQ	53	24	25	49	66	-	-	-	-	-
2004-05	Drummondville (Voltigeurs)	LHJMQ	65	29	49	78	76	6	6	4	10	7
	Canada 18-A	CMJ	6	2	3	5	4	-	-	-	-	-
2005-06	Drummondville (Voltigeurs)	LHJMQ	51	43	40	83	105	5	3	2	5	8
	Canada	CMJ	6	0	0	0	0	-	-	-	-	-
2006-07	**Montréal (Canadiens)**	**LNH**	**80**	**16**	**13**	**29**	**47**	-	-	-	-	-
2007-08	**Montréal (Canadiens)**	**LNH**	**73**	**16**	**11**	**27**	**41**	**8**	**0**	**1**	**1**	**19**
		LNH	**153**	**32**	**24**	**56**	**88**	**8**	**0**	**1**	**1**	**19**
		Montréal	**153**	**32**	**24**	**56**	**88**	**8**	**0**	**1**	**1**	**19**

• Équipe d'étoiles des recrues (LHJMQ) en 2003-04

LAUGHLIN, CRAIG

Né à Toronto, Ontario, le 19 septembre 1957. Ailier droit, lance de la droite, 6', 190 lb (Choix de 10e ronde de Montréal, 162e au total lors du repêchage de 1977)

Saison	Club	Ligue	PJ	B	A	PTS	PUN	PJ	B	A	PTS	PUN
1976-77	Clarkson College	ECAC	33	12	13	25	44	-	-	-	-	-
1977-78	Clarkson College	ECAC	30	17	31	48	56	-	-	-	-	-
1978-79	Clarkson College	ECAC	30	18	29	47	22	-	-	-	-	-
1979-80	Clarkson College	ECAC	34	18	30	48	38	-	-	-	-	-
	Nlle-Écosse (Voyageurs)	AHL	2	0	0	0	2	-	-	-	-	-
1980-81	Nlle-Écosse (Voyageurs)	AHL	46	32	29	61	15	6	0	1	1	6
1981-82	Nova Scotia (Voyageurs)	AHL	26	14	15	29	16	-	-	-	-	-
	Montréal (Canadiens)	**LNH**	**36**	**12**	**11**	**23**	**33**	**3**	**0**	**1**	**1**	**0**
1982-83	Washington (Capitals)	LNH	75	17	27	44	41	4	1	0	1	0
1983-84	Washington (Capitals)	LNH	80	20	32	52	69	8	4	2	6	6
1984-85	Washington (Capitals)	LNH	78	16	34	50	38	5	0	0	0	2
1985-86	Washington (Capitals)	LNH	75	30	45	75	43	9	1	2	3	10
1986-87	Washington (Capitals)	LNH	80	22	30	52	67	1	0	0	0	0
1987-88	Washington (Capitals)	LNH	40	5	5	10	26	-	-	-	-	-
	Los Angeles (Kings)	LNH	19	4	8	12	6	3	0	1	1	2
1988-89	Toronto (Maple Leafs)	LNH	66	10	13	23	41	-	-	-	-	-
1989-90	EV Landshut	GER	35	22	11	33	80	18	10	37	47	10
		LNH	**549**	**136**	**205**	**341**	**364**	**33**	**6**	**6**	**12**	**20**
		Montréal	**36**	**12**	**11**	**23**	**33**	**3**	**0**	**1**	**1**	**0**

• Échangé à Washington par Montréal avec Rod Langway, Brian Engblom et Doug Jarvis pour Rick Green et Ryan Walter le 9 septembre 1982 • Échangé à Los Angeles par Washington pour Grant Ledyard le 9 février 1988 • Signe avec Toronto comme joueur autonome le 10 juin 1988

LAVIOLETTE, JEAN-BAPTISTE (JACK)

Né à Belleville, Ontario, le 27 juillet 1879, décédé le 9 janvier 1960 Défenseur/Ailier droit, lance de la droite, 5'11", 170 lb

Saison	Club	Ligue	PJ	B	A	PTS	PUN	PJ	B	A	PTS	PUN
1902-03	Montréal (Bell AAA)	LHCM	*Statistiques non disponibles*									
1903-04	Montréal (National)	FAHL	6	8	0	8	-	-	-	-	-	-
1904-05	Michigan Soo Indians	IHL	4	15	0	15	24	-	-	-	-	-
1905-06	Michigan Soo Indians	IHL	17	15	0	15	28	-	-	-	-	-
1906-07	Michigan Soo Indians	IHL	19	10	7	17	34	-	-	-	-	-
1907-08	Montréal (Shamrocks)	ECAHA	6	1	0	1	36	-	-	-	-	-
1908-09	Montréal (Shamrocks)	ECHA	9	1	0	1	36	-	-	-	-	-
1909-10	**Montréal (Canadiens)**	**NHA**	**11**	**3**	**0**	**3**	**26**	-	-	-	-	-
1910-11	**Montréal (Canadiens)**	**NHA**	**16**	**0**	**0**	**0**	**21**	-	-	-	-	-
1911-12	**Montréal (Canadiens)**	**NHA**	**17**	**7**	**0**	**0**	**7**	-	-	-	-	-
1912-13	**Montréal (Canadiens)**	**NHA**	**20**	**8**	**0**	**8**	-	-	-	-	-	-
1913-14	**Montréal (Canadiens)**	**NHA**	**20**	**7**	**9**	**16**	-	**2**	**0**	**0**	**0**	-
1914-15	**Montréal (Canadiens)**	**NHA**	**18**	**6**	**3**	**9**	**35**	-	-	-	-	-
1915-16	**Montréal (Canadiens)**	**NHA**	**18**	**8**	**3**	**11**	**62**	**4**	**0**	**0**	**0**	**6**
1916-17	**Montréal (Canadiens)**	**NHA**	**17**	**7**	**3**	**10**	**24**	**6**	**1**	**2**	**3**	**9**
1917-18	**Montréal (Canadiens)**	**LNH**	**18**	**2**	**1**	**3**	**6**	**2**	**0**	**0**	**0**	**0**
		NHA	**137**	**46**	**18**	**64**	**171**	**12**	**1**	**2**	**3**	**15**
		LNH	**18**	**2**	**1**	**3**	**6**	**2**	**0**	**0**	**0**	**0**
		Montréal	**155**	**48**	**19**	**67**	**174**	**14**	**1**	**2**	**3**	**15**

• Première équipe d'étoiles (IHL) en 1904-05, 1906-07 • Deuxième équipe d'étoiles (IHL) en 1905-06 • Coupe Stanley (NHA) en 1915-16 • Membre du Temple de la Renommée (LNH) en 1962

• Signe avec Michigan Soo (IHL) le 7 novembre 19094 • Signe avec Montréal (Shamrocks-ECAHA) le 15 décembre 1907 • Signe avec Montréal (NHA) le 4 décembre 1909

LAYCOE, HAROLD (HAL)

Né à Sutherland, Saskatchewan, le 23 juin 1922, décédé le 29 avril 1997 Défenseur, lance de la gauche, 6'1", 175 lb

Saison	Club	Ligue	PJ	B	A	PTS	PUN	PJ	B	A	PTS	PUN
1938-39	Saskatoon (Chiefs)	N-SJHL	3	0	0	0	0	-	-	-	-	-
1939-40	Saskatoon (Dodgers)	N-SJHL	4	1	5	6	6	2	0	4	4	4
1940-41	Saskatoon (Quakers Jr)	N-SJHL	11	12	11	23	13	2	3	4	7	0
	Saskatoon (Quakers)	N-SSHL	1	0	0	0	0	-	-	-	-	-
	Saskatoon (Quakers Jr)	Mem.	-	-	-	-	-	10	4	8	12	22
1941-42	Saskatoon (Quakers)	N-SSHL	28	14	13	27	27	9	3	4	7	4
	Saskatoon (Quakers)	Mem.	-	-	-	-	-	4	0	1	1	0
1942-43	Canadian (CP Corps)	OCHL	1	0	0	0	0	-	-	-	-	-
1943-44	Toronto (Navy)	SOHA	14	6	6	12	4	-	-	-	-	-
	Toronto (Peoples Credit)	TIHL	9	3	1	4	2	9	2	6	8	11
1944-45	Winnipeg (Navy)	WNDHL	15	10	15	25	8	5	5	*8	*13	0
1945-46	New York (Rovers)	EAHL	35	7	22	29	25	-	-	-	-	-
	New York (Rangers)	LNH	17	0	2	2	6	-	-	-	-	-
1946-47	New York (Rangers)	LNH	58	1	12	13	25	-	-	-	-	-
1947-48	Buffalo (Bisons)	AHL	45	8	25	33	36	8	2	0	2	15
	Montréal (Canadiens)	**LNH**	**14**	**1**	**2**	**3**	**4**	-	-	-	-	-
1948-49	Buffalo (Bisons)	AHL	10	4	1	5	10	-	-	-	-	-
	Montréal (Canadiens)	**LNH**	**51**	**3**	**5**	**8**	**31**	**7**	**0**	**1**	**1**	**13**
1949-50	**Montréal (Canadiens)**	**LNH**	**30**	**0**	**2**	**2**	**21**	**2**	**0**	**0**	**0**	**0**
1950-51	**Montréal (Canadiens)**	**LNH**	**38**	**0**	**2**	**2**	**25**	-	-	-	-	-
	Boston (Bruins)	LNH	6	1	1	2	4	6	0	1	1	5
1951-52	Boston (Bruins)	LNH	70	5	7	12	61	7	1	1	2	11
1952-53	Boston (Bruins)	LNH	54	2	10	12	36	11	0	2	2	10
1953-54	Boston (Bruins)	LNH	58	3	16	19	29	2	0	0	0	0
1954-55	Boston (Bruins)	LNH	70	4	13	17	34	5	1	0	1	0
1955-56	Boston (Bruins)	LNH	65	5	5	10	16	-	-	-	-	-
		LNH	**531**	**25**	**77**	**102**	**292**	**40**	**2**	**5**	**7**	**39**
		Montréal	**133**	**4**	**11**	**15**	**81**	**9**	**0**	**1**	**1**	**13**

• Deuxième équipe d'étoiles (EAHL) en 1945-46

• Échangé à Montréal par New York (Rangers) avec Joe Bell et George Robertson pour Frank Eddols et Buddy O'Connors le 19 août 1947 • Prêté à Buffalo par Montréal le 6 février 1948. • Échangé à Boston par Montréal pour Ross Lowe le 14 février 1951

LEBEAU, PATRICK

Né à Saint-Jérôme, Québec, le 17 mars 1970. Ailier gauche, lance de la gauche, 5'10", 173 lb (Choix de 8e ronde de Montréal, 167e au total lors du repêchage de 1989)

Saison	Club	Ligue	PJ	B	A	PTS	PUN	PJ	B	A	PTS	PUN
1985-86	Montréal (Cantonniers)	QAAA	38	16	19	35	-	-	-	-	-	-
1986-87	Montréal (Cantonniers)	QAAA	42	43	47	90	-	-	-	-	-	-
1986-87	Shawinigan (Cataractes)	LHJMQ	66	26	52	78	90	13	2	6	8	17
1987-88	Shawinigan (Cataractes)	LHJMQ	53	43	56	99	116	11	3	9	12	16
1988-89	Shawinigan (Cataractes)	LHJMQ	17	19	17	36	18	-	-	-	-	-
	Saint-Jean (Lynx)	LHJMQ	49	43	70	113	71	4	4	3	7	6
1989-90	Victoriaville (Tigres)	LHJMQ	72	68	*106	*174	109	16	7	15	22	12
1990-91	Fredericton (Canadiens)	AHL	69	50	51	101	32	9	4	7	11	8
	Montréal (Canadiens)	**LNH**	**2**	**1**	**1**	**2**	**0**	-	-	-	-	-
1991-92	Fredericton (Canadiens)	AHL	55	33	38	71	48	7	4	5	9	10
	Canada	Éq. nat.	7	4	2	6	6	-	-	-	-	-
	Canada	JO	8	1	3	4	4	-	-	-	-	-
1992-93	Salt Lake (Golden Eagles)	IHL	75	40	60	100	65	-	-	-	-	-
	Calgary (Flames)	LNH	1	0	0	0	0	-	-	-	-	-
1993-94	Cincinnati (Cyclones)	IHL	74	47	42	89	90	11	4	8	12	14
	Floride (Panthers)	LNH	4	1	1	2	4	-	-	-	-	-
1994-95	ZSC Lions Zurich	SUI	36	27	25	52	22	5	4	6	10	6
1995-96	ZSC Lions Zurich	SUI	11	6	8	14	0	-	-	-	-	-
	Dusseldorfer EG	GER	17	13	8	21	18	13	11	5	16	14
1996-97	ZSC Lions Zurich	SUI	38	27	19	46	26	4	1	0	1	25
1997-98	HC La Chaux-de-Fonds	SUI	40	17	45	62	32	-	-	-	-	-
1998-99	Pittsburgh (Penguins)	LNH	8	1	0	1	2	-	-	-	-	-
1999-00	HC Ambri-Piotta	SUI	44	*25	38	63	32	9	5	5	10	8
2000-01	ZSC Lions Zurich	SUI	22	9	10	19	31	13	4	4	8	4
	ZSC Lions Zurich	Con-Cup	3	1	0	1	0	-	-	-	-	-
2001-02	HC La Chaux-de-Fonds	SUI-2	5	3	15	18	2	4	1	2	3	6
2002-03	Frankfurt (Lions)	GER	31	22	15	37	10	1	0	0	0	0
2003-04	Frankfurt (Lions)	GER	51	23	46	69	46	15	8	6	14	8
2004-05	Frankfurt (Lions)	GER	52	29	65	94	44	11	4	5	9	4
2005-06	Frankfurt (Lions)	GER	39	13	33	46	47	-	-	-	-	-
2006-07	Frankfurt (Lions)	GER	33	11	24	35	36	5	1	2	3	10
		LNH	**15**	**3**	**2**	**5**	**6**	-	-	-	-	-
		Montréal	**2**	**1**	**1**	**2**	**0**	-	-	-	-	-

• Première équipe d'étoiles (LHJMQ) en 1989-90 • Joueur offensif de l'année (LHJMQ) en 1989-90 • Trophée Jean-Béliveau (LHJMQ) en 1989-90 • Deuxième équipe d'étoiles (AHL) en 1990-91 • Trophée Dudley-Garrett (AHL) en 1990-91 • Médaille d'argent (JO) en 1992

• Échangé à Calgary par Montréal pour des considérations futures le 5 octobre 1992 • Signe avec la Floride comme joueur autonome le 26 juillet 1993 • Signe avec Pittsburgh comme joueur autonome le 18 octobre 1998 • Signe avec Frankfurt (GER) comme joueur autonome le 21 novembre 2002

LEBEAU, STÉPHAN

Né à Saint-Jérôme, Québec, le 28 février 1968. Centre, lance de la droite, 5'10", 173 lb

Saison	Club	Ligue	PJ	B	A	PTS	PUN	PJ	B	A	PTS	PUN
1983-84	Montréal (Cantonniers)	QAAA	25	15	35	50	-	-	-	-	-	-
1984-85	Shawinigan (Cataractes)	LHJMQ	66	41	38	79	18	9	4	5	9	4
	Shawinigan (Cataractes)	Mem.	-	-	-	-	-	2	0	0	0	2
1985-86	Shawinigan (Cataractes)	LHJMQ	72	69	77	146	22	5	4	2	6	4
1986-87	Shawinigan (Cataractes)	LHJMQ	65	77	90	167	60	14	9	20	29	20
1987-88	Shawinigan (Cataractes)	LHJMQ	67	*94	94	188	66	11	17	9	26	10
	Sherbrooke (Canadiens)	AHL	-	-	-	-	-	1	0	1	1	0

LAT-LEB

Saison	Club	Ligue	PJ	B	A	PTS	PUN	PJ	B	A	PTS	PUN
			Saisons régulières					Séries éliminatoires				
1988-89	Sherbrooke (Canadiens)	AHL	78	*70	64	*134	47	6	1	4	5	8
	Montréal (Canadiens)	**LNH**	**1**	**0**	**1**	**1**	**2**	-	-	-	-	-
1989-90	**Montréal (Canadiens)**	**LNH**	**57**	**15**	**20**	**35**	**11**	**2**	**3**	**0**	**3**	**0**
1990-91	**Montréal (Canadiens)**	**LNH**	**73**	**22**	**31**	**53**	**24**	**7**	**2**	**1**	**3**	**2**
1991-92	**Montréal (Canadiens)**	**LNH**	**77**	**27**	**31**	**58**	**14**	**8**	**1**	**3**	**4**	**4**
1992-93	**Montréal (Canadiens)**	**LNH**	**71**	**31**	**49**	**80**	**20**	**13**	**3**	**3**	**6**	**6**
1993-94	**Montréal (Canadiens)**	**LNH**	**34**	**9**	**7**	**16**	**8**	-	-	-	-	-
	Anaheim (Mighty Ducks)	LNH	22	6	4	10	14	-	-	-	-	-
1994-95	Anaheim (Mighty Ducks)	LNH	38	8	16	24	12	-	-	-	-	-
1995-96	HC Lugano	SUI	36	25	28	53	10	4	2	2	4	0
1996-97	HC Lugano	SUI	18	14	12	26	12	-	-	-	-	-
1997-98	HC La Chaux-de-Fonds	SUI	40	31	39	70	14	-	-	-	-	-
1998-99	HC La chaux-de-Fonds	SUI	40	32	48	80	-	11	9	10	19	-
1999-00	HC Ambri-Piotta	SUI	45	20	*47	*67	39	9	0	7	7	6
2000-01	HC Ambri-Piotta	SUI	43	12	22	34	36	2	0	0	0	0
		LNH	**373**	**118**	**159**	**277**	**105**	**30**	**9**	**7**	**16**	**12**
		Montréal	**313**	**104**	**139**	**243**	**79**	**30**	**9**	**7**	**16**	**12**

• Deuxième équipe d'étoiles (LHJMQ) en 1986-87, 1987-88 • Trophée Frank-J.-Selke (LHJMQ) en 1987-88 • Première équipe d'étoiles (AHL) en 1988-89 • Trophée Les-Cunningham (AHL) en 1988-89 • Trophée Dudley-Garrett (AHL) en 1988-89 • Trophée John-B.-Sollenberger (AHL) en 1988-89 • Coupe Stanley (LNH) en 1992-93

• Signe avec Montréal comme joueur autonome le 27 septembre 1986 • Échangé à Anaheim par Montréal pour Ron Tugnutt le 20 février 1994

LECLAIR, JEAN-LOUIS (JACKIE)

Né à Québec, Québec, le 30 mai 1929. Centre, lance de la gauche, 5'10", 150 lb

Saison	Club	Ligue	PJ	B	A	PTS	PUN	PJ	B	A	PTS	PUN
1946-47	Ottawa (St. Pats)	OCJHL	22	16	19	35	14	7	*21	*11	*32	2
1947-48	Lethbridge (Native Sons)	AJHL	16	12	29	41	20	6	7	6	13	20
	Lethbridge (Native Sons)	Mem.	-	-	-	-	-	11	6	4	10	4
1948-49	Québec (Citadelle)	LHJQ	36	21	27	48	30	13	4	9	13	4
1949-50	Ottawa (Senators)	LHSQ	56	19	42	61	28	7	2	0	2	2
1950-51	Ottawa (Senators)	LHMQ	56	20	22	42	43	7	0	1	1	0
1951-52	Québec (As)	LHMQ	57	25	29	54	22	12	7	4	11	9
	Québec (As)	Alexa.	-	-	-	-	-	4	0	2	2	2
1952-53	Ottawa (Senators)	LHMQ	54	22	37	59	27	11	8	2	10	0
1953-54	Pittsburgh (Hornets)	AHL	4	3	7	10	7	-	-	-	-	-
	Ottawa (Senators)	LHQ	52	14	17	31	11	4	0	1	1	2
1954-55	**Montréal (Canadiens)**	**LNH**	**59**	**11**	**22**	**33**	**12**	**12**	**5**	**0**	**5**	**2**
1955-56	Montréal (Royals)	LHQ	12	5	10	15	8	-	-	-	-	-
	Montréal (Canadiens)	**LNH**	**54**	**6**	**8**	**14**	**30**	**8**	**1**	**1**	**2**	**4**
1956-57	Chicoutimi (Saguenéens)	LHQ	14	8	9	17	4	10	1	*10	11	0
	Match des étoiles	LNH	1	0	0	0	0	-	-	-	-	-
	Montréal (Canadiens)	**LNH**	**47**	**3**	**10**	**13**	**14**	-	-	-	-	-
1957-58	Chicoutimi (Saguenéens)	LHQ	48	20	40	60	32	6	0	1	1	4
1958-59	Québec (As)	LHQ	61	22	42	64	54	-	-	-	-	-
1959-60	Québec (As)	AHL	72	22	39	61	22	-	-	-	-	-
1960-61	Québec (As)	AHL	72	22	34	56	12	-	-	-	-	-
1961-62	Québec (As)	AHL	50	3	11	14	18	-	-	-	-	-
1962-63	Charlotte (Checkers)	EHL	67	31	67	98	32	10	7	9	16	0
1963-64	Charlotte (Checkers)	EHL	57	27	56	83	34	3	1	2	3	0
1964-65	Charlotte/New Haven	EHL	44	23	35	58	78	-	-	-	-	-
	Knoxville (Knights)	EHL	-	-	-	-	-	10	4	3	7	6
1965-66	New Haven (Blades)	EHL	63	32	64	96	87	3	1	0	1	0
1966-67	New Haven (Blades)	EHL	68	20	55	75	49	-	-	-	-	-
1967-68	Floride (Rockets)	EHL	62	34	65	99	12	5	0	5	5	4
		LNH	**160**	**20**	**40**	**60**	**56**	**20**	**6**	**1**	**7**	**6**
		Montréal	**160**	**20**	**40**	**60**	**56**	**20**	**6**	**1**	**7**	**6**

• Deuxième équipe d'étoiles (LHJQ) en 1948-49 • Recrue de l'année (LHSQ) en 1949-50.• Match des étoiles(LNH) en 1956-57 • Coupe Stanley (LNH) en 1955-56 • Deuxième équipe d'étoiles, Division Nord (EHL) en 1965-66

• Droits vendus à Ottawa (LHMQ) par Toronto en octobre 1952 • Réclamé par Toronto d'Ottawa (LHQ) lors du repêchage inter-ligues le 10 juin 1953 • Échangé à Buffalo (AHL) par Toronto avec George Blair et Frank Sullivan pour Brian Cullen le 4 mai 1954 • Échangé à Montréal par Buffalo (AHL) avec une somme d'argent pour Gaye Stewart, Pete Babando et Eddie Slowinski le 17 août 1954 • Échangé à Chicoutimi (LHQ) par Montréal avec Guy Rousseau et Jacques Deslauriers pour Stan Smrke le 27 octobre 1957 • Échangé à la Floride (EHL) par New Haven (EHL) pour Russ McClenaghan en septembre 1967

LeCLAIR, JOHN

Né à St. Albans, Vermont, le 5 juillet 1969. Ailier gauche, lance de la gauche, 6'3", 226 lb (Choix de 2e ronde de Montréal et 33e choix au total lors du repêchage de 1987)

Saison	Club	Ligue	PJ	B	A	PTS	PUN	PJ	B	A	PTS	PUN
1985-86	Bellows Free Academy	H.S.	22	41	28	69	14	-	-	-	-	-
1986-87	Bellows Free Academy	H.S.	23	44	40	84	14	-	-	-	-	-
1987-88	Vermont University	ECAC	31	12	22	34	62	-	-	-	-	-
	États-Unis	CMJ	7	4	2	6	12	-	-	-	-	-
1988-89	Vermont University	ECAC	18	9	12	21	40	-	-	-	-	-
	États-Unis Jr	CMJ	7	6	4	10	12	-	-	-	-	-
1989-90	Vermont University	ECAC	10	10	6	16	38	-	-	-	-	-
1990-91	Vermont University	ECAC	33	25	20	45	58	-	-	-	-	-
	Montréal (Canadiens)	**LNH**	**10**	**2**	**5**	**7**	**2**	**3**	**0**	**0**	**0**	**0**
1991-92	Fredericton (Canadiens)	AHL	8	7	7	14	10	2	0	0	0	4
	Montréal (Canadiens)	**LNH**	**59**	**8**	**11**	**19**	**14**	**8**	**1**	**1**	**2**	**4**
1992-93	**Montréal (Canadiens)**	**LNH**	**72**	**19**	**25**	**44**	**33**	**20**	**4**	**6**	**10**	**14**
1993-94	**Montréal (Canadiens)**	**LNH**	**74**	**19**	**24**	**43**	**32**	**7**	**2**	**1**	**3**	**8**
1994-95	**Montréal (Canadiens)**	**LNH**	**9**	**1**	**4**	**5**	**10**	-	-	-	-	-
	Philadelphie (Flyers)	LNH	37	25	24	49	20	15	5	7	12	4
1995-96	Philadelphie (Flyers)	LNH	82	51	46	97	64	11	6	5	11	6
	Match des étoiles	LNH	1	0	1	1	0	-	-	-	-	-
1996-97	Philadelphie (Flyers)	LNH	82	50	47	97	58	19	9	12	21	10
	Match des étoiles	LNH	1	2	1	3	0	-	-	-	-	-
	États-Unis	CDM	7	6	4	10	6	-	-	-	-	-
1997-98	États-Unis	JO	4	0	1	1	0	-	-	-	-	-
	Philadelphie (Flyers)	LNH	82	51	36	87	32	5	1	1	2	8
	Match des étoiles	LNH	1	1	0	1	0	-	-	-	-	-
1998-99	Philadelphie (Flyers)	LNH	76	43	47	90	30	6	3	0	3	12
	Match des étoiles	LNH	1	0	0	0	0	-	-	-	-	-
1999-00	Philadelphie (Flyers)	LNH	82	40	37	77	36	18	6	7	13	6
	Match des étoiles	LNH	1	0	0	0	0	-	-	-	-	-
2000-01	Philadelphie (Flyers)	LNH	16	7	5	12	0	6	1	2	3	0
2001-02	Philadelphie (Flyers)	LNH	82	25	26	51	30	5	0	0	0	2
	États-Unis	JO	6	*6	1	7	2	-	-	-	-	-
2002-03	Philadelphie (Flyers)	LNH	35	18	10	28	16	13	2	3	5	10
2003-04	Philadelphie (Flyers)	LNH	75	23	32	55	51	18	2	2	4	8
2004-05			*N'a pas joué*									
2005-06	Pittsburgh (Penguins)	LNH	73	22	29	51	61	-	-	-	-	-
2006-07	Pittsburgh (Penguins)	LNH	21	2	5	7	12	-	-	-	-	-
		LNH	**967**	**406**	**413**	**819**	**501**	**154**	**42**	**47**	**89**	**94**
		Montréal	**224**	**49**	**69**	**118**	**91**	**38**	**7**	**8**	**15**	**26**

• Deuxième équipe d'étoiles (ECAC) en 1990-91 • Coupe Stanley (LNH) en 1992-93 • Première équipe d'étoiles (LNH) en 1994-95, 1997-98 • Deuxième équipe d'étoiles (LNH) en 1995-96, 1996-97, 1998-99 • Coupe du Monde en 1996 • Équipe d'étoiles de la Coupe du Monde en 1996 • Match des étoiles(LNH) en 1995-96, 1996-97, 1997-98, 1998-99, 1999-00 • Trophée Bud Light pour les Plus/Moins (LNH) en 1996-97, 1998-99 • Médaille d'argent (JO) en 2002 • Équipe d'étoiles (JO) en 2002

• Échangé à Philadelphie par Montréal avec Éric Desjardins et Gilbert Dionne pour Mark Recchi et le choix de 3e ronde de Philadelphie au repêchage de 1995 (Martin Hohenberger) le 9 février 1995 • Signe avec Pittsburgh comme joueur autonome le 15 août 2005

LEDUC, ALBERT

Né à Valleyfield, Québec, le 22 novembre 1902, décédé le 31 juillet 1990
Défenseur, lance de la droite, 5'9", 180 lb

Saison	Club	Ligue	PJ	B	A	PTS	PUN	PJ	B	A	PTS	PUN
1920-21	Valleyfield (Braves)	LHCM	*Statistiques non disponibles*									
1921-22	Montréal (Université)	LHCM	*Statistiques non disponibles*									
1922-23	Québec (As)	LHCQ	*Statistiques non disponibles*									
1923-24	Montréal (Hochelaga)	LHCM	9	6	0	6	4	-	-	-	-	-
	Montréal (Voltigeurs)	LHCM	*Statistiques non disponibles*									
1924-25	Montréal (National)	ECHL	11	9	0	9	-	-	-	-	-	-
1925-26	**Montréal (Canadiens)**	**LNH**	**32**	**10**	**3**	**13**	**62**	-	-	-	-	-
1926-27	**Montréal (Canadiens)**	**LNH**	**43**	**5**	**2**	**7**	**62**	**4**	**0**	**0**	**0**	**2**
1927-28	**Montréal (Canadiens)**	**LNH**	**42**	**8**	**5**	**13**	**73**	**2**	**1**	**0**	**1**	**5**
1928-29	**Montréal (Canadiens)**	**LNH**	**43**	**9**	**2**	**11**	**79**	**3**	**1**	**0**	**1**	**4**
1929-30	**Montréal (Canadiens)**	**LNH**	**44**	**7**	**8**	**15**	**90**	**6**	**1**	**3**	**4**	**8**
1930-31	**Montréal (Canadiens)**	**LNH**	**44**	**8**	**6**	**14**	**82**	**7**	**0**	**2**	**2**	**9**
1931-32	**Montréal (Canadiens)**	**LNH**	**41**	**5**	**3**	**8**	**60**	**4**	**1**	**1**	**2**	**2**
1932-33	**Montréal (Canadiens)**	**LNH**	**48**	**5**	**3**	**8**	**62**	**2**	**1**	**0**	**1**	**2**
1933-34	Ottawa (Senators)	LNH	32	1	3	4	34	-	-	-	-	-
	New York (Rangers)	LNH	10	0	0	0	6	-	-	-	-	-
1934-35	**Montréal (Canadiens)**	**LNH**	**4**	**0**	**0**	**0**	**4**	-	-	-	-	-
	Québec (Castors)	Can-Am	41	12	14	26	53	3	0	0	0	13
1935-36	Providence (Reds)	Can-Am	48	5	15	20	82	7	2	2	4	8
1936-37	Providence (Reds)	AHL	38	2	8	10	48	3	0	2	2	2
		LNH	**383**	**58**	**35**	**93**	**614**	**28**	**5**	**6**	**11**	**32**
		Montréal	**341**	**57**	**32**	**89**	**574**	**28**	**5**	**6**	**11**	**32**

• Coupe Stanley (LNH) en 1929-30, 1930-31 • Deuxième équipe d'étoiles (Can-Am) en 1935-36

• Signe avec Montréal le 16 avril 1925 • Droits vendus à Ottawa par Montréal le 22 octobre 1933 • Prêté à New York (Rangers) par Ottawa le 15 février 1934 • Droits vendus à Montréal par Ottawa le 9 avril 1934 • Signe comme joueur et gérant avec Québec (Can-Am) le 24 octobre 1934 • Prêté à Montréal par Québec (Can-Am) le 23 février 1935

LEDUC, EDGARD

Né à Valleyfield, Québec, le 4 février 1888. Ailier droit, lance de la gauche, 5'5", 150 lb

Saison	Club	Ligue	PJ	B	A	PTS	PUN	PJ	B	A	PTS	PUN
1907-08	Montréal (Aiglons)	MHA	*Statistiques non disponibles*									
1908-09	Montréal (Aiglons)	MHA	*Statistiques non disponibles*									
	Montréal (National II)	QIHA	*Statistiques non disponibles*									
	Montréal (Suttonj)	QIHA	*Statistiques non disponibles*									
1909-10	**Montréal (Canadiens)**	**NHA**	**3**	**3**	**0**	**3**	**0**	-	-	-	-	-
	Montréal (National)	LHCM	4	7	0	7	6	-	-	-	-	-
	Montréal (Aiglons)	LHAM	*Statistiques non disponibles*									
1910-11	Montréal (Baillargeon Express)	CSHL	9	2	0	2	18	-	-	-	-	-
1911-12	**Montréal (Canadiens)**	**NHA**	**3**	**0**	**0**	**0**	**0**	-	-	-	-	-
	Montréal (Champêtre)	LHAM	1	2	0	2	0	-	-	-	-	-
1912-13	Montréal (Champêtre)	LHCM	12	3	0	3	18	2	0	0	0	6
1913-14	Montréal (Allis-Chalmers)	LHMM	5	1	0	1	30	-	-	-	-	-
	Montréal (Hochelaga)	LHCM	10	5	0	5	0	-	-	-	-	-
1914-15	Lachine (Aiglons)	LHEM	1	0	0	0	0	-	-	-	-	-
	Montréal (National)	LHCM	12	1	0	1	30	-	-	-	-	-
		NHA	**6**	**3**	**0**	**3**	**0**	-	-	-	-	-
		Montréal	**6**	**3**	**0**	**3**	**0**	-	-	-	-	-

• Prêté à Montréal (NHA) par Montréal (National - LHCM) le 3 mars 1910 • Signe avec Montréal (NHA) le 21 décembre 1911

LEE, ROBERT (BOBBY)

Né à Verdun, Québec, le 28 décembre 1911, décédé le 31 décembre 1974
Centre, lance de la droite, 5'10", 165 lb

Saison	Club	Ligue	PJ	B	A	PTS	PUN	PJ	B	A	PTS	PUN
1929-30	Queens University	SOHA	9	3	0	3	0	-	-	-	-	-
1930-31	Montréal (Colombus)	LHJCM	9	4	0	4	8	-	-	-	-	-
1931-33	Queens University	SOHA	*Statistiques non disponibles*									
1933-34	Montréal (Lafontaine)	LHJCM	15	6	2	8	10	-	-	-	-	-

			SAISONS RÉGULIÈRES					SÉRIES ÉLIMINATOIRES				
SAISON	CLUB	LIGUE	PJ	B	A	PTS	PUN	PJ	B	A	PTS	PUN
1934-35	Montréal (Lafontaine)	LHJCM	18	9	6	15	24	-	-	-	-	-
	Baltimore (Orioles)	EAHL	4	0	1	1	4	9	5	2	7	4
1935-36	Baltimore (Orioles)	EAHL	40	19	20	39	45	8	4	6	10	15
1936-37	Brighton (Tigers)	ENG	36	32	21	53	22	-	-	-	-	-
1937-38	Earls Court (Rangers)	Ln-Cup	-	2	1	3	-	-	-	-	-	-
	Earls Court (Rangers)	ENG	-	14	8	22	17	-	-	-	-	-
	Earls Court (Rangers)	Éq. nat.	-	6	4	10	-	-	-	-	-	-
1938-39	Earls Court (Rangers)	Ln-Cup	-	2	2	4	-	-	-	-	-	-
	Earls Court (Rangers)	ENG	-	13	19	32	-	-	-	-	-	-
	Earls Court (Rangers)	Éq. nat.	-	4	4	8	-	-	-	-	-	-
1939-40	Québec (As)	LHSQ	30	8	13	21	27	-	-	-	-	-
1940-41	Québec (As)	LHSQ	36	14	24	38	15	4	3	1	4	2
1941-42	Québec (As)	LHSQ	40	20	30	50	10	7	0	7	7	2
	Québec (As)	Allan	-	-	-	-	-	8	5	*8	*13	4
1942-43	Montréal (Royals)	LHSQ	33	14	20	34	26	4	1	0	1	2
	Montréal (Canadiens)	**LNH**	**1**	**0**	**0**	**0**	**0**	**-**	**-**	**-**	**-**	**-**
	Montréal (RCAF)	LHCM	-	-	-	-	-	5	2	2	4	4
1943-44	Montréal (RCAF)	LHCM	7	1	4	5	2	-	-	-	-	-
	Montréal (Canada Car)	LHCM	6	1	10	11	2	-	-	-	-	-
	Montréal (RCAF)	LHCM	8	8	12	20	4	4	4	7	11	6
1944-45	Toronto (RCAF)	SCT	*Statistiques non disponibles*									
1945-46	Wembley (Lions)	ENG	*Statistiques non disponibles*									
1946-47	Brighton (Tigers)	Ln-Cup	2	3	2	5	0	-	-	-	-	-
	Brighton (Tigers)	A-Cup	12	19	9	28	4	-	-	-	-	-
	Brighton (Tigers)	ENG	36	57	*54	*111	22	2	3	2	5	8
	Brighton (Tigers)	Éq. nat.	6	9	10	19	4	-	-	-	-	-
1947-48	Brighton (Tigers)	A-Cup	10	7	11	18	4	-	-	-	-	-
	Brighton (Tigers)	ENG	36	45	41	86	22	-	-	-	-	-
	Brighton (Tigers)	Éq. nat.	12	11	7	18	7	-	-	-	-	-
1948-49	Brighton (Tigers)	A-Cup	11	17	4	21	8	-	-	-	-	-
	Brighton (Tigers)	ENG	28	20	31	51	12	-	-	-	-	-
	Brighton (Tigers)	Éq. nat.	14	19	18	37	8	-	-	-	-	-
1949-50	Brighton (Tigers)	A-Cup	35	33	39	72	12	-	-	-	-	-
	Brighton (Tigers)	ENG	9	2	8	10	2	-	-	-	-	-
	Brighton (Tigers)	Éq. nat.	8	3	4	7	6	-	-	-	-	-
1950-51	Brighton (Tigers)	A-Cup	-	-	-	-	-	30	29	24	53	16
	Brighton (Tigers)	ENG	30	12	13	25	2	-	-	-	-	-
1951-52	Brighton (Tigers)	A-Cup	30	14	12	26	16	-	-	-	-	-
	Brighton (Tigers)	ENG	30	22	15	37	10	-	-	-	-	-
1952-53	Brighton (Tigers)	A-Cup	-30	12	10	22	30	-	-	-	-	-
	Brighton (Tigers)	ENG	30	8	7	15	6	-	-	-	-	-
1953-54	Brighton (Tigers)	A-Cup	21	20	15	35	10	-	-	-	-	-
	Brighton (Tigers)	ENG	24	23	25	48	14	-	-	-	-	-
	Brighton (tigers)	Ln-Cup	12	13	17	30	10	-	-	-	-	-
		LNH	**1**	**0**	**0**	**0**	**0**	**-**	**-**	**-**	**-**	**-**
		Montréal	**1**	**0**	**0**	**0**	**0**	**-**	**-**	**-**	**-**	**-**

• Trophée John-Carlin (EHL) en 1935-36

• Prêté à Montréal par Montréal (Royals – LHSQ) le 19 décembre 1942

LEEMAN, GARY

Né à Toronto, Ontario, le 19 février 1964. Ailier droit, lance de la droite, 5'11", 175 lb (Choix de 2e ronde de Toronto, 24e au total lors du repêchage de 1982)

SAISON	CLUB	LIGUE	PJ	B	A	PTS	PUN	PJ	B	A	PTS	PUN
1980-81	Notre Dame Midget Hounds	SAHA	24	15	23	38	28	-	-	-	-	-
1981-82	Regina (Pats)	WHL	72	19	41	60	112	3	2	2	4	0
1982-83	Regina (Pats)	WHL	63	24	62	86	88	5	1	5	6	4
	Canada Jr	CMJ	7	1	2	3	2	-	-	-	-	-
	Toronto (Maple Leafs)	LNH	-	-	-	-	-	2	0	0	0	0
1983-84	Toronto (Maple Leafs)	LNH	52	4	8	12	31	-	-	-	-	-
	Canada	CMJ	7	3	6	9	12	-	-	-	-	-
1984-85	Toronto (Maple Leafs)	LNH	53	5	26	31	72	-	-	-	-	-
	St. Catharines (Saints)	AHL	7	2	2	4	11	-	-	-	-	-
1985-86	Toronto (Maple Leafs)	LNH	53	9	23	32	20	10	2	10	12	2
	St. Catharines (Saints)	AHL	25	15	13	28	6	-	-	-	-	-
1986-87	Toronto (Maple Leafs)	LNH	80	21	31	52	66	5	0	1	1	14
1987-88	Toronto (Maple Leafs)	LNH	80	30	31	61	62	2	2	0	2	2
1988-89	Toronto (Maple Leafs)	LNH	61	32	43	75	66	-	-	-	-	-
	Match des étoiles	LNH	1	1	1	2	0	-	-	-	-	-
1989-90	Toronto (Maple Leafs)	LNH	80	51	44	95	63	5	3	3	6	16
1990-91	Toronto (Maple Leafs)	LNH	52	17	12	29	39	-	-	-	-	-
1991-92	Toronto (Maple Leafs)	LNH	34	7	13	20	44	-	-	-	-	-
	Calgary (Flames)	LNH	29	2	7	9	27	-	-	-	-	-
1992-93	Calgary (Flames)	LNH	30	9	5	14	10	-	-	-	-	-
	Montréal (Canadiens)	**LNH**	**20**	**6**	**12**	**18**	**14**	**11**	**1**	**2**	**3**	**2**
1993-94	**Montréal (Canadiens)**	**LNH**	**31**	**4**	**11**	**15**	**17**	**1**	**0**	**0**	**0**	**0**
	Fredericton (Canadiens)	AHL	23	18	8	26	16	-	-	-	-	-
1994-95	Vancouver (Canucks)	LNH	10	2	0	2	0	-	-	-	-	-
1995-96	HC Garden-Groden	Alpes	7	5	4	9	4	-	-	-	-	-
	HC Garden-Groden	ITA	20	7	12	19	59	7	2	4	6	12
1996-97	St. Louis (Blues)	LNH	2	0	1	1	0	-	-	-	-	-
	Worcester (IceCats)	AHL	24	9	7	16	41	-	-	-	-	-
	Utah (Grizzlies)	IHL	15	6	1	7	20	4	0	3	3	4
1997-98	Hannover (Scorpions)	GER	44	13	38	51	16	4	2	0	2	12
1998-99	Hannover (Scorpions)	GER	10	2	3	5	31	-	-	-	-	-
	EHC Biel-Bienne	SUI	8	7	4	11	10	-	-	-	-	-
	HC Sierre	SUI	1	2	1	3	0	-	-	-	-	-
		LNH	**667**	**199**	**267**	**466**	**531**	**36**	**8**	**16**	**24**	**36**
		Montréal	**51**	**10**	**23**	**33**	**31**	**12**	**1**	**2**	**3**	**2**

• Première équipe d'étoiles (WHL) en 1982-83 • Match des étoiles (LNH) en 1988-89. • Coupe Stanley (LNH) en 1992-93

• Échangé à Calgary par Toronto avec Craig Berube, Alexander Godynyuk, Michel Petit et Jeff Reese pour Doug Gilmour, Jamie Macoun, Ric Nattress, Rick Wamsley et Kent Manderville le 2 janvier 1992 • Échangé à Montréal par Calgary pour Brian Skrudland le 28 janvier 1993 • Signe avec Vancouver comme joueur autonome le 18 janvier 1995 • Signe avec St. Louis comme joueur autonome le 26 septembre 1996

LEFEBVRE, SYLVAIN

Né à Richmond, Québec, le 14 octobre 1967. Défenseur, lance de la gauche, 6'2", 205 lb

SAISON	CLUB	LIGUE	PJ	B	A	PTS	PUN	PJ	B	A	PTS	PUN
1984-85	Laval (Voisins)	LHJMQ	66	7	5	12	31	-	-	-	-	-
1985-86	Laval (Titan)	LHJMQ	71	8	17	25	48	14	1	0	1	25
1986-87	Laval (Titan)	LHJMQ	70	10	36	46	44	15	1	6	7	12
1987-88	Sherbrooke (Canadiens)	AHL	79	3	24	27	73	6	2	3	5	4
1988-89	Sherbrooke (Canadiens)	AHL	77	15	32	47	119	6	1	3	4	4
1989-90	**Montréal (Canadiens)**	**LNH**	**68**	**3**	**10**	**13**	**61**	**6**	**0**	**0**	**0**	**2**
1990-91	**Montréal (Canadiens)**	**LNH**	**63**	**5**	**18**	**23**	**30**	**11**	**1**	**0**	**1**	**6**
1991-92	**Montréal (Canadiens)**	**LNH**	**69**	**3**	**14**	**17**	**91**	**2**	**0**	**0**	**0**	**2**
1992-93	Toronto (Maple Leafs)	LNH	81	2	12	14	90	21	3	3	6	20
1993-94	Toronto (Maple Leafs)	LNH	84	2	9	11	79	18	0	3	3	16
1994-95	Québec (Nordiques)	LNH	48	2	11	13	17	6	0	2	2	2
1995-96	Colorado (Avalanche)	LNH	75	5	11	16	49	22	0	5	5	12
1996-97	Colorado (Avalanche)	LNH	71	2	11	13	30	17	0	0	0	25
1997-98	Colorado (Avalanche)	LNH	81	0	10	10	48	7	0	0	0	4
1998-99	Colorado (Avalanche)	LNH	76	2	18	20	48	19	0	1	1	12
1999-00	New York (Rangers)	LNH	82	2	10	12	43	-	-	-	-	-
2000-01	New York (Rangers)	LNH	71	2	13	15	55	-	-	-	-	-
2001-02	New York (Rangers)	LNH	41	0	5	5	23	-	-	-	-	-
	Hartford (Wolf Pack)	AHL	15	0	5	5	11	-	-	-	-	-
2002-03	New York (Rangers)	LNH	35	0	2	2	10	-	-	-	-	-
2003-04	SC Berne	SUI	11	2	4	6	14	15	0	6	6	44
		LNH	**945**	**30**	**154**	**184**	**674**	**129**	**4**	**14**	**18**	**101**
		Montréal	**200**	**11**	**42**	**53**	**182**	**19**	**1**	**0**	**1**	**10**

• Deuxième équipe d'étoiles (AHL) en 1988-89 • Coupe Stanley (LNH) en 1995-96

• Signe avec Montréal comme joueur autonome le 24 septembre 1986 • Échangé à Toronto par Montréal pour le choix de 3e ronde de Toronto au repêchage de 1994 (Martin Bélanger) le 20 août 1992 • Échangé à Québec par Toronto avec Wendel Ckark, Landon Wilson et le 1er choix de Toronto au repêchage de 1994 (Jeffrey Kealty) pour Mats Sundin, Garth Butcher, Todd Warriner et le 1er choix de Philadelphie au repêchage de 1994 (propriété de Québec suite à une transaction antérieure, échangé plus tard à Washington qui sélectionne Nolan Baumgartner) le 28 juin 1994 • Transfert de la concession de Québec au Colorado le 21 juin 1995 • Signe avec New York (Rangers) comme joueur autonome le 22 juillet 1999 • Signe avec SC BERN (SUI) comme joueur autonome le 16 janvier 2004

LEFLEY, CHARLES (CHUCK)

Né à Winnipeg, Manitoba, le 20 janvier 1950. Centre, lance de la gauche, 6'1", 185 lb (Choix de 1re ronde de Montréal, 6e au total lors du repêchage de 1970)

SAISON	CLUB	LIGUE	PJ	B	A	PTS	PUN	PJ	B	A	PTS	PUN
1965-66	Winnipeg (Rangers)	MJHL	46	19	20	39	10	9	4	5	9	2
1966-67	Winnipeg (Rangers)	MJHL	43	25	21	46	33	7	6	2	8	2
1967-68	Canada	Éq. nat.	*Statistiques non disponibles*									
1968-69	Canada	Éq. nat.	*Statistiques non disponibles*									
	Canada	CM	7	0	1	1	10	-	-	-	-	-
1969-70	Canada	Éq. nat.	*Statistiques non disponibles*									
	Brandon (Wheat Kings)	WCJHL	7	6	6	12	0	-	-	-	-	-
1970-71	Montréal (Voyageurs)	AHL	48	16	19	35	53	3	1	1	2	2
	Montréal (Canadiens)	**LNH**	**1**	**0**	**0**	**0**	**0**	**1**	**0**	**0**	**0**	**0**
1971-72	Nlle-Écosse (Voyageurs)	AHL	45	15	30	45	18	15	7	7	14	0
	Montréal (Canadiens)	**LNH**	**16**	**0**	**2**	**2**	**0**	**-**	**-**	**-**	**-**	**-**
1972-73	**Montréal (Canadiens)**	**LNH**	**65**	**21**	**25**	**46**	**22**	**17**	**3**	**5**	**8**	**6**
1973-74	**Montréal (Canadiens)**	**LNH**	**74**	**23**	**31**	**54**	**34**	**6**	**0**	**1**	**1**	**0**
1974-75	**Montréal (Canadiens)**	**LNH**	**18**	**1**	**2**	**3**	**4**	**-**	**-**	**-**	**-**	**-**
	St. Louis (Blues)	LNH	57	23	26	49	24	2	0	0	0	2
1975-76	St. Louis (Blues)	LNH	75	43	42	85	41	2	2	1	3	0
1976-77	St. Louis (Blues)	LNH	71	11	30	41	12	1	0	1	1	2
1977-78	Jokerit Helsinki	FIN	24	11	12	23	12	-	-	-	-	-
1978-79	Dusseldorf EG	GER	26	17	5	22	2	-	-	-	-	-
1979-80	St. Louis (Blues)	LNH	28	6	6	12	0	-	-	-	-	-
1980-81	St. Louis (Blues)	LNH	2	0	0	0	0	-	-	-	-	-
		LNH	**407**	**128**	**164**	**292**	**137**	**29**	**5**	**8**	**13**	**10**
		Montréal	**174**	**45**	**60**	**105**	**60**	**24**	**3**	**6**	**9**	**6**

• Coupe Stanley (LNH) en 1970-71, 1972-73 • Coupe Calder (AHL) en 1971-72

• Échangé à St. Louis par Montréal pour Don Awrey le 28 novembre 1974

LÉGER, ROGER

Né à L'Annonciation, Québec, le 26 mars 1919, décédé le 7 avril 1965 Défenseur, lance de la gauche, 5'11", 210 lb

SAISON	CLUB	LIGUE	PJ	B	A	PTS	PUN	PJ	B	A	PTS	PUN
1940-41	Joliette (Cyclones)	LHCM	26	19	28	47	22	4	4	3	7	6
1941-42	Joliette (Cyclones)	LHCM	30	29	24	53	62	-	-	-	-	-
1942-43			*Statistiques non disponibles*									
1943-44	New York (Rovers)	EAHL	3	4	1	5	4	-	-	-	-	-
	New York (Rangers)	LNH	7	1	2	3	2	-	-	-	-	-
	Buffalo (Bisons)	AHL	29	7	17	24	10	9	6	7	13	4
1944-45	Buffalo (Bisons)	AHL	54	19	36	55	36	6	0	4	4	12
1945-46	Buffalo (Bisons)	AHL	57	22	35	57	41	12	1	8	9	4
1946-47	Buffalo (Bisons)	AHL	10	2	3	5	8	-	-	-	-	-
	Montréal (Canadiens)	**LNH**	**49**	**4**	**18**	**22**	**12**	**11**	**0**	**6**	**6**	**10**
1947-48	**Montréal (Canadiens)**	**LNH**	**48**	**4**	**14**	**18**	**26**	**-**	**-**	**-**	**-**	**-**
1948-49	**Montréal (Canadiens)**	**LNH**	**28**	**6**	**7**	**13**	**10**	**5**	**0**	**1**	**1**	**2**
	Buffalo (Bisons)	AHL	10	1	2	3	6	-	-	-	-	-
	Dallas (Texans)	USHL	12	3	5	8	12	-	-	-	-	-
1949-50	**Montréal (Canadiens)**	**LNH**	**55**	**3**	**12**	**15**	**21**	**4**	**0**	**0**	**0**	**2**
	Cincinnati (Mohawks)	AHL	11	4	4	8	2	-	-	-	-	-

Saison	Club	Ligue	PJ	B	A	PTS	PUN	PJ	B	A	PTS	PUN
1950-51	Victoria (Cougars)	PCHL	68	17	43	60	84	12	1	4	5	8
1951-52	Victoria (Cougars)	PCHL	70	16	47	63	68	13	2	9	11	14
1952-53	Montréal (Royals)	LHMQ	60	5	30	35	22	16	2	7	9	15
1953-54	Montréal (Royals)	LHQ	61	8	29	37	50	11	1	5	6	2
1954-55	Shawinigan (Cataractes)	LHQ	59	2	29	31	83	11	1	9	10	6
	Shawinigan (Cataractes)	Edin.	-	-	-	-	-	7	2	3	5	4
1955-56	Shawinigan (Cataractes)	LHQ	45	4	17	21	29	10	0	0	0	0
		LNH	**187**	**18**	**53**	**71**	**71**	**20**	**0**	**7**	**7**	**14**
		Montréal	**180**	**17**	**51**	**68**	**69**	**20**	**0**	**7**	**7**	**14**

• Coupe Calder (AHL) en 1943-44, 1945-46 • Première équipe d'étoiles (AHL) en 1944-45, 1945-46 • Première équipe d'étoiles (PCHL) en 1950-51, 1951-52 • Première équipe d'étoiles (LHMQ) en 1952-53 • Première équipe d'étoiles (LHQ) en 1953-54

• Signe avec New York (Rangers) le 23 novembre 1943 • Échangé à Montréal par New York (Rangers) avec Gord Davidson pour Bob Dill le 4 janvier 1944 • Droits vendus à Victoria (WHL) par Montréal et nommé joueur-entraîneur le 16 septembre 1950

LEMAIRE, JACQUES

Né à Lasalle, Québec, le 7 septembre 1945. Centre, lance de la gauche, 5'10", 180 lb

Saison	Club	Ligue	PJ	B	A	PTS	PUN	PJ	B	A	PTS	PUN
1962-63	Lachine (Maroons)	LHJQ	42	41	63	*104	-	-	-	-	-	-
1963-64	Montréal (Canadiens Jr)	JOHA	42	25	30	55	17	17	10	6	16	4
1964-65	Montréal (Canadiens Jr)	JOHA	56	25	47	72	52	7	1	5	6	0
	Québec (As)	AHL	1	0	0	0	-	-	-	-	-	-
1965-66	Montréal (Canadiens Jr)	JOHA	48	41	52	93	69	10	11	2	13	14
1966-67	Houston (Apollos)	CPHL	69	19	30	49	19	6	0	1	1	0
1967-68	**Montréal (Canadiens)**	**LNH**	**69**	**22**	**20**	**42**	**16**	**13**	**7**	**6**	**13**	**6**
1968-69	**Montréal (Canadiens)**	**LNH**	**75**	**29**	**34**	**63**	**29**	**14**	**4**	**2**	**6**	**6**
1969-70	**Montréal (Canadiens)**	**LNH**	**69**	**32**	**28**	**60**	**16**	-	-	-	-	-
	Match des étoiles	LNH	1	0	1	1	0	-	-	-	-	-
1970-71	**Montréal (Canadiens)**	**LNH**	**78**	**28**	**28**	**56**	**18**	**20**	**9**	**10**	**19**	**17**
1971-72	**Montréal (Canadiens)**	**LNH**	**77**	**32**	**49**	**81**	**26**	**6**	**2**	**1**	**3**	**2**
1972-73	**Montréal (Canadiens)**	**LNH**	**77**	**44**	**51**	**95**	**16**	**17**	**7**	**13**	**20**	**2**
	Match des étoiles	LNH	1	1	0	1	0	-	-	-	-	-
1973-74	**Montréal (Canadiens)**	**LNH**	**66**	**29**	**38**	**67**	**10**	**6**	**0**	**4**	**4**	**2**
1974-75	**Montréal (Canadiens)**	**LNH**	**80**	**36**	**56**	**92**	**20**	**11**	**5**	**7**	**12**	**4**
1975-76	**Montréal (Canadiens)**	**LNH**	**61**	**20**	**32**	**52**	**20**	**13**	**3**	**3**	**6**	**2**
1976-77	**Montréal (Canadiens)**	**LNH**	**75**	**34**	**41**	**75**	**22**	**14**	**7**	**12**	**19**	**6**
1977-78	**Montréal (Canadiens)**	**LNH**	**76**	**36**	**61**	**97**	**14**	**15**	**6**	**8**	**14**	**10**
1978-79	**Montréal (Canadiens)**	**LNH**	**50**	**24**	**31**	**55**	**10**	**16**	***11**	**12**	***23**	**6**
1979-80	HC Sierre	SUI	28	29	16	45	-	-	-	-	-	-
1980-81	HC Sierre	SUI	12	13	13	26	-	-	-	-	-	-
		LNH	**853**	**366**	**469**	**835**	**217**	**145**	**61**	**78**	**139**	**63**
		Montréal	**853**	**366**	**469**	**835**	**217**	**145**	**61**	**78**	**139**	**63**

• Coupe Stanley (LNH) en 1967-68, 1968-69, 1970-71, 1972-73, 1975-76, 1976-77, 1977-78, 1978-79 • Match des étoiles (LNH) en 1969-70, 1972-73 • Temple de la Renommée (LNH) en 1984

LEMIEUX, CLAUDE

Né à Buckingham, Québec, le 16 juillet 1965. Ailier droit, lance de la droite, 6'1", 215 lb (Choix de 2e ronde de Montréal, 26e au total lors du repêchage de 1983)

Saison	Club	Ligue	PJ	B	A	PTS	PUN	PJ	B	A	PTS	PUN
1981-82	Richelieu (Régents)	QAAA	48	24	48	72	96	-	-	-	-	-
1982-83	Trois-Rivières (Draveurs)	LHJMQ	62	28	38	66	187	4	1	0	1	30
1983-84	Verdun (Juniors)	LHJMQ	51	41	45	86	225	9	8	12	20	63
	Nlle-Écosse (Voyageurs)	AHL	-	-	-	-	-	2	1	0	1	0
	Montréal (Canadiens)	**LNH**	**8**	**1**	**1**	**2**	**12**	-	-	-	-	-
1984-85	Verdun (Canadiens Junior)	LHJMQ	52	58	66	124	152	14	23	17	40	38
	Verdun (Canadiens Junior)	Mem.	-	-	-	-	-	3	2	1	3	-
	Canada	CMJ	6	3	2	5	6	-	-	-	-	-
	Montréal (Canadiens)	**LNH**	**1**	**0**	**1**	**1**	**7**	-	-	-	-	-
1985-86	Sherbrooke (Canadiens)	AHL	58	21	32	53	145	-	-	-	-	-
	Montréal (Canadiens)	**LNH**	**10**	**1**	**2**	**3**	**22**	**20**	**10**	**6**	**16**	**68**
1986-87	**Montréal (Canadiens)**	**LNH**	**76**	**27**	**26**	**53**	**156**	**17**	**4**	**9**	**13**	**41**
	Étoiles LNH	RV 87	2	0	0	0	4	-	-	-	-	-
1987-88	**Montréal (Canadiens)**	**LNH**	**78**	**31**	**30**	**61**	**137**	**11**	**3**	**2**	**5**	**20**
	Canada	CC	6	1	1	2	4	-	-	-	-	-
1988-89	**Montréal (Canadiens)**	**LNH**	**69**	**29**	**22**	**51**	**136**	**18**	**4**	**3**	**7**	**58**
1989-90	**Montréal (Canadiens)**	**LNH**	**39**	**8**	**10**	**18**	**106**	**11**	**1**	**3**	**4**	**38**
1990-91	New Jersey (Devils)	LNH	78	30	17	47	105	7	4	0	4	34
1991-92	New Jersey (Devils)	LNH	74	41	27	68	109	7	4	3	7	26
1992-93	New Jersey (Devils)	LNH	77	30	51	81	155	5	2	0	2	19
1993-94	New Jersey (Devils)	LNH	79	18	26	44	86	20	7	11	18	44
1994-95	New Jersey (Devils)	LNH	45	6	13	19	86	20	*13	3	16	20
1995-96	Colorado (Avalanche)	LNH	79	39	32	71	117	19	5	7	12	55
1996-97	Colorado (Avalanche)	LNH	45	11	17	28	43	17	*13	10	23	32
	Canada	CDM	8	1	1	2	19	-	-	-	-	-
1997-98	Colorado (Avalanche)	LNH	78	26	27	53	115	7	3	3	6	8
1998-99	Colorado (Avalanche)	LNH	82	27	24	51	102	19	3	11	14	26
1999-00	Colorado (Avalanche)	LNH	13	3	6	9	4	-	-	-	-	-
	New Jersey (Devils)	LNH	70	17	21	38	86	23	4	6	10	28
2000-01	Phoenix (Coyotes)	LNH	46	10	16	26	58	-	-	-	-	-
2001-02	Phoenix (Coyotes)	LNH	82	16	25	41	70	5	0	0	0	2
2002-03	Phoenix (Coyotes)	LNH	36	6	8	14	30	-	-	-	-	-
	Dallas (Stars)	LNH	32	2	4	6	14	7	0	1	1	10
2003-04	EV Zug	SUI	7	2	3	5	4	5	1	3	4	8
		LNH	**1197**	**379**	**406**	**785**	**1756**	**233**	**80**	**77**	**157**	**529**
		Montréal	**281**	**97**	**92**	**189**	**576**	**77**	**22**	**23**	**45**	**225**

• Première équipe d'étoiles (LHJMQ) en 1984-85 • Deuxième équipe d'étoiles (LHJMQ) en 1983-84 • Médaille d'or (CMJ) en 1984-85 • Coupe du Président (LHJMQ) en 1984-85. • Trophée Guy-Lafleur (LHJMQ) en 1984-85 • Coupe Stanley (LNH) en 1985-86, 1994-95, 1995-96, 1999-00 • Coupe Canada en 1988 • Trophée Conn-Smythe (LNH) en 1994-95

• Échangé au New Jersey par Montréal pour Sylvain Turgeon le 4 septembre 1990 • Échangé à New York (Islanders) par New Jersey pour Steve Thomas le 3 octobre 1995 • Échangé au Colorado par New York (Islanders) pour Wendel Clark le 3 octobre 1995 • Échangé au New Jersey par Colorado avec le 1er (David Hale) choix de 2e ronde (Matt DeMarchi) du Colorado au repêchage de 2000 pour Brian Rolston, le 1er choix du Colorado au repêchage de 2000 (échangé plus tard à Boston qui sélectionne Martin Samuelsson) et des considérations futures le 3 novembre 1999 • Signe avec Phoenix comme joueur autonome le 5 décembre 2000 • Échangé à Dallas par Phoenix pour Scott Pellerin et le choix de 4e ronde de Dallas au repêchage de 2004 (Kevin Porter) le 16 janvier 2003 • Signe avec EV Zug (SUI) comme joueur autonome le 9 février 2004

LEMIEUX, JOCELYN

Né à Mont-Laurier, Québec, le 18 novembre 1967. Ailier droit, lance de la gauche, 5'11", 220 lb (Choix de 1re ronde de St. Louis, 10e au total lors du repêchage de 1986)

Saison	Club	Ligue	PJ	B	A	PTS	PUN	PJ	B	A	PTS	PUN
1983-84	Montréal (Concordia)	QAAA	40	15	36	51	-	-	-	-	-	-
1984-85	Laval (Voisins)	LHJMQ	68	13	19	32	92	-	-	-	-	-
1985-86	Laval (Titan)	LHJMQ	71	57	68	125	131	14	9	15	24	37
1986-87	St. Louis (Blues)	LNH	53	10	8	18	94	5	0	1	1	6
1987-88	St. Louis (Blues)	LNH	23	1	0	1	42	5	0	0	0	15
	Peoria (Rivermen)	IHL	8	0	5	5	35	-	-	-	-	-
1988-89	Sherbrooke (Canadiens)	AHL	73	25	28	53	134	4	3	1	4	6
	Montréal (Canadiens)	**LNH**	**1**	**0**	**1**	**1**	**0**	-	-	-	-	-
1989-90	**Montréal (Canadiens)**	**LNH**	**34**	**4**	**2**	**6**	**61**	-	-	-	-	-
	Chicago (Blackhawks)	LNH	39	10	11	21	47	18	1	8	9	28
1990-91	Chicago (Blackhawks)	LNH	67	6	7	13	119	4	0	0	0	0
1991-92	Chicago (Blackhawks)	LNH	78	6	10	16	80	18	3	1	4	33
1992-93	Chicago (Blackhawks)	LNH	81	10	21	31	111	4	1	0	1	2
1993-94	Chicago (Blackhawks)	LNH	66	12	8	20	63	-	-	-	-	-
	Hartford (Whalers)	LNH	16	6	1	7	19	-	-	-	-	-
1994-95	Hartford (Whalers)	LNH	41	6	5	11	32	-	-	-	-	-
1995-96	Hartford (Whalers)	LNH	29	1	2	3	31	-	-	-	-	-
	New Jersey (Devils)	LNH	18	0	1	1	4	-	-	-	-	-
	Calgary (Flames)	LNH	20	4	4	8	10	4	0	0	0	0
1996-97	Long Beach (Ice Dogs)	IHL	28	4	10	14	54	-	-	-	-	-
	Phoenix (Coyotes)	LNH	2	1	0	1	0	2	0	0	0	4
1997-98	Phoenix (Coyotes)	LNH	30	3	3	6	27	-	-	-	-	-
	Springfield (Falcons)	AHL	6	3	1	4	0	4	2	2	4	2
	Long Beach (Ice Dogs)	IHL	10	3	5	8	24	-	-	-	-	-
1998-99	Long Beach (Ice Dogs)	IHL	17	4	4	8	16	8	0	2	2	15
		LNH	**598**	**80**	**84**	**164**	**740**	**60**	**5**	**10**	**15**	**88**
		Montréal	**35**	**4**	**3**	**7**	**61**	-	-	-	-	-

• Première équipe d'étoiles (LHJMQ) en 1985-86

• Échangé à Montréal par St. Louis avec Darrel May et le choix de 2e ronde de St. Louis au repêchage de 1989 (Patrice Brisebois) pour Sergio Momesso et Vincent Riendeau le 9 août 1988 • Échangé à Chicago par Montréal pour le choix de 3e ronde de Chicago au repêchage de 1990 (Charles Poulin) le 5 janvier 1990 • Échangé à Hartford par Chicago avec Frantisek Kucera pour Gary Suter, Randy Cunneyworth et le choix de 3e ronde de Hartford au repêchage de 1995 (échangé plus tard à Vancouver qui sélectionne Larry Courville) le 11 mars 1994 • Échangé au New Jersey par Hartford avec le choix de 2e ronde de Hartford au repêchage de 1998 (échangé plus tard à Dallas qui sélectionne John Erskine) pour Jim Dowd et le choix de 2e ronde de New Jersey au repêchage de 1997 (échangé plus tard à Calgary qui sélectionne Dmitr iKokorev) le19 décembre 1995 • Échangé à Calgary par New Jersey avec Tommy Abelin et Cale Hulse pour Phil Housley et Dan Keczmer le 26 février 1996 • Signe avec Phoenix comme joueur autonome le 18 mars 1997

LÉPINE, ALFRED (PIT)

**Né à Sainte-Anne-de-Bellevue, Québec, le 30 juillet 1901, décédé le 2 août 1955
Centre, lance de la gauche, 6', 165 lb**

Saison	Club	Ligue	PJ	B	A	PTS	PUN	PJ	B	A	PTS	PUN
1922-23	Montréal (Royals)	LHCM	4	2	0	2	-	-	-	-	-	-
	Montréal (Shamrocks)	LHCM	1	1	0	1	0	-	-	-	-	-
1923-24	Montréal (Hochelaga)	LHCM	9	3	0	3	2	-	-	-	-	-
1924-25	Montréal (National)	ECHL	15	8	0	8	-	-	-	-	-	-
1925-26	Montréal (National)	ECHL	3	2	0	2	0	-	-	-	-	-
	Montréal (Canadiens)	**LNH**	**27**	**9**	**1**	**10**	**18**	-	-	-	-	-
1926-27	**Montréal (Canadiens)**	**LNH**	**44**	**16**	**1**	**17**	**20**	**4**	**0**	**0**	**0**	**4**
1927-28	**Montréal (Canadiens)**	**LNH**	**20**	**4**	**1**	**5**	**6**	**1**	**0**	**0**	**0**	**0**
1928-29	**Montréal (Canadiens)**	**LNH**	**44**	**6**	**1**	**7**	**48**	**3**	**0**	**0**	**0**	**2**
1929-30	**Montréal (Canadiens)**	**LNH**	**44**	**24**	**9**	**33**	**47**	**6**	**2**	**2**	**4**	**6**
1930-31	**Montréal (Canadiens)**	**LNH**	**44**	**17**	**7**	**24**	**63**	**10**	**4**	**2**	**6**	**6**
1931-32	**Montréal (Canadiens)**	**LNH**	**48**	**19**	**11**	**30**	**42**	**3**	**1**	**0**	**1**	**4**
1932-33	**Montréal (Canadiens)**	**LNH**	**46**	**8**	**8**	**16**	**45**	**2**	**0**	**0**	**0**	**2**
1933-34	**Montréal (Canadiens)**	**LNH**	**48**	**10**	**8**	**18**	**44**	**2**	**0**	**0**	**0**	**0**
1934-35	**Montréal (Canadiens)**	**LNH**	**48**	**12**	**19**	**31**	**16**	**2**	**0**	**0**	**0**	**2**
1935-36	**Montréal (Canadiens)**	**LNH**	**32**	**6**	**10**	**16**	**4**	-	-	-	-	-
1936-37	**Montréal (Canadiens)**	**LNH**	**34**	**7**	**8**	**15**	**15**	**5**	**0**	**1**	**1**	**0**
1937-38	**Montréal (Canadiens)**	**LNH**	**47**	**5**	**14**	**19**	**24**	**3**	**0**	**0**	**0**	**0**
	Match des étoiles	LNH	1	1	0	1	0	-	-	-	-	-
1938-39	New Haven (Eagles)	IAHL	52	8	23	31	16	-	-	-	-	-
		LNH	**526**	**143**	**98**	**241**	**392**	**41**	**7**	**5**	**12**	**26**
		Montréal	**526**	**143**	**98**	**241**	**392**	**41**	**7**	**5**	**12**	**26**

• Coupe Stanley (LNH) en 1929-30, 1930-31 • Match des étoiles (LNH) en 1937-38

• Signe avec Montréal le 29 décembre 1925

LÉPINE, HECTOR

**Né à Sainte-Anne-de-Bellevue, Québec, le 7 décembre 1897, décédé le 29 mars 1951
Centre, lance de la droite, 5'11", 185 lb**

Saison	Club	Ligue	PJ	B	A	PTS	PUN	PJ	B	A	PTS	PUN
1917-18	Montréal (La Casquette)	LHCM	8	3	0	3	9	-	-	-	-	-
1918-19	Montréal (Garnets)	LHCM	6	0	0	0	0	-	-	-	-	-
1919-20	Sainte-Anne-de-Bellevue	AHIQ	*Statistiques non disponibles*									

Saison	Club	Ligue	PJ	B	A	PTS	PUN	PJ	B	A	PTS	PUN
1920-21	Sainte-Anne-de-Bellevue	AHIQ	*Statistiques non disponibles*									
1921-22	Sainte-Anne-de-Bellevue	AHIQ	*Statistiques non disponibles*									
1922-23	Montréal (Royals Sr)	LHCM	4	14	0	14	0	-	-	-	-	-
1923-24	Montréal (Hochelaga)	LHCM	7	*15	0	*15	0	-	-	-	-	-
1924-25	Montréal (National)	ECHL	3	2	0	2	0	-	-	-	-	-
	Fort Pitt (Hornets)	CHL	21	11	0	11	-	8	1	0	1	-
1925-26	**Montréal (Canadiens)**	**LNH**	**33**	**5**	**2**	**7**	**2**	**-**	**-**	**-**	**-**	**-**
1926-27	Providence (Reds)	Can-Am	28	6	1	7	28	-	-	-	-	-
		LNH	**33**	**5**	**2**	**7**	**2**	**-**	**-**	**-**	**-**	**-**
		Montréal	**33**	**5**	**2**	**7**	**2**	**-**	**-**	**-**	**-**	**-**

• Signe avec Montréal le 13 novembre 1925

LEROUX, GASTON

Né à Montréal, Québec, le 9 janvier 1913. Défenseur, lance de la droite, 6', 190 lb

Saison	Club	Ligue	PJ	B	A	PTS	PUN	PJ	B	A	PTS	PUN
1930-31	Montréal (Canadiens Sr)	LHCM	7	0	0	0	2	-	-	-	-	-
1931-32	Saint-François-Xavier	LHCM	*Statistiques non disponibles*									
	Montréal (National)	LHBM	*Statistiques non disponibles*									
1932-33	Montréal (National)	LHBM	*Statistiques non disponibles*									
1933-34	Montréal (Lafontaine)	LHCM	14	4	2	6	11	-	-	-	-	-
	Québec (Castors)	Can-Am	8	0	0	0	0	-	-	-	-	-
1934-35	Clevelands (Falcons)	IHL	42	2	6	8	15	2	0	0	0	0
1935-36	Springfield (Indians)	Can-Am	23	1	3	4	20	-	-	-	-	-
	Montréal (Canadiens)	**LNH**	**2**	**0**	**0**	**0**	**0**	**-**	**-**	**-**	**-**	**-**
	Windsor (Bulldogs)	IHL	12	1	1	2	2	7	0	0	0	0
1936-37	Sherbrooke (Red Raiders)	LHPQ	*Statistiques non disponibles*									
1937-38	Sherbrooke (Red Raiders)	LHPQ	21	8	5	13	5	9	1	4	5	8
1938-39	Sherbrooke (Red Raiders)	LHPQ	35	3	5	8	8	5	0	1	1	2
		LNH	**2**	**0**	**0**	**0**	**0**	**-**	**-**	**-**	**-**	**-**
		Montréal	**2**	**0**	**0**	**0**	**0**	**-**	**-**	**-**	**-**	**-**

• Signe avec Montréal le 24 octobre 1935

LESIEUR, ARTHUR (ART)

Né à Fall River, Massachusets, le 13 septembre 1907, décédé le 31 décembre 1967
Défenseur, lance de la droite, 5'11", 190 lb

Saison	Club	Ligue	PJ	B	A	PTS	PUN	PJ	B	A	PTS	PUN
1927-28	Nashua (Nationals)	NEHL	23	3	2	5	20	4	1	2	3	6
	Providence (Reds)	Can-Am	1	0	0	0	2	-	-	-	-	-
1928-29	**Montréal (Canadiens)**	**LNH**	**15**	**0**	**0**	**0**	**0**	**-**	**-**	**-**	**-**	**-**
	Chicago (Black Hawks)	LNH	2	0	0	0	0	-	-	-	-	-
	Providence (Reds)	Can-Am	16	1	0	1	16	4	0	0	0	2
1929-30	Providence (Reds)	Can-Am	40	3	0	3	57	3	0	0	0	4
1930-31	Providence (Reds)	Can-Am	19	3	3	6	26	-	-	-	-	-
	Montréal (Canadiens)	**LNH**	**21**	**2**	**0**	**2**	**14**	**10**	**0**	**0**	**0**	**4**
1931-32	Providence (Reds)	Can-Am	18	4	3	7	35	-	-	-	-	-
	Montréal (Canadiens)	**LNH**	**24**	**1**	**2**	**3**	**12**	**4**	**0**	**0**	**0**	**0**
1932-33	Providence (Reds)	Can-Am	25	1	3	4	34	-	-	-	-	-
1933-34	Providence (Reds)	Can-Am	40	2	1	3	68	3	0	1	1	8
1934-35	Providence (Reds)	Can-Am	47	5	9	14	80	6	1	0	1	10
1935-36	**Montréal (Canadiens)**	**LNH**	**38**	**1**	**0**	**1**	**24**	**-**	**-**	**-**	**-**	**-**
1936-37	Providence (Reds)	IAHL	51	3	7	10	54	3	0	0	0	2
1937-38	Providence (Reds)	IAHL	47	6	10	16	36	7	0	1	1	8
1938-39	Providence (Reds)	IAHL	54	5	7	12	53	5	0	0	0	4
1939-40	Providence (Reds)	IAHL	54	6	7	13	26	8	0	0	0	4
1940-41	Pittsburgh (Hornets)	AHL	32	2	0	2	22	-	-	-	-	-
		LNH	**100**	**4**	**2**	**6**	**50**	**14**	**0**	**0**	**0**	**4**
		Montréal	**98**	**4**	**2**	**6**	**50**	**14**	**0**	**0**	**0**	**4**

• Première équipe d'étoiles (NEHL) en 1927-28 • Coupe Stanley (LNH) en 1930-31 • Deuxième équipe d'étoiles (IAHL) en 1937-38, 1938-39 • Coupe Calder (IAHL) en 1937-38, 1939-40

• Signe avec Montréal le 30 octobre 1928 • Prêté à Chicago par Montréal le 9 janvier 1929.• Prêté à Providence par Montréal pour Bert McCafferty le 15 janvier 1931 • Droits vendus à Providence (Can-Am) par Montréal avec Art Alexandre, Gus Rivers et Art Giroux le 8 mai 1932 • Droits vendus à Montréal par Providence le 30 septembre 1935 •Échangé à Pittsburgh (AHL) par Montréal (Providence – IAHL) pour Babe Taupin le 15 octobre 1940

LEWIS, DOUGLAS (DOUG)

Né à Winnipeg, Manitoba, le 3 mars 1921, décédé le 10 août 1994
Ailier gauche, lance de la gauche, 5'8", 155 lb

Saison	Club	Ligue	PJ	B	A	PTS	PUN	PJ	B	A	PTS	PUN
1939-40	Kenora (Thistles)	MJHL	23	8	6	14	6	18	2	0	2	14
	Kenora (Thistles)	Mem.	-	-	-	-	-	10	1	0	1	12
1940-41	Edmonton (Athletic Club)	EJHL	16	6	7	13	16	5	1	3	4	7
	Edmonton (Athletic Club)	Mem.	-	-	-	-	-	5	3	0	3	4
1941-42	Springfield (Indians)	AHL	56	9	25	34	15	5	0	3	3	0
1942-43	Buffalo (Bisons)	AHL	55	9	27	36	21	7	0	4	4	7
1943-44	Winnipeg (Navy)	WNDHL	10	3	2	5	8	-	-	-	-	-
	Cornwalls (Navy)	NSDHL	2	2	4	6	2	1	1	1	2	0
1944-45	Buffalo (Bisons)	AHL	56	15	27	42	19	6	0	1	1	0
1945-46	Buffalo (Bisons)	AHL	62	20	32	52	8	2	0	0	0	0
1946-47	Buffalo (Bisons)	AHL	55	10	25	35	16	4	0	1	1	0
	Montréal (Canadiens)	**LNH**	**3**	**0**	**0**	**0**	**0**	**-**	**-**	**-**	**-**	**-**
1947-48	Buffalo (Bisons)	AHL	67	20	24	44	12	8	2	1	3	2
1948-49	Buffalo (Bisons)	AHL	64	22	16	38	23	-	-	-	-	-
1949-50	Buffalo (Bisons)	AHL	70	9	20	29	30	5	1	0	1	0
1950-51	Seattle (Ironmen)	PCHL	29	11	4	15	4	-	-	-	-	-
	Boston (Olympics)	EHL	17	5	1	6	6	-	-	-	-	-
1951-52	Halifax (St. Mary's)	MMHL	46	10	8	18	0	-	-	-	-	-
1952-53	Winnipeg (Maroons)	Exh.	*Statistiques non disponibles*									
	Winnipeg (Maroons)	Allan	-	-	-	-	-	5	1	1	2	12
1953-54	Winnipeg (Maroons)	Exh.	*Statistiques non disponibles*									
	Winnipeg (Maroons)	Allan	-	-	-	-	-	2	2	0	2	0
		LNH	**3**	**0**	**0**	**0**	**0**	**-**	**-**	**-**	**-**	**-**
		Montréal	**3**	**0**	**0**	**0**	**0**	**-**	**-**	**-**	**-**	**-**

• Coupe Calder (AHL) en 1942-43, 1945-46

• Prêté à Montréal par Buffalo (AHL) le 24 janvier 1947 • Signe avec Halifax (MMHL) le 27 septembre 1951

LIND, JUHA

Né à Helsinki, Finlande, le 2 janvier 1974. Centre, lance de la gauche, 5'11", 180 lb (Choix de 8e ronde du Minnesota, 178e au total lors du repêchage de 1992)

Saison	Club	Ligue	PJ	B	A	PTS	PUN	PJ	B	A	PTS	PUN
1990-91	Jokerit Helsinki	FIN Jr	8	1	1	2	0	-	-	-	-	-
1991-92	Jokerit Helsinki	FIN Jr	14	9	16	25	2	14	7	8	15	8
	Finlande	EJC	6	2	7	9	4	-	-	-	-	-
1992-93	Vantaa HT	FIN	25	8	12	20	8	-	-	-	-	-
	Jokerit Helsinki	FIN	3	2	4	6	2	-	-	-	-	-
	Jokerit Helsinki	FIN	6	0	0	0	2	1	0	0	0	0
1993-94	Jokerit Helsinki	FIN	11	6	7	13	4	-	-	-	-	-
	Finlande	CMJ	7	5	2	7	2	-	-	-	-	-
	Jokerit Helsinki	FIN	47	17	11	28	37	11	2	5	7	4
1994-95	Jokerit Helsinki	FIN Jr	3	2	1	3	2	-	-	-	-	-
	Jokerit Helsinki	FIN	50	10	8	18	12	11	1	2	3	6
1995-96	Jokerit Helsinki	FIN	50	15	22	37	32	11	4	5	9	4
1996-97	Jokerit Helsinki	FIN	50	16	22	38	28	9	5	3	8	0
	Jokerit Helsinki	EuroHL	6	4	1	5	6	2	1	0	1	0
	Finlande	CM	8	1	0	1	8	-	-	-	-	-
1997-98	Dallas (Stars)	LNH	39	2	3	5	6	15	2	2	4	8
	Michigan (K-Wing)	IHL	8	2	2	4	2	-	-	-	-	-
	Finlande	JO	6	0	1	1	6	-	-	-	-	-
1998-99	Jokerit Helsinki	FIN	50	20	19	39	22	3	3	1	4	2
	Jokerit Helsinki	EuroHL	6	6	2	8	14	2	0	2	2	0
	Finlande	CM	12	3	2	5	2	-	-	-	-	-
1999-00	Dallas (Stars)	LNH	34	3	4	7	6	-	-	-	-	-
	Montréal (Canadiens)	**LNH**	**13**	**1**	**2**	**3**	**4**	**-**	**-**	**-**	**-**	**-**
	Filande	CM	9	3	4	7	4	-	-	-	-	-
2000-01	**Montréal (Canadiens)**	**LNH**	**47**	**3**	**4**	**7**	**4**	**-**	**-**	**-**	**-**	**-**
	Québec (Citadelles)	AHL	3	1	1	2	0	-	-	-	-	-
2001-02	Sodertalje SK	SWE	41	16	10	26	26	-	-	-	-	-
	Finlande	JO	4	0	0	0	0	-	-	-	-	-
	Finlande	CM	9	0	1	1	2	-	-	-	-	-
2002-03	Sodertalje SK	SWE	47	17	9	26	24	-	-	-	-	-
2003-04	Sodertalje SK	SWE	49	13	11	24	28	-	-	-	-	-
2004-05	Jokerit Helsinki	FIN	56	15	19	34	24	12	3	2	5	2
2005-06	Salzburg EC	AUT	45	14	26	40	12	11	3	4	7	10
2006-07	Salzburg EC	AUT	53	17	31	48	48	8	6	5	11	4
2007-08	Leksands IF	SUE	44	16	32	48	12	10	1	5	6	4
		LNH	**133**	**9**	**13**	**22**	**20**	**15**	**2**	**2**	**4**	**8**
		Montréal	**60**	**4**	**6**	**10**	**8**	**-**	**-**	**-**	**-**	**-**

• Médaille de bronze (JO) en 1998 • Médaille d'argent (CM) en 1999 • Médaille de bronze (CM) en 2000

• La concession du Minnesota est transférée à Dallas le 9 juin 1993 • Échangé à Montréal par Dallas pour Scott Thornton le 22 janvier 2000 • Signe avec Sodertalje (SWE) comme joueur autonome le 6 juin 2000 • Signe avec Salzbourg (AUT) comme joueur autonome le 2 avril 2005

LINDEN, TREVOR

Né à Medicine Hat, Alberta le 11 avril 1970. Centre/ailier droit, lance de la droite, 6'4", 220 lb (Choix de 1re ronde de Vancouver, 2e au total lors du repêchage de 1988)

Saison	Club	Ligue	PJ	B	A	PTS	PUN	PJ	B	A	PTS	PUN
1985-86	Medecine Hat (Tigers)	AAHA	40	14	22	36	14	-	-	-	-	-
	Medecine Hat (Tigers)	WHL	5	2	0	2	0	-	-	-	-	-
1986-87	Medecine Hat (Tigers)	WHL	72	14	22	36	59	20	5	4	9	17
	Medecine Hat (Tigers)	Mem.	-	-	-	-	-	5	2	1	3	6
1987-88	Medecine Hat (Tigers)	WHL	67	46	64	110	76	16	*13	12	25	19
	Medecine Hat (Tigers)	Mem.	-	-	-	-	-	5	3	4	7	0
	Canada	CMJ	7	1	0	1	0	-	-	-	-	-
1988-89	Vancouver (Canucks)	LNH	80	30	29	59	41	7	3	4	7	8
1989-90	Vancouver (Canucks)	LNH	73	21	30	51	43	-	-	-	-	-
1990-91	Vancouver (Canucks)	LNH	80	33	37	70	65	6	0	7	7	2
	Match des étoiles	LNH	1	0	0	0	0	-	-	-	-	-
	Canada	CM	10	1	4	5	4	-	-	-	-	-
1991-92	Vancouver (Canucks)	LNH	80	31	44	75	101	13	4	8	12	6
	Match des étoiles	LNH	1	1	1	2	0	-	-	-	-	-
1992-93	Vancouver (Canucks)	LNH	84	33	39	72	64	12	5	8	13	16
1993-94	Vancouver (Canucks)	LNH	84	32	29	61	73	24	12	13	25	18
1994-95	Vancouver (Canucks)	LNH	48	18	22	40	40	11	2	6	8	12
1995-96	Vancouver (Canucks)	LNH	82	33	47	80	42	6	4	4	8	6
1996-97	Vancouver (Canucks)	LNH	49	9	31	40	27	-	-	-	-	-
	Canada	CDM	8	1	1	2	0	-	-	-	-	-
1997-98	Vancouver (Canucks)	LNH	42	7	14	21	49	-	-	-	-	-
	New York (Islanders)	LNH	25	10	7	17	33	-	-	-	-	-
	Canada	JO	6	1	0	1	10	-	-	-	-	-
	Canada	CM	6	1	4	5	4	-	-	-	-	-
1998-99	New York (Islanders)	LNH	82	18	29	47	32	-	-	-	-	-
1999-00	**Montréal (Canadiens)**	**LNH**	**50**	**13**	**17**	**30**	**34**	**-**	**-**	**-**	**-**	**-**
2000-01	**Montréal (Canadiens)**	**LNH**	**57**	**12**	**21**	**33**	**52**	**-**	**-**	**-**	**-**	**-**
	Washington (Capitals)	LNH	12	3	1	4	8	6	0	4	4	14
2001-02	Washington (Capitals)	LNH	16	1	2	3	6	-	-	-	-	-
	Vancouver (Canucks)	LNH	64	12	22	34	65	6	1	4	5	0
2002-03	Vancouver (Canucks)	LNH	71	19	22	41	30	14	1	2	3	10
2003-04	Vancouver (Canucks)	LNH	82	14	22	36	26	7	0	0	0	66
2004-05			*N'a pas joué*									
2005-06	Vancouver (Canucks)	LNH	82	7	9	16	15	-	-	-	-	-
2006-07	Vancouver (Canucks)	LNH	80	12	13	25	34	12	2	5	7	6

Saison	Club	Ligue	PJ	B	A	PTS	PUN	PJ	B	A	PTS	PUN
2007-08	Vancouver (Canucks)	LNH	59	7	5	12	15	-	-	-	-	-
		LNH	**1382**	**375**	**492**	**867**	**895**	**124**	**34**	**65**	**99**	**104**
		Montréal	**107**	**25**	**38**	**63**	**86**	**-**	**-**	**-**	**-**	**-**

• Coupe Memorial en 1986-87, 1987-88 • Équipe d'étoiles (Mem.) 1987-88 • Deuxième équipe d'étoiles, Division Est (WHL) en 1987-88 • Équipe d'étoile des recrues (LNH) en 1988-89 • Match des étoiles(LNH) en 1990-91, 1991-92 • Trophée King-Clancy (LNH) en 1996-97

• Échangé à New York (Islanders) par Vancouver pour Todd Bertuzzi, Bryan McCabe et le choix de 3e ronde des Islanders au repêchage de 1998 (Jarkko Ruutu) le 6 février 1998 • Échangé à Montréal par New York (Islanders) pour le 1er choix de Montréal au repêchage de 1999 (Branislav Mezei) le 29 mai 1999 • Échangé à Washington par Montréal avec Dainius Zubrus et le choix de 2e ronde du New Jersey au repêchage de 2001 (propriété de Montréal suite à une transaction antérieure, échangé plus tard à Tampa Bay qui sélectionne Andreas Holmqvist) pour Richard Zednik, Juan Bulis et le 1er choix de Washington au repêchage de 2001 (Alexander Perezhogin) le 11 mars 2001 • Échangé à Vancouver par Washington avec le choix de 2e ronde de New York (Islanders) au repêchage de 2002 (propriété de Washington suite à une transaction antérieure, Vancouver sélectionne Denis Grot) pour le 1er choix de Vancouver au repêchage de 2002 (Boyd Gordon) et le choix de 3e ronde de Vancouver au repêchage de 2003 (échangé plus tard à Edmonton qui sélectionne Zachery Stortini) le 10 novembre 2001 • Annonce officiellement sa retraite le 11 juin 2008

LINDSAY, BILL

Né à Fernie, Colombie-Britannique, le 17 mai 1971. Ailier droit, lance de la gauche, 6'3", 224 lb (Choix de 5e ronde de Québec, 103e au total lors du repêchage de 1991)

Saison	Club	Ligue	PJ	B	A	PTS	PUN	PJ	B	A	PTS	PUN
1988-89	Vernon (Lakers)	BCJHL	56	24	29	53	166	-	-	-	-	-
1989-90	Tri-City (Americans)	WHL	72	40	45	85	84	7	3	0	3	17
1990-91	Tri-City (Americans)	WHL	63	46	47	93	151	5	3	6	9	10
	États-Unis	CMJ	7	3	5	8	8	-	-	-	-	-
1991-92	Tri-City (Americans)	WHL	42	34	59	93	81	3	2	3	5	16
	Québec (Nordiques)	LNH	23	2	4	6	14	-	-	-	-	-
1992-93	Québec (Nordiques)	LNH	44	4	9	13	16	-	-	-	-	-
	Halifax (Citadels)	AHL	20	11	13	24	18	-	-	-	-	-
1993-94	Florida (Panthers)	LNH	84	6	6	12	97	-	-	-	-	-
	États-Unis	CM	5	3	1	4	2	-	-	-	-	-
1994-95	Florida (Panthers)	LNH	48	10	9	19	46	-	-	-	-	-
1995-96	Florida (Panthers)	LNH	73	12	22	34	57	22	5	5	10	18
1996-97	Florida (Panthers)	LNH	81	11	23	34	120	3	0	1	1	8
1997-98	Florida (Panthers)	LNH	82	12	16	28	80	-	-	-	-	-
1998-99	Florida (Panthers)	LNH	75	12	15	27	92	-	-	-	-	-
1999-00	Calgary (Flames)	LNH	80	8	12	20	86	-	-	-	-	-
2000-01	Calgary (Flames)	LNH	52	1	9	10	97	-	-	-	-	-
	San Jose (Sharks)	LNH	16	0	4	4	29	6	0	0	0	16
2001-02	Floride (Panthers)	LNH	63	4	7	11	117	-	-	-	-	-
	Montréal (Canadiens)	**LNH**	**13**	**1**	**3**	**4**	**23**	**11**	**2**	**2**	**4**	**2**
2002-03	**Montréal (Canadiens)**	**LNH**	**19**	**0**	**2**	**2**	**23**	**-**	**-**	**-**	**-**	**-**
	Hamilton (Bulldogs)	AHL	28	6	12	18	89	23	10	3	13	31
2003-04	Atlanta (Thrashers)	LNH	24	0	0	0	25	-	-	-	-	-
	Chicago (Wolves)	AHL	13	3	5	8	8	-	-	-	-	-
2004-05	Long Beach (Ice Dogs)	ECHL	32	9	14	23	78	7	2	2	4	12
2005-06	Syracuse (Crunch)	AHL	4	0	2	2	0	-	-	-	-	-
	Kölner Hale	GER	32	9	12	21	78	9	4	4	8	44
2006-07	Kölner Hale	GER	45	7	16	23	79	9	1	2	3	26
		LNH	**777**	**83**	**141**	**224**	**922**	**42**	**7**	**8**	**15**	**44**
		Montréal	**32**	**1**	**5**	**6**	**46**	**11**	**2**	**2**	**4**	**2**

• Deuxième équipe d'étoiles, Division Ouest (WHL) en 1991-92

• Réclamé par la Floride de Québec lors du repêchage d'expansion de la LNH le 24 juin 1993 • Échangé par Calgary de la Floride pour Todd Simpson le 30 septembre 1999 • Échangé à San Jose par Calgary pour le choix de 8e ronde du Minnesota au repêchage de 2001 (propriété de San Jose suite à une transaction antérieure, Calgary sélectionne Joe Campbell) le 6 mars 2001 • Signe avec la Floride comme joueur autonome le 23 août 2001 • Réclamé au ballottage par Montréal de la Floride le 19 mars 2002 • Signe avec Atlanta comme joueur autonome le 25 août 2003 • Réclamé au ballottage par Washington d'Atlanta le 9 mars 2004 • Signe avec Long Beach (ECHL) comme joueur autonome le 10 décembre 2004 • Signe avec Syracuse (AHL) comme joueur autonome le 6 octobre 2005 • Signe avec Kölner Hale (GER) comme joueur autonome le 2 novembre 2005

LING, DAVID

Né à Halifax, Nouveau-Brunswick, le 9 janvier 1975. Ailier droit, lance de la droite, 5'9", 185 lb (Choix de 7e ronde de Québec, 179e au total lors du repêchage de 1993)

Saison	Club	Ligue	PJ	B	A	PTS	PUN	PJ	B	A	PTS	PUN
1991-92	Charlottetown (Abbies)	MJHL	30	33	42	75	270	-	-	-	-	-
	St. Michael's (Buzzers)	OJHL	8	5	14	19	25	-	-	-	-	-
1992-93	Kingston (Frontenacs)	OHL	64	17	46	63	275	16	3	12	15	*72
1993-94	Kingston (Frontenacs)	OHL	61	37	40	77	*254	6	4	2	6	16
1994-95	Kingston (Frontenacs)	OHL	62	*61	74	135	136	6	7	8	15	12
1995-96	Saint John (Flames)	AHL	75	24	32	56	179	9	0	5	5	12
1996-97	Saint John (Flames)	AHL	5	0	2	2	19	-	-	-	-	-
	Fredericton (Canadiens)	AHL	48	22	36	58	229	-	-	-	-	-
	Montréal (Canadiens)	**LNH**	**2**	**0**	**0**	**0**	**0**	**-**	**-**	**-**	**-**	**-**
1997-98	Fredericton (Canadiens)	AHL	67	25	41	66	148	-	-	-	-	-
	Montréal (Canadiens)	**LNH**	**1**	**0**	**0**	**0**	**0**	**-**	**-**	**-**	**-**	**-**
	Indianapolis (Ice)	IHL	12	8	6	14	30	5	4	1	5	31
1998-99	Kansas City (Blades)	IHL	82	30	42	72	112	3	1	0	1	20
1999-00	Kansas City (Blades)	IHL	82	35	48	83	210	-	-	-	-	-
2000-01	Utah (Grizzlies)	IHL	79	15	28	43	202	-	-	-	-	-
2001-02	Columbus (Blue Jackets)	LNH	5	0	0	0	7	-	-	-	-	-
	Syracuse (Crunch)	AHL	71	19	41	60	240	10	5	5	10	16
2002-03	Columbus (Blue Jackets)	LNH	35	3	2	5	86	-	-	-	-	-
	Syracuse (Crunch)	AHL	46	7	34	41	129	-	-	-	-	-
2003-04	Columbus (Blue Jackets)	LNH	50	1	2	3	98	-	-	-	-	-
	Syracuse (Crunch)	AHL	14	7	10	17	25	7	0	1	1	36
2004-05	St.Johns (Maple Leafs)	AHL	80	28	60	88	152	5	1	1	2	43
2005-06	Moscou (Spartak)	RUS	51	15	17	32	40	3	2	1	3	4
2006-07	Moscou (Dynamo)	RUS	42	10	16	26	91	3	1	1	2	4
2007-08	Toronto (Marlies)	AHL	71	17	42	59	179	17	3	11	14	18
		LNH	**93**	**4**	**4**	**8**	**191**	**-**	**-**	**-**	**-**	**-**
		Montréal	**3**	**0**	**0**	**0**	**0**	**-**	**-**	**-**	**-**	**-**

• Trophée Red-Tilson (OHL) en 1994-95 • Trophée Jim-Mahon (OHL) en 1994-95 • Première équipe d'étoiles (OHL) en 1994-95 • Première équipe d'étoiles (CHL) en 1994-95 • Joueur par excellente (CHL) en 1994-95 • Première équipe d'étoiles (IHL) en 1999-00

• Transfert de la concession de Québec au Colorado le 21 juin 1995 • Échangé à Calgary par Colorado avec le choix de 9e ronde du Colorado au repêchage de 1995 (Steve Shirreffs) pour le choix de 9e ronde de Calgary au repêchage de 1995(Chris George) le 7 juillet 1995 • Échangé à Montréal par Calgary avec le choix de 6e ronde de Calgary au repêchage de 1999 (Gordie Dwyer) pour Scott Fraser le 24 octobre 1996 • Échangé à Chicago par Montréal pour Martin Gendron le 14 mars 1998 • Échangé à Dallas par Chicago pour des considérations futures le 11 août 2000 • Signe avec Columbus comme joueur autonome le 7 juillet 2001• Signe avec Toronto comme joueur autonome le 29 juillet 2004 • Signe avec le Dynamo (RUS) comme joueur autonome le 22 août 2006 • Signe avec Toronto (AHL) comme joueur autonome le 9 juillet 2007 • Signe avec Biel EHC (SUI) comme joueur autonome le 7 août 2007

LITZENBERGER, EDWARD (ED)

Né à Neudorf, Saskatchewan, le 15 juillet 1932
Ailier droit/centre, lance de la droite, 6'1", 174 lb

Saison	Club	Ligue	PJ	B	A	PTS	PUN	PJ	B	A	PTS	PUN
1949-50	Regina (Pats)	WCJHL	40	25	19	44	16	9	*11	4	15	4
	Regina (Pats)	Mem.	-	-	-	-	-	14	12	10	22	2
1950-51	Regina (Pats)	WCJHL	40	*44	35	79	23	12	*14	16	*30	6
	Regina (Pats)	Mem.	-	-	-	-	-	17	12	10	22	14
1951-52	Regina (Pats)	WCJHL	41	42	29	71	75	8	8	5	13	8
	Regina (Pats)	Mem.	-	-	-	-	-	14	*14	12	*26	12
1952-53	Montréal (Royals)	LHMQ	59	26	24	50	42	16	8	4	12	15
	Montréal (Canadiens)	**LNH**	**2**	**1**	**0**	**1**	**2**	**-**	**-**	**-**	**-**	**-**
1953-54	Montréal (Royals)	LHQ	67	31	39	70	44	11	4	5	9	6
	Montréal (Canadiens)	**LNH**	**3**	**0**	**0**	**0**	**0**	**-**	**-**	**-**	**-**	**-**
1954-55	**Montréal (Canadiens)**	**LNH**	**29**	**7**	**4**	**11**	**12**	**-**	**-**	**-**	**-**	**-**
	Chicago (Black Hawks)	LNH	44	16	24	40	28	-	-	-	-	-
1955-56	Chicago (Black Hawks)	LNH	70	10	29	39	36	-	-	-	-	-
	Match des étoiles	LNH	1	0	0	0	0	-	-	-	-	-
1956-57	Chicago (Black Hawks)	LNH	70	32	32	64	48	-	-	-	-	-
1957-58	Chicago (Black Hawks)	LNH	70	32	30	62	63	-	-	-	-	-
	Match des étoiles	LNH	1	0	2	2	0	-	-	-	-	-
1958-59	Chicago (Black Hawks)	LNH	70	33	44	77	37	6	3	5	8	8
	Match des étoiles	LNH	1	0	1	1	0	-	-	-	-	-
1959-60	Chicago (Black Hawks)	LNH	52	12	18	30	15	4	0	1	1	4
	Match des étoiles	LNH	1	0	1	1	0	-	-	-	-	-
1960-61	Chicago (Black Hawks)	LNH	62	10	22	32	14	10	1	3	4	2
1961-62	Detroit (Red Wings)	LNH	32	8	12	20	4	-	-	-	-	-
	Toronto (Maple Leafs)	LNH	37	10	10	20	14	10	0	2	2	4
1962-63	Toronto (Maple Leafs)	LNH	58	5	13	18	10	9	1	2	3	6
	Match des étoiles	LNH	1	0	0	0	0	-	-	-	-	-
1963-64	Toronto (Maple Leafs)	LNH	19	2	0	2	0	1	0	0	0	10
	Match des étoiles	LNH	1	1	1	2	0	-	-	-	-	-
	Rochester (Americans)	AHL	33	15	14	29	26	2	1	1	2	2
1964-65	Rochester (Americans)	AHL	72	25	61	86	34	10	1	3	4	6
1965-66	Victoria (Maple Leafs)	WHL	23	7	17	24	26	-	-	-	-	-
	Rochester (Americans)	AHL	47	7	15	22	10	12	1	5	6	8
		LNH	**618**	**178**	**238**	**416**	**283**	**40**	**5**	**13**	**18**	**34**
		Montréal	**34**	**8**	**4**	**12**	**14**	**-**	**-**	**-**	**-**	**-**

• Trophée Willaim-Northey (LHMQ) en 1952-53 • Deuxième équipe d'étoiles (LHMQ) en 1952-53 • Deuxième équipe d'étoiles (LHQ) en 1953-54 • Trophée Calder (LNH) en 1954-55 • Match des étoiles (LNH) en 1955-56, 1957-58, 1958-59, 1959-60, 1962-63, 1963-64 • Deuxième équipe d'étoiles (LNH) en 1956-57 • Coupe Stanley (LNH) en 1960-61, 1961-62, 1962-63, 1963-64 • Coupe Calder (AHL) en 1964-65, 1965-66

• Échangé à Chicago par Montréal pour Paul Masnick le 10 décembre 1954 • Échangé à Detroit par Chicago pour Brian Smith et Gerry Melynk le 12 juin 1961 • Réclamé au ballottage par Toronto de Detroit le 29 décembre 1961

LOCAS, JACQUES

Né à Pointe-aux-Trembles, Québec, le 12 février 1926, décédé le 26 septembre 1985
Ailier droit, lance de la droite, 5'11", 175 lb

Saison	Club	Ligue	PJ	B	A	PTS	PUN	PJ	B	A	PTS	PUN
1943-44	Concordia (Civics)	LHJQ	13	8	7	15	8	5	3	0	3	2
1944-45	Concordia (Civics)	LHJQ	10	6	5	11	2	2	2	1	3	2
1945-46	Concordia (Civics)	LHJQ	20	*25	8	*33	31	5	*7	3	10	4
1946-47	Montréal (Royals)	LHSQ	38	23	12	35	69	10	*11	3	14	12
	Montréal (Royals)	Allan	-	-	-	-	-	14	11	7	18	14
1947-48	**Montréal (Canadiens)**	**LNH**	**56**	**7**	**8**	**15**	**66**	**-**	**-**	**-**	**-**	**-**
1948-49	Dallas (Texans)	USHL	6	3	2	5	0	-	-	-	-	-
	Montréal (Canadiens)	**LNH**	**3**	**0**	**0**	**0**	**0**	**-**	**-**	**-**	**-**	**-**
1949-50	Cincinnati (Mohawks)	AHL	62	8	15	23	36	-	-	-	-	-
1950-51	Montréal (Royals)	LHMQ	22	15	7	22	63	7	2	2	4	10
1951-52	Montréal (Royals)	LHMQ	41	11	15	26	44	7	0	1	1	0
1952-53	Sherbrooke (Saints)	LHMQ	57	36	28	64	61	7	2	3	5	24
1953-54	Chicoutimi (Saguenéens)	LHQ	65	35	20	55	45	7	2	0	2	6
1954-55	Chicoutimi (Saguenéens)	LHQ	46	24	14	38	36	-	-	-	-	-
1955-56	Chicoutimi (Saguenéens)	LHQ	62	27	23	50	80	5	2	0	2	2
1956-57	Chicoutimi (Saguenéens)	LHQ	67	33	13	46	54	10	5	2	7	*24
1957-58	Chicoutimi (Saguenéens)	LHQ	64	*40	16	56	54	5	2	0	2	6
1958-59	Chicoutimi (Saguenéens)	LHQ	61	*49	24	73	46	-	-	-	-	-
1959-60	Québec (As)	AHL	39	9	8	17	20	-	-	-	-	-

SAISONS RÉGULIÈRES — SÉRIES ÉLIMINATOIRES

Saison	Club	Ligue	PJ	B	A	PTS	PUN	PJ	B	A	PTS	PUN
		LNH	59	7	8	15	66	-	-	-	-	-
		Montréal	59	7	8	15	66	-	-	-	-	-

• Coupe Allan en 1946-47 • Première équipe d'étoiles (LHQ) en 1957-58, 1958-59
• Prêté à Dallas (USHL) par Montréal le 17 décembre 1948

LOCKE, COREY

Né à Toronto, Onrario, le 8 mai 1984. Centre, lance de la gauche, 5' 9", 169 lb (Choix de 4e ronde de Montréal, 113e au total lors du repêchage de 2003)

Saison	Club	Ligue	PJ	B	A	PTS	PUN	PJ	B	A	PTS	PUN
2000-01	Newmarket (Hurricane 87's)	OPJHL	49	34	51	85	16	16	10	12	22	14
2001-02	Ottawa (67's)	OHL	55	18	25	43	18	13	6	7	13	10
2002-03	Ottawa (67's)	OHL	66	63	88	151	83	23	19	19	38	30
2003-04	Ottawa (67's)	OHL	65	51	67	118	82	7	7	3	10	10
2004-05	Hamilton (Bullgogs)	AHL	78	16	27	43	20	4	0	0	0	2
2005-06	Hamilton (Bullgogs)	AHL	77	19	40	59	67	-	-	-	-	-
2006-07	Hamilton (Bullgogs)	AHL	80	20	35	55	54	22	10	12	22	10
2007-08	**Montréal (Canadiens)**	**LNH**	**1**	**0**	**0**	**0**	**0**	-	-	-	-	-
	Hamilton (Bullgogs)	AHL	78	30	42	72	50	-	-	-	-	-
		LNH	**1**	**0**	**0**	**0**	**0**	-	-	-	-	-
		Montréal	**1**	**0**	**0**	**0**	**0**	-	-	-	-	-

• Première équipe d'étoiles (OHL) en 2002-03, 2003-04 • Trophée Red Tilson (OHL) en 2002-03, 2003-04 • Première équipe d'étoiles (CHL) 2002-03, 2003-04 • Joueur de l'année (CHL) en 2002-03 • Trophée Eddie Powers (OHL) en 2002-03, 2003-04 • Coupe Calder (AHL) en 2006-07
• Échangé au Minnesota par Montréal pour Shawn Belle le 11 juillet 2008

LONG, STANLEY (STAN)

Né à Owen Sound, Ontario, le 6 novembre 1929
Défenseur, lance de la gauche, 5'11", 190 lb

Saison	Club	Ligue	PJ	B	A	PTS	PUN	PJ	B	A	PTS	PUN
1946-47	Barrie (Flyers)	JOHA	14	1	1	2	29	5	0	1	1	4
1947-48	Barrie (Flyers)	JOHA	34	9	25	34	60	13	8	8	16	38
	Barrie (Flyers)	Mem.	-	-	-	-	-	10	3	7	10	18
1948-49	Barrie (Flyers)	JOHA	42	11	39	50	89	8	2	9	11	11
	Barrie (Flyers)	Mem.	-	-	-	-	-	8	2	3	5	6
1949-50	Barrie (Flyers)	JOHA	48	19	37	56	112	9	1	8	9	12
	Buffalo (Bisons)	AHL	1	0	0	0	0	-	-	-	-	-
1950-51	Victoria (Cougars)	PCHL	62	9	15	24	77	12	2	4	6	16
	Montréal (Royals)	LHMQ	5	0	0	0	9	-	-	-	-	-
1951-52	Buffalo (Bisons)	AHL	61	11	20	31	96	3	2	1	3	2
	Montréal (Canadiens)	**LNH**	-	-	-	-	-	**3**	**0**	**0**	**0**	**0**
1952-53	Victoria (Cougars)	WHL	51	9	19	28	55	-	-	-	-	-
1953-54	Buffalo (Bisons)	AHL	6	0	4	4	10	-	-	-	-	-
		LNH	-	-	-	-	-	**3**	**0**	**0**	**0**	**0**
		Montréal	-	-	-	-	-	**3**	**0**	**0**	**0**	**0**

• Droits vendus à Buffalo (AHL) par Montréal le 15 octobre 1953

LORRAIN, RODRIGUE (ROD)

Né à Buckingham, Québec, le 26 juillet 1914, décédé le 22 octobre 1980
Ailier droit, lance de la droite, 5'5", 156 lb

Saison	Club	Ligue	PJ	B	A	PTS	PUN	PJ	B	A	PTS	PUN
1932-33	Hull-Lasalle Juniors	HOHL	11	5	2	7	2	-	-	-	-	-
1933-34	Hull-Lasalle Juniors	HOHL	11	*21	14	35	2	4	3	6	9	2
1934-35	Ottawa (Senators)	OCHL	14	4	6	10	10	8	1	2	3	4
1935-36	Ottawa (Senators)	OCHL	11	8	4	12	4	-	-	-	-	-
	Montréal (Canadiens)	**LNH**	**1**	**0**	**0**	**0**	**2**	-	-	-	-	-
	Providence (Reds)	Can-Am	22	2	1	3	4	3	0	0	0	2
1936-37	**Montréal (Canadiens)**	**LNH**	**47**	**3**	**6**	**9**	**8**	**5**	**0**	**0**	**0**	**5**
1937-38	**Montréal (Canadiens)**	**LNH**	**48**	**13**	**19**	**32**	**14**	**3**	**0**	**0**	**0**	**0**
1938-39	**Montréal (Canadiens)**	**LNH**	**38**	**10**	**9**	**19**	**0**	**3**	**0**	**3**	**3**	**0**
	New Haven (Eagles)	IAHL	9	1	3	4	0	-	-	-	-	-
1939-40	**Montréal (Canadiens)**	**LNH**	**41**	**1**	**5**	**6**	**6**	-	-	-	-	-
	Match des étoiles	LNH	1	0	1	1	0	-	-	-	-	-
1940-41	Saint-Jérôme (Papermakers)	LHPQ	34	34	24	58	12	13	*10	6	*16	11
1941-42	**Montréal (Canadiens)**	**LNH**	**4**	**1**	**0**	**1**	**0**	-	-	-	-	-
	Washington (Lions)	AHL	34	4	15	19	0	2	2	0	2	0
1942-43	Washington (Lions)	AHL	49	8	20	28	8	-	-	-	-	-
1943-44	Montréal (Université)	LHCM	3	1	2	3	0	-	-	-	-	-
	Montréal (Vickers)	LHCM	8	5	3	8	0	-	-	-	-	-
1944-45	Hull (Volants)	LHSQ	11	2	9	11	0	-	-	-	-	-
		LNH	**179**	**28**	**39**	**67**	**30**	**11**	**0**	**3**	**3**	**0**
		Montréal	**179**	**28**	**39**	**67**	**30**	**11**	**0**	**3**	**3**	**0**

• Match des étoiles (LNH) en 1939-40
• Signe avec Montréal le 23 décembre 1935 • Prêté à Providence (Can-Am) par Montréal le 7 janvier 1936

LOWE, ROSS

Né à Oshawa, Ontario, le 21 septembre 1928, décédé le 8 août 1955
Défenseur, lance de la droite, 6'2", 180 lb

Saison	Club	Ligue	PJ	B	A	PTS	PUN	PJ	B	A	PTS	PUN
1944-45	Oshawa (Generals)	JOHA	17	3	0	3	20	3	1	1	2	0
1945-46	Oshawa (Generals)	JOHA	23	19	10	29	40	12	9	7	16	13
1946-47	Oshawa (Generals)	JOHA	13	5	4	9	11	5	2	0	2	2
1947-48	Oshawa (Generals)	JOHA	36	21	16	37	80	6	1	2	3	30
1948-49	Hershey (Bears)	AHL	43	4	7	11	55	11	0	0	0	2
1949-50	Hershey (Bears)	AHL	57	7	15	22	76	-	-	-	-	-
	Boston (Bruins)	LNH	3	0	0	0	0	-	-	-	-	-
1950-51	Hershey (Bears)	AHL	10	1	3	4	28	-	-	-	-	-
	Boston (Bruins)	LNH	43	5	3	8	40	-	-	-	-	-
	Buffalo (Bisons)	AHL	15	4	2	6	29	4	0	0	0	17
	Montréal (Canadiens)	**LNH**	-	-	-	-	-	**2**	**0**	**0**	**0**	**0**
1951-52	**Montréal (Canadiens)**	**LNH**	**31**	**1**	**5**	**6**	**42**	-	-	-	-	-
1952-53	Buffalo (Bisons)	AHL	43	5	15	20	53	-	-	-	-	-
1953-54	Victoria (Cougars)	WHL	66	15	23	38	101	5	0	1	1	10
1954-55	Springfield (Indians)	AHL	60	32	50	82	91	4	1	2	3	16
		LNH	**77**	**6**	**8**	**14**	**82**	**2**	**0**	**0**	**0**	**0**
		Montréal	**31**	**1**	**5**	**6**	**42**	**2**	**0**	**0**	**0**	**0**

• Première équipe d'étoiles (AHL) en 1954-55 • Trophée Les-Cunningham (AHL) en 1954-55
• Échangé à Montréal par Boston pour Hal Laycoe le 14 février 1951 • Réclamé par Syracuse (AHL) de Montréal (Victoria – WHL) au repêchage inter-ligues le 14 juin 1954 • Transfert de la concession de Syracuse (AHL) à Springfield (AHL) en septembre 1954 • Réclamé par New York (Rangers) de Springfield (AHL) lors du repêchage inter-ligues le 31 mai 1955

LOWREY, EDWARD (ED)

Né à Manotick, Ontario, le 13 août 1891. Centre, lance de la droite, 5'6", 160 lb

Saison	Club	Ligue	PJ	B	A	PTS	PUN	PJ	B	A	PTS	PUN
1909-10	Ottawa (Stewartons)	OCSHL	6	7	0	7	18	1	0	0	0	0
	Hull (Volants)	LOVHL	1	0	0	0	0	-	-	-	-	-
1910-11	Ottawa (Buena Vistas)	OCSHL	10	4	0	4	23	-	-	-	-	-
1911-12	Ottawa (Stewartons)	IPAHU	10	9	0	9	20	-	-	-	-	-
1912-13	Ottawa (Senators)	NHA	13	4	0	4	-	-	-	-	-	-
	Ottawa (New Edinburghs)	IPAHU	2	2	0	2	15	-	-	-	-	-
1913-14	Toronto (Ontarios)	NHA	16	1	3	4	-	-	-	-	-	-
1914-15	Ottawa (Senators)	NHA	4	2	1	3	3	2	0	0	0	0
	Montréal (Canadiens)	**NHA**	**1**	**0**	**0**	**0**	**0**	-	-	-	-	-
1915-16	Toronto (Blueshirts)	NHA	2	0	0	0	0	-	-	-	-	-
1916-17	Ottawa (Senators)	NHA	19	3	1	4	3	2	0	0	0	0
1917-18	Ottawa (Senators)	LNH	12	2	1	3	3	-	-	-	-	-
1918-19	Ottawa (Senators)	LNH	10	0	1	1	3	-	-	-	-	-
1919-20	Ottawa (Munitions)	OCSHL	*N'a pas joué – Entraîneur*									
1920-21	Hamilton (Tigers)	LNH	5	0	0	0	0	-	-	-	-	-
1921-22	Regina (Capitals)	WCHL	7	1	0	1	0	-	-	-	-	-
	Ottawa University	OCSHL	*N'a pas joué – Entraîneur*									
		NHA	**55**	**10**	**5**	**13**	**6**	**4**	**0**	**0**	**0**	**0**
		LNH	**27**	**2**	**2**	**4**	**6**	-	-	-	-	-
		Montréal	**1**	**0**	**0**	**0**	**0**	-	-	-	-	-

• Droits vendus à Toronto (NHA) par Ottawa (NHA) le 1er janvier 1914 • Droits vendus à Montréal (NHA) par Ottawa (NHA) le 18 janvier 1915 • Signe avec Hamilton le 12 décembre 1920 • Signe avec Regina (WCHL) le 1er décembre 1921

LUDWIG, CRAIG

Né à Rhinelander, Wisconsin, le 15 mars 1961. Défenseur, lance de la gauche, 6'3" 220 lb (Choix de 3e ronde de Montréal, 61e au total lors du repêchage de 1980)

Saison	Club	Ligue	PJ	B	A	PTS	PUN	PJ	B	A	PTS	PUN
1979-80	North Dakota University	WCHA	33	1	8	9	32	-	-	-	-	-
1980-81	North Dakota University	WCHA	34	4	8	12	48	-	-	-	-	-
	États-Unis	CMJ	5	0	0	0	12	-	-	-	-	-
1981-82	Nord Dakota University	WCHA	37	4	17	21	42	-	-	-	-	-
1982-83	**Montréal (Canadiens)**	**LNH**	**80**	**0**	**25**	**25**	**59**	**3**	**0**	**0**	**0**	**2**
1983-84	**Montréal (Canadiens)**	**LNH**	**80**	**7**	**18**	**25**	**52**	**15**	**0**	**3**	**3**	**23**
1984-85	**Montréal (Canadiens)**	**LNH**	**72**	**5**	**14**	**19**	**90**	**12**	**0**	**2**	**2**	**6**
1985-86	**Montréal (Canadiens)**	**LNH**	**69**	**2**	**4**	**6**	**63**	**20**	**0**	**1**	**1**	**48**
1986-87	**Montréal (Canadiens)**	**LNH**	**75**	**4**	**12**	**16**	**105**	**17**	**2**	**3**	**5**	**30**
1987-88	**Montréal (Canadiens)**	**LNH**	**74**	**4**	**10**	**14**	**69**	**11**	**1**	**1**	**2**	**6**
1988-89	**Montréal (Canadiens)**	**LNH**	**74**	**3**	**13**	**16**	**73**	**21**	**0**	**2**	**2**	**24**
1989-90	**Montréal (Canadiens)**	**LNH**	**73**	**1**	**15**	**16**	**108**	**11**	**0**	**1**	**1**	**16**
1990-91	New York (Islanders)	LNH	75	1	8	9	77	-	-	-	-	-
1991-92	Minnesota (North Stars)	LNH	73	2	9	11	54	7	0	1	1	19
1992-93	Minnesota (North Stars)	LNH	78	1	10	11	153	-	-	-	-	-
1993-94	Dallas (Stars)	LNH	84	1	13	14	123	9	0	3	3	8
1994-95	Dallas (Stars)	LNH	47	2	7	9	61	4	0	1	1	2
1995-96	Dallas (Stars)	LNH	65	1	2	3	70	-	-	-	-	-
1996-97	Dallas (Stars)	LNH	77	2	11	13	62	7	0	2	2	18
1997-98	Dallas (Stars)	LNH	80	0	7	7	131	17	0	1	1	22
1998-99	Dallas (Stars)	LNH	80	2	6	8	87	23	1	4	5	20
		LNH	**1256**	**38**	**184**	**222**	**1437**	**177**	**4**	**25**	**29**	**244**
		Montréal	**597**	**26**	**111**	**137**	**619**	**110**	**3**	**13**	**16**	**155**

• Deuxième équipe d'étoiles (WCHA) en 1981-82 • Coupe Stanley (LNH) en 1985-86,1998-99
• Échangé à New York (Islanders) par Montréal pour Gerald Diduck le 4 septembre 1990
• Échangé au Minnesota par New York (Islanders) pour Tom Kurvers le 22 juin 1991 • Transfert de la concession du Minnesota à Dallas le 9 juin 1993

LUMLEY, DAVID

Né à Toronto, Ontario, le 1er septembre 1954. Ailier droit, lance de la droite, 6', 185 lb (Choix de 12e ronde de Montréal, 199e au total lors du repêchage de 1974)

Saison	Club	Ligue	PJ	B	A	PTS	PUN	PJ	B	A	PTS	PUN
1973-74	New Hampshire University	ECAC	31	12	19	31	38	-	-	-	-	-
1974-75	New Hampshire University	ECAC	26	12	26	38	56	-	-	-	-	-
1975-76	New Hampshire University	ECAC	30	9	32	41	55	-	-	-	-	-
1976-77	New Hampshire University	ECAC	39	22	38	60	42	-	-	-	-	-
1977-78	Nlle-Écosse (Voyageurs)	AHL	58	22	21	43	58	2	0	1	1	5
1978-79	Nlle-Écosse (Voyageurs)	AHL	61	22	58	80	160	10	6	8	14	35
	Montréal (Canadiens)	**LNH**	**3**	**0**	**0**	**0**	**0**	-	-	-	-	-
1979-80	Edmonton (Oilers)	LNH	80	20	38	58	138	3	1	0	1	12
1980-81	Edmonton (Oilers)	LNH	53	7	9	16	74	7	1	0	1	4
1981-82	Edmonton (Oilers)	LNH	66	32	42	74	96	5	2	1	3	21
1982-83	Edmonton (Oilers)	LNH	72	13	24	37	158	16	0	0	0	19
1983-84	Edmonton (Oilers)	LNH	56	6	15	21	68	19	2	5	7	44
1984-85	Hartford (Whalers)	LNH	48	8	20	28	98	-	-	-	-	-
	Edmonton (Oilers)	LNH	12	1	3	4	13	8	0	0	0	29
1985-86	Edmonton (Oilers)	LNH	46	11	9	20	35	3	0	2	2	2
1986-87	Edmonton (Oilers)	LNH	1	0	0	0	0	-	-	-	-	-
		LNH	**437**	**98**	**160**	**258**	**680**	**61**	**6**	**8**	**14**	**131**
		Montréal	**3**	**0**	**0**	**0**	**0**	-	-	-	-	-

• Deuxième équipe d'étoiles (AHL) en 1978-79 • Coupe Stanley (LNH) en 1983-84, 1984-85

LOC-LUM
718
SAISONS RÉGULIÈRES — SÉRIES ÉLIMINATOIRES

SAISONS RÉGULIÈRES SÉRIES ÉLIMINATOIRES
SAISON CLUB LIGUE PJ B A PTS PUN PJ B A PTS PUN

• Échangé à Edmonton par Montréal avec Dan Newman pour le choix de 2e ronde d'Edmonton au repêchage de 1980 (Ric Nattress) le 13 juin 1979 • Réclamé par Hartford d'Edmonton lors du repêchage inter-équipes le 9 octobre 1984 • Réclamé au ballottage par Edmonton de Hartford le 6 février 1985

LUMME, JYRKI

Né à Tampere, Finlande, le 16 juillet 1966. Défenseur, lance de la gauche,6'1", 190 lb (Choix de 3e ronde de Montréal, 57e au total lors du repêchage de 1986)

Saison	Club	Ligue	PJ	B	A	PTS	PUN	PJ	B	A	PTS	PUN
1983-84	KooVee Tampere	FIN Jr	28	5	4	9	61	-	-	-	-	-
1984-85	KooVee Tampere	FIN	30	6	4	10	44	-	-	-	-	-
1985-86	Llves Tampere	FIN Jr	6	3	3	6	6	4	0	0	0	8
	Llves Tampere	FIN	31	1	4	5	4	-	-	-	-	-
	Finlande	CMJ	7	1	4	5	2	-	-	-	-	-
1986-87	Llves Tampere	FIN	43	12	12	24	52	4	0	1	1	2
1987-88	Llves Tampere	FIN	43	8	22	30	75	-	-	-	-	-
	Finlande	JO	6	0	1	1	2	-	-	-	-	-
1988-89	Sherbrooke (Canadiens)	AHL	26	4	11	15	10	6	1	3	4	4
	Montréal (Canadiens)	**LNH**	**21**	**1**	**3**	**4**	**10**	**-**	**-**	**-**	**-**	**-**
1989-90	**Montréal (Canadiens)**	**LNH**	**54**	**1**	**19**	**20**	**41**	**-**	**-**	**-**	**-**	**-**
	Vancouver (Canucks)	LNH	11	3	7	10	8	-	-	-	-	-
	Finlande	CM	10	3	4	7	6	-	-	-	-	-
1990-91	Vancouver (Canucks)	LNH	80	5	27	32	59	6	2	3	5	0
	Finlande	CM	10	0	7	7	12	-	-	-	-	-
1991-92	Vancouver (Canucks)	LNH	75	12	32	44	65	13	2	3	5	4
	Finlande	CC	6	0	2	2	8	-	-	-	-	-
1992-93	Vancouver (Canucks)	LNH	74	8	36	44	55	12	0	5	5	6
1993-94	Vancouver (Canucks)	LNH	83	13	42	55	50	24	2	11	13	16
1994-95	Llves Tampere	FIN	12	4	4	8	24	-	-	-	-	-
	Vancouver (Canucks)	LNH	36	5	12	17	26	11	2	6	8	8
1995-96	Finlande	CM	1	0	0	0	0	-	-	-	-	-
	Vancouver (Canucks)	LNH	80	17	37	54	50	6	1	3	4	2
1996-97	Finlande	CDM	4	2	1	3	4	-	-	-	-	-
	Vancouver (Canucks)	LNH	66	11	24	35	32	-	-	-	-	-
	Finlande	CM	8	0	3	3	4	-	-	-	-	-
1997-98	Finlande	JO	6	1	0	1	16	-	-	-	-	-
	Vancouver (Canucks)	LNH	74	9	21	30	34	-	-	-	-	-
1998-99	Phoenix (Coyotes)	LNH	60	7	21	28	34	7	0	1	1	6
1999-00	Phoenix (Coyotes)	LNH	74	8	32	40	44	5	0	1	1	2
	Finlande	CM	9	2	3	5	4	-	-	-	-	-
2000-01	Phoenix (Coyotes)	LNH	58	4	21	25	44	-	-	-	-	-
2001-02	Dallas (Stars)	LNH	15	0	1	1	4	-	-	-	-	-
	Toronto (Maple Leafs)	LNH	51	4	8	12	18	14	0	0	0	4
	Finlande	JO	4	0	1	1	0	-	-	-	-	-
2002-03	Toronto (Maple Leafs)	LNH	73	6	11	17	46	7	0	2	2	4
		LNH	**985**	**114**	**354**	**468**	**620**	**105**	**9**	**35**	**44**	**52**
		Montréal	**75**	**2**	**22**	**24**	**51**	**-**	**-**	**-**	**-**	**-**

• Médaille d'argent (JO) en 1988 • Médaille de bronze (JO) en 1998 • Médaille de bronze (CM) en 2000

• Échangé à Vancouver par Montréal pour le choix de 2e ronde de St. Louis (propriété des Canucks suite à une transaction antérieure, Montréal sélectionne Craig Darby) au repêchage de 1991 le 6 mars 1990 • Signe avec Phoenix comme joueur autonome le 3 juillet 1998 • Échangé à Dallas par Phoenix pour Tyler Bouck le 23 juin 2001 • Échangé à Toronto par Dallas pour Dave Manson le 21 novembre 2001

LUPIEN, GILLES

Né à Brownsburgh, Québec, le 20 avril 1954. Défenseur, lance de la gauche, 6'6", 210 lb (Choix de 2e ronde de Montréal et 33e au total lors du repêchage de 1974)

Saison	Club	Ligue	PJ	B	A	PTS	PUN	PJ	B	A	PTS	PUN
1971-72	Québec (Remparts)	LHJMQ	36	0	5	5	54	15	0	3	3	17
1972-73	Montréal (Bleu-Blanc-Rouge)	LHJMQ	26	4	4	8	66	-	-	-	-	-
	Sherbrooke (Castors)	LHJMQ	26	0	5	5	71	-	-	-	-	-
1973-74	Montréal (Juniors)	LHJMQ	44	3	29	32	168	-	-	-	-	-
1974-75	Nlle-Écosse (Voyageurs)	AHL	73	6	9	15	*316	6	0	0	0	61
1975-76	Nlle-Écosse (Voyageurs)	AHL	56	2	6	8	134	9	0	4	4	29
1976-77	Nlle-Écosse (Voyageurs)	AHL	69	6	16	22	*215	12	0	2	2	*35
1977-78	Nlle-Écosse (Voyageurs)	AHL	7	1	2	3	10	-	-	-	-	-
	Montréal (Canadiens)	**LNH**	**46**	**1**	**3**	**4**	**108**	**8**	**0**	**0**	**0**	**17**
1978-79	**Montréal (Canadiens)**	**LNH**	**72**	**1**	**9**	**10**	**124**	**13**	**0**	**0**	**0**	**2**
1979-80	**Montréal (Canadiens)**	**LNH**	**56**	**1**	**7**	**8**	**109**	**4**	**0**	**0**	**0**	**2**
1980-81	Pittsburgh (Penguins)	LNH	31	0	1	1	34	-	-	-	-	-
	Hartford (Whalers)	LNH	20	2	4	6	39	-	-	-	-	-
	Binghamton (Whalers)	AHL	11	1	4	5	71	-	-	-	-	-
1981-82	Binghamton (Whalers)	AHL	53	8	12	20	280	13	2	5	7	58
	Hartford (Whalers)	LNH	1	0	1	1	2	-	-	-	-	-
		LNH	**226**	**5**	**25**	**30**	**416**	**25**	**0**	**0**	**0**	**21**
		Montréal	**174**	**3**	**19**	**22**	**341**	**25**	**0**	**0**	**0**	**21**

• Coupe Calder (AHL) en 1975-76, 1976-77 • Coupe Stanley (LNH) en 1977-78, 1978-79

• Échangé à Pittsburgh par Montréal pour le choix de 3e ronde de Pittsburgh au repêchage de 1983 (échangé plus tard à Winnipeg qui sélectionne Peter Taglianetti) le 26 septembre 1980 • Échangé à Hartford par Pittsburgh pour le choix de 6e ronde de Hartford au repêchage de 1981 (Paul Edwards) le 20 février 1981

LYNN, VICTOR (VIC)

Né à Saskatoon, Saskatchewan, le 26 janvier 1925 Défenseur, lance de la gauche, 5'10", 175 lb.

Saison	Club	Ligue	PJ	B	A	PTS	PUN	PJ	B	A	PTS	PUN
1941-42	Saskatoon (Quakers)	SJHL	7	6	8	14	12	6	0	2	2	10
	Saskatoon (Quakers)	Mem.	-	-	-	-	-	3	1	0	1	12
1942-43	New York (Rovers)	EAHL	38	4	6	10	*122	10	3	3	6	30
1943-44	Detroit (Red Wings)	LNH	3	0	0	0	4	-	-	-	-	-
	Indianapolis (Capitals)	AHL	32	4	5	9	61	-	-	-	-	-
	Saskatoon (Quakers)	N-SSHL	-	-	-	-	-	4	2	0	2	13

Saison	Club	Ligue	PJ	B	A	PTS	PUN	PJ	B	A	PTS	PUN
1944-45	St. Louis (Flyers)	AHL	60	15	23	38	92	-	-	-	-	-
1945-46	Buffalo (Bisons)	AHL	53	26	25	51	60	12	5	5	10	10
	Montréal (Canadiens)	**LNH**	**2**	**0**	**0**	**0**	**0**	**-**	**-**	**-**	**-**	**-**
1946-47	Toronto (Maple Leafs)	LNH	31	6	14	20	44	11	4	1	5	16
1947-48	Toronto (Maple Leafs)	LNH	60	12	22	34	53	9	2	5	7	*20
	Match des étoiles	LNH	1	0	0	0	7	-	-	-	-	-
1948-49	Toronto (Maple Leafs)	LNH	52	7	9	16	36	8	0	1	1	2
	Match des étoiles	LNH	1	0	0	0	0	-	-	-	-	-
1949-50	Toronto (Maple Leafs)	LNH	70	7	13	20	39	7	0	2	2	2
	Match des étoiles	LNH	1	0	0	0	0	-	-	-	-	-
1950-51	Pittsburgh (Hornets)	AHL	16	2	4	6	17	-	-	-	-	-
	Boston (Bruins)	LNH	56	14	6	20	69	5	0	0	0	2
1951-52	Providence (Reds)	AHL	5	1	4	5	4	-	-	-	-	-
	Boston (Bruins)	LNH	12	2	2	4	4	-	-	-	-	-
	Cleveland (Barons)	AHL	39	1	4	5	4	5	1	3	4	2
1952-53	Cleveland (Barons)	AHL	35	11	17	28	46	-	-	-	-	-
	Chicago (Black Hawks)	LNH	29	0	10	10	23	7	1	1	2	4
1953-54	Saskatoon (Quakers)	WHL	38	11	12	23	14	6	2	3	5	9
	Chicago (Black Hawks)	LNH	11	1	0	1	2	-	-	-	-	-
1954-55	Saskatoon (Quakers)	WHL	70	20	24	44	82	-	-	-	-	-
1955-56	Saskatoon (Quakers)	WHL	64	17	26	43	100	3	0	1	1	6
1956-57	Brandon (Regats)	WHL	61	10	21	31	137	9	2	7	9	8
	Brandon (Regats)	Edin	-	-	-	-	-	6	1	3	4	12
1957-58	Saskatoon/St-Paul	WHL	38	13	19	32	49	-	-	-	-	-
	Sudbury (Wolves)	NOHA	7	0	1	1	8	-	-	-	-	-
1958-59	Prince Albert (Mintos)	SJHL	*N'a pas joué – Entraîneur*									
	Saskatoon (Quakers)	WHL	20	3	8	11	20	-	-	-	-	-
1959-60	Saskatoon (Quakers)	SSHL	20	10	10	20	30	7	2	8	10	10
	Saskatoon (Quakers)	Allan	-	-	-	-	-	2	0	0	0	2
1960-61	Saskatoon (Quakers)	SSHL	*Statistiques non disponibles*									
1961-62	Saskatoon (Quakers)	SSHL	12	5	5	10	16	8	1	3	4	6
	Saskatoon (Quakers)	Allan	7	1	4	5	0	-	-	-	-	-
1962-63	Saskatoon (Quakers)	SSHL	18	5	13	18	24	-	-	-	-	-
1963-64	Saskatoon (Quakers)	SSHL	*Statistiques non disponibles*									
		LNH	**327**	**49**	**76**	**125**	**274**	**47**	**7**	**10**	**17**	**46**
		Montréal	**2**	**0**	**0**	**0**	**0**	**-**	**-**	**-**	**-**	**-**

• Coupe Calder (AHL) en 1945-46 • Match des étoiles (LNH) en 1947-48, 1948-49, 1949-50 • Coupe Stanley (LNH) en 1946-47, 1947-48, 1948-49

• Droits vendus à Montréal (Buffalo – AHL) par Detroit, le 14 octobre 1945 • Échangé à Toronto de Montréal (Buffalo – AHL) avec Dutch Hiller pour John Mahaffy et Gerry Brown le 21 septembre 1946 • Échangé à Boston par Toronto avec Bill Ezinicki pour Fern Flaman, Ken Smith, Leo Boivin et Phil Maloney le 16 novembre 1950 • Échangé à Cleveland (AHL) par Boston (Providence – AHL) avec Ken Davies pour Joe Lund et Jean-Paul Gladu le 10 décembre 1951 • Échangé à Chicago par Cleveland (AHL) pour des considérations futures (Fred Glover le 16 janvier 1953) le 4 janvier 1953

MACEY, HUBERT (HUB)

Né à Big River, Saskatchewan, le 13 avril 1921, décédé le 27 mars 2008 Ailier gauche/centre lance de la gauche, 5'8", 178 lb

Saison	Club	Ligue	PJ	B	A	PTS	PUN	PJ	B	A	PTS	PUN
1938-39	Portage (Terriers)	MJHL	18	12	3	15	12	3	2	2	4	0
1939-40	Portage (Terriers)	MJHL	21	14	7	21	14	4	2	2	4	0
1940-41	Portage (Terriers)	MJHL	19	18	10	28	6	6	5	2	7	2
	Winnipeg (Rangers)	Mem.	-	-	-	-	-	10	9	6	15	4
1941-42	New York (Rovers)	EAHL	47	39	33	72	8	-	-	-	-	-
	New York (Rangers)	LNH	9	3	5	8	0	1	0	0	0	0
1942-43	Kingston (Frontenacs)	OVHL	13	13	9	22	24	4	0	5	5	0
	New York (Rangers)	LNH	9	3	3	6	0	-	-	-	-	-
1943-44	Kingston (Army)	SOHA	2	2	1	3	2	-	-	-	-	-
1944-45			*Service militaire*									
1945-46	London (Army)	ENG	*Statistiques non disponibles*									
1946-47	Buffalo (Bisons)	AHL	32	15	16	31	4	-	-	-	-	-
	Houston (Huskies)	USHL	9	4	4	8	0	-	-	-	-	-
	Montréal (Canadiens)	**LNH**	**12**	**0**	**1**	**1**	**0**	**7**	**0**	**0**	**0**	**0**
1947-48	Houston (Huskies)	USHL	59	31	60	91	8	12	4	5	9	0
1948-49	Houston (Huskies)	USHL	14	6	9	15	0	-	-	-	-	-
	Springfield (Indians)	AHL	43	20	29	49	2	3	0	1	1	0
1949-50	Springfield (Indians)	AHL	48	10	26	36	2	2	0	1	1	0
1950-51	Vancouver (Canucks)	PCHL	19	6	5	11	2	-	-	-	-	-
	Tulsa (Oilers)	USHL	41	11	27	38	6	6	3	0	3	0
1951-52	Glace Bay (Miners)	MMHL	71	30	27	57	24	3	0	0	0	0
1952-53	Glace Bay (Miners)	MMHL	62	22	34	56	10	7	3	1	4	0
1953-54	Sault Ste. Marie (Indians)	NOHA	21	4	11	15	4	-	-	-	-	-
1954-55			*N'a pas joué*									
1955-56	Kingston (Goodyears)	EOHL	30	20	22	42	4	14	7	13	20	2
1956-57	Kingston (CKLC's)	EOHL	44	23	28	51	28	5	3	0	3	0
		LNH	**30**	**6**	**9**	**15**	**0**	**8**	**0**	**0**	**0**	**0**
		Montréal	**12**	**0**	**1**	**1**	**0**	**7**	**0**	**0**	**0**	**0**

• Coupe Memorial en 1940-41 • Première équipe d'étoiles (EAHL) en 1941-42

• Échangé à Montréal (Buffalo – AHL) par New York (Rangers) avec Nestor Lubeck et Spencer Tatchell pour Kilby MacDonald le 12 janvier 1944 • Échangé à Springfield (AHL) par Montréal pour Gordie Bell et les droits sur Sid McNabney le 21 décembre 1948 • Signe avec Vancouver (PCHL) en octobre 1950 • Signe avec Tulsa (USHL) le 23 novembre 1950 • Signe avec Glace Bay (MMHL) le 19 septembre 1951

MacKAY, CALUM

Né à Toronto, Ontario, le 1er janvier 1927, décédé le 21 août 2001 Ailier gauche, lance de la gauche, 5'10", 178 lb

Saison	Club	Ligue	PJ	B	A	PTS	PUN	PJ	B	A	PTS	PUN
1943-44	Port Arthur (Bruins)	TBJHL	10	5	12	17	7	4	4	0	4	4
	Port Arthur (Flyers)	TBJHL	-	-	-	-	-	2	2	0	2	0
	Port Arthur (Flyers)	Mem.	-	-	-	-	-	9	6	2	8	2

SAISON	CLUB	LIGUE	PJ	B	A	PTS	PUN	PJ	B	A	PTS	PUN
1944-45	Port Arthur (Bruins)	TBJHL	10	12	15	27	24	8	3	7	10	6
	Port Arthur (Bruins)	Mem.	-	-	-	-	-	10	5	5	10	10
1945-46	Port Arthur (Bruins)	TBJHL	3	3	4	7	9	6	9	5	14	6
1946-47	Oshawa (Generals)	SOHA	27	16	22	38	54	5	1	0	1	25
	Detroit (Red Wings)	LNH	5	0	0	0	0	-	-	-	-	-
1947-48	Omaha (Knights)	USHL	25	9	10	19	22	-	-	-	-	-
	Indianapolis (Capitols)	AHL	36	18	16	34	18	-	-	-	-	-
1948-49	Detroit (Red Wings)	LNH	1	0	0	0	0	-	-	-	-	-
	Indianapolis (Capitols)	AHL	65	26	48	74	34	2	0	0	0	0
1949-50	Indianapolis (Capitols)	AHL	14	6	5	11	16	-	-	-	-	-
	Montréal (Canadiens)	**LNH**	**52**	**8**	**10**	**18**	**44**	**5**	**0**	**1**	**1**	**2**
1950-51	**Montréal (Canadiens)**	**LNH**	**70**	**18**	**10**	**28**	**69**	**11**	**1**	**0**	**1**	**0**
1951-52	Buffalo (Bisons)	AHL	47	20	21	41	45	3	1	0	1	0
	Montréal (Canadiens)	**LNH**	**12**	**0**	**1**	**1**	**8**	-	-	-	-	-
1952-53	Buffalo (Bisons)	AHL	64	28	42	70	65	-	-	-	-	-
	Montréal (Canadiens)	**LNH**	-	-	-	-	-	**7**	**1**	**3**	**4**	**10**
1953-54	**Montréal (Canadiens)**	**LNH**	**47**	**10**	**13**	**23**	**54**	**3**	**0**	**1**	**1**	**0**
	Match des étoiles	LNH	1	0	0	0	0	-	-	-	-	-
1954-55	**Montréal (Canadiens)**	**LNH**	**50**	**14**	**21**	**35**	**39**	**12**	**3**	**8**	**11**	**8**
1955-56	Montréal (Royals)	LHQ	32	13	17	30	56	13	3	2	5	4
	Montréal (Royals)	Édin.	-	-	-	-	-	1	1	0	1	0
		LNH	**237**	**50**	**55**	**105**	**214**	**38**	**5**	**13**	**18**	**20**
		Montréal	**231**	**50**	**55**	**105**	**214**	**38**	**5**	**13**	**18**	**20**

• Coupe Stanley (LNH) en 1952-53 • Match des étoiles (LNH) en 1953-54

• Échangé à Montréal par Detroit pour Joe Carveth le 11 novembre 1949

MacKAY, MURDO

Né à Fort William, Ontario, le 8 août 1917
Centre/Ailier droit, lance de la droite, 5'11", 175 lb

SAISON	CLUB	LIGUE	PJ	B	A	PTS	PUN	PJ	B	A	PTS	PUN
1932-33	Fort William (Forts)	TBJHL	7	2	0	2	0	-	-	-	-	-
1933-34	Fort William (Cubs)	TBJHL	19	11	3	14	16	-	-	-	-	-
1934-35	Fort William (Kams)	TBJHL	16	8	3	11	6	-	-	-	-	-
1935-36	Fort William (Kams)	TBJHL	16	*23	9	*32	10	2	1	0	1	2
	Fort William (Kams)	Mem.	-	-	-	-	-	4	*7	3	*10	0
1936-37	New York (Rovers)	EAHL	47	5	5	10	6	3	0	0	0	0
1937-38	New York (Rovers)	EAHL	39	7	6	13	4	-	-	-	-	-
1938-39	New York (Rovers)	EAHL	42	20	18	38	8	-	-	-	-	-
1939-40	New York (Rovers)	EAHL	58	44	44	88	29	-	-	-	-	-
1940-41	Philadelphie (Rockets)	AHL	56	20	15	35	12	-	-	-	-	-
1941-42	Buffalo (Bisons)	AHL	56	21	20	41	17	-	-	-	-	-
1942-43	Victoria-Esquimalt (Navy)	VISHL	20	22	7	29	8	6	5	3	8	6
1943-44	Victoria (Navy)	PCSHL	18	16	8	24	4	-	-	-	-	-
1944-45	Halifax (Navy)	NSDHL	12	8	6	14	0	6	3	1	4	0
1945-46	Buffalo (Bisons)	AHL	58	32	31	63	18	12	5	8	13	2
	Montréal (Canadiens)	**LNH**	**5**	**0**	**1**	**1**	**0**	-	-	-	-	-
1946-47	Buffalo (Bisons)	AHL	59	35	26	61	13	4	1	1	2	4
	Montréal (Canadiens)	**LNH**	-	-	-	-	-	**9**	**0**	**1**	**1**	**0**
1947-48	Buffalo (Bisons)	AHL	55	37	39	76	15	8	4	4	8	0
	Montréal (Canadiens)	**LNH**	**14**	**0**	**2**	**2**	**0**	-	-	-	-	-
1948-49	Buffalo (Bisons)	AHL	68	32	52	84	20	-	-	-	-	-
	Montréal (Canadiens)	**LNH**	-	-	-	-	-	**6**	**1**	**1**	**2**	**0**
1949-50	Buffalo (Bisons)	AHL	67	30	24	54	6	5	0	0	0	0
1950-51	Cleveland (Barons)	AHL	69	25	36	61	6	11	2	2	4	0
1951-52	Québec (As)	LHMQ	40	14	24	38	4	15	5	6	11	6
	Québec (As)	Alex	-	-	-	-	-	5	3	2	5	2
1952-53	Québec (As)	LHMQ	55	4	18	22	4	22	3	8	11	6
		LNH	**19**	**0**	**3**	**3**	**0**	**15**	**1**	**2**	**3**	**0**
		Montréal	**19**	**0**	**3**	**3**	**0**	**15**	**1**	**2**	**3**	**0**

• Deuxième équipe d'étoile (EAHL) en 1939-40 • Coupe Calder (AHL) en 1945-46, 1950-51 • Première équipe d'étoile (AHL) en 1949 • Coupe Alexander (LHMQ) en 1951-52

• Signe avec New York (Rangers) le 21 octobre 1940 • Droits vendus à Buffalo (AHL) par New York (Rangers) le 11 septembre 1941 • Échangé à Montréal par Buffalo (AHL) pour John Adams et Moe White le 14 janvier 1946 • Échangé à Cleveland (AHL) par Montréal pour Pete Leswick le 4 août 1950 • Signe avec Montréal en septembre 1951 • Échangé à Québec (LHMQ) par Montréal pour les droits sur Dick Gamble le 24 septembre 1951

MacKENZIE, WILLIAM (BILL)

Né à Winnipeg, Manitoba, le 12 décembre 1911, décédé le 29 mai 1990
Défenseur, lance de la droite, 5'11", 175 lb

SAISON	CLUB	LIGUE	PJ	B	A	PTS	PUN	PJ	B	A	PTS	PUN
1929-30	Elmwoods (Millionaires)	WJHL	9	7	1	8	10	2	1	0	1	6
	Elmwoods (Millionaires)	Mem.	-	-	-	-	-	5	1	2	3	0
1930-31	Elmwoods (Millionaires)	WJHL	11	8	6	14	6	12	6	3	9	2
	Elmwoods (Millionaires)	Mem.	-	-	-	-	-	9	*7	*4	*11	2
1931-32	Montréal (AAA)	LHCM	10	0	3	3	22	4	1	1	2	8
	Montréal (AAA)	Allan	-	-	-	-	-	6	0	0	0	0
1932-33	Montréal (Royals)	LHCM	12	7	4	11	33	-	-	-	-	-
	Chicago (Black Hawks)	LNH	36	4	4	8	13	-	-	-	-	-
	Montréal (Royals)	Allan	-	-	-	-	-	6	4	0	4	23
1933-34	Montréal (Maroons)	LNH	47	4	3	7	20	4	0	0	0	0
1934-35	Montréal (Maroons)	LNH	5	0	0	0	0	-	-	-	-	-
	New York (Rangers)	LNH	15	1	0	1	10	3	0	0	0	0
	Windsor (Bulldogs)	IHL	21	3	1	4	19	-	-	-	-	-
1935-36	Windsor (Bulldogs)	IHL	42	10	8	18	52	8	0	1	1	6
1936-37	Montréal (Maroons)	LNH	10	0	1	1	6	-	-	-	-	-
	Montréal (Canadiens)	**LNH**	**39**	**4**	**3**	**7**	**22**	**5**	**1**	**0**	**1**	**0**
1937-38	**Montréal (Canadiens)**	**LNH**	**11**	**0**	**0**	**0**	**4**	-	-	-	-	-
	Chicago (Black Hawks)	LNH	35	1	2	3	20	9	0	1	1	11
1938-39	Chicago (Black Hawks)	LNH	47	1	0	1	36	-	-	-	-	-
1939-40	Chicago (Black Hawks)	LNH	19	0	1	1	14	-	-	-	-	-
	Providence (Reds)	AHL	21	6	7	13	30	7	1	2	3	5
1940-41	Cleveland (Barons)	AHL	56	7	10	17	34	9	1	1	2	4
1941-42	Cleveland (Barons)	AHL	56	5	12	17	20	5	0	0	0	0
1942-43	Cleveland (Barons)	AHL	42	6	8	14	18	4	0	2	2	2
1943-44	*Service militaire*											
1944-45	Cleveland (Barons)	AHL	13	0	2	2	6	-	-	-	-	-
		LNH	**264**	**15**	**14**	**29**	**145**	**21**	**1**	**1**	**2**	**11**
		Montréal	**50**	**4**	**3**	**7**	**26**	**5**	**1**	**0**	**1**	**0**

• Coupe Memorial en 1930-31 • Coupe Stanley (LNH) en 1937-38 • Deuxième équipe d'étoiles (AHL) en 1939-40, 1942-43 • Première équipe d'étoiles (AHL) en 1940-41, 1941-42 • Coupe Calder (AHL) en 1940-41

• Signe avec Montréal (Maroons) le 25 juin 1933 • Prêté à New York (Rangers) par Montréal (Maroons) le 29 janvier 1935 • Échangé à Montréal (Canadiens) par Montréal (Maroons) pour Paul Runge le 3 décembre 1936 • Échangé à Chicago par Montréal pour Marty Burke le 10 décembre 1937 • Droits vendus à Montréal par Chicago le 11 mai 1940 • Échangé à Cleveland (AHL) par Montréal avec Bill Summerhil pour Jim O'Neill le 17 mai 1940

MacNEIL, ALLISTER (AL)

Né à Sydney, Nouvelle-Écosse, le 27 septembre 1935
Défenseur, lance de la gauche, 5'10", 185 lb

SAISON	CLUB	LIGUE	PJ	B	A	PTS	PUN	PJ	B	A	PTS	PUN
1953-54	Toronto (Marlboros)	JOHA	59	3	12	15	112	15	2	3	5	18
1954-55	Toronto (Marlboros)	JOHA	47	3	16	19	141	13	0	4	4	*37
	Toronto (Marlboros)	Mem.	-	-	-	-	-	11	2	3	5	17
1955-56	Toronto (Marlboros)	JOHA	48	9	12	21	58	11	0	5	5	*63
	Toronto (Maple Leafs)	LNH	1	0	0	0	2	-	-	-	-	-
	Toronto (Marlboros)	Mem.	-	-	-	-	-	13	3	6	9	28
1956-57	Rochester (Americans)	AHL	13	0	4	4	35	-	-	-	-	-
	Toronto (Maple Leafs)	LNH	53	4	8	12	84	-	-	-	-	-
1957-58	Rochester (Americans)	AHL	54	3	18	21	95	-	-	-	-	-
	Toronto (Maple Leafs)	LNH	13	0	0	0	9	-	-	-	-	-
1958-59	Rochester (Americans)	AHL	69	4	13	17	119	5	1	1	2	17
1959-60	Toronto (Maple Leafs)	LNH	4	0	0	0	2	-	-	-	-	-
	Rochester (Americans)	AHL	49	4	16	20	44	12	1	2	3	12
1960-61	Hull-Ottawa (Canadiens)	EPHL	60	6	20	26	101	14	2	4	6	21
1961-62	**Montréal (Canadiens)**	**LNH**	**61**	**1**	**7**	**8**	**74**	**5**	**0**	**0**	**0**	**2**
1962-63	Chicago (Black Hawks)	LNH	70	2	19	21	100	4	0	1	1	4
1963-64	Chicago (Black Hawks)	LNH	70	5	19	24	91	7	0	2	2	25
1964-65	Chicago (Black Hawks)	LNH	69	3	7	10	119	14	0	1	1	34
1965-66	Chicago (Black Hawks)	LNH	51	0	1	1	34	3	0	0	0	0
1966-67	New York (Rangers)	LNH	58	0	4	4	44	4	0	0	0	2
1967-68	Pittsburgh (Penguins)	LNH	74	2	10	12	58	-	-	-	-	-
1968-69	Houston (Apollos)	CHL	70	1	11	12	79	3	0	1	1	0
1969-70	Montréal (Voyageurs)	AHL	66	0	10	10	14	8	0	1	1	0
		LNH	**524**	**17**	**75**	**92**	**617**	**37**	**0**	**4**	**4**	**67**
		Montréal	**61**	**1**	**7**	**8**	**74**	**5**	**0**	**0**	**0**	**2**

• Coupe Memorial en 1954-55, 1955-56 • Première équipe d'étoiles (EPHL) en 1960-61

• Échangé à Montréal par Toronto pour Stan Smrke le 7 juin 1960 • Échangé à Chicago par Montréal pour Wayne Hicks le 30 mai 1962 • Réclamé par Montréal de Chicago lors du repêchage intra-ligue le 15 juin 1966 • Réclamé par New York de Montréal lors du repêchage intra-ligue le 15 juin 1966 • Réclamé par Pittsburgh de New York lors de l'expansion de la LNH le 6 juin 1967 • Échangé à Montréal par Pittsburgh pour Wally Boyer le 12 juin 1968

MacPHERSON, JAMES (BUD)

Né à Edmonton, Alberta, le 31 mars 1927, décédé en 1988
Défenseur, lance de la gauche, 6'4", 200 lb

SAISON	CLUB	LIGUE	PJ	B	A	PTS	PUN	PJ	B	A	PTS	PUN
1943-44	Edmonton (Maple Leafs)	AJHL	*Statistiques non disponibles*									
1944-45	Edmonton (Canadians)	EJHL	*Statistiques non disponibles*									
1945-46	Edmonton (Canadians)	EJHL	*Statistiques non disponibles*									
1946-47	Oshawa (Generals)	JOHA	11	1	0	1	8	2	0	1	1	7
1947-48	Edmonton (Flyers)	ASHL	37	8	11	19	21	10	0	0	0	41
	Edmonton (Flyers)	Allan	-	-	-	-	-	14	3	3	6	26
1948-49	Edmonton (Flyers)	WCSHL	44	5	17	22	65	9	0	3	3	10
	Montréal (Canadiens)	**LNH**	**3**	**0**	**0**	**0**	**2**	-	-	-	-	-
1949-50	Cincinnati (Mohawks)	AHL	41	2	9	11	38	-	-	-	-	-
1950-51	Cincinnati (Mohawks)	AHL	6	0	0	0	10	-	-	-	-	-
	Montréal (Canadiens)	**LNH**	**62**	**0**	**16**	**16**	**40**	**11**	**0**	**2**	**2**	**8**
1951-52	**Montréal (Canadiens)**	**LNH**	**54**	**2**	**1**	**3**	**24**	**11**	**0**	**0**	**0**	**0**
1952-53	**Montréal (Canadiens)**	**LNH**	**59**	**2**	**3**	**5**	**67**	**4**	**0**	**1**	**1**	**9**
1953-54	**Montréal (Canadiens)**	**LNH**	**41**	**0**	**5**	**5**	**41**	**3**	**0**	**0**	**0**	**4**
	Match des étoiles	LNH	1	0	0	0	2	-	-	-	-	-
	Montréal (Royals)	LHQ	5	0	2	2	12	-	-	-	-	-
	Buffalo (Bisons)	AHL	8	0	1	1	6	-	-	-	-	-
1954-55	**Montréal (Canadiens)**	**LNH**	**30**	**1**	**8**	**9**	**55**	-	-	-	-	-
1955-56	Montréal (Royals)	LHQ	31	2	9	11	63	13	2	1	3	30
	Montréal (Royals)	Édin.	-	-	-	-	-	6	0	1	1	2
1956-57	Montréal (Royals)	LHQ	46	3	10	13	53	4	0	1	1	4
	Montréal (Canadiens)	**LNH**	**10**	**0**	**0**	**0**	**4**	-	-	-	-	-
	Rochester (Americans)	AHL	7	0	3	3	12	-	-	-	-	-
1957-58	Edmonton (Flyers)	WHL	70	5	22	27	57	5	0	1	1	4
1958-59	Edmonton (Flyers)	WHL	63	3	13	16	54	3	1	1	2	12
	Hershey (Bears)	AHL	-	-	-	-	-	10	0	2	2	6
1959-60	Edmonton (Flyers)	WHL	62	7	12	19	20	4	0	1	1	4
1960-61	Edmonton (Flyers)	WHL	11	0	1	1	8	-	-	-	-	-
		LNH	**259**	**5**	**33**	**38**	**233**	**29**	**0**	**3**	**3**	**21**
		Montréal	**259**	**5**	**33**	**38**	**233**	**29**	**0**	**3**	**3**	**21**

• Coupe allan en 1947-48 • Coupe Stanley (LNH) en 1952-53 • Match des étoiles (LNH) en 1953-54 • Coupe Calder (AHL) en 1958-59

• Droits vendus à Chicago par Montréal avec Ken Mosdell et Eddie Mazur pour une somme d'argent avec option de retour le 17 mai 1956 • Retourné à Montréal par Chicago le 10 octobre 1956 • Droits vendus à Detroit par Montréal avec Gene Achtymichuk et Claude Laforge le 3 juin 1958

MAHAFFEY, JOHN

Né à Montréal, Québec, le 18 juillet 1919. Centre, lance de la gauche, 5'7", 165 lb

Saison	Club	Ligue	PJ	B	A	PTS	PUN	PJ	B	A	PTS	PUN
1934-35	Montréal (Royals)	LHJQ	10	3	6	9	4	2	0	0	0	0
1935-36	Montréal (Royals)	LHJQ	7	5	6	11	4	-	-	-	-	-
1936-37	Montréal (Royals)	LHCM	21	4	8	12	16	5	0	1	1	2
1937-38	Montréal (Royals)	LHCM	22	4	3	7	20	1	0	0	0	2
1938-39	Streatham Hockey Club	Ln-Cup	-	4	9	13	-	-	-	-	-	-
	Streatham Hockey Club	ENG	-	4	4	8	-	-	-	-	-	-
1939-40	Montréal (Royals)	LHCM	29	9	13	22	25	8	2	0	2	12
	Montréal (Royals)	Allan	-	-	-	-	-	5	0	4	4	0
1940-41	Montréal (Royals)	LHCM	33	17	25	42	60	8	6	5	11	16
	Montréal (Royals)	Allan	-	-	-	-	-	9	4	2	6	22
1941-42	Montréal (Royals)	LHSQ	38	9	16	25	35	-	-	-	-	-
1942-43	**Montréal (Canadiens)**	**LNH**	**9**	**2**	**5**	**7**	**4**	**-**	**-**	**-**	**-**	**-**
	Montréal (Royals/Armée)	LHSQ	28	21	16	37	14	7	4	2	6	4
1943-44	Montréal (Armée)	MNDHL	4	0	0	0	0	-	-	-	-	-
	Montréal (Royals)	LHSQ	4	2	6	8	2	-	-	-	-	-
	New York (Rangers)	LNH	28	9	20	29	6	-	-	-	-	-
1944-45	Montréal (Royals)	LHSQ	3	5	4	9	4	-	-	-	-	-
	Pittsburgh (Hornets)	AHL	37	17	23	40	10	-	-	-	-	-
	Montréal (Canadiens)	**LNH**	**-**	**-**	**-**	**-**	**-**	**1**	**0**	**1**	**1**	**0**
1945-46	Pittsburgh (Hornets)	AHL	58	28	36	64	35	6	4	2	6	10
1946-47	Buffalo (Bisons)	AHL	63	29	40	69	37	4	0	0	0	0
1947-48	Philadelphie (Rockets)	AHL	60	26	57	83	6	-	-	-	-	-
1948-49	Philadelphie (Rockets)	AHL	67	21	50	71	10	-	-	-	-	-
1949-50	Hershey (Bears)	AHL	69	23	36	59	13	-	-	-	-	-
1950-51	Hershey (Bears)	AHL	33	5	14	19	7	-	-	-	-	-
1951-52	Shawinigan (Cataractes)	LHMQ	60	16	28	44	18	-	-	-	-	-
1952-53	Saint-Hyacinthe (Saints)	LHPQ	61	28	58	86	-	-	-	-	-	-
		LNH	**37**	**11**	**25**	**36**	**4**	**1**	**0**	**1**	**1**	**0**
		Montréal	**9**	**2**	**5**	**7**	**4**	**1**	**0**	**1**	**1**	**0**

• Prêté à Montréal (Royals) par Montréal le 21 décembre 1942 • Prêté à New York (Rangers) par Montréal avec Fernand Gauthier pour Phil Watson le 9 décembre 1943 • Droits vendus à Pittsburgh (AHL) par Montréal le 24 novembre 1944 • Prêté à Montréal par Pittsburgh (AHL) le 24 mars 1945 • Échangé à Montréal par Toronto (Pittsburgh – AHL) avec Gerry Brown pour Dutch Hiller et Vic Lynn le 21 septembre 1946

MAHOVLICH, FRANCIS (FRANK)

Né à Timmins, Ontario, le 10 janvier 1938. Ailier gauche, lance de la gauche, 6', 205 lb

Saison	Club	Ligue	PJ	B	A	PTS	PUN	PJ	B	A	PTS	PUN
1954-55	St. Michael's (Majors)	JOHA	25	12	11	23	18	-	-	-	-	-
1955-56	St. Michael's (Majors)	JOHA	30	24	26	50	55	8	5	5	10	24
1956-57	St. Michael's (Majors)	JOHA	49	*52	36	88	122	4	2	7	9	14
	Toronto (Maple Leafs)	LNH	3	1	0	1	2	-	-	-	-	-
1957-58	Toronto (Maple Leafs)	LNH	67	20	16	36	67	-	-	-	-	-
1958-59	Toronto (Maple Leafs)	LNH	63	22	27	49	94	12	6	5	11	18
1959-60	Toronto (Maple Leafs)	LNH	70	18	21	39	61	10	3	1	4	27
	Match des étoiles	LNH	1	0	0	0	0	-	-	-	-	-
1960-61	Toronto (Maple Leafs)	LNH	70	48	36	84	131	5	1	1	2	6
	Match des étoiles	LNH	1	1	0	1	0	-	-	-	-	-
1961-62	Toronto (Maple Leafs)	LNH	70	33	38	71	87	12	6	6	12	*29
	Match des étoiles	LNH	1	0	0	0	6	-	-	-	-	-
1962-63	Toronto (Maple Leafs)	LNH	67	36	37	73	56	9	0	2	2	8
	Match des étoiles	LNH	1	1	0	1	0	-	-	-	-	-
1963-64	Toronto (Maple Leafs)	LNH	70	26	29	55	66	14	4	*11	15	20
	Match des étoiles	LNH	1	2	1	3	0	-	-	-	-	-
1964-65	Toronto (Maple Leafs)	LNH	59	23	28	51	76	6	0	3	3	9
	Match des étoiles	LNH	1	0	1	1	0	-	-	-	-	-
1965-66	Toronto (Maple Leafs)	LNH	68	32	24	56	68	4	1	0	1	10
	Match des étoiles	LNH	1	0	0	0	0	-	-	-	-	-
1966-67	Toronto (Maple Leafs)	LNH	63	18	28	46	44	12	3	7	10	8
	Match des étoiles	LNH	1	0	0	0	0	-	-	-	-	-
1967-68	Toronto (Maple Leafs)	LNH	50	19	17	36	30	-	-	-	-	-
	Match des étoiles	LNH	1	0	2	2	0	-	-	-	-	-
	Detroit (Red Wings)	LNH	13	7	9	16	2	-	-	-	-	-
1968-69	Detroit (Red Wings)	LNH	76	49	29	78	38	-	-	-	-	-
	Match des étoiles	LNH	1	2	0	2	0	-	-	-	-	-
1969-70	Detroit (Red Wings)	LNH	74	38	32	70	59	4	0	0	0	2
	Match des étoiles	LNH	1	0	0	0	0	-	-	-	-	-
1970-71	Detroit (Red Wings)	LNH	35	14	18	32	30	-	-	-	-	-
	Montréal (Canadiens)	**LNH**	**38**	**17**	**24**	**41**	**11**	**20**	***14**	**13**	***27**	**18**
	Match des étoiles	LNH	1	0	0	0	2	-	-	-	-	-
1971-72	**Montréal (Canadiens)**	**LNH**	**76**	**43**	**53**	**96**	**36**	**6**	**3**	**2**	**5**	**2**
	Match des étoiles	LNH	1	0	0	0	0	-	-	-	-	-
1972-73	**Montréal (Canadiens)**	**LNH**	**78**	**38**	**55**	**93**	**51**	**17**	**9**	**14**	**23**	**6**
	Match des étoiles	LNH	1	1	1	2	0	-	-	-	-	-
	Canada (LNH)	Siècle	6	1	1	2	0	-	-	-	-	-
1973-74	**Montréal (Canadiens)**	**LNH**	**71**	**31**	**49**	**80**	**47**	**6**	**1**	**2**	**3**	**0**
	Match des étoiles	LNH	1	1	0	1	0	-	-	-	-	-
1974-75	Toronto (Toros)	AMH	73	38	44	82	27	6	3	0	3	2
	Canada (AMH)	Défi 74	6	1	1	2	6	-	-	-	-	-
1975-76	Toronto (Toros)	AMH	75	34	55	89	14	-	-	-	-	-
1976-77	Birmingham (Bulls)	AMH	17	3	20	23	12	-	-	-	-	-
1977-78	Birmingham (Bulls)	AMH	72	14	24	38	22	3	1	1	2	0
		LNH	**1181**	**533**	**570**	**1103**	**1056**	**137**	**51**	**67**	**118**	**163**
		Montréal	**263**	**129**	**181**	**310**	**145**	**49**	**27**	**31**	**58**	**26**

• Trophée Calder (LNH) en 1957-58 • Match des étoiles (LNH) en 1959-60, 1960-61, 1961-62, 1962-63, 1963-64, 1964-65, 1965-66, 1966-67, 1967-68, 1968-69, 1969-70, 1970-71, 1971-72, 1972-73, 1973-74 • Première équipe d'étoiles (LNH) en 1960-61, 1962-63, 1972-73 • Deuxième équipe d'étoiles (LNH) en 1961-62, 1963-64, 1964-65, 1965-66, 1968-69, 1969-70 • Coupe Stanley (LNH) en 1961-62, 1962-63, 1963-64, 1966-67, 1970-71, 1972-73 • Temple de la Renommée (LNH) en 1981

• Échangé à Detroit par Toronto avec Garry Unger, Pete Stemkowski, et les droits sur Carl Brewer pour Paul Henderson, Norm Ullman et Floyd Smith le 3 mars 1968 • Échangé à Montréal par Detroit pour Mickey Redmond, Guy Charron et Bill Collins le 13 janvier 1971 • Sélectionné par Dayton-Houston (AMH) lors de l'expansion de l'AMH le 12 février 1972 • Droits transféré à Toronto (AMH) par Houston (AMH) pour des considérations futures le 10 juin 1974 • Transfert de la concession de Toronto (AMH) à Birmingham (AMH)le 30 juin 1976

MAHOVLICH, PETER (PETE)

Né à Timmins, Ontario, le 10 octobre 1946. Centre, lance de la gauche, 6'5", 210 lb

Saison	Club	Ligue	PJ	B	A	PTS	PUN	PJ	B	A	PTS	PUN
1963-64	Hamilton (Red Wings)	JOHA	54	20	27	47	67	-	-	-	-	-
1964-65	Hamilton (Red Wings)	JOHA	55	20	35	55	88	-	-	-	-	-
1965-66	Hamilton (Red Wings)	JOHA	46	14	22	36	121	4	0	0	0	2
	Detroit (Red Wings)	LNH	3	0	1	1	0	-	-	-	-	-
1966-67	Pittsburgh (Hornets)	AHL	18	4	7	11	37	9	0	0	0	2
	Detroit (Red Wings)	LNH	34	1	3	4	16	-	-	-	-	-
1967-68	Fort Worth (Wings)	CHL	42	20	14	34	103	-	-	-	-	-
	Detroit (Red Wings)	LNH	15	6	4	10	13	-	-	-	-	-
1968-69	Fort Worth (Wings)	CHL	34	19	17	36	54	-	-	-	-	-
	Detroit (Red Wings)	LNH	30	2	2	4	21	-	-	-	-	-
1969-70	Montréal (Voyageurs)	AHL	31	21	19	40	77	-	-	-	-	-
	Montréal (Canadiens)	**LNH**	**36**	**9**	**8**	**17**	**51**	**-**	**-**	**-**	**-**	**-**
1970-71	**Montréal (Canadiens)**	**LNH**	**78**	**35**	**26**	**61**	**181**	**20**	**10**	**6**	**16**	**43**
	Match des étoiles	LNH	1	0	0	0	0	-	-	-	-	-
1971-72	**Montréal (Canadiens)**	**LNH**	**75**	**35**	**32**	**67**	**103**	**6**	**0**	**2**	**2**	**12**
1972-73	**Montréal (Canadiens)**	**LNH**	**61**	**21**	**38**	**59**	**49**	**17**	**4**	**9**	**13**	**22**
	Canada (LNH)	Siècle	7	1	1	2	4	-	-	-	-	-
1973-74	**Montréal (Canadiens)**	**LNH**	**78**	**36**	**37**	**73**	**122**	**6**	**2**	**1**	**3**	**4**
1974-75	**Montréal (Canadiens)**	**LNH**	**80**	**35**	**82**	**117**	**64**	**11**	**6**	**10**	**16**	**10**
1975-76	**Montréal (Canadiens)**	**LNH**	**80**	**34**	**71**	**105**	**76**	**13**	**4**	**8**	**12**	**24**
	Match des étoiles	LNH	1	1	3	4	0	-	-	-	-	-
1976-77	**Montréal (Canadiens)**	**LNH**	**76**	**15**	**47**	**62**	**45**	**13**	**4**	**5**	**9**	**19**
1977-78	**Montréal (Canadiens)**	**LNH**	**17**	**3**	**5**	**8**	**4**	**-**	**-**	**-**	**-**	**-**
	Pittsburgh (Penguins)	LNH	57	25	36	61	37	-	-	-	-	-
1978-79	Pittsburgh (Penguins)	LNH	60	14	39	53	39	2	0	1	1	0
1979-80	Detroit (Red Wings)	LNH	80	16	50	66	69	-	-	-	-	-
1980-81	Detroit (Red Wings)	LNH	24	1	4	5	26	-	-	-	-	-
	Adirondack (Red Wings)	AHL	37	18	18	36	49	18	1	*18	19	23
1981-82	Adirondack (Red Wings)	AHL	80	22	45	67	71	4	2	1	3	2
1982-83			*N'a pas joué*									
1983-84			*N'a pas joué*									
1984-85			*N'a pas joué*									
1985-86	Toledo (Goaldiggers)	IHL	23	4	10	14	50	-	-	-	-	-
		LNH	**884**	**288**	**485**	**773**	**916**	**88**	**30**	**42**	**72**	**134**
		Montréal	**581**	**223**	**346**	**569**	**695**	**86**	**30**	**41**	**71**	**134**

• Coupe Calder (AHL) en 1966-67, 1980-81 • Coupe Stanley (LNH) en 1970-71, 1972-73, 1975-76, 1976-77 • Match des étoiles (LNH) en 1970-71, 1975-76

• Échangé à Montréal par Detroit avec Bart Crashley pour Garry Monahan et Doug Piper le 6 juin 1969 • Échangé à Pittsburgh par Montréal avec Peter Lee pour Pierre Larouche et des considérations futures (Peter Marsh le 15 décembre 1977) le 29 novembre 1977 • Échangé à Detroit par Pittsburgh pour Nick Libett le 3 août 1979

MAILLEY, FRANK

Né à Lachine, Québec, le 1er août 1916, décédé le 7 février 1976
Défenseur, lance de la gauche, 5'9", 182 lb

Saison	Club	Ligue	PJ	B	A	PTS	PUN	PJ	B	A	PTS	PUN
1938-39	Miami Beach (Pirates)	TRHL	14	8	8	16	14	-	-	-	-	-
	Lachine (Rapides)	LHSQ	1	0	0	0	0	-	-	-	-	-
1939-40	Saint-Hyacinthe (Gaulois)	LHSQ	22	9	13	22	12	2	0	0	0	6
1940-41	Washington (Eagles)	EHL	65	18	27	45	30	2	1	2	3	0
1941-42	Washington (Lions)	AHL	56	6	20	26	15	2	0	0	0	0
1942-43	Washington (Lions)	AHL	51	4	14	18	30	-	-	-	-	-
	Montréal (Canadiens)	**LNH**	**1**	**0**	**0**	**0**	**0**	**-**	**-**	**-**	**-**	**-**
1943-44			*Service militaire*									
1944-45			*Service militaire*									
1945-46	Québec (As)	LHSQ	6	0	0	0	4	6	0	0	0	0
		LNH	**1**	**0**	**0**	**0**	**0**	**-**	**-**	**-**	**-**	**-**
		Montréal	**1**	**0**	**0**	**0**	**0**	**-**	**-**	**-**	**-**	**-**

• Prêté à Montréal par Washington (AHL) le 23 décembre 1942

MAJEAU, FERNAND (FERN)

Né à Verdun, Québec, le 3 mai 1916, décédé le 21 juin 1966
Centre/Ailier gauche, lance de la gauche, 5'9", 155 lb

Saison	Club	Ligue	PJ	B	A	PTS	PUN	PJ	B	A	PTS	PUN
1934-35	Verdun (Maple Leafs)	LHJCM	10	9	12	21	12	5	6	2	8	6
	Verdun (Maple Leafs)	LHCM	1	0	0	0	2	-	-	-	-	-
1935-36	Verdun (Maple Leafs)	LHJCM	9	8	8	16	10	-	-	-	-	-
	Verdun (Maple Leafs)	LHCM	5	0	3	3	0	7	2	2	4	2
1936-37	Verdun (Maple Leafs)	LHCM	21	3	6	9	40	-	-	-	-	-
1937-38	Montréal (Royals)	LHCM	12	4	5	9	8	1	0	1	1	0
1938-39	Lachine (Rapides)	LHPQ	36	12	9	21	38	6	0	1	1	4
1939-40	Lachine (Rapides)	LHPQ	41	17	25	42	54	9	8	6	14	4
1940-41	Verdun (Maple Leafs)	LHCM	34	16	18	34	31	-	-	-	-	-
1941-42	Montréal (Pats)	LHCM	28	11	8	19	22	-	-	-	-	-
1942-43	Montréal (Canadiens)	LHSQ	24	8	5	13	17	4	4	2	6	2
1943-44	**Montréal (Canadiens)**	**LNH**	**44**	**20**	**18**	**38**	**39**	**1**	**0**	**0**	**0**	**0**
1944-45	**Montréal (Canadiens)**	**LNH**	**12**	**2**	**6**	**8**	**4**	**-**	**-**	**-**	**-**	**-**
	Montréal (Royals)	LHSQ	9	6	7	13	10	7	4	0	4	10
1945-46	Valleyfield (Braves)	LHSQ	39	17	27	44	46	-	-	-	-	-
1946-47	Valleyfield (Braves)	LHSQ	33	10	25	35	32	-	-	-	-	-
1947-48	Lachine (Rapides)	LHPQ	53	23	32	55	42	6	3	3	6	2

SAISONS RÉGULIÈRES | SÉRIES ÉLIMINATOIRES

SAISON	CLUB	LIGUE	PJ	B	A	PTS	PUN	PJ	B	A	PTS	PUN
1948-49	Montréal (Hydro Québec)	LHCM	11	6	10	16	-	-	-	-	-	-
		LNH	**56**	**22**	**24**	**46**	**43**	**1**	**0**	**0**	**0**	**0**
		Montréal	**56**	**22**	**24**	**46**	**43**	**1**	**0**	**0**	**0**	**0**

• Coupe Stanley (LNH) en 1943-44

• Signe avec Montréal le 28 octobre 1943

MAJOR, DAVE

Défenseur

SAISON	CLUB	LIGUE	PJ	B	A	PTS	PUN	PJ	B	A	PTS	PUN
1916-17	Montréal (Hochelaga)	LHCM	*Statistiques non disponibles*									
	Montréal (Canadiens)	**NHA**	**2**	**0**	**0**	**0**	**0**	-	-	-	-	-
		NHA	**2**	**0**	**0**	**0**	**0**	-	-	-	-	-
		Montréal	**2**	**0**	**0**	**0**	**0**	-	-	-	-	-

• Prêté à Montréal (NHA) par Montréal (Hochelaga - LHCM) le 25 janvier 1917

MALAKHOV, VLADIMIR

Né à Sverdlovsk, Russie, le 30 août 1968. Défenseur, lance de la gauche, 6'4", 230 lb (Choix de 10e ronde de New York (Islander), 191e au total lors du repêchage de 1989)

SAISON	CLUB	LIGUE	PJ	B	A	PTS	PUN	PJ	B	A	PTS	PUN
1986-87	Moscou Spartak	URSS	22	0	1	1	12	-	-	-	-	-
1987-88	Moscou Spartak	URSS	28	2	2	4	26	-	-	-	-	-
1988-89	Moscou CSKA	URSS	34	6	2	8	16	-	-	-	-	-
	Moscou CSKA	Siècle	7	0	1	1	6	-	-	-	-	-
1989-90	Moscou CSKA	URSS	48	2	10	12	34	-	-	-	-	-
	Moscou CSKA	Super S	5	0	1	1	8	-	-	-	-	-
	Union Soviétique	CM	10	0	1	1	10	-	-	-	-	-
1990-91	Moscou CSKA	URSS	46	5	13	18	22	-	-	-	-	-
	Moscou CSKA	Super S	3	1	0	1	0	-	-	-	-	-
	Union Soviétique	CM	10	0	0	0	4	-	-	-	-	-
1991-92	Union Soviétique	CC	5	0	0	0	4	-	-	-	-	-
	Moscou CSKA	CIS	40	1	9	10	12	-	-	-	-	-
	Russie	JO	8	3	0	3	4	-	-	-	-	-
	Russie	CDM	6	2	1	3	4	-	-	-	-	-
1992-93	Capital (Islanders)	AHL	3	2	1	3	11	-	-	-	-	-
	New York (Islanders)	LNH	64	14	38	52	59	17	3	6	9	12
1993-94	New York (Islanders)	LNH	76	10	47	57	80	4	0	0	0	6
1994-95	New York (Islanders)	LNH	26	3	13	16	32	-	-	-	-	-
	Montréal (Canadiens)	**LNH**	**14**	**1**	**4**	**5**	**14**	-	-	-	-	-
1995-96	**Montréal (Canadiens)**	**LNH**	**61**	**5**	**23**	**28**	**79**	-	-	-	-	-
1996-97	**Montréal (Canadiens)**	**LNH**	**65**	**10**	**20**	**30**	**43**	**5**	**0**	**0**	**0**	**6**
	Russie	CDM	4	1	0	1	8	-	-	-	-	-
1997-98	**Montréal (Canadiens)**	**LNH**	**74**	**13**	**31**	**44**	**70**	**9**	**3**	**4**	**7**	**10**
1998-99	**Montréal (Canadiens)**	**LNH**	**62**	**13**	**21**	**34**	**77**	-	-	-	-	-
1999-00	**Montréal (Canadiens)**	**LNH**	**7**	**0**	**0**	**0**	**4**	-	-	-	-	-
	New Jersey (Devils)	LNH	17	1	4	5	19	23	1	4	5	18
2000-01	New York (Rangers)	LNH	3	0	2	2	4	-	-	-	-	-
2001-02	New York (Rangers)	LNH	81	6	22	28	83	-	-	-	-	-
	Russie	JO	6	1	3	4	4	-	-	-	-	-
2002-03	New York (Rangers)	LNH	71	3	14	17	52	-	-	-	-	-
2003-04	New York (Rangers)	LNH	56	3	15	18	53	-	-	-	-	-
	Philadelphie (Flyers)	LNH	6	0	1	1	2	17	1	5	6	12
2004-05			*N'a pas joué*									
2005-06	New Jersey (Devils)	LNH	29	4	5	9	26	-	-	-	-	-
		LNH	**712**	**86**	**260**	**346**	**697**	**75**	**8**	**19**	**27**	**64**
		Montréal	**283**	**42**	**99**	**141**	**287**	**14**	**3**	**4**	**7**	**16**

• Médaille d'or (CM) en 1990 • Médaille de bronze (CM) en 1991 • Médaille d'or (JO) en 1992 • Équipe d'étoiles des recrues (LNH) en 1993 • Coupe Stanley (LNH) en 1999-00 • Médaille de bronze (JO) en 2002

• Échangé à Montréal par New York (Islanders) avec Pierre Turgeon pour Kirk Muller, Mathieu Schneider et Craig Darby le 5 avril 1995 • Échangé au New Jersey par Montréal pour Sheldon Souray, Josh DeWolf et le choix de 2e ronde du New Jersey au repêchage de 2001 le 1er mars 2000 • Signe avec New York (Rangers) comme joueur autonome le 10 juillet 2000 • Échangé à Philadelphie par New York (Rangers) pour Rick Kozak et du choix de 2e ronde de Philadelphie au repêchage de 2005 (échangé plus tard à Atlanta qui sélectionne Ondrej Pavelec) le 8 mars 2004 • Signe avec New Jersey comme joueur autonome le 4 août 2005 • Échangé à San Jose par New Jersey avec le choix de 1re ronde du New Jersey au repêchage de 2007 (échangé plus tard à St. Louis qui sélectionne David Perron) pour Alexander Korolyuk et Jim Fahey le 1er octobre 2006

MALEY, DAVID

Né à Beaver Dam, Wisconsin, le 24 avril 1963. Ailier gauche, lance de la gauche, 6'2", 195 lb (Choix de 2e ronde de Montréal, 33e au total lors du repêchage de 1982)

SAISON	CLUB	LIGUE	PJ	B	A	PTS	PUN	PJ	B	A	PTS	PUN
1982-83	Wisconsin University	WCHA	47	17	23	40	24	-	-	-	-	-
1983-84	Wisconsin University	WCHA	38	10	28	38	56	-	-	-	-	-
1984-85	Wisconsin University	WCHA	38	19	9	28	86	-	-	-	-	-
1985-86	Wisconsin University	WCHA	42	20	40	60	135	-	-	-	-	-
	Montréal (Canadiens)	**LNH**	**3**	**0**	**0**	**0**	**0**	**7**	**1**	**3**	**4**	**2**
1986-87	Sherbrooke (Canadiens)	AHL	11	1	5	6	25	12	7	7	14	10
	Montréal (Canadiens)	**LNH**	**48**	**6**	**12**	**18**	**55**	-	-	-	-	-
1987-88	New Jersey (Devils)	LNH	44	4	2	6	65	20	3	1	4	80
	Utica (Devils)	AHL	9	5	3	8	40	-	-	-	-	-
1988-89	New Jersey (Devils)	LNH	68	5	6	11	249	-	-	-	-	-
1989-90	New Jersey (Devils)	LNH	67	8	17	25	160	6	0	0	0	25
1990-91	New Jersey (Devils)	LNH	64	8	14	22	151	-	-	-	-	-
	États-Unis	CM	8	0	1	1	2	-	-	-	-	-
1991-92	New Jersey (Devils)	LNH	37	7	11	18	58	-	-	-	-	-
	Edmonton (Oilers)	LNH	23	3	6	9	46	10	1	1	2	4
1992-93	Edmonton (Oilers)	LNH	13	1	1	2	29	-	-	-	-	-
	San José (Sharks)	LNH	43	1	6	7	126	-	-	-	-	-
1993-94	San José (Sharks)	LNH	19	0	0	0	30	-	-	-	-	-
	New York (Islanders)	LNH	37	0	6	6	74	3	0	0	0	0

SAISONS RÉGULIÈRES | SÉRIES ÉLIMINATOIRES

SAISON	CLUB	LIGUE	PJ	B	A	PTS	PUN	PJ	B	A	PTS	PUN
1994-95			*N'a pas joué*									
1995-96	San Francisco (Spiders)	IHL	71	16	13	29	248	4	0	0	0	2
1996-97			*N'a pas joué*									
1997-98			*N'a pas joué*									
1998-99			*N'a pas joué*									
1999-00	Albany (River Rats)	AHL	60	5	10	15	52	5	0	1	1	4
		LNH	**466**	**43**	**81**	**124**	**1043**	**46**	**5**	**5**	**10**	**111**
		Montréal	**51**	**6**	**12**	**18**	**55**	**7**	**1**	**3**	**4**	**2**

• Coupe Stanley (LNH) en 1985-86

• Échangé à New Jersey par Montréal pour le choix de 3e ronde du New Jersey au repêchage de 1987 (Mathieu Schneider) le 13 juin 1987 • Échangé à Edmonton par New Jersey pour Troy Mallette le 12 janvier 1992 • Réclamé au ballottage par San Jose d'Edmonton le 1er janvier 1993 • Droits vendus à New York (Islanders) par San Jose le 23 janvier 1994 • Signe avec New Jersey comme joueur autonome le 1er octobre 1999

MALONE, CLIFFORD (CLIFF)

Né à Québec, Québec, le 4 septembre 1925. Ailier droit, lance de la droite, 5'10", 155 lb

SAISON	CLUB	LIGUE	PJ	B	A	PTS	PUN	PJ	B	A	PTS	PUN
1943-44	Montréal (Royals)	LHJQ	9	8	8	16	2	-	-	-	-	-
	Toronto (Fuels)	TMHL	3	3	5	8	0	-	-	-	-	-
1944-45	Montréal (Royals)	LHJQ	13	14	9	23	2	7	7	3	10	4
	Montréal (RCAF)	LHCM	14	11	6	17	6	1	3	0	3	0
	Montréal (Royals)	LHSQ	2	0	0	0	0	1	0	0	0	2
	Montréal (Royals)	Mem.	-	-	-	-	-	8	5	6	11	0
1945-46	Montréal (Royals)	LHSQ	-	-	-	-	-	2	1	0	1	0
1946-47	Montréal (Royals)	LHSQ	31	16	19	35	6	11	4	4	8	12
	Montréal (Royals)	Allan	-	-	-	-	-	14	8	13	21	4
1947-48	Montréal (Royals)	LHSQ	46	18	49	67	21	3	1	0	1	2
1948-49	Montréal (Royals)	LHSQ	64	35	60	95	40	9	3	4	7	10
1949-50	Montréal (Royals)	LHSQ	60	21	36	57	55	6	2	1	3	4
1950-51	Montréal (Royals)	LHSQ	60	25	24	49	54	7	0	4	4	2
1951-52	Montréal (Royals)	LHMQ	56	29	37	66	10	7	3	4	7	0
	Montréal (Canadiens)	**LNH**	**3**	**0**	**0**	**0**	**0**	-	-	-	-	-
1952-53	Montréal (Royals)	LHMQ	60	15	34	49	42	15	3	6	9	2
1953-54	Montréal (Royals)	LHQ	13	0	3	3	8	-	-	-	-	-
	Sainte-Thérèse (Titans)	LHPQ	*Statistiques non disponibles*									
		LNH	**3**	**0**	**0**	**0**	**0**	-	-	-	-	-
		Montréal	**3**	**0**	**0**	**0**	**0**	-	-	-	-	-

• Coupe Allan en 1946-47 • Deuxième équipe d'étoiles (LHMQ) en 1951-52

• Prêté à Montréal par Montréal (Royals) le 19 janvier 1952

MALONE, JOSEPH (JOE)

Né à Québec, Québec, le 28 février 1890, décédé le 15 mai 1969
Centre/Ailier gauche, lance de la gauche, 5'10", 150 lb

SAISON	CLUB	LIGUE	PJ	B	A	PTS	PUN	PJ	B	A	PTS	PUN
1908-09	Québec (Bulldogs)	ECHA	12	8	0	8	17	-	-	-	-	-
1909-10	Québec (Bulldogs)	CHA	2	5	0	5	3	-	-	-	-	-
	Warterloo (Colts)	OPHL	11	9	0	9	10	-	-	-	-	-
1910-11	Québec (Bulldogs)	NHA	13	9	0	9	3	-	-	-	-	-
1911-12	Québec (Bulldogs)	NHA	18	21	0	21	-	2	5	0	5	0
1912-13	Québec (Bulldogs)	NHA	20	*43	0	43	-	2	*9	0	*9	0
1913-14	Québec (Bulldogs)	NHA	17	24	4	28	-	-	-	-	-	-
1914-15	Québec (Bulldogs)	NHA	12	16	5	21	21	-	-	-	-	-
1915-16	Québec (Bulldogs)	NHA	24	25	10	35	21	-	-	-	-	-
1916-17	Québec (Bulldogs)	NHA	19	*41	8	49	15	-	-	-	-	-
1917-18	**Montréal (Canadiens)**	**LNH**	**20**	***44**	**4**	***48**	**30**	**2**	**1**	**0**	**1**	**3**
1918-19	**Montréal (Canadiens)**	**LNH**	**8**	**7**	**2**	**9**	**3**	**5**	**5**	**0**	**5**	**0**
1919-20	Québec (Bulldogs)	LNH	24	*39	10	*49	12	-	-	-	-	-
1920-21	Hamilton (Tigers)	LNH	20	28	9	37	6	-	-	-	-	-
1921-22	Hamilton (Tigers)	LNH	24	24	7	31	4	-	-	-	-	-
1922-23	**Montréal (Canadiens)**	**LNH**	**20**	**1**	**0**	**1**	**2**	**2**	**0**	**0**	**0**	**0**
1923-24	**Montréal (Canadiens)**	**LNH**	**10**	**0**	**0**	**0**	**0**	-	-	-	-	-
		NHA	**123**	**179**	**27**	**206**	**60**	**4**	**14**	**0**	**14**	**0**
		LNH	**126**	**143**	**32**	**175**	**57**	**9**	**6**	**0**	**6**	**3**
		Montréal	**58**	**52**	**6**	**58**	**35**	**9**	**6**	**0**	**6**	**3**

• Coupe Stanley (NHA) en 1911-12, 1912-13 (LNH) en 1923-24 • Temple de la renommée (LNH) en 1950

• Signe avec Waterloo (OPHL) le 20 janvier 1910 • Signe avec Québec le 12 novembre 1910. • Réclamé par Montréal avec Joe Hall et Walter Mummery lors du repêchage de dispersion de Québec le 26 novembre 1917 • Droits transférés à Québec avec Jack McDonald au retour de la concession de Québec dans la LNH le 25 novembre 1919 • Transfert de la concession de Québec à Hamilton le 6 décembre 1920 • Échangé à Montréal par Hamilton pour Edmond Bouchard le 22 décembre 1922

MALONE, SARSFIELD

Né à Trois-Rivières, Québec, le 8 mars 1886
Défenseur/Centre, lance de la droite, 6', 200 lb

SAISON	CLUB	LIGUE	PJ	B	A	PTS	PUN	PJ	B	A	PTS	PUN
1916-17	**Montréal (Canadiens)**	**NHA**	**12**	**1**	**0**	**1**	**0**	**2**	**0**	**0**	**0**	**5**
		NHA	**12**	**1**	**0**	**1**	**0**	**2**	**0**	**0**	**0**	**5**
		Montréal	**12**	**1**	**0**	**1**	**0**	**2**	**0**	**0**	**0**	**5**

• Signe avec Montréal (NHA) le 18 décembre 1916

MALTAIS, JOE

Ailier droit

SAISON	CLUB	LIGUE	PJ	B	A	PTS	PUN	PJ	B	A	PTS	PUN
1916-17	**Montréal (Canadiens)**	**NHA**	**1**	**0**	**0**	**0**	**0**	-	-	-	-	-
		NHA	**1**	**0**	**0**	**0**	**0**	-	-	-	-	-
		Montréal	**1**	**0**	**0**	**0**	**0**	-	-	-	-	-

• Prêté à Montréal (NHA) par Montréal (Hochelaga - LHCM) le 2 mars 1917

MANASTERSKY, THOMAS (TOM)

Né à Montréal, Québec, le 7 mars 1929. Défenseur, lance de la droite, 5'9", 185 lb

MAJ-MAN

Saison	Club	Ligue	PJ	B	A	PTS	PUN	PJ	B	A	PTS	PUN
1945-46	Montréal (Royals)	LHJQ	19	0	4	4	23	-	-	-	-	-
	Montréal (Royals)	LHSQ	1	0	0	0	2	-	-	-	-	-
1946-47	Montréal (Royals)	LHJQ	25	1	3	4	68	7	0	1	1	29
	Montréal (Royals)	LHSQ	3	0	0	0	2	-	-	-	-	-
1947-48	Montréal (Royals)	LHJQ	8	1	1	2	16	13	0	1	1	*38
1948-49	Montréal (Royals)	LHJQ	30	2	5	7	63	10	2	4	6	16
	Montréal (Royals)	LHSQ	2	0	0	0	0	-	-	-	-	-
	Montréal (Royals)	Mem.	-	-	-	-	-	15	1	5	6	67
1949-50	Montréal (Royals)	LHSQ	27	2	7	9	87	3	0	0	0	25
1950-51	Montréal (Royals)	LHMQ	1	0	0	0	0	-	-	-	-	-
	Montréal (Canadiens)	**LNH**	**6**	**0**	**0**	**0**	**11**	**-**	**-**	**-**	**-**	**-**
	Cincinnati (Mohawks)	AHL	5	0	0	0	18	-	-	-	-	-
	Victoria (Cougars)	PCHL	18	1	1	2	45	-	-	-	-	-
		LNH	**6**	**0**	**0**	**0**	**11**	**-**	**-**	**-**	**-**	**-**
		Montréal	**6**	**0**	**0**	**0**	**11**	**-**	**-**	**-**	**-**	**-**

• Coupe Memorial en 1948-49

• Signe avec Montréal le 18 décembre 1950 • Prêté à Cincinnati (AHL) par Montréal le 19 janvier 1951

MANCUSO, FELIX (GUS)

Né à Niagara Falls, Ontario, le 11 avril 1914, décédé le 16 août 2003
Ailier droit, lance de la gauche, 5'7", 160 lb

Saison	Club	Ligue	PJ	B	A	PTS	PUN	PJ	B	A	PTS	PUN
1930-31	Niagara Falls(Cataracts)	JOHA	3	1	2	3	0	-	-	-	-	-
1931-32	Niagara Falls(Cataracts)	JOHA	4	1	0	1	2	5	3	0	3	2
1932-33	Niagara Falls(Cataracts)	JOHA	-	-	-	-	-	2	1	0	1	0
	Niagara Falls (Cataracts)	Mem.	-	-	-	-	-	3	5	2	7	4
1933-34	Niagara Falls (Cataracts)	SOHA	24	9	1	10	20	2	0	0	0	0
1934-35	Hershey (B'ars)	EAHL	21	16	5	21	31	9	6	4	10	4
1935-36	Hershey (B'ars)	EAHL	40	24	12	36	37	8	3	0	3	18
1936-37	Hershey (B'ars)	EAHL	48	14	14	28	17	4	1	0	1	2
1937-38	New Haven (Eagles)	IAHL	32	6	4	10	17	2	0	1	1	0
	Montréal (Canadiens)	**LNH**	**17**	**1**	**1**	**2**	**4**	**-**	**-**	**-**	**-**	**-**
1938-39	New Haven (Eagles)	IAHL	42	4	14	18	47	-	-	-	-	-
	Montréal (Canadiens)	**LNH**	**2**	**0**	**0**	**0**	**0**	**-**	**-**	**-**	**-**	**-**
1939-40	New Haven (Eagles)	IAHL	47	9	20	29	41	3	0	1	1	0
	Montréal (Canadiens)	**LNH**	**2**	**0**	**0**	**0**	**0**	**-**	**-**	**-**	**-**	**-**
1940-41	New Haven (Eagles)	AHL	56	17	25	42	12	2	0	0	0	2
1941-42	New Haven (Eagles)	AHL	46	19	29	48	24	2	0	0	0	0
1942-43	New Haven (Eagles)	AHL	30	10	16	26	13	-	-	-	-	-
	New York (Rangers)	LNH	21	6	8	14	13	-	-	-	-	-
1943-44			*Service militaire*									
1944-45			*Service militaire*									
1945-46	Providence (Reds)	AHL	15	3	5	8	4	-	-	-	-	-
	Hollywood (Wolves)	PCHL	6	2	4	6	0	9	3	2	5	10
1946-47	Hollywood (Wolves)	PCHL	59	27	17	44	33	7	1	1	2	9
1947-48	Los Angeles (Monarchs)	PCHL	51	17	15	32	15	4	0	2	2	2
1948-49	Los Angeles (Monarchs)	PCHL	22	3	3	6	11	-	-	-	-	-
		LNH	**42**	**7**	**9**	**16**	**17**	**-**	**-**	**-**	**-**	**-**
		Montréal	**21**	**1**	**1**	**2**	**4**	**-**	**-**	**-**	**-**	**-**

• Deuxième équipe d'étoiles (EAHL) en 1934-35 • Première équipe d'étoiles (EAHL) en 1935-36

• Signe avec Montréal le 30 octobre 1937 • Droits vendus à New York (Rangers) par Montréal le 4 novembre 1942

MANSON, DAVE

Né à Prince Albert, Saskatchewan, le 27 janvier 1967. Défenseur, lance de la gauche, 6'2", 202 lb (Choix de 1re ronde de Chicago, 11e au total lors du repêchage de 1985)

Saison	Club	Ligue	PJ	B	A	PTS	PUN	PJ	B	A	PTS	PUN
1982-83	Prince Albert (Raiders)	SAHA	28	11	11	22	170	-	-	-	-	-
	Prince Albert (Raiders)	WHL	6	0	1	1	9	-	-	-	-	-
1983-84	Prince Albert (Raiders)	WHL	70	2	7	9	233	5	0	0	0	4
1984-85	Prince Albert (Raiders)	WHL	72	8	30	38	247	13	1	0	1	34
	Prince Albert (Raiders)	Mem.	-	-	-	-	-	5	0	1	1	-
1985-86	Prince Albert (Raiders)	WHL	70	14	34	48	177	20	1	8	9	63
1986-87	Chicago (Blackhawks)	LNH	63	1	8	9	146	3	0	0	0	10
1987-88	Chicago (Blackhawks)	LNH	54	1	6	7	185	5	0	0	0	27
	Saginaw (Hawks)	LIH	6	0	3	3	37	-	-	-	-	-
1988-89	Chicago (Blackhawks)	LNH	79	18	36	54	352	16	0	8	8	84
	Match des étoiles	LNH	1	0	1	1	0	-	-	-	-	-
1989-90	Chicago (Blackhawks)	LNH	59	5	23	28	301	20	2	4	6	46
1990-91	Chicago (Blackhawks)	LNH	75	14	15	29	191	6	0	1	1	36
1991-92	Edmonton (Oilers)	LNH	79	15	32	47	220	16	3	9	12	44
1992-93	Edmonton (Oilers)	LNH	83	15	30	45	210	-	-	-	-	-
	Match des étoiles	LNH	1	0	1	1	2	-	-	-	-	-
	Canada	CM	8	3	7	10	22	-	-	-	-	-
1993-94	Edmonton (Oilers)	LNH	57	3	13	16	140	-	-	-	-	-
	Winnipeg (Jets)	LNH	13	1	4	5	51	-	-	-	-	-
1994-95	Winnipeg (Jets)	LNH	44	3	15	18	139	-	-	-	-	-
1995-96	Winnipeg (Jets)	LNH	82	7	23	30	205	6	2	1	3	30
1996-97	Phoenix (Coyotes)	LNH	66	3	17	20	164	-	-	-	-	-
	Montréal (Canadiens)	**LNH**	**9**	**1**	**1**	**2**	**23**	**5**	**0**	**0**	**0**	**17**
1997-98	**Montréal (Canadiens)**	**LNH**	**81**	**4**	**30**	**34**	**122**	**10**	**0**	**1**	**1**	**14**
1998-99	**Montréal (Canadiens)**	**LNH**	**11**	**0**	**2**	**2**	**48**	**-**	**-**	**-**	**-**	**-**
	Chicago (Blackhawks)	LNH	64	6	15	21	107	-	-	-	-	-
1999-00	Chicago (Blackhawks)	LNH	37	0	7	7	40	-	-	-	-	-
	Dallas (Stars)	LNH	26	1	2	3	22	23	0	0	0	33
2000-01	Toronto (Maple Leafs)	LNH	74	4	7	11	93	2	0	0	0	2
2001-02	Toronto (Maple Leafs)	LNH	13	0	1	1	10	-	-	-	-	-
	Dallas (Stars)	LNH	34	0	1	1	23	-	-	-	-	-
	Utah (Grizzlies)	AHL	2	0	0	0	2	-	-	-	-	-
		LNH	**1103**	**102**	**288**	**390**	**2792**	**112**	**7**	**24**	**31**	**343**
		Montréal	**101**	**5**	**33**	**38**	**193**	**15**	**0**	**1**	**1**	**31**

• Coupe Memorial en 1984-85 • Deuxième équipe d'étoiles (WHL) en 1985-86 • Match des étoiles (LNH) en 1988-89, 1992-93 • Équipe d'étoiles (CM) en 1992-93

• Échangé à Edmonton par Chicago avec choix de 3e ronde au repêchage de 1992 (Kirk Maltby) pour Steve Smith le 2 octobre 1991 • Échangé à Winnipeg par Edmonton avec le choix de 6e ronde de St. Louis (propriété d'Edmonton suite à une transaction antérieure, Winnipeg sélectionne Chris Kibermanis) au repêchage de 1994 (pour Boris Mironov, Mats Lindgren, le 1er choix de Winnipeg au repêchage de 1994 (Jason Bonsignore) et le choix de 4e ronde de la Floride (propriété du Winnipeg suite à une transaction antérieure, Edmonton sélectionne Adam Copeland) au repêchage de 1994 le 15 mars 1994 • Transfert de la concession de Winnipeg à Phoenix le 1er juillet 1996 • Échangé à Montréal par Phoenix pour Murray Baron et Chris Murray le 18 mars 1997 • Échangé à Chicago par Montréal avec Brad Brown et Jocelyn Thibault pour Jeff Hackett, Eric Weinrich, Alain Nasreddine et le choix de 4e ronde de Tampa Bay (propriété de Chicago suite à une transaction antérieure, Montréal sélectionne Chris Dyment) au repêchage de 1999 le 16 novembre 1998 • Échangé à Dallas par Chicago avec Sylvain Coté pour Kevin Dean, Derek Plante et le choix de 2e ronde de Dallas au repêchage de 2001 le 8 février 2000 • Signe avec Toronto comme joueur autonome le 16 août 2000 • Échangé à Dallas par Toronto pour Jyrki Lumme le 21 novembre 2001

MANTHA, GEORGES

Né à Lachine, Québec, le 29 novembre 1908, décédé le 25 janvier 1990
Ailier gauche, lance de la gauche, 5'8", 160 lb

Saison	Club	Ligue	PJ	B	A	PTS	PUN	PJ	B	A	PTS	PUN
1925-26	Montréal (Bell Téléphone)	LHRTM	4	2	0	2	4	-	-	-	-	-
1926-27	Montréal (Bell Téléphone)	LHRTM	4	2	0	2	0	-	-	-	-	-
1927-28	Montréal (Bell Téléphone)	LHRTM	3	1	1	2	4	-	-	-	-	-
1928-29	Montréal (Bell Téléphone)	LHRTM	4	1	1	2	14	-	-	-	-	-
	Montréal (Université)	LHCM	3	0	1	1	2	-	-	-	-	-
	Montréal (Canadiens)	**LNH**	**21**	**0**	**0**	**0**	**8**	**3**	**0**	**0**	**0**	**0**
1929-30	**Montréal (Canadiens)**	**LNH**	**44**	**5**	**2**	**7**	**16**	**6**	**0**	**0**	**0**	**8**
1930-31	**Montréal (Canadiens)**	**LNH**	**44**	**11**	**6**	**17**	**25**	**10**	**5**	**1**	**6**	**4**
1931-32	**Montréal (Canadiens)**	**LNH**	**48**	**1**	**7**	**8**	**8**	**4**	**0**	**1**	**1**	**8**
1932-33	**Montréal (Canadiens)**	**LNH**	**43**	**3**	**6**	**9**	**10**	**-**	**-**	**-**	**-**	**-**
1933-34	**Montréal (Canadiens)**	**LNH**	**44**	**6**	**9**	**15**	**12**	**-**	**-**	**-**	**-**	**-**
1934-35	**Montréal (Canadiens)**	**LNH**	**42**	**12**	**10**	**22**	**14**	**2**	**0**	**0**	**0**	**4**
1935-36	**Montréal (Canadiens)**	**LNH**	**35**	**1**	**12**	**13**	**14**	**-**	**-**	**-**	**-**	**-**
1936-37	**Montréal (Canadiens)**	**LNH**	**47**	**13**	**14**	**27**	**17**	**5**	**0**	**0**	**0**	**0**
1937-38	**Montréal (Canadiens)**	**LNH**	**47**	**23**	**19**	**42**	**12**	**3**	**1**	**0**	**1**	**0**
	Match des étoiles	LNH	1	0	1	1	0	-	-	-	-	-
1938-39	**Montréal (Canadiens)**	**LNH**	**25**	**5**	**5**	**10**	**6**	**3**	**0**	**0**	**0**	**0**
1939-40	**Montréal (Canadiens)**	**LNH**	**42**	**9**	**11**	**20**	**6**	**-**	**-**	**-**	**-**	**-**
	Match des étoiles	LNH	1	0	1	1	0	-	-	-	-	-
1940-41	**Montréal (Canadiens)**	**LNH**	**6**	**0**	**1**	**1**	**0**	**-**	**-**	**-**	**-**	**-**
	New Haven (Eagles)	AHL	49	16	15	31	8	-	-	-	-	-
1941-42	Washington (Lions)	AHL	50	18	25	43	4	1	0	0	0	0
1942-43	Washington (Lions)	AHL	19	2	2	4	4	-	-	-	-	-
		LNH	**488**	**89**	**102**	**191**	**148**	**36**	**6**	**2**	**8**	**24**
		Montréal	**488**	**89**	**102**	**191**	**148**	**36**	**6**	**2**	**8**	**24**

• Coupe Stanley (LNH) en 1929-30, 1930-31 • Match des étoiles (LNH) en 1937-38, 1939-40
• Deuxième équipe d'étoiles (AHL) en 1940-41

• Signe avec Montréal le 17 janvier 1929 • Droits vendus à Washington (AHL) par Montréal le 9 octobre 1941

MANTHA, SYLVIO

Né à Montréal, Québec, le 14 avril 1902, décédé le 7 août 1974
Défenseur, lance de la droite, 5'10", 175 lb

Saison	Club	Ligue	PJ	B	A	PTS	PUN	PJ	B	A	PTS	PUN
1922-23	Montréal (National)	LHBM	9	4	0	4	-	-	-	-	-	-
1923-24	**Montréal (Canadiens)**	**LNH**	**24**	**1**	**3**	**4**	**11**	**6**	**0**	**0**	**0**	**0**
1924-25	**Montréal (Canadiens)**	**LNH**	**30**	**2**	**3**	**5**	**18**	**6**	**0**	**1**	**1**	**2**
1925-26	**Montréal (Canadiens)**	**LNH**	**34**	**2**	**1**	**3**	**66**	**-**	**-**	**-**	**-**	**-**
1926-27	**Montréal (Canadiens)**	**LNH**	**43**	**10**	**5**	**15**	**77**	**4**	**1**	**0**	**1**	**0**
1927-28	**Montréal (Canadiens)**	**LNH**	**43**	**4**	**11**	**15**	**61**	**2**	**0**	**0**	**0**	**6**
1928-29	**Montréal (Canadiens)**	**LNH**	**44**	**9**	**4**	**13**	**56**	**3**	**0**	**0**	**0**	**0**
1929-30	**Montréal (Canadiens)**	**LNH**	**44**	**13**	**11**	**24**	**108**	**6**	**2**	**1**	**3**	**18**
1930-31	**Montréal (Canadiens)**	**LNH**	**44**	**4**	**7**	**11**	**75**	**10**	**2**	**1**	**3**	***26**
1931-32	**Montréal (Canadiens)**	**LNH**	**47**	**5**	**5**	**10**	**62**	**4**	**0**	**1**	**1**	**8**
1932-33	**Montréal (Canadiens)**	**LNH**	**48**	**4**	**7**	**11**	**50**	**2**	**0**	**1**	**1**	**2**
1933-34	**Montréal (Canadiens)**	**LNH**	**48**	**4**	**6**	**10**	**24**	**2**	**0**	**0**	**0**	**2**
1934-35	**Montréal (Canadiens)**	**LNH**	**47**	**3**	**11**	**14**	**36**	**2**	**0**	**0**	**0**	**2**
1935-36	**Montréal (Canadiens)**	**LNH**	**42**	**2**	**4**	**6**	**25**	**-**	**-**	**-**	**-**	**-**
1936-37	Boston (Bruins)	LNH	4	0	0	0	2	-	-	-	-	-
		LNH	**542**	**63**	**78**	**141**	**671**	**47**	**5**	**5**	**10**	**66**
		Montréal	**538**	**63**	**78**	**141**	**669**	**47**	**5**	**5**	**10**	**66**

• Coupe Stanley (LNH) en 1923-24, 1929-30, 1930-31 • Deuxième équipe d'étoiles (LNH) en 1930-31, 1931-32 • Temple de la Renommée (LNH) en 1960

• Signe avec Montréal le 30 octobre 1923 • Signe avec Boston le 11 février 1937

MARCHILDON, EMILE (SHARLRY)

Né à Sturgeon Falls, Ontario, le 22 novembre 1888, décédé le 26 février 1967
Avant, lance de la droite, 5'7", 160 lb

Saison	Club	Ligue	PJ	B	A	PTS	PUN	PJ	B	A	PTS	PUN
1908-09	Sturgeon Falls HC	NOHA	*Statistiques non disponibles*									
1909-10	Sturgeon Falls HC	NOHA	*Statistiques non disponibles*									
1910-11	Sturgeon Falls HC	NOHA	*Statistiques non disponibles*									
1911-12	Sturgeon Falls HC	NOHA	*Statistiques non disponibles*									
1912-13	Sturgeon Falls HC	NOHA	8	16	0	16	61	-	-	-	-	-
1913-14	Toronto (Ontarios)	NHA	3	0	0	0	0	-	-	-	-	-
	Montréal (Canadiens)	**NHA**	**2**	**0**	**0**	**0**	**0**	**-**	**-**	**-**	**-**	**-**
		NHA	**5**	**0**	**0**	**0**	**0**	**-**	**-**	**-**	**-**	**-**
		Montréal	**2**	**0**	**0**	**0**	**0**	**-**	**-**	**-**	**-**	**-**

• Droits vendus à Montréal (NHA) par Toronto (NHA) le 5 février 1914.

MARKOV, ANDREI

Né à Voskresensk, Russie, le 20 décembre 1978. Défenseur, lance de la gauche, 6', 198 lb (Choix de 6e ronde de Montréal, 162e au total lors du repêchage de 1998)

Saison	Club	Ligue	PJ	B	A	PTS	PUN	PJ	B	A	PTS	PUN
1995-96	Khimik Voskresensk	CIS	38	0	0	0	14	-	-	-	-	-
1996-97	Khimik Voskresensk	RUS	43	8	4	12	32	2	1	1	2	0
	Russie	CMJ	6	0	1	1	2	-	-	-	-	-
1997-98	Khimik Voskresensk	RUS	43	10	5	15	83	-	-	-	-	-
	Russie	CMJ	7	3	2	5	6	-	-	-	-	-
1998-99	Moscou (Dynamo)	RUS	38	10	11	21	32	16	3	6	9	6
	Moscou (Dynamo)	EuroHL	12	7	5	12	12	6	2	2	4	4
	Russie	CM	6	1	4	5	2	-	-	-	-	-
1999-00	Moscou (Dynamo)	RUS	29	11	12	23	28	17	4	3	7	8
	Russie	CM	6	0	2	2	0	-	-	-	-	-
2000-01	**Montréal (Canadiens)**	**LNH**	**63**	**6**	**17**	**23**	**18**	-	-	-	-	-
	Québec (Citadelles)	AHL	14	0	5	5	4	7	1	1	2	2
2001-02	**Montréal (Canadiens)**	**LNH**	**56**	**5**	**19**	**24**	**24**	**12**	**1**	**3**	**4**	**8**
	Québec (Citadelles)	AHL	12	4	6	10	7	-	-	-	-	-
2002-03	**Montréal (Canadiens)**	**LNH**	**79**	**13**	**24**	**37**	**34**	-	-	-	-	-
2003-04	**Montréal (Canadiens)**	**LNH**	**69**	**6**	**22**	**28**	**20**	**11**	**1**	**4**	**5**	**8**
2004-05	Russie	CDM	2	0	1	1	2	-	-	-	-	-
	Moscou (Dynamo)	RUS	42	7	16	23	76	10	2	0	2	22
2005-06	**Montréal (Canadiens)**	**LNH**	**67**	**10**	**36**	**46**	**74**	**6**	**0**	**1**	**1**	**4**
	Russie	JO	8	1	2	3	6	-	-	-	-	-
2006-07	**Montréal (Canadiens)**	**LNH**	**77**	**6**	**43**	**49**	**56**	-	-	-	-	-
	Russie	CM	8	3	5	8	2	-	-	-	-	-
2007-08	**Montréal (Canadiens)**	**LNH**	**82**	**16**	**42**	**58**	**63**	**12**	**1**	**3**	**4**	**8**
	Match des étoiles	LNH	1	1	0	1	0	-	-	-	-	-
	Russie	CM	6	0	2	2	4	-	-	-	-	-
		LNH	**493**	**62**	**203**	**265**	**289**	**41**	**3**	**11**	**14**	**28**
		Montréal	**493**	**62**	**203**	**265**	**289**	**41**	**3**	**11**	**14**	**28**

• Médaille de bronze en 1997 • Première équipe d'étoiles (CMJ) en 1998 • Médaille d'argent (CMJ) 1998 • Membre de l'équipe d'étoiles (RUS) en 1999-00 • Défenseur par excellence (RUS) en 1998-99, 1999-00 • Joueur le plus utile (RUS) en 1999-00 • Équipe d'étoiles (CM) en 2007 • Défenseur par excellence (CM) en 2007 • Médaille de bronze (CM) en 2005, 2007 • Médaille d'or (CM) en 2008 • Match des étoiles (LNH) en 2007-08

• Signe avec le Dynamo de Moscou comme joueur autonome le 19 juin 2004

MARSHALL, DONALD (DON)

Né à Verdun, Québec, le 23 mars 1932. Ailier gauche, lance de la gauche, 5'10", 165 lb

Saison	Club	Ligue	PJ	B	A	PTS	PUN	PJ	B	A	PTS	PUN
1949-50	Montréal (Canadiens Jr)	LHJQ	35	8	7	15	10	16	1	4	5	4
	Montréal (Canadiens Jr)	Mem.	-	-	-	-	-	13	8	6	14	2
1950-51	Montréal (Canadiens Jr)	LHJQ	37	19	32	51	6	9	5	8	13	0
1951-52	Montréal (Canadiens Jr)	LHJQ	43	32	46	78	6	11	4	5	9	6
	Montréal (Canadiens)	**LNH**	**1**	**0**	**0**	**0**	**0**	-	-	-	-	-
	Montréal (Canadiens Jr)	Mem.	-	-	-	-	-	8	6	5	11	8
1952-53	Cincinnati (Mohawks)	IHL	60	46	51	97	24	9	5	5	10	0
	Montréal (Royals)	LHSQ	2	0	0	0	2	-	-	-	-	-
1953-54	Buffalo (Bisons)	AHL	70	39	55	94	8	3	1	4	5	0
1954-55	Montréal (Royals)	LHQ	10	5	3	8	2	-	-	-	-	-
	Montréal (Canadiens)	**LNH**	**39**	**5**	**3**	**8**	**9**	**12**	**1**	**1**	**2**	**2**
1955-56	**Montréal (Canadiens)**	**LNH**	**66**	**4**	**1**	**5**	**10**	**10**	**1**	**0**	**1**	**0**
1956-57	**Montréal (Canadiens)**	**LNH**	**70**	**12**	**8**	**20**	**6**	**10**	**1**	**3**	**4**	**2**
	Match des étoiles	LNH	1	0	0	0	0	-	-	-	-	-
1957-58	**Montréal (Canadiens)**	**LNH**	**68**	**22**	**19**	**41**	**14**	**10**	**0**	**2**	**2**	**4**
	Match des étoiles	LNH	1	0	0	0	0	-	-	-	-	-
1958-59	**Montréal (Canadiens)**	**LNH**	**70**	**10**	**22**	**32**	**12**	**11**	**0**	**2**	**2**	**2**
	Match des étoiles	LNH	1	1	1	2	0	-	-	-	-	-
1959-60	**Montréal (Canadiens)**	**LNH**	**70**	**16**	**22**	**38**	**4**	**8**	**2**	**2**	**4**	**0**
	Match des étoiles	LNH	1	0	0	0	0	-	-	-	-	-
1960-61	**Montréal (Canadiens)**	**LNH**	**70**	**14**	**17**	**31**	**8**	**6**	**0**	**2**	**2**	**0**
	Match des étoiles	LNH	1	0	0	0	0	-	-	-	-	-
1961-62	**Montréal (Canadiens)**	**LNH**	**66**	**18**	**28**	**46**	**12**	**6**	**0**	**1**	**1**	**2**
	Match des étoiles	LNH	1	0	0	0	0	-	-	-	-	-
1962-63	**Montréal (Canadiens)**	**LNH**	**65**	**13**	**20**	**33**	**6**	**5**	**0**	**0**	**0**	**0**
1963-64	New York (Rangers)	LNH	70	11	12	23	8	-	-	-	-	-
1964-65	New York (Rangers)	LNH	69	20	15	35	2	-	-	-	-	-
1965-66	New York (Rangers)	LNH	69	26	28	54	6	-	-	-	-	-
1966-67	New York (Rangers)	LNH	70	24	22	46	4	4	0	1	1	2
1967-68	New York (Rangers)	LNH	70	19	30	49	2	6	2	1	3	0
	Match des étoiles	LNH	1	0	0	0	0	-	-	-	-	-
1968-69	New York (Rangers)	LNH	74	20	19	39	12	4	1	0	1	0
1969-70	New York (Rangers)	LNH	57	9	15	24	6	1	0	0	0	0
1970-71	Buffalo (Sabres)	LNH	62	20	29	49	6	-	-	-	-	-
1971-72	Toronto (Maple Leafs)	LNH	50	2	14	16	0	1	0	0	0	0
		LNH	**1176**	**265**	**324**	**589**	**127**	**94**	**8**	**15**	**23**	**14**
		Montréal	**585**	**114**	**140**	**254**	**81**	**78**	**5**	**13**	**18**	**12**

• Coupe Memorial en 1949-50 • Première équipe d'étoiles (LHJQ) en 1951-52 • Première équipe d'étoiles (IHL) en 1952-53 • Trophée James-Gatschene (IHL) en 1952-53 • Trophée Dudley-Garrett (AHL) en 1953-54 • Coupe Stanley (LNH) en 1955-56, 1956-57, 1957-58, 1958-59, 1959-60 • Match des étoiles (LNH) en 1956-57, 1957-58, 1958-59, 1959-60, 1960-61, 1961-62, 1967-68 • Deuxième équipe d'étoiles (LNH) en 1966-67

• Échangé à New York par Montréal avec Jacques Plante et Phil Goyette pour Dave Balon, Léon Rochefort, Len Ronson et Lorne Worsley le 4 juin 1963 • Réclamé par Buffalo de New York lors de l'expansion de la LNH le 10 juin 1970 • Réclamé par Toronto de Buffalo lors du repêchage intra-ligue le 8 juin 1971

MARTINSON, STEVEN

Né à Minnetonka, Minnesota, le 21 juin 1957
Ailier gauche, lance de la gauche, 6'1", 205 lb

Saison	Club	Ligue	PJ	B	A	PTS	PUN	PJ	B	A	PTS	PUN
1981-82	Toledo (Goaldiggers)	IHL	35	12	18	30	128	-	-	-	-	-
1982-83	Toledo (Goaldiggers)	IHL	32	9	10	19	111	-	-	-	-	-
	Birmingham (South Stars)	CHL	43	4	5	9	184	13	1	2	3	*80
1983-84	Tulsa (Oilers)	CHL	42	3	6	9	240	6	0	0	0	43
1984-85	Toledo (Goaldiggers)	IHL	54	4	10	14	300	2	0	0	0	21
1985-86	Hershey (Bears)	AHL	69	3	6	9	*432	3	0	0	0	56
1986-87	Hershey (Bears)	AHL	17	0	3	3	85	-	-	-	-	-
	Adirondack (Red Wings)	AHL	14	1	1	2	78	11	2	0	2	108
1987-88	Adirondack (Red Wings)	AHL	32	6	8	14	146	6	1	2	3	66
	Detroit (Red Wings)	LNH	10	1	1	2	84	-	-	-	-	-
1988-89	Sherbrooke (Canadiens)	AHL	10	5	7	12	61	-	-	-	-	-
	Montréal (Canadiens)	**LNH**	**25**	**1**	**0**	**1**	**87**	**1**	**0**	**0**	**0**	**10**
1989-90	Sherbrooke (Canadiens)	AHL	37	6	20	26	113	-	-	-	-	-
	Montréal (Canadiens)	**LNH**	**13**	**0**	**0**	**0**	**64**	-	-	-	-	-
1990-91	San Diego (Gulls)	IHL	53	16	24	40	268	-	-	-	-	-
1991-92	San Diego (Gulls)	IHL	70	18	15	33	279	4	1	1	2	15
	Minnesota (North Stars)	LNH	1	0	0	0	9	-	-	-	-	-
1992-93	San Diego (Gulls)	IHL	10	0	4	4	55	-	-	-	-	-
1993-94			*N'a pas joué*									
1994-95	Houston (Aeros)	IHL	6	0	1	1	30	-	-	-	-	-
	Fresno (Falcons)	SunHL	1	0	0	0	2	-	-	-	-	-
1995-96	San Diego (Gulls)	WCHL	1	0	0	0	0	-	-	-	-	-
		LNH	**49**	**2**	**1**	**3**	**244**	**1**	**0**	**0**	**0**	**10**
		Montréal	**38**	**1**	**0**	**1**	**151**	**1**	**0**	**0**	**0**	**10**

• Signe avec Philadelphie comme joueur autonome le 30 septembre 1985 • Signe avec Detroit comme joueur autonome le 3 octobre 1987 • Signe avec Montréal comme joueur autonome le 2 août 1988 • Signe avec Winnipeg comme joueur autonome le 28 août 1990 • Signe avec Minnesota comme joueur autonome le 1er octobre 1991

MASNICK, PAUL

Né à Regina, Saskatchewan, le 14 avril 1931. Centre, lance de la droite, 5'9", 165 lb

Saison	Club	Ligue	PJ	B	A	PTS	PUN	PJ	B	A	PTS	PUN
1948-49	Regina (Pats)	WCJHL	26	7	10	17	4	7	1	1	2	0
1949-50	Regina (Pats)	WCJHL	40	44	43	87	62	9	9	14	23	4
	Regina (Pats)	Mem.	-	-	-	-	-	14	13	14	27	12
1950-51	**Montréal (Canadiens)**	**LNH**	**43**	**4**	**1**	**5**	**14**	**11**	**2**	**1**	**3**	**4**
	Cincinnati (Mohawks)	AHL	19	5	7	12	15	-	-	-	-	-
1951-52	**Montréal (Canadiens)**	**LNH**	**15**	**1**	**2**	**3**	**2**	**6**	**1**	**0**	**1**	**12**
	Buffalo/Cincinnati	AHL	31	8	20	28	23	7	0	4	4	4
1952-53	**Montréal (Canadiens)**	**LNH**	**53**	**5**	**7**	**12**	**44**	**6**	**1**	**0**	**1**	**7**
	Montréal (Royals)	LHMQ	10	6	6	12	10	-	-	-	-	-
1953-54	**Montréal (Canadiens)**	**LNH**	**50**	**5**	**21**	**26**	**57**	**10**	**0**	**4**	**4**	**4**
	Montréal (Royals)	LHQ	14	3	14	17	9	-	-	-	-	-
1954-55	**Montréal (Canadiens)**	**LNH**	**19**	**0**	**1**	**1**	**0**	-	-	-	-	-
	Chicago (Black Hawks)	LNH	11	1	0	1	8	-	-	-	-	-
	Montréal (Royals)	LHQ	27	10	13	23	14	14	2	9	11	14
1955-56	Winnipeg (Warriors)	WHL	62	29	39	68	37	14	*11	9	20	14
	Winnipeg (Warriors)	Edin.	-	-	-	-	-	6	3	5	8	6
1956-57	Rochester (Americans)	AHL	64	24	38	62	46	10	5	5	10	17
1957-58	Toronto (Maple Leafs)	LNH	41	2	9	11	14	-	-	-	-	-
1958-59	Saskatoon (Quakers)	WHL	64	24	51	75	48	-	-	-	-	-
1959-60	Victoria/Winnipeg	WHL	68	16	29	45	16	11	2	5	7	2
1960-61	St. Paul (Saints)	IHL	60	31	59	90	34	11	2	6	8	12
1961-62	St. Paul (Saints)	IHL	31	11	21	32	4	-	-	-	-	-
		LNH	**232**	**18**	**41**	**59**	**139**	**33**	**4**	**5**	**9**	**27**
		Montréal	**180**	**15**	**32**	**47**	**117**	**33**	**4**	**5**	**9**	**27**

• Coupe Stanley (LNH) en 1952-53

• Signe avec Montréal le 10 octobre 1950 • Prêté à Cincinnati (AHL) par Montréal pour Bob Dawes le 13 février 1951 • Échangé à Chicago par Montréal pour Al Dewsbury le 9 novembre 1954 • Droits vendus à Montréal par Chicago le 10 décembre 1954 • Prêté à Winnipeg (WHL) par Montréal avec Garry Blaine et Eddie Mazur le 4 juin 1955 • Droits vendus à Toronto par Montréal le 30 septembre 1957 • Droits vendus à Winnipeg (WHL) par Victoria (WHL) le 27 février 1960

MATTE, JOSEPH (JOE)

Né à Bourget, Ontario, le 6 mars 1893, décédé le 13 juin 1961
Défenseur, lance de la droite, 5'11", 165 lb

Saison	Club	Ligue	PJ	B	A	PTS	PUN	PJ	B	A	PTS	PUN
1913-14	Montréal (Gaieté Canadiens)	LHCM	5	3	0	3	-	-	-	-	-	-
1914-15	Van Cleek Hill	OVSHL			*Statistiques non disponibles*							
1915-16	Montréal (La Casquette)	LHCM	12	4	0	4	6	-	-	-	-	-
1916-17	Montréal (La Casquette)	LHCM	10	9	0	9	12	-	-	-	-	-
1917-18	Montréal (Hochelaga)	LHCM	11	*23	3	*26	9	3	6	1	7	-
1918-19	Hamilton (Tigers)	SOHA	8	12	5	17	-	4	2	1	3	-
	Hamilton (Tigers)	Allan	-	-	-	-	-	2	2	0	2	0
1919-20	Hamilton (Tigers)	SOHA	1	0	1	1	0	-	-	-	-	-
	Toronto (St. Patricks)	LNH	17	8	3	11	19	-	-	-	-	-
1920-21	Hamilton (Tigers)	LNH	21	6	9	15	29	-	-	-	-	-
1921-22	Hamilton (Tigers)	LNH	21	3	3	6	6	-	-	-	-	-
1922-23	Saskatoon (Sheiks)	WCHL	29	14	6	20	25	-	-	-	-	-
1923-24	Vancouver (Maroons)	PCHA	29	11	4	15	14	7	1	1	2	8
1924-25	Vancouver (Maroons)	WCHL	24	8	1	9	20	-	-	-	-	-
1925-26	Boston (Bruins)	LNH	3	0	0	0	0	-	-	-	-	-
	Montréal (Canadiens)	**LNH**	**6**	**0**	**0**	**0**	**0**	-	-	-	-	-
		LNH	**68**	**17**	**15**	**32**	**54**	-	-	-	-	-
		Montréal	**6**	**0**	**0**	**0**	**0**	-	-	-	-	-

• Première équipe d'étoiles (SOHA) en 1918-19

• Signe avec Toronto le 16 janvier 1920 • Échangé à Montréal par Toronto avec Goldie Prodgers pour Harry Cameron le 27 novembre 1920 • Échangé à Hamilton par Montréal avec Goldie Prodgers pour Harry Mummery, Jack McDonald le 9 décembre 1920 • Droits vendus à Saskatoon (WCHL) par Hamilton le 1er octobre 1922 • Droits vendus à Vancouver (PCHA)

SAISONS RÉGULIÈRES SÉRIES ÉLIMINATOIRES

par Saskatoon (WCHL) le 30 octobre 1923 • Signe avec Boston le 5 décembre 1925 • Droits vendus à Montréal par Boston le 15 janvier 1926

MATZ, JOHN (JOHNNY)

Né à Omaha, Nouveau-Brunswick le 1er juin 1891, décédé le 21 décembre 1969
Centre, lance de la droite, 5'10", 185 lb

SAISON	CLUB	LIGUE	PJ	B	A	PTS	PUN	PJ	B	A	PTS	PUN
1911-12	Edmonton (YMCA)	ESHL	6	5	0	5	0	-	-	-	-	-
	Edmonton (Maritimers)	ESHL	-	-	-	-	-	3	3	0	3	5
1912-13	Edmonton (Dominions)	ESHL	7	7	0	7	4	-	-	-	-	-
1913-14	Grand Forks Clubs	BCBHL	*Statistiques non disponibles*									
1914-15	Grand Forks Clubs	BCBHL	*Statistiques non disponibles*									
	Vancouver (Millionaires)	PCHA	1	1	0	1	0	-	-	-	-	-
1915-16	Rossland Seniors	WKHL	*Statistiques non disponibles*									
1916-17			*Statistiques non disponibles*									
1917-18			*Statistiques non disponibles*									
1918-19			*Statistiques non disponibles*									
1919-20	Edmonton (Hustlers)	ESHL	12	11	3	14	8	-	-	-	-	-
1920-21	Edmonton (Dominos)	BIG 4	16	1	2	3	9	-	-	-	-	-
1921-22	Edmonton (Eskimos)	WCHL	24	4	1	5	2	2	0	0	0	0
1922-23	Edmonton (Eskimos)	WCHL	4	0	0	0	4	-	-	-	-	-
	Saskatoon (Crescents)	WCHL	24	4	3	7	6	-	-	-	-	-
1923-24	Saskatoon (Crescents)	WCHL	24	2	1	3	4	-	-	-	-	-
1924-25	**Montréal (Canadiens)**	**LNH**	**30**	**2**	**3**	**5**	**0**	**5**	**0**	**0**	**0**	**2**
1925-26			*N'a pas joué*									
1926-27	Moose Jaw (Maroons)	PrHL	32	1	10	11	62	-	-	-	-	-
1927-28	Moose Jaw (Maroons)	PrHL	28	3	3	6	44	-	-	-	-	-
		LNH	**30**	**2**	**3**	**5**	**0**	**5**	**0**	**0**	**0**	**2**
		Montréal	**30**	**2**	**3**	**5**	**0**	**5**	**0**	**0**	**0**	**2**

• Signe avec Grand Forks (BCBHL) le 24 novembre 1913 • Signe avec Vancouver (PCHA) le 17 novembre 1914 • Signe avec Edmonton (WCHL) le 5 décembre 1921 • Échangé à Saskatoon (WCHL) par Edmonton (WCHL) pour Rube Brandow le 1er janvier 1923 • Droits vendus à Montréal par Saskatoon (WCHL) le 25 novembre 1924 • Signe avec Moose Jaw (PrHL) le 19 novembre 1926

MAZUR, EDWARD (EDDIE)

Né à Winnipeg, Manitoba, le 25 juillet 1929, décédé le 3 juillet 1995
Défenseur/ailier gauche, lance de la gauche, 6'2", 185 lb

SAISON	CLUB	LIGUE	PJ	B	A	PTS	PUN	PJ	B	A	PTS	PUN
1947-48	Winnipeg (Monarchs)	MJHL	11	5	5	10	0	6	2	0	2	2
	Winnipeg (Monarchs)	Mem.	-	-	-	-	-	4	2	3	5	2
1948-49	Dallas (Texans)	USHL	66	10	20	30	48	4	1	1	2	0
1949-50	Victoria (Cougars)	PCHL	65	33	26	59	17	-	-	-	-	-
1950-51	Victoria (Cougars)	PCHL	70	43	30	73	41	12	4	6	10	8
	Montréal (Canadiens)	**LNH**	**-**	**-**	**-**	**-**	**-**	**2**	**0**	**0**	**0**	**0**
1951-52	Buffalo (Bisons)	AHL	60	19	18	37	55	1	0	1	1	2
	Montréal (Canadiens)	**LNH**	**-**	**-**	**-**	**-**	**-**	**5**	**2**	**0**	**2**	**4**
1952-53	Victoria (Cougars)	WHL	51	20	18	38	54	-	-	-	-	-
	Montréal (Canadiens)	**LNH**	**-**	**-**	**-**	**-**	**-**	**7**	**2**	**2**	**4**	**11**
1953-54	**Montréal (Canadiens)**	**LNH**	**67**	**7**	**14**	**21**	**95**	**11**	**0**	**3**	**3**	**7**
	Match des étoiles	LNH	1	0	0	0	0					
1954-55	Montréal (Royals)	LHQ	19	4	8	12	16	14	*8	5	13	27
	Montréal (Canadiens)	**LNH**	**25**	**1**	**5**	**6**	**21**	**-**	**-**	**-**	**-**	**-**
1955-56	Winnipeg (Warriors)	WHL	70	34	30	64	72	14	6	11	17	16
	Winnipeg (Warriors)	Edin.	-	-	-	-	-	6	3	3	6	11
1956-57	Chicago (Black Hawks)	LNH	15	0	1	1	4	-	-	-	-	-
	Rochester (Americans)	AHL	47	24	40	64	90	10	3	9	12	18
1957-58	Rochester (Americans)	AHL	59	22	25	47	67	-	-	-	-	-
1958-59	Cleveland (Barons)	AHL	70	34	44	78	54	7	2	2	4	8
1959-60	Cleveland (Barons)	AHL	61	29	24	53	79	7	2	4	6	24
1960-61	Cleveland (Barons)	AHL	72	30	39	69	73	4	1	0	1	17
1961-62	Cleveland (Barons)	AHL	70	24	24	48	44	6	0	0	0	4
1962-63	Providence (Reds)	AHL	72	18	33	51	72	4	1	0	1	8
1963-64	Providence (Reds)	AHL	64	23	33	56	56	3	1	4	5	6
1964-65	Victoria (Maple Leafs)	WHL	62	16	30	46	97	11	1	0	1	6
1965-66	Grand Forks (Flyers)	MHL Sr	25	*22	*37	*59	23	-	-	-	-	-
		LNH	**107**	**8**	**20**	**28**	**120**	**25**	**4**	**5**	**9**	**22**
		Montréal	**92**	**8**	**19**	**27**	**116**	**25**	**4**	**5**	**9**	**22**

• Deuxième équipe d'étoiles (PCHL) en 1949-50, 1950-51 • Coupe Stanley (LNH) en 1952-53 • Match des étoiles (LNH) en 1953-54 • Deuxième équipe d'étoiles (AHL) en 1956-57, 1958-59
• Signe avec Montréal le 27 septembre 1948 • Prêté à Winnipeg (WHL) par Montréal avec Paul Masnick et Garry Blaine le 4 juin 1955 • Droits vendus à Chicago par Montréal avec Ken Mosdell et Bud MacPherson pour une somme d'argent avec option de retour à la fin de la saison le 24 mai 1956 • Échangé à Cleveland (AHL) par Rochester (AHL) pour Bo Elik le 23 septembre 1958 • Droits vendus à Providence (AHL) par Cleveland (AHL) en septembre 1962 • Signe avec Toronto en septembre 1964 • Droits vendus à Baltimore (AHL) par Toronto en septembre 1965

McAVOY, GEORGE

Né à Edmonton, Alberta, le 21 juin 1931, décédé le 15 mai 1998
Défenseur, lance de la gauche, 6', 185 lb

SAISON	CLUB	LIGUE	PJ	B	A	PTS	PUN	PJ	B	A	PTS	PUN
1947-48	Edmonton Athletic Club	EJHL	17	2	3	5	6	4	0	0	0	4
1948-49	Edmonton Athletic Club	EJHL	17	6	9	15	41	6	2	1	3	17
	Edmonton Athletic club	Mem.	-	-	-	-	-	8	1	5	6	10
1949-50	Laval (National)	LHJQ	36	2	6	8	73	7	1	1	2	15
1950-51	Montréal (Canadien Jr)	LHJQ	41	7	12	19	54	9	1	1	2	18
1951-52	Halifax (St. Mary's)	MMHL	6	0	0	0	4	-	-	-	-	-
	Boston (Olympics)	EAHL	61	4	18	22	153	4	0	2	2	9
1952-53	Penticton (Vees)	OSHL	44	9	5	14	*162	10	1	1	2	16
	Penticton (Vees)	Allan	-	-	-	-	-	18	4	6	10	70
1953-54	Penticton (Vees)	OSHL	61	11	24	35	*265	10	1	5	6	12
	Penticton (Vees)	Allan	-	-	-	-	-	23	4	2	6	28
1954-55	Penticton (Vees)	OSHL	53	8	26	34	122	-	-	-	-	-
	Canada	CM	8	2	2	4	14	-	-	-	-	-
	Montréal (Canadiens)	**LNH**	**-**	**-**	**-**	**-**	**-**	**4**	**0**	**0**	**0**	**0**
1955-56	Providence (Reds)	AHL	60	4	19	23	131	9	1	7	8	25
1956-57	Providence (Reds)	AHL	64	3	27	30	141	5	1	0	1	9
1957-58	Providence (Reds)	AHL	25	2	10	12	45	5	0	0	0	10
1958-59	New Westminster (Royals)	WHL	11	0	4	4	18	-	-	-	-	-
	Cleveland (Barons)	AHL	59	6	24	30	99	7	0	3	3	14
1959-60	Cleveland (Barons)	AHL	72	6	21	27	124	7	0	0	0	14
1960-61	Calgary (Stampeders)	WHL	70	5	28	33	111	5	0	2	2	10
1961-62	Calgary (Stampeders)	WHL	70	5	30	35	113	7	0	2	2	13
1962-63	Calgary (Stampeders)	WHL	70	9	16	25	141	-	-	-	-	-
1963-64			*N'a pas joué*									
1964-65	Edmonton (Nuggets)	Exh.	*Statistiques non disponibles*									
1965-66	Edmonton (Nuggets)	WCSHL	19	3	2	5	23	-	-	-	-	-
		LNH	**-**	**-**	**-**	**-**	**-**	**4**	**0**	**0**	**0**	**0**
		Montréal	**-**	**-**	**-**	**-**	**-**	**4**	**0**	**0**	**0**	**0**

• Coupe Allan en 1953-54 • Deuxième équipe d'étoiles (OSHL) EN 1953-54 • Première équipe d'étoiles (OSHL) en 1954-55 • Médaille d'or (CM) en 1955 • Coupe Calder (AHL) en 1955-56
• Signe avec Montréal le 25 mars 1955 • Échangé à Cleveland (AHL) par Providence (AHL) avec Bob Robertson pour Ed MacQueen le 3 novembre 1958

McCAFFREY, ALBERT (BERT)

Né à Chelsey, Ontario, le 12 avril 1893, décédé le 15 avril 1955
Défenseur/Ailier droit, lance de la droite, 5'10", 180 lb

SAISON	CLUB	LIGUE	PJ	B	A	PTS	PUN	PJ	B	A	PTS	PUN
1916-17	Toronto (Riversides)	SOHA	8	9	0	9	-	2	1	0	1	4
1917-18	Toronto (Crescents)	SOHA	9	*23	0	*23	-	-	-	-	-	-
1918-19	Toronto (Dentals)	SOHA	6	7	1	8	-	2	0	0	0	0
1919-20	Parkdale (Canoe Club)	SOHA	6	6	3	9	-	1	1	1	2	0
1920-21	Toronto (Granites)	SOHA	10	1	3	4	-	2	0	2	2	0
1921-22	Toronto (Granites)	SOHA	10	5	8	13	-	2	3	2	5	-
	Toronto (Granites)	Allan	-	-	-	-	-	6	5	2	7	6
1922-23	Toronto (Granites)	SOHA	12	10	4	14	-	2	0	0	0	2
	Toronto (Granites)	Allan	-	-	-	-	-	6	6	2	8	0
1923-24	Toronto (Granites)	Exh.	14	18	10	28	-	-	-	-	-	-
	Canada	JO	5	19	15	34	-	-	-	-	-	-
1924-25	Toronto (St. Patricks)	LNH	30	9	6	15	12	2	1	0	1	4
1925-26	Toronto (St. Pats/Leafs)	LNH	36	14	7	21	42	-	-	-	-	-
1926-27	Toronto (Maple Leafs)	LNH	43	5	5	10	43	-	-	-	-	-
1927-28	Toronto (Maple Leafs)	LNH	9	1	1	2	9	-	-	-	-	-
	Pittsburgh (Pirates)	LNH	35	6	3	9	14	-	-	-	-	-
1928-29	Pittsburgh (Pirates)	LNH	42	1	0	1	34	-	-	-	-	-
1929-30	Pittsburgh (Pirates)	LNH	15	3	4	7	12	-	-	-	-	-
	Montréal (Canadiens)	**LNH**	**28**	**1**	**3**	**4**	**26**	**6**	**1**	**1**	**2**	**6**
1930-31	**Montréal (Canadiens)**	**LNH**	**22**	**2**	**1**	**3**	**10**	**-**	**-**	**-**	**-**	**-**
	Providence (Reds)	Can-Am	20	6	2	8	24	2	2	1	3	2
1931-32	Philadelphie (Arrows)	Can-Am	35	7	9	16	26	-	-	-	-	-
1932-33	Philadelphie (Arrows)	Can-Am	7	1	0	1	2	-	-	-	-	-
		LNH	**260**	**42**	**30**	**72**	**202**	**8**	**2**	**1**	**3**	**10**
		Montréal	**50**	**3**	**4**	**7**	**36**	**6**	**1**	**1**	**2**	**6**

• Médaille d'or (JO) en 1924 • Coupe Stanley (LNH) en 1929-30, 1930-31
• Signe avec Toronto le 16 octobre 1924 • Échangé à Pittsburgh par Toronto pour Ty Arbourle 7 novembre 1927 • Échangé à Montréal par Pittsburgh pour Gord Fraser le 23 décembre 1929 • Prêté à Providence Can-Am par Montréal pour Art Lesieur le 15 janvier 1931 • Droits vendus à Philadelphie (Can-Am) par Montréal le 28 octobre 1931

McCARTNEY, WALTER (WALT)

Né à Regina, Saskatchewan, le 26 avril 1911
Ailier gauche, lance de la gauche, 5'10", 160 lb

SAISON	CLUB	LIGUE	PJ	B	A	PTS	PUN	PJ	B	A	PTS	PUN
1926-27	Indian Head Bengals	S-SJHL	6	2	0	2	0	-	-	-	-	-
1927-28	Weyburn (Beavers)	S-SJHL	9	4	2	6	2	-	-	-	-	-
1928-29	Weyburn (Beavers)	S-SJHL	20	15	4	19	0	2	0	0	0	2
1929-30	Weyburn (Beavers)	S-SJHL	20	5	5	10	8	4	0	0	0	0
	Weyburn (Beavers)	Allan	-	-	-	-	-	2	1	0	1	0
1930-31	Weyburn (Beavers)	S-SJHL	20	11	0	11	10	-	-	-	-	-
1931-32	Weyburn (Beavers)	S-SJHL	17	10	1	11	8	3	1	1	2	4
	Weyburn (Beavers)	Allan	-	-	-	-	-	6	6	1	7	16
1932-33	**Montréal (Canadiens)**	**LNH**	**2**	**0**	**0**	**0**	**0**	**-**	**-**	**-**	**-**	**-**
	Québec (Castors)	Can-Am	12	0	0	0	4	-	-	-	-	-
1933-34	Vancouver (Lions)	NWHL	27	4	3	7	10	7	2	0	2	4
1934-35	Calgary (Tigers)	NWHL	14	12	2	14	2	-	-	-	-	-
1935-36	Calgary (Tigers)	NWHL	24	9	4	13	6	-	-	-	-	-
	Portland (Buckaroos)	NWHL	13	4	3	7	6	-	-	-	-	-
1936-37	Vancouver/Spokane	PCHL	32	6	10	16	16	6	3	1	4	5
1937-38	Spokane (Clippers)	PCHL	42	6	7	13	19	-	-	-	-	-
1938-39	Portland (Buckaroos)	PCHL	45	21	19	40	49	5	2	1	3	6
1939-40	Portland (Buckaroos)	PCHL	37	14	9	23	26	5	2	0	2	6
1940-41	Portland/Seattle	PCHL	46	11	16	27	16	2	1	1	2	0
1941-42			*N'a pas joué*									
1942-43	Kingston (Frontenacs)	LOVHL	2	0	0	0	0	-	-	-	-	-
1943-44	Vancouver (St. Regis)	NWIHL	3	0	0	0	0	-	-	-	-	-
	Portland (Oilers)	NWIHL	15	15	10	25	2	6	*11	1	*12	6
		LNH	**2**	**0**	**0**	**0**	**0**	**-**	**-**	**-**	**-**	**-**
		Montréal	**2**	**0**	**0**	**0**	**0**	**-**	**-**	**-**	**-**	**-**

• Prêté à Montréal par Québec le 3 décembre 1932

McCLEARY, TRENT

Né à Swift Current, Saskatchewan, le 8 septembre 1972
Ailier droit, lance de la droite, 6', 180 lb

SAISON	CLUB	LIGUE	PJ	B	A	PTS	PUN	PJ	B	A	PTS	PUN
			SAISONS RÉGULIÈRES					SÉRIES ÉLIMINATOIRES				
1988-89	Swift Current (Legionaires)	SAHA	34	12	12	24	85	-	-	-	-	-
	Swift Current (Broncos)	WHL	3	0	0	0	0	-	-	-	-	-
1989-90	Swift Current (Broncos)	WHL	70	3	15	18	43	4	1	0	1	0
1990-91	Swift Current (Broncos)	WHL	70	16	24	40	53	3	0	0	0	2
1991-92	Swift Current (Broncos)	WHL	72	23	22	45	190	8	1	2	3	16
1992-93	Swift Current (Broncos)	WHL	63	17	33	50	138	17	5	4	9	16
	Swift Current (Broncos)	Mem.	-	-	-	-	-	4	0	0	0	2
	New Haven (Nighthawks)	AHL	2	1	0	1	6	-	-	-	-	-
1993-94	P.E.I. (Senators)	AHL	4	0	0	0	6	-	-	-	-	-
	Thunder Bay (Senators)	ColHL	51	23	17	40	123	9	2	11	13	15
1994-95	P.E.I. (Senators)	AHL	51	9	20	29	60	9	2	3	5	26
1995-96	Ottawa (Sénateurs)	LNH	75	4	10	14	68	-	-	-	-	-
1996-97	Boston (Bruins)	LNH	59	3	5	8	33	-	-	-	-	-
1997-98	Detroit (Vipers)	IHL	21	1	1	2	45	-	-	-	-	-
	Las Vegas (Thunders)	IHL	54	7	6	13	120	3	1	0	1	2
1998-99	**Montréal (Canadiens)**	**LNH**	**46**	**0**	**0**	**0**	**29**	**-**	**-**	**-**	**-**	**-**
1999-00	**Montréal (Canadiens)**	**LNH**	**12**	**1**	**0**	**1**	**4**	**-**	**-**	**-**	**-**	**-**
		LNH	**192**	**8**	**15**	**23**	**134**	**-**	**-**	**-**	**-**	**-**
		Montréal	**58**	**1**	**0**	**1**	**33**	**-**	**-**	**-**	**-**	**-**

• Signe avec Ottawa comme joueur autonome le 9 octobre 1992 • Échangé à Boston par Ottawa avec le choix de 3e ronde d'Ottawa au repêchage de 1996 (Eric Naud) pour Shawn McEachern le 22 juin 1996 • Signe avec Montréal comme joueur autonome le 9 octobre 1998

McCORMACK, JOHN

Né à Edmonton, Alberta, le 2 août 1925. Centre, lance de la gauche, 6', 185 lb

SAISON	CLUB	LIGUE	PJ	B	A	PTS	PUN	PJ	B	A	PTS	PUN
1943-44	St. Michael's (Majors)	JOHA	24	18	30	48	6	25	15	24	39	14
1944-45	St. Michael's (Majors)	JOHA	15	18	23	41	6	9	10	*11	*21	8
	Toronto (Tip Tops)	TIHL	1	1	1	2	0	-	-	-	-	-
	St. Michael's (Majors)	Mem.	-	-	-	-	-	14	8	16	24	8
1945-46	Tulsa (Oilers)	USHL	45	9	32	41	11	13	4	*12	*16	0
1946-47	Leaside (Lions)	OMHA	*N'a pas joué - Entraîneur*									
1947-48	Toronto (Marlboros)	SOHA	33	28	*49	*77	10	5	0	4	4	2
	Toronto (Maple Leafs)	LNH	3	0	1	1	0	-	-	-	-	-
1948-49	Toronto (Marlboros)	SOHA	37	21	18	39	10	10	5	11	16	2
	Toronto (Maple Leafs)	LNH	1	0	0	0	0	-	-	-	-	-
	Toronto (Marlboros)	Allan	-	-	-	-	-	13	7	8	15	0
1949-50	Toronto (Marlboros)	SOHA	29	17	33	50	14	-	-	-	-	-
	Toronto (Maple Leafs)	LNH	34	6	5	11	0	6	1	0	1	0
1950-51	Toronto (Maple Leafs)	LNH	46	6	7	13	2	-	-	-	-	-
	Pittsburgh (Hornets)	AHL	17	4	12	16	0	13	6	9	15	2
1951-52	Buffalo (Bisons)	AHL	8	5	3	8	0	-	-	-	-	-
	Montréal (Canadiens)	**LNH**	**54**	**2**	**10**	**12**	**4**	**-**	**-**	**-**	**-**	**-**
1952-53	**Montréal (Canadiens)**	**LNH**	**59**	**1**	**9**	**10**	**9**	**9**	**0**	**0**	**0**	**0**
1953-54	Buffalo (Bisons)	AHL	16	7	15	22	0	-	-	-	-	-
	Match des étoiles	LNH	1	0	0	0	0	-	-	-	-	-
	Montréal (Canadiens)	**LNH**	**51**	**5**	**10**	**15**	**12**	**7**	**0**	**1**	**1**	**0**
1954-55	Chicago (Black Hawks)	LNH	63	5	7	12	8	-	-	-	-	-
1955-56	Edmonton (Flyers)	WHL	37	6	9	15	6	-	-	-	-	-
		LNH	**311**	**25**	**49**	**74**	**35**	**22**	**1**	**1**	**2**	**0**
		Montréal	**164**	**8**	**29**	**37**	**25**	**16**	**0**	**1**	**1**	**0**

• Coupe Memorial en 1944-45 • Coupe Stanley (LNH) en 1952-53 • Match des étoiles (LNH) en 1953-54

• Signe avec Toronto le 11 janvier 1950 • Droits vendus à Montréal par Toronto le 23 septembre 1951 • Réclamé par Chicago de Montréal au repêchage intra-ligue le 15 septembre 1954 • Échangé à Detroit par Chicago avec Jerry Toppazzini, Dave Creighton et Gord Hollingworth pour Tony Leswick, John Wilson, Benny Woit et Glen Skov le 27 mai 1955

McCREARY, KEITH

Né à Sundridge, Ontario, le 19 juin 1940, décédé le 9 décembre 2003
Ailier gauche, lance de la gauche, 5'10", 180 lb

SAISON	CLUB	LIGUE	PJ	B	A	PTS	PUN	PJ	B	A	PTS	PUN
1958-59	Hull-Ottawa (Canadiens)	Exh.	*Statistiques non disponibles*									
	Hull-Ottawa (Canadiens)	EOHL	3	1	0	1	0	-	-	-	-	-
	Hull-Ottawa (Canadiens)	Mem.	-	-	-	-	-	7	1	4	5	2
1959-60	Hull-Ottawa (Canadiens)	Exh.	*Statistiques non disponibles*									
	Hull-Ottawa (Canadiens)	EPHL	5	0	0	0	0	-	-	-	-	-
1960-61	Hull-Ottawa (Canadiens)	EPHL	61	19	21	40	35	14	4	2	6	15
1961-62	Hull-Ottawa (Canadiens)	EPHL	64	30	36	66	48	12	5	8	13	2
	Montréal (Canadiens)	**LNH**	**-**	**-**	**-**	**-**	**-**	**1**	**0**	**0**	**0**	**0**
1962-63	Hull-Ottawa (Canadiens)	EPHL	69	27	34	61	44	3	1	1	2	0
1963-64	Hershey (Bears)	AHL	66	25	19	44	21	6	2	4	6	2
1964-65	Hershey (Bears)	AHL	46	16	18	34	36	14	0	7	7	24
	Montréal (Canadiens)	**LNH**	**9**	**0**	**3**	**3**	**4**	**-**	**-**	**-**	**-**	**-**
1965-66	Cleveland (Barons)	AHL	66	18	24	42	42	12	5	4	9	8
1966-67	Cleveland (Barons)	AHL	70	28	29	57	50	5	1	2	3	0
1967-68	Pittsburgh (Penguins)	LNH	70	14	12	26	44	-	-	-	-	-
1968-69	Pittsburgh (Penguins)	LNH	70	25	23	48	42	-	-	-	-	-
1969-70	Pittsburgh (Penguins)	LNH	60	18	8	26	67	10	0	4	4	4
1970-71	Pittsburgh (Penguins)	LNH	59	21	12	33	24	-	-	-	-	-
1971-72	Pittsburgh (Penguins)	LNH	33	4	4	8	22	1	0	0	0	2
1972-73	Atlanta (Flames)	LNH	77	20	21	41	21	-	-	-	-	-
1973-74	Atlanta (Flames)	LNH	76	18	19	37	62	4	0	0	0	0
1974-75	Atlanta (Flames)	LNH	78	11	10	21	8	-	-	-	-	-
		LNH	**532**	**131**	**112**	**243**	**294**	**16**	**0**	**4**	**4**	**6**
		Montréal	**9**	**0**	**3**	**3**	**4**	**1**	**0**	**0**	**0**	**0**

• Première équipe d'étoiles (EPHL) en 1961-62 • Deuxième équipe d'étoiles (EPHL) en 1962-63

• Réclamé par Pittsburgh de Montréal lors de l'expansion de la LNH le 6 juin 1967 • Réclamé par Atlanta de Pittsburgh lors de l'expansion de la LNH le 6 juin 1972

McCREARY, WILLIAM (BILL)

Né à Sundridge, Ontario, le 2 décembre 1934
Ailier gauche, lance de la gauche, 5'10", 170 lb

SAISON	CLUB	LIGUE	PJ	B	A	PTS	PUN	PJ	B	A	PTS	PUN
1951-52	Guelph (Biltmores)	JOHA	52	30	28	58	12	11	4	4	8	6
	Guelph (Biltmores)	Mem.	-	-	-	-	-	12	5	10	15	4
1952-53	Guelph (Biltmores)	JOHA	50	32	25	57	31	-	-	-	-	-
	Toronto (Marlboros)	Mem.	-	-	-	-	-	7	2	3	5	2
1953-54	Guelph (Biltmores	JOHA	59	35	49	84	57	3	0	3	3	4
	New York (Rangers)	LNH	2	0	0	0	2	-	-	-	-	-
1954-55	Guelph (Biltmores)	JOHA	48	46	37	83	38	6	4	3	7	2
	New York (Rangers)	LNH	8	0	2	2	0	-	-	-	-	-
1955-56	Providence (Reds)	AHL	37	8	13	21	18	-	-	-	-	-
	Saskatoon (Quakers)	WHL	25	12	20	32	45	3	0	0	0	0
1956-57	Edmonton (Flyers)	WHL	69	33	26	59	37	8	2	7	9	4
1957-58	Edmonton (Flyers)	WHL	21	7	7	14	10	5	2	1	3	2
	Detroit (Red Wings)	LNH	3	1	0	1	2	-	-	-	-	-
	Hershey (Bears)	AHL	31	4	9	13	6	-	-	-	-	-
1958-59	Springfield (Indians)	AHL	65	14	34	48	22	-	-	-	-	-
1959-60	Springfield (Indians)	AHL	69	19	31	50	16	10	6	4	10	6
1960-61	Springfield (Indians)	AHL	72	33	54	87	26	8	5	4	9	6
1961-62	Springfield (Indians)	AHL	69	27	49	76	49	2	0	2	2	0
1962-63	Hull-Ottawa (Canadiens)	EPHL	46	15	32	47	22	-	-	-	-	-
	Montréal (Canadiens)	**LNH**	**14**	**2**	**3**	**5**	**0**	**-**	**-**	**-**	**-**	**-**
1963-64	Omaha (Knights)	CPHL	72	24	51	75	56	3	1	0	1	2
1964-65	Omaha (Knights)	CPHL	70	24	44	68	48	6	0	3	3	0
1965-66	Houston (Apollos)	CPHL	70	26	26	52	44	-	-	-	-	-
1966-67	Houston (Apollos)	CPHL	56	22	34	56	34	6	1	2	3	0
1967-68	St. Louis (Blues)	LNH	70	13	13	26	22	15	3	2	5	0
1968-69	St. Louis (Blues)	LNH	71	13	17	30	50	12	1	5	6	14
1969-70	St. Louis (Blues)	LNH	73	15	17	32	16	15	1	7	8	0
1970-71	St. Louis (Blues)	LNH	68	9	10	19	16	6	1	2	3	0
		LNH	**309**	**53**	**62**	**115**	**108**	**48**	**6**	**16**	**22**	**14**
		Montréal	**14**	**2**	**3**	**5**	**0**	**-**	**-**	**-**	**-**	**-**

• Coupe Memorial en 1951-52 • Deuxième équipe d'étoiles (WHL) en 1956-57 • Coupe Calder (AHL) en 1959-60, 1960-61, 1961-62 • Deuxième équipe d'étoiles (CHL) en 1963-64, 1965-66

• Réclamé par Detroit de New York lors du repêchage intra-ligue le 5 juin 1956 • Échangé à Springfield par Detroit avec Hank Bassen et Dennis Olson pour Gerry Ehman le 21 mai 1958 • Échangé à Montréal par Springfield pour Bob McCammon, André Tardif et Norm Waslowski le 25 octobre 1962 • Échangé à St. Louis par Montréal pour Claude Cardin et Phil Obendorf le 14 juin 1967

McCULLEY, BOB

Né à Stratford, Ontario, le 8 février 1914, décédé le 15 août 1993
Défenseur/Ailier droit, lance de la droite, 6'2", 210 lb

SAISON	CLUB	LIGUE	PJ	B	A	PTS	PUN	PJ	B	A	PTS	PUN
1929-30	Stratford (Midgets)	JOHA	6	6	1	7	12	2	1	0	1	8
1930-31	Stratford (Midgets)	JOHA	5	3	1	4	4	2	3	0	3	4
	Stratford (Midgets)	Mem.	-	-	-	-	-	2	3	0	3	4
1931-32	Oshawa (Generals)	JOHA	*Statistiques non disponibles*									
1932-33	Providence (Reds)	Can-Am	41	7	2	9	38	2	0	0	0	0
1933-34	Providence (Reds)	Can-Am	2	0	0	0	0	-	-	-	-	-
	New Haven (Eagles)	Can-Am	38	13	3	16	24	-	-	-	-	-
1934-35	**Montréal (Canadiens)**	**LNH**	**1**	**0**	**0**	**0**	**0**	**-**	**-**	**-**	**-**	**-**
	New Haven (Eagles)	Can-Am	7	1	2	3	11	-	-	-	-	-
	Québec (Castors)	Can-Am	8	1	2	3	4	-	-	-	-	-
	Boston (Cubs)	Can-Am	19	6	5	11	4	3	0	0	0	2
1935-36	Boston (Cubs)	Can-Am	42	14	7	21	20	-	-	-	-	-
	New Haven (Eagles)	Can-Am	5	4	1	5	2	-	-	-	-	-
1936-37	New Haven (Eagles)	IAHL	4	0	0	0	4	-	-	-	-	-
	Providence (Reds)	IAHL	4	1	2	3	6	-	-	-	-	-
	Springfield (Indians)	IAHL	33	7	7	14	10	5	1	2	3	2
1937-38	Springfield (Indians)	IAHL	8	0	0	1	14	-	-	-	-	-
	New Haven (Eagles)	IAHL	39	4	2	6	19	2	0	1	1	2
1938-39	New Haven (Eagles)	IAHL	53	13	12	25	10	-	-	-	-	-
1939-40	New Haven (Eagles)	IAHL	51	8	8	16	32	3	0	1	1	6
1940-41	Philadelphie (Rockets)	AHL	54	2	4	6	52	-	-	-	-	-
1941-42	Minneapolis (Millers)	AHA	17	2	2	4	10	-	-	-	-	-
	Providence (Reds)	AHL	20	1	3	4	9	-	-	-	-	-
		LNH	**1**	**0**	**0**	**0**	**0**	**-**	**-**	**-**	**-**	**-**
		Montréal	**1**	**0**	**0**	**0**	**0**	**-**	**-**	**-**	**-**	**-**

• Signe avec Montréal le 23 octobre 1932 • Échangé à Boston par Montréal pour Sheldon-Buckles le 2 décembre 1934 • Droits vendus à Providence (IAHL) par Boston le 7 octobre 1936 • Échangé à New Haven (IAHL) par Springfield (AHL) pour Orville Heximer le 1er décembre 1937 • Droits vendus à Cleveland (AHL) par New York (Rangers) le 11 septembre 1941 • Assigné à Minneapolis (AHA) par Cleveland (AHL) en octobre 1941. • Signe avec Providence (AHL) le 19 janvier 1942

McDONALD, ALVIN (AB)

Né à Winnipeg, Manitoba, le 18 février 1936
Ailier gauche, lance de la gauche, 6'22, 195 lb

SAISON	CLUB	LIGUE	PJ	B	A	PTS	PUN	PJ	B	A	PTS	PUN
1951-52	St. Boniface (Canadiens)	MJHL	20	20	15	35	-	17	11	12	23	6
1952-53	St. Boniface (Canadiens)	MJHL	35	26	24	50	-	8	5	7	12	0
	St. Boniface (Canadiens)	Mem.	-	-	-	-	-	17	11	12	23	6
1953-54	St. Boniface (Canadiens)	MJHL	35	33	25	*58	14	10	7	6	13	4
	St. Boniface (Canadiens)	Mem.	-	-	-	-	-	8	2	2	4	6
1954-55	St. Catharines (Teepees)	JOHA	49	33	37	70	20	10	2	6	8	25
1955-56	St. Catharines (Teepees)	JOHA	48	49	34	83	24	6	4	2	6	9
1956-57	Rochester (Americans)	AHL	64	21	31	52	8	9	3	1	4	0
1957-58	Rochester (Americans)	AHL	70	30	33	63	18	-	-	-	-	-
	Montréal (Canadiens)	**LNH**	**-**	**-**	**-**	**-**	**-**	**2**	**0**	**0**	**0**	**2**

McC-McD

SAISONS RÉGULIÈRES — SÉRIES ÉLIMINATOIRES

SAISON	CLUB	LIGUE	PJ	B	A	PTS	PUN	PJ	B	A	PTS	PUN
1958-59	**Montréal (Canadiens)**	**LNH**	**69**	**13**	**23**	**36**	**35**	**11**	**1**	**1**	**2**	**6**
	Match des étoiles	LNH	1	1	0	1	0	-	-	-	-	-
1959-60	**Montréal (Canadiens)**	**LNH**	**68**	**9**	**13**	**22**	**26**	**-**	**-**	**-**	**-**	**-**
	Match des étoiles	LNH	1	1	0	1	0	-	-	-	-	-
1960-61	Chicago (Black Hawks)	LNH	61	17	16	33	22	8	2	2	4	0
1961-62	Chicago (Black Hawks)	LNH	65	22	18	40	8	12	6	6	12	0
	Match des étoiles	LNH	1	0	0	0	0	-	-	-	-	-
1962-63	Chicago (Black Hawks)	LNH	69	20	41	61	12	6	2	3	5	9
1963-64	Chicago (Black Hawks)	LNH	70	14	32	46	19	7	2	2	4	0
1964-65	Boston (Bruins)	LNH	60	9	9	18	6	-	-	-	-	-
	Providence (Reds)	AHL	6	2	1	3	2	-	-	-	-	-
1965-66	Memphis (Wings)	CPHL	20	9	6	15	4	-	-	-	-	-
	Detroit (Red Wings)	LNH	43	6	16	22	6	10	1	4	5	2
1966-67	Detroit (Red Wings)	LNH	12	2	0	2	2	-	-	-	-	-
	Pittsburgh (Hornets)	AHL	61	25	31	56	22	9	5	2	7	4
1967-68	Pittsburgh (Penguins)	LNH	74	22	21	43	38	-	-	-	-	-
1968-69	St. Louis (Blues)	LNH	68	21	21	42	12	12	2	1	3	10
	Match des étoiles	LNH	1	0	0	0	0	-	-	-	-	-
1969-70	St. Louis (Blues)	LNH	64	25	30	55	8	16	5	10	15	13
	Match des étoiles	LNH	1	0	0	0	0	-	-	-	-	-
1970-71	St. Louis (Blues)	LNH	20	0	5	5	6	-	-	-	-	-
1971-72	Detroit (Red Wings)	LNH	19	2	3	5	0	-	-	-	-	-
	Tidewater (Wings)	AHL	41	5	7	12	4	-	-	-	-	-
1972-73	Winnipeg (Jets)	AMH	77	17	24	41	16	14	2	5	7	2
1973-74	Winnipeg (Jets)	AMH	70	12	17	29	8	4	0	1	1	2
		LNH	**762**	**182**	**248**	**430**	**200**	**84**	**21**	**29**	**50**	**42**
		Montréal	**137**	**22**	**36**	**58**	**61**	**13**	**1**	**1**	**2**	**8**

• Deuxième équipe d'étoiles (MJHL) en 1952-53 • Coupe Stanley (LNH) en 1957-58, 1958-59, 1959-60, 1960-61 • Match des étoiles (LNH) en 1958-59, 1959-60, 1961-62, 1968-69, 1969-70 • Coupe Calder (AHL) en 1966-67

• Échangé à Chicago par Montréal avec Reggie Fleming, Bob Courcy et Cecil Hoekstra pour Terry Gray, Danny Lewicki, Lorne Ferguson, Bob Bailey et Glen Skov le 7 juin 1960 • Échangé à Boston par Chicago avec Reggie Fleming pour Doug Mohns le 8 juin 1964 • Échangé à Detroit par Boston avec Bob McCord et Ken Stephanson pour Parker MacDonald, Albert Langlois, Bob Dillabough et Ron Harris le 31 mai 1965 • Réclamé par Pittsburgh de Detroit lors de l'expansion de la LNH le 6 juin 1967 • Échangé à St. Louis par Pittsburgh pour Lou Angotti le 11 juin 1968 • Échangé à Detroit par St. Louis avec Bob Wall et Mike Love pour compléter la transaction de Carl Brewer à St. Louis (22 février 1971) le 12 mai 1971 • Sélectionné par Winnipeg lors de l'expansion de l'AMH le 12 février 1972

McDONALD, JOHN (JACK)

Né à Québec, Québec, le 28 février 1887, décédé le 24 janvier 1958
Ailier gauche/Centre, lance de la gauche, 5'7", 145 lb

SAISON	CLUB	LIGUE	PJ	B	A	PTS	PUN	PJ	B	A	PTS	PUN
1905-06	Québec (Crescents)	LHICQ	*Statistiques non disponibles*									
	Québec (Bulldogs)	ECAHA	3	0	0	0	0	-	-	-	-	-
	New Glasgow (Cubs)	CBSHL	-	-	-	-	-	2	2	0	2	0
1906-07	Québec (Bulldogs)	ECAHA	9	10	0	10	13	-	-	-	-	-
1907-08	Québec (Bulldogs)	ECAHA	9	9	0	9	14	-	-	-	-	-
1908-09	Québec (Bulldogs)	ECHA	9	8	0	8	17	-	-	-	-	-
1909-10	Québec (Bulldogs)	CHA	3	9	0	9	3	-	-	-	-	-
	Waterloo (Colts)	OPHL	15	22	0	22	18	-	-	-	-	-
1910-11	Québec (Bulldogs)	NHA	16	14	0	14	25	-	-	-	-	-
1911-12	Québec (Bulldogs)	NHA	17	18	0	18	-	2	9	0	9	0
1912-13	Vancouver (Millionaires)	PCHA	16	11	4	15	9	-	-	-	-	-
1913-14	Toronto (Ontarios)	NHA	20	27	8	35	-	-	-	-	-	-
1914-15	Québec (Bulldogs)	NHA	19	9	8	17	17	-	-	-	-	-
1915-16	Québec (Bulldogs)	NHA	20	9	5	14	10	-	-	-	-	-
1916-17	Québec (Bulldogs)	NHA	19	13	8	21	0	-	-	-	-	-
1917-18	Montréal (Wanderers)	LNH	4	3	1	4	3	-	-	-	-	-
	Montréal (Canadiens)	**LNH**	**8**	**9**	**1**	**10**	**12**	**2**	**1**	**0**	**1**	**0**
1918-19	**Montréal (Canadiens)**	**LNH**	**18**	**8**	**4**	**12**	**9**	**10**	**1**	**2**	**3**	**6**
1919-20	Québec (Bulldogs)	LNH	24	6	7	13	4	-	-	-	-	-
1920-21	**Montréal (Canadiens)**	**LNH**	**6**	**0**	**1**	**1**	**0**	**-**	**-**	**-**	**-**	**-**
	Toronto (St-Patricks)	LNH	6	0	0	0	2	-	-	-	-	-
1921-22	**Montréal (Canadiens)**	**LNH**	**3**	**0**	**0**	**0**	**0**	**-**	**-**	**-**	**-**	**-**
		NHA	**111**	**90**	**29**	**119**	**52**	**2**	**9**	**0**	**9**	**0**
		LNH	**69**	**26**	**14**	**40**	**30**	**12**	**2**	**2**	**4**	**6**
		Montréal	**35**	**17**	**6**	**23**	**21**	**12**	**2**	**2**	**4**	**6**

• Coupe Stanley (NHA) en 1911-12

• Signe avec Québec (NHA) le 18 novembre 1910 • Signe avec Toronto (NHA) en décembre 1913 • Échangé à Québec (NHA) par Toronto (NHA) pour Tommy Smith le 21 décembre 1914 • Réclamé par Montréal (Wanderers) avec Dave Ritchie, George Carey et Jack Marks lors du repêchage de dispersion de Québec le 26 novembre 1917 • Réclamé par Montréal (Canadiens) avec Billy Bell, Jack Marks et Sprague Cleghorn lors du repêchage de dispersion de Montréal (Wanderers) le 4 janvier 1918 • Droits transférés à Québec avec Joe Malone au retour de la concession de Québec dans la LNH le 2 novembre 1919 • Transfert de la concession de Québec à Hamilton le 2 novembre 1920 • Échangé à Montréal par Hamilton avec Harry Mummery pour Joe Matte et Goldie Prodgers le 9 décembre 1920 • Prêté à Toronto par Montréal le 11 février 1921

McGIBBON, IRVING (IRV)

Né à Antigonish, Nouvelle-Écosse, le 11 octobre 1914, décédé le 1er février 1981
Ailier droit, lance de la droite, 6', 180 lb

SAISON	CLUB	LIGUE	PJ	B	A	PTS	PUN	PJ	B	A	PTS	PUN
1934-35	Antigonish (Bulldogs)	NSAPC	-	21	12	33	20	-	-	-	-	-
1935-36	Antigonish (Bulldogs)	NSAPC	-	14	8	22	34	-	-	-	-	-
1936-37	Antigonish (Bulldogs)	NSAPC	*Statistiques non disponibles*									
1937-38	Sydney (Millionaires)	CBSHL	*Statistiques non disponibles*									
1938-39	Sydney (Millionaires)	CBSHL	21	17	9	26	36	3	5	1	6	4
	Sydney (Millionaires)	Allan	-	-	-	-	-	6	7	4	11	21
1939-40	Glace Bay (Miners)	CBSHL	40	25	15	40	59	4	1	0	1	4
1940-41	Glace Bay (Miners)	CBSHL	42	16	7	23	75	4	0	0	0	4
1941-42	Montréal (Canadiens)	LHSQ	24	5	4	9	18	-	-	-	-	-
	Washington (Lions)	AHL	23	3	9	12	13	2	0	0	0	0
1942-43	**Montréal (Canadiens)**	**LNH**	**1**	**0**	**0**	**0**	**2**	**-**	**-**	**-**	**-**	**-**
	New Glasgow (Bombers)	NSAPC	-	-	-	-	-	8	4	5	9	9
1943-44			*Service militaire*									
1944-45			*Service militaire*									
1945-46	Pictou (Royals)	NSSHL	17	13	9	22	19	7	1	10	11	2
	Pictou (Royals)	Allan	-	-	-	-	-	4	1	5	6	0
1946-47	Antigonish (Bulldogs)	CBSHL	16	16	13	29	-	-	-	-	-	-
1947-48	Antigonish (Bulldogs)	NSAPC	-	9	12	21	4	-	-	-	-	-
1948-49	Antigonish (Bulldogs)	NSAPC	-	33	*43	76	10	-	-	-	-	-
		LNH	**1**	**0**	**0**	**0**	**2**	**-**	**-**	**-**	**-**	**-**
		Montréal	**1**	**0**	**0**	**0**	**2**	**-**	**-**	**-**	**-**	**-**

• Signe avec Montréal le 16 octobre 1941

McGILL, JOHN (JACK)

Né à Ottawa, Ontario, le 3 novembre 1910, décédé le 13 janvier 1994
Centre/Ailier gauche, lance de la gauche, 5'10", 150 lb

SAISON	CLUB	LIGUE	PJ	B	A	PTS	PUN	PJ	B	A	PTS	PUN
1928-29	Ottawa (New Edinburghs)	OCHL	15	3	0	3	-	2	0	0	0	0
1929-30	Ottawa (New Edinburghs)	OCHL	19	3	3	6	12	2	0	0	0	0
1930-31	McGill (Redmen)	LHCM	12	6	0	6	29	4	6	0	6	18
	McGill (Redmen)	Allan	-	-	-	-	-	6	0	2	2	18
1931-32	McGill (Redmen)	LHCM	12	5	2	7	36	2	0	0	0	0
1932-33	McGill (Redmen)	LHCM	12	*12	6	*18	45	3	0	2	2	8
1933-34	McGill (Redmen)	LHCM	12	9	8	17	24	4	2	4	6	6
	McGill (Redmen)	Allan	-	-	-	-	-	4	3	1	4	8
1934-35	**Montréal (Canadiens)**	**LNH**	**44**	**9**	**1**	**10**	**34**	**2**	**2**	**0**	**2**	**0**
1935-36	**Montréal (Canadiens)**	**LNH**	**46**	**13**	**7**	**20**	**28**	**-**	**-**	**-**	**-**	**-**
1936-37	**Montréal (Canadiens)**	**LNH**	**44**	**5**	**2**	**7**	**9**	**1**	**0**	**0**	**0**	**0**
		LNH	**134**	**27**	**10**	**37**	**71**	**3**	**2**	**0**	**2**	**0**
		Montréal	**134**	**27**	**10**	**37**	**71**	**3**	**2**	**0**	**2**	**0**

• Échangé à Montréal (Canadiens) par Montréal (Maroons) avec Neil Crutchfield pour Lionel Conacher le 3 octobre 1934

McKAY, RANDY

Né à Montréal, Québec, le 25 janvier 1967. Ailier droit, lance de la droite, 6'2", 210 lb
(Choix de 6e ronde de Detroit, 113e au total lors du repêchage de 1985)

SAISON	CLUB	LIGUE	PJ	B	A	PTS	PUN	PJ	B	A	PTS	PUN
1983-84	Lac-Saint-Louis (Lions)	QAAA	38	18	28	46	62	11	6	10	16	8
1984-85	Michigan Tech (Huskies)	WCHA	25	4	5	9	32	-	-	-	-	-
1985-86	Michigan Tech (Huskies)	WCHA	40	12	22	34	46	-	-	-	-	-
1986-87	Michigan Tech (Huskies)	WCHA	39	5	11	16	46	-	-	-	-	-
1987-88	Michigan Tech (Huskies)	WCHA	41	17	24	41	70	-	-	-	-	-
1987-88	Adirondack (Red Wings)	AHL	10	0	3	3	12	6	0	4	4	0
1988-89	Detroit (Red Wings)	LNH	3	0	0	0	0	2	0	0	0	2
1988-89	Adirondack (Red Wings)	AHL	58	29	34	63	170	14	4	7	11	60
1989-90	Detroit (Red Wings)	LNH	33	3	6	9	51	-	-	-	-	-
1989-90	Adirondack (Red Wings)	AHL	36	16	23	39	99	6	3	0	3	35
1990-91	Detroit (Red Wings)	LNH	47	1	7	8	183	5	0	1	1	41
1991-92	New Jersey (Devils)	LNH	80	17	16	33	246	7	1	3	4	10
1992-93	New Jersey (Devils)	LNH	73	11	11	22	206	5	0	0	0	16
1993-94	New Jersey (Devils)	LNH	78	12	15	27	244	20	1	2	3	24
1994-95	New Jersey (Devils)	LNH	33	5	7	12	44	19	8	4	12	11
1995-96	New Jersey (Devils)	LNH	76	11	10	21	145	-	-	-	-	-
1996-97	New Jersey (Devils)	LNH	77	9	18	27	109	10	1	1	2	0
1997-98	New Jersey (Devils)	LNH	74	24	24	48	86	6	0	1	1	0
1998-99	New Jersey (Devils)	LNH	70	17	20	37	143	7	3	2	5	2
1999-00	New Jersey (Devils)	LNH	67	16	23	39	80	23	0	6	6	9
2000-01	New Jersey (Devils)	LNH	77	23	20	43	50	19	6	3	9	8
2001-02	New Jersey (Devils)	LNH	55	6	7	13	65	-	-	-	-	-
	Dallas (Stars)	LNH	14	1	4	5	7	-	-	-	-	-
2002-03	**Montréal (Canadiens)**	**LNH**	**75**	**6**	**13**	**19**	**72**	**-**	**-**	**-**	**-**	**-**
		LNH	**932**	**162**	**201**	**363**	**1731**	**123**	**20**	**23**	**43**	**123**
		Montréal	**75**	**6**	**13**	**19**	**72**	**-**	**-**	**-**	**-**	**-**

• Coupe Calder (AHL) en 1988-89 • Coupe Stanley (LNH) en 1994-95, 1999-00

• Transféré au New Jersey par Detroit avec Dave Barr à titre de compensation pour la signature de Troy Crowder par Detroit le 9 septembre 1991 • Échangé à Dallas par New Jersey avec Jason Arnott et le 1er choix du New Jersey au repêchage de 2002 (échangé plus tard à Columbus, cédé à Buffalo qui sélectionne Dan Paille) pour Joe Nieuwendyk et Jamie Langenbrunner le 19 mars 2002 • Signe avec Montréal comme joueur autonome le 4 juillet 2002 • Annonce officiellement sa retraite le 13 septembre 2003

McKINNON, JOHN

Né à Guysborough, Nouvelle-Écosse, le 15 juillet 1902, décédé le 8 février 1969
Défenseur, lance de la droite, 5'8", 170 lb

SAISON	CLUB	LIGUE	PJ	B	A	PTS	PUN	PJ	B	A	PTS	PUN
1923-24	Cleveland (Indians)	USAHA	10	0	0	0	-	-	-	-	-	-
1924-25	Fort Pitt (Hornets)	USAHA	23	*24	0	*24	-	8	2	0	2	-
1925-26	Minneapolis (Millers)	CHL	32	12	8	20	44	3	3	1	4	6
	Montréal (Canadiens)	**LNH**	**2**	**0**	**0**	**0**	**0**	**-**	**-**	**-**	**-**	**-**
1926-27	Pittsburgh (Pirates)	LNH	44	13	0	13	21	-	-	-	-	-
1927-28	Pittsburgh (Pirates)	LNH	43	3	3	6	71	2	0	0	0	4
1928-29	Pittsburgh (Pirates)	LNH	39	1	0	1	44	-	-	-	-	-
1929-30	Pittsburgh (Pirates)	LNH	41	10	7	17	42	-	-	-	-	-
1930-31	Philadelphie (Quakers)	LNH	39	1	1	2	46	-	-	-	-	-
1931-32	Kansas City (Pla-Mors)	AHA	48	16	4	20	65	3	0	0	0	2
1932-33	Kansas City (Greyhounds)	AHA	32	7	4	11	32	4	0	0	0	2
1933-34	Oklahoma City (Warriors)	AHA	46	10	4	14	16	-	-	-	-	-
1934-35	Oklahoma City (Warriors)	AHA	43	3	4	7	15	-	-	-	-	-
1935-36	St. Louis (Flyers)	AHA	39	1	9	10	12	8	2	2	4	16

Saison	Club	Ligue	PJ	B	A	PTS	PUN	PJ	B	A	PTS	PUN
			Saisons régulières					Séries éliminatoires				
1936-37	St. Louis (Flyers)	AHA	47	5	9	14	16	6	1	0	1	2
1937-38	St. Louis (Flyers)	AHA	7	0	0	0	2	-	-	-	-	-
		LNH	**208**	**28**	**11**	**39**	**224**	**2**	**0**	**0**	**0**	**4**
		Montréal	**2**	**0**	**0**	**0**	**0**	-	-	-	-	-

• Signe avec Montréal le 23 novembre 1925 • Droits vendus à Pittsburgh par Montréal le 28 octobre 1926 • Transfert de la concession de Pittsburgh à Philadelphie le 18 octobre 1930

McMAHON, MICHAEL (MIKE)

Né à Brockville, Ontario, le 1er février 1915, décédé le 3 décembre 1974
Défenseur, lance de la gauche, 5'8", 215 lb

Saison	Club	Ligue	PJ	B	A	PTS	PUN	PJ	B	A	PTS	PUN
1935-36	Brockville (Magedomas)	LOVHL	17	11	8	19	27	7	6	3	9	8
	Brockville (Magedomas)	Allan	-	-	-	-	-	6	3	3	6	13
1936-37	Cornwall (Flyers)	LOVHL	17	7	13	20	48	6	2	2	4	6
1937-38	Cornwall (Flyers)	LOVHL	24	17	17	34	34	11	6	4	10	*33
	Cornwall (Flyers)	Allan	-	-	-	-	-	11	6	4	10	33
1938-39	Cornwall (Flyers)	LOVHL	38	20	34	54	*144	9	3	5	8	*22
1939-40	Cornwall (Royals)	LHSQ	30	2	7	9	81	5	2	3	5	14
1940-41	Québec (As)	LHSQ	33	5	11	16	57	4	1	1	2	4
1941-42	Québec (As)	LHSQ	40	16	11	27	76	7	4	2	6	14
	Québec (As)	Allan	-	-	-	-	-	6	1	3	4	18
1942-43	Québec (As)	LHSQ	33	6	24	30	73	4	1	2	3	20
	Montréal (Canadiens)	**LNH**	-	-	-	-	-	**5**	**0**	**0**	**0**	**14**
	Ottawa (Commandos)	LHSQ	-	-	-	-	-	2	0	2	2	0
	Montréal (Royals)	LHSQ	-	-	-	-	-	1	0	0	0	2
1943-44	**Montréal (Canadiens)**	**LNH**	**42**	**7**	**17**	**24**	***98**	**8**	**1**	**2**	**3**	**16**
1944-45	Montréal (Royals)	LHSQ	10	6	16	22	58	7	1	2	3	8
1945-46	**Montréal (Canadiens)**	**LNH**	**13**	**0**	**1**	**1**	**2**	-	-	-	-	-
	Boston (Bruins)	LNH	2	0	0	0	2	-	-	-	-	-
	Buffalo (Bisons)	AHL	26	2	14	16	50	12	5	1	6	14
1946-47	Dallas (Texans)	USHL	13	1	3	4	43	-	-	-	-	-
	Buffalo (Bisons)	AHL	50	12	28	40	68	4	1	0	1	4
1947-48	Houston (Huskies)	USHL	39	7	11	18	91	-	-	-	-	-
	Buffalo (Bisons)	AHL	17	2	9	11	15	8	0	2	2	16
1948-49	Springfield (Indians)	AHL	16	2	4	6	14	-	-	-	-	-
		LNH	**57**	**7**	**18**	**25**	**102**	**13**	**1**	**2**	**3**	**30**
		Montréal	**55**	**7**	**18**	**25**	**100**	**13**	**1**	**2**	**3**	**30**

• Deuxième équipe d'étoiles (LHSQ) en 1941-42 • Coupe Stanley (LNH) en 1943-44 • Coupe Calder (AHL) en 1945-46

• Prêté à Montréal par Québec (LHSQ) le 18 mars 1943 • Signe avec Montréal le 27 octobre 1943 • Échangé à Boston par Montréal pour Paul Bibeault le 8 janvier 1946. • Droits vendus à Buffalo par Boston le 17 janvier 1946

McNABNEY, SIDNEY (SID)

Né à Toronto, Ontario, le 15 janvier 1929, décédé le 7 février 1957
Centre, lance de la gauche, 5'7", 155 lb

Saison	Club	Ligue	PJ	B	A	PTS	PUN	PJ	B	A	PTS	PUN
1947-48	Barrie (Flyers)	JOHA	33	14	14	28	36	13	2	4	6	8
	Barrie (Flyers)	Mem.	-	-	-	-	-	10	3	6	9	12
1948-49	Barrie (Flyers)	JOHA	45	27	37	64	91	8	5	7	12	16
	Barrie (Flyers)	Mem.	-	-	-	-	-	8	5	4	9	22
1949-50	Buffalo (Bisons)	AHL	67	12	21	33	41	5	1	1	2	11
1950-51	Buffalo (Bisons)	AHL	70	28	42	70	35	4	2	3	5	8
	Montréal (Canadiens)	**LNH**	-	-	-	-	-	**5**	**0**	**1**	**1**	**2**
1951-52	Buffalo (Bisons)	AHL	57	19	23	42	51	3	0	0	0	2
	Edmonton (Flyers)	PCHL	4	5	1	6	2	-	-	-	-	-
1952-53	Syracuse (Warriors)	AHL	49	9	11	20	29	2	0	0	0	0
		LNH	-	-	-	-	-	**5**	**0**	**1**	**1**	**2**
		Montréal	-	-	-	-	-	**5**	**0**	**1**	**1**	**2**

• Prêté à Montréal par Buffalo (AHL) le 26 mars 1951

McNAMARA, HAROLD

Né à Randolph, Ontario, le 3 août 1889, décédé le 27 août 1937
Défenseur, lance de la gauche, 6'1", 190 lb

Saison	Club	Ligue	PJ	B	A	PTS	PUN	PJ	B	A	PTS	PUN
1904-05	Sault Ste. Marie (Marlboros)	NOHA	*Statistiques non disponibles*									
1905-06	Sault Ste. Marie (Marlboros)	NOHA	*Statistiques non disponibles*									
	Canadian Soo (Algonquins)	IHL	2	1	0	1	2	-	-	-	-	-
1906-07	Canadian Soo (Algonquins)	IHL	2	0	0	0	4	-	-	-	-	-
	Michigan Soo (Indians)	IHL	4	0	0	0	0	-	-	-	-	-
1907-08	Canadian Soo Pros	Exh.	2	0	0	0	9	-	-	-	-	-
1908-09	Edmonton (Eskimos)	APHL	-	-	-	-	-	1	0	0	0	10
	Edmonton Pros	Exh.	2	3	0	3	3	-	-	-	-	-
	Toronto (Maple Leafs)	OPHL	1	0	0	0	0	-	-	-	-	-
1909-10	Cobalt (Silver Kings)	NHA	11	3	0	3	23	-	-	-	-	-
1910-11	Waterloo (Colts)	OPHL	10	0	0	0	17	-	-	-	-	-
	Renfrew (Creamery Kings)	NHA	6	0	0	0	27	-	-	-	-	-
1911-12			*Statistiques non disponibles*									
1912-13	Halifax (Crescents)	MPHA	*Statistiques non disponibles*									
1913-14	Halifax (Crescents)	MPHA	*Statistiques non disponibles*									
1914-15	Toronto (Ont/Sham)	NHA	17	3	2	5	26	-	-	-	-	-
1915-16			*Statistiques non disponibles*									
1916-17	**Montréal (Canadiens)**	**NHA**	**2**	**0**	**0**	**0**	**0**	-	-	-	-	-
		NHA	**36**	**6**	**2**	**8**	**76**	-	-	-	-	-
		Montréal	**2**	**0**	**0**	**0**	**0**	-	-	-	-	-

• Signe avec Michigan Soo (IHL) le 20 février 1907 • Signe avec Edmonton (APHL) le 21 novembre 1908 • Signe avec Toronto (OPHL) le 17 janvier 1909 • Signe avec Cobalt (NHA) le 7 décembre 1909 • Signe avec Renfrew (NHA) le 18 décembre 1910 • Signe avec Waterloo (OPHL) le 1er février 1911 • Signe avec Halifax (MPHA) le 23 décembre 1912 • Signe avec Toronto (NHA) le 19 décembre 1914 • Signe avec Ottawa (NHA) le 3 novembre 1916 • Échangé à Montréal (NHA) par Ottawa (NHA) pour Jack Fournier le 27 novembre 1916

McNAMARA, HOWARD

Né à Randolph, Ontario, le 3 août 1893, décédé le 4 septembre 1940
Défenseur, lance de la gauche, 6', 240 lb

Saison	Club	Ligue	PJ	B	A	PTS	PUN	PJ	B	A	PTS	PUN
			Saisons régulières					Séries éliminatoires				
1908-09	Montréal (Shamrocks)	ECHA	10	4	0	4	61	-	-	-	-	-
1909-10	Berlin (Dutchmen)	OPHL	3	0	0	0	0	-	-	-	-	-
	Cobalt (Silver Kings)	NHA	5	0	0	0	15	-	-	-	-	-
1910-11	Waterloo (Colts)	OPHL	15	2	0	2	-	-	-	-	-	-
1911-12	Halifax (Crescents)	MPHL	11	4	0	4	26	-	-	-	-	-
1912-13	Toronto (Tecumsehs)	NHA	20	12	0	12	62	-	-	-	-	-
1913-14	Toronto (Ontarios)	NHA	20	7	6	13	36	-	-	-	-	-
1914-15	Toronto (Ontarios/ Shamrocks)	NHA	18	4	1	5	67	-	-	-	-	-
1915-16	**Montréal (Canadiens)**	**NHA**	**24**	**10**	**7**	**17**	**119**	**5**	**0**	**0**	**0**	**24**
1916-17	Toronto (228e Bataillon)	NHA	12	11	3	14	36	-	-	-	-	-
1917-18			*Service militaire*									
1918-19			*Service militaire*									
1919-20	**Montréal (Canadiens)**	**LNH**	**10**	**1**	**0**	**1**	**4**	-	-	-	-	-
		NHA	**99**	**44**	**17**	**61**	**335**	**5**	**0**	**0**	**0**	**24**
		LNH	**10**	**1**	**0**	**1**	**4**	-	-	-	-	-
		Montréal	**34**	**11**	**7**	**18**	**123**	**5**	**0**	**0**	**0**	**24**

• Coupe Stanley (NHA) en 1915-16

• Signe avec Berlin (OPHL) le 4 décembre 1909 • Signe avec Cobalt (NHA) le 1er février 1910 • Signe avec Montréal (NHA) le 7 décembre 1915 • Signe avec Toronto (228e Bataillon – NHA) le 18 avril 1916 • Signe avec Montréal le 7 décembre 1919

MCPHEE, MICHAEL (MIKE)

Né à Sydney, Nouvelle-Écosse, le 14 juillet 1960. Ailier gauche, lance de la gauche, 6'1", 203 lb (Choix de 6e ronde de Montréal, 124e au total lors du repêchage de 1980)

Saison	Club	Ligue	PJ	B	A	PTS	PUN	PJ	B	A	PTS	PUN
1977-78	Port Hawksbury (Pirates)	MJHL	32	50	37	87	-	-	-	-	-	-
1978-79	RPI (Engineers)	ECAC	26	14	19	33	16	-	-	-	-	-
1979-80	RPI (Engineers)	ECAC	27	15	21	36	22	-	-	-	-	-
1980-81	RPI (Engineers)	ECAC	29	28	18	46	22	-	-	-	-	-
1981-82	RPI (Engineers)	ECAC	6	0	3	3	4	-	-	-	-	-
1982-83	Nlle-Écosse (Voyageurs)	AHL	42	10	15	25	29	7	1	1	2	14
1983-84	Nlle-Écosse (Voyageurs)	AHL	67	22	33	55	101	-	-	-	-	-
	Montréal (Canadiens)	**LNH**	**14**	**5**	**2**	**7**	**41**	**15**	**1**	**0**	**1**	**31**
1984-85	**Montréal (Canadiens)**	**LNH**	**70**	**17**	**22**	**39**	**120**	**12**	**4**	**1**	**5**	**32**
1985-86	**Montréal (Canadiens)**	**LNH**	**70**	**19**	**21**	**40**	**69**	**20**	**3**	**4**	**7**	**45**
1986-87	**Montréal (Canadiens)**	**LNH**	**79**	**18**	**21**	**39**	**58**	**17**	**7**	**2**	**9**	**13**
1987-88	**Montréal (Canadiens)**	**LNH**	**77**	**23**	**20**	**43**	**53**	**11**	**4**	**3**	**7**	**8**
1988-89	**Montréal (Canadiens)**	**LNH**	**73**	**19**	**22**	**41**	**74**	**20**	**4**	**7**	**11**	**30**
	Match des étoiles	LNH	1	0	0	0	0	-	-	-	-	-
1989-90	**Montréal (Canadiens)**	**LNH**	**56**	**23**	**18**	**41**	**47**	**9**	**1**	**1**	**2**	**16**
1990-91	**Montréal (Canadiens)**	**LNH**	**64**	**22**	**21**	**43**	**56**	**13**	**1**	**7**	**8**	**12**
1991-92	**Montréal (Canadiens)**	**LNH**	**78**	**16**	**15**	**31**	**63**	**8**	**1**	**1**	**2**	**4**
1992-93	Minnesota (North Stars)	LNH	84	18	22	40	44	-	-	-	-	-
1993-94	Dallas (Stars)	LNH	79	20	15	35	36	9	2	1	3	2
		LNH	**744**	**200**	**199**	**399**	**661**	**134**	**28**	**27**	**55**	**193**
		Montréal	**581**	**162**	**162**	**324**	**581**	**125**	**26**	**26**	**52**	**191**

• Coupe Stanley (LNH) en 1985-86 • Match des étoiles (LNH) en 1988-89

• Échangé au Minnesota par Montréal pour le choix de 5e ronde du Minnesota au repêchage de 1993 (Jeff Lank) le 17 août 1992 • Transfert de la concession du Minnesota à Dallas le 9 juin 1993

MEAGHER, RICHARD (RICK)

Né à Belleville, Ontario, le 2 novembre 1953. Centre, lance de la gauche, 5'9", 192 lb

Saison	Club	Ligue	PJ	B	A	PTS	PUN	PJ	B	A	PTS	PUN
1973-74	Boston University	ECAC	30	19	21	40	26	-	-	-	-	-
1974-75	Boston University	ECAC	32	25	28	53	80	-	-	-	-	-
1975-76	Boston University	ECAC	28	12	25	37	22	-	-	-	-	-
1976-77	Boston University	ECAC	34	34	46	80	42	-	-	-	-	-
1977-78	Nlle-Écosse (Voyageurs)	AHL	57	20	27	47	33	11	5	3	8	11
1978-79	Nlle-Écosse (Voyageurs)	AHL	79	35	46	81	57	10	1	6	7	11
1979-80	Nlle-Écosse (Voyageurs)	AHL	64	32	44	76	53	6	3	4	7	2
	Montréal (Canadiens)	**LNH**	**2**	**0**	**0**	**0**	**0**	-	-	-	-	-
1980-81	Binghamton (Whalers)	AHL	50	23	35	58	54	-	-	-	-	-
	Hartford (Whalers)	LNH	27	7	10	17	19	-	-	-	-	-
1981-82	Hartford (Whalers	LNH	65	24	19	43	51	-	-	-	-	-
1982-83	Hartford (Whalers)	LNH	4	0	0	0	0	-	-	-	-	-
	New Jersey (Devils)	LNH	57	15	14	29	11	-	-	-	-	-
1983-84	Maine (Mariners)	AHL	10	6	4	10	2	-	-	-	-	-
	New Jersey (Devils)	LNH	52	14	14	28	16	-	-	-	-	-
1984-85	New Jersey (Devils)	LNH	71	11	20	31	22	-	-	-	-	-
1985-86	St. Louis (Blues)	LNH	79	11	19	30	28	19	4	4	8	12
1986-87	St. Louis (Blues)	LNH	80	18	21	39	54	6	0	0	0	11
1987-88	St. Louis (Blues)	LNH	76	18	16	34	76	10	0	0	0	8
1988-89	St. Louis (Blues)	LNH	78	15	14	29	53	10	3	2	5	6
1989-90	St. Louis (Blues)	LNH	76	8	17	25	47	8	1	0	1	2
1990-91	St. Louis (Blues)	LNH	24	3	1	4	6	9	0	1	1	2
		LNH	**691**	**144**	**165**	**309**	**383**	**62**	**8**	**7**	**15**	**41**
		Montréal	**2**	**0**	**0**	**0**	**0**	-	-	-	-	-

• Première équipe d'étoiles (ECAC) en 1975-76, 1976-77 • Deuxième équipe d'étoiles (ECAC) en 1973-74, 1974-75 • Première équipe d'étoiles All-American (ECAC) en 1974-75, 1975-76, 1976-77 • Équipe d'étoiles (NCAA) en 1976-77 • Trophée Frank-J.-Selke (LNH) en 1989-90

• Signe avec Montréal comme joueur autonome le 27 juin 1977 • Échangé à Hartford par Montréal avec le choix de 3e ronde (Paul Macdermid) et le choix de 5e ronde (Dan Bourbonnais) de Montréal au repêchage de 1981 pour le choix de 3e ronde (Dieter Hegen) et le choix de 5e ronde (Steve Rooney) de Hartford au repêchage de 1981 le 5 juin 1980 • Échangé au New Jersey par Hartford avec Garry Howatt pour Merlin Malinowski et Scott Fusco le 15 octobre 1982 • Échangé à St. Louis par New Jersey avec le choix de 12e ronde du New Jersey au repêchage de 1986 (Bill Butler) pour Perry Anderson le 29 août 1985

MEGER, PAUL

Né à Watrous, Saskatchewan, le 17 février 1929
Ailier gauche, lance de la gauche, 5'7", 160 lb

Saison	Club	Ligue	PJ	B	A	PTS	PUN	PJ	B	A	PTS	PUN
1946-47	Barrie (Flyers)	JOHA	31	13	14	27	20	5	3	2	5	9
1947-48	Barrie (Flyers)	JOHA	36	30	30	60	28	12	9	9	18	11
	Barrie (Flyers)	Mem.	-	-	-	-	-	10	5	12	17	9
1948-49	Barrie (Flyers)	JOHA	40	33	42	75	79	8	5	4	9	2
	Barrie (Flyers)	Mem.	-	-	-	-	-	8	3	4	7	6
1949-50	Buffalo (Bisons)	AHL	63	26	40	66	33	5	1	2	3	0
	Montréal (Canadiens)	**LNH**	**-**	**-**	**-**	**-**	**-**	**2**	**0**	**0**	**0**	**2**
1950-51	Buffalo (Bisons)	AHL	46	34	35	69	16	-	-	-	-	-
	Montréal (Canadiens)	**LNH**	**17**	**2**	**4**	**6**	**6**	**11**	**1**	**3**	**4**	**4**
1951-52	**Montréal (Canadiens)**	**LNH**	**69**	**24**	**18**	**42**	**44**	**11**	**0**	**3**	**3**	**2**
	Match des étoiles	LNH	1	0	0	0	0	-	-	-	-	-
1952-53	**Montréal (Canadiens)**	**LNH**	**69**	**9**	**17**	**26**	**38**	**5**	**1**	**2**	**3**	**4**
	Match des étoiles	LNH	1	0	0	0	0	-	-	-	-	-
1953-54	Montréal (Royals)	LHQ	23	13	17	30	28	-	-	-	-	-
	Montréal (Canadiens)	**LNH**	**44**	**4**	**9**	**13**	**24**	**6**	**1**	**0**	**1**	**4**
	Match des étoiles	LNH	1	0	0	0	2	-	-	-	-	-
1954-55	**Montréal (Canadiens)**	**LNH**	**13**	**0**	**4**	**4**	**6**	**-**	**-**	**-**	**-**	**-**
		LNH	**212**	**39**	**52**	**91**	**118**	**35**	**3**	**8**	**11**	**16**
		Montréal	**212**	**39**	**52**	**91**	**118**	**35**	**3**	**8**	**11**	**16**

• Première équipe d'étoiles (AHL) en 1950-51 • Deuxième équipe d'étoiles (AHL) en 1949-50 • Trophée Dudley-Garrett (AHL) en 1949-50 • Match des étoiles (LNH) en 1951-52, 1952-53, 1953-54 • Coupe Stanley (LNH) en 1952-53

MERONEK, WILLIAM (SMILEY)

Né à Stony Mountain, Manitoba, le 15 avril 1917, décédé le 25 mai 1999
Centre, lance de la gauche, 5'9", 155 lb

Saison	Club	Ligue	PJ	B	A	PTS	PUN	PJ	B	A	PTS	PUN
1934-35	St. Boniface (Seals)	MJHL	10	7	7	14	0	-	-	-	-	-
1935-36	Portage (Terriers)	MJHL	16	16	7	23	2	6	6	6	12	6
1936-37	Portage (Terriers)	MJHL	16	*21	*20	*41	4	4	3	0	3	2
1937-38	Verdun (Maple Leafs)	LHSQ	20	10	10	20	4	8	4	3	7	0
1938-39	Verdun (Maple leafs)	LHSQ	22	*17	17	34	9	2	0	1	1	0
1939-40	Verdun (Maple Leafs)	LHSQ	26	14	23	37	10	-	-	-	-	-
	Montréal (Canadiens)	**LNH**	**7**	**2**	**2**	**4**	**0**	**-**	**-**	**-**	**-**	**-**
1940-41	Montréal (Canadiens Sr)	LHSQ	29	17	10	27	4	-	-	-	-	-
1941-42	Montréal (Canadiens Sr)	LHSQ	31	4	15	19	32	6	*8	6	*14	0
1942-43	Montréal (Canadiens Sr)	LHSQ	24	13	19	32	4	-	-	-	-	-
	Montréal (Canadiens)	**LNH**	**12**	**3**	**6**	**9**	**0**	**1**	**0**	**0**	**0**	**0**
1943-44	Montréal (Noordyn)	LHCM	10	*13	13	26	6	-	-	-	-	-
	Montréal (Royals)	LHSQ	19	12	16	28	0	7	6	4	10	0
1944-45	Montréal (Royals)	LHSQ	23	16	*32	48	8	6	3	4	7	0
1945-46	Montréal (Royals)	LHSQ	35	15	36	51	18	8	0	4	4	2
1946-47	Lachine (Rapides)	LHPQ	49	39	63	102	14	10	4	7	11	10
1947-48	Lachine (Rapides)	LHPQ	1	0	0	0	0	-	-	-	-	-
1948-49	Hull (Volants)	ECSHL	15	11	*27	*38	4	7	8	3	11	2
1949-50	Cornwall (Calumets)	ECSHL	15	7	17	24	6	-	-	-	-	-
	Hull (Volants)	ECSHL	13	5	10	15	0	13	7	11	18	0
		LNH	**19**	**5**	**8**	**13**	**0**	**1**	**0**	**0**	**0**	**0**
		Montréal	**19**	**5**	**8**	**13**	**0**	**1**	**0**	**0**	**0**	**0**

• Signe avec Montréal le 1er février 1940 • Prêté à Montréal par Montréal (Canadien Sr – LHSQ) le 13 janvier 1943 • Signe avec Montréal le 1er février 1943

MICKEY, LARRY

Né à Lacombe, Alberta, le 21 octobre 1943, décédé le 23 juillet 1982
Ailier droit, lance de la droite, 5'11", 175 lb

Saison	Club	Ligue	PJ	B	A	PTS	PUN	PJ	B	A	PTS	PUN
1961-62	Moose Jaw (Canucks)	SJHL	*Statistiques non disponibles*									
	Moose Jaw (Canucks)	Mem.	-	-	-	-	-	4	2	1	3	10
1962-63	Moose Jaw (Canucks)	SJHL	54	32	38	70	85	6	1	5	6	23
	Calgary (Stampeders)	WHL	2	0	1	1	0	-	-	-	-	-
1963-64	Moose Jaw (Canucks)	SJHL	62	69	73	142	139	5	7	2	9	6
	St. Louis (Braves)	CPHL	1	0	0	0	0	5	1	2	3	2
	Estevan (Bruins)	Mem.	-	-	-	-	-	5	1	1	2	8
	Edmonton (Oil Kings)	Mem.	-	-	-	-	-	4	0	0	0	2
1964-65	St. Louis (Braves)	CPHL	52	16	21	37	85	-	-	-	-	-
	Chicago (Black Hawks)	LNH	1	0	0	0	0	-	-	-	-	-
	Buffalo (Bisons)	AHL	1	0	1	1	2	-	-	-	-	-
1965-66	New York (Rangers)	LNH	7	0	0	0	2	-	-	-	-	-
	Minnesota (Rangers)	CPHL	38	14	25	39	50	7	5	5	10	2
1966-67	Omaha (Knights)	CPHL	63	33	41	74	86	9	5	*10	*15	4
	New York (Rangers)	LNH	8	0	0	0	0	-	-	-	-	-
1967-68	Buffalo (Bisons)	AHL	30	9	17	26	48	-	-	-	-	-
	New York (Rangers)	LNH	4	0	2	2	0	-	-	-	-	-
1968-69	Toronto (Maple Leafs)	LNH	55	8	19	27	43	3	0	0	0	5
1969-70	Montréal (Voyageurs)	AHL	50	24	38	62	90	-	-	-	-	-
	Montréal (Canadiens)	**LNH**	**21**	**4**	**4**	**8**	**4**	**-**	**-**	**-**	**-**	**-**
1970-71	Los Angeles (Kings)	LNH	65	6	12	18	46	-	-	-	-	-
1971-72	Philadelphie (Flyers)	LNH	14	1	2	3	8	-	-	-	-	-
	Buffalo (Sabres)	LNH	4	0	1	1	0	-	-	-	-	-
	Salt Lake (Golden Eagles)	WHL	53	19	30	49	92	-	-	-	-	-
1972-73	Buffalo (Sabres)	LNH	77	15	9	24	47	6	1	0	1	5
1973-74	Buffalo (Sabres)	LNH	13	3	4	7	8	-	-	-	-	-
	Cincinnati (Swords)	AHL	9	2	3	5	5	-	-	-	-	-
1974-75	Buffalo (Sabres)	LNH	23	2	0	2	2	-	-	-	-	-
1975-76			*N'a pas joué*									
1976-77			*N'a pas joué*									
1977-78			*N'a pas joué*									
1978-79	Utica (Mohawks)	NEHL	12	5	4	9	21	-	-	-	-	-
1979-80	Utica (Mohawks)	EHL	4	0	4	4	14	-	-	-	-	-
1980-81	Hampton (As)	EHL	38	5	14	19	50	-	-	-	-	-
		LNH	**292**	**39**	**53**	**92**	**160**	**9**	**1**	**0**	**1**	**10**
		Montréal	**21**	**4**	**4**	**8**	**4**	**-**	**-**	**-**	**-**	**-**

• Première équipe d'étoiles (SJHL) en 1963-64 • Première équipe d'étoiles (CPHL) en 1966-67
• Réclamé par New York de Chicago lors du repêchage inter-ligues le 8 juin 1965 • Réclamé par Toronto de New York lors du repêchage inter-ligues le 12 juin 1968 • Réclamé par Montréal de Toronto lors du repêchage intra-ligue le 11 juin 1969 • Échangé à Los Angeles avec Lucien Grenier et Jack Norris pour Léon Rochefort, Wayne Thomas et Gregg Boddy le 22 mai 1970 • Échangé à Philadelphie par Los Angeles pour Larry Hillman le 13 juin 1971 • Échangé à Buffalo par Philadelphie pour Larry Keenan le 16 novembre 1971

MILLAIRE, EDWARD (ED)

Né à Lasalle , Québec, le 17 novembre 1882, décédé le 16 novembre 1950
Avant, lance de la gauche, 5' 6", 150 lb

Saison	Club	Ligue	PJ	B	A	PTS	PUN	PJ	B	A	PTS	PUN
1898-99	Montréal (St. Mary's College)	JAHA	*Statistiques non disponibles*									
1899-00	Montréal (St. Mary's College)	JAHA	*Statistiques non disponibles*									
1900-01	Montréal (St. Mary's College)	JAHA	*Statistiques non disponibles*									
	Montréal (National II)	QIHA	*Statistiques non disponibles*									
1901-02			*Statistiques non disponibles*									
1902-03			*Statistiques non disponibles*									
1903-04	Montréal (National II)	FAHL	*Statistiques non disponibles*									
1904-05	Montréal (Montagnards)	FAHL	*Statistiques non disponibles*									
1905-06	Montréal (Laval Université)	CIHU	*Statistiques non disponibles*									
	Montréal (National II)	QIHA	*Statistiques non disponibles*									
1906-07	Montréal (Montagnards)	FAHL	1	0	0	0	0	-	-	-	-	-
	Montréal (Laval Université)	CIHU	*Statistiques non disponibles*									
1907-08	Montréal (Laval Université)	CIHU	6	8	0	8	16	-	-	-	-	-
	Montréal (Aiglons)	MHA	*Statistiques non disponibles*									
1908-09			*Statistiques non disponibles*									
1909-10	Montréal (National)	CHA	1	0	0	0	0	-	-	-	-	-
	Montréal (Canadiens)	**NHA**	**1**	**0**	**0**	**0**	**3**	**-**	**-**	**-**	**-**	**-**
1910-11			*Statistiques non disponibles*									
1911-12	Montréal (National)	LHAM	1	0	0	0	0	-	-	-	-	-
		NHA	**1**	**0**	**0**	**0**	**3**	**-**	**-**	**-**	**-**	**-**
		Montréal	**1**	**0**	**0**	**0**	**3**	**-**	**-**	**-**	**-**	**-**

• Signe avec Montréal (NHA) en décembre 1909

MILLER, WILLIAM (BILL)

Né à Campbellton, Nouveau-Brunswick, le 1er août 1908, décédé le 12 juin 1986
Centre/Défenseur, lance de la droite, 6', 160 lb

Saison	Club	Ligue	PJ	B	A	PTS	PUN	PJ	B	A	PTS	PUN
1924-25	Campbellton (Tigers)	NNBHL	6	5	2	7	2	-	-	-	-	-
1925-26	Campbellton (Tigers)	NNBHL	4	3	1	4	2	1	2	1	3	0
	Campbellton (Tigers)	Allan	-	-	-	-	-	2	0	0	0	0
1926-27	Campbellton (Tigers)	NNBHL	2	2	0	2	0	-	-	-	-	-
	Mount Allison University	MIHC	2	4	0	4	3	-	-	-	-	-
1927-28	Campbellton (Tigers)	NNBHL	3	5	0	5	0	-	-	-	-	-
	Mount Allison University	MIHC	2	5	0	5	0	-	-	-	-	-
1928-29	Mount Allison University	MIHC	2	0	1	1	8	-	-	-	-	-
	Mount Allison (Mounties)	NBSHL	6	13	1	14	-	-	-	-	-	-
1929-30	Mount Allison University	MIHC	2	2	0	2	-	-	-	-	-	-
	Campbellton (Tigers)	Exh.	3	3	1	4	2	-	-	-	-	-
1930-31	Campbellton (Tigers)	NNBHL	11	*28	11	*39	6	5	8	3	11	2
	Campbellton (Tigers)	Allan	-	-	-	-	-	5	8	3	11	2
1931-32	Campbellton (Tigers)	MSHL	23	*19	8	27	14	2	0	0	0	0
	Fredericton (Capitals)	Exh.	5	0	3	3	2	-	-	-	-	-
1932-33	Moncton (Hawks)	MSHL	23	5	0	5	0	5	1	1	2	0
	Moncton (Hawks)	Allan	-	-	-	-	-	8	1	6	7	4
1933-34	Moncton (Hawks)	MSHL	41	8	19	27	30	3	1	5	6	0
	Moncton (Hawks)	Allan	-	-	-	-	-	12	9	7	16	4
1934-35	Moncton (Hawks)	MSHL	20	*17	5	22	4	3	*5	2	7	0
	Montréal (Maroons)	LNH	22	3	0	3	2	7	0	0	0	0
	Moncton (Hawks)	Big 3	4	2	1	3	0	-	-	-	-	-
1935-36	Montréal (Maroons)	LNH	8	0	0	0	0	-	-	-	-	-
	New Haven (Eagles)	Can-Am	11	0	0	0	0	-	-	-	-	-
	Montréal (Canadiens)	**LNH**	**17**	**1**	**2**	**3**	**2**	**-**	**-**	**-**	**-**	**-**
1936-37	**Montréal (Canadiens)**	**LNH**	**48**	**3**	**1**	**4**	**12**	**5**	**0**	**0**	**0**	**0**
		LNH	**95**	**7**	**3**	**10**	**16**	**12**	**0**	**0**	**0**	**0**
		Montréal	**65**	**4**	**3**	**7**	**14**	**5**	**0**	**0**	**0**	**0**

• Coupe Allan 1932-33, 1933-34 • Coupe Stanley (LNH) en 1934-35
• Droits vendus à Montréal (Canadiens) par Montréal (Maroons) le 9 février 1936 • Montréal (Canadiens) cède ensuite Lorne Chabot à Montréal (Maroons) pour Bill Miller, Toe Blake et les droits de négociations sur Ken Gravel le 12 février 1936

MILROY, DUNCAN

Né à Edmonton, Alberta, le 8 février 1983. Ailier droit, lance de la droite , 6'1", 196 lb
(Choix de 2e ronde de Montréal, 37e au total lors du repêchage de 2001)

Saison	Club	Ligue	PJ	B	A	PTS	PUN	PJ	B	A	PTS	PUN
1998-99	Edmonton (Maple Leafs)	AMHL	34	34	36	70	73	-	-	-	-	-
	Swift Current (Broncos)	WHL	3	0	0	0	0	-	-	-	-	-
1999-00	Swift Current (Broncos)	WHL	68	15	15	30	20	12	3	5	8	12
	Canada U-18	CMJ	3	1	4	5	0	-	-	-	-	-
2000-01	Swift Current (Broncos)	WHL	68	38	54	92	51	19	9	12	21	6
2001-02	Swift Current (Broncos)	WHL	26	20	11	31	20	-	-	-	-	-
	Kootenay (Ice)	WHL	38	25	31	56	24	22	17	20	37	26
	Kootenay (Ice)	Mem.	-	-	-	-	-	4	3	1	4	2
2002-03	Kootenay (Ice)	WHL	61	34	44	78	40	11	5	3	8	8
2003-04	Hamilton (Bullgogs)	AHL	50	4	10	14	14	10	3	1	4	4
2004-05	Hamilton (Bullgogs)	AHL	76	15	18	33	18	3	0	0	0	2

SAISONS RÉGULIÈRES | SÉRIES ÉLIMINATOIRES

Saison	Club	Ligue	PJ	B	A	PTS	PUN	PJ	B	A	PTS	PUN
2005-06	Hamilton (Bullgogs)	AHL	77	16	19	35	63	-	-	-	-	-
2006-07	**Montréal (Canadiens)**	**LNH**	**5**	**0**	**1**	**1**	**0**	**-**	**-**	**-**	**-**	**-**
	Hamilton (Bullgogs)	AHL	64	25	33	58	24	22	2	11	13	10
2007-08	Hamilton (Bullgogs)	AHL	79	15	24	39	37					
		LNH	**5**	**0**	**1**	**1**	**0**	**-**	**-**	**-**	**-**	**-**
		Montréal	**5**	**0**	**1**	**1**	**0**	**-**	**-**	**-**	**-**	**-**

• Coupe Memorial en 2001-02 • Trophée Yanick Dupre (AHL) en 2004-05 • Coupe Calder (AHL) en 2006-07

• Signe avec ERC Ingolstadt (GER) comme joueur autonome le 31 juillet 2008

MOMESSO, SERGIO

Né à Montréal, Québec, le 4 septembre 1965. Ailier gauche, lance de la gauche, 6'3", 215 lb (Choix de 2e ronde de Montréal, 27e au total lors du repêchage de 1983)

Saison	Club	Ligue	PJ	B	A	PTS	PUN	PJ	B	A	PTS	PUN
1980-81	Montréal (Concordia)	QAAA	46	18	17	35	-	-	-	-	-	-
1981-82	Montréal (Concordia)	QAAA	45	30	38	68	-	-	-	-	-	-
1982-83	Shawinigan (Cataractes)	LHJMQ	70	27	42	69	93	10	5	4	9	55
1983-84	Shawinigan (Cataractes)	LHJMQ	68	42	88	130	235	6	4	4	8	13
	Montréal (Canadiens)	**LNH**	**1**	**0**	**0**	**0**	**0**	**-**	**-**	**-**	**-**	**-**
	Nlle-Écosse (Voyageurs)	AHL	-	-	-	-	-	8	0	2	2	4
1984-85	Shawinigan (Cataractes)	LHJMQ	64	56	90	146	216	8	7	8	15	17
	Shawinigan (Cataractes)	Mem.	-	-	-	-	-	4	1	4	5	-
1985-86	**Montréal (Canadiens)**	**LNH**	**24**	**8**	**7**	**15**	**46**	**-**	**-**	**-**	**-**	**-**
1986-87	Sherbrooke (Canadiens)	AHL	6	1	6	7	10	-	-	-	-	-
	Montréal (Canadiens)	**LNH**	**59**	**14**	**17**	**31**	**96**	**11**	**1**	**3**	**4**	**31**
1987-88	**Montréal (Canadiens)**	**LNH**	**53**	**7**	**14**	**21**	**101**	**6**	**0**	**2**	**2**	**16**
1988-89	St. Louis (Blues)	LNH	53	9	17	26	139	10	2	5	7	24
1989-90	St. Louis (Blues)	LNH	79	24	32	56	199	12	3	2	5	63
1990-91	St. Louis (Blues)	LNH	59	10	18	28	131	-	-	-	-	-
	Vancouver (Canucks)	LNH	11	6	2	8	43	6	0	3	3	25
1991-92	Vancouver (Canucks)	LNH	58	20	23	43	198	13	0	5	5	30
1992-93	Vancouver (Canucks)	LNH	84	18	20	38	200	12	3	0	3	30
1993-94	Vancouver (Canucks)	LNH	68	14	13	27	149	24	3	4	7	56
1994-95	HC Milano	ITA	2	1	4	5	2	-	-	-	-	-
	Vancouver (Canucks)	LNH	48	10	15	25	65	11	3	1	4	16
1995-96	Toronto (Maple Leafs)	LNH	54	7	8	15	112	-	-	-	-	-
	New York (Rangers)	LNH	19	4	4	8	30	11	3	1	4	14
1996-97	New York (Rangers)	LNH	9	0	0	0	11	-	-	-	-	-
	St. Louis (Blues)	LNH	31	1	3	4	37	3	0	0	0	6
1997-98	Kolner Haie	GER	42	14	18	32	193	3	1	2	3	4
	Kolner Haie	EuroHL	6	4	4	8	29	-	-	-	-	-
1998-99	Nuremberg (Ice Tigers)	GER	47	26	33	59	212	13	4	7	11	24
1999-00	Kolner Haie	GER	51	16	21	37	165	10	4	1	5	6
2000-01	Kolner Haie	GER	31	6	11	17	76	2	0	0	0	4
		LNH	**710**	**152**	**193**	**345**	**1557**	**119**	**18**	**26**	**44**	**311**
		Montréal	**137**	**29**	**38**	**67**	**243**	**17**	**1**	**5**	**6**	**47**

• Première équipe d'étoiles (LHJMQ) en 1984-85 • Troisième équipe d'étoiles (LHJMQ) en 1983-84

• Échangé à St. Louis par Montréal avec Vincent Riendeau pour Jocelyn Lemieux, Darrell May et le choix de 2e ronde de St. Louis au repêchage de 1989 (Patrice Brisebois) le 9 août 1988 • Échangé à Vancouver par St. Louis avec Geoff Courtnall, Robert Dirk, Cliff Ronning et le choix de 5e ronde de St. Louis au repêchage de 1992 (Brian Loney) pour Dan Quinn et Garth Butcher le 5 mars 1991 • Échangé à Toronto par Vancouver pour Mike Ridley le 8 juillet 1995 • Échangé à New York (Rangers) par Toronto pour Wayne Presley le 29 février 1996 • Échangé à St. Louis par New York (Rangers) pour Brian Noonan le 13 novembre 1996

MONAHAN, GARRY

Né à Barrie, Ontario, le 20 octobre 1946. Ailier gauche, lance de la gauche, 6', 200 lb (Choix de 1re ronde de Montréal, 1er au total lors du repêchage de 1963)

Saison	Club	Ligue	PJ	B	A	PTS	PUN	PJ	B	A	PTS	PUN
1964-65	Peterborough (Petes)	JOHA	55	12	16	28	28	12	1	2	3	11
1965-66	Peterborough (Petes)	JOHA	46	6	10	16	43	6	0	3	3	9
1966-67	Peterborough (Petes)	JOHA	47	30	54	84	79	6	2	2	4	20
	Houston (Apollos)	CPHL	-	-	-	-	-	3	1	0	1	0
1967-68	Houston (Apollos)	CPHL	56	17	31	48	86	-	-	-	-	-
	Montréal (Canadiens)	**LNH**	**11**	**0**	**0**	**0**	**8**	**-**	**-**	**-**	**-**	**-**
1968-69	Cleveland (Barons)	AHL	70	18	26	44	81	5	2	0	2	10
	Montréal (Canadiens)	**LNH**	**3**	**0**	**0**	**0**	**0**	**-**	**-**	**-**	**-**	**-**
1969-70	Detroit (Red Wings)	LNH	51	3	4	7	24	-	-	-	-	-
	Los Angeles (Kings)	LNH	21	0	3	3	12	-	-	-	-	-
1970-71	Toronto (Maple Leafs)	LNH	78	15	22	37	79	6	2	0	2	2
1971-72	Toronto (Maple Leafs)	LNH	78	14	17	31	47	5	0	0	0	0
1972-73	Toronto (Maple Leafs)	LNH	78	13	18	31	53	-	-	-	-	-
1973-74	Toronto (Maple Leafs)	LNH	78	9	16	25	70	4	0	1	1	7
1974-75	Toronto (Maple Leafs)	LNH	1	0	0	0	0	-	-	-	-	-
	Vancouver (Canucks)	LNH	78	14	20	34	51	5	1	0	1	2
1975-76	Vancouver (Canucks)	LNH	66	16	17	33	39	2	0	0	0	2
1976-77	Vancouver (Canucks)	LNH	76	18	26	44	48	-	-	-	-	-
1977-78	Vancouver (Canucks)	LNH	67	10	19	29	28	-	-	-	-	-
	Tulsa (Oilers)	CHL	7	3	2	5	0	-	-	-	-	-
1978-79	Toronto (Maple Leafs)	LNH	62	4	7	11	25	-	-	-	-	-
1979-80	Seibu-Tetsudo Tokyo	JAP	20	13	17	30	-	-	-	-	-	-
1980-81	Seibu-Tetsudo Tokyo	JAP	20	12	14	26	-	-	-	-	-	-
1981-82	Seibu-Tetsudo Tokyo	JAP	20	17	19	36	-	-	-	-	-	-
		LNH	**748**	**116**	**169**	**285**	**484**	**22**	**3**	**1**	**4**	**13**
		Montréal	**14**	**0**	**0**	**0**	**8**	**-**	**-**	**-**	**-**	**-**

• Échangé à Detroit par Montréal avec Doug Piper pour Pete Mahovlich et Bart Crashley le 6 juin 1969 • Échangé à Los Angeles par Detroit avec Brian Gibbons pour Dale Rolfe, Larry Jonhston et Gary Croteau le 20 février 1970 • Échangé à Toronto par Los Angeles avec Brian Murphy pour Bob Pulford le 3 septembre 1970 • Échangé à Vancouver par Toronto avec John Grisdale pour Dave Dunn le 16 octobre 1974 • Droits vendus à Toronto par Vancouver le 13 septembre 1978

MONDOU, ARMAND

Né à Yamaska, Québec, le 27 juin 1905, décédé le 13 septembre 1976
Ailier gauche, lance de la gauche, 5'10", 175 lb

Saison	Club	Ligue	PJ	B	A	PTS	PUN	PJ	B	A	PTS	PUN
1925-26	Montréal (National)	MBHL	8	0	2	2	6	-	-	-	-	-
1926-27	Providence (Reds)	Can-Am	32	6	2	8	35	-	-	-	-	-
1927-28	Providence (Reds)	Can-Am	40	12	9	21	50	-	-	-	-	-
1928-29	Providence (Reds)	Can-Am	10	1	0	1	10	-	-	-	-	-
	Montréal (Canadiens)	**LNH**	**32**	**3**	**4**	**7**	**6**	**3**	**0**	**0**	**0**	**2**
1929-30	**Montréal (Canadiens)**	**LNH**	**44**	**3**	**5**	**8**	**24**	**6**	**1**	**1**	**2**	**6**
1930-31	**Montréal (Canadiens)**	**LNH**	**40**	**5**	**4**	**9**	**10**	**8**	**0**	**0**	**0**	**0**
1931-32	**Montréal (Canadiens)**	**LNH**	**47**	**6**	**12**	**18**	**22**	**4**	**1**	**2**	**3**	**2**
1932-33	**Montréal (Canadiens)**	**LNH**	**24**	**1**	**3**	**4**	**15**	**-**	**-**	**-**	**-**	**-**
	Providence (Reds)	Can-Am	23	9	8	17	14	-	-	-	-	-
1933-34	**Montréal (Canadiens)**	**LNH**	**48**	**5**	**3**	**8**	**4**	**1**	**0**	**1**	**1**	**0**
	Québec (Castors)	Can-Am	1	1	1	2	0	-	-	-	-	-
1934-35	**Montréal (Canadiens)**	**LNH**	**46**	**9**	**15**	**24**	**6**	**2**	**0**	**1**	**1**	**0**
1935-36	**Montréal (Canadiens)**	**LNH**	**36**	**7**	**11**	**18**	**10**	**-**	**-**	**-**	**-**	**-**
1936-37	**Montréal (Canadiens)**	**LNH**	**7**	**1**	**1**	**2**	**0**	**5**	**0**	**0**	**0**	**0**
	New Haven (Eagles)	IAHL	36	7	21	28	12	-	-	-	-	-
1937-38	**Montréal (Canadiens)**	**LNH**	**7**	**2**	**4**	**6**	**0**	**-**	**-**	**-**	**-**	**-**
1938-39	**Montréal (Canadiens)**	**LNH**	**34**	**3**	**7**	**10**	**2**	**3**	**1**	**0**	**1**	**2**
	New Haven (Eagles)	IAHL	14	8	5	13	26	-	-	-	-	-
1939-40	**Montréal (Canadiens)**	**LNH**	**21**	**2**	**2**	**4**	**0**	**-**	**-**	**-**	**-**	**-**
	Match des étoiles	LNH	1	0	0	0	0	-	-	-	-	-
	New Haven (Eagles)	IAHL	21	6	15	21	4	3	0	0	0	2
		LNH	**386**	**47**	**71**	**118**	**99**	**32**	**3**	**5**	**8**	**12**
		Montréal	**386**	**47**	**71**	**118**	**99**	**32**	**3**	**5**	**8**	**12**

• Coupe Stanley (LNH) en 1929-30, 1930-31 • Match des étoiles (LNH) en 1939-40

• Échangé à Montréal par Providence (Can-Am) pour Léo Gaudreault le 19 décembre 1928

• Prêté à Providence (Can-Am) par Montréal avec Léo Gaudreault pour Léo Murray et Hago Harrington le 23 janvier 1933 • Prêté à New Haven (IAHL) par Montréal avec Paul Runge le 24 novembre 1936

MONDOU, PIERRE

Né à Sorel, Québec, le 27 novembre 1955. Centre, lance de la droite, 5'10", 185 lb (Choix de 1re ronde de Montréal, 15e choix au total lors du repêchage de 1975)

Saison	Club	Ligue	PJ	B	A	PTS	PUN	PJ	B	A	PTS	PUN
1972-73	Sorel (Éperviers)	LHJMQ	64	37	43	80	57	10	6	4	10	12
1973-74	Sorel (Éperviers)	LHJMQ	60	62	57	119	104	2	0	0	0	0
1974-75	Sorel (Éperviers)	LHJMQ	28	16	23	39	13	-	-	-	-	-
	Montréal (Juniors)	LHJMQ	40	40	47	87	23	9	8	7	15	13
1975-76	Nlle-Écosse (Voyageurs)	AHL	74	34	43	77	30	9	1	5	6	4
1976-77	Nlle-Écosse (Voyageurs)	AHL	71	*44	45	89	21	12	*8	*11	*19	6
	Montréal (Canadiens)	**LNH**	**-**	**-**	**-**	**-**	**-**	**4**	**0**	**0**	**0**	**0**
1977-78	**Montréal (Canadiens)**	**LNH**	**71**	**19**	**30**	**49**	**8**	**15**	**3**	**7**	**10**	**4**
1978-79	**Montréal (Canadiens)**	**LNH**	**77**	**31**	**41**	**72**	**26**	**16**	**3**	**6**	**9**	**4**
1979-80	**Montréal (Canadiens)**	**LNH**	**75**	**30**	**36**	**66**	**12**	**4**	**1**	**4**	**5**	**4**
1980-81	**Montréal (Canadiens)**	**LNH**	**57**	**17**	**24**	**41**	**16**	**3**	**0**	**1**	**1**	**0**
1981-82	**Montréal (Canadiens)**	**LNH**	**73**	**35**	**33**	**68**	**57**	**5**	**2**	**5**	**7**	**8**
1982-83	**Montréal (Canadiens)**	**LNH**	**76**	**29**	**37**	**66**	**31**	**3**	**0**	**1**	**1**	**2**
1983-84	**Montréal (Canadiens)**	**LNH**	**52**	**15**	**22**	**37**	**8**	**14**	**6**	**3**	**9**	**2**
1984-85	**Montréal (Canadiens)**	**LNH**	**67**	**18**	**39**	**57**	**21**	**5**	**2**	**1**	**3**	**2**
		LNH	**548**	**194**	**262**	**456**	**179**	**69**	**17**	**28**	**45**	**26**
		Montréal	**548**	**194**	**262**	**456**	**179**	**69**	**17**	**28**	**45**	**26**

• Deuxième équipe d'étoiles (LHJMQ) en 1974-75 • Trophée Dudley-Garrett (AHL) en 1975-76 • Coupe Calder (AHL) en 1975-76, 1976-77 • Deuxième équipe d'étoiles (AHL) en 1976-77 • Coupe Stanley (LNH) en 1976-77, 1977-78, 1978-79

MONTGOMERY, JIM

Né à Montréal, Québec, le 30 juin 1969. Centre, lance de la droite, 5'10", 185 lb

Saison	Club	Ligue	PJ	B	A	PTS	PUN	PJ	B	A	PTS	PUN
1988-89	Pembroke Lumber Kings	OJHL	50	53	*101	154	112	-	-	-	-	-
1989-90	Maine University	H.E.	45	26	34	60	35	-	-	-	-	-
1990-91	Maine University	H.E.	43	24	*57	81	44	-	-	-	-	-
1991-92	Maine University	H.E.	37	21	44	65	46	-	-	-	-	-
1992-93	Maine University	H.E.	45	32	63	95	40	-	-	-	-	-
1993-94	St. Louis (Blues)	LNH	67	6	14	20	44	-	-	-	-	-
	Peoria (Rivermen)	IHL	12	7	8	15	10	-	-	-	-	-
1994-95	**Montréal (Canadiens)**	**LNH**	**5**	**0**	**0**	**0**	**2**	**-**	**-**	**-**	**-**	**-**
	Philadelphie (Flyers)	LNH	8	1	1	2	6	7	1	0	1	2
	Hershey (Bears)	AHL	16	8	6	14	14	6	3	2	5	25
1995-96	Philadelphie (Flyers)	LNH	5	1	2	3	9	1	0	0	0	0
	Hershey (Bears)	AHL	78	34	*71	105	95	4	3	2	5	6
1996-97	Kolner Haie	GER	50	12	35	47	111	4	0	1	1	6
	Kolner Haie	EuroHL	6	0	1	1	16	-	-	-	-	-
1997-98	Philadelphie (Phantoms)	AHL	68	19	43	62	75	20	13	16	29	55
1998-99	Philadelphie (Phantoms)	AHL	78	29	58	87	89	16	4	11	15	20
1999-00	Philadelphie (Phantoms)	AHL	13	3	9	12	22	-	-	-	-	-
	Manitoba (Moose)	IHL	67	18	28	46	111	-	-	-	-	-
2000-01	San Jose (Sharks)	LNH	28	1	6	7	19	-	-	-	-	-
	Kentucky (Thoroughblades)	AHL	55	22	52	74	44	3	1	2	3	5
2001-02	Dallas (Stars)	LNH	8	0	2	2	0	-	-	-	-	-
	Utah (Grizzlies)	AHL	71	28	43	71	90	5	0	1	1	23
2002-03	Dallas (Stars)	LNH	1	0	0	0	0	-	-	-	-	-
	Utah (Grizzlies)	AHL	72	22	46	68	109	2	0	0	0	2
2003-04	Salavat Yulayev Ufa	RUS	21	0	7	7	10	-	-	-	-	-
2004-05	Missouri (River Otters)	UHL	42	20	27	47	64	3	0	0	0	0
		LNH	**122**	**9**	**25**	**34**	**80**	**8**	**1**	**0**	**1**	**2**
		Montréal	**5**	**0**	**0**	**0**	**2**	**-**	**-**	**-**	**-**	**-**

• Équipe d'étoiles des recrues (H.E.) en 1989-90 • Première équipe d'étoiles (H.E.) en 1992-93 • Deuxième équipe d'étoiles (H.E.) en 1990-91, 1991-92 • Deuxième équipe d'étoiles,

Division Est (NCAA) en 1990-91, 1992-93 • Équipe d'étoiles All Tournament (NCAA) en 1992-93 • Joueur le plus utile (NCAA) en 1992-93 • Deuxième équipe d'étoiles (AHL) en 1995-96 • Coupe Calder (AHL) en 1997-98

• Signe avec St. Louis comme joueur autonome le 2 juin 1993 • Échangé à Montréal par St. Louis pour Guy Carbonneau le 19 août 1994 • Réclamé au ballottage par Philadelphie de Montréal le 10 février 1995 • Signe avec San Jose comme joueur autonome le 15 août 2000. • Signe avec Dallas comme joueur autonome le 10 juillet 2001• Signe avec Salavat Yulayev (RUS) comme joueur autonome le 23 août 2003 • Signe avec Missouri (UHL) comme joueur autonome le 29 septembre 2004

MOORE, RICHARD (DICKIE)

Né à Montréal, Québec, le 6 janvier 1931
Ailier gauche, lance de la gauche, 5'10", 185 lb

Saison	Club	Ligue	PJ	B	A	PTS	PUN	PJ	B	A	PTS	PUN
1947-48	Montréal (Royals)	LHJQ	29	10	11	22	20	13	6	5	11	14
1948-49	Montréal (Royals)	LHJQ	47	22	34	56	71	10	4	8	12	6
	Montréal (Royals)	LHSQ	2	0	0	0	0	-	-	-	-	-
	Montréal (Royals)	Mem.	-	-	-	-	-	15	8	5	13	31
1949-50	Montréal (Royals)	LHJQ	1	0	1	1	5	-	-	-	-	-
	Montréal (Canadiens Jr)	LHJQ	35	24	19	43	110	16	8	*13	21	*51
	Montréal (Canadiens Jr)	Mem.	-	-	-	-	-	13	10	14	24	*41
1950-51	Montréal (Canadiens Jr)	LHJQ	33	12	22	34	58	9	5	4	9	34
1951-52	Montréal (Royals)	LHMQ	26	15	20	35	32	-	-	-	-	-
	Montréal (Canadiens)	**LNH**	**33**	**18**	**15**	**33**	**44**	**11**	**1**	**1**	**2**	**12**
1952-53	Buffalo (Bisons)	AHL	6	2	3	5	10	-	-	-	-	-
	Montréal (Canadiens)	**LNH**	**18**	**2**	**6**	**8**	**19**	**12**	**3**	**2**	**5**	**13**
1953-54	Montréal (Royals)	LHQ	2	0	1	1	4	-	-	-	-	-
	Montréal (Canadiens)	**LNH**	**13**	**1**	**4**	**5**	**12**	**11**	**5**	***8**	***13**	**8**
	Match des étoiles	LNH	1	0	0	0	0	-	-	-	-	-
1954-55	**Montréal (Canadiens)**	**LNH**	**67**	**16**	**20**	**36**	**32**	**12**	**1**	**5**	**6**	**22**
1955-56	**Montréal (Canadiens)**	**LNH**	**70**	**11**	**39**	**50**	**55**	**10**	**3**	**6**	**9**	**12**
1956-57	**Montréal (Canadiens)**	**LNH**	**70**	**29**	**29**	**58**	**56**	**10**	**3**	**7**	**10**	**4**
	Match des étoiles	LNH	1	0	0	0	0	-	-	-	-	-
1957-58	**Montréal (Canadiens)**	**LNH**	**70**	***36**	**48**	***84**	**65**	**10**	**4**	**7**	**11**	**4**
	Match des étoiles	LNH	1	0	1	1	0	-	-	-	-	-
1958-59	**Montréal (Canadiens)**	**LNH**	**70**	**41**	***55**	***96**	**61**	**11**	**5**	***12**	***17**	**8**
	Match des étoiles	LNH	1	0	3	3	0	-	-	-	-	-
1959-60	**Montréal (Canadiens)**	**LNH**	**62**	**22**	**42**	**64**	**54**	**8**	***6**	**4**	**10**	**4**
	Match des étoiles)	LNH	1	1	1	2	0	-	-	-	-	-
1960-61	**Montréal (Canadiens)**	**LNH**	**57**	**35**	**34**	**69**	**62**	**6**	**3**	**1**	**4**	**4**
	Match des étoiles	LNH	1	0	0	0	0	-	-	-	-	-
1961-62	**Montréal (Canadiens)**	**LNH**	**57**	**19**	**22**	**41**	**54**	**6**	**4**	**2**	**6**	**8**
1962-63	**Montréal (Canadiens)**	**LNH**	**67**	**24**	**26**	**50**	**61**	**5**	**0**	**1**	**1**	**2**
1963-64					*N'a pas joué*							
1964-65	Toronto (Maple Leafs)	LNH	38	2	4	6	68	5	1	1	2	6
1965-66					*N'a pas joué*							
1966-67					*N'a pas joué*							
1967-68	St. Louis (Blues)	LNH	27	5	3	8	9	18	7	7	14	15
		LNH	**719**	**261**	**347**	**608**	**652**	**135**	**46**	**64**	**110**	**122**
		Montréal	**654**	**254**	**340**	**594**	**575**	**112**	**38**	**56**	**94**	**101**

• Coupe Memorial en 1948-49, 1949-50 • Coupe Stanley (LNH) en 1952-53, 1955-56, 1956-57,1957-58, 1958-59, 1959-60 • Match des étoiles (LNH) en 1953-54, 1956-57, 1957-58, 1958-59, 1959-60, 1960-61 • Première équipe d'étoiles (LNH) en 1957-58, 1958-59.• Deuxième équipe d'étoiles (LNH) en 1960-61 • Trophée Art-Ross (LNH) en 1957-58, 1958-59 • Temple de la Renommée (LNH) en 1974

• Prêté à Montréal par Montréal (Royals – LHMQ) le 15 décembre 1951 • Signe avec Montréal le 25 décembre 1951 • Réclamé par Toronto de Montréal lors du repêchage inter-ligues le 10 juin 1964 • Signe avec St. Louis le 23 novembre 1967

MORAN, AMBROSE (AMBY)

Né à Winnipeg, Manitoba, le 3 avril 1895, décédé le 8 avril 1958
Défenseur, lance de la gauche, 6', 200 lb

Saison	Club	Ligue	PJ	B	A	PTS	PUN	PJ	B	A	PTS	PUN
1919-20	Winnipeg (Winnipegs)	MHL SR	4	3	1	4	2	1	0	0	0	0
1920-21	Brandon (Elks)	MHL SR	12	12	4	16	16	6	9	1	10	4
	Brandon (Elks)	Allan	-	-	-	-	-	5	5	1	6	2
1921-22	Regina (Capitals)	WCHL	25	7	2	9	18	4	1	0	1	0
1922-23	Regina (Capitals)	WCHL	28	15	8	23	37	2	0	1	1	0
1923-24	Regina (Capitals)	WCHL	14	2	0	2	6	-	-	-	-	-
1924-25	Regina (Capitals)	WCHL	6	0	0	0	8	-	-	-	-	-
	Vancouver (Maroons)	WCHL	15	10	1	11	26	-	-	-	-	-
1925-26	Vancouver (Maroons)	WHL	30	5	0	5	30	-	-	-	-	-
1926-27	**Montréal (Canadiens)**	**LNH**	**12**	**0**	**0**	**0**	**10**	**-**	**-**	**-**	**-**	**-**
	Moose Jaw (Canucks)	PrHL	11	7	0	7	10	-	-	-	-	-
	New Haven (Eagles)	Can-Am	6	0	0	0	18	-	-	-	-	-
1927-28	Moose Jaw (Canucks)	PrHL	12	3	2	5	35	-	-	-	-	-
	Chicago (Black Hawks)	LNH	23	1	1	2	14	-	-	-	-	-
1928-29	Tulsa (Oilers)	AHA	34	3	1	4	26	4	0	0	0	0
1929-30	Tulsa (Oilers)	AHA	4	0	0	0	0	-	-	-	-	-
	St. Louis (Flyers)	AHA	1	0	0	0	0	-	-	-	-	-
1930-31	St. Louis (Flyers)	AHA	6	1	0	1	0	-	-	-	-	-
	Buffalo (Majors)	AHA	1	0	1	1	0	-	-	-	-	-
		LNH	**35**	**1**	**1**	**2**	**24**	**-**	**-**	**-**	**-**	**-**
		Montréal	**12**	**0**	**0**	**0**	**10**	**-**	**-**	**-**	**-**	**-**

• Signe avec Regina (WCHL) le 30 novembre 1921 • Droits vendus à Vancouver (WCHL) par Regina (WCHL) le 10 décembre 1925 • Droits vendus à Boston par Vancouver (WHL) le 4 septembre 1926 • Échangé à Montréal par Boston pour Billy Coutu le 22 octobre 1926. • Droits vendus à Boston par Montréal le 23 décembre 1926 • Signe avec Moose Jaw (PrHL) le 29 janvier 1927 • Échangé à Chicago par Moose Jaw (PrHL) pour Ted Graham et des considérations futures (Vic Hoffinger) le 11 janvier 1928 • Signe avec Buffalo (AHA) le 15 décembre 1930

MORENZ, HOWARTH (HOWIE)

Né à Mitchell, Ontario, le 21 juin 1902, décédé le 8 mars 1937
Centre, lance de la gauche, 5'9", 165 lb

Saison	Club	Ligue	PJ	B	A	PTS	PUN	PJ	B	A	PTS	PUN
1919-20	Stratford (Midgets)	JOHA	5	14	4	18	-	7	14	12	26	-
1920-21	Stratford (Midgets)	JOHA	8	19	*12	*31	-	13	*38	*18	*56	-
1921-22	Stratford (Midgets)	JOHA	4	17	6	23	10	5	*17	*4	*21	-
	Stratford (Indians)	SOHA	4	10	3	13	2	8	*15	*8	*23	21
1922-23	Stratford (Indians)	SOHA	10	15	*13	28	19	10	*28	7	*35	36
1923-24	**Montréal (Canadiens)**	**LNH**	**24**	**13**	**3**	**16**	**20**	**6**	**7**	**3**	**10**	**10**
1924-25	**Montréal (Canadiens)**	**LNH**	**30**	**28**	**11**	**39**	**46**	**6**	**7**	**1**	**8**	**8**
1925-26	**Montréal (Canadiens)**	**LNH**	**31**	**23**	**3**	**26**	**39**	**-**	**-**	**-**	**-**	**-**
1926-27	**Montréal (Canadiens)**	**LNH**	**44**	**25**	**7**	**32**	**49**	**4**	**1**	**0**	**1**	**4**
1927-28	**Montréal (Canadiens)**	**LNH**	**43**	***33**	***18**	***51**	**66**	**2**	**0**	**0**	**0**	**12**
1928-29	**Montréal (Canadiens)**	**LNH**	**42**	**17**	**10**	**27**	**47**	**3**	**0**	**0**	**0**	**6**
1929-30	**Montréal (Canadiens)**	**LNH**	**44**	**40**	**10**	**50**	**72**	**6**	**3**	**0**	**3**	**10**
1930-31	**Montréal (Canadiens)**	**LNH**	**39**	**28**	**23**	***51**	**49**	**10**	**1**	**4**	**5**	**10**
1931-32	**Montréal (Canadiens)**	**LNH**	**48**	**24**	**25**	**49**	**46**	**4**	**1**	**0**	**1**	**4**
1932-33	**Montréal (Canadiens)**	**LNH**	**46**	**14**	**21**	**35**	**32**	**2**	**0**	**3**	**3**	**2**
1933-34	**Montréal (Canadiens)**	**LNH**	**39**	**8**	**13**	**21**	**21**	**2**	**1**	**1**	**2**	**0**
	Match des étoiles	LNH	1	1	0	1	0	-	-	-	-	-
1934-35	Chicago (Black Hawks)	LNH	48	8	26	34	21	2	0	0	0	0
1935-36	Chicago (Black Hawks)	LNH	23	4	11	15	20	-	-	-	-	-
	New York (Rangers)	LNH	19	2	4	6	6	-	-	-	-	-
1936-37	**Montréal (Canadiens)**	**LNH**	**30**	**4**	**16**	**20**	**12**	**-**	**-**	**-**	**-**	**-**
		LNH	**550**	**271**	**201**	**472**	**546**	**47**	**21**	**12**	**33**	**66**
		Montréal	**460**	**257**	**160**	**417**	**499**	**45**	**21**	**12**	**33**	**66**

• Coupe Stanley (LNH) en 1923-24, 1929-30, 1930-31 • Trophée Hart (LNH) en 1927-28, 1930-31, 1931-32 • Première équipe d'étoiles (LNH) en 1930-31, 1931-32 • Deuxième équipe d'étoiles (LNH) en 1933 • Match des étoiles (LNH) en 1933-34 • Temple de la Renommée (LNH) en 1945

• Signe avec Montréal le 9 juillet 1923 • Échangé à Chicago par Montréal avec Marty Burke et Lorne Chabot pour Lionel Conacher, Roger Jenkins et Leroy Goldsworthy le 1er octobre 1934 • Échangé à New York (Rangers) par Chicago pour Glenn Brydson le 26 janvier 1936 • Droits vendus à Montréal par New York (Rangers) le 1er septembre 1936

MORIN, PIERRE (PETE)

Né à Lachine, Québec, le 8 décembre 1915, décédé le 5 janvier 2000
Ailier gauche, lance de la gauche, 5'6", 150 lb

Saison	Club	Ligue	PJ	B	A	PTS	PUN	PJ	B	A	PTS	PUN
1936-37	Montréal (Royals)	LHCM	21	17	5	22	15	5	3	1	4	4
1937-38	Montréal (Royals)	LHCM	22	4	4	8	14	1	0	0	0	0
1938-39	Montréal (Royals)	LHCM	17	7	12	19	16	5	4	5	9	0
	Montréal (Royals)	Allan	-	-	-	-	-	15	*17	8	*25	6
1939-40	Montréal (Royals)	LHSQ	29	14	20	34	4	8	3	7	10	5
	Montréal (Royals)	Allan	-	-	-	-	-	5	2	3	5	2
1940-41	Montréal (Royals)	LHSQ	35	17	19	36	17	8	6	2	8	4
	Montréal (Royals)	Allan	-	-	-	-	-	14	11	5	16	29
1941-42	Montréal (Royals)	LHSQ	11	3	1	4	4	-	-	-	-	-
	Montréal (Canadiens)	**LNH**	**31**	**10**	**12**	**22**	**7**	**1**	**0**	**0**	**0**	**0**
1942-43	Montréal (RCAF)	LHSQ	35	15	21	36	4	12	3	6	9	4
1943-44	Montréal (RCAF)	LHSQ	7	1	1	2	2	-	-	-	-	-
1944-45	Lachine (Rapides)	LHPQ				*Statistiques non disponibles*						
1945-46	Montréal (Royals)	LHSQ	39	33	28	61	17	11	2	*12	*14	2
1946-47	Montréal (Royals)	LHSQ	31	18	32	50	10	11	1	*15	*16	2
	Montréal (Royals)	Allan	-	-	-	-	-	14	3	15	18	2
1947-48	Montréal (Royals)	LHSQ	47	34	*57	*91	6	3	1	1	2	2
1948-49	Montréal (Royals)	LHSQ	53	25	54	79	20	8	6	6	12	2
1949-50	Montréal (Royals)	LHSQ	52	25	29	54	13	6	0	3	3	0
		LNH	**31**	**10**	**12**	**22**	**7**	**1**	**0**	**0**	**0**	**0**
		Montréal	**31**	**10**	**12**	**22**	**7**	**1**	**0**	**0**	**0**	**0**

• Coupe Allan en 1946-47 • Trophée Vimy (LHSQ) en 1945-46 • Première équipe d'étoiles (LHSQ) en 1947-48. • Deuxième équipe d'étoiles (LHSQ) en 1948-49

• Signe avec Montréal avec Buddy O'Connor et Gerry Heffernan le 28 novembre 1941

MORISSETTE, DAVE

Né à Baie-Comeau, Québec, le 24 décembre 1971. Ailier gauche, lance de la gauche, 6'1", 224 lb (Choix de 7e ronde de Washington, 146e au total lors du repêchage de 1991)

Saison	Club	Ligue	PJ	B	A	PTS	PUN	PJ	B	A	PTS	PUN
1987-88	Lac-Saint-Jean (Cascades)	QAAA	41	11	25	36	-	-	-	-	-	-
1988-89	Shawinigan (Cataractes)	LHJMQ	66	4	11	15	298	-	-	-	-	-
1989-90	Shawinigan (Cataractes)	LHJMQ	66	2	9	11	269	-	-	-	-	-
1990-91	Shawinigan (Cataractes)	LHJMQ	64	20	26	46	224	6	1	1	2	17
1991-92	Baltimore (Skipjacks)	AHL	2	0	0	0	6	-	-	-	-	-
	Hampton (Roads Admirals)	ECHL	47	6	10	16	293	13	1	3	4	74
1992-93	Hampton (Roads Admirals)	ECHL	54	9	13	22	226	2	0	0	0	2
1993-94	Roanoke (Express)	ECHL	45	8	10	18	278	2	0	1	1	4
1994-95	Minnesota (Moose)	IHL	50	1	4	5	174	-	-	-	-	-
1995-96	Minnesota (Moose)	IHL	33	3	2	5	104	-	-	-	-	-
1996-97	Houston (Aeros)	IHL	59	2	1	3	214	2	0	0	0	0
	Austin (Ice Bats)	WPHL	5	2	3	5	10	-	-	-	-	-
1997-98	Houston (Aeros)	IHL	67	4	4	8	254	2	0	0	0	2
1998-99	Fredericton (Canadiens)	AHL	39	4	4	8	152	12	1	0	1	31
	Montréal (Canadiens)	**LNH**	**10**	**0**	**0**	**0**	**52**	**-**	**-**	**-**	**-**	**-**
1999-00	**Montréal (Canadiens)**	**LNH**	**1**	**0**	**0**	**0**	**5**	**-**	**-**	**-**	**-**	**-**
	Québec (Citadelles)	AHL	47	2	4	6	231	2	0	0	0	0
2000-01	Lake Charles	WPHL	5	0	2	2	36	-	-	-	-	-
	London (Knights)	GBR	13	2	1	2	117	-	-	-	-	-
		LNH	**11**	**0**	**0**	**0**	**57**	**-**	**-**	**-**	**-**	**-**
		Montréal	**11**	**0**	**0**	**0**	**57**	**-**	**-**	**-**	**-**	**-**

• Signe avec Montréal comme joueur autonome le 10 juin 1998 • Signe avec London le comme joueur autonome le 17 novembre 2000

MOSDELL, KENNETH (KEN)

Né à Montréal, Québec, le 13 juillet, 1922, décédé le 5 janvier 2006
Centre, lance de la gauche, 6'1", 1922

Saison	Club	Ligue	PJ	B	A	PTS	PUN	PJ	B	A	PTS	PUN
1939-40	Montréal (Royals Jr)	LHJQ	12	7	9	16	4	2	0	0	0	0
	Montréal (Royals)	LHSQ	1	0	0	0	2	-	-	-	-	-
1940-41	Montréal (Royals Jr)	LHJQ	12	7	10	17	18	2	0	4	4	0
	Montréal (Royals)	LHSQ	1	0	1	1	0	-	-	-	-	-
	Montréal (Royals Jr)	Mem.	-	-	-	-	-	10	10	16	26	15
1941-42	Springfield (Indians)	AHL	1	0	0	0	0	-	-	-	-	-
	Brooklyn (Americans)	LNH	41	7	9	16	16	-	-	-	-	-
1942-43	Lachine (RCAF)	LHSQ	35	17	18	35	52	12	8	3	11	23
1943-44	Montréal (RCAF)	LHSQ	7	3	7	10	13	-	-	-	-	-
	Montréal (Fairchild)	LHCM	6	7	6	13	5	-	-	-	-	-
1944-45	**Montréal (Canadiens)**	**LNH**	**31**	**12**	**6**	**18**	**16**	-	-	-	-	-
1945-46	Buffalo (Bisons)	AHL	43	21	23	44	46	-	-	-	-	-
	Montréal (Canadiens)	**LNH**	**13**	**2**	**1**	**3**	**8**	**9**	**4**	**1**	**5**	**6**
1946-47	**Montréal (Canadiens)**	**LNH**	**54**	**5**	**10**	**15**	**50**	**4**	**2**	**0**	**2**	**4**
1947-48	**Montréal (Canadiens)**	**LNH**	**23**	**1**	**0**	**1**	**19**	-	-	-	-	-
1948-49	**Montréal (Canadiens)**	**LNH**	**60**	**17**	**9**	**26**	**50**	**7**	**1**	**1**	**2**	**4**
1949-50	**Montréal (Canadiens)**	**LNH**	**67**	**15**	**12**	**27**	**42**	**5**	**0**	**0**	**0**	**12**
1950-51	**Montréal (Canadiens)**	**LNH**	**66**	**13**	**18**	**31**	**24**	**11**	**1**	**1**	**2**	**4**
1951-52	**Montréal (Canadiens)**	**LNH**	**44**	**5**	**11**	**16**	**19**	**2**	**1**	**0**	**1**	**0**
	Match des étoiles	LNH	1	1	0	1	0	-	-	-	-	-
1952-53	**Montréal (Canadiens)**	**LNH**	**63**	**5**	**14**	**19**	**27**	**7**	**3**	**2**	**5**	**4**
	Match des étoiles	LNH	1	0	0	0	0	-	-	-	-	-
1953-54	**Montréal (Canadiens)**	**LNH**	**67**	**22**	**24**	**46**	**64**	**11**	**1**	**0**	**1**	**4**
	Match des étoiles	LNH	1	0	0	0	2	-	-	-	-	-
1954-55	**Montréal (Canadiens)**	**LNH**	**70**	**22**	**32**	**54**	**82**	**12**	**2**	**7**	**9**	**8**
	Match des étoiles	LNH	1	0	0	0	0	-	-	-	-	-
1955-56	**Montréal (Canadiens)**	**LNH**	**67**	**13**	**17**	**30**	**48**	**9**	**1**	**1**	**2**	**2**
	Match des étoiles	LNH	1	0	0	0	0	-	-	-	-	-
1956-57	Chicago (Black Hawks)	LNH	25	2	4	6	10	-	-	-	-	-
1957-58	**Montréal (Canadiens)**	**LNH**	**2**	**0**	**1**	**1**	**0**	-	-	-	-	-
	Montréal (Royals)	LHQ	62	27	42	69	51	7	3	6	9	2
1958-59	Rochester (Americans)	AHL	2	0	0	0	0	-	-	-	-	-
	Montréal (Royals)	LHQ	55	20	40	60	77	6	1	4	5	9
	Montréal (Canadiens)	**LNH**	-	-	-	-	-	**2**	**0**	**0**	**0**	**0**
1959-60	Montréal (Royals)	EPHL	61	26	36	62	50	14	3	3	6	12
		LNH	**693**	**141**	**168**	**309**	**475**	**79**	**16**	**13**	**29**	**48**
		Montréal	**627**	**132**	**155**	**287**	**449**	**79**	**16**	**13**	**29**	**48**

• Coupe Stanley (LNH) en 1945-46, 1952-53, 1955-56, 1958-59 • Match des étoiles (LNH) en 1951-52, 1952-53, 1953-54, 1954-55, 1955-56 • Première équipe d'étoiles (LNH) en 1953-54 • Deuxième équipe d'étoiles (LNH) en 1954-55 • Deuxième équipe d'étoiles (LHQ) en 1958-59
• Signe avec Brooklyn le 28 octobre 1941 • Droits transférés à Montréal avec Wilf Field lors du repêchage de dispersion de Brooklyn le 11 septembre 1943 • Prêté à Buffalo par Montréal avec Frank Eddolls le 28 octobre 1945 • Droits vendus à Chicago par Montréal avec Eddie Mazur et Bud MacPherson avec option de retour à la fin de la saison le 17 mai 1956

MULLER, KIRK

Né à Kingston, Ontario, le 8 février 1966 Ailier gauche, lance de la gauche, 6', 205 lb
(Choix de 1re ronde du New Jersey, 2e au total lors du repêchage de 1984)

Saison	Club	Ligue	PJ	B	A	PTS	PUN	PJ	B	A	PTS	PUN
1980-81	Kingston (Voyageurs)	OHA B	42	17	37	54	5	-	-	-	-	-
	Kingston (Canadiens)	OMJHL	2	0	0	0	0	-	-	-	-	-
1981-82	Kingston (Canadiens)	OHL	67	12	39	51	27	4	5	1	6	4
1982-83	Guelph (Platers)	OHL	66	52	60	112	41	-	-	-	-	-
1983-84	Guelph (Platers)	OHL	49	31	63	94	27	-	-	-	-	-
	Canada	Éq. nat.	15	2	2	4	6	-	-	-	-	-
	Canada	CMJ	7	2	1	3	16	-	-	-	-	-
	Canada	JO	6	2	1	3	0	-	-	-	-	-
1984-85	New Jersey (Devils)	LNH	80	17	37	54	69	-	-	-	-	-
	Match des étoiles	LNH	1	0	1	1	2	-	-	-	-	-
	Canada	CM	10	2	2	4	12	-	-	-	-	-
1985-86	New Jersey (Devils)	LNH	77	25	41	66	45	-	-	-	-	-
	Match des étoiles	LNH	1	0	0	0	0	-	-	-	-	-
	Canada	CM	9	4	3	7	12	-	-	-	-	-
1986-87	New Jersey (Devils)	LNH	79	26	50	76	75	-	-	-	-	-
	Étoiles LNH	RV 87	2	0	0	0	0	-	-	-	-	-
	Canada	CM	10	2	0	2	8	-	-	-	-	-
1987-88	New Jersey (Devils)	LNH	80	37	57	94	114	20	4	8	12	37
	Match des étoiles	LNH	1	0	0	0	0	-	-	-	-	-
1988-89	New Jersey (Devils)	LNH	80	31	43	74	119	-	-	-	-	-
	Canada	CM	9	6	4	10	6	-	-	-	-	-
1989-90	New Jersey (Devils)	LNH	80	30	56	86	74	6	1	3	4	11
	Match des étoiles	LNH	1	2	1	3	0	-	-	-	-	-
1990-91	New Jersey (Devils)	LNH	80	19	51	70	76	7	0	2	2	10
1991-92	**Montréal (Canadiens)**	**LNH**	**78**	**36**	**41**	**77**	**86**	**11**	**4**	**3**	**7**	**31**
	Match des étoiles	LNH	1	0	0	0	0	-	-	-	-	-
1992-93	**Montréal (Canadiens)**	**LNH**	**80**	**37**	**57**	**94**	**77**	**20**	**10**	**7**	**17**	**18**
	Match des étoiles	LNH	1	0	1	1	0	-	-	-	-	-
1993-94	**Montréal (Canadiens)**	**LNH**	**76**	**23**	**34**	**57**	**96**	**7**	**6**	**2**	**8**	**4**
1994-95	**Montréal (Canadiens)**	**LNH**	**33**	**8**	**11**	**19**	**33**	-	-	-	-	-
	New York (Islanders)	LNH	12	3	5	8	14	-	-	-	-	-
1995-96	New York (Islanders)	LNH	15	4	3	7	15	-	-	-	-	-
	Toronto (Maple Leafs)	LNH	36	9	16	25	42	6	3	2	5	0
1996-97	Toronto (Maple Leafs)	LNH	66	20	17	37	85	-	-	-	-	-
	Floride (Panthers)	LNH	10	1	2	3	4	5	1	2	3	4
1997-98	Floride (Panthers)	LNH	70	8	21	29	54	-	-	-	-	-
1998-99	Floride (Panthers)	LNH	82	4	11	15	49	-	-	-	-	-
1999-00	Dallas (Stars)	LNH	47	7	15	22	24	23	2	3	5	18
2000-01	Dallas (Stars)	LNH	55	1	9	10	26	10	1	3	4	12
2001-02	Dallas (Stars)	LNH	78	10	20	30	28	-	-	-	-	-
2002-03	Dallas (Stars)	LNH	55	1	5	6	18	12	1	1	2	8
		LNH	**1349**	**357**	**602**	**959**	**1223**	**127**	**33**	**36**	**69**	**153**
		Montréal	**267**	**104**	**143**	**247**	**292**	**38**	**20**	**12**	**32**	**53**

• Trophée William-Hanley (OHL) en 1982-83 • Match des étoiles (LNH) en 1984-85, 1985-86, 1987-88, 1989-90, 1991-92, 1992-93 • Médaille d'argent (CM) en 1985, 1989 • Médaille de bronze (CM) en 1986 • Coupe Stanley (LNH) en 1992-93
• Échangé à Montréal par New Jersey avec Roland Melanson pour Stéphane Richer et Tom Chorske le 20 septembre 1991 • Échangé à New York (Islanders) par Montréal avec Mathieu Schneider et Craig Darby pour Pierre Turgeon et Vladimir Malakhov le 5 avril 1995. • Échangé à Toronto par New York (Islanders) avec Don Beaupre pour Damian Rhodes et Ken Belanger le 23 janvier 1996 • Échangé à la Floride par Toronto pour Jason Podollan le 18 mars 1997 • Signe avec Dallas comme joueur autonome le 15 décembre 1999 • Réclamé par Columbus de Dallas lors du repêchage inter-équipes le 28 septembre 2001 • Échangé à Dallas par Columbus pour les droits sur Evgeny Petrochinin le 28 septembre 2001 • Annonce officiellement sa retraite le 2 septembre 2003

MUMMERY, HAROLD (HARRY)

Né à Chicago, Ilinois, le 25 août 1889, décédé le 7 décembre 1945
Défenseur, lance de la gauche, 5'11", 220 lb

Saison	Club	Ligue	PJ	B	A	PTS	PUN	PJ	B	A	PTS	PUN
1907-08	Brandon (YMCA)	MHL Sr	*Statistiques non disponibles*									
1908-09	Fort William (Forts)	NOHL	12	3	0	3	-	1	0	0	0	-
1909-10	Fort William (Forts)	NOHL	*Statistiques non disponibles*									
1910-11	Brandon (Shamrocks)	MPHL	5	1	0	1	-	-	-	-	-	-
1911-12	Moose Jaw (Brewers)	SPHL	8	1	0	1	-	-	-	-	-	-
1912-13	Québec (Bulldogs)	NHA	19	5	0	5	-	2	1	0	1	0
1913-14	Québec (Bulldogs)	NHA	20	8	5	13	-	-	-	-	-	-
1914-15	Québec (Bulldogs)	NHA	20	7	4	11	88	-	-	-	-	-
1915-16	Québec (Bulldogs)	NHA	23	2	1	3	84	-	-	-	-	-
1916-17	**Montréal (Canadiens)**	**NHA**	**20**	**5**	**3**	**8**	**101**	**6**	**0**	**0**	**0**	**43**
1917-18	Toronto (Arenas)	LNH	18	3	3	6	41	7	1	*7	8	17
1918-19	Toronto (Arenas)	LNH	13	2	0	2	30	-	-	-	-	-
1919-20	Québec (Bulldogs)	LNH	24	9	9	18	42	-	-	-	-	-
1920-21	**Montréal (Canadiens)**	**LNH**	**24**	**15**	**5**	**20**	**69**	-	-	-	-	-
1921-22	Hamilton (Tigers)	LNH	20	4	2	6	40	-	-	-	-	-
1922-23	Hamilton (Tigers)	LNH	7	0	0	0	4	-	-	-	-	-
	Saskatoon (Sheiks)	WCHL	4	0	0	0	2	-	-	-	-	-
		NHA	**102**	**27**	**13**	**40**	**273**	**8**	**1**	**0**	**1**	**43**
		LNH	**106**	**33**	**19**	**52**	**226**	**7**	**1**	**7**	**8**	**17**
		Montréal	**44**	**20**	**8**	**28**	**170**	**6**	**0**	**0**	**0**	**43**

• Coupe Stanley (NHA) en 1912-13, (LNH) en 1917-18
• Signe avec Québec en décembre 1912 • Droits vendus à Montréal par Québec, avec option de retour à la fin de la saison le 5 décembre 1916 • Réclamé par Toronto avec Walter Johnstons lors du repêchage de dispersion de Québec le 26 novembre 1917 • Droits transférés à Québec au retour de la concession de Québec dans la LNH le 2 novembre 1919 • Transfert de la concession de Québec à Hamilton le 2 novembre 1920 •Échangé à Montréal par Hamilton avec Jack McDonald pour Goldie Prodgers et Joe Matte le 9 décembre 1920 • Échangé à Hamilton par Montréal avec Amos Arbour pour Sprague Cleghorn, le 26 novembre 1921 • Droits vendus à Saskatoon (WCHL) par Hamilton le 8 février 1923.

MUNRO, DUNCAN (DUNC)

Né à Moray, Ecosse, le 19 janvier 1901, décédé le 3 janvier 1958
Défenseur, lance de la gauche, 5'8", 190 lb

Saison	Club	Ligue	PJ	B	A	PTS	PUN	PJ	B	A	PTS	PUN
1920-21	Toronto (Granites)	SOHA	8	4	5	9	-	2	1	0	1	-
1921-22	Toronto (Granites)	SOHA	10	4	6	10	-	2	2	1	3	-
	Toronto (Granites)	Allan	-	-	-	-	-	6	3	3	6	-
1922-23	Toronto (Granites)	SOHA	12	7	7	14	-	2	2	0	2	4
1923-24	Toronto (Granites)	Exh.	15	9	5	14	-	-	-	-	-	-
	Canada	JO	5	18	4	22	2	-	-	-	-	-
1924-25	Montréal (Maroons)	LNH	27	5	1	6	16	-	-	-	-	-
1925-26	Montréal (Maroons)	LNH	33	4	6	10	55	6	1	0	1	6
1926-27	Montréal (Maroons)	LNH	43	6	5	11	42	2	0	0	0	4
1927-28	Montréal (Maroons)	LNH	43	5	2	7	35	9	0	2	2	8
1928-29	Montréal (Maroons)	LNH	1	0	0	0	0	-	-	-	-	-
1929-30	Montréal (Maroons)	LNH	40	7	2	9	10	4	2	0	2	4
1930-31	Montréal (Maroons)	LNH	4	0	1	1	0	-	-	-	-	-
1931-32	**Montréal (Canadiens)**	**LNH**	**48**	**1**	**1**	**2**	**14**	**4**	**0**	**0**	**0**	**2**
		LNH	**239**	**28**	**18**	**46**	**172**	**25**	**3**	**2**	**5**	**24**
		Montréal	**48**	**1**	**1**	**2**	**14**	**4**	**0**	**0**	**0**	**2**

• Coupe Allan en 1921-22 • Médaille d'or (JO) en 1924 • Coupe Stanley (LNH) en 1925-26
• Signe avec Montréal (Maroons) le 30 octobre 1924 • Nommé joueur-entraîneur des Maroons de Montréal le 23 septembre 1929 • Signe avec Montréal (Canadiens) le 6 novembre 1931

MURDOCH, ROBERT (BOB)

Né à Kirkland Lake, Ontario, le 20 novembre 1946
Défenseur, lance de la droite, 6', 200 lb

Saison	Club	Ligue	PJ	B	A	PTS	PUN	PJ	B	A	PTS	PUN
1968-69	Winnipeg (Nationals)	WCSHL	6	0	1	1	2	-	-	-	-	-
	Canada	Éq. nat.	*Statistiques non disponibles*									
	Canada	CM	5	0	0	0	2	-	-	-	-	-
1969-70	Canada	Éq. nat.	*Statistiques non disponibles*									
	Montréal (Voyageurs)	AHL	6	0	2	2	6	-	-	-	-	-
1970-71	Montréal (Voyageurs)	AHL	66	8	20	28	69	3	1	2	3	4
	Montréal (Canadiens)	**LNH**	**1**	**0**	**2**	**2**	**2**	**2**	**0**	**0**	**0**	**0**
1971-72	Nlle-Écosse (Voyageurs)	AHL	53	7	32	39	53	-	-	-	-	-
	Montréal (Canadiens)	**LNH**	**11**	**1**	**1**	**2**	**8**	**1**	**0**	**0**	**0**	**0**
1972-73	**Montréal (Canadiens)**	**LNH**	**69**	**2**	**22**	**24**	**55**	**13**	**0**	**3**	**3**	**10**

MOS-MUR

Saison	Club	Ligue	PJ	B	A	PTS	PUN	PJ	B	A	PTS	PUN
			Saisons régulières					Séries éliminatoires				
1973-74	Los Angeles (Kings)	LNH	76	8	20	28	85	5	0	0	0	2
1974-75	Los Angeles (Kings)	LNH	80	13	29	42	116	3	0	1	1	4
	Match des étoiles	LNH	1	0	1	1	0	-	-	-	-	-
1975-76	Los Angeles (Kings)	LNH	80	6	29	35	103	9	0	5	5	15
1976-77	Los Angeles (Kings)	LNH	70	9	23	32	79	9	2	3	5	14
1977-78	Los Angeles (Kings)	LNH	76	2	17	19	68	2	0	1	1	5
1978-79	Los Angeles (Kings)	LNH	32	3	12	15	46	-	-	-	-	-
	Atlanta (Flames)	LNH	35	5	11	16	24	2	0	0	0	4
1979-80	Atlanta (Flames)	LNH	80	5	16	21	48	4	1	1	2	2
1980-81	Calgary (Flames)	LNH	74	3	19	22	54	16	1	4	5	36
1981-82	Calgary (Flames)	LNH	73	3	17	20	76	3	0	0	0	0
		LNH	**757**	**60**	**218**	**278**	**764**	**69**	**4**	**18**	**22**	**92**
		Montréal	**81**	**3**	**25**	**28**	**65**	**16**	**0**	**3**	**3**	**10**

• Coupe Stanley (LNH) en 1970-71, 1972-73 • Match des étoiles (LNH) en 1974-75

• Signe avec Montréal comme joueur autonome le 2 mars 1970 • Échangé au Minnesota par Montréal pour Marshall Johnston le 25 mai 1971 • Réclamé par Montréal du Minnesota lors du repêchage intra-ligue le 8 juin 1971 • Échangé à Los Angeles par Montréal avec Randy Rota pour le 1er choix de Los Angeles au repêchage de 1974 (Mario Tremblay) et une compensation financière le 29 mai 1973 • Échangé à Atlanta par Los Angeles avec le choix de 2e ronde de Los Angeles au repêchage de 1980 (Tony Curtale) pour Richard Mulhern et le choix de 2e ronde d'Atlanta au repêchage de 1980 (Dave Morrison) le 16 janvier 1979. • Transfert de la concession d'Atlanta à Calgary le 24 juin 1980

MURRAY, CHRIS

Né à Port Hardy, Colombie-Britanique, le 25 octobre 1974
Ailier droit, lance de la droite, 6'2", 209 lb
(Choix de 3e ronde de Montréal, 54e au total lors du repêchage de 1994)

Saison	Club	Ligue	PJ	B	A	PTS	PUN	PJ	B	A	PTS	PUN
1990-91	Bellingham (Ice Hawks)	BCJHL	54	5	8	13	150	-	-	-	-	-
1991-92	Kamloops (Blazers)	WHL	33	1	1	2	218	5	0	0	0	10
1992-93	Kamloops (Blazers)	WHL	62	6	10	16	217	13	0	4	4	34
1993-94	Kamloops (Blazers)	WHL	59	14	16	30	260	15	4	2	6	*107
	Kamloops (Blazers)	Mem.	-	-	-	-	-	4	2	2	4	24
1994-95	Fredericton (Canadiens)	AHL	55	6	12	18	234	12	1	1	2	50
	Montréal (Canadiens)	**LNH**	**3**	**0**	**0**	**0**	**4**	**-**	**-**	**-**	**-**	**-**
1995-96	Fredericton (Canadiens)	AHL	30	13	13	26	217	-	-	-	-	-
	Montréal (Canadiens)	**LNH**	**48**	**3**	**4**	**7**	**163**	**4**	**0**	**0**	**0**	**4**
1996-97	**Montréal (Canadiens)**	**LNH**	**56**	**4**	**2**	**6**	**114**	**-**	**-**	**-**	**-**	**-**
	Hartford (Whalers)	LNH	8	1	1	2	10	-	-	-	-	-
1997-98	Caroline (Hurricanes)	LNH	7	0	1	1	22	-	-	-	-	-
	Ottawa (Sénateurs)	LNH	46	5	3	8	96	11	1	0	1	8
1998-99	Ottawa (Sénateurs)	LNH	38	1	6	7	65	-	-	-	-	-
	Chicago (Blackhawks)	LNH	4	0	0	0	14	-	-	-	-	-
1999-00	Dallas (Stars)	LNH	32	2	1	3	62	-	-	-	-	-
	Michigan (K-Wings)	IHL	31	5	2	7	78	-	-	-	-	-
2000-01	Worcester (IceCats)	AHL	21	9	8	17	60	-	-	-	-	-
		LNH	**242**	**16**	**18**	**34**	**550**	**15**	**1**	**0**	**1**	**12**
		Montréal	**107**	**7**	**6**	**13**	**281**	**4**	**0**	**0**	**0**	**4**

• Coupe Memorial en 1993-94

• Échangé à Phoenix par Montréal avec Murray Baron pour Dave Manson le 18 mars 1997 • Échangé à Hartford par Phoenix pour Gerald Diduck le 18 mars 1997 • Transfert de la concession de Hartford en Caroline le 25 juin 1997 • Échangé à Ottawa par Caroline pour Sean Hill le 18 novembre 1997 • Échangé à Chicago par Ottawa pour Nelson Emerson le 23 mars 1999 • Réclamé au ballottage par Dallas de Chicago le 30 septembre 1999 • Signe avec St. Louis comme joueur autonome le 27 juillet 2000 • Signe avec Toronto comme joueur autonome le 7 août 2001

MURRAY, GARTH

Né à Régina, Saskatchewan, le 17 septembre 1982. Centre, lance de la gauche, 6'2", 209 lb (Choix de 3e ronde de New York (Rangers), 79e au total lors du repêchage de 2001)

Saison	Club	Ligue	PJ	B	A	PTS	PUN	PJ	B	A	PTS	PUN
1997-98	Calgary (Buffalos)	AMHL	56	26	34	60	110	-	-	-	-	-
	Régina (Pats)	WHL	4	0	0	0	2	2	0	0	0	0
1998-99	Régina (Pats)	WHL	60	3	5	8	101	-	-	-	-	-
1999-00	Régina (Pats)	WHL	68	14	26	40	155	7	1	1	2	7
2000-01	Régina (Pats)	WHL	72	28	16	44	183	6	1	1	2	10
2001-02	Régina (Pats)	WHL	62	33	30	63	154	6	2	3	5	9
	Hartford (Wolf Pack)	AHL	4	0	0	0	0	9	1	3	4	6
	Canada	CMJ	7	3	3	6	12	-	-	-	-	-
2002-03	Hartford (Wolf Pack)	AHL	64	10	14	24	121	2	0	0	0	6
2003-04	New York (Rangers)	NHL	20	1	0	1	24	-	-	-	-	-
	Hartford (Wolf Pack)	AHL	63	11	11	22	159	16	0	4	4	29
2004-05	Hartford (Wolf Pack)	AHL	55	4	5	9	182	5	1	0	1	8
2005-06	**Montréal (Canadiens)**	**NHL**	**36**	**5**	**1**	**6**	**44**	**6**	**0**	**0**	**0**	**0**
	Hamilton (Bullgogs))	AHL	26	1	1	2	46	-	-	-	-	-
2006-07	**Montréal (Canadiens)**	**NHL**	**43**	**2**	**1**	**3**	**32**	**-**	**-**	**-**	**-**	**-**
2007-08	**Montréal (Canadiens)**	**NHL**	**1**	**0**	**0**	**0**	**0**	**-**	**-**	**-**	**-**	**-**
	Floride (Panthers)	NHL	6	0	0	0	19	-	-	-	-	-
		LNH	**106**	**8**	**2**	**10**	**119**	**6**	**0**	**0**	**0**	**0**
		Montréal	**80**	**7**	**2**	**9**	**76**	**6**	**0**	**0**	**0**	**0**

• Médaille d'argent (CMJ) en 2002

• Échangé à Montréal par New-York (Rangers) pour Marcel Hossa le 30 septembre 2005 • Réclamé au ballottage par la Floride de Montréal le 13 novembre 2007 • Signe avec Phoenix comme joueur autonome le 18 juillet 2008

MURRAY, LEO

Né à Portage la Prairie, Manitoba, le 15 février 1906
Centre, lance de la gauche, 5'9", 165 lb

Saison	Club	Ligue	PJ	B	A	PTS	PUN	PJ	B	A	PTS	PUN
1922-23	Montréal (Sainte-Anne)	LHCM	2	0	0	0	-	-	-	-	-	-
1923-24	Montréal (Eurekas)	LHCM	*Statistiques non disponibles*									
1924-25	Montréal (Sainte-Anne)	ECHL	12	8	0	8	-	-	-	-	-	-
	Montréal (Eurekas)	LHCM	*Statistiques non disponibles*									
1925-26	Montréal (Colombus)	AHAQ	8	5	0	5	15	-	-	-	-	-
	Montréal (CNR)	LHRTM	9	7	3	10	6	1	0	0	0	0
1926-27	Québec (Castors)	Can-Am	32	13	4	17	36	2	0	0	0	2
1927-28	Québec (Castors)	Can-Am	39	10	5	15	69	6	1	0	1	12
1928-29	Newark (Bulldogs)	Can-Am	40	6	3	9	78	-	-	-	-	-
1929-30	Providence (Reds)	Can-Am	22	3	3	6	47	-	-	-	-	-
1930-31	Detroit (Olympics)	IHL	27	3	5	8	18	-	-	-	-	-
	Philadelphie (Arrows)	Can-Am	15	5	1	6	27	-	-	-	-	-
1931-32	Providence (Reds)	Can-Am	39	17	11	28	65	5	2	2	4	2
1932-33	Providence (Reds)	Can-Am	42	16	14	30	51	2	1	1	2	0
	Montréal (Canadiens)	**LNH**	**6**	**0**	**0**	**0**	**2**	**-**	**-**	**-**	**-**	**-**
1933-34	Providence (Reds)	Can-Am	40	9	12	21	60	3	0	0	0	9
1934-35	Providence (Reds)	Can-Am	39	2	10	12	32	6	1	0	1	6
1935-36	Springfield (Indians)	Can-Am	16	2	6	8	12	3	0	1	1	0
		LNH	**6**	**0**	**0**	**0**	**2**	**-**	**-**	**-**	**-**	**-**
		Montréal	**6**	**0**	**0**	**0**	**2**	**-**	**-**	**-**	**-**	**-**

• Signe avec Québec le 3 novembre 1926 • Transfert de la concession de Québec (Can-Am) à Newark (Can-Am) en octobre 1928 • Droits vendus à Providence (Can-Am) par Newark (Can-Am) le 8 octobre 1929 • Signe avec New York (Americans) le 22 octobre 1930 • Signe avec Providence (Can-Am) en octobre 1931 • Prêté à Montréal par Providence (Can-Am) avec Hago Harrington pour Léo Gaudreault et Armand Mondou le 23 janvier 1933 • Échangé à Springfield (Can-Am) par Providence (Can-Am) avec Chris Speyer pour Albert Leduc le 12 octobre 1935

NAPIER, MARK

Né à Toronto, Ontario, le 28 janvier 1957. Ailier droit, lance de la gauche, 5'10", 182 lb (Choix de 1re ronde de Montréal, 10e au total lors du repêchage de 1977)

Saison	Club	Ligue	PJ	B	A	PTS	PUN	PJ	B	A	PTS	PUN
1972-73	Wexford (Raiders)	OHA B	44	41	27	68	201	-	-	-	-	-
1973-74	Toronto (Marlboros)	OMJHL	70	47	46	93	63	-	-	-	-	-
1974-75	Toronto (Marlboros)	OMJHL	61	66	64	130	106	23	*24	24	*48	13
	Toronto (Marlboros)	Mem.	-	-	-	-	-	4	4	4	8	4
1975-76	Toronto (Toros)	AMH	78	43	50	93	20	-	-	-	-	-
1976-77	Birmingham (Bulls)	AMH	80	60	36	96	24	-	-	-	-	-
1977-78	Birmingham (Bulls)	AMH	79	33	32	65	9	5	0	2	2	14
1978-79	**Montréal (Canadiens)**	**LNH**	**54**	**11**	**20**	**31**	**11**	**12**	**3**	**2**	**5**	**2**
1979-80	**Montréal (Canadiens)**	**LNH**	**76**	**16**	**33**	**49**	**7**	**10**	**2**	**6**	**8**	**0**
1980-81	**Montréal (Canadiens)**	**LNH**	**79**	**35**	**36**	**71**	**24**	**3**	**0**	**0**	**0**	**2**
1981-82	**Montréal (Canadiens)**	**LNH**	**80**	**40**	**41**	**81**	**14**	**5**	**3**	**2**	**5**	**0**
	Canada	CM	9	3	1	4	0	-	-	-	-	-
1982-83	**Montréal (Canadiens)**	**LNH**	**73**	**40**	**27**	**67**	**6**	**3**	**0**	**0**	**0**	**0**
1983-84	**Montréal (Canadiens)**	**LNH**	**5**	**3**	**2**	**5**	**0**	**-**	**-**	**-**	**-**	**-**
	Minnesota (North Stars)	LNH	58	13	28	41	17	12	3	2	5	0
1984-85	Minnesota (North Stars)	LNH	39	10	18	28	2	-	-	-	-	-
	Edmonton (Oilers)	LNH	33	9	26	35	19	18	5	5	10	7
1985-86	Edmonton (Oilers)	LNH	80	24	32	56	14	10	1	4	5	0
1986-87	Edmonton (Oilers)	LNH	62	8	13	21	2	-	-	-	-	-
	Buffalo (Sabres)	LNH	15	5	5	10	0	-	-	-	-	-
1987-88	Buffalo (Sabres)	LNH	47	10	8	18	8	6	0	3	3	0
1988-89	Buffalo (Sabres)	LNH	66	11	17	28	33	3	1	0	1	0
1989-90	HC Bolzano	ITA	36	68	72	140	6	6	8	6	14	2
1990-91	HC Varese	ITA	36	*45	*73	*118	4	10	8	18	26	0
1991-92	HC Milano Devils	Alpes	20	29	13	42	4	-	-	-	-	-
	HC Milano Devils	ITA	11	11	14	25	0	12	15	13	28	0
	Canada	Éq. nat.	2	1	0	1	0	-	-	-	-	-
1992-93	HC Milano Devils	Alpes	27	19	19	38	4	-	-	-	-	-
	HC Milano Devils	ITA	16	13	23	36	2	11	6	9	15	0
		LNH	**767**	**235**	**306**	**541**	**157**	**82**	**18**	**24**	**42**	**11**
		Montréal	**367**	**145**	**159**	**304**	**62**	**33**	**8**	**10**	**18**	**4**

• Première équipe d'étoiles (OMJHL) en 1974-75 • Coupe Memorial en 1974-75 • Trophée Lou- Kaplan (AMH) en 1975-76 • Coupe Stanley (LNH) en 1978-79, 1984-85 • Médaille de bronze (CM) en 1982

• Signe avec Toronto (AMH) en mai 1975 • Transfert de la concession de Toronto (AMH) à Birmingham (AMH) le 30 juin 1976 • Échangé au Minnesota par Montréal avec Keith Acton et le choix de 3e ronde de Toronto (propriété du Canadien suite à une transaction antérieure, Minnesota sélectionne Ken Hodge Jr) au repêchage de 1984 pour Bobby Smith le 28 octobre 1983 • Échangé à Edmonton par Minnesota pour Gord Sherven et Terry Martin le 24 janvier 1985 • Échangé à Buffalo par Edmonton avec Lee Fogolin et le choix de ronde d'Edmonton au repêchage de 1987 (John Bradley) pour Normand Lacombe, Wayne Van Dorp et le choix de 4e ronde de Buffalo au repêchage de 1987 (Peter Ericksson) le 6 mars 1987

NÄSLUND, MATS

Né à Timra, Suède, le 31 octobre 1959 Ailier gauche, lance de la gauche, 5'7", 160 lb (Choix de 2e ronde de Montréal, 37e au total lors du repêchage de 1979)

Saison	Club	Ligue	PJ	B	A	PTS	PUN	PJ	B	A	PTS	PUN
1976-77	Timra IK	SWE	17	15	13	28	-	-	-	-	-	-
	Suède	EJC	6	9	3	12	2	-	-	-	-	-
1977-78	Timra IF	SWE	35	13	6	19	14	-	-	-	-	-
	Suède	CMJ	7	2	8	10	6	-	-	-	-	-
1978-79	Brynas IF Galve	SWE	36	12	12	24	19	-	-	-	-	-
	Suède	CMJ	6	3	2	5	6	-	-	-	-	-
	Suède	CM	8	5	2	7	8	-	-	-	-	-
1979-80	Brynas IF Galve	SWE	36	18	19	37	34	7	2	2	4	4
	Suède	JO	7	3	7	10	6	-	-	-	-	-
1980-81	Brynas IF Galve	SWE	36	17	*25	*42	34	-	-	-	-	-
	Suède	CM	8	0	3	3	6	-	-	-	-	-
1981-82	Brynas IF Galve	SWE	36	24	18	42	16	-	-	-	-	-
	Suède	CM	10	2	4	6	6	-	-	-	-	-
1982-83	**Montréal (Canadiens)**	**LNH**	**74**	**26**	**45**	**71**	**10**	**3**	**1**	**0**	**1**	**0**
	Suède	CM	10	3	4	7	2	-	-	-	-	-

SAISON	CLUB	LIGUE	PJ	B	A	PTS	PUN	PJ	B	A	PTS	PUN
1983-84	**Montréal (Canadiens)**	**LNH**	**77**	**29**	**35**	**64**	**4**	**15**	**6**	**8**	**14**	**4**
	Match des étoiles	LNH	1	1	0	1	0	-	-	-	-	-
1984-85	Suède	CC	8	2	3	5	6	-	-	-	-	-
	Montréal (Canadiens)	**LNH**	**80**	**42**	**37**	**79**	**14**	**12**	**7**	**4**	**11**	**6**
1985-86	**Montréal (Canadiens)**	**LNH**	**80**	**43**	**67**	**110**	**16**	**20**	**8**	**11**	**19**	**4**
	Match des étoiles	LNH	1	0	1	1	0	-	-	-	-	-
1986-87	**Montréal (Canadiens)**	**LNH**	**79**	**25**	**55**	**80**	**16**	**17**	**7**	**15**	**22**	**11**
1987-88	Suède	CC	6	1	2	3	2	-	-	-	-	-
	Montréal (Canadiens)	**LNH**	**78**	**24**	**59**	**83**	**14**	**6**	**0**	**7**	**7**	**2**
	Match des étoiles	LNH	1	0	5	5	0	-	-	-	-	-
1988-89	**Montréal (Canadiens)**	**LNH**	**77**	**33**	**51**	**84**	**14**	**21**	**4**	**11**	**15**	**6**
1989-90	**Montréal (Canadiens)**	**LNH**	**72**	**21**	**20**	**41**	**19**	**3**	**1**	**1**	**2**	**0**
1990-91	HC Lugano	SUI	31	27	29	56	-	11	4	8	12	-
	Suède	CM	10	3	5	8	0	-	-	-	-	-
1991-92	Suède	CC	6	1	3	4	0	-	-	-	-	-
	Malmo IF	SWE	39	15	24	39	10	10	3	2	5	-
	Suède	JO	8	1	5	6	27	-	-	-	-	-
1992-93	Malmo IF	SWE	33	11	21	32	10	1	0	0	0	0
1993-94	Malmo IF	SWE	40	14	30	44	8	11	2	4	6	4
	Suède	JO	8	0	7	7	0	-	-	-	-	-
1994-95	Boston (Bruins)	LNH	34	8	14	22	4	5	1	0	1	0
		LNH	**651**	**251**	**383**	**634**	**111**	**102**	**35**	**57**	**92**	**33**
		Montréal	**617**	**243**	**369**	**612**	**107**	**97**	**34**	**57**	**91**	**33**

• Équipe d'étoiles (CMJ) en 1978 • Équipe d'étoiles (SWE) en 1978-79, 1979-80, 1980-81, 1981-82, 1982-83 • Médaille d'argent (CMJ) en 1978, 1979 • Médaille de bronze (CM) en 1979 • Joueur de l'année (SWE) en 1979-80 • Médaille de bronze (JO) en 1980 • Médaille d'argent (CM) en 1981 • Équipe d'étoiles des joueurs recrues (LNH) en 1982-83 • Match des étoiles (LNH) en 1983-84, 1985-86, 1987-88 • Deuxième équipe d'étoiles (LNH) en 1985-86 • Coupe Stanley (LNH) en 1985-86 • Trophée Lady-Byng (LNH) en 1987-88 • Médaille d'or (CM) en 1991 • Médaille d'or (JO) en 1994

• Signe avec Boston comme joueur autonome le 21 février 1994

NASREDDINE, ALAIN

Né à Montréal, Québec, le 10 juillet 1975. Défenseur, lance de la gauche, 6'1", 201 lb (Choix de 6e ronde de la Floride, 135e au total lors du repêchage de 1993)

SAISON	CLUB	LIGUE	PJ	B	A	PTS	PUN	PJ	B	A	PTS	PUN
1990-91	Montréal-Bourassa	QAAA	35	10	25	35	50	-	-	-	-	-
1991-92	Drummondville (Voltigeurs)	LHJMQ	61	1	9	10	78	4	0	0	0	17
1992-93	Drummondville (Voltigeurs)	LHJMQ	64	0	14	14	137	10	0	1	1	36
1993-94	Chicoutimi (Saguenéens)	LHJMQ	60	3	24	27	218	26	2	10	12	118
	Chicoutimi (Saguenéens)	Mem.	-	-	-	-	-	4	0	0	0	8
1994-95	Chicoutimi (Saguenéens)	LHJMQ	67	8	31	39	342	13	3	5	8	40
1995-96	Caroline (Monarchs)	AHL	63	0	5	5	245	-	-	-	-	-
1996-97	Caroline (Monarchs)	AHL	26	0	4	4	109	-	-	-	-	-
	Indianapolis (Ice)	AHL	49	0	2	2	248	4	1	1	2	27
1997-98	Indianapolis (Ice)	AHL	75	1	12	13	258	5	0	2	2	12
1998-99	Chicago (Blackhawks)	LNH	7	0	0	0	19	-	-	-	-	-
	Portland (Pirates)	AHL	7	0	1	1	36	-	-	-	-	-
	Fredericton (Canadiens)	AHL	38	0	10	10	108	15	0	3	3	39
	Montréal (Canadiens)	**LNH**	**8**	**0**	**0**	**0**	**33**	-	-	-	-	-
1999-00	Québec (Citadelles)	AHL	59	1	6	7	178	-	-	-	-	-
	Hamilton (Bulldogs)	AHL	11	0	0	0	12	10	1	1	2	14
2000-01	Hamilton (Bulldogs)	AHL	74	4	14	18	164	-	-	-	-	-
2001-02	Hamilton (Bulldogs)	AHL	79	7	10	17	154	12	1	3	4	22
2002-03	Bridgeport (Sound Tigers)	AHL	67	3	9	12	114	9	0	0	0	27
2003-04	Bridgeport (Sound Tigers)	AHL	53	1	6	7	70	-	-	-	-	-
	Wilkes-Barres (Penguins)	AHL	17	1	1	2	16	24	1	0	1	48
2004-05	Wilkes-Barres (Penguins)	AHL	75	3	15	18	129	11	0	1	1	18
2005-06	Pittsburgh (Penguins)	LNH	6	0	0	0	8	-	-	-	-	-
	Wilkes-Barres (Penguins)	AHL	71	0	12	12	71	-	-	-	-	-
2006-07	Pittsburgh (Penguins)	LNH	44	1	4	5	18	-	-	-	-	-
	Wilkes-Barres (Penguins)	AHL	19	3	5	8	25	-	-	-	-	-
2007-08	Pittsburgh (Penguins)	LNH	6	0	0	0	4	-	-	-	-	-
	Wilkes-Barres (Penguins)	AHL	67	6	10	16	61	23	2	3	5	16
		LNH	**74**	**1**	**4**	**5**	**84**	-	-	-	-	-
		Montréal	**8**	**0**	**0**	**0**	**33**	-	-	-	-	-

• Coupe du Président (LHJMQ) en 1993-94 • Deuxième équipe d'étoiles (LHJMQ) en 1994-95

• Échangé à Chicago par la Floride pour Ivan Droppa le 18 décembre 1996 • Échangé à Montréal par Chicago avec Jeff Hackett, Eric Weinrich et le choix de 4e ronde de Tampa Bay (propriété de Chicago suite à une transaction antérieure, Montréal sélectionne Chris Dyment) au repêchage de 1999 pour Brad Brown, Dave Manson et Jocelyn Thibault le 16 novembre 1998 • Échangé à Edmonton par Montréal avec Igor Ulanov pour Christian Laflamme et Matthieu Descoteaux le 9 mars 2000 • Signe avec New York (Islanders) comme joueur autonome le 6 septembre 2002 • Échangé à Pittsburgh par NewYork (Islanders) pour Steve Webb le 8 mars 2004

NATTRESS, ERIC (RIC)

Né à Hamilton, Ontario, le 25 mai 1962. Défenseur, lance de la droite, 6'2", 210 lb (Choix de 2e ronde de Montréal, 27e au total lors du repêchage de 1980)

SAISON	CLUB	LIGUE	PJ	B	A	PTS	PUN	PJ	B	A	PTS	PUN
1978-79	Hamilton (Huskies)	OMHA	40	21	28	49	76	-	-	-	-	-
1979-80	Brantford (Alexanders)	OMJHL	65	3	21	24	94	11	1	6	7	38
1980-81	Brantford (Alexanders)	OMJHL	51	8	34	42	106	6	1	4	5	19
1981-82	Brantford (Alexanders)	OHL	59	11	50	61	126	11	3	7	10	17
	Nlle-Écosse (Voyageurs)	AHL	-	-	-	-	-	5	0	1	1	7
1982-83	Nlle-Écosse (Voyageurs)	AHL	9	0	4	4	16	-	-	-	-	-
	Montréal (Canadiens)	**LNH**	**40**	**1**	**3**	**4**	**19**	**3**	**0**	**0**	**0**	**10**
1983-84	**Montréal (Canadiens)**	**LNH**	**34**	**0**	**12**	**12**	**15**	-	-	-	-	-
1984-85	**Montréal (Canadiens)**	**LNH**	**5**	**0**	**1**	**1**	**2**	**2**	**0**	**0**	**0**	**2**
	Sherbrooke (Canadiens)	AHL	72	8	40	48	37	16	4	13	17	20
1985-86	St. Louis (Blues)	LNH	78	4	20	24	52	18	1	4	5	24
1986-87	St. Louis (Blues)	LNH	73	6	22	28	24	6	0	0	0	2
1987-88	Calgary (Flames)	LNH	63	2	13	15	37	6	1	3	4	0
1988-89	Calgary (Flames)	LNH	38	1	8	9	47	19	0	3	3	20
1989-90	Calgary (Flames)	LNH	49	1	14	15	26	6	2	0	2	0
1990-91	Calgary (Flames)	LNH	58	5	13	18	63	7	1	0	1	2
	Canada	CM	7	0	1	1	4	-	-	-	-	-
1991-92	Calgary (Flames)	LNH	18	0	5	5	31	-	-	-	-	-
	Toronto (Maple Leafs)	LNH	36	2	14	16	32	-	-	-	-	-
1992-93	Philadelphie (Flyers)	LNH	44	7	10	17	29	-	-	-	-	-
		LNH	**536**	**29**	**135**	**164**	**377**	**67**	**5**	**10**	**15**	**60**
		Montréal	**79**	**1**	**16**	**17**	**36**	**5**	**0**	**0**	**0**	**12**

• Coupe Calder (AHL) en 1984-85 • Coupe Stanley (LNH) en 1988-89 • Médaille d'argent (CM) en 1991

• Droits vendus à St. Louis par Montréal le 7 octobre 1985 • Échangé à Calgary par St. Louis pour le choix de 4e ronde de 1987 (Andy Rymsha) et le choix de 5e ronde de 1988 (Dave Lacouture) de Calgary au repêchage de 1988 le 13 juin 1987 • Échangé à Toronto par Calgary avec Doug Gilmour, Jamie Macoun, Ken Manderville et Rick Wamsley pour Gary Leeman, Alexander Godynyuk, Jeff Resse, Michel Petit et Craig Berube le 21 janvier 1992. • Signe avec Philadelphie comme joueur autonome le 21 août 1992

NEWBERRY, JOHN

Né à Port Alberni, Colombie-Britannique, le 8 avril 1962. Centre, lance de la gauche, 6', 190 lb (Choix de 3e ronde de Montréal, 45e au total lors du repêchage de 1980)

SAISON	CLUB	LIGUE	PJ	B	A	PTS	PUN	PJ	B	A	PTS	PUN
1979-80	Nanaimo (Clippers)	BCJHL	65	*84	*101	*185	96	-	-	-	-	-
	Victoria (Cougars)	WHL	1	0	2	2	0	-	-	-	-	-
1980-81	Wisconsin University	WCHA	39	30	32	62	77	-	-	-	-	-
1981-82	Wisconsin University	WCHA	39	38	27	65	42	-	-	-	-	-
1982-83	Nlle-Écosse (Voyageurs)	AHL	71	29	29	58	43	6	3	1	4	2
	Montréal (Canadiens)	**LNH**	-	-	-	-	-	**2**	**0**	**0**	**0**	**0**
1983-84	Nlle-Écosse (Voyageurs)	AHL	78	25	37	62	116	12	7	12	19	22
	Montréal (Canadiens)	**LNH**	**3**	**0**	**0**	**0**	**0**	-	-	-	-	-
1984-85	Sherbrooke (Canadiens)	AHL	58	23	40	63	30	17	6	*14	*20	18
	Montréal (Canadiens)	**LNH**	**16**	**0**	**4**	**4**	**6**	-	-	-	-	-
1985-86	Hartford (Whalers)	LNH	3	0	0	0	0	-	-	-	-	-
	Binghamton (Whalers)	AHL	21	6	11	17	38	-	-	-	-	-
	Moncton (Golden Flames)	AHL	44	10	24	34	31	9	1	4	5	2
1986-87	Karpat Oulu	FIN	39	16	14	30	63	9	3	4	7	17
1987-88	Vastra Frolunda	SWE	34	22	39	61	32	10	3	6	9	10
1988-89	Vastra Frolunda	SWE	33	24	22	46	32	11	5	5	10	8
1989-90	Orebro IK	SUI	17	4	23	27	29	-	-	-	-	-
	EV Zug	SUI	19	8	5	13	-	3	1	0	1	0
1990-91	Uppsala/Almtuna IS	SWE	27	18	18	36	46	2	0	1	1	27
1991-92	Uppsala/Almtuna IS	SWE	29	10	25	35	46	-	-	-	-	-
1992-93	Murrayfield Racers	GBR-Cup	-	-	-	-	-	6	7	13	20	28
	Murrayfield Racers	ENG	32	59	85	144	120	7	11	13	24	10
		LNH	**22**	**0**	**4**	**4**	**6**	**2**	**0**	**0**	**0**	**0**
		Montréal	**19**	**0**	**4**	**4**	**6**	**2**	**0**	**0**	**0**	**0**

• Équipe d'étoiles (NCAA) en 1980-81, 1981-82 • Première équipe d'étoiles (WCHA) en 1981-82 • Première équipe d'étoiles All-American, Division Ouest (NCAA) en 1981-82 • Coupe Calder (AHL) en 1984-85

• Signe avec Hartford comme joueur autonome le 19 septembre 1985

NEWMAN, DANIEL (DAN)

Né à Windsor, Ontario, le 26 janvier 1952 Ailier gauche, lance de la gauche. 6'1", 195 lb

SAISON	CLUB	LIGUE	PJ	B	A	PTS	PUN	PJ	B	A	PTS	PUN
1970-71	St. Clair College	NCAA	3	22	13	17	30	42	-	-	-	-
1971-72	St. Clair College	NCAA	3	20	28	13	41	-	-	-	-	-
1972-73	Virginia (Wings)	AHL	5	1	0	1	0	-	-	-	-	-
	Des Moines/Port Huron	IHL	61	8	14	22	27	3	0	0	0	0
1973-74	Port Huron (Wings)	IHL	66	14	16	30	129	-	-	-	-	-
1974-75	Port Huron (Flags)	IHL	72	8	22	30	72	5	1	2	3	0
1975-76	Port Huron (Flags)	IHL	75	39	45	84	114	15	6	9	15	35
1976-77	New Haven (Nighthawks)	AHL	33	12	17	29	57	-	-	-	-	-
	New York (Rangers)	LNH	41	9	8	17	37	-	-	-	-	-
1977-78	New Haven (Nighthawks)	AHL	8	2	4	6	7	-	-	-	-	-
	New York (Rangers)	LNH	59	5	13	18	22	3	0	0	0	4
1978-79	Nlle-Écosse (Voyageurs)	AHL	54	24	22	46	54	9	3	1	4	2
	Montréal (Canadiens)	**LNH**	**16**	**0**	**2**	**2**	**4**	-	-	-	-	-
1979-80	Edmonton (Oilers)	LNH	10	3	1	4	0	-	-	-	-	-
	Binghamton (Whalers)	AHL	55	11	17	28	50	-	-	-	-	-
	Houston (Apollos)	CHL	14	5	9	14	4	-	-	-	-	-
		LNH	**126**	**17**	**24**	**41**	**63**	**3**	**0**	**0**	**0**	**4**
		Montréal	**16**	**0**	**2**	**2**	**4**	-	-	-	-	-

• Signe avec Port Huron (IHL) comme joueur autonome en septembre 1972 • Droits transférés à New York (Rangers) lors de l'entente d'affiliation de Port Huron (IHL) en juin 1974 • Réclamé par Montréal de New York (Rangers) lors du repêchage inter-équipes le 9 octobre 1978 • Échangé à Edmonton par Montréal avec Dave Lumley pour le choix de 2e ronde d'Edmonton au repêchage de 1980 (Ric Nattress) le 13 juin 1979 • Échangé à Boston par Edmonton pour Bobby Schmautz le 10 décembre 1979

NIINIMAA, JANNE HENRIK

Né à Raahe, Finlande, le 22 mai 1975. Défenseur, lance de la gauche, 6'1", 220 lb (Choix de 2e ronde de Philadelphie, 36e au total lors du repêchage de 1993)

SAISON	CLUB	LIGUE	PJ	B	A	PTS	PUN	PJ	B	A	PTS	PUN
1990-91	Karpat Oulu Jr	FIN	7	1	1	2	4	-	-	-	-	-
1991-92	Karpat Oulu Jr	FIN	3	0	0	0	4	-	-	-	-	-
	Karpat Oulu	FIN-2	41	2	11	13	49	4	0	0	0	0
	Finlande	CMJ	5	0	0	0	2	-	-	-	-	-
	Finlande	EJC-A	6	4	3	7	8	-	-	-	-	-
1992-93	Karpat Oulu U18	FIN	-	-	-	-	-	6	2	5	7	6
	Karpat Oulu Jr	FIN	10	3	9	12	16	-	-	-	-	-
	Karpat Oulu	FIN-2	29	2	3	5	14	-	-	-	-	-
	KKP Kiiminki	FIN-3	1	0	2	2	2	-	-	-	-	-
	Finlande	EJC-A	6	1	1	2	20	-	-	-	-	-

SAISON	CLUB	LIGUE	PJ	B	A	PTS	PUN	PJ	B	A	PTS	PUN
1993-94	Jokerit Helsinki Jr	FIN	10	2	6	8	41	-	-	-	-	-
	Jokerit Helsinki	FIN	45	3	8	11	24	12	1	1	2	4
	Finlande	CMJ	7	0	0	0	10	-	-	-	-	-
1994-95	Jokerit Helsinki Jr	FIN	6	6	3	9	39	-	-	-	-	-
	Jokerit Helsinki	FIN	42	7	10	17	36	10	1	4	5	35
	Finlande	CMJ	7	2	3	5	6	-	-	-	-	-
	Finlande	CMH	8	1	2	3	10	-	-	-	-	-
1995-96	Jokerit Helsinki Jr	FIN						2	3	4	7	6
	Jokerit Helsinki	FIN	49	5	15	20	79	11	0	2	2	12
	Finlande	CM	5	1	0	1	10	-	-	-	-	-
1996-97	Philadelphie (Flyers)	LNH	77	4	40	44	58	19	1	12	13	16
	Finlande	CM	2	0	0	0	2	-	-	-	-	-
1997-98	Philadelphie (Flyers)	LNH	66	3	31	34	56	-	-	-	-	-
	Edmonton (Oilers)	LNH	11	1	8	9	6	11	1	1	2	12
	Finlande	JO	6	0	3	3	8	-	-	-	-	-
1998-99	Edmonton (Oilers)	LNH	81	4	24	28	88	4	0	0	0	2
1999-00	Edmonton (Oilers)	LNH	81	8	25	33	89	5	0	2	2	2
	Finlande	CM	9	2	1	3	8	-	-	-	-	-
2000-01	Edmonton (Oilers)	LNH	82	12	34	46	90	6	0	2	2	6
	Match des étoiles	LNH	1	0	0	0	0	-	-	-	-	-
2001-02	Edmonton (Oilers)	LNH	81	5	39	44	80	-	-	-	-	-
	Finlande	JO	4	0	3	3	2	-	-	-	-	-
	Finlande	CMH	9	0	4	4	8	-	-	-	-	-
2002-03	Edmonton (Oilers)	LNH	63	4	24	28	66	-	-	-	-	-
	New York (Islanders)	LNH	13	1	5	6	14	5	0	1	1	12
	Finlande	CMH	7	1	2	3	12	-	-	-	-	-
2003-04	New York (Islanders)	LNH	82	9	19	28	64	5	1	2	3	2
	Finlande	CMH	7	0	5	5	2	-	-	-	-	-
2004-05	Finlande	CDM	3	0	0	0	0	-	-	-	-	-
	IF Malmo Redhawks	SUE	10	0	3	3	34	-	-	-	-	-
	Karpat Oulu	FIN	26	3	10	13	30	12	0	5	5	8
2005-06	New York (Islanders)	LNH	41	1	9	10	62	-	-	-	-	-
	Dallas (Stars)	LNH	22	2	4	6	24	4	0	1	1	8
2006-07	**Montréal (Canadiens)**	**LNH**	**41**	**0**	**3**	**3**	**36**	-	-	-	-	-
2007-08	HC Davos	SUI	48	9	28	37	127	9	0	1	1	20
		LNH	**741**	**54**	**265**	**319**	**733**	**59**	**3**	**21**	**24**	**60**
		Montréal	**41**	**0**	**3**	**3**	**36**	-	-	-	-	-

• Médaille de bronze (JO) en 1998 • Équipe d'étoiles des recrues (LNH) en 1996-97 • Match des étoiles (LNH) en 2000-01

• Échangé à Edmonton par Philadelphie pour Dan McGillis et du choix de 2e ronde d'Edmonton (Jason Beckett) lors du repêchage de 1998 le 24 mars 1998 • Échangé à New-York (Islanders) par Edmonton avec un choix de 2e ronde de Washington (propriété d'Edmonton suite à une transaction antérieure, New-York (Islanders) sélectionne Evgeni Tunik) lors du repêchage de 2003 pour Brad Isbister et Raffi Torres le 11 mars 2003 • Signe avec Oulu (FIN) comme joueur autonome le 6 octobre 2004 • Échangé à Montréal par Dallas avec le choix de 5e ronde Dallas lors du repêchage de 2007 (Andrew Conboy) pour Mike Ribeiro et le choix de 6e ronde de Montréal lors du repêchage de 2008 (Matthew Tassone) le 30 septembre 2006 • Signe avec HC Davos (SUI) comme joueur autonome le 7 septembre 2007

NILAN, CHRISTOPHER (CHRIS)

Né à Boston, Massachusetts, le 9 février 1958. Ailier droit, lance de la droite, 6', 205 lb (Choix de 19e ronde de Montréal, 231e au total lors du repêchage de 1978)

SAISON	CLUB	LIGUE	PJ	B	A	PTS	PUN	PJ	B	A	PTS	PUN
1978-79	Northeastern University	ECAC	32	9	17	26	92	-	-	-	-	-
1979-80	Nlle-Écosse (Voyageurs)	AHL	49	15	10	25	*304	-	-	-	-	-
	Montréal (Canadiens)	**LNH**	**15**	**0**	**2**	**2**	**50**	**5**	**0**	**0**	**0**	**2**
1980-81	**Montréal (Canadiens)**	**LNH**	**57**	**7**	**8**	**15**	**262**	**2**	**0**	**0**	**0**	**0**
1981-82	**Montréal (Canadiens)**	**LNH**	**49**	**7**	**4**	**11**	**204**	**5**	**1**	**1**	**2**	**22**
1982-83	**Montréal (Canadiens)**	**LNH**	**66**	**6**	**8**	**14**	**213**	**3**	**0**	**0**	**0**	**5**
1983-84	**Montréal (Canadiens)**	**LNH**	**76**	**16**	**10**	**26**	***338**	**15**	**1**	**0**	**1**	***81**
1984-85	**Montréal (Canadiens)**	**LNH**	**77**	**21**	**16**	**37**	***358**	**12**	**2**	**1**	**3**	**81**
1985-86	**Montréal (Canadiens)**	**LNH**	**72**	**19**	**15**	**34**	**274**	**18**	**1**	**2**	**3**	***141**
1986-87	**Montréal (Canadiens)**	**LNH**	**44**	**4**	**16**	**20**	**266**	**17**	**3**	**0**	**3**	**75**
1987-88	États-Unis	CC	5	2	0	2	14	-	-	-	-	-
	Montréal (Canadiens)	**LNH**	**50**	**7**	**5**	**12**	**209**	-	-	-	-	-
	New York (Rangers)	LNH	22	3	5	8	96	-	-	-	-	-
1988-89	New York (Rangers)	LNH	38	7	7	14	177	4	0	1	1	38
1989-90	New York (Rangers)	LNH	25	1	2	3	59	4	0	1	1	19
1990-91	Boston (Bruins)	LNH	41	6	9	15	277	19	0	2	2	62
1991-92	Boston (Bruins)	LNH	39	5	5	10	186	-	-	-	-	-
	Montréal (Canadiens)	**LNH**	**17**	**1**	**3**	**4**	**74**	**7**	**0**	**1**	**1**	**15**
		LNH	**688**	**110**	**115**	**225**	**3043**	**111**	**8**	**9**	**17**	**541**
		Montréal	**523**	**88**	**87**	**175**	**2248**	**84**	**8**	**5**	**13**	**422**

• Coupe Stanley (LNH) en 1985-86

• Échangé à New York (Rangers) par Montréal avec le 1er choix de Montréal au repêchagede 1989 (Steven Rice) pour le 1er choix des Rangers au repêchage de 1989 (Lindsay Vallis) le 27 janvier 1988 • Échangé à Boston par New York (Rangers) pour Greg Johnston et des considérations futures le 28 juin 1990 • Réclamé au ballotage par Montréal de Boston le 12 février 1992

NOBLE, REGINALD (REG)

Né à Collingwood, Ontario, le 23 juin 1896, décédé le 19 janvier 1962 Centre/Défenseur, lance de la gauche, 5'8", 180 lbs

SAISON	CLUB	LIGUE	PJ	B	A	PTS	PUN	PJ	B	A	PTS	PUN
1915-16	St. Michael's College	JOHA	-	-	-	-	-	6	9	0	9	-
	Toronto (Riversides)	SOHA	10	14	0	14	-	4	6	0	6	-
1916-17	Toronto (Blueshirts)	NHA	14	7	5	12	41	-	-	-	-	-
	Montréal (Canadiens)	**NHA**	**6**	**4**	**0**	**4**	**15**	**2**	**0**	**1**	**1**	**3**
1917-18	Toronto (Arenas)	LNH	20	30	10	40	35	7	3	2	5	9
1918-19	Toronto (Arenas)	LNH	17	10	5	15	35	-	-	-	-	-
1919-20	Toronto (St. Patricks)	LNH	24	24	9	33	52	-	-	-	-	-
1920-21	Toronto (St. Patricks)	LNH	24	19	8	27	54	2	0	0	0	0
1921-22	Toronto (St. Patricks)	LNH	24	17	11	28	19	7	0	1	1	21
1922-23	Toronto (St. Patricks)	LNH	24	12	11	23	47	-	-	-	-	-
1923-24	Toronto (St. Patricks)	LNH	24	12	5	17	79	-	-	-	-	-
1924-25	Toronto (St. Patricks)	LNH	3	1	0	1	8	-	-	-	-	-
	Montréal (Maroons)	LNH	27	8	11	19	56	-	-	-	-	-
1925-26	Montréal (Maroons)	LNH	33	9	9	18	96	8	1	1	2	10
1926-27	Montréal (Maroons)	LNH	43	3	3	6	112	2	0	0	0	2
1927-28	Detroit (Cougars)	LNH	44	6	8	14	63	-	-	-	-	-
1928-29	Detroit (Cougars)	LNH	43	6	4	10	52	2	0	0	0	2
1929-30	Detroit (Cougars)	LNH	43	6	4	10	72	-	-	-	-	-
1930-31	Detroit (Falcons)	LNH	44	2	5	7	42	-	-	-	-	-
1931-32	Detroit (Falcons)	LNH	48	3	3	6	72	2	0	0	0	0
1932-33	Detroit (Falcons)	LNH	5	0	0	0	6	-	-	-	-	-
	Montréal (Maroons)	LNH	20	0	0	0	16	2	0	0	0	2
1933-34	Cleveland (Indians)	IHL	40	2	3	5	43	-	-	-	-	-
		NHA	**20**	**11**	**5**	**16**	**56**	**2**	**0**	**1**	**1**	**3**
		LNH	**510**	**168**	**106**	**274**	**916**	**32**	**4**	**4**	**8**	**46**
		Montréal	**6**	**4**	**0**	**4**	**15**	**2**	**0**	**1**	**1**	**3**

• Première équipe d'étoiles (JOHA) en 1914-15 • Coupe Stanley (LNH) en 1917-18, 1921-22, 1925-26

• Signe avec Toronto (NHA) le 25 novembre 1916 • Réclamé par Montréal (NHA) avec Arthur Brooks lors du repêchage de dispersion de Toronto (NHA) le 11 février 1917 • Signe avec Toronto le 5 décembre 1917 • Droits vendus à Montréal (Maroons) par Toronto le 9 décembre 1924 • Droits vendus à Detroit par Montréal (Maroons) le 4 octobre 1927 • Échangé à Montréal (Maroons) par Detroit pour John Gallagher le 9 décembre 1932

NYROP, WILLIAM (BILL)

Né à Washington, D.C., le 23 juillet 1952, décédé le 1er janvier 1996 Défenseur, lance de la gauche, 6'2", 205 lb (Choix de 5e ronde de Montréal, 66e au total lors du repêchage de 1972)

SAISON	CLUB	LIGUE	PJ	B	A	PTS	PUN	PJ	B	A	PTS	PUN
1970-71	Notre Dame University	WCHA	30	2	4	6	40	-	-	-	-	-
1971-72	Notre Dame University	WCHA	31	3	18	21	44	-	-	-	-	-
1972-73	Notre Dame University	WCHA	38	3	21	24	46	-	-	-	-	-
1973-74	Notre Dame University	WCHA	33	9	29	38	44	-	-	-	-	-
1974-75	Nlle-Écosse (Voyageurs)	AHL	75	2	22	24	76	6	0	5	5	0
1975-76	Nlle-Écosse (Voyageurs)	AHL	52	3	25	28	30	-	-	-	-	-
	Montréal (Canadiens)	**LNH**	**19**	**0**	**3**	**3**	**8**	**13**	**0**	**3**	**3**	**12**
1976-77	**Montréal (Canadiens)**	**LNH**	**74**	**3**	**19**	**22**	**21**	**8**	**1**	**0**	**1**	**4**
	États-Unis	CC	5	1	1	2	0	-	-	-	-	-
1977-78	**Montréal (Canadiens)**	**LNH**	**72**	**5**	**21**	**26**	**37**	**12**	**0**	**4**	**4**	**6**
1978-79					*N'a pas joué*							
1979-80					*N'a pas joué*							
1980-81					*N'a pas joué*							
1981-82	Minnesota (North Stars)	LNH	42	4	8	12	35	2	0	0	0	0
1982-83	Kolner EC	GER	19	3	2	5	8	-	-	-	-	-
		LNH	**207**	**12**	**51**	**63**	**101**	**35**	**1**	**7**	**8**	**22**
		Montréal	**165**	**8**	**43**	**51**	**66**	**33**	**1**	**7**	**8**	**22**

• Deuxième équipe d'étoiles (WCHA) en 1972-73 • Première équipe d'étoiles All-American de l'Ouest (NCAA) en 1972-73 • Coupe Stanley (LNH) en 1975-76, 1976-77, 1977-78

• Échangé à Minnesota par Montréal pour le choix de 2e ronde du Minnesota au repêchage de 1979 (Gaston Gingras) le 9 août 1979 • Échangé à Calgary par Minnesota avec Steve Christoff et le choix de 2e ronde de St. Louis (propriété du Minnesota suite à une transaction antérieure, Calgary sélectionne Dave Reierson) au repêchage de 1982 pour Will Plett et le choix de 4e ronde de Calgary au repêchage (Dusan Pasek) le 7 juin 1982

O'BYRNE RYAN

Né à Victoria, Colombie-Britannique, le 19 juillet 1984. Défenseur, lance de la droite, 6'6", 228 lb (Choix de 3e ronde de Montréal, 79e au total lors du repêchage de 2003)

SAISON	CLUB	LIGUE	PJ	B	A	PTS	PUN	PJ	B	A	PTS	PUN
2001-02	Victoria (Salsa)	BCHL	52	2	9	11	91	-	-	-	-	-
2002-03	Victoria (Salsa)	BCHL	32	3	6	9	94	-	-	-	-	-
	Nanaimo (Clippers)	BCHL	9	2	4	6	24	-	-	-	-	-
2003-04	Cornell (Big Red)	ECAC	31	0	2	2	71	-	-	-	-	-
2004-05	Cornell (Big Red)	ECACHL	33	3	7	10	68	-	-	-	-	-
2005-06	Cornell (Big Red)	ECACHL	28	7	6	13	69	-	-	-	-	-
2006-07	Hamilton (Bullgogs)	AHL	80	0	12	12	129	22	2	5	7	32
2007-08	**Montréal (Canadiens)**	**LNH**	**33**	**1**	**6**	**7**	**45**	**4**	**0**	**0**	**0**	**0**
	Hamilton (Bullgogs)	AHL	20	2	6	8	49	-	-	-	-	-
		LNH	**33**	**1**	**6**	**7**	**45**	**4**	**0**	**0**	**0**	**0**
		Montréal	**33**	**1**	**6**	**7**	**45**	**4**	**0**	**0**	**0**	**0**

• Coupe Calder (AHL) en 2006-07

O'CONNOR, WILLIAM (BUDDY)

Né à Montréal, Québec, le 21 juin 1916, décédé le 24 août 1977 Centre, lance de la gauche, 5'8", 145 lb

SAISON	CLUB	LIGUE	PJ	B	A	PTS	PUN	PJ	B	A	PTS	PUN
1934-35	Montréal (Royals Jr)	LHJQ	10	*15	7	*22	4	2	1	1	2	0
	Montréal (Royals)	LHSQ	-	-	-	-	-	4	1	0	1	2
	Montréal (Royals)	Allan	-	-	-	-	-	1	1	0	1	0
1935-36	Montréal (Royals)	LHSQ	22	14	10	24	6	8	6	5	*11	6
	Montréal (Royals)	Allan	-	-	-	-	-	4	1	0	1	4
1936-37	Montréal (Royals)	LHSQ	19	10	*17	27	27	5	0	4	4	2
1937-38	Montréal (Royals)	LHSQ	22	9	14	23	10	1	0	0	0	0
1938-39	Montréal (Royals)	LHSQ	22	13	*23	*36	28	5	5	4	9	2
	Montréal (Royals)	Allan	-	-	-	-	-	13	10	10	20	15
1939-40	Montréal (Royals)	LHSQ	29	16	25	41	6	8	8	6	14	2
	Montréal (Royals)	Allan	-	-	-	-	-	5	5	5	10	6
1940-41	Montréal (Royals)	LHSQ	35	15	*38	53	12	8	2	7	9	4
	Montréal (Royals)	Allan	-	-	-	-	-	14	6	14	20	4
1941-42	Montréal (Royals)	LHSQ	9	1	5	6	4	-	-	-	-	-
	Montréal (Canadiens)	**LNH**	**36**	**9**	**16**	**25**	**4**	**3**	**0**	**1**	**1**	**0**
1942-43	**Montréal (Canadiens)**	**LNH**	**50**	**15**	**43**	**58**	**2**	**5**	**4**	**5**	**9**	**0**

SAISON	CLUB	LIGUE	PJ	B	A	PTS	PUN	PJ	B	A	PTS	PUN
1943-44	**Montréal (Canadiens)**	**LNH**	**44**	**12**	**42**	**54**	**6**	**8**	**1**	**2**	**3**	**2**
1944-45	**Montréal (Canadiens)**	**LNH**	**50**	**21**	**23**	**44**	**2**	**2**	**0**	**0**	**0**	**0**
1945-46	**Montréal (Canadiens)**	**LNH**	**45**	**11**	**11**	**22**	**2**	**9**	**2**	**3**	**5**	**0**
	Montréal (Royals)	LHSQ	2	0	1	1	0	2	0	2	2	0
1946-47	**Montréal (Canadiens)**	**LNH**	**46**	**10**	**20**	**30**	**6**	**8**	**3**	**4**	**7**	**0**
1947-48	New York (Rangers)	LNH	60	24	36	60	8	6	1	4	5	0
1948-49	New York (Rangers)	LNH	46	11	24	35	0	-	-	-	-	-
1949-50	New York (Rangers)	LNH	66	11	22	33	4	12	4	2	6	4
	Match des étoiles	LNH	1	0	0	0	0	-	-	-	-	-
1950-51	New York (Rangers)	LNH	66	16	20	36	0	-	-	-	-	-
1951-52	Chicoutimi (Mohawks)	AHL	65	11	43	54	4	4	2	3	5	2
1952-53	Chicoutimi (Mohawks)	IHL	1	0	0	0	0	-	-	-	-	-
		LNH	**509**	**140**	**257**	**397**	**34**	**53**	**15**	**21**	**36**	**6**
		Montréal	**271**	**78**	**155**	**233**	**22**	**35**	**10**	**15**	**25**	**2**

• Coupe Stanley (LNH) en 1943-44, 1945-46 • Deuxième équipe d'étoiles (LNH) en 1947-48 • Trophée Lady-Byng (LNH) en 1947-48 • Trophée Hart (LNH) en 1947-48 • Match des étoiles (LNH) en 1949-50 • Deuxième équipe d'étoiles (AHL) en 1951-52 • Temple de la Renommée (LNH) en 1988

• Échangé à Montréal (Maroons) par Montréal (Canadiens) pour Sammy McManus le 10 mai 1936 • Signe à Montréal avec Pete Morin et Gerry Hefferman le 28 novembre 1941 • Échangé à New York (Rangers) par Montréal avec Frank Eddols pour Hall Laycoe, George Robertson et Joe Bell le 19 août 1947

ODELEIN, LYLE

Né à Quill Lake, Saskatchewan, le 21 juillet 1968. Défenseur, lance de la droite, 5'11", 210 lb (Choix de 7e ronde de Montréal, 141e au total lors du repêchage de 1986)

SAISON	CLUB	LIGUE	PJ	B	A	PTS	PUN	PJ	B	A	PTS	PUN
1985-86	Moose Jaw (Warriors)	WHL	67	9	37	46	117	13	1	6	7	34
1986-87	Moose Jaw (Warriors)	WHL	59	9	50	59	70	9	2	5	7	26
1987-88	Moose Jaw (Warriors)	WHL	63	15	43	58	166	-	-	-	-	-
1988-89	Sherbrooke (Canadiens)	AHL	33	3	4	7	120	3	0	2	2	5
	Peoria (Rivermen)	IHL	36	2	8	10	116	-	-	-	-	-
1989-90	Sherbrooke (Canadiens)	AHL	68	7	24	31	265	12	6	5	11	79
	Montréal (Canadiens)	**LNH**	**8**	**0**	**2**	**2**	**33**	**-**	**-**	**-**	**-**	**-**
1990-91	**Montréal (Canadiens)**	**LNH**	**52**	**0**	**2**	**2**	**259**	**12**	**0**	**0**	**0**	**54**
1991-92	**Montréal (Canadiens)**	**LNH**	**71**	**1**	**7**	**8**	**212**	**7**	**0**	**0**	**0**	**11**
1992-93	**Montréal (Canadiens)**	**LNH**	**83**	**2**	**14**	**16**	**205**	**20**	**1**	**5**	**6**	**30**
1993-94	**Montréal (Canadiens)**	**LNH**	**79**	**11**	**29**	**40**	**276**	**7**	**0**	**0**	**0**	**17**
1994-95	**Montréal (Canadiens)**	**LNH**	**48**	**3**	**7**	**10**	**152**	**-**	**-**	**-**	**-**	**-**
1995-96	**Montréal (Canadiens)**	**LNH**	**79**	**3**	**14**	**17**	**230**	**6**	**1**	**1**	**2**	**6**
1996-97	Canada	CM	2	0	0	0	0	-	-	-	-	-
	New Jersey (Devils)	LNH	79	3	13	16	110	10	2	2	4	19
1997-98	New Jersey (Devils)	LNH	79	4	19	23	171	6	1	1	2	21
1998-99	New Jersey (Devils)	LNH	70	5	26	31	114	7	0	3	3	10
1999-00	New Jersey (Devils)	LNH	57	1	15	16	104	-	-	-	-	-
	Phoenix (Coyotes)	LNH	16	1	7	8	19	5	0	0	0	16
2000-01	Columbus (Blue Jackets)	LNH	81	3	14	17	118	-	-	-	-	-
2001-02	Columbus (Blue Jackets)	LNH	65	2	14	16	89	-	-	-	-	-
	Chicago (Blackhawks)	LNH	12	0	2	2	4	4	0	1	1	25
2002-03	Chicago (Blackhawks)	LNH	65	7	4	11	76	-	-	-	-	-
	Dallas (Stars)	LNH	3	0	0	0	6	2	0	0	0	0
2003-04	Floride (Panthers)	LNH	82	4	12	16	88	-	-	-	-	-
2004-05					*N'a pas joué*							
2005-06	Pittsburgh (Penguins)	LNH	27	0	1	1	50	-	-	-	-	-
		LNH	**1056**	**50**	**202**	**252**	**2316**	**86**	**5**	**13**	**18**	**209**
		Montréal	**420**	**20**	**75**	**95**	**1367**	**52**	**2**	**6**	**8**	**118**

• Coupe Stanley (LNH) en 1992-93

• Échangé au New Jersey par Montréal pour Stéphane Richer le 22 août 1996 • Échangé à Phoenix par New Jersey pour Deron Quint et le choix de 3e ronde de Phoenix au repêchage de 2001 (propriété du New Jersey suite à une transaction antérieure, Phoenix sélectionne Beat Forster) le 7 mars 2000 • Sélectionné par Columbus de Phoenix lors de l'expansion de la LNH le 23 juin 2000 • Échangé à Chicago par Columbus pour Jaroslav Spacek et le choix de 2e ronde de Chicago au repêchage de 2003 (Dan Fritsche) le 19 mars 2002 • Échangé à Dallas par Chicago pour Sami Helenius et un choix de 7e ronde de Dallas au repêchage de 2004 (Troy Brouwer) le 10 mars 2003 • Signe avec la Floride comme joueur autonome le 9 septembre 2003 • Signe avec Pittsburgh comme joueur autonome le 2 septembre 2005

ODJICK, GINO

Né à Maniwaki, Québec, le 7 septembre 1970. Ailier droit, lance de la droite, 6'3", 224 lb (Choix de 5e ronde de Vancouver, 86e au total lors du repêchage de 1990)

SAISON	CLUB	LIGUE	PJ	B	A	PTS	PUN	PJ	B	A	PTS	PUN
1987-88	Hawkesbury (Hawks)	OCJHL	40	2	4	6	167	-	-	-	-	-
1988-89	Laval (Titan)	LHJMQ	50	9	15	24	278	16	0	9	9	129
	Laval (Titan)	Mem.	-	-	-	-	-	3	0	1	1	5
1989-90	Laval (Titan)	LHJMQ	51	12	26	38	280	13	6	5	11	110
	Laval (Titan)	Mem.	-	-	-	-	-	4	0	1	1	10
1990-91	Vancouver (Canucks)	LNH	45	7	1	8	296	6	0	0	0	18
	Milwaukee (Admirals)	IHL	17	7	3	10	102	-	-	-	-	-
1991-92	Vancouver (Canucks)	LNH	65	4	6	10	348	4	0	0	0	6
1992-93	Vancouver (Canucks)	LNH	75	4	13	17	370	1	0	0	0	0
1993-94	Vancouver (Canucks)	LNH	76	16	13	29	271	10	0	0	0	18
1994-95	Vancouver (Canucks)	LNH	23	4	5	9	109	5	0	0	0	47
1995-96	Vancouver (Canucks)	LNH	55	3	4	7	181	6	3	1	4	6
1996-97	Vancouver (Canucks)	LNH	70	5	8	13	371	-	-	-	-	-
1997-98	Vancouver (Canucks)	LHN	35	3	2	5	181	-	-	-	-	-
	New York (Islanders)	LNH	13	0	0	0	31	-	-	-	-	-
1998-99	New York (Islanders)	LNH	23	4	3	7	133	-	-	-	-	-
1999-00	New York (Islanders)	LNH	46	5	10	15	90	-	-	-	-	-
	Philadelphia (Flyers)	LNH	13	3	1	4	10	-	-	-	-	-
2000-01	Philadelphia (Flyers)	LNH	17	1	3	4	28	-	-	-	-	-
	Montréal (Canadiens)	**LNH**	**13**	**1**	**0**	**1**	**44**	**-**	**-**	**-**	**-**	**-**
2001-02	**Montréal (Canadiens)**	**LNH**	**36**	**4**	**4**	**8**	**104**	**12**	**1**	**0**	**1**	**47**
	Québec (Citadelles)	AHL	13	2	1	3	40	-	-	-	-	-
		NLH	**605**	**64**	**73**	**137**	**2567**	**44**	**4**	**1**	**5**	**142**
		Montréal	**49**	**5**	**4**	**9**	**148**	**12**	**1**	**0**	**1**	**47**

• Coupe du Président (LHJMQ) en 1988-89, 1989-90

• Échangé à New York (Islanders) par Vancouver pour Jason Strudwick le 23 mars 1998. • Échangé à Philadelphie par New York (Islanders) pour Mikael Andersson et le choix de 5e ronde de la Caroline au repêchage de 2000 (propriété de Philadelphie suite à une transaction antérieure, New York (Islanders) sélectionne Kristofer Ottosson) le 15 février 2000 • Échangé à Montréal par Philadelphie pour P. J. Stock et le choix de 6e ronde au repêchage de 2001 (Dennis Seidenberg) le 7 décembre 2000

OLMSTEAD, ALBERT (BERT)

Né à Sceptre, Saskatchewan, le 4 septembre 1926
Ailier gauche, lance de la gauche, 6'1", 180 lb

SAISON	CLUB	LIGUE	PJ	B	A	PTS	PUN	PJ	B	A	PTS	PUN
1944-45	Moose Jaw (Canucks)	S-SJHL	16	0	3	3	8	4	2	0	2	8
	Moose Jaw (Canucks)	Mem.	-	-	-	-	-	17	10	8	18	18
1945-46	Moose Jaw (Canucks)	S-SJHL	18	24	19	43	32	4	0	1	1	6
	Moose Jaw (Canucks)	Mem.	-	-	-	-	-	8	2	8	10	6
1946-47	Kansas City (Pla-Mors)	USHL	60	27	15	42	34	12	2	3	5	4
1947-48	Kansas City (Pla-Mors)	USHL	66	26	26	52	42	7	1	4	5	0
1948-49	Kansas City (Pla-Mors)	USHL	52	33	44	77	54	2	0	1	1	0
	Chicago (Black Hawks)	LNH	9	0	2	2	4	-	-	-	-	-
1949-50	Chicago (Black Hawks)	LNH	70	20	29	49	40	-	-	-	-	-
1950-51	Milwaukee (Seagulls)	USHL	12	8	7	15	11	-	-	-	-	-
	Chicago (Black Hawks)	LNH	15	2	1	3	10	-	-	-	-	-
	Montréal (Canadiens)	**LNH**	**39**	**16**	**22**	**38**	**50**	**11**	**2**	**4**	**6**	**9**
1951-52	**Montréal (Canadiens)**	**LNH**	**69**	**7**	**28**	**35**	**49**	**11**	**0**	**1**	**1**	**4**
1952-53	**Montréal (Canadiens)**	**LNH**	**69**	**17**	**28**	**45**	**83**	**12**	**2**	**2**	**4**	**4**
1953-54	**Montréal (Canadiens)**	**LNH**	**70**	**15**	**37**	**52**	**85**	**11**	**0**	**1**	**1**	**19**
	Match des étoiles	LNH	1	0	0	0	5	-	-	-	-	-
1954-55	**Montréal (Canadiens)**	**LNH**	**70**	**10**	***48**	**58**	**103**	**12**	**0**	**4**	**4**	**21**
1955-56	**Montréal (Canadiens)**	**LNH**	**70**	**14**	***56**	**70**	**94**	**10**	**4**	**10**	**14**	**8**
1956-57	**Montréal (Canadiens)**	**LNH**	**64**	**15**	**33**	**48**	**74**	**10**	**0**	**9**	**9**	**13**
	Match des étoiles	LNH	1	0	1	1	0	-	-	-	-	-
1957-58	**Montréal (Canadiens)**	**LNH**	**57**	**9**	**28**	**37**	**71**	**9**	**0**	**3**	**3**	**0**
	Match des étoiles	LNH	1	1	0	1	2	-	-	-	-	-
1958-59	Toronto (Maple Leafs)	LNH	70	10	31	41	74	12	4	2	6	13
1959-60	Toronto (Maple Leafs)	LNH	53	15	21	36	63	10	3	4	7	0
	Match des étoiles	LNH	1	0	0	0	0	-	-	-	-	-
1960-61	Toronto (Maple Leafs)	LNH	67	18	34	52	84	3	1	2	3	10
1961-62	Toronto (Maple Leafs)	LNH	56	13	23	36	10	4	0	1	1	0
		LNH	**848**	**181**	**421**	**602**	**884**	**115**	**16**	**43**	**59**	**101**
		Montréal	**508**	**103**	**280**	**383**	**609**	**86**	**8**	**34**	**42**	**78**

• Deuxième équipe d'étoiles (LNH) en 1952-53, 1955-56 • Match des étoiles (LNH) en 1953-54, 1956-57, 1957-58, 1959-60 • Coupe Stanley (LNH) en 1952-53, 1955-56, 1956-57, 1957-58, 1961-62

• Échangé à Detroit par Chicago avec Vic Stasiuk pour Stephen Black et Lee Fogolin le 2 décembre 1950 • Échangé à Montréal par Detroit pour Léo Gravelle le 19 décembre 1950 • Réclamé par Toronto de Montréal lors du repêchage intra-ligue le 3 juin 1958 • Réclamé par New York (Rangers) de Toronto lors du repêchage intra-ligue le 4 juin 1962

O'NEILL, JAMES (JIM)

Né à Semans, Saskatchewan, le 3 avril 1913, décédé le 13 février 1973
Centre/ailier droit, lance de la droite, 5'8", 160 lb

SAISON	CLUB	LIGUE	PJ	B	A	PTS	PUN	PJ	B	A	PTS	PUN
1930-31	Saskatoon (Wesleys)	N-SJHL	4	6	2	8	2	2	0	0	0	2
1931-32	Saskatoon (Wesleys)	N-SJHL	4	3	0	3	5	8	3	0	3	10
	Saskatoon (Crescents)	N-SSHL	18	6	3	9	22	4	0	1	1	12
	Saskatoon (Wesleys)	Mem.	-	-	-	-	-	2	0	0	0	2
1932-33	Boston (Cubs)	Can-Am	46	13	17	30	63	7	1	3	4	8
1933-34	Boston (Cubs)	Can-Am	12	6	5	11	19	-	-	-	-	-
	Boston (Bruins)	LNH	23	2	2	4	15	-	-	-	-	-
1934-35	Boston (Bruins)	LNH	48	2	11	13	35	4	0	0	0	9
1935-36	Boston (Bruins)	LNH	48	2	11	13	49	2	1	1	2	4
1936-37	Providence (Reds)	IAHL	15	2	8	10	14	3	0	1	1	2
	Boston (Bruins)	LNH	21	0	2	2	6	-	-	-	-	-
1937-38	Cleveland (Barons)	IAHL	38	5	24	29	66	2	0	0	0	0
1938-39	Cleveland (Barons)	IAHL	41	4	18	22	29	9	2	6	8	0
1939-40	Cleveland (Barons)	IAHL	56	7	20	27	35	-	-	-	-	-
1940-41	New Haven (Eagles)	AHL	40	7	17	24	40	-	-	-	-	-
	Montréal (Canadiens)	**LNH**	**12**	**0**	**3**	**3**	**0**	**3**	**0**	**0**	**0**	**0**
1941-42	Washington (Lions)	AHL	41	7	33	40	22	2	0	0	0	6
	Montréal (Canadiens)	**LNH**	**4**	**0**	**1**	**1**	**4**	**-**	**-**	**-**	**-**	**-**
1942-43	Washington (Lions)	AHL	10	2	7	9	4	-	-	-	-	-
	Hersey (Bears)	AHL	45	17	43	60	48	6	3	1	4	2
1943-44	Hershey (Bears)	AHL	54	20	33	53	18	7	0	6	6	2
1944-45	Hershey (Bears)	AHL	55	14	32	46	16	11	2	7	9	4
1945-46	Hershey (Bears)	AHL	52	5	26	31	33	3	0	0	0	2
		LNH	**156**	**6**	**30**	**36**	**109**	**9**	**1**	**1**	**2**	**13**
		Montréal	**16**	**0**	**4**	**4**	**4**	**3**	**0**	**0**	**0**	**0**

• Coupe Calder (AHL) en 1938-39

• Échangé à Montréal par Cleveland (AHL) pour Bill Summerhill le 17 mai 1940 • Échangé à Hershey (AHL) par Washington (AHL) pour Bob Gracie le 21 novembre 1942

ORLESKI, DAVE

Né à Edmonton, Alberta, le 26 décembre 1959. Ailier gauche, lance de la gauche, 6'4", 210 lb (Choix de 4e ronde de Montréal, 79e au total lors du repêchage de 1979)

Saison	Club	Ligue	Saisons régulières PJ	B	A	PTS	PUN	Séries éliminatoires PJ	B	A	PTS	PUN
1976-77	New Westminster (Bruins)	WCHL	62	8	14	22	29	14	3	4	7	8
	New Westminster (Bruins)	Mem.	-	-	-	-	-	5	2	2	4	14
1977-78	New Westminster (Bruins)	WCHL	64	15	35	50	132	14	12	9	21	28
1978-79	New Westminster (Bruins)	WHL	71	27	39	66	128	8	3	4	7	2
	Canada	CMJ	5	2	0	2	0	-	-	-	-	-
1979-80	Nlle-Écosse (Voyageurs)	AHL	70	24	24	48	32	6	0	2	2	0
1980-81	Nlle-Écosse (Voyageurs)	AHL	37	8	13	21	44	6	2	1	3	7
	Montréal (Canadiens)	**LNH**	**1**	**0**	**0**	**0**	**0**	-	-	-	-	-
1981-82	Nlle-Écosse (Voyageurs)	AHL	64	14	23	37	15	9	1	2	3	6
	Montréal (Canadiens)	**LNH**	**1**	**0**	**0**	**0**	**0**	-	-	-	-	-
1982-83	Nlle-Écosse (Voyageurs)	AHL	68	30	37	67	28	3	1	0	1	0
1983-84	Nlle-Écosse (Voyageurs)	AHL	20	6	9	15	14	12	2	2	4	0
	Salt Lake (Golden Eagles)	CHL3	0	1	1	4	-	-	-	-	-	
1984-85	Nlle-Écosse (Voyageurs)	AHL	2	0	1	1	0	-	-	-	-	-
		LNH	**2**	**0**	**0**	**0**	**0**	-	-	-	-	-
		Montréal	**2**	**0**	**0**	**0**	**0**	-	-	-	-	-

• Coupe Memorial en 1976-77

PALANGIO, PETER (PETE)

Né à North Bay, Ontario, le 10 septembre 1908, décédé le 24 décembre 2004
Ailier gauche, lance de la gauche, 5'11", 175 lb

Saison	Club	Ligue	Saisons régulières PJ	B	A	PTS	PUN	Séries éliminatoires PJ	B	A	PTS	PUN
1926-27	North Bay (Trappers)	NOHA	11	*25	10	*35	24	4	*9	3	*12	4
	Montréal (Canadiens)	**LNH**	**6**	**0**	**0**	**0**	**0**	**4**	**0**	**0**	**0**	**0**
1927-28	Windsor (Hornets)	Can-Pro	28	16	1	17	18	-	-	-	-	-
	Detroit (Cougars)	LNH	14	3	0	3	8	-	-	-	-	-
1928-29	**Montréal (Canadiens)**	**LNH**	**2**	**0**	**0**	**0**	**0**	-	-	-	-	-
	Kitchener (Dutchmen)	Can-Pro	37	17	7	24	26	3	1	0	1	4
1929-30	London (Panthers)	IHL	44	11	6	17	36	2	0	0	0	0
1930-31	London (Tecumsehs)	IHL	3	2	0	2	0	-	-	-	-	-
	Syracuse (Stars)	IHL	41	18	12	30	12	-	-	-	-	-
1931-32	Syracuse (Stars)	IHL	43	12	5	17	18	-	-	-	-	-
1932-33	St. Louis (Flyers)	AHA	43	21	14	35	38	4	0	1	1	2
1933-34	St. Louis (Flyers)	AHA	48	21	9	30	22	7	*3	1	*4	6
1934-35	St. Louis (Flyers)	AHA	47	34	19	53	8	6	*4	3	*7	11
1935-36	St. Louis (Flyers)	AHA	48	22	20	42	38	8	*5	1	*6	8
1936-37	Chicago (Black Hawks)	LNH	30	8	9	17	16	-	-	-	-	-
1937-38	Chicago (Black Hawks)	LNH	19	2	1	3	4	3	0	0	0	0
	St. Louis (Flyers)	AHA	25	8	13	21	9	7	3	0	3	2
1938-39	Tulsa (Oilers)	AHA	34	12	18	30	16	8	1	3	4	2
1939-40	Tulsa (Oilers)	AHA	46	21	27	48	14	-	-	-	-	-
1940-41	Tulsa (Oilers)	AHA	48	12	21	33	17	-	-	-	-	-
1941-42	Dallas (Texans)	AHA	49	22	29	51	6	-	-	-	-	-
1942-43	Hershey (Bears)	AHL	5	0	1	1	0	-	-	-	-	-
	Pittsburgh (Hornets)	AHL	29	6	18	24	4	2	1	0	1	2
1943-44	Sudbury Open Pit Miners	NBHL	1	0	1	1	0	-	-	-	-	-
1944-45	North Bay (Merchants)	NBHL	-	*23	*12	*35	-	-	-	-	-	-
1945-46	North Bay (Rangers)	NBHL	*Statistiques non disponibles*									
1946-47	North Bay (Rangers)	NBHL	*Statistiques non disponibles*									
1947-48	North Bay (Black Hawks)	NBHL	14	19	22	41	-	6	8	7	15	2
	North Bay (Black Hawks)	Allan	-	-	-	-	-	5	3	5	8	-
1948-49	North Bay (Black Hawks)	NBHL	8	4	2	6	0	-	-	-	-	-
		LNH	**71**	**13**	**10**	**23**	**28**	**7**	**0**	**0**	**0**	**0**
		Montréal	**8**	**0**	**0**	**0**	**0**	**4**	**0**	**0**	**0**	**0**

• Première équipe d'étoiles (AHA) en 1934-35, 1935-36 • Coupe Stanley (LNH) en 1937-38

• Signe avec Montréal le 2 mars 1927 • Prêté à Detroit par Montréal pour Stan Brown le 13 février 1928 • Prêté à Kitchener (Can-Pro) par Montréal le 26 novembre 1928 • Prêté à London (IHL) par Montréal le 11 novembre 1929 • Droits vendus à London (IHL) par Montréal le 11 novembre 1930 • Droits vendus à Syracuse (IHL) de London (IHL) le 28 novembre 1930 • Droits vendus à St. Louis (AHA) par Syracuse (IHL) le 19 octobre 1932 • Droits vendus à Chicago par St. Louis (AHA) le 19 décembre 1936 • Droits vendus à Tulsa (AHA) par Chicago le 24 octobre 1938

PARGETER, GEORGE

Né à Calgary, Alberta, le 24 février 1923, décédé le 2 octobre 2005
Ailier gauche, lance de la gauche, 5'7", 168 lb

Saison	Club	Ligue	Saisons régulières PJ	B	A	PTS	PUN	Séries éliminatoires PJ	B	A	PTS	PUN
1941-42	Calgary (Royals)	CCJHL	*Statistiques non disponibles*									
	Calgary (Royals)	Mem.	-	-	-	-	-	2	2	0	2	0
1942-43	Red Deer (Wheelers)	ANDHL	24	18	9	27	8	-	-	-	-	-
1943-44	Red Deer (Wheelers)	ASHL	16	5	6	11	8	5	2	*6	*8	7
1944-45	Buffalo (Bisons)	AHL	53	25	14	39	12	6	3	5	8	0
1945-46	New Haven (Eagles)	AHL	48	21	15	36	6	-	-	-	-	-
	Fort Worth (Rangers)	USHL	14	8	4	12	0	-	-	-	-	-
1946-47	Springfield (Indians)	AHL	13	8	9	17	7	-	-	-	-	-
	Montréal (Canadiens)	**LNH**	**4**	**0**	**0**	**0**	**0**	-	-	-	-	-
	Buffalo (Bisons)	AHL	45	6	15	21	4	4	0	1	1	0
1947-48	Houston (Huskies)	USHL	26	11	16	27	2	-	-	-	-	-
	Buffalo (Bisons)	AHL	33	3	4	7	2	8	1	1	2	0
1948-49	Buffalo (Bisons)	AHL	66	31	34	65	18	-	-	-	-	-
1949-50	Buffalo (Bisons)	AHL	68	21	23	44	9	5	1	0	1	2
1950-51	Buffalo (Bisons)	AHL	63	20	24	44	6	4	0	1	1	0
1951-52	Buffalo (Bisons)	AHL	51	7	15	22	8	3	0	0	0	0
1952-53	Seattle (Bombers)	WHL	69	16	33	49	4	5	2	0	2	0
1953-54	Calgary (Stampeders)	WHL	67	20	15	35	4	18	5	8	13	2
	Calgary (Stampeders)	Édin.	-	-	-	-	-	7	2	2	4	0
1954-55	Calgary (Stampeders)	WHL	70	17	19	36	10	9	2	2	4	0
		LNH	**4**	**0**	**0**	**0**	**0**	-	-	-	-	-
		Montréal	**4**	**0**	**0**	**0**	**0**	-	-	-	-	-

• Échangé à Montréal par Springfield (AHL) pour Joe Benoit le 15 novembre 1946 • Prêté à Buffalo (AHL) par Montréal le 27 novembre 1946

PASLAWSKI, GREGORY (GREG)

Né à Kindersley, Saskatchewan, le 25 août 1961
Ailier droit, lance de la droite, 5'11", 190 lb

Saison	Club	Ligue	Saisons régulières PJ	B	A	PTS	PUN	Séries éliminatoires PJ	B	A	PTS	PUN
1979-80	Prince Albert (Raiders)	SJHL	58	17	32	49	142	-	-	-	-	-
1980-81	Prince Albert (Raiders)	SJHL	59	55	60	115	106	-	-	-	-	-
1981-82	Nlle-Écosse (Voyageurs)	AHL	43	15	11	26	31	-	-	-	-	-
1982-83	Nlle-Écosse (Voyageurs)	AHL	75	46	42	88	32	6	1	3	4	8
1983-84	**Montréal (Canadiens)**	**LNH**	**26**	**1**	**4**	**5**	**4**	-	-	-	-	-
	St. Louis (Blues)	LNH	34	8	6	14	17	9	1	0	1	2
1984-85	St. Louis (Blues)	LNH	72	22	20	42	21	3	0	0	0	2
1985-86	St. Louis (Blues)	LNH	56	22	11	33	18	17	10	7	17	13
1986-87	St. Louis (Blues)	LNH	76	29	35	64	27	6	1	1	2	4
1987-88	St. Louis (Blues)	LNH	17	2	1	3	4	3	1	1	2	2
1988-89	St. Louis (Blues)	LNH	75	26	26	52	18	9	2	1	3	2
1989-90	Winnipeg (Jets)	LNH	71	18	30	48	14	7	1	3	4	0
1990-91	Winnipeg (Jets)	LNH	43	9	10	19	10	-	-	-	-	-
	Buffalo (Sabres)	LNH	12	2	1	3	4	-	-	-	-	-
1991-92	Québec (Nordiques)	LNH	80	28	17	45	18	-	-	-	-	-
1992-93	Philadelphie (Flyers)	LNH	60	14	19	33	12	-	-	-	-	-
	Calgary (Flames)	LNH	13	4	5	9	0	6	3	0	3	0
1993-94	Calgary (Flames)	LNH	15	2	0	2	2	-	-	-	-	-
	Peoria (Rivermen)	IHL	29	16	16	32	12	6	3	3	6	0
1994-95	Peoria (Rivermen)	IHL	69	26	43	69	15	9	9	1	10	4
1995-96	Peoria (Rivermen)	IHL	60	16	27	43	22	1	0	0	0	0
		LNH	**650**	**187**	**185**	**372**	**169**	**60**	**19**	**13**	**32**	**25**
		Montréal	**26**	**1**	**4**	**5**	**4**	-	-	-	-	-

• Signe avec Montréal comme joueur autonome le 5 octobre 1981 • Échangé à St. Louis par Montréal avec Gilbert Delorme et Doug Wickenheiser pour Perry Turnbull le 21 décembre 1983 • Échangé à Winnipeg par St. Louis avec le choix de 3e ronde de Montréal (propriété de St. Louis suite à une transaction antérieure, Winnipeg sélectionne Kris Draper) au repêchage de 1989 pour le choix de 3e ronde des Rangers de New York (propriété de Winnipeg suite à une transaction antérieure, St. Louis sélectionne Denny Felsner) au repêchage de 1989 et le choix de 2e ronde de Winnipeg au repêchage de 1991 (Steve Staios) le 17 juin 1989 • Droits vendus à Buffalo par Winnipeg le 4 février 1991 • Réclamé par San Jose de Buffalo lors de l'expansion de la LNH le 30 mai 1991 • Échangé à Québec par San Jose pour Tony Hrhac le 31 mai 1991 • Signe avec Philadelphie comme joueur autonome le 25 août 1992 • Échangé à Calgary par Philadelphie pour le choix de 9e ronde de Calgary au repêchage de 1993 (E. J. Bradley) le 18 mars 1993

PATTERSON, GEORGE

Né à Kingston, Ontario, le 22 mai 1906, décédé le 20 janvier 1977
Ailier droit, lance de la droite, 6'1", 175 lb

Saison	Club	Ligue	Saisons régulières PJ	B	A	PTS	PUN	Séries éliminatoires PJ	B	A	PTS	PUN
1926-27	Hamilton (Tigers)	Can-Pro	23	14	3	17	30	-	-	-	-	-
	Toronto (St. Pats/Leafs)	LNH	17	4	2	6	17	-	-	-	-	-
1927-28	Toronto (Maple Leafs)	LNH	12	0	0	0	14	-	-	-	-	-
	Toronto (Ravinas)	Can-Pro	16	7	0	7	37	-	-	-	-	-
	Montréal (Canadiens)	**LNH**	**16**	**1**	**1**	**2**	**0**	-	-	-	-	-
1928-29	**Montréal (Canadiens)**	**LNH**	**44**	**4**	**5**	**9**	**34**	**3**	**0**	**0**	**0**	**2**
1929-30	New York (Americans)	LNH	39	13	4	17	24	-	-	-	-	-
1930-31	New York (Americans)	LNH	44	8	6	14	67	-	-	-	-	-
1931-32	New York (Americans)	LNH	20	6	0	6	26	-	-	-	-	-
	New Haven (Eagles)	Can-Am	25	17	10	27	33	2	2	0	2	12
1932-33	New York (Americans)	LNH	41	12	7	19	26	-	-	-	-	-
1933-34	New York (Americans)	LNH	13	3	0	3	6	-	-	-	-	-
	Boston (Bruins)	LNH	10	0	1	1	2	-	-	-	-	-
	Boston (Cubs)	Can-Am	17	7	3	10	15	5	0	2	2	2
1934-35	Detroit (Red Wings)	LNH	7	0	0	0	0	-	-	-	-	-
	Detroit (Olympics)	IHL	3	0	0	0	2	-	-	-	-	-
	St. Louis (Eagles)	LNH	21	0	1	1	2	-	-	-	-	-
	Buffalo (Bisons)	IHL	25	10	9	19	56	-	-	-	-	-
1935-36	Buffalo (Bisons)	IHL	48	7	11	18	31	1	0	0	0	2
1936-37	Buffalo (Bisons)	IAHL	11	2	1	3	16	-	-	-	-	-
	Minneapolis (Millers)	AHA	35	19	17	36	35	6	*8	2	*10	6
1937-38	Minneapolis (Millers)	AHA	48	25	34	*59	46	7	1	4	5	0
1938-39	Cleveland (Barons)	IAHL	53	11	5	16	20	9	1	1	2	0
1939-40	New Haven (Eagles)	IAHL	54	25	27	52	42	3	2	2	4	2
1940-41	New Haven (Eagles)	AHL	45	19	33	52	33	2	0	0	0	0
1941-42	New Haven (Eagles)	AHL	28	9	16	25	18	2	0	1	1	2
1942-43	New Haven (Eagles)	AHL	26	10	12	22	2	-	-	-	-	-
	Indianapolis (Capitols)	AHL	23	9	16	28	6	7	1	4	5	0
1943-44	Hershey (Bears)	AHL	48	15	31	46	16	7	1	1	2	4
1944-45	Hershey (Bears)	AHL	24	9	13	22	5	-	-	-	-	-
	Providence (Reds)	AHL	30	17	20	37	4	-	-	-	-	-
		LNH	**284**	**51**	**27**	**78**	**218**	**3**	**0**	**0**	**0**	**2**
		Montréal	**60**	**5**	**6**	**11**	**34**	**3**	**0**	**0**	**0**	**2**

• Deuxième équipe d'étoiles (AHA) en 1936-37 • Première équipe d'étoiles (AHA) en 1937-38 • Coupe Calder (AHL) en 1938-39

• Signe avec Hamilton (Can-Pro) le 21 septembre 1926 • Échangé à Toronto par Hamilton (Can-Pro) pour Al Pudas et une somme d'argent le 1er février 1927 • Droits vendus à Montréal par Toronto le 8 février 1928 • Droits vendus à Boston par Montréal avec Herb Gardiner et Art Gagné le 13 mai 1929 • Réclamé au ballottage par New York (Americans) de Boston le 23 octobre 1929 • Échangé à Boston par New York (Americans) avec Llyod Gross pour Art Chapman et Bob Gracie le 11 janvier 1934 • Échangé à Detroit par Boston pour Gene Carrigan le 10 octobre 1934 • Prêté à St. Louis par Detroit avec droit de rappel pour Mickey Blake et une somme d'argent le 29 novembre 1934 • Retourne à Detroit le 24 décembre 1934 • Droits vendus à Buffalo (IHL) par Detroit le 4 janvier 1935 • Signe avec Minneapolis (AHA) après le retrait de la concession de Buffalo (IAHL) le 9 décembre 1936

PAL-PAT

PAULHUS, ROLAND

Né à Montréal, Québec, le 1er septembre 1902
Défenseur, lance de la gauche, 5'8", 185 lb

Saison	Club	Ligue	PJ	B	A	PTS	PUN	PJ	B	A	PTS	PUN
1924-25	Verdun (Maple Leafs)	LHCM	*Statistiques non disponibles*									
1925-26	**Montréal (Canadiens)**	**LNH**	**33**	**0**	**0**	**0**	**0**	**-**	**-**	**-**	**-**	**-**
1926-27	Providence (Reds)	Can-Am	29	5	3	8	74	-	-	-	-	-
1927-28	Providence (Reds)	Can-Am	39	15	3	18	76	-	-	-	-	-
1928-29	Providence (Reds)	Can-Am	38	5	2	7	108	2	0	0	0	2
1929-30	Providence (Reds)	Can-Am	8	0	0	0	6	-	-	-	-	-
	London (Panthers)	IHL	2	0	0	0	0	-	-	-	-	-
	New Haven (Eagles)	Can-Am	10	0	1	1	20	-	-	-	-	-
	Windsor (Bulldogs)	IHL	1	0	0	0	0	-	-	-	-	-
1930-31	Philadelphie (Arrows)	Can-Am	29	0	3	3	63	-	-	-	-	-
1931-32	Philadelphie (Arrows)	Can-Am	22	1	1	2	26	-	-	-	-	-
	Cleveland (Indians)	IHL	8	0	0	0	2	-	-	-	-	-
		LNH	**33**	**0**	**0**	**0**	**0**	**-**	**-**	**-**	**-**	**-**
		Montréal	**33**	**0**	**0**	**0**	**0**	**-**	**-**	**-**	**-**	**-**

• Signe avec Montréal le 16 novembre 1925 • Droits vendus (Can-Am) à London par Providence (Can-Am) le 27 janvier 1930 • Droits vendus à Providence (Can-Am) par London (Can-Am) le 5 février 1930 • Droits vendus à New Haven (Can-Am) par Providence (Can-Am) le 10 février 1930

PAYAN, EUGÈNE

Né à Saint-Hyacinthe, Québec, le 10 septembre 1888
Centre, lance de la gauche, 5'7", 160 lb

Saison	Club	Ligue	PJ	B	A	PTS	PUN	PJ	B	A	PTS	PUN
1908-09	Montréal (Victoria)	IPAHU	5	9	0	9	16	-	-	-	-	-
1909-10	Montréal (Victoria)	IPAHU	*Statistiques non disponibles*									
1910-11	**Montréal (Canadiens)**	**NHA**	**16**	**12**	**0**	**12**	**43**	**-**	**-**	**-**	**-**	**-**
1911-12	**Montréal (Canadiens)**	**NHA**	**18**	**8**	**0**	**8**	**-**	**-**	**-**	**-**	**-**	**-**
1912-13	**Montréal (Canadiens)**	**NHA**	**6**	**3**	**0**	**3**	**0**	**-**	**-**	**-**	**-**	**-**
1913-14	**Montréal (Canadiens)**	**NHA**	**7**	**5**	**0**	**5**	**0**	**2**	**0**	**0**	**0**	**0**
		NHA	**47**	**28**	**0**	**28**	**43**	**2**	**0**	**0**	**0**	**0**
		Montréal	**47**	**28**	**0**	**28**	**43**	**2**	**0**	**0**	**0**	**0**

• Signe avec Montréal (NHA) le 12 décembre 1910 • Prêté à Brooklyn par Montréal (NHA) le 6 janvier 1913 • Retourne à Montréal (NHA) par Brooklyn le 23 janvier 1913

PAYER, ÉVARISTE

Né à Rockland, Ontario, le 12 décembre 1887, décédé en 1963
Avant, lance de la gauche, 5'6", 150 lb

Saison	Club	Ligue	PJ	B	A	PTS	PUN	PJ	B	A	PTS	PUN
1909-10	Rockland Seniors	LOHA	*Statistiques non disponibles*									
1910-11	**Montréal (Canadiens)**	**NHA**	**6**	**0**	**0**	**0**	**3**	**-**	**-**	**-**	**-**	**-**
1911-12	Montréal (Hochelaga)	LHCM	7	6	0	6	6	-	-	-	-	-
	Montréal (Canadiens)	**NHA**	**3**	**1**	**0**	**1**	**0**	**-**	**-**	**-**	**-**	**-**
1912-13	Montréal (Champêtre)	LHCM	12	13	0	13	15	1	1	0	1	0
1913-14	Montréal (Champêtre)	LHCM	10	10	0	10	20	-	-	-	-	-
1914-15	Rockland Seniors	LOHA	*Statistiques non disponibles*									
1915-16			*Service militaire*									
1916-17			*Service militaire*									
1917-18	**Montréal (Canadiens)**	**LNH**	**1**	**0**	**0**	**0**	**0**	**-**	**-**	**-**	**-**	**-**
	Rockland Seniors	LOHA	*Statistiques non disponibles*									
		NHA	**9**	**1**	**0**	**1**	**3**	**-**	**-**	**-**	**-**	**-**
		LNH	**1**	**0**	**0**	**0**	**0**	**-**	**-**	**-**	**-**	**-**
		Montréal	**10**	**1**	**0**	**1**	**3**	**-**	**-**	**-**	**-**	**-**

• Première équipe d'étoiles (LHCM) en 1911-12, 1912-13 • Deuxième équipe d'étoiles (LHCM) en 1913-14

• Signe avec Montréal (NHA) le 23 janvier 1911 • Signe avec Montréal (NHA) le 19 février 1912 • Signe avec Montréal le 29 janvier 1918

PEDERSON, MARK

Né à Prelate, Saskatchewan, le 14 janvier 1968. Ailier gauche, lance de la gauche, 6'2", 196 lb (Choix de 1re ronde de Montréal, 15e au total lors du repêchage de 1986)

Saison	Club	Ligue	PJ	B	A	PTS	PUN	PJ	B	A	PTS	PUN
1983-84	Medecine Hat Cable Vision	AAHA	42	43	47	90	64	-	-	-	-	-
	Medecine Hat (Tigers)	WHL	3	0	0	0	0	-	-	-	-	-
1984-85	Medicine Hat (Tigers)	WHL	71	42	40	82	63	10	3	2	5	0
1985-86	Medecine Hat (Tigers)	WHL	72	46	60	106	46	25	12	6	18	25
1986-87	Medecine Hat (Tigers)	WHL	69	56	46	102	58	20	*19	7	26	14
	Medecine Hat (Tigers)	Mem.	-	-	-	-	-	5	0	3	3	6
1987-88	Medecine Hat (Tigers)	WHL	62	53	58	111	55	16	*13	6	19	16
	Medecine Hat (Tigers)	Mem.	-	-	-	-	-	5	5	4	9	4
	Canada	CMJ	7	1	2	3	4	-	-	-	-	-
1988-89	Sherbrooke (Canadiens)	AHL	75	43	38	81	53	6	7	5	12	4
1989-90	Sherbrooke (Canadiens)	AHL	72	53	42	95	60	11	10	8	18	19
	Montréal (Canadiens)	**LNH**	**9**	**0**	**2**	**2**	**2**	**2**	**0**	**0**	**0**	**0**
1990-91	**Montréal (Canadiens)**	**LNH**	**47**	**8**	**15**	**23**	**18**	**-**	**-**	**-**	**-**	**-**
	Philadelphie (Flyers)	LNH	12	2	1	3	5	-	-	-	-	-
1991-92	Philadelphie (Flyers)	LNH	58	15	25	40	22	-	-	-	-	-
1992-93	Philadelphie (Flyers)	LNH	14	3	4	7	6	-	-	-	-	-
	San Jose (Sharks)	LNH	27	7	3	10	22	-	-	-	-	-
1993-94	Detroit (Red Wings)	LNH	2	0	0	0	2	-	-	-	-	-
	Adirondack (Red Wings)	AHL	62	52	45	97	37	12	4	7	11	10
1994-95	Kalamazoo (Wings)	IHL	75	31	32	63	47	16	8	4	12	2
1995-96	VSV Villach	AUT	34	28	32	60	52	-	-	-	-	-
1996-97	Farjestads BK Karlstad	SWE	30	7	4	11	26	-	-	-	-	-
	Farjestads BK Karlstad	EuroHL	5	1	1	2	4	-	-	-	-	-
	ZSC Lions Zurich	SUI	9	7	3	10	4	5	1	3	4	30
1997-98	Hannover Scorpions	GER	47	20	38	58	61	4	0	1	1	2
1998-99	Krefeld Pinguine	GER	50	21	27	48	40	4	3	1	4	4
1999-00	Krefeld Pinguine	GER	44	20	17	37	80	3	2	0	2	4
2000-01	Adler Mannheom	GER	42	7	7	14	16	11	3	5	8	4
2001-02	Hannover Scorpions	GER	54	18	10	28	32	-	-	-	-	-
2002-03	San Diego (Gulls)	WCHL	60	39	33	72	34	12	6	10	16	2
2003-04	San Diego (Gulls)	ECHL	70	44	37	81	38	3	2	0	2	0
2004-05	San Diego (Gulls)	ECHL	48	13	21	34	34	-	-	-	-	-
		LNH	**169**	**35**	**50**	**85**	**77**	**2**	**0**	**0**	**0**	**0**
		Montréal	**56**	**8**	**17**	**25**	**20**	**2**	**0**	**0**	**0**	**0**

• Première équipe d'étoiles, Division Est (WHL) en 1986-87 • Coupe Memorial en 1986-87, 1987-88 • Deuxième équipe d'étoiles, Division Est (WHL) en 1987-88 • Médaille d'or (CMJ) en 1988 • Première équipe d'étoiles (AHL) en 1989-90, 1993-94 • Première équipe d'étoiles (WCHL) en 2002-03 • Deuxième équipe d'étoiles (ECHL) en 2003-04

• Échangé à Philadelphie par Montréal pour le choix de 2e ronde de Philadelphie au repêchage de 1991 (Jim Campbell) le 5 mars 1991 • Échangé à San Jose par Philadelphie avec des considérations futures pour Dave Snuggerud le 19 décembre 1992 • Signe avec Detroit comme joueur autonome le 23 août 1993

PENNINGTON, CLIFFORD (CLIFF)

Né à Winnipeg, Manitoba, le 18 avril 1940. Centre, lance de la droite, 6', 170 lb

Saison	Club	Ligue	PJ	B	A	PTS	PUN	PJ	B	A	PTS	PUN
1955-56	St. Boniface (Canadiens)	MJHL	1	1	1	2	0	1	1	1	2	0
	St. Boniface (Canadiens)	Mem.	-	-	-	-	-	4	1	0	1	2
1956-57	St. Boniface (Canadiens)	MJHL	30	28	27	55	2	7	3	1	4	0
1957-58	Flin Flon (Bombers)	SJHL	47	32	39	71	8	12	*12	5	17	0
1958-59	Flin Flon (Bombers)	SJHL	48	*62	50	*112	4	11	14	9	23	4
	Winnipeg (Warriors)	WHL	5	4	1	5	0	-	-	-	-	-
	Flin Flon (Bombers)	Mem.	-	-	-	-	-	10	10	10	20	4
1959-60	Kitchener (Dutchmen)	SOHA	47	23	28	51	5	6	4	6	10	0
	Canada	JO	5	0	2	2	4	-	-	-	-	-
	Winnipeg (Warriors)	WHL	2	1	1	2	2	-	-	-	-	-
	Flin Flon (Bombers)	MJHL	-	-	-	-	-	1	0	0	0	0
	Flin Flon (Bombers)	Mem.	-	-	-	-	-	5	9	4	13	6
	Edmonton (Oil Kings)	Mem.	-	-	-	-	-	6	6	2	8	0
1960-61	Hull-Ottawa (Canadiens)	EPHL	65	33	*69	*102	10	14	4	*11	15	0
	Montréal (Canadiens)	**LNH**	**4**	**1**	**0**	**1**	**0**	**-**	**-**	**-**	**-**	**-**
1961-62	Boston (Bruins)	LNH	70	9	32	41	2	-	-	-	-	-
1962-63	Boston (Bruins)	LNH	27	7	10	17	4	-	-	-	-	-
	Kingston (Frontenacs)	EPHL	39	21	41	62	6	5	2	*9	*11	0
1963-64	San Francisco (Seals)	WHL	26	6	15	21	4	-	-	-	-	-
	Québec (As)	AHL	43	11	19	30	2	7	1	1	2	0
1964-65	Verdun (Maple Leafs)	LHSQ	*Statistiques non disponibles*									
1965-66	Los Angeles (Blades)	WHL	36	6	8	14	6	-	-	-	-	-
1966-67	Floride (Rockets)	EHL	64	37	49	86	2	-	-	-	-	-
1967-68	Nasville (Dixie Flyers)	EHL	68	49	66	115	18	4	3	3	6	0
1968-69	Nasville (Dixie Flyers)	EHL	72	59	58	117	26	14	6	11	17	4
1969-70	Des Moines (Oak Leafs)	IHL	72	43	57	100	6	3	1	2	3	0
1970-71	Des Moines-Flint	IHL	54	22	42	64	8	-	-	-	-	-
1971-72	St. Petersburg (Suns)	EHL	66	25	56	81	61	2	1	2	3	2
1972-73	Sun Coast Suns	EHL	48	25	47	72	10	-	-	-	-	-
1973-74	Sun Coast Suns	SHL	5	0	5	5	0	-	-	-	-	-
		LNH	**101**	**17**	**42**	**59**	**6**	**-**	**-**	**-**	**-**	**-**
		Montréal	**4**	**1**	**0**	**1**	**0**	**-**	**-**	**-**	**-**	**-**

• Médaille d'argent (JO) en 1960 • Première équipe d'étoiles (EPHL) en 1961-62. • Première équipe d'étoiles (EHL) en 1968-69 • Première équipe d'étoiles (IHL) en 1969-70 • Trophée James-Gatschene (IHL) en 1969-70

• Échangé à Boston par Montréal avec Terry Gray pour Stan Maxwell et Willie O'Ree en juin 1961 • Droits vendus à San Francisco (WHL) par Boston en juin 1963 • Échangé à Boston par San Francisco (WHL) pour Gerry Odrowski et des considérations futures (prêt de Dallas Smith pour la saison 1964-65 le 8 juillet 1964) le 17 décembre 1963 • Signe avec Los Angeles (WHL) comme joueur autonome le 22 août 1965 • Réclamé au ballottage par Nashville (EHL) de Jacksonville (EHL) en octobre 1967 • Droits vendus à Des Moines (IHL) par Nashville (EHL) en octobre 1969 • Échangé à Flint (IHL) par Des Moines (IHL) pour Peter Mara en décembre 1970 • Échangé à Jacksonville (EHL) par Flint (IHL) pour Pierre Farmer en septembre 1971 • Droits vendus à St-Petersburgh (EHL) par Jacksonville (EHL) en décembre 1971

PEREZHOGIN, ALEXANDER

Né à Ust-Kamenogorsk, Kazakhstan le 10 août 1983. Ailier droit, lance de la gauche, 6', 211 lb (Choix de 1re de Montréal, 25e au total lors du repêchage de 2001)

Saison	Club	Ligue	PJ	B	A	PTS	PUN	PJ	B	A	PTS	PUN
1998-99	Avangard-VDV Omsk	RUS	10	3	4	7	0	-	-	-	-	-
1999-00	Avangard-VDV Omsk	RUS	22	12	11	23	12	-	-	-	-	-
	Avangard Omsk	RUS	1	0	0	0	0	-	-	-	-	-
	Russie	Éq.nat.	5	5	2	7	4	-	-	-	-	-
2000-01	Avangard-VDV Omsk	RUS	41	47	24	71	40	-	-	-	-	-
	Avangard Omsk	RUS	-	-	-	-	-	1	0	0	0	0
	Russie	Éq.nat.	7	7	4	11	4	-	-	-	-	-
	Russie 18-A	CM	6	4	3	7	0	-	-	-	-	-
2001-02	Avangard Omsk	RUS	4	1	0	1	4	-	-	-	-	-
	Mostovik Kurgan	RUS	19	14	10	24	10	-	-	-	-	-
	Russie	CMJ	5	0	0	0	4	-	-	-	-	-
2002-03	Avangard Omsk	RUS	48	15	6	21	28	8	0	2	2	4
	Russie	CMJ	6	3	6	9	4	-	-	-	-	-
2003-04	Hamilton (Bullgogs)	AHL	77	23	27	50	52	5	3	3	6	16
2004-05	Avangard Omsk	RUS	43	15	18	33	18	11	3	2	5	8
2005-06	**Montréal (Canadiens)**	**LNH**	**67**	**9**	**10**	**19**	**38**	**6**	**1**	**1**	**2**	**4**
	Hamilton (Bullgogs)	AHL	11	0	2	2	8	-	-	-	-	-
2006-07	**Montréal (Canadiens)**	**LNH**	**61**	**6**	**9**	**15**	**48**	**-**	**-**	**-**	**-**	**-**
2007-08	Salavat Yulayev Ufa	RUS	50	21	20	41	42	16	3	2	5	14
		LNH	**128**	**15**	**19**	**34**	**86**	**6**	**1**	**1**	**2**	**4**
		Montréal	**128**	**15**	**19**	**34**	**86**	**6**	**1**	**1**	**2**	**4**

• Médaille d'or (CMJ) en 2003

• Signe avec Yulaev Ufa (RUS) comme joueur autonome le 5 mai 2007

SAISONS RÉGULIÈRES — SÉRIES ÉLIMINATOIRES

PERREAULT, YANIC

Né à Sherbrooke, Québec, le 4 avril 1971. Centre, lance de la gauche, 5'11", 185 lb (Choix de 3e ronde de Toronto, 47e au total lors du repêchage de 1991)

SAISON	CLUB	LIGUE	PJ	B	A	PTS	PUN	PJ	B	A	PTS	PUN
1987-88	Montréal-Est (Cantonniers)	QAAA	42	70	57	127	14	8	12	10	22	6
1988-89	Trois-Rivières (Draveurs)	LHJMQ	70	53	55	108	48	-	-	-	-	-
1989-90	Trois-Rivières (Draveurs)	LHJMQ	63	51	63	114	75	7	6	5	11	19
1990-91	Trois-Rivières (Draveurs)	LHJMQ	67	87	98	185	103	6	4	7	11	6
1991-92	St. John's (Maple Leafs)	AHL	62	38	38	76	19	16	7	8	15	4
1992-93	St. John's (Maple Leafs)	AHL	79	49	46	95	56	9	4	5	9	2
1993-94	Toronto (Maple Leafs)	LNH	13	3	3	6	0	-	-	-	-	-
	St. John's (Maple Leafs)	AHL	62	45	60	105	38	11	12	6	18	14
1994-95	Phoenix (Roadrunners)	IHL	68	51	48	99	52	-	-	-	-	-
	Los Angeles (Kings)	LNH	26	2	5	7	20	-	-	-	-	-
1995-96	Los Angeles (Kings)	LNH	78	25	24	49	16	-	-	-	-	-
	Canada	CMH	8	6	3	9	0	-	-	-	-	-
1996-97	Los Angeles (Kings)	LNH	41	11	14	25	20	-	-	-	-	-
1997-98	Los Angeles (Kings)	LNH	79	28	20	48	32	4	1	2	3	6
1998-99	Los Angeles (Kings)	LNH	64	10	17	27	30	-	-	-	-	-
	Toronto (Maple Leafs)	LNH	12	7	8	15	12	17	3	6	9	6
1999-00	Toronto (Maple Leafs)	LNH	58	18	27	45	22	1	0	1	1	0
2000-01	Toronto (Maple Leafs)	LNH	76	24	28	52	52	11	2	3	5	4
2001-02	**Montréal (Canadiens)**	**LNH**	**82**	**27**	**29**	**56**	**40**	**11**	**3**	**5**	**8**	**0**
2002-03	**Montréal (Canadiens)**	**LNH**	**73**	**24**	**22**	**46**	**30**	**-**	**-**	**-**	**-**	**-**
2003-04	**Montréal (Canadiens)**	**LNH**	**69**	**16**	**15**	**31**	**40**	**9**	**2**	**2**	**4**	**0**
2004-05			N'a pas joué									
2005-06	Nashville (Predators)	LNH	69	22	35	57	30	1	0	0	0	2
2006-07	Phoenix (Coyotes)	LNH	49	19	14	33	30	-	-	-	-	-
	Match des étoiles	LNH	1	2	0	2	0	-	-	-	-	-
	Toronto (Maple Leafs)	LNH	17	2	3	5	4	-	-	-	-	-
2007-08	Chicago (Blackhawks)	LNH	53	9	5	14	24	-	-	-	-	-
		LNH	**859**	**247**	**269**	**516**	**402**	**54**	**11**	**19**	**30**	**18**
		Montréal	**224**	**67**	**66**	**133**	**110**	**20**	**5**	**7**	**12**	**0**

• Équipe d'étoiles des recrues (LHJMQ) en 1988-89 • Recrue de l'année (CHL) en 1988-89 • Trophée Michel-Bergeron (LHJMQ) en 1988-89 • Trophée Marcel-Robert (LHJMQ) en 1989-90 • Trophée Frank-J.-Selke (LHJMQ) en 1990-91 • Coupe Shell (LHJMQ) en 1990-91 • Trophée Michel-Brière (LHJMQ) en 1990-91 • Trophée Jean-Béliveau (LHJMQ) en 1990-91 • Première équipe d'étoiles (LHJMQ) en 1990-91 • Médaille d'argent (CMH) en 1996 • Match des étoiles (LNH) en 2006-07

• Échangé à Los Angeles par Toronto pour le choix de 4e ronde de Los Angeles au repêchage de 1996 (échangé plus tard à Philadelphie, réacquis par Los Angeles qui sélectionne Mikael Simons) le 11 juillet 1994 • Échangé à Toronto par Los Angeles pour Jason Podollan et le choix de 3e ronde de Toronto au repêchage de 1999 (Cory Campbell) le 23 mars 1999 • Signe avec Montréal comme joueur autonome le 4 juillet 2001 • Signe avec Nashville comme joueur autonome le 3 octobre 2005 • Signe avec Phoenix comme joueur autonome le 29 octobre 2006 • Échangé à Toronto par Phoenix avec le choix de 5e ronde de Phoenix au repêchage de 2008 (Joel Champagne) pour Brendan Bell et le choix de 2e ronde de Toronto au repêchage de 2008 (échangé plus tard à Nashville qui sélectionne Roman Josi) le 27 février 2007 • Signe avec Chicago comme joueur autonome le le 1er juillet 2007

PETERS, GARRY

Né à Regina, Saskatchewan, le 9 octobre 1942. Centre, lance de la gauche, 5'10", 185 lb

SAISON	CLUB	LIGUE	PJ	B	A	PTS	PUN	PJ	B	A	PTS	PUN
1959-60	Regina (Pats)	SJHL	37	9	6	15	39	-	-	-	-	-
1960-61	Regina (Pats)	SJHL	57	36	46	82	94	10	*10	*12	*22	8
	Regina (Pats)	Mem.	-	-	-	-	-	6	2	2	4	2
1961-62	Regina (Pats)	SJHL	56	45	*69	*114	68	16	10	14	24	4
1962-63	Regina (Pats)	SJHL	50	37	39	76	100	4	1	0	1	15
	Hull-Ottawa (Canadiens)	EPHL	4	0	1	1	2	1	0	0	0	0
	Estevan (Bruins)	Mem.	-	-	-	-	-	6	4	0	4	25
1963-64	Omaha (Knights)	CPHL	72	32	49	81	82	10	5	9	14	17
1964-65	Québec (As)	AHL	4	1	2	3	4	-	-	-	-	-
	Montréal (Canadiens)	**LNH**	**13**	**0**	**2**	**2**	**6**	**-**	**-**	**-**	**-**	**-**
	Ohama (Knights)	CPHL	43	21	23	44	56	-	-	-	-	-
1965-66	New York (Rangers)	LNH	63	7	3	10	42	-	-	-	-	-
1966-67	Houston (Apollos)	CPHL	50	21	31	52	90	-	-	-	-	-
	Montréal (Canadiens)	**LNH**	**4**	**0**	**1**	**1**	**2**	**-**	**-**	**-**	**-**	**-**
1967-68	Philadelphie (Flyers)	LNH	31	7	5	12	22	-	-	-	-	-
1968-69	Philadelphie (Flyers)	LNH	66	8	6	14	49	4	1	1	2	16
1969-70	Philadelphie (Flyers)	LNH	59	6	10	16	69	-	-	-	-	-
1970-71	Philadelphie (Flyers)	LNH	73	6	7	13	69	4	1	1	2	15
1971-72	Boston (Braves)	AHL	58	39	34	73	118	8	1	2	3	4
	Boston (Bruins)	LNH	2	0	0	0	2	1	0	0	0	0
1972-73	New York (Raiders)	AMH	23	2	7	9	24	-	-	-	-	-
1973-74	New York/New Jersey	AMH	34	2	5	7	18	-	-	-	-	-
		LNH	**311**	**34**	**34**	**68**	**261**	**9**	**2**	**2**	**4**	**31**
		Montréal	**17**	**0**	**3**	**3**	**8**	**-**	**-**	**-**	**-**	**-**

• Première équipe d'étoiles (SJHL) en 1961-62 • Trophée Ken-McKenzie (CPHL) avec Poul Popiel en 1963-64 • Première équipe d'étoiles (AHL) en 1971-72 • Trophée Les-Cuningham (AHL) en 1971-72 • Coupe Stanley (LNH) en 1971-72

• Échangé à New York par Montréal avec Cesare Maniago pour Earl Ingarfield, Gord Labossière, Noel Price et Dave McComb le 8 juin 1965 • Échangé à New York par Montréal avec Ted Taylor pour Red Berenson le 13 juin 1966 • Réclamé par Philadelphie de Montréal lors de l'expansion de la LNH le 6 juin 1967 • Réclamé par Boston par Philadelphie lors du repêchage intra-ligue le 8 juin 1971 • Sélectionné par New York lors de l'expansion de l'AMH le 12 février 1972 • Réclamé par New York (Islanders) de Boston lors de l'expansion de la LNH le 6 juin 1972

PETERS, JAMES (JIMMY)

Né à Montréal, Québec, le 2 octobre 1922, décédé le 11 octobre 2006 Ailier droit, lance de la droite, 5'11", 165 lb

SAISON	CLUB	LIGUE	PJ	B	A	PTS	PUN	PJ	B	A	PTS	PUN
1939-40	Verdun (Canadiens Jr)	LHJQ	11	0	3	3	10	4	0	0	0	0
	Verdun (Canadiens Jr)	Mem.	-	-	-	-	-	7	1	3	4	0
1940-41	Montréal (Canadiens Jr)	LHJQ	11	7	8	15	6	4	1	4	5	4
	Montréal (Royals Jr)	Mem.	-	-	-	-	-	16	8	11	19	22
	Montréal (Canadiens Sr)	LHSQ	1	0	0	0	0	-	-	-	-	-
1941-42	Springfield (Indians)	AHL	24	1	9	10	4	4	1	1	2	0
1942-43	Montréal (Armée)	LHCM	5	3	5	8	4	-	-	-	-	-
	Montréal (Armée)	LHCM	27	16	18	34	15	3	0	1	1	4
1943-44	Montréal (Armée)	LHCM	2	0	0	0	0	-	-	-	-	-
	Kingston (Armée)	SOHA	13	13	15	28	10	-	-	-	-	-
1944-45	Canadian (Armée)	BEL	*Statistiques non disponibles*									
1945-46	**Montréal (Canadiens)**	**LNH**	**47**	**11**	**19**	**30**	**10**	**9**	**3**	**1**	**4**	**6**
	Montréal (Royals)	LHSQ	1	1	0	1	0	-	-	-	-	-
1946-47	**Montréal (Canadiens)**	**LNH**	**60**	**11**	**13**	**24**	**27**	**11**	**1**	**2**	**3**	**10**
1947-48	**Montréal (Canadiens)**	**LNH**	**22**	**1**	**3**	**4**	**6**	**-**	**-**	**-**	**-**	**-**
	Boston (Bruins)	LNH	37	12	15	27	38	5	1	2	3	2
1948-49	Boston (Bruins)	LNH	60	16	15	31	8	4	0	1	1	0
1949-50	Detroit (Red Wings)	LNH	70	14	16	30	20	8	0	2	2	0
1950-51	Detroit (Red Wings)	LNH	68	17	21	38	14	6	0	0	0	0
	Match des étoiles	LNH	1	1	1	2	0					
1951-52	Chicago (Black Hawks)	LNH	70	15	21	36	16	-	-	-	-	-
1952-53	Chicago (Black Hawks)	LNH	69	22	19	41	16	7	0	1	1	4
1953-54	Chicago (Black Hawks)	LNH	46	6	4	10	21	-	-	-	-	-
	Detroit (Red Wings)	LNH	25	0	4	4	10	10	0	0	0	0
1954-55	Windsor (Bulldogs)	SOHA	46	25	31	56	62	12	10	7	17	2
1955-56	Windsor (Bulldogs)	SOHA	48	12	37	49	72	-	-	-	-	-
		LNH	**574**	**125**	**150**	**275**	**186**	**60**	**5**	**9**	**14**	**22**
		Montréal	**129**	**23**	**35**	**58**	**43**	**20**	**4**	**3**	**7**	**16**

• Coupe Stanley (LNH) en 1945-46, 1949-50, 1953-54 • Match des étoiles (LNH) en 1950-51.

• Signe avec Brooklyn (Americans) le 28 octobre 1941 • Réclamé par Buffalo (AHL) lors du repêchage de dispersion de Brooklyn (Americans) le 9 octobre 1942 • Réclamé par Montréal de Buffalo (AHL) lors du repêchage inter-ligues le 14 juin 1945 • Échangé à Boston par Montréal avec John Quilty pour Joe Carveth le 17 décembre 1947 • Échangé à Detroit par Boston avec Pete Babando, Clare Martin et Lloyd Durham pour Pete Horeck et Bill Quakenbush le 16 août 1949 • Échangé à Chicago par Detroit avec Jim McFadden, Max McNab, George Gee, Rags Raglin et Clare Martin pour une somme d'argent et des considérations futures (Hugh Coffin en octobre 1951) le 20 août 1951 • Échangé à Detroit par Chicago pour des considérations futures le 25 janviers 1954

PETROV, OLEG

Né à Moscou, Russie, le 18 avril 1971. Ailier droit, lance de la gauche, 5'8", 175 lb (Choix de 6e ronde de Montréal, 127e au total lors du repêchage de 1991)

SAISON	CLUB	LIGUE	PJ	B	A	PTS	PUN	PJ	B	A	PTS	PUN
1988-89	Moscou CSKA	URSS Jr	*Statistiques non disponibles*									
	Union Soviétique	EJC	6	1	4	5	4	-	-	-	-	-
1989-90	Moscou CSKA	URSS	30	4	7	11	4	-	-	-	-	-
	Moscou CSKA	SuperS	1	1	0	1	0	-	-	-	-	-
1990-91	Moscou CSKA	URSS	43	7	4	11	8	-	-	-	-	-
	Russie	CMJ	7	4	4	8	4	-	-	-	-	-
1991-92	Moscou CSKA	CIS	42	10	16	26	8	-	-	-	-	-
1992-93	Fredericton (Canadiens)	AHL	55	26	29	55	36	5	4	1	5	0
	Montréal (Canadiens)	**LNH**	**9**	**2**	**1**	**3**	**10**	**1**	**0**	**0**	**0**	**0**
1993-94	Fredericton (Canadiens)	AHL	23	8	20	28	18	-	-	-	-	-
	Montréal (Canadiens)	**LNH**	**55**	**12**	**15**	**27**	**2**	**2**	**0**	**0**	**0**	**0**
1994-95	Fredericton (Canadiens)	AHL	17	7	11	18	12	17	5	6	11	10
	Montréal (Canadiens)	**LNH**	**12**	**2**	**3**	**5**	**4**	**-**	**-**	**-**	**-**	**-**
1995-96	**Montréal (Canadiens)**	**LNH**	**36**	**4**	**7**	**11**	**23**	**5**	**0**	**1**	**1**	**0**
	Fredericton (Canadiens)	LNH	22	12	18	30	71	6	2	6	8	0
1996-97	HC Ambri-Piotta	SUI	45	24	28	52	44	-	-	-	-	-
	HC Meran	ITA	12	5	12	17	4	-	-	-	-	-
1997-98	HC Ambri-Piotta	SUI	40	30	63	93	60	14	11	11	22	40
	Russie	CM	6	3	3	6	4	-	-	-	-	-
1998-99	HC Ambri-Piotta	SUI	45	35	52	87	52	15	9	11	20	32
	Russie	CM	6	0	2	2	4	-	-	-	-	-
1999-00	**Montréal (Canadiens)**	**LNH**	**44**	**2**	**24**	**26**	**8**	**-**	**-**	**-**	**-**	**-**
	Québec (Citadelles)	AHL	16	7	7	14	4	-	-	-	-	-
	Russie	CM	6	1	1	2	4	-	-	-	-	-
2000-01	**Montréal (Canadiens)**	**LNH**	**81**	**17**	**30**	**47**	**24**	**-**	**-**	**-**	**-**	**-**
2001-02	**Montréal (Canadiens)**	**LNH**	**75**	**24**	**17**	**41**	**12**	**12**	**1**	**5**	**6**	**2**
2002-03	**Montréal (Canadiens)**	**LNH**	**53**	**7**	**16**	**23**	**16**	**-**	**-**	**-**	**-**	**-**
	Nashville (Predators)	LNH	17	2	2	4	2	-	-	-	-	-
2003-04	HC Genève-Servette	SUI	48	98	8	66	97	12	4	5	9	18
2004-05	EV Zug	SUI	44	29	23	52	85	8	1	5	6	45
2005-06	EV Zug	SUI	32	11	21	32	58	7	3	3	6	42
2006-07	EV Zug	SUI	42	12	40	52	95	12	4	6	10	18
2007-08	EV Zug	SUI	18	6	8	14	8	-	-	-	-	-
	AK Bars Kazan	RUS	32	8	13	21	22	10	5	4	9	10
		LNH	**382**	**72**	**115**	**187**	**101**	**20**	**1**	**6**	**7**	**2**
		Montréal	**365**	**70**	**113**	**183**	**99**	**20**	**1**	**6**	**7**	**2**

• Médaille d'argent (CMJ) en 1991 • Coupe Stanley (LNH) en 1992-93 • Équipe d'étoile des joueurs recrues (LNH) en 1993-94

• Signe avec Montréal comme joueur autonome le 15 juillet 1999 • Échangé à Nashville par Montréal pour le choix de 4e ronde de Nashville au repêchage de 2003 (échangé plus tard à Washington qui sélectionne Andreas Valdix) le 3 mars 2003 • Signe avec Genève (SUI) comme joueur autonome le 24 juillet 2003 • Signe avec AK Bars Kazan (RUS) comme joueur autonome le 26 octobre 2007

PHILLIPS, CHARLES (CHARLIE)

Né à Toronto, Ontario, le 10 mai 1917, décédé le 29 mars 2005 Défenseur, lance de la gauche, 5'11", 200 lb

PER-PHI

SAISON	CLUB	LIGUE	PJ	B	A	PTS	PUN	PJ	B	A	PTS	PUN
1936-37	Toronto (Lions)	JOHA	12	8	2	10	14	-	-	-	-	-
1937-38	Moncton (Maroons)	SNBHL	29	24	9	33	*90	3	1	0	1	8
	Moncton (Maroons)	Allan	-	-	-	-	-	8	8	3	11	29
1938-39	Saint John (Beavers)	Exh.	34	16	16	32	*60	-	-	-	-	-
	Saint John (Beavers)	Allan	-	-	-	-	-	13	7	9	16	20
1939-40	Glace Bay (Miners)	CBSHL	40	8	7	15	33	4	1	0	1	2
1940-41	Glace Bay (Miners)	CBSHL	43	6	14	20	51	4	1	0	1	10
1941-42	Glace Bay (Miners)	CBSHL	40	29	33	62	*97	7	*6	5	*11	*18
1942-43	**Montréal (Canadiens)**	**LNH**	17	0	0	0	6	-	-	-	-	-
	Washington (Lions)	AHL	10	5	3	8	14	-	-	-	-	-
1943-44	Kingston (Army)	SOHA	14	1	5	6	17	-	-	-	-	-
1944-45	Providence (Reds)	AHL	4	0	0	0	0	-	-	-	-	-
1945-46	Lachine (Rapides)	LHPQ	3	0	0	0	0	4	2	2	4	2
1946-47	Montréal (Royals)	LHSQ	1	0	0	0	0	-	-	-	-	-
	Lachine (Rapides)	LHPQ	14	4	4	8	4	-	-	-	-	-
	Washington (Lions)	EAHL	14	9	7	16	21	9	4	3	7	9
1947-48	Glace Bay (Miners)	CBSHL	47	17	17	34	105	4	2	1	3	4
	Moncton (Hawks)	MSHL	-	-	-	-	-	1	1	0	1	0
1948-49	Saint John (Beavers)	MSHL	48	20	20	40	57	7	2	0	2	4
1949-50	Glace Bay (Miners)	CBSHL	66	11	29	40	31	10	1	3	4	6
1950-51	Moncton (Hawks)	MMHL	19	5	2	7	4	-	-	-	-	-
		LNH	17	0	0	0	6	-	-	-	-	-
		Montréal	17	0	0	0	6	-	-	-	-	-

• Signe avec Montréal le 5 novembre 1943

PICARD, JEAN-NOËL

Né à Montréal, Québec, le 25 décembre 1938. Défenseur, lance de la droite, 6'1", 185 lb

SAISON	CLUB	LIGUE	PJ	B	A	PTS	PUN	PJ	B	A	PTS	PUN
1960-61	Jersey (Devils)	EHL	55	2	6	8	55	-	-	-	-	-
1961-62	Montréal (Olympiques)	LHSQ	18	3	7	10	8	6	1	3	4	17
	Montréal (Olympiques)	Allan	-	-	-	-	-	15	2	6	8	38
1962-63	Montréal (Olympiques)	LHSQ	*Statistiques non disponibles*									
	Sherbrooke (Castors)	LHSQ	-	-	-	-	-	1	0	0	0	0
1963-64	Omaha (Knights)	CPHL	59	4	25	29	147	9	1	2	3	12
1964-65	Omaha (Knights)	CPHL	50	13	23	36	142	-	-	-	-	-
	Montréal (Canadiens)	**LNH**	16	0	7	7	33	3	0	1	1	0
1965-66	Houston (Apollos)	CPHL	58	3	15	18	186	-	-	-	-	-
1966-67	Seattle (Totems)	WHL	63	3	24	27	135	10	2	5	7	16
	Providence (Reds)	AHL	9	0	3	3	17	-	-	-	-	-
1967-68	St. Louis (Blues)	LNH	66	1	10	11	142	13	0	3	3	46
1968-69	St. Louis (Blues)	LNH	67	5	19	24	131	12	1	4	5	30
	Match des étoiles	LNH	1	0	2	2	0	-	-	-	-	-
1969-70	St. Louis (Blues)	LNH	39	1	4	5	88	16	0	2	2	65
1970-71	St. Louis (Blues)	LNH	75	3	8	11	119	6	1	1	2	26
1971-72	St. Louis (Blues)	LNH	15	1	5	6	50	-	-	-	-	-
1972-73	St. Louis (Blues)	LNH	16	1	0	1	10	-	-	-	-	-
	Atlanta (Flames)	LNH	41	0	10	10	43	-	-	-	-	-
		LNH	335	12	63	75	616	50	2	11	13	167
		Montréal	16	0	7	7	33	3	0	1	1	0

• Coupe Stanley (LNH) en 1964-65 • Match des étoiles (LNH) en 1968-69

• Réclamé par St. Louis de Montréal lors de l'expansion de la LNH le 6 juin 1967 • Réclamé au ballottage par Atlanta de St. Louis le 25 novembre 1972

PICARD, ROBERT

Né à Montréal, Québec, le 25 mai 1957. Défenseur, lance de la gauche, 6'2", 205 lb (Choix de 1re ronde de Washington, 3e au total lors du repêchage de 1977)

SAISON	CLUB	LIGUE	PJ	B	A	PTS	PUN	PJ	B	A	PTS	PUN
1973-74	Montréal (Juniors)	LHJMQ	70	7	46	53	*296	-	-	-	-	-
1974-75	Montréal (Juniors)	LHJMQ	70	13	74	87	339	-	-	-	-	-
1975-76	Montréal (Juniors)	LHJMQ	72	14	67	81	282	6	2	9	11	25
1976-77	Montréal (Juniors)	LHJMQ	70	32	60	92	267	13	2	10	12	20
1977-78	Washington (Capitals)	LNH	75	10	27	37	101	-	-	-	-	-
	Canada	CM	10	1	2	3	4	-	-	-	-	-
1978-79	Washington (Capitals)	LNH	77	21	44	65	85	-	-	-	-	-
	Canada	CM	7	0	0	0	2	-	-	-	-	-
1979-80	Washington (Capitals)	LNH	78	11	43	54	122	-	-	-	-	-
	Match des étoiles	LNH	1	0	0	0	0	-	-	-	-	-
1980-81	Toronto (Maple Leafs)	LNH	59	6	19	25	68	-	-	-	-	-
	Match des étoiles	LNH	1	0	0	0	0	-	-	-	-	-
	Montréal (Canadiens)	**LNH**	8	2	2	4	6	1	0	0	0	0
1981-82	**Montréal (Canadiens)**	**LNH**	62	2	26	28	106	5	1	1	2	7
1982-83	**Montréal (Canadiens)**	**LNH**	64	7	31	38	60	3	0	0	0	0
1983-84	**Montréal (Canadiens)**	**LNH**	7	0	2	2	0	-	-	-	-	-
	Winnipeg (Jets)	LNH	62	6	16	22	34	3	0	0	0	12
1984-85	Winnipeg (Jets)	LNH	78	12	22	34	107	8	2	2	4	8
1985-86	Winnipeg (Jets)	LNH	20	2	5	7	17	-	-	-	-	-
	Québec (Nordiques)	LNH	48	7	27	34	36	3	0	2	2	2
1986-87	Québec (Nordiques)	LNH	78	8	20	28	71	13	2	10	12	10
1987-88	Québec (Nordiques)	LNH	65	3	13	16	103	-	-	-	-	-
1988-89	Québec (Nordiques)	LNH	74	7	14	21	61	-	-	-	-	-
1989-90	Québec (Nordiques)	LNH	24	0	5	5	28	-	-	-	-	-
	Detroit (Red Wings)	LNH	20	0	3	3	20	-	-	-	-	-
		LNH	899	104	319	423	1025	36	5	15	20	39
		Montréal	141	11	61	72	172	9	1	1	2	7

• Première équipe d'étoiles (LHJMQ) en 1976-77 • Deuxième équipe d'étoiles (LHJMQ) en 1974-75 • Première équipe d'étoiles, Division Ouest (LHJMQ) en 1975-76 • Trophée Émile-Bouchard (LHJMQ) en 1977 • Médaille de bronze (CM) en 1978 • Match des étoiles (LNH) en 1980, 1981

• Échangé à Toronto par Washington avec Tim Coulis et le choix de 2e ronde de Washington au repêchage de 1980 (Bob McGill) pour Mike Palmateer et le choix de 3e ronde Toronto au repêchage de 1980 (Torrie Robertson) le 11 juin 1980 • Échangé à Montréal par Toronto pour Michel Larocque le 10 mars 1981 • Échangé à Winnipeg par Montréal pour le choix de 3e ronde de Winnipeg au repêchage de 1984 (Patrick Roy) le 4 novembre 1983 • Échangé à Québec par Winnipeg pour Mario Marois le 27 novembre 1985 • Échangé à Detroit par Québec avec Greg Adams pour Tony McKegney le 4 décembre 1989

PITRE, DIDIER

Né à Valleyfield, Québec, le 1er septembre 1883, décédé le 29 juillet 1934 Ailier droit/Défenseur, lance de la droite, 5'11", 185 lb

SAISON	CLUB	LIGUE	PJ	B	A	PTS	PUN	PJ	B	A	PTS	PUN
1903-04	Montréal (National)	FAHL	2	1	0	1	0	-	-	-	-	-
1904-05	Montréal (National)	LCHA	2	0	0	0	0	-	-	-	-	-
	Michigan Soo Indians	IHL	13	11	0	11	6	-	-	-	-	-
1905-06	Michigan Soo Indians	IHL	22	*41	0	*41	29	-	-	-	-	-
1906-07	Michigan Soo Indians	IHL	23	25	11	36	28	-	-	-	-	-
1907-08	Montréal (Shamrocks)	ECAHA	10	3	0	3	15	-	-	-	-	-
1908-09	Edmonton (Eskimos)	APHL	-	-	-	-	-	2	0	0	0	11
	Edmonton (Pros)	Exh.	3	0	0	0	0	-	-	-	-	-
	Renfrew (Creamery Kings)	FAHL	5	5	0	5	16	-	-	-	-	-
1909-10	**Montréal (Canadiens)**	**NHA**	12	11	0	11	5	-	-	-	-	-
1910-11	**Montréal (Canadiens)**	**NHA**	16	19	0	19	22	-	-	-	-	-
1911-12	**Montréal (Canadiens)**	**NHA**	18	28	0	28	-	-	-	-	-	-
1912-13	**Montréal (Canadiens)**	**NHA**	17	24	0	24	-	-	-	-	-	-
1913-14	Vancouver (Millionaires)	PCHA	15	14	2	16	12	-	-	-	-	-
1914-15	**Montréal (Canadiens)**	**NHA**	20	30	4	34	15	-	-	-	-	-
1915-16	**Montréal (Canadiens)**	**NHA**	24	24	*15	*39	42	5	*4	0	*4	18
1916-17	**Montréal (Canadiens)**	**NHA**	20	21	6	27	50	6	7	0	7	32
1917-18	**Montréal (Canadiens)**	**LNH**	20	17	6	23	29	2	0	1	1	13
1918-19	**Montréal (Canadiens)**	**LNH**	17	14	5	19	12	10	2	6	8	3
1919-20	**Montréal (Canadiens)**	**LNH**	22	14	12	26	6	-	-	-	-	-
1920-21	**Montréal (Canadiens)**	**LNH**	23	15	5	20	25	-	-	-	-	-
1921-22	**Montréal (Canadiens)**	**LNH**	23	2	4	6	12	-	-	-	-	-
1922-23	**Montréal (Canadiens)**	**LNH**	22	1	2	3	0	2	0	0	0	0
		NHA	127	157	25	182	134	11	11	0	11	50
		LNH	127	63	34	97	84	14	2	7	9	16
		Montréal	254	220	59	279	218	25	13	7	20	66

Première équipe d'étoiles (IHL) en 1905-06, 1906-07 • Coupe Stanley (NHA) en 1915-16 • Membre du Temple de la Renommée (LNH) en 1962

• Signe avec Michigan Soo (IHL) le 5 janvier 1905 • Signe avec Montréal (ECHA) le 15 décembre 1907 • Signe avec Edmonton (APHL) le 3 décembre 1908 • Signe avec Renfrew (NHA) le 3 janvier 1909 • Signe avec Montréal (NHA) le 15 décembre 1909 • Échangé à Vancouver (PCHA) par Montréal (NHA) pour Newsy Lalonde le 24 novembre 1913 • Signe avec Montréal (NHA) le 18 novembre 1914

PLAMONDON, GÉRARD (GERRY)

Né à Sherbrooke, Québec, le 5 janvier 1925 Ailier gauche, lance de la gauche, 5'8", 170 lb

SAISON	CLUB	LIGUE	PJ	B	A	PTS	PUN	PJ	B	A	PTS	PUN
1943-44	Montréal (Canadiens Jr)	LHJQ	15	*21	7	28	2	3	6	1	7	0
	Montréal (Canada Car)	LHCM	11	6	6	12	0	-	-	-	-	-
	Montréal (Royals Jr)	Mem.	-	-	-	-	-	4	1	3	4	4
1944-45	Pittsburgh (Hornets)	AHL	4	2	2	4	10	-	-	-	-	-
	Valleyfield (Braves)	LHSQ	23	14	20	34	8	11	*13	7	*21	2
	Valleyfield (Braves)	Allan	-	-	-	-	-	3	1	0	1	0
1945-46	Valleyfield (Braves)	LHSQ	39	*40	28	68	12	-	-	-	-	-
	Montréal (Canadiens)	**LNH**	6	0	2	2	2	1	0	0	0	0
1946-47	Montréal (Royals)	LHSQ	26	15	15	30	21	11	5	4	9	4
	Montréal (Royals)	Allan	-	-	-	-	-	14	7	12	19	2
1947-48	Montréal (Royals)	LHSQ	46	*51	22	73	16	3	0	1	1	0
	Montréal (Canadiens)	**LNH**	3	1	1	2	0	-	-	-	-	-
1948-49	Montréal (Royals)	LHSQ	36	34	25	59	24	-	-	-	-	-
	Montréal (Canadiens)	**LNH**	27	5	5	10	8	7	5	1	6	0
1949-50	Cincinnati (Mohawks)	AHL	20	8	9	17	6	-	-	-	-	-
	Montréal (Canadiens)	**LNH**	37	1	5	6	0	3	0	1	1	2
1950-51	Cincinnati (Mohawks)	AHL	70	21	29	50	43	-	-	-	-	-
	Montréal (Canadiens)	**LNH**	1	0	0	0	0	-	-	-	-	-
1951-52	Montréal (Royals)	LHMQ	60	23	29	52	21	7	3	1	4	0
1952-53	Montréal (Royals)	LHMQ	57	18	22	40	6	16	2	4	6	2
1953-54	Matane (Red Rockets)	LVSL	68	18	43	61	16	-	-	-	-	-
	Matane (Red Rockets)	Allan	-	-	-	-	-	16	6	6	12	10
1954-55			*N'a pas joué – Entraîneur*									
1955-56	Chicoutimi (Saguenéens)	LHQ	7	1	1	2	12	-	-	-	-	-
1956-57	Cornwall (Chevies)	EOHL	50	7	24	31	20	6	0	0	0	10
1957-58	Pembroke (Lumber Kings)	EOHL	50	12	21	33	18	12	1	4	5	6
		LNH	74	7	13	20	10	11	5	2	7	2
		Montréal	74	7	13	20	10	11	5	2	7	2

• Coupe Allan en 1946-47 • Coupe Stanley (LNH) en 1945-46 • Première équipe d'étoiles (LHSQ) en 1947-48

• Droits vendus à Pittsburgh (AHL) par Montréal le 24 novembre 1944 • Signe avec Valleyfield (LHSQ) le 19 septembre 1945 • Signe avec Montréal le 6 mars 1946

PLEAU, LAURENCE (LARRY)

Né à Lynn, Massachusetts, le 29 janvier 1947. Centre, lance de la gauche, 6'1", 190 lb

SAISON	CLUB	LIGUE	PJ	B	A	PTS	PUN	PJ	B	A	PTS	PUN
1963-64	Notre Dame (Monarchs)	MMJHL	44	8	22	30	33	18	5	10	15	12
	Notre Dame (Monarchs)	Mem.	-	-	-	-	-	13	4	10	14	14
1964-65	Montréal (Canadiens Jr)	JOHA	55	9	17	26	24	7	0	0	0	10
1965-66	Montréal (Canadiens Jr)	JOHA	40	13	11	24	47	10	0	6	6	6
1966-67	Montréal (Canadiens Jr)	JOHA	45	20	32	52	34	4	0	2	2	2
1967-68	États-Unis	Éq. nat.	*Statistiques non disponibles*									
	États-Unis	JO	7	2	4	6	2	-	-	-	-	-
1968-69	New Jersey (Devils)	EHL	66	37	44	81	53	-	-	-	-	-
	États-Unis	CM	10	5	0	5	8	-	-	-	-	-
1969-70	Montréal (Voyageurs)	AHL	50	15	16	31	19	-	-	-	-	-
	Montréal (Canadiens)	**LNH**	20	1	0	1	0	-	-	-	-	-
1970-71	**Montréal (Canadiens)**	**LNH**	19	1	5	6	8	-	-	-	-	-

SAISON	CLUB	LIGUE	PJ	B	A	PTS	PUN	PJ	B	A	PTS	PUN
			SAISONS RÉGULIÈRES					SÉRIES ÉLIMINATOIRES				
1971-72	**Montréal (Canadiens)**	**LNH**	**55**	**7**	**10**	**17**	**19**	**4**	**0**	**0**	**0**	**0**
	Nlle-Écosse (Voyageurs)	AHL	11	7	6	13	19	-	-	-	-	-
1972-73	Nlle-Angleterre (Whalers)	AMH	78	39	48	87	42	15	12	7	19	15
1973-74	Nlle-Angleterre (Whalers)	AMH	77	26	43	69	35	2	2	0	2	0
1974-75	Nlle-Angleterre (Whalers)	AMH	78	30	34	64	50	6	2	3	5	14
1975-76	Nlle-Angleterre (Whalers)	AMH	75	29	45	74	21	14	5	7	12	0
1976-77	Nlle-Angleterre (Whalers)	AMH	78	11	21	32	22	5	1	0	1	0
1977-78	Nlle-Angleterre (Whalers)	AMH	54	16	18	34	4	14	5	4	9	8
1978-79	Nlle-Angleterre (Whalers)	AMH	28	6	6	12	6	10	2	1	3	0
	Springfield (Indians)	AHL	5	1	3	4	0	-	-	-	-	-
		LNH	**94**	**9**	**15**	**24**	**27**	**4**	**0**	**0**	**0**	**0**
		Montréal	**94**	**9**	**15**	**24**	**27**	**4**	**0**	**0**	**0**	**0**

- **Recrue de l'année (EHL) en 1968-69 • Coupe Avco (AMH) en 1972-73**
- Sélectionné par la Nlle-Angleterre lors de l'expansion de l'AMH le 12 février 1972
- Réclamé par Toronto de Montréal lors du repêchage intra-ligue le 5 juin 1972

PLEKANEC, TOMAS

Né à Kladno, Tchécoslovaquie, le 31 octobre 1982. Centre, lance de la gauche, 5' 10", 194 lb (Choix de 3e ronde de Montréal, 71e au total lors du repêchage de 2001)

SAISON	CLUB	LIGUE	PJ	B	A	PTS	PUN	PJ	B	A	PTS	PUN
1996-97	HC Poldi Kladno U17	CZE	13	1	3	4	-	-	-	-	-	-
1997-98	HC Kladno U17	CZE	45	38	26	64	-	-	-	-	-	-
1998-99	HC Kladno Jr	CZE	53	22	20	42	-	-	-	-	-	-
	HC Velvana Kladno	CZE	3	0	0	0	0	-	-	-	-	-
1999-00	HC Kladno Jr	CZE	43	14	16	30	-	-	-	-	-	-
	Kaucuk Kralupy	CZE	6	2	2	4	2	-	-	-	-	-
	HC CKD Slany	CZE	3	0	1	1	6	-	-	-	-	-
	République tchèque 18-A	CDM	6	1	1	2	2	-	-	-	-	-
2000-01	HC Vagnerplast Kladno	CZE	47	9	9	18	24	-	-	-	-	-
	HC Kladno Jr	CZE	9	6	4	10	4	-	-	-	-	-
	République tchèque	CMJ	7	1	1	2	6	-	-	-	-	-
2001-02	HC Vagnerplast Kladno	CZE	48	7	16	23	28	-	-	-	-	-
	BK Mlada Boleslav	CZE	6	6	3	9	14	-	-	-	-	-
	HC Vagnerplast Kladno	CZE	5	0	1	1	0	-	-	-	-	-
	République tchèque	CMJ	7	3	4	7	0	-	-	-	-	-
2002-03	Hamilton (Bullgogs)	AHL	77	19	27	46	74	13	3	2	5	8
2003-04	**Montréal (Canadiens)**	**LNH**	**2**	**0**	**0**	**0**	**0**	-	-	-	-	-
	Hamilton (Bullgogs)	AHL	74	23	43	66	90	10	2	5	7	6
2004-05	Hamilton (Bullgogs)	AHL	80	29	35	64	68	4	2	4	6	6
2005-06	**Montréal (Canadiens)**	**LNH**	**67**	**9**	**20**	**29**	**32**	**6**	**0**	**4**	**4**	**6**
	Hamilton (Bullgogs)	AHL	2	0	0	0	2	-	-	-	-	-
	République tchèque	CM	9	3	0	3	20	-	-	-	-	-
2006-07	**Montréal (Canadiens)**	**LNH**	**81**	**20**	**27**	**47**	**36**	-	-	-	-	-
	République tchèque	CM	7	4	4	8	2	-	-	-	-	-
2007-08	**Montréal (Canadiens)**	**LNH**	**81**	**29**	**40**	**69**	**42**	**12**	**4**	**5**	**9**	**2**
	République tchèque	CM	4	0	3	3	2	-	-	-	-	-
		LNH	**231**	**58**	**87**	**145**	**110**	**18**	**4**	**9**	**13**	**8**
		Montréal	**231**	**58**	**87**	**145**	**110**	**18**	**4**	**9**	**13**	**8**

- **Médaille d'or (CMJ)en 2001**

POIRIER, GORDON (GORD)

Né à Maple Creek, Saskatchewan, le 27 octobre 1914, décédé le 25 mai 1972 Centre, lance de la gauche, 5'6", 150 lb

SAISON	CLUB	LIGUE	PJ	B	A	PTS	PUN	PJ	B	A	PTS	PUN
1931-32	Montréal (Columbus)	QAHA	10	6	2	8	14	-	-	-	-	-
1932-33	Saint-François-Xavier	LHJQ	11	4	0	4	15	2	1	0	1	6
1933-34	Montréal (Canadien Sr)	LHCM	15	1	1	2	8	4	1	2	3	0
1934-35	Montréal (Canadien Sr)	LHCM	20	7	11	18	20	2	1	1	2	0
1935-36							*N'a pas joué*					
1936-37	Brighton (Tigers)	ENG	40	25	9	34	36	-	-	-	-	-
1937-38	Brighton (Tigers)	Ln-Cup	-	5	2	7	-	-	-	-	-	-
	Brighton (Tigers)	Eng.	-	9	12	21	-	-	-	-	-	-
	Brighton (Tigers)	Éq. nat.	-	6	2	8	-	-	-	-	-	-
1938-39	Brighton (Tigers)	Ln-Cup	-	3	2	5	-	-	-	-	-	-
	Brighton (Tigers)	ENG	-	14	15	29	-	-	-	-	-	-
	Brighton (Tigers)	Éq. nat.	-	8	4	12	-	-	-	-	-	-
1939-40	Saint-Hyacinthe (Gaulois)	LHPQ	36	37	43	80	22	-	-	-	-	-
	Montréal (Canadiens)	**LNH**	**10**	**0**	**0**	**0**	**0**	-	-	-	-	-
1940-41	Ottawa/Montréal	LHSQ	29	8	23	31	16	8	0	5	5	10
1941-42	Ottawa (Senators)	LHSQ	40	21	19	40	12	8	1	4	5	13
1942-43	Ottawa (Commandos)	LHSQ	32	17	14	31	19	22	13	5	18	10
	Ottawa (Army)	SOHA	10	15	16	31	5	-	-	-	-	-
1943-44	Ottawa (Commandos)	LHSQ	8	2	6	8	6	-	-	-	-	-
1944-45							*Service militaire*					
1945-46	Ottawa (GMC)	OCHL	-.	9	13	2	-	4	6	10	16	-
	Ottawa (Senators)	LHSQ	29	12	16	28	9	5	1	2	3	0
1946-47	Brighton (Tigers)	A-Cup	6	8	3	11	8	-	-	-	-	-
	Brighton (Tigers)	ENG	36	28	32	60	35	-	-	-	-	-
	Brighton (Tigers)	Ln-Cup	2	3	1	4	0	-	-	-	-	-
1947-48	Brighton (Tigers)	A-Cup	9	13	5	18	8	-	-	-	-	-
	Brighton (Tigers)	ENG	34	18	25	43	30	-	-	-	-	-
	Brighton (Tigers)	Ln-Cup	4	0	1	1	6	-	-	-	-	-
1948-49	Brighton (Tigers)	A-Cup	10	8	6	14	14	-	-	-	-	-
	Brighton (Tigers)	ENG	25	9	12	21	22	-	-	-	-	-
	Brighton (Tigers)	Éq. Nat.	14	13	23	36	23	-	-	-	-	-
1949-50							*N'a pas joué*					
1950-51	Harringay (Greyhounds)	A-Cup	27	1	12	13	18	-	-	-	-	-
	Harringay (Greyhounfs)	ENG	13	1	0	1	2	-	-	-	-	-
		LNH	**10**	**0**	**0**	**0**	**0**	-	-	-	-	-
		Montréal	**10**	**0**	**0**	**0**	**0**	-	-	-	-	-

- **Première équipe d'étoiles (LHPQ) en 1939-40**
- Signe avec Montréal le 14 février 1940

POLICH, MIKE

Né à Hibbing, Minnesota, le 19 décembre 1952 Centre/Ailier gauche, lance de la gauche, 5'8", 165 lb

SAISON	CLUB	LIGUE	PJ	B	A	PTS	PUN	PJ	B	A	PTS	PUN
1971-72	Minnesota University	WCHA	32	8	5	13	14	-	-	-	-	-
1972-73	Minnesota University	WCHA	34	18	14	32	34	-	-	-	-	-
1973-74	Minnesota University	WCHA	40	19	33	52	36	-	-	-	-	-
1974-75	Minnesota University	WCHA	42	25	37	62	84	-	-	-	-	-
	États-Unis	CM	10	2	5	7	34	-	-	-	-	-
1975-76	Nlle-Écosse (Voyageurs)	AHL	75	24	19	43	66	9	4	5	9	6
1976-77	États-Unis	CC	5	1	1	2	4	-	-	-	-	-
	Nlle-Écosse (Voyageurs)	AHL	69	19	41	60	48	11	4	4	8	6
	Montréal (Canadiens)	**LNH**	-	-	-	-	-	**5**	**0**	**0**	**0**	**0**
1977-78	Nlle-Écosse (Voyageurs)	AHL	79	22	38	60	70	11	2	6	8	4
	Montréal (Canadiens)	**LNH**	**1**	**0**	**0**	**0**	**0**	-	-	-	-	-
1978-79	Oklahoma City (Stars)	CHL	9	0	7	7	0	-	-	-	-	-
	Minnesota (North Stars)	LNH	73	6	10	16	18	-	-	-	-	-
1979-80	Minnesota (North Stars)	LNH	78	10	14	24	20	15	2	1	3	2
1980-81	Minnesota (North Stars)	LNH	74	8	5	13	19	3	0	0	0	0
		LNH	**226**	**24**	**29**	**53**	**57**	**23**	**2**	**1**	**3**	**2**
		Montréal	**1**	**0**	**0**	**0**	**0**	**5**	**0**	**0**	**0**	**0**

- **Équipe d'étoiles (NCAA) en 1973-74 • Première équipe d'étoiles (WCHA) en 1974-75 • Première équipe d'étoiles All-American, Division Ouest (NCAA) en 1974-75 • Coupe Calder (AHL) en 1975-76, 1976-77 • Coupe Stanley (LNH) en 1976-77**
- Signe avec Montréal comme joueur autonome le 27 septembre 1975 • Signe avec Minnesota comme joueur autonome le 6 septembre 1978

POPOVIC, PETER

Né à Koping, Suède, le 10 février 1968. Défenseur, lance de la gauche, 6'6", 235 lb (Choix de 5e ronde de Montréal, 93e au total lors du repêchage de 1988)

SAISON	CLUB	LIGUE	PJ	B	A	PTS	PUN	PJ	B	A	PTS	PUN
1986-87	Vasteras IK	SWE	24	1	2	3	10	12	2	8	10	6
1987-88	Vasteras IK	SWE	28	3	17	20	16	15	1	4	5	20
1988-89	Vasteras IK	SWE	22	1	4	5	32	-	-	-	-	-
1989-90	Vasteras IK	SWE	30	2	10	12	24	2	0	1	1	2
1990-91	Vasteras IK	SWE	40	3	2	5	62	4	0	0	0	4
1991-92	Vasteras IK	SWE	34	7	10	17	30	-	-	-	-	-
1992-93	Vasteras IK	SWE	39	6	12	18	46	3	0	1	1	2
	Suède	CM	8	0	1	1	2	-	-	-	-	-
1993-94	**Montréal (Canadiens)**	**LNH**	**47**	**2**	**12**	**14**	**26**	**6**	**0**	**1**	**1**	**0**
1994-95	Vasteras IK	SWE	11	0	3	3	10	-	-	-	-	-
	Montréal (Canadiens)	**LNH**	**33**	**0**	**5**	**5**	**8**	-	-	-	-	-
1995-96	**Montréal (Canadiens)**	**LNH**	**76**	**2**	**12**	**14**	**69**	**6**	**0**	**2**	**2**	**4**
1996-97	Suède	CDM	3	0	0	0	2	-	-	-	-	-
	Montréal (Canadiens)	**LNH**	**78**	**1**	**13**	**14**	**32**	**3**	**0**	**0**	**0**	**2**
1997-98	**Montréal (Canadiens)**	**LNH**	**69**	**2**	**6**	**8**	**38**	**10**	**1**	**1**	**2**	**2**
1998-99	New York (Rangers)	LNH	68	1	4	5	40	-	-	-	-	-
1999-00	Pittsburgh (Penguins)	LNH	54	1	5	6	30	10	0	0	0	10
2000-01	Boston (Bruins)	LNH	60	1	6	7	48	-	-	-	-	-
2001-02	Sodertalje SKE	SWE	50	3	18	21	52	-	-	-	-	-
2002-03	Sodertalje SKE	SWE	50	3	9	12	52	-	-	-	-	-
2003-04	Sodertalje SKE	SWE	49	1	9	10	61	-	-	-	-	-
2004-05	Sodertalje SKE	SWE	36	1	4	5	34	10	0	0	0	8
		LNH	**485**	**10**	**63**	**73**	**291**	**35**	**1**	**4**	**5**	**18**
		Montréal	**303**	**7**	**48**	**55**	**173**	**25**	**1**	**4**	**5**	**8**

- **Médaille d'argent (CM) en 1993**
- Échangé à New York (Rangers) par Montréal pour Sylvain Blouin et le choix de 6e ronde des Rangers au repêchage de 1999 (cédé à Phoenix qui sélectionne Eric Leverstrom) le 30 juin 1998 • Échangé à Pittsburgh par New York (Rangers) pour Kevin Hatcher le 30 septembre 1999 • Signe avec Boston comme joueur autonome le 2 juillet 2000

PORTLAND, JOHN (JACK)

Né à Waubaushene, Ontario, le 30 juillet 1912, décédé le 22 août 1996 Défenseur, lance de la gauche, 6'2", 185 lb

SAISON	CLUB	LIGUE	PJ	B	A	PTS	PUN	PJ	B	A	PTS	PUN
1932-33	Collingwood (Combines)	SOHA					*Statistiques non disponibles*					
1933-34	**Montréal (Canadiens)**	**LNH**	**31**	**0**	**2**	**2**	**10**	**2**	**0**	**0**	**0**	**0**
1934-35	**Montréal (Canadiens)**	**LNH**	**5**	**0**	**0**	**0**	**2**	-	-	-	-	-
	Boston (Bruins)	LNH	15	1	1	2	2	-	-	-	-	-
	Boston (Cubs)	Can-Am	28	7	5	12	34	3	0	0	0	4
1935-36	Boston (Bruins)	LNH	2	0	0	0	0	-	-	-	-	-
	Boston (Cubs)	Can-Am	47	4	6	10	95	-	-	-	-	-
1936-37	Boston (Bruins)	LNH	46	2	4	6	58	3	0	0	0	4
1937-38	Boston (Bruins)	LNH	48	0	5	5	26	3	0	0	0	4
1938-39	Boston (Bruins)	LNH	48	4	5	9	46	12	0	0	0	11
1939-40	Boston (Bruins)	LNH	28	0	5	5	16	-	-	-	-	-
	Chicago (Black Hawks)	LNH	16	1	4	5	20	2	0	0	0	2
1940-41	Chicago (Black Hawks)	LNH	5	0	0	0	4	-	-	-	-	-
	Montréal (Canadiens)	**LNH**	**42**	**2**	**7**	**9**	**34**	**3**	**0**	**1**	**1**	**2**
1941-42	**Montréal (Canadiens)**	**LNH**	**46**	**2**	**9**	**11**	**53**	**3**	**0**	**0**	**0**	**0**
1942-43	**Montréal (Canadiens)**	**LNH**	**49**	**3**	**14**	**17**	**52**	**5**	**1**	**2**	**3**	**2**
1943-44							*Service militaire*					
1944-45							*Service militaire*					
1945-46							*Service militaire*					
1946-47	Buffalo (Bisons)	AHL	50	2	14	16	25	2	0	0	0	0
1947-48	Philadelphie (Rockets)	AHL	1	0	1	1	0	-	-	-	-	-
	Washington (Lions)	AHL	56	5	14	19	19	-	-	-	-	-
		LNH	**381**	**15**	**56**	**71**	**323**	**33**	**1**	**3**	**4**	**25**
		Montréal	**173**	**7**	**32**	**39**	**151**	**13**	**1**	**3**	**4**	**4**

- **Première équipe d'étoiles (CAN-AM) en 1935-36 • Coupe Stanley (LNH) en 1938-39**
- Signe avec Montréal le 21 décembre 1933 • Échangé à Boston par Montréal pour Tony Savage et une somme d'argent le 3 décembre 1934 • Échangé à Chicago par Boston

pour Dessie Smith le 27 janvier 1940 • Droits vendus à Montréal par Chicago le 19 novembre 1940

POULIN, GEORGE (SKINNER)

Né à Smiths Falls, Ontario, le 17 septembre 1887, décédé le 3 mai 1971
Avant, lance de la droite, 5'6", 155 lb

SAISON	CLUB	LIGUE	PJ	B	A	PTS	PUN	PJ	B	A	PTS	PUN
1904-05	Smiths Falls (Bears)	CJHAL	*Statistiques non disponibles*									
1905-06	Smiths Falls (Mic-Macs)	IOHA	*Statistiques non disponibles*									
1906-07	Smiths Falls (Mic-Macs)	IOHA	4	*19	0	*19	-	3	4	0	4	0
1907-08	Portage la Prairie	Man-Pro	15	14	0	14	-	-	-	-	-	-
1908-09	Winnipeg (Maple Leafs)	Man-Pro	4	7	3	10	*18	-	-	-	-	-
	Winnipeg (Maple Leafs)	Man-Pro	4	5	1	6	0	-	-	-	-	-
1909-10	Galt (Professionel)	OPHL	2	2	0	2	3	-	-	-	-	-
	Montréal (Canadiens)	**NHA**	**12**	**8**	**0**	**8**	**53**	**-**	**-**	**-**	**-**	**-**
1910-11	**Montréal (Canadiens)**	**NHA**	**14**	**3**	**0**	**3**	**59**	**-**	**-**	**-**	**-**	**-**
1911-12	Victoria (Aristocrats)	PCHA	16	9	0	9	48	-	-	-	-	-
1912-13	Victoria (Aristocrats)	PCHA	15	5	4	9	*64	3	2	0	2	0
1913-14	Victoria (Aristocrats)	PCHA	15	9	9	18	*47	3	2	0	2	0
1914-15	Victoria (Aristocrats)	PCHA	16	4	4	8	*47	-	-	-	-	-
1915-16	**Montréal (Canadiens)**	**NHA**	**16**	**5**	**1**	**6**	**43**	**3**	**1**	**0**	**1**	**9**
1916-17	**Montréal (Canadiens)**	**NHA**	**4**	**0**	**0**	**0**	**8**	**-**	**-**	**-**	**-**	**-**
	Montréal (Wanderers)	NHA	9	3	0	3	8	-	-	-	-	-
1917-18			*N'a pas joué*									
1918-19	Victoria (Aristocrats)	PCHA	1	0	0	0	0	-	-	-	-	-
1919-20	Saskatoon (Crescents)	N-SSHL	12	4	2	6	*31	-	-	-	-	-
1920-21	Saskatoon (Crescents)	N-SSHL	4	1	1	2	11	4	0	0	0	3
		NHA	**55**	**19**	**1**	**20**	**171**	**3**	**1**	**0**	**1**	**9**
		Montréal	**46**	**16**	**1**	**17**	**163**	**3**	**1**	**0**	**1**	**9**

• Coupe Stanley (NHA) en 1915-16

• Signe avec Montréal (NHA) le 16 décembre 1909 • Signe avec Victoria (PCHA) le 17 novembre 1911 • Signe avec Montréal (NHA) le 10 décembre 1915 • Droits vendus à Montréal (Wanderers – NHA) par Montréal (Canadiens – NHA) le 8 janvier 1917

POULIN, PATRICK

Né à Vanier, Québec, le 23 avril 1973. Ailier gauche, lance de la gauche, 6'1", 216 lb
(Choix de 1re ronde de Hartford, 9e au total lors du repêchage de 1991)

SAISON	CLUB	LIGUE	PJ	B	A	PTS	PUN	PJ	B	A	PTS	PUN
1988-89	Sainte-Foy (Gouverneurs)	QAAA	42	28	42	70	44	13	13	23	36	24
1989-90	Saint-Hyacinthe (Laser)	LHJMQ	60	25	26	51	55	12	1	9	10	5
1990-91	Saint-Hyacinthe (Laser)	LHJMQ	56	32	38	70	82	4	0	2	2	23
1991-92	Saint-Hyacinthe (Laser)	LHJMQ	56	52	86	*138	58	5	2	2	4	4
	Canada	CMJ	7	2	2	4	2	-	-	-	-	-
	Hartford (Whalers)	LNH	1	0	0	0	2	7	2	1	3	0
	Springfield (Indians)	AHL	-	-	-	-	-	1	0	0	0	0
1992-93	Hartford (Whalers)	LNH	81	20	31	51	37	-	-	-	-	-
1993-94	Hartford (Whalers)	LNH	9	2	1	3	11	-	-	-	-	-
	Chicago (Blackhawks)	LNH	58	12	13	25	40	4	0	0	0	0
1994-95	Chicago (Blackhawks)	LNH	45	15	15	30	53	16	4	1	5	8
1995-96	Chicago (Blackhawks)	LNH	38	7	8	15	16	-	-	-	-	-
	Indianapolis (Ice)	IHL	1	0	1	1	0	-	-	-	-	-
	Tampa Bay (Lightning)	LNH	8	0	1	1	0	2	0	0	0	0
1996-97	Tampa Bay (Lightning)	LNH	73	12	14	26	56	-	-	-	-	-
1997-98	Tampa Bay (Lightning)	LNH	44	2	7	9	19	-	-	-	-	-
	Montréal (Canadiens)	**LNH**	**34**	**4**	**6**	**10**	**8**	**3**	**0**	**0**	**0**	**0**
1998-99	**Montréal (Canadiens)**	**LNH**	**81**	**8**	**17**	**25**	**21**	**-**	**-**	**-**	**-**	**-**
1999-00	**Montréal (Canadiens)**	**LNH**	**82**	**10**	**5**	**15**	**17**	**-**	**-**	**-**	**-**	**-**
2000-01	**Montréal (Canadiens)**	**LNH**	**52**	**9**	**11**	**20**	**13**	**-**	**-**	**-**	**-**	**-**
2001-02	**Montréal (Canadiens)**	**LNH**	**28**	**0**	**5**	**5**	**6**	**-**	**-**	**-**	**-**	**-**
	Québec (Citadelles)	AHL	31	12	7	19	6	3	0	2	2	0
		LNH	**634**	**101**	**134**	**235**	**299**	**32**	**6**	**2**	**8**	**8**
		Montréal	**277**	**31**	**44**	**75**	**65**	**3**	**0**	**0**	**0**	**0**

• Première équipe d'étoiles (LHJMQ) en 1991-92 • Troisième équipe d'étoiles (LHJMQ) en 1989-90 • Trophée Paul-Dumont (LHJMQ) en 1991-92 • Trophée Jean-Béliveau (LHJMQ) en 1991-92 • Joueur par excellence (CHL) en 1991-92 • Première équipe d'étoiles (CHL) 1991-92

• Échangé à Chicago par Hartford avec Eric Weinrich pour Steve Larmer et Bryan Marchment le 2 novembre 1993 • Échangé à Tampa Bay par Chicago avec Igor Ulanov et le choix de 2e ronde de Chicago au repêchage (échangé plus tard à New Jersey qui sélectionne Pierre Dagenais) de 1996 pour Enrico Ciccone et le choix de 2e ronde de Tampa Bay au repêchage de 1996 (Jeff Paul) le 20 mars 1996 • Échangé à Montréal par Tampa Bay avec Mick Vukota et Igor Ulanov pour Stéphane Richer, Darcy Tucker et David Wilkie le 15 janvier 1998 • Annonce officiellement sa retraite le 20 novembre 2003

POVEY, FRED

Né à Sherbrooke, Québec, le 1er mars 1884
Ailier/Défenseur, lance de la gauche 5'8", 170 lb

SAISON	CLUB	LIGUE	PJ	B	A	PTS	PUN	PJ	B	A	PTS	PUN
1903-04	Sherbrooke HC	CAHLI	*Statistiques non disponibles*									
1904-05	Sherbrooke HC	CAHLI	*Statistiques non disponibles*									
1905-06	Sherbrooke HC	CAHLI	*Statistiques non disponibles*									
1906-07	Sherbrooke HC	CAHLI	*Statistiques non disponibles*									
1907-08	Pittsburgh (Bankers)	WPHL	9	3	0	3	8	-	-	-	-	-
1908-09	Pittsburgh (Lyceum)	WPHL	6	2	0	2	-	-	-	-	-	-
	Brantford (Indians)	OPHL	8	6	0	6	6	1	0	0	0	0
1909-10	Montréal (All-Montréal)	CHA	4	1	0	1	0	-	-	-	-	-
	Haileybury (Comets)	NHA	5	6	0	6	17	-	-	-	-	-
1910-11	Waterloo (Colts)	OPHL	13	2	0	2	-	-	-	-	-	-
1911-12	Moncton (Victorias)	MPHA	18	5	0	5	20	2	0	0	0	5
1912-13	**Montréal (Canadiens)**	**NHA**	**4**	**0**	**0**	**0**	**0**	**-**	**-**	**-**	**-**	**-**
		NHA	**9**	**6**	**0**	**6**	**17**	**-**	**-**	**-**	**-**	**-**
		Montréal	**4**	**0**	**0**	**0**	**0**	**-**	**-**	**-**	**-**	**-**

Signe avec Montréal (All-Montréal-CHA) le 10 décembre 1909 • Signe avec Haileybury (NHA) le 30 décembre 1909 • Signe avec Montréal (NHA) le 17 décembre 1912

POWER, JAMES (ROCKET)

Né à Sillery, Québec, le 9 févier 1883, décédé le 6 avril 1920
Défenseur, lance de la gauche, 5'10, 160 lb

SAISON	CLUB	LIGUE	PJ	B	A	PTS	PUN	PJ	B	A	PTS	PUN
1901-02	Québec (Seconds)	QIHA	*Statistiques non disponibles*									
1902-03	Québec HC	LCHA	5	0	0	0	9	-	-	-	-	-
1903-04	Canadian Soo Pros	Exh.	6	4	0	4	-	-	-	-	-	-
1904-05	Québec HC	LCHA	5	1	0	1	-	-	-	-	-	-
1905-06	Edmonton (Thistles)	ASHL	6	6	0	6	15	-	-	-	-	-
1906-07			*Statistiques non disponibles*									
1907-08	Québec HC	ECAHA	9	1	0	1	10	-	-	-	-	-
1908-09	Edmonton Pros	Exh.	1	2	0	2	0	-	-	-	-	-
1909-10	Québec (Bulldogs)	CHA	3	1	0	1	2	-	-	-	-	-
	Waterloo (Colts)	OPHL	11	7	0	7	36	-	-	-	-	-
1910-11	Québec (Bulldogs)	NHA	5	2	0	2	9	-	-	-	-	-
	Montréal (Canadiens)	**NHA**	**8**	**1**	**0**	**1**	**9**	**-**	**-**	**-**	**-**	**-**
1911-12	New Glasgow (Cubs)	MPHA	18	5	0	5	22	-	-	-	-	-
1912-13	Québec (Bulldogs)	NHA	1	0	0	0	-	-	-	-	-	-
		NHA	**14**	**3**	**0**	**3**	**18**	**-**	**-**	**-**	**-**	**-**
		Montréal	**8**	**1**	**0**	**1**	**9**	**-**	**-**	**-**	**-**	**-**

• Signe avec Québec (NHA) en décembre 1910 • Signe avec Montréal (NHA) le 2 févrierr 1911

PRICE, NOEL

Né à Brockville, Ontario, le 9 décembre 1935. Défenseur, lance de la gauche, 6', 190 lb

SAISON	CLUB	LIGUE	PJ	B	A	PTS	PUN	PJ	B	A	PTS	PUN
1952-53	St. Michael's (Majors)	JOHA	44	0	4	4	120	17	1	4	5	28
1953-54	St. Michael's (Majors)	JOHA	58	6	5	11	157	8	1	2	3	31
1954-55	St. Michael's (Majors)	JOHA	47	4	11	15	129	5	1	2	3	12
1955-56	St. Michael's (Majors)	JOHA	46	10	22	32	84	8	1	0	1	8
1956-57	Rochester (Americans)	AHL	1	1	1	2	0	10	0	1	1	16
	Winnipeg (Warriors)	WHL	70	5	22	27	142	-	-	-	-	-
1957-58	Rochester (Americans)	AHL	69	4	20	24	153	-	-	-	-	-
	Toronto (Maple Leafs)	LNH	1	0	0	0	5	-	-	-	-	-
1958-59	Toronto (Maple Leafs)	LNH	28	0	0	0	4	5	0	0	0	2
1959-60	Springfield (Indians)	AHL	31	0	6	6	52	10	1	3	4	20
	New York (Rangers)	LNH	6	0	0	0	2	-	-	-	-	-
1960-61	Springfield (Indians)	AHL	71	6	21	27	97	8	1	4	5	30
	New York (Rangers)	LNH	1	0	0	0	2	-	-	-	-	-
1961-62	Springfield (Indians)	AHL	47	4	19	23	75	-	-	-	-	-
	Detroit (Red Wings)	LNH	20	0	1	1	6	-	-	-	-	-
1962-63	Baltimore (Clippers)	AHL	68	7	29	36	103	3	0	0	0	4
1963-64	Baltimore (Clippers)	AHL	72	6	35	41	109	-	-	-	-	-
1964-65	Baltimore (Clippers)	AHL	72	4	35	39	78	5	0	2	2	4
1965-66	Québec (As)	AHL	55	8	20	28	48	-	-	-	-	-
	Montréal (Canadiens)	**LNH**	**15**	**0**	**6**	**6**	**8**	**3**	**0**	**1**	**1**	**0**
1966-67	Québec (As)	AHL	47	3	23	26	60	5	1	4	5	2
	Montréal (Canadiens)	**LNH**	**24**	**0**	**3**	**3**	**8**	**-**	**-**	**-**	**-**	**-**
	Match des étoiles	LNH	1	0	0	0	0					
1967-68	Pittsburgh (Penguins)	LNH	70	6	27	33	48	-	-	-	-	-
1968-69	Pittsburgh (Penguins)	LNH	73	2	18	20	61	-	-	-	-	-
1969-70	Springfield (Kings)	AHL	72	10	44	54	58	14	1	3	4	14
1970-71	Los Angeles (Kings)	LNH	62	1	19	20	29	-	-	-	-	-
1971-72	Springfield (Kings)	AHL	9	1	3	4	6	-	-	-	-	-
	Nlle-Écosse (Voyageurs)	AHL	64	3	26	29	81	15	4	7	11	16
1972-73	Atlanta (Flames)	LNH	54	1	13	14	38	-	-	-	-	-
1973-74	Atlanta (Flames)	LNH	62	0	13	13	38	4	0	0	0	6
1974-75	Atlanta (Flames)	LNH	80	4	14	18	82	-	-	-	-	-
1975-76	Atlanta (Flames)	LNH	3	0	0	0	2	-	-	-	-	-
	Nlle-Écosse (Voyageurs)	AHL	73	2	37	39	55	8	0	7	7	12
		LNH	**499**	**14**	**114**	**128**	**333**	**12**	**0**	**1**	**1**	**8**
		Montréal	**39**	**0**	**9**	**9**	**16**	**3**	**0**	**1**	**1**	**0**

• Deuxième équipe d'étoiles, Division Prairies (WHL) en 1956-57 • Coupe Calder (AHL) en 1959-60, 1960-61, 1971-72, 1975-76 • Deuxième équipe d'étoiles (AHL) en 1965-66 • Coupe Stanley (LNH) en 1965-66 • Match des étoiles (LNH) en 1966-67 • Première équipe d'étoiles (AHL) en 1969-70, 1971-72, 1975-76 • Trophée Eddie-Shore (AHL) en 1969-70, 1971-72, 1975-76

• Échangé à New York par Toronto pour Hank Ciesla, Bill Kennedy et des considérations futures le 3 octobre 1959 • Échangé à Detroit par New York pour Pete Goegan le 16 février 1962 • Échangé à New York par Detroit pour Pete Goegan le 8 octobre 1962 • Échangé à Montréal par New York avec Gord Labossière, Earl Ingarfield et Dave McComb pour Garry Peters et Cesare Maniago le 8 juin 1965 • Réclamé par Pittsburgh de Montréal lors de l'expansion de la LNH le 6 juin 1967 • Réclamé par Springfield (Los Angeles) de Pittsburgh lors du repêchage inversé le 12 juin 1968 • Échangé à Montréal par Los Angeles avec Denis DeJordy, Dale Hoganson et Doug Robinson pour Rogation Vachon le 4 novembre 1971 • Droits vendus à Atlanta par Montréal le 14 août 1972

PRODGERS, GEORGE (GOLDIE)

Né à London, Ontario, le 18 octobre 1891, décédé le 25 octobre 1935
Défenseur/Ailier, lance de la droite, 5'10", 180 lb

SAISON	CLUB	LIGUE	PJ	B	A	PTS	PUN	PJ	B	A	PTS	PUN
1908-09	London (Athletics)	JOHA	*Statistiques non disponibles*									
1909-10	London (Wingers)	OIHA	*Statistiques non disponibles*									
1910-11	Warterloo (Colts)	OPHL	16	9	0	9	-	-	-	-	-	-
1911-12	Québec (Bulldogs)	NHA	18	3	0	3	-	2	0	0	0	0
1912-13	Victoria (Aristocrats)	PCHA	15	6	0	6	21	3	1	0	1	0
1913-14	Québec (Bulldogs)	NHA	20	2	3	5	-	-	-	-	-	-
1914-15	Montréal (Wanderers)	NHA	18	8	5	13	54	2	0	0	0	15
1915-16	**Montréal (Canadiens)**	**NHA**	**24**	**8**	**3**	**11**	**86**	**4**	**3**	**0**	**3**	**13**
1916-17	Toronto (228e Bataillon)	NHA	12	16	3	19	30	-	-	-	-	-

SAISON	CLUB	LIGUE	PJ	B	A	PTS	PUN	PJ	B	A	PTS	PUN
1917-18			*Service militaire*									
1918-19			*Service militaire*									
1919-20	Toronto (St. Patricks)	LNH	16	8	6	14	4	-	-	-	-	-
1920-21	Hamilton (Tigers)	LNH	24	18	9	27	8	-	-	-	-	-
1921-22	Hamilton (Tigers)	LNH	24	15	6	21	4	-	-	-	-	-
1922-23	Hamilton (Tigers)	LNH	23	13	4	17	17	-	-	-	-	-
1923-24	Hamilton (Tigers)	LNH	23	9	4	13	6	-	-	-	-	-
1924-25	Hamilton (Tigers)	LNH	1	0	0	0	0	-	-	-	-	-
1925-26			*N'a pas joué*									
1926-27	London (Panthers)	Can-Pro	16	1	0	1	10	-	-	-	-	-
		NHA	**92**	**37**	**14**	**51**	**170**	**8**	**3**	**0**	**3**	**28**
		LNH	**111**	**63**	**29**	**92**	**39**	**-**	**-**	**-**	**-**	**-**
		Montréal	**24**	**8**	**3**	**11**	**86**	**4**	**3**	**0**	**3**	**13**

• Coupe Stanley (NHA) en 1911-12, 1915-16

• Signe avec Waterloo (OPHL) le 5 janvier 1911 • Signe avec Québec (NHA) en novembre 1911 • Signe avec Victoria (PCHA) le 18 novembre 1912 • Droits vendus à Montréal (Wanderers – NHA) par Québec (NHA) le 4 décembre 1914 • Droits vendus à Montréal (Canadiens – NHA) par Montréal (Wanderers – NHA) le 4 décembre 1915 • Signe avec Toronto (228e Bataillon – NHA) le 21 juin 1916 • Droits transférés à Québec au retour de la concession de Québec dans la LNH le 25 novembre 1919 • Échangé à Montréal par Québec pour Eddie Carpenter le 21 décembre 1919 • Échangé à Toronto par Montréal pour Harry Cameron le 14 janvier 1920 • Échangé à Montréal par Toronto pour Harry Cameron le 1er décembre 1920 • Échangé à Hamilton par Montréal avec Joe Matte pour Harry Mummery et Jack McDonald le 9 décembre 1920

PRONOVOST, ANDRÉ

Né à Shawinigan Falls, Québec, le 9 juillet 1936
Ailier gauche, lance de la gauche, 5'10", 185 lb

SAISON	CLUB	LIGUE	PJ	B	A	PTS	PUN	PJ	B	A	PTS	PUN
1953-54	Verdun (Canadiens Jr)	LHJQ	54	31	46	77	28	8	3	2	5	2
1954-55	Montréal (Canadiens Jr)	LHJQ	42	22	13	35	60	5	1	3	4	4
1955-56	Montréal (Canadiens Jr)	LHJQ	*Statistiques non disponibles*									
	Shawinigan (Cataractes)	LHQ	3	0	1	1	4	-	-	-	-	-
	Montréal (Canadiens Jr)	Mem.	-	-	-	-	-	10	1	4	5	12
1956-57	Shawinigan (Cataractes)	LHQ	7	2	2	4	11	-	-	-	-	-
	Montréal (Canadiens)	**LNH**	**64**	**10**	**11**	**21**	**58**	**8**	**1**	**0**	**1**	**4**
1957-58	**Montréal (Canadiens)**	**LNH**	**66**	**16**	**12**	**28**	**55**	**10**	**2**	**0**	**2**	**16**
	Match des étoiles	LNH	1	0	0	0	0	-	-	-	-	-
1958-59	**Montréal (Canadiens)**	**LNH**	**70**	**9**	**14**	**23**	**48**	**11**	**2**	**1**	**3**	**6**
	Match des étoiles	LNH	1	0	0	0	0	-	-	-	-	-
1959-60	**Montréal (Canadiens)**	**LNH**	**69**	**12**	**19**	**31**	**61**	**8**	**1**	**2**	**3**	**0**
	Match des étoiles	LNH	1	1	0	1	0	-	-	-	-	-
1960-61	**Montréal (Canadiens)**	**LNH**	**21**	**1**	**5**	**6**	**4**	**-**	**-**	**-**	**-**	**-**
	Match des étoiles	LNH	1	0	1	1	0	-	-	-	-	-
	Boston (Bruins)	LNH	47	11	11	22	30	-	-	-	-	-
1961-62	Boston (Bruins)	LNH	70	15	8	23	74	-	-	-	-	-
1962-63	Boston (Bruins)	LNH	21	0	2	2	6	-	-	-	-	-
	Detroit (Red Wings)	LNH	47	13	5	18	18	11	1	4	5	6
1963-64	Detroit (Red Wings)	LNH	70	7	16	23	54	14	4	3	7	26
1964-65	Pittsburgh (Hornets)	AHL	22	2	5	7	4	-	-	-	-	-
	Detroit (Red Wings)	LNH	3	0	1	1	0	-	-	-	-	-
	Memphis (Wings)	CPHL	55	23	38	61	75	-	-	-	-	-
1965-66	Pittsburgh (Hornets)	AHL	72	25	21	46	64	3	0	1	1	0
1966-67	Memphis (Wings)	CPHL	70	25	42	67	85	7	1	1	2	19
1967-68	Memphis (South Stars)	CPHL	60	20	18	38	43	3	2	1	3	0
	Minnesota (North Stars)	LNH	8	0	0	0	0	8	0	1	1	0
1968-69	Phoenix (Roadrunners)	WHL	51	18	14	32	31	-	-	-	-	-
	Baltimore (Clippers)	AHL	25	1	4	5	2	4	0	0	0	0
1969-70	Muskegon (Mohawks)	IHL	71	50	57	107	55	6	0	3	3	8
1970-71	Muskegon (Mohawks)	IHL	60	18	24	42	24	6	2	0	2	2
1971-72	Jersey (Devils)	EHL	5	2	1	3	2	-	-	-	-	-
		LNH	**556**	**94**	**104**	**198**	**408**	**70**	**11**	**11**	**22**	**58**
		Montréal	**290**	**48**	**61**	**109**	**226**	**37**	**6**	**3**	**9**	**26**

• Coupe Stanley (LNH) en 1956-57, 1957-58, 1958-59, 1959-60 • Match des étoiles (LNH) en 1957-58, 1958-59, 1959-60, 1960-61 • Première équipe d'étoiles (IHL) en 1969-70

• Échangé à Boston par Montréal pour Jean-Guy Gendron le 27 novembre 1960 • Échangé à Detroit par Boston pour Forbes Kennedy le 3 décembre 1962 • Réclamé par Minnesota de Detroit lors de l'expansion de la LNH le 6 juin 1967 • Droits vendus à Montréal par Minnesota le 12 septembre 1969 • Échangé à Baltimore (AHL) par Phoenix (AHL) pour Bob Cunningham en février 1969

PROULX, CHRISTIAN

Né à Coaticook, Québec, le 10 décembre 1973. Défenseur, lance de la gauche, 6', 185 lb (Choix de 7e ronde de Montréal, 164e au total lors du repêchage de 1992)

SAISON	CLUB	LIGUE	PJ	B	A	PTS	PUN	PJ	B	A	PTS	PUN
1988-89	Montréal (Cantonniers)	QAAA	36	2	4	6	-	-	-	-	-	-
1989-90	Montréal (Cantonniers)	QAAA	41	4	19	23	-	-	-	-	-	-
1990-91	Saint-Jean (Lynx)	LHJMQ	67	1	8	9	73	-	-	-	-	-
1991-92	Saint-Jean (Lynx)	LHJMQ	68	1	17	18	180	-	-	-	-	-
1992-93	Saint-Jean (Lynx)	LHJMQ	70	3	34	37	147	4	0	0	0	12
	Fredericton (Canadiens)	AHL	2	1	0	1	2	4	0	0	0	0
1993-94	Fredericton (Canadiens)	AHL	70	2	12	14	183	-	-	-	-	-
	Montréal (Canadiens)	**LNH**	**7**	**1**	**2**	**3**	**20**	**-**	**-**	**-**	**-**	**-**
1994-95	Fredericton (Canadiens)	AHL	75	1	9	10	184	9	0	1	1	8
1995-96	San Francisco (Spiders)	IHL	80	1	15	16	154	4	0	0	0	6
1996-97	Milwaukee (Admirals)	IHL	74	3	4	7	145	1	0	0	0	2
1997-98	Hershey (Bears)	AHL	32	2	2	4	76	-	-	-	-	-
	Milwaukee (Admirals)	LIH	31	4	6	10	84	10	0	1	1	20
1998-99	HC Asiago	Alpes	29	3	12	15	106	18	3	9	12	27
1999-00	EC Bad Totz	GER	44	9	18	27	192	-	-	-	-	-
2000-01	EC Bad Totz	GER	42	7	10	17	120	-	-	-	-	-
2001-02	DEG Metro Stars	GER	57	0	4	4	151	-	-	-	-	-
2002-03	Straubing EHC	GER-2	54	3	15	18	132	3	1	0	1	4
2003-04	Thetford Mines (Prolab)	QSMHL	38	2	9	11	104	15	0	6	6	21
2004-05	Verdun (Dragons)	LNAH	40	2	9	11	64	-	-	-	-	-
	Laval (Chiefs)	LNAH	18	2	4	6	35	-	-	-	-	-
2005-06	Laval (Chiefs)	LNAH	56	3	22	25	94	5	0	0	0	22
2006-07	St.Jean (Summum Chiefs)	LNAH	48	4	10	14	123	14	2	2	4	33
		LNH	**7**	**1**	**2**	**3**	**20**	**-**	**-**	**-**	**-**	**-**
		Montréal	**7**	**1**	**2**	**3**	**20**	**-**	**-**	**-**	**-**	**-**

PROVOST, CLAUDE

Né à Montréal, Québec, le 17 septembre 1933, décédé le 17 avril 1984
Ailier droit, lance de la droite, 5'9", 175 lb

SAISON	CLUB	LIGUE	PJ	B	A	PTS	PUN	PJ	B	A	PTS	PUN
1951-52	Montréal (National)	LHJQ	49	24	29	53	46	9	5	2	7	4
1952-53	Montréal (Canadiens Jr)	LHJQ	46	24	36	60	29	7	6	5	11	10
1953-54	Montréal (Canadiens Jr)	LHJQ	48	45	39	84	83	8	3	8	11	16
1954-55	Shawinigan (Cataractes)	LHQ	61	25	23	48	44	13	6	3	9	6
	Shawinigan (Cataractes)	Edin.	-	-	-	-	-	7	2	2	4	4
1955-56	Shawinigan (Cataractes)	LHQ	9	7	8	15	12	-	-	-	-	-
	Montréal (Canadiens)	**LNH**	**60**	**13**	**16**	**29**	**30**	**10**	**3**	**3**	**6**	**12**
1956-57	**Montréal (Canadiens)**	**LNH**	**67**	**16**	**14**	**30**	**24**	**10**	**0**	**1**	**1**	**8**
	Match des étoiles	LNH	1	0	0	0	0	-	-	-	-	-
1957-58	**Montréal (Canadiens)**	**LNH**	**70**	**19**	**32**	**51**	**71**	**10**	**1**	**3**	**4**	**8**
	Match des étoiles	LNH	1	0	0	0	0	-	-	-	-	-
1958-59	**Montréal (Canadiens)**	**LNH**	**69**	**16**	**22**	**38**	**37**	**11**	**6**	**2**	**8**	**2**
	Match des étoiles	LNH	1	0	2	2	2	-	-	-	-	-
1959-60	**Montréal (Canadiens)**	**LNH**	**70**	**17**	**29**	**46**	**42**	**8**	**1**	**1**	**2**	**0**
	Match des étoiles	LNH	1	0	0	0	0	-	-	-	-	-
1960-61	**Montréal (Canadiens)**	**LNH**	**49**	**11**	**4**	**15**	**32**	**6**	**1**	**3**	**4**	**4**
	Match des étoiles	LNH	1	1	0	1	0	-	-	-	-	-
1961-62	**Montréal (Canadiens)**	**LNH**	**70**	**33**	**29**	**62**	**22**	**6**	**2**	**2**	**4**	**2**
	Match des étoiles	LNH	1	0	0	0	0	-	-	-	-	-
1962-63	**Montréal (Canadiens)**	**LNH**	**67**	**20**	**30**	**50**	**26**	**5**	**0**	**1**	**1**	**2**
	Match des étoiles	LNH	1	0	0	0	0	-	-	-	-	-
1963-64	**Montréal (Canadiens)**	**LNH**	**68**	**15**	**17**	**32**	**37**	**7**	**2**	**2**	**4**	**22**
	Match des étoiles	LNH	1	0	0	0	0	-	-	-	-	-
1964-65	**Montréal (Canadiens)**	**LNH**	**70**	**27**	**37**	**64**	**28**	**13**	**2**	**6**	**8**	**12**
	Match des étoiles	LNH	1	0	0	0	2	-	-	-	-	-
1965-66	**Montréal (Canadiens)**	**LNH**	**70**	**19**	**36**	**55**	**38**	**10**	**2**	**3**	**5**	**2**
	Match des étoiles	LNH	1	0	0	0	0	-	-	-	-	-
1966-67	**Montréal (Canadiens)**	**LNH**	**64**	**11**	**13**	**24**	**16**	**7**	**1**	**1**	**2**	**0**
	Match des étoiles	LNH	1	0	0	0	0	-	-	-	-	-
1967-68	**Montréal (Canadiens)**	**LNH**	**73**	**14**	**30**	**44**	**26**	**13**	**2**	**8**	**10**	**10**
1968-69	**Montréal (Canadiens)**	**LNH**	**73**	**13**	**15**	**28**	**18**	**10**	**2**	**2**	**4**	**2**
1969-70	**Montréal (Canadiens)**	**LNH**	**65**	**10**	**11**	**21**	**22**	**-**	**-**	**-**	**-**	**-**
		LNH	**1005**	**254**	**335**	**589**	**469**	**126**	**25**	**38**	**63**	**86**
		Montréal	**1005**	**254**	**335**	**589**	**469**	**126**	**25**	**38**	**63**	**86**

• Match des étoiles (LNH) en 1956-57, 1957-58, 1958-59, 1959-60, 1960-61, 1961-62, 1962-63, 1963-64, 1964-65, 1965-66, 1966-67 • Coupe Stanley (LNH) en 1955-56, 1956-57, 1957-58, 1958-59, 1959-60, 1964-65, 1965-66, 1967-68, 1968-69 • Première équipe d'étoiles (LNH) en 1964-65 • Trophée Bill-Masterson (LNH) en 1967-68

• Droits vendus à Los Angeles par Montréal le 8 juin 1971

PUSIE, JEAN

Né à Montréal, Québec, le 15 octobre 1910, décédé le 21 avril 1956
Défenseur, lance de la gauche, 6', 205 lb

SAISON	CLUB	LIGUE	PJ	B	A	PTS	PUN	PJ	B	A	PTS	PUN
1929-30	Verdun (CPR)	LHMRM	*Statistiques non disponibles*									
	Montréal (Northern Electric)	LHTRM	*Statistiques non disponibles*									
	London (Panthers)	IHL	11	1	0	1	2	2	0	0	0	2
1930-31	Galt (Terriers)	OPHL	22	16	8	24	29	2	0	1	1	0
	Montréal (Canadiens)	**LNH**	**6**	**0**	**0**	**0**	**0**	**3**	**0**	**0**	**0**	**0**
	Detroit (Olympics)	IHL	4	0	0	0	0	-	-	-	-	-
1931-32	**Montréal (Canadiens)**	**LNH**	**1**	**0**	**0**	**0**	**0**	**-**	**-**	**-**	**-**	**-**
	Philadelphie (Arrows)	Can-Am	14	0	4	4	8	-	-	-	-	-
	Trois-Rivières (Renards)	ECHL	14	5	2	7	24	-	-	-	-	-
1932-33	Québec (Castors)	Can-Am	1	0	1	1	0	-	-	-	-	-
	Regina/Vancouver	WCHL	30	*30	*22	*52	31	2	0	1	1	0
1933-34	New York (Rangers)	LNH	19	0	2	2	17	-	-	-	-	-
	London (Tecumsehs)	IHL	26	6	6	12	47	6	3	2	5	2
1934-35	Boston (Bruins)	LNH	4	1	0	1	0	4	0	0	0	0
	Boston (Cubs)	Can-Am	34	14	13	27	59	-	-	-	-	-
1935-36	Boston (Cubs)	Can-Am	16	4	5	9	18	-	-	-	-	-
	Montréal (Canadiens)	**LNH**	**31**	**0**	**2**	**2**	**11**	**-**	**-**	**-**	**-**	**-**
1936-37	Providence (Reds)	IAHL	29	5	8	13	39	2	0	0	0	0
1937-38	Cleveland (Barons)	IAHL	39	0	6	6	13	2	1	1	2	0
1938-39	St. Louis (Flyers)	AHA	35	18	12	30	60	5	2	2	4	16
1939-40	Vancouver (Lions)	PCHL	30	13	12	25	*85	-	-	-	-	-
1940-41	Seattle (Olympics)	PCHL	28	10	13	23	48	-	-	-	-	-
1941-42	St. Louis (Flyers)	AHA	35	9	12	21	19	-	-	-	-	-
1942-43	Montréal (Locomotive)	LHCM	*Statistiques non disponibles*									
1943-44	Montréal (Armée)	LHCM	6	0	2	2	12	2	0	1	1	2
1944-45	Montréal (Monarchs)	LHCM	*Statistiques non disponibles*									
1945-46			*N'a pas joué*									
1946-47	Verdun (Aigles)	LHPQ	6	3	4	7	0	-	-	-	-	-
		LNH	**61**	**1**	**4**	**5**	**28**	**7**	**0**	**0**	**0**	**0**
		Montréal	**38**	**0**	**2**	**2**	**11**	**3**	**0**	**0**	**0**	**0**

• Coupe Stanley (LNH) en 1930-31

• Signe avec Montréal le 1er février 1930 • Prêté à London (IHL) par Montréal le 1er février 1930 • Prêté à Providence (Can-Am) avec Gerry Carson et une somme d'argent pour Johnny Gagnon le 21 octobre 1930 • Droits vendus à Galt (OPHL) par Montréal le 30 octobre 1930 • Signe avec Regina (WCHL) le 16 novembre 1932 • Droits vendus à New York (Rangers) par Vancouver (WCHL) le 11 mars 1933 • Échangé à Boston par New York (Rangers) pour Percy Jackson le 1er novembre 1934 • Échangé à Montréal par Boston avec

Walter Buswell pour Roger Jenkings le 13 juillet 1935 • Droits vendus à Boston par Montréal le 9 février 1936 • Signe avec St. Louis (AHA) le 24 septembre 1938 • Droits vendus à Vancouver (PCHL) par St. Louis (AHA) le 11 octobre 1939 • Droits vendus à St. Louis (AHA) par St-Paul (AHA) le 3 novembre 1941 • Échangé à Fort Worth (AHA) par St. Louis (AHA) pour Andre Maloney le 12 février 1942

QUILTY, JOHN

Né à Ottawa, Ontario, le 21 janvier 1921, décédé le 12 septembre 1969
Centre, lance de la gauche, 5'10", 175 lb

SAISON	CLUB	LIGUE	PJ	B	A	PTS	PUN	PJ	B	A	PTS	PUN
1937-38	Ottawa (St. Pats)	OCJHL	*Statistiques non disponibles*									
1938-39	Ottawa (St. Pats)	OCJHL	*Statistiques non disponibles*									
	Ottawa (St. Pats)	Mem.	-	-	-	-	-	5	*11	5	*16	0
1939-40	Ottawa (St. Pats)	OCJHL	*Statistiques non disponibles*									
1940-41	**Montréal (Canadiens)**	**LNH**	**48**	**18**	**16**	**34**	**31**	**3**	**0**	**2**	**2**	**0**
1941-42	**Montréal (Canadiens)**	**LNH**	**48**	**12**	**12**	**24**	**44**	**3**	**0**	**1**	**1**	**0**
1942-43	Toronto (RCAF)	SOHA	9	6	9	15	12	-	-	-	-	-
1943-44	Vancouver (RCAF)	NNDHL	14	12	14	26	8	3	1	2	3	2
1944-45			*Service militaire*									
1945-46	Ottawa (Senators)	LHSQ	2	0	0	0	0	3	1	0	1	0
1946-47	Buffalo (Bisons)	AHL	5	0	2	2	2	-	-	-	-	-
	Montréal (Canadiens)	**LNH**	**3**	**1**	**1**	**2**	**0**	**7**	**3**	**2**	**5**	**9**
	Springfield (Indians)	AHL	46	17	15	32	36	2	0	0	0	0
1947-48	**Montréal (Canadiens)**	**LNH**	**20**	**2**	**3**	**5**	**4**	**-**	**-**	**-**	**-**	**-**
	Boston (Bruins)	LNH	6	3	2	5	2	-	-	-	-	-
1948-49	North Sydney (Victorias)	CBSHL	31	5	15	20	18	6	2	3	5	0
1949-50	Ottawa RCAF (Flyers)	ECSHL	27	10	12	22	6	5	2	4	6	2
1950-51	Ottawa RCAF (Flyers)	ECSHL	38	0	12	12	54	7	1	3	4	14
	Ottawa (Senators)	LHMQ	-	-	-	-	-	3	0	0	0	4
1951-52	Ottawa (Senators)	LHMQ	3	0	0	0	0	-	-	-	-	-
	Renfrew (Millionaires)	ECSHL	40	9	27	36	52	3	1	1	2	10
		LNH	**125**	**36**	**34**	**70**	**81**	**13**	**3**	**5**	**8**	**9**
		Montréal	**119**	**33**	**32**	**65**	**79**	**13**	**3**	**5**	**8**	**9**

• Trophée Calder (LNH) en 1940-41

• Signe avec Montréal le 29 octobre 1940 • Échangé à Springfield (AHL) par Montréal pour George Pargeter le 19 novembre 1946 • Droits vendus à Montréal par Springfield (AHL) le 3 mars 1947 • Échangé à Boston par Montréal avec Jim Peters pour Joe Carveth le 16 décembre 1947

QUINTAL, STÉPHANE

Né à Boucherville, Québec, le 22 octobre 1968. Défenseur, lance de la droite, 6'3", 225 lb
(Choix de 1re ronde de Boston, 14e au total lors du repêchage de 1987)

SAISON	CLUB	LIGUE	PJ	B	A	PTS	PUN	PJ	B	A	PTS	PUN
1984-85	Richelieu (Régents)	QAAA	41	1	10	11	-	-	-	-	-	-
1985-86	Granby (Bisons)	LHJMQ	67	2	17	19	144	-	-	-	-	-
1986-87	Granby (Bisons)	LHJMQ	67	13	41	54	178	8	0	9	9	10
1987-88	Hull (Olympiques)	LHJMQ	38	13	23	36	138	19	7	12	19	30
	Hull (Olympiques)	Mem.	-	-	-	-	-	4	2	1	3	0
1988-89	Maine (Mariners)	AHL	16	4	10	14	28	-	-	-	-	-
	Boston (Bruins)	LNH	26	0	1	1	29	-	-	-	-	-
1989-90	Maine (Mariners)	AHL	37	4	16	20	27	-	-	-	-	-
	Boston (Bruins)	LNH	38	2	2	4	22	-	-	-	-	-
1990-91	Maine (Mariners)	AHL	23	1	5	6	30	-	-	-	-	-
	Boston (Bruins)	LNH	45	2	6	8	89	3	0	1	1	7
1991-92	Boston (Bruins)	LNH	49	4	10	14	77	-	-	-	-	-
	St. Louis (Blues)	LNH	26	0	6	6	32	4	1	2	3	6
1992-93	St. Louis (Blues)	LNH	75	1	10	11	100	9	0	0	0	8
1993-94	Winnipeg (Jets)	LNH	81	8	18	26	119	-	-	-	-	-
1994-95	Winnipeg (Jets)	LNH	43	6	17	23	78	-	-	-	-	-
1995-96	**Montréal (Canadiens)**	**LNH**	**68**	**2**	**14**	**16**	**117**	**6**	**0**	**1**	**1**	**6**
1996-97	**Montréal (Canadiens)**	**LNH**	**71**	**7**	**15**	**22**	**100**	**5**	**0**	**1**	**1**	**6**
1997-98	**Montréal (Canadiens)**	**LNH**	**71**	**6**	**10**	**16**	**97**	**9**	**0**	**2**	**2**	**4**
1998-99	**Montréal (Canadiens)**	**LNH**	**82**	**8**	**19**	**27**	**84**	**-**	**-**	**-**	**-**	**-**
	Canada	CM	10	3	2	5	4	-	-	-	-	-
1999-00	New York (Rangers)	LNH	75	2	14	16	77	-	-	-	-	-
2000-01	Chicago (Blackhawks)	LNH	72	1	18	19	60	-	-	-	-	-
2001-02	**Montréal (Canadiens)**	**LNH**	**75**	**6**	**10**	**16**	**87**	**12**	**1**	**3**	**4**	**12**
2002-03	**Montréal (Canadiens)**	**LNH**	**67**	**5**	**5**	**10**	**70**	**-**	**-**	**-**	**-**	**-**
2003-04	**Montréal (Canadiens)**	**LNH**	**73**	**3**	**5**	**8**	**82**	**4**	**0**	**0**	**0**	**2**
2004-05	Asiago	ITA	10	1	2	3	4	5	2	0	2	4
		LNH	**1037**	**63**	**180**	**243**	**1320**	**52**	**2**	**10**	**12**	**51**
		Montréal	**507**	**37**	**78**	**115**	**637**	**36**	**1**	**7**	**8**	**30**

• Première équipe d'étoiles (LHJMQ) en 1986-87 • Coupe du Président (LHJMQ) en 1987-88

• Échangé à St. Louis par Boston avec Craig Janney pour Adam Oates le 7 février 1992 • Échangé à Winnipeg par St. Louis avec Nelson Emerson pour Phil Housley le 24 septembre 1993 • Échangé à Montréal par Winnipeg pour le choix de 2e ronde de Montréal au repêchage de 1995 (Jason Doig) le 8 juillet 1995 • Signe avec New York (Rangers) comme joueur autonome le 13 juillet 1999 • Réclamé au ballottage par Chicago de New York (Rangers) le 5 octobre 2000 • Échangé à Montréal par Chicago pour le choix de 4e ronde de Montréal au repêchage de 2001 (Brent MacLellan) le 23 juin 2001 • Échangé à Los Angeles par Montréal pour des considérations futures le 27 juin 2001 • Signe avec Asiago (ITA) comme joueur autonome le 27 décembre 2004 •Annonce officiellement sa retraite le 22 août 2005

RACINE, YVES

Né à Matane, Québec, le 7 février 1969. Défenseur, lance de la gauche, 6', 205 lb
(Choix de 1re ronde de Detroit, 11e au total lors du repêchage de 1987.)

SAISON	CLUB	LIGUE	PJ	B	A	PTS	PUN	PJ	B	A	PTS	PUN
1984-85	Sainte-Foy (Gouverneurs)	QAAA	26	3	6	9	-	-	-	-	-	-
1985-86	Sainte-Foy (Gouverneurs)	QAAA	42	4	38	42	66	-	-	-	-	-
1986-87	Longueuil (Chevaliers)	LHJMQ	70	7	43	50	50	20	3	11	14	14
	Longueuil (Chevaliers)	Mem.	-	-	-	-	-	5	0	0	0	0
1987-88	Victoriaville (Tigres)	LHJMQ	69	10	84	94	150	5	0	0	0	13
	Adirondack (Red Wings)	AHL	-	-	-	-	-	9	4	2	6	2
1988-89	Victoriaville (Tigres)	LHJMQ	63	23	85	108	95	16	3	*30	*33	41
	Canada	CMJ	7	0	0	0	6	-	-	-	-	-
	Adirondack (Red Wings)	AHL	-	-	-	-	-	2	1	1	2	0
1989-90	Adirondack (Red Wings)	AHL	46	8	27	35	31	-	-	-	-	-
	Detroit (Red Wings)	LNH	28	4	9	13	23	-	-	-	-	-
1990-91	Adirondack (Red Wings)	AHL	16	3	9	12	10	-	-	-	-	-
	Detroit (Red Wings)	LNH	62	7	40	47	33	7	2	0	2	0
	Canada	CM	4	0	0	0	0	-	-	-	-	-
1991-92	Detroit (Red Wings)	LNH	61	2	22	24	94	11	2	1	3	10
1992-93	Detroit (Red Wings)	LNH	80	9	31	40	80	7	1	3	4	27
1993-94	Philadelphie (Flyers)	LNH	67	9	43	52	48	-	-	-	-	-
	Canada	CM	8	1	2	3	8	-	-	-	-	-
1994-95	**Montréal (Canadiens)**	**LNH**	**47**	**4**	**7**	**11**	**42**	**-**	**-**	**-**	**-**	**-**
1995-96	**Montréal (Canadiens)**	**LNH**	**25**	**0**	**3**	**3**	**26**	**-**	**-**	**-**	**-**	**-**
	San Jose (Sharks)	LNH	32	1	16	17	28	-	-	-	-	-
1996-97	Kentucky (Thoroughblades)	AHL	4	0	1	1	2	-	-	-	-	-
	Québec (Rafales)	IHL	6	0	4	4	4	-	-	-	-	-
	Calgary (Flames)	LNH	46	1	15	16	24	-	-	-	-	-
1997-98	Tampa Bay (Lightning)	LNH	60	0	8	8	41	-	-	-	-	-
1998-99	Jokerit Helsinki	FIN	52	8	18	26	108	3	1	0	1	6
	Jokerit Helsinki	EuroHL	6	1	0	1	18	2	1	1	2	6
1999-00	Adler Mannheim	GER	54	5	21	26	90	5	0	1	1	43
	Adler Mannheim	EuroHL	6	0	1	1	8	-	-	-	-	-
2000-01	Adler Mannheim	GER	52	4	29	33	98	11	0	7	7	40
2001-02	Adler Mannheim	GER	48	3	31	34	124	12	2	2	4	10
2002-03	Alder Mannheim	GER	47	2	18	20	90	8	1	5	6	16
2003-04	Ingolstadt ERC	GER-2	33	2	10	12	24	8	1	1	2	39
2004-05	Thetford Mines (Prolab)	LNAH	47	2	41	43	36	15	4	8	12	16
2005-06	Thetford Mines (Prolab)	LNAH	40	1	31	32	69	17	2	6	8	31
		LNH	**508**	**37**	**194**	**231**	**439**	**25**	**5**	**4**	**9**	**37**
		Montréal	**72**	**4**	**10**	**14**	**68**					

• Troisième équipe d'étoiles (LHJMQ) en 1986-87 • Coupe du Président (LHJMQ) en 1986-87 • Première équipe d'étoiles (LHJMQ) en 1987-88, 1988-89 • Trophée Émile-Bouchard (LHJMQ) en 1988-89 • Coupe Calder (AHL) en 1988-89 • Médaille d'argent (CM) en 1991 • Médaille d'or (CM) en 1994

• Échangé à Philadelphie par Detroit avec le choix de 4e ronde de Detroit au repêchage de 1994 (Sébastien Vallée) pour Terry Carkner le 5 octobre 1993 • Échangé à Montréal par Philadelphie pour Kevin Haller le 29 juin 1994 • Réclamé au ballottage par San Jose de Montréal le 23 janvier 1996 • Droits vendus à Calgary par San Jose le 17 décembre 1996• Signe avec Tampa Bay comme joueur autonome le 16 juillet 1997

RAMAGE, ROBERT (ROB)

Né à Byron, Ontario, le 11 janvier 1959. Défenseur, lance de la droite, 6'2", 200 lb
(Choix de 1re ronde du Colorado, 1er au total lors du repêchage de 1979)

SAISON	CLUB	LIGUE	PJ	B	A	PTS	PUN	PJ	B	A	PTS	PUN
1975-76	London (Knights)	OMJHL	65	12	31	43	113	5	0	1	1	11
1976-77	London (Knights)	OMJHL	65	15	58	73	177	20	3	11	14	55
	Canada	CMJ	7	0	1	1	6	-	-	-	-	-
1977-78	London (Knights)	OMJHL	59	17	48	65	162	11	4	5	9	29
	Canada	CMJ	6	1	3	4	6	-	-	-	-	-
1978-79	Birmingham (Bulls)	AMH	80	12	36	48	165	-	-	-	-	-
1979-80	Colorado (Rockies)	LNH	75	8	20	28	135	-	-	-	-	-
1980-81	Colorado (Rockies)	LNH	79	20	42	62	193	-	-	-	-	-
	Match des étoiles	LNH	1	0	0	0	0	-	-	-	-	-
	Canada	CM	8	0	1	1	0	-	-	-	-	-
1981-82	Colorado (Rockies)	LNH	80	13	29	42	201	-	-	-	-	-
1982-83	St. Louis (Blues)	LNH	78	16	35	51	193	4	0	3	3	22
1983-84	St. Louis (Blues)	LNH	80	15	45	60	121	11	1	8	9	32
	Match des étoiles	LNH	1	0	0	0	0	-	-	-	-	-
1984-85	St. Louis (Blues)	LNH	80	7	31	38	178	3	1	3	4	6
1985-86	St. Louis (Blues)	LNH	77	10	56	66	171	19	1	10	11	66
	Match des étoiles	LNH	1	0	0	0	0	-	-	-	-	-
1986-87	St. Louis (Blues)	LNH	59	11	28	39	108	6	2	2	4	21
1987-88	St. Louis (Blues)	LNH	67	8	34	42	127	-	-	-	-	-
	Match des étoiles	LNH	1	0	0	0	0	-	-	-	-	-
	Calgary (Flames)	LNH	12	1	6	7	37	9	1	3	4	21
1988-89	Calgary (Flames)	LNH	68	3	13	16	156	20	1	11	12	26
1989-90	Toronto (Maple Leafs)	LNH	80	8	41	49	202	5	1	2	3	20
1990-91	Toronto (Maple Leafs)	LNH	80	10	25	35	173	-	-	-	-	-
1991-92	Minnesota (North Stars)	LNH	34	4	5	9	69	-	-	-	-	-
1992-93	Tampa Bay (Lightning)	LNH	66	5	12	17	138	-	-	-	-	-
	Montréal (Canadiens)	**LNH**	**8**	**0**	**1**	**1**	**8**	**7**	**0**	**0**	**0**	**4**
1993-94	**Montréal (Canadiens)**	**LNH**	**6**	**0**	**1**	**1**	**2**	**-**	**-**	**-**	**-**	**-**
	Philadelphie (Flyers)	LNH	15	0	1	1	14	-	-	-	-	-
		LNH	**1044**	**139**	**425**	**564**	**2226**	**84**	**8**	**42**	**50**	**218**
		Montréal	**14**	**0**	**2**	**2**	**10**	**7**	**0**	**0**	**0**	**4**

• Médaille d'argent (CMJ) en 1977 • Médaille de bronze (CMJ) en 1978 • Première équipe d'étoiles (OMJHL) en 1977-78 • Première équipe d'étoiles (AMH) en 1978-79 • Match des étoiles (LNH) en 1980-81, 1983-84, 1985-86, 1987-88 • Coupe Stanley (LNH) en 1988-89, 1992-93

• Signe avec Birmingham (AMH) comme joueur autonome en juin 1978 • Échangé à St. Louis par Colorado (New Jersey) pour le 1er choix de St. Louis au repêchage de 1983 (John MacLean) le 9 juin 1982 • Échangé à Calgary par St. Louis avec Rick Wamsley pour Brett Hull et Steve Bosek le 7 mars 1988 • Échangé à Toronto par Calgary pour le choix de 2e ronde de Toronto au repêchage de 1989 (Kent Manderville) le 16 juin 1989 • Réclamé par Minnesota de Toronto lors du repêchage d'expansion le 30 mai 1989 • Réclamé par Tampa Bay du Minnesota lors du repêchage d'expansion le 18 juin 1992 • Échangé à Montréal par Tampa Bay pour Éric Charron, Alain Côté et des considérations futures (Donald Dufresne le 18 juin 1993) le 20 mars 1993 • Droits vendus à Philadelphie par Montréal le 27 novembre 1993

RAYMOND, ARMAND

Né à Mechanicsville, New York, le 12 janvier 1913
Défenseur, lance de la gauche, 5'9", 185 lb

SAISON	CLUB	LIGUE	PJ	B	A	PTS	PUN	PJ	B	A	PTS	PUN
1931-32	Montréal (Xavier Jr)	LHJCM	10	0	0	0	8	2	0	0	0	8
1932-33	Montréal (Xavier Jr)	LHJCM	10	1	0	1	15	2	0	0	0	2
1933-34	Montréal (Xavier Jr)	LHJCM	7	1	1	2	20	-	-	-	-	-
	Montréal (Xavier Sr)	LHCM	13	2	0	2	36	-	-	-	-	-
1934-35			*N'a pas joué*									
1935-36	Atlantic City (Seagulls)	EAHL	21	0	4	4	14	8	1	1	2	6
1936-37	Montréal (Canadiens Sr)	LHSQ	21	3	3	6	30	2	0	0	0	4
1937-38	Montréal (Concordia)	LHCM	21	6	7	13	32	1	0	0	0	2
	Montréal (Canadiens)	**LNH**	**11**	**0**	**1**	**1**	**10**	**3**	**0**	**0**	**0**	**2**
1938-39	Montréal (Concordia)	LHCM	*Statistiques non disponibles*									
1939-40	Providence (Reds)	IAHL	22	0	4	4	14	-	-	-	-	-
	Montréal (Canadiens)	**LNH**	**11**	**0**	**1**	**1**	**10**	**-**	**-**	**-**	**-**	**-**
1940-41	Saint-Jérôme (Papermakers)	LHPQ	33	18	20	38	86	8	2	5	7	6
	Saint-Jérôme (Papermakers)	Allan	-	-	-	-	-	4	0	0	0	0
1941-42	Shawinigan (Cataractes)	LHPQ	28	1	21	22	40	10	1	1	2	12
		LNH	**22**	**0**	**2**	**2**	**20**	**3**	**0**	**0**	**0**	**2**
		Montréal	**22**	**0**	**2**	**2**	**20**	**3**	**0**	**0**	**0**	**2**

• Signe avec Montréal le 21 février 1938

RAYMOND, PAUL-MARCEL

Né à Montréal, Québec, le 27 février 1913, décédé le 4 avril 1995
Ailier droit, lance de la droite, 5'8", 150 lb

SAISON	CLUB	LIGUE	PJ	B	A	PTS	PUN	PJ	B	A	PTS	PUN
1930-31	Montréal (Canadiens Jr)	LHJCM	4	2	1	3	2	-	-	-	-	-
1931-32	Montréal (Canadiens Sr)	LHCM	11	5	4	9	8	2	2	0	2	0
1932-33	**Montréal (Canadiens)**	**LNH**	**16**	**0**	**0**	**0**	**0**	**-**	**-**	**-**	**-**	**-**
	Providence (Reds)	IHL	20	1	5	6	0	2	0	0	0	0
1933-34	**Montréal (Canadiens)**	**LNH**	**29**	**1**	**0**	**1**	**2**	**2**	**0**	**0**	**0**	**0**
	Windsor (Bulldogs)	IHL	20	1	1	2	6	-	-	-	-	-
1934-35	**Montréal (Canadiens)**	**LNH**	**20**	**1**	**1**	**2**	**0**	**-**	**-**	**-**	**-**	**-**
	Québec (Castors)	Can-Am	30	9	12	21	24	3	0	0	0	4
1935-36	Springfield (Indians)	Can-Am	48	6	27	33	55	3	2	1	3	0
1936-37	Springfield (Indians)	IAHL	43	11	15	26	49	5	0	2	2	0
1937-38	Springfield (Indians)	IAHL	14	0	4	4	0	-	-	-	-	-
	New Haven (Eagles)	IAHL	33	10	14	24	14	2	0	0	0	0
1938-39	New Haven (Eagles)	IAHL	51	2	5	7	22	-	-	-	-	-
1939-40	Montréal (Royals)	LHSQ	26	6	27	33	12	6	3	5	8	0
	Montréal (Royals)	Allan	-	-	-	-	-	5	2	7	9	0
1940-41	Montréal (Royals)	LHSQ	33	13	19	32	31	4	0	0	0	0
	Montréal (Royals)	Allan	-	-	-	-	-	10	1	4	5	6
1941-42	Montréal (Royals)	LHSQ	38	17	18	35	24	-	-	-	-	-
1942-43	Montréal (Royals)	LHSQ	5	0	0	0	8	-	-	-	-	-
1943-44			*Service militaire*									
1944-45			*Service militaire*									
1945-46	Montréal (Royals)	LHSQ	26	8	14	22	6	9	2	6	8	6
1946-47	Montréal (Royals)	LHSQ	2	0	1	1	0	-	-	-	-	-
	Lachine (Rapides)	LHPQ	26	9	15	24	13	9	1	1	2	2
		LNH	**65**	**2**	**1**	**3**	**2**	**2**	**0**	**0**	**0**	**0**
		Montréal	**65**	**2**	**1**	**3**	**2**	**2**	**0**	**0**	**0**	**0**

• Deuxième équipe d'étoiles (LHSQ) en 1939-40

• Signe avec Montréal le 28 octobre 1932 • Prêté à Providence (IHL) par Montréal le 7 février 1933 • Prêté à Windsor (IHL) par Montréal le 20 décembre 1933 • Prêté à Québec (Can-Am) par Montréal le 17 janvier 1935 • Échangé à New Haven (IAHL) par Springfield (IAHL) pour Max Kaminsky le 23 décembre 1937

REARDON, KENNETH (KEN)

Né à Winnipeg, Manitoba, le 1er avril 1921, décédé le 15 mars 2008
Défenseur, lance de la gauche, 5'10", 180 lb

SAISON	CLUB	LIGUE	PJ	B	A	PTS	PUN	PJ	B	A	PTS	PUN
1937-38	Blue River (Rebels)	BCJHL	*Statistiques non disponibles*									
1938-39	Edmonton Athletic Club	EJHL	9	0	1	1	15	2	0	2	2	-
	Edmonton Athletic Club	Mem.	-	-	-	-	-	2	0	1	1	0
1939-40	Edmonton Athletic Club	EJHL	10	-	-	-	*42	4	0	2	2	*8
	Edmonton Athletic Club	Mem.	-	-	-	-	-	14	18	13	31	46
1940-41	**Montréal (Canadiens)**	**LNH**	**34**	**2**	**8**	**10**	**41**	**3**	**0**	**0**	**0**	**4**
1941-42	**Montréal (Canadiens)**	**LNH**	**41**	**3**	**12**	**15**	**93**	**3**	**0**	**0**	**0**	**4**
1942-43	Ottawa (Commandos)	LHSQ	26	7	16	23	77	23	3	9	12	47
	Ottawa (Commandos)	Allan	-	-	-	-	-	12	2	8	10	22
	Ottawa (Army)	ONDHL	10	10	7	17	15	-	-	-	-	-
1943-44	Ottawa (Commandos)	LHSQ	1	1	0	1	0	-	-	-	-	-
1944-45			*Service militaire*									
1945-46	**Montréal (Canadiens)**	**LNH**	**43**	**5**	**4**	**9**	**45**	**9**	**1**	**1**	**2**	**4**
	Montréal (Royals)	LHSQ	2	0	0	0	4	-	-	-	-	-
1946-47	**Montréal (Canadiens)**	**LNH**	**52**	**5**	**17**	**22**	**84**	**7**	**1**	**2**	**3**	**20**
1947-48	**Montréal (Canadiens)**	**LNH**	**58**	**7**	**15**	**22**	**129**	**-**	**-**	**-**	**-**	**-**
	Match des étoiles	LNH	1	0	1	1	7	-	-	-	-	-
1948-49	**Montréal (Canadiens)**	**LNH**	**46**	**3**	**13**	**16**	**103**	**7**	**0**	**0**	**0**	**18**
	Match des étoiles	LNH	1	0	0	0	2	-	-	-	-	-
1949-50	**Montréal (Canadiens)**	**LNH**	**67**	**1**	**27**	**28**	**109**	**2**	**0**	**2**	**2**	**12**
	Match des étoiles	LNH	1	0	0	0	0	-	-	-	-	-
		LNH	**341**	**26**	**96**	**122**	**604**	**31**	**2**	**5**	**7**	**62**
		Montréal	**341**	**26**	**96**	**122**	**604**	**31**	**2**	**5**	**7**	**62**

• Coupe Allan en 1942-43 •Première équipe d'étoiles (LNH) en 1946-47, 1949-50 • Deuxième équipe d'étoiles (LNH) en 1945-46, 1947-48, 1948-49 • Coupe Stanley (LNH) en 1945-46 • Match des étoiles (LNH) en 1947-48, 1948-49, 1949-50 • Temple de la Renommée (LNH) en 1966

• Signe avec Montréal le 26 octobre 1940

REARDON, TERRANCE (TERRY)

Né à Winnipeg, Manitoba, le 6 avril 1919, décédé le 14 février 1993
Ailier droit/Centre, lance de droite, 5'10", 170 lb

SAISON	CLUB	LIGUE	PJ	B	A	PTS	PUN	PJ	B	A	PTS	PUN
1935-36	St. Boniface (Seals)	MJHL	13	9	3	12	4	-	-	-	-	-
1936-37	St. Boniface (Seals)	MJHL	16	*22	10	32	27	7	*8	2	*10	*17
1937-38	Brandon (Wheat Kings)	MJHL	16	*29	*16	*45	20	5	5	1	6	6
1938-39	Boston (Bruins)	LNH	4	0	0	0	0	-	-	-	-	-
	Hershey (Bears)	IAHL	50	7	20	27	31	5	1	0	1	2
1939-40	Hershey (Bears)	IAHL	55	13	24	37	26	4	4	0	4	2
	Boston (Bruins)	LNH	-	-	-	-	-	1	0	1	1	0
1940-41	Hershey (Bears)	AHL	19	3	8	11	10	-	-	-	-	-
	Boston (Bruins)	LNH	34	6	5	11	19	11	2	4	6	6
1941-42	**Montréal (Canadiens)**	**LNH**	**33**	**17**	**17**	**34**	**14**	**3**	**2**	**2**	**4**	**2**
1942-43	**Montréal (Canadiens)**	**LNH**	**13**	**6**	**6**	**12**	**2**	**-**	**-**	**-**	**-**	**-**
	Montréal (Armée)	LHCM	19	7	17	24	6	7	4	2	6	2
1943-44	Nanaimo (Army)	PCHL	11	6	7	13	12	-	-	-	-	-
1944-45			*Service militaire*									
1945-46	Boston (Bruins)	LNH	49	12	11	23	21	10	4	0	4	2
1946-47	Boston (Bruins)	LNH	60	6	14	20	17	5	0	3	3	2
1947-48	Providence (Reds)	AHL	49	4	10	14	28	5	2	1	3	10
1948-49	Providence (Reds)	AHL	68	2	10	12	16	14	4	1	5	2
1949-50	Providence (Reds)	AHL	61	2	9	11	9	1	0	0	0	12
1950-51	Providence (Reds)	AHL	46	5	16	21	12	-	-	-	-	-
1951-52	Providence (Reds)	AHL	19	2	6	8	16	11	0	7	7	12
1952-53	Providence (Reds)	AHL	15	0	2	2	6	-	-	-	-	-
1953-54	Sydney (Millionaires)	MMHL	58	6	25	31	32	13	0	4	4	2
1954-55	Providence (Reds)	AHL	15	1	8	9	2	-	-	-	-	-
		LNH	**193**	**47**	**53**	**100**	**73**	**30**	**8**	**10**	**18**	**12**
		Montréal	**46**	**23**	**23**	**46**	**16**	**3**	**2**	**2**	**4**	**2**

• Coupe Stanley (LNH) en 1940-41 • Coupe Calder (AHL) en 1948-49

• Droits cédés à Boston par New York (Americans) avec les droits sur Tom Cooper pour compléter l'échange de Joe Jerwa à Boston (25 janvier 1937) le 17 octobre 1937 • Prêté à Montréal par Boston pour Paul Gauthier le 5 novembre 1941 • Nommé joueur-entraîneur avec Providence (AHL) le 24 septembre 1947 • Nommé joueur-entraîneur avec Sydney (MMHL) le 3 septembre 1953

RÉAUME, MARC

Né à Lasalle, Ontario, le 7 février 1934. Défenseur, lance de la gauche, 6'1", 185 lb

SAISON	CLUB	LIGUE	PJ	B	A	PTS	PUN	PJ	B	A	PTS	PUN
1950-51	St. Michael's (Buzzers)	OHA B	*Statistiques non disponibles*									
	St. Michael's (Majors)	JOHA	5	0	0	0	2	-	-	-	-	-
1951-52	St. Michael's (Majors)	JOHA	46	11	16	27	44	7	1	2	3	8
1952-53	St. Michael's (Majors)	JOHA	46	5	16	21	75	17	0	3	3	16
1953-54	St. Michael's (Majors)	JOHA	54	14	27	41	24	8	3	6	9	6
1954-55	Pittsburgh (Hornets)	AHL	57	5	7	12	63	6	0	0	0	4
	Toronto (Maple Leafs)	LNH	1	0	0	0	4	4	0	0	0	2
1955-56	Pittsburgh (Hornets)	AHL	16	2	5	7	24	-	-	-	-	-
	Toronto (Maple Leafs)	LNH	48	0	12	12	50	5	0	2	2	6
1956-57	Toronto (Maple Leafs)	LNH	63	6	14	20	81	-	-	-	-	-
1957-58	Toronto (Maple Leafs)	LNH	68	1	7	8	49	-	-	-	-	-
1958-59	Toronto (Maple Leafs)	LNH	51	1	5	6	67	10	0	0	0	0
1959-60	Toronto (Maple Leafs)	LNH	36	0	1	1	6	-	-	-	-	-
	Detroit (Red Wings)	LNH	9	0	1	1	2	2	0	0	0	0
1960-61	Detroit (Red Wings)	LNH	38	0	1	1	8	-	-	-	-	-
	Hershey (Bears)	AHL	33	2	7	9	30	8	0	1	1	4
1961-62	Hershey (Bears)	AHL	70	3	18	21	42	7	1	2	3	6
1962-63	Hershey (Bears)	AHL	69	5	23	28	42	13	2	4	6	34
1963-64	Hershey (Bears)	AHL	69	5	23	28	45	6	1	0	1	2
	Montréal (Canadiens)	**LNH**	**3**	**0**	**0**	**0**	**2**	**-**	**-**	**-**	**-**	**-**
1964-65	Tulsa (Oilers)	CPHL	68	4	28	32	31	12	0	7	7	6
1965-66	Rochester (Americans)	AHL	2	0	3	3	2	-	-	-	-	-
	Tulsa (Oilers)	CPHL	68	8	25	33	43	11	1	0	1	0
1966-67	Tulsa (Oilers)	CPHL	62	7	18	25	59	-	-	-	-	-
	Rochester (Americans)	AHL	2	0	0	0	0	-	-	-	-	-
1967-68	Rochester (Americans)	AHL	70	8	22	30	40	11	2	4	6	10
1968-69	Rochester (Americans)	AHL	11	0	6	6	2	-	-	-	-	-
	Vancouver (Canucks)	WHL	59	4	19	23	31	8	3	7	10	2
1969-70	Vancouver (Canucks)	WHL	72	10	25	35	36	11	2	11	13	6
1970-71	Vancouver (Canucks)	LNH	27	0	2	2	4	-	-	-	-	-
	Rochester (Americans)	AHL	6	0	3	3	6	-	-	-	-	-
		LNH	**344**	**8**	**43**	**51**	**273**	**21**	**0**	**2**	**2**	**28**
		Montréal	**3**	**0**	**0**	**0**	**2**	**-**	**-**	**-**	**-**	**-**

• Coupe Calder (AHL) en 1954-55, 1967-68 • Première équipe d'étoiles (AHL) en 1962-63• Deuxième équipe d'étoiles (AHL) en 1967-68 • Trophée Eddie-Shore (AHL) en 1962-63• Deuxième équipe d'étoiles (CHL) en 1965-66 • Première équipe d'étoiles (WHL) en 1969-70 • Trophée Hal-Laycoe (WHL) en 1969-70

• Échangé à Detroit par Toronto pour Red Kelly le 10 février 1960 • Échangé à Hershey (AHL) par Detroit avec Pete Conacher et Jack McIntyre pour Howie Young en janvier 1961 • Échangé à Montréal par Hersey (AHL) pour Ralph Keller et Chuck Hamilton le 11 juin 1963 • Réclamé par Toronto (Tulsa – CHL) de Montréal lors du repêchage inter-ligues le 9 juin 1964

REAY, WILLIAM (BILLY)

Né à Winnipeg. Manitoba, le 21 août 1918, décédé le 23 septembre 2004
Centre, lance de la gauche, 5'7", 155 lb

SAISON	CLUB	LIGUE	PJ	B	A	PTS	PUN	PJ	B	A	PTS	PUN
1936-37	St. Boniface (Seals)	MJHL	15	4	4	8	6	7	1	0	1	2
1937-38	St. Boniface (Seals)	MJHL	15	15	7	22	14	10	5	5	10	12
	Winnipeg Hudson's Bay	WSHL	8	5	3	8	4	-	-	-	-	-
1938-39	Calgary (Stampeders)	CCSHL	32	11	8	19	44	-	-	-	-	-
1939-40	Omaha (Knights)	AHA	48	18	20	38	23	9	6	1	7	4
1940-41	Omaha (Knights)	AHA	46	18	22	40	32	-	-	-	-	-

RAY-REA

Saison	Club	Ligue	PJ	B	A	PTS	PUN	PJ	B	A	PTS	PUN
1941-42	Québec (As)	LHSQ	1	1	0	1	0	7	1	3	4	4
	Québec (As)	Allan	-	-	-	-	-	11	6	3	9	8
1942-43	Québec (As)	LHSQ	29	16	26	42	22	4	2	0	2	2
1943-44	Québec (As)	LHSQ	25	15	*31	46	19	5	2	7	9	2
	Detroit (Red Wings)	LNH	2	2	0	2	0	-	-	-	-	-
	Québec (As)	Allan	-	-	-	-	-	9	3	9	12	0
1944-45	Québec (As)	LHSQ	20	17	29	46	6	7	3	1	4	4
	Detroit (Red Wings)	LNH	2	0	0	0	0	-	-	-	-	-
	Québec (As)	Allan	-	-	-	-	-	3	0	0	0	0
1945-46	**Montréal (Canadiens)**	**LNH**	**44**	**17**	**12**	**29**	**10**	**9**	**1**	**2**	**3**	**4**
1946-47	**Montréal (Canadiens)**	**LNH**	**59**	**22**	**20**	**42**	**17**	**11**	**6**	**1**	**7**	**14**
1947-48	**Montréal (Canadiens)**	**LNH**	**60**	**6**	**14**	**20**	**24**	-	-	-	-	-
1948-49	**Montréal (Canadiens)**	**LNH**	**60**	**22**	**23**	**45**	**33**	**7**	**1**	**5**	**6**	**4**
1949-50	**Montréal (Canadiens)**	**LNH**	**68**	**19**	**26**	**45**	**48**	**4**	**0**	**1**	**1**	**0**
1950-51	**Montréal (Canadiens)**	**LNH**	**60**	**6**	**18**	**24**	**24**	**11**	**3**	**3**	**6**	**10**
1951-52	**Montréal (Canadiens)**	**LNH**	**68**	**7**	**34**	**41**	**20**	**10**	**2**	**2**	**4**	**7**
1952-53	**Montréal (Canadiens)**	**LNH**	**56**	**4**	**15**	**19**	**26**	**11**	**0**	**2**	**2**	**4**
	Match des étoiles	LNH	1	0	0	0	0	-	-	-	-	-
1953-54	Victoria (Cougars)	WHL	69	10	14	24	30	5	0	0	0	2
1954-55	Victoria (Cougars)	WHL	70	3	28	31	43	5	1	1	2	4
		LNH	**479**	**105**	**162**	**267**	**202**	**63**	**13**	**16**	**29**	**43**
		Montréal	**475**	**103**	**162**	**265**	**202**	**63**	**13**	**16**	**29**	**43**

• Coupe Memorial en 1937-38 • Coupe Allan en 1943-44 • Trophée Vimy (LHSQ) en 1944-45 • Coupe Stanley (LNH) en 1945-46, 1952-53 • Match des étoiles (LNH) en 1952-53

• Signe avec Detroit le 2 octobre 1939 • Échangé à Montréal par Detroit pour Ray Getliffe, Rolland Rossignol et une somme d'argent le 11 septembre 1945 (Detroit reçoit Fernand Gauthier comme compensation de la retraite de Ray Getliffe le 18 octobre 1945) • Nommé joueur-entraîneur à Victoria (WHL) le 25 juin 1953

RECCHI, MARK

Né à Kamloops, Colombie-Britannique, le 1er février 1968
Ailier droit, lance de la gauche, 5'10", 185 lb
(Choix de 4e ronde de Pittsburgh, 67e au total lors du repêchage de 1988)

Saison	Club	Ligue	PJ	B	A	PTS	PUN	PJ	B	A	PTS	PUN
1984-85	Langley (Eagles)	BCJHL	51	26	39	65	39	-	-	-	-	-
	New Westminster (Bruins)	WHL	4	1	0	1	0	-	-	-	-	-
1985-86	New Westminster (Bruins)	WHL	72	21	40	61	55	-	-	-	-	-
1986-87	Kamloops (Blazers)	WHL	40	26	50	76	63	13	3	16	19	17
1987-88	Kamloops (Blazers)	WHL	62	61	*93	154	75	17	10	*21	*31	18
	Canada	CMJ	7	0	5	5	4	-	-	-	-	-
1988-89	Muskegon (Lumberjacks)	IHL	63	50	49	99	86	14	7	*14	*21	28
	Pittsburgh (Penguins)	LNH	15	1	1	2	0	-	-	-	-	-
1989-90	Muskegon (Lumberjacks)	IHL	4	7	4	11	2	-	-	-	-	-
	Pittsburgh (Penguins)	LNH	74	30	37	67	44	-	-	-	-	-
	Canada	CM	5	0	2	2	2	-	-	-	-	-
1990-91	Pittsburgh (Penguins)	LNH	78	40	73	113	48	24	10	24	34	33
	Match des étoiles	LNH	1	0	0	0	0	-	-	-	-	-
1991-92	Pittsburgh (Penguins)	LNH	58	33	37	70	78	-	-	-	-	-
	Philadelphie (Flyers)	LNH	22	10	17	27	18	-	-	-	-	-
1992-93	Philadelphie (Flyers)	LNH	84	53	70	123	95	-	-	-	-	-
	Canada	CM	8	2	5	7	2	-	-	-	-	-
	Match des étoiles	LNH	1	1	4	5	0	-	-	-	-	-
1993-94	Philadelphie (Flyers)	LNH	84	40	67	107	46	-	-	-	-	-
	Match des étoiles	LNH	1	0	0	0	0	-	-	-	-	-
1994-95	Philadelphie (Flyers)	LNH	10	2	3	5	12	-	-	-	-	-
	Montréal (Canadiens)	**LNH**	**39**	**14**	**29**	**43**	**16**	-	-	-	-	-
1995-96	**Montréal (Canadiens)**	**LNH**	**82**	**28**	**50**	**78**	**69**	**6**	**3**	**3**	**6**	**0**
1996-97	**Montréal (Canadiens)**	**LNH**	**82**	**34**	**46**	**80**	**58**	**5**	**4**	**2**	**6**	**2**
	Match des étoiles	LNH	1	3	0	3	0	-	-	-	-	-
	Canada	CM	9	3	3	6	0	-	-	-	-	-
1997-98	**Montréal (Canadiens)**	**LNH**	**82**	**32**	**42**	**74**	**51**	**10**	**4**	**8**	**12**	**6**
	Match des étoiles	LNH	1	0	1	1	0	-	-	-	-	-
	Canada	JO	5	0	2	2	0	-	-	-	-	-
1998-99	**Montréal (Canadiens)**	**LNH**	**61**	**12**	**35**	**47**	**28**	-	-	-	-	-
	Match des étoiles	LNH	1	1	1	2	0	-	-	-	-	-
	Philadelphie (Flyers)	LNH	10	4	2	6	6	6	0	1	1	2
1999-00	Philadelphie (Flyers)	LNH	82	28	63	91	50	18	6	12	18	6
	Match des étoiles	LNH	1	0	1	1	0	-	-	-	-	-
2000-01	Philadelphie (Flyers)	LNH	69	27	50	77	33	6	2	2	4	2
2001-02	Philadelphie (Flyers)	LNH	80	22	42	64	46	4	0	0	0	2
2002-03	Philadelphie (Flyers)	LNH	79	20	32	52	35	13	7	3	10	2
2003-04	Philadelphie (Flyers)	LNH	82	26	49	75	47	18	4	2	6	4
2004-05			*N'a pas joué*									
2005-06	Pittsburgh (Penguins)	LNH	63	24	33	57	56	-	-	-	-	-
	Caroline (Hurricanes)	LNH	20	4	3	7	12	25	7	9	16	18
2006-07	Pittsburgh (Penguins)	LNH	82	24	44	68	62	5	0	4	4	0
2007-08	Pittsburgh (Penguins)	LNH	19	2	6	8	12	-	-	-	-	-
	Atlanta (Trashers)	LNH	53	12	28	40	20	-	-	-	-	-
		LNH	**1410**	**522**	**859**	**1381**	**942**	**140**	**47**	**70**	**117**	**77**
		Montréal	**346**	**120**	**202**	**322**	**222**	**21**	**11**	**13**	**24**	**10**

• Équipe d'étoiles, Division Ouest (WHL) en 1987-88 • Deuxième équipe d'étoiles (AHL) en 1967-68 • Médaille d'or (CMJ) en 1988 • Deuxième équipe d'étoiles (IHL) en 1988-89 • Coupe Stanley (LNH) en 1990-91, 2005-06 • Deuxième équipe d'étoiles (LNH) en 1991-92 • Match des étoiles (LNH) en 1990-91, 1992-93, 1993-94, 1996-97, 1997-98, 1998-99, 1999-00 • Médaille d'or (CM) en 1997

• Échangé à Philadelphie par Pittsburgh avec Brian Benning et le 1er choix de Los Angeles (propriété de Pittsburgh suite à une transaction antérieure, Philadelphie sélectionne Jason Bowen) au repêchage de 1992 pour Rick Tocchet, Kjell Samuelsson, Ken Wregget et le choix de 3e ronde de Philadelphie au repêchage de 1993 (Dave Roche) le 19 février 1992 • Échangé à Montréal par Philadelphie avec le choix de 3e ronde de Philadelphie au repêchage de 1995 (Martin Hohenberger) pour Éric Desjardins, Gilbert Dionne et John LeClair le 9 février 1995 • Échangé à Philadelphie par Montréal pour Danius Zubrus et le choix de 2e ronde de Philadelphie au repêchage de 1999 (Matt Carkner) et le choix de 6e ronde de New York (Islanders) (propriété de Philadelphie suite à une transaction antérieure, Montréal sélectionne Scott Selig) le 10 mars 1999 • Signe avec Pittsburgh comme joueur autonome le 9 juillet 2004 • Échangé à la Caroline par Pittsburgh pour Niklas Nordgren, Krys Kolanos et le choix de 2e ronde de la Caroline au repêchage de 2007 (échangé plus tard à San Jose et échangé plus tard à Philadelphie qui sélectionne Kevin Marshall) le 9 mars 2006 • Signe avec Pittsburgh comme joueur autonome le 25 juillet 2006 • Réclamé au ballotage par Atlanta de Pittsburgh le 8 décembre 2007 • Signe avec Tampa Bay comme joueur autonome le 8 juillet 2008

REDMOND, MICHAEL (MICKEY)

Né à Kirkland Lake, Ontario, le 27 décembre 1947
Ailier droit, lance de la droite, 5'11", 185 lb

Saison	Club	Ligue	PJ	B	A	PTS	PUN	PJ	B	A	PTS	PUN
1963-64	Peterborough (Petes)	JOHA	53	21	17	38	26	4	1	2	3	2
1964-65	Peterborough (Petes)	JOHA	52	23	20	43	30	12	9	1	10	11
1965-66	Peterborough (Petes)	JOHA	48	41	51	92	31	6	4	1	5	6
1966-67	Peterborough (Petes)	JOHA	48	*51	44	95	44	6	2	5	7	14
	Houston (Apollos)	CPHL	-	-	-	-	-	5	3	2	5	2
1967-68	Houston (Apollos)	CPHL	15	9	8	17	9	-	-	-	-	-
	Montréal (Canadiens)	**LNH**	**41**	**6**	**5**	**11**	**4**	**2**	**0**	**0**	**0**	**0**
1968-69	**Montréal (Canadiens)**	**LNH**	**65**	**9**	**15**	**24**	**12**	**14**	**2**	**3**	**5**	**2**
1969-70	**Montréal (Canadiens)**	**LNH**	**75**	**27**	**27**	**54**	**61**	-	-	-	-	-
1970-71	**Montréal (Canadiens)**	**LNH**	**40**	**14**	**15**	**29**	**35**	-	-	-	-	-
	Detroit (Red Wings)	LNH	21	6	8	14	7	-	-	-	-	-
1971-72	Detroit (Red Wings)	LNH	78	42	29	71	34	-	-	-	-	-
1972-73	Detroit (Red Wings)	LNH	76	52	41	93	24	-	-	-	-	-
	Canada	Siècle	1	0	0	0	0	-	-	-	-	-
1973-74	Detroit (Red Wings)	LNH	76	51	26	77	14	-	-	-	-	-
	Match des étoiles	LNH	1	1	0	1	0	-	-	-	-	-
1974-75	Detroit (Red Wings)	LNH	29	15	12	27	18	-	-	-	-	-
1975-76	Detroit (Red Wings)	LNH	37	11	17	28	10	-	-	-	-	-
		LNH	**538**	**233**	**195**	**428**	**219**	**16**	**2**	**3**	**5**	**2**
		Montréal	**221**	**56**	**62**	**118**	**112**	**16**	**2**	**3**	**5**	**2**

• Coupe Stanley (LNH) en 1967-68, 1968-69 • Première équipe d'étoiles (LNH) en 1972-73 • Deuxième équipe d'étoiles (LNH) en 1973-74 • Match des étoiles (LNH) en 1973-74

• Échangé à Detroit par Montréal avec Guy Charron et Bill Collins pour Frank Mahovlich le 13 janvier 1971

RIBEIRO, MIKE

Né à Montréal, Québec le 10 février 1980. Centre, lance de la gauche, 5'11", 176 lb
(Choix de 2e ronde de Montréal et 45e au total lors du repêchage de 1998)

Saison	Club	Ligue	PJ	B	A	PTS	PUN	PJ	B	A	PTS	PUN
1996-97	Montréal (Cantonniers)	QAAA	43	32	57	89	48	-	-	-	-	-
1997-98	Rouyn-Noranda (Huskies)	LHJMQ	67	40	*85	125	55	6	3	1	4	0
1998-99	Rouyn-Noranda (Huskies)	LHJMQ	69	*67	*100	*167	137	11	5	11	16	12
	Fredericton (Canadiens)	AHL	-	-	-	-	-	5	0	1	1	2
1999-00	**Montréal (Canadiens)**	**LNH**	**19**	**1**	**1**	**2**	**2**	-	-	-	-	-
	Québec (Citadelles)	AHL	3	0	0	0	2	-	-	-	-	-
	Canada	CMJ	7	0	2	2	0	-	-	-	-	-
	Rouyn-Noranda (Huskies)	LHJMQ	2	1	3	4	0	-	-	-	-	-
	Québec (Remparts)	LHJMQ	21	17	28	45	30	11	3	20	23	38
2000-01	**Montréal (Canadiens)**	**LNH**	**2**	**0**	**0**	**0**	**2**	-	-	-	-	-
	Québec (Citadelles)	AHL	74	26	40	66	44	9	1	5	6	23
2001-02	**Montréal (Canadiens)**	**LNH**	**43**	**8**	**10**	**18**	**12**	-	-	-	-	-
	Québec (Citadelles)	AHL	23	9	14	23	36	3	0	3	3	0
2002-03	**Montréal (Canadiens)**	**LNH**	**52**	**5**	**12**	**17**	**6**	-	-	-	-	-
	Hamilton (Bulldogs)	AHL	3	0	1	1	0	-	-	-	-	-
2003-04	**Montréal (Canadiens)**	**LNH**	**81**	**20**	**45**	**65**	**34**	**11**	**2**	**1**	**3**	**18**
2004-05	Blues Espoo	FIN	17	8	9	17	4	-	-	-	-	-
2005-06	**Montréal (Canadiens)**	**LNH**	**79**	**16**	**35**	**51**	**36**	**6**	**0**	**2**	**2**	**0**
2006-07	Dallas (Stars)	LNH	81	18	41	59	22	7	0	3	3	4
2007-08	Dallas (Stars)	LNH	76	27	56	83	46	18	3	14	17	16
	Match des étoiles	LNH	1	0	0	0	0	-	-	-	-	-
		LNH	**433**	**95**	**200**	**295**	**160**	**42**	**5**	**20**	**25**	**38**
		Montréal	**276**	**50**	**103**	**153**	**92**	**17**	**2**	**3**	**5**	**18**

• Trophée Michel-Bergeron (LHJMQ) en 1997-98 • Trophée Paul-Dumont (LHJMQ) en 1997-98 • Deuxième équipe d'étoiles (LHJMQ) en 1997-98 • Équipe d'étoiles des recrues (LHJMQ) en 1997-98 • Première équipe d'étoiles (LHJMQ) en 1998-99 • Trophée Jean-Béliveau (LHJMQ) en 1998-99 • Première équipe d'étoiles (CHL) en 1998-99 • Meilleur compteur (CHL) en 1998-99 • Médaille de bronze (CMJ) en 2000 • Match des étoiles des recrues (LNH) en 2001-02 • Match des étoiles (LNH) en 2007-08

• Signe avec Espo (FIN)comme joueur autonome le 17 janvier 2005 • Échangé à Dallas par Montréal avec le choix de 6e ronde de Montréal au repêchage de 2008 (Matthew Tassone) pour Janne Niinimaa et le choix de 5e ronde de Dallas au repêchage de 2007 (Andrew Conboy) le 30 septembre 2006

RICHARD, HENRI

Né à Montréal, Québec, le 29 février 1936. Centre, lance de la droite, 5'7", 160 lb

Saison	Club	Ligue	PJ	B	A	PTS	PUN	PJ	B	A	PTS	PUN
1951-52	Montréal (National)	LHJQ	49	23	32	55	35	4	1	0	1	0
1952-53	Montréal (National)	LHJQ	46	27	36	63	55	7	4	5	9	4
	Montréal (Royals)	LHMQ	1	0	0	0	0	-	-	-	-	-
1953-54	Montréal (Canadiens Jr)	LHJQ	54	*56	*53	*109	85	7	6	7	13	6
1954-55	Montréal (Canadiens Jr)	LHJQ	44	*33	33	*66	65	4	3	1	4	2
1955-56	**Montréal (Canadiens)**	**LNH**	**64**	**19**	**21**	**40**	**46**	**10**	**4**	**4**	**8**	**21**
1956-57	**Montréal (Canadiens)**	**LNH**	**63**	**18**	**36**	**54**	**71**	**10**	**2**	**6**	**8**	**10**
	Match des étoiles	LNH	1	0	0	0	0	-	-	-	-	-
1957-58	**Montréal (Canadiens)**	**LNH**	**67**	**28**	***52**	**80**	**56**	**10**	**1**	**7**	**8**	**11**
	Match des étoiles	LNH	1	0	1	1	0	-	-	-	-	-
1958-59	**Montréal (Canadiens)**	**LNH**	**63**	**21**	**30**	**51**	**33**	**11**	**3**	**8**	**11**	**13**
	Match des étoiles	LNH	1	1	2	3	0	-	-	-	-	-

REC-RIC

SAISON	CLUB	LIGUE	PJ	B	A	PTS	PUN	PJ	B	A	PTS	PUN
1959-60	Montréal (Canadiens)	LNH	70	30	43	73	66	8	3	9	*12	9
	Match des étoiles	LNH	1	1	1	2	0	-	-	-	-	-
1960-61	Montréal (Canadiens)	LNH	70	24	44	68	91	6	2	4	6	22
	Match des étoiles	LNH	1	0	0	0	0	-	-	-	-	-
1961-62	Montréal (Canadiens)	LNH	54	21	29	50	48	-	-	-	-	-
	Match des étoiles	LNH	1	0	0	0	2	-	-	-	-	-
1962-63	Montréal (Canadiens)	LNH	67	23	*50	73	57	5	1	1	2	2
1963-64	Montréal (Canadiens)	LNH	66	14	39	53	73	7	1	1	2	9
	Match des étoiles	LNH	1	1	0	1	0	-	-	-	-	-
1964-65	Montréal (Canadiens)	LNH	53	23	29	52	43	13	7	4	11	24
1965-66	Montréal (Canadiens)	LNH	62	22	39	61	47	8	1	4	5	2
	Match des étoiles	LNH	1	0	0	0	0	-	-	-	-	-
1966-67	Montréal (Canadiens)	LNH	65	21	34	55	28	10	4	6	10	2
	Match des étoiles	LNH	1	1	1	2	2	-	-	-	-	-
1967-68	Montréal (Canadiens)	LNH	54	9	19	28	16	13	4	4	8	4
1968-69	Montréal (Canadiens)	LNH	64	15	37	52	45	14	2	4	6	8
1969-70	Montréal (Canadiens)	LNH	62	16	36	52	61	-	-	-	-	-
1970-71	Montréal (Canadiens)	LNH	75	12	37	49	46	20	5	7	12	20
1971-72	Montréal (Canadiens)	LNH	75	12	32	44	48	6	0	3	3	4
1972-73	Montréal (Canadiens)	LNH	71	8	35	43	21	17	6	4	10	14
1973-74	Montréal (Canadiens)	LNH	75	19	36	55	28	6	2	2	4	2
	Match des étoiles	LNH	1	0	0	0	0	-	-	-	-	-
1974-75	Montréal (Canadiens)	LNH	16	3	10	13	4	6	1	2	3	4
		LNH	1256	358	688	1046	928	180	49	80	129	181
		Montréal	1256	358	688	1046	928	180	49	80	129	181

• Coupe Stanley (LNH) en 1955-56, 1956-57, 1957-58, 1958-59, 1959-60, 1964-65, 1965-66, 1967-68, 1968-69, 1970-71, 1972-73 • Match des étoiles (LNH) en 1956-57, 1957-58, 1958-59, 1959-60, 1960-61, 1961-62, 1963-64, 1965-66, 1966-67, 1973-74 • Première équipe d'étoiles (LNH) en 1957-58 • Deuxième équipe d'étoiles (LNH) en 1958-59, 1960-61, 1962-63 • Trophée Bill-Masterton (LNH) en 1973-74 • Temple de la Renommée (LNH) en 1979

RICHARD, MAURICE (ROCKET)

Né à Montréal, Québec, le 4 août 1921, décédé le 27 mai 2000
Ailier droit, lance de la gauche, 5'10", 195 lb

SAISON	CLUB	LIGUE	PJ	B	A	PTS	PUN	PJ	B	A	PTS	PUN
1938-39	Saint-Georges (Norchet)	AHAQ	46	90	46	136	-	-	-	-	-	-
1939-40	Verdun (Maple Leafs Jr)	LHJQ	10	4	1	5	2	4	*6	*3	*9	2
	Verdun (Maple Leafs)	LHSQ	1	0	0	0	0	-	-	-	-	-
	Verdun (Maple Leafs Jr)	Mem.	-	-	-	-	-	7	7	9	16	16
1940-41	Montréal (Canadiens Sr)	LHSQ	1	0	1	1	0	-	-	-	-	-
1941-42	Montréal (Canadiens Sr)	LHSQ	31	8	9	17	27	6	2	1	3	6
1942-43	Montréal (Canadiens)	LNH	16	5	6	11	4	-	-	-	-	-
1943-44	Montréal (Canadiens)	LNH	46	32	22	54	45	9	*12	5	17	10
1944-45	Montréal (Canadiens)	LNH	50	*50	23	73	46	6	6	2	8	10
1945-46	Montréal (Canadiens)	LNH	50	27	21	48	50	9	*7	4	11	15
1946-47	Montréal (Canadiens)	LNH	60	*45	26	71	69	10	*6	5	*11	*44
1947-48	Montréal (Canadiens)	LNH	53	28	25	53	89	-	-	-	-	-
	Match des étoiles	LNH	1	1	1	2	0	-	-	-	-	-
1948-49	Montréal (Canadiens)	LNH	59	20	18	38	110	7	2	1	3	14
	Match des étoiles	LNH	1	0	1	1	0	-	-	-	-	-
1949-50	Montréal (Canadiens)	LNH	70	*43	22	65	114	5	1	1	2	6
	Match des étoiles	LNH	1	0	0	0	2	-	-	-	-	-
1950-51	Montréal (Canadiens)	LNH	65	42	24	66	97	11	*9	4	*13	13
	Match des étoiles	LNH	1	0	0	0	2	-	-	-	-	-
1951-52	Montréal (Canadiens)	LNH	48	27	17	44	44	11	4	2	6	6
	Match des étoiles	LNH	1	0	0	0	0	-	-	-	-	-
1952-53	Montréal (Canadiens)	LNH	70	28	33	61	*112	12	7	1	8	2
	Match des étoiles	LNH	1	1	0	1	2	-	-	-	-	-
1953-54	Montréal (Canadiens)	LNH	70	*37	30	67	112	11	3	0	3	22
	Match des étoiles	LNH	1	1	0	1	2	-	-	-	-	-
1954-55	Montréal (Canadiens)	LNH	67	*38	36	74	125	-	-	-	-	-
	Match des étoiles	LNH	1	0	0	0	0	-	-	-	-	-
1955-56	Montréal (Canadiens)	LNH	70	38	33	71	89	10	5	9	14	*24
	Match des étoiles	LNH	1	0	0	0	0	-	-	-	-	-
1956-57	Montréal (Canadiens)	LNH	63	33	29	62	74	10	8	3	11	8
	Match des étoiles	LNH	1	1	0	1	0	-	-	-	-	-
1957-58	Montréal (Canadiens)	LNH	28	15	19	34	28	10	*11	4	15	10
	Match des étoiles	LNH	1	1	0	1	0	-	-	-	-	-
1958-59	Montréal (Canadiens)	LNH	42	17	21	38	27	4	0	0	0	2
	Match des étoiles	LNH	1	2	0	2	0	-	-	-	-	-
1959-60	Montréal (Canadiens)	LNH	51	19	16	35	50	8	1	3	4	2
	Match des étoiles	LNH	1	0	0	0	0	-	-	-	-	-
		LNH	978	544	421	965	1285	133	82	44	126	188
		Montréal	978	544	421	965	1285	133	82	44	126	188

• Première équipe d'étoiles (LNH) en 1944-45, 1945-46, 1946-47, 1947-48, 1948-49, 1949-50, 1954-55, 1955-56 • Deuxième équipe d'étoiles (LNH) en 1943-44, 1950-51, 1951-52, 1952-53, 1953-54, 1956-57 • Coupe Stanley (LNH) en 1943-44, 1945-46, 1952-53, 1955-56, 1956-57, 1957-58, 1958-59, 1959-60 • Trophée Hart (LNH) en 1946-47 • Match des étoiles (LNH) en 1947-48, 1948-49, 1949-50, 1950-51, 1951-52, 1952-53, 1953-54, 1954-55, 1955-56, 1956-57, 1957-58, 1958-59, 1959-60 • Temple de la Renommée (LNH) en 1961

• Signe avec Montréal le 29 octobre 1942

RICHER, STÉPHANE

Né à Ripon, Québec, le 7 juin 1966. Ailier droit, lance de la droite, 6'2", 215 lb (Choix de 2e ronde de Montréal, 29e au total lors du repêchage de 1984)

SAISON	CLUB	LIGUE	PJ	B	A	PTS	PUN	PJ	B	A	PTS	PUN
1982-83	Laval (Insulaires)	QAAA	48	47	54	101	86	-	-	-	-	-
1983-84	Granby (Bisons)	LHJMQ	67	39	37	76	58	3	1	1	2	4
1984-85	Granby (Bisons)	LHJMQ	30	30	27	57	31	-	-	-	-	-
	Chicoutimi (Saguenéens)	LHJMQ	27	31	32	63	40	12	13	13	26	25
1984-85	Canada	CMJ	7	4	3	7	2	-	-	-	-	-
	Montréal (Canadiens)	LNH	1	0	0	0	0	-	-	-	-	-
	Sherbrooke (Canadiens)	AHL	-	-	-	-	-	9	6	3	9	10
1985-86	Montréal (Canadiens)	LNH	65	21	16	37	50	16	4	1	5	23
1986-87	Montréal (Canadiens)	LNH	57	20	19	39	80	5	3	2	5	0
	Sherbrooke (Canadiens)	AHL	12	10	4	14	11	-	-	-	-	-
1987-88	Montréal (Canadiens)	LNH	72	50	28	78	72	8	7	5	12	6
1988-89	Montréal (Canadiens)	LNH	68	25	35	60	61	21	6	5	11	14
1989-90	Montréal (Canadiens)	LNH	75	51	40	91	46	9	7	3	10	2
	Match des étoiles	LNH	1	0	0	0	0	-	-	-	-	-
1990-91	Montréal (Canadiens)	LNH	75	31	30	61	53	13	9	5	14	6
1991-92	New Jersey (Devils)	LNH	74	29	35	64	25	7	1	2	3	0
1992-93	New Jersey (Devils)	LNH	78	38	35	73	44	5	2	2	4	2
1993-94	New Jersey (Devils)	LNH	80	36	36	72	16	20	7	5	12	6
1994-95	New Jersey (Devils)	LNH	45	23	16	39	10	19	6	15	21	2
1995-96	New Jersey (Devils)	LNH	73	20	12	32	30	-	-	-	-	-
1996-97	Montréal (Canadiens)	LNH	63	22	24	46	32	5	0	0	0	0
1997-98	Montréal (Canadiens)	LNH	14	5	4	9	5	-	-	-	-	-
	Tampa Bay (Lightning)	LNH	26	9	11	20	36	-	-	-	-	-
1998-99	Tampa Bay (Lightning)	LNH	64	12	21	33	22	-	-	-	-	-
1999-00	Tampa Bay (Lightning)	LNH	20	7	5	12	4	-	-	-	-	-
	Detroit (Vipers)	IHL	2	0	0	0	0	-	-	-	-	-
	St. Louis (Blues)	LNH	36	8	17	25	14	3	1	0	1	-
2000-01			*N'a pas joué*									
2001-02	Pittsburgh (Penguins)	LNH	58	13	12	25	14	-	-	-	-	-
	New Jersey (Devils)	LNH	10	1	2	3	0	3	0	0	0	0
2002-03			*N'a pas joué*									
2003-04			*N'a pas joué*									
2004-05	Sorel-Tracy (Mission)	LNAH	8	2	6	8	0	1	0	0	0	0
		LNH	1054	421	398	819	614	134	53	45	98	61
		Montréal	490	225	196	421	399	77	36	21	57	51

• Trophée Michel-Bergeron (LHJMQ) en 1983-84 • Meilleur joueur offensif (LHJMQ) en1983-84 • Coupe Calder (AHL) en 1984-85 • Médaille d'or (CMJ) en 1985 • Deuxième équipe d'étoiles (LHJMQ) en 1984-85 • Coupe Stanley (LNH) en 1985-86, 1994-95 • Match des étoiles (LNH) en 1989-90

• Échangé au New Jersey par Montréal avec Tom Chorske pour Kirk Muller et Roland Melanson le 20 septembre 1991 • Échangé à Montréal par New Jersey pour Lyle Odelein le 22 août 1996 • Échangé à Tampa Bay par Montréal avec Darcy Tucker et David Wilkie pour Igor Ulanov, Patrick Poulin et Mick Vukota le 15 janvier 1998 • Échangé à St. Louis par Tampa Bay pour Rich Parent et Chris McAlpine le 13 janvier 2000 • Signe avec Washington comme joueur autonome le 25 août 2000 •Signe avec Pittsburgh comme joueur autonome le 2 octobre 2001 • Échangé au New Jersey par Pittsburgh pour un choix de 7e ronde du New Jersey au repêchage de 2003 (Stephen Dixon) le 19 mars 2002 • Annonce officiellement sa retraite le 18 août 2002

RICHTER, BARRY

Né à Madison, Wisconsin, le 11 septembre 1970. Défenseur, lance de la gauche, 6'2", 200 lb (Choix de 2e ronde de Hartford, 32e au total lors du repêchage de 1988)

SAISON	CLUB	LIGUE	PJ	B	A	PTS	PUN	PJ	B	A	PTS	PUN
1986-87	Culver Academy Eagles	H.S.	39	15	30	45	-	-	-	-	-	-
1987-88	Culver Academy Eagles	H.S.	35	24	29	53	18	-	-	-	-	-
1988-89	Culver Academy Eagles	H.S.	19	21	29	50	16	-	-	-	-	-
	États-Unis	CMJ	7	0	0	0	2	-	-	-	-	-
1989-90	Wisconsin University	WCHA	42	13	23	36	36	-	-	-	-	-
	États-Unis	CMJ	7	3	1	4	0	-	-	-	-	-
1990-91	Wisconsin University	WCHA	43	15	20	35	42	-	-	-	-	-
1991-92	Wisconsin University	WCHA	39	10	25	35	62	-	-	-	-	-
	États-Unis	CM	4	1	0	1	4	-	-	-	-	-
1992-93	Wisconsin University	WCHA	42	14	32	46	74	-	-	-	-	-
	États-Unis	CM	6	0	0	0	8	-	-	-	-	-
1993-94	États-Unis	Éq. nat.	56	7	16	23	50	-	-	-	-	-
	États-Unis	JO	8	0	3	3	4	-	-	-	-	-
	États-Unis	CM	7	0	0	0	6	-	-	-	-	-
	Binghamton (Rangers)	AHL	21	0	9	9	12	-	-	-	-	-
1994-95	Binghamton (Rangers)	AHL	73	15	41	56	54	11	4	5	9	12
1995-96	New York (Rangers)	LNH	4	0	1	1	0	-	-	-	-	-
	Binghamton (Rangers)	AHL	69	20	61	81	64	3	0	3	3	0
1996-97	Boston (Bruins)	LNH	50	5	13	18	32	-	-	-	-	-
	Providence (Bruins)	AHL	19	2	6	8	4	10	4	4	8	4
1997-98	Providence (Bruins)	AHL	75	16	29	45	47	-	-	-	-	-
1998-99	New York (Islanders)	LNH	72	6	18	24	34	-	-	-	-	-
	États-Unis	CM	6	2	0	2	0	-	-	-	-	-
1999-00	Montréal (Canadiens)	LNH	23	0	2	2	8	-	-	-	-	-
	Québec (Citadelles)	AHL	2	0	0	0	0	-	-	-	-	-
	Manitoba (Moose)	IHL	19	5	4	9	6	2	1	1	2	0
2000-01	Montréal (Canadiens)	LNH	2	0	0	0	2	-	-	-	-	-
	Québec (Citadelles)	AHL	68	4	47	51	45	6	0	3	3	2
2001-02	Linkopings HC	SWE	44	5	12	17	82	-	-	-	-	-
2002-03	Linkopings HC	SWE	44	6	10	16	74	-	-	-	-	-
	HC Lucano	SUI	-	-	-	-	-	9	2	1	8	14
2003-04	Ev Zug	SUI	47	5	25	30	20	5	1	1	2	6
2004-05	Ev Zug	SUI	38	8	18	26	43	9	3	1	4	4
2005-06	Ev Zug	SUI	44	10	20	30	46	7	2	2	4	24
2006-07	Ev Zug	SUI	44	9	20	29	34	8	0	1	1	4
2007-08	Ev Zug	SUI	44	8	19	27	58	7	1	6	7	4
		LNH	151	11	34	45	76	-	-	-	-	-
		Montréal	25	0	2	2	10	-	-	-	-	-

• Équipe d'étoiles (NCAA) en 1991-92 • Première équipe d'étoiles (WCHA) en 1992-93 • Première équipe d'étoiles All-American, Division Ouest (NCAA) en 1992-93 • Première équipe d'étoiles (AHL) en 1995-96 • Trophée Eddie-Shore (AHL) en 1995-96

• Échangé à New York (Rangers) par Hartford avec Steve Larmer, Nick Kypreos et le 6e choix de Hartford au repêchage de 1994 (Yuri Litinov) pour Darren Turcotte et James Patrick le

2 novembre 1993 • Signe avec Boston comme joueur autonome le 19 juillet 1996 • Signe avec New York (Islanders) comme joueur autonome le 17 août 1998 • Signe avec Montréal comme joueur autonome le 20 août 1999 • Prêté au Manitoba (IHL) par Montréal pour le prêt de Patrice Tardif à Québec (AHL) le 3 mars 2000 • Signe avec Linkopings HC (SWE) comme joueur autonome le 20 juin 2001

RILEY, JOHN (JACK)

Né à Berckenla, Irlande, le 29 décembre 1910, décédé en 1994
Centre, lance de la gauche, 5'11", 160 lb

Saison	Club	Ligue	PJ	B	A	PTS	PUN	PJ	B	A	PTS	PUN
1926-27	Calgary (Canadians)	CCJHL	6	11	3	14	-	-	-	-	-	-
	Calgary (Canadians)	Mem.	-	-	-	-	-	2	0	0	0	0
1927-28	Vancouver (King George)	VCAHL	8	5	0	5	2	3	3	0	3	0
1928-29	Calgary (Canadians)	CCJHL	*Statistiques non disponibles*									
1929-30	Seattle (Eskimos)	PCHL	5	0	0	0	0	-	-	-	-	-
1930-31	Minneapolis (Millers)	AHA	16	4	2	6	8	-	-	-	-	-
	Chicago (Shamrocks)	AHA	26	6	8	14	16	-	-	-	-	-
1931-32	Chicago (Shamrocks)	AHA	46	17	16	33	28	4	3	0	3	2
1932-33	Detroit/Cleveland	IHL	42	10	15	25	20	-	-	-	-	-
	Detroit (Red Wings)	LNH	1	0	0	0	0	-	-	-	-	-
1933-34	**Montréal (Canadiens)**	**LNH**	**48**	**6**	**11**	**17**	**4**	**2**	**0**	**1**	**1**	**0**
1934-35	**Montréal (Canadiens)**	**LNH**	**47**	**4**	**11**	**15**	**4**	**2**	**0**	**2**	**2**	**0**
1935-36	Boston (Cubs)	Can-Am	30	3	10	13	8	-	-	-	-	-
	Boston (Bruins)	LNH	8	0	0	0	0	-	-	-	-	-
1936-37	Tulsa (Oilers)	AHA	48	14	17	31	16	-	-	-	-	-
1937-38	Tulsa (Oilers)	AHA	47	13	23	36	19	4	1	0	1	2
1938-39	Tulsa (Oilers)	AHA	43	16	25	41	14	8	2	2	4	9
1939-40	Wichita (Skyhawks)	AHA	44	19	18	37	19	-	-	-	-	-
1940-41	Vancouver (Lions)	PCHL	47	16	*40	56	14	6	2	1	3	0
1941-42	Philadelphie (Rockets)	AHL	2	1	0	1	0					
	Hershey (Bears)	AHL	6	3	0	3	0	10	0	0	0	0
	Montréal (Pats)	LHCM	31	15	11	26	8	-	-	-	-	-
1942-43	Cornwall (Army)	LHCM	20	7	13	20	11	6	0	1	1	0
	Vancouver (Norvans)	PCHL	6	5	9	14	0	3	0	1	1	0
1943-44	Vancouver (St. Regis)	PCHL	2	0	0	0	0	-	-	-	-	-
1944-45	Hershey (Bears)	AHL	35	5	7	12	7	6	0	0	0	0
		LNH	**104**	**10**	**22**	**32**	**8**	**4**	**0**	**3**	**3**	**0**
		Montréal	**95**	**10**	**22**	**32**	**8**	**4**	**0**	**3**	**3**	**0**

• Échangé à Chicago (AHA) par Minneapolis (AHA) pour George Burland et Stan Fuller le 6 janvier 1931 • Droits cédés à Détroit (LNH) à l'achat des concessions de Détroit (LNH et IHL) par les propriétaires de Chicago (AHA) le 2 septembre 1932 • Échangé à Cleveland (IHL) par Detroit avec Tony Prelesnik pour Deacon Waite le 2 décembre 1932 • Droits vendus à Montréal par Cleveland (IHL) le 11 octobre 1933 • Échangé à Boston par Montréal pour Paul Haynes le 30 septembre 1935

RIOPELLE, HOWARD (RIP)

Né à Ottawa, Ontario, le 30 janvier 1922
Ailier gauche, lance de la gauche, 5'11", 165 lb

Saison	Club	Ligue	PJ	B	A	PTS	PUN	PJ	B	A	PTS	PUN
1937-38	Ottawa (Lasalle)	OCJHL	13	7	2	9	4	-	-	-	-	-
	Ottawa (Lasalle)	OCSHL	1	0	0	0	0	-	-	-	-	-
1938-39	Ottawa (St. Pats)	OCSHJL	*Statistiques non disponibles*									
1939-40	Ottawa (St. Pats)	OCJHL	*Statistiques non disponibles*									
1940-41	Ottawa (St. Pats)	OCSHL	*Statistiques non disponibles*									
	Ottawa (Car Bombers)	UOVHL	1	0	1	1	2	-	-	-	-	-
1941-42	Ottawa (St. Pats)	OCJHL	-	-	-	-	-	5	2	5	7	2
1942-43	Toronto (RCAF)	SOHA	10	14	6	20	2	9	5	4	9	2
1943-44	Arnprior (RCAF)	UOVHL	5	6	6	12	2	-	-	-	-	-
1944-45			*Service militaire*									
1945-46	Montréal (Royals)	LHSQ	36	20	21	41	16	11	7	6	13	4
1946-47	Montréal (Royals)	LHSQ	34	10	19	29	26	11	3	6	9	4
	Montréal (Royals)	Allan	-	-	-	-	-	14	0	6	6	8
1947-48	**Montréal (Canadiens)**	**LNH**	**55**	**5**	**2**	**7**	**12**	**-**	**-**	**-**	**-**	**-**
1948-49	**Montréal (Canadiens)**	**LNH**	**48**	**10**	**6**	**16**	**34**	**7**	**1**	**1**	**2**	**2**
1949-50	**Montréal (Canadiens)**	**LNH**	**66**	**12**	**8**	**20**	**27**	**1**	**0**	**0**	**0**	**0**
1950-51			*N'a pas joué – Blessé*									
1951-52	Ottawa (Senators)	LHMQ	54	18	28	46	18	7	1	4	5	0
1952-53	Ottawa (Senators)	LHMQ	60	20	31	51	20	11	3	7	10	4
1953-54	Ottawa (Senators)	LHQ	72	31	*60	*91	46	22	3	9	12	4
1954-55	Ottawa (Senators)	LHQ	20	4	4	8	12	-	-	-	-	-
		LNH	**169**	**27**	**16**	**43**	**73**	**8**	**1**	**1**	**2**	**2**
		Montréal	**169**	**27**	**16**	**43**	**73**	**8**	**1**	**1**	**2**	**2**

• Coupe Allan en 1946-47 • Deuxième équipe d'étoiles (LHMQ) en 1952-53 • Première équipe d'étoiles (LHQ) en 1953-54 • Trophée du Président (LHQ) en 1953-54
• Droits vendus à Ottawa par Montréal le 4 octobre 1951

RISEBROUGH, DOUGLAS (DOUG)

Né à Guelph, Ontario, le 29 janvier 1954. Centre, lance de la gauche, 5'11", 180 lb (Choix de 1re ronde de Montréal, 7e au total lors du repêchage de 1974)

Saison	Club	Ligue	PJ	B	A	PTS	PUN	PJ	B	A	PTS	PUN
1971-72	Guelph GMCs	OJHL	56	19	33	52	127	-	-	-	-	-
1972-73	Guelph (Biltmores)	OJHL	60	*47	*60	*107	229	-	-	-	-	-
1973-74	Kitchener (Rangers)	OMJHL	46	25	27	52	114	-	-	-	-	-
1974-75	Nlle-Écosse (Voyageurs)	AHL	7	5	4	9	55	-	-	-	-	-
	Montréal (Canadiens)	**LNH**	**64**	**15**	**32**	**47**	**198**	**11**	**3**	**5**	**8**	**37**
1975-76	**Montréal (Canadiens)**	**LNH**	**80**	**16**	**28**	**44**	**180**	**13**	**0**	**3**	**3**	**30**
1976-77	**Montréal (Canadiens)**	**LNH**	**78**	**22**	**38**	**60**	**132**	**12**	**2**	**3**	**5**	**16**
1977-78	**Montréal (Canadiens)**	**LNH**	**72**	**18**	**23**	**41**	**97**	**15**	**2**	**2**	**4**	**17**
1978-79	**Montréal (Canadiens)**	**LNH**	**48**	**10**	**15**	**25**	**62**	**15**	**1**	**6**	**7**	**32**
1979-80	**Montréal (Canadiens)**	**LNH**	**44**	**8**	**10**	**18**	**81**	**-**	**-**	**-**	**-**	**-**
1980-81	**Montréal (Canadiens)**	**LNH**	**48**	**13**	**21**	**34**	**93**	**3**	**1**	**0**	**1**	**0**
1981-82	**Montréal (Canadiens)**	**LNH**	**59**	**15**	**18**	**33**	**116**	**5**	**2**	**1**	**3**	**11**
1982-83	Calgary (Flames)	LNH	71	21	37	58	138	9	1	3	4	18
1983-84	Calgary (Flames)	LNH	77	23	28	51	161	11	2	1	3	25
1984-85	Calgary (Flames)	LNH	15	7	5	12	49	4	0	3	3	12
1985-86	Calgary (Flames)	LNH	62	15	28	43	169	22	7	9	16	38
1986-87	Calgary (Flames)	LNH	22	2	3	5	66	4	0	1	1	2
		LNH	**740**	**185**	**286**	**471**	**1542**	**124**	**21**	**37**	**58**	**238**
		Montréal	**493**	**117**	**185**	**302**	**959**	**74**	**11**	**20**	**31**	**143**

• Coupe Stanley (LNH) en 1975-76, 1976-77, 1977-78, 1978-79
• Échangé à Calgary par Montréal avec le 2e choix de Montréal au repêchage de 1983 (échangé plus tard au Minnesota qui sélectionne Franktisek Musil) pour le 2e choix de Washington (propriété de Calgary à la suite d'une transaction antérieure, Montréal sélectionne Todd Francis) de 1983 et du 3e choix de Calgary au repêchage de 1984 (Graeme Bonar) le 10 septembre 1982

RITCHIE, DAVID (DAVE)

Né à Montréal, Québec, le 12 janvier 1892
Défenseur, lance de la droite, 5'7", 180 lb

Saison	Club	Ligue	PJ	B	A	PTS	PUN	PJ	B	A	PTS	PUN
1909-10	Montréal (Westmount)	LVSL	*Statistiques non disponibles*									
1910-11	Grand-Mère HC	IPAHU	*Statistiques non disponibles*									
1911-12	Grand-Mère HC	IPAHU	8	13	0	13	-	2	5	0	5	-
1912-13	Grand-Mère HC	IPAHU	5	3	0	3	-	4	4	0	4	0
	Grand-Mère HC	Allan	-	-	-	-	-	2	1	0	1	0
1913-14	Grand-Mère HC	IPAHU	*Statistiques non disponibles*									
1914-15	Québec (Bulldogs)	NHA	14	2	1	3	0	-	-	-	-	-
1915-16	Québec (Bulldogs)	NHA	23	8	4	12	38	-	-	-	-	-
1916-17	Québec (Bulldogs)	NHA	19	17	10	27	20	-	-	-	-	-
1917-18	Montréal (Wanderers)	LNH	4	5	2	7	3	-	-	-	-	-
	Ottawa (Senators)	LNH	14	4	1	5	18	-	-	-	-	-
1918-19	Toronto (Arenas)	LNH	5	0	0	0	9	-	-	-	-	-
1919-20	Québec (Bulldogs)	LNH	23	6	3	9	18	-	-	-	-	-
1920-21	**Montréal (Canadiens)**	**LNH**	**6**	**0**	**0**	**0**	**2**	**-**	**-**	**-**	**-**	**-**
1921-22			*N'a pas joué*									
1922-23			*N'a pas joué*									
1923-24			*N'a pas joué*									
1924-25	**Montréal (Canadiens)**	**LNH**	**5**	**0**	**0**	**0**	**0**	**1**	**0**	**0**	**0**	**0**
1925-26	**Montréal (Canadiens)**	**LNH**	**2**	**0**	**0**	**0**	**0**	**-**	**-**	**-**	**-**	**-**
		NHA	**56**	**27**	**15**	**43**	**58**	**-**	**-**	**-**	**-**	**-**
		LNH	**58**	**15**	**6**	**21**	**50**	**1**	**0**	**0**	**0**	**0**
		Montréal	**13**	**0**	**0**	**0**	**2**	**1**	**0**	**0**	**0**	**0**

• Signe avec Québec (NHA) le 1er décembre 1914 • Réclamé par Montréal (Wanderers) avec George Carey, Jack Marks et Jack MacDonald lors du repêchage de dispersion de Québec le 26 novembre 1917 • Réclamé par Ottawa avec Harry Hyland lors du repêchage de dispersion de Montréal (Wanderers) le 4 janvier 1918 • Signe avec Toronto le 17 janvier 1919 • Droits transférés à Québec au retour de la concession de Québec dans la LNH le 25 novembre 1919 • Transfert de la concession de Québec à Hamilton le 27 novembre 1920 • Prêté à Hamilton par Montréal pour Billy Couture le 21 décembre 1920 • Signe avec Montréal le 17 février 1925 • Signe avec Montréal le 13 janvier 1926

RIVERS, GEORGE (GUS)

Né à Winnipeg, Manitoba, le 19 novembre 1909, décédé le 15 octobre 1985
Ailier droit, lance de la droite, 5'11", 180 lb

Saison	Club	Ligue	PJ	B	A	PTS	PUN	PJ	B	A	PTS	PUN
1925-26	Winnipeg (Vics)	WJHL	*Statistiques non disponibles*									
1926-27	Elmwood (Millionaires)	WJHL	*Statistiques non disponibles*									
1927-28	Elmwood (Millionaires)	WJHL	5	2	1	3	6	2	2	1	3	0
	Winnipeg (Eaton's)	WSHL	6	1	2	3	8	2	1	1	2	4
	Elmwood (Millionaires)	Mem.	-	-	-	-	-	3	2	0	2	0
1928-29	Manitoba University	MTBHL	5	6	2	8	4	1	0	0	0	0
	Winnipeg (CPR)	WSHL	9	7	5	12	8	3	0	2	2	2
1929-30	Winnipeg (Winnipegs)	MHL SR	6	1	4	5	12	-	-	-	-	-
	Montréal (Canadiens)	**LNH**	**19**	**1**	**0**	**1**	**2**	**6**	**1**	**0**	**1**	**2**
1930-31	**Montréal (Canadiens)**	**LNH**	**44**	**2**	**5**	**7**	**6**	**10**	**1**	**0**	**1**	**0**
1931-32	**Montréal (Canadiens)**	**LNH**	**25**	**1**	**0**	**1**	**4**	**-**	**-**	**-**	**-**	**-**
	Providence (Reds)	Can-Am	19	11	12	23	10	5	1	2	3	2
1932-33	Providence (Reds)	Can-Am	43	11	18	29	25	2	1	1	2	0
1933-34	Providence (Reds)	Can-Am	35	11	8	19	17	3	0	0	0	0
1934-35	Providence (Reds)	Can-Am	45	18	23	41	8	6	1	1	2	7
1935-36	Providence (Reds)	Can-Am	45	13	17	30	25	7	3	3	6	2
1936-37	Providence (Reds)	IAHL	46	8	14	22	17	3	2	1	3	0
		LNH	**88**	**4**	**5**	**9**	**12**	**16**	**2**	**0**	**2**	**2**
		Montréal	**88**	**4**	**5**	**9**	**12**	**16**	**2**	**0**	**2**	**2**

• Coupe Stanley (LNH) en 1929-30, 1930-31
• Signe avec Montréal le 21 janvier 1930 • Prêté à Providence (Can-Am) par Montréal pour Art Lesieur le 18 janvier 1932 • Droits vendus à Providence (Can-Am) par Montréal avec Art Alexandre, Art Giroux et Art Lesieur le 8 mai 1932

RIVET, CRAIG

Né à North Bay, Ontario, le 13 septembre 1974. Défenseur, lance de la droite, 6'2", 197 lb (Choix de 3e ronde de Montréal, 68e au total lors du repêchage de 1992)

Saison	Club	Ligue	PJ	B	A	PTS	PUN	PJ	B	A	PTS	PUN
1990-91	Barrie (Colts)	OJHL B	42	9	17	26	55	-	-	-	-	-
1991-92	Kingston (Frontenacs)	OHL	66	5	21	26	97	-	-	-	-	-
1992-93	Kingston (Frontenacs)	OHL	64	19	55	74	117	16	5	7	12	39
1993-94	Kingston (Frontenacs)	OHL	61	12	52	64	100	6	0	3	3	6
	Fredericton (Canadiens)	AHL	4	0	2	2	2	-	-	-	-	-
1994-95	Fredericton (Canadiens)	AHL	78	5	27	32	126	12	0	4	4	17
	Montréal (Canadiens)	**LNH**	**5**	**0**	**1**	**1**	**5**	**-**	**-**	**-**	**-**	**-**
1995-96	Fredericton (Canadiens)	AHL	49	5	18	23	189	6	0	0	0	12
	Montréal (Canadiens)	**LNH**	**19**	**1**	**4**	**5**	**54**	**-**	**-**	**-**	**-**	**-**

RIL-RIV

SAISON	CLUB	LIGUE	PJ	B	A	PTS	PUN	PJ	B	A	PTS	PUN
			SAISONS RÉGULIÈRES					SÉRIES ÉLIMINATOIRES				
1996-97	Fredericton (Canadiens)	AHL	23	3	12	15	99	-	-	-	-	-
	Montréal (Canadiens)	LNH	35	0	4	4	54	5	0	1	1	14
1997-98	Montréal (Canadiens)	LNH	61	0	2	2	93	5	0	0	0	2
1998-99	Montréal (Canadiens)	LNH	66	2	8	10	66	-	-	-	-	-
1999-00	Montréal (Canadiens)	LNH	61	3	14	17	76	-	-	-	-	-
2000-01	Montréal (Canadiens)	LNH	26	1	2	3	36	-	-	-	-	-
2001-02	Montréal (Canadiens)	LNH	82	8	17	25	76	12	0	3	3	4
2002-03	Montréal (Canadiens)	LNH	82	7	15	22	71	-	-	-	-	-
	Canada	CM	9	0	1	1	6	-	-	-	-	-
2003-04	Montréal (Canadiens)	LNH	80	4	8	12	98	11	1	4	5	2
2004-05	Turku TPS	FIN	18	3	1	4	28	6	0	0	0	39
2005-06	Montréal (Canadiens)	LNH	82	7	27	34	109	6	0	2	2	2
2006-07	Montréal (Canadiens)	LNH	54	6	10	16	57	-	-	-	-	-
	San Jose (Sharks)	LNH	17	1	7	8	12	11	2	3	5	18
2007-08	San Jose (Sharks)	LNH	74	5	30	35	104	13	0	6	6	16
		LNH	744	45	149	194	911	63	3	19	22	58
		Montréal	653	39	112	151	795	39	1	10	11	24

• Médaille d'or 2003 (CM)

• Signe avec Turku (FIN) comme joueur autonome le 11 janvier 2005 • Échangé à San Jose par Montréal avec le choix de 5e ronde de Montréal au repêchage de 2008 (Julien Demers) pour Josh Gorges et le choix de 1re ronde de San Jose au repêchage de 2007 (Max Pacioretty) le 25 février 2007 • Échangé à Buffalo par San Jose avec le choix de 7e ronde de San Jose au repêchage de 2010 pour le choix de 2e ronde de Buffalo au repêchage de 2009 et le choix de 2e ronde de Buffalo au repêchage de 2010 le 4 juillet 2008

ROBERGE, MARIO

Né à Québec, Québec, le 25 janvier 1964
Ailier gauche, lance de la gauche, 5'11", 193 lb

SAISON	CLUB	LIGUE	PJ	B	A	PTS	PUN	PJ	B	A	PTS	PUN
1981-82	Québec (Remparts)	LHJMQ	8	0	3	3	2	-	-	-	-	-
1982-83	Québec (Remparts)	LHJMQ	69	3	27	30	153	-	-	-	-	-
1983-84	Québec (Remparts)	LHJMQ	60	12	28	40	253	5	0	1	1	22
1984-85	Rivière-Du-Loup (3 L)	LHR	*Statistiques non disponibles*									
1985-86	Rivière-Du-Loup (3 L)	LHR	31	16	41	57	94	-	-	-	-	-
	St-John's (Capitals)	NFLD	2	1	0	1	2	-	-	-	-	-
1986-87	Virginie (Lancers)	ACHL	52	25	43	68	178	12	5	9	14	62
1987-88	Port-Aux-Basques (Mariners)	NFLD	37	24	64	88	152	-	-	-	-	-
1988-89	Sherbrooke (Canadiens)	AHL	58	4	9	13	249	6	0	2	2	8
1989-90	Sherbrooke (Canadiens)	AHL	73	13	27	40	247	12	5	2	7	53
1990-91	Sherbrooke (Canadiens)	AHL	68	12	27	39	*365	2	0	2	2	5
	Montréal (Canadiens)	LNH	5	0	0	0	21	12	0	0	0	24
1991-92	Fredericton (Canadiens)	AHL	6	1	2	3	20	7	0	2	2	20
	Montréal (Canadiens)	LNH	20	2	1	3	62	-	-	-	-	-
1992-93	Montréal (Canadiens)	LNH	50	4	4	8	142	3	0	0	0	0
1993-94	Montréal (Canadiens)	LNH	28	1	2	3	55	-	-	-	-	-
1994-95	Montréal (Canadiens)	LNH	9	0	0	0	34	-	-	-	-	-
	Fredericton (Canadiens)	AHL	28	8	12	20	91	6	1	1	2	6
1995-96	Fredericton (Canadiens)	AHL	74	9	24	33	205	4	0	2	2	14
1996-97	Québec (Rafales)	IHL	68	8	17	25	256	5	0	1	1	5
1997-98			*N'a pas joué*									
1998-99	Saint-Georges (Garaga)	LHSPQ	34	5	24	29	214	-	-	-	-	-
1999-00	Saint-Georges (Garaga)	LHSPQ	26	5	22	27	106	-	-	-	-	-
	Mohawk Valley (Prowlers)	UHL	36	7	14	21	100	7	0	3	3	27
2000-01	Saint-Georges (Garaga)	LHSPQ	43	8	15	23	129	-	-	-	-	-
2001-02	Québec (As)	LHSPQ	17	5	7	12	93	-	-	-	-	-
2002-03			*N'a pas joué*									
2003-04			*N'a pas joué*									
2004-05	Saint-Hyacinthe (Cousin)	LNAH	10	0	4	4	24	-	-	-	-	-
2005-06	Lotbinière (Le P.G.)	QCSHL	5	0	3	3	23	4	0	0	0	9
		LNH	112	7	7	14	314	15	0	0	0	24
		Montréal	112	7	7	14	314	15	0	0	0	24

• Coupe Stanley (LNH) en 1992-93

• Signe avec Montréal comme joueur autonome le 5 octobre 1988 • Signe avec Mohawk Valley comme joueur autonome le 10 janvier 2000

ROBERT, CLAUDE

Né à Montréal, Québec, le 10 août 1928.
Ailier gauche, lance de la gauche, 5'11", 175 lb

SAISON	CLUB	LIGUE	PJ	B	A	PTS	PUN	PJ	B	A	PTS	PUN
1947-48	Montréal (National)	LHJQ	32	21	22	43	41	12	4	11	15	8
	Montréal (National)	Mem.	-	-	-	-	-	8	4	6	10	10
1948-49	Montréal (Royals)	LHSQ	44	14	7	21	28	-	-	-	-	-
1949-50	Chicoutimi (Saguenéens)	LHSQ	60	31	25	56	79	5	1	6	7	2
1950-51	Cincinnati (Mohawks)	AHL	26	5	5	10	28	-	-	-	-	-
	Montréal (Canadiens)	LNH	23	1	0	1	9	-	-	-	-	-
1951-52	Québec (As)	AHL	60	22	27	49	53	15	6	7	13	20
	Québec (As)	Alex.	-	-	-	-	-	5	2	0	2	14
1952-53	Québec (As)	AHL	29	3	12	15	35	-	-	-	-	-
	New Westminster (Royal)	WHL	29	8	11	19	37	7	0	4	4	0
1953-54	Ottawa (Senators)	LHQ	19	3	6	9	20	-	-	-	-	-
	Charlottetown (Islanders)	MMHL	38	23	32	55	34	7	2	0	2	4
1954-55	North Bay (Trappers)	NOHA	16	4	9	13	7	-	-	-	-	-
	Fort Wayne/Toledo	IHL	19	3	5	8	12	-	-	-	-	-
		LNH	23	1	0	1	9	-	-	-	-	-
		Montréal	23	1	0	1	9	-	-	-	-	-

• Échangé à New Westminter (WHL) par Québec (AHL) pour Gordie Fashoway le 4 janvier 1953

ROBERTO, PHILLIP (PHIL)

Né à Niagara Falls, Ontario, le 1er janvier 1949
Ailier droit, lance de la droite, 6'1", 190 lb

SAISON	CLUB	LIGUE	PJ	B	A	PTS	PUN	PJ	B	A	PTS	PUN
1965-66	Niagara Falls (Canucks)	OHA B	*Statistiques non disponibles*									
	Niagara Falls (Flyers)	JOHA	2	2	0	2	0	6	1	1	2	6
1966-67	Niagara Falls (Canucks)	OHA B	*Statistiques non disponibles*									
	Niagara Falls (Flyers)	JOHA	14	1	0	1	6	-	-	-	-	-
1967-68	Niagara Falls (Flyers)	JOHA	53	19	20	39	92	19	13	14	27	*71
	Niagara Falls (Flyers)	Mem.	-	-	-	-	-	10	4	8	12	15
1968-69	Niagara Falls (Flyers)	JOHA	52	29	65	94	152	14	7	15	22	38
1969-70	Montréal (Voyageurs)	AHL	54	20	19	39	160	8	3	1	4	19
	Montréal (Canadiens)	LNH	8	0	1	1	8	-	-	-	-	-
1970-71	Montréal (Voyageurs)	AHL	32	19	22	41	127	-	-	-	-	-
	Montréal (Canadiens)	LNH	39	14	7	21	76	15	0	1	1	36
1971-72	Montréal (Canadiens)	LNH	27	3	2	5	22	-	-	-	-	-
	St. Louis (Blues)	LNH	49	12	13	25	76	11	7	6	13	29
1972-73	St. Louis (Blues)	LNH	77	20	22	42	99	5	2	1	3	4
1973-74	St. Louis (Blues)	LNH	15	1	1	2	10	-	-	-	-	-
	Denver (Spurs)	WHL	8	5	4	9	40	-	-	-	-	-
1974-75	St. Louis (Blues)	LNH	7	0	2	2	2	-	-	-	-	-
	Denver (Spurs)	WHL	8	3	2	5	12	-	-	-	-	-
	Detroit (Red Wings)	LNH	46	13	27	40	30	-	-	-	-	-
1975-76	Detroit (Red Wings)	LNH	37	1	7	8	68	-	-	-	-	-
	Kansas City (Scouts)	LNH	37	7	15	22	42	-	-	-	-	-
1976-77	Colorado (Rockies)	LNH	22	1	5	6	23	-	-	-	-	-
	Cleveland (Barons)	LNH	21	3	4	7	8	-	-	-	-	-
1977-78	Birmingham (Bulls)	AMH	53	8	20	28	91	4	1	0	1	20
		LNH	385	75	106	181	464	31	9	8	17	69
		Montréal	74	17	10	27	106	15	0	1	1	36

• Coupe Memorial en 1967-68 • Deuxième équipe d'étoiles (JOHA) en 1968-69 • Coupe Stanley (LNH) en 1970-71

• Échangé à St. Louis par Montréal pour Jim Roberts le 13 décembre 1971 • Échangé à Detroit par St. Louis avec le choix de 3e ronde de St. Louis au repêchage de 1975 (Blair Davidson) pour Red Berenson le 30 décembre 1974 • Échangé à Kansas City par Detroit pour Buster Harvey le 14 janvier 1976 • Transfert de la concession du Colorado à Kansas City le 15 juillet 1976 • Signe avec Cleveland comme joueur autonome le 24 décembre 1976 • Signe avec Birmingham (AMH) comme joueur autonome en juillet 1977

ROBERTS, JAMES (JIM)

Né à Toronto, Ontario, le 9 avril 1940
Défenseur/Ailier droit, lance de la droite, 5'10", 185 lb

SAISON	CLUB	LIGUE	PJ	B	A	PTS	PUN	PJ	B	A	PTS	PUN
1958-59	Peterborough (Petes)	JOHA	54	2	8	10	34	19	0	0	0	2
	Peterborough (Petes)	Mem.	-	-	-	-	-	12	2	1	3	2
1959-60	Peterborough (Petes)	JOHA	48	6	21	27	55	12	2	7	9	18
	Montréal (Royals)	EPHL	-	-	-	-	-	4	0	0	0	4
1960-61	Montréal (Royals)	EPHL	51	7	18	25	55	-	-	-	-	-
1961-62	Hull-Ottawa (Canadiens)	EPHL	67	11	28	39	42	13	3	0	3	18
1962-63	Hull-Ottawa (Canadiens)	EPHL	72	2	27	29	78	3	0	0	0	10
	Cleveland (Barons)	AHL	-	-	-	-	-	1	0	0	0	2
1963-64	Montréal (Canadiens)	LNH	15	0	1	1	2	7	0	1	1	14
	Cleveland (Barons)	AHL	9	1	3	4	4	-	-	-	-	-
	Québec (As)	AHL	2	0	0	0	2	-	-	-	-	-
	Omaha (Knights)	CPHL	46	18	19	37	47	-	-	-	-	-
1964-65	Montréal (Canadiens)	LNH	70	3	10	13	40	13	0	0	0	30
1965-66	Montréal (Canadiens)	LNH	70	5	5	10	20	10	1	1	2	10
	Match des étoiles	LNH	1	0	0	0	0	-	-	-	-	-
1966-67	Montréal (Canadiens)	LNH	63	3	0	3	16	4	1	0	1	0
1967-68	St. Louis (Blues)	LNH	74	14	23	37	66	18	4	1	5	20
1968-69	St. Louis (Blues)	LNH	72	14	19	33	81	12	1	4	5	10
	Match des étoiles	LNH	1	1	0	1	0	-	-	-	-	-
1969-70	St. Louis (Blues)	LNH	76	13	17	30	51	16	2	3	5	29
	Match des étoiles	LNH	1	0	0	0	0	-	-	-	-	-
1970-71	St. Louis (Blues)	LNH	72	13	18	31	77	6	2	1	3	11
1971-72	St. Louis (Blues)	LNH	26	5	7	12	4	-	-	-	-	-
	Montréal (Canadiens)	LNH	51	7	15	22	53	6	1	0	1	0
1972-73	Montréal (Canadiens)	LNH	77	14	18	32	28	17	0	2	2	22
1973-74	Montréal (Canadiens)	LNH	67	8	16	24	39	6	0	0	0	4
1974-75	Montréal (Canadiens)	LNH	79	5	13	18	52	11	2	2	4	2
1975-76	Montréal (Canadiens)	LNH	74	13	8	21	35	13	3	1	4	2
1976-77	Montréal (Canadiens)	LNH	45	5	14	19	18	14	3	0	3	6
1977-78	St. Louis (Blues)	LNH	75	4	10	14	39	-	-	-	-	-
		LNH	1006	126	194	320	621	153	20	16	36	160
		Montréal	611	63	100	163	303	101	11	7	18	90

• Coupe Stanley (LNH) en 1964-65, 1965-66, 1972-73, 1975-76, 1976-77 • Match des étoiles (LNH) en 1965-66, 1968-69, 1969-70

• Réclamé par St. Louis de Montréal lors de l'expansion de la LNH le 6 juin 1967 • Échangé à Montréal par St. Louis pour Phil Roberto le 13 décembre 1971 • Échangé à St. Louis par Montréal pour le choix de 3e ronde de St. Louis au repêchage de 1979 (Guy Carbonneau) le 18 août 1977

ROBERTSON, GEORGE

Né à Winnipeg, Manitoba, le 11 mai 1928. Centre, lance de la gauche, 6'1", 170 lb

SAISON	CLUB	LIGUE	PJ	B	A	PTS	PUN	PJ	B	A	PTS	PUN
1944-45	Winnipeg (Monarchs)	MJHL	7	7	6	13	6	6	0	3	3	8
	Winnipeg (Monarchs)	Mem.	-	-	-	-	-	10	4	7	11	12
1945-46	Winnipeg (Monarchs)	MJHL	9	8	2	10	2	7	5	5	10	12
	Winnipeg (Monarchs)	Mem.	-	-	-	-	-	16	12	7	19	12
1946-47	Stratford (Kroehlers)	JOHA	30	20	27	47	20	2	1	3	4	0
1947-48	Montréal (Royals)	LHSQ	47	11	27	38	18	3	0	0	0	0
	Montréal (Canadiens)	LNH	1	0	0	0	0	-	-	-	-	-
1948-49	Buffalo (Bisons)	AHL	4	0	0	0	0	-	-	-	-	-
	Washington (Lions)	AHL	20	4	16	20	2	-	-	-	-	-
	Montréal (Canadiens)	LNH	30	2	5	7	6	-	-	-	-	-

SAISON CLUB LIGUE PJ B A PTS PUN PJ B A PTS PUN
SAISONS RÉGULIÈRES SÉRIES ÉLIMINATOIRES

SAISON	CLUB	LIGUE	SAISONS RÉGULIÈRES PJ	B	A	PTS	PUN	SÉRIES ÉLIMINATOIRES PJ	B	A	PTS	PUN
1949-50	Cincinnati (Mohawks)	AHL	26	3	5	8	0	-	-	-	-	-
	Victoria (Cougars)	PCHL	24	1	11	12	6	-	-	-	-	-
1950-51	Springfield (Indians)	AHL	5	1	3	4	0	-	-	-	-	-
	Sydney (Millionaires)	CBMHL	26	12	20	32	25	5	2	2	4	4
	Sydney (Millionaires)	Alex.	-	-	-	-	-	12	2	7	9	9
1951-52	Sydney (Millionaires)	MMHL	86	26	44	70	56	-	-	-	-	-
1952-53	Sydney (Millionaires)	MMHL	74	18	48	66	24	6	1	2	3	0
1953-54	Sydney (Millionaires)	MMHL	70	32	48	80	30	14	4	2	6	2
1954-55	Saskatoon (Quakers)	WHL	35	4	15	19	8	-	-	-	-	-
	Grand Rapids (Rockets)	IHL	23	7	8	15	4	4	0	0	0	2
1955-56	S.S. Marie Greyhounds	NOHA	60	12	34	46	14	5	1	4	5	0
		LNH	**31**	**2**	**5**	**7**	**6**	**-**	**-**	**-**	**-**	**-**
		Montréal	**31**	**2**	**5**	**7**	**6**	**-**	**-**	**-**	**-**	**-**

• Coupe Memorial en 1945-46 •Deuxième équipe d'étoiles (MMHL) en 1953-54

• Échangé à Montréal par New York (Rangers) avec Hal Laycoe et Joe Bell pour Buddy O'Connor et Frank Eddols le 19 août 1947 • Échangé à Washington (AHL) par Montréal (Buffalo – AHL) pour Ab DeMarco avec droit de rappel le 28 janvier 1949 • Droits vendus à Victoria (PCHL) par Montréal le 11 décembre 1949 • Signe avec Sydney (CBMHL) le 7 janvier 1951

ROBIDAS, STÉPHANE

Né à Sherbrooke, Québec, le 3 mars 1977. Défenseur, lance de la droite, 5'10", 180 lb
(Choix de 7e ronde de Montréal, 164e au total lors du repêchage de 1995)

SAISON	CLUB	LIGUE	PJ	B	A	PTS	PUN	PJ	B	A	PTS	PUN
1992-93	Magog (Cantonniers)	QAAA	41	3	12	15	-	-	-	-	-	-
1993-94	Shawinigan (Cataractes)	LHJMQ	67	3	18	21	33	1	0	0	0	0
1994-95	Shawinigan (Cataractes)	LHJMQ	71	13	56	69	44	15	7	12	19	4
1995-96	Shawinigan (Cataractes)	LHJMQ	67	23	56	79	53	6	1	5	6	10
1996-97	Shawinigan (Cataractes)	LHJMQ	67	24	51	75	59	7	4	6	10	14
1997-98	Fredericton (Canadiens)	AHL	79	10	21	31	50	4	0	2	2	0
1998-99	Fredericton (Canadiens)	AHL	79	8	33	41	59	15	1	5	6	10
1999-00	Québec (Citadelles)	AHL	76	14	31	45	36	3	0	1	1	0
	Montréal (Canadiens)	**LNH**	**1**	**0**	**0**	**0**	**0**	**-**	**-**	**-**	**-**	**-**
2000-01	**Montréal (Canadiens)**	**LNH**	**65**	**6**	**6**	**12**	**14**	**-**	**-**	**-**	**-**	**-**
2001-02	**Montréal (Canadiens)**	**LNH**	**56**	**1**	**10**	**11**	**14**	**2**	**0**	**0**	**0**	**4**
2002-03	Dallas (Stars)	LNH	76	3	7	10	35	12	0	1	1	20
2003-04	Dallas (Stars)	LNH	14	1	0	1	8	-	-	-	-	-
	Chicago (Blackhawks)	LNH	45	2	10	12	33	-	-	-	-	-
2004-05	Frankfurt Lions	GER	51	15	32	47	64	6	1	2	3	6
2005-06	Dallas (Stars)	LNH	75	5	15	20	67	5	0	2	2	4
	Canada	CM	9	1	1	2	6	-	-	-	-	-
2006-07	Dallas (Stars)	LNH	75	0	17	17	86	7	0	1	1	2
2007-08	Dallas (Srars)	LNH	82	9	17	26	85	18	3	8	11	12
		LNH	**489**	**27**	**82**	**109**	**342**	**44**	**3**	**12**	**15**	**42**
		Montréal	**122**	**7**	**16**	**23**	**28**	**2**	**0**	**0**	**0**	**4**

• Première équipe d'étoiles (LHJMQ) en 1995-96, 1996-97 • Trophée Émile-Bouchard (LHJMQ) en 1996-97

• Réclamé par Atlanta de Montréal lors du repêchage intra-ligue le 4 octobre 2002 • Échangé à Dallas par Atlanta pour des considérations futures le 4 octobre 2002 • Échangé à Chicago par Dallas avec le choix de 2e ronde de Dallas au repêchage de 2004 (Jakub Sindel) pour Jon Klemm et le choix de 4e ronde de New York (Rangers) au repêchage de 2004 (propriété de Chicago suite à une transaction antérieure, Dallas sélectionne Fredrick Naslund) le 17 novembre 2003 • Signe avec Frankfurt (GER) comme joueur autonome le 17 septembre 2004 • Signe avec Dallas comme joueur autonome le 6 août 2005

ROBINSON, EARLE (EARL)

Né à Montréal, Québec, le 11 mars 1907, décédé le 8 septembre 1986
Ailier droit, lance de la droite, 5'10", 160 lb

SAISON	CLUB	LIGUE	PJ	B	A	PTS	PUN	PJ	B	A	PTS	PUN
1925-26	Montréal (Royal Bank)	LHBCM	9	5	2	7	4	-	-	-	-	-
	Montréal (Royals)	LHJMC	9	*9	*6	*15	4	4	*17	2	*19	7
1926-27	Montréal (Royal Bank)	LHBCM	4	7	4	*11	2	-	-	-	-	-
	Montréal (Victorias)	Exh.	15	*48	-	*48	-	-	-	-	-	-
	Montréal (Victorias)	LHCM	5	4	1	5	4	-	-	-	-	-
1927-28	Philadelphie (Arrows)	Can-Am	34	18	7	25	21	-	-	-	-	-
1928-29	Montréal (Maroons)	LNH	38	2	1	3	2	-	-	-	-	-
1929-30	Montréal (Maroons)	LNH	31	1	2	3	10	4	0	0	0	0
	Windsor (Bulldogs)	IHL	5	3	2	5	0	-	-	-	-	-
1930-31	Windsor (Bulldogs)	IHL	48	*44	19	*63	18	6	6	4	10	0
1931-32	Montréal (Maroons)	LNH	26	0	3	3	2	-	-	-	-	-
	Windsor (Bulldogs)	IHL	21	10	4	14	8	6	2	3	5	4
1932-33	Montréal (Maroons)	LNH	44	15	9	24	6	2	0	0	0	0
1933-34	Montréal (Maroons)	LNH	47	12	16	28	14	4	2	0	2	0
1934-35	Montréal (Maroons)	LNH	48	17	18	35	23	7	2	2	4	0
1935-36	Montréal (Maroons)	LNH	39	6	14	20	27	3	0	0	0	0
1936-37	Montréal (Maroons)	LNH	47	16	18	34	19	5	1	2	3	0
1937-38	Montréal (Maroons)	LNH	39	4	7	11	13	-	-	-	-	-
	Match des étoiles	LNH	1	0	0	0	0	-	-	-	-	-
1938-39	Chicago (Black Hawks)	LNH	47	9	6	15	13	-	-	-	-	-
1939-40	**Montréal (Canadiens)**	**LNH**	**11**	**1**	**4**	**5**	**4**	**-**	**-**	**-**	**-**	**-**
	Match des étoiles	LNH	1	1	0	1	0	-	-	-	-	-
	New Haven (Eagles)	IAHL	26	11	14	25	2	3	2	2	4	0
1940-41	New Haven (Eagles)	AHL	56	16	19	35	19	2	0	0	0	0
1941-42	Providence (Reds)	AHL	1	0	0	0	0	-	-	-	-	-
	New Haven (Eagles)	AHL	48	13	20	33	2	2	0	0	0	2
1942-43	Toronto (Colonels)	SOHA	10	13	*16	29	6	-	-	-	-	-
	Toronto (Staffords)	TIHL	16	13	5	18	8	2	2	0	2	2
1943-44	Toronto (Army Daggers)	SOHA	1	0	0	0	0	-	-	-	-	-
	Toronto (Army Shamrocks)	TIHL	25	13	11	24	20	4	3	1	4	2
		LNH	**417**	**83**	**98**	**181**	**133**	**25**	**5**	**4**	**9**	**0**
		Montréal	**11**	**1**	**4**	**5**	**4**	**-**	**-**	**-**	**-**	**-**

• Première équipe d'étoiles (MCBHL) en 1926-27 • Coupe Stanley (LNH) en 1934-35 • Match des étoiles (LNH) en 1937-38, 1939-40

• Droits vendus à Chicago par Montréal (Maroons) avec Baldy Northcott et Russ Blinco pour une somme d'argent le 15 septembre 1938 • Droits vendus à Montréal par Chicago le 11 octobre 1939

ROBINSON, LARRY

Né à Winchester, Ontario, le 2 juin 1951. Défenseur, lance de la gauche, 6'4", 225 lb
(Choix de 2e ronde de Montréal, 20e au total lors du repêchage de 1971)

SAISON	CLUB	LIGUE	PJ	B	A	PTS	PUN	PJ	B	A	PTS	PUN
1969-70	Brockville (Braves)	OJHL	40	22	29	51	74	-	-	-	-	-
	Ottawa M & W Rangers	Cent.	5	2	1	3	2	-	-	-	-	-
1970-71	Kitchener (Rangers)	OMJHL	61	12	39	51	65	4	1	2	3	5
1971-72	Nlle-Écosse (Voyageurs)	AHL	74	10	14	24	54	15	2	10	12	31
1972-73	Nlle-Écosse (Voyageurs)	AHL	38	6	33	39	33	-	-	-	-	-
	Montréal (Canadiens)	**LNH**	**36**	**2**	**4**	**6**	**20**	**11**	**1**	**4**	**5**	**9**
1973-74	**Montréal (Canadiens)**	**LNH**	**78**	**6**	**20**	**26**	**66**	**6**	**0**	**1**	**1**	**26**
	Match des étoiles	LNH	1	0	0	0	0	-	-	-	-	-
1974-75	**Montréal (Canadiens)**	**LNH**	**80**	**14**	**47**	**61**	**76**	**11**	**0**	**4**	**4**	**27**
1975-76	**Montréal (Canadiens)**	**LNH**	**80**	**10**	**30**	**40**	**59**	**13**	**3**	**3**	**6**	**10**
	Match des étoiles	LNH	1	0	0	0	0	-	-	-	-	-
1976-77	Canada	CC	7	0	0	0	0	-	-	-	-	-
	Montréal (Canadiens)	**LNH**	**77**	**19**	**66**	**85**	**45**	**14**	**2**	**10**	**12**	**12**
	Match des étoiles	LNH	1	0	2	2	0	-	-	-	-	-
1977-78	**Montréal (Canadiens)**	**LNH**	**80**	**13**	**52**	**65**	**39**	**15**	**4**	***17**	***21**	**6**
	Match des étoiles	LNH	1	0	1	1	0	-	-	-	-	-
1978-79	**Montréal (Canadiens)**	**LNH**	**67**	**16**	**45**	**61**	**33**	**16**	**6**	**9**	**15**	**8**
	Etoiles LNH	Défi 79	3	1	0	1	0	-	-	-	-	-
1979-80	**Montréal (Canadiens)**	**LNH**	**72**	**14**	**61**	**75**	**39**	**10**	**0**	**4**	**4**	**2**
	Match des étoiles	LNH	1	1	0	1	0	-	-	-	-	-
1980-81	**Montréal (Canadiens)**	**LNH**	**65**	**12**	**38**	**50**	**37**	**3**	**0**	**1**	**1**	**2**
	Canada	CM	6	1	1	2	2	-	-	-	-	-
1981-82	**Montréal (Canadiens)**	**LNH**	**71**	**12**	**47**	**59**	**41**	**5**	**0**	**1**	**1**	**8**
	Match des étoiles	LNH	1	0	1	1	0	-	-	-	-	-
	Canada	CC	7	0	1	1	2	-	-	-	-	-
1982-83	**Montréal (Canadiens)**	**LNH**	**71**	**14**	**49**	**63**	**33**	**3**	**0**	**0**	**0**	**2**
1983-84	**Montréal (Canadiens)**	**LNH**	**74**	**9**	**34**	**43**	**39**	**15**	**0**	**5**	**5**	**22**
1984-85	**Montréal (Canadiens)**	**LNH**	**76**	**14**	**33**	**47**	**44**	**12**	**3**	**8**	**11**	**8**
	Canada	CC	8	1	2	3	2	-	-	-	-	-
1985-86	**Montréal (Canadiens)**	**LNH**	**78**	**19**	**63**	**82**	**39**	**20**	**0**	**13**	**13**	**22**
	Match des étoiles	LNH	1	0	2	2	0	-	-	-	-	-
1986-87	**Montréal (Canadiens)**	**LNH**	**70**	**13**	**37**	**50**	**44**	**17**	**3**	**17**	**20**	**6**
1987-88	**Montréal (Canadiens)**	**LNH**	**53**	**6**	**34**	**40**	**30**	**11**	**1**	**4**	**5**	**4**
	Match des étoiles	LNH	1	0	0	0	0	-	-	-	-	-
1988-89	**Montréal (Canadiens)**	**LNH**	**74**	**4**	**26**	**30**	**22**	**21**	**2**	**8**	**10**	**12**
	Match des étoiles	LNH	1	0	2	2	0	-	-	-	-	-
1989-90	Los Angeles (Kings)	LNH	64	7	32	39	34	10	2	3	5	10
1990-91	Los Angeles (Kings)	LNH	62	1	22	23	16	12	1	4	5	15
1991-92	Los Angeles (Kings)	LNH	56	3	10	13	37	2	0	0	0	0
	Match des étoiles	LNH	1	0	1	1	0	-	-	-	-	-
		LNH	**1384**	**208**	**750**	**958**	**793**	**227**	**28**	**116**	**144**	**211**
		Montréal	**1202**	**197**	**686**	**883**	**706**	**203**	**25**	**109**	**134**	**186**

• Coupe Calder (AHL) en 1971-72 • Coupe Stanley (LNH) en 1972-73, 1975-76, 1976-77,1977-78, 1978-79, 1985-86 • Match des étoiles (LNH) en 1973-74, 1975-76, 1976-77, 1977-78, 1979-80, 1981-82, 1985-86, 1987-88, 1988-89, 1991-92 • Première équipe d'étoiles (LNH) en 1976-77, 1978-79, 1979-80 • Deuxième équipe d'étoiles (LNH) en 1977-78, 1980-81, 1985-86 • Trophée James-Norris (LNH) en 1976-77, 1979-80 • Coupe Canada (CC) en 1977, 1985 • Trophée Conn-Smythe (LNH) en 1977-78 • Équipe d'étoiles (CM) en 1981 • Nommé meilleur défenseur (CM) en 1981 • Temple de la Renommée (LNH) en 1995

• Signe avec Los Angeles comme joueur autonome le 26 juillet 1989

ROBINSON, MORRIS (MOE)

Né à Winchester, Ontario, le 29 mai 1957. Défenseur, lance de la droite, 6'4", 175 lb
(Choix de 3e ronde de Montréal, 49e au total lors du repêchage de 1977)

SAISON	CLUB	LIGUE	PJ	B	A	PTS	PUN	PJ	B	A	PTS	PUN
1976-77	Kingston (Canadiens)	OHA	48	5	15	20	35	-	-	-	-	-
1977-78	Nlle-Écosse (Voyageurs)	AHL	75	6	23	29	68	11	0	1	1	7
1978-79	Nlle-Écosse (Voyageurs)	AHL	78	4	23	27	92	9	1	1	2	6
1979-80	Nlle-Écosse (Voyageurs)	AHL	64	5	35	40	82	6	0	2	2	4
	Montréal (Canadiens)	**LNH**	**1**	**0**	**0**	**0**	**0**	**-**	**-**	**-**	**-**	**-**
1980-81	Oklahoma City (Stars)	CHL	56	4	22	26	55	3	0	2	2	0
		LNH	**1**	**0**	**0**	**0**	**0**	**-**	**-**	**-**	**-**	**-**
		Montréal	**1**	**0**	**0**	**0**	**0**	**-**	**-**	**-**	**-**	**-**

ROCHE, DESMOND (DES)

Né à Kemptville, Ontario, le 1er février 1909, décédé le 18 janvier 1971
Ailier droit, lance de la droite, 5'7", 165 lb

SAISON	CLUB	LIGUE	PJ	B	A	PTS	PUN	PJ	B	A	PTS	PUN
1925-26	Montréal (Victorias)	LHJCM	6	4	1	5	2	4	3	1	4	2
1926-27	Montréal (Victorias)	LHCM	1	0	0	0	0	-	-	-	-	-
1927-28	Montréal (Bell Téléphone)	LHTRM	*Statistiques non disponibles*									
	Montréal (St-Anthony)	LHTRM	13	7	0	7	-	-	-	-	-	-
1928-29	Montréal (Bell Téléphone)	LHTRM	-	5	4	9	20	-	-	-	-	-
	Montréal (Martin)	LHTRM	-	7	0	7	-	-	-	-	-	-
1929-30	Montréal (Bell Téléphone)	LHTRM	10	6	0	6	8	2	1	0	1	2
1930-31	Montréal (Maroons)	LNH	19	0	1	1	6	-	-	-	-	-
	Windsor (Bulldogs)	IHL	26	10	2	12	16	6	1	0	1	2
1931-32	Windsor (Bulldogs)	IHL	42	11	12	23	42	6	2	0	2	6
1932-33	Windsor (Bulldogs)	IHL	20	7	4	11	32	-	-	-	-	-
	Montréal (Maroons)	LNH	5	0	0	0	0	-	-	-	-	-
	Ottawa (Senators)	LNH	16	3	6	9	6	-	-	-	-	-
1933-34	Ottawa (Senators)	LNH	46	14	10	24	22	-	-	-	-	-

SAISON	CLUB	LIGUE	PJ	B	A	PTS	PUN	PJ	B	A	PTS	PUN
1934-35	St. Louis (Eagles)	LNH	7	0	0	0	0	-	-	-	-	-
	Montréal (Canadiens)	**LNH**	**5**	**0**	**1**	**1**	**0**	-	-	-	-	-
	Buffalo (Bisons)	IHL	1	1	1	2	2	-	-	-	-	-
	Detroit (Red Wings)	LNH	15	3	0	3	10	-	-	-	-	-
	Detroit (Olympics)	IHL	7	0	3	3	6	5	*6	2	*8	4
1935-36	Pittsburgh (Shamrocks)	IHL	25	7	7	14	26	-	-	-	-	-
	Cleveland (Falcons)	IHL	19	3	5	8	10	2	0	0	0	0
1936-37	St. Louis (Flyers)	AHA	4	3	0	3	2	-	-	-	-	-
1937-38	Tulsa (Oilers)	AHA	32	12	9	21	27	-	-	-	-	-
1938-39	Spokane (Clippers)	PCHL	45	14	11	25	33	-	-	-	-	-
		LNH	**113**	**20**	**18**	**38**	**44**	-	-	-	-	-
		Montréal	**5**	**0**	**1**	**1**	**0**	-	-	-	-	-

• Signe avec Montréal (Maroons) le 2 septembre 1930 • Échangé à Ottawa par Montréal (Maroons) pour Wally Kilrea le 3 février 1933 • Transfert de la concession d'Ottawa à St. Louis le 22 septembre 1934 • Échangé à Boston par St. Louis avec Max Kaminsky pour Joe Lamb le 4 décembre 1934 • Droits vendus à Montréal par Boston le 8 décembre 1934 • Droits vendus à Buffalo (IHL) par Montréal le 26 décembre 1934 • Droits vendus à Detroit par Buffalo (IHL) avec Earl Roche le 1er janvier 1935 • Droits vendus à Pittsburgh (IHL) par Detroit le 17 octobre 1935 • Droits vendus à Cleveland (IHL) par Pittsburgh (IHL) le 3 février 1936

ROCHE, ERNEST (ERNIE)

Né à Montréal, Québec, le 4 février 1930. Défenseur, lance de la gauche, 6'1", 170 lb

SAISON	CLUB	LIGUE	PJ	B	A	PTS	PUN	PJ	B	A	PTS	PUN
1946-47	Montréal (Canadiens Jr)	LHJQ	27	3	9	12	52	8	2	9	11	14
	Montréal (Canadiens Jr)	Mem.	-	-	-	-	-	8	1	6	7	16
1947-48	Montréal (Canadiens Jr)	LHJQ	32	9	10	19	68	5	0	0	0	6
1948-49	Montréal (Canadiens Jr)	LHJQ	48	11	12	23	73	4	1	1	2	2
1949-50	Montréal (Canadiens Jr)	LHJQ	36	12	12	24	81	15	5	13	18	26
	Montréal (Canadiens Jr)	Mem.	-	-	-	-	-	13	1	10	11	30
1950-51	Cincinnati (Mohawks)	AHL	60	3	10	13	21	-	-	-	-	-
	Montréal (Canadiens)	**LNH**	**4**	**0**	**0**	**0**	**2**	-	-	-	-	-
1951-52	Buffalo (Bisons)	AHL	4	0	1	1	2	-	-	-	-	-
	Victoria (Cougars)	PCHL	64	6	17	23	60	10	0	1	1	4
1952-53	Victoria (Cougars)	PCHL	65	10	25	35	69	-	-	-	-	-
1953-54	Victoria (Cougars)	WHL	5	0	0	0	4	-	-	-	-	-
	Montréal (Royals)	LHQ	51	1	15	16	48	9	2	1	3	4
1954-55	Montréal (Royals)	LHQ	56	11	11	22	52	14	1	4	5	14
1955-56	Springfield (Indians)	AHL	22	3	5	8	10	-	-	-	-	-
	Shawinigan (Cataractes)	LHQ	24	2	8	10	10	11	0	1	1	4
1956-57	Montréal (Royals)	LHQ	64	4	21	25	66	4	0	0	0	0
1957-58	Montréal (Royals)	LHQ	53	5	15	20	40	7	1	1	2	2
1958-59	Montréal (Royals)	LHQ	51	1	8	9	16	3	0	0	0	0
1959-60	Sudbury (Wolves)	EPHL	62	4	29	33	38	14	2	3	5	22
1960-61	Sudbury (Wolves)	EPHL	5	0	2	2	2	-	-	-	-	-
	Windsor (Maple Leafs)	NSSHL	22	4	6	10	6	10	0	0	0	4
	Milwaukee (Falcons)	IHL	10	2	0	2	4	-	-	-	-	-
		LNH	**4**	**0**	**0**	**0**	**2**	-	-	-	-	-
		Montréal	**4**	**0**	**0**	**0**	**2**	-	-	-	-	-

• **Coupe Memorial en 1949-50**

• Réclamé par Springfield (AHL) de Montréal (Royals – LHQ) lors du repêchage intra-ligue le 30 mai 1955 • Droits vendus à Montréal par Springfield (AHL) le 10 janvier 1956 • Droits vendus à Shawinigam (LHQ) par Montréal le 10 janvier 1956 • Échangé à Montréal (Royals – LHQ) par Shawinigan (LHQ) pour Léo Amadio le 29 novembre 1956

ROCHEFORT, LÉON

Né à Cap-de-la-Madeleine, Québec, le 4 mai 1939
Ailier droit, lance de la droite, 6', 185 lb

SAISON	CLUB	LIGUE	PJ	B	A	PTS	PUN	PJ	B	A	PTS	PUN
1957-58	Guelph (Biltmores)	JOHA	52	17	18	35	19	-	-	-	-	-
1958-59	Guelph (Biltmores)	JOHA	54	16	19	35	16	10	8	4	12	4
1959-60	Trois-Rivières (Lions)	EPHL	70	27	22	49	35	4	0	0	0	9
1960-61	Kitchener/Waterloo	EPHL	65	20	18	38	33	7	3	1	4	14
	New York (Rangers)	LNH	1	0	0	0	0	-	-	-	-	-
1961-62	Kitchener/Waterloo	EPHL	69	33	27	60	29	-	-	-	-	-
1962-63	Baltimore (Clippers)	AHL	50	14	20	34	12	-	-	-	-	-
	New York (Rangers)	LNH	23	5	4	9	6	-	-	-	-	-
1963-64	Québec (As)	AHL	71	27	25	52	14	9	4	3	7	2
	Montréal (Canadiens)	**LNH**	**3**	**0**	**0**	**0**	**0**	-	-	-	-	-
1964-65	Québec (As)	AHL	41	18	21	39	12	5	0	3	3	6
	Montréal (Canadiens)	**LNH**	**9**	**2**	**0**	**2**	**0**	-	-	-	-	-
1965-66	Québec (As)	AHL	71	35	37	72	12	6	5	3	8	0
	Montréal (Canadiens)	**LNH**	**1**	**0**	**1**	**1**	**0**	**4**	**1**	**1**	**2**	**4**
1966-67	Québec (As)	AHL	8	3	2	5	2	-	-	-	-	-
	Montréal (Canadiens)	**LNH**	**27**	**9**	**7**	**16**	**6**	**10**	**1**	**1**	**2**	**4**
1967-68	Philadelphie (Flyers)	LNH	74	21	21	42	16	7	2	0	2	2
	Match des étoiles	LNH	1	0	0	0	0	-	-	-	-	-
1968-69	Philadelphie (Flyers)	LNH	65	14	21	35	10	3	0	0	0	0
1969-70	Los Angeles (Kings)	LNH	76	9	23	32	14	-	-	-	-	-
1970-71	Montréal (Voyageurs)	AHL	10	1	6	7	0	-	-	-	-	-
	Montréal (Canadiens)	**LNH**	**57**	**5**	**10**	**15**	**4**	**10**	**0**	**0**	**0**	**6**
1971-72	Detroit (Red Wings)	LNH	64	17	12	29	10	-	-	-	-	-
1972-73	Detroit (Red Wings)	LNH	20	2	4	6	2	-	-	-	-	-
	Atlanta (Flames)	LNH	54	9	18	27	10	-	-	-	-	-
1973-74	Atlanta (Flames)	LNH	56	10	12	22	13	-	-	-	-	-
1974-75	Vancouver (Canucks)	LNH	76	18	11	29	2	5	0	2	2	0
1975-76	Vancouver (Canucks)	LNH	11	0	3	3	0	-	-	-	-	-
	Tulsa (Oilers)	CHL	60	25	40	65	2	9	2	5	7	6
		LNH	**617**	**121**	**147**	**268**	**93**	**39**	**4**	**4**	**8**	**16**
		Montréal	**97**	**16**	**18**	**34**	**10**	**24**	**2**	**2**	**4**	**14**

• **Coupe Stanley (LNH) en 1965-66, 1970-71 • Match des étoiles (LNH) en 1967-68**

• Échangé à Montréal par New York avec Dave Balon, Len Ronson et Lorne Worsley, pour Phil Goyette, Don Marshall et Jacques Plante le 4 juin 1963 • Réclamé par Philadelphie de Montréal lors de l'expansion de la LNH le 6 juin 1967 • Échangé à New York par Philadelphie avec Don Blackburn pour Reggie Fleming le 6 juin 1969 • Échangé à Los Angeles par New York avec Dennis Hextall pour Réal Lemieux le 9 juin 1969 • Échangé à Montréal par Los Angeles avec Wayne Thomas et Gregg Boddy pour Larry Mickey, Lucien Grenier et Jack Norris le 22 mai 1970 • Échangé à Detroit par Montréal pour Kerry Ketter et une somme d'argent le 25 mai 1971 • Échangé à Atlanta par Detroit pour Bill Hogaboam le 28 novembre 1972 • Droits vendus à Vancouver par Atlanta le 4 octobre 1974

ROCHON, JULES

Décédé. Défenseur, lance de la droite 5'8", 155 lb

SAISON	CLUB	LIGUE	PJ	B	A	PTS	PUN	PJ	B	A	PTS	PUN
1906-07	Guelph (KLyons)	JOHA	3	3	0	3	15	-	-	-	-	-
	Guelph (OAC)	SOHA	1	0	0	0	0	-	-	-	-	-
	Guelph Pros	Exh.	3	2	0	2	2	-	-	-	-	-
1907-08			*Statistiques non disponibles*									
1908-09	Port Arthur (Mount MacKay)	NOHA	*Statistiques non disponibles*									
1909-10	Fort William (North Stars)	NOHL	13	17	0	17	24	-	-	-	-	-
1910-11	Fort William (North Stars)	NOHL	14	12	0	12	18	-	-	-	-	-
1911-12	Fort William (North Stars)	NOHL	13	9	0	9	51	-	-	-	-	-
1912-13	Grand Forks AC	BCBHL	*Statistiques non disponibles*									
	Swift Current HC	SPHL	1	0	0	0	0	-	-	-	-	-
1913-14	Grand Forks AC	BCBHL	*Statistiques non disponibles*									
1914-15			*Statistiques non disponibles*									
1915-16	Québec (Bulldogs)	NHA	2	0	0	0	0	-	-	-	-	-
1916-17	**Montréal (Canadiens)**	**NHA**	**1**	**0**	**0**	**0**	**0**	-	-	-	-	-
	Port Arthur (141e Battalion)	TBSHL	2	2	0	2	0	-	-	-	-	-
1917-18			*Statistiques non disponibles*									
1918-19			*Service militaire*									
1919-20	Port Arthur (War Vets)	TBSHL	3	4	0	4	6	-	-	-	-	-
1920-21	Fort William (Beavers)		*Statistiques non disponibles*									
		NHA	**3**	**0**	**0**	**0**	**0**	-	-	-	-	-
		Montréal	**1**	**0**	**0**	**0**	**0**	-	-	-	-	-

• Signe avec Québec (NHA) en décembre 1915 • Signe avec Montréal (NHA) le 8 janvier 1917

RONAN, EDWARD (ED)

Né à Quincy, Massachusetts, le 21 mars 1968. Ailier droit, lance de la droite, 6', 197 lb
(Choix de 11e ronde de Montréal, 227e au total lors du repêchage de 1987)

SAISON	CLUB	LIGUE	PJ	B	A	PTS	PUN	PJ	B	A	PTS	PUN
1986-87	Andover Academy	H.S.	22	10	22	32	10	-	-	-	-	-
1987-88	Boston University	H.E.	31	2	5	7	20	-	-	-	-	-
1988-89	Boston University	H.E.	36	4	11	15	34	-	-	-	-	-
1989-90	Boston University	H.E.	44	17	23	40	50	-	-	-	-	-
1990-91	Boston University	H.E.	41	16	19	35	38	-	-	-	-	-
1991-92	Fredericton (Canadiens)	AHL	78	25	34	59	82	7	5	1	6	6
	Montréal (Canadiens)	**LNH**	**3**	**0**	**0**	**0**	**0**	-	-	-	-	-
1992-93	Fredericton (Canadiens)	AHL	16	10	5	15	15	5	2	4	6	6
	Montréal (Canadiens)	**LNH**	**53**	**5**	**7**	**12**	**20**	**14**	**2**	**3**	**5**	**10**
1993-94	**Montréal (Canadiens)**	**LNH**	**61**	**6**	**8**	**14**	**42**	**7**	**1**	**0**	**1**	**0**
1994-95	**Montréal (Canadiens)**	**LNH**	**30**	**1**	**4**	**5**	**12**	-	-	-	-	-
1995-96	Winnipeg (Jets)	LNH	17	0	0	0	16	-	-	-	-	-
	Springfield (Falcons)	AHL	31	8	16	24	50	10	7	6	13	4
1996-97	Buffalo (Sabres)	LNH	18	1	4	5	11	6	1	0	1	6
	Rochester (Americans)	AHL	47	13	21	34	62	-	-	-	-	-
1997-98	Providence (Reds)	AHL	49	13	15	28	48	-	-	-	-	-
		LNH	**182**	**13**	**23**	**36**	**101**	**27**	**4**	**3**	**7**	**16**
		Montréal	**147**	**12**	**19**	**31**	**74**	**21**	**3**	**3**	**6**	**10**

• **Coupe Stanley (LNH) en 1992-93**

• Signe avec Winnipeg comme joueur autonome 13 octobre 1995 • Signe avec Buffalo comme joueur autonome le 5 septembre 1996

RONAN, ERSKINE (SKENE)

Né à Ottawa, Ontario, le 9 février 1889, décédé le 25 juin 1937
Défenseur/Avant, lance de la gauche, 5'6", 150 lb

SAISON	CLUB	LIGUE	PJ	B	A	PTS	PUN	PJ	B	A	PTS	PUN
1906-07	Pembroke (Lumber Kings)	OVSHL	1	1	0	1	0	-	-	-	-	-
1907-08	Ottawa (Primrose)	OCJHL	8	*15	0	*15	-	-	-	-	-	-
1908-09	Pittsburgh (Bankers)	WPHL	8	5	0	5	-	-	-	-	-	-
	Toronto (Professionals)	OPHL	7	4	0	4	4	-	-	-	-	-
	Haileybury (Silver Kings)	TPHL	5	6	0	6	7	2	1	0	1	6
1909-10	Haileybury (Comets)	NHA	11	3	0	3	21	-	-	-	-	-
1910-11	Renfrew (Creamery Kings)	NHA	5	3	0	3	9	-	-	-	-	-
1911-12	Ottawa (Senators)	NHA	18	*35	0	*35	-	-	-	-	-	-
1912-13	Ottawa (Senators)	NHA	20	18	0	18	-	-	-	-	-	-
1913-14	Ottawa (Senators)	NHA	19	18	5	23	-	-	-	-	-	-
1914-15	Toronto (Ont/Sham)	NHA	18	21	4	25	55	-	-	-	-	-
1915-16	Toronto (Blueshirst)	NHA	9	0	3	3	8	-	-	-	-	-
	Montréal (Canadiens)	**NHA**	**12**	**6**	**4**	**10**	**14**	**2**	**1**	**0**	**1**	**0**
1916-17	Ottawa (Munitions)	OCSHL	*Statistiques non disponibles*									
1917-18	Ottawa (Munitions)	OCSHL	*Statistiques non disponibles*									
1918-19	Ottawa (Senators)	LNH	11	0	0	0	6	-	-	-	-	-
		NHA	**112**	**104**	**16**	**120**	**107**	**2**	**1**	**0**	**1**	**0**
		LNH	**11**	**0**	**0**	**0**	**6**	-	-	-	-	-
		Montréal	**12**	**6**	**4**	**10**	**14**	**2**	**1**	**0**	**1**	**0**

• **Coupe Stanley (NHA) en 1915-16**

• Signe avec Toronto le 22 décembre 1908 • Signe avec Haileybury (TPHL) le 27 janvier 1909 • Signe avec Haileybury (NHA) en décembre 1909 • Signe avec Renfrew (NHA) en 1910. • Réclamé par Ottawa (NHA) lors du repêchage de dispersion de Renfrew (NHA) le 12 novembre 1911 • Échangé à Toronto (NHA) par Ottawa (NHA) pour Sammy Hebert et une somme d'argent le 25 décembre 1914 • Échangé à Montréal (NHA) par Toronto (NHA) pour Ernie Dubeau le 17 janvier 1916 • Échangé à Ottawa par Montréal pour les droits sur Harry Hyland le 9 décembre 1918

RONTY, PAUL

Né à Toronto, Ontario, le 12 juin 1928. Centre, lance de la gauche, 6', 160 lb

SAISON	CLUB	LIGUE	PJ	B	A	PTS	PUN	PJ	B	A	PTS	PUN
1944-45	Toronto (Chevies Aces)	OHA B	9	7	6	13	7	5	*6	*6	*12	0
	Toronto (Uptown Tires)	TMHL	1	1	0	1	0	-	-	-	-	-
1945-46	Boston (Olympics)	EAHL	49	19	25	44	14	12	6	11	17	2
1946-47	Hershey (Bears)	AHL	64	19	40	59	12	11	0	2	2	2
1947-48	Boston (Bruins)	LNH	24	3	11	14	0	5	0	4	4	0
	Hershey (Bears)	AHL	31	15	24	39	2	-	-	-	-	-
1948-49	Boston (Bruins)	LNH	60	20	29	49	11	5	1	2	3	2
1949-50	Boston (Bruins)	LNH	70	23	36	59	8	-	-	-	-	-
	Match des étoiles	LNH	1	1	0	1	0	-	-	-	-	-
1950-51	Boston (Bruins)	LNH	70	10	22	32	20	6	0	1	1	2
	Match des étoiles	LNH	1	0	0	0	0	-	-	-	-	-
1951-52	New York (Rangers)	LNH	65	12	31	43	16	-	-	-	-	-
1952-53	New York (Rangers)	LNH	70	16	38	54	20	-	-	-	-	-
1953-54	New York (Rangers)	LNH	70	13	33	46	18	-	-	-	-	-
	Match des étoiles	LNH	1	0	1	1	0	-	-	-	-	-
1954-55	New York (Rangers)	LNH	54	4	11	15	10	-	-	-	-	-
	Match des étoiles	LNH	1	0	0	0	0	-	-	-	-	-
	Montréal (Canadiens)	**LNH**	**4**	**0**	**0**	**0**	**2**	**5**	**0**	**0**	**0**	**2**
		LNH	**488**	**101**	**211**	**312**	**103**	**21**	**1**	**7**	**8**	**6**
		Montréal	**4**	**0**	**0**	**0**	**2**	**5**	**0**	**0**	**0**	**2**

• Coupe Calder (AHL) en 1946-47 • Match des étoiles (LNH) en 1949-50, 1950-51, 1953-54. 1954-55

• Échangé à New York par Boston pour Gus Kyle et Pentti Lund le 20 septembre 1951 • Droits vendus à Montréal par New York le 20 février 1955

ROONEY, STEVE

Né à Canton, Massachusetts, le 28 juin 1962. Ailier gauche, lance de la gauche, 6'2", 205 lb (Choix de 5e ronde de Montréal, 88e au total lors du repêchage de 1981)

SAISON	CLUB	LIGUE	PJ	B	A	PTS	PUN	PJ	B	A	PTS	PUN
1980-81	Wexford (Raiders)	OHA B	36	13	20	33	58	-	-	-	-	-
1981-82	Providence College	ECAC	31	7	10	17	41	-	-	-	-	-
1982-83	Providence College	ECAC	42	10	20	30	31	-	-	-	-	-
1983-84	Providence College	ECAC	33	11	16	27	46	-	-	-	-	-
1984-85	Providence (College	H.E.	31	7	10	17	41	-	-	-	-	-
	Montréal (Canadiens)	**LNH**	**3**	**1**	**0**	**1**	**7**	**11**	**2**	**2**	**4**	**19**
1985-86	**Montréal (Canadiens)**	**LNH**	**38**	**2**	**3**	**5**	**114**	**1**	**0**	**0**	**0**	**0**
1986-87	**Montréal (Canadiens)**	**LNH**	**2**	**0**	**0**	**0**	**22**	**-**	**-**	**-**	**-**	**-**
	Sherbrooke (Canadiens)	AHL	22	4	11	15	66	-	-	-	-	-
	Winnipeg (Jets)	LNH	30	2	3	5	57	8	0	0	0	34
1987-88	Winnipeg (Jets)	LNH	56	7	6	13	217	5	1	0	1	33
1988-89	New Jersey (Devils)	LNH	25	3	1	4	79	-	-	-	-	-
1989-90	Utica (Devils)	AHL	59	9	16	25	134	5	0	1	1	19
1990-91	Phoenix (Roadrunners)	IHL	11	2	5	7	76	-	-	-	-	-
	New Haven (Nighthawks)	AHL	44	14	17	31	141	-	-	-	-	-
1991-92	Maine (Mariners)	AHL	13	2	3	5	17	-	-	-	-	-
		LNH	**154**	**15**	**13**	**28**	**496**	**25**	**3**	**2**	**5**	**86**
		Montréal	**43**	**3**	**3**	**6**	**143**	**12**	**2**	**2**	**4**	**19**

• Coupe Stanley (LNH) en 1985-86

• Échangé à Winnipeg de Montréal pour le choix de 3e ronde de Winnipeg au repêchage de 1987 (François Gravel) le 8 janvier 1987 • Échangé à New Jersey de Winnipeg avec le choix de 3e ronde de Winnipeg au repêchage de 1990 (Brad Bombardir), Alain Chevrier et le choix de 7e ronde du New Jersey au repêchage de 1989 (Doug Evans) le 19 juillet 1988

ROOT, WILLIAM (BILL)

Né à Toronto, Ontario, le 6 septembre 1959. Défenseur, lance de la droite, 6', 210 lb

SAISON	CLUB	LIGUE	PJ	B	A	PTS	PUN	PJ	B	A	PTS	PUN
1975-76	Don Mills (Flyers)	MTHL	46	6	39	45	102	-	-	-	-	-
1976-77	Niagara Falls (Flyers)	OMJHL	66	3	19	22	114	-	-	-	-	-
1977-78	Niagara Falls (Flyers)	OMJHL	67	6	11	17	61	-	-	-	-	-
1978-79	Niagara Falls (Flyers)	OMJHL	67	4	31	35	119	20	4	7	11	42
1979-80	Nlle-Écosse (Voyageurs)	AHL	55	4	15	19	57	6	1	1	2	2
1980-81	Nlle-Écosse (Voyageurs)	AHL	63	3	12	15	76	6	0	1	1	2
1981-82	Nlle-Écosse (Voyageurs)	AHL	77	6	25	31	105	9	1	0	1	4
1982-83	**Montréal (Canadiens)**	**LNH**	**46**	**2**	**3**	**5**	**24**	**-**	**-**	**-**	**-**	**-**
	Nlle-Écosse (Voyageurs)	AHL	24	0	7	7	29	-	-	-	-	-
1983-84	**Montréal (Canadiens)**	**LNH**	**72**	**4**	**13**	**17**	**45**	**-**	**-**	**-**	**-**	**-**
1984-85	Toronto (Maple Leafs)	LNH	35	1	1	2	23	-	-	-	-	-
	St. Catharines (Saints)	AHL	28	5	9	14	10	-	-	-	-	-
1985-86	Toronto (Maple Leafs)	LNH	27	0	1	1	29	7	0	2	2	13
	St. Catharines (Saints)	AHL	14	7	4	11	11	-	-	-	-	-
1986-87	Toronto (Maple Leafs)	LNH	34	3	3	6	37	13	1	0	1	12
	Newmarket (Saints)	AHL	32	4	11	15	23	-	-	-	-	-
1987-88	St. Louis (Blues)	LNH	9	0	0	0	6	-	-	-	-	-
	Philadelphie (Flyers)	LNH	24	1	2	3	16	2	0	0	0	0
1988-89	Newmarket (Saints)	AHL	66	10	22	32	39	5	0	0	0	18
1989-90	Newmarket (Saints)	AHL	47	8	7	15	20	-	-	-	-	-
1990-91	Newmarket (Saints)	AHL	36	2	4	6	39	-	-	-	-	-
		LNH	**247**	**11**	**23**	**34**	**180**	**22**	**1**	**2**	**3**	**25**
		Montréal	**118**	**6**	**16**	**22**	**69**	**-**	**-**	**-**	**-**	**-**

• Signe avec Montréal comme joueur autonome le 4 octobre 1979 • Échangé à Toronto par Montréal pour le choix de 4e ronde de Toronto au repêchage de 1986 (cédé à Toronto qui sélectionne Ken Hulst) le 17 août 1984 • Échangé à Hartford par Toronto pour Dave Semenko le 8 septembre 1987 • Réclamé par St. Louis de Hartford au repêchage inter-équipes le 5 octobre 1987 • Réclamé au ballottage par Philadelphie de St. Louis le 26 novembre 1987 • Échangé à Toronto par Philadelphie pour Mike Stothers le 21 juin 1988

ROSSIGNOL, ROLLAND

Né à Edmundston, Nouveau-Brunswick, le 18 octobre 1921
Ailier droit, lance de la droite, 5'9", 165 lb

SAISON	CLUB	LIGUE	PJ	B	A	PTS	PUN	PJ	B	A	PTS	PUN
1936-37	Edmundston High School	H.S.	1	0	0	0	0	3	1	0	1	2
1937-38	Edmundston (Fraser Pulp)	NNBHL	8	7	2	9	6	2	1	0	1	6
1938-39	Edmundston (Fraser Pulp)	NNBHL	5	5	8	13	2	2	2	0	2	0
	Edmundston (Eskimos)	NNBHL	3	1	1	2	-	4	1	2	3	2
	Edmundston High School	H.S.	-	-	-	-	-	1	1	1	2	0
1939-40	Verdun (Maple Leafs)	LHJQ	12	2	5	7	10	4	1	2	3	11
	Verdun (Maple Leafs)	Mem.	-	-	-	-	-	7	7	4	11	8
1940-41	Verdun (Maple Leafs)	LHJQ	1	0	0	0	0	-	-	-	-	-
	Washington (Eagles)	EAHL	65	23	23	46	44	2	0	0	0	0
1941-42	Québec (As)	LHSQ	32	12	10	22	30	7	1	1	2	2
	Québec (As)	Allan	-	-	-	-	-	6	0	1	1	0
1942-43	Québec (As)	LHSQ	34	16	16	32	18	4	1	1	2	4
1943-44	Québec (As)	LHSQ	25	22	18	40	20	6	3	7	10	0
	Detroit (Red Wings)	LNH	1	0	1	1	0	-	-	-	-	-
	Québec (As)	Allan	-	-	-	-	-	9	10	8	18	6
1944-45	Pittsburgh (Hornets)	AHL	38	19	24	43	29	-	-	-	-	-
	Montréal (Canadiens)	**LNH**	**5**	**2**	**2**	**4**	**2**	**1**	**0**	**0**	**0**	**2**
1945-46	Indianapolis (Capitols)	AHL	48	26	21	47	25	5	1	1	2	4
	Detroit (Red Wings)	LNH	8	1	2	3	4	-	-	-	-	-
1946-47	St. Louis (Flyers)	AHL	31	6	9	15	15	-	-	-	-	-
	Providence (Reds)	AHL	27	11	10	21	10	-	-	-	-	-
1947-48	Providence (Reds)	AHL	6	2	2	4	2	-	-	-	-	-
1948-49			*N'a pas joué*									
1949-50	Québec (As)	LHSQ	42	12	23	35	17	9	1	1	2	-
1950-51	Jonquière (As)	LHPQ	*Statistiques non disponibles*									
1951-52	Jonquière (As)	LSSL	*Statistiques non disponibles*									
1952-53	Mont-Joli (Castors)	LSSL	58	42	59	101	75	-	-	-	-	-
1953-54	Rivière-du-Loup (3 L)	LSSL	8	2	5	7	4	-	-	-	-	-
	Dalhousie (Rangers)	NNBHL	32	25	24	49	41	-	-	-	-	-
1954-55	Dalhousie (Rangers)	NNBHL	32	*43	*62	*105	28	-	-	-	-	-
1955-56	Bathurst (Papermakers)	NNBHL	36	40	42	82	24	-	-	-	-	-
1956-57	Bathurst (Papermakers)	NNBHL	48	21	42	63	34	6	4	4	8	2
1957-58	Bathurst (Papermakers)	NNBHL	36	12	53	65	37	-	-	-	-	-
1958-59	Bathurst (Papermakers)	NNBHL	36	13	23	36	30	-	-	-	-	-
1959-60	Bathurst (Papermakers)	NNBHL	*Statistiques non disponibles*									
1960-61	Bathurst (Papermakers)	NNBHL	*Statistiques non disponibles*									
1961-62	Bathurst (Papermakers)	NNBHL	36	17	27	44	16	-	-	-	-	-
1962-63	Bathurst (Papermakers)	NNBHL	36	6	12	18	14	-	-	-	-	-
		LNH	**14**	**3**	**5**	**8**	**6**	**1**	**0**	**0**	**0**	**2**
		Montréal	**5**	**2**	**2**	**4**	**2**	**1**	**0**	**0**	**0**	**2**

• Prêté à Detroit par Québec (LHSQ) le 11 mars 1944 • Signe avec Montréal le 13 octobre 1944 • Prêté à Pittsburgh (AHL) par Montréal le 2 décembre 1944 • Échangé à Detroit par Montréal avec Ray Getliffe et une somme d'argent pour Billy Reay le 11 septembre 1945 (Detroit obtiendra finalement les droits sur Fern Gauthier) • Signe avec St. Louis (AHL) en octobre 1946 • Échangé à Providence (AHL) par St. Louis (AHL) avec Carl Liscombe, Eddie Bush et une somme d'argent pour Bill McComb et Russ Brayshaw en janvier 1947

ROTA, RANDY

Né à Creston, Colombie-Britannique, le 16 août 1950
Ailier gauche, lance de la gauche, 5'8", 170 lb
(Choix de 3e ronde de la Californie, 33e au total lors du repêchage de 1970)

SAISON	CLUB	LIGUE	PJ	B	A	PTS	PUN	PJ	B	A	PTS	PUN
1967-68	Kamloops (Rockets)	BCJHL	40	*45	28	73	22	-	-	-	-	-
1968-69	Calgary (Centennials)	WCJHL	33	20	18	38	2	11	0	3	3	-
1969-70	Calgary (Centennials)	WCJHL	60	43	47	90	43	15	3	8	11	12
1970-71	Providence (Reds)	AHL	68	31	34	65	31	10	4	3	7	4
1971-72	Nlle-Écosse (Voyageurs)	AHL	72	32	23	55	24	15	6	4	10	2
1972-73	Nlle-Écosse (Voyageurs)	AHL	73	34	38	72	23	13	*10	7	17	10
	Montréal (Canadiens)	**LNH**	**2**	**1**	**1**	**2**	**0**	**-**	**-**	**-**	**-**	**-**
1973-74	Los Angeles (Kings)	LNH	58	10	6	16	16	5	0	1	1	0
1974-75	Kansas City (Scouts)	LNH	80	15	18	33	30	-	-	-	-	-
1975-76	Kansas City (Scouts)	LNH	71	12	14	26	14	-	-	-	-	-
1976-77	Colorado (Rockies)	LNH	1	0	0	0	0	-	-	-	-	-
	Oklahoma City (Blazers)	CHL	12	4	4	8	5	-	-	-	-	-
	Edmonton (Oilers)	AMH	40	9	6	15	8	5	3	2	5	0
1977-78	Edmonton (Oilers)	AMH	53	8	22	30	12	5	1	1	2	4
		LNH	**212**	**38**	**39**	**77**	**60**	**5**	**0**	**1**	**1**	**0**
		Montréal	**2**	**1**	**1**	**2**	**0**	**-**	**-**	**-**	**-**	**-**

• Coupe Calder (AHL) en 1971-72

• Échangé à Montréal par la Californie pour Lyle Carter et John French le 8 octobre 1971 • Échangé à Los Angeles par Montréal avec Bob Murdock pour le 1er choix de Los Angeles au repêchage de 1974 (Mario Tremblay) et une compensation financière le 29 mai 1973 • Réclamé par Kansas City de Los Angeles lors de l'expansion de la LNH le 12 juin 1974 • Transfert de la concession de Kansas City au Colorado le 15 juillet 1976 • Droits vendus à Edmonton (AMH) par Colorado le 30 novembre 1976

ROUSSEAU, GUY

Né à Montréal, Québec, le 21 décembre 1934
Ailier gauche, lance de la gauche, 5'6", 140 lb

SAISON	CLUB	LIGUE	PJ	B	A	PTS	PUN	PJ	B	A	PTS	PUN
1950-51	Verdun (LaSalle)	LHJQ	41	6	21	27	21	3	0	1	1	0
1951-52	Saint-Jérome (Aigles)	LHJQ	50	33	*66	99	28	-	-	-	-	-
1952-53	Québec (Citadelle)	LHJQ	46	43	*52	*95	12	7	4	5	9	8
1953-54	Québec (Frontenacs)	LHJQ	51	42	47	89	21	8	*11	10	*21	4
	Québec (Frontenacs)	Mem.	-	-	-	-	-	8	5	13	18	8
1954-55	Québec (Frontenacs)	LHJQ	40	22	33	55	42	9	8	7	15	6
	Montréal (Canadiens)	**LNH**	**2**	**0**	**1**	**1**	**0**	**-**	**-**	**-**	**-**	**-**
	Québec (Frontenacs)	Mem.	9	3	*11	14	6	-	-	-	-	-
1955-56	Montréal (Royals)	LHQ	61	11	27	38	36	13	1	6	7	4
	Montréal (Royals)	Edin.	-	-	-	-	-	6	1	1	2	2
1956-57	Montréal (Royals)	LHQ	66	15	27	42	46	4	0	1	1	4
	Montréal (Canadiens)	**LNH**	**2**	**0**	**0**	**0**	**0**	**-**	**-**	**-**	**-**	**-**

Saison	Club	Ligue	PJ	B	A	PTS	PUN	PJ	B	A	PTS	PUN
1957-58	Chicoutimi (Saguenéens)	LHQ	63	29	41	70	30	6	0	2	2	0
1958-59	Rochester (Americans)	AHL	65	20	20	40	22	3	2	1	3	4
1959-60	Rochester (Americans)	AHL	42	15	16	31	16	11	7	4	11	2
1960-61	Rochester (Americans)	AHL	71	26	41	67	30	-	-	-	-	-
1961-62	Québec (As)	AHL	63	19	21	40	26	-	-	-	-	-
1962-63	Québec (As)	AHL	47	7	21	28	0	-	-	-	-	-
1963-64	Cleveland (Barons)	AHL	70	18	16	34	11	9	6	3	9	4
1964-65	Québec (As)	AHL	41	10	18	28	10	5	1	0	1	0
1965-66	Sherbrooke (Saints)	LHSQ	40	8	10	18	10	-	-	-	-	-
1966-67	Saint-Hyacinthe (Gaulois)	LHSQ	*Statistiques non disponibles*									
1967-68	Saint-Hyacinthe (Gaulois)	LHSQ	*Statistiques non disponibles*									
1968-69	Saint-Hyacinthe (Gaulois)	LHSQ	*Statistiques non disponibles*									
		LNH	**4**	**0**	**1**	**1**	**0**	-	-	-	-	-
		Montréal	**4**	**0**	**1**	**1**	**0**	-	-	-	-	-

• Deuxième équipe d'étoiles (LHJQ) en 1951-52 • Première équipe d'étoiles (LHJQ) en 1952-53 • Première équipe d'étoiles (LHQ) en 1957-58 • Coupe Calder (AHL) en 1963-64

• Prêté à Montréal par Québec (LHJQ) le 16 décembre 1954 • Signe avec Montréal le 20 juillet 1955 • Échangé à Chicoutimi (LHQ) par Montréal avec Jack Leclair et Jacques Deslauriers pour Stan Smrke en octobre 1957

ROUSSEAU, ROBERT (BOBBY)

Né à Montréal, Québec, le 26 juillet 1940. Ailier droit, lance de la droite, 5'10", 180 lb

Saison	Club	Ligue	PJ	B	A	PTS	PUN	PJ	B	A	PTS	PUN
1955-56	Saint-Jean (Castors)	LHJMM	*Statistiques non disponibles*									
	Saint-Jean (Braves)	LHJQ	44	*53	32	85	25	-	-	-	-	-
1956-57	Hull-Ottawa (Canadiens)	JOHA	28	7	15	22	18	-	-	-	-	-
	Hull-Ottawa (Canadiens)	EOHL	15	4	2	6	2	-	-	-	-	-
	Hull-Ottawa (Canadiens)	Mem.	-	-	-	-	-	8	7	4	11	8
1957-58	Hull-Ottawa (Canadiens)	JOHA	27	24	27	51	64	-	-	-	-	-
	Hull-Ottawa (Canadiens)	EOHL	36	26	26	52	14	-	-	-	-	-
	Hull-Ottawa (Canadiens)	Mem.	-	-	-	-	-	13	7	17	24	6
1958-59	Hull-Ottawa (Canadiens)	Exh.	*Statistiques non disponibles*									
	Hull-Ottawa (Canadiens)	EOHL	18	7	18	25	26	3	1	1	2	2
	Rochester (Americans)	AHL	2	0	0	0	0	-	-	-	-	-
	Hull-Ottawa (Canadiens)	Mem.	-	-	-	-	-	9	2	6	8	19
1959-60	Brockville (Canadiens)	MMJHL	*Statistiques non disponibles*									
	Canada	JO	7	5	4	9	2	-	-	-	-	-
	Hull-Ottawa (Canadiens)	EPHL	4	4	2	6	4	-	-	-	-	-
	Brockville (Canadiens)	Mem.	-	-	-	-	-	13	14	9	23	14
1960-61	Hull-Ottawa (Canadiens)	EPHL	38	34	26	60	18	14	*12	7	*19	10
	Montréal (Canadiens)	**LNH**	**15**	**1**	**2**	**3**	**4**	-	-	-	-	-
1961-62	**Montréal (Canadiens)**	**LNH**	**70**	**21**	**24**	**45**	**26**	**6**	**0**	**2**	**2**	**0**
1962-63	**Montréal (Canadiens)**	**LNH**	**62**	**19**	**18**	**37**	**15**	**5**	**0**	**1**	**1**	**2**
1963-64	**Montréal (Canadiens)**	**LNH**	**70**	**25**	**31**	**56**	**32**	**7**	**1**	**1**	**2**	**2**
1964-65	**Montréal (Canadiens)**	**LNH**	**66**	**12**	**35**	**47**	**26**	**13**	**5**	**8**	**13**	**24**
1965-66	**Montréal (Canadiens)**	**LNH**	**70**	**30**	***48**	**78**	**20**	**10**	**4**	**4**	**8**	**6**
	Match des étoiles	LNH	1	0	1	1	0	-	-	-	-	-
1966-67	**Montréal (Canadiens)**	**LNH**	**68**	**19**	**44**	**63**	**58**	**10**	**1**	**7**	**8**	**4**
	Match des étoiles	LNH	1	0	2	2	0	-	-	-	-	-
1967-68	**Montréal (Canadiens)**	**LNH**	**74**	**19**	**46**	**65**	**47**	**13**	**2**	**4**	**6**	**8**
1968-69	**Montréal (Canadiens)**	**LNH**	**76**	**30**	**40**	**70**	**59**	**14**	**3**	**2**	**5**	**8**
	Match des étoiles	LNH	1	0	1	1	0	-	-	-	-	-
1969-70	**Montréal (Canadiens)**	**LNH**	**72**	**24**	**34**	**58**	**30**	-	-	-	-	-
1970-71	Minnesota (North Stars)	LNH	63	4	20	24	12	12	2	6	8	0
1971-72	New York (Rangers)	LNH	78	21	36	57	12	16	6	11	17	7
1972-73	New York (Rangers)	LNH	78	8	37	45	14	10	2	3	5	4
1973-74	New York (Rangers)	LNH	72	10	41	51	4	12	1	8	9	4
1974-75	New York (Rangers)	LNH	8	2	2	4	0	-	-	-	-	-
		LNH	**942**	**245**	**458**	**703**		**359 12827**		**57**	**84**	**69**
		Montréal	**643**	**200**	**322**	**522**	**317**	**78**	**16**	**29**	**45**	**54**

• Coupe Memorial en 1957-58 • Médaille d'argent (JO) en 1960 • Deuxième équipe d'étoiles (EPHL) en 1960-61 • Trophée Calder (LNH) en 1961-62 • Deuxième équipe d'étoiles (LNH) en 1965-66 • Match des étoiles (LNH) en 1965-66, 1966-67, 1968-69 • Coupe Stanley (LNH) en 1964-65, 1965-66, 1967-68, 1968-69

• Échangé au Minnesota par Montréal pour Claude Larose le 10 juin 1970 • Échangé à New York par Minnesota pour compléter la transaction qui envoyait Bob Nevin au Minnesota (le 25 mai 1971) le 8 juin 1971

ROUSSEAU, ROLLAND

Né à Montréal, Québec, le 1er décembre 1929
Défenseur, lance de la gauche, 5'8", 160 lb

Saison	Club	Ligue	PJ	B	A	PTS	PUN	PJ	B	A	PTS	PUN
1947-48	Verdun (Maple Leafs)	LHJQ	32	3	7	10	20	4	0	0	0	2
1948-49	Montréal (Royals)	LHJQ	47	5	8	13	73	10	2	3	5	6
	Montréal (Royals)	LHSQ	-	-	-	-	-	2	0	0	0	0
	Montréal (Royals)	Mem.	-	-	-	-	-	15	1	2	3	42
1949-50	Montréal (Royals)	LHJQ	1	1	1	2	8	-	-	-	-	-
	Laval (National)	LHCM	34	9	16	25	81	7	2	3	5	10
	Montréal (Royals)	LHSQ	2	0	0	0	6	5	0	0	0	2
1950-51	Montréal (Royals)	LHMQ	56	4	13	17	53	7	2	0	2	6
1951-52	Montréal (Royals)	LHMQ	54	2	22	24	86	7	0	2	2	2
	Cinncinati (Mohawks)	AHL	-	-	-	-	-	3	0	0	0	2
1952-53	Montréal (Royals)	LHMQ	49	4	15	19	48	16	1	2	3	14
	Montréal (Canadiens)	**LNH**	**2**	**0**	**0**	**0**	**0**	-	-	-	-	-
1953-54	Buffalo (Bisons)	AHL	66	5	10	15	64	3	2	0	2	2
1954-55	Montréal (Royals)	LHQ	59	3	11	14	78	10	0	1	1	4
1955-56	Montréal (Royals)	LHQ	63	5	9	14	58	13	1	2	3	8
	Montréal (Royals)	Edin.	-	-	-	-	-	6	0	1	1	2
1956-57	Chicoutimi (Saguenéens)	LHQ	65	1	16	17	74	10	2	1	3	2
1957-58	Chicoutimi (Saguenéens)	LHQ	60	1	11	12	87	6	0	0	0	0
1958-59			*N'a pas joué*									
1959-60			*N'a pas joué*									
1960-61	Granby (Vics)	LHSQ	30	3	15	18	15	9	1	2	3	2
	Granby (Vics)	Allan	-	-	-	-	-	7	0	5	5	14
1961-62	Granby (Vics)	LHSQ	20	0	5	5	14	7	2	2	4	12
	Montréal (Olympiques)	Allan	-	-	-	-	-	16	0	3	3	12
1962-67			*N'a pas joué*									
1963-64			*N'a pas joué*									
1964-65			*N'a pas joué*									
1965-66			*N'a pas joué*									
1966-67			*N'a pas joué*									
1967-68	Granby (Vics)	LHSQ	46	17	31	48	8	-	-	-	-	-
		LNH	**2**	**0**	**0**	**0**	**0**	-	-	-	-	-
		Montréal	**2**	**0**	**0**	**0**	**0**	-	-	-	-	-

• Coupe Memorial en 1948-49

• Prêté à Montréal par Montréal (Royals – LHMQ) le 31 décembre 1952 • Réclamé par Montréal de Montréal (Royals – LHMQ) au repêchage inter-ligues le 10 juin 1953

RUCINSKY, MARTIN

Né à Most, Tchécoslovaquie, le 11 mars 1971. Ailier gauche, lance de la gauche, 6', 198 lb
(Choix de 1re ronde d'Edmonton, 20e au total lors du repêchage de 1991)

Saison	Club	Ligue	PJ	B	A	PTS	PUN	PJ	B	A	PTS	PUN
1988-89	CHZ Litvinov	CSK	3	1	0	1	2	-	-	-	-	-
1989-90	CHZ Litvinov	CSK	39	12	6	18	-	8	5	3	8	-
1990-91	CHZ Litvinov	CSK	56	24	20	44	69	-	-	-	-	-
	Tchécoslovaquie	CMJ	7	9	5	14	2	-	-	-	-	-
	Tchécoslovaquie	CC	4	0	2	2	4	-	-	-	-	-
1991-92	Cap-Breton (Oilers)	AHL	35	11	12	23	34	-	-	-	-	-
	Edmonton (Oilers)	LNH	2	0	0	0	0	-	-	-	-	-
	Halifax (Citadels)	AHL	7	1	1	2	6	-	-	-	-	-
	Québec (Nordiques)	LNH	4	1	1	2	2	-	-	-	-	-
1992-93	Québec (Nordiques)	LNH	77	18	30	48	51	6	1	1	2	4
1993-94	Québec (Nordiques)	LNH	60	9	23	32	58	-	-	-	-	-
	République tchèque	CM	6	2	2	4	8	-	-	-	-	-
1994-95	CHZ Litvinov	CZE	13	12	10	22	54	-	-	-	-	-
	Québec (Nordiques)	LNH	20	3	6	9	14	-	-	-	-	-
1995-96	Zbrojovka Vsetin	CZE	1	1	1	2	0	-	-	-	-	-
	Colorado (Avalanche)	LNH	22	4	11	15	14	-	-	-	-	-
	Montréal (Canadiens)	**LNH**	**56**	**25**	**35**	**60**	**54**	-	-	-	-	-
1996-97	République tchèque	CDM	3	0	0	0	2	-	-	-	-	-
	Montréal (Canadiens)	**LNH**	**70**	**28**	**27**	**55**	**62**	**5**	**0**	**0**	**0**	**4**
1997-98	**Montréal (Canadiens)**	**LNH**	**78**	**21**	**32**	**53**	**84**	**10**	**3**	**0**	**3**	**4**
	République tchèque	JO	6	3	1	4	4	-	-	-	-	-
1998-99	**Montréal (Canadiens)**	**LNH**	**73**	**17**	**17**	**34**	**50**	-	-	-	-	-
	République tchèque	CM	12	4	6	10	16	-	-	-	-	-
1999-00	**Montréal Canadiens)**	**LNH**	**80**	**25**	**24**	**49**	**70**	-	-	-	-	-
	Match des étoiles	LNH	1	0	2	2	0	-	-	-	-	-
2000-01	**Montréal Canadiens)**	**LNH**	**57**	**16**	**22**	**38**	**66**	-	-	-	-	-
	République tchèque	CM	9	2	4	6	30	-	-	-	-	-
2001-02	**Montréal Canadiens)**	**LNH**	**18**	**2**	**6**	**8**	**12**	-	-	-	-	-
	Dallas (Stars)	LNH	42	6	11	17	24	-	-	-	-	-
	République tchèque	JO	4	0	3	3	2	-	-	-	-	-
	New York (Rangers)	LNH	15	3	10	13	6	-	-	-	-	-
2002-03	St. Louis (Blues)	LNH	61	16	14	30	38	7	4	2	6	4
	HC Chemopetrol Litvinov	CZE	2	1	0	1	2	-	-	-	-	-
2003-04	New York (Rangers)	LNH	69	13	29	42	62	-	-	-	-	-
	Vancouver (Canucks)	LNH	13	1	2	3	10	7	1	1	2	6
	République tchèque	CM	7	4	5	9	6	-	-	-	-	-
2004-05	HC Chemopetrol Litvinov	CZE	38	15	26	41	87	-	-	-	-	-
	République tchèque	CDM	4	1	1	2	10	-	-	-	-	-
	République tchèque	CM	9	2	4	6	22	-	-	-	-	-
2005-06	New York (Rangers)	LNH	52	16	39	55	56	2	0	1	1	2
	République tchèque	JO	8	1	3	4	0	-	-	-	-	-
2006-07	St. Louis (Blues)	LNH	52	12	21	33	48	-	-	-	-	-
2007-08	St. Louis (Blues)	LNH	40	5	11	16	40	-	-	-	-	-
		LNH	**961**	**241**	**371**	**612**	**821**	**37**	**9**	**5**	**14**	**24**
		Montréal	**432**	**134**	**163**	**297**	**398**	**15**	**3**	**0**	**3**	**8**

• Équipe d'étoiles (CMJ) en 1991 • Médaille de bronze (CMJ) en 1991 • Médaille d'or (JO) en 1998 • Médaille d'or (CM) en 1999, 2001 • Équipe d'étoiles (CM) en 1999, 2001 • Match des étoiles 1999-00 (LNH) • Médaille de bronze (JO) en 2006

• Échangé à Québec par Edmonton pour Ron Tugnutt et Brod Zavisha le 10 mars 1992 • Transfert de la concession de Québec au Colorado le 21 juin 1995 • Échangé à Montréal par Colorado avec Andrei Kovalenko et Jocelyn Thibault pour Patrick Roy et Mike Keane le 6 décembre 1995 • Échangé à Dallas par Montréal avec Benoît Brunet pour Donald Audette et Shaun Van Allen le 21 novembre 2001 • Échangé à New York (Rangers) par Dallas avec Roman Lyashenko pour Manny Malhotra et Barrett Heisten le 12 mars 2002 • Signe avec St. Louis comme joueur autonome le 30 octobre 2002 • Signe avec New York (Rangers) comme joueur autonome le 28 août 2003 • Échangé à Vancouver par New York (Rangers) pour R. J. Umberger et Martin Grenier le 9 mars 2004 • Signe avec Litvinov (CZE) comme joueur autonome le 20 août 2004 • Signe avec New York (Rangers) comme joueur autonome le 3 août 2005 • Signe avec St. Louis comme joueur autonome le 2 août 2006 • Signe avec Sparta Prava (CZE) comme joueur autonome le 23 juillet 2008

RUNDQVIST, THOMAS PER

Né à Vimmerby, Suède, le 4 mai 1960. Centre, lance de la gauche, 6'3", 195 lb
(Choix de 10e ronde de Montréal, 198e au total lors du repêchage de 1983)

Saison	Club	Ligue	PJ	B	A	PTS	PUN	PJ	B	A	PTS	PUN
1975-76	Vimmerby IF	SWE	3	14	6	0	6	-	-	-	-	-
1976-77	Vimmerby IF	SWE	22	29	13	42	-	-	-	-	-	-
1977-78	Suède	EJC	5	3	2	5	2	-	-	-	-	-
1978-79	Farjestad Karlstad BK	SWE	15	2	5	7	8	-	0	1	1	2
1979-80	Farjestad Karlstad BK	SWE	36	9	6	15	28	-	-	-	-	-
	Suède	CMJ	5	1	2	3	6	-	-	-	-	-

SAISON	CLUB	LIGUE	PJ	B	A	PTS	PUN	PJ	B	A	PTS	PUN
1980-81	Farjestad Karlstad BK	SWE	36	15	19	34	22	7	1	2	3	0
1981-82	Farjestad Karlstad BK	SWE	36	14	13	27	30	2	0	1	1	2
	Suède	CM	9	1	2	3	2	-	-	-	-	-
1982-83	Farjestad Karlsatd BK	SWE	36	22	21	43	28	8	3	8	11	6
	Suède	CM	10	1	3	4	2	-	-	-	-	-
1983-84	Farjestad Karlsad BK	SWE	36	13	22	35	38	-	-	-	-	-
1984-85	Sherbrooke (Canadiens)	AHL	73	19	39	58	16	17	5	4	19	4
	Montréal (Canadiens)	**LNH**	**2**	**0**	**1**	**1**	**0**	**-**	**-**	**-**	**-**	**-**
1985-86	Farjestad Karlsad BK	SWE	32	9	17	26	27	8	2	4	6	2
	Suède	CM	10	2	3	5	8	-	-	-	-	-
1986-87	Farjestad Karlsad BK	SWE	35	13	22	35	38	7	2	5	7	2
	Suède	CM	10	1	2	3	4	-	-	-	-	-
1987-88	Farjestad Karlsad BK	SWE	40	15	22	37	40	9	3	7	10	6
	Suède	CC	6	0	2	2	10	-	-	-	-	-
	Suède	JO	8	0	3	3	0	-	-	-	-	-
1988-89	Farjestad Karlsad BK	SWE	37	15	26	41	44	2	2	1	3	2
	Suède	CM	9	1	2	3	6	-	-	-	-	-
1989-90	Farjestad Karlsad BK	SWE	40	16	29	45	30	10	8	4	12	0
	Suède	CM	10	3	8	11	6	-	-	-	-	-
1990-91	Farjestad Karlsad BK	SWE	39	12	21	33	22	8	5	7	12	6
	Suède	CM	10	6	4	10	4	-	-	-	-	-
1991-92	Farjestad Karlsad BK	SWE	39	10	28	38	54	6	3	2	5	8
	Suède	CC	6	2	2	4	2	-	-	-	-	-
	Suède	JO	8	3	4	7	8	-	-	-	-	-
1992-93	Farjestad Karlsad BK	SWE	37	8	17	25	40	3	0	0	0	2
	Suède	CM	8	1	4	5	0	-	-	-	-	-
1993-94	VEU Feldkrich	Alpes	27	9	20	29	10	-	-	-	-	-
	VEU Feldkrich	AUT	26	11	18	29	8	-	-	-	-	-
1994-95	VEU Feldkrich	AUT	28	9	15	24	32	8	2	3	5	6
1995-96	VEU Feldkrich	Alpes	5	2	9	11	2	-	-	-	-	-
	VEU Feldkrich	AUT	34	13	30	43	33	-	-	-	-	-
1996-97	VEU Feldkrich	Alpes	41	9	25	34	53	-	-	-	-	-
	VEU Feldkrich	AUT	11	2	9	11	8	-	-	-	-	-
1997-98	VEU Feldkrich	Alpes	21	6	9	15	6	-	-	-	-	-
	VEU Feldkrich	EuroHL	10	6	7	13	4	-	-	-	-	-
	VEU Feldkrich	AUT	27	2	16	18	8	-	-	-	-	-
		LNH	**2**	**0**	**1**	**1**	**0**	**-**	**-**	**-**	**-**	**-**
		Montréal	**2**	**0**	**1**	**1**	**0**	**-**	**-**	**-**	**-**	**-**

• Médaille de bronze (CMJ) en 1980 • Coupe Calder (AHL) en 1984-85 • Médaille d'argent (CM) en 1986, 1990 • Médaille d'or (CM) en 1987, 1991 • Équipe d'étoiles (SWE) en 1987-88, 1988-89, 1989-90, 1990-91 • Médaille de bronze (JO) en 1988 • Nommé joueur de l'année (SWE) en 1990-91 • Équipe d'étoiles (CM) en 1991 • Médaille d'argent (CM) en 1993

RUNGE, PAUL

Né à Edmonton, Alberta, le 10 septembre 1908, décédé le 27 avril 1972
Ailier gauche/Centre, lance de la gauche, 5'11", 167 lb

SAISON	CLUB	LIGUE	PJ	B	A	PTS	PUN	PJ	B	A	PTS	PUN
1927-28	Edmonton (Superiors)	EJHL	*Statistiques non disponibles*									
1928-29	Portland (Buckaroos)	PCHL	6	1	0	1	0	-	-	-	-	-
	Victoria (Cubs)	PCHL	26	3	0	3	0	-	-	-	-	-
1929-30	Victoria (Cubs)	PCHL	36	5	5	10	35	-	-	-	-	-
1930-31	Boston (Cubs)	Can-Am	39	9	11	20	35	9	7	2	9	17
	Boston (Bruins)	LNH	1	0	0	0	0	-	-	-	-	-
1931-32	Boston (Cubs)	Can-Am	29	11	11	22	29	-	-	-	-	-
	Boston (Bruins)	LNH	14	0	1	1	8	-	-	-	-	-
1932-33	Philadelphie (Arrows)	Can-Am	44	21	*27	*48	38	5	2	1	3	2
1933-34	Windsor (Bulldogs)	IHL	25	7	12	19	10	-	-	-	-	-
	Montréal (Maroons)	LNH	4	0	0	0	0	-	-	-	-	-
	Québec (Castors)	Can-Am	8	1	3	4	2	-	-	-	-	-
1934-35	Québec (Castors)	Can-Am	48	25	33	*58	28	3	0	1	1	0
	Montréal (Canadiens)	**LNH**	**3**	**0**	**0**	**0**	**2**	**-**	**-**	**-**	**-**	**-**
1935-36	**Montréal (Canadiens)**	**LNH**	**12**	**0**	**2**	**2**	**4**	**-**	**-**	**-**	**-**	**-**
	Boston (Bruins)	LNH	33	8	2	10	14	2	0	0	0	2
1936-37	**Montréal (Canadiens)**	**LNH**	**4**	**1**	**0**	**1**	**2**	**-**	**-**	**-**	**-**	**-**
	Montréal (Maroons)	LNH	30	4	10	14	6	5	0	0	0	4
	New Haven (Eagles)	IAHL	8	1	3	4	5	-	-	-	-	-
1937-38	Montréal (Maroons)	LNH	39	5	7	12	21	-	-	-	-	-
1938-39	Cleveland (Barons)	IAHL	54	7	28	35	26	8	1	4	5	4
1939-40	Cleveland (Barons)	IAHL	48	7	15	22	7	-	-	-	-	-
1940-41	Buffalo (Bisons)	AHL	20	3	6	9	9	-	-	-	-	-
	Minneapolis (Millers)	AHA	29	12	14	26	4	3	0	2	2	0
1941-42	Dallas (Texans)	AHA	46	16	41	57	29	-	-	-	-	-
1942-43			*N'a pas joué*									
1943-44	Edmonton (Vics)	Exh.	*Statistiques non disponibles*									
	Edmonton (Vics)	Allan	-	-	-	-	-	3	0	2	2	0
		LNH	**140**	**18**	**22**	**40**	**57**	**7**	**0**	**0**	**0**	**6**
		Montréal	**19**	**1**	**2**	**3**	**8**	**-**	**-**	**-**	**-**	**-**

• Coupe Calder (AHL) en 1938-39

• Échangé à Victoria (PCHL) par Portland (PCHL) pour Dave Downie le 21 décembre 1928 • Signe avec Boston le 5 novembre 1930 • Droits vendus à Philadelphie par Boston en septembre 1932 • Droits vendus à Montréal (Maroons) par Philadelphie le 25 novembre 1933 • Échangé à Montréal (Québec – Can-Am) par Montréal (Maroons) pour Stan Mccabe le 6 décembre 1933 • Prêté à Boston par Montréal le 24 décembre 1935 • Échangé à Montréal (Maroons) par Montréal (Canadiens) pour Bill MacKenzie le 3 décembre 1936 • Droits vendus à Cleveland (AHL) par Montréal (Maroons) le 3 octobre 1938 • Prêté à Minneapolis (AHA) par Buffalo (AHL) avec une somme d'argent pour Bob Blake le 27 décembre 1940

RYAN, TERRY

Né à St. Johns, Terre-Neuve, le 14 janvier 1977. Ailier gauche, lance de la gauche, 6'1", 201 lb. (Choix de 1re ronde de Montréal, 8e au total lors du repêchage de 1995)

SAISON	CLUB	LIGUE	PJ	B	A	PTS	PUN	PJ	B	A	PTS	PUN
1991-92	Quesnel (Millionaires)	RMJHL	49	26	41	67	217	-	-	-	-	-
1992-93	Quesnel (Millionaires)	RMJHL	29	31	25	56	222	-	-	-	-	-
	Vernon (Lakers)	BCJHL	9	5	6	11	15	-	-	-	-	-
1993-94	Tri-City (Americans)	WHL	61	16	17	33	176	4	0	1	1	25
1994-95	Tri-City (Americans)	WHL	70	50	60	110	207	17	12	15	27	36
1995-96	Tri-City (Americans)	WHL	59	32	37	69	133	5	0	0	0	4
	Fredericton (Canadiens)	AHL	-	-	-	-	-	3	0	0	0	2
1996-97	Red Deer (Rebels)	WHL	16	13	22	35	10	16	18	6	24	32
	Montréal (Canadiens)	**LNH**	**3**	**0**	**0**	**0**	**0**	**-**	**-**	**-**	**-**	**-**
1997-98	Fredericton (Canadiens)	AHL	71	21	18	39	256	3	1	1	2	0
	Montréal (Canadiens)	**LNH**	**4**	**0**	**0**	**0**	**31**	**-**	**-**	**-**	**-**	**-**
1998-99	Fredericton (Canadiens)	AHL	55	16	27	43	189	11	1	3	4	10
	Montréal (Canadiens)	**LNH**	**1**	**0**	**0**	**0**	**5**	**-**	**-**	**-**	**-**	**-**
1999-00	Utah (Grizzlies)	IHL	6	0	3	3	24	-	-	-	-	-
	Long Beach (Ice Dogs)	IHL	1	0	0	0	4	-	-	-	-	-
	St. John's (Maple Leafs)	AHL	50	7	17	24	176	-	-	-	-	-
2000-01	Colorado (Kings)	WCHL	31	15	25	40	140	8	6	4	10	34
	Hershey (Bears)	AHL	8	0	1	1	36	-	-	-	-	-
2001-02	Idaho (Steelheads)	WCHL	30	10	10	20	94	-	-	-	-	-
2002-03	Cincinnati (Cyclones)	ECHL	12	1	8	9	58	-	-	-	-	-
	Orlando (Seals)	ACHL	13	4	5	9	29	6	6	2	8	2
		LNH	**8**	**0**	**0**	**0**	**36**	**-**	**-**	**-**	**-**	**-**
		Montréal	**8**	**0**	**0**	**0**	**36**	**-**	**-**	**-**	**-**	**-**

• Deuxième équipe d'étoiles, Division Ouest (WHL) en 1994-95

• Signe avec Utah (IHL) comme joueur autonome (Montréal conserve les droits dans la LNH) le 15 octobre 1999 • Signe avec St-John's (AHL) comme joueur autonome (Montréal conserve les droits dans la LNH) le 12 novembre 1999 • Signe avec Idaho (WCHL) comme joueur autonome le 26 septembre 2001 • Signe avec Cincinnati (ECHL) comme joueur autonome le 22 août 2002

RYDER, MICHAEL

Né à Bonavista, Terre-Neuve, le 31 mars 1980. Ailier droit, lance de la droite, 6', 186 lb (Choix de 8e ronde de Montréal, 216e au total lors du repêchage de 1998)

SAISON	CLUB	LIGUE	PJ	B	A	PTS	PUN	PJ	B	A	PTS	PUN
1996-97	Bonavista (Saints)	NFAHA	23	31	17	48	-	-	-	-	-	-
1997-98	Hull (Olympiques)	LHJMQ	69	34	28	62	41	10	4	2	6	4
1998-99	Hull (Olympiques)	LHJMQ	69	44	43	87	65	23	20	16	36	39
1999-00	Hull (Olympiques)	LHJMQ	63	50	58	108	50	15	11	17	28	28
	Canada	CMJ	7	1	3	4	6	-	-	-	-	-
2000-01	Tallahassee (Tiger Sharks)	ECHL	5	4	5	9	6	-	-	-	-	-
	Québec (Citadelles)	AHL	61	6	9	15	14	-	-	-	-	-
2001-02	Mississippi (Sea Wolves)	ECHL	20	14	13	27	2	-	-	-	-	-
	Québec (Citadelles)	AHL	50	11	17	28	9	3	0	1	1	2
2002-03	Hamilton (Bullgogs)	AHL	69	34	33	67	43	23	11	6	17	8
2003-04	**Montréal (Canadiens)**	**LNH**	**81**	**25**	**38**	**63**	**26**	**11**	**1**	**2**	**3**	**4**
2004-05	Leksands IF	SWE-2	42	34	27	61	32	-	-	-	-	-
2005-06	**Montréal (Canadiens)**	**LNH**	**81**	**30**	**25**	**55**	**40**	**6**	**2**	**3**	**5**	**0**
2006-07	**Montréal (Canadiens)**	**LNH**	**82**	**30**	**28**	**58**	**60**	**-**	**-**	**-**	**-**	**-**
2007-08	**Montréal (Canadiens)**	**LNH**	**70**	**14**	**17**	**31**	**30**	**4**	**0**	**0**	**0**	**2**
		NHL	**314**	**99**	**108**	**207**	**156**	**21**	**3**	**5**	**8**	**6**
		Montréal	**314**	**99**	**108**	**207**	**156**	**21**	**3**	**5**	**8**	**6**

• Équipe d'étoiles des recrues (LHJMQ) en 1997-98 • Médaille de bronze (CMJ) en 2000
• Équipe d'étoiles des recrues (LNH) en 2003-04 • Match d'étoiles des recrues (LNH) en 2003-04

• Signe avec Leksands (SWE-2) comme joueur autonome le 19 septembre 2004 • Signe avec Boston comme joueur autonome le 1er juillet 2008

SAINT-LAURENT, DOLLARD

Né à Verdun, Québec, le 12 mai 1929. Défenseur, lance de la gauche, 5'11", 180 lb

SAISON	CLUB	LIGUE	PJ	B	A	PTS	PUN	PJ	B	A	PTS	PUN
1947-48	Montréal (Canadiens Jr)	LHJQ	15	3	10	13	12	-	-	-	-	-
1948-49	Montréal (Canadiens Jr)	LHJQ	44	15	27	42	77	4	0	4	4	8
1949-50	Montréal (Royals)	LHSQ	45	7	15	22	66	-	-	-	-	-
1950-51	Montréal (Royals)	LHMQ	57	12	30	42	69	7	3	2	5	14
	Montréal (Canadiens)	**LNH**	**3**	**0**	**0**	**0**	**0**	**-**	**-**	**-**	**-**	**-**
1951-52	Montréal (Royals)	LHMQ	27	10	16	26	22	-	-	-	-	-
	Montréal (Canadiens)	**LNH**	**40**	**3**	**10**	**13**	**30**	**9**	**0**	**3**	**3**	**6**
1952-53	**Montréal (Canadiens)**	**LNH**	**54**	**2**	**6**	**8**	**34**	**12**	**0**	**3**	**3**	**4**
1953-54	**Montréal (Canadiens)**	**LNH**	**53**	**3**	**12**	**15**	**43**	**10**	**1**	**2**	**3**	**8**
	Match des étoiles	LNH	1	0	0	0	2	-	-	-	-	-
1954-55	**Montréal (Canadiens)**	**LNH**	**58**	**3**	**14**	**17**	**24**	**12**	**0**	**5**	**5**	**12**
1955-56	**Montréal (Canadiens)**	**LNH**	**46**	**4**	**9**	**13**	**58**	**4**	**0**	**0**	**0**	**2**
1956-57	**Montréal (Canadiens)**	**LNH**	**64**	**1**	**11**	**12**	**49**	**7**	**0**	**1**	**1**	**13**
	Match des étoiles	LNH	1	0	0	0	0	-	-	-	-	-
1957-58	**Montréal (Canadiens)**	**LNH**	**65**	**3**	**20**	**23**	**68**	**5**	**0**	**0**	**0**	**10**
	Match des étoiles	LNH	1	0	0	0	0	-	-	-	-	-
1958-59	Chicago (Black Hawks)	LNH	70	4	8	12	28	6	0	1	1	2
	Match des étoiles	LNH	1	0	0	0	0	-	-	-	-	-
1959-60	Chicago (Black Hawks)	LNH	68	4	13	17	60	4	0	1	1	0
1960-61	Chicago (Black Hawks)	LNH	67	2	17	19	58	11	1	2	3	12
1961-62	Chicago (Black Hawks)	LNH	64	0	13	13	44	12	0	4	4	18
	Match des étoiles	LNH	1	0	0	0	0	-	-	-	-	-
1962-63	Québec (As)	AHL	54	3	14	17	34	-	-	-	-	-
		LNH	**652**	**29**	**133**	**162**	**496**	**92**	**2**	**22**	**24**	**87**
		Montréal	**383**	**19**	**82**	**101**	**306**	**59**	**1**	**14**	**15**	**55**

• Première équipe d'étoiles (LHJQ) en 1948-49 • Deuxième équipe d'étoiles (LHMQ) en 1950-51 • Coupe Stanley (LNH) en 1952-53, 1955-56, 1956-57, 1957-58, 1960-61.
• Match des étoiles (LNH) en 1953-54, 1956-57, 1957-58, 1958-59, 1961-62

• Prêté à Montréal par Montréal (Royals - LHMQ) le 28 février 1951 • Signe avec Montréal le 25 décembre 1951 • Échangé à Chicago par Montréal pour une somme d'argent et des considérations futures (Norm Johnson 20 février 1959) le 3 juin 1958 • Droits vendus à Québec (AHL) par Chicago le 6 septembre 1962

SAISONS RÉGULIÈRES — SÉRIES ÉLIMINATOIRES

SAMSONOV, SERGEI VICTOROVIAN

Né à Moscou, Russie, le 27 octobre 1978. Ailier gauche, lance de la droite, 5' 8", 188 lb (Choix de 1re ronde de Boston, 8e au total lors du repêchage de 1997)

SAISON	CLUB	LIGUE	PJ	B	A	PTS	PUN	PJ	B	A	PTS	PUN
1994-95	CSKA Moscou 2	CIS-2	50	110	72	182	-	-	-	-	-	-
	CSKA Moscou	CIS	13	2	2	4	14	2	0	0	0	0
	Russie	EJC-A	5	2	4	6	0	-	-	-	-	-
1995-96	CSKA Moscou	CIS	51	21	17	38	12	3	1	1	2	4
	Russie	CMJ	7	4	2	6	0	-	-	-	-	-
	Russie	EJC-A	5	3	2	5	4	-	-	-	-	-
1996-97	Detroit (Vipers)	IHL	73	29	35	64	18	19	8	4	12	12
	Russie	CMJ	6	6	1	7	0	-	-	-	-	-
1997-98	Boston (Bruins)	LNH	81	22	25	47	8	6	2	5	7	0
1998-99	Boston (Bruins)	LNH	79	25	26	51	18	11	3	1	4	0
1999-00	Boston (Bruins)	LNH	77	19	26	45	4	-	-	-	-	-
2000-01	Boston (Bruins)	LNH	82	29	46	75	18	-	-	-	-	-
	Match des étoiles	LNH	1	1	1	2	0	-	-	-	-	-
2001-02	Boston (Bruins)	LNH	74	29	41	70	27	6	2	2	4	0
	Russie	JO	6	1	2	3	4	-	-	-	-	-
2002-03	Boston (Bruins)	LNH	8	5	6	11	2	5	0	2	2	0
2003-04	Boston (Bruins)	LNH	58	17	23	40	4	7	2	5	7	0
2004-05	Russie	CDM	4	1	2	3	0	-	-	-	-	-
	Dynamo Moscou	RUS	3	1	0	1	0	3	1	2	3	0
2005-06	Boston (Bruins)	LNH	55	18	19	37	22	-	-	-	-	-
	Edmonton (Oilers)	LNH	19	5	11	16	6	24	4	11	15	14
2006-07	**Montréal (Canadiens)**	**LNH**	**63**	**9**	**17**	**26**	**10**	**-**	**-**	**-**	**-**	**-**
2007-08	Chicago (Blackhawks)	LNH	23	0	4	4	6	-	-	-	-	-
	Rockpourd (IceHogs)	AHL	2	1	0	1	0	-	-	-	-	-
	Caroline (Hurricanes)	LNH	38	14	18	32	10	-	-	-	-	-
		LNH	**657**	**192**	**262**	**454**	**135**	**59**	**13**	**26**	**39**	**14**
		Montréal	**63**	**9**	**17**	**26**	**10**	**-**	**-**	**-**	**-**	**-**

• **Équipe d'étoiles (EJC-A) en 1995, 1996 • Nommé meilleur attaquant (EJC-A) en 1995 • Équipe d'étoiles (CMH) en 1997 • Trophée Garry F. Longman (IHL) en 1996-97 • Médaille de bronze (CMJ) en 1997 • Équipe d'étoiles des recrues (LNH) en 1997-98 • Trophée Calder (LNH) en 1997-98 • Match des étoiles (LNH) en 2000-01 • Médaille de bronze (JO) en 2002**
• Signe avec Moscou (RUS) comme joueur autonome le 2 février 2005 • Échangé à Edmonton par Boston pour Marty Reasoner, Yan Stastny et du choix de 2e ronde d'Edmonton lors du repêchage (Milan Lucic) 2006 le 9 mars 2006 • Signe avec Montréal comme joueur autonome le 12 juillet 2006 • Échangé à Chicago par Montréal pour Jassen Cullimore et Tony Salmelainen le 16 juin 2007 • Réclamé au ballotage par la Caroline de Chicago le 8 janvier 2008

SANDELIN, SCOTT

Né à Hibbing, Minnesota, le 8 août 1964. Défenseur, lance de la droite, 6', 200 lb (Choix de 2e ronde de Montréal, 40e au total lors du repêchage de 1982)

SAISON	CLUB	LIGUE	PJ	B	A	PTS	PUN	PJ	B	A	PTS	PUN
1981-82	Hibbing (Blue Jackets)	H.S.	20	5	15	20	30	-	-	-	-	-
1982-83	North Dakota University	WCHA	21	0	4	4	10	-	-	-	-	-
1983-84	North Dakota University	WCHA	41	4	23	27	24	-	-	-	-	-
	États-Unis	CMJ	7	0	1	1	10	-	-	-	-	-
1984-85	North Dakota University	WCHA	38	4	17	21	30	-	-	-	-	-
1985-86	North Dakota University	WCHA	40	7	31	38	38	-	-	-	-	-
	Sherbrooke (Canadiens)	AHL	6	0	2	2	2	-	-	-	-	-
	États-Unis	CM	10	2	0	2	2	-	-	-	-	-
1986-87	Sherbrooke (Canadiens)	AHL	74	7	22	29	35	16	2	4	6	2
	Montréal (Canadiens)	**LNH**	**1**	**0**	**0**	**0**	**0**	**-**	**-**	**-**	**-**	**-**
1987-88	Sherbrooke (Canadiens)	AHL	58	8	14	22	35	4	0	2	2	0
	Montréal (Canadiens)	**LNH**	**8**	**0**	**1**	**1**	**2**	**-**	**-**	**-**	**-**	**-**
1988-89	Sherbrooke (Canadiens)	AHL	12	0	9	9	8	-	-	-	-	-
	Hershey (Bears)	AHL	39	6	9	15	38	8	2	1	3	4
1989-90	Hershey (Bears)	AHL	70	4	27	31	38	-	-	-	-	-
1990-91	Hershey (Bears)	AHL	39	3	10	13	21	7	1	2	3	0
	Philadelphie (Flyers)	LNH	15	0	3	3	0	-	-	-	-	-
1991-92	Kalamazoo (Wings)	IHL	49	3	18	21	32	11	1	1	2	2
	Minnesota (North Stars)	LNH	1	0	0	0	0	-	-	-	-	-
		LNH	**25**	**0**	**4**	**4**	**2**	**-**	**-**	**-**	**-**	**-**
		Montréal	**9**	**0**	**1**	**1**	**2**	**-**	**-**	**-**	**-**	**-**

• **Première équipe d'étoiles (WCHA) en 1985-86**
• Échangé à Philadelphie par Montréal pour Jean-Jacques Daigneault le 7 novembre 1988• Signe avec Minnesota comme joueur autonome le 21 août 1991

SANDS, CHARLES (CHARLIE)

Né à Forth William, Ontario, le 23 mars 1911, décédé le 6 avril 1953 Centre/Ailier droit, lance de la droite, 5'9", 160 lb

SAISON	CLUB	LIGUE	PJ	B	A	PTS	PUN	PJ	B	A	PTS	PUN
1929-30	Fort William (Forts)	TBSHL	14	1	1	2	0	-	-	-	-	-
1930-31	Port Arthur (Ports)	TBSHL	22	10	1	11	25	2	0	0	0	0
1931-32	Port Arthur (Ports)	TBSHL	17	6	3	9	10	2	1	0	1	9
1932-33	Syracuse (Stars)	IHL	37	10	5	15	10	1	0	0	0	4
	Toronto (Maple Leafs)	LNH	3	0	3	3	0	9	2	2	4	2
1933-34	Toronto (Maple Leafs)	LNH	45	8	8	16	2	5	1	0	1	0
	Match des étoiles	LNH	1	0	0	0	0	-	-	-	-	-
1934-35	Boston (Bruins)	LNH	41	15	12	27	0	4	0	0	0	0
1935-36	Boston (Bruins)	LNH	40	6	4	10	8	2	0	0	0	0
	Boston (Cubs)	Can-Am	5	1	3	4	0	-	-	-	-	-
1936-37	Boston (Bruins)	LNH	47	18	8	23	6	3	1	2	3	0
1937-38	Boston (Bruins)	LNH	46	17	12	29	12	3	1	1	2	0
1938-39	Boston (Bruins)	LNH	37	7	5	12	10	1	0	0	0	0
	Hershey (Bears)	IAHL	4	3	1	4	0	-	-	-	-	-
1939-40	**Montréal (Canadiens)**	**LNH**	**47**	**9**	**20**	**29**	**10**	**-**	**-**	**-**	**-**	**-**
1940-41	**Montréal (Canadiens)**	**LNH**	**43**	**5**	**13**	**18**	**4**	**2**	**1**	**0**	**1**	**0**
1941-42	**Montréal (Canadiens)**	**LNH**	**38**	**11**	**16**	**27**	**6**	**3**	**0**	**1**	**1**	**2**
1942-43	**Montréal (Canadiens)**	**LNH**	**31**	**3**	**9**	**12**	**0**	**2**	**0**	**0**	**0**	**0**
	Washington (Lions)	AHL	1	0	1	1	0	-	-	-	-	-
	San Diego (Skyhawks)	Exh.	*Statistiques non disponibles*									
1943-44	New York (Rangers)	LNH	9	0	2	2	0	-	-	-	-	-
	Pasadena (Panthers)	CalHL	*Statistiques non disponibles*									
1944-45	Pasadena (Panthers)	PCHL	15	14	24	38	0	-	-	-	-	-
1945-46	Los Angeles (Monarchs)	PCHL	11	3	3	6	0	-	-	-	-	-
1946-47	Fresno (Falcons)	PCHL	3	1	6	7	0	-	-	-	-	-
		LNH	**427**	**99**	**109**	**208**	**58**	**34**	**6**	**6**	**12**	**4**
		Montréal	**159**	**28**	**58**	**86**	**20**	**7**	**1**	**1**	**2**	**2**

• **Match des étoiles (LNH) en 1933-34 • Coupe Stanley (LNH) en 1938-39**
• Droits vendus à Boston par Toronto le 12 mai 1934 • Échangé à Montréal par Boston pour Herbie Cain le 1er novembre 1939 • Prêté à New York (Rangers) par Montréal avec Dutch Hiller pour Phil Watson le 27 octobre 1943

SARAULT, YVES

Né à Valleyfield, Québec, le 23 décembre 1972. Ailier gauche, lance de la gauche, 6'1", 200 lb (Choix de 3e ronde de Montréal, 61e au total lors du repêchage de 1991)

SAISON	CLUB	LIGUE	PJ	B	A	PTS	PUN	PJ	B	A	PTS	PUN
1988-89	Lac-Saint-Louis (Lions)	QAAA	42	23	30	53	64	-	-	-	-	-
1989-90	Victoriaville (Tigres)	LHJMQ	70	12	28	40	140	16	0	3	3	26
1990-91	Saint-Jean (Lynx)	LHJMQ	56	22	24	46	113	-	-	-	-	-
1991-92	Saint-Jean (Lynx)	LHJMQ	50	28	38	66	96	-	-	-	-	-
	Trois-Rivières (Draveurs)	LHJMQ	18	15	14	29	12	15	10	10	20	18
1992-93	Fredericton (Canadiens)	LNH	59	14	17	31	41	3	0	1	1	2
	Wheeling (Thunderbirds)	ECHL	2	1	3	4	0	-	-	-	-	-
1993-94	Fredericton (Canadiens)	LNH	60	13	14	27	72	-	-	-	-	-
1994-95	Fredericton (Canadiens)	LNH	69	24	21	45	96	13	2	1	3	33
	Montréal (Canadiens)	**LNH**	**8**	**0**	**1**	**1**	**0**	**-**	**-**	**-**	**-**	**-**
1995-96	**Montréal (Canadiens)**	**LNH**	**14**	**0**	**0**	**0**	**4**	**-**	**-**	**-**	**-**	**-**
	Calgary (Flames)	LNH	11	2	1	3	4	-	-	-	-	-
	Saint John (Flames)	AHL	26	10	12	22	34	16	6	2	8	33
1996-97	Colorado (Avalanche)	LNH	28	2	1	3	6	5	0	0	0	2
	Hershey (Bears)	AHL	6	2	3	5	8	-	-	-	-	-
1997-98	Colorado (Avalanche)	LNH	2	1	0	1	0	-	-	-	-	-
	Hershey (Bears)	AHL	63	23	36	59	43	7	1	2	3	14
1998-99	Detroit (Vipers)	IHL	36	11	12	23	52	11	7	2	9	40
	Ottawa (Sénateurs)	LNH	11	0	1	1	4	-	-	-	-	-
1999-00	Ottawa (Sénateurs)	LNH	11	0	2	2	7	-	-	-	-	-
	Grand Rapids (Griffins)	IHL	62	17	26	43	77	17	7	4	11	32
2000-01	Atlanta (Thrashers)	LNH	20	5	4	9	26	-	-	-	-	-
	Orlando (Solar Bears)	IHL	35	17	17	34	42	-	-	-	-	-
2001-02	Nashville (Predators)	LNH	1	0	0	0	0	-	-	-	-	-
	Milwaukee (Admirals)	AHL	27	5	5	10	24	-	-	-	-	-
	Philadelphie (Phantoms)	AHL	7	0	2	2	9	-	-	-	-	-
2002-03	Springfield (Falcons)	AHL	4	1	1	2	10	-	-	-	-	-
	Thetford Mines	QSPHL	7	4	9	13	6	-	-	-	-	-
	SC Berne	SUI	14	4	19	14	59	13	4	6	10	26
2003-04	SC Berne	SUI	40	15	30	45	115	15	6	7	13	36
2004-05	SC Berne	SUI	41	12	21	33	118	2	0	0	0	4
2005-06	HC Geneve-Servette	SUI	38	8	16	24	140	6	1	4	5	27
2006-07	HC Davos	SUI	15	6	4	10	20	10	2	2	4	22
2007-08	EHC Basel	SUI	38	7	16	23	127	8	2	4	6	43
		LNH	**106**	**10**	**10**	**20**	**51**	**5**	**0**	**0**	**0**	**2**
		Montréal	**22**	**0**	**1**	**1**	**4**	**-**	**-**	**-**	**-**	**-**

• **Deuxième équipe d'étoiles (LHJMQ) en 1991-92**
• Échangé à Calgary par Montréal avec Craig Ferguson pour le choix de 8e ronde de Calgary au repêchage de 1997 (Petr Kubos) le 25 novembre 1995 • Signe avec Colorado comme joueur autonome le 13 septembre 1996 • Signe avec Ottawa comme joueur autonome le 7 août 1998 • Signe avec Atlanta comme joueur autonome le 20 juillet 2000 • Réclamé au ballottage par Nashville d'Atlanta le 19 juin 2001 • Échangé à Philadelphie par Nashville pour Petr Hubacek et Jason Beckett le 11 janvier 2002 • Signe avec Thetford Mines (QSPHL) comme joueur autonome le 10 novembre 2002 • Signe avec SC Berne (SUI) comme joueur autonome le 19 janvier 2003

SATHER, GLEN

Né à High River, Alberta, le 2 septembre 1943 Ailier gauche, lance de la gauche, 5'11", 180 lb

SAISON	CLUB	LIGUE	PJ	B	A	PTS	PUN	PJ	B	A	PTS	PUN
1961-62	Edmonton (Oil Kings)	CAHL	*Statistiques non disponibles*									
	Edmonton (Oil Kings)	Mem.	-	-	-	-	-	19	5	5	10	14
1962-63	Edmonton (Oil Kings)	CAHL	*Statistiques non disponibles*									
	Edmonton (Oil Kings)	Mem.	-	-	-	-	-	20	9	13	22	26
1963-64	Edmonton (Oil Kings)	CAHL	40	31	34	65	30	1	0	0	0	0
	Edmonton (Oil Kings)	Mem.	-	-	-	-	-	19	8	17	25	30
1964-65	Menphis (Wings)	CPHL	69	19	29	48	98	-	-	-	-	-
1965-66	Oklamoha City (Blazers)	CPHL	64	13	12	25	76	9	4	4	8	14
1966-67	Oklamoha City (Blazers)	CPHL	57	14	19	33	147	11	2	6	8	24
	Boston (Bruins)	LNH	5	0	0	0	0	-	-	-	-	-
1967-68	Boston (Bruins)	LNH	65	8	12	20	34	3	0	0	0	0
1968-69	Boston (Bruins)	LNH	76	4	11	15	67	10	0	0	0	18
1969-70	Pittsburgh (Penguins)	LNH	76	12	14	26	114	10	0	2	2	17
1970-71	Pittsburgh (Penguins)	LNH	46	8	3	11	96	-	-	-	-	-
	New York (Rangers)	LNH	31	2	0	2	52	13	0	1	1	18
1971-72	New York (Rangers)	LNH	76	5	9	14	77	16	0	1	1	22
1972-73	New York (Rangers)	LNH	77	11	15	26	64	9	0	0	0	7
1973-74	New York (Rangers)	LNH	2	0	0	0	0	-	-	-	-	-
	St. Louis (Blues)	LNH	69	15	29	44	82	-	-	-	-	-
1974-75	**Montréal (Canadiens)**	**LNH**	**63**	**6**	**10**	**16**	**44**	**11**	**1**	**1**	**2**	**4**
1975-76	Minnesota (North Stars)	LNH	72	9	10	19	94	-	-	-	-	-
1976-77	Edmonton (Oilers)	AMH	81	19	34	53	77	5	1	1	2	2

SAISONS RÉGULIÈRES — SÉRIES ÉLIMINATOIRES

SAM-SAT

755

SAISONS RÉGULIÈRES — SÉRIES ÉLIMINATOIRES

SAISON	CLUB	LIGUE	PJ	B	A	PTS	PUN	PJ	B	A	PTS	PUN
		LNH	**658**	**80**	**113**	**193**	**724**	**72**	**1**	**5**	**6**	**86**
		Montréal	**63**	**6**	**10**	**16**	**44**	**11**	**1**	**1**	**2**	**4**

• Coupe Memorial en 1962-63

• Réclamé par Boston de Memphis (CPHL) lors du repêchage inter-ligues le 8 juin 1965 • Réclamé par Pittsburgh de Boston lors du repêchage intra-ligue le 11 juin 1969 • Échangé à New York par Pittsburgh pour Syl Apps et Sheldon Kannegiesser le 26 janvier 1971 • Sélectionné par Edmonton lors de l'expansion de l'AMH le 12 février 1972 • Échangé à St. Louis par New York avec René Villemure pour Jack Egers le 28 octobre 1973 • Échangé à Montréal par St. Louis pour compléter la transaction de Rick Wilson à St. Louis (27 mai 1974) le 14 juin 1974 • Échangé à Minnesota par Montréal pour le choix de 3e ronde au Minnesota au repêchage de 1977 (Alain Côté) et une somme d'argent le 9 juillet 1975

SAVAGE, ANTHONY (TONY)

Né à Calgary, Alberta, le 18 juillet 1906, décédé le 28 février 1974
Défenseur, lance de la gauche, 5'11", 175 lb

SAISON	CLUB	LIGUE	PJ	B	A	PTS	PUN	PJ	B	A	PTS	PUN
1925-26	Calgary (Canadiens)	CCJHL	*Statistiques non disponibles*									
	Calgary (Canadiens)	Mem.	-	-	-	-	-	9	3	3	6	18
1926-27	Calgary (Tigers)	PrHL	29	1	2	3	27	2	0	0	0	0
1927-28	London/Kitchener	Can-Pro	32	1	4	5	59	-	-	-	-	-
1928-29	Kitcherner (Dutchmen)	Can-Pro	37	8	1	9	33	3	0	0	0	4
1929-30	Seattle (Eskimos)	PCHL	35	7	1	8	28	-	-	-	-	-
1930-31	Seattle (Eskomos)	PCHL	33	11	5	16	83	4	2	0	2	10
1931-32	Syracuse (Stars)	IHL	48	8	13	21	58	-	-	-	-	-
1932-33	Syracuse (Stars)	IHL	35	9	6	15	75	6	1	2	3	8
1933-34	Calgary (Tigers)	NWHL	29	9	12	21	48	5	3	1	4	4
1934-35	Boston (Bruins)	LNH	8	0	0	0	2	-	-	-	-	-
	Montréal (Canadiens)	**LNH**	**41**	**1**	**5**	**6**	**4**	**2**	**0**	**0**	**0**	**0**
1935-36	Calgary (Tigers)	NWHL	34	22	17	39	45	-	-	-	-	-
1936-37			*Réintégré comme amateur*									
1937-38	Olds (Elks)	ASHL	25	13	9	22	25	3	0	1	1	6
1938-39	Saskatoon (Quakers)	N-SSHL	7	1	2	3	2	-	-	-	-	-
1939-40	Lethbridge (Maple Leafs)	ASHL5	0	2	2	2	-	-	-	-	-	-
		LNH	**49**	**1**	**5**	**6**	**6**	**2**	**0**	**0**	**0**	**0**
		Montréal	**41**	**1**	**5**	**6**	**4**	**2**	**0**	**0**	**0**	**0**

• Coupe Memorial en 1925-26

• Droits vendus à Kitchener (Can-Pro) par Calgary (PrHL) le 16 octobre 1927 • Droits vendus à Seattle (PCHL) par Kitchener (Can-Pro) le 31 octobre 1929 • Droits vendus à Montréal par Calgary (NWHL) le 4 octobre 1934 • Échangé à Boston par Montréal pour Tommy Filmore le 5 novembre 1934 • Échangé à Montréal par Boston pour Jack Portland le 3 décembre 1934 • Échangé à Calgary (NWHL) par Montréal pour Morey Reimstead le 8 janvier 1936

SAVAGE, BRIAN

Né à Sudbury, Ontario, le 24 février 1971. Ailier gauche, lance de la gauche, 6'1", 192 lb
(Choix de 8e ronde de Montréal, 171e au total lors du repêchage de 1991)

SAISON	CLUB	LIGUE	PJ	B	A	PTS	PUN	PJ	B	A	PTS	PUN
1989-90	Sudbury (Cubs)	NOJHA	32	45	40	85	61	-	-	-	-	-
1990-91	Miami-Ohio University	CCHA	28	5	6	11	26	-	-	-	-	-
1991-92	Miami-Ohio University	CCHA	40	24	16	40	43	-	-	-	-	-
1992-93	Miami-Ohio University	CCHA	38	*37	21	58	44	-	-	-	-	-
	Canada	Éq. nat.	9	3	0	3	12	-	-	-	-	-
	Canada	CM	8	1	0	1	2	-	-	-	-	-
1993-94	Canada	Éq. nat.	51	20	26	46	38	-	-	-	-	-
	Canada	JO	8	2	2	4	6	-	-	-	-	-
	Montréal (Canadiens)	**LNH**	**3**	**1**	**0**	**1**	**0**	**3**	**0**	**2**	**2**	**0**
	Fredericton (Canadiens)	AHL	17	12	15	27	4	-	-	-	-	-
1994-95	**Montréal (Canadiens)**	**LNH**	**37**	**12**	**7**	**19**	**27**	-	-	-	-	-
1995-96	**Montréal (Canadiens)**	**LNH**	**75**	**25**	**8**	**33**	**28**	**6**	**0**	**2**	**2**	**2**
1996-97	**Montréal (Canadiens)**	**LNH**	**81**	**23**	**37**	**60**	**39**	**5**	**1**	**1**	**2**	**0**
1997-98	**Montréal (Canadiens)**	**LNH**	**64**	**26**	**17**	**43**	**36**	**9**	**0**	**2**	**2**	**6**
1998-99	**Montréal (Canadiens)**	**LNH**	**54**	**16**	**10**	**26**	**20**	-	-	-	-	-
	Canada	CM	8	3	3	6	6	-	-	-	-	-
1999-00	**Montréal (Canadiens)**	**LNH**	**38**	**17**	**12**	**29**	**19**	-	-	-	-	-
2000-01	**Montréal (Canadiens)**	**LNH**	**62**	**21**	**24**	**45**	**26**	-	-	-	-	-
2001-02	**Montréal (Canadiens)**	**LNH**	**47**	**14**	**15**	**29**	**30**	-	-	-	-	-
	Phoenix (Coyotes)	LNH	30	6	6	12	8	5	0	0	0	0
2002-03	Phoenix (Coyotes)	LNH	43	6	10	16	22	-	-	-	-	-
2003-04	Phoenix (Coyotes)	LNH	61	12	13	25	36	-	-	-	-	-
	St. Louis (Blues)	LNH	13	4	3	7	2	5	1	1	2	0
2004-05			*N'a pas joué*									
2005-06	Philadelphie (Flyers)	LNH	66	9	5	14	28	6	1	0	1	4
		LNH	**674**	**192**	**167**	**359**	**321**	**39**	**3**	**8**	**11**	**12**
		Montréal	**461**	**155**	**130**	**285**	**225**	**23**	**1**	**7**	**8**	**8**

• Première équipe d'étoiles (CCHA) en 1992-93 • Joueur de l'année (CCHA) en 1992-93 •Deuxième équipe d'étoiles All-American, Division Ouest (NCAA) en 1992-93 • Médaille d'argent (JO) en 1994

• Échangé à Phoenix par Montréal avec le choix de 3e ronde de Montréal au repêchage de 2002 (Matt Jones) et des considérations futures pour Sergei Berezin le 25 janvier 2002 • Échangé à St.Louis par Phoenix pour des considérations futures le 9 mars 2004 • Réclamé au ballottage par Phoenix de St.Louis le 29 juin 2004 • Signe avec Philadelphie comme joueur autonome le 15 septembre 2005 • Annonce officiellement sa retraite le 21 septembre 2006

SAVARD, DENIS

Né à Pointe-Gatineau, Québec, le 4 février 1961. Centre, lance de la droite, 5'10", 175 lb (Choix de 1re ronde de Chicago, 3e au total lors du repêchage de 1980)

SAISON	CLUB	LIGUE	PJ	B	A	PTS	PUN	PJ	B	A	PTS	PUN
1977-78	Montréal (Junior)	LHJMQ	72	37	79	116	22	-	-	-	-	-
1978-79	Montréal (Junior)	LHJMQ	70	46	*112	158	88	11	5	6	11	46
1979-80	Montréal (Junior)	LHJMQ	72	63	118	181	93	10	7	16	23	8
1980-81	Chicago (Black Hawks)	LNH	76	28	47	75	47	3	0	0	0	0
1981-82	Chicago (Black Hawks)	LNH	80	32	87	119	82	15	11	7	18	52
	Match des étoiles	LNH	1	0	0	0	0	-	-	-	-	-
1982-83	Chicago (Black Hawks)	LNH	78	35	86	121	99	13	8	9	17	22
	Match des étoiles	LNH	1	0	0	0	0	-	-	-	-	-
1983-84	Chicago (Black Hawks)	LNH	75	37	57	94	71	5	1	3	4	9
	Match des étoiles	LNH	1	1	1	2	0	-	-	-	-	-
1984-85	Chicago (Black Hawks)	LNH	79	38	67	105	56	15	9	20	29	20
1985-86	Chicago (Black Hawks)	LNH	80	47	69	116	111	3	4	1	5	6
	Match des étoiles	LNH	1	0	2	2	0	-	-	-	-	-
1986-87	Chicago (Blackhawks)	LNH	70	40	50	90	108	4	1	0	1	12
1987-88	Chicago (Blackhawks)	LNH	80	44	87	131	95	5	4	3	7	17
	Match des étoiles	LNH	1	1	2	3	0	-	-	-	-	-
1988-89	Chicago (Blackhawks)	LNH	58	23	59	82	110	16	8	11	19	10
1989-90	Chicago (Blackhawks)	LNH	60	27	53	80	56	20	7	15	22	41
1990-91	**Montréal (Canadiens)**	**LNH**	**70**	**28**	**31**	**59**	**52**	**13**	**2**	**11**	**13**	**35**
	Match des étoiles	LNH	1	0	0	0	0	-	-	-	-	-
1991-92	**Montréal (Canadiens)**	**LNH**	**77**	**28**	**42**	**70**	**73**	**11**	**3**	**9**	**12**	**8**
1992-93	**Montréal (Canadiens)**	**LNH**	**63**	**16**	**34**	**50**	**90**	**14**	**0**	**5**	**5**	**4**
1993-94	Tampa Bay (Lightning)	LNH	74	18	28	46	106	-	-	-	-	-
1994-95	Tampa Bay (Lightning)	LNH	31	6	11	17	10	-	-	-	-	-
	Chicago (Blackhawks)	LNH	12	4	4	8	8	16	7	11	18	10
1995-96	Chicago (Blackhawks)	LNH	69	13	35	48	102	10	1	2	3	8
	Match des étoiles	LNH	1	0	0	0	0	-	-	-	-	-
1996-97	Chicago (Blackhawks)	LNH	64	9	18	27	60	6	0	2	2	2
		LNH	**1196**	**473**	**865**	**1338**	**1336**	**169**	**66**	**109**	**175**	**256**
		Montréal	**210**	**72**	**107**	**179**	**215**	**38**	**5**	**25**	**30**	**47**

• Trophée Michel-Bergeron (LHJMQ) en 1977-78 • Première équipe d'étoiles (LHJMQ) en 1979-80 • Troisième équipe d'étoiles (LHJMQ) en 1978-79 • Trophée Michel-Brière (LHJMQ) en 1979-80 • Deuxième équipe d'étoiles (LNH) en 1982-83 • Match des étoiles (LNH) en 1981-82, 1982-83, 1983-84, 1985-86, 1987-88, 1990-91, 1995-96 • Coupe Stanley (LNH) en 1992-93

• Échangé à Montréal par Chicago pour Chris Chelios et le choix de 2e ronde de Montréal au repêchage de 1991 (Michael Pomichter) le 29 juin 1990 • Signe avec Tampa Bay comme joueur autonome le 29 juillet 1993 • Échangé à Chicago par Tampa Bay pour le choix de 6e ronde de Chicago au repêchage de 1996 (Xavier Delisle) le 6 avril 1995

SAVARD, SERGE

Né à Montréal, Québec, le 22 janvier 1946. Défenseur, lance de la gauche, 6'2", 210 lb

SAISON	CLUB	LIGUE	PJ	B	A	PTS	PUN	PJ	B	A	PTS	PUN
1963-64	Montréal (Canadiens Jr)	JOHA	56	3	31	34	72	17	1	7	8	30
1964-65	Montréal (Canadiens Jr)	JOHA	56	14	33	47	81	7	2	3	5	8
	Omaha (Knights)	CPHL	2	0	0	0	0	4	0	1	1	4
1965-66	Montréal (Canadiens Jr)	JOHA	20	8	10	18	33	10	1	4	5	20
1966-67	Houston (Apollos)	CPHL	68	7	25	32	155	5	1	3	4	17
	Québec (As)	AHL	-	-	-	-	-	1	0	0	0	2
	Montréal (Canadiens)	**LNH**	**2**	**0**	**0**	**0**	**0**	-	-	-	-	-
1967-68	**Montréal (Canadiens)**	**LNH**	**67**	**2**	**13**	**15**	**34**	**6**	**2**	**0**	**2**	**0**
1968-69	**Montréal (Canadiens)**	**LNH**	**74**	**8**	**23**	**31**	**73**	**14**	**4**	**6**	**10**	**24**
1969-70	**Montréal (Canadiens)**	**LNH**	**64**	**12**	**19**	**31**	**38**	-	-	-	-	-
	Match des étoiles	LNH	1	0	0	0	0	-	-	-	-	-
1970-71	**Montréal (Canadiens)**	**LNH**	**37**	**5**	**10**	**15**	**30**	-	-	-	-	-
1971-72	**Montréal (Canadiens)**	**LNH**	**23**	**1**	**8**	**9**	**16**	**6**	**0**	**0**	**0**	**10**
1972-73	**Montréal (Canadiens)**	**LNH**	**74**	**7**	**32**	**39**	**58**	**17**	**3**	**8**	**11**	**22**
	Match des étoiles	LNH	1	0	1	1	0	-	-	-	-	-
	Canada	Siècle	5	0	2	2	0	-	-	-	-	-
1973-74	**Montréal (Canadiens)**	**LNH**	**67**	**4**	**14**	**18**	**49**	**6**	**1**	**1**	**2**	**4**
1974-75	**Montréal (Canadiens)**	**LNH**	**80**	**20**	**40**	**60**	**64**	**11**	**1**	**7**	**8**	**2**
1975-76	**Montréal (Canadiens)**	**LNH**	**71**	**8**	**39**	**47**	**38**	**13**	**3**	**6**	**9**	**6**
1976-77	**Montréal (Canadiens)**	**LNH**	**78**	**9**	**33**	**42**	**35**	**14**	**2**	**7**	**9**	**2**
	Match des étoiles	LNH	1	0	0	0	0	-	-	-	-	-
	Canada	CC	7	0	3	3	0	-	-	-	-	-
1977-78	**Montréal (Canadiens)**	**LNH**	**77**	**8**	**34**	**42**	**24**	**15**	**1**	**7**	**8**	**8**
	Match des étoiles	LNH	1	0	0	0	0	-	-	-	-	-
1978-79	**Montréal (Canadiens)**	**LNH**	**80**	**7**	**26**	**33**	**30**	**16**	**2**	**7**	**9**	**6**
	Etoiles LNH	Défi 79	3	0	0	0	0	-	-	-	-	-
1979-80	**Montréal (Canadiens)**	**LNH**	**46**	**5**	**8**	**13**	**18**	**2**	**0**	**0**	**0**	**0**
1980-81	**Montréal (Canadiens)**	**LNH**	**77**	**4**	**13**	**17**	**30**	**3**	**0**	**0**	**0**	**0**
1981-82	Winnipeg (Jets)	LNH	47	2	5	7	26	4	0	0	0	2
1982-83	Winnipeg (Jets)	LNH	76	4	16	20	29	3	0	0	0	2
		LNH	**1040**	**106**	**333**	**439**	**592**	**130**	**19**	**49**	**68**	**88**
		Montréal	**917**	**100**	**312**	**412**	**537**	**123**	**19**	**49**	**68**	**84**

• Deuxième équipe d'étoiles (OHA Jr) en 1965-66 • Deuxième équipe d'étoiles (CPHL) en 1966-67 • Trophée Ken-McKenzie (CPHL) en 1966-67 • Coupe Stanley (LNH) en 1967-68, 1968-69, 1970-71, 1972-73, 1975-76, 1976-77, 1977-78, 1978-79 • Trophée Conn-Smythe (LNH) en 1968-69 • Match des étoiles (LNH) en 1969-70, 1972-73, 1976-77, 1977-78 • Deuxième équipe d'étoiles (LNH) en 1979 • Trophée Bill-Masterton (LNH) en 1978-79 • Temple de la Renommée (LNH) en 1986

• Droits cédés à Winnipeg par Montréal pour le choix de 6e ronde de Winnipeg au repêchage de 1982 (Ernie Vargas) le 9 décembre 1981 • Échangé à Montréal par Winnipeg pour le choix de 3e ronde de Pittsburgh (propriété des Canadiens suite à une transaction antérieure, Winnipeg sélectionne Peter Taglianetti) et une somme d'argent au repêchage de 1983 le 28 avril 1983

SCHNEIDER, MATHIEU

Né à New York, New York, le 12 juin 1969. Défenseur, lance de la gauche, 5'10", 192 lb (Choix de 3e ronde de Montréal, 44e au total lors du repêchage de 1987)

SAISON	CLUB	LIGUE	PJ	B	A	PTS	PUN	PJ	B	A	PTS	PUN
1986-87	Cornwall (Royals)	OHL	63	7	29	36	75	5	0	0	0	22
1987-88	Cornwall (Royals)	OHL	48	21	40	61	83	11	2	6	8	14
	États-Unis	CMJ	7	0	2	2	16	-	-	-	-	-
	Montréal (Canadiens)	**LNH**	**4**	**0**	**0**	**0**	**2**	-	-	-	-	-
	Sherbrooke (Canadiens)	AHL	-	-	-	-	-	3	0	3	3	12
1988-89	Cornwall (Royals)	OHL	59	16	57	73	96	18	7	20	27	30

SAV-SCH
756
SAISONS RÉGULIÈRES — SÉRIES ÉLIMINATOIRES

SAISONS RÉGULIÈRES — SÉRIES ÉLIMINATOIRES

SAISON	CLUB	LIGUE	PJ	B	A	PTS	PUN	PJ	B	A	PTS	PUN
1989-90	Sherbrooke (Canadiens)	AHL	28	6	13	19	20	-	-	-	-	-
	Montréal (Canadiens)	**LNH**	**44**	**7**	**14**	**21**	**25**	**9**	**1**	**3**	**4**	**31**
1990-91	**Montréal (Canadiens)**	**LNH**	**69**	**10**	**20**	**30**	**63**	**13**	**2**	**7**	**9**	**18**
1991-92	**Montréal (Canadiens)**	**LNH**	**78**	**8**	**24**	**32**	**72**	**10**	**1**	**4**	**5**	**6**
1992-93	**Montréal (Canadiens)**	**LNH**	**60**	**13**	**31**	**44**	**91**	**11**	**1**	**2**	**3**	**16**
1993-94	**Montréal (Canadiens)**	**LNH**	**75**	**20**	**32**	**52**	**62**	**1**	**0**	**0**	**0**	**0**
1994-95	**Montréal (Canadiens)**	**LNH**	**30**	**5**	**15**	**20**	**49**	-	-	-	-	-
	New York (Rangers)	LNH	13	3	6	9	30	-	-	-	-	-
1995-96	New York (Rangers)	LNH	65	11	36	47	93	-	-	-	-	-
	Match des étoiles	LNH	1	0	1	1	0	-	-	-	-	-
	Toronto (Maple Leafs)	LNH	13	2	5	7	10	6	0	4	4	8
1996-97	Toronto (Maple Leafs)	LNH	26	5	7	12	20	-	-	-	-	-
	États-Unis	CM	7	2	0	2	8	-	-	-	-	-
1997-98	Toronto (Maple Leafs)	LNH	76	11	26	37	44	-	-	-	-	-
	États-Unis	JO	4	0	0	0	6	-	-	-	-	-
1998-99	New York (Rangers)	LNH	75	10	24	34	71	-	-	-	-	-
1999-00	New York (Rangers)	LNH	80	10	20	30	78	-	-	-	-	-
2000-01	Los Angeles (Kings)	LNH	73	16	35	51	56	13	0	9	9	10
2001-02	Los Angeles (Kings)	LNH	55	7	23	30	68	7	0	1	1	18
2002-03	Los Angeles (Kings)	LNH	65	14	29	43	57	-	-	-	-	-
	Match des étoiles	LNH	1	0	2	2	0	-	-	-	-	-
	Detroit (Red Wings)	LNH	13	2	5	7	16	4	0	0	0	6
2003-04	Detroit (Red Wings)	LNH	78	14	32	46	56	12	1	2	3	8
2004-05			*N'a pas joué*									
2005-06	Detroit (Red Wings)	LNH	72	21	38	59	86	6	1	7	8	6
	États-Unis	JO	6	1	2	3	16	-	-	-	-	-
2006-07	Detroit (Red Wings)	LNH	68	11	41	52	66	11	2	4	6	16
2007-08	Anaheim (Ducks)	LNH	65	12	27	39	50	6	1	0	1	8
		LNH	**1197**	**212**	**490**	**702**	**1165**	**109**	**10**	**43**	**53**	**151**
		Montréal	**360**	**63**	**136**	**199**	**364**	**44**	**5**	**16**	**21**	**71**

• Première équipe d'étoiles (OHL) en 1987-88, 1988-89 • Coupe Stanley (LNH) en 1992-93 • Match des étoiles (LNH) en 1995-96, 2002-03 • Champion du monde (CM) en 1997

• Échangé à New York (Islanders) par Montréal avec Kirk Muller et Craig Darby pour Pierre Turgeon et Vladimir Malakhov le 5 avril 1995 • Échangé à Toronto par New York (Islanders) avec Wendel Clark et Denis J. Smith pour Darby Hendrickson, Sean Haggerty, Kenny Jonsson et le 1er choix de Toronto au repêchage de 1997 (Roberto Luongo) le 13 mars 1996. • Échangé à New York (Rangers) par Toronto pour Alexander Karpovtsev et le choix de 4e ronde de New York au repêchage de 1999 (Mirko Murovic) le 4 octobre 1998 • Sélectionné par Columbus de New York (Rangers) lors de l'expansion de la LNH le 23 juin 2000 • Signe avec Los Angeles comme joueur autonome le le 14 août 2000 • Échangé à Detroit par Los Angeles Kings pour Sean Avery, Maxim Kuznetsov, pour le choix de 1re ronde de Detroit au repêchage de 2003 (Jeff Tambellini) et le choix de 2e ronde de Detroit au repêchage de 2004 (échangé plus tard à Boston qui sélectionne Martins Karsums) le 11 mars 2003 • Signe avec Anaheim comme joueur autonome le 1er juillet 2007 • Échangé à Atlanta par Anaheim par Brad Larsen, Ken Klee et Chad Painchaud le 26 septembre 2008

SCHOFIELD, DWIGHT

Né à Waltham, Massachusetts, le 25 mars 1956. Défenseur, lance de la gauche, 6'3", 195 lb (Choix de 5e ronde de Detroit, 76e au total lors du repêchage de 1976)

SAISON	CLUB	LIGUE	PJ	B	A	PTS	PUN	PJ	B	A	PTS	PUN
1974-75	London (Knights)	OMJHL	70	6	16	22	124	-	-	-	-	-
1975-76	London (Knights)	OMJHL	59	14	29	43	121	5	0	1	1	15
1976-77	Kalamazoo (Wings)	IHL	73	20	41	61	180	10	4	7	11	61
	Detroit (Red Wings)	LNH	3	1	0	1	2	-	-	-	-	-
1977-78	Kalamazoo (Wings)	IHL	3	3	6	9	21	-	-	-	-	-
	Kansas City (Red Wings)	CHL	22	3	7	10	58	-	-	-	-	-
1978-79	Kansas City (Red Wings)	CHL	13	1	4	5	20	-	-	-	-	-
	Kalamazoo (Wings)	IHL	47	8	29	37	199	-	-	-	-	-
	Fort Wayne (Komets)	IHL	14	2	3	5	54	13	0	9	9	28
1979-80	Dayton (Gems)	IHL	71	15	47	62	257	-	-	-	-	-
	Tulsa (Oilers)	CHL	1	0	0	0	0	-	-	-	-	-
1980-81	Milwaukee (Admirals)	IHL	82	18	41	59	327	7	2	5	7	28
1981-82	Nlle-Écosse (Voyageurs)	AHL	75	7	24	31	*335	9	1	3	4	41
1982-83	Nlle-Écosse (Voyageurs)	AHL	73	10	21	31	248	7	0	3	3	21
	Montréal (Canadiens)	**LNH**	**2**	**0**	**0**	**0**	**7**	-	-	-	-	-
1983-84	St. Louis (Blues)	LNH	70	4	10	14	219	4	0	0	0	26
	Toledo (Goaldiggers)	IHL	3	2	2	4	4	-	-	-	-	-
1984-85	St. Louis (Blues)	LNH	43	1	4	5	184	2	0	0	0	15
1985-86	Washington (Capitals)	LNH	50	1	2	3	127	3	0	0	0	14
1986-87	Pittsburgh (Penguins)	LNH	25	1	6	7	59	-	-	-	-	-
	Baltimore (Skipjacks)	AHL	20	1	5	6	58	-	-	-	-	-
1987-88	Winnipeg (Jets)	LNH	18	0	0	0	33	-	-	-	-	-
	Kalamazoo (Wings)	IHL	34	2	7	9	150	-	-	-	-	-
		LNH	**211**	**8**	**22**	**30**	**631**	**9**	**0**	**0**	**0**	**55**
		Montréal	**2**	**0**	**0**	**0**	**7**	-	-	-	-	-

• Signe avec Montréal comme joueur autonome le 20 septembre 1982 • Réclamé par St. Louis de Montréal lors du repêchage inter-équipes le 3 octobre 1983 • Réclamé par Washington de St. Louis lors du repêchage inter-équipes le 7 octobre 1985 • Droits vendus à Pittsburgh par Washington le 8 octobre 1986 • Signe avec Winnipeg comme joueur autonome le 10 juillet 1987

SCHUTT, RODNEY (ROD)

Né à Bancroft, Ontario, le 13 octobre 1956. Ailier gauche, lance de la gauche, 5'10", 185 lb (Choix de 1re ronde de Montréal, 13e au total lors du repêchage de 1976)

SAISON	CLUB	LIGUE	PJ	B	A	PTS	PUN	PJ	B	A	PTS	PUN
1972-73	Pembroke (Lumber Kings)	OJHL	55	31	55	86	61	-	-	-	-	-
1973-74	Sudbury (Wolves)	OMJHL	67	15	41	56	47	4	0	0	0	2
1974-75	Sudbury (Wolves)	OMJHL	69	43	61	104	66	15	13	9	22	2
1975-76	Sudbury (Wolves)	OMJHL	63	72	63	135	42	17	18	16	34	13
1976-77	Nlle-Écosse (Voyageurs)	AHL	80	33	51	84	56	12	8	8	16	4
1977-78	Nlle-Écosse (Voyageurs)	AHL	77	36	44	80	57	11	4	7	11	2
	Montréal (Canadiens)	**LNH**	**2**	**0**	**0**	**0**	**0**	-	-	-	-	-
1978-79	Pittsburgh (Penguins)	LNH	74	24	21	45	33	7	2	0	2	4
1979-80	Pittsburgh (Penguins)	LNH	73	18	21	39	43	5	2	1	3	6
1980-81	Pittsburgh (Penguins)	LNH	80	25	35	60	55	5	3	3	6	16
1981-82	Erie (Blades)	AHL	35	12	15	27	40	-	-	-	-	-
	Pittsburgh (Penguins)	LNH	35	9	12	21	42	5	1	2	3	0
1982-83	Baltimore (Skipjacks)	AHL	64	34	53	87	24	-	-	-	-	-
	Pittsburgh (Penguins)	LNH	5	0	0	0	0	-	-	-	-	-
1983-84	Baltimore (Skipjacks)	AHL	36	15	19	34	48	10	3	1	4	22
	Pittsburgh (Penguins)	LNH	11	1	3	4	4	-	-	-	-	-
1984-85	Muskegon (Mohawks)	IHL	79	44	46	90	58	17	10	13	23	10
1985-86	Toronto (Maple Leafs)	LNH	6	0	0	0	0	-	-	-	-	-
	St. Catharines (Saints)	AHL	70	21	28	49	44	13	7	4	11	18
		LNH	**286**	**77**	**92**	**169**	**177**	**22**	**8**	**6**	**14**	**26**
		Montréal	**2**	**0**	**0**	**0**	**0**	-	-	-	-	-

• Première équipe d'étoiles (OMJHL) en 1974-75, 1975-76 • Trophée Dudley-Garrett (AHL) en 1976-77 • Coupe Calder (AHL) en 1976-77

• Échangé à Pittsburgh par Montréal pour le 1er choix de Pittsburgh au repêchage de 1981 (Mark Hunter) le 18 octobre 1978 • Signe avec Toronto comme joueur autonome le 3 octobre 1985

SCOTT, HARRY

Né à Moncton, Nouveau-Brunswick, en 1887, décédé le 22 octobre 1954
Centre/Ailier, lance de la droite, 5'10", 180 lb

SAISON	CLUB	LIGUE	PJ	B	A	PTS	PUN	PJ	B	A	PTS	PUN
1906-07	Portage-La-Prairie	Man-Pro	2	1	0	1	-	-	-	-	-	-
	Winnipeg (Strathconas)	MMHL	1	1	0	1	-	-	-	-	-	-
	Pembroke (Lumber Kings)	UOVHL	*Statistiques non disponibles*									
1907-08	Fort William (Wanderers)	NOHL	10	*18	0	*18	-	4	5	0	5	-
1908-09	Fort William (Wanderers)	NOHL	12	21	0	21	-	2	1	0	1	-
	Winnipeg (Maple Leafs)	Man-Pro	*Statistiques non disponibles*									
1909-10	Fort William (Forts)	NOHL	11	10	0	10	26	-	-	-	-	-
1910-11	Fort William (Forts)	NOHL	1	1	0	1	0	-	-	-	-	-
	Moncton (Victorias)	MPHL	8	*20	0	*20	16	4	6	0	6	6
1911-12	New Glasgow (Cubs)	MPHL	18	*54	0	*54	21	-	-	-	-	-
1912-13	Sydney (Millionaires)	MPHL	1	2	0	2	0	-	-	-	-	-
	Halifax (Crescents)	MPHL	9	6	0	6	25	-	-	-	-	-
	Moncton (Victorias)	MPHL	3	4	0	4	4	-	-	-	-	-
1913-14	Toronto (Ontarios)	NHA	7	4	1	5	-	-	-	-	-	-
	Montréal (Canadiens)	**NHA**	**11**	**9**	**2**	**11**	**-**	**2**	**1**	**0**	**1**	**-**
1914-15	**Montréal (Canadiens)**	**NHA**	**16**	**9**	**0**	**9**	**35**	-	-	-	-	-
1915-16			*Service militaire*									
1916-17			*Service militaire*									
1917-18	Winnipeg (Vimy)	MHL Sr	7	18	1	19	6	-	-	-	-	-
		NHA	**34**	**22**	**3**	**25**	**35**	**2**	**1**	**0**	**1**	**-**
		Montréal	**27**	**18**	**2**	**20**	**35**	**2**	**1**	**0**	**1**	**-**

• Première équipe d'étoiles (NOHL) en 1908-09 • Première équipe d'étoiles (MPHL) en 1910-11

• Signe avec Toronto (NHA) en décembre 1913 • Droits vendus à Montréal (NHA) par Toronto (NHA) le 20 janvier 1914 • Libéré par Montréal (NHA) avec Alphonse Jetté le 18 janvier 1915 • Réengagé par Montréal (NHA) le 2 février 1915

SÉGUIN, PATRICK (PATSY)

Né à Montréal, Québec en 1890, décédé le 22 août 1918
Centre, lance de la gauche, 5'5", 135 lb

SAISON	CLUB	LIGUE	PJ	B	A	PTS	PUN	PJ	B	A	PTS	PUN
1908-09	Montréal (Garnets)	AHAC	*Statistiques non disponibles*									
1909-10	Montréal (National)	CHA	1	6	0	6	0	-	-	-	-	-
	Montréal (Canadiens)	**NHA**	**2**	**1**	**0**	**1**	**12**	-	-	-	-	-
	Montréal (Garnets)	AHAC	*Statistiques non disponibles*									
	Montréal (Sutton)	QIHA	*Statistiques non disponibles*									
1910-11	Montréal (Northern Electric)	LHRTM	2	0	0	0	0	-	-	-	-	-
	Montréal (Garnets)	MCSHL	12	14	0	14	39	4	6	0	6	*27
1911-12	Halifax (Crescents)	MPHL	5	1	0	1	9	-	-	-	-	-
	Montréal (National)	LHAM	4	0	0	0	9	-	-	-	-	-
1912-13	Montréal (Hochelega)	LHCM	9	4	0	4	22	-	-	-	-	-
1913-14	Montréal (Hochelega)	LHCM	4	4	0	4	10	-	-	-	-	-
	Boston (Pilgrims)	Exh.	7	14	0	14	-	2	3	0	3	4
1914-15	Hull (Athletiques)	OCSHL	2	0	0	0	0	-	-	-	-	-
	Boston (Arenas)	Exh.	9	*14	0	*14	-	7	*18	0	*18	-
1915-16	Boston (Arenas)	AAHL	7	*14	0	*14	-	-	-	-	-	-
1916-17	New York (Irish)	USAHA	6	6	-	6	-	5	3	0	3	-
1917-18			*Service militaire*									
		NHA	**2**	**1**	**0**	**1**	**12**	-	-	-	-	-
		Montréal	**2**	**1**	**0**	**1**	**12**	-	-	-	-	-

• Signe avec Montréal (NHA) le 16 février 1910 • Signe avec Montréal (NHA) le 23 novembre 1911 • Droits vendus à Montréal (National – LHCM) par Montréal (NHA) le 30 janvier 1912

SÉVIGNY, PIERRE

Né à Trois-Rivières, Québec, le 8 septembre 1971. Ailier gauche, lance de la gauche, 6', 194 lb (Choix de 3e ronde de Montréal, 51e au total lors du repêchage de 1989)

SAISON	CLUB	LIGUE	PJ	B	A	PTS	PUN	PJ	B	A	PTS	PUN
1987-88	Montréal (Cantonniers)	QAAA	40	43	78	121	72	-	-	-	-	-
1988-89	Verdun (Canadien Junior)	LHJMQ	67	27	43	70	88	-	-	-	-	-
1989-90	Saint-Hyacinthe (Laser)	LHJMQ	67	47	72	119	205	12	8	8	16	42
1990-91	Saint-Hyacinthe (Laser)	LHJMQ	60	36	46	82	203	-	-	-	-	-
	Canada	CMJ	7	4	2	6	8	-	-	-	-	-
1991-92	Fredericton (Canadiens)	AHL	74	22	37	59	145	7	1	1	2	26
1992-93	Fredericton (Canadiens)	AHL	80	36	40	76	113	5	1	1	2	2
1993-94	**Montréal (Canadiens)**	**LNH**	**43**	**4**	**5**	**9**	**42**	**3**	**0**	**1**	**1**	**0**
1994-95	**Montréal (Canadiens)**	**LNH**	**19**	**0**	**0**	**0**	**15**	-	-	-	-	-
1995-96	Fredericton (Canadiens)	AHL	76	39	42	81	188	10	5	9	14	20

SCH-SÉV

SAISON	CLUB	LIGUE	PJ	B	A	PTS	PUN	PJ	B	A	PTS	PUN
			SAISONS RÉGULIÈRES					SÉRIES ÉLIMINATOIRES				
1996-97	**Montréal (Canadiens)**	**LNH**	**13**	**0**	**0**	**0**	**5**	**-**	**-**	**-**	**-**	**-**
	Fredericton (Canadiens)	AHL	32	9	17	26	58	-	-	-	-	-
1997-98	New York (Rangers)	LNH	3	0	0	0	2	-	-	-	-	-
	Hartford (Wolf Pack)	AHL	40	18	13	31	94	12	3	5	8	14
1998-99	Long Beach (Ice Dogs)	IHL	6	1	3	4	7	-	-	-	-	-
	Orlando (Solar Bears)	IHL	43	11	21	32	44	15	4	5	9	32
1999-00	Québec (Citadelles)	AHL	78	24	43	67	154	3	3	0	3	17
2000-01	Québec (Citadelles)	AHL	74	29	37	66	138	8	0	1	1	17
2001-02	Québec (Citadelles)	AHL	66	13	17	30	76	3	0	0	0	0
2002-03	EHC Straubing	GER-2	54	31	48	49	150	3	0	1	1	10
	Saint. Marie Derek Structure	QCSHL	16	5	10	15	54	-	-	-	-	-
2003-04	Thetford Mines (Prolab)	QSMHL	47	30	52	82	142	12	9	13	22	28
2004-05	Thetford Mines (Prolab)	QSMHL	6	0	1	1	7	-	-	-	-	-
	Saint. Marie Derek Structure	QCSHL	16	5	10	15	54	-	-	-	-	-
	Québec (Radio X)	LNAH	29	5	20	25	46	14	8	5	13	49
2005-06	Québec (Radio X)	LNAH	1	0	0	0	0	-	-	-	-	-
2006-07			*N'a pas joué*									
2007-08	Pont-Rouge (Precision)	QCSHL	2	1	5	6	6	-	-	-	-	-
		LNH	**78**	**4**	**5**	**9**	**64**	**3**	**0**	**1**	**1**	**0**
		Montréal	**75**	**4**	**5**	**9**	**62**	**3**	**0**	**1**	**1**	**0**

• Équipe d'étoiles des recrues (LHJMQ) en 1988-89 • Deuxième équipe d'étoiles (LHJMQ) en 1989-90, 1990-91 • Médaille d'or (CMJ) en 1991

• Signe avec New York (Rangers) comme joueur autonome le 26 août 1997 • Signe avec Straubing (GER-2) comme joueur autonome le 24 juillet 2002

SHANAHAN, SEAN

Né à Toronto, Ontario, le 8 février 1951
Centre/ailier gauche, lance de la droite, 6'3", 205 lb

SAISON	CLUB	LIGUE	PJ	B	A	PTS	PUN	PJ	B	A	PTS	PUN
1968-69	Kitchener (Rangers)	JOHA	50	3	8	11	37	-	-	-	-	-
1969-70	Markham (Waxers)	OHA B	*Statistiques non disponibles*									
	Toronto (Marlboros)	JOHA	19	2	4	6	5	-	-	-	-	-
1970-71	Toronto (Marlboros)	JOHA	6	0	0	0	0	-	-	-	-	-
	Oshawa (Generals)	OHA	24	1	4	5	14	-	-	-	-	-
1971-72	Providence College	ECAC	23	13	15	28	-	-	-	-	-	-
1972-73	Providence College	ECAC	25	13	23	36	8	-	-	-	-	-
1973-74	Nlle-Écosse (Voyageurs)	AHL	63	13	14	27	65	6	1	0	1	6
1974-75	Nlle-Écosse (Voyageurs)	AHL	67	12	10	22	159	6	0	0	0	58
1975-76	Nlle-Écosse (Voyageurs)	AHL	64	18	26	44	91	9	4	6	10	11
	Montréal (Canadiens)	**LNH**	**4**	**0**	**0**	**0**	**0**	**-**	**-**	**-**	**-**	**-**
1976-77	Colorado (Rockies)	LNH	30	1	3	4	40	-	-	-	-	-
	Rhode Island (Reds)	AHL	10	0	1	1	11	-	-	-	-	-
	Dallas (Black Hawks)	CHL	7	0	0	0	25	5	1	0	1	19
1977-78	Boston (Bruins)	LNH	6	0	0	0	7	-	-	-	-	-
	Rochester (Americans)	AHL	66	20	23	43	156	6	2	3	5	10
1978-79	Cincinnati (Stingers)	AMH	4	0	0	0	7	-	-	-	-	-
		LNH	**40**	**1**	**3**	**4**	**47**	**-**	**-**	**-**	**-**	**-**
		Montréal	**4**	**0**	**0**	**0**	**0**	**-**	**-**	**-**	**-**	**-**

• Coupe Calder (AHL) en 1977-76

• Signe avec Montréal comme joueur autonome le 20 août 1973 • Échangé au Colorado par Montréal avec Ron Andruff et le 1er choix de Montréal au repêchage de 1980 (Paul Gagné) pour le 1er choix du Colorado au repêchage de 1980 (Doug Wickenheiser) le 13 septembre 1976 • Signe avec Boston comme joueur autonome le 13 octobre 1977 • Signe avec Detroit comme joueur autonome le 6 juin 1978 • Signe avec Cincinnati (AMH) comme joueur autonome le 24 octobre 1978

SHANNON, DARRYL

Né à Barrie, Ontario, le 21 juin 1968. Défenseur, lance de la gauche, 6'2", 210 lb (Choix de 2e ronde de Toronto, 36e au total lors du repêchage de 1986)

SAISON	CLUB	LIGUE	PJ	B	A	PTS	PUN	PJ	B	A	PTS	PUN
1983-84	Alliston (Hornets)	OJHL-C	30	18	22	40	70	-	-	-	-	-
1984-85	Richmond (Hill Dynes)	OJHL	1	0	0	0	0	-	-	-	-	-
	Barrie (Colts)	OJHL-B	39	5	23	28	50	-	-	-	-	-
1985-86	Windsor (Spitfires)	OHL	57	6	21	27	52	16	5	6	11	22
1986-87	Windsor (Spitfires)	OHL	64	23	27	50	83	14	4	8	12	18
1987-88	Windsor (Spitfires)	OHL	60	16	67	83	116	12	3	8	11	17
	Windsor (Spitfires)	Mem.	-	-	-	-	-	4	0	7	7	8
1988-89	Toronto (Maple Leafs)	LNH	14	1	3	4	6	-	-	-	-	-
	Newmarket (Saints)	AHL	61	5	24	29	37	5	0	3	3	10
1989-90	Toronto (Maple Leafs)	LNH	10	0	1	1	12	-	-	-	-	-
	Newmarket (Saints)	AHL	47	4	15	19	58	-	-	-	-	-
1990-91	Toronto (Maple Leafs)	LNH	10	0	1	1	0	-	-	-	-	-
	Newmarket (Saints)	AHL	47	2	14	16	51	-	-	-	-	-
1991-92	Toronto (Maple Leafs)	LNH	48	2	8	10	23	-	-	-	-	-
1992-93	Toronto (Maple Leafs)	LNH	16	0	0	0	11	-	-	-	-	-
	St. John's (Maple Leafs)	AHL	7	1	1	2	4	-	-	-	-	-
1993-94	Winnipeg (Jets)	LNH	20	0	4	4	18	-	-	-	-	-
	Moncton (Hawks)	AHL	37	1	10	11	62	20	1	7	8	32
1994-95	Winnipeg (Jets)	LNH	40	5	9	14	48	-	-	-	-	-
1995-96	Winnipeg (Jets)	LNH	48	2	7	9	72	-	-	-	-	-
	Buffalo (Sabres)	LNH	26	2	6	8	20	-	-	-	-	-
1996-97	Buffalo (Sabres)	LNH	82	4	19	23	112	12	2	3	5	8
1997-98	Buffalo (Sabres)	LNH	76	3	19	22	56	15	2	4	6	8
1998-99	Buffalo (Sabres)	LNH	71	3	12	15	52	2	0	0	0	0
1999-00	Atlanta (Thrashers)	LNH	49	5	13	18	65	-	-	-	-	-
	Calgary (Flames)	LNH	27	1	8	9	22	-	-	-	-	-
2000-01	**Montréal (Canadiens)**	**LNH**	**7**	**0**	**1**	**1**	**6**	**-**	**-**	**-**	**-**	**-**
	Québec (Citadelles)	AHL	4	0	1	1	4	-	-	-	-	-
2001-02	Krefeld Pinguine	GER	38	1	18	19	49	3	1	1	2	0
2002-03	Krefeld Pinguine	GER	52	3	9	12	56	14	3	4	7	20
2003-04	Eisbaren Berlin	GER	48	6	7	13	26	11	1	3	4	8
		LNH	**544**	**28**	**111**	**139**	**523**	**29**	**4**	**7**	**11**	**16**
		Montréal	**7**	**0**	**1**	**1**	**6**	**-**	**-**	**-**	**-**	**-**

• Première équipe d'étoiles (OHL) en 1987-88 • Deuxième équipe d'étoiles (OHL) en 1986-87 • Trophée Max-Kaminski (OHL) en 1987-88 • Trophée Bobby-Smith (OHL) en 1987-88 • Équipe d'étoiles (Mem.) en 1987-88

• Signe avec Winnipeg comme joueur autonome le 30 juin 1993 • Échangé à Buffalo par Winnipeg avec Michal Grosek pour Craig Muni le 15 février 1996 • Réclamé par Atlanta de Buffalo au repêchage de l'expansion de la LNH le 25 juin 1999 • Échangé à Calgary par Atlanta avec Jason Botterill pour Hnat Domenichelli et Dmitri Vlasenkov le 11 février 2000 • Signe avec Montréal comme joueur autonome le 25 septembre 2000 • Signe avec Krefeld (GER) comme joueur autonome le 17 novembre 2001

SHEEHAN, ROBERT (BOBBY)

Né à Weymouth, Massachusetts, le 11 janvier 1949. Centre, lance de la gauche, 5'7", 155 lb (Choix de 3e ronde de Montréal, 32e au total lors du repêchage de 1969)

SAISON	CLUB	LIGUE	PJ	B	A	PTS	PUN	PJ	B	A	PTS	PUN
1966-67	Halifax (Canadiens)	MJHL	50	*64	51	115	21	17	*24	*28	*52	19
1967-68	Halifax (Canadiens)	NJHL	44	51	47	98	25	4	6	5	11	0
1968-69	St. Catharines (Black Hawks)	JOHA	44	44	41	85	6	18	10	13	23	2
1969-70	Montréal (Voyageurs)	AHL	46	16	27	43	8	8	2	2	4	4
	Montréal (Canadiens)	**LNH**	**16**	**2**	**1**	**3**	**2**	**-**	**-**	**-**	**-**	**-**
1970-71	**Montréal (Canadiens)**	**LNH**	**29**	**6**	**5**	**11**	**2**	**6**	**0**	**0**	**0**	**0**
	Montréal (Voyageurs)	AHL	35	24	21	45	14	-	-	-	-	-
1971-72	Californie (Golden Seals)	LNH	78	20	26	46	12	-	-	-	-	-
1972-73	New York (Raiders)	AMH	75	35	53	88	34	-	-	-	-	-
1973-74	New York/New Jersey	AMH	50	12	8	20	16	-	-	-	-	-
	Edmonton (Oilers)	AMH	10	1	3	4	12	5	1	3	4	0
1974-75	Edmonton (Oilers)	AMH	77	19	39	58	16	-	-	-	-	-
1975-76	Chicago (Black Hawks)	LNH	78	11	20	31	8	4	0	0	0	0
1976-77	Detroit (Red Wings)	LNH	34	5	4	9	2	-	-	-	-	-
	Rhode Island (Reds)	AHL	36	28	26	54	18	-	-	-	-	-
1977-78	Indianapolis (Racers)	WHL	29	8	7	15	6	-	-	-	-	-
	New Haven (Nighthawks)	AHL	43	13	26	39	14	15	7	5	12	4
1978-79	New Haven (Nighthawks)	AHL	70	33	48	81	26	-	-	-	-	-
	New York (Rangers)	LNH	-	-	-	-	-	15	4	3	7	8
1979-80	Colorado (Rockies)	LNH	30	3	4	7	2	-	-	-	-	-
	New Haven (Nighthawks)	AHL	13	8	7	15	2	-	-	-	-	-
	Fort Worth (Texans)	CHL	31	18	20	38	14	-	-	-	-	-
1980-81	Colorado (Rockies)	LNH	41	1	3	4	10	-	-	-	-	-
	États-Unis	CM	8	1	1	2	0	-	-	-	-	-
1981-82	Los Angeles (Kings)	LNH	4	0	0	0	2	-	-	-	-	-
	New Haven (Nighthawks)	AHL	74	21	17	38	32	4	0	2	2	0
1982-83	Binghamton (Whalers)	AHL	48	7	18	25	6	5	1	1	2	0
		LNH	**310**	**48**	**63**	**111**	**40**	**25**	**4**	**3**	**7**	**8**
		Montréal	**45**	**8**	**6**	**14**	**4**	**6**	**0**	**0**	**0**	**0**

• Coupe Stanley (LNH) en 1970-71 • Deuxième équipe d'étoiles (AHL) en 1978-79

• Droits vendus à la Californie par Montréal le 25 mai 1971 • Sélectionné par la Nlle-Angleterre lors de l'expansion de l'AMH le 12 février 1972 • Échangé à Chicago par Californie avec Dick Redmond pour Darryl Maggs le 5 décembre 1972 • Échangé à New York (AMH) par New England (AMH) pour le 1er choix (Glenn Goldup) et celui de 4e ronde (Tom Colley) de New York au repêchage de 1973 le 15 août 1972 • Échangé à Edmonton (AMH) par New York/New Jersey (AMH) pour des considérations futures (Bob Falkenberg, en mai 1974) le 17 mars 1974 • Signe avec Detroit comme joueur autonome le 8 octobre 1976 • Signe avec Indianapolis (AMH) comme joueur autonome le 17 juillet 1977 • Signe avec New York (Rangers) comme joueur autonome le 1er octobre 1978 • Échangé au Colorado par New Haven (AHL) pour Dennis Owchar et Larry Skinner le 12 mai 1979 • Signe avec Los Angeles comme joueur autonome le 8 juillet 1981

SHUTT, STEPHEN (STEVE)

Né à Toronto, Ontario, le 1er juillet 1952. Ailier gauche, lance de la gauche, 5'11", 185 lb (Choix de 1re ronde de Montréal, 4e au total lors du repêchage de 1972)

SAISON	CLUB	LIGUE	PJ	B	A	PTS	PUN	PJ	B	A	PTS	PUN
1968-69	North York (Rangers)	OHA B	17	10	17	27	-	-	-	-	-	-
	Toronto (Marlboros)	OMJHL	-	-	-	-	-	5	1	3	4	2
1969-70	Toronto (Marlboros)	OMJHL	49	11	14	25	93	18	10	9	19	13
1970-71	Toronto (Marlboros)	OMJHL	62	70	53	123	85	13	11	11	22	20
1971-72	Toronto (Marlboros)	OMJHL	58	63	49	112	60	10	8	6	14	12
1972-73	Nlle-Écosse (Voyageurs)	AHL	6	4	1	5	2	-	-	-	-	-
	Montréal (Canadiens)	**LNH**	**50**	**8**	**8**	**16**	**24**	**1**	**0**	**0**	**0**	**0**
1973-74	**Montréal (Canadiens)**	**LNH**	**70**	**15**	**20**	**35**	**17**	**6**	**5**	**3**	**8**	**9**
1974-75	**Montréal (Canadiens)**	**LNH**	**77**	**30**	**35**	**65**	**40**	**9**	**1**	**6**	**7**	**4**
1975-76	**Montréal (Canadiens)**	**LNH**	**80**	**45**	**34**	**79**	**47**	**13**	**7**	**8**	**15**	**2**
	Match des étoiles	LNH	1	0	0	0	0	-	-	-	-	-
1976-77	**Montréal (Canadiens)**	**LNH**	**80**	***60**	**45**	**105**	**28**	**14**	**8**	**10**	**18**	**2**
	Canada	CC	6	1	2	3	8	-	-	-	-	-
1977-78	**Montréal (Canadiens)**	**LNH**	**80**	**49**	**37**	**86**	**24**	**15**	**9**	**8**	**17**	**20**
	Match des étoiles	LNH	1	0	1	1	0	-	-	-	-	-
1978-79	**Montréal (Canadiens)**	**LNH**	**72**	**37**	**40**	**77**	**31**	**11**	**4**	**7**	**11**	**6**
	Étoiles LNH	Défi 79	2	0	1	1	0	-	-	-	-	-
1979-80	**Montréal (Canadiens)**	**LNH**	**77**	**47**	**42**	**89**	**34**	**10**	**6**	**3**	**9**	**6**
1980-81	**Montréal (Canadiens)**	**LNH**	**77**	**35**	**38**	**73**	**51**	**3**	**2**	**1**	**3**	**4**
	Match des étoiles	LNH	1	0	0	0	0	-	-	-	-	-
1981-82	**Montréal (Canadiens)**	**LNH**	**57**	**31**	**24**	**55**	**40**	**-**	**-**	**-**	**-**	**-**
1982-83	**Montréal (Canadiens)**	**LNH**	**78**	**35**	**22**	**57**	**26**	**3**	**1**	**0**	**1**	**0**
1983-84	**Montréal (Canadiens)**	**LNH**	**63**	**14**	**23**	**37**	**29**	**11**	**7**	**2**	**9**	**8**
1984-85	**Montréal (Canadiens)**	**LNH**	**10**	**2**	**0**	**2**	**9**	**-**	**-**	**-**	**-**	**-**
	Los Angeles (Kings)	LNH	59	16	25	41	10	3	0	0	0	4
		LNH	**930**	**424**	**393**	**817**	**410**	**99**	**50**	**48**	**98**	**65**
		Montréal	**871**	**408**	**368**	**776**	**400**	**96**	**50**	**48**	**98**	**61**

• Première équipe d'étoiles (OMJHL) en 1971-72 • Deuxième équipe d'étoiles (OMJHL) en 1970-71 • Coupe Stanley (LNH) en 1972-73, 1975-76, 1976-77, 1977-78, 1978-79 • Match

des étoiles (LNH) en 1975-76, 1977-78, 1980-81 • Première équipe d'étoiles (LNH) en 1976-77 • Deuxième équipe d'étoiles (LNH) en 1977-78, 1979-80 • Coupe Canada en 1977 • Temple de la Renommée (LNH) en 1993

• Échangé à Los Angeles par Montréal pour le choix de 10e ronde de Los Angeles au repêchage de 1985 (Maurice Mansi) le 18 novembre 1984 • Réclamé au ballottage par Montréal de Los Angeles le 18 juin 1985

SIEBERT, ALBERT (BABE)

Né à Plattsville, Ontario, le 14 janvier 1904, décédé le 25 août 1939
Ailier gauche/Défenseur, lance de la gauche, 5'10", 182 lb

Saison	Club	Ligue	PJ	B	A	PTS	PUN	PJ	B	A	PTS	PUN
1920-21	Zurich (Intermediates)	OIHA	*Statistiques non disponibles*									
1921-22	Exeter (Hawks)	OIHA	*Statistiques non disponibles*									
1922-23	Kitcherner (Greenshirts)	JOHA	-	-	-	-	-	8	6	4	10	-
1923-24	Kitchener (Twin City)	SOHA	10	9	4	13	-	-	-	-	-	-
1924-25	Niagara Falls (Cataracts)	SOHA	20	9	2	11	26	2	2	0	2	3
	Niagara Falls (Cataracts)	Allan	-	-	-	-	-	8	5	0	5	-
1925-26	Montréal (Maroons)	LNH	35	16	8	24	108	8	2	2	4	6
1926-27	Montréal (Maroons)	LNH	42	5	3	8	116	2	1	0	1	2
1927-28	Montréal (Maroons)	LNH	39	8	9	17	109	9	2	0	2	*26
1928-29	Montréal (Maroons)	LNH	40	3	5	8	52	-	-	-	-	-
1929-30	Montréal (Maroons)	LNH	39	14	19	33	94	3	0	0	0	0
1930-31	Montréal (Maroons)	LNH	43	16	12	28	76	2	0	0	0	6
1931-32	Montréal (Maroons)	LNH	48	21	18	39	64	4	0	1	1	4
1932-33	New York (Rangers)	LNH	43	9	10	19	38	8	1	0	1	12
1933-34	New York (Rangers)	LNH	13	0	1	1	18	-	-	-	-	-
	Boston (Bruins)	LNH	32	5	6	11	31	-	-	-	-	-
1934-35	Boston (Bruins)	LNH	48	6	18	24	80	4	0	0	0	6
1935-36	Boston (Bruins)	LNH	45	12	9	21	66	2	0	1	1	0
1936-37	**Montréal (Canadiens)**	**LNH**	**44**	**8**	**20**	**28**	**38**	**5**	**1**	**2**	**3**	**2**
1937-38	**Montréal (Canadiens)**	**LNH**	**37**	**8**	**11**	**19**	**56**	**3**	**1**	**1**	**2**	**0**
	Match des étoiles	LNH	1	1	1	2	0	-	-	-	-	-
1938-39	**Montréal (Canadiens)**	**LNH**	**44**	**9**	**7**	**16**	**36**	**3**	**0**	**0**	**0**	**0**
		LNH	**592**	**140**	**156**	**296**	**982**	**53**	**8**	**7**	**15**	**64**
		Montréal	**125**	**25**	**38**	**63**	**130**	**11**	**2**	**3**	**5**	**2**

• Coupe Stanley (LNH) en 1925-26, 1932-33 • Première équipe d'étoiles (LNH) en 1935-36, 1936-37, 1937-38 • Trophée Hart (LNH) en 1936-37 • Match des étoiles (LNH) en 1937-38 • Temple de la Renommée (LNH) en 1964

• Signe avec Montréal (Maroons) le 16 mars 1925 • Droits vendus à New York (Rangers) par Montréal (Maroons) le 2 juillet 1933 • Échangé à Boston par New York (Rangers) pour Vic Ripley et Roy Burmeister le 18 décembre 1933 • Échangé à Montréal par Boston avec Roger Jenkins pour Leroy Goldsworthy, Sammy McManus et une somme d'argent le 10 septembre 1936

SIMPSON, REID

Né à Flin Flon, Manitoba, le 21 mai 1969. Ailier gauche, lance de la gauche, 6'2", 216 lb (Choix de 4e ronde de Philadelphie, 72e au total lors du repêchage de 1989)

Saison	Club	Ligue	PJ	B	A	PTS	PUN	PJ	B	A	PTS	PUN
1984-85	Flin Flon (Bombers)	MMMHL	50	60	70	130	100	-	-	-	-	-
1985-86	Flin Flon (Bombers)	MJHL	40	20	21	41	200	-	-	-	-	-
	New Westminster (Bruins)	WHL	2	0	0	0	0	-	-	-	-	-
1986-87	Prince Albert (Raiders)	WHL	47	3	8	11	105	8	2	3	5	13
1987-88	Prince Albert (Raiders)	WHL	72	13	14	27	164	10	1	0	1	43
1988-89	Prince Albert (Raiders)	WHL	59	26	29	55	264	4	2	1	3	30
1989-90	Prince Albert (Raiders)	WHL	29	15	17	32	121	14	4	7	11	34
	Hershey (Bears)	AHL	28	2	2	4	175	-	-	-	-	-
1990-91	Hershey (Bears)	AHL	54	9	15	24	183	1	0	0	0	0
1991-92	Philadelphie (Flyers)	LNH	1	0	0	0	0	-	-	-	-	-
	Hershey (Bears)	AHL	60	11	7	18	145	-	-	-	-	-
1992-93	Minnesota (North Stars)	LNH	1	0	0	0	5	-	-	-	-	-
	Kalamazoo (Wings)	IHL	45	5	5	10	193	-	-	-	-	-
1993-94	Kalamazoo (Wings)	IHL	5	0	0	0	16	-	-	-	-	-
	Albany (River Rats)	AHL	37	9	5	14	135	5	1	1	2	18
1994-95	Albany (River Rats)	AHL	70	18	25	43	268	14	1	8	9	13
	New Jersey (Devils)	LNH	9	0	0	0	27	-	-	-	-	-
1995-96	New Jersey (Devils)	LNH	23	1	5	6	79	-	-	-	-	-
	Albany (River Rats)	AHL	6	1	3	4	17	-	-	-	-	-
1996-97	New Jersey (Devils)	LNH	27	0	4	4	60	5	0	0	0	29
	Albany (River Rats)	AHL	3	0	0	0	10	-	-	-	-	-
1997-98	New Jersey (Devils)	LNH	6	0	0	0	16	-	-	-	-	-
	Chicago (Blackhawks)	LNH	38	3	2	5	102	-	-	-	-	-
1998-99	Chicago (Blackhawks)	LNH	53	5	4	9	145	-	-	-	-	-
1999-00	Cleveland (Lumberjacks)	IHL	12	2	2	4	56	-	-	-	-	-
	Tampa Bay (Lightning)	LNH	26	1	0	1	103	-	-	-	-	-
2000-01	St. Louis (Blues)	LNH	38	2	1	3	96	5	0	0	0	2
2001-02	**Montréal (Canadiens)**	**LNH**	**25**	**1**	**1**	**2**	**63**	**-**	**-**	**-**	**-**	**-**
	Nashville (Predators)	LNH	26	5	0	5	69	-	-	-	-	-
	Milwaukee (Admirals)	AHL	2	1	0	1	37	-	-	-	-	-
2002-03	Nashville (Predators)	LNH	26	0	1	1	56	-	-	-	-	-
	Milwaukee (Admirals)	AHL	17	6	6	12	40	-	-	-	-	-
2003-04	Pittsburgh (Penguins)	LNH	2	0	0	0	17	-	-	-	-	-
	Wilkes-Barre (Penguins)	AHL	51	6	11	17	168	2	0	0	0	0
2004-05	Rockford (IceHogs)	UHL	15	1	3	4	46	7	0	0	0	18
2005-06	Vityaz Chekhov	RUS	41	0	3	3	300	-	-	-	-	-
2006-07	Vityaz Chekhov	RUS	36	3	7	10	231	2	0	0	0	25
		NHL	**301**	**18**	**18**	**36**	**838**	**10**	**0**	**0**	**0**	**31**
		Montréal	**25**	**1**	**1**	**2**	**63**	**-**	**-**	**-**	**-**	**-**

• Signe avec Minnesota comme joueur autonome le 14 décembre 1992 • Transfert la concession de Dallas au Minnesota le 9 juin 1993 • Échangé au New-Jersey par Dallas avec Roy Mitchell en retour de considérations futures le 21 mars 1994 • Échangé à Chicago par New-Jersey pour un choix de 4e ronde de Chicago (Mikko Jokela) lors du repêchage de 1998 et de considérations futures le 8 janvier 1998 • Échangé à Tampa Bay par Chicago avec Bryan Muir pour Michael Nylander le 12 novembre 1999 • Signe avec St. Louis comme joueur autonome le 24 août 2000 • Signé avec Montréal comme joueur autonome le 10 septembre 2001 • Réclamé au ballottage par Nashville de Montréal le 28 janvier 2002 • Signe avec Pittsburgh comme joueur autonome le 29 août 2003 • Signe avec Rockford (UHL) comme joueur autonome le 13 mars 2005 • Signe avec Vityaz Chekhov (RUS) comme joueur autonome le 24 septembre 2005

SIMPSON, TODD

Né à North Vancouver,Colombie-Britannique, le 28 mai 1973
Centre, lance de la droite, 6' 3", 220 lb

Saison	Club	Ligue	PJ	B	A	PTS	PUN	PJ	B	A	PTS	PUN
1991-92	Brown University Bears	ECAC	18	1	4	5	38	-	-	-	-	-
1992-93	Tri-City (Americans)	WHL	69	5	18	23	196	4	0	0	0	13
1993-94	Tri-City (Americans)	WHL	12	2	3	5	32	-	-	-	-	-
1993-94	Saskatoon (Blades)	WHL	51	7	19	26	175	16	1	5	6	42
1994-95	Saint John (Flames)	AHL	80	3	10	13	321	5	0	0	0	4
1995-96	Calgary (Flames)	NHL	6	0	0	0	32	-	-	-	-	-
	Saint John (Flames)	AHL	66	4	13	17	277	16	2	3	5	32
1996-97	Calgary (Flames)	LNH	82	1	13	14	208	-	-	-	-	-
1997-98	Calgary (Flames)	LNH	53	1	5	6	109	-	-	-	-	-
1998-99	Calgary (Flames)	LNH	73	2	8	10	151	-	-	-	-	-
1999-00	Floride (Panthers)	LNH	82	1	6	7	202	4	0	0	0	4
2000-01	Floride (Panthers)	LNH	25	1	3	4	74	-	-	-	-	-
	Phoenix (Coyotes)	LNH	13	0	1	1	12	-	-	-	-	-
2001-02	Phoenix (Coyotes)	LNH	67	2	13	15	152	5	0	2	2	6
2002-03	Phoenix (Coyotes)	LNH	66	2	7	9	135	-	-	-	-	-
2003-04	Anaheim (Mighty Ducks)	LNH	46	4	3	7	105	-	-	-	-	-
	Ottawa (Senateurs)	LNH	16	0	1	1	47	-	-	-	-	-
2004-05	Herning Blue Fox	DEN	7	2	3	5	35	16	3	5	8	82
2005-06	Chicago (Blackhawks)	LNH	45	0	3	3	116	-	-	-	-	-
	Montréal (Canadiens)	**LNH**	**6**	**0**	**0**	**0**	**14**	**-**	**-**	**-**	**-**	**-**
2006-07	Hannover Scorpions	GER	45	1	9	10	174	6	0	0	0	49
		LNH	**580**	**14**	**63**	**77**	**1357**	**9**	**0**	**2**	**2**	**10**
		Montréal	**6**	**0**	**0**	**0**	**14**	**-**	**-**	**-**	**-**	**-**

• Signe avec Calgary comme joueur autonome le 6 juillet 1994. Échangé en Floride par Calgary pour Bill Lindsay le 30 septembre 1999. Échangé à Phoenix par la Floride pour le choix de 2e ronde de Phoenix au repêchage de 2001 (plus tard échangé au New-Jersey qui sélectionne Tuomas Pihlman) le 13 mars 2001. Réclamé par Anaheim de Phoenix lors du repêchage inter-équipes le 3 octobre 2003. Échangé à Ottawa par Anaheim pour Petr Schastlivy le 4 février 2004. Signe avec Henning (DEN) comme joueur autonome le 16 décembre 2004. Signe avec Chicago comme joueur autonome le 23 août 2005. Échangé à Montréal par Chicago pour le choix de 6e ronde de Montréal au repêchage de 2006 (Chris Auger) le 9 mars 2006.

SINGBUSH, ALEXANDER (ALEX)

Né à Winnipeg, Manitoba, le 31 janvier 1914, décédé le 8 mars 1969
Défenseur, lance de la gauche, 5'11", 180 lb

Saison	Club	Ligue	PJ	B	A	PTS	PUN	PJ	B	A	PTS	PUN
1932-33	Winnipeg (K of C)	WJRHL	6	0	0	0	2	2	0	0	0	0
1933-34	Portage (Terriers)	MJHL	14	5	7	12	*48	2	0	0	0	4
1934-35	Sudbury (Refinery ORC)	NBHL	6	1	1	2	18	-	-	-	-	-
1935-36	Sudbury (Refinery ORC)	NBHL	9	3	4	7	26	-	-	-	-	-
1936-37	Sudbury (Refinery ORC)	NBHL	17	4	6	10	*64	-	-	-	-	-
1937-38	New Haven (Eagles)	IAHL	43	4	3	7	44	-	-	-	-	-
1938-39	New Haven (Eagles)	IAHL	18	0	0	0	25	-	-	-	-	-
	Philadelphie (Rams)	IAHL	38	2	1	3	52	9	0	1	1	6
1939-40	New Haven (Eagles)	IAHL	54	12	14	26	76	3	0	0	0	2
1940-41	New Haven (Eagles)	AHL	8	0	2	2	2	-	-	-	-	-
	Montréal (Canadiens)	**LNH**	**32**	**0**	**5**	**5**	**15**	**3**	**0**	**0**	**0**	**4**
1941-42	Washington (Lions)	AHL	55	6	7	13	50	2	0	0	0	4
1942-43	Washington (Lions)	AHL	11	1	5	6	31	-	-	-	-	-
	Providence (Reds)	AHL	35	6	6	12	32	2	0	0	0	0
1943-44	Sudbury (Open Pit)	SRCHL	8	1	0	1	6	-	-	-	-	-
	Sudbury (Open Pit)	Allan	-	-	-	-	-	16	4	5	9	30
1944-45	Sudbury (Open Pit)	SRCHL	8	0	4	4	2	7	0	0	0	10
1945-46	Providence (Reds)	AHL	1	0	0	0	0	-	-	-	-	-
	Hull (Volants)	LHSQ	5	0	0	0	4	-	-	-	-	-
	North Bay (CPR)	NOHA	*Statistiques non disponibles*									
		LNH	**32**	**0**	**5**	**5**	**15**	**3**	**0**	**0**	**0**	**4**
		Montréal	**32**	**0**	**5**	**5**	**15**	**3**	**0**	**0**	**0**	**4**

• Droits vendus à Washington (AHL) par Montréal le 9 octobre 1941

SKOV, GLEN

Né à Weatley, Ontario, le 26 janvier 1931
Centre/ailier gauche, lance de la gauche, 6'2", 180 lb

Saison	Club	Ligue	PJ	B	A	PTS	PUN	PJ	B	A	PTS	PUN
1946-47	Windsor (Spitfires)	JOHA	2	0	0	0	0	-	-	-	-	-
1947-48	Detroit (Hettche)	IHL	18	4	4	8	8	8	5	3	8	6
1948-49	Windsor (Spitfires)	JOHA	35	16	12	28	42	4	0	0	0	2
	Windsor (Ryancretes)	IHL	11	2	7	9	4	3	0	6	6	0
1949-50	Windsor (Spitfires)	JOHA	47	51	51	102	23	8	7	2	9	0
	Detroit (Red Wings)	LNH	2	0	0	0	0	-	-	-	-	-
1950-51	Omaha (Knights)	USHL	45	26	33	59	55	-	-	-	-	-
	Detroit (Red Wings)	LNH	19	7	6	13	13	6	0	0	0	0
1951-52	Detroit (Red Wings)	LNH	70	12	14	26	48	8	1	4	5	16
1952-53	Detroit (Red Wings)	LNH	70	12	15	27	54	6	1	0	1	2
1953-54	Detroit (Red Wings)	LNH	70	17	10	27	95	12	1	2	3	16
1954-55	Detroit (Red Wings)	LNH	70	14	16	30	53	11	2	0	2	8
	Match des étoiles	LNH	1	0	0	0	0	-	-	-	-	-
1955-56	Chicago (Black Hawks)	LNH	70	7	20	27	26	-	-	-	-	-
1956-57	Chicago (Black Hawks)	LNH	67	14	28	42	69	-	-	-	-	-
1957-58	Chicago (Black Hawks)	LNH	70	17	18	35	35	-	-	-	-	-
1958-59	Chicago (Black Hawks)	LNH	70	3	5	8	4	6	2	1	3	4
1959-60	Chicago (Black Hawks)	LNH	69	3	4	7	16	4	0	0	0	2

SAISONS RÉGULIÈRES · SÉRIES ÉLIMINATOIRES

Saison	Club	Ligue	PJ	B	A	PTS	PUN	PJ	B	A	PTS	PUN
1960-61	**Montréal (Canadiens)**	**LNH**	**3**	**0**	**0**	**0**	**0**	-	-	-	-	-
	Hull-Ottawa (Canadiens)	EPHL	67	16	26	42	24	14	2	6	8	2
		LNH	**650**	**106**	**136**	**242**	**413**	**53**	**7**	**7**	**14**	**48**
		Montréal	**3**	**0**	**0**	**0**	**0**	-	-	-	-	-

• Coupe Stanley (LNH) 1951-52, 1953-54, 1954-55 • Match des étoiles (LNH) en 1954-55

• Échangé à Chicago par Detroit avec Tony Leswick, John Wilson et Ben Woit pour Dave Creighton, Gord Hollingworth, John McCormack et Jerry Toppazzini le 28 mai 1955 • Échangé à Montréal par Chicago avec Terry Gray, Danny Lewicki, Bob Bailey et Lorne Ferguson pour Ab McDonald, Reg Flemming, Bob Courcy et Cec Hoekstra le 7 juin 1960

SKRUDLAND, BRIAN

Né à Peace River, Alberta, le 31 juillet 1963. Centre, lance de la gauche, 6', 195 lb

Saison	Club	Ligue	PJ	B	A	PTS	PUN	PJ	B	A	PTS	PUN
1980-81	Saskatoon (Blades)	WHL	66	15	27	42	97	-	-	-	-	-
1981-82	Saskatoon (Blades)	WHL	71	27	29	56	135	5	0	1	1	2
1982-83	Saskatoon (Blades)	WHL	71	35	59	94	42	6	1	3	4	19
1983-84	Nlle-Écosse (Voyageurs)	AHL	56	13	12	25	55	12	2	8	10	14
1984-85	Sherbrooke (Canadiens)	AHL	70	22	28	50	109	17	9	8	17	23
1985-86	**Montréal (Canadiens)**	**LNH**	**65**	**9**	**13**	**22**	**57**	**20**	**2**	**4**	**6**	**76**
1986-87	**Montréal (Canadiens)**	**LNH**	**79**	**11**	**17**	**28**	**107**	**14**	**1**	**5**	**6**	**29**
1987-88	**Montréal (Canadiens)**	**LNH**	**79**	**12**	**24**	**36**	**112**	**11**	**1**	**5**	**6**	**24**
1988-89	**Montréal (Canadiens)**	**LNH**	**71**	**12**	**29**	**41**	**84**	**21**	**3**	**7**	**10**	**40**
1989-90	**Montréal (Canadiens)**	**LNH**	**59**	**11**	**31**	**42**	**56**	**11**	**3**	**5**	**8**	**30**
1990-91	**Montréal (Canadiens)**	**LNH**	**57**	**15**	**19**	**34**	**85**	**13**	**3**	**10**	**13**	**42**
1991-92	**Montréal (Canadiens)**	**LNH**	**42**	**3**	**3**	**6**	**36**	**11**	**1**	**1**	**2**	**20**
1992-93	**Montréal (Canadiens)**	**LNH**	**23**	**5**	**3**	**8**	**55**	-	-	-	-	-
	Calgary (Flames)	LNH	16	2	4	6	10	6	0	3	3	12
1993-94	Floride (Panthers)	LNH	79	15	25	40	136	-	-	-	-	-
1994-95	Floride (Panthers)	LNH	47	5	9	14	88	-	-	-	-	-
1995-96	Floride (Panthers)	LNH	79	7	20	27	129	21	1	3	4	18
1996-97	Floride (Panthers)	LNH	51	5	13	18	48	-	-	-	-	-
1997-98	New York (Rangers)	LNH	59	5	6	11	39	-	-	-	-	-
	Dallas (Stars)	LNH	13	2	0	2	10	17	0	1	1	16
1998-99	Dallas (Stars)	LNH	40	4	1	5	33	19	0	2	2	16
1999-00	Dallas (Stars)	LNH	22	1	2	3	22	-	-	-	-	-
		LNH	**881**	**124**	**219**	**343**	**1107**	**164**	**15**	**46**	**61**	**323**
		Montréal	**475**	**78**	**139**	**217**	**592**	**101**	**14**	**37**	**51**	**261**

• Coupe Calder (AHL) en 1984-85 • Trophée Jack-A.-Butterfield (AHL) en 1984-85. • Coupe Stanley (LNH) en 1985-86, 1998-99

• Signe avec Montréal comme joueur autonome le 13 septembre 1983 • Échangé à Calgary par Montréal pour Gary Leeman le 28 janvier 1993 • Réclamé par la Floride de Calgary lors de l'expansion de la LNH le 24 juin 1993 • Signe avec New York (Rangers) comme joueur autonome le 21 août 1997 • Échangé à Dallas par New York (Rangers) avec Mike Keane et le choix de 6e ronde des Rangers au repêchage de 1998 (Pavel Patera) pour Todd Harvey, Bob Errey et le choix de 4e ronde de Dallas au repêchage de 1998 (Boyd Kane) le 24 mars 1998

SMART, ALEXANDER (ALEX)

Né à Brandon, Manitoba, le 29 mai 1918, décédé le 18 avril 2005
Ailier gauche, lance de la gauche, 5'10", 150 lb

Saison	Club	Ligue	PJ	B	A	PTS	PUN	PJ	B	A	PTS	PUN
1935-36	Portage (Terriers)	MJHL	16	10	4	14	4	6	*9	*6	*15	2
1936-37	Portage (Terriers)	MJHL	16	15	4	19	10	4	0	2	2	6
1937-38	Toronto (Marlboros)	SOHA	12	12	11	23	10	6	4	8	12	9
1938-39	Verdun (Maple Leafs)	LHJM	22	6	9	15	18	2	1	1	2	4
1939-40	Verdun (Maple Leafs)	LHJM	21	8	9	17	13	8	7	1	8	9
1940-41	Montréal (Canadiens)	LHJM	33	7	15	22	21	-	-	-	-	-
1941-42	Montréal (Canadiens)	LHJM	36	15	6	21	40	6	4	4	8	4
1942-43	Montréal (Canadiens Sr)	LHSQ	23	12	11	23	8	-	-	-	-	-
	Montréal (Canadiens)	**LNH**	**8**	**5**	**2**	**7**	**0**	-	-	-	-	-
1943-44	Montréal (Royals)	LHSQ	20	9	14	23	9	5	4	3	7	2
	Montréal (Vickers)	LHCM	10	8	13	21	12	-	-	-	-	-
1944-45	Montréal (Royals)	LHSQ	24	19	19	38	12	7	2	3	5	2
1945-46	Montréal (Royals)	LHSQ	37	16	24	40	33	11	5	5	10	6
1946-47	Ottawa (Senators)	LHSQ	38	14	21	35	26	9	1	6	7	4
1947-48	Ottawa (Senators)	LHSQ	47	28	38	66	11	12	2	8	10	6
	Ottawa (Senators)	Allan	-	-	-	-	-	10	4	7	11	2
1948-49	Ottawa (Senators)	LHSQ	40	14	27	41	29	11	3	4	5	6
	Ottawa (Senators)	Allan	-	-	-	-	-	14	1	4	5	2
1949-50	Ottawa (Senators)	LHSQ	28	8	12	20	28	7	0	3	3	12
		LNH	**8**	**5**	**2**	**7**	**0**	-	-	-	-	-
		Montréal	**8**	**5**	**2**	**7**	**0**	-	-	-	-	-

• Coupe Allan en 1948-49

• Prêté à Montréal par Montréal (Canadiens-LHSQ) le 14 janvier 1943 • Signe avec Montréal le 1er février 1943

SMITH, DESMOND (DES)

Né à Ottawa, Ontario, le 22 février 1914, décédé le 26 septembre 1981
Défenseur, lance de la gauche, 6', 185 lb

Saison	Club	Ligue	PJ	B	A	PTS	PUN	PJ	B	A	PTS	PUN
1930-31	Ottawa (St-Malachys)	OCHL	13	1	0	1	32	-	-	-	-	-
1931-32	Ottawa (Montagnards Jr)	OCJHL	12	2	4	6	18	2	0	0	0	11
	Ottawa (Montagnards)	OCHL	1	0	0	0	0	-	-	-	-	-
1932-33	Ottawa (Montagnards Jr)	OCJHL	15	3	5	8	25	2	0	0	0	4
	Ottawa (Montagnards)	OCHL	1	0	0	0	0	1	0	0	0	0
1933-34	Ottawa (Montagnards)	OCHL	21	6	5	11	37	3	0	1	1	4
1934-35	Charlottetown (Abegweits)	MSHL	19	0	2	2	54	-	-	-	-	-
	St. John (St-Peters)	SJCHL	14	6	15	21	*19	12	4	1	5	*21
1935-36	Wembley (Lions)	Ln-Cup	-	4	1	5	-	-	-	-	-	-
	Wembley (Lions)	GBR	-	7	4	11	-	-	-	-	-	-
1936-37	Wembley (Lions)	GBR	34	8	8	16	40	-	-	-	-	-
1937-38	Montréal (Maroons)	LNH	40	3	1	4	47	-	-	-	-	-
1938-39	**Montréal (Canadiens)**	**LNH**	**16**	**3**	**3**	**6**	**8**	**3**	**0**	**0**	**0**	**4**
	New Haven (Eagles)	IAHL	34	4	9	13	34	-	-	-	-	-
1939-40	Chicago (Black Hawks)	LNH	24	1	4	5	27	-	-	-	-	-
	Boston (Bruins)	LNH	20	2	2	4	23	6	0	0	0	0
1940-41	Boston (Bruins)	LNH	48	6	8	14	61	11	0	2	2	12
1941-42	Boston (Bruins)	LNH	48	7	7	14	70	5	1	2	3	2
1942-43	Ottawa (Army)	OCHL	*N'a pas joué – entraîneur-chef*									
1943-44	Ottawa (Army)	OCHL	*N'a pas joué – entraîneur-chef*									
1944-45	Montréal (Army)	LHCM	10	6	2	8	10	3	0	1	1	4
1945-46	Shawinigan (Cataractes)	LHSQ	14	0	3	3	12	-	-	-	-	-
1946-47	Springfield (Indians)	AHL	2	1	0	1	0	-	-	-	-	-
		LNH	**196**	**22**	**25**	**47**	**236**	**25**	**1**	**4**	**5**	**18**
		Montréal	**16**	**3**	**3**	**6**	**8**	**3**	**0**	**0**	**0**	**4**

• Coupe Stanley en 1940-41

• Signe avec Montréal (Maroons) le 7 octobre 1937 • Droits vendus à Montréal (Canadiens) par Montréal (Maroons) avec Bob Gracie, Ernie Cain, Jimmy Ward, Stew Evans, Cy Wentworth, Lester Brennan et les droits sur Claude Bourque le 14 septembre 1938 • Droits vendus à Chicago par Montréal le 15 mai 1939 • Échangé à Boston par Chicago pour Jack Portland le 27 janvier 1940

SMITH, DONALD (DON)

Né à Cornwall, Ontario, le 4 juin 1887, décédé le 13 mai 1959
Centre/Ailier gauche, lance de la gauche, 5'7", 160 lb

Saison	Club	Ligue	PJ	B	A	PTS	PUN	PJ	B	A	PTS	PUN
1904-05	Cornwall (Seniors)	FAHL	7	4	0	4	-	-	-	-	-	-
1905-06	Cornwall (Hockey Club)	FAHL	5	2	0	2	-	-	-	-	-	-
1906-07	Cornwall (Hockey Club)	FAHL	9	*16	0	*16	-	-	-	-	-	-
1907-08	Portage la Prairie	MPHL	14	19	0	19	-	-	-	-	-	-
1908-09	St. Catharines (Pros)	OPHL	6	10	0	10	12	-	-	-	-	-
	Toronto (Maple Leafs)	OPHL	8	11	0	11	15	-	-	-	-	-
1909-10	Montréal (Shamrocks)	CHA	3	7	0	7	3	-	-	-	-	-
	Montréal (Shamrocks)	NHA	12	14	0	14	*58	-	-	-	-	-
	Montréal (ACB)	LHCM	7	6	0	6	-	-	-	-	-	-
1910-11	Renfrew (Creamery Kings)	NHA	16	26	0	26	49	-	-	-	-	-
1911-12	Victoria (Aristocrats)	PCHA	16	19	0	19	22	-	-	-	-	-
1912-13	**Montréal (Canadiens)**	**NHA**	**20**	**19**	**0**	**19**	-	-	-	-	-	-
1913-14	**Montréal (Canadiens)**	**NHA**	**20**	**18**	**10**	**28**	-	**2**	**1**	**0**	**1**	-
1914-15	**Montréal (Canadiens)**	**NHA**	**11**	**2**	**5**	**7**	**18**	-	-	-	-	-
	Montréal (Wanderers)	NHA	8	4	3	7	21	2	1	0	1	12
1915-16	Montréal (Wanderers)	NHA	23	13	2	15	56	-	-	-	-	-
1916-17			*Service militaire*									
1917-18			*Service militaire*									
1918-19			*Service militaire*									
1919-20	**Montréal (Canadiens)**	**LNH**	**12**	**1**	**0**	**1**	**6**	-	-	-	-	-
		NHA	**110**	**96**	**20**	**116**	**202**	**4**	**2**	**0**	**2**	**12**
		LNH	**12**	**1**	**0**	**1**	**6**	-	-	-	-	-
		Montréal	**63**	**40**	**15**	**55**	**24**	**2**	**1**	**0**	**1**	**0**

• Signe avec St. Catharines (OPHL) le 8 décembre 1908 • Signe avec Toronto (OPHL) le 22 janvier 1909 • Signe avec Trenton (EOPHL) le 22 décembre 1910 • Signe avec Renfrew (NHA) le 27 décembre 1910 • Réclamé par Montréal (Wanderers – NHA) (NHA) lors du repêchage de dispersion de Renfrew (NHA) le 12 novembre 1911 • Signe avec Victoria (PCHA) en décembre 1911 • Signe avec Montréal (Canadiens) (NHA) le 26 novembre 1912 • Droits vendus à Montréal (Wanderers) (NHA) par Montréal (Canadiens) (NHA) le 31 janvier 1915 • Signe avec Montréal (Canadiens) le 11 décembre 1919

SMITH, ROBERT (BOBBY)

Né à North Sydney, Nouvelle-Écosse, le 12 février 1958. Centre, lance de la gauche, 6'4", 210 lb (Choix de 1re ronde du Minnesota, 1er au total lors du repêchage de 1978)

Saison	Club	Ligue	PJ	B	A	PTS	PUN	PJ	B	A	PTS	PUN
1974-75	Ottawa (Golden Knights)	OMHA	58	74	64	138	-	-	-	-	-	-
1975-76	Ottawa (67's)	OMJHL	62	24	34	58	21	-	-	-	-	-
1976-77	Ottawa (67's)	OMJHL	64	*65	70	135	52	19	16	16	32	29
	Ottawa (67's)	Mem.	-	-	-	-	-	5	6	6	12	4
1977-78	Ottawa (67's)	OMJHL	61	69	*123	*192	44	16	15	15	30	10
	Canada	CMJ	3	1	4	5	0	-	-	-	-	-
1978-79	Minnesota (North Stars)	LNH	80	30	44	74	39	-	-	-	-	-
	Canada	CM	8	5	3	8	0	-	-	-	-	-
1979-80	Minnesota (North Stars)	NNL	61	27	56	83	24	15	1	13	14	9
1980-81	Minnesota (North Stars)	LNH	78	29	64	93	73	19	8	17	25	13
	Match des étoiles	LNH	1	0	0	0	0	-	-	-	-	-
1981-82	Minnesota (North Stars)	LNH	80	43	71	114	82	4	2	4	6	5
	Match des étoiles	LNH	1	0	0	0	0	-	-	-	-	-
	Canada	CM	10	1	5	6	0	-	-	-	-	-
1982-83	Minnesota (North Stars)	LNH	77	24	53	77	81	9	6	4	10	17
1983-84	Minnesota (North Stars)	LNH	10	3	6	9	9	-	-	-	-	-
	Montréal (Canadiens)	**LNH**	**70**	**26**	**37**	**63**	**62**	**15**	**2**	**7**	**9**	**8**
1984-85	**Montréal (Canadiens)**	**LNH**	**65**	**16**	**40**	**56**	**59**	**12**	**5**	**6**	**11**	**30**
1985-86	**Montréal (Canadiens)**	**LNH**	**79**	**31**	**55**	**86**	**55**	**20**	**7**	**8**	**15**	**22**
1986-87	**Montréal (Canadiens)**	**LNH**	**80**	**28**	**47**	**75**	**72**	**17**	**9**	**9**	**18**	**19**
1987-88	**Montréal (Canadiens)**	**LNH**	**78**	**27**	**66**	**93**	**78**	**11**	**3**	**4**	**7**	**8**
1988-89	**Montréal (Canadiens)**	**LNH**	**80**	**32**	**51**	**83**	**69**	**21**	**11**	**8**	**19**	**46**
	Match des étoiles	LNH	1	0	0	0	0	-	-	-	-	-
1989-90	**Montréal (Canadiens)**	**LNH**	**53**	**12**	**14**	**26**	**35**	**11**	**1**	**4**	**5**	**6**
1990-91	Minnesota (North Stars)	LNH	73	15	31	46	60	23	8	8	16	56
	Match des étoiles	LNH	1	0	0	0	0	-	-	-	-	-
1991-92	Minnesota (North Stars)	LNH	68	9	37	46	109	7	1	4	5	6
1992-93	Minnesota (North Stars)	LNH	45	5	7	12	10	-	-	-	-	-
		LNH	**1077**	**357**	**679**	**1036**	**917**	**184**	**64**	**96**	**160**	**245**
		Montréal	**505**	**172**	**310**	**482**	**430**	**107**	**38**	**46**	**84**	**139**

• Première équipe d'étoiles (OMJHL) en 1977-78 • Deuxième équipe d'étoiles (OMJHL) en 1975-76, 1976-77 • Équipe d'Étoiles (Mem.) en 1976-77 • Trophée George-Parsons (Mem.) en 1976-77 • Joueur par excellence (CHL) en 1977-78 • Médaille de bronze (CMJ) en 1978 • Trophée

SAISONS RÉGULIÈRES · SÉRIES ÉLIMINATOIRES

SKR-SMI

760

Calder (LNH) en 1978-79 • Match des étoiles (LNH) en 1980-81, 1981-82, 1988-89, 1990-91 • Médaille de bronze (CM) en 1982 • Coupe Stanley (LNH) en 1985-86

• Échangé à Montréal par Minnesota pour Keith Acton, Mark Napier et le choix de 3e ronde de Toronto (propriété du Canadien suite à une transaction antérieure, Minnesota sélectionne Ken Hodge Jr) au repêchage de 1984 le 28 octobre 1983 • Échangé au Minnesota par Montréal pour le choix de 4e ronde du Minnesota au repêchage de 1992 (Louis Bernard) le 7 août 1990

SMITH, STUART (STU)

Né à Basswood, Manitoba, le 25 septembre 1918
Ailier gauche, lance de la gauche, 5'8", 165 lb

Saison	Club	Ligue	PJ	B	A	PTS	PUN	PJ	B	A	PTS	PUN
1932-33	Kenora (Thistles)	NOJHA	10	*12	1	*13	4	7	3	1	4	6
1933-34	Kenora (Thistles)	NOJHA	16	*22	6	*28	10	9	*11	1	*12	12
	Kenora (Thistles)	Mem.	-	-	-	-	-	4	1	1	2	4
1934-35	Kenora (Canadiens)	TBSHL	11	9	4	13	5	-	-	-	-	-
1935-36	Kenora (Thistles)	MTBHL	12	*11	2	13	5	-	-	-	-	-
1936-37	Sudbury (Creighton Mines)	NBHL	14	*13	5	18	20	2	2	0	2	0
1937-38	Sudbury (Creighton Mines)	NBHL	9	5	2	7	2	5	3	0	3	8
1938-39	Kirkland Lake (Blue Devils)	GBHL	7	13	8	21	2	2	*6	0	6	2
	Kirkland Lake (Blue Devils)	Allan	-	-	-	-	-	6	4	2	6	2
1939-40	Kirkland Lake (Blue Devils)	Exh.	15	9	8	17	8	-	-	-	-	-
	Kirkland Lake (Blue Devils)	Allan	-	-	-	-	-	20	8	9	17	12
1940-41	Québec (Royals Rifles)	LHCQ	35	*33	26	*59	37	4	0	0	0	4
	Montréal (Canadiens)	**LNH**	**3**	**2**	**1**	**3**	**2**	**1**	**0**	**0**	**0**	**0**
1941-42	Washington (Lions)	AHL	55	22	28	50	2	2	0	0	0	0
	Montréal (Canadiens)	**LNH**	**1**	**0**	**1**	**1**	**0**	-	-	-	-	-
1942-43	Ottawa (Canadiens)	OCHL	10	11	14	25	6	8	6	7	13	2
	Washington (Lions)	AHL	42	14	26	40	28	-	-	-	-	-
1943-44	Ottawa (Commandos)	OCHL	25	10	17	27	2	3	1	1	2	2
	Hull (Volants)	Allan	-	-	-	-	-	4	3	3	6	0
1944-45	Ottawa (Commandos)	OCHL	24	20	25	45	11	2	2	0	2	2
1945-46	Ottawa (Senators)	LHSQ	36	29	35	64	10	7	7	2	9	9
1946-47	Ottawa (Senators)	LHSQ	34	20	27	47	14	8	2	1	3	2
1947-48	Ottawa (Senators)	LHSQ	45	21	42	63	6	12	5	7	12	8
	Ottawa (Senators)	Allan	-	-	-	-	-	14	3	7	10	11
1948-49	Ottawa (Senators)	LHSQ	40	12	18	30	2	-	-	-	-	-
	Ottawa (Senators)	Allan	-	-	-	-	-	11	5	5	10	0
1949-50	Ottawa (Senators)	LHSQ	53	27	22	49	6	5	2	2	4	0
1950-51	Smith Falls (Rideaus)	ECSHL	17	25	11	36	-	5	10	4	14	-
	Smith Falls (Rideaus)	Allan	-	-	-	-	-	16	12	12	24	14
1951-52	Smith Falls (Rideaus)	ECSHL	43	38	46	84	6	8	2	3	5	0
1952-53	Smith Falls (Rideaus)	ECSHL	47	38	38	*76	12	13	8	7	*15	2
	Smith Falls (Rideaus)	Allan	-	-	-	-	-	11	5	*9	14	4
1953-54	Smith Falls (Rideaus)	ECSHL	19	19	23	42	6	13	0	5	5	12
		LNH	**4**	**2**	**2**	**4**	**2**	**1**	**0**	**0**	**0**	**0**
		Montréal	**4**	**2**	**2**	**4**	**2**	**1**	**0**	**0**	**0**	**0**

• Coupe Allan en 1939-40, 1948-49 • Première équipe d'étoiles (LHCQ) en 1940-41

• Signe avec Montréal le 4 mars 1940

SMITH, THOMAS (TOMMY)

Né à Ottawa, Ontario, le 27 septembre 1886, décédé le 1er août 1966
Centre, lance de la gauche, 5'6", 150 lb

Saison	Club	Ligue	PJ	B	A	PTS	PUN	PJ	B	A	PTS	PUN
1905-06	Ottawa (Vics)	FAHL	8	12	0	12	-	-	-	-	-	-
	Ottawa (Senators)	ECAHA	3	6	0	6	12	1	0	0	0	9
1906-07	Pittsburgh (Hockey Club)	IHL	23	31	13	44	47	-	-	-	-	-
1907-08	Pittsburgh (Lyceum)	WPHL	16	*33	0	*33	-	1	2	0	2	-
1908-09	Pittsburgh (Lyceum)	WPHL	6	15	0	15	-	-	-	-	-	-
	Brantford (Indians)	OPHL	13	*40	0	*40	30	-	-	-	-	-
	Haileybury (Silver Kings)	TPHL	1	3	0	3	2	2	3	0	3	0
	Pittsburgh (Bankers)	WPHL	-	-	-	-	-	3	3	0	3	3
1909-10	Brantford (Indians)	OPHL	2	1	0	1	3	-	-	-	-	-
1910-11	Galt (Professionals)	OPHL	18	22	0	22	-	3	7	0	7	0
1911-12	Moncton (Victorias)	MPHL	18	53	0	53	48	2	2	0	2	3
1912-13	Québec (Bulldogs)	NHA	18	39	0	39	-	2	4	0	4	0
1913-14	Québec (Bulldogs)	NHA	20	*39	6	*45	-	-	-	-	-	-
1914-15	Québec (Bulldogs)	NHA	9	*23	2	*25	29	-	-	-	-	-
	Toronto (Ont/Sham)	NHA	10	*17	2	*19	14	-	-	-	-	-
1915-16	Québec (Bulldogs)	NHA	22	16	3	19	30	-	-	-	-	-
1916-17	**Montréal (Canadiens)**	**NHA**	**14**	**7**	**4**	**11**	**32**	**6**	**4**	**0**	**4**	**14**
1917-18			*N'a pas joué*									
1918-19			*N'a pas joué*									
1919-20	Québec (Bulldogs)	LNH	10	0	1	1	11	-	-	-	-	-
		NHA	**93**	**141**	**17**	**158**	**105**	**8**	**8**	**0**	**8**	**14**
		LNH	**10**	**0**	**1**	**1**	**11**	-	-	-	-	-
		Montréal	**14**	**7**	**4**	**11**	**32**	**6**	**4**	**0**	**4**	**14**

• Coupe Stanley (NHA) en 1912-13

• Signe avec Pittsburgh (WPHL) le 10 décembre 1907 • Signe avec Brantford (OPHL) le 18 décembre 1908 • Signe avec Haileybury (TPHL) le 14 février 1909 • Signe avec Brantford (OPHL) le 25 janvier 1910 • Signe avec Québec (NHA) le 1er décembre 1912 • Échangé à Toronto (NHA) par Québec (NHA) pour Jack McDonald le 21 décembre 1914 • Droits vendus à Québec (NHA) par Toronto (NHA) le 29 janvier 1915 • Droits vendus à Montréal par Québec le 7 janvier 1917 • Droits vendus à Ottawa par Montréal le 28 novembre 1918 • Droits transférés à Québec au retour de la concession dans la LNH le 25 novembre 1919

SMOLINSKI, BRYAN

Né à Toledo, Ohio, le 27 décembre 1971. Centre, lance de la droite, 6'1", 203 lb (Choix de 1re ronde de Boston, 21e au total lors du repêchage de 1990)

Saison	Club	Ligue	PJ	B	A	PTS	PUN	PJ	B	A	PTS	PUN
1987-88	Detroit (Little Caesars)	MLNH	80	43	77	120	0	-	-	-	-	-
1988-89	Stratpourd (Cullitons)	OHA-B	46	32	62	94	132	-	-	-	-	-
1989-90	Michigan State (Spartans)	CCHA	35	9	13	22	34	-	-	-	-	-
	États-Unis	CMJ	7	2	3	5	8	-	-	-	-	-
1990-91	Michigan State (Spartans)	CCHA	35	9	12	21	24	-	-	-	-	-
1991-92	Michigan State (Spartans)	CCHA	41	28	33	61	55	-	-	-	-	-
1992-93	Michigan State (Spartans)	CCHA	40	31	37	68	93	-	-	-	-	-
	Boston (Bruins)	LNH	9	1	3	4	0	4	1	0	1	2
1993-94	Boston (Bruins)	LNH	83	31	20	51	82	13	5	4	9	4
1994-95	Boston (Bruins)	LNH	44	18	13	31	31	5	0	1	1	4
1995-96	Pittsburgh (Penguins)	LNH	81	24	40	64	69	18	5	4	9	10
1996-97	États-Unis	CDM	6	0	5	5	0	-	-	-	-	-
	Detroit Vipers	IHL	6	5	7	12	10	-	-	-	-	-
	New York (Islanders)	LNH	64	28	28	56	25	-	-	-	-	-
1997-98	New York (Islanders)	LNH	81	13	30	43	34	-	-	-	-	-
	États-Unis	CMH	6	3	1	4	10	-	-	-	-	-
1998-99	New York (Islanders)	LNH	82	16	24	40	49	-	-	-	-	-
	États-Unis	CM	6	3	3	6	8	-	-	-	-	-
1999-00	Los Angeles (Kings)	LNH	79	20	36	56	48	4	0	0	0	2
2000-01	Los Angeles (Kings)	LNH	78	27	32	59	40	13	1	5	6	14
2001-02	Los Angeles (Kings)	LNH	80	13	25	38	56	7	2	0	2	2
2002-03	Los Angeles (Kings)	LNH	58	18	20	38	18	-	-	-	-	-
	Ottawa (Sénateurs)	LNH	10	3	5	8	2	18	2	7	9	6
2003-04	Ottawa (Sénateurs)	LNH	80	19	27	46	49	7	1	1	2	4
2004-05	États-Unis	CDM	3	1	0	1	0	-	-	-	-	-
	Motor City (Mechanics)	UHL	21	9	23	32	18	-	-	-	-	-
2005-06	Ottawa (Sénateurs)	LNH	81	17	31	48	46	10	3	3	6	2
2006-07	Chicago (Blackhawks)	LNH	62	14	23	37	29	-	-	-	-	-
	Vancouver Canucks	LNH	20	4	3	7	8	12	2	2	4	8
2007-08	**Montréal (Canadiens)**	**LNH**	**64**	**8**	**17**	**25**	**20**	**12**	**1**	**2**	**3**	**2**
		LNH	**1056**	**274**	**377**	**651**	**606**	**123**	**23**	**29**	**52**	**60**
		Montréal	**64**	**8**	**17**	**25**	**20**	**12**	**1**	**2**	**3**	**2**

• Première équipe d'étoiles (CCHA) en 1992-93 • Première équipe d'étoiles All-American, Division Ouest (NCAA) en 1992-93

• Échangé à Pittsburgh par Boston avec Glen Murray et le choix de 3e ronde de Boston au repêchage de 1996 (Boyd Kane) pour Kevin Stevens et Shawn McEachern le 2 août 1995 • Échangé à New York (Islanders) par Pittsburgh pour Darius Kasparaitis et Andreas Johansson le 17 novembre 1996 • Échangé à Los Angeles par New York (Islanders) avec Ziggy Palffy, Marcel Cousineau et le choix de 4e ronde de New Jersey au repêchage de 1999 (échangé plus tard à Los Angeles qui sélectionne Daniel Johansson) pour d'Olli Jokinen, Josh Green, Mathieu Biron et le choix de 1re ronde de Los Angeles au repêchage de 1999 (Taylor Pyatt) le 20 juin 1999 • Échangé à Ottawa par Los Angeles pour Tim Gleason et des considérations futures le 11 mars 2003 • Signe avec Motor City (UHL) comme joueur autonome le 11 février 2005 • Échangé à Chicago par Ottawa avec Martin Havlat pour Tom Preissing, Josh Hennessy, Michal Barinka et d'un choix de 2e ronde au repêchage de 2008 (Patrick Wiercioch) le 10 juillet 2006 • Échangé à Vancouver par Chicago pour le choix de 2e ronde au repêchage de 2007 (Akim Aliu) le 26 février 2007 • Signe avec Montréal comme joueur autonome le 2 juillet 2007

SMRKE, STANLEY (STAN)

Né à Belgrade, Yougoslavie, le 2 septembre 1928, décédé le 14 avril 1977
Ailier gauche, lance de la gauche, 5'11", 180 lb

Saison	Club	Ligue	PJ	B	A	PTS	PUN	PJ	B	A	PTS	PUN
1945-46	Copper Cliff Jr Redmen	NOJHA	3	4	0	4	0	-	-	-	-	-
1946-47	Toronto Young Rangers	JOHA	5	0	0	0	0	-	-	-	-	-
1947-48	Atlantic City-Baltimore	EAHL	28	9	16	25	14	-	-	-	-	-
1948-49	Chicoutimi (Volants)	LSSL	36	27	18	45	-	-	-	-	-	-
1949-50	Chicoutimi (Saguenéens)	LSSL	58	24	26	50	64	5	5	0	5	5
1950-51	Chicoutimi (Saguenéens)	LHMQ	54	16	36	52	48	6	0	2	2	2
1951-52	Chicoutimi (Saguenéens)	LHMQ	40	10	13	23	25	18	5	6	11	15
1952-53	Chicoutimi (Saguenéens)	LHMQ	59	35	46	81	28	20	5	8	13	13
1953-54	Chicoutimi (Saguenéens)	LHQ	62	11	32	43	24	7	0	2	2	0
1954-55	Chicoutimi (Saguenéens)	LHQ	60	25	36	61	34	7	2	2	4	2
1955-56	Chicoutimi (Saguenéens)	LHQ	45	26	32	58	20	5	1	3	4	7
1956-57	Chicoutimi (Saguenéens)	LHQ	33	20	18	38	22	-	-	-	-	-
	Montréal (Canadiens)	**LNH**	**4**	**0**	**0**	**0**	**0**	-	-	-	-	-
1957-58	Rochester (Americans)	AHL	63	20	19	39	32	-	-	-	-	-
	Montréal (Canadiens)	**LNH**	**5**	**0**	**3**	**3**	**0**	-	-	-	-	-
	Match des étoiles	LNH	1	1	0	1	0	-	-	-	-	-
1958-59	Chicoutimi (Saguenéens)	LHQ	57	36	32	68	40	-	-	-	-	-
1959-60	Rochester (Americans)	AHL	67	*40	36	76	18	11	*7	6	13	2
1960-61	Rochester (Americans)	AHL	21	10	12	22	6	-	-	-	-	-
1961-62	Rochester (Americans)	AHL	40	7	19	26	14	2	0	0	0	0
1962-63	Rochester (Americans)	AHL	71	22	25	47	16	2	1	0	1	0
1963-64	Rochester (Americans)	AHL	59	23	19	42	26	2	0	0	0	0
1964-65	Rochester (Americans)	AHL	71	33	59	92	28	10	5	4	9	4
1965-66	Rochester (Americans)	AHL	50	11	20	31	8	8	0	1	1	0
1966-67	Rochester (Americans)	AHL	71	31	30	61	24	13	2	7	9	2
		LNH	**9**	**0**	**3**	**3**	**0**	-	-	-	-	-
		Montréal	**9**	**0**	**3**	**3**	**0**	-	-	-	-	-

• Première équipe d'étoiles (LHMQ) en 1952-53 • Deuxième équipe d'étoiles (LHMQ) en 1950-51 • Deuxième équipe d'étoiles (LHQ) en 1955-56, 1958-59 • Première équipe d'étoiles (AHL) en 1959-60 • Match des étoiles (LNH) en 1957-58 • Coupe Calder (AHL) en 1964-65, 1965-66

• Échangé à Montréal par Chicoutimi (LHQ) pour Jackie Leclair, Jacques Dealauriers et Guy Rousseau le 27 octobre 1957 • Échangé à Toronto par Montréal pour Al MacNeil le 7 juin 1960

SOURAY, SHELDON

Né à Elk Point, Alberta, le 13 juillet 1976. Défenseur, lance de la gauche, 6'4', 230 lb (Choix de 3e ronde du New Jersey, 71e au total lors du repêchage de 1994)

Saison	Club	Ligue	PJ	B	A	PTS	PUN	PJ	B	A	PTS	PUN
1990-91	Bonneyville (Sabres)	AAHA	30	15	20	35	100	-	-	-	-	-
1991-92	Quesnel (Millionaires)	BCAHA	20	5	15	20	200	-	-	-	-	-
	Alberta (Cycle)	AAHA	11	0	5	5	47	-	-	-	-	-

SAISON	CLUB	LIGUE	PJ	B	A	PTS	PUN	PJ	B	A	PTS	PUN
			SAISONS RÉGULIÈRES					SÉRIES ÉLIMINATOIRES				
1992-93	Fort Saskatchewan (Traders)	AJHL	35	0	12	12	125	-	-	-	-	-
	Tri-City (Americans)	WHL	2	0	0	0	0	-	-	-	-	-
1993-94	Tri-City (Americans)	WHL	42	3	6	9	122	-	-	-	-	-
1994-95	Tri-city (Americans)	WHL	40	2	24	26	140	-	-	-	-	-
	Georges (Cougars)	WHL	11	2	3	5	23	-	-	-	-	-
	Albany (River Rats)	AHL	7	0	2	2	8	-	-	-	-	-
1995-96	Prince George (Cougars)	WHL	32	9	18	27	91	-	-	-	-	-
	Kelowna (Rockets)	WHL	27	7	20	27	94	6	0	5	5	2
	Albany (River Rats)	AHL	6	0	2	2	12	4	0	1	1	4
1996-97	Albany (River Rats)	AHL	70	2	11	13	160	16	2	3	5	47
1997-98	New Jersey (Devils)	LNH	60	3	7	10	85	3	0	1	1	2
	Albany (River Rats)	AHL	6	0	0	0	8	-	-	-	-	-
1998-99	New Jersey (Devils)	LNH	70	1	7	8	110	2	0	1	1	0
1999-00	New Jersey (Devils)	LNH	52	0	8	8	70	-	-	-	-	-
	Montréal (Canadiens)	**LNH**	**19**	**3**	**0**	**3**	**44**	**-**	**-**	**-**	**-**	**-**
2000-01	**Montréal (Canadiens)**	**LNH**	**52**	**3**	**8**	**11**	**95**	**-**	**-**	**-**	**-**	**-**
2001-02	**Montréal (Canadiens)**	**LNH**	**34**	**3**	**5**	**8**	**62**	**12**	**0**	**1**	**1**	**16**
2002-03			*N'a pas joué-blessé*									
2003-04	**Montréal (Canadiens)**	**LNH**	**63**	**15**	**20**	**35**	**104**	**11**	**0**	**2**	**2**	**39**
	Match des étoiles	LNH	1	0	1	1	0	-	-	-	-	-
2004-05	Farjestads BK Karlstad	SWE	39	9	8	17	117	15	1	6	7	77
	Canada	CM	9	1	1	2	6	-	-	-	-	-
2005-06	**Montréal (Canadiens)**	**LNH**	**75**	**12**	**27**	**39**	**116**	**6**	**3**	**2**	**5**	**8**
2006-07	**Montréal (Canadiens)**	**LNH**	**81**	**26**	**38**	**64**	**135**	**-**	**-**	**-**	**-**	**-**
	Match des étoiles	LNH	1	1	1	2	0	-	-	-	-	-
2007-08	Edmonton (Oilers)	LNH	26	3	7	10	36	-	-	-	-	-
		LNH	**532**	**69**	**127**	**196**	**857**	**34**	**3**	**7**	**10**	**65**
		Montréal	**324**	**62**	**98**	**160**	**556**	**29**	**3**	**5**	**6**	**63**

• Deuxième équipe d'étoiles de l'Ouest (WHL) en 1995-96 • Match des étoiles (LNH) en 2003-04, 2006-07

• Échangé à Montréal par New Jersey avec Josh DeWolf et le choix de 2e ronde du New Jersey au repêchage de 2001 (échangé plus tard à Washington et cédé plus tard à Tampa Bay qui sélectionne Andreas Holmqvist) pour Vladimir Malakhov le 1er mars 2000 • Signe avec Farjestad (Suède) comme joueur autonome le 22 septembre 2004 • Signe avec Edmonton comme joueur autonome le 12 juillet 2007

STAHAN, FRANCIS

Né à Minnedosa, Manitoba, le 29 octobre 1918, décédé le 25 mai 1995
Défenseur, lance de la gauche, 6'1", 195 lb

SAISON	CLUB	LIGUE	PJ	B	A	PTS	PUN	PJ	B	A	PTS	PUN
1934-35	Portage (Terriers)	MJHL	16	2	3	5	18	-	-	-	-	-
1935-36	Portage (Terriers)	MJHL	16	6	5	11	17	6	1	1	2	4
1936-37	Portage (Terriers)	MJHL	6	0	0	0	2	-	-	-	-	-
	Flin Flon (Bombers)	N-SSHL	18	6	4	10	43	6	0	0	0	8
1937-38	Brandon (Wheat Kings)	MJHL	16	1	6	7	16	5	0	0	0	0
	Flin Flon (Bombers)	N-SSHL	24	0	1	1	6	8	2	0	2	10
1938-39	Creighton (Eagles)	GBHL	7	3	0	3	27	1	0	0	0	2
1939-40	Kirkland Lake (Blue Devils)	Exh.	13	2	2	4	32	-	-	-	-	-
	Kirkland Lake (Blue Devils)	Allan	-	-	-	-	-	5	1	1	2	4
1940-41	Québec (As)	LHSQ	36	6	12	18	60	4	0	1	1	22
1941-42	Québec (As)	Allan	-	-	-	-	-	8	1	4	5	18
1942-43	Québec (As)	LHSQ	34	12	23	35	83	4	3	1	4	8
	Port Arthur (Bearcats)	Allan	-	-	-	-	-	3	0	0	0	6
1943-44	Québec (As)	LHSQ	25	7	21	28	74	6	1	2	3	20
	Québec (As)	Allan	-	-	-	-	-	9	6	5	11	*24
1944-45	Montréal (Royals)	LHSQ	19	7	11	18	72	4	0	1	1	14
	Montréal (Canadiens)	**LNH**	**-**	**-**	**-**	**-**	**-**	**3**	**0**	**1**	**1**	**2**
	Sudbury (Open Pit)	Allan	-	-	-	-	-	1	0	0	0	0
1945-46	Montréal (Royals)	LHSQ	39	9	15	24	76	11	3	2	5	34
1946-47	Ottawa (Senators)	LHSQ	40	10	26	36	116	9	2	8	10	30
1947-48	Ottawa (Senators)	LHSQ	41	12	21	33	44	12	1	7	8	*23
	Ottawa (Senators)	Allan	-	-	-	-	-	13	1	4	5	*44
1948-49	Ottawa (Senators)	LHSQ	62	9	34	43	92	11	0	3	3	14
	Ottawa (Senators)	Allan	-	-	-	-	-	3	0	0	0	0
1949-50	Ottawa (Senators)	LHSQ	60	9	18	27	116	7	0	4	4	16
1950-51	Ottawa (Senators)	LHSQ	56	2	22	24	106	11	2	3	5	18
1951-52	Ottawa (Senators)	LHSQ	59	10	16	26	76	7	2	0	2	4
1952-53	Ottawa (Senators)	LHSQ	56	3	13	16	118	9	0	2	2	14
1953-54	Ottawa (Senators)	LHQ	34	0	5	5	56	2	0	0	0	4
	Pembroke (Lumber Kings)	NOHA	11	1	1	2	24	-	-	-	-	-
1954-55	Ottawa (Senators)	LHQ	8	0	1	1	23	-	-	-	-	-
	Toledo (Mercurys)	IHL	30	0	13	13	63	2	0	1	1	4
1955-56	Toledo (Mercurys)	IHL	59	4	29	33	198	9	2	3	5	12
1956-57	Toledo (Mercurys)	IHL	60	7	22	29	96	5	1	2	3	4
		LNH	**-**	**-**	**-**	**-**	**-**	**3**	**0**	**1**	**1**	**2**
		Montréal	**-**	**-**	**-**	**-**	**-**	**3**	**0**	**1**	**1**	**2**

• Coupe Allan 1939-40, 1943-44, 1948-49 • Deuxième équipe d'étoiles (LHSQ) en 1940-41, 1947-48

• Prêté à Montréal par Montréal (Royals - LHSQ) le 22 mars 1945 • Échangé à Buffalo (AHL) par Montréal avec Moe White et Jimmy McFadden pour Tom Rockey et une somme d'argent le 8 octobre 1946

STARR, HAROLD

Né à Ottawa, Ontario, le 6 juillet 1906, décédé le 25 septembre 1981
Défenseur, lance de la gauche, 5'11", 175 lb

SAISON	CLUB	LIGUE	PJ	B	A	PTS	PUN	PJ	B	A	PTS	PUN
1921-22	Ottawa (Gunners)	OCHL	1	0	0	0	0	-	-	-	-	-
1922-23	Ottawa (St-Brigids)	OCHL	2	0	0	0	0	-	-	-	-	-
1923-24	Ottawa (Gunners)	OCHL	*Statistiques non disponibles*									
1924-25	Ottawa (Gunners)	OCHL	*Statistiques non disponibles*									
1925-26	Ottawa (Shamrocks)	OCHL	2	1	0	1	0	-	-	-	-	-
1926-27	Ottawa (Shamrocks)	OCHL	15	3	2	5	-	-	-	-	-	-
1927-28	Ottawa (Shamrocks)	OCHL	*Statistiques non disponibles*									
1928-29	Ottawa (Shamrocks)	OCHL	11	1	1	2	-	5	4	0	4	10
1929-30	London (Panthers)	IHL	13	2	2	4	22	-	-	-	-	-
	Ottawa (Senators)	LNH	28	2	1	3	12	2	1	0	1	0
1930-31	Ottawa (Senators)	LNH	35	2	1	3	48	-	-	-	-	-
1931-32	Montréal (Maroons)	LNH	47	1	2	3	47	4	0	0	0	0
1932-33	Ottawa (Senators)	LNH	31	0	0	0	30	-	-	-	-	-
	Montréal (Canadiens)	**LNH**	**15**	**0**	**0**	**0**	**6**	**2**	**0**	**0**	**0**	**2**
1933-34	Windsor (Bulldogs)	IHL	41	5	2	7	40	-	-	-	-	-
	Montréal (Maroons)	LNH	-	-	-	-	-	3	0	0	0	0
1934-35	Windsor (Bulldogs)	IHL	15	0	0	0	12	-	-	-	-	-
	Detroit (Red Wings)	LNH	3	1	1	2	5	-	-	-	-	-
	New York (Rangers)	LNH	30	0	0	0	26	4	0	0	0	2
1935-36	Cleveland (Falcons)	IHL	16	1	1	2	19	2	0	0	0	0
	New York (Rangers)	LNH	16	0	0	0	12	-	-	-	-	-
1936-37			*Réintégré comme amateur*									
1937-38	Ottawa (Senators)	OCHL	22	1	2	3	12	5	0	0	0	0
1938-39	Ottawa (LaSalle)	OCHL	16	3	0	3	12	5	1	2	3	10
		LNH	**205**	**6**	**5**	**11**	**186**	**15**	**1**	**0**	**1**	**4**
		Montréal	**15**	**0**	**0**	**0**	**6**	**2**	**0**	**0**	**0**	**2**

• Réclamé par Montréal (Maroons) avec Darcy Coulson lors du repêchage de dispersion d'Ottawa pour la saison 1931-32 le 26 septembre 1931 • Prêté à Montréal par Ottawa avec Léo Bourgault pour Marty Burke le 15 février 1933 • Échangé à Montréal par Ottawa avec Léo Bourgault pour Nick Wasnie le 23 mars 1933 • Prêté à Windsor (IHL) par Montréal le 22 octobre 1933 • Droits vendus à Montréal (Maroons) de Montréal (Canadiens) le 5 décembre 1933 • Droits vendus à New York (Rangers) par Montréal (Maroons) le 23 décembre 1934 • Droits vendus à Cleveland par New York (Rangers) le 30 janvier 1936

STEVENS, PHILIP (PHIL)

Né à St-Lambert, Québec, le 15 février 1893, décédé le 8 avril 1968
Centre/Défenseur, lance de la droite, 5'11", 165 lb

SAISON	CLUB	LIGUE	PJ	B	A	PTS	PUN	PJ	B	A	PTS	PUN
1911-12	Montréal (AAA)	IPAHU	5	3	0	3	15	-	-	-	-	-
	Montréal (Saint-Jacques)	LHCM	*Statistiques non disponibles*									
1912-13	Grand-Mère (AAA)	IPAHU	5	0	0	0	12	-	-	-	-	-
	Grand-Mère (AAA)	Allan	-	-	-	-	-	2	0	0	0	0
1913-14	Grand-Mère (AAA)	IPAHU	*Statistiques non disponibles*									
1914-15	Montréal (Wanderers)	NHA	15	0	1	1	6	2	0	0	0	0
1915-16	Montréal (Wanderers)	NHA	22	2	2	4	33	-	-	-	-	-
1916-17	Montréal (Wanderers)	NHA	15	4	2	6	38	-	-	-	-	-
1917-18	Montréal (Wanderers)	LNH	4	1	0	1	3	-	-	-	-	-
1918-19			*Service militaire*									
1919-20			*N'a pas joué*									
1920-21			*N'a pas joué*									
1921-22	**Montréal (Canadiens)**	**LNH**	**4**	**0**	**0**	**0**	**0**	**-**	**-**	**-**	**-**	**-**
1922-23	Saskatoon (Sheiks)	WCHL	15	0	0	0	3	-	-	-	-	-
1923-24	Saskatoon (Crescents)	WCHL	26	6	2	8	14	-	-	-	-	-
1924-25	Saskatoon (Crescents)	WCHL	25	2	0	2	30	-	-	-	-	-
1925-26	Boston (Bruins)	LNH	17	0	0	0	0	-	-	-	-	-
1926-27	Springfield (Indians)	Can-Am	6	0	1	1	0	-	-	-	-	-
	Saskatoon (Sheiks)	PHL	23	8	2	10	11	4	1	1	2	6
1927-28	Saskatoon (Sheiks)	PHL	28	3	1	4	8	-	-	-	-	-
1928-29	Oakland (Shieks)	Cal-Pro	-	6	2	8	-	-	-	-	-	-
1929-30	Oakland (Shieks)	Cal-Pro	*Statistiques non disponibles*									
1930-31	Oakland (Sheiks)	Cal-Pro	-	12	4	16	-	4	0	1	1	-
1931-32	Oakland (Sheiks)	Cal-Pro	-	1	0	1	-	-	-	-	-	-
		NHA	**52**	**6**	**5**	**11**	**77**	**2**	**0**	**0**	**0**	**0**
		LNH	**25**	**1**	**0**	**1**	**3**	**-**	**-**	**-**	**-**	**-**
		Montréal	**4**	**0**	**0**	**0**	**0**	**-**	**-**	**-**	**-**	**-**

• Première équipe d'étoiles (PHL) en 1926-27

• Signe avec Montréal (Wanderers – NHA) le 14 décembre 1914 • Signe avec Montréal (Canadiens – AHL) le 6 décembre 1921 • Réclamé par Saskatoon (PHL) de Montréal le 13 novembre 1922 • Signe avec Boston le 14 novembre 1925 • Signe avec New York (Rangers) en octobre 1926 • Prêté à Springfield (Can-Am) par New York (Rangers) le 15 novembre 1926 • Signe avec Saskatoon (PHL) le 29 décembre 1926

STEVENSON, TURNER

Né à Prince George, Colombie-Britannique, le 18 mai 1972. Ailier droit, lance de la droite, 6'3", 226 lb (Choix de 1re ronde de Montréal, 12e au total lors du repêchage de 1990)

SAISON	CLUB	LIGUE	PJ	B	A	PTS	PUN	PJ	B	A	PTS	PUN
1987-88	Prince George (Kings)	BCAHA	53	45	46	91	127	-	-	-	-	-
1988-89	Seattle (Thunderbirds)	WHL	69	15	12	27	84	-	-	-	-	-
1989-90	Seattle (Thunderbirds)	WHL	62	29	32	61	276	13	3	2	5	35
1990-91	Seattle (Thunderbirds)	WHL	57	36	27	63	222	6	1	5	6	15
	Fredericton (Canadiens)	AHL	-	-	-	-	-	4	0	0	0	5
1991-92	Seattle (Thunderbirds)	WHL	58	20	32	52	264	15	9	3	12	55
	Seattle (Thunderbirds)	Mem.	-	-	-	-	-	4	2	0	2	10
	Canada	CMJ	7	0	2	2	14	-	-	-	-	-
1992-93	Fredericton (Canadiens)	AHL	79	25	34	59	102	5	2	3	5	11
	Montréal (Canadiens)	**LNH**	**1**	**0**	**0**	**0**	**0**	**-**	**-**	**-**	**-**	**-**
1993-94	Fredericton (Canadiens)	AHL	66	19	28	47	155	-	-	-	-	-
	Montréal (Canadiens)	**LNH**	**2**	**0**	**0**	**0**	**2**	**3**	**0**	**2**	**2**	**0**
1994-95	Fredericton (Canadiens)	AHL	37	12	12	24	109	-	-	-	-	-
	Montréal (Canadiens)	**LNH**	**41**	**6**	**1**	**7**	**86**	**-**	**-**	**-**	**-**	**-**
1995-96	**Montréal (Canadiens)**	**LNH**	**80**	**9**	**16**	**25**	**167**	**6**	**0**	**1**	**1**	**2**
1996-97	**Montréal (Canadiens)**	**LNH**	**65**	**8**	**13**	**21**	**97**	**5**	**1**	**1**	**2**	**2**
1997-98	**Montréal (Canadiens)**	**LNH**	**63**	**4**	**6**	**10**	**110**	**10**	**3**	**4**	**7**	**12**
1998-99	**Montréal (Canadiens)**	**LNH**	**69**	**10**	**17**	**27**	**88**	**-**	**-**	**-**	**-**	**-**
1999-00	**Montréal (Canadiens)**	**LNH**	**64**	**8**	**13**	**21**	**61**	**-**	**-**	**-**	**-**	**-**
2000-01	New Jersey (Devils)	LNH	69	8	18	26	97	23	1	3	4	20
2001-02	New Jersey (Devils)	LNH	21	0	2	2	25	1	0	0	0	4

SAISONS RÉGULIÈRES SÉRIES ÉLIMINATOIRES

SAISON	CLUB	LIGUE	PJ	B	A	PTS	PUN	PJ	B	A	PTS	PUN
2002-03	New Jersey (Devils)	LNH	77	7	13	20	115	14	1	1	2	26
2003-04	New Jersey (Devils)	LNH	61	14	13	27	76	5	0	0	0	0
2004-05			*N'a pas joué*									
2005-06	Philadelphie (Flyers)	(LNH)	31	1	3	4	45	-	-	-	-	-
		LNH	**644**	**75**	**115**	**190**	**969**	**67**	**6**	**12**	**18**	**66**
		Montréal	**385**	**45**	**66**	**111**	**611**	**24**	**4**	**8**	**12**	**16**

• Première équipe d'étoiles, Division Ouest (WHL) en 1991-92 • Équipe d'étoiles (Mem.) en 1991-92 • Deuxième équipe d'étoiles (CHL) en 1991-92 • Coupe Stanley (LNH) en 2002-03
• Sélectionné par Columbus de Montréal lors de l'expansion de la LNH le 23 juin 2000 • Échangé au New Jersey par Columbus pour compléter la transaction qui a envoyé Krysztof Oliwa et Deron Quint à Columbus le 23 juin 2000 • Signe avec Philadelphie comme joueur autonome le 3 juillet 2004

STEWART, GAYE

Né à Fort William, Ontario, le 28 juin 1923
Ailier gauche, lance de la gauche, 5'11", 175 lb

SAISON	CLUB	LIGUE	PJ	B	A	PTS	PUN	PJ	B	A	PTS	PUN
1939-40	Port Arthur (Bruins)	TBJHL	16	*17	6	23	18	5	*8	2	*10	4
1940-41	Toronto (Marlboros)	JOHA	16	*31	13	*44	16	12	13	7	20	10
1941-42	Toronto (Marlboros)	JOHA	13	13	8	21	2	6	3	4	7	4
	Hershey (Bears)	AHL	5	4	2	6	0	10	4	5	9	0
	Toronto (Maple Leafs)	LNH	-	-	-	-	-	1	0	0	0	0
1942-43	Toronto (Maple Leafs)	LNH	48	24	23	47	20	4	0	2	2	4
1943-44	Montréal (Royals)	LHSQ	10	4	7	11	8	4	6	2	8	0
	Montréal (Navy)	LHCM	6	5	7	12	2	5	7	4	11	4
1944-45	Cornwall (Navy)	NSDHL	11	9	7	16	12	3	3	4	7	2
1945-46	Toronto (Maple Leafs)	LNH	50	*37	15	52	8	-	-	-	-	-
1946-47	Toronto (Maple Leafs)	LNH	60	19	14	33	15	11	2	5	7	8
	Valleyfield (Braves)	LHSQ	1	1	0	1	0	-	-	-	-	-
1947-48	Toronto (Maple Leafs)	LNH	7	1	0	1	9	-	-	-	-	-
	Chicago (Black Hawks)	LNH	54	26	29	55	83	-	-	-	-	-
	Match des étoiles	LNH	1	0	0	0	0	-	-	-	-	-
1948-49	Chicago (Black Hawks)	LNH	54	20	18	38	57	-	-	-	-	-
	Match des étoiles	LNH	1	1	0	1	0	-	-	-	-	-
1949-50	Chicago (Black Hawks)	LNH	70	24	19	43	43	-	-	-	-	-
1950-51	Detroit (Red Wings)	LNH	67	18	13	31	18	6	0	2	2	4
	Match des étoiles	LNH	1	0	0	0	2	-	-	-	-	-
1951-52	New York (Rangers)	LNH	69	15	25	40	22	-	-	-	-	-
	Match des étoiles	LNH	1	0	1	1	0	-	-	-	-	-
1952-53	New York (Rangers)	LNH	18	1	2	3	8	-	-	-	-	-
	Montréal (Canadiens)	**LNH**	**5**	**0**	**1**	**1**	**0**	**-**	**-**	**-**	**-**	**-**
	Québec (As)	LHMQ	29	13	20	33	28	22	*16	12	28	8
1953-54	Buffalo (Bisons)	AHL	70	42	53	95	38	3	0	2	2	4
	Montréal (Canadiens)	**LNH**	**-**	**-**	**-**	**-**	**-**	**3**	**0**	**0**	**0**	**0**
1954-55	Buffalo (Bisons)	AHL	60	17	19	36	36	-	-	-	-	-
		LNH	**502**	**185**	**159**	**344**	**274**	**25**	**2**	**9**	**11**	**16**
		Montréal	**5**	**0**	**1**	**1**	**0**	**3**	**0**	**0**	**0**	**0**

• Coupe Stanley (LNH) en 1941-42, 1946-47 • Trophée Calder (LNH) en 1942-43 • Première équipe d'étoiles (LNH) en 1945-46 • Deuxième équipe d'étoiles (LNH) en 1947-48 • Match des étoiles (LNH) en 1947-48, 1948-49, 1950-51, 1951-52 • Première équipe d'étoiles (AHL) en 1953-54
• Signe avec Toronto le 6 mars 1942 • Échangé à Chicago par Toronto avec Bud Poile, Bob Goldham, Gus Bodnar et Ernie Dickens pour Max Bentley et Cy Thomas le 2 novembre 1947 • Échangé à Detroit par Chicago avec Metro Prystai, Bob Goldham et Jim Henry pour Harry Lumley, Jack Stewart, Al Dewsbury, Pete Babando et Don Morrison le 13 juillet 1950 • Échangé à New York (Rangers) par Detroit pour Tony Leswick le 8 juin 1951 • Réclamé au ballottage par Montréal de New York (Rangers) le 1er décembre 1952 • Échangé à Buffalo (AHL) par Montréal avec Eddie Slowinski et Pete Babando pour Jackie Leclair et une somme d'argent le 17 août 1954

STEWART, GREGORY

Né à Kitchener, Ontario, le 21 mai 1986. Ailier gauche, lance de la gauche, 6'2", 200 lb (Choix de 8e ronde de Montréal, 246e au total lors du repêchage de 2004)

SAISON	CLUB	LIGUE	PJ	B	A	PTS	PUN	PJ	B	A	PTS	PUN
2003-04	Peterborough (Petes)	OHL	58	4	6	10	76	-	-	-	-	-
2004-05	Peterborough (Petes)	OHL	68	16	18	34	111	14	3	3	6	20
2005-06	Peterborough (Petes)	OHL	60	24	15	39	83	19	1	6	7	30
2006-07	Cincinnati (Cyclones)	ECHL	62	8	15	23	126	10	5	2	7	36
2007-08	**Montréal (Canadiens)**	**LNH**	**1**	**0**	**0**	**0**	**5**	**-**	**-**	**-**	**-**	**-**
	Hamilton (Bullgogs)	AHL	69	10	7	17	137	-	-	-	-	-
		LNH	**1**	**0**	**0**	**0**	**5**	**-**	**-**	**-**	**-**	**-**
		Montréal	**1**	**0**	**0**	**0**	**5**	**-**	**-**	**-**	**-**	**-**

STOCK, PHILLIP JOSEPH (P. J.)

Né à Montréal, Québec, le 26 mai 1975. Ailier gauche, lance de la gauche, 5'10", 192 lb

SAISON	CLUB	LIGUE	PJ	B	A	PTS	PUN	PJ	B	A	PTS	PUN
1992-93	Pembroke (Lumber Kings)	OCJHL	55	10	38	48	189	-	-	-	-	-
1993-94	Pembroke (Lumber Kings)	OCJHL	52	25	48	73	262	-	-	-	-	-
1994-95	Victoriaville (Tigres)	LHJMQ	70	9	46	55	386	4	0	0	0	60
1995-96	Victoriaville (Tigres)	LHJMQ	67	19	43	62	432	12	5	4	9	79
1996-97	St. FX University	AUAA	27	11	20	31	110	3	0	4	4	14
1997-98	Hartford (Wolf Pack)	AHL	41	8	8	16	202	11	1	3	4	79
	New York (Rangers)	LNH	38	2	3	5	114	-	-	-	-	-
1998-99	New York (Rangers)	LNH	5	0	0	0	6	-	-	-	-	-
	Hartford (Wolf Pack)	AHL	55	4	14	18	250	6	0	1	1	35
1999-00	New York (Rangers)	LNH	11	0	1	1	11	-	-	-	-	-
	Hartford (Wolf Pack)	AHL	64	13	23	36	290	23	1	11	12	69
2000-01	**Montréal (Canadiens)**	**LNH**	**20**	**1**	**2**	**3**	**32**	**-**	**-**	**-**	**-**	**-**
	Philadelphie (Flyers)	LNH	31	1	3	4	78	2	0	0	0	0
2000-01	Philadelphie (Phantoms)	AHL	9	1	2	3	37	-	-	-	-	-
2001-02	Boston (Bruins)	LNH	58	0	3	3	122	6	1	0	1	19
2002-03	Boston (Bruins)	LNH	71	1	9	10	160	-	-	-	-	-
2003-04	Boston (Bruins)	LNH	1	0	0	0	0	-	-	-	-	-
2003-04	Providence (Bruins)	AHL	4	1	0	1	2	-	-	-	-	-
	Philadelphie (Phantoms)	AHL	66	5	18	23	207	12	0	2	2	34
		LNH	**235**	**5**	**21**	**26**	**523**	**8**	**1**	**0**	**1**	**19**
		Montréal	**20**	**1**	**2**	**3**	**32**	**-**	**-**	**-**	**-**	**-**

• Signe avec New York (Rangers) comme joueur autonome le 18 novembre 1997 • Signe avec Montréal le 7 juillet 2000 • Échangé à Philadelphie par Montréal avec le choix de 6e ronde de Montréal au repêchage de 2001 (Dennis Seidenberg) pour Gino Odjick le 7 décembre 2000 • Signe avec New York (Rangers) comme joueur autonome le 23 août 2001 • Réclamé par Boston de New York (Rangers) lors du repêchage inter-équipes le 28 septembre 2001 • Prêté à Philadelphie (AHL) par Providence (AHL) pour Andre Savage le 29 octobre 2003

STREIT, MARK

Né à Englisberg, Suisse, le 11 décembre 1977. Défenseur, lance de la gauche, 6', 197 lb (Choix de 9e ronde de Montréal, 262e au total lors du repêchage de 2004)

SAISON	CLUB	LIGUE	PJ	B	A	PTS	PUN	PJ	B	A	PTS	PUN
1994-95	Switzerland	EJC-A	5	1	2	3	6	-	-	-	-	-
1995-96	HC Fribourg-Gotteron	SUI	34	2	2	4	6	4	0	0	0	2
	Suisse	CMJ	5	1	0	1	4	-	-	-	-	-
1996-97	HC Davos	SUI	46	2	9	11	18	6	0	0	0	0
	Suisse	JO	4	0	0	0	2	-	-	-	-	-
	Suisse	CMJ	6	2	0	2	31	-	-	-	-	-
1997-98	HC Ambri-Piotta	SUI	2	0	0	0	0	-	-	-	-	-
	HC Davos	SUI	38	4	10	14	14	18	1	5	6	20
	Suisse	CM	9	0	0	0	2	-	-	-	-	-
1998-99	HC Davos	SUI	44	7	18	25	42	6	3	3	6	8
	Suisse	CM	6	4	0	4	2	-	-	-	-	-
1999-00	Springfield Falcons	AHL	43	3	12	15	18	5	0	0	0	2
	Utah Grizzlies	IHL	1	0	1	1	2	-	-	-	-	-
	Tallahassee Tiger Sharks	ECHL	14	0	5	5	16	-	-	-	-	-
	Suisse	CM	7	0	1	1	4	-	-	-	-	-
2000-01	ZSC Lions Zurich	SUI	44	5	11	16	48	16	2	5	7	37
	Suisse	CM	6	0	3	3	2	-	-	-	-	-
2001-02	ZSC Lions Zurich	SUI	28	6	17	23	36	16	0	6	6	14
	Suisse	JO	4	1	1	2	0	-	-	-	-	-
	Suisse	CM	6	0	3	3	4	-	-	-	-	-
2002-03	ZSC Lions Zurich	SUI	37	4	19	23	62	12	1	7	8	2
	Suisse	CM	7	0	4	4	10	-	-	-	-	-
2003-04	ZSC Lions Zurich	SUI	48	12	24	36	78	13	5	2	7	14
	Suisse	CM	7	1	1	2	2	-	-	-	-	-
2004-05	ZSC Lions Zurich	SUI	44	14	29	43	46	15	4	11	15	20
	Suisse	JO	3	1	2	3	8	-	-	-	-	-
	Suisse	CM	7	1	6	7	4	-	-	-	-	-
2005-06	**Montréal (Canadiens)**	**LNH**	**48**	**2**	**9**	**11**	**28**	**1**	**0**	**0**	**0**	**0**
	Suisse	JO	6	2	1	3	6	-	-	-	-	-
	Suisse	CM	6	0	3	3	6	-	-	-	-	-
2006-07	**Montréal (Canadiens)**	**LNH**	**76**	**10**	**26**	**36**	**14**	**-**	**-**	**-**	**-**	**-**
	Suisse	CM	7	1	3	4	6	-	-	-	-	-
2007-08	**Montréal (Canadiens)**	**LNH**	**81**	**13**	**49**	**62**	**28**	**11**	**1**	**3**	**4**	**8**
		NHL	**205**	**25**	**84**	**109**	**70**	**12**	**1**	**3**	**4**	**8**
		Montréal	**205**	**25**	**84**	**109**	**70**	**12**	**1**	**3**	**4**	**8**

• Équipes d'étoiles (CMJ) en 1997
• Signe avec New York (Islanders) comme joueur autonome le 1er juillet 2008

SUMMERHILL, WILLIAM (BILL)

Né à Toronto, Ontario, le 9 juillet 1915, décédé le 29 octobre 1978
Ailier droit, lance de la droite, 5'9", 170 lb

SAISON	CLUB	LIGUE	PJ	B	A	PTS	PUN	PJ	B	A	PTS	PUN
1937-38	Verdun (Maple Leafs)	LHCM	22	16	20	*36	20	8	*8	1	9	18
	Montréal (Canadiens)	**LNH**	**-**	**-**	**-**	**-**	**-**	**1**	**0**	**0**	**0**	**0**
1938-39	**Montréal (Canadiens)**	**LNH**	**43**	**6**	**10**	**16**	**28**	**2**	**0**	**0**	**0**	**2**
	New Haven (Eagles)	IAHL	6	1	2	3	0	-	-	-	-	-
1939-40	**Montréal (Canadiens)**	**LNH**	**13**	**3**	**2**	**5**	**24**	**-**	**-**	**-**	**-**	**-**
	New Haven (Eagles)	IAHL	27	14	27	41	16	3	1	1	2	2
1940-41	Cleveland (Barons)	AHL	49	14	13	27	48	8	2	2	4	8
1941-42	Brooklyn (Americans)	LNH	16	5	5	10	18	-	-	-	-	-
	Springfield (Indians)	AHL	36	21	28	49	42	5	5	1	6	2
1942-43	Buffalo (Bisons)	AHL	56	41	27	68	64	9	*5	9	*14	2
1943-44	Toronto Army Daggers	SOHA	1	0	0	0	0	-	-	-	-	-
1944-45	Toronto (Shamrocks)	TIHL	14	13	11	24	16	4	7	2	9	4
	Toronto Army	TNDHL	-	-	-	-	-	3	5	5	10	0
1945-46	New Haven (Eagles)	AHL	21	5	7	12	16	-	-	-	-	-
	Fort Worth (Rangers)	USHL	13	4	3	7	8	-	-	-	-	-
1946-47	Springfield (Indians)	AHL	61	26	30	56	37	2	1	1	2	0
1947-48	Springfield (Indians)	AHL	67	27	47	74	22	-	-	-	-	-
1948-49	Springfield (Indians)	AHL	65	30	36	66	36	3	3	4	7	2
1949-50	Springfield (Indians)	AHL	25	10	15	25	18	-	-	-	-	-
	New Haven (Ramblers)	AHL	27	12	11	23	16	-	-	-	-	-
1950-51	Portland (Eagles)	PCHL	40	15	16	31	10	6	1	0	1	4
		LNH	**72**	**14**	**17**	**31**	**70**	**3**	**0**	**0**	**0**	**2**
		Montréal	**56**	**9**	**12**	**21**	**52**	**3**	**0**	**0**	**0**	**2**

• Première équipe d'étoiles (LHCM) en 1937-38 • Coupe Calder (AHL) en 1940-41, 1942-43 • Deuxième équipe d'étoiles (AHL) en 1942-43
• Signe avec Montréal le 25 mars 1938 • Échangé à Cleveland (AHL) par Montréal pour Peggy O'Neil le 17 mai 1940 • Droits vendus à Brooklyn par Cleveland (AHL) le 6 octobre 1941

SUNDSTROM, NIKLAS

Né à Ornskoldsvik, Suède, le 6 juin 1975. Ailier gauche, lance de la gauche, 6', 190 lb (Choix de 1re ronde de New York (Rangers), 8e au total lors du repêchage de 1993)

SAISON	CLUB	LIGUE	PJ	B	A	PTS	PUN	PJ	B	A	PTS	PUN
1991-92	MoDo Hockey	SWE	9	1	3	4	0	-	-	-	-	-
	Suède	CEJ	6	1	0	1	6	-	-	-	-	-

STE-SUN

SUT-TAL

SAISON	CLUB	LIGUE	SAISONS RÉGULIÈRES					SÉRIES ÉLIMINATOIRES				
			PJ	B	A	PTS	PUN	PJ	B	A	PTS	PUN
1992-93	MoDo Hockey	SWE Jr.	2	3	1	4	0	-	-	-	-	
	MoDo Hockey	SWE	40	7	11	18	18	3	0	0	0	0
	Suède	CMJ	7	10	4	14	0	-	-	-	-	-
	Suède	CEJ	5	4	9	13	10	-	-	-	-	-
1993-94	MoDo Hockey	SWE Jr.	3	3	4	7	2	-	-	-	-	-
	MoDo Hockey	SWE	37	7	12	19	28	11	4	3	7	2
	Suède	CMJ	7	4	7	11	10	-	-	-	-	-
1994-95	MoDo Hockey	SWE	33	8	13	21	30	-	-	-	-	-
	Suède	CMJ	7	4	4	8	8	-	-	-	-	-
1995-96	New York (Rangers)	LNH	82	9	12	21	14	11	4	3	7	4
1996-97	Suède	CM	4	2	2	4	0	-	-	-	-	-
	New York (Rangers)	LNH	82	24	28	52	20	9	0	5	5	2
1997-98	New York (Rangers)	LNH	70	19	28	47	24	-	-	-	-	-
	Suède	JO	4	1	1	2	2	-	-	-	-	-
	Suède	CMH	10	1	5	6	8	-	-	-	-	-
1998-99	New York (Rangers)	LNH	81	13	30	43	20	-	-	-	-	-
	Suède	CMH	8	5	2	7	4	-	-	-	-	-
1999-00	San Jose (Sharks)	LNH	79	12	25	37	22	12	0	2	2	2
2000-01	San Jose (Sharks)	LNH	82	10	39	49	28	6	0	3	3	2
2001-02	San Jose (Sharks)	LNH	73	9	30	39	50	12	1	6	7	6
	Suède	JO	4	1	3	4	0	-	-	-	-	-
2002-03	San Jose (Sharks)	LNH	47	2	10	12	22	-	-	-	-	-
	Montréal (Canadiens)	**LNH**	**33**	**5**	**9**	**14**	**8**	**-**	**-**	**-**	**-**	**-**
2003-04	**Montréal (Canadiens)**	**LNH**	**66**	**8**	**12**	**20**	**18**	**4**	**1**	**0**	**1**	**2**
2004-05	HC Junior Milano Vipers	ITA	33	9	27	36	40	15	4	14	18	20
2005-06	**Montréal (Canadiens)**	**LNH**	**55**	**6**	**9**	**15**	**30**	**5**	**0**	**3**	**3**	**4**
2006-07	Modo Hockey Ornskoldvik	SWE	47	9	36	45	116	20	5	8	13	26
2007-08	Modo Hockey Ornskoldvik	SWE	45	7	30	37	128	5	0	6	6	14
		LNH	**750**	**117**	**232**	**349**	**256**	**59**	**6**	**22**	**28**	**22**
		Montréal	**154**	**19**	**30**	**49**	**56**	**9**	**1**	**3**	**4**	**6**

• Équipe d'étoiles (CEJ) en 1993 • Équipe d'étoiles (CMJ) en 1994 • Nommé meilleur joueur d'avant (CMJ) en 1994

• Échangé à Tampa Bay par New York (Rangers) avec Dan Cloutier, le 1er choix de New York (Rangers) au repêchage de 2000 (Nikita Alexeev) et le choix de 3e ronde de New York au repêchage de 2000 (échangé plus tard à San Jose et cédé à Chicago qui sélectionne Igor Radulov) pour le1er choix du Chicago au repêchage de 1999 (propriété de Tampa Bay suite à une transaction antérieure, New York sélectionne Pavel Brendl) le 26 juin 1999 • Échangé à San Jose par Tampa Bay avec le choix de 3e ronde de New York (Rangers) au repêchage de 2000 (propriété de Tampa Bay suite à une transaction antérieure, échangé plus tard à Chicago qui sélectionne Igor Radulov) pour Bill Houlder, Andrei Zyuzin, Shawn Burr et Steve Guolla le 4 août 1999 • Échangé à Montréal par San Jose avec le choix de 3e ronde de San Jose au repêchage de 2004 (échangé plus tard à Los Angeles qui sélectionne Paul Baier) pour Jeff Hackett le 23 janvier 2003 • Signe avec Milano (ITA) comme joueur autonome le 1er octobre 2004 • Signe avec Modo Hockey Ornskoldvik (SWE) le 6 juin 2006

SUTHERLAND, WILLIAM (BILL)

Né à Regina, Saskatchewan, le 10 novembre 1934
Centre, lance de la gauche, 5'10", 160 lb

SAISON	CLUB	LIGUE	PJ	B	A	PTS	PUN	PJ	B	A	PTS	PUN
1952-53	St. Boniface (Canadiens)	MJHL	1	0	1	1	0	-	-	-	-	-
1953-54	St. Boniface (Canadiens)	MJHL	25	25	18	43	42	10	*5	*12	*17	24
	St. Boniface (Canadiens)	Mem.	-	-	-	-	-	8	*6	*6	*12	10
1954-55	St. Boniface (Canadiens)	MJHL	25	25	35	60	33	-	-	-	-	-
1955-56	Cincinnati (Mohawks)	IHL	53	25	31	56	24	-	-	-	-	-
1956-57	Cincinnati (Mohawks)	IHL	58	27	26	53	30	7	1	1	2	4
1957-58	Cincinnati (Mohawks)	IHL	60	*55	39	94	43	-	-	-	-	-
	Shawinigan (Cataractes)	LHQ	2	0	1	1	0	-	-	-	-	-
1958-59	Rochester (Americans)	AHL	1	0	0	0	0	-	-	-	-	-
	Montréal (Royals)	LHQ	47	27	16	43	32	7	*7	3	*10	13
1959-60	Montréal (Royals)	EPHL	65	35	40	75	40	14	3	7	10	13
1960-61	Cleveland (Barons)	AHL	58	19	14	33	30	4	0	0	0	12
1961-62	Cleveland (Barons)	AHL	70	20	28	48	49	6	0	2	2	4
1962-63	Québec (As)	AHL	45	21	17	38	22	-	-	-	-	-
	Montréal (Canadiens)	**LNH**	**-**	**-**	**-**	**-**	**-**	**2**	**0**	**0**	**0**	**0**
1963-64	Québec (As)	AHL	49	22	33	55	32	9	2	7	9	22
1964-65	Québec (As)	AHL	58	25	35	60	50	5	3	2	5	6
1965-66	Québec (As)	AHL	48	24	25	49	24	6	3	3	6	2
1966-67	Québec (As)	AHL	67	40	38	78	27	5	3	4	7	4
1967-68	Philadelphie (Flyers)	LNH	60	20	9	29	6	7	1	3	4	0
1968-69	Toronto (Maple Leafs)	LNH	44	7	5	12	14	-	-	-	-	-
	Philadelphie (Flyers)	LNH	12	7	3	10	4	4	1	1	2	0
1969-70	Philadelphie (Flyers)	LNH	51	15	17	32	30	-	-	-	-	-
1970-71	Philadelphie (Flyers)	LNH	1	0	0	0	0	-	-	-	-	-
	St. Louis (Blues)	LNH	68	19	20	39	41	1	0	0	0	0
1971-72	St. Louis (Blues)	LNH	9	2	3	5	2	-	-	-	-	-
	Detroit (Red Wings)	LNH	5	0	1	1	2	-	-	-	-	-
	Tidewater (Wings)	AHL	40	6	10	16	26	-	-	-	-	-
1972-73	Winnipeg (Jets)	AMH	48	6	16	22	34	14	5	9	14	9
1973-74	Winnipeg (Jets)	AMH	12	4	5	9	6	4	0	0	0	4
		LNH	**250**	**70**	**58**	**128**	**99**	**14**	**2**	**4**	**6**	**0**
		Montréal	**-**	**-**	**-**	**-**	**-**	**2**	**0**	**0**	**0**	**0**

• Deuxième équipe d'étoiles (IHL) en 1957-58

• Droits vendus à Québec (AHL) par Montréal en juillet 1962 • Droits dans la LNH cédés à Philadelphie lors de l'achat de la concession de Québec (AHL) le 8 mai 1967 • Réclamé par le Minnesota de Philadelphie lors du repêchage intra-ligue le 12 juin 1968 • Réclamé par Toronto du Minnesota lors du repêchage intra-ligue le 12 juin 1968 • Échangé à Philadelphie par Toronto avec Mike Byers et Gerry Meehan pour Brit Selby et Forbes Kennedy le 2 mars 1969 • Droits vendus à St. Louis par Philadelphie le 19 octobre 1970 • Droits vendus à Detroit par St. Louis le 9 novembre 1971 • Sélectionné par Winnipeg lors de l'expansion de l'AMH le 12 février 1972

SVOBODA, PETR

Né à Most, Tchécoslovaquie, le 14 février 1966. Défenseur, lance de la gauche, 6'1", 195 lb (Choix de 1re ronde de Montréal, 5e au total lors du repêchage de 1984)

SAISON	CLUB	LIGUE	PJ	B	A	PTS	PUN	PJ	B	A	PTS	PUN
1982-83	Litvinov CHZ	CSK	4	0	0	0	2	-	-	-	-	-
	Tchécoslovaquie	EJC	5	0	0	0	8	-	-	-	-	-
1983-84	Litvinov CHZ	CSK	18	3	1	4	20	-	-	-	-	-
	Tchécoslovaquie	CMJ	7	0	4	4	16	-	-	-	-	-
	Tchécoslovaquie	EJC	5	1	1	2	16	-	-	-	-	-
1984-85	**Montréal (Canadiens)**	**LNH**	**73**	**4**	**27**	**31**	**65**	**7**	**1**	**1**	**2**	**12**
1985-86	**Montréal (Canadiens)**	**LNH**	**73**	**1**	**18**	**19**	**93**	**8**	**0**	**0**	**0**	**21**
1986-87	**Montréal (Canadiens)**	**LNH**	**70**	**5**	**17**	**22**	**63**	**14**	**0**	**5**	**5**	**10**
1987-88	**Montréal (Canadiens)**	**LNH**	**69**	**7**	**22**	**29**	**149**	**10**	**0**	**5**	**5**	**12**
1988-89	**Montréal (Canadiens)**	**LNH**	**71**	**8**	**37**	**45**	**147**	**21**	**1**	**11**	**12**	**16**
1989-90	**Montréal (Canadiens)**	**LNH**	**60**	**5**	**31**	**36**	**98**	**10**	**0**	**5**	**5**	**7**
1990-91	**Montréal (Canadiens)**	**LNH**	**60**	**4**	**22**	**26**	**52**	**2**	**0**	**1**	**1**	**2**
1991-92	**Montréal (Canadiens)**	**LNH**	**58**	**5**	**16**	**21**	**94**	**-**	**-**	**-**	**-**	**-**
	Buffalo (Sabres)	LNH	13	1	6	7	52	7	1	4	5	6
1992-93	Buffalo (Sabres)	LNH	40	2	24	26	59	-	-	-	-	-
1993-94	Buffalo (Sabres)	LNH	60	2	14	16	89	3	0	0	0	4
1994-95	Litvinov CHZ	CZE	8	2	0	2	50	-	-	-	-	-
	Buffalo (Sabres)	LNH	26	0	5	5	60	-	-	-	-	-
	Philadelphie (Flyers)	LNH	11	0	3	3	10	14	0	4	4	8
1995-96	Philadelphie (Flyers)	LNH	73	1	28	29	105	12	0	6	6	22
1996-97	Philadelphie (Flyers)	LNH	67	2	12	14	94	16	1	2	3	16
1997-98	Philadelphie (Flyers)	LNH	56	3	15	18	83	3	0	1	1	4
	République tchèque	JO	6	1	1	2	39	-	-	-	-	-
1998-99	Philadelphie (Flyers)	LNH	25	4	2	6	28	-	-	-	-	-
	Tampa Bay (Lightning)	LNH	34	1	16	17	53	-	-	-	-	-
1999-00	Tampa Bay (Lightning)	LNH	70	2	23	25	170	-	-	-	-	-
	Match des étoiles	LNH	1	0	0	0	0	-	-	-	-	-
2000-01	Tampa Bay (Lightning)	LNH	19	1	3	4	41	-	-	-	-	-
		LNH	**1028**	**58**	**341**	**399**	**1605**	**127**	**4**	**45**	**49**	**140**
		Montréal	**534**	**39**	**190**	**229**	**761**	**72**	**2**	**28**	**30**	**75**

• Équipe d'étoiles (EJC) en 1983 • Médaille d'argent (CMJ) en 1984 • Coupe Stanley (LNH) en 1985-86 • Médaille d'or (JO) en 1998 • Match des étoiles (LNH) 1999-00

• Échangé à Buffalo par Montréal pour Kevin Haller le 10 mars 1992 • Échangé à Philadelphie par Buffalo pour Garry Gailley le 7 avril 1995 • Échangé à Tampa Bay par Philadelphie pour Karl Dykhuis le 28 décembre 1998 • Annonce officiellement sa retraite le 3 mai 2002

TALBOT, JEAN-GUY

Né à Cap-de-la-Madeleine, Québec, le 11 juillet 1932
Défenseur, lance de la gauche, 5'11", 170 lb

SAISON	CLUB	LIGUE	PJ	B	A	PTS	PUN	PJ	B	A	PTS	PUN
1949-50	Trois-Rivières (Reds)	LHJQ	36	3	4	7	79	9	0	3	3	12
1950-51	Trois-Rivières (Reds)	LHJQ	44	7	22	29	*136	8	0	1	1	18
	Shawinigan (Cataractes)	LHSQ	1	0	0	0	0	-	-	-	-	-
1951-52	Trois-Rivières (Reds)	LHJQ	43	12	36	48	132	4	1	0	1	12
1952-53	Québec (As)	LHQ	24	2	4	6	33	-	-	-	-	-
1953-54	Québec (As)	LHQ	67	9	11	20	58	16	0	2	2	12
	Québec (As)	Edin.	-	-	-	-	-	7	2	0	2	2
1954-55	Shawinigan (Cataractes)	LHQ	59	6	28	34	82	13	2	5	7	14
	Montréal (Canadiens)	**LNH**	**3**	**0**	**1**	**1**	**0**	**-**	**-**	**-**	**-**	**-**
	Shawinigan (Cataractes)	Edin.	-	-	-	-	-	7	0	2	2	6
1955-56	**Montréal (Canadiens)**	**LNH**	**66**	**1**	**13**	**14**	**80**	**9**	**0**	**2**	**2**	**4**
1956-57	**Montréal (Canadiens)**	**LNH**	**59**	**0**	**13**	**13**	**70**	**10**	**0**	**2**	**2**	**10**
	Match des étoiles	LNH	1	0	0	0	0	-	-	-	-	-
1957-58	**Montréal (Canadiens)**	**LNH**	**55**	**4**	**15**	**19**	**65**	**10**	**0**	**3**	**3**	**12**
	Match des étoiles	LNH	1	0	0	0	4	-	-	-	-	-
1958-59	**Montréal (Canadiens)**	**LNH**	**69**	**4**	**17**	**21**	**77**	**11**	**0**	**1**	**1**	**10**
	Match des étoiles	LNH	1	0	1	1	0	-	-	-	-	-
1959-60	**Montréal (Canadiens)**	**LNH**	**69**	**1**	**14**	**15**	**60**	**8**	**1**	**1**	**2**	**8**
1960-61	**Montréal (Canadiens)**	**LNH**	**70**	**5**	**26**	**31**	**143**	**6**	**1**	**1**	**2**	**10**
	Match des étoiles	LNH	1	0	0	0	2	-	-	-	-	-
1961-62	**Montréal (Canadiens)**	**LNH**	**70**	**5**	**42**	**47**	**90**	**6**	**1**	**1**	**2**	**10**
1962-63	**Montréal (Canadiens)**	**LNH**	**70**	**3**	**22**	**25**	**51**	**5**	**0**	**0**	**0**	**8**
	Match des étoiles	LNH	1	0	0	0	0	-	-	-	-	-
1963-64	**Montréal (Canadiens)**	**LNH**	**66**	**1**	**13**	**14**	**83**	**7**	**0**	**2**	**2**	**10**
1964-65	**Montréal (Canadiens)**	**LNH**	**67**	**8**	**14**	**22**	**64**	**13**	**0**	**1**	**1**	**22**
1965-66	**Montréal (Canadiens)**	**LNH**	**59**	**1**	**14**	**15**	**50**	**10**	**0**	**2**	**2**	**8**
	Match des étoiles	LNH	1	0	0	0	0	-	-	-	-	-
1966-67	**Montréal (Canadiens)**	**LNH**	**68**	**3**	**5**	**8**	**51**	**10**	**0**	**0**	**0**	**0**
	Match des étoiles	LNH	1	0	0	0	0	-	-	-	-	-
1967-68	Minnesota (North Stars)	LNH	4	0	0	0	4	-	-	-	-	-
	Detroit (Red Wings)	LNH	32	0	3	3	10	-	-	-	-	-
	St. Louis (Blues)	LNH	23	0	4	4	2	17	0	2	2	8
1968-69	St. Louis (Blues)	LNH	69	5	4	9	24	12	0	2	2	6
1969-70	St. Louis (Blues)	LNH	75	2	15	17	40	16	1	6	7	16
1970-71	St. Louis (Blues)	LNH	5	0	0	0	6	-	-	-	-	-
	Buffalo (Sabres)	LNH	57	0	7	7	36	-	-	-	-	-
		LNH	**1056**	**43**	**242**	**285**	**1006**	**150**	**4**	**26**	**30**	**142**
		Montréal	**791**	**36**	**209**	**245**	**884**	**105**	**3**	**16**	**19**	**112**

• Première équipe d'étoiles (LHQ) en 1954-55 • Coupe Stanley (LNH) en 1955-56, 1956-57, 1957-58, 1958-59, 1959-60, 1964-65, 1965-66 • Match des étoiles (LNH) en 1956-57, 1957-58, 1958-59, 1960-61, 1962-63, 1965-66, 1966-67 • Première équipe d'étoiles (LNH) en 1962

• Réclamé par Minnesota de Montréal lors de l'expansion de la LNH le 6 juin 1967 • Échangé à Detroit par Minnesota avec Dave Richardson pour Bob McCord et Duke Harris le 19 octobre 1967 • Réclamé au ballottage par St. Louis de Detroit le 13 janvier 1968 • Échangé à Buffalo par St. Louis avec Larry Keenan pour Bob Baun le 4 novembre 1970

TARDIF, MARC

Né à Granby, Québec, le 12 juin 1949. Ailier gauche, lance de la gauche, 6', 195 lb (Choix de 1re ronde de Montréal, 2e au total lors du repêchage de 1969)

Saison	Club	Ligue	PJ	B	A	PTS	PUN	PJ	B	A	PTS	PUN
1966-67	Thetford-Mines (Canadiens)	LHJQ	40	36	44	80	89	11	13	13	26	2
	Thetford-Mines (Canadiens)	Mem.	-	-	-	-	-	19	11	14	25	42
1967-68	Montréal (Canadiens Jr)	JOHA	54	32	34	66	62	11	3	9	12	18
1968-69	Montréal (Canadiens Jr)	JOHA	51	31	41	72	121	14	19	12	31	60
	Montréal (Canadiens Jr)	Mem.	-	-	-	-	-	7	6	9	15	16
1969-70	Montréal (Voyageurs)	AHL	45	27	31	58	70	8	3	6	9	29
	Montréal (Canadiens)	**LNH**	**18**	**3**	**2**	**5**	**27**	-	-	-	-	-
1970-71	**Montréal (Canadiens)**	**LNH**	**76**	**19**	**30**	**49**	**133**	**20**	**3**	**1**	**4**	**40**
1971-72	**Montréal (Canadiens)**	**LNH**	**75**	**31**	**22**	**53**	**81**	**6**	**2**	**3**	**5**	**9**
1972-73	**Montréal (Canadiens)**	**LNH**	**76**	**25**	**25**	**50**	**48**	**14**	**6**	**6**	**12**	**6**
1973-74	Los Angeles (Sharks)	AMH	75	40	30	70	47	-	-	-	-	-
1974-75	Canada	Siècle	5	0	2	2	10	-	-	-	-	-
	Michigan (Stags)	AMH	23	12	5	17	9	-	-	-	-	-
	Québec (Nordiques)	AMH	53	38	34	72	70	15	*10	11	21	10
1975-75	Québec (Nordiques)	AMH	81	*71	*77	*148	79	2	1	0	1	2
1976-77	Québec (Nordiques)	AMH	62	49	60	109	65	12	4	10	14	8
1977-78	Québec (Nordiques)	AMH	78	*65	*89	*154	50	11	6	9	15	11
1978-79	Québec (Nordiques)	AMH	74	41	55	96	98	4	6	2	8	4
1979-80	Québec (Nordiques)	LNH	58	33	35	68	30	-	-	-	-	-
1980-81	Québec (Nordiques)	LNH	63	23	31	54	35	5	1	3	4	2
1981-82	Québec (Nordiques)	LNH	75	39	31	70	55	13	1	2	3	16
	Match des étoiles	LNH	1	1	0	1	4	-	-	-	-	-
1982-83	Québec (Nordiques)	LNH	76	21	31	52	34	4	0	0	0	2
		LNH	**517**	**194**	**207**	**401**	**443**	**62**	**13**	**15**	**28**	**75**
		Montréal	**245**	**78**	**79**	**157**	**289**	**40**	**11**	**10**	**21**	**55**

• Première équipe d'étoiles (JOHA) en 1968-69 • Coupe Memorial en 1968-69 • Coupe Stanley (LNH) en 1970-71, 1972-73 • Deuxième équipe d'étoiles (AMH) en 1974-75 • Première équipe d'étoiles (AMH) en 1975-76, 1976-77, 1977-78 • Trophée W.-D.-Bill-Hunter (AMH) en 1975-76, 1977-78 • Trophée Gary-Davidson (AMH) en 1975-76, 1977-78 • Coupe Avco (AMH) en 1976-77 • Match des étoiles (LNH) en 1981-82

• Réclamé par Los Angeles lors de l'expansion de l'AMH le 12 février 1972 • Transfert de la concession de Los Angeles (AMH) au Michigan (AMH) le 11 avril 1974 • Échangé à Québec (AMH) par Michigan (AMH) avec Steve Sutherland pour Alain Caron, Pierre Guité et Michel Rouleau en décembre 1974 • Réclamé par Québec de Montréal lors de l'expansion de la LNH le 13 juin 1979

TEAL, JEFFERSON (JEFF)

Né à Edina, Minnesota, le 30 mai 1960. Ailier droit, lance de la gauche, 6'3", 205 lb (Choix de 4e ronde de Montréal, 82e au total lors du repêchage de 1980)

Saison	Club	Ligue	PJ	B	A	PTS	PUN	PJ	B	A	PTS	PUN
1979-80	Minnesota University	WCHA	37	10	15	25	30	-	-	-	-	-
1980-81	Minnesota University	WCHA	45	15	9	24	38	-	-	-	-	-
1981-82	Minnesota University	WCHA	37	13	9	22	36	-	-	-	-	-
	Nlle-Écosse (Voyageurs)	AHL	7	0	1	1	0	6	1	1	2	2
1982-83	Nlle-Écosse (Voyageurs)	AHL	76	8	20	28	14	7	0	1	1	2
1983-84	Nlle-Écosse (Voyageurs)	AHL	15	8	4	12	2	-	-	-	-	-
1984-85	Sherbrooke (Canadiens)	AHL	69	18	24	42	16	17	4	8	12	8
	Montréal (Canadiens)	**LNH**	**6**	**0**	**1**	**1**	**0**	-	-	-	-	-
		LNH	**6**	**0**	**1**	**1**	**0**	-	-	-	-	-
		Montréal	**6**	**0**	**1**	**1**	**0**	-	-	-	-	-

• Coupe Calder (AHL) en 1984-85

TESSIER, ORVAL

Né à Cornwall, Ontario, le 30 juin 1933. Centre, lance de la gauche, 5'8", 160 lb

Saison	Club	Ligue	PJ	B	A	PTS	PUN	PJ	B	A	PTS	PUN
1951-52	Kitchener (Greenshirts)	JOHA	52	*62	25	87	18	4	3	1	4	8
1952-53	Kitchener/Barrie	JOHA	55	54	40	94	19	15	7	13	20	12
	Barrie (Flyers)	Mem.	-	-	-	-	-	10	10	18	28	14
1953-54	Montréal (Royals)	LHQ	60	21	18	39	13	9	2	1	3	6
1954-55	Montréal (Royals)	LHQ	60	*36	30	66	8	12	4	7	11	0
	Montréal (Canadiens)	**LNH**	**4**	**0**	**0**	**0**	**0**	-	-	-	-	-
1955-56	Boston (Bruins)	LNH	23	2	3	5	6	-	-	-	-	-
	Hershey (Bears)	AHL	2	0	1	1	0	-	-	-	-	-
	Québec (As)	LHQ	28	5	10	15	4	7	1	2	3	2
1956-57	Québec (As)	LHQ	68	*43	38	*81	24	10	7	5	12	0
	Québec (As)	Edin.	-	-	-	-	-	6	*9	3	*12	0
1957-58	Springfield (Indians)	AHL	12	5	3	8	2	-	-	-	-	-
1958-59	Trois-Rivières (Lions)	LHQ	62	27	39	66	4	8	2	3	5	9
1959-60	Kingston (Frontenacs)	EPHL	70	*59	*67	*126	10	-	-	-	-	-
1960-61	Boston (Bruins)	LNH	32	3	4	7	0	-	-	-	-	-
	Kingston (Frontenacs)	EPHL	34	22	21	43	6	5	4	2	6	0
1961-62	Kingston (Frontenacs)	EPHL	66	*54	60	*114	12	11	5	9	14	0
1962-63	Portland (Buckaroos)	WHL	36	15	21	36	9	7	0	0	0	0
1963-64	Portland (Buckaroos)	WHL	66	14	34	48	4	5	1	2	3	0
1964-65	Clinton (Comets)	EHL	66	60	58	118	8	11	2	7	9	0
		LNH	**59**	**5**	**7**	**12**	**6**	-	-	-	-	-
		Montréal	**4**	**0**	**0**	**0**	**0**	-	-	-	-	-

• Coupe Memorial en 1952-53 • Première équipe d'étoiles (LHQ) en 1954-55, 1956-57 • Trophée du Président (LHQ) en 1956-57 • Deuxième équipe d'étoiles (LHQ) en 1958-59 • Nommé joueur le plus utile (EPHL) en 1961-62 • Deuxième équipe d'étoiles, Division Nord (EHL) en 1965

• Réclamé par Boston de Montréal (Royals – LHQ) lors du repêchage inter-ligues le 30 mai 1955 • Droits vendus à Montréal par Boston (Portland – WHL) en août 1964

THIBAUDEAU, GILLES

Né à Montréal, Québec, le 4 mars 1963. Centre, lance de la gauche, 5'10", 165 lb

Saison	Club	Ligue	PJ	B	A	PTS	PUN	PJ	B	A	PTS	PUN
1983-84	Saint-Antoine (Saints)	LHJQ B	38	63	77	140	146	-	-	-	-	-
1984-85	Sherbrooke (Canadiens)	AHL	7	2	4	6	2	-	-	-	-	-
	Flint (Generals)	IHL	71	52	45	97	81	7	3	1	4	18
1985-86	Sherbrooke (Canadiens)	AHL	61	15	23	38	20	-	-	-	-	-
1986-87	Sherbrooke (Canadiens)	AHL	62	27	40	67	26	-	-	-	-	-
	Montréal (Canadiens)	**LNH**	**9**	**1**	**3**	**4**	**0**	-	-	-	-	-
1987-88	Sherbrooke (Canadiens)	AHL	59	39	57	96	45	-	-	-	-	-
	Montréal (Canadiens)	**LNH**	**17**	**5**	**6**	**11**	**0**	**8**	**3**	**3**	**6**	**2**
1988-89	**Montréal (Canadiens)**	**LNH**	**32**	**6**	**6**	**12**	**6**	-	-	-	-	-
1989-90	New York (Islanders)	LNH	20	4	4	8	17	-	-	-	-	-
	Springfield (Indians)	AHL	6	5	8	13	0	-	-	-	-	-
	Toronto (Maple Leafs)	LNH	21	7	11	18	13	-	-	-	-	-
	Newmarket (Saints)	AHL	10	7	13	20	4	-	-	-	-	-
1990-91	Toronto (Maple Leafs)	LNH	20	2	7	9	4	-	-	-	-	-
	Newmarket (Saints)	AHL	60	34	37	71	28	-	-	-	-	-
1991-92	HC Lugano	SUI	33	29	17	46	12	4	6	3	9	2
1992-93	HC Davos	SUI 2	36	*51	25	76	-	-	-	-	-	-
1993-94	HC Davos	SUI 2	36	32	15	47	8	4	2	0	2	6
1994-95	HC Davos	SUI	36	17	20	37	24	5	5	4	9	0
	Canada	Éq. nat.	3	1	1	2	0	-	-	-	-	-
1995-96	SC Rapperswill-Jona	SUI	36	26	27	53	12	4	4	1	5	4
1996-97	SC Rapperswill-Jona	SUI	45	25	16	41	26	3	0	1	1	25
1997-98	SC Rapperswill-Jona	SUI	40	18	29	47	32	7	6	3	9	2
1998-99	HC Sierre	SUI 2	35	21	25	46	26	3	2	1	3	2
1999-00	HC Sierre	SUI 2	35	23	19	42	40	-	-	-	-	-
2000-01	Laval (Chiefs)	LHSPQ	23	10	9	19	8	-	-	-	-	-
		LNH	**119**	**25**	**37**	**62**	**40**	**8**	**3**	**3**	**6**	**2**
		Montréal	**58**	**12**	**15**	**27**	**6**	**8**	**3**	**3**	**6**	**2**

• Deuxième équipe d'étoiles (IHL) en 1984-85 • Trophée Garry-F.-Longman (IHL) en 1984-85

• Signe avec Montréal comme joueur autonome le 9 octobre 1984 • Signe avec New York (Islanders) comme joueur autonome le 26 septembre 1989 • Échangé à Toronto par New York (Islanders) avec Mike Stevens pour Jack Capuano, Paul Gagné et Derek Laxdal le 20 décembre 1989

THIBEAULT, LAURENCE (LORRAIN)

Né à Charletone, Ontario, le 2 octobre 1918 Ailier gauche, lance de la gauche, 5'7", 180 lb

Saison	Club	Ligue	PJ	B	A	PTS	PUN	PJ	B	A	PTS	PUN
1936-37	Cornwall (Flyers)	OCHL	23	3	4	7	10	6	0	0	0	0
1937-38	Hull (Volants)	OCHL	20	10	4	14	6	9	2	2	4	5
1938-39	Hull (Volants)	OCHL	9	15	2	17	14	-	-	-	-	-
	Springfield (Indians)	IAHL	8	0	1	1	7	3	0	0	0	0
1939-40	Springfield (Indians)	IAHL	29	11	14	25	6	3	0	0	0	2
1940-41	Springfield (Indians)	AHL	54	14	18	32	32	3	1	0	1	2
1941-42	Cornwall (Flyers)	LHSQ	36	17	18	35	45	5	1	4	5	6
1942-43	Cornwall (Flyers)	LHSQ	33	21	27	*48	22	6	1	2	3	2
1943-44	Buffalo (Bisons)	AHL	51	18	45	63	46	9	7	10	17	14
1944-45	Indianapolis (Capitols)	AHL	31	2	12	14	20	2	0	0	0	2
	Detroit (Red Wings)	LNH	4	0	2	2	2	-	-	-	-	-
1945-46	**Montréal (Canadiens)**	**LNH**	**1**	**0**	**0**	**0**	**0**	-	-	-	-	-
	Buffalo (Bisons)	AHL	6	2	3	5	4	-	-	-	-	-
	Hull (Volants)	LHSQ	25	9	18	27	48	-	-	-	-	-
1946-47	Victoriaville (Tigers)	LHPQ	35	21	41	62	40	5	2	3	5	2
1947-48	Houston (Huskies)	USHL	46	12	17	29	28	4	0	0	0	0
1948-49	Houston (Huskies)	USHL	22	7	6	13	14	-	-	-	-	-
	San Diego (Skyhawks)	PCHL	15	6	4	10	18	-	-	-	-	-
1949-50	Victoria (Cougars)	AHL	66	20	28	48	46	-	-	-	-	-
1950-51	Buckingham (Beavers)	ECSHL	*N'a pas joué – Entraîneur*									
1951-52	Buckingham (Beavers)	ECSHL	24	10	16	26	24	-	-	-	-	-
	Thurso Lumber (Kings)	ECSHL	10	3	3	6	15	6	1	1	2	4
1952-53	Thurso Lumber (Kings)	ECSHL	*Statistiques non disponibles*									
1953-54	Edmonton (Flyers)	WHL	61	4	8	12	16	13	2	1	3	2
1954-55	Québec (As)	LHQ	39	1	8	9	27	1	0	0	0	0
1955-56	Québec (As)	LHQ	28	1	5	6	6	-	-	-	-	-
		LNH	**5**	**0**	**2**	**2**	**2**	-	-	-	-	-
		Montréal	**1**	**0**	**0**	**0**	**0**	-	-	-	-	-

• Signe avec Detroit le 21 octobre 1944 • Droits vendus à Buffalo (AHL) par Detroit le 17 octobre 1945 • Prêté à Montréal par Buffalo (AHL) pour le prêt de Wielf Field, Ken Mosdell et Frank Eddolls le 29 octobre 1945 • Reintégré comme amateur le 6 novembre 1945 • Signe avec Hull (LHSQ) en novembre 1945

THOMSON, RHYS

Né à Toronto, Ontario, le 9 août 1918, décédé le 12 octobre 1993 Défenseur, lance de la gauche, 6'1", 195 lb

Saison	Club	Ligue	PJ	B	A	PTS	PUN	PJ	B	A	PTS	PUN
1935-36	Toronto (Rangers)	OHA B	9	3	2	5	20	2	0	0	0	2
1936-37	Toronto (Rangers)	OHA B	11	1	2	3	13	3	0	0	0	2
1937-38	Toronto (Rangers)	JOHA	9	5	2	7	13	3	2	1	3	8
1938-39	New Haven (Eagles)	IAHL	19	1	3	4	6	-	-	-	-	-
1939-40	New Haven (Eagles)	IAHL	18	0	1	1	10	-	-	-	-	-
	Montréal (Canadiens)	**LNH**	**7**	**0**	**0**	**0**	**16**	-	-	-	-	-
1940-41	Springfield (Indians)	AHL	51	3	7	10	30	-	-	-	-	-
1941-42	Springfield (Indians)	AHL	56	1	16	17	57	3	0	0	0	0
1942-43	Providence (Reds)	AHL	23	2	12	14	48	2	0	0	0	0
	Toronto (Maple Leafs)	LNH	18	0	2	2	22	-	-	-	-	-
1943-44	Kingston (Frontenacs)	SOHA	2	0	0	0	4	-	-	-	-	-
	Petawawa (Grenades)	UOVHL	5	1	6	7	17	-	-	-	-	-
1944-45	Toronto Army Daggers	SOHA	2	0	0	0	0	-	-	-	-	-
	Toronto Army Daggers	TNDHL	-	-	-	-	-	2	2	1	3	2
	Toronto Army Shamrocks	TIHL	18	2	5	7	26	1	0	2	2	2
1945-46	Toronto (Staffords)	TIHL	14	2	2	4	19	10	2	0	2	8
		LNH	**25**	**0**	**2**	**2**	**38**	-	-	-	-	-
		Montréal	**7**	**0**	**0**	**0**	**16**	-	-	-	-	-

• Signe avec New Haven (IAHL) le 18 janvier 1939 • Prêté à Montréal par New Haven (IAHL) le 11 février 1940 • Droits vendus à Springfield (AHL) du New Haven (AHL) en octobre 1940

THORNTON, SCOTT

Né à London, Ontario, le 9 janvier 1971. Centre, lance de la gauche, 6'3", 216 lb (Choix de 1re ronde de Toronto, 3e au total lors du repêchage de 1989)

SAISON	CLUB	LIGUE	PJ	B	A	PTS	PUN	PJ	B	A	PTS	PUN
1986-87	London Diamonds	OJHL B	31	10	7	17	10	-	-	-	-	-
1987-88	Belleville (Bulls)	OHL	62	11	19	30	54	6	0	1	1	2
1988-89	Belleville (Bulls)	OHL	59	28	34	62	103	5	1	1	2	6
1989-90	Belleville (Bulls)	OHL	47	21	28	49	91	11	2	10	12	15
1990-91	Belleville (Bulls)	OHL	3	2	1	3	2	6	0	7	7	14
	Canada	CMJ	7	3	1	4	0	-	-	-	-	-
	Toronto (Maple Leafs)	LNH	33	1	3	4	30	-	-	-	-	-
	Newmarket (Saints)	AHL	5	1	0	1	4	-	-	-	-	-
1991-92	Cap-Breton (Oilers)	AHL	49	9	14	23	40	5	1	0	1	8
	Edmonton (Oilers)	LNH	15	0	1	1	43	1	0	0	0	0
1992-93	Cap-Breton (Oilers)	AHL	58	23	27	50	102	16	1	2	3	35
	Edmonton (Oilers)	LNH	9	0	1	1	0	-	-	-	-	-
1993-94	Cap-Breton (Oilers)	AHL	2	1	1	2	31	-	-	-	-	-
	Edmonton (Oilers)	LNH	61	4	7	11	104	-	-	-	-	-
1994-95	Edmonton (Oilers)	LNH	47	10	12	22	89	-	-	-	-	-
1995-96	Edmonton (Oilers)	LNH	77	9	9	18	149	-	-	-	-	-
1996-97	**Montréal (Canadiens)**	**LNH**	**73**	**10**	**10**	**20**	**128**	**5**	**1**	**0**	**1**	**2**
1997-98	**Montréal (Canadiens)**	**LNH**	**67**	**6**	**9**	**15**	**158**	**9**	**0**	**2**	**2**	**10**
1998-99	**Montréal (Canadiens)**	**LNH**	**47**	**7**	**4**	**11**	**87**	**-**	**-**	**-**	**-**	**-**
	Canada	CM	10	5	1	6	6	-	-	-	-	-
1999-00	**Montréal (Canadiens)**	**LNH**	**35**	**2**	**3**	**5**	**70**	**-**	**-**	**-**	**-**	**-**
	Dallas (Stars)	LNH	30	6	3	9	38	23	2	7	9	28
2000-01	San Jose (Sharks)	LNH	73	19	17	36	114	6	3	0	3	8
2001-02	San Jose (Sharks)	LNH	77	26	16	42	116	12	3	3	6	6
2002-03	San Jose (Sharks)	LNH	41	9	12	21	41	-	-	-	-	-
2003-04	San Jose (Sharks)	LNH	80	13	14	27	84	12	2	2	4	22
2004-05	Sodertalje SK	SWE	12	2	5	7	10	10	0	3	3	27
2005-06	San Jose (Sharks)	LNH	71	10	11	21	84	11	2	0	2	6
2006-07	Los Angeles (Kings)	LNH	58	7	6	13	85	-	-	-	-	-
2007-08	Los Angeles (Kings)	LNH	47	5	3	8	39	-	-	-	-	-
		LNH	**941**	**144**	**141**	**285**	**1459**	**79**	**13**	**14**	**27**	**82**
		Montréal	**222**	**25**	**26**	**51**	**443**	**14**	**1**	**2**	**3**	**12**

• Médaille d'or (CMJ) en 1991

• Échangé à Edmonton par Toronto avec Vincent Damphouse, Peter Ing, Luke Richardson et des considérations futures pour Grant Fuhr, Glenn Anderson et Craig Berube le 19 septembre 1991 • Échangé à Montréal par Edmonton pour Andrei Kovalenko le 6 septembre 1996 • Échangé à Dallas par Montréal pour Juha Lind le 22 janvier 2000 • Signe avec San Jose comme joueur autonome le 1er juillet 2000 • Signe avec Sodertalje (SWE) comme joueur autonome le 13 janvier 2005 • Signe avec Los Angeles comme joueur autonome le 1er juillet 2006 • Annonce officiellement sa retraite le 28 juillet 2008

TRADER, LARRY

Né à Barry's Bay, Ontario, le 7 juillet 1963. Défenseur, lance de la gauche, 6'1", 180 lb (Choix de 5e ronde de Detroit, 86e au total lors du repêchage de 1981)

SAISON	CLUB	LIGUE	PJ	B	A	PTS	PUN	PJ	B	A	PTS	PUN
1979-80	Gloucester (Rangers)	LHJO	50	11	22	33	70	-	-	-	-	-
1980-81	London (Knights)	OHA	68	5	23	28	132	-	-	-	-	-
1981-82	London (Knights)	OHL	68	19	37	56	161	4	0	1	1	6
1982-83	London (Knights)	OHL	39	16	28	44	67	3	0	1	1	6
	Canada	CMJ	7	2	3	5	8	-	-	-	-	-
	Detroit (Red Wings)	LNH	15	0	2	2	6	-	-	-	-	-
	Adirondack (Red Wings)	AHL	6	2	2	4	4	6	2	1	3	10
1983-84	Adirondack (Red Wings)	AHL	80	13	28	41	89	6	1	1	2	4
1984-85	Detroit (Red Wings)	LNH	40	3	7	10	39	3	0	0	0	0
	Adirondack (Red Wings)	AHL	6	0	4	4	0	-	-	-	-	-
1985-86	Adirondack (Red Wings)	AHL	64	10	46	56	77	17	6	*16	*22	14
1986-87	Canada	Éq. nat.	48	4	16	20	56	-	-	-	-	-
	St. Louis (Blues)	LNH	5	0	0	0	8	-	-	-	-	-
1987-88	St. Louis (Blues)	LNH	1	0	0	0	2	-	-	-	-	-
	Montréal (Canadiens)	**LNH**	**30**	**2**	**4**	**6**	**19**	**-**	**-**	**-**	**-**	**-**
	Sherbrooke (Canadiens)	AHL	11	2	2	4	25	-	-	-	-	-
1988-89	Binghamton (Whalers)	AHL	65	11	40	51	72	-	-	-	-	-
1989-90	KAC Klagenfurt	AUT	35	12	22	34	79	-	-	-	-	-
1990-91	SG Bruneck	ITA	36	8	23	31	44	6	5	4	9	18
1991-92	SG Bruneck	Alpes	18	3	13	16	56	-	-	-	-	-
	SG Bruneck	ITA	18	2	12	14	29	3	1	4	5	2
1992-93	SG Bruneck	Alpes	19	2	15	17	83	-	-	-	-	-
	EK Zell-am-Zee	AUT	4	1	1	2	-	-	-	-	-	-
	SG Bruneck	ITA	14	10	13	23	18	3	1	1	2	6
1993-94	HC Varese	ITA	4	1	3	4	8	3	1	0	1	32
		LNH	**91**	**5**	**13**	**18**	**74**	**3**	**0**	**0**	**0**	**0**
		Montréal	**30**	**2**	**4**	**6**	**19**	**-**	**-**	**-**	**-**	**-**

• Médaille de bronze (CMJ) en 1983 • Deuxième équipe d'étoiles (AHL) en 1985-86

• Échangé à St. Louis par Detroit pour Lee Norwood le 7 août 1986 • Échangé à Montréal par St. Louis avec le choix de 3e ronde de St. Louis au repêchage de 1989 (Pierre Sevigny) pour Gaston Gingras et le choix de 3e ronde de Montréal au repêchage de 1989 (échangé plus tard à Winnipeg qui sélectionne Kris Draper) le 13 octobre 1987 • Signe avec Hartford comme joueur autonome le 3 août 1988

TRAPP, ROBERT (BOB)

Né à Pembroke, Ontario, le 16 décembre 1899, décédé le 20 novembre 1979 Défenseur, lance de la gauche, 5'10", 170 lb

SAISON	CLUB	LIGUE	PJ	B	A	PTS	PUN	PJ	B	A	PTS	PUN
1914-15	Toronto (R & AA)	SOHA	*Statistiques non disponibles*									
1915-16	Toronto (R & AA)	SOHA	8	4	0	4	-	-	-	-	-	-
1916-17			*Service militaire*									
1917-18			*Service militaire*									
1918-19	Toronto (Veterans)	SOHA	3	2	1	3	0	-	-	-	-	-
1919-20	Edmonton (Eskimos)	Big 4	12	2	2	4	6	2	0	0	0	0
1920-21	Edmonton (Dominions)	Big 4	16	6	1	7	2	-	-	-	-	-
1921-22	Edmonton (Eskimos)	WCHL	24	5	4	9	5	2	1	0	1	0
1922-23	Edmonton (Eskimos)	WCHL	26	5	5	10	14	4	0	1	1	2
1923-24	Edmonton (Eskimos)	WCHL	30	5	4	9	20	-	-	-	-	-
1924-25	Edmonton (Eskimos)	WCHL	27	8	11	19	33	-	-	-	-	-
1925-26	Portland (Rosebuds)	WHL	30	4	12	16	55	-	-	-	-	-
1926-27	Chicago (Black Hawks)	LNH	44	4	2	6	92	2	0	0	0	4
1927-28	Chicago (Black Hawks)	LNH	38	0	2	2	37	-	-	-	-	-
1928-29	Tulsa (Oilers)	AHA	40	8	6	14	30	4	1	0	1	14
1929-30	Tulsa (Oilers)	AHA	23	1	3	4	10	-	-	-	-	-
1930-31	Tulsa (Oilers)	AHA	45	8	13	21	54	4	0	0	0	2
1931-32	Tulsa (Oilers)	AHA	25	4	3	7	30	-	-	-	-	-
	Providence (Reds)	Can-Am	14	2	2	4	12	5	0	2	2	6
1932-33	Providence (Reds)	Can-Am	44	3	11	14	50	2	1	0	1	0
	Montréal (Canadiens)	**LNH**	**1**	**0**	**0**	**0**	**0**	**-**	**-**	**-**	**-**	**-**
1933-34	Providence (Reds)	Can-Am	17	0	1	1	2	-	-	-	-	-
		LNH	**83**	**4**	**4**	**8**	**129**	**2**	**0**	**0**	**0**	**4**
		Montréal	**1**	**0**	**0**	**0**	**0**	**-**	**-**	**-**	**-**	**-**

• Deuxième équipe d'étoiles (WCHL) en 1921-22 • Première équipe d'étoiles (WCHL) en 1922-23 • Première équipe d'étoiles (WHL) en 1923-24

• Signe avec Edmonton (WCHL) le 5 décembre 1921 • Échangé à Portland (WHL) par Edmonton (WHL) avec Joe McCormick pour Eddie Shore et Art Gagné le 7 octobre 1925 • Achat de la concession de Portland (WHL) par Chicago le 16 mai 1926 • Prêté à Montréal par Providence (Can-AM) avec Gissy Hart et Art Alexandre le 6 février 1933

TRAVERSE, PATRICK

Né à Montréal, Québec, le 14 mars 1974. Défenseur, lance de la gauche, 6'4", 223 lb (Choix de 3e ronde d'Ottawa, 50e au total lors du repêchage de 1992)

SAISON	CLUB	LIGUE	PJ	B	A	PTS	PUN	PJ	B	A	PTS	PUN
1990-91	Montreal-Bourassa	QAAA	42	4	19	23	10	5	0	3	3	2
1991-92	Shawinigan (Cataractes)	LHJMQ	59	3	11	14	12	10	0	0	0	4
1992-93	Shawinigan (Cataractes)	LHJMQ	53	5	24	29	24	-	-	-	-	-
	New Haven (Senators)	AHL	2	0	0	0	2	-	-	-	-	-
	Saint-Jean (Lynx)	LHJMQ	15	1	6	7	0	4	0	1	1	2
1993-94	Saint-Jean (Lynx)	LHJMQ	66	15	37	52	30	5	0	4	4	4
	I.P.E. (Senators)	AHL	3	0	1	1	2	-	-	-	-	-
1994-95	I.P.E. (Senators)	AHL	70	5	13	18	19	7	0	2	2	0
1995-96	Ottawa (Sénateurs)	LNH	5	0	0	0	2	-	-	-	-	-
	I.P.E. (Senators)	AHL	55	4	21	25	32	5	1	2	3	2
1996-97	Worcester (IceCats)	AHL	24	0	4	4	23	-	-	-	-	-
	Grand Rapids (Griffins)	IHL	10	2	1	3	10	2	0	1	1	2
1997-98	Hershey (Bears)	AHL	71	14	15	29	67	7	1	3	4	4
1998-99	Ottawa (Sénateurs)	LNH	46	1	9	10	22	-	-	-	-	-
1999-00	Ottawa (Sénateurs)	LNH	66	6	17	23	21	6	0	0	0	2
	Canada	CM	8	1	0	1	0	-	-	-	-	-
2000-01	Anaheim (Mighty Ducks)	LNH	15	1	0	1	6	-	-	-	-	-
	Boston (Bruins)	LNH	37	2	6	8	14	-	-	-	-	-
	Montreal (Canadiens)	**LNH**	**19**	**2**	**3**	**5**	**10**	**-**	**-**	**-**	**-**	**-**
2001-02	**Montréal (Canadiens)**	**LNH**	**25**	**2**	**3**	**5**	**14**	**-**	**-**	**-**	**-**	**-**
	Québec (Citadelles)	AHL	4	0	2	2	4	-	-	-	-	-
2002-03	**Montréal (Canadiens)**	**LNH**	**65**	**0**	**13**	**13**	**24**	**-**	**-**	**-**	**-**	**-**
2003-04	Hamilton (Bulldogs)	AHL	80	5	21	26	31	10	1	2	3	0
2004-05	Houston (Aeros)	AHL	72	6	9	15	28	5	0	0	0	2
2005-06	Dallas (Stars)	LNH	1	0	0	0	0	-	-	-	-	-
	Iowa (Stars)	AHL	40	3	21	24	16	7	1	2	3	2
2006-07	Hamilton (Bulldogs)	AHL	26	1	4	5	10	-	-	-	-	-
	Worcester (Sharks)	AHL	54	5	17	22	14	6	0	2	2	2
2007-08	Worcester (Sharks)	AHL	65	6	19	25	52	-	-	-	-	-
		LNH	**279**	**14**	**51**	**65**	**113**	**6**	**0**	**0**	**0**	**2**
		Montréal	**109**	**4**	**19**	**23**	**48**	**-**	**-**	**-**	**-**	**-**

• Échangé à Anaheim par Ottawa pour Joel Kwiatkowski le 12 juin 2000 • Échangé à Boston par Anaheim avec Andrei Nazarov pour Sami Pahlsson le 18 novembre 2000 • Échangé à Montréal par Boston pour Eric Weinrich le 21 février 2001 • Signe avec Dallas comme joueur autonome le 9 septembre 2004 • Signe avec San Jose comme joueur autonome le 10 juillet 2006 • Réclamé au ballotage par Montréal de San Jose le 28 septembre 2006 • Échangé à San Jose par Montréal pour Mathieu Biron le 15 décembre 2006

TREMBLAY, GILLES

Né à Montmorency, Québec, le 17 décembre 1938 Ailier gauche, lance de la gauche, 5'10", 175 lb

SAISON	CLUB	LIGUE	PJ	B	A	PTS	PUN	PJ	B	A	PTS	PUN
1956-57	Hull-Ottawa (Canadiens)	JOHA	18	3	4	7	2	-	-	-	-	-
	Hull-Ottawa (Canadiens)	EOHL	8	0	2	2	2	-	-	-	-	-
	Hull-Ottawa (Canadiens)	LHQ	14	2	1	3	0	-	-	-	-	-
	Hull-Ottawa (Canadiens)	Mem.	-	-	-	-	-	15	5	4	9	4
1957-58	Hull-Ottawa (Canadiens)	JOHA	27	15	12	27	6	-	-	-	-	-
	Hull-Ottawa (Canadiens)	EOHL	36	13	19	32	10	-	-	-	-	-
	Hull-Ottawa (Canadiens)	Mem.	-	-	-	-	-	13	6	11	17	6
1958-59	Hull-Ottawa (Canadiens)	Exh.	*Statistiques non disponibles*									
	Hull-Ottawa (Canadiens)	EOHL	3	1	0	1	4	3	1	0	1	0
	Rochester (Americans)	AHL	3	1	1	2	2	-	-	-	-	-
	Hull-Ottawa (Canadiens)	Mem.	-	-	-	-	-	9	3	5	8	6
1959-60	Hull-Ottawa (Canadiens)	EPHL	67	32	51	83	45	7	4	3	7	8
1960-61	Hull-Ottawa (Canadiens)	EPHL	14	9	11	20	12	-	-	-	-	-
	Montréal (Canadiens)	**LNH**	**45**	**7**	**11**	**18**	**4**	**6**	**1**	**3**	**4**	**0**
1961-62	**Montréal (Canadiens)**	**LNH**	**70**	**32**	**22**	**54**	**28**	**6**	**1**	**0**	**1**	**2**
1962-63	**Montréal (Canadiens)**	**LNH**	**60**	**25**	**24**	**49**	**42**	**5**	**2**	**0**	**2**	**0**
1963-64	**Montréal (Canadiens)**	**LNH**	**61**	**22**	**15**	**37**	**21**	**2**	**0**	**0**	**0**	**0**

Saison	Club	Ligue	PJ	B	A	PTS	PUN	PJ	B	A	PTS	PUN
			Saisons régulières					Séries éliminatoires				
1964-65	**Montréal (Canadiens)**	**LNH**	**26**	**9**	**7**	**16**	**16**	**-**	**-**	**-**	**-**	**-**
1965-66	**Montréal (Canadiens)**	**LNH**	**70**	**27**	**21**	**48**	**24**	**10**	**4**	**5**	**9**	**0**
	Match des étoiles	LNH	1	0	0	0	0	-	-	-	-	-
1966-67	**Montréal (Canadiens)**	**LNH**	**62**	**13**	**19**	**32**	**16**	**10**	**0**	**1**	**1**	**0**
	Match des étoiles	LNH	1	0	0	0	0	-	-	-	-	-
1967-68	**Montréal (Canadiens)**	**LNH**	**71**	**23**	**28**	**51**	**8**	**9**	**1**	**5**	**6**	**2**
1968-69	**Montréal (Canadiens)**	**LNH**	**44**	**10**	**15**	**25**	**2**	**-**	**-**	**-**	**-**	**-**
		LNH	**509**	**168**	**162**	**330**	**161**	**48**	**9**	**14**	**23**	**4**
		Montréal	**509**	**168**	**162**	**330**	**161**	**48**	**9**	**14**	**23**	**4**

• Coupe Memorial en 1957-58 • Match des étoiles (LNH) en 1964-65, 1966-67 • Coupe Stanley (LNH) en 1964-65, 1965-66, 1967-68, 1968-69

TREMBLAY, JEAN-CLAUDE

Né à Bagotville, Québec, le 22 janvier 1939, décédé le 7 décembre 1994
Défenseur, lance de la gauche, 5'11", 190 lb

Saison	Club	Ligue	PJ	B	A	PTS	PUN	PJ	B	A	PTS	PUN
1957-58	Hull-Ottawa (Canadiens)	JOHA	24	7	12	19	8	-	-	-	-	-
	Hull-Ottawa (Canadiens)	EOHL	34	5	17	22	16	-	-	-	-	-
	Hull-Ottawa (Canadiens)	Mem.	-	-	-	-	-	13	2	5	7	10
1958-59	Hull-Ottawa (Canadiens)	Exh.	*Statistiques non disponibles*									
	Hull-Ottawa (Canadiens)	EOHL	26	4	13	17	22	1	0	1	1	9
	Rochester (Americans)	AHL	3	0	0	0	0	-	-	-	-	-
	Hull-Ottawa (Canadiens)	Mem.	-	-	-	-	-	9	4	5	9	12
1959-60	Hull-Ottawa (Canadiens)	EPHL	55	25	31	56	55	7	1	4	5	2
	Montréal (Canadiens)	**LNH**	**11**	**0**	**1**	**1**	**0**	**-**	**-**	**-**	**-**	**-**
	Match des étoiles	LNH	1	0	0	0	2	-	-	-	-	-
1960-61	Hull-Ottawa (Canadiens)	EPHL	37	7	33	40	28	-	-	-	-	-
	Montréal (Canadiens)	**LNH**	**29**	**1**	**3**	**4**	**18**	**5**	**0**	**0**	**0**	**2**
1961-62	**Montréal (Canadiens)**	**LNH**	**70**	**3**	**17**	**20**	**18**	**6**	**0**	**2**	**2**	**2**
1962-63	**Montréal (Canadiens)**	**LNH**	**69**	**1**	**17**	**18**	**10**	**5**	**0**	**0**	**0**	**0**
1963-64	**Montréal (Canadiens)**	**LNH**	**70**	**5**	**16**	**21**	**24**	**7**	**2**	**1**	**3**	**9**
1964-65	**Montréal (Canadiens)**	**LNH**	**68**	**3**	**17**	**20**	**22**	**13**	**1**	**9**	**10**	**18**
1965-66	**Montréal (Canadiens)**	**LNH**	**59**	**6**	**29**	**35**	**8**	**10**	**2**	**9**	**11**	**2**
	Match des étoiles	LNH	1	0	0	0	0	-	-	-	-	-
1966-67	**Montréal (Canadiens)**	**LNH**	**60**	**8**	**26**	**34**	**14**	**10**	**2**	**4**	**6**	**2**
	Match des étoiles	LNH	1	0	0	0	0	-	-	-	-	-
1967-68	**Montréal (Canadiens)**	**LNH**	**73**	**4**	**26**	**30**	**18**	**13**	**3**	**6**	**9**	**2**
	Match des étoiles	LNH	1	0	1	1	0	-	-	-	-	-
1968-69	**Montréal (Canadiens)**	**LNH**	**75**	**7**	**32**	**39**	**18**	**13**	**1**	**4**	**5**	**6**
	Match des étoiles	LNH	1	0	0	0	0	-	-	-	-	-
1969-70	**Montréal (Canadiens)**	**LNH**	**58**	**2**	**19**	**21**	**7**	**-**	**-**	**-**	**-**	**-**
1970-71	**Montréal (Canadiens)**	**LNH**	**76**	**11**	**52**	**63**	**23**	**20**	**3**	**14**	**17**	**15**
	Match des étoiles	LNH	1	0	0	0	0	-	-	-	-	-
1971-72	**Montréal (Canadiens)**	**LNH**	**76**	**6**	**51**	**57**	**24**	**6**	**0**	**2**	**2**	**0**
	Match des étoiles	LNH	1	0	1	1	2	-	-	-	-	-
1972-73	Québec (Nordiques)	AMH	75	14	*75	89	32	-	-	-	-	-
1973-74	Québec (Nordiques)	AMH	68	9	44	53	10	-	-	-	-	-
1974-75	Québec (Nordiques)	AMH	68	16	56	72	18	11	0	10	10	2
	Canada	Défi 74	8	1	4	5	2	-	-	-	-	-
1975-76	Québec (Nordiques)	AMH	80	12	*77	89	16	5	0	3	3	0
1976-77	Québec (Nordiques)	AMH	53	4	31	35	16	17	2	9	11	2
1977-78	Québec (Nordiques)	AMH	54	5	37	42	26	1	0	1	1	0
1978-79	Québec (Nordiques)	AMH	56	6	38	44	8	-	-	-	-	-
		LNH	**794**	**57**	**306**	**363**	**204**	**108**	**14**	**51**	**65**	**58**
		Montréal	**794**	**57**	**306**	**363**	**204**	**108**	**14**	**51**	**65**	**58**

• Coupe Memorial en 1957-58 • Match des étoiles (LNH) en 1959-60, 1965-66, 1966-67,1967-68, 1968-69, 1970-71, 1971-72 • Coupe Stanley (LNH) en 1964-65, 1965-66, 1967-68,1968-69, 1970-71 • Première équipe d'étoiles (LNH) en 1970-71 • Deuxième équipe d'étoiles (LNH) en 1967-68 • Première équipe d'étoiles (AMH) en 1972-73, 1974-75, 1975-76 • Trophée Dennis-A. Murphy (AMH) en 1972-73, 1974-75 • Deuxième équipe d'étoiles (AMH) en 1973-74 • Coupe Avco (AMH) en 1976-77

• Sélectionné par Los Angeles lors de l'expansion de l'AMH le 12 février 1972 • Échangé à Québec (AMH) par Los Angeles (AMH) pour des considérations futures le 21 août 1972

TREMBLAY, MARCEL

Né à St. Boniface, Manitoba, le 4 juillet 1915, décédé le 10 mars 1980
Ailier droit, lance de la droite, 5'11", 165 lb

Saison	Club	Ligue	PJ	B	A	PTS	PUN	PJ	B	A	PTS	PUN
1932-33	Winnipeg (Monarchs)	WJHL	10	8	1	9	2	-	-	-	-	-
1933-34	Winnipeg (Monarchs)	WJHL	14	6	4	10	2	3	1	1	2	4
1934-35			*N'a pas joué*									
1935-36			*N'a pas joué*									
1936-37	Flin Flon (Bombers)	N-SSHL	16	11	5	16	14	6	5	2	7	2
1937-38	Flin Flon (Bombers)	N-SSHL	19	*19	10	29	22	-	-	-	-	-
1938-39	**Montréal (Canadiens)**	**LNH**	**10**	**0**	**2**	**2**	**0**	**-**	**-**	**-**	**-**	**-**
	New Haven (Eagles)	IAHL	26	5	13	18	6	-	-	-	-	-
1939-40	New Haven (Eagles)	IAHL	51	23	24	47	23	3	2	0	2	0
1940-41	New Haven (Eagles)	AHL	48	11	18	29	24	2	0	0	0	0
1941-42	New Haven (Eagles)	AHL	20	7	5	12	18	-	-	-	-	-
1942-43			*Service militaire*									
1943-44			*Service militaire*									
1944-45	Montréal (Armée)	LHCM	2	0	0	0	0	-	-	-	-	-
		LNH	**10**	**0**	**2**	**2**	**0**	**-**	**-**	**-**	**-**	**-**
		Montréal	**10**	**0**	**2**	**2**	**0**	**-**	**-**	**-**	**-**	**-**

• Deuxième équipe d'étoiles (LHSQ) en 1948-49

• Signe avec Montréal le 25 octobre 1938

TREMBLAY, MARIO

Né à Alma, Québec, le 2 septembre 1956. Ailier droit, lance de la droite, 6', 190 lb
(Choix de 1er ronde de Montréal, 12e au total lors du repêchage de 1974)

Saison	Club	Ligue	PJ	B	A	PTS	PUN	PJ	B	A	PTS	PUN
1972-73	Montréal (Bleu-Blanc-Rouge)	LHJMQ	56	43	37	80	155	4	0	1	1	4
1973-74	Montréal (Junior)	LHJMQ	47	49	51	100	154	7	1	3	4	17
1974-75	Nlle-Écosse (Voyageurs)	AHL	15	10	8	18	47	-	-	-	-	-
	Montréal (Canadiens)	**LNH**	**63**	**21**	**18**	**39**	**108**	**11**	**0**	**1**	**1**	**7**
1975-76	**Montréal (Canadiens)**	**LNH**	**71**	**11**	**16**	**27**	**88**	**10**	**0**	**1**	**1**	**27**
1976-77	**Montréal (Canadiens)**	**LNH**	**74**	**18**	**28**	**46**	**61**	**14**	**3**	**0**	**3**	**9**
1977-78	**Montréal (Canadiens)**	**LNH**	**56**	**10**	**14**	**24**	**44**	**5**	**2**	**1**	**3**	**16**
1978-79	**Montréal (Canadiens)**	**LNH**	**76**	**30**	**29**	**59**	**74**	**13**	**3**	**4**	**7**	**13**
1979-80	**Montréal (Canadiens)**	**LNH**	**77**	**16**	**26**	**42**	**105**	**10**	**0**	**11**	**11**	**14**
1980-81	**Montréal (Canadiens)**	**LNH**	**77**	**25**	**38**	**63**	**123**	**3**	**0**	**0**	**0**	**9**
1981-82	**Montréal (Canadiens)**	**LNH**	**80**	**33**	**40**	**73**	**66**	**5**	**4**	**1**	**5**	**24**
1982-83	**Montréal (Canadiens)**	**LNH**	**80**	**30**	**37**	**67**	**87**	**3**	**0**	**1**	**1**	**7**
1983-84	**Montréal (Canadiens)**	**LNH**	**67**	**14**	**25**	**39**	**112**	**15**	**6**	**3**	**9**	**31**
1984-85	**Montréal (Canadiens)**	**LNH**	**75**	**31**	**35**	**66**	**120**	**12**	**2**	**6**	**8**	**30**
1985-86	**Montréal (Canadiens)**	**LNH**	**56**	**19**	**20**	**39**	**55**	**-**	**-**	**-**	**-**	**-**
		LNH	**852**	**258**	**326**	**584**	**1043**	**101**	**20**	**29**	**49**	**187**
		Montréal	**852**	**258**	**326**	**584**	**1043**	**101**	**20**	**29**	**49**	**187**

• Coupe Stanley (LNH) en 1975-76, 1976-77, 1977-78, 1978-79, 1985-86

TREMBLAY, NILS

Né à Matane, Québec, 26 juillet 1923
Centre, lance de la gauche, 5,8", 155 lb

Saison	Club	Ligue	PJ	B	A	PTS	PUN	PJ	B	A	PTS	PUN
1941-42	Québec (As)	LHSQ	1	0	0	0	0	-	-	-	-	-
1942-43	Québec (As)	LHSQ	17	8	6	14	8	-	-	-	-	-
1943-44	Québec (As)	LHSQ	25	19	28	*47	15	6	5	4	9	2
	Québec (As)	Allan	-	-	-	-	-	9	10	11	21	12
1944-45	Québec (As)	LHSQ	21	23	31	*54	37	7	4	5	9	2
	Montréal (Canadiens)	**LNH**	**1**	**0**	**1**	**1**	**0**	**2**	**0**	**0**	**0**	**0**
	Québec (As)	Allan	-	-	-	-	-	3	2	4	6	2
1945-46	Québec (As)	LHSQ	32	19	20	39	51	6	3	5	8	18
1946-47	Québec (As)	LHSQ	37	25	35	60	43	4	3	5	8	10
1947-48	Québec (As)	LHSQ	2	0	2	2	2	-	-	-	-	-
	Seattle (Ironmen)	PCHL	3	0	2	2	10	-	-	-	-	-
1948-49	Ottawa (Senators)	LHSQ	60	35	*71	106	51	11	3	7	10	8
	Ottawa (Senators)	Allan	-	-	-	-	-	12	*11	*9	*20	2
1949-50	Ottawa (Senators)	LHSQ	59	15	38	53	69	7	4	4	8	4
1950-51	Ottawa (Senators)	LHMQ	52	21	29	50	22	11	2	2	4	4
1951-52	Sherbrooke (Saints)	LHMQ	47	9	28	37	21	9	2	3	5	0
1952-53	Sherbrooke (Saints)	LHMQ	46	13	18	31	21	7	0	5	5	2
1953-54	Rivière-du-Loup (Raiders)	LSSL	57	15	33	48	8	-	-	-	-	-
		LNH	**3**	**0**	**1**	**1**	**0**	**2**	**0**	**0**	**0**	**0**
		Montréal	**1**	**0**	**1**	**1**	**0**	**2**	**0**	**0**	**0**	**0**

• Coupe Allan en 1943-44, 1948-49

• Prêté à Montréal par Québec (LHSQ) le 12 mars 1945 • Prêté à Montréal par Québec (LHSQ) avec Ed Emberg le 21 mars 1945

TRUDEL, LOUIS

Né à Salem, Massachusetts, le 21 juillet 1912, décédé le 19 mars 1972
Ailier gauche, lance de la gauche, 5'11", 165 lb

Saison	Club	Ligue	PJ	B	A	PTS	PUN	PJ	B	A	PTS	PUN
1929-30	Edmonton (Poolers)	EJHL	2	*4	0	*4	0	-	-	-	-	-
	Edmonton (Poolers)	Mem.	-	-	-	-	-	2	1	0	1	4
1930-31	Edmonton (Poolers)	EJHL	13	7	3	10	8	-	-	-	-	-
1931-32	Edmonton (Poolers)	EJHL	10	10	1	11	-	4	*3	0	*3	4
	Edmonton (Poolers)	Mem.	-	-	-	-	-	5	4	0	4	12
1932-33	St. Paul (Greyhounds)	AHA	16	5	4	9	11	-	-	-	-	-
	Tulsa (Oilers)	AHA	15	5	2	7	8	4	1	0	1	4
1933-34	Chicago (Black Hawks)	LNH	31	1	3	4	13	7	0	0	0	0
	Syracuse (Stars)	IHL	5	0	0	0	2	-	-	-	-	-
1934-35	Chicago (Black Hawks)	LNH	47	11	11	22	28	2	0	0	0	0
1935-36	Chicago (Black Hawks)	LNH	47	3	4	7	27	2	0	0	0	2
1936-37	Chicago (Black Hawks)	LNH	45	6	12	18	11	-	-	-	-	-
1937-38	Chicago (Black Hawks)	LNH	42	6	16	22	15	10	0	3	3	2
1938-39	**Montréal (Canadiens)**	**LNH**	**31**	**8**	**13**	**21**	**2**	**3**	**1**	**0**	**1**	**0**
	New Haven (Eagles)	IAHL	18	6	9	15	7	-	-	-	-	-
1939-40	**Montréal (Canadiens)**	**LNH**	**47**	**12**	**7**	**19**	**24**	**-**	**-**	**-**	**-**	**-**
	Match des étoiles	LNH	1	1	0	1	0	-	-	-	-	-
1940-41	**Montréal (Canadiens)**	**LNH**	**16**	**2**	**3**	**5**	**2**	**-**	**-**	**-**	**-**	**-**
	New Haven (Eagles)	IAHL	20	22	13	35	11	2	0	0	0	0
1941-42	Washington (Lions)	AHL	54	*37	29	66	11	2	1	0	1	0
1942-43	Washington (Lions)	AHL	37	21	29	50	7	-	-	-	-	-
	Cleveland (Barons)	AHL	18	8	5	13	0	4	0	1	1	2
1943-44	Cleveland (Barons)	AHL	52	29	47	76	13	11	4	2	6	2
1944-45	Cleveland (Barons)	AHL	60	*45	48	93	25	12	8	5	13	6
1945-46	Cleveland (Barons)	AHL	61	33	46	79	24	12	7	4	11	8
1946-47	Clevaland (Barons)	AHL	50	20	29	49	12	-	-	-	-	-
1947-48	Cleveland (Barons)	AHL	13	1	6	7	6	-	-	-	-	-
1948-49	Montréal (Royals)	LHSQ	2	0	0	0	0	3	0	0	0	0
1949-50	Cleveland (Knights)	EAHL	*Statistiques non disponibles*									
1950-51	Grand Rapids (Rockets)	IHL	19	10	25	35	10	3	0	0	0	0
1951-52	Grand Rapids (Rockets)	IHL	17	2	10	12	20	13	2	3	5	12
1952-53	Saint-Jérôme (Alouettes)	LHPQ	62	18	25	43	-	-	-	-	-	-
1953-54	Milwaukee (Chiefs)	IHL	11	1	6	7	4	-	-	-	-	-
		LNH	**306**	**49**	**69**	**118**	**122**	**24**	**1**	**3**	**4**	**4**
		Montréal	**94**	**22**	**23**	**45**	**28**	**3**	**1**	**0**	**1**	**0**

• Coupe Stanley (LNH) en 1933-34, 1937-38 • Match des étoiles (LNH) en 1939-40 • Première équipe d'étoiles (AHL) en 1944-45 • Deuxième équipe d'étoiles (AHL) en 1941-42, 1944-45, 1945-46 • Coupe Calder (AHL) en 1944-45

• Échangé à Montréal par Chicago pour Joffre Desilets le 26 août 1938 • Droits vendus à Washington (AHL) par Montréal le 9 octobre 1941 • Échangé à Cleveland (AHL) par Washington (AHL) pour Herb Foster et des considérations futures le 2 février 1943

TUCKER, DARCY

Né à Castor, Alberta, le 15 mars 1975. Centre, lance de la gauche, 5'10", 179 lb
(Choix de 6e ronde de Montréal, 151e au total lors du repêchage de 1993)

SAISON	CLUB	LIGUE	PJ	B	A	PTS	PUN	PJ	B	A	PTS	PUN
1990-91	Red Deer (Chiefs)	AAHA	47	70	90	160	48	-	-	-	-	-
1991-92	Kamloops (Blazers)	WHL	26	3	10	13	32	9	0	1	1	16
	Kamloops (Blazers)	Mem.	-	-	-	-	-	3	0	0	0	0
1992-93	Kamloops (Balzers)	WHL	67	31	58	89	155	13	7	6	13	34
1993-94	Kamloops (Blazers)	WHL	66	52	88	140	143	19	9	*18	*27	43
	Kamloops (Blazers)	Mem.	-	-	-	-	-	4	6	3	9	6
1994-95	Kamloops (Blazers)	WHL	64	64	73	137	94	21	*16	15	*31	19
	Kamloops (Blazers)	Mem.	-	-	-	-	-	4	2	4	6	4
	Canada	CMJ	7	0	4	4	0	-	-	-	-	-
1995-96	Fredericton (Canadiens)	AHL	74	29	64	93	174	7	7	3	10	14
	Montréal (Canadiens)	**LNH**	**3**	**0**	**0**	**0**	**0**	-	-	-	-	-
1996-97	**Montréal (Canadiens)**	**LNH**	**73**	**7**	**13**	**20**	**110**	**4**	**0**	**0**	**0**	**0**
1997-98	**Montréal (Canadiens)**	**LNH**	**39**	**1**	**5**	**6**	**57**	-	-	-	-	-
	Tampa Bay (Lightning)	LNH	35	6	8	14	89	-	-	-	-	-
1998-99	Tampa Bay (Lightning)	LNH	82	21	22	43	176	-	-	-	-	-
1999-00	Tampa Bay (Lightning)	LNH	50	14	20	34	108	-	-	-	-	-
	Toronto (Maple Leafs)	LNH	27	7	10	17	55	12	4	2	6	15
2000-01	Toronto (Maple Leafs)	LNH	82	16	21	37	141	11	0	2	2	6
2001-02	Toronto (Maple Leafs)	LNH	77	24	35	59	92	17	4	4	8	38
2002-03	Toronto (Maple Leafs)	LNH	77	10	26	36	119	6	0	3	3	6
2003-04	Toronto (Maple Leafs)	LNH	64	21	11	32	68	12	2	-	2	14
2004-05	*N'a pas joué*											
2005-06	Toronto (Maple Leafs)	LNH	74	28	33	61	100	-	-	-	-	-
2006-07	Toronto (Maple Leafs)	LNH	56	24	19	43	81	-	-	-	-	-
2007-08	Toronto (Maple Leafs)	LNH	74	18	16	34	100	-	-	-	-	-
		LNH	**813**	**197**	**239**	**436**	**1296**	**62**	**10**	**11**	**21**	**79**
		Montréal	**115**	**8**	**18**	**26**	**167**	**4**	**0**	**0**	**0**	**0**

• Coupe Memorial en 1991-92, 1993-94, 1994-95 • Première équipe d'étoiles, Division Ouest (WHL) en 1993-94, 1994-95 • Équipe d'étoiles (Mem.)en 1993-94, 1994-95 • Trophée Stafford-Smythe (Mem.) en 1993-94 • Première équipe d'étoiles (CHL) en 1993-94 • Médaille d'or (CMJ) en 1995 • Trophée Dudley-Garrett (AHL) en 1995-96

• Échangé à Tampa Bay par Montréal avec Stéphane Richer et David Wilkie pour Patrick Poulin, Mick Vukota et Igor Ulanov le 15 janvier 1998 • Échangé à Toronto par Tampa Bay avec le choix de 4e ronde de Tampa Bay au repêchage de 2000 (Miguel Delisle) pour Mike Johnson, Marek Posmyk, le choix de 5e ronde de Toronto au repêchage de 2000 (Pavel Sedov), le choix de 6e ronde au repêchage de 2000 (Aaron Gionet) le 9 févrer 2000 • Signe avec Colorado comme joueur autonome le 1er juillet 2008

TUDIN, CORNELL (CONNIE)

Né à Ottawa, Ontario, le 21 septembre 1917, décédé le 24 octobre 1988
Centre, lance de la gauche, 5'11", 170 lb

SAISON	CLUB	LIGUE	PJ	B	A	PTS	PUN	PJ	B	A	PTS	PUN
1936-37	Ottawa (Rideaus)	OCJHL	15	*31	*15	*46	4	4	*8	*4	*12	4
	Ottawa (Rideaus)	Mem.	-	-	-	-	-	4	8	*8	16	8
1937-38	Amprior (Greenshirts)	UOVHL	16	18	*17	*35	12	3	0	2	2	0
	Amprior (Greenshirts)	Allan	-	-	-	-	-	4	2	8	10	2
1938-39	Wembley (Lions)	Ln-Cup	-	1	1	2	2	-	-	-	-	-
	Harringay (Greyhounds)	GBR	-	6	7	13	14	-	-	-	-	-
	Wembley (Lions)	Éq. nat.	-	4	3	7	6	-	-	-	-	-
1939-40	Lachine (Rapides)	LHPQ	41	27	12	39	76	9	5	4	9	10
1940-41	Montréal (Canadiens)	LHSQ	31	11	9	20	52	-	-	-	-	-
	New Haven (Eagles)	AHL	10	2	7	9	2	2	1	0	1	0
1941-42	Washington (Lions)	AHL	42	9	12	21	20	2	0	0	0	0
	Montréal (Canadiens)	**LNH**	**4**	**0**	**1**	**1**	**4**	-	-	-	-	-
1942-43	Ottawa (RCAF)	SOHA	17	15	14	29	19	8	4	3	7	13
	Ottawa (RCAF)	Allan	-	-	-	-	-	7	1	2	3	6
1943-44	Amprior (RCAF)	SOHA	7	9	12	21	10	-	-	-	-	-
1944-45	Rockcliffe (RCAF)	ONDHL	12	16	21	37	7	3	7	2	9	4
	Ottawa (Commandos)	LHSQ	1	1	0	1	0	-	-	-	-	-
1945-46	Ottawa-Hull	LHSQ	25	9	22	31	2	-	-	-	-	-
	Amprior (Rams)	UOVHL	4	0	2	2	4	-	-	-	-	-
	Ottawa (RCAF)	OCHL	10	9	8	17	-	4	2	2	4	-
1946-47	Ottawa (Senators)	LHSQ	4	0	0	0	0	-	-	-	-	-
	Ottawa (Senators)	UOVHL	18	19	15	34	22	9	7	7	14	12
1947-48	Ottawa (Senators)	LHSQ	43	24	30	54	18	12	*12	11	*23	6
	Ottawa (Senators)	Allan	-	-	-	-	-	14	4	6	10	10
1948-49	Ottawa (Senators)	LHSQ	57	22	36	58	19	11	2	4	6	4
	Ottawa (Senators)	Allan	-	-	-	-	-	1	0	0	0	0
1949-50	Ottawa (Senators)	LHSQ	41	10	14	24	52	7	0	1	1	4
1950-51	Ottawa (Senators)	LHMQ	55	4	18	22	59	11	2	3	5	10
1951-52	Smith Falls (Rideaus)	ECSHL	43	11	33	44	63	5	2	2	4	0
1952-53	Smith Falls (Rideaus)	ECSHL	45	16	27	43	22	13	*4	4	8	7
	Smith Falls (Rideaus)	Allan	-	-	-	-	-	11	*6	4	10	8
1953-54	Brockville (Magadonas)	NYOHL	30	18	39	57	18	-	-	-	-	-
		LNH	**4**	**0**	**1**	**1**	**4**	-	-	-	-	-
		Montréal	**4**	**0**	**1**	**1**	**4**	-	-	-	-	-

• Coupe Allan en 1948-49

• Signe avec Montréal le 25 février 1941 • Prêté à New Haven (AHL) par Montréal le 25 février 1941 • Prêté à Washington (AHL) par Montréal avec Paul Bibeault et Paul Gauthier le 29 octobre 1941

TURCOTTE, ALFIE

Né à Gary, Indiana, le 5 juin 1965. Centre, lance de la gauche, 5'11", 185 lb
(Choix de 1re ronde de Montréal, 17e au total lors du repêchage de 1983)

SAISON	CLUB	LIGUE	PJ	B	A	PTS	PUN	PJ	B	A	PTS	PUN
1981-82	Detroit (Compuware)	MNHL	93	131	152	283	40	-	-	-	-	-
1982-83	Nanaiomo (Islanders)	WHL	36	23	27	50	22	-	-	-	-	-
	Portland (Winter Hawks)	WHL	39	26	51	77	26	14	14	18	32	9
1982-83	Portland (Winter Hawks)	Mem.	-	-	-	-	-	4	5	3	8	6
1983-84	Portland (Winter Hawks)	WHL	32	22	41	63	39	-	-	-	-	-
	États-Unis	CMJ	7	2	9	11	2	-	-	-	-	-
	Montréal (Canadiens)	**LNH**	**30**	**7**	**7**	**14**	**10**	-	-	-	-	-
1984-85	**Montréal (Canadiens)**	**LNH**	**53**	**8**	**16**	**24**	**35**	**5**	**0**	**0**	**0**	**0**
1985-86	**Montréal (Canadiens)**	**LNH**	**2**	**0**	**0**	**0**	**2**	-	-	-	-	-
	Sherbrooke (Canadiens)	AHL	75	29	36	65	60	-	-	-	-	-
	États-Unis	CM	9	0	2	2	8	-	-	-	-	-
1986-87	Nlle-Écosse (Oilers)	AHL	70	27	41	68	37	5	2	4	6	2
1987-88	Winnipeg (Jets)	LNH	3	0	0	0	0	-	-	-	-	-
	Baltimore (Skipjacks)	AHL	33	21	33	54	42	-	-	-	-	-
	Moncton (Hawks)	AHL	25	12	25	37	18	-	-	-	-	-
	Sherbrooke (Canadiens)	AHL	8	3	8	11	4	-	-	-	-	-
1988-89	Winnipeg (Jets)	LNH	14	1	3	4	2	-	-	-	-	-
	Moncton (Hawks)	AHL	54	27	39	66	74	10	3	9	12	17
1989-90	Washington (Capitals)	LNH	4	0	2	2	0	-	-	-	-	-
	Baltimore (Skipjacks)	AHL	65	26	40	66	42	12	7	9	16	14
1990-91	Washington (Capitals)	LNH	6	1	1	2	0	-	-	-	-	-
	Baltimore (Skipjacks)	AHL	65	33	52	85	20	6	3	3	6	4
1991-92	VSV Villach	AUT	45	43	*61	*104	-	-	-	-	-	-
	HC Lugano	SUI	2	1	3	4	-	-	-	-	-	-
1992-93	VSV Villach	AUT	56	26	*75	101	-	-	-	-	-	-
1993-94	VSV Villach	AUT	51	26	*63	*89	-	-	-	-	-	-
1994-95	Frankfurt Lions	GER	33	7	40	47	30	11	7	5	12	12
1995-96	Orlando (Solar Bears)	IHL	73	22	47	69	44	23	3	10	13	8
1996-97	Schwenningen Wil Wings	GER	1	0	0	0	0	-	-	-	-	-
	HC Geneve-Servette	SUI-2	5	1	1	2	4	-	-	-	-	-
	HC Lausanne	SUI-2	45	25	45	70	26	-	-	-	-	-
1997-98	Frankfurt Lions	GER	26	2	6	8	12	7	0	0	0	0
	Indianapolis (Ice)	IHL	17	5	6	11	26	-	-	-	-	-
1998-99	Arkansas (Glaciercats)	WPHL	2	0	0	0	0	-	-	-	-	-
		LNH	**112**	**17**	**29**	**46**	**49**	**5**	**0**	**0**	**0**	**0**
		Montréal	**85**	**15**	**23**	**38**	**47**	**5**	**0**	**0**	**0**	**0**

• Coupe Memorial en 1982-83 • Trophée Stafford-Smythe (Mem.) en 1982-83 • Deuxième équipe d'étoiles (AHL) en 1987-88

• Échangé à Edmonton par Montréal pour des considérations futures le 25 juin 1986 • Droits vendus à Montréal par Edmonton le 14 mai 1987 • Échangé à Winnipeg par Montréal pour des considérations futures le 14 janvier 1988 • Signe avec Boston comme joueur autonome le 27 juin 1989 • Échangé à Washington par Boston pour Mike Millar le 2 octobre 1989

TURGEON, PIERRE

Né à Rouyn, Québec, le 28 août 1969. Centre, lance de la gauche, 6'1", 195 lb
(Choix de 1re ronde de Buffalo et 1er au total lors du repêchage de 1987)

SAISON	CLUB	LIGUE	PJ	B	A	PTS	PUN	PJ	B	A	PTS	PUN
1984-85	Bourassa (Angevins)	QAAA	41	49	52	101	-	-	-	-	-	-
1985-86	Granby (Bisons)	LHJMQ	69	47	67	114	31	-	-	-	-	-
	Canada	Éq. nat.	11	2	4	6	2	-	-	-	-	-
1986-87	Ganby (Bisons)	LHJMQ	58	69	85	154	8	7	9	6	15	15
	Canada	CMJ	6	3	0	3	2	-	-	-	-	-
1987-88	Buffalo (Sabres)	LNH	76	14	28	42	34	6	4	3	7	4
1988-89	Buffalo (Sabres)	LNH	80	34	54	88	26	5	3	5	8	2
1989-90	Buffalo (Sabres)	LNH	80	40	66	106	29	6	2	4	6	2
	Match des étoiles	LNH	1	2	0	2	0	-	-	-	-	-
1990-91	Buffalo (Sabres)	LNH	78	32	47	79	26	6	3	1	4	6
1991-92	Buffalo (Sabres)	LNH	8	2	6	8	4	-	-	-	-	-
	New York (Islanders)	LNH	69	38	49	87	16	-	-	-	-	-
1992-93	New York (Islanders)	LNH	83	58	74	132	26	11	6	7	13	0
	Match des étoiles	LNH	1	3	2	5	0	-	-	-	-	-
1993-94	New York (Islanders)	LNH	69	38	56	94	18	4	0	1	1	0
	Match des étoiles	LNH	1	0	4	4	0	-	-	-	-	-
1994-95	New York (Islanders)	LNH	34	13	14	27	10	-	-	-	-	-
	Montréal (Canadiens)	**LNH**	**15**	**11**	**9**	**20**	**4**	-	-	-	-	-
1995-96	**Montréal (Canadiens)**	**LNH**	**80**	**38**	**58**	**96**	**44**	**6**	**2**	**4**	**6**	**2**
	Match des étoiles	LNH	1	0	1	1	0	-	-	-	-	-
1996-97	**Montréal (Canadiens)**	**LNH**	**9**	**1**	**10**	**11**	**2**	-	-	-	-	-
	St. Louis (Blues)	LNH	69	25	49	74	12	5	1	1	2	2
1997-98	St. Louis (Blues)	LNH	60	22	46	68	24	10	4	4	8	2
1998-99	St. Louis (Blues)	LNH	67	31	34	65	36	13	4	9	13	6
1999-00	St. Louis (Blues)	LNH	52	26	40	66	8	7	0	7	7	0
2000-01	St. Louis (Blues)	LNH	79	30	52	82	37	15	5	10	15	2
2001-02	Dallas (Stars)	LNH	66	15	32	47	16	-	-	-	-	-
2002-03	Dallas (Stars)	LNH	65	12	30	42	18	5	0	1	1	0
2003-04	Dallas (Stars)	LNH	76	15	25	40	20	5	1	3	4	2
2004-05	*N'a pas joué*											
2005-06	Colorado (Avalanche)	LNH	62	16	30	46	32	5	0	2	2	6
2006-07	Colorado (Avalanche)	LNH	17	4	3	7	10	-	-	-	-	-
		LNH	**1294**	**515**	**812**	**1327**	**452**	**109**	**35**	**62**	**97**	**36**
		Montréal	**104**	**50**	**77**	**127**	**50**	**6**	**2**	**4**	**6**	**2**

• Troisième équipe d'étoiles (LHJMQ) en 1985-86, 1986-87 • Trophée Michel-Bergeron (LHJMQ) en 1985-86 • Trophée Micheal-Bossy (LHJMQ) en 1986-87 • Trophée Lady-Byng (LNH) en 1992-93 • Match des étoiles (LNH) en 1989-90, 1992-93, 1993-94, 1995-96

• Échangé à New York (Islanders) par Buffalo avec Uwe Krupp, Dave McLlwain et Benoit Hogue pour Pat LaFontaine, Randy Hillier, Randy Wood et le choix de 4e ronde de New York (Islanders) au repêchage de 1992 (Dean Melanson) le 25 octobre 1991 • Échangé à Montréal par New York (Islanders) avec Vladimir Malakhov pour Kirk Muller, Mathieu Schneider et Craig Darby le 5 avril 1995 • Échangé à St. Louis par Montréal avec Rory Fitzpatrick et Craig Conroy pour Murray Baron, Shayne Corson et le choix de 5e ronde de St. Louis au repêchage de 1997 (Gennady Razin) le 29 octobre 1996 • Signe avec Dallas comme joueur autonome le 1er juillet 2001 • Signe avec Colorado comme joueur autonome le 3 août 2005 • Annonce officiellement sa retraite le 5 septembre 2007

TURGEON, SYLVAIN

Né à Noranda, Québec, le 17 janvier 1965. Ailier gauche, lance de la gauche, 6', 200 lb (Choix de 1re ronde de Hartford, 2e au total lors du repêchage de 1983)

SAISON	CLUB	LIGUE	PJ	B	A	PTS	PUN	PJ	B	A	PTS	PUN
1980-81	Bourassa (Angevins)	QAAA	43	34	44	78	-	-	-	-	-	-
1981-82	Hull (Olympiques)	LHJMQ	57	33	40	73	78	14	11	11	22	16
1982-83	Hull (Olympiques)	LHJMQ	6754	109	163	103	7	8	7	15	10	
	Canada	CMJ	7	4	2	6	8	-	-	-	-	-
1983-84	Hartford (Whalers)	LNH	76	40	32	72	55	-	-	-	-	-
1984-85	Hartford (Whalers)	LNH	64	31	31	62	67	-	-	-	-	-
1985-86	Hartford (Whalers)	LNH	76	45	34	79	88	9	2	3	5	4
	Match des étoiles	LNH	1	0	1	1	2	-	-	-	-	-
1986-87	Hartford (Whalers)	LNH	41	23	13	36	45	6	1	2	3	4
1987-88	Hartford (Whalers)	LNH	71	23	26	49	71	6	0	0	0	4
1988-89	Hartford (Whalers)	LNH	42	16	14	30	40	4	0	2	2	4
1989-90	New Jersey (Devils)	LNH	72	30	17	47	81	1	0	0	0	0
1990-91	**Montréal (Canadiens)**	**LNH**	**19**	**5**	**7**	**12**	**20**	**5**	**0**	**0**	**0**	**2**
1991-92	**Montréal (Canadiens)**	**LNH**	**56**	**9**	**11**	**20**	**39**	**5**	**1**	**0**	**1**	**4**
1992-93	Ottawa (Senateurs)	LNH	72	25	18	43	104	-	-	-	-	-
1993-94	Ottawa (Senateurs)	LNH	47	11	15	26	52	-	-	-	-	-
1994-95	Ottawa (Senateurs)	LNH	33	11	8	19	29	-	-	-	-	-
1995-96	Houston (Aeros)	IHL	65	28	31	59	66	-	-	-	-	-
1996-97	HC Bolzano	Alpes	23	14	11	25	22	-	-	-	-	-
	EHC Olten	SUI	*Statistiques non disponibles*									
	Wedemark Scorpions	GER	10	4	6	10	12	8	5	2	7	41
1997-98	Revier Lowen	GER	27	11	15	26	24	-	-	-	-	-
	SC Herisau	SUI	14	9	2	11	26	-	-	-	-	-
1998-99	SC Langnau	SUI	5	1	1	2	4	-	-	-	-	-
	Kassel Huskies	GER	34	20	8	28	32	-	-	-	-	-
1999-00	Kassel Huskies	GER	49	32	13	45	49	8	2	2	4	10
2000-01	Kassel Huskies	GER	58	15	10	25	44	8	0	3	3	2
2001-02	HC Thurgau	SUI-2	19	8	7	15	53	-	-	-	-	-
		LNH	**669**	**269**	**226**	**495**	**691**	**36**	**4**	**7**	**11**	**22**
		Montréal	**75**	**14**	**18**	**32**	**59**	**10**	**1**	**0**	**1**	**6**

• Troisième équipe d'étoiles (LHJMQ) en 1981-82 • Trophée Michel-Bergeron (LHJMQ) en 1981-82 • Première équipe d'étoiles (LHJMQ) en 1982-83 • Trophée Michael-Bossy (LHJMQ) en 1982-83 • Médaille de bronze (CMJ) en 1983 • Équipe des recrues (LNH) en 1983-84 • Match des étoiles (LNH) en 1985-86

• Échangé au New Jersey par Hartford pour Pat Verbeek le 17 juin 1989 • Échangé à Montréal par New Jersey pour Claude Lemieux le 4 septembre 1990 • Réclamé par Ottawa de Montréal lors de l'expansion de la LNH le 18 juin 1992

TURNBULL, PERRY

Né à Bentley, Alberta, le 9 mars 1959. Centre, lance de la gauche, 6'2", 200 lb (Choix de 1re ronde de St. Louis, 2e au total lors du repêchage de 1979)

SAISON	CLUB	LIGUE	PJ	B	A	PTS	PUN	PJ	B	A	PTS	PUN
1974-75	The Pas (Blue Devils)	AJHL	69	6	4	10	134	-	-	-	-	-
1975-76	The Pas (Blue Devils)	AJHL	45	27	23	50	140	-	-	-	-	-
	Calgary (Centennials)	WHL	19	6	7	13	14	-	-	-	-	-
1976-77	Calgary (Centennials)	WCJHL	10	8	5	13	33	-	-	-	-	-
	Portland (Winter Hawks)	WCJHL	58	23	30	53	249	10	2	1	3	36
1977-78	Portland (Winter Hawks)	WCJHL	57	36	27	63	318	8	2	3	5	44
1978-79	Portland (Winter Hawks)	WHL	70	75	43	118	191	20	10	8	18	33
1979-80	St. Louis (Blues)	LNH	80	16	19	35	124	3	1	1	2	2
1980-81	St. Louis (Blues)	LNH	75	34	22	56	209	-	-	-	-	-
1981-82	St. Louis (Blues)	LNH	79	33	26	59	161	5	3	2	5	11
1982-83	St. Louis (Blues)	LNH	79	32	15	47	172	4	1	0	1	14
1983-84	St. Louis (Blues)	LNH	32	14	8	22	81	-	-	-	-	-
	Montréal (Canadiens)	**LNH**	**40**	**6**	**7**	**13**	**59**	**9**	**1**	**2**	**3**	**10**
1984-85	Winnipeg (Jets)	LNH	66	22	21	43	130	8	0	1	1	26
1985-86	Winnipeg (Jets)	LNH	80	20	31	51	183	3	0	1	1	11
1986-87	Winnipeg (Jets)	LNH	26	1	5	6	44	1	0	0	0	10
1987-88	St. Louis (Blues)	LNH	51	10	9	19	82	1	0	0	0	2
	Peoria (Rivermen)	IHL	3	5	0	5	4	-	-	-	-	-
1988-89	HC Asiago	ITA	32	31	27	58	131	-	-	-	-	-
1989-90	ZSC Zurich	SUI	1	0	0	0	0	-	-	-	-	-
	HC Alleghe	ITA	34	24	29	53	68	1	1	1	2	5
1990-91	HC Bolzano	ITA	18	14	8	22	29	10	8	3	11	41
1991-92	EC Dorsten	GER	3	42	55	50	105	187	-	-	-	-
		LNH	**608**	**188**	**163**	**351**	**1245**	**34**	**6**	**7**	**13**	**86**
		Montréal	**40**	**6**	**7**	**13**	**59**	**9**	**1**	**2**	**3**	**10**

• Deuxième équipe d'étoiles (WHL) en 1978-79 • Joueur le plus utile (WHL) en 1978-79

• Échangé à Montréal par St. Louis pour Doug Wickenheiser, Gilbert Delorme et Greg Paslawski le 21 décembre 1983 • Échangé à Winnipeg par Montréal pour Lucien Deblois le 13 juin 1984 • Échangé à St. Louis par Winnipeg pour le choix de 5e ronde de St. Louis au repêchage de 1987 (Ken Gernander) le 5 juin 1987

TURNER, ROBERT (BOB)

Né à Regina, Saskatchewan, le 31 janvier 1934, décédé le 7 février 2005 Défenseur, lance de la gauche, 6', 170 lb

SAISON	CLUB	LIGUE	PJ	B	A	PTS	PUN	PJ	B	A	PTS	PUN
1951-52	Regina (Pats)	WCJHL	31	2	10	12	40	6	0	1	1	4
1952-53	Regina (Pats)	WCJHL	33	10	4	14	90	7	0	2	2	16
	Regina (Capitals)	SSHL	-	-	-	-	-	2	0	1	1	0
	Regina (Capitals)	Allan	-	-	-	-	-	12	1	0	1	19
1953-54	Regina (Pats)	WCJHL	36	15	14	29	55	16	1	5	6	48
1954-55	Shawinigan (Cataractes)	LHQ	61	4	14	18	98	13	0	2	2	4
	Shawinigan (Cataractes)	Édin.	-	-	-	-	-	7	0	1	1	24
1955-56	Shawinigan (Cataractes)	LHQ	37	6	12	18	55	-	-	-	-	-
	Montréal (Canadiens)	**LNH**	**33**	**1**	**4**	**5**	**35**	**10**	**0**	**1**	**1**	**10**
1956-57	Rochester (Americans)	AHL	8	0	2	2	4	-	-	-	-	-
	Montréal (Canadiens)	**LNH**	**58**	**1**	**4**	**5**	**48**	**6**	**0**	**1**	**1**	**0**
1956-57	Match des étoiles	LNH	1	0	0	0	0	-	-	-	-	-
1957-58	**Montréal (Canadiens)**	**LNH**	**66**	**0**	**3**	**3**	**30**	**10**	**0**	**0**	**0**	**2**
	Match des étoiles	LNH	1	0	0	0	0	-	-	-	-	-
1958-59	**Montréal (Canadiens)**	**LNH**	**68**	**4**	**24**	**28**	**66**	**11**	**0**	**2**	**2**	**20**
	Match des étoiles	LNH	1	0	0	0	2	-	-	-	-	-
1959-60	**Montréal (Canadiens)**	**LNH**	**54**	**0**	**9**	**9**	**40**	**8**	**0**	**0**	**0**	**0**
	Match des étoiles	LNH	1	0	0	0	2	-	-	-	-	-
1960-61	**Montréal (Canadiens)**	**LNH**	**60**	**2**	**2**	**4**	**16**	**5**	**0**	**0**	**0**	**0**
	Match des étoiles	LNH	1	0	0	0	0	-	-	-	-	-
1961-62	Chicago (Black Hawks)	LNH	69	8	2	10	52	12	1	0	1	6
	Match des étoiles	LNH	1	0	0	0	0	-	-	-	-	-
1962-63	Chicago (Black Hawks)	LNH	70	3	3	6	20	6	0	0	0	6
1963-64	Buffalo (Bisons)	AHL	68	6	15	21	84	-	-	-	-	-
		LNH	**478**	**19**	**51**	**70**	**307**	**68**	**1**	**4**	**5**	**44**
		Montréal	**339**	**8**	**46**	**54**	**235**	**50**	**0**	**4**	**4**	**32**

• Première équipe d'étoiles (WCJHL) en 1953-54 • Coupe Stanley (LNH) en 1955-56, 1956-57, 1957-58, 1958-59, 1959-60 • Match des étoiles (LNH) en 1956-57, 1957-58, 1958-59, 1959-60, 1960-61, 1961-62

• Échangé à Chicago par Montréal pour Fred Hilts le 13 juin 1961 • Droits vendus à Los Angeles (WHL) par Chicago le 6 août 1964

ULANOV, IGOR

Né à Krasnokamsk, Russie, le 1er octobre 1969. Défenseur, lance de la gauche, 6'3", 211 lb (Choix de 10e ronde de Winnipeg, 203e au total lors du repêchage de 1991)

SAISON	CLUB	LIGUE	PJ	B	A	PTS	PUN	PJ	B	A	PTS	PUN
1990-91	Khimik Voskresenk	URSS	41	2	2	4	52	-	-	-	-	-
	Klimik Voskresenk	Super S	6	0	1	1	6	-	-	-	-	-
1991-92	Khimik Voskresenk	CIS	27	1	4	5	24	-	-	-	-	-
	Winnipeg (Jets)	LNH	27	2	9	11	67	7	0	0	0	39
	Moncton (Hawks)	AHL	3	0	1	1	16	-	-	-	-	-
1992-93	Moncton (Hawks)	AHL	9	1	3	4	26	-	-	-	-	-
	Fort Wayne (Komets)	IHL	3	0	1	1	29	-	-	-	-	-
	Winnipeg (Jets)	LNH	56	2	14	16	124	4	0	0	0	4
1993-94	Winnipeg (Jets)	LNH	74	0	17	17	165	-	-	-	-	-
	Russie	CDM	6	1	0	1	20	-	-	-	-	-
1994-95	Winnipeg (Jets)	LNH	19	1	3	4	27	-	-	-	-	-
	Washington (Capitals)	LNH	3	0	1	1	2	2	0	0	0	4
1995-96	Chicago (Blackhawks)	LNH	53	1	8	9	92	-	-	-	-	-
	Indianapolis (Ice)	IHL	1	0	0	0	0	-	-	-	-	-
	Tampa Bay (Lightning)	LNH	11	2	1	3	24	5	0	0	0	15
1996-97	Tampa Bay (Lightning)	LNH	59	1	7	8	108	-	-	-	-	-
	Russie	CDM	1	0	0	0	4	-	-	-	-	-
1997-98	Tampa Bay (Lightning)	LNH	45	2	7	9	85	-	-	-	-	-
	Montréal (Canadiens)	**LNH**	**4**	**0**	**1**	**1**	**12**	**10**	**1**	**4**	**5**	**12**
1998-99	**Montréal (Canadiens)**	**LNH**	**76**	**3**	**9**	**12**	**109**	**-**	**-**	**-**	**-**	**-**
1999-00	**Montréal (Canadiens)**	**LNH**	**43**	**1**	**5**	**6**	**76**	**-**	**-**	**-**	**-**	**-**
	Edmonton (Oilers)	LNH	14	0	3	3	10	5	0	0	0	6
2000-01	Edmonton (Oilers)	LNH	67	3	20	23	90	6	0	0	0	4
2001-02	New York (Rangers)	LNH	39	0	6	6	53	-	-	-	-	-
	Hartford (Wolf Pack)	AHL	6	1	1	2	2	-	-	-	-	-
	Floride (Panthers)	LNH	14	0	4	4	11	-	-	-	-	-
2002-03	Floride (Panthers)	LNH	56	1	1	2	39	-	-	-	-	-
	San Antonio (Rampage)	AHL	5	1	0	1	4	-	-	-	-	-
2003-04	Toronto (Roadrunners)	AHL	10	0	5	5	8	-	-	-	-	-
	Edmonton (Oilers)	LNH	42	5	13	18	28	-	-	-	-	-
2004-05			*N'a pas joué*									
2005-06	Edmonton (Oilers)	LNH	37	3	6	9	29	-	-	-	-	-
2006-07	Lokomotiv Yaroslavl	RUS	32	0	5	5	36	7	1	3	4	20
2007-08	Lokomotiv Yaroslavl	RUS	30	1	5	6	56	-	-	-	-	-
		LNH	**739**	**27**	**135**	**162**	**1151**	**39**	**1**	**4**	**5**	**84**
		Montréal	**123**	**4**	**15**	**19**	**197**	**10**	**1**	**4**	**5**	**12**

• Échangé à Washington par Winnipeg avec Mike Eagles pour le choix de 3e ronde (échangé plus tard à Dallas qui sélectionne Sergie Gusev) et le choix de 5e ronde (Brian Elder) de Washington au repêchage de 1995 le 7 avril 1995 • Échangé à Chicago par Washington pour le choix de 3e ronde de Chicago au repêchage de 1996 (Dave Weninger) le 17 octobre 1995 • Échangé à Tampa Bay par Chicago avec Patrick Poulin et le choix de 2e ronde de Chicago au repêchage de 1996 (échangé plus tard au New Jersey qui sélectionne Pierre Dagenais) pour Enrico Ciccone et le choix de 2e ronde de Tampa Bay au repêchage de 1996 (Jeff Paul) le 20 mars 1996 • Échangé à Montréal par Tampa Bay avec Patrick Poulin et Mick Vukota pour Stéphane Richer, Darcy Tucker et David Wilkie le 15 janvier 1998 • Échangé à Edmonton par Montréal avec Alain Nasreddine pour Christian Laflamme et Matthieu Descoteaux le 9 mars 2000 • Signe avec New York (Rangers) comme joueur autonome le 20 juillet 2001 • Échangé en Floride par New York (Rangers) avec Filip Novak, le 1er choix de New York (Rangers) au repêchage de 2002 (échangé plus tard à Calgary qui sélectionne Eric Nystrom), le choix de 2e ronde de New York (Rangers) au repêchage de 2002 (Rob Globke) et le choix de 4e ronde de New York (Rangers) au repêchage de 2003 pour Pavel Bure et le choix de 2e ronde de la Floride au repêchage de 2002 (Lee Falardeau) le 18 mars 2002 • Signe avec Toronto (AHL) comme joueur autonome le 13 décembre 2003 • Signe avec Edmonton comme joueur autonome le 5 janvier 2004 • Signe avec Yaroslavl (RUS) comme joueur autonome le 3 octobre 2006

VADNAIS, CAROL

Né à Montréal, Québec, le 25 septembre 1945 Défenseur, lance de la gauche, 6'1", 185 lb

SAISON	CLUB	LIGUE	PJ	B	A	PTS	PUN	PJ	B	A	PTS	PUN
1963-64	Montréal NDG Monarchs	LHJMM	44	39	49	88	90	17	7	15	22	34
	Montréal NDG Monarchs	Mem.	-	-	-	-	-	13	13	11	24	12
1964-65	Montréal (Canadiens Jr)	JOHA	56	9	16	25	74	7	1	0	1	13
1965-66	Montréal (Canadiens Jr)	JOHA	48	9	14	23	184	10	1	4	5	24
1966-67	Houston (Apollos)	CPHL	21	5	5	10	45	-	-	-	-	-
	Montréal (Canadiens)	**LNH**	**11**	**0**	**3**	**3**	**35**	**1**	**0**	**0**	**0**	**2**
1967-68	Houston (Apollos)	CPHL	36	5	21	26	178	-	-	-	-	-
	Montréal (Canadiens)	**LNH**	**31**	**1**	**1**	**2**	**31**	**1**	**0**	**0**	**0**	**0**

TUR-VAD

SAISON	CLUB	LIGUE	PJ	B	A	PTS	PUN	PJ	B	A	PTS	PUN
1968-69	Oakland (Seals)	LNH	76	15	27	42	151	7	1	4	5	10
	Match des étoiles	LNH	1	0	0	0	2	-	-	-	-	-
1969-70	Oakland (Seals)	LNH	76	24	20	44	212	4	2	1	3	15
	Match des étoiles	LNH	1	0	0	0	0	-	-	-	-	-
1970-71	Californie (Golden Seals)	LNH	42	10	16	26	91	-	-	-	-	-
1971-72	Californie (Golden Seals)	LNH	52	14	20	34	106	-	-	-	-	-
	Match des étoiles	LNH	1	0	0	0	0	-	-	-	-	-
	Boston (Bruins)	LNH	16	4	6	10	37	15	0	2	2	43
1972-73	Boston (Bruins)	LNH	78	7	24	31	127	5	0	0	0	8
1973-74	Boston (Bruins)	LNH	78	16	43	59	123	16	1	12	13	42
1974-75	Boston (Bruins)	LNH	79	18	56	74	129	3	1	5	6	0
	Match des étoiles	LNH	1	0	1	1	0	-	-	-	-	-
1975-76	Boston (Bruins)	LNH	12	2	5	7	17	-	-	-	-	-
	New York (Rangers)	LNH	64	20	30	50	104	-	-	-	-	-
	Match des étoiles	LNH	1	0	0	0	0	-	-	-	-	-
1976-77	New York (Rangers)	LNH	74	11	37	48	131	-	-	-	-	-
	Canada	CM	10	3	1	4	33	-	-	-	-	-
1977-78	New York (Rangers)	LNH	80	6	40	46	115	3	0	2	2	16
	Match des étoiles	LNH	1	0	0	0	2	-	-	-	-	-
1978-79	New York (Rangers)	LNH	77	8	37	45	86	18	2	9	11	13
1979-80	New York (Rangers)	LNH	66	3	20	23	118	9	1	2	3	6
1980-81	New York (Rangers)	LNH	74	3	20	23	91	14	1	3	4	26
1981-82	New York (Rangers)	LNH	50	5	6	11	45	10	1	0	1	4
1982-83	New Jersey (Devils)	LNH	51	2	7	9	64	-	-	-	-	-
		LNH	**1087**	**169**	**418**	**587**	**1813**	**106**	**10**	**40**	**50**	**185**
		Montréal	**42**	**1**	**4**	**5**	**66**	**2**	**0**	**0**	**0**	**2**

• Coupe Stanley (LNH) en 1967-68, 1971-72 • Match des étoiles (LNH) en 1968-69, 1969-70, 1971-72, 1974-75, 1975-76, 1977-78

• Réclamé par Oakland de Montréal au repêchage intra-ligue le 12 juin 1968 • Échangé à Boston par la Californie (Oakland) avec Don O'Donoghue pour Reggie Leach, Rick Smith et Bob Stewart le 23 février 1972 • Échangé à New York (Rangers) par Boston avec Phil Esposito pour Brad Park, Joe Zanussi et Jean Ratelle le 7 novembre 1975 • Réclamé par New Jersey de New York (Rangers) lors du repêchage inter-équipes le 4 octobre 1982

VALLIS, LINDSAY

Né à Winnipeg, Manitoba, le 12 janvier 1971. Défenseur, lance de la droite, 6'3", 207 lb (Choix de 1re ronde de Montréal, 13e au total lors du repêchage de 1989)

SAISON	CLUB	LIGUE	PJ	B	A	PTS	PUN	PJ	B	A	PTS	PUN
1986-87	Winnipeg (Mavericks)	MAHA	59	16	49	65	95	-	-	-	-	-
1987-88	Seattle (Thunderbirds)	WHL	68	31	45	76	65	-	-	-	-	-
1988-89	Seattle (Thunderbirds)	WHL	63	21	32	53	48	-	-	-	-	-
1989-90	Seattle (Thunderbirds)	WHL	65	34	43	77	68	13	6	5	11	14
1990-91	Seattle (Thunderbirds)	WHL	72	41	38	79	119	6	1	3	4	17
	Fredericton (Canadiens)	AHL	-	-	-	-	-	7	0	0	0	6
1991-92	Fredericton (Canadiens)	AHL	71	10	19	29	84	4	0	1	1	7
1992-93	Fredericton (Canadiens)	AHL	65	18	16	34	38	5	0	2	2	10
1993-94	Fredericton (Canadiens)	AHL	75	9	30	39	103	-	-	-	-	-
	Montréal (Canadiens)	**LNH**	**1**	**0**	**0**	**0**	**0**	-	-	-	-	-
1994-95	Worcester (IceCats)	AHL	14	0	7	7	28	-	-	-	-	-
1995-96	Worcester (IceCats)	AHL	65	9	19	28	81	4	0	2	2	4
1996-97	Bakersfield (Fog)	WCHL	58	26	65	91	82	4	0	3	3	0
1997-98	Bakersfield (Fog)	WCHL	41	21	24	45	34	4	1	2	3	26
1998-99	Hershey (Bears)	AHL	4	1	0	1	0	-	-	-	-	-
	Asheville (Smoke)	UHL	66	27	73	100	46	4	3	0	3	0
1999-00	Asheville (Smoke)	UHL	69	24	52	76	54	2	0	1	1	2
		LNH	**1**	**0**	**0**	**0**	**0**	-	-	-	-	-
		Montréal	**1**	**0**	**0**	**0**	**0**	-	-	-	-	-

• Deuxième équipe d'étoiles (WCHL) en 1996-97

VAN ALLEN, SHAUN

Né à Calgary, Alberta, le 29 août 1967. Centre, lance de la gauche, 6'01", 204 lb (Choix de 5e ronde d'Edmonton, 105e au total lors du repêchage de 1987)

SAISON	CLUB	LIGUE	PJ	B	A	PTS	PUN	PJ	B	A	PTS	PUN
1984-85	Swift Current (Indians)	SJHL	61	12	20	32	136	-	-	-	-	-
1985-86	Saskatoon (Blades)	WHL	55	12	11	23	43	13	4	8	12	28
1986-87	Saskatoon (Blades)	WHL	72	38	59	97	116	11	4	6	10	24
1987-88	Milwaukee (Admirals)	IHL	40	14	28	42	34	-	-	-	-	-
	Nlle-Écosse (Oilers)	AHL	19	4	10	14	17	4	1	1	2	4
1988-89	Cap-Breton (Oilers)	AHL	76	32	42	74	81	-	-	-	-	-
	Cap-Breton (Oilers)	AHL	61	25	44	69	83	4	0	2	2	8
1990-91	Edmonton (Oilers)	LNH	2	0	0	0	0	-	-	-	-	-
	Cap-Breton (Oilers)	AHL	76	25	75	100	182	4	0	1	1	8
1991-92	Cap-Breton (Oilers)	AHL	77	29	84	113	80	5	3	7	10	14
1992-93	Edmonton (Oilers)	LNH	21	1	4	5	6	-	-	-	-	-
	Cap-Breton (Oilers)	AHL	43	14	62	76	68	15	8	9	17	18
1993-94	Anaheim (Mighty Ducks)	LNH	80	8	25	33	64	-	-	-	-	-
1994-95	Anaheim (Mighty Ducks)	LNH	45	8	21	29	32	-	-	-	-	-
1995-96	Anaheim (Mighty Ducks)	LNH	49	8	17	25	41	-	-	-	-	-
1996-97	Ottawa (Senateurs)	LNH	80	11	14	25	35	7	0	1	1	4
1997-98	Ottawa (Senateurs)	LNH	80	4	15	19	48	11	0	1	1	10
1998-99	Ottawa (Senateurs)	LNH	79	6	11	17	30	4	0	0	0	0
1999-00	Ottawa (Senateurs)	LNH	75	9	19	28	37	6	0	1	1	9
2000-01	Dallas (Stars)	LNH	59	7	16	23	16	8	0	2	2	8
2001-02	Dallas (Stars)	LNH	19	2	4	6	6	-	-	-	-	-
	Montréal (Canadiens)	**LNH**	**54**	**6**	**9**	**15**	**20**	**7**	**0**	**1**	**1**	**2**
2002-03	Ottawa (Sénateurs)	LNH	78	12	20	32	66	18	1	1	2	12
2003-04	Ottawa (Sénateurs)	LNH	73	2	10	12	80	-	-	-	-	-
		LNH	**794**	**84**	**185**	**269**	**481**	**61**	**1**	**7**	**8**	**45**
		Montréal	**54**	**6**	**9**	**15**	**20**	**7**	**0**	**1**	**1**	**2**

• Deuxième équipe d'étoiles (AHL) en 1990-91 • Première équipes d'étoiles (AHL) en 1991-92 • Trophée John-B.-Sollenberger (AHL) en 1991-92 • Coupe Calder (AHL) en 1992-93

• Signe avec Anaheim comme joueur autonome le 22 juillet 1993 • Échangé à Ottawa par Anaheim avec Jason York pour Ted Drury et les droits sur Marc Moro le 1er octobre 1996 • Signe avec Dallas comme joueur autonome le 12 juillet 2000 • Échangé à Montréal par Dallas avec Donald Audette pour Benoît Brunet et Martin Rucinsky le 21 novembre 2001 • Signe avec Ottawa comme joueur autonome le 24 juillet 2002

VAN BOXMEER, JOHN

Né à Pétrolia, Ontario, le 20 novembre 1952. Défenseur, lance de la droite, 6', 190 lb (Choix de 1re ronde de Montréal, 14e au total lors du repêchage de 1972)

SAISON	CLUB	LIGUE	PJ	B	A	PTS	PUN	PJ	B	A	PTS	PUN
1971-72	Guelph (CMC's)	OJHL	56	30	42	72	160	-	-	-	-	-
1972-73	Nlle-Écosse (Voyageurs)	AHL	76	5	29	34	139	13	1	6	7	26
1973-74	Nlle-Écosse (Voyageurs)	AHL	47	8	20	28	78	-	-	-	-	-
	Montréal (Canadiens)	**LNH**	**20**	**1**	**4**	**5**	**18**	**1**	**0**	**0**	**0**	**0**
1974-75	Nlle-Écosse (Voyageurs)	AHL	43	4	15	19	68	6	1	3	4	9
	Montréal (Canadiens)	**LNH**	**9**	**0**	**2**	**2**	**0**	-	-	-	-	-
1975-76	**Montréal (Canadiens)**	**LNH**	**46**	**6**	**11**	**17**	**31**	-	-	-	-	-
1976-77	**Montréal (Canadiens)**	**LNH**	**4**	**0**	**1**	**1**	**0**	-	-	-	-	-
	Colorado (Rockies)	LNH	41	2	11	13	32	-	-	-	-	-
1977-78	Colorado (Rockies)	LNH	80	12	42	54	87	2	0	1	1	2
1978-79	Colorado (Rockies)	LNH	76	9	34	43	46	-	-	-	-	-
1979-80	Buffalo (Sabres)	LNH	80	11	40	51	55	14	3	5	8	12
1980-81	Buffalo (Sabres)	LNH	80	18	51	69	69	8	1	8	9	7
1981-82	Buffalo (Sabres)	LNH	69	14	54	68	62	4	0	1	1	6
	Canada	CM	8	2	0	2	8	-	-	-	-	-
1982-83	Buffalo (Sabres)	LNH	65	6	21	27	53	9	1	0	1	10
1983-84	Québec (Nordiques)	LNH	18	5	3	8	12	-	-	-	-	-
	Fredericton (Express)	AHL	45	10	34	44	48	7	2	5	7	8
1984-85	Rochester (Americans)	AHL	2	0	0	0	2	-	-	-	-	-
		LNH	**588**	**84**	**274**	**358**	**465**	**38**	**5**	**15**	**20**	**37**
		Montréal	**79**	**7**	**18**	**25**	**49**	**1**	**0**	**0**	**0**	**0**

• Première équipe d'étoiles (OJHL) en 1971-72 • Coupe Stanley (LNH) en 1975-76 • Médaille de bronze (CM) en 1982

• Échangé au Colorado par Montréal pour le choix de 3e ronde du Colorado au repêchage de 1979 (Craig Levie) et une somme d'argent le 24 novembre 1976 • Échangé à Buffalo par Colorado pour René Robert le 5 octobre 1979 • Réclamé par Québec de Buffalo au repêchage inter-équipes le 3 octobre 1983

VÉZINA, PIERRE

Né à Chicoutimi, Québec, décédé. Défenseur

SAISON	CLUB	LIGUE	PJ	B	A	PTS	PUN	PJ	B	A	PTS	PUN
1911-12	**Montréal (Canadiens)**	**NHA**	**1**	**0**	**0**	**0**	**0**	-	-	-	-	-
		NHA	**1**	**0**	**0**	**0**	**0**	-	-	-	-	-
		Montréal	**1**	**0**	**0**	**0**	**0**	-	-	-	-	-

• Prêté à Montréal (NHA) par Chicoutimi le 9 février 1912

VUJTEK, VLADIMIR

Né à Ostrava, Tchécoslovaquie, le 17 février 1972. Ailier gauche, lance de la gauche, 6'1", 190 lb (Choix de 4e ronde de Montréal, 73e au total lors du repêchage de 1991)

SAISON	CLUB	LIGUE	PJ	B	A	PTS	PUN	PJ	B	A	PTS	PUN
1988-89	HC Vitkovice	CSK	3	0	1	1	0	-	-	-	-	-
1989-90	HC Vitkovice	CSK	22	3	4	7	-	7	4	3	7	-
1990-91	HC Vitkovice	CSK	26	7	4	11	-	-	-	-	-	-
	Tri-City (Americans)	WHL	37	26	18	44	74	7	2	3	5	4
1991-92	Tri-City (Americans)	WHL	53	41	61	102	114	-	-	-	-	-
	Montréal (Canadiens)	**LNH**	**2**	**0**	**0**	**0**	**0**	-	-	-	-	-
1992-93	Edmonton (Oilers)	LNH	30	1	10	11	8	-	-	-	-	-
	Cap-Breton (Oilers)	AHL	20	10	9	19	14	1	0	0	0	0
1993-94	Edmonton (Oilers)	LNH	40	4	15	19	14	-	-	-	-	-
1994-95	HC Vitkovice	CZE	18	5	7	12	51	-	-	-	-	-
	Cap-Breton (Oilers)	AHL	30	10	11	21	30	-	-	-	-	-
	Las Vegas (Thunder)	LIH	1	0	0	0	0	-	-	-	-	-
1995-96	HC Vitkovice	CZE	26	6	7	13	-	4	1	1	2	-
1996-97	HC Assat-Pori	FIN	50	27	31	58	48	4	1	2	3	2
	République tchèque	CM	8	7	7	14	31	-	-	-	-	-
1997-98	Tampa Bay (Lightning)	LNH	30	2	4	6	16	-	-	-	-	-
	Adirondack (Red Wings)	AHL	2	1	2	3	0	-	-	-	-	-
1998-99	HC Vitkovice	CZE	47	20	35	55	75	-	-	-	-	-
1999-00	Atlanta (Thrashers)	LNH	3	0	0	0	0	-	-	-	-	-
	HC Sparta Praha	CZE	21	12	19	31	10	8	2	3	5	10
	HC Sparta Praha	EuroHL	1	0	0	0	2	4	2	2	4	0
2000-01	HC Sparta Praha	CZE	38	11	18	29	28	13	3	6	9	4
2001-02	HPK Hameenlinna	FIN	45	19	39	58	38	8	4	7	11	6
2002-03	Pittsburgh (Penguins)	LNH	5	0	1	1	0	-	-	-	-	-
	HC Vitkovice	CZE	6	1	5	6	4	-	-	-	-	-
	Severstal Cherepovets	RUS	16	7	14	21	12	12	2	3	5	8
2003-04	HP Hameenlinna	FIN	30	9	16	25	86	-	-	-	-	-
	Moscou Khimik	RUS	12	2	1	3	4	-	-	-	-	-
2004-05	HC Vitkovice Steel	CZE	26	14	5	19	16	10	4	4	8	12
2005-06	HC Vitkovice Steel	CZE	3	0	2	2	2	4	1	0	1	0
	ZSC Lions Zurich	SUI	4	0	2	2	4	-	-	-	-	-
	Foward-Morges HC	SUI-2	20	13	16	29	59	-	-	-	-	-
2006-07	HC Ocelari Trinec	CZE	24	3	6	9	8	-	-	-	-	-
		LNH	**110**	**7**	**30**	**37**	**38**	-	-	-	-	-
		Montréal	**2**	**0**	**0**	**0**	**0**	-	-	-	-	-

• Première équipe d'étoiles de l'Ouest (WHL) en 1991-92 • Coupe Calder (AHL) en 1992-93 • Équipe d'étoiles (CM) en 1997 • Médaille de bronze (CM) en 1997

• Échangé à Edmonton par Montréal avec Shayne Corson et Brent Gilchrist pour Vincent Damphousse et le choix de 4e ronde d'Edmonton au repêchage de 1993 (Adam Wiesell) le 27 août 1992 • Échangé à Tampa Bay par Edmonton avec le choix de 3e ronde d'Edmonton au repêchage de 1998 (Dmitri Afanasenkov) et le choix de 3e ronde de Toronto (propriété de Tampa Bay à la suite d'une transaction antérieure, Edmonton sélectionne Alex Henry)

pour Brantt Myhres le 16 juillet 1997 • Signe avec Atlanta comme joueur autonome le 29 juillet 1999 • Signe avec Pittsburgh comme joueur autonome le 15 juillet 2002 • Signe avec HC Vitkovice (CZE) comme joueur autonome le 15 novembre 2002 • Signe avec HC Foward Morges (SUI) comme joueur autonome le 21 mai 2005

VUKOTA, MICK

Né à Saskatoon, Saskatchewan, le 14 septembre 1966
Ailier droit, lance de la droite, 6'1", 225 lb

SAISON	CLUB	LIGUE	PJ	B	A	PTS	PUN	PJ	B	A	PTS	PUN
1983-84	Winnipeg (Warriors)	WHL	3	1	1	2	10	-	-	-	-	-
1984-85	Kelowna (Wings)	WHL	66	10	6	16	247	-	-	-	-	-
1985-86	Spokane (Chiefs)	WHL	64	19	14	33	369	9	6	4	10	68
1986-87	Spokane (Chiefs)	WHL	61	25	28	53	*337	4	0	0	0	40
1987-88	Springfield (Indians)	AHL	52	7	9	16	375	-	-	-	-	-
	New York (Islanders)	LNH	17	1	0	1	82	2	0	0	0	23
1988-89	Springfield (Indians)	AHL	3	1	0	1	33	-	-	-	-	-
	New York (Islanders)	LNH	48	2	2	4	237	-	-	-	-	-
1989-90	New York (Islanders)	LNH	76	4	8	12	290	1	0	0	0	17
1990-91	New York (Islanders)	LNH	60	2	4	6	238	-	-	-	-	-
1991-92	New York (Islanders)	LNH	74	0	6	6	293	-	-	-	-	-
1992-93	New York (Islanders)	LNH	74	2	5	7	216	15	0	0	0	16
1993-94	New York (Islanders)	LNH	72	3	1	4	237	4	0	0	0	17
1994-95	New York (Islanders)	LNH	40	0	2	2	109	-	-	-	-	-
1995-96	New York (Islanders)	LNH	32	1	1	2	106	-	-	-	-	-
1996-97	New York (Islanders)	LNH	17	1	0	1	71	-	-	-	-	-
	Utah (Grizzlies)	IHL	43	11	11	22	185	7	1	2	3	20
1997-98	Tampa Bay (Lightning)	LNH	42	1	0	1	116	-	-	-	-	-
	Montréal (Canadiens)	**LNH**	**22**	**0**	**0**	**0**	**76**	**1**	**0**	**0**	**0**	**0**
1998-99	Utah (Grizzlies)	IHL	48	8	7	15	226	-	-	-	-	-
1999-00	Utah (Grizzlies)	IHL	71	6	15	21	249	4	0	0	0	2
		LNH	**574**	**17**	**29**	**46**	**2071**	**23**	**0**	**0**	**0**	**73**
		Montréal	**22**	**0**	**0**	**0**	**76**	**1**	**0**	**0**	**0**	**0**

• Signe avec New York (Islanders) comme joueur autonome le 2 mars 1987 • Réclamé par Tampa Bay de New York (Islanders) au repêchage inter-équipes le 28 septembre 1997 • Échangé à Montréal par Tampa Bay avec Patrick Poulin et Igor Ulanov pour Stéphane Richer, Darcy Tucker et David Wilkie le 15 janvier 1998

WALTER, RYAN

Né à New Westminster, Colombie-Britannique, le 23 avril 1958
Centre/ailier gauche, lance de la gauche, 6', 200 lb
(Choix de 1re ronde de Washington, 2e au total lors du repêchage de 1978)

SAISON	CLUB	LIGUE	PJ	B	A	PTS	PUN	PJ	B	A	PTS	PUN
1973-74	Langley (Lords)	BCJHL	62	40	62	102	-	-	-	-	-	-
	Kamloops (Chiefs)	WCJHL	2	0	0	0	0	-	-	-	-	-
1974-75	Langley (Lords)	BCJHL	52	32	60	92	111	-	-	-	-	-
	Kamloops (Chiefs)	WCJHL	9	8	4	12	2	2	1	1	2	2
1975-76	Kamloops (Chiefs)	WCJHL	72	35	49	84	96	12	3	9	12	10
1976-77	Kamloops (Chiefs)	WCJHL	71	41	58	99	100	5	1	3	4	11
1977-78	Seattle (Breakers)	WCJHL	62	54	71	125	148	-	-	-	-	-
	Canada	CMJ	6	5	3	8	4	-	-	-	-	-
1978-79	Washington (Capitals)	LNH	69	28	28	56	70	-	-	-	-	-
	Canada	CM	8	4	1	5	4	-	-	-	-	-
1979-80	Washington (Capitals)	LNH	80	24	42	66	106	-	-	-	-	-
1980-81	Washington (Capitals)	LNH	80	24	44	68	150	-	-	-	-	-
	Canada	CM	8	0	1	1	2	-	-	-	-	-
1981-82	Washington (Capitals)	LNH	78	38	49	87	142	-	-	-	-	-
	Canada	CM	4	1	3	4	0	-	-	-	-	-
1982-83	**Montréal (Canadiens)**	**LNH**	**80**	**29**	**46**	**75**	**40**	**3**	**0**	**0**	**0**	**11**
	Match des étoiles	LNH	1	0	0	0	0	-	-	-	-	-
1983-84	**Montréal (Canadiens)**	**LNH**	**73**	**20**	**29**	**49**	**83**	**15**	**2**	**1**	**3**	**4**
1984-85	**Montréal (Canadiens)**	**LNH**	**72**	**19**	**19**	**38**	**59**	**12**	**2**	**7**	**9**	**13**
1985-86	**Montréal (Canadiens)**	**LNH**	**69**	**15**	**34**	**49**	**45**	**5**	**0**	**1**	**1**	**2**
1986-87	**Montréal (Canadiens)**	**LNH**	**76**	**23**	**23**	**46**	**34**	**17**	**7**	**12**	**19**	**10**
1987-88	**Montréal (Canadiens)**	**LNH**	**61**	**13**	**23**	**36**	**39**	**11**	**2**	**4**	**6**	**6**
1988-89	**Montréal (Canadiens)**	**LNH**	**78**	**14**	**17**	**31**	**48**	**21**	**3**	**5**	**8**	**6**
1989-90	**Montréal (Canadiens)**	**LNH**	**70**	**8**	**16**	**24**	**59**	**11**	**0**	**2**	**2**	**0**
1990-91	**Montréal (Canadiens)**	**LNH**	**25**	**0**	**1**	**1**	**12**	**5**	**0**	**0**	**0**	**2**
1991-92	Vancouver (Canucks)	LNH	67	6	11	17	49	13	0	3	3	8
1992-93	Vancouver (Canucks)	LNH	25	3	0	3	10	-	-	-	-	-
		LNH	**1003**	**264**	**382**	**646**	**946**	**113**	**16**	**35**	**51**	**62**
		Montréal	**604**	**141**	**208**	**349**	**419**	**100**	**16**	**32**	**48**	**54**

• Joueur le plus utile à son équipe (WCJHL) en 1977-78 • Équipe d'étoiles (WCJHL) en 1977-78 • Joueur de l'année (WCJHL) en 1977-78 • Médaille de bronze (CMJ) en 1978. • Médaille de bronze (CM) en 1982 • Match des étoiles (LNH) en 1982-83 • Coupe Stanley (LNH) en 1985-86

• Échangé à Montréal par Washington avec Rick Green pour Rod Langway, Brian Engblom, Doug Jarvis et Craig Laughlin le 9 septembre 1982 • Signe avec Vancouver comme joueur autonome le 26 juillet 1991

WALTON, ROBERT (BOB)

Né à Ottawa, Ontario, le 5 août 1912, décédé le 3 septembre 1992
Ailier droit, lance de la droite, 5'9", 165 lb

SAISON	CLUB	LIGUE	PJ	B	A	PTS	PUN	PJ	B	A	PTS	PUN
1929-30	Ottawa (Canoe Club)	OCJHL	11	7	3	10	6	-	-	-	-	-
1930-31	Ottawa (Rideaus)	OCJHL	16	*14	5	19	20	2	0	1	1	4
	Ottawa (Rideaus)	OCHL	-	-	-	-	-	2	0	0	0	2
	Ottawa (Rideaus)	Mem.	-	-	-	-	-	3	0	0	0	2
1931-32	Ottawa (New Edinburghs)	OCHL	26	6	4	10	77	2	0	0	0	0
1932-33	Ottawa (New Edinburghs)	OCHL	14	6	5	11	12	-	-	-	-	-
1933-34	Ottawa (Montagnards)	OCHL	21	*17	*13	*30	12	3	0	0	0	2
1934-35	Wembley (Lions)	GBR	*Statistiques non disponibles*									
1935-36	Wembley (Lions)	Ln-Cup	-	6	9	15	-	-	-	-	-	-
	Wembley (Lions)	GBR	-	14	9	23	15	-	-	-	-	-
1936-37	Wembley (Lions)	GBR	-	27	17	44	22	-	-	-	-	-
1937-38	Kirkland Lake (Blue Devils)	GBHL	10	8	8	16	10	2	0	1	1	6
1938-39	Kirkland Lake (Blue Devils)	GBHL	10	7	9	16	22	3	0	1	1	0
1939-40	Kirkland Lake (Blue Devils)	GBHL	15	6	10	16	8	20	9	13	22	0
1940-41	Niagara Falls (Brights)	SOHA	24	15	11	26	10	3	0	1	1	0
	Sydney (Millionaires)	CBSHL	1	2	5	7	2	4	2	4	6	0
	Sydney (Millionaires)	Allan	-	-	-	-	-	17	16	17	33	8
1941-42	Montréal (Royals)	LHSQ	29	6	17	23	22	2	0	0	0	0
1942-43	Sudbury (Pit Miners)	NBHL	5	6	4	10	4	-	-	-	-	-
1943-44	**Montréal (Canadiens)**	**LNH**	**4**	**0**	**0**	**0**	**0**	**-**	**-**	**-**	**-**	**-**
	Buffalo (Bisons)	AHL	32	7	14	21	6	9	0	0	0	0
1944-45	Pittsburgh (Hornets)	AHL	58	37	58	*95	27	-	-	-	-	-
1945-46	Pittsburgh (Hornets)	AHL	47	25	26	51	22	6	1	5	6	4
1946-47	Cleveland (Barons)	AHL	62	20	28	48	22	4	0	1	1	0
1947-48	Washington (Lions)	AHL	66	20	23	43	8	-	-	-	-	-
		LNH	**4**	**0**	**0**	**0**	**0**	**-**	**-**	**-**	**-**	**-**
		Montréal	**4**	**0**	**0**	**0**	**0**	**-**	**-**	**-**	**-**	**-**

• Coupe Calder (AHL) en 1943-44 • Première équipe d'étoiles (AHL) en 1944-45

• Signe avec Montréal le 26 octobre 1943

WARD, JAMES (JIMMY)

Né à Fort William, le 1er septembre 1906, décédé le 15 novembre 1990
Ailier droit, lance de la droite, 5'11", 165 lb

SAISON	CLUB	LIGUE	PJ	B	A	PTS	PUN	PJ	B	A	PTS	PUN
1925-26	Kenora (Thistles)	TBIHL	16	10	3	13	16	-	-	-	-	-
1926-27	Fort Williams (Forts)	TBSHL	20	18	5	23	20	2	0	0	0	0
1927-28	Montréal (Maroons)	LNH	42	10	2	12	44	9	1	1	2	6
1928-29	Montréal (Maroons)	LNH	43	14	8	22	46	-	-	-	-	-
1929-30	Montréal (Maroons)	LNH	44	10	7	17	54	4	0	1	1	12
1930-31	Montréal (Maroons)	LNH	41	14	8	22	52	2	0	0	0	2
1931-32	Montréal (Maroons)	LNH	48	19	19	38	39	4	2	1	3	0
1932-33	Montréal (Maroons)	LNH	48	16	17	33	52	2	0	0	0	0
1933-34	Montréal (Maroons)	LNH	48	14	9	23	46	4	0	0	0	0
	Match des étoiles	LNH	1	0	1	1	0	-	-	-	-	-
1934-35	Montréal (Maroons)	LNH	41	9	6	15	24	7	1	1	2	0
1935-36	Montréal (Maroons)	LNH	48	12	19	31	30	3	0	0	0	6
1936-37	Montréal (Maroons)	LNH	40	14	14	28	34	-	-	-	-	-
1937-38	Montréal (Maroons)	LNH	48	11	15	26	34	-	-	-	-	-
	Match des étoiles	LNH	1	0	1	1	0	-	-	-	-	-
1938-39	**Montréal (Canadiens)**	**LNH**	**36**	**4**	**3**	**7**	**0**	**1**	**0**	**0**	**0**	**0**
1939-40	New Haven (Eagles)	IAHL	49	5	14	19	28	-	-	-	-	-
		LNH	**527**	**147**	**127**	**274**	**455**	**36**	**4**	**4**	**8**	**26**
		Montréal	**36**	**4**	**3**	**7**	**0**	**1**	**0**	**0**	**0**	**0**

• Match des étoiles (LNH) en 1933-34, 1936-37 • Coupe Stanley (LNH) en 1934-35

• Signe avec Montréal (Maroons) le 26 août 1927 • Droits vendus à Montréal (Canadiens) par Montréal (Maroons) avec Bob Gracie, Ernie Cain, Cy Wentworth, Stew Evans, Des Smith et les droits sur Claude Bourque le 14 septembre 1938

WARD, JASON

Né à Chapleau, Ontario le 16 janvier 1979. Ailier droit, lance de la droite, 6'2", 192 lb
(Choix de 1re ronde de Montréal, 11e au total lors du repêchage de 1997)

SAISON	CLUB	LIGUE	PJ	B	A	PTS	PUN	PJ	B	A	PTS	PUN
1994-95	Oshawa (Legionaires)	OJHL	47	30	31	61	75	-	-	-	-	-
1995-96	Niagara Falls (Thunder)	OHL	64	15	35	50	139	10	6	4	10	23
1996-97	Erie (Otters)	OHL	58	25	39	64	137	5	1	2	3	2
1997-98	Erie (Otters)	OHL	21	7	9	16	42	-	-	-	-	-
	Windsor (Spitfires)	OHL	26	19	27	46	34	-	-	-	-	-
	Fredericton (Canadiens)	AHL	7	1	0	1	2	1	0	0	0	2
	Canada	CMJ	7	1	0	1	2	-	-	-	-	-
1998-99	Windsor (Spitfires)	OHL	12	8	11	19	25	-	-	-	-	-
	Plymouth (Whalers)	OHL	23	14	13	27	28	11	6	8	14	12
	Fredericton (Canadiens)	AHL	-	-	-	-	-	10	4	2	6	22
	Canada	CMJ	7	1	1	2	8	-	-	-	-	-
1999-00	Québec (Citadelles)	AHL	40	14	12	26	30	3	2	1	3	4
	Montréal (Canadiens)	**LNH**	**32**	**2**	**1**	**3**	**10**	**-**	**-**	**-**	**-**	**-**
2000-01	**Montréal (Canadiens)**	**LNH**	**12**	**0**	**0**	**0**	**12**	**-**	**-**	**-**	**-**	**-**
	Québec (Citadelles)	AHL	23	7	12	19	69	-	-	-	-	-
2001-02	Québec (Citadelles)	AHL	78	24	33	57	128	3	0	0	0	2
2002-03	**Montréal (Canadiens)**	**LNH**	**8**	**3**	**2**	**5**	**0**	**-**	**-**	**-**	**-**	**-**
	Hamilton (Bulldogs)	AHL	69	31	41	72	78	23	12	9	21	20
2003-04	**Montréal (Canadiens)**	**LNH**	**53**	**5**	**7**	**12**	**21**	**5**	**0**	**2**	**2**	**2**
2004-05	Hamilton (Bulldogs)	AHL	77	20	34	54	66	4	2	1	3	2
2005-06	New York (Rangers)	LNH	81	10	18	28	44	1	0	0	0	2
2006-07	New York (Rangers)	LNH	46	4	6	10	26	-	-	-	-	-
	Los Angeles (Kings)	LNH	7	0	1	1	4	-	-	-	-	-
	Tampa Bay (Lightning)	LNH	17	4	4	8	10	6	0	1	1	6
2007-08	Tampa Bay (Lightning)	LNH	79	8	6	14	42	-	-	-	-	-
		LNH	**335**	**36**	**45**	**81**	**169**	**12**	**0**	**3**	**3**	**10**
		Montréal	**105**	**10**	**10**	**20**	**43**	**5**	**0**	**2**	**2**	**2**

• Médaille d'argent (CMJ) en 1999 • Première équipe d'étoiles (AHL) en 2002-03 • Trophée Les Cunningham (AHL) en 2002-03

• Signe avec Hamilton (AHL) comme joueur autonome le 19 octobre 2004 • Signe avec New York (Rangers) comme joueur autonome le 4 août 2005 • Échangé à Los Angeles par New York (Rangers) avec Jan Marek, Marc-André Cliche et le choix de 3e ronde de New York (Rangers) au repêchage de 2008 (échangé plus tard à Buffalo qui sélectionne Corey Fienhage) pour Sean Avery et John Seymour le 5 février 2007• Échangé à Tampa Bay par Los Angeles pour le choix de 5e ronde de Tampa Bay au repêchage de 2007 (Joshua Turnbull) le 27 février 2007

WARWICK, GRANT

Né à Regina, Saskatchewan, le 11 octobre 1921, décédé le 27 septembre 1999
Ailier droit, lance de la droite, 5'6", 155 lb

			SAISONS RÉGULIÈRES					SÉRIES ÉLIMINATOIRES				
SAISON	CLUB	LIGUE	PJ	B	A	PTS	PUN	PJ	B	A	PTS	PUN
1938-39	Regina (Abbotts)	S-SSJHL	4	0	0	0	2	-	-	-	-	-
1939-40	Regina (Abbotts)	S-SSJHL	11	0	0	0	0	2	2	4	6	11
	Regina (Abbotts)	Mem.	-	-	-	-	-	6	2	4	6	12
1940-41	Regina (Rangers)	S-SSJHL	31	14	18	32	16	8	5	1	6	2
	Regina (Rangers)	Allan	-	-	-	-	-	14	6	9	15	8
1941-42	New York (Rangers)	LNH	44	16	17	33	36	6	0	1	1	2
1942-43	New York (Rangers)	LNH	50	17	18	35	31	-	-	-	-	-
1943-44	New York (Rangers)	LNH	18	8	9	17	14	-	-	-	-	-
1944-45	New York (Rangers)	LNH	42	20	22	42	25	-	-	-	-	-
1945-46	New York (Rangers)	LNH	45	19	18	37	19	-	-	-	-	-
1946-47	New York (Rangers)	LNH	54	20	20	40	24	-	-	-	-	-
1947-48	New York (Rangers)	LNH	40	17	12	29	30	-	-	-	-	-
	Match des étoiles	LNH	1	1	0	1	0	-	-	-	-	-
	Boston (Bruins)	LNH	18	6	5	11	8	5	0	3	3	4
1948-49	Boston (Bruins)	LNH	58	22	15	37	14	5	2	0	2	0
1949-50	**Montréal (Canadiens)**	**LNH**	**26**	**2**	**6**	**8**	**19**	**-**	**-**	**-**	**-**	**-**
	Buffalo (Bisons)	AHL	37	19	28	47	33	3	2	0	2	0
1950-51	Buffalo (Bisons)	AHL	65	34	65	99	43	4	2	1	3	2
1951-52	Buffalo (Bisons)	AHL	55	24	41	65	35	3	0	0	0	2
	Halifax (St-Mary's)	MMHL	-	-	-	-	-	5	1	0	1	2
1952-53	Penticton (Vees)	OSHL	31	19	27	46	49	11	7	8	15	15
	Penticton (Vees)	Allan	-	-	-	-	-	18	8	*13	*21	16
1953-54	Penticton (Vees)	OSHL	54	36	43	79	79	10	*11	7	*18	8
	Penticton (Vees)	Allan	-	-	-	-	-	23	*16	*30	*46	28
1954-55	Penticton (Vees)	OSHL	38	22	34	56	62	-	-	-	-	-
	Canada	CM	8	6	11	17	5	-	-	-	-	-
1955-56	Penticton (Vees)	OSHL	54	*54	59	*113	44	7	5	3	8	16
1956-57	Trail Smoke Eaters	WHL	43	18	30	48	70	8	5	5	10	8
1957-58	Kamloops (Chiefs)	OSHL	49	9	31	40	45	15	1	13	14	14
		LNH	**395**	**147**	**142**	**289**	**220**	**16**	**2**	**4**	**6**	**6**
		Montréal	**26**	**2**	**6**	**8**	**19**	**-**	**-**	**-**	**-**	**-**

• Coupe Allan en 1940-41, 1953-54 •Trophée Calder (LNH) en 1941-42 • Match des étoiles (LNH) en 1947-48 • Première équipe d'étoiles (OSHL) en 1952-53, 1953-54, 1954-55, 1955-56 • Médaille d'or (CM) en 1955

• Réclamé par New York (Rangers) de Cleveland (AHL) lors du repêchage intra-ligue le 27 juin 1941 • Échangé à Boston par New York (Rangers) pour Billy Taylor, Pentti Lund et Ray Manson le 6 février 1948 • Droits vendus à Montréal par Boston avec Ivan Irwin le 10 octobre 1949 • Droits vendus à Buffalo (AHL) par Montréal le 12 avril 1950

WASNIE, NICHOLAS (NICK)

Né à Winnipeg, Manitoba, le 1er janvier 1904, décédé le 26 mai 1991
Ailier droit, lance de la droite, 5'10", 175 lb

SAISON	CLUB	LIGUE	PJ	B	A	PTS	PUN	PJ	B	A	PTS	PUN
1925-26	Winnipeg (Maroons)	CHL	31	7	1	8	35	5	1	0	1	0
1926-27	Winnipeg (Maroons)	AHA	21	7	3	10	33	-	-	-	-	-
1927-28	Québec (Castors)	Can-Am	22	8	3	11	32	6	3	0	3	18
	Chicago (Black Hawks)	LNH	14	1	0	1	22	-	-	-	-	-
1928-29	Newark (Bulldogs)	Can-Am	40	14	6	20	76	-	-	-	-	-
1929-30	**Montréal (Canadiens)**	**LNH**	**44**	**12**	**11**	**23**	**64**	**6**	**2**	**2**	**4**	**12**
1930-31	**Montréal (Canadiens)**	**LNH**	**44**	**9**	**2**	**11**	**26**	**10**	**4**	**1**	**5**	**8**
1931-32	**Montréal (Canadiens)**	**LNH**	**48**	**10**	**2**	**12**	**16**	**4**	**0**	**0**	**0**	**0**
1932-33	New York (Americans)	LNH	48	11	12	23	36	-	-	-	-	-
1933-34	Ottawa (Senators)	LNH	37	11	6	17	10	-	-	-	-	-
1934-35	St. Louis (Eagles)	LNH	13	3	1	4	2	-	-	-	-	-
	Minneapolis (Millers)	CHL	33	16	19	35	32	5	2	3	5	4
1935-36	Rochester (Cardinals)	IHL	7	3	4	7	7	-	-	-	-	-
	Pittsburgh (Shamrocks)	IHL	35	14	21	35	32	-	-	-	-	-
1936-37	Kansas City (Greyhounds)	AHA	46	18	19	37	53	3	0	1	1	0
1937-38	Kansas City (Greyhounds)	AHA	45	9	12	21	14	-	-	-	-	-
1938-39	Kansas City (Greyhounds)	AHA	48	34	27	61	19	-	-	-	-	-
1939-40	Kansas City (Greyhounds)	AHA	48	18	21	39	36	-	-	-	-	-
		LNH	**248**	**57**	**34**	**91**	**176**	**20**	**6**	**3**	**9**	**20**
		Montréal	**136**	**31**	**15**	**46**	**106**	**20**	**6**	**3**	**9**	**20**

• Coupe Stanley (LNH) en 1929-30, 1930-31 • Première équipe d'étoiles (CHL) en 1934-35 • Première équipe d'étoiles (AHA) en 1936-37

• Signe avec Chicago le 12 octobre 1927 • Échangé à Saskatoon (PrHL) par Chicago avec Corb Denneny pour Cally McCalmon et Earl Miller le 11 janvier 1928 • Signe avec Montréal le 10 novembre 1929 • Prêté à New York (Americans) par Montréal le 8 octobre 1932. • Échangé à Ottawa par Montréal pour Léo Bourgault et Harold Starr le 24 mai 1933. • Transfert de la concession d'Ottawa à St. Louis le 11 mai 1934 • Échangé à Minneapolis (CHL) par St. Louis avec une somme d'argent pour Fido Purpur le 28 décembre 1934 • Transfert de la concession de Minneapolis (CHL) à Rochester (IHL) le 16 octobre 1935 • Échangé à Pittsburgh (IHL) par Rochester (IHL) pour Roger Cormier le 12 décembre 1935

WATSON, BRYAN

Né à Brancroft, Ontario, le 14 novembre 1942
Défenseur, lance de la droite, 5'9", 175 lb

SAISON	CLUB	LIGUE	PJ	B	A	PTS	PUN	PJ	B	A	PTS	PUN
1960-61	Peterborough (Petes)	JOHA	18	0	1	1	4	-	-	-	-	-
1961-62	Peterborough (Petes)	JOHA	50	3	16	19	129	-	-	-	-	-
1962-63	Peterborough (Petes)	JOHA	49	9	22	31	80	6	0	3	3	10
	Hull-Ottawa (Canadiens)	EPHL	-	-	-	-	-	3	1	1	2	0
1963-64	Omaha (Knights)	CPHL	9	1	1	2	12	-	-	-	-	-
	Montréal (Canadiens)	**LNH**	**39**	**0**	**2**	**2**	**18**	**6**	**0**	**0**	**0**	**2**
1964-65	Québec (As)	AHL	64	1	16	17	186	5	0	0	0	35
	Montréal (Canadiens)	**LNH**	**5**	**0**	**1**	**1**	**7**	**-**	**-**	**-**	**-**	**-**
1965-66	Detroit (Red Wings)	LNH	70	2	7	9	133	12	2	0	2	30
1966-67	Memphis (Wings)	CPHL	16	1	3	4	76	-	-	-	-	-
	Detroit (Red Wings)	LNH	48	0	1	1	66	-	-	-	-	-
1967-68	**Montréal (Canadiens)**	**LNH**	**12**	**0**	**1**	**1**	**9**	**-**	**-**	**-**	**-**	**-**
	Cleveland (Barons)	AHL	12	2	4	6	22	-	-	-	-	-
	Houston (Apollos)	CPHL	50	2	37	39	*239	-	-	-	-	-
1968-69	Oakland (Seals)	LNH	50	2	3	5	97	-	-	-	-	-
	Pittsburgh (Penguins)	LNH	18	0	4	4	35	-	-	-	-	-
1969-70	Baltimore (Clippers)	AHL	5	1	2	3	8	-	-	-	-	-
	Pittsburgh (Penguins)	LNH	61	1	9	10	189	10	0	0	0	17
1970-71	Pittsburgh (Penguins)	LNH	43	2	6	8	119	-	-	-	-	-
1971-72	Pittsburgh (Penguins)	LNH	75	3	17	20	*212	4	0	0	0	21
1972-73	Pittsburgh (Penguins)	LNH	69	1	17	18	179	-	-	-	-	-
1973-74	Pittsburgh (Penguins)	LNH	38	1	4	5	137	-	-	-	-	-
	St. Louis (Blues)	LNH	11	0	1	1	19	-	-	-	-	-
	Detroit (Red Wings)	LNH	21	0	4	4	99	-	-	-	-	-
1974-75	Detroit (Red Wings)	LNH	70	1	13	14	238	-	-	-	-	-
1975-76	Detroit (Red Wings)	LNH	79	0	18	18	322	-	-	-	-	-
1976-77	Detroit (Red Wings)	LNH	14	0	1	1	39	-	-	-	-	-
	Washington (Capitals)	LNH	56	1	14	15	91	-	-	-	-	-
1977-78	Washington (Capitals)	LNH	79	3	11	14	167	-	-	-	-	-
1978-79	Washington (Capitals)	LNH	20	0	1	1	36	-	-	-	-	-
	Cincinnati (Stingers)	AMH	21	0	2	2	56	3	0	1	1	2
		LNH	**878**	**17**	**135**	**152**	**2212**	**32**	**2**	**0**	**2**	**70**
		Montréal	**56**	**0**	**4**	**4**	**34**	**6**	**0**	**0**	**0**	**2**

• Première équipe d'étoiles (CPHL) en 1967-68 • Nommé meilleur défenseur (CPHL) en 1967-68 • Trophée Tommy-Ivan (CPHL) en 1967-68

• Échangé à Chicago par Montréal pour Don Johns le 8 juin 1965 • Réclamé par Detroit de Chicago lors du repêchage intra-ligue le 9 juin 1965 • Réclamé par Minnesota de Detroit lors de l'expansion de la LNH le 6 juin 1967 • Échangé à Montréal par Minnesota pour Bill Plager, Léo Thiffault et Barrie Meissner le 6 juin 1967 • Échangé à Oakland par Montréal avec une somme d'argent pour le 1er choix d'Oakland au repêchage de 1972 (Michel Laroque) le 10 juin 1968 • Échangé à Pittsburgh par Oakland avec George Swarbrick et Tracy Pratt pour Earl Ingarfield, Gene Ubriaco et Dick Mattiussi le 30 janvier 1969 • Échangé à St. Louis par Pittsburgh avec Greg Polis et le choix de 2e ronde de Pittsburgh au repêchage de 1974 (Bob Hess) pour Steve Durbanno, Ab DeMarco et Bob Kelly le 17 janvier 1974 • Échangé à Detroit par St. Louis avec Chris Evans et Jean Hamel pour Ted Harris, Bill Collins et Garnet Bailey le 14 février 1974 • Échangé à Washington par Detroit pour Greg Joly le 30 novembre 1976 • Signe avec Cincinnati (AMH) comme joueur autonome le 2 mars 1979

WATSON, PHILLIP (PHIL)

Né à Montréal, Québec, le 24 avril 1914, décédé le 1er février 1991
Centre, lance de la droite, 5'11", 170 lb

SAISON	CLUB	LIGUE	PJ	B	A	PTS	PUN	PJ	B	A	PTS	PUN
1932-33	Montréal (Saint-François)	LHJHL	11	10	5	15	16	2	0	0	0	0
1933-34	Montréal (Saint-François)	LHJHL	16	7	6	13	14	-	-	-	-	-
1934-35	Montréal (Royals)	LHJQ	19	7	7	14	24	7	1	2	3	4
1935-36	Philadelphie (Arrows)	Can-Am	22	9	5	14	32	-	-	-	-	-
	New York (Rangers)	LNH	24	0	2	2	24	-	-	-	-	-
1936-37	New York (Rangers)	LNH	48	11	17	28	22	9	0	2	2	9
1937-38	New York (Rangers)	LNH	48	7	25	32	52	3	0	2	2	0
1938-39	New York (Rangers)	LNH	48	15	22	37	42	7	1	1	2	7
1939-40	New York (Rangers)	LNH	48	7	28	35	42	12	3	6	9	16
1940-41	New York (Rangers)	LNH	40	11	25	36	49	3	0	2	2	9
1941-42	New York (Rangers)	LNH	48	15	*37	52	58	6	1	4	5	8
1942-43	New York (Rangers)	LNH	46	14	28	42	44	-	-	-	-	-
1943-44	**Montréal (Canadiens)**	**LNH**	**44**	**17**	**32**	**49**	**61**	**9**	**3**	**5**	**8**	**16**
1944-45	New York (Rangers)	LNH	45	11	8	19	24	-	-	-	-	-
1945-46	New York (Rangers)	LNH	49	12	14	26	43	-	-	-	-	-
1946-47	New York (Rangers)	LNH	48	6	12	18	17	-	-	-	-	-
1947-48	New York (Rangers)	LNH	54	18	15	33	54	5	2	3	5	2
		LNH	**590**	**144**	**265**	**409**	**532**	**54**	**10**	**25**	**35**	**67**
		Montréal	**44**	**17**	**32**	**49**	**61**	**9**	**3**	**5**	**8**	**16**

• Coupe Stanley (LNH) en 1939-40, 1943-44 • Deuxième équipe d'étoiles (LNH) en 1941-42

• Signe avec New York (Rangers) le 27 octobre 1935 • Prêté à Montréal par New York (Rangers) sous certaines conditions pour la saison 1943-44 • Retourné à New York (Rangers) pour la saison 1944-45

WEINRICH, ERIC

Né à Roanoke, Virginie, le 19 décembre 1966. Défenseur, lance de la gauche, 6'1", 210 lb (Choix de 2e ronde de New Jersey, 32e au total lors du repêchage de 1985)

SAISON	CLUB	LIGUE	PJ	B	A	PTS	PUN	PJ	B	A	PTS	PUN
1983-84	Yarmouth Academy	H.S	17	23	33	56	-	-	-	-	-	-
1984-85	Yarmouth Academy	H.S.	20	6	21	27	-	-	-	-	-	-
	États-Unis	CMJ	7	1	1	2	8	-	-	-	-	-
1985-86	Maine University	H.E.	34	0	14	14	26	-	-	-	-	-
	États-Unis	CMJ	7	1	0	1	4	-	-	-	-	-
1986-87	Maine University	H.E.	41	12	32	44	59	-	-	-	-	-
1987-88	Maine University	H.E.	8	4	7	11	22	-	-	-	-	-
	États-Unis	Éq. nat.	38	3	9	12	24	-	-	-	-	-
	États-Unis	JO	3	0	0	0	0	-	-	-	-	-
1988-89	New Jersey (Devils)	LNH	2	0	0	0	0	-	-	-	-	-
	Utica (Devils)	AHL	80	17	27	44	70	5	0	1	1	4
1989-90	New Jersey (Devils)	LNH	19	2	7	9	11	6	1	3	4	17
	Utica (Devils)	AHL	57	12	48	60	38	-	-	-	-	-
1990-91	New Jersey (Devils)	LNH	76	4	34	38	48	7	1	2	3	6
	États-Unis	CM	10	2	1	3	6	-	-	-	-	-
1991-92	New Jersey (Devils)	LNH	76	7	25	32	55	7	0	2	2	4
	États-Unis	CC	8	0	0	0	2	-	-	-	-	-
1992-93	Hartford (Whalers)	LNH	79	7	29	36	76	-	-	-	-	-
	États-Unis	CM	6	0	1	1	0	-	-	-	-	-
1993-94	Hartford (Whalers)	LNH	8	1	1	2	2	-	-	-	-	-
	Chicago (Blackhawks)	LNH	54	3	23	26	31	6	0	2	2	6
1994-95	Chicago (Blackhawks)	LNH	48	3	10	13	33	16	1	5	6	4
1995-96	Chicago (Blackhawks)	LNH	77	5	10	15	65	10	1	4	5	10
1996-97	Chicago (Blackhawks)	LNH	81	7	25	32	62	6	0	1	1	4
	États-Unis	CDM	6	0	4	4	2	-	-	-	-	-

SAISON CLUB LIGUE PJ B A PTS PUN PJ B A PTS PUN
SAISONS RÉGULIÈRES SÉRIES ÉLIMINATOIRES

SAISONS RÉGULIÈRES | SÉRIES ÉLIMINATOIRES

SAISON	CLUB	LIGUE	PJ	B	A	PTS	PUN	PJ	B	A	PTS	PUN
1997-98	Chicago (Blackhawks)	LNH	82	2	21	23	106	-	-	-	-	-
	États-Unis	CM	6	0	2	2	16	-	-	-	-	-
1998-99	Chicago (Blackhawks)	LNH	14	1	3	4	12	-	-	-	-	-
	Montréal (Canadiens)	**LNH**	**66**	**6**	**12**	**18**	**77**	**-**	**-**	**-**	**-**	**-**
	États-Unis	CM	6	1	2	3	2	-	-	-	-	-
1999-00	**Montréal (Canadiens)**	**LNH**	**77**	**4**	**25**	**29**	**39**	**-**	**-**	**-**	**-**	**-**
	États-Unis	CM	7	0	2	2	4	-	-	-	-	-
2000-01	**Montréal (Canadiens)**	**LNH**	**60**	**6**	**19**	**25**	**34**	**-**	**-**	**-**	**-**	**-**
	Boston (Bruins)	LNH	22	1	5	6	10	-	-	-	-	-
2001-02	Philadelphia (Flyers)	LNH	80	4	20	24	26	5	0	0	0	4
2002-03	Philadelphia (Flyers)	LNH	81	2	18	20	40	13	2	3	5	12
2003-04	Philadelphia (Flyers)	LNH	54	2	7	9	32	-	-	-	-	-
	St. Louis (Blues)	LNH	26	2	8	10	14	5	0	1	1	0
	États-Unis	CM	4	0	0	0	8	-	-	-	-	-
2004-05	États-Unis	CDM	2	0	0	0	0	-	-	-	-	-
	EC Villacher SV	AUT	10	3	8	11	8	3	0	1	1	6
2005-06	St. Louis (Blues)	LNH	59	1	16	17	44	-	-	-	-	-
	Vancouver (Canucks)	LNH	16	0	0	0	8	-	-	-	-	-
2006-07	Portland (Pirates)	AHL	36	2	12	14	34	-	-	-	-	-
2007-08	Portland (Pirates)	AHL	52	1	7	8	68	-	-	-	-	-
		LNH	**1157**	**70**	**318**	**388**	**825**	**81**	**6**	**23**	**29**	**67**
		Montréal	**203**	**16**	**56**	**72**	**150**	**-**	**-**	**-**	**-**	**-**

• Médaille de bronze (CMJ) en 1986 • Première équipe d'étoiles (H.E.) en 1986-87 • Deuxième équipe d'étoiles All-American, Division Est (NCAA) en 1986-87 • Première équipe d'étoiles (AHL) en 1989-90 • Trophée Eddie-Shore (AHL) en 1989-90 • Équipe d'étoiles des recrues (LNH) en 1990-91

• Échangé à Hartford par New Jersey avec Sean Burke pour Bobby Holik, le choix de 2e ronde de Hartford au repêchage de 1993 (Jay Pandolfo) et des considérations futures le 28 août 1992 • Échangé à Chicago par Hartford avec Patrick Poulin pour Steve Larmer et Bryan Marchment le 2 novembre 1993 • Échangé à Montréal par Chicago avec Jeff Hackett, Alain Nasreddine et le choix de 4e ronde de Tampa Bay au repêchage de 1999 (propriété de Chicago à la suite d'une transaction antérieure, Montréal sélectionne Chris Dyment) pour Dave Manson, Jocelyn Thibault et Brad Brown le 16 novembre 1998 • Échangé à Boston par Montréal pour Patrick Traverse le 21 février 2001 • Signe avec Philadelphie comme joueur autonome le 5 juillet 2001 • Échangé à St.Louis par Philadelphie pour le choix de 5e ronde de St.Louis au repêchage de 2004 (Gino Pisellini) le 9 février 2004 • Signe avec Villacher (AUT) comme joueur autonome le 14 février 2005 • Échangé à Vancouver par St. Louis pour Tomas Mojzis et le choix de 3e ronde de Vancouver au repêchage de 2006 (échangé plus tard au New Jersey qui sélectionne Vladimir Zharkov) le 9 mars 2006 • Annonce officiellement sa retraite le 4 août 2006

WENTWORTH, MARVIN (CY)

Né à Grimsby, Ontario, le 24 janvier 1905, décédé le 11 octobre 1982
Défenseur, lance de la droite, 5'10", 170 lb

SAISON	CLUB	LIGUE	PJ	B	A	PTS	PUN	PJ	B	A	PTS	PUN
1925-26	Windsor (Hornets)	SOHA	20	6	5	11	9	-	-	-	-	-
1926-27	Chicago (Cardinals)	AHA	34	8	4	12	40	-	-	-	-	-
1927-28	Chicago (Black Hawks)	LNH	43	5	5	10	31	-	-	-	-	-
1928-29	Chicago (Black Hawks)	LNH	44	2	1	3	44	-	-	-	-	-
1929-30	Chicago (Black Hawks)	LNH	37	3	4	7	28	-	-	-	-	-
1930-31	Chicago (Black Hawks)	LNH	44	4	4	8	12	9	1	1	2	14
1931-32	Chicago (Black Hawks)	LNH	48	3	10	13	30	2	0	0	0	0
1932-33	Montréal (Maroons)	LNH	47	4	10	14	48	2	0	1	1	0
1933-34	Montréal (Maroons)	LNH	48	2	5	7	31	4	0	2	2	2
1934-35	Montréal (Maroons)	LNH	48	4	9	13	28	7	3	2	5	0
1935-36	Montréal (Maroons)	LNH	48	4	5	9	24	3	0	0	0	0
1936-37	Montréal (Maroons)	LNH	43	3	4	7	29	5	1	0	1	0
1937-38	Montréal (Maroons)	LNH	48	4	5	9	32	-	-	-	-	-
	Match des étoiles	LNH	1	0	0	0	0	-	-	-	-	-
1938-39	**Montréal (Canadiens)**	**LNH**	**45**	**0**	**3**	**3**	**12**	**3**	**0**	**0**	**0**	**4**
1939-40	**Montréal (Canadiens)**	**LNH**	**32**	**1**	**3**	**4**	**6**	**-**	**-**	**-**	**-**	**-**
	Match des étoiles	LNH	1	0	0	0	0	-	-	-	-	-
		LNH	**575**	**39**	**68**	**107**	**355**	**35**	**5**	**6**	**11**	**20**
		Montréal	**77**	**1**	**6**	**7**	**18**	**3**	**0**	**0**	**0**	**4**

• Deuxième équipe d'étoiles (LNH) en 1934-35 • Coupe Stanley (LNH) en 1934-35 • Match des étoiles (LNH) en 1937-38, 1939-40

• Droits vendus à Chicago par Windsor (Can-Pro) le 20 décembre 1926 • Droits vendus à Montréal (Maroons) par Chicago pour une somme d'argent le 24 octobre 1932 • Droits vendus à Montréal (Canadiens) par Montréal (Maroons) avec Bob Gracie, Ernie Cain, Jimmy Ward, Stew Evans, Des Smith et les droits sur Claude Bourque le 14 septembre 1938

WHITE, LEONARD (MOE)

Né à Verdun, Québec, le 28 juillet 1919
Centre, lance de la gauche, 5'11", 180 lb

SAISON	CLUB	LIGUE	PJ	B	A	PTS	PUN	PJ	B	A	PTS	PUN
1935-36	Verdun (Maple Leafs)	LHJQ	9	1	3	4	0	2	0	2	2	0
1936-37	Montréal (Victorias)	LHJCM	11	2	5	7	19	2	2	1	3	2
	Montréal (Victorias)	Mem.	-	-	-	-	-	4	2	2	3	2
1937-38	Montréal (Victorias)	LHJCM	19	7	5	12	19	6	6	2	8	16
	Montréal (Victorias)	Mem.	-	-	-	-	-	4	2	2	4	2
1938-39	Montréal (Victorias)	LHCM	22	9	10	19	19	-	-	-	-	-
1939-40	Verdun (Maple Leafs)	LHSQ	30	14	14	28	20	8	3	3	6	10
1940-41	Glace Bay (Miners)	CBSHL	11	4	5	9	14	-	-	-	-	-
1941-42	Glace Bay (Miners)	CBSHL	40	31	31	62	44	7	5	4	9	6
	Glace Bay (Miners)	ALLAN	-	-	-	-	-	8	8	6	14	4
1942-43	Montréal (Armée)	LHCM	33	13	20	33	16	7	1	2	3	16
	Montréal (Armée)	LHCM	6	6	7	13	2	5	6	4	10	0
1943-44	Kingston (Army)	SOHA	13	7	8	15	6	-	-	-	-	-
	Montréal (Arme)	LHCM	1	0	0	0	0	-	-	-	-	-
1944-45					*Service militaire*							
1945-46	Buffalo (Bisons)	AHL	11	2	2	4	2	-	-	-	-	-
	Montréal (Canadiens)	**LNH**	**4**	**0**	**1**	**1**	**2**	**-**	**-**	**-**	**-**	**-**
	Montréal (Royals)	LHSQ	1	1	0	1	2	-	-	-	-	-
1946-47	Houston (Huskies)	USHL	60	28	34	62	27	-	-	-	-	-
1947-48	Valleyfield (Braves)	LHSQ	46	23	29	52	37	6	0	2	2	10
1948-49	Glace Bay (Miners)	CBSHL	57	6	*44	50	111	12	1	3	4	*33
1949-50	Glace Bay (Miners)	CBSHL	70	18	27	45	33	10	0	9	9	2
		LNH	**4**	**0**	**1**	**1**	**2**	**-**	**-**	**-**	**-**	**-**
		Montréal	**4**	**0**	**1**	**1**	**2**	**-**	**-**	**-**	**-**	**-**

• Échangé à Montréal par Buffalo (AHL) avec Murdo MacKay pour Jack Adams le 14 janvier 1946 • Échangé à Buffalo (AHL) par Montréal avec Jimmy McFadden et les droits sur Frank Stahan pour Tom Rockey le 8 octobre 1946

WICKENHEISER, DOUGLAS (DOUG)

Né à Regina, Saskatchewan, le 30 mars 1961, décédé le 12 janvier 1999
Centre, lance de la gauche, 6'1", 200 lb
(Choix de 1re ronde de Montréal, 1er au total lors du repêchage de 1980)

SAISON	CLUB	LIGUE	PJ	B	A	PTS	PUN	PJ	B	A	PTS	PUN
1976-77	Regina (Blues)	SJHL	59	42	46	88	63	-	-	-	-	-
1977-78	Regina (Pats)	WCJHL	68	37	51	88	49	13	4	5	9	4
1978-79	Regina (Pats)	WHL	68	32	62	94	141	-	-	-	-	-
1979-80	Regina (Pats)	WHL	71	*89	81	*170	99	18	14	*26	*40	20
	Regina (Pats)	Mem.	-	-	-	-	-	4	1	4	5	8
1980-81	**Montréal (Canadiens)**	**LNH**	**41**	**7**	**8**	**15**	**20**	**-**	**-**	**-**	**-**	**-**
1981-82	**Montréal (Canadiens)**	**LNH**	**56**	**12**	**23**	**35**	**43**	**-**	**-**	**-**	**-**	**-**
1982-83	**Montréal (Canadiens)**	**LNH**	**78**	**25**	**30**	**55**	**49**	**-**	**-**	**-**	**-**	**-**
1983-84	**Montréal (Canadiens)**	**LNH**	**27**	**5**	**5**	**10**	**6**	**-**	**-**	**-**	**-**	**-**
	St. Louis (Blues)	LNH	46	7	21	28	19	11	2	2	4	2
1984-85	St. Louis (Blues)	LNH	68	23	20	43	36	-	-	-	-	-
1985-86	St. Louis (Blues)	LNH	36	8	11	19	16	19	2	5	7	12
1986-87	St. Louis (Blues)	LNH	80	13	15	28	37	6	0	0	0	2
1987-88	Vancouver (Canucks)	LNH	80	7	19	26	36	-	-	-	-	-
1988-89	New York (Rangers)	LNH	1	1	0	1	0	-	-	-	-	-
	Flin (Spirits)	IHL	21	9	7	16	18	-	-	-	-	-
	Canada	Éq. Nat.	26	7	15	22	40	-	-	-	-	-
	Washington (Capitals)	LNH	16	2	5	7	4	5	0	0	0	2
	Baltimore (Skipjacks)	AHL	2	0	5	5	0	-	-	-	-	-
1989-90	Washington (Capitals)	LNH	27	1	8	9	20	-	-	-	-	-
	Baltimore (Skipjacks)	AHL	35	9	19	28	22	12	2	5	7	22
1990-91	HC Asiago	ITA	35	25	32	57	9	-	-	-	-	-
1991-92	EHC Unna	GER	8	14	6	20	36	-	-	-	-	-
	SV Bayreuth	GER	4	4	3	7	6	-	-	-	-	-
	KAC Klagenfurt	AUT	22	7	12	19	-	-	-	-	-	-
1992-93	Peoria (Rivermen)	IHL	80	30	45	75	30	4	0	2	2	2
1993-94	Fort Wayne (Komets)	IHL	73	22	37	59	22	14	2	2	4	4
		LNH	**556**	**111**	**165**	**276**	**286**	**41**	**4**	**7**	**11**	**18**
		Montréal	**202**	**49**	**66**	**115**	**118**	**-**	**-**	**-**	**-**	**-**

• Équipe d'étoiles (WHL) en 1979-80 • Joueur de l'année (WHL) en 1979-80 • Joueur par excellence (CHL) en 1979-80

• Échangé à St. Louis par Montréal avec Gilbert Delorme et Greg Paslawski pour Perry Turnbull le 21 décembre 1983 • Réclamé par Hartford de St. Louis lors du repêchage inter-équipes le 5 octobre 1987 • Réclamé par Vancouver de Hartford lors du repêchage inter-équipes le 5 octobre 1987 • Signe avec New York (Rangers) joueur autonome le 12 août 1988 • Signe avec Washington comme joueur autonome le 28 février 1989

WILKIE, DAVID

Né à Ellensburg, Washington, le 30 mai 1974. Défenseur, lance de la droite, 6'2", 210 lb (Choix de 1re ronde de Montréal, 20e au total lors du repêchage de 1992)

SAISON	CLUB	LIGUE	PJ	B	A	PTS	PUN	PJ	B	A	PTS	PUN
1990-91	Omaha (Lancers)	USHL	19	2	2	4	18	-	-	-	-	-
	Seattle (Thunderbirds)	WHL	25	1	1	2	22	-	-	-	-	-
1991-92	Kamloops (Blazers)	WHL	71	12	28	40	153	16	6	5	11	19
	Kamloops (Blazers)	Mem.	-	-	-	-	-	5	1	1	2	4
1992-93	Kamloops (Blazers)	WHL	53	11	26	37	109	6	4	2	6	2
	États-Unis	CMJ	7	0	2	2	2	-	-	-	-	-
1993-94	Kamloops (Blazers)	WHL	27	11	18	29	18	-	-	-	-	-
	États-Unis	CMJ	6	2	1	3	0	-	-	-	-	-
	Regina (Pats)	WHL	29	27	21	48	16	4	1	4	5	4
1994-95	Fredericton (Canadiens)	AHL	70	10	43	53	34	1	0	0	0	0
	Montréal (Canadiens)	**LNH**	**1**	**0**	**0**	**0**	**0**	**-**	**-**	**-**	**-**	**-**
1995-96	Fredericton (Canadiens)	AHL	23	5	12	17	20	-	-	-	-	-
	Montréal (Canadiens)	**LNH**	**24**	**1**	**5**	**6**	**10**	**6**	**1**	**2**	**3**	**12**
1996-97	**Montréal (Canadiens)**	**LNH**	**61**	**6**	**9**	**15**	**63**	**2**	**0**	**0**	**0**	**2**
1997-98	**Montréal (Canadiens)**	**LNH**	**5**	**1**	**0**	**1**	**4**	**-**	**-**	**-**	**-**	**-**
	Tampa Bay (Lightning)	LNH	29	1	5	6	17	-	-	-	-	-
1998-99	Cleveland (Lumberjacks)	IHL	2	0	2	2	0	-	-	-	-	-
	Tampa Bay (Lightning)	LNH	46	1	7	8	69	-	-	-	-	-
1999-00	Houston (Aeros)	IHL	57	4	24	28	71	11	1	8	9	10
	Hartford (Wolf Pack)	AHL	1	0	2	2	0	-	-	-	-	-
	Chicago (Wolves)	IHL	1	0	0	0	0	-	-	-	-	-
2000-01	New York (Rangers)	LNH	1	0	0	0	2	-	-	-	-	-
	Houston (Aeros)	IHL	49	8	11	19	29	7	1	1	2	4
2001-02	Augusta (Lynx)	ECHL	72	11	34	45	86	-	-	-	-	-
		LNH	**167**	**10**	**26**	**36**	**165**	**8**	**1**	**2**	**3**	**14**
		Montréal	**91**	**8**	**14**	**22**	**77**	**8**	**1**	**2**	**3**	**14**

• Coupe Memorial en 1991-92

• Échangé à Tampa Bay par Montréal avec Stéphane Richer et Darcy Tucker pour Patrick Poulin, Mick Vukota et Igor Ulanov le 15 janvier 1998 • Signe avec New York (Rangers) le 29 septembre 1999 • Signe comme joueur et entraîneur-adjoint avec Augusta (ECHL) le 11 août 2001

WEN-WIL

SAISONS RÉGULIÈRES | SÉRIES ÉLIMINATOIRES
773

SAISONS RÉGULIÈRES — SÉRIES ÉLIMINATOIRES
WIL-WIL

WILSON, CAROL (CULLY)

**Né à Winnipeg, Manitoba, le 5 juin 1892, décédé le 7 juillet 1962
Centre/Ailier droit, lance de la droite, 5,8", 180 lb**

SAISON	CLUB	LIGUE	PJ	B	A	PTS	PUN	PJ	B	A	PTS	PUN
1910-11	Winnipeg (Falcons)	MIPHL	4	4	0	4	-	-	-	-	-	-
	Kenora (Thistles)	MIPHL	2	0	0	0	-	-	-	-	-	-
	Winnipeg (Monarchs)	MHL SR	1	2	0	2	-	-	-	-	-	-
1911-12	Winnipeg (Falcons)	MHL SR	8	11	0	11	-	-	-	-	-	-
1912-13	Toronto (Blueshirts)	NHA	19	12	0	12	-	-	-	-	-	-
1913-14	Toronto (Blueshirts)	NHA	20	9	4	13	-	2	0	0	0	2
1914-15	Toronto (Blueshirts)	NHA	20	22	5	27	*138	-	-	-	-	-
1915-16	Seattle (Metropolitans)	PCHA	18	12	5	17	57	-	-	-	-	-
	Toronto (Blueshirts)	NHA	3	0	0	0	0	-	-	-	-	-
1916-17	Seattle (Metropolitans)	PCHA	15	13	7	20	58	4	1	4	5	6
1917-18	Seattle (Metropolitans)	PCHA	17	8	6	14	46	2	0	0	0	3
1918-19	Seattle (Metropolitans)	PCHA	18	11	5	16	*37	7	4	2	6	6
1919-20	Toronto (St. Patricks)	LNH	23	20	6	26	86	-	-	-	-	-
1920-21	Toronto (St. Patricks)	LNH	8	2	3	5	22	-	-	-	-	-
	Montréal (Canadiens)	**LNH**	**11**	**6**	**1**	**7**	**29**	-	-	-	-	-
1921-22	Hamilton (Tigers)	LNH	23	7	9	16	20	-	-	-	-	-
1922-23	Hamilton (Tigers)	LNH	23	16	5	21	46	-	-	-	-	-
1923-24	Calgary (Tigers)	WCHL	30	16	7	23	37	7	4	0	4	6
1924-25	Calgary (Tigers)	WCHL	28	14	6	20	20	2	1	0	1	6
1925-26	Calgary (Tigers)	WHL	30	11	4	15	63	-	-	-	-	-
1926-27	Chicago (Black Hawks)	LNH	39	8	4	12	40	2	1	0	1	6
1927-28	St. Paul (Saints)	AHA	38	10	2	12	64	-	-	-	-	-
1928-29	St. Paul (Saints)	AHA	40	10	5	15	40	8	2	2	4	14
1929-30	St. Paul (Saints)	AHA	48	7	6	13	57	-	-	-	-	-
1930-31	San-Francisco (Tigers)	Cal-Pro	-	10	2	12	-	-	-	-	-	-
	Duluth (Hornets)	AHA	24	10	6	16	24	4	0	0	0	2
1931-32	Kansas City (Pla-Mors)	AHA	34	1	2	3	28	4	0	0	0	2
		NHA	**62**	**43**	**9**	**52**	**138**	**2**	**0**	**0**	**0**	**2**
		LNH	**127**	**59**	**28**	**87**	**243**	**2**	**1**	**0**	**1**	**6**
		Montréal	**11**	**6**	**1**	**7**	**29**	-	-	-	-	-

• Coupe Stanley (NHA) en 1913-14, (PCHA) en 1916-17 • Première équipe d'étoiles (PCHA) en 1918-19 • Deuxième équipe d'étoiles (WCHL) en 1924-25

• Signe avec Toronto (NHA) en décembre 1912 • Signe avec Seattle (PCHA) en décembre 1915 • Signe avec Toronto (NHA) le 25 février 1916 • Signe avec Seattle (PCHA) en décembre 1916 • Signe avec Toronto le 27 novembre 1919 • Prêté à Montréal par Toronto le 21 janvier 1921 • Échangé à Hamilton par Toronto pour Eddie Carpenter le 9 novembre 1921 • Droits vendus à Calgary (WCHL) par Hamilton le 22 novembre 1923 • Droits vendus à Chicago par Calgary (WHL) le 25 octobre 1926 • Droits vendus à St. Paul (AHA) par Chicago en septembre 1927 • Signe avec San Franscico (Cal-Pro) en octobre 1930 • Droits vendus à Duluth (AHA) par San Franscico (Cal-Pro) le 7 février 1931

WILSON, DONALD (DON)

Né à Chatham, Ontario, le 1er janvier 1914. Centre, lance de la gauche, 5'8", 157 lb

SAISON	CLUB	LIGUE	PJ	B	A	PTS	PUN	PJ	B	A	PTS	PUN
1931-32	Newmarket (Redmen)	Exh.	7	6	0	6	2	-	-	-	-	-
	Newmarket (Redmen)	Mem.	-	-	-	-	-	6	*11	1	*12	2
1932-33	Newmarket (Redmen)	Exh.	17	*15	5	*20	-	-	-	-	-	-
	Newmarket (Redmen)	Mem.	-	-	-	-	-	19	7	2	9	10
1933-34	St. Michael's (Majors)	JOHA	8	9	9	18	0	3	1	1	2	0
	St. Michael's (Majors)	Mem.	-	-	-	-	-	11	7	12	19	8
1934-35	Oshawa (Chevies)	JOHA	15	10	6	16	8	-	-	-	-	-
1935-36	Earls Court Rangers	Ln-Cup	-	15	7	22	-	-	-	-	-	-
	Earls Court Rangers	GBR	-	22	*16	38	10	-	-	-	-	-
1936-37	Earls Court Rangers	GBR	38	37	*28	65	16	-	-	-	-	-
1937-38	Verdun (Maple Leafs)	LHSQ	14	9	13	22	2	-	-	-	-	-
	Montréal (Canadiens)	**LNH**	**18**	**2**	**7**	**9**	**0**	**3**	**0**	**0**	**0**	**0**
1938-39	**Montréal (Canadiens)**	**LNH**	**4**	**0**	**0**	**0**	**0**	-	-	-	-	-
	New Haven (Eagles)	IAHL	42	10	10	20	2	-	-	-	-	-
1939-40	New Haven (Eagles)	IAHL	54	12	32	44	6	3	0	3	3	0
1940-41	New Haven (Eagles)	AHL	49	11	19	30	6	-	-	-	-	-
1941-42	New Haven (Eagles)	AHL	53	16	24	40	10	2	0	1	1	0
1942-43	Toronto (RCAF)	SOHA	9	7	9	16	2	2	1	0	1	2
1943-44			*Service militaire*									
1944-45			*Service militaire*									
1945-46	Toronto (Staffords)	SOHA	16	18	9	27	4	10	6	10	16	0
1946-47	Toronto (Staffords)	SOHA	24	2	5	7	20	5	1	2	3	2
1947-48	Toronto (Marlboros)	SOHA	11	0	2	2	5	-	-	-	-	-
		LNH	**22**	**2**	**7**	**9**	**0**	**3**	**0**	**0**	**0**	**0**
		Montréal	**22**	**2**	**7**	**9**	**0**	**3**	**0**	**0**	**0**	**0**

• Coupe Memorial en 1933-34 • Première équipe d'étoiles (LHSQ) en 1937-38

• Signe avec Montréal le 15 janvier 1938

WILSON, JEROLD (JERRY)

Né à Edmonton, Alberta, le 10 avril 1937. Centre, lance de la gauche, 6'2", 200 lb

SAISON	CLUB	LIGUE	PJ	B	A	PTS	PUN	PJ	B	A	PTS	PUN
1951-52	Winnipeg (Canadians)	MAHA	20	12	7	19	19	-	-	-	-	-
1952-53	Winnipeg (Canadians)	WJrHL	*Statistiques non disponibles*									
1953-54	St. Boniface (Canadiens)	MJHL	31	12	16	28	50	10	6	8	14	19
	St. Boniface (Canadiens)	Mem.	-	-	-	-	-	8	2	3	5	4
1954-55	St. Boniface (Canadiens)	MJHL	31	35	32	67	59	-	-	-	-	-
1955-56	Montréal (Canadiens Jr)	LHJQ	*N'a pas joué – Blessé*									
	Montréal (Canadiens Jr)	Mem.	-	-	-	-	-	10	3	4	7	10
1956-57	Hull-Ottawa (Canadiens)	JOHA	24	9	19	28	47	-	-	-	-	-
	Montréal (Canadiens)	**LNH**	**3**	**0**	**0**	**0**	**2**	-	-	-	-	-
	Hull-Ottawa (Canadiens)	EOHL	14	10	8	18	13	-	-	-	-	-
	Hull-Ottawa (Canadiens)	LHQ	12	5	5	10	8	-	-	-	-	-
	Hull-Ottawa (Canadiens)	Mem.	-	-	-	-	-	3	0	0	0	0
1957-58			*N'a pas joué – Blessé*									
1958-59			*N'a pas joué – Blessé*									
1959-60	Minneapolis (Millers)	IHL	2	0	3	3	2	-	-	-	-	-
		LNH	**3**	**0**	**0**	**0**	**2**	-	-	-	-	-
		Montréal	**3**	**0**	**0**	**0**	**2**	-	-	-	-	-

• Prêté à Montréal par Hull-Ottawa (JOHA) le 23 octobre 1956

WILSON, MURRAY

Né à Toronto, Ontario, le 7 novembre 1951. Ailier gauche, lance de la gauche, 6'1", 185 lb (Choix de 1re ronde de Montréal, 11e au total lors du repêchage de 1971)

SAISON	CLUB	LIGUE	PJ	B	A	PTS	PUN	PJ	B	A	PTS	PUN
1968-69	Ottawa (67)	JOHA	24	7	11	18	8	-	-	-	-	-
1969-70	Ottawa (67)	JOHA	46	24	26	50	48	7	2	2	4	10
1970-71	Ottawa (67)	JOHA	44	26	32	58	36	-	-	-	-	-
1971-72	Nlle-Écosse (Voyageurs)	AHL	65	11	21	32	30	15	2	7	9	11
1972-73	**Montréal (Canadiens)**	**LNH**	**52**	**18**	**9**	**27**	**16**	**16**	**2**	**4**	**6**	**6**
1973-74	**Montréal (Canadiens)**	**LNH**	**72**	**17**	**14**	**31**	**26**	**5**	**1**	**0**	**1**	**2**
1974-75	**Montréal (Canadiens)**	**LNH**	**73**	**24**	**18**	**42**	**44**	**5**	**0**	**3**	**3**	**4**
1975-76	**Montréal (Canadiens)**	**LNH**	**59**	**11**	**24**	**35**	**36**	**12**	**1**	**1**	**2**	**6**
1976-77	**Montréal (Canadiens)**	**LNH**	**60**	**13**	**14**	**27**	**26**	**14**	**1**	**6**	**7**	**14**
1977-78	**Montréal (Canadiens)**	**LNH**	**12**	**0**	**1**	**1**	**0**	-	-	-	-	-
1978-79	Los Angeles (Kings)	LNH	58	11	15	26	14	1	0	0	0	0
		LNH	**386**	**94**	**95**	**189**	**162**	**53**	**5**	**14**	**19**	**32**
		Montréal	**328**	**83**	**80**	**163**	**148**	**52**	**5**	**14**	**19**	**32**

• Coupe Calder (AHL) en 1971-72 • Coupe Stanley (LNH) en 1972-73, 1975-76, 1976-77

• Échangé à Los Angeles par Montréal avec le 1er choix de Montréal au repêchage de 1979 (Jay Wells) pour le 1er choix de Los Angeles au repêchage de 1981 (Gilbert Delorme) le 5 octobre 1978

WILSON, RICHARD (RICK)

Né à Prince Albert, Saskatchewan, le 10 août 1950. Défenseur, lance de la gauche, 6'1", 195 lb (Choix de 5e ronde de Montréal, 66e au total lors du repêchage de 1970)

SAISON	CLUB	LIGUE	PJ	B	A	PTS	PUN	PJ	B	A	PTS	PUN
1969-70	North Dakota University	WCHA	30	2	9	11	32	-	-	-	-	-
1970-71	North Dakota University	WCHA	33	6	9	15	113	-	-	-	-	-
1971-72	North Dakota University	WCHA	25	7	19	26	38	-	-	-	-	-
1972-73	Nlle-Écosse (Voyageurs)	AHL	70	4	11	15	163	12	1	0	1	56
1973-74	Nlle-Écosse (Voyageurs)	AHL	47	4	19	23	65	-	-	-	-	-
	Montréal (Canadiens)	**LNH**	**21**	**0**	**2**	**2**	**6**	-	-	-	-	-
1974-75	St. Louis (Blues)	LNH	76	2	5	7	83	2	0	0	0	0
1975-76	St. Louis (Blues)	LNH	65	1	6	7	20	1	0	0	0	0
1976-77	Detroit (Red Wings)	LNH	77	3	13	16	56	-	-	-	-	-
1977-78	Philadelphie (Firebirds)	AHL	75	4	28	32	101	4	0	1	1	2
		LNH	**239**	**6**	**26**	**32**	**165**	**3**	**0**	**0**	**0**	**0**
		Montréal	**21**	**0**	**2**	**2**	**6**	-	-	-	-	-

• Première équipe d'étoiles (WCHA) en 1971-72 • Première équipe d'étoiles (AHL) en 1977-78

• Échangé à St. Louis par Montréal avec le choix de 5e ronde de Montréal au repêchage de 1974 (Don Wheldon) pour le choix de 4e ronde de St. Louis au repêchage de 1974 (Barry Legge) et des considérations futures (Glen Sather le 14 juin 1974) le 27 mai 1974 • Échangé à Detroit par St. Louis pour compléter la transaction de Doug Grant (le 9 mars 1976) le 16 juin 1976

WILSON, RONALD (RON)

Né à Toronto, Ontario, le 13 mai 1956. Centre, lance de la gauche, 5'9", 180 lb (Choix de 13e ronde de Montréal, 133e au total lors du repêchage de 1976)

SAISON	CLUB	LIGUE	PJ	B	A	PTS	PUN	PJ	B	A	PTS	PUN
1973-74	Markham (Waxers)	OHA B	*Statistiques non disponibles*									
	Hamilton (Red Wings)	OMJHL	6	1	0	1	2	-	-	-	-	-
1974-75	Markam (Waxers)	OHA B	43	26	28	54	24	-	-	-	-	-
	Toronto (Marlboros)	OMJHL	16	6	12	18	6	23	9	17	26	6
	Toronto (Marlboros)	Mem.	-	-	-	-	-	4	0	3	3	2
1975-76	St. Catharines	OMJHL	64	37	62	99	44	4	1	6	7	7
1976-77	Nlle-Écosse (Voyageurs)	AHL	67	15	21	36	18	6	0	0	0	0
1977-78	Nlle-Écosse (Voyageurs)	AHL	59	15	25	40	17	11	4	4	8	9
1978-79	Nlle-Écosse (Voyageurs)	AHL	77	33	42	75	91	10	5	6	11	14
1979-80	Winnipeg (Jets)	LNH	79	21	36	57	28	-	-	-	-	-
1980-81	Winnipeg (Jets)	LNH	77	18	33	51	55	-	-	-	-	-
1981-82	Winnipeg (Jets)	LNH	39	3	13	16	49	-	-	-	-	-
	Tulsa (Oilers)	CHL	41	20	38	58	22	3	1	0	1	2
1982-83	Winnipeg (Jets)	LNH	12	6	3	9	4	3	2	2	4	2
	Sherbrooke (Jets)	AHL	65	30	55	85	71	-	-	-	-	-
1983-84	Winnipeg (Jets)	LNH	51	3	12	15	12	-	-	-	-	-
	Sherbrooke (Jets)	AHL	22	10	30	40	16	-	-	-	-	-
1984-85	Winnipeg (Jets)	LNH	75	10	9	19	31	8	4	2	6	2
1985-86	Winnipeg (Jets)	LNH	54	6	7	13	16	1	0	0	0	0
	Sherbrooke (Canadiens)	AHL	10	9	8	17	9	-	-	-	-	-
1986-87	Winnipeg (Jets)	LNH	80	3	13	16	13	10	1	2	3	0
1987-88	Winnipeg (Jets)	LNH	69	5	8	13	28	1	0	0	0	2
1988-89	Moncton (Hawks)	AHL	80	31	61	92	110	8	1	4	5	20
1989-90	Moncton (Hawks)	AHL	47	16	37	53	39	-	-	-	-	-
	St. Louis (Blues)	LNH	33	3	17	20	23	12	3	5	8	18
1990-91	St. Louis (Blues)	LNH	73	10	27	37	54	7	0	0	0	28
1991-92	St. Louis (Blues)	LNH	64	12	17	29	46	6	0	1	1	0
1992-93	St. Louis (Blues)	LNH	78	8	11	19	44	11	0	0	0	12
1993-94	**Montréal (Canadiens)**	**LNH**	**48**	**2**	**10**	**12**	**12**	**4**	**0**	**0**	**0**	**0**
1994-95	Detroit (Vipers)	IHL	12	6	9	15	10	-	-	-	-	-
	San Diego (Gulls)	IHL	58	8	25	33	60	5	2	0	2	8
1995-96	Wheeling (Thunderbirds)	ECHL	46	12	30	42	72	2	0	3	3	6
		LNH	**832**	**110**	**216**	**326**	**415**	**63**	**10**	**12**	**22**	**64**
		Montréal	**48**	**2**	**10**	**12**	**12**	**4**	**0**	**0**	**0**	**0**

• Coupe Memorial en 1974-75 • Coupe Calder (AHL) en 1976-77 • Deuxième équipe d'étoiles (AHL) en 1988-89

774
SAISONS RÉGULIÈRES — SÉRIES ÉLIMINATOIRES

SAISONS RÉGULIÈRES | SÉRIES ÉLIMINATOIRES

• Droits vendus à Winnipeg par Montréal le 4 octobre 1979 • Échangé à St. Louis par Winnipeg pour Doug Evans le 22 janvier 1990 • Signe avec Montréal comme joueur autonome le 20 août 1993

WITEHALL, JOHAN

Né à Goteborg, Suède, le 7 janvier 1972. Ailier gauche, lance de la gauche, 6'1", 198 lb (Choix de 8e ronde de New York (Rangers), 207e au total lors du repêchage de 1998)

SAISON	CLUB	LIGUE	PJ	B	A	PTS	PUN	PJ	B	A	PTS	PUN
1991-92	Hanhals IF	SWE	32	23	14	37	52	-	-	-	-	-
1992-93	Hanhals IF	SWE	29	12	7	19	34	-	-	-	-	-
1993-94	Hanhals IF	SWE	30	13	12	25	66	-	-	-	-	-
1994-95	Hanhals IF	SWE	32	38	13	51	44	-	-	-	-	-
1995-96	Hanhals IF	SWE	36	43	17	60	48	-	-	-	-	-
1996-97	IK Oskarsham	SWE	32	19	16	35	38	-	-	-	-	-
1997-98	Leksands IF	SWE	42	12	4	16	34	2	0	0	0	2
	Leksands IF	EuroHL	5	3	0	3	2	-	-	-	-	-
1998-99	New York (Rangers)	LNH	4	0	0	0	0	-	-	-	-	-
	Hartford (Wolf Pack)	AHL	62	14	15	29	56	7	1	2	3	6
1999-00	New York (Rangers)	LNH	9	1	1	2	2	-	-	-	-	-
	Hartford (Wolf Pack)	AHL	73	17	24	41	65	17	6	7	13	10
2000-01	New York (Rangers)	LNH	15	0	3	3	8	-	-	-	-	-
	Hartford (Wolf Pack)	AHL	19	10	8	18	19	-	-	-	-	-
	Montréal (Canadiens)	**LNH**	**26**	**1**	**1**	**2**	**6**	-	-	-	-	-
	Québec (Citadelles)	AHL	1	0	0	0	0	9	3	5	8	6
2001-02	EHC Chur	SUI	43	22	16	38	36	9	3	1	4	2
2002-03	Hamburg Freezers	GER	48	4	12	16	32	-	-	-	-	-
2003-04	Leksands IF	SWE	49	11	8	19	61	-	-	-	-	-
	Leksands IF	SWE-Q	-	-	-	-	-	10	2	6	8	18
2004-05	Leksands IF	SWE-2	32	9	9	18	36	-	-	-	-	-
	Leksands IF	SWE-Q	14	6	7	13	6	10	4	0	4	28
2005-06	Frölunda HC Gôteborg	SWE	48	5	11	16	43	17	2	0	2	8
		LNH	**54**	**2**	**5**	**7**	**16**	-	-	-	-	-
		Montréal	**26**	**1**	**1**	**2**	**6**	-	-	-	-	-

• Réclamé au ballottage par Montréal de New York (Rangers) le 12 janvier 2001

YOUNG, DOUGLAS (DOUG)

Né à Medecine Hat, Alberta, le 1er octobre 1908, décédé le 15 mai 1990 Défenseur, lance de la droite, 5'10", 190 lb

SAISON	CLUB	LIGUE	PJ	B	A	PTS	PUN	PJ	B	A	PTS	PUN
1926-27	Calgary (Canadians)	CCJHL	*Statistiques non disponibles*									
	Calgary (Canadians)	Mem.	-	-	-	-	-	2	0	1	1	2
1927-28	Kitchener (Millionaires)	Can-Pro	8	1	1	2	10	5	0	1	1	12
1928-29	Toronto (Millionaires)	Can-Pro	41	7	3	10	75	2	0	0	0	8
1929-30	Cleveland (Indians)	IHL	41	13	5	18	68	6	2	0	2	2
1930-31	Cleveland (Indians)	IHL	47	16	6	22	46	6	3	1	4	8
1931-32	Detroit (Falcons)	LNH	47	10	2	12	45	2	0	0	0	2
1932-33	Detroit (Red Wings)	LNH	48	5	6	11	59	4	1	1	2	0
1933-34	Detroit (Red Wings)	LNH	47	4	0	4	36	9	0	0	0	10
1934-35	Detroit (Red Wings)	LNH	48	4	6	10	37	-	-	-	-	-
	Detroit (Olympics)	IHL	1	0	0	0	0	-	-	-	-	-
1935-36	Detroit (Red Wings)	LNH	47	5	12	17	54	7	0	2	2	0
1936-37	Detroit (Red Wings)	LNH	11	0	0	0	6	-	-	-	-	-
1937-38	Detroit (Red Wings)	LNH	48	3	5	8	24	-	-	-	-	-
1938-39	Detroit (Red Wings)	LNH	42	1	5	6	16	6	0	2	2	4
1939-40	**Montréal (Canadiens)**	**LNH**	**47**	**3**	**9**	**12**	**22**	-	-	-	-	-
	Match des étoiles	LNH	1	0	0	0	0	-	-	-	-	-
1940-41	**Montréal (Canadiens)**	**LNH**	**3**	**0**	**0**	**0**	**4**	-	-	-	-	-
	Providence (Reds)	AHL	42	9	13	22	22	4	0	1	1	7
		LNH	**388**	**35**	**45**	**80**	**303**	**28**	**1**	**5**	**6**	**16**
		Montréal	**50**	**3**	**9**	**12**	**26**	-	-	-	-	-

• Première équipe d'étoiles (IHL) en 1929-30 • Coupe Stanley (LNH) en 1935-36 • Match des étoiles (LNH) en 1939-40 • Première équipe d'étoiles (AHL) en 1940-41

• Signe avec Kitchener (Can-Pro) le 5 février 1928 • Réclamé par Philadelphie de Cleveland (IHL) lors du repêchage intra-ligue le 9 mai 1931 • Réclamé par New York (Americans) lors du repêchage de dispersion de Philadelphie le 17 septembre 1931 • Échangé à Detroit par New York (Americans) pour Ron Martin le 18 octobre 1931 • Signe avec Montréal le 21 octobre 1939

ZALAPSKI, ZARLEY

Né à Edmonton, Alberta, le 22 avril 1968. Défenseur, lance de la gauche, 6'1", 215 lb (Choix de 1re ronde de Pittsburgh, 4e au total lors du repêchage de 1986)

SAISON	CLUB	LIGUE	PJ	B	A	PTS	PUN	PJ	B	A	PTS	PUN
1984-85	Fort Saskatchewan (Traders)	AJHL	23	17	30	47	14	-	-	-	-	-
1985-86	Fort Saskatchewan (Traders)	AJHL	27	20	33	53	46	-	-	-	-	-
	Canada	Éq. nat.	32	2	4	6	10	-	-	-	-	-
1986-87	Canada	Éq. nat.	74	11	29	40	28	-	-	-	-	-
	Canada	CM	10	0	3	3	2	-	-	-	-	-
1987-88	Canada	Éq. nat.	47	3	13	16	32	-	-	-	-	-
	Canada	JO	8	1	3	4	2	-	-	-	-	-
	Pittsburgh (Penguins)	LNH	15	3	8	11	7	-	-	-	-	-
1988-89	Pittsburgh (Penguins)	LNH	58	12	33	45	57	11	1	8	9	13
1989-90	Pittsburgh (Penguins)	LNH	51	6	25	31	37	-	-	-	-	-
1990-91	Pittsburgh (Penguins)	LNH	66	12	36	48	59	-	-	-	-	-
	Hartford (Whalers)	LNH	11	3	3	6	6	6	1	3	4	8
1991-92	Hartford (Whalers)	LNH	79	20	37	57	120	7	2	3	5	6
1992-93	Hartford (Whalers)	LNH	83	14	51	65	94	-	-	-	-	-
	Match des étoiles	LNH	1	0	0	0	0	-	-	-	-	-
1993-94	Hartford (Whalers)	LNH	56	7	30	37	56	-	-	-	-	-
	Calgary (Flames)	LNH	13	3	7	10	18	7	0	3	3	2
1994-95	Calgary (Flames)	LNH	48	4	24	28	46	7	0	4	4	4
1995-96	Calgary (Flames)	LNH	80	12	17	29	115	4	0	1	1	10
1996-97	Calgary (Flames)	LNH	2	0	0	0	0	-	-	-	-	-
1997-98	Calgary (Flames)	LNH	35	2	7	9	41	-	-	-	-	-
	Montréal (Canadiens)	**LNH**	**28**	**1**	**5**	**6**	**22**	**6**	**0**	**1**	**1**	**4**
1998-99	ZSC Lions Zurich	SUI	11	1	5	6	37	3	1	0	1	4
1999-00	Long Beach (Ice Dogs)	IHL	7	0	5	5	6	-	-	-	-	-
	Utah (Grizzlies)	IHL	56	4	24	28	69	5	1	1	2	4
	Philadelphie (Flyers)	LNH	12	0	2	2	6	-	-	-	-	-
2000-01	Houston (Aeros)	IHL	9	0	2	2	12	-	-	-	-	-
	Munchen (Barons)	GER	20	3	3	6	43	3	0	0	0	2
2001-02	HC Merano	ITA	26	5	9	14	12	2	0	0	0	0
2002-03	Esbtergik	DEN	5	0	6	6	0	-	-	-	-	-
	If Björklöven	SWE-2	7	2	3	5	10	3	0	0	0	4
2003-04			*N'a pas joué*									
2004-05	Kalamazoo (Wings)	UHL	11	2	2	4	12	-	-	-	-	-
2005-06	Rapperswill-Jona HC	SUI	4	0	1	1	18	-	-	-	-	-
	Martigny HC	SUI-2	4	0	0	0	29	-	-	-	-	-
	Visp EHC	SUI-2	6	0	2	2	8	-	-	-	-	-
	HC Tiroler	AUT	2	0	0	0	0	-	-	-	-	-
2006-07	EHC Chur	SUI-2	5	1	5	6	36	-	-	-	-	-
2007-08	EHC Biel	SUi-2	33	2	14	16	46	-	-	-	-	-
		LNH	**637**	**99**	**285**	**384**	**684**	**48**	**4**	**23**	**27**	**47**
		Montréal	**28**	**1**	**5**	**6**	**22**	**6**	**0**	**1**	**1**	**4**

• Équipe d'étoiles des recrues (LNH) en 1988-89 • Match des étoiles (LNH) en 1992-93

• Échangé à Hartford par Pittsburgh avec John Cullen et Jeff Parker pour Ron Francis, Grant Jennings et Ulf Samuelsson le 4 mars 1991 • Échangé à Calgary par Hartford avec James Patrick et Michael Nylander pour Gary Suter, Paul Ranheim et Ted Drury le 10 mars 1994 • Échangé à Montréal par Calgary avec Jonas Hoglund pour Valeri Bureau et le choix de 4e ronde au repêchage de 1998 (Shaun Sutter) le 1er février 1998 • Signe avec New York (Rangers) comme joueur autonome le 31 août 1998 • Signe avec Long Beach (IHL) à titre d'essai le 14 septembre 1999 • Signe avec Utah comme joueur autonome le 5 novembre 1999 • Signe avec Philadelphie comme joueur autonome le 15 février 2000 • Signe avec Munchen (GER) comme joueur autonome le 15 janvier 2001

ZEDNIK, RICHARD

Né à Bystrica, Slovaquie, le 6 janvier 1976. Ailier droit, lance de la gauche, 6', 200 lb (Choix de 10e ronde Washington, 249e au total lors du repêchage de 1994)

SAISON	CLUB	LIGUE	PJ	B	A	PTS	PUN	PJ	B	A	PTS	PUN
1992-93	SK Banska	SVK2	*Statistiques non disponibles*									
	Slovaquie	CEH	4	8	2	10	6	-	-	-	-	-
1993-94	SK Banska	SVK2	25	3	6	9	-	-	-	-	-	-
	Slovaquie	CEH	6	8	12	20	10	-	-	-	-	-
1994-95	Portland (Winter Hawks)	WHL	65	35	51	86	89	9	5	5	10	20
1995-96	Portland (Winter Hawks)	WHL	61	44	37	81	154	7	8	4	12	23
	Slovaquie	CMJ	6	5	2	7	10	-	-	-	-	-
	Washington (Capitals)	LNH	1	0	0	0	0	-	-	-	-	-
	Portland (Pirates)	AHL	1	1	1	2	0	21	4	5	9	26
1996-97	Slovaquie	CDM	3	0	0	0	0	-	-	-	-	-
	Washington (Capitals)	LNH	11	2	1	3	4	-	-	-	-	-
	Portland (Pirates)	AHL	56	15	20	35	70	5	1	0	1	6
1997-98	Washington (Capitals)	LNH	65	17	9	26	28	17	7	3	10	16
1998-99	Washington (Capitals)	LNH	49	9	8	17	50	-	-	-	-	-
1999-00	Washington (Capitals)	LNH	69	19	16	35	54	5	0	0	0	5
2000-01	Washington (Capitals)	LNH	62	16	19	35	61	-	-	-	-	-
	Montréal (Canadiens)	**LNH**	**12**	**3**	**6**	**9**	**10**	-	-	-	-	-
	Slovaquie	CMH	7	2	2	4	14	-	-	-	-	-
2001-02	**Montréal (Canadiens)**	**LNH**	**82**	**22**	**22**	**44**	**59**	**4**	**4**	**4**	**8**	**6**
2002-03	**Montréal (Canadiens)**	**LNH**	**80**	**31**	**19**	**50**	**79**	-	-	-	-	-
	Slovaquie	CM	9	5	3	8	6	-	-	-	-	-
2003-04	**Montréal (Canadiens)**	**LNH**	**81**	**26**	**24**	**50**	**63**	**11**	**3**	**3**	**6**	**2**
2004-05	Slovaquie	CDM	3	0	0	0	0	-	-	-	-	-
	HKm Zvolen	SLO	36	15	19	34	56	17	9	10	19	12
	Slovaquie	CM	7	1	1	2	10	-	-	-	-	-
2005-06	**Montréal (Canadiens)**	**LNH**	**67**	**16**	**14**	**30**	**48**	**6**	**2**	**0**	**2**	**4**
	Slovaquie	JO	6	1	0	1	12	-	-	-	-	-
2006-07	Washington (Capitals)	LNH	32	6	12	18	16	-	-	-	-	-
	New York (Islanders)	LNH	10	1	2	3	2	5	0	0	0	8
2007-08	Floride (Panthers)	LNH	54	15	11	26	43	-	-	-	-	-
		LNH	**675**	**183**	**163**	**346**	**517**	**48**	**16**	**10**	**26**	**41**
		Montréal	**322**	**98**	**85**	**183**	**259**	**21**	**9**	**7**	**16**	**12**

• Deuxième équipe d'étoiles, Division Ouest (WHL) en 1995-96 • Médaille de bronze (CM) 2003

• Échangé à Montréal par Washington avec Jan Bulis et le 1er choix de Washington au repêchage de 2001 (Alexander Perezhogin) pour Trevor Linden, Dainius Zubrus et le choix de 2e ronde du New Jersey au repêchage de 2001 (propriété de Montréal à la suite d'une transaction antérieure, échangé à Tampa Bay qui sélectionne Andreas Holmqvist) le 13 mars 2001 • Signe avec Zvolen (SLO) comme joueur autonome le 7 octobre 2004 • Échangé à Washington par Montréal pour le choix de 3e ronde au repêchage de 2007 (Olivier Fortier) le 12 juillet 2006 • Échangé à New York (Islanders) par Washington pour le choix de 2e ronde de New York (Islanders) au repêchage de 2007 (Theo Ruth) le 26 février 2007 • Signe avec la Floride comme joueur autonome le 1er juillet 2007

ZHOLTOK, SERGEI

Né à Riga, Lettonie, le 2 décembre 1972, décédé le 3 novembre 2004 Centre, lance de la droite, 6', 190 lb (Choix de 4e ronde de Boston, 55e au total lors du repêchage de 1992)

SAISON	CLUB	LIGUE	PJ	B	A	PTS	PUN	PJ	B	A	PTS	PUN
1990-91	Dynamo Riga	URSS	39	4	0	4	16	-	-	-	-	-
	USSR	CMJ	7	2	2	4	2	-	-	-	-	-
1991-92	HC Riga	CIS	27	6	3	9	6	-	-	-	-	-
	Russie	CMJ	7	2	4	6	6	-	-	-	-	-
1992-93	Boston (Bruins)	LNH	1	0	1	1	0	-	-	-	-	-
	Providence (Bruins)	AHL	64	31	35	66	57	6	3	5	8	4

SAISONS RÉGULIÈRES | SÉRIES ÉLIMINATOIRES
WIT-ZHO
775

SAISON CLUB	LIGUE	PJ	B	A	PTS	PUN	PJ	B	A	PTS	PUN
1993-94 Boston (Bruins)	LNH	24	2	1	3	2	-	-	-	-	-
Providence (Bruins)	AHL	54	29	33	62	16	-	-	-	-	-
Lettonie	CM-B	4	6	1	7	4	-	-	-	-	-
1994-95 Providence (Bruins)	AHL	78	23	35	58	42	13	8	5	13	6
1995-96 Las Vegas (Thunder)	IHL	82	51	50	101	30	15	7	13	20	6
1996-97 Ottawa (Senateurs)	LNH	57	12	16	28	19	7	1	1	2	0
Las Vegas (Thunder)	IHL	19	13	14	27	20	-	-	-	-	-
Lettonie	CM	5	3	3	6	2	-	-	-	-	-
1997-98 Ottawa (Senateurs)	LNH	78	10	13	23	16	11	0	2	2	0
1998-99 Montréal (Canadiens)	LNH	70	7	15	22	6	-	-	-	-	-
Fredericton (Canadiens)	AHL	7	3	4	7	0	-	-	-	-	-
Lettonie	CM	6	4	0	4	0	-	-	-	-	-
1999-00 Montréal (Canadiens)	LNH	68	26	12	38	28	-	-	-	-	-
Québec (Citadelles)	AHL	1	0	1	1	2	-	-	-	-	-
2000-01 Montréal (Canadiens)	LNH	32	1	10	11	8	-	-	-	-	-
Edmonton (Oilers)	LNH	37	4	16	20	22	3	0	0	0	0
2001-02 Minnesota (Wild)	LNH	73	19	20	39	28	-	-	-	-	-
Lettonie	CM	6	0	4	4	2	-	-	-	-	-
2002-03 Minnesota (Wild)	LNH	78	16	26	42	18	18	2	11	13	0
2003-04 Minnesota (Wild)	LNH	59	13	16	29	19	-	-	-	-	-
Nashville (Predators)	LNH	11	1	1	2	0	6	1	0	1	0
Lettonie	CM	7	3	2	5	10	-	-	-	-	-
2004-05 HK Riga 2000	LET	6	4	3	7	12	-	-	-	-	-
LNH		**588**	**111**	**147**	**258**	**166**	**45**	**4**	**14**	**18**	**0**
Montréal		**170**	**34**	**37**	**71**	**42**	-	-	-	-	-

• Médaille d'argent (CMJ) en 1991 • Médaille d'or (CMJ) en 1992
• Signe avec Ottawa comme joueur autonome le 10 juillet 1996 • Signe avec Montréal comme joueur autonome le 9 septembre 1998 • Échangé à Edmonton par Montréal pour Chad Kilger le 18 décembre 2000 • Échangé au Minnesota par Edmonton pour le choix de 7e ronde du Minnesota au repêchage de 2002 (J.F. Dufort) le 29 juin 2001 • Échangé à Nashville par Minnesota avec Brad Bombardir pour le choix de 3e ronde de Buffalo au repêchage de 2004 (propriété de Nashville suite à une transaction antérieure, Minnesota sélectionne Clayton Stoner) et du choix de 4e ronde de Nashville au repêchage de 2004 (Patrick Bordeleau) le 5 mars 2004 • Signe avec Riga (LET) comme joueur autonome le 2 octobre 2004

ZUBRUS, DAINIUS

Né à Elektrenai, Russie, le 16 juin 1978. Ailier droit, lance de la droite, 6'3", 220 lb
(Choix de 1" ronde de Philadelphie, 15' au total lors du repêchage de 1996)

SAISON CLUB	LIGUE	PJ	B	A	PTS	PUN	PJ	B	A	PTS	PUN
1995-96 Pembroke (Lumber Kings)	OJHL	28	19	13	32	73	-	-	-	-	-
Caledon (Canadians)	OJHL	7	3	7	10	2	17	11	12	23	4
1996-97 Philadelphie (Flyers)	LNH	68	8	13	21	22	19	5	4	9	12
1997-98 Philadelphie (Flyers)	LNH	69	8	25	33	42	5	0	1	1	2
1998-99 Philadelphie (Flyers)	LNH	63	3	5	8	25	-	-	-	-	-
Montréal (Canadiens)	**LNH**	**17**	**3**	**5**	**8**	**4**	-	-	-	-	-
1999-00 **Montréal (Canadiens)**	**LNH**	**73**	**14**	**28**	**42**	**54**	-	-	-	-	-
2000-01 **Montréal (Canadiens)**	**LNH**	**49**	**12**	**12**	**24**	**30**	-	-	-	-	-
Washington (Capitals)	LNH	12	1	1	2	7	6	0	0	0	2
2001-02 Washington (Capitals)	LNH	71	17	26	43	38	-	-	-	-	-
2002-03 Washington (Capitals)	LNH	63	13	22	35	43	6	2	2	4	4
2003-04 Washington (Capitals)	LNH	54	12	15	27	38	-	-	-	-	-
2004-05 Russie	CDM	4	2	1	3	4	-	-	-	-	-
Lada Togliatti	RUS	42	8	11	19	85	10	3	1	4	22
2005-06 Washington (Capitals)	LNH	71	23	34	57	84	-	-	-	-	-
2006-07 Washington (Capitals)	LNH	60	20	32	52	50	-	-	-	-	-
Buffalo (Sabres)	LNH	19	4	4	8	12	15	0	8	8	8
2007-08 New Jersey (Devils)	LNH	82	13	25	38	38	5	0	1	1	8
LNH		**771**	**151**	**247**	**398**	**487**	**56**	**7**	**16**	**23**	**36**
Montréal		**139**	**29**	**45**	**74**	**88**	-	-	-	-	-

• Échangé à Montréal par Philadelphie avec le choix de 2e ronde de Philadelphie au repêchage de 1999 (Matt Carkner) et le choix de 6e ronde des Islanders de New York (propriété de Philadelphie à suite d'une transaction antérieure, Montréal sélectionne Scott Selig) pour Mark Recchi le 10 mars 1999 • Échangé à Washington par Montréal avec Trevor Linden et le choix de 2e ronde du New Jersey au repêchage de 2001 (propriété de Montréal à suite d'une transaction antérieure, échangé plus tard à Tampa Bay qui sélectionne Andreas Holmqvist) pour Richard Zednik, Jan Bulis et le 1er choix de Washington au repêchage de 2001 (Alexander Perezhogin) le 13 mars 2001 • Signe avec Togliatti (RUS) comme joueur autonome le 1er juillet 2004 • Échangé à Buffalo par Washington avec Timo Helbling pour Jiri Novotny et le choix de 1re ronde de Buffalo au repêchage de 2007 (échangé plus tard à San Jose qui sélectionne Nicholas Petrecki) le 27 février 2007 • Signe avec New Jersey comme joueur autonome le 3 juillet 2007

PJ : Parties jouées ; **MIN** : Minutes jouées ; **BC** : Buts contre ; **G** : Gagnées ; **P** : Perdues ; **N** : Nulles ; **BL** : Blanchissages ; **MOY** : Moyennes ; **A** : Assistances ; **PUN** : Punitions ; ***** : Meilleur de la Ligue

			SAISONS RÉGULIÈRES										SÉRIES ÉLIMINATOIRES									
SAISON	CLUB	LIGUE	PJ	MIN	BC	G	P	N	BL	MOY	A	PUN	PJ	MIN	BC	G	P	N	BL	MOY	A	PUN

AEBISCHER, DAVID

Né à Fribourg, Suisse, le 7 février 1978. Attrape de la gauche, 6' 1", 187 lb (Choix de 6e ronde du Colorado, 161e au total lors du repêchage de 1997)

SAISON	CLUB	LIGUE	PJ	MIN	BC	G	P	N	BL	MOY	A	PUN	PJ	MIN	BC	G	P	N	BL	MOY	A	PUN
1996-97 HC Fribourg-Gotteron	SUI		10	577	34	-	-	-	-	3.54	-	-	4	240	17	-	-	-	-	4.25	-	-
Suisse	CMJ		5	300	10	-	-	-	-	2.00	-	-	-	-	-	-	-	-	-	-	-	-
1997-98 Chesapeake Icebreakers	ECHL		17	930	52	5	7	2	0	3.35	1	10	-	-	-	-	-	-	-	-	-	-
Wheeling Nailers	ECHL		10	564	30	5	3	1	1	3.19	0	2	-	-	-	-	-	-	-	-	-	-
Suisse	CMJ		6	379	10	-	-	-	-	1.58	-	-	-	-	-	-	-	-	-	-	-	-
Hershey Bears	AHL		2	79	5	0	0	1	0	3.80	1	0	-	-	-	-	-	-	-	-	-	-
HC Fribourg-Gotteron	SUI		1	60	1	1	0	0	0	1.00	-	-	-	-	-	-	-	-	-	-	-	-
Switzerland	CM		7	376	18	2	4	1	0	2.87	-	-	-	-	-	-	-	-	-	-	-	-
1998-99 Hershey Bears	AHL		38	1932	79	17	10	5	2	2.45	1	0	3	152	6	1	2	-	0	2.37	0	0
Switzerland	CM		4	174	13	1	3	0	0	4.48	-	-	-	-	-	-	-	-	-	-	-	-
1999-00 Hershey Bears	AHL		58	3259	180	29	23	2	1	3.31	1	7	14	788	40	7	6	-	2	3.05	0	6
2000-01 Colorado (Avalanche)	LNH		26	1393	52	12	7	3	3	2.24	1	0	1	1	0	0	0	-	0	0.00	0	0
2001-02 Colorado (Avalanche)	LNH		21	1184	37	13	6	0	2	1.88	0	4	1	34	1	0	0	-	0	1.76	0	2
Suisse	JO		2	81	6	1	0	0	0	4.44	0	0	-	-	-	-	-	-	-	-	-	-
2002-03 Colorado (Avalanche)	LNH		22	1235	50	7	12	0	1	2.43	0	4	-	-	-	-	-	-	-	-	-	-
2003-04 Colorado (Avalanche)	LNH		62	3703	129	32	19	9	4	2.09	1	4	11	662	23	6	5	-	1	2.08	0	2
2004-05 HC Lugano	SUI		18	1019	41	12	2	3	0	2.41	2	8	4	240	10	1	3	-	0	2.50	0	0
Suisse	CM		1	60	3	0	0	1	0	3.00	0	0	-	-	-	-	-	-	-	-	-	-
2005-06 Suisse	JO		4	200	7	1	0	2	0	2.10	0	0	-	-	-	-	-	-	-	-	-	-
Suisse	CM		6	359	16	2	2	2	0	2.67	-	-	-	-	-	-	-	-	-	-	-	-
Colorado (Avalanche)	LNH		43	2477	123	25	14	2	3	2.98	3	16	-	-	-	-	-	-	-	-	-	-
Montréal (Canadiens)	LNH		7	418	26	4	3	0	0	3.73	0	0	-	-	-	-	-	-	-	-	-	-
2006-07 Montréal (Canadiens)	LNH		32	1760	93	13	12	3	0	3.17	0	2	-	-	-	-	-	-	-	-	-	-
Suisse	CM		1	60	6	0	1	0	0	6.00	0	10	-	-	-	-	-	-	-	-	-	-
2007-08 Phoenix (Coyotes)	LNH		1	60	3	0	1	0	0	3.00	0	0	-	-	-	-	-	-	-	-	-	-
San Antonio (Rampage)	AHL		5	302	13	2	3	0	0	2.58	-	-	-	-	-	-	-	-	-	-	-	-
HC Lugano	SUI		26	1576	69	12	14	0	2	2.63	-	-	5	310	14	4	1	-	0	2.79	-	-
	LNH		**214**	**12230**	**513**	**106**	**74**	**17**	**13**	**2.52**	**5**	**30**	**13**	**697**	**24**	**6**	**5**	**-**	**1**	**2.07**	**0**	**4**
	Montréal		39	2178	119	17	15	3	0	3.28	0	2										

• **Nommé meilleur gardien de but (CMJ) en 1998 • Médaille de bronze (CMJ) en 1998 • Coupe Stanley en 2000-01 • Match des étoiles des recrues (LNH) en 2002-03**

• Signe avec Lugano (Suisse) comme joueur autonome le 17 septembre 2004 • Échangé à Montréal par Colorado pour José Théodore le 8 mars 2006 • Signe avec Phoenix comme joueur autonome le 19 juillet 2007 • Prêté à Lugano (Suisse) par Phoenix le 23 novembre 2007

AIKEN, DONALD (DON)

Né à Arlington, Massachusetts, le 1er janvier 1932. Attrape de la gauche, 5'11", 165 lb

SAISON	CLUB	LIGUE	PJ	MIN	BC	G	P	N	BL	MOY	A	PUN	PJ	MIN	BC	G	P	N	BL	MOY	A	PUN
1949-50 Arlington High	H.S.					*Statistiques non disponibles*																
1950-51 Boston (Calculators)	MBAHL					*Statistiques non disponibles*																
1951-52 Boston (Calculators)	MBAHL					*Statistiques non disponibles*																
1952-53 USA Military Academy	NCAA					*Statistiques non disponibles*																
1953-54 Boston University	NCAA					*Statistiques non disponibles*																
1954-55 Boston University	NCAA		23	1380	163	4	19	0	0	7.09	-	-	-	-	-	-	-	-	-	-	-	-
1955-56 Boston (Calculators)	MBAHL					*Statistiques non disponibles*																
1956-57 Boston (Calculators)	MBAHL					*Statistiques non disponibles*																
1957-58 **Montréal (Canadiens)**	LNH		1	34	6	0	1	0	0	10.59	0	0	-	-	-	-	-	-	-	-	-	-
	LNH		**1**	**34**	**6**	**0**	**1**	**0**	**0**	**10.59**	**0**	**0**	**-**	**-**	**-**	**-**	**-**	**-**	**-**	**-**	**-**	**-**
	Montréal		1	34	6	0	1	0	0	10.59	0	0										

• Prêté à Montréal par Boston pour remplacer Jacques Plante, blessé, pendant la 2e période le 13 mars 1958

BAUMAN, GARRY

Né à Innisfail, Alberta, le 21 juillet 1940, décédé le 16 octobre 2006. Attrape de la gauche, 5'11", 175 lb

SAISON	CLUB	LIGUE	PJ	MIN	BC	G	P	N	BL	MOY	A	PUN	PJ	MIN	BC	G	P	N	BL	MOY	A	PUN
1958-59 Prince Albert (Mintos)	SJHL		25	1500	104	-	-	-	0	4.16	-	-	4	240	10	-	-	-	0	2.50	-	-
1959-60 Prince Albert (Mintos)	SJHL		55	3320	212	-	-	-	4	3.83	-	-	7	420	28	-	-	-	0	4.00	-	-
1960-61						*N'a pas joué*																

SAISON	CLUB	LIGUE	PJ	MIN	BC	G	P	N	BL	MOY	A	PUN	PJ	MIN	BC	G	P	N	BL	MOY	A	PUN
				SAISONS RÉGULIÈRES										SÉRIES ÉLIMINATOIRES								

SAISON	CLUB	LIGUE	PJ	MIN	BC	G	P	N	BL	MOY	A	PUN	PJ	MIN	BC	G	P	N	BL	MOY	A	PUN
1961-62	Michigan (Huskies)	WCHA	25	1500	61	24	1	0	0	2.44	0	0	-	-	-	-	-	-	-	-	-	-
1962-63	Michigan (Huskies)	WCHA	26	1560	70	16	9	1	3	2.69	0	0	-	-	-	-	-	-	-	-	-	-
1963-64	Michigan (Huskies)	NCAA	24	1440	67	12	12	0	3	2.79	0	0	-	-	-	-	-	-	-	-	-	-
1964-65	Omaha (Knights)	CPHL	43	2580	159	22	16	5	1	3.70	0	4	6	360	19	2	4	0	*1	3.17	-	. -
1965-66	Québec (As)	AHL	52	3142	154	*36	11	4	4	2.94	0	2	6	360	25	2	4	0	0	4.17	0	0
1966-67	Québec (As)	AHL	40	2330	128	21	15	4	2	3.30	0	12	5	300	18	2	3	0	0	3.60	1	0
	Montréal (Canadiens)	**LNH**	**2**	**120**	**5**	**1**	**1**	**0**	**0**	**2.50**	**0**	**0**	-	-	-	-	-	-	-	-	-	-
	Match des étoiles	LNH	1	20	0	0	0	0	0	0.00	0	0	-	-	-	-	-	-	-	-	-	-
1967-68	Rochester (Americans)	AHL	3	140	10	0	2	0	0	4.29	0	0	-	-	-	-	-	-	-	-	-	-
	Minnesota (North Stars)	LNH	26	1295	75	4	13	5	0	3.48	0	2	-	-	-	-	-	-	-	-	-	-
1968-69	Minnesota (North Stars)	LNH	7	304	22	0	2	1	0	4.34	0	2	-	-	-	-	-	-	-	-	-	-
	Memphis (South Stars)	CHL	6	360	30	-	-	-	0	5.00	-	-	-	-	-	-	-	-	-	-	-	-
1969-70						*Statistiques non disponibles*																
1970-71	Calgary (Stampeders)	ASHL				*Statistiques non disponibles*																
1971-72	Calgary (Stampeders)	PrSHL	3	180	6	3	0	0	0	2.00	0	0	-	-	-	-	-	-	-	-	-	-
		LNH	**35**	**1719**	**102**	**5**	**16**	**6**	**0**	**3.56**	**0**	**4**	-	-	-	-	-	-	-	-	-	-
		Montréal	**2**	**120**	**5**	**1**	**1**	**0**	**0**	**2.50**	**0**	**0**	-	-	-	-	-	-	-	-	-	-

• Première équipe d'étoiles (WCHA) en 1961-62, 1962-63, 1963-64 • Première équipe d'étoiles All-American, Division Ouest (NCAA) en 1962-63, 1963-64 • Match des étoiles (LNH) en 1966-67

• Signe avec Montréal comme joueur autonome le 20 septembre 1964 • Réclamé par Minnesota de Montréal lors de l'expansion de la LNH le 6 juin 1967 • Réclamé par Vancouver du Minnesota lors du repêchage inversé le 12 juin 1969

BERGERON, JEAN-CLAUDE

Né à Hauterive, Québec, le 14 octobre 1968. Attrape de la gauche, 6'2", 192 lb (Choix de 5e ronde de Montréal, 104e au total lors du repêchage de 1998)

SAISON	CLUB	LIGUE	PJ	MIN	BC	G	P	N	BL	MOY	A	PUN	PJ	MIN	BC	G	P	N	BL	MOY	A	PUN
1985-86	Shawinigan (Cataractes)	LHJMQ	33	1796	156	33	13	16	0	5.21	-	-	-	-	-	-	-	-	-	-	-	-
1986-87	Verdun (Canadiens Jr)	LHJMQ	52	2991	306	16	32	2	0	6.14	-	-	-	-	-	-	-	-	-	-	-	-
1987-88	Verdun (Canadiens Jr)	LHJMQ 49	2715	265	13	31	3	0	5.86	-	-	-	-	-	-	-	-	-	-	-	-	
1988-89	Verdun (Canadiens Jr)	LHJMQ	44	2417	199	8	34	1	0	4.94	2	4	-	-	-	-	-	-	-	-	-	-
	Sherbrooke (Canadiens)	AHL	5	302	18	4	1	0	0	3.58	0	2	-	-	-	-	-	-	-	-	-	-
1989-90	Sherbrooke (Canadiens)	AHL	40	2254	103	21	8	7	2	*2.74	0	0	9	497	28	6	2	-	0	3.38	0	15
1990-91	**Montréal (Canadiens)**	**LNH**	**18**	**941**	**59**	**7**	**6**	**2**	**0**	**3.76**	**1**	**0**	-	-	-	-	-	-	-	-	-	-
	Fredericton (Canadiens)	AHL	18	1083	59	12	6	0	1	3.27	0	0	10	546	32	5	5	-	0	3.52	0	0
1991-92	Fredericton (Canadiens)	AHL	13	791	57	5	7	1	0	4.32	0	0	-	-	-	-	-	-	-	-	0	0
	Peoria (Rivermen)	IHL	27	1632	96	14	9	3	1	3.53	0	6	6	352	24	3	3	-	0	4.09	0	0
1992-93	Tampa Bay (Lightning)	LNH	21	1163	71	8	10	1	0	3.66	1	2	-	-	-	-	-	-	-	-	0	0
	Atlanta (Knights)	IHL	31	1722	92	21	7	1	1	3.21	1	0	6	368	19	3	3	-	0	3.10	0	0
1993-94	Tampa Bay (Lightning)	LNH	3	134	7	1	1	1	0	3.13	0	0	-	-	-	-	-	-	-	-	-	-
	Atlanta (Knights)	IHL	48	2755	141	27	11	7	0	3.07	4	19	2	153	6	1	1	-	0	2.34	0	0
1994-95	Atlanta (Knights)	IHL	6	324	24	3	3	0	0	4.44	0	0	-	-	-	-	-	-	-	-	-	-
	Tampa Bay (Lightning)	LNH	17	883	49	3	9	1	1	3.33	0	2	-	-	-	-	-	-	-	-	-	-
1995-96	Tampa Bay (Lightning)	LNH	12	595	42	2	6	2	0	4.24	0	0	-	-	-	-	-	-	-	-	-	-
	Atlanta (Knights)	IHL	25	1326	92	9	10	3	0	4.16	2	2	-	-	-	-	-	-	-	-	-	-
1996-97	Los Angeles (Kings)	LNH	1	56	4	0	1	0	0	4.29	0	0	-	-	-	-	-	-	-	-	-	-
	Phoenix (Roadrunners)	IHL	42	2296	127	11	19	7	0	3.32	0	2	-	-	-	-	-	-	-	-	-	-
1997-98						*N'a pas joué*																
1998-99	Joliette (Blizzard)	LHSPQ	15	850	45	12	1	1	0	3.18	0	6	11	199	27	9	2	-	1	2.38	-	-
1999-00	Joliette (Blizzard)	LHSPQ	13	732	50	8	5	0	0	4.10	0	0	-	-	-	-	-	-	-	-	-	-
		LNH	**72**	**3772**	**232**	**21**	**33**	**7**	**1**	**3.69**	**2**	**4**	-	-	-	-	-	-	-	-	-	-
		Montréal	**18**	**941**	**59**	**7**	**6**	**2**	**0**	**3.76**	**1**	**0**	-	-	-	-	-	-	-	-	-	-

• Première équipe d'étoiles (AHL) en 1989-90 • Trophée Harry-Holmes (AHL) avec André Racicot en 1989-90 • Trophée Aldège-Bastien (AHL) en 1989-90 • Trophée James-Norris (IHL) avec Mike Greenlay en 1993-94

• Échangé à Tampa Bay par Montréal pour Frédéric Chabot le 18 juin 1992 • Signe avec Los Angeles comme joueur autonome le 28 août 1996

BIBEAULT, PAUL-ÉMILE

Né à Montréal, Québec, le 13 avril 1919, décédé le 2 août 1970. Attrape de la gauche, 5'9", 160 lb

SAISON	CLUB	LIGUE	PJ	MIN	BC	G	P	N	BL	MOY	A	PUN	PJ	MIN	BC	G	P	N	BL	MOY	A	PUN
1938-39	Verdun (Maple Leafs)	LHJQ	11	660	23	*9	0	2	1	*2.09	-	-	3	180	10	2	1	-	0	3.33	-	-
	Verdun (Maple Leafs)	Mem.	-	-	-	-	-	-	-	-	-	-	7	420	19	4	3	0	0	2.71	0	0
	Verdun (Maple Leafs)	LHSQ	-	-	-	-	-	-	-	-	-	-	1	60	4	0	1	0	0	4.00	-	-
1939-40	Verdun (Maple Leafs)	LHSQ	30	1800	112	11	11	8	0	3.73	-	-	8	480	26	3	5	0	*1	*3.25	-	-
1940-41	Montréal (Canadiens)	LHSQ	34	2040	121	-	-	-	0	3.56	-	-	-	-	-	-	-	-	-	-	-	-
	Montréal (Canadiens)	**LNH**	**4**	**210**	**15**	**1**	**2**	**0**	**1**	**4.29**	**0**	**0**	-	-	-	-	-	-	-	-	-	-
1941-42	Washington (Lions)	LHSQ	13	820	39	3	7	3	0	2.85	0	0	-	-	-	-	-	-	-	-	-	-
	Montréal (Canadiens)	**LNH**	**38**	**2380**	**131**	**17**	**19**	**2**	**1**	**3.30**	**0**	**0**	**3**	**180**	**8**	**1**	**2**	**-**	***1**	**2.67**	**0**	**0**
1942-43	**Montréal (Canadiens)**	**LNH**	**50**	**3010**	**191**	**19**	**19**	**12**	**1**	**3.81**	**0**	**0**	**5**	**320**	**18**	**1**	**4**	**-**	**1**	**3.38**	**0**	**0**
1943-44	Toronto (Maple Leafs)	LNH	29	1740	87	13	14	2	*5	3.00	0	0	5	300	23	1	4	-	0	4.60	0	0
1944-45	Boston (Bruins)	LNH	26	1530	116	6	18	2	0	4.55	0	0	7	437	22	3	4	-	0	3.02	0	0
1945-46	Boston (Bruins)	LNH	16	960	45	8	4	4	2	2.81	0	0	-	-	-	-	-	-	-	-	-	-
	Montréal (Canadiens)	**LNH**	**10**	**660**	**30**	**4**	**6**	**0**	**0**	**3.00**	**0**	**0**	-	-	-	-	-	-	-	-	-	-
1946-47	Chicago (Black Hawks)	LNH	41	2460	170	13	25	3	1	4.15	0	2	-	-	-	-	-	-	-	-	-	-
	Fort Worth (Rangers)	USHL	11	600	30	-	-	-	1	2.73	0	0	9	540	30	4	5	0	*1	3.33	0	0
1947-48	Buffalo (Bisons)	AHL	25	1500	83	15	8	2	0	3.32	0	0	-	-	-	-	-	-	-	-	-	-
1948-49	Dallas (Texans)	USHL	65	3900	246	24	26	15	2	3.78	0	0	4	240	11	2	2	0	*1	*2.75	0	0
1949-50	Cincinnati (Mohawks)	AHL	15	900	51	7	7	1	0	3.40	0	0	-	-	-	-	-	-	-	-	-	-
1950-51	Cincinnati (Mohawks)	AHL	18	1099	58	8	8	1	0	3.17	0	2	1	94	1	1	0	0	0	0.64	0	0
1951-52	Cincinnati (Mohawks)	AHL	16	980	60	5	10	1	0	3.67	0	0	-	-	-	-	-	-	-	-	-	-
1952-53						*N'a pas joué*																
1953-54	Cincinnati (Mohawks)	AHL	3	180	8	-	-	-	0	2.67	0	0	-	-	-	-	-	-	-	-	-	-
1954-55	Cincinnati (Mohawks)	AHL	2	120	5	-	-	-	0	2.50	0	0	-	-	-	-	-	-	-	-	-	-
		LNH	**214**	**12890**	**785**	**81**	**107**	**25**	**10**	**3.65**	**0**	**2**	**20**	**1237**	**71**	**6**	**14**	**-**	**2**	**3.44**	**0**	**0**
		Montréal	**102**	**6200**	**367**	**41**	**46**	**14**	**3**	**3.55**	**0**	**0**	**8**	**500**	**26**	**2**	**6**	**-**	**2**	**3.12**	**0**	**0**

• Deuxième équipe d'étoiles (LHSQ) en 1939-40 • Deuxième équipe d'étoiles (LNH) en 1943-44 • Première équipe d'étoiles (USHL) en 1948-49 • Trophée Charles-Gardiner (USHL) en 1948-49 • Trophée Herman-W.-Paterson (USHL) en 1948-49 • Partage un blanchissage avec Bert Gardiner en 1940-41

• Signe avec Montréal le 6 mars 1940 • Prêté à Toronto par Montréal le 22 décembre 1943 • Prêté à Boston par Montréal le 27 décembre 1944 • Droits vendus à Boston par Montréal le 25 septembre 1945 • Échangé à Montréal par Boston pour Mike McMahon le 8 janvier 1946 • Échangé à Chicago par Montréal pour George Allen le 23 septembre 1946

BINETTE, ANDRÉ

Né à Montréal, Québec, le 2 décembre 1933, décédé en 2006. Attrape de la gauche, 5'8", 140 lb

SAISON	CLUB	LIGUE	PJ	MIN	BC	G	P	N	BL	MOY	A	PUN	PJ	MIN	BC	G	P	N	BL	MOY	A	PUN
1953-54	Trois-Rivières (Reds)	LHJQ	48	2850	180	24	22	2	1	3.79	-	-	3	180	22	-	-	-	0	7.33	0	0
1954-55	**Montréal (Canadiens)**	**LNH**	**1**	**60**	**4**	**1**	**0**	**0**	**0**	**4.00**	**0**	**0**	-	-	-	-	-	-	-	-	-	-

SAISON	CLUB	LIGUE	PJ	MIN	BC	G	P	N	BL	MOY	A	PUN	PJ	MIN	BC	G	P	N	BL	MOY	A	PUN
									SAISONS RÉGULIÈRES								SÉRIES ÉLIMINATOIRES					
1954-55	Shawinigan (Cataractes)	LHQ	4	240	16	2	2	0	0	4.00	0	0	1	60	4	0	1	0	0	4.00	-	-
1955-56	Cornwall (Colts)	EOHL	2	120	16	0	2	0	0	8.00	0	0	-	-	-	-	-	-	-	-	-	-
1956-57	Troy (Bruins)	IHL	20	1200	75	-	-	-	1	3.75	0	20										
	Clinton (Comets)	EHL	38	2280	181	-	-	-	0	4.76	0	0										
1957-58	Chatham (Maroons)	NOHA	1	60	2	1	0	0	0	2.00	0	0										
	Toledo (Mercurys)	IHL	46	2740	174	-	-	-	3	3.81	0	4										
1958-59							N'a pas joué															
1959-60							N'a pas joué															
1960-61							N'a pas joué															
1961-62	Montréal (Olympiques)	LHSQ	3	180	12	2	1	0	0	4.00	0	0	13	780	33	*8	5	0	*2	*2.54	-	-
	Montréal (Olympiques)	Allan											16	971	11	5	0	0	4	2.60	0	0
	LNH		**1**	**60**	**4**	**1**	**0**	**0**	**0**	**4.00**	**0**	**0**	-	-	-	-	-	-	-	-	-	-
	Montréal		**1**	**60**	**4**	**1**	**0**	**0**	**0**	**4.00**	**0**	**0**	-	-	-	-	-	-	-	-	-	-

• Prêté à Montréal par Montréal (Royals – LHQ) pour remplacer Jacques Plante, blessé, le 11 novembre 1954

BOURQUE, CLAUDE

Né à Oxford, Nouvelle-Écosse, le 31 mars 1915, décédé le 13 mai 1982. Attrape de la gauche, 5'6", 140 lb

SAISON	CLUB	LIGUE	PJ	MIN	BC	G	P	N	BL	MOY	A	PUN	PJ	MIN	BC	G	P	N	BL	MOY	A	PUN
1928-29	Moncton (St-Mary's)	NBAHA	6	360	8	3	2	1	*2	1.33			-	-	-	-	-	-	-	-	-	-
1929-30	Moncton (St-Mary's)	NBAHA	6	280	11	3	2	1	0	2.36			-	-	-	-	-	-	-	-	-	-
1930-31	Moncton (CCJA)	MCJHL	2	240	2	3	1	0	*3	*0.50			-	-	-	-	-	-	-	-	-	-
	Moncton (CNR)	MCIHL	2	120	4	1	1	0	0	2.00												
	Moncton (Aberdeen)	HS	4	240	5	*4	0	0	*2	*1.25			1	60	3	0	1	0	0	3.00		
1931-32	Moncton (CCJA)	MCJHL	6	360	13	*6	0	0	2	*2.11			3	180	10	2	1	0	0	*3.33		
1932-33	Moncton (Red Indians)	MCJHL	5	330	8	*4	0	1	*2	*1.46			2	120	5	2	0	0	0	*2.50		
	Moncton (Red Indians)	Mem.	-	-	-	-	-	-	-	-			8	480	18	6	1	1	0	2.25	0	0
1933-34	Montréal (Canadiens)	LHJQ	8	480	14	-	-	-	1	*1.75			2	120	5	-	-	-	0	*2.50		
1934-35	Montréal (Canadiens)	LHJQ	10	600	46	-	-	-	0	4.60			1	60	5	-	-	-	0	5.00		
1935-36	Montréal (Canadiens)	LHSQ	21	1260	73	-	-	-	1	3.56			-	-	-	-	-	-	-	-	-	-
1936-37	Montréal (Royals)	LHSQ	19	1140	44	-	-	-	2	2.32			5	300	13	-	-	-	0	2.60		
1937-38	Verdun (Maple Leafs)	LHCM	18	1080	52	-	-	-	1	2.89			8	480	26	-	-	-	0	3.25		
1938-39	Verdun (Maple Leafs)	LHSQ	2	120	4	-	-	-	0	2.00			-	-	-	-	-	-	-	-	-	-
	Montréal (Canadiens)	**LNH**	**25**	**1560**	**69**	**9**	**12**	**4**	**2**	**2.65**	**0**	**0**	**3**	**188**	**8**	**1**	**2**	**0**	**1**	**2.55**		
1939-40	Kansas City (Greyhounds)	AHA	3	214	15	0	3	0	0	4.21												
	Montréal (Canadiens)	**LNH**	**36**	**2210**	**120**	**9**	**24**	**3**	**3**	**3.26**	**0**	**0**	-	-	-	-	-	-	-	-	-	-
	Detroit (Red Wings)	LNH	1	60	3	0	1	0	0	3.00	0	0	-	-	-	-	-	-	-	-	-	-
	New Haven (Eagles)	IAHL	6	360	26	1	5	0	0	4.33	0	0	-	-	-	-	-	-	-	-	-	-
1940-41	Philadelphie (Rockets)	AHL	56	*3470	167	25	25	6	1	2.89	0	0	-	-	-	-	-	-	-	-	-	-
1941-42	Buffalo (Bisons)	AHL	54	3350	150	24	24	5	2	2.69	0	0	-	-	-	-	-	-	-	-	-	-
1942-43	Lachine (RCAF)	LHCM	34	2040	142	-	-	-	1	4.18	0	0	12	720	24	-	-	-	0	2.83		
	LNH		**62**	**3830**	**192**	**18**	**37**	**7**	**5**	**3.01**	**0**	**0**	**3**	**188**	**8**	**1**	**2**	**-**	**1**	**2.55**	**0**	**0**
	Montréal		**61**	**3770**	**189**	**18**	**36**	**7**	**5**	**3.01**			**3**	**188**	**8**	**1**	**2**	**-**	**1**	**2.55**	**0**	**0**

• **Première équipe d'étoiles (MCHL) en 1937-38** • **Deuxième équipe d'étoiles (AHL) en 1941-42**
• Droits vendus à Montréal par Montréal (Maroons) avec Bob Gracie, Ernie Cain, Jimmy Ward, Steve Evans, Cy Wentworth et Dessie Smith le 15 septembre 1938 • Prêté à Detroit par Montréal pour remplacer Tiny Thompson, blessé, le 15 février 1940 • Droits vendus à Philadelphie (AHL) par Montréal le 22 mai 1940

BRODERICK, LEN

Né à Toronto, Ontario, le 11 octobre 1938. Attrape de la gauche, 5'11", 175 lb

SAISON	CLUB	LIGUE	PJ	MIN	BC	G	P	N	BL	MOY	A	PUN	PJ	MIN	BC	G	P	N	BL	MOY	A	PUN
1955-56	Toronto (Marlboros)	JOHA	5	300	8	4	1	0	1	1.60	0	0	11	660	26	8	2	1	1	*2.36	-	-
	Toronto (Marlboros)	Mem.	-	-	-	-	-	-	-	-	-	-	11									
1956-57	Toronto (Marlboros)	JOHA	42	2520	104	28	11	3	*8	*2.48	-	-	9	540	27	5	4	0	1	3.00		
	Toronto (Marlboros)	Mem.	-	-	-	-	-	-	-	-	-	-	11	670	20	*8	1	2	*4	*1.79		
1957-58	Toronto (Marlboros)	JOHA	40	2400	131	16	15	9	1	*3.28	-	-	18	1062	62	9	7	2	0	3.50		
	Montréal (Canadiens)	**LNH**	**1**	**60**	**2**	**1**	**0**	**0**	**0**	**2.00**	**0**	**0**	-	-	-	-	-	-	-	-	-	-
	Toronto (Marlboros)	Mem.											5	282	23	1	4	0	0	4.89	0	0
1958-59	Toronto (Marlboros)	JOHA	23	1380	72	-	-	-	1	3.13	0	0	5	300	24	1	4	0	0	4.80		
1959-60	Oakville (Oaks)	SOHA				Statistiques non disponibles															
	St. Paul (Saints)	IHL	3	180	16	-	-	-	0	5.33	0	0										
	LNH		**1**	**60**	**2**	**1**	**0**	**0**	**0**	**2.00**	**0**	**0**	-	-	-	-	-	-	-	-	-	-
	Montréal		**1**	**60**	**2**	**1**	**0**	**0**	**0**	**2.00**	**0**	**0**	-	-	-	-	-	-	-	-	-	-

• **Coupe Memorial en 1955-56**
• Prêté à Montréal par Toronto (JOHA)) pour remplacer Jacques Plante, blessé le 30 octobre 1957

CATTARINICH, JOSEPH (JOS)

Né à Lévis, Québec, le 13 novembre 1881, décédé le 8 décembre 1938. Attrape de gauche, 5'10", 167 lb

SAISON	CLUB	LIGUE	PJ	MIN	BC	G	P	N	BL	MOY	A	PUN	PJ	MIN	BC	G	P	N	BL	MOY	A	PUN
1904-05	Montréal (National)	CAHL	4	240	42	0	4	0	0	10.50	0	0	-	-	-	-	-	-	-	-	-	-
1905-06						Statistiques non disponibles															
1906-07						Statistiques non disponibles															
1907-08						Statistiques non disponibles															
1908-09						Statistiques non disponibles															
1909-10	**Montréal (Canadiens)**	**NHA**	**4**	**240**	**34**	**0**	**4**	**0**	**0**	**8.50**	**0**	**0**	-	-	-	-	-	-	-	-	-	-
	NHA		**4**	**240**	**34**	**0**	**4**	**0**	**0**	**8.50**	**0**	**0**	**0**	-	-	-	-	-	-	-	-	-
	Montréal		**4**	**240**	**34**	**0**	**4**	**0**	**0**	**8.50**	**0**	**0**	**0**	-	-	-	-	-	-	-	-	-

• **Temple de la Renommée (LNH) en 1977**
• Signe avec Montréal le 13 décembre 1909

CHABOT, FRÉDÉRIC

Né à Hebertville-Station, Québec, le 12 février 1968. Attrape de la gauche, 5'11", 175 lb (10e choix du New Jersey, 192e au total lors du repêchage de 1986)

SAISON	CLUB	LIGUE	PJ	MIN	BC	G	P	N	BL	MOY	A	PUN	PJ	MIN	BC	G	P	N	BL	MOY	A	PUN
1985-86	Trois-Rivières (Sélects)	QAAA	34	2038	139	25	9	0	0	3.90			-	-	-	-	-	-	-	-	-	-
1986-87	Drummondville (Voltigeurs)	LHJMQ	62	3508	293	31	29	0	1	5.01	-	-	8	481	40	2	6	-	0	4.99		
1987-88	Drummondville (Voltigeurs)	LHJMQ	58	3276	237	27	24	4	1	4.34	-	-	16	1019	56	10	6	-	*1	*3.30	2	2
	Drummondville (Voltigeurs)	Mem.											3	158	18	0	3	0	0	6.86	0	0
1988-89	Moose Jaw (Warriors)	WHL	26	1385	114	-	-	-	0	4.94			-	-	-	-	-	-	-	-	-	-
	Prince Albert (Raiders)	WHL	28	1572	88	-	-	-	0	3.36			4	199	16	1	1	-	0	4.82	0	2
1989-90	Sherbrooke (Canadiens)	AHL	2	119	8	1	0	0	0	4.03			-	-	-	-	-	-	-	-	-	-
	Fort Wayne (Komets)	IHL	23	1208	87	6	13	3	0	4.32	-	26										
1990-91	Fredericton (Canadiens)	AHL	35	1800	122	9	15	5	0	4.07	1	8										
	Montréal (Canadiens)	**LNH**	**3**	**108**	**6**	**0**	**0**	**1**	**0**	**3.33**	**0**	**0**	-	-	-	-	-	-	-	-	-	-
1991-92	Fredericton (Canadiens)	AHL	30	1761	79	17	9	4	2	*2.69	1	4	7	457	20	3	4	-	0	2.63	0	2
	Winston-Salem	ECHL	24	1449	71	15	7	2	0	*2.94	0	12										

SAISON	CLUB	LIGUE	PJ	MIN	BC	G	P	N	BL	MOY	A	PUN	PJ	MIN	BC	G	P	N	BL	MOY	A	PUN
							SAISONS RÉGULIÈRES										SÉRIES ÉLIMINATOIRES					

SAISON	CLUB	LIGUE	PJ	MIN	BC	G	P	N	BL	MOY	A	PUN	PJ	MIN	BC	G	P	N	BL	MOY	A	PUN
1992-93	Montréal (Canadiens)	LNH	1	40	1	0	0	0	0	1.50	0	0	-	-	-	-	-	-	-	-	-	-
	Fredericton (Canadiens)	AHL	45	2544	141	22	17	4	0	3.33	0	16	4	261	16	1	3		0	3.68	1	4
1993-94	Montréal (Canadiens)	LNH	1	60	5	0	1	0	0	5.00	0	0	-	-	-	-	-	-	-	-	-	-
	Fredericton (Canadiens)	AHL	3	143	12	0	1	1	0	5.03			-	-	-	-	-	-	-	-	-	-
	Las Vegas (Thunder)	IHL	2	110	5	1	1	0	0	2.72			-	-	-	-	-	-	-	-	-	-
	Philadelphie (Flyers)	IHL	4	70	5	0	1	1	0	4.29	0	0	-	-	-	-	-	-	-	-	-	-
	Hershey (Bears)	AHL	28	1464	63	13	5	6	2	*2.58	3	4	11	665	32	7	4		0	2.89	0	2
1994-95	Cincinnati (Cyclones)	IHL	48	2622	128	25	12	7	1	2.93	1	12	5	326	16	3	2		0	2.94	1	2
1995-96	Cincinnati (Cyclones)	IHL	38	2147	88	23	9	4	3	*2.46	3	8	14	854	37	9	5		1	2.60	1	4
1996-97	Houston (Aeros)	IHL	*72	*4265	180	*39	26	7	*7	2.53	1	8	13	777	34	8	5		*2	2.63	0	2
1997-98	Los Angeles (Kings)	LNH	12	554	29	3	3	2	0	3.14	0	0	-	-	-	-	-	-	-	-	-	-
	Houston (Aeros)	IHL	22	1237	46	12	7	2	1	2.23	1	4	4	238	11	1	3		0	2.77	0	0
1998-99	Houston (Aeros)	IHL	21	1298	49	16	4	0	3	2.34	0	6	-	-	-	-	-	-	-	-	-	-
	Montréal (Canadiens)	LNH	11	430	16	1	3	0	0	2.23	0	2	-	-	-	-	-	-	-	-	-	-
1999-00	Houston (Aeros)	IHL	*62	*3695	131	*36	19	7	4	2.13	1	24	11	658	20	6	5		*3	1.82	0	2
2000-01	Houston (Aeros)	IHL	47	2705	119	23	16	5	3	2.64	2	4	7	482	15	3	4		0	*1.87	0	0
2001-02	Nuremberg Ice Tigers	GER	29	1698	56	-	-	-	4	1.97	1	10	3	178	9	0	3		0	3.03	0	0
2002-03	Nuremberg Ice Tigers	GER	25	1462	44	-	-	-	3	1.81	3	10	5	299	17	1	4		0	3.41	0	4
2003-04	Nuremberg Ice Tigers	GER	35	1889	72	-	-	-	2	2.29	3	8	5	290	12	2	1		0	2.48	0	2
2004-05	Vienna Capitals	AUT	47	-	-	-	-	-	-	2.76	6	2	10	-	-	-	-	-		2.39	1	0
2005-06	Adler Mannheim	GER	26	1360	61	-	-	-	2	2.69	0	2	-	-	-	-	-	-	-	-	-	-
	LNH		32	1262	62	4	8	4	0	2.95	0	2	-	-	-	-	-	-	-	-	-	-
	Montréal		16	638	28	1	4	1	0	2.63	0	2	-	-	-	-	-	-	-	-	-	-

• Équipe d'étoiles, Division Est (WHL) en 1988-89 • Trophée Aldège-Bastien (AHL) en 1993-94 • Première équipe d'étoiles (IHL) en 1996-97, 1999-00 • Deuxième équipe d'étoiles (IHL) en 1995-96 • Trophée James-Gatschene (IHL) en 1996-97, 1999-00 • Trophée James-Norris (IHL) en 1999-00

• Signe avec Montréal comme agent libre le 16 janvier 1990 • Réclamé par Tampa Bay de Montréal lors de l'expansion de la LNH le 18 juin 1992 • Échangé à Montréal par Tampa Bay pour Jean-Claude Bergeron le 19 juin 1992 • Droits vendus à Philadelphie par Montréal le 21 février 1994 • Signe avec la Floride comme agent libre le 11 août 1994 • Signe avec Los Angeles comme agent libre le 3 septembre 1997 • Réclamé par Nashville de Los Angeles lors de l'expansion de la LNH le 26 juin 1998 • Réclamé au ballottage par Los Angeles de Nashville le 20 juillet 1998 • Réclamé par Montréal de Los Angeles au repêchage inter-ligues le 5 octobre 1998 • Réclamé par Columbus de Montréal lors de l'expansion de la LNH le 23 juin 2000 • Signe avec Nuremberg (GER) comme joueur autonome le 16 mai 2001.

CHABOT, LORNE

Né à Montréal, Québec, le 5 octobre 1900, décédé le 10 octobre 1946. Attrape de la gauche, 6'1", 185 lb

SAISON	CLUB	LIGUE	PJ	MIN	BC	G	P	N	BL	MOY	A	PUN	PJ	MIN	BC	G	P	N	BL	MOY	A	PUN
1919-20	Laval (Université)	LHCM					*Statistiques non disponibles*															
	Brandon (Wheat Kings)	MHL SR					*Statistiques non disponibles*															
1920-21	Brandon (Wheat Kings)	MHL SR	1	60	3	1	0	0	0	3.00			-	-	-	-	-	-	-	-	-	-
1921-22	Brandon (Wheat Kings)	MHL SR					*Statistiques non disponibles*															
1922-23	Port Arthur (Ports)	MHL SR	16	960	57	11	5	0	0	3.56	0	0	2	120	3	1	1	0	*1	1.50	0	0
1923-24	Port Arthur (Ports)	MHL SR	15	900	37	11	4	0	1	2.46	0	0	2	120	6	0	1	1	0	3.00	0	0
1924-25	Port Arthur (Ports)	MHL SR	20	1200	51	12	8	0	*3	2.55	0	0	2	120	4	2	0	0	0	2.00	0	0
	Port Arthur (Ports)	Allan	-	-	-	-	-	-	-	-			8	480	16	6	1	1	0	2.00	0	0
1925-26	Port Arthur (Ports)	TBSHL	20	1200	42	*14	6	0	2	2.10	0	0	3	180	4	2	0	1	0	1.33	-	0
	Port Arthur (Ports)	Allan	-	-	-	-	-	-	-	-			6	360	13	5	1	0	1	2.17	0	0
1926-27	New York (Rangers)	LNH	36	2307	56	*29	9	5	10	1.46	0	0	2	120	3	0	1	1	0	1.50	0	0
	Springfield (Indians)	Can-Am	1	60	2	1	0	0	0	2.00			-	-	-	-	-	-	-	-	-	-
1927-28	New York (Rangers)	LNH	*44	2730	79	19	16	9	11	1.74	0	0	6	321	8	2	2	1	1	1.50	0	0
1928-29	Toronto (Maple Leafs)	LNH	43	2458	66	20	18	5	12	1.61	0	0	4	242	5	2	2	0	0	1.24	0	0
1929-30	Toronto (Maple Leafs)	LNH	42	2620	113	16	20	6	6	2.59	0	0	-	-	-	-	-	-	-	-	-	-
1930-31	Toronto (Maple Leafs)	LNH	37	2300	80	21	8	6	6	2.09	0	0	2	139	4	0	1	1	0	1.73	0	0
1931-32	Toronto (Maple Leafs)	LNH	44	2698	106	22	16	6	4	2.36	0	2	7	438	15	*5	1	1	0	2.05	0	0
1932-33	Toronto (Maple Leafs)	LNH	*48	2946	111	24	18	6	5	2.26	0	2	9	*686	18	4	5	0	*2	1.57	0	0
1933-34	Montréal (Canadiens)	LNH	47	2928	101	21	20	6	8	2.07	0	2	2	131	4	0	1	1	0	1.83	0	0
1934-35	Chicago (Black Hawks)	LNH	*48	2940	88	26	17	5	8	*1.80	0	0	2	124	1	0	1	1	0	0.48	0	0
1935-36	Montréal (Maroons)	LNH	16	1010	35	8	3	5	2	2.08	0	0	3	297	6	0	3	0	0	*1.21	0	0
1936-37	New York (Americans)	LNH	6	370	25	2	3	1	1	4.05	0	0	2	131	4	0	1	1	0	1.83	0	0
	LNH		411	25307	860	201	148	62	73	2.04	0	8	37	2498	64	13	17	6	5	1.54	0	0
	Montréal		47	2928	101	21	20	6	8	2.07	0	2	2	131	4	0	1	1	0	1.83	0	0

• Coupe Allan en 1924-25, 1925-26 • Coupe Stanley (LNH) en 1927-28, 1931-32 • Première équipe d'étoiles (LNH) en 1934-35 • Trophée Georges-Vézina (LNH) en 1934-35

• Signe avec New York (Rangers) le 2 septembre 1926 • Échangé à Toronto par New York (Rangers) avec une somme d'argent pour John Roach le 18 octobre 1928 • Échangé à Montréal par Toronto pour George Hainsworth le 1er octobre 1933 • Échangé à Chicago par Montréal avec Howie Morenz, Marty Burke pour Lionel Conacher, Leroy Goldsworthy et Roger Jenkins le 1er octobre 1934 • Droits vendus à Montréal par Chicago le 8 février 1936 • Échangé au Montréal (Maroons) par Montréal (Canadiens) pour Bill Miller, Toe Blake et les droits sur Ken Gravel le 13 février 1936 • Signe avec New York (Americans) comme agent libre le 7 janvier 1937

CLEGHORN, SPRAGUE

Né à Montréal, Québec, le 11 mars 1890, décédé le 11 juillet 1956. Défenseur, lance de la gauche, 5'10", 190 lb

SAISON	CLUB	LIGUE	PJ	MIN	BC	G	P	N	BL	MOY	A	PUN	PJ	MIN	BC	G	P	N	BL	MOY	A	PUN
1918-19	Ottawa (Senators)	LNH	1	3	0	0	0	0	0	0.00	0	0	-	-	-	-	-	-	-	-	-	-
1921-22	Montréal (Canadiens)	LNH	1	2	0	0	0	0	0	0.00	0	0	-	-	-	-	-	-	-	-	-	-
	LNH		2	5	0	0	0	0	0	0.00	0	0	-	-	-	-	-	-	-	-	-	-
	Montréal		1	2	0	0	0	0	0	0.00	0	0	-	-	-	-	-	-	-	-	-	-

• A remplacé Clint Benedict suite à une punition le 18 février 1919 • A remplacé Georges Vézina suite à une punition le 1er février 1922.

COX, AB (ABBIE)

Né à London, Ontario, le 19 juillet 1904, décédé le 10 mai 1985. Attrape de la gauche, 5'6", 140 lb

SAISON	CLUB	LIGUE	PJ	MIN	BC	G	P	N	BL	MOY	A	PUN	PJ	MIN	BC	G	P	N	BL	MOY	A	PUN
1921-22	Ottawa (Munitions)	OCHL	12	720	42	4	7	1	2	3.50	0	0	2	120	11	0	2	0	0	5.50	0	0
1922-23	Iroquois Falls (Papermakers)	NOJHA					*Statistiques non disponibles*															
1923-24	New Haven (Bears)	USAHA	12	730	21	*6	6	0	2	1.73	0	0	-	-	-	-	-	-	-	-	-	-
1924-25	Boston (Maples)	USAHA	21	995	58	6	15	0	0	2.21	0	0	-	-	-	-	-	-	-	-	-	-
1925-26							*N'a pas joué*															
1926-27	Springfield (Indians)	Can-Am	31	1950	51	14	12	5	6	1.57	0	0	6	360	6	*3	1	2	*2	*1.00	0	0
1927-28	Springfield (Indians)	Can-Am	40	2450	71	*24	13	3	12	1.74	0	0	4	240	7	2	2	0	*1	1.75	0	0
1928-29	Windsor (Bulldogs)	Can-Pro	34	2100	64	22	9	3	7	1.83	0	0	8	530	7	*5	3	0	*3	*0.79	0	0
1929-30	Windsor (Bulldogs)	IHL	41	2440	89	20	13	8	2	2.19	0	0	-	-	-	-	-	-	-	-	-	-
	Montréal (Maroons)	LNH	1	60	2	1	0	0	0	2.00	0	0	-	-	-	-	-	-	-	-	-	-
1930-31	Windsor (Bulldogs)	IHL	1	70	4	0	0	1	0	3.43	0	0	-	-	-	-	-	-	-	-	-	-
	Detroit (Olympics)	IHL	39	2470	78	19	11	9	8	1.89	0	0	4	370	19	0	6	0	0	3.08	0	0
1931-32	Pittsburgh (Yellowjackets)	IHL	31	1930	84	12	13	5	5	2.61	0	0	-	-	-	-	-	-	-	-	-	-
1932-33	Detroit (Olympics)	IHL	13	780	51	-	-	-	2	3.92	0	0	-	-	-	-	-	-	-	-	-	-
	Windsor (Bulldogs)	IHL	2	120	2	2	0	0	1	1.00	0	0	-	-	-	-	-	-	-	-	-	-
1933-34	Detroit (Olympics)	IHL	38	2280	80	-	-	-	5	2.11	0	0	6	360	17	3	3	0	0	2.83	0	0
	New York (Americans)	LNH	1	24	3	0	1	0	0	7.50	0	0	-	-	-	-	-	-	-	-	-	-

			SAISONS RÉGULIÈRES										SÉRIES ÉLIMINATOIRES								
SAISON	CLUB	LIGUE	PJ	MIN	BC	G	P	N	BL	MOY	A	PUN	PJ	MIN	BC	G	P	N	BL	MOY	A	PUN
1933-34 Detroit (Red Wings)	LNH	2	109	5	0	0	1	0	2.75	0	0	-	-	-	-	-	-	-	-	-	-
Cleveland (Indians)	IHL	1	60	4	0	1	0	0	4.00	0	0	-	-	-	-	-	-	-	-	-	-
1934-35 Québec (Castors)	Can-Am	43	2660	114	19	18	6	*5	2.57	0	0	3	180	6	1	2	0	*1	2.00	0	0
1935-36 Springfield (Indians)	Can-Am	38	2320	108	15	20	3	*6	2.79	0	0	-	-	-	-	-	-	-	-	-	-
Philadelphie (Ramblers)	Can-Am	1	60	4	-	-	-	0	4.00	0	0	-	-	-	-	-	-	-	-	-	-
Montréal (Canadiens)	**LNH**	1	70	1	0	0	1	0	0.86	0	0	-	-	-	-	-	-	-	-	-	-
1936-37 Kansas City (Greyhounds)	AHA	10	646	31	0	8	2	0	2.88	0	0	-	-	-	-	-	-	-	-	-	-
	LNH	5	263	11	1	1	2	0	2.51	0	0	-	-	-	-	-	-	-	-	-	-
	Montréal	1	70	1	0	0	1	0	0.86	0	0	-	-	-	-	-	-	-	-	-	-

• Signe avec New York (Rangers) le 9 novembre 1926 • Droits vendus à Windsor (IHL) par New York (Rangers) en septembre 1928 • Prêté à Montréal (Maroons) par Windsor (IHL) pour remplacer Clint Benedict, blessé le 1ᵉʳ février 1930 • Prêté à Detroit (IHL) par Windsor (IHL) le 21 novembre 1930 • Prêté à New York (Americans) par Windsor (IHL) pour remplacer Roy Worters, blessé le 12 novembre 1933 • Prêté à Detroit par Windsor (IHL) pour remplacer John Ross Roach, blessé le 10 décembre 1933 • Prêté à Detroit par Windsor (IHL) pour remplacer John Ross Roach, blessé le 17 décembre 1933 • Prêté à Montréal par Springfield (Can-Am) pour remplacer Wilf Cude, blessé, le 16 février 1936

CUDE, WILFRED (WILF)

Né à South Wales, Angleterre, le 4 juillet 1910, décédé le 5 mai 1968. Attrape de la gauche, 5'9", 146 lb

SAISON	CLUB	LIGUE	PJ	MIN	BC	G	P	N	BL	MOY	A	PUN	PJ	MIN	BC	G	P	N	BL	MOY	A	PUN
1929-30 Melville (Millionaires)	S-SSHL	20	1290	40	13	6	1	3	1.86	0	0	2	120	3	1	1	0	*1	1.50	0	0
1930-31 Philadelphie (Quakers)	LNH	30	1850	130	2	25	3	1	4.22	0	0	-	-	-	-	-	-	-	-	-	-
1931-32 Boston (Bruins)	LNH	2	120	6	1	1	0	1	3.00	0	0	-	-	-	-	-	-	-	-	-	-
Chicago (Black Hawks)	LNH	1	41	9	0	0	0	0	13.17	0	0	-	-	-	-	-	-	-	-	-	-
Syracuse (Stars)	IHL	1	60	1	0	0	0	0	1.00	0	0	-	-	-	-	-	-	-	-	-	-
Boston (Cubs)	Can-Am	15	900	46	7	7	1	1	3.00	0	0	-	-	-	-	-	-	-	-	-	-
1932-33 Philadelphie (Arrows)	Can-Am	32	1950	64	21	9	2	*4	*1.97	0	0	5	300	15	2	3	0	*1	3.00	0	0
1933-34 Syracuse (Stars)	IHL	19	1140	39	-	-	-	3	2.05	0	0	-	-	-	-	-	-	-	-	-	-
Montréal (Canadiens)	**LNH**	1	60	1	0	0	1	0	*0.00	0	0	-	-	-	-	-	-	-	-	-	-
Detroit (Red Wings)	LNH	29	1860	47	15	6	8	4	*1.52	0	0	9	*593	21	4	5	0	1	2.12	0	0
1934-35 Montréal (Canadiens)	**LNH**	48	2960	145	19	23	6	1	2.94	0	0	2	120	6	0	1	1	0	3.00	0	0
1935-36 Montréal (Canadiens)	**LNH**	47	2940	122	11	26	10	6	2.49	0	0	-	-	-	-	-	-	-	-	-	-
1936-37 Montréal (Canadiens)	**LNH**	44	2730	99	22	17	5	5	2.18	0	0	5	352	13	2	3	-	0	2.22	0	0
1937-38 Montréal (Canadiens)	**LNH**	47	2990	126	18	17	12	3	2.53	0	0	3	192	11	1	2	-	0	3.44	0	0
Match des étoiles	LNH	1	60	6	0	1	0	0	6.00	0	0	-	-	-	-	-	-	-	-	-	-
1938-39 Montréal (Canadiens)	**LNH**	23	1440	77	6	12	5	2	3.21	0	0	-	-	-	-	-	-	-	-	-	-
1939-40 Montréal (Canadiens)	**LNH**	7	415	24	1	5	1	0	3.47	0	0	-	-	-	-	-	-	-	-	-	-
Match des étoiles	LNH	1	60	5	0	1	0	0	5.00	0	0	-	-	-	-	-	-	-	-	-	-
New Haven (Eagles)	AHL	44	2690	146	23	18	3	3	3.26	0	0	3	180	11	1	2	0	0	3.44	0	0
1940-41 Montréal (Canadiens)	**LNH**	3	180	13	2	1	0	0	4.33	0	0	-	-	-	-	-	-	-	-	-	-
	LNH	282	17586	798	98	133	50	24	2.72	0	0	19	1257	51	7	11	1	1	2.43	0	0
	Montréal	220	13715	606	80	101	39	18	2.65	0	0	10	664	30	3	6	1	0	2.71	0	0

• **Deuxième équipe d'étoiles (LNH) en 1935-36, 1936-37 • Match des étoiles (LNH) en 1937-38, 1939-40**
• Signe avec Pittsburgh le 18 février 1930 • Transfert de la concession de Pittsburgh à Philadelphie le 18 octobre 1930 • Devient gardien substitut de la LNH pour la saison 1931-32 au retrait de la concession de Philadelphie le 27 septembre 1931 • Prêté à Boston par LNH le 5 février 1932 • Prêté à Chicago par LNH le 21 mars 1932 • Droits vendus à Montréal par Philadelphie le 19 octobre 1933 • Prêté à Detroit par Montréal le 2 janvier 1934

CYR, CLAUDE

Né à Montréal, Québec, le 27 mars 1939, décédé. Attrape de la gauche, 5'10", 180 lb

SAISON	CLUB	LIGUE	PJ	MIN	BC	G	P	N	BL	MOY	A	PUN	PJ	MIN	BC	G	P	N	BL	MOY	A	PUN
1957-58 Hull-Ottawa (Canadiens)	Exib.	13	780	57	-	-	-	0	4.38	0	0	-	-	-	-	-	-	-	-	-	-
Hull-Ottawa (Canadiens)	EOHL	11	660	59	-	-	-	1	5.36	0	0	-	-	-	-	-	-	-	-	-	-
1958-59 Hull-Ottawa (Canadiens)	EOHL	26	1560	114	-	-	-	0	4.38	0	0	1	60	4	-	-	-	0	4.00	0	0
Montréal (Canadiens)	**LNH**	1	20	1	0	0	0	0	3.00	0	0	-	-	-	-	-	-	-	-	-	-
Hull-Ottawa (Canadiens)	Mem.	-	-	-	-	-	-	-	-	-	-	9	550	21	4	4	1	1	2.29	0	0
1959-60 Hull-Ottawa (Canadiens)	EPHL	6	360	22	2	4	0	0	3.67	0	0	-	-	-	-	-	-	-	-	-	-
Montréal (Royals)	EPHL	7	420	27	2	4	1	0	3.86	0	10	-	-	-	-	-	-	-	-	-	-
Cleveland (Barons)	AHL	2	120	7	0	2	0	0	3.50	0	0	-	-	-	-	-	-	-	-	-	-
Calgary (Stampeders)	WHL	4	240	15	1	3	0	0	3.75	0	0	-	-	-	-	-	-	-	-	-	-
1960-61 Montréal (Royals)	PHL	13	780	41	3	6	4	0	3.15	0	0	-	-	-	-	-	-	-	-	-	-
Trail Smoke Eaters	WHL	7	420	19	6	1	0	0	2.71	0	0	2	74	4	1	0	-	0	3.24	0	0
Canada	CM	3	134	5	2	0	0	0	2.24	0	0	-	-	-	-	-	-	-	-	-	-
1961-62 Knoxville (Knights)	EHL	61	3660	211	-	-	-	3	3.46	0	0	8	480	17	4	4	-	1	*2.12	0	0
1962-63 Philadelphie/Knoxville	EHL	36	2160	118	-	-	-	5	3.28	0	0	-	-	-	-	-	-	-	-	-	-
1963-64 Verdun (Pirates)	LHSQ			Statistiques non disponibles								-	-	-	-	-	-	-	-	-	-
1964-65 Sherbrooke (Castors)	LHSQ			Statistiques non disponibles								-	-	-	-	-	-	-	-	-	-
1965-66 Victoriaville (Tigers)	LHSQ	16	960	82	-	-	-	1	5.13	0	0	-	-	-	-	-	-	-	-	-	-
1966-67 Drummondville (Eagles)	LHSQ	27	1620	96	-	-	-	2	3.50	0	0	9	540	19	*8	1	-	*1	*2.11	0	0
Drummondville (Eagles)	Allan	-	-	-	-	-	-	-	-	-	-	11	677	23	*10	1	0	*2	2.04	0	0
1967-68 Drummondville (Eagles)	LHSQ	23	1380	93	13	9	1	0	4.04	0	0	9	546	40	5	4	-	0	4.60	0	0
	LNH	1	20	1	0	0	0	0	3.00	0	0	-	-	-	-	-	-	-	-	-	-
	Montréal	1	20	1	0	0	0	0	3.00	0	0	-	-	-	-	-	-	-	-	-	-

• **Coupe Memorial en 1957-58 • Médaille d'or (CM) en 1961 • Coupe Allan en 1966-67 • Première équipe d'étoiles (LHSQ) en 1967-68**
• Prêté à Montréal par Hull-Ottawa (EOHL), pour remplacer Claude Pronovost au début de la 3ᵉ période, le 19 mars 1959

DANIS, YANN

Né à Lafontaine, Québec, le 21 juin 1981. Attrape de la gauche, 6' 0", 181 lb

SAISON	CLUB	LIGUE	PJ	MIN	BC	G	P	N	BL	MOY	A	PUN	PJ	MIN	BC	G	P	N	BL	MOY	A	PUN
1998-99 St-Jérome Polyvalente	High-QC	-	-	-	-	-	-	-	-	-	-	-	-	-	-	-	-	-	-	-	-
1999-00 St-Jérome Panthers	QJHL	-	-	-	-	-	-	-	-	-	-	-	-	-	-	-	-	-	-	-	-
Cornwall Colts	CJHL	26	1367	71	-	-	-	0	3.12	0	0	-	-	-	-	-	-	-	-	-	-
2000-01 Brown University	ECAC	12	667	40	2	8	1	0	3.60	0	0	-	-	-	-	-	-	-	-	-	-
2001-02 Brown University	ECAC	24	1451	45	11	10	2	3	1.86	0	0	-	-	-	-	-	-	-	-	-	-
2002-03 Brown University	ECAC	34	2074	80	15	14	5	5	2.31	0	0	-	-	-	-	-	-	-	-	-	-
2003-04 Brown University	ECAC	30	1821	55	15	11	4	5	1.81	0	0	-	-	-	-	-	-	-	-	-	-
Hamilton Bulldogs	AHL	2	120	3	2	0	0	1	1.50	0	0	1	12	0	1	0	-	0	0.00	0	0
2004-05 Hamilton Bulldogs	AHL	53	3075	120	28	17	6	5	2.34	0	2	4	237	13	0	4	-	0	3.29	0	0
2005-06 Montréal (Canadiens)	**LNH**	6	312	14	3	2	0	1	2.69	0	0	-	-	-	-	-	-	-	-	-	-
Hamilton Bulldogs	AHL	39	2242	111	17	17	3	0	2.97	0	4	-	-	-	-	-	-	-	-	-	-
2006-07 Hamilton Bulldogs	AHL	44	2540	119	23	14	5	1	2.81	0	2	1	54	1	0	1	-	0	1.12	0	0
2007-08 Hamilton Bulldogs	AHL	38	2064	113	11	19	4	0	3.28	0	0	-	-	-	-	-	-	-	-	-	-
	LNH	6	312	14	3	2	0	1	2.69	0	0	-	-	-	-	-	-	-	-	-	-
	Montréal	6	312	14	3	2	0	1	2.69	0	0	-	-	-	-	-	-	-	-	-	-

• **Équipe d'étoiles des recrues de la CJHL (1999-00) • Deuxième équipe d'étoiles (ECAC) en 2001-02, 2002-03 • Première équipe d'étoiles (ECAC) en 2003-04 • Trophée Ken Dryden (ECAC) en 2003-04 • Joueur de l'année (ECAC) en 2003-04 • Première équipe d'étoiles All-American, Division Est (NCAA) en 2003-04 • Coupe Calder (AHL) en 2006-07**
• Signé avec Montréal comme joueur autonome le 19 mars 2004 • Signe avec New York (Islanders) comme joueur autonome le 2 juillet 2008

SAISON	CLUB	LIGUE	PJ	MIN	BC	G	P	N	BL	MOY	A	PUN	PJ	MIN	BC	G	P	N	BL	MOY	A	PUN
			SAISONS RÉGULIÈRES										SÉRIES ÉLIMINATOIRES								

SAISONS RÉGULIÈRES — SÉRIES ÉLIMINATOIRES

DeJORDY, DENIS

Né à St-Hyacinthe, Québec, le 12 novembre 1938. Attrape de la gauche, 5'9", 185 lb

SAISON	CLUB	LIGUE	PJ	MIN	BC	G	P	N	BL	MOY	A	PUN	PJ	MIN	BC	G	P	N	BL	MOY	A	PUN
1957-58	St. Catharines (Teepees)	JOHA	52	3120	174	*32	14	6	1	3.35	0	0	8	480	36	3	4	1	0	4.50	0	0
	Buffalo (Bisons)	AHL	1	60	5	0	1	0	0	5.00	0	0	-	-	-	-	-	-	-	-	-	-
1958-59	St. Catharines (Teepees)	JOHA	53	3180	169	*40	10	3	1	3.19	0	0	7	420	18	2	4	1	0	2.57	0	0
	Peterborough (Petes)	Mem.	-	-	-	-	-	-	-	-	-	-	5	300	23	1	4	0	0	4.60	0	0
1959-60	Sault Ste. Marie	EPHL	69	4140	258	27	31	11	1	3.74	0	0	-	-	-	-	-	-	-	-	-	-
1960-61	Sault Ste. Marie	EPHL	33	1980	115	16	14	3	2	3.48	0	0	-	-	-	-	-	-	-	-	-	-
	Buffalo (Bisons)	AHL	40	2400	127	20	18	2	3	3.18	0	2	4	264	18	0	4	0	0	4.09	0	0
1961-62	Buffalo (Bisons)	AHL	69	*4170	210	*36	30	3	*8	3.02	1	0	11	706	20	6	5	0	*2	1.70	0	0
1962-63	Buffalo (Bisons)	AHL	67	4020	187	*37	23	7	*6	2.79	0	4	13	802	28	*8	5	0	1	*2.09	0	0
	Chicago (Black Hawks)	LNH	5	290	12	2	1	2	0	2.48	0	0	-	-	-	-	-	-	-	-	-	-
1963-64	Chicago (Black Hawks)	LNH	6	340	19	2	3	1	0	3.35	0	0	1	20	2	0	0	-	0	6.00	0	0
	St. Louis (Braves)	CPHL	1	60	5	0	1	0	0	5.00	0	0	-	-	-	-	-	-	-	-	-	-
1964-65	Buffalo (Bisons)	AHL	7	450	20	3	4	0	1	2.67	0	0	-	-	-	-	-	-	-	-	-	-
	Chicago (Black Hawks)	LNH	30	1760	74	16	11	3	3	2.52	1	0	2	80	9	0	1	-	0	6.75	0	0
1965-66	St. Louis (Braves)	CPHL	70	*4200	217	30	31	9	6	3.10	0	2	5	300	18	1	4	0	0	3.60	0	0
1966-67	Chicago (Black Hawks)	LNH	44	2536	104	22	12	7	4	2.46	0	0	4	184	10	1	2	-	0	3.26	0	0
1967-68	Chicago (Black Hawks)	LNH	50	2838	128	23	15	11	4	2.71	0	0	11	662	34	5	6	-	0	3.08	0	0
1968-69	Chicago (Black Hawks)	LNH	53	2981	156	22	22	7	2	3.14	1	2	-	-	-	-	-	-	-	-	-	-
	Dallas (Black Hawks)	CHL	15	899	41	8	4	3	1	2.74	0	0	-	-	-	-	-	-	-	-	-	-
1969-70	Chicago (Black Hawks)	LNH	10	577	25	3	5	1	0	2.69	0	0	-	-	-	-	-	-	-	-	-	-
	Los Angeles (Kings)	LNH	21	1147	62	5	11	4	0	3.24	0	0	-	-	-	-	-	-	-	-	-	-
1970-71	Los Angeles (Kings)	LNH	60	3375	214	18	29	11	1	3.80	0	0	-	-	-	-	-	-	-	-	-	-
1971-72	Los Angeles (Kings)	LNH	5	291	23	0	5	0	0	4.74	0	0	-	-	-	-	-	-	-	-	-	-
	Montréal (Canadiens)	**LNH**	**7**	**332**	**25**	**3**	**2**	**1**	**0**	**4.52**	**1**	**0**	**-**	**-**	**-**	**-**	**-**	**-**	**-**	**-**	**-**	**-**
1972-73	Fort Worth (Wings)	CHL	10	560	41	-	-	-	0	4.39	1	0	-	-	-	-	-	-	-	-	-	-
	Detroit (Red Wings)	LNH	24	1331	83	8	11	3	1	3.74	1	0	-	-	-	-	-	-	-	-	-	-
1973-74	Detroit (Red Wings)	LNH	1	20	4	0	1	0	0	12.00	0	0	-	-	-	-	-	-	-	-	-	-
	Baltimore (Clippers)	AHL	42	2428	131	21	13	6	1	3.23	0	0	4	252	22	1	3	0	0	5.23	0	0
		LNH	**316**	**17798**	**929**	**124**	**128**	**51**	**15**	**3.13**	**3**	**2**	**18**	**946**	**55**	**6**	**9**	**-**	**0**	**3.49**	**0**	**0**
		Montréal	**7**	**332**	**25**	**3**	**2**	**1**	**0**	**4.52**	**1**	**0**	**-**	**-**	**-**	**-**	**-**	**-**	**-**	**-**	**-**	**-**

• Première équipe d'étoiles (JOHA) en 1958-59 • Première équipe d'étoiles (AHL) en 1962-63 • Deuxième équipe d'étoiles (AHL) en 1973-74 • Trophée Harry-Holmes (AHL) en 1962-63 • Trophée Les-Cunningham (AHL) en 1962-63 • Coupe Calder (AHL) en 1962-63 • Première équipe d'étoiles (CPHL) en 1965-66 • Trophée Georges-Vézina (LNH) avec Glenn Hall en 1966-67

• Échangé à Los Angeles par Chicago avec Gilles Marotte et Jim Stanfield pour Bill White, Bryan Campbell et Gerry Desjardins le 20 février 1970 • Échangé à Montréal par Los Angeles avec Dale Hoganson, Noel Price et Doug Robinson pour Rogatien Vachon le 4 novembre 1971 • Droits vendus à New York (Islanders) par Montréal avec Glenn Resch, Germain Gagnon, Murray Anderson, Tony Featherstone et Alex Campbell le 6 juin 1972 • Échangé à Detroit par New York (Islanders) avec Don McLaughlin pour Arnie Brown et Gerry Gray le 4 octobre 1972

DRYDEN, KENNETH (KEN)

Né à Hamilton, Ontario, le 8 août 1947. Attrape de la gauche, 6'4", 205 lb (Choix de 3e ronde de Boston, 14e au total lors du repêchage de 1964)

SAISON	CLUB	LIGUE	PJ	MIN	BC	G	P	N	BL	MOY	A	PUN	PJ	MIN	BC	G	P	N	BL	MOY	A	PUN
1966-67	Cornell University	ECAC	27	1646	40	26	0	1	4	1.46	-	-	-	-	-	-	-	-	-	-	-	-
1967-68	Cornell University	ECAC	29	1620	41	25	2	0	6	1.52	-	-	-	-	-	-	-	-	-	-	-	-
1968-69	Cornell University	ECAC	27	1578	47	25	2	0	3	1.79	-	-	-	-	-	-	-	-	-	-	-	-
	Canada	CM	2	120	4	1	1	0	1	2.00	-	-	-	-	-	-	-	-	-	-	-	-
1969-70	Canada	Éq. nat.	*Statistiques non disponibles*																			
1970-71	Montréal (Voyageurs)	AHL	33	1899	84	16	7	8	3	2.68	0	0	-	-	-	-	-	-	-	-	-	-
	Montréal (Canadiens)	**LNH**	**6**	**327**	**9**	**6**	**6**	**0**	**0**	**1.65**	**0**	**0**	***20**	***1221**	**61**	***12**	**8**	**-**	**0**	**3.00**	**1**	**0**
1971-72	**Montréal (Canadiens)**	**LNH**	**64**	***3800**	**142**	***39**	**8**	**15**	**8**	**2.24**	**3**	**4**	**6**	**360**	**17**	**2**	**4**	**-**	**0**	**2.83**	**0**	**0**
	Match des étoiles	LNH	1	31	2	0	0	0	0	3.95	0	0	-	-	-	-	-	-	-	-	-	-
1972-73	**Montréal (Canadiens)**	**LNH**	**54**	**3165**	**119**	***33**	**7**	**13**	***6**	***2.26**	***4**	**2**	***17**	***1039**	**50**	***12**	**5**	**-**	**1**	**2.89**	**0**	**2**
	Canada	Siècle	4	240	19	2	2	0	0	4.75	0	0	-	-	-	-	-	-	-	-	-	-
1973-74			*N'a pas joué*																			
1974-75	**Montréal (Canadiens)**	**LNH**	**56**	**3320**	**149**	**30**	**9**	**16**	**4**	**2.69**	**3**	**2**	**11**	**688**	**29**	**6**	**5**	**-**	**2**	**2.53**	**0**	**0**
	Match des étoiles	LNH	1	30	0	0	0	0	0	0.00	0	0	-	-	-	-	-	-	-	-	-	-
1975-76	**Montréal (Canadiens)**	**LNH**	**62**	**3580**	**121**	***42**	**10**	**8**	***8**	***2.03**	**2**	**0**	***13**	***780**	**25**	***12**	**1**	**-**	**1**	***1.92**	**0**	**0**
	Match des étoiles	LNH	1	30	1	0	0	0	0	2.03	0	0	-	-	-	-	-	-	-	-	-	-
1976-77	**Montréal (Canadiens)**	**LNH**	**56**	**3275**	**117**	***41**	**6**	**8**	***10**	**2.14**	**2**	**0**	***14**	**849**	**22**	***12**	**2**	**-**	***4**	***1.92**	**0**	**0**
	Match des étoiles	LNH	1	32	1	0	0	0	0	1.91	0	0	-	-	-	-	-	-	-	-	-	-
1977-78	**Montréal (Canadiens)**	**LNH**	**53**	**3071**	**105**	**37**	**7**	**7**	**5**	***2.05**	**2**	**0**	***15**	***919**	**29**	***12**	**3**	**-**	***2**	***1.89**	**0**	**0**
	Match des étoiles	LNH	1	30	2	0	0	0	0	4.08	0	0	-	-	-	-	-	-	-	-	-	-
1978-79	**Montréal (Canadiens)**	**LNH**	**47**	**2814**	**108**	**30**	**10**	**7**	***5**	***2.30**	**3**	**4**	**16**	**990**	**41**	***12**	**4**	**-**	**0**	**2.48**	**3**	**4**
	Étoiles LNH	Défi 79	2	120	7	1	1	0	0	3.50	0	0	-	-	-	-	-	-	-	-	-	-
		LNH	**397**	**23352**	**870**	**258**	**57**	**74**	**46**	**2.24**	**19**	**12**	**112**	**6846**	**274**	**80**	**32**	**-**	**10**	**2.40**	**4**	**6**
		Montréal	**397**	**23352**	**870**	**258**	**57**	**74**	**46**	**2.24**	**19**	**12**	**112**	**6846**	**274**	**80**	**32**	**-**	**10**	**2.40**	**4**	**6**

• Première équipe d'étoiles (ECAC) en 1966-67, 1967-68, 1968-69 • Première équipe All-American, Division Est (NCAA) en 1966-67, 1967-68, 1968-69• Équipe d'étoiles All-Tournament (NCAA) en 1966-67 • Joueur de l'année (ECAC) en 1968-69 • Coupe Stanley (LNH) en 1970-71, 1972-73, 1975-76, 1976-77, 1977-78, 1978-79• Trophée Conn-Smythe (LNH) en 1970-71 • Première équipe d'étoiles (LNH) en 1972-73, 1975-76, 1976-77, 1977-78, 1978-79 • Deuxième équipe d'étoiles (LNH) en 1971-72 • Trophée Calder (LNH) en 1971-72 • Match des étoiles (LNH) en 1971-72, 1974-75, 1975-76, 1976-77, 1977-78 • Trophée Georges-Vézina (LNH) en 1972-73, 1975-76 • Trophée Georges-Vézina (LNH) avec Michel Larocque en 1976-77, 1977-78, 1978-79 • Temple de la Renommée (LNH) en 1983

• Droits cédés à Montréal par Boston avec Alex Campbell pour Guy Allen et Paul Reid en juin 1964

DURNAN, WILLIAM (BILL)

Né à Toronto, Ontario, le 22 janvier 1915, décédé le 31 octobre 1972. Ambidextre, 6', 190 lb

SAISON	CLUB	LIGUE	PJ	MIN	BC	G	P	N	BL	MOY	A	PUN	PJ	MIN	BC	G	P	N	BL	MOY	A	PUN
1932-33	Sudbury (Wolves)	NOJHA	6	360	6	-	-	-	2	1.00	-	-	2	120	4	-	-	-	0	2.00	-	-
1933-34	Toronto (Torontos)	TIHL	11	660	21	-	-	-	4	1.91	-	-	1	60	5	0	1	0	0	5.00	-	-
	Toronto (British Consols)	TMHL	15	910	31	*12	2	1	1	*2.04	-	-	5	350	21	0	2	3	0	3.60	-	-
1934-35	Toronto (All-Stars)	TIHL	2	120	9	-	-	-	0	4.50	-	-	-	-	-	-	-	-	-	-	-	-
	Toronto (McColl)	TMHL	15	900	62	-	-	-	0	4.13	-	-	-	-	-	-	-	-	-	-	-	-
1935-36	Toronto (Dominions)	TMHL	1	60	6	0	1	0	0	6.00	-	-	-	-	-	-	-	-	-	-	-	-
1936-37	Kirkland (Blue Devils)	NOHA	4	240	5	4	0	0	0	1.25	-	-	4	240	8	1	0	3	1	2.00	-	-
1937-38	Kirkland (Blue Devils)	NOHA	11	610	27	*8	1	1	1	2.66	-	-	2	120	2	*2	0	0	*1	*1.00	-	-
	Kirkland (Blue Devils)	Allan	-	-	-	-	-	-	-	-	-	-	2	120	11	0	2	0	0	5.50	0	0
1938-39	Kirkland (Blue Devils)	NOHA	7	420	7	*7	0	0	*3	*1.00	-	-	2	120	3	*2	0	0	*1	*1.50	-	-
	Kirkland (Blue Devils)	Allan	-	-	-	-	-	-	-	-	-	-	5	299	12	3	2	0	2	2.41	0	0
1939-40	Kirkland (Blue Devils)	NOHA	6	360	12	-	-	-	1	2.00	-	-	-	-	-	-	-	-	-	-	-	-
	Kirkland (Blue Devils	Allan	-	-	-	-	-	-	-	-	-	-	17	1040	35	14	1	2	1	2.02	0	0
1940-41	Montréal (Royals)	LHSQ	34	2000	100	-	-	-	1	3.00	-	-	8	480	24	8	0	0	*1	3.00	-	-
	Montréal (Royals)	Allan	-	-	-	-	-	-	-		-	-	14	850	49	8	5	1	1	3.46	0	0
1941-42	Montréal (Royals)	LHSQ	39	2340	143	-	-	-	0	3.67	-	-	-	-	-	-	-	-	-	-	-	-

SAISON CLUB	LIGUE	SAISONS RÉGULIÈRES										SÉRIES ÉLIMINATOIRES									
		PJ	MIN	BC	G	P	N	BL	MOY	A	PUN	PJ	MIN	BC	G	P	N	BL	MOY	A	PUN
1942-43 Montréal (Royals)	LHSQ	31	1860	130	-	-	-	0	4.19	-	-	4	240	11	-	-	-	0	2.75	-	-
1943-44 **Montréal (Canadiens)**	LNH	*50	*3000	109	*38	5	7	2	*2.18	0	0	*9	*549	14	*8	1	-	*1	*1.53	0	0
1944-45 **Montréal (Canadiens)**	LNH	*50	*3000	121	*38	8	4	1	*2.42	0	0	6	373	15	2	4	-	0	2.41	0	0
1945-46 **Montréal (Canadiens)**	LNH	40	2400	104	*24	11	5	*4	*2.60	0	0	9	581	20	*8	1	-	0	2.07	0	0
1946-47 **Montréal (Canadiens)**	LNH	*60	*3600	138	*34	16	10	4	*2.30	0	0	*11	*720	23	6	5	-	*1	*1.92	0	0
1947-48 **Montréal (Canadiens)**	LNH	59	3505	162	20	28	10	5	2.77	0	5	-	-	-	-	-	-	-	-	-	-
Match des étoiles	LNH	1	31	3	0	0	0	0	5.81	0	0										
1948-49 **Montréal (Canadiens)**	LNH	*60	*3600	126	28	23	9	*10	*2.10	0	0	7	468	17	3	4	-	0	2.18	0	0
Match des étoiles	LNH	1	30	0	0	0	0	0	0.00	0	0										
1949-50 **Montréal (Canadiens)**	LNH	64	3840	141	26	21	17	8	*2.20	1	2	3	180	10	0	3	-	0	3.33	0	0
Match des étoiles	LNH	1	30	1	0	0	0	0	2.03	0	0										
LNH		383	22945	901	208	112	62	34	2.36	1	7	45	2871	99	27	18	-	2	2.07	0	0
Montréal		383	22945	901	208	112	62	34	2.36	1	7	45	2871	99	27	18	-	2	2.07	0	0

• Coupe Allan 1939-40 • Coupe Stanley (LNH) en 1943-44, 1945-46 • Première équipe d'étoiles (LNH) en 1943-44, 1944-45, 1945-46, 1946-47, 1948-49, 1949-50 • Trophée Georges-Vézina (LNH) 1943-44, 1944-45, 1945-46, 1946-47, 1948-49, 1949-50 • Match des étoiles (LNH) en 1947-48, 1948-49, 1949-50 • Temple de la Renommée (LNH) en 1964
• Signe avec Montréal comme agent libre le 30 octobre 1943

ESPOSITO, ANTHONY (TONY)

Né à Sault Ste. Marie, Ontario, le 23 avril 1943. Attrape de la droite, 5'11", 185 lb

SAISON CLUB	LIGUE	PJ	MIN	BC	G	P	N	BL	MOY	A	PUN	PJ	MIN	BC	G	P	N	BL	MOY	A	PUN
1964-65 Michigan (Huskies)	WCHA	17	1020	40	-	-	-	1	2.35	0	0	-	-	-	-	-	-	-	-	-	-
1965-66 Michigan (Huskies)	WCHA	19	1140	51	-	-	-	1	2.68	0	0	-	-	-	-	-	-	-	-	-	-
1966-67 Michigan (Huskies)	WCHA	15	900	39	-	-	-	1	2.60	0	0	-	-	-	-	-	-	-	-	-	-
1967-68 Vancouver (Canucks)	WHL	*63	*3734	199	*25	*33	4	*4	3.20	0	0	-	-	-	-	-	-	-	-	-	-
1968-69 **Montréal (Canadiens)**	LNH	13	746	34	5	4	4	2	2.73	0	0	-	-	-	-	-	-	-	-	-	-
Houston (Apollos)	CHL	19	1139	46	10	7	2	1	2.42	0	0	1	59	3	0	1	-	0	3.05	0	0
1969-70 Chicago (Black Hawks)	LNH	63	3763	136	*38	17	8	*15	2.17	2	0	8	480	27	4	4	-	0	3.38	0	0
Match des étoiles	LNH	1	31	0	0	0	0	0	0.00	0	0										
1970-71 Chicago (Black Hawks)	LNH	57	3325	126	*35	14	7	6	2.27	1	4	18	1151	42	11	7	-	*2	*2.19	0	0
Match des étoiles	LNH	1	31	1	0	0	0	0	1.96	0	0										
1971-72 Chicago (Black Hawks)	LNH	48	2780	82	31	10	6	*9	*1.77	1	2	5	300	16	2	3	-	0	3.20	0	0
Match des étoiles	LNH	1	31	1	0	0	0	0	1.97	0	0										
1972-73 Chicago (Black Hawks)	LNH	56	3340	140	32	17	7	4	2.51	2	0	15	895	46	10	5	-	1	3.08	0	0
Match des étoiles	LNH	1	30	1	0	0	0	0	2.05	0	0										
Canada	Siècle	4	240	13	2	1	1	0	3.25	0	0										
1973-74 Chicago (Black Hawks)	LNH	70	4143	141	34	14	21	10	2.04	1	0	10	584	28	6	4	-	*2	2.88	0	0
Match des étoiles	LNH	1	30	2	1	0	0	0	4.00	0	0										
1974-75 Chicago (Black Hawks)	LNH	71	*4219	193	34	30	7	6	2.74	1	11	8	472	34	3	5	-	0	4.32	0	0
1975-76 Chicago (Black Hawks)	LNH	*68	*4003	198	30	23	13	4	2.97	1	2	4	240	13	0	4	-	0	3.25	0	0
1976-77 Chicago (Black Hawks)	LNH	*69	*4067	234	25	36	8	2	3.45	0	6	2	120	6	0	2	-	0	3.00	0	0
Canada	CM	9	510	27	-	-	-	0	3.17	0	0										
1977-78 Chicago (Black Hawks)	LNH	64	3840	168	28	22	14	5	2.63	*4	0	4	252	19	0	4	-	0	4.52	0	0
1978-79 Chicago (Black Hawks)	LNH	63	*3780	206	24	28	11	4	3.27	0	2	4	243	14	0	4	-	0	3.46	0	0
1979-80 Chicago (Black Hawks)	LNH	*69	*4140	205	31	22	16	*6	2.97	1	0	6	373	14	3	3	-	0	2.25	0	0
Match des étoiles	LNH	1	16	2	0	0	0	0	7.91	0	0										
1980-81 Chicago (Black Hawks)	LNH	66	*3935	246	29	23	14	0	3.75	3	0	3	215	15	0	3	-	0	4.19	0	0
1981-82 Chicago (Black Hawks)	LNH	52	3069	231	19	25	8	1	4.52	2	0	7	381	16	3	3	-	*1	2.52	0	0
États-Unis	CC	5	300	20	2	3	0		4.00	0	0										
1982-83 Chicago (Black Hawks)	LNH	39	2340	135	23	11	5	1	3.46	0	0	5	311	18	3	2	-	0	3.47	0	0
1983-84 Chicago (Black Hawks)	LNH	18	1095	88	5	10	3	1	4.82	0	0	-	-	-	-	-	-	-	-	-	-
LNH		886	52585	2563	423	306	152	76	2.92	19	29	99	6017	308	45	53	-	6	3.07	0	0
Montréal		13	746	34	5	4	4	2	2.73	0	0	-	-	-	-	-	-	-	-	-	-

• Équipe d'étoiles All-Tournament (NCAA) en 1964-65 • Première équipe d'étoiles (LNH) en 1969-70, 1971-72, 1979-80 • Deuxième équipe d'étoiles (LNH) en 1972-73, 1973-74 • Trophée Calder (LNH) en 1969-70 • Trophée Georges-Vézina (LNH) en 1969-70 • Match des étoiles (LNH) en 1969-70, 1970-71, 1971-72, 1972-73, 1973-74, 1979-80 • Trophée Georges-Vézina (LNH) avec Gary Smith en 1971-72 • Trophée Georges-Vézina (LNH) avec Bernard Parent en 1973-74 • Temple de la Renommée (LNH) en 1988
• Signe avec Montréal comme joueur autonome le 29 septembre 1967 • Réclamé par Chicago de Montréal au repêchage intra-ligue le 11 juin 1969

EVANS, CLAUDE

Né à Longueuil, Québec, le 28 avril 1933, décédé. Attrape de la gauche, 5'8", 165 lb

SAISON CLUB	LIGUE	PJ	MIN	BC	G	P	N	BL	MOY	A	PUN	PJ	MIN	BC	G	P	N	BL	MOY	A	PUN
1949-50 Montréal (National)	LHJQ	1	60	1	1	0	0	0	1.00	0	0	3	180	14	1	2	-	0	4.67	0	0
1950-51 Montréal (National)	LHJQ	44	2670	186	25	19	0	0	4.18	0	0	-	-	-	-	-	-	-	-	-	-
1951-52 Montréal (National)	LHJQ	50	3000	198	28	21	1	1	3.96	0	0	9	544	33	4	5	-	0	3.64	0	0
1952-53 Cincinnati (Mohawks)	IHL	*60	*3600	152	*43	13	4	*5	*2.53	0	0	9	540	19	*8	1	-	*1	*2.11	0	0
1953-54 Montréal (Royals)	LHQ	14	870	43	6	5	3	2	2.97	0	0	2	120	5	1	1	-	0	2.50	0	0
Valleyfield (Braves)	LHQ	8	480	31	3	5	0	0	3.88	0	0	-	-	-	-	-	-	-	-	-	-
Providence (Reds)	AHL	3	180	14	0	3	0	0	4.67	0	0	-	-	-	-	-	-	-	-	-	-
Victoria (Cougars)	WHL	14	840	46	7	6	1	0	3.28	0	0	5	300	28	1	4	-	0	5.60	0	0
1954-55 Montréal (Royals)	LHQ	21	1270	73	10	8	3	0	3.45	0	0	-	-	-	-	-	-	-	-	-	-
Montréal (Canadiens)	LNH	4	200	12	1	2	0	0	3.60	0	0	-	-	-	-	-	-	-	-	-	-
Québec (As)	LHQ	13	750	40	9	3	1	2	3.20	0	0	4	240	11	2	2	-	1	2.75	0	0
Chicoutimi (Saguenéens)	LHQ	4	240	15	2	2	0	0	3.75	0	0	-	-	-	-	-	-	-	-	-	-
1955-56 Québec (As)	LHQ	57	3410	199	21	33	8	2	3.50	0	0	-	-	-	-	-	-	-	-	-	-
1956-57 Springfield (Indians)	AHL	32	1960	143	8	23	0	1	4.47	0	0	-	-	-	-	-	-	-	-	-	-
1957-58 Springfield (Indians)	AHL	53	3252	173	27	21	5	1	3.19	0	0	*13	*783	40	6	7	-	*3	3.07	0	0
Boston (Bruins)	LNH	1	60	4	0	0	0	0	4.00	0	0	-	-	-	-	-	-	-	-	-	-
1958-59 Springfield (Indians)	AHL	21	1220	84	9	11	0	2	4.13	0	0	*8	*484	26	3	5	-	0	3.22	0	0
Trois-Rivières (Lions)	LHQ	38	2280	116	*21	16	1	*3	3.05	0	0	-	-	-	-	-	-	-	-	-	-
1959-60 Trois-Rivière (Lions)	ÉPHL	62	3720	207	28	25	9	4	3.34	0	0	7	422	15	3	4	-	*2	2.13	0	0
1960-61 Kitchener-Waterloo	ÉPHL	17	1020	69	6	7	4	0	4.06	0	0	-	-	-	-	-	-	-	-	-	-
Vancouver (Canucks)	WHL	53	3180	147	23	23	6	3	2.77	0	0	9	575	24	4	5	-	0	2.50	0	0
1961-62 Vancouver (Canucks)	WHL	40	2427	165	11	26	3	2	4.08	0	0	-	-	-	-	-	-	-	-	-	-
Pittsburgh (Hornets)	AHL	19	1140	132	2	17	0	0	6.95	0	0	-	-	-	-	-	-	-	-	-	-
1962-63 Drummondville (Aigles)	LHSQ	*Statistiques non disponibles*																			
1963-64 Drummondville (Aigles)	LHSQ	*Statistiques non disponibles*																			
1964-65 Drummondville (Aigles)	LHSQ	*Statistiques non disponibles*																			
1965-66 Victoriaville (Tigres)	LHSQ	3	180	20	-	-	-		6.67			-	-	-	-	-	-	-	-	-	-
Trois-Rivières (Leafs)	AHJQ	24	1440	128	10	12	2	0	5.33	-	-										
LNH		5	260	16	1	2	1	0	3.69	0	0	-	-	-	-	-	-	-	-	-	-
Montréal		4	200	12	1	2	0	0	3.60	0	0	-	-	-	-	-	-	-	-	-	-

• Deuxième équipe d'étoiles (LHJQ) en 1951-52 • Deuxième équipe d'étoiles (IHL) en 1952-53 • Deuxième équipe d'étoiles (LHQ) en 1958-59
• Prêté à Montréal par Montréal (Royals-LHQ) pour remplacer Jacques Plante, blessé le 13 novembre 1954 • Prêté à Boston par Springfield (AHL) pour remplacer Harry Lumley, blessé le 6 mars 1958

SAISON CLUB	LIGUE	PJ	MIN	BC	G	P	N	BL	MOY	A	PUN	PJ	MIN	BC	G	P	N	BL	MOY	A	PUN
		SAISONS RÉGULIÈRES										SÉRIES ÉLIMINATOIRES									

SAISON	CLUB	LIGUE	PJ	MIN	BC	G	P	N	BL	MOY	A	PUN	PJ	MIN	BC	G	P	N	BL	MOY	A	PUN

EXELBY, RANDY

Né à Toronto, Ontario, le 13 août 1965. Attrape de la gauche, 5'9", 170 lb (Choix de 1ère ronde de Montréal, 12e au total lors du repêchage complémentaire de 1986)

SAISON	CLUB	LIGUE	PJ	MIN	BC	G	P	N	BL	MOY	A	PUN	PJ	MIN	BC	G	P	N	BL	MOY	A	PUN
1982-83	Streetsville (Derbys)	OJHL	17	971	64	-	-	-	0	3.96	-	-	-	-	-	-	-	-	-	-	-	-
	Richmond Hill Dynes	OJHL	3	160	22	0	3	0	0	8.07	-	-	-	-	-	-	-	-	-	-	-	-
1983-84	Lake Superior State	CCHA	21	905	75	6	10	0	0	4.97	0	0	-	-	-	-	-	-	-	-	-	-
1984-85	Lake Superior State	CCHA	36	1999	112	22	11	1	1	3.36	0	0	-	-	-	-	-	-	-	-	-	-
1985-86	Lake Superior State	CCHA	28	1625	98	14	11	1	1	3.62	2	12	-	-	-	-	-	-	-	-	-	-
1986-87	Lake Superior State	CCHA	28	1357	91	12	9	1	0	4.02	0	0	-	-	-	-	-	-	-	-	-	-
1987-88	Sherbrooke (Canadiens)	AHL	19	1050	49	7	10	0	0	2.80	1	27	4	212	13	2	2	-	0	3.68	1	0
1988-89	**Montréal (Canadiens)**	**LNH**	1	3	0	0	0	0	0	0.00	0	0	-	-	-	-	-	-	-	-	-	-
	Sherbrooke (Canadiens)	AHL	52	2935	146	31	13	6	0	2.98	3	46	6	329	24	1	4	-	0	4.38	0	12
1989-90	Edmonton (Oilers)	LNH	1	60	5	0	1	0	0	5.00	0	0	-	-	-	-	-	-	-	-	-	-
	Phoenix (Roadrunners)	IHL	41	2146	163	11	18	5	0	4.56	4	24	-	-	-	-	-	-	-	-	-	-
1990-91	Springfield (Indians)	AHL	4	245	20	1	2	1	0	4.90	0	0	-	-	-	-	-	-	-	-	-	-
	Kansas City (Blades)	IHL	16	785	65	0	13	0	0	4.97	1	20	-	-	-	-	-	-	-	-	-	-
	Louisville (IceHawks)	ECHL	13	743	60	6	5	1	0	4.84	0	38	-	-	-	-	-	-	-	-	-	-
	LNH		2	63	5	0	1	0	0	4.76	0	0	-	-	-	-	-	-	-	-	-	-
	Montréal		1	3	0	0	0	0	0	0.00	0	0	-	-	-	-	-	-	-	-	-	-

• Première équipe d'étoiles (AHL) en 1988-89 • Trophée Harry-Holmes (AHL) avec François Gravel en 1988-89 • Trophée Aldege-Bastien (AHL) en 1988-89
• Échangé à Edmonton par Montréal pour des considérations futures le 2 octobre 1989

FICHAUD, ÉRIC

Né à Anjou, Québec, le 4 novembre 1975. Attrape de la gauche, 5'11", 179 lb (Choix de 1ère ronde de Toronto, 16e au total lors du repêchage de 1994)

SAISON	CLUB	LIGUE	PJ	MIN	BC	G	P	N	BL	MOY	A	PUN	PJ	MIN	BC	G	P	N	BL	MOY	A	PUN
1991-92	Montréal-Bourassa (Canadiens)	QAAA	28	1678	110	12	15	1	0	3.95	-	-	9	567	32	5	4	-	0	3.39	0	0
1992-93	Chicoutimi (Saguenéens)	LHJMQ	43	2039	149	18	13	1	0	4.38	-	-	-	-	-	-	-	-	-	-	-	-
1993-94	Chicoutimi (Saguenéens)	LHJMQ	*63	*3493	192	*37	21	3	4	3.30	0	18	*26	*1560	86	*16	10	-	*1	3.31	0	0
	Chicoutimi (Saguenéens)	Mem.											4	240	10	2	2	-	1	2.50	0	0
1994-95	Chicoutimi (Saguenéens)	LHJMQ	46	2637	151	21	19	4	4	3.44	0	14	7	428	20	2	5	-	0	2.80	0	0
1995-96	New York (Islanders)	LNH	24	1234	68	7	12	2	1	3.31	1	0	-	-	-	-	-	-	-	-	-	-
	Worcester (IceCats)	AHL	34	1989	97	13	15	6	1	2.93	2	6	2	127	7	1	1	-	0	3.30	0	0
1996-97	New York (Islanders)	LNH	34	1759	91	9	14	4	0	3.10	0	2	-	-	-	-	-	-	-	-	-	-
1997-98	New York (Islanders)	LNH	17	807	40	3	8	3	1	2.97	0	0	-	-	-	-	-	-	-	-	-	-
	Utah (Grizzlies)	IHL	1	40	3	0	0	0	0	4.45	0	0	-	-	-	-	-	-	-	-	-	-
1998-99	Nashville (Predators)	LNH	9	447	24	0	6	0	0	3.22	0	0	-	-	-	-	-	-	-	-	-	-
	Milwaukee (Admirals)	IHL	8	480	25	5	2	1	0	3.12	0	0	-	-	-	-	-	-	-	-	-	-
1999-00	Caroline (Hurricanes)	LNH	9	490	24	3	5	1	1	2.94	0	0	-	-	-	-	-	-	-	-	-	-
	Québec (Citadelles)	AHL	6	368	17	4	1	0	0	2.77	0	0	3	177	10	0	3	-	0	3.39	0	10
2000-01	**Montréal (Canadiens)**	**LNH**	2	62	4	0	2	0	0	3.87	0	0	-	-	-	-	-	-	-	-	-	-
	Québec (Citadelles)	AHL	42	2441	127	19	19	2	1	3.12	2	6	2	98	3	0	1	-	0	1.84	0	0
2001-02	Manitoba	AHL	5	279	13	2	3	0	1	2.80	0	0	-	-	-	-	-	-	-	-	-	-
	Krefeld	GER	16	402	11	-	-	-	0	1.64	0	0	3	197	8	-	-	-	0	2.44	0	0
2002-03	Hamilton (Bulldogs)	AHL	27	1447	55	14	7	3	4	2.28	0	2	8	472	17	5	3	-	0	2.16	0	0
	LNH		95	4799	251	22	47	10	2	3.13	1	2	-	-	-	-	-	-	-	-	-	-
	Montreal		2	62	4	0	2	0	0	3.87	0	0	-	-	-	-	-	-	-	-	-	-

• Coupe du Président (LHJMQ) en 1993-94 • Trophée Michael-Bossy (LHJMQ) en 1993-94 • Trophée Guy-Lafleur (LHJMQ) en 1993-94 • Équipe d'étoiles (Mem.) en 1993-94 • Trophée Hap-Emms (Mem.) en 1993-94 • Deuxième équipe d'étoiles (CHL) en 1993-94 • Première équipes d'étoiles (LHJMQ) en 1994-95 • Coupe Futura (LNAH) en 2004-05 • Joueur par excellence des séries (LNAH) 2004-05
• Échangé à New York (Islanders) par Toronto pour Benoit Hogue, le choix de 3e ronde de New York (Islanders) au repêchage de 1995 (Ryan Pepperall) et le choix de 5e ronde (Islanders) au repêchage de 1996 (Brandon Sugden) le 6 avril 1995 • Échangé à Edmonton par New York (Islanders) pour Mike Watt le 18 juin 1998 • Échangé à Nashville par Edmonton avec Drake Berehowsky et Greg de Vries pour Mikhail Shtalenkov et Jim Dowd le 1er octobre 1998 • Échangé à la Caroline par Nashville pour le choix de 4e ronde du Toronto au repêchage de 1999 (propriété de la Caroline suite à une transaction antérieure, Nashville sélectionne Yevgeny Pavlov) et des considérations futures le 26 juin 1999 • Réclamé au ballottage par Montréal de la Caroline le 11 février 2000 • Signe avec Krefeld (GER) comme joueur autonome le 11 janvier 2002 • Signe avec Montréal comme joueur autonome le 10 septembre 2002

FISET, STÉPHANE

Né à Montréal, Québec, le 17 juin 1970. Attrape de la gauche, 6'01", 215 lb (Choix de 2e ronde de Québec, 24e au total lors du repêchage de 1988)

SAISON	CLUB	LIGUE	PJ	MIN	BC	G	P	N	BL	MOY	A	PUN	PJ	MIN	BC	G	P	N	BL	MOY	A	PUN
1986-87	Montréal-Bourassa (Canadiens)	QAAA	30	1689	155	8	21	1	0	5.51	-	-	-	-	-	-	-	-	-	-	-	-
1987-88	Victoriaville (Tigres)	LHJMQ	40	2221	146	15	17	4	1	3.94	3	6	2	163	10	0	2	-	0	3.68	0	2
1988-89	Victoriaville (Tigres)	LHJMQ	43	2401	138	25	14	0	1	3.45	0	18	12	711	33	9	2	-	0	2.78	0	10
1988-89	Canada	CMJ	6	329	18	3	2	1	0	3.28	0	0	-	-	-	-	-	-	-	-	-	-
1989-90	Québec (Nordiques)	LNH	6	342	34	0	5	1	0	5.96	0	0	-	-	-	-	-	-	-	-	-	-
	Victoriaville (Tigres)	LHJMQ	24	1383	63	14	6	3	1	2.73	0	6	*14	*790	49	7	6	-	0	3.72	0	10
	Canada	CMJ	7	420	18	*5	1	1	*1	2.57	0	0	-	-	-	-	-	-	-	-	-	-
1990-91	Québec (Nordiques)	LNH	3	186	12	0	2	1	0	3.87	0	0	-	-	-	-	-	-	-	-	-	-
	Halifax (Citadels)	AHL	36	1902	131	10	15	8	0	4.13	5	2	-	-	-	-	-	-	-	-	-	-
1991-92	Québec (Nordiques)	LNH	23	1133	71	7	10	2	1	3.76	0	0	-	-	-	-	-	-	-	-	-	-
	Halifax (Citadels)	AHL	29	1675	110	8	14	6	3	3.94	0	16	-	-	-	-	-	-	-	-	-	-
1992-93	Québec (Nordiques)	LNH	37	1939	110	18	9	4	2	3.40	3	2	1	21	1	0	0	-	0	2.86	0	0
	Halifax (Citadels)	AHL	3	180	11	2	1	0	0	3.67	0	0	-	-	-	-	-	-	-	-	-	-
1993-94	Québec (Nordiques)	LNH	50	2798	158	20	25	4	2	3.39	3	8	-	-	-	-	-	-	-	-	-	-
	Cornwall (Aces)	AHL	1	60	4	0	1	0	0	4.00	0	0	-	-	-	-	-	-	-	-	-	-
	Canada	CM	2	120	3	2	0	0	0	1.50	0	0	-	-	-	-	-	-	-	-	-	-
1994-95	Québec (Nordiques)	LNH	32	1879	87	17	10	3	2	2.78	3	2	4	209	16	1	2	-	0	4.59	0	0
1995-96	Colorado (Avalanche)	LNH	37	2107	103	22	6	7	1	2.93	1	0	1	1	0	0	0	-	0	0.00	0	0
1996-97	Los Angeles (Kings)	LNH	44	2482	132	13	24	5	4	3.19	0	0	-	-	-	-	-	-	-	-	-	-
1997-98	Los Angeles (Kings)	LNH	60	3497	158	26	25	8	2	2.71	1	4	2	93	7	0	2	-	0	4.52	0	0
1998-99	Los Angeles (Kings)	LNH	42	2403	104	18	21	1	3	2.60	0	2	-	-	-	-	-	-	-	-	-	-
1999-00	Los Angeles (Kings)	LNH	47	2592	119	20	15	7	1	2.75	2	4	4	200	10	0	3	-	0	3.00	0	0
2000-01	Los Angeles (Kings)	LNH	7	318	19	3	0	1	0	3.58	0	0	1	0	0	0	0	-	0	0.00	0	0
	Lowell Lock (Monsters)	AHL	3	190	9	1	0	2	0	2.84	0	0	-	-	-	-	-	-	-	-	-	-
2001-02	**Montréal (Canadiens)**	**LNH**	2	109	7	0	1	0	0	3.85	0	0	1	38	3	0	0	-	0	4.74	0	0
	LNH		390	21785	1114	164	153	44	16	3.07	12	38	14	562	37	1	7	-	0	3.94	0	0
	Montréal		2	109	7	0	1	0	0	3.85	0	0	1	38	3	0	0	-	0	4.74	0	0

• Première équipe d'étoiles (LHJMQ) en 1988-89 • Troisième équipe d'étoiles (LHJMQ) en 1987-88 • Trophée Jacques-Plante (LHJMQ) en 1988-89 • Gardien par excellence (CHL) en 1989 • Trophée Paul-Dumont (LHJMQ) en 1989-90 • Équipe d'étoiles (CMJ) en 1990 • Nommé meilleur gardien du tournoi (CMJ) en 1990 • Coupe Stanley (LNH) en 1995-96
• Transfert de la concession de Québec au Colorado le 21 juin 1995 • Échangé à Los Angeles par Colorado avec le 1er choix du Colorado au repêchage de 1998 (Mathieu Biron) pour Éric Lacroix et le 1er choix de Los Angeles au repêchage de 1998 (Martin Skoula) le 20 juin 1996 • Échangé à Montréal par Los Angeles pour des considérations futures le 19 mars 2002 • Annonce officiellement sa retraite le 9 septembre 2002

SAISONS RÉGULIÈRES — SÉRIES ÉLIMINATOIRES

SAISON	CLUB	LIGUE	PJ	MIN	BC	G	P	N	BL	MOY	A	PUN	PJ	MIN	BC	G	P	N	BL	MOY	A	PUN

GARDINER, WILBERT (BERT)

Né à Saskatoon, Saskatchewan, le 25 mars 1913, décédé le 28 août 2001. Attrape de la gauche, 5'11", 160 lb

			SAISONS RÉGULIÈRES										SÉRIES ÉLIMINATOIRES									
SAISON	CLUB	LIGUE	PJ	MIN	BC	G	P	N	BL	MOY	A	PUN	PJ	MIN	BC	G	P	N	BL	MOY	A	PUN
1931-32	Saskatoon (Mercuries)	SCJHL	3	210	18	1	2	0	0	5.14	0	0	-									
	Calgary (Jimmies)	CCJHL	2	120	2	2	0	0	0	1.00	-	-	-									
	Calgary (Jimmies)	Mem.	-										5	300	11	2	3	0	0	2.20	0	0
1932-33	Calgary (Jimmies)	CCJHL	2	120	2	2	0	0	0	1.00			-									
	Calgary (Jimmies)	Mem.	-										7	420	16	5	2	0	1	2.29	0	0
1933-34	Saskatoon (Quakers)	N-SSHL	14	910	53	6	7	1	0	3.49	0	0	4	240	8	3	1	0	1	2.00	0	0
1934-35	Brooklyn (Crescents)	EAHL	21	1260	35	*15	5	1	*6	*1.67	1	0	8	560	13	*7	1	0	*1	*1.39	0	0
1935-36	New York (Rangers)	LNH	1	60	1	1	0	0	0	1.00			-									
	Philadelphie (Arrows)	Can-Am	45	2760	94	26	16	3	5	*2.04	0	0	4	265	4	3	1	0	*1	0.91	0	0
1936-37	Philadelphie (Ramblers)	IAHL	47	2900	105	26	13	8	4	*2.17	0	0	6	360	15	3	3	0	*2	2.50	0	0
1937-38	Philadelphie (Ramblers)	IAHL	*48	*2950	126	*26	18	4	*8	2.56	0	0	5	369	10	3	2	0	*2	*1.63	0	0
1938-39	Philadelphie (Ramblers)	IAHL	52	3230	150	*32	16	4	2	2.79	0	0	5	335	11	3	2	0	1	1.97	0	0
	New York (Rangers)	LNH	-										6	433	12	3	3	-	0	1.66	0	0
1939-40	Philadelphie (Rockets)	IAHL	54	3350	170	15	31	8	4	3.04	0	0	-									
	New Haven (Eagles)	IAHL	3	180	4	3	0	0	1	1.67	0	0	-									
1940-41	**Montréal (Canadiens)**	**LNH**	42	2600	119	13	23	6	2	2.75	0	0	3	214	8	1	2	-	0	2.24	0	0
1941-42	**Montréal (Canadiens)**	**LNH**	10	620	42	1	8	1	0	4.06	0	0	2	120	7	0	2	-	0	3.50	0	0
	Washington (Lions)	AHL	34	2080	99	12	19	3	4	2.86	-		-									
1942-43	Chicago (Black Hawks)	LNH	*50	*3020	180	17	18	15	1	3.58	0	0	-									
1943-44	Boston (Bruins)	LNH	41	2460	212	17	19	5	1	5.17	1	0	-									
	LNH		144	8760	554	49	68	27	4	3.79	1	0	9	647	20	4	5	-	0	1.85	0	0
	Montréal		52	3220	161	14	31	7	2	3.00	0	0	3	214	8	1	2	-	0	2.24	0	0

• Première équipe d'étoiles (EAHL) en 1934-35 • Trophée George-L.-Davis Jr (EAHL) en 1934-35 • Première équipe d'étoiles (Can-Am) en 1935-36 • Première équipe d'étoiles (IAHL) en 1938-39 • Deuxième équipe d'étoiles (IAHL) en 1939-40

• Signe avec New York comme joueur autonome le 18 octobre 1935 • Droits vendus à Montréal par New York le 26 avril 1940 • Prêté à Chicago par Montréal le 14 octobre 1942 • Droits vendus à Boston par Montréal le 29 octobre 1943

GARON, MATHIEU

Né à Chandler, Québec, le 9 janvier 1978. Attrape de la droite, 6'2", 199 lb (Choix de 2e ronde de Montréal, 44e au total lors du repêchage de 1996)

			SAISONS RÉGULIÈRES										SÉRIES ÉLIMINATOIRES									
SAISON	CLUB	LIGUE	PJ	MIN	BC	G	P	N	BL	MOY	A	PUN	PJ	MIN	BC	G	P	N	BL	MOY	A	PUN
1993-94	Jonquière (Élites)	QAAA	17	0	13	-	-	-	0	6.33			-									
1994-95	Jonquière (Élites)	QAAA	27	1554	94	13	13	1	0	3.63	-	-	9	467	26	6	2	-	0	3.34	-	-
1995-96	Victoriaville (Tigres)	LHJMQ	51	2709	189	18	27	0	1	4.19	0	14	12	676	38	7	4	-	1	3.39	-	-
1996-97	Victoriaville (Tigres)	LHJMQ	53	3032	150	29	18	3	6	2.97	1	14	6	330	23	2	4	-	0	4.18	0	0
1997-98	Victoriaville (Tigres)	LHJMQ	47	2802	125	27	18	2	5	2.68	1	8	6	345	22	2	4	-	0	3.82	0	0
	Canada	CMJ	5	-	-	-	-	-	-	1.91			-									
1998-99	Fredericton (Canadiens)	AHL	40	2222	114	14	22	2	3	3.08	1	8	6	208	12	1	4	-	0	3.47	0	0
1999-00	Québec (Citadelles)	AHL	53	2884	149	17	28	3	2	3.10	1	6	1	20	3	0	0	-	0	8.82	0	0
2000-01	**Montréal (Canadiens)**	**LNH**	11	589	24	4	5	1	2	2.44	0	0	-									
	Québec (Citadelles)	AHL	31	1768	86	16	13	1	1	2.92	1	14	8	459	22	4	4	-	1	2.88	1	4
2001-02	**Montréal (Canadiens)**	**LNH**	5	261	19	1	4	0	0	4.37	0	0	-									
	Québec (Citadelles)	AHL	50	2988	136	21	15	2	2	2.73	1	6	3	198	12	0	3	-	0	3.63	0	0
2002-03	**Montréal (Canadiens)**	**LNH**	8	482	16	3	5	0	1	1.99	0	0	-									
	Hamilton (Bulldogs)	AHL	20	1150	34	15	2	2	4	1.77			-									
2003-04	**Montréal (Canadiens)**	**LNH**	19	1003	38	8	6	2	2	2.27	0	2	1	12	0	0	0	0	0	0.00	0	0
2004-05	Manchester (Monarchs)	AHL	52	2969	105	32	14	4	8	2.12	3	4	6	285	17	2	4	-	0	3.57	0	0
2005-06	Los Angeles (Kings)	LNH	63	3446	185	31	26	0	4	3.22	3	8	-									
2006-07	Los Angeles (Kings)	LNH	32	1779	79	13	10	6	2	2.66	1	6	-									
2007-08	Edmonton (Oilers)	LNH	47	2658	118	26	18	1	4	2.66	0	8	-									
	Canada	CM	-										-									
	LNH		185	10218	479	86	74	10	14	2.81	4	24	1	12	0	0	0	0	0	0	0	0
	Montréal		43	2335	97	16	20	3	4	2.49	0	2	1	12	0	0	0	0	0	0	0	0

• Trophée Raymond-Lagacé (LHJMQ) en 1995-96 • Équipe d'étoiles des recrues (LHJMQ) en 1995-96 • Première équipe d'étoiles (LHJMQ) en 1997-98 • Joueur défensif de l'année (LHJMQ) en 1997-98 • Trophée Jacques-Plante (LHJMQ) en 1997-98 • Première équipe d'étoiles (CHL) en 1997-98 • Gardien par excellence (CHL) en 1997-98 • Médaille d'argent (CM) en 2008

• Échangé à Los Angeles par Montréal avec le choix de 3e ronde de San Jose au repêchage de 2004 (propriété de Montréal suite à une transaction antérieure, Los Angeles sélectionne Paul Baier) pour Radek Bonk et Cristobal Huet le 26 juin 2004 • Signe avec Manchester (AHL) comme joueur autonome le 27 septembre 2004 • Signe avec Edmonton comme joueur autonome le 3 juillet 2007

GAUTHIER, PAUL

Né à Winnipeg, Manitoba, le 6 mars 1915. Attrape de la gauche, 5'5", 125 lb

			SAISONS RÉGULIÈRES										SÉRIES ÉLIMINATOIRES									
SAISON	CLUB	LIGUE	PJ	MIN	BC	G	P	N	BL	MOY	A	PUN	PJ	MIN	BC	G	P	N	BL	MOY	A	PUN
1932-33	Winnipeg (Monarchs)	MJHL	1	60	1	1	0	0	0	1.00	0	0	-									
1933-34	Winnipeg (Monarchs)	MJHL	*Statistique non disponible*																			
1934-35	Winnipeg (Monarchs)	MJHL	7	420	15	-	-	-	0	*2.14	0	0	4	240	12	4	0	-	0	3.00	0	0
	Winnipeg (Monarchs)	Mem.	-										8	480	25	*6	2	-	1	3.13	0	0
1935-36	Montréal (Canadiens)	LHCM	1	30	3	0	1	0	0	6.00	0	0	-									
	Pittsburgh (Shamrocks)	IHL	16	960	56	-	-	-	0	3.50	0	0	-									
1936-37	Minneapolis (Millers)	AHA	48	2880	105	23	21	4	6	2.19	0	0	6	408	8	*6	0	-	*1	*1.18	0	0
1937-38	New Haven (Eagles)	IAHL	47	2910	126	13	27	7	5	2.60	0	0	1	60	2	0	1	-	0	2.00	0	0
	Montréal (Canadiens)	**LNH**	1	70	2	0	0	1	0	1.71	0	0	-									
1938-39	Spokane (Clippers)	PCHL	34	2040	105	-	-	-	3	3.09	0	0	-									
	New Haven (Eagles)	IAHL	6	370	30	1	5	0	0	4.86	0	0	-									
1939-40	Kansas City (Greyhounds)	AHA	47	2871	163	20	27	0	6	3.41	0	0	-									
1940-41	Seattle (Olympics)	PCHL	41	2460	131	-	-	-	3	3.20	0	0	2	120	5	1	1	-	0	2.50	0	0
1941-42	Washington (Lions)	AHL	9	540	34	5	4	0	0	3.78	0	0	-									
	New Haven (Eagles)	AHL	1	60	8	0	1	0	0	8.00	0	0	-									
1942-43	Washington (Lions)	AHL	41	2460	203	10	26	5	0	4.95	0	0	-									
1943-44	Buffalo (Bisons)	AHL	1	60	3	1	0	0	0	3.00	0	0	-									
	Cleveland (Barons)	AHL	46	2760	139	29	10	7	2	3.02	0	0	4	240	25	1	3	-	0	6.25	0	0
1944-45	Cleveland (Barons)	AHL	4	240	15	3	1	0	0	3.75	0	0	-									
1945-46			*Service militaire*																			
1946-47	Houston (Huskies)	USHL	16	960	69	4	10	2	1	4.31	0	0	-									
	Philadelphie (Rockets)	AHL	1	60	9	0	1	0	0	9.00	0	0	-									
	Buffalo (Bisons)	AHL	3	180	7	3	0	0	0	2.33	0	0	-									
	San Francisco (Shamrocks)	PCHL	5	300	19	-	-	-	0	3.80	0	0	-									
1947-48	Houston (Huskies)	USHL	27	1640	112	9	9	1	1	4.10	0	0	7	423	19	5	2	-	0	2.70	0	0
	Omaha (Knights)	USHL	5	310	29	1	3	1	0	5.61	0	0	-									
1948-49	Washington (Lions)	AHL	13	716	72	1	9	0	0	6.03	0	0	-									

SAISON	CLUB	LIGUE	PJ	MIN	BC	G	P	N	BL	MOY	A	PUN	PJ	MIN	BC	G	P	N	BL	MOY	A	PUN
		LNH	1	70	2	0	0	1	0	1.71	0	0	-	-	-	-	-	-	-	-	-	-
	Montréal		1	70	2	0	0	1	0	1.71	0	0	-	-	-	-	-	-	-	-	-	-

• Coupe Memorial en 1934-35
• Signe avec Montréal (LHCM) le 26 janvier 1936 • Prêté à Pittsburgh (IHL) par Montréal (LHCM) le 6 février 1936 • Signe avec Montréal (LNH) en octobre 1937 • Prêté à New Haven (IAHL) par Montréal en octobre 1937 • Prêté à Kansas City (AHA) par Montréal en octobre 1939 • Prêté à Seattle (PCHL) par Montréal en octobre 1940 • Échangé à Boston par Montréal pour Terry Reardon le 5 novembre 1941

GROULX, TED (TEDDY)

Né à Ottawa, Ontario, décédé. Attrape de la gauche , 6'1", 195 lb

SAISON	CLUB	LIGUE	PJ	MIN	BC	G	P	N	BL	MOY	A	PUN	PJ	MIN	BC	G	P	N	BL	MOY	A	PUN
1906-07 Ottawa (Nationals)		IPAHU					*Statistiques non disponibles*						-	-	-	-	-	-	-	-	-	-
1907-08 Arnprior HC		UOVHL	1	60	6	0	1	0	0	6.00	0	0	-	-	-	-	-	-	-	-	-	-
1908-09 Montréal (National)		LHCM					*Statistiques non disponibles*						-	-	-	-	-	-	-	-	-	-
1909-10 Montréal (National)		LHCM					*Statistiques non disponibles*						-	-	-	-	-	-	-	-	-	-
	Montréal (Canadiens)	NHA	7	420	62	1	6	0	0	8.86	0	-	-	-	-	-	-	-	-	-	-	-
		NHA	7	420	62	1	6	0	0	8.86	0	0	-	-	-	-	-	-	-	-	-	-
	Montréal		7	420	62	1	6	0	0	8.86	0	0	-	-	-	-	-	-	-	-	-	-

• Signe avec Montréal comme joueur autonome le 29 janvier 1910

HACKETT, JEFF

Né à London, Ontario, le 1er juin 1968. Attrape de la gauche, 6'1", 195 lb (Choix de 2e ronde de New York (Islanders) et 34e au total lors du repêchage de 1987)

SAISON	CLUB	LIGUE	PJ	MIN	BC	G	P	N	BL	MOY	A	PUN	PJ	MIN	BC	G	P	N	BL	MOY	A	PUN
1984-85 London (Diamonds)	OJHL-B		18	1078	73	-	-	-	1	4.06	-		-	-	-	-	-	-	-	-	-	-
1985-86 London (Diamonds)	OJHL-B		19	1150	66	-	-	-	0	3.43	-		-	-	-	-	-	-	-	-	-	-
1986-87 Oshawa (Generals)	OHL		31	1672	85	18	9	2	2	3.05	2	0	15	895	40	8	7	-	0	2.68	0	2
Oshawa (Generals)	Mem.		-	-	-	-	-	-	-	-	-	-	3	180	12	2	1	0	0	4.00	0	0
1987-88 Oshawa (Generals)	OHL		53	3165	205	30	21	2	0	3.89	4	39	7	438	31	3	4	-	0	4.25	-	-
Canada	CMJ		-	-	-	-	-	-	-	-	-	-	-	-	-	-	-	-	-	-	-	-
1988-89 New York (Islanders)	LNH		13	662	39	4	7	0	0	3.53	1	2	-	-	-	-	-	-	-	-	-	-
Springfield (Indians)	AHL		29	1667	116	12	14	2	0	4.15	2	6	-	-	-	-	-	-	-	-	-	-
1989-90 Springfield (Indians)	AHL		54	3045	187	24	25	3	1	3.68	1	16	17	934	60	10	5	-	0	3.85	1	0
1990-91 New York (Islanders)	LNH		30	1508	91	5	18	1	0	3.62	0	4	-	-	-	-	-	-	-	-	-	-
1991-92 San Jose (Sharks)	LNH		42	2314	148	11	27	1	0	3.84	2	8	-	-	-	-	-	-	-	-	-	-
1992-93 San Jose (Sharks)	LNH		36	2000	176	2	30	1	0	5.28	1	4	-	-	-	-	-	-	-	-	-	-
1993-94 Chicago (Blackhawks)	LNH		22	1084	62	2	12	3	0	3.43	1	0	-	-	-	-	-	-	-	-	-	-
1994-95 Chicago (Blackhawks)	LNH		7	328	13	1	3	2	0	2.38	0	0	2	26	1	0	0	-	0	2.31	0	0
1995-96 Chicago (Blackhawks)	LNH		35	2000	80	18	11	4	4	2.40	1	8	1	60	5	0	1	-	0	5.00	0	0
1996-97 Chicago (Blackhawks)	LNH		41	2473	89	19	18	4	2	2.16	1	6	6	345	25	2	4	-	0	4.35	0	0
1997-98 Chicago (Blackhawks)	LNH		58	3441	126	21	25	11	8	2.20	1	8	-	-	-	-	-	-	-	-	-	-
Canada	CM		2	120	9	0	1	1	0	4.50	0	0	-	-	-	-	-	-	-	-	-	-
1998-99 Chicago (Blackhawks)	LNH		10	524	33	2	6	1	0	3.78	0	6	-	-	-	-	-	-	-	-	-	-
Montréal (Canadiens)	LNH		53	3091	117	24	20	9	5	2.27	1	6	-	-	-	-	-	-	-	-	-	-
1999-00 Montréal (Canadiens)	LNH		56	3301	132	23	25	7	3	2.40	0	4	-	-	-	-	-	-	-	-	-	-
2000-01 Montréal (Canadiens)	LNH		19	998	54	4	10	2	0	3.25	1	0	-	-	-	-	-	-	-	-	-	-
2001-02 Montréal (Canadiens)	LNH		15	717	38	5	5	2	0	3.18	0	2	-	-	-	-	-	-	-	-	-	-
2002-03 Montréal (Canadiens)	LNH		18	1063	45	7	8	2	0	2.54	0	0	-	-	-	-	-	-	-	-	-	-
Boston (Bruins)	LNH		18	991	53	8	9	0	1	3.20	0	2	3	179	5	1	2	-	0	1.67	0	0
2003-04 Philadelphie (Flyers)	LNH		27	1630	65	10	10	6	3	2.39	0	0	-	-	-	-	-	-	-	-	-	-
Philadelphie (Phantoms)	AHL		1	60	2	1	0	0	0	2.00	0	0	-	-	-	-	-	-	-	-	-	-
		LNH	500	28125	1361	166	244	56	26	2.90	9	62	12	610	36	3	7	-	0	3.54	0	0
	Montréal		161	9170	386	63	68	22	8	2.53	2	12	-	-	-	-	-	-	-	-	-	-

• Trophée F. D.-Dinty-Moore (OHL) en 1986-87 • Trophée Dave-Pinkney (OHL) avec Sean Evoy en 1986-87 • Médaille d'or (CMJ) en 1988 • Trophée Jack-A.-Butterfield (AHL) en 1989-90 • Coupe Calder (AHL) en 1989-90
• Réclamé par San Jose de New York (Islanders) lors de l'expansion de la LNH le 30 mai 1991 • Échangé à Chicago par San Jose pour le choix de 3e ronde de Chicago au repêchage de 1994 (Alexei Yegorov) le 13 juillet 1993 • Échangé à Montréal par Chicago avec Eric Weinrich, Alain Nasreddine et le choix de 4e ronde de Tampa Bay (propriété de Chicago suite à une transaction antérieure, Montréal sélectionne Chris Dyment) au repêchage de 1999 pour Jocelyn Thibault, Brad Brown et Dave Manson le 16 novembre 1998 • Échangé à San Jose par Montréal pour Niklas Sundstrom et le choix de 4e ronde de San Jose (échangé plus tard à Los Angeles qui sélectionne Paul Baier) au repêchage de 2004 le 23 janvier 2003 • Échangé à Boston par San Jose avec Jeff Jillson et le choix de 4e ronde de Boston (Torrey Mitchell) au repêchage de 2004 le 23 janvier 2003 • Signé avec Philadelphie comme joueur autonome le 1er juillet 2003 • Annonce officiellement sa retraite le 9 février 2004

HAINSWORTH, GEORGE

Né à Toronto, Ontario, le 26 juin 1895, décédé le 9 octobre 1950. Attrape de la gauche, 5'6", 150 lb

SAISON	CLUB	LIGUE	PJ	MIN	BC	G	P	N	BL	MOY	A	PUN	PJ	MIN	BC	G	P	N	BL	MOY	A	PUN
1911-12 Berlin (Union Jacks)	JOHA		4	240	13	*3	1	0	0	3.25	0	0	6	360	30	2	3	1	0	5.00	0	0
1912-13 Berlin (City Seniors)	SOHA		4	240	12	*3	1	0	1	3.00	0	0	8	480	35	4	3	1	1	4.38	0	0
1913-14 Berlin (City Seniors)	SOHA		7	420	11	*7	0	0	0	*1.57	0	0	9	590	31	7	1	1	1	3.15	0	0
1914-15 Berlin (City Seniors)	SOHA		5	300	9	*5	0	0	0	*1.80	0	0	4	240	19	2	1	1	1	4.75	0	0
1915-16 Berlin (City Seniors)	SOHA		8	480	18	*8	0	0	*1	2.85	0	0	4	280	18	2	2	0	0	3.86	0	0
1916-17 Toronto Kew Beach	TIHL						*Statistiques non disponibles*															
1917-18 Kitchener (Greenshirts)	SOHA		9	540	31	*9	0	0	0	*3.44	0	0	5	298	10	3	1	1	1	2.01	0	0
1918-19 Kitchener (Greenshirts)	SOHA		9	570	28	5	3	1	0	2.95	0	0	-	-	-	-	-	-	-	-	-	-
1919-20 Kitchener (Greenshirts)	SOHA		8	480	16	*6	2	0	*1	*2.00	0	0	2	150	6	0	1	1	0	2.40	0	0
1920-21 Kitchener (Greenshirts)	SOHA		10	600	22	7	3	0	*3	2.20	0	0	1	60	6	0	1	0	0	6.00	0	0
1921-22 Kitchener (Greenshirts)	SOHA		10	600	38	2	7	0	*1	3.80	0	0	-	-	-	-	-	-	-	-	-	-
1922-23 Kitchener (Greenshirts)	SOHA		12	720	32	8	4	0	1	2.67	0	0	-	-	-	-	-	-	-	-	-	-
1923-24 Saskatoon (Crescents)	WCHL		*30	*1871	73	15	12	3	*4	2.34	0	2	-	-	-	-	-	-	-	-	-	-
1924-25 Saskatoon (Crescents)	WCHL		*28	*1698	75	16	11	1	0	2.65	0	2	2	120	6	0	2	0	0	3.00	0	0
1925-26 Saskatoon (Crescents)	WHL		*30	1821	64	17	12	1	4	2.11	0	2	2	129	4	0	1	1	0	1.86	0	-
1926-27 Montréal (Canadiens)	LNH		*44	2732	67	28	14	2	*14	1.47	0	0	4	252	6	1	1	2	1	1.43	0	0
1927-28 Montréal (Canadiens)	LNH		*44	2730	48	26	11	7	13	1.05	0	2	2	128	3	0	1	1	0	1.41	0	0
1928-29 Montréal (Canadiens)	LNH		*44	2800	43	22	7	15	*22	*0.92	0	0	3	180	5	0	3	0	0	1.67	0	0
1929-30 Montréal (Canadiens)	LNH		42	2680	108	20	13	9	*4	2.42	0	0	*6	*481	6	*5	0	1	*3	*0.75	0	0
1930-31 Montréal (Canadiens)	LNH		*44	2740	89	26	10	8	8	1.95	0	0	*10	*722	21	*6	4	0	*2	1.75	0	0
1931-32 Montréal (Canadiens)	LNH		*48	2998	110	*25	16	7	6	2.20	0	0	4	300	13	1	3	0	0	2.60	0	0
1932-33 Montréal (Canadiens)	LNH		*48	2980	115	18	25	5	8	2.32	0	0	2	120	8	0	1	1	0	4.00	0	0
1933-34 Toronto (Maple Leafs)	LNH		*48	*3010	119	*26	13	9	3	2.37	0	0	5	302	11	2	3	0	0	2.19	0	0
Match des étoiles	LNH		1	60	3	0	0	1	0	3.00	0	0	-	-	-	-	-	-	-	-	-	-
1934-35 Toronto (Maple Leafs)	LNH		*48	2957	111	*30	14	4	8	2.25	0	0	*7	*460	12	3	4	0	*2	1.57	0	0
1935-36 Toronto (Maple Leafs)	LNH		*48	3000	106	23	19	6	8	2.12	0	0	*9	*541	27	4	5	0	0	2.99	0	0
1936-37 Toronto (Maple Leafs)	LNH		3	190	9	0	2	1	0	2.84	0	0	-	-	-	-	-	-	-	-	-	-
Montréal (Canadiens)	LNH		4	270	12	0	4	1	0	2.67	0	0	-	-	-	-	-	-	-	-	-	-
		LNH	465	29087	937	246	145	74	94	1.93	0	2	52	3486	112	22	25	5	8	1.93	0	0
	Montréal		318	19930	592	167	97	54	75	1.78	0	0	31	2183	62	13	13	5	6	1.70	0	0

GRO · HAI

• Équipe d'étoiles (WHL) en 1925-26 • Trophée Georges-Vézina (LNH) en 1926-27, 1927-28, 1928-29 • Coupe Stanley (LNH) en 1929-30, 1930-31 • Match des étoiles (LNH) en 1933-34 • Temple de la Renommée (LNH) en 1961

• Signe avec Saskatoon (WCHL) comme joueur autonome le 11 octobre 1923 • Signe avec Montréal comme joueur autonome le 28 octobre 1926 • Échangé à Toronto par Montréal pour Lorne Chabot le 1er octobre 1933 • Signe avec Montréal comme joueur autonome le 14 décembre 1936

HALAK, JAROSLAV

Né à Bratislava, Slovaquie, le 13 mai 1985. Attrape de la gauche, 5' 11", 182 lb (Choix de 9e ronde de Montréal, 271e au total lors du repêchage de 2003)

SAISON	CLUB	LIGUE	PJ	MIN	BC	G	P	N	BL	MOY	A	PUN	PJ	MIN	BC	G	P	N	BL	MOY	A	PUN
2001-02	HC Slovan Bratislava Jr	SLO	22	1257	41	-	-	-	0	1.96	-	-	6	-	-	6	0	-	2	119	-	-
	Slovaquie 18-A	CMJ	7	416	18	-	-	-	1	2.60	-	-	-	-	-	-	-	-	-	-	-	-
2002-03	HC Slovan Bratislava Jr	SLO	20	1200	41	13	3	3	1	2.05	-	-	-	-	-	-	-	-	-	-	-	-
	Slovaquie 18-A	CMJ	7	420	14	5	2	0	0	2.00	-	-	-	-	-	-	-	-	-	-	-	-
	HK Ruzinov 99 Bratislava	SLO	20	1100	37	13	3	1	0	1.85	-	-	-	-	-	-	-	-	-	-	-	-
2003-04	HC Slovan Bratislava Jr	SLO	33	1695	53	22	4	7	-	1.83	-	-	5	310	7	5	0	-	-	1.35	-	-
	HK 91 Senica	SLO	21	1240	54	-	-	-	-	2.61	-	-	-	-	-	-	-	-	-	-	-	-
	HC Slovan Bratislava	SLO	12	650	18	6	2	0	0	1.58	0	0	2	118	7	1	1	-	0	4.07	-	-
	Slovaquie	CMJ	6	360	14	2	3	1	0	2.33	1	4	-	-	-	-	-	-	-	-	-	-
2004-05	Lewiston (Maineiacs)	LHJMQ	47	2697	125	24	17	4	4	2.78	2	6	8	460	27	4	4	-	0	3.52	1	0
	Slovaquie	CMJ	6	360	13	4	2	0	2	2.17	0	0	-	-	-	-	-	-	-	-	-	-
2005-06	Long Beach Ice Dogs	ECHL	20	1026	35	11	4	2	2	2.05	0	2	4	252	13	2	2	-	0	310	0	2
	Hamilton (Bullgogs)	AHL	13	786	30	7	6	0	3	2.29	0	0	-	-	-	-	-	-	-	-	-	-
2006-07	Hamilton (Bullgogs)	AHL	28	1618	54	16	11	0	6	2.00	2	2	-	-	-	-	-	-	-	-	-	-
	Slovaquie	CM	2	119	5	1	1	0	1	2.52	0	0	-	-	-	-	-	-	-	-	-	-
	Montréal (Canadiens)	**LNH**	**16**	**912**	**44**	**10**	**6**	**0**	**2**	**2.89**	**1**	**2**	-	-	-	-	-	-	-	-	-	-
2007-08	**Montréal (Canadiens)**	**LNH**	**6**	**285**	**10**	**2**	**1**	**1**	**1**	**2.11**	**0**	**0**	**2**	**77**	**27**	**0**	**1**	-	**0**	**2.34**	**0**	**0**
	Hamilton (Bullgogs)	AHL	28	1630	57	15	10	2	2	2.10	0	0	-	-	-	-	-	-	-	-	-	-
		LNH	**22**	**1197**	**54**	**12**	**7**	**1**	**3**	**2.71**	**1**	**2**	**2**	**77**	**27**	**0**	**1**	-	**0**	**2.34**	**0**	**0**
		Montréal	**22**	**1197**	**54**	**12**	**7**	**1**	**3**	**2.71**	**1**	**2**	**2**	**77**	**27**	**0**	**1**	-	**0**	**2.34**	**0**	**0**

• Médaille d'argent (CMJ) en 2003 • Nommé gardien par excellence (CMJ) en 2004 • Équipe d'étoiles des recrues (AHL) en 2006-07

HAYWARD, BRIAN

Né à Toronto, Ontario, le 25 juin 1960. Attrape de la gauche, 5'10", 180 lb

SAISON	CLUB	LIGUE	PJ	MIN	BC	G	P	N	BL	MOY	A	PUN	PJ	MIN	BC	G	P	N	BL	MOY	A	PUN
1978-79	Cornell University	ECAC	25	1469	95	18	6	0	0	3.88	0	0	3	179	14	2	1	0	0	4.66	0	0
1979-80	Cornell University	ECAC	12	508	52	2	7	0	0	6.02	0	0	-	-	-	-	-	-	-	-	-	-
1980-81	Cornell University	ECAC	19	967	58	11	4	1	1	3.54	0	0	4	181	18	2	1	0	0	4.50	0	0
1981-82	Cornell University	ECAC	22	1249	66	11	10	1	0	3.17	0	0	-	-	-	-	-	-	-	-	-	-
1982-83	Winnipeg (Jets)	LNH	24	1440	89	10	12	2	1	3.71	1	0	3	160	14	0	3	-	0	5.25	0	0
	Sherbrooke (Jets)	AHL	22	1208	89	6	11	3	1	4.42	0	0	-	-	-	-	-	-	-	-	-	-
1983-84	Winnipeg (Jets)	LNH	28	1530	124	7	18	2	0	4.86	1	2	-	-	-	-	-	-	-	-	-	-
	Sherbrooke (Jets)	AHL	15	781	69	4	8	0	0	5.30	1	2	-	-	-	-	-	-	-	-	-	-
1984-85	Winnipeg (Jets)	LNH	61	3436	220	33	17	7	0	3.84	4	10	6	309	23	2	4	-	0	4.47	0	0
1985-86	Winnipeg (Jets)	LNH	52	2721	217	13	28	5	0	4.79	2	25	2	68	6	0	1	-	0	5.29	0	0
	Sherbrooke (Canadiens)	AHL	3	185	5	2	0	1	0	1.62	1	0	-	-	-	-	-	-	-	-	-	-
1986-87	**Montréal (Canadiens)**	**LNH**	**37**	**2178**	**102**	**19**	**13**	**4**	**1**	***2.81**	**2**	**2**	**13**	**708**	**32**	**6**	**5**	-	**0**	**2.71**	**0**	**2**
1987-88	**Montréal (Canadiens)**	**LNH**	**39**	**2247**	**107**	**22**	**10**	**4**	**2**	**2.86**	**2**	**14**	**4**	**230**	**9**	**2**	**2**	-	**0**	**2.35**	**0**	**0**
1988-89	**Montréal (Canadiens)**	**LNH**	**36**	**2091**	**101**	**20**	**13**	**3**	**1**	**2.90**	**0**	**10**	**2**	**124**	**7**	**1**	**1**	-	**0**	**3.39**	**0**	**0**
1989-90	**Montréal (Canadiens)**	**LNH**	**29**	**1674**	**94**	**10**	**12**	**6**	**1**	**3.37**	**0**	**4**	**1**	**33**	**2**	**0**	**0**	-	**0**	**3.64**	**0**	**0**
1990-91	Kalamazoo (Wings)	IHL	2	120	5	2	0	0	0	2.50	0	0	-	-	-	-	-	-	-	-	-	-
	Minnesota (North Stars)	LNH	26	1473	77	6	15	3	2	3.14	0	2	6	171	11	0	2	-	0	3.86	0	0
1991-92	San Jose (Sharks)	LNH	7	305	25	1	4	0	0	4.92	0	14	-	-	-	-	-	-	-	-	-	-
	Kansas City (Blades)	IHL	2	119	3	1	1	0	1	1.51	0	0	-	-	-	-	-	-	-	-	-	-
1992-93	San Jose (Sharks)	LNH	18	930	86	2	14	1	0	5.55	1	2	-	-	-	-	-	-	-	-	-	-
		LNH	**357**	**20025**	**1242**	**143**	**156**	**37**	**8**	**3.72**	**13**	**85**	**37**	**1803**	**104**	**11**	**18**	-	**0**	**3.46**	**0**	**2**
		Montréal	**141**	**8190**	**404**	**71**	**48**	**17**	**5**	**2.96**	**4**	**30**	**20**	**1095**	**50**	**9**	**8**	-	**0**	**2.74**	**0**	**2**

• Première équipe d'étoiles (ECAC) en 1981-82 • Première équipe d'étoiles All-American, Division Est (NCAA) en 1981-82• Trophée William-M,-Jennings (LNH) avec Patrick Roy en 1986-87, 1987-88, 1988-89

• Signe avec Winnipeg comme agent libre le 5 mai 1982 • Échangé à Montréal par Winnipeg pour Steve Penny et les droits sur Jan Ingman le 15 août 1986 • Échangé à Minnesota par Montréal pour Jayson More le 7 novembre 1990 • Réclamé par San Jose au repêchage de dispersion de Minnesota le 30 mai 1991

HERRON, DENIS

Né à Chambley, Québec, le 18 juin 1952. Attrape de la gauche, 5'11", 165 lb (Choix de 3e ronde de Pittsburgh, 40e au total lors du repêchage de 1972)

SAISON	CLUB	LIGUE	PJ	MIN	BC	G	P	N	BL	MOY	A	PUN	PJ	MIN	BC	G	P	N	BL	MOY	A	PUN
1969-70	Trois-Rivières (Ducs)	LHJMQ	2	96	10	0	1	0	0	6.25	-	-	-	-	-	-	-	-	-	-	-	-
1970-71	Trois-Rivières (Ducs)	LHMJQ	33	1980	136	-	-	-	0	4.12	3	16	7	420	23	-	-	-	1	3.29	1	4
1971-72	Trois-Rivières (Ducs)	LHMJQ	40	2400	160	-	-	-	2	4.00	0	10	4	200	19	-	-	-	0	5.70	0	0
1972-73	Pittsburgh (Penguins)	LNH	18	967	55	6	7	2	2	3.41	1	0	-	-	-	-	-	-	-	-	-	-
	Hershey (Bears)	AHL	21	1185	63	-	-	-	0	3.19	-	-	4	240	16	-	-	-	0	4.00	0	0
1973-74	Pittsburgh (Penguins)	LNH	5	260	18	5	1	3	0	4.15	0	0	-	-	-	-	-	-	-	-	-	-
	Salt Lake (Golden Eagles)	WHL	9	530	32	6	2	1	0	3.62	0	4	-	-	-	-	-	-	-	-	-	-
	Hershey (Bears)	AHL	17	967	52	10	4	1	0	3.22	1	2	4	242	7	4	0	-	0	*1.73	0	0
1974-75	Hershey (Bears)	AHL	12	615	45	2	7	2	0	4.39	0	0	-	-	-	-	-	-	-	-	-	-
	Pittsburgh (Penguins)	LNH	3	108	11	1	1	0	0	6.11	1	0	-	-	-	-	-	-	-	-	-	-
	Kansas City (Scouts)	LNH	22	1280	80	4	13	4	0	3.75	1	2	-	-	-	-	-	-	-	-	-	-
1975-76	Kansas City (Scouts)	LNH	64	3620	243	11	39	11	0	4.03	0	16	-	-	-	-	-	-	-	-	-	-
1976-77	Pittsburgh (Penguins)	LNH	34	1920	94	15	11	5	1	2.94	1	4	3	180	11	1	2	-	0	3.67	0	5
1977-78	Pittsburgh (Penguins)	LNH	60	3534	210	20	25	15	0	3.57	1	6	-	-	-	-	-	-	-	-	-	-
	Canada	CM	5	255	12	3	1	0	0	2.82	0	0	-	-	-	-	-	-	-	-	-	-
1978-79	Pittsburgh (Penguins)	LNH	56	3208	180	22	19	12	0	3.37	2	18	7	421	24	2	5	-	0	3.42	0	0
1979-80	**Montréal (Canadiens)**	**LNH**	**34**	**1909**	**80**	**25**	**3**	**3**	**0**	**2.51**	**0**	**0**	**5**	**300**	**15**	**2**	**3**	-	**0**	**3.00**	**0**	**0**
1980-81	**Montréal (Canadiens)**	**LNH**	**25**	**1147**	**67**	**6**	**9**	**6**	**1**	**3.50**	**2**	**0**	-	-	-	-	-	-	-	-	-	-
1981-82	**Montréal (Canadiens)**	**LNH**	**27**	**1547**	**68**	**12**	**6**	**8**	***3**	***2.64**	**0**	**0**	-	-	-	-	-	-	-	-	-	-
1982-83	Pittsburgh (Penguins)	LNH	31	1707	151	5	18	5	1	5.31	0	0	-	-	-	-	-	-	-	-	-	-
1983-84	Pittsburgh (Penguins)	LNH	38	2028	138	8	24	2	1	4.08	0	21	-	-	-	-	-	-	-	-	-	-
1984-85	Pittsburgh (Penguins)	LNH	42	2193	170	10	22	3	1	4.65	0	4	-	-	-	-	-	-	-	-	-	-
1985-86	Pittsburgh (Penguins)	LNH	3	180	14	0	3	0	0	4.67	0	0	-	-	-	-	-	-	-	-	-	-
	Baltimore (Clippers)	AHL	27	1510	86	10	11	4	0	3.42	0	6	-	-	-	-	-	-	-	-	-	-
		LNH	**462**	**25608**	**1579**	**146**	**203**	**76**	**10**	**3.70**	**9**	**71**	**15**	**901**	**50**	**5**	**10**	-	**0**	**3.33**	**0**	**5**
		Montréal	**86**	**4603**	**215**	**43**	**18**	**17**	**4**	**2.80**	**2**	**4**	**5**	**300**	**15**	**2**	**3**	-	**0**	**3.00**	**0**	**0**

• Deuxième équipe d'étoiles (LHJMQ) en 1971-72 • Coupe Calder (AHL) en 1973-74 • Trophée Georges-Vézina (LNH) avec Michel Larocque et Richard Sévigny en 1980-81 • Trophée William-M.-Jennings (LNH) avec Rick Wamsley en 1981-82 • Partage un blanchissage avec Richard Sévigny le 11 novembre 1981

• Échangé à Kansas City par Pittsburgh avec Jean-Guy Lagacé pour Michel Plasse le 10 janvier 1975 • Signe avec Pittsburgh comme joueur autonome le 7 août 1976 • Échangé à Montréal par Pittsburgh avec le choix de 2e ronde de Pittsburgh au repêchage de 1982 (Jocelyn Gauvreau) pour Pat Hughes et Robbie Holland le 30 août 1979 • Échangé à Pittsburgh par Montréal pour le choix de 3e ronde de Pittsburgh au repêchage de 1985 (échangé plus tard à St. Louis qui sélectionne Nelson Emerson) le 15 septembre 1982

HODGE, CHARLES (CHARLIE)

Né à Lachine, Québec, le 28 juillet 1933. Attrape de la gauche, 5'6", 150 lb

Saison	Club	Ligue	PJ	MIN	BC	G	P	N	BL	MOY	A	PUN	PJ	MIN	BC	G	P	N	BL	MOY	A	PUN
1949-50	Montréal (Canadiens)	LHJQ	Statistiques non disponibles																			
	Montréal (Canadiens)	Mem.	-	-	-	-	-	-	-	-	-	-	2	122	11	0	2	0	0	5.41	0	0
1950-51	Montréal (Canadiens)	LHJQ	23	1320	57	14	8	0	1	*2.59	0	0	9	564	31	4	5	0	0	3.30	0	0
1951-52	Montréal (Canadiens)	LHJQ	45	2700	100	32	10	3	3	*2.22	0	0	11	669	19	*9	2	0	0	*1.70	0	0
	Montréal (Royals)	LHMQ	1	40	3	0	0	0	0	4.50	0	0	-	-	-	-	-	-	-	-	-	-
	Montréal (Canadiens)	Mem.	-	-	-	-	-	-	-	-	-	-	8	480	32	4	4	0	1	4.00	0	0
1952-53	Montréal (Canadiens)	LHJQ	44	2640	100	*35	9	0	*5	*2.27	0	0	7	560	18	-	-	-	0	2.57	0	0
	Montréal (Royals)	LHMQ	1	60	4	0	1	0	0	4.00	0	8	-	-	-	-	-	-	-	-	-	-
1953-54	Cincinnati (Mohawks)	IHL	62	3720	145	-	-	-	*10	*2.34	0	4	11	660	19	*8	3	0	*2	*1.73	0	0
	Buffalo (Bisons)	AHL	3	180	10	2	1	0	0	3.33	0	0	-	-	-	-	-	-	-	-	-	-
1954-55	Providence (Reds)	AHL	5	300	18	3	2	0	1	3.60	0	0	-	-	-	-	-	-	-	-	-	-
	Montréal (Canadiens)	**LNH**	**14**	**820**	**31**	**6**	**4**	**4**	**1**	**2.27**	**0**	**0**	**4**	**84**	**6**	**1**	**2**	**-**	**0**	**4.34**	**0**	**0**
	Montréal (Royals)	LHQ	35	2100	113	17	17	1	2	3.23	0	0	-	-	-	-	-	-	-	-	-	-
1955-56	Seattle (Americans)	WHL	70	4245	239	31	37	2	6	3.38	0	0	-	-	-	-	-	-	-	-	-	-
1956-57	Rocherster (Americans)	AHL	41	2460	132	18	18	4	2	3.22	0	2	-	-	-	-	-	-	-	-	-	-
	Shawinigan (Cataracts)	LHQ	14	859	39	7	5	2	2	2.72	0	2	-	-	-	-	-	-	-	-	-	-
1957-58	**Montréal (Canadiens)**	**LNH**	**12**	**720**	**31**	**8**	**2**	**2**	**1**	**2.58**	**0**	**0**	**-**	**-**	**-**	**-**	**-**	**-**	**-**	**-**	**-**	**-**
	Montréal (Royals)	LHQ	48	2880	153	23	21	4	4	3.19	0	0	7	380	25	2	4	0	1	3.95	0	0
1958-59	Montréal (Royals)	LHQ	24	1440	67	15	8	1	1	2.79	0	0	2	120	4	2	0	0	0	*2.00	0	0
	Rochester (Americans)	AHL	4	240	12	0	4	0	0	3.00	0	0	-	-	-	-	-	-	-	-	-	-
	Montréal (Canadiens)	**LNH**	**2**	**120**	**6**	**1**	**1**	**0**	**0**	**3.00**	**0**	**0**	**-**	**-**	**-**	**-**	**-**	**-**	**-**	**-**	**-**	**-**
1959-60	Montréal (Royals)	EPHL	33	1980	96	15	12	6	*5	2.91	0	0	-	-	-	-	-	-	-	-	-	-
	Hull-Ottawa (Canadiens)	EPHL	26	1560	74	15	6	5	*2	2.85	0	2	7	430	24	3	4	0	0	3.35	0	0
	Montréal (Canadiens)	**LNH**	**1**	**60**	**3**	**0**	**1**	**0**	**0**	**3.00**	**0**	**0**	**-**	**-**	**-**	**-**	**-**	**-**	**-**	**-**	**-**	**-**
1960-61	Montréal (Royals)	EPHL	22	1320	74	5	13	4	0	3.36	0	0	-	-	-	-	-	-	-	-	-	-
	Montréal (Canadiens)	**LNH**	**30**	**1800**	**74**	**18**	**8**	**4**	**4**	**2.47**	**0**	**0**	**-**	**-**	**-**	**-**	**-**	**-**	**-**	**-**	**-**	**-**
1961-62	Québec (As)	AHL	65	3900	185	28	33	4	5	2.85	0	6	-	-	-	-	-	-	-	-	-	-
1962-63	Québec (As)	AHL	67	4020	190	31	25	11	4	2.84	0	6	-	-	-	-	-	-	-	-	-	-
1963-64	Québec (As)	AHL	10	600	32	4	6	0	1	3.20	0	0	-	-	-	-	-	-	-	-	-	-
	Montréal (Canadiens)	**LNH**	**62**	**3720**	**140**	**33**	**18**	**11**	***8**	**2.26**	**0**	**2**	**7**	**420**	**16**	**3**	**4**	**-**	**1**	**2.29**	**0**	**0**
1964-65	Match des étoiles	LNH	1	30	2	1	0	0	0	4.00	0	0	-	-	-	-	-	-	-	-	-	-
	Montréal (Canadiens)	**LNH**	**53**	**3180**	**135**	**26**	**16**	**10**	**3**	**2.55**	**0**	**2**	**5**	**300**	**10**	**3**	**2**	**-**	**1**	**2.00**	**0**	**0**
1965-66	Match des étoiles	LNH	1	30	4	0	1	0	0	8.21	0	0	-	-	-	-	-	-	-	-	-	-
	Montréal (Canadiens)	**LNH**	**26**	**1301**	**56**	**12**	**7**	**2**	**1**	**2.58**	**0**	**0**	**-**	**-**	**-**	**-**	**-**	**-**	**-**	**-**	**-**	**-**
1966-67	Match des étoiles	LNH	1	40	0	1	0	0	1	0.00	0	0	-	-	-	-	-	-	-	-	-	-
	Montréal (Canadiens)	**LNH**	**37**	**2055**	**88**	**11**	**15**	**7**	**3**	**2.57**	**0**	**2**	**-**	**-**	**-**	**-**	**-**	**-**	**-**	**-**	**-**	**-**
1967-68	Oakland (Seals)	LNH	58	3311	158	13	29	13	3	2.86	0	4	-	-	-	-	-	-	-	-	-	-
1968-69	Oakland (Seals)	LNH	14	781	48	4	6	1	0	3.69	0	0	-	-	-	-	-	-	-	-	-	-
	Vancouver (Canucks)	WHL	13	779	32	7	2	4	0	2.54	0	0	8	*497	12	*8	0	0	*1	*1.45	1	0
1969-70	Oakland (Seals)	LNH	14	738	43	3	5	2	0	3.50	0	0	-	-	-	-	-	-	-	-	-	-
1970-71	Vancouver (Canucks)	LNH	35	1967	112	15	13	5	0	3.42	0	0	-	-	-	-	-	-	-	-	-	-
		LNH	**358**	**20573**	**925**	**150**	**125**	**61**	**24**	**2.70**	**0**	**10**	**16**	**804**	**32**	**7**	**8**	**-**	**2**	**2.39**	**0**	**0**
		Montréal	**237**	**13776**	**564**	**115**	**72**	**40**	**21**	**2.46**	**0**	**6**	**16**	**804**	**32**	**7**	**8**	**-**	**2**	**2.39**	**0**	**0**

• Coupe Memorial en 1949-50 • Première équipe d'étoiles (LHJQ) en 1951-52, 1952-53 • Deuxième équipe d'étoiles (IHL) en 1953-54 • Première équipe d'étoiles (LHQ) en 1957-58 • Deuxième équipe d'étoiles (LHQ) en 1954-55 • Coupe Stanley (LNH) en 1958-59, 1964-65, 1965-66 • Deuxième équipe d'étoiles (AHL) en 1962-63 • Deuxième équipe d'étoiles (LNH) en 1963-64, 1964-65 • Match des étoiles (LNH) en 1964-65, 1965-66, 1966-67 • Trophée Georges-Vézina (LNH) en 1963-64 • Trophée Georges-Vézina (LNH) avec Gump Worsley en 1965-66
• Réclamé par Oakland de Montréal au repêchage d'expansion de la LNH le 6 juin 1967 • Réclamé par Vancouver de Oakland au repêchage d'expansion de la LNH le 10 juin 1970

HOLDEN, MARK

Né à Weymouth, Massachusetts, le 12 juin 1957. Attrape de la gauche, 5'10", 165 lb (Choix de 10e ronde de Montréal, 160e au total lors du repêchage de 1970)

Saison	Club	Ligue	PJ	MIN	BC	G	P	N	BL	MOY	A	PUN	PJ	MIN	BC	G	P	N	BL	MOY	A	PUN
1976-77	Brown University	ECAC	5	82	5	0	0	0	0	3.68	0	0	-	-	-	-	-	-	-	-	-	-
1977-78	Brown University	ECAC	10	590	33	4	6	0	1	3.36	0	0	-	-	-	-	-	-	-	-	-	-
1978-79	Brown University	ECAC	13	755	49	7	6	0	0	3.90	0	0	-	-	-	-	-	-	-	-	-	-
1979-80	Brown University	ECAC	26	1508	93	10	14	2	0	3.70	0	0	-	-	-	-	-	-	-	-	-	-
1980-81	Nlle-Écosse (Voyageurs)	AHL	42	2223	127	20	17	1	2	3.43	1	4	3	159	12	0	3	-	0	4.53	0	0
1981-82	**Montréal (Canadiens)**	**LNH**	**1**	**20**	**0**	**0**	**0**	**0**	**0**	**0.00**	**0**	**0**	**-**	**-**	**-**	**-**	**-**	**-**	**-**	**-**	**-**	**-**
	Nlle-Écosse (Voyageurs)	AHL	44	2534	142	19	19	5	0	3.36	2	20	7	435	21	2	5	-	0	2.90	0	2
1982-83	**Montréal (Canadiens)**	**LNH**	**2**	**87**	**6**	**0**	**1**	**1**	**0**	**4.14**	**0**	**0**	**-**	**-**	**-**	**-**	**-**	**-**	**-**	**-**	**-**	**-**
	Nlle-Écosse (Voyageurs)	AHL	41	2369	160	21	16	1	0	4.05	6	4	6	319	13	3	2	-	0	2.44	0	0
1983-84	**Montréal (Canadiens)**	**LNH**	**1**	**52**	**4**	**0**	**1**	**0**	**0**	**4.62**	**0**	**0**	**-**	**-**	**-**	**-**	**-**	**-**	**-**	**-**	**-**	**-**
	Nlle-Écosse (Voyageurs)	AHL	47	2739	153	19	8	7	0	3.35	1	10	10	534	40	4	6	-	0	4.49	1	0
1984-85	Winnipeg (Jets)	LNH	4	213	15	2	0	0	0	4.23	0	0	-	-	-	-	-	-	-	-	-	-
	Nlle-Écosse (Oilers)	AHL	22	1261	87	8	12	1	1	4.14	4	0	-	-	-	-	-	-	-	-	-	-
1985-86	Sherbrooke (Canadiens)	AHL	12	696	52	5	7	0	0	4.48	0	4	-	-	-	-	-	-	-	-	-	-
	Fort Wayne (Komets)	IHL	9	496	26	3	3	0	1	3.14	0	0	-	-	-	-	-	-	-	-	-	-
		LNH	**8**	**372**	**25**	**2**	**2**	**1**	**0**	**4.03**	**0**	**0**	**-**	**-**	**-**	**-**	**-**	**-**	**-**	**-**	**-**	**-**
		Montréal	**4**	**159**	**10**	**0**	**2**	**1**	**0**	**3.77**	**0**	**0**	**-**	**-**	**-**	**-**	**-**	**-**	**-**	**-**	**-**	**-**

• Première équipe d'étoiles All-American, Division Est (NCAA) en 1979-80
• Échangé à Winnipeg par Montréal pour Doug Soetaert le 9 octobre 1984

HUET, CRISTOBAL

Né à Saint-Martin-d'Hères, France, le 3 septembre 1975. Attrape de la gauche, 6'00", 194 lb (Choix de 7e ronde de Los Angeles, 214e au total lors du repêchage de 2001)

Saison	Club	Ligue	PJ	MIN	BC	G	P	N	BL	MOY	A	PUN	PJ	MIN	BC	G	P	N	BL	MOY	A	PUN
1997-98	CSG Grenoble	France	*Statistique non disponible*																			
	France	JO	2	120	5	1	1	0	0	2,50	-	-	-	-	-	-	-	-	-	-	-	-
1998-99	HC Lugano	SUI	21	1275	58	-	-	-	-	2,73	0	2	10	628	18	-	-	-	1	*1,72	0	2
	France	CM-Q	3	180	7	2	1	0	0	2,33	0	0	-	-	-	-	-	-	-	-	-	-
	France	CM	1	60	6	0	1	0	0	6,00	0	0	-	-	-	-	-	-	-	-	-	-
1999-00	HC Lugano	SUI	31	1886	50	-	-	-	*8	*1,59	1	12	13	783	29	-	-	-	0	2,22	1	10
	France	CM-Q	3	180	10	-	-	-	-	3,33	0	0	-	-	-	-	-	-	-	-	-	-
	France	CM	4	239	11	1	2	1	0	2,76	0	0	-	-	-	-	-	-	-	-	-	-
2000-01	HC Lugano	SUI	39	2365	77	-	-	-	*6	*1,95	1	4	18	1141	39	-	-	-	2	2,05	3	4
	France	CM	4	240	9	2	1	1	1	2,25	0	0	-	-	-	-	-	-	-	-	-	-
2001-02	HC Lugano	SUI	39	2313	107	-	-	-	*4	2,78	1	27	1	60	3	0	1	-	0	3,00	0	0

SAISON	CLUB	LIGUE	PJ	MIN	BC	G	P	N	BL	MOY	A	PUN	PJ	MIN	BC	G	P	N	BL	MOY	A	PUN
2001-02	France	JO	3	179	10	0	2	1	0	3,36	0	0	-	-	-	-	-	-	-	-	-	-
	France	CM	5	299	5	4	1	0	2	1,00	0	0	-	-	-	-	-	-	-	-	-	-
2002-03	Los Angeles (Kings)	LNH	12	541	21	4	4	1	1	2,33	0	0	-	-	-	-	-	-	-	-	-	-
	Manchester (Monarchs)	AHL	30	1784	68	16	8	5	1	2,29	1	4	1	30	8	0	1	-	0	8,08	0	0
2003-04	Los Angeles (Kings)	LNH	41	2199	89	10	16	10	3	2,43	0	4	-	-	-	-	-	-	-	-	-	-
	France	CM	4	196	17	0	3	1	0	5,20	0	0	-	-	-	-	-	-	-	-	-	-
2004-05	Alder Mannheim	GER	36	2001	93	-	-	-	1	2,79	4	12	14	850	40	-	-	-	2	2,82	0	10
2005-06	**Montréal (Canadiens)**	**LNH**	**36**	**2103**	**77**	**18**	**11**	**4**	**7**	**2,20**	**0**	**0**	**6**	**386**	**15**	**2**	**4**	**-**	**0**	**2,33**	**0**	**0**
	Hamilton (Bulldogs)	AHL	4	237	15	0	4	0	0	3,80	0	0	-	-	-	-	-	-	-	-	-	-
2006-07	**Montréal (Canadiens)**	**LNH**	**42**	**2286**	**107**	**19**	**16**	**3**	**2**	**2,81**	**1**	**0**	**-**	**-**	**-**	**-**	**-**	**-**	**-**	**-**	**-**	**-**
	France	CM	5	250	84	2	3	0	0	20,16	0	0	-	-	-	-	-	-	-	-	-	-
	Match des étoiles	LNH	1	20	3	0	1	0	0	6,00	0	0	-	-	-	-	-	-	-	-	-	-
2007-08	**Montréal (Canadiens)**	**LNH**	**39**	**2278**	**97**	**21**	**12**	**6**	**2**	**2,55**	**1**	**0**	**-**	**-**	**-**	**-**	**-**	**-**	**-**	**-**	**-**	**-**
	Washington (Capitals)	LNH	13	771	21	11	2	0	2	1,63	1	0	7	451	22	3	4	-	0	2,93	0	2
	France	CM	5	250	15	2	0	3	0	3,60	0	0	-	-	-	-	-	-	-	-	-	-
		LNH	**183**	**10178**	**412**	**83**	**61**	**24**	**17**	**2,43**	**3**	**4**	**13**	**837**	**37**	**5**	**8**	**-**	**0**	**2,65**	**0**	**2**
		Montréal	**117**	**6667**	**281**	**58**	**39**	**13**	**11**	**2,53**	**2**	**0**	**6**	**386**	**15**	**2**	**4**	**0**	**0**	**2,33**	**0**	**0**

• Joueur par excellence de la Ligue élite française en 1997-98 • Meilleur gardien de but de la Ligue élite française en 1997-98 • Meilleur gardien de but de la Ligue élite suisse (SUI) en 1998-99, 1999-00, 2000-01 • Trophée Roger-Crozier (LNH) en 2005-06 • Match des étoiles (LNH) en 2006-07

• Échangé à Montréal par Los Angeles avec Radek Bonk pour Mathieu Garon et le choix de 3e ronde de San Jose au repêchage de 2004 (propriété de Montréal suite à une transaction antérieure, Los Angeles sélectionne Paul Baier) le 26 juin 2004 • Signe avec Mannheim (Allemagne) comme joueur autonome le 14 septembre 2004 • Échangé à Washington par Montréal pour un choix de 2e ronde d'Anaheims (propriété de Washington suite à une transaction antérieure) au repêchage de 2009 le 26 février 2008 • Signe avec Chicago comme joueur autonome le 1er juillet 2008

JABLONSKI, PAT

Né à Toledo, Ohio, le 20 juin 1967. Attrape de la droite, 6', 180 lb (Choix de 7e ronde de St. Louis, 138e au total lors du repêchage de 1985)

SAISON	CLUB	LIGUE	PJ	MIN	BC	G	P	N	BL	MOY	A	PUN	PJ	MIN	BC	G	P	N	BL	MOY	A	PUN
1984-85	Detroit (Compuware)	NAJHL	29	1483	95	-	-	-	-	3.84	-	-	-	-	-	-	-	-	-	-	-	-
1985-86	Windsor (Spitfires)	OHL	29	1660	119	6	16	4	1	4.46	3	4	6	263	20	0	3	-	0	4.56	0	0
1986-87	Windsor (Spitfires)	OHL	41	2328	128	22	14	2	*3	3.30	1	16	12	710	38	8	4	-	0	3.21	0	0
	États-Unis	CMJ	4	200	13	-	-	-	-	3.90	0	0	-	-	-	-	-	-	-	-	-	-
1987-88	Peoria (Rivermen)	IHL	5	285	17	2	2	1	0	3.58	0	2	-	-	-	-	-	-	-	-	-	-
	Windsor (Spitfires)	OHL	18	994	48	14	3	0	2	2.90	0	2	9	537	28	*8	0	-	0	3.13	0	4
	Windsor (Spitfires)	Mem.	-	-	-	-	-	-	-	-	-	-	4	240	16	3	1	0	0	4.00	0	0
1988-89	Peoria (Rivermen)	IHL	35	2051	163	11	20	0	1	4.77	0	10	3	130	13	0	2	-	0	6.00	-	-
1989-90	St. Louis (Blues)	LNH	4	208	17	0	3	0	0	4.90	0	0	-	-	-	-	-	-	-	-	-	-
	Peoria (Rivermen)	IHL	36	2023	165	14	17	4	0	4.89	1	2	4	223	19	1	3	-	0	5.11	0	0
1990-91	St. Louis (Blues)	LNH	8	492	25	2	3	3	0	3.05	1	0	3	90	5	0	0	-	0	3.33	0	0
	Peoria (Rivermen)	IHL	29	1738	87	23	3	2	0	3.00	5	8	10	532	23	7	2	-	0	2.59	0	0
1991-92	St. Louis (Blues)	LNH	10	468	38	3	6	0	0	4.87	0	4	-	-	-	-	-	-	-	-	-	-
	Peoria (Rivermen)	IHL	8	493	29	6	1	1	1	3.53	0	0	-	-	-	-	-	-	-	-	-	-
1992-93	Tampa Bay (Lightning)	LNH	43	2268	150	8	24	4	1	3.97	2	7	-	-	-	-	-	-	-	-	-	-
	États-Unis	CM	2	62	1	-	-	-	0	0.96	0	0	-	-	-	-	-	-	-	-	-	-
1993-94	Tampa Bay (Lightning)	LNH	15	834	54	5	6	3	0	3.88	0	0	-	-	-	-	-	-	-	-	-	-
	St. John's (Maple Leafs)	AHL	16	962	49	12	3	1	1	3.05	1	0	11	676	36	6	5	-	0	3.19	0	0
1994-95	Chicago (Wolves)	IHL	4	216	17	0	4	0	0	4.71	0	2	-	-	-	-	-	-	-	-	-	-
	Houston (Aeros)	IHL	3	179	9	1	1	1	0	3.01	0	0	-	-	-	-	-	-	-	-	-	-
	États-Unis	CM	6	360	15	-	-	-	0	2.50	0	0	-	-	-	-	-	-	-	-	-	-
1995-96	St. Louis (Blues)	LNH	1	8	1	0	0	0	0	7.50	0	0	-	-	-	-	-	-	-	-	-	-
	Montréal (Canadiens)	**LNH**	**23**	**1264**	**62**	**5**	**9**	**6**	**0**	**2.94**	**1**	**2**	**1**	**49**	**1**	**0**	**0**	**-**	**0**	**1.22**	**0**	**0**
1996-97	**Montréal (Canadiens)**	**LNH**	**17**	**754**	**50**	**4**	**6**	**2**	**0**	**3.98**	**0**	**0**	**-**	**-**	**-**	**-**	**-**	**-**	**-**	**-**	**-**	**-**
	Phoenix (Coyotes)	LNH	2	59	2	0	1	0	0	2.03	0	0	-	-	-	-	-	-	-	-	-	-
1997-98	Caroline (Hurricanes)	LNH	5	279	14	1	4	0	0	3.01	0	0	-	-	-	-	-	-	-	-	-	-
	Cleveland (Lumberjacks)	IHL	34	1950	98	13	13	6	0	3.01	2	16	-	-	-	-	-	-	-	-	-	-
	Québec (Rafales)	IHL	7	368	21	3	3	0	0	3.42	0	0	-	-	-	-	-	-	-	-	-	-
1998-99	Chicago (Wolves)	IHL	36	2118	106	22	7	7	1	3.00	2	12	3	185	11	2	1	-	0	3.57	0	0
1999-00	Vastra (Frolunda)	SWE	27	1624	65	-	-	-	4	2.40	0	0	5	298	18	-	-	-	0	3.62	0	0
2000-01	Vastra (Frolunda)	SWE	22	1328	64	-	-	-	1	2.89	0	0	1	40	3	-	-	-	0	4.50	0	0
		LNH	**128**	**6634**	**413**	**28**	**62**	**18**	**1**	**3.74**	**4**	**13**	**4**	**139**	**6**	**0**	**0**	**-**	**0**	**2.59**	**0**	**0**
		Montréal	**40**	**2018**	**112**	**9**	**15**	**8**	**0**	**3.33**	**1**	**2**	**1**	**49**	**1**	**0**	**0**	**-**	**0**	**1.22**	**0**	**0**

• Trophée James-Norris (IHL) avec Guy Hebert en 1990-91

• Échangé à Tampa Bay par St. Louis avec Steve Tuttle, Rob Robinson et Darin Kimble pour des considérations futures le 19 juin 1992 • Droits vendus à Toronto par Tampa Bay le 21 février 1994 • Réclamé par St. Louis de Toronto au repêchage inter-équipes le 2 octobre 1995 • Échangé à Montréal par St. Louis pour Jean-Jacques Daigneault le 7 novembre 1995 • Échangé à Phoenix par Montréal pour Steve Cheredaryk le 18 mars 1997 • Signe avec la Caroline comme joueur autonome le 12 août 1997

KARAKAS, MICHAEL (MIKE)

Né à Aurora, Minnesota, le 12 décembre 1911, décédé le 2 mai 1972. Attrape de la gauche, 5'10", 160 lb

SAISON	CLUB	LIGUE	PJ	MIN	BC	G	P	N	BL	MOY	A	PUN	PJ	MIN	BC	G	P	N	BL	MOY	A	PUN
1930-31	Chicago (Shamrocks)	AHA	8	435	16	5	2	0	0	2.21	0	0	-	-	-	-	-	-	-	-	-	-
1931-32	Chicago (Shamrocks)	AHA	45	2624	65	*29	11	5	9	1.59	0	0	4	242	10	*3	1	0	0	2.48	0	0
1932-33	St. Louis (Flyers)	AHA	43	2702	85	23	19	1	*5	1.89	0	0	4	284	6	2	2	0	*1	1.27	0	0
1933-34	Tulsa (Oilers)	AHA	48	2918	110	23	25	0	7	2.26	0	2	4	260	7	2	2	0	*1	1.62	0	0
1934-35	Tulsa (Oilers)	AHA	41	2640	77	20	17	4	4	*1.52	0	0	2	130	8	0	2	0	0	3.69	0	0
1935-36	Chicago (Black Hawks)	LNH	*48	2990	92	21	19	8	9	1.85	0	0	2	120	7	1	1	0	0	3.50	0	0
1936-37	Chicago (Black Hawks)	LNH	*48	2978	131	14	27	7	5	2.64	0	2	-	-	-	-	-	-	-	-	-	-
1937-38	Chicago (Black Hawks)	LNH	*48	2980	139	14	25	9	1	2.80	0	0	*8	*525	15	*6	2	0	*2	1.71	0	0
1938-39	Chicago (Black Hawks)	LNH	*48	2988	132	12	28	8	5	2.65	0	2	-	-	-	-	-	-	-	-	-	-
1939-40	Chicago (Black Hawks)	LNH	17	1050	58	7	9	1	0	3.31	0	0	-	-	-	-	-	-	-	-	-	-
	Providence (Reds)	AHL	14	860	43	7	5	2	1	3.00	0	0	8	545	21	*6	2	0	*2	2.31	0	0
	Montréal (Canadiens)	**LNH**	**5**	**310**	**18**	**0**	**4**	**1**	**0**	**3.48**	**0**	**0**	**-**	**-**	**-**	**-**	**-**	**-**	**-**	**-**	**-**	**-**
1940-41	Providence (Reds)	AHL	*56	*3450	171	*31	21	4	0	2.97	0	0	4	279	13	1	3	0	0	2.60	0	0
1941-42	Providence (Reds)	AHL	*56	*3470	237	17	32	7	1	4.10	0	0	3	160	7	0	2	0	0	2.63	0	0
	New Haven (Eagles)	AHL	1	60	7	0	1	0	0	7.00	0	0	-	-	-	-	-	-	-	-	-	-
1942-43	Providence (Reds)	AHL	*56	*3360	216	27	27	2	2	3.86	0	0	2	120	7	0	2	0	0	3.50	0	0
1943-44	Providence (Reds)	AHL	24	1440	67	6	15	3	0	3.63	0	0	-	-	-	-	-	-	-	-	-	-
	Chicago (Black Hawks)	LNH	26	1560	79	12	9	5	3	3.04	0	0	*9	*549	24	4	5	-	*1	2.62	0	0
1944-45	Chicago (Black Hawks)	LNH	48	2880	187	12	29	7	*4	3.90	1	0	-	-	-	-	-	-	-	-	-	-
1945-46	Chicago (Black Hawks)	LNH	48	2880	186	22	19	7	1	3.46	0	5	4	240	26	0	4	-	0	6.50	0	0
1946-47	Providence (Reds)	AHL	62	3720	266	21	31	10	0	4.29	0	0	-	-	-	-	-	-	-	-	-	-
1947-48	Providence (Reds)	AHL	2	120	7	1	1	0	0	3.50	0	0	-	-	-	-	-	-	-	-	-	-
		LNH	**336**	**20616**	**1002**	**114**	**169**	**53**	**28**	**2.92**	**1**	**9**	**23**	**1434**	**72**	**11**	**12**	**-**	**3**	**3.01**	**0**	**0**
		Montréal	**5**	**310**	**18**	**0**	**4**	**1**	**0**	**3.48**	**0**	**0**	**-**	**-**	**-**	**-**	**-**	**-**	**-**	**-**	**-**	**-**

• Première équipe d'étoiles (AHA) en 1934-35 • Trophée Calder (LNH) en 1935-36 • Coupe Stanley (LNH) en 1937-38 • Première équipe d'étoiles (AHL) en 1940-41 • Deuxième équipe d'étoiles (AHL) en 1942-43 • Deuxième équipe d'étoiles (LNH) en 1944-45
• Signe avec Chicago comme joueur autonome le 28 octobre 1935 • Prêté à Providence (AHL) par Chicago pour Paul Goodman le 27 décembre 1939 • Prêté à Montréal par Chicago le 23 février 1940 • Droits vendus à Providence (AHL) par Chicago le 14 mai 1940 • Échangé à Chicago par Providence (AHL) pour Hec Highton, Gord Buttrey et une somme d'argent le 7 janvier 1944

KUNTAR, LES

Né à Elma, New York, le 28 juillet 1969. Attrape de la gauche, 6'2", 195 lb (Choix de 6e ronde de Montréal, 122e au total lors du repêchage de 1987)

SAISON	CLUB	LIGUE	PJ	MIN	BC	G	P	N	BL	MOY	A	PUN	PJ	MIN	BC	G	P	N	BL	MOY	A	PUN
1987-88	St-Lawrence University	ECAC	10	488	27	6	1	0	0	3.32	3	0	-	-	-	-	-	-	-	-	-	-
1988-89	St-Lawrence University	ECAC	14	786	31	11	2	0	0	2.37	0	4	-	-	-	-	-	-	-	-	-	-
1989-90	St-Lawrence University	ECAC	20	1136	80	7	11	1	0	4.23	0	0	-	-	-	-	-	-	-	-	-	-
1990-91	St-Lawrence University	ECAC	*33	*1797	97	*19	11	1	*1	*3.24	1	10	-	-	-	-	-	-	-	-	-	-
1991-92	Fredericton (Canadiens)	AHL	11	638	26	7	3	0	0	2.45	1	4	-	-	-	-	-	-	-	-	-	-
	États-Unis	Éq. nat.	13	725	57	3	5	3	0	4.72	0	0	-	-	-	-	-	-	-	-	-	-
1992-93	Fredericton (Canadiens)	AHL	42	2315	130	16	14	7	0	3.37	3	8	1	64	6	0	1		0	5.63	0	0
1993-94	**Montréal (Canadiens)**	**LNH**	**6**	**302**	**16**	**2**	**2**	**0**	**0**	**3.18**	**0**	**2**	-	-	-	-	-	-	-	-	-	-
	Fredericton (Canadiens)	AHL	34	1804	109	10	17	3	1	3.62	1	12	-	-	-	-	-	-	-	-	-	-
	États-Unis	CM	4	135	11	-	-	-	-	4.89	0	0	-	-	-	-	-	-	-	-	-	-
1994-95	Worcester (IceCats)	AHL	24	1241	77	6	10	5	2	3.72	0	0	-	-	-	-	-	-	-	-	-	-
	Hershey (Bears)	AHL	32	1802	89	15	13	2	0	2.96	1	21	2	70	5	0	1		0	4.28	0	0
1995-96	Hershey (Bears)	AHL	20	1020	71	7	8	2	0	4.18	0	9	-	-	-	-	-	-	-	-	-	-
	Fort Wayne (Komets)	IHL	8	387	26	2	3	1	1	4.03	0	20	-	-	-	-	-	-	-	-	-	-
1996-97	Rochester (Americans)	AHL	21	1052	60	6	9	3	0	3.42	0	10	-	-	-	-	-	-	-	-	-	-
	Pensacola (Ice Pilots)	ECHL	4	220	13	2	2	0	0	3.55	0	0	-	-	-	-	-	-	-	-	-	-
	Cleveland (Lumberjacks)	IHL	1	60	4	1	0	0	0	4.00	0	0	-	-	-	-	-	-	-	-	-	-
	Utah (Grizzlies)	IHL	3	87	1	1	0	0	0	0.69	0	0	-	-	-	-	-	-	-	-	-	-
	LNH		**6**	**302**	**16**	**2**	**2**	**0**	**0**	**3.18**	**0**	**2**	-	-	-	-	-	-	-	-	-	-
	Montréal		**6**	**302**	**16**	**2**	**2**	**0**	**0**	**3.18**	**0**	**2**	-	-	-	-	-	-	-	-	-	-

• Première équipe d'étoiles (ECAC) en 1990-91
• Signe avec Philadelphie comme joueur autonome le 30 juin 1995

LABRECQUE, PATRICK

Né à Laval, Québec, le 6 mars 1971. Attrape de la gauche, 6', 190 lb (Choix de 5e ronde de Québec et 90e choix au repêchage d'entrée de 1991)

SAISON	CLUB	LIGUE	PJ	MIN	BC	G	P	N	BL	MOY	A	PUN	PJ	MIN	BC	G	P	N	BL	MOY	A	PUN
1987-88	Laval-Laurentides	QAAA	21	1274	81	17	3	1	0	3.82	0	0	-	-	-	-	-	-	-	-	-	-
1988-89	Saint-Jean (Castors)	LHJMQ	30	1417	140	-	-	-	-	5.93	0	4	-	-	-	-	-	-	-	-	-	-
1989-90	Saint-Jean (Lynx)	LHJMQ	48	2630	196	21	24	0	0	4.47	0	26	-	-	-	-	-	-	-	-	-	-
1990-91	Saint-Jean (Lynx)	LHJMQ	59	3375	216	17	34	6	1	3.84	0	71	-	-	-	-	-	-	-	-	-	-
1991-92	Halifax (Citadels)	AHL	29	1570	114	5	12	8	0	4.36	0	6	-	-	-	-	-	-	-	-	-	-
1992-93	Greensboro (Monarchs)	ECHL	11	650	31	6	3	2	0	2.86	1	11	1	59	5	0	1		0	5.08	0	2
	Halifax (Citadels)	AHL	20	914	76	3	12	2	0	4.99	1	14	-	-	-	-	-	-	-	-	-	-
1993-94	Cornwall (Aces)	AHL	4	198	8	1	2	0	1	2.42	0	2	-	-	-	-	-	-	-	-	-	-
	Greensboro (Monarchs)	ECHL	29	1609	89	17	8	2	0	3.32	1	54	1	22	4	0	0		0	10.80	0	2
1994-95	Fredericton (Canadiens)	AHL	35	1913	104	15	17	1	1	3.26	3	20	*16	*967	40	*10	6	1		2.48	1	2
	Wheeling (Thunderbirds)	ECHL	5	281	22	2	3	0	0	4.69	0	0	-	-	-	-	-	-	-	-	-	-
1995-96	**Montréal (Canadiens)**	**LHN**	**2**	**98**	**7**	**0**	**1**	**0**	**0**	**4.29**	**0**	**2**	-	-	-	-	-	-	-	-	-	-
	Fredericton (Canadiens)	AHL	48	2686	153	23	18	6	3	3.42	4	10	7	405	31	3	3		0	4.59	1	2
1996-97	Fredericton (Canadiens)	AHL	12	602	31	1	7	1	0	3.09	1	4	-	-	-	-	-	-	-	-	-	-
	Québec (Rafales)	IHL	9	482	29	2	6	0	0	3.61	1	0	-	-	-	-	-	-	-	-	-	-
1997-98	Baton Rouge (Kingfish)	ECHL	34	1935	107	17	13	4	0	3.32	1	14	-	-	-	-	-	-	-	-	-	-
	Hershey (Bears)	AHL	-	-	-	-	-	-		-	-	-	1	10	0	0	0		0	0.00	0	0
1998-99	SC Bietigheim	GER	40	2404	124	-	-	-	2	3.09	0	0	13	783	47	-	-	-		3.60		
1999-00	EHC Hartz	GER	11	657	43	7	4	0	0	3.93	0	0	-	-	-	-	-	-	-	-	-	-
	San Angelo (Outlaws)	WPHL	8	428	34	2	6	0	0	4.76	0	2	-	-	-	-	-	-	-	-	-	-
	Fort Wayne (Komets)	UHL	7	337	11	4	1	0	1	1.96	0	0	1	59	3	0	1		0	3.07	0	0
	Bakersfield (Condors)	WCHL	5	297	17	2	2	1	0	3.43	0	0	4	200	14	1	3		0	4.20	0	0
2000-01	Sorel (Royaux)	LHSPQ	33	1962	122	18	15	0	1	3.73	0	6	6	329	22	1	4		0	4.01	1	0
2001-02	Sorel (Royaux)	LHSPQ	39	2302	142	20	12	3	1	3.70	0	15	10	610	46	4	6		0	4.52	0	8
2002-03	Sorel (Royaux)	LHSPQ	24	1334	103	8	13	2	0	4.63	0	4	-	-	-	-	-	-	-	-	-	-
	Neftekhimik Nizhnekamsk	RUS	3	185	9	1	1	1	1	2.92	0	0	-	-	-	-	-	-	-	-	-	-
2003-04	Sorel (Royaux)	LHSMQ	29	1515	101	10	14	2	0	4.00	0	16	5	280	18	3	2		0	3.86	0	4
2004-05	St-Hyacinthe (Cousin)	LNAH	18	831	60	3	10	2	0	4.33	0	4	-	-	-	-	-	-	-	-	-	-
	LHN		**2**	**98**	**7**	**0**	**1**	**0**	**0**	**4.29**	**0**	**2**	-	-	-	-	-	-	-	-	-	-
	Montréal		**2**	**98**	**7**	**0**	**1**	**0**	**0**	**4.29**	**0**	**2**	-	-	-	-	-	-	-	-	-	-

• Signe avec Montréal comme agent libre le 21 juin 1994

LACROIX, ALPHONSE (FRENCHIE)

Né à Newton, Massachusetts, le 21 octobre 1897, décédé le 12 avril 1973. Attrape de la gauche, 5'7", 136 lb

SAISON	CLUB	LIGUE	PJ	MIN	BC	G	P	N	BL	MOY	A	PUN	PJ	MIN	BC	G	P	N	BL	MOY	A	PUN
1914-15	Newton High School	H.S.	7	294	15	5	1	1	0	2.04	0	0	1	40	1	1	0		0	1.00	0	0
1915-16	Newton High School	H.S.	7	280	9	5	2	0	2	1.29	0	0	-	-	-	-	-	-	-	-	-	-
1916-17	Newton High School	H.S.	8	320	10	7	0	1	4	1.25	0	0	-	-	-	-	-	-	-	-	-	-
1917-18	Boston (Navy Yard)	USLHN	11	455	22	7	4	0	*3	*1.93	0	0	-	-	-	-	-	-	-	-	-	-
1918-19	Boston (Navy Yard)	Exhib.			*Statistiques non disponibles*																	
1919-20	Boston (AA Unicorn)	Exhib.	3	135	8	2	1	0	0	2.67	0	0	-	-	-	-	-	-	-	-	-	-
1920-21					*N'a pas joué*																	
1921-22	Boston (AA Unicorn)	USAHA	1	45	2	1	0	0	0	2.00	0	0	-	-	-	-	-	-	-	-	-	-
1922-23	Boston (AA Unicorn)	USAHA	9	405	10	*9	0	0	*4	*1.11	0	0	4	180	4	*3	1		*1	*1.00	0	0
1923-24	Boston (AA Unicorn)	USAHA	6	270	10	3	3	0	1	1.67	0	0	3	180	8	1	2		0	2.67	0	0
	États-Unis	JO	5	225	6	4	1	0	4	1.20	0	0	-	-	-	-	-	-	-	-	-	-
1924-25	Boston (AA Unicorn)	USAHA	21	955	40	15	6	0	*4	1.88	0	0	4	150	10	1	3		*1	3.00	0	0
1925-26	**Montréal (Canadiens)**	**LHN**	**5**	**280**	**16**	**1**	**4**	**0**	**0**	**3.43**	**0**	**0**	-	-	-	-	-	-	-	-	-	-
1926-27					*N'a pas joué*																	
1927-28	Providence (Reds)	Can-Am	4	250	12	1	3	0	0	2.88	0	0	-	-	-	-	-	-	-	-	-	-
	Lewiston (St-Doms)	NEHL	22	1350	42	8	12	2	5	1.87	0	0	5	305	16	-	-	-	0	3.15	0	0
1928-29	Lewiston (St-Doms)	NEHL	4	240	9	3	1	0	0	2.25	0	0	3	240	8	2	1		*1	*2.67	0	0
1929-30	Providence (Reds)	Can-Am	1	60	2	1	0	0	0	2.00	0	0	-	-	-	-	-	-	-	-	-	-
1930-31	Boston (Tigers)	Can-Am	4	240	13	2	1	3	0	3.25	0	0	-	-	-	-	-	-	-	-	-	-
	LHN		**5**	**280**	**16**	**1**	**4**	**0**	**0**	**3.43**	**0**	**0**	-	-	-	-	-	-	-	-	-	-
	Montréal		**5**	**280**	**16**	**1**	**4**	**0**	**0**	**3.43**	**0**	**0**	-	-	-	-	-	-	-	-	-	-

• Première équipe d'étoiles (USLHN) en 1917-18 • Médaille d'argent (JO) en 1924
• Signe avec Montréal comme joueur autonome le 10 novembre 1925

SAISON	CLUB	LIGUE	PJ	MIN	BC	G	P	N	BL	MOY	A	PUN	PJ	MIN	BC	G	P	N	BL	MOY	A	PUN

LAROCHELLE, PAT

SAISON	CLUB	LIGUE	PJ	MIN	BC	G	P	N	BL	MOY	A	PUN	PJ	MIN	BC	G	P	N	BL	MOY	A	PUN
1909-10 Montréal (National)	LHCM		*Statistiques non disponibles*										-	-	-	-	-	-	-	-	-	-
Montréal (Canadiens)	**NHA**	1	67	4	0	0	0	0	3.58	0	5	-	-	-	-	-	-	-	-	-	-
1910-11 Montréal (National)	LHCM	12	720	18	9	1	2	3	1.50	0	0	1	60	13	0	1	0	0	13.00	0	0
1911-12 Montréal (Champètre)	LHAM	4	240	11	1	1	2		2.75	0	0	-	-	-	-	-	-	-	-	-	-
	NHA	1	67	4	0	0	0	0	3.58	0	5	-	-	-	-	-	-	-	-	-	-
	Montréal	1	67	4	0	0	0	0	3.58	0	5	-	-	-	-	-	-	-	-	-	-

• Prêté à Montréal par Montréal (National - LHCM) le 11 mars 1910

LAROCQUE, MICHEL (BUNNY)

Né à Hull, Québec, le 6 avril 1952, décédé le 29 juillet 1992. Attrape de la gauche, 5'10", 185 lb (Choix de 1ʳᵉ ronde de Montréal, 6ᵉ au total lors du repêchage de 1972)

SAISON	CLUB	LIGUE	PJ	MIN	BC	G	P	N	BL	MOY	A	PUN	PJ	MIN	BC	G	P	N	BL	MOY	A	PUN
1967-68 Ottawa (67's)	JOHA	4	210	32	-	-	-	-	0	9.14	0	0										
1968-69 Ottawa (67's)	JOHA	4	190	24	-	-	-	-	0	7.58	0	0										
1969-70 Ottawa (67's)	JOHA	*51	*3060	185	-	-	-	-	*3	*3.63	0	17										
1970-71 Ottawa (67's)	JOHA	56	3345	189	-	-	-	-	*5	3.39	4	4										
1971-72 Ottawa (67's)	OMJHL	55	3287	189	-	-	-	-	*4	*3.45	0	20										
1972-73 Nlle-Écosse (Voyageurs)	AHL	47	2705	113	-	-	-	-	1	*2.50	0	6	13	*760	36	-	-	-	0	2.84	0	10
1973-74 **Montréal (Canadiens)**	LHN	27	1431	69	15	8	2	0	2.89	2	0	6	364	18	2	4		0	2.97	2	0
1974-75 **Montréal (Canadiens)**	LHN	25	1480	74	17	5	3	3	3.00	1	2	-	-	-	-	-	-	-	-	-	-
1975-76 **Montréal (Canadiens)**	LHN	22	1220	50	16	1	3	2	2.46	2	4	-	-	-	-	-	-	-	-	-	-
1976-77 **Montréal (Canadiens)**	LHN	26	1525	53	19	2	4	4	*2.09	0	0	-	-	-	-	-	-	-	-	-	-
1977-78 **Montréal (Canadiens)**	LHN	30	1729	77	22	3	4	1	2.67	4	0	-	-	-	-	-	-	-	-	-	-
1978-79 **Montréal (Canadiens)**	LHN	34	1986	94	22	7	4	3	2.84	3	2	1	20	0	1	0		0	0.00	0	0
1979-80 **Montréal (Canadiens)**	LHN	39	2259	125	17	13	8	3	3.32	2	4	5	300	11	4	1		1	2.20	0	0
1980-81 **Montréal (Canadiens)**	LHN	28	1623	82	16	9	3	1	3.03	1	2	-	-	-	-	-	-	-	-	-	-
Toronto (Maple Leafs)	LHN	8	460	40	3	3	2	0	5.22	0	0	2	75	8	0	1		0	6.40	0	0
1981-82 Toronto (Maple Leafs)	LHN	50	2647	207	10	24	8	3	4.69	3	2	-	-	-	-	-	-	-	-	-	-
1982-83 Toronto (Maple Leafs)	LHN	16	835	68	8	3	0	4	4.89	0	0	-	-	-	-	-	-	-	-	-	-
Philadelphie (Flyers)	LHN	2	120	8	0	1	1	0	4.00	0	0	-	-	-	-	-	-	-	-	-	-
1983-84 Springfield (Indians)	AHL	5	301	21	3	2	0	0	4.18	2	0	-	-	-	-	-	-	-	-	-	-
St. Louis (Blues)	LHN	5	300	31	0	5	0	0	6.20	0	2	-	-	-	-	-	-	-	-	-	-
1984-85 Peoria (Rivermen)	IHL	13	786	41	7	3	3	0	3.13	1	0	-	-	-	-	-	-	-	-	-	-
	LHN	312	17615	978	160	89	45	31	3.33	18	18	14	759	37	6	6	-	1	2.92	2	0
	Montréal	231	13253	624	144	48	31	17	2.83	15	14	12	684	29	6	5	-	1	2.54	2	0

• Deuxième équipe d'étoiles (JOHA) en 1970-71 • Première équipe d'étoiles (OMJHL) en 1971-72 • Deuxième équipe d'étoiles (AHL) en 1972-73 • Trophée Harry-Holmes (AHL) avec Michel Deguise en 1972-73 • Coupe Stanley (LHN) en 1975-76, 1976-77, 1977-78, 1978-79 • Trophée Georges-Vézina (LHN) avec Ken Dryden en 1976-77, 1977-78, 1978-79 • Trophée Georges-Vézina (LHN) avec Denis Herron et Richard Sévigny en 1980-81
• Échangé à Toronto par Montréal pour Robert Picard le 10 mars 1981 • Échangé à Philadelphie par Toronto pour Rick St-Croix le 11 janvier 1983 • Droits vendus à St. Louis par Philadelphie le 5 janvier 1984

LAVIOLETTE, JEAN-BAPTISTE (JACK)

Né à Belleville, Ontario, le 27 juillet 1879, décédé le 9 janvier 1960. Défenseur/Ailier droit, lance de la droite, 5'11", 170 lb

SAISON	CLUB	LIGUE	PJ	MIN	BC	G	P	N	BL	MOY	A	PUN	PJ	MIN	BC	G	P	N	BL	MOY	A	PUN
1909-10 Montréal (Canadiens)	NHA	1	5	0	1	0	0	0	0.00	0	0	-	-	-	-	-	-	-	-	-	-
1910-11 Montréal (Canadiens)	NHA	1	2	0	1	0	0	0	6.00	0	0	-	-	-	-	-	-	-	-	-	-
1914-15 Montréal (Canadiens)	NHA	1	3	1	1	0	0	0	20.00	0	0	-	-	-	-	-	-	-	-	-	-
	NHA	3	10	1	1	0	0	0	6.00	0	0	-	-	-	-	-	-	-	-	-	-
	Montréal	3	10	1	1	0	0	0	6.00	0	0	-	-	-	-	-	-	-	-	-	-

• A remplacé Pat Larochelle suite à une punition à la période supplémentaire le 11 mars 1910 • A remplacé Georges Vézina suite à une punition à la 2ᵉ période le 24 janvier 1911 • A remplacé Georges Vézina suite à une punition à la 3ᵉ période le 13 janvier 1915

LEDUC, ALBERT

Né à Valleyfield, Québec, le 22 novembre 1902, décédé le 31 juillet 1990. Défenseur, lance de la droite, 5'9", 180 lb

SAISON	CLUB	LIGUE	PJ	MIN	BC	G	P	N	BL	MOY	A	PUN	PJ	MIN	BC	G	P	N	BL	MOY	A	PUN
1931-32 Montréal (Canadiens)	LNH	1	2	1	0	0	0	0	30.00	0	0	-	-	-	-	-	-	-	-	-	-
	LNH	1	2	1	0	0	0	0	30.00	0	0	-	-	-	-	-	-	-	-	-	-
	Montréal	1	2	1	0	0	0	0	30.00	0	0	-	-	-	-	-	-	-	-	-	-

• A remplacé George Hainsworth suite à une punition à la 3ᵉ période le 2 décembre 1931

MANIAGO, CESARE

Né à Trail, Colombie-Britannique, le 13 janvier 1939. Attrape de la gauche, 6'3", 195 lb

SAISON	CLUB	LIGUE	PJ	MIN	BC	G	P	N	BL	MOY	A	PUN	PJ	MIN	BC	G	P	N	BL	MOY	A	PUN
1957-58 St-Michael's (Majors)	OHA	48	2880	173	21	19	7	*2	3.60												
1958-59 St-Michael's (Majors)	OHA	42	2520	131	-	-	-	*4	3.12												
1959-60 Kitchener-Waterloo	SOHA	38	2240	149				0	3.99												
Chatham (Maroons)	Allan	-	-	-	-	-	-	-	-			14	850	40	10	3	1	*3	*2.82	0	0
1960-61 Vancouver (Canucks)	WHL	2	120	5	2	0	0	0	2.50	0	0										
Spokane (Comets)	WHL	30	1800	90	17	10	3	1	3.00	0	28	4	240	19	1	3		0	4.75	0	2
Toronto (Maple Leafs)	LNH	7	420	18	4	2	1	0	2.57	0	2	2	145	6	1	1		0	2.48	0	0
Sudbury (Wolves)	EPHL	11	660	19	7	3	1	3	1.73												
1961-62 Hull-Ottawa (Canadiens)	EPHL	68	4080	168	*37	21	10	3	*2.47	0	0	*13	*823	32	*8	5		0	*2.33	0	2
1962-63 **Montréal (Canadiens)**	LNH	14	820	42	5	5	4	0	3.07	0	2	-	-	-	-	-	-	-	-	-	-
Québec (As)	AHL	5	300	19	2	3	0	0	3.80	0	0										
Spokane (Comets)	WHL	1	60	4	0	1	0	0	4.00	0	0										
Hull-Ottawa (Canadiens)	EPHL	28	1680	86	13	11	4	0	3.07	0	4	3	185	9	0	3		0	2.92	0	0
1963-64 Buffalo (Bisons)	AHL	27	1630	103	11	13	1	0	3.82	0	0										
Omaha (Knights)	CPHL	6	360	23	2	2	2	0	3.83	0	0										
1964-65 Minneapolis (Bruins)	CPHL	67	4020	184	34	26	7	*6	*2.75	0	0	5	300	19	1	4		*1	3.80	0	10
1965-66 Baltimore (Clippers)	AHL	27	1572	83	11	16	0	0	3.17	0	0										
New York (Rangers)	LNH	28	1613	94	9	14	4	2	3.50	0	0										
1966-67 New York (Rangers)	LNH	6	219	14	0	1	1	0	3.84	0	0										
1967-68 Minnesota (North Stars)	LNH	52	2876	133	22	16	9	6	2.77	0	12	14	893	39	7	7		0	2.62	0	0
1968-69 Minnesota (North Stars)	LNH	64	3599	198	18	33	10	1	3.30	0	12	-	-	-	-	-	-	-	-	-	-
1969-70 Minnesota (North Stars)	LNH	50	2887	163	9	24	16	0	3.39	0	0	3	180	6	1	2		*1	2.00	0	0
1970-71 Minnesota (North Stars)	LNH	40	2380	107	19	15	6	4	2.70	1	2	8	480	28	3	5		0	3.50	0	0
1971-72 Minnesota (North Stars)	LNH	43	2539	112	20	14	4	3	2.65	0	0	4	238	12	1	3		0	3.03	0	0
1972-73 Minnesota (North Stars)	LNH	47	2736	132	21	18	6	5	2.89	0	2	5	309	9	2	3		*2	*1.75	0	2
1973-74 Minnesota (North Stars)	LNH	40	2378	138	12	18	10	0	3.48	0	2	-	-	-	-	-	-	-	-	-	-
1974-75 Minnesota (North Stars)	LNH	37	2129	149	11	21	4	0	4.20	0	0	-	-	-	-	-	-	-	-	-	-
1975-76 Minnesota (North Stars)	LNH	47	2704	151	13	27	5	2	3.35	0	11	-	-	-	-	-	-	-	-	-	-
1976-77 Vancouver (Canucks)	LNH	47	2699	151	17	21	9	1	3.36	1	0	-	-	-	-	-	-	-	-	-	-
1977-78 Vancouver (Canucks)	LNH	46	2570	172	10	24	8	1	4.02	0	18										

SAISON	CLUB	LIGUE	PJ	MIN	BC	G	P	N	BL	MOY	A	PUN	PJ	MIN	BC	G	P	N	BL	MOY	A	PUN
	LNH		568	32569	1773	190	257	97	30	3.27	4	71	36	2245	100	15	21	-	3	2.67	0	2
	Montréal		14	820	42	5	5	4	0	3.07	0	2	-	-	-	-	-	-	-	-	-	-

•Deuxième équipe d'étoiles (EPHL) en 1961-62 • Première équipe d'étoiles (CPHL) en 1964-65 • Trophée Terry-Sawchuk (CPHL) en 1964-65 • Trophée Tommy-Ivan (CPHL) en 1964-65
• Réclamé par Montréal de Toronto au repêchage intra-ligue le 12 juin 1961 • Échangé à New York (Rangers) par Montréal avec Garry Peters pour Noel Price, Dave McComb, Earl Ingarfield, et Gord Labossière le 8 juin 1965 • Réclamé par Minnesota de New York au repêchage d'expansion de la LNH le 6 juin 1967 • Échangé à Vancouver par Minnesota pour Gary Smith le 23 août 1976

McNEIL, GÉRARD (GERRY)

Né à Québec, Québec, le 17 avril 1926, décédé le 17 juin 2004. Attrape de la gauche, 5'7", 155 lb

SAISON	CLUB	LIGUE	PJ	MIN	BC	G	P	N	BL	MOY	A	PUN	PJ	MIN	BC	G	P	N	BL	MOY	A	PUN
1943-44 Montréal (Royals)	LHJQ		3	180	10	-	-	-	0	3.33	0	0	7	420	30	-	-	-	0	4.29	0	0
Montréal (Royals)	LHSQ		21	1260	110	-	-	-	1	5.24	0	0	-	-	-	-	-	-	-	-	-	-
1944-45 Montréal (Royals)	LHSQ		23	1350	90	-	-	-	0	4.00	0	0	7	420	30	-	-	-	*1	4.29	0	0
1945-46 Montréal (Royals)	LHSQ		26	1560	87	-	-	-	1	*3.35	0	0	11	660	31	-	-	-	0	*2.82	0	0
1946-47 Montréal (Royals)	LHSQ		40	2400	124	-	-	-	*2	*3.10	0	0	11	660	22	-	-	-	0	2.00	1	0
1947-48 Montréal (Royals)	LHSQ		47	2820	156	-	-	-	*3	3.32	0	0	3	180	9	0	3	0	0	3.00	0	0
Montréal (Canadiens)	**LNH**		2	95	7	0	1	1	0	4.42	0	0	-	-	-	-	-	-	-	-	-	-
1948-49 Montréal (Royals)	LHSQ		59	3540	178	35	19	5	*5	3.02	0	0	9	540	25	3	4	0	1	2.78	0	0
1949-50 Cincinnati (Mohawks)	AHL		55	3300	201	12	30	13	3	3.65	0	0	-	-	-	-	-	-	-	-	-	-
Montréal (Canadiens)	**LNH**		6	360	9	3	1	2	1	1.50	0	0	2	135	5	1	1	0	0	2.22	0	0
1950-51 Montréal (Canadiens)	**LNH**		*70	*4200	184	25	30	15	6	2.63	0	0	*11	*785	25	*5	6	-	1	1.91	0	0
1951-52 Montréal (Canadiens)	**LNH**		*70	*4200	164	34	26	10	5	2.34	0	0	*11	*688	23	4	7	-	1	2.01	0	0
Match des étoiles	LNH		1	31	1	0	1	0	0	1.97			-	-	-	-	-	-	-	-	-	-
1952-53 Montréal (Canadiens)	**LNH**		66	3960	140	25	23	18	*10	2.12	0	0	8	486	16	*5	3	-	*2	1.98	0	0
Match des étoiles	LNH		1	30	0	1	0	0	0	0.00			-	-	-	-	-	-	-	-	-	-
1953-54 Montréal (Canadiens)	**LNH**		53	3180	114	28	19	6	6	2.15	0	0	3	190	3	2	1	-	1	0.95	0	0
Match des étoiles	LNH		1	60	2	1	0	0	0	2.00			-	-	-	-	-	-	-	-	-	-
1954-55						*N'a pas joué*																
1955-56 Montréal (Royals)	LHQ		54	3330	128	30	17	7	*5	*2.31	0	12	19	1161	63	9	10		1	3.26	0	0
1956-57 Montréal (Royals)	LHQ		59	3610	175	26	28	4	3	2.91	0	0	4	245	11	0	4	0	0	2.69	0	0
Montréal (Canadiens)	**LNH**		9	540	31	4	5	0	0	3.56	0	2	-	-	-	-	-	-	-	-	-	-
1957-58 Rochester (Americans)	AHL		*68	*4158	229	28	34	6	5	3.30	0	10	5	304	12	1	4	0	0	*2.37	0	10
1958-59 Rochester (Americans)	AHL		66	4010	199	31	30	5	2	2.98	0	0	-	-	-	-	-	-	-	-	-	-
1959-60 Montréal (Royals)	EPHL		28	1680	67	13	9	6	5	*2.39	0	0	*14	842	34	*8	6	0	*1	2.42	0	0
1960-61 Québec (As)	AHL		50	2933	176	21	27	1	3	3.60	0	0	-	-	-	-	-	-	-	-	-	-
	LNH		276	16535	649	119	105	52	28	2.36	0	2	35	2284	72	17	18	-	5	1.89	0	0
	Montréal		276	16535	649	119	105	52	28	2.36	0	2	35	2284	72	17	18	-	5	1.89	0	0

• Première équipe d'étoiles (LHSQ) 1946-47, 1947-48, 1948-49 • Trophée Vimy (LHSQ) en 1946-47, 1947-48, 1948-49 • Match des étoiles (LNH) en 1951-52, 1952-53, 1953-54 • Coupe Stanley (LNH) en 1952-53, 1956-57, 1957-58 • Deuxième équipe d'étoiles (LNH) en 1952-53 • Première équipe d'étoiles (LHQ) en 1955-56 • Trophée Georges-Vézina (LHQ) en 1955-56 • Deuxième équipe d'étoiles (AHL) en 1957-58
• Signe avec Montréal en septembre 1950

MELANSON, ROLAND

Né à Moncton, Nouveau-Brunswick, le 28 juin 1960. Attrape de la gauche, 5'10", 185 lb (Choix de 3e ronde de New York (Islanders), 59e au total lors du repêchage de 1979)

SAISON	CLUB	LIGUE	PJ	MIN	BC	G	P	N	BL	MOY	A	PUN	PJ	MIN	BC	G	P	N	BL	MOY	A	PUN
1976-77 Moncton (Century Flyers)	NBAHA		70	4198	147	-	-	-	*14	2.09	-	-	6	360	14	4	1	1	0	2.33	-	-
1977-78 Windsor (Spitfires)	OMJHL		44	2592	195	-	-	-	1	4.51	2	12	5	258	13	1	2	1	0	3.02	0	0
1978-79 Windsor (Spitfires)	OMJHL		*62	*3461	254	-	-	-	1	4.40	7	16	7	392	31	-	-	-	0	4.74	0	0
1979-80 Windsor (Spitfires)	OMJHL		22	1099	90	11	8	0	0	4.91	0	8	-	-	-	-	-	-	-	-	-	-
Oshawa (Generals)	OMJHL		38	2240	136	26	12	0	*3	3.64	2	14	7	420	32	3	4	0	0	4.57	0	0
1980-81 New York (Islanders)	**LNH**		11	620	32	8	1	1	0	3.10	0	4	3	92	6	1	0	0	0	3.91	0	0
Indianapolis (Checkers)	CHL		*52	*3056	131	31	16	3	2	*2.57	1	16	-	-	-	-	-	-	-	-	-	-
1981-82 New York (Islanders)	**LNH**		36	2115	114	22	7	6	0	3.23	0	14	3	64	5	0	1	0	0	4.69	0	0
1982-83 New York (Islanders)	**LNH**		44	2460	109	24	12	5	1	2.66	3	22	5	238	10	2	2	0	0	2.52	0	0
1983-84 New York (Islanders)	**LNH**		37	2019	110	20	11	2	0	3.27	2	10	6	87	5	0	1	0	0	3.45	0	2
1984-85 New York (Islanders)	**LNH**		8	435	35	3	3	0	0	4.94	0	0	-	-	-	-	-	-	-	-	-	-
Minnesota (North Stars)	LNH		20	1142	78	5	10	4	0	4.10	0	2	-	-	-	-	-	-	-	-	-	-
1985-86 Minnesota (North Stars)	LNH		6	325	24	2	1	2	0	4.43	0	4	-	-	-	-	-	-	-	-	-	-
Los Angeles (Kings)	LNH		22	1246	87	4	16	1	0	4.19	0	8	-	-	-	-	-	-	-	-	-	-
New Haven (Nighthawks)	AHL		3	179	13	1	2	0	0	4.36	0	0	-	-	-	-	-	-	-	-	-	-
1986-87 Los Angeles (Kings)	LNH		46	2734	168	18	21	6	1	3.69	6	22	5	260	24	1	4	-	0	5.54	0	4
1987-88 Los Angeles (Kings)	LNH		47	2676	195	17	20	7	0	4.37	0	16	1	60	9	0	0	-	0	9.00	0	0
1988-89 Los Angeles (Kings)	LNH		4	178	19	1	1	0	0	6.40	0	4	-	-	-	-	-	-	-	-	-	-
New Haven (Nighthawks)	AHL		29	1734	106	11	15	3	1	3.67	2	12	17	1019	74	9	8	-	1	4.36	1	8
1989-90 Utica (Devils)	AHL		48	2737	167	24	19	3	1	3.66	4	18	5	298	20	1	4	-	0	4.03	0	0
1990-91 New Jersey (Devils)	LNH		1	20	2	0	0	0	0	6.00	0	0	-	-	-	-	-	-	-	-	-	-
Utica (Devils)	AHL		54	3058	208	23	28	4	0	4.08	0	37	-	-	-	-	-	-	-	-	-	-
1991-92 Montréal (Canadiens)	**LNH**		9	492	22	5	3	0	2	2.68	0	0	-	-	-	-	-	-	-	-	-	-
1992-93 Brantford (Smoke)	ColHL		14	811	54	-	-	-	*1	4.00	1	8	15	844	50	*11	3	-	0	3.55	2	2
1993-94 Saint-John (Flames)	AHL		7	270	20	1	2	0	0	4.44	0	2	-	-	-	-	-	-	-	-	-	-
	LNH		291	16452	995	129	106	33	6	3.63	12	105	23	801	59	4	9	-	0	4.42	0	6
	Montréal		9	492	22	5	3	0	2	2.68	0	0	-	-	-	-	-	-	-	-	-	-

• Deuxième équipe d'étoiles (OMJHL) en 1978-79 • Première équipe d'étoiles (CHL) en 1980-81 • Trophée Ken-McKenzie (CHL) en 1980-81 • Coupe Stanley (LNH) en 1980-81, 1981-82, 1982-83 • Deuxième équipe d'étoiles (LNH) en 1982-83 • Trophée William-M.-Jennings (LNH) avec Billy Smith en 1982-83
• Échangé au Minnesota par New York (Islanders) pour le 1er choix du Minnesota au repêchage de 1985 (Brad Dalgarno) le 19 novembre 1984 • Échangé à New York (Rangers) par Minnesota pour le choix de 2e ronde de New York (Rangers) au repêchage de 1986 (Neil Wilkinson) et le choix de 4e ronde (Rangers) au repêchage de 1987 (John Weisbrod) le 9 décembre 1985 • Signe avec New Jersey comme joueur autonome le 10 août 1989 • Échangé à Montréal par New Jersey avec Kirk Muller pour Stéphane Richer et Tom Chorske le 20 septembre 1991

MICHAUD, OLIVIER

Né à Beloeil, Québec, le 14 septembre 1983. Attrape de la gauche, 5'11", 179 lb

SAISON	CLUB	LIGUE	PJ	MIN	BC	G	P	N	BL	MOY	A	PUN	PJ	MIN	BC	G	P	N	BL	MOY	A	PUN
1998-99 Charles-Lemoyne	QAAA		7	420	15	6	1	0	1	2.14	-	-	-	-	-	-	-	-	-	-	-	-
1999-00 Charles-Lemoyne	QAAA		16	886	57	8	4	2	0	3.86	-	-	16	1015	29	8	8	-	2	1.71	-	-
Shawinigan (Cataractes)	LHJMQ		1	49	2	0	1	0	0	2.44	0	0	-	-	-	-	-	-	-	-	-	-
2000-01 Shawinigan (Cataractes)	LHJMQ		21	1096	54	12	4	1	1	2.96	1	0	3	150	6	1	2	-	0	2.41	0	0
2001-02 Shawinigan (Cataractes)	LHJMQ		46	2650	108	29	11	3	3	*2.45	0	0	12	744	36	7	5	-	0	2.91	0	0
Montréal (Canadiens)	**LNH**		1	18	0	0	0	0	0	0.00	0	0	-	-	-	-	-	-	-	-	-	-
Canada	CMJ		2	120	5	-	-	-	-	2.50	-	-	-	-	-	-	-	-	-	-	-	-
2002-03 Shawinigan (Cataractes)	LHJMQ		27	1497	82	8	13	3	3	3.28	0	0	-	-	-	-	-	-	-	-	-	-
Baie-Comeau (Drakars)	LHJMQ		31	1775	90	23	5	2	0	3.04	2	2	12	748	38	7	5	-	0	3.05	1	2
2003-04 Hamilton (Bulldogs)	AHL		16	900	38	4	7	3	2	2.53	0	0	-	-	-	-	-	-	-	-	-	-
Columbus (Cottonmouths)	ECHL		22	1234	62	8	10	2	1	3.01	0	0	-	-	-	-	-	-	-	-	-	-

McN - MIC

| SAISON | CLUB | LIGUE | PJ | MIN | BC | G | P | N | BL | MOY | A | PUN | PJ | MIN | BC | G | P | N | BL | MOY | A | PUN |

SAISONS RÉGULIÈRES   SÉRIES ÉLIMINATOIRES

SAISON	CLUB	LIGUE	PJ	MIN	BC	G	P	N	BL	MOY	A	PUN	PJ	MIN	BC	G	P	N	BL	MOY	A	PUN
			SAISONS RÉGULIÈRES										SÉRIES ÉLIMINATOIRES									
2004-05	Long Beach (Ice Dogs)	ECHL	41	2315	98	18	14	6	1	2.54	1	0	1	59	4	0	1	0	-	0	4.10	0	0
2005-06	Hamilton (Bulldogs)	AHL	14	748	41	6	5	1	0	3.29	0	2	-	-	-	-	-	-	-	-	-	-	-
	Long Beach (Ice Dogs)	ECHL	16	811	46	6	7	1	0	3.40	0	0	2	84	9	1	1	0	-	0	6.43	0	0
2006-07	Saint-Jean (Chiefs)	LNAH	34	1929	105	22	8	1	1	3.27	1	2	14	870	36	12	2	0	-	1	2.48	0	0
2007-08	Saint-Jean (Chiefs)	LNAH	39	2191	159	21	14	1	1	4.35	3	0	6	374	22	2	4	0	-	0	3.52	0	0
	LNH		1	18	0	0	0	0	0	0.00	0	0	-	-	-	-	-	-	-	-	-	-	-
	Montréal		1	18	0	0	0	0	0	0.00	0	0	-	-	-	-	-	-	-	-	-	-	-

• Trophée Jacques-Plante (LHJMQ) en 2001-02• Trophée Marcel-Robert (LHJMQ) en 2001-02 • Trophée Paul-Dumont (LHJMQ) en 2001-02• Recrue défensive de l'année (LNAH) en 2006-07 • Équipe d'étoiles (LNAH) en 2006-07 • Coupe Futura (LNAH) en 2006-07
• Signe avec Montréal comme joueur autonome le 18 septembre 2001

MOOG, ANDY

Né à Penticton, Colombie-Britannique, le 18 février 1960. Attrape de la gauche, 5'8", 175 lb (Choix de 7e ronde d'Edmonton, 132e au total lors du repêchage de 1980)

SAISON	CLUB	LIGUE	PJ	MIN	BC	G	P	N	BL	MOY	A	PUN	PJ	MIN	BC	G	P	N	BL	MOY	A	PUN
1976-77	Kamloops (Braves)	BCJHL	44	2735	173	18	26	0	1	3.81	-	-	-	-	-	-	-	-	-	-	-	-	-
1977-78	Penticton (Vees)	BCJHL	38	2280	194	19	19	0	0	5.11	-	-	-	-	-	-	-	-	-	-	-	-	-
1978-79	Billings (Bighorns)	WHL	26	1306	90	13	5	4	1	4.13	0	6	5	229	21	1	3	-	0	5.50	0	4	
1979-80	Billings (Bighorns)	WHL	46	2435	149	23	14	1	1	3.67	1	17	3	190	10	2	1	-	0	3.16	1	12	
1980-81	Edmonton (Oilers)	LNH	7	313	20	3	3	0	0	3.83	1	0	9	526	32	5	4	-	0	3.65	0	0	
	Wichita (Wind)	CHL	29	1602	89	14	13	1	0	3.33	0	4	5	300	16	3	2	-	0	3.20	0	0	
1981-82	Edmonton (Oilers)	LNH	8	399	32	3	5	0	0	4.81	1	2	-	-	-	-	-	-	-	-	-	-	-
	Wichita (Wind)	CHL	40	2391	119	23	13	3	1	2.99	5	8	7	434	23	3	4	-	0	3.18	0	0	
1982-83	Edmonton (Oilers)	LNH	50	2833	167	33	8	7	1	3.54	4	16	16	949	48	11	5	-	0	3.03	1	2	
1983-84	Edmonton (Oilers)	LNH	38	2212	139	27	8	1	1	3.77	1	4	7	263	12	4	0	-	0	2.74	0	2	
1984-85	Edmonton (Oilers)	LNH	39	2019	111	22	9	3	1	3.30	0	8	2	20	0	0	0	-	0	0.00	0	0	
	Match des étoiles	LNH	1	31	2	0	0		0	3.89	-	-	-	-	-	-	-	-	-	-	-	-	-
1985-86	Edmonton (Oilers)	LNH	47	2664	164	27	9	7	1	3.69	2	0	1	60	1	1	0	-	0	1.00	0	0	
	Match des étoiles	LNH	1	32	4	0	1		0	7.49	-	-	-	-	-	-	-	-	-	-	-	-	-
1986-87	Edmonton (Oilers)	LNH	46	2461	144	28	11	3	1	3.51	2	8	2	120	8	2	0	-	0	4.00	0	0	
1987-88	Canada	Éq. nat.	27	1438	86	10	7	5	1	3.58	0	0	-	-	-	-	-	-	-	-	-	-	-
	Canada	JO	4	240	9	4	0	0	1	2.55	0	0	-	-	-	-	-	-	-	-	-	-	-
	Boston (Bruins)	LNH	6	360	17	4	2	0	0	2.83	0	0	7	354	25	3	4	-	0	4.24	0	0	
1988-89	Boston (Bruins)	LNH	41	2482	133	18	14	8	1	3.22	1	4	6	359	14	4	2	-	0	2.34	1	0	
1989-90	Boston (Bruins)	LNH	46	2536	122	24	10	7	3	2.89	3	18	20	1195	44	13	7	-	2	*2.21	0	6	
1990-91	Boston (Bruins)	LNH	51	2844	136	25	13	9	4	2.87	2	20	19	1133	60	10	9	-	0	3.18	0	4	
	Match des étoiles	LNH	1	30	6	0	1		0	11.92	0	0	-	-	-	-	-	-	-	-	-	-	-
1991-92	Boston (Bruins)	LNH	62	3640	196	28	22	9	1	3.23	3	52	15	866	46	8	7	-	1	3.19	1	17	
1992-93	Boston (Bruins)	LNH	55	3194	168	37	14	3	3	3.16	1	14	3	161	14	0	3	-	0	5.22	0	0	
1993-94	Dallas (Stars)	LNH	55	3121	170	24	20	7	2	3.27	1	16	4	246	12	1	3	-	0	2.93	0	0	
1994-95	Dallas (Stars)	LNH	31	1770	72	10	12	7	2	2.44	0	14	5	277	16	1	4	-	0	3.47	0	2	
1995-96	Dallas (Stars)	LNH	41	2228	111	13	19	7	1	2.99	0	28	-	-	-	-	-	-	-	-	-	-	-
1996-97	Dallas (Stars)	LNH	48	2738	98	28	13	5	3	2.15	1	12	7	449	21	3	4	-	0	2.81	0	0	
	Match des étoiles	LNH	1	20	6	0	1		0	18.00	0	0	-	-	-	-	-	-	-	-	-	-	-
1997-98	**Montréal (Canadiens)**	LNH	42	2337	97	18	17	5	3	2.49	0	4	9	474	24	4	5	-	1	3.04	0	0	
	LNH		713	40151	2097	372	209	88	28	3.13	24	230	132	7452	377	68	57	-	4	3.04	4	33	
	Montréal		42	2337	97	18	17	5	3	2.49	0	4	9	474	24	4	5	-	1	3.04	0	0	

• Deuxième équipe d'étoiles (WHL) en 1979-80 • Deuxième équipe d'étoiles (CHL) en 1981-82 • Match des étoiles (LNH) en 1984-85, 1985-86, 1990-91, 1996-97 • Coupe Stanley (LNH) en 1983-84, 1984-85, 1986-87 • Trophée William-M.-Jennings (LNH) avec Réjean Lemelin en 1989-90
• Échangé à Boston par Edmonton pour Geoff Courtnall, Bill Ranford et le choix de 3e ronde de Boston au repêchage de 1988 (Petro Koivunen) le 8 mars 1988 • Échangé à Dallas par Boston avec des considérations futures (Gord Murphy le 25 juin 1993) pour Jon Casey le 20 juin 1993 • Signe avec Montréal comme agent libre le 17 juillet 1997

MORISSETTE, JEAN-GUY

Né à Causapscal, Québec, le 16 décembre 1937. Attrape de la gauche, 5'8", 140 lb

SAISON	CLUB	LIGUE	PJ	MIN	BC	G	P	N	BL	MOY	A	PUN	PJ	MIN	BC	G	P	N	BL	MOY	A	PUN
1961-62	Amherts (Ramblers)	NSSHL	7	420	20	-		-	1	2.85	-	-	9	540	26	*8	1	0	*2	*2.89	-	-
	Amherts (Ramblers)	Allan											8	491	29	5	3	0	0	3.54	0	0
1962-63	Amherts/Moncton	NSSHL	55	3300	228	-		-	*1	4.15	-	-	26	1570	82	*18	4	0	0	3.13	-	-
	Moncton (Hawks)	Allan											15	910	51	10	5	0	0	3.36	0	0
1963-64	Omaha (Knights)	CPHL	7	420	22	4	1	2	0	3.14	0	0	-	-	-	-	-	-	-	-	-	-	-
	Montréal (Canadiens)	LNH	1	36	4	0	1	0	0	6.67	0	0	-	-	-	-	-	-	-	-	-	-	-
	Cleveland (Barons)	AHL	5	310	14	2	2	1	1	2.71	0	0	*9	540	17	*9	0	0	0	*1.89	0	0
	Québec (As)	AHL	1	60	2	1	0	0	0	2.00	0	0	-	-	-	-	-	-	-	-	-	-	-
1964-65	Cleveland (Barons)	AHL	11	670	38	4	6	1	0	3.40	0	0	-	-	-	-	-	-	-	-	-	-	-
	Baltimore (Clippers)	AHL	20	1173	70	9	10	0	1	3.58	0	0	-	-	-	-	-	-	-	-	-	-	-
	Omaha (Knights)	CPHL	12	720	39	4	6	2	3	3.25	0	4	-	-	-	-	-	-	-	-	-	-	-
	Victoria (Maple Leafs)	WHL	-	-	-	-	-	-	-	-	-	-	2	125	6	1	1	0	0	2.88	0	0
1965-66	Cleveland (Barons)	AHL	8	398	24	4	2	0	0	3.62	0	2	1	24	1	0	0	0	0	2.50	0	0
1966-67	San-Francisco (Seals)	WHL	8	440	21	5	2	0	0	2.86	0	0	-	-	-	-	-	-	-	-	-	-	-
	Québec (As)	AHL	9	409	19	3	2	1	0	2.79	0	0	-	-	-	-	-	-	-	-	-	-	-
1967-68	Vancouver (Canucks)	WHL	11	638	58	1	8	1	0	5.45	-	-	-	-	-	-	-	-	-	-	-	-	-
1968-69			N'a pas joué																				
1969-70	Victoriaville (Tigers)	LHSQ			Statistiques non disponibles																		
1970-71	Grand Falls (Cataracts)	NFLD Sr	35	2100	144	14	16	5	1	4.11	-	-	19	1140	47	*13	6	0	2	*2.47	0	0
	Grand Falls (Cataracts)	Allan											5	380	19	2	3	0	0	3.00	0	0
1971-72	Grand Falls (Cataracts)	NFLD Sr	33	1980	77	*25	5	3	*5	*2.33	-	-	11	660	22	*11	0	0	*2	2.00	0	0
	Grand Falls (Cataracts)	Allan	-	-	-	-	-	-	-	-	-	-	3	164	15	0	3	0	0	5.49	0	0
	LNH		1	36	4	0	1	0	0	6.67	0	0	-	-	-	-	-	-	-	-	-	-	-
	Montréal		1	36	4	0	1	0	0	6.67	0	0	-	-	-	-	-	-	-	-	-	-	-

• Coupe Calder (AHL) en 1963-64
• Échangé à New York par Montréal avec Bill Hicke pour Dick Duff et Dave McComb le 22 décembre 1964 • Réclamé par Hershey (AHL) de Montréal le 15 juin 1966

MURPHY, HAROLD (HAL)

Né à Montréal, Québec, le 6 juillet 1927. Attrape de la droite, 5'9", 140 lb

SAISON	CLUB	LIGUE	PJ	MIN	BC	G	P	N	BL	MOY	A	PUN	PJ	MIN	BC	G	P	N	BL	MOY	A	PUN
1944-45	Montréal Catholic High	H.S.			Statistiques non disponibles																		
1945-46	Montréal Wheelers	MMJHL			Statistiques non disponibles																		
1946-47	Montréal Wheelers	QJHL	7	420	50	2	5	2	0	4.20	0	0	-	-	-	-	-	-	-	-	-	-	-
1947-48	Shawinigan (Cataracts)	QSHL	57	2219	138	22	11	4	0	3.73	0	0	7	420	35	3	4	0	0	5.00	0	0
1948-49	Shawinigan (Cataracts)	QSHL	50	3000	235	16	33	0	2	4.70	0	0	7	420	27	2	3	2	0	3.36	0	0
1949-50	Shawinigan (Cataracts)	QSHL	7	430	31	1	5	1	0	4.33	0	0	-	-	-	-	-	-	-	-	-	-	-
	North Sydney Victorias	CBSHL	12	720	55	4	7	1	1	5.58	0	0	-	-	-	-	-	-	-	-	-	-	-
	Chicoutimi Sagueneens	QSHL	12	730	45	6	6	0	0	3.70	0	0	5	400	22	1	3	1	0	3.30	0	0

SAISON	CLUB	LIGUE	PJ	MIN	BC	G	P	N	BL	MOY	A	PUN	PJ	MIN	BC	G	P	N	BL	MOY	A	PUN
			SAISONS RÉGULIÈRES										SÉRIES ÉLIMINATOIRES									

SAISON	CLUB	LIGUE	PJ	MIN	BC	G	P	N	BL	MOY	A	PUN	PJ	MIN	BC	G	P	N	BL	MOY	A	PUN
1950-51	Chicoutimi Sagueneens	QMHL	57	3490	206	26	27	4	1	3.54	0	0	6	391	19	2	4	0	0	2.92	0	0
1951-52	Montréal (Royals)	LHSQ						Statistiques non disponibles															
1952-53	Montréal (Royals)	LHSQ	3	180	6	2	1	0		2.00	0	0	-	-	-	-	-	-	-	-	-	-
	Montréal (Canadiens)	**LNH**	1	60	4	1	0	0		0	4.00	0	0									
1953-54	George Williams	QUAA						Statistiques non disponibles															
	Ottawa (Senators)	LHQ	3	180	11	2	1	0		3.67	0	0										
1954-55	St-Joseph-Tracy	QPHL	30	1800	163	10	19	1	2	5.43	0	0										
	LNH		1	60	4	1	0	0		0	4.00	0	0	-	-	-	-	-	-	-	-	-	-
	Montréal		1	60	4	1	0	0		0	4.00	0	0	-	-	-	-	-	-	-	-	-	-

• Prêté à Montréal par Montréal (LHSQ), remplace Gerry McNeil, blessé le 8 novembre 1952

MURRAY, KEVIN (MICKEY)

Né à Peterbourgh, Ontario, le 14 octobre 1898, décédé. Attrape de la droite, 5'10", 160 lb

SAISON	CLUB	LIGUE	PJ	MIN	BC	G	P	N	BL	MOY	A	PUN	PJ	MIN	BC	G	P	N	BL	MOY	A	PUN
1916-17	Peterborough (Juniors)	JOHA	3	180	15	2	1	0		5.00	0	0	2	120	21	0	2	0	0	10.50	0	0
1917-18	Peterborough (Juniors)	JOHA	3	180	7	*3	0	0		2.33	0	0	4	240	37	1	3	0	0	9.25	0	0
1918-19							Statistiques non disponibles																
1919-20	Peterborough (Seniors)	SOHA	-											5	300	24	3	2	0	0	4.80	0	0
1920-21	Peterborough (Seniors)	SOHA	4	240	22	0	3	0		5.50	0	0										
1921-22							Statistiques non disponibles																
1922-23	North Toronto (Rangers)S	OHA						Statistiques non disponibles															
1923-24	North Toronto (Rangers)S	OHA						Statistiques non disponibles															
1924-25	Galt (Terriers)	SOHA	20	1200	48	7	12	1	1	*2.48	0	0	2	120	8	0	1	1	0	4.00	0	0
1925-26	Galt (Terriers)	SOHA	20	1200	33	*14	4	2	3	*1.65	0	0										
1926-27	Galt (Terriers)	SOHA	10	600	30	4	6	0		3.00	0	0										
1927-28	Philadelphie (Arrows)	Can-Am	3	200	4	1	2	0		1.20	0	0										
	Providence (Reds)	Can-Am	21	1310	42	6	10	5		1.92	0	0										
1928-29	Providence (Reds)	Can-Am	40	2540	58	18	12	0	*12	1.37	0	5	6	363	14	1	3	2	1	2.31	0	0
1929-30	Providence (Reds)	Can-Am	39	2394	96	*23	11	0	*6	*2.41	0	0	3	180	4	*3	0	0	0	*1.33	0	0
	Montréal (Canadiens)	**LNH**	1	60	4	0	1	0		0	4.00	0	0	-	-	-	-	-	-	-	-	-	-
1930-31	Providence (Reds)	Can-Am	40	2470	96	23	11	6	*4	2.33	0	0	2	142	7	1	1	0	0	2.96	0	0
1931-32	Philadelphie (Arrows)	Can-Am	38	2352	97	13	*20	5	3	2.48	0	0										
1932-33							N'a pas joué																
1933-34	St. Louis (Flyers)	AHA	48	3050	84	*26	18	4	7	*1.65	0	2	7	460	12	2	4	1	1	1.57	0	0
1934-35	St. Louis (Flyers)	AHA	46	2920	97	*29	14	3	6	1.99	0	0	6	370	18	3	3	0	0	2.92	0	0
1935-36	St. Louis (Flyers)	AHA	47	2941	87	27	16	4	*9	1.78	0	0	1	80	1	0	0	1	0	0.75	0	0
1936-37	Kansas City (Greyhounds)	AHA	36	2189	54	21	13	2	*11	*1.48	0	0	3	180	10	0	3	0	0	3.33	0	0
1937-37	Kansas City (Greyhounds)	AHA	48	3005	120	21	22	5	0	2.40	0	0										
1938-39	St. Paul (Saints)	AHA	4	240	20	1	3	0		5.00	0	0										
	LNH		1	60	4	0	1	0		0	4.00	0	0	-	-	-	-	-	-	-	-	-	-
	Montréal		1	60	4	0	1	0		0	4.00	0	0	-	-	-	-	-	-	-	-	-	-

• **Deuxième équipe d'étoiles (Can-Am) en 1929-30 • Deuxième équipe d'étoiles (AHA) en 1934-35, 1935-36, 1937-38**
• Signe avec Providence (AHL) comme joueur autonome le 6 décembre 1927 • Prêté à Montréal par Providence (AHL) pour remplacer George Hainsworth, blessé le 25 février 1930

MYRE, PHILIPPE (PHIL)

Né à Sainte-Anne-de-Bellevue, Québec, le 1er novembre 1948. Attrape de la gauche, 6'1", 185 lb (Choix de 1re ronde de Montréal, 5e au total lors du repêchage de 1966)

SAISON	CLUB	LIGUE	PJ	MIN	BC	G	P	N	BL	MOY	A	PUN	PJ	MIN	BC	G	P	N	BL	MOY	A	PUN
1963-64	Victoriaville (Bruins)	Mem.	-											1	60	8	0	1	0	0	8.00	0	0
1964-65	Victoriaville (Bruins)	LHJQ	21	1260	82	14	7	0	*3	3.91	-		9	540	36	7	2	0	0	4.00	0	0
	Victoriaville (Bruins)	Mem.											3	180	24	0	3	0	0	8.00	0	0
1965-66	Shawinigan (Bruins)	LHJQ	44	2620	136	*38	6	0	1	3.11	-		12	730	34	*8	4	-	*3	*2.79	-	-
	Shawinigan (Bruins)	Mem.											15	900	41	11	4	0	0	2.73		
1966-67	Niagara Falls (Flyers)	JOHA	34	2010	135				1	4.03	1	0	9	540	44	-	-	-	0	4.89		
1967-68	Niagara Falls (Flyers)	JOHA	50	2970	153				4	3.09	1	39	19	1140	72	-	-	-	0	3.79		
	Niagara Falls (Flyers)	Mem.											10	621	34	7	3	0	1	3.29		
1968-69	Houston (Apollos)	CHL	53	3150	150				2	2.83	0	0	2	119	7	0	2	0	0	3.53		
1969-70	Montréal (Voyageurs)	AHL	15	900	37				0	2.47	0	0										
	Montréal (Canadiens)	**LNH**	10	503	19	4	3	2	0	2.27	0	2										
1970-71	**Montréal (Canadiens)**	**LNH**	30	1677	87	13	11	4	1	3.11	1	17										
1971-72	**Montréal (Canadiens)**	**LNH**	9	528	32	4	5	0	0	3.64	0	4										
1972-73	Atlanta (Flames)	LNH	46	2736	138	16	23	5	2	3.03	1	5										
1973-74	Atlanta (Flames)	LNH	36	2020	112	11	16	6	0	3.33	0	4	3	186	13	0	3	0	0	4.19	0	0
1974-75	Atlanta (Flames)	LNH	40	2400	114	14	16	10	5	2.85	1	6										
1975-76	Atlanta (Flames)	LNH	37	2129	123	16	16	4	1	3.47	1	0										
1976-77	Atlanta (Flames)	LNH	43	2422	124	17	17	7	3	3.07	2	0	2	120	5	1	1	0	0	2.50	0	0
1977-78	Atlanta (Flames)	LNH	9	523	43	2	7	0	0	4.93	0	2										
	St. Louis (Blues)	LNH	44	2620	159	11	25	8	1	3.64	2	10										
1978-79	St. Louis (Blues)	LNH	39	2259	163	9	22	8	1	4.33	0	0										
1979-80	Philadelphie (Flyers)	LNH	41	2367	141	18	7	15	0	3.57	0	37	6	384	16	5	1	-	1	2.50	0	0
1980-81	Philadelphie (Flyers)	LNH	16	900	61	6	5	4	0	4.07	0	0										
	Colorado (Rockies)	LNH	10	580	33	3	6	1	0	3.41	0	0										
	Canada	CM	7	359	26	-	-	-	-	4.34	0	0										
1981-82	Fort Worth (Texans)	CHL	10	615	40	4	5	1	0	3.90	1	0										
	Colorado (Rockies)	LNH	24	1256	112	2	17	2	0	5.35	0	0										
1982-83	Rochester (Americans)	AHL	43	2541	156	28	8	6	0	3.68	2	14										
	Buffalo (Sabres)	LNH	5	300	21	3	2	0	0	4.20	0	0	1	57	7	0	0	0	0	7.37	0	0
1983-84	Rochester (Americans)	AHL	33	1803	104	19	9	3	0	3.46	2	6										
	LNH		439	25220	1482	149	198	76	14	3.53	10	101	12	747	41	6	5	-	1	3.29	0	0
	Montréal		49	2708	138	21	19	6	1	3.06	1	23										

• **Deuxième équipe d'étoiles (LHJQ) en 1964-65,1965-66 • Deuxième équipe d'étoiles (JOHA) en 1967-68 • Coupe Memorial en 1967-68 • Deuxième équipe d'étoiles (CHL) en 1968-69 • Trophée Terry-Sawchuk (CHL) en 1968-69 • Coupe Stanley (LNH) en 1970-71**
• Réclamé par Atlanta de Montréal au repêchage d'expansion au LNH le 6 juin 1972 • Échangé à St. Louis par Atlanta avec Curt Bennett et Barry Gibbs pour Yves Bélanger, Dick Redmond, Bob MacMillan et le choix de 2e ronde du St. Louis au repêchage de 1979 (Mike Perovich) le 12 décembre 1977 • Échangé à Philadelphie par St. Louis pour Blake Dunlop et Rick Lapointe le 7 juin 1979 • Droits vendus au Colorado par Philadelphie le 26 février 1981 • Signe avec Buffalo comme joueur autonome le 11 septembre 1982

PENNEY, STEVE

Né à Sainte-Foy, Québec, le 2 février 1961. Attrape de la gauche, 6'1", 190 lb (Choix de 8e ronde de Montréal, 166e au total lors du repêchage de 1980)

SAISON	CLUB	LIGUE	PJ	MIN	BC	G	P	N	BL	MOY	A	PUN	PJ	MIN	BC	G	P	N	BL	MOY	A	PUN
1978-79	Shawinigan (Cataractes)	LHJMQ	36	1631	180	-			0	6.62	0	8	1	4	0				0	0.00	0	0
1979-80	Shawinigan (Cataractes)	LHJMQ	31	1682	143	9	14	5	0	5.10	0	36										
1980-81	Shawinigan (Cataractes)	LHJMQ	62	3456	244	30	25	4	0	4.24	0	45	5	279	21	1	4		0	4.52	0	0
1981-82	Nouvelle-Écosse (Voyageurs)	AHL	6	308	22	0	4		1	4.29	1	0	4	222	17	0	4		0	4.59	0	0

SAISON	CLUB	LIGUE	PJ	MIN	BC	G	P	N	BL	MOY	A	PUN	PJ	MIN	BC	G	P	N	BL	MOY	A	PUN
			SAISONS RÉGULIÈRES										SÉRIES ÉLIMINATOIRES									
1981-82	Flint (Generals)	IHL	36	2040	147	-	-	-	1	4.32	0	6	-	-	-	-	-	-	-	-	-	-
1982-83	Flint (Generals)	IHL	48	2552	179	-	-	-	0	4.21	1	0	3	111	10	0	2	-	0	5.40	0	15
1983-84	Nouvelle-Écosse (Voyageurs)	AHL	27	1571	92	11	12	4	0	3.51	0	15	-	-	-	-	-	-	-	-	-	-
	Montréal (Canadiens)	**LNH**	**4**	**240**	**19**	**0**	**4**	**0**	**0**	**4.75**	**0**	**0**	**15**	**871**	**32**	**9**	**6**	**-**	***3**	***2.20**	**2**	**2**
1984-85	**Montréal (Canadiens)**	**LNH**	**54**	**3252**	**167**	**26**	**18**	**8**	**1**	**3.08**	**1**	**10**	**12**	**733**	**40**	**6**	**6**	**-**	**1**	**3.27**	**0**	**0**
1985-86	**Montréal (Canadiens)**	**LNH**	**18**	**990**	**72**	**6**	**8**	**2**	**0**	**4.36**	**0**	**0**	-	-	-	-	-	-	-	-	-	-
1986-87	Winnipeg (Jets)	LNH	7	327	25	1	4	1	0	4.59	0	7	-	-	-	-	-	-	-	-	-	-
	Sherbrooke (Canadiens)	AHL	4	199	12	1	2	0	0	3.62	1	2	-	-	-	-	-	-	-	-	-	-
1987-88	Winnipeg (Jets)	LNH	8	385	30	2	4	1	0	4.68	0	0	-	-	-	-	-	-	-	-	-	-
	Moncton (Hawks)	AHL	28	1541	107	9	14	4	0	4.17	2	4	-	-	-	-	-	-	-	-	-	-
		LNH	**91**	**5194**	**313**	**35**	**38**	**12**	**1**	**3.62**	**1**	**17**	**27**	**1604**	**72**	**15**	**12**	**-**	**4**	**2.69**	**2**	**2**
		Montréal	**76**	**4482**	**258**	**32**	**30**	**10**	**1**	**3.45**	**1**	**10**	**27**	**1604**	**72**	**15**	**12**	**-**	**4**	**2.69**	**2**	**2**

• Équipe d'étoiles des recrues (LNH) en 1984-85 • Coupe Stanley 1985-86

• Échangé à Winnipeg par Montréal avec les droits sur Jan Ingman pour Brian Hayward le 15 août 1986

PERREAULT, ROBERT (BOB)

Né à Trois-Rivières, Québec, le 28 janvier 1931, décédé le 10 septembre 1980. Attrape de la gauche, 5'8", 170 lb

SAISON	CLUB	LIGUE	PJ	MIN	BC	G	P	N	BL	MOY	A	PUN	PJ	MIN	BC	G	P	N	BL	MOY	A	PUN
1948-49	Trois-Rivières (Reds)	LHJQ	46	2830	142	26	16	4	6	3.01	-	-	8	490	29	4	4	-	0	3.55	-	-
1949-50	Trois-Rivières (Reds)	LHJQ	36	2190	91	22	12	2	*4	2.49	-	-	9	549	30	4	5	-	0	3.28	-	-
1950-51	Trois-Rivières (Reds)	LHJQ	35	2108	96	25	10	0	2	2.73	-	-	8	517	30	4	4	-	0	3.48	-	-
1851-52	Providence (Reds)	AHL	22	1250	95	8	13	0	0	4.56	0	2	1	60	7	0	1	-	0	7.00	0	0
1952-53	Providence (Reds)	AHL	6	360	26	1	5	0	0	4.33	0	2	-	-	-	-	-	-	-	-	-	-
	Sherbrooke (Saints)	LHMQ	29	1780	84	15	11	3	1	2.83	0	0	-	-	-	-	-	-	-	-	-	-
1953-54	Montréal (Royals)	LHQ	58	3528	160	34	20	4	4	2.72	0	0	9	544	22	5	4	-	2	2.43	0	0
1954-55	Shawinigan (Cataractes)	LHQ	58	3490	129	*37	18	3	*10	*2.22	0	0	12	720	31	*9	3	-	1	*2.58	0	0
1955-56	Shawinigan (Cataractes)	LHQ	57	3450	146	*40	14	3	4	2.54	0	22	11	665	24	6	5	-	*2	*2.17	0	0
	Montréal (Canadiens)	**LNH**	**6**	**360**	**12**	**3**	**3**	**0**	**1**	**2.00**	**0**	**0**	-	-	-	-	-	-	-	-	-	-
1956-57	Shawinigan (Cataractes)	LHQ	41	2556	132	12	22	7	0	3.10	0	0	-	-	-	-	-	-	-	-	-	-
	Rochester (Americans)	AHL	24	1440	66	15	7	1	3	2.75	0	2	10	637	27	5	5	-	*2	2.54	0	5
1957-58	Hershey (Bears)	AHL	47	-	128	-	-	-	3	2.72	0	0	11	660	31	*8	3	-	0	2.82	0	0
1958-59	Hershey (Bears)	AHL	52	3000	134	-	-	-	*6	*2.68	0	4	*13	*780	35	*8	5	-	*1	2.69	0	15
	Detroit (Red Wings)	LNH	3	180	9	2	1	0	1	3.00	0	0	-	-	-	-	-	-	-	-	-	-
1959-60	Hershey (Bears)	AHL	66	3960	205	26	33	7	*5	3.11	0	32	-	-	-	-	-	-	-	-	-	-
1960-61	Hershey (Bears)	AHL	41	2460	116	22	16	3	3	2.83	0	16	8	*504	24	*4	4	-	0	2.86	0	2
1961-62	Hershey (Bears)	AHL	66	3960	189	*36	25	5	4	2.86	0	22	7	451	17	3	4	-	0	2.26	0	4
1962-63	Boston (Bruins)	LNH	22	1287	82	3	12	7	1	3.82	0	0	-	-	-	-	-	-	-	-	-	-
	Rochester (Americans)	AHL	10	600	27	3	4	2	0	2.70	0	2	2	120	11	0	2	-	0	5.50	0	0
1963-64	San Francisco (Seals)	WHL	*70	4230	257	32	35	3	0	3.65	1	18	11	*677	41	*8	3	-	0	3.63	0	10
1964-65	San Francisco (Seals)	WHL	*69	*4164	268	30	37	2	0	3.86	1	42	-	-	-	-	-	-	-	-	-	-
1965-66	Rochester (Americans)	AHL	41	2361	121	26	10	1	3	3.07	1	16	9	532	17	7	2	-	*2	*1.92	0	0
1966-67	Rochester (Americans)	AHL	54	3149	158	30	17	5	*4	3.01	1	9	13	*785	38	6	7	-	*2	2.90	0	0
1967-68	Rochester (Americans)	AHL	57	3101	149	*31	15	7	*6	2.88	1	2	9	515	28	5	3	-	1	3.26	0	10
1968-69	Rochester (Americans)	AHL	19	913	63	5	10	1	0	4.14	1	0	-	-	-	-	-	-	-	-	-	-
1969-70	Des Moines (Oak Leafs)	IHL	27	1467	66	-	-	-	1	*2.70	1	2	-	-	-	-	-	-	-	-	-	-
1970-71	Des Moines (Oak Leafs)	IHL	19	1062	57	-	-	-	1	3.22	1	22	8	478	21	-	-	-	0	2.63	0	10
1971-72	Des Moines (Oak Leafs)	IHL	51	3139	176	-	-	-	1	3.36	3	42	3	180	15	0	3	-	0	5.00	0	12
1972-73	Los Angeles (Sharks)	AMH	1	60	2	1	0	0	0	2.00	0	0	-	-	-	-	-	-	-	-	-	-
1973-74	Greensboro (Generals)	SHL	16	930	62	-	-	-	0	4.01	1	20	-	-	-	-	-	-	-	-	-	-
		LNH	**31**	**1827**	**103**	**8**	**16**	**7**	**3**	**3.38**	**0**	**0**	-	-	-	-	-	-	-	-	-	-
		Montréal	**6**	**360**	**12**	**3**	**3**	**0**	**1**	**2.00**	**0**	**0**	-	-	-	-	-	-	-	-	-	-

• Première équipe d'étoiles (LHJQ) en 1949-50, 1950-51 • Première équipe d'étoiles (LHQ) en 1954-55 • Trophée Georges-Vézina (LHQ) en 1954-55 • Deuxième équipe d'étoiles (LHQ) en 1955-56 • Deuxième équipe d'étoiles (AHL) en 1957-58, 1958-59, 1961-62, 1962-63 • Coupe Calder (AHL) en 1957-58, 1958-59, 1965-66, 1967-68 • Trophée Harry-Holmes (AHL) en 1958-59, 1967-68 • Trophée James-Norris (IHL) avec Gaye Cooley en 1969-70

• Signe avec Providence (AHL) le 30 mai 1951 • Échangé à Montréal par Providence (AHL) pour George McAvoy le 11 juin 1953 • Réclamé par Hershey (AHL) de Shawinigan (LHQ) au repêchage inter-ligues le 4 juin 1957 • Prêté à Detroit par Hershey le 20 janvier 1959 • Échangé à Boston par Hershey pour Ed Chadwick et Barry Ashbee le 7 juin 1962 • Droits vendus à San Francisco par Boston le 4 juin 1963 • Sélectionné par Los Angeles lors de l'expansion de l'AMH le 12 février 1972

PLANTE, JACQUES

Né à Shawinigan, Québec, le 17 janvier 1929, décédé le 26 février 1986. Attrape de la gauche, 6', 175 lb

SAISON	CLUB	LIGUE	PJ	MIN	BC	G	P	N	BL	MOY	A	PUN	PJ	MIN	BC	G	P	N	BL	MOY	A	PUN
1947-48	Québec (Citadelle)	LHJQ	31	1840	87	18	11	1	2	2.84	-	-	9	545	28	4	5	-	2	3.08	-	-
	Montréal (Canadiens)	LHJQ	2	120	5	0	0	0	0	2.50	-	-	-	-	-	-	-	-	-	-	-	-
1948-49	Québec (Citadelle)	LHJQ	47	2860	95	35	8	4	8	1.99	-	-	13	790	43	7	6	-	0	3.27	-	-
1949-50	Montréal (Royals)	LHSQ	58	3480	180	27	22	9	0	3.10	-	-	6	360	20	-	-	-	0	3.33	-	-
1950-51	Montréal (Royals)	LHMQ	60	3670	201	28	29	3	4	3.29	-	-	7	420	26	2	5	-	1	3.71	-	-
1951-52	Montréal (Royals)	LHMQ	60	3560	201	30	24	6	4	3.39	0	-	7	420	21	3	4	-	1	3.00	-	-
1952-53	Montréal (Royals)	LHMQ	29	1760	61	20	8	1	4	2.08	0	-	-	-	-	-	-	-	-	-	-	-
	Montréal (Canadiens)	**LNH**	**3**	**180**	**4**	**2**	**0**	**1**	**0**	**1.33**	**0**	**0**	**4**	**240**	**7**	**3**	**1**	**-**	**1**	***1.75**	**0**	**0**
	Buffalo (Bisons)	AHL	33	2000	114	13	19	1	2	3.42	-	-	-	-	-	-	-	-	-	-	-	-
1953-54	Buffalo (Bisons)	AHL	55	3370	148	32	17	6	3	*2.64	-	-	-	-	-	-	-	-	-	-	-	-
	Montréal (Canadiens)	**LNH**	**17**	**1020**	**27**	**7**	**5**	**5**	**5**	**1.59**	**0**	**0**	**8**	**480**	**15**	**5**	**3**	**-**	***2**	**1.88**	**0**	**0**
1954-55	**Montréal (Canadiens)**	**LNH**	**52**	**3080**	**110**	**33**	**12**	**7**	**5**	**2.14**	**0**	**2**	***12**	**639**	**30**	**6**	**3**	**-**	**0**	**2.82**	**0**	**0**
1955-56	**Montréal (Canadiens)**	**LNH**	**64**	**3840**	**119**	***42**	**12**	**10**	**7**	***1.86**	**0**	**10**	***10**	**600**	**18**	***8**	**2**	**-**	***2**	***1.80**	**0**	**2**
1956-57	**Montréal (Canadiens)**	**LNH**	**61**	**3660**	**122**	**31**	**18**	**12**	***9**	***2.00**	**0**	**16**	***10**	***616**	**18**	***8**	**2**	**-**	**1**	***1.75**	**0**	**4**
	Match des étoiles	LNH	1	60	1	0	0	1	0	1.00	0	0	-	-	-	-	-	-	-	-	-	-
1957-58	**Montréal (Canadiens)**	**LNH**	**57**	**3386**	**119**	***34**	**14**	**8**	***9**	***2.11**	**0**	**13**	**10**	**618**	**20**	***8**	**2**	**-**	***1**	***1.94**	**0**	**2**
	Match des étoiles	LNH	1	60	5	0	1	0	0	5.00	0	0	-	-	-	-	-	-	-	-	-	-
1958-59	**Montréal (Canadiens)**	**LNH**	**67**	**4000**	**144**	***38**	**16**	**13**	***9**	***2.16**	**1**	**11**	**11**	**670**	**26**	***8**	**3**	**-**	**0**	***2.51**	**0**	**2**
	Match des étoiles	LNH	1	60	3	1	0	0	0	3.00	0	0	-	-	-	-	-	-	-	-	-	-
1959-60	**Montréal (Canadiens)**	**LNH**	**69**	**4140**	**175**	***40**	**17**	**12**	**3**	***2.54**	**0**	**2**	**8**	**489**	**11**	***8**	**0**	**-**	***3**	***1.35**	**0**	**0**
	Match des étoiles	LNH	1	60	1	1	0	0	0	1.00	0	0	-	-	-	-	-	-	-	-	-	-
1960-61	**Montréal (Canadiens)**	**LNH**	**40**	**2400**	**112**	**23**	**11**	**6**	**2**	**2.80**	**0**	**2**	**6**	**412**	**16**	**2**	**4**	**-**	**0**	**2.33**	**0**	**2**
	Montréal (Royals)	EPHL	8	480	24	3	4	1	0	3.00	-	-	-	-	-	-	-	-	-	-	-	-
	Match des étoiles	LNH	1	60	2	0	1	0	0	2.00	0	0	-	-	-	-	-	-	-	-	-	-
1961-62	**Montréal (Canadiens)**	**LNH**	***70**	***4200**	**166**	***42**	**14**	**14**	**4**	***2.37**	**0**	**14**	**6**	**360**	**19**	**2**	**4**	**-**	**0**	**3.17**	**0**	**0**
1962-63	**Montréal (Canadiens)**	**LNH**	**56**	**3320**	**138**	**22**	**14**	**19**	***5**	***2.49**	**1**	**2**	**5**	**300**	**14**	**1**	**4**	**-**	**0**	**2.80**	**0**	**0**
	Match des étoiles	LNH	1	20	4	-	1	0	0	12.00	0	0	-	-	-	-	-	-	-	-	-	-
1963-64	New York (Rangers)	LNH	65	3900	220	22	36	7	3	3.38	0	6	-	-	-	-	-	-	-	-	-	-
1964-65	New York (Rangers)	LNH	33	1938	109	10	17	5	2	3.37	1	6	-	-	-	-	-	-	-	-	-	-
	Baltimore (Clippers)	AHL	17	1018	51	6	9	1	1	3.01	1	0	5	315	14	2	3	-	1	2.67	-	-

N'a pas joué de 1965 à 1968

SAISON	CLUB	LIGUE	PJ	MIN	BC	G	P	N	BL	MOY	A	PUN	PJ	MIN	BC	G	P	N	BL	MOY	A	PUN
1968-69	St. Louis (Blues)	LNH	37	2139	70	18	12	6	5	*1.96	0	2	*10	*589	14	*8	2	-	*3	1.43	0	0
	Match des étoiles	LNH	1	20	2	0	0	1	0	6.00	0	0	-	-	-	-	-	-	-	-	-	-
1969-70	St. Louis (Blues)	LNH	32	1839	67	18	9	5	5	2.19	2	0	6	324	8	4	1	-	*1	*1.48	0	2
	Match des étoiles	LNH	1	30	0	0	0	0	0	0.00	0	0	-	-	-	-	-	-	-	-	-	-
1970-71	Toronto (Maple Leafs)	LNH	40	2329	73	24	11	4	4	*1.88	0	2	3	134	7	0	2	-	0	3.13	0	0
1971-72	Toronto (Maple Leafs)	LNH	34	1965	86	16	13	5	2	2.63	0	2	1	60	5	0	1	-	0	5.00	0	0
1972-73	Toronto (Maple Leafs)	LNH	32	1717	87	8	14	6	1	3.04	0	0	2	120	10	0	2	-	0	5.00	0	0
	Boston (Bruins)	LNH	8	480	16	7	1	0	2	2.00	0	2	-	-	-	-	-	-	-	-	-	-
1973-74						*N'a pas joué*																	
1974-75	Edmonton (Oilers)	AMH	31	1592	88	15	14	1	1	3.32	1	2	-	-	-	-	-	-	-	-	-	-
	LNH		837	49533	1964	437	246	145	82	2.38	8	92	112	6651	237	71	36	-	14	2.14	0	14
	Montréal		556	33226	1236	314	133	107	58	2.23	2	72	90	5424	193	59	28	-	10	2.13	0	12

• Première équipe d'étoiles (LHJQ) en 1948-49, 1948-49 • Trophée Georges-Vézina (LHMQ) en 1952-53 • Coupe Stanley (LNH) en 1952-53, 1955-56, 1956-57, 1957-58, 1958-59, 1959-60 • Match des étoiles (LNH) 1956-57, 1957-58, 1958-59, 1959-60, 1960-61, 1962-63, 1968-69, 1969-70 • Première équipe d'étoiles (LNH) en 1955-56, 1958-59, 1961-62
• Deuxième équipe d'étoiles (LNH) en 1956-57, 1957-58, 1959-60, 1966-67 • Trophée Georges-Vézina (LNH) en 1955-56, 1956-57, 1957-58, 1958-59, 1959-60, 1961-62 • Trophée Georges-Vézina (LNH) avec Glenn Hall en 1968-69 • Trophé Hart (LNH) en 1961-62 • Temple de la Renommée (LNH) en 1978
• Signe avec Montréal le 17 août 1949 • Échangé à New York par Montréal avec Don Marshall et Phil Goyette pour Lorne Worsley, Dave Balon, Léon Rochefort et Len Ronson le 4 juin 1963 • Réclamé par St. Louis de New York au repêchage intra-ligue le 12 juin 1968 • Droits vendus à Toronto par St. Louis le 18 mai 1970 • Échangé à Boston par Toronto avec le choix de 3e ronde de Toronto au repêchage de 1973 (Doug Gibson) pour le 1er choix de Boston au repêchage de 1973 (Ian Turnbull) et des considérations futures (Ed Johnston, le 22 mai 1973) le 3 mars 1973

PLASSE, MICHEL

Né à Montréal, Québec, le 1er juin 1948, décédé le 30 décembre 2006 . Attrape de la gauche, 5'11", 172 lb
(Choix de 1re ronde de Montréal, 1er au total lors du repêchage de 1968)

SAISON	CLUB	LIGUE	PJ	MIN	BC	G	P	N	BL	MOY	A	PUN	PJ	MIN	BC	G	P	N	BL	MOY	A	PUN
1967-68	Drummondville (Rangers)	LHJQ	30	1800	63	-	-	-	3	*2.10	-	-	10	600	32	8	2	-	1	3.20	-	-
	Drummondville (Rangers)	Mem.	-	-	-	-	-	-	-	-	-	-	4	250	19	1	3	0	0	4.56		
1968-69	Cleveland (Barons)	AHL	7	320	27	2	4	0	0	5.06	-	0	4	240	35	0	4	-	0	8.75		
1969-70	Jacksonville (Rockets)	EHL	61	3660	297	-	-	-	0	4.87	0	0	-	-	-	-	-	-	-	-	-	-
1970-71	St. Louis (Blues)	LNH	1	60	3	1	0	0	0	3.00	0	0	-	-	-	-	-	-	-	-	-	-
	Kansas City (Blues)	CHL	16	960	42	-	-	-	0	2.63	1	2	-	-	-	-	-	-	-	-	-	-
1971-72	Nlle-Écosse (Voyageurs)	AHL	36	2036	94	17	13	4	1	2.77	0	0	15	912	19	*12	3	-	*3	*1.25	0	4
1972-73	**Montréal (Canadiens)**	**LNH**	17	932	40	11	2	3	0	2.58	0	4	-	-	-	-	-	-	-	-	-	-
1973-74	**Montréal (Canadiens)**	**LNH**	15	839	57	7	4	2	0	4.08	0	0	-	-	-	-	-	-	-	-	-	-
1974-75	Kansas City (Scouts)	LNH	24	1420	96	4	16	3	0	4.06	1	18	-	-	-	-	-	-	-	-	-	-
	Pittsburgh (Penguins)	LNH	20	1094	73	9	5	4	0	4.00	1	6	-	-	-	-	-	-	-	-	-	-
1975-76	Hershey (Bears)	AHL	5	278	25	0	4	0	0	5.40	0	2	-	-	-	-	-	-	-	-	-	-
	Pittsburgh (Penguins)	LNH	55	3096	178	24	19	10	2	3.45	1	18	3	180	8	1	2	-	1	2.67	0	0
1976-77	Colorado (Rockies)	LNH	54	2986	190	12	29	10	2	3.82	1	0	-	-	-	-	-	-	-	-	-	-
1977-78	Colorado (Rockies)	LNH	25	1383	90	3	12	8	0	3.90	0	12	-	-	-	-	-	-	-	-	-	-
	Hampton (Gulls)	AHL	2	124	5	-	1	1	0	2.42	0	0	-	-	-	-	-	-	-	-	-	-
1978-79	Philadelphie (Firebirds)	AHL	7	423	31	0	6	1	0	4.39	0	2	-	-	-	-	-	-	-	-	-	-
	Colorado (Rockies)	LNH	41	2302	152	9	29	2	0	3.96	2	4	-	-	-	-	-	-	-	-	-	-
1979-80	Colorado (Rockies)	LNH	6	327	26	0	3	2	0	4.77	0	0	-	-	-	-	-	-	-	-	-	-
	Fort Worth (Texans)	CHL	32	1620	113	9	13	3	0	4.15	0	26	14	*827	41	*8	5	-	*1	2.97	0	2
1980-81	Québec (Nordiques)	LNH	33	1933	118	10	14	9	0	3.66	1	0	1	15	1	0	0	-	0	4.00	0	0
1981-82	Québec (Nordiques)	LNH	8	388	35	2	3	1	0	5.41	0	0	-	-	-	-	-	-	-	-	-	-
	Binghamton (Whalers)	AHL	8	444	32	3	3	1	0	4.32	0	2	-	-	-	-	-	-	-	-	-	-
	LNH		299	16760	1058	92	136	54	2	3.79	9	62	4	195	9	1	2	-	1	2.77	0	0
	Montréal		32	1771	97	18	6	5	0	3.29	0	4	-	-	-	-	-	-	-	-	-	-

• Deuxième équipe d'étoiles (LHJQ) en 1967-68 • Coupe Calder (AHL) en 1971-72 • Coupe Stanley (LNH) en 1972-73 • Compte un but avec Kansas City (CHL) le 21 février 1971
• Prêté à Kansas City (CHL) par Montréal le 1er octobre 1970 • Droits vendus à St. Louis par Montréal le 11 décembre 1970 • Droits vendus à Montréal par St. Louis le 23 août 1971 • Réclamé par Kansas City de Montréal au repêchage d'expansion de la LNH le 12 juin 1974 • Échangé à Pittsburgh par Kansas City pour Jean-Guy Lagacé et Denis Herron le 10 janvier 1975 • Échangé au Colorado par Pittsburgh avec Simon Nolet en compensation pour la signature de Denis Herron avec Pittsburgh le 7 août 1976 • Signe avec Québec comme agent libre le 14 septembre 1980 • Échangé à Hartford par Québec avec le choix de 4e ronde de Québec au repêchage de 1983 (Ron Chyzowski) pour John Garret le 12 janvier 1982

PRICE, CAREY

Né à Anahim Lake, Colombie-Britannique, le 16 août 1987. Attrape de la gauche, 6' 3", 226 lb (Choix de 1re ronde de Montréal, 5e au total lors du repêchage de 2005)

SAISON	CLUB	LIGUE	PJ	MIN	BC	G	P	N	BL	MOY	A	PUN	PJ	MIN	BC	G	P	N	BL	MOY	A	PUN
2002-03	Williams Lake		18	1050	48	-	-	-	1	2.70	-	-	-	-	-	-	-	-	-	-	-	-
	Tri-City (Americans)	WHL	1	20	0	0	0	-	0	-	-	-	-	-	-	-	-	-	-	-	-	-
2003-04	Tri-City (Americans)	WHL	28	1363	54	8	9	3	1	2.37	-	-	8	470	19	5	3	-	0	2.43	-	-
2004-05	Tri-City (Americans)	WHL	63	3712	145	24	31	8	8	2.34	2	12	5	325	12	1	4	-	0	2.22	0	0
	Canada 18-A	CMJ	4	249	11	2	2	0	0	2.65	-	-	-	-	-	-	-	-	-	-	-	-
2005-06	Tri-City (Americans)	WHL	55	3072	147	21	25	6	3	2.87	2	8	5	302	1	3	0	-	0	2.38	0	2
2006-07	Tri-City (Americans)	WHL	46	2722	111	30	13	1	3	2.45	2	10	6	348	17	2	4	-	0	2.93	0	4
	Hamilton (Bulldogs)	AHL	2	117	3	1	1	0	0	1.53	0	0	22	1314	45	15	6	-	2	2.06	1	2
	Canada	CMJ	6	370	7	6	0	0	2	1.14	0	0	-	-	-	-	-	-	-	-	-	-
2007-08	Hamilton (Bulldogs)	AHL	10	581	26	6	3	0	1	2.69	0	0	-	-	-	-	-	-	-	-	-	-
	Montréal (Canadiens)	**LNH**	41	2413	103	24	12	3	3	2.56	2	0	11	648	30	5	6	-	2	2,78	0	2
	LHN		41	2413	103	24	12	3	3	2.56	2	0	11	648	30	5	6	-	2	2,78	0	2
	Montréal		41	2413	103	24	12	3	3	2.56	2	0	11	648	30	5	6	-	2	2,78	0	2

• Gardien de l'année (CHL) en 2006-07 • Première équipe d'étoiles (WHL) en 2006-07 • Trophée Del Wilson (WHL) en 2006-07 • Joueur par excellence (CMJ) en 2007 • Équipe d'étoiles (CMJ) en 2007 • Médaille d'or (CMJ) en 2007 • Coupe Calder (AHL) en 2006-07 • Trophée Jack Butterfield (AHL) en 2006-07 • Équipe d'étoiles des recrues (LNH) en 2007-08

PRONOVOST, CLAUDE

Né à Shawinigan, Québec, le 22 juillet 1935. Attrape de la gauche, 5'9", 190 lb

SAISON	CLUB	LIGUE	PJ	MIN	BC	G	P	N	BL	MOY	A	PUN	PJ	MIN	BC	G	P	N	BL	MOY	A	PUN
1952-53	Shawinigan (Cataractes)	LHMQ	2	120	5	0	2	0	0	2.50	0	0	-	-	-	-	-	-	-	-	-	-
1953-54	Montréal (Royals)	LHJQ	21	1260	80	-	-	-	1	3.81	0	0	-	-	-	-	-	-	-	-	-	-
	Kitchener (Greenshirts)	JOHA	33	1980	122	-	-	-	2	3.70	-	-	-	-	-	-	-	-	-	-	-	-
1954-55	Montréal (Canadiens)	LHJQ	46	2760	143	24	21	1	2	3.10	0	0	5	315	23	1	4	-	0	4.38	0	0
	Chicoutimi (Saguenéens)	LHQ	3	180	10	1	2	0	0	3.33	0	0	-	-	-	-	-	-	-	-	-	-
1955-56	Montréal (Royals)	LHQ	9	540	31	4	5	0	0	3.44	0	0	-	-	-	-	-	-	-	-	-	-
	Boston (Bruins)	LNH	1	60	0	1	0	0	1	0.00	0	0	-	-	-	-	-	-	-	-	-	-
	Chicoutimi (Saguenéens)	LHQ	2	108	7	0	0	0	0	3.89	0	0	-	-	-	-	-	-	-	-	-	-
1956-57	Chicoutimi (Saguenéens)	LHQ	1	60	1	1	0	0	0	1.00	0	0	-	-	-	-	-	-	-	-	-	-
	Montréal (Royals)	LHQ	9	554	36	2	6	1	0	3.90	0	0	1	46	1	1	0	-	0	1.30	0	0
	Shawinigan (Cataractes)	LHQ	11	662	37	4	7	0	1	3.35	0	0	-	-	-	-	-	-	-	-	-	-
	Edmonton (Flyers)	WHL	3	190	10	1	2	0	0	3.16	0	0	-	-	-	-	-	-	-	-	-	-
1957-58	Montréal (Royals)	LHQ	16	960	66	6	9	1	1	4.13	0	0	-	-	-	-	-	-	-	-	-	-
	Shawinigan (Cataractes)	LHQ	1	60	5	-	-	-	0	5.00	0	0	-	-	-	-	-	-	-	-	-	-

SAISON	CLUB	LIGUE	PJ	MIN	BC	G	P	N	BL	MOY	A	PUN	PJ	MIN	BC	G	P	N	BL	MOY	A	PUN
1958-59	Montréal (Royals)	LHQ	37	2220	91	18	14	5	2	*2.46	0	0	6	364	15	*3	3	0	*1	*2.47	0	0
	Montréal (Canadiens)	**LNH**	**2**	**60**	**7**	**0**	**1**	**0**	**0**	**7.00**	**0**	**0**	-	-	-	-	-	-	-	-	-	-
1959-60	Calgary (Stampeders)	WHL	37	2220	125	15	21	1	0	3.37	0	0										
1960-61	Montréal (Royals)	EPHL	27	1620	85	-	-	-	1	3.15	0	0										
1961-62	North Bay (Trappers)	EPHL	4	240	16	1	3	0	0	4.00	0	0										
1962-63	Hull-Ottawa (Canadiens)	EPHL	1	60	5	0	1	0	0	5.00	0	0										
	LNH		**3**	**120**	**7**	**1**	**1**	**0**	**1**	**3.50**	**0**	**2**	-	-	-	-	-	-	-	-	-	-
	Montréal		**2**	**60**	**7**	**0**	**1**	**0**	**0**	**7.00**	**0**	**0**	-	-	-	-	-	-	-	-	-	-

• **Première équipe d'étoiles (LHQ) en 1958-59 • Trophée Georges-Vézina (LHQ) en 1958-59**
• Prêté à Boston par Montréal le 14 janvier 1956 • Droits vendus à Chicago par Montréal le 3 septembre 1959

RACICOT, ANDRÉ

Né à Rouyn-Noranda, Québec, le 9 juin 1969. Attrape de la gauche, 5'11", 165 lb (Choix de 4e ronde de Montréal, 83e au total lors du repêchage de 1989)

SAISON	CLUB	LIGUE	PJ	MIN	BC	G	P	N	BL	MOY	A	PUN	PJ	MIN	BC	G	P	N	BL	MOY	A	PUN
1986-87	Longueuil (Chevaliers)	LHJMQ	3	180	19	1	2	0	0	6.33	0	0										
1987-88	Victoriaville (Tigres)	LHJMQ	8	469	28	-	-	-	1	3.44	0	0										
	Hull (Olympiques)	LHJMQ	14	668	43	-	-	-	-	3.86	0	0										
	Granby (Bisons)	LHJMQ	8	390	34	-	-	-	0	5.23	0	0	5	298	23	1	4	-	0	4.63	0	2
1988-89	Granby (Bisons)	LHJMQ	54	2944	198	22	24	3	0	4.04	5	47	4	218	18	0	4	-	0	4.95	0	2
1989-90	**Montréal (Canadiens)**	**LNH**	**1**	**13**	**3**	**0**	**0**	**0**	**0**	**13.85**	**0**	**0**	-	-	-	-	-	-	-	-	-	-
	Sherbrooke (Canadiens)	AHL	33	1948	97	19	11	2	1	2.99	1	2	5	227	18	0	4	-	0	4.76	0	0
1990-91	**Montréal (Canadiens)**	**LNH**	**21**	**975**	**52**	**7**	**9**	**2**	**1**	**3.20**	**1**	**0**	**2**	**12**	**2**	**0**	**1**	**-**	**0**	**10.00**	**0**	**0**
	Fredericton (Canadiens)	AHL	22	1252	60	13	8	1	0	2.88	0	8										
1991-92	**Montréal (Canadiens)**	**LNH**	**9**	**436**	**23**	**0**	**3**	**3**	**0**	**3.17**	**0**	**0**	**1**	**1**	**0**	**0**	**0**	**-**	**0**	**0.00**	**0**	**0**
	Fredericton (Canadiens)	AHL	28	1666	86	14	8	5	0	3.10	2	6										
1992-93	**Montréal (Canadiens)**	**LNH**	**26**	**1433**	**81**	**17**	**5**	**1**	**1**	**3.39**	**1**	**6**	**1**	**18**	**2**	**0**	**0**	**-**	**0**	**6.67**	**0**	**0**
1993-94	**Montréal (Canadiens)**	**LNH**	**11**	**500**	**37**	**2**	**6**	**2**	**0**	**4.44**	**0**	**0**	-	-	-	-	-	-	-	-	-	-
	Fredericton (Canadiens)	AHL	6	292	16	1	4	0	0	3.28	0	0										
1994-95	Portland (Pirates)	AHL	19	1080	53	10	7	0	1	2.94	0	0										
	Phoenix (Roadrunners)	IHL	3	132	8	1	0	0	0	3.62	0	0	2	20	0	0	1	-	0	0.00	0	0
1995-96	Albany (River Rats)	AHL	2	120	4	2	0	0	0	2.00	0	0										
	Columbus (Chill)	ECHL	1	60	2	1	0	0	0	2.00	0	0										
	Indianapolis (Ice)	IHL	11	547	43	3	6	0	0	4.71	1	0										
	Peoria (Rivermen)	IHL	4	240	14	2	1	1	0	3.50	0	2	11	654	34	6	5	-	1	3.12	1	6
1996-97	Indianapolis (Ice)	IHL	2	120	3	1	0	0	1	1.50	0	0										
	Kansas City (Blades)	IHL	6	273	21	1	4	0	0	4.60	0	0										
	Las Vegas (Thunder)	IHL	13	759	40	6	5	1	1	3.16	1	0										
1997-98	Monroe (Moccasins)	WPHL	31	1789	80	16	12	2	1	*2.68	0	14										
	Basingtoke (Bisons)	GRB	3	186	11	-	-	-	-	3.55	0	0	5	303	21	0	5	-	0	4.16	0	0
1998-99	Monroe (Moccasins)	WPHL	48	2806	148	25	18	5	0	3.16	4	22	6	380	21	2	4	-	1	3.32	1	0
1999-00	Neftekhimik Nizhnekamsk	RUS	20	1133	49	-	-	-	1	2.59	0	0	4	240	16	-	-	-	-	4.00	0	0
2000-01	Bakersfield Condors	WCHL	18	984	59	5	11	1	1	3.60	0	0										
2001-02	Greensboro Generals	ECHL	2	90	9	0	1	1	0	6.01	0	0										
2002-03	Saint-Georges (Garaga)	LHSPQ	15	832	44	12	2	0	1	3.18	0	0	8	477	20	4	4	-	2	2.52	0	0
	Canada	CN	2	120	8	0	1	1	0	4.00	0	0										
2003-04	Saint-Jean (Mission)	LHSMQ	18	880	64	9	7	0	0	4.36	0	2										
2004-05	Rivière-du-Loup	LHSMQ	3	220	12	3	0	0	0	3.27	0	0										
	LNH		**68**	**3357**	**196**	**26**	**23**	**8**	**2**	**3.50**	**2**	**6**	**4**	**31**	**4**	**0**	**1**	**-**	**0**	**7.74**	**0**	**0**
	Montréal		**68**	**3357**	**196**	**26**	**23**	**8**	**2**	**3.50**	**2**	**6**	**4**	**31**	**4**	**0**	**1**	**-**	**0**	**7.74**	**0**	**0**

• **Coupe du Président (LHJMQ) en 1986-87 • Deuxième équipe d'étoiles (LHJMQ) en 1988-89 • Trophée Harry-Holmes (AHL) avec Jean-Claude Bergeron en 1989-90 • Coupe Stanley (LNH) en 1992-93. Médaille d'argent (Coupe Nagano) en 2002-03**
• Signe avec Los Angeles comme agent libre le 22 septembre 1994 • Signe avec Chicago comme agent libre le 25 août 1995

RHÉAUME, HERBERT (HERB)

Né à Manson, Québec, le 12 janvier 1900, décédé le 1er janvier 1953. Attrape de la gauche, 6', 200 lb

SAISON	CLUB	LIGUE	PJ	MIN	BC	G	P	N	BL	MOY	A	PUN	PJ	MIN	BC	G	P	N	BL	MOY	A	PUN
1915-16	Ottawa (Grand Trunk)	OCHL	3	180	9	2	1	0	1	3.00	0	0										
1916-17	Ottawa (Grand Trunk)	OCHL	8	480	22	2	5	1	1	2.75	0	0										
1917-18	Hull (Canadiens)	OCHL	4	240	11	0	4	0	0	2.75	0	0										
	Hull (Canadiens)	HOHL	5	300	10	-	-	-	0	2.00	0	0										
1918-19	Hamilton (Tigers)	SOHA	8	480	35	*6	2	0	0	4.38	0	0	4	240	13	2	2	0	0	3.25	0	0
	Hamilton (Tigers)	Allan	-	-	-	-	-	-	-	-	-	-	2	130	6	1	1	0	0	2.77	0	0
1919-20	Hamilton (Tigers)	SOHA	6	360	17	*5	1	0	0	*2.83	0	0	2	120	6	1	1	0	0	3.00	0	0
1920-21	Hamilton (Tigers)	SOHA	9	540	39	3	6	0	0	4.33	0	0										
1921-22	Boston (Westmimsters)	USAHA			Statistiques non disponibles																	
1922-23	New Haven																					
	(Westminsters)	USAHA			Statistiques non disponibles																	
1923-24	Trois-Rivières (Renards)	ECHA	2	120	1	1	1	0	1	0.50	0	0										
1924-25	Québec (Sons of Ireland)	ECHA	8	480	23	4	4	0	0	2.88	0	0										
1925-26	**Montréal (Canadiens)**	**LNH**	**31**	**1889**	**92**	**10**	**20**	**1**	**0**	**2.92**	**0**	**0**										
1926-27	Boston (Tigers)	Can-Am	32	1980	46	14	15	3	5	*1.39	0	0										
1927-28	Boston (Tigers)	Can-Am	40	2500	71	21	14	5	6	1.70	0	0	2	120	4	2	0	0	0	2.00	0	0
1928-29	Boston (Tigers)	Can-Am	40	2474	56	*21	15	4	*11	1.36	0	5	4	240	*4	4	0	0	*1	*1.00	0	0
1929-30	Boston (Tigers)	Can-Am	40	2471	129	17	18	5	1	3.13	0	0	3	180	7	2	1	0	1	2.33	0	0
1930-31	St. Louis (Flyers)	AHA	34	2043	101	10	21	3	0	2.97	0	0	2	120	4	0	0	0	0	4.00	0	0
1931-32	St. Louis (Flyers)	AHA	35	2159	62	13	14	8	7	1.70	0	0										
1932-33	Regina/Vancouver	WCHL	30	1800	102	15	13	2	0	3.40	0	0										
1933-34	Portland (Buckaroos)	NWHL	34	2040	118	-	-	-	1	3.47	0	0										
1934-35	Edmonton (Eskimos)	NWH	21	1260	79	-	-	-	1	3.76	0	0										
1935-36	Vancouver (Lions)	NWHL	10	600	22	7	1	2	2	2.22	0	0	7	420	19	*5	2	0	*1	2.71	0	0
	LNH		**31**	**1889**	**92**	**10**	**20**	**1**	**0**	**2.92**	**0**	**0**	-	-	-	-	-	-	-	-	-	-
	Montréal		**31**	**1889**	**92**	**10**	**20**	**1**	**0**	**2.92**	**0**	**0**	-	-	-	-	-	-	-	-	-	-

• **Coupe Allan en 1918-19**
• Signe avec Montréal le 13 décembre 1925

RIENDEAU, VINCENT

Né à Saint-Hyacinthe, Québec, le 20 avril 1966. Attrape de la gauche, 5', 10", 185 lb

SAISON	CLUB	LIGUE	PJ	MIN	BC	G	P	N	BL	MOY	A	PUN	PJ	MIN	BC	G	P	N	BL	MOY	A	PUN
1983-84	Des Moines (Buccaneers)	USHL	15	753	63	-	-	-	0	5.02	-	-										
	Verdun (Junior)	LHJMQ	41	2133	147	22	13	2	2	4.14	-	-										
1984-85	Sherbrooke (Collège)	CEGEP			Statistiques non disponibles																	
1985-86	Drummondville (Voltigeurs)																					
		LHJMQ	57	3336	215	33	20	3	2	3.87	3	40	23	1271	106	10	13	-	1	5.00	-	-

SAISON	CLUB	LIGUE	PJ	MIN	BC	G	P	N	BL	MOY	A	PUN	PJ	MIN	BC	G	P	N	BL	MOY	A	PUN

			SAISONS RÉGULIÈRES										SÉRIES ÉLIMINATOIRES									
SAISON	CLUB	LIGUE	PJ	MIN	BC	G	P	N	BL	MOY	A	PUN	PJ	MIN	BC	G	P	N	BL	MOY	A	PUN
1986-87	Sherbrooke (Canadiens)	AHL	41	2363	114	25	14	0	2	2.89	0	23	13	742	47	8	5	-	0	3.80	0	6
1987-88	**Montréal (Canadiens)**	**LNH**	**1**	**36**	**5**	**0**	**0**	**0**	**0**	**8.33**	**0**	**0**	-	-	-	-	-	-	-	-	-	-
	Sherbrooke (Canadiens)	AHL	44	2521	112	27	13	3	*4	2.67	1	22	2	127	7	0	2	-	0	3.31	-	-
1988-89	St. Louis (Blues)	LNH	32	1842	108	11	15	5	1	3.52	0	4										
1989-90	St. Louis (Blues)	LNH	43	2551	149	17	19	5	1	3.50	0	6	8	397	24	3	4	-	0	3.63	0	0
1990-91	St. Louis (Blues)	LNH	44	2671	134	29	9	6	3	3.01	0	2	13	687	35	6	7	-	*1	3.06	0	0
1991-92	St. Louis (Blues)	LNH	3	157	11	1	2	0	0	4.20	0	0										
	Detroit (Red Wings)	LNH	2	87	2	2	0	0	0	1.38	0	0	2	73	4	1	0	-	0	3.29	0	0
	Adirondack (Red Wings)	AHL	3	179	8	2	1	0	0	2.68	0	0										
1992-93	Detroit (Red Wings)	LNH	22	1193	64	13	4	2	0	3.22	0	0										
1993-94	Detroit (Red Wings)	LNH	8	345	23	2	4	0	0	4.00	0	0										
	Adirondack (Red Wings)	AHL	10	582	30	6	3	0	0	3.09	2	4										
	Boston (Bruins)	LNH	18	976	50	7	6	1	1	3.07	1	0	2	120	8	1	1	-	0	4.00	0	0
1994-95	Boston (Bruins)	LNH	11	565	27	3	6	1	0	2.87	0	2										
	Providence (Bruins)	AHL	-										1	60	3	1	0	-	0	3.00	0	0
1995-96	SC Riessersee	GER	47	2776	184	-	-	-	-	4.00	-	-	3	189	20	-	-	-	0	6.35	0	0
1996-97	Manitoba (Moose)	IHL	41	1941	113	10	18	6	0	3.49	0	2										
1997-98	Reiver Lowen	GER	14	750	38	-	-	-	0	3.04	0	37										
	HC Lugano	SUI	1	65	2	-	-	-	0	1.85	0	0										
1998-99	Ayr Scottish Eagles	GBR-Cup	9	531	23	5	2	2	1	2.60	0	0										
	Ayr Scottish Eagles	GBR	18	1120	58	8	7	3	0	3.11	0	16										
	Ayr Scottish Eagles	EuroHL	5	309	20	2	3	0	0	3.88	0	0										
	Lada Togliatti	RUS	5	235	6	-	-	-	-	1.53	0	2	7	407	14	-	-	-	1	2.06	0	0
1999-00	Lada Togliatti	RUS	16	722	26	-	-	-	4	2.16	0	12	1	14	2	0	1	-	0	8.57	0	0
2000-01	Anchorage (Aces)	WCHL	21	-	-	8	10	2	0	4.13	1	4										
	LNH		**184**	**10423**	**573**	**85**	**65**	**20**	**5**	**3.30**	**2**	**16**	**25**	**1277**	**71**	**11**	**12**	**-**	**1**	**3.34**	**-**	**-**
	Montréal		**1**	**36**	**5**	**0**	**0**	**0**	**0**	**8.33**	**0**	**0**										

• Deuxième équipe d'étoiles (LHJMQ) en 1985-86 • Trophée Harry-Holmes (AHL) en 1986-87 • Trophée Harry-Holmes (AHL) avec Jocelyn Perreault en 1987-88 • Deuxième équipe d'étoiles (AHL) en 1987-88
• Signe avec Montréal comme joueur autonome le 9 octobre 1985 • Échangé à St. Louis par Montréal avec Sergio Momesso pour Jocelyn Lemieux, Darrell May et le choix de 2e ronde de St. Louis au repêchage de 1989 (Patrice Brisebois) le 9 août 1988 • Échangé à Detroit par St. Louis pour Rick Zombo le 18 octobre 1991 • Échangé à Boston par Detroit pour le choix de 5e ronde de Boston au repêchage de 1995 (Chad Wilchynski) le 17 janvier 1994 • Signe avec Anchorage comme joueur autonome le 14 décembre 2000

ROY, PATRICK

Né à Québec, Québec, le 5 octobre 1965. Attrape de la gauche, 6', 192 lb (Choix de 3e ronde de Montréal, 51e au total lors du repêchage de 1984)

SAISON	CLUB	LIGUE	PJ	MIN	BC	G	P	N	BL	MOY	A	PUN	PJ	MIN	BC	G	P	N	BL	MOY	A	PUN
1981-82	Sainte-Foy (Gouverneurs)	QAAA	40	2400	156	27	3	10	0	2.63	-	-										
1982-83	Granby (Bisons)	LHJMQ	54	2808	293	13	35	1	0	6.26	6	14										
1983-84	Granby (Bisons)	LHJMQ	61	3585	265	29	29	1	0	4.44	6	15	4	244	22	0	4	-	0	5.41	0	0
	Sherbrooke (Canadiens)	AHL	-										13	*769	37	10	3	0	-	*2.89	0	10
1984-85	**Montréal (Canadiens)**	**LNH**	**1**	**20**	**0**	**1**	**0**	**0**	**0**	**0.00**	**0**	**0**										
	Granby (Bisons)	LHJMQ	44	2463	228	16	25	0	0	5.55	2	74										
	Sherbrooke (Canadiens)	AHL	1	60	4	1	0	0	0	4.00	-	-										
1985-86	**Montréal (Canadiens)**	**LNH**	**47**	**2651**	**148**	**23**	**18**	**3**	**1**	**3.35**	**3**	**4**	20	1218	39	*15	5	-	*1	1.92	0	10
1986-87	**Montréal (Canadiens)**	**LNH**	**46**	**2686**	**131**	**22**	**16**	**6**	**1**	**2.93**	**1**	**8**	6	330	22	4	2	-	0	4.00	0	0
1987-88	**Montréal (Canadiens)**	**LNH**	**45**	**2586**	**125**	**23**	**12**	**9**	**2**	**2.90**	**2**	**14**	8	430	24	3	4	-	0	3.35	0	0
	Match des étoiles	LNH	1	30	3	1	0	0	0	6.00	0	0										
1988-89	**Montréal (Canadiens)**	**LNH**	**48**	**2744**	**113**	**33**	**5**	**6**	**4**	***2.47**	**6**	**2**	19	1206	42	13	6	-	2	*2.09	2	16
1989-90	**Montréal (Canadiens)**	**LNH**	**54**	**3173**	**134**	***31**	**16**	**5**	**3**	**2.53**	**5**	**0**	11	641	26	5	6	-	1	2.43	1	0
	Match des étoiles	LNH	1	29	3	1	0	0	0	6.16	0	0										
1990-91	**Montréal (Canadiens)**	**LNH**	**48**	**2835**	**128**	**25**	**15**	**6**	**1**	**2.71**	**2**	**6**	13	785	40	7	6	-	0	3.06	0	2
	Match des étoiles	LNH	1	30	5	0	0	0	0	10.07	0	0										
1991-92	**Montréal (Canadiens)**	**LNH**	**67**	**3935**	**155**	**36**	**22**	**8**	***5**	***2.36**	**5**	**4**	11	686	30	4	7	-	1	2.62	0	2
	Match des étoiles	LNH	1	20	2	0	0	0	0	6.00	0	0										
1992-93	**Montréal (Canadiens)**	**LNH**	**62**	**3595**	**192**	**31**	**25**	**5**	**2**	**3.20**	**2**	**16**	20	1293	46	*16	4	-	0	*2.13	1	4
	Match des étoiles	LNH	1	20	0	0	0	0	0	0.00	0	0										
1993-94	**Montréal (Canadiens)**	**LNH**	**68**	**3867**	**161**	**35**	**17**	**11**	***7**	**2.50**	**1**	**30**	6	375	16	3	3	-	0	2.56	0	0
	Match des étoiles	LNH	1	20	4	0	0	0	0	12.00	0	0										
1994-95	**Montréal (Canadiens)**	**LNH**	**43**	**2566**	**127**	**17**	**20**	**6**	**1**	**2.97**	**1**	**20**										
1995-96	**Montréal (Canadiens)**	**LNH**	**22**	**1260**	**62**	**12**	**9**	**1**	**1**	**2.95**	**0**	**6**										
	Colorado (Avalanche)	LNH	39	2305	103	22	15	1	1	2.68	0	4	*22	*1454	51	*16	6	-	*3	2.10	0	0
1996-97	Colorado (Avalanche)	LNH	62	3698	143	*38	15	7	7	2.32	1	15	17	1034	38	10	7	-	*3	2.21	0	12
	Match des étoiles	LNH	1	20	4	0	0	0	0	12.00	0	0										
1997-98	Colorado (Avalanche)	LNH	65	3835	153	31	19	13	4	2.39	3	39	7	430	18	3	4	-	0	2.51	1	0
	Match des étoiles	LNH	1	20	3	0	0	0	0	9.00	0	0										
	Canada	JO	6	369	9	3	3	0	1	1.46	0	0										
1998-99	Colorado (Avalanche)	LNH	61	3648	139	32	19	8	5	2.29	2	28	19	1173	52	11	8	-	1	2.66	2	4
1999-00	Colorado (Avalanche)	LNH	63	3704	141	32	21	8	2	2.28	3	10	17	1039	31	11	6	-	3	1.79	1	4
2000-01	Colorado (Avalanche)	LNH	62	3584	132	40	13	7	4	2.21	5	10	23	1451	41	*16	7	-	*4	*1.70	1	0
	Match des étoiles	LNH	1	20	3	0	0	0	0	9.00	0	0										
2001-02	Colorado (Avalanche)	LNH	63	3773	122	32	23	8	*9	*1.94	3	26	21	1241	52	11	10	-	3	2.51	2	0
	Match des étoiles	LNH	1	20	0	0	0	0	0	6.00	0	0										
2002-03	Colorado (Avalanche)	LNH	63	3769	137	35	15	13	5	2.18	5	20	7	423	16	3	4	-	1	2.26	0	0
	LNH		**1029**	**60235**	**2546**	***551**	**315**	**131**	**66**	**2.54**	**45**	**262**	***247**	**15209**	**584**	**151**	**94**	**-**	***23**	**2.30**	**11**	**54**
	Montréal		**551**	**31918**	**1476**	**289**	**175**	**66**	**29**	**2.77**	**28**	**110**	**114**	**6961**	**285**	**70**	**42**	**-**	**5**	**2.46**	**4**	**34**

• Troisième équipe d'étoiles (LHJMQ) en 1982-83 • Coupe Calder (AHL) en 1984-85 • Équipe d'étoiles des recrues (LNH) en 1985-86 • Coupe Stanley (LNH) en 1985-86, 1992-93, 1995-96, 2000-01 • Trophée Conn-Smythe (LNH) en 1985-86, 1992-93, 2000-01 • Trophée William-M.-Jenning (LNH) 1991-92, 2001-02 et avec Brian Hayward en 1986-87, 1987-88, 1988-89 • Match des étoiles (LNH) en 1987-88, 1989-90, 1990-91, 1991-92, 1992-93, 1993-94, 1996-97, 1997-98, 2000-01, 2001-02 • Première équipe d'étoiles (LNH) en 1988-89, 1989-90, 1991-92, 2001-02 • Deuxième équipe d'étoiles (LNH) en 1987-88, 1990-91 • Trophée Georges-Vézina (LNH) en 1988-89, 1989-90, 1991-92
• Échangé au Colorado par Montréal avec Mike Keane pour Andrei Kovalenko, Martin Rucinsky et Jocelyn Thibault le 6 décembre 1995

SANDS, CHARLES (CHARLIE)

Né à Forth William, Ontario, le 23 mars 1911, décédé le 6 avril 1953. Centre/Ailier droit, lance de la droite, 5'9", 160 lb

SAISON	CLUB	LIGUE	PJ	MIN	BC	G	P	N	BL	MOY	A	PUN	PJ	MIN	BC	G	P	N	BL	MOY	A	PUN
1939-40	**Montréal (Canadiens)**	**LNH**	**1**	**25**	**0**	**1**	**0**	**0**	**0**	**12.00**	**0**	**0**	-	-	-	-	-	-	-	-	-	-
	LNH		**1**	**25**	**0**	**1**	**0**	**0**	**0**	**12.00**	**0**	**0**	-	-	-	-	-	-	-	-	-	-
	Montréal		**1**	**25**	**0**	**1**	**0**	**0**	**0**	**12.00**	**0**	**0**										

• A remplacé Wilf Cude suite à une punition le 22 février 1940

SAISON	CLUB	LIGUE	PJ	MIN	BC	G	P	N	BL	MOY	A	PUN	PJ	MIN	BC	G	P	N	BL	MOY	A	PUN
			SAISONS RÉGULIÈRES										SÉRIES ÉLIMINATOIRES									

SAISON	CLUB	LIGUE	PJ	MIN	BC	G	P	N	BL	MOY	A	PUN	PJ	MIN	BC	G	P	N	BL	MOY	A	PUN

SÉVIGNY, RICHARD

Né à Montréal, Québec, le 11 avril 1957. Attrape de la gauche, 5'8", 175 lb (Choix de 7e ronde de Montréal, 124e au total lors du repêchage de 1977)

SAISON	CLUB	LIGUE	PJ	MIN	BC	G	P	N	BL	MOY	A	PUN	PJ	MIN	BC	G	P	N	BL	MOY	A	PUN
1974-75	Granby (Vics)	LHJQ	50	2966	240	-	-	-		*2	4.85	-	-	-	-	-	-	-	-	-	-	-	-
	Sherbrooke (Castors)	LHJMQ	2	62	4	-	-	-		0	3.87	0	0										
1975-76	Sherbrooke (Castors)	LHJMQ	55	3058	196	-	-	-		2	3.85	0	0	15	797	56	-	-	-		0	4.22	-	-
	Canada	CMJ	4	226	23	-	-	-			6.10	0	0										
1976-77	Sherbrooke (Castors)	LHJMQ	65	3656	248	-	-	-		*2	4.07	4	33	18	1058	60	-	-	-		2	3.40	-	-
	Sherbrooke (Castors)	Mem.												4	240	19	0	4	0		0	4.75	0	0
1977-78	Kalamazoo (Wings)	IHL	35	1897	95	-	-	-		1	3.01	4	27	7	296	12	-	-	-		0	*2.43	0	12
1978-79	Springfield (Indians)	AHL	22	1302	77	6	12	3		0	3.55	0	29										
	Nlle-Écosse (Voyageurs)	AHL	20	1169	57	12	6	1		1	2.93	0	6	10	607	37	5	5	-		0	3.66	1	2
1979-80	**Montréal (Canadiens)**	**LNH**	11	632	31	5	4	2		0	2.94	0	4	-	-	-	-	-	-		-	-	-	-
	Nlle-Écosse (Voyageurs)	AHL	35	2104	114	17	12	4		*3	3.25	6	23	4	239	15	1	3	-		0	3.77	0	7
1980-81	**Montréal (Canadiens)**	**LNH**	33	1777	71	20	4	3		2	*2.40	0	30	3	180	13	0	3	-		0	4.33	1	0
1981-82	**Montréal (Canadiens)**	**LNH**	19	1027	53	11	4	2		0	3.10	0	10	-	-	-	-	-	-		-	-	-	-
1982-83	**Montréal (Canadiens)**	**LNH**	38	2130	122	15	11	8		1	3.44	1	18	1	28	0	0	0	-		0	0.00	0	0
1983-84	**Montréal (Canadiens)**	**LNH**	40	2203	124	16	18	2		1	3.38	0	12	-	-	-	-	-	-		-	-	-	-
1984-85	Québec (Nordiques)	LNH	20	1104	62	10	6	2		1	3.37	0	8										
1985-86	Québec (Nordiques)	LNH	11	468	33	3	5	1		0	4.23	0	8										
	Fredericton (Express)	AHL	6	362	21	3	3	0		0	3.48	0	7										
1986-87	Québec (Nordiques)	LNH	4	144	11	0	2	0		0	4.58	0	14										
	Fredericton (Express)	AHL	16	884	62	4	10	0		0	4.21	1	48										
1987-88	Fredericton (Express)	AHL	1	16	2	0	0	0		0	7.50	0	0										
	LNH		176	9485	507	80	54	20		5	3.21	1	94	4	208	13	0	3	-		0	3.75	1	0
	Montréal		141	7769	401	67	41	17		4	3.10	1	64	4	208	13	0	3	-		0	3.75	1	0

• Première équipe d'étoiles, Division Ouest (LHJMQ) en 1975-76 • Médaille d'argent (CMJ) en 1975-76 • Coupe du Président (LHJMQ) en 1976-77 • Deuxième équipe d'étoiles (IHL) en 1977-78 • Trophée Georges-Vézina (LNH) avec Denis Herron et Michel Larocque en 1980-81. Partage un blanchissage avec Denis Herron le 11 novembre 1981
• Signe avec Québec comme joueur autonome le 4 juillet 1984

SOETAERT, DOUGLAS (DOUG)

Né à Edmonton, Alberta, le 21 avril 1955. Attrape de la gauche, 6', 180 lb (Choix de 2e ronde de New York (Rangers), 30e au total lors du repêchage de 1975)

SAISON	CLUB	LIGUE	PJ	MIN	BC	G	P	N	BL	MOY	A	PUN	PJ	MIN	BC	G	P	N	BL	MOY	A	PUN
1971-72	Edmonton (Oil Kings)	WCJHL	37	1738	105	-	-	-		3	3.62	0	0	6	267	13	-	-	-		0	2.92	0	0
1972-73	Edmonton (Oil Kings)	WCJHL	43	2111	129	-	-	-		1	3.67	2	18	6	339	33	-	-	-		0	5.84	0	0
1973-74	Edmonton (Oil Kings)	WCJHL	39	2190	163	-	-	-		1	4.47	0	0	3	141	9	-	-	-		0	3.83	0	0
1974-75	Edmonton (Oil Kings)	WCJHL	65	3706	273	-	-	-		1	4.42	6	80	-	-	-	-	-	-		-	-	-	-
	Canada	CMJ	2	120	5	-	-	-		-	2.50	0	0										
1975-76	New York (Rangers)	LNH	8	273	24	2	2	0		0	5.27	1	0										
	Providence (Reds)	AHL	16	896	65	6	9	1		0	4.35	0	14	1	59	6	0	1	-		0	6.10	0	0
1976-77	New York (Rangers)	LNH	12	570	28	3	4	1		1	2.95	0	0										
	New Haven (Nighthawks)	AHL	16	947	61	6	9	0		0	3.86	0	2										
1977-78	New York (Rangers)	LNH	6	360	20	2	2	0		0	3.33	0	0										
	New Haven (Nighthawks)	AHL	38	2252	141	16	16	6		0	3.75	6	20	15	916	53	8	7	-		0	3.47	0	0
1978-79	New Haven (Nighthawks)	AHL	3	180	11	2	1	0		1	3.67	0	2										
	New York (Rangers)	LNH	17	900	57	5	7	3		0	3.80	0	4										
1979-80	New York (Rangers)	LNH	8	435	33	5	2	0		0	4.55	0	0										
	New Haven (Nighthawks)	AHL	32	1808	108	17	18	5		*3	3.58	1	16	8	478	24	5	3	-		0	3.01	0	2
1980-81	New York (Rangers)	LNH	39	2320	152	16	16	7		0	3.93	0	2										
	New Haven (Nighthawks)	AHL	12	668	35	5	5	1		2	3.14	0	2	4	220	19	0	3	-		0	5.18	0	0
1981-82	Winnipeg (Jets)	LNH	39	2157	155	13	19	6		2	4.31	2	14	2	120	8	1	1	-		0	4.00	0	0
1982-83	Winnipeg (Jets)	LNH	44	2533	174	19	19	6		1	4.12	1	10	1	20	0	0	0	-		0	0.00	0	0
1983-84	Winnipeg (Jets)	LNH	47	2539	182	18	15	7		0	4.30	3	14	1	20	5	0	1	-		0	15.15	0	0
1984-85	**Montréal (Canadiens)**	**LNH**	28	1606	91	14	9	4		0	3.40	0	4	1	20	1	0	0	-		0	3.00	0	0
1985-86	**Montréal (Canadiens)**	**LNH**	23	1215	56	11	7	2		3	2.77	0	6	-	-	-	-	-	-		-	-	-	-
1986-87	New York (Rangers)	LNH	13	675	58	5	7	0		0	5.16	0	14										
	LNH		284	15583	1030	110	104	42		6	3.97	7	68	5	180	14	1	2	-		0	4.67	0	0
	Montréal		51	2821	147	25	16	6		3	3.13	0	10	1	20	1	0	0	-		0	3.00	0	0

• Coupe Stanley (LNH) en 1985-86
• Échangé à Winnipeg par New York (Rangers) pour le choix de 3e ronde du Winnipeg au repêchage de 1983 (Vesa Salo) le 8 septembre 1981 • Échangé à Montréal par Winnipeg pour Mark Holden le 9 octobre 1984 • Signe avec New York (Rangers) comme joueur autonome le 24 juillet 1986

THÉODORE, JOSÉ

Né à Laval, Québec, le 13 septembre 1976. Attrape de la droite, 5'11", 181 lb (2e choix de Montréal, 44e au total lors du repêchage de 1994)

SAISON	CLUB	LIGUE	PJ	MIN	BC	G	P	N	BL	MOY	A	PUN	PJ	MIN	BC	G	P	N	BL	MOY	A	PUN
1990-91	Richelieu Bantam Regents	QAHA	42	2520	80	-	-	-		0	1.90	-	-	-	-	-	-	-	-		-	-	-	-
1991-92	Richelieu Riverains	QAAA	24	1440	96	9	13	2		0	4.00	-	-	5	295	26	2	3	-		0	5.29	-	-
1992-93	Saint-Jean (Lynx)	LHJMQ	34	1776	112	12	16	2		0	3.78	0	12	3	175	11	0	2	-		0	3.77	-	-
1993-94	Saint-Jean (Lynx)	LHJMQ	57	3225	194	20	29	6		0	3.61	0	10	5	296	18	1	4	-		0	3.65	-	-
1994-95	Hull (Olympiques)	LHJMQ	58	3348	193	32	22	2		5	3.46	0	20	21	1263	59	15	6	-		1	2.80	0	2
	Hull (Olympiques)	Mem.	-	-	-	-	-	-		-	-	-	-	3	150	13	0	3	-		0	5.20	-	-
	Fredericton (Canadiens)	AHL	-	-	-	-	-	-		-	-	-	-	1	60	3	0	1	-		0	3.00	0	0
1995-96	**Montréal (Canadiens)**	**LNH**	1	9	1	0	0	0		0	6.67	0	0	-	-	-	-	-	-		-	-	-	-
	Hull Olympiques	LHJMQ	48	2807	158	33	11	2		0	3.38	8	13	5	299	20	2	3	-		0	4.01	-	-
	Canada	CMJ	4	240	6	4	0	0		0	1.50	0	0										
1996-97	**Montréal (Canadiens)**	**LNH**	16	821	53	5	6	2		0	3.87	0	0	2	168	7	1	1	-		0	2.50	0	0
	Fredericton (Canadiens)	AHL	26	1469	87	12	12	0		0	3.55	1	6										
1997-98	Fredericton (Canadiens)	AHL	53	3053	145	20	20	8		2	2.85	2	24	4	237	13	1	3	-		0	3.28	0	2
	Montréal (Canadiens)	**LNH**	-	-	-	-	-	-		-	-	-	-	3	120	1	0	1	-		0	0.50	0	0
1998-99	**Montréal (Canadiens)**	**LNH**	18	913	50	4	12	0		1	3.29	0	0										
	Fredericton (Canadiens)	AHL	27	1609	77	12	13	2		1	2.87	1	6	13	694	35	8	5	-		1	3.03	1	2
1999-00	**Montréal (Canadiens)**	**LNH**	30	1655	58	12	13	2		5	2.10	0	6										
	Canada	CM	8	478	13	5	3	0		2	1.63	0	0										
2000-01	**Montréal (Canadiens)**	**LNH**	59	3298	141	20	29	5		2	2.57	0	6										
	Québec (Citadelles)	AHL	3	180	9	3	0	0		0	3.00	0	0										
2001-02	**Montréal (Canadiens)**	**LNH**	67	3864	136	30	24	10		7	2.11	2	2	12	686	35	6	6	-		0	3.06	0	0
	Match des étoiles	LNH	1	20	1	0	0	0		0	3.00	0	0										
2002-03	**Montréal (Canadiens)**	**LNH**	57	3419	165	20	31	6		2	2.90	2	6										
2003-04	**Montréal (Canadiens)**	**LNH**	67	3961	150	33	28	5		6	2.27	3	4	11	678	27	4	7	-		1	2.39	2	0
	Match des étoiles	LNH	1	20	2	1	0	0		0	6.00	0	0										
2004-05	Djurgardens IF Stockholm	SUE	17	1024	42	-	-	-		0	2.46	0	2	12	728	27	-	-	-		0	2.23	0	2

SAISON	CLUB	LIGUE	SAISONS RÉGULIÈRES										SÉRIES ÉLIMINATOIRES									
			PJ	MIN	BC	G	P	N	BL	MOY	A	PUN	PJ	MIN	BC	G	P	N	BL	MOY	A	PUN
2005-06	Montréal (Canadiens)	LNH	38	2114	122	17	15	5	0	3.46	1	2	-	-	-	-	-	-	-	-	-	-
	Colorado (Avalanche)	LNH	5	296	15	1	3	1	0	3.04	0	0	9	573	29	4	5	-	0	3.04	0	0
2006-07	Colorado (Avalanche)	LNH	33	1748	95	13	15	1	0	3.26	1	6	-	-	-	-	-	-	-	-	-	-
2007-08	Colorado (Avalanche)	LNH	53	3028	123	28	21	3	3	2.44	2	0	10	514	27	4	6	-	0	3.15	0	0
	Lake Erie (Monsters)	AHL	1	60	3	0	1	0	0	3.00	0	0	-	-	-	-	-	-	-	-	-	-
	LNH		444	25126	1109	183	197	40	26	2.65	11	28	47	2739	126	19	26	-	1	2.76	2	2
	Montréal		353	20053	876	141	158	35	20	2.62	8	20	28	1652	70	11	15	-	1	2.54	2	0

• Coupe du Président (LHJMQ) en 1994-95 • Trophée Guy-Lafleur (LHJMQ) en 1994-95 • Joueur défensif de l'année (LHJMQ) en 1994-95 • Deuxième équipe d'étoiles (LHJMQ) en 1994-95, 1995-96 • Équipe d'étoiles (CMJ) en 1996 • Gardien par excellence (CMJ) en 1996 • Médaille d'or (CMJ) en 1996 • Troisième équipe d'étoiles (CHL) en 1995-96 • Deuxième équipe d'étoiles (CM) en 2000 • Match des étoiles (LNH) en 2001-02, 2003-04 • Trophée Hart en 2001-02 • Trophée Georges-Vézina en 2001-02 • Trophée Roger-Crozier en 2001-02 • Médaille d'or (CM) en 2003-04 • Sixième gardien de l'histoire de la LNH a compté un but en saison le 2 janvier 2000

• Signe avec Djurgardens (SUE) comme joueur autonome le 20 décembre 2004 • Échangé au Colorado par Montréal pour David Aebischer le 8 mars 2006 • Signe avec Washington comme joueur autonome le 1er juillet 2008

THIBAULT, JOCELYN

Né à Montréal, Québec, le 12 janvier 1975. Attrape de la gauche, 5'11", 170 lb (Choix de 1re ronde de Québec, 10e au total lors du repêchage de 1993)

SAISON	CLUB	LIGUE	PJ	MIN	BC	G	P	N	BL	MOY	A	PUN	PJ	MIN	BC	G	P	N	BL	MOY	A	PUN
1990-91	Laval (Régents)	QAAA	20	1178	78	14	5	0	1	3.94	0	0	5	-	-	2	3	-	-	4.00	0	0
1991-92	Trois-Rivières (Draveurs)	LHJMQ	30	1496	77	14	7	1	0	3.09	0	2	3	110	4	1	1	-	0	2.19	0	0
1992-93	Sherbrooke (Faucons)	LHJMQ	56	3190	159	34	14	5	3	2.99	0	0	15	882	57	9	6	-	0	3.87	0	0
1993-94	Québec (Nordiques)	LNH	29	1504	83	8	13	3	0	3.31	0	2	-	-	-	-	-	-	-	-	-	-
	Cornwall (Aces)	AHL	4	240	9	4	0	0	1	2.25	0	0	-	-	-	-	-	-	-	-	-	-
1994-95	Sherbrooke (Faucons)	LHJMQ	13	776	38	6	6	1	1	2.94	0	2	-	-	-	-	-	-	-	-	-	-
	Québec (Nordiques)	LNH	18	898	35	12	2	2	1	2.34	0	0	3	148	8	1	2	-	0	3.24	0	0
1995-96	Colorado (Avalanche)	LNH	10	588	28	3	4	2	0	3.01	0	0	-	-	-	-	-	-	-	-	-	-
	Montréal (Canadiens)	LNH	40	2334	110	23	13	3	3	2.83	0	2	6	311	18	2	4	-	0	3.47	0	0
1996-97	Montréal (Canadiens)	LNH	61	3397	164	22	24	11	0	2.90	0	0	3	179	13	0	3	-	0	4.36	0	0
1997-98	Montréal (Canadiens)	LNH	47	2652	109	19	15	8	2	2.47	0	0	2	43	4	0	0	-	0	5.58	1	0
1998-99	Montréal (Canadiens)	LNH	10	529	23	3	4	2	1	2.61	0	0	-	-	-	-	-	-	-	-	-	-
	Chicago (Blackhawks)	LNH	52	3014	136	21	26	5	4	2.71	1	0	-	-	-	-	-	-	-	-	-	-
1999-00	Chicago (Blackhawks)	LNH	60	3438	158	25	26	9	3	2.76	0	2	-	-	-	-	-	-	-	-	-	-
2000-01	Chicago (Blackhawks)	LNH	66	3844	180	27	32	7	6	2.81	0	4	-	-	-	-	-	-	-	-	-	-
2001-02	Chicago (Blackhawks)	LNH	67	3837	159	33	23	9	6	2.49	0	2	3	158	7	1	2	-	0	2.64	0	0
2002-03	Chicago (Blackhawks)	LNH	62	3709	144	26	28	7	8	2.33	0	4	-	-	-	-	-	-	-	-	-	-
	Match des étoiles	LNH	1	20	2	0	0	0	0	6.00	0	0	-	-	-	-	-	-	-	-	-	-
2003-04	Chicago (Blackhawks)	LNH	14	821	39	5	7	2	1	2.85	0	0	-	-	-	-	-	-	-	-	-	-
2004-05			N'a pas joué																			
2005-06	Pittsburgh (Penguins)	LNH	16	807	60	1	9	3	0	4.46	0	0	-	-	-	-	-	-	-	-	-	-
2006-07	Pittsburgh (Penguins)	LNH	22	1101	52	7	8	2	1	2.83	0	0	1	8	0	0	0	0	0	0.00	0	0
2007-08	Buffalo (Sabres)	LNH	12	507	28	3	4	2	2	3.31	0	0	-	-	-	-	-	-	-	-	-	-
	LNH		586	32892	1508	238	238	75	39	2.75	6	16	18	848	50	4	11	0	0	3.54	1	0
	Montréal		158	8912	406	67	56	24	7	2.73	2	2	11	533	35	2	7	-	0	3.94	1	0

• Équipe d'étoiles des recrues (LHJMQ) en 1991-92 • Première équipe d'étoiles (LHJMQ) en 1992-93 • Joueur défensif de l'année (LHJMQ) en 1992-93 • Gardien de l'année (CHL) en 1992-93 • Première équipe d'étoiles (CHL) en 1992-93 • Trophée Michel-Brière (LHJMQ) en 1992-93 • Trophée Jacques-Plante (LHJMQ) en 1992-93 • Trophée Marcel-Robert (LHJMQ) en 1992-93 • Match des étoiles (LNH) en 2002-03

• Transfert de la concession de Québec au Colorado le 21 juin 1995 • Échangé à Pittsburgh par Chicago pour un choix de 4e ronde de Pittsburgh au repêchage de 2006 (Ben Shutrion) le 10 août 2005 • Signe avec Buffalo comme joueur autonome le 5 juillet 2007 Échangé à Montréal par Colorado avec Andrei Kovalenko et Martin Rucinsky pour Patrick Roy et Mike Keane le 6 décembre 1995 • Échangé à Chicago par Montréal avec Brad Brown et Dave Manson pour Jeff Hackett, Eric Weinrich, Alain Nasreddine et le choix de 4e ronde de Tampa Bay (propriété de Chicago suite à une transaction antérieure, Montréal sélectionne Chris Dyment) au repêchage de 1999 le 16 novembre 1998 • Échangé à Pittsburgh par Chicago pour un choix de 4e ronde de Pittsburgh au repêchage de 2006 (Ben Shutrion) le 10 août 2005 • Signe avec Buffalo comme joueur autonome le 5 juillet 2007

THOMAS, WAYNE

Né à Ottawa, Ontario, le 9 octobre 1947. Gardien, Attrape de la gauche, 6'2", 195 lb

SAISON	CLUB	LIGUE	PJ	MIN	BC	G	P	N	BL	MOY	A	PUN	PJ	MIN	BC	G	P	N	BL	MOY	A	PUN
1968-69	Wisconsin University	WCHA	16	943	44	9	6	1	2	2.80	-	-	-	-	-	-	-	-	-	-	-	-
1969-70	Wisconsin University	WCHA	21	1250	60	14	7	0	1	2.88	-	-	4	240	10	3	1	-	0	2.50	-	-
1970-71	Montréal (Voyageurs)	AHL	33	1845	111	8	17	6	1	3.57	0	6	3	179	12	0	3	-	0	4.02	0	0
1971-72	Nlle-Écosse (Voyageurs)	AHL	41	2393	100	22	8	10	1	2.51	1	20	-	-	-	-	-	-	-	-	-	-
1972-73	Nlle-Écosse (Voyageurs)	AHL	6	300	8	-	-	-	1	1.60	1	0	-	-	-	-	-	-	-	-	-	-
	Montréal (Canadiens)	LNH	10	583	23	8	1	0	1	2.37	1	2	-	-	-	-	-	-	-	-	-	-
1973-74	Montréal (Canadiens)	LNH	42	2410	111	23	12	5	1	2.76	2	6	-	-	-	-	-	-	-	-	-	-
1974-75			N'a pas joué																			
1975-76	Toronto (Maple Leafs)	LNH	64	3684	196	28	24	12	2	3.19	0	18	10	587	34	5	5	-	1	3.48	0	0
	Match des étoiles	LNH	1	31	4	1	0	0	0	7.89	0	0	-	-	-	-	-	-	-	-	-	-
1976-77	Toronto (Maple Leafs)	LNH	33	1803	116	10	13	6	1	3.86	1	4	4	202	12	1	2	-	0	3.56	0	0
1977-78	New York (Rangers)	LNH	41	2352	141	12	20	7	4	3.60	0	9	1	60	4	0	1	-	0	4.00	0	0
1978-79	New York (Rangers)	LNH	31	1668	101	15	10	3	1	3.63	0	0	-	-	-	-	-	-	-	-	-	-
1979-80	New York (Rangers)	LNH	12	668	44	4	7	0	0	3.95	0	0	-	-	-	-	-	-	-	-	-	-
	New Haven (Nighthawks)	AHL	5	280	11	5	0	0	0	2.36	0	0	-	-	-	-	-	-	-	-	-	-
1980-81	New York (Rangers)	LNH	10	600	34	3	6	1	0	3.40	2	2	-	-	-	-	-	-	-	-	-	-
	LNH		243	13768	766	103	93	34	10	3.34	6	41	15	849	50	6	8	-	1	3.53	0	0
	Montréal		52	2993	134	31	13	5	2	2.69	3	8	-	-	-	-	-	-	-	-	-	-

• Deuxième équipe d'étoiles (WCHA) en 1969-70 • Match des étoiles (LNH) en 1975-76

• Échangé à Los Angeles par Toronto avec Brian Murphy et Gary Croteau pour Grant Moore et Lou Deveault en septembre 1968 • Échangé à Montréal par Los Angeles avec Léon Rochefort et Greg Boddy pour Jack Norris, Larry Mickey et Lucien Grenier le 22 mai 1970 • Échangé à Toronto par Montréal pour le 1er choix de Toronto au repêchage de 1976 (Peter Lee) le 17 juin 1975 • Réclamé par New York (Rangers) de Toronto au repêchage inter-équipes le 10 octobre 1977

TUGNUTT, RON

Né à Scarborough, Ontario, le 22 octobre 1967. Attrape de la gauche, 5'11", 155 lb (Choix de 4e ronde de Québec, 81e au total lors du repêchage de 1986)

SAISON	CLUB	LIGUE	PJ	MIN	BC	G	P	N	BL	MOY	A	PUN	PJ	MIN	BC	G	P	N	BL	MOY	A	PUN
1984-85	Peterborough (Petes)	OHL	18	938	59	7	4	2	0	3.77	1	4	-	-	-	-	-	-	-	-	-	-
1985-86	Peterborough (Petes)	OHL	26	1543	74	18	7	0	1	2.88	1	4	3	133	6	2	0	-	0	2.71	-	-
1986-87	Peterborough (Petes)	OHL	31	1891	88	21	7	2	2	*2.79	1	4	6	374	21	3	3	-	1	3.37	0	2
1987-88	Québec (Nordiques)	LNH	6	284	16	2	3	0	0	3.38	1	0	-	-	-	-	-	-	-	-	-	-
	Fredericton (Express)	AHL	34	1964	118	20	9	4	1	3.60	1	13	4	204	11	1	2	-	0	3.24	0	0
1988-89	Québec (Nordiques)	LNH	26	1367	82	10	10	3	0	3.60	3	2	-	-	-	-	-	-	-	-	-	-
	Halifax (Citadels)	AHL	24	1368	79	14	7	2	1	3.46	0	4	-	-	-	-	-	-	-	-	-	-
1989-90	Québec (Nordiques)	LNH	35	1978	152	5	24	3	0	4.61	0	0	-	-	-	-	-	-	-	-	-	-
	Halifax (Citadels)	AHL	6	366	23	1	5	0	0	3.77	1	0	-	-	-	-	-	-	-	-	-	-
1990-91	Québec (Nordiques)	LNH	56	3144	212	12	29	10	0	4.05	0	4	-	-	-	-	-	-	-	-	-	-
	Halifax (Citadels)	AHL	2	100	8	0	1	0	0	4.80	0	2	-	-	-	-	-	-	-	-	-	-

SAISON	CLUB	LIGUE	PJ	MIN	BC	G	P	N	BL	MOY	A	PUN	PJ	MIN	BC	G	P	N	BL	MOY	A	PUN

SAISON	CLUB	LIGUE	PJ	MIN	BC	G	P	N	BL	MOY	A	PUN	PJ	MIN	BC	G	P	N	BL	MOY	A	PUN
			SAISONS RÉGULIÈRES										SÉRIES ÉLIMINATOIRES									
1991-92	Québec (Nordiques)	LNH	30	1583	106	6	17	3	1	4.02	0	0	-	-	-	-	-	-	-	-	-	-
	Halifax (Citadels)	AHL	8	447	30	3	3	1	0	4.03	1	2	-	-	-	-	-	-	-	-	-	-
	Edmonton (Oilers)	LNH	3	124	10	1	1	0	0	4.84	0	2	2	60	3	0	0	-	0	3.00	0	0
1992-93	Edmonton (Oilers)	LNH	26	1338	93	9	12	2	0	4.17	0	2	-	-	-	-	-	-	-	-	-	-
	Canada	CM	4	125	6	-	-	-	-	2.87	-	-	-	-	-	-	-	-	-	-	-	-
1993-94	Anaheim (Mighty Ducks)	LNH	28	1520	76	10	15	1	1	3.00	0	2	-	-	-	-	-	-	-	-	-	-
	Montréal (Canadiens)	**LNH**	**8**	**378**	**24**	**2**	**3**	**1**	**0**	**3.81**	**0**	**0**	**1**	**59**	**5**	**0**	**1**	**-**	**0**	**5.08**	**0**	**0**
1994-95	**Montréal (Canadiens)**	**LNH**	**7**	**346**	**18**	**1**	**3**	**1**	**0**	**3.12**	**0**	**0**	-	-	-	-	-	-	-	-	-	-
1995-96	Portland (Pirates)	AHL	58	3068	171	21	23	6	2	3.34	1	19	13	782	36	7	6	-	1	2.76	1	0
1996-97	Ottawa (Sénateurs)	LNH	37	1991	93	17	15	1	3	2.80	1	0	7	425	14	3	4	-	1	1.98	0	0
1997-98	Ottawa (Sénateurs)	LNH	42	2336	84	15	14	8	3	2.25	0	0	2	74	6	0	1	-	0	4.86	0	0
1998-99	Ottawa (Sénateurs)	LNH	43	2508	75	22	10	8	3	1.79	0	0	2	118	6	0	2	-	0	3.05	0	0
	Match des étoiles	LNH	1	20	3	1	0	0	0	9.00	0	0	-	-	-	-	-	-	-	-	-	-
	Canada	CM	7	328	11	-	-	-	-	2.01	1	0	-	-	-	-	-	-	-	-	-	-
1999-00	Ottawa (Sénateurs)	LNH	44	2435	103	18	12	8	4	2.54	0	0	-	-	-	-	-	-	-	-	-	-
	Pittsburgh (Penguins)	LNH	7	374	15	4	2	0	0	2.41	0	0	11	746	22	6	5	-	2	1.77	0	2
2000-01	Columbus (Blue Jackets)	LNH	53	3129	127	22	25	5	4	2.44	1	2	-	-	-	-	-	-	-	-	-	-
2001-02	Columbus (Blue Jackets)	LNH	44	2501	119	12	27	3	2	2.85	1	0	-	-	-	-	-	-	-	-	-	-
2002-03	Dallas (Stars)	LNH	31	1701	70	15	10	5	4	2.47	0	0	-	-	-	-	-	-	-	-	-	-
2003-04	Dallas (Stars)	LNH	11	548	12	3	7	0	1	2.41	0	0	-	-	-	-	-	-	-	-	-	-
	Utah (Grizzlies)	AHL	5	281	14	1	3	1	0	2.99	0	0	-	-	-	-	-	-	-	-	-	-
		LNH	**537**	**29486**	**1497**	**186**	**239**	**62**	**26**	**3.05**	**7**	**12**	**25**	**1482**	**56**	**9**	**13**	**-**	**3**	**2.27**	**0**	**2**
		Montréal	**15**	**724**	**42**	**3**	**6**	**2**	**0**	**3.48**	**0**	**0**	**1**	**59**	**5**	**0**	**1**	**-**	**0**	**5.08**	**0**	**0**

• Trophée F. W.-Moore (OHL) en 1984-85 • Trophée Dave-Pinkney (OHL) en 1985-86 • Première équipe d'étoiles (OHL) en 1986-87 • Match des étoiles (LNH) en 1998-99

• Échangé à Edmonton par Québec avec Brad Zavisha pour Martin Rucinsky le 10 mars 1992 • Réclamé par Anaheim d'Edmonton au repêchage d'expansion de la LNH le 24 juin 1993 • Échangé à Montréal par Anaheim pour Stéphan Lebeau le 20 février 1994 • Signe avec Washington comme agent libre le 25 septembre 1995 • Signe avec Ottawa comme agent libre le 14 août 1996 • Échangé à Pittsburgh par Ottawa avec Janne Laukkanen pour Tom Barrasso le 14 mars 2000 • Signe avec Columbus comme agent libre le 4 juillet 2000 • Échangé à Dallas par Columbus avec le choix de 2e ronde de Columbus au repêchage de 2002 (Janos Vas) pour le 1er choix du New Jersey au repêchage de 2002 (propriété de Dallas suite à une transaction antérieure, échangé plus tard à Buffalo qui sélectionne Dan Paille) le 18 juin 2002

VACHON, ROGATIEN (ROGIE)

Né à Palmarolle, Québec, le 8 septembre 1945. Attrape de la gauche, 5'7", 165 lb

SAISON	CLUB	LIGUE	PJ	MIN	BC	G	P	N	BL	MOY	A	PUN	PJ	MIN	BC	G	P	N	BL	MOY	A	PUN
1963-64	Montréal (Monarques)	LHJMM	29	1740	71	-	-	-	*4	2.45	-	-	-	-	-	-	-	-	-	-	-	-
	Montréal (Canadiens)	JOHA	7	400	29	-	-	-	0	4.35	-	-	-	-	-	-	-	-	-	-	-	-
	Montréal (Canadiens)	Mem.	-	-	-	-	-	-	-	-	-	-	10	600	34	7	3	0	*4	3.40	-	-
1964-65	Thetford Mines (Canadiens)	LHJQ	13	780	35	10	3	0	0	2.69	-	-	-	-	-	-	-	-	-	-	-	-
	Montréal (Canadiens)	OHA	14	840	58	-	-	-	0	4.14	-	-	-	-	-	-	-	-	-	-	-	-
1965-66	Thetford Mines (Canadiens)	LHJQ	39	2340	117	*25	13	1	*2	3.00	-	-	-	-	-	-	-	-	-	-	-	-
	Québec (As)	AHL	10	601	30	6	4	0	0	3.00	0	0	-	-	-	-	-	-	-	-	-	-
1966-67	Houston (Apollos)	CPHL	34	2020	99	17	12	5	2	2.91	1	0	-	-	-	-	-	-	-	-	-	-
	Montréal (Canadiens)	**LNH**	**19**	**1137**	**47**	**11**	**3**	**4**	**1**	**2.48**	**1**	**0**	**9**	**555**	**22**	***6**	**3**	**-**	**0**	***2.38**	**0**	**0**
1967-68	**Montréal (Canadiens)**	**LNH**	**39**	**2227**	**92**	**23**	**13**	**2**	**4**	**2.48**	**0**	**2**	**2**	**113**	**4**	**1**	**1**	**-**	**0**	**2.12**	**0**	**0**
1968-69	**Montréal (Canadiens)**	**LNH**	**36**	**2051**	**98**	**22**	**9**	**3**	**2**	**2.87**	**0**	**2**	**8**	**507**	**12**	**7**	**1**	**-**	**1**	**1.42**	**0**	**2**
1969-70	**Montréal (Canadiens)**	**LNH**	**64**	**3697**	**162**	**31**	**18**	**12**	**4**	**2.63**	**0**	**0**	-	-	-	-	-	-	-	-	-	-
1970-71	**Montréal (Canadiens)**	**LNH**	**47**	**2676**	**118**	**23**	**12**	**9**	**2**	**2.65**	**0**	**0**	-	-	-	-	-	-	-	-	-	-
1971-72	**Montréal (Canadiens)**	**LNH**	**1**	**20**	**4**	**0**	**1**	**0**	**0**	**12.00**	**0**	**0**	-	-	-	-	-	-	-	-	-	-
	Los Angeles (Kings)	LNH	28	1586	107	6	18	3	0	4.05	0	0	-	-	-	-	-	-	-	-	-	-
1972-73	Los Angeles (Kings)	LNH	53	3120	148	22	20	10	4	2.85	1	2	-	-	-	-	-	-	-	-	-	-
	Match des étoiles	LNH	1	31	4	0	1	0	0	7.81	0	0	-	-	-	-	-	-	-	-	-	-
1973-74	Los Angeles (Kings)	LNH	65	3751	175	28	26	10	5	2.80	0	6	4	240	7	0	4	-	0	1.75	0	0
1974-75	Los Angeles (Kings)	LNH	54	3239	121	27	14	13	6	2.24	1	2	3	199	7	1	2	-	0	2.11	0	0
	Match des étoiles	LNH	1	30	1	1	0	0	0	2.04	0	0	-	-	-	-	-	-	-	-	-	-
1975-76	Los Angeles (Kings)	LNH	51	3060	160	26	20	5	5	3.14	0	0	7	438	17	4	3	-	1	2.33	0	0
1976-77	Los Angeles (Kings)	LNH	68	4059	184	33	23	12	8	2.72	1	2	9	520	36	4	5	-	0	4.15	0	0
	Canada	CC	7	432	10	6	1	0	2	1.39	-	-	-	-	-	-	-	-	-	-	-	-
1977-78	Los Angeles (Kings)	LNH	70	4107	196	29	27	13	4	2.86	0	2	2	120	11	0	2	-	0	5.50	0	2
	Match des étoiles	LNH	1	35	0	1	0	0	0	0.00	0	0	-	-	-	-	-	-	-	-	-	-
1978-79	Detroit (Red Wings)	LNH	50	2908	189	10	27	11	0	3.90	1	21	-	-	-	-	-	-	-	-	-	-
1979-80	Detroit (Red Wings)	LNH	59	3474	209	20	30	8	4	3.61	3	2	-	-	-	-	-	-	-	-	-	-
1980-81	Boston (Bruins)	LNH	53	3021	168	25	19	6	1	3.34	1	6	3	164	16	0	2	0	-	5.85	0	0
1981-82	Boston (Bruins)	LNH	38	2165	132	19	11	6	1	3.66	1	0	1	20	1	0	0	0	-	3.00	0	0
		LNH	**795**	**46298**	**2310**	**355**	**291**	**127**	**51**	**2.99**	**10**	**47**	**48**	**2876**	**133**	**23**	**23**	**-**	**2**	**2.77**	**0**	**4**
		Montréal	**206**	**11808**	**521**	**110**	**56**	**30**	**13**	**2.65**	**1**	**4**	**19**	**1175**	**38**	**14**	**5**	**-**	**1**	**1.94**	**0**	**2**

• Première équipe d'étoiles (LHJQ) en 1965-66 • Coupe Stanley (LNH) en 1967-68, 1968-69, 1970-71 • Trophée Georges-Vézina (LNH) avec Gump Worsley en 1967-68 • Match des étoiles (LNH) en 1972-73, 1974-75, 1977-78 • Deuxième équipe d'étoiles (LNH) en 1974-75, 1976-77 • Équipe d'étoiles (CC) en 1976 • Coupe Canada en 1976

• Échangé à Los Angeles par Montréal pour Denis Dejordy, Dale Hoganson, Noel Price et Doug Robinson le 4 novembre 1971 • Signe avec Detroit comme agent libre le 8 août 1978 • Échangé à Boston par Detroit pour Gilles Gilbert le 15 juillet 1980

VÉZINA, GEORGES

Né à Chicoutimi, Québec, le 21 janvier 1887, décédé le 27 mars 1926. Attrape de la gauche, 5'6", 185 lb

SAISON	CLUB	LIGUE	PJ	MIN	BC	G	P	N	BL	MOY	A	PUN	PJ	MIN	BC	G	P	N	BL	MOY	A	PUN
1910-11	**Montréal (Canadiens)**	**NHA**	**16**	***980**	**62**	**8**	**8**	**0**	**0**	***3.80**	**0**	**2**	-	-	-	-	-	-	-	-	-	-
1911-12	**Montréal (Canadiens)**	**NHA**	**18**	**1109**	**66**	**8**	**10**	**0**	**0**	***3.57**	**0**	**0**	-	-	-	-	-	-	-	-	-	-
1912-13	**Montréal (Canadiens)**	**NHA**	**20**	**1217**	**81**	**9**	**11**	**0**	**1**	**3.99**	**0**	**0**	-	-	-	-	-	-	-	-	-	-
1913-14	**Montréal (Canadiens)**	**NHA**	**20**	**1209**	**65**	***13**	**7**	**0**	***1**	***3.23**	**0**	**0**	**2**	**120**	**6**	**1**	**1**	**0**	**1**	**3.00**	**0**	**0**
1914-15	**Montréal (Canadiens)**	**NHA**	**20**	**1254**	**81**	**6**	**14**	**0**	**0**	**3.88**	**0**	**3**	-	-	-	-	-	-	-	-	-	-
1915-16	**Montréal (Canadiens)**	**NHA**	**24**	**1468**	**76**	***16**	**7**	**1**	**0**	**3.11**	**0**	**0**	**5**	**300**	**13**	**3**	**2**	**0**	**0**	**2.60**	**0**	**0**
1916-17	**Montréal (Canadiens)**	**NHA**	**20**	**1218**	**80**	**10**	**10**	**0**	**0**	**3.94**	**0**	**0**	**6**	**360**	**29**	**2**	**4**	**0**	**0**	**4.83**	**0**	**0**
1917-18	**Montréal (Canadiens)**	**LNH**	**21**	***1282**	**84**	***12**	**9**	**0**	***1**	***3.93**	**0**	**0**	**2**	**120**	**10**	**1**	**1**	**0**	**0**	**5.00**	**0**	**0**
1918-19	**Montréal (Canadiens)**	**LNH**	***18**	***1117**	**78**	**10**	**8**	**0**	**1**	**4.19**	**0**	**0**	***10**	***636**	**37**	**6**	**3**	**1**	**1**	**3.49**	**0**	**0**
1919-20	**Montréal (Canadiens)**	**LNH**	***24**	***1453**	**113**	**13**	**11**	**0**	**0**	**4.67**	**0**	**0**	-	-	-	-	-	-	-	-	-	-
1920-21	**Montréal (Canadiens)**	**LNH**	***24**	**1436**	**99**	**13**	**11**	**0**	**1**	**4.14**	**0**	**0**	-	-	-	-	-	-	-	-	-	-
1921-22	**Montréal (Canadiens)**	**LNH**	***24**	**1470**	**94**	**12**	**11**	**1**	**0**	**3.84**	**0**	**2**	-	-	-	-	-	-	-	-	-	-
1922-23	**Montréal (Canadiens)**	**LNH**	***24**	**1488**	**61**	**13**	**9**	**2**	**2**	**2.46**	**0**	**0**	**2**	**120**	**3**	**1**	**1**	**0**	**0**	**1.50**	**0**	**0**
1923-24	**Montréal (Canadiens)**	**LNH**	***24**	**1459**	**48**	**13**	**11**	**0**	***3**	***1.97**	**0**	**0**	**6**	**360**	**6**	**6**	**0**	**0**	**2**	**1.00**	**0**	**0**
1924-25	**Montréal (Canadiens)**	**LNH**	***30**	***1860**	**56**	**17**	**11**	**2**	**5**	***1.81**	**0**	**0**	**6**	**360**	**18**	**3**	**3**	**0**	**1**	**3.00**	**0**	**0**
1925-26	**Montréal (Canadiens)**	**LNH**	**1**	**20**	**0**	**0**	**0**	**0**	**0**	**0.00**	**0**	**0**	-	-	-	-	-	-	-	-	-	-
		NHA	**138**	**8455**	**511**	**70**	**67**	**1**	**2**	**3.63**	**0**	**5**	**13**	**780**	**48**	**6**	**7**	**0**	**1**	**3.69**	**0**	**0**
		LNH	**190**	**11585**	**633**	**103**	**81**	**5**	**13**	**3.28**	**0**	**2**	**26**	**1596**	**74**	**17**	**8**	**1**	**4**	**2.78**	**0**	**0**
		Montréal	**328**	**20040**	**1144**	**173**	**148**	**6**	**15**	**3.43**	**0**	**7**	**39**	**2376**	**122**	**23**	**15**	**1**	**5**	**3.08**	**0**	**0**

SAISON CLUB LIGUE PJ MIN BC G P N BL MOY A PUN PJ MIN BC G P N BL MOY A PUN
SAISONS RÉGULIÈRES SÉRIES ÉLIMINATOIRES

SAISON	CLUB	LIGUE	PJ	MIN	BC	G	P	N	BL	MOY	A	PUN	PJ	MIN	BC	G	P	N	B	MOY	A	PUN

• Coupe Stanley (NHA) en 1915-16, (LNH) en 1923-24 • Membre du Temple de la Renommée (LNH) en 1945
• Signe avec Montréal le 27 décembre 1910

VOKOUN, TOMAS

Né à Karlovy Vary, Tchécoslovaquie, le 2 juillet 1976. Attrape de la droite, 5'11", 208 lb (Choix de 9ᵉ ronde de Montréal, 226ᵉ au total lors repêchage de 1994)

SAISON	CLUB	LIGUE	PJ	MIN	BC	G	P	N	BL	MOY	A	PUN	PJ	MIN	BC	G	P	N	B	MOY	A	PUN
1993-94	Poldi Kladno	CZE	1	20	2	0	0	0	0	6.01	-	-	-	-	-	-	-	-	-	-	-	-
	République tchèque	EJC	5	300	11	-	-	-	-	2.20	-	-	-	-	-	-	-	-	-	-	-	-
1994-95	Poldi Kladno	CZE	26	1368	70	-	-	-	-	3.07	-	-	5	240	19	-	-	-	-	4.75	-	-
1995-96	Wheeling (Thunderbirds)	ECHL	35	1912	117	20	10	2	2	3.67	0	6	7	436	19	4	3		0	2.61	0	2
	République tchèque	CMJ	6	356	21	-	-	-	-	3.54	-	-	-	-	-	-	-	-	-	-	-	-
1996-97	**Montréal (Canadiens)**	**LNH**	1	20	4	0	0	0	0	12.00	0	0	-	-	-	-	-	-	-	-	-	-
	Fredericton (Canadiens)	AHL	47	2645	154	12	26	7	2	3.49	1	8	1	59	4	0	1		0	4.09	0	0
1997-98	Fredericton (Canadiens)	AHL	31	1735	90	13	13	2	0	3.11	2	4	-	-	-	-	-	-	-	-	-	-
1998-99	Nashville (Predators)	LNH	37	1954	96	12	18	4	1	2.95	1	6	-	-	-	-	-	-	-	-	-	-
	Milwaukee (Admirals)	IHL	9	539	22	3	2	4	0	2.45	0	0	2	149	8	0	0		0	3.22	0	0
1999-00	Nashville (Predators)	LNH	33	1879	87	9	20	1	1	2.78	1	8	-	-	-	-	-	-	-	-	-	-
	Milwaukee (Admirals)	IHL	7	364	17	5	2	0	0	2.80	0	0	-	-	-	-	-	-	-	-	-	-
2000-01	Nashville (Predators)	LNH	37	2088	85	13	17	5	2	2.44	0	4	-	-	-	-	-	-	-	-	-	-
2001-02	Nashville (Predators)	LNH	29	1470	66	5	14	4	2	2.69	0	4	-	-	-	-	-	-	-	-	-	-
2002-03	Nashville (Predators)	LNH	69	3971	146	25	31	11	3	2.20	1	28	-	-	-	-	-	-	-	-	-	-
	République tchèque	CM	7	389	11	-	-	-	1	2.16	-	-	-	-	-	-	-	-	-	-	-	-
2003-04	Nashville (Predators)	LNH	73	4221	178	34	29	10	2	2.53	2	35	6	356	12	2	4	0	1	2.02	0	0
	République tchèque	CM	6	370	7	5	1	0	2	1.14	0	0	-	-	-	-	-	-	-	-	-	-
	Match des étoiles		1	20	4	0	1	0	0	12.00	0	0	-	-	-	-	-	-	-	-	-	-
2004-05	République tchèque	CDM	5	302	15	2	3	0	2	2.98	0	0	-	-	-	-	-	-	-	-	-	-
	HC Znojemstri Orli	CZE	27	1599	69	10	14	3	3	2.59	1	2	-	-	-	-	-	-	-	-	-	-
	HIFK Helsinki	FIN	19	1149	35	11	4	2	2	1.83	3	14	4	205	12	0	3	0	0	3.51	1	0
	République tchèque	CM	8	499	9	7	1	0	2	1.08	0	4	-	-	-	-	-	-	-	-	-	-
2005-06	Nashville (Predators)	LNH	61	3601	160	36	18	7	4	2.67	2	26	-	-	-	-	-	-	-	-	-	-
	République tchèque	CM	7	342	14	3	4	0	1	2.46	0	0	-	-	-	-	-	-	-	-	-	-
2006-07	Nashville (Predators)	LNH	44	2601	104	27	12	4	5	2.40	2	4	5	324	16	1	4		0	2.96	0	2
2007-08	Floride (Panthers)	LNH	69	4031	180	30	29	8	4	2.68	4	8	-	-	-	-	-	-	-	-	-	-
	Match des étoiles		1	20	2	0	0	0	0	6.00	0	0	-	-	-	-	-	-	-	-	-	-
	LNH		453	25840	1106	191	188	54	25	2.57	15	115	11	680	28	3	8	0	1	2.47	0	2
	Montréal		1	20	4	0	0	0	0	12.00	0	0	-	-	-	-	-	-	-	-	-	-

• Équipe d'étoiles (EJC) en 1994 • Nommé meilleur gardien (EJC) en 1994• Match des étoiles (LNH) en 2003-04, 2007-08 • Médaille de bronze (JO) en 2006
• Réclamé par Nashville de Montréal au repêchage d'expansion de la LNH le 26 juin 1998 • Signe avec Znojmo (CZE) comme joueur autonome le 6 septembre 2004 • Signe avec HIFK Helsinki (Finlande) comme joueur autonome le 20 décembre 2004 • Échangé en Floride par Nashville pour le choix de 2ᵉ ronde de Detroit (propriété de la Floride suite à une transaction antérieure, Nashville sélectionne Nick Spaling) au repêchage de 2007 et le choix de 1ᵉʳᵉ ronde de la Floride (échangé plus tard à New York (Islanders) qui sélectionne Joshua Bailey) et le choix de 2ᵉ ronde de la Floride au repêchage de 2008 (échangé plus tard à New York (Islanders) qui sélectionne Aaron Ness) le 22 juin 2007

WAKELY, ERNEST (ERNIE)

Né à Flin Flon, Manitoba, le 27 novembre 1940. Attrape de la gauche, 5'11", 160 lb

SAISON	CLUB	LIGUE	PJ	MIN	BC	G	P	N	BL	MOY	A	PUN	PJ	MIN	BC	G	P	N	B	MOY	A	PUN
1957-58	Winnipeg (Braves)	MJHL	27	1640	121	12	14	1	*1	4.48	-	-	5	300	20	2	3	-	0	4.00	-	-
1958-59	Winnipeg (Braves)	MJHL	30	1810	107	*22	7	1	1	3.54	-	-	8	490	*7	1	0	-	*1	*2.69	-	-
	Winnipeg (Braves)	Mem.	-	-	-	-	-	-	-	-	-	-	16	960	45	*12	4	0	1	2.81	-	-
1959-60	Winnipeg (Braves)	MJHL	27	1640	99	15	11	1	1	3.62	-	-	4	250	15	1	3	-	0	3.60	-	-
	Winnipeg (Warriors)	WHL	4	240	16	1	3	0	0	4.00	0	0	-	-	-	-	-	-	-	-	-	-
1960-61	Winnipeg (Braves)	MJHL	31	1860	111	18	13	0	*2	*3.57	0	0	3	210	14	0	3	-	0	4.00	-	-
	Winnipeg (Warriors)	WHL	9	540	43	4	5	0	0	4.77	0	0	-	-	-	-	-	-	-	-	-	-
1961-62	Hull-Ottawa (Canadiens)	EPHL	2	120	4	1	0	1	0	2.00	0	0	-	-	-	-	-	-	-	-	-	-
	Kingston (Frontenacs)	EPHL	3	180	10	2	1	0	0	3.33	0	0	-	-	-	-	-	-	-	-	-	-
	North Bay (Trappers)	EPHL	6	360	18	1	4	1	0	3.00	0	0	-	-	-	-	-	-	-	-	-	-
1962-63	**Montréal (Canadiens)**	**LNH**	1	60	3	1	0	0	0	3.00	0	0	-	-	-	-	-	-	-	-	-	-
	Hull-Ottawa (Canadiens)	EPHL	41	2460	122	26	12	3	*2	*2.97	1	0	-	-	-	-	-	-	-	-	-	-
	Spokane (Comets)	WHL	3	180	16	1	2	0	0	5.33	0	0	-	-	-	-	-	-	-	-	-	-
1963-64	Québec (As)	AHL	8	480	33	3	5	0	0	4.12	0	0	-	-	-	-	-	-	-	-	-	-
	Omaha (Knights)	CPHL	59	3540	173	*38	16	5	2	*2.93	0	0	10	600	19	*8	2	-	*3	*1.90	0	0
1964-65	Omaha (Knights)	CPHL	15	900	40	11	3	1	0	2.67	0	0	-	-	-	-	-	-	-	-	-	-
	Cleveland (Barons)	AHL	10	600	49	2	8	0	0	4.90	0	0	-	-	-	-	-	-	-	-	-	-
	Québec (As)	AHL	20	1228	77	9	10	1	1	3.76	0	0	4	240	17	1	3	-	0	4.25	0	0
1965-66	Cleveland (Barons)	AHL	1	20	1	0	0	0	0	3.00	0	0	-	-	-	-	-	-	-	-	-	-
	Québec (As)	AHL	1	60	6	0	1	0	0	6.00	0	0	-	-	-	-	-	-	-	-	-	-
	Seattle (Totems)	WHL	27	1617	83	12	14	1	2	3.08	0	2	-	-	-	-	-	-	-	-	-	-
1966-67	Cleveland (Barons)	AHL	*70	*4187	216	*36	25	9	0	3.10	0	2	5	301	10	2	3	-	0	1.99	1	0
1967-68	Houston (Apollos)	CPHL	*57	*3312	163	24	21	10	2	2.95	0	0	-	-	-	-	-	-	-	-	-	-
1968-69	**Montréal (Canadiens)**	**LNH**	1	60	4	0	1	0	0	4.00	0	0	-	-	-	-	-	-	-	-	-	-
	Cleveland (Barons)	AHL	*65	*3852	210	25	28	11	0	3.27	0	0	5	304	20	2	3	-	0	3.95	0	0
1969-70	St. Louis (Blues)	LNH	30	1651	58	12	9	4	*2.11		0	0	4	216	17	0	4	-	0	4.72	0	0
1970-71	St. Louis (Blues)	LNH	51	2859	133	20	14	11	2	2.79	2	0	3	180	7	2	1	-	1	2.33	0	0
	Match des Étoiles	LNH	1	29	0				0	0.00	0	0	-	-	-	-	-	-	-	-	-	-
1971-72	St. Louis (Blues)	LNH	30	1614	92	8	18	2	1	3.42	1	0	3	113	13	0	1	-	0	6.90	0	0
1972-73	Winnipeg (Jets)	AMH	49	2889	152	26	19	3	2	3.16	0	0	7	420	22	4	3	-	*2	3.14	0	0
1973-74	Winnipeg (Jets)	AMH	37	2254	123	15	18	4	0	3.27	0	9	-	-	-	-	-	-	-	-	-	-
1974-75	Winnipeg (Jets)	AMH	6	355	16	1	4	1	0	2.70	0	0	-	-	-	-	-	-	-	-	-	-
	San Diego (Mariners)	AMH	53	2062	115	20	12	3	0	3.35	0	2	10	520	39	4	6	-	0	4.50	0	0
1975-76	San Diego (Mariners)	AMH	67	3824	208	35	27	4	3	3.26	0	4	11	640	39	5	6	-	0	3.66	0	0
1976-77	San Diego (Mariners)	AMH	46	2506	129	22	18	3	0	3.09	0	6	3	160	9	2	1	-	0	3.38	0	0
1977-78	Cincinnati (Stingers)	AMH	6	311	26	0	3	0	0	5.02	1	0	-	-	-	-	-	-	-	-	-	-
	Houston (Aeros)	AMH	51	*3070	166	28	18	4	2	3.24	4	0	-	-	-	-	-	-	-	-	-	-
1978-79	Birmingham (Bulls)	AMH	37	2060	129	15	17	1	0	3.76	3	0	-	-	-	-	-	-	-	-	-	-
	Phoenix (Roadrunners)	PHL	1	60	4	-	-	-	0	4.00	0	0	-	-	-	-	-	-	-	-	-	-
	LNH		113	6244	290	41	42	17	8	2.79	3	2	10	509	37	2	6	-	1	4.36	0	0
	Montréal		2	120	7	1	1	0	0	3.50	0	0	-	-	-	-	-	-	-	-	-	-

• Coupe Memorial en 1958-59 • Trophée Terry-Sawchuk (CPHL) en 1963-64 • Deuxième équipe d'étoiles (CPHL) en 1967-68 • Deuxième équipe d'étoiles (AHL) en 1968-69 • Match des étoiles (LNH) en 1970-71 • Deuxième équipe d'étoiles (AMH) en 1977-78
• Échangé à St. Louis par Montréal pour Norm Beaudin et Bobby Schmautz le 27 juin 1969 • Sélectionné par Winnipeg au repêchage d'expansion de l'AMH le 12 février 1972 • Droits vendus à San Diego par Winnipeg le 18 janvier 1975 • Réclamé par Cincinnati de San Diego en août 1977 • Échangé à Houston par Cincinnati pour des considérations futures en novembre 1977 • Signe avec Birmingham comme joueur autonome le 6 juillet 1978

VOK · WAK

WAMSLEY, RICHARD (RICK)

Né à Simco, Ontario, le 25 mai 1959. Attrape de la gauche, 5'11", 185 lb (Choix de 3e ronde de Montréal, 58e au total lors du repêchage de 1979)

SAISON	CLUB	LIGUE	PJ	MIN	BC	G	P	N	BL	MOY	A	PUN	PJ	MIN	BC	G	P	N	B	MOY	A	PUN
1976-77	St. Catharines (Fincups)	OMJHL	12	647	36	-	-	-	0	3.34	0	0	-	-	-	-	-	-	-	-	-	-
1977-78	Hamilton (Fincups)	OMJHL	25	1495	74	-	-	-	2	*2.97	1	12	-	-	-	-	-	-	-	-	-	-
1978-79	Brantford (Alexanders)	OMJHL	24	1444	128	-	-	-	0	5.32	0	0	-	-	-	-	-	-	-	-	-	-
1979-80	Nlle-Écosse (Voyageurs)	OMJHL	40	2305	125	19	16	2	2	3.25	3	12	3	143	12	1	1	-	0	5.03	0	0
1980-81	**Montréal (Canadiens)**	LNH	5	253	8	3	0	1	1	1.90	0	0	-	-	-	-	-	-	-	-	-	-
	Nlle-Écosse (Voyageurs)	AHL	43	2372	155	17	19	3	0	3.92	5	10	4	199	6	2	1	-	*1	1.81	0	0
1981-82	**Montréal (Canadiens)**	LNH	38	2206	101	23	7	7	2	2.75	2	4	5	300	11	2	3	-	0	*2.20	0	2
1982-83	**Montréal (Canadiens)**	LNH	46	2583	151	27	12	5	1	3.51	1	4	3	152	7	0	3	-	0	2.76	0	0
	Canada	CM	10	600	30	-	-	-	-	3.00	0	0	-	-	-	-	-	-	-	-	-	-
1983-84	**Montréal (Canadiens)**	LNH	42	2333	144	19	17	3	2	3.70	3	6	1	32	0	0	0	-	0	0.00	0	0
1984-85	St. Louis (Blues)	LNH	40	2319	126	23	12	5	0	3.26	1	0	2	120	7	0	2	-	0	3.50	0	0
	Canada	CM	2	120	11	-	-	-	0	5.50	0	0	-	-	-	-	-	-	-	-	-	-
1985-86	St. Louis (Blues)	LNH	42	2517	144	22	16	3	1	3.43	0	2	10	569	37	4	6	-	0	3.90	0	0
1986-87	St. Louis (Blues)	LNH	41	2410	142	17	15	6	0	3.54	0	10	2	120	5	1	1	-	0	2.50	0	0
1987-88	St. Louis (Blues)	LNH	31	1818	103	13	16	1	0	3.40	0	14	-	-	-	-	-	-	-	-	-	-
	Calgary (Flames)	LNH	2	73	5	1	0	0	0	4.11	0	0	1	33	2	0	0	-	0	3.64	0	0
1988-89	Calgary (Flames)	LNH	35	1927	95	17	11	4	2	2.96	1	8	1	20	2	0	0	-	0	6.00	0	0
1989-90	Calgary (Flames)	LNH	36	1969	107	18	8	6	2	3.26	0	4	1	49	9	0	1	-	0	11.02	0	0
1990-91	Calgary (Flames)	LNH	29	1670	85	14	7	5	0	3.05	1	0	1	2	1	0	0	-	0	30.00	0	0
1991-92	Calgary (Flames)	LNH	9	457	34	3	4	0	0	4.46	0	0	-	-	-	-	-	-	-	-	-	-
	Toronto (Maple Leafs)	LNH	8	428	27	4	3	0	0	3.79	0	0	-	-	-	-	-	-	-	-	-	-
1992-93	Toronto (Maple Leafs)	LNH	3	160	15	0	3	0	0	5.63	0	0	-	-	-	-	-	-	-	-	-	-
	St. John's (Maple Leafs)	AHL	2	112	8	0	1	1	0	4.29	0	0	-	-	-	-	-	-	-	-	-	-
	LNH		407	23123	1287	204	131	46	12	3.34	9	52	27	1397	81	7	18	-	0	3.48	0	2
	Montréal		131	7375	404	72	36	16	-	3.29	6	14	9	484	18	2	6	-	0	2.23	0	2

• Trophée William-M.-Jennings (LNH) avec Denis Herron en 1981-82 • Coupe Stanley (LNH) en 1988-89

• Échangé à St. Louis par Montréal avec le choix de 2e ronde de Hartford (propriété de Montréal suite à une transaction antérieure, St. Louis sélectionne Brian Benning) au repêchage de 1984, le choix de 2e ronde (Tony Hrkac) et le choix de 3e ronde (Robert Dirk) de Montréal au repêchage de 1984 pour le 1er choix (Shayne Corson) et le choix de 2e ronde (Stéphane Richer) de St. Louis au repêchage de 1984 le 9 juin 1984 • Échangé à Calgary par St. Louis avec Rob Ramage pour Brett Hull et Steve Bozek le 7 mars 1988 • Échangé à Toronto par Calgary avec Doug Gilmour, Jamie Macoun, Ric Nattress et Kent Manderville pour Gary Leeman. Alexander Godynyuk, Jeff Reese, Michel Petit et Craig Berube le 2 janvier 1992

WORSLEY, LORNE (GUMP)

Né à Montréal, Québec, le 14 mai 1929, décédé le 26 janvier 2007. Attrape de la gauche, 5'7", 180 lb

SAISON	CLUB	LIGUE	PJ	MIN	BC	G	P	N	BL	MOY	A	PUN	PJ	MIN	BC	G	P	N	B	MOY	A	PUN
1946-47	Verdun (Cyclones)	LHJQ	25	1500	138	6	18	1	1	5.52	0	0	-	-	-	-	-	-	-	-	-	-
1947-48	Verdun (Cyclones)	LHJQ	29	1740	95	13	11	5	1	3.28	0	0	5	317	21	1	4	-	0	3.97	0	0
1948-49	Saint-François-Xavier	LHJMM	47	2840	122	24	21	2	7	2.58	0	0	5	310	16	2	3	-	0	3.10	0	0
	New York (Rovers)	LHSQ	2	120	5	-	-	-	-	2.50	0	0	-	-	-	-	-	-	-	-	-	-
1949-50	New York (Rovers)	EAHL	47	2830	133	25	17	5	*7	2.86	0	2	12	720	27	*8	2	-	*1	*2.25	0	0
	New Haven (Ramblers)	AHL	2	120	4	2	0	0	0	2.00	0	0	-	-	-	-	-	-	-	-	-	-
1950-51	St. Paul (Saints)	USHL	64	*3920	184	33	26	5	*3	*2.82	0	2	4	247	9	1	3	-	0	*2.19	0	0
1951-52	Saskatoon (Quakers)	PCHL	66	3960	206	33	19	14	*5	3.07	0	2	13	818	31	*10	3	-	*1	2.27	0	0
1952-53	Saskatoon (Quakers)	PCHL	13	780	50	5	7	1	0	3.84	0	0	-	-	-	-	-	-	-	-	-	-
	Edmonton (Flyers)	WHL	1	60	2	1	0	0	0	2.00	0	0	-	-	-	-	-	-	-	-	-	-
	New York (Rangers)	LNH	50	3000	153	13	29	8	2	3.06	0	2	-	-	-	-	-	-	-	-	-	-
1953-54	Vancouver (Canucks)	WHL	70	4200	168	*39	24	7	4	*2.40	0	0	12	709	29	7	4	-	0	2.45	0	0
1954-55	New York (Rangers)	LNH	65	3900	197	15	33	17	4	3.03	0	2	-	-	-	-	-	-	-	-	-	-
1955-56	New York (Rangers)	LNH	*70	*4200	198	32	28	10	2	2.83	0	2	3	180	14	0	3	-	0	5.00	0	2
1956-57	New York (Rangers)	LNH	68	4080	216	26	28	14	0	3.18	0	19	5	316	21	1	4	-	0	4.18	0	0
1957-58	New York (Rangers)	LNH	37	2220	86	21	10	6	4	2.32	0	0	6	365	28	2	4	-	0	4.60	0	0
	Providence (Reds)	AHL	25	1528	83	12	11	2	0	3.26	0	10	-	-	-	-	-	-	-	-	-	-
1958-59	New York (Rangers)	LNH	67	4001	198	26	30	11	0	2.97	0	10	-	-	-	-	-	-	-	-	-	-
1959-60	New York (Rangers)	LNH	39	2301	135	7	23	8	0	3.52	0	12	-	-	-	-	-	-	-	-	-	-
	Springfield (Indians)	AHL	15	900	33	11	3	1	3	2.20	0	0	-	-	-	-	-	-	-	-	-	-
1960-61	New York (Rangers)	LNH	59	3473	190	20	29	8	1	3.28	0	10	-	-	-	-	-	-	-	-	-	-
1961-62	New York (Rangers)	LNH	60	3531	172	22	27	9	2	2.92	0	12	6	384	21	2	4	-	0	3.44	0	0
	Match des Étoiles	LNH	1	30	0	0	0	0	0	0.00	0	0	-	-	-	-	-	-	-	-	-	-
1962-63	New York (Rangers)	LNH	*67	*3980	217	22	34	10	2	3.27	0	14	-	-	-	-	-	-	-	-	-	-
	Match des étoiles	LNH	1	20	0	0	0	0	0	0.00	0	0	-	-	-	-	-	-	-	-	-	-
1963-64	**Montréal (Canadiens)**	LNH	8	444	22	3	2	2	1	2.97	0	0	-	-	-	-	-	-	-	-	-	-
	Québec (As)	AHL	47	2820	128	30	16	1	5	2.72	0	22	*9	*543	29	4	5	-	0	3.20	0	0
1964-65	Québec (As)	AHL	37	2247	101	24	12	1	0	2.70	0	0	-	-	-	-	-	-	-	-	-	-
	Montréal (Canadiens)	LNH	19	1020	50	10	7	1	1	2.94	0	0	8	501	14	5	3	-	*2	*1.68	0	0
1965-66	**Montréal (Canadiens)**	LNH	51	2899	114	29	14	6	2	2.36	1	4	10	602	20	*8	2	-	*1	*1.99	0	0
	Match des étoiles	LNH	1	31	1	0	0	0	0	1.95	0	0	-	-	-	-	-	-	-	-	-	-
1966-67	**Montréal (Canadiens)**	LNH	18	888	47	9	6	2	1	3.18	0	4	2	80	2	0	1	-	0	1.50	0	0
1967-68	**Montréal (Canadiens)**	LNH	40	2213	73	19	9	8	6	*1.98	0	10	12	672	21	*11	0	-	*1	1.88	0	10
1968-69	**Montréal (Canadiens)**	LNH	30	1703	64	19	5	4	5	2.25	0	0	7	370	14	5	1	-	0	2.27	0	5
1969-70	**Montréal (Canadiens)**	LNH	6	360	14	3	1	2	0	2.33	0	0	-	-	-	-	-	-	-	-	-	-
	Minnesota (North Stars)	LNH	8	453	20	5	1	1	1	2.65	0	0	3	180	14	1	2	-	0	4.67	0	0
1970-71	Minnesota (North Stars)	LNH	24	1369	57	4	10	8	0	2.50	0	10	4	240	13	3	1	-	0	3.25	0	0
1971-72	Minnesota (North Stars)	LNH	34	1923	68	16	7	7	2	2.12	1	2	4	194	7	2	1	-	0	2.16	0	0
	Match des étoiles	LNH	1	30	2	0	1	0	0	4.05	0	0	-	-	-	-	-	-	-	-	-	-
1972-73	Minnesota (North Stars)	LNH	12	624	30	6	2	3	0	2.88	1	22	-	-	-	-	-	-	-	-	-	-
1973-74	Minnesota (North Stars)	LNH	29	1601	86	8	14	5	0	3.22	0	0	-	-	-	-	-	-	-	-	-	-
	LNH		861	50183	2407	335	352	150	43	2.88	3	145	70	4084	189	40	26	-	5	2.78	0	17
	Montréal		172	9527	384	92	44	25	16	2.42	1	18	39	2225	71	29	7	-	4	1.91	0	15

• Première équipe d'étoiles (LHJQ) en 1948-49 • Première équipe d'étoiles (EAHL) en 1949-50 • Première équipe d'étoiles (USHL) en 1950-51 • Trophée Charles-Gardiner (USHL) en 1950-51 • Deuxième équipe d'étoiles (PCHL) en 1951-52 • Trophée Calder (LNH) en 1952-53 • Première équipe d'étoiles (WHL) en 1953-54 • Match des étoiles (LNH) en 1960-61, 1961-62, 1964-65, 1971-72 • Première équipe d'étoiles (AHL) en 1963-64 • Coupe Stanley (LNH) en 1964-65, 1965-66, 1967-68, 1968-69 • Trophée Georges-Vézina (LNH) avec Charlie Hodge en 1965-66 • Trophée Georges-Vézina (LNH) avec Rogatien Vachon en 1967-68 • Première équipe d'étoiles (LNH) en 1967-68 • Deuxième équipe d'étoiles (LNH) en 1965-66 • Membre du Temple de la Renommée (LNH) en 1980

• Échangé à Montréal par New York avec Dave Balon, Léon Rochefort et Len Ronson pour Jacques Plante, Phil Goyette et Don Marshall le 4 juin 1963 • Droits vendus au Minnesota par Montréal le 27 février 1970

WORTERS, ROY

Né à Toronto, Ontario, le 19 octobre 1900, décédé le 7 novembre 1957. Attrape de la gauche, 5'3", 135 lb

SAISON	CLUB	LIGUE	PJ	MIN	BC	G	P	N	BL	MOY	A	PUN	PJ	MIN	BC	G	P	N	B	MOY	A	PUN
1918-19	Parkdale (Canoe Club)	JOHA	8	480	22	*7	1	0	0	2.75	0	0	2	120	6	1	1	0	0	3.00	0	0
1919-20	Parkdale (Canoe Club)	JOHA	3	180	14	3	0	0	0	4.67	0	0	4	240	16	*4	0	0	0	4.00	0	0
	Parkdale (Canoe Club)	Mem.	-	-	-	-	-	-	-	-	-	-	3	180	9	3	0	0	0	3.00	0	0
1920-21	Porcupine Miners	GBHL	10	630	27	7	2	1	0	2.57	0	0	-	-	-	-	-	-	-	-	-	-
1921-22						N'a pas joué																
1922-23	Toronto (Argonauts)	TIHL	10	558	37	-	-	-	0	3.98	0	0	-	-	-	-	-	-	-	-	-	-
1923-24	Pittsburgh (Yellowjackets)																					
		USAHA	20	1225	25	*15	5	0	*7	*1.23	0	0	13	840	12	*9	3	1	*5	*0.86	0	0
1924-25	Pittsburgh (Yellowjackets)																					
		USAHA	39	1895	34	*25	10	4	*17	*0.81	0	0	8	400	8	*6	1	1	1	*1.20	0	0
1925-26	Pittsburgh (Pirates)	LNH	35	2145	68	18	16	1	7	1.90	0	0	2	120	6	0	1	1	0	3.00	0	0
1926-27	Pittsburgh (Pirates)	LNH	*44	2711	108	15	26	3	4	2.39	0	0	-	-	-	-	-	-	-	-	-	-
1927-28	Pittsburgh (Pirates)	LNH	*44	2740	76	19	17	8	11	1.66	0	0	2	120	6	1	1	0	0	3.00	0	0
1928-29	New York (Americans)	LNH	38	2390	46	16	12	10	13	1.15	0	0	2	150	1	0	1	1	1	0.40	0	0
1929-30	New York (Americans)	LNH	36	2270	135	11	21	4	2	3.57	0	0	-	-	-	-	-	-	-	-	-	-
Montréal (Canadiens)		**LNH**	**1**	**60**	**2**	**1**	**0**	**0**	**0**	**2.00**	**0**	**0**	-	-	-	-	-	-	-	-	-	-
1930-31	New York (Americans)	LNH	*44	*2760	74	18	16	10	8	*1.61	0	0	-	-	-	-	-	-	-	-	-	-
1931-32	New York (Americans)	LNH	40	2459	110	12	20	8	5	2.68	0	0	-	-	-	-	-	-	-	-	-	-
1932-33	New York (Americans)	LNH	47	2970	116	15	22	10	5	2.34	0	0	-	-	-	-	-	-	-	-	-	-
	Québec (Castors)	Can-Am	1	60	3	0	1	0		3.00	0	0	-	-	-	-	-	-	-	-	-	-
1933-34	New York (Americans)	LNH	36	2240	75	12	13	10	4	2.01	0	0	-	-	-	-	-	-	-	-	-	-
1934-35	New York (Americans)	LNH	*48	*3000	142	12	27	9	3	2.84	0	0	-	-	-	-	-	-	-	-	-	-
1935-36	New York (Americans)	LNH	*48	3000	122	16	25	7	3	2.44	0	0	5	300	11	2	3	0	*2	2.20	0	-
1936-37	New York (Americans)	LNH	23	1430	69	6	14	3		2.90	0	0	-	-	-	-	-	-	-	-	-	-
	LNH		**484**	**30175**	**1143**	**171**	**229**	**83**	**67**	**2.27**	**0**	**0**	**11**	**690**	**24**	**3**	**6**	**2**	**3**	**2.09**	**0**	**0**
	Montréal		**1**	**60**	**2**	**1**	**0**	**0**	**0**	**2.00**	**0**	**0**	-	-	-	-	-	-	-	-	-	-

• Coupe Memorial en 1919-20 • Trophée Hart (LNH) en 1928-29 • Trophée Georges-Vézina (LNH) en 1930-31 • Deuxième équipe d'étoiles (LNH) en 1931-32, 1933-34 • Membre du Temple de la Renommée (LNH) en 1969

• Signe avec Pittsburgh le 26 septembre 1925 • Échangé à New York (Americans) par Pittsburgh pour Joe Miller et une somme d'argent le 1er novembre 1928 • Prêté à Montréal par New York (Americans) le 27 février 1930

LES DIRIGEANTS
LES PROPRIÉTAIRES
LES PRÉSIDENTS
LES DIRECTEURS GÉNÉRAUX
LES ENTRAÎNEURS
LES CAPITAINES

SAISON	PROPRIÉTAIRES	PRÉSIDENTS	DIRECTEURS GÉNÉRAUX	ENTRAÎNEURS	CAPITAINES
1909-1910	John Ambrose O'Brien		J. Laviolette et Jos Cattarinich	Jack Laviolette	Jack Laviolette
1910-1911	Le Club athlétique Canadien inc.	Hector Bisaillon	George Kennedy	Adolphe Lecours	Newsy Lalonde
1911-1912		Hector Bisaillon	George Kennedy	Napoléon Dorval	Jack Laviolette
1912-1913		Hector Bisaillon	George Kennedy	Napoléon Dorval	Newsy Lalonde
1913-1914		Urgèle Boucher	George Kennedy	Jimmy Gardner	Jimmy Gardner
1914-1915		Urgèle Boucher	George Kennedy	Jimmy Gardner	Jimmy Gardner
1915-1916	Le Club athlétique Canadien inc. The Canadian Hockey Club Inc.	Urgèle Boucher	George Kennedy	Newsy Lalonde	Howard McNamara
1916-1917	The Canadian Hockey Club Inc.	Urgèle Boucher	George Kennedy	Newsy Lalonde	Newsy Lalonde
1917-1918	George Kennedy	George Kennedy	George Kennedy	Newsy Lalonde	Newsy Lalonde
1918-1919		George Kennedy	George Kennedy	Newsy Lalonde	Newsy Lalonde
1919-1920		George Kennedy	George Kennedy	Newsy Lalonde	Newsy Lalonde
1920-1921		George Kennedy	George Kennedy	Newsy Lalonde	Newsy Lalonde
1921-1922	Léo Dandurand, Jos Cattarinich et Louis Létourneau	Athanase David	Léo Dandurand	Léo Dandurand	Newsy Lalonde
1922-1923		Athanase David	Léo Dandurand	Léo Dandurand	Sprague Cleghorn
1923-1924		Athanase David	Léo Dandurand	Léo Dandurand	Sprague Cleghorn
1924-1925		Athanase David	Léo Dandurand	Léo Dandurand	Sprague Cleghorn
1925-1926		Athanase David	Léo Dandurand	Léo Dandurand	Billy Coutu
1926-1927		Athanase David	Léo Dandurand	Cecil Hart	Sylvio Mantha
1927-1928		Athanase David	Léo Dandurand	Cecil Hart	Sylvio Mantha
1928-1929		Athanase David	Léo Dandurand	Cecil Hart	Sylvio Mantha
1929-1930		Athanase David	Léo Dandurand	Cecil Hart	Sylvio Mantha
1930-1931		Athanase David	Léo Dandurand	Cecil Hart	Sylvio Mantha
1931-1932		Athanase David	Léo Dandurand	Cecil Hart	Sylvio Mantha
1932-1933		Athanase David	Léo Dandurand	Newsy Lalonde	George Hainsworth
1933-1934		Athanase David	Léo Dandurand	Newsy Lalonde	Sylvio Mantha
1934-1935		Athanase David	Léo Dandurand	N. Lalonde et L. Dandurand	Sylvio Mantha
1935-1936	Ernest Savard, Louis Gélinas, et Maurice Forget (au nom de la Canadian Arena Company)	Ernest Savard	Ernest Savard	Sylvio Mantha	Sylvio Mantha
1936-1937		Ernest Savard	Cecil Hart	Cecil Hart	Albert Siebert
1937-1938		Ernest Savard	Cecil Hart	Cecil Hart	Albert Siebert
1938-1939		Ernest Savard	Cecil Hart	Cecil Hart et Jules Dugal	Albert Siebert
1939-1940		Ernest Savard	Jules Dugal	Albert Siebert* / Alfred Lépine	Walter Buswell
1940-1941	Canadian Arena Company	Donat Raymond	Tommy Gorman	Dick Irvin	Toe Blake
1941-1942		Donat Raymond	Tommy Gorman	Dick Irvin	Toe Blake
1942-1943		Donat Raymond	Tommy Gorman	Dick Irvin	Toe Blake
1943-1944		Donat Raymond	Tommy Gorman	Dick Irvin	Toe Blake
1944-1945		Donat Raymond	Tommy Gorman	Dick Irvin	Toe Blake
1945-1946		Donat Raymond	Tommy Gorman	Dick Irvin	Toe Blake
1946-1947		Donat Raymond	Frank Selke	Dick Irvin	Toe Blake
SAISON	PROPRIÉTAIRES	PRÉSIDENTS	DIRECTEURS GÉNÉRAUX	ENTRAÎNEURS	CAPITAINES

SAISON	PROPRIÉTAIRES	PRÉSIDENTS	DIRECTEURS GÉNÉRAUX	ENTRAÎNEURS	CAPITAINES
1947-1948		Donat Raymond	Frank Selke	Dick Irvin	Toe Blake et Bill Durnan
1948-1949		Donat Raymond	Frank Selke	Dick Irvin	Émile Bouchard
1949-1950		Donat Raymond	Frank Selke	Dick Irvin	Émile Bouchard
1950-1951		Donat Raymond	Frank Selke	Dick Irvin	Émile Bouchard
1951-1952	Canadian Arena Company	Donat Raymond	Frank Selke	Dick Irvin	Émile Bouchard
1952-1953		Donat Raymond	Frank Selke	Dick Irvin	Émile Bouchard
1953-1954		Donat Raymond	Frank Selke	Dick Irvin	Émile Bouchard
1954-1955		Donat Raymond	Frank Selke	Dick Irvin	Émile Bouchard
1955-1956		Donat Raymond	Frank Selke	Toe Blake	Émile Bouchard
1956-1957		Donat Raymond	Frank Selke	Toe Blake	Maurice Richard
1957-1958		Hartland de Montarville Molson	Frank Selke	Toe Blake	Maurice Richard
1958-1959		Hartland de Montarville Molson	Frank Selke	Toe Blake	Maurice Richard
1959-1960	Hartland de Montarville Molson et Thomas H. Pentland Molson	Hartland de Montarville Molson	Frank Selke	Toe Blake	Maurice Richard
1960-1961		Hartland de Montarville Molson	Frank Selke	Toe Blake	Doug Harvey
1961-1962		Hartland de Montarville Molson	Frank Selke	Toe Blake	Jean Béliveau
1962-1963		Hartland de Montarville Molson	Frank Selke	Toe Blake	Jean Béliveau
1963-1964		Hartland de Montarville Molson	Frank Selke	Toe Blake	Jean Béliveau
1964-1965		David Molson	Sam Pollock	Toe Blake	Jean Béliveau
1965-1966		David Molson	Sam Pollock	Toe Blake	Jean Béliveau
1966-1967		David Molson	Sam Pollock	Toe Blake	Jean Béliveau
1967-1968	David, William et Peter Molson	David Molson	Sam Pollock	Toe Blake	Jean Béliveau
1968-1969		David Molson	Sam Pollock	Claude Ruel	Jean Béliveau
1969-1970		David Molson	Sam Pollock	Claude Ruel	Jean Béliveau
1970-1971		David Molson	Sam Pollock	Claude Ruel et Al MacNeil	Jean Béliveau
1971-1972		Jacques Courtois	Sam Pollock	Scotty Bowman	Henri Richard
1972-1973		Jacques Courtois	Sam Pollock	Scotty Bowman	Henri Richard
1973-1974		Jacques Courtois	Sam Pollock	Scotty Bowman	Henri Richard
1974-1975	Edward et Peter Bronfman	Jacques Courtois	Sam Pollock	Scotty Bowman	Henri Richard
1975-1976		Jacques Courtois	Sam Pollock	Scotty Bowman	Yvan Cournoyer
1976-1977		Jacques Courtois	Sam Pollock	Scotty Bowman	Yvan Cournoyer
1977-1978		Jacques Courtois	Sam Pollock	Scotty Bowman	Yvan Cournoyer
1978-1979		Jacques Courtois	Irving Grundman	Scotty Bowman	Yvan Cournoyer
1979-1980		Morgan McCammon	Irving Grundman	B. Geoffrion et C. Ruel	Serge Savard
1980-1981		Morgan McCammon	Irving Grundman	Claude Ruel	Serge Savard
1981-1982		Morgan McCammon	Irving Grundman	Bob Berry	Bob Gainey
1982-1983		Ronald Corey	Irving Grundman	Bob Berry	Bob Gainey
1983-1984		Ronald Corey	Serge Savard	Bob Berry et Jacques Lemaire	Bob Gainey
1984-1985		Ronald Corey	Serge Savard	Jacques Lemaire	Bob Gainey
1985-1986		Ronald Corey	Serge Savard	Jean Perron	Bob Gainey
1986-1987		Ronald Corey	Serge Savard	Jean Perron	Bob Gainey
1987-1988		Ronald Corey	Serge Savard	Jean Perron	Bob Gainey
1988-1989		Ronald Corey	Serge Savard	Pat Burns	Bob Gainey
1989-1990	La Brasserie Molson du Canada ltée	Ronald Corey	Serge Savard	Pat Burns	G. Carbonneau et C. Chelios
1990-1991		Ronald Corey	Serge Savard	Pat Burns	Guy Carbonneau
1991-1992		Ronald Corey	Serge Savard	Pat Burns	Guy Carbonneau
1992-1993		Ronald Corey	Serge Savard	Jacques Demers	Guy Carbonneau
1993-1994		Ronald Corey	Serge Savard	Jacques Demers	Guy Carbonneau
1994-1995		Ronald Corey	Serge Savard	Jacques Demers	Kirk Muller et Mike Keane
1995-1996		Ronald Corey	S. Savard et R. Houle	J. Demers et M. Tremblay	Mike Keane et Pierre Turgeon
1996-1997		Ronald Corey	Réjean Houle	Mario Tremblay	P. Turgeon et V. Damphousse
1997-1998		Ronald Corey	Réjean Houle	Alain Vigneault	Vincent Damphousse
1998-1999		Ronald Corey	Réjean Houle	Alain Vigneault	Vincent Damphousse
1999-2000		Pierre Boivin	Réjean Houle	Alain Vigneault	Saku Koivu
2000-2001		Pierre Boivin	André Savard	A. Vigneault et M. Therrien	Saku Koivu
2001-2002		Pierre Boivin	André Savard	Michel Therrien	Saku Koivu
2002-2003		Pierre Boivin	André Savard	M. Therrien et C. Julien	Saku Koivu
2003-2004		Pierre Boivin	Bob Gainey	Claude Julien	Saku Koivu
2005-2006	George Gillett	Pierre Boivin	Bob Gainey	Claude Julien et Bob Gainey	Saku Koivu
2006-2007		Pierre Boivin	Bob Gainey	Guy Carbonneau	Saku Koivu
2007-2008		Pierre Boivin	Bob Gainey	Guy Carbonneau	Saku Koivu
SAISON	PROPRIÉTAIRES	PRÉSIDENTS	DIRECTEURS GÉNÉRAUX	ENTRAÎNEURS	CAPITAINES

* Albert Siebert a été nommé entraîneur au cours de l'été mais est décédé avant le début de la saison.

AU TEMPLE DE LA RENOMMÉE

Joueurs des Canadiens

1945	Howie Morenz	1972	Jean Béliveau	2000	Denis Savard
	Georges Vézina		Bernard Geoffrion	2006	Patrick Roy
1947	Aurèle Joliat	1973	Doug Harvey		Dick Duff
1950	Newsy Lalonde	1974	Dickie Moore		
	Joe Malone	1978	Jacques Plante		
1958	Sprague Cleghorn	1979	Henri Richard		
	Herb Gardiner	1980	Lorne Worsley		
1960	Sylvio Mantha	1981	Frank Mahovlich		
1961	Joe Hall	1982	Yvan Cournoyer		
	George Hainsworth	1983	Ken Dryden		
	Maurice Richard	1984	Jacques Lemaire		
1962	Jack Laviolette	1985	Bert Olmstead		
	Didier Pitre	1986	Serge Savard		
1964	Bill Durnan	1987	Jacques Laperrière		
	Babe Siebert	1988	Guy Lafleur		
1966	Toe Blake		Buddy O'Connor		
	Émile Bouchard	1992	Bob Gainey		
	Elmer Lach	1993	Guy Lapointe		
	Ken Reardon		Steve Shutt		
1970	Tom Johnson	1995	Larry Robinson		

Bâtisseurs des Canadiens

1945	William Northey	1963	Léo Dandurand	1977	Jos Cattarinich
1958	Donat Raymond		Tommy Gorman	1978	Sam Pollock
1960	Frank-J.-Selke	1973	Hartland de	1991	Scotty Bowman
1962	John Ambrose O'Brien		Montarville Molson		

Journalistes québécois

DIVISION RADIO TÉLÉVISION

1984	Danny Gallivan	1985	Doug Smith	1999	Richard Garneau
	René Lecavalier	1988	Dick Irvin	2002	Gilles Tremblay

DIVISION PRESSE ÉCRITE

1984	Jacques Beauchamp: *Montréal-Matin* *Le Journal de Montréal* Dick Carroll: *The Gazette* Marcel Desjardins: *La Presse* Elmer Ferguson: *Montreal Herald Montreal Star*		Basil O'Meara: *Montreal Star* Red Fisher, *Montreal Star* Zotique L'Espérance: *Le Journal de Montréal* *Le Petit Journal* Charles Mayer: *La Patrie*	1989	Claude Larochelle: *Le Soleil* Bertrand Raymond: *Le Journal de Montréal* Yvon Pedneault: *La Presse*

(1985 Red Fisher ; 1990 Bertrand Raymond ; 1998 Yvon Pedneault)

LES TROPHÉES

Trophées d'équipe

Coupe Stanley

1892-93 à 1908-09 : Champions du hockey amateur canadien
1908-09 à 1925-26 : Champions du hockey professionnel canadien
Depuis 1926-27 : Champions des éliminatoires de la LNH

1915-16	1943-44	1956-57	1964-65	1970-71	1977-78
1923-24	1945-46	1957-58	1965-66	1972-73	1978-79
1929-30	1952-53	1958-59	1967-68	1975-76	1985-86
1930-31	1955-56	1959-60	1968-69	1976-77	1992-93

Trophée Prince-de-Galles

1925-26 à 1926-27 : Champions de la Ligue
1927-28 à 1937-38 : Champions de la Division américaine en saison régulière
1938-39 à 1966-67 : Champions de la saison régulière
1967-68 à 1973-74 : Champions de la Division Est
1974-75 à 1980-81 : Champions de l'Association Prince-de-Galles (saison rég.)
1981-82 à 1992-93 : Champions des séries de l'Association Prince-de-Galles
Depuis 1993-94 : Champions des séries de l'Association de l'Est

1924-25*	1946-47	1959-60	1965-66	1975-76	1980-81
1943-44	1955-56	1960-61	1967-68	1976-77	1985-86
1944-45	1957-58	1961-62	1968-69	1977-78	1988-89
1945-46	1958-59	1963-64	1972-73	1978-79	1992-93

* Attribué ultérieurement aux Canadiens à titre de vainqueur du match inaugural du Madison Square Garden le 7 décembre 1925.

Coupe O'Brien

1909-10 à 1915-16 : Champions de la saison régulière
1916-17 à 1926-27 : Champions des séries
1927-28 à 1937-38 : Champions de la Division canadienne en saison régulière
1938-39 à 1949-50 : Perdants de la finale
Retirée en 1950

1915-16	1918-19	1924-25	1928-29	1931-32
1916-17	1923-24	1927-28	1930-31	1936-37

(1946-47)

Coupe Kennedy

Attribuée à l'équipe qui remporte le plus de victoires en saison lors des matchs entre les Canadiens et les Maroons de Montréal. Retirée à la dissolution des Maroons en 1938

1927-28	Canadiens	1931-32	Canadiens	1935-36	Maroons
1928-29	Canadiens	1932-33	Maroons	1936-37	Maroons
1929-30	Maroons	1933-34	Maroons	1937-38	Canadien
1930-31	Canadiens	1934-35	Canadiens		

Trophées individuels

Trophée Art-Ross

Champion marqueur en saison régulière

1917-18*	Joe Malone	1944-45*	Elmer Lach	1960-61	Bernard Geoffrion
1918-19*	Newsy Lalonde	1947-48	Elmer Lach	1975-76	Guy Lafleur
1920-21*	Newsy Lalonde	1954-55	Bernard Geoffrion	1976-77	Guy Lafleur
1927-28*	Howie Morenz	1955-56	Jean Béliveau	1977-78	Guy Lafleur
1930-31*	Howie Morenz	1957-58	Dickie Moore		* Meilleur marqueur avant
1938-39*	Toe Blake	1958-59	Dickie Moore		l'attribution du trophée

Trophée Hart

Attribué au joueur le plus utile à son équipe

1926-27	Herb Gardiner	1938-39	Toe Blake	1963-64	Jean Béliveau
1927-28	Howie Morenz	1944-45	Elmer Lach	1976-77	Guy Lafleur
1930-31	Howie Morenz	1946-47	Maurice Richard	1977-78	Guy Lafleur
1931-32	Howie Morenz	1955-56	Jean Béliveau	2001-02	José Théodore
1933-34	Aurèle Joliat	1960-61	Bernard Geoffrion		
1936-37	Albert Siebert	1961-62	Jacques Plante		

Trophée Lester-B.-Pearson

Attribué au joueur par excellence selon l'Association des joueurs

1975-76	Guy Lafleur	1976-77	Guy Lafleur	1977-78	Guy Lafleur

Trophée Georges-Vézina

1926-27 à 1981-82 Attribué au (x) gardien(s) de l'équipe ayant alloué le moins de buts
Depuis 1982-83 Attribué au meilleur gardien par vote des directeurs généraux

1926-27	George Hainsworth	1958-59	Jacques Plante	1977-78	Ken Dryden et
1927-28	George Hainsworth	1959-60	Jacques Plante		Michel Larocque
1928-29	George Hainsworth	1961-62	Jacques Plante	1978-79	Ken Dryden et
1943-44	Bill Durnan	1963-64	Charlie Hodge		Michel Larocque
1944-45	Bill Durnan	1965-66	Lorne Worsey et	1980-81	Richard Sévigny,
1945-46	Bill Durnan		Charlie Hodge		Denis Herron et
1946-47	Bill Durnan	1967-68	Lorne Worsley et		Michel Larocque
1048-49	Bill Durnan		Rogatien Vachon	1988-89	Patrick Roy
1949-50	Bill Durnan	1972-73	Ken Dryden	1989-90	Patrick Roy
1955-56	Jacques Plante	1975-76	Ken Dryden	1991-92	Patrick Roy
1956-57	Jacques Plante	1976-77	Ken Dryden et	2001-02	José Théodore
1957-58	Jacques Plante		Michel Larocque		

Trophée William-M.-Jennings

Attribué au (x) gardien(s) de l'équipe ayant alloué le moins de buts

1981-82	Denis Herron et	1987-88	Patrick Roy et	1991-92	Patrick Roy
	Rick Wamsley		Brian Hayward		
1986-87	Patrick Roy et	1988-89	Patrick Roy et		
	Brian Hayward		Brian Hayward		

Trophée Roger-Crozier

(Prix Trico de 1988-89 à 1990-91)
Attribué depuis 1999-00 au gardien ayant conservé le meilleur pourcentage d'arrêts

1988-89	Patrick Roy	2001-02	José Théodore
1989-90	Patrick Roy	2005-06	Cristobal Huet

Trophée Calder

Attribué au meilleur joueur recrue

1940-41	John Quilty	1958-59	Ralph Backstrom	1963-64	Jacques Laperrière
1951-52	Bernard Geoffrion	1961-62	Robert Rousseau	1971-72	Ken Dryden

Trophée Lady-Byng

Attribué au joueur le plus gentilhomme

1945-46	Toe Blake	1987-88	Mats Näslund

Trophée James-Norris

Attribué au meilleur défenseur

1954-55	Doug Harvey	1958-59	Tom Johnson	1976-77	Larry Robinson
1955-56	Doug Harvey	1959-60	Doug Harvey	1979-80	Larry Robinson
1956-57	Doug Harvey	1960-61	Doug Harvey	1988-89	Chris Chelios
1957-58	Doug Harvey	1965-66	Jacques Laperrière		

Trophée Jack-Adams

Attribué à l'entraîneur de l'année

1976-77	Scotty Bowman	1988-89	Pat Burns

Trophée Bill-Masterton

Attribué au joueur alliant persévérance, esprit sportif et dévouement au hockey

1967-68	Claude Provost	1978-79	Serge Savard
1973-74	Henri Richard	2001-02	Saku Koivu

Trophée Frank-J.-Selke

Attribué au meilleur attaquant défensif

1977-78	Bob Gainey	1980-81	Bob Gainey	1991-92	Guy Carbonneau
1978-79	Bob Gainey	1987-88	Guy Carbonneau		
1979-80	Bob Gainey	1988-89	Guy Carbonneau		

Trophée King-Clancy

Attribué au joueur pour ses qualités de meneur et sa contribution humanitaire

2006-07	Saku Koivu

Trophée Conn-Smythe

Attribué au joueur le plus utile à son équipe durant les séries

1964-65	Jean Béliveau	1972-73	Yvan Cournoyer	1978-79	Bob Gainey
1968-69	Serge Savard	1976-77	Guy Lafleur	1985-86	Patrick Roy
1970-71	Ken Dryden	1977-78	Larry Robinson	1992-93	Patrick Roy

Prix Bud Light du match des étoiles

Attribué au meilleur joueur du match des étoiles

1964	Jean Béliveau	1976	Peter Mahovlich
1967	Henri Richard	1997	Mark Recchi

Coupe Molson

Attribuée au joueur des Canadiens ayant accumulé le plus de points lors de la sélection des trois étoiles de chaque match

1972-73	Ken Dryden	1984-85	Steve Penny	1996-97	Mark Recchi
1973-74	Wayne Thomas	1985-86	Mats Näslund	1997-98	Mark Recchi
1974-75	Guy Lafleur	1986-87	Mats Näslund	1998-99	Jeff Hackett
1975-76	Guy Lafleur	1987-88	Stéphane Richer	1999-00	Jeff Hackett
1976-77	Guy Lafleur	1988-89	Patrick Roy	2000-01	José Théodore
1977-78	Guy Lafleur	1989-90	Stéphane Richer	2001-02	José Théodore
1978-79	Guy Lafleur	1990-91	Russ Courtnall	2002-03	José Théodore
1979-80	Guy Lafleur	1991-92	Patrick Roy	2003-04	José Théodore
1980-81	Larry Robinson	1992-93	Kirk Muller	2005-06	Saku Koivu
1981-82	Guy Lafleur	1993-94	Patrick Roy	2006-07	Cristobal Huet
1982-83	Mario Tremblay	1994-95	Patrick Roy	2007-08	Alex Kovalev
1983-84	Guy Carbonneau	1995-96	Pierre Turgeon		

Trophée Jacques-Beauchamp

Attribué au joueur des Canadiens ayant joué un rôle déterminant sans en retirer d'honneur particulier

1981-82	Doug Jarvis	1990-91	Mike McPhee	1998-99	Benoît Brunet
1982-83	Craig Ludwig	1991-92	Brent Gilchrist	1999-00	Eric Weinrich
1983-84	Jean Hamel	1992-93	Mike Keane	2000-01	Oleg Petrov
1984-85	Craig Ludwig	1993-94	Lyle Odelein	2001-02	Joé Juneau
1985-86	Craig Ludwig	1994-95	Benoît Brunet	2002-03	Jan Bulis
1986-87	Rick Green	1995-96	Peter Popovic	2003-04	Francis Bouillon
1987-88	Mike McPhee	1996-97	Stéphane Quintal	2005-06	Steve Begin
1988-89	Petr Svoboda	1997-98	Patrice Brisebois	2006-07	Mark Streit
1989-90	Mike McPhee		et Marc Bureau	2007-08	Mark Streit

Trophée Jean-Béliveau

Attribué depuis 2004-05 au joueur des Canadiens s'étant démarqué par son engagement communautaire

2003-04	Saku Koivu	2005-06	Steve Bégin	2007-08	Alex Kovalev
2004-05	Pas de gagnant	2006-07	Francis Bouillon		

LES ÉQUIPES D'ÉTOILES

	Première équipe	Deuxième équipe		Première équipe	Deuxième équipe		Première équipe	Deuxième équipe
1930-31	Howie Morenz	Sylvio Mantha	1953-54	Doug Harvey	Maurice Richard	1971-72		Ken Dryden
	Aurèle Joliat				Ken Mosdell			Yvan Cournoyer
1931-32	Howie Morenz	Aurèle Joliat,	1954-55	Doug Harvey	Ken Mosdell	1972-73	Ken Dryden	Yvan Cournoyer
		Sylvio Mantha		Jean Béliveau	Bernard Geoffrion			Guy Lapointe
1932-33		Howie Morenz			Maurice Richard			Frank Mahovlich
1933-34		Aurèle Joliat	1955-56	Jacques Plante	Tom Johnson	1974-75	Guy Lafleur	Guy Lapointe
1934-35		Aurèle Joliat		Doug Harvey	Bert Olmstead	1975-76	Ken Dryden	Guy Lapointe
1935-36		Wilf Cude			Maurice Richard			Guy Lafleur
1936-37	Babe Siebert	Wilf Cude			Jean Béliveau	1976-77	Ken Dryden	Guy Lapointe
1937-38	Babe Siebert	Toe Blake	1956-57	Doug Harvey	Jacques Plante			Larry Robinson
1938-39	Toe Blake				Maurice Richard			Guy Lafleur
1939-40	Toe Blake				Jean Béliveau			Steve Shutt
1943-44	Bill Durnan	Émile Bouchard,	1957-58	Doug Harvey	Jacques Plante	1977-78	Ken Dryden	Larry Robinson
		Elmer Lach			Jean Béliveau		Guy Lafleur	Steve Shutt
		Maurice Richard	1958-59	Jacques Plante	Doug Harvey	1978-79	Ken Dryden	Serge Savard
1944-45	Bill Durnan	Glen Harmon		Tom Johnson	Henri Richard		Larry Robinson	
	Émile Bouchard	Elmer Lach		Dickie Moore				Guy Lafleur
	Elmer Lach			Jean Béliveau		1979-80	Larry Robinson	Steve Shutt
	Maurice Richard		1959-60	Doug Harvey	Jacques Plante			Guy Lafleur
	Toe Blake			Jean Béliveau	Bernard Geoffrion	1980-81		Larry Robinson
1945-46	Bill Durnan	Ken Reardon	1960-61	Doug Harvey	Henri Richard	1981-82		Brian Engblom
	Émile Bouchard	Elmer Lach		Jean Béliveau	Dickie Moore	1985-86		Larry Robinson
	Maurice Richard	Toe Blake		Bernard Geoffrion				Mats Näslund
1946-47	Bill Durnan		1961-62	Jacques Plante		1987-88		Patrick Roy
	Ken Reardon			Jean-Guy Talbot		1988-89	Patrick Roy	
	Émile Bouchard		1962-63		Henri Richard			Chris Chelios
	Maurice Richard		1963-64		Charlie Hodge,	1989-90	Patrick Roy	
1947-48	Elmer Lach	Ken Reardon			Jean Béliveau	1990-91		Patrick Roy
	Maurice Richard				Jacques Laperrière	1991-92		Patrick Roy
1948-49	Bill Durnan	Glen Harmon	1964-65	Claude Provost	Charlie Hodge	2001-02	José Théodore	
	Maurice Richard	Ken Reardon		Jacques Laperrière		2007-08		Alex Kovalev
1949-50	Bill Durnan		1965-66	Jacques Laperrière	Jean Béliveau			
	Ken Reardon				Robert Rousseau			
	Maurice Richard				Lorne Worsley			
1950-51		Maurice Richard	1967-68	Lorne Worsley	Jean-Claude Tremblay			
1951-52	Doug Harvey	Maurice Richard	1968-69		Jean Béliveau			
	Elmer Lach				Ted Harris			
1952-53	Doug Harvey	Gerry McNeil			Yvan Cournoyer			
		Bert Olmstead	1969-70		Jacques Laperrière			
		Maurice Richard	1970-71	J.-C. Tremblay	Yvan Cournoyer			

Les équipes d'étoiles des recrues

	Première équipe	Deuxième équipe
1982-83		Mats Näslund
1984-85		Steve Penny
		Chris Chelios
1985-86		Patrick Roy
		Kjell Dahlin
1991-92		Gilbert Dionne
1993-94		Oleg Petrov
2007-08		Carey Price

AAHA : Association de hockey amateur d'Alberta

AAHL : Ligue de hockey amateur d'Alaska

ACH : Association canadienne de hockey

ACHL : Ligue de hockey de la côte de l'Atlantique

ACSHL : Ligue de hockey senior de la côte de l'Atlantique

A-Cup : Coupe britannique d'automne (1930-1960)

AHA : Association américaine de hockey

AHAQ : Association de hockey amateur du Québec

AHIQ : Association de hockey intermédiaire du Québec

AHL : Ligue américaine de hockey

AJHL : Ligue de hockey junior d'Alberta

Alexa. : Coupe Alexander (Championnat senior canadien 1950-1953)

Allan : Coupe Allan (Championnat senior canadien)

Alpes : Ligue des Alpes (Autriche, Italie, Slovénie)

AMH : Association mondiale de hockey

ASHL : Ligue de hockey senior d'Alberta

AUAA : Association athlétique de l'Université Atlantic

AUT : Autriche

BCAHA : Association de hockey amateur de Colombie-Britannique

BCBHL : Ligue de hockey de la frontière de la Colombie-Britannique

BCJHL : Ligue de hockey junior de la Colombie-Britannique

BEL : Belgique

Big-3 : Ligue de hockey Big-3 des Maritimes

Big-4 : Ligue de hockey Big-4 d'Alberta

Big-6 : Ligue de hockey Big-6 du Manitoba

BISL : Superligue britannique de hockey

CAHL : Ligue canadienne de hockey amateur

CalHL : Ligue de hockey de la Californie

Cal-Pro : Ligue de hockey professionnel de Californie

Can-Am : Ligue canadienne-américaine de hockey

Can-Pro : Ligue canadienne de hockey professionnel

CBJHL : Ligue de hockey junior du Cap-Breton

CBMHL : Ligue de hockey majeur du Cap-Breton

CBSHL : Ligue de hockey senior du Cap-Breton

CC : Coupe Canada

CCHA : Association centrale de hockey collégial

CCJHL : Ligue de hockey junior de la cité de Calgary

CCSHL : Ligue de hockey senior de la cité de Calgary

CDM : Coupe du monde

CEGEP : Ligue collégiale du Québec

CEH : Championnat d'Europe

Cen-Cup : Coupe du centenaire (Championnat canadien junior A)

CHA : Association canadienne de hockey

CHL : Ligue centrale de hockey

CIS : Commonwealth des États indépendants

CM : Championnat du monde

CMJ : Championnat du monde junior

CN : Coupe Nagano

CNDHL : Ligue de hockey de la Défense nationale de Calgary

ColHL : Ligue coloniale de hockey

ContHL : Ligue continentale de hockey

CPHL : Ligue centrale de hockey professionnel

CSK : Tchécoslovaquie

CZE : République tchèque

Défi74 : Défi 1974

Défi79 : Défi 1979

DEN : Danemark

EAHL : Ligue de hockey amateur de l'Est

EAST : Ligue de l'Est des États-Unis

ECAC : Conférence athlétique collégiale de l'Est

ECAHA : Association de hockey amateur de l'Est du Canada

ECAHL : Ligue de hockey amateur de l'Est du Canadien

ECHA : Association de hockey de l'Est du Canada

ECHL : Ligue de hockey de la Côte Est (depuis 1988)

ECHL : Ligue de hockey professionnel de l'Est du Canada (1914-1915)

ECSHL : Ligue de hockey senior de l'Est du Canada

Edin : Coupe Édimbourg (Série LHQ-WHL 1953-1956)

EHL : Ligue de hockey de l'Est

EJC : Championnat d'Europe

EJHL : Ligue de hockey junior d'Edmonton

ENG : Angleterre

EOHL : Ligue de hockey senior de l'Est de l'Ontario

EOPHL : Ligue de hockey professionnel de l'Est de l'Ontario

EPHL : Ligue de hockey professionnel de l'Est

Éq. nat. : Équipe nationale

ESHL : Ligue de hockey senior d'Edmonton

EuroHL : Ligue européenne de hockey

Exh. : Match d'exhibition

FAHL : Ligue fédérale de hockey amateur

FIN : Finlande

FRA : France

GBHL : Ligue de hockey de la Gold Belt

GBR : Grande-Bretagne

GBR-Cup : Coupe de Grande-Bretagne

GER : Allemagne

H.S. : High School

HCSHL : Ligue de hockey senior de la cité de Halifax

H-East : Hockey de l'Est

HOHL : Ligue de hockey de Hull-Ottawa

IAHL : Ligue internationale américaine de hockey

IHL : Ligue internationale de hockey

IJHL : Ligue de hockey junior inter-états

IPAHU : Union de hockey inter-provincial

IPHL : Ligue de hockey inter-provincial

IPSHL : Ligue de hockey senior inter-provincial

ITA : Italie

JAP : Japon

JO : Jeux olympiques

JOHA : Ligue de hockey junior A de l'Ontario

LCHA : Ligue canadienne de hockey amateur

LHBM : Ligue de hockey des banques de Montréal

LHCE : Ligue senior des Cantons-de-l'Est

LHCM/LHMC : Ligue de la cité de Montréal

LHICQ : Ligue de hockey intermédiaire de Québec

LHJCM/LHJMC : Ligue de hockey junior de la cité de Montréal

LHJMM : Ligue de hockey junior métropolitaine de Montréal

LHJMQ : Ligue de hockey junior majeur du Québec

LHJQ : Ligue de hockey junior A du Québec

LHMCM/LMCM : Ligue de hockey métropolitaine de la cité de Montréal

LHMQ : Ligue de hockey métropolitaine de Québec

LHPQ : Ligue de hockey professionnel du Québec

LHQ : Ligue de hockey du Québec

LHR : Ligue de hockey républicaine

LHRTM : Ligue de hockey radio-téléphonique de Montréal

LHSEC : Ligue de hockey senior de l'Est du Canada

LHSPQ : Ligue de hockey semi-pro du Québec

LHSQ : Ligue de hockey senior du Québec

Ln-Cup : Coupe de Londres (Tournoi pré-saison britannique 1930-1960)

LNH : Ligue nationale de hockey

LOHA : Association de hockey du Bas-Ottawa

LOVHL : Ligue de hockey de la Basse-Vallée d'Ottawa

LSSL : Ligue senior du Saint-Laurent

LVSL : Ligue de la Vallée du Saint-Laurent

MAAA : Association athlétique amateur de Montréal

MAHA : Association de hockey amateur du Manitoba

Man-Pro : Ligue de hockey professionnel du Manitoba

MBAHL : Ligue de hockey amateur métropolitaine de Boston

MCIHL : Ligue de hockey industriel de la cité de Moncton

MCJHL : Ligue de hockey junior de la cité de Moncton

MCSHL : Ligue de hockey senior de la cité de Montréal

MEM : Coupe Memorial (championnat junior canadien)

MHL-Sr. : Ligue de hockey senior du Manitoba

MIHC : Conférence de hockey intercollégial des Maritimes

MIPHL : Ligue de hockey inter-provinciale du Manitoba

MJHL : Ligue de hockey junior du Manitoba

MMHL : Ligue de hockey majeur des Maritimes

MMJHL : Ligue de hockey junior métropolitaine de Montréal

MOHL : Ligue de hockey Michigan-Ontario

MPHL : Ligue de hockey professionnel des Maritimes

MSBL : Ligue scolaire des Maritimes

MSHL : Ligue de hockey senior des Maritimes

MTHL : Ligue de hockey métropolitaine de Toronto

MWJHL : Ligue de hockey junior du Midwest

NAHL : Ligue nord-américaine de hockey

NAJHL : Ligue de hockey junior du Nord des États-Unis

NAJHL : Ligue nord-américaine de hockey junior

NBAHA : Association de hockey amateur du Nouveau-Brunswick

NBHL : Ligue de hockey de la Nickel Belt

NBJHL : Ligue de hockey junior du Nouveau-Brunswick

NBSHL : Ligue de hockey senior du Nouveau-Brunswick

NCAA : Association athlétique collégiale nationale

NED : Pays-Bas

NEHL : Ligue de hockey du Nord-Est

NEJHL : Ligue de hockey junior du Nord-Est des États-Unis

NFLD : Terre-Neuve

NHA : Association nationale de hockey

NMHL : Ligue de hockey du Nord du Michigan

NNBHL/NNBSL : Ligue de hockey senior du Nord du Nouveau-Brunswick

NNDHL : Ligue de hockey de la Défense nationale du Nord

NOHA : Association de hockey du Nord de l'Ontario

NOHL : Ligue de hockey du Nord de l'Ontario

NOJHA : Association de hockey junior du Nord de l'Ontario

NOR : Norvège

NSAPC : Ligue de hockey du comté d'Annapolis-Pictou de la Nouvelle-Écosse

N-SJHL : Ligue de hockey junior du Nord de la Saskatchewan

NSNDHL : Ligue de la Défense nationale de la Nouvelle-Écosse

NSSHL : Ligue de hockey senior de la Nouvelle-Écosse

N-SSHL : Ligue de hockey senior du Nord de la Saskatchewan

NWHL : Ligue de hockey du Nord-Ouest

NYOHL : Ligue de hockey senior de New York-Ontario

OCHL : Ligue de hockey de la cité d'Ottawa

OCJHL : Ligue de hockey junior de la cité d'Ottawa

OHA : Association de hockey de l'Ontario

OHL : Ligue de hockey de l'Ontario

OHL-Sr. : Ligue de hockey senior de l'Ontario

OIHA : Association de hockey intermédiaire de l'Ontario

OJHL : Ligue de hockey junior A de l'Ontario

OMHA : Association de hockey mineur de l'Ontario

OMJHL : Ligue de hockey junior majeur de l'Ontario

ONDHL : Ligue de hockey de la Défense nationale d'Ottawa

OPHL : Ligue de hockey professionnel de l'Ontario

OPJHL : Ligue provinciale de hockey junior A de l'Ontario

OQAA : Association athlétique Ontario-Québec

OSHL : Ligue de hockey senior de l'Okanagan

OVHL : Ligue de la Vallée d'Ottawa

OVJHL : Ligue de hockey junior de la Vallée d'Ottawa

OVSHL : Ligue de hockey senior de la Vallée d'Ottawa

PCHA : Association de hockey de la côte du Pacifique

PCHL : Ligue de hockey de la côte du Pacifique

PHL : Ligue de hockey du Pacifique

POL : Pologne

PrHL : Ligue de hockey des Prairies

PrSHL : Ligue de hockey senior professionnel des Prairies

QAAA : Ligue de hockey midget AAA du Québec

RJHL : Ligue de hockey junior de Regina

RUS : Russie

RV87 : Rendez-vous 1987

SAHA : Association de hockey amateur de la Saskatchewan

SCJHL : Ligue de hockey junior de la cité de Saskatoon

SCSHL : Ligue de hockey senior du Sud de la Californie

SCT : Écosse

SHL : Ligue de hockey du Sud

Siècle : Série du siècle

SIHL : Ligue de hockey intermédiaire de la Saskatchewan

SJCSL : Ligue de hockey de la cité de St. John's

SJHL : Ligue de hockey junior de la Saskatchewan

SLO : Slovaquie

SNBHL : Ligue de hockey du Sud du Nouveau-Brunswick

SNBJL : Ligue de hockey junior du Sud du Nouveau-Brunswick

SOHA : Ligue de hockey senior A de l'Ontario

SPHL : Ligue de hockey professionnel de la Saskatchewan

SSHL : Ligue de hockey senior de la Saskatchewan

S-SJHL : Ligue de hockey junior du Sud de la Saskatchewan

S-SSHL : Ligue de hockey senior du Sud de la Saskatchewan

SUI : Suisse

SunHL : Ligue de hockey Sunshine

Super S : Super-série

SWE : Suède

TBIHL : Association de hockey intermédiaire de Thunder Bay

TBJHL : Association de hockey junior de Thunder Bay

TBSHL : Ligue de hockey senior de Thunder Bay

THL : Ligue de hockey tropicale

TIHL : Ligue de hockey indépendante de Toronto

TMHL : Ligue de hockey mercantile de Toronto

TNDHL : Ligue de hockey de la Défense nationalede Toronto

TPHL : Ligue de hockey professionnel de Temiskaming

UHL : Ligue de hockey unie

UOVHL : Ligue de hockey de la Haute-Vallée d'Ottawa

URSS : Union des républiques socialistes soviétiques

USAHA : Association de hockey amateur des États-Unis

USDP : Programme de développement des États-Unis

USHL : Ligue de hockey des États-Unis

USLHN : Ligue de hockey navale des États-Unis

VCAHL : Ligue de hockey amateur de la cité de Vancouver

WCHA : Association de hockey collégial de l'Ouest

WCHL : Ligue de hockey de la côte Ouest (depuis 1995)

WCHL : Ligue de hockey de l'Ouest du Canada (1921-1925)

WCJHL : Ligue de hockey junior de la Côte Ouest

WCJHL : Ligue de hockey junior de l'Ouest du Canada

WCSHL : Ligue de hockey senior de l'Ouest du Canada

WHA : Association mondiale de hockey

WHL : Ligue de hockey de l'Ouest

WJHL : Ligue de hockey junior de l'Ouest

WJHL : Ligue de hockey junior de Winnipeg

WKHL : Ligue de hockey de Kootenay-Ouest

WNDHL : Ligue de hockey de la Défense nationale de Winnipeg

WPHL : Ligue de hockey professionnel de l'Ouest

WSHL : Ligue de hockey senior de Winnipeg

YCHL : Ligue de hockey du comté de York (Nouveau-Brunswick)

ARCHIVES

Archives de l'hôtel de Ville de Montréal
Archives de *La Presse,* Montréal
Archives nationales du Canada, Ottawa
Bibliothèque nationale du Québec, Montréal

LIVRES

Brunet, Mathias, *Mario Tremblay, le bagarreur,* Québec-Amérique, 1997, 330 p.

Carrier, Roch, *Le Rocket,* Les Éditions internationales Alain Stanké, 2000, 271 p.

Clairoux, Benoît, *Les Nordiques de Québec : toute l'histoire de 1972 à 1995,* Les Éditions de l'Homme, 2001, 416 p.

Coleman, Charles L., *The Trail of the Stanley Cup,* vol. 1-2-3, National Hockey League, 1968.

Diamond, Dan, éditeur, *Cent ans de Coupe Stanley,* Les Éditions Tormont, 1992, 278 p.

En collaboration, *100 ans d'actualités 1900-2000,* La Presse, 1999, 376 p.

En collaboration, *Century of Hockey, Collector's Edition,* The Hockey News, 1999, 144 p.

En collaboration, *Forum : soirée d'adieu,* Les Éditions Effix, 1996, 176 p.

Fischler, Stan et Pierre A. Archambault, *Les 100 plus grands du hockey,* A & W Publishers, 1983, 414 p.

Fischler, Stan et Shirley Fischler, *Great Book of Hockey,* Publications International, 1991, 320 p.

Fischler, Stan et Shirley, en collaboration, *20th century Hockey Chronicle,* Prospero Books, 1999, 624 p.

Fortier, Marius et Claude Larochelle, *Les Nordiques et le circuit maudit,* Lotographie, 1978, 226 p.

Germain, Georges-Hébert, *Guy Lafleur : l'ombre et la lumière,* Art Global/Libre Expression, 1990, 407 p.

Goyens, Christyan et Frank Orr, *Maurice Richard,* Team Power Publishing, 2000, 160 p.

Goyens, Chrystian et Allan Turowetz, *Jean Béliveau : une époque un regard,* Art Global/Libre Expression, 1994, 299 p.

Goyens, Chrystian, Allan Turowetz et Jean-Luc Dugay, *Le Forum de Montréal,* Les Éditions Effix, 1996, 264 p.

Hood, Hugh, *Puissance au centre : Jean Béliveau,* Les Éditions de l'Homme, 1972, 193 p.

Lafleur, Réjean, *Guy Lafleur, mon fils,* Desclez, 1981, 127 p.

Larochelle, Claude, *Guy Lafleur le démon blond,* Lotographie, 1978, 250 p.

Larochelle, Claude, *Les Nordiques,* France-Amérique, 1982, 358 p.

Mayer, Charles, *L'épopée des Canadiens, 40 ans d'histoire,* publié à compte d'auteur, 1949, 122 p.

Molson, Karen, *L'histoire des Molson 1790-2000,* Les Éditions de L'Homme, 2001, 527 p.

Mouton, Claude, *Les Canadiens de Montréal, une dynastie du hockey,* Van Nostrand Reinhold, 1981, 286 p.

Mouton, Claude, *Toute l'histoire illustre et merveilleuse du Canadien,* Les Éditions La Presse, 1986, 258 p.

O'Brien, Andy, *Les Canadiens,* McGraw Hill, 1973, 188 p.

Ouellette, Rolland, *Les 100 plus grands Québécois du hockey,* Les Éditions Alain Stanké, 2000, 384 p.

Pellerin Jean-Marie, *L'idole d'un peuple : Maurice Richard,* Les Éditions de l'Homme, 1976, 520 p.

Podnieks, Andrew, *The NHL All Star game,* Harper Collins Publishers, 2000, 311 p.

Proulx, Gilles, *L'aventure de la radio,* Les Éditions La Presse, 1979, 144 p.

Richard, Maurice et Stan Fischler, *Les Canadiens sont là : la plus grande dynastie du hockey,* Prentice-Hall of Canada, 1971, 296 p.

Romain, Joseph, *The Pictorial History of Hockey,* Thunder Bay Press, 1987 et 2002, 256 p.

Tardif, Jean-François, *Le Canadien : la reconstruction d'une dynastie,* Les Presses libres, 1984, 166 p.

Terroux, Gilles et Denis Brodeur, *Le match du siècle : Canada URSS,* Les Éditions de l'Homme, 1972, 96 p.

Tremblay, Réjean et Ronald King, *Les Glorieux,* Les Éditions Transcontinental, 1996, 167 p.

Turowetz, Allan et Chrystian Goyens, *Les Canadiens de 1910 à nos jours,* Les Éditions de l'Homme, 1986, 392 p.

GUIDES

Official Guide & Record Book, *The National Hockey League,* 1949 à 2003.

Fischler, Stan et Shirley Walton Fischler, *The Hockey Encyclopedia,* MacMillan Publishing, 1983, 720 p.

Diamond, Dan, éditeur, *Total Hockey,* Total Sports Publishing, 1998 et 2000, 1974 p.

Diamond, Dan, éditeur, *Total Stanley Cup,* Total Sports Publishing, 2000, 218 p.

JOURNAUX ET PÉRIODIQUES

Dimanche Matin, Montréal

Globe and Mail, Toronto

La Patrie, Montréal

La Patrie du dimanche, Montréal

La Presse, Montréal

Le Canada, Montréal

Le Devoir, Montréal

Le Journal de Montréal, Montréal

Le Journal de Québec, Québec

Le Petit Journal, Montréal

Le Progrès du Saguenay, Chicoutimi

Le Soleil, Québec

Les Sports, Québec

Magazine Les Canadiens, Montréal

Montreal Daily Star, Montréal

Montreal Herald, Montréal

Montréal Matin, Montréal

Parlons Sport, Montréal

Photo Journal, Montréal

Samedi-Dimanche, Montréal

Sport Revue, Québec

Sports illustrés, Montréal

The Gazette, Montréal

The Hockey News, Montréal et Toronto

The Standard, Montréal

Les noms des joueurs mentionnés dans l'index sont suivis du numéro de page où se trouve leur fiche personnelle. Il suffit de consulter ces fiches pour connaître les années au cours desquelles ils ont fait partie des Canadiens. On se référera ensuite aux pages du livre correspondant à ces années pour lire les textes et les anecdotes consacrés spécifiquement à ces joueurs.

Achevé d'imprimer au Canada
Solisco imprimeurs